# FRANCE

**ATLAS ROUTIER et TOURISTIQUE**
**TOURIST and MOTORING ATLAS**
**STRASSEN- und REISEATLAS**
**TOERISTISCHE WEGENATLAS**
**ATLANTE STRADALE e TURISTICO**
**ATLAS DE CARRETERAS y TURÍSTICO**

MICHELIN

# Sommaire / Contents / Inhaltsübersicht / Inhoud / Sommario / Sumario

**D - G**

Tableau des distances et des temps de parcours
Distances and Driving times chart
Entfernungen und Fahrzeiten
Reistijdentabel en afstanden
Tabella delle distanze e dei tempi di percorrenza
Distancias y tiempos de recorrido

**AB - AW**

France - 1:1 000 000
Frankreich - 1:1 000 000
Frankrijk - 1:1 000 000
Francia - 1:1 000 000

**BB - BC**

Grands axes routiers
Main road map
Durchgangsstraßen
Grote verbindingswegen
Grandi arterie stradali
Carreteras principales

**BD - BI**

Légende
Key
Zeichenerklärung
Verklaring van de tekens
Legenda
Signos convencionales

**2 - 351**

France - 1: 200 000
Frankreich - 1: 200 000
Frankrijk - 1: 200 000
Francia - 1: 200 000

# Sommaire / Contents / Inhaltsübersicht / Inhoud / Sommario / Sumario

352 - 455

Index complet des communes - 75 plans de villes
Complete index of communes - 75 town plans
Komplettes Ortsregister - mit 75 Stadplänen
Register van alle gemeenten - 75 stadsplattegronden
Indice completo dei comuni - 75 piante di città
Índice completo de municipios - 75 planos de ciudades

456 - 463

Environs de Paris
Paris and suburbs
Paris und Umgebung
Omstreken van Parijs
Dintorni di Parigi
Alrededores de París

464 - 465

Paris / Parijs / Parigi / París

## Plans de ville / Town plans / Stadtpläne / Stadsplattegronden / Piante di città / Planos de ciudades

352 Aix-en-Provence
353 Ajaccio
354 Amiens
355 Angers
355 Annecy
356 Antibes
357 Avignon
359 Bastia
360 Bayonne
361 Beauvais
361 Belfort
362 Besançon
362 Béziers
363 Bordeaux
365 Boulogne-sur-Mer
366 Bourges
367 Brest
369 Caen
370 Calais
371 Cannes
371 Châlons-en-Champagne
372 Chalon-sur-Saône
372 Chambéry
373 Charleville-Mézières
374 Chartres
374 Châteauroux
376 Cholet
377 Clermont-Ferrand
378 Colmar
382 Dijon
383 Dunkerque
390 Grenoble
392 Le Havre
397 Laval
398 Lille
399 Limoges
399 Lorient
400 Lyon
402 Le Mans
403 Marseille
405 Melun
406 Metz
407 Monaco Monte-Carlo
408 Montauban
409 Montpellier
410 Mulhouse
412 Nancy
413 Nantes
414 Nice
415 Nîmes
415 Niort
416 Orléans
418 Pau
419 Perpignan
421 Poitiers
423 Quimper
424 Reims
425 Rennes
426 La Rochelle
427 Roubaix
428 Rouen
430 Saint-Brieuc
431 Saint-Étienne
435 Saint-Malo
436 Saint-Nazaire
437 Saint-Quentin
443 Strasbourg
444 Toulon
445 Toulouse
446 Tourcoing
447 Tours
448 Troyes
449 Valence
450 Versailles

D

# Distances / Entfernungen
# Afstanden / Distanze / Distancias

| | Agen | Amiens | Angers | Angoulême | Auch | Aurillac | Auxerre | Bayonne | Beaune | Besançon | Blois | Bordeaux | Boulogne-sur-Mer | Bourges | Brest | Brive-la-Gaillarde | Caen | Cahors | Calais | Carcassonne | Châlons-en-Champagne | Chambéry | Charleville-Mézières | Chartres | Cherbourg | Clermont-Ferrand | Colmar | Dijon | Dunkerque | Gap | Grenoble | Le Havre | Lille | Limoges |
|---|---|---|---|---|---|---|---|---|---|---|---|---|---|---|---|---|---|---|---|---|---|---|---|---|---|---|---|---|---|---|---|---|---|---|
| Amiens | 846 | | | | | | | | | | | | | | | | | | | | | | | | | | | | | | | | | |
| Angers | 513 | 422 | | | | | | | | | | | | | | | | | | | | | | | | | | | | | | | | |
| Angoulême | 254 | 584 | 252 | | | | | | | | | | | | | | | | | | | | | | | | | | | | | | | |
| Auch | 75 | 883 | 577 | 318 | | | | | | | | | | | | | | | | | | | | | | | | | | | | | | |
| Aurillac | 260 | 706 | 450 | 292 | 298 | | | | | | | | | | | | | | | | | | | | | | | | | | | | | |
| Auxerre | 669 | 307 | 405 | 487 | 707 | 433 | | | | | | | | | | | | | | | | | | | | | | | | | | | | |
| Bayonne | 230 | 884 | 563 | 304 | 225 | 490 | 787 | | | | | | | | | | | | | | | | | | | | | | | | | | | |
| Beaune | 649 | 448 | 547 | 494 | 687 | 413 | 148 | 796 | | | | | | | | | | | | | | | | | | | | | | | | | | |
| Besançon | 768 | 551 | 647 | 596 | 805 | 515 | 249 | 915 | 110 | | | | | | | | | | | | | | | | | | | | | | | | | |
| Blois | 526 | 319 | 195 | 277 | 590 | 439 | 221 | 576 | 363 | 463 | | | | | | | | | | | | | | | | | | | | | | | | |
| Bordeaux | 141 | 704 | 383 | 124 | 204 | 311 | 607 | 191 | 614 | 734 | 399 | | | | | | | | | | | | | | | | | | | | | | | |
| Boulogne-sur-Mer | 954 | 137 | 482 | 704 | 1005 | 827 | 428 | 1003 | 569 | 662 | 442 | 824 | | | | | | | | | | | | | | | | | | | | | | |
| Bourges | 512 | 382 | 272 | 293 | 550 | 339 | 148 | 596 | 280 | 353 | 116 | 417 | 503 | | | | | | | | | | | | | | | | | | | | | |
| Brest | 781 | 629 | 378 | 574 | 844 | 833 | 720 | 830 | 862 | 962 | 542 | 633 | 687 | 648 | | | | | | | | | | | | | | | | | | | | |
| Brive-la-Gaillarde | 238 | 619 | 357 | 199 | 276 | 104 | 427 | 388 | 409 | 511 | 353 | 209 | 739 | 287 | 743 | | | | | | | | | | | | | | | | | | | |
| Caen | 725 | 256 | 254 | 475 | 788 | 673 | 406 | 775 | 547 | 648 | 309 | 596 | 314 | 424 | 376 | 581 | | | | | | | | | | | | | | | | | | |
| Cahors | 91 | 708 | 446 | 288 | 190 | 132 | 530 | 413 | 512 | 614 | 442 | 280 | 828 | 376 | 832 | 100 | 671 | | | | | | | | | | | | | | | | | |
| Calais | 984 | 167 | 512 | 734 | 1037 | 859 | 459 | 1033 | 614 | 651 | 474 | 854 | 38 | 535 | 719 | 772 | 345 | 863 | | | | | | | | | | | | | | | | |
| Carcassonne | 209 | 903 | 642 | 449 | 172 | 354 | 743 | 385 | 597 | 672 | 638 | 336 | 1024 | 571 | 974 | 296 | 866 | 210 | 1054 | | | | | | | | | | | | | | | |
| Châlons-en-Champagne | 821 | 219 | 477 | 609 | 905 | 600 | 169 | 908 | 302 | 339 | 345 | 729 | 328 | 318 | 774 | 593 | 427 | 733 | 321 | 892 | | | | | | | | | | | | | | |
| Chambéry | 704 | 705 | 725 | 639 | 667 | 391 | 405 | 881 | 259 | 266 | 569 | 682 | 826 | 413 | 1118 | 478 | 803 | 580 | 831 | 498 | 519 | | | | | | | | | | | | | |
| Charleville-Mézières | 936 | 201 | 520 | 674 | 973 | 770 | 288 | 974 | 421 | 459 | 410 | 794 | 277 | 442 | 817 | 708 | 471 | 799 | 270 | 1011 | 128 | 638 | | | | | | | | | | | | |
| Chartres | 602 | 217 | 209 | 352 | 698 | 519 | 218 | 652 | 359 | 459 | 134 | 472 | 315 | 195 | 507 | 433 | 236 | 523 | 345 | 718 | 271 | 616 | 314 | | | | | | | | | | | |
| Cherbourg | 830 | 379 | 375 | 596 | 893 | 794 | 530 | 880 | 671 | 770 | 430 | 682 | 438 | 545 | 426 | 702 | 125 | 792 | 468 | 987 | 552 | 928 | 594 | 359 | | | | | | | | | | |
| Clermont-Ferrand | 405 | 557 | 448 | 329 | 443 | 158 | 283 | 550 | 265 | 368 | 292 | 371 | 678 | 191 | 834 | 166 | 594 | 268 | 708 | 431 | 451 | 294 | 620 | 372 | 720 | | | | | | | | | |
| Colmar | 929 | 513 | 767 | 756 | 966 | 676 | 410 | 1076 | 271 | 172 | 626 | 894 | 622 | 514 | 1064 | 672 | 722 | 791 | 664 | 862 | 297 | 411 | 406 | 562 | 845 | 529 | | | | | | | | |
| Dijon | 688 | 471 | 551 | 533 | 743 | 452 | 153 | 835 | 47 | 94 | 369 | 670 | 580 | 257 | 865 | 449 | 550 | 551 | 574 | 637 | 262 | 299 | 381 | 363 | 674 | 305 | 250 | | | | | | | |
| Dunkerque | 1005 | 208 | 553 | 743 | 1043 | 864 | 464 | 1043 | 619 | 658 | 479 | 863 | 79 | 540 | 760 | 777 | 387 | 868 | 45 | 1063 | 327 | 836 | 267 | 388 | 510 | 717 | 641 | 580 | | | | | | |
| Gap | 656 | 836 | 855 | 770 | 619 | 568 | 536 | 833 | 390 | 444 | 699 | 783 | 956 | 543 | 1248 | 608 | 933 | 658 | 996 | 450 | 684 | 189 | 803 | 746 | 1057 | 424 | 596 | 428 | 1004 | | | | | |
| Grenoble | 648 | 710 | 730 | 644 | 611 | 397 | 410 | 824 | 264 | 318 | 574 | 688 | 831 | 418 | 1123 | 483 | 808 | 585 | 870 | 442 | 558 | 58 | 677 | 621 | 932 | 298 | 466 | 303 | 879 | 133 | | | | |
| Le Havre | 803 | 185 | 331 | 553 | 866 | 720 | 369 | 852 | 510 | 610 | 335 | 673 | 244 | 397 | 469 | 634 | 96 | 724 | 274 | 919 | 399 | 767 | 383 | 198 | 220 | 573 | 695 | 514 | 315 | 898 | 770 | | | |
| Lille | 929 | 139 | 514 | 668 | 967 | 789 | 389 | 967 | 544 | 582 | 404 | 788 | 119 | 465 | 763 | 702 | 390 | 792 | 111 | 988 | 252 | 761 | 191 | 309 | 513 | 642 | 568 | 505 | 80 | 926 | 798 | 319 | | |
| Limoges | 324 | 527 | 265 | 104 | 362 | 189 | 345 | 407 | 396 | 498 | 261 | 227 | 647 | 195 | 650 | 97 | 490 | 187 | 678 | 383 | 502 | 540 | 615 | 342 | 610 | 227 | 654 | 434 | 686 | 671 | 542 | 541 | 610 | |
| Lorient | 654 | 590 | 251 | 448 | 717 | 706 | 630 | 678 | 772 | 871 | 446 | 506 | 649 | 521 | 135 | 614 | 338 | 704 | 679 | 849 | 684 | 987 | 726 | 415 | 386 | 700 | 969 | 776 | 720 | 1118 | 990 | 430 | 724 | 523 |
| Lyon | 602 | 600 | 578 | 475 | 615 | 303 | 301 | 749 | 154 | 257 | 422 | 567 | 721 | 308 | 1013 | 362 | 698 | 465 | 760 | 446 | 448 | 112 | 567 | 511 | 822 | 178 | 413 | 193 | 769 | 243 | 115 | 661 | 693 | 423 |
| Le Mans | 558 | 335 | 96 | 308 | 621 | 505 | 335 | 608 | 477 | 577 | 142 | 428 | 393 | 257 | 397 | 413 | 166 | 504 | 424 | 699 | 389 | 710 | 431 | 120 | 286 | 434 | 674 | 481 | 464 | 841 | 713 | 242 | 426 | 322 |
| Marseille | 520 | 912 | 908 | 760 | 483 | 432 | 612 | 697 | 466 | 541 | 751 | 647 | 1032 | 651 | 1285 | 523 | 1009 | 522 | 1072 | 314 | 760 | 330 | 879 | 822 | 1132 | 476 | 731 | 504 | 1080 | 182 | 274 | 972 | 1004 | 609 |
| Mende | 364 | 750 | 640 | 456 | 335 | 176 | 476 | 559 | 374 | 448 | 484 | 491 | 870 | 384 | 1020 | 268 | 787 | 219 | 901 | 294 | 668 | 313 | 787 | 565 | 907 | 203 | 630 | 412 | 909 | 408 | 294 | 764 | 833 | 354 |
| Metz | 970 | 360 | 618 | 772 | 1008 | 717 | 335 | 1071 | 312 | 269 | 508 | 892 | 469 | 483 | 915 | 714 | 569 | 833 | 462 | 902 | 159 | 529 | 204 | 413 | 692 | 570 | 207 | 273 | 439 | 694 | 566 | 541 | 366 | 715 |
| Mont-de-Marsan | 122 | 828 | 507 | 248 | 109 | 367 | 731 | 104 | 738 | 858 | 523 | 135 | 947 | 541 | 755 | 333 | 719 | 260 | 977 | 276 | 853 | 769 | 917 | 596 | 806 | 496 | 1014 | 777 | 987 | 723 | 712 | 796 | 912 | 351 |
| Montpellier | 355 | 882 | 773 | 595 | 318 | 257 | 600 | 531 | 454 | 529 | 617 | 482 | 1003 | 516 | 1120 | 348 | 919 | 356 | 1033 | 149 | 747 | 354 | 866 | 697 | 1039 | 335 | 715 | 492 | 1041 | 308 | 297 | 896 | 966 | 434 |
| Mulhouse | 892 | 547 | 731 | 720 | 930 | 639 | 373 | 1039 | 234 | 136 | 589 | 857 | 656 | 477 | 1028 | 636 | 713 | 755 | 684 | 826 | 331 | 380 | 436 | 526 | 837 | 492 | 49 | 219 | 670 | 566 | 434 | 676 | 597 | 620 |
| Nancy | 916 | 375 | 633 | 767 | 954 | 663 | 321 | 1066 | 258 | 208 | 500 | 881 | 484 | 473 | 896 | 660 | 550 | 779 | 478 | 848 | 159 | 475 | 259 | 394 | 674 | 516 | 144 | 219 | 493 | 640 | 512 | 556 | 420 | 644 |
| Nantes | 464 | 509 | 90 | 275 | 526 | 534 | 493 | 513 | 634 | 735 | 283 | 334 | 568 | 360 | 299 | 442 | 294 | 532 | 598 | 659 | 564 | 814 | 607 | 295 | 341 | 537 | 853 | 638 | 639 | 944 | 817 | 386 | 601 | 351 |
| Narbonne | 267 | 923 | 700 | 507 | 230 | 297 | 687 | 444 | 541 | 616 | 657 | 394 | 1043 | 557 | 1033 | 355 | 925 | 269 | 1074 | 62 | 835 | 441 | 954 | 738 | 1045 | 376 | 802 | 579 | 1082 | 395 | 384 | 937 | 1007 | 441 |
| Nevers | 556 | 381 | 353 | 376 | 594 | 320 | 121 | 701 | 159 | 345 | 197 | 521 | 501 | 79 | 728 | 317 | 478 | 419 | 530 | 594 | 289 | 374 | 457 | 247 | 602 | 173 | 501 | 230 | 538 | 505 | 377 | 441 | 463 | 276 |
| Nice | 676 | 1067 | 1063 | 916 | 639 | 587 | 768 | 852 | 621 | 669 | 907 | 803 | 1188 | 807 | 1441 | 679 | 1165 | 677 | 1227 | 470 | 915 | 479 | 1034 | 978 | 1289 | 631 | 718 | 660 | 1236 | 237 | 328 | 1128 | 1161 | 765 |
| Nîmes | 405 | 854 | 775 | 645 | 368 | 316 | 554 | 582 | 408 | 483 | 619 | 532 | 975 | 518 | 1170 | 408 | 952 | 407 | 1014 | 199 | 702 | 309 | 821 | 700 | 1075 | 338 | 664 | 447 | 1023 | 263 | 251 | 915 | 947 | 494 |
| Orange | 456 | 798 | 794 | 696 | 419 | 367 | 499 | 632 | 352 | 428 | 638 | 583 | 919 | 538 | 1174 | 459 | 896 | 458 | 958 | 250 | 646 | 253 | 765 | 709 | 1020 | 362 | 608 | 391 | 967 | 243 | 195 | 859 | 892 | 608 |
| Orléans | 587 | 269 | 245 | 327 | 625 | 446 | 165 | 626 | 306 | 406 | 63 | 447 | 389 | 123 | 542 | 360 | 320 | 450 | 420 | 645 | 286 | 563 | 358 | 84 | 444 | 299 | 562 | 310 | 428 | 694 | 566 | 283 | 353 | 269 |
| Paris | 711 | 135 | 295 | 449 | 748 | 570 | 171 | 749 | 311 | 411 | 183 | 569 | 255 | 246 | 592 | 483 | 234 | 574 | 289 | 769 | 190 | 568 | 233 | 90 | 357 | 423 | 452 | 315 | 297 | 698 | 571 | 197 | 222 | 392 |
| Pau | 196 | 891 | 570 | 311 | 123 | 418 | 825 | 113 | 807 | 927 | 586 | 198 | 1010 | 671 | 818 | 396 | 782 | 310 | 1040 | 284 | 916 | 777 | 980 | 659 | 869 | 564 | 1083 | 845 | 1050 | 731 | 720 | 859 | 975 | 482 |
| Périgueux | 137 | 626 | 353 | 87 | 212 | 187 | 445 | 316 | 490 | 592 | 361 | 136 | 747 | 294 | 758 | 84 | 566 | 174 | 777 | 370 | 602 | 560 | 715 | 442 | 686 | 247 | 748 | 528 | 785 | 691 | 563 | 640 | 710 | 102 |
| Perpignan | 320 | 983 | 753 | 560 | 283 | 358 | 748 | 497 | 602 | 677 | 718 | 447 | 1104 | 617 | 1085 | 407 | 978 | 322 | 1134 | 114 | 895 | 502 | 1014 | 799 | 1098 | 436 | 863 | 640 | 1142 | 456 | 444 | 998 | 1067 | 493 |
| Poitiers | 363 | 474 | 138 | 114 | 427 | 314 | 377 | 413 | 518 | 618 | 169 | 234 | 592 | 244 | 515 | 221 | 365 | 312 | 623 | 507 | 498 | 607 | 563 | 242 | 485 | 331 | 774 | 522 | 633 | 738 | 610 | 442 | 558 | 130 |
| Le Puy-en-Velay | 453 | 677 | 568 | 459 | 425 | 172 | 431 | 681 | 285 | 360 | 412 | 502 | 798 | 311 | 948 | 297 | 714 | 399 | 828 | 383 | 579 | 224 | 698 | 492 | 834 | 130 | 541 | 323 | 836 | 355 | 227 | 691 | 761 | 358 |
| Reims | 848 | 173 | 432 | 586 | 885 | 682 | 208 | 886 | 340 | 378 | 322 | 706 | 282 | 353 | 729 | 620 | 383 | 710 | 275 | 906 | 48 | 557 | 90 | 226 | 506 | 535 | 345 | 301 | 284 | 722 | 594 | 355 | 209 | 529 |
| Rennes | 579 | 441 | 134 | 391 | 643 | 650 | 482 | 629 | 623 | 723 | 304 | 450 | 499 | 419 | 243 | 558 | 188 | 648 | 530 | 775 | 536 | 880 | 578 | 266 | 236 | 596 | 821 | 627 | 570 | 1003 | 875 | 280 | 574 | 422 |
| La Rochelle | 323 | 608 | 195 | 152 | 386 | 451 | 511 | 373 | 652 | 752 | 302 | 193 | 671 | 377 | 442 | 350 | 443 | 460 | 701 | 518 | 632 | 751 | 697 | 398 | 493 | 474 | 908 | 656 | 742 | 882 | 754 | 520 | 691 | 253 |
| Rodez | 257 | 794 | 508 | 349 | 229 | 102 | 520 | 453 | 518 | 557 | 528 | 384 | 914 | 427 | 893 | 162 | 732 | 112 | 945 | 240 | 705 | 420 | 873 | 609 | 852 | 247 | 777 | 557 | 953 | 502 | 401 | 808 | 877 | 248 |
| Rouen | 770 | 124 | 298 | 520 | 833 | 654 | 303 | 820 | 444 | 544 | 269 | 640 | 183 | 331 | 500 | 568 | 127 | 658 | 213 | 853 | 337 | 701 | 321 | 133 | 251 | 507 | 634 | 448 | 254 | 832 | 704 | 90 | 258 | 477 |
| Saint-Brieuc | 692 | 485 | 229 | 486 | 756 | 745 | 576 | 742 | 718 | 818 | 398 | 545 | 543 | 513 | 147 | 653 | 232 | 743 | 574 | 888 | 630 | 975 | 672 | 361 | 280 | 690 | 915 | 722 | 615 | 1105 | 977 | 324 | 619 | 517 |
| Saint-Étienne | 573 | 623 | 581 | 495 | 499 | 245 | 361 | 720 | 215 | 289 | 424 | 538 | 743 | 324 | 960 | 333 | 727 | 436 | 820 | 467 | 508 | 153 | 627 | 505 | 847 | 149 | 470 | 253 | 829 | 284 | 156 | 704 | 754 | 394 |
| Saint-Nazaire | 530 | 564 | 145 | 341 | 593 | 600 | 548 | 580 | 689 | 790 | 340 | 400 | 623 | 415 | 272 | 508 | 311 | 598 | 653 | 725 | 620 | 869 | 662 | 350 | 359 | 592 | 905 | 693 | 694 | 1000 | 872 | 403 | 657 | 417 |
| Strasbourg | 1006 | 518 | 776 | 834 | 1044 | 753 | 487 | 1153 | 348 | 249 | 637 | 971 | 627 | 591 | 1073 | 750 | 727 | 869 | 621 | 940 | 317 | 481 | 363 | 571 | 850 | 606 | 75 | 333 | 597 | 667 | 534 | 699 | 524 | 734 |
| Toulon | 584 | 976 | 972 | 824 | 547 | 496 | 676 | 761 | 530 | 605 | 816 | 711 | 1096 | 715 | 1350 | 587 | 1073 | 586 | 1136 | 379 | 824 | 386 | 943 | 887 | 1197 | 540 | 792 | 568 | 1144 | 238 | 329 | 1036 | 1069 | 674 |
| Toulouse | 120 | 815 | 553 | 360 | 81 | 229 | 637 | 299 | 619 | 737 | 549 | 247 | 935 | 483 | 885 | 207 | 778 | 122 | 966 | 94 | 839 | 587 | 904 | 630 | 898 | 376 | 894 | 674 | 974 | 541 | 530 | 829 | 899 | 294 |
| Tours | 466 | 373 | 123 | 216 | 529 | 413 | 276 | 515 | 417 | 518 | 68 | 336 | 492 | 164 | 498 | 321 | 264 | 411 | 522 | 607 | 398 | 618 | 462 | 141 | 384 | 341 | 674 | 421 | 532 | 749 | 621 | 341 | 457 | 230 |
| Troyes | 742 | 295 | 435 | 530 | 780 | 513 | 83 | 829 | 231 | 269 | 266 | 650 | 404 | 239 | 732 | 514 | 417 | 605 | 398 | 821 | 86 | 448 | 205 | 230 | 540 | 366 | 340 | 191 | 406 | 613 | 485 | 380 | 331 | 423 |
| Valence | 552 | 700 | 696 | 610 | 515 | 363 | 400 | 729 | 254 | 330 | 540 | 654 | 821 | 439 | 1076 | 449 | 798 | 551 | 860 | 347 | 548 | 155 | 667 | 611 | 921 | 264 | 510 | 293 | 868 | 226 | 98 | 761 | 793 | 510 |
| Valenciennes | 916 | 125 | 500 | 654 | 953 | 775 | 375 | 954 | 514 | 552 | 390 | 774 | 171 | 451 | 749 | 688 | 376 | 779 | 161 | 974 | 222 | 732 | 139 | 295 | 500 | 628 | 530 | 475 | 129 | 897 | 769 | 306 | 54 | 597 |

# Tableau des distances / Distances
# Entfernungstabelle / Afstandstabel
# Tabella distanze / Cuadro de distancias

Les distances sont comptées à partir du centre-ville et par la route la plus pratique, c'est à dire celle qui offre les meilleures conditions de roulage, mais qui n'est pas nécessairement la plus courte

Distances are shown in kilometres and are calculated from town/city centres along the most practicable roads, although not necessarily taking the shortest route

Die Entfernungen gelten ab Stadtmitte unter Berücksichtigung der günstigsten, jedoch nicht immer kürzesten Strecke

De afstanden zijn in km berekend van centrum tot centrum langs de geschickste, dus niet noodzakelijkerwijze de hortste route

Distanze fra principali città: le distanze sono calcolate a partire dal centro delle città e seguendo la strada che, pur non essendo necessariamente la più breve, offre le migliori condizioni di viaggio

Distancias entre ciudades importantes: las distancias están calculadas desde el centro de la ciudad y por la carretera más práctica para el automovilista, es decir, la que ofrece mejores condiciones de circulación, que no tiene por qué ser la más corta.

610 km

Le Mans - Toulouse

| | Lorient | Lyon | Le Mans | Marseille | Mende | Metz | Mont-de-Marsan | Montpellier | Mulhouse | Nancy | Nantes | Narbonne | Nevers | Nice | Nîmes | Orange | Orléans | Paris | Pau | Périgueux | Perpignan | Poitiers | Le Puy-en-Velay | Reims | Rennes | La Rochelle | Rodez | Rouen | Saint-Brieuc | Saint-Étienne | Saint-Nazaire | Strasbourg | Toulon | Toulouse | Tours | Troyes | Valence |
|---|---|---|---|---|---|---|---|---|---|---|---|---|---|---|---|---|---|---|---|---|---|---|---|---|---|---|---|---|---|---|---|---|---|---|---|---|---|
| Lyon | 837 | | | | | | | | | | | | | | | | | | | | | | | | | | | | | | | | | | | | |
| Le Mans | 306 | 562 | | | | | | | | | | | | | | | | | | | | | | | | | | | | | | | | | | | |
| Marseille | 1158 | 314 | 893 | | | | | | | | | | | | | | | | | | | | | | | | | | | | | | | | | | |
| Mende | 900 | 223 | 625 | 271 | | | | | | | | | | | | | | | | | | | | | | | | | | | | | | | | | |
| Metz | 824 | 459 | 529 | 770 | 677 | | | | | | | | | | | | | | | | | | | | | | | | | | | | | | | | |
| Mont-de-Marsan | 628 | 691 | 552 | 586 | 438 | 1017 | | | | | | | | | | | | | | | | | | | | | | | | | | | | | | | |
| Montpellier | 993 | 303 | 758 | 171 | 198 | 757 | 420 | | | | | | | | | | | | | | | | | | | | | | | | | | | | | | |
| Mulhouse | 937 | 381 | 642 | 694 | 596 | 234 | 981 | 680 | | | | | | | | | | | | | | | | | | | | | | | | | | | | | |
| Nancy | 805 | 405 | 510 | 716 | 624 | 58 | 1005 | 702 | 178 | | | | | | | | | | | | | | | | | | | | | | | | | | | | |
| Nantes | 172 | 666 | 186 | 969 | 742 | 706 | 457 | 804 | 821 | 688 | | | | | | | | | | | | | | | | | | | | | | | | | | | |
| Narbonne | 905 | 390 | 758 | 258 | 238 | 844 | 333 | 92 | 774 | 789 | 716 | | | | | | | | | | | | | | | | | | | | | | | | | | |
| Nevers | 601 | 270 | 338 | 581 | 364 | 455 | 645 | 497 | 472 | 437 | 440 | 538 | | | | | | | | | | | | | | | | | | | | | | | | | |
| Nice | 1314 | 471 | 1048 | 204 | 426 | 925 | 741 | 324 | 686 | 870 | 1124 | 414 | 733 | | | | | | | | | | | | | | | | | | | | | | | | |
| Nîmes | 1043 | 258 | 760 | 123 | 150 | 712 | 471 | 54 | 636 | 656 | 853 | 143 | 519 | 282 | | | | | | | | | | | | | | | | | | | | | | | |
| Orange | 1054 | 202 | 779 | 118 | 207 | 656 | 521 | 105 | 580 | 601 | 905 | 194 | 464 | 274 | 56 | | | | | | | | | | | | | | | | | | | | | | |
| Orléans | 493 | 458 | 144 | 758 | 490 | 458 | 571 | 623 | 533 | 438 | 332 | 664 | 175 | 914 | 682 | 644 | | | | | | | | | | | | | | | | | | | | | |
| Paris | 501 | 463 | 206 | 775 | 614 | 332 | 693 | 747 | 481 | 314 | 382 | 787 | 245 | 931 | 712 | 660 | 133 | | | | | | | | | | | | | | | | | | | | |
| Pau | 691 | 727 | 615 | 594 | 456 | 1128 | 86 | 429 | 1054 | 1072 | 520 | 341 | 708 | 750 | 478 | 530 | 635 | 758 | | | | | | | | | | | | | | | | | | | |
| Périgueux | 631 | 443 | 398 | 680 | 341 | 810 | 260 | 422 | 737 | 738 | 442 | 427 | 390 | 836 | 564 | 616 | 368 | 493 | 322 | | | | | | | | | | | | | | | | | | |
| Perpignan | 958 | 451 | 810 | 318 | 299 | 905 | 386 | 153 | 835 | 850 | 768 | 65 | 592 | 475 | 203 | 254 | 725 | 849 | 394 | 475 | | | | | | | | | | | | | | | | | |
| Poitiers | 388 | 443 | 197 | 790 | 522 | 663 | 357 | 560 | 745 | 650 | 217 | 565 | 321 | 946 | 702 | 675 | 217 | 340 | 419 | 204 | 619 | | | | | | | | | | | | | | | | |
| Le Puy-en-Velay | 827 | 134 | 552 | 298 | 90 | 589 | 527 | 287 | 512 | 533 | 664 | 327 | 285 | 454 | 236 | 184 | 418 | 543 | 545 | 372 | 387 | 449 | | | | | | | | | | | | | | | |
| Reims | 638 | 487 | 343 | 798 | 706 | 190 | 830 | 784 | 380 | 205 | 518 | 874 | 366 | 954 | 736 | 684 | 269 | 143 | 891 | 629 | 934 | 475 | 617 | | | | | | | | | | | | | | |
| Rennes | 152 | 725 | 160 | 1049 | 781 | 678 | 573 | 914 | 792 | 653 | 111 | 832 | 497 | 1211 | 973 | 940 | 353 | 355 | 635 | 557 | 886 | 332 | 715 | 490 | | | | | | | | | | | | | |
| La Rochelle | 315 | 587 | 287 | 828 | 665 | 797 | 317 | 663 | 879 | 784 | 144 | 575 | 455 | 984 | 712 | 764 | 351 | 474 | 378 | 277 | 629 | 140 | 593 | 609 | 261 | | | | | | | | | | | | |
| Rodez | 766 | 331 | 565 | 365 | 109 | 822 | 332 | 190 | 748 | 767 | 595 | 230 | 402 | 521 | 249 | 300 | 535 | 660 | 350 | 230 | 290 | 372 | 197 | 785 | 712 | 500 | | | | | | | | | | | |
| Rouen | 461 | 596 | 209 | 908 | 698 | 480 | 764 | 831 | 613 | 494 | 385 | 872 | 373 | 1064 | 845 | 793 | 217 | 131 | 826 | 576 | 932 | 410 | 626 | 292 | 314 | 486 | 745 | | | | | | | | | | |
| Saint-Brieuc | 124 | 870 | 254 | 1143 | 875 | 772 | 668 | 1008 | 886 | 747 | 206 | 945 | 591 | 1299 | 1067 | 1029 | 447 | 450 | 730 | 670 | 999 | 427 | 803 | 584 | 98 | 356 | 807 | 358 | | | | | | | | | |
| Saint-Étienne | 840 | 64 | 565 | 334 | 164 | 518 | 662 | 322 | 442 | 463 | 667 | 411 | 245 | 492 | 273 | 221 | 431 | 487 | 620 | 409 | 471 | 462 | 76 | 548 | 728 | 608 | 275 | 639 | 817 | | | | | | | | |
| Saint-Nazaire | 145 | 721 | 239 | 1035 | 793 | 762 | 524 | 870 | 876 | 744 | 70 | 782 | 493 | 1191 | 919 | 946 | 389 | 439 | 585 | 508 | 836 | 283 | 721 | 574 | 127 | 211 | 662 | 441 | 222 | 724 | | | | | | | |
| Strasbourg | 982 | 495 | 687 | 808 | 710 | 163 | 1095 | 794 | 117 | 156 | 863 | 884 | 578 | 788 | 741 | 689 | 578 | 489 | 1164 | 825 | 944 | 794 | 622 | 348 | 834 | 928 | 861 | 637 | 929 | 551 | 919 | | | | | | |
| Toulon | 1222 | 379 | 957 | 67 | 335 | 834 | 650 | 233 | 763 | 778 | 1033 | 323 | 641 | 150 | 187 | 183 | 823 | 841 | 658 | 655 | 383 | 853 | 361 | 863 | 1113 | 892 | 431 | 971 | 1208 | 398 | 1099 | 874 | | | | | |
| Toulouse | 758 | 537 | 610 | 406 | 257 | 939 | 183 | 239 | 866 | 884 | 568 | 151 | 519 | 560 | 288 | 340 | 556 | 680 | 196 | 275 | 205 | 418 | 346 | 816 | 686 | 428 | 149 | 763 | 799 | 421 | 634 | 976 | 469 | | | | |
| Tours | 371 | 470 | 97 | 800 | 532 | 562 | 459 | 665 | 645 | 550 | 210 | 664 | 242 | 956 | 724 | 686 | 117 | 240 | 521 | 318 | 718 | 105 | 460 | 374 | 259 | 239 | 475 | 310 | 354 | 473 | 265 | 690 | 865 | 516 | | | |
| Troyes | 641 | 377 | 346 | 689 | 596 | 253 | 774 | 675 | 312 | 214 | 522 | 764 | 198 | 845 | 626 | 574 | 207 | 174 | 835 | 523 | 824 | 419 | 508 | 125 | 493 | 553 | 621 | 314 | 588 | 437 | 577 | 385 | 753 | 710 | 319 | | |
| Valence | 955 | 104 | 681 | 215 | 200 | 558 | 618 | 201 | 482 | 502 | 783 | 291 | 365 | 371 | 152 | 100 | 547 | 565 | 626 | 524 | 351 | 578 | 193 | 587 | 843 | 723 | 311 | 695 | 932 | 122 | 838 | 592 | 280 | 438 | 588 | 477 | |
| Valenciennes | 710 | 661 | 411 | 972 | 819 | 328 | 898 | 959 | 562 | 382 | 587 | 992 | 445 | 1129 | 910 | 858 | 338 | 212 | 960 | 697 | 1052 | 544 | 747 | 177 | 563 | 678 | 866 | 244 | 605 | 720 | 643 | 485 | 1037 | 884 | 443 | 299 | 760 |

# Temps de parcours / Driving times / Fahrzeiten
# Reistijden / Tempi di percorrenza
# Tiempos de recorrido

| | Agen | Amiens | Angers | Angoulême | Auch | Aurillac | Auxerre | Bayonne | Beaune | Besançon | Blois | Bordeaux | Boulogne-sur-Mer | Bourges | Brest | Brive-la-Gaillarde | Caen | Cahors | Calais | Carcassonne | Châlons-en-Champagne | Chambéry | Charleville-Mézières | Chartres | Cherbourg | Clermont-Ferrand | Colmar | Dijon | Dunkerque | Gap | Grenoble | Le Havre | Lille | Limoges |
|---|---|---|---|---|---|---|---|---|---|---|---|---|---|---|---|---|---|---|---|---|---|---|---|---|---|---|---|---|---|---|---|---|---|---|
| Amiens | 7:56 | | | | | | | | | | | | | | | | | | | | | | | | | | | | | | | | | |
| Angers | 4:47 | 3:53 | | | | | | | | | | | | | | | | | | | | | | | | | | | | | | | | |
| Angoulême | 2:34 | 5:47 | 3:06 | | | | | | | | | | | | | | | | | | | | | | | | | | | | | | | |
| Auch | 1:14 | 8:35 | 5:48 | 3:33 | | | | | | | | | | | | | | | | | | | | | | | | | | | | | | |
| Aurillac | 3:28 | 7:14 | 5:46 | 3:51 | 4:09 | | | | | | | | | | | | | | | | | | | | | | | | | | | | | |
| Auxerre | 6:52 | 3:13 | 4:04 | 4:56 | 7:33 | 5:22 | | | | | | | | | | | | | | | | | | | | | | | | | | | | |
| Bayonne | 2:46 | 8:38 | 5:20 | 3:06 | 2:33 | 5:21 | 7:48 | | | | | | | | | | | | | | | | | | | | | | | | | | | |
| Beaune | 6:31 | 4:20 | 5:11 | 5:37 | 7:12 | 5:02 | 1:25 | 8:02 | | | | | | | | | | | | | | | | | | | | | | | | | | |
| Besançon | 7:25 | 4:59 | 6:03 | 6:31 | 8:05 | 5:55 | 2:17 | 8:56 | 1:04 | | | | | | | | | | | | | | | | | | | | | | | | | |
| Blois | 5:04 | 3:19 | 1:52 | 2:45 | 6:04 | 4:49 | 2:28 | 5:37 | 3:36 | 4:27 | | | | | | | | | | | | | | | | | | | | | | | | |
| Bordeaux | 1:21 | 6:59 | 3:41 | 1:26 | 2:22 | 3:41 | 6:09 | 1:54 | 6:12 | 7:07 | 4:01 | | | | | | | | | | | | | | | | | | | | | | | |
| Boulogne-sur-Mer | 8:51 | 1:19 | 4:23 | 6:32 | 9:36 | 8:13 | 4:12 | 9:24 | 5:19 | 5:53 | 4:21 | 7:45 | | | | | | | | | | | | | | | | | | | | | | |
| Bourges | 5:04 | 3:53 | 2:29 | 3:31 | 5:46 | 3:44 | 2:06 | 6:25 | 3:25 | 4:09 | 1:29 | 4:46 | 4:52 | | | | | | | | | | | | | | | | | | | | | |
| Brest | 7:16 | 6:00 | 3:46 | 5:54 | 8:16 | 8:52 | 6:46 | 7:49 | 7:53 | 8:46 | 5:12 | 6:14 | 6:28 | 6:07 | | | | | | | | | | | | | | | | | | | | |
| Brive-la-Gaillarde | 2:17 | 5:57 | 4:24 | 2:28 | 2:59 | 1:42 | 4:52 | 3:41 | 4:32 | 5:27 | 3:33 | 2:02 | 6:56 | 3:07 | 7:34 | | | | | | | | | | | | | | | | | | | |
| Caen | 6:59 | 2:24 | 2:32 | 4:40 | 8:00 | 7:21 | 3:48 | 7:32 | 4:55 | 5:49 | 3:05 | 5:53 | 2:52 | 4:04 | 3:47 | 5:58 | | | | | | | | | | | | | | | | | | |
| Cahors | 1:27 | 6:47 | 5:13 | 3:18 | 2:16 | 2:10 | 5:41 | 3:53 | 5:21 | 6:16 | 4:23 | 2:40 | 7:46 | 3:57 | 8:24 | 1:07 | 6:50 | | | | | | | | | | | | | | | | | |
| Calais | 9:08 | 1:36 | 4:40 | 6:49 | 9:44 | 8:21 | 4:19 | 9:41 | 5:19 | 5:40 | 4:29 | 8:02 | 0:29 | 4:59 | 6:47 | 7:02 | 3:09 | 7:54 | | | | | | | | | | | | | | | | |
| Carcassonne | 2:00 | 8:28 | 6:55 | 4:16 | 2:00 | 4:10 | 6:32 | 3:30 | 5:16 | 6:20 | 6:05 | 3:04 | 9:28 | 5:39 | 9:00 | 2:49 | 8:32 | 2:09 | 9:34 | | | | | | | | | | | | | | | |
| Châlons-en-Champagne | 8:12 | 2:10 | 4:23 | 6:05 | 8:56 | 7:32 | 2:08 | 8:57 | 2:41 | 3:03 | 3:40 | 7:18 | 3:05 | 3:49 | 7:20 | 6:11 | 4:02 | 7:06 | 2:55 | 7:48 | | | | | | | | | | | | | | |
| Chambéry | 6:19 | 6:37 | 6:32 | 6:34 | 6:20 | 4:52 | 3:42 | 7:50 | 2:25 | 3:08 | 5:32 | 6:20 | 7:36 | 4:39 | 10:09 | 4:42 | 7:10 | 5:30 | 7:47 | 4:34 | 5:08 | | | | | | | | | | | | | |
| Charleville-Mézières | 8:29 | 2:35 | 4:46 | 6:20 | 9:10 | 8:00 | 3:09 | 9:12 | 3:42 | 4:05 | 3:55 | 7:33 | 3:29 | 4:35 | 7:42 | 6:28 | 4:24 | 7:20 | 3:19 | 8:49 | 1:16 | 6:09 | | | | | | | | | | | | |
| Chartres | 6:21 | 2:29 | 1:56 | 4:02 | 6:46 | 5:23 | 2:10 | 6:55 | 3:17 | 4:09 | 1:31 | 5:16 | 3:14 | 2:02 | 4:53 | 4:04 | 2:24 | 4:56 | 3:31 | 6:39 | 2:42 | 5:30 | 3:04 | | | | | | | | | | | |
| Cherbourg | 7:51 | 3:50 | 3:54 | 6:02 | 8:52 | 8:43 | 5:14 | 8:24 | 6:22 | 7:11 | 4:27 | 6:50 | 4:18 | 5:26 | 4:33 | 7:20 | 1:33 | 8:13 | 4:34 | 9:55 | 5:27 | 8:35 | 5:49 | 3:51 | | | | | | | | | | |
| Clermont-Ferrand | 3:58 | 5:21 | 3:58 | 3:49 | 4:39 | 2:11 | 3:28 | 5:19 | 3:09 | 4:04 | 2:58 | 3:40 | 6:21 | 1:52 | 7:42 | 2:01 | 5:48 | 2:50 | 6:27 | 4:05 | 5:35 | 2:53 | 6:05 | 3:31 | 6:53 | | | | | | | | | |
| Colmar | 8:56 | 5:44 | 7:36 | 8:02 | 9:37 | 7:27 | 3:49 | 10:28 | 2:36 | 1:48 | 6:02 | 8:38 | 6:38 | 5:40 | 10:32 | 6:59 | 7:35 | 7:48 | 6:08 | 7:43 | 3:41 | 4:15 | 4:08 | 5:57 | 9:00 | 5:36 | | | | | | | | |
| Dijon | 6:54 | 4:20 | 5:19 | 6:00 | 7:35 | 5:25 | 1:33 | 8:25 | 0:34 | 0:59 | 3:47 | 6:36 | 5:15 | 3:25 | 8:00 | 4:57 | 5:02 | 5:46 | 5:05 | 5:41 | 2:25 | 2:46 | 3:26 | 3:25 | 6:26 | 3:34 | 2:29 | | | | | | | |
| Dunkerque | 9:11 | 1:57 | 5:01 | 7:01 | 9:52 | 8:29 | 4:27 | 9:54 | 5:28 | 5:51 | 4:37 | 8:15 | 0:50 | 5:07 | 7:08 | 7:10 | 3:30 | 8:02 | 0:32 | 9:44 | 3:02 | 7:55 | 3:10 | 3:53 | 4:54 | 6:38 | 6:14 | 5:13 | | | | | | |
| Gap | 5:58 | 8:24 | 8:19 | 8:21 | 5:59 | 6:13 | 5:28 | 7:29 | 4:12 | 5:01 | 7:19 | 7:03 | 9:23 | 6:26 | 11:55 | 6:28 | 8:57 | 6:07 | 9:22 | 4:12 | 6:43 | 2:26 | 7:44 | 7:20 | 10:21 | 4:42 | 6:30 | 4:34 | 9:32 | | | | | |
| Grenoble | 5:45 | 6:42 | 6:37 | 6:39 | 5:45 | 4:57 | 3:47 | 7:16 | 2:30 | 3:21 | 5:37 | 6:25 | 7:41 | 4:44 | 10:13 | 4:46 | 7:15 | 5:35 | 7:40 | 3:59 | 5:01 | 0:38 | 6:02 | 5:38 | 8:39 | 3:00 | 4:42 | 2:52 | 7:51 | 1:58 | | | | |
| Le Havre | 7:28 | 1:49 | 3:00 | 5:08 | 8:28 | 7:26 | 3:33 | 8:01 | 4:40 | 5:32 | 3:34 | 6:22 | 2:17 | 4:04 | 4:41 | 6:07 | 1:03 | 6:59 | 2:33 | 8:42 | 3:39 | 6:53 | 4:07 | 2:11 | 2:27 | 5:35 | 7:16 | 4:49 | 2:55 | 8:42 | 6:55 | | | |
| Lille | 8:28 | 1:28 | 4:45 | 6:19 | 9:10 | 7:47 | 3:45 | 9:11 | 4:46 | 5:09 | 3:54 | 7:33 | 1:34 | 4:25 | 7:12 | 6:28 | 3:34 | 7:20 | 1:12 | 9:02 | 2:20 | 7:13 | 2:28 | 3:07 | 4:59 | 5:56 | 5:39 | 4:31 | 0:55 | 8:47 | 7:00 | 3:00 | | |
| Limoges | 3:00 | 5:05 | 3:32 | 1:26 | 3:41 | 2:22 | 4:13 | 4:20 | 4:21 | 5:16 | 2:42 | 2:42 | 6:05 | 2:16 | 6:43 | 1:00 | 5:09 | 1:52 | 6:10 | 3:34 | 5:18 | 5:00 | 5:37 | 3:15 | 6:28 | 2:22 | 6:45 | 4:43 | 6:20 | 6:49 | 5:02 | 5:16 | 5:40 | |
| Lorient | 6:00 | 5:32 | 2:30 | 4:38 | 7:00 | 7:37 | 5:55 | 6:43 | 7:03 | 7:54 | 4:19 | 4:58 | 6:00 | 4:51 | 1:30 | 6:14 | 3:19 | 7:06 | 6:16 | 7:43 | 6:28 | 9:39 | 6:50 | 4:00 | 4:01 | 6:36 | 9:39 | 7:11 | 6:37 | 11:28 | 9:41 | 4:10 | 6:42 | 5:25 |
| Lyon | 5:54 | 5:36 | 5:54 | 5:56 | 5:43 | 4:00 | 2:41 | 7:25 | 1:25 | 2:19 | 4:54 | 5:36 | 6:36 | 3:38 | 9:08 | 3:57 | 6:09 | 4:45 | 6:35 | 3:57 | 3:55 | 1:10 | 4:57 | 4:33 | 7:34 | 2:11 | 3:49 | 1:47 | 6:45 | 2:59 | 1:12 | 5:55 | 6:05 | 4:17 |
| Le Mans | 5:34 | 3:12 | 0:59 | 3:15 | 6:34 | 5:55 | 3:09 | 6:07 | 4:17 | 5:08 | 1:39 | 4:28 | 3:40 | 2:39 | 3:57 | 4:33 | 1:49 | 5:25 | 3:57 | 7:07 | 3:41 | 6:41 | 4:03 | 1:14 | 3:08 | 4:10 | 6:52 | 4:25 | 4:17 | 8:29 | 6:42 | 2:17 | 4:06 | 3:44 |
| Marseille | 4:40 | 8:21 | 8:00 | 6:56 | 4:39 | 4:54 | 5:25 | 6:10 | 4:09 | 5:14 | 7:00 | 5:44 | 9:20 | 5:54 | 11:40 | 6:08 | 8:56 | 4:48 | 9:19 | 2:52 | 6:39 | 3:39 | 7:41 | 7:16 | 10:17 | 4:24 | 6:37 | 4:31 | 9:29 | 1:53 | 3:09 | 8:39 | 8:51 | 6:51 |
| Mende | 4:10 | 7:08 | 5:45 | 6:05 | 4:17 | 2:23 | 5:15 | 5:52 | 4:18 | 5:23 | 4:45 | 5:15 | 8:08 | 3:39 | 9:44 | 3:54 | 7:35 | 3:15 | 8:14 | 2:57 | 6:48 | 3:49 | 7:50 | 5:18 | 8:55 | 2:07 | 6:45 | 4:40 | 8:23 | 4:51 | 3:55 | 7:19 | 7:43 | 4:38 |
| Metz | 9:07 | 3:20 | 5:33 | 7:07 | 9:48 | 7:38 | 3:30 | 9:59 | 2:47 | 3:05 | 4:42 | 8:20 | 4:14 | 5:11 | 8:29 | 7:10 | 5:11 | 7:59 | 4:04 | 7:54 | 1:31 | 5:14 | 2:03 | 3:54 | 6:35 | 5:47 | 2:15 | 2:32 | 4:12 | 6:48 | 5:01 | 4:51 | 3:34 | 6:26 |
| Mont-de-Marsan | 1:42 | 8:29 | 5:11 | 2:56 | 1:39 | 4:51 | 7:39 | 1:11 | 7:42 | 8:37 | 5:31 | 1:44 | 9:14 | 6:20 | 7:44 | 3:31 | 7:22 | 3:00 | 9:30 | 3:31 | 8:43 | 7:47 | 9:01 | 6:45 | 8:14 | 5:11 | 10:06 | 8:04 | 9:43 | 7:29 | 7:11 | 7:51 | 9:03 | 4:17 |
| Montpellier | 3:15 | 8:20 | 6:57 | 5:31 | 3:15 | 3:23 | 5:20 | 4:45 | 4:04 | 5:10 | 5:57 | 4:19 | 9:20 | 4:51 | 10:15 | 4:37 | 8:47 | 3:24 | 9:26 | 1:29 | 6:34 | 3:20 | 7:36 | 6:30 | 10:07 | 3:19 | 6:30 | 4:26 | 9:35 | 3:02 | 2:44 | 8:31 | 8:55 | 5:20 |
| Mulhouse | 8:32 | 6:01 | 7:11 | 7:38 | 9:13 | 7:02 | 3:24 | 10:03 | 2:11 | 1:24 | 5:38 | 8:14 | 6:56 | 5:16 | 10:08 | 6:35 | 7:10 | 7:23 | 6:49 | 7:19 | 3:58 | 4:00 | 4:48 | 5:32 | 8:34 | 5:12 | 0:38 | 2:07 | 6:56 | 6:22 | 4:30 | 6:55 | 6:18 | 6:22 |
| Nancy | 8:40 | 3:53 | 6:07 | 7:17 | 9:21 | 7:11 | 3:24 | 10:09 | 2:20 | 2:33 | 4:53 | 8:22 | 4:48 | 5:02 | 9:08 | 6:43 | 5:56 | 7:32 | 4:38 | 7:27 | 1:51 | 4:47 | 2:37 | 4:33 | 7:20 | 5:20 | 2:07 | 2:05 | 4:46 | 6:21 | 4:34 | 5:25 | 4:08 | 6:30 |
| Nantes | 4:23 | 4:45 | 0:59 | 2:57 | 5:23 | 5:56 | 4:56 | 4:56 | 6:03 | 6:55 | 2:47 | 3:17 | 5:13 | 3:20 | 3:16 | 4:33 | 3:02 | 5:25 | 5:29 | 6:07 | 5:14 | 7:22 | 5:36 | 2:47 | 3:41 | 4:52 | 8:27 | 6:11 | 5:50 | 9:13 | 7:24 | 3:51 | 5:40 | 3:44 |
| Narbonne | 2:28 | 8:37 | 7:23 | 4:45 | 2:29 | 3:39 | 6:02 | 3:59 | 4:45 | 5:50 | 6:13 | 3:33 | 9:36 | 5:07 | 9:28 | 3:17 | 9:00 | 2:37 | 9:42 | 0:42 | 7:16 | 4:02 | 8:17 | 6:46 | 10:19 | 3:35 | 7:11 | 5:07 | 9:51 | 3:43 | 3:25 | 8:48 | 9:11 | 4:01 |
| Nevers | 5:31 | 3:47 | 3:28 | 4:31 | 6:12 | 4:01 | 1:34 | 6:51 | 2:28 | 3:44 | 2:29 | 5:13 | 4:47 | 1:10 | 7:07 | 3:34 | 4:21 | 4:22 | 4:52 | 5:55 | 3:40 | 4:00 | 4:10 | 2:48 | 5:45 | 2:11 | 5:13 | 2:53 | 5:01 | 5:48 | 4:02 | 4:06 | 4:21 | 3:15 |
| Nice | 6:07 | 9:48 | 9:28 | 8:24 | 6:08 | 6:22 | 6:53 | 7:38 | 5:37 | 7:19 | 8:28 | 7:12 | 10:48 | 7:22 | 13:07 | 7:36 | 10:21 | 6:16 | 10:47 | 4:21 | 8:07 | 4:49 | 9:09 | 8:45 | 11:46 | 5:51 | 7:18 | 5:59 | 10:57 | 3:37 | 4:55 | 10:07 | 10:17 | 8:19 |
| Nîmes | 3:40 | 7:53 | 7:52 | 5:56 | 3:40 | 3:54 | 4:58 | 5:10 | 3:41 | 4:47 | 6:52 | 4:44 | 8:52 | 5:46 | 10:40 | 5:08 | 8:26 | 3:49 | 8:51 | 1:54 | 6:12 | 2:58 | 7:13 | 7:25 | 9:50 | 4:14 | 6:09 | 4:03 | 9:02 | 2:39 | 2:21 | 8:11 | 8:22 | 5:52 |
| Orange | 4:01 | 7:21 | 7:00 | 6:17 | 4:01 | 4:15 | 4:26 | 5:31 | 3:09 | 4:14 | 6:00 | 5:05 | 8:20 | 4:54 | 11:00 | 5:29 | 7:54 | 4:09 | 8:19 | 2:15 | 5:40 | 2:26 | 6:41 | 6:17 | 9:18 | 3:24 | 5:36 | 3:31 | 8:30 | 2:33 | 1:49 | 7:39 | 7:50 | 5:30 |
| Orléans | 5:17 | 2:54 | 2:18 | 3:10 | 5:59 | 4:36 | 1:59 | 6:03 | 3:06 | 3:58 | 0:45 | 4:24 | 3:53 | 1:14 | 5:56 | 3:17 | 3:20 | 4:09 | 3:59 | 5:51 | 3:03 | 5:19 | 3:26 | 1:03 | 4:44 | 2:45 | 5:26 | 3:14 | 4:08 | 7:08 | 5:21 | 3:05 | 3:28 | 2:28 |
| Paris | 6:33 | 1:40 | 2:50 | 4:24 | 7:13 | 5:51 | 1:49 | 7:16 | 2:57 | 3:49 | 1:58 | 5:37 | 2:40 | 2:30 | 5:46 | 4:32 | 2:24 | 5:25 | 2:48 | 7:07 | 1:55 | 5:10 | 2:17 | 1:10 | 3:46 | 4:01 | 5:43 | 3:06 | 2:57 | 7:01 | 5:12 | 2:08 | 2:19 | 3:43 |
| Pau | 2:54 | 9:28 | 6:10 | 3:55 | 1:43 | 4:55 | 8:17 | 1:10 | 7:57 | 8:53 | 6:30 | 2:43 | 10:13 | 6:33 | 8:43 | 3:43 | 8:21 | 3:04 | 10:29 | 2:43 | 9:42 | 6:59 | 10:00 | 7:44 | 9:13 | 5:26 | 10:22 | 8:20 | 10:42 | 6:41 | 6:22 | 8:50 | 10:02 | 4:27 |
| Périgueux | 2:12 | 6:32 | 4:50 | 1:26 | 3:28 | 2:32 | 5:39 | 2:59 | 5:02 | 5:58 | 4:08 | 1:21 | 7:31 | 3:42 | 7:06 | 0:51 | 6:01 | 1:43 | 7:37 | 3:26 | 6:45 | 5:10 | 7:04 | 4:42 | 7:21 | 2:31 | 7:26 | 5:24 | 7:46 | 6:59 | 5:12 | 6:43 | 7:06 | 1:37 |
| Perpignan | 2:54 | 9:07 | 7:49 | 5:10 | 2:54 | 4:10 | 6:32 | 4:24 | 5:15 | 6:22 | 6:44 | 3:58 | 10:07 | 5:38 | 9:53 | 3:42 | 9:25 | 3:02 | 10:13 | 1:08 | 7:46 | 4:32 | 8:47 | 7:17 | 10:45 | 4:06 | 7:42 | 5:37 | 10:22 | 4:13 | 3:55 | 9:18 | 9:42 | 4:26 |
| Poitiers | 3:39 | 4:42 | 1:56 | 1:20 | 4:40 | 4:04 | 3:52 | 4:13 | 5:00 | 5:51 | 1:45 | 2:34 | 5:27 | 2:20 | 5:03 | 2:42 | 3:36 | 3:34 | 5:44 | 5:16 | 4:57 | 6:23 | 5:14 | 2:59 | 4:55 | 3:53 | 7:20 | 5:08 | 5:57 | 8:12 | 6:25 | 4:04 | 5:17 | 1:53 |
| Le Puy-en-Velay | 5:36 | 6:44 | 5:20 | 5:20 | 5:43 | 2:33 | 4:10 | 6:50 | 2:54 | 3:58 | 4:20 | 5:11 | 7:43 | 3:14 | 9:19 | 3:33 | 7:11 | 4:21 | 7:49 | 4:22 | 5:24 | 2:25 | 6:26 | 4:53 | 8:30 | 1:42 | 5:21 | 3:16 | 7:58 | 4:14 | 2:27 | 6:55 | 7:18 | 3:53 |
| Reims | 7:40 | 1:42 | 3:57 | 5:30 | 8:21 | 7:11 | 2:24 | 8:23 | 2:57 | 3:21 | 3:06 | 6:44 | 2:37 | 3:45 | 6:53 | 5:39 | 3:35 | 6:31 | 2:27 | 8:13 | 0:32 | 5:24 | 0:54 | 2:17 | 4:59 | 5:20 | 4:09 | 2:42 | 2:38 | 6:59 | 5:12 | 3:15 | 1:58 | 4:50 |
| Rennes | 5:34 | 4:02 | 1:48 | 4:08 | 6:35 | 7:06 | 4:26 | 6:07 | 5:34 | 6:25 | 2:52 | 4:28 | 4:30 | 3:51 | 2:32 | 5:44 | 1:50 | 6:36 | 4:46 | 7:18 | 4:58 | 7:47 | 5:20 | 2:31 | 2:31 | 5:23 | 8:10 | 5:42 | 5:07 | 9:42 | 7:55 | 2:40 | 5:12 | 5:14 |
| La Rochelle | 2:59 | 5:52 | 2:09 | 1:51 | 3:59 | 5:28 | 5:02 | 3:32 | 6:10 | 7:01 | 2:54 | 1:53 | 6:20 | 3:30 | 4:42 | 3:28 | 4:29 | 4:16 | 6:37 | 4:42 | 6:07 | 7:40 | 6:24 | 3:54 | 5:13 | 5:09 | 8:30 | 6:18 | 6:58 | 9:29 | 7:42 | 4:58 | 6:27 | 3:11 |
| Rodez | 2:48 | 7:39 | 6:37 | 4:42 | 2:55 | 1:46 | 5:46 | 4:30 | 5:26 | 6:51 | 5:15 | 3:52 | 8:38 | 4:09 | 9:48 | 2:31 | 8:13 | 1:51 | 8:44 | 2:41 | 7:53 | 5:17 | 8:23 | 5:48 | 9:33 | 2:37 | 7:50 | 5:48 | 8:53 | 5:03 | 5:24 | 7:50 | 8:13 | 3:14 |
| Rouen | 7:08 | 1:14 | 2:40 | 4:49 | 8:08 | 6:50 | 2:57 | 7:41 | 4:05 | 4:56 | 2:58 | 6:02 | 1:42 | 3:29 | 4:52 | 5:31 | 1:14 | 6:24 | 1:59 | 8:06 | 3:04 | 6:18 | 3:32 | 1:36 | 2:39 | 5:00 | 6:41 | 4:13 | 2:20 | 8:06 | 6:20 | 1:00 | 2:25 | 4:42 |
| Saint-Brieuc | 6:24 | 4:33 | 2:42 | 5:02 | 7:24 | 8:00 | 5:19 | 6:57 | 6:26 | 7:18 | 3:45 | 5:22 | 5:01 | 4:44 | 1:33 | 6:38 | 2:21 | 7:30 | 5:17 | 8:07 | 5:51 | 8:39 | 6:13 | 3:24 | 3:02 | 6:15 | 9:02 | 6:35 | 5:38 | 10:28 | 8:41 | 3:11 | 5:43 | 6:08 |
| Saint-Étienne | 5:17 | 6:40 | 5:10 | 5:12 | 6:41 | 3:27 | 3:23 | 6:48 | 2:06 | 3:09 | 4:10 | 4:59 | 7:39 | 3:04 | 9:09 | 3:20 | 7:01 | 4:08 | 7:17 | 4:15 | 4:37 | 1:37 | 5:38 | 4:43 | 8:20 | 1:34 | 4:34 | 2:28 | 7:27 | 3:26 | 1:39 | 6:45 | 6:47 | 3:40 |
| Saint-Nazaire | 5:02 | 5:13 | 1:28 | 3:36 | 6:03 | 6:35 | 5:24 | 5:35 | 6:32 | 7:23 | 3:17 | 3:56 | 5:41 | 3:49 | 2:57 | 5:12 | 3:11 | 6:04 | 5:58 | 6:46 | 5:43 | 7:51 | 6:05 | 3:15 | 3:52 | 5:20 | 8:54 | 6:40 | 6:19 | 9:40 | 7:53 | 4:01 | 6:07 | 4:23 |
| Strasbourg | 9:33 | 4:43 | 6:56 | 8:39 | 10:14 | 8:03 | 4:25 | 11:04 | 3:12 | 2:24 | 6:18 | 9:15 | 5:37 | 6:17 | 9:52 | 7:36 | 6:34 | 8:24 | 5:27 | 8:20 | 2:54 | 4:52 | 3:27 | 5:17 | 7:58 | 6:13 | 0:53 | 3:08 | 5:36 | 7:13 | 5:21 | 6:14 | 4:58 | 7:23 |
| Toulon | 5:14 | 8:55 | 8:35 | 7:31 | 5:14 | 5:28 | 6:00 | 6:45 | 4:43 | 5:49 | 7:35 | 6:18 | 9:54 | 6:29 | 12:14 | 6:42 | 9:28 | 5:23 | 9:54 | 3:28 | 7:14 | 4:10 | 8:15 | 7:52 | 10:53 | 4:58 | 7:10 | 5:06 | 10:04 | 2:22 | 3:40 | 9:14 | 9:24 | 7:26 |
| Toulouse | 1:17 | 7:45 | 6:12 | 3:33 | 1:17 | 3:17 | 6:39 | 2:49 | 6:19 | 7:12 | 5:21 | 2:21 | 8:44 | 4:55 | 8:17 | 2:05 | 7:48 | 1:25 | 8:50 | 1:03 | 7:59 | 5:20 | 8:17 | 5:54 | 9:08 | 3:48 | 8:44 | 6:42 | 8:59 | 5:01 | 4:43 | 7:56 | 8:19 | 2:49 |
| Tours | 4:31 | 3:45 | 1:17 | 2:12 | 5:31 | 4:52 | 2:54 | 5:04 | 4:02 | 4:54 | 0:47 | 3:25 | 4:29 | 1:36 | 4:47 | 3:30 | 2:38 | 4:22 | 4:46 | 6:04 | 3:59 | 5:37 | 4:17 | 2:01 | 3:57 | 3:07 | 6:22 | 4:10 | 4:59 | 7:26 | 5:39 | 3:07 | 4:19 | 2:41 |
| Troyes | 7:25 | 2:51 | 3:54 | 5:18 | 8:07 | 6:42 | 1:19 | 8:11 | 2:05 | 2:28 | 2:53 | 6:32 | 3:46 | 3:03 | 6:50 | 5:25 | 3:53 | 6:17 | 3:36 | 7:12 | 0:56 | 4:33 | 1:57 | 2:15 | 5:17 | 4:52 | 3:57 | 1:50 | 3:46 | 6:07 | 4:20 | 3:38 | 3:06 | 4:36 |
| Valence | 4:54 | 6:32 | 6:11 | 6:13 | 4:54 | 4:31 | 3:37 | 6:25 | 2:20 | 3:25 | 5:12 | 6:00 | 7:31 | 4:06 | 10:11 | 4:21 | 7:05 | 5:10 | 7:30 | 3:08 | 4:51 | 1:35 | 5:52 | 5:28 | 8:29 | 2:35 | 4:48 | 2:42 | 7:41 | 2:46 | 0:59 | 6:50 | 7:01 | 4:41 |
| Valenciennes | 8:22 | 1:22 | 4:39 | 6:13 | 9:03 | 7:40 | 3:39 | 9:05 | 4:31 | 4:54 | 3:48 | 7:26 | 1:53 | 4:19 | 7:06 | 6:21 | 3:28 | 7:14 | 1:39 | 8:56 | 2:06 | 6:58 | 2:01 | 3:00 | 4:52 | 5:50 | 5:18 | 4:16 | 1:22 | 8:33 | 6:46 | 2:53 | 0:42 | 5:32 |

# Tableau des temps de parcours
# Driving times chart / Fahrzeiten / Reistijdentabel
# Tabella dei tempi di percorrenza
# Tiempos de recorrido

Le temps de parcours entre deux localités est indiqué à l'intersection des bandes horizontales et verticales.

The driving time between two towns is given at the intersection of horizontal and vertical bands.

Die Fahrtzeit in zwischen zwei Städten ist an dem Schnittpunkt der waagerechten und der senkrechten Spalten in der Tabelle abzulesen.

De reistijd tussen twee steden vindt u op het snijpunt van de horizontale en verticale stroken.

Il tempo di percorenza tra due località è riportata all'incrocio della fascia orizzontale con quella verticale.

El tiempo de recorrido entre dos poblaciones resulta indicada en el cruce de la franja horizontal con aquella vertical.

6:22
Le Mans - Toulouse

| | Lorient | Lyon | Le Mans | Marseille | Mende | Metz | Mont-de-Marsan | Montpellier | Mulhouse | Nancy | Nantes | Narbonne | Nevers | Nice | Nîmes | Orange | Orléans | Paris | Pau | Périgueux | Perpignan | Poitiers | Le Puy-en-Velay | Reims | Rennes | La Rochelle | Rodez | Rouen | Saint-Brieuc | Saint-Étienne | Saint-Nazaire | Strasbourg | Toulon | Toulouse | Tours | Troyes | Valence |
|---|---|---|---|---|---|---|---|---|---|---|---|---|---|---|---|---|---|---|---|---|---|---|---|---|---|---|---|---|---|---|---|---|---|---|---|---|---|
| Lyon | 9:01 |
| Le Mans | 3:04 | 6:06 |
| Marseille | 10:22 | 2:53 | 8:10 |
| Mende | 8:55 | 3:01 | 5:55 | 3:30 |
| Metz | 7:37 | 4:03 | 4:50 | 6:46 | 6:53 |
| Mont-de-Marsan | 6:26 | 7:08 | 5:56 | 6:11 | 5:46 | 9:51 |
| Montpellier | 8:58 | 2:47 | 7:06 | 1:43 | 2:12 | 6:42 | 4:43 |
| Mulhouse | 9:15 | 3:28 | 6:29 | 6:11 | 6:19 | 2:52 | 9:42 | 6:05 |
| Nancy | 8:16 | 3:36 | 5:30 | 6:19 | 6:26 | 0:41 | 9:50 | 6:13 | 2:20 |
| Nantes | 1:59 | 6:49 | 1:53 | 8:44 | 7:31 | 6:26 | 4:45 | 7:20 | 8:03 | 7:13 |
| Narbonne | 8:11 | 3:28 | 7:34 | 2:23 | 2:28 | 7:23 | 3:56 | 0:58 | 6:49 | 7:00 | 6:32 |
| Nevers | 5:50 | 3:04 | 3:38 | 5:46 | 3:57 | 5:05 | 6:41 | 5:08 | 4:50 | 5:01 | 4:20 | 5:25 |
| Nice | 11:50 | 4:20 | 9:38 | 2:01 | 4:58 | 8:15 | 7:35 | 3:07 | 7:01 | 7:51 | 10:12 | 3:51 | 7:15 |
| Nîmes | 9:23 | 2:24 | 8:02 | 1:18 | 2:23 | 6:19 | 5:07 | 0:40 | 5:46 | 5:56 | 7:46 | 1:24 | 5:20 | 2:46 |
| Orange | 10:10 | 1:52 | 7:10 | 1:07 | 2:52 | 5:47 | 5:28 | 1:01 | 5:14 | 5:24 | 8:06 | 1:44 | 4:48 | 2:34 | 0:41 |
| Orléans | 4:40 | 4:23 | 2:13 | 6:47 | 4:32 | 4:16 | 5:52 | 5:43 | 5:04 | 4:21 | 3:10 | 5:59 | 2:04 | 8:14 | 6:13 | 5:45 |
| Paris | 4:54 | 4:15 | 2:08 | 6:57 | 5:47 | 3:07 | 7:05 | 6:58 | 5:09 | 3:53 | 3:42 | 7:16 | 2:27 | 8:24 | 6:30 | 5:56 | 1:31 |
| Pau | 7:25 | 6:25 | 6:55 | 5:20 | 5:04 | 10:36 | 1:20 | 3:55 | 9:59 | 10:12 | 5:44 | 3:08 | 6:57 | 6:47 | 4:20 | 4:40 | 6:52 | 8:05 |
| Périgueux | 5:49 | 4:28 | 4:35 | 6:03 | 4:31 | 7:41 | 2:49 | 5:13 | 7:04 | 7:17 | 4:11 | 3:52 | 4:02 | 7:30 | 5:03 | 5:24 | 3:54 | 5:17 | 3:47 |
| Perpignan | 8:36 | 3:58 | 7:59 | 2:54 | 2:59 | 7:53 | 4:21 | 1:28 | 7:19 | 7:30 | 7:00 | 0:41 | 5:54 | 4:20 | 1:53 | 2:13 | 6:30 | 7:45 | 3:33 | 4:20 |
| Poitiers | 3:46 | 5:48 | 2:10 | 7:54 | 5:39 | 6:04 | 4:02 | 7:03 | 6:58 | 6:15 | 2:04 | 5:42 | 3:21 | 9:21 | 6:53 | 6:53 | 2:07 | 3:19 | 5:00 | 2:42 | 6:08 |
| Le Puy-en-Velay | 8:30 | 1:37 | 5:30 | 3:40 | 1:26 | 5:32 | 7:11 | 3:36 | 4:59 | 5:09 | 6:45 | 3:52 | 3:31 | 5:08 | 3:14 | 2:39 | 4:06 | 5:21 | 6:27 | 4:04 | 4:21 | 5:14 |
| Reims | 6:01 | 4:14 | 3:14 | 6:57 | 7:04 | 1:44 | 8:12 | 6:50 | 4:23 | 2:18 | 4:48 | 7:34 | 3:23 | 8:24 | 6:30 | 5:56 | 2:36 | 1:27 | 9:10 | 6:16 | 8:03 | 4:26 | 5:41 |
| Rennes | 1:40 | 7:19 | 1:37 | 9:39 | 7:24 | 6:10 | 5:56 | 8:35 | 7:47 | 6:49 | 1:26 | 7:44 | 4:53 | 10:51 | 9:05 | 8:23 | 3:14 | 3:25 | 6:55 | 5:23 | 8:09 | 3:15 | 6:44 | 4:32 |
| La Rochelle | 3:25 | 7:05 | 2:58 | 7:20 | 6:56 | 7:14 | 3:21 | 5:55 | 8:08 | 7:25 | 1:44 | 5:08 | 4:31 | 8:47 | 6:19 | 6:40 | 3:16 | 4:29 | 4:19 | 2:48 | 5:34 | 1:29 | 6:31 | 5:36 | 2:53 |
| Rodez | 8:30 | 4:29 | 6:48 | 3:43 | 1:30 | 8:04 | 4:22 | 2:12 | 7:28 | 7:41 | 6:49 | 2:29 | 4:25 | 5:10 | 2:43 | 3:03 | 5:01 | 6:16 | 3:39 | 3:08 | 2:57 | 4:57 | 2:54 | 7:35 | 7:59 | 5:43 |
| Rouen | 4:24 | 5:22 | 1:57 | 8:04 | 6:46 | 4:16 | 7:30 | 7:57 | 6:18 | 4:50 | 3:33 | 8:14 | 3:33 | 9:31 | 7:38 | 7:03 | 2:30 | 1:32 | 8:28 | 6:08 | 8:42 | 3:45 | 6:21 | 2:38 | 2:54 | 4:37 | 7:18 |
| Saint-Brieuc | 1:29 | 7:43 | 2:29 | 10:31 | 8:17 | 7:03 | 6:50 | 9:27 | 8:40 | 7:42 | 2:20 | 8:33 | 5:45 | 11:59 | 9:58 | 9:30 | 4:07 | 4:18 | 7:49 | 6:13 | 8:59 | 4:09 | 7:51 | 5:25 | 1:04 | 3:49 | 8:58 | 3:26 |
| Saint-Étienne | 8:17 | 0:49 | 5:20 | 3:07 | 2:24 | 4:44 | 6:27 | 3:01 | 4:11 | 4:21 | 6:02 | 3:45 | 3:06 | 4:35 | 2:41 | 2:07 | 3:56 | 5:16 | 7:25 | 3:51 | 4:14 | 5:04 | 1:00 | 4:56 | 6:33 | 6:21 | 3:54 | 6:10 | 7:42 |
| Saint-Nazaire | 1:39 | 7:16 | 2:19 | 9:23 | 7:39 | 6:55 | 5:25 | 7:59 | 8:32 | 7:38 | 0:57 | 7:12 | 4:50 | 10:50 | 8:23 | 8:53 | 3:39 | 4:10 | 6:23 | 4:51 | 7:38 | 2:43 | 7:14 | 5:17 | 1:32 | 2:24 | 7:32 | 4:01 | 2:26 | 6:30 |
| Strasbourg | 9:00 | 4:29 | 6:14 | 7:11 | 7:20 | 1:33 | 10:43 | 7:06 | 1:14 | 1:38 | 7:47 | 7:50 | 5:51 | 7:55 | 6:47 | 6:12 | 5:45 | 4:26 | 10:59 | 8:07 | 8:18 | 7:39 | 5:57 | 3:07 | 7:31 | 8:49 | 8:31 | 5:39 | 8:25 | 5:09 | 8:16 |
| Toulon | 10:57 | 3:27 | 8:45 | 0:46 | 4:05 | 7:21 | 6:42 | 2:14 | 6:47 | 6:58 | 9:19 | 2:58 | 6:22 | 1:38 | 1:51 | 1:42 | 7:21 | 7:31 | 5:54 | 7:20 | 3:27 | 8:28 | 4:12 | 7:34 | 10:13 | 7:55 | 4:19 | 8:39 | 11:07 | 3:40 | 9:59 | 7:49 |
| Toulouse | 6:59 | 4:46 | 6:22 | 3:40 | 3:20 | 8:58 | 2:44 | 2:16 | 8:21 | 8:34 | 5:19 | 1:29 | 5:19 | 5:08 | 2:41 | 3:01 | 5:07 | 6:19 | 1:58 | 2:43 | 1:55 | 4:31 | 4:43 | 7:29 | 6:32 | 3:58 | 1:57 | 7:21 | 7:22 | 5:42 | 6:01 | 9:23 | 4:18 |
| Tours | 3:39 | 5:03 | 1:12 | 7:08 | 4:53 | 5:06 | 4:53 | 6:04 | 6:00 | 5:17 | 2:09 | 6:30 | 2:37 | 8:35 | 6:34 | 6:07 | 1:09 | 2:22 | 5:51 | 3:58 | 6:56 | 1:07 | 4:28 | 3:29 | 2:25 | 2:17 | 5:49 | 2:49 | 3:19 | 4:17 | 2:37 | 6:38 | 7:46 | 5:15 |
| Troyes | 5:58 | 3:22 | 3:12 | 6:05 | 6:12 | 2:21 | 8:00 | 5:58 | 3:35 | 2:29 | 4:46 | 6:42 | 2:55 | 7:32 | 5:38 | 5:04 | 2:21 | 1:56 | 8:58 | 6:02 | 7:11 | 4:14 | 4:49 | 1:16 | 4:29 | 5:24 | 7:10 | 3:04 | 5:23 | 4:01 | 5:14 | 3:43 | 6:42 | 7:10 | 3:17 |
| Valence | 9:22 | 1:03 | 6:21 | 2:01 | 3:07 | 4:58 | 6:22 | 1:54 | 4:25 | 4:35 | 7:04 | 2:38 | 3:59 | 3:28 | 1:34 | 0:59 | 4:58 | 5:08 | 5:34 | 4:53 | 3:07 | 6:05 | 2:04 | 5:10 | 7:35 | 7:23 | 4:38 | 6:16 | 8:44 | 1:17 | 7:31 | 5:27 | 2:38 | 3:53 | 5:18 | 4:16 |
| Valenciennes | 6:37 | 5:48 | 3:57 | 8:30 | 7:36 | 3:15 | 8:54 | 8:24 | 5:58 | 3:46 | 5:31 | 9:04 | 4:15 | 9:58 | 8:04 | 7:30 | 3:20 | 2:09 | 9:53 | 6:59 | 9:33 | 5:09 | 7:11 | 1:40 | 5:08 | 6:19 | 8:08 | 2:19 | 5:38 | 6:27 | 5:59 | 4:35 | 9:08 | 8:06 | 4:11 | 2:48 | 6:43 |

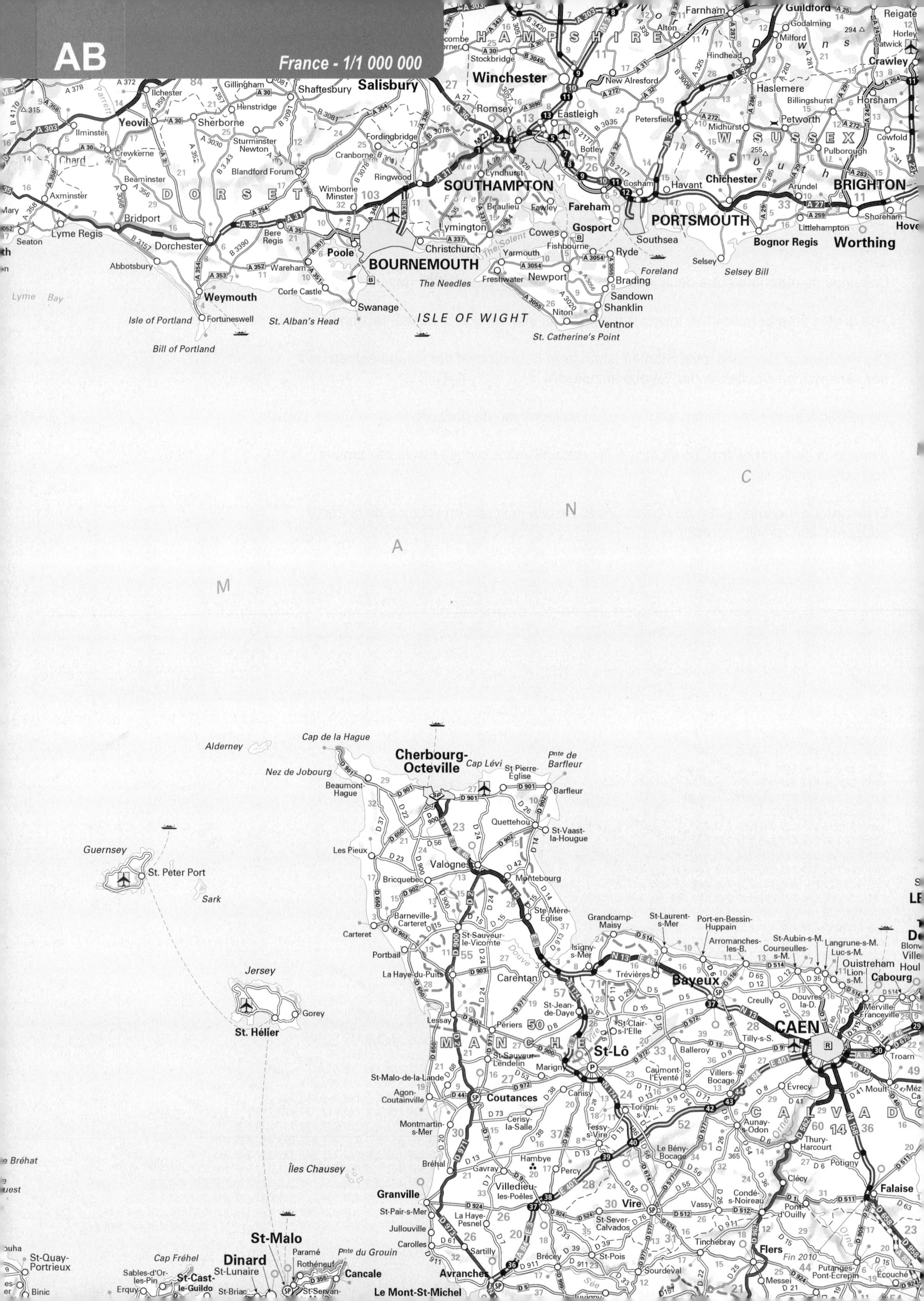
Farnham
Guildford
Reigate
Godalming
Horley
Gatwick
Crawley
Alton
Milford
Hindhead
Haslemere
Stockbridge
Winchester
New Alresford
Salisbury
Shaftesbury
Gillingham
Ilchester
Yeovil
Henstridge
Sherborne
Sturminster Newton
Ilminster
Chard
Crewkerne
Beaminster
Axminster
Bridport
Lyme Regis
Seaton
Dorchester
Abbotsbury
Weymouth
Lyme Bay
Isle of Portland
Fortuneswell
Bill of Portland
St. Alban's Head
Swanage
Corfe Castle
Wareham
Bere Regis
Poole
BOURNEMOUTH
Christchurch
Blandford Forum
Wimborne Minster
Ringwood
Fordingbridge
Cranborne
Romsey
Eastleigh
SOUTHAMPTON
Lyndhurst
Beaulieu
Fawley
Lymington
Botley
Fareham
Gosport
Cosham
Havant
PORTSMOUTH
Southsea
Petersfield
Midhurst
Chichester
Bognor Regis
Selsey
Selsey Bill
Billingshurst
Horsham
Petworth
Pulborough
Cowfold
Arundel
Littlehampton
Worthing
Shoreham
BRIGHTON
Hove
HAMPSHIRE
DORSET
WEST SUSSEX
Cowes
Fishbourne
Ryde
Yarmouth
Freshwater
Newport
Brading
Sandown
Shanklin
Ventnor
Niton
The Needles
The Solent
Foreland
ISLE OF WIGHT
St. Catherine's Point
MANCHE
Alderney
Cap de la Hague
Nez de Jobourg
Cherbourg-Octeville
Cap Lévi
St-Pierre-Église
Pnte de Barfleur
Barfleur
Beaumont-Hague
Quettehou
St-Vaast-la-Hougue
Les Pieux
Valognes
Montebourg
Bricquebec
Ste-Mère-Église
Barneville-Carteret
Carteret
Portbail
St-Sauveur-le-Vicomte
La Haye-du-Puits
Carentan
Isigny-s-Mer
Grandcamp-Maisy
St-Laurent-s-Mer
Port-en-Bessin-Huppain
Arromanches-les-B.
Courseulles-s-M.
St-Aubin-s-M.
Langrune-s-M.
Luc-s-M.
Lion-s-M.
Ouistreham
Cabourg
Merville-Franceville
Trévières
Bayeux
Creully
Douvres-la-D.
CAEN
Tilly-s-S.
Troarn
Lessay
Périers
St-Jean-de-Daye
St-Clair-s-l'Elle
Balleroy
St-Lô
Marigny
St-Sauveur-Lendelin
St-Malo-de-la-Lande
Coutances
Agon-Coutainville
Canisy
Caumont-l'Éventé
Villers-Bocage
Évrecy
Moult
Torigni-s-V.
Aunay-s-Odon
Cerisy-la-Salle
Montmartin-s-Mer
Tessy-s-Vire
Le Bény-Bocage
Thury-Harcourt
Potigny
Bréhal
Hambye
Percy
Gavray
Villedieu-les-Poêles
Granville
St-Pair-s-Mer
La Haye-Pesnel
Jullouville
Carolles
Sartilly
Avranches
Vire
Vassy
Condé-s-Noireau
Clécy
Pont-d'Ouilly
Falaise
St-Sever-Calvados
Tinchebray
Flers
Brécey
St-Pois
Sourdeval
Putanges-Pont-Écrepin
Écouché
Messei
Fin 2010
Le Mont-St-Michel
Îles Chausey
Guernsey
St. Peter Port
Sark
Jersey
St. Hélier
Gorey
St-Malo
Dinard
Paramé
Rothéneuf
Pnte du Grouin
Cancale
St-Lunaire
St-Briac
St-Servan
Cap Fréhel
Sables-d'Or-les-Pins
St-Cast-le-Guildo
Erquy
St-Quay-Portrieux
Binic
Bréhat

Maidstone
Tonbridge
Southborough
KENT
Ashford
Royal Tunbridge Wells
Biddenden
Tenterden
Crowborough
Hawkhurst
Haywards Heath
Heathfield
Uckfield
E. SUSSEX
Rye
Lydd
New Romney
Hythe
Folkestone
Dover
Terminal
Battle
Hailsham
Winchelsea
Dungeness
Lewes
Polegate
Bexhill
Hastings
Seaford
Eastbourne
Beachy Head
Tunnel sous la Manche
Channel Tunnel
Calais
Cap Blanc Nez
Wissant
Cap Gris Nez
Dunkerque
Malo-les-Bains
De Panne
Bray-Dunes
Veurne
Gravelines
Bergues
Hondschoote
Bourbourg
Poperinge
Guînes
Ardres
Audruicq
Wormhout
Marquise
Cassel
Steenvoorde
St-Omer
Arques
Bailleul
Hazebrouck
Wimereux
Boulogne-sur-Mer
Le Portel
Lumbres
Desvres
Hardelot-Plage
Samer
Thérouanne
Aire-s-la-Lys
Merville
Estaires
Fauquembergues
Hucqueliers
Norrent-Fontes
Lillers
Béthune
La Bassée
Le Touquet-Paris-Plage
Étaples
Fruges
Bruay-la-Buissière
Montreuil
Heuchin
Houdain
Liévin
Lens
Berck-Plage
Campagne-lès-H.
Hesdin
St-Pol-s-Ternoise
Aubigny-en-Artois
Fort-Mahon-Plage
PAS-DE-CALAIS
Arras
Rue
Crécy-en-Ponthieu
Frévent
Avesnes-le-Comte
Beaumetz-lès-L.
Le Crotoy
Auxi-le-Château
Nouvion
Cayeux-s-M.
St-Valery-s-Somme
Ault
St-Riquier
Bernaville
Pas-en-Artois
Doullens
Abbeville
Ailly-le-Ht-Clocher
Domart-en-Ponthieu
Acheux-en-Amiénois
Bapaume
Mers-les-Bains
Le Tréport
Moyenneville
Criel-s-M.
Eu
Hallencourt
Flixecourt
Villers-Bocage
Albert
Bray-s-S.
Gamaches
Airaines
SOMME
Oisemont
Picquigny
AMIENS
Corbie
Blangy-s-Bresle
Molliens-Dreuil
Villers-Bretonneux
Hornoy-le-Bourg
Boves
Rosières-en-Santerre
Varengeville-s-Mer
Dieppe
Envermeu
Veules-les-Roses
St-Valery-en-Caux
Veulettes-s-M.
Offranville
Arques-la-Bataille
St-Nicolas-d'Aliermont
Cany-Barville
Fontaine-le-Dun
Londinières
Aumale
Poix-de-Picardie
Ailly-s-Noye
Moreuil
Fécamp
Yport
Bacqueville-en-Caux
Longueville-s-Scie
Neufchâtel-en-Bray
Étretat
Valmont
Ourville-en-Caux
Doudeville
Bellencombre
Conty
SEINE-MARITIME
Tôtes
St-Saëns
Yerville
Fauville-en-Caux
Goderville
Criquetot-l'Esneval
Formerie
Grandvilliers
Montdidier
Yvetot
Pavilly
Clères
Forges-les-Eaux
Crèvecœur-le-Grand
Breteuil
Montivilliers
Bolbec
Caudebec-en-Caux
Barentin
Buchy
Marseille-en-Beauvaisis
Maignelay-Montigny
Froissy
Le Havre
St-Romain-de-Colbosc
Lillebonne
St-Wandrille-Rançon
Duclair
Argueil
Songeons
St-Just-en-Chaussée
Villerville
Honfleur
Pont-de-Tancarville
Quillebeuf-s-Seine
ROUEN
Gournay-en-Bray
Beauvais
OISE
Jumièges
Lyons-la-Forêt
Estrées-St-Denis
Clermont
Grand-Couronne
Boos
Bresles
Beuzeville
Pont-Audemer
Bourg-Achard
Fleury-s-Andelle
Auneuil
Pont-Ste-Maxence
Verberie
Bourgtheroulde
Étrépagny
Noailles
Mouy
Pont-l'Évêque
Cormeilles
Montfort-s-R.
Le Bec-Hellouin
Elbeuf
Pont-de-l'Arche
Val-de-Reuil
Gisors
Chaumont-en-Vexin
Neuilly-en-Thelle
Creil
Crépy-en-Valois
Blangy-le-Château
Lieurey
Brionne
Louviers
Les Andelys
Méru
Senlis
Dozulé
Cambremer
Le Neubourg
Gaillon
Écos
Chambly
Chantilly
Thiberville
Lisieux
La Rivière-Thibouville
Bernay
EURE
Vernon
Magny-en-Vexin
Marines
Beaumont-s-Oise
L'Isle-Adam
Ermenonville
Luzarches
Survilliers
La Roche-Guyon
Pontoise
Livarot
Orbec
Beaumont-le-Roger
Évreux
Bonnières-s-S.
Mantes-la-Jolie
Meulan
Cergy
Sarcelles
Roissy-en-France
Dammartin-en-Goële
Broglie
Beaumesnil
Conches-en-Ouche
La Bonneville-s-Iton
Pacy
Chaufour-lès-B.
Vimoutiers
St-André-de-l'Eure
Aubergenville
Poissy
St-Denis
Nanterre
Bobigny
Claye-Souilly
La Neuve-Lyre
Damville
Ivry-la-Bataille
Anet
St-Germain-en-Laye
PARIS
Disneyland Resort Paris
Torcy
Lagny-s-M.
La Ferté-Frênel
Rugles
Breteuil
Jouars-Pontchartrain
Créteil
Gacé
Exmes
L'Aigle
Tillières-s-Avre
Nonancourt
Houdan
Montfort-l'Amaury
VERSAILLES
Tournan-en-Brie
Nonant-le-Pin
Verneuil-s-Avre
Dreux
Chevreuse
Orly

GENT
(GAND)
Aalter
Torhout
Veurne
Diksmuide
Roeselare
(Roulers)
Tielt
Deinze
Ingelmunster
Izegem
Waregem
Kortrijk
(Courtrai)
Ieper
(Ypres)
Menen
Wervik
Comines
Halluin
Mouscron
Harelbeke
Bailleul
Armentières
Tourcoing
Roubaix
Villeneuve-d'Ascq
LILLE
Haubourdin
Seclin
Cysoing
Béthune
La Bassée
Carvin
Pont-à-Marcq
Hénin-Beaumont
Lens
Douai
Orchies
Tournai
(Doornik)
WEST-
VLAANDEREN
OOST
VLAANDEREN
Oudenaarde
Ronse (Renaix)
Geraardsbergen
Ninove
(Alost)
Aalst
Asse
Dendermonde
Zele
Wetteren
Waasmunster
Temse
Beveren
Boom
Willebroek
Kontich
Lier
(Malines)
Mechelen
Vilvoorde
Keerbergen
Heist-op-den-Berg
Herentals
Geel
Mol
Westerlo
Herselt
Diest
Beringen
Leopoldsburg
Hechtel
Bree
Genk
Hasselt
Bitzen
Herk
VLAAMS
BELGIË
BRUXELLES
BRUSSEL
BRABANT
Leuven (Louvain)
Zoutleeuw
Tienen
St.-Truiden
LIMBURG
Tongeren
Tervuren
Overijse
Wavre
Jodoigne
Hannut
Waremme
Halle
Enghien
Lessines
Waterloo
Louvain-la-Neuve
BRABANT
WALLON
Ath
Leuze-en-Hainaut
Belœil
Soignies
Braine-le-Comte
Nivelles
Genappe
Villers-la-Ville
Gembloux
Eghezée
HAINAUT
Péruwelz
St-Amand-les-Eaux
Condé-s-l'E.
Bruay-s-l'E.
Mons
(Bergen)
Quiévrain
La Louvière
Binche
Anderlues
Gosselies
Fleurus
Namur
Andenne
Huy
Amay
Seraing
Charleroi
Châtelet
Fosses-la-Ville
Profondeville
Thuin
NORD
Marchiennes
Denain
Valenciennes
Maubeuge
Jeumont
Aniche
Bouchain
Le Quesnoy
Bavay
Hautmont
Solesmes
Cambrai
Marquion
Bapaume
Caudry
Le Cateau-Cambrésis
Landrecies
Berlaimont
Aulnoye-Aymeries
Beaumont
Sars-Poteries
Solre-le-Château
Avesnes-s-H.
Sains-du-N.
Trélon
Chimay
Philippeville
Florennes
Annevoie-Rouillon
Yvoir
Dinant
Ciney
Hastière
Waulsort
Rochefort
Marche-en-Famenne
Hotton
Durbuy
Havelange
Hamoir
NAMUR
LUXEMBOURG
Givet
Vireux-Wallerand
Beauraing
Han-s-Lesse
Wellin
St-Hubert
Couvin
Le Nouvion-en-Thiérache
Wassigny
Le Catelet
Bohain-en-V.
La Capelle
Fourmies
Hirson
St-Michel
Rocroi
Revin
Fumay
Monthermé
Vresse-s-Semois
Paliseul
Bertrix
Neufchâteau
Bouillon
Rochehaut
Chau-Regnault
Nouzonville
Péronne
Roisel
St-Quentin
Vermand
Guise
Origny-Ste-Benoite
Ribemont
Sains-Richaumont
Vervins
Aubenton
Mon Idée
Rumigny
Renwez
Charleville-Mézières
Sedan
Florenville
Carignan
Villers-devt-Orval
Mouzon
Chaulnes
Nesle
Roye
Ham
Guiscard
Tergnier
La Fère
Chauny
Noyon
Lassigny
Ressons-s-Matz
St-Gobain
Blérancourt
Ribécourt-Dreslincourt
Coucy-le-Château-Auffrique
Anizy-le-Château
Laon
AISNE
02
Crécy-s-Serre
Marle
Montcornet
Rozoy-s-Serre
Signy-l'Abbaye
Novion-Porcien
Poix-Terron
Flize
Raucourt-et-Flaba
ARDENNES
08
Sissonne
Château-Porcien
Rethel
Attigny
Le Chesne
Stenay
Montmédy
Avioth
Compiègne
Vic-s-A.
Soissons
Pierrefonds
Verberie
Villers-Cotterêts
Crépy-en-Valois
Vailly-s-A.
Craonne
Neufchâtel-s-A.
Asfeld
Juniville
Machault
Vouziers
Buzancy
Dun-s-Meuse
Damvillers
Grandpré
Monthois
Montfaucon-d'Argonne
Varennes-en-Argonne
Charny-s-Meuse
Verdun
Braine
Fismes
Pontfaverger-Moronvilliers
REIMS
Fère-en-Tardenois
La Ferté-Milon
Oulchy-le-Château
Nanteuil-le-Haudouin
Betz
Neuilly-St-Front
Ville-en-Tardenois
Châtillon-s-Marne
Verzy
Mourmelon-le-Grand
Suippes
Ville-s-Tourbe
Ste-Menehould
Clermont-en-Argonne
Dammartin-en-Goële
Lizy-s-O.
Château-Thierry
Dormans
Épernay
Ay
Avize
Charly-s-M.
Condé-en-Brie
Meaux
Claye-Souilly
Lagny-s-M.
Disneyland Resort Paris
Couilly-Pont-aux-Dames
Crécy-la-Chelle
La Ferté-s/s-Jouarre
Jouarre
Montmort-Lucy
Vertus
CHÂLONS-EN-CHAMPAGNE
L'Épine
Givry-en-Argonne
Triaucourt-en-Argonne
Pierrefitte-s-Aire
Souilly
MEUSE
55
MARNE
51
Montmirail
Rebais
Coulommiers
Tournan-en-Brie
La Ferté-Gaucher
Esternay
Fère-Champenoise
Sommesous
Sézanne
Vitry-le-François
Revigny-s-Ornain
Sermaize-les-Bains
Thiéblemont-Farémont
Bar-le-Duc
SEINE-
77
AUTOROUTE DE L'EST

Roermond
Solingen
Grevenbroich
Leverkusen
KÖLN
Bergisch Gladbach
Siegen
Heerlen
Jülich
Düren
Troisdorf
Siegburg
AACHEN
Eschweiler
Stolberg
BONN
Bad Godesberg
Eupen
Verviers
Euskirchen
Bad Honnef
Monschau
Ahrweiler
Bad Neuenahr
Neuwied
Montabaur
Limburg
Spa
Malmedy
Andernach
Koblenz
Stavelot
Bad Ems
Diez
Nürburg
Mayen
St-Vith
Boppard
Prüm
Daun
Cochem
WIESBADEN
Bad Schwalbach
Bingen
MAINZ
Bastogne
Wittlich
Bitburg
Bernkastel-Kues
Bad Kreuznach
Clervaux
Wiltz
Diekirch
Echternach
Trier
Alzey
LUXEMBOURG
Arlon (Aarlen)
Worms
Saarburg
Frankenthal
Ludwigshafen
Kaiserslautern
Longwy
Esch-s-A.
Merzig
Neunkirchen
Homburg
Neustadt an der Weinstraße
Speyer
Thionville
Saarlouis
Völklingen
Zweibrücken
SAARBRÜCKEN
Pirmasens
Landau in der Pfalz
Forbach
Sarreguemines
Wissembourg
METZ
St-Avold
Pont-à-Mousson
Haguenau
Rastatt
Baden-Baden
Sarrebourg
Saverne
Commercy
Toul
NANCY
STRASBOURG
Kehl

AE
Biedenkopf

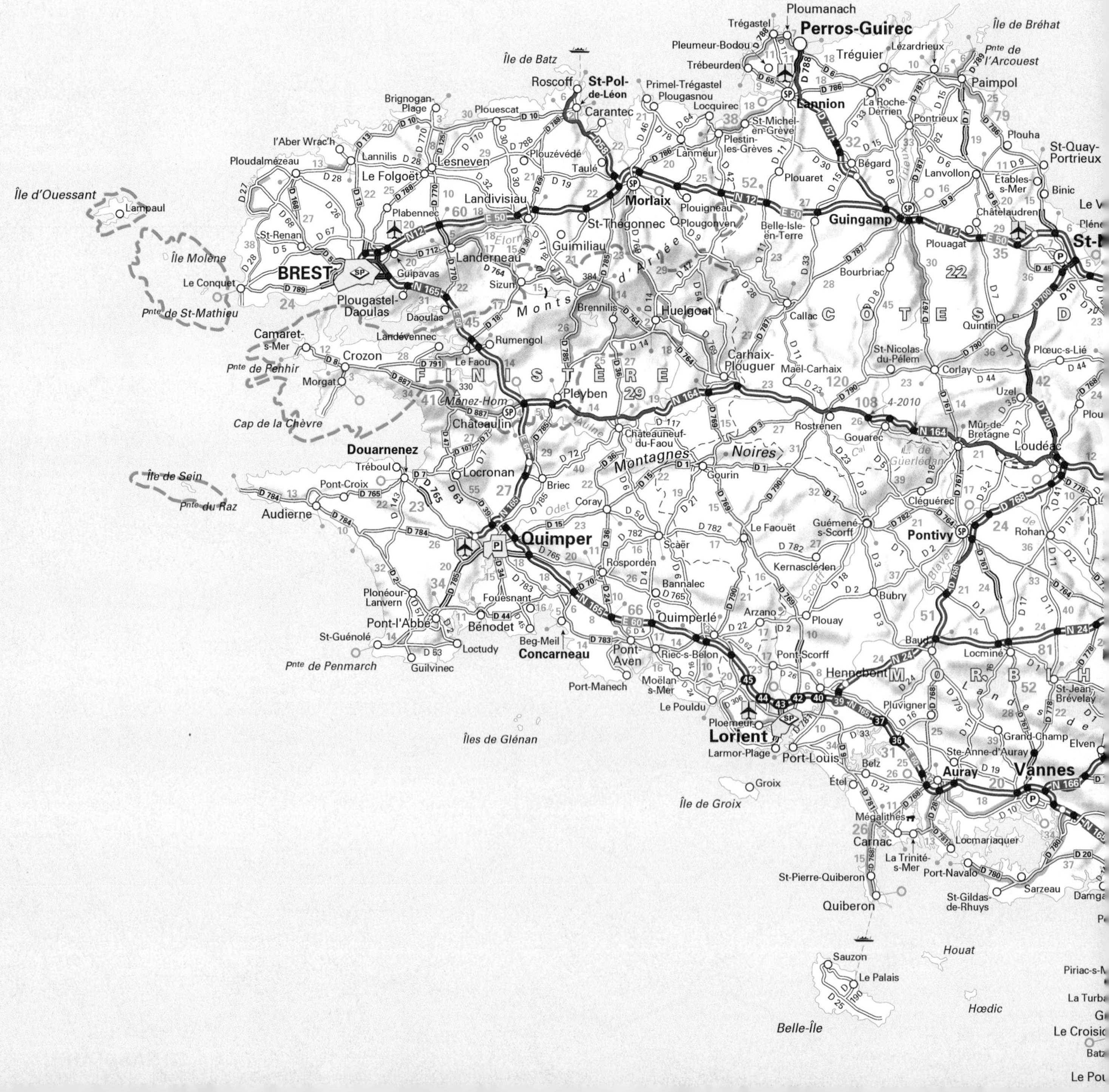
Ploumanach
Trégastel
Perros-Guirec
Île de Bréhat
Pleumeur-Bodou
Tréguier
Lézardrieux
Pnte de l'Arcouest
Île de Batz
Trébeurden
Paimpol
Roscoff
St-Pol-de-Léon
Primel-Trégastel
Plougasnou
Lannion
La Roche-Derrien
Brignogan-Plage
Plouescat
Carantec
Locquirec
Pontrieux
Plouha
l'Aber Wrac'h
St-Michel-en-Grève
Plestin-les-Grèves
St-Quay-Portrieux
Lannilis
Plouzévédé
Lanmeur
Bégard
Lanvollon
Ploudalmézeau
Le Folgoët
Lesneven
Taulé
Étables-s-Mer
Binic
Île d'Ouessant
Lampaul
Landivisiau
Morlaix
Plouaret
Guingamp
Châtelaudren
Plabennec
St-Thégonnec
Plouigneau
Plougonven
Belle-Isle-en-Terre
Plouagat
St-Renan
Île Molène
Landerneau
Guimiliau
Monts d'Arrée
Bourbriac
BREST
Le Conquet
Guipavas
Sizun
Plougastel-Daoulas
Pnte de St-Mathieu
Daoulas
Brennilis
Huelgoat
Callac
CÔTES D'ARMOR
Quintin
Camaret-s-Mer
Landévennec
Rumengol
Crozon
Le Faou
Carhaix-Plouguer
St-Nicolas-du-Pélem
Plœuc-s-Lié
Pnte de Penhir
FINISTÈRE
Maël-Carhaix
Corlay
Morgat
Ménez-Hom
Pleyben
Uzel
Cap de la Chèvre
Châteaulin
Châteauneuf-du-Faou
Rostrenen
Gouarec
Mûr-de-Bretagne
Loudéac
Douarnenez
Montagnes Noires
L. de Guerlédan
Tréboul
Locronan
Île de Sein
Pont-Croix
Briec
Gourin
Pnte du Raz
Audierne
Coray
Cléguérec
Le Faouët
Guémené-s-Scorff
Pontivy
Rohan
Quimper
Scaër
Rosporden
Kernascléden
Bannalec
Bubry
Plonéour-Lanvern
Fouesnant
Quimperlé
Arzano
Plouay
Pont-l'Abbé
Bénodet
St-Guénolé
Beg-Meil
Concarneau
Pont-Aven
Riec-s-Bélon
Pont-Scorff
Baud
Locminé
Loctudy
Guilvinec
Pnte de Penmarch
MORBIHAN
Hennebont
Moëlan-s-Mer
St-Jean-Brévelay
Port-Manech
Le Pouldu
Pluvigner
Ploemeur
Lorient
Grand-Champ
Elven
Îles de Glénan
Larmor-Plage
Port-Louis
Ste-Anne-d'Auray
Belz
Auray
Vannes
Groix
Étel
Île de Groix
Mégalithes
Carnac
Locmariaquer
La Trinité-s-Mer
Port-Navalo
Sarzeau
St-Pierre-Quiberon
St-Gildas-de-Rhuys
Quiberon
Houat
Sauzon
Le Palais
Hœdic
Belle-Île
Piriac-s-Mer
La Turballe
Le Croisic
Batz
Le Pouliguen
Lanvaux
Blavet
Élorn
Aulne
Odet
4-2010
N 12
N 164
N 165
N 24
N 166
E 50
E 60

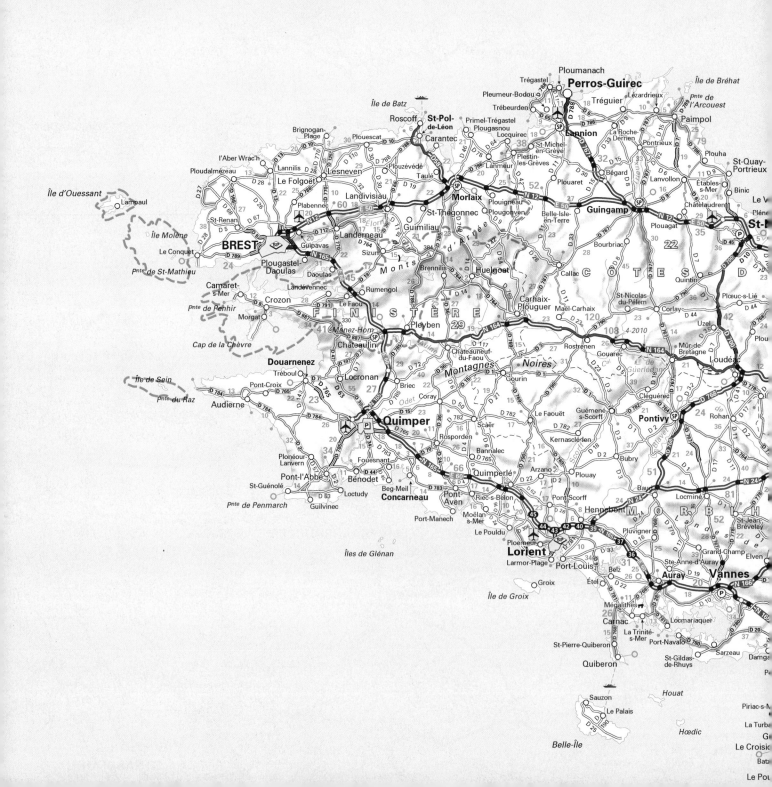

Alderney
Cap de la Hague
Cherbourg-Octeville
Cap Lévi
Nez de Jobourg
Beaumont-Hague
St-Pierre-Église
Barfleur
Guernsey
St. Peter Port
Sark
Les Pieux
Valognes
Quettehou
St-Vaast-la-Hougue
Bricquebec
Montebourg
Barneville-Carteret
Carteret
Ste-Mère-Église
St-Sauveur-le-Vicomte
Portbail
La Haye-du-Puits
Carentan
Jersey
Gorey
St. Hélier
Lessay
Périers
St-Jean-de-Daye
MANCHE
St-Lô
St-Sauveur-Lendelin
Marigny
St-Malo-de-la-Lande
Agon-Coutainville
Coutances
Canisy
Montmartin-s-Mer
Cerisy-la-Salle
Tessy-s-Vire
Torigni-s-V.
Hambye
Percy
Bréhal
Gavray
Îles Chausey
Granville
Villedieu-les-Poêles
St-Pair-s-Mer
La Haye-Pesnel
Jullouville
Carolles
Sartilly
Brécey
Avranches
St-Malo
Paramé
Rothéneuf
Pnte du Grouin
Cancale
Dinard
St-Lunaire
Cap Fréhel
Sables-d'Or-les-Pins
St-Cast-le-Guildo
Erquy
St-Briac
St-Jacut
Matignon
St-Servan-s-M.
Le Mont-St-Michel
Le Vivier-s-Mer
Pontaubault
Ducey
Ploubalay
Châteauneuf-d'Ille-et-Vilaine
Lamballe
Plancoët
Dol-de-Bretagne
Pleine-Fougères
Pontorson
St-James
Dinan
Plélan-le-Petit
Jugon-les-Lacs
Combourg
Antrain
St-Brice-en-Coglès
Moncontour
Collinée
Broons
Évran
Tinténiac
Hédé
Fougères
Caulnes
Bécherel
St-Aubin-d'Aubigné
St-Aubin-du-Cormier
Merdrignac
Montauban-de-Bretagne
Liffré
St-Méen-le-Grand
La Trinité-Porhoët
Montfort-s-Meu
RENNES
Châteaubourg
Vitré
Mauron
Mordelles
St-Jacques
Plélan-le-Grand
Châteaugiron
Josselin
Ploërmel
Guichen
Janzé
ILLE-ET-VILAINE
Retiers
La Guerche-de-Bretagne
Guer
Maure-de-Bretagne
Malestroit
Pipriac
Bain-de-Bretagne
Martigné-Ferchaud
La Gacilly
Rougé
Grand-Fougeray
Rochefort-en-Terre
Questembert
Allaire
Redon
Châteaubriant
Pouancé
Derval
Guémené-Penfao
Moisdon-la-Rivière
St-Julien-de-Vouvantes
Nozay
Muzillac
La Roche-Bernard
Herbignac
St-Gildas-des-Bois
Blain
Pontchâteau
Nort-s-Erdre
Riaillé
St-Mars-la-Jaille
Candé
LOIRE-ATLANTIQUE
Savenay
La Baule
Guérande
Pornichet
Donges
Paimbœuf
St-Étienne-de-Montluc
Carquefou
Ancenis
Varades
Champtoceaux
St-Florent-le-Vieil
Ingrandes
Montjean-s-Loire
Chalonnes-s-Loire
Mindin
Grandcamp-Maisy
St-Laurent-s-Mer
Port-en-Bessin-Huppain
Isigny-s-Mer
Trévières
Bayeux
Arromanches-les-B.
St-Aubin-s-M.
Courseulles-s-M.
Langrune-s-M.
Luc-s-M.
Lion-s-M.
Ouistreham
Creully
Douvres-la-D.
Cabourg
Dives
Houlgate
Villers-s-M.
Blonville-s-M.
Deauville
Trouville-s-M.
Villerville
LE HAVRE
Ste-Adresse
Montivilliers
Criquetot
St-Clair-s-l'Elle
Tilly-s-S.
CAEN
Balleroy
Caumont-l'Éventé
Villers-Bocage
Évrecy
Merville-Franceville
Troarn
Dozulé
Cambremer
Mézidon-Canon
Moult
Aunay-s-Odon
CALVADOS
Thury-Harcourt
Le Bény-Bocage
St-Pierre-s-Dives
Vimoutiers
Falaise
Potigny
Clécy
Condé-s-Noireau
Vassy
Vire
St-Sever-Calvados
Pont-d'Ouilly
Tinchebray
Flers
St-Pois
Sourdeval
Putanges-Pont-Écrepin
Argentan
Écouché
Messei
Briouze
Juvigny-le-Tertre
Mortain
Barenton
Domfront
La Ferté-Macé
ORNE
Nonant-le-Pin
Mortrée
St-Hilaire-du-Harcouët
Le Teilleul
Landivy
Passais
Juvigny-s/s-Andaine
Bagnoles-de-l'Orne
Carrouges
Louvigné-du-Désert
Lassay-les-Châteaux
Couptrain
Pré-en-Pail
Mt des Avaloirs
Alençon
Ambrières-les-Vallées
Gorron
Javron-les-Chapelles
Ernée
Mayenne
Villaines-la-Juhel
Fresnay-s-Sarthe
Chailland
Bais
MAYENNE
Champeaux
Sillé-le-Guillaume
Évron
Montsûrs
Beaumont-s-Sarthe
Laval
Ste-Suzanne
Conlie
Argentré-du-Plessis
Loiron
Vaiges
St-Denis-d'Orques
LE MANS
Cossé-le-Vivien
Meslay-du-Maine
Loué
Brûlon
Craon
St-Aignan-s-Roë
Renazé
Château-Gontier
Grez-en-Bouère
Sablé-s-S.
Solesmes
La Suze-s-Sarthe
Malicorne-s-S.
Bierné
Pontvallain
Ecommoy
Segré
Châteauneuf-s-Sarthe
La Flèche
Durtal
Le Lude
Le Lion-d'Angers
Tiercé
Seiches-s-le-Loir
Baugé
MAINE-ET-LOIRE
Le Louroux-Béconnais
ANGERS
Noyant
Beaufort-en-Vallée
Serrant
Les Ponts-de-Cé
St-Georges-s-Loire
Brissac-Quincé
Les Rosiers-s-Loire
Gennes
Longué-Jumelles
Allonnes
Bourgueil
LOIRE
Fin 2010

Fécamp
LE HAVRE
ROUEN
Deauville
Trouville-s-M.
Honfleur
Bayeux
CAEN
St-Lô
Lisieux
Bernay
Évreux
Les Andelys
Vernon
Dreux
Vire
Flers
Falaise
Argentan
L'Aigle
Alençon
Mortagne-au-Perche
Nogent-le-Rotrou
Chartres
Châteaudun
Mayenne
Laval
LE MANS
Château-Gontier
Segré
La Flèche
ANGERS
Vendôme
Blois
TOURS
Amboise
Chambord
Romorantin-Lanthenay
S E I N E - M A R I T I M E
C A L V A D O S
E U R E
O R N E
M A Y E N N E
S A R T H E
E U R E - E T - L O I R
L O I R - E T - C H E R
I N D R E - E T - L O I R E
M A I N E - E T - L O I R E

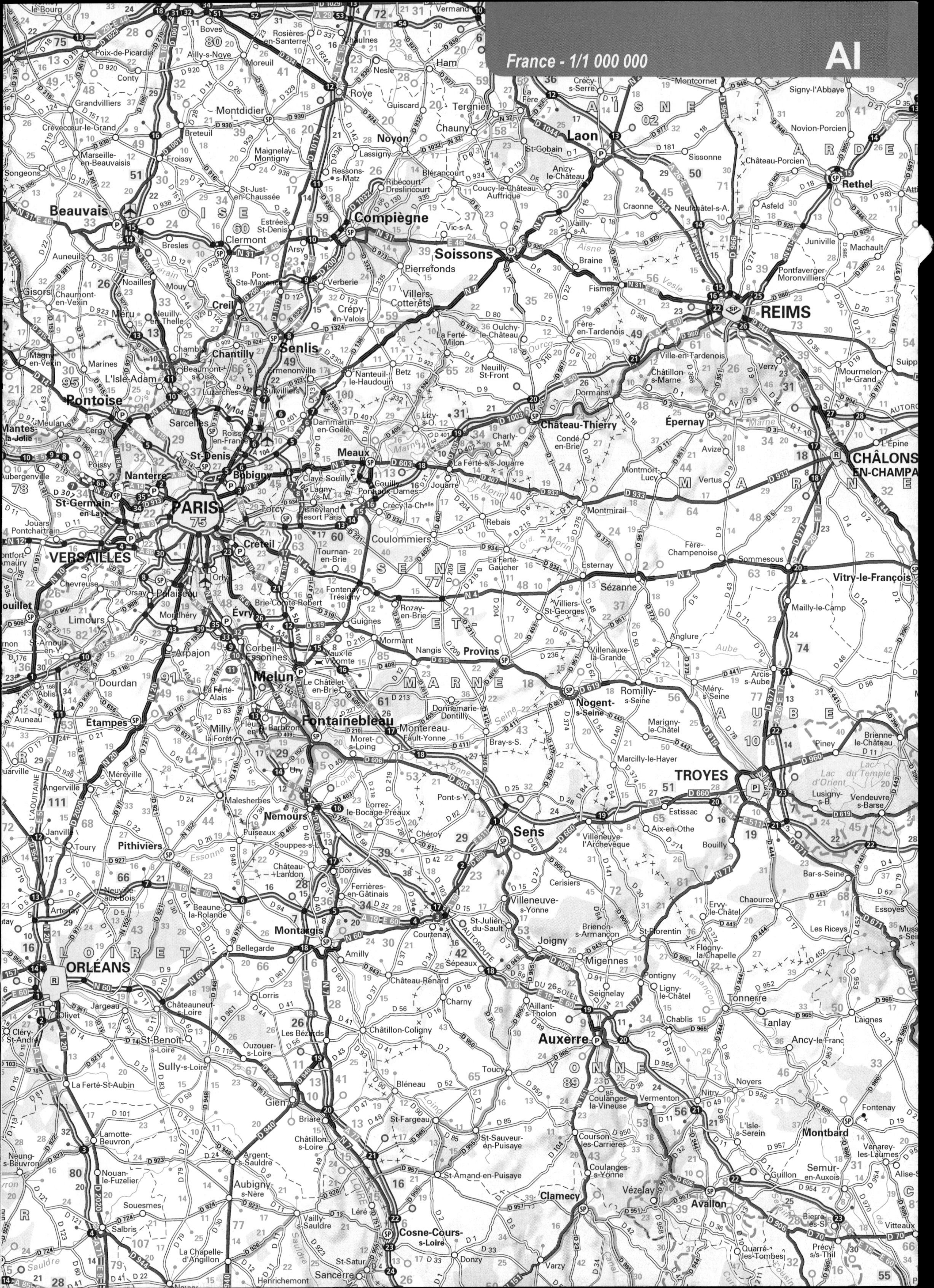
PARIS
75
Beauvais
Compiègne
Soissons
Laon
Reims
REIMS
Rethel
Senlis
Chantilly
Pontoise
Meaux
Château-Thierry
Épernay
CHÂLONS-EN-CHAMPAGNE
VERSAILLES
Créteil
Évry
Melun
Fontainebleau
Provins
Nogent-s-Seine
TROYES
Vitry-le-François
Sens
Nemours
Montargis
ORLÉANS
Auxerre
Avallon
Clamecy
Cosne-Cours-s-Loire
Gien
Étampes
Pithiviers
Montdidier
Noyon
Nanterre
Bobigny
St-Denis
St-Germain-en-Laye
Montbard
Tonnerre
Joigny
Coulommiers
Sézanne
Romilly-s-Seine
Montereau-Fault-Yonne
AISNE
02
OISE
60
ARDENNES
MARNE
SEINE-ET-MARNE
77
AUBE
10
LOIRET
YONNE
89
95
78

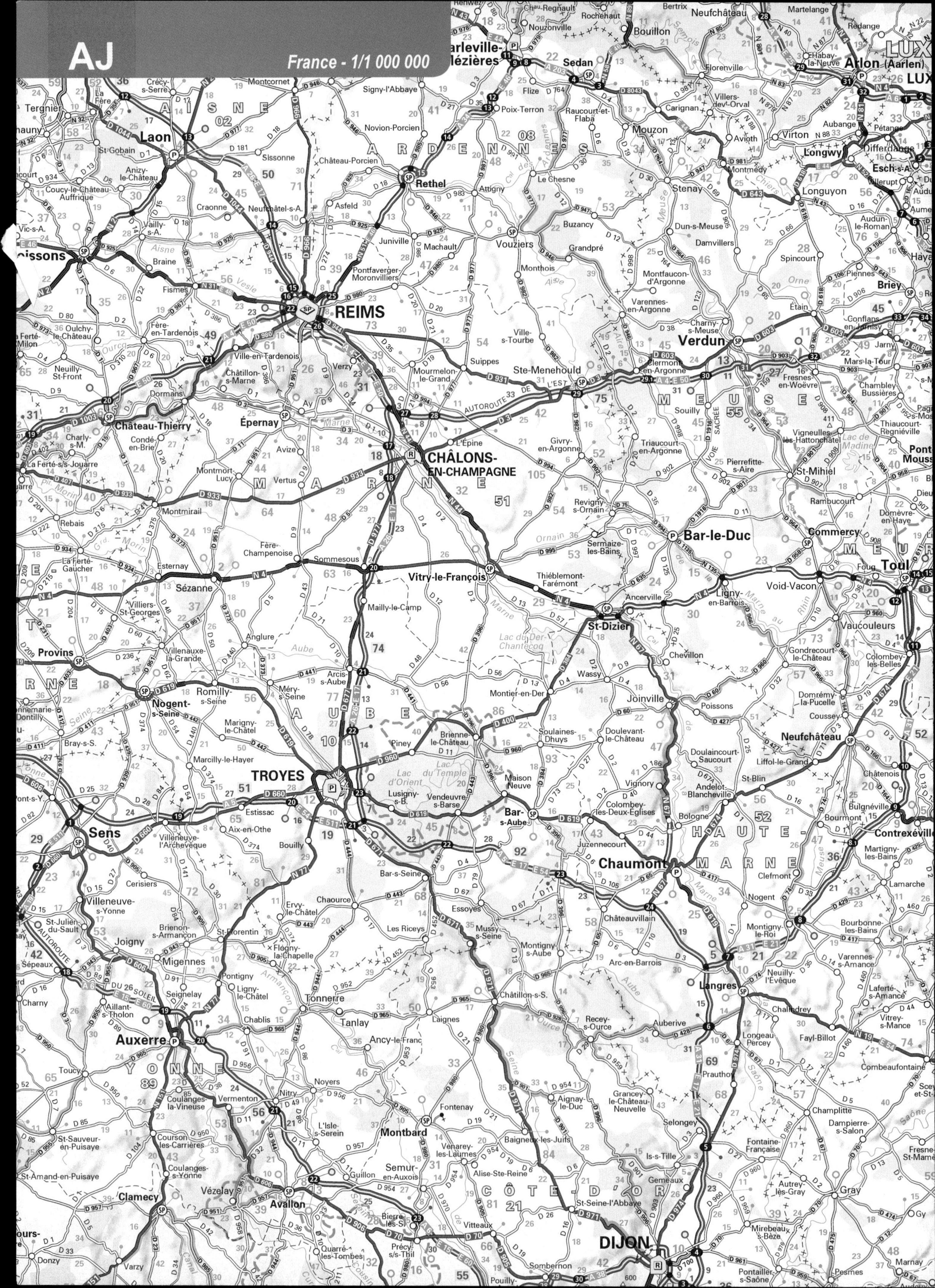
Charleville-Mézières
Sedan
Bouillon
Arlon (Aarlen)
LUX
Laon
AISNE 02
ARDENNES 08
Rethel
Longwy
Esch-s-A.
Soissons
REIMS
Vouziers
Stenay
Briey
Verdun
MEUSE 55
Château-Thierry
Épernay
CHÂLONS-EN-CHAMPAGNE
MARNE 51
St-Mihiel
Commercy
Toul
Bar-le-Duc
Sézanne
Vitry-le-François
St-Dizier
Provins
Nogent-s-Seine
AUBE 10
Joinville
Neufchâteau
TROYES
Bar-s-Aube
Sens
Chaumont
HAUTE-MARNE 52
Contrexéville
Langres
Tonnerre
Châtillon-s-S.
Auxerre
YONNE 89
Montbard
Avallon
Clamecy
CÔTE-D'OR 21
DIJON

Trier
LUXEMBOURG
Thionville
METZ
NANCY
Lunéville
Épinal
Vittel
Vesoul
Belfort
Montbéliard
Lure
Mulhouse
Colmar
Sélestat
Strasbourg
Saverne
Sarrebourg
Haguenau
Wissembourg
Sarreguemines
Saarbrücken
Saarlouis
Völklingen
Forbach
St-Avold
Bitche
Zweibrücken
Pirmasens
Homburg
Neunkirchen
Kaiserslautern
Neustadt an der Weinstraße
Landau in der Pfalz
Ludwigshafen
Mannheim
Heidelberg
Speyer
Karlsruhe
Pforzheim
Rastatt
Baden-Baden
Offenburg
Freudenstadt
Freiburg im Breisgau
Lörrach
Basel
Zürich
Winterthur
Schaffhausen
Delémont
Solothurn
Liestal
Aarau
Baden
Villingen
Schwenningen
Donaueschingen
Rottweil
St-Dié-des-Vosges
Gérardmer
Remiremont
Plombières-les-Bains
Luxeuil-les-Bains
Ribeauvillé
Obernai
Molsheim
Guebwiller
Thann
Altkirch
Saint-Louis
Porrentruy
SAARLAND
MOSELLE
BAS-RHIN
HAUT-RHIN
VOSGES
HAUTE-SAÔNE
MEURTHE-ET-MOSELLE
SCHWARZWALD
BADEN
AARGAU
JURA

LOIRE ATLANTIQUE
VENDÉE
CHARENTE MARITIME
OCÉAN ATLANTIQUE
Belle-Île
Sauzon
Le Palais
Houat
Hœdic
Piriac-s-M.
La Turballe
Guérande
La Baule
Le Croisic
Batz-s-M.
Le Pouliguen
Pornichet
St-Nazaire
St-Brevin-l'Océan
Mindin
Donges
Paimbœuf
Savenay
Herbignac
Pontchâteau
St-Gildas-des-Bois
Blain
Nozay
Nord-s-Erdre
Riaillé
St-Mars-la-Jaille
Candé
Le Louroux-Béconnais
Ancenis
Varades
Ingrandes
Montjean-s-Loire
Chalonnes-s-Loire
St-Georges-s-Loire
St-Florent-le-Vieil
Champtoceaux
Le Loroux-Bottereau
Carquefou
NANTES
Saint-Étienne-de-Montluc
Le Pellerin
St-Herblain
St-Père-en-Retz
Pte de St-Gildas
Pornic
Bouaye
L. de Grd Lieu
St-Philbert-de-Grand-Lieu
Bourgneuf-en-Retz
Vallet
Clisson
Aigrefeuille-s-Maine
Montrevault
Beaupréau
Montfaucon
Cholet
Chemillé
Île de Noirmoutier
Noirmoutier-en-l'Île
Machecoul
Rocheservière
Montaigu
Mortagne-s-Sèvre
St-Laurent-s-Sèvre
Le Puy du Fou
Mauléon
Beauvoir-s-Mer
Fromentine
Challans
Legé
Palluau
St-Jean-de-Monts
Les Herbiers
St-Fulgent
St-Michel-Mont-Mercure
Cerizay
Port-Joinville
Île d'Yeu
St-Hilaire-de-Riez
Le Poiré-s-Vie
Aizenay
Les Essarts
Pouzauges
St-Gilles-Croix-de-Vie
La Roche-s-Yon
Chantonnay
Mouilleron-en-Pareds
Moncoutant
La Mothe-Achard
La Châtaigneraie
Vouvant
Ste-Hermine
L'Hermenault
Les Sables-d'Olonne
Moutiers-les-Mauxfaits
Mareuil-s-Lay-Dissais
Fontenay-le-Comte
Talmont-St-Hilaire
Jard-s-Mer
Luçon
St-Hilaire-des-Loges
Chaillé-les-Marais
Maillezais
La Tranche-s-Mer
L'Aiguillon-s-Mer
St-Michel-en-l'Herm
Marans
Niort
Île de Ré
Ars-en-Ré
St-Martin-de-Ré
Courçon
Frontenay-Rohan-Rohan
La Pallice
LA ROCHELLE
Mauzé-s-le-Mignon
Aigrefeuille-d'Aunis
Surgères
Châtelaillon-Plage
St-Denis-d'Oléron
Île-d'Aix
Fouras
Tonnay-Boutonne
St-Pierre-d'Oléron
Rochefort
Île d'Oléron
Le Château-d'Oléron
Tonnay-Charente
Brouage
St-Agnant
St-Savinien
St-Trojan-les-Bains
Pont-d'Oléron
Ronce-les-Bains
Marennes
St-Porchaire
La Tremblade
Zoo de La Palmyre
Pte de la Coubre
Saujon
Seudre
St-Palais-s-M.
Royan
Pte de Grave
St-Georges-de-Didonne
Cozes
Gémozac
Le Verdon-s-Mer
Meschers-s-Gironde
Soulac-s-Mer
Mortagne-s-Gironde
St-Vivien-de-Médoc
Montalivet-les-Bains
Lesparre-Médoc
GIRONDE
St-Ciers-s-Gironde
Pauillac
Hourtin
St-Laurent-Médoc
Blaye
Lamarque
Carcans-Plage
Carcans

ANGERS
TOURS
Saumur
Chinon
Loches
Amboise
Loudun
Thouars
Parthenay
Châtellerault
POITIERS
Le Blanc
Châteauroux
Issoudun
La Châtre
Niort
Montmorillon
Bellac
Confolens
Guéret
Aubusson
LIMOGES
Rochechouart
St-Junien
Cognac
Angoulême
Nontron
Périgueux
Tulle
Jonzac
Barbezieux-St-Hilaire
Romorantin-Lanthenay
Vierzon
INDRE-ET-LOIRE
INDRE
CHER
VIENNE
DEUX-SÈVRES
CHARENTE
HAUTE-VIENNE
CREUSE
CORRÈZE

BOURGES
CHER
Nevers
NIÈVRE
Moulins
ALLIER
Montluçon
Vichy
CLERMONT-FERRAND
PUY DE DÔME
Roanne
LOIRE
ST-ÉTIENNE
Autun
Château-Chinon
SAÔNE ET
Montceau-les-Mines
Charolles
Paray-le-Monial
Digoin
Clamecy
Avallon
Vézelay
Montbard
Cosne-Cours-s-Loire
La Charité-s-Loire
Vierzon
St-Amand-Montrond
Guéret
Aubusson
Ussel
Riom
Thiers
Issoire
Brioude
Ambert
Montbrison
Le Creusot
Decize
Bourbon-Lancy
Lapalisse
Gannat
Châtel-Guyon
Le Mont-Dore
La Bourboule
Mauriac
Egletons
Yssingeaux

DIJON
BESANÇON
Dole
Chalon-s-Saône
Lons-le-Saunier
Louhans
Tournus
Bourg-en-Bresse
LYON
Vienne
GRENOBLE
Chambéry
Aix-les-Bains
ANNECY
GENÈVE
LAUSANNE
Neuchâtel
BERN
Fribourg
Biel/Bienne
Montreux
Vevey
Morges
ÉVIAN-LES-BAINS
THONON-LES-BAINS
Pontarlier
St-Claude
Oyonnax
Nantua
Belley
Albertville
Chamonix-Mont-Blanc
Megève
Courmayeur
Sion
Annemasse
Bellegarde-s-Valserine
Moûtiers
St-Jean-de-Maurienne
Modane
Susa
Val-d'Isère
Tignes
Courchevel
Gray
Auxonne
Poligny
Arbois
Champagnole
Salins-les-Bains
Yverdon-les-Bains
La Chaux-de-Fonds
Le Locle
Delémont
Solothurn
Gstaad
Voiron
Bourgoin-Jallieu
DOUBS
JURA
SUISSE
VAUD
SAVOIE
HAUTE-SAVOIE
AIN
ISÈRE
LAC LÉMAN

OCÉAN ATLANTIQUE
GOLFE DE GASCOGNE
Soulac-s-Mer
Montalivet-les-Bains
St-Vivien-de-Médoc
Lesparre-Médoc
Mortagne-s-Gironde
St-Genis-de-Saintonge
Barbezieux-St-Hilaire
Jonzac
Mirambeau
Baignes-Ste-Radegonde
St-Ciers-s-Gironde
Montendre
Brossac
Montlieu-la-Garde
Montguyon
Hourtin
Pauillac
St-Laurent-Médoc
Blaye
Lamarque
St-Savin
Carcans-Plage
Carcans
Maubuisson
Lacanau-Océan
Lacanau
Castelnau-de-Médoc
Bourg
St-André-de-Cubzac
Guîtres
Coutras
Ste-Hélène
Blanquefort
Ambès
Ambarès-et-Lagrave
Bassens
Carbon-Blanc
Libourne
St-Émilion
Lussac
St-Médard-en-Jalles
Mérignac
BORDEAUX
Branne
Arès
Andernos-les-Bains
BASSIN D'ARCACHON
Audenge
Arcachon
Cap Ferret
Gujan-Mestras
Facture
La Brède
Créon
Targon
Pyla-s-Mer
Pilat-Plage
La Teste-de-Buch
Podensac
Cadillac
Ste-Croix-du-Mont
St-Macaire
Langon
GIRONDE
GARONNE
Cazaux
Belin-Béliet
Auros
Biscarrosse-Plage
Sanguinet
Villandraut
St-Symphorien
Bazas
Print. 2010
Biscarrosse
Parentis-en-Born
Pissos
Sore
Captieux
Mimizan-Plage
Mimizan
Labouheyre
Sabres
Fin 2010
Houeillès
LANDES
Labrit
Lit-et-Mixe
Onesse-et-Laharie
Morcenx
Roquefort
St-Girons-Plage
St-Justin
Barbotan-les-Thermes
Castets
Léon
Mont-de-Marsan
Villeneuve-de-Marsan
Cazaubon
Tartas
Vieux-Boucau-les-Bains
Grenade-s-l'Adour
Soustons
Mugron
St-Sever
Aire-s-l'Adour
Hossegor
Dax
Montfort-en-Chalosse
Eugénie-les-Bains
Capbreton
St-Vincent-de-Tyrosse
Hagetmau
Fin 2010
Riscle
St-Martin-de-Seignanx
Amou
Geaune
Tarnos
Boucau
Peyrehorade
Garlin
Castelnau-Rivière-Basse
Anglet
BIARRITZ
Bayonne
Arzacq-Arraziguet
Bidart
Bidache
Salies-de-Béarn
Orthez
Print. 2010
Thèze
St-Jean-de-Luz
Hendaye
Guéthary
Ustaritz
La Bastide-Clairence
Sauveterre-de-B.
Lacq
Lembeye
Hondarribia
Hasparren
Grottes d'Isturits et d'Oxocelhaya
Mourenx
Vic-en-Bigorre
DONOSTIA-S. SEBASTIÁN
Irún
St-Pée-s-Nivelle
Cambo-les-Bains
Navarrenx
Monein
Lescar
Morlaàs
Lekeito
Ondarroa
Zumaia
Deba
Zarautz
Pasaia
Behobia
Ascain
La Rhune
Espelette
Ainhoa
PAU
Markina-Xemein
Altzola
Zestoa
Lasarte-Oria
Hernani
Oiartzun
Bera / Vera de Bidasoa
St-Palais
Eibar
Elgoibar
Azpeitia
Andoain
PYRÉNÉES
Mauléon-Licharre
Azkoitia
S. Ignacio de Loiola
Villabona
Tolosa
Erratzu
Elizondo
St-Étienne-de-Baïgorry
St-Jean-Pied-de-Port
Oloron-Ste-Marie
Nay
Pontacq
Ossun
Bergara
Zumarraga
Ordizia
Beasain
Doneztebe / Santesteban
Aramits
Lestelle-Bétharram
St-Pé-de-Bigorre
Oñati
Leitza
Luzaide / Valcarlos
Tardets-Sorholus
Lurbe-St-Christau
Arudy
Grottes de Bétharram
Lourdes
Arantzazu
Aizkorri
Betelu
Urepel
ATLANTIQUES
Pic d'Orhy / Pico d'Orhi
Pto de Arlaban
Lekunberri
Pto Ibañeta
Orreaga / Roncesvalles
Argelès-Gazost
Altsasu / Alsasua
Irurtzun
C. de la Pierre St Martin
Laruns
Col d'Aubisque
Pto de Etxegarate
Auritz / Burguete
Aribe
Pto de Larrau
Accous
COMUNIDAD
R. Arakil
Río Bidasoa
Vasca

Nontron
Blanzac-Porcheresse
Villebois-Lavalette
Mareuil
Montmoreau-St-Cybard
Brantôme
Verteillac
Aubeterre-s-Dronne
Bourdeilles
Montagrier
Chalais
Ribérac
St-Aulaye
Périgueux
St-Astier
La Roche-Chalais
Neuvic
Montpon-Ménestérol
Mussidan
Vergt
DORDOGNE
24
Villefranche-de-Lonchat
Vélines
Bergerac
Ste-Foy-la-Grande
Pellegrue
Duras
Monségur
Miramont-de-Guyenne
Eymet
Lauzun
Seyches
Marmande
Tonneins
Le Mas-d'Agenais
Castelmoron-s-Lot
Damazan
Aiguillon
Port-Ste-Marie
Agen
Lavardac
Nérac
Laplume
Astaffort
Mézin
Condom
Montréal
Lectoure
Valence-s-Baïse
Fleurance
Vic-Fezensac
Jegun
Auch
GERS
32
Aignan
Plaisance
Montesquiou
L'Isle-de-Noé
Marciac
Mirande
Miélan
Masseube
Seissan
Rabastens-de-Bigorre
Trie-s-Baïse
Pouyastruc
Tarbes
Tournay
Capvern-les-Bains
Lannemezan
La Barthe-de-Neste
Campan
St-Bertrand-de-Comminges
Montréjeau
St-Gaudens
Barbazan
Aspet
Encausse-les-Thermes
Salies-du-Salat
St-Martory
Boussens
Aurignac
Cazères
Rieux
Carbonne
Le Fousseret
Boulogne-s-Gesse
Castelnau-Magnoac
Galan
L'Isle-en-Dodon
Rieumes
Lombez
Samatan
Saramon
Gimont
L'Isle-Jourdain
Léguevin
Blagnac
TOULOUSE
Muret
St-Lys
Castanet-Tolosan
Auterive
Cintegabelle
Lézat-s-Lèze
Montesquieu-Volvestre
Le Fossat
Ste-Croix-Volvestre
Le Mas-d'Azil
La Bastide-de-Sérou
Saverdun
Pamiers
Varilhes
Mazères
Belpech
Mirepoix
Limoux
Montgiscard
Villefranche-de-Lauragais
Nailloux
Salles-s-l'Hers
Castelnaudary
Fanjeaux
Montréal
CARCASSONNE
Capendu
Alzonne
Revel
Dourgne
Saissac
Mazamet
Castres
Labruguière
Puylaurens
St-Paul-Cap-de-Joux
Caraman
Lanta
Verfeil
Lavaur
Montastruc-la-Conseillère
Grenade
Fronton
Grisolles
Verdun-s-G.
Beaumont-de-Lomagne
Cologne
Mauvezin
Montech
Lavit
St-Nicolas-de-la-Grave
Castelsarrasin
Moissac
Auvillar
Valence
Montauban
Nègrepelisse
Caussade
Lafrançaise
Molières
Montpezat-de-Quercy
Castelnau-Montratier
Lauzerte
Montcuq
Bourg-de-Visa
Puymirol
Laroque-Timbaut
Penne-d'Agenais
Villeneuve-s-Lot
Ste-Livrade-s-Lot
Fumel
Tournon-d'Agenais
Montaigu-de-Quercy
Monflanquin
Cancon
Tombebœuf
Villeréal
Castillonnès
Issigeac
Beaumont-du-Périgord
Monpazier
Villefranche-du-Périgord
Chau de Bonaguil
Puy-l'Évêque
Luzech
CAHORS
St-Géry
St-Cirq-Lapopie
Cabrerets
Grotte du Pech Merle
Lalbenque
Limogne-en-Quercy
Cajarc
Labastide-Murat
Livernon
Catus
Cazals
Salviac
Gourdon
Payrac
Rocamadour
Gramat
Gouffre de Padirac
Alvignac
Souillac
Martel
Vayrac
Sarlat-la-Canéda
Domme
La Roque-Gageac
Beynac-et-Cazenac
Les Eyzies-de-Tayac
Le Bugue
Le Buisson-de-Cadouin
Cadouin
Belvès
Lalinde
Monbazillac
Salignac-Eyvigues
Montignac
Grotte de Lascaux
Terrasson-Lavilledieu
Thenon
St-Pierre-de-Chignac
Hautefort
Excideuil
Savignac-les-Églises
Lanouaille
Thiviers
Jumilhac-le-Grand
St-Pardoux-la-Rivière
Champagnac-de-Belair
St-Yrieix-la-Perche
Pompadour
Juillac
Objat
Larche
Brive-la-Gaillarde
Collonges-la-Rouge
Beynat
Donzenac
Vigeois
Seilhac
Corrèze
CORRÈZE
19
Tulle
Argentat
Beaulieu-s-Dordogne
Bretenoux
St-Céré
Sousceyrac
Latronquière
Lacapelle-Marival
Figeac
Capdenac-Gare
LOT
46
Villefranche-de-Rouergue
Villeneuve
Maurs
Decazeville
Aubin
Montbazens
Rignac
Conques
Aurillac
St-Mamet-la-Salvetat
Laroquebrou
Montsalvy
Mauriac
Pleaux
Salers
St-Cernin
CANTAL
15
Neuvic
Lapleau
Bort-les-Orgues
Rodez
Baraqueville
Naucelle
Sauveterre-de-Rouergue
Rieupeyroux
La Salvetat-Peyralès
Najac
Laguépie
Caylus
St-Antonin-Noble-Val
Cordes-s-Ciel
Carmaux
Monestiés
Vaour
Bruniquel
Castelnau-de-Montmiral
Gaillac
ALBI
St-Juéry
Valderiès
Valence-d'Albigeois
Villefranche-d'Albigeois
Alban
Réalmont
Graulhet
Lisle-s-Tarn
Rabastens
Salvagnac
Villemur-s-Tarn
TARN
81
Montredon-Labessonnié
Vabre
Roquecourbe
Brassac
Anglès
Lautrec
Vielmur-s-Agout
Labastide-Rouairoux
St-Amans-Soult
Mas-Cabardès
Caunes-Minervois
Peyriac-Minervois
Cassagnes-Bégonhès
Réquista
AVEYRON
12
Monclar-de-Quercy
TARN-ET-GARONNE
82
LOT-ET-GARONNE
HAUTE-GARONNE
31
HTES-PYRÉNÉES
AUDE
11

Brioude
La Chaise-Dieu
Firminy
Le Chambon-Feugerolles
Yssingeaux
Le Puy-en-Velay
Mauriac
Salers
Puy Mary
Plomb du Cantal
St-Flour
Aurillac
Vic-s-Cère
Murat
Massiac
Langeac
Saugues
Monistrol-s-Loire
St-Agrève
Lamastre
Le Cheylard
Mt Mézenc
Gerbier de Jonc
Chaudes-Aigues
St-Chély-d'Apcher
Langogne
Pradelles
Aubenas
Vals-les-Bains
Largentière
Joyeuse
Ruoms
Vallon-Pont-d'Arc
Les Vans
Barjac
Figeac
Decazeville
Conques
Maurs
Laguiole
Aubrac
Espalion
Marvejols
Mende
Florac
Villefort
Génolhac
Rodez
Villefranche-de-Rouergue
Millau
Sévérac-le-Château
St-Affrique
Roquefort-s-Soulzon
Le Vigan
Meyrueis
Mt Aigoual
Alès
Uzès
Nîmes
Pont du Gard
Albi
Carmaux
Gaillac
Castres
Mazamet
Lodève
Clermont-l'Hérault
Ganges
Montpellier
Sète
Frontignan
Agde
Le Cap-d'Agde
Béziers
Pézenas
Narbonne
Narbonne-Plage
Carcassonne
Castelnaudary
Limoux
Lézignan-Corbières
Sigean
Port-la-Nouvelle
Gruissan
Aigues-Mortes
Le Grau-du-Roi
La Grde Motte
Lunel
Sommières
Stes-Maries-de-la-Mer
CANTAL
HTE-LOIRE
LOZÈRE
ARDÈCHE
AVEYRON
GARD
TARN
HÉRAULT
AUDE
GOLFE DU LION

GRENOBLE
Voiron
Valence
Romans-s-Isère
Tournon-s-Rhône
Crest
Die
Montélimar
Nyons
Orange
Carpentras
AVIGNON
Arles
Salon-de-P.
AIX-EN-PROVENCE
MARSEILLE
TOULON
Hyères
Brignoles
Draguignan
Fréjus
St-Raphaël
Grasse
Cannes
St-Tropez
Ste-Maxime
Le Lavandou
Bandol
La Ciotat
Cassis
Aubagne
Martigues
Istres
Marignane
Apt
Cavaillon
Manosque
Forcalquier
Sisteron
Digne-les-Bains
Castellane
Barcelonnette
Gap
Embrun
Briançon
Modane
Susa
Valloire
Alpe-d'Huez
Les Deux-Alpes
Serres
Veynes
Laragne-Montéglin
Luc-en-Diois
Dieulefit
Pierrelatte
Bollène
Vaison-la-Romaine
Sault
Orgon
Pertuis
Gréoux-les-Bains
Riez
Moustiers-Ste-Marie
St-Maximin-la-Ste-Baume
Le Luc
Cuers
Porquerolles
Port-Cros
Île du Levant
Îles d'Hyères
Cap Camarat
Cap Sicié
DRÔME 26
VAUCLUSE 84
HTES-ALPES 05
ALPES-DE-HTE-PROVENCE 04
VAR 83
BOUCHES-DU-RHÔNE 13
ALPES-M 06
Mt Ventoux
Mgne de Lure
Lubéron
Massif des Écrins
Massif des Maures
Col du Galibier
Col du Lautaret
Col de Montgenèvre
Col d'Izoard
Col de Vars
Col de Larche
Col d'Allos
Col de la Cayolle
Col Bayard
Col de Cabre
Col de la Croix Haute
Mt Thabor
T. du Fréjus
M. Viso
Gges du Verdon
Durance
Rhône

Langon
La Réole
Marmande
Villeneuve-s-Lot
Agen
Nérac
Condom
Moissac
Castelsarrasin
Mont-de-Marsan
Dax
Orthez
PAU
Tarbes
Lourdes
Auch
Mirande
Lannemezan
St-Gaudens
St-Girons
Muret
Oloron-Ste-Marie
Bagnères-de-Bigorre
Bagnères-de-Luchon
Argelès-Gazost
Cauterets
Vielha
Jaca
Sabiñánigo
Biescas
Torla
Bielsa
Benasque
Ainsa
Boltaña
Pont de Suert
Sort
Tonneins
Casteljaloux
Roquefort
Aire-s-l'Adour
Nogaro
Vic-Fezensac
Fleurance
Lectoure
L A N D E S
G E R S
P Y R É N É E S
A T L A N T I Q U E S
A R A G Ó N
Pic du Midi d'Ossau
Col du Somport
Col d'Aubisque
C. du Tourmalet
Col d'Aspin
Pic du Midi de Bigorre
Cirque de Gavarnie
Monte Perdido
Pico de Aneto
MALADETA
Val d'Aran
Tunnel du Somport
Túnel de Somport
Parque Nacional de Ordesa y Monte Perdido
Parc National des Pyrénées
Parc Nacional d'Aigüestortes
Sierra de la Peña
Embalse de Yesa
Embalse de Mediano
Print. 2010
Fin 2010
4-2010
Autovía en obras

LOT
AVEYRON
TARN
LOZÈRE
HÉRAULT
AUDE
PYRÉNÉES-ORIENTALES
GOLFE
Gourdon
Gramat
Figeac
Decazeville
Conques
Marvejols
Mende
Florac
Rodez
Villefranche-de-Rouergue
Millau
Montauban
Albi
Gaillac
Carmaux
Castres
Mazamet
TOULOUSE
Lodève
Le Vigan
MONTPELLIER
Sète
Agde
Béziers
Narbonne
CARCASSONNE
Castelnaudary
Limoux
Pamiers
Foix
Quillan
PERPIGNAN
Prades
Céret
Argelès-s-M.
Collioure
Port-Vendres
Banyuls-s-M.
Andorra la Vella
Puigcerdà
Font-Romeu-Odeillo-Via
Mont-Louis
Figueres
Roses
Cadaqués
Pic Carlit
Pic du Canigou
Pic d'Estats
Mt Lozère
Mt Aigoual
Causse du Larzac
Chaos de Montpellier le V.
Gorges du Tarn
Grotte du Pech Merle
St-Cirq-Lapopie
Parc National des Cévennes
Lac de Pareloup
Monts de Lacaune
Montagne Noire
Canal du Midi
Bn de Thau
Serra del Cadí

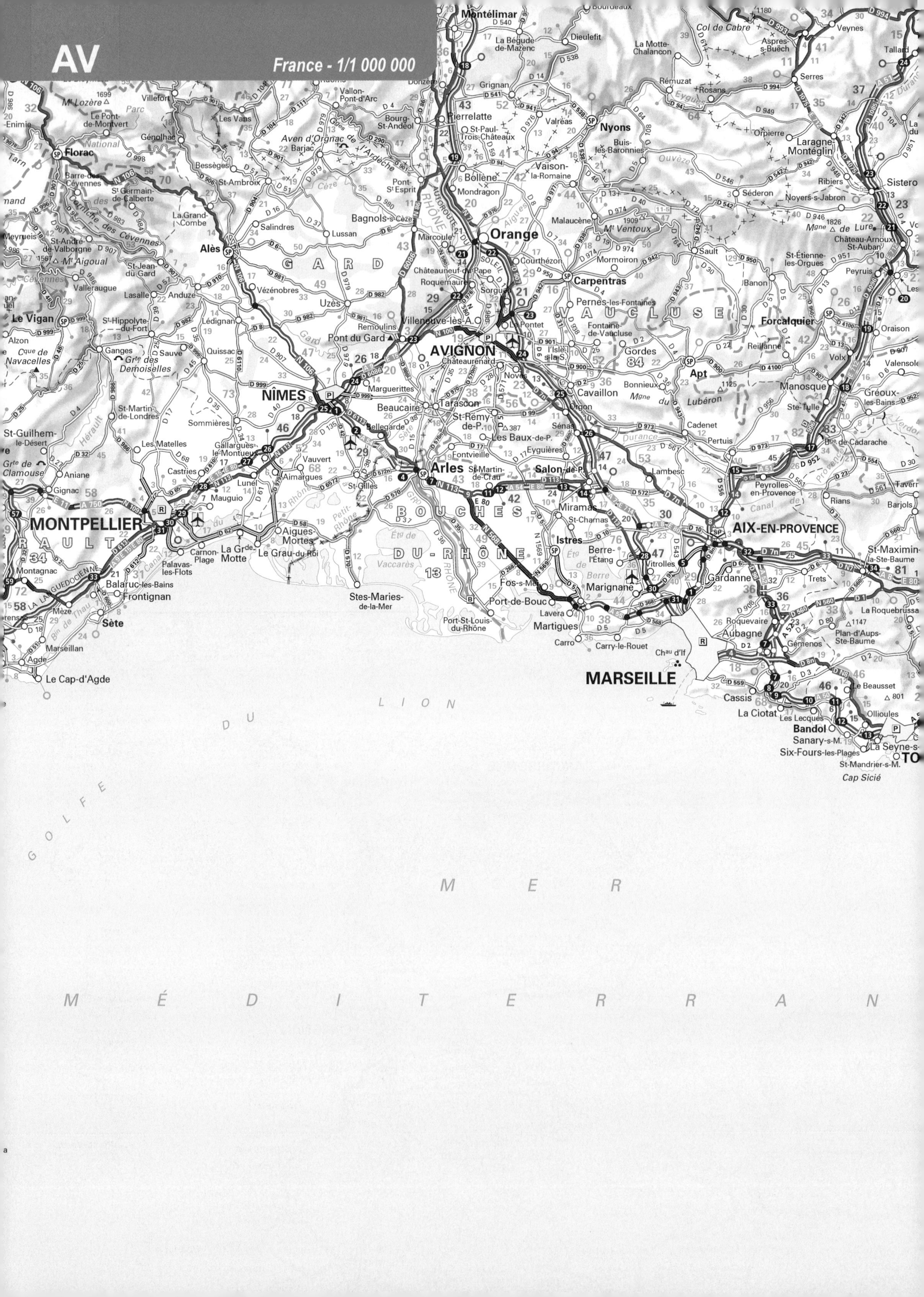
Montélimar
La Bégude-de-Mazenc
Dieulefit
La Motte-Chalancon
Col de Cabre
Aspres-s-Buëch
Veynes
Tallard
Vallon-Pont-d'Arc
Grignan
Rémuzat
Rosans
Serres
Mt Lozère
Villefort
Les Vans
Bourg-St-Andéol
Pierrelatte
St-Paul-Trois-Châteaux
Valréas
Nyons
Buis-les-Baronnies
Orpierre
Laragne-Montéglin
Le Pont-de-Montvert
Génolhac
Aven d'Orgnac
Barjac
Florac
Bessèges
St-Ambroix
Pont-St-Esprit
Bollène
Mondragon
Vaison-la-Romaine
Séderon
Noyers-s-Jabron
Ribiers
Sisteron
Barre-des-Cévennes
St-Germain-de-Calberte
La Grand-Combe
Bagnols-s-Cèze
Orange
Malaucène
Mt Ventoux
Mgne de Lure
Château-Arnoux-St-Auban
Meyrueis
St-André-de-Valborgne
Mt Aigoual
Alès
Salindres
Lussan
Marcoule
Courthézon
Mormoiron
Sault
St-Étienne-les-Orgues
Peyruis
Valleraugue
St-Jean-du-Gard
GARD
Châteauneuf-du-Pape
Roquemaure
Sorgues
Carpentras
Banon
Lasalle
Anduze
Vézénobres
Uzès
Pernes-les-Fontaines
VAUCLUSE
Le Vigan
St-Hippolyte-du-Fort
Lédignan
Remoulins
Villeneuve-lès-A.
Le Pontet
Fontaine-de-Vaucluse
Forcalquier
Oraison
Alzon
Cque de Navacelles
Ganges
Grte des Demoiselles
Sauve
Quissac
Pont du Gard
AVIGNON
Châteaurenard
L'Isle-s-la-S.
Gordes
Apt
Reillanne
Volx
Valensole
Nîmes
Marguerittes
Noves
Cavaillon
Bonnieux
Mgne du Lubéron
Manosque
Gréoux-les-Bains
St-Martin-de-Londres
Sommières
Beaucaire
Tarascon
St-Rémy-de-P.
Orgon
Sénas
Cadenet
Pertuis
Ste-Tulle
St-Guilhem-le-Désert
Les Matelles
Gallargues-le-Montueux
Bellegarde
Les Baux-de-P.
Eyguières
Bgede Cadarache
Grte de Clamouse
Aniane
Castries
Vauvert
Aimargues
Fontvieille
Arles
St-Martin-de-Crau
Salon-de-P.
Lambesc
Peyrolles-en-Provence
Rians
Barjols
Tavern
Gignac
Lunel
St-Gilles
Mauguio
Miramas
St-Chamas
AIX-EN-PROVENCE
MONTPELLIER
HÉRAULT
Aigues-Mortes
BOUCHES-DU-RHÔNE
Istres
Berre-l'Étang
Étg de Berre
Vitrolles
Gardanne
St-Maximin-la-Ste-Baume
Montagnac
Carnon-Plage
La Gde Motte
Le Grau-du-Roi
Palavas-les-Flots
Étg de Vaccarès
Fos-s-Mer
Marignane
Trets
Balaruc-les-Bains
Frontignan
Stes-Maries-de-la-Mer
Port-de-Bouc
Lavera
Martigues
Roquevaire
Aubagne
Plan-d'Aups-Ste-Baume
Gémenos
La Roquebrussa
Mèze
Sète
Bin de Thau
Port-St-Louis-du-Rhône
Carro
Carry-le-Rouet
Chau d'If
Marseillan
Agde
MARSEILLE
Le Cap-d'Agde
Cassis
La Ciotat
Le Beausset
Ollioules
Les Lecques
Bandol
Sanary-s-M.
Six-Fours-les-Plages
La Seyne-s-
St-Mandrier-s-M.
Cap Sicié
GOLFE DU LION
MER
MÉDITERRAN

Savona
Barcelonnette
Col de Larche
Colle della Maddalena
Digne-les-Bains
Castellane
Grasse
NICE
Antibes
Juan-les-Pins
Cap d'Antibes
Golfe-Juan
CANNES
Menton
Monte-Carlo Monaco
Roquebrune-Cap-Martin
Beaulieu-s-M.
St-Jean-Cap-Ferrat
Villefranche-s-M.
Ventimiglia
Bordighera
San Remo
Imperia (Porto-Maurizio)
Diano Marina
Alassio
Albenga
Loano
Finale Ligure
Spotorno
Noli
Vado Lig.
Garessio
Tende
Saorge
Sospel
Isola 2000
St-Martin-Vésubie
St-Étienne-de-Tinée
Vence
Cagnes-s-M.
Mougins
Mandelieu-la-Napoule
Draguignan
Fréjus
St-Raphaël
Ste-Maxime
St-Tropez
Ramatuelle
Cap Camarat
Cavalaire-s-M.
Le Lavandou
Bormes-les-Mimosas
Hyères
Brignoles
Le Muy
Les Issambres
Porquerolles
Port-Cros
Île du Levant
Îles d'Hyères
ALPES-DE-HTE-PROVENCE
ALPES-MMES
VAR
CORSE
Cap Corse
Rogliano
BASTIA
St-Florent
L'Île-Rousse
Calvi
Calenzana
Ponte-Leccia
Corte
HAUTE-CORSE
Mte Cinto
Porto
Golfe de Porto
les Calanche
Piana
Col de Vergio
Evisa
Cargèse
Vico
Venaco
Mte Rotondo
Vizzavona
Col de Vizzavona
Bocognano
Mte Renoso
Aléria
Ghisonaccia
AJACCIO
Îles Sanguinaires
CORSE-DU-SUD
Propriano
Sartène
Zonza
Levie
Col de Bavella
Mte Incudine
Solenzara
Porto-Vecchio
Bonifacio

# FRANCE DÉPARTEMENTALE ET ADMINISTRATIVE

**ALSACE**
67 Bas-Rhin
68 Haut-Rhin
**AQUITAINE**
24 Dordogne
33 Gironde
40 Landes
47 Lot-et-Garonne
64 Pyrénées-Atlantiques
**AUVERGNE**
03 Allier
15 Cantal
43 Haute-Loire
63 Puy-de-Dôme
**BOURGOGNE**
21 Côte-d'Or
58 Nièvre
71 Saône-et-Loire
89 Yonne
**BRETAGNE**
22 Côtes-d'Armor
29 Finistère
35 Ille-et-Vilaine
56 Morbihan
**CENTRE**
18 Cher
28 Eure-et-Loir
36 Indre
37 Indre-et-Loire
41 Loir-et-Cher
45 Loiret
**CHAMPAGNE-ARDENNE**
08 Ardennes
10 Aube
51 Marne
52 Haute-Marne
**CORSE**
2A Corse-du-Sud
2B Haute-Corse
FRANCHE-COMTÉ
25 Doubs
39 Jura
70 Haute-Saône
90 Territoire-de-Belfort
**ILE-DE-FRANCE**
75 Ville de Paris
77 Seine-et-Marne
78 Yvelines
91 Essonne
92 Hauts-de-Seine
93 Seine-Saint-Denis
94 Val-de-Marne
95 Val-d'Oise
**LANGUEDOC-ROUSSILLON**
11 Aude
30 Gard
34 Hérault
48 Lozère
66 Pyrénées-Orientales
**LIMOUSIN**
19 Corrèze
23 Creuse
87 Haute-Vienne
**LORRAINE**
54 Meurthe-et-Moselle
55 Meuse
57 Moselle
88 Vosges
**MIDI-PYRÉNÉES**
09 Ariège
12 Aveyron
31 Haute-Garonne
32 Gers
46 Lot
65 Hautes-Pyrénées
81 Tarn
82 Tarn-et-Garonne
**NORD-PAS-DE-CALAIS**
59 Nord
62 Pas-de-Calais
**BASSE-NORMANDIE**
14 Calvados
50 Manche
61 Orne
**HAUTE-NORMANDIE**
27 Eure
76 Seine-Maritime
**PAYS DE LA LOIRE**
44 Loire-Atlantique
49 Maine-et-Loire
53 Mayenne
72 Sarthe
85 Vendée
PICARDIE
02 Aisne
60 Oise
80 Somme
**POITOU-CHARENTES**
16 Charente
17 Charente-Maritime
79 Deux-Sèvres
86 Vienne
**PROVENCE-ALPES-CÔTE D'AZUR**
04 Alpes-de-Haute-Provence
05 Hautes-Alpes
06 Alpes-Maritimes
13 Bouches-du-Rhône
83 Var
84 Vaucluse
**RHÔNE-ALPES**
01 Ain
07 Ardèche
26 Drôme
38 Isère
42 Loire
69 Rhône
73 Savoie
74 Haute-Savoie

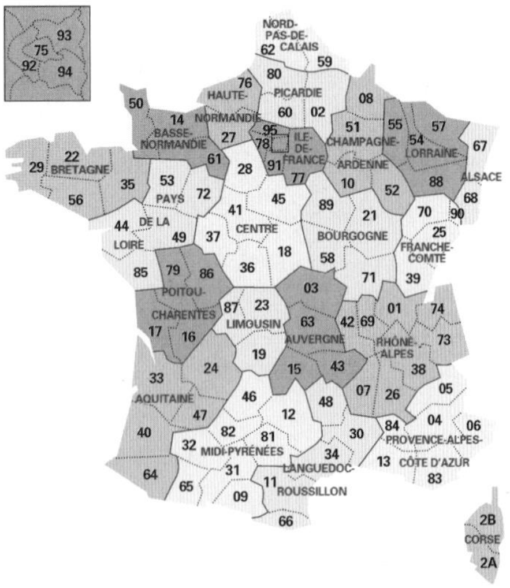


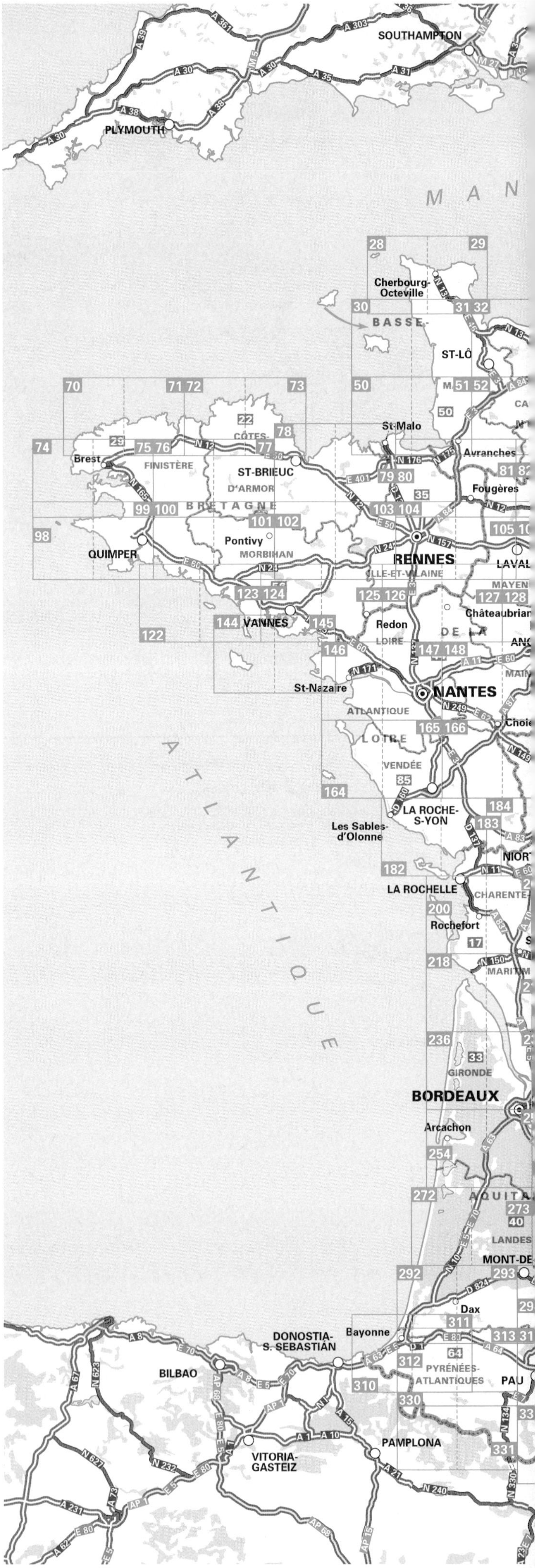

*Grands axes routiers / Main road map*
*Durchgangsstraßen / Grote verbindingswegen*
*Grandi arterie stradali / Carreteras principales*

**BC**

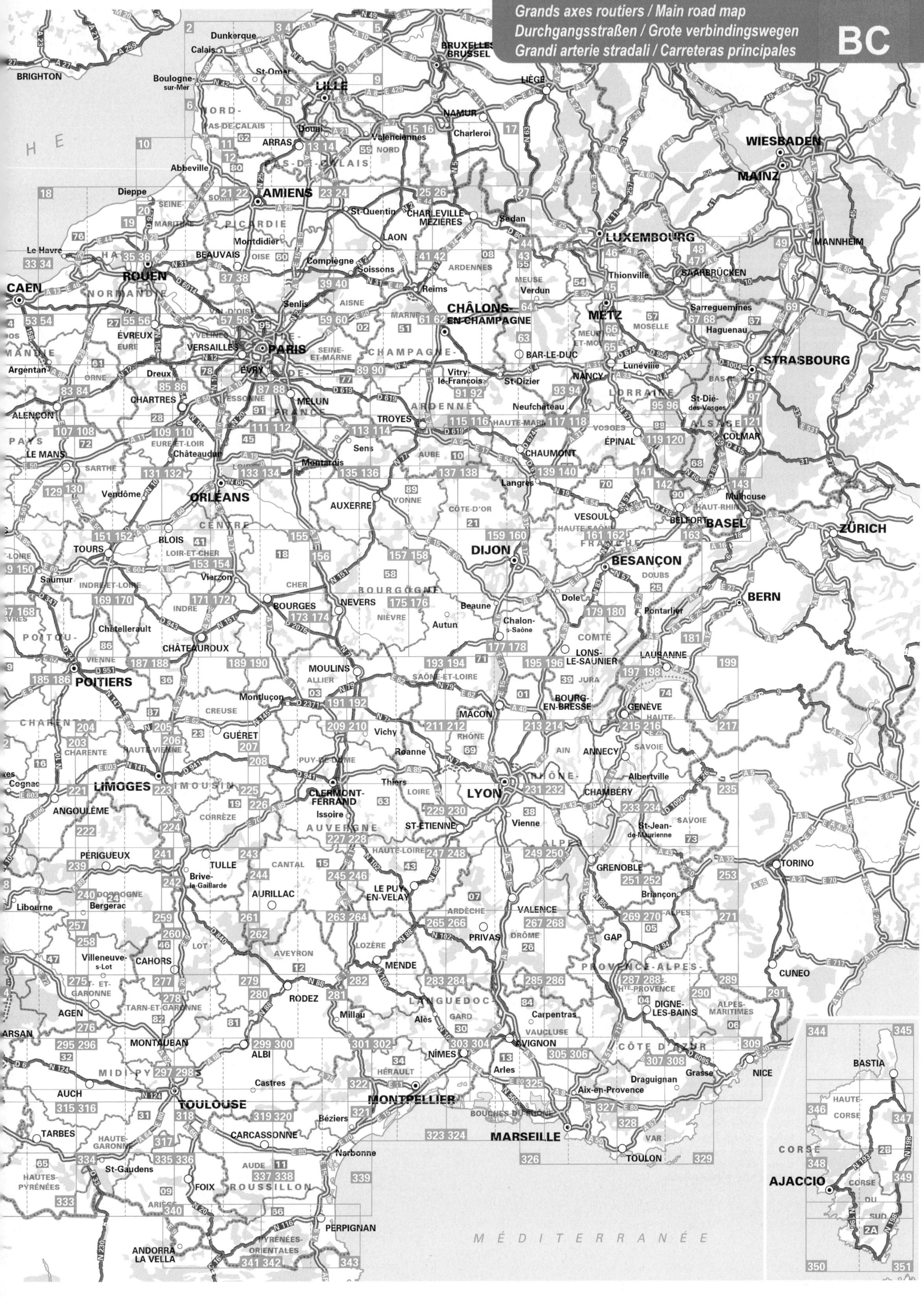

# Cartographie

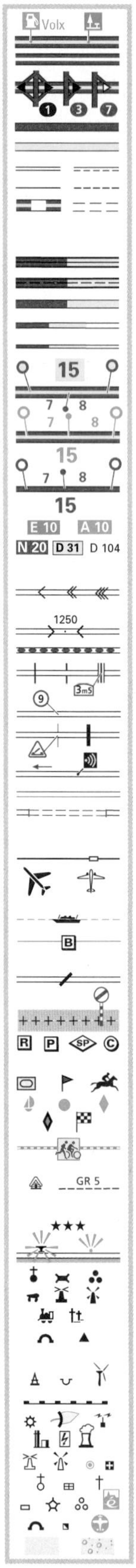


## Routes

Autoroute - Station-service - Aire de repos
Double chaussée de type autoroutier

Échangeurs : complet, partiels
Numéros d'échangeurs
Route de liaison internationale ou nationale
Route de liaison interrégionale ou de dégagement
Route revêtue - non revêtue
Chemin d'exploitation - Sentier
Autoroute - Route en construction
( le cas échéant: date de mise en service prévue)

## Largeur des routes

Chaussées séparées
4 voies
2 voies larges
2 voies
1 voie

## Distances (totalisées et partielles)

Section à péage sur autoroute

Section libre sur autoroute

sur route

## Numérotation - Signalisation

Route européenne - Autoroute
Route nationale - départementale

## Obstacles

Forte déclivité ( flèches dans le sens de la montée )
de 5 à 9%, de 9 à 13%, 13% et plus
Col et sa cote d'altitude
Parcours difficile ou dangereux
Passages de la route : à niveau, supérieur, inférieur
Hauteur limitée (au-dessous de 4,50 m)
Limites de charge : d'un pont, d'une route (au-dessous de 19 t.)
Pont mobile - Barrière de péage

Route à sens unique - Radar fixe
Route réglementée
Route interdite

## Transports

Voie ferrée - Gare
Aéroport - Aérodrome
Transport des autos :
par bateau
par bac ( le Guide MICHELIN donne le numéro de téléphone des principaux bacs )
Bac pour piétons et cycles

## Administration

Frontière - Douane
Capitale de division administrative

## Sports - Loisirs

Stade - Golf - Hippodrome
Port de plaisance - Baignade - Parc aquatique
Base ou parc de loisirs - Circuit automobile
Piste cyclable / Voie Verte
Source : Association Française des Véloroutes et Voies Vertes
Refuge de montagne - Sentier de grande randonnée

## Curiosités

Principales curiosités : voir LE GUIDE VERT
Table d'orientation - Panorama - Point de vue - Parcours pittoresque

Édifice religieux - Château - Ruines
Monument mégalithique - Phare - Moulin à vent
Train touristique - Cimetière militaire
Grotte - Autres curiosités

## Signes divers

Puits de pétrole ou de gaz - Carrière - Éolienne
Transporteur industriel aérien
Usine - Barrage - Tour ou pylône de télécommunications
Raffinerie - Centrale électrique - Centrale nucléaire
Phare ou balise - Moulin à vent - Château d'eau - Hôpital
Église ou chapelle - Cimetière - Calvaire
Château - Fort - Ruines - Village étape
Grotte - Monument - Altiport
Forêt ou bois - Forêt domaniale

# Plans de ville

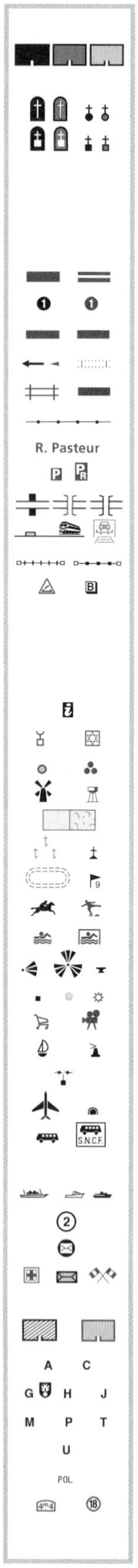


## Curiosités

Bâtiment intéressant
Édifice religieux intéressant:
Catholique
Protestant

## Voirie

Autoroute - Double chaussée de type autoroutier
Échangeurs numérotés : complet - partiels
Grande voie de circulation
Sens unique - Rue réglementée ou impraticable
Rue piétonne
Tramway
Rue commerçante
Parking - Parking Relais
Porte - Passage sous voûte - Tunnel
Gare et voie ferrée - Auto / Train
Funiculaire - Téléphérique, télécabine
Pont mobile - Bac pour autos

## Signes divers

Information touristique
Mosquée - Synagogue
Tour - Ruines
Moulin à vent - Château d'eau
Jardin, parc, bois
Cimetière - Calvaire
Stade - Golf
Hippodrome - Patinoire
Piscine de plein air, couverte
Vue - Panorama - Table d'orientation
Monument - Fontaine - Usine
Centre commercial - Cinéma Multiplex
Port de plaisance - Phare
Tour de télécommunications
Aéroport - Station de métro
Gare routière
Transport par bateau :
passagers et voitures, passagers seulement
Repère commun aux plans et aux cartes Michelin détaillées
Bureau principal de poste restante et téléphone
Hôpital - Marché couvert - Caserne

Bâtiment public repéré par une lettre :
Chambre d'agriculture - Chambre de commerce
Gendarmerie - Hôtel de ville - Palais de justice
Musée - Préfecture, sous-préfecture - Théâtre
Université, grande école
Police ( commissariat central )
Passage bas ( inf. à 4 m 50 ) - Charge limitée ( inf. à 19 t )

# Mapping

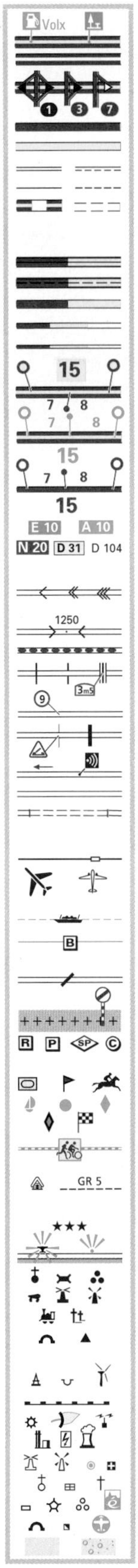


## Roads

Motorway - Petrol station - Rest area
Dual carriageway with motorway characteristics
Interchanges : complete, limited
Interchange numbers
International and national road network
Interregional and less congested road
Road surfaced - unsurfaced
Rough track - Footpath
Motorway - Road under construction
(when available : with scheduled opening date)

## Road widths

Dual carriageway
4 lanes
2 wide lanes
2 lanes
1 lane

## Distances (total and intermediate)

Toll roads on motorway

Toll-free section on motorway

on road

## Numbering - Signs

European route - Motorway
National road - Departmental road

## Obstacles

Steep hill ( ascent in direction of the arrow )
5 - 9%, 9 -13%, 13% +
Pass and its height above sea level
Difficult or dangerous section of road
Level crossing : railway passing, under road, over road
Height limit (under 4.50 m)
Load limit of a bridge, of a road (under 19 t)
Swing bridge - Toll barrier

One way road - Speed camera
Road subject to restrictions
Prohibited road

## Transportation

Railway - Station
Airport - Airfield
Transportation of vehicles :
by boat
by ferry ( THE RED GUIDE gives the phone numbers for main ferries )

Ferry ( passengers and cycles only )

## Administration

National boundary - Customs post
Administrative district seat

## Sport & Recreation Facilities

Stadium - Golf course - Horse racetrack
Pleasure boat harbour - Bathing place - Water park
Country park - Racing circuit
Cycle track / Country footpath
Source : Association Française des Véloroutes et Voies Vertes
Mountain refuge hut - Long distance footpath

## Sights

(Principal sights: see THE GREEN GUIDE)
Viewing table - Panoramic view - Viewpoint - Scenic route

Religious building - Historic house, castle - Ruins
Prehistoric monument - Lighthouse - Windmill
Tourist train - Military cemetery
Cave - Other places of interest

## Other signs

Oil or gas well - Quarry - Wind turbine
Industrial cable way
Factory - Dam - Telecommunications tower or mast
Refinery - Power station - Nuclear Power Station
Lighthouse or beacon - Windmill - Water tower - Hospital
Church or chapel - Cemetery - Wayside cross
Castle - Fort - Ruines - Stopover village
Grotte - Monument - Mountain airfield
Forest or wood - State forest

# Town plans

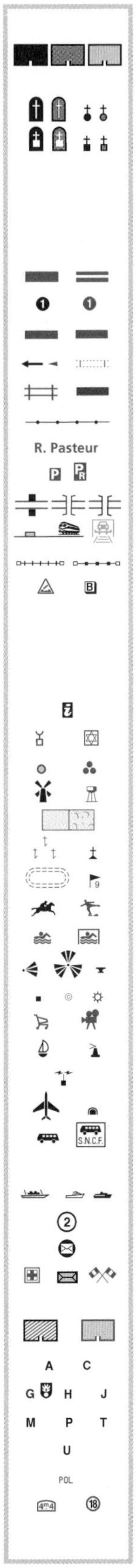


## Sights

Place of interest
Interesting place of worship :
Church
Protestant church

## Roads

Motorway - Dual carriageway
Numbered junctions : complete, limited
Major thoroughfare
One - way street - Unsuitable for traffic or street subject to restrictions
Pedestrian street
Tramway
Shopping street
Car park - Park and Ride
Gateway - Street passing under arch - Tunnel
Station and railway - Motorail
Funicular - Cable-car
Lever bridge - Car ferry

## Various signs

Tourist Information Centre
Mosque - Synagogue
Tower - Ruins
Windmill - Water tower
Garden, park, wood
Cemetery - Cross
Stadium - Golf course
Racecourse - Skating rink
Outdoor or indoor swimming pool
View - Panorama - Viewing table
Monument - Fountain - Factory
Shopping centre - Multiplex Cinema
Pleasure boat harbour - Lighthouse
Communications tower
Airport - Underground station
Coach station
Ferry services :
passengers and cars, passengers only
Reference number common to town plans and Michelin maps
Main post office with poste restante and telephone
Hospital - Covered market - Barracks

Public buildings located by letter :
Chamber of Agriculture - Chamber of Commerce
Gendarmerie - Town Hall - Law Courts
Museum - Prefecture or sub-prefecture - Theatre
University, College
Police ( in large towns police headquarters )
Low headroom ( 15 ft . max . ) - Load limit ( under 19 t )

# Kartographie

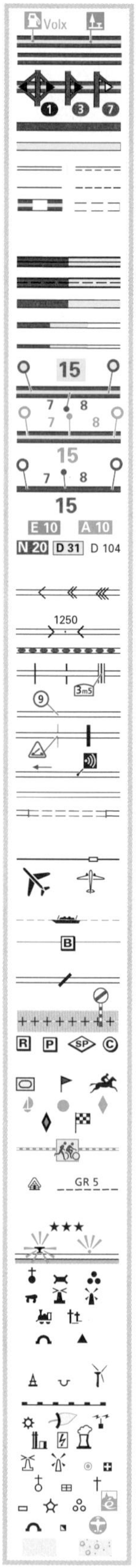

## Straßen

Autobahn - Tankstelle - Tankstelle mit Raststätte
Schnellstraße mit getrennten Fahrbahnen
Anschlussstellen : Voll - bzw. Teilanschlussstellen
Anschlussstellennummern
Internationale bzw.nationale Hauptverkehrsstraße
Überregionale Verbindungsstraße oder Umleitungsstrecke
Straße mit Belag - ohne Belag
Wirtschaftsweg - Pfad
Autobahn - Straße im Bau
(ggf. voraussichtliches Datum der Verkehrsfreigabe)

## Straßenbreiten

Getrennte Fahrbahnen
4 Fahrspuren
2 breite Fahrspuren
2 Fahrspuren
1 Fahrspur

## Entfernungen (Gesamt- und Teilentfernungen)

Mautstrecke auf der Autobahn

Mautfreie Strecke auf der Autobahn

Auf der Straße

## Nummerierung - Wegweisung

Europastraße - Autobahn
Nationalstraße - Departementstraße

## Verkehrshindernisse

Starke Steigung ( Steigung in Pfeilrichtung )
5-9%, 9-13%, 13% und mehr
Pass mit Höhenangabe
Schwierige oder gefährliche Strecke
Bahnübergänge : schienengleich, Unterführung, Überführung
Beschränkung der Durchfahrtshöhe ( angegeben, wenn unter 4,50 m )
Höchstbelastung einer Straße/Brücke ( angegeben, wenn unter 19 t )
Bewegliche Brücke - Mautstelle

Einbahnstraße - Starenkasten
Straße mit Verkehrsbeschränkungen
Gesperrte Straße

## Verkehrsmittel

Bahnlinie - Bahnhof
Flughafen - Flugplatz
Schiffsverbindungen:
per Schiff
per Fähre ( im ROTEN HOTELFÜHRER sind die Telefonnummern der wichtigsten Fährunternehmen angegeben )
Fähre für Personen und Fahrräder

## Verwaltung

Staatsgrenze - Zoll
Verwaltungshauptstadt

## Sport - Freizeit

Stadion - Golfplatz - Pferderennbahn
Yachthafen - Strandbad - Badepark
Freizeitanlage - Rennstrecke
Radwege und autofreie Wege
Source : Association Française des Véloroutes et Voies Vertes
Schutzhütte - Fernwanderweg

## Sehenswürdigkeiten

Hauptsehenswürdigkeiten: siehe GRÜNER REISEFÜHRER
Orientierungstafel - Rundblick - Aussichtspunkt - Landschaftlich schöne Strecke
Sakral-Bau - Schloss, Burg - Ruine
Vorgeschichtliches Steindenkmal - Leuchtturm - Windmühle
Museumseisenbahn-Linie - Soldatenfriedhof
Höhle - Sonstige Sehenswürdigkeit

## Sonstige Zeichen

Erdöl-, Erdgasförderstelle - Steinbruch - Windkraftanlage
Industrieschwebebahn
Fabrik - Staudamm - Funk-, Sendeturm
Raffinerie - Kraftwerk - Kernkraftwerk
Leuchtturm oder Leuchtfeuer - Windmühle - Wasserturm - Krankenhaus
Kirche oder Kapelle - Friedhof - Bildstock
Schloss, Burg - Fort, Festung - Ruine - Übernachtungsort
Höhle - Denkmal - Landeplatz im Gebirge
Wald oder Gehölz - Staatsforst

# Stadtpläne

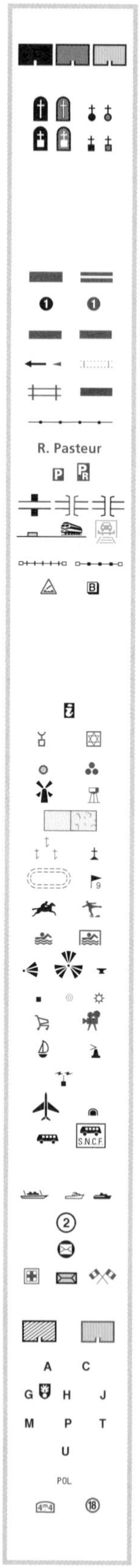

## Sehenswürdigkeiten

Sehenswertes Gebäude
Sehenswerter Sakralbau :
Katholische Kirche
Evangelische Kirche

## Straßen

Autobahn - Schnellstraße
Nummerierte Voll - bzw. Teilanschlussstellen
Hauptverkehrsstraße
Einbahnstraße - Gesperrte Straße oder mit Verkehrsbeschränkungen
Fußgängerzone
Straßenbahn
Einkaufsstraße
Parkplatz - Park-and-Ride-Plätze
Tor - Passage - Tunnel
Bahnhof und Bahnlinie - Autoreisezug
Standseilbahn - Seilschwebebahn
Bewegliche Brücke - Autofähre

## Sonstige Zeichen

Informationsstelle
Moschee - Synagoge
Turm - Ruine
Windmühle - Wasserturm
Garten, Park, Wäldchen
Friedhof - Bildstock
Stadion - Golfplatz
Pferderennbahn - Eisbahn
Freibad - Hallenbad
Aussicht - Rundblick - Orientierungstafel
Denkmal - Brunnen - Fabrik
Einkaufszentrum - Multiplex-Kino
Yachthafen - Leuchtturm
Funk-, Fernsehturm
Flughafen - U-Bahnstation
Autobusbahnhof
Schiffsverbindungen:
Autofähre - Personenfähre
Straßenkennzeichnung (identisch auf Michelin-Stadtplänen und -Abschnittskarten)
Hauptpostamt (postlagernde Sendungen) u. Telefon
Krankenhaus - Markthalle - Kaserne

Öffentliches Gebäude, durch einen Buchstaben gekennzeichnet :
Landwirtschaftskammer - Handelskammer
Gendarmerie - Rathaus - Gerichtsgebäude
Museum - Präfektur, Unterpräfektur - Theater
Universität, Hochschule
Polizei (in größeren Städten Polizeipräsidium)
Unterführung (Höhe bis 4,50 m) - Höchstbelastung (unter 19 t)

# Kaarten

## Wegen
Autosnelweg - Tankstation - Rustplaats
Gescheiden rijbanen van het type autosnelweg
Aansluitingen : volledig, gedeeltelijk
Afritnummers
Internationale of nationale verbindingsweg
Interregionale verbindingsweg
Verharde weg - Onverharde weg
Landbouwweg - Pad
Autosnelweg - Weg in aanleg
(indien bekend : datum openstelling)

## Breedte van de wegen
Gescheiden rijbanen
4 rijstroken
2 brede rijstroken
2 rijstroken
1 rijstrook

## Afstanden (totaal en gedeeltelijk)
Gedeelte met tol op autosnelwegen

Tolvrij gedeelte op autosnelwegen

Op andere wegen

## Wegnummers - Bewegwijzering
Europaweg - Autosnelweg
Nationale weg - Departementale weg

## Hindernissen
Steile helling ( pijlen in de richting van de helling )
5 - 9%, 9 - 13%, 13% of meer
Bergpas en hoogte boven de zeespiegel
Moeilijk of gevaarlijk traject
Wegovergangen: gelijkvloers, overheen, onderdoor
Vrije hoogte (indien lager dan 4,5 m)
Maximum draagvermogen: van een brug, van een weg (indien minder dan 19 t)
Beweegbare brug - Tol

Weg met eenrichtingsverkeer - Flitspaal
Beperkt opengestelde weg
Verboden weg

## Vervoer
Spoorweg - Station
Luchthaven - Vliegveld
Vervoer van auto's :
per boot
per veerpont (telefoonnummer van de belangrijkste ponten worden vermeld in DE RODE GIDS)
Veerpont voor voetgangers en fietsers

## Administratie
Staatsgrens - Douanekantoor
Hoofdplaats van administratief gebied

## Sport - Recreatie
Stadion - Golfterrein - Renbaan
Jachthaven - Zwemplaats - Watersport
Recreatiepark - Autocircuit
Fietspad / Wandelpad in de natuur
Source : Association Française des Véloroutes et Voies Vertes
Berghut - Lange afstandswandelpad

## Bezienswaardigheden
Belangrijkste bezienswaardigheden : zie DE GROENE GIDS
Oriëntatietafel - Panorama - Uitzichtpunt - Schilderachtig traject

Kerkelijk gebouw - Kasteel - Ruïne
Megaliet - Vuurtoren - Molen
Toeristentreintje - Militaire begraafplaats
Grot - Andere bezienswaardigheden

## Diverse tekens
Olie- of gasput - Steengroeve - Windmolen
Kabelvrachtvervoer
Fabriek - Stuwdam - Telecommunicatietoren of -mast
Raffinaderij - Elektriciteitscentrale - Kerncentrale
Vuurtoren of baken - Molen - Watertoren - Hospitaal
Kerk of kapel - Begraafplaats - Kruisbeeld
Kasteel - Fort - Ruïne - Dorp voor overnachting
Grot - Monument - Landingsbaan in de bergen
Bos - Staatsbos

# Plattegronden

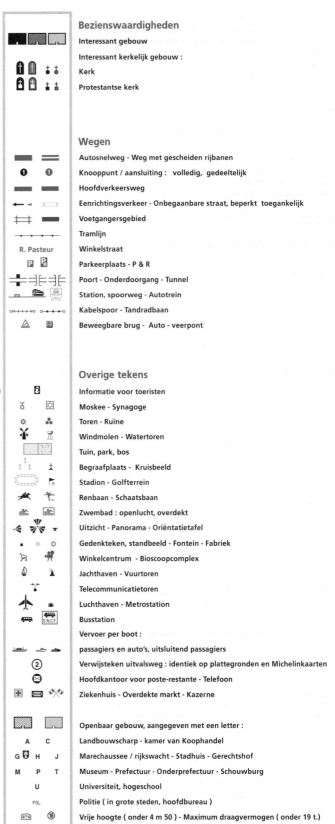

## Bezienswaardigheden
Interessant gebouw
Interessant kerkelijk gebouw :
Kerk
Protestantse kerk

## Wegen
Autosnelweg - Weg met gescheiden rijbanen
Knooppunt / aansluiting : volledig, gedeeltelijk
Hoofdverkeersweg
Eenrichtingsverkeer - Onbegaanbare straat, beperkt toegankelijk
Voetgangersgebied
Tramlijn
Winkelstraat
Parkeerplaats - P & R
Poort - Onderdoorgang - Tunnel
Station, spoorweg - Autotrein
Kabelspoor - Tandradbaan
Beweegbare brug - Auto - veerpont

## Overige tekens
Informatie voor toeristen
Moskee - Synagoge
Toren - Ruïne
Windmolen - Watertoren
Tuin, park, bos
Begraafplaats - Kruisbeeld
Stadion - Golfterrein
Renbaan - Schaatsbaan
Zwembad : openlucht, overdekt
Uitzicht - Panorama - Oriëntatietafel
Gedenkteken, standbeeld - Fontein - Fabriek
Winkelcentrum - Bioscoopcomplex
Jachthaven - Vuurtoren
Telecommunicatietoren
Luchthaven - Metrostation
Busstation
Vervoer per boot :
passagiers en auto's, uitsluitend passagiers
Verwijsteken uitvalsweg : identiek op plattegronden en Michelinkaarten
Hoofdkantoor voor poste-restante - Telefoon
Ziekenhuis - Overdekte markt - Kazerne

Openbaar gebouw, aangegeven met een letter :
Landbouwscharp - kamer van Koophandel
Marechaussee / rijkswacht - Stadhuis - Gerechtshof
Museum - Prefectuur - Onderprefectuur - Schouwburg
Universiteit, hogeschool
Politie ( in grote steden, hoofdbureau )
Vrije hoogte ( onder 4 m 50 ) - Maximum draagvermogen ( onder 19 t.)

# Cartografia

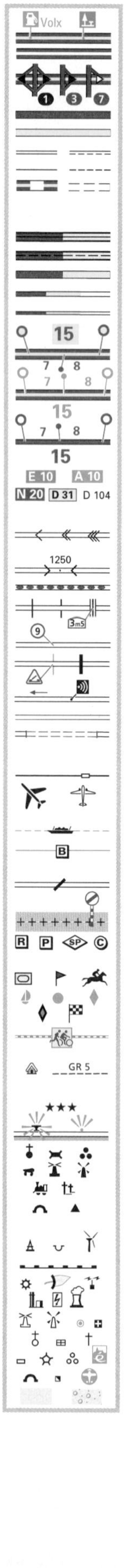


## Strade

Autostrada - Stazione di servizio - Area di riposo
Doppia carreggiata di tipo autostradale
Svincoli : completo, parziale
Svincoli numerati
Strada di collegamento internazionale o nazionale
Strada di collegamento interregionale o di disimpegno
Strada rivestita - non rivestita
Strada per carri - Sentiero
Autostrada - Strada in costruzione
(data di apertura prevista)

## Larghezza delle strade

Carreggiate separate
4 corsie
2 corsie larghe
2 corsie
1 corsia

## Distanze (totali e parziali)

Tratto a pedaggio su autostrada

Tratto esente da pedaggio su autostrada

Su strada

## Numerazione - Segnaletica

Strada europea - Autostrada
Strada nazionale - dipartimentale

## Ostacoli

Forte pendenza (salita nel senso della freccia )
da 5 a 9%, da 9 a 13%, superiore a 13%
Passo ed altitudine
Percorso difficile o pericoloso
Passaggi della strada: a livello, cavalcavia, sottopassaggio
Limite di altezza (inferiore a 4,50 m)
Limite di portata di un ponte, di una strada (inferiore a 19 t.)
Ponte mobile - Casello

Strada a senso unico - Radar fisso
Strada a circolazione regolamentata
Strada vietata

## Trasporti

Ferrovia - Stazione
Aeroporto - Aerodromo
Trasporto auto:
su traghetto
su chiatta (la GUIDA ROSSA indica il numero di telefono delle principali compagnie di navigazione)
Traghetto per pedoni e biciclette

## Amministrazione

Frontiera - Dogana
Capoluogo amministrativo

## Sport - Divertimento

Stadio - Golf - Ippodromo
Porto turistico - Stabilimento balneare - Parco acquatico
Area o parco per attività ricreative - Circuito automobilistico
Pista ciclabile / Viottolo
Source : Association Française des Véloroutes et Voies Vertes
Rifugio - Sentiero per escursioni

## Mete e luoghi d'interesse

Principali luoghi d'interesse, vedere LA GUIDA VERDE
Tavola di orientamento - Panorama - Vista - Percorso pittoresco

Edificio religioso - Castello - Rovine
Monumento megalitico - Faro - Mulino a vento
Trenino turistico - Cimitero militare
Grotta - Altri luoghi d'interesse

## Simboli vari

Pozzo petrolifero o gas naturale - Cava - Centrale eolica
Teleferica industriale
Fabbrica - Diga - Torre o pilone per telecomunicazioni
Raffineria - Centrale elettrica - Centrale nucleare
Faro o boa - Mulino a vento - Torre idrica - Ospedale
Chiesa o cappella - Cimitero - Calvario
Castello - Forte - Rovine - Paese tappa
Grotta - Monumento - Altiporto
Foresta o bosco - Foresta demaniale

# Piante di città

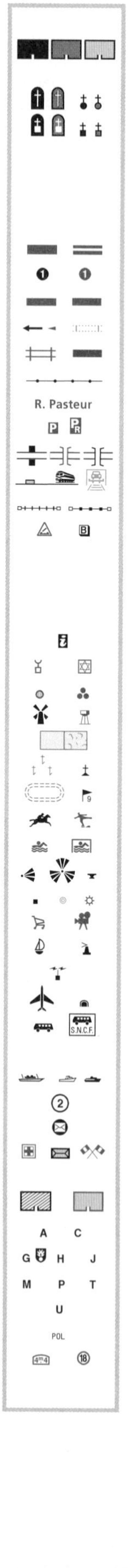


## Curiosità

Edificio interessante
Costruzione religiosa interessante :
Chiesa
Tempio

## Viabilità

Autostrada - Doppia carreggiata tipo autostrada
Svincoli numerati : completo, parziale
Grande via di circolazione
Senso unico - Via regolamentata o impraticabile
Via pedonale
Tranvia
Via commerciale
Parcheggio - Parcheggio Ristoro
Porta - Sottopassaggio - Galleria
Stazione e ferrovia - Auto / Treno
Funicolare - Funivia, cabinovia
Ponte mobile - Traghetto per auto

## Simboli vari

Ufficio informazioni turistiche
Moschea - Sinagoga
Torre - Ruderi
Mulino a vento - Torre idrica
Giardino, parco, bosco
Cimitero - Calvario
Stadio - Golf
Ippodromo - Pista di pattinaggio
Piscina : all'aperto, coperta
Vista - Panorama - Tavola d'orientamento
Monumento - Fontana - Fabbrica
Centro commerciale - Cinema Multisala
Porto turistico - Faro
Torre per telecomunicazioni
Aeroporto - Stazione della metropolitana
Autostazione
Trasporto con traghetto :
passeggeri ed autovetture, solo passeggeri
Simbolo di riferimento comune alle piante ed alle carte Michelin particolareggiate
Ufficio centrale di fermo posta e telefono
Ospedale - Mercato coperto - Caserma

Edificio pubblico indicato con lettera :
Camera di Agricoltura - Camera di Commercio
Gendarmeria - Municipio - Palazzo di Giustizia
Museo - Prefettura, Sottoprefettura - Teatro
Università, grande scuola
Polizia ( Questura, nelle grandi città )
Sottopassaggio ( altezza inferiore a m 4,50 ) - Portata limitata ( inf. a 19 t )

# Cartografía

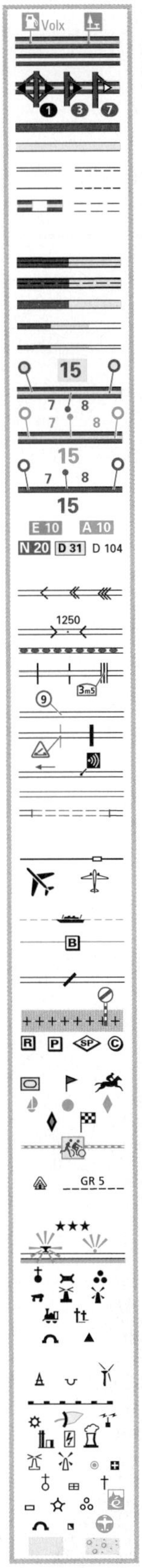


## Carreteras
Autopista - Estación servicio - Área de descanso
Autovía
Enlaces : completo, parciales
Números de los accesos
Carretera de comunicación internacional o nacional
Carretera de comunicación interregional o alternativo
Carretera asfaltada - sin asfaltar
Camino agrícola - Sendero
Autopista - Carretera en construcción
( en su caso : fecha prevista de entrada en servicio )

## Ancho de las carreteras
Calzadas separadas
Cuatro carriles
Dos carriles anchos
Dos carriles
Un carril

## Distancias (totales y parciales)
Tramo de peaje en autopista

Tramo libre en autopista

En carretera

## Numeración - Señalización
Carretera europea - Autopista
Carretera nacional - provincial

## Obstáculos
Pendiente pronunciada ( las flechas indican el sentido del ascenso )
de 5 a 9%, 9 a 13%, 13% y superior
Puerto y su altitud
Recorrido difícil o peligroso
Pasos de la carretera : a nivel, superior, inferior
Altura limitada ( inferior a 4,50 m )
Carga límite de un puente, de una carretera ( inferior a 19 t )
Puente móvil - Barrera de peaje

Carretera de sentido único - Radar fijo
Carretera restringida
Tramo prohibido

## Transportes
Línea férrea - Estación
Aeropuerto - Aeródromo
Transporte de coches :
por barco
por barcaza ( LA GUÍA ROJA indica el número de teléfono de las principales barcazas )
Barcaza para el paso de peatones y vehículos dos ruedas

## Administración
Frontera - Puesto de aduanas
Capital de división administrativa

## Deportes - Ocio
Estadio - Golf - Hipódromo
Puerto deportivo - Zona de baño - Parque acuático
Parque de ocio - Circuito automovilístico
Pista ciclista / Vereda
Source : Association Française des Véloroutes et Voies Vertes
Refugio de montaña - Sendero de gran ruta

## Curiosidades
Principales curiosidades : ver LA GUÍA VERDE
Mesa de orientación - Vista panorámica - Vista parcial - Recorrido pintoresco

Edificio religioso - Castillo - Ruinas
Monumento megalítico - Faro - Molino de viento
Tren turístico - Cementerio militar
Cueva - Otras curiosidades

## Signos diversos
Pozos de petróleo o de gas - Cantera - Parque eólico
Transportador industrial aéreo
Fábrica - Presa - Torreta o poste de telecomunicación
Refinería - Central eléctrica - Central nuclear
Faro o baliza - Molino de viento - Fuente - Hospital
Iglesia o capilla - Cementerio - Crucero
Castillo - Fortaleza - Ruinas - Población-etapa
Cueva - Monumento - Altipuerto
Bosque - Patrimonio Forestal del Estado

# Planos de ciudades

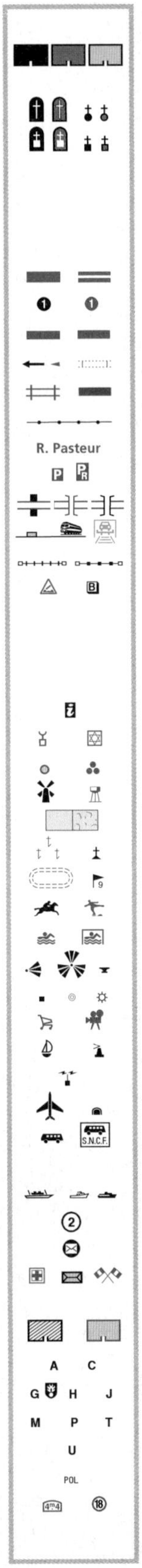


## Curiosidades
Edificio interesante
Edificio religioso interesante :
Iglesia
Culto protestante

## Vías de circulación
Autopista - Autovía
Número del acceso : completo, parcial
Vía importante de circulación
Sentido único - Calle reglamentada o impracticable
Calle peatonal
Tranvía
Calle comercial
Aparcamiento - Aparcamientos «P+R»
Puerta - Pasaje cubierto - Túnel
Estación y línea férrea - Coche / Tren
Funicular - Teleférico, telecabina
Puente móvil - Barcaza para coches

## Signos diversos
Oficina de Información de Turismo
Mezquita - Sinagoga
Torre - Ruinas
Molino de viento - Depósito de agua
Jardín, parque, bosque
Cementerio - Crucero
Estadio - Golf
Hipódromo - Pista de patinaje
Piscina al aire libre, cubierta
Vista - Panorama - Mesa de Orientación
Monumento - Fuente - Fábrica
Centro comercial - Multicines
Puerto deportivo - Faro
Torreta de telecomunicación
Aeropuerto - Boca de metro
Estación de autobuses
Transporte por barco :
pasajeros y vehículos, pasajeros solamente
Referencia común a los planos y a los mapas detallados Michelin
Oficina central de correos y teléfonos
Hospital - Mercado cubierto - Cuartel

Edificio público localizado con letra :
Cámara de Agricultura - Cámara de Comercio
Guardia civil - Ayuntamiento - Palacio de Justicia
Museo - Gobierno civil - Teatro
Universidad, Escuela Superior
Policía ( en las grandes ciudades : Jefatura )
Pasaje bajo ( inf. a 4 m 50 ) - Carga limitada ( inf. a 19 t )

0 2 4 6 8 10 km
C
D
1
2
3
4
5
A
B
6
C
D
PAS DE CALAIS
Côte d'Opale
Tunnel sous la Manche
Phare de Walde
Les Hemmes
TERMINAL TRANSMANCHE
CALAIS
Blériot-Plage
Le Fort-Vert
Waldam
Le Pit Courgain
Marck
Fort Nieulay
Sangatte
Coquelles
Le Beau-Marais
Offekerque
Mont Latham
Cap Blanc-Nez
Mont d'Hubert
TERMINAL TUNNEL
Le Pont-du-Leu
Coulogne
Guemps
Escalles
Fréthun
Le Pont-de-Coulogne
Le Pont de Briques
Peuplingues
Nielles-lès-C.
Les Attaques
Tappecul
Sombre
Wissant
Bonningues-lès-Calais
St-Tricat
Le Pont-d'Ardres
Hervelinghen
Hames-Boucres
Le Marais
Bois-en-Ardres
Cap Gris-Nez
Tardinghen
St-Inglevert
Hauteville
Wadenthun
Pihen-lès-Guînes
Guînes
Framzelle
Le Châtelet
Mont de Couple
Les deux Caps
Andres
Audembert
Mimoyecques
Balinghem
Brêmes
Ardres
Cran-aux-Oeufs
Audinghen
Warcove
Leubringhen
Cdn
Camp du drap d'Or
Colonne Blanchard
Landrethun-le-Nord
Caffiers
Lostebarne
Bernes
Campagne-lès-Guînes
Autingues
Onglevert
Leulinghen-Bernes
Ferques
Rodelinghem
Landrethun-lès-Ardres
Bazinghen
Blecquenecques
Le Mont
Crézecques
Audresselles
Raventhun
Elinghen
Fiennes
Ecottes
Ledouent
Marquise
Hydrequent
Marbre
Bouquehault
Locquinghen
Yeuse
Ambleteuse
Beuvrequen
Bœucres
Hermelinghen
Le Val
Bouquinghen
Rinxent
Slack
Conninchun
Hardinghen
Rety
Le Ventus-d'Alembon
Clerques
PARC NATUREL REGIONAL DES
Pointe aux Oies
L'Epitre
Offrethun
Wierre-Effroy
Rebertingue
Mont Cornet
Le Caraquet
Alembon
Sanghen
Licques
Audenfort
Wimereux
Wacquinghen
Hocquinghen
Maninghen-Henne
Hesdres
Pittefaux
Boursin
Herbinghen
Le Poirier
Le Quingoie
Wimille
Souverain-Moulin
Houllefort
Le Wast
Mont Dauphin
Colembert
Rebergues
Journy
Terlincthun
Colonne de la Grde Armée
Rupembert
Pernes-lès-B.
Moulin
Belle-et-Houllefort
Bainghen
Nabringhen
Haut-Loquin
Alquines
NAUSICAÁ
St-Martin-Boulogne
Conteville-lès-B.
Le Plouy
Surques
Hte-Planque
Bouvelinghen
BOULOGNE-SUR-MER
La Caucherie
La Capelle-lès-B.
Mont-Lambert
Bellebrune
Alincthun
Escœuilles
Fromentel
Bullescamps
Ostrohove
Maquinghen
Longueville
Henneveux
La Culbute
Baincthun
Brunembert
Le Portel
Outreau
Echinghen
Bournonville
Quesques
Le Verval
Coulomby
Cap d'Alprech
St-Léonard
Questinghen
Crémarest
Le Cantinard
Selles
Ningles
Pont-de-Briques
Velinghen
Lottinghen
Watterdal
Le Lusquet
La Courcolette
Equihen-Plage
St-Etienne-

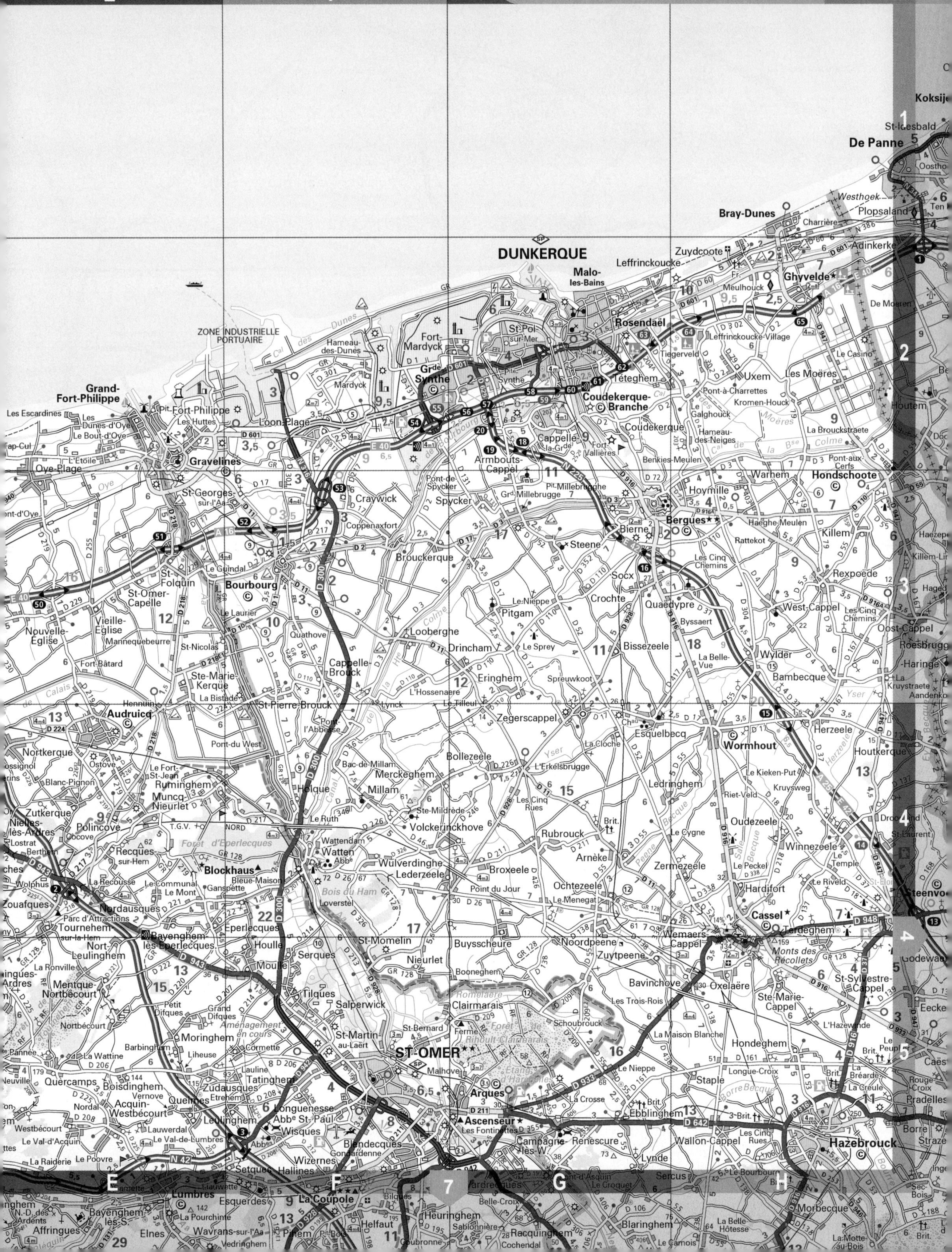
Koksijde
St-Idesbald
De Panne
Westhoek
Plopsaland
Bray-Dunes
Adinkerke
Zuydcoote
DUNKERQUE
Malo-les-Bains
Leffrinckoucke
Ghyvelde
Meulhouck
De Moeren
ZONE INDUSTRIELLE PORTUAIRE
Rosendaël
Leffrinckoucke-Village
Hameau-des-Dunes
Fort-Mardyck
St-Pol-sur-Mer
Tiegerveld
Le Casino
Mardyck
Grde Synthe
Petite-Synthe
Téteghem
Uxem
Les Moëres
Grand-Fort-Philippe
Coudekerque-Branche
Pont-à-Chartettes
Kromen-Houck
Houtem
Les Escardines
Les Dunes-d'Oye
Le Bout-d'Oye
Pt-Fort-Philippe
Les Huttes
Loon-Plage
Galghouck
Coudekerque
Hameau-des-Neiges
La Brouckstraete
Gravelines
Cappelle-la-Grde
Fort Vallières
Benkies-Meulen
Pont-aux-Cerfs
Oye-Plage
L'Étoile
Armbouts-Cappel
Warhem
Hondschoote
St-Georges-sur-l'Aa
Craywick
Pont-de-Spycker
Spycker
Grd-Millebrugge
Pt-Millebrugghe
Hoymille
Coppenaxfort
Bergues
Haeghe-Meulen
Bierne
Steene
Killem
Rattekot
Brouckerque
Les Cinq Chemins
Le Guindal
St-Folquin
Bourbourg
Socx
Rexpoëde
St-Omer-Capelle
Le Nieppe
Pitgam
Crochte
Quaëdypre
West-Cappel
Oost-Cappel
Nouvelle-Église
Vieille-Église
Mannequebeurre
Le Laurier
Byssaert
St-Nicolas
Quathove
Looberghe
Drincham
Le Sprey
Bissezeele
Wylder
Fort-Bâtard
Cappelle-Brouck
Eringhem
La Belle-Vue
Bambecque
Ste-Marie-Kerque
L'Hossenaere
Spreuwkoot
La Bistade
Hennuin
St-Pierre-Brouck
Lynck
Le Tilleul
Zegerscappel
Esquelbecq
Wormhout
Herzeele
Audruicq
Pont-l'Abbesse
Pont-du West
La Cloche
Houtkerque
Nortkerque
Ostove
Le Fort-St-Jean
Bac-de-Millam
Merckeghem
Bollezeele
L'Erkelsbrugge
Le Kieken-Put
Blanc-Pignon
Ruminghem
Muncq-Nieurlet
Holque
Millam
Ledringhem
Kruysweg
Zutkerque
Nielles-lès-Ardres
Polincove
Cocove
T.G.V. NORD
Forêt d'Eperlecques
Le Ruth
Ste-Mildrède
Volckerinckhove
Les Cinq Rues
Riet-Veld
Oudezeele
Lostrat
Recques-sur-Hem
Wattendam
Watten
Rubrouck
Le Cygne
Winnezeele
Wolphus
Blockhaus
Wulverdinghe
Lederzeele
Broxeele
Arnèke
Zermezeele
Le Peckel
Le Temple
La Recousse
Le Communal
Gansppette
Bleue-Maison
Bois du Ham
Point du Jour
Ochtezeele
Hardifort
Le Riveld
Zouafques
Le Mont
Loverstel
Le Menegat
Steenvoorde
Nordausques
Parc d'Attractions
Tournehem-sur-la-Hem
Bayenghem-lès-Eperlecques
Eperlecques
Houlle
St-Momelin
Noordpeene
Wemaers-Cappel
Cassel
Terdeghem
Nort-Leulinghem
Moulle
Serques
Nieurlet
Buysscheure
Zuytpeene
Monts des Récollets
La Ronville
Booneghem
Godewaersvelde
Mentque-Nortbécourt
Tilques
Salperwick
Romelaëre
Clairmarais
Bavinchove
Oxelaëre
St-Sylvestre-Cappel
Les Trois-Rois
Ste-Marie-Cappel
Petit Difques
Grand Difques
Nortbécourt
Aménagement en cours
St-Bernard
Forêt de Rihoult-Clairmarais
Schoubrouck
Eecke
Moringhem
St-Martin-au-Laërt
La Maison Blanche
L'Hazewinde
Barbinghem
Liheuse
Cormette
Hondeghem
Pannée
La Wattine
ST-OMER
Malhove
Étang d'Harchelles
Le Nieppe
Longue-Croix
Caëstre
Quercamps
Boisdinghem
Lauline
Tatinghem
Staple
La Bréarde
Vernove
Zudausques
Etrehem
Arques
La Creule
Rouge-Croix
Acquin-Westbécourt
Quelmes
Longuenesse
La Crosse
Pradelles
Nordal
Leulinghem
Abbe St-Paul
Wisques
Ascenseur
Ebblinghem
Westbécourt
Lauwerdal
Le Val-de-Lumbres
Les Fontinettes
Campagne-lès-W.
Renescure
Wallon-Cappel
Les Cinq Rues
Borre
Strazeele
Le Val-d'Acquin
Blendecques
Gondardenne
Hazebrouck
La Raiderie
Le Poovre
Setques
Wizernes
Hallines
Lynde
Lumbres
Esquerdes
La Coupole
Wardrecques
Pont-d'Asquin
Le Croquet
Sercus
Le Bourbourg
N.-D. des Ardents
Bayenghem-lès-S.
La Pourchinte
Belle-Croix
Blaringhem
Morbecque
Affringues
Elnes
Wavrans-sur-l'Aa
Pihem
Helfaut
Heuringhem
Racquinghem
La Belle Hôtesse
Vedringhem
Coubronne
Cochendal
Le Camois
La Motte-au-Bois

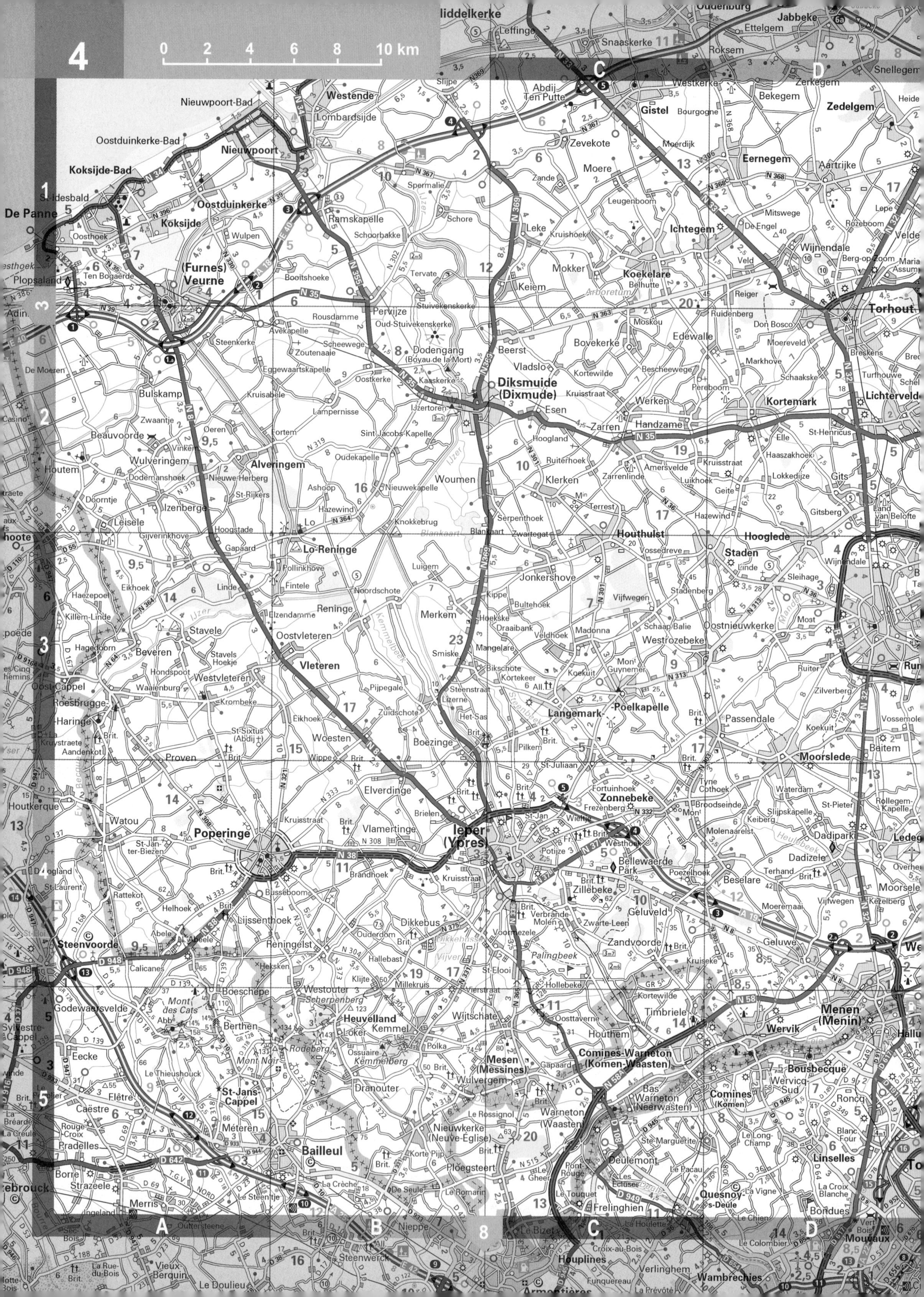
4
0 2 4 6 8 10 km
1
2
3
4
5
A
B
C
D
8
Middelkerke
Leffinge
Snaaskerke
Oudenburg
Jabbeke
Ettelgem
Roksem
Snellegem
Westende
Slijpe
Abdij Ten Putte
Westkerke
Gistel
Bekegem
Zerkegem
Zedelgem
Nieuwpoort-Bad
Lombardsijde
Oostduinkerke-Bad
Nieuwpoort
Zevekote
Moerdijk
Eernegem
Aartrijke
Koksijde-Bad
Spermalie
Zande
Moere
St-Idesbald
De Panne
Oostduinkerke
Ramskapelle
Schore
Leugenboom
Ichtegem
Mitswege
Koksijde
Oosthoek
Schoorbakke
Leke
Kruishoek
De Engel
Wulpen
Wijnendale
Veld
Mokker
Koekelare
Belhutte
(Furnes) Veurne
Ten Bogaerde
Plopsaland
Booitshoeke
Tervate
Keiem
Arboretum
Reiger
Torhout
Stuivekenskerke
Pervijze
Ruidenberg
Rousdamme
Oud-Stuivekenskerke
Moskou
Don Bosco
Avekapelle
Steenkerke
Scheewege
Zoutenaaie
Dodengang (Boyau de la Mort)
Beerst
Bovekerke
Edewalle
Moereveld
De Moeren
Eggewaartskapelle
Vladslo
Kortewilde
Bescheewege
Markhove
Oostkerke
Kaaskerke
Diksmuide (Dixmude)
Kruisstraat
Pereboom
Schaakske
Bulskamp
Kruisabele
IJzertoren
Esen
Werken
Kortemark
Lichtervelde
Lampernisse
Zarren
Handzame
Zwaantje
Oeren
Fortem
Sint-Jacobs-Kapelle
Hoogland
Elle
St-Henricus
Beauvoorde
Alveringem
Oudekapelle
Ruiterhoek
Amersvelde
Kruisstraat
Haaszakhoek
Wulveringem
Klerken
Zarrenlinde
Lokkedijze
Gits
Houtem
Dodemanshoek
Nieuwe-Herberg
Woumen
Luikhoek
Geite
St-Rijkers
Nieuwekapelle
Ashoop
Terrest
Izenberge
Doorntje
Hazewind
Serpenthoek
Gitsberg
Leisele
Lo
Knokkebrug
Blankaart
Zwartegat
Houthulst
Hooglede
Gijverinkhove
Hoogstade
Lo-Reninge
Vossedreve
Staden
Gapaard
Luigem
Linde
Sleihage
Pollinkhove
Jonkershove
Eikhoek
Linde
Fintele
Noordschote
Stadenberg
Haezepoel
Kippe
Bultehoek
Vijfwegen
Killem-Linde
Elzendamme
Reninge
Merkem
Hoekske
Draaibank
Madonna
Schaap Balie
Oostnieuwkerke
Moat
Stavele
Oostvleteren
Veldhoek
Westrozebeke
Hagedoorn
Beveren
Stavels Hoekje
Mangelare
Vleteren
Smiske
Mont Guynemer
Ruiter
Hondspoot
Westvleteren
Bikschote
Kortekeer
Koekuit
Oost-Cappel
Waaienburg
Pijpegale
Steenstraat
Zilverberg
Roesbrugge-Haringe
Krombeke
Lizerne
Het-Sas
Langemark
Poelkapelle
Zuidschote
Eikhoek
Passendale
Koekuit
Vossemolen
La Kruystraete
St-Sixtus (Abdij)
Woesten
Boezinge
Pilkem
Beitem
Aandenkot
Proven
Wippe
St-Juliaan
Moorslede
Elverdinge
Fortuinhoek
Zonnebeke
Tyne Cothoek
Waterdam
Houtkerque
Frezenberg
Broodseinde
Slijpskapelle
St-Pieter
Rollegem-Kapelle
Watou
Poperinge
Kruisstraat
Vlamertinge
Brielen
Ieper (Ypres)
St-Jan
Wieltje
Westhoek
Keiberg
Molenaarelst
Dadipark
Ledeg
St-Jan-ter-Biezen
Potijze
Bellewaerde Park
Poezelhoek
Dadizele
Terhand
Overhe
Brandhoek
Kruisstraat
Zillebeke
Beselare
Moorsele
St-Laurent
Rattekot
Busseboom
Geluveld
Moeremaai
Vijfwegen
Kezelberg
Helhoek
Lijssenthoek
Verbrande-Molen
Zwarte-Leen
Dikkebus
Ouderdom
Voormezele
Zandvoorde
Geluwe
Abele
Abeele
Steenvoorde
Reningelst
Dikkebus Vijver
Palingbeek
Calicanes
Hallebast
St-Eloi
Kruiseke
Hekske
Klijte
Millekruis
Hollebeke
Westouter
Scherpenberg
Vierstraat
Boeschepe
Kortewilde
Mont des Cats
Godewaersvelde
Heuvelland
Kemmel
Wijtschate
Oosttaverne
Timbriele
Menen (Menin)
Berthen
Rodeberg
Loker
Polka
Houthem
Wervik
Halluin
Sylvestre-Cappel
Mont Noir
Ossuaire Kemmelberg
Mesen (Messines)
Comines-Warneton (Komen-Waasten)
Eecke
Le Thieushouck
Wulvergem
Gapaard
Bousbecque
St-Jans-Cappel
Dranouter
Bas Warneton (Neerwaasten)
Wervicq Sud
Comines (Komen)
Roncq
Flêtre
Caëstre
Le Rossignol
Warneton (Waasten)
Rouge Croix
Méteren
Nieuwkerke (Neuve-Église)
Blanc Four
Le Long-Champ
Pradelles
Bailleul
Ste-Marguerite
Linselles
Borre
Strazeele
Korte Pijp
Ploegsteert
Deûlemont
Pont Rouge
Le Pacau
Les Écluses
Quesnoy-s-Deûle
La Vigne
La Croix Blanche
Hazebrouck
La Crèche
De Seule
Le Romarin
Le Gheer
Le Touquet
Frelinghien
Bondues
Merris
Le Steen'tje
Le Bizet
La Houlette
Le Chien
Vert Bois
Mouvaux
Outtersteene
Nieppe
Le Colombier
Steenwerck
Houplines
Croix-au-Bois
Verlinghem
Vieux-Berquin
Le Doulieu
Armentières
Funquereau
La Prévôté
Wambrechies
N 34
N 39
N 35
N 8
N 355
N 369
N 363
N 367
N 33
N 32
N 36
N 301
N 313
N 38
N 308
N 37
N 332
N 375
N 58
A 19
E 40
A 18
D 948
D 642
D 933
D 945
D 949

Oostkamp
Beernem
Knesselare
Ursel
Sleidinge
Zomergem
Evergem
Waardamme
Aalter
Lovendegem
Wingene
Ruiselede
GENT
(GAND)
Nevele
St-Martens-Latem
Tielt
Pittem
Deinze
De Pinte
Ardooie
Dentergem
Nazareth
(Roulers)
Roeselare
Meulebeke
Ingelmunster
Oostrozebeke
Zulte
Gavere
Izegem
Wielsbeke
Kruishoutem
Zingem
Lendelede
Waregem
(COURTRAI)
KORTRIJK
Kuurne
Harelbeke
Deerlijk
Oudenaarde
(Audenarde)
Vichte
Anzegem
Wortegem-Petegem
Zwevegem
Maarkedal
Kluisbergen
Avelgem
Mouscron
(Moeskroen)
Dottignies
(Dottenijs)
Spiere-Helkijn
(Espierres-Helchin)
Mont-de-l'Enclus
Ronse
(Renaix)
Celles
Estaimpuis
Ellezelles
ROUBAIX
Pecq
Wattrelos
E
F
G
H
1
2
3
4
5
9

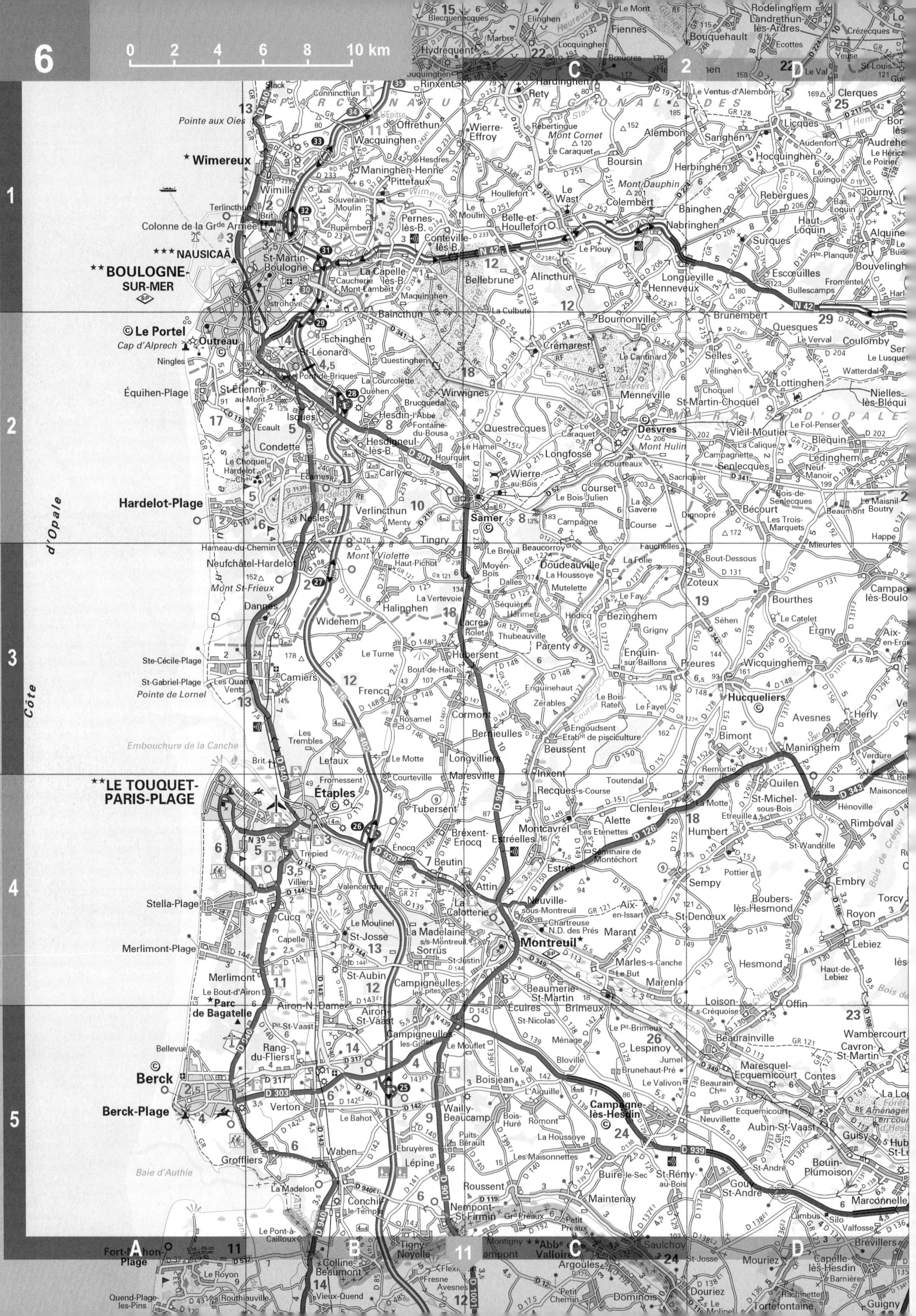
0 2 4 6 8 10 km
Pointe aux Oies
Wimereux
Wimille
Terlincthun
Colonne de la Grde Armée
NAUSICAÄ
BOULOGNE-SUR-MER
St-Martin-Boulogne
Ostrohove
Le Portel
Outreau
Cap d'Alprech
Ningles
Équihen-Plage
St-Étienne-au-Mont
Ecault
Condette
Le Choquel
Hardelot
Hardelot-Plage
Nesles
Hameau-du-Chemin
Neufchâtel-Hardelot
Mont St-Frieux
Dannes
Ste-Cécile-Plage
St-Gabriel-Plage
Les Quatre Vents
Pointe de Lornel
Camiers
Côte d'Opale
Embouchure de la Canche
LE TOUQUET-PARIS-PLAGE
Étaples
Trépied
Canche
Stella-Plage
Cucq
Merlimont-Plage
Merlimont
Le Bout-d'Airon
Parc de Bagatelle
Bellevue
Berck
Berck-Plage
Groffliers
Baie d'Authie
La Madelon
Le Pont-à-Cailloux
Fort-Mahon-Plage
Le Royon
Quend-Plage-les-Pins
Conninchun
Wacquinghen
Offrethun
Maninghen-Henne
Pittefaux
Souverain-Moulin
Rupembert
Pernes-lès-B.
Conteville-lès-B.
La Capelle-lès-B.
La Caucherie
Mont-Lambert
Maquinghen
Baincthun
Echinghen
St-Léonard
Questinghen
Pont-de-Briques
La Courcolette
Quéhen
Isques
Hesdin-l'Abbé
Hesdigneul-lès-B.
Carly
Verlincthun
Menty
Tingry
Mont Violette
Haut-Pichot
Widehem
Halinghen
La Vertevoie
Le Turne
Frencq
Bout-de-Haut
Rosamel
Les Trembles
Lefaux
Le Motte
Courteville
Fromessent
Tubersent
Brexent-Énocq
Énocq
Beutin
Attin
Valencendre
Villiers
Le Moulinel
St-Josse
Capelle
La Madelaine s/s-Montreuil
Sorrus
St-Justin
St-Aubin
Campigneulles-les-Petites
Airon-N.-Dame
Airon-St-Vaast
Pt-St-Vaast
Rang-du-Fliers
Campigneulles-les-Grandes
Le Mouflet
Verton
Le Bahot
Wailly-Beaucamp
Boisjean
Waben
Ebruyères
Lépine
Conchil-le-Temple
Roussent
Nempont-St-Firmin
Tigny-Noyelle
Colline Beaumont
Vieux-Quend
Rinxent
Hardinghen
Rety
Wierre-Effroy
Mont Cornet
Le Caraquet
Alembon
Boursin
Houllefort
Le Wast
Belle-et-Houllefort
Le Moulin
Colembert
Mont Dauphin
Le Plouy
Bellebrune
Alincthun
La Culbute
Crémarest
Wirwignes
Brucquedal
Fontaine-du-Bousa
Questrecques
Le Hamel
Hourquet
Wierre-au-Bois
Samer
Longfossé
Courset
Le Bois-Julien
Campagne
Le Breuil
Beaucorroy
Moyen-Bois
Dalles
Doudeauville
La Houssoye
Mutelette
Séquières
Lacres
Rolet
Thubeauville
Parenty
Hubersent
Cormont
Bernieulles
Longvilliers
Maresville
Beussent
Inxent
Recques-s-Course
Montcavrel
Estréelles
Estrée
Neuville-sous-Montreuil
Chartreuse N.D. des Prés
La Calotterie
Montreuil
Beaumerie-St-Martin
Écuires
St-Nicolas
Brimeux
Ménage
Bloville
Le Val
L'Aiguille
Romont
Bois-Huré
Puits-Bérault
La Houssoye
Les Maisonnettes
Buire-le-Sec
Maintenay
Petit Preaux
Grd Préaux
Montigny
Abbaye de Valloires
Argoules
Saulchoy
Campagne-lès-Hesdin
Lespinoy
Le Pt-Brimeux
Fiennes
Elinghen
Blecquenecques
Hydrequent
Locquinghen
Rodelinghem
Landrethun-lès-Ardres
Bouquehault
Licques
Sanghen
Hocquinghen
Herbinghen
Bainghen
Nabringhen
Rebergues
Surques
Haut-Loquin
Escœuilles
Longueville
Henneveux
Bournonville
Brunembert
Quesques
Le Cantinard
Selles
Velinghen
Lottinghen
Menneville
Desvres
Mont Hulin
St-Martin-Choquel
Vieil-Moutier
Bléquin
Senlecques
Les Courteaux
Sacriquier
La Gaverie
Bécourt
Fauchelles
La Folie
Zoteux
Bout-Dessous
Hodicq
Bezinghem
Grigny
Enquin-sur-Baillons
Preures
Séhen
Wicquinghem
Hucqueliers
Le Fayel
Zérables
Enguinehaut
Engoudsent
Bimont
Maninghem
Quilen
St-Michel-sous-Bois
Clenleu
Alette
Toutendal
Les Etenettes
Humbert
Sempy
Aix-en-Issart
St-Denœux
Marant
Marles-s-Canche
Marenla
Hesmond
Loison-s-Créquoise
Offin
Beaurainville
Maresquel-Ecquemicourt
Contes
Aubin-St-Vaast
Neuvillette
Gouy-St-André
St-Rémy-au-Bois
Marconnelle
Mouriez
Douriez
Dominois
Embry
Royon
Lebiez
Rimboval
Torcy
Wambercourt
Cavron-St-Martin
Guisy
Bouin-Plumoison
Brévillers
Capelle-lès-Hesdin
Clerques
Bourthes
Ergny
Avesnes
Herly
Campagne-lès-Boulonnais
Happe
Lédinghem
Parc Naturel Régional des Caps et Marais d'Opale

Blockhaus
Wulverdinghe
Lederzeele
Nordausques
Tournehem
Bayenghem-lès-Éperlecques
Houlle
Moulle
Serques
St-Momelin
Buysscheure
Noordpeene
Zuytpeene
Nieurlet
Bavinchove
Oxelaëre
St-Sylvestre-Cappel
Ste-Marie-Cappel
Eecke
Tilques
Salperwick
Clairmarais
Schoubrouck
St-Martin-au-Laërt
ST-OMER
Arques
Hondeghem
Staple
Quercamps
Boisdinghem
Acquin-Westbécourt
Zudausques
Longuenesse
Wisques
Blendecques
Ascenseur
Campagne-lès-W.
Renescure
Ebblinghem
Wallon-Cappel
Hazebrouck
Lumbres
Esquerdes
Hallines
Wizernes
La Coupole
Helfaut
Heuringhem
Wardrecques
Racquinghem
Blaringhem
Steenbecque
Morbecque
Affringues
Elnes
Wavrans-sur-l'Aa
Pihem
Bientques
Ecques
Quiestède
Roquetoire
Wittes
Boëseghem
Thiennes
Remilly-Wirquin
Cléty
Inghem
Herbelles
Clarques
Rebecques
Aire-s-la-Lys
Wismes
Ouve-Wirquin
Dohem
Avroult
Thérouanne
Mametz
Blessy
Isbergues
St-Venant
Haverskerque
Merville
Merck-St-Liévin
Thiembronne
Delettes
Enguinegatte
Witternesse
Lambres
Guarbecque
Robecq
Coyecques
Fauquembergues
Erny-St-Julien
Liettres
Mazinghem
Estrée-Blanche
Linghem
Norrent-Fontes
Ham-en-Artois
Busnes
Lillers
Renty
Audincthun
Dennebrœucq
Enquin-les-Mines
Bomy
Reclinghem
Fléchin
Ligny-lès-Aire
Rely
Auchy-au-Bois
Lières
Ecquedecques
Chocques
Matringhem
Beaumetz-lès-Aire
Febvin-Palfart
Westrehem
Radinghem
Senlis
Laires
Ames
Amettes
Burbure
Allouagne
Annezin
Coupelle-Vieille
Hézecques
Lugy
Nédon
Nédonchel
Ferfay
Lozinghem
Lapugnoy
Fruges
Lisbourg
Fontaine-lès-Hermans
Auchel
Marles-les-Mines
Verchin
Prédefin
Fontaine-lès-Boulans
Heuchin
Pernes
Floringhem
Calonne-Ricouart
Camblain-Châtelain
Ruisseauville
Canlers
Crépy
Equirre
Sains-lès-Pernes
Pressy
Divion
Bruay-la-Buissière
Azincourt
Ambricourt
Tramecourt
Bergueneuse
Boyaval
Tangry
Marest
Ourton
Houdain
Fressin
Tilly-Capelle
Teneur
Eps
Hestrus
Bours
Donjon
Diéval
Beugin
Maisoncelle
Béalencourt
Erin
Anvin
Monchy-Cayeux
Valhuon
Bryas
Blangy-sur-Ternoise
Fleury
Conteville-en-Ternois
Huclier
La Comté
Rebreuve-Ranchicourt
Wamin
Blingel
Bermicourt
Humerœuille
Wavrans-sur-Ternoise
Hernicourt
Brias
Bajus
La Thieuloye
Hermin
Gauchin-Légal
Auchy-lès-Hesdin
Rollancourt
Eclimeux
Pierremont
Croix-en-Ternois
Gauchin-Verloingt
Troisvaux
Ostreville
Monchy-Breton
Magnicourt-en-Comte
Caucourt
Fréwillers
Grigny
Incourt
Le Parcq
Neulette
Humières
Siracourt
Ramecourt
St-Michel-s-T.
Marquay
Béthonsart
Hesdin
Marconne
Ste-Austreberthe
Fresnoy
Vieil-Hesdin
Noyelles-lès-Humières
Beauvois
Croisette
St-Pol-s-Ternoise
Roëllecourt
Chelers
Villers-Brûlin
Tincques
Savy-Berlette
Aubigny-en-Artois
Herlin-le-Sec
Foufflin-Ricametz
Ligny-St-Flochel
Willeman
Wail
Linzeux
Héricourt
Hautecloque
Maisnil
Ternas
Averdoingt
Berles-Monchel
Tilloy-lès-Hermaville
Le Quesnoy-en-Artois
Galametz
Vacquerieette-Erquières
Framecourt
Gouy-en-Ternois
Buneville
Maizières
Penin
E
F
G
H
3
12
8
1
2
3
4
5

0 2 4 6 8 10 km
A
B
C
D
1
2
3
4
5
4
7
13
Godewaersvelde
Mont des Cats
Boeschepe
Westouter
Scherpenberg
Heuvelland
Loker
Kemmel
Kemmelberg
Wijtschate
Mesen (Messines)
Wulvergem
Dranouter
Zandvoorde
Geluwe
Menen (Menin)
Wervik
Comines-Warneton (Komen-Waasten)
Houthem
Bas Warneton (Neerwasten)
Comines (Komen)
Warneton (Waasten)
Ploegsteert
Nieuwkerke (Neuve-Eglise)
Bousbecque
Wervicq-Sud
Roncq
Linselles
St-Jans-Cappel
Flêtre
Caëstre
Méteren
Bailleul
Eecke
Pradelles
Strazeele
Borre
Hazebrouck
Merris
Nieppe
Steenwerck
Le Bizet
Houplines
Armentières
Frelinghien
Deûlemont
Quesnoy-s-Deûle
Bondues
Mouvaux
Wambrechies
Verlinghem
Marquette-lez-Lille
Marcq-en-B.
St-André-lez-Lille
La Madeleine
Lambersart
Lomme
Pérenchies
Prémesques
La Chapelle-d'Armentières
Erquinghem-Lys
Vieux-Berquin
Le Doulieu
Neuf-Berquin
Merville
Estaires
La Gorgue
Sailly-s-la-Lys
Fleurbaix
Bois-Grenier
Capinghem
Ennetières-en-Weppes
Escobecques
Englos
Sequedin
LILLE (RIJSEL)
Mons-en-Barœul
Hellemmes-Lille
Lezennes
Laventie
Lestrem
St-Floris
Calonne-sur-la-Lys
Fromelles
Aubers
Radinghem-en-W.
Le Maisnil
Erquinghem-le-Sec
Beaucamps-Ligny
Fournes-en-W.
Hallennes-lez-H.
Loos
Haubourdin
Ronchin
Lesquin
Santes
Emmerin
Wattignies
Faches-Thumesnil
Templemars
Vendeville
Noyelles-lès-S.
Houplin-Ancoisne
Wavrin
Wicres
Herlies
Neuve-Chapelle
Richebourg
La Couture
Vieille-Chapelle
Mont-Bernanchon
Locon
Hinges
Oblinghem
Vendin-lès-B.
Béthune
Annezin
Fouquières
Essars
Festubert
Lorgies
Illies
Marquillies
Sainghin-en-Weppes
Don
Gondecourt
Seclin
Herrin
Chemy
Allennes-les-Marais
Carnin
Annœullin
Bauvin
Provin
Billy-Berclau
La Bassée
Salomé
Hantay
Violaines
Givenchy-lès-la-B.
Cuinchy
Cambrin
Beuvry
Verquigneul
Auchy-les-Mines
Haisnes
Douvrin
Wingles
Hulluch
Vermelles
Annequin
Sailly-Labourse
Labourse
Noyelles-lès-V.
Verquin
Vaudricourt
Gosnay
Hesdigneul
Drouvin-le-Marais
Houchin
Haillicourt
Bruay-la-Buissière
Ruitz
Nœux-les-Mines
Mazingarbe
Loos-en-Gohelle
Grenay
Hersin-Coupigny
Barlin
Sains-en-G.
Bully-les-Mines
Lens
Liévin
Angres
Avion
Éleu-dit-Leauwette
Méricourt
Sallaumines
Noyelles-s/s-Lens
Loison-s/s-Lens
Harnes
Courrières
Montigny-en-Gohelle
Billy-Montigny
Hénin-Beaumont
Rouvroy
Drocourt
Bois-Bernard
Fouquières-lès-L.
Annay
Vendin-le-Vieil
Pont-à-Vendin
Estevelles
Carvin
Meurchin
Camphin-en-Carembault
Libercourt
Oignies
Ostricourt
Dourges
Evin-Malmaison
Phalempin
Tourmignies
Attiches
Avelin
Ennevelin
Pont-à-Marcq
Mérignies
La Neuville
Wahagnies
Thumeries
Mons-en-Pévèle
Moncheaux
Leforest
Raimbeaucourt
Roost-Warendin
Courcelles-lès-L.
Auby
Noyelles-Godault
Flers-en-Escrebieux
Lauwin-Planque
Esquerchin
Cuincy
Waziers
DOUAI
Lambres-lez-Douai
Courchelettes
Quiéry-la-Motte
Izel-lès-Equerchin
Neuvireuil
Fresnoy-en-Gohelle
Arleux-en-Gohelle
Acheville
Vimy
Willerval
Farbus
Givenchy-en-Gohelle
Souchez
Ablain-St-Nazaire
Carency
Villers-au-Bois
Mont-St-Eloi
Neuville-St-Vaast
Thélus
Bailleul-Sir-Berthoult
Mémorial canadien
Colline de N.-D. de Lorette
Aix-Noulette
Bouvigny-Boyeffles
Servins
Gouy-Servins
Fresnicourt-le-Dolmen
Estrée-Cauchy
Camblain-l'Abbé
Cambligneul
Villers-Châtel
Capelle-Fermont
Agnières
Acq
Écoivres
Écurie
Roclincourt
Gavrelle
Fresnes-lès-Montauban
Vitry-en-Artois
Brebières
Corbehem
Férin
Marœuil
Haute-Avesnes
Aubigny-en-Artois
Lille-Lesquin
A 1
A 21
A 25
A 26
E 42
N 41
N 47

Zwevegem
Kluisbergen
Avelgem
Mouscron
(Moeskroen)
Dottignies
(Dottenijs)
Spiere-Helkijn
(Espierres-Helchin)
Mont-de-l'Enclus
Ronse
(Renaix)
Ellezelles
Flobecq
(Vloesberg)
Estaimpuis
Wattrelos
ROUBAIX
Pecq
Celles
Frasnes-lez-Anvaing
Lannoy
Templeuve
TOURNAI
(DOORNIK)
Leuze-en-Hainaut
Cysoing
Rumes
Antoing
Péruwelz
Beloeil
Quevaucamps
Brunehaut
Orchies
St-Amand-les-Eaux
Condé-sur-l'Escaut
Hensies
Marchiennes
Crespin
Quiévrain
Raismes
Anzin
Onnaing
St-Saulve
VALENCIENNES
Fenain
Somain
Denain
Marly
Bernissart
Vieux-Condé
Bruay-sur-l'Escaut
Lallaing
Escaudain
Haveluy
Hérin
Anzin
PARC NATUREL RÉGIONAL SCARPE ESCAUT
PARC NATUREL DES PLAINES DE L'ESCAUT
PARC NATUREL DU PAYS DES COLLINES
E
F
G
H
5
14
1
2
3
4
5

0 2 4 6 8 10 km
C
D
1
2
3
4
5
A
B
C
D
20
Onival
Ault
Le Bois-de-Cise
Mers-les-Bains
Blingues
Le Tréport
Calvaire des Terrasses
Eu
Mesnil-Sorel
Mesnil-Val
Mesnil-Sterling
Ponts-et-Marais
Criel-Plage
Flocques
Les Quesnets
Etalondes
Mont Jolibois
Criel-sur-Mer
Heudelimont
Boscrocourt
La Bourdaine
Le Fresne
Mesnil-en-Caux
Tocqueville-s-Eu
Touffreville-s-Eu
St-Rémy-Boscrocourt
Godelmesnil
Neuvillette
Assigny
Le Thil
St-Sulpice-s-Yères
Biville-s-Mer
Penly
Etocquigny
Baromesnil
Litteville
Canehan
St-Martin-le-Gaillard
St-Martin-Plage
Brunville
Vassonville
Berneval-s-Mer
Berneval-le-Grand
Guilmécourt
Cuverville-sur-Yères
Sept-Meules
St-Martin-en-Campagne
Bois-Ricard
Greny
Le Coudroy
Belleville-sur-Mer
Auquemesnil
N.-D. Bon-Secours
Bracquemont
Englesqueville
Tourville-la-Chapelle
Melincamp
Grattepanche
Puys
St-Quentin-au-Bosc
DIEPPE
Derchigny
Glicourt
St-Aignan
Val-du-Roy
Valleuse
Phare d'Ailly
Vasterival
Port-l'Ailly
Pourville-s-Mer
Graincourt
Grèges
Coquereaumont
Sauchay-le-Haut
La Vauvaye
Intraville
Gouchaupre
Le Burel
Regnetuit
Avesnes-en-Val
Aigumont
Ste-Marguerite-s-Mer
Varengeville-s-Mer
Petit-Appeville
Neuville-lès-D.
Thibermont
Sauchay-le-Bas
Breuilly
Taillemesnil
Brétigny
Etrimont
Quiberville-Plage
Quiberville
Manoir d'Ango
Jardin
Hautot-s-Mer
Rouxmesnil-Bouteilles
Etran
Ancourt
Martin-Eglise
Bellengreville
Le Bucq
Bray
St-Ouen-s/-Bailly
Bailly-en-Rivière
Blanques
Maisoncelle
Villy-le-Haut
Pelvert
Feuilloy
Folny
Touffécal
Blainville
Les Vertus
Calmont
Torqueville
Envermeu
Monthuit
Montigny
Renouval
Les Ifs
La Londe
Fresnoy-Folny
Flainville
Longueil
Le Hamelet
Archelles
Englesqueville
Tous-les-Mesnils
Offranville
St-Aubin-s-Scie
Gruche
Arques-la-Bataille
St-Laurent
Fumechon
Silo
St-Denis-d'Aclon
Ouville-la-Rivière
Martigny
St-Aubin-le-Cauf
St-Nicolas-d'Aliermont
Angreville
Douvrend
Le Mont
Les Vieux Ifs
Bailly-en-Campagne
D 925
D 940
D 1015
D 222
D 313
D 113
D 54
D 149
D 920
D 1314
D 75
D 56
GR

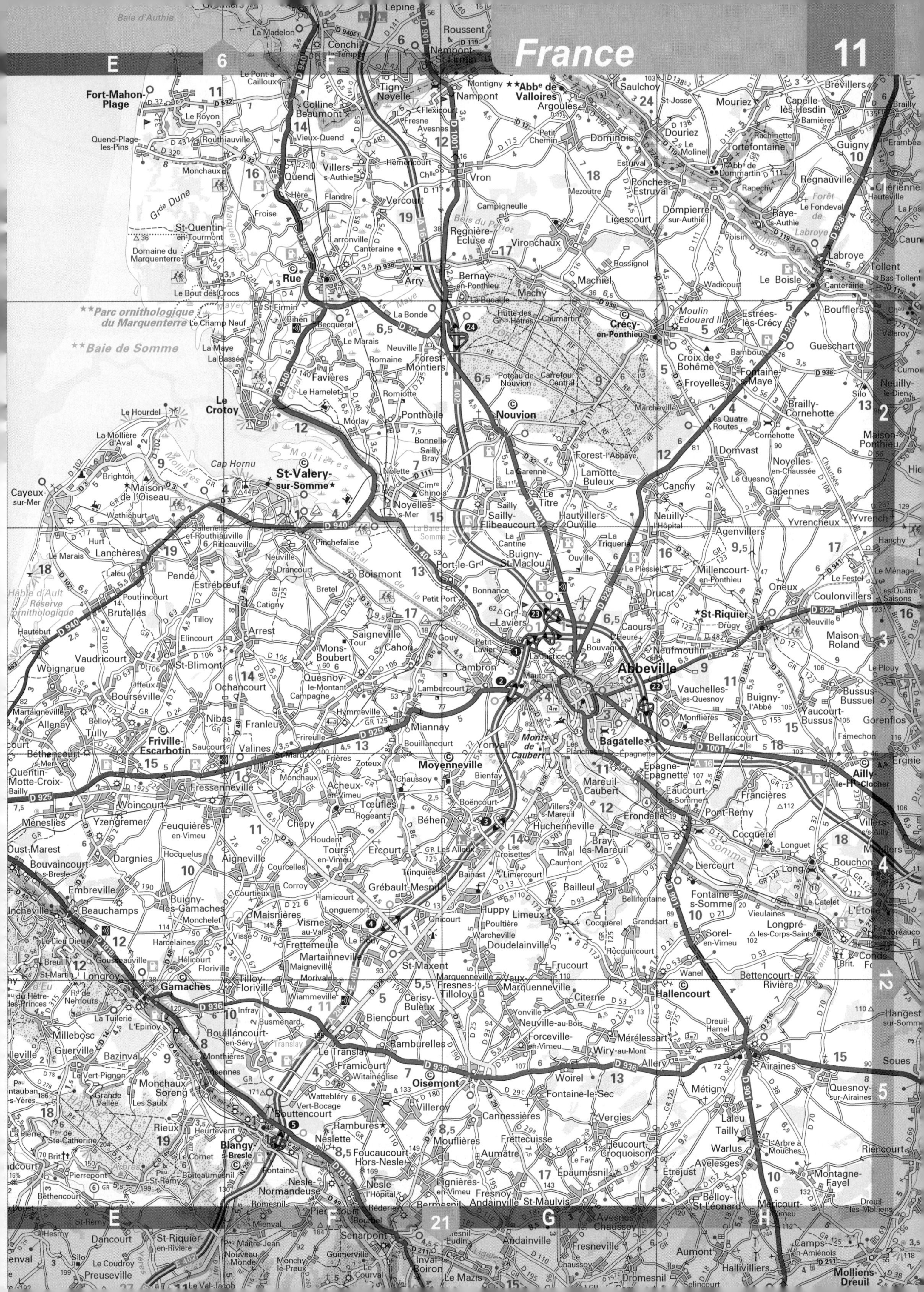
Baie d'Authie
Fort-Mahon-Plage
Quend-Plage-les-Pins
Quend
Rue
St-Quentin-en-Tourmont
Domaine du Marquenterre
Parc ornithologique du Marquenterre
Baie de Somme
Le Crotoy
Le Hourdel
Cap Hornu
St-Valery-sur-Somme
Cayeux-sur-Mer
Brighton
Maison de l'Oiseau
Lanchères
Pendé
Réserve ornithologique
Woignarue
Vaudricourt
St-Blimont
Friville-Escarbotin
Fressenneville
Woincourt
Feuquières-en-Vimeu
Chepy
Gamaches
Blangy-s-Bresle
Nampont
Abbe de Valloires
Argoules
Dominois
Crécy-en-Ponthieu
Forêt de Crécy
Nouvion
Forest-Montiers
Noyelles-s-Mer
Port-le-Grd
Abbeville
St-Riquier
Bagatelle
Pont-Remy
Long
Longpré-les-Corps-Saints
Hallencourt
Airaines
Oisemont
Moyenneville
Vron
Vironchaux
Ligescourt
Dompierre-sur-Authie
Estrées-lès-Crécy
Agenvillers
Ailly-le-Ht-Clocher
Senarpont
Molliens-Dreuil
E
F
G
H
6
21

0 2 4 6 8 10 km

Crépieul
Ambricourt
Bergueneuse
Boyaval
Tangry
Marest
Faux
Noyelles
Bours
Tramecourt
Teneur
Maisnil
Eps
Tilly-Capelle
Anvin
Maisoncelle
Erin
Hestrus
Donjon
Monneville
Valhuon
Offin
Loison-s-Créquoise
Beaurainville
Wambercourt
Cavron-St-Martin
St-Martin
Le Nouveau Monde
Le Fond-de-Barle
Monts
Béalencourt
Blangy-sur-Ternoise
Monchy-Cayeux
Fleury
Sautricourt
Conteville-en-Ternois
St-Martin
Huclier
Belval
Antin
Antigneul
Britel
Marles
Marlin
Maresquel-Ecquemicourt
Contes
Beaurain-Chau
Le Valivon
Wamin
Blingel
Humerœuille
Bermicourt
Falempin
Wavrans-sur-Ternoise
Libessart
Hernicourt
Grossart
Brias
Troisvaux
Ostreville
Rocourt-St-Laurent
Orlencourt
Marqua
La Loge
Forêt Aménagement en cours d'Hesdin
Ecquemicourt
Neuvillette
Aubin-St-Vaast
Guisy
Huby-St-Leu
Auchy-lès-Hesdin
Grigny
Ternoise
Rollancourt
Haras
Eclimeux
Pierremont
Croix-en-Ternois
Gauchin-Verloingt
Rosemont
Grandcamp
St-Michel-s-T.
Roëllecourt
St-Rémy-au-Bois
St-André
Bouin-Plumoison
Hesdin
Le Bas-Parcq
Le Parcq
Incourt
Neulette
Humières
Siracourt
Ramecourt
St-Pol-s-Ternoise
Gouy-St-André
Maconnelle
Marconne
Ste-Austreberthe
Estruval
Fresnoy
Beauvois
Noyelles-lès-Humières
Œuf-en-Ternois
Vallières
Vieil-Hesdin
Croisette
Wignacourt
Herlin-le-Sec
Tachincourt
Foufflin-Ricametz
Ligny-St-Flochel
Lambus
Silo
Valfosse
St-Georges
Brévillers
Willeman
Guinecourt
Héricourt
Fronay
Herlincourt
Ocoche
Maisnil
Ternas
Watelet
Le Forestel
Wail
Capelle-lès-Hesdin
Bamières
Mouriez
St-Josse
Douriez
Le Molinel
Rachinette
Tortefontaine
Braillly
Le Quesnoy-en-Artois
Quatrevaux
Vacqueriette-Erquières
Galametz
Linzeux
Blangermont
Hauteclocque
Framecourt
Sains
Neuville-au-Cornet
Gouy-en-Ternois
Buneville
Erambeaucourt
Guigny
Fillièvres
Blangerval-Blangermont
Flers
Ecoivres
Pt-Houvin
Monts-en-Ternois
Abbe de Dommartin
Regnauville
Erquières
Chériennes
Hauteville
Fontaine-l'Étalon
Canche
Aubrometz
Monchel-s-Canche
Hautecôte
La Montjoie
Nuncq-Hautecote
Sibiville
Moncheaux-lès-Frévent
Houvin-Houvigneul
Magnicourt-s-Canche
Estruval
Ponches-Estruval
Rapechy
Forêt
Dompierre-sur-Authie
Raye-s-Authie
Le Fondeval
Labroye
La Fosse
Quœux-Haut-Maînil
Haut-Maînil
Conchy-s-Canche
Ligny-s-Canche
Sericourt
Honval
Berlencourt-le-Cauroy
Voisin
Caumont
Montorgueil
Haravesnes
Boubers-s-Canche
Frévent
Canettemont
Rossignol
Authie
Labroye
Tollent
Bas-Tollent
Selandre
Vaulx
Rougefay
Le Pt Bouret
Cercamp
Rebreuve-s-Canche
Rosière
Wadicourt
Le Boisle
Canteraine
Gennes-Ivergny
Bachimont
Vacquerie-le-Boucq
Moulin Edouard III
Estrées-lès-Crécy
Boufflers
Chau
Le Ponchel
Buire-au-Bois
Fortel-en-Artois
Bouret-s-Canche
La Couture
Estrée-Wamin
Rebreuviette
Le Cauroy
Crécy-en-Ponthieu
Villeroy
La Neuville
Vitz-sur-Authie
Boffles
Bonnières
Oppy
Beaudricourt
Croix de Bohême
Bamboul
Gueschart
Bois d'Auxi
Ivergny
Sus-St-Léger
Froyelles
Fontaine-s-Maye
Cumonville
Neuilly-le-Dien
Willencourt
Nœux-lès-Auxi
Villers-l'Hôpital
Beauvoir
Le Souich
Acquet
Lannoy
Auxi-le-Château
Brit.
Beauvoir-Wavans
Canteleux
Les Aymonds
Forêt de Lucheux
Brévillers
Brailly-Cornehotte
Silo
Les Quatre Routes
Cornehotte
Maison-Ponthieu
St-Lot
Neuvillette
Bouquemaison
Domvast
Noyelles-en-Chaussée
Hiermont
Béalcourt
Remaisnil
Barly
Lucheux
Le Quesnoy
Gapennes
Bernâtre
Maizicourt
St-Acheul
Frohen-s-Authie
Mézerolles
Outrebois
Ransart
Grouches-Luchuel
Canchy
Yvrencheux
Yvrench
Montigny-les-Jongleurs
Haute Visée
Pommera
Neuilly-l'Hôpital
Agenvillers
Hanchy
Conteville
Agenville
Heuzecourt
Occoches
Hem-Hardinval
Risquetout
Bout des Prés
Milly
Le Plessiel
Millencourt-en-Ponthieu
Le Ménage
Domléger-Longvillers
Grimont
Le Meillard
Mont-Renault
Boisbergues
Bretel
Doullens
Beaurepaire
Halloy
Drucat
Oneux
Le Festel
Coulonvillers
Les Quatre Saisons
Cramont
Prouville
Autheux
Hardinval
Authieule
St-Riquier
Drugy
Neuville
Brunehaut
Mesnil-Domqueur
Longvillers
Beaumetz
Bernaville
Gézaincourt
Amplier
Caours
Neufmoulin
Maison-Roland
Domesmont
Fienvillers
Longuevillette
Freschevillers-les-Doullens
Orville
Thièvre
Abbeville
Vauchelles-les-Quesnoy
Le Plouy
Ribeaucourt
Vacquerie
Gorges
Candas
Beauval
Sarton
Buigny-l'Abbé
Bussus-Bussuel
Domqueur
Houdencourt
Epécamps
Petit Amplier
Orat
Montplaisir
Marieux
Monflières
Yaucourt-Bussus
Fransu
Barlette
Lanches-St-Hilaire
Fieffes-Montrelet
Terramesnil
Bellancourt
Gorenflos
Franqueville
St-Hilaire
Berneuil
Beauquesne
Épagnette
Famechon
Ergnies
Bonneville
Val Vion
Epagne-Epagnette
Eaucourt-s-Somme
Ailly-le-Ht-Clocher
Brucamps
Valheureux
Francières
Domart-en-Ponthieu
Fieffes
Vert-Galant
Le Rosel
Raincheval
Pont-Remy
Erondelle
Surcamps
Pernois
Canaples
La Vicogne
Cocquerel
Longuet
Somme
Villers-s-Ailly
Vauchelles-lès-Domart
St-Léger-lès-Domart
Nièvre
Puchevillers
Le Quesnoy
Liercourt
Bouchon
Mouflers
La Folie
Halloy-lès-P.
Long
Berteaucourt-les-Dames
Val de-Maison
Fontaine-s-Somme
Le Catelet
Vieulaines
L'Étoile
St-Ouen
Havernas
Wargnies
Naours
Hérissart
Bellifontaine
Grandsart
Bettencourt-St-Ouen
Talmas
Sorel-en-Vimeu
Longpré-les-Corps-Saints
Moréaucourt
Ville-le-Marclet
Vignacourt
Septenville
Rubempré
Flixecourt
Olincourt
Mirvaux
Wanel
Condé-Folie
Pierregot
Bettencourt-Rivière
Bourdon
Flesselles
Villers-Bocage
Hallencourt
Montonvillers
Beaucourt-sur-l'Hallue
Hangest-sur-Somme
Yzeux
St-Vaast-en-Chaussée
Frémont
Molliens-au-Bois
Dreuil-Hamel
Crouy-St-Pierre
Bertangles
Montigny-s-l'Hallue
Mérélessart
Le Mont
Abbe du Gard
Belloy-sur-Somme
Rainneville
Coisy
Soues
A B C D

Houdain
Barlin
Bully-les-Mines
Lens
Liévin
Avion
Méricourt
Noyelles-s/s-Lens
Fouquières-lès-L.
Sallaumines
Billy-Montigny
Hénin-Beaumont
Rouvroy
Vimy
Mémorial canadien
Aubigny-en-Artois
Arras
Dainville
Anzin-St-Aubin
Ste-Catherine
St-Nicolas
St-Laurent-Blangy
Tilloy-lès-Mofflaines
Vitry-en-Artois
Avesnes-le-Comte
Beaumetz-lès-Loges
Croisilles
Bapaume
Bertincourt
Pas-en-Artois
Acheux-en-Amiénois
Parc Mémorial
Albert
Combles

0 2 4 6 8 10 km

PARC NATUREL RÉGIONAL
Beuvry-la-Forêt
Nivelle
St-Amand-les-Eaux
Rosult
Vieux-Condé
Odomez
Hauterive
Flines-lez-Raches
Marchiennes
Râches
Anhiers
Roost-Warendin
Courcelles-lès-L.
Auby
Noyelles-Godault
Lauwin-Planque
Flers-en-Escrebieux
Waziers
Lallaing
Pecquencourt
Montigny-en-Ostrevant
Sin-le-Noble
Cuincy
Esquerchin
DOUAI
Lambres-lez-Douai
Dechy
Guesnain
Masny
Lewarde
Loffre
Bruille-lez-M.
Rieulay
Fenain
Wandignies-Hamage
Warlaing
Tilloy-lez-M.
Hasnon
Millonfosse
Bousignies
Brillon
Raismes
Bruay-sur-l'Escaut
Beuvrages
Anzin
Wallers
Aubry-du-H.
Hérin
Bellaing
Haveluy
Oisy
Hélesmes
Hornaing
Erre
Somain
Escaudain
Denain
Abscon
Aniche
Auberchicourt
Centre Minier
Écaillon
Courchelettes
Corbehem
Roucourt
Vitry-en-Artois
Brebières
Férin
Gœulzin
Gouy-s/s-Bellonne
Noyelles-s/s-Bellonne
Bellonne
Tortequesne
Estrées
Erchin
Cantin
Villers-au-Tertre
Bugnicourt
Émerchicourt
Monchecourt
Mastaing
Rœulx
Lourches
Neuville-s-Escaut
Bouchain
Douchy-les-Mines
Haulchin
Thiant
Prouvy
Rouvignies
Trith-St-Léger
Wavrechain-s/s-Denain
La Sentinelle
Marly
Aulnoy-lez-V.
Famars
Maing
Quérénaing
Artres
Monchaux-s-Écaillon
Noyelles-s-Selle
Lieu-St-Amand
Fleury
Sommaing
Vendegies-s-Écaillon
Arleux
Hamel
Lécluse
Sailly-en-Ostrevent
Étaing
Palluel
Brunémont
Aubigny-au-Bac
Féchain
Fressain
Marcq-en-Ostrevant
Wasnes-au-Bac
Wavrechain-s/s-Faulx
Marquette-en-Ostrevant
Hordain
Haspres
Verchain-Maugré
Saulzoir
Montrécourt
St-Martin-s-Écaillon
Capelle
Escarmain
Haussy
Vertain
Romeries
Récourt
Saudemont
Écourt-St-Quentin
Rumaucourt
Oisy-le-Verger
Aubencheul-au-Bac
Fressies
Hem-Lenglet
Estrun
Avesnes-le-Sec
Iwuy
Villers-en-Cauchies
Dury
Sauchy-Cauchy
Sauchy-Lestrée
Épinoy
Abancourt
Paillencourt
Bantigny
Cuvillers
Thun-l'Évêque
Thun-St-Martin
Eswars
Blécourt
Sancourt
Haynecourt
Ramillies
Tilloy-lez-C.
Morenchies
Naves
Rieux-en-Cambrésis
Avesnes-les-Aubert
St-Aubert
St-Python
St-Vaast-en-Cambrésis
St-Hilaire-lez-Cambrai
Solesmes
Baralle
Buissy
Marquion
Sains-lès-Marquion
Sailly-lez-C.
Neuville-St-Rémy
Raillencourt-Ste-Olle
Bourlon
Escaudœuvres
Cagnoncles
Cauroir
Carnières
Boussières-en-Cambrésis
Quiévy
Briastre
Viesly
Bévillers
Inchy-en-Artois
Mœuvres
Fontaine-N.-D.
Anneux
Proville
CAMBRAI
Awoingt
Niergnies
Igniel
Estourmel
Cattenières
Beauvois-en-Cambrésis
Boistrancourt
Béthencourt
Beaumont-en-Cambrésis
Neuvilly
Amerval
Inchy
Montay
Le Cateau-Cambrésis
Troisvilles
Audencourt
Caudry
Fontaine-au-Pire
Wambaix
Séranvillers-Forenville
Rumilly-en-Cambrésis
Noyelles-sur-Escaut
Cantaing-sur-Escaut
Graincourt-lès-Havrincourt
Flesquières
Marcoing
Boursies
Doignies
Demicourt
Hermies
Beaumetz-lès-Cambrai
Lebucquière
Vélu
Havrincourt
Ribécourt-la-Tour
Masnières
Crèvecœur-sur-l'Escaut
Les Rues-des-Vignes
Lesdain
Esnes
Haucourt-en-Cambrésis
Longsart
Ligny-en-Cambrésis
Caullery
Montigny-en-Cambrésis
Bertry
Reumont
Clary
Selvigny
Walincourt-Selvigny
Ruyaulcourt
Trescault
Bonavis
La Vacquerie
Abbe de Vaucelles
Bonne-Enfance
Villers-Plouich
Metz-en-Couture
Neuville-Bourjonval
Ytres
Gouzeaucourt
Gonnelieu
Banteux
Bantouzelle
Montecouvez
Rancourt
Villers-Guislain
Honnecourt-sur-Escaut
Ossu
La Terrière
Aubencheul-aux-Bois
Villers-Outréaux
Malincourt
Deheries
Élincourt
Maretz
Avelu
Cité des Cheminots
Busigny
Maurois
Honnechy
St-Benin
St-Souplet
Escaufourt
La Haie Mennerresse
Équancourt
Fins
Étricourt-Manancourt
Révelon
Sorel
Heudicourt
Épehy
Nurlu
Liéramont
Guyencourt-Saulcourt
Vendhuile
Malassise
Lempire
Le Catelet
Gouy
Beaurevoir
Ronchaux
Serain
Prémont
Vaux-le-Prêtre
Bois-Mirand
N.-D. des 7 Douleurs
Becquignette
Becquigny
Vaux-Andigny
La Vallée Mulâtre
Andigny-les-Fermes
Regnicourt
Moislains
Aizecourt-le-Bas
Villers-Faucon
Ste-Émilie
Ronssoy
Longavesnes
Templeux
Mémorial Américain
Bellicourt
Bony
Estrées
Wiancourt
Brancourt-le-Grand
Bohain-en-Vermandois
Fresnoy-le-Grand
Montbrehain
Seboncourt
Petit-Verly
Mennevret
A B C D
13 24 9
1 2 3 4 5

E
F
G
H
25
1
2
3
4
5
16
Condé-sur-l'Escaut
St-Ghislain
Boussu
Quaregnon
Hornu
Hensies
Crespin
Quiévrain
Colfontaine
Frameries
Pâturages
Dour
Onnaing
Quiévrechain
Estinnes-au-Val
Estinnes-au-Mont
Harmignies
Quévy
Bavay
Maubeuge
Jeumont
Erquelinnes
Le Quesnoy
Hautmont
Louvroil
Berlaimont
Aulnoye-Aymeries
Landrecies
Avesnes-sur-Helpe
Sains-du-Nord
Fourmies
Wignehies
Le Nouvion-en-Thiérache
Wassigny
La Capelle
Solre-le-Château
Sars-Poteries
Maroilles
Rousies
Ferrière-la-Grande
Forêt de Mormal
Parc Naturel Régional de l'Avesnois
Catillon-sur-Sambre
Prisches
Etrœungt
Trélon
Anor
Sommeron
Buironfosse

0 2 4 6 8 10 km
Binche
Anderlues
Fontaine-l'Évêque
Lobbes
Thuin
Merbes-le-Château
Solre-sur-Sambre
Jeumont
Beaumont
Montigny-le-Tilleul
Abbe d'Aulne
Châtelineau
Châtelet
Aiseau-Presles
Farciennes
Sambreville
Gerpinnes
Nalinnes
Ham-sur-Heure
Mettet
Florennes
Walcourt
Silenrieux
Philippeville
Bges de l'Eau d'Heure
Cerfontaine
Sivry-Rance
Froidchapelle
Rance
Eppe-Sauvage
Mariembourg
Couvin
Viroinval
Grottes de Neptune
Chimay
Trélon
Momignies
Brûly
Revin
A
B
C
D
1
2
3
4
5
15
26
N 90
N 53
N 40
N 5
N 97
N 98
N 99
N 939
N 978
N 589

Floreffe
Malonne
Wépion
Naninne
Dave
Sart-Bernard
Tri d'Avillon
Gesves
Sorée
Evelette
Havelange
Fosses-la-Ville
Sart-St-Laurent
Bois-de-Villers
Profondeville
Lustin
Maillen
Assesse
Florée
Schaltin
Miécret
St-Gérard
Annevoie-Rouillon
Rivière
Godinne
Crupet
Hamois
Porcheresse
Barvaux-Condroz
Achet
Natoye
Emptinne
Mohiville
Yvoir
Evrehailles
Spontin
Braibant
Ciney
Denée
Anhée
Purnode
Dorinne
Sovet
Pessoux
Maredsous
Sosoye
Ermeton-sur-Biert
Lisogne
Thynes
Leignon
Sinsin
Falaën
Sommière
Bouvignes-s-Meuse
Achêne
Haversin
Flavion
Weillen
DINANT
Sorinnes
Conneux
Anthée
Onhaye
Anseremme
Freÿr
Dréhance
Furfooz
Celles
Chevetogne
Buissonville
Morville
Hastière-Lavaux
Walzin
Vêves
Custinne
Mont-Gauthier
Hastière-par-delà
Waulsort
Falmignoul
Falmagne
Hulsonniaux
Houyet
Hermeton-s-Meuse
Blaimont
Mesnil-St-Blaise
Ciergnon
Rochefort
Gochenée
Vodelée
Agimont
Heer
Feschaux
Finnevaux
Mesnil-Eglise
Wiesme
Wanlin
Villers-s-Lesse
Jemelle
Doische
Givet
Fort de Charlemont
Baronville
Focant
Lessive
Han-s-Lesse
Grotte de Han
Fromelennes
Rancennes
Beauraing
Martouzin-Neuville
Hierges
Aubrives
Chooz
Dion
Pondrôme
Wellin
Ave-et-Auffe
Resteigne
Tellin
Vireux-Wallerand
Vireux-Molhain
Landrichamps
Wancennes
Honnay
Lomprez
Halma
Chanly
Felenne
Vonêche
Froidfontaine
Montigny-sur-Meuse
Vencimont
Daverdisse
Fépin
Hargnies
Bourseigne-Neuve
Bourseigne-Vieille
Malvoisin
Redu
Euro Space Center
Transinne
Haybes
Patignies
Haut-Fays
Gembes
Fumay
Rienne
Willerzie
Gedinne
Porcheresse
Villance
Maissin
Louette-St-Pierre
Louette-St-Denis
Bièvre
Graide
Anloy

0 2 4 6 8 10 km
A
B
C
D
1
2
3
4
5
34
★★Fécamp
Criquebeuf-en-Caux
Grainval
Yport
Vaucottes-s-Mer
Vattetot-s-Mer
Aiguille de Belval
Valleuse du Curé
Froberville
Falaise d'Amont
★★★Étretat
Bénouville
Falaise d'Aval
La Manneporte
Les Aygues
La Hêtrée
Bordeaux-St-Clair
Les Loges
Gerville
Cap d'Antifer
La Place
Le Tilleul
Le Mont-Roti
Jumel
La Poterie-Cap-d'Antifer
Ste-Marie-au-Bosc
Pierrefiques
Fongueusemare
Beaurepaire
Sausseuzemare-en-Caux
Port pétrolier du Havre-Antifer
Bruneval
Villainville
Cuverville
Les Groseilliers
Belvre
Plage de Bruneval
Beaumesnil
Gonneville-la-Mallet
Écrainville
St-Jouin-Bruneval
Criquetot-l'Esneval
Goderville
La Mare-Goubert
Le Grand Hameau
Anglesqueville-l'Esneval
Heuqueville
Vergetot
La Forge
Turretot
Le Coudray
St-Sauveur-d'Émalleville
Buglise
St-Martin-du-Bec
Écuquetot
Cauville-sur-Mer
Le Bec
Hermeville
St-Sauveur
Goustimesnil
Ecosse
Mannevillette
Rimbertot
N.-D.-du-Bec
Virville
Rolleville
Angerville-l'Orcher
Gainbouville
Écqueville
Café Blanc
St-Supplix
St-Barthélémy
Manéglise
Fontenay
Étainhus
La Brière
Octeville-sur-Mer
Épouville
Sainneville
St-Andrieux
Montivilliers
La Cour Souveraine
Dondeneville
Fontaine-la-Mallet
St-Laurent-de-Brèvedent
Canyon Park
Épretot
Edreville
Le Grand Hameau
La Demi-Lieue
St-Martin-du-Manoir
Frescot
Ignauval
St-Aubin-Routot
Cap de la Hève
★Ste-Adresse
Sanvic
Graville
Harfleur
Gonfreville-l'Orcher
Gainneville
La Queue du Gril
Rogerville
Chau d'Orcher
Oudalle
St-Vincent-Cramesnil
Sandouville
D 940
D 925
D 489
D 139
D 31

E
F
G
H
1
2
3
4
5
20
35
Phare d'Ailly
Ste-Marguerite-s-Mer
Quiberville-Plage
St-Aubin-s-Mer
Quiberville
Sotteville-s-Mer
St-Valery-en-Caux
Veules-les-Roses
Falaise d'Aval
Falaise d'Amont
Veulettes-s-Mer
Le Bourg-Dun
Blosseville
La Chapelle-s-Dun
Cany-Barville
Ingouville
Gueutteville-lès-Grès
Angiens
Fontaine-le-Dun
Paluel
Vittefleur
St-Riquier-ès-Plains
Néville
Cailleville
Houdetot
Criquetot-le-Mauconduit
Ocqueville
Drosay
Sassetot-le-Mauconduit
Ancretteville-s-Mer
Senneville-s-Fécamp
Écretteville-s-Mer
Életot
Ypreville
Theuville-aux-Maillots
Ste-Hélène-Bondeville
Valmont
Colleville
Toussaint
Ourville-en-Caux
Doudeville
Héberville
Fultot
Gonzeville
Canville-les-Deux-Églises
Bretteville-St-Laurent
Sassetot-le-Malgarde
Auzouville-s-Saâne
Étalleville
Robertot
Auffay
Riville
Thiétreville
Bec-de-Mortagne
Daubeuf-Serville
Ypreville-Biville
Normanville
Hattenville
Fauville-en-Caux
Cliponville
Hautot-St-Sulpice
Yerville
Yvetot
Allouville-Bellefosse
Valliquerville
Bolbec
Lillebonne
Caudebec-en-Caux
Barentin
Pont de Brotonne
Villequier
Mirville
Rouville
Lanquetot
Raffetot
Bolleville
Alvimare
Cléville
Foucart
Ricarville
Auzouville-Auberbosc
Bernières
Yébleron
Écretteville-lès-Baons
Baons-le-Comte
Ste-Marie-des-Champs
Flamanville
Motteville
Ectot-lès-Baons
Mont-de-l'If
Croix-Mare
Fréville
Blacqueville
Bouville
Betteville
Louvetot
Trouville
Lintot
Grand-Camp
La Trinité-du-Mont
Gruchet-le-Valasse
St-Nicolas-de-la-Haie
Maulévrier-Ste-Gertrude
St-Wandrille-Rançon
St-Nicolas-de-la-Taille
Mélamare
St-Antoine-la-Forêt
St-Eustache-la-Forêt
D 925
D 6015
A 29
E 44

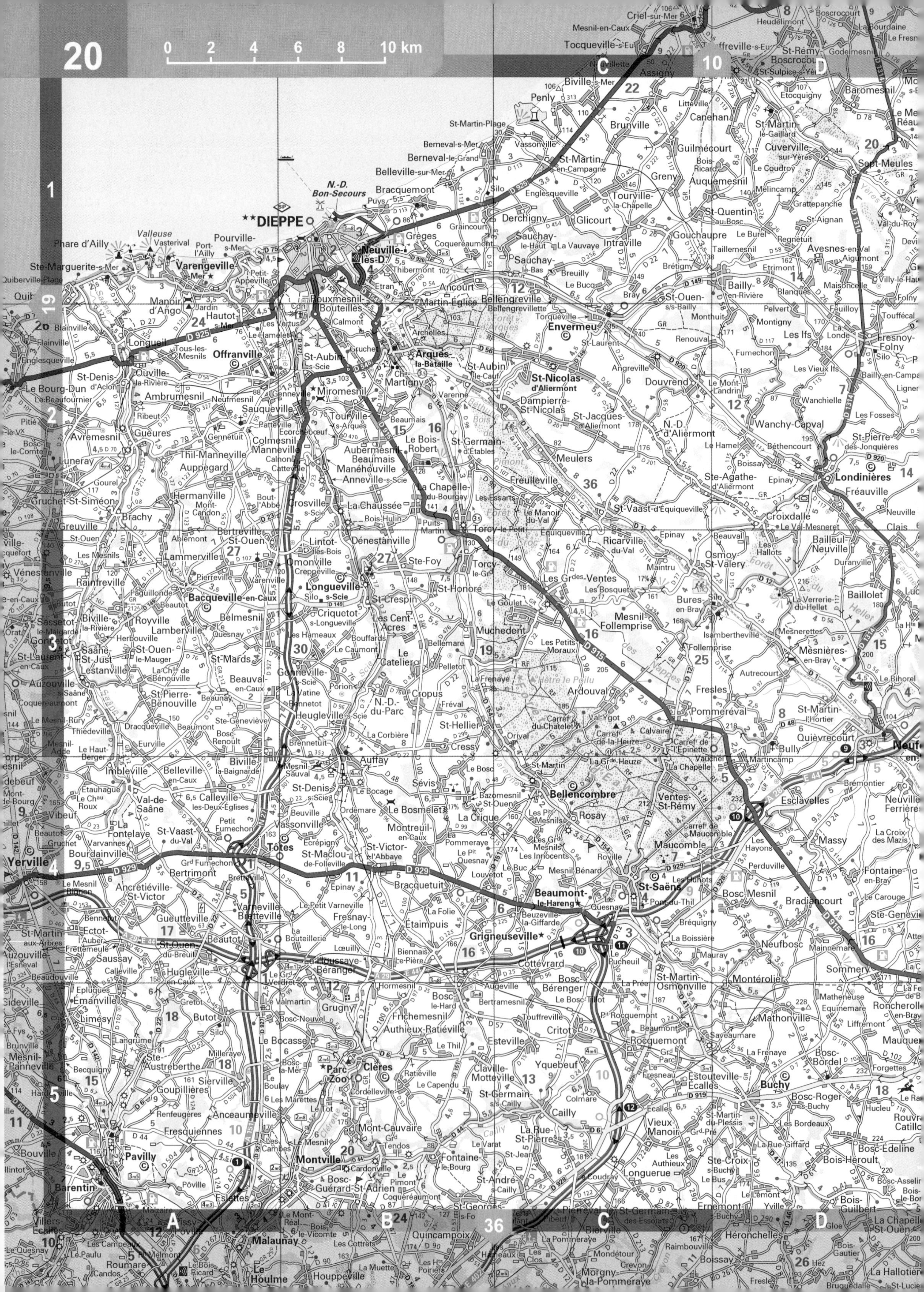
0 2 4 6 8 10 km
DIEPPE
N.-D. Bon-Secours
Phare d'Ailly
Varengeville-s-Mer
Pourville-s-Mer
Hautot-s-Mer
Offranville
Longueil
Arques-la-Bataille
Martin-Église
Envermeu
St-Nicolas-d'Aliermont
Neuville-lès-D.
Rouxmesnil-Bouteilles
Bellengreville
Berneval-le-Grand
Belleville-sur-Mer
Bracquemont
Penly
Biville-s-Mer
Criel-sur-Mer
Tocqueville-s-Eu
Brunville
Canehan
Guilmécourt
Greny
Auquemesnil
St-Quentin-au-Bosc
Avesnes-en-Val
Londinières
Wanchy-Capval
Bailly-en-Rivière
St-Ouen-s/s-Bailly
Derchigny
Glicourt
Intraville
Gouchaupre
Sauchay-le-Haut
Sauchay-le-Bas
Meulers
Freulleville
Douvrend
Croixdalle
St-Vaast-d'Équiqueville
Ricarville-du-Val
Osmoy-St-Valery
Bures-en-Bray
Mesnil-Follemprise
Fresles
Pommeréval
Ardouval
Bellencombre
Rosay
Ventes-St-Rémy
Maucomble
St-Saëns
Beaumont-le-Hareng
Grigneuseville
Cottévrard
Bosc-Bérenger
St-Martin-Osmonville
Montérolier
Neufbosc
Buchy
Bosc-Roger-s-Buchy
Estouteville-Écalles
Vieux-Manoir
Yquebeuf
Critot
Rocquemont
Cailly
La Rue-St-Pierre
Quincampoix
Montville
Malaunay
Le Houlme
Clères
Parc Zoo
Pavilly
Barentin
Anceaumeville
Fresquiennes
Sierville
Goupillières
Butot
Limésy
Émanville
Hugleville-en-Caux
Beautot
Saussay
Gueutteville
Varneville-Bretteville
Bertrimont
Tôtes
Yerville
Vibeuf
Val-de-Saâne
Calleville-les-Deux-Églises
Auffay
Heugleville-s-Scie
Cropus
St-Hellier
Cressy
Muchedent
Torcy-le-Grand
Torcy-le-Petit
Longueville-s-Scie
Bacqueville-en-Caux
Lammerville
Bertreville-St-Ouen
Dénestanville
Ste-Foy
St-Honoré
St-Crespin
Manéhouville
Anneville-s-Scie
Tourville-s-Arques
Miromesnil
Sauqueville
Ambrumesnil
Ouville-la-Rivière
St-Denis-d'Aclon
Avremesnil
Gueures
Luneray
Gruchet-St-Siméon
Brachy
Hermanville
Auppegard
Thil-Manneville
Royville
Lamberville
Belmesnil
St-Mards
Beauval-en-Caux
St-Pierre-Bénouville
Lestanville
Saâne-St-Just
Auzouville-s-Saâne
Imbleville
Biville-la-Baignarde
Belleville-en-Caux
St-Vaast-du-Val
Vassonville
Montreuil-en-Caux
Bracquetuit
Étaimpuis
Fresnay-le-Long
St-Maclou-de-Folleville
Le Bosmelet
Sévis
Grugny
Frichemesnil
Authieux-Ratiéville
Esteville
Claville-Motteville
St-Germain-s-Cailly
Fontaine-le-Bourg
St-André-s-Cailly
Mont-Cauvaire
Bosc-Guérard-St-Adrien
Eslettes
Bully
Quièvrecourt
Esclavelles
Massy
Mesnières-en-Bray
Bailleul-Neuville
Baillolet
Sept-Meules
Cuverville-sur-Yères
St-Martin-le-Gaillard
Baromesnil
Forêt d'Arques
Forêt d'Eawy
Forêt du Hellet
A B C D
10
36

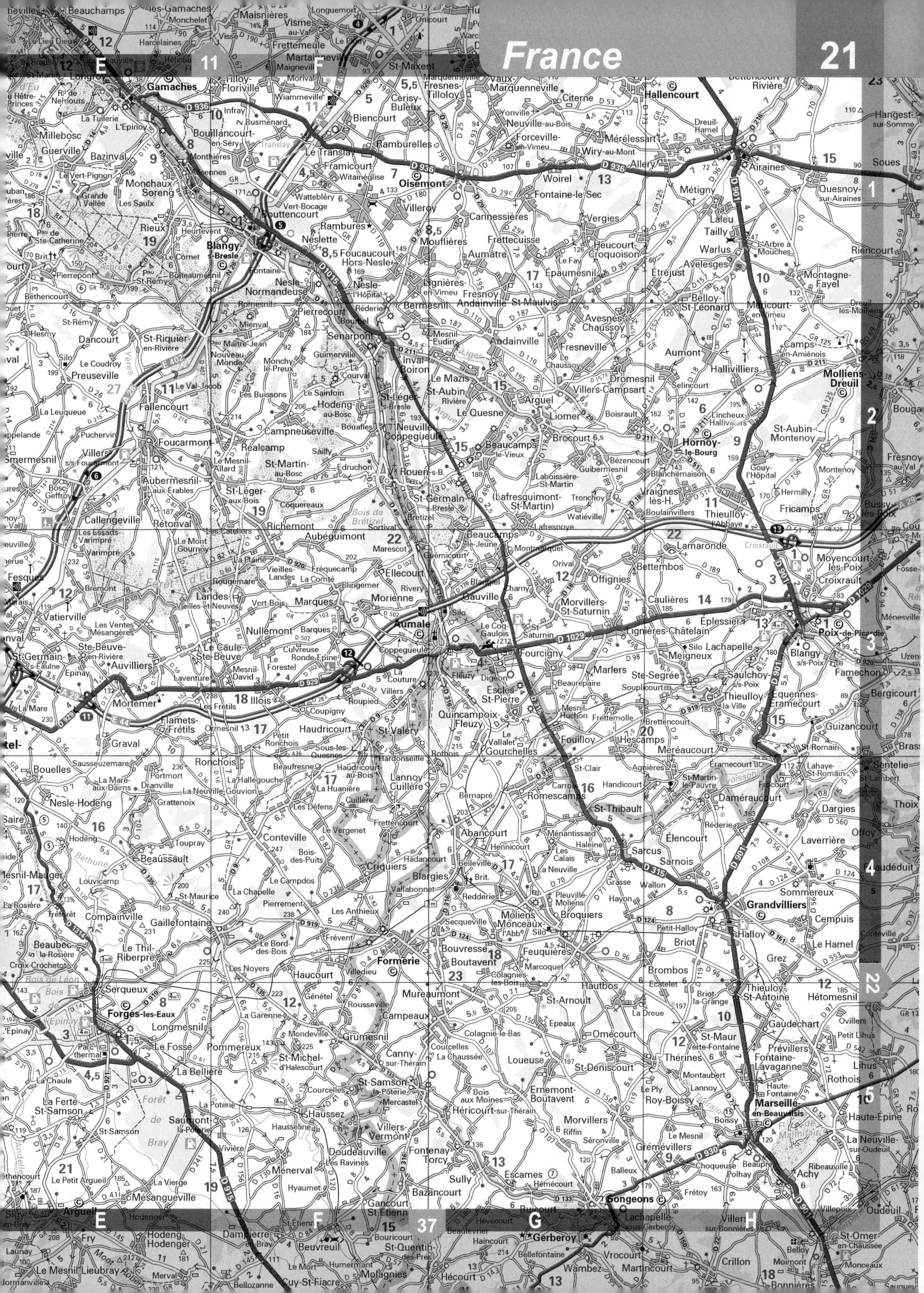
Gamaches
Blangy-s-Bresle
Oisemont
Hallencourt
Airaines
Molliens-Dreuil
Hornoy-le-Bourg
Poix-de-Picardie
Aumale
Formerie
Grandvilliers
Forges-les-Eaux
Marseille-en-Beauvaisis
Songeons
Gerberoy
Argueil
Senarpont
Foucarmont
Neufchâtel
Liomer
Abancourt
Sarcus
Feuquières
Hétomesnil
Oudeuil
St-Germain-s-Eaulne
Serqueux
Longueville
Mortemer
Forêt d'Eu
E 402
A 28
A 29
D 1015
D 1029
D 901
D 915
D 930
D 936
E 44
E
F
G
H
11
37
22

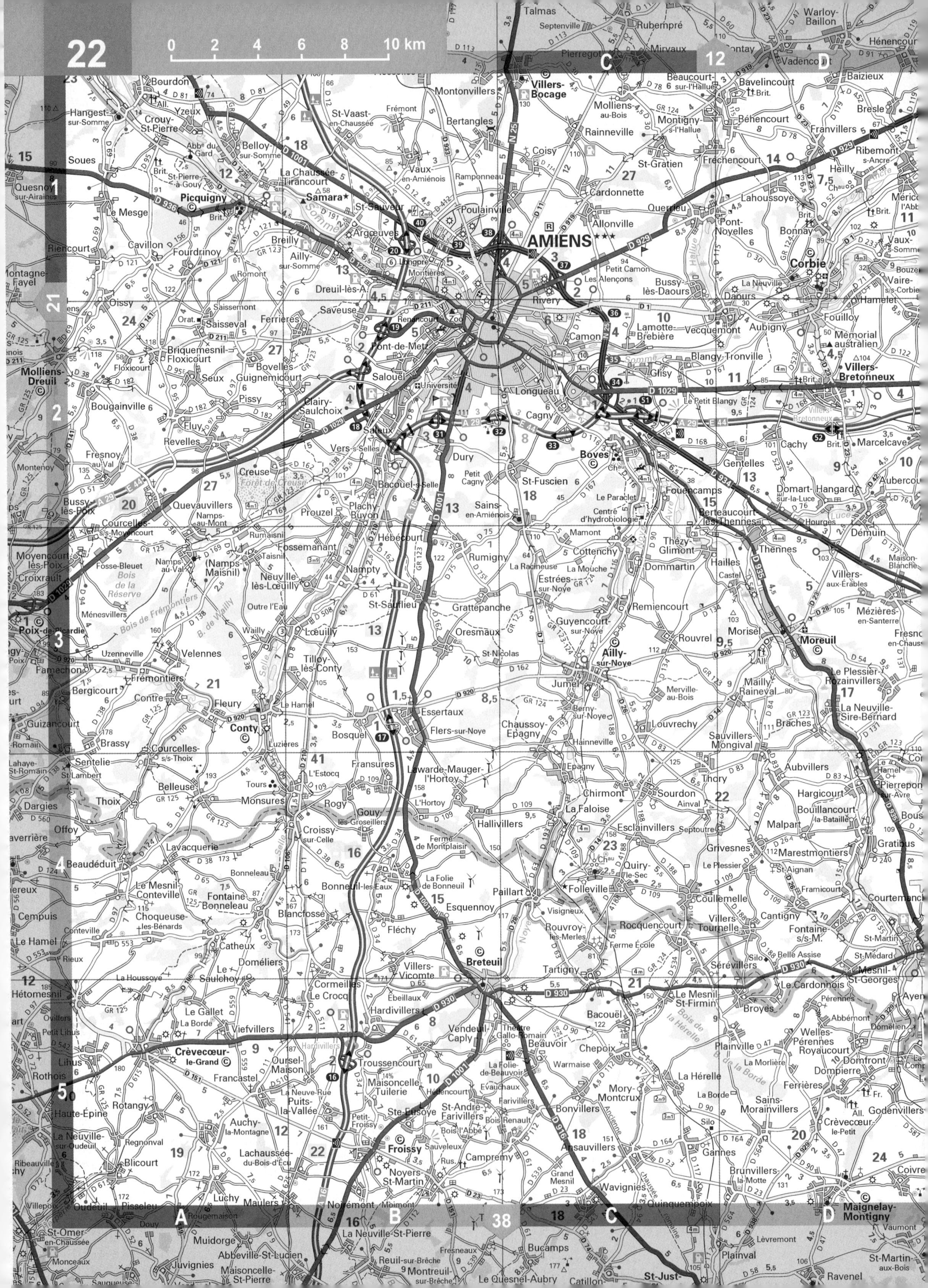
0 2 4 6 8 10 km
AMIENS
Talmas
Rubempré
Warloy-Baillon
Villers-Bocage
Montonvillers
Bertangles
Molliens-au-Bois
Montigny-s-l'Hallue
Bavelincourt
Béhencourt
Franvillers
Bresle
Hénencourt
Baizieux
Rainneville
Coisy
St-Gratien
Fréchencourt
Ribemont-s-Ancre
Heilly
Cardonnette
Querrieu
Lahoussoye
Pont-Noyelles
Allonville
Poulainville
Bonnay
Corbie
Vaux-sur-Somme
Bourdon
Hangest-sur-Somme
Yzeux
Crouy-St-Pierre
Belloy-sur-Somme
Soues
Quesnoy-sur-Airaines
Picquigny
La Chaussée-Tirancourt
Samara
Vaux-en-Amiénois
St-Sauveur
Argœuves
Le Mesgne
Cavillon
Fourdrinoy
Breilly
Ailly-sur-Somme
Riencourt
Dreuil-lès-A.
Longpré
Montières
Rivery
Camon
Bussy-lès-Daours
Daours
Vecquemont
Aubigny
Fouilloy
Mémorial australien
Villers-Bretonneux
Lamotte-Brebière
Blangy-Tronville
Glisy
Longueau
Cagny
Boves
Oissy
Saisseval
Saveuse
Ferrières
Pont-de-Metz
Salouël
Molliens-Dreuil
Briquemesnil-Floxicourt
Bovelles
Guignemicourt
Seux
Pissy
Clairy-Saulchoix
Bougainville
Fluy
Revelles
Saleux
Vers-s-Selles
Dury
Fresnoy-au-Val
Creuse
Forêt de Creuse
Quevauvillers
Bussy-lès-Poix
Bacouël-s-Selle
Plachy-Buyon
Prouzel
St-Fuscien
Sains-en-Amiénois
Gentelles
Cachy
Marcelcave
Fouencamps
Berteaucourt-lès-Thennes
Domart-sur-la-Luce
Hangard
Demuin
Thennes
Courcelles-s/s-Moyencourt
Moyencourt-lès-Poix
Croixrault
Namps-au-Val
Namps-Maisnil
Fossemanant
Hébécourt
Rumigny
Cottenchy
Dommartin
Thézy-Glimont
Hailles
Nampty
Neuville-lès-Lœuilly
Estrées-sur-Noye
Villers-aux-Érables
Mézières-en-Santerre
St-Sauflieu
Grattepanche
Remiencourt
Guyencourt-sur-Noye
Rouvrel
Morisel
Moreuil
Poix-de-Picardie
Lœuilly
Oresmaux
Ailly-sur-Noye
Velennes
Tilloy-lès-Conty
Jumel
Famechon
Frémontiers
Le Plessier-Rozainvillers
Bergicourt
Contre
Fleury
Conty
Essertaux
Flers-sur-Noye
Chaussoy-Epagny
Mailly-Raineval
Louvrechy
Sauvillers-Mongival
Braches
La Neuville-Sire-Bernard
Guizancourt
Brassy
Courcelles-s/s-Thoix
Bosquel
Fransures
Lawarde-Mauger-l'Hortoy
Thory
Sourdon
Chirmont
Aubvillers
Hargicourt
Pierrepont-sur-Avre
Belleuse
Thoix
Monsures
Rogy
Gouy-les-Groseillers
Hallivillers
La Faloise
Esclainvillers
Bouillancourt-la-Bataille
Malpart
Dargies
Offoy
Croissy-sur-Celle
Lavacquerie
Beaudéduit
Grivesnes
Marestmontiers
Gratibus
Quiry-le-Sec
Folleville
Coullemelle
Le Mesnil-Conteville
Fontaine-Bonneleau
Bonneuil-les-Eaux
Paillart
Esquennoy
Blancfossé
Choqueuse-les-Bénards
Cempuis
Cantigny
Villers-Tournelle
Rocquencourt
Fontaine-s/s-M.
Courtemanche
Fléchy
Rouvroy-les-Merles
Catheux
Doméliers
Breteuil
Le Saulchoy
Villers-Vicomte
Tartigny
Sérévillers
Mesnil-St-Georges
Hétomesnil
Cormeilles
Le Crocq
Le Gallet
Hardivillers
Le Mesnil-St-Firmin
Broyes
Le Cardonnois
Viefvillers
Vendeuil-Caply
Beauvoir
Crèvecœur-le-Grand
Oursel-Maison
Troussencourt
Francastel
Chepoix
Plainville
Welles-Pérennes
Royaucourt
Rothois
Lihus
Maisoncelle-Tuilerie
Puits-la-Vallée
Mory-Montcrux
La Hérelle
Dompierre
Ferrières
Domfront
Haute-Épine
Rotangy
Auchy-la-Montagne
Ste-Eusoye
St-André-Farivillers
Bonvillers
Sains-Morainvillers
Godenvillers
Crèvecœur-le-Petit
La Neuville-sur-Oudeuil
Blicourt
Lachaussée-du-Bois-d'Écu
Froissy
Campremy
Ansauvillers
Gannes
Noyers-St-Martin
Wavignies
Brunvillers-la-Motte
Ravenel
Maignelay-Montigny
Oudeuil
Pisseleu
Luchy
Maulers
Noirémont
Quinquempoix
St-Omer-en-Chaussée
Muidorge
La Neuville-St-Pierre
Bucamps
Abbeville-St-Lucien
Juvignies
Maisoncelle-St-Pierre
Reuil-sur-Brêche
Montreuil-sur-Brêche
Le Quesnel-Aubry
St-Just-
Plainval
St-Martin-aux-Bois
A
B
C
D
1
2
3
4
5
12
21
38

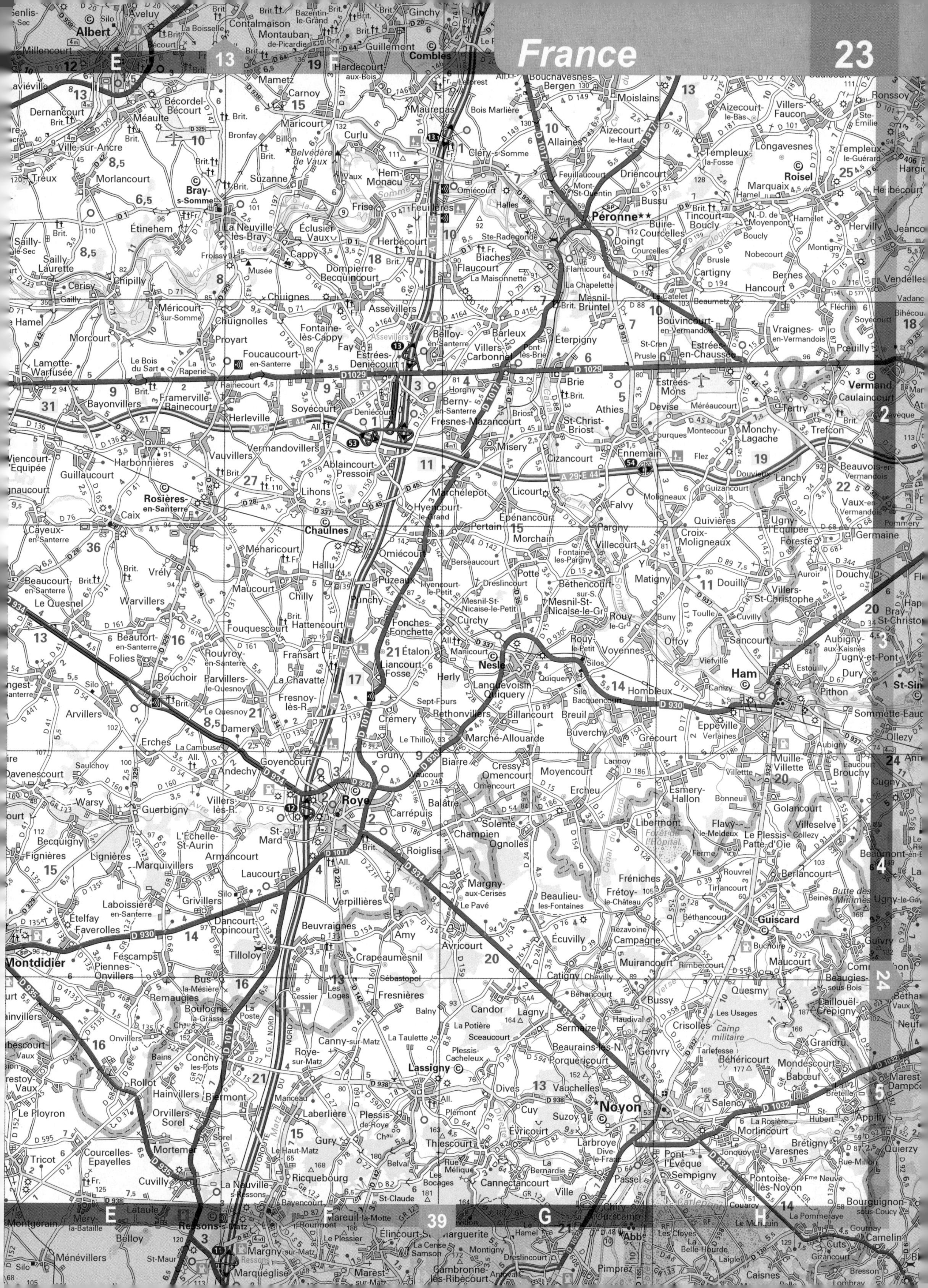
Albert
Combles
Bray-s-Somme
Péronne
Roisel
Vermand
Rosières-en-Santerre
Chaulnes
Nesle
Ham
Roye
Montdidier
Guiscard
Lassigny
Noyon
Ressons-s-Matz
Marquéglise
A 1 E 15
A 29 E 44
D 1017
D 1029
D 930
D 934
D 938
D 1032
13
19
39
E
F
G
H
1
2
3
4
5
24

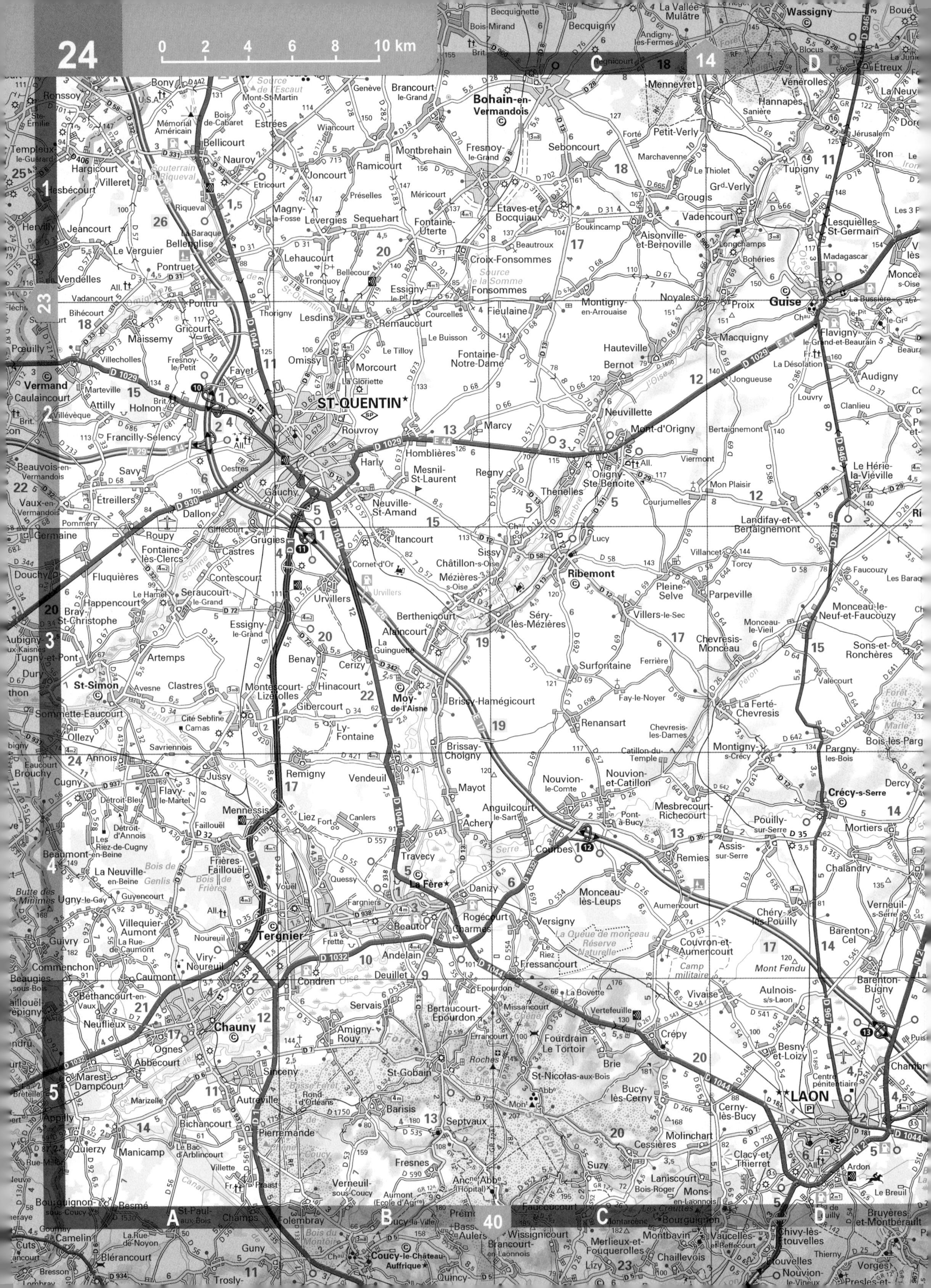
0 2 4 6 8 10 km
Wassigny
Becquigny
Bohain-en-Vermandois
Brancourt-le-Grand
Etreux
Vénérolles
Hannapes
Mennevret
Petit-Verly
Seboncourt
Fresnoy-le-Grand
Montbrehain
Ramicourt
Joncourt
Nauroy
Bellicourt
Estrées
Bony
Ronssoy
Templeux-le-Guérard
Hargicourt
Villeret
Hesbécourt
Jeancourt
Hervilly
Le Verguier
Bellenglise
Pontruet
Vendelles
Lehaucourt
Levergies
Sequehart
Magny-la-Fosse
Fontaine-Uterte
Etaves-et-Bocquiaux
Croix-Fonsommes
Fonsommes
Fieulaine
Essigny-le-Petit
Lesdins
Remaucourt
Morcourt
Omissy
Thorigny
Gricourt
Maissemy
Fresnoy-le-Petit
Fayet
Vermand
Caulaincourt
Holnon
Attilly
Francilly-Selency
ST-QUENTIN
Rouvroy
Harly
Homblières
Mesnil-St-Laurent
Neuville-St-Amand
Gauchy
Grugies
Savy
Dallon
Étreillers
Roupy
Fontaine-lès-Clercs
Castres
Contescourt
Seraucourt-le-Grand
Happencourt
Fluquières
Douchy
Bray-St-Christophe
Essigny-le-Grand
Artemps
St-Simon
Clastres
Montescourt-Lizerolles
Urvillers
Itancourt
Cerizy
Benay
Hinacourt
Gibercourt
Ly-Fontaine
Moy-de-l'Aisne
Alaincourt
Berthenicourt
Séry-lès-Mézières
Mézières-s-Oise
Châtillon-s-Oise
Sissy
Ribemont
Regny
Marcy
Thenelles
Origny-Ste-Benoite
Mont-d'Origny
Neuvillette
Bernot
Hauteville
Macquigny
Guise
Proix
Noyales
Montigny-en-Arrouaise
Aisonville-et-Bernoville
Vadencourt
Grougis
Grd-Verly
Tupigny
Lesquielles-St-Germain
Flavigny-le-Grand-et-Beaurain
Audigny
Le Hérie-la-Viéville
Landifay-et-Bertaignemont
Parpeville
Pleine-Selve
Villers-le-Sec
Chevresis-Monceau
Surfontaine
Renansart
La Ferté-Chevresis
Monceau-le-Neuf-et-Faucouzy
Sons-et-Ronchères
Brissy-Hamégicourt
Brissay-Choigny
Vendeuil
Remigny
Jussy
Flavy-le-Martel
Ollezy
Annois
Cugny
Mennessis
Liez
Mayot
Achery
Anguilcourt-le-Sart
Nouvion-le-Comte
Nouvion-et-Catillon
Mesbrecourt-Richecourt
Crécy-s-Serre
Pouilly-sur-Serre
Remies
Courbes
Travecy
La Fère
Danizy
Monceau-lès-Leups
Versigny
Rogécourt
Charmes
Fargniers
Beautor
Tergnier
Frières-Faillouël
La Neuville-en-Beine
Ugny-le-Gay
Villequier-Aumont
Viry-Noureuil
Andelain
Deuillet
Condren
Chauny
Ognes
Abbecourt
Sinceny
Autreville
Bichancourt
Manicamp
Quierzy
Pierremande
Barisis
St-Gobain
Septvaux
Servais
Amigny-Rouy
Bertaucourt-Epourdon
Fourdrain
Brie
Crépy
St-Nicolas-aux-Bois
Bucy-lès-Cerny
Cerny-lès-Bucy
Molinchart
Cessières
Suzy
Laniscourt
Clacy-et-Thierret
Besny-et-Loizy
LAON
Aulnois-s/s-Laon
Barenton-Bugny
Barenton-Cel
Chéry-lès-Pouilly
Couvron-et-Aumencourt
Vivaise
Fressancourt
Verneuil-sous-Coucy
Fresnes
Folembray
Coucy-le-Château-Auffrique
Camelin
Blérancourt
Guny
Trosly
Champs
Bourguignon
Chauny
Vaucelles
Chivy-lès-Étouvelles
Bruyères-et-Montbérault
Vorges

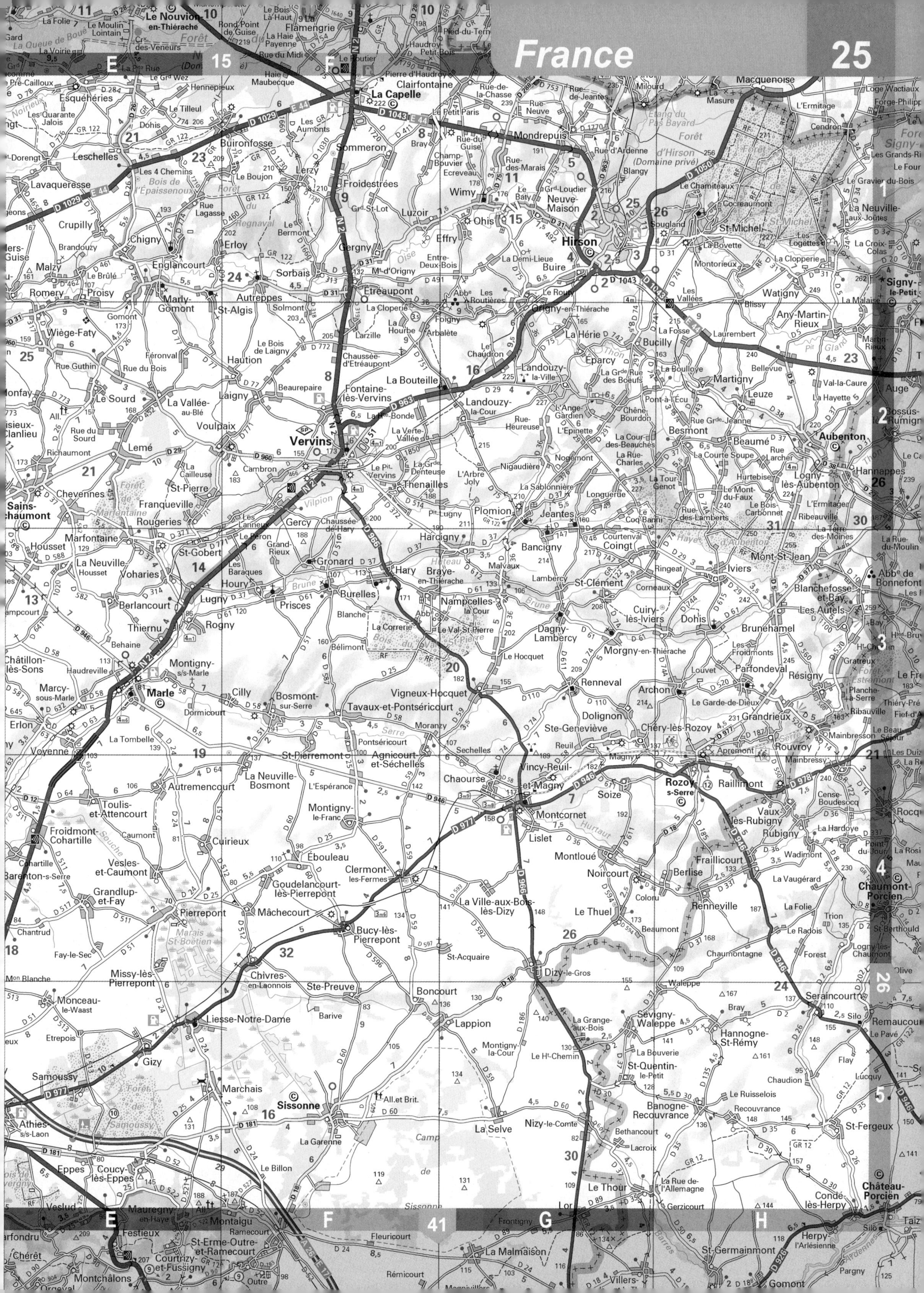
Le Nouvion-en-Thiérache
La Capelle
Clairfontaine
Buironfosse
Sommeron
Mondrepuis
Macquenoise
Signy-le-Petit
Froidestrées
Lavaqueresse
Leschelles
Esquéhéries
Hirson
St-Michel
Wimy
Ohis
Luzoir
Gergny
Erloy
Chigny
Englancourt
Sorbais
Étréaupont
Origny-en-Thiérache
Autreppes
Marly-Gomont
Proisy
Romery
Malzy
Wiège-Faty
La Hérie
Eparcy
Bucilly
Martigny
Landouzy-la-Ville
Landouzy-la-Cour
La Bouteille
Fontaine-lès-Vervins
Laigny
Hautiôn
Voulpaix
Vervins
Thenailles
Plomion
Jeantes
Besmont
Aubenton
Logny-lès-Aubenton
Beaumé
Leuze
Sains-Richaumont
Chevennes
Franqueville
Rougeries
St-Gobert
Gercy
Harcigny
Bancigny
Coingt
Iviers
Mont-St-Jean
Gronard
Hary
Braye-en-Thiérache
Burelles
Prisces
Houry
Lugny
Rogny
Thiernu
Marle
Montigny-s/s-Marle
Cilly
Bosmont-sur-Serre
Tavaux-et-Pontséricourt
Vigneux-Hocquet
Renneval
Dagny-Lambercy
Morgny-en-Thiérache
Archon
Parfondeval
Résigny
Dolignon
Ste-Geneviève
Chéry-lès-Rozoy
Rozoy-s-Serre
Raillimont
Rouvroy
Vincy-Reuil-et-Magny
Montcornet
Chaourse
Soize
Agnicourt-et-Séchelles
St-Pierremont
La Neuville-Bosmont
Autremencourt
Toulis-et-Attencourt
Froidmont-Cohartille
Cuirieux
Montigny-le-Franc
Ébouleau
Clermont-les-Fermes
Goudelancourt-lès-Pierrepont
Pierrepont
Mâchecourt
Bucy-lès-Pierrepont
La Ville-aux-Bois-lès-Dizy
Lislet
Montloué
Noircourt
Berlise
Renneville
Le Thuel
Dizy-le-Gros
Vaux-lès-Rubigny
Rubigny
Chaumont-Porcien
Seraincourt
Missy-lès-Pierrepont
Chivres-en-Laonnois
Ste-Preuve
Boncourt
Lappion
Sévigny-Waleppe
Hannogne-St-Rémy
St-Quentin-le-Petit
Banogne-Recouvrance
St-Fergeux
Liesse-Notre-Dame
Gizy
Samoussy
Marchais
Sissonne
La Selve
Nizy-le-Comte
Athies-s/s-Laon
Eppes
Coucy-lès-Eppes
Montaigu
St-Erme-Outre-et-Ramecourt
La Malmaison
St-Germainmont
Château-Porcien
Condé-lès-Herpy
Herpy-l'Arlésienne
E
F
G
H
41
D 1043
E 44
N 2
D 946
D 977
D 966

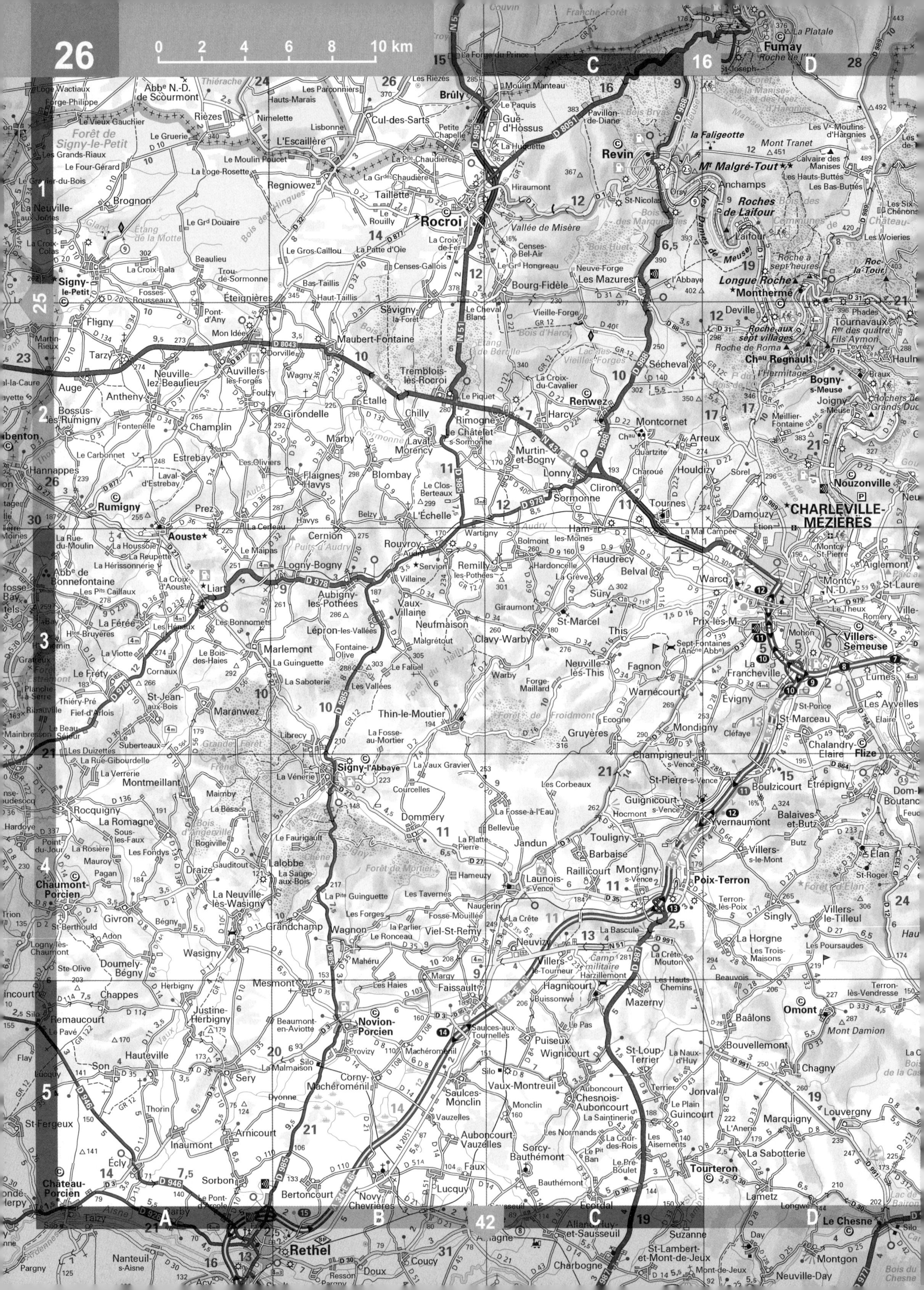
0 2 4 6 8 10 km
16
25
42
28
23
24
30
21
A
B
C
D
Couvin
Franche-Forêt
Fumay
La Platale
Roche de l'It
St-Joseph
La Forge du Prince
Thiérache
Abbe N.-D. de Scourmont
Loge Wactiaux
Forge-Philippe
Le Vieux Gauchier
Forêt de Signy-le-Petit
Riezes
Nimelette
Les Riezes
Les Parçonniers
Hauts-Marais
Cul-des-Sarts
Lisbonne
Petite Chapelle
Brûly
Moulin Manteau
Le Paquis
Gué-d'Hossus
Pavillon-de-Diane
Bois Bryas
La Faligeotte
Mont Tranet
Les Vx Moulins-d'Hargnies
Le Gruerie
L'Escaillère
Les Grands-Riaux
Le Four-Gérard
Le Moulin Poucet
La Loge-Rosette
La Pte Chaudière
La Grde Chaudière
La Huguette
Revin
Mt Malgré-Tout
Calvaire des Manises
Les Hauts-Buttés
Les Bas-Buttés
Le Grandier-du-Bois
Regniowez
Taillette
Hiraumont
St-Nicolas
Orsy
Anchamps
Roches de Laifour
Les Six Chênons
La Neuville-aux-Joûtes
Brognon
Le Grd Douaire
Le Rouilly
Rocroi
Vallée de Misère
Bois des Marquisades
Les Dames de Meuse
Laifour
Les Woieries
Étang de la Motte
La Croix-Colas
Le Gros-Caillou
La Patte d'Oie
La Croix-de-Fer
Censes-Bel-Air
Bois Huet
Roche à sept heures
Roc-la-Tour
Signy-le-Petit
La Croix-Bala
Beaulieu
Trou-de-Sormonne
Censes-Gallois
Le Grd Hongreau
Bourg-Fidèle
Neuve-Forge
Les Mazures
L'Abbaye
Longue Roche
Montherme
Fosses-Rousseaux
Bas-Taillis
Haut-Taillis
Éteignières
Sévigny-la-Forêt
Le Cheval Blanc
Vieille-Forge
Bois d'Harcy
Deville
Roche aux sept villages
Tournavaux
Rer des quatre Fils Aymon
Phades
Fligny
Pont-d'Any
Mon Idée
Maubert-Fontaine
Étang de Bérelle
Lac des Vieilles Forges
Sécheval
Roche de Roma
Chau Regnault
L'Hermitage
Martin-Rieux
Tarzy
Dorvillé
Auvillers-les-Forges
Neuville-lez-Beaulieu
Tremblois-lès-Rocroi
La Croix-du-Cavalier
Bogny-s-Meuse
Braux
Rochers des Grands Ducs
Auge
Antheny
Wagny
Foulzy
Étalle
Le Piquet
Renwez
Joigny-s-Meuse
Meillier-Fontaine
Bossus-lès-Rumigny
Fontenelle
Champlin
Girondelle
Chilly
Rimogne
Harcy
Montcornet
Arreux
Le Châtelet-s-Sormonne
Marby
Laval-Morency
Murtin-et-Bogny
Quartzite
Le Carbonnet
Estrebay
Les Oliviers
Laval-d'Estrebay
Flaignes-Havys
Blombay
Lonny
Charoué
Houldizy
Sorel
Nouzonville
Hannappes
Le Clos-Berteaux
Clirón
Sormonne
Rumigny
Prez
Havys
Belzy
L'Échelle
Tournes
Damouzy
CHARLEVILLE-MÉZIÈRES
Aouste
La Rue-du-Moulin
La Houssoie
La Reupette
La Hérissonnerie
La Croix-d'Aouste
Liart
La Cereau
Le Maipas
Logny-Bogny
Cernion
Puits d'Audry
Rouvroy-s-Audry
Wartigny
Ham-les-Moines
Bolmont
La Mal Campée
Étion
Montcy-St-Pierre
Aiglemont
Abbe de Bonnefontaine
Les Pts Cailloux
Servion
Villaine
Remilly-les-Pothées
Hardoncelle
La Grève
Haudrecy
Belval
Warcq
Montcy-N.-D.
St-Laurent
La Férée
Htes-Bruyères
Les Hénaux
Les Bonnomets
Aubigny-les-Pothées
Vaux-Villaine
Neufmaison
Giraumont
Sury
St-Marcel
Prix-lès-M.
Le Theux
Romery
Ville-sur-Lumes
Lépron-les-Vallées
Clavy-Warby
This
Mohon
Villers-Semeuse
La Viotte
Le Bois-des-Haies
Marlemont
Fontaine-Olive
Malgrétout
Sept-Fontaines (Ancne Abbe)
La Guinguette
Le Faluel
Neuville-lès-This
Fagnon
La Francheville
Lumes
Le Fréty
Cornaux
La Saboterie
Les Vallées
Warby
Forge-Maillard
Warnécourt
Évigny
Thiéry-Pré
Fief-d'Arlois
St-Jean-aux-Bois
Maranwez
Thin-le-Moutier
Forêt de Froidmont
Ecogne
Mondigny
St-Ponce
Les Ayvelles
Elaire
Le Beau Séjour
Le Suberteaux
Grande Forêt
La Fosse-au-Mortier
Gruyères
Clefaye
St-Marceau
Chalandry-Elaire
Flize
Les Duizettes
La Rue-Giboudelle
La Verrerie
Librecy
Signy-l'Abbaye
La Vaux Gravier
Champigneul-s-Vence
St-Pierre-s-Vence
Boulzicourt
Étrépigny
Dom-le-Mesnil
Boutancourt
Montmeillant
La Vénerie
Courcelles
Les Corbeaux
Guignicourt-s-Vence
Hocmont
Yvernaumont
Balaives-et-Butz
Maimby
La Besace
La Fosse-à-l'Eau
Bellevue
Rocquigny
La Romagne
Sous-les-Faux
Rogiville
Bois d'Angecourt
Dommery
Jandun
Touligny
Villers-le-Mont
Butz
La Rosière
Les Fondys
Le Faurigault
La Platte-Pierre
Barbaise
Élan
St-Roger
Mauroy
Pagan
Gauditout
Lalobbe
La Sauge-aux-Bois
Forêt de Mortier
Hameuzy
Launois-s-Vence
Raillicourt
Montigny-s-Vence
Poix-Terron
Forêt d'Élan
Chaumont-Porcien
Draize
La Neuville-lès-Wasigny
La Pte Guinguette
Les Tavernes
Naugerin
Terron-lès-Poix
Singly
Villers-le-Tilleul
Givron
Bégny
Grandchamp
Les Forges
Fosse-Mouillée
La Crête
St-Berthould
Adon
Wagnon
Le Parlier
Le Ronceau
Viel-St-Remy
La Bascule
La Horgne
Les Trois-Maisons
Les Poursaudes
Logny-lès-Chaumont
Wasigny
Neuvizy
Camp militaire
La Crête-Mouton
Ste-Olive
Doumely-Bégny
Maheru
Margy
Villers-le-Tourneur
Harzillemont
Beauvois
Herbigny
Mesmont
Les Haies
Faissault
Hagnicourt
Buissonwé
Les Hauts-Chemins
Mazerny
Terron-lès-Vendresse
Chappes
Justine-Herbigny
Beaumont-en-Aviotte
Novion-Porcien
Saulces-aux-Tournelles
Le Pas
Baâlons
Omont
Mont Damion
Remaucourt
Le Pavé
Silo
Hauteville
Provizy
Machéroménil
Puiseux
Wignicourt
St-Loup-Terrier
La Naux-d'Huy
Bouvellemont
Flay
Son
Sery
La Malmaison
Corny-Machéroménil
Vaux-Montreuil
Terrier
Jonval
Chagny
Dyonne
Saulces-Monclin
Monclin
Chesnois-Auboncourt
Auboncourt
Le Plain
Guincourt
Louvergny
St-Fergeux
Thorin
Vauzelles
La Saintinerie
Marquigny
L'Anerie
Inaumont
Arnicourt
Aubencourt-Vauzelles
Sorcy-Bauthémont
Les Normands
La Cour-des-Rois
Les Aisements
La Sabotterie
Écly
Le Pt Ban
Le Pré-Boulet
Tourteron
Château-Porcien
Sorbon
Faux
Bauthémont
Lucquy
Bertoncourt
Le Pont-d'Arcole
Novy-Chevrières
Écordal
Lametz
Longwé
Le Chesne
Taizy
Barby
Aisne
Rethel
Allanc Huy-et-Sausseuil
Suzanne
St-Lambert-et-Mont-de-Jeux
Mont-de-Jeux
Day
Montgon
Nanteuil-s-Aisne
Pargny
Doux
Coucy
Charbogne
Neuville-Day
Bois du Chesne
Ardennes
Sausseuil
Resson
Acy-Romance
N 51
N 43
E 44
A 34
E 46
D 8043
D 978
D 985
D 946
D 988
D 989
D 8051
D 31
D 991
D 27
D 30

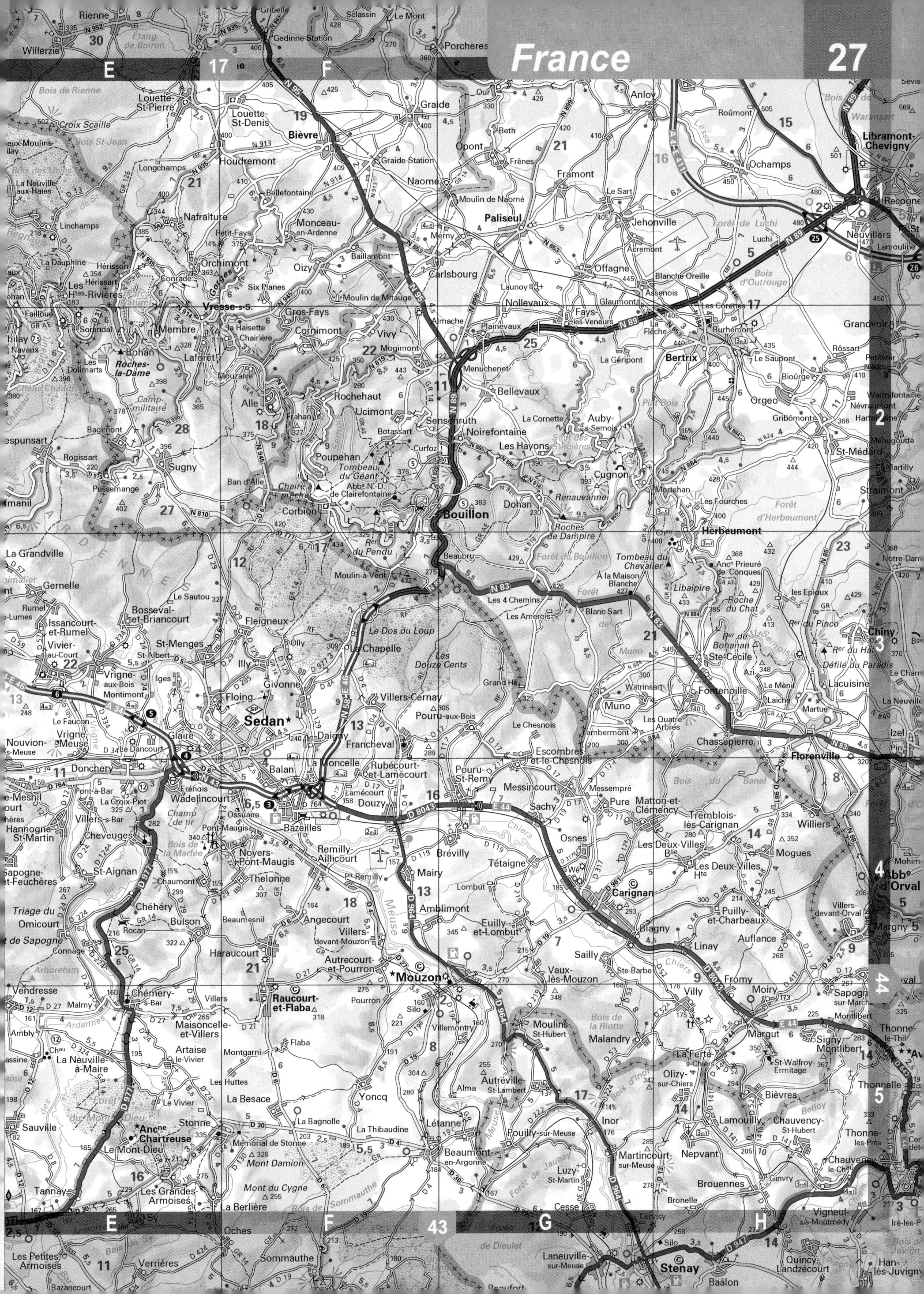

Rienne
Willerzie
Étang de Boiron
Gedinne-Station
Porcheres
Louette-St-Pierre
Louette-St-Denis
Bièvre
Graide
Croix Scaille
Houdremont
Opont
Framont
Ochamps
Libramont-Chevigny
Longchamps
Graide-Station
Naome
Paliseul
Recogne
Nafraiture
Bellefontaine
Monceau-en-Ardenne
Jehonville
Neuvillers
Linchamps
Orchimont
Oizy
Carlsbourg
Offagne
Blanche Oreille
Bois d'Outrouge
Les Hautes-Rivières
Vresse-s-S.
Nollevaux
Gros-Fays
Fays-les-Veneurs
Membre
Cornimont
Vivy
Bertrix
Grandvoir
Bohan
Laforêt
Mogimont
Menuchenet
Roches-la-Dame
Alle
Rochehaut
Bellevaux
Orgeo
Camp militaire
Ucimont
Sensenruth
Auby-s-Semois
Noirefontaine
Les Hayons
St-Médard
Bagimont
Poupehan
Sugny
Tombeau du Géant
Cugnon
Mortehan
Straimont
Corbion
Bouillon
Dohan
Herbeumont
Roches de Dampire
Forêt d'Herbeumont
La Grandville
Rocher du Pendu
Beaubru
Forêt de Bouillon
Tombeau du Chevalier
Gernelle
Forêt de Sedan
Moulin-à-Vent
Les 4 Chemins
Bosseval-et-Briancourt
Fleigneux
Le Dos du Loup
Chiny
Issancourt-et-Rumel
La Chapelle
Les Douze Cents
Muno
Ste-Cécile
Vivier-au-Court
St-Menges
Illy
Lacuisine
Vrigne-aux-Bois
Givonne
Floing
Villers-Cernay
Fontenoille
Sedan
Pouru-aux-Bois
Glaire
Daigny
Francheval
Chassepierre
Florenville
Nouvion-s-Meuse
Vrigne-Meuse
Donchery
Balan
La Moncelle
Rubécourt-et-Lamécourt
Pouru-St-Remy
Escombres-et-le-Chesnois
Messincourt
Wadelincourt
Bazeilles
Douzy
Sachy
Matton-et-Clémency
Tremblois-lès-Carignan
Williers
Villers-s-Bar
Cheveuges
Noyers-Pont-Maugis
Remilly-Aillicourt
Brévilly
Osnes
Les Deux-Villes
Mogues
Hannogne-St-Martin
St-Aignan
Thelonne
Mairy
Tétaigne
Carignan
Abbaye d'Orval
Chéhéry
Bulson
Angecourt
Amblimont
Euilly-et-Lombut
Pouilly-et-Charbeaux
Villers-devant-Orval
Villers-devant-Mouzon
Blagny
Auflance
Margny
Haraucourt
Sailly
Linay
Autrecourt-et-Pourron
Mouzon
Vaux-lès-Mouzon
Fromy
Vendresse
Chémery-s-Bar
Raucourt-et-Flaba
Moulins-St-Hubert
Villy
Moiry
Sapogne-sur-Marche
Maisoncelle-et-Villers
Malandry
Margut
Signy-Montlibert
Thonne-le-Thil
La Neuville-à-Maire
Flaba
La Ferté-s-Chiers
St-Walfroy-Ermitage
Autréville-St-Lambert
Olizy-sur-Chiers
Thonnelle
Bièvres
Sauville
La Besace
Yoncq
Létanne
Inor
Lamouilly
Chauvency-St-Hubert
Stonne
Pouilly-sur-Meuse
Chartreuse
Le Mont-Dieu
Mont Damion
Beaumont-en-Argonne
Martincourt-sur-Meuse
Nepvant
Chauvency-le-Château
Mont du Cygne
Luzy-St-Martin
Brouennes
Tannay
Les Grandes-Armoises
La Berlière
Cesse
Vigneul-s/s-Montmédy
Oches
Laneuville-sur-Meuse
Stenay
Quincy-Landzécourt
Les Petites-Armoises
Verrières
Sommauthe
Bazancourt
Baâlon
E
F
G
H
17
43
44

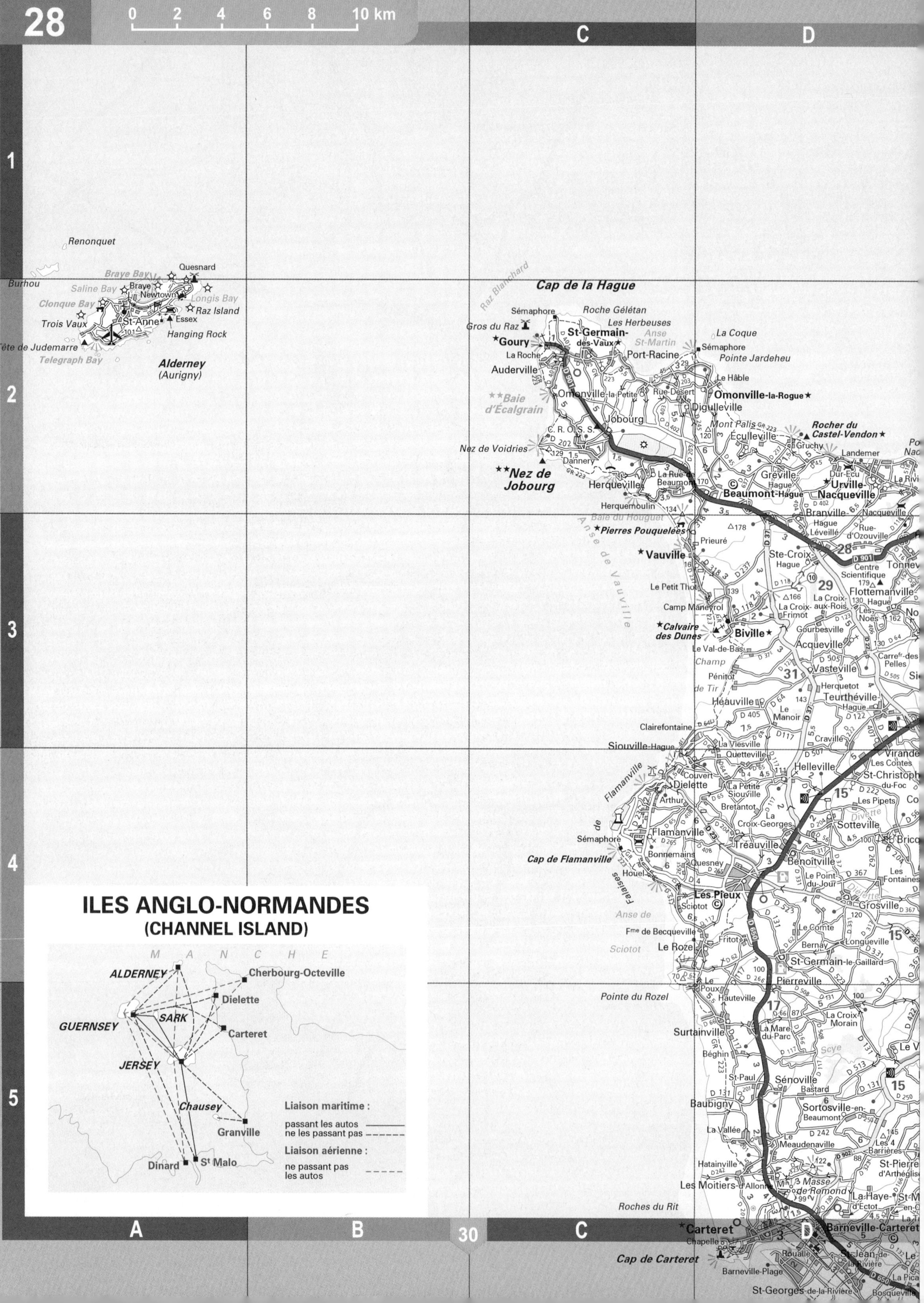

0 2 4 6 8 10 km
A
B
C
D
1
2
3
4
5
Renonquet
Burhou
Braye Bay
Quesnard
Saline Bay
Braye
Newtown
Clonque Bay
Longis Bay
Raz Island
Trois Vaux
St-Anne
Essex
Hanging Rock
Tête de Judemarre
Telegraph Bay
Alderney
(Aurigny)
Cap de la Hague
Raz Blanchard
Sémaphore
Roche Gélétan
Les Herbeuses
Gros du Raz
Goury
St-Germain-des-Vaux
Anse St-Martin
La Coque
Sémaphore
Pointe Jardeheu
La Roche
Port-Racine
Auderville
Le Hâble
Omonville-la-Petite
Rue-Désert
Omonville-la-Rogue
Baie d'Écalgrain
Digulleville
Jobourg
Mont Palis
Rocher du Castel-Vendon
C. R. O. S. S.
Éculleville
Gruchy
Nez de Voidries
Dannery
Landemer
Nez de Jobourg
La Rue-de-Beaumont
Greville-Hague
Dur-Ecu
Urville-Nacqueville
Herqueville
Beaumont-Hague
Herquemoulin
Baie du Houguet
Branville-Hague
Nacqueville
Pierres Pouquelées
Anse de Vauville
Léveillé
Rue-d'Ozouville
Prieuré
Vauville
Ste-Croix-Hague
Centre Scientifique
Tonneville
Le Petit Thot
Flottemanville
Camp Maneyrol
La Croix-Frimot
La Croix-aux-Rois
Hague
Les Noës
Calvaire des Dunes
Biville
Gourbesville
Le Val-de-Bas
Acqueville
Champ de Tir
Vasteville
Carrefr-des Pelles
Pénitot
Herquetot
Héauville
Teurthéville-Hague
Le Manoir
Clairefontaine
Craville
Siouville-Hague
La Viesville
Quetteville
Virandeville
Les Contes
Flamanville
Sémaphore
Couvert
Diélette
Helleville
St-Christophe-du-Foc
Arthur
La Petite Siouville
Les Pipets
Bretantot
La Croix-Georges
Sotteville
Flamanville
Divette
Bonnemains
Tréauville
Cap de Flamanville
Quesney
Benoîtville
Le Point-du-Jour
Falaises
Houel
Les Fontaines
Les Pieux
Sciotot
Grosville
Anse de Sciotot
Fme de Becqueville
Le Comte
Le Rozel
Fritot
Bernay
Longueville
St-Germain-le-Gaillard
Pierreville
Pointe du Rozel
Le Poux
Hauteville
La Croix-Morain
Surtainville
La Mare-du-Parc
Béghin
Scye
St-Paul
Sénoville
Bastard
Baubigny
Sortosville-en-Beaumont
La Vallée
Le Meaudenaville
Les 4 Barrières
Hatainville
St-Pierre-d'Arthéglise
Les Moitiers-d'Allonne
Masse de Rômond
La Haye-d'Ectot
Roches du Rit
Carteret
Barneville-Carteret
Chapelle
Cap de Carteret
Rouaille
St-Jean-de-la-Rivière
Barneville-Plage
St-Georges-de-la-Rivière
La Picauville
Bosqueville
ILES ANGLO-NORMANDES
(CHANNEL ISLAND)
MANCHE
ALDERNEY
Cherbourg-Octeville
Dielette
GUERNSEY
SARK
Carteret
JERSEY
Chausey
Granville
Dinard
St Malo
Liaison maritime :
passant les autos
ne les passant pas
Liaison aérienne :
ne passant pas les autos

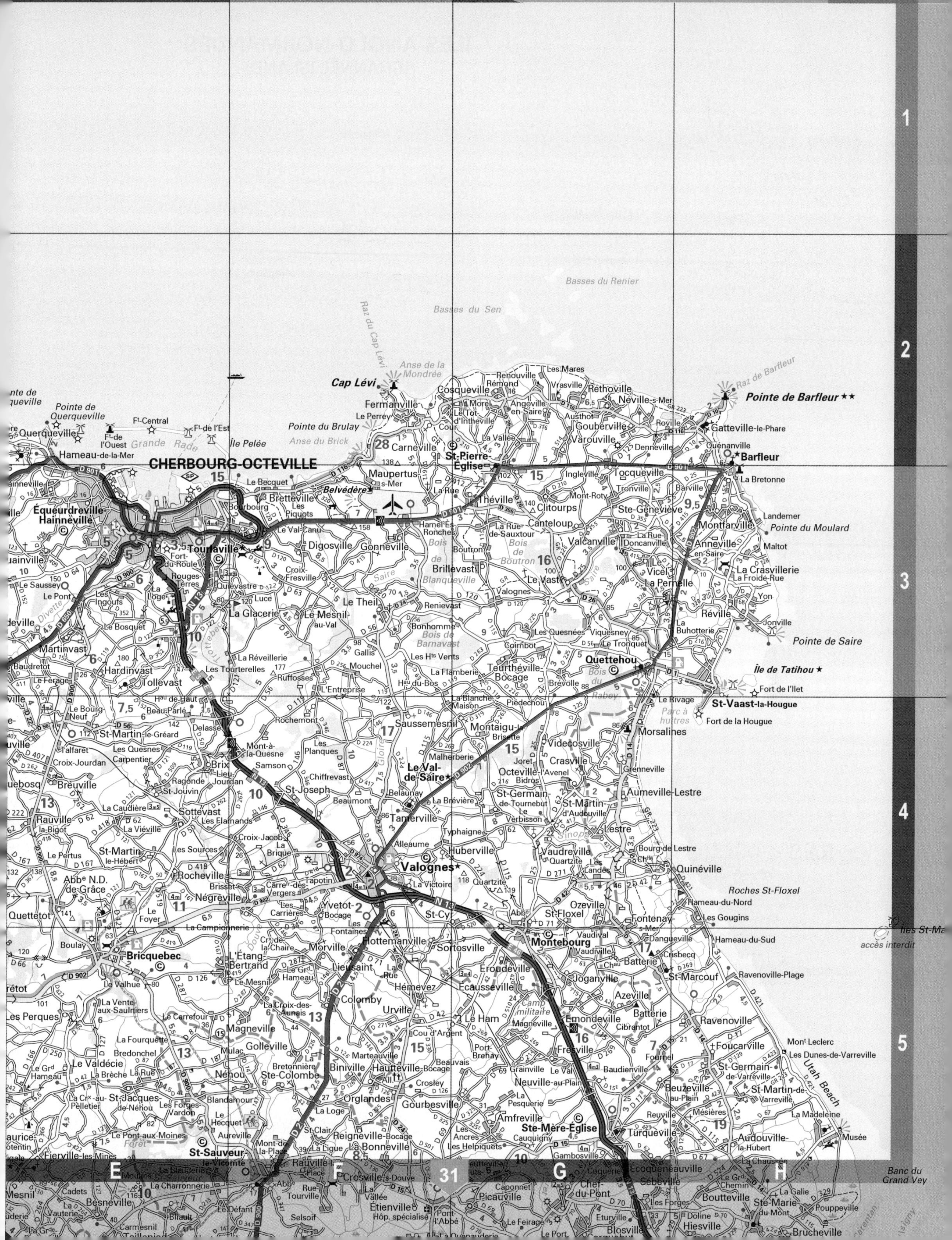
E
F
G
H
1
2
3
4
5
31
Basses du Renier
Basses du Sen
Raz du Cap Lévi
Anse de la Mondrée
Cap Lévi
Raz de Barfleur
Pointe de Barfleur ★★
Pointe de Querqueville
Pointe du Brulay
Anse du Brick
Grande Rade
Île Pelée
CHERBOURG-OCTEVILLE
Querqueville
Hameau-de-la-Mer
Équeurdreville-Hainneville
Tourlaville
Fermanville
Cosqueville
Carneville
Maupertus-s-Mer
St-Pierre-Église
Belvédère
Théville
Gatteville-le-Phare
Barfleur
Gouberville
Néville-s-Mer
Réthoville
Varouville
Tocqueville
Ste-Geneviève
Montfarville
Anneville-en-Saire
La Crasvillerie
Landemer
Pointe du Moulard
Maltot
Réville
Jonville
Pointe de Saire
Île de Tatihou ★
Fort de l'Ilet
St-Vaast-la-Hougue
Fort de la Hougue
Quettehou
Canteloup
Clitourps
Valcanville
Le Vicel
La Pernelle
Brillevast
Bois de Boutron
Bois de Barnavast
Le Theil
Gonneville
Digosville
La Glacerie
Le Mesnil-au-Val
Martinvast
Hardinvast
Tollevast
Teurthéville-Bocage
Saussemesnil
Le Val-de-Saire ★
Montaigu-la-Brisette
Morsalines
Videcosville
Crasville
Octeville-l'Avenel
Aumeville-Lestre
St-Martin-d'Audouville
Lestre
Quinéville
Roches St-Floxel
Hameau-du-Nord
Les Gougins
Fontenay-s-Mer
St-Floxel
Ozeville
Montebourg
Valognes ★
Tamerville
Huberville
Brix
Sottevast
St-Joseph
Rauville-la-Bigot
Breuville
St-Martin-le-Gréard
St-Martin-le-Hébert
Rocheville
Négreville
Abbe N.D. de Grâce
Quettetot
Bricquebec
L'Étang-Bertrand
Morville
Yvetot-Bocage
Flottemanville
Sortosville
Lieusaint
Hémevez
Colomby
Urville
Écausseville
Éroudeville
Joganville
Azeville
St-Marcouf
Ravenoville-Plage
Ravenoville
Émondeville
Fresville
Foucarville
Les Dunes-de-Varreville
Utah Beach
St-Germain-de-Varreville
St-Martin-de-Varreville
Turqueville
Ste-Mère-Église
Audouville-la-Hubert
La Madeleine
Musée
Amfreville
Neuville-au-Plain
Gourbesville
Orglandes
Hautteville-Bocage
Biniville
Golleville
Ste-Colombe
Magneville
Néhou
St-Jacques-de-Néhou
Le Valdécie
St-Sauveur-le-Vicomte
Reigneville-Bocage
La Bonneville
Fierville-les-Mines
Crosville-s-Douve
Étienville
Picauville
Chef-du-Pont
Écoquenéauville
Sébeville
Boutteville
Ste-Marie-du-Mont
Brucheville
Pouppeville
Banc du Grand Vey
Besneville
Blosville
Hiesville
Îles St-Marcouf
accès interdit

0 2 4 6 8 10 km

# ILES ANGLO-NORMANDES
## (CHANNEL ISLAND)

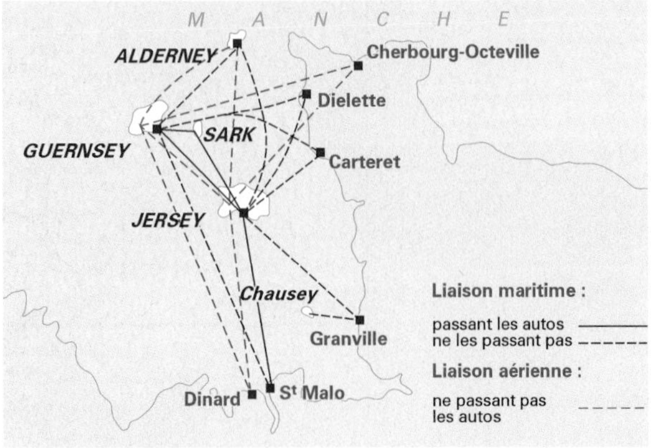
M A N C H E
ALDERNEY
Cherbourg-Octeville
Dielette
GUERNSEY
SARK
Carteret
JERSEY
Chausey
Granville
Dinard
St Malo
Liaison maritime :
passant les autos
ne les passant pas
Liaison aérienne :
ne passant pas les autos

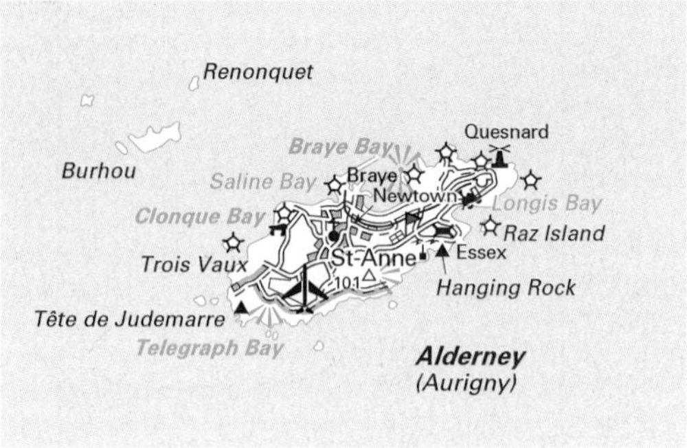
Renonquet
Burhou
Braye Bay
Quesnard
Saline Bay
Braye
Newtown
Longis Bay
Clonque Bay
Raz Island
Essex
Trois Vaux
St-Anne
Hanging Rock
Tête de Judemarre
Telegraph Bay
Alderney
(Aurigny)

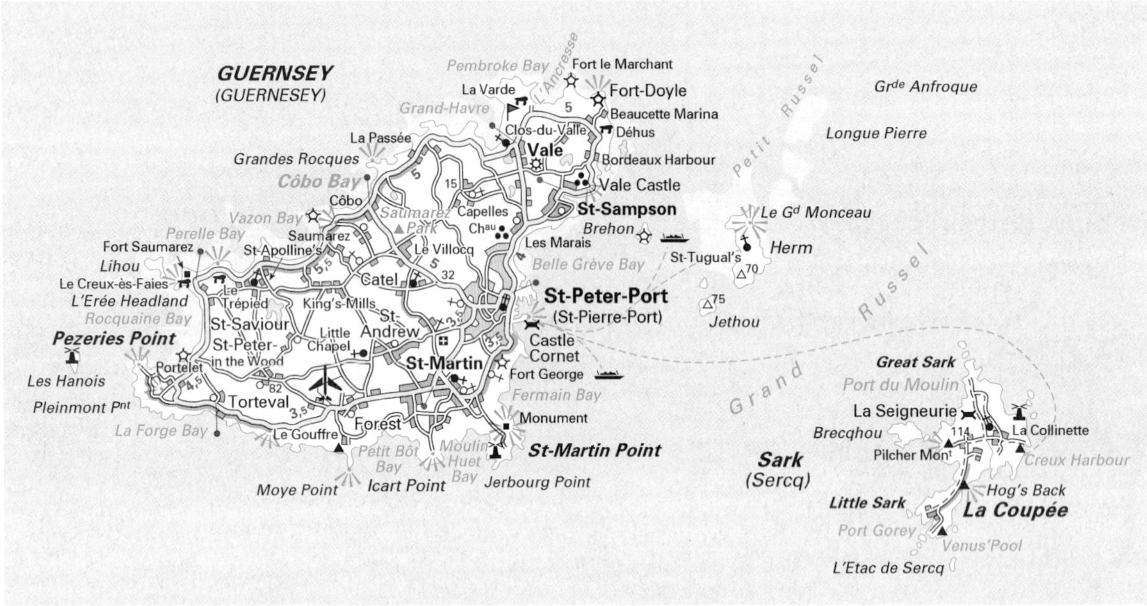
GUERNSEY
(GUERNESEY)
Pembroke Bay
Fort le Marchant
La Varde
Fort-Doyle
Grand-Havre
Beaucette Marina
La Passée
Clos-du-Valle
Déhus
Grandes Rocques
Vale
Bordeaux Harbour
Côbo Bay
Vale Castle
Côbo
Saumarez Park
Capelles
St-Sampson
Vazon Bay
Chau
Brehon
Perelle Bay
Saumarez
Les Marais
Fort Saumarez
St-Apolline's
Le Villocq
Belle Grève Bay
Lihou
Catel
Le Creux-ès-Faies
St-Peter-Port
(St-Pierre-Port)
L'Erée Headland
Le Trépied
King's-Mills
St-Andrew
Rocquaine Bay
St-Saviour
Little Chapel
Castle Cornet
Pezeries Point
St-Peter-in the Wood
St-Martin
Fort George
Portelet
Les Hanois
Torteval
Fermain Bay
Pleinmont Pnt
Forest
Monument
La Forge Bay
Le Gouffre
Petit Bôt Bay
Moulin Huet Bay
St-Martin Point
Moye Point
Icart Point
Jerbourg Point
Grde Anfroque
Longue Pierre
Petit Russel
Le Gd Monceau
Herm
St-Tugual's
Jethou
Grand Russel
Great Sark
Port du Moulin
La Seigneurie
La Collinette
Brecqhou
Pilcher Mont
Creux Harbour
Sark
(Sercq)
Hog's Back
Little Sark
La Coupée
Port Gorey
Venus'Pool
L'Etac de Sercq

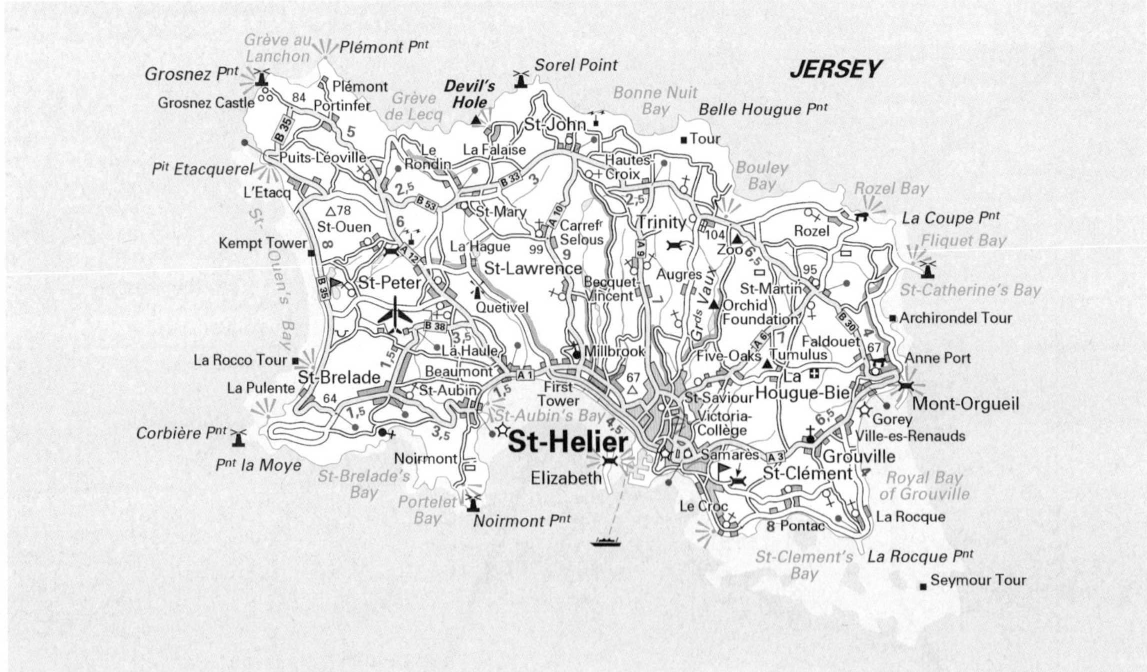
Grève au Lanchon
Plémont Pnt
Sorel Point
JERSEY
Grosnez Pnt
Plémont
Devil's Hole
Bonne Nuit Bay
Grosnez Castle
Portinfer
Grève de Lecq
St-John
Belle Hougue Pnt
Tour
Pit Etacquerel
Puits-Léoville
Le Rondin
La Falaise
Hautes-Croix
Bouley Bay
L'Etacq
St-Mary
Rozel Bay
St-Ouen
Carref Selous
Trinity
La Coupe Pnt
Rozel
Kempt Tower
La Hague
Zoo
Fliquet Bay
St-Lawrence
Becquet-Vincent
Augrès
St-Ouen's Bay
St-Peter
St-Martin
St-Catherine's Bay
Quetivel
Orchid Foundation
Archirondel Tour
La Haule
Millbrook
Faldouet
La Rocco Tour
St-Brelade
Beaumont
Five-Oaks
Tumulus
Anne Port
La Pulente
St-Aubin
First Tower
St-Saviour
La Hougue-Bie
Mont-Orgueil
St-Aubin's Bay
Victoria-College
Gorey
Corbière Pnt
Ville-ès-Renauds
St-Helier
Samarès
Grouville
Pnt la Moye
Noirmont
St-Clément
St-Brelade's Bay
Elizabeth
Royal Bay of Grouville
Portelet Bay
Le Croc
Noirmont Pnt
Pontac
La Rocque
St-Clement's Bay
La Rocque Pnt
Seymour Tour

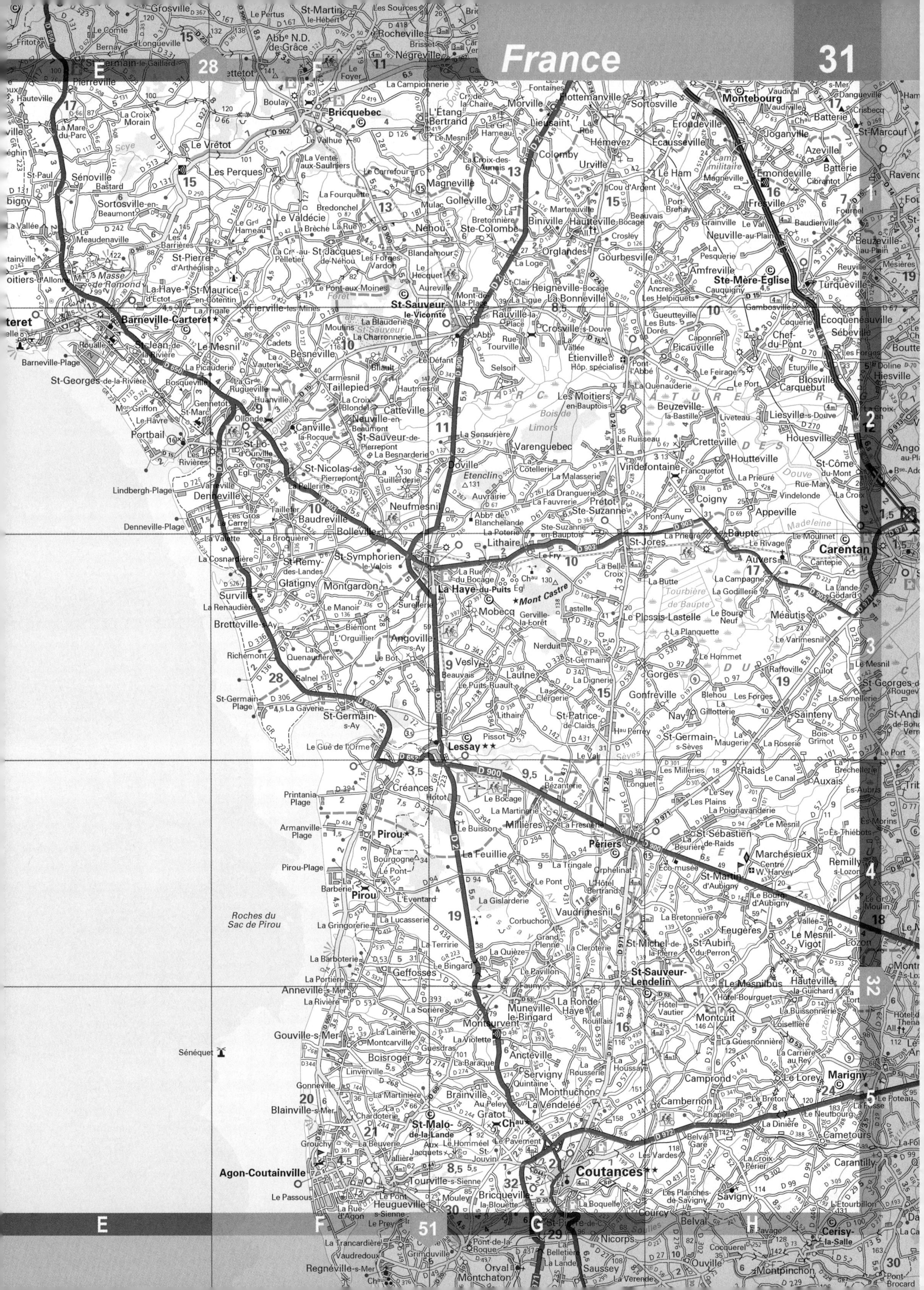
Bricquebec
Montebourg
Ste-Mère-Eglise
St-Sauveur-le-Vicomte
Barneville-Carteret
Barneville-Plage
St-Georges-de-la-Rivière
Portbail
Lindbergh-Plage
Denneville
Denneville-Plage
Carentan
La Haye-du-Puits
Mont Castre
Lessay
Créances
Pirou
Pirou-Plage
Roches du Sac de Pirou
Périers
Marchésieux
St-Sauveur-Lendelin
Gouville-s-Mer
Sénéquet
Blainville-s-Mer
Agon-Coutainville
St-Malo-de-la-Lande
Coutances
Marigny
Cerisy-la-Salle
Regnéville-s-Mer
Montchaton
Orval
Hambye
Valognes
Sortosville-en-Beaumont
St-Pierre-d'Arthéglise
La Haye-d'Ectot
St-Maurice-en-Cotentin
Le Vrétot
Les Perques
Sénoville
Magneville
Golleville
Néhou
Ste-Colombe
Orglandes
Picauville
Chef-du-Pont
Carquebut
Blosville
Liesville-s-Douve
Houesville
St-Côme-du-Mont
Baupte
Auvers
St-Jores
Prétot-Ste-Suzanne
Varenguebec
Doville
Neufmesnil
Bolleville
Baudreville
St-Symphorien-le-Valois
St-Remy-des-Landes
Glatigny
Montgardon
Surville
Bretteville-s-Ay
Angoville-s-Ay
St-Germain-s-Ay
St-Germain-Plage
Vesly
Laulne
Gorges
Gonfreville
Nay
Sainteny
Auxais
Raids
St-Germain-s-Sèves
Millières
Feugères
Vaudrimesnil
St-Michel-de-la-Pierre
St-Aubin-du-Perron
Geffosses
Anneville-s-Mer
Muneville-le-Bingard
Montsurvent
Ancteville
Servigny
Brainville
Gratot
Cambernon
Camprond
Montcuit
Hauteville-la-Guichard
Savigny
Tourville-s-Sienne
Heugueville-s-Sienne
Bricqueville-la-Blouette
Nicorps
Saussey
Courcy
Belval
E
F
G
H
28
51
32
1
2
3
4
5
D 900
D 2
D 650
D 903
D 971
D 972

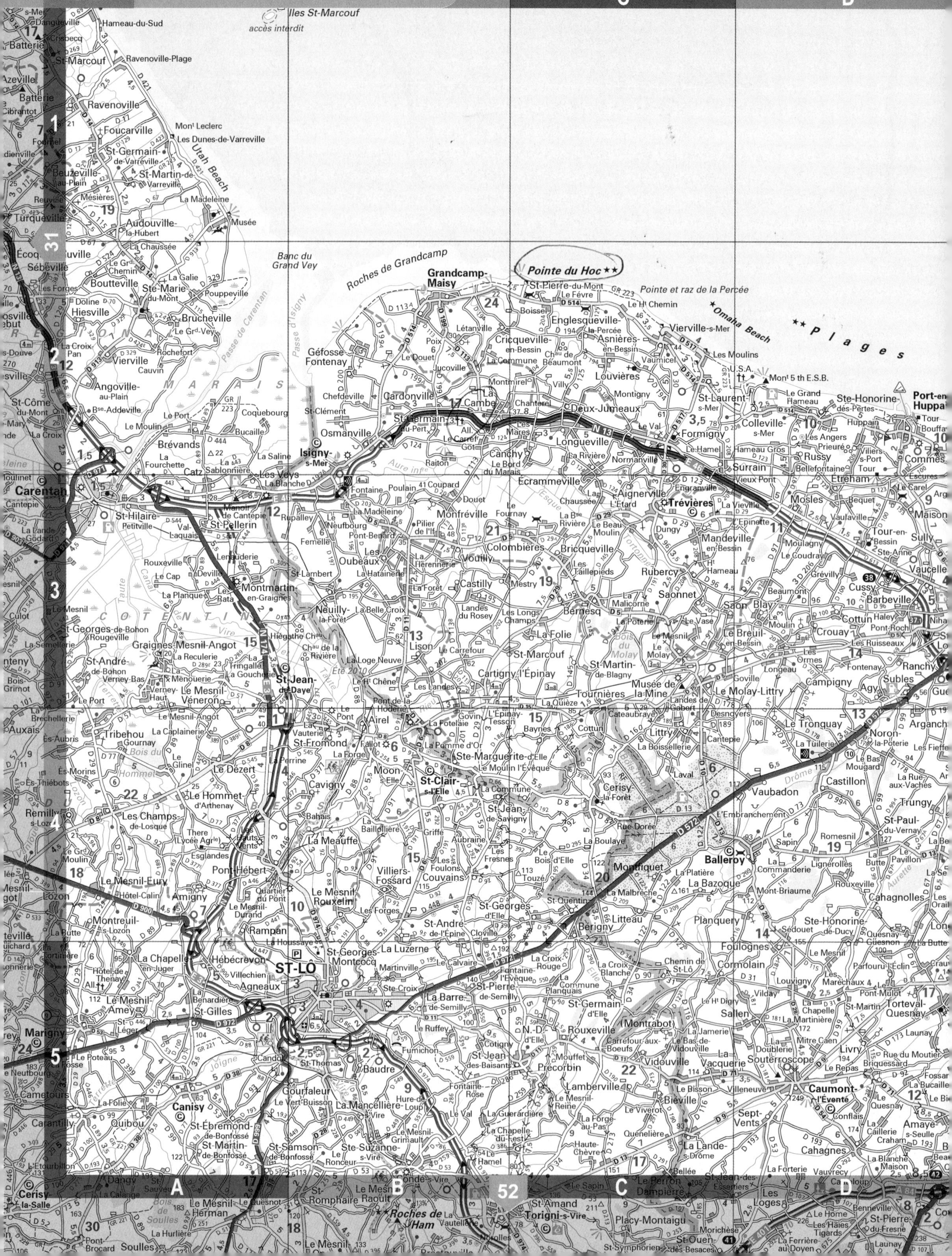
0 2 4 6 8 10 km
C
D
A
B
52
Iles St-Marcouf
accès interdit
Ravenoville-Plage
Ravenoville
Foucarville
St-Germain-de-Varreville
St-Martin-de-Varreville
Les Dunes-de-Varreville
Utah Beach
La Madeleine
Musée
Audouville-la-Hubert
Ste-Marie-du-Mont
Pouppeville
Brucheville
Hiesville
Vierville
Angoville-au-Plain
Banc du Grand Vey
Roches de Grandcamp
Passe de Carentan
Passe d'Isigny
Grandcamp-Maisy
Pointe du Hoc
St-Pierre-du-Mont
Pointe et raz de la Percée
Omaha Beach
Plages
Englesqueville-la-Percée
Vierville-s-Mer
Les Moulins
Asnières-en-Bessin
Cricqueville-en-Bessin
Géfosse-Fontenay
Louvières
St-Laurent-s-Mer
Colleville-s-Mer
Ste-Honorine-des-Pertes
Port-en-Bessin-Huppain
Cardonville
Osmanville
Isigny-s-Mer
Cambe
Deux-Jumeaux
Longueville
Formigny
Russy
Commes
Carentan
St-Hilaire-Petitville
St-Pellerin
Les Veys
Brévands
Catz
Monfréville
Colombières
Écrammeville
Aignerville
Trévières
Mosles
Tour-en-Bessin
Sully
Vaucelles
Mandeville-en-Bessin
Bricqueville
Rubercy
Saonnet
Cussy
Barbeville
Montmartin-en-Graignes
Graignes-Mesnil-Angot
St-André-de-Bohon
St-Georges-de-Bohon
Neuilly-la-Forêt
Castilly
Lison
Bernesq
La Folie
St-Marcouf
Cartigny-l'Épinay
St-Martin-de-Blagny
Tournières
Le Molay-Littry
Le Breuil-en-Bessin
Campigny
Agy
Subles
Ranchy
St-Jean-de-Daye
Le Mesnil-Véneron
Tribehou
Airel
St-Fromond
Ste-Marguerite-d'Elle
Littry
Cerisy-la-Forêt
Le Tronquay
Noron-la-Poterie
Castillon
Vaubadon
Trungy
St-Paul-du-Vernay
Le Dézert
Le Hommet-d'Arthenay
Cavigny
St-Clair-s-l'Elle
St-Jean-de-Savigny
Les Champs-de-Losque
La Meauffe
Pont-Hébert
Villiers-Fossard
Couvains
Montfiquet
Balleroy
La Bazoque
Le Mesnil-Eury
Amigny
Le Mesnil-Rouxelin
St-Georges-d'Elle
Bérigny
Litteau
Planquery
Cahagnolles
Montreuil-s-Lozon
Rampan
St-André-de-l'Épine
Ste-Honorine-de-Ducy
La Chapelle-en-Juger
Hébécrevon
ST-LÔ
St-Georges-Montcocq
La Luzerne
Foulognes
Cormolain
Agneaux
St-Gilles
La Barre-de-Semilly
St-Pierre-de-Semilly
St-Germain-d'Elle
Sallen
Torteval-Quesnay
Le Mesnil-Amey
Marigny
Baudre
N.-D.-d'Elle
Rouxeville
Vidouville
La Vacquerie
Souterroscope
Caumont-l'Éventé
Livry
Canisy
Gourfaleur
La Mancellière-s-Vire
St-Jean-des-Baisants
Precorbin
Lamberville
Bieville
Sept-Vents
Amaye-s-Seulles
Quibou
St-Ébremond-de-Bonfossé
St-Martin-de-Bonfossé
St-Samson-de-Bonfossé
Ste-Suzanne-s-Vire
La Lande-s-Drôme
Cahagnes
Cerisy-la-Salle
Le Mesnil-Herman
St-Romphaire
Condé-s-Vire
St-Amand
Torigni-s-Vire
Placy-Montaigu
Dampierre
Les Loges
St-Pierre-du-Fresne
Roches de Ham
St-Ouen-des-Besaces
Pont-Brocard
Soulles
Le Mesnil-Raoult
Le Perron

E
F
G
H
1
2
3
4
5
du
Débarquement
Gold Beach
Juno Beach
Sword Beach
Rade de Caen
Arromanches-les-Bains
Cap Manvieux
Longues-s-Mer
Manvieux
St-Côme-de-Fresné
Asnelles
Courseulles-s-Mer
St Aubin-s-Mer
Langrune-s-Mer
Luc-s-Mer
Petit-Enfer
Lion-s-Mer
La Brèche-d'Hermanville
Colleville-Montgomery-Plage
Riva-Bella
Ouistreham
Merville-Franceville-Plage
BAYEUX
Ryes
Creully
Douvres-la-Délivrande
Hermanville-s-Mer
Colleville-Montgomery
Bénouville
Hérouville-St-Clair
CAEN
Mondeville
Carpiquet
Tilly-s-Seulles
Villers-Bocage
Évrecy
Bourguébus
Troarn
Ifs
Cormelles-le-Royal
Fleury-s-O.
Louvigny
Verson
Bretteville-s-Odon
St-Germain-la-Bl.-Herbe
Thaon
Anisy
Cairon
Rots
Authie
Cheux
Mouen
Vieux
Maltot
Bully
May-s-O.
Rocquancourt
Soliers
Hubert-Folie
Grentheville
Cagny
Frénouville
Émiéville
Argences
Vimont
Chicheboville
Bellengreville
Garcelles-Secqueville
Conteville
St-Aignan-de-Cramesnil
Poussy-la-Campagne
Fierville-Bray
Bretteville-s-Laize
Gouvix
Cintheaux
St-Sylvain
Cauvicourt
Boulon
St-Laurent-de-Condel
Grimbosq
Trois-Monts
Montigny
Goupillières
Bauquay
St-Georges-d'Aunay
Maisoncelles-Pelvey
Épinay-s-Odon
Landes-s-Ajon
Parfouru-s-Odon
Noyers-Bocage
Juvigny-s-Seulles
Fontenay-le-Pesnel
Audrieu
Cristot
Brouay
Putot-en-Bessin
Norrey-en-Bessin
Bretteville-l'Orgueilleuse
Loucelles
Ste-Croix-Grd-Tonne
Ducy-Ste-Marguerite
Carcagny
Ellon
Conde-s-Seulles
Juaye-Mondaye
Chouain
Sommervieu
St-Vigor-le-Grd
Esquay
Vaux-s-Aure
Magny-en-Bessin
Tracy-s-Mer
Meuvaines
Crépon
Bazenville
Villiers-le-Sec
Tierceville
Colombiers-s-Seulles
Reviers
Amblie
Banville
Ste-Croix-s-Mer
Graye-s-Mer
Ver-s-Mer
Bernières-s-Mer
Tailleville
La Délivrande
Cresserons
Plumetot
Périers-s-le-Dan
Mathieu
Biéville-Beuville
Blainville-s-Orne
Épron
Cambes-en-Plaine
Villons-les-Buissons
Colomby-s-Thaon
Basly
Anguerny
Fontaine-Henry
Le Fresne-Camilly
Lantheuil
Coulombs
Vaux-s-S.
Martragny
St-Gabriel-Brécy
Prieuré
Le Manoir
Ranville
Bréville-les-Monts
Amfreville
Sallenelles
Gonneville-en-Auge
Varaville
Petiville
Bavent
Hérouvillette
Escoville
Touffréville
Cuverville
Colombelles
Giberville
Sannerville
Démouville
Banneville-la-C.
St-Pair
Guillerville
Le Mesnil-Frémentel
Airan
Valmeray
Billy
Cesny-aux-Vignes
Bray-la-Campagne
Le Torps
Tilly-la-Campagne
Lorguichon
Fontenay-le-Marmion
Laize-la-Ville
Clinchamps-s-Orne
Amayé-s-Orne
Maizet
Ste-Honorine-du-Fay
Feuguerolles-Bully
St-André-s-Orne
Étavaux
Esquay-N.-D.
Avenay
Gavrus
Bougy
Baron-s-Odon
Mondrainville
Tourville-s-Odon
Fontaine-Étoupefour
Éterville
Grainville-s-Odon
Missy
Tournay-s-Odon
Le Locheur
Vacognes-Neuilly
Banneville-s-Ajon
Monts-en-Bessin
Tessel
Vendes
Hottot-les-Bagues
St-Vaast-s-Seulles
Lingèvres
Anctoville
Villy-Bocage
53
34

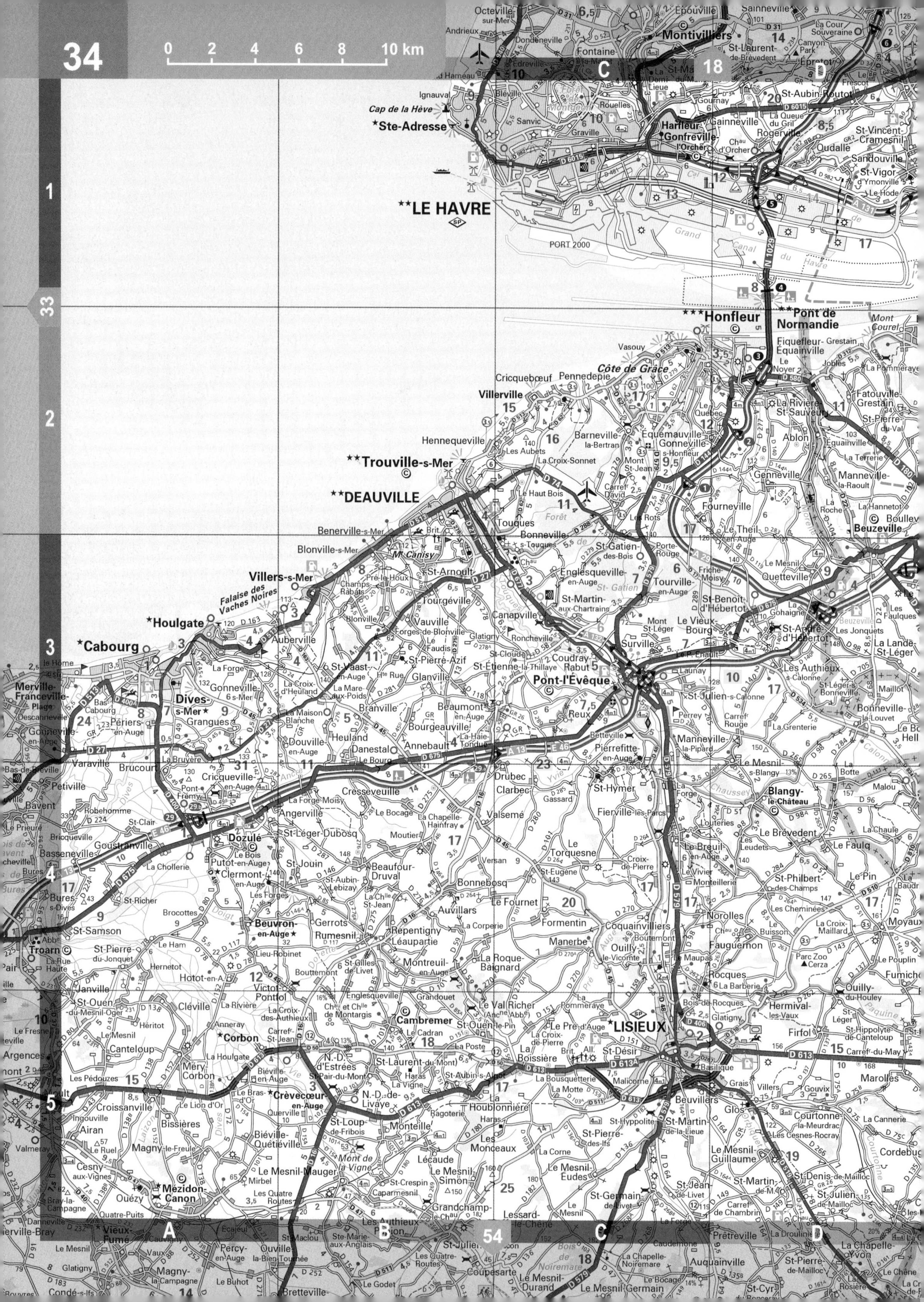
0 2 4 6 8 10 km
LE HAVRE
Ste-Adresse
Cap de la Hève
PORT 2000
Grand Canal du Havre
Octeville-sur-Mer
Montivilliers
Épouville
Harfleur
Gonfreville-l'Orcher
Sanvic
Graville
Bléville
Rouelles
Fontaine-la-Mallet
Gainneville
Rogerville
St-Aubin-Routot
Oudalle
Sandouville
St-Vigor-d'Ymonville
St-Vincent-Cramesnil
Épretot
Honfleur
Pont de Normandie
Côte de Grâce
Vasouy
Pennedepie
Cricquebœuf
Villerville
Hennequeville
Trouville-s-Mer
DEAUVILLE
Benerville-s-Mer
Blonville-s-Mer
Mt Canisy
Villers-s-Mer
Falaise des Vaches Noires
Houlgate
Cabourg
Dives-s-Mer
Merville-Franceville-Plage
Gonneville-en-Auge
Varaville
Petiville
Bavent
Robehomme
Troarn
Touques
St-Arnoult
Tourgéville
Canapville
Pont-l'Évêque
St-Gatien-des-Bois
Équemauville
Gonneville-s-Honfleur
Fiquefleur-Équainville
Beuzeville
Le Theil-en-Auge
Quetteville
Tourville-en-Auge
St-Benoît-d'Hébertot
St-André-d'Hébertot
Le Vieux-Bourg
Surville
Coudray-Rabut
Reux
Beaumont-en-Auge
Bourgeauville
Annebault
Danestal
Heuland
Branville
Glanville
St-Vaast-en-Auge
Auberville
Gonneville-s-Mer
Grangues
Périers-en-Auge
Brucourt
Cricqueville-en-Auge
Putot-en-Auge
Dozulé
Goustranville
Basseneville
Bures-s-Dives
St-Samson
Angerville
Cresseveuille
Drubec
Clarbec
St-Hymer
Pierrefitte-en-Auge
Blangy-le-Château
Manneville-la-Pipard
Le Brévedent
Le Faulq
Valsemé
Bonnebosq
Beaufour-Druval
St-Jouin
Clermont-en-Auge
Beuvron-en-Auge
Rumesnil
Léaupartie
Repentigny
Auvillars
Le Fournet
Formentin
Le Torquesne
Coquainvilliers
Ouilly-le-Vicomte
Norolles
Fauguernon
Rocques
Hermival-les-Vaux
Firfol
Ouilly-du-Houley
LISIEUX
St-Désir
La Boissière
Cambremer
Montreuil-en-Auge
La Roque-Baignard
Victot-Pontfol
Hotot-en-A.
Janville
Cléville
Corbon
Méry-Corbon
Canteloup
Croissanville
Crèvecœur-en-Auge
N.-D.-d'Estrées
St-Laurent-du-Mont
N.-D.-de-Livaye
St-Loup-de-Fribois
Bissières
Magny-le-Freule
Biéville-Quétiéville
Le Mesnil-Mauger
Lécaude
Le Mesnil-Simon
Les Monceaux
Le Mesnil-Eudes
St-Pierre-des-Ifs
St-Germain-de-Livet
St-Jean-de-Livet
St-Martin-de-la-Lieue
Beuvillers
Glos
Courtonne-la-Meurdrac
Le Mesnil-Guillaume
St-Martin-de-M.
Mézidon-Canon
Ouézy
Cesny-aux-Vignes
Airan
Grandchamp-le-Château
Lessard-et-le-Chêne
Vieux-Fumé
Percy-en-Auge
Magny-la-Campagne
St-Julien
Coupesarte
Le Mesnil-Durand
Le Mesnil-Germain
Auquainville
Prêtreville
St-Cyr
Marolles
Cordebugle
Moyaux
Le Pin
St-Philbert-des-Champs
Fumichon
A 13
A 29
A 131
A 132
N 1029
D 613
D 579
18
54
33
A B C D
1 2 3 4 5

Lillebonne
Tancarville
Pont de Tancarville
Quillebeuf-sur-Seine
Port-Jérôme
N.-D.-de-Gravenchon
Villequier
Vatteville-la-Rue
Pont de Brotonne
Caudebec-en-Caux
St-Wandrille-Rançon
Le Trait
Duclair
Jumièges
Yainville
Vieux-Port
Aizier
Trouville-la-Haule
Forêt de Brotonne
Parc Naturel Régional des Boucles de la Seine Normande
Marais-Vernier
Pointe de la Roque
Pont-Audemer
Bourneville
Routot
Bourg-Achard
Bosgouet
Montfort-s-Risle
Appeville-Annebault
Bourgtheroulde-Infreville
Cormeilles
St-Georges-du-Vièvre
Le Bec-Hellouin
Brionne
Harcourt
Le Neubourg
Thiberville
Bernay
Beaumont-le-Roger
Serquigny
Fontaine-la-Soret
Thibouville
Lieurey
Épaignes
St-Martin-de-Boscherville
Chau de Robert-le-Diable
Amfreville-la-Campagne
Champ de Bataille
Seine
A 13
A 28
E 402
D 613
D 675
D 982
E
F
G
H
19
36
55

0 2 4 6 8 10 km
ROUEN
Malaunay
Le Houlme
N.-D.-de-Bondeville
Maromme
Mont-St-Aignan
Bois-Guillaume
Bihorel
Darnétal
Canteleu
Le Pit Quevilly
Le Grd Quevilly
Petit-Couronne
Sotteville-lès-R.
St-Étienne-du-Rouvray
Grd-Couronne
Oissel
Elbeuf
Caudebec-lès-E.
St-Aubin-lès-E.
Cléon
Pont-de-l'Arche
Val-de-Reuil
Louviers
Gaillon
Les Andelys
Chau Gaillard
Fleury-s-Andelle
Boos
Bonsecours
Le Mesnil-Esnard
Martainville-Epreville
Pîtres
Côte des Deux Amants
Écluses
Roches de St-Adrien
Roches d'Orival
Chau de Robert-le-Diable
Abbe de Fontaine-Guérard
SEINE
A
B
C
D
1
2
3
4
5
20
35
56

Gournay-en-Bray
Gisors
Étrépagny
Chaumont-en-Vexin
Magny-en-Vexin
Le Coudray-St-Germer
St-Germer-de-Fly
Lyons-la-Forêt
Argueil
Auneuil
Marines
Gerberoy
Beauvoir-en-Lyons
Écos
Chaussy
La Roche-Guyon
Vigny
Giverny
PARC NATUREL RÉGIONAL DU VEXIN

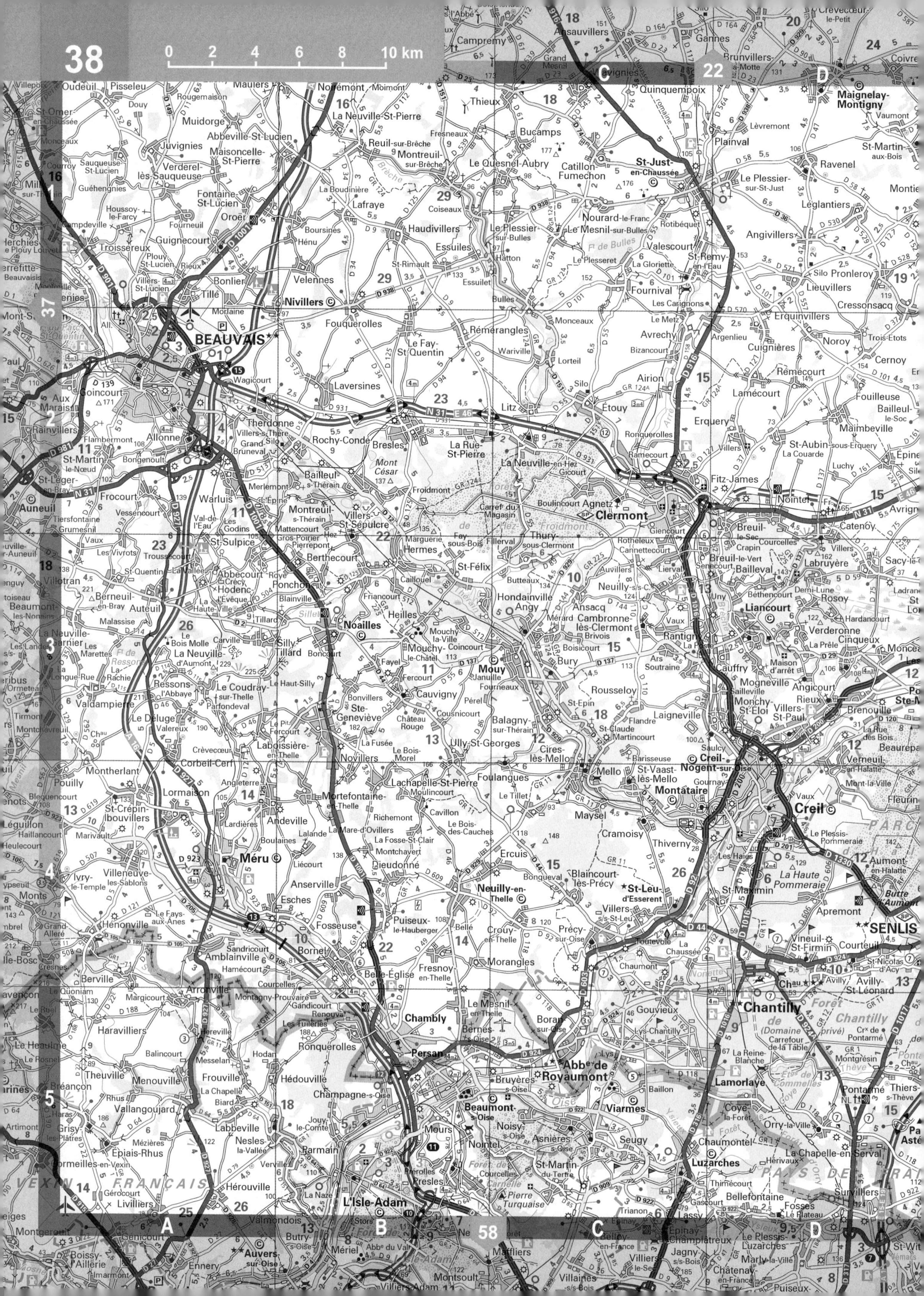
0 2 4 6 8 10 km
BEAUVAIS
Clermont
Creil
Chantilly
SENLIS
Méru
Noailles
Mouy
Liancourt
Nogent-sur-Oise
Montataire
St-Just-en-Chaussée
Maignelay-Montigny
Nivillers
Auneuil
Chambly
Persan
Beaumont-s-Oise
L'Isle-Adam
Luzarches
Lamorlaye
Viarmes
Abbaye de Royaumont
Neuilly-en-Thelle
St-Leu-d'Esserent
Auvers-sur-Oise
Forêt de Chantilly
VEXIN FRANÇAIS
PAYS DE FRANCE
A
B
C
D
22
37
58

Compiègne
Margny-lès-C.
Ressons-s-Matz
Ribécourt-Dreslincourt
Thourotte
Estrées-St-Denis
Verberie
Pierrefonds
Attichy
Vic-s-Aisne
Crépy-en-Valois
Villers-Cotterêts
Nanteuil-le-Haudouin
Betz
Ermenonville
Abbe de Chaalis
Morienval
Vez
Clairière de l'Armistice
Rethondes
Choisy-au-Bac
Lacroix-St-Ouen
Pont-Ste-Maxence
Moncel
Pontpoint
Plailly
Mortefontaine
Verberie
Béthisy-St-Pierre
Béthisy-St-Martin
Rully
Longueil-Ste-Marie
Rivecourt
Jonquières
Venette
Clairoix
Janville
Tracy-le-Mont
Tracy-le-Val
Carlepont
Pimprez
Ourscamp
Chiry-Ourscamp
Longueil-Annel
Coudun
Vandélicourt
Mélicocq
Gournay-s-Aronde
Moyvillers
Arsy
Rémy
Fresnoy-la-Rivière
Gilocourt
Orrouy
Champlieu
St-Jean-aux-Bois
Vieux-Moulin
Cuise-la-Motte
Croutoy
Bonneuil-en-Valois
Taillefontaine
Retheuil
Largny-s-Automne
Vauciennes
Vaumoise
Coyolles
Boursonne
Ivors
Ormoy-Villers
Lévignen
Rouville
Gondreville
Macquelines
Bargny
Cuvergnon
Thury-en-Valois
Mareuil-sur-Ourcq
Neufchelles
Acy-en-Multien
Rosoy-en-Multien
Silly-le-Long
Fontaine-Chaalis
Montagny-Ste-Félicité
Versigny
Péroy-les-Gombries
Rosières
Baron
Montépilloy
Mont-l'Évêque
Barbery
Raray
Néry
Saintines
St-Vaast-de-Longmont
Roberval
Villeneuve-sur-Verberie
Brasseuse
Villers-St-Frambourg
Ognon
FORÊT DE COMPIÈGNE
FORÊT DE LAIGUE
Mont St-Marc
Les Bx Monts
Les Grands Monts
Mt Cornon
PARC NATUREL RÉGIONAL
Forêt de Remy
Bois de la Montagne
Autoroute du Nord
E
F
G
H
23
59
40
1
2
3
4
5

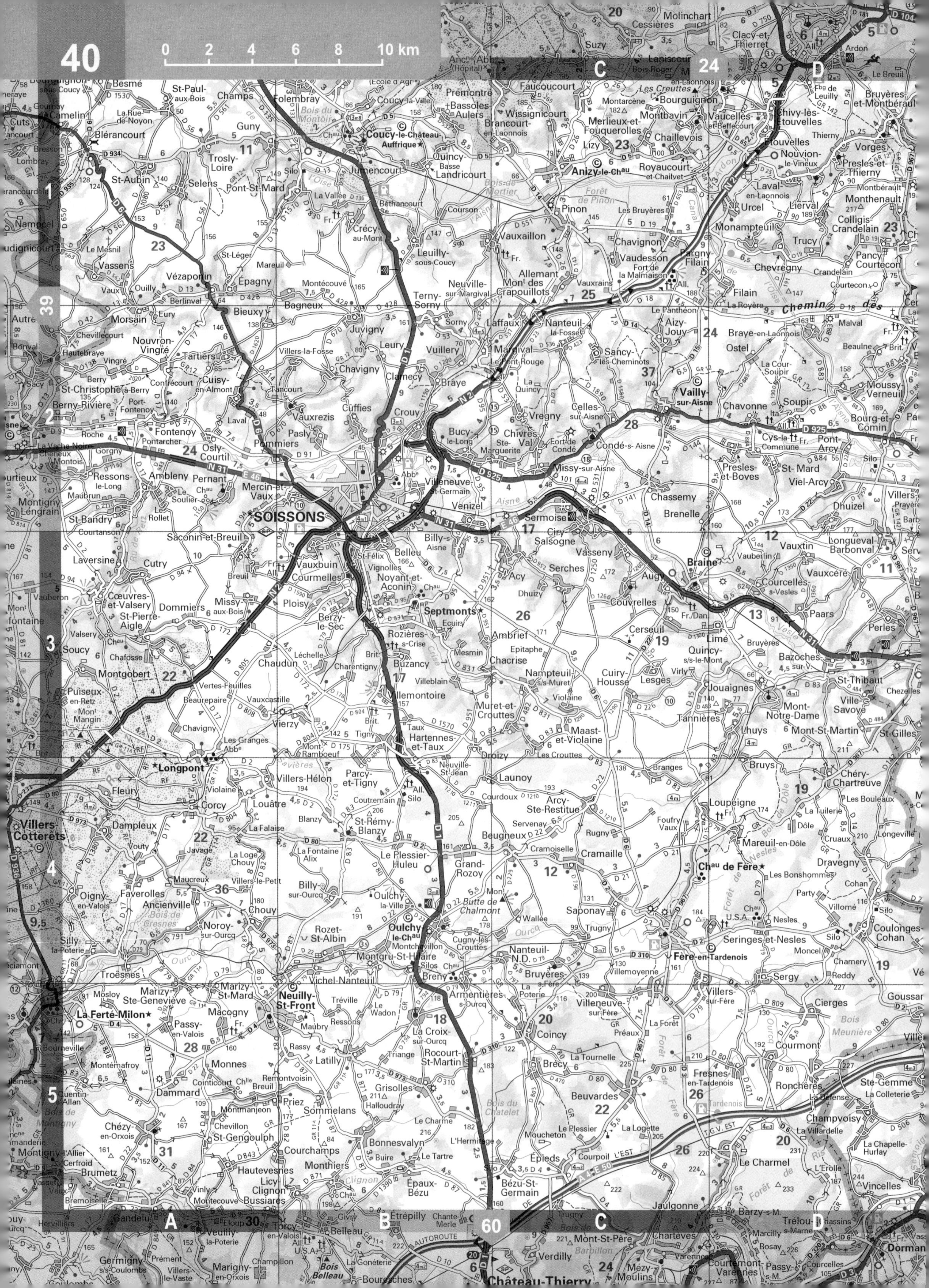
0 2 4 6 8 10 km
SOISSONS
Coucy-le-Château-Auffrique
Anizy-le-Château
Vailly-sur-Aisne
Braine
Septmonts
Longpont
Villers-Cotterêts
La Ferté-Milon
Neuilly-St-Front
Oulchy-le-Château
Fère-en-Tardenois
Château de Fère
Château-Thierry
Blérancourt
Vic-sur-Aisne
Pinon
Vauxaillon
Margival
Laffaux
Crouy
Bucy-le-Long
Missy-sur-Aisne
Condé-sur-Aisne
Chavonne
Soupir
Cys-la-Commune
Pont-Arcy
Ciry-Salsogne
Sermoise
Venizel
Billy-s-Aisne
Belleu
Mercin-et-Vaux
Pommiers
Pasly
Cuffies
Vauxrezis
Saconin-et-Breuil
Vauxbuin
Courmelles
Berzy-le-Sec
Buzancy
Villemontoire
Hartennes-et-Taux
Vierzy
Chaudun
Parcy-et-Tigny
St-Rémy-Blanzy
Grand-Rozoy
Cramaille
Saponay
Coincy
Armentières-s-Ourcq
Bézu-St-Germain
Épieds
Jaulgonne
Fresnes-en-Tardenois
Beuvardes
Villeneuve-sur-Fère
Nanteuil-N.D.
Bruyères
Arcy-Ste-Restitue
Launoy
Droizy
Muret-et-Crouttes
Nampteuil-s/s-Muret
Chacrise
Ambrief
Acy
Serches
Vasseny
Augy
Couvrelles
Cerseuil
Limé
Quincy-s/s-le-Mont
Bazoches-sur-V.
Mont-Notre-Dame
Mont-St-Martin
Chéry-Chartreuve
Loupeigne
Mareuil-en-Dôle
Dravegny
Coulonges-Cohan
Seringes-et-Nesles
Cierges
Courmont
Ronchères
Champvoisy
Vincelles
Le Charmel
Trélou-s-Marne
Dormans
Chartèves
Mont-St-Père
Gandelu
Belleau
Bussiares
Hautevesnes
Chézy-en-Orxois
Brumetz
St-Gengoulph
Monnes
Dammard
Passy-en-Valois
Marizy-Ste-Geneviève
Troësnes
Silly-la-Poterie
Noroy-sur-Ourcq
Chouy
Ancienville
Faverolles
Corcy
Fleury
Louâtre
Dampleux
Villers-Hélon
Puiseux-en-Retz
Montgobert
Soucy
Cœuvres-et-Valsery
St-Pierre-Aigle
Missy-aux-Bois
Dommiers
Ploisy
Cutry
Laversine
Ambleny
Pernant
Osly-Courtil
Fontenoy
Berny-Rivière
Vic-sur-Aisne
Nouvron-Vingré
Morsain
Bieuxy
Juvigny
Leury
Chavigny
Clamecy
Braye
Terny-Sorny
Bagneux
Épagny
Vézaponin
Vassens
Nampcel
St-Aubin
Trosly-Loire
Selens
Pont-St-Mard
Guny
Folembray
Crécy-au-Mont
Leuilly-sous-Coucy
Jumencourt
Landricourt
Quincy-Basse
Brancourt-en-Laonnois
Prémontré
Bassoles-Aulers
Wissignicourt
Faucoucourt
Suzy
Cessières
Molinchart
Clacy-et-Thierret
Laon
Ardon
Bruyères-et-Montbérault
Chivy-lès-Étouvelles
Étouvelles
Nouvion-le-Vineux
Vorges
Presles-et-Thierry
Laval-en-Laonnois
Urcel
Lierval
Monthenault
Colligis-Crandelain
Chamouille
Chevregny
Pancy-Courtecon
Trucy
Monampteuil
Chavignon
Vaudesson
Pargny-Filain
Filain
Allemant
Mont des Crapouillots
Nanteuil-la-Fosse
Aizy-Jouy
Sancy-les-Cheminots
Ostel
Braye-en-Laonnois
Moussy-Verneuil
Bourg-et-Comin
Celles-sur-Aisne
Vregny
Chivres-Val
Presles-et-Boves
St-Mard
Viel-Arcy
Chassemy
Brenelle
Dhuizel
Longueval-Barbonval
Vauxtin
Vauxcéré
Paars
Perles
St-Thibaut
Ville-Savoye
Merlieux-et-Fouquerolles
Montbavin
Bourguignon
Vaucelles-et-Beffecourt
Chaillevois
Royaucourt-et-Chailvet
Lizy
Forêt de Pinon
Chemin des Dames
Aisne
Ourcq
Vesle
A 4 - E 50
N 2
N 31
E 46
D 1
D 925
A B C D
1 2 3 4 5
24
30
39
60

REIMS
Asfeld
Neufchâtel-sur-Aisne
Craonne
Fismes
Ville-en-Tardenois
Châtillon-s-Marne
Verzy
Bourgogne
Beine-Nauroy
Tinqueux
St-Brice-Courcelles
Bétheny
Cormontreuil
Witry-lès-Reims
Cernay-lès-Reims
Sillery
Prunay
Mailly-Champagne
Verzenay
Rilly-la-Montagne
Ludes
Chigny-les-Roses
Villers-Marmery
Trépail
Ambonnay
Bouzy
Louvois
Germaine
St-Imoges
Hautvillers
Cumières
Damery
Ay
Mutigny
Avenay-Val-d'Or
Fleury-la-Rivière
Romery
Champillon
Nanteuil-la-Forêt
Courtagnon
Sermiers
Pourcy
Marfaux
Chaumuzy
Bligny
Sarcy
Poilly
Tramery
Lagery
Lhéry
Romigny
Olizy
Anthenay
Passy-Grigny
Vandières
Verneuil
Mareuil-le-Port
Binson-et-Orquigny
Reuil
Villers-s/s-Châtillon
Cuchery
Belval-sous-Châtillon
Jonquery
Champlat-et-Boujacourt
La Neuville-aux-Larris
Gueux
Muizon
Jonchery-sur-Vesle
Prouilly
Pévy
Trigny
Chenay
Merfy
St-Thierry
Courcy
Brimont
Loivre
Bermericourt
Cormicy
Hermonville
Villers-Franqueux
Pouillon
Thil
Berry-au-Bac
Guignicourt
Condé-s-Suippe
Variscourt
Pontavert
Corbeny
Juvincourt-et-Damary
Amifontaine
Prouvais
Proviseux-et-Plesnoy
La Malmaison
Sissonne
St-Erme-Outre-et-Ramecourt
Montaigu
Mauregny-en-Haye
Festieux
Eppes
Coucy-lès-Eppes
Aubigny-en-Laonnois
Goudelancourt-lès-Berrieux
Berrieux
Corbeny
Bouconville-Vauclair
Chermizy-Ailles
Neuville-s-Ailette
Beaurieux
Maizy
Roucy
Concevreux
Muscourt
Meurival
Guyencourt
Bouvancourt
Montigny-s-Vesle
Breuil
Magneux
Unchair
Hourges
Vandeuil
Branscourt
Courcelles-Sapicourt
Rosnay
Janvry
Germigny
Treslon
Savigny-s-Ardres
Serzy-et-Prin
Crugny
Arcis-le-Ponsart
Brouillet
Faverolles-et-Coëmy
Méry-Prémecy
Bouleuse
Coulommes-la-Montagne
Pargny-lès-R.
Jouy-lès-R.
Ville-Dommange
Sacy
Écueil
Chamery
Villers-aux-Nœuds
Villers-Allerand
Montbré
Champfleury
Puisieulx
Taissy
Trois-Puits
Les Mesneux
Bezannes
Ormes
Vrigny
Thillois
Champigny
Berru
Nogent-l'Abbesse
Lavannes
Caurel
Pomacle
Isles-s-Suippe
Warmeriville
Bazancourt
Boult-s-Suippe
St-Étienne-s-Suippe
Auménancourt
Pignicourt
Poilcourt-Sydney
Houdilcourt
Sault-St-Remy
Roizy
Bergnicourt
L'Écaille
Vieux-lès-Asfeld
Avaux
Brienne-s-Aisne
Évergnicourt
Menneville
Balham
Blanzy-la-Salonnaise
Aire
Gomont
St-Germainmont
Herpy-l'Arlésienne
Villers-devant-le-Thour
St-Loup-en-Champagne
Vauboison
Orainville
Bertricourt
Aguilcourt
Gernicourt
Chaudardes
Cuiry-lès-Chaudardes
Bouffignereux
Cauroy-lès-Hermonville
Châlons-s-Vesle
Prunay
Beaumont-s-Vesle
Sept-Saulx
Vaudemange
Billy-le-Grand
Tours-s-Marne
Isse
Mont Sinaï
Faux de Verzy
Mont Joli
Montagne de Reims
PARC NATUREL RÉGIONAL DE LA MONTAGNE DE REIMS
Forêt de Vauclair
Chemin des Dames
Aisne
Vesle
Suippe
Marne
D 944
D 980
D 931
D 951
D 925
D 926
D 1044
N 31
E 46
A 26 E 17
A 4 E 50
A 34
E
F
G
H
25
61
42
1
2
3
4
5

0 2 4 6 8 10 km
Rethel
Attigny
Vouziers
Le Chesne
Juniville
Machault
Monthois
Suippes
Mourmelon-le-Grand
Beine-Nauroy
Warmeriville
Bétheniville
Pontfaverger-Moronvilliers
Sommepy-Tahure
Tourteron
Aubérive
Prosnes
Sept-Saulx
Les Petites-Loges
Livry-Louvercy
Somme-Suippe
Somme-Tourbe
Perthes-lès-Hurlus
Souain-Perthes-lès-Hurlus
Jonchery-sur-Suippe
St-Hilaire-le-Grand
Camp de Mourmelon
Camp militaire de Suippes
Butte de Tahure
Butte de Souain
Les Monts Chéry
Mont Cornillet
Camp de Moronvilliers
Ménil-Annelles
Pauvres
Tagnon
Neuflize
Le Châtelet-sur-Retourne
Heutrégiville
St-Masmes
Époye
Val-de-Vesle
Vadenay
Cuperly
La Cheppe
Les Grandes-Loges
Bouy
Dontrien
St-Souplet-sur-Py
Ste-Marie-à-Py
St-Martin-l'Heureux
St-Hilaire-le-Petit
St-Clément-à-Arnes
St-Étienne-à-Arnes
Hauviné
Cauroy
Leffincourt
Dricourt
Bourcq
Ste-Marie
Contreuve
Sugny
Semide
Mont-St-Martin
Liry
Aure
Manre
Gratreuil
Séchault
Challerange
Falaise
Ardeuil-et-Montfauxelles
Coulommes-et-Marqueny
Tourcelles-Chaumont
Chuffilly-Roche
Vaux-Champagne
Ste-Vaubourg
Givry
Ambly-Fleury
Amagne
Coucy
Doux
Sault-lès-Rethel
Acy-Romance
Nanteuil-s-Aisne
Barby
Taizy
Avançon
Perthes
Annelles
Bignicourt
Alincourt
Ville-s-Retourne
Mont-St-Remy
La Neuville-en-Tourne-à-Fuy
Aussonce
Selles
Vaudesincourt
Baconnes
D 946
D 977
D 980
D 931
D 994
D 982
A
B
C
D
62
26
41

Chartreuse
Le Mont-Dieu
Beaumont-en-Argonne
Mont Damion
Mont du Cygne
Tannay
Les Grandes Armoises
27
E
F
Sy
Oches
Forêt de Dieulet
Cesse
Stenay
Cervisy
Laneuville-sur-Meuse
Vigneul-s/s-Montmédy
Quincy-Landzécourt
Baâlon
Les Petites-Armoises
Verrières
Sommauthe
Beaufort-en-Argonne
Mouzay
Brieulles-s-Bar
St-Pierremont
Vaux-en-Dieulet
Belval-Bois-des-Dames
Wiseppe
Châtillon-sur-Bar
Autruche
Les Champys
Beauclair
Charmois
Louppy-sur-Loison
Noirval
Belleville-et-Châtillon-sur-Bar
Fossé
Halles-s/s-les-Côtes
Saulmory-et-Villefranche
Germont
Bar-lès-Buzancy
Nouart
Tailly
Montigny-devant-Sassey
Harricourt
Buzancy
Sassey-sur-Meuse
Lion-devant-Dun
Boult-aux-Bois
Barricourt
Mont-devant-Sassey
Brandeville
Thénorgues
Briquenay
Les Tuileries
Villers-devant-Dun
Milly-sur-Bradon
Murvaux
Bayonville
Andevanne
Dun-sur-Meuse
Longwé
Les Quatre Charmes
Verpel
Rémonville
Doulcon
Fontaines-St-Clair
Beffu-et-le-Morthomme
Imécourt
Aincreville
Cléry-le-Petit
Champigneulle
Landres-et-St-Georges
Bantheville
Cléry-le-Grand
Liny-devant-Dun
Grandpré
St-Juvin
Romagne-s/s-Montfaucon
Cunel
Brieulles-sur-Meuse
Vilosnes-Haraumont
Termes
Chevières
Sommerance
Sivry-sur-Meuse
Monument Américain
Marcq
Gesnes-en-Argonne
Cierges-s/s-Montfaucon
Senuc
Fléville
Dannevoux
Mouron
Cornay
Exermont
Nantillois
Consenvoye
Vaux-lès-Mouron
Grandham
Septsarges
Montcheutin
Châtel-Chéhéry
Eclisfontaine
Butte de Montfaucon
Gercourt-et-Drillancourt
Brabant-sur-Meuse
St-Lambert
Epinonville
Montfaucon-d'Argonne
Cuisy
Lançon
Apremont
Baulny
Charpentry
Forges-sur-Meuse
Regnéville-sur-Meuse
Autry
Bethincourt
Condé-lès-Autry
Véry
Montblainville
Malancourt
Binarville
Cheppy
Le Mort-Homme
Cote 304
Cumières-le-mort-homme
Varennes-en-Argonne
Chattancourt
Servon-Melzicourt
Marre
Vauquois
Avocourt
Esnes-en-Argonne
Forêt de Hesse
Boureuilles
Montzéville
Vienne-le-Château
St-Thomas-en-Argonne
Ville-s-Tourbe
La Harazee
Le Four-de-Paris
Abancourt
Verrières-en-Hesse
La Placardelle
Béthelainville
Malmy
Vienne-la-Ville
Lachalade
Neuvilly-en-Argonne
Fromeréville-les-Vallons
Aubréville
Récicourt
Dombasle-en-Argonne
Sivry-la-Perche
Le Claon
Moiremont
Le Neufour
Courcelles
Brabant-en-Argonne
Jouy-en-Argonne
Blercourt
La Neuville-au-Pont
Florent-en-Argonne
Les Islettes
Le Jarcq
Vraincourt
Brocourt-en-Argonne
Nixéville-Blercourt
Maffrécourt
Clermont-en-Argonne
Rampont
Chaudefontaine
Auzéville-en-Argonne
Jubécourt
Les Souhesmes-Rampont
Lempire-aux-Bois
Ste-Menehould
Futeau
Beauchamp
Ville-sur-Cousances
Vadelaincourt
Lemmes
Dommartin-Dampierre
Rarécourt
Voie Sacrée
Argers
Verrières
63
G
H
Froidos
Julvécourt
Osches
Lavoye
Forêt de Beaulieu
Voilemont
Élise-Daucourt
Chatrices
Autrécourt-sur-Aire
Ippécourt
Souilly

0 2 4 6 8 10 km
C
D
43
64
A
B
C
D
Meix-devant-Virton
Robelmont
St-Léger
Châtillon
Villy
Moiry
Sapogne-sur-Marche
Margut
Signy-Montlibert
Avioth
Breux
Sommethonne
Thonne-le-Thil
Thonne-la-Long
Virton
Éthe
Belmont
Bleid
Mussy-la-Ville
Musson
Longwy
La Ferté-s-Chiers
Olizy-sur-Chiers
Bièvres
Thonnelle
Dampicourt
St-Mard
Rouvroy
Harnoncourt
Lamouilly
Chauvency-St-Hubert
Thonne-les-Prés
Verneuil-Petit
Verneuil-Grand
Écouviez
Ville-Houdlémont
Gorcy
Cosnes-et-Romain
Nepvant
Martincourt-sur-Meuse
Chauvency-le-Château
Montmédy
Lamorteau
St-Pancré
Villers-la-Chèvre
Brouennes
Villécloye
Velosnes
Allondrelle-la-Malmaison
Tellancourt
Fresnois-la-Montagne
Réhon
Vigneul-s/s-Montmédy
Iré-les-Prés
Bazeilles-sur-Othain
Othe
Épiez-sur-Chiers
Charency-Vezin
Montigny-s-Chiers
Stenay
Baâlon
Quincy-Landzécourt
Han-lès-Juvigny
Iré-le-Sec
Flassigny
Villette
Juvigny-sur-Loison
Villers-le-Rond
Colmey
Viviers-s-Chiers
Ugny
Mouzay
Marville
St-Jean-lès-Longuyon
Longuyon
Doncourt-lès-Longuyon
Wiseppe
Louppy-sur-Loison
Remoiville
Petit-Failly
Beuveille
Saulmory-et-Villefranche
Jametz
Grand-Failly
Pierrepont
Rupt-sur-Othain
Arrancy-sur-Crusne
Lion-devant-Dun
Delut
Dombras
St-Laurent-sur-Othain
Sorbey
Han-devant-Pierrepont
Milly-sur-Bradon
Brandeville
Vittarville
Merles-sur-Loison
Villers-lès-Mangiennes
Pillon
Rouvrois-sur-Othain
St-Pierrevillers
Dun-sur-Meuse
Murvaux
Bréhéville
Lissey
Peuvillers
Duzey
Nouillonpont
Fontaines-St-Clair
Mangiennes
Liny-devant-Dun
Écurey-en-Verdunois
Damvillers
Billy-sous-Mangiennes
Muzeray
Réville-aux-Bois
Étraye
Romagne-sous-les-Côtes
Spincourt
Haraumont
Vilosnes-Haraumont
Wavrille
Gibercy
Vaudoncourt
Houdelaucourt-sur-Othain
Sivry-sur-Meuse
Loison
Domremy-la-Canne
Montaubé
Chaumont-devant-Damvillers
Dannevoux
Moirey-Flabas-Crépion
Ville-devant-Chaumont
Azannes-et-Soumazannes
Gouraincourt
Senon
Consenvoye
Haumont-près-Samogneux
Dommary-Baroncourt
Gercourt-et-Drillancourt
Brabant-sur-Meuse
Gremilly
Amel-s-l'Étang
Éton
Cuisy
Forges-sur-Meuse
Samogneux
Ornes
Maucourt-sur-Orne
Béthincourt
Regnéville-sur-Meuse
Beaumont-en-Verdunois
Gincrey
Foameix-Ornel
Louvemont-Côte-du-Poivre
Mogeville
Champneuville
Bezonvaux
Morgemoulin
Haucourt
Cumières-le-mort-homme
Douaumont
Dieppe-sous-Douaumont
Fromezey
Étain
Rouvres-en-Woëvre
Chattancourt
Vacherauville
Vaux-devant-Damloup
Abaucourt-Hautecourt
Lanhères
Marre
Bras-sur-Meuse
Fleury-devant-Douaumont
Damloup
Warcq
Esnes-en-Argonne
Charny-sur-Meuse
Fort de Vaux
Eix
Hermeville-en-Woëvre
Boinville-en-Woëvre
Montzéville
Belleville-sur-Meuse
Moranville
Gussainville
Buzy-Darmont
Thierville-sur-Meuse
Grimaucourt-en-Woëvre
Blanzée
Braquis
Parfondrupt
Béthelainville
Fromeréville-les-Vallons
VERDUN
Moulainville
Châtillon-sous-les-Côtes
Ville-en-Woëvre
Dombasle-en-Argonne
Sivry-la-Perche
Belleray
Haudainville
Watronville
Ronvaux
Hennemont
Jouy-en-Argonne
Haudiomont
Manheulles
Pintheville
Pareid
E 44
E 50
A 4
D 643
D 964
D 603
D 618
D 947
D 981

Messancy
Clémency
Bertrange
Hespérange
Athus
Pétange
Bascharage
Aubange
Sanem
Mont-St-Martin
Mondercange
Differdange
Bettembourg
Herserange
Soleuvre
Schifflange
Esch-sur-A.
Kayl
Dudelange
Audun-le-Tiche
Villerupt
Rumelange
Ottange
Thionville
Hettange-Grande
Cattenom
Mondorf-les-Bains
Algrange
Fontoy
Nilvange
Hayange
Florange
Uckange
Fameck
Audun-le-Roman
Piennes
Tucquegnieux
Briey
Rombas
Amnéville
Hagondange
Maizières-lès-M.
Homécourt
Jœuf
Moyeuvre-Gde
Conflans-en-Jarnisy
Jarny
Woippy
METZ
Walygator Parc
Yutz
Guénange
Richemont
Metzervisse
Vigy
65
46

0 2 4 6 8 10 km
NATURPARK
Remich
Serrig
Kastel-Staadt
Mondorf-les-Bains
Schengen
Perl
Mettlach
Merzig
Malbrouck
Sierck-les-Bains
Cattenom
Thionville
Yutz
Hackenberg
Metzervisse
Bouzonville
Rehlingen
Siersburg
Guénange
Vigy
Boulay-Moselle
Creutzwald
Walygator Parc
Maizières-lès-M.
Woippy
METZ
St-Avold
SAAR
A
B
C
D
1
2
3
4
5
45
66

Weiskirchen
Wadern
Losheim
Schmelz
Lebach
Tholey
St Wendel
Marpingen
Ottweiler
Eppelborn
Illingen
Schiffweiler
Neunkirchen
Merchweiler
Friedrichsthal
Quierschied
Heusweiler
Dillingen
Saarwellingen
Saarlouis
Schwalbach
Riegelsberg
Sulzbach
St Ingbert
Spiesen-Elversberg
Kirkel
Püttlingen
Völklingen
Wadgassen
Dudweiler
SAARBRÜCKEN
Blieskastel
Überherrn
Petite-Rosselle
Stiring-Wendel
Forbach
Großrosseln
Mandelbachtal
Gersheim
Freyming-Merlebach
Behren-lès-F.
Grosbliederstroff
Klein-blittersdorf
Sarreguemines
Neunkirchen
HUNSRÜCK
E
F
G
H
67
48

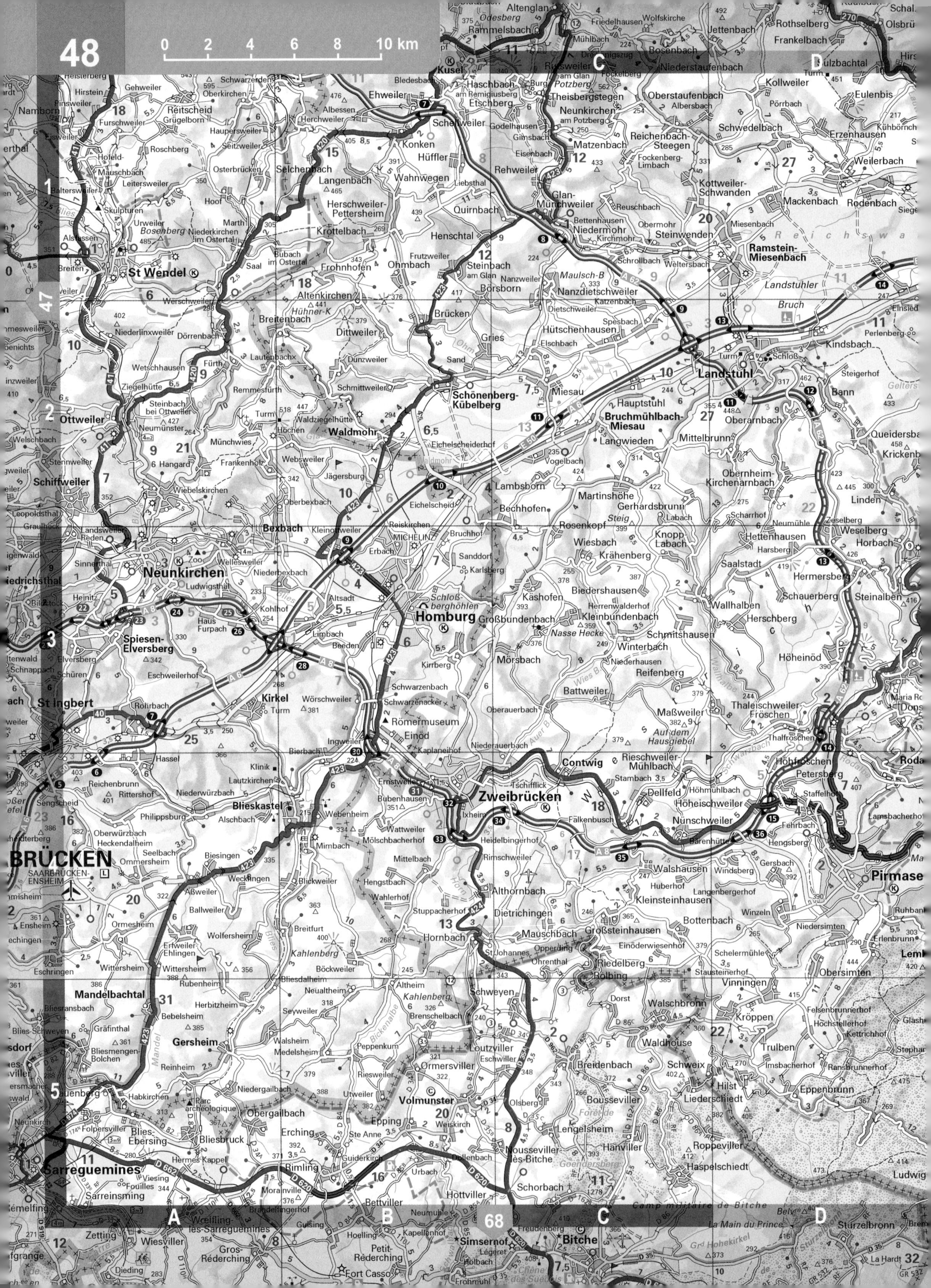
0 2 4 6 8 10 km
Kusel
St Wendel
Ottweiler
Schiffweiler
Neunkirchen
Spiesen-Elversberg
St Ingbert
Bexbach
Homburg
Kirkel
Blieskastel
Zweibrücken
Contwig
Landstuhl
Ramstein-Miesenbach
Bruchmühlbach-Miesau
Schönenberg-Kübelberg
Waldmohr
Pirmasens
Mandelbachtal
Gersheim
Sarreguemines
Volmunster
Bitche
Hornbach
Römermuseum
Einöd
Saarbrücken-Ensheim
Weilerbach
Steinwenden
Glan-Münchweiler
Altenglan
Rammelsbach
Wallhalben
Thaleischweiler-Fröschen
Höheinöd
Rieschweiler-Mühlbach
Dellfeld
Höheischweiler
Nünschweiler
Walshausen
Großsteinhausen
Walschbronn
Breidenbach
Lengelsheim
Hanviller
Schweix
Rimling
Bettviller
Hottviller
Schorbach
Camp militaire de Bitche
Reichswald
Landstuhler Bruch
Kahlenberg
Nasse Hecke
Auf dem Hausgiebel
A 6
A 8
A 62
E 50
68
A B C D

KAISERSLAUTERN
Otterberg
Otterbach
Enkenbach-Alsenborn
Hochspeyer
Frankenstein
Weidenthal
Bad Dürkheim
Wachenheim
Deidesheim
Neustadt an der Weinstraße
Lambrecht
Elmstein
Trippstadt
Waldleiningen
NATURPARK
PFÄLZERWALD
Maikammer
St Martin
Edenkoben
Edesheim
Landau in der Pfalz
Annweiler am Trifels
Trifels
Hinterweidenthal
Dahn
Altdahn
Berwartstein
Bad Bergzabern
Kandel
Wissembourg
Fischbach bei Dahn
Schönau
Hauenstein
Merzalben
Leimen
Heltersberg
Geiselberg
Schopp
Hambach
Haßloch
Offenbach an der Queich
Herxheim
Klingenmünster
Dörrenbach
Felsenland
Drachenfels
Kalmit
Weinbiet
E
F
G
H
1
2
3
4
5
69

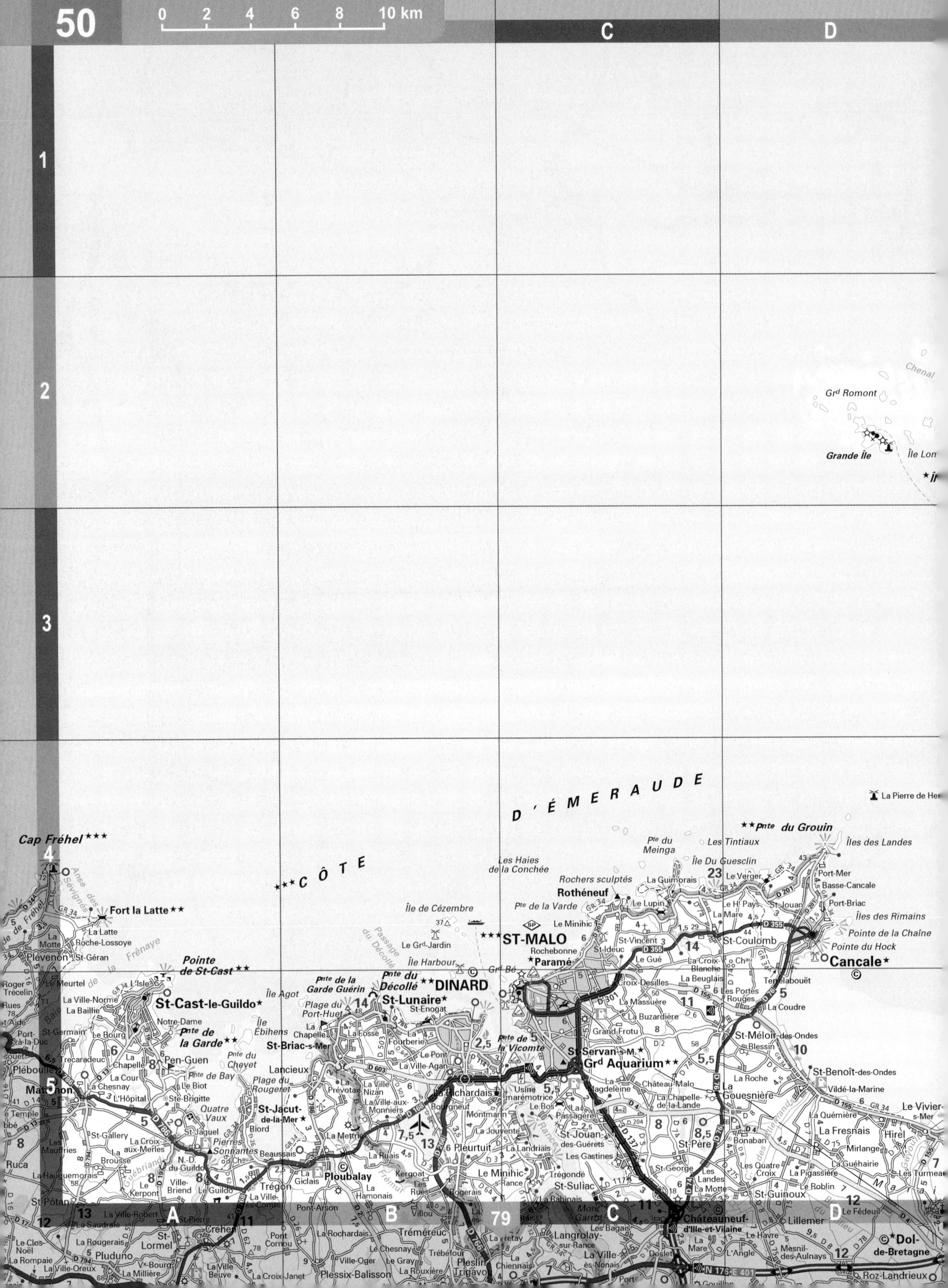
0 2 4 6 8 10 km
C
D
1
2
3
4
5
A
B
79
C
D
Chenal
Grd Romont
Grande Île
Île Lon
La Pierre de Her
CÔTE D'ÉMERAUDE
Cap Fréhel ★★★
Fort la Latte ★★
Anse des Sévignés
La Latte
Roche-Lossoye
Plévenon
St-Géran
Baie de la Frênaye
Pointe de St-Cast ★★
L'Isle
St-Cast-le-Guildo ★
Pte de la Garde ★★
Notre-Dame
Pen-Guen
Pte du Chevet
Pte de Bay
Le Biot
Ste-Brigitte
Quatre Vaux
St-Jaguel
Pierres Sonnantes
N.-D. du Guildo
Le Guildo
Ville-Briend
Le Kerpont
Matignon
Pléboulle
La Chesnay
L'Hôpital
St-Gallery
La Croix aux-Merles
Les Mauffries
Brousse
Ruca
La Hauguemorais
St-Pôtan
La Ville-Robert
La Saudrale
St-Pierre
Créhen
St-Lormel
La Rougerais
Pluduno
La Rompaie
La Ville-Oreux
Vx-Bourg
La Millière
La Ville Beuve
La Croix-Janet
Île Agot
Île Ébihens
Plage du Rougeret
St-Jacut-de-la-Mer ★
Lancieux
Biord
Beaussais
Trégon
La Ville-ès-Comte
Pte de la Garde Guérin
Plage du Port-Huet
St-Briac-s-Mer
St-Lunaire ★
La Chapelle
La Fosse
Prévotais
La Ville-Nizan
La Ville-aux-Monniers
La Mettrie
Ploubalay
Giclais
La Ruais
La Hamonais
Kergoat
Les Rues
Pont-Arson
Fremur
Pont Cornou
La Rochardais
Tréméreuc
Le Chesnay
Ville-Oger
Le Gray
Plessix-Balisson
Île de Cézembre
Passage du Décollé
Le Grd-Jardin
Île Harbour
Pte du Décollé ★★ DINARD
St-Enogat
La Fourberie
Le Pont
La Ville-Agan
La Richardais
Bourgneuf
Montmarin
La Jouvente
Pleurtuit
La Landriais
Le Minihic-s-Rance
Rogerais
Villou
Trébéfour
La Rouxière
Pleslin-Trigavou
Les Haies de la Conchée
Pte de la Varde
Le Minihic
★★★ ST-MALO
Rochebonne
★ Paramé
Grd Bé
Pte de la Vicomté
St-Servan-s-M. ★
Grd Aquarium ★★
Usine marémotrice
Le Bos
La Passagère
Rance
St-Jouan-des-Guérets
Les Gastines
Trégondé
St-Suliac
La Rabinais
Mont Garrot
Langrolay-sur-Rance
Les Bagais
La Ville-ès-Nonais
La Chiennais
Rochers sculptés
Rothéneuf
Pte du Meinga
Les Tintiaux
Île Du Guesclin
La Guimorais
Le Lupin
St-Vincent
St-Ideuc
Le Gué
La Croix-Desilles
La Massuère
La Buzardière
Grand-Frotu
La Magdeleine
Château-Malo
La Chapelle-de-la-Lande
St-Père
St-George
Les Landes
La Motte
Châteauneuf-d'Ille-et-Vilaine
La Mare
Doslet
★★ Pte du Grouin
Îles des Landes
Le Verger
Port-Mer
Basse-Cancale
Le Ht Pays
St-Jouan
La Mare
Port-Briac
Îles des Rimains
Pointe de la Chaîne
Pointe du Hock
St-Coulomb
Cancale ★
La Croix-Blanche
La Beuglais
Les Portes Rouges
Terrelabouët
La Coudre
St-Méloir-des-Ondes
Blessin
St-Benoît-des-Ondes
Vildé-la-Marine
La Roche
La Gouesnière
Bonaban
Les Quatre Croix
La Quémière
La Fresnais
Hirel
Le Vivier-s-Mer
Mirlange
La Guéhairie
La Pigassière
Les Turmea
Le Roblin
St-Guinoux
Le Fédeuil
Lillemer
Le Havre
L'Angle
Mesnil-des-Aulnays
★ Dol-de-Bretagne
Roz-Landrieux
N 176 E 401
D 355
D 155
GR 34

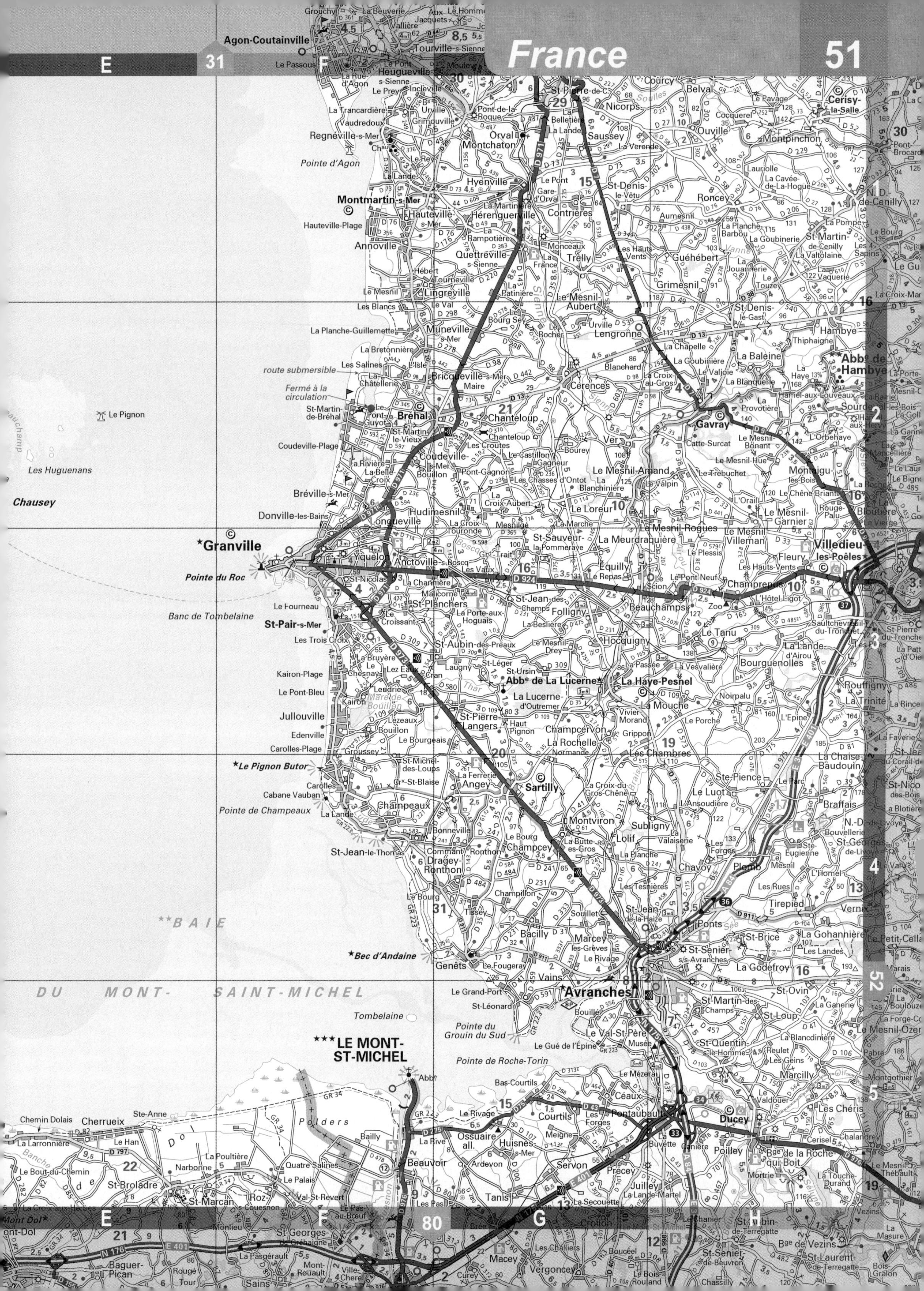
E
31
F
Agon-Coutainville
Heugueville-s-Sienne
Regnéville-s-Mer
Pointe d'Agon
Montmartin-s-Mer
Hauteville-Plage
Annoville
Lingreville
Les Salines
route submersible
Fermé à la circulation
Le Pignon
Les Huguenans
Chausey
St-Martin-de-Bréhal
Bréhal
Coudeville-Plage
Bréville-s-Mer
Donville-les-Bains
Granville
Pointe du Roc
Banc de Tombelaine
St-Pair-s-Mer
Kairon-Plage
Jullouville
Carolles-Plage
Le Pignon Butor
Cabane Vauban
Pointe de Champeaux
St-Jean-le-Thomas
BAIE
Bec d'Andaine
Genêts
DU MONT-SAINT-MICHEL
Tombelaine
LE MONT-ST-MICHEL
Pointe du Grouin du Sud
Pointe de Roche-Torin
Cherrueix
Polders
St-Broladre
Beauvoir
Pontaubault
Avranches
Ducey
Sartilly
La Haye-Pesnel
Abbe de La Lucerne
Villedieu-les-Poêles
Gavray
Cérences
Hambye
Abbe de Hambye
Cerisy-la-Salle
Orval
Hyenville
Hérenguerville
Quettreville-s-Sienne
Trelly
Lengronne
Chanteloup
Hudimesnil
Anctoville-s-Boscq
Le Mesnil-Amand
La Meurdraquière
St-Jean-des-Champs
Folligny
Beauchamps
Champrepus
St-Pierre-Langers
Champcervon
La Rochelle-Normande
Bacilly
Marcey-les-Grèves
St-Senier-s/s-Avranches
Ponts
Montviron
Lolif
Sublligny
Ste-Pience
Braffais
Tirepied
Les Chéris
Marcilly
Poilley
Précey
Servon
Huisnes-s-Mer
Pontorson
France
51
52
80
G
H

0 2 4 6 8 10 km
51
32
81
A
B
C
D
1
2
3
4
5
Cerisy-la-Salle
Dangy
St-Sauveur
Soulles
Le Mesnil-Herman
Condé-s-Vire
St-Romphaire
Le Mesnil-Raoult
Roches de Ham
St-Amand
Torigni-s-Vire
Placy-Montaigu
Le Perron
Dampierre
St-Jean-des-Essartiers
Les Loges
Cahagnes
Canteloup
St-Pierre-du-Fresne
Pont-Brocard
Le Mesnil-Opac
Troisgots
Brectouville
Giéville
St-Symphorien-les-Buttes
St-Ouen-des-Besaces
St-Martin-des-Besaces
Jurques
N.-D.-de-Cenilly
Moyon
La Chapelle-s-Vire
Fervaches
St-Louet-s-Vire
Guilberville
La Ferrière-Harang
St-Denis-Maisoncelles
Brémoy
La Haye-Bellefond
Le Guislain
Chevry
Domjean
Tessy-s-Vire
Fourneaux
Beuvrigny
Le Mesnil-Auzouf
Villebaudon
Maupertuis
Beaucoudray
Bures-les-Monts
Mont-Bertrand
Campeaux
St-Pierre-Tarentaine
Montamy
Abbᵉ de Hambye
Hambye
Montabot
Mont Robin
Gouvets
Pont-Farcy
Ste-Marie-Outre-l'Eau
Pont-Bellanger
Malloué
Carville
Le Bény-Bocage
Montchauvet
Percy
Le Chefresne
St-Vigor-des-Monts
St-Martin-Don
Ste-Marie-Laumont
St-Charles-de-Percy
Montchamp
Margueray
La Colombe
Montbray
Morigny
Landelles-et-Coupigny
Beaumesnil
Campagnolles
Étouvy
La Graverie
Le Reculey
Beaulieu
Estry
Villedieu-les-Poêles
Le Mesnil-Benoist
Sept-Frères
Courson
Le Mesnil-Caussois
Coulonces
Burcy
Presles
Pierres
Beslon
Mesnil-Clinchamps
Vire
Vaudry
Chênedollé
Ste-Cécile
St-Aubin-des-Bois
St-Sever-Calvados
St-Manvieu-Bocage
St-Martin-de-Tallevende
Viessoix
Roullours
Rully
St-Maur-des-Bois
Fontenermont
La Chapelle-Cécelin
Boisyvon
Chérencé-le-Héron
La Trinité
St-Germain-de-Tallevende
Maisoncelles-la-Jourdan
Bernières-le-Patry
St-Martin-le-Bouillant
Coulouvray-Boisbenâtre
Champ-du-Boult
La Lande-Vaumont
Truttemer-le-Grand
Truttemer-le-Petit
St-Quentin-les-Chardonnets
St-Jean-du-Corail-des-Bois
Les Loges-s-Brécey
St-Nicolas-des-Bois
Gathemo
Vengeons
Le Ménil-Ciboult
Tinchebray
St-Laurent-de-Cuves
St-Michel-de-Montjoie
St-Pois
Perriers-en-Beauficel
Beauficel
St-Sauveur-de-Chaulieu
St-Christophe-de-Chaulieu
Brécey
Cuves
Le Mesnil-Gilbert
Chaulieu
Sourdeval
St-Jean-des-Bois
Les Cresnays
Chérencé-le-Roussel
Brouains
Le Fresne-Poret
Yvrandes
Le Petit-Celland
Le Mesnil-Adelée
Le Mesnil-Tôve
Juvigny-le-Tertre
Bellefontaine
St-Barthélemy
St-Clément-Rancoudray
Ger
Le Grand-Celland
Reffuveille
Le Mesnil-Rainfray
La Chapelle-Urée
Chasseguey
Le Neufbourg
Mortain
Beauchêne
Isigny-le-Buat
Le Mesnillard
Romagny
Fontenay
Chèvreville
Lonlay-l'Abbaye
Martigny
Bion
Milly
St-Jean-du-Corail
Barenton
St-Georges-de-Rouelley
Parigny
Virey
St-Hilaire-du-Harcouët
Husson
Rouelle
Forêt de Mortain
Forêt de St-Sever
Forêt L'Evêque
PARC NOR

Villers-Bocage
Aunay-s-Odon
Thury-Harcourt
Bretteville-s-Laize
Clécy
Condé-s-Noireau
Vassy
Flers
Falaise
Putanges-Pont-Écrepin
Athis-de-l'Orne
Messei
Briouze
Domfront
La Ferté-Macé
Rânes
Pont-d'Ouilly
Roche d'Oëtre
Gorges de St-Aubert
Suisse Normande
Boucle du Hom
Pain de Sucre
Mont Pinçon
Mont d'Ancre
Mont Crespin
Mt de Cerisy
Mont Brûlé
Mont d'Hère
Brèche au Diable
Forêt de Halouze
Bois de Messei
Bois de Rânes
Bois de Brulevin
Bois de St-Clair
Bois du Roi
Mont-en-Gérôme
Cintheaux
St-Sylvain
Ussy
Potigny
Soumont-St-Quentin
Olendon
Versainville
Ménil-Hermei
Rabodanges
Champcerie
Habloville
St-Hilaire-de-B.
Lougé-sur-Maire
Montreuil-au-Houlme
Champsecret
Dompierre
Banvou
St-Bômer-les-Forges
Tinchebray
E
F
G
H
33
82
54

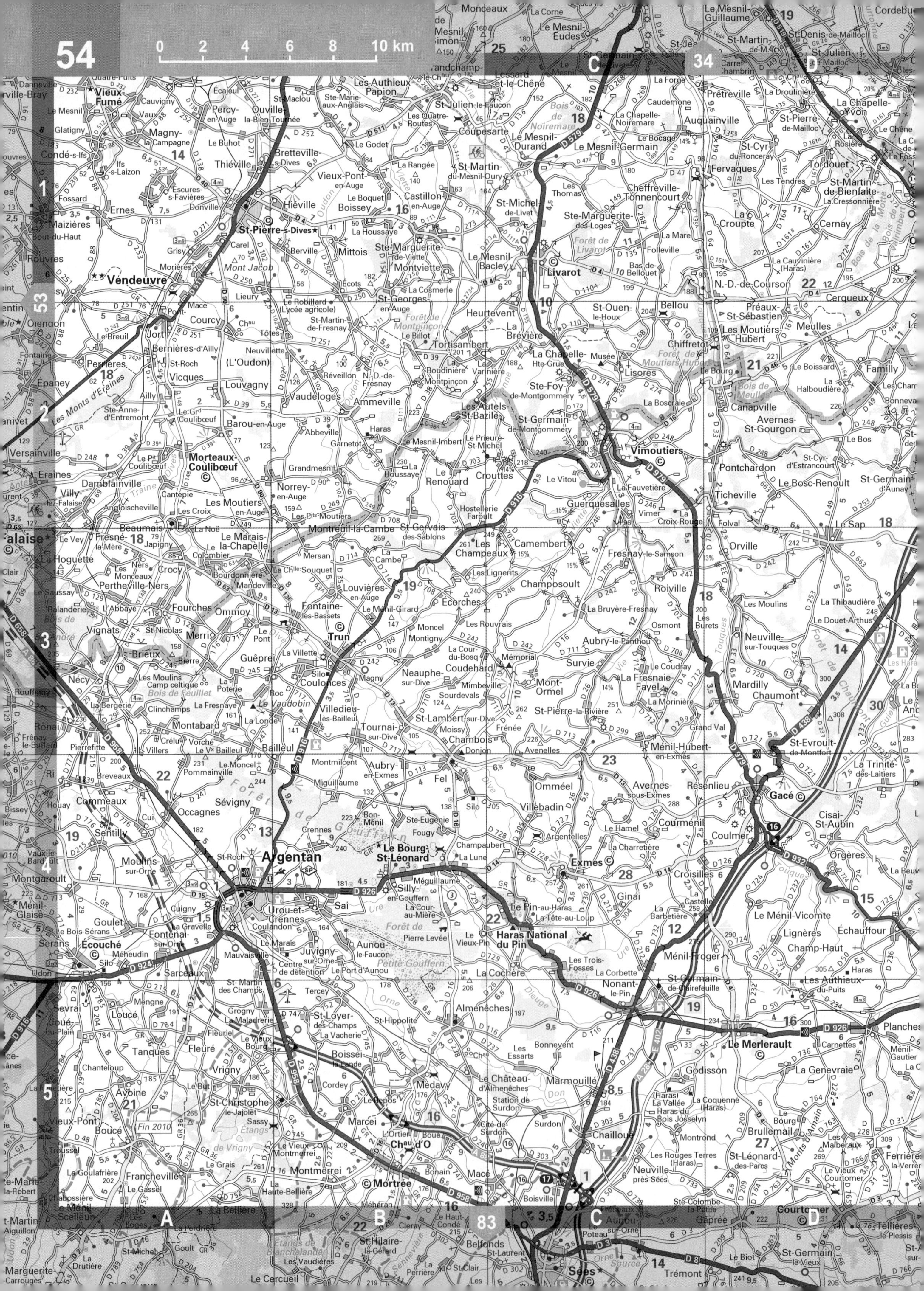
0 2 4 6 8 10 km
Vieux-Fumé
Percy-en-Auge
Ouville-la-Bien-Tournée
Les Authieux-Papion
St-Julien-le-Faucon
Lessard-et-le-Chêne
Le Mesnil-Eudes
St-Germain-de-Livet
Le Mesnil-Guillaume
St-Martin-de-Mailloc
St-Denis-de-Mailloc
St-Julien-sur-Calonne
Magny-la-Campagne
Condé-sur-Ifs
Thiéville
Bretteville-sur-Dives
Vieux-Pont-en-Auge
St-Martin-du-Mesnil-Oury
Coupesarte
Le Mesnil-Durand
Le Mesnil-Germain
Auquainville
Prêtreville
Fervaques
Tordouet
St-Pierre-de-Mailloc
St-Cyr-du-Ronceray
Cheffreville-Tonnencourt
Escures-sur-Favières
Ernes
Maizières
Hiéville
Castillon-en-Auge
Boissey
St-Michel-de-Livet
St-Pierre-sur-Dives
Mittois
Ste-Marguerite-de-Viette
Montviette
Ste-Marguerite-des-Loges
Le Mesnil-Bacley
Livarot
Forêt de Livarot
Folleville
La Croupte
Cernay
St-Martin-de-Bienfaite
Vendeuvre
Mont Jacob
Mont Jacob
St-Georges-en-Auge
Heurtevent
St-Ouen-le-Houx
Bellou
N.-D.-de-Courson
Préaux-St-Sébastien
Cerqueux
Jort
Courcy
Vicques
Louvagny
Vaudeloges
Ammeville
Tortisambert
La Brévière
La Chapelle-Hte-Grue
Ste-Foy-de-Montgommery
Lisores
Les Moutiers-Hubert
Meulles
Familly
Canapville
Avernes-St-Gourgon
St-Germain-de-Montgommery
Les Autels-St-Bazile
Vimoutiers
Pontchardon
Morteaux-Couliboeuf
Damblainville
Norrey-en-Auge
Le Renouard
Crouttes
Camembert
Guerquesalles
Ticheville
Le Sap
Falaise
Beaumais
Fresné-la-Mère
Le Marais-la-Chapelle
Montreuil-la-Cambe
St-Gervais-des-Sablons
Les Champeaux
Fresnay-le-Samson
Orville
Crocy
Louvières-en-Auge
Champosoult
Roiville
Pertheville-Ners
Fourches
Ommoy
Fontaine-les-Bassets
Trun
Écorches
Aubry-le-Panthou
Neuville-sur-Touques
Vignats
Merri
Brieux
Guêprei
Coulonces
Neauphe-sur-Dive
Coudehard
Mont-Ormel
Survie
La Fresnaie-Fayel
Mardilly
Chaumont
Nécy
Villedieu-lès-Bailleul
Tournai-sur-Dive
St-Lambert-sur-Dive
Chambois
St-Pierre-la-Rivière
Ménil-Hubert-en-Exmes
St-Evroult-de-Montfort
Montabard
Bailleul
Aubry-en-Exmes
Fel
Avernes-sous-Exmes
Résenlieu
Gacé
La Trinité-des-Laitiers
Cisai-St-Aubin
Occagnes
Sévigny
Forêt de Gouffern
Omméel
Villebadin
Courménil
Coulmer
Commeaux
Argentan
Le Bourg-St-Léonard
Exmes
Orgères
Moulins-sur-Orne
Silly-en-Gouffern
Ginai
Croisilles
Urou-et-Crennes
Sai
Le Pin-au-Haras
Haras National du Pin
Le Ménil-Vicomte
Lignères
Échauffour
Écouché
Fontenai-sur-Orne
Juvigny-sur-Orne
Ménil-Froger
Champ-Haut
Sarceaux
Nonant-le-Pin
St-Germain-de-Clairefeuille
Les Authieux-du-Puits
Le Merlerault
Almenêches
St-Loyer-des-Champs
Fleuré
Tanques
Marmouillé
Godisson
La Genevraie
Vrigny
Médavy
Le Château-d'Almenêches
Avoine
St-Christophe-le-Jajolet
Marcei
Chailloué
Brullemail
Boucé
Montmerrei
Mortrée
Neuville-près-Sées
St-Léonard-des-Parcs
Francheville
La Bellière
Courtomer
Sées
A
B
C
D
1
2
3
4
5
25
34
53
83

Bernay
Broglie
Beaumont-le-Roger
Beaumesnil
Conches-en-Ouche
Breteuil
Rugles
La Ferté-Frênel
L'Aigle
Verneuil-s-Avre
Moulins-la-Marche
St-Clair-d'Arcey
Corneville-la-Fouquetière
Grosley-s-Risle
Barc
Émanville
Barquet
Le Plessis-Ste-Opportune
Berville-la-Campagne
Tilleul-Dame-Agnès
Faverolles-la-Campagne
Louversey
St-Élier
Ste-Marthe
Sébécourt
Collandres-Quincarnon
La Houssaye
Romilly-la-Puthenaye
Le Noyer-en-Ouche
La Ferrière-s-Risle
Ajou
Gouttières
Grandchain
St-Aubin-le-Guichard
St-Aubin-des-Hayes
Landepéreuse
Jonquerets-de-Livet
Ferrières-St-Hilaire
St-Quentin-des-Isles
St-Aubin-le-Vertueux
Ste-Marguerite-en-Ouche
Chamblac
Epinay
La Roussière
Gisay-la-Coudre
La Barre-en-Ouche
Thevray
Champignolles
Le Fidelaire
Bosc-Renoult-en-Ouche
Bois-Anzeray
La Vieille-Lyre
La Neuve-Lyre
Ste-Marguerite-de-l'Autel
Beaubray
Guernanville
Les Baux-de-Breteuil
Neaufles-Auvergny
Bois-Normand-près-Lyre
Chambord
Mesnil-Rousset
N.-D.-du-Hamel
St-Laurent-du-Tencement
Verneusses
Monnai
Mélicourt
St-Denis-d'Augerons
Montreuil-l'Argillé
St-Aquilin-d'Augerons
St-Pierre-de-Cernières
St-Agnan-de-Cernières
La Trinité-de-Réville
Capelle-les-Grands
St-Aubin-du-Thenney
St-Jean-du-Thenney
La Chapelle-Gauthier
La Vespière
Grand-Camp
St-Germain-la-Campagne
St-Mards-de-Fresne
St-Victor-de-Chrétienville
St-Nicolas
Plainville
St-Vincent-du-Boulay
St-Martin-du-Tilleul
Menneval
Villers-en-Ouche
Anceins
Couvains
Marnefer
Glos-la-Ferrière
Juignettes
St-Antonin-de-Sommaire
Ambenay
Bémécourt
Heugon
St-Nicolas-des-Laitiers
Bocquence
Gauville
St-Nicolas-de-Sommaire
La Gonfrière
Touquettes
St-Evroult-N.-D.-du-Bois
St-Symphorien-des-Bruyères
St-Sulpice-sur-Risle
St-Martin-d'Écublei
Chéronvilliers
Chaise-Dieu-du-Theil
Bois-Arnault
La Guéroulde
Francheville
Cintray
Bourth
Chandai
St-Michel-Tubœuf
St-Ouen-sur-Iton
Vitrai-sous-L'Aigle
Mandres
Pullay
Les Barils
Rai
Aube
Beaufai
St-Hilaire-sur-Risle
Ste-Gauburge-Ste-Colombe
Écorcei
Brethel
Crulai
La Chapelle-Viel
Auguaise
Le Ménil-Bérard
Les Aspres
Bonnefoi
Les Genettes
Irai
Beaulieu
Chennebrun
Armentières-s-Avre
St-Christophe-s-Avre
Gournay-le-Guérin
St-Victor-s-Avre
Boissy-lès-Perche
Rohaire
Randonnai
St-Maurice-lès-Charencey
Bonsmoulins
St-Aquilin-de-Corbion
Normandel
Moussonvilliers
La Chapelle-Fortin
Morvilliers
La Mancelière
Maheru
La Ferrière-au-Doyen
Prépotin
Soligny-la-Trappe
La Ventrouze
Lamblore
Forêt de Beaumont
Forêt de Conches
Forêt de Breteuil
Forêt de l'Aigle
Bois de Broglie
Forêt de St-Evroult
Forêt de la Ferté-Frênel
Forêt de Bourth
D 830
D 840
D 833
D 819
D 919
D 926
D 141
D 140
N 12
A 28
E 402
E
F
G
H
35
56
84

0 2 4 6 8 10 km
36
55
85
A
B
C
D
1
2
3
4
5
Évreux
Pacy-s-Eure
Conches-en-Ouche
Damville
St-André-de-l'Eure
Ivry-la-Bataille
Anet
Ézy-s-Eure
Nonancourt
Verneuil-s-Avre
Dreux
Vernouillet
Brezolles
Tillières-s-Avre
St-Lubin-des-Joncherets
St-Rémy-sur-Avre
Aulnay-s-Iton
Gauville-la-Campagne
Arnières-s-Iton
Angerville-la-Campagne
Gravigny
Aviron
Le Vieil-Évreux
Le Val-David
La Trinité
Prey
St-Luc
Garencières
Grossœuvre
Le Plessis-Grohan
Sylvains-les-Moulins
Thomer-la-Sôgne
Jumelles
Les Authieux
Corneuil
Chavigny-Bailleul
Moisville
Coudres
Champigny-la-Futelaye
Lignerolles
Marcilly-la-Campagne
Illiers-l'Évêque
Marcilly-s-Eure
Croth
Saussay
Boncourt
Bréval
Mousseaux-Neuville
Garennes-s-Eure
Breuilpont
Merey
Hécourt
Fains
Aigleville
Chaignes
Ménilles
Croisy-s-Eure
Hardencourt-Cocherel
Houlbec-Cocherel
Jouy-s-Eure
Fontaine-s/s-Jouy
Ste-Colombe-près-Vernon
Autheuil-Authouillet
St-Vigor
Cailly-s-Eure
La Croix-St-Leufroy
Champenard
Normanville
Le Boulay-Morin
St-Germain-des-Angles
Parville
St-Sébastien-de-Morsent
Ferrières-Ht-Clocher
Caugé
Claville
Ormes
Portes
Glisolles
La Bonneville-s-Iton
Gaudreville-la-Rivière
Champ-Dolent
Orvaux
Villalet
Nogent-le-Sec
Manthelon
Le Mesnil-Hardray
Nagel-Séez-Mesnil
Chanteloup
Le Roncenay-Authenay
Gouville
Chambray
Condé-s-Iton
Roman
Buis-s-Damville
Grandvilliers
Droisy
Dame-Marie
St-Nicolas-d'Attez
St-Ouen-d'Attez
L'Hosmes
Piseux
Courteilles
Rueil-la-Gadelière
Bérou-la-Mulotière
Montigny-sur-Avre
Fessanvilliers-Mattanvilliers
Revercourt
Prudemanche
St-Lubin-de-Cravant
Laons
Châtaincourt
Escorpain
Boissy-en-Drouais
Louvilliers-en-Drouais
Allainville
Garancières-en-Drouais
Crécy-Couvé
Aunay-s/s-Crécy
Tréon
Saulnières
Marville-Moutiers-Brûlé
Villemeux-sur-Eure
Chérisy
Ste-Gemme-M.
Mézières-en-D.
Écluzelles
Charpont
Abondant
Serville
St-Georges-Motel
Muzy
Montreuil
Mesnil-s-l'Estrée
Louye
Courdemanche
St-Germain-s-Avre
Vert-en-Drouais
Le Boulay-Mivoye
Le Boulay-Thierry
Maillebois
La Saucelle
Louvilliers-lès-Perche
Forêt d'Évreux
Forêt de Merey
Forêt d'Ivry
Forêt de Dreux
Bois de Bouillets
Bois de Morsent

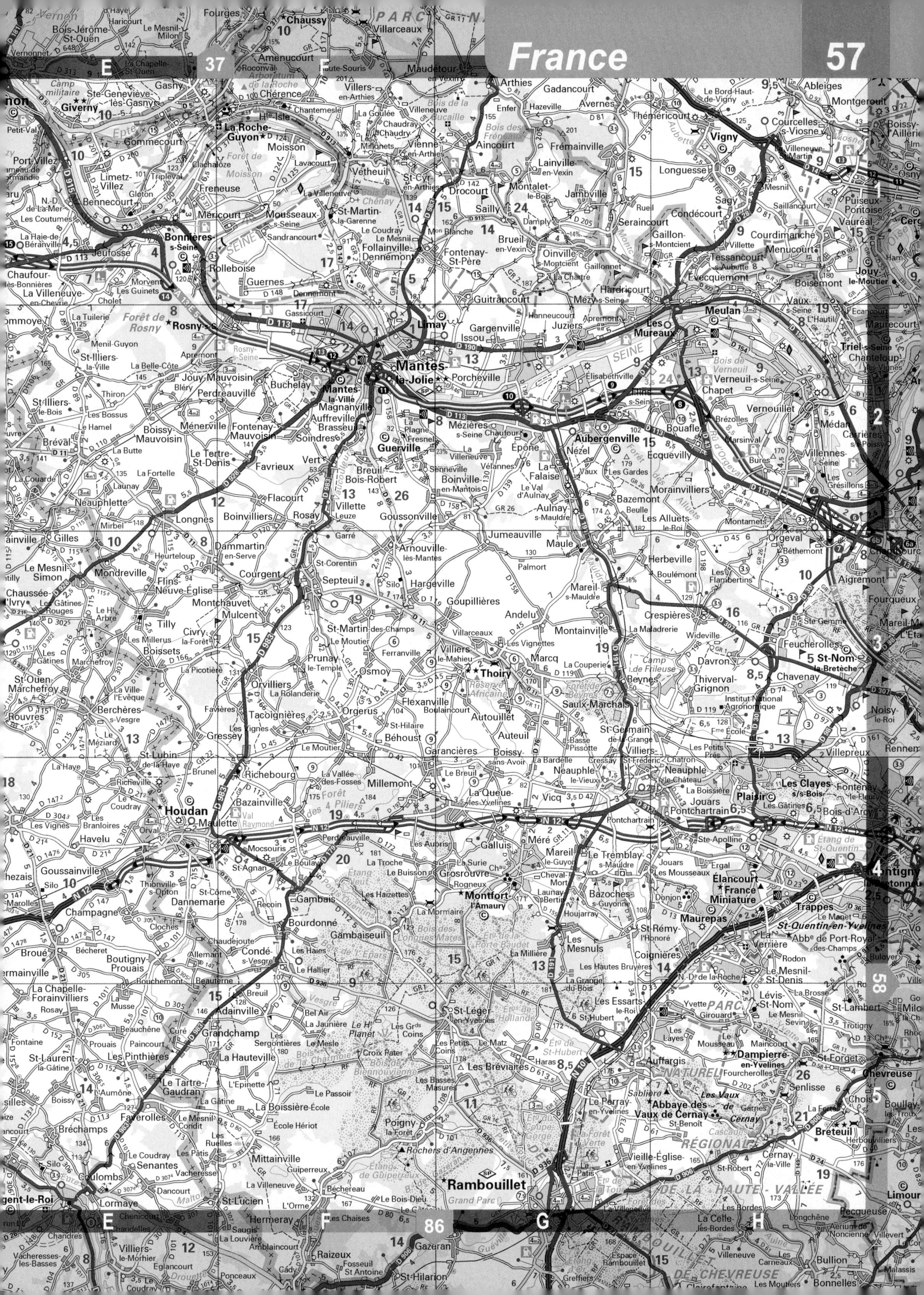
E
37
F
86
G
H
58
1
2
3
4
5
Chaussy
Villarceaux
Giverny
La Roche-Guyon
Gommecourt
Moisson
Vétheuil
Port-Villez
Limetz-Villez
Bennecourt
Freneuse
Méricourt
Mousseaux
Bonnières-s-Seine
Rolleboise
Jeufosse
Chaufour-lès-Bonnières
La Villeneuve-en-Chevrie
Forêt de Rosny
Rosny-s-S
Limay
Mantes-la-Jolie
Mantes-la-Ville
Magnanville
Porcheville
Buchelay
Guerville
Gargenville
Issou
Juziers
Les Mureaux
Meulan
Aubergenville
Épône
Flins-s-Seine
Verneuil-s-Seine
Vernouillet
Triel-s-Seine
Chanteloup
Médan
Villennes-s-Seine
Orgeval
Vigny
Longuesse
Sagy
Condécourt
Arthies
Aincourt
Drocourt
Fontenay-St-Père
Guitrancourt
Bréval
Neauphlette
Longnes
Dammartin-en-Serve
Septeuil
Courgent
Goussonville
Jumeauville
Maule
Montainville
Crespières
Feucherolles
St-Nom-la-Bretèche
Thoiry
Villiers-le-Mahieu
Beynes
Thiverval-Grignon
Plaisir
Les Clayes-s/s-Bois
Houdan
Maulette
Richebourg
Orgerus
Béhoust
Garancières
Neauphle-le-Château
Jouars-Pontchartrain
Élancourt
France Miniature
Maurepas
Trappes
St-Quentin-en-Yvelines
Montfort-l'Amaury
Méré
Galluis
Le Tremblay-s-Mauldre
Coignières
Les Essarts-le-Roi
Gambais
Bourdonné
Condé-s-Vesgre
Adainville
Grandchamp
La Hauteville
St-Léger-en-Yvelines
Les Bréviaires
Le Perray-en-Yvelines
Abbaye des Vaux de Cernay
Dampierre-en-Yvelines
Chevreuse
Senlisse
Cernay-la-Ville
Breteuil
Poigny-la-Forêt
Rambouillet
Rochers d'Angennes
Gazeran
Faverolles
Bréchamps
Coulombs
Nogent-le-Roi
Lormaye
St-Lucien
Hermeray
Raizeux
PARC NATUREL RÉGIONAL DE LA HAUTE-VALLÉE DE CHEVREUSE
SEINE
N 12
N 10
D 983
D 113

0 2 4 6 8 10 km
38
57
87
PARIS
Notre-Dame
Tour Eiffel
ST-DENIS
Basilique
ST-GERMAIN-EN-LAYE
VERSAILLES
Pontoise
Cergy
Cergy-Pontoise
St-Ouen-l'Aumône
Conflans-Ste-Honorine
Poissy
Maisons-Laffitte
Argenteuil
Sartrouville
Houilles
Colombes
Nanterre
Courbevoie
La Défense
Puteaux
Neuilly-s-S.
Rueil-Malmaison
Suresnes
Boulogne-Billancourt
St-Cloud
Sèvres
Meudon
Clamart
Issy-les-M.
Vanves
Malakoff
Montrouge
Bagneux
Châtillon
Fontenay-aux-Roses
Sceaux
Antony
Massy
Palaiseau
Orsay
Les Ulis
Longjumeau
Chilly-Mazarin
Orly
AÉROPORT DE PARIS-ORLY
Rungis
Thiais
Choisy-le-Roi
Vitry-s-Seine
Villejuif
Ivry-s-Seine
Cachan
L'Haÿ-les-Roses
Alfortville
Maisons-Alfort
CRÉTEIL
Vincennes
Montreuil
Bagnolet
Les Lilas
Pantin
Bobigny
Aubervilliers
Drancy
Le Bourget
Aulnay-s/s-Bois
Sevran
Villepinte
Bondy
Le Raincy
Rosny-s/s-Bois
Nogent-s-M.
Champigny-s-M.
St-Maur-des-Fossés
Joinville-le-Pont
Charenton
St-Mandé
Clichy
Levallois-Perret
Asnières
St-Ouen
Gennevilliers
Épinay-s-Seine
Enghien-les-Bains
Montmorency
Sarcelles
Gonesse
Goussainville
Roissy-en-France
AÉROPORT CHARLES DE GAULLE
Écouen
Luzarches
PAYS DE FRANCE
Taverny
Franconville
Ermont
Sannois
Cormeilles-en-Parisis
Herblay
Bezons
Le Vésinet
Chatou
Croissy-s-Seine
Le Chesnay
Vélizy-Villacoublay
Viroflay
Chaville
Guyancourt
Montigny-le-Bretonneux
St-Cyr-l'École
Bièvres
Saclay
Gif-s-Y.
Chevreuse
Limours
Juvisy-s-Orge
Savigny-s-Orge
Athis-Mons
Villeneuve-St-Georges
Montgeron
Draveil
Brunoy
Yerres
Grigny
Ris-Orangis
Ste-Geneviève-des-Bois
EVRY
Montlhéry
Marcoussis
Forêt de Sénart
Forêt de Montmorency
L'Isle-Adam
Auvers-sur-Oise
Villiers-Adam

E
F
G
H
39
88
60
MEAUX
Lagny-s-Marne
Coulommiers
Noisiel
Torcy
Claye-Souilly
Dammartin-en-Goële
Mitry-Mory
Villeparisis
Brie-Comte-Robert
Tournan-en-Brie
Rozay-en-Brie
Crécy-la-Chapelle
Lizy-s-Ourcq
Jouarre
Disneyland Resort Paris
Guermantes
Ferrières-en-Brie
Pontault-Combault
Roissy-en-Brie
Lésigny
Chevry-Cossigny
Fontenay-Trésigny
Chaumes-en-Brie
Faremoutiers
Mortcerf
Villeneuve-le-Comte
Serris
Bailly-Romainvilliers
Esbly
Couilly-Pont-aux-Dames
Trilport
Nanteuil-lès-M.
Sept-Sorts
Pommeuse
Mouroux
Guérard
Dammartin-s-Tigeaux
Voulangis
Montévrain
Chessy
Thorigny-s-Marne
Pomponne
Vaires-s-M.
Bussy-St-Georges
Lognes
Marne-la-Vallée
Gretz-Armainvilliers
Ozoir-la-Ferrière
Favières
Neufmoutiers-en-Brie
La Houssaye-en-Brie
Marles-en-Brie
Presles-en-Brie
Liverdy-en-Brie
Grisy-Suisnes
Coubert
Soignolles-en-Brie
Évry-Grégy-s-Yerres
Solers
Ozouer-le-Voulgis
Courquetaine
Argentières
Bernay-en-Brie
Courtomer
Courpalay
La Chapelle-Iger
Pécy
Vaudoy-en-Brie
Voinsles
Touquin
Pézarches
Lumigny
Hautefeuille
Maupertuis
Saints
St-Augustin
Chailly-en-Brie
Giremoutiers
Maisoncelles-en-Brie
La Haute-Maison
Pierre-Levée
Signy-Signets
Vaucourtois
Sancy
Bouleurs
Coulommes
Boutigny
Villemareuil
Fublaines
Montceaux-lès-M.
Changis-s-Marne
Ussy-s-Marne
Sammeron
Armentières-en-Brie
Isles-les-Meldeuses
Tancrou
Mary-s-Marne
Congis-s-Thérouanne
Varreddes
Germigny-l'Évêque
Poincy
Crégy-lès-Meaux
Chambry
Penchard
Chauconin-Neufmontiers
Villenoy
Trilbardou
Vignely
Charmentray
Précy-s-Marne
Fresnes-s-Marne
Jablines
Annet-s-Marne
Villevaudé
Courtry
Le Pin
Carnetin
Dampmart
Lesches
Coupvray
Montry
Chalifert
St-Germain-s-Morin
Magny-le-Hongre
Coutevroult
Villiers-s-Morin
Quincy-Voisins
Condé-Ste-Libiaire
Isles-lès-Villenoy
Mareuil-lès-Meaux
Montigny
Compans
Nantouillet
Le Plessis-aux-Bois
Iverny
Villeroy
Charny
Messy
St-Mesmes
Gressy
Thieux
Juilly
St-Mard
Villeneuve-s/s-Dammartin
Montgé-en-Goële
Cuisy
Le Plessis-l'Évêque
Monthyon
St-Soupplets
Marchémoret
Rouvres
Othis
Moussy-le-Neuf
Moussy-le-Vieux
Longperrier
Mauregard
Le Mesnil-Amelot
Ève
Lagny-le-Sec
Le Plessis-Belleville
Oissery
St-Pathus
Forfry
Gesvres-le-Chapitre
Marcilly
Barcy
Étrépilly
Trocy-en-Multien
Puisieux
Douy-la-Ramée
Brégy
Vincy-Manœuvre
Le Plessis-Placy
May-en-Multien
Crouy-s-Ourcq
Coulombs-en-Valois
Vendrest
Ocquerre
Cocherel
Jaignes
Chamigny
La Ferté
Forêt de Crécy
Forêt d'Armainvilliers
Forêt de Ferrières
Forêt de Malvoisine
Bois de Lumigny
N 3
N 4
N 36
N 330
N 104
A 4
E 50
D 231
D 402
D 603
D 934
D 619
Guignes
Yèbles
Champdeuil
Moissy-Cramayel
Limoges-Fourches
Lissy
Aubepierre
Gastins

0 2 4 6 8 10 km
A
B
C
D
1
2
3
4
5
40
59
89
Château-Thierry
Montmirail
La Ferté-s/s-Jouarre
Jouarre
Coulommiers
La Ferté-Gaucher
Rebais
Charly-s-M.
Esternay
Villiers-St-Georges
Viels-Maisons
Montreuil-aux-Lions
Condé-en-Brie
Nogent-l'Artaud
Sablonnières
Verdelot
Montfaucon
Essises
Chézy-s-Marne
Nogentel
Étrépilly
Belleau
Bouresches
Lucy-le-Bocage
Coupru
Domptin
Villiers-St-Denis
Saulchery
Crouttes-s-M.
Nanteuil-s-M.
Luzancy
Méry-s-M.
Saâcy-s-M.
Citry
Reuil-en-Brie
Bussières
Orly-s-Morin
St-Cyr-s-M.
St-Ouen-s-Morin
Boitron
Hondevilliers
Doue
St-Germain-s/s-Doue
Chauffry
St-Siméon
St-Rémy-la-Vanne
Jouy-s-Morin
Montolivet
Marchais-en-Brie
Vauchamps
Le Gault-Soigny
Morsains
Champguyon
Réveillon
Neuvy
Châtillon-sur-Morin
Montceaux-lès-Provins
Courgivaux
Sancy-lès-Provins
Cerneux
Beton-Bazoches
Chartronges
Chevru
Leudon-en-Brie
Dagny
Frétoy
Boisdon
Bannost
Courtacon
Augers-en-Brie
Champcenest
Les Marêts
Louan-Villegruis-Fontaine
Beauchery-St-Martin
Voulton
Chenoise
St-Hilliers
Nesle-la-Reposte
Bethon
Dormans
Vincelles
Trélou-s-Marne
Courthiézy
Crézancy
Mézy-Moulins
Fossoy
Brasles
Gland
Chierry
Blesmes
Étampes-s-M.
Essômes-s-Marne
Azy-s-M.
Bonneil
Romeny-s-M.
Pavant
Montlevon
Artonges
Fontenelle-en-Brie
Rozoy-Bellevalle
Viffort
La Chapelle-s-Chézy
Bassevelle
Montmirail
Mécringes
Vendières
L'Épine-aux-Bois
La Celle-s/s-Montmirail
Montdauphin
Villeneuve-s-Bellot
Bellot
Meilleray
Trefols
Le Vézier
Joiselle
Les Essarts-lès-Sézanne
Bergères-s/s-Montmirail
Corrobert
Verdon
La Noue
Les Essarts-le-Vicomte
La Forestière
Bouchy-St-Genest
St-Bon
Villouette
Escardes
Marolles-en-Brie
Choisy-en-Brie
Amillis
Jouy-le-Châtel
Pécy
Vendrest
Coulombs-en-Valois
Dhuisy
Germigny-s/s-Coulombs
Gandelu
Veuilly-la-Poterie
Marigny-en-Orxois
Torcy-en-Valois
Bézu-le-Guéry
D 1003
D 933
D 934
D 407
N 4
D 1
A 4
E 50
T.G.V. EST
AUTOROUTE

Épernay
Hautvillers
Cumières
Damery
Mardeuil
Magenta
Dizy
Ay
Mutigny
Avenay-Val-d'Or
Bisseuil
Tours-s-Marne
Ambonnay
Isse
Condé-sur-Marne
Mareuil-sur-Ay
Oiry
Plivot
Athis
Cherville
Jâlons
Aulnay-s-Marne
Matougues
Chouilly
Pierry
Moussy
Vinay
St-Martin-d'Ablois
Chavot-Courcourt
Cramant
Cuis
Avize
Grauves
Oger
Le Mesnil-sur-Oger
Flavigny
Les Istres-et-Bury
Champigneul-Champagne
Pocancy
St-Mard-lès-Rouffy
Rouffy
Vouzy
Thibie
Villeneuve-Renneville-Chevigny
Vertus
Voipreux
Chaintrix-Bierges
Bergères-lès-Vertus
Mont Aimé
Trécon
Vélye
Germinon
Villeseneux
Soudron
Clamanges
Pierre-Morains
Écury-le-Repos
Morains
Normée
Lenharrée
Vassimont-et-Chapelaine
Haussimont
Sommesous
Connantray-Vaurefroy
Fère-Champenoise
Connantre
Euvy
Montépreux
Gourgançon
Semoine
Mailly-le-Camp
Corroy
Ognes
Pleurs
Gaye
Marigny
Angluzelles-et-Courcelles
Thaas
Faux-Fresnay
Salon
Villiers-Herbisse
Herbisse
Champfleury
Courcemain
St-Saturnin
La Chapelle-Lasson
Sézanne
Chichey
Saudoy
Queudes
Barbonne-Fayel
St-Remy-sous-Broyes
Linthelles
Linthes
Allemant
Broyes
Lachy
Mondement-Montgivroux
Broussy-le-Grand
Broussy-le-Petit
Bannes
Reuves
Oyes
Soizy-aux-Bois
Talus-St-Prix
Villevenard
Courjeonnet
Coizard-Joches
Congy
Baye
Le Thoult-Trosnay
Champaubert
Fèrebrianges
Étoges
Beaunay
Loisy-en-Brie
Étréchy
Givry-lès-Loisy
Soulières
Vert-la-Gravelle
Toulon-la-Montagne
Montmort-Lucy
Mareuil-en-Brie
Orbais-l'Abbaye
Suizy-le-Franc
Corribert
Le Baizil
Chaltrait
Villers-aux-Bois
Gionges
Moslins
Morangis
Mancy
Monthelon
Brugny-Vaudancourt
Igny-Comblizy
Festigny
Nesle-le-Repons
Leuvrigny
Œuilly
Boursault
Vauciennes
Troissy
Châtillon-s-Marne
Vandières
Verneuil
Forêt d'Épernay
Forêt de Vertus
Marais de St-Gond
VATRY

0 2 4 6 8 10 km
C
42
D
A
B
91
C
D
61
1
2
3
4
5
Mont Plémont
Vadenay
Cuperly
Bussy-le-Château
La Croix-en-Champagne
Somme-Tourbe
Bionne
Les Grandes-Loges
St-Hilaire-au-Temple
Mont Gravonne
Dampierre-au-Temple
Camp d'Attila
La Cheppe
St-Remy-sur-Bussy
Le Vieux-Bellay
La Chapelle-Felcourt
Auve
St-Mard-s-Auve
AUTOROUTE DE L'EST
Aigny
Vraux
Juvigny
La Veuve
Centre Routier
St-Étienne-au-Temple
Mont de la Savelonnière
Mont de Charme
La Grande Romanie
Lycée agricole
Tilloy-et-Bellay
Poste de Somme-Vesle
Le Neuf-Bellay
Herpont
T.G.V. EST
Aulnay-s-Marne
Le Lac des Grands Prés
Recy
Melette
La Maison-Neuve
St-Julien
Courtisols
Somme-Vesle
Chaussée Romaine
Matougues
St-Martin-sur-le-Pré
St-Gibrien
La Folie
L'Épine
St-Memmie
Poix
St-Georges
Les Cours-Brûlées
Villers-le-Château
Fagnières
CHÂLONS-EN-CHAMPAGNE
La Malassise
St-Pierre
Compertrix
Longevas
Moivre
Thibie
Mont-Choisy
Coolus
Sarry
Marson
St-Jean-sur-Moivre
Coupéville
Le Fresne
Fréculs
Bussy-le-Repos
La Saux
St-Laurent
Sogny-aux-Moulins
Moncetz-Longevas
Les Ormes
Chepy
Notre Dame
Écury-sur-Coole
St-Germain-la-Ville
Dampierre-sur-Moivre
Francheville
La Motte-Hériton
Cheniers
Mairy-s-Marne
Bronne
Nuisement-sur-Coole
Mont Toisé
Vésigneul-s-Marne
Pogny
Mentarah
Les Quatre-Chemins
Vanault-le-Châtel
Bellevue
Breuvery-s-Coole
Vaugency
Mandre
Togny-aux-Bœufs
St-Quentin-sur-Coole
Vouciennes
Omey
La Chaussée-sur-Marne
Aulnay-l'Aître
La Cense-des-Prés
Bassu
Soudron
Cernon
Vitry-la-Ville
Cheppes-la-Prairie
Coulmier
Coulvagny
Lisse-en-Champagne
Coupetz
St-Martin-aux-Champs
St Amand-sur-Fion
Vavray-le-Petit
Vatry
Songy
Ablancourt
Bassuet
Vavray-le-Grand
Bussy-Lettrée
Fontaine
St-Lumier-en-Champagne
Vésigneul
Soulanges
Silos
Pringy
St-Quentin-les-Marais
Changy
VATRY
Lettrée
Faux-Vésigneul
Le Mont Larron
Gravelines
Outrepont
Le Buisson
Drouilly
Mont de Fourche
Merlaut
Ponthion
Dommartin-Lettrée
Maisons-en-Champagne
Loisy-s-Marne
Vitry-en-Perthois
Brusson
Sommesous
Notre-Dame
Couvrot
Plichancourt
Soudé
Ste-Croix
Coole
St-Étienne
Canal
Dompremy
Reims-la-Brûlée
Tournay
Favresse
Sommesous
Blacy
Vitry-le-François
Vauclerc
Glannes
Marolles
Villotte
Thiéblemont-Farémont
Écriennes
Huiron
Forêt de Vauhalaise
Frignicourt
Luxémont-et-Villotte
Courdemanges
Mont Moret
Châtelraould-St-Louvent
Bignicourt-sur-Marne
Goncourt
Poivres
Sompuis
La Galbaudine
La Croix
St-Louvent
Blaise-s/s-Arzillières
Norrois
Matignicourt-Goncourt
Mailly-Camp
La Breuille
Cloyes-s-Marne
Camp militaire
La Certine
Perthes
Les Rivières-Henruel
Arzillières-Neuville
Moncetz-l'Abbaye
Humbauville
Neuville-sous-Arzillières
Larzicourt
Tharges
Le Meix-Tiercelin
Les Mandres
Henruel
Isle-sur-Marne
Orphelinat
St-Chéron
Flumet
St-Genest
St-Remy-en-Bouzemont-St-Genest-et-Isson
Les Monts Torlors
Arrigny
Trouans
de Mailly
St-Ouen-Domprot
La Verpillière
La Malmaison
Bussy-aux-Bois
Gigny-Bussy
Bois de Bussy
Isson
Dosnon
Petit-Paris
St-Étienne
Presqu'île de Larzicourt

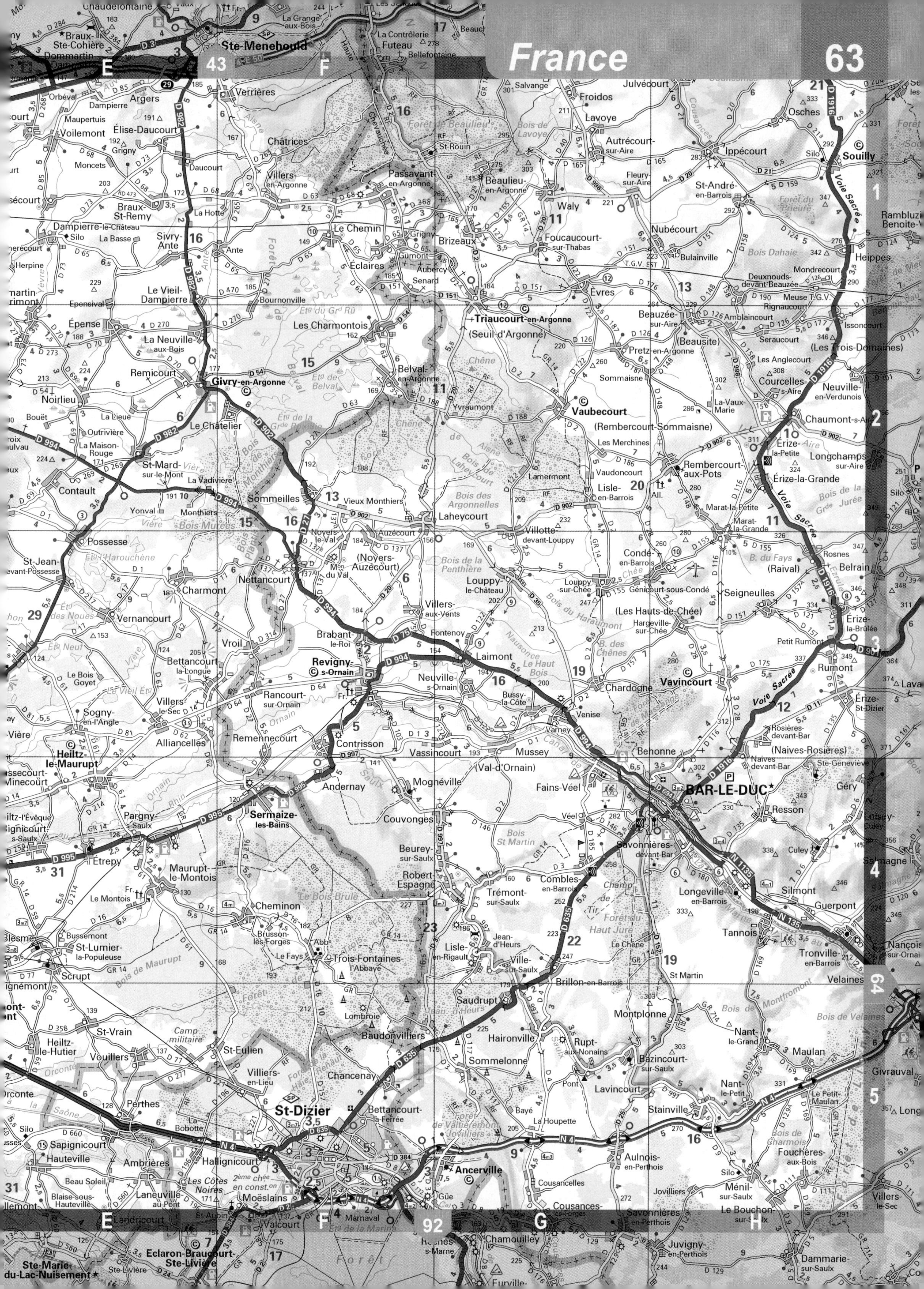
Ste-Menehould
Verrières
Argers
Élise-Daucourt
Châtrices
Villers-en-Argonne
Passavant-en-Argonne
Beaulieu-en-Argonne
Froidos
Lavoye
Julvécourt
Autrécourt-sur-Aire
Ippécourt
Osches
Souilly
Voie Sacrée
Waly
St-André-en-Barrois
Nubécourt
Foucaucourt-sur-Thabas
Brizeaux
Le Chemin
Éclaires
Sivry-Ante
Dampierre-le-Château
Le Vieil-Dampierre
Évres
Triaucourt-en-Argonne
(Seuil-d'Argonne)
Beauzée-sur-Aire
(Beausite)
Pretz-en-Argonne
Les Charmontois
Épense
La Neuville-aux-Bois
Remicourt
Givry-en-Argonne
Noirlieu
Belval-en-Argonne
Yvraumont
Vaubecourt
(Rembercourt-Sommaisne)
Courcelles-s-Aire
Neuville-en-Verdunois
Chaumont-s-Aire
Le Châtelier
St-Mard-sur-le-Mont
Contault
Sommeilles
Laheycourt
Lisle-en-Barrois
Rembercourt-aux-Pots
Érize-la-Petite
Longchamps-sur-Aire
Érize-la-Grande
Possesse
Noyers-Auzécourt
Villotte-devant-Louppy
Condé-en-Barrois
Seigneulles
Belrain
Nettancourt
Charmont
Louppy-le-Château
Vernancourt
Vroil
Villers-aux-Vents
Brabant-le-Roi
Revigny-s-Ornain
Laimont
Érize-la-Brûlée
Rumont
Bettancourt-la-Longue
Neuville-s-Ornain
Chardogne
Vavincourt
Sogny-en-l'Angle
Villers-le-Sec
Rancourt-sur-Ornain
Bussy-la-Côte
Heiltz-le-Maurupt
Alliancelles
Remennecourt
Contrisson
Vassincourt
Mussey
(Val-d'Ornain)
Behonne
Naives-devant-Bar
Andernay
Mognéville
Fains-Véel
BAR-LE-DUC
Resson
Géry
Pargny-s-Saulx
Sermaize-les-Bains
Couvonges
Beurey-sur-Saulx
Savonnières-devant-Bar
Étrepy
Maurupt-le-Montois
Robert-Espagne
Trémont-sur-Saulx
Combles-en-Barrois
Longeville-en-Barrois
Silmont
Guerpont
Cheminon
Tannois
St-Lumier-la-Populeuse
Trois-Fontaines-l'Abbaye
Lisle-en-Rigault
Ville-sur-Saulx
Brillon-en-Barrois
Tronville-en-Barrois
Velaines
Scrupt
Saudrupt
Montplonne
Nant-le-Grand
Maulan
St-Vrain
Heiltz-le-Hutier
St-Eulien
Baudonvilliers
Haironville
Rupt-aux-Nonains
Sommelonne
Bazincourt-sur-Saulx
Villiers-en-Lieu
Chancenay
Lavincourt
Nant-le-Petit
Perthes
St-Dizier
Bettancourt-la-Ferrée
Stainville
Hallignicourt
Ancerville
Aulnois-en-Perthois
Fouchères-aux-Bois
Moëslains
Cousances-les-Forges
Ménil-sur-Saulx
Eclaron-Braucourt-Ste-Livière
Savonnières-en-Perthois
Juvigny-en-Perthois
Dammarie-sur-Saulx
France
63
43
92
64

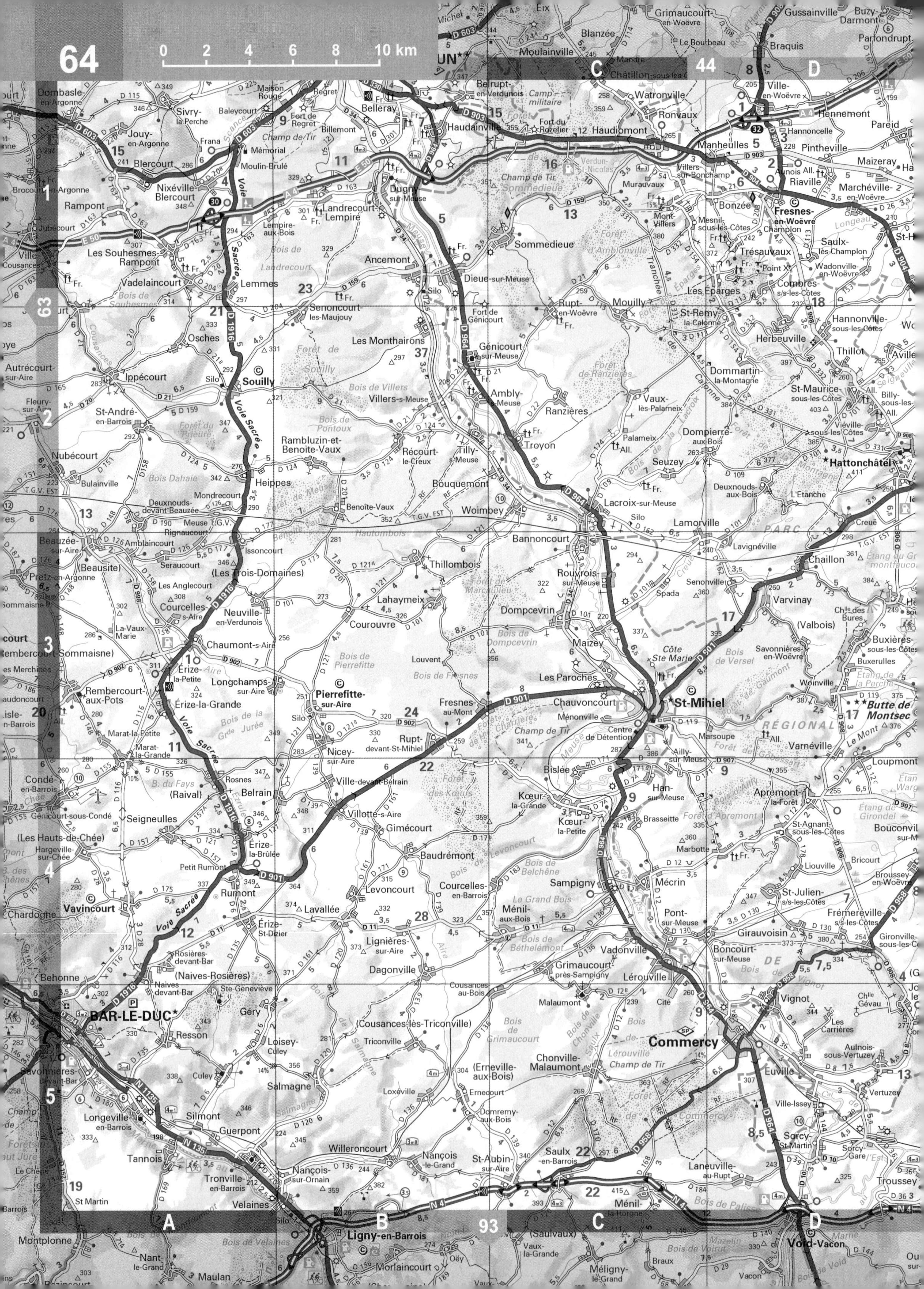
0 2 4 6 8 10 km
44
93
63
A
B
C
D
1
2
3
4
5
Verdun
Dombasle-en-Argonne
Sivry-la-Perche
Jouy-en-Argonne
Blercourt
Nixéville-Blercourt
Rampont
Haudainville
Belrupt-en-Verdunois
Haudiomont
Watronville
Ronvaux
Manheulles
Fresnes-en-Woëvre
Dugny-sur-Meuse
Sommedieue
Dieue-sur-Meuse
Génicourt-sur-Meuse
Les Éparges
Souilly
Voie Sacrée
Villers-s-Meuse
Ambly-sur-Meuse
Troyon
Hattonchâtel
Lacroix-sur-Meuse
Heippes
Benoîte-Vaux
Woimbey
Bannoncourt
Rouvrois-sur-Meuse
Thillombois
Chaillon
Varvinay
Dompcevrin
Pierrefitte-sur-Aire
St-Mihiel
Chauvoncourt
Butte de Montsec
Érize-la-Petite
Érize-la-Grande
Longchamps-sur-Aire
Rupt-devant-St-Mihiel
Ville-devant-Belrain
Villotte-s-Aire
Apremont-la-Forêt
Bislée
Kœur-la-Grande
Kœur-la-Petite
Sampigny
Mécrin
Pont-sur-Meuse
Vavincourt
Lavallée
Ménil-aux-Bois
Vadonville
Lérouville
Boncourt-sur-Meuse
BAR-LE-DUC
Behonne
Naives-devant-Bar
Resson
Loisey-Culey
Commercy
Vignot
Euville
Savonnières-devant-Bar
Longeville-en-Barrois
Tannois
Silmont
Guerpont
Salmagne
Tronville-en-Barrois
Velaines
Nançois-sur-Ornain
Willeroncourt
St-Aubin-sur-Aire
Saulx-en-Barrois
Ménil-la-Horgne
Laneuville-au-Rupt
Sorcy-St-Martin
Ligny-en-Barrois
Void-Vacon
Montplonne
Nant-le-Grand
Maulan
Morlaincourt
Méligny-le-Grand
PARC RÉGIONAL

METZ
NANCY
Pont-à-Mousson
Thiaucourt-Regniéville
Chambley-Bussières
Dieulouard
Pompey
Liverdun
Frouard
Nomeny
Verny
TOUL
Jarny
Montigny-lès-M.
Ars-s-Moselle
Gorze
Novéant-s-Moselle
Blénod-lès-Pont-à-Mousson
Domèvre-en-Haye
Malzéville
St-Max
Essey-lès-N.
Tomblaine
Laxou
Vandœuvre-lès-N.
Villers-lès-N.
Jarville-la-Malgrange
Champigneulles
Maxéville
Custines
Marbache
Mars-la-Tour
Vionville
Rezonville
Gravelotte
Flirey
Beaumont
Mamey
Montauville
Maidières
Atton
Loisy
Belleville
Millery
Faulx
Malleloy
Eulmont
Agincourt
Dommartemont
Seichamps
Pouilly
Marly
Cuvry
Fleury
Peltre
Louvigny
Cheminot
Vittonville
Arry
Lorry-Mardigny
Pagny-s-Moselle
Prény
Vandières
Norroy-lès-Pont-à-Mousson
Villers s/s-Prény
Jaulny
Xammes
Beney-en-Woëvre
Pannes
Euvezin
Essey et-Maizerais
Nonsard-Lamarche
St-Baussant
Lahayville
Richecourt
Seicheprey
Mandres-aux-Quatre-Tours
Rambucourt
Bernécourt
Grosrouvres
Minorville
Manonville
Noviant-aux-Prés
Martincourt
Gézoncourt
Rogéville
Tremblecourt
Manoncourt-en-Woëvre
Royaumeix
Sanzey
Andilly
Avrainville
Ménil-la-Tour
Jaillon
Bouvron
Francheville
Villey-St-Étienne
Aingeray
Sexey-les-Bois
Velaine-en-Haye
Fontenoy-s-Moselle
Gondreville
Lagney
Lucey
Bruley
Pagney-derrière-Barine
Écrouves
Dommartin-lès-Toul
Villey-le-Sec
Chaudeney-sur-Moselle
Choloy-Ménillot
Foug
Lay-St-Remy
Trondes
Laneuveville-derrière-Foug
Boucq
Pagny-s-Meuse
Heillecourt
Houdemont
Laneuveville-devant-N.
Brabois
Maréville
Bosserville
Saulxures-lès-Nancy
Pulnoy
Fort du Vieux Canton
Forêt de Haye
Bois de Faulx
Forêt de l'Avant-Garde
Forêt de Puvenelle
Forêt de la Reine
LORRAINE
NATUREL
Lac de Madine
Moselle
Butte de Mousson
Metz-Nancy Lorraine
Lorraine T.G.V.
A 31
E 21
E 23
D 903
D 952
D 904
D 958
D 611
D 910
D 657
D 907
D 901
D 400
D 955
D 913
45
94
99
E
F
G
H
1
2
3
4
5

0 2 4 6 8 10 km
METZ
NANCY
Montigny-lès-M.
Pange
Courcelles-Chaussy
Bionville-s-Nied
Raville
Fouligny
Guinglange
Faulquemont
Laudrefang
Tritteling-Redlach
Peltre
Jury
Laquenexy
Courcelles-sur-Nied
Pouilly
Chesny
Marly
Fleury
Cuvry
Mécleuves
Sorbey
Lemud
Ancerville
Chanville
Voimhaut
Rémilly
Vittoncourt
Adaincourt
Han-sur-Nied
Herny
Many
Arriance
Mainvillers
Vahl-lès-Faulquemont
Adelange
Chémery
Thicourt
Thonville
Eincheville
Landroff
Brulange
Arraincourt
Vatimont
Holacourt
Suisse
Destry
Baronville
Morhange
Orny
Verny
Pournoy-la-Grasse
Chérisey
Pontoy
Beux
Béchy
Luppy
Flocourt
St-Epvre
Baudrecourt
Lesse
Chenois
Liéhon
Goin
Pagny-lès-Goin
Sillegny
Louvigny
Vigny
Buchy
Solgne
Tragny
Thimonville
Morville-s-Nied
Lucy
Secourt
Sailly-Achâtel
Moncheux
Juville
Bacourt
Frémery
Chicourt
Villers-s-Nied
Marthille
Bréhain
Achain
Pévange
Cheminot
St-Jure
Vulmont
Raucourt
Éply
Mailly-s-Seille
Phlin
Foville
Liocourt
Xocourt
Prévocourt
Hannocourt
Oron
Bellange
Château-Bréhain
Haboudange
Dalhain
Port-s-Seille
Clémery
Rouves
Abaucourt
Thézey-St-Martin
Alaincourt-la-Côte
Puzieux
Tincry
Viviers
Fonteny
Vannecourt
Nomeny
Delme
Donjeux
Laneuveville-en-Saulnois
Burlioncourt
Bénicourt
Létricourt
Aulnois-s-Seille
Lemoncourt
Oriocourt
Gerbécourt
Vaxy
Puttigny
Dédeling
Château-Voué
Chenicourt
Fossieux
Malaucourt-sur-Seille
Jallaucourt
Fresnes-en-Saulnois
Château-Salins
Amelécourt
Hampont
Jeandelaincourt
Ajoncourt
Arraye-et-Han
Manhoué
Coutures
Morville-lès-Vic
Haraucourt-sur-Seille
Moivrons
Armaucourt
Aboncourt-sur-Seille
Grémecey
Vic-sur-Seille
Salonnes
Marsal
Landremont
Sivry
Belleau
Millery
Bratte
Leyr
Lanfroicourt
Bey-sur-Seille
Bioncourt
Attilloncourt
Pettoncourt
Chambrey
Moyenvic
Juvelize
Custines
Malleloy
Faulx
Montenoy
Bouxières-aux-Chênes
Brin-sur-Seille
Moncel-sur-Seille
Lezey
Pompey
Amance
Mazerulles
Champenoux
Sornéville
Bezange-la-Grande
Xanrey
Juvrecourt
Bouxières-aux-Dames
Eulmont
Laître-s/s-Amance
Dommartin-s/s-Amance
Laneuvelotte
Erbéviller-sur-Amezule
Athienville
Arracourt
Réchicourt-la-Petite
Frouard
Champigneulles
Lay-St-Christophe
Agincourt
Dommartemont
Malzéville
St-Max
Essey-lès-N.
Seichamps
Velaine-s/s-Amance
Cerville
Pulnoy
Hoéville
Réméréville
Serres
Bathelémont-lès-Bauzemont
Bures
Coincourt
Tomblaine
Saulxures-lès-Nancy
Buissoncourt
Courbesseaux
Gellenoncourt
Valhey
Parroy
Laxou
Villers-lès-N.
Jarville-la-Malgrange
Drouville
Bauzemont
Hénaménil
Vandœuvre-lès-N.
Lenoncourt
Haraucourt
Einville-au-Jard
Raville-s-Sânon
Art-s-Meurthe
Varangéville
Laneuveville-devant-N.
Maixe
Bienville-la-Petite
Crion
Sionviller
Crévic
La Rochelle
A
B
C
D
1
2
3
4
5
46
95
65

47
96
68
E
F
G
H
Hombourg-Haut
Farébersviller
Puttelange-aux-Lacs
Sarralbe
Remering-lès-Puttelange
Grostenquin
Albestroff
Sarre-Union
Keskastel
Drulingen
Fénétrange
Mittersheim
Dieuze
Sarrebourg
Réchicourt-le-Château
Lorquin
Abreschviller
Parc animalier
Forêt de Fénétrange
PARC NATUREL RÉGIONAL
LORRAINE
Étang de Lindre
Gr. Étang de Mittersheim
Plan incliné

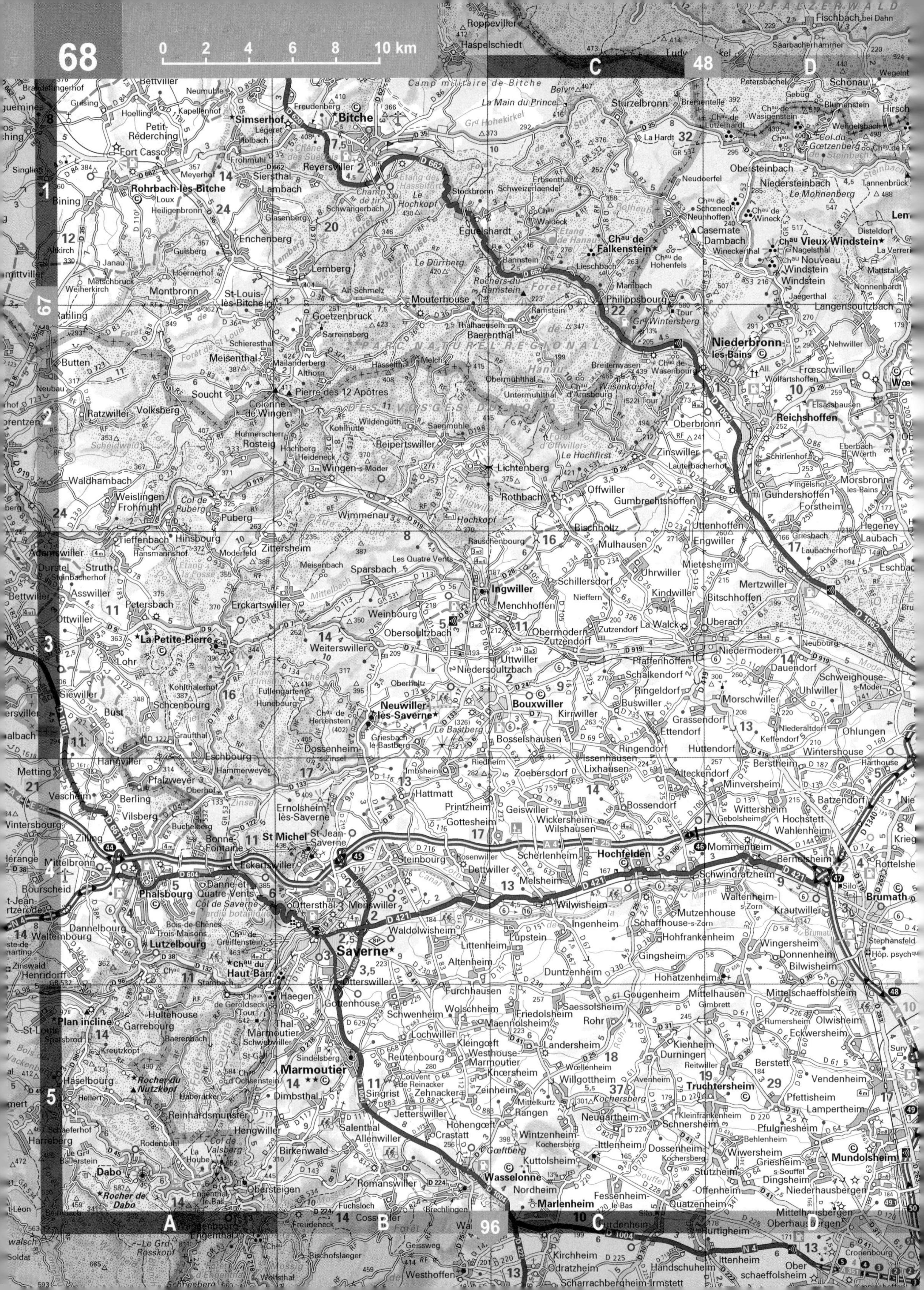
0 2 4 6 8 10 km
PFÄLZERWALD
Camp militaire de Bitche
Bitche
Simserhof
Rohrbach-lès-Bitche
Fischbach bei Dahn
Schönau
Sturzelbronn
Ch^au de Falkenstein
Ch^au Vieux Windstein
Philippsbourg
Niederbronn-les-Bains
Reichshoffen
Mouterhouse
Goetzenbruck
St-Louis-lès-Bitche
Meisenthal
Baerenthal
PARC NATUREL RÉGIONAL DES VOSGES DU NORD
Pierre des 12 Apôtres
Wingen-s-Moder
Lichtenberg
Ingwiller
La Petite-Pierre
Neuwiller-lès-Saverne
Bouxwiller
Phalsbourg
Saverne
Ch^au du Haut-Barr
Lutzelbourg
Hochfelden
Brumath
Plan incliné
Marmoutier
Truchtersheim
Wasselonne
Marlenheim
Dabo
Rocher de Dabo
Mundolsheim
Mommenheim
Wingersheim
A B C D
1 2 3 4 5
48 67 96

Wissembourg
Lauterbourg
Seebach
Hunspach
Hoffen
Soultz-s/s-Forêts
Seltz
Rastatt
Haguenau
Soufflenheim
Bischwiller
Drusenheim
Gambsheim
La Wantzenau
Achern
Bühl
Sinzheim
BADEN-BADEN
BADEN-AIRPARK
Rheinmünster
Rheinau
Freistett
Kehl
Schiltigheim
Bischheim
STRASBOURG
Renchen
Gaggenau
Durmersheim
Rheinstetten
Malsch
Kuppenheim
Iffezheim
Hügelsheim
Lichtenau
Ottersweier
Sasbach
Kappelrodeck
Seebach
Hornisgrinde
Mummelsee
Schwarzwald-Hochstraße
Schwarzwald-Tälerstraße
Forêt de Haguenau
Forêt de Wissembourg
Col du Pigeonnier
Fleckenstein
Maximiliansau
Hagenbach
Büchelberg
Neuburg
Kandel
Bienwald
Rhein
E
F
G
H
49
97

0 2 4 6 8 10 km
A
B
C
D
1
2
3
4
5
74
Pointe de Pont
Chapelle
Méneham
Plateau d'Amand ar Ross
Karrec-Hir
La Digue
Théven
Boutrouilles
St-Egarec
Rudoloc
Neis-Vran
Lanhir
L'Île Vierge
La Grève Blanche
St-Michel
Le Libenter
Î. Stagadon
Î. Venan
Kelerdut
Île Penenès
Grève du Vougot
Chenal de l'Aber Wrac'h
Lilia
Église
Iliz-Koz
Grève de Zorn
Curnic
Nodéven
Guissény
Tréguenn
Kerbrezant
Î. de la Croix
Î. Vrac'h
Lanvaon
Leuré
Kerhornaouen
Kervaro
Presqu'île de St-Marguerite
Î. Cézon
St-Cava
Dunes
Î. d'Erch
Perros
Plouguerneau
Keroudern
Brendaouez
Lavengat
Île Guenioc
Poulloc
B. des Anges
L'Aber-Wrac'h
20
Croas-ar-Gall
Î. Tariec
Ste-Anne
Antéren
Corn Carhai
Roches de Portsall
Rosservor
Î. du Bec
Île Trevors
Î. Garo
Gouvent
St-Antoine
Kerdélant
St-Frégant
Île Carne
Tumulus
Dunes de Corn-ar-Gazel
Brouënnou
Landéda
Paluden
Le Grouanec
Lanneunval
Kernouë
Porsguen
Croix-Rouge
Kerouartz
Keradennec
Île Verte
Treompan
Lampaul-Ploudalmézeau
Prat-ar-Coum
Prat-Paul
Lannébeur
Penmarch
Guiquelleau
Roches d'Argenton
Trémazan
St-Pabu
Lannilis
Kernilis
Kergolestr
St-Samson
Portsall
Aber Benoît
Pellan
Bar-ar-Lan
Stréat-Veur
Diouris
Pointe de Landunvez
Kerlanou
Kersaint
Kéraredéau
16
Croas-Kerzu
Penfoul
St-Gonvel
10
Landunvez
Ploudalmézeau
13
Treglonou
3
Moulin-du-Châtel
Menez-Bras
Loc-Brévalaire
Le Folgoët
Île d'Iock
Le Four
Argenton
St-Roch
Tariec
Kérouné
Kergrac'h
Lanarvily
Presqu'île St-Laurent
Kernevez
Kerantour
Plouvien
St-Jean-Balanant
Landouzan
Le Drennec
Porspoder
Keroustat
Kergastel
14
Plouguin
St-Jaoua
Plourin
Kérivinoc
Locmaria
Les Liniou
Larret
13
Couloudouarn
Trémobian
Coat-Méal
Kerdalaes
Pentreff
Coat-Elez
Lestanet
Kergadiou
18
Breventoc
Île Melon
Melon
Tréouergat
St-Urfold
Bourg-Blanc
Plabennec
Le Leuhan
Kerangueven
15
Lanildut
Brélès
15
Pen-an-Dreff
23
Rocher du Crapaud
Guipronvel
Tollan
Kergroadès
Lanrivoaré
Les Trois Curés
Fuzoret
Porscave
Aber-Ildut
Lanorven
Grève de Gouérou
Brescanvel
Lesquelen
Lannon
Lanvenec
Milizac
Tumulus
Porspaul
Lampaul-Plouarzel
St-Eloi
Kéranflech
Kergoat
Mendy
22
Keralias
Les Plâtresses
Kérivot
Gouesnou
Lanvélar
Île Ségal
Lokornou-Vian
12
Kervalguen
Kersaint-Plabennec
Faix
Chenal de la Helle
Trézien
Plouarzel
Kervéatoux
Guilers
Bohars
Kervao
St-Divy
Pointe de Corsen
Ruscumunoc
Kerloas
Porsmoguer
Lamber
Tromeur
Loscoat
La Haye
Kerouzien
Cohars
Langongar
Trégorff
Grand-Kervao
Kergaradec
Guipavas
La Forest-Landerneau

E
F
1
2
Île-de-Batz
Trou du Serpent
Le Ru
Chapelle Ste-Anne
Jardin exotique
Pnte de Perharidy
Roscoff
Jardin exotique
Le Pouldu
Santec
Île de Sieck
an Annec
Théven-Kerbrat
Bougourouan
Dossen
Moguériec
Poulfoën
Kerfissien
Plage des Chardons Bleus
Sémaphore
Brignogan-Plages
Le Garo
Plage du Lividic
Goueltoc
Grève de Frouden
St-Eden
Forban
Plages de Pors-Meur et de Pors-Guen
Grève de Goulven
Baie de Kernic
Kérurus
Plounéour-Trez
Maison des Dunes
Keremma
Rocher
Lannurien
Plouescat
Tronjoly
Brélénévez
Kérider
Leur-ar-Bagan
Kersauson
Kersaint
St-Maudez
Kérouzéré
Kerbrat
Bois de Santec
Laber
Keradennec
Keragon
Kersaliou
St-Pol-de-Léon
Rocher Ste-Anne
Pempoul
Kernevez
La Madeleine
Trégor
Croissant-de-Plougoulm
Kerisnel
Plougoulm
Cléder
Sibiril
Lanneusfeld
Tregondern
Carantec
Île Callot
Route submersible
Chaise du Curé
Chau du Taureau
Î. Noire
Pnte de Pen-al-Lann
Cairn de Barnenez
Baie de Morlaix
Rade de Morlaix
Pnte de Diben
Le Diben
Pointe de
Rochers
Primel-Tr
Le Guerzit
St-Samson
Kerbiguet
Plougasnou
Kerenot
Terenez
Kermebel
Pont-Plaincoat
Kerbabu
Kersaint
Kerléhénen
St-Gonven
Kergaradec
Woallas
Mesgouez
Kervélégant
Plouezoc'h
Trodibon
St-Antoine
Le Dourduff
Dourduff
St-Julien
Kerozal
Locquénolé
Kerdanet
Kermen
La Lande
Pont de la Corde
Henvic
Les Bruyères
Taulé
Penzé
Lanugy
Pen-an-Traon
Trefeunteuniou
Ploujean
Keranroux
Penquer
N.D. de la Victoire
St-Martin-des-Champs
Morlaix
Ste-Sève
Kerivin
St-Fiacre
Stang
Ruplouénan
Kerlaudy
Plouénan
Mespaul
Pont-Eon
Lopreden
Kertanguy
Kermancouez
Forêt de Lannuzouarn
Keruzoret
Plouvorn
Croix-Neuve
Penhoat
Lambader
Croas-ar-Born
Kerilly
Kerbrat
Moulin-Neuf
Kerguédal
Kergoat
Guiclan
Hellin
Coatilezec
Kervenarc'hant
Vallon-du-Pont
Penvern
Vieux Moulin
Coat-Miniou
Pleyber-Christ
Lespodou
Kergalein
Trégunvez
Bodister
Le Cloître-St-Thégonnec
Kergrenn
Ste-Brigitte
Kervern
Coat-Losquet
Kerlissien
Kerzéan
Lanveur
Pont-Christ
Kerdézant
Moulin-du-Chatel
Fme Mee du Léon
Tréflaouénan
Kermenguy
Kervren
Ste-Catherine
Quéran
Maillé
Chau de Kergornadeac
Kerdrein
Meslein
Kerouez
Trézilidé
Mengleus
Berven
Plouzévédé
Kervigodou
St-Vougay
Kerjean
Trévilin
Plougar
Trémagon
Coativellec
Plougourvest
Kerlidou
La Poterie
Guerjean
Penn ar Vali
Locmenven
St-Derrien
Kéryvon
Langéoguer
Lesveoc
Kernoter
Guerruas
Kerlaer
Bodilis
Base aéronavale
Kervoanec
Goulven
Tréflez
Mezonan
Lochrist
Gare de Tréflez
Kérus
Plounévez-Lochrist
Croazou
Runeven
Mouster
Kerizinen
Plouider
Kergunic
Pont-du-Châtel
Kerguélen
Pontéalet
Lanhouarneau
Lesneven
Porléach
St-Méen
Kérilien
Trégarantec
Traonien-Querné
Kergroas
Lichen
Locmélar
Bellevue
Trébodennic
Kergoff
Kergongar
Kerfelgar
Pont Neuf
Plounéventer
Trémaouézan
Château
St-Servais
Kérivin
Lanneuffret
Kériel
Quinquis
Landivisiau
Kerbenéat
Moulin de Brézal
Créach-Miloc
Plouédern
Chlle de Pont-Christ
Runhuel
St-Eloi
Botiguery
St-Derbot
La Roche-Maurice
Mescoat
Kerriou
Traonien
Lampaul-Guimiliau
St-Jacques
Kermat
St-Thégonnec
Silo
Guimiliau
Pen-ar-Vern
Roch-Fily
Kergréven
Loc-Eguiner
Kérousal
Penhoat-Huen
Landerneau
Kernévez
Ploudiry
Croix-Rouge
Loc-Eguiner-St-Thégonnec
La Martyre
Le Traon
St-Antoine
Kerroc'h
Locmélar
Perros
Goazeuzen
St-Sauveur
Boscornou
Dirinet
Kermaria
Le Queff
Chapelle
Pencran
Kerambellec
Le Plessis
Penmerguès
Quillien
Kerbrian
Coatélan
Quélern
La Croix-de-
Plourin-lès-Morlaix
Ste-Geneviève
Kerozar
Kervolaugar
St-André
Kerissant
72
75
G
H
3
4
5

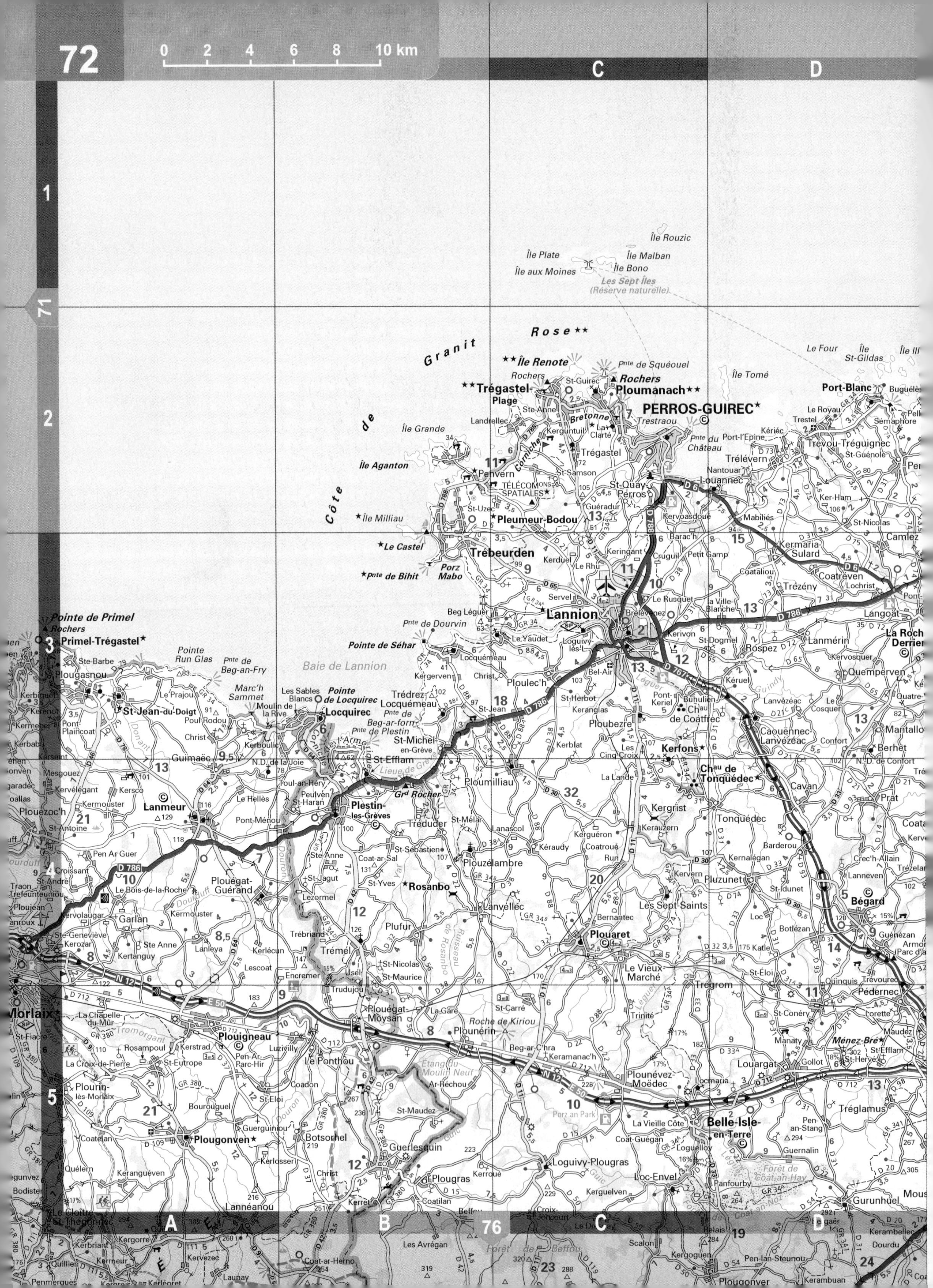
0 2 4 6 8 10 km
C
D
1
2
3
4
5
71
A
B
76
C
D
Île Rouzic
Île Plate
Île Malban
Île aux Moines
Île Bono
Les Sept Îles
(Réserve naturelle)
Rose ★★
Granit
de
Côte
★★Île Renote
Pnte de Squéouel
Rochers
★★Trégastel-Plage
Rochers
Ploumanach★★
PERROS-GUIREC★
Trestraou
Pnte du Château
Île Tomé
Le Four
Île St-Gildas
Port-Blanc
Trévou-Tréguignec
Trélévern
Louannec
Île Grande
Île Aganton
Pleumeur-Bodou
TÉLÉCOMMUNICATIONS SPATIALES
Pleumeur-Bodou
Île Milliau
Le Castel
Trébeurden
Porz Mabo
Pnte de Bihit
Lannion
Pnte de Dourvin
Pointe de Séhar
Baie de Lannion
Pointe de Primel
Rochers
Primel-Trégastel★
Pointe Run Glas
Pnte de Beg-an-Fry
Marc'h Sammet
Pointe de Locquirec
Locquirec
Plougasnou
St-Jean-du-Doigt
Lanmeur
Plestin-les-Grèves
St-Michel-en-Grève
St-Efflam
Lieue de Grève
Grd Rocher
Tréduder
Ploumilliau
Plouzélambre
Rosanbo
Lanvellec
Plufur
Trémel
Ploubezre
Kerfons★
Chau de Coatfrec
Chau de Tonquédec★
Tonquédec
Rospez
Caouënnec-Lanvézéac
Cavan
Pluzunet
Les Sept-Saints
Plouaret
Le Vieux-Marché
Bégard
Pédernec
Ménez-Bré★
Tregrom
Louargat
Belle-Isle-en-Terre
Plounévez-Moëdec
Loc-Envel
Loguivy-Plougras
Plougras
Guerlesquin
Botsorhel
Plougonven★
Plourin-lès-Morlaix
Morlaix
Plouigneau
Plouégat-Moysan
Plounérin
Roche de Kiriou
Étang du Moulin Neuf
Plouégat-Guérand
Garlan
Forêt de Coat-an-Hay
Gurunhuel
Trézény
Coatréven
Langoat
Lanmérin
Quemperven
Mantallot
Berhet
Prat
Tréglamus
Le Cloître-St-Thégonnec
Lannéanou
Plougonver
Forêt de Beffou
Scalon
D 786
N 12
E 50
D 767
D 6

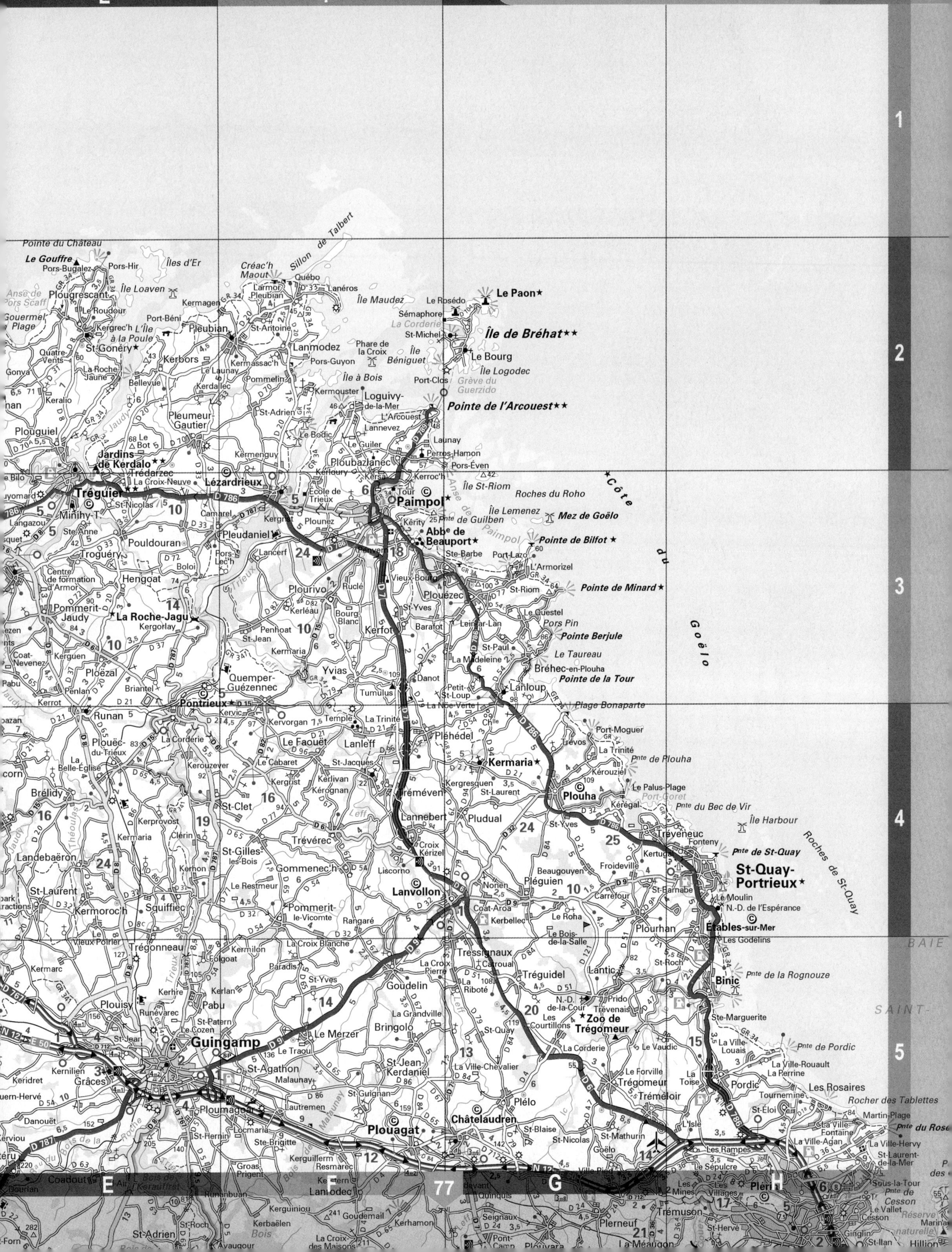
E
F
G
H
1
2
3
4
5
Pointe du Château
Le Gouffre
Pors-Hir
Îles d'Er
Sillon de Talbert
Créac'h Maout
Plougrescant
Île Loaven
Pleubian
Île Maudez
Le Paon
Île de Bréhat
Le Bourg
Île Logodec
Lanmodez
Phare de la Croix
Île Béniguet
Île à Bois
Port-Clos
Grève du Guerzido
Loguivy-de-la-Mer
Pointe de l'Arcouest
Kerbors
St-Gonéry
Pleumeur-Gautier
Plouguiel
Jardins de Kerdalo
Tréguier
Lézardrieux
Trédarzec
Paimpol
Ploubazlanec
Île St-Riom
Roches du Roho
Île Lemenez
Mez de Goëlo
Pointe de Bilfot
Pointe de Minard
Côte du Goëlo
Abbe de Beauport
Anse de Paimpol
Pleudaniel
Pouldouran
Minihy-T.
Hengoat
Pommerit-Jaudy
La Roche-Jagu
Plourivo
Kerfot
Plouézec
Pointe Berjule
Le Taureau
Bréhec-en-Plouha
Pointe de la Tour
Lanloup
Ploëzal
Quemper-Guézennec
Pontrieux
Runan
Yvias
Plage Bonaparte
Port-Moguer
Pnte de Plouha
Plouha
Kermaria
Plouëc-du-Trieux
Lanleff
Le Faouët
Pléhédel
Tréméven
Brélidy
St-Clet
Lannebert
Pludual
Tréveneuc
Île Harbour
Pnte du Bec de Vir
Pnte de St-Quay
St-Quay-Portrieux
Roches de St-Quay
Landebaëron
St-Gilles-les-Bois
Trévérec
Gommenec'h
Lanvollon
Pléguien
Étables-sur-Mer
St-Laurent
Squiffiec
Kermoroc'h
Pommerit-le-Vicomte
Tressignaux
Plourhan
Trégonneau
Goudelin
Tréguidel
Lantic
Binic
Pnte de la Rognouze
Baie de Saint-Brieuc
Plouisy
Pabu
Bringolo
Zoo de Trégomeur
Guingamp
St-Agathon
Le Merzer
St-Jean-Kerdaniel
Ste-Marguerite
Pnte de Pordic
Pordic
Les Rosaires
Rocher des Tablettes
Trégomeur
Tréméloir
Plélo
Châtelaudren
Plouagat
Ploumagoar
Grâces
Plérin
Pnte du Roselier
St-Brieuc
Trémuson
Plerneuf
Lanrodec
77

0 2 4 6 8 10 km
70
98
A
B
C
D
1
2
3
4
5
ÎLE D'OUESSANT ★★★
Île de Keller
Pte de Cadoran
Pte de Bac'haol
Stiff
Baie du Stiff
Porz Yusin
Frugullou
Kergadou
Niou-Uhella
Penn-Arlan
Men-Korn
Lampaul
Porz Arlan
Kergoff
Feunteun
Velen
Porsguen
Pointe de Pen-ar-Roc'h
Pointe de Porz Doun
Baie de Lampaul
de Pern
Nividic
La Jument
PARC
Passage du Fromveur
Kéréon
Île de Bannec
La Helle
Le Faix
Les Plâtresses
Île de Balanec
Les Trois Pierres
Lédénès de Molène
Petit Port
Île-Molène
NATUREL
Les Pierres Vertes
Lédénès de Quéménès
Île de Trielen
Île de Lytiry
Île de Quéménès
Île de Morgol
Les Serroux
RÉGIONAL
Île de Béniguet
D'ARMORIQUE
Les Pierres Noires
Kervourdc
Chaussée des Pierres Noires
Chenal de la Helle
Chenal du Four
Île Ségal
Pointe de Corsen
Les Liniou
Île Melon
Rocher du Crapaud
Porscave
Grève de Gouérou
Porspaul
Presqu'île St-Laurent
Porspoder
Le Four
Île d'Iock
St-Samson
Pointe de Landunvez
Portsall
Bar-ar-Lan
Kersaint
Kerlanou
Ploudalmé
Landunvez
Argenton
Kergastel
Keroustat
St-Roch
Plourin
Coulouldoua
Larret
Kergadiou
Melon
Lanildut
Brélès
Kergroadès
Lanrivoaré
Aber Ildut
Brescanvel
Lanvenec
Kéranflec
Lampaul-Plouarzel
St-Eloi
Lokornou-Vian
Trézien
Ruscumunoc
Plouarzel
Kervéatoux
Kerloas
Lamber
Porsmoguer
Kerouzien
Cohars
Grève de Porsmoguer
Kerhornou
Kervadéza
Pont-L'Hôpital
Langongar
Ploumoguer
Illien
Kerzévéon
Plouzané
Plage des Blancs Sablons
Lanfeust
Moguérou
Kerscao
Grande-Vinotière
L'Îlette
Kergounan
St-Sébastien
Pte de Kermorvan
Trébabu
Goasmeur
Kerfili
Locmaria-Plouzané
Le Conquet
Berbouguis
Pte des Renards
D 789
Plage de Porsliogan
Lochrist
Kérinou
Porsmilin
Trégana
Kersalaün
Trez-Hir
Stèles
Toulbroc'h
Anse de Bertheaume
★★Pointe de St-Mathieu
Plougonvelin
Pte du Grand Minou
St-Mathieu
Abbatiale
Pointe de Creac'h-Meur
Pointe du Petit Minou
Les Vieux Moines
Goulet
Pointe des Capucins
Pointe du Grand Gouin
Pointe du Toulinguet
La Parquette
Alignements de Lagatjar
Camaret-sur-Mer
Veryach
★★★Pointe de Penhir
Lannilie
Chenal du Corbeau
Chenal du Petit Leac'h
Les Tas de Pois
Château de Dinan
★★Pointe de Dinan
Lost-
Plage de la Pa
★Cap de la Ch
Tévennec
Ar Men
PARC
NATUREL
RÉGIONAL
Île-de-Sein
★★Pointe du Van
Pointe de Castelmeur
★Pointe de Brézellec
Pte de Penharn
Réserve du Cap Sizun
Moulin de Kerharo
St-They
Kermeur
Mescran
Baie des Trépassés
Cléden-Cap-Sizun
Goulien
Lannourec
Lesven
la Vieille

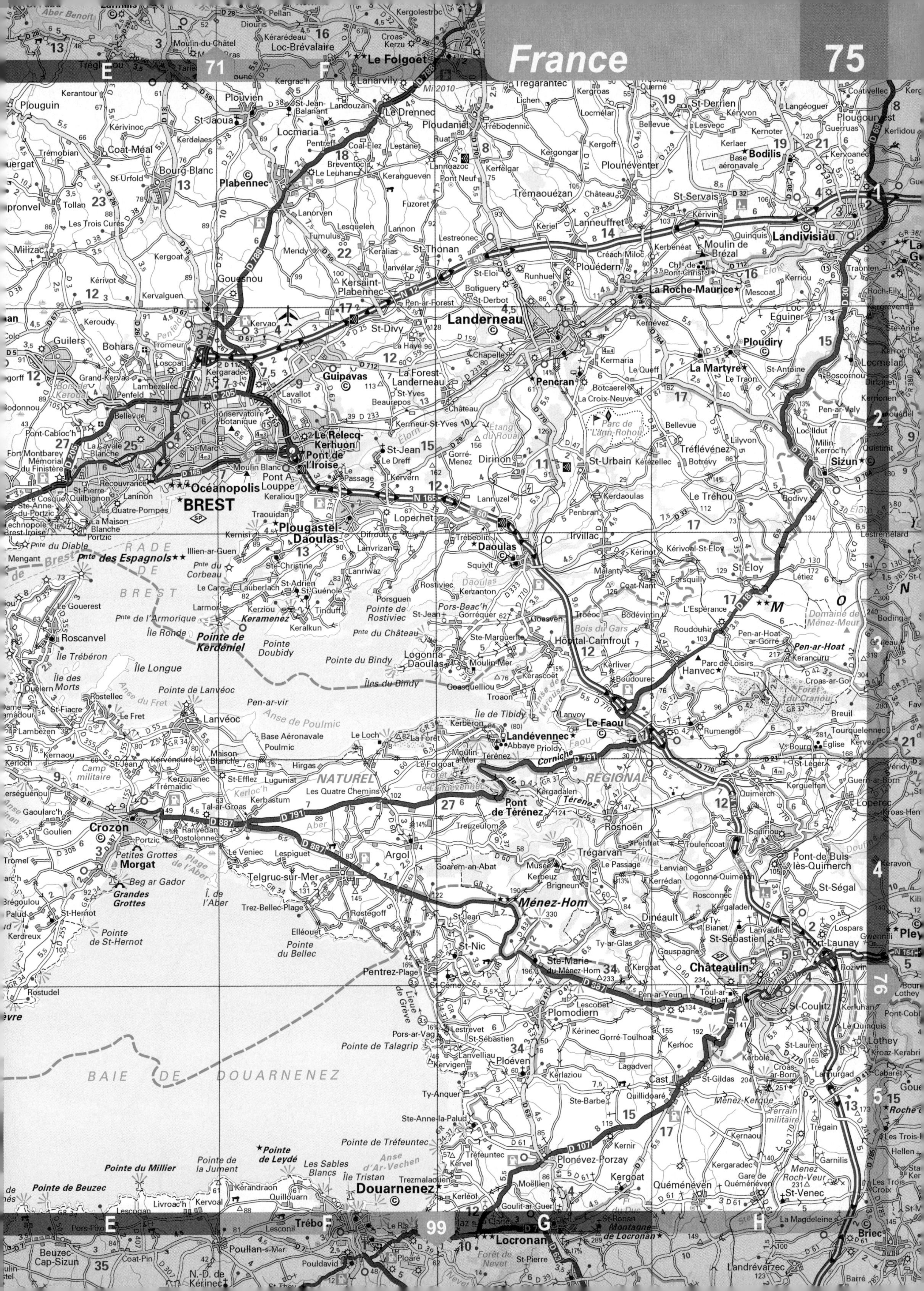
BREST
Océanopolis
Plougastel-Daoulas
Le Relecq-Kerhuon
Guipavas
Gouesnou
Plabennec
Bourg-Blanc
Guilers
Bohars
Landerneau
La Roche-Maurice
Landivisiau
Sizun
Ploudiry
La Martyre
Pencran
Dirinon
Daoulas
Logonna-Daoulas
Hôpital-Camfrout
Hanvec
Le Faou
Landévennec
Rosnoën
Pont de Térénez
Crozon
Morgat
Camaret
Roscanvel
Lanvéoc
Telgruc-sur-Mer
Argol
Ménez-Hom
Dinéault
Châteaulin
Pont-de-Buis-lès-Quimerch
Port-Launay
Plomodiern
Ploéven
Cast
Plonévez-Porzay
Douarnenez
Locronan
Kergoat
Quéménéven
St-Venec
Briec
Beuzec-Cap-Sizun
Poullan-sur-Mer
Le Folgoët
Loc-Brévalaire
Plouvien
Ploudaniel
Plounéventer
Bodilis
Plougourvest
Pointe des Espagnols
Rade de Brest
Baie de Douarnenez
Pointe de Kerdéniel
Île Longue
Pointe de Lanvéoc
Île de Tibidy
Parc de Lann-Rohou
Forêt du Cranou
Parc Naturel Régional
Pointe de Talagrip
Pointe de Tréfeuntec
Pointe de Leydé
Pointe du Millier
Pointe de Beuzec
Pointe de St-Hernot
Pointe du Bellec
Pentrez-Plage
Ste-Anne-la-Palud
Les Sables Blancs
Île Tristan
Montagne de Locronan
Mt Arrée
E
F
G
H
71
99
76
N 12
N 165
N 164
E 50
E 60
D 887
D 791
D 788
D 770
D 107

0 2 4 6 8 10 km
Morlaix
Plougonven
Plouigneau
Plourin-lès-Morlaix
Pleyber-Christ
St-Thégonnec
Guimiliau
Lampaul-Guimiliau
Guiclan
Le Cloître-St-Thégonnec
Loc-Eguiner-St-Thégonnec
Plounéour-Ménez
Commana
Sizun
Botsorhel
Guerlesquin
Plougras
Lannéanou
Scrignac
Bolazec
Plourac'h
Berrien
La Feuillée
Roc Trévezel
Botmeur
Brennilis
Huelgoat
Locmaria-Berrien
Poullaouen
Loqueffret
St-Herbot
Brasparts
St-Rivoal
Montagne St-Michel
Lannédern
Plouyé
Collorec
Plonévez-du-Faou
Le Cloître-Pleyben
Pleyben
Landeleau
Kergloff
Plounévézel
Carhaix-Plouguer
Cléden-Poher
St-Hernin
Spézet
N.-D. du Crann
Châteauneuf-du-Faou
Lennon
St-Thois
Gouézec
Roche du Feu
Domaine de Trévarez
Laz
St-Goazec
Motreff
Tréogan
Gourin
Edern
Briec
PARC NATUREL RÉGIONAL D'ARMORIQUE
MONTS D'ARRÉE
MONTAGNES NOIRES
Réservoir de St-Michel
Forêt de Huelgoat
Yeun-Elez
Aulne
A B C D
71 75 100

72
E
F
Plouaret
Guingamp
Belle-Isle-en-Terre
Pédernec
Ménez-Bré
Louargat
Plounévez-Moëdec
Tréglamus
Gurunhuel
Moustéru
Coadout
Plouisy
Grâces
Ploumagoar
St-Agathon
Plouagat
Châtelaudren
Bringolo
Goudelin
Loguivy-Plougras
Loc-Envel
Forêt de Coat-an-Hay
Plougonver
La Chapelle-Neuve
Bourbriac
St-Adrien
Avaugour
St-Péver
Pont-Melvez
Bulat-Pestivien
Calanhel
Callac
St-Servais
Maël-Pestivien
Duault
Magoar
Kerien
Kerpert
St-Gilles-Pligeaux
St-Connan
Senven-Léhart
St-Gildas
Le Vieux-Bourg
Peumerit-Quintin
Lanrivain
St-Nicodème
Gorges du Corong
Locarn
Trémargat
Gorges de Toul-Goulic
St-Nicolas-du-Pélem
Canihuel
Corlay
Le Haut-Corlay
Kergrist-Moëlou
Maël-Carhaix
Plounévez-Quintin
Ste-Tréphine
St-Igeaux
Plussulien
St-Mayeux
Rostrenen
Plouguernével
Glomel
Paule
Gouarec
Laniscat
Gorges du Daoulas
St-Gelven
Caurel
Mûr-de-Bretagne
Lac de Guerlédan
St-Aignan
Mellionnec
Lescouët-Gouarec
Plélauff
Perret
Ste-Brigitte
La Trinité-Langonnet
Plouray
Silfiac
Kergrist
St-Gilles-Vieux-Marché
N 12
E 50
D 787
D 790
N 164
101
G
H
78

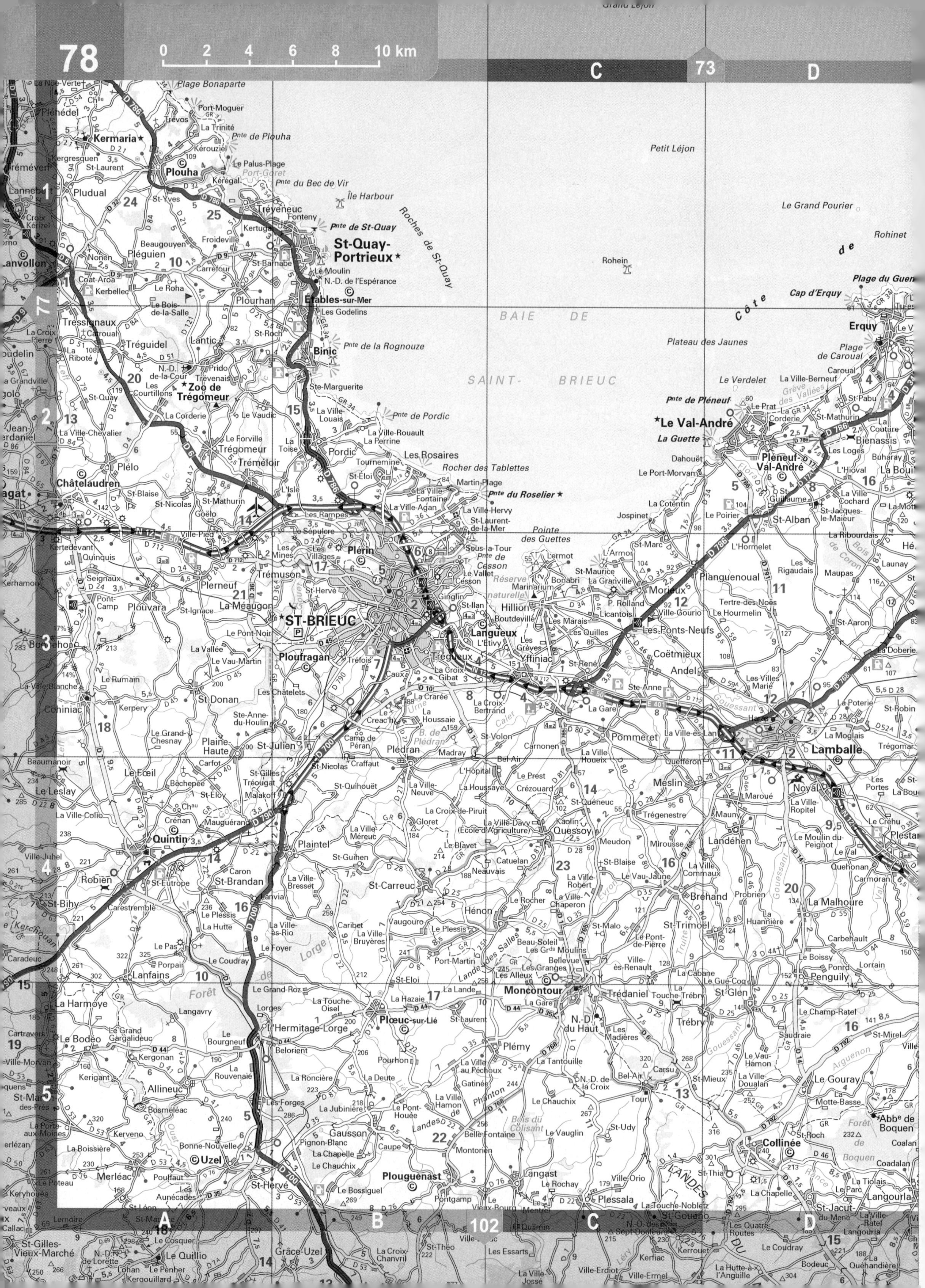
0 2 4 6 8 10 km
C
73
D
77
102
A
B
C
D
1
2
3
4
5
Plage Bonaparte
Port-Moguer
Pnte de Plouha
Kermaria
Plouha
Le Palus-Plage
Port-Goret
Pnte du Bec de Vir
Île Harbour
Roches de St-Quay
Pnte de St-Quay
St-Quay-Portrieux
Étables-sur-Mer
N.-D. de l'Espérance
Tréveneuc
Lanvollon
Pléguien
Plourhan
Pludual
Binic
Pnte de la Rognouze
Lantic
Tréguidel
Zoo de Trégomeur
Trégomeur
Trémeloir
Pordic
Pnte de Pordic
Les Rosaires
Rocher des Tablettes
Pnte du Roselier
Martin-Plage
Plélo
Châtelaudren
Tressignaux
BAIE DE
SAINT- BRIEUC
Petit Léjon
Le Grand Pourier
Rohinet
Rohein
Côte de
Plage du Guen
Cap d'Erquy
Erquy
Plateau des Jaunes
Plage de Caroual
Le Verdelet
Pnte de Pléneuf
Le Val-André
La Guette
Dahouët
Pléneuf-Val-André
St-Alban
Bienassis
Pointe des Guettes
Plérin
Pnte de Cesson
Cesson
Réserve naturelle
Hillion
Trémuson
ST-BRIEUC
Plerneuf
Plouvara
Ploufragan
Langueux
Yffiniac
Trégueux
Morieux
Planguenoual
Coëtmieux
Andel
Les-Ponts-Neufs
Lamballe
Pommeret
Noyal
Plédran
St-Julien
St-Donan
Quintin
Le Fœil
Plaintel
St-Carreuc
Quessoy
Meslin
Landéhen
Hénon
St-Brandan
Moncontour
Trédaniel
Plœuc-sur-Lié
L'Hermitage-Lorge
Forêt de Lorge
Lanfains
Plémy
Trébry
Bréhand
St-Trimoël
La Malhoure
Penguily
St-Glen
Allineuc
Uzel
Gausson
Plouguenast
Langast
Plessala
Collinée
Le Gouray
Langourla
Merléac
Grâce-Uzel
Le Quillio
St-Gouéno
Landes du Mené
Forêt de Boquen
Abbe de Boquen
St-Hervé
N 12
E 50
E 401
D 786
D 700
D 790

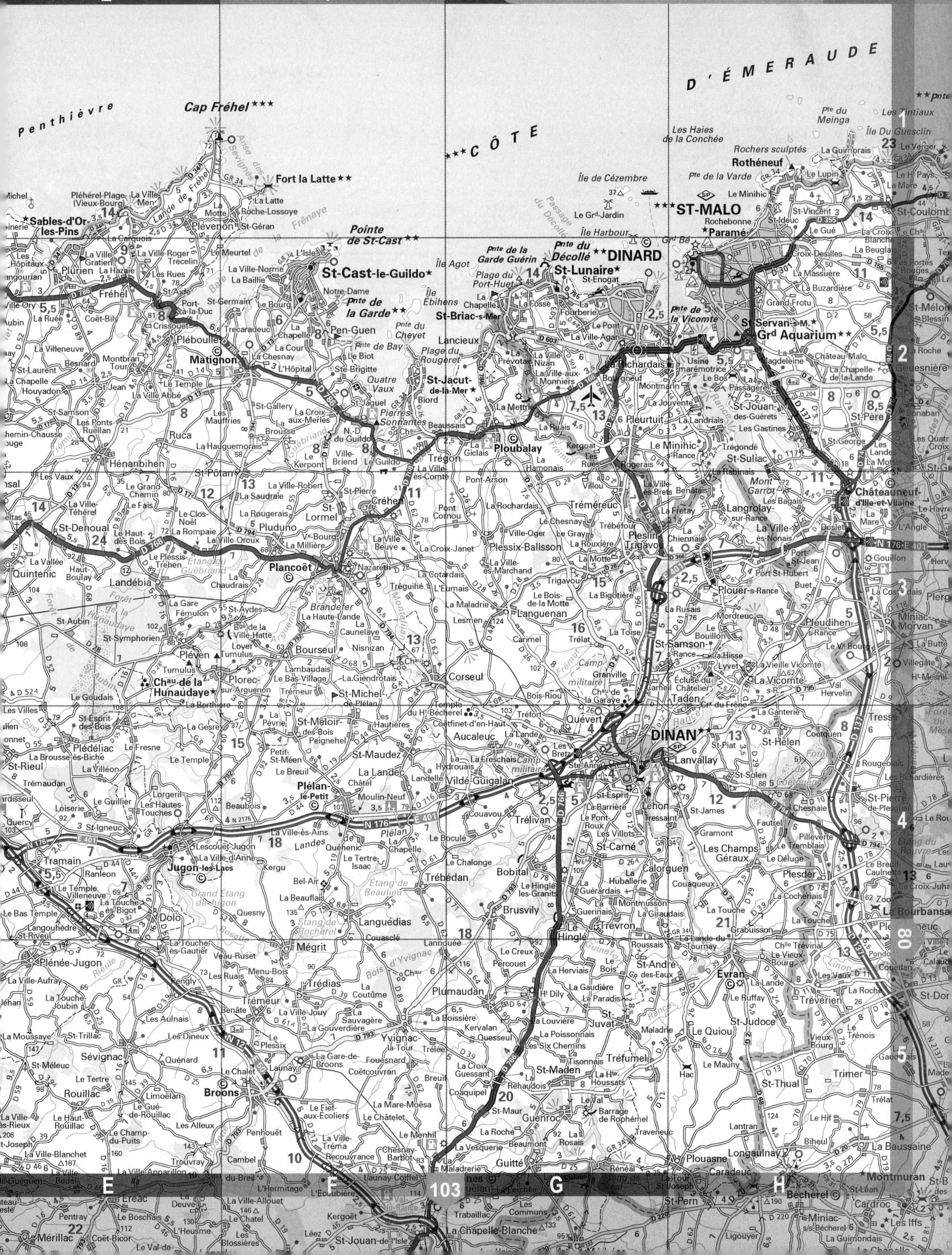
E
F
G
H
1
2
3
4
5
80
103
Penthièvre
Cap Fréhel ★★★
Fort la Latte ★★
CÔTE D'ÉMERAUDE
Pointe de St-Cast ★★
St-Cast-le-Guildo ★
Pnte de la Garde ★★
Pnte de la Garde Guérin
Pnte du Décollé ★★
DINARD
St-Lunaire ★
St-Briac-s-Mer
Lancieux
St-Jacut-de-la-Mer ★
ST-MALO
Paramé
Rothéneuf
Rochers sculptés
Pte de la Varde
Pte du Meinga
Les Haies de la Conchée
Île de Cézembre
Île Harbour
Île Agot
Île Ébihens
St-Servan-s-M.
Grd Aquarium ★★
Pnte de la Vicomte
La Richardais
Usine marémotrice
Pleurtuit
Le Minihic-s-Rance
St-Suliac
Mont Garrot
Châteauneuf-d'Ille-et-Vilaine
Sables-d'Or-les-Pins
Pléhérel-Plage-(Vieux-Bourg)
Plurien
Fréhel
Matignon
Pléboulle
Ruca
Hénanbihen
St-Pôtan
Pluduno
Créhen
St-Lormel
Plancoët
Ploubalay
Trégon
Beaussais
Pierres-Sonnantes
Quintenic
Landébia
St-Denoual
Plessix-Balisson
Trémereuc
Pleslin-Trigavou
Langrolay-sur-Rance
Plouër-s-Rance
Pleudihen-s-Rance
Miniac-Morvan
Languenan
Corseul
Bourseul
Pléven
Chau de la Hunaudaye ★
Plorec-sur-Arguenon
St-Michel-de-Plélan
Plédéliac
St-Rieul
Tramain
Jugon-les-Lacs
Plélan-le-Petit
Vildé-Guigalan
Aucaleuc
Quévert
DINAN ★★
Lanvallay
Taden
La Vicomte-s-R.
St-Samson-s-Rance
St-Hélen
Léhon
Trélivan
St-Carné
Calorguen
Les Champs-Géraux
Plesder
Dolo
Plénée-Jugon
Mégrit
Languédias
Trébédan
Brusvily
Le Hinglé
Trévron
Evran
St-André-des-Eaux
Trédias
Plumaudan
Yvignac-la-Tour
Sévignac
Rouillac
Broons
Tréfumel
St-Maden
St-Juvat
Le Quiou
St-Judoce
Tréverien
St-Thual
Guenroc
Guitté
Plouasne
Longaulnay
Bécherel
Montmuran
Trimer
Caulnes
Mérillac
St-Jouan-de-l'Isle
La Chapelle-Blanche
St-Pern
Miniac-s-Bécherel
Les Iffs
N 176
E 401
N 12
N 137
D 786
D 768
D 766
D 794
D 793
D 795

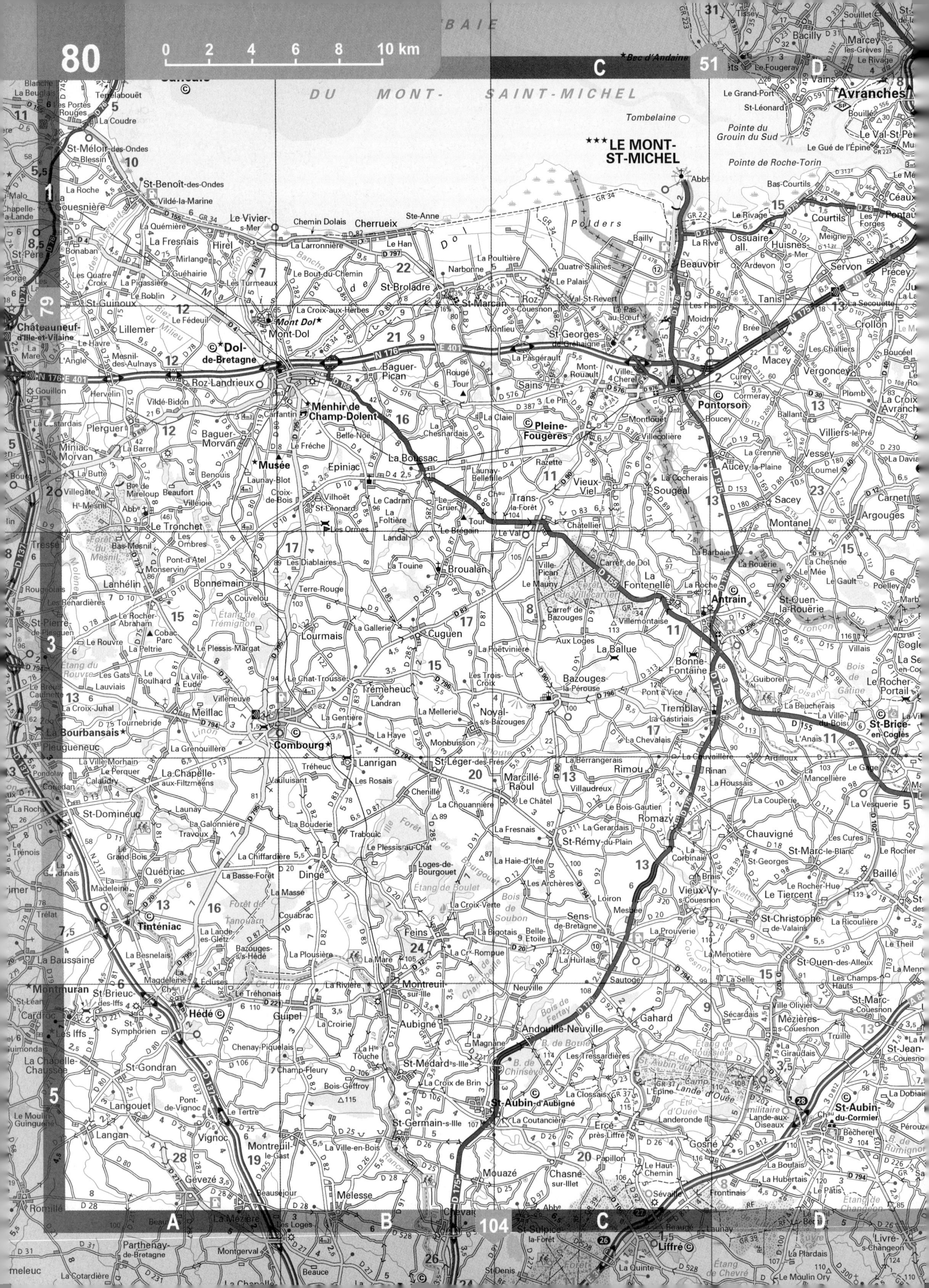
80
0 2 4 6 8 10 km
BAIE DU MONT-SAINT-MICHEL
★★★ LE MONT-ST-MICHEL
Tombelaine
Pointe du Grouin du Sud
Pointe de Roche-Torin
Avranches
Pontorson
Pleine-Fougères
Dol-de-Bretagne
Mont Dol
Menhir de Champ-Dolent
Châteauneuf-d'Ille-et-Vilaine
Cherrueix
St-Broladre
St-Marcan
Roz-sur-Couesnon
St-Georges-de-Gréhaigne
Beauvoir
Ducey
Antrain
Combourg
Tinténiac
Hédé
St-Aubin-d'Aubigné
St-Aubin-du-Cormier
Liffré
St-Brice-en-Coglès
Bazouges-la-Pérouse
Tremblay
Sens-de-Bretagne
Montreuil-sur-Ille
Melesse
Dingé
Feins
Forêt de Villecartier
Étang de Boulet
Forêt de Tanouarn
Marais de Dol
Polders
La Bourbansais
Montmuran
E 401
N 176
N 175
D 155
D 175
D 795
D 794
N 137
A 84
A B C D
1 2 3 4 5
51
79
104

Mortain
Juvigny-le-Tertre
Ducey
Isigny-le-Buat
St-Hilaire-du-Harcouët
St-James
Louvigné-du-Désert
Landivy
Le Teilleul
Barenton
Gorron
Fougères
Ernée
Chailland
St-Denis-de-Gastines
Montenay
Parc floral de Hte-Bretagne
Rochers du Saut Roland
Forêt de Mortain
Forêt de Fougères
Sélune
Cance
Couesnon

0 2 4 6 8 10 km

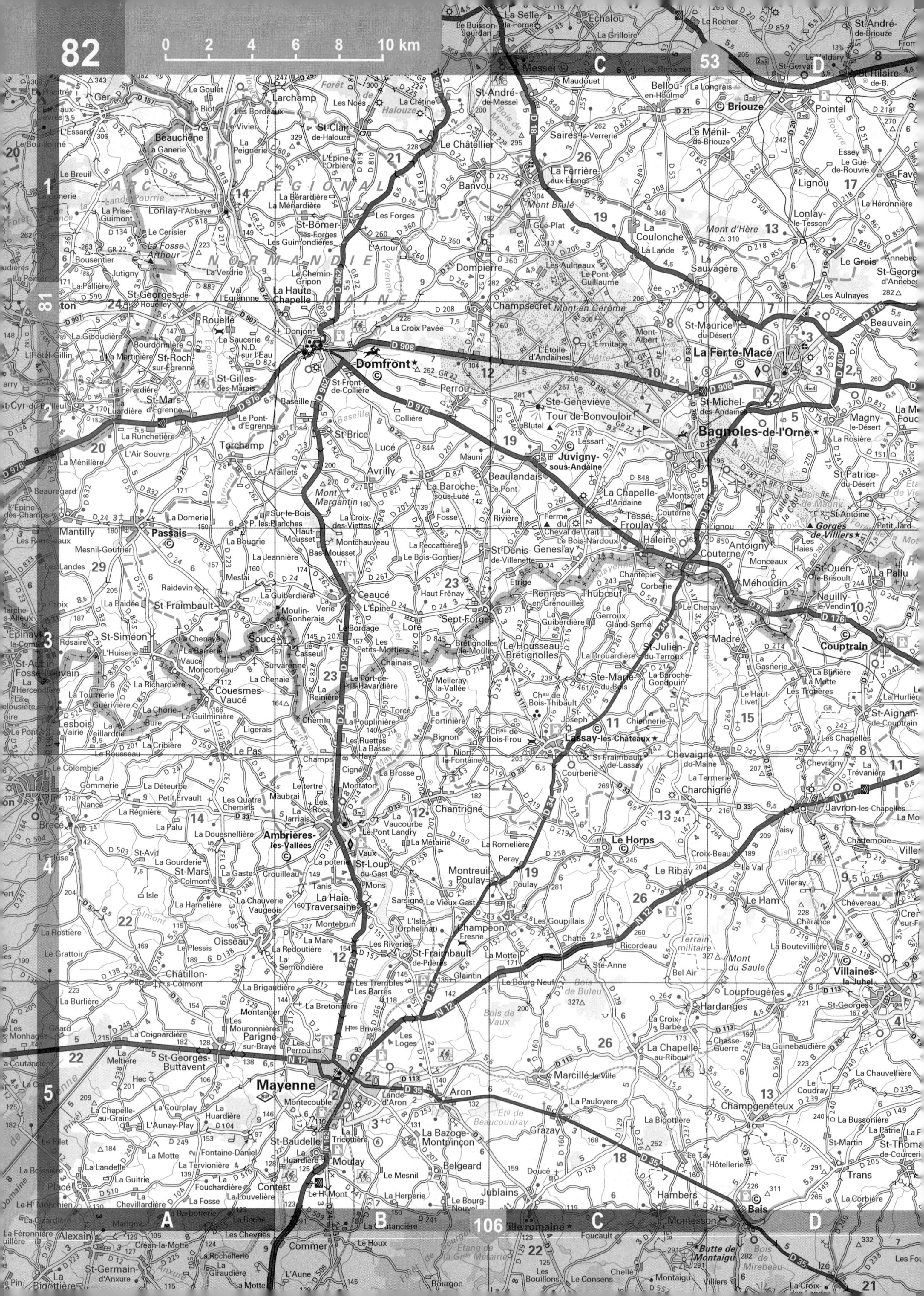

53
81
106
A
B
C
D
1
2
3
4
5
Domfront
La Ferté-Macé
Bagnoles-de-l'Orne
Briouze
Messei
Juvigny-sous-Andaine
Passais
Couptrain
Lassay-les-Châteaux
Ambrières-les-Vallées
Le Horps
Villaines-la-Juhel
Mayenne
Bais
Lonlay-l'Abbaye
St-Bômer-les-Forges
La Haute-Chapelle
Champsecret
St-Michel-des-Andaines
Couterne
Ceaucé
St-Fraimbault
Soucé
Couesmes-Vaucé
Le Pas
Chantrigné
Montreuil-Poulay
St-Loup-du-Gast
La Haie-Traversaine
Oisseau
Châtillon-sur-Colmont
St-Georges-Buttavent
Parigné-sur-Braye
Aron
Marcillé-la-Ville
La Chapelle-au-Riboul
Hardanges
Champgenéteux
Jublains
Moulay
Contest
Commer
Javron-les-Chapelles
Forêt de Halouze
Forêt des Andaines
Mont Margantin
Mont du Saule
Bois de Buleu
Butte de Montaigu
PARC NATUREL RÉGIONAL NORMANDIE-MAINE
N 12
D 962
D 908
D 976
D 23
D 34
D 35

Écouché
Sées
Carrouges
Mortrée
Chau d'O
Almenêches
Pré-en-Pail
ALENÇON
St-Paterne
St-Céneri-le-Gérei
Fresnay-s-Sarthe
La Fresnaye-sur-Chédouet
Forêt d'Écouves
Signal d'Écouves
Mt des Avaloirs
Alpes Mancelles
Butte Chaumont
Forêt de Perseigne
La Roche-Mabile
Rânes
Sévrai
Joué-du-Plain
St-Christophe-le-Jajolet
Médavy
Le Château-d'Almenêches
Aunou-sur-Orne
Tanville
Vingt-Hanaps
Lonrai
Damigny
Cerisé
Condé-s-Sarthe
St-Germain-du-Corbéis
Champfleur
St-Rigomer-des-Bois
Neufchâtel-en-Saosnois
St-Léonard-des-Bois
Sougé-le-Ganelon
Assé-le-Boisne
St-Victeur
Fyé
Rouessé-Fontaine
Coulombiers
Douillet
St-Georges-le-Gaultier
St-Paul-le-Gaultier
Averton
Courcité
Gesvres
Champfrémont
Boulay-les-Ifs
St-Cyr-en-Pail
Lignières-Orgères
Ciral
Gandelain
St-Denis-sur-Sarthon
Ménil-Erreux
Semallé
Valframbert
Colombiers
Hauterive
Le Ménil-Broût
Neuilly-le-Bisson
Marchemaisons
Bursard
Le Bouillon
La Chapelle-près-Sées
Mont-St-Jean
Moitron-s-Sarthe
Doucelles
Dangeul
Saosnes
Les Mées
Thoigné
René
Louvigny
Livet-en-Saosnois
St-Rémy-du-Val
E
F
G
H
54
107
84

0 2 4 6 8 10 km
55
83
108
A
B
C
D
1
2
3
4
5
Le Merlerault
Planches
Ste-Gauburge-Ste-Colombe
Le Ménil-Bérard
Auguaise
La Chapelle-Viel
Crulai
Vitrai-sous-L'Aigle
Godisson
La Genevraie
Forêt de Moulins-Bonsmoulins
Les Aspres
Bonnefoi
Beaulieu
Chennebrun
Brullemail
St-Léonard-des-Parcs
Ferrières-la-Verrerie
Fay
Maheru
Moulins-la-Marche
La Ferrière-au-Doyen
Irai
Randonnai
Les Genettes
Bonsmoulins
Normandel
St-Maurice-lès-Charencey
Courtomer
St-Aquilin-de-Corbion
St-Martin-des-Pézerit
Prépotin
Bresolettes
La Poterie-au-Perche
La Ventrouze
Forêt du Perche
St-Agnan-sur-Sarthe
St-Germain-le-Vieux
Soligny-la-Trappe
St-Ouen-de-Sécherouvre
Trémont
Le Ménil-Guyon
Le Chalange
Le Plantis
St-Aubin-de-Courteraie
St-Germain-de-Martigny
Champeaux-sur-Sarthe
Lignerolles
Champs
Bubertré
Tourouvre
Ste-Scolasse-sur-Sarthe
St-Mards-de-Coulonges
Ste-Céronne-lès-Mortagne
Bivilliers
L'Hôme-Chamondot
Marchainville
Montchevrel
Bures
Bazoches-sur-Hoëne
St-Hilaire-le-Châtel
Autheuil
Maletable
Moulicent
Laleu
Aunay-les-Bois
Mauregard
Villiers-sous-Mortagne
Feings
Longny-au-Perche
Coulonges-sur-Sarthe
St-Aubin-d'Appenai
Le Mêle-sur-Sarthe
La Mesnière
Buré
Mortagne-au-Perche
Les Ventes-de-Bourse
Marchemaisons
St-Langis-lès-Mortagne
Boëcé
Courgeoût
Loisé
St-Mard-de-Réno
St-Victor-de-Réno
Le Mage
St-Léger-sur-Sarthe
St-Julien-sur-Sarthe
Barville
Loisail
La Chapelle-Montligeon
Bizou
St-Quentin-de-Blavou
Coulimer
Parfondeval
Réveillon
Courgeon
Monceaux-au-Perche
Roullée
Vidai
St-Denis-s-Huisne
Comblot
Corbon
La Fresnaye-sur-Chédouet
Blèves
St-Jouin-de-Blavou
Mauves-sur-Huisne
St-Maurice-sur-Huisne
Maison-Maugis
Boissy-Maugis
Pervenchères
Le Pin-la-Garenne
Courcerault
Rémalard
Louzes
Les Aulneaux
Bellavilliers
Eperrais
St-Ouen-de-la-Cour
Colonard-Corubert
Bellou-sur-Huisne
Montgaudry
Contilly
Aillières-Beauvoir
Forêt de Bellême
Courboyer
St-Martin-du-Vieux-Bellême
La Perrière
Bellême
St-Jean-de-la-Forêt
Villaines
Marollette
Origny-le-Butin
Chemilli
Le Gué-de-la-Chaîne
Sérigny
Noce
Dancé
St-Longis
Mamers
Vezot
Dame-Marie
St-Aubin-des-Grois
Origny-le-Roux
Vaunoise
Appenai-sous-Bellême
St-Cyr-la-Rosière
Préaux-du-Perche
Berd'huis
Saosnes
Pizieux
Commerveil
St-Rémy-des-Monts
Igé
La Chapelle-Souëf
Ste-Gauburge
St-Agnan-sur-Erre
St-Hilaire-sur-Erre
St-Calez-en-Saosnois
St-Pierre-des-Ormes
St-Fulgent-des-Ormes
Courgains
St-Vincent-des-Prés
Moncé-en-Saosnois
Monhoudou
Gémages
L'Hermitière
Le Theil
La Rouge
Mâle
Pouvrai
St-Cosme-en-Vairais
St-Germain-de-la-Coudre
Marolles-les-Braults
Avesnes-en-Saosnois
Nauvay
Peray

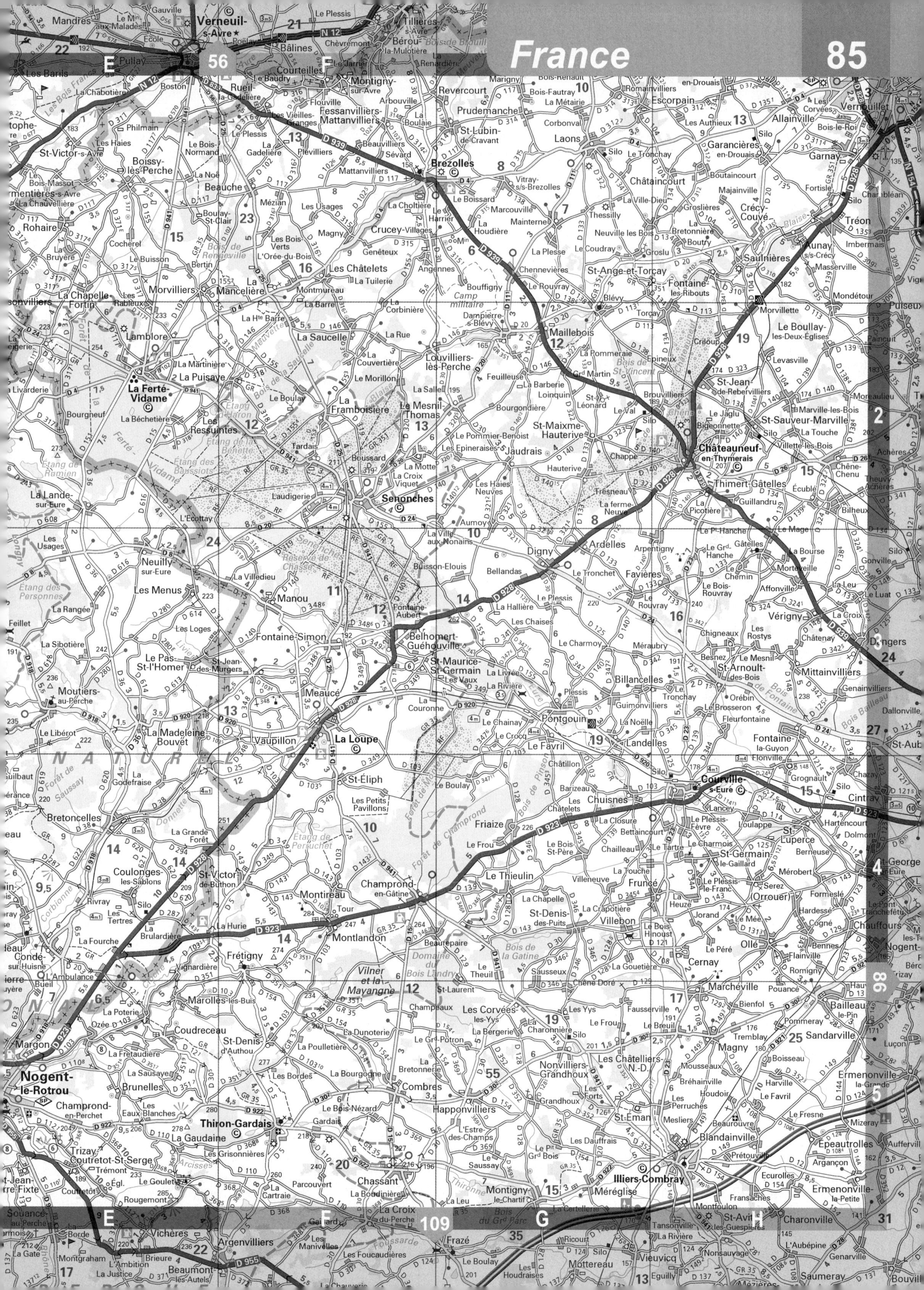
Verneuil-s-Avre
Brezolles
La Ferté-Vidame
Senonches
Châteauneuf-en-Thymerais
La Loupe
Courville-s-Eure
Nogent-le-Rotrou
Thiron-Gardais
Illiers-Combray
Vernouillet
56
109
98

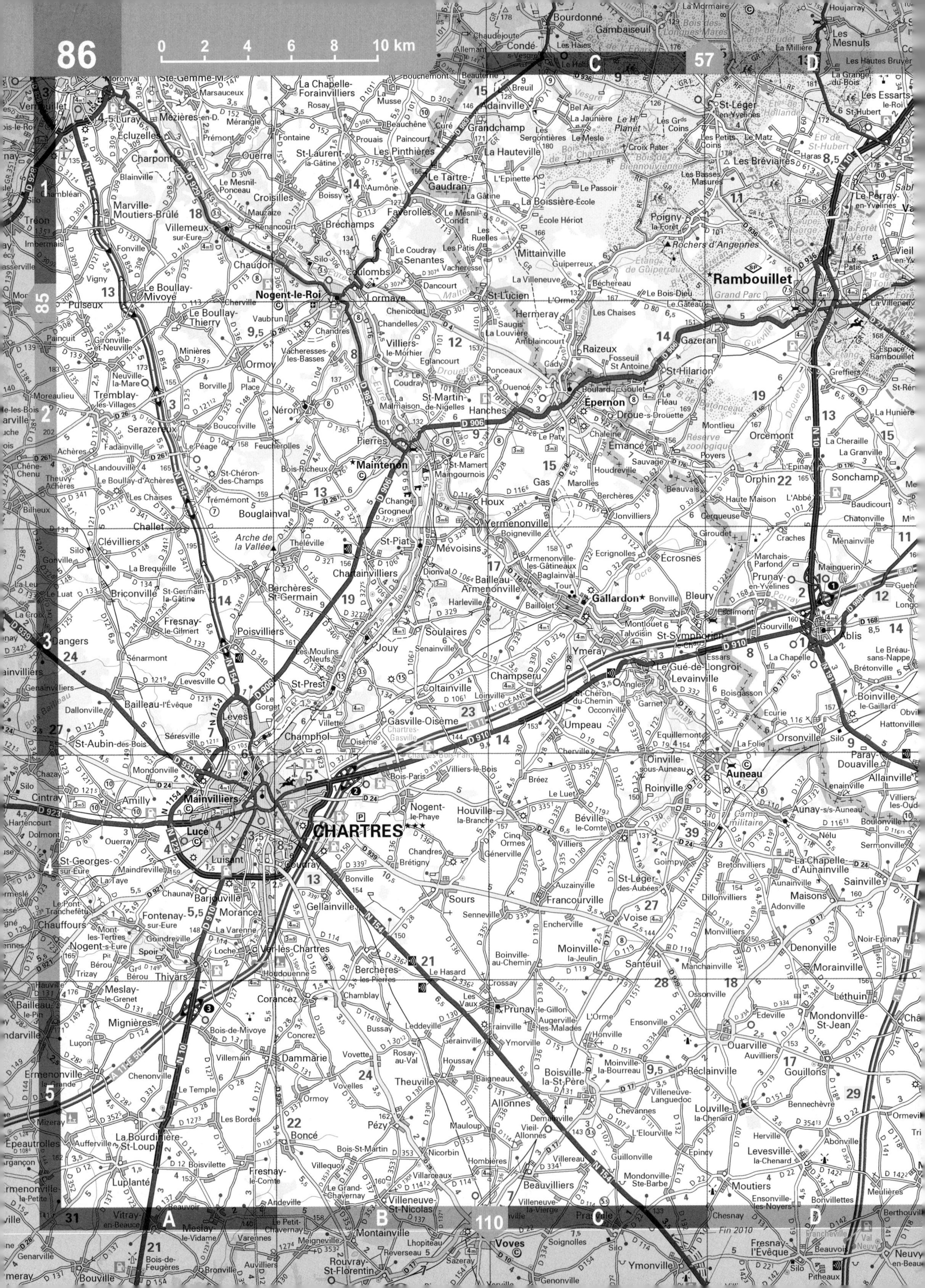
0 2 4 6 8 10 km
57
85
110
CHARTRES
Rambouillet
Nogent-le-Roi
Maintenon
Épernon
Gallardon
Auneau
Ablis
Voves
Mainvilliers
Lucé
Lèves
Luisant
Le Coudray
Champhol
Barjouville
Morancez
Fontenay-sur-Eure
Thivars
Ver-lès-Chartres
Gasville-Oisème
St-Prest
Jouy
Coltainville
Champseru
Umpeau
Houville-la-Branche
Nogent-le-Phaye
Sours
Gellainville
Francourville
Béville-le-Comte
Roinville
Oinville-sous-Auneau
St-Léger-des-Aubées
Santeuil
Moinville-la-Jeulin
Prunay-le-Gillon
Berchères-les-Pierres
Corancez
Dammarie
Theuville
Allonnes
Boisville-la-St-Père
Réclainville
Louville-la-Chenard
Moutiers
Beauvilliers
Villeneuve-St-Nicolas
Montainville
Mignières
Meslay-le-Grenet
Luplanté
St-Georges-sur-Eure
Amilly
Cintray
St-Aubin-des-Bois
Bailleau-l'Évêque
Poisvilliers
Briconville
Fresnay-le-Gilmert
Clévilliers
Chartainvilliers
Berchères-St-Germain
Soulaires
Mévoisins
St-Piat
Bailleau-Armenonville
Ymeray
St-Symphorien
Levainville
Aunay-s/s-Auneau
Sainville
Maisons
Denonville
Léthuin
Mondonville-St-Jean
Ouarville
Gouillons
Bleury
Écrosnes
Prunay-en-Yvelines
Orphin
Orcemont
Sonchamp
Émancé
Droue-s-Drouette
Gas
Hanches
St-Martin-de-Nigelles
Villiers-le-Morhier
Néron
Pierres
Bouglainval
Tremblay-les-Villages
Serazereux
Chaudon
Coulombs
Senantes
Faverolles
Bréchamps
Croisilles
Marville-Moutiers-Brûlé
Villemeux-sur-Eure
Le Boullay-Mivoye
Le Boullay-Thierry
Ormoy
Pulseux
Ecluzelles
Charpont
Mézières-en-D.
St-Laurent-la-Gâtine
Les Pinthières
Le Tartre-Gaudran
La Boissière-École
Mittainville
Hermeray
Raizeux
Gazeran
St-Hilarion
Poigny-la-Forêt
St-Léger-en-Yvelines
Adainville
Condé-s-Vesgre
Bourdonné
Grandchamp
La Hauteville
Les Bréviaires
Le Perray-en-Yvelines
Les Essarts-le-Roi
Les Mesnuls
Rochers d'Angennes
Étang de Guiperreux
Réserve zoologique
Camp militaire
A 11 L'OCÉANE E 50
TGV ATLANTIQUE
A

Maurepas
St-Quentin-en-Yvelines
Voisins-le-Bretonneux
Les Loges-en-Josas
Toussus-le-Noble
Magny-les-Hameaux
Châteaufort
Saclay
Massy
Wissous
Villeneuve-le-Roi
Aéroport de Paris-Orly
Athis-Mons
Palaiseau
Chilly-Mazarin
Paray-Vieille-Poste
Vigneux-s-Seine
Montgeron
Orsay
Gif-s-Y.
Bures-s-Y.
Champlan
Villebon-s-Y.
Morangis
Juvisy-s-Orge
Dampierre-en-Yvelines
Chevreuse
St-Rémy-lès-Chevreuse
Senlisse
Choisel
Cernay
Breteuil
Les Ulis
Longjumeau
Savigny-s-Orge
Draveil
Limours
Gometz-la-Ville
St-Jean-de-Beauregard
Villejust
Saulx-les-Chartreux
Ballainvilliers
Épinay-s-O.
Viry-Châtillon
Grigny
Morsang-s-Orge
Villiers-s-Orge
Villemoisson-s-Orge
Nozay
Montlhéry
Linas
Marcoussis
Ste-Geneviève-des-Bois
St-Michel-s-O.
Fleury-Mérogis
Ris-Orangis
Évry
Forges-les-Bains
Briis-s/s-Forges
Janvry
Bullion
Bonnelles
Clairefontaine-en-Yvelines
Camp de Linas-Montlhéry
Le Plessis-Pâté
Leuville-s-Orge
Vaugrigneuse
Bruyères-le-Châtel
St-Germain-lès-Arpajon
Brétigny-s-Orge
Bondoufle
Courcouronnes
Lisses
Rochefort-en-Yvelines
Longvilliers
Angervilliers
St-Maurice-Montcouronne
Ollainville
Arpajon
La Norville
St-Arnoult-en-Yvelines
St-Cyr-s/s-Dourdan
le Marais
Breuillet
Égly
Guibeville
Vert-le-Grand
Leudeville
Écharcon
Mennecy
St-Chéron
Le Val-St-Germain
Avrainville
Boissy-s-St-Yon
St-Yon
St-Sulpice-de-Favières
Cheptainville
Marolles-en-Hurepoix
St-Vrain
Vert-le-Petit
Fontenay-le-Vicomte
Dourdan
Sermaise
Souzy-la-Briche
Mauchamps
Torfou
Lardy
Bouray-s-J.
Ballancourt-s-Essonne
Roinville
Villeconin
Chauffour-lès-Étrechy
Chamarande
Janville-s-Juine
Itteville
Saussay
St-Martin-de-Bréthencourt
Les Granges-le-Roi
Auvers-St-Georges
Mondeville
Corbreuse
Étréchy
Villeneuve-s-Auvers
La Ferté-Alais
Baulne
Cerny
Guigneville-s-Essonne
Chatignonville
La Forêt-le-Roi
Boissy-le-Sec
Richarville
Authon-la-Plaine
Boutervilliers
Brières-les-Scellés
Boissy-le-Cutté
D'Huison-Longueville
Plessis-St-Benoist
Morigny-Champigny
Orveau
Garancières-en-Beauce
St-Escobille
Chalo-St-Mars
St-Hilaire
Étampes
Bouville
Vayres-s-Essonne
Boutigny-sur-Essonne
Farcheville
Mérobert
Puiselet-le-Marais
Courdimanche-sur-Essonne
Ormoy-la-Rivière
Valpuiseaux
Maisse
Congerville-Thionville
Oysonville
Chalou-Moulineux
Boissy-la-Rivière
La Forêt-Ste-Croix
Oncy-s-École
Marolles-en-Beauce
Gironville-sur-Essonne
Guillerval
Saclas
Bois-Herpin
Mespuits
Prunay-s-Essonne
Buno-Bonnevaux
St-Cyr-la-Rivière
Fontaine-la-Rivière
Roinvilliers
Pussay
Monnerville
Gommerville
Abbéville-la-Rivière
Arrancourt
Champmotteux
Boigneville
Rouvres-St-Jean
Méréville
Angerville
Blandy
Brouy
Nangeville
Nanteau-s-Essonne
Estouches
Sermaises
Mainvilliers
Pannecières
Malesherbes
Buthiers
Thignonville
Audeville
Orveau-Bellesauve
Coudray
Intville-la-Guétard
Andonville
Autruy-sur-Juine
Boulancourt

0 2 4 6 8 10 km

87
59
112
C
D
A
B
1
2
3
4
5
Villeneuve-St-Georges
Yerres
Villecresnes
Montgeron
Brunoy
Épinay-s/s-Sénart
Draveil
Combs-la-Ville
Brie-Comte-Robert
Servon
Santeny
Férolles-Attilly
Chevry-Cossigny
Tournan-en-Brie
Gretz-Armainvilliers
Favières
Neufmoutiers-en-Brie
Crèvecœur-en-Brie
La Houssaye-en-Brie
Lumigny
Marles-en-Brie
Fontenay-Trésigny
Presles-en-Brie
Les Chapelles-Bourbon
Les Boulayes
Châtres
Liverdy-en-Brie
Courquetaine
Ozouer-le-Voulgis
Chaumes-en-Brie
Coubert
Soignolles-en-Brie
Grisy-Suisnes
Évry-Grégy-s-Yerres
Solers
Argentières
Courtomer
Beauvoir
Yèbles
Guignes
Verneuil-l'Étang
Aubepierre
Mormant
Quiers
Ozouer-le-Repos
Andrezel
Champeaux
Champdeuil
Crisenoy
Lissy
Limoges-Fourches
Réau
Moissy-Cramayel
Sénart (Ville Nlle)
Lieusaint
Tigery
Étiolles
ÉVRY
St-Germain-lès-C.
Corbeil-Essonnes
Saintry-s-S.
Nandy
Savigny-le-Temple
Cesson
Montereau-s-le-Jard
St-Germain-Laxis
Voisenon
Rubelles
Vaux-le-Vicomte (Jardins)
Blandy
Fouju
St-Méry
Fief des Époisses
Bombon
St-Ouen-en-Brie
Châtillon-la-Borde
MELUN
Le Mée-s-Seine
Dammarie-lès-Lys
La Rochette
Mennecy
Le Coudray-Montceaux
Seine-Port
St-Fargeau-Ponthierry
Boissise-le-Roi
Pringy
Auvernaux
Chevannes
Champcueil
Nainville-les-Roches
Soisy-s-École
St-Germain-s-École
Perthes
Chailly-en-Bière
Barbizon
Dannemois
Courances
Milly-la-Forêt
Arbonne-la-Forêt
FONTAINEBLEAU
Gorges de Franchard
Gorges d'Apremont
Avon
Samois-s-Seine
Bois-le-Roi
Chartrettes
Livry-s-Seine
Le Châtelet-en-Brie
Sivry-Courtry
Vaux-le-Pénil
Héricy
Vulaines-s-Seine
Samoreau
Champagne-s-Seine
Machault
Valence-en-Brie
Féricy
Pamfou
Montereau-Fault-Yonne
Forges
Thomery
St-Mammès
Moret-s-Loing
Veneux-les-Sablons
Écuelles
Montarlot
Ville-St-Jacques
Varennes-s-Seine
Noisy-Rudignon
Dormelles
Flagy
Oncy-s-École
Noisy-s-École
Achères-la-Forêt
Le Vaudoué
Tousson
Recloses
Ury
Bourron-Marlotte
Montigny-s-Loing
Grez-s-Loing
La Genevraye
Épisy
Villecerf
La Chapelle-la-Reine
Boissy-aux-Cailles
Larchant
Nemours
Montcourt-Fromonville
Villemer
Buthiers
Amponville
Rumont
Guercheville
Boulancourt
Fromont
Darvault
Nanteau
Treuzy-Levelay
Villemaréchal
St-Ange-le-Viel
Chevry-en-Sereine
Thoury-Férottes
FORÊT DE FONTAINEBLEAU
Bois de Valence
Forêt de Sénart
Forêt de Rougeau
Les Trois Pignons
Rocher de la Dame Jouanne
Rochers Gréau
Le Long Rocher
Hauteurs de la Solle
Caverne des Brigands
GÂTINAIS FRANÇAIS
PARC NATUREL RÉGIONAL DU

Provins
Nogent-s-Seine
Nangis
Bray-s-Seine
Sergines
Donnemarie-Dontilly
Villiers-St-Georges
Pont-s-Yonne
St-Loup-de-Naud
La Motte-Tilly
Chevru
Beton-Bazoches
Jouy-le-Châtel
Montceaux-lès-Provins
Sancy-lès-Provins
Villenauxe-la-Grande
Montpothier
Chalautre-la-Grande
Sourdun
Longueville
Gouaix
Hermé
Les Ormes-s-Voulzie
Mouy-s-Seine
Jaulnes
Vimpelles
Montigny-Lencoup
Châteaubleau
Chenoise
Rampillon
Vanvillé
Courceroy
Trainel
Thorigny-s-Oreuse
Michery
Champigny
Chaumont
Villeblevin
Vinneuf
Courlon-s-Yonne
Serbonnes
Marolles-sur-Seine
St-Germain-Laval
Salins
Laval-en-Brie
Esmans
Cannes-Ecluse
Évry
Seine
Yonne
N 4
D 619
D 231
D 403
D 411
D 412
D 976
D 951
A 5 - E 54
E
F
G
H
60
113

90
0 2 4 6 8 10 km
61
89
114
A
B
C
D
1
2
3
4
5
Allemant
Fère-Champenoise
St-Loup
Ste-Sophie
Linthes
Connantre
Euvy
St-Georges
La Colombière
Corroy
Gourgançon
Ognes
Maurienne
Sézanne
Mœurs-Verdey
Vindey
Le Meix-St-Epoing
Châtillon-sur-Morin
Bois du Gril d'Arcan
Forêt de la Loge à Gond
Launat
St-Remy-sous-Broyes
Linthelles
La Raccroche
Chichey
Pleurs
Gaye
Bricot-la-Ville
Tourraine
Le Plessis
Saudoy
Choisel
Lancourt
Queudes
Marigny-le-Petit
Courcelles
Marigny
Angluzelles-et-Courcelles
Fresnay
Tortepée
Terrain militaire
Thaas
Faux-Fresnay
Salon
La Paimbaudière
Les Essarts-le-Vicomte
L'Étoile
La Forestière
Barbonne-Fayel
Les Pinons
Bouchy-St-Genest
Nesle-Reposte
Abbé
La Chalmelle
Bois de Béthon
Traconne
Villeneuve-St-Vistre-et-Villevotte
Villevotte
Varsovie
Fontaine-Denis-Nuisy
Chènevières
La Chapelle-Lasson
Courcemain
Forêt de la Perthe
Champfleury
Bonn
Chau de Montaiguillon
Bois de la Comtesse
Fontaine-s/s-Montaiguillon
Dival
Bethon
Chantemerle
St-Quentin-le-Verger
La Celle-s/s-Chantemerle
Allemanche-Launay-et-Soyer
Saussaie
Marsangis
St-Saturnin
Vouarces
Villenauxe-la-Grande
Centre de détention
Montgenost
Potangis
Charmoy
Beaugis
Soyer
Launay
Granges-s-Aube
Baudement
Anglure
Montahon
Boulages
Abbaye-sous-Plancy
Plancy-l'Abbaye
Viâpres-le-Grand
Viâpres-le-Petit
Plessis-Barbuise
Villiers-aux-Corneilles
Saron-s-Aube
Les Grèves
Bécheret
Longueville-sur-Aube
La Rue
Soulaunoy
La Villeneuve-au-Châtelot
Esclavolles-Lurey
Marcilly-s-Seine
St-Just-Sauvage
Bagneux
Étrelles-s-Aube
Les Vigneaux
Barbuise
Conflans-s-Seine
Charny-le-Bachot
Rhèges
Bessy
La Saulsotte
Courtavant
Périgny-la-Rose
Sauvage
Barbenthal
Frécul
Clesles
Ligurs
Pont-s-Seine
Sellières
Lion
Marnay-sur-Seine
Crancey
Romilly-s-Seine
Maizières-la-Grde-Paroisse
Poussey
St-Oulph
Méry-sur-Seine
Prémierfait
Nogent-s-Seine
La Poste
St-Hilaire-s/s-Romilly
Châtres
Droupt-Ste-Marie
Les Granges
Le Ruez
Les Banle
Bernières
La Chapelle-Godefroy
Parc de Pont
Longueperte
Gélannes
Pars-lès-Romilly
Mesgrigny
La Crouillère
St-Aubin
Pommereau
Droupt-St-Basle
La Belle-Étoile
Ardusson
Quincey
Orignry-le-Sec
Vallant-St-Georges
Le Paraclet (Ancne Abbe)
Malminou
Le Petit St-Georges
Les Grandes-Chapelles
Vaudepuits
Courlanges
St-Loup-de-Buffigny
Ferreux-Quincey
Rilly-Ste-Syre
Tremblay
Corduan
St-Martin-de-Bossenay
Orvilliers-St-Julien
St-Mesmin
Les Ormeaux
La Fosse-Corduan
Bossenay
Ossey-les-Trois-Maisons
Fontaine-les-Grès
Chapelle-Vallon
Chauchigny
Rozières
Avant-lès-Marcilly
Le Clos
Bouy-sur-Orvin
Fontenay-le-Pierreux
Bois de Fay
Belle-Assise
Savières
Fay-lès-Marcilly
Rigny-la-Nonneuse
St-Flavy
Villacerf
Le Vallon
Charmoy
La Pèze
Marigny-le-Châtel
Mergey
Perthelaine
Échemines
Payns
Avon-la-Pèze
Belleville
Montaphilant
Charmesseaux
Trancault
Prunay-Belleville
La Malmaison
St-Lyé
St-Benoît
Orvin
Camp militaire
Obélisque
Le Pavillon-Ste-Julie
Vermoise
Bellevillotte
Bourdenay
St-Lupien
Villeloup
Barberey-aux-Moines
La Villeneuve-aux-Riches-Hommes
Melda
Marcilly-le-Hayer
Barberey-St-Sulpice
Le Mothois
Faux-Villecerf
TROYES
Mauny
Bercenay-le-Hayer
Dierrey-St-Pierre
Grange l'Évêque
Chavaudon
Bois de Cornillon
Les Dagues
MICHELIN
Lussin
Four gaulois
Villadin
Dierrey-St-Julien
Mesnil-Vallon
La Chapelle-St-Luc
Ste-Marie
Picardie
Vierge-Ste-Espérance
Les Noës-près-Troyes
Pierre-Couverte
Chanteloup
Mesnil-St-Loup
Montgueux
Ste-Savine
Bois l'Abbesse
Pouy-s-Vannes
Macey
Palis
La Rivière-de-Corps
Courgenay
Fontvannes
Bois de Faucon
La Grange-au-Rez
St-André-les-Vergers
Clairlieu
Torvilliers
La Charmée
Planty
Messon
La Singerie
Les Marchais
Bois de Bagneaux
Estissac
Bucey-en-Othe
Lépine
Ferme de Vauluisant (Ancne Abbe)
Rateau
Les Essarts
Villemaur-sur-Vanne
St-Germain
La Pellerie
Villeneuve-l'Archevêque
Neuville-sur-Vanne
Thuisy
Le Chaast
Cosdon
Galilée
Chevillèle
N 4
D 951
D 373
D 619
D 440
D 442
D 441
D 660
D 374

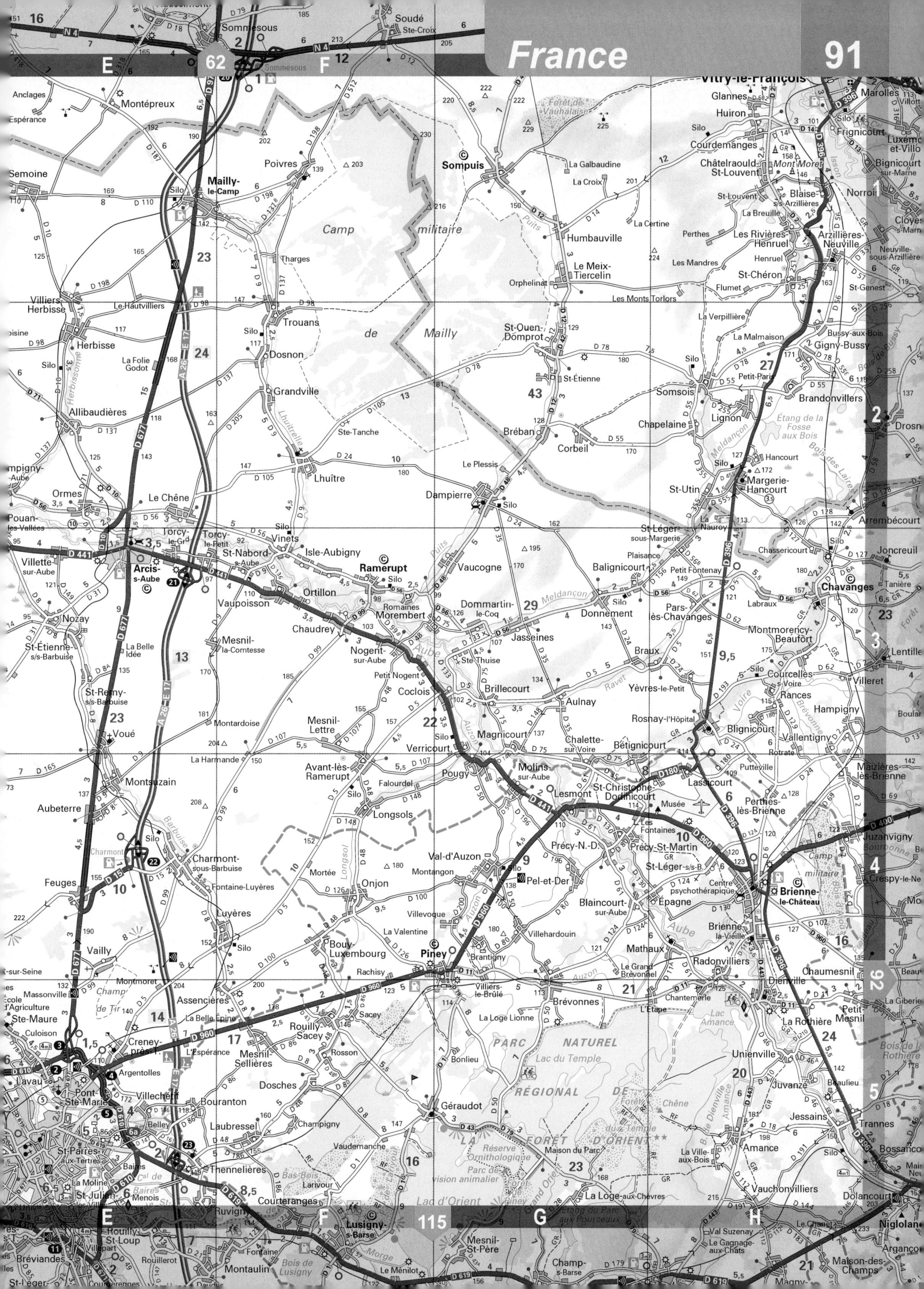

Sommesous
Soudé
Ste-Croix
Vitry-le-François
Marolles
Montépreux
Anclages
Espérance
Sompuis
Poivres
Mailly-le-Camp
Semoine
Glannes
Huiron
Frignicourt
Courdemanges
Châtelraould-St-Louvent
Mont Moret
Bignicourt-sur-Marne
Blaise-s/s-Arzillières
Norrois
Arzillières-Neuville
Humbauville
Le Meix-Tiercelin
Camp militaire de Mailly
La Galbaudine
La Croix
La Certine
Les Rivières-Henruel
St-Chéron
Villiers-Herbisse
Herbisse
Trouans
Dosnon
Grandville
Allibaudières
La Folie Godot
St-Ouen-Domprot
St-Étienne
Somsois
Bussy-aux-Bois
Gigny-Bussy
Brandonvilliers
Lignon
Chapelaine
Bréban
Corbeil
Ste-Tanche
Lhuître
Le Plessis
Dampierre
Margerie-Hancourt
St-Utin
Ormes
Le Chêne
Pouan-les-Vallées
Torcy-le-Grand
Torcy-le-Petit
Vinets
St-Nabord-s-Aube
Isle-Aubigny
Arcis-s-Aube
Villette-sur-Aube
Ramerupt
Vaucogne
Balignicourt
St-Léger-sous-Margerie
Joncreuil
Chavanges
Nozay
Vaupoisson
Ortillon
Romaines
Morembert
Dommartin-le-Coq
Donnement
Pars-lès-Chavanges
Chaudrey
Mesnil-la-Comtesse
St-Étienne-s/s-Barbuise
Nogent-sur-Aube
Jasseines
Braux
Montmorency-Beaufort
Lentilles
St-Remy-s/s-Barbuise
Coclois
Brillecourt
Aulnay
Yèvres-le-Petit
Courcelles-s-Voire
Rances
Villeret
Mesnil-Lettre
Magnicourt
Voué
Chalette-sur-Voire
Bétignicourt
Rosnay-l'Hôpital
Blignicourt
Hampigny
Vallentigny
Verricourt
Montsuzain
Avant-lès-Ramerupt
Pougy
Molins-sur-Aube
Lesmont
St-Christophe-Dodinicourt
Lassicourt
Perthes-lès-Brienne
Maizières-lès-Brienne
Aubeterre
Longsols
Juzanvigny
Charmont-sous-Barbuise
Val-d'Auzon
Précy-N.-D.
Précy-St-Martin
St-Léger-s/s-B.
Feuges
Mortée
Onjon
Pel-et-Der
Brienne-le-Château
Luyères
Blaincourt-sur-Aube
Épagne
Brienne-la-Vieille
Crespy-le-Neuf
Vailly
Bouy-Luxembourg
Piney
Villehardouin
Mathaux
Radonvilliers
Chaumesnil
Brantigny
Rachisy
Villiers-le-Brûlé
Le Grand Brévonnel
Dienville
Assencières
Brévonnes
Chantemerle
Ste-Maure
Creney-près-T.
Rouilly-Sacey
La Loge Lionne
La Rothière
Petit-Mesnil
Mesnil-Sellières
Unienville
Lavau
Argentolles
Pont-Ste-Marie
Villechétif
Dosches
Bonlieu
Juvanzé
Bouranton
Géraudot
Jessains
Laubressel
Champigny
Trannes
St-Parres-aux-Tertres
Thennelières
Maison du Parc
Amance
Bossancourt
La Ville-aux-Bois
St-Julien
Courteranges
La Loge-aux-Chèvres
Vauchonvilliers
Dolancourt
Ruvigny
Lusigny-s-Barse
Rouilly-St-Loup
Mesnil-St-Père
Val Suzenay
Le Gagnage-aux-Chats
Niglolan
Montaulin
Le Ménilot
Champ-s-Barse
Maison-des-Champs
Bréviandes
Parc Naturel Régional de la Forêt d'Orient
Lac du Temple
Lac Amance
Lac d'Orient
Réserve Ornithologique

0 2 4 6 8 10 km
C
63
D
91
116
A
B
C
D
Vauclerc
Haussignémont
Thiéblemont-Farémont
Marolles
Écriennes
Frignicourt
Luxémont-et-Villotte
Bignicourt-sur-Marne
St-Vrain
Heiltz-le-Hutier
Vouillers
Camp militaire
St-Eulien
Villiers-en-Lieu
Chancenay
Brusson-les-Forges
Trois-Fontaines-l'Abbaye
Lisle-en-Rigault
Jean-d'Heurs
Ville-sur-Saulx
Brillon-en-Barrois
Saudrupt
Baudonvilliers
Hironville
Sommelonne
Rupt-aux-Nonains
Lavincourt
Lombroie
Matignicourt-Goncourt
Orconte
Perthes
St-Dizier
Bettancourt-la-Ferrée
Noirlois
Cloyes-s-Marne
Arzillières-Neuville
Moncetz-l'Abbaye
Larzicourt
Sapignicourt
Hauteville
Ambrières
Hallignicourt
Ancerville
Cousancelles
Cousances-les-Forges
Isle-sur-Marne
Neuville-sous-Arzillières
St-Remy-en-Bouzemont-St-Genest-et-Isson
Arrigny
Écollemont
Blaise-sous-Hauteville
Beau Soleil
Laneuville-au-Pont
Les Côtes Noires
Moëslains
Marnaval
Gûe
Landricourt
St-Aubin
Valcourt
Eclaron-Braucourt-Ste-Livière
Ste-Livière
Ste-Marie-du-Lac-Nuisement
Roches-s-Marne
Chamouilley
Eurville-Bienville
Narcy
Forêt
Étg de la Marina
Presqu'île de Larzicourt
Humbécourt
La Belle-Maison
Les Hautes Landres
Étg des Landres
Réserve Ornithologique
Port de Chantecoq
Maison de l'Oiseau et du Poisson
Lac du Der-Chantecoq
Presqu'île de Nemours
Presqu'île de Champaubert
Drosnay
Étang du Grand Coulon
Giffaumont-Champaubert
Allichamps
Le Val
du Val (Domaine privé)
Bayard-sur-Marne
Ruines Gallo-romaines
Prez-sur-Marne
La Haute Rue
Outines
Châtillon-sur-Broué
Arrembécourt
Carref de Beaulieu
Louvemont
Champ-Gerbeau
Villiers-aux-Bois
Troisfontaines-la-Ville
Laneuville-à-Bayard
Fontaines-sur-Marne
Sommeville
Braucourt
Le Bois-Lapierre
Avrainville
Rachecourt-sur-Marne
Gourzon
Le Voy
Ferme de Berzillières
Joncreuil
Bailly-le-Franc
Tanière
Chavanges
Droyes
Frampas
Attancourt
Wassy
Pont-Varin
Flornoy
Magneux
Breuil-sur-Marne
Sommancourt
Chatonrupt-Sommermont
Maizières
Brousseval
Valleret
Planrupt
Les Granges
Voillecomte
Forêt de Lentilles
Étang de la Horre
Puellemontier
Gervilliers
Les Malots
Lentilles
Villeret
La Borde
Montier-en-Der
Jagée
Ceffonds
Flancourt
La Varnière
La Bouverie
Laneuville-à-Rémy
Réservoir des Leschères
Montreuil-s-Blaise
Domblain
Fays
Sommermont
Vecqueville
Vaux-sur-Blaise
Hampigny
Grandmont
Les Sellières
Pré Godot
Boulancourt
Billory
La Grève
Robert-Magny-Laneuville-à-Rémy
Bailly-aux-Forges
Rachecourt-Suzémont
Suzémont
Doulevant-le-Petit
Guindrecourt-aux-Ormes
Joinville
Noméecourt
Longeville-sur-la-Laines
Thilleux
Cour des Pruneaux
Ville-en-Blaisois
Morancourt
Malnuit
Rupt
Maizières-lès-Brienne
Louze
Étang de Blanche Terre
Bois-Lassus
Rozières
Mertrud
Courcelles-sur-Blaise
Dommartin-le-Franc
Mathons
Les Bons Hommes
Lafolie
Épothémont
Juzanvigny
Sauvage-Magny
Sommevoire
Dommartin-le-St-Père
Baudrecourt
Forêt de Mathons
Ferrière-et-Lafolie
Bridenne
Bois d'Humégnil
La Ville-aux-Bois
Crespy-le-Neuf
Anglus
Ste-Colombe
Bois de la Pissotte
Charmes-la-Grande
Blécourt
Morvilliers
Forêt de Soulaines
Soulaines-Dhuys
Bois Monsieur
Villiers-aux-Chênes
Doulevant-le-Château
Monthonval
Brachay
Petit Morvilliers
St-Victor
Bois de Chantecoq
Trémilly
Nully
Blumeray
Bois de l'Aillemont
Charmes-en-l'Angle
Bois de Charmes
Flammerécourt
La Chaise
Bois de Ville
Beauvoir
Humbersin
Arnancourt
Gudmont-Villiers
La Giberie
Étang de Ramerupt
Bois de Pute-Bête
Étang de Laborde
Thil
La Gaîté
Cirey-sur-Blaise
Leschères-sur-le-Blaiseron
Rouécourt
Petit-Mesnil
Bois de la Rothière
Fuligny
Ville-sur-Terre
Chânet
Les Grands Ordons
Bois d'Ambonville
Vernonvilliers
Fresnay
Beurville
Bouzancourt
Ambonville
Mont Gimont
Cerisières
Provenchères-sur-Marne
Bois de Beauregard
Forêt de Blinfey
Blinfey
Daillancourt
Froideau
Éclance
Lévigny
Thors
Bois de Hantelle
Maisons-lès-Soulaines
Guindrecourt-sur-Blaise
Mirbel
Fôt de Bussy
Trannes
Bossancourt
Bois de Courtgain
Engente
Saulcy
Rizaucourt-Buchey
Harricourt
Champcourt
Blaise
N.-D. du Val
La Genevroye
Vignory
Maison-Neuve
Arsonval
Colombé-la-Fosse
Cornet
Buchey
Curmont
Marbéville
Soncourt-sur-Marne
Dolancourt
Montier-en-l'Isle
Nigloland
Ailleville
Arrentières
Fme du Cellier
Colombé-le-Sec
Argentolles
L'Étoile
Jaucourt
Arçonce
Gagnage
Voigny
Rouvres-les-Vignes
Pratz
Lamothe-en-Blaisy
Maison-des-Champs
Bar-sur-Aube
Vraincourt
Oudincourt

Tannois
Willeroncourt
Nançois-le-Grand
St-Aubin-sur-Aire
Tronville-en-Barrois
Nançois-sur-Ornain
Velaines
Ligny-en-Barrois
Nant-le-Grand
Maulan
Morlaincourt
Oëy
(Chanteraine)
Givrauval
Chennevières
Vaux-la-Petite
Boviolles
Nant-le-Petit
Le Petit-Maulan
Longeaux
Menaucourt
Naix-aux-Forges
Nantois
St-Amand-sur-Ornain
Fouchères-aux-Bois
Ménil-sur-Saulx
Villers-le-Sec
Le Bouchon-sur-Saulx
Tréveray
Juvigny-en-Perthois
Dammarie-sur-Saulx
Hévilliers
Laneuville
St-Joire
Evaux
Couvertpuis
Brauvilliers
Morley
Biencourt-sur-Orge
Ecurey
Ribeaucourt
St-Thiébaut
Montiers-sur-Saulx
La Landre
Domrémy-St-Antoine
Paroy-s-Saulx
Bure
Le Val Louzet
Effincourt
Osne-le-Val
Saudron
Pancey
Gillaumé
Echenay
Montreuil-Thonnance
Thonnance-lès-Joinville
Suzannecourt
Aingoulaincourt
Soulaincourt
Harméville
Bressoncourt
Sailly
Noncourt-s-le-Rongeant
Poissons
Marcheval
Thonnance-les-Moulins
Brouthières
St-Urbain-Maconcourt
Annonville
Bettoncourt-le-Haut
Vaux-s-St-Urbain
Landéville
Donjeux
Domremy-Landéville
Augeville
Saucourt-sur-Rognon
Pautaines-Augeville
Doulaincourt-Saucourt
Roches-Bettaincourt
Froncles
Buxières
Roches-sur-Rognon
Vouécourt
Signéville
Croix des Allemands
Heu
Andelot-Blancheville
Vieville
Rochefort-sur-la-Côte
Rimaucourt
Montéclair
(Saulvaux)
Vaux-la-Grande
Méligny-le-Grand
Méligny-le-Petit
Marson-s-Barboure
Reffroy
Braux
Naives-en-Blois
Broussey-en-Blois
Bovée-sur-Barboure
Sauvoy
Villeroy-s-Méholle
Void-Vacon
Ourches-sur-Meuse
St-Germain-sur-Meuse
Ugny-sur-Meuse
Gombervaux
Rigny-la-Salle
Vaucouleurs
Chalaines
Montigny-lès-Vaucouleurs
Neuville-lès-Vaucouleurs
La Grangette
Mauvages
Demange-aux-Eaux
Delouze-Rosières
Rosières-en-Blois
Badonvilliers-Gérauvilliers
Burey-en-Vaux
Sepvigny
Epiez-sur-Meuse
Maxey-sur-Vaise
Taillancourt
Baudignécourt
Houdelaincourt
Abainville
Gondrecourt-le-Château
Bonnet
Le Granit
Amanty
Burey-la-Côte
Touraillles-sous-Bois
Mandres-en-Barrois
Horville-en-Ornois
Vouthon-Bas
Vouthon-Haut
Goussaincourt
Luméville-en-Ornois
Bertheléville
Chassey-Beaupré
Cirfontaines-en-Ornois
Beaupré
Les Roises
Greux
Domrémy-la-Pucelle
Vaudeville-le-Haut
N.-D. de Chécourt
Dainville
Seraumont
Basilique du Bois-Chenu
Avranville
Lezéville
Chermisey
Coussey
Laneuville-au-Bois
Germay
Sionne
Bourlémont
Frebécourt
Germisay
Grand
Ruines romaines
Midrevaux
Épizon
La Violette
Pargny-sous-Mureau
Abbaye
Mont-lès-Neufchâteau
Morionvilliers
Trampot
Brechainville
Chambroncourt
Audeuil
Aillianville
Villouxel
St-Thiébault
Fréville
Leurville
Le Tivoli
Liffol-le-Grand
Busson
Champaumont
La Bergère
Orquevaux
Liffol-le-Petit
Lafauche
Bazoilles-sur-Meuse
Reynel
Montlebert
Vesaignes-s/s-Lafauche
Prez-sous-Lafauche
Humberville
St-Blin
Montot-sur-Rognon
Vignes-la-Côte
Manois
La Croisette
Semilly
Le Corroy
Barrémont
L'Espérance
Dôme
Goncourt
Harréville-les-Chanteurs
Pompierre
Sartes
N. D. du Pilier de Saragosse
Sommerécourt
Chalvraines
Gonaincourt
Illoud
La Fortelle
Vaudrecourt
Morteau
Blancheville
France
93
64
117
94
E
F
G
H

0 2 4 6 8 10 km
NANCY
Toul
Neufchâteau
Mirecourt
Vittel
Bulgnéville
Châtenois
Colombey-les-Belles
Vézelise
Neuves-Maisons
Pont-St-Vincent
Vandœuvre-lès-N.
Villers-lès-N.
Laxou
Tomblaine
Jarville-la-M.
Ludres
Fléville-devant-N.
Houdemont
Heillecourt
Chavigny
Maron
Chaligny
Messein
Richardménil
Flavigny-s-Moselle
Méréville
Maizières
Viterne
Sexey-aux-Forges
Villey-le-Sec
Chaudeney-sur-Moselle
Dommartin-lès-Toul
Pierre-la-Treiche
Bicqueley
Gye
Moutrot
Domgermain
Choloy-Ménillot
Charmes-la-Côte
Mont-le-Vignoble
Blénod-lès-Toul
Crézilles
Ochey
Bulligny
Thuilley-aux-Groseilles
Marthemont
Xeuilley
Frolois
Pierreville
Germiny
Thélod
Bagneux
Allain
Barisey-la-Côte
Barisey-au-Plain
Crépey
Selaincourt
Goviller
Houdreville
Hammeville
Omelmont
Pulligny
Autrey
Ceintrey
Voinémont
Lemainville
Benney
Clérey-sur-Brenon
Gibeaumeix
Uruffe
Vannes-le-Châtel
Allamps
Sepvigny
Champougny
Pagny-la-Blanche-Côte
Taillancourt
Montbras
Saulxures-lès-Vannes
Mont-l'Étroit
Sauvigny
Clérey-la-Côte
Punerot
Ruppes
Brixey-aux-Chanoines
Autreville
Harmonville
Saulxerotte
Favières
Battigny
Dolcourt
Vitrey
Ognéville
Tantonville
Haroué
Quevilloncourt
Vroncourt
Laloeuf
Etreval
Forcelles-St-Gorgon
Chaouilley
Sion
Saxon-Sion
Praye
Xirocourt
Affracourt
Thorey-Lyautey
Dommarie-Eulmont
Vaudémont
Signal de Vaudémont
St-Firmin
Jevoncourt
Housséville
Diarville
Battexey
Gugney
Pulney
Grimonviller
Fraisnes-en-Saintois
Bouzanville
Boulaincourt
Frenelle-la-Grande
Frenelle-la-Petite
Blémerey
Courcelles
Beuvezin
Aboncourt
Chef-Haut
Repel
Puzieux
Juvaincourt
Poussay
Ramecourt
Mazirot
Ambacourt
Bettoncourt
Chauffecourt
Pont-sur-Madon
Vomécourt-sur-Madon
Xaronval
Jubainville
Maxey-sur-Meuse
Martigny-les-Gerbonvaux
Tranqueville-Graux
Gémonville
Tramont-St-André
Tramont-Émy
Tramont-Lassus
Fécocourt
Vandeléville
Vicherey
Pleuvezain
Aroffe
Soncourt
Attignéville
Aouze
Harchéchamp
Autigny-la-Tour
Soulosse-sous-St-Élophe
St-Élophe
Coussey
Frebécourt
Barville
Houéville
Removille
Maconcourt
Rainville
Dommartin-sur-Vraine
St-Prancher
Rollainville
Vouxey
Dolaincourt
Balléville
St-Paul
Morelmaison
Biécourt
Oëlleville
Totainville
Ménil-en-Xaintois
Dombasle-en-Xaintois
Rouvres-en-Xaintois
Baudricourt
Domvallier
Rebeuville
Villars
Rouvres-la-Chétive
Certilleux
Viocourt
Gironcourt-s-Vraine
Houécourt
Longchamp-sous-Châtenois
Mannecourt
La Neuveville-sous-Châtenois
Rémois
Darney-aux-Chênes
Landaville
Tilleux
Circourt-sur-Mouzon
Ollainville
Lemmecourt
Beaufremont
Aulnois
Jainvillotte
Sartes
Sandaucourt
Hagnéville-et-Roncourt
Dombrot-sur-Vair
Belmont-sur-Vair
St-Remimont
Auzainvilliers
Morville
St-Menge
Gemmelaincourt
Viviers-lès-Offroicourt
Offroicourt
Remicourt
Thiraucourt
Estrennes
Girovillers-sous-Montfort
Domèvre-sous-Montfort
Domjulien
Parey-sous-Montfort
They-sous-Montfort
Rozerotte
Madecourt
Bazoilles-et-Ménil
Valleroy-aux-Saules
Mattaincourt
Hymont
Vroville
Maroncourt
Hagécourt
Gendreville
Outremécourt
Médonville
Malaincourt
Vaudoncourt
Mandres-sur-Vair
Norroy
Haréville
Valfroicourt
Remoncourt
Rancourt
Bainville-aux-Saules
La Neuveville-sous-Montfort
A B C D
1 2 3 4 5
93 65 118

Lunéville
St-Nicolas-de-Port
Varangéville
Dombasle-s-Meurthe
Forêt de Vitrimont
Gerbéviller
Blainville-s-l'Eau
Bayon
Charmes
Baccarat
Rambervillers
Châtel-s-Moselle
Nomexy
Thaon-les-Vosges
Bruyères
Brouvelieures
Golbey
Croismare
Marainviller
Thiébauménil
Bénaménil
Herbéviller
Azerailles
Chenevières
St-Clément
Laronxe
Moyen
Vallois
Magnières
St-Pierremont
Xaffévillers
Deneuvre
Ménil-sur-Belvitte
Ste-Barbe
St-Benoît-la-Chipotte
Brû
Jeanménil
St-Gorgon
Housseras
Autrey
Padoux
Bult
Ste-Hélène
Fremifontaine
Grandvillers
Vervezelle
Domfaing
Deyvillers
Longchamp
Dogneville
Chavelot
Girmont
Igney
Vaxoncourt
Pallegney
Zincourt
Hadigny-les-Verrières
Moyemont
St-Genest
Romont
Hardancourt
Fauconcourt
Ortoncourt
Rehaincourt
Moriville
Haillainville
Damas-aux-Bois
St-Boingt
Essey-la-Côte
Clézentaine
Deinvillers
Mattexey
Seranville
Remenoville
Clayeures
Moriviller
Rozelieures
Loromontzey
St-Rémy-aux-Bois
St-Germain
Bainville-aux-Miroirs
Mangonville
Virecourt
Froville
Borville
Villacourt
Essegney
Langley
Portieux
Vincey
Ubexy
Rugney
Socourt
Gripport
Chamagne
Leménil-Mitry
Roville-devant-Bayon
Laneuveville-devant-Bayon
Neuviller-sur-Moselle
Haigneville
Lorey
Brémoncourt
Einvaux
Landécourt
Haudonville
Franconville
Méhoncourt
Romain
Lamath
Xermaménil
Mont-s-Meurthe
Rehainviller
Hériménil
Moncel-lès-Lunéville
Chanteheux
Jolivet
Vitrimont
Hudiviller
Anthelupt
Deuxville
Flainval
Sommerviller
Crévic
Maixe
Einville-au-Jard
Drouville
Serres
Valhey
Courbesseaux
Gellenoncourt
Haraucourt
Lenoncourt
Art-s-Meurthe
Rosières-aux-Salines
Damelevières
Vigneulles
Barbonville
Charmois
Haussonville
Saffais
Ferrières
Tonnoy
Velle-s-Moselle
Crion
Sionviller
Bonviller
Bienville-la-Petite
Raville-s-Sânon
Embermenil
Laneuveville-aux-Bois
Leintrey
Amenoncourt
Autrepierre
Gondrexon
Reillon
Vého
Blémerey
Chazelles-s-Albe
Domjevin
Manonviller
St-Martin
Fréménil
Ogéviller
Buriville
Réclonville
Pettonville
Hablainville
Vaxainville
Brouville
Gélacourt
Merviller
Glonville
Fontenoy-la-Joûte
Bazien
Nossoncourt
Doncières
Roville-aux-Chênes
Anglemont
Vomécourt
Badménil-aux-Bois
Domèvre-sur-Durbion
Villoncourt
Bayecourt
Sercœur
Dignonville
Dompierre
Girecourt-s-Durbion
Vaudéville
Méménil
Viménil
Destord
Nonzeville
Pierrepont-s-l'Arentèle
Gugnécourt
Fontenay
Aydoilles
Forêt de Rambervillers
Forêt de Charmes
Bois de Chevremont
Mont Laval
Forêt de Parroy
Camp militaire
E
F
G
H
66
96
119

96
0 2 4 6 8 10 km
67
95
120
A
B
C
D
1
2
3
4
5
Avricourt
Igney
Ibigny
Foulcrey
Richeval
Fraquelfing
Niderhoff
Hattigny
Métairies-St-Quirin
Vasperviller
Abreschviller
St-Quirin
Nitting
Voyer
Walscheid
Troisfontaines
Harreberg
Dabo
Rocher de Dabo
Wangenbourg-Engenthal
Gogney
Repaix
Tanconville
Frémonville
Bertrambois
Lafrimbolle
Cirey-s-Vezouze
Blâmont
Barbas
Verdenal
Harbouey
Val-et-Châtillon
Petitmont
Turquestein-Blancrupt
Domèvre-s-Vezouze
Halloville
Nonhigny
Parux
Herbéviller
Mignéville
Anceviller
Montreux
Bréménil
St-Sauveur
Neuviller-lès-Badonviller
Montigny
Badonviller
Angomont
Raon-sur-Plaine
Raon-lès-Leau
Donon
Col du Donon
Grandfontaine
Schirmeck
Wisches
Lutzelhouse
Reherrey
St-Maurice-aux-Forges
Ste-Pôle
Fenneviller
Pexonne
Bionville
Vexaincourt
Allarmont
Luvigny
Vacqueville
Pierre-Percée
Col de la Chapelotte
Barembach
Rothau
La Broque
Le Struthof
Signal de Grendelbruch
Veney
Neufmaisons
Celles-s-Plaine
Natzwiller
Neuviller-la-Roche
Wildersbach
Solbach
Waldersbach
Fouday
Bertrichamps
Moussey
Le Saulcy
Belval
Plaine
Thiaville-s-Meurthe
Raon-l'Étape
Senones
Vieux-Moulin
Le Vermont
St-Stail
Saulxures
Colroy-la-Roche
Ranrupt
Champ du Feu
Belmont
Bellefosse
Blancherupt
St-Blaise-la-Roche
Étival-Clairefontaine
Moyenmoutier
Ménil-de-Senones
Grandrupt
Châtas
Saales
Col de Saales
Bourg-Bruche
Steige
Col de Steige
Maisonsgoutte
St-Martin
Bassemberg
Lalaye
Fouchy
Urbeis
Col de la Chipotte
St-Remy
Hurbache
Denipaire
La Voivre
St-Jean-d'Ormont
La Grande-Fosse
La Petite-Fosse
Colroy-la-Grande
Lubine
St-Michel-sur-Meurthe
La Salle
La Bourgonce
St-Dié-des-Vosges
Nayemont-les-Fosses
Le Beulay
Provenchères-s-Fave
Lusse
Frapelle
Neuvillers-s-Fave
Combrimont
Lesseux
Col du Haut Jacques
Col de Mon Repos
Mortagne
Les Rouges-Eaux
Ste-Marguerite
Remomeix
Bertrimoutier
Wisembach
Ste-Marie-aux-Mines
Ste-Croix-aux-Mines
Taintrux
Saulcy-s-Meurthe
Coinches
Ban-de-Laveline
Col de Ste-Marie
Gemaingoutte
Domfaing
Belmont-s-Buttant
Biffontaine
Entre-deux-Eaux
Mandray
La Croix-aux-Mines
St-Léonard
Col de Mandray
Le Brézouard
Aubure
Fréland
Anould
Fraize
Corcieux
La Houssière
Plainfaing
Col du Bonhomme
Le Bonhomme
Lapoutroie
Ban-sur-Meurthe-Clefcy
Vienville
Beauménil
Riquewihr
Col du Haut de Ribeauvillé
Thannenkirch
N 4
N 59
D 392
D 420
D 415
D 1420

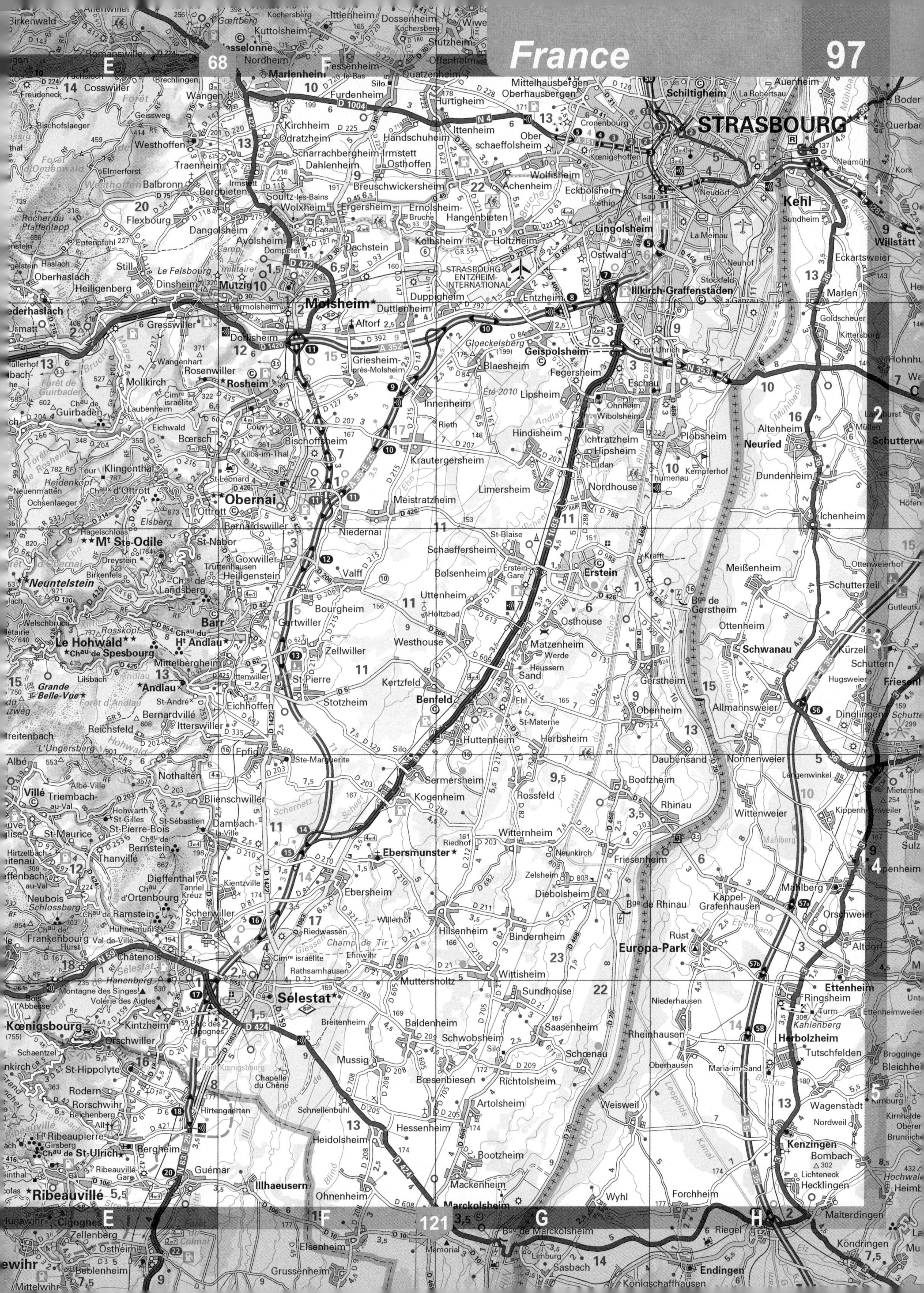
STRASBOURG
Kehl
Schiltigheim
Illkirch-Graffenstaden
Lingolsheim
Ostwald
Molsheim
Mutzig
Rosheim
Obernai
Barr
Erstein
Benfeld
Sélestat
Ribeauvillé
Marckolsheim
Mt Ste-Odile
Le Hohwald
Andlau
Geispolsheim
Eschau
Plobsheim
Neuried
Schwanau
Gerstheim
Rhinau
Europa-Park
Ettenheim
Herbolzheim
Kenzingen
Endingen
Willstätt
Marlen
Altenheim
Ichenheim
Meißenheim
Kürzell
Mahlberg
Rust
Ebersmunster
Dambach-la-Ville
Châtenois
Kœnigsbourg
St-Hippolyte
Bergheim
Guémar
Illhaeusern
Muttersholtz
Wittisheim
Sundhouse
Boofzheim
Friesenheim
Diebolsheim
Bindernheim
Hilsenheim
Kogenheim
Sermersheim
Huttenheim
Matzenheim
Osthouse
Krautergersheim
Meistratzheim
Innenheim
Blaesheim
Entzheim
Duttlenheim
Dachstein
Wolfisheim
Eckbolsheim
Achenheim
Marlenheim
Wasselonne
Westhoffen
Dorlisheim
Gresswiller
Griesheim-près-Molsheim
Bischoffsheim
Heiligenstein
Gertwiller
St-Pierre
Eichhoffen
Epfig
Kertzfeld
Stotzheim
Westhouse
Uttenheim
Valff
Niedernai
Hindisheim
Limersheim
Nordhouse
Fegersheim
Lipsheim
STRASBOURG ENTZHEIM INTERNATIONAL
Rhein
Weisweil
Wyhl
Forchheim
Riegel
Sasbach
Elsenheim
Ohnenheim
Heidolsheim
Hessenheim
Artolsheim
Bootzheim
Mackenheim
Richtolsheim
Schœnau
Saasenheim
Baldenheim
Mussig
Schwobsheim
Rathsamhausen
Ebersheim
Scherwiller
Kintzheim
Orschwiller
Rodern
Rorschwihr
Thanvillé
Villé
Bernardvillé
Reichsfeld
Itterswiller
Nothalten
Blienschwiller
Mittelbergheim
Zellwiller
Bourgheim
Goxwiller
St-Nabor
Ottrott
Klingenthal
Bœrsch
Mollkirch
Grendelbruch
Oberhaslach
Niederhaslach
Urmatt
Still
Dinsheim
Avolsheim
Wolxheim
Ergersheim
Ernolsheim-Bruche
Kolbsheim
Holtzheim
Hangenbieten
Breuschwickersheim
Osthoffen
Ittenheim
Handschuheim
Furdenheim
Kirchheim
Odratzheim
Scharrachbergheim-Irmstett
Dahlenheim
Traenheim
Balbronn
Bergbieten
Flexbourg
Dangolsheim
Soultz-les-Bains
Cosswiller
Romanswiller
Nordheim
Kuttolsheim
Quatzenheim
Hurtigheim
Oberhausbergen
Mittelhausbergen
Oberschaeffolsheim
Kœnigshoffen
Neudorf
Auenheim
Sundheim
Eckartsweier
Goldscheuer
Kittersburg
Dundenheim
Ottenheim
Schutterzell
Allmannsweier
Nonnenweier
Wittenweier
Kappel-Grafenhausen
Orschweier
Ringsheim
Tutschfelden
Wagenstadt
Bombach
Hecklingen
Malterdingen
Köndringen

0 2 4 6 8 10 km
Plage de la P
Cap de la C
Tévennec
Pointe du Van
Pointe de Castelmeur
Pointe de Brézellec
Pte de Penharn
Réserve du Cap Sizun
Ar Men
PARC NATUREL RÉGIONAL D'ARMORIQUE
Chaussée de Sein
Île-de-Sein
Raz de Sein
Pont des Chats
la Vieille
Sémaphore
Pointe du Raz
Baie des Trépassés
St-They
Kermeur
Moulin de Kerharo
Lesver
Mescran
Cléden-Cap-Sizun
Goulien
Lannourec
Quillivic
Lescoff
Lescleden
Plogoff
St-Tremeur
Quatre-Vents
Trevenouen
Port de Bestrée
Pendreff
Landrer
Lézurec
Keraudie
Pointe de Feunteunod
Penneach
Primelin
Esquibien
St-Tugen
Audierne
Custren
Ste-Evette
Anse du Loch
Pointe de Lervily
BAIE
D'AUDI

E
75
F
G
H
100
1
2
3
4
5
BAIE DE DOUARNENEZ
Pointe de St-Hernot
Rostudel
Pointe du Bellec
Pentrez-Plage
St-Nic
Plomodiern
Pointe de Talagrip
Ploéven
Pointe de Tréfeuntec
Ste-Anne-la-Palud
Plonévez-Porzay
Kergoat
Quéménéven
Cast
St-Coulitz
Lothey
Briec
Pointe du Millier
Pointe de Beuzec
Pointe de Leydé
Les Sables Blancs
Douarnenez
Tréboul
Locronan
Montagne de Locronan
Beuzec-Cap-Sizun
Poullan-s-Mer
Pouldavid
Ploaré
N.-D. de Kérinec
Pont-Croix
Confort-Meilars
Mahalon
Pouldergat
Le Juch
Plogonnec
Landrévarzec
Quilinen
Plouhinec
Guiler-s-Goyen
Gourlizon
Guengat
Ploneis
Site du Stangala
La Trinité
Landudec
Plozévet
Poul-ar-Marquis
Plogastel-St-Germain
QUIMPER
Ergué-Gabéric
Kerdévot
Pluguffan
Penhors
Pouldreuzic
Peumérit
Plovan
Chlle de Languidou
Tréogat
Plomelin
Ploneour-Lanvern
Tréméoc
Gouesnach
Pleuven
Clohars-Fouesnant
La Forêt-Fouesnant
Fouesnant
Tréguennec
St-Jean-Trolimon
Pont-l'Abbé
Bénodet
N.-D. de Tronoën (Calvaire)
Pointe de la Torche
Plage de Pors-Carn
Plomeur
Kérazan
Île-Tudy
Anse de Bénodet
Loctudy
St-Guénolé
Penmarch
N.-D. de la Joie
Eckmühl
Kérity
Pointe de Penmarc'h
Roches de Penmarc'h
Plobannalec-Lesconil
Treffiagat
Guilvinec
Lechiagat
Lesconil
Pointe de St-Oual
Pointe de Mousterlin
Île aux Moutons
Îles de Glénan
Cap-Coz
Beg-Meil
Concarneau

0 2 4 6 8 10 km
76
99
122
A
B
C
D
1
2
3
4
5
Châteauneuf-du-Faou
N.-D. du Crann
Roc de Toullaëron
MONTAGNES NOIRES
Domaine de Trévarez
Gourin
Landeleau
Cléden-Poher
Spézet
St-Hernin
Motreff
Tréogan
Lennon
Lothey
Gouézec
Roche du Feu
St-Thois
Laz
St-Goazec
Briec
Edern
Trégourez
Leuhan
Roudouallec
Langolen
Landudal
Coray
Le Saint
Guiscriff
Scaër
Tourch
Elliant
Ergué-Gabéric
St-Yvi
Rosporden
Bannalec
St-Thurien
Querrien
Roches du Diable
Lanvénégen
Locunolé
La Forêt-Fouesnant
Fouesnant
Cap-Coz
Baie de la Forêt
Concarneau
Beg-Meil
Pointe de Beg Meil
Pte de Cabellou
Le Cabellou
Baie de Pouldohan
Pointe de la Jument
Melgven
Trégunc
Nizon
Pont-Aven
Bois d'Amour
Riec-sur-Belon
Mellac
Le Trévoux
Tréméven
Quimperlé
Baye
Rocher Royal
Forêt de Carnoët
Névez
Raguenès-Plage
Île Raguenès
Pointe de Trévignon
Trévignon
Port-Manech
Kerfany-les-Pins
Belon
Moëlan-sur-Mer
Clohars-Carnoët
Doëlan
Le Pouldu
Anse du Pouldu
Guidel
Guidel-Plages
Aéroport Lann-Bihoué
Île Verte
Îles de Glénan
N 164
N 165
E 60
D 15
D 1
D 769
D 765
D 783

77
E
F
G
H
102
123
Rostrenen
Plouguernével
Glomel
Gouarec
Laniscat
Gorges du Daoulas
St-Gelven
St-Mayeux
St-Gilles-Vieux-Marché
Caurel
Mûr-de-Bretagne
Lac de Guerlédan
Barrage de Guerlédan
St-Aignan
Mellionnec
Plélauff
Perret
Lescouët-Gouarec
La Trinité-Langonnet
Plouray
Silfiac
Ste-Brigitte
Forêt de Quénécan
Langoëlan
Cléguérec
Neulliac
Kergrist
Abbe de Langonnet
St-Tugdual
Séglien
Ploërdut
Priziac
Le Croisty
Guémené-s-Scorff
Locmalo
Malguénac
Pontivy
St Nicolas
Lignol
St-Caradec-Trégomel
Persquen
Guern
Kernascléden
Berné
Meslan
Pont-Calleck
Inguiniel
Bieuzy
Melrand
Ferme archéologique
Bubry
Site de Castennec
St-Nicolas-des-Eaux
Pluméliau
St-Thuriau
Moustoir-Remungol
Guilligomarc'h
Plouay
Quistinic
St-Barthélemy
Arzano
Calan
Cléguer
Inzinzac-Lochrist
Languidic
Baud
Camors
Plumelin
Pont-Scorff
Caudan
Hennebont
Lanester
Quéven
Gestel
Zoo

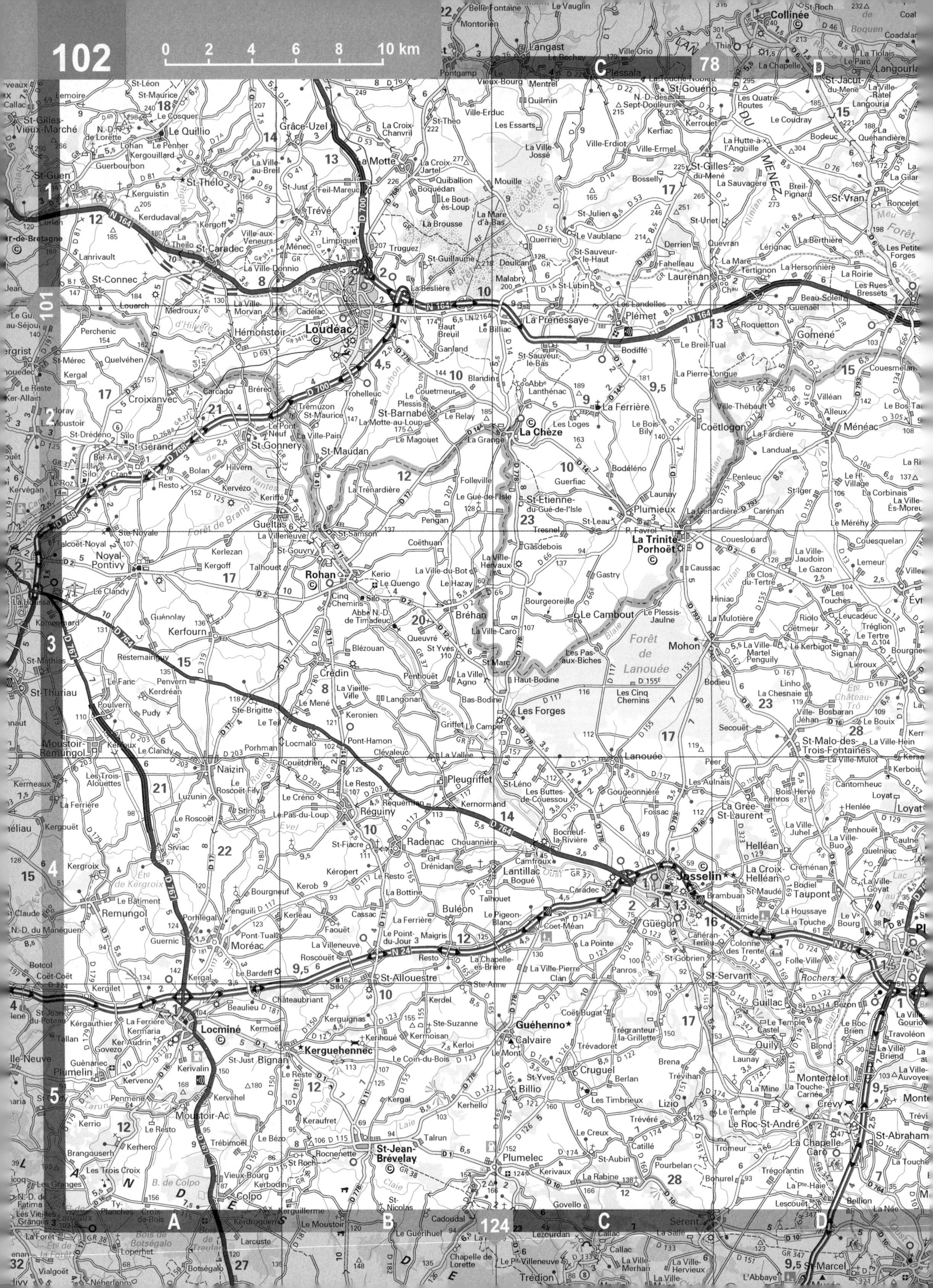
0 2 4 6 8 10 km
78
101
124
A
B
C
D
1
2
3
4
5
Collinée
Langast
Plessala
St-Gouéno
St-Gilles-du-Mené
St-Vran
Langourla
St-Jacut-du-Mené
Le Quillio
St-Thélo
Grâce-Uzel
La Motte
Trévé
St-Caradec
Loudéac
Hémonstoir
La Prénessaye
Plémet
Laurenan
Gomené
Ménéac
Coëtlogon
La Chèze
La Ferrière
Plumieux
La Trinité-Porhoët
St-Étienne-du-Gué-de-l'Isle
St-Barnabé
St-Maudan
St-Gonnery
St-Gérand
Croixanvec
Gueltas
Noyal-Pontivy
Rohan
Bréhan
Kerfourn
Crédin
Mohon
Forêt de Lanouée
Les Forges
Lanouée
St-Malo-des-Trois-Fontaines
Moustoir-Remungol
Naizin
Pleugriffet
Réguiny
Radenac
Lantillac
Josselin
Helléan
La Croix-Helléan
Taupont
Guégon
Remungol
Moréac
Buléon
St-Allouestre
St-Servant
Guillac
Locminé
Bignan
Kerguehennec
Guéhenno
Cruguel
Lizio
Plumelin
Moustoir-Ac
St-Jean-Brévelay
Plumelec
Le Roc-St-André
Montertelot
St-Abraham
La Chapelle-Caro
Colpo
Sérent
Forêt de Branguily
Landes de Lanvaux
N 164
N 24
D 700
D 764
D 767
D 768
D 778
D 793

Broons
Caulnes
St-Pern
Bécherel
Montmuran
St-Jouan-de-l'Isle
Plumaugat
Médréac
Quédillac
Landujan
Irodouër
Trémorel
St-Méen-le-Grand
Montauban-de-Bretagne
Romillé
St-Onen-la-Chapelle
Bédée
Pleumeleuc
Boisgervilly
Illifaut
Gaël
Muel
St-Maugan
Montfort-sur-Meu
Breteil
Iffendic
Bléruais
St-Gonlay
Talensac
Mauron
St-Léry
Concoret
Comper
St-Malon-sur-Mel
Monterfil
Mordelles
Néant-sur-Yvel
Tréhorenteuc
Paimpont
Plélan-le-Grand
St-Péran
Treffendel
St-Thurial
Bréal-s/s-Montfort
Trécesson
Beignon
Maxent
Baulon
Campénéac
St-Malo-de-Beignon
Bovel
Lassy
Augan
Loutehel
Campel
La Chapelle-Bouexic
Guignen
Porcaro
Guer
Maure-de-Bretagne
Mernel
Monteneuf
Comblessac
Caro
Réminiac
Lohéac
Manoir de l'Automobile
St-Séglin
Lieuron
Tréal
Ruffiac
Malestroit
Carentoir
Quelneuc
Forêt de Paimpont
E
F
G
H
79
125
104

0 2 4 6 8 10 km
80
103
126
RENNES
Hédé
Guipel
Montreuil-sur-Ille
Aubigné
Andouillé-Neuville
Gahard
St-Aubin-d'Aubigné
St-Aubin-du-Cormier
Mézières-s-Couesnon
Melesse
Chevaigné
Liffré
Betton
St-Grégoire
Pacé
La Mézière
Gévezé
Montgermont
L'Hermitage
Le Rheu
Vezin-le-Coquet
Cesson-Sévigné
Thorigné-Fouillard
Acigné
Noyal-s-Vilaine
Servon-s-Vilaine
Châteaubourg
Brécé
Chantepie
Domloup
Châteaugiron
St-Jacques-de-la-Lande
Chavagne
Bruz
Chartres-de-Bretagne
Noyal-Châtillon-s-Seiche
Vern-s-Seiche
Nouvoitou
St-Erblon
Pont-Péan
Orgères
Bourgbarré
St-Armel
Corps-Nuds
Laillé
Guichen
Janzé
Amanlis
Piré-s-Seiche
Retiers
Le Sel-de-Bretagne
Pléchâtel
Poligné
Bain-de-Bretagne
St-Malo-de-Phily
Bourg-des-Comptes
Crevin
Messac
Ecomusée
Dourdain
La Bouëxière
Mordelles
Bréal-s-Montfort
Montmuran
St-Gilles
Marcillé-Robert
La Roche aux Fées
Ste-Colombe
Coësmes
Tresbœuf
St-Senoux
Domagné
Louvigné-de-Bais
Moulins
Chancé
Esse

Vitré
Ernée
Chailland
Juvigné
Argentré-du-Plessis
La Guerche-de-Bretagne
Cossé-le-Vivien
Loiron
St-Berthevin
Champeaux
La Gravelle
Montjean
Andouil
Alexain
La Pellerine
Bourgon
Port-Brillet
Le Bourgneuf-la-Forêt
St-Ouën-des-Toits
La Croixille
Montautour
Châtillon-en-Vendelais
Balazé
Étrelles
Torcé
Domalain
Gennes-sur-Seiche
Cuillé
St-Poix
Méral
Courbeveille
Ahuillé
L'Huisserie
Quelaines-St-Gault
Craon
Forêt de la Guerche
Forêt du Pertre
Forêt de Mayenne
N 12
N 157
A 81
E 50
D 178
D 771
D 31
E
F
G
H
81
106
127

0 2 4 6 8 10 km

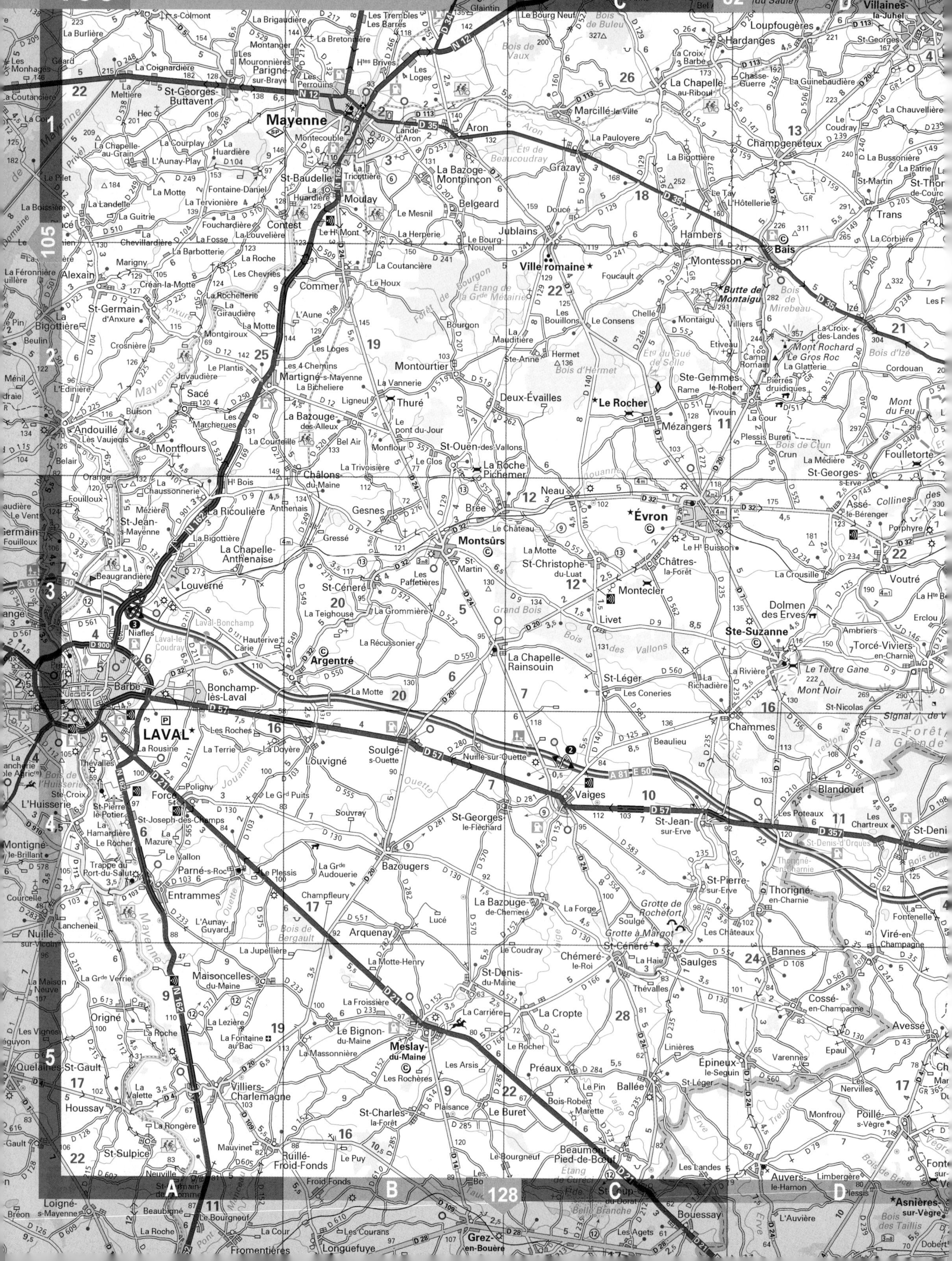
82
105
128
A
B
C
D
1
2
3
4
5
Mayenne
St-Georges-Buttavent
Parigné-sur-Braye
Aron
Marcillé-la-Ville
La Chapelle-au-Riboul
Hardanges
Loupfougères
Villaines-la-Juhel
Champgenéteux
Moulay
St-Baudelle
La Bazoge-Montpinçon
Belgeard
Jublains
Ville romaine
Grazay
Hambers
Bais
Montesson
Butte de Montaigu
Izé
Commer
Alexain
St-Germain-d'Anxure
Martigné-sur-Mayenne
Montourtier
Deux-Évailles
Le Rocher
Mézangers
Ste-Gemmes-le-Robert
Mont Rochard
Sacé
Andouillé
Montflours
Châlons-du-Maine
St-Ouën-des-Vallons
La Roche-Pichemer
Neau
Évron
Assé-le-Bérenger
Gesnes
Brée
Montsûrs
St-Christophe-du-Luat
Châtres-la-Forêt
Voutré
St-Jean-sur-Mayenne
La Chapelle-Anthenaise
Louverné
St-Céneré
Montecler
Ste-Suzanne
Livet
Dolmen des Erves
Torcé-Viviers-en-Charnie
Argentré
La Chapelle-Rainsouin
St-Léger
Bonchamp-lès-Laval
LAVAL
Louvigné
Soulgé-s-Ouette
Vaiges
Chammes
Blandouet
L'Huisserie
Forcé
St-Georges-le-Fléchard
St-Jean-sur-Erve
St-Denis-d'Orques
Parné-s-Roc
Entrammes
Bazougers
St-Pierre-sur-Erve
Thorigné-en-Charnie
La Bazouge-de-Chemeré
Grotte de Rochefort
Grotte à Margot
Arquenay
Saulges
Chémeré-le-Roi
Bannes
Nuillé-sur-Vicoin
Maisoncelles-du-Maine
St-Denis-du-Maine
Cossé-en-Champagne
Origné
Le Bignon-du-Maine
Meslay-du-Maine
La Cropte
Avessé
Quelaines-St-Gault
Villiers-Charlemagne
Préaux
Ballée
Épineux-le-Seguin
Poillé-s-Vègre
Houssay
St-Charles-la-Forêt
Le Buret
St-Sulpice
Ruillé-Froid-Fonds
Beaumont-Pied-de-Bœuf
Auvers-le-Hamon
Asnières-sur-Vègre
Bouessay
Grez-en-Bouère
A 81
D 57
N 12
N 162
D 35
D 32
D 21
D 24

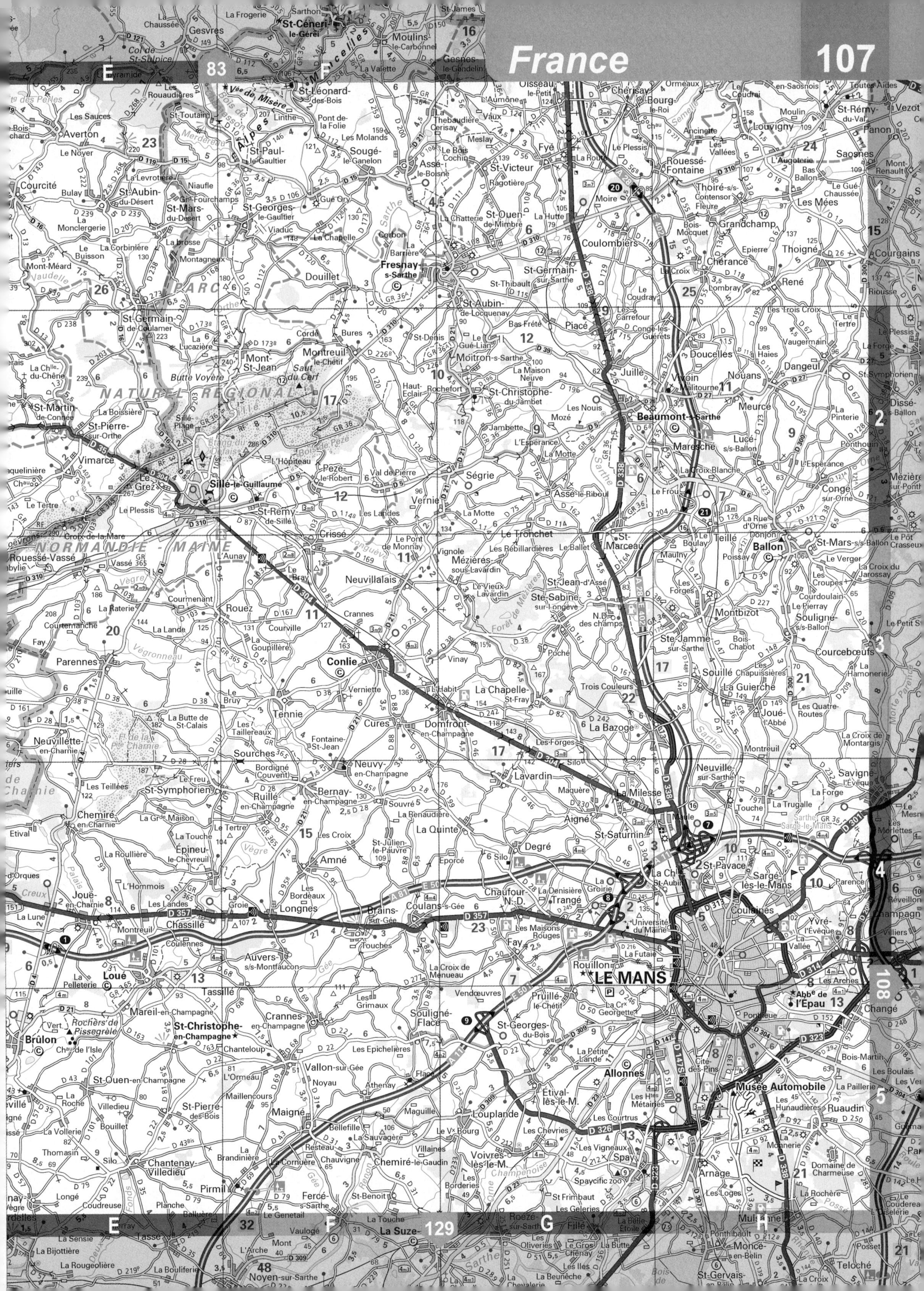
St-Céneri-le-Gérei
Moulins-le-Carbonnel
Gesvres
La Chaussée
Col de St-Sulpice
Gesnes-le-Gandelin
St-Léonard-des-Bois
Alpes Mancelles
Oisseau-le-Petit
Chérisay
Bourg-le-Roi
St-Rémy-du-Val
Averton
St-Paul-le-Gaultier
Sougé-le-Ganelon
Assé-le-Boisne
St-Victeur
Fyé
Rouessé-Fontaine
Louvigny
Saosnes
Courcité
St-Aubin-du-Désert
St-Mars-du-Désert
St-Georges-le-Gaultier
St-Ouen-de-Mimbré
Moire
Thoiré-s/s-Contensor
Les Mées
Coulombiers
Grandchamp
Thoigné
Fresnay-s-Sarthe
St-Germain-sur-Sarthe
Chérancé
René
Douillet
St-Aubin-de-Locquenay
St-Germain-de-Coulamer
Piacé
Doucelles
Dangeul
Montreuil-le-Chétif
Mont-St-Jean
Moitron-s-Sarthe
Juillé
Vivoin
Nouans
PARC NATUREL RÉGIONAL NORMANDIE-MAINE
St-Martin-de-Connée
St-Pierre-sur-Orthe
St-Christophe-du-Jambet
Beaumont-s-Sarthe
Meurce
Vimarcé
Sillé-le-Guillaume
Ségrie
Maresché
Lucé-s/s-Ballon
Rouessé-Vassé
St-Rémy-de-Sillé
Crissé
Assé-le-Riboul
St-Marceau
Teillé
Ballon
St-Mars-s/s-Ballon
Neuvillalais
Mézières-sous-Lavardin
St-Jean-d'Assé
Ste-Sabine-sur-Longève
Montbizot
Rouez
Courvillé
Conlie
Ste-Jamme-sur-Sarthe
Souligné-s/s-Ballon
Courcebœufs
Parennes
Vinay
La Chapelle-St-Fray
Souillé
La Guierche
Joué-l'Abbé
Tennie
Cures
Domfront-en-Champagne
La Bazoge
Neuvillette-en-Charnie
Sourches
Neuvy-en-Champagne
Lavardin
Neuville-sur-Sarthe
Savigné-l'Évêque
St-Symphorien
Ruillé-en-Champagne
Bernay-en-Champagne
La Milesse
Chemiré-en-Charnie
La Quinte
Aigné
St-Saturnin
Épineu-le-Chevreuil
Amné
Degré
St-Pavace
Sargé-lès-le-Mans
Joué-en-Charnie
Longnes
Coulans-s-Gée
Chaufour-N.-D.
Trangé
Coulaines
Yvré-l'Évêque
Chassillé
Brains-sur-Gée
Fay
Auvers-s/s-Montfaucon
Rouillon
LE MANS
Loué
Tassillé
Crannes-en-Champagne
Souligné-Flacé
Pruillé-le-Chétif
Abbe de l'Épau
Changé
Mareil-en-Champagne
St-Christophe-en-Champagne
St-Georges-du-Bois
Brûlon
Vallon-sur-Gée
Allonnes
Musée Automobile
St-Ouen-en-Champagne
Étival-lès-le-M.
Ruaudin
St-Pierre-des-Bois
Maigné
Louplande
Chantenay-Villedieu
Chemiré-le-Gaudin
Voivres-lès-le-M.
Spay
Arnage
Pirmil
Fercé-s-Sarthe
Roézé-sur-Sarthe
Fillé
Mulsanne
Tassé
La Suze
Noyen-sur-Sarthe
Moncé-en-Belin
St-Gervais-en-Belin
Teloché
E
F
G
H
83
129
108
1
2
3
4
5

0 2 4 6 8 10 km
84
107
130
Mamers
Bellême
St-Longis
St-Rémy-du-Val
Vezot
Saosnes
Pizieux
Commerveil
St-Rémy-des-Monts
St-Fulgent-des-Ormes
St-Pierre-des-Ormes
Origny-le-Roux
Vaunoise
Appenai-sous-Bellême
Igé
Dame-Marie
St-Aubin-des-Grois
St-Cyr-la-Rosière
La Chapelle-Souëf
Ste-Gauburge
St-Agnan-sur-Erre
St-Hilaire-sur-Erre
Préaux-du-Perche
Berd'huis
Dancé
Verrières
Courgains
Monhoudou
St-Vincent-des-Prés
Moncé-en-Saosnois
Contres-en-Vairais
Pouvrai
Gémages
L'Hermitière
Le Theil
Mâle
St-Calez-en-Saosnois
Marolles-les-Braults
Avesnes-en-Saosnois
Nauvay
Peray
St-Cosme-en-Vairais
Bellou-le-Trichard
St-Germain-de-la-Coudre
Dissé-s/s-Ballon
St-Aignan
Jauzé
Courcival
Rouperroux-le-Coquet
Nogent-le-Bernard
Préval
Avezé
Ceton
Mézières-sur-Ponthouin
Terrehault
St-Georges-du-Rosay
La Chapelle-du-Bois
Dehault
Souvigné-s-Même
Briosne-lès-Sables
Bonnétable
Courcemont
Beaufay
St-Aubin-des-Coudrais
St-Antoine-de-Rochefort
La Ferté-Bernard
Cherreau
Cherré
Cormes
Prévelles
St-Denis-des-Coudrais
La Bosse
St-Martin-des-Monts
Villaines-la-Gonais
Courgenard
Gréez-s-Roc
Torcé-en-Vallée
St-Célerin
Sillé-le-Philippe
La Chapelle-St-Rémy
Tuffé
St-Hilaire-le-Lierru
Boëssé-le-Sec
St-Jean-des-Échelles
Lamnay
Montmirail
Sceaux-sur-Huisne
St-Maixent
Bouër
St-Quentin
Savigné-l'Évêque
Lombron
St-Corneille
Montfort-le-Gesnois
Connerré
Beillé
Vouvray-s-Huisne
Duneau
Le Luart
Champrond
Vibraye
Lavaré
Dollon
Fatines
Champagné
St-Mars-la-Brière
Thorigné-sur-Dué
Nuillé-le-Jalais
Semur-en-Vallon
St-Michel-de-Chavaignes
Soulitré
Le Breil-s-Mérize
Ardenay-sur-Mérize
Changé
Coudrecieux
Berfay
Valennes
Surfonds
Bouloire
Ste-Marie-des-Bois
Rahay
Parigné-l'Évêque
Challes
Volnay
St-Mars-de-Locquenay
Maisoncelles
Écorpain
Montaillé
Conflans-sur-Anille
St-Calais
Marolles-lès-St-Calais
Brette-les-Pins
Tresson
Évaillé
Ste-Cérotte
Ste-Osmane
St-Gervais-de-Vic
Forêt de Bonnétable
Forêt de Vibraye
Camp militaire d'Auvours
A 11 - E 50
A 28 - E 502
D 323
D 357
D 301
D 955
A B C D
1 2 3 4 5

Nogent-le-Rotrou
Thiron-Gardais
Champrond-en-Perchet
Marolles-les-Buis
St-Denis-d'Authou
Coudreceau
Brunelles
La Gaudaine
Trizay-Coutretot-St-Serge
Vichères
Argenvilliers
Beaumont-les-Autels
Miermaigne
Luigny
Béthonvilliers
Coudray-au-Perche
St-Lubin-des-cinq-Fonds
Authon-du-Perche
Charbonnières
Soizé
Les Autels-Villevillon
La Bazoche-Gouet
Chapelle-Guillaume
Chapelle-Royale
Le Gault-Perche
St-Avit
Oigny
Arville
Souday
St-Agil
Boursay
Choue
Mondoubleau
Cormenon
Baillou
Sargé-sur-Braye
Le Temple
Épuisay
Combres
Happonvilliers
Chassant
Montigny-le-Chartif
Frazé
La Croix-du-Perche
Dampierre-sous-Brou
Unverre
Moulhard
Brou
Yèvres
Gohory
Logron
Châtillon-en-Dunois
Arrou
Courtalain
St-Pellerin
Boisgasson
Droue
La Fontenelle
Le Poislay
Langey
Montigny-le-Gannelon
Cloyes-sur-le-Loir
Ruan-sur-Egvonne
Fontaine-Raoul
La Chapelle-Vicomtesse
Romilly
Chauvigny-du-Perche
St-Marc-du-Cor
La Ville-aux-Clercs
St-Jean-Froidmentel
St-Hilaire-la-Gravelle
Morée
Illiers-Combray
Méréglise
Nonvilliers-Grandhoux
Les Châtelliers-N.-D.
Les Corvées-les-Yys
Magny
Marchéville
Blandainville
Sandarville
Ermenonville-la-Grande
Epeautrolles
Ermenonville-la-Petite
Charonville
St-Avit-les-Guespières
Vieuvicq
Mottereau
Saumeray
Mézières-au-Perche
Bullou
Alluyes
Dangeau
Trizay-lès-B.
Montharville
Flacey
St-Christophe
Marboué
Châteaudun
St-Denis-les-Ponts
Douy
St-Hilaire-sur-Yerre
Autheuil
Romilly-sur-Aigre
La Ferté-Villeneuil
Charray
Brévainville
Ouzouer-le-Doyen
Moisy
PERCHE
Forêt de Fréteval
Forêt de Bois Ruffin
Bois du Grd Parc
Bois de St-Agil
Loir
Yerre
Ozanne
E
F
G
H
85
131
110

0 2 4 6 8 10 km
86
109
132
Châteaudun
Bonneval
Voves
Orgères-en-Beauce
Patay
Ingré
Saran
Ormes
Chevilly
Artenay
Janville
Le Puiset
Toury
Allaines-Mervilliers
Prasville
Ymonville
Beauvilliers
Allonnes
Boisville-la-St-Père
Prunay-le-Gillon
Santeuil
Voise
Francourville
Denonville
Moinville-la-Jeulin
Réclainville
Louville-la-Chenard
Gouillons
Ouarville
Mondonville-St-Jean
Léthuin
Moutiers
Levesville-la-Chenard
Fresnay-l'Évêque
Guilleville
Trancrainville
Santilly
Baigneaux
Lumeau
Poupry
Loigny-la-Bataille
Tillay-le-Péneux
Bazoches-les-Hautes
Sougy
Terminiers
Guillonville
Rouvray-Ste-Croix
Villeneuve-sur-Conie
Coinces
St-Péravy-la-Colombe
Gémigny
St-Sigismond
Bucy-St-Liphard
Rozières-en-Beauce
Coulmiers
Épieds-en-Beauce
Charsonville
Prénouvellon
Villamblain
Tournoisis
La Chapelle-Onzerain
Péronville
Varize
Cormainville
Fontenay-sur-Conie
Baignolet
Sancheville
Bullainville
Dancy
Villiers-St-Orien
Nottonville
Conie-Molitard
Moléans
Donnemain-St-Mamès
Jallans
Lutz-en-Dunois
Civry
Ozoir-le-Breuil
St-Cloud-en-Dunois
Villampuy
Membrolles
Verdes
Tripleville
Binas
Ouzouer-le-Marché
Le Mée
La Ferté-Villeneuil
Thiville
Moriers
Pré-St-Martin
Neuvy-en-Dunois
Villars
Villeau
Fains-la-Folie
Viabon
Germignonville
Meslay-le-Vidame
Vitray-en-Beauce
Luplanté
Le Gault-St-Denis
Montainville
Rouvray-St-Florentin
Villeneuve-St-Nicolas
Theuville
Dammarie
Corancez
Bailleau-le-Pin
Mignières
Alluyes
Montboissier
St-Christophe
Fin 2010
L'AQUITAINE
A B C D
1 2 3 4 5
N 10
N 154
N 20
N 157
D 955
D 927
A 10
A 11 E 50

Angerville
Méréville
Pithiviers
Malesherbes
Outarville
Neuville-aux-Bois
Orléans
Bellegarde
Beaune-la-Rolande
Chamerolles
Boynes
Fleury-les-Aubrais
St-Jean-de-Braye
Toury
Pussay
Saclas
Andonville
Autruy-sur-Juine
Greneville-en-Beauce
Bazoches-les-Gallerandes
Artenay
Chilleurs-aux-Bois
Loury
Traînou
Vitry-aux-Loges
Combreux
Nibelle
Boiscommun
Puiseaux
Marsainvilliers
Yèvre-la-Ville
Ascoux
Escrennes
Mareau-aux-Bois
Sully-la-Chapelle
Seichebrières
Forêt d'Orléans
Bois de Bellebat
Bois de la Madeleine
Gâtinais
Rimarde
Essonne
Juine
Eclimont
Laye
Étang de la Vallée
Canal d'Orléans
E
F
G
H
87
133
112
N 20
N 152
N 60
A 19
E 60
D 2020
D 950
D 927
D 921
D 97

0 2 4 6 8 10 km
88
134
111
A
B
C
D
1
2
3
4
5
Montereau-Fault-Yonne
Champagne-s-Seine
Avon
Moret-s-Loing
Veneux-les-Sablons
Varennes-s-Seine
Montgelard
Fontainebleau
Recloses
Bourron-Marlotte
Ury
Noisy-s-École
Achères-la-Forêt
Le Vaudoué
Tousson
Boissy-aux-Cailles
La Chapelle-la-Reine
Larchant
Montigny-s-Loing
Grez-s-Loing
La Genevraye
Épisy
Villecerf
Montarlot
Ville-St-Jacques
Dormelles
Flagy
Thoury-Férottes
Montcourt-Fromonville
Villemer
Nonville
Treuzy-Levelay
Nemours
Darvault
St-Pierre-lès-N.
Nanteau-s-Lunain
Villemaréchal
Lorrez-le-Bocage-Préaux
Chevry-en-Sereine
Guercheville
Amponville
Rumont
Fromont
Boulancourt
Augerville-la-Rivière
Burcy
Garentreville
Chevrainvilliers
Ormesson
Faÿ-lès-Nemours
Châtenoy
Bagneaux-s-Loing
Poligny
Obsonville
Puiseaux
Aufferville
La Madeleine-sur-Loing
Remauville
Chaintreaux
Ichy
Bougligny
Maisoncelles-en-Gâtinais
Souppes-s-Loing
Gironville
Arville
Bromeilles
Égreville
Lagerville
Échilleuses
Chenou
Château-Landon
Mondreville
Dordives
Mez-le-Maréchal
Bransles
Beaumont-du-Gâtinais
Nargis
Chevannes
Chevry-sous-le-Bignon
Auxy
Sceaux-du-Gâtinais
Préfontaines
Fontenay-sur-Loing
Ferrières-en-Gâtinais
Courtempierre
Treilles-en-Gâtinais
Corbeilles
Griselles
Beaune-la-Rolande
Juranville
Mignerette
Mignères
Gondreville
Girolles
Cepoy
Corquilleroy
Paucourt
Courtemaux
Mézières-en-Gâtinais
Chapelon
Villevoques
Châlette-sur-Loing
La Chapelle-St-Sépulcre
Thorailles
Pannes
Montargis
Ladon
Villemoutiers
St-Maurice-sur-Fessard
Villemandeur
Amilly
Ouzouer-sous-Bellegarde
Bellegarde
Auvilliers-en-Gâtinais
Presnoy
Chailly-en-Gâtinais
Chevillon-sur-Huillard
Lombreuil
Vimory
Mormant-sur-Vernisson
Conflans-sur-Loing
St-Germain-des-Prés
St-Firmin-des-Bois
Château-Renard
Thimory
Oussoy-en-Gâtinais
Solterre
Montcresson
Coudroy
Beauchamps-sur-Huillard
A 6 - E 15
A 19 - E 60
N 7
N 60
D 606
D 403
D 225
D 943
D 950
D 975
D 410
D 152
D 607
AUTOROUTE DE L'ARBRE
AUTOROUTE

SENS
Villeneuve-s-Yonne
Joigny
Courtenay
Pont-s-Yonne
Sergines
Chéroy
St-Julien-du-Sault
Cerisiers
La Ferté-Loupière
Michery
Villeneuve-la-Guyard
Champigny
Chaumont
St-Valérien
Villeroy
Véron
Rosoy
Paron
Gron
Malay-le-Grand
Maillot
St-Clément
Saligny
Soucy
Fontaine-la-Gaillarde
Thorigny-s-Oreuse
Pont-sur-Vanne
Théil-sur-Vanne
Dixmont
Armeau
Villevallier
St-Aubin-s-Yonne
Cézy
Champlay
Charmoy
Laroche-St-Cydroine
Épineau-les-Voves
Côte St-Jacques
Vaudeurs
Courgenay
Foissy-s-Vanne
Chigy
Villiers-Louis
Noé
Vareilles
Les Sièges
Étigny
Passy
Marsangy
Rousson
Chaumot
Bussy-le-Repos
Piffonds
Savigny-sur-Clairis
Vernoy
Domats
Courtoin
Fouchères
Montacher-Villegardin
Dollot
Brannay
Lixy
Vallery
Blennes
St-Agnan
Villeblevin
Vinneuf
Courlon-s-Yonne
Serbonnes
Gisy-les-Nobles
Evry
Cuy
Villenavotte
Courtois-s-Yonne
Nailly
St-Martin-du-Terre
Villeperrot
St-Sérotin
Villethierry
Villebougis
Subligny
Collemiers
Cornant
Egriselles-le-Bocage
Foucherolles
St-Hilaire-les-Andrésis
St-Martin-d'Ordon
St-Loup-d'Ordon
Verlin
Cudot
Précy-s-Vrin
La Celle-St-Cyr
Béon
Chamvres
Paroy-s-Tholon
Champvallon
Sépeaux
Douchy
Villefranche-St-Phal
Dicy
Triguères
Montcorbon
Malesherbes
E
F
G
H
89
135
114
A 5 E 54
A 19 E 511
A 6 E 15
D 606
D 660
D 943
D 81

0 2 4 6 8 10 km
90
136
113
A
B
C
D
1
2
3
4
5
TROYES
Échemines
Prunay-Belleville
Camp militaire
Obélisque
Le Pavillon-Ste-Julie
Villeloup
St-Lyé
Payns
Mergey
Barberey-aux-Moines
Barberey-St-Sulpice
Bourdenay
Bellevillotte
La Villeneuve-aux-Riches-Hommes
Marcilly-le-Hayer
St-Lupien
Faux-Villecerf
Dierrey-St-Pierre
Dierrey-St-Julien
Bercenay-le-Hayer
Le Mothois
Chavaudon
Four gaulois
Bois de Cornillon
Villadin
Lussin
Picardie
Ste-Marie
Vierge-Ste-Espérance
Pierre-Couverte
Chanteloup
Bois l'Abbesse
Pouy-s-Vannes
Mesnil-St-Loup
Palis
Grange l'Évêque
La Chapelle-St-Luc
Les Dagues
Mesnil-Vallon
Montgueux
Macey
Fontvannes
La Grange au-Rez
La Rivière-de-Corps
Ste-Savine
St-André-les-Vergers
Torvilliers
Lépine
Messon
Mauny
Courgenay
Bois de Fauconnière
La Charmée
La Singerie
Les Marchais
Bois de Bagneaux
Ferme de Vauluisant
Rateau
Les Essarts
La Pellerie
La Tournerie
Clairlieu
Planty
Villemaur-sur-Vanne
Estissac
Bucey-en-Othe
St-Germain
Cosdon
St-Benoist-s-Vanne
Paisy-Cosdon
Les Bordes
Neuville-sur-Vanne
Bourg-de-Partie
Thuisy
Bois de Bucey
Le Chaast
Tour
Prugny
Galilée
Chevillèle
Lailly
Molinons
Villeneuve-l'Archevêque
Bagneaux
Vulaines
Flacy
Foissy-s-Vanne
Milly
Courmononcle
Aix-en-Othe
Vaugeley
Chennegy
Télécoms Spatiales
Vauchassis
Les Grandes Vallées
Laines-aux-Bois
St-Pouange
Les Chênettes
Les Jards
La Vove
Villemoiron-en-Othe
La Vente de l'Avocat
Bois des Montclains
Site de Montaigu
Souligny
Roncenay
Les Hauts de Flacy
Rigny-le-Ferron
Druisy
Les Cornées
Pitoite
Craney
Surançon
Le Valdreux
Bercenay-en-Othe
Concise
Le Genetroy
Maison Rouge
Les Châteliers
Le Bois-de-Rigny
Vaujurennes
Alexandre
Laliat
Bouilly
Chigy
Cérilly
Bérulle
Le Bois-le-Roi
Le Mineroy
Labouillant
St-Mards-en-Othe
Le Grand-Vaucouard
Champcharme
Champcharme-Haut
Bois des Fays
Sommeval
Villery
St-Jean-de-Bonneval
Les Sièges
La Folie
Les Vallées de Cérilly
Beauchêne
Les Chalois
Les Quicarlets
Berluvier
Les Robins
Vaubadon
La Belle Fayte
Maraye-en-Othe
La Perrière
Les Boulins
Roiselée
Javernant
Coulours
Silo
Villesabot
Les Cormiers
Fournaudin
Les Chevreaux
Le Nervost
La Mivoie
Champsicourt
Le Cheminot
Les Vallées
Bois des Sièges
Augères
L'Ormeau
Les Langots
Beauregard
Le Champion
La Lisière-des-Bois
Nogent-en-Othe
Bois de Maraye
Forêt Chenu
Crésantignes
Machy
Heurtebise
Le Marchais-Ballu
Vaudeurs
Les Brissots
Les Loges
Grange-Sèche
Villefroide
Forêt des Rajeuses
La Métairie
Bœurs-en-Othe
La Guinand
Les Delavoix
La Grde Jarronnée
Les Hurpeaux
Le Haut-Nogent
Eaux-Puiseaux
Puiseaux
Fays-la-Chapelle
St-Phal
Chamoy
La Longueraie
Beauciard
Pont-Evrat
Les Birons
Les Boudins
Francœur
La Coudre
La Rue-Chêvre
Bois de Turny
Les Bordes
Vosnon
Auxon
Montigny-les-Monts
Les Rommerats
Les Chapelles
Le Fays
Forêt de la Potence
Les Menus-Bois
La Charbonnière
La Tuilerie
La Guette
St-Joseph
Sivrey
Les Chanets
Pont aux Veaux
Bois de Chamoy
Les Rethorets
Haras
Villechétive
Arces-Dilo
Le Charme
Dilo
Chailley
Le Vaudevannes
Sormery
Villeneuve-au-Chemin
Le Mesnil-St-Georges
Vert
Roncenay
Courtelon
La Coudre
Les Basses Voies
Bois du Perchoi
B. des Centaines
Forêt de St-Ange
Étangs de St-Ange
Le Merisier
Les Fourneaux
Saudurand
La Brosse
Coursan-en-Othe
Les Chaillots
Le Moulin-du-Bois
Chêne-Merlin
Les Teignes
La Loge-Pomblin
Le Ruet
Boulay
Le Marot
Montfey
Chamblin
Davrey
Les Bordes-Avreuil
Vachy
Prunelles
Le Montelard
Courchamp
Linant l'Hôpital
Lasson
Champgiron
Les Vertes
Monthiérault
Courbépine
La Ramée
Bellechaume
Cuchot
Vigny
Venizy
Turny
Courcelles
Bas-Chaing
Neuvy-Sautour
Champton
Racines
Jardelet
Ervy-le-Châtel
La Vacherie
Hte Vacherie
Avreuil
La Rue-du-Laps
Vanlay
Survannes
Champlost
Paroy-en-Othe
Vorvigny
Mercy
Bailly
Boudemault
Bas-Turny
Haut-Chaing
Chaing
La Vallée
Le Bois Brûlé
Soumaintrain
Courtaoult
Boudin
Chessy-les-Prés
Bussy-en-Othe
Le Vau du Puits
Bligny-en-Othe
Les Pommerats
Les Buissons
Champlandry
Beugnon
Vieux Champs
Le Mesnil
Mézières
Maisons-Rouges
Le Breuil
Chatton
Mont Avrollot
Villepied
Brienon-s-Armançon
Avrolles
St-Florentin
Montléu
Germigny
La Chaussée
Grd Champ
Loge-Borgne
La Gorvelle
Bois-Gérard
Bernon
Vallières
Fréxaux
Les Croûtes
Les Plants
Butteaux
Esnon
Crécy
Bas-Rebourseaux
Les Vignes
Chéu
Jaulges
La Sogne
Les Millerles
Bois de la Chapelle
Bois de Lignières
Vieux-Migennes
Migennes
Cité
Les Régniers
Vergigny
Percey
Flogny-la-Chapelle
Marolles-s/s-Lignières
Ormoy
Bouilly
Rebourseaux
Forêt de Pontigny
Camp militaire
Villiers-Vineux
Lignières
Cousseg
Cheny
Chichy
Mont-St-Sulpice
La Malmaison
Hauterive
Lordonnois
Ste-Procaire
La Tuilerie
Ste-Anne
Les Millois
Charrey
L'Isle
Charmoy
Bonnard
Bel-Air
La Croix
Les Baudières
La Rue Feuillée
Les Prés-du-Bois
Carisey
Tronchoy
Grd-Virey
Villemer
Basson
Beaumont
Seignelay
Pontigny
Abbé
Roffey
Cheney
Dannemoine
Chichery
Camp militaire
Rouvray
La Tuilerie
Venouse
Ligny-le-Châtel
Dyé
Bernouil
Méré
Héry
Chemilly
Vézinnes

Luyères
Vailly
Bouy-Luxembourg
Piney
Villevoque
La Valentine
Rachisy
Dienville
Montmoret
Massonville
Ste-Maure
Culoison
Assencières
Rouilly-Sacey
Creney-près-T.
Sacey
Villiers-le-Brûlé
Brévonnes
Chantemerle
L'Étape
La Loge Lionne
Lac Amance
La Rothière
Petit-Mesnil
Lavau
Argentolles
Mesnil-Sellières
Rosson
Bonlieu
PARC NATUREL RÉGIONAL DE LA FORÊT D'ORIENT
Lac du Temple
Unienville
Juvanzé
Trannes
Pont-Ste-Marie
Villechetif
Dosches
Géraudot
Jessains
Bouranton
Laubressel
Champigny
Vaudemanche
Amance
La Ville-aux-Bois
Bossancourt
St-Parres-aux-Tertres
Thennelières
Maison du Parc
Réserve Ornithologique
Larivour
Lac d'Orient
La Loge-aux-Chèvres
Vauchonvillers
Dolancourt
La Moline
St-Julien-les-Villes
Baires
Menois
Ruvigny
Courteranges
Lusigny-s-Barse
Étang du Parc aux Pourceaux
Val Suzenay
Le Gagnage-aux-Chats
Le Chanet
Argançon
Niglolan
Bréviandes
Rouilly-St-Loup
Villepart
Rouillerot
Fontaine
Bois de Lusigny
Mesnil-St-Père
Le Ménilot
Champ-s-Barse
Magny-Fouchard
Maison-des-Champs
St-Léger-près-Troyes
Courgerennes
Bûchères
Verrières
Daudes
Montaulin
Montreuil-sur-Barse
Montiéramey
La Villeneuve-au-Chêne
Vendeuvre-sur-Barse
Maisons-Blanches
Le Haut-Chêne
Nuisement
Spoy
St-Aventin
Renault
Troyes-Le Plessis
Briel-sur-Barse
Puits-et-Nuisement
Moussey
Isle-Aumont
St-Thibault
Clérey
Fresnoy-le-Château
Les Bures
Loge-de Bailly
Chauffour-lès-Bailly
Villy-en-Trodes
Thieffrain
Montmartin-le-Haut
Meurville
Savoie
Bierne
Villemereuil
Villy-le-Maréchal
Virloup
Clérey-Sud
Le Haut-Villeneuve
Les Bailly
Courbeton
Bois de Villy en Trodes
Marolles-lès-Bailly
Beurey
Longpré-le-Sec
Assenay
Les Bordes-Aumont
Voves
Bray
Vaudes
Villemoyenne
Poligny
Villers
Magnant
Bligny
La Vendue-Mignot
Cormost
Chappes
Fralignes
Vitry-le-Croisé
Villy-le-Bois
La Belle-Étoile
St-Parres-lès-Vaudes
Montceaux-lès-Vaudes
Fouchères
Courtenot
Bourguignons
La Borde
Éguilly-sous-Bois
Maupas
Beaucaron
Chantemerle
Le Long-du Bois
Nicey
Rumilly-lès-Vaudes
L'Enclos
Virey-sous-Bar
Buxières-sur-Arce
Bertignolles
Fontarce
Forêt d'Aumont
Forêt de Rumilly
Le Bochot
Vaux
Chervey
Chacenay
Les Vendues-l'Évêque
Jully-sur-Sarce
Bar-s-Seine
Ville-sur-Arce
Noë-les-Mallets
Avalleur
N.-D. du Chêne
Merrey-sur-Arce
Viviers-sur-Artaut
Les Bordes-Lantages
Bois du Devois
Celles-sur-Ource
Le Grand Mallet
Crogny (École forestière)
Les Loges-Margueron
Vougrey
Villemorien
Landreville
Metz-Robert
Les Petites-Loges
Les Povosts
Lantages
La Cordelière
Les Bruyères
Maison Rouge
Polisot
Loches-sur-Ource
Essoyes
L'Étang
Le Vau
Villiers-s/s-Praslin
Grange-au-Bois
Polisy
Buxeuil
Verpillières-sur-Ource
Les Granges
Les Poteries
Chaource
Praslin
Arrelles
N.-D. des Vignes
Neuville-sur-Seine
Les Sadons
Forêt de Cussangy
Balnot-sur-Laignes
Gyé-sur-Seine
Pargues
Lingey
Avirey-Lingey
Courteron
Lagesse
Bois de Thouan
Grancey-sur-Ource
St-Roch
Cussangy
Maisons-lès-Chaource
Malassise
Vaudron
Bagneux-la-Fosse
Ricey-Bas
Les Riceys
Haute-Rive
Plaines-St-Lange
Le Charme
Ricey-Haut
Balnot-la-Grange
Le Magny
Mussy-s-Seine
Le Châtelier
Chesley
Ste-Élisabeth
Bois de Gyé
Beauvoir-sur-Sarce
Prusy
Gomméville
Chaserey
Bragelogne-Beauvoir
Charrey-s-Seine
Étourvy
Villiers-le-Bois
Forêt des Brosses
Chaserey-Haut
Les Corrées
Quincerot
Le Grand-Haut-du-Lais
Noiron-s-Seine
Villers-Patras
Binante
Channes
Molesme
Forêt de Chamme-Boulerain
Obtrée
Chaumont-le-Bois
Trichey
Arthonnay
Pothières
Silo
Les Scies
Béchineuil
Villedieu
La Balotière
Vannaire
La Fouchère
Ruines gallo-romaines
Vix
Mt Lassois
Mélisey
Thorey
Forêt de Maulnes
Vertault
Champ-du-Bois
Courcelles
Villon
Champ-à-Rupt
Villiers-les-Moines
Étrochey
Montliot-et-Courcelles
Val-de-Quenouil
Rugny
Bel-Air
Étang Bailly
Larrey
Bouix
Molosmes
Maulnes
Le Haut
La Seiglière
Lac de Marcenay
Poinçon
Ste-Colombe
D 960
D 619
D 671
D 444
D 443
D 971
A 5 E 17 E 54
A 26 E 17
E F G H
91
137
116

0 2 4 6 8 10 km
92
115
138
A
B
C
D
1
2
3
4
5
Doulevant-le-Château
Charmes-en-l'Angle
Flammerécourt
Humbersin
Gudmont-Villiers
Leschères-sur-le-Blaiseron
Rouécourt
La Giberie
Étang de Ramerupt
Bois de Pute-Bête
Étang de Laborde
Bois de la Rothière
Fuligny
Thil
Ville-sur-Terre
La Gaîté
Cirey-sur-Blaise
Bois d'Ambonville
Vernonvilliers
Fresnay
Bois de Beauregard
Chânet
Beurville
Les Grands Ordons
Bouzancourt
Ambonville
Mont Gimont
Cerisières
Provenchères-sur-Marne
Éclance
Lévigny
Thors
Bois de Hantelle
Blinfey
Daillancourt
Froideau
Mirbel
Trannes
Maisons-lès-Soulaines
Rizaucourt-Buchey
Guindrecourt-sur-Blaise
Blaise
Champcourt
Harricourt
N.-D. du Val
Vignory
Bossancourt
Bois de Courtgain
Saulcy
Engente
Colombé-la-Fosse
La Genevroye
Marbéville
Maison-Neuve
Arsonval
Montier-en-l'Isle
Cornet
Buchey
Curmont
Soncourt-sur-Marne
Nigloland
Jaucourt
Ailleville
Arrentières
Colombé-le-Sec
Biernes
Argentolles
Pratz
Le Plachet
L'Étoile
Vraincourt
Argançon
Gagnage
du Cellier
Voigny
Rouvres-les-Vignes
Lamothe-en-Blaisy
Oudincourt
Maison-des-Champs
Fravaux
Proverville
Bar-sur-Aube
Lavilleneuve-aux-Fresnes
Colombey-les-Deux-Églises
Mémorial
La Boisserie
Ormoy-lès-Sexfontaines
Lamancine
Spoy
Ste-Germaine
Lignol-le-Château
Sexfontaines
Annéville-la-Prairie
Couvignon
Fontaine
Belroy
La Pipière
Lachapelle-en-Blaisy
Meures
Meurville
Le Val Perdu
Bayel
La Belle Idée
Forêt de Dhuits
Juzennecourt
Marault
Forêt de Bossican
Bois de Pimeux
Baroville
Bergères
La Borde
Blaisy
Laharmand
Bois de Barramont
La Bretonnière
Montheries
Gillancourt
Forges-St-Bernard
Bligny
Étang du Patis
Urville
Arconville
Clairvaux
Lavilleneuve-au-Roi
Côte d'Alun
Sarcicourt
Brethenay
Vitry-le-Croisé
Fraville
Longchamp-sur-Aujon
Rennepont
St-Martin-sur-la-Renne
Jonchery
Euffigneix
Champignol-lez-Mondeville
Outre-Aube
Forêt de St-Bernard
Maranville
Forêt de Bois-Gérard
Buxereuilles
Ville-s/s-la-Ferté
Vaudrémont
Autreville-sur-la-Renne
Buxières-lès-Villiers
Villiers-le-Sec
Viaduc
Fontarce
Juvancourt
Moulin
Cirfontaines-en-Azois
Aizanville
Valdelancourt
Braux-le-Châtel
CHAUMONT
Noë-les-Mallets
Fays-Haut
Laferté-sur-Aube
Varencey
St-Usage
Bois de Laferté
Pont-la-Ville
Orges
Bricon
Montsaon
Grand Mallet
Fontette
Les Fosses
Fins
Forêt de Châteauvillain-Orges
Le Val-du-Four
Essey-les-Ponts
Semoutiers-Montsaon
Villars-en-Azois
Silvarouvres
Marmesse
Châteauvillain Val-Marnay
Blessonville
Ste-Anastasie
Verpillières-sur-Ource
Cunfin
Ste-Anne
Forêt de Beaumont
Dinteville
Derville
La Forge
Corgebin
La Folie
Maison Renaud
Lanty-sur-Aube
Châteauvillain
Bonshommes
Richebourg
Forêt du Charmoi
Beaumont
Bois de la Longe
Valfond
Créancey
Forêt de Châteauvillain et d'Arc
Grancey-sur-Ource
Bois de Lanty
Ormoy-sur-Aube
Bon Air
Val-des-Dames
Autricourt
Bois des Forts
Forêt des Vignes Rouget
Montribourg
Gevrolles
Les Essarts
Champigny
Latrecey-Ormoy-sur-Aube
La Lucine
Coupray
Carrefour de la Croix-de-Fer
Riel-les-Eaux
Fme du Mont
St-Roch
Cour-l'Évêque
Maison Paulin
Forêt du Val du Puits
Montigny-sur-Aube
Mont Rémin
Forêt du Montot
Veuxhaulles-sur-Aube
Bois de Faye
Arc-en-Barrois
La Vendue
Bugnières
Belan-sur-Ource
Bois de Dancevoir
La Jarrie
Thoires
Bois de la Fontaine
Dancevoir
Maison-Fouin
Val-Bruant
Patras
Chaumont-le-Bois
Le Souhy
Boudreville
Montrot
N.-D. de Montrot
Obtrée
Mosson
Brion-sur-Ource
Bissey-la-Côte
Courban
Longué
Aubepierre-sur-Aube
Vannaire
Massingy
Lignerolles
Giey-sur-Aujon
Louesme
Eriseul
Courcelles-sur-Aujon
Langres
Layer-sur-Roche
Montliot-et-Courcelles
Crépan
Les Goulles
St-Loup-sur-Aujon
La Chaume
Etufs
Marigny
Prusly-sur-Ource

Donjeux
Domremy-Landéville
Augeville
Chambroncourt
Pautaines Augeville
St-Thiébault
Leurville
Busson
Champaumont
Liffol-le-Grand
Fréville
Bazoilles-sur-Meuse
Doulaincourt-Saucourt
Roches-Bettaincourt
Orquevaux
Lafauche
Liffol-le-Petit
Froncles
Buxières
Roches-sur-Rognon
Reynel
Vesaignes-s/s-Lafauche
Prez-sous-Lafauche
Humberville
St-Blin
Montot-sur-Rognon
Vignes-la-Côte
Manois
Semilly
Pompierre
Harréville-les-Chanteurs
Vouécourt
Signéville
Goncourt
Sartes
Montéclair
Rimaucourt
Chalvraines
Sommerécourt
Viéville
Andelot-Blancheville
Rochefort-sur-la-Côte
Ecot-la-Combe
Illoud
Vaudrecourt
Bologne
Briaucourt
Chantraines
St-Thiébault
Bourmont
Nijon
Clinchamp
Cirey-lès-Mareilles
Mareilles
Ozières
Romain-s-Meuse
Bourg-Ste-Marie
Brainville-s-Meuse
Graffigny-Chemin
Riaucourt
Darmannes
Bourdons-s-Rognon
Consigny
Hâcourt
Huilliécourt
Malaincourt-s-Meuse
Treix
Forcey
Thol-lès-Millières
Vroncourt-la-Côte
Doncourt-s-Meuse
Levécourt
Chaumont-la-Ville
Condes
Millières
Longchamp
Maisoncelles
Champigneulles-en-Bassigny
Esnouveaux
Germainvilliers
Reclancourt
Audeloncourt
Clefmont
Breuvannes-en-Bassigny
Damblain
Chamarandes-Choignes
Ageville
Mennouveaux
Cuves
Buxières-lès-Clefmont
Perrusse
Laville-aux-Bois
Biesles
Lanques-sur-Rognon
Daillecourt
Bassoncourt
Ninville
Choiseul
Colombey-lès-Choiseul
Verbiesles
Sarcey
Mandres-la-Côte
Noyers
Luzy-sur-Marne
Essey-les-Eaux
Rangecourt
Merrey
Neuilly-sur-Suize
Poulangy
Lavilleneuve
Foulain
Louvières
Is-en-Bassigny
(Val-de-Meuse)
Nogent
Sarrey
Montigny-le-Roi
(Parnoy-en-Bassigny)
Marnay-sur-Marne
Vesaignes-sur-Marne
Poinson-lès-Nogent
Dammartin-s-Meuse
Thivet
Vitry-lès-Nogent
Chauffourt
Villiers-sur-Suize
Leffonds
Dampierre
Frécourt
Bonnecourt
Damrémont
Faverolles
Rolampont
Andilly-en-Bassigny
Vicq
Marac
Chanoy
Changey
Neuilly-l'Évêque
Celles-en-Bassigny
Beauchemin
Humes-Jorquenay
Bannes
Marcilly-en-Bassigny
Ormancey
St-Martin-lès-Langres
Plesnoy
(Terre-Natale)
Vauxbons
Langres
Celsoy
Rochetaillée

0 2 4 6 8 10 km
94
117
140
A
B
C
D
1
2
3
4
5
Châtenois
Mirecourt
VITTEL
Contrexéville
Bulgnéville
Darney
Lamarche
Monthureux-sur-Saône
Bourbonne-les-Bains
Vauvillers
Martigny-les-Bains
Rouvres-la-Chétive
Certilleux
Landaville
Houécourt
Gironcourt-s-Vraine
Rouvres-en-Xaintois
Dombasle-en-Xaintois
Ménil-en-Xaintois
Domvallier
Ramecourt
Poussay
Mazirot
Villers
Vroville
Hymont
Remicourt
Thiraucourt
Mattaincourt
Offroicourt
Estrennes
Domjulien
Dombrot-sur-Vair
Sandaucourt
Auzainvilliers
Morville
Vaudoncourt
Malaincourt
Médonville
Aingeville
Saulxures-lès-Bulgnéville
Suriauville
Crainvilliers
Dombrot-le-Sec
Lignéville
St-Baslemont
Thuillières
Monthureux-le-Sec
Valfroicourt
Haréville
Valleroy-le-Sec
Provenchères-lès-Darney
Relanges
Bonvillet
Viviers-le-Gras
Gignéville
Marey
Serocourt
Frain
Morizécourt
Rozières-sur-Mouzon
Robécourt
Rocourt
Villotte
Tollaincourt
Romain-aux-Bois
Damblain
Serécourt
Tignécourt
Isches
St-Julien
Fouchécourt
Ainvelle
Les Thons
Godoncourt
Fignévelle
Regnévelle
Martinvelle
Passavant-la-Rochère
Bousseraucourt
Grignoncourt
Lironcourt
Senaide
Fresnes-sur-Apance
Châtillon-sur-Saône
Jonvelle
Ameuvelle
Vougécourt
Montcourt
Corre
Demangevelle
Bourbévelle
Ranzevelle
Hurecourt
Ormoy
Aisey-et-Richecourt
Blondefontaine
Melay
Voisey
Coiffy-le-Haut
Montcharvot
Hennezel
Attigny
Belrupt
Claudon
Nonville
Bleurville
Viomenil
Lerrain
Senonges
Jésonville
Ambiévillers
Selles
Pont-du-Bois
Melincourt
Mailleroncourt-St-Pancras
Betoncourt-St-Pancras
Montdoré
Alaincourt
Anchenoncourt-et-Chazel
Saponcourt
Polaincourt-et-Clairefontaine
Barges
Raincourt
Betaucourt
Magny-lès-Jussey
Cendrecourt
Tartécourt
Cembong
Champigny-sous-Varennes
Guyonvelle
Neuvelle-lès-Voisey
Vernois-sur-Mance
Soyers
Forêt de Darney
Côte de Hautmont
Col des Clochettes
Col du Haut de Salin
Mont St Jean
Grand Montot
Mont des Fourches
Mont Heuillon
Mont St Etienne

Châtel-s-Moselle
Nomexy
Thaon-les-Vosges
Golbey
ÉPINAL
Chantraine
Deyvillers
Jeuxey
Dogneville
Padoux
Dompierre
Girecourt-s-Durbion
Grandvillers
Brouvelieures
Bruyères
Aydoilles
Fontenay
Laval-s-Vologne
Lépanges-sur-Vologne
Docelles
Cheniménil
Xamontarupt
Jarménil
Arches
Pouxeux
Eloyes
Archettes
Dinozé
Hadol
Uriménil
Xertigny
St-Nabord
Remiremont
St-Etienne-lès-R.
St-Amé
Le Syndicat
Plombières-les-Bains
Bellefontaine
Girmont-Val-d'Ajol
Le Val-d'Ajol
Fougerolles
Corbenay
Aillevillers-et-Lyaumont
Fleurey-lès-St-Loup
St-Loup-sur-Semouse
Bains-les-Bains
Harol
Dommartin-aux-Bois
Charmois-l'Orgueilleux
Uzemain
Darnieulles
Hennecourt
Domèvre-sur-Avière
Bouxières-aux-Bois
Dommartin-lès-Remiremont
Vecoux
Rupt-s-Moselle
Ramonchamp
Faucogney-et-la-Mer
Luxeuil
Tête des Cuveaux
Forêt d'Épinal
Bois de la Torele
Col de Bonne Fontaine
Col du Mt de Fourche
E F G H
95
141
120
1 2 3 4 5

0 2 4 6 8 10 km
119
96
142
A
B
C
D
1
2
3
4
5
Provenchères-s-Fave
Ste-Marguerite
Remomeix
Bertrimoutier
Wisembach
Ste-Marie-aux-Mines
Col de Ste-Marie
Mortagne
Les Rouges-Eaux
Col du Ht Jacques
Saulcy-s-Meurthe
Entre-deux-Eaux
Mandray
St-Léonard
Col de Mandray
La Croix-aux-Mines
Aubure
Le Brézouard
Anould
Fraize
Plainfaing
Col du Bonhomme
Le Bonhomme
Lapoutroie
Fréland
Kaysersberg
Corcieux
Laveline-devant-Bruyères
La Chapelle-devant-Bruyères
Vienville
Aumontzey
Granges-s-Vologne
Champ de Roches
Gerbépal
Col du Plafond
Ban-sur-Meurthe-Clefcy
Col du Louchbach
Orbey
Les Trois-Epis
Turckheim
Col de Martimpré
Le Valtin
Gazon du Faing
Le Tanet
Col du Wettstein
Le Linge
Gérardmer
Xonrupt-Longemer
Roche du Diable
Col de la Schlucht
Munster
Soultzeren
Hohrod
Gunsbach
Wihr-au-Val
Soultzbach-les-Bains
Col de Sapois
Hohneck
Col des Feignes
Muhlbach-s-M.
Metzeral
Mittlach
Schnepfenried
Pt Ballon
Sondernach
La Bresse
Col de Bramont
Rochesson
Vagney
Sapois
Cornimont
Saulxures-s-Moselotte
Thiéfosse
Grand Ventron
Ventron
Col du Herrenberg
Lautenbach
Murbach
Soultzmatt
Guebwiller
Le Markstein
Kruth
Oderen
Fellering
Grd Ballon
Col de Bussang
Bussang
Pt Drumont
Le Thillot
Le Ménil
Ferdrupt
Ramonchamp
Fresse-s-Moselle
St-Maurice-sur-Moselle
Urbès
Husseren-Wesserling
Storckensohn
Mollau
St-Amarin
Ranspach
Malmerspach
Moosch
Willer-s-Thur
Bitschwiller-lès-T.
Thann
Vieux-Thann
Cernay
Steinbach
Wattwiller
Vieil Armand
Hartmannswiller
Wuenheim
Soultz-Haut-Rhin
Ballon d'Alsace
Col du Ballon
Sewen
Oberbruck
Col du Hundsruck
Rimbach-près-Masevaux
PARC
NATUREL

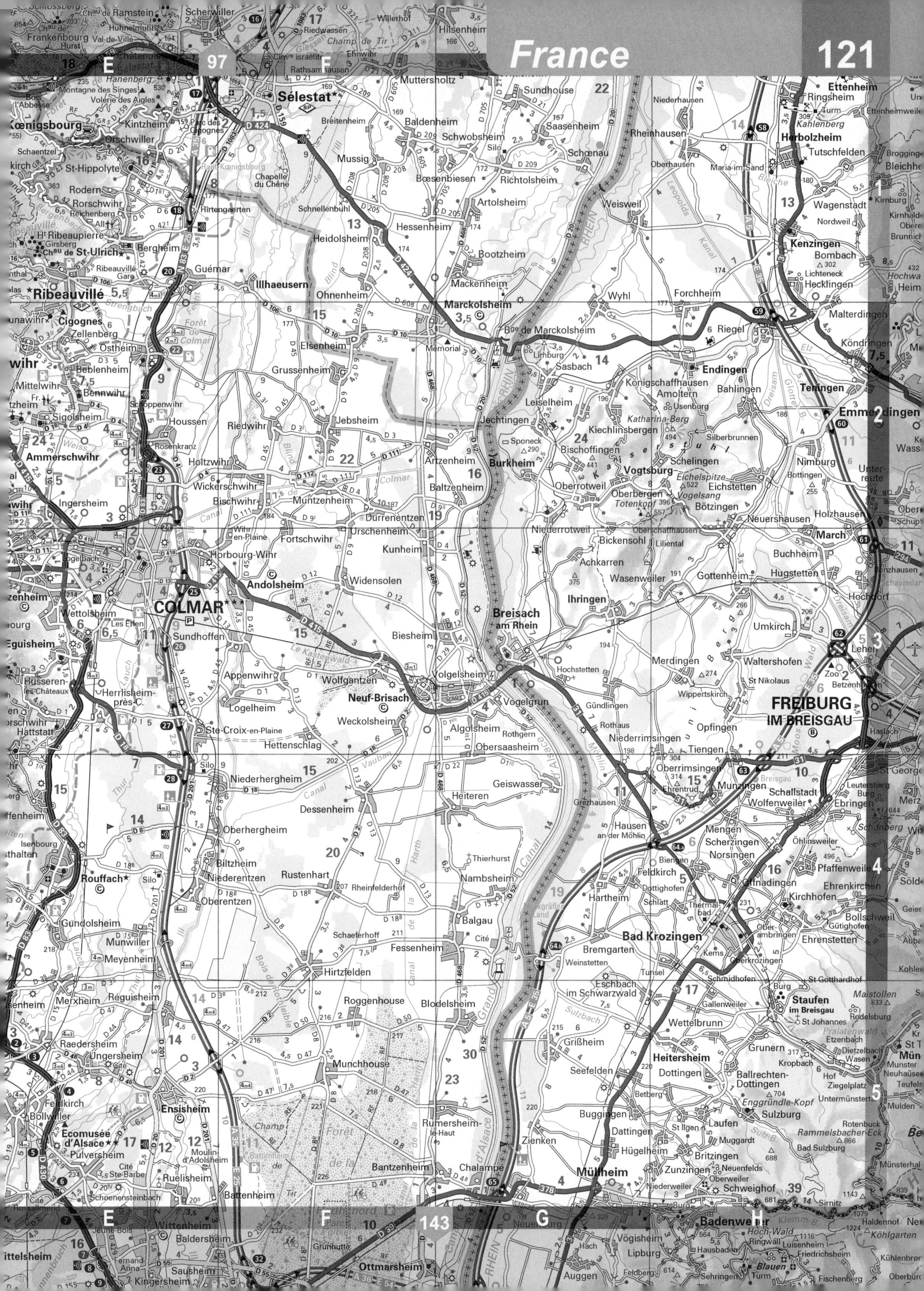
Sélestat
Sundhouse
Ettenheim
Ringsheim
Herbolzheim
Tutschfelden
Kœnigsbourg
Orschwiller
St-Hippolyte
Rodern
Rorschwihr
Bergheim
Guémar
Illhaeusern
Ribeauvillé
Cigognes
Zellenberg
Ostheim
Beblenheim
Mittelwihr
Bennwihr
Sigolsheim
Ammerschwihr
Ingersheim
Houssen
Riedwihr
Holtzwihr
Wickerschwihr
Bischwihr
Muntzenheim
Horbourg-Wihr
Andolsheim
COLMAR
Wettolsheim
Eguisheim
Sundhoffen
Husseren-les-Châteaux
Herrlisheim-près-C.
Hattstatt
Ste-Croix-en-Plaine
Niederhergheim
Oberhergheim
Biltzheim
Niederentzen
Oberentzen
Rouffach
Gundolsheim
Munwiller
Meyenheim
Merxheim
Réguisheim
Raedersheim
Ungersheim
Feldkirch
Bollwiller
Ecomusée d'Alsace
Pulversheim
Ensisheim
Ruelisheim
Battenheim
Wittenheim
Baldersheim
Sausheim
Kingersheim
Ottmarsheim
Baldenheim
Schwobsheim
Mussig
Bœsenbiesen
Richtolsheim
Saasenheim
Schœnau
Artolsheim
Heidolsheim
Hessenheim
Bootzheim
Mackenheim
Ohnenheim
Marckolsheim
Elsenheim
Grussenheim
Jebsheim
Artzenheim
Baltzenheim
Durrenentzen
Urschenheim
Kunheim
Fortschwihr
Widensolen
Biesheim
Appenwihr
Wolfgantzen
Neuf-Brisach
Volgelsheim
Vogelgrun
Weckolsheim
Logelheim
Hettenschlag
Algolsheim
Obersaasheim
Dessenheim
Heiteren
Geiswasser
Rustenhart
Nambsheim
Balgau
Fessenheim
Hirtzfelden
Roggenhouse
Blodelsheim
Munchhouse
Rumersheim-le-Haut
Bantzenheim
Chalampé
Weisweil
Wyhl
Forchheim
Riegel
Endingen
Sasbach
Leiselheim
Jechtingen
Burkheim
Königschaffhausen
Amoltern
Kiechlinsbergen
Bischoffingen
Vogtsburg
Oberrotweil
Oberbergen
Bickensohl
Achkarren
Ihringen
Breisach am Rhein
Wasenweiler
Gottenheim
Bahlingen
Teningen
Emmendingen
Kenzingen
Malterdingen
Köndringen
Nimburg
Eichstetten
Bötzingen
Neuershausen
Holzhausen
March
Buchheim
Hugstetten
Umkirch
Merdingen
Waltershofen
FREIBURG IM BREISGAU
Opfingen
Tiengen
Gündlingen
Niederrimsingen
Oberrimsingen
Munzingen
Schallstadt
Wolfenweiler
Hausen an der Möhlin
Mengen
Scherzingen
Norsingen
Biengen
Feldkirch
Hartheim
Bad Krozingen
Bremgarten
Eschbach
Staufen im Breisgau
Heitersheim
Wettelbrunn
Grißheim
Seefelden
Buggingen
Sulzburg
Laufen
Zienken
Hügelheim
Müllheim
Britzingen
Schweighof
Badenweiler
Vögisheim
Lipburg
Auggen
Kaiserstuhl
RHEIN
Canal d'Alsace
E F G H
97
143
1 2 3 4 5

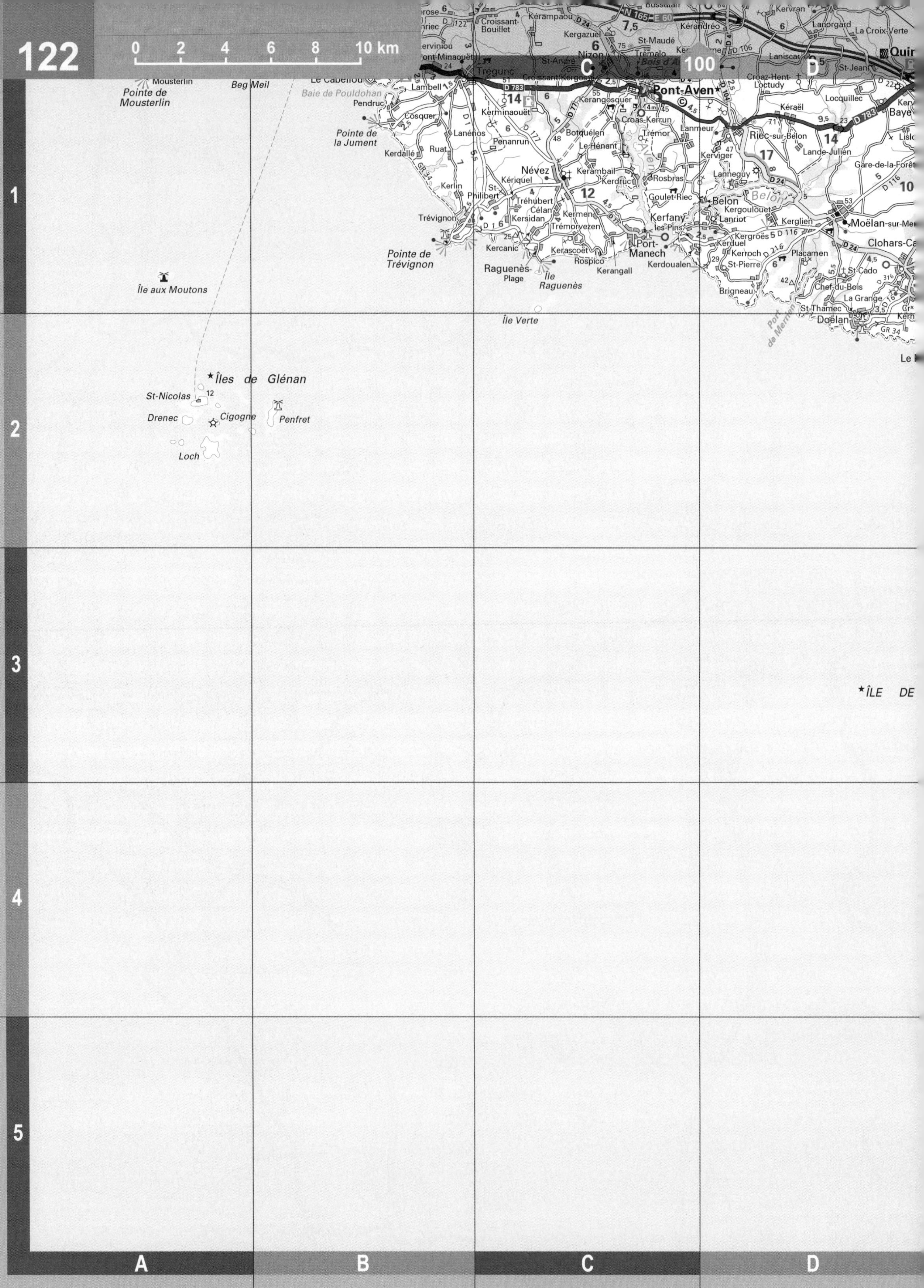
0 2 4 6 8 10 km
Mousterlin
Pointe de Mousterlin
Beg Meil
Le Cabellou
Baie de Pouldohan
Pendruc
Pointe de la Jument
Lambell
Cosquer
Kerdallé
Ruat
Lanénos
Kerlin
St-Philibert
Trévignon
Pointe de Trévignon
Kercanic
Raguenès-Plage
Île Raguenès
Île Verte
Île aux Moutons
Îles de Glénan
St-Nicolas
Drenec
Cigogne
Penfret
Loch
Croissant-Bouillet
Kérampaou
Kergazuel
Nizon
St-Maudé
Trémalo
Kérandréo
Pont-Minaouët
Trégunc
St-André
Croissant-Kergos
Kerminaouët
Penanrun
Kériquel
Tréhubert
Célan
Kersidan
Trémorvezen
Kermen
Kerascoët
Rospico
Kerangall
Névez
Kerambail
Kerdruc
Botquélen
Le Hénant
Kerangosquer
Croas-Kerrun
Trémor
Pont-Aven
Rosbras
Goulet-Riec
Kerfany-les-Pins
Port-Manech
Kerdoualen
Lanmeur
Kerviger
Lanneguy
Belon
Kergoulouet
Lanriot
Riec-sur-Belon
Kéraël
Lande-Julien
Locquillec
Laniscar
Croaz-Hent-Loctudy
St-Jean
Kervran
Lanorgard
La Croix-Verte
Gare-de-la-Forêt
Moëlan-sur-Mer
Clohars-Ca
Kerglien
Kergroës
Kerduel
Kerroch
St-Pierre
Placamen
St-Cado
Chef-du-Bois
La Grange
Brigneau
St-Thamec
Doëlan
Port de Merrien
Bois d'A
N 165
E 60
D 24
D 783
D 116
GR 34
100
ÎLE DE
Le

| A | B | C | D |
|---|---|---|---|

1 2 3 4 5

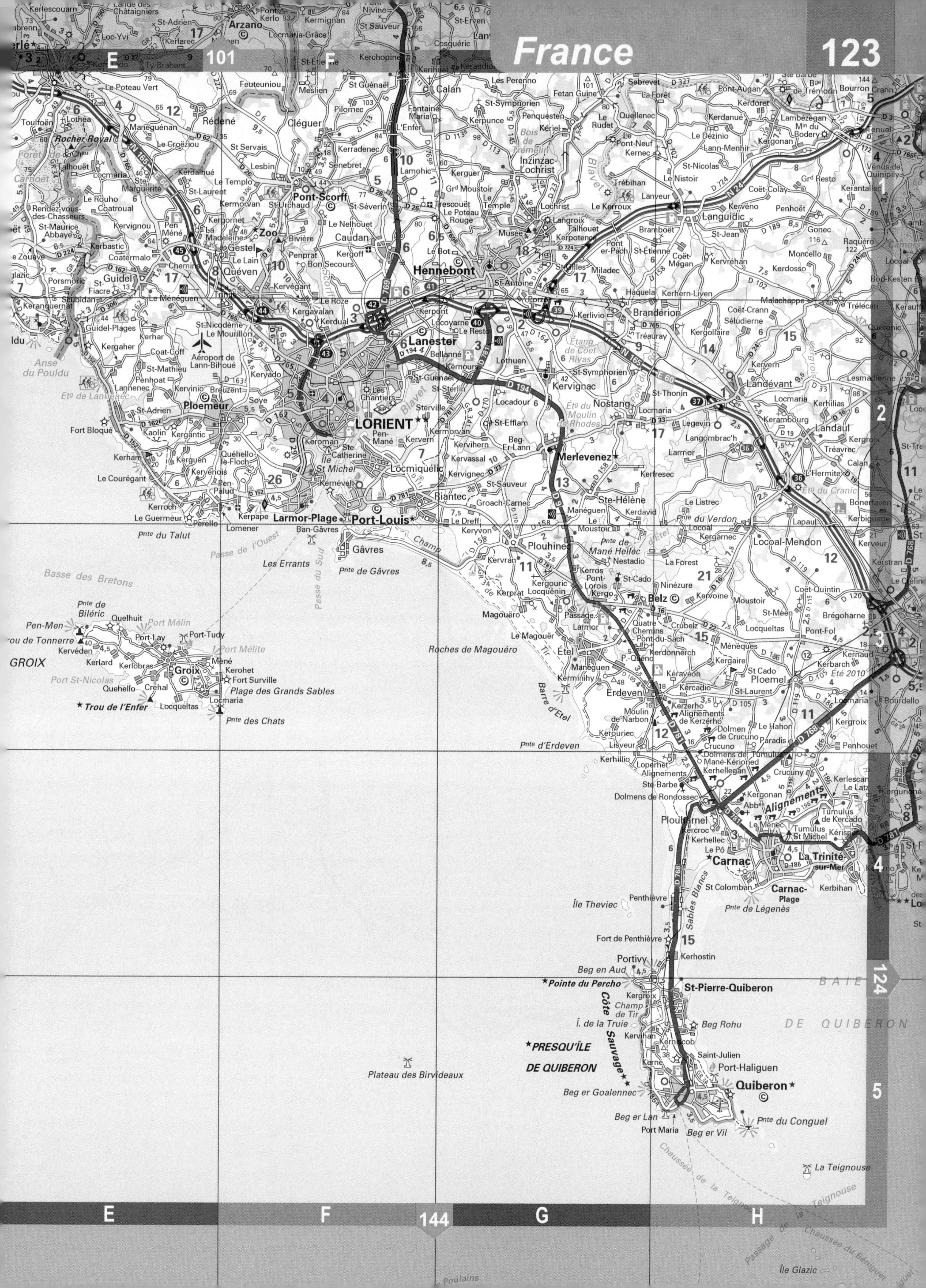
101
124
144
E
F
G
H
1
2
3
4
5
Arzano
Pont-Scorff
Rédené
Cléguer
Calan
Inzinzac-Lochrist
Hennebont
Caudan
Quéven
Gestel
Guidel
Guidel-Plages
Ploemeur
LORIENT
Lanester
Larmor-Plage
Port-Louis
Locmiquélic
Riantec
Gâvres
Kervignac
Nostang
Merlevenez
Ste-Hélène
Plouhinec
Brandérion
Languidic
Landévant
Landaul
Locoal-Mendon
Belz
Étel
Erdeven
Ploemel
Plouharnel
Carnac
Carnac-Plage
La Trinité-sur-Mer
St-Pierre-Quiberon
Quiberon
Port-Haliguen
Portivy
Groix
Port-Tudy
Locmaria
GROIX
Basse des Bretons
Pnte de Biléric
Pen-Men
Port Mélin
Port Mélite
Port St-Nicolas
Trou de l'Enfer
Plage des Grands Sables
Pnte des Chats
Pnte du Talut
Passe de l'Ouest
Passe du Sud
Les Errants
Pnte de Gâvres
Roches de Magouéro
Barre d'Etel
Pnte d'Erdeven
Anse du Pouldu
Aéroport de Lann-Bihoué
Rocher Royal
Alignements
Alignements de Kerzerho
Dolmens de Rondossec
Sables Blancs
Pnte de Légenès
Île Theviec
Fort de Penthièvre
Beg en Aud
Pointe du Percho
Côte Sauvage
PRESQU'ÎLE DE QUIBERON
Beg er Goalennec
Beg er Lan
Port Maria
Beg er Vil
Beg Rohu
Pnte du Conguel
Plateau des Birvideaux
La Teignouse
Chaussée de la Teignouse
Passage de la Teignouse
Île Glazic
BAIE DE QUIBERON
Été 2010

0 2 4 6 8 10 km
102
123
A
B
C
D
1
2
3
4
5
Baud
Locminé
Kerguehennec
Guéhenno
Bignan
Plumelin
La Chapelle-Neuve
Camors
Moustoir-Ac
St-Jean-Brévelay
Plumelec
Colpo
Grand-Champ
Locqueltas
Plaudren
Tredion
Pluvigner
Brandivy
Plumergat
Brech
Ste-Anne-d'Auray
Auray
Pluneret
Plescop
St-Avé
Meucon
Monterblanc
Elven
Forteresse de Largoët
St-Nolff
Treffléan
Sulniac
La Vraie-Croix
VANNES
Séné
Theix
Noyalo
Surzur
Lauzach
Berric
La Trinité-Surzur
Ambon
Damgan
Le Tour-du-Parc
Sarzeau
St-Gildas-de-Rhuys
Presqu'île de Rhuys
Ch<sup>au</sup> de Suscinio
Arzon
Port-Navalo
Tumiac
Locmariaquer
Crach
Baden
Larmor-Baden
Arradon
Ploeren
Plougoumelen
Bono
Île-aux-Moines
Île-d'Arz
Î. Gavrinis
GOLFE DU MORBIHAN
St-Armel
Le Hézo
Kerlévenan
Pénestin
Pte de Penvins
Pte de St-Jacques
Pte du Grd-Mont
Pte de Kerpenhir
Méaban
Rade de Penerf
Anse de Suscinio
Plateau de la Recherche
QUIBERON
LANDES DE LANVAUX
Bois de St-Bily
Forêt de Camors
Camp de Meucon
Pte de Kervoyal
Pte de Pen-Lan
Pte du Halguen
Pte de Cofrenau
Plage de la Mine d'Or
Pte du Bile
St-Philibert
Lizio
Sérent
Callac
Cruguel
St-Degan
Trémodec
Bénance

Ploërmel
Malestroit
Guer
Maure-de-Bretagne
Carentoir
La Gacilly
Redon
St-Nicolas-de-Redon
Rochefort-en-Terre
Questembert
Allaire
Malansac
Muzillac
La Roche-Bernard
Herbignac
St-Gildas-des-Bois
Missillac
Nivillac
Marzan
Péaule
Pleucadeuc
Molac
Ruffiac
Sixt-s-Aff
Bains-sur-Oust
Fégréac
Sévérac
Guenrouet
Drefféac
Avessac
Augan
Porcaro
Comblessac
Les Brulais
St-Séglin
St-Marcel
St-Congard
Peillac
Les Fougerêts
Glénac
Cournon
St-Jacut-les-Pins
St-Perreux
St-Gorgon
Caden
Limerzel
Béganne
Théhillac
St-Dolay
Parc de Branféré
Parc de la Préhistoire
Monterrein
Missiriac
Caro
Réminiac
Monteneuf
Tréal
St-Laurent-sur-Oust
Pluherlin
Arzal
Camoël
Férel
E
F
G
H
103
146
126

0 2 4 6 8 10 km
104
125
147
Chanteloup
Janzé
Bourg-des-Comptes
Crevin
Le Pt-Fougeray
Saulnières
La Chapelle-Bouëxic
Guignen
St-Senoux
Pléchâtel
Le Sel-de-Bretagne
Mernel
St-Malo-de-Phily
Poligné
Pancé
Lohéac
Manoir de l'Automobile
Tresbœuf
La Bosse-de-Bretagne
Lieuron
Bain-de-Bretagne
Lalleu
Thourie
Pipriac
Guipry
Messac
Port de Guipry
Ercé-en-Lamée
Soulvache
La Noë-Blanche
Teillay
St-Just
St-Ganton
La Dominelais
St-Sulpice-des-Landes
Rougé
Renac
Ste-Anne-s-Vilaine
Langon
Grand-Fougeray
Sion-les-Mines
Ruffigné
La Chapelle-de-Brain
Brain-s-Vilaine
Beslé
St-Aubin-des-Châteaux
Pierric
Mouais
Lusanger
Masserac
Avessac
Derval
Louisfert
Guémené-Penfao
Conquereuil
Jans
St-Vincent-des-Landes
Treffieux
Issé
Marsac-s-Don
Plessé
Vay
Nozay
Abbaretz
Le Gâvre
La Grigonnais
Puceul
Blain
Forêt du Gâvre
Forêt de Domnaiche
Forêt de Teillay
Vilaine
Chère
Don
Semnon
A B C D

105
148
128
E
F
G
H
La Roche aux Fées
Retiers
Marcillé-Robert
Visseiche
La Guerche-de-Bretagne
Moutiers
Availles-s-Seiche
Cuillé
Gastines
St-Poix
Méral
Cossé-le-Vivien
La Selle-Guerchaise
Arbrissel
Rannée
Mousse
Drouges
Forges-aux-Geslins
Fontaine-Couverte
La Roë
Laubrières
Ballots
Athée
Cosmes
Forêt de la Guerche
Brains-s-les-Marches
St-Michel-de-la-Roë
Livré
Craon
Forges-la-Forêt
Chelun
St-Aignan-sur-Roë
La Selle-Craonnaise
Niafles
Martigné-Ferchaud
Eancé
La Rouaudière
Congrier
St-Saturnin-du-Limet
St-Martin-du-Limet
Bouchamps-lès-Craon
Senonnes
St-Erblon
Renazé
Chérancé
Noyal-sur-Brutz
Villepot
La Chapelle-Hullin
St-Quentin-les-Anges
Soudan
St-Aubin
Pouancé
Chazé-Henry
Grugé-l'Hôpital
Châtelais
Bouillé-Ménard
Châteaubriant
Carbay
Bourg-l'Évêque
Vergonnes
Nyoiseau
La Prévière
Armaillé
Combrée
Noyant-la-Gravoyère
Segré
Noëllet
Le Tremblay
Le Bourg-d'Iré
Ste-Gemmes-d'Andigné
La Teillais
St-Michel-et-Chanveaux
Juigné-des-Moutiers
Erbray
St-Julien-de-Vouvantes
Challain-la-Potherie
Moisdon-la-Rivière
La Chapelle-Glain
Raguin
Pt-Auverne
Grd-Auverne
La Motte-Glain
Loiré
Le Pin
Vritz
Candé
Angrie
La Meilleraye-de-Bretagne
St-Sulpice-des-Landes
Freigné
Abbe de Melleray
Riaillé
Bonnœuvre
St-Mars-la-Jaille
Le Louroux

0 2 4 6 8 10 km
106
127
149
Cossé-le-Vivien
Meslay-du-Maine
Château-Gontier
Bierné
Châteauneuf-s-Sarthe
Segré
Le Lion-d'Angers
Haras
Le Plessis Bourré
Le Plessis-Macé
Tiercé
Seiches-s-le-Loir
Le Louroux-Béconnais
Grez-en-Bouère
Sablé-s
Quelaines-St-Gault
Villiers-Charlemagne
Ruillé-Froid-Fonds
Maisoncelles-du-Maine
Le Bignon-du-Maine
Daon
Miré
Morannes
Chemazé
Ménil
Marigné
Champigné
Feneu
Briollay
Cheffes
Montreuil-Juigné
Grez-Neuville
Vern-d'Anjou
La Pouëze
Bécon-les-Granits
Avrillé
Domaine de la Petite Couère
La Lorie

Thorigné-en-Charnie
Bannes
Cossé-en-Champagne
Brûlon
Avessé
Epaul
Varennes
Chevillé
Poillé-s-Vègre
Fontenay-sur-Vègre
Auvers-le-Hamon
Asnières-sur-Vègre
Juigné-s-Sarthe
Solesmes
Avoise
Parcé-sur-Sarthe
Dureil
Vion
Courtillers
Louailles
Précigné
Le Bailleul
Crosmières
La Chapelle-d'Aligné
N.-D.-du-Pé
Bazouges-sur-le-Loir
Durtal
Les Rairies
Huillé
Lézigné
Baracé
Montigné-lès-Rairies
Fougeré
Marcé
Jarzé
Chaumont-d'Anjou
Échemiré
Lué
Tassillé
Mareil-en-Champagne
St-Christophe-en-Champagne
St-Ouen-en-Champagne
St-Pierre-des-Bois
Chantenay-Villedieu
Tassé
Noyen-sur-Sarthe
Pirmil
Maigné
Vallon-sur-Gée
Crannes-en-Champagne
Souligné-Flacé
Fercé-s-Sarthe
La Suze-s-Sarthe
Chemiré-le-Gaudin
Louplande
Étival-lès-le-M.
Voivres-lès-le-M.
St-Georges-du-Bois
Allonnes
Spay
Roëzé-sur-Sarthe
Fillé
Guécélard
Parigné-le-Pôlin
Cérans-Foulletourte
Mézeray
Malicorne-sur-Sarthe
Arthezé
Courcelles-la-Forêt
Oizé
Bousse
Villaines-s/s-Malicorne
Ligron
Mansigné
St-Jean-de-la-Motte
Clermont-Créans
La Flèche
Mareil-sur-Loir
Luché-Pringé
Vénevelles
Thorée-les-Pins
Le Lude
Clefs
St-Quentin-lès-Beaurepaire
Vaulandry
Savigné-s/s-le-Lude
Genneteil
Chigné
Montpollin
St-Martin-d'Arcé
Pontigné
Broc
Chalonnes-sous-le-Lude
Dissé-s/s-le-Lude
La Boissière
Chavaignes
Lasse
Noyant
Denezé-s/s-le-Lude
Vieil-Baugé
Landifer
Lué-en-Baugeois
Sermaise
Fontaine-
E
F
G
H
107
150
130
49
1
2
3
4
5

0 2 4 6 8 10 km
108
129
151
A
B
C
D
1
2
3
4
5
Abbe de l'Épau
Changé
Pontlieue
Cité-des-Pins
Musée Automobile
Ruaudin
Arnage
Parigné-l'Évêque
La Maison-Neuve
Challes
Volnay
St-Mars-de-Locquenay
Maisoncelles
Écorpain
Bouloire
Coudrecieux
St-Michel-de-Chavaignes
Ardenay-sur-Mérize
Surfonds
Nuillé-le-Jalais
Thorigné-sur-Dué
Semur-en-Vallon
Mulsanne
Moncé-en-Belin
St-Gervais-en-Belin
Laigné-en-Belin
Teloché
Brette-les-Pins
St-Mars-d'Outillé
Le Grand-Lucé
Villaines-s/s-Lucé
Montreuil-le-Henri
Tresson
Évaillé
Ste-Osmane
Cognerś
St-Ouen-en-Belin
Écommoy
St-Biez-en-Belin
Marigné-Laillé
Pruillé-l'Éguillé
St-Vincent-du-Lorouër
Courdemanche
St-Georges-de-la-Couée
Vancé
Château-l'Hermitage
Pontvallain
Mayet
Verneil-le-Chétif
Jupilles
Beaumont-Pied-de-Bœuf
Thoiré-sur-Dinan
St-Pierre-du-Lorouër
Lhomme
Ruillé-s-Loir
Poncé-s-le-Loir
La Chartre-s-le-Loir
Lavenay
La Chapelle-Gaugain
Sarcé
Lavernat
Luceau
Château-du-Loir
Vouvray-s-Loir
Marçon
Villedieu-le-Château
Tréhet
Aubigné-Racan
Coulongé
Vaas
Montabon
Nogent-sur-Loir
Dissay-s/s-Courcillon
Beaumont-sur-Dême
Épeigné-sur-Dême
Chemillé-sur-Dême
La Bruère-sur-Loir
St-Aubin-le-Dépeint
St-Pierre-de-Chevillé
Villebourg
Bueil-en-Touraine
La Chapelle-aux-Choux
St-Germain-d'Arcé
Chenu
St-Christophe-sur-le-Nais
St-Paterne-Racan
Neuvy-le-Roi
Louestault
Marray
Villiers-au-Bouin
Braye-sur-Maulne
Marcilly
Couesmes
Brèches
La Roche-Racan
Château-la-Vallière
Neuillé-Pont-Pierre
Beaumont-la-Ronce
Sonzay
Forêt de Bercé
Loir
D 338
D 357
D 304
D 305
D 766
D 959
D 938
A 28
E 502

109
E
F
G
H
152
132
Souday
St-Agil
Le Gué-de-Launay
Boursay
Berfay
Valennes
Choue
Grand Bouchet
La Chapelle-Vicomtesse
Bouffry
Cloyes-sur-le-Loir
Mondoubleau
Les Souches
Fontaine-Raoul
Villebout
Cormenon
St-Marc-du-Cor
Rahay
Baillou
La Forte Pièce
La Beauchère
L'Oiselière
Beauvoir
Conflans-sur-Anille
Coulonge
Romilly
Chauvigny-du-Perche
Les Taffareaux
Rougemont
St-Jean-Froidmente
Montaillé
Les Radrets
Les Bertellieres
Beauchêne
Forêt de Fréteval
Sargé-sur-Braye
Le Temple
Les Cinq Vouges
La Gaudinière
St-Calais
Marolles-lès-St-Calais
Rotsang
Taille-Fer
Montmarin
Fief-Corbin
Motteux
La Ville-aux-Clercs
L'Ecotière
St-Hilaire-la-Gravelle
Maladrerie
Monplaisir
La Godasière
La Loctière
Le Marchais
Le Fort Girard
Les Mussets
Beauregard
Le Chêne-Vert
Le Plessis
Cérotte
Épuisay
L'Étang
Danzé
Le Rouillis
L'Essert
Gros-Chêne
La Montballière
Morée
St-Gervais-de-Vic
Brunellière
Savigny-sur-Braye
Champrond
Les Gats
Busloup
Fontaine
Fréteval
Le Tertre
Beaulieu
Le Bois-Malon
Rahart
Pont-l'Ane
Courcelles
Lignières
La Poulinière
La Maslerie
La Fosse-Landault
L'Epau
Pezou
Glatigny
La Courcelle
La Vieille-Haie
Buisson
Espéreuse
Aze
Les Bellezeveries
Haie-de-Champ
Lisle
Chicheray
Fortan
La Belle-Étoile
L'Orgerie
St-Firmin-des-Prés
Champlain
Beauvilliers
La Hardonnière
Silo
Galette
La Jousselinière
Renay
Celle
La Mérillière
Forêt de Vendôme
Monce
La Houghaise
La Fosse-Courtin
Le Brulon
Les Pavillons
La Montellière
Mazangé
Le Gué-du-Loir
T.G.V.
La Tuilerie
Bel-Air
Les Rochettes
La Grapperie
Bois de Bricsard
La Chapelle-Enchérie
L'Etre-aux-Fourmis
Bonneveau
La Champilonière
Bonaventure
Lunay
Clouseaux
Le Coudray
Villiers-sur-Loir
La Garde
St-Ouen
Meslay
Fontaine-les-Coteaux
Courtiras
Les Bordes
Épiais
Montumier
Bois de Fargot
La Barre
La Prazerie
Areines
Rocé
Faye
Chenillé
Grand Ris
Habitations troglodytiques
Nonais
Thoré-la-Rochette
Rochambeau
Montrieux
Naveil
Villaria
Vendôme
Noyers
La Grande Voie
Villée
Troo
Ruau
Chalay
Valleron
Les Roches-l'Évêque
Asnières
Varennes
Le Temple
Villetrun
Baigneaux
Sougé
St-Jacques-des-Guérets
St-Quentin-lès-Troo
Fargot
La Fosse
Le Tertre
St-Rimay
Borde-Beurre
Coulommiers-la-Tour
Thorigny
Le Bouchet
La Billordière
Vieux Bourg
Artins
Ranay
St-Oustrille
Montoire-sur-le-Loir
Villavard
Houssay
Les Hayes
Marcilly-en-Beauce
Chanteloup
Puteaux
Bois-le-Barbe
Villejumard
Villarceau
Mézières
Malignas
Le Coudray
Esnault
Selommes
Rhodon
Petite Ronce
Lavardin
Langeron
Villiersfaux
Cran
Villerable
La Borde
Ste-Anne
Tarché
Les Effets
Les Essarts
Ternay
Bois-Freslon
Poulines
Les Bordes
Le Plessis
Périgny
Villemardy
Ancn Prieuré Ste-Madeleine
St-Martin-des-Bois
La Tassetière
Huisseau-en-Beauce
Crucheray
La Roche
Villeromain
Budan
Croixval
Les Hayes
St-Georges-des-Bois
Sasnières
Amboy
Nourray
Martigny
Pinoche
L'Aumône
Villammoy
Roc-en-Tuf
La Cuverie
Forêt de Prunay
Le Plessis-St-Amand
Villemot
Villebouzon
Étang de Gâtines
Le Berloquet
St-Arnoult
Prunay-Cassereau
Merville
Les Brévaires
Villethierry
Migneray
Bezay
Champ-Renaud
La Fouasserie
Silos
Lancé
Tourailles
Villefrancœur
La Sournas
St-Amand-Longpré
Les Hermites
Le Sourneau
Le Cassereau
Le Houssay
Villethiou
Les Homas
Chandelay
Bois de la Borne Blanche
Pray
La Fournerie
Le Fresne
Longpré
St-Gourgon
Bois de la Fuselière
Villeruche
La Chapelle-Vendômoise
Bourges
Georgettière
Clairmarchais
Les Haies
Gombergean
Monthodon
Villechauve
Authon
Pias
Landes-le-Gaulois
Les Maisons Neuves
Lancôme
Villée
Gondoubard
La Perchais
Villeporcher
Russy
La Ferrière
La Loitière
Le Sentier
Neuville-sur-Brenne
Le Hêtre
La Hersonnière
Les Logeries
La Roberderie
B. de Barday
Villegray
La Vrillère
La Sourdière
Forêt de Château Renault
St-Cyr-du-Gault
Françay
L'AQUITAINE
Le Boulay
Valbrenne
Saunay
Marché
La Brosse
Les Forestières
La Reverdière
St-Étienne-des-Guérets
Étang de la Tombe
Herbault
St-Lubin-en-Vergonnois
St-Sulpice-de-Pommeraye
Champigny
St-Laurent-en-Gâtines
Château-Renault
La Moulinerie
St-Nicolas-des-Motets
Guérinet
Orchaise
Chenusson
La Barbotinière
B. de Gâtines
La Boisnière
Bois de la Chaîne
Plessis
Bois de Nouzilly
La Boissière
La Commune
La Besnardière
Le Ht Villaumay
Morand
La Picardière
Santenay
St-Secondin
Bury
Molineuf
Charentais
La Grand Vallée
Chambon-sur-Cisse
Nouzilly
Le Perron
La Platerie
Villedômer
Auzouer-en-Touraine
La Guérinière
Le Perré
Rocon
L'Hôtel-Pasquier
Crotelles
L'Orfrasière
La Noue
La Harpinière
Dame-Marie-les-Bois
Seillac
Coulanges
La Filonnière
Beauregard
Les Moléons
Le Pavot
Vauliard
La Cochardière
Pierrefitte
Abbaye de la Guiche
La Morandière
D 357
D 957
D 917
D 766
N 10
A 10
E 5 - E 60
ATLANTIQUE

0 2 4 6 8 10 km
110
153
131
Cloyes-sur-le-Loir
Autheuil
Romilly-sur-Aigre
La Ferté-Villeneuil
Charray
St-Jean-Froidmentel
Brévainville
Ouzouer-le-Doyen
Moisy
Morée
Fréteval
Membrolles
Verdes
Tripleville
Prénouvellon
Villamblain
Tournoisis
Patay
Coinces
St-Péravy-la-Colombe
St-Sigismond
Gémigny
Épieds-en-Beauce
Charsonville
Coulmiers
Rozières-en-Beauce
Semerville
Binas
Ouzouer-le-Marché
Huisseau-sur-Mauves
Baccon
Autainville
La Colombe
Villermain
St-Laurent-des-Bois
St-Léonard-en-Beauce
Marchenoir
Forêt de Marchenoir
Lorges
Cravant
Le Bardon
Meung-sur-Loire
Cléry-St-André
Oucques
Beauvilliers
La Chapelle-Enchérie
Villeneuve-Frouville
Roches
Josnes
Beaugency
Tavers
Lailly-en-Val
Talcy
Concriers
Séris
Lestiou
Avaray
Mer
Courbouzon
St-Laurent-Nouan
Conan
Maves
Villexanton
Champigny-en-Beauce
La Chapelle-St-Martin-en-Plaine
Mulsans
Suèvres
Muides-sur-Loire
Averdon
Villerbon
Ménars
Cour-sur-Loire
St-Dyé-sur-Loire
Montlivault
Maslives
Chambord
Parc de Chambord
Thoury
Crouy-sur-Cosson
La Ferté-St-Cyr
Marolles
Villebarou
St-Denis-sur-Loire
St-Claude-de-Diray
BLOIS
St-Gervais
Vineuil
Huisseau-sur-Cosson
Les Grotteaux
Dhuizon
Montrieux-en-Sologne
Mont-près-Chambord
Chailles
Beauregard
Villesavin
Bracieux
Fossé
St-Sulpice-de-Pommeray
Forêt de Blois
A
B
C
D
1
2
3
4
5

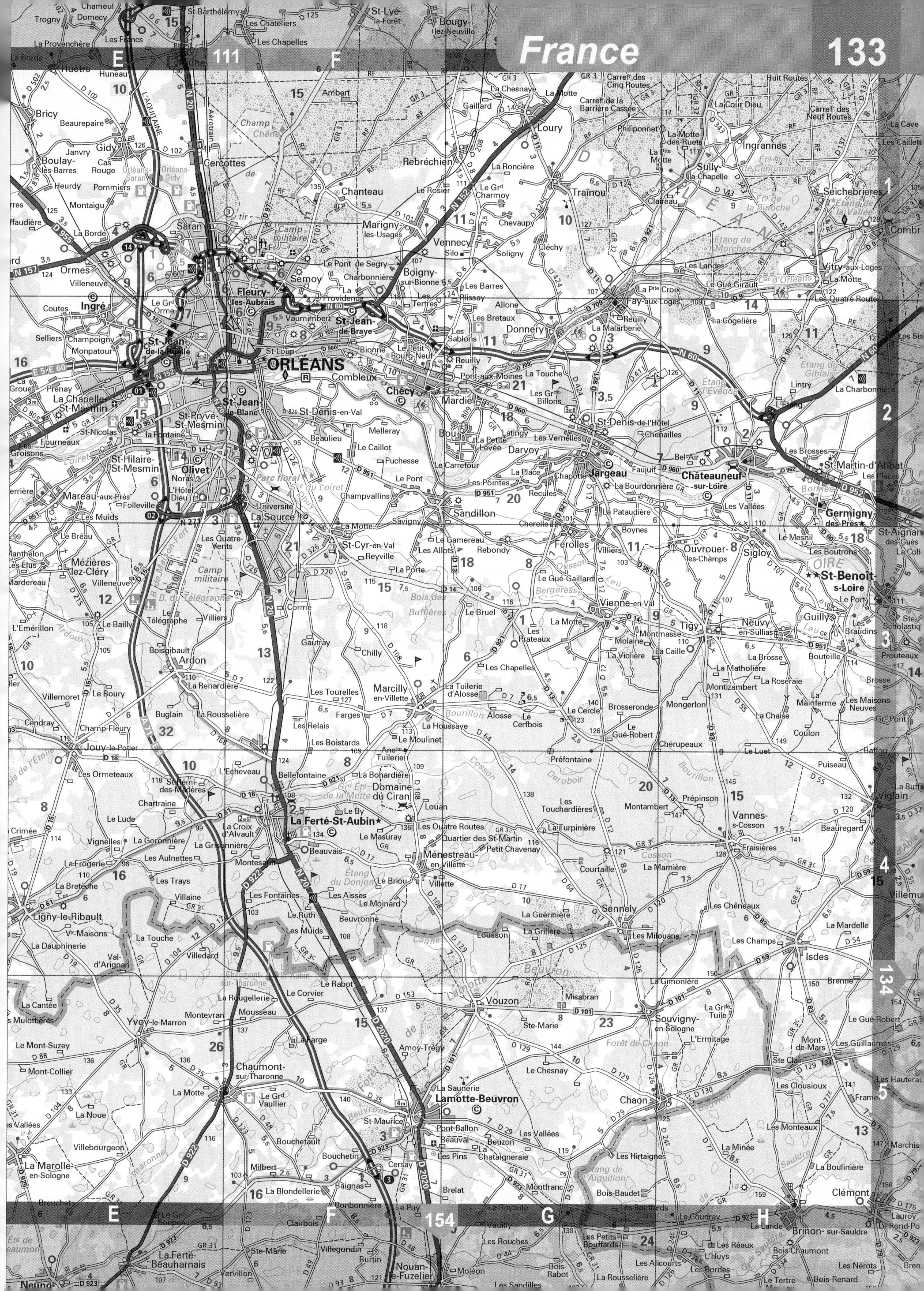
ORLÉANS
Fleury-les-Aubrais
St-Jean-de-Braye
St-Jean-de-la-Ruelle
St-Jean-le-Blanc
St-Pryvé-St-Mesmin
Olivet
La Source
Saran
Ingré
Ormes
Semoy
Chécy
Mardié
St-Denis-en-Val
St-Cyr-en-Val
Sandillon
Jargeau
Châteauneuf-sur-Loire
St-Denis-de-l'Hôtel
Germigny-des-Prés
St-Benoît-s-Loire
Férolles
Vienne-en-Val
Tigy
Sigloy
Ouvrouer-les-Champs
Neuvy-en-Sullias
Marcilly-en-Villette
Ardon
Jouy-le-Potier
Mézières-lez-Cléry
La Ferté-St-Aubin
Ménestreau-en-Villette
Sennely
Vannes-s-Cosson
Vouzon
Souvigny-en-Sologne
Isdes
Lamotte-Beuvron
Chaumont-sur-Tharonne
Yvoy-le-Marron
Chaon
Ligny-le-Ribault
La Marolle-en-Sologne
Nouan-le-Fuzelier
La Ferté-Beauharnais
Brinon-sur-Sauldre
Clémont
Vitry-aux-Loges
Fay-aux-Loges
Loury
Traînou
Marigny-les-Usages
Boigny-sur-Bionne
Donnery
Chanteau
Rebréchien
Cercottes
Gidy
Bricy
Boulay-les-Barres
Ingrannes
Sully-la-Chapelle
Seichebrières
FORÊT D'ORLÉANS
LOIRE

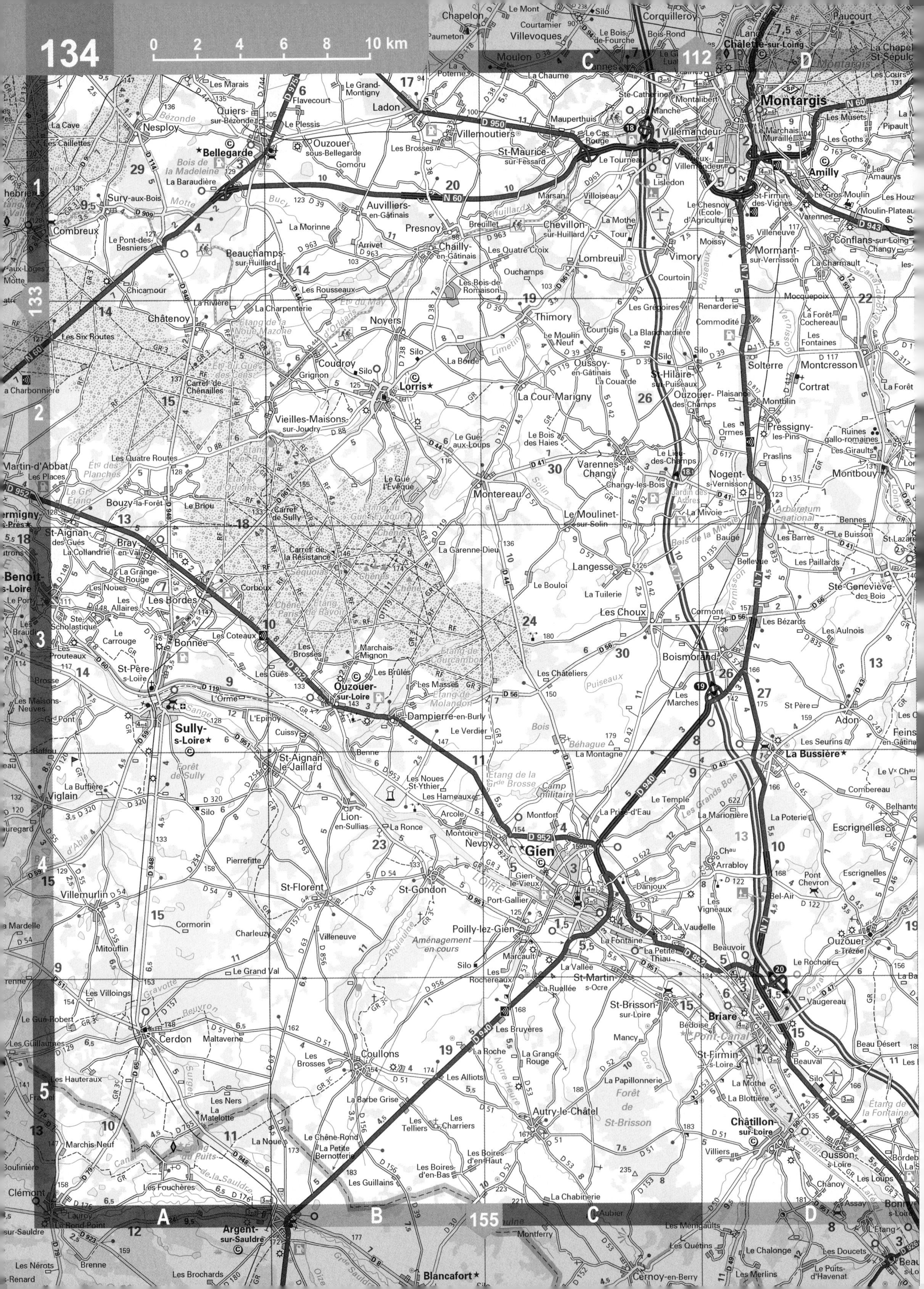
0 2 4 6 8 10 km
112
133
155
A
B
C
D
1
2
3
4
5
Montargis
Châlette-sur-Loing
Amilly
Villemandeur
Vieux-Villemandeur
Corquilleroy
Paucourt
Chapelon
Villevoques
Moulon
Cepoy
Ladon
Flavecourt
Nesploy
Quiers-sur-Bézonde
Bellegarde
Ouzouer-sous-Bellegarde
Villemoutiers
St-Maurice-sur-Fessard
Sury-aux-Bois
Combreux
Auvilliers-en-Gâtinais
Presnoy
Chailly-en-Gâtinais
Chevillon-sur-Huillard
Lombreuil
Vimory
Mormant-sur-Vernisson
Conflans-sur-Loing
Beauchamps-sur-Huillard
Châtenoy
Thimory
Noyers
Coudroy
Lorris
Oussoy-en-Gâtinais
St-Hilaire-sur-Puiseaux
Ouzouer-des-Champs
Solterre
Montcresson
Cortrat
Vieilles-Maisons-sur-Joudry
La Cour-Marigny
Pressigny-les-Pins
Varennes-Changy
Nogent-s-Vernisson
Montbouy
Montereau
Bouzy-la-Forêt
Le Moulinet-sur-Solin
St-Aignan-des-Gués
Bray-en-Val
Langesse
Ste-Geneviève-des-Bois
Les Bordes
Les Choux
Bonnée
Boismorand
St-Père-s-Loire
Ouzouer-sur-Loire
Dampierre-en-Burly
Sully-s-Loire
St-Aignan-le-Jaillard
La Bussière
Adon
Viglain
Lion-en-Sullias
Nevoy
Gien
Escrignelles
St-Florent
St-Gondon
Poilly-lez-Gien
Arrabloy
Villemurlin
Ouzouer-s-Trézée
Briare
St-Brisson-sur-Loire
St-Martin-s-Ocre
Cerdon
Coullons
St-Firmin-s-Loire
Autry-le-Châtel
Châtillon-sur-Loire
Ousson-s-Loire
Argent-sur-Sauldre
Clémont
Blancafort
Cernoy-en-Berry
Bonny-s-Loire
Forêt de St-Brisson
Loire
N 60
N 7
A 77
D 952
D 940
D 951

Courtenay
Louzouer
Chuelles
St-Firmin-des-Bois
Château-Renard
Triguères
Douchy
Montcorbon
Villefranche-St-Phal
Cudot
Verlin
St-Loup-d'Ordon
Précy-s-Vrin
La Celle-St-Cyr
Cézy
St-Aubin-s-Yonne
Villecien
Béon
Chamvres
Paroy-s-Tholon
Sépeaux
St-Romain-le-Preux
Champvallon
Volgré
Senan
Dicy
Chevillon
Prunoy
Chêne-Arnoult
Charny
Fontenouilles
Melleroy
La Ferté-Loupière
Villiers-s-Tholon
Aillant-s-Tholon
La Chapelle-sur-Aveyron
St-Maurice-sur-Aveyron
Chambeugle
Perreux
Sommecaise
Les Ormes
Chassy
St-Martin-sur-Ouanne
Marchais-Béton
St-Denis-sur-Ouanne
St-Aubin-Château-Neuf
St-Maurice-Thizouaille
St-Maurice-le-Vieil
Châtillon-Coligny
Malicorne
Grandchamp
Le Charme
Villiers-St-Benoît
Merry-la-Vallée
Égleny
Beauvoir
Dammarie-s-Loing
Aillant-s-Milleron
Champignelles
Louesme
Parly
Rogny-les-Sept-Écluses
Champcevrais
Tannerre-en-Puisaye
Villeneuve-les-Genêts
Dracy
Toucy
Moulins-s-Ouanne
Bléneau
Septfonds
Mézilles
Fontaines
Lalande
Leugny
St-Privé
Ronchères
Levis
St-Martin-des-Champs
St-Fargeau
Fontenoy
St-Sauveur-en-Puisaye
Saints
Lain
Moutiers-en-P.
Lavau
Thury
Chantier médiéval de Guédelon
Ste-Colombe-sur-Loing
Treigny
Sougères-en-Puisaye
Arquian
St-Amand-en-Puisaye
Faverelles
Thou
Dammarie-en-Puisaye
Batilly-en-Puisaye
Champoulet
Breteau
Autoroute du Soleil
E
F
G
H
113
156
136

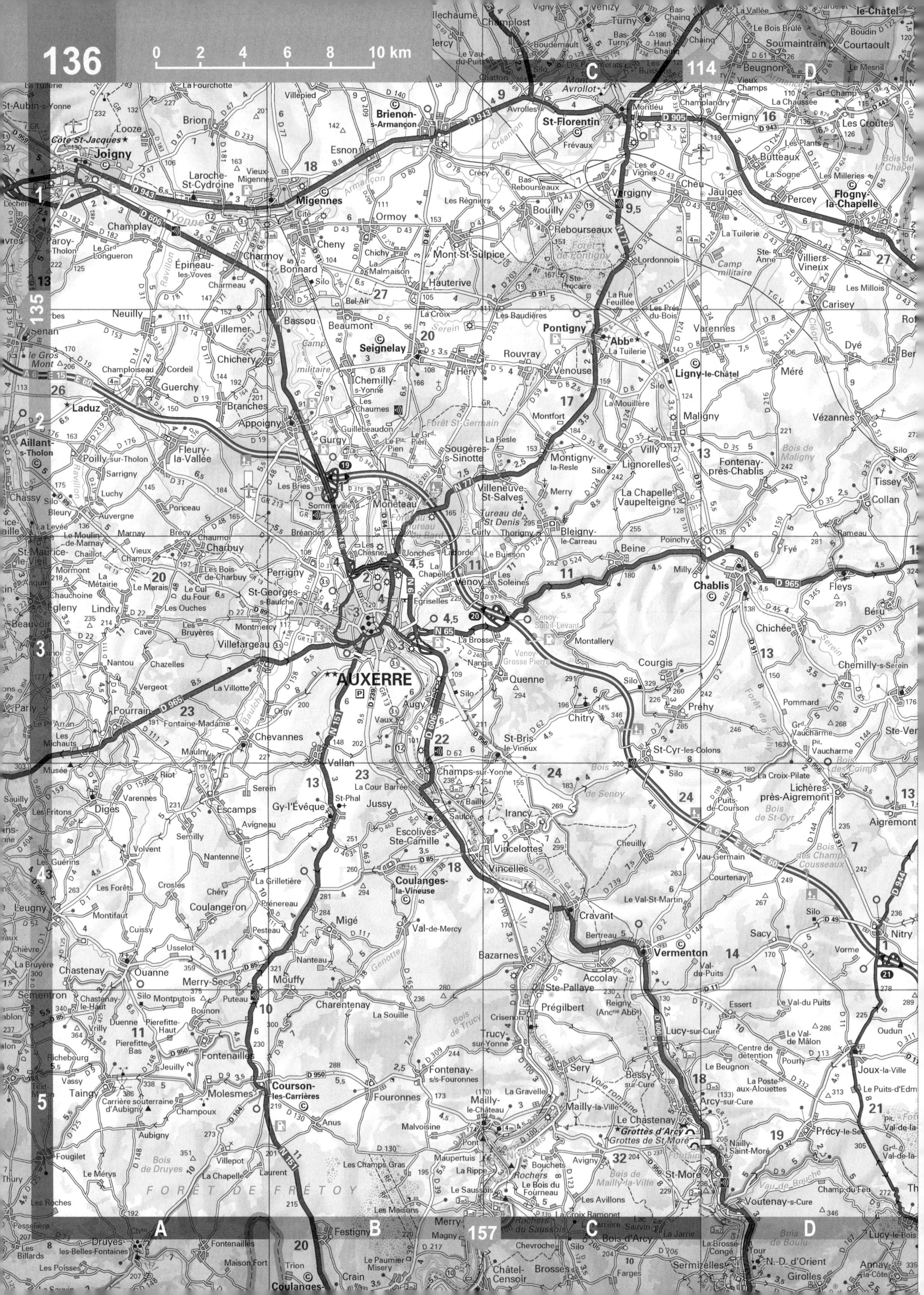
0 2 4 6 8 10 km
AUXERRE
Joigny
Migennes
Brienon-s-Armançon
St-Florentin
Flogny-la-Chapelle
Seignelay
Pontigny
Ligny-le-Châtel
Chablis
Aillant-s-Tholon
Laduz
Charbuy
St-Georges-s-Baulche
Perrigny
Monéteau
Appoigny
Venoy
Chevannes
Vallan
Augy
Champs-sur-Yonne
St-Bris-le-Vineux
Coulanges-la-Vineuse
Irancy
Vincelottes
Vincelles
Cravant
Vermenton
Courson-les-Carrières
Mailly-le-Château
Ouanne
Arcy-sur-Cure
Grottes d'Arcy
St-Moré
Chitry
Courgis
Préhy
St-Cyr-les-Colons
Lichères-près-Aigremont
Fleys
Béru
Chemilly-s-Serein
Forêt de Frétoy
Druyes-les-Belles-Fontaines
Coulanges-

E
F
G
H
115
138
158
1
2
3
4
5
Tonnerre
Tanlay
Ancy-le-Franc
Laignes
Les Riceys
Cruzy-le-Châtel
Noyers
L'Isle-sur-Serein
Montbard
Abbe de Fontenay
Montréal
Chessy-les-Prés
Vanlay
Turgy
Lagesse
Maisons-lès-Chaource
Ervy
Vallières
Bernon
Chesley
Balnot-la-Grange
Ricey-Haut
Prusy
Chaserey
Coussegrey
Étourvy
Villiers-le-Bois
Bragelogne-Beauvoir
Beauvoir-sur-Sarce
Lignières
Quincerot
Channes
Arthonnay
Molesme
Trichey
Villedieu
Vertault
Cheney
Dannemoine
Mélisey
Thorey
Villon
Rugny
Molosmes
Épineuil
Junay
Vézinnes
St-Martin-s-Armançon
Commissey
Baon
Nicey
Grisellles
Channay
Marcenay
Larrey
Pimelles
St-Vinnemer
Argentenay
Gland
Gigny
Sennevoy-le-Haut
Sennevoy-le-Bas
Balot
Lézinnes
Ancy-le-Libre
Yrouerre
Vireaux
Pacy-s-Armançon
Sambourg
Fresnes
Argenteuil-s-Armançon
Chassignelles
Stigny
Nesle-et-Massoult
Fontaines-les-Sèches
Planay
Verdonnet
Savoisy
Fulvy
Nuits
Ravières
Asnières-en-Montagne
Annay-sur-Serein
Moulins-en-Tonnerrois
Villiers-les-Hauts
Pasilly
Cry
Perrigny-s-Armançon
Arrans
Étais
Censy
Jouancy
Sarry
Étivey
Aisy-sur-Armançon
Rougemont
Buffon
Touillon
Marmagne
Grimault
Châtel-Gérard
Annoux
Massangis
Saint-Rémy
Quincerot
Quincy-le-Vicomte
Crépand
Dissangis
Rochefort
Cirvy-sur-Serein
Coutarnoux
Marmeaux
Bierry-les-Belles-Fontaines
Fain-lès-Moutiers
St-Germain-lès-Senailly
Courcelles-lès-Montbard
Nogent-lès-Montbard
Benoisey
Montigny-Montfort
Blacy
Talcy
Santigny
Vassy
Athie
Senailly
Viserny
Villaines-les-Prévôtes
Champ-d'Oiseau
Grignon
Ste-Colombe
Thizy
Angely
Cormarin
Pisy
Moutiers-St-Jean
Lantilly
Provency
Athie
Trevilly
Bard-lès-Époisses
Jeux-lès-Bard
Forêt de Maulnes
Forêt du Grand Jailly
Bois de la Ville
Forêt de St-Jean

0 2 4 6 8 10 km
116
137
159
A
B
C
D
1
2
3
4
5
Plaines-St-Lange
Mussy-s-Seine
Gommeville
Charrey-s-Seine
Noiron-s-Seine
Villers-Patras
Pothières
Obtrée
Chaumont-le-Bois
Vannaire
Vix
Massingy
Mt Lassois
Étrochey
Bouix
Larrey
Poinçon-lès-Larrey
Cérilly
Ste-Colombe-sur-Seine
Montliot-et-Courcelles
Châtillon-s-Seine
Champigny
Riel-les-Eaux
Belan-sur-Ource
La Jarrie
Thoires
Mosson
Brion-sur-Ource
Bissey-la-Côte
Courban
Gevrolles
Montigny-sur-Aube
Veuxhaulles-sur-Aube
Boudreville
Latrecey-Ormoy-sur-Aube
Ormoy-sur-Aube
Créancey
Valfond
Bon Air
Montribourg
Coupray
St-Roch
Mont Rémin
Dancevoir
Bois de Dancevoir
Aubepierre-sur-Aube
Longué
Lignerolles
Louesme
Layer-sur-Roche
Crépan
Marigny
La Barotte (École d'Agriculture)
Prusly-sur-Ource
Villotte-sur-Ource
Ste-Marie
La Chaume
Les Goulles
Lucey
Gurgy-la-Ville
Faverolles-lès-Lucey
Gurgy-le-Château
Buxerolles
Chambain
Colmier-le-Haut
Maisey-le-Duc
Vanvey
Villiers-le-Duc
St Phal
Voulaines-les-Templiers
Leuglay
Froidvent
Lugny (Ancne Chartreuse)
Recey-sur-Ource
Menesble
Buncey
Ampilly-le-Sec
La Grange-Joly
Chamesson
Forêt de Chamesson
Massoult
Mont de la Forêt
FORÊT DE CHATILLON
Étangs des Marots
Val des Choues (Ancne Abbaye)
La Forge
Essarois
Voisin
Nod-sur-Seine
Aisey-sur-Seine
St-Germain-le-Rocheux
Grange Didier
Coulmier-le-Sec
Puits
Busseaut
Rochefort
Puiset
Brémur-et-Vaurois
Chemin-d'Aisey
Beaulieu
Montmoyen
Hierce
Chaugey
Bure-les-Templiers
Terrefondrée
Châtellenot
La Forêt
Semond
Chenecières
Origny
St-Marc-sur-Seine
La Maison
Mauvilly
Valfermet
Grand-Bois
Romprey
St-Broing-les-Moines
Étais
Les Grands Bois
Vaugimois
Villaines-en-Duesmois
Magny-Lambert
Vaux
Bellenod-sur-Seine
Meulson
La Cassotte
La Galopine
Brévon
Moitron
Beaunotte
Le Pré-du-Sout
Aignay-le-Duc
La Montagne
La Borde
Cosne
Plaisance
Minot
Lochères
Bussières
Le Petit Jailly
Chalvosson
Toutifaut
Meursauge
Quemigny-sur-Seine
Lourosse
Charme
Fraignot-et-Vesvrotte
Les Malmaisons
Touillon
La Folie
Quemignerot
Duesme
Gronet
Source de la Coquille
Étalante
Thorey
Emorots
Fontaines-en-Duesmois
Combe-là-Haut
Jours-lès-Baigneux
Ampilly-le-Haut
La Pothière
La Forêt
Les Grands Champeaux
Larçon
Salives
Mont-Armet
Chaume-lès-Baigneux
Ampilly-les-Bordes
Ermitage du Val de Seine
Cent Fontaines
Échalot
Palus
Le Pâtis-de-Nant
Fresnes
Lucenay-le-Duc
St-Georges
Étormay
Cessey
Combe Olivotte
Château Gré
Prégelan
Le Meix
Éringes
La Bergerie
Baigneux-les-Juifs
Orret
La Vincente
Vau-le-Bon
Rue du Vau
La Villeneuve-les-Convers
Laperrière
Laneuf
Vauchenot
Lochère
Valduc
CENTRE D'ÉTUDES NUCLÉAIRES
Seigny
Bussy-le-Grand
Rue de Pissot
Poiseul-la-Ville-et-Laperrière
Les Granges
Oigny
Bois Sec
Poiseul-la-Grange
Léry
Ménétreux-le-Pitois
Bussy-Rabutin
Grésigny-Ste-Reine
Darcey
Billy-lès-Chanceaux
Jugny
Grand Vallée
L'Abergement
Moloy
Corpoyer-la-Chapelle
Corpoyer-les-Moines
Frôlois
Lamargelle
Frénois
Venarey-les-Laumes
Alise-Ste-Reine
Mt Auxois
Clos Fleury
Munois
Le Vallon
Courceau
Le Tertre
Chanceaux
Camp de César
Gissey
Vaubuzin
Pellerey
La Grande
D 965
D 971
D 980
D 996
D 901
D 954
D 928
D 65

117
E
F
25
17
21
Les Essarts
Mormant
Villiers-sur-Suize
Leffonds
Bois de Mongessey
Rolampont
Tronchoy
Dampierre
Chauffourt
Fort-de-Dampierre
Frécourt
Bonnecourt
Récourt
Faverolles
Bugnières
La Vendue
Marac
Bois de Marac
Chanoy
Lannes
Charmoilles
Changey
Neuilly-l'Évêque
Poiseul
Mont Mercure
Montrot
N.-D. de Montrot
Val-Bruant
Beauchemin
Ormancey
Humes-Jorquenay
Jorquenay
Charmes
Bannes
Réservoir de Charmes
Ternat
Giey-sur-Aujon
St-Martin-lès-Langres
Mardor
Champigny-lès-Langres
Peigney
Orbigny-au-Val
Orbigny-au-Mont
Plesnoy
Eriseul
Courcelles-s-Aujon
St-Loup-sur-Aujon
St-Ciergues
Vauxbons
Réservoir de la Mouche
Mont des Fourches
Lac de la Liez
Lecey
Celsoy
Rochetaillée
Voisines
Perrancey-les-Vieux-Moulins
Brévoines
Langres
Chatenay-Vaudin
Chatenay-Macheron
St-Maurice
Montlandon
Le Plongerot
Vieux-Moulins
Buzon
Corlée
Arbot
Forêt de l'Herbue
Courcelles-en-Montagne
Sts-Geosmes
Fort Decrès
St-Vallier-s-Marne
Culmont
Chaudenay
Aulnoy-sur-Aube
Chameroy
Vitry-en-Montagne
Noidant-le-Rocheux
Balesmes-sur-Marne
Source de la Marne
Fort de Cognelot
Torcenay
Bay-sur-Aube
Perrogney-les-Fontaines
Langres-Perrogney
Chalindrey
Rouelles
Haut-du-Sec
Brennes
Bourg
Noidant-Chatenoy
Le Pailly
Les Loges
Germaines
Crilley
Pierrefontaines
Flagey
Cohons
Heuilley-Cotton
Les Archots
Auberive
Acquenove
Allofroy
Bois de Montavoir
Orcevaux
Le Haut
Verseilles-le-Bas
Longeau-Percey
Palaiseul
La Borde
Violot
Val Clavin
Ville-Haut
Aprey
Baissey
Percey-le-Pautel
N.-D. des Bois
Grosse-Sauve
Villars-Santenoge
Bois d'Amorey
Servin
Vesvres-s/s-P.
Heuilley-le-Grand
St-Georges
Villiers-lès-Aprey
Prangey
Rivières-le-Bois
Le Corroi
Aujeurres
Villegusien-le-Lac
St-Broingt-le-Bois
Santenoge
Vivey
Praslay
Leuchey
St-Michel
Grandchamp
La Dhuis
St-Broingt-les-Fosses
Piépape
Le Mont
Chassigny
Vaillant
Roche-Fontaine
Maâtz
Grenant
Musseau
Courcelles-Val-d'Esnoms
Poinsenot
(Vals-des-Tilles)
Vesvres-s/s-Chalancey
(Le Val-d'Esnoms)
Lamargelle-aux-Bois
Chalmessin
Mouilleron
Esnoms-au-Val
Prauthoy
Dommarien
Fromentelle
Coublanc
Fontaine
Neuvelle-lès-Grancey
Villemervry
Chatoillenot
Bois de Montanson
Le Défois
24
Busserotte-et-Montenaille
Grancey-le-Château-Neuvelle
Villemoron
Chalancey
Aubigny-sur-Badin
Montsaugeon
La Chassagne
Choilley-Dardenay
Dardenay
Montvaudon
Leffond
Le Vergy
Piémont
St Germain
Courlon
Rivière-les-Fosses
Vaux-s/s-Aubigny
Les Louches
Forêt des Louches
Le Pavillon
Cussey-les-Forges
Vernois-lès-Vesvres
Couzon-s-Coulange
Isômes
le Breuillot
Forêt de Champberceau
Pressant
Cusey
Boussenois
Percey-sous-Montormentier
Champlitte
Forêt de Cussey
Avot
Les Forges
Bois de Grandmont
Forêt de Marey
Foncegrive
Occey
Montormentier
Percey-le-Grand
Orain
Le Prélot
Ste Gertrude
La Romagne
Marey-sur-Tille
Avelanges
Selongey
Sacquenay
Courchamp
St-Maurice-sur-Vingeanne
Montigny-Mornay-Villeneuve-sur-V.
Bois d'Occey
Poiseul-lès-Saulx
Bonvent
Grenand
Chaume-et-Courchamp
Chazeuil
La Villeneuve-sur-Vingeanne
Villey-sur-Tille
Crécey-sur-Tille
Orville
Mornay
Fontaine-Française
Forêt de Fontaine-Française
Luxerois
Saulx-la-Ville
Pouilly-sur-Vingeanne
Theuley
Échevannes
Saulx-le-Duc
Is-sur-Tille
Véronnes
St-Seine-l'Église
Fahy-lès-Autrey
St-Seine-sur-Vingeanne
St-Seine-la-Tour
Tarsul
Diénay
Marcilly-sur-Tille
Til-Châtel
Fontenelle
Bourberain
Rosières
160
G
H
140

0 2 4 6 8 10 km
118
161
139
A
B
C
D
1
2
3
4
5
Bourbonne-les-Bains
Châtillon-sur-Saône
Jonvelle
Passavant-la-Rochère
Vougécourt
Martinvelle
Fignévelle
Regnévelle
Les Thons
Le Grand Thon
Senaide
Girancourt
Grignoncourt
Bousseraucourt
Fresnes-sur-Apance
Enfonvelle
Ameuvelle
Montcourt
Corre
Demangevelle
Villars-St-Marcellin
Avrecourt
Damrémont
Saulxures
Rançonnières
Vicq
Laneuvelle
Coiffy-le-Bas
Coiffy-le-Haut
Genrupt
Andilly-en-Bassigny
Poiseul
Lavernoy
Celles-en-Bassigny
Marcilly-en-Bassigny
Varennes-s-Amance
Montcharvot
Voisey
Melay
Blondefontaine
Bourbévelle
Villars-le-Pautel
Ranzevelle
Aisey-et-Richecourt
Ormoy
Polaincourt-et-Clairefontaine
Saponcourt
Magny-lès-Jussey
(Terre-Natale)
Chézeaux
Soyers
Champigny-sous-Varennes
Arbigny-sous-Varennes
Celsoy
Neuvelle-lès-Voisey
Vernois-sur-Mance
Guyonvelle
Barges
Raincourt
Betaucourt
Cendrecourt
Tartécourt
Haute-Amance
Hortes
Maizières-s-Amance
Bize
Anrosey
Laferté-s-Amance
Velles
Betoncourt-sur-Mance
Pisseloup
Rosières-sur-Mance
Cemboing
Gircourt
Jussey
Venisey
Contréglise
Rosoy-sur-Amance
Rougeux
Chaudenay
Corgirnon
Charmoy
St-Marcel
Noroy-lès-Jussey
Vitrey-sur-Mance
Montigny-lès-Cherlieu
Gevigney-et-Mercey
Montureux-lès-Baulay
Buffignécourt
Baulay
Fouchécourt
(Pierremont-s-Amance)
Ouge
Chauvirey-le-Châtel
Chauvirey-le-Vieil
Agneaucourt
Bougey
Augicourt
Aboncourt-Gesincourt
Port-d'Atelier
(Fayl-la-Forêt)
Fayl-Billot
Les Loges
La Quarte
Preigney
Oigncy
Lambrey
Purgerot
Poinson-lès-Fayl
Pressigny
Cintrey
Melin
Semmadon
Arbecey
Chargey-lès-Port
Conflandey
Bussières-lès-Belmont
(Champsevraine)
Belmont
La Rochelle
Charmes-St-Valbert
Molay
Malvillers
Gourgeon
Combeaufontaine
Chaux-lès-Port
Genevrières
Savigny
Voncourt
Morey
Lavigney
Saulles
Valleroy
Bourguignon-lès-Morey
St-Julien
Tornay
Gilley
Farincourt
(La Roche-Morey)
Betoncourt-les-Ménétriers
Cornot
La Neuvelle-lès-Scey
Artaufontaine
Seuchey
Frettes
Suaucourt-et-Pisseloup
Villers-Vaudey
Fleurey-Lavoncourt
Confracourt
Scey-s-Saône-et-St-Albin
Ferrières-lès-Scey
Argillières
Fouvent-le-Bas
Vauconcourt-Nervezain
Rupt-s-Saône
Chassey-lès-Scey
(Fouvent-St-Andoche)
Francourt
Pierrecourt
Renaucourt
Lavoncourt
Mt-St-Léger
Vy-lès-Rupt
Chantes
Montarlot-lès-Champlitte
Aumônières
Larret
Volon
Grandecourt
Ovanches
Bucey-lès-Traves
Traves
Champlitte
Courtesoult-et-Gatey
Roche-et-Raucourt
Tincey-et-Pontrebeau
Theuley
Fédry
Cubry-lès-Soing
Aroz
Brotte-lès-Ray
Vanne
Ray-sur-Saône
Soing-Cubry-Charentenay
Vy-le-Ferroux
Margilley
Neuvelle-lès-Champlitte
Vaite
Membrey
Recologne
Ferrières-lès-Ray
Noidans-le-Ferroux
Raze
Mont-le-Frânois
Achey
Delain
Denèvre
Fremont
Dampierre-sur-Salon
Seveux
Vellexon-Queutrey-et-Vaudey
Fresne-St-Mamès
Montot
Autet
Savoyeux
Vezet
Le Pont-de-Planches
Neuvelle-lès-la-Charité
Écuelle
Oyrières
Vars
Mercey-sur-Saône
Motey-sur-Saône
Greucourt
St-Gand
Sept Fontaines
Lieffrans
Bourguignon-lès-la-Charité
Fahy-lès-Autrey
Auvet-et-la-Chapelotte
Montureux-et-Prantigny
Vereux
Beaujeu-St-Vallier-et-Pierrejux
Ste-Reine
La Vernotte
Les Bâties
Fretigney-et-Velloreille
N 19
E 54
D 417

Vauvillers
St-Loup-sur-Semouse
Luxeuil-les-Bains
St-Sauveur
Fougerolles
Le Val-d'Ajol
Faucogney-et-la-Mer
Amance
Faverney
Port-s-Saône
Saulx
Mélisey
Lure
VESOUL
Noroy-le-Bourg
Villersexel
Rougemont
Conflans-sur-Lanterne
Fontaine-lès-Luxeuil
Aillevillers-et-Lyaumont
Corbenay
Froideconche
Magny-Vernois
Vy-lès-Lure
Port-sur-l'Ognon
Montbozon
Navenne
Quincey
Frotey-lès-V.
Colombier
Pusey
Scey
Noidans-lès-V.
Villers-sur-Port
Provenchère
Rigney
Vellefaux
Filain
Esprels
Moimay
Athesans-Etroitefontaine
Saint-Germain
Franchevelle
Citers
Genevreuille
Mollans
Lièvans
Calmoutier
Montcey
Comberjon
Vy-lès-Filain
Cubry
Cuse-et-Adrisans
E
F
G
H
119
162
142
1
2
3
4
5

0 2 4 6 8 10 km
120
163
141
A
B
C
D
1
2
3
4
5
Ballon d'Alsace
Col du Ballon
Giromagny
Rougemont-le-Château
Masevaux
Thann
Champagney
Ronchamp
Valdoie
Offemont
BELFORT
Danjoutin
Héricourt
Montbéliard
Sochaux
Audincourt
Valentigney
Mandeure
Hérimoncourt
Delle
Beaucourt
Grandvillars
Porrentruy
L'Isle-sur-le-Doubs
Faucogney-et-la-Mer
Servance
Miellin
Plancher-les-Mines
Lepuix
Sewen
Oberbruck
Bourbach-le-Bas
Sentheim
Fontaine
Étupes
Seloncourt
Pont-de-Roide
Blamont
Châtenois-les-Forges
Bethoncourt
Lure
Ballons des Vosges
Parc Naturel Régional

MULHOUSE
BASEL (BÂLE)
Altkirch
Cernay
Wittelsheim
Wittenheim
Illzach
Pfastatt
Lutterbach
Riedisheim
Rixheim
Habsheim
Ottmarsheim
Neuenburg
Steinenstadt
Schliengen
Bad Bellingen
Kembs
Sierentz
Huningue
St-Louis
Weil
BALE-MULHOUSE (EURO AIRPORT)
Allschwil
Binningen
Oberwil
Reinach
Dornach
Arlesheim
Aesch
Laufen
Delémont
Ferrette
Hirsingue
Dannemarie
Illfurth
Tagolsheim
Grentzingen
Burnhaupt-le-Haut
Thann
Ecomusée d'Alsace
Vieil Armand
Zwingen
Liesberg
Courgenay
Porrentruy
Lucelle
Mont Terri
Les Rangiers
Bärschwil
Grindel
Laufen
Zoo

0 2 4 6 8 10 km
123
C
D
1
2
3
4
5
A
B
C
D
Erdeven
Ploemel
St-Laurent
Locmaria
Bourdello
Kerplouz
Lomarec
Ste Avoye
Bono
Plougo
Alignements de Kerzerho
Dolmen de Crucuno
Le Hahon
Plessis-Kaër
Rosnarho
Kernours
Lestriviau
Kerhillio
Loperhet
Alignements
Dolmens de Tumulus
Mané-Kérioned
Kerhellegan
Crucuny
Kerlescan
Le Latz
Crach
Toul-Broche
Rohello
Fort-Espagnol
Mériadec
Baden
Ste-Barbe
Dolmens de Rondossec
Kergonan
Abbé
Alignements
Kerdreven
Kergurioné
Guern
Le Celino
Plouharnel
Kercroc
Kerhellec
Le Pô
Carnac
Le Menec
Tumulus de Kercado
Tumulus St Michel
Kérispert
La Trinité-sur-Mer
St-Philibert
Le Blaire
Locmiquel
Larmor-Baden
Kerouarch
Î. Renaud
Grand Menhir
Table des Marchand
Mané-Lud
Kerinis
Kerarno
Kerbihan
St Colomban
Carnac-Plage
Pnte de Légenès
Île Theviec
Penthièvre
Sables Blancs
Locmariaquer
Î. Gavrinis
Cairn
Er Lanic
Le Montén
St-Pierre
Pierres Plates
Tumulus
Bilgroix
Pnte de Kerpenhir
Port-Navalo
Fort de Penthièvre
Portivy
Kerhostin
Beg en Aud
Pointe du Percho
St-Pierre-Quiberon
Port du Crouesty
Tumulus
Pnte du Pt-Mont
Méaban
Kerjou le Cro
BAIE
DE QUIBERON
Kergroix
Champ de Tir
Côte Sauvage
Î. de la Truie
Beg Rohu
Kervihan
Kerniscob
PRESQU'ÎLE DE QUIBERON
Saint-Julien
Port-Haliguen
Plateau des Birvideaux
Kerné
Quiberon
Beg er Goalennec
St-Gi
Pnte du G
Beg er Lan
Port Maria
Beg er Vil
Pnte du Conguel
La Teignouse
Chaussée de la Teignouse
Passage de la Teignouse
Chaussée du Béniguet
Île Glazic
Île Valhuec
Passage du Béniguet
Banc de Taillefer
Les Poulains
Pointe des Poulains
Beg er Vachif
Île d'Houat
Fort Sarah Bernhardt
Plage de Deuborch
Stêr-Vraz
Pnte du Cardinal
Pnte du Vieux Château
Pnte de Kerzo
Île Cenis
Houat
En Thal
Banc de Houat
Bortifaouen
Sauzon
Port Jean
Grotte de l'Apothicairerie
Pnte de Taillefer
Port Fouquet
Sémaphore
Magorlec
Chubiguer
Borstang
Le Pavillon
Borderune
Citadelle
Rade du Palais
Chaussée de l'Île aux Chevaux
Bordelanne
Borticado
Bruté
Le Palais
Île aux Chevaux
Passage des Sœurs
Kerlédan
Pnte de Ramonette
Bordustard
Borthélo
Côte
Kervellan
Port Güen
Pnte du Vieux Château
Plage de Bordardoué
Ty-Néhué
Kerspern
Port Yorc'h
Hœdic
Port Donnant
Bedex
Grand Phare
Bangor
Parlevant
Bordardoué
Plage des Grands Sables
Îles Baguenères
Samzun
Kervilahouen
Île de Hœdic
Aiguilles de Port Coton
Kerdavid
Borménahic
Pointe de Kerdonis
Domois
Gd Village
Kervarigeon
Port Goulphar
Le Grd Cosquet
Borduro
Port-An-Dro
Bordehouat
Pnte du Talus
Port Kérel
Plage d'Herlin
Ty-Seveno
Kerzo
Semre
Locmaria
Île de Bangor
Pnte de St Marc
Borvran
Port-Maria
Port-Blanc
BELLE-ÎLE
Pnte de Pouldon
Sauvage
Pointe du Skeul

124
E
F
G
H
VANNES
Séné
Theix
Noyalo
Le Hézo
St-Armel
Surzur
Le Plessis-Josso
La Trinité-Surzur
Lauzach
Berric
Noyal-Muzillac
Parc de Branféré
Le Guerno
Muzillac
Ambon
Billiers
Arzal
La Roche-Bernard
Péaule
Marzan
Sarzeau
Kerlévenan
Presqu'île de Rhuys
Chau de Suscinio
Tumiac
Île-aux-Moines
Île-d'Arz
GOLFE DU MORBIHAN
Arradon
Pte d'Arradon
Le Tour-du-Parc
Damgan
Pénestin
Camoël
Herbignac
Assérac
Pte de Penvins
Rade de Penerf
Anse de Suscinio
Pte de St-Jacques
Passe de la Grde Accroche
Plateau de la Recherche
Île Dumet
Pte du Bile
Pte de Merquel
Plage de Lansèria
Piriac-sur-Mer
Pointe du Castelli
Mesquer
St-Molf
La Turballe
Guérande
Kerhinet
Rade du Croisic
Le Croisic
Port aux Rocs
Pte du Croisic
Batz-sur-Mer
Côte Sauvage
Grotte des Korrigans
LA BAULE
La Baule-Escoublac
Le Pouliguen
Pornichet
Pte de Penchâteau
Chenal du Nord
La Banche
Le Four
La Calebasse
Lagatte
Les Petits Cardinaux
Les Grands Cardinaux
Ste-Marguerite
Pte de Chémoulin
Grd Charpentier
146
E 60
N 165
D 780
D 774

0 2 4 6 8 10 km
La Roche-Bernard
Forêt de
Missillac
125
C
D
Herbignac
Asserac
Mesquer
Pen Bé
St-Molf
St-Lyphard
Ch^au de Ranrouët
La Chapelle-des-Marais
PARC
NATUREL
RÉGIONAL
DE
BRIÈRE
La Grande-Brière
Île de Fedrun
Ste-Reine-de-Bretagne
Pontchâteau
Crossac
Besné
Dreffeac
Ste-Anne-s-Brivet
St-Joachim
Île de Mazin
Île de Pendille
Île d'Errand
Île de Ménac
Île d'Aignac
Parc animalier
Guérande
Kerhinet
Kerbourg
Bréca
La Chaussée-Neuve
St-André-des-Eaux
St-Malo-de-Guersac
Montoir-de-Bretagne
Trignac
Prinquiau
La Chapelle-Launay
Donges
Savenay
Croisic
La Baule-Escoublac
LA BAULE
Le Pouliguen
Pornichet
P^te de Penchâteau
ST-NAZAIRE
LOIRE
Paimbœuf
Corsept
St-Viaud
Mindin
St-Brevin-les-Pins
St-Brevin-l'Océan
P^te de l'Aiguillon
Fort de l'Eve
St-Marc
P^te de Chémoulin
G^rd Charpentier
Nord
Le Pointeau
Les Rochelets
L'Ermitage
La Roussellerie
Le Redois
St-Michel-Chef-Chef
Tharon-Plage
Port-Giraud
Port-de-Gravette
Pointe Joalland
La Richemondière
Anse de la Prée
P^te de St-Gildas
La Plaine-s-Mer
Préfailles
Anse du Sud
Port aux Goths
Côte de Jade
St-Père-en-Retz
Chauvé
Pornic
Le Clion-sur-Mer
Canal de Haute Perche
Arthon
Plage des Sablons
Plage Mombeau
Gourmalon
Pointe de la Noëveillard
La Bernerie-en-Retz
Les Moutiers-en-Retz
Bourgneuf-en-Retz
BAIE DE BOURGNEUF
Pierre Moine
Île du Pilier
Pointe de l'Herbaudière
Pointe de la Gardette
La Blanche (anc^ne Abb^e)
Pointe des Charniers
Plage des Souzeaux
Pointe des Dames
Bois de la Chaise
Pointe de la Coupelasse
ÎLE DE NOIRMOUTIER
164
A
B
C
D
1
2
3
4
5
145
N 165
N 171
D 213
D 751
D 774
E 60

126
E
F
Blain
Le Gâvre
Canal de Nantes à Brest
Forêt de la Groulais
La Chevallerais
Saffré
Nort-sur-Erdre
Joué-s-Erdre
Bouvron
Fay-de-Bretagne
Héric
Grandchamps-des-Fontaines
Treillières
Sucé-sur-Erdre
Casson
Petit-Mars
Malville
N.-D.-des-Landes
Le Temple-de-Bretagne
Vigneux-de-Bretagne
La Chapelle-s-Erdre
Carquefou
Cordemais
St-Étienne-de-Montluc
Orvault
Sautron
Thouaré-s-L.
NANTES
Couëron
St-Herblain
Ste-Luce-s-L.
LOIRE
Vue
Rouans
Le Pellerin
Saint-Jean-de-Boiseau
Indre
La Montagne
Bouguenais
Rezé
St-Sébastien-s-Loire
Basse-Goulaine
Vertou
Cheix-en-Retz
Brains
Bouaye
NANTES ATLANTIQUE
Les Sorinières
Port-St-Père
St-Léger-les-Vignes
St-Aignan-Grandlieu
Pont-St-Martin
Château-Thébaud
La Haie-Fouassière
Planète sauvage
Ste-Pazanne
St-Mars-de-Coutais
Réserve naturelle
Lac de Grand-Lieu
La Chevrolière
Le Bignon
Aigrefeuille-s-Maine
St-Hilaire-de-Chaléons
St-Lumine-de-Coutais
Montbert
Geneston
Remouillé
St-Philbert-de-Grand-Lieu
E
F
165
G
H
148

148
0 2 4 6 8 10 km
127
147
166
A
B
C
D
1
2
3
4
5
St-Mars-la-Jaille
Maumusson
Ancenis
Varades
Ingrandes
St-Florent-le-Vieil
Champtoceaux
Ligné
Couffé
Teillé
Mésanger
Mouzeil
Trans-s-Erdre
Pannecé
Pouillé-les-Coteaux
La Roche-Blanche
St-Herblon
Anetz
Belligné
La Rouxière
La Chapelle-St-Sauveur
St-Sigismond
Montrelais
Le Fresne
St-Géréon
Oudon
Liré
Drain
Bouzillé
La Bourgonnière
Le Marillais
Le Mesnil-en-Vallée
St-Laurent-du-Mottay
Le Cellier
Mauves-s-L.
La Varenne
Barbechat
La Chapelle-Basse-Mer
St-Julien-de-Concelles
Le Loroux-Bottereau
Landemont
St-Sauveur-de-Landemont
St-Laurent-des-Autels
St-Christophe-la-Couperie
La Remaudière
Le Fuilet
La Boissière-sur-Èvre
St-Rémy-en-Mauges
Montrevault
St-Pierre-Montlimart
Botz-en-Mauges
Chaudron-en-Mauges
St-Quentin-en-Mauges
Beausse
Le Pin-en-Mauges
La Salle-et-Chapelle-Aubry
Le Puiset-Doré
La Boissière-du-Doré
Le Fief-Sauvin
Beaupréau
La Chapelle-du-Genêt
Andrezé
La Poitevinière
Jallais
Le Landreau
Vallet
La Chapelle-Heulin
Goulaine
La Regrippière
Gesté
La Chaussaire
Villedieu-la-Blouère
St-Philbert-en-Mauges
Bégrolles-en-Mauges
La Jubaudière
Le Pallet
Mouzillon
Tillières
St-Germain-s-Moine
Montfaucon
St-Crespin-s-Moine
Gorges
Clisson
Maisdon-s-Sèvre
Monnières
Aigrefeuille-s-Maine
St-Lumine-de-Clisson
St-Hilaire-de-Clisson
Gétigné
Montigné-sur-Moine
Roussay
St-Macaire-en-Mauges
St-André-de-la-Marche
St-Léger-s/s-Cholet
Le May-s-Èvre
La Séguinière
Boussay
Torfou
Cugand
Bernardière
Forêt de Leppo
Forêt de la Foucaudière
Étang de la Thévinière
Île Mocquart
Île Kerguelin
Île Bataillleuse
Loire
Erdre
Èvre
Sanguèse
Moine
Sèvre Nantaise
A 11
E 60
E 62
N 249
D 723
D 763
D 752
D 923
D 164

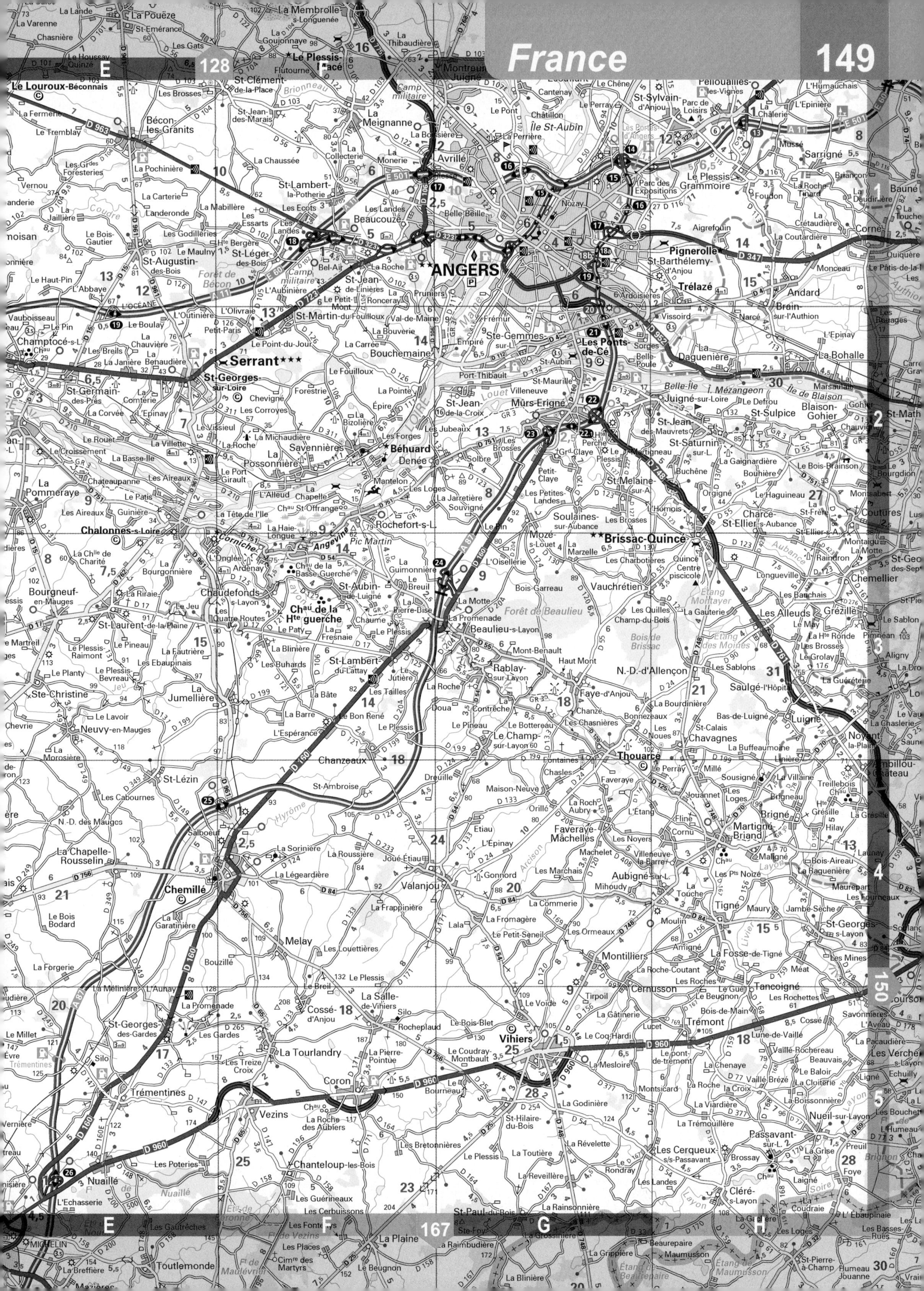
ANGERS
Avrillé
Trélazé
Les Ponts-de-Cé
Brissac-Quincé
Serrant★★★
St-Georges-sur-Loire
Chalonnes-s-Loire
Béhuard
Savennières
Rochefort-s-L.
Beaulieu-s-Layon
Thouarcé
Martigné-Briand
Chemillé
Vihiers
Coron
Vezins
Nuaillé
Trémentines
Jumellière
Chaudefonds-s-Layon
St-Lambert-du-Lattay
Beaucouzé
Bécon-les-Granits
Champtocé-s-L.
St-Barthélemy-d'Anjou
Andard
Blaison-Gohier
Mûrs-Erigné
Doué
Tigné
Montilliers
Cernusson
Tancoigné
Passavant-sur-L.
Cléré-s-Layon
Nueil-sur-Layon
Valanjou
Melay
St-Lézin
Neuvy-en-Mauges
Chanzeaux
La Salle-de-Vihiers
Cossé-d'Anjou
La Tourlandry
St-Georges-des-Gardes
Vauchrétien
Saulgé-l'Hôpital
Luigné
Chavagnes
Aubigné-sur-L.
Faveraye-Mâchelles
Forêt de Beaulieu
Forêt de Bécon
LOIRE
Layon
128
150
167
E
F
G
H

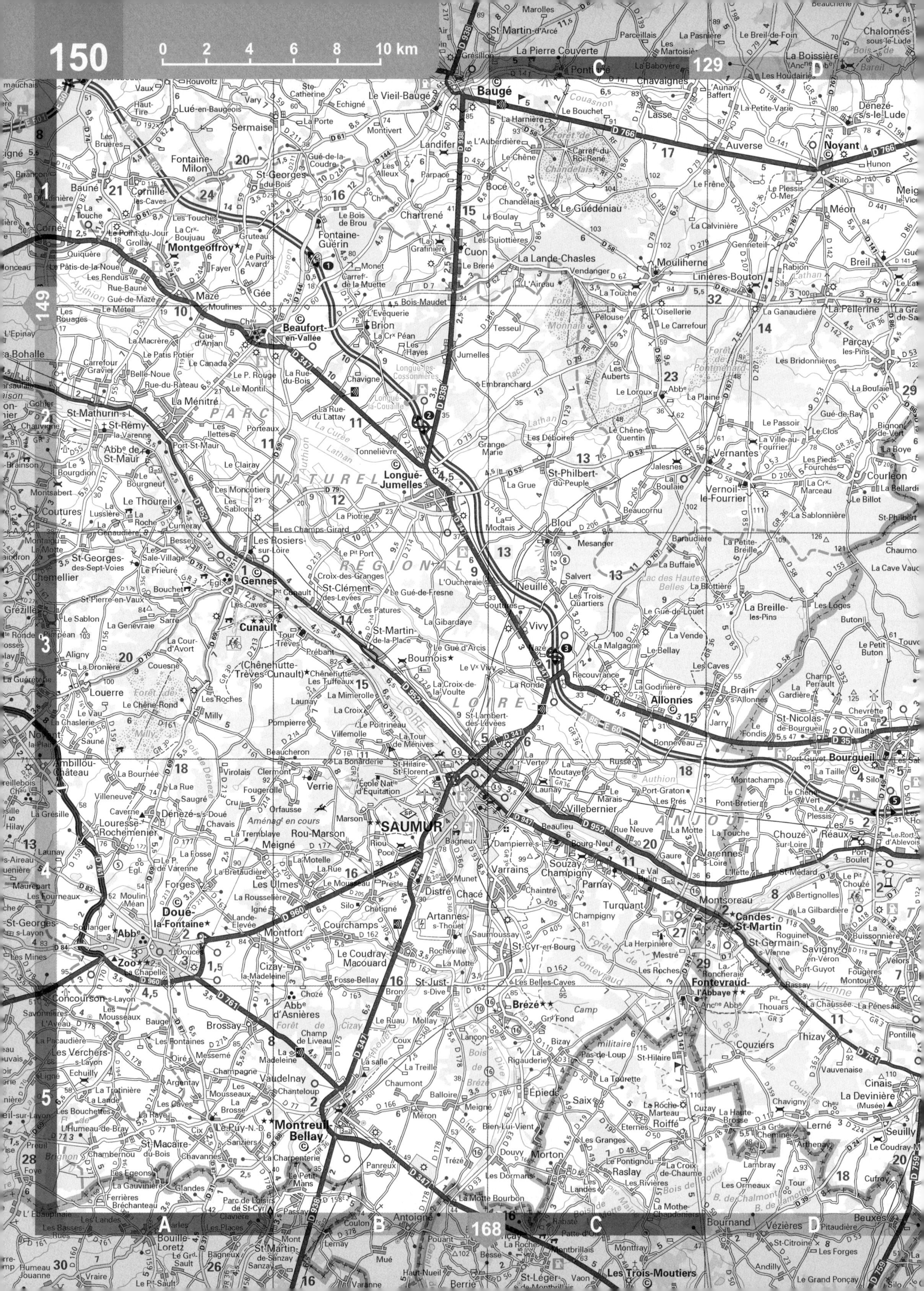
0 2 4 6 8 10 km
129
149
168
Baugé
Le Vieil-Baugé
Noyant
Beaufort-en-Vallée
Longué-Jumelles
Montgeoffroy
Mazé
La Ménitré
Les Rosiers-sur-Loire
Gennes
Cunault
Allonnes
Bourgueil
SAUMUR
Doué-la-Fontaine
Montreuil-Bellay
Fontevraud-l'Abbaye
Candes-St-Martin
Montsoreau
Brézé
Mouliherne
Vernantes
Vernoil-le-Fourrier
Blou
Neuillé
Vivy
St-Martin-de-la-Place
Villebernier
Varennes-s-Loire
Souzay-Champigny
Turquant
Distré
Les Ulmes
Vaudelnay
Le Puy-N.-D.
Les Trois-Moutiers
Chouzé-sur-Loire
Couziers
Lerné
Seuilly
La Devinière
Cinais
Thizay
PARC NATUREL RÉGIONAL
LOIRE
ANJOU

Château-la-Vallière
Neuillé-Pont-Pierre
Semblançay
Courcelles-de-Touraine
Channay-sur-Lathan
Rillé
Savigné-sur-Lathan
Hommes
Ambillou
Champchevrier
Cléré-les-Pins
Pernay
St-Roch
La Membrolle-sur-Choisille
Mettray
St-Cyr-sur-Loire
Fondettes
Luynes
St-Étienne-de-Chigny
TOURS
Joué-lès-Tours
Ballan-Miré
Savonnières
Villandry
Langeais
Cinq-Mars-la-Pile
Mazières-de-Touraine
Continvoir
Gizeux
Avrillé-les-Ponceaux
St-Michel-sur-Loire
St-Patrice
Bréhémont
Lignières-de-Touraine
Azay-le-Rideau
Rivarennes
Rigny-Ussé
Ussé
Huismes
Chinon
Cravant-les-Côteaux
Avon-les-Roches
Crissay-sur-Manse
Panzoult
Tavant
L'Île-Bouchard
Sazilly
Anché
Ligré
Le Rivau
Trogues
Noyant-de-Touraine
Ste-Maure-de-Touraine
Ste-Catherine-de-Fierbois
Sorigny
Monts
Montbazon
Artannes-sur-Indre
Saché
Thilouze
Villeperdue
Druye
Vallères
Neuil
St-Épain
Crouzilles
Forêt de Chinon
Camp militaire du Ruchard
Landes du Ruchard
Bois de Villandry
CENTRE D'ETUDES DU RIPAULT
LOIRE
TOURAINE
PARC NATUREL
130
169
152
E F G H
1 2 3 4 5

0 2 4 6 8 10 km
C
131
D
A
B
170
Tours
Amboise
Chenonceaux
Montrichard
Loches
Bléré
Montlouis-sur-Loire
St-Pierre-des-Corps
St-Avertin
Chambray-lès-Tours
Vouvray
Rochecorbon
Chançay
Reugny
Vernou-sur-Brenne
Noizay
Nazelles-Négron
Pocé-sur-Cisse
Limeray
Cangey
Mosnes
Chaumont-sur-Loire
Onzain
Mesland
Monteaux
Veuves
Rilly-sur-Loire
Chargé
Souvigny-de-Touraine
St-Règle
Vallières-les-Grandes
Chissay-en-Touraine
Chisseaux
Civray-de-Touraine
St-Georges-sur-Cher
Faverolles-sur-Cher
St-Julien-de-Chédon
Francueil
Épeigné-les-Bois
Luzillé
Montpoupon
Céré-la-Ronde
Genillé
Chemillé-sur-Indrois
Montrésor
Beaumont-Village
Chédigny
St-Quentin-sur-Indrois
Sublaines
Cigogné
Reignac-sur-Indre
Azay-sur-Indre
Chambourg-sur-Indre
Cormery
Truyes
Esvres
Veigné
Montbazon
St-Branchs
Tauxigny
Louans
St-Bauld
Le Louroux
Manthelan
Chanceaux-près-Loches
Dolus-le-Sec
Beaulieu-lès-Loches
Ferrière-sur-Beaulieu
Perrusson
Sennevières
Azay-sur-Cher
Véretz
Larçay
St-Martin-le-Beau
Dierre
La Croix-en-T.
Athée-sur-Cher
Monnaie
Nouzilly
Crotelles
Villedômer
Auzouer-en-Touraine
Autrèche
Montreuil-en-Touraine
St-Ouen-les-Vignes
Dame-Marie-les-Bois
Parçay-Meslay
Grange de Meslay
Pagode de Chanteloup
Planète de Touraine
Parc des mini-châteaux
Forêt d'Amboise
Forêt de Montrichard
Forêt de Larçay
Forêt de Loches
Chartreuse du Liget
La Chapelle-Blanche-St-Martin
Mouzay
Grillemont
Loché-sur-Indrois
Orchaise
Chouzy-s
Coulanges
Seillac
Santenay
Chambon-sur-Cisse
Morand
Vou

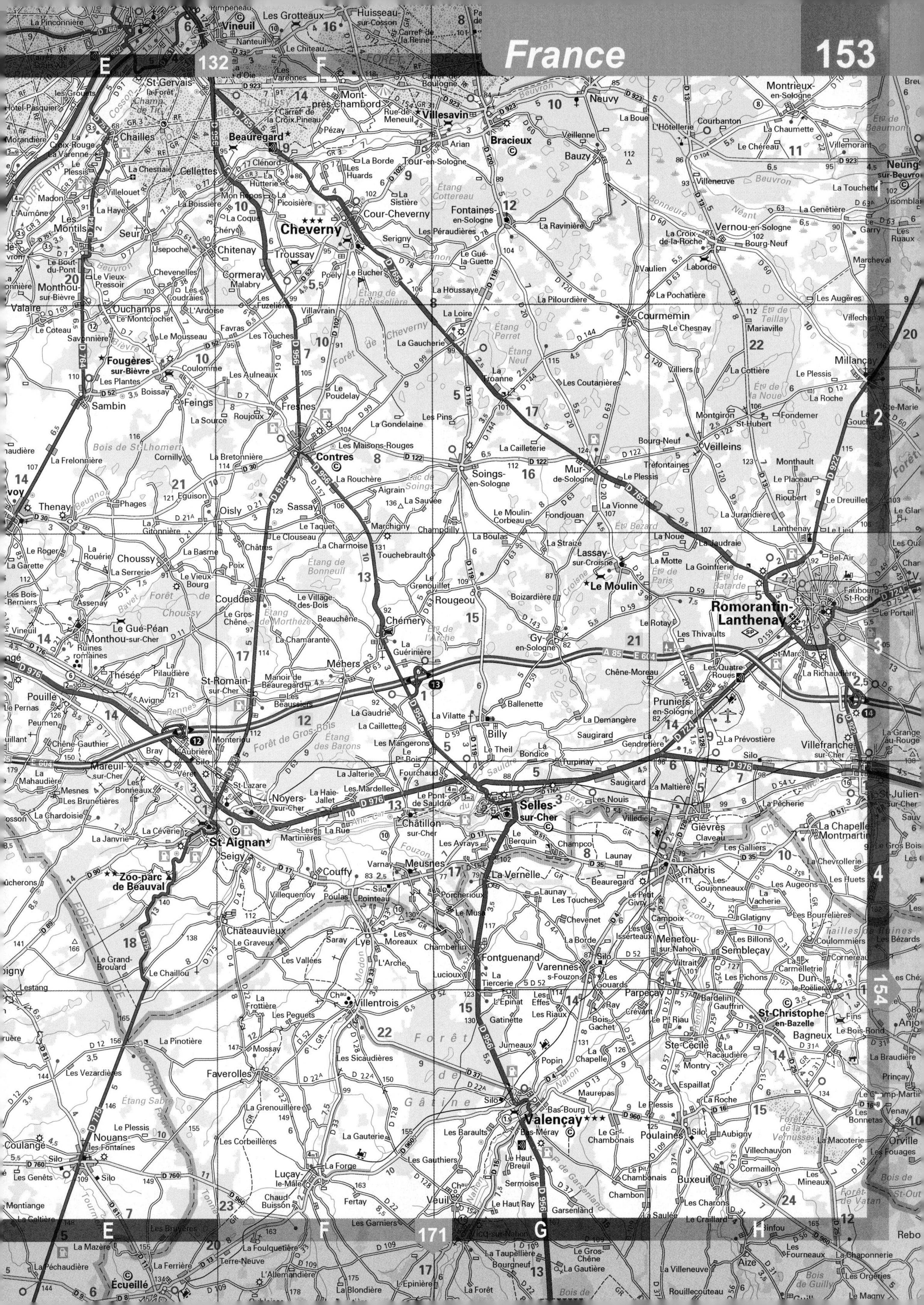
Vineuil
Huisseau-sur-Cosson
Les Grotteaux
Mont-près-Chambord
Villesavin
Bracieux
Neuvy
Montrieux-en-Sologne
Neung-sur-Beuvron
St-Gervais-la-Forêt
Chailles
Beauregard
Cellettes
Tour-en-Sologne
Fontaines-en-Sologne
Cheverny
Cour-Cheverny
Vernou-en-Sologne
Les Montils
Seur
Chitenay
Cormeray
Troussay
Monthou-sur-Bièvre
Ouchamps
Courmemin
Fougères-sur-Bièvre
Sambin
Feings
Fresnes
Contres
Soings-en-Sologne
Mur-de-Sologne
Veilleins
Millançay
Thenay
Oisly
Sassay
Choussy
Couddes
Chémery
Rougeou
Lassay-sur-Croisne
Le Moulin
Romorantin-Lanthenay
Monthou-sur-Cher
Thésée
Méhers
Gy-en-Sologne
Pruniers-en-Sologne
Pouillé
St-Romain-sur-Cher
Billy
Villefranche-sur-Cher
Mareuil-sur-Cher
Noyers-sur-Cher
Selles-sur-Cher
Gièvres
St-Aignan
Seigy
Châtillon-sur-Cher
Meusnes
Couffy
Zoo-parc de Beauval
Chabris
Châteauvieux
Lye
Fontguenand
Varennes-s-Fouzon
Menetou-sur-Nahon
Sembleçay
Dun-le-Poëlier
Villentrois
St-Christophe-en-Bazelle
Faverolles
Valençay
Poulaines
Nouans-les-Fontaines
Luçay-le-Mâle
Veuil
Buxeuil
Écueillé
Vicq-sur-Nahon
Forêt de Gâtine
E
F
G
H
132
171
154

154
0 2 4 6 8 10 km
133
153
172
A
B
C
D
1
2
3
4
5
Neung-sur-Beuvron
La Ferté-Beauharnais
St-Viâtre
Nouan-le-Fuzelier
Pierrefitte-sur-Sauldre
Brinon-sur-Sauldre
Clémon
Marcilly-en-Gault
Millançay
Souesmes
Ménétréol-s-Sauldre
Salbris
Camp militaire
Loreux
Selles-St-Denis
La Ferté-Imbault
Villeherviers
Nançay
Radiotélescope
Neuvy-sur-Barangeon
Theillay
Orçay
St-Julien-sur-Cher
Langon
Mennetou-sur-Cher
St-Loup-sur-Cher
Châtres-sur-Cher
Maray
Méry-sur-Cher
Vierzon
St-Georges-sur-la-Prée
St-Hilaire-de-Court
Vierzon-Forges
Forêt de Vierzon
Vouzeron
St-Laurent
Vignoux-sur-Barangeon
Allouis
Mehun-sur-Yèvre
Foëcy
Brinay
Genouilly
Graçay
St-Outrille
Massay
Méreau
Lury-sur-Arnon
Quincy
Dampierre-en-Graçay
Nohant-en-Graçay
Chéry
Cerbois
Lucay-le-Libre
St-Pierre-de-Jards
Preuilly
Forêt de Bruadan
Forêt de Vatan
A 85 - E 604
A 71 - E 9
A 20 - E 9 L'OCCITANE
D 2020
D 2076
D 944
D 922

Argent-sur-Sauldre
Blancafort
Aubigny-sur-Nère
Concressault
Oizon
Barlieu
Vailly-sur-Sauldre
Sury-ès-Bois
Santranges
Beaulieu-s-Loire
Cernoy-en-Berry
Pierrefitte-ès-Bois
Dampierre-en-Crot
Villegenon
Thou
Ennordres
La Verrerie
Presly
Jars
Le Noyer
Subligny
Assigny
Savigny-en-Sancerre
La Chapelle-d'Angillon
Ivoy-le-Pré
La Chapelotte
Boucard
Menetou-Râtel
Verdigny
Chavignol
Sancerre
St-Satur
Méry-ès-Bois
Henrichemont
Neuilly-en-Sancerre
Sens-Beaujeu
Crézancy-en-Sancerre
Bué
Achères
La Borne
Neuvy-Deux-Clochers
Humbligny
Vinon
Menetou-Salon
Morogues
Maupas
Veaugues
Montigny
Jalognes
St-Palais
Quantilly
Parassy
Aubinges
St-Céols
St-Martin-d'Auxigny
Vignoux-sous-les-Aix
Les Aix-d'Angillon
Rians
Azy
St-Georges-sur-Moulon
Soulangis
Pigny
Lugny-Champagne
Vasselay
St-Michel-de-Volangis
Étréchy
St-Éloy-de-Gy
Fussy
Ste-Solange
Brécy
Villeneuve
Chaumoux-Marcilly
Sévry
Asnières
St-Doulchard
St-Germain-du-Puy
Nohant-en-Goût
Villabon
Baugy
Couy
D 940
D 926
D 955
N 151
D 944
134
173
156
E
F
G
H

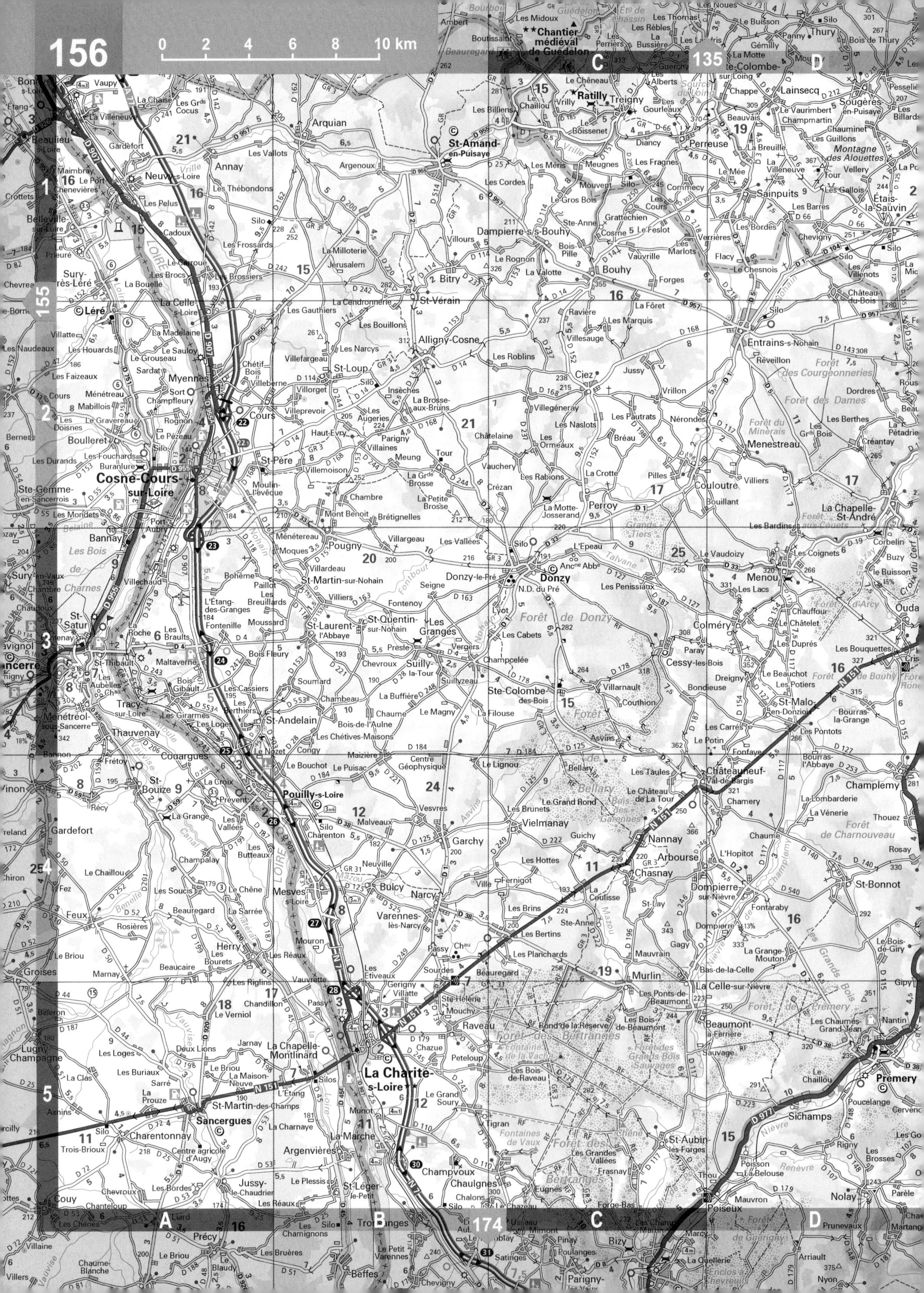
0 2 4 6 8 10 km
135
155
174
A
B
C
D
1
2
3
4
5
Chantier médiéval de Guédelon
St-Amand-en-Puisaye
Ratilly
Treigny
Cosne-Cours-sur-Loire
Léré
Donzy
Forêt de Donzy
Pouilly-s-Loire
La Charité-s-Loire
Sancergues
Prémery
Châteauneuf-Val-de-Bargis
Entrains-s-Nohain
Dampierre-s/s-Bouhy
Bouhy
St-Vérain
Alligny-Cosne
Myennes
St-Père
Sancerre
St-Satur
Thauvenay
Forêt des Bertranges
Forêt de Prémery
Loire
Nièvre
Nohain
Vrille
Mazou
Vauvise
A 77
N 7
N 151
D 955
D 957
D 977

E
136
F
E
F
175
G
H
158
Clamecy
Coulanges-sur-Yonne
Vézelay
Avallon
Corbigny
Tannay
Lormes
Varzy
Brinon-sur-Beuvron
St-Saulge
Asquins
St-Père
Pierre-Perthuis
Bazoches
Châtel-Censoir
Druyes-les-Belles-Fontaines
Andryes
Pousseaux
Surgy
Armes
Dornecy
Chevroches
Rix
Breugnon
Corvol-l'Orgueilleux
Asnois
Metz-le-Comte
Monceaux-le-Comte
St-Didier
Marigny-sur-Yonne
Chitry-les-Mines
Chaumot
Cervon
Vauclaix
Montenoison
St-Révérien
Champallement
Guipy
Pazy
Marcilly
Sardy-lès-Epiry
Epiry
Mouron-sur-Yonne
Montreuillon
La Collancelle
Crux-la-Ville
St-Franchy
St-Benin-des-Bois
Aunay-en-Bazois
Achun
Bazolles
Montigny-en-Morvan
Dun-sur-Grandry
Chougny
Mont-et-Marré
Parc d'attractions
Forêt de Montreuillon
Étang de Baye
Étang de Vaux
Butte de Montenoison
Roches de Basseville
Rochers du Saussois
Fontaines Salées
Gorges de Narvau
Chastellux-s-Cure
St-Germain-des-Champs
St-Martin-du-Puy
Chalaux
Bgº de Pannecière-Chaumard
Quarré
Yonne
Forêt de Frétoy

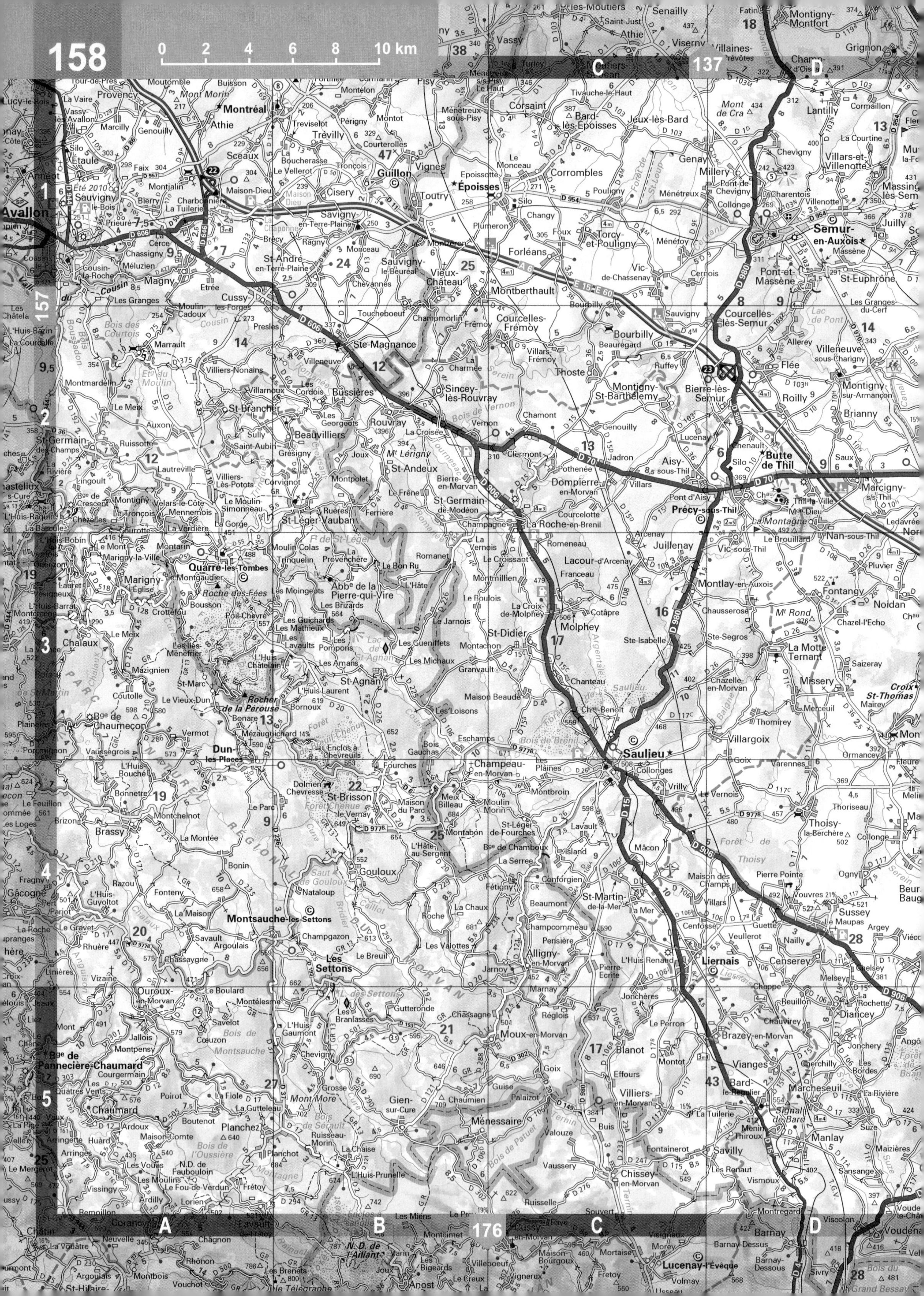
0 2 4 6 8 10 km
137
176
157
A
B
C
D
1
2
3
4
5
Avallon
Montréal
Athie
Sceaux
Guillon
Époisses
Toutry
Vassy
Semur-en-Auxois
Pont-et-Massène
Montbard
Savigny-en-Terre-Plaine
Sauvigny-le-Beuréal
Vieux-Château
Montberthault
Forléans
Torcy-et-Pouligny
Corrombles
Courcelles-lès-Semur
Ste-Magnance
Cussy-les-Forges
Bussières
Rouvray
Sincey-lès-Rouvray
St-Andeux
Beauvilliers
St-Germain-de-Modéon
La Roche-en-Brenil
Précy-sous-Thil
Butte de Thil
Aisy-sous-Thil
Dompierre-en-Morvan
Montigny-St-Barthélemy
Bierre-lès-Semur
Quarré-les-Tombes
Marigny-l'Église
St-Léger-Vauban
Abbaye de la Pierre-qui-Vire
St-Agnan
Molphey
St-Didier
Saulieu
Juillenay
Montlay-en-Auxois
La Motte-Ternant
Thoisy-la-Berchère
Dun-les-Places
St-Brisson
Champeau-en-Morvan
Montsauche-les-Settons
Les Settons
Gouloux
Alligny-en-Morvan
Liernais
Moux-en-Morvan
Blanot
Ménessaire
Chissey-en-Morvan
Ouroux-en-Morvan
Planchez
Chaumard
Bard-le-Régulier
Manlay
Lucenay-l'Évêque
Anost
Rocher de la Pérouse
Roche des Fées
Parc Naturel Régional du Morvan
D 606
D 906
D 980
D 954
D 70
A 6
E 15 - E 60

Venarey-les-Laumes
Alise-Ste-Reine
Flavigny-sur-Ozerain
Pouillenay
Vitteaux
Posanges
Massingy-lès-Vitteaux
St-Thibault
Saffres
Pouilly-en-Auxois
Thoisy-le-Désert
Créancey
Commarin
Châteauneuf
Vandenesse-en-Auxois
Sombernon
Mesmont
Pralon
Savigny-sous-Mâlain
Mâlain
St-Seine-l'Abbaye
Blessey
Salmaise
Frôlois
Chanceaux
Champagny
Val-Suzon
Prenois
Velars-sur-Ouche
Fleurey-sur-Ouche
Ste-Marie-sur-Ouche
Gissey-sur-Ouche
St-Victor-sur-Ouche
Veuvey-sur-Ouche
Bligny-sur-Ouche
Arnay-le-Duc
Meilly-sur-Rouvres
Ste-Sabine
Gevrey-Chambertin
Clos de Vougeot
Savigny-lès-Beaune
Aloxe-Corton
Corgoloin
Ladoix-Serrigny
Bouilland
Fussey
Ternant
Semezanges
Urcy
Flavignerot
N.-D. d'Etang
Mont Afrique

0 2 4 6 8 10 km
159
139
178
A
B
C
D
1
2
3
4
5
DIJON
Fontaine-lès-Dijon
Talant
Chenôve
Plombières-lès-Dijon
Is-sur-Tille
Til-Châtel
Marcilly-sur-Tille
Gemeaux
Pichanges
Épagny
Marsannay-le-Bois
Savigny-le-Sec
Norges-la-Ville
Clénay
Bretigny
Asnières-lès-Dijon
Messigny-et-Vantoux
Hauteville-lès-Dijon
Ahuy
Ruffey-lès-Echirey
Varois-et-Chaignot
Orgeux
Couternon
St-Apollinaire
Quetigny
Chevigny-St-Sauveur
Sennecey-lès-Dijon
Longvic
Neuilly-lès-Dijon
Crimolois
Ouges
Fauverney
Perrigny-lès-Dijon
Marsannay-la-Côte
Couchey
Fixey
Fixin
Brochon
Gevrey-Chambertin
Morey-St-Denis
Chambolle-Musigny
Clos de Vougeot
Vosne-Romanée
Nuits-St-Georges
Agencourt
Quincey
Comblanchien
Gilly-lès-Cîteaux
Flagey-Echézeaux
St-Bernard
Villebichot
Boncourt-le-Bois
St-Nicolas-lès-Cîteaux
Abbe de Cîteaux
Corcelles-lès-Cîteaux
Saulon-la-Rue
Saulon-la-Chapelle
Noiron-sous-Gevrey
Savouges
Barges
Broindon
Épernay-sous-Gevrey
St-Philibert
Fénay
Bretenière
Rouvres-en-Plaine
Thorey-en-Plaine
Longecourt-en-Plaine
Genlis
Varanges
Marliens
Tart-le-Haut
Tart-le-Bas
Tart-l'Abbaye
Échigey
Aiserey
Izeure
Bessey-lès-Cîteaux
Aubigny-en-Plaine
Brazey-en-Plaine
St-Usage
St-Jean-de-Losne
Losne
Échenon
Esbarres
Magny-lès-Aubigny
Charrey-sur-Saône
Bonnencontre
Auvillars-sur-Saône
Montot
Trouhans
Les Maillys
Pont
Champdôtre
Tréclun
Soirans
Pluvault
Longeault
Collonges-lès-Premières
Premières
Magny-Montarlot
Villers-les-Pots
Auxonne
Tillenay
Labergement-lès-Auxonne
Flagey-lès-Auxonne
St-Seine-en-Bâche
Laperrière-sur-Saône
St-Symphorien-sur-Saône
Samerey
Villers-Rotin
Athée
Flammerans
Poncey-lès-Athée
Lamarche-sur-Saône
Pontailler-sur-Saône
Vonges
St-Léger-Triey
Heuilley
Maxilly-sur-Saône
Talmay
St-Sauveur
Montmançon
Drambon
Étevaux
Trochères
Marandeuil
Cuiserey
Bézouotte
Charmes
Savolles
Mirebeau-sur-Bèze
Magny-St-Médard
Arceau
Arc-sur-Tille
Remilly-sur-Tille
Binges
Belleneuve
Tanay
Beire-le-Châtel
Flacey
Brognon
St-Julien
Spoy
Viévigne
Noiron-sur-Bèze
Bèze
Lux
Véronnes
Bourberain
Fontenelle
Licey-sur-Vingeanne
Dampierre-et-Flée
Beaumont-sur-Vingeanne
Blagny-sur-Vingeanne
Champagne-sur-Vingeanne
Oisilly
Renève
Cheuge
Jancigny
St-Seine-sur-Vingeanne
Pouilly-sur-Vingeanne
Orville
Échevannes
Saulx-le-Duc
Tarsul
Diénay
Villecomte
Vernot
Chaignay
Saussy
Magny-sur-Tille
Labergement-Foigney
Longchamp
Chambeire
Cessey-sur-Tille
Tellecey
Cirey-lès-Pontailler
Izier
Bressey-sur-Tille
Beire-le-Fort
Huchey
A 31
A 39
D 70
D 974
D 905

140
179
162
E
F
G
H
Écuelle
Oyrières
Vars
Theuley
Autet
Mercey-sur-Saône
Savoyeux
Quitteur
Motey-sur-Saône
Vereux
La Rente Rouge
Montureux-et-Prantigny
Auvet-et-la-Chapelotte
La Chapelotte
Autrey-lès-Gray
Bouhans-et-Feurg
Nantilly
Chargey-lès-Gray
Prantigny
Rigny
Arc-lès-Gray
Gray
Ancier
Gray-la-Ville
Velet
Mantoche
St-Adrien
Battrans
Échevanne
Esmoulins
Champvans
Apremont
Noiron
Le Tremblois
Germigney
Montrichier
La Loge
Montseugny
Vadans
Arsans
Lieucourt
Chevigney
Valay
La Grde-Résie
Aubigney
Broye-Aubigney-Montseugny
Clery
Pesmes
Nilieu
Mutigney
Champagney
Dammartin-Marpain
La Tuilerie
Champagnolot
Pointre
Montmirey-le-Château
Montmirey-la-Ville
Moissey
Peintre
Offlanges
Menotey
Gredisans
Archelange
Châtenois
Authume
Rochefort-s-Nenon
Baverans
Brevans
Azans
Le Temple
Crissey
Villette-lès-D.
Beaujeu-St-Vallier-et-Pierrejux
Pierrejux
La Grange d'Etaule
St-Vallier
St-Roch
L'Étang-des-Maisons
Igny
Ste-Reine
Corneux
St-Broing
Sauvigney-lès-Gray
Angirey
Vellemoz
Velesmes-Echevanne
St-Loup-Nantouard
Nantouard
Citey
Villefrancon
Velloreille-lès-Choye
Choye
Cresancey
Onay
Champtonnay
Gommeray
Cugney
Venère
Tromarey
Bonboillon
Chancevigney
Chancey
Cult
Hugier
Motey-Besuche
Bay
Sornay
Marnay
La Résie-St-Martin
Chaumercenne
Sauvigney-lès-Pesmes
Montagney
Bard-lès-Pesmes
Malans
Bresilley
Thervay
Brans
Saligney
Serre-les-Moulières
Vriange
L'Abergement
Malange
Amange
Romange
Lavans-lès-D.
Lavangeot
Audelange
Éclans-Nenon
Falletans
Ougney
Taxenne
Gendrey
Rouffange
Romain
Vitreux
Pagney
Jallerange
Abbe d'Acey
Louvatange
Sermange
Auxange
Dampierre
Monteplain
Orchamps
La Barre
Ranchot
Rans
Étrepigney
La Bretenière
Plumont
Our
Etrabonne
Le Moutherot
Burgille
Courchapon
Chenevrey-et-Morogne
Mercey-le-Grand
Corcelles-Ferrières
Villers-Buzon
Pouilley-Français
Berthelange
Le Pt-Mercey
Evans
St-Vit
Salans
Roset-Fluans
Fraisans
Courtefontaine
Villars-St-Georges
Grottes d'Osselle
Osselle
Abbans-Dessous
Abbans-Dessus
Byans-s-Doubs
Quingey
Lavans-Quingey
Chouzelot
Fourg
Lombard
Mesmay
Liesle
Pointvillers
Samson
Champagne-sur-Loue
Buffard
Chay
Montfort
Ronchaux
Paroy
Bartherans
Echay
Lizine
Pessans
Cessey
Palantine
Rouhe
Goux-s/s-Landet
Châtillon-s-Lison
Cussey-s-Lison
Bourguignon-lès-la-Charité
Les Bâties
La Vernotte
Le Charme
La Madeleine
Les Frondey
Les Blancs
Les Verrières
La Chapelle-St-Quillain
La Montbleuse
Étrelles-et-la-Montbleuse
Vaux-le-Moncelot
Velloreille
Fretigney-et-Velloreille
Recologne-lès-Rioz
Eguilley
Maizières
Grandvelle-et-le-Perrenot
Fondremand
Trésilley
Villers-Bouton
Frasne-le-Château
Villers-Chemin-et-Mont-lès-Etrelles
Vantoux-et-Longevelle
Vellefrey-et-Vellefrange
Longevelle
Velleclaire
Grachaux
Hauterive
Les Roselières
Bucey-lès-Gy
Les Malbuissons
Oiselay-et-Grachaux
Cordonnet
Montarlot-lès-Rioz
La Charmotte
Gy
Roche
Bonnevent-Velloreille
Rochefort
St-Maurice
Bellevue
Autoreille
Charcenne
Montboillon
Chaux-la-Lotière
La Lotière
La Tounolle
Boult
Fontenelay
Gézier-et-Fontenelay
Étuz
Boulot
Voray-sur-l'Ognon
Bussières
Courcuire
Avrigney-Virey
Beaumotte-lès-Pin
Pin
Chambornay-lès-Pin
Cussey-sur-l'Ognon
Geneuille
Sauvagney
Chevroz
Devecey
Châtillon-le-Duc
Vregille
Emagny
Moncley
Auxon-Dessus
Auxon-Dessous
Brussey
Chevigney-sur-l'Ognon
Bellefontaine
Ruffey-le-Château
Chaucenne
Miserey-Salines
Uzel
Noironte
Recologne
Audeux
Pelousey
Pouilley-les-Vignes
Pirey
École-Valentin
Chazoy
Franey
Cordiron
Placey
Champagney
Champvans-les-Moulins
Serre-les-Sapins
Lavernay
Lantenne-Vertière
Mazerolles-le-Salin
Franois
Corcondray
Vaux-les-Prés
Chemaudin
La Félie
Dannemarie-sur-Crète
Grandfontaine
Montferrand-le-Château
Rancenay
La Marne
Thoraise
Torpes
Busy
Routelle
Velesmes-Essarts
Boussières
Vorges-les-Pins
Arguel
Larnod
Avanne-Aveney
Beure
Chenecey-Buillon
Charnay
Épeugney
Cessey
Courcelles
Rurey
Amondans
Montrond-le-Château
Granges-Mathieu
Mercey-le-Grand
Corcelles
Fluans
Saline
Chatelay
Grand Contour
Forêt de Chaux
Forêt de Belle Vaivre
Massif de la Serre
Bois de la Côte d'Or
Bois de Gy
Petits Bois
Doubs
Ognon
Saône
LA COMTOISE
D 67
D 474
D 475
D 12
D 673
D 459
D 70
N 83
N 57
A 36
A 39
E 60

0 2 4 6 8 10 km
141
180
161
A
B
C
D
1
2
3
4
5
Rougemont
Montbozon
Rioz
Baume-les-Dames
Clerval
Marchaux
Roulans
BESANÇON
Montfaucon
Vercel-Villedieu-le-Camp
Valdahon
Ornans
Pierrefontaine-les-Varans
Amancey
Mouthier-Haute-Pierre
Fondremand
Quenoche
Authoison
Cognières
Thiénans
Loulans-Verchamp
Rougemontot
Luxiol
Verne
Vergranne
L'Hôpital-St-Lieffroy
Autechaux
Chaudefontaine
Le Puy
Breconchaux
Séchin
Pouligney-Lusans
Vennans
Champoux
Vieilley
Devecey
Châtillon-le-Duc
Tallenay
Braillans
Novillars
Amagney
Deluz
Laissey
Thise
Chalèze
Chalezeule
Gennes
Nancray
Bouclans
Glamondans
Osse
Vauchamps
Champlive
Aïssey
Passavant
Orsans
Côtebrune
Gonsans
Magny-Châtelard
Bremondans
Épenouse
Mamirolle
Saône
Morre
N.D. de la Libération
Beure
Arguel
Fontain
Pugey
Le Gratteris
Trépot
Foucherans
Étalans
Fallerans
Étray
Épenoy
Nods
Vernierfontaine
Saules
Durnes
Chasnans
Athose
Lods
Vuillafans
Montgesoye
Chassagne-St-Denis
Cléron
Amondans
Lizine
Flagey
Chantrans
Silley-Amancey
Longeville
St-Gorgon-Main
La Chaux
Gilley
Flangebouche
Avoudrey
Orchamps-Vennes
Loray
Longechaux
Grandfontaine-s-Creuse
Villers-Chief
Germéfontaine
Landresse
Vaudrivillers
Ouvans
Servin
Lanans
Cusance
Pont-les-Moulins
Lomont-s-Crête
Roche-lès-Clerval
Soye
Mancenans
Gondenans-Montby
Fontaine-lès-Clerval
Pompierre-sur-Doubs
Santoche
Chaux-lès-Clerval
Forêt de Chailluz
Mont Bichoux
Camp du Valdahon
Camp militaire
Maisons comtoises
Gouffre de Poudrey
Grotte de Plaisir Fontaine
Dino-Zoo
Fente de Babre
Source Bleue
Grotte de la Glacière
LGV RHIN-RHÔNE (en constr.)
A 36 - E 60
N 57
E 23
D 50
D 461
D 464
D 683
LA COMTOISE
Doubs
Ognon
MONTAGNE

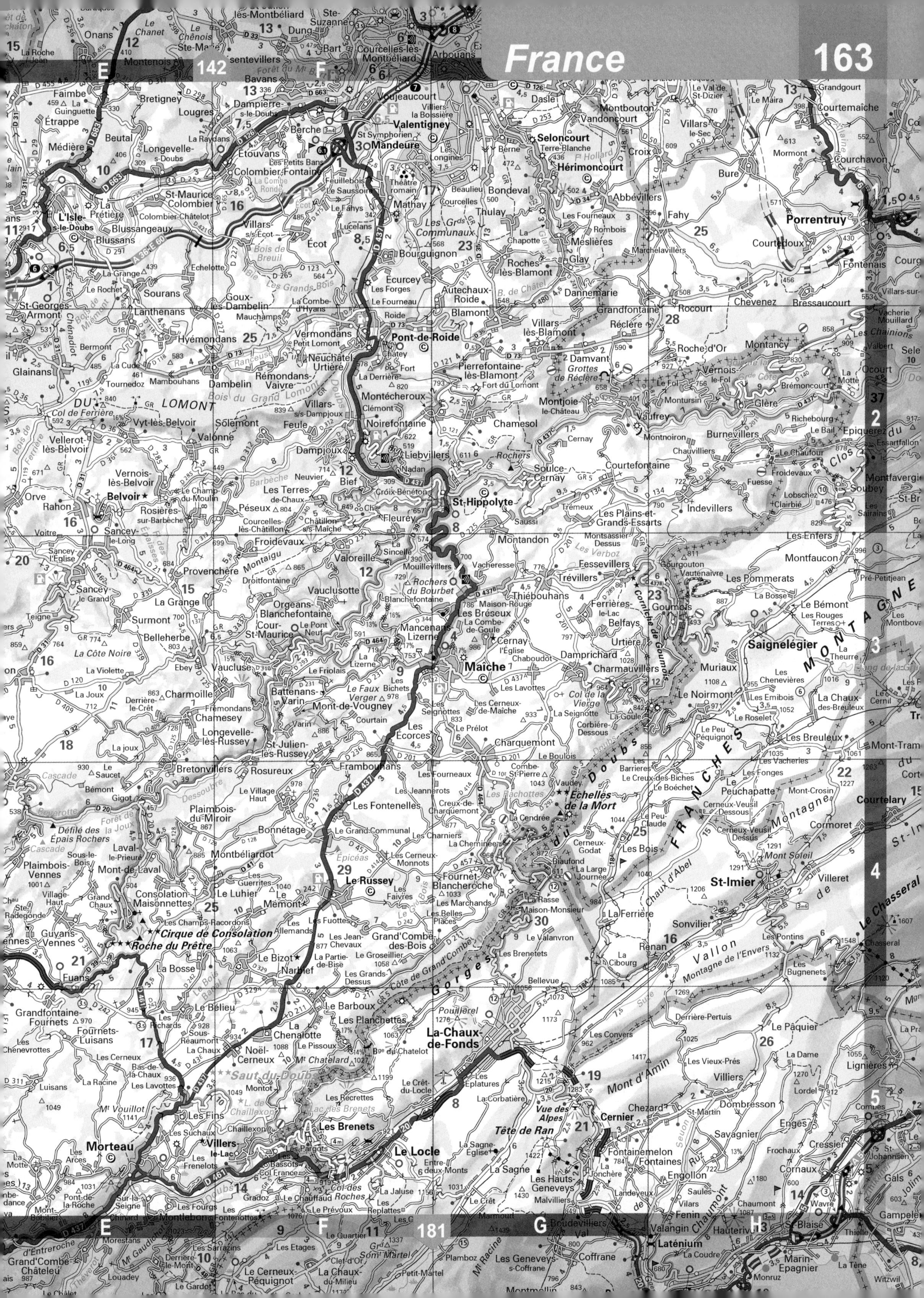
142
181
E
F
G
H
Montbéliard
Valentigney
Mandeure
Seloncourt
Hérimoncourt
Porrentruy
L'Isle-s-le-Doubs
Pont-de-Roide
St-Hippolyte
Belvoir
Maîche
Saignelégier
Le Noirmont
St-Imier
Le Russey
La Chaux-de-Fonds
Le Locle
Les Brenets
Morteau
Villers-le-Lac
Cernier
Courtelary
Corniche de Goumois
Echelles de la Mort
Cirque de Consolation
Roche du Prêtre
Saut du Doubs
Gorges du Doubs
Vue des Alpes
Tête de Ran
Le Chasseral
Mont Soleil
FRANCHES MONTAGNES
LOMONT
Laténium

0 2 4 6 8 10 km
BOURGNEUF
C
146
D
Pré-Vincent
Les Moutiers-en-Retz
Sables
Lyonne
Le Fort Tau
Le Collet
Bourgneuf-en-Retz
Les Rivières
Pointe des Charniers
La Linière
Le Grand-Viel
L'Herbaudière
Guérande
Tour Plantier
Plage des Souzeaux
Pointe des Dames
Luzay
Bois de la Chaise ★
★ ÎLE DE NOIRMOUTIER
Le Sableau
Océanile
Noirmoutier-en-l'Île ★
Pointe de Devin
Bressuire
La Bosse
L'Épine
La Guérinière
La Mongendrie
Le Fier
Le Bonhomme
La Tresson
Pointe de la Loire
La Maison-Rouge
Roches de la Loire
Barbâtre
Les Onchères
La Frandière
La Fosse
Pointe de la Fosse
La Préoire
La Vendette
Le Fain
Roches de Bouin
Parc à Huîtres
Pointe de la Coupelasse
La Coupelasse
Le Bernard
Les Brochets
Le Pont-du-Fresne
Polders St-Séran
Bouin
Les Virées
Port-la-Roche
La Guillaudière
Les Champs
Les Billarderies
Île de Bouin
★★ Passage du Gois
(Route praticable à basse mer)
Port du Bec
Epoids
Le Petit-Fresne
Le Port
Cossonnière
La Croix Rouge
Bellevue
Beauvoir-sur-Mer
Le Marais-Moreau
Abbᵉ de l'Île Chauvet
La Raguenerie
La Gaubretière
Bordevert
le Pᵗ Moulin
St-Gervais
La Pierre-Blanche
CÔTE
Fromentine
Pointe N.D. de Monts
La Grande Côte
La Barre-de-Monts
Le Grand Pont
La Bonnetière
La Lande
Pey de la Blet
Forêt des Pays de Monts
Le Poirot
St-Urbain
Écomusée du Daviaud ★
Les Quatre Moulins
La Croix-Joslain
Les Bouchauds
La Croix-Verte
Le Pré-aux-Filles
Bourrine à Rosalie
Côte
Le Fief-Haut
Grand Étier
Sallertaine
Pont Habert
Challans
Les Marguerites
Grande Croix
Le Vieux Cerne
La Paunière
N.-D.-de-Monts
Le Plaud
La Mouraine
Marais de Challans
Canal du Perrier
La Gobetière
Plage du Pont d'Yeu
Le Perrier
Licheret
Pierre Levée
Pont d'Yeu
La Tonnelle
La Cailleterie
Le Grand Pinier
Plage de la Tonnelle
Le Porteau
Le Petit Mariau
La Rivière
Soullans ★
Plage St-Jean
St-Jean-de-Monts
Les Mattes
Plage des Demoiselles
Les Chapelles
Le Petit-Bec
Le Grand-Bec
Orouet
La Bourrine du Bois Jucaud
Les Rouches
Les Mouettes
La Pège
La Conge
Le Bois-Jucaud
Le Pissot
La Parée-Préneau
Les Loires
Sion-sur-l'Océan
★ Corniche Vendéenne
St-Hilaire-de-Riez
Le Plessis
St-Gilles-Croix-de-Vie
Croix-de-Vie
Pⁿᵗᵉ de Grosse Terre
Pⁿᵗᵉ de la Garenne
La Bégaudière
Le Pont-Jaunay
N.-D. des Dunes
La Sauzaie
Brétignolles-s-Mer
La Parée
Le Marais-G
Monts
DE
LUMIÈRE
Les Chiens Perrins
La Planche à Puare
Port-Joinville
Pⁿᵗᵉ du But
Cadouère
Ker-Châlon
Grᵈ Phare
Fort de Pierre-Levée
(L'Île-d'Yeu) ★★
Saint-Sauveur
Ker-Chauvineau
Ker-Bossy
Le Vˣ Château
Marais-Salé
Pⁿᵗᵉ du Châtelet
La Croix
Plage des Sabias
Port-de-la-Meule
Côte Sauvage
Anse des Vieilles
Tour
Pⁿᵗᵉ de la Tranche
Pⁿᵗᵉ des Corbeaux
1
2
3
4
5
A
B
C
D

147
E
F
Machecoul
St-Philbert-de-Grand-Lieu
St-Lumine-de-Coutais
Geneston
St-Même-le-Tenu
Fresnay-en-Retz
La Marne
St-Colomban
St-Philbert-de-Bouaine
La Limouzinière
Corcoué-sur-Logne
Vieillevigne
Paulx
Saint-Étienne-de-Mer-Morte
Rocheservière
La Planche
Touvois
Bois-Chevalier
Mormaison
St-Sulpice-le-Verdon
Falleron
Legé
Froidfond
La Garnache
Chabotterie
Croix de Charette
St-Christophe-du-Ligneron
St-Étienne-du-Bois
Les Lucs-sur-Boulogne
Mémorial de Vendée
Grand'Landes
Palluau
Beaufou
St-Paul-Mont-Penit
La Chapelle-Palluau
Saligny
Belleville-sur-Vie
St-Denis-la-Chevasse
Commequiers
Apremont
Maché
Le Poiré-sur-Vie
Aizenay
St-Maixent-sur-Vie
Dompierre-sur-Yon
La Génétouze
Mouilleron-le-Captif
St-Révérend
Coëx
La Chapelle-Hermier
L'Aiguillon-sur-Vie
Martinet
Venansault
Beaulieu-s/s-la-Roche
Landeronde
La Chaize-Giraud
Landevieille
St-Julien-des-Landes
St-Georges-de-Pointindoux
La Mothe-Achard
LA ROCHE-SUR-YON
Ste-Flaive-des-Loups
Les Clouzeaux
Brem-s-Mer
Vairé
Aubigny
Nesmy
Chaillé-s/s-les-Ormeaux
Bourgneuf
Nieul-le-Dolent
166
182
G
H

0 2 4 6 8 10 km
148
183
165
CHOLET
Montaigu
Tiffauges
Torfou
Mortagne-sur-Sèvre
Les Herbiers
St-Fulgent
Les Essarts
Chantonnay
La Roche-sur-Yon
Grand Parc du Puy du Fou
Mt des Alouettes
Les Epesses
St-Laurent-sur-Sèvre
St-Malô-du-Bois
St-Michel-Mont-Mercure
Pouzauges
La Flocellière
Le Boupère
Mouchamps
Rochetrejoux
St-Paul-en-Pareds
Bazoges-en-Paillers
Beaurepaire
La Gaubretière
La Verrie
Chambretaud
Chavagnes-en-Paillers
St-Georges-de-Montaigu
Boufféré
L'Herbergement
Les Brouzils
La Copechagnière
La Rabatelière
Chauché
Boulogne
Vendrennes
Ste-Florence
L'Oie
Ste-Cécile
St-Martin-des-Noyers
St-Hilaire-le-Vouhis
St-Vincent-Sterlanges
St-Germain-de-Prinçay
Sigournais
St-Prouant
Monsireigne
Tallud-Ste-Gemme
Mouilleron-en-Pareds
Bazoges-en-Pareds
Thouarsais-Bouildroux
La Caillère
St-Martin-Lars-en-Ste-Hermine
La Chaize-le-Vicomte
La Ferrière
Dompierre-sur-Yon
Fougeré
Bournezeau
St-Florent-des-Bois
Les Pineaux
Thorigny
La Merlatière
Treize-Septiers
La Bruffière
Boussay
La Romagne
La Séguinière
St-Christophe-du-Bois
Le Longeron
Évrunes
St-Aubin-des-Ormeaux
Les Landes-Genusson
La Boissière-de-Montaigu
St-Hilaire-de-Loulay
La Guyonnière
Cugand
Montigné-sur-Moine
Roussay
St-Léger-s/s-Cholet
Les Epesses
Forêt de Grasla
Forêt de l'Herbergement
Forêt du Détroit
Forêt de Parc Soubise
Le Parc Soubise
Tombe de Clemenceau
Prieuré de Chassay-Grammont
Bois Tiffrais
Sèvre Nantaise
Réserve ornithologique
A 87
A 83
D 160
D 137
D 753
D 949B
D 948
D 755
D 23
D 6

149
E
F
23
184
G
H
168
Nuaillé
Chanteloup-les-Bois
Toutlemonde
Mazières-en-Mauges
La Tessoualle
Maulévrier
Yzernay
Somloire
La Plaine
Les Cerqueux
St-Pierre-des-Echaubrognes
St-Paul-du-Bois
St-Maurice-la-Fougereuse
Etusson
Genneton
Cersay
Bouillé-St-Paul
Massais
Ulcot
Chau d'Ebaupinaye
Le Breuil-s/s-Argenton
Argenton-Château
Argenton-les-Vallées
Moutiers-sous-Argenton
La Coudre
St-Clémentin
Nueil-les-Aubiers
St-Aubin-de-Baubigné
Mauléon
Chau de la Durbelière
Voultegon
St-Aubin-du-Plain
La Chapelle-Gaudin
Coulonges-Thouarsais
Luché-Thouarsais
Geay
Pierrefitte
Noirterre
Faye-l'Abbesse
Chiché
Bressuire
Breuil-Chaussée
Cerizay
Montravers
St-Amand-s-Sèvre
Les Châteliers-Châteaumur
La Pommeraie-sur-Sèvre
Combrand
Bretignolles
Cirières
Le Pin
La Petite-Boissière
Pouzauges
St-Mesmin
St-André-sur-Sèvre
Courlay
Chanteloup
Boismé
Clessé
Amailloux
La Forêt-sur-Sèvre
St-Jouin-de-Milly
Montournais
Menomblet
Réaumur
Moncoutant
Pugny
La Chapelle-St-Laurent
Largeasse
Moutiers-s/s-Chantemerle
St-Pierre-du-Chemin
La Tardière
Cheffois
Breuil-Barret
La Châtaigneraie
La Chapelle-St-Etienne
Trayes
Neuvy-Bouin
Fénery
Adilly
St-Germain-de-Longue-Chaume
Pougne-Hérisson
St-Aubin-le-Cloud
Vernoux-en-Gâtine
L'Absie
St-Paul-en-Gâtine
La Chapelle-aux-Lys
Secondigny
Azay-s-Thouet
Le Tallud
Puy Crapaud 270

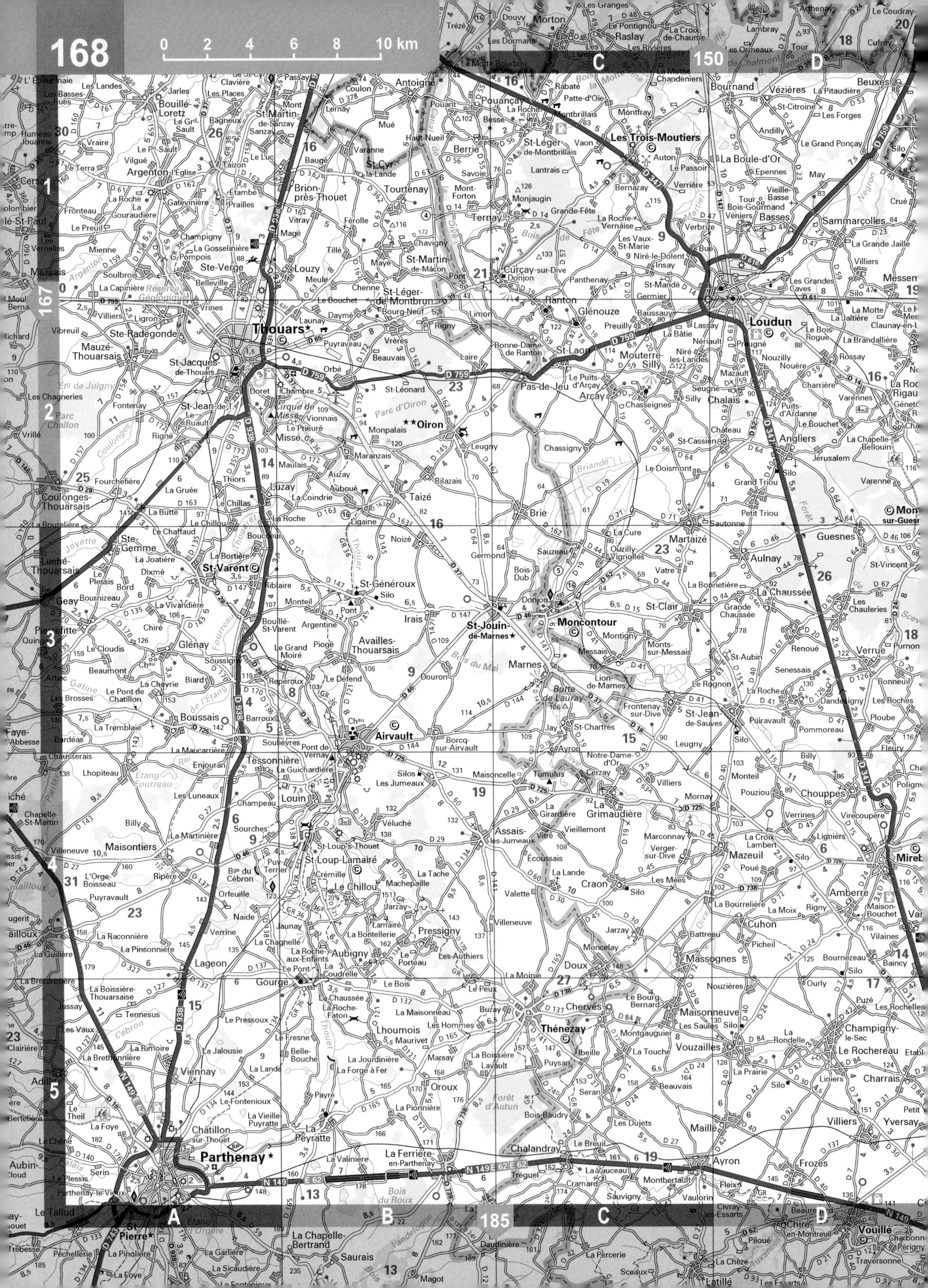
0 2 4 6 8 10 km
150
167
185
A
B
C
D
1
2
3
4
5
Thouars
Loudun
Oiron
Moncontour
St-Jouin-de-Marnes
Airvault
St-Varent
Thénezay
Parthenay
Les Trois-Moutiers
Argenton-l'Église
Mirebeau
Vouillé
Chiré-en-Montreuil
St-Loup-Lamairé
Bouillé-Loretz
Coulonges-Thouarsais
Luché-Thouarsais
Ste-Radegonde
Mauzé-Thouarsais
St-Jacques-de-Thouars
Ste-Verge
Louzy
Taizé
Brie
Martaizé
Aulnay
Guesnes
Availles-Thouarsais
Irais
Marnes
Assais-les-Jumeaux
Mazeuil
Cuhon
Massognes
Maisonneuve
Vouzailles
Champigny-le-Sec
Ayron
Chalandray
La Ferrière-en-Parthenay
Châtillon-sur-Thouet
Viennay
Gourgé
Aubigny
Pressigny
Lhoumois
Oroux
Doux
Craon
La Grimaudière
Chouppes
Angliers
Mouterre-Silly
Glénouze
Ranton
Curçay-sur-Dive
Pouançay
Berrie
Ternay
Saix
St-Léger-de-Montbrillais
Glénay
Boussais
Tessonnière
Louin
Maisontiers
Lageon
Pierrefitte
Geay
St-Générou
Leugny
Saint-Pierre

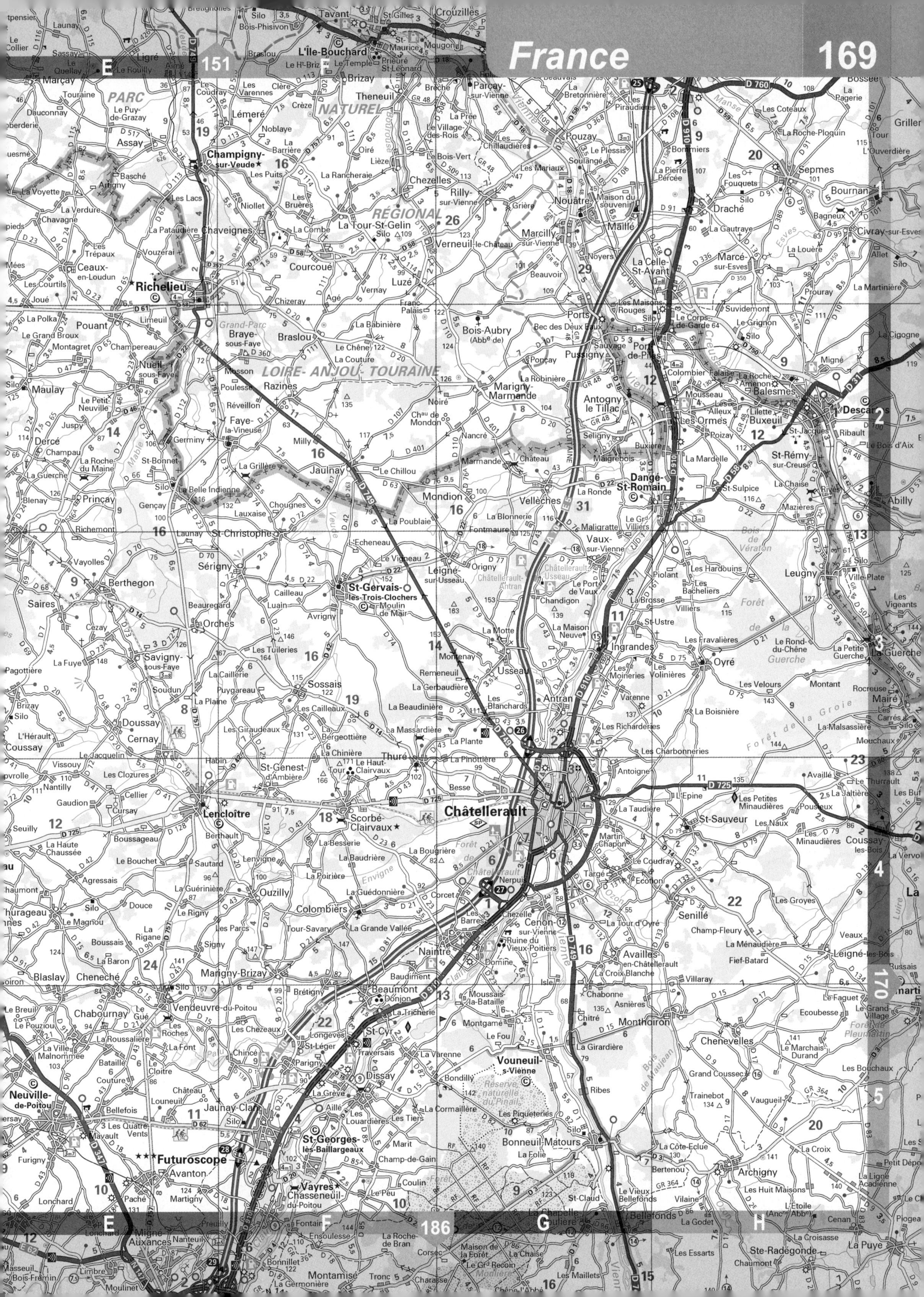
PARC NATUREL RÉGIONAL LOIRE-ANJOU-TOURAINE
L'Île-Bouchard
Champigny-sur-Veude
Richelieu
Chaveignes
La Tour-St-Gelin
Nouâtre
Maillé
Marcilly-sur-Vienne
Ports
Port-de-Piles
Descartes
Balesmes
Buxeuil
Dangé-St-Romain
Les Ormes
Faye-la-Vineuse
Jaulnay
Mondion
Vellèches
Leugny
La Guerche
Lencloître
St-Gervais-les-Trois-Clochers
Orches
Usseau
Antran
Oyré
Ingrandes
Scorbé-Clairvaux
Châtellerault
Naintré
Cenon-sur-Vienne
Senillé
Availles-en-Châtellerault
Coussay-les-Bois
Leigné-les-Bois
Monthoiron
Vouneuil-s-Vienne
Bonneuil-Matours
Archigny
Chenevelles
Beaumont
Dissay
Jaunay-Clan
St-Georges-lès-Baillargeaux
Futuroscope
Avanton
Neuville-de-Poitou
Vendeuvre-du-Poitou
Chabournay
Marigny-Brizay
Cheneché
Blaslay
Ouzilly
Colombiers
Doussay
Cernay
Savigny-sous-Faye
Berthegon
Sérigny
Thuré
Sossais
Vayres
Chasseneuil-du-Poitou
Migné-Auxances
Montamisé
Ste-Radégonde
La Puye
E F G H
151 186 170

0 2 4 6 8 10 km
152
169
187
A
B
C
D
1
2
3
4
5
Loches
Beaulieu-lès-Loches
Chartreuse du Liget
Sennevières
Perrusson
Mouzay
Grillemont
La Chapelle-Blanche-St-Martin
Vou
Varennes
Ciran
Ligueil
Cussay
Esves-le-Moutier
St-Senoch
Verneuil-sur-Indre
St-Jean-St-Germain
St-Hippolyte
Loché-sur-Indrois
Bridoré
Fléré-la-Rivière
St-Cyran-du-Jambot
Châtillon-sur-Indre
Civray-sur-Esves
Bournan
Descartes
Neuilly-le-Brignon
Le Châtelier
Paulmy
Ferrière-Larçon
Betz-le-Château
St-Flovier
La Celle-Guenand
Abilly
Le Grand-Pressigny
Le Petit-Pressigny
Charnizay
Obterre
Cléré-du-Bois
Murs
Clion
La Guerche
Barrou
Chaumussay
Preuilly-sur-Claise
Azay-le-Ferron
Paulnay
Mézières-en-Brenne
Lésigny
Chambon
Boussay
Bossay-sur-Claise
Martizay
St-Michel-en-Brenne
Coussay-les-Bois
La Roche-Posay
Yzeures-sur-Creuse
Pleumartin
Tournon-St-Pierre
Tournon-St-Martin
Lureuil
Lingé
Vicq-sur-Gartempe
Angles-sur-l'Anglin
St-Pierre-de-Maillé
Preuilly-la-Ville
Douadic
Rosnay
Fontgombault
Pouligny-St-Pierre
Le Blanc
Mérigny
La Bussière
Forêt du Grd Pressigny
Forêt de Ste Jullite
Forêt de Preuilly
Parc Zoologique
Bois de Verneuil
Parc de Boussay
Étang Neuf
Bois du Chillou
Réserve naturelle
D 31
D 943
D 975
D 925
D 725
D 750

Écueillé
Levroux
Buzançais
Châteauroux
Villedieu-sur-Indre
Palluau-sur-Indre
Pellevoisin
Bouges-le-Château
Déols
Ardentes
St-Gaultier
Forêt de Châteauroux
Parc Régional
E
F
G
H
153
188
172

0 2 4 6 8 10 km
154
171
189
A
B
C
D
1
2
3
4
5
Lury-sur-Arnon
Mehun-sur-Yèvre
Vatan
Reboursin
St-Florentin
Meunet-sur-Vatan
Giroux
Lucay-le-Libre
St-Pierre-de-Jards
Reuilly
Cerbois
Lazenay
Limeux
Preuilly
Ste-Thorette
La Chapelle-St-Laurian
Paudy
Diou
Ménétréols-sous-Vatan
Ste-Lizaigne
Migny
Poisieux
Plou
St-Georges-sur-Arnon
Chârost
St-Florent-sur-Cher
Villeneuve-sur-Cher
Lizeray
Les Bordes
Issoudun
St-Valentin
La Champenoise
St-Aoustrille
Civray
St-Caprais
Lunery
St-Ambroix
Thizay
Neuvy-Pailloux
Ségry
Mareuil-sur-Arnon
Primelles
Ste-Fauste
Condé
Nouan
St-Aubin
Brives
Meunet-Planches
Chezal-Benoît
St-Baudel
Villecelin
Vouillon
Diors
Mâron
Bommiers
Pruniers
Ambrault
La Celle-Condé
Sassierges-St-Germain
Ardentes
Lignières
St-Août
St-Hilaire-en-Lignières
Touchay
Ids-St-Roch
St-Christophe-en-Boucherie
Rezay
Jeu-les-Bois
Verneuil-sur-Igneraie
St-Chartier
Montipouret
Mers-sur-Indre
Lys-St-Georges
Forêt de Bommiers
Bois de Thoux
N 151
D 925
D 918
D 940
D 943
A 20 - E 9
Camp militaire
EAUROUX

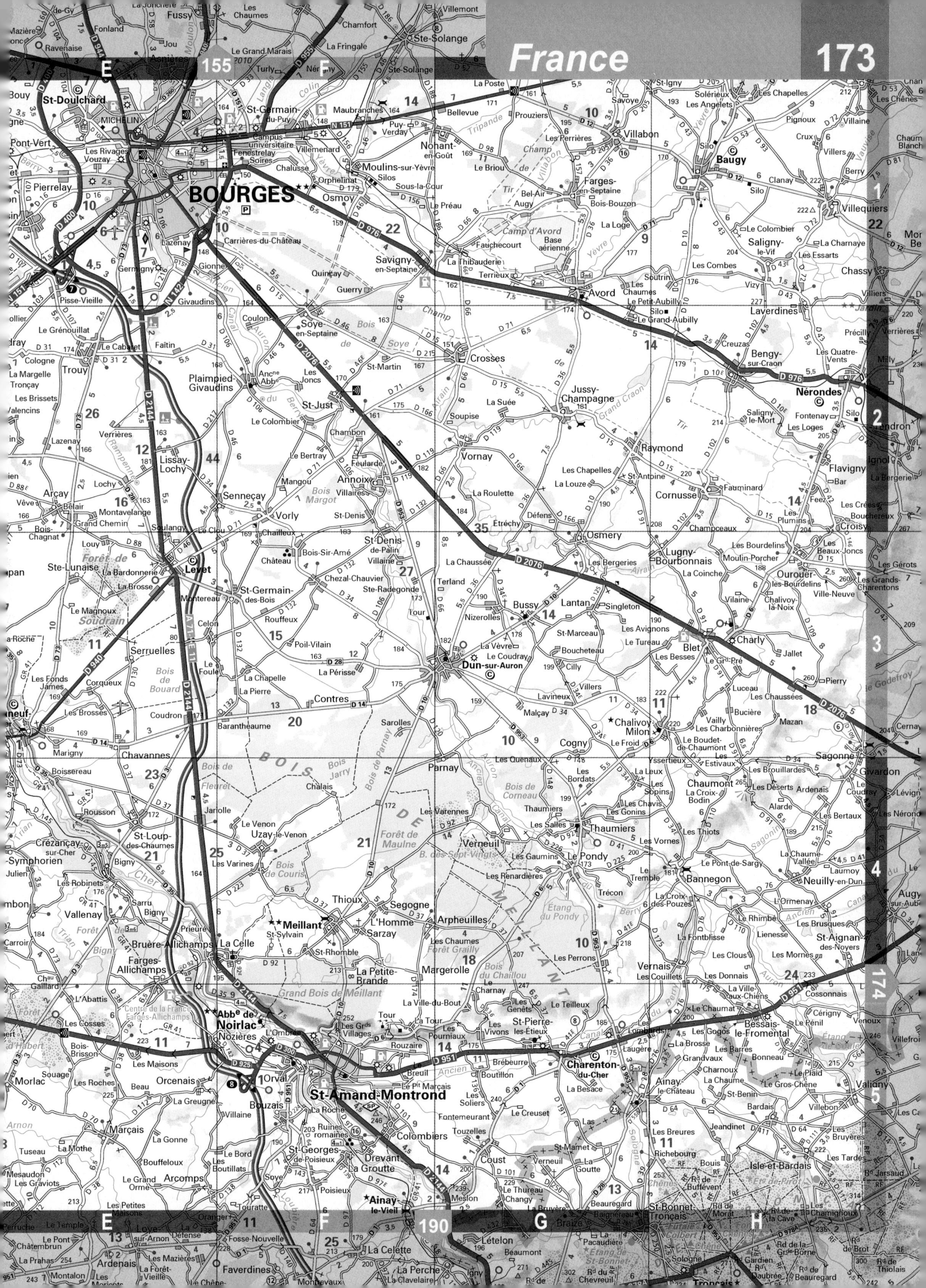
BOURGES
St-Doulchard
St-Germain-du-Puy
Fussy
Asnières
Moulins-sur-Yèvre
Osmoy
Savigny-en-Septaine
Avord
Farges-en-Septaine
Villabon
Baugy
Villequiers
Chassy
Laverdines
Bengy-sur-Craon
Nérondes
Crosses
Jussy-Champagne
Soye-en-Septaine
Plaimpied-Givaudins
St-Just
Trouy
Lissay-Lochy
Senneçay
Vorly
Annoix
Vornay
Raymond
Flavigny
Cornusse
Osmery
Lugny-Bourbonnais
Ourouer-les-Bourdelins
Levet
St-Germain-des-Bois
St-Denis-de-Palin
Bussy
Lantan
Blet
Charly
Dun-sur-Auron
Contres
Chalivoy-Milon
Cogny
Parnay
Chaumont
Sagonne
Givardon
Thaumiers
Le Pondy
Bannegon
Neuilly-en-Dun
St-Aignan-des-Noyers
Uzay-le-Venon
Verneuil
Meillant
Arpheuilles
Bruère-Allichamps
La Celle
Farges-Allichamps
Vernais
Abbe de Noirlac
Nozières
Orval
St-Amand-Montrond
Charenton-du-Cher
Bessais-le-Fromental
Ainay-le-Château
Colombiers
Drevant
La Groutte
Ainay-le-Vieil
Coust
Isle-et-Bardais
St-Bonnet-Tronçais
Vallenay
Marçais
Arcomps
Ardenais
St-Georges-de-Poisieux
La Celette
Forêt de Maulne
Bois de Meillant
Camp d'Avord
D 976
D 2076
D 2144
D 940
D 951
A 71
E 11
N 151
N 142
E
F
G
H
155
174
190
1
2
3
4
5

0 2 4 6 8 10 km
156
173
191
NEVERS
Fourchambault
Varennes-Vauzelles
Pougues-les-Eaux
Guérigny
Coulanges-lès-Nevers
Imphy
La Guerche-sur-l'Aubois
Sancoins
Lurcy-Lévis
St-Pierre-le-Moûtier
Magny-Cours
Chantenay-St-Imbert
Villeneuve-sur-Allier
Apremont-sur-Allier
Mornay-sur-Allier
Sermoise-sur-Loire
Marzy
Challuy
Garchizy
Germigny-sur-Loire
Marseilles-lès-Aubigny
Jouet-sur-l'Aubois
Torteron
Cours-les-Barres
Cuffy
La Chapelle-Hugon
Grossouvre
Neuvy-le-Barrois
Mars-s-Allier
St-Parize-le-Châtel
Luthenay-Uxeloup
Langeron
Livry
Le Veurdre
Château-s-Allier
Pouzy-Mésangy
Couleuvre
Aubigny
St-Léopardin-d'Augy
Azy-le-Vif
Neuville-lès-Decize
Toury-sur-Jour
Aurouër
St-Éloi
Sauvigny-les-Bois
Montigny-aux-Amognes
St-Jean-aux-Amognes
Urzy
Parigny-les-Vaux
Varennes
Chaulgnes
Tronsanges
Beffes
Précy
Garigny
Mornay-Berry
St-Hilaire-de-Gondilly
Menetou-Couture
Germigny-l'Exempt
Augy-sur-Aubois
Saincaize-Meauce
Gimouille
Chevenon
Forêt des Bertranges
Bois de Bourrain
Bois d'Apremont
Forêt de Chabet
Forêt du Perray
Arboretum de Balaine
Loire
Allier
A

157
E
F
192
G
H
176
St-Saulge
Châtillon-en-Bazois
Moulins-Engilbert
St-Benin-d'Azy
La Machine
Decize
Fours
Cercy-la-Tour
Vandenesse
St-Honoré-les-Bains
Dornes
Cossaye
Lucenay-lès-Aix
Bourbon-Lancy
Ternant
Cronat
Tamnay-en-Bazois
Rouy
Diennes-Aubigny
Montambert
La Nocle-Maulaix
Sémelay
Rémilly
Maltat
Vitry-sur-Loire
St-Hilaire-Fontaine
Champvert
Verneuil
Anlezy
Ville-Langy
Thianges
Sougy-sur-Loire
Frasnay-Reugny
Limanton
Biches
Forêt de Vincence
Canal du Nivernais
LOIRE
D 978
D 981
D 979
D 973
Signal de Beauregard
Mont d'Azy
Signal de Mont

0 2 4 6 8 10 km

158

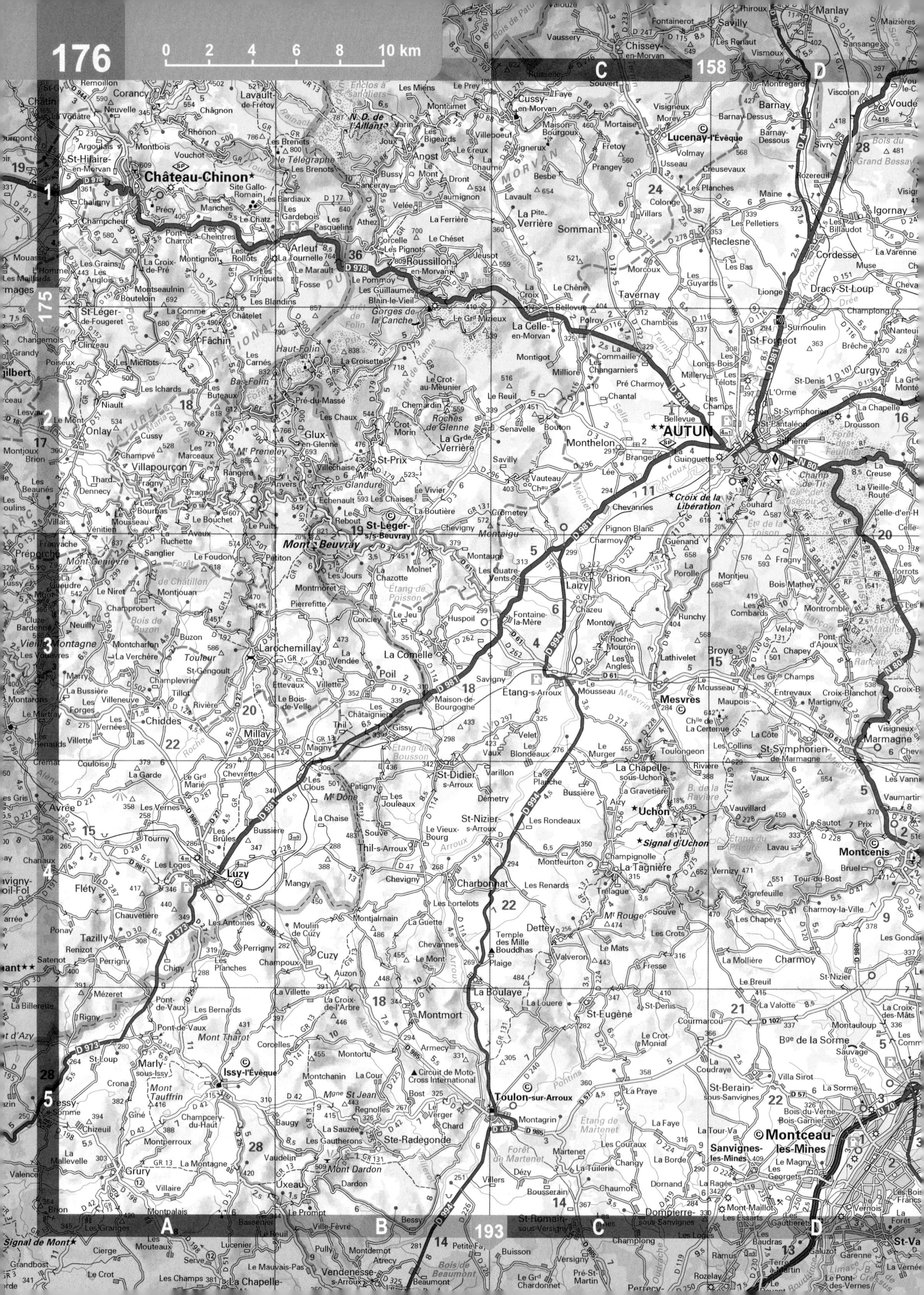


175

193

159
E
F
Arnay-le-Duc
Bligny-sur-Ouche
Magnien
Maligny
Lacanche
Thomirey
Ecutigny
Lusigny-sur-Ouche
Bessey-en-Chaume
Pernand-Vergelesses
Savigny-lès-Beaune
Aloxe-Corton
Ladoix-Serrigny
Corgoloin
Champignolles
Jours-en-Vaux
Montceau-et-Echarnant
Mavilly-Mandelot
Bouze-lès-Beaune
Chorey
Thury
Ivry-en-Montagne
Cussy-la-Colonne
Meloisey
Nantoux
BEAUNE
Vignoles
Ruffey-lès-Beaune
Molinot
Santosse
Pommard
Volnay
Montagny-lès-Beaune
Levernois
Sully
Épinac
Cirque du Bout du Monde
St-Romain
Monthelie
Meursault
Combertault
Aubigny-la-Ronce
Auxey-Duresses
Bligny-lès-Beaune
Vauchignon
Cormot-le-Grand
Baubigny
La Rochepot
Tailly
Nolay
St-Aubin
Puligny-Montrachet
Corcelles-les-Arts
Merceuil
Saisy
Morlet
Epertully
Chassagne-Montrachet
Ébaty
Demigny
Collonge-la-Madeleine
Change
Mt de Sène
Corpeau
Tintry
St-Gervais-sur-Couches
Créot
Paris-l'Hôpital
Dezize-lès-Maranges
Santenay
Chaudenay
St-Émiland
St-Martin-de-Commune
Sampigny-lès-Maranges
Cheilly-lès-Maranges
Remigny
Chagny
Dracy-lès-Couches
Chassey-le-Camp
Bouzeron
Rully
Couches
St-Maurice-lès-Couches
St-Sernin-du-Plain
St-Gilles
Dennevy
Chamilly
Aluze
Fontaines
Fragnes
St-Léger-s-Dheune
Mercurey
Farges-lès-Chalon
Brandon
St-Pierre-de-Varennes
St-Jean-de-Trézy
Charrecey
Champforgeuil
St-Firmin
St-Bérain-s-Dheune
St-Martin-s/s-Montaigu
Mellecey
Crissey
Le Creusot
Perreuil
Essertenne
Châtel-Moron
St-Mard-de-Vaux
St-Jean-de-Vaux
Dracy-le-Fort
Châtenoy-le-Royal
CHALON-SUR-SAÔNE
Le Breuil
Morey
St-Denis-de-Vaux
St-Marcel
Torcy
St-Julien-s-Dheune
Villeneuve-en-Montagne
Barizey
Jambles
Givry
St-Rémy
Écuisses
Ste-Hélène
Lux
Montchanin
St-Laurent-d'Andenay
Moroges
St-Désert
Granges
Rosey
Sevrey
St-Loup-de-Varennes
St-Martin-d'Auxy
Marcilly-lès-Buxy
Sassangy
Buxy
Varennes-le-Grand
La Charmée
St-Germain-lès-Buxy
Marnay
St-Eusèbe
St-Privé
Cersot
Montagny-lès-Buxy
Jully-lès-Buxy
St-Ambreuil
Blanzy
St-Micaud
Saviange
St-Vallerin
St-Cyr
Marigny
Le Puley
Germagny
Chenôves
Fley
Beaumont-sur-Grosne
Gigny-sur-Saône
Genouilly
Bissy-s-Fley
Culles-les-Roches
Saules
Messey-le-Bois
Laives
Collonge-en-Charollais
St-Boil
Messey
Sennecey-le-Grand
G
H
194
Gourdon
Mont-St-Vincent
St-Gengoux-le-National
La Chapelle-de-Bragny
178

0 2 4 6 8 10 km
160
177
195
St-Jean-de-Losne
Seurre
Pagny-la-Ville
Pagny-le-Château
Auvillars-sur-Saône
Labergement-lès-Seurre
Jallanges
Chamblanc
Pouilly-sur-Saône
Glanon
Labruyère
Lechâtelet
Bagnot
Argilly
Corberon
Montmain
Marigny-lès-Reullée
Corgengoux
Meursanges
Chevigny-en-Valière
Palleau
Écuelles
Mont-lès-Seurre
Navilly
Charnay-lès-Chalon
Pontoux
Frontenard
Sermesse
Saunières
Allerey-sur-Saône
Les Bordes
Verdun-sur-le-Doubs
Ciel
Verjux
Gergy
Toutenant
St-Maurice-en-Rivière
Damerey
St-Martin-en-Bresse
St-Didier-en-Bresse
Serrigny-en-Bresse
La Racineuse
Villegaudin
Mervans
Montcoy
Guerfand
Diconne
Thurey
Lessard-en-Bresse
Simard
St-Germain-du-Bois
Serley
Bouhans
Pierre-de-Bresse
Charette-Varennes
Lays-sur-le-Doubs
Fretterans
Neublans-Abergement
Longepierre
Pourlans
Clux
Annoire
Chemin
Bousselange
Lanthes
Le Meix
Tichey
St-Loup
Peseux
Franxault
Montagny-lès-Seurre
Grosbois-lès-Tichey
St-Aubin
Tavaux
Aumur
Abergement-la-Ronce
Chaussin
Asnans-Beauvoisin
Longwy-s-le-Doubs
Petit-Noir
Authumes
La Chaux
La Chapelle-St-Sauveur
Dampierre-en-Bresse
St-Bonnet-en-Bresse
Torpes
Bellevesvre
Montjay
Le Planois
Frangy-en-Bresse
Sens-sur-Seille
Bletterans
Cosges
Montcony
St-Usuge
Beaurepaire-en-Bresse
Saillenard
Montagny-près-Louhans
Vincelles
Branges
Montret
Juif
St-Germain-du-Plain
Ouroux-s-Saône
St-Christophe-en-Bresse
L'Abergement-Ste-Colombe
Lans
Oslon
Châtenoy-en-Bresse
Louhans
Sornay
St-André-en-Bresse
St-Vincent-en-Bresse
Baudrières
La Frette
Savigny-sur-Seille
Simandre
Bantanges
Ratte
Savigny-en-Revermont
A 36
E 60
A 39
N 73
N 78
D 970
D 973
D 996
D 976
D 24
D 470
LA COMTOISE
Saône
Doubs
Seille
A B C D
1 2 3 4 5

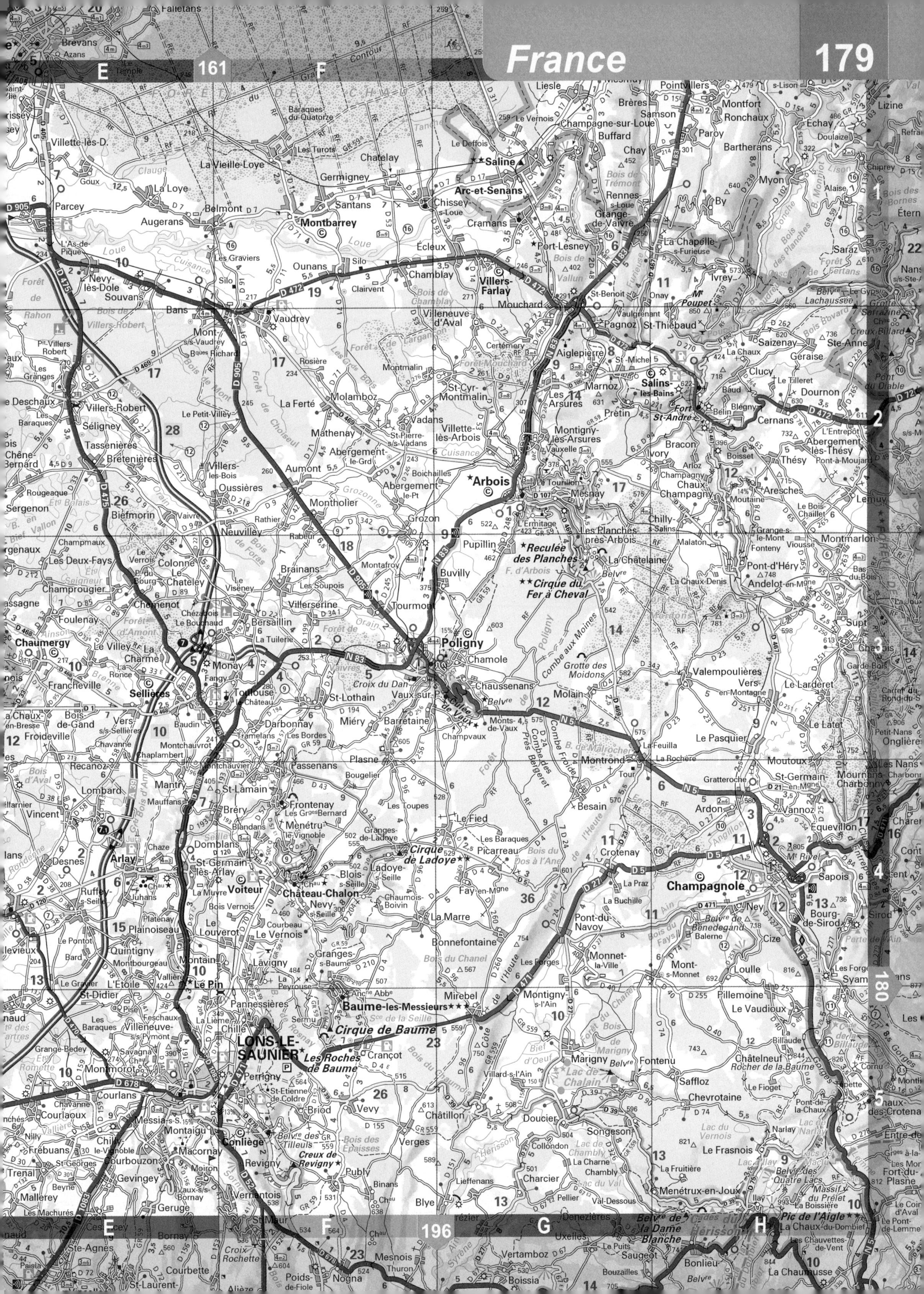
Forêt de Chaux
Arc-et-Senans
Saline
Montbarrey
Villers-Farlay
Mouchard
Salins-les-Bains
Fort St-André
Arbois
Reculée des Planches
Cirque du Fer à Cheval
Poligny
Chaumergy
Sellières
Arlay
Voiteur
Château-Chalon
Cirque de Ladoye
Baume-les-Messieurs
Cirque de Baume
Les Roches de Baume
LONS-LE-SAUNIER
Conliège
Creux de Revigny
Champagnole
Lac de Chalain
Belvre des Quatre Lacs
Pic de l'Aigle
Belvre de la Dame Blanche
Montmorot
Courlans
Perrigny
Crançot
Ménétrux-en-Joux
Salins
Ivrey
Dournon
Cernans
Andelot-en-Mgne
Montrond
Crotenay
Sirod
Bourg-de-Sirod
Mont-s-Monnet
Doucier
Chevrotaine
Mirebel
Vaudrey
Bans
Villers-Robert
Dole
Tourmont
Grozon
Buvilly
Pupillin
Plasne
Barretaine
Montholier
Brainans
Colonne
Vincent
Ruffey-s-Seille
Desnes
Plainoiseau
Quintigny
Le Pin
Pannessières
Chille
Messia-s-S.
Macornay
Revigny
Vernantois
Publy
Blye
Verges
Vevy
Briod
Lavigny
Le Vernois
Nevy-s-Seille
Blois-s-Seille
Ladoye-s-Seille
Fay-en-Mgne
Picarreau
La Marre
Bonnefontaine
Montigny-s-l'Ain
Marigny
Fontenu
Saffloz
Le Frasnois
Châtillon
Songeson
Charcier
Pont-du-Navoy
Monnet-la-Ville
Loulle
Ney
Cize
Syam
Chaux-des-Crotenay
E
F
G
H
161
196
180

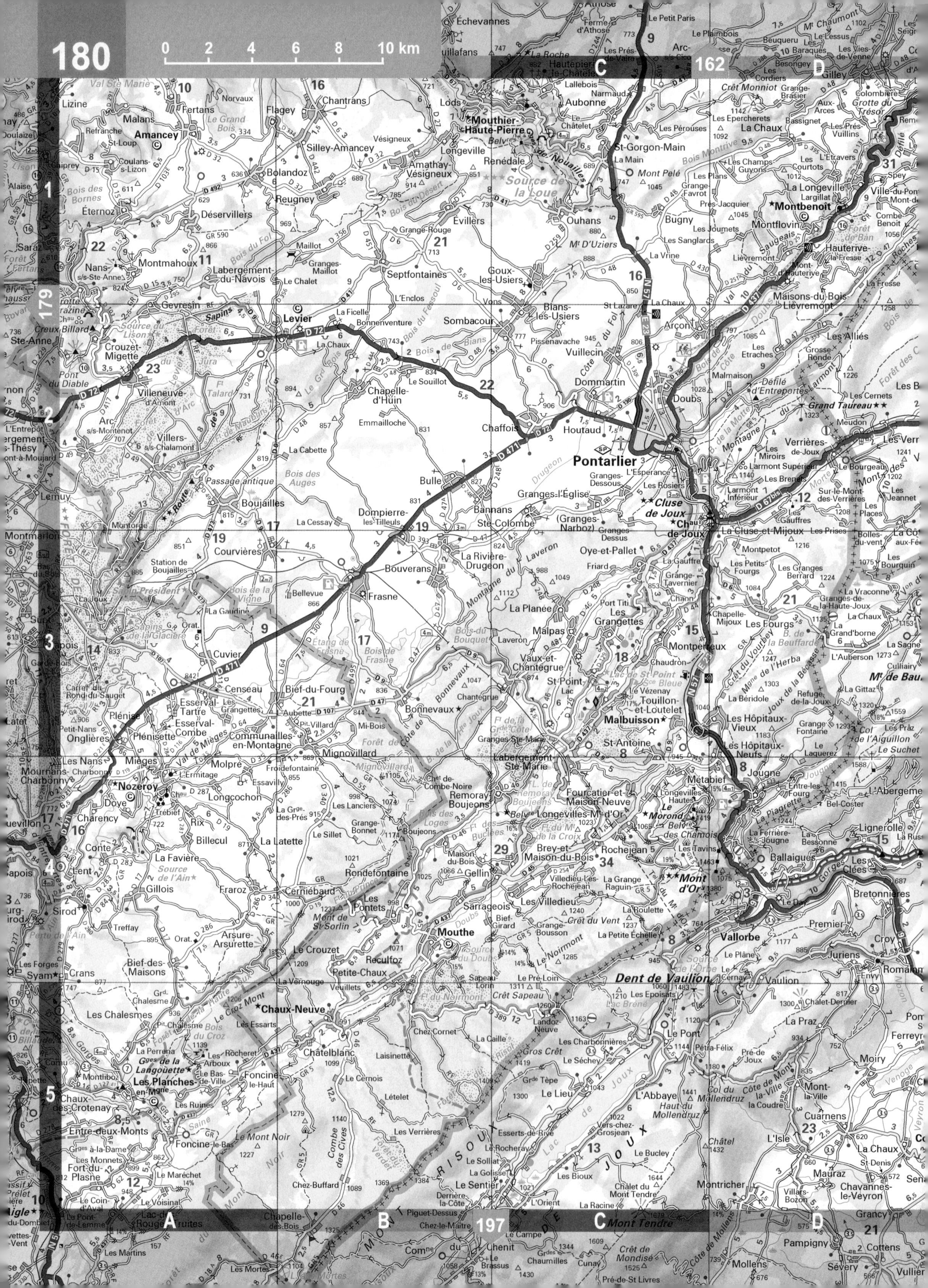

0 2 4 6 8 10 km
162
179
197
A
B
C
D
1
2
3
4
5
Échevannes
Ferme d'Athose
Le Petit Paris
Le Plaimbois
Mt Chaumont
Beuqueru
Les Baraques
Les Vies-de-Venne
Vuillafans
La Roche
Hautepierre-le-Châtel
Les Prés-de-Vaire
Arc-s/s-Cicon
Besonguey
Les Cordiers
Gilley
Val Ste Marie
Lizine
Fertans
Norvaux
Chantrans
Flagey
Lods
Mouthier-Haute-Pierre
Lallebois
Aubonne
Narmaud
Crêt Monniot
Grange-Brasier
Colombière
Grotte du Trésor
Malans
Le Grand Bois
Amancey
Refranche
St-Loup
Coulans-s-Lizon
Silley-Amancey
Vésigneux
Longeville
Amathay-Vésigneux
Renédale
Le Châtelet
Belvre
Gorges de Nouailles
St-Gorgon-Main
La Main
Mont Pelé
Les Pérouses
Les Epercherets
La Chaux
Bassignet
Aux Arces
Les Prés-Vuillins
Chiprey
Bolandoz
Reugney
Source de la Loue
Ouhans
Les Champs-Guyons
Les Courtots
L'Étravers
Les Plans
Grange-Favrot
Prés-Jacquier
Bugny
La Longeville
Largillat
Montbenoît
Ville-du-Pont
Bois des Bornes
Éternoz
Alaise
Déservillers
Bois du Désert
Évillers
Grange-Rouge
Bois du Fol
Maillot
Granges-Maillot
Mt D'Uziers
Les Joumets
Les Sanglards
Montflovin
Combe-Benoit
Hauterive-la-Fresse
Mont-de-Hauterive
La Vrine
Lièvremont
Saraz
Nans-s/s-Ste-Anne
Montmahoux
Labergement-du-Navois
Le Chalet
Septfontaines
Goux-les-Usiers
L'Enclos
Vons
Blans-les-Usiers
Sombacour
St Lazare
La Chaux
Arçon
Maisons-du-Bois-Lièvremont
La Fresse
Val du Saugeais
Gevresin
Sapins
Levier
La Ficelle
Bonnenventure
Creux Billard
Ste-Anne
Source du Lison
Crouzet-Migette
Forêt du Jura
La Chaux
Bois de Bians
Pissenavache
Vuillecin
Les Etraches
Les Alliés
Grosse-Ronde
Pont du Diable
Villeneuve-d'Amont
Ft Talard
Le Souillot
Chapelle-d'Huin
Le Gd Bois
Côte du Fol
Dommartin
Doubs
Malmaison
Défilé d'Entreportes
Grand Taureau
Les Cernets
Meudon
Arc-s/s-Montenot
Forêt de Mouron
Ft d'Arc
Villers-s/s-Chalamont
Emmailloche
Chaffois
Houtaud
Pontarlier
Verrières-de-Joux
Les Verrières
Labergement-ss-Thésy
Mont-à-Moujard
La Cabette
Bois des Auges
Bulle
Drugeon
Granges-Dessous
L'Espérance
Les Rosiers
Les Miroirs
Larmont Supérieur
Le Bourgeau
Mont des Verrières
Lemuy
Passage antique
Boujailles
Dompierre-les-Tilleuls
Bannans
Granges l'Église
Cluse de Joux
Larmont Inférieur
Les Brenets
Sur-le-Mont-des-Verrières
Les Jeannet
Montmarlon
Montorge
Route
La Cessay
Ste-Colombe
(Granges-Narboz)
Granges Dessus
Chau de Joux
La Cluse-et-Mijoux
Les Prises
Les Gauffres
Les Places
Courvières
Station de Boujailles
Bouverans
La Rivière-Drugeon
Montagne du Laveron
Oye-et-Pallet
Friard
La Gauffre
Grange-Tavernier
Montpetot
Bolles-du-vent
Les Petits Fourgs
Les Granges Berrard
Sapin Président
Bois de la Vigne
Bellevue
Frasne
La Planée
Port Titi
Les Grangettes
Chapelle-Mijoux
Les Fourgs
Granges-de-la-Haute-Joux
La Vraconne
La Joux
La Gaudine
Sapins de la Glacière
Cuvier
Étang de Frasne
Bois de Frasne
Bois-du-Bouquet
Laveron
Malpas
Montperreux
B. de la Beuffarde
Grand'borne
L'Auberson
Sapois
Carrefour du Rond du Sauget
Censeau
Bief-du-Fourg
Bonnevaux
Chantegrue
Vaux-et-Chantegrue
St-Point
Lac de St Point
Source Bleue
Le Vézenay
Touillon-et-Loutelet
Chaudron
Mne de l'Herba
La Béridole
Refuge de-la-Joux
La Gittaz
Culliairy
Mt de Baulmes
Plénise
Esserval-Tartre
Les Grangettes
Esserval-Combe
L'Aubette
Mi-Bois
Malbuisson
Les Hôpitaux-Vieux
Grange Fontaine
Col de l'Aiguillon
Les Praz
Onglières
Petit-Nans
Plénisette
Val de Mièges
Communailles-en-Montagne
Forêt de Côte de Bonnevaux
Granges-Ste-Marie
St-Antoine
Les Hôpitaux-Neufs
Le Suchet
Le Laquerez
Les Nans
Mournans-Charbonny
Mièges
Molpré
Mignovillard
Labergement-Ste-Marie
Métabief
Jougne
L'Ermitage
Froidefontaine
Chalet de Combe-Noire
Remoray-Boujeons
Fourcatier-et-Maison-Neuve
Le Morond
Longevilles-Hautes
Entre-les-Fourgs
Bel-Coster
L'Abergement
Nozeroy
Doye
Longcochon
Essavilly
Les Lanciers
La Grge des-Prés
Lac de Remoray
Longevilles-Mt-d'Or
Belvédère des Chamois
La Piagrette
Lignerolle
Charency
Trébief
Rix
Billecul
La Latette
Le Sillet
Grange-Bonnet
Bois des Loges
Boujeons
Ft du Mt de la Croix
Rochejean
Les Tavins
La Ferrière-s/s-Jougne
La Bessonne
Ballaigues
Les Clées
Conte
Lent
La Favière
Source de l'Ain
Gillois
Fraroz
Rondefontaine
Maison-du-Bois
Gellin
Brey-et-Maison-du-Bois
Villedieu-Les-Rochejean
La Grange Raguin
Mont d'Or
Le Day
Bretonnières
Sirod
Cerniébaud
Les Pontets
Sarrageois
Les Villedieu
Crêt du Vent
La Roulette
Vallorbe
Premier
Croy
Treffay
Mont de St Sorlin
Mouthe
Bief-Girard
Grange-Bousson
La Petite Échelle
Source de l'Orbe
Juriens
Romainmôtier
Arsure-Arsurette
Source du Doubs
Le Noirmont
Le Plâne
Les Forges
Syam
Crans
Bief-des-Maisons
Le Crouzet
Reculfoz
Petite-Chaux
Sapeau-Lorin
Le Pré-Loin
Dent de Vaulion
Vaulion
Envy
La Vernouge
Veuillets
Ft du Noirmont
Crêt Sapeau
Les Epoisats
Lac Brenet
Chalet-Dernier
Les Chalesmes
Le Croz Mont
Chaux-Neuve
Gorges de la Langouette
Les Planches-en-Mgne
Les Essarts
Chez Cornet
La Caille
L'Abbaye-Neuve
Le Pont
Pétra-Félix
La Praz
Ferreyres
Forêt de la Haute Joux
Pt Chalesme
Bois du Croz
Les Rocheret
Les Arbouix
Le Bas-de-Ville
Foncine-le-Haut
Châtelblanc
Laisinette
Gros Crêt
Les Charbonnières
Le Séchey
Pré-de-Joux
Moiry
Chaux-des-Crotenay
Montliboz
Le Cernois
Lételet
Grde Tèpe
Le Lieu
L'Abbaye
Col du Mollendruz
Haut du Mollendruz
Mont-la-Ville
Côte de Mont-la-Ville
La Coudre
Les Ruines
Saine
Entre-deux-Monts
Le Mont Noir
Foncine-le-Bas
Les Verrières
Combe des Cives
Forêt du Verdet
Esserts-de-Rive
Vers-chez-Grosjean
Lac de Joux
Cuarnens
L'Isle
Châtel
La Chaux
St-Denis
Chavannes-le-Veyron
Mauraz
Villars-Bozon
Grges à la Dame
Les Monnets
Fort-du-Plasne
Le Maréchet
Le Rocheray
Le Solliat
La Golisse
Le Sentier
Les Bioux
Le Bucley
Chalet du Mont Tendre
Montricher
Chez-Buffard
Derrière-la-Côte
L'Orient
La Racine
Le Coin-d'Aval
Le Voisinal
Lac-des-Rouges-Truites
Le Pont-de-Lemme
Chapelle-des-Bois
Piguet-Dessus
Chez-le-Maître
Mont Tendre
Grancy
Mont Risoux
Le Campe
Crêt de Mondisse
Côte de Mollens
Pampigny
Cottens
Les Martins
Les Mortes
Combe-du-Lac
Le Chenit
Le Brassus
Les Grandes Chaumilles
Cunay
Pré-de-St Livres
Mollens
Séverry
Vullierens

163
198
E
F
G
H
Morteau
Villers-le-Lac
Le Locle
Montlebon
La Brévine
Le Cerneux-Péquignot
La Chaux-du-Milieu
Les Ponts-de-Martel
Brot-Plamboz
Rochefort
Montmollin
Les Geneveys-s-Coffrane
Boudevilliers
Valangin
Peseux
Corcelles
NEUCHÂTEL
Hauterive
St-Blaise
Marin-Epagnier
Colombier
Auvernier
Bôle
Boudry
Cortaillod
Bevaix
Noiraigue
Travers
Couvet
Môtiers
Boveresse
Fleurier
St-Sulpice
Buttes
Gorgier
Chez-le-Bart
St-Aubin-Sauges
Vaumarcus
Provence
Mutrux
Concise
Fontanezier
Romairon
Vaugondry
Bonvillars
Onnens
Champagne
Grandson
Yverdon-les-Bains
Mauborget
Villars-Burquin
Fontaines-s-Grandson
Novalles
Bullet
Ste-Croix
Vuiteboeuf
Baulmes
Champvent
Montagny
Chamblon
Treycovagnes
Mathod
Rances
Suscévaz
Valeyres-s/s-Rances
Orbe
Montcherand
Chavornay
Bofflens
Arnex-s-Orbe
Bavois
Orny
La Sarraz
Eclépens
Lussery
Daillens
Penthalaz
Cossonay
Penthaz
Vufflens-la-Ville
Aclens
Villars-Ste-Croix
Romanel
Crissier
Cheseaux
Echallens
Goumoens-la-Ville
Bettens
Bioley-Orjulaz
Etagnières
Morrens
Cugy
Montpreveyres
Epalinges
Essertines-s-Yverdon
Pailly
Vuarrens
Penthéréaz
Rueyres
Bercher
Ogens
Oppens
Thierrens
St-Cierges
Moudon
Lucens
Chapelle
Boulens
Peyres-Possens
Sottens
Villars-Mendraz
Hermenches
Syens
Rossenges
Montet
Vucherens
Ropraz
Carrouge
Ecublens
Mézières
Ferlens
Servion
Oron-la-Ville
Châtillens
Palézieux
Essertes
Maracon
Bussigny
Montanaire
Chavannes-le-Chêne
Murist
Rovray
Yvonand
Cheyres
Estavayer-le-Lac
Font
Châbles
Châtillon
Lully
Sévaz
Morens
Bussy
Payerne
Corcelles
Montet
Cugy
Vesin
Fétigny
Aumont
Ménières
Nuvilly
Sassel
Granges-de-Vesin
Bollion
Seiry
Forel
Autavaux
Montbrelloz
Grandcour
Chevroux
Gletterens
Portalban
Delley
Chabrey
Montmagny
Constantine
Cudrefin
Champmartin
Vallamand
Bellerive
Villars-le-Grand
Avenches
Domdidier
Dompierre
Missy
St-Aubin
Vallon
Corserey
Rueyres-les-Prés
Corcelles-près-Payerne
Trey
Middes
Torny-le-Grand
Lentigny
Marnand
Villarzel
Combremont-le-Grand
Combremont-le-Petit
Villeneuve
Cheiry
Surpierre
Henniez
Seigneux
Prévonloup
Curtilles
Dompierre
Romont
Siviriez
Villaraboud
Chavannes-les-Forts
Vuarmarens
Esmonts
Ursy
Rue
Promasens
Vauderens
Le Crêt
Grattavache
Semsales
Bulle
Vaulruz
Vuadens
Sâles
Maules
Romanens
Rueyres
Lieffrens
La Joux
Les Ecasseys
Chapelle
Gillarens
Pont
Bouloz
Porsel
Fiaugères
Progens
St-Martin
Châtonnaye
Villarimboud
Chénens
Autigny
Cottens
Rosé
Estavayer-le-Gibloux
Villarlod
Massonnens
Berlens
Le Châtelard
Grangettes
Estévenens
Villariaz
Vuisternens-dvt-Romont
Mézières
Lac de Neuchâtel
Lac des Taillères
Le Chasseron
Creux du Van
Mont Aubert
Gorges de l'Areuse
Montagne de Buttes
Moléson-sur-Gruyères
Plan Francey
Les Alpettes

0 2 4 6 8 10 km

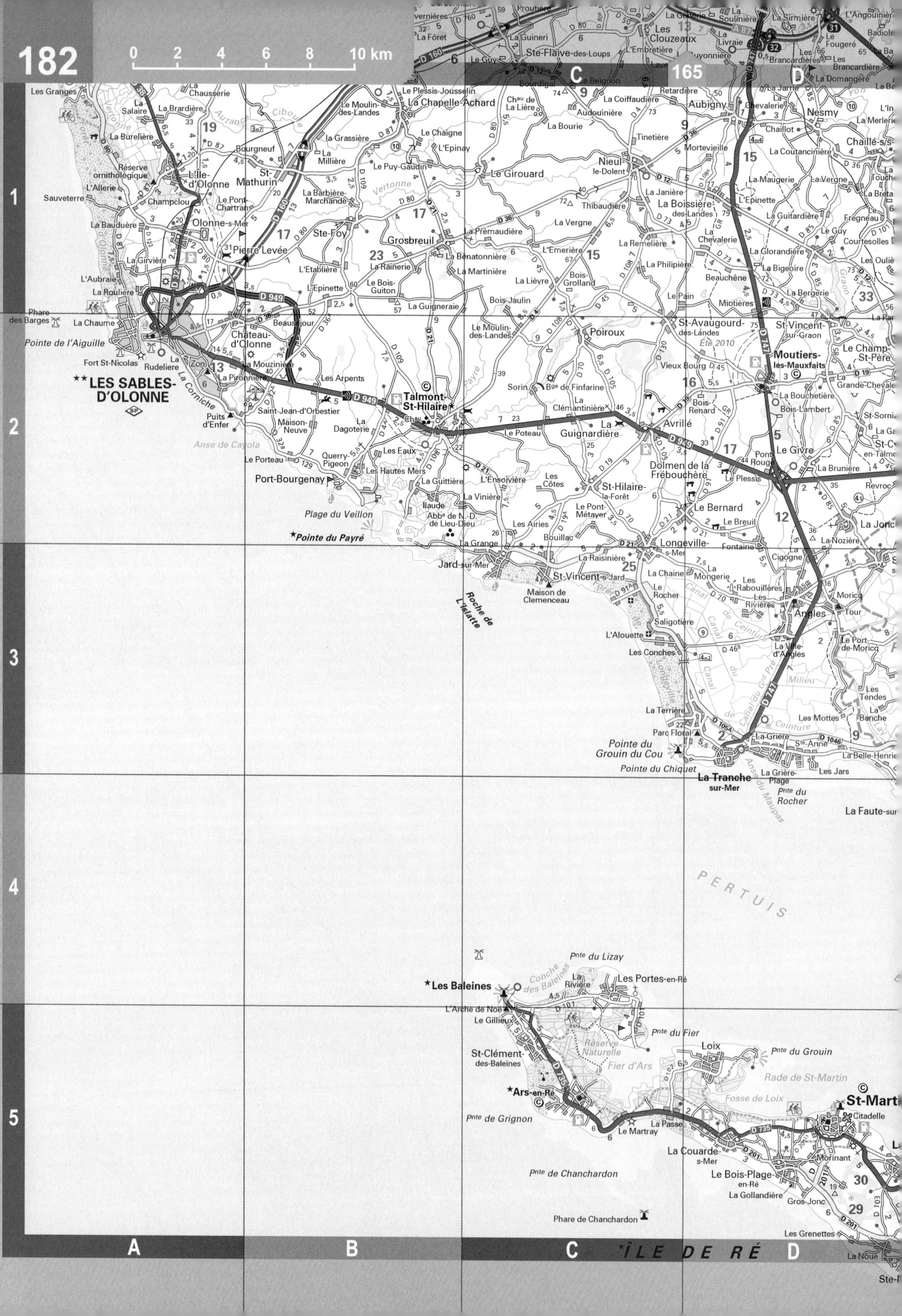
A
B
C
D
1
2
3
4
5
165
Ste-Flaive-des-Loups
Les Clouzeaux
La Chapelle-Achard
Aubigny
Nesmy
L'Ile-d'Olonne
St-Mathurin
Le Girouard
Nieul-le-Dolent
La Boissière-des-Landes
Chaillé-s/s-les-Ormeaux
Réserve ornithologique
Olonne-s-Mer
Ste-Foy
Grosbreuil
Pierre Levée
St-Avaugourd-des-Landes
St-Vincent-sur-Graon
Moutiers-les-Mauxfaits
Poiroux
Phare des Barges
La Chaume
Pointe de l'Aiguille
Château-d'Olonne
Fort St-Nicolas
Rudelière
Zoo
La Corniche
★★ LES SABLES-D'OLONNE
Puits d'Enfer
Anse de Cayola
Saint-Jean-d'Orbestier
Talmont-St-Hilaire
Avrillé
Le Givre
Port-Bourgenay
Plage du Veillon
★Pointe du Payré
Abbe de N.-D. de Lieu-Dieu
Jard-sur-Mer
St-Vincent-s-Jard
Maison de Clemenceau
Roche de l'Islatte
Longeville-s-Mer
Dolmen de la Frébouchère
St-Hilaire-la-Forêt
Le Bernard
Angles
La Ville-d'Angles
Canal de Ceinture
Pointe du Grouin du Cou
Pointe du Chiquet
La Tranche sur-Mer
Pte du Rocher
La Faute-sur-Mer
PERTUIS
Pte du Lizay
★Les Baleines
Conche des Baleines
Les Portes-en-Ré
L'Arche de Noé
Pte du Fier
Réserve Naturelle
Fier d'Ars
Loix
Pte du Grouin
Rade de St-Martin
St-Clément-des-Baleines
★Ars-en-Ré
Fosse de Loix
Pte de Grignon
Le Martray
La Passe
La Couarde-s-Mer
St-Martin
Citadelle
Pte de Chanchardon
Le Bois-Plage-en-Ré
La Gollandière
Phare de Chanchardon
★ÎLE DE RÉ
D 949
D 32
D 160
D 21
D 747
D 735
D 201

166
E
F
Bournezeau
Thorigny
St-Florent-des-Bois
Les Pineaux
Château-Guibert
Mareuil-s-Lay-Dissais
Rosnay
Moutiers-s-le-Lay
Bessay
Ste-Pexine
Ste-Hermine
La Réorthe
St-Juire-Champgillon
St-Martin-Lars-en-Ste-Hermine
St-Laurent-de-la-Salle
St-Cyr-des-Gâts
La Chapelle-Thémer
Thiré
St-Martin-des-Fontaines
Marsais-Ste-Radégonde
Bourneau
St-Valérien
St-Etienne-de-Brillouet
L'Hermenault
Pouillé
Sérigné
Longèves
Petosse
Nalliers
Mouzeuil-St-Martin
St-Jean-de-Beugné
St-Aubin-la-Plaine
Ste-Gemme-la-Plaine
Corpe
Péault
La Couture
La Bretonnière
Les Magnils-Reigniers
Chasnais
Luçon
Lairoux
Curzon
La Court-d'Aron
Moreilles
Chaillé-les-Marais
Le Langon
Le Poiré-s-Velluire
Velluire
Vouillé-les-Marais
Auzay
Chaix
Fontaines
Montreuil
Doix
St-Denis-du-Payré
Grues
Triaize
Champagné-les-Marais
Puyravault
Ste-Radégonde-des-Noyers
La Taillée
Le Gué-de-Velluire
Vix
St-Michel-en-l'Herm
L'Aiguillon-sur-Mer
INTERRÉGIONAL
DU
MARAIS
L'Île-d'Elle
Marans
Charron
Anse de l'Aiguillon
Pointe d'Arçay
Pointe de l'Aiguillon
Pte St-Clément
Esnandes
Villedoux
Marsilly
Andilly
Sérigny
St-Jean-de-Liversay
Taugon
St-Ouen-d'Aunis
Longèves
Nieul-s-Mer
Lagord
L'Houmeau
St-Xandre
Puilboreau
Dompierre-s-Mer
Ste-Soulle
Nuaillé-d'Aunis
Angliers
St-Sauveur-d'Aunis
Anais
Courçon
Ferrières
Benon
Rivedoux-Plage
Flotte
Périgny
Bourgneuf
St-Médard-d'Aunis
Montroy
LA ROCHELLE
St-Rogatien
Clavette
St-Christophe
Vouhé
200
G
H
184

0 2 4 6 8 10 km
183
167
201
A
B
C
D
1
2
3
4
5
La Châtaigneraie
Breuil-Barret
St-Paul-en-Gâtine
Vernoux-en-Gâtine
Antigny
St-Maurice-des-Noues
Loge-Fougereuse
St-Hilaire-de-Voust
Scillé
Le Busseau
St-Martin-Lars-en-Ste-Hermine
St-Laurent-de-la-Salle
St-Cyr-des-Gâts
St-Sulpice-en-Pareds
Cezais
Vouvant
Marillet
Puy-de-Serre
La Chapelle-Thireuil
Le Beugnon
St-Martin-des-Fontaines
Marsais-Ste-Radégonde
Bourneau
Mervent
Foussais-Payré
Faymoreau
Fenioux
L'Hermenault
Pouillé
Sérigné
Pissotte
L'Orbrie
St-Michel-le-Cloucq
St-Laurs
Puihardy
St-Maixent-de-Beugné
Coulonges-s-l'Autize
Longèves
Petosse
St-Hilaire-des-Loges
Ardin
Xaintray
Fontenay-le-Comte
Auzay
Xanton-Chassenon
Béceleuf
Surin
Le Langon
Chaix
St-Martin-de-Fraigneau
St-Pompain
Faye-sur-Ardin
Le Poiré-s-Velluire
Velluire
Fontaines
Montreuil
Nieul-s-l'Autise
Oulmes
Villiers-en-Plaine
Coudray-Salbart
Doix
Bouillé-Courdault
St-Pierre-le-Vieux
Maillezais
St-Maxire
MARAIS
Vix
Le Gué-de-Velluire
Liez
Benet
Ste-Christine
St-Rémy
Sciecq
L'Île-d'Elle
Maillé
St-Sigismond
POITEVIN
Le Mazeau
Coulon
Taugon
La Ronde
Damvix
Magné
Bessines
NIORT
Arçais
Le Vanneau-Irleau
St-Jean-de-Liversay
St-Georges-de-Rex
Amuré
Sansais
St-Cyr-du-Doret
St-Hilaire-la-Palud
Frontenay-Rohan-Rohan
St-Symphorien
Courçon
Nuaillé-d'Aunis
Ferrières
La Laigne
Cramchaban
Le Bourdet
Épannes
St-Sauveur-d'Aunis
Benon
Mauzé-s-le-Mignon
Prin-Deyrançon
Vallans
Granzay-Gript
Anais
Le Gué-d'Alleré
La Rochénard
La Foye-Monjault
Beauvoir-sur-Niort
N 11
E 601
A 83
N 248
D 148
D 938T
D 744
D 650
D 611

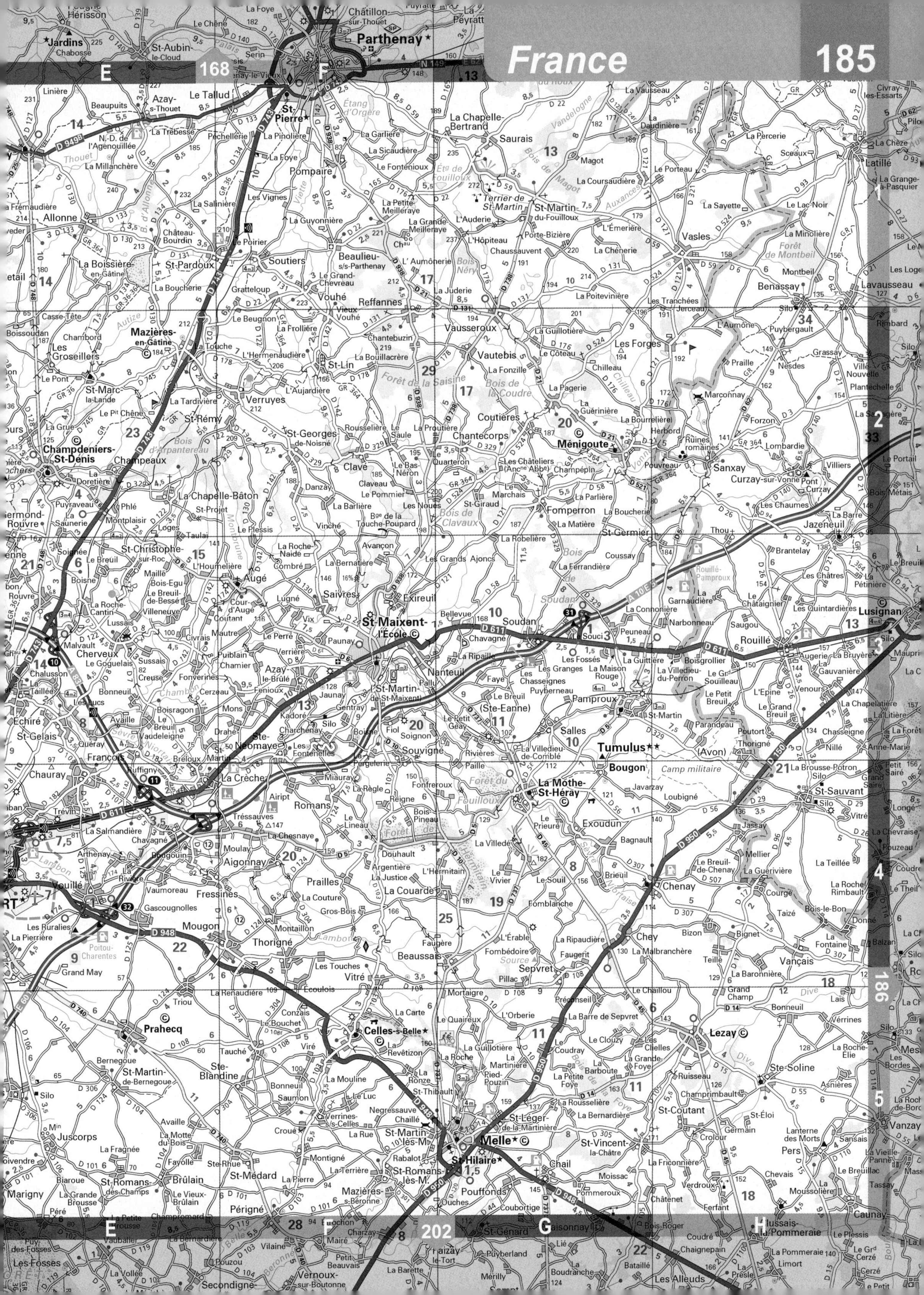
168
E
F
13
Parthenay
Châtillon-sur-Thouet
Hérisson
Jardins
St-Aubin-le-Cloud
Azay-s-Thouet
Le Tallud
St-Pierre
La Chapelle-Bertrand
Saurais
La Vausseau
Cisvray-les-Essarts
Latillé
Allonne
Pompaire
St-Martin-du-Fouilloux
Vasles
La Boissière-en-Gâtine
St-Pardoux
Soutiers
Beaulieu-s/s-Parthenay
Vouhé
Reffannes
Benassay
Lavausseau
Mazières-en-Gâtine
Vausseroux
Vautebis
Les Forges
St-Lin
Verruyes
St-Marc-la-Lande
Champdeniers-St-Denis
St-Rémy
Champeaux
Ménigoute
Coutières
Chantecorps
Sanxay
Curzay-sur-Vonne
Clavé
St-Georges-de-Noisné
Fomperron
Jazeneuil
St-Germier
St-Christophe-sur-Roc
Augé
Saivres
Exireuil
St-Maixent-l'École
Soudan
Lusignan
Rouillé
Cherveux
Azay-le-Brûlé
Nanteuil
Pamproux
St-Martin-de-St-Maixent
Salles
Tumulus
Bougon
La Mothe-St-Héray
Exoudun
St-Sauvant
Ste-Néomaye
Souvigné
La Crèche
François
Chauray
Romans
Aigonnay
Prailles
La Couarde
Chenay
Vouillé
Mougon
Thorigné
Beaussais
Chey
Sepvret
Vançais
Vitré
Prahecq
Celles-s-Belle
Lezay
Ste-Soline
Ste-Blandine
St-Martin-de-Bernegoue
Melle
St-Hilaire
St-Léger-de-la-Martinière
St-Coutant
St-Vincent-la-Châtre
Juscorps
Brûlain
St-Médard
St-Romans-des-Champs
St-Romans-lès-M.
Mazières-s-Béronne
Pouffonds
Chail
Pers
Vanzay
Sauzé-Vaussais
Chef-Boutonne
Périgné
Marigny
Secondigné
Vernoux-sur-Boutonne
Les Alleuds
Hussais-la-Pommeraie
Caunay
E
28
F
202
G
H
22
186
D 611
D 948
D 950
D 743
A 10
E 5
1
2
3
4
5

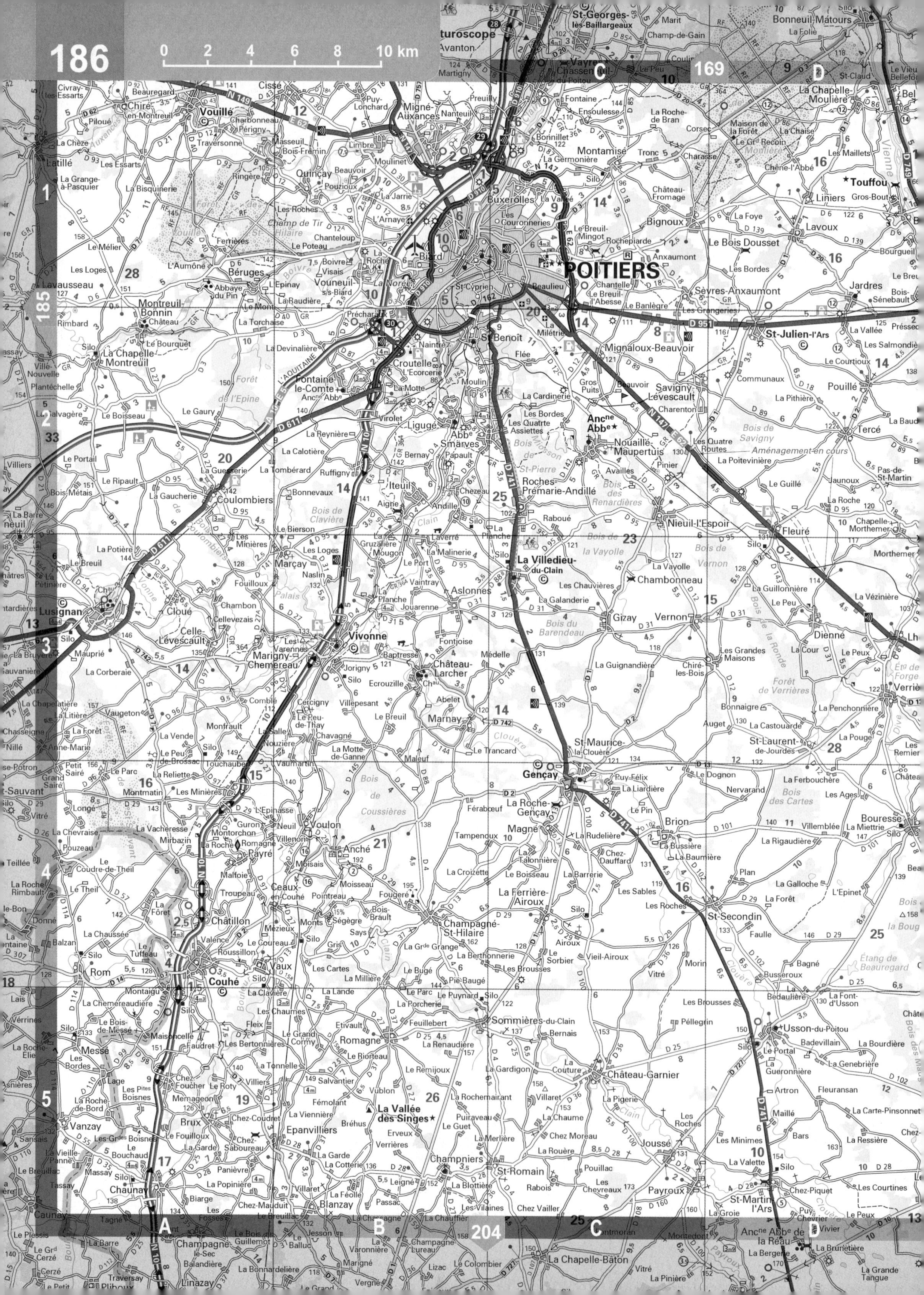
186
0 2 4 6 8 10 km
169
185
204
POITIERS
Futuroscope
St-Georges-lès-Baillargeaux
Bonneuil-Matours
Vouillé
Migné-Auxances
Buxerolles
Chasseneuil-du-Poitou
Montamisé
Biard
St-Benoît
Mignaloux-Beauvoir
Sèvres-Anxaumont
St-Julien-l'Ars
Lusignan
Fontaine-le-Comte
Ligugé
Savigny-Lévescault
Nouaillé-Maupertuis
Vivonne
La Villedieu-du-Clain
Château-Larcher
Aslonnes
Gençay
St-Maurice-la-Clouère
Couhé
Châtillon
Romagne
Sommières-du-Clain
Château-Garnier
St-Secondin
Usson-du-Poitou
La Vallée des Singes
Champagné-St-Hilaire
La Ferrière-Airoux
Chaunay
Payroux
St-Martin-l'Ars
Jardres
Lavoux
Liniers
Touffou
Tercé
Pouillé
Fleuré
Dienné
Vernon
Gizay
Celle-Lévescault
Marigny-Chémereau
Cloué
Coulombiers
Marçay
Iteuil
Smarves
Roches-Prémarie-Andillé
Nieuil-l'Espoir
Brion
Magné
Anché
Voulon
Vaux
Brux
Messé
Vanzay
Champniers
Blanzay
Jousse
Epanvilliers
Payré
Ceaux-en-Couhé
Forêt de Vouillé-St-Hilaire
Forêt de l'Epine
Bois de Savigny
Forêt de Verrières
Bois des Cartes
Bois de Coussières
N 10
N 147
N 149
D 741
D 951
D 611
E 62
A 10
A
B
C
D
1
2
3
4
5

Archigny
La Croix
Les Six Maisons
Bas-Bourg
St-Pierre-de-Maillé
Le Chillou
Mazaire
La Roche-à-Gué
La Guignoterie
Bois du Chillou
Les Huit Maisons
L'Etoile
Cenan
Piogeard
La Rivière
Le Bois
Tilloux
Migault
Rochefort
Bénavant
Mont-la-Chapelle
Muant
Coulvray
Madrolles
Molière
Nervaux
La Godet
La Croisasse
La Puye
La Bussière
Les Grands Marsilly
Chamousseau
Bousseronde
St-Aigny
Les Chézeaux
La Brassardière
Vilnet
Les Essarts
Ste-Radégonde
Chaumont
Le Rateau
Les Bergeas
Roche-Bellusson
Mérigny
Le Breuil
Le Blanc
Coubernard
Varennes
Rouilly
Les Rosiers
Linier
La Corbière
Le Gâtineau
Le Charreau
La Glantinière
Les Crouzats
Plaincouraul
Puychevrier
Mouton
Ingrandes
Concremiers
Prigny
Beauregard
Les Ages
La Planchette
Charron
La Boutallerie
Lauthiers
Nalliers
La Grand-Maison
La Croix Blanche
Rolnier
Barballières
La Chaise
Artige
Les Alisons
Le Prémilly
Forges
Roche
Villiers
Le Blanc
Mauvières
La Barre
Bois-Joubert
Paizay-le-Sec
La Maranchère
Roussac
St-Savin
Forêt de Mareuil
L'Espinasse
Chauvigny
Siouvre
Bouesse
Beauvais
Les Poulets
La Babijère
St-Germain
Pineau
Vrassac
La Vaudieu
La Forêt
St-Hilaire-sur-Benaize
Charneuil
Puyrajoux
St-Pierre-les-Eglises
Chalache
Fleix
Silo
La Pluvoisinière
Villiers
Villemort
Béthines
Céré
Bélâbre
La Caronnière
La Brigère
Chauvalière
Disac
Journé
Mongauérand
Antigny
Tournac
L'Aumone
Fontignon
La Suie
Villeneuve
Les Places
Les Gautiers
Lortet
St-Maixent
Marcilly
Poiroux
Cougouille
Bois-Morand
Nermaille
Jemelle
Pouzioux
Charasson
Dinsé
Boussac
Les Georgets
Thenet
Doussac
Bois de Paille
Valdivienne
St-Martin-la-Rivière
Les Chaumes
Leignes-sur-Fontaine
La Grange
Puisfranc
Liglet
La Chevrolière
Le Breuil
Silo
Tussac
Mortioux
La Petite Ville
Villesalem
Le Poiron
Salles-en-Toulon
Le Bouchau
La Forge
Fontprévoir
Pindray
Jouhet
Peufavard
Haims
Le Terrier
Fontmorond
Le Gaschard
Chapelle-Viviers
Graillé
Le Beaupin
La Villecharrault
Mazert
Les Roches
L'Abbaye
Cubord
Servon
La Cadrie
Eport
La Châtre
La Rivière
La Poirière
La Roche-au-Baussan
Rillé
Les Gâts
Grémont
Chaume
Les Durants
L'Age
La Braudière
La Trimouille
Corchon
Ribes
Mongodar
Bois de Bourgogne
Pruniers
Journet
St-Pierre
Jappe-Loup
Parthenière
La Rue
Tour
La Chaise
Concise
Le Ris
Martreuil
La Chasseigne
La Tour-au-Cognum
Civaux
La Chaise
Toëil
Les Bruyères
Monas
Forêt de Lussac
Bois des Coudrières
La Loge-Monteil
La Bodinière
St-Léomer
Regner
Varenne
Loubressac
Lalœuf
Octogone
Montmorillon
Camp Militaire
Le Couraseau
L'Epine
Le Bouchaux
La Brosse
Sillars
Thollet
Le Bergault
Villeneuve
La Chambu
Moussac
Allay
Goumas
Mazerolles
Lussac-les-Châteaux
Lanterne des Morts
La Frissonnière
Séchaud
La Roche
Coulonges
Chanteloup
La Contrie
Le Pont
Vaux
L'Age-Boué
Sazat
Les Mâts
Martray
Brigueil-le-Chantre
Fleix
La Bobinière
Ruines romaines
Chante-Loube
Silo
Les Vaux
Lajeon
La Bergerie
Le Coudret
Bordes
Chantegros
La Fouchardière
Le Theuil
Les Gâts
Ste-Marie
Bourg-Archambault
Champaudin
La Grand Mothe
Les Ibaudières
Aubière
Corneroux
Eports
Forêt de Gouex
Gouex
Villars
La Porcelaine
Étang de Beaufour
Saulgé
Lenest
le Grand Étang
La Machère
La Bedouche
Rallerie
Bagneux
Bois de l'Hospice
La Macherie
Château
Champs
L'Expardelière
Breux
Ouzilly
Lafa
Persac
Poilieu
La Fillolière
La Casine
Le Borderie
Mortaigues
Vildard
Marchain
La Bétouille
L'Houme
Bois-du-Ris
Verneuil-Moustiers
Pommeraie
Queaux
Le Peu
Biais
Plaisance
Le Banchereau
Abenoux
Portes d'Enfer
Lathus-St-Rémy
Puygrenet
Les Mousseaux
La Villatte
Puirajoux
Le Port
Oranville
Beauvais
Moulismes
La Grossière
Courandière
Azat-le-Ris
Lemarnière
Chez Renard
Bourdel
La Potière
La Barre
Monroux
Le Cluzeau
Les Clôtur
Chamousseau
Favard
Le Peux-Pintureau
Le Petit Poirier
Cruet
Préau
Chez Roch
L'Aumônerie
Prun
La Châtre
St-Rémy-en-Montmorillon
La Celle
Ris-Chauveron
Tersannes
Nérignac
Le Breuil
Montagne
La Gra Roche
La Basse Barbade
Moussac
Lacombe
Monterbean
Maison-Celle
Saut de la Brame
Sauzet
Croix-de-la-Gette
Les Roches
Entrefin
La Chaume
Donjon
Thiat
Les Maisons
Le Mascornu
La Morlière
La Grande Ferrière
Chez-Ranger
Le Bouchage
La Vergne
La Laitière
La Renaudière
Adriers
Le Ruisseau
Forêt du Défant
Les Buis
Theix
Les Courtioux
La Bachellerie
La Roche
Léglezaud
Lacoux
Barrage de Chardes
Chez-Paulet
Frête
Seignère
Les Forges
Combrun
Lanterne des Morts
Villemartin
La Loubresse
L'Isle-Jourdain
Bourpeuil
Pouillac
La Tache
Chez-Champleau
Bel-Air
Bussière-Poitevine
Le Prat
Le Puy-Richard
Oradour-St-Genest
Le Chiron
La Daugé
La Bazeuge
Le Dognon
St-Paixent
La Davidière
Chez-Mazeraud
Val-de-Chaume
Anveau
La Dapeire
La Bergerie
Dinsac
Vigeant
Barrage de la Roche
Roche
Fougère
Chez-Lochou
Gatebourg
La Barre
Purcy
Darnac
Miaumande
Chinquioux
Le Dorat
Puygibaud
La Petite Age
Ysseau
Puycatelin
Lagemichène
Les Brousses
Chabréroux
La Vallette
Lamont
Mouterre-sur-Blourde
La Bourge
Champagnac
Petavaud
Voulons
Lathière
La Villatte
Port de Salles
Millac
Les Six Routes
Chez-Vignan
Forêt des Coutumes
Bezaud
Le Tour
Pont-St Martin
Les Forges
Les Sebioux
Le Vallette
Begré
Chez-Toureau
La Peyrière
Mas-du-Bost
Faye
Vienne
Gartempe
Salleron
Anglin
Benaize
Asse
Narablon
Blourde
Brame
D 951
D 975
D 675
D 727
D 942
N 147
E 62
170
205
188
E
F
G
H

0 2 4 6 8 10 km

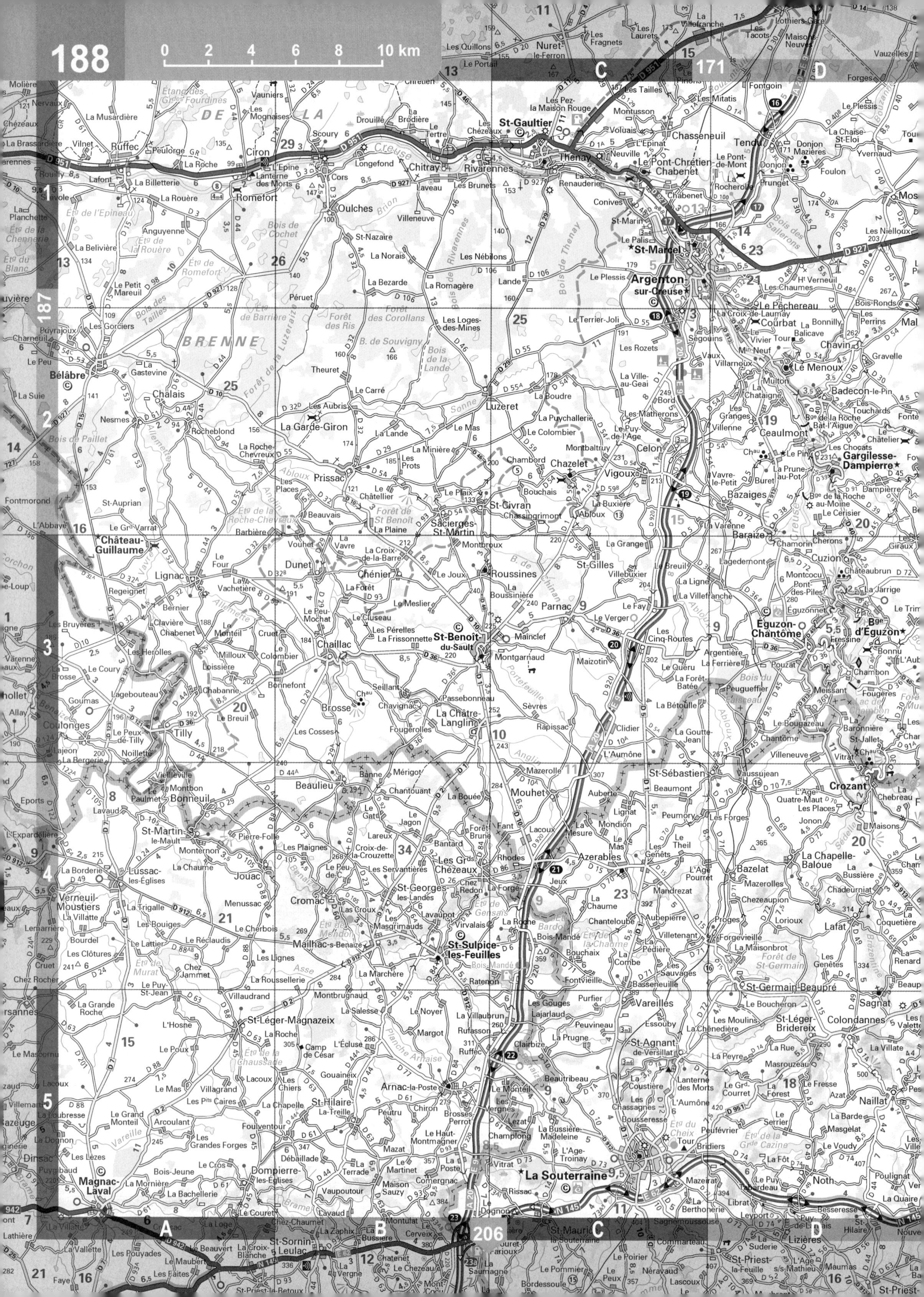
BRENNE
St-Gaultier
Argenton sur-Creuse
St-Marcel
Le Pont-Chrétien-Chabenet
Bélâbre
Château-Guillaume
Lignac
Prissac
St-Benoît-du-Sault
Chaillac
Roussines
Éguzon-Chantôme
Gargilesse-Dampierre
Crozant
Azerables
St-Sulpice-les-Feuilles
La Souterraine
Magnac-Laval
Dompierre-les-Églises
St-Léger-Magnazeix
Lussac-les-Églises
Arnac-la-Poste
St-Germain-Beaupré
Colondannes
Naillat
Vareilles
Mouhet
Celon
Chazelet
Luzeret
La Garde-Giron
Ruffec
Ciron
Rivarennes
Thenay
Tendu
Chasseneuil
Le Menoux
Ceaulmont
Baraize
Cuzion
Parnac
Dunet
Sacierges-St-Martin
St-Civran
Bonneuil
Tilly
Coulonges
Verneuil-Moustiers
Jouac
Cromac
Mailhac-s-Benaize
St-Georges-les-Landes
Les Grds Chézeaux
St-Agnant-de-Versillat
St-Sébastien
Bazelat
La Chapelle-Baloue
Lafat
Sagnat
St-Léger-Bridereix
St-Priest-la-Feuille
St-Maurice-la-Souterraine
Noth
A
B
C
D
171
187
206
1
2
3
4
5

La Châtre
Neuvy-St-Sépulchre
Aigurande
Ste-Sévère-sur-Indre
Châtelus-Malvaleix
Dun-le-Palestel
Bonnat
Genouillac
Cluis
Nohant-Vic
Nohant
St-Chartier
Briantes
Chassignolles
Crozon-sur-Vauvre
Lourdoueix-St-Michel
Boussac
Jouillat
Glénic
Anzême
Champsanglard
Chéniers
Bussière-Dunoise
St-Vaury
Châteaumeillant
Vijon
Sazeray
Nouziers
Mortroux
Linard
Malval
Tercillat
Nouzerines
Montlevicq
Thevet-St-Julien
Vicq-Exemplet
Champillet
Pouligny-St-Martin
Pouligny-Notre-Dame
Buxières-d'Aillac
Lys-St-Georges
Mers-sur-Indre
Montipouret
Tranzault
Sarzay
Fougerolles
Mouhers
Bouesse
Gournay
D 940
D 943
D 927
D 990
N 145
E 62
172
207
190
E
F
G
H

0 2 4 6 8 10 km
173
189
208
A
B
C
D
1
2
3
4
5
Le Châtelet
Puy-Ferrand
Maisonnais
Ardenais
Faverdines
Ainay-le-Vieil
La Celette
Urçay
Meaulne
Braize
Saulzais-le-Potier
St-Christophe-le-Chaudry
Châteaumeillant
Culan
Reigny
Vesdun
St-Maur
Beddes
St-Jeanvrin
Épineuil-le-Fleuriel
Vallon-en-Sully
St-Vitte
Sidiailles
St-Saturnin
St-Désiré
Courçais
Chazemais
Nassigny
Viplaix
St-Palais
Préveranges
St-Marien
Mesples
Chambérat
La Chapelaude
Reugny
Estivareilles
Huriel
Domérat
St-Sauvier
Treignat
Boussac
Archignat
MONTLUÇON
Désertines
Lavaufranche
Quinssaines
Prémilhat
Lamaids
Soumans
Nouhant
Toulx-Ste-Croix
Néris-les-Bains
Lavault-Ste-Anne
Verneiges
Viersat
Lignerolles
Teillet-Argenty
Ste-Thérence
St-Genest
Trois-Fonds
Auge
Lépaud
Budelière
Mazirat
Chambon-s-Voueize
Hérisson

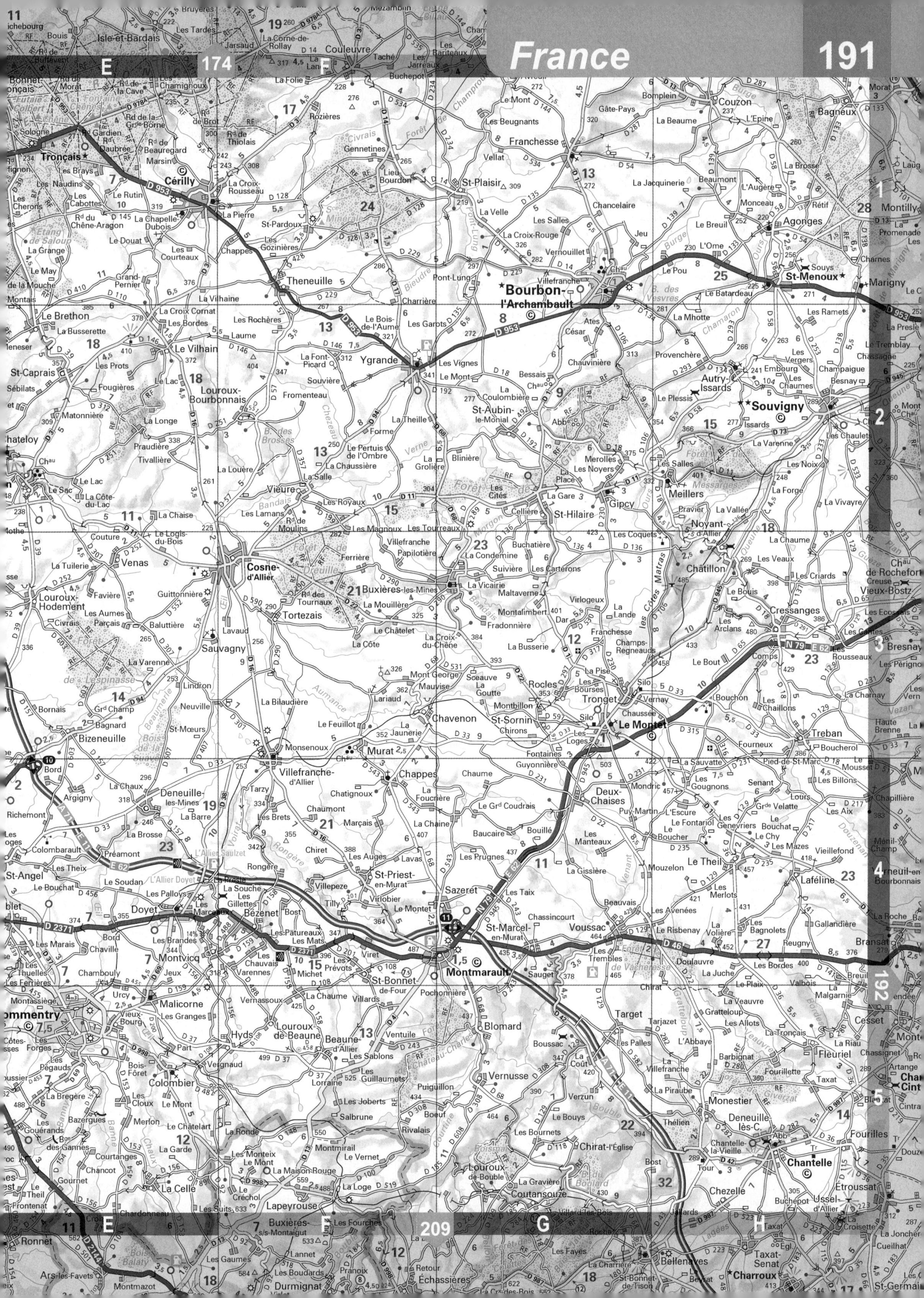
174
E
F
G
H
Cérilly
Tronçais
Couleuvre
Franchesse
Bourbon-l'Archambault
Ygrande
St-Plaisir
Theneuille
Le Vilhain
Louroux-Bourbonnais
St-Aubin-le-Monial
Souvigny
St-Menoux
Agonges
Autry-Issards
Meillers
Gipcy
St-Hilaire
Noyant-d'Allier
Châtillon
Cosne-d'Allier
Buxières-les-Mines
Vieure
Venas
Tortezais
Sauvagny
Cressanges
Le Montet
Tronget
Rocles
Chavenon
St-Sornin
Murat
Villefranche-d'Allier
Deneuille-les-Mines
Bizeneuille
Doyet
Bézenet
Montvicq
Montmarault
St-Priest-en-Murat
Sazeret
Deux-Chaises
Le Theil
Laféline
Voussac
Target
Blomard
Vernusse
Chirat-l'Église
Monestier
Chantelle
Deneuille-lès-C.
Commentry
Colombier
Malicorne
Hyds
Beaune-d'Allier
Louroux-de-Beaune
Louroux-de-Bouble
Coutansouze
Lapeyrouse
La Celle
Buxières-s/s-Montaigut
Durmignat
Bellenaves
Charroux
Taxat-Senat
Étroussat
Fleuriel
Bransat
Treban
Montilly
Marigny
Bagneux
Couzon
209
192

0 2 4 6 8 10 km
175
191
210
A
B
C
D
1
2
3
4
5
MOULINS
Yzeure
Avermes
Trévol
Neuvy
Coulandon
Bressolles
Toulon-sur-Allier
Chemilly
Besson
Bessay-sur-Allier
Neuilly-le-Réal
Chézy
Lusigny
Chevagnes
Montbeugny
Thiel-sur-Acolin
Dompierre-sur-Besbre
Parc le Pal
Chapeau
Thionne
Jaligny-sur-Besbre
Saint-Pourçain-sur-Besbre
Beauvoir
Vaumas
La Ferté-Hauterive
Monétay-s-Allier
Châtel-de-Neuvre
St-Gérand-de-Vaux
St-Loup
Contigny
Verneuil-en-Bourbonnais
St-Pourçain-sur-Sioule
Saulcet
Louchy-Montfand
Varennes-s-Allier
Créchy
Billy
Montoldre
Langy
Sanssat
St-Gérand-le-Puy
Lapalisse
Périgny
Trezelles
Chavroches
Vieux Chambord
Treteau
Cindré
Bouce
Montaigu-le-Blin
Servilly
Magnet
St-Félix
St-Germain-des-Fossés
Seuillet
Billezois
Chareil-Cintrat
Bayet
Marcenat
St-Didier-la-Forêt
Anc^ne Abb^e de St Gilbert
Sorbier
Montcombroux-les-Mines
Varennes-sur-Tèche
St-Léon
Châtelperron
Barrais-Bussolles
St-Prix
Lesme
Beaulon
Garnat-sur-Engièvre
Paray-le-Frésil
St-Martin-des-Lais
Vitry-sur-Loire
N 7
N 79
E 62
D 973
D 2009
N 209

Bourbon-Lancy
Maltat
Grury
Montpalais
La Chapelle-au-Mans
Gueugnon
Vendenesse-s-Arroux
Palinges
Génelard
Perrecy-les-Forges
Ciry-le-Noble
Marly-sur-Arroux
Chalmoux
Neuvy-Grandchamp
Curdin
Chassy
Oudry
Clessy
St-Vincent-Bragny
Gilly-sur-Loire
Perrigny-sur-Loire
Les Guerreaux
Rigny-sur-Arroux
Pierrefitte-sur-Loire
St-Agnan
La Motte-St-Jean
Digoin
Coulanges
Saligny-sur-Roudon
Molinet
Chassenard
Vitry-en-Charollais
Paray-le-Monial
Volesvres
St-Léger-lès-Paray
St-Aubin-en-Charollais
Hautefond
Lugny-lès-Charolles
Changy-Tourny
Monétay-sur-Loire
Le Pin
St-Léger-sur-Vouzance
St-Yan
Varenne-St-Germain
Nochize
Poisson
St-Didier-en-Donjon
L'Hôpital-le-Mercier
Luneau
Vindecy
Montceaux-l'Étoile
Versaugues
Varenne-l'Arconce
St-Didier-en-Brionnais
St-Julien-de-Civry
Prizy
Le Donjon
Neuilly-en-Donjon
Avrilly
Anzy-le-Duc
Oyé
Le Bouchaud
Bourg-le-Comte
Baugy
Briant
Lenax
Loddes
Céron
Chambilly
Marcigny
Semur-en-Brionnais
St-Christophe-en-Brionnais
Ste-Foy
Vauban
St-Laurent-en-Brionnais
Montaiguët-en-Forez
Urbise
Artaix
St-Martin-du-Lac
St-Julien-de-Jonzy
Ligny-en-Brionnais
Sail-les-Bains
Chenay-le-Châtel
Melay
Mailly
St-Bonnet-de-Cray
Iguerande
St-Maurice-lès-Châteauneuf
Châteaumorand
Vivans
St-Pierre-la-Noaille
La Pacaudière
Fleury-la-Montagne
LOIRE
E
F
G
H
176
211
194
28

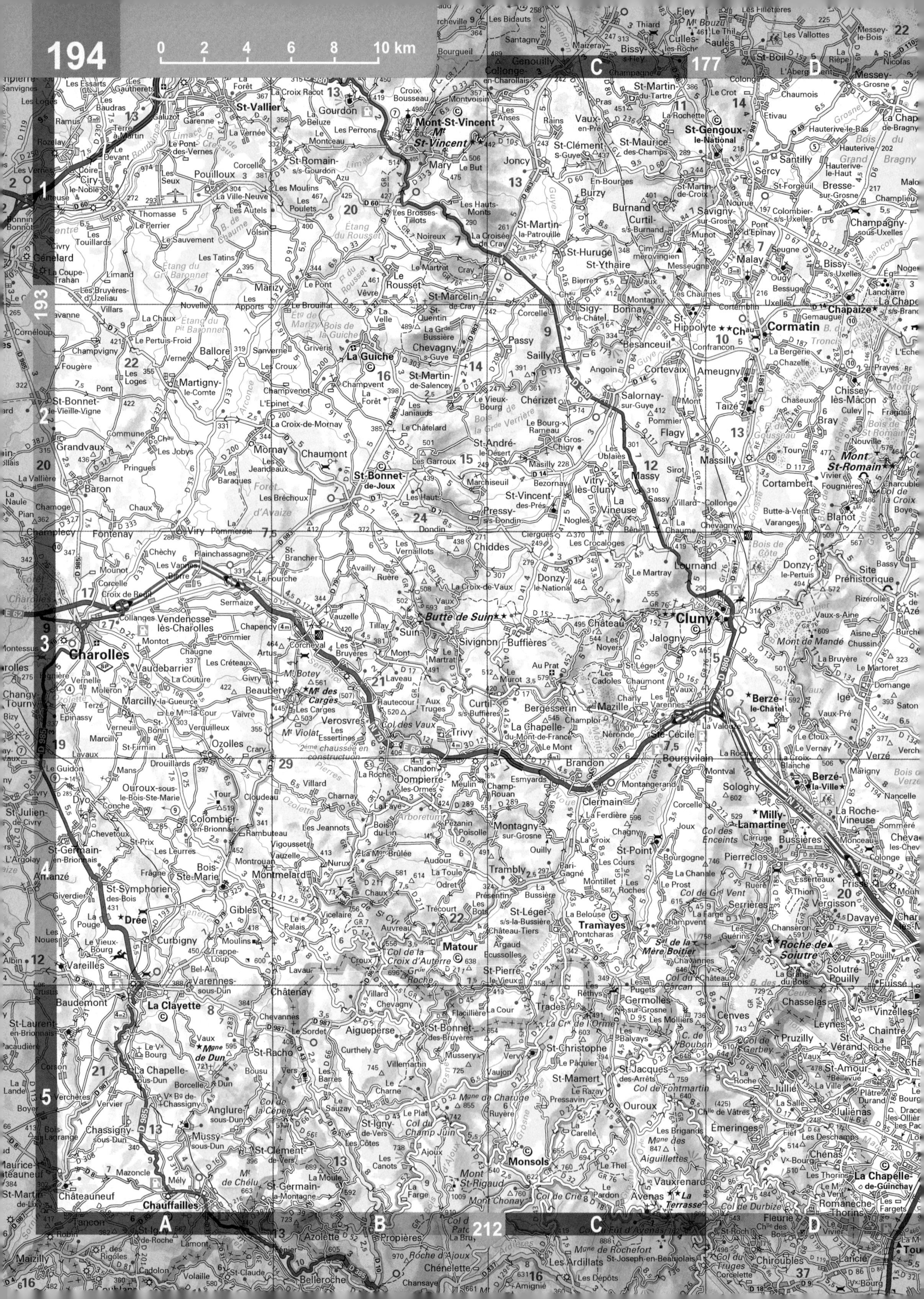
0 2 4 6 8 10 km
177
212
193
C
D
A
B
Genouilly
Collonge-en-Charollais
St-Vallier
Gourdon
Mont-St-Vincent
Mt St-Vincent
St-Romain-s/s-Gourdon
Pouilloux
Ciry-le-Noble
Génelard
Marizy
Le Rousset
St-Marcelin-de-Cray
La Guiche
Chevagny-s-Guye
St-Martin-de-Salencey
Ballore
Martigny-le-Comte
St-Bonnet-de-Vieille-Vigne
Grandvaux
Mornay
Chaumont
St-Bonnet-de-Joux
Baron
Fontenay
Viry
Charolles
Vendenesse-lès-Charolles
Vaudebarrier
Marcilly-la-Gueurce
Beaubery
Mt des Cargès
Verosvres
Suin
Butte de Suin
Sivignon
Ozolles
Dompierre-les-Ormes
Colombier-en-Brionnais
St-Symphorien-des-Bois
Dree
Montmelard
Gibles
Matour
La Clayette
Châtenay
Aigueperse
St-Bonnet-des-Bruyères
St-Racho
Mgne de Dun
La Chapelle-sous-Dun
Anglure-sous-Dun
Chassigny-sous-Dun
Mussy-sous-Dun
St-Igny-de-Vers
St-Clément-de-Vers
Mont St-Rigaud
Azolette
Propières
Chauffailles
Châteauneuf
St-Gengoux-le-National
Joncy
St-Martin-du-Tartre
Vaux-en-Pré
St-Clément-s-Guye
St-Maurice-des-Champs
Burzy
Burnand
Savigny-sur-Grosne
St-Huruge
St-Ythaire
Sigy-le-Châtel
Bonnay
St-Hippolyte
Cormatin
Passy
Sailly
Chérizet
Salornay-sur-Guye
Cortevaix
Ameugny
Taizé
Flagy
Massilly
Massy
St-André-le-Désert
St-Vincent-des-Prés
Vitry-lès-Cluny
La Vineuse
Donzy-le-National
Cluny
Jalogny
Château
Buffières
Bergesserin
La Chapelle-du-Mont-de-France
Mazille
Ste-Cécile
Brandon
Bourgvilain
Clermain
Montagny-sur-Grosne
Trambly
Tramayes
St-Point
St-Léger-s/s-la-Bussière
St-Pierre-le-Vieux
Trades
Germolles-sur-Grosne
St-Christophe
St-Mamert
St-Jacques-des-Arrêts
Ouroux
Monsols
Avenas
La Terrasse
Sercy
Santilly
Malay
Bissy-s/s-Uxelles
Chapaize
Chissey-lès-Mâcon
Bray
Mont St-Romain
Cortambert
Blanot
Donzy-le-Pertuis
Site Préhistorique
Berzé-le-Châtel
Berzé-la-Ville
Milly-Lamartine
Sologny
Bussières
Pierreclos
Serrières
Vergisson
Davayé
Roche de Solutré
Solutré-Pouilly
Chasselas
Cenves
Pruzilly
Juliénas
Émeringes
Chénas
La Chapelle-de-Guinchay
Fleurie
Chiroubles
Col de la Croix d'Auterre
Col des Vaux
Col de Crie
Mont Chonay
Roche d'Ajoux

178
213
196
Sennecey-le-Grand
Tournus
Cuisery
Louhans
Montpont-en-Bresse
La Chapelle-Thècle
Romenay
St-Trivier-de-Courtes
Ferme-Mée de la Forêt
Pont-de-Vaux
Montrevel-en-Bresse
Mâcon
Bâgé-le-Châtel
Pont-de-Veyle
Bourg-en-Bresse
St-Denis-lès-Bourg
Brou
Viriat
Marboz
Coligny
Cruzilles-lès-Mépillat
Vonnas
Thoissey
Chardonnay
Lugny
Brancion
Col de Brancion
Fleurville
Dommartin-lès-Cuiseaux
Varennes-St-Sauveur
Courtes
Condal
Cormoz
Lescheroux
Foissiat
Jayat
Attignat
Polliat
Confrançon
Curtafond
St-Cyr-s-M.
Replonges
Feillens
Manziat
Asnières-sur-Saône
Boz
Ozan
Chevroux
Boissey
Dommartin
Marsonnas
Malafretaz
Péronnas
St-Just
Montagnat
Montracol
Buellas
Vandeins
Mézériat
Perrex
Grièges
St-Laurent-s-Saône
Crêches-sur-Saône
Sancé
Hurigny

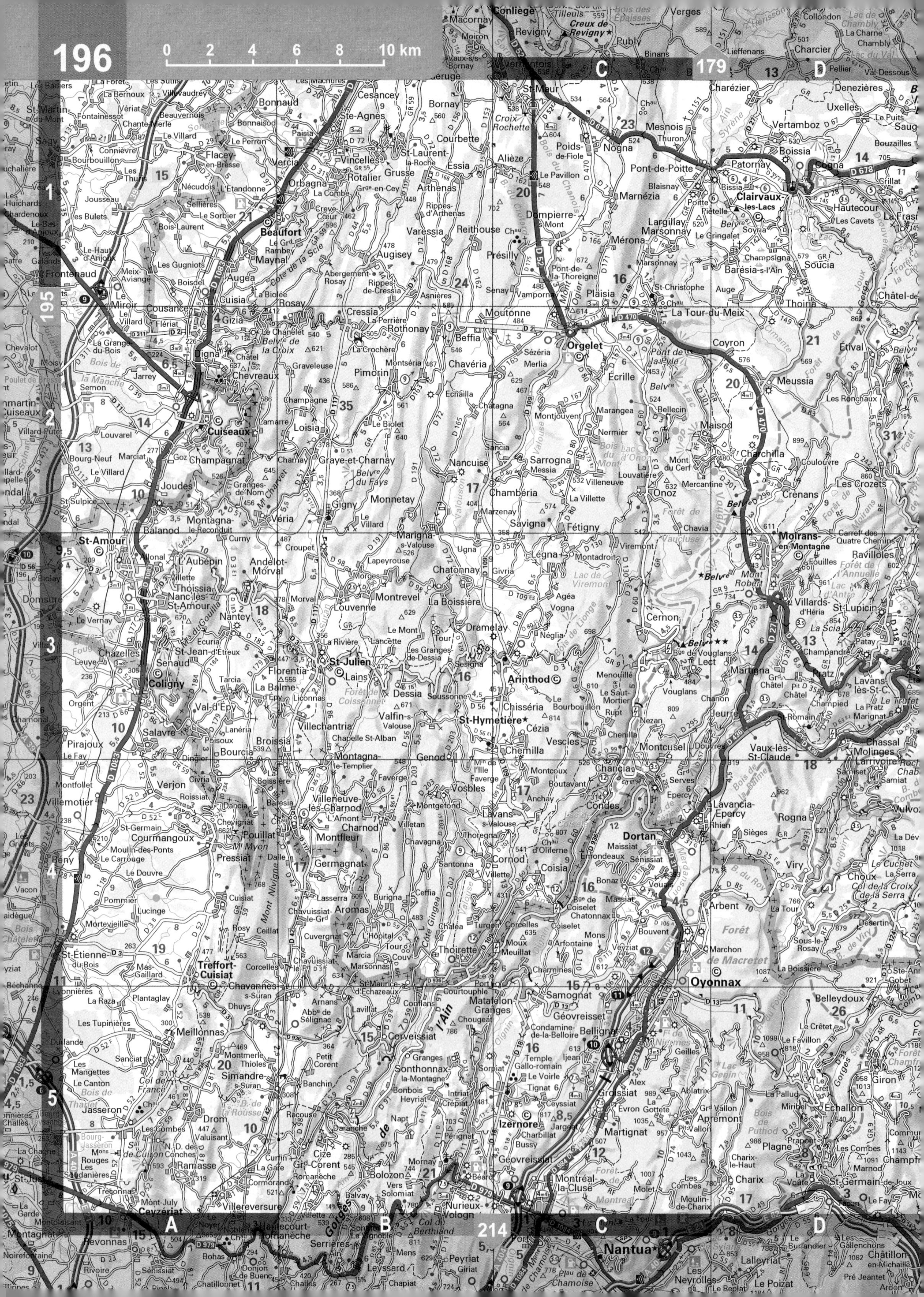
0 2 4 6 8 10 km
A
B
C
D
1
2
3
4
5
179
195
214
Beaufort
Cuiseaux
Orgelet
Clairvaux-les-Lacs
St-Amour
Coligny
St-Julien
Arinthod
Moirans-en-Montagne
Dortan
Oyonnax
Treffort-Cuisiat
Izernore
Ceyzériat
Nantua
Conliège
Saint-Claude
Vaux-lès-St-Claude
Montréal-la-Cluse
Lavans-lès-St-C.
Lac de Vouglans
Gorges de l'Ain
Creux de Revigny

Morez
St-Laurent-en-Grandvaux
Morbier
Les Rousses
La Cure
St-Cergue
La Dôle
Col de la Faucille
Mont-Rond
Gex
Divonne-les-B.
Nyon
Rolle
Gland
Ferney-Voltaire
Versoix
GENÈVE
Carouge
Annemasse
Meyrin
St-Genis-Pouilly
Collonges
St-Claude
Septmoncel
Lajoux
Mijoux
Lamoura
Prémanon
Bois-d'Amont
Bellefontaine
Mont Tendre
Col du Marchairuz
Le Brassus
Crêt de la Neige
Colomby de Gex
Crêt de Chalam
Douvaine
Hermance
Yvoire
Coppet
Crans-près-Céligny
Prangins
Trélex
Chéserex
Genolier
Arzier
Longirod
St-George
Gimel
Bière
Ballens
Berolle
Marchissy
Burtigny
Begnins
Vich
Luins
Vinzel
Bursinel
Dully
Palais des Nations
Cointrin
Lancy
Onex
Vernier
Satigny
Dardagny
Russin
Chancy
Avusy
Thônex
Chêne-Bougeries
Vandœuvres
Cologny
Gaillard
Étrembières
Reignier-Ésery
Les Treize Arbres
Collonges-s-Salève
Pougny
Challex
Péron
Farges
Thoiry
Sergy
Crozet
Chevry
Ségny
Cessy
Vesancy
Grilly
Sauverny
Versonnex
Ornex
Prévessin-Moëns
C.E.R.N.
Pont des Pierres
Lélex
Bellecombe
Les Moussières
Les Bouchoux
La Pesse
Longchaumois
La Rixouse
Lézat
Prénovel
Les Piards
Bonlieu
La Chaumusse
Pic de l'Aigle
Fort-du-Plasne
Foncine-le-Bas
Le Mont Noir
Chapelle-des-Bois
Mont Sâla
Mont Pelé
Le Noirmont
Crêt Pela
Sous-Balme
Messery
Nernier
Chens-s-Léman
Loisin
Veigy-Foncenex
Corsier
Anières
Jussy
Presinge
Puplinge
Juvigny
Ville-la-Grd
Monthoux
Vétraz-Monthoux
Bonne
Nangy
Arthaz-Pont-N.-D.
180
198
215
E
F
G
H

0 2 4 6 8 10 km
181
197
216
LAUSANNE
L É M A N
L A C
Morges
Renens
Ouchy
Pully
Lutry
Cully
Vevey
La Tour-de-Peilz
Aubonne
Rolle
St-Prex
Allaman
Perroy
ÉVIAN-LES-BAINS
Amphion-les-Bains
Ripaille
THONON-LES-BAINS
Yvoire
Excenevex
Meillerie
St-Gingolph
Thollon-les-M.
Pic de Mémise
La Dent d'Oche
Les Cornettes de Bises
Abondance
Châtel
Le Biot
Bellevaux
Boëge
Morzine
Avoriaz
Les Gets
Mont Chéry
St Jeoire
Taninges
Roc d'Enfer
Col de Joux Plane
Chapelle-d'Abondance
Tête du Linga

181
217
Gruyères
Zweisimmen
Châtel-St-Denis
Saanenmöser
Saanen
Gstaad
Château-d'Oex
Rossinière
Montbovon
Blonay
Rochers de Naye
Pays d'Enhaut
Chillon
Villeneuve
Col des Mosses
Les Diablerets
Col du Pillon
Leysin
Aigle
Scex Rouge
LES DIABLERETS
Col du Sanetsch
Wildhorn
Villars-s-Ollon
Monthey
Bex
Grd Muveran
SION
Conthey
St-Maurice
Champéry
Dents du Midi
St-Pierre-de-Clages
Martigny
Verbier
Val d'Illiez
Val de Nendaz
Val d'Hérémence
Mt Fort
Bge de la Grde Dixer
Lauenen
Gsteig
Ormont-Dessus
Ormont-Dessous
Vallée de l'Etivaz
Lauenental
Pont de Nant
Col de la Croix
Fully
Saillon
Riddes
Nendaz
Ardon
Chamoson

0 2 4 6 8 10 km
183
218
A
B
C
D
1
2
3
4
5
ÎLE DE RÉ
PERTUIS D'ANTIOCHE
LA ROCHELLE
Pnte de Chauveau
Phare de Chauveau
Tour du Lavardin
Pnte du chef de Baie
La Pallice
Sablanceaux
La Noue
Ste-Marie-de-Ré
Port-Neuf
Les Minimes
Villeneuve-les-Salines
Tasdon
St-Éloi
Périgny
Aytré
La Plage d'Aytré
Pnte de Roux
Pnte du Chay
Angoulins
St-Jean-des-Sables
Châtelaillon-Plage
Pnte de Châtelaillon
Vx Châtelaillon
Les Boucholeurs
Rade des Basques
Réserve naturelle du Marais d'Yves
Pnte du Rocher
Yves
Pnte du Parc
Fort Liedot
Pnte de Coudepont
Île-d'Aix
Pnte de la Fumée
La Fumée
Fort Boyard
Ste Catherine
Fort de la Rade
Fort Enet
Anse de Fouras
Fouras
Rade de l'Île d'Aix
Pnte des Saumonards
Île Madame
Passe aux Bœufs (Route submersible)
Port-des-Barques
ROCHEFORT
Soubise
St-Nazaire-s-Charente
St-Froult
Moëze
Tour de Juliard
Réserve naturelle des Marais de Moëze
Brouage
Hiers-Brouage
Havre de Brouage
Marennes
Marennes-Plage
Bourcefranc-le-Chapus
Viaduc de la Seudre
Tour d'Antioche
Rocher d'Antioche
Pnte de Chassiron
Phare de Chassiron
Chassiron
La Morelière
Plage de Soubrejon
St-Denis-d'Oléron
La Brée-les-Bains
Les Trois-Pierres
Anse du Marais Salé
Anse de Maleconche
Plage de la Gautrelle
Pnte de Chaucre
Chaucre
St-Georges-d'Oléron
Boyardville
Forêt des Saumonards
Plage des Sables-Vigniers
Pnte de Chardonnière
St-Pierre-d'Oléron
La Cotinière
Côte Sauvage
Dolus-d'Oléron
Le Château-d'Oléron
Citadelle
ÎLE D'OLÉRON
Plage de Vert-Bois
Le Grd-Village-Plage
Port des Salines
Fort Louvois
Pnte des Chardons
Viaduc d'Oléron
Pnte du Chapus
St-Trojan-les-Bains
Pnte de Manson
Centre Hélio-Marin
Centre Lannelongue
Plage de la Giraudière
La Grande Plage
Pnte de Gatseau
Pertuis de Maumusson
Pointe Espagnole ou Pointe d'Arvert
Plage de l'Embellie
Ronce-les-Bains
Forêt de la Tremblade
La Tremblade
Tour des 4 Fontaines
Tour du Gardour
Bois de Bouffard
Forêt de la Coubre
Arvert
Étaules
Chaillevette
Les Mathes
La Coubre
Pointe de la Coubre
Bonne Anse
Zoo
St-Augustin
Breuillet
Mornac-s-Seudre
L'Éguille
Le Gua
St-Agnant
Échillais
St-Just-Luzac
St-Sornin
Nieulle-s-Seudre
La Gripperie-St-Symphorien
St-Jean-d'Angle
Beaugeay
Thairé
Ballon
Salles-s-Mer
La Jarrie
Aigrefeuille-d'Aunis
Croix-Chapeau
Bourgneuf
Montroy
Clavette
St-Rogatien
Dompierre-s-Mer
Puilboreau
Ste-Soulle
Vergeroux
Breuil-Magné
St-Laurent-de-la-Prée
Voutron
St-Vivien

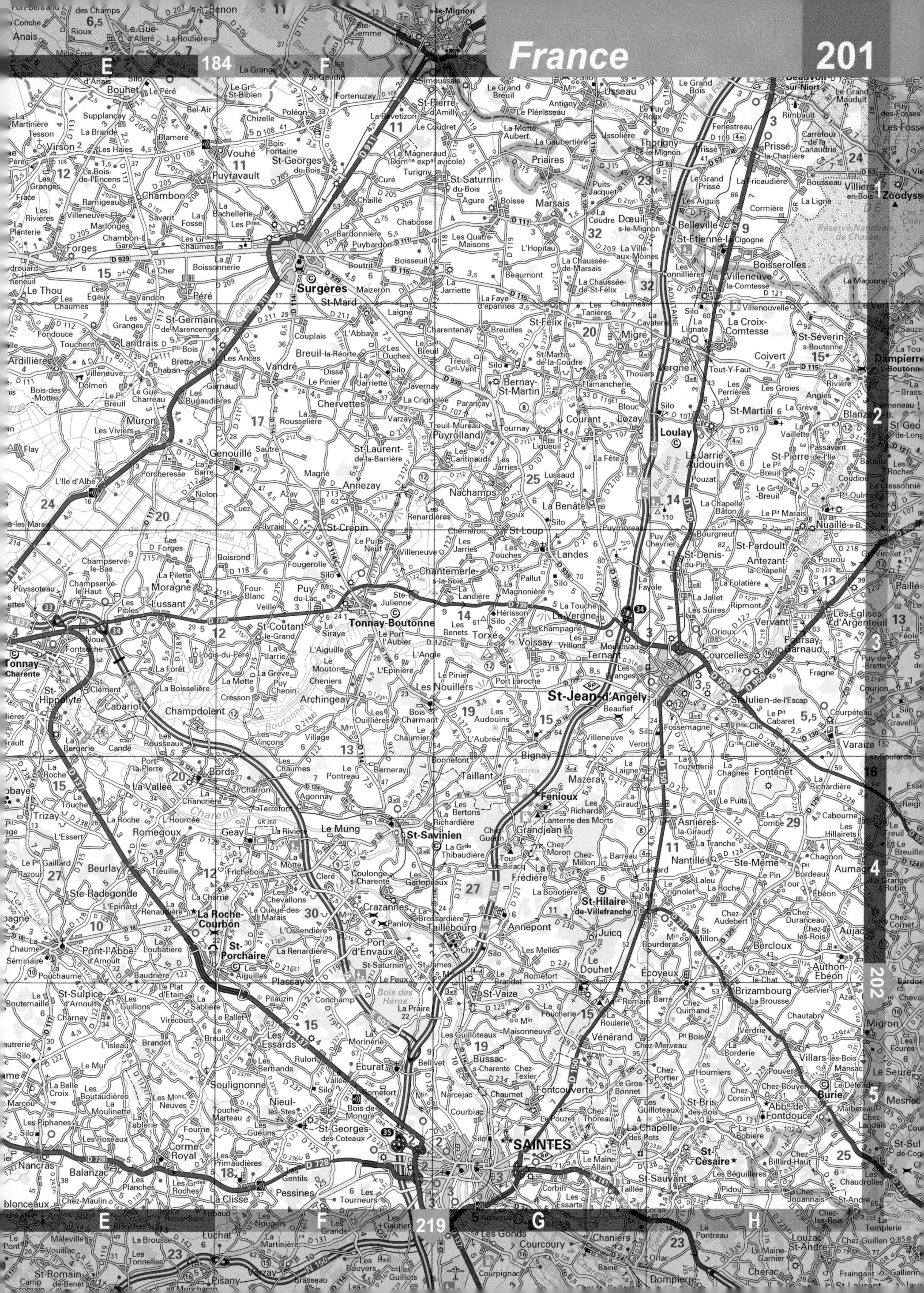
184
219
202
E
F
G
H
Surgères
Loulay
Tonnay-Boutonne
St-Jean-d'Angély
St-Savinien
Saintes
Tonnay-Charente
Fenioux
St-Hilaire-de-Villefranche
Burie
Beauvoir-sur-Niort
St-Porchaire
La Roche-Courbon
Taillebourg
Forges
Genouillé
Vandré
Chervettes
Annezay
St-Crépin
Landes
St-Loup
Nachamps
St-Félix
Migré
Vergné
Courant
Lozay
Dœuil-s-le-Mignon
Marsais
Priaires
Usseau
Thorigny-s-le-Mignon
St-Pierre-d'Amilly
St-Georges-du-Bois
Vouhé
Puyravault
Chambon
Le Thou
Péré
St-Germain-de-Marencennes
Landrais
Muron
Breuil-la-Réorte
Puy-du-Lac
St-Coutant-le-Grand
Archingeay
Les Nouillers
Torxé
Voissay
Ternant
Courcelles
Bignay
Mazeray
Asnières-la-Giraud
Nantillé
Juicq
Le Douhet
Écoyeux
Brizambourg
Bercloux
Vénérand
Fontcouverte
St-Bris-des-Bois
St-Césaire
La Chapelle-des-Pots
Chaniers
Courcoury
Pessines
Nieul-lès-Saintes
St-Georges-des-Coteaux
Corme-Royal
Balanzac
Nancras
Soulignonne
Beurlay
Romegoux
Geay
Crazannes
Port-d'Envaux
Plassay
Bords
Champdolent
Cabariot
St-Hippolyte
Trizay
Pont-l'Abbé-d'Arnoult
Ste-Radegonde
St-Sulpice-d'Arnoult
Ste-Même
St-Julien-de-l'Escap
Varaize
Fontenet
Poursay-Garnaud
Les Églises-d'Argenteuil
Antezant-la-Chapelle
St-Pardoult
St-Denis-du-Pin
La Jarrie-Audouin
St-Martial
Blanzay
Coivert
St-Séverin-s-Boutonne
La Croix-Comtesse
Villeneuve-la-Comtesse
Belleville
St-Étienne-la-Cigogne
Prissé-la-Charrière
Boisserolles
Villiers-en-Bois
Zoodyssée
Réserve Nationale de Chasse
Dampierre-s-Boutonne
Nuaillé-s-B.
Aumagne
Authon-Ébéon
Migron
Villars-les-Bois
Mesnac
Bois des Essouverts
Bois des Héros
Charente
Boutonne
A 10
A 837
E 602
D 939
D 739
D 150
D 137
D 911
N 150
N 141
D 728

0 2 4 6 8 10 km
185
201
220
A
B
C
D
Beauvoir-sur-Niort
Brioux-sur-Boutonne
Chef-Boutonne
Dampierre-s-Boutonne
Aulnay
Loulay
St-Jean-d'Angély
Matha
Burie
Cherves-Richemont
Rouillac
Villiers-Couture
Néré
Chizé
Zoodyssée
Forêt de Chizé
Forêt d'Aulnay
Forêt de Chef-Boutonne
Sigogne
St-Césaire
Brizambourg
Neuvicq-le-Château
Sonneville
Beauvais-s-Matha
Gourvillette
Saleignes
Romazières
Lupsault
Barbezières
Oradour
Montigné
Ballans
Mons
Migron
Bréville
Macqueville
Courbillac
Plaizac
Vaux-Rouillac

186
221
204
Civray
Charroux
Ruffec
Villefagnan
Sauze-Vaussais
Champagne-Mouton
Verteuil-s-Charente
Mansle
St-Claud
Chasseneuil-s-Bonnieure
La Rochefoucauld
Aigre
St-Amant-de-Boixe
Montignac-Charente
Angoulême-Cognac
Genouillé
Savigné
Montalembert
Limalonges
St-Saviol
St-Gaudent
Lizant
Surin
Pleuville
Courcôme
Tusson
Villejésus
Fouqueure
Nanteuil-en-Vallée
St-Georges
Poursac
Chenon
Aunac
Valence
Cellefrouin
St-Front
Ventouse
Lussac
Nieuil
Suaux
Agris
Rivières
Vars
Marsac
St-Genis-d'Hiersac
Coulgens
La Rochette
Jauldes
Anais
Tourriers
Villejoubert
Aussac-Vadalle
Xambes
Vouharte
Coulonges
Vervant
Ambérac
Marcillac-Lanville
Villognon
Cellettes
Maine-de-Boixe
Puyréaux
Nanclars
St-Angeau
Ste-Colombe
St-Amant-de-Bonnieure
La Tâche
Taponnat-Fleurignac
St-Adjutory
Vitrac-St-Vincent
Yvrac-et-Malleyrand

0 2 4 6 8 10 km
187
203
222
A
B
C
D
1
2
3
4
5
Charroux
La Chapelle-Bâton
Mauprévoir
Pressac
Availles-Limouzine
Millac
Luchapt
Asnières-sur-Blour
Oradour-Fanais
Abzac
Pleuville
Surin
Chatain
Épenède
Hiesse
Lessac
St-Germain-de-Confolens
Brillac
Benest
Alloue
Esse
Lesterps
Champagne-Mouton
Confolens
St-Christophe
Ansac-s-Vienne
Ambernac
St-Maurice-des-Lions
Saulgond
Brigueuil
Turgon
St-Laurent-de-Céris
Manot
Chabrac
Chirac
Étagnac
Rochebrune
St-Claud
Cellefrouin
Roumazières-Loubert
Exideuil
Chabanais
Saillat-s-Vienne
Nieuil
Lussac
Suaux
Genouillac
Suris
Chassenon
Thermes
Rochechouart
Chasseneuil-s-Bonnieure
Mazières
St-Quentin-s-Charente
Pressignac
Cherves-Châtelars
Lésignac-Durand
Vitrac-St-Vincent
Mouzon
Videix
Montembœuf
Massignac
Verneuil
Taponnat-Fleurignac
St-Adjutory
Yvrac-et-Malleyrand
Chéronnac
La Rochefoucauld
Vayres
Oradour-s-Vayres
Lavauguyon
D 948
D 951
D 741
D 148
N 141
E 603
N 141

Le Dorat
Bellac
Mézières-s-Issoire
Mortemart
Montrol-Sénard
Monts de Blond
Nantiat
Châteauponsac
Bessines-s-G.
Lac de St Pardoux
Compreignac
Ambazac
Oradour-s-Glane
St-Junien
Nieul
Couzeix
LIMOGES
Le Palais-s-Vienne
Panazol
Isle
Aixe-s-Vienne
Feytiat
St-Laurent-sur-Gorre
Solignac
Droux
Villefavard
St-Sornin-Leulac
St-Amand-Magnazeix
Balledent
Rancon
Roussac
St-Symphorien-s-Couze
Razès
St-Pardoux
St-Sylvestre
Peyrilhac
Veyrac
Verneuil
St-Yrieix-s/s-Aixe
Cieux
Javerdat
St-Victurnien
Chaptelat
Bonnac-la-Côte
188
206
223

0 2 4 6 8 10 km
188
205
224
A
B
C
D
1
2
3
5
St-Sornin-Leulac
Châteauponsac
Bessines-s-G.
St-Amand-Magnazeix
Fromental
St-Pardoux
Razès
Compreignac
Ambazac
St-Sylvestre
St-Léger-la-M.
La Jonchère-St-Maurice
Laurière
Bersac-s-Rivalier
St-Sulpice-Laurière
Folles
St-Étienne-de-Fursac
St-Pierre-de-Fursac
St-Maurice-la-Souterraine
St-Priest-la-Feuille
Lizières
Noth
Chamborand
Le Grand-Bourg
St-Priest-la-Plaine
Bénévent-l'Abbaye
Marsac
Arrènes
Mourioux-Vieilleville
Augères
Aulon
Ceyroux
Janaillat
Azat-Châtenet
St-Goussaud
Jabreilles-les-Bordes
Châtelus-le-Marcheix
St-Dizier-Leyrenne
Bosmoreau-les-Mines
Masbaraud-Mérignat
Montboucher
Bourganeuf
Les Billanges
St-Martin-Ste-Catherine
St-Pierre-Chérignat
St-Laurent-les-Églises
Pont du Dognon
St-Martin-Terressus
Rilhac-Rancon
Le Palais-s-Vienne
Panazol
St-Just-le-Martel
Royères
St-Léonard-de-Noblat
Moissannes
Sauviat-sur-Vige
St-Amand-Jartoudeix
St-Priest-Palus
St-Junien-la-Bregère
Champnétery
Cheissoux
St-Moreil
St-Julien-le-Petit
Bujaleuf
St-Denis-des-Murs
Eybouleuf
Aureil
Feytiat
Eyjeaux
Boisseuil
Solignac
St-Paul
Eymoutiers
St-Amand-le-Petit
Peyrat-le-Château
Forêt de Mérignat
Monts d'Ambazac
Puy de Goth
St-Vaury
Le Grand-Bourg
D 941
D 979
D 912
N 145
A 20
E 9

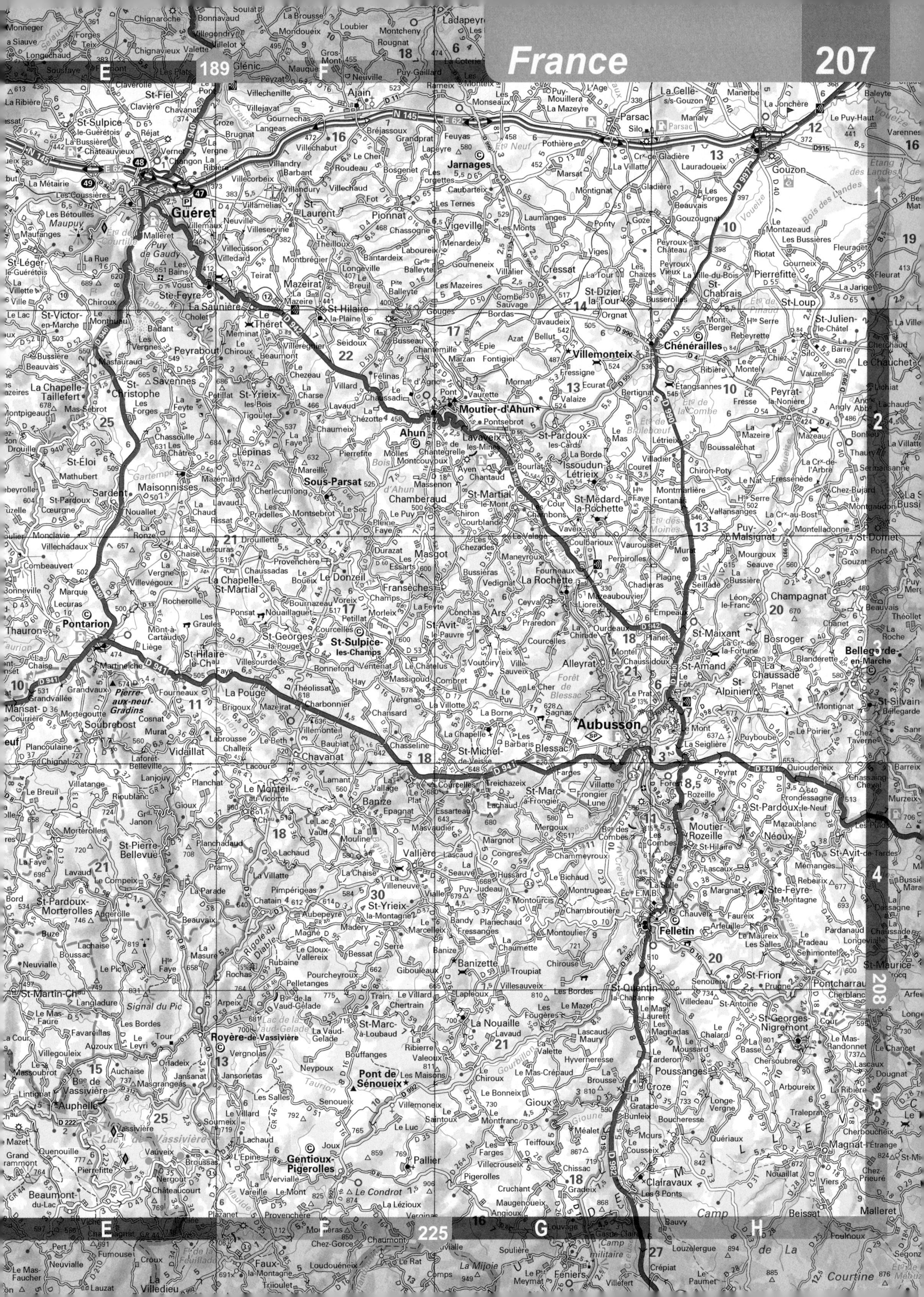
Guéret
Jarnages
Chénérailles
Moutier-d'Ahun
Ahun
Sous-Parsat
Pontarion
St-Sulpice-les-Champs
Aubusson
Felletin
Royère-de-Vassivière
Gentioux-Pigerolles
Pont de Sénoueix
Vassivière
Gouzon
Parsac
Bellegarde-en-Marche
Villemonteix
St-Fiel
Ajain
189
225
208

0 2 4 6 8 10 km
190
C
D
207
226
A
B
1
2
3
4
5
Chambon-s-Voueize
Evaux-les-Bains
Gouzon
Chénérailles
Marcillat-en-Combraille
Château-s-Cher
Pionsat
Auzances
Rougnat
Mainsat
Bellegarde-en-Marche
Tour Brousse
Sermur
Chard
Mérinchal
Crocq
Felletin
St-Georges-Nigremont
Giat
Herment
Aubusson
Dontreix
Charensat
Montel-de-Gelat
Villosanges
Tralaigues
St-Avit
Condat-en-Combraille
Combrailles
Puy-St-Gulmier
Sauvagnat
Verneugheol
Voingt
La Celle
Fernoël
St-Agnant-près-Crocq
Magnat-l'Etrange
Clairavaux
Poussanges
Moutier-Rozeille
St-Pardoux-le-Neuf
St-Maixant
St-Amand
Champagnat
Puy-Malsignat
St-Domet
Lupersat
Bussière-Nouvelle
Arfeuille-Châtain
Reterre
Fontanières
Sannat
Le Chauchet
St-Priest
Lussat
Tardes
Pierrefitte
St-Chabrais
St-Loup
Peyrat-la-Nonière
St-Julien-la-Genête
St-Marcel-en-Marcillat
St-Fargeol
St-Hilaire
St-Maurice-près-Pionsat
Charron
Roche-d'Agoux
Vergheas
Biollet
Landogne
D 941
D 990
D 988
D 915
D 996
D 997

191
227
210
Montaigut
St-Éloy-les-Mines
Menat
Gorges de Chouvigny
Ébreuil
Gannat
St-Gervais-d'Auvergne
Aigueperse
Manzat
Combronde
Châtel-Guyon
Riom
Volvic
Pontgibaud
Vulcania
Puy de Dôme
Chamalières
Royat
Clermont-Ferrand
Cournon-d'Auvergne
Parc Naturel Régional des Volcans d'Auvergne

0 2 4 6 8 10 km
St-Germain-des-Fossés
Seuillet
Billezois
St-Félix
Magnet
Brout-Vernet
St-Rémy-en-Rollat
Creuzier-le-Neuf
Creuzier-le-Vieux
Charmeil
St-Pont
Escurolles
Vendat
VICHY
Cusset
Bellerive-sur-Allier
Espinasse-Vozelle
Cognat-Lyonne
Gannat
Saulzet
Le Vernet
Site des Hurlevents
Abrest
Serbannes
Brugheas
Hauterive
St-Yorre
Busset
Arronnes
Molles
La Chapelle
Nizerolles
Châtel-Montagne
Le Mayet-de-Montagne
Biozat
Charmes
Denone
Effiat
Montpensier
Bas-et-Lezat
Randan
Mariol
St-Sylvestre-Pragoulin
St-Priest-Bramefant
Ferrières-sur-Sichon
Pierre Encize
Grotte des Fées
Bussières-et-Pruns
St-Clément-de-Régnat
Villeneuve-les-Cerfs
Mons
Beaumont-lès-R.
Ris
Lachaux
Châteldon
Puy-Guillaume
Limons
Thuret
St-André-le-Coq
St-Denis-Combarnazat
Sardon
Montgacon
Luzillat
Charnat
St-Victor-Montvianeix
Col de la Plantade
Puy Snidre
Puy de Montoncel
Surat
Maringues
St-Ignat
Vinzelles
Paslières
Crevant-Laveine
Noalhat
St-Rémy-sur-Durolle
Palladuc
Ennezat
Entraigues
St-Laure
Bulhon
Dorat
La Monnerie-le-Montel
Chabreloche
Culhat
Joze
Orléat
Thiers
Chavaroux
Lezoux
Pont-de-Dore
Peschadoires
Escoutoux
Viscomtat
Celles-sur-Durolle
Lempty
Pont-du-Château
Beauregard-l'Évêque
Seychalles
St-Jean-d'Heurs
Néronde-s-Dore
Vollore-Ville
Vollore-Montagne
Chau de Codignat
Moissat
Bouzel
Ravel
Aulteribe
Courpière
Aubusson-d'Auvergne
Vertaizon
Lempdes
Cournon-d'Auvergne
Reignat
A
B
C
D
1
2
3
4
5


192
209
228

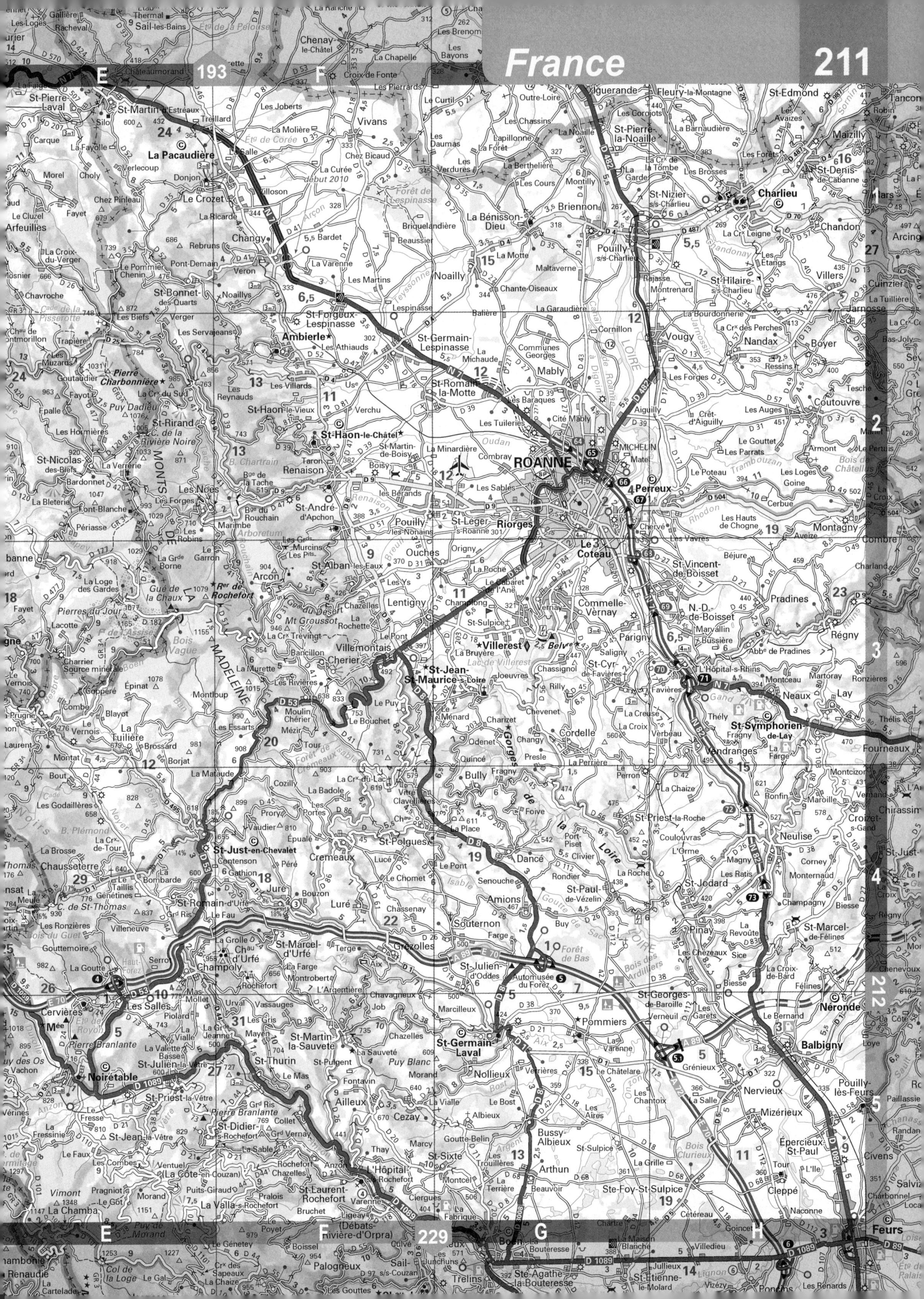

193
229
212
Roanne
Le Coteau
Riorges
Perreux
Mably
Villerest
St-Haon-le-Châtel
Renaison
St-André-d'Apchon
Ambierle
La Pacaudière
St-Martin-d'Estréaux
Changy
St-Forgeux-Lespinasse
St-Germain-Lespinasse
St-Romain-la-Motte
Charlieu
Pouilly-s/s-Charlieu
Briennon
La Bénisson-Dieu
Noailly
Iguerande
St-Nizier-s/s-Charlieu
Vougy
Nandax
Coutouvre
St-Vincent-de-Boisset
N.-D.-de-Boisset
L'Hôpital-s-Rhins
St-Symphorien-de-Lay
Régny
Neaux
Lay
St-Jean-St-Maurice-s-Loire
Gorges de la Loire
Cordelle
St-Just-en-Chevalet
Monts de la Madeleine
St-Polgues
Cremeaux
Neulise
St-Jodard
Pinay
St-Paul-de-Vézelin
St-Germain-Laval
Pommiers
St-Georges-de-Baroille
Néronde
Balbigny
Pouilly-lès-Feurs
Feurs
Noirétable
Cervières
Les Salles
St-Marcel-d'Urfé
Champoly
St-Julien-d'Oddes
Grézolles
Souternon
Boën
Ste-Agathe-la-Bouteresse
St-Laurent-Rochefort
Ste-Foy-St-Sulpice
Mizérieux
Nervieux
Épercieux-St-Paul
Cleppé
Arthun
Bussy-Albieux
Nollieux
Ailleux
Cezay
A 89
A 72
N 7
N 82
D 1089

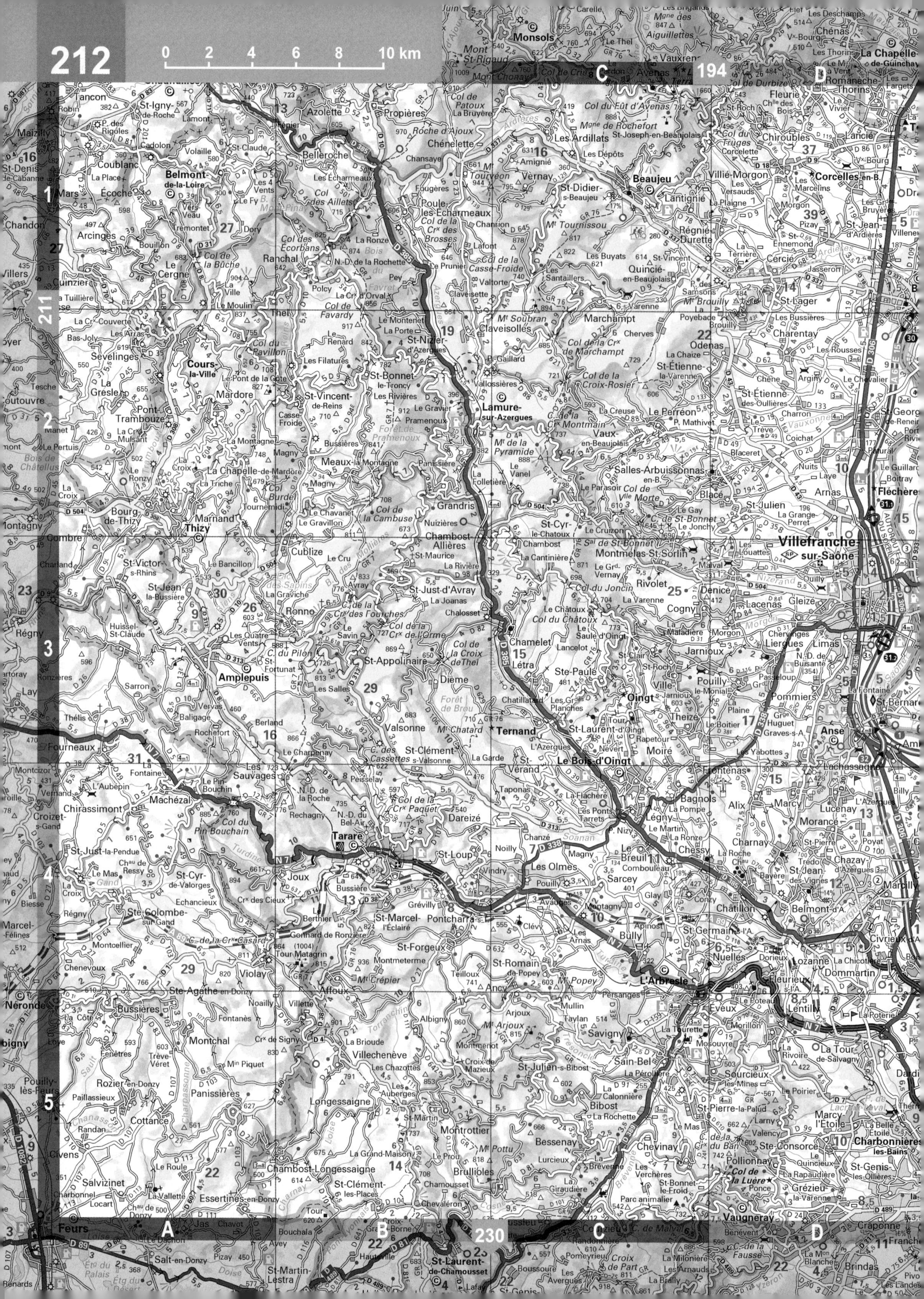
0 2 4 6 8 10 km
194
211
230
A
B
C
D
1
2
3
4
5
Monsols
Belmont-de-la-Loire
Beaujeu
Cours-la-Ville
Lamure-sur-Azergues
Thizy
Villefranche-sur-Saône
Amplepuis
Tarare
Ternand
Oingt
Le Bois-d'Oingt
Anse
L'Arbresle
Feurs
St-Laurent-de-Chamousset
Charbonnières-les-Bains
Vaugneray
Néronde
Flécheres
La Chapelle-de-Guinchay
Beaujolais
Col de Favardy
Forêt de Pramenoux
Forêt de Brou
Mt Tourvéon
Mt Brouilly
Col des Écorbans
Col du Pavillon
Col du Pin Bouchain
Col de la Luère
Col de Malval

Châtillon-s-Chalaronne
Villars-les-Dombes
Chalamont
St-Trivier-s-Moignans
Pérouges
Meximieux
Montluel
Miribel
Rillieux-la-Pape
Caluire-et-Cuire
Villeurbanne
LYON
Vaulx-en-Velin
Meyzieu
Décines-Charpieu
Bron
Genas
Neuville-s-Saône
Trévoux
Reyrieux
Thoissey
St-Paul-de-Varax
Marlieux
Péronnas
Pont-de-Chéruy
Crémieu
Ambérieux-en-Dombes
Le Plantay
Abbe de N.-D.-des-Dombes
Parc des Oiseaux
Île de Miribel-Jonage
Camp de la Valbonne
Parc archéologique de Larina
D 936
D 1083
D 1084
A 46
A 42
A 432
D 904
RHÔNE
195
214
231

0 2 4 6 8 10 km
196
213
232
A
B
C
D
Ceyzériat
Revonnas
Hautecourt-Romanèche
Serrières
Nurieux-Volognat
Géovreissiat
Montréal-la-Cluse
Nantua
Charix
St-Germain-de-Joux
Le Poizat
Lalleyriat
Les Neyrolles
St-Martin-du-Frêne
Les Monts d'Ain
Peyriat
Leyssard
Journans
Tossiat
Rignat
Bohas-Meyriat-Rignat
Challes-la-Montagne
Maillat
Cerdon
Poncin
Neuville-sur-Ain
St-Alban
Labalme
Col de Berthiand
Crêt de Beauregard
Col de Cuvéry
Table d'orient.
Plateau de Retord
Col de Bérentin
Col de Belleroche
Chevillard
Condamine
Outriaz
Brénod
Crêt du Nu
Le Grd Abergement
Le Pit Abergement
Col de Richemont
Col de Montratier
Mérignat
Pont-d'Ain
Druillat
Jujurieux
Boyeux-St-Jérôme
Corlier
Izenave
Lantenay
Corcelles
Col de Pisseloup
Col du Cruchon
Champdor
Hotonnes
Ruffieu
Songieu
Varambon
St-Jean-le-Vieux
Ambronay
L'Abergement-de-Varey
Aranc
Col du Cendrier
Col de la Berche
Hauteville-Lompnes
Col de la Rochotte
Douvres
Mt Luisandre
Nivollet-Montgriffon
Ambérieu-en-Bugey
Château-Gaillard
St-Denis-en-Bugey
St-Rambert-en-Bugey
Argis
Evosges
Oncieu
Chaley
Tenay
Cormaranche-en-Bugey
Col de la Lebe
Champagne-en-Valromey
Lompnieu
Brénaz
Lochieu
Ambutrix
Leyment
Vaux-en-Bugey
Lagnieu
Cluse des Hôpitaux
Torcieu
Cleyzieu
Arandas
Hostiaz
Thézillieu
Belmont-Luthézieu
Artemare
St-Sorlin-en-Bugey
Souclin
Conand
Chartreuse de Portes
Col de Ballon
Prémillieu
Virieu-le-Grand
La Balme-les-Grottes
Sault-Brénaz
Villebois
Porcieu-Amblagnieu
Calvaire de Portes
Ordonnaz
Bénonces
La Burbanche
Rossillon
Cheignieu-la-Balme
Pugieu
St-Vulbas
Montalieu-Vercieu
Seillonnaz
Lompnas
Contrevoz
Chazey-Bons
Hières-sur-Amby
Serrières-de-Briord
Bouvesse-Quirieu
Montagnieu
Briord
Marchamp
Innimond
Andert-et-Condon
Belley
Parc archéologique de Larina
St-Baudille-de-la-Tour
St-Germain-les-Paroisses
Lhuis
Ambléon
Colomieu
Arbignieu
Massignieu-de-Rives
Annoisin-Chatelans
Optevoz
Siccieu-St-Julien-et-Carisieu
Creys-Mépieu
Conzieu
Crémieu
Courtenay
Arandon
Soleymieu
Groslée
Brens
Virignin
RHÔNE

E
F
G
H
197
233
216
St-Julien-en-Genevois
Reignier-Esery
Collonges
Fort de l'Écluse
Bellegarde-s-Valserine
Bge de Génissiat
Seyssel
Frangy
Cruseilles
Mont Salève
Thorens-Glières
Tête du Parmelan
ANNECY
Annecy-le-Vieux
Seynod
Rumilly
Sévrier
Menthon-St-Bernard
Talloires
Duingt
Alby-s-Chéran
Albens
Crêt de Châtillon
Semnoz
Col de Leschaux
Abbe de Hautecombe
Grésy-s-Aix
AIX-LES-BAINS
Le Châtelard
Pont du Diable
Doussard
Faverges
Col de la Forclaz
Tournette
Ruffieux
Chanaz
Conjux
Lac d'Annecy
Valleiry
Viry
Archamps
Neydens
Présilly
Chêne-en-Semine
Sallenôves
Thusy
Vaulx
Hauteville-s-Fier
Poisy
Pringy
Argonay
Cran-Gevrier
Meythet
Epagny
Chavanod
Quintal
Viuz-la-Chiésaz
Leschaux
Bellecombe-en-Bauges
St-Eustache
Entrevernes
Lathuile
Chevaline
Giez
Seythenex

0 2 4 6 8 10 km
198
215
234
A
B
C
D
1
2
3
4
5
Les Gets
Taninges
Samoëns
Sixt-Fer-à-Cheval
St Jeoire
Mieussy
Marcellaz
Peillonnex
Faucigny
Bonneville
Marignier
Cluses
Thyez
Scionzier
St-Sigismond
Morillon
Châtillon-s-Cluses
La Rivière-Enverse
Verchaix
La Roche-s-Foron
St-Pierre-en-Faucigny
Mont-Saxonnex
Chaîne du Bargy
Le Reposoir
Chartreuse du Reposoir
Col de la Colombière
Magland
Flaine
Les Carroz-d'Arâches
Tête du Pré des Saix
Désert de Platé
Plateau d'Assy
Sallanches
Passy
Cordon
Combloux
Domancy
St-Gervais-les-Bains
Le Grand-Bornand
St-Jean-de-Sixt
La Clusaz
Entremont
Col des Aravis
Thônes
Manigod
Col de la Croix-Fry
Chaîne des Aravis
Pointe Percée
MEGÈVE
Demi-Quartier
Mt d'Arbois
Praz-s-Arly
Flumet
N.-D.-de-Bellecombe
St-Nicolas-la-Chapelle
Crest-Voland
Mont Joly
Aigle Croche
Mt de Vorès
Les Contamines-Montjoie
Col du Joly
Col de Voza
Le Prarion
Ugine
Faverges
Marlens
Les Saisies
Col des Saisies
Hauteluce
Beaufort
Villard-sur-Doron
Queige
Albertville
Conflans
Col du Bonhomme
Col de la Croix du Bonhomme
Col de Tamié
Cormet de Roselend
Bge de Roselend
La Tournette
Col de l'Épine
Serraval
Mt Charvin
Sal de Bisanne
Fort du Mont

Martigny
Verbier
Vallée de Bagnes
Champex
Orsières
VAL D'ENTREMONT
Bourg-St-Pierre
Tunnel du Grd St-Bernard
Col du Grd St-Bernard
Grd St-Bernard
CHAMONIX-MONT-BLANC
Argentière
Aiguille du Midi
Tunnel du Mt Blanc
MONT BLANC
Traforo del M. Bianco
Grandes Jorasses
Mt Dolent
Aigle Verte
Courmayeur
Pré-St-Didier
Morgex
la Salle
la Thuile
Col du Pit St-Bernard
AOSTA / AOSTE
Etroubles
St-Oyen
St-Rhémy-en-Bosses
Valle del Gran S. Bernardo
Val Ferret
Val Veny
Sembrancher
Le Châble
Bagnes
Trient
Col de la Forclaz
Bge d'Emosson
Vallorcine
Col de Balme
Aymavilles
Sarre
Villeneuve
Arvier
Avise
Valle d'Aosta
Fully
Vernayaz
Salvan
Finhaut
Bovernier
Liddes
Lourtier
Fionnay
Grd Combin
Mt Vélan
Mt Fort
Mt Gelé
Bge de Mauvoisin
Ollomont
Valpelline
Gignod
Grd Golliat
Testa Bernarda
Mont de la Saxe
Mt Fréty
Grd Col Ferret
Plan Praz
Le Montenvers
Les Praz
Les Bois
Les Houches
Mt Buet
199
235
E
F
G
H
1
2
3
4
5

0 2 4 6 8 10 km
200
236
A
B
C
D
1
2
3
4
5
Arvert
Étaules
Les Mathes
La Fouasse
Chatressac
Le Maine-Allou
Mornac-s-Seudre
Coulonges
d'Étaules
La Passe
La Baraque
Antoinette
Forêt de la Coubre
La Coubre
Bonne Anse
Zoo
La Palmyre
Pointe de la Coubre
St-Augustin
Le Billeau
Le Grallet
Breuillet
Silo
Plordonnier
L'Éguille
Le Gua
Chalons
Montsanson
Dercie
L'Ilate
La Lande
Fontbedeau
La Crèche
Breuil
Le Montil
St-Sulpice-de-Royan
Taupignac
Le Breuil
Charosson
Lafont
Champagnole
Les Maries
Brie
Plage de la Palmyre
Plage de la Gde Côte
Bois des Combots
Courlay-s-Mer
La Palud
Vaux-s-Mer
La Roche
Jaffe
Chaillonnais
Pompierre
La Champagne
Médis
La Grande Côte
Phare de Terre-Nègre
Puyraveau
Chatelard
Pousseau
Bernon
St-Palais-s-Mer
Nauzan
Pontaillac
Le Maine-des-Sables
Musson
Les Brandes
ROYAN
Gde Conche
Didonne
La Valade
Puyrenaud
Semussac
Pnte de Vallières
Cordouan
St-Georges-de-Didonne
Chênaumoine
Serres
Fôt de Suzac
Le Berceau
Silo
Pointe de Grave
Pnte de Suzac
Le Compin
Musée
Port Bloc
Fort du Verdon
Port Médoc
Plage de Suzac
Plage de l'Arnèche
Plage des Vergnes
Plage des Nonnes
Beloire
Le Logit
Le Verdon-sur-Mer
Le Royannais
Meschers-s-Gironde
Port-Marant
Pnte de la Chambrette
Grands-Maisons
Les Huttes
ZONE PORTUAIRE
Talmont-s-Gironde
Soulac-sur-Mer
Le Jeune Soulac
Neyran
Les Coustaux
Banc des Olives
L'Amélie-sur-Mer
Lillan
Les Mattes
Talais
Pointe de la Négade
Pointe aux Oiseaux
Lede de la Négade
Port-de-St Vivien
Grayan
Grayan-et-l'Hôpital
Les Eyres
Richard
Le Gurp
La Fosse
Daugagnan
St-Vivien-de-Médoc
La Brasserie
Le Piqueau
Lède du Gurp
Étang de la Barreyre
Dépée
Euronat
L'Hôpital
Le Mont
La Hourcade
Jau-Dignac-et-Loirac
Dignac
Le Centre
Port-de-Richard
Goulée
Le Mayne
Gaudin
Noaillac
Lede de la Canillouse
Vensac
Loirac
Sipian
Les Arrestieux
Montalivet-les-Bains
Le Guâ
Mayan
Lamac
Mouva
Courbian
Meugas
Périgueys
Sémian
La Hontane
Centre Hélio-Marin
Queyrac
Moulineyre
Laujac
Vendays-Montalivet
Meillan
Forêt de Vendays
Cap-du-Prat
Sarnac
Les Ourmes
Lescapon
Biail
Trembleaux
Hourean
Pey-du-Haut
Coudessant
Gaillan-en-Médoc
Prignac-en-Médoc
Cayrehours
Marais de Lespaut
Roudillac
Bourgueyraud
Blanc
St-Trelody
Berganton
Lesparre-Médoc
La Bresquette
Escot
Forêt du Junca
Bouries
St-Isidore
Conneau
Artiguillon
Plassan
Le Pin-Sec
Gauléron
Liard
St-Gaux
Lizan
Naujac-sur-Mer
Magagnan
La Prise
Lagune
D 1215
D 101
D 102
D 14
D 25
D 730

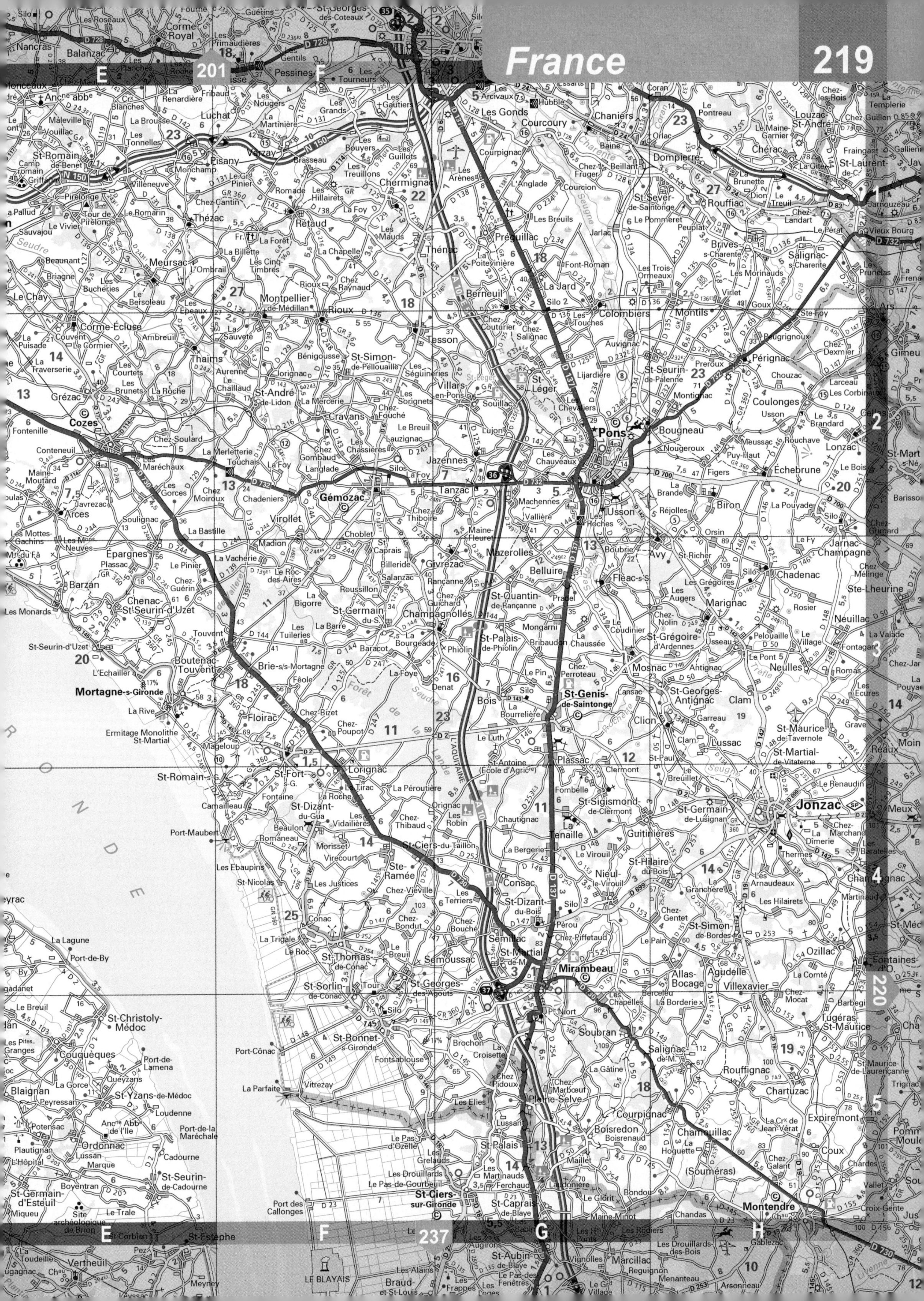
Cozes
Gémozac
Pons
Jonzac
St-Genis-de-Saintonge
Mirambeau
Montendre
Mortagne-s-Gironde
St-Ciers-sur-Gironde
Meursac
Thénac
Tesson
Colombiers
Pérignac
Archiac
Usson
Avy
Fléac-s-S.
Marignac
Mosnac
Clion
Lussac
Plassac
St-Fort-s-G.
Lorignac
St-Dizant-du-Gua
Ste-Ramée
St-Ciers-du-Taillon
Consac
Semillac
St-Thomas-de-Conac
St-Sorlin-de-Conac
St-Bonnet-s-Gironde
St-Georges-des-Agouts
Pleine-Selve
Courpignac
Chartuzac
Expiremont
Coux
St-Palais
St-Aubin-de-Blaye
Braud-et-St-Louis
Marcillac
Rouffignac
Tugéras-St-Maurice
Ozillac
Allas-Bocage
Villexavier
Agudelle
St-Simon-de-Bordes
Guitinières
St-Germain-de-Lusignan
St-Sigismond-de-Clermont
Neulles
Clam
St-Grégoire-d'Ardennes
Champagnolles
St-Germain-du-S.
Brie-s/s-Mortagne
Boutenac-Touvent
Floirac
Chenac-St-Seurin-d'Uzet
Arces
Épargnes
Barzan
Grézac
Thaims
Rioux
Rétaud
Pisany
Varzay
Luchat
Chermignac
Préguillac
Berneuil
Bougneau
Chaniers
Courcoury
Les Gonds
Saintes
Blaye
St-Christoly-Médoc
Couquèques
St-Yzans-de-Médoc
Ordonnac
St-Seurin-de-Cadourne
St-Germain-d'Esteuil
Vertheuil
St-Estèphe
LE BLAYAIS
Forêt de la Lande
GIRONDE
A 10
E 5
D 137
D 730
D 732
N 150
D 728
201
237
220

0 2 4 6 8 10 km
202
219
238
A
B
C
D
1
2
3
4
5
Cognac
Jarnac
Châteaubernard
Segonzac
Archiac
Jonzac
Barbezieux-St-Hilaire
Baignes-Ste-Radegonde
Montendre
Brossac
Pons
Châteauneuf-s-Charente
Chevanceaux
Chalais
Merpins
Javrezac
St-Laurent-de-C.
Louzac-St-André
Chérac
Dompierre-s-C.
Rouffiac
Brives-s-Charente
Salignac-s-Charente
Ars
Gimeux
Pérignac
Salles-d'Angles
Genté
Gensac-la-Pallue
Mainxe
St-Même-les-Carrières
Graves-St-Amant
Lonzac
Celles
Échebrune
Biron
St-Martial-s-Né
St-Fort-s-le-Né
Juillac-le-Coq
Verrières
Bonneuil
Jarnac-Champagne
Chadenac
Marignac
Neulles
St-Germain-de-Lusignan
Lussac
St-Maurice-de-Tavernole
Arthenac
St-Eugène
Allas-Champagne
Brie-s/s-Archiac
St-Ciers-Champagne
Guimps
Lachaise
Ambleville
Lignières-Sonneville
Criteuil-la-Magdeleine
Lagarde-s-le-Né
Touvérac
Reignac
Condéon
Berneuil
Challignac
Champagnac
Fontaines-d'O.
Léoville
Chaunac
Vanzac
Messac
Mérignac
Pommiers-Moulons
Sousmoulins
Polignac
Chantillac
Boisbreteau
Oriolles
Passirac
Chillac
Sigogne
Réparsac
Nercillac
Les Métairies
Foussignac
Triac-Lautrait
Gondeville
Bassac
Moulidars
Vibrac
Angeac-Charente
St-Preuil
Bouteville
Éraville
Malaville
Touzac
Nonaville
Viville
Jurignac
Ladiville
Vignolles
Aubeville
St-Bonnet
Angeduc
Salles-de-Barbezieux
St-Aulais-la-Chapelle
Bessac
Brie-s/s-Barbezieux
St-Félix
Bardenac
St-Vallier
Guizengeard
Yviers
Boresse-et-Martron
Sainte-Colombe
Tugéras-St-Maurice
Rouffignac
Chartuzac
Expirimont
Coux
Chamouillac
Villexavier
Agudelle
Ozillac
St-Simon-de-Bordes
Allas-Bocage
Clion
St-Georges-Antignac
Mosnac
St-Grégoire-d'Ardennes
Fléac-s-S.
Avy
St-Seurin-de-Palenne
Montils
Bougneau
Coulonges
Réaux
Moings
Meux
St-Germain-de-Vibrac
St-Maigrin
Mortiers
Montchaude
Lamérac
Le Tâtre
Baignes
Houlette
Courbillac
Mareuil
Plaizac
Vaux-Rouillac
Mérignac
Fleurac
Échallat
Montendre
Chandas
Marcillac
Pouillac
St-Palais
D 731
D 732
D 699
D 700
N 141
N 10
E 603
E 606
D 730

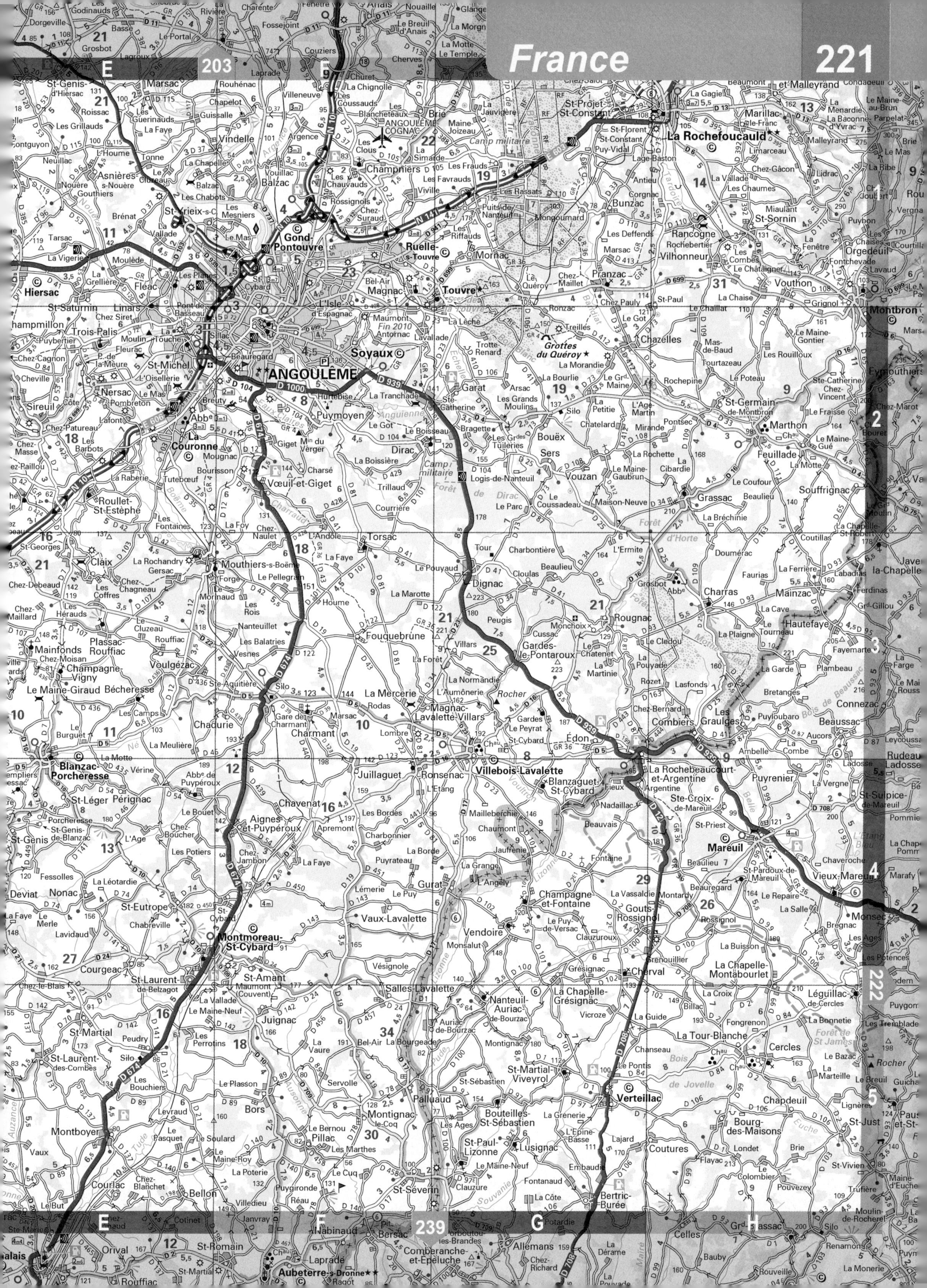

ANGOULÊME
Gond-Pontouvre
Ruelle-s-Touvre
Soyaux
La Couronne
St-Michel
Nersac
Fléac
Hiersac
Asnières-s-Nouère
Balzac
Vindelle
Champniers
Brie
La Rochefoucauld
St-Projet-St-Constant
Rancogne
Vilhonneur
Pranzac
Mornac
Touvre
Magnac-s-T.
L'Isle-d'Espagnac
Puymoyen
Dirac
Garat
Bouëx
Sers
Vouzan
Grassac
Marthon
Montbron
Feuillade
Souffrignac
Grottes du Quéroy
Chazelles
Vœuil-et-Giget
Mouthiers-s-Boëme
Claix
Roullet-St-Estèphe
Plassac-Rouffiac
Mainfonds
Champagne-Vigny
Voulgézac
Torsac
Dignac
Fouquebrune
Rougnac
Charras
Mainzac
Hautefaye
Gardes-le-Pontaroux
Magnac-Lavalette-Villars
Villebois-Lavalette
Charmant
Chadurie
Blanzac-Porcheresse
Pérignac
St-Léger
Juillaguet
Ronsenac
Édon
La Rochebeaucourt-et-Argentine
Combiers
Mareuil
Vieux-Mareuil
Champagne-et-Fontaine
Gouts-Rossignol
Vendoire
Montmoreau-St-Cybard
Aignes-et-Puypéroux
Vaux-Lavalette
Salles-Lavalette
Nanteuil-Auriac-de-Bourzac
La Chapelle-Grésignac
Cherval
La Chapelle-Montabourlet
La Tour-Blanche
Cercles
Léguillac-de-Cercles
Verteillac
St-Martial-Viveyrol
Bouteilles-St-Sébastien
St-Paul-Lizonne
Lusignac
Bertric-Burée
Bourg-des-Maisons
Chapdeuil
Montignac-le-Coq
Pillac
St-Séverin
Juignac
St-Laurent-de-Belzagot
Courgeac
St-Martial
St-Laurent-des-Combes
Montboyer
Courlac
Bellon
Bors
Palluaud
Aubeterre-s-Dronne
Bersac
Nabinaud
Comberanche-et-Épeluche
Allemans
Celles
Gd-Bessac
Orival
St-Romain
Chalais
E
F
G
H
203
239
222

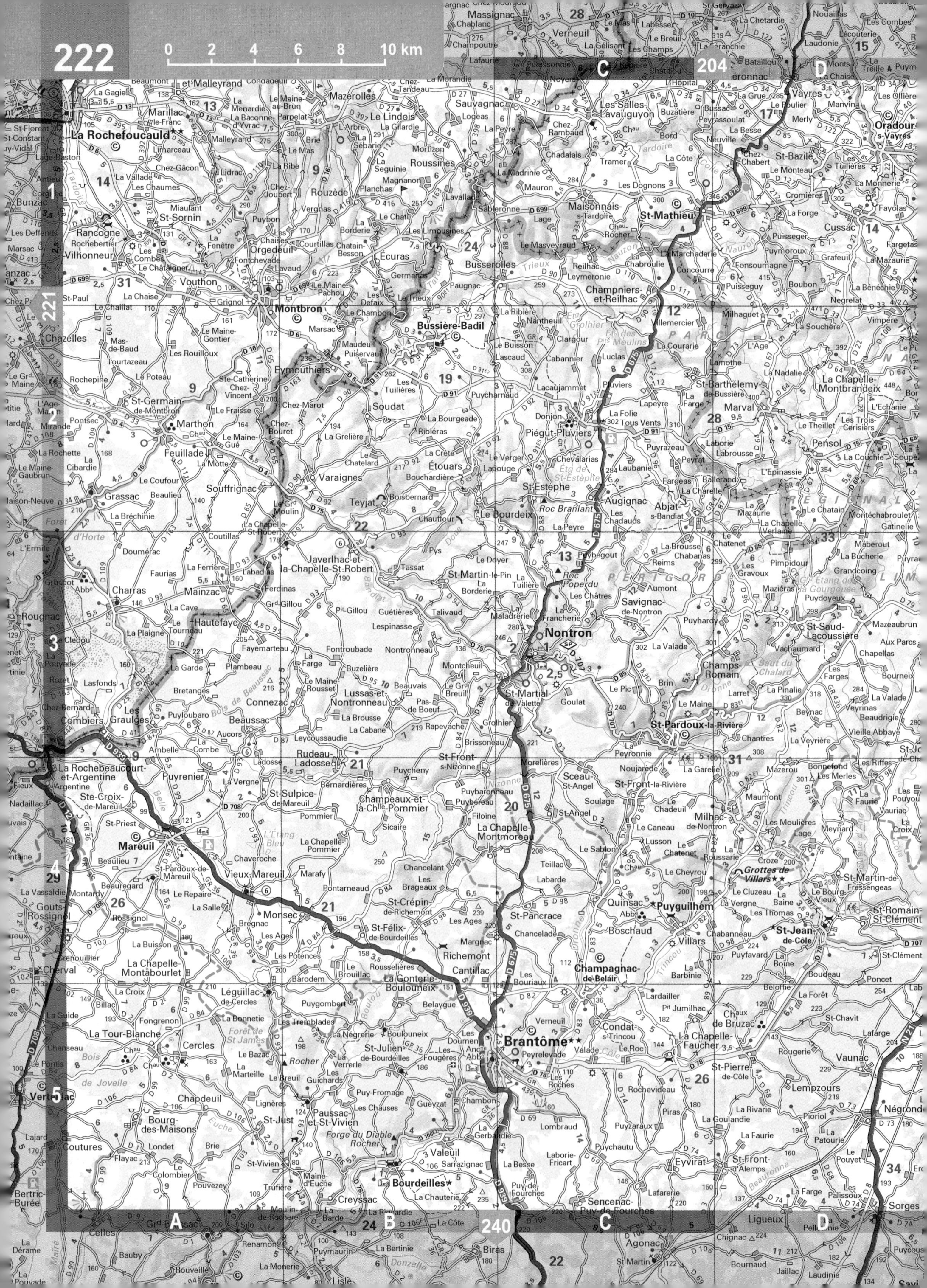
0 2 4 6 8 10 km
204
221
240
A
B
C
D
1
2
3
4
5
La Rochefoucauld
Marillac-le-Franc
Mazerolles
Le Lindois
Sauvagnac
Les Salles-Lavauguyon
Oradour-s-Vayres
Rancogne
Vilhonneur
Orgedeuil
Écuras
Roussines
Rouzède
Busserolles
Maisonnais-s-Tardoire
St-Mathieu
Cussac
Vouthon
Montbron
Bussière-Badil
Champniers-et-Reilhac
Chazelles
St-Germain-de-Montbron
Marthon
Eymouthiers
Soudat
Piégut-Pluviers
St-Barthélemy-de-Bussière
Marval
La Chapelle-Montbrandeix
Feuillade
Souffrignac
Varaignes
Étouars
St-Estèphe
Roc Branlant
Augignac
Abjat-s-Bandiat
Pensol
Grassac
Teyjat
Le Bourdeix
Charras
Mainzac
Javerlhac-et-la-Chapelle-St-Robert
St-Martin-le-Pin
Savignac-de-Nontron
Hautefaye
Nontron
St-Saud-Lacoussière
Champs-Romain
Connezac
Lussas-et-Nontronneau
St-Martial-de-Valette
St-Pardoux-la-Rivière
Les Graulges
Beaussac
La Rochebeaucourt-et-Argentine
Rudeau-Ladosse
Puyrenier
St-Front-s-Nizonne
St-Front-la-Rivière
Sceau-St-Angel
Mareuil
Champeaux-et-la-Chapelle-Pommier
La Chapelle-Montmoreau
Milhac-de-Nontron
Vieux-Mareuil
Monsec
St-Crépin-de-Richemont
St-Pancrace
Quinsac
Puyguilhem
Grottes de Villars
St-Martin-de-Fressengeas
St-Jean-de-Côle
St-Romain-St-Clément
Villars
Champagnac-de-Belair
Richemont
Cantillac
La Chapelle-Montabourlet
Léguillac-de-Cercles
La Gonterie-Boulouneix
La Tour-Blanche
Cercles
St-Julien-de-Bourdeilles
Brantôme
Condat-s-Trincou
La Chapelle-Faucher
St-Pierre-de-Côle
Vaunac
Vertillac
Chapdeuil
Bourg-des-Maisons
St-Just
Paussac-et-St-Vivien
Valeuil
Lempzours
Négrondes
Coutures
Bourdeilles
Eyvirat
St-Front-d'Alemps
Sencenac-Puy-de-Fourches
Sorges
Creyssac
Agonac
Ligueux
Celles
Biras
Lisle
PÉRIGORD
PARC NATUREL RÉGIONAL

Solignac
Le Vigen
Chalusset
St-Hilaire-Bonneval
Pierre-Buffière
Nexon
Châlus
Montbrun
Dournazac
Bussière-Galant
Flavignac
Les Cars
Rilhac-Lastours
St-Hilaire-les-Places
Janailhac
La Meyze
La Roche-l'Abeille
St-Priest-Ligoure
Château-Chervix
Vicq-s-Breuilh
Magnac-Bourg
Tuilerie
Ladignac-le-Long
St-Yrieix-la-Perche
Coussac-Bonneval
Jumilhac-le-Grand
Le Chalard
La Coquille
St-Pierre-de-Frugie
St-Priest-les-Fougères
St-Paul-la-Roche
Thiviers
Nantheuil
Sarlande
Ségur-le-Château
St-Eloy-les-Tuileries
Lubersac
Arnac-Pompadour
Beyssenac
Payzac
Lanouaille
Savignac-Lédrier
St-Cyr-les-Champagnes
Excideuil
St-Médard-d'E.
Clermont-d'Excideuil
Juillac
St-Sornin-Lavolps
Corgnac-s-l'Isle
St-Jory-las-Bloux
St-Germain-des-Prés
Cherveix-Cubas
Ste-Trie
St-Bonnet-la-Rivière
Rosiers-de-Juillac
Montgibaud
Forêt de Vieillecour
Forêt de Fayat
Forêt des Cars
Forêt de Lastours
Camp militaire
E
F
G
H
205
241
224
1
2
3
4
5

0 2 4 6 8 10 km
206
242
223
Solignac
Pierre-Buffière
St-Hilaire-Bonneval
Châteauneuf-la-Forêt
Eymoutiers
Neuvic-Entier
Linards
St-Germain-les-Belles
Magnac-Bourg
Château-Chervix
Masseret
Meuzac
Coussac-Bonneval
Lubersac
Ségur-le-Château
Arnac-Pompadour
Uzerche
Vigeois
Juillac
Seilhac
Chamboulive
Lagraulière
Naves
Chamberet
Rilhac-Treignac
Affieux
Meilhards
Surdoux
Sussac
Domps
St-Paul
Roziers-St-Georges
Masléon
St-Méard
La Croisille-s-Briance
Mt Gargan
Salon-la-Tour
St-Ybard
Espartignac
Pierrefitte
St-Jal
Perpezac-le-Noir
Estivaux
Orgnac-s-Vézère
Vignols
Concèze
Lascaux
St-Sornin-Lavolps
Beyssac
Troche
St-Pardoux-Corbier
St-Martin-Sepert
Benayes
Montgibaud
Eyburie
Condat-s-Ganaveix
Lamongerie
Soudaine-Lavinadière
St-Clément
Chanteix
Vénouhant
St-Vitte-s-Briance
La Porcherie
D 979
D 1120
D 920
D 940
D 901
A 20
E 9
A
B
C
D

207
E
F
243
G
H
226
PARC NATUREL RÉGIONAL DE MILLEVACHES EN LIMOUSIN
Gentioux-Pigerolles
Tarnac
Peyrelevade
Féniers
St-Setiers
Le Mas-d'Artige
La Courtine
Sornac
Millevaches
St-Merd-les-Oussines
Toy-Viam
Bugeat
Lacelle
Viam
Chavanac
Pérols-s-Vézère
Mt Bessou
Meymac
St-Angel
Gourdon-Murat
Bonnefond
Pradines
Davignac
Combressol
Maussac
Soudeilles
Égletons
Moustier-Ventadour
Chau de Ventadour
Neuvic
Chaumeil
Suc-au-May
St-Augustin
Corrèze
Gimel-les-Cascades
Lapleau
St-Hilaire-Foissac
Montaignac-St-Hippolyte
St-Yrieix-le-Déjalat
Rempnat
Nedde
La Villedieu
Faux-la-Montagne
Vestiges gallo-romains des Cars
Tourbière du Longéroux
Signal d'Audouze
Puy de Sarran
Sarran
Rosiers-d'Égletons
Chapelle-Spinasse
Lamazière-Basse
St-Hilaire-Luc
St-Pantaléon-de-Lapleau
Chirac-Bellevue
Valiergues
Alleyrat
Chaveroche
St-Sulpice-les-Bois
St-Germain-Lavolps
St-Pardoux-le-Vieux
St-Rémy
Bellechassagne
St-Martial-le-Vieux
Ambrugeat
Darnets
Palisse
Meyrignac-l'Église
Eyrein
Vitrac-s-M.
Veix
Lestards
Madranges
St-Hilaire-les-Courbes
Treignac
Chamberet
Marcy
Celle
Lissac
D 979
D 982
D 1089
A 89
E 70
D 36
D 16
D 18
D 940

0 2 4 6 8 10 km
208
225
244
Plateau de la Courtine
Camp militaire
La Courtine
Sornac
St-Martial-le-Vieux
St-Rémy
Bellechassagne
Plateau de Millevaches
LIMOUSIN
Alleyrat
Chaveroche
Meymac
Ussel
N.-D. de la Chabanne
St-Fréjoux
St-Exupéry-les-Roches
Mestes
St-Angel
Combressol
Valiergues
Chirac-Bellevue
St-Victour
Margerides
Ste-Marie-Lapanouze
Roche-le-Peyroux
Liginiac
Neuvic
Bge de Neuvic d'Ussel
St-Hilaire-Luc
Palisse
Site de St-Nazaire
Bge de Marèges
St-Pierre
Sérandon
Ydes
Saignes
Madic
Bort-les-Orgues
Orgues
Champs-sur-Tarentaine-Marchal
Lanobre
Val
Beaulieu
Labessette
Trémouille-St-Loup
Bagnols
Tauves
Singles
Larodde
Confolent-Port-Dieu
Monestier-Port-Dieu
Thalamy
St-Bonnet-près-Bort
St-Étienne-aux-Clos
Eygurande
Monestier-Merlines
Bourg-Lastic
Messeix
Savennes
Avèze
St-Sauves-d'Auvergne
St-Julien-Puy-Lavèze
St-Sulpice
Herment
Lastic
Briffons
Prondines
Puy-St-Gulmier
Tortebesse
Feyt
Laroche-près-Feyt
St-Merd-la-Breuille
Aix
St-Pardoux-le-Neuf
Courteix
Couffy-s-Sarsonne
St-Oradoux-de-Chirouze
Forêt de Châteauvert
Lamazière-Haute
Gorges du Chavanon
Gorges d'Avèze
Gges de la Rhue
Bge de Vaussaire
Bge de Lastioulles
Vebret
Antignac
La Monselie
St-Étienne-de-Chomeil
Veyrières
Rte des Ajustants
Gratte-Bruyère
Arches
Le Monteil
Latronche

209
245
228
E
F
G
H
Clermont-Ferrand
Royat
Beaumont
Aubière
Cournon-d'Auvergne
Puy de Dôme
Ceyssat
Orcival
Rochefort-Montagne
Laqueuille
Murat-le-Quaire
La Banne d'Ordanche
Roche Tuilière
Roche Sanadoire
Lac de Guéry
Aydat
St-Amant-Tallende
Veyre-Monton
La Batisse
St-Saturnin
St-Sandoux
Montpeyroux
Champeix
St-Nectaire
Murol
Lac Chambon
le Mont-Dore
Puy de Sancy
Super-Besse
Besse-et-St-Anastaise
Lac Pavin
Puy de Montchal
Creux de Soucy
St-Floret
Puy d'Ysson
Valbeleix
Compains
Gorges de Courgoul
Ardes
Rentières
Égliseneuve-d'Entraigues
Espinchal
La Godivelle
Condat
Picherande
Vassivière
Le Luguet
Anzat-le-Luguet
Blesle
CÉZALLIER
Issoire
Puy de Bessolles
Plateau de Pardines
Vallée de Chaudefour
MONTS DORE
PARC NATUREL RÉGIONAL DES VOLCANS D'AUVERGNE

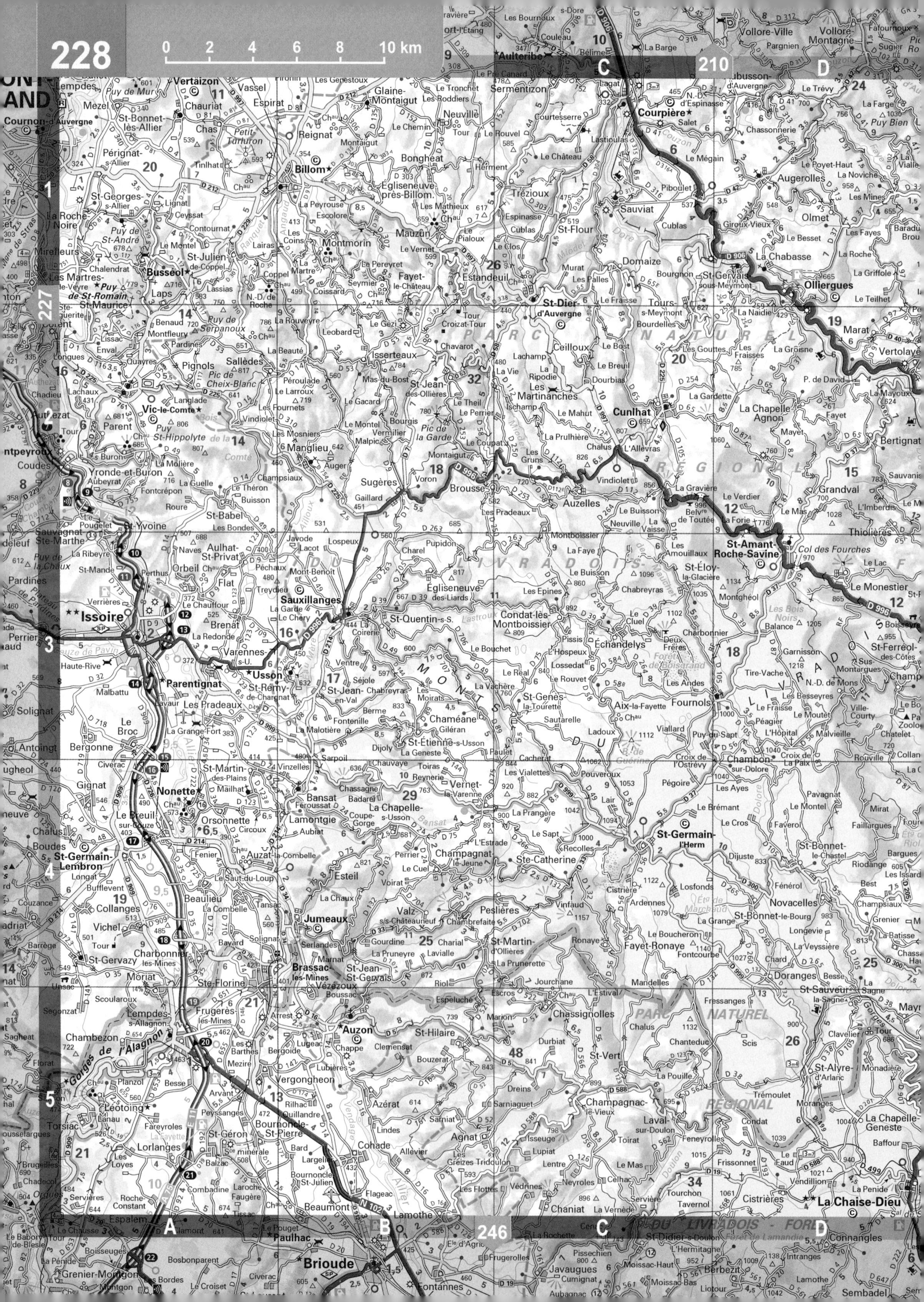
0 2 4 6 8 10 km
210
227
246
A
B
C
D
1
2
3
4
5
Cournon-d'Auvergne
Vertaizon
Billom
Courpière
Olliergues
St-Dier-d'Auvergne
Vic-le-Comte
Cunlhat
Issoire
Sauxillanges
Usson
Parentignat
St-Amant-Roche-Savine
St-Germain-l'Herm
St-Germain-Lembron
Nonette
Jumeaux
Brassac-les-Mines
Auzon
Brioude
La Chaise-Dieu
Paulhac
Lempdes-s-Allagnon
PARC NATUREL RÉGIONAL
LIVRADOIS
MONTS DU LIVRADOIS
DU LIVRADOIS - FOREZ
Gorges de l'Alagnon
Aulteribe
Sugères
Manglieu
Champagnat-le-Jeune
Fournols
Echandelys
Condat-lès-Montboissier
Égliseneuve-des-Liards
St-Quentin-s-S.
Chambon-sur-Dolore
Novacelles
Doranges
St-Sauveur-la-Sagne
Auzelles
Brousse
Bongheat
Mauzun
Montmorin
Augerolles
Marat
Vertolaye
Bertignat
Grandval
Thiolières
Le Monestier
Col des Fourches
Puy de St-Romain
Puy de Mur
Pic de la Garde
Ste-Florine
Vézézoux
Lamontgie
Bansat
Vernet-la-Varenne
Peslières
Chassignolles
St-Vert
Champagnac-le-Vieux
Laval-sur-Doulon
Cistrières
Connangles
Lamothe
Beaumont
Vergongheon
Bournoncle-St-Pierre
Lorlanges
Léotoing
Torsiac
Espalem
Grenier-Montgon
Fontannes
St-Didier-s-Doulon
Berbezit
N 102
D 996
D 906
A 75
E 11

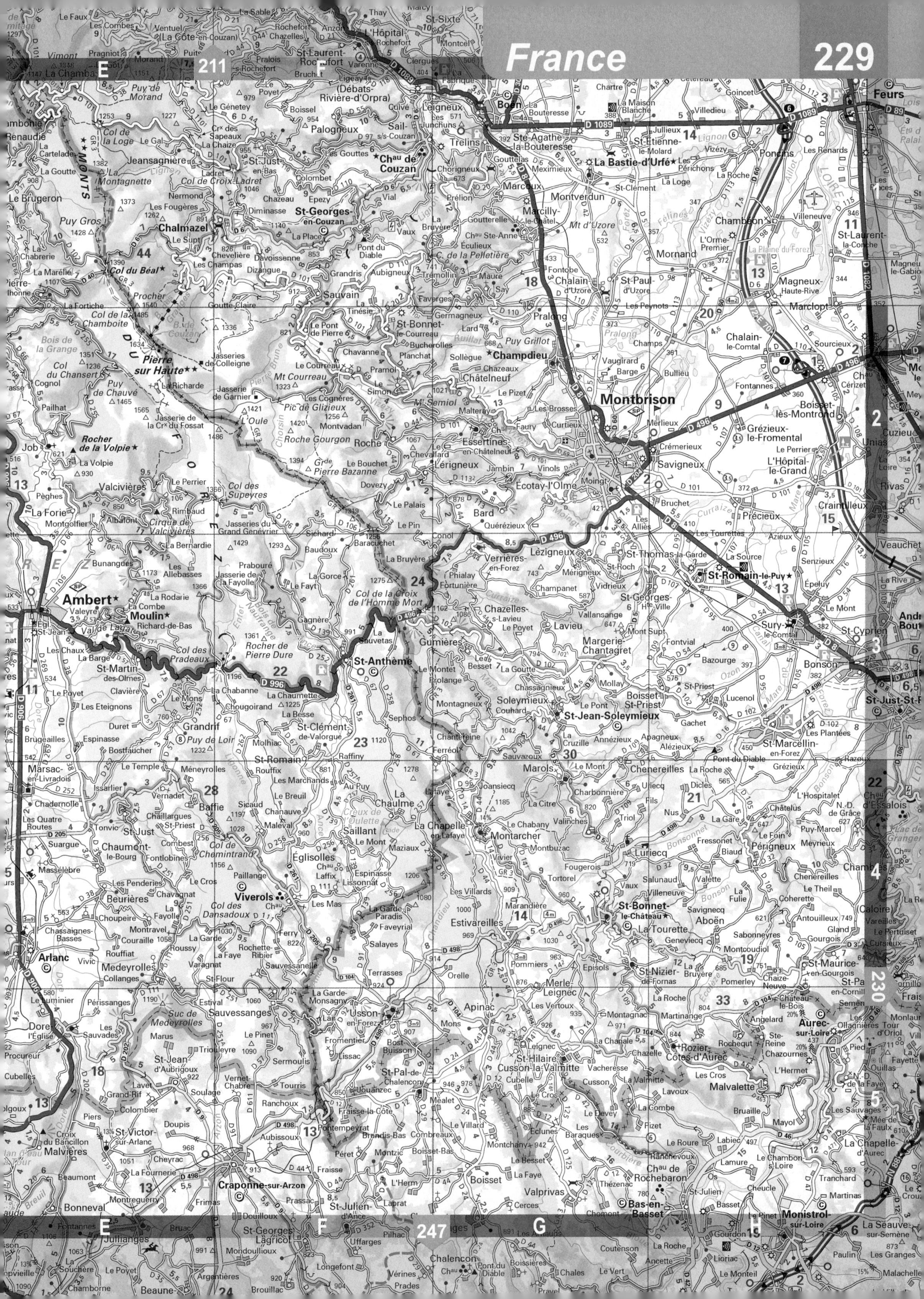
211
E
F
G
H
247
230
Boën
Feurs
Montbrison
Ambert
Moulin
St-Anthème
Chalmazel
St-Georges-en-Couzan
Chau de Couzan
Sauvain
Champdieu
St-Bonnet-le-Courreau
Pierre sur Haute
MONTS DU FOREZ
Col du Béal
La Bastie-d'Urfé
Sury-le-Comtal
St-Romain-le-Puy
St-Jean-Soleymieux
St-Bonnet-le-Château
Viverols
Arlanc
Craponne-sur-Arzon
Usson-en-Forez
Bas-en-Basset
Monistrol-sur-Loire
Aurec-sur-Loire
St-Just-St-Rambert
St-Marcellin-en-Forez
Col de la Croix de l'Homme Mort
Rocher de la Volpie
Valcivières
Job
Marsac-en-Livradois
St-Just
Montarcher
Estivareilles
Apinac
St-Pal-de-Chalencon
Chalencon
Saillant
Églisolles
La Chapelle-en-Lafaye
Chau de Rochebaron
Malvalette
St-Laurent-Rochefort
L'Hôpital-sous-Rochefort
Sail-s/s-Couzan
Leigneux
Trelins
Marcoux
Marcilly-le-Châtel
Chalain-d'Uzore
Pralong
Savigneux
Moingt
Lérigneux
Roche
Essertines-en-Châtelneuf
Bard
Lézigneux
Verrières-en-Forez
Gumières
Chazelles-s-Lavieu
Lavieu
Margerie-Chantagret
Soleymieux
Boisset-St-Priest
Bonson
Précieux
Craintilleux
Boisset-lès-Montrond
Grézieux-le-Fromental
L'Hôpital-le-Grand
Chalain-le-Comtal
Magneux-Haute-Rive
Marclopt
St-Laurent-la-Conche
Mornand
St-Paul-d'Uzore
Chambéon
Poncins
Villedieu
Goincet
Montverdun
St-Thomas-la-Garde
Marols
Chenereilles
Luriecq
Périgneux
St-Nizier-de-Fornas
St-Maurice-en-Gourgois
Rozier-Côtes-d'Aurec
St-Hilaire-Cusson-la-Valmitte
Merle-Leignec
Valprivas
St-Julien-d'Ance
Beurières
Medeyrolles
St-Victor-sur-Arlanc
Malvières
Bonneval
Sauvessanges
St-Jean-d'Aubrigoux
Dore-l'Église
Baffie
Chaumont-le-Bourg
Grandrif
St-Clément-de-Valorgue
St-Romain
St-Martin-des-Olmes
Jeansagnière
Palogneux
D 1089
D 496
D 8
D 498
D 906
D 996

0 2 4 6 8 10 km
212
229
248
Feurs
Montrond-les-Bains
St-Galmier
Veauche
Andrézieux-Bouthéon
St-Just-St-Rambert
St-Héand
Chazelles-s-Lyon
St-Symphorien-sur-Coise
St-Laurent-de-Chamousset
Ste-Foy-l'Argentière
Vaugneray
Mornant
Rive-de-Gier
Lorette
La Grand-Croix
St-Chamond
ST-ÉTIENNE
La Ricamarie
Le Chambon-Feugerolles
Firminy
St-Genest-Malifaux
Le Bessat
Pélussin
Bourg-Argental
Signal de St-André
Crêt de l'Œillon
Crêt de la Perdrix
Gouffre d'Enfer
PARC NATUREL RÉGIONAL DU PILAT
Mont Pilat
Col du Grand Bois ou de la République
LOIRE
St-Didier-en-Velay
St-Marcel-lès-Annonay

LYON
Bron
Vénissieux
St-Priest
St-Fons
Oullins
St-Genis-Laval
Irigny
Feyzin
Corbas
Mions
Givors
VIENNE
Heyrieux
St-Symphorien-d'Ozon
La Verpillière
Villefontaine
L'Isle-d'Abeau
Bourgoin-Jallieu
Crémieu
Colombier-Saugnieu
St-Jean-de-Bournay
Beaurepaire
Roussillon
Le Péage-de-Roussillon
Condrieu
Serrières
St-Rambert-d'Albon
Le Grand-Serre
Hauterives
Palais Idéal
St-Romain-en-Gal
Ste-Colombe
Septème
Chasse-s-Rhône
Ampuis
Forêt de Bonnevaux
Forêt de Chambaran
Bois de Taravas
LYON SAINT-EXUPÉRY
EUREXPO
213
249
232

0 2 4 6 8 10 km
214
231
250
A
B
C
D
1
2
3
4
5
Crémieu
Morestel
Bourgoin-Jallieu
La Tour-du-Pin
Les Abrets
St-Genix-sur-Guiers
Le Pont-de-Beauvoisin
Virieu
Chabons
Le Grand-Lemps
La Côte-St-André
St-Étienne-de-St-Geoirs
Rives
Voiron
Moirans
Voreppe
Tullins
St-Geoire-en-Valdaine
St-Laurent-du-Pont
Walibi
Aoste
Chimilin
Dolomieu
St-Chef
St-Savin
Salagnon
Nivolas-Vermelle
Cessieu
Ruy
Paladru
Charavines
Chirens
St-Égrève
Roybon
Izeaux
Beaucroissant
Renage
Vourey
Plaine du Liers
Plaine de Bièvre
GRENOBLE-ST-GEOIRS
Col du Banchet
Col de Toutes Aures
Col Lachard
Col de la Charmette
Lac de Paladru
Isère
Rhône
Bièvre

AIX-LES-BAINS
CHAMBERY
Le Bourget-du-Lac
La Motte-Servolex
Cognin
St-Alban-Leysse
La Ravoire
Challes-les-Eaux
Montmélian
Pontcharra
Allevard
Le Touvet
Goncelin
La Rochette
Chamoux-sur-Gelon
Grésy-sur-Isère
Le Châtelard
St-Pierre-d'Albigny
St-Pierre-d'Entremont
St-Pierre-de-Chartreuse
Les Échelles
Couvent de la Grde Chartreuse
Col du Granier
Mont Granier
Cirque de St-Même
Chartreuse
Belledonne
Bauges
Parc Naturel Régional du Massif des Bauges
Mont Revard
Dent du Chat
Mont du Chat
Col du Frêne
Vallon de Bellevaux
Miolans
Col de la Madeleine
Grésy-s-Aix
Drumettaz-C.
St-Ismier
Brignoud
Villard-Bonnot
Crolles
Col du Glandon
Col de la Croix de Fer
Massif d'Allevard
Le Rocher Blanc
Pic du Frêne
Lac d'Aiguebelette
Aiguebelette-le-Lac
Novalaise
Yenne
St-Laurent-du-Pont
Entremont-le-Vieux
Apremont
Myans
Chignin
Arbin
Francin
St-Jean-de-Couz
Chapareillan
Barraux
Détrier
Arvillard
St-Rémy-de-Maurienne
La Chambre
St-Alban-des-Villards
St-Colomban-des-Villards
St-Sorlin-d'Arves
E
F
G
H
215
251
234

0 2 4 6 8 10 km

216
252
233
Albertville
Conflans
Fort du Mont
Tours-en-Savoie
Grignon
Gilly-sur-Isère
Mercury
Plancherine
Verrens-Arvey
Tournon
Frontenex
St-Vital
Monthion
N.-D.-des-Millières
Esserts-Blay
La Bathie
Ste-Hélène-s-Isère
St-Paul-s-Isère
Cevins
Rognaix
Feissons-sur-Isère
Bonvillard
Grd Arc
Col de Basmont
Randens
Aiguebelle
Montgilbert
Mt Bellachat
Défilé du Pas de Briançon
Bonneval
La Léchère
Aigueblanche
St-Oyen
Moûtiers
Salins-les-Thermes
Brides-les-Bains
Argentine
St-Georges-des-Hurtières
St-Alban-des-Hurtières
Grd Pic de la Lauzière
Épierre
Pic du Rignolet
Valmorel
Crève Tête
Col de la Madeleine
Le Cheval Noir
Longchamp
St-François-Longchamp
Montgellafrey
Les Chavannes-en-Maurienne
Montaimont
La Chambre
St-Martin-sur-la-Chambre
St-Étienne-de-Cuines
St-Avre
Col du Chaussy
Col de Valbuche
Le Mollard des Bœufs
Aigle de la Grde Moenda
Ste-Marie-de-Cuines
Montvernier
Pontamafrey-Montpascal
Hermillon
St-Jean-de-Maurienne
Villargondran
St-Pancrace
Jarrier
Col du Chaput
La Toussuire
Fontcouverte-La-Toussuire
Albiez-Montrond
Col de la Croix de Fer
Col du Châtelard
Grand Perron des Encombres
Pte de la Masse
MASSIF
Col des Encombres
St-Julien-Mont-Denis
St-Martin-de-la-Porte
St-Jean-de-Belleville
St-Martin-de-Belleville
Les Menuires
Val-Thorens
Cime de Caron
Aigle de Péclet
Mt de la Chambre
Mt du Vallon
Roc des Trois Marches
Mt de la Challe
Méribel
Méribel-Mottaret
Croix des Verdons
Somt de la Saulire
Courchevel 1850
Courchevel 1550
Mt Bel-Air
La Tania
Les Allues
Vallées Trois
Bozel
St-Bon-Tarentaise
Champagny-en-Vanoise
Planay
Pralognan-la-Vanoise
Mt Bochor
Cirque de Génépy
Dent Parrachée
Aussois
Col d'Aussois
Pte de l'Observatoire
Aigle Doran
Col de Chavière
DE LA
PARC
Orelle
St-Michel-de-Maurienne
Montricher-Albanne
Col du Télégraphe
Bge de Roselend
Cormet de Roselend
Boudin
Arêches
Aigle du Grd Fond
Le Roignais
Col du Coin
Le Grd Mont
Crêt du Rey
Bourg-St-Maurice
Les Chapieux
Vallée des Chapieux
Aime
La Côte-d'Aime
Granier
Valezan
Bellentre
Peisey-Nancroix
Landry
Mâcot-la-Plagne
Montvalezan
La Plagne
Plagne-Bellecôte
Belle-Plagne
Aime 2000
Plagne 1800
Col de la Grde Forcle
La Grande Rochette
Roc du Bécoin
Grde Côte
Hautecour
Centron
Montgirod
N.-D.-du-Pré
St-Marcel
Feissons-sur-Salins
Croix de Feissons
Montagny
Champagny
A B C D
1 2 3 4 5

217
253
E
F
G
H
1
2
3
4
5
Col du Pt St-Bernard
La Rosière 1850
Montvalezan
Villaroger
Ste-Foy-Tarentaise
Arc 2000
Aigle Rouge
Mt Pourri
Dôme de la Sache
Barrage de Tignes
Réserve Naturelle
Tignes
Val-d'Isère
Rer de Bellevarde
Tête du Solaise
Belvre de la Tarentaise
C. de l'Iseran
Col de la Galise
Pte Grde Motte
de la Grde Casse
VANOISE
PARC NATIONAL DE LA VANOISE
Col de la Vanoise
Bonneval-sur-Arc
Bessans
Grand Roc Noir
L'Albaron
Uia di Ciamarella
Bessanese
Lanslebourg-Mont-Cenis
Lanslevillard
Val Cenis
Termignon
Sollières-Sardières
Col du Mont Cenis
Lac du Mont Cenis
MASSIF DU MT CENIS
Rocciamelone
Moncenisio
Novalesa
Testa del Rutor
Becca du Lac
Valgrisenche
Val Grisenche
Rhêmes-St-Georges
Rhêmes-Notre-Dame
Val di Rhêmes
Valsavarenche
Val Savarenche
la Grivola
Gran Paradiso
Ciarforon
Colle del Nivolet
Ceresole Reale
Levanna Centrale
Groscavallo
Balme
Usseglio
Val di Cogne
PARCO NAZIONALE GRAN PARADISO
Col de l'Iseran
Vallée d'Avérole
Champ de Tir

0 2 4 6 8 10 km
218
254
A
B
C
D
1
2
3
4
5
Lesparre-Médoc
La Bresquette
St-Isidore
Le Pin-Sec
Forêt du Junca
Lizan
Naujac-sur-Mer
La Prise
Magagnan
Bouries
Plassan
Escot
Conneau
Gausseron
Liard
St-Gaux
Lagune
Marceau
Artiguillon
Hourtin-Plage
Le Pt Mont
Contaut
Marais dit Palu
Louley
Les Genêts
C.F.M.
Cartignac
Le Port
Lande de Vignolles
Piqueyrot
Bas-Bré
Hourtin
Hourtin-Port
Pey-de-Camin
Lagunan
Silo
Haut-Bré
Lac
Pointe-Blanche
Lachanau
Berle de Caillava
Sémignan
Le Crohot-de France
La Gracieuse
Phares d'Hourtin
d'Hourtin-
Lupian
Ste-Hélène-de-Hourtin
Garthieu
Mourlan
Forêt de St-Laurent
Carcans
Craste Lambert
Ste-Hélène-de-l'etang
Berdillan
Le Crohot-des-Cavales
Bombannes
Pipeyrous
Craste
Couyras
Villeneuve
Carcans-Plage
Carcans
Couyrasseau
Le Pouch
Maubuisson
Cap-de-Ville
Mayne-Pauvre
Troussas
Berron
Le Montaut
Raouset
Réserve naturelle
Etang de Cousseau
L'Alexandre
Brach
Devinas
Lande de Ludée
Landes de Méogas
Grand Ludée
Petit Ludée
Lacanau-Océan
Le Huga
Talaris
l'Ardilouse
Le Moutchic
Méogas
Constantenins
Carreyre
Lac
Landes du Bourg
Lande
Narsot
de
Le Devès
Le Tedey
Le Port
Mejos
Taussac
Villeneuve
Lacanau
Taussac
La Grde Escourre
Lacanau
Le Lion
Les Nerps
Au Chalet
Planque-Peyre
Longarisse
Le Bernos
Aux Andraux
Craste de la Levade
Ste-Hélène
Lède du Grd Bernos
Mistre
Tronquats
Bedillon
Etang de Batejin
Landes de Lacousteyre
Le Grand Courgas
Landes du Gartiou-Croutat
Le Petit Courgas
Craste de Castagnot
Dunes du Hugney
Étang de Batourtot
Saumos
Landes d'Eyron
Le Bétout
Le Gressier
Étang de Lède Basse
Grand Bos
Le Porge-Océan
Maisonneuve
Petit Bos
Lescarran
Serigas
Gleyse Vielle
Vignas
Le Temple
Dunes de Partillot
Le Porge
Sautuges
Le Crastieu
La Jenny
Laruau
Lande des Courtious Brûlés
Bois de Boutas
Lauros
Le Pas-du-Bouc
Forêt du Porge
Terrain militaire
Silo
Les Dorat
Maisonnieu
Grand Crohot Océan
Dune du Grd Crohot
Lège-Cap-Ferret
Mautans
Blagon

219
255
238
E
F
G
H
Pauillac
St-Estèphe
Vertheuil
Cissac-Médoc
Lafite-Rothschild
Mouton-Rothschild
St-Sauveur
St-Laurent-Médoc
St-Julien-Beychevelle
Beychevelle
Lanessan
Cussac-Fort-Médoc
Fort-Médoc
Lamarque
Listrac-Médoc
Moulis-en-Médoc
Margaux
Soussans
Cantenac
Labarde
Castelnau-de-Médoc
Avensan
Arsac
Macau
Ludon-Médoc
Le Pian-Médoc
Parempuyre
Blanquefort
Le Taillan-Médoc
St-Médard-en-Jalles
Eysines
Bruges
Le Haillan
Le Bouscat
BORDEAUX
Mérignac
Caudéran
Pessac
Talence
Martignas-sur-Jalle
Salaunes
St-Aubin-de-Médoc
Blaye
St-Ciers-sur-Gironde
Braud-et-St-Louis
Étauliers
Reignac
Marcillac
Donnezac
St-Savin
St-Christoly-de-Blaye
Cavignac
Cézac
Cubnezais
St-Genès-de-Blaye
Cars
Berson
St-Ciers-de-Canesse
Samonac
Bourg
Tauriac
St-Laurent-d'Arce
Prignac-et-Marcamps
Ambès
St-André-de-Cubzac
Cubzac-les-Ponts
St-Vincent-de-Paul
St-Louis-de-Montferrand
Ambarès-et-Lagrave
Bassens
Carbon-Blanc
Lormont
Cenon
Floirac
Artigues-près-B.
Yvrac
Ste-Eulalie
St-Loubès
St-Sulpice-et-Cameyrac
Montussan
Beychac-et-Caillau
Pompignac
Tresses
Salleboeuf
Bouliac
Carignan-de-Bordeaux
Virsac
Aubie-et-Espessas
Marsas
Peujard
Gauriaguet
St-Antoine
Île Philippe
Île de Patiras
Île Bouchaud
Île Nouvelle
Île Verte
Île du Nord
Bec d'Ambès
Île Cazeau
GARONNE
Dordogne
L'AQUITAINE
LE BLAYAIS
Phare de Trompeloup

0 2 4 6 8 10 km
237
220
256
A
B
C
D
1
2
3
4
5
Chevanceaux
Montlieu-la-Garde
Montguyon
Donnezac
Corignac
Chepniers
Pouillac
St-Palais-de-Négrignac
Neuvicq
Bussac-Forêt
Saugon
Clérac
Bedenac
St-Savin
St-Yzan-de-Soudiac
St-Mariens
Cavignac
Civrac-de-Blaye
Laruscade
Cercoux
La Clotte
Chamadelle
Les Églisottes-et-Chalaures
St-Aigulin
La Genétouze
Boscamnant
Sauvignac
Rioux-Martin
Lapouyade
Marsas
Marcenais
Maransin
Bayas
Lagorce
Coutras
Guîtres
St-Laurent-d'Arce
Peujard
Gauriaguet
Aubie-et-Espessas
Virsac
St-Gervais
St-Antoine
St-André-de-Cubzac
Cubzac-les-Ponts
St-Romain-la-Virvée
Asques
Cadillac-en-Fronsadais
Villegouge
Lugon-et-l'Île-du-Carnay
Saillans
Galgon
Vérac
Périssac
Bonzac
Savignac-de-l'Isle
St-Denis-de-Pile
Abzac
St-Médard-de-Guizières
St-Seurin-s-l'Isle
St-Sauveur-de-Puynormand
Petit-Palais-et-Cornemps
Lussac
Montagne
Néac
Pomerol
Fronsac
Libourne
Vayres
Arveyres
St-Émilion
St-Christophe-des-Bardes
St-Hippolyte
St-Laurent-des-Combes
St-Étienne-de-Lisse
St-Pey-d'Armens
Ste-Colombe
Belvès-de-Castillon
Castillon-la-Bataille
Gardegan-et-Tourtirac
St-Philippe-d'Aiguille
Puisseguin
St-Georges
Parsac
St-Sulpice-de-Faleyrens
Vignonet
Génissac
Moulon
Nérigean
Cadarsac
St-Germain-du-Puch
Beychac-et-Caillau
Montussan
Pompignac
Salleboeuf
Tresses
Artigues-près-B.
Carbon-Blanc
Ambarès-et-Lagrave
St-Loubès
Ste-Eulalie
St-Sulpice-et-Cameyrac
Izon
St-Germain-de-la-Rivière
St-Michel-de-Fronsac
Fargues-St-Hilaire
Camarsac
Tizac-de-Curton
Branne
Cabara
Bonnetan
Croignon
Baron
Grézillac
Lugaignac
Ste-Florence
A 10
E 606
N 10
D 730
D 674
D 670
N 89
D 936
A 89
D 1089

221
257
240
E
F
G
H
Aubeterre-s-Dronne
St-Aulaye
Ribérac
Montagrier
Tocane-St-Apre
St-Astier
Neuvic
Mussidan
Montpon-Ménestérol
St-Front-de-Pradoux
Bourgnac
Villamblard
La Jemaye
Échourgnac
St-Barthélemy-de-Bellegarde
St-Martial-d'Artenset
Villefranche-de-Lonchat
Montpeyroux
Vélines
Le Fleix
La Force
BERGERAC
Port-Ste-Foy-et-Ponchapt
Ste-Foy-la-Grande
Gardonne
Lamonzie-St-Martin
Prigonrieux
Forêt de la Double
Forêt du Landais
Isle
Dronne
Dordogne
A 89
E 70
D 708
D 6089
D 936
Début 2010

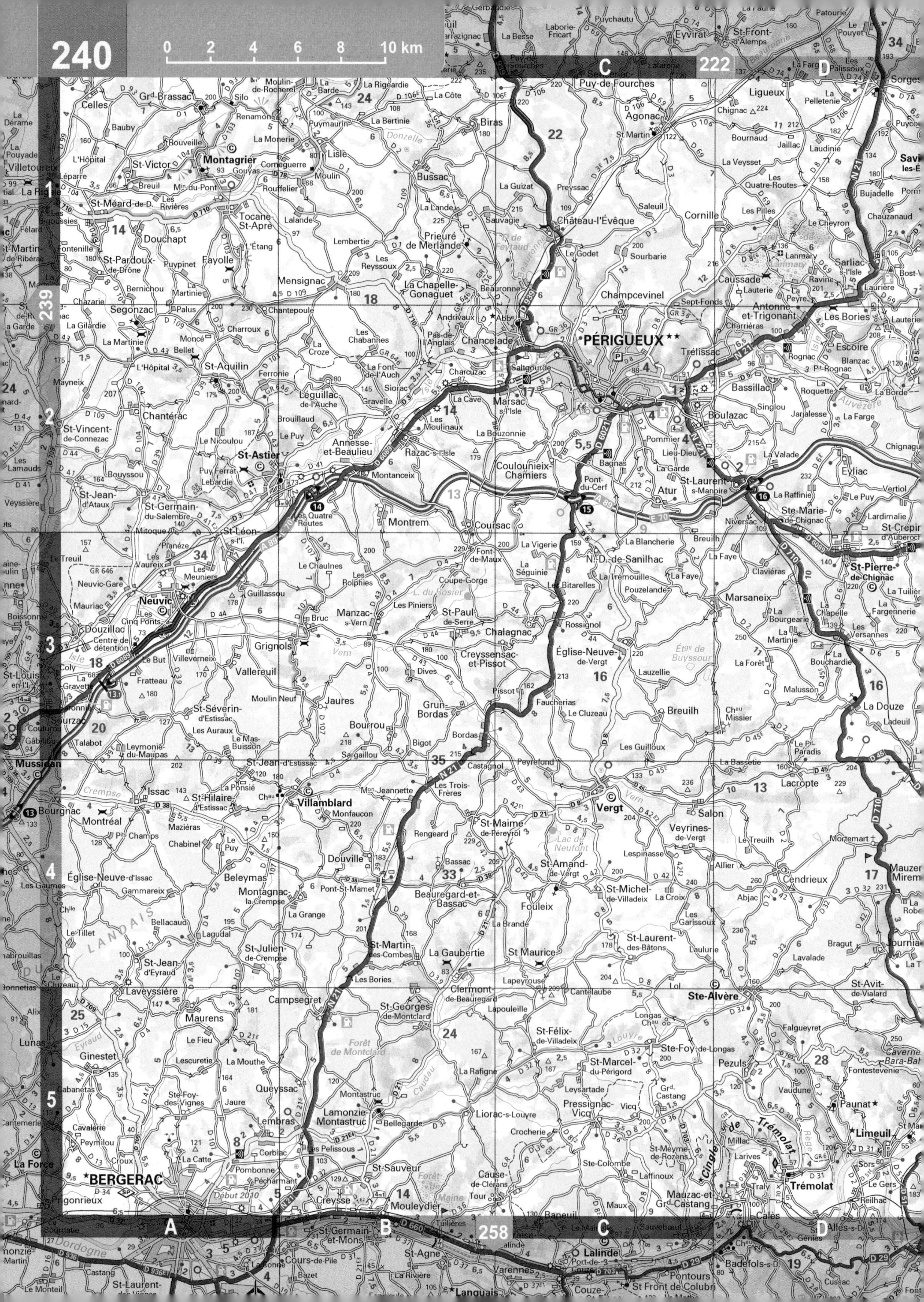
0 2 4 6 8 10 km
222
239
258
A
B
C
D
1
2
3
4
5
PÉRIGUEUX
Montagrier
St-Astier
Neuvic
Villamblard
Vergt
Ste-Alvère
BERGERAC
Lalinde
Trémolat
Limeuil
Mussidan
St-Pierre-de-Chignac
Château-l'Évêque
Agonac
Ligueux
Sorges
Bussac
Biras
Lisle
Celles
Grd-Brassac
St-Victor
Tocane-St-Apre
Douchapt
St-Méard-de-D.
St-Pardoux-de-Drône
Fayolle
Mensignac
La Chapelle-Gonaguet
Chancelade
Champcevinel
Trélissac
Antonne-et-Trigonant
Escoire
Bassillac
Boulazac
Marsac-s-l'Isle
Razac-s-l'Isle
Annesse-et-Beaulieu
Léguillac-de-l'Auche
St-Aquilin
Segonzac
Chantérac
St-Vincent-de-Connezac
St-Germain-du-Salembre
St-Léon-s-l'I.
Coulounieix-Chamiers
Atur
St-Laurent-s-Manoire
Ste-Marie-de-Chignac
Eyliac
Coursac
Montrem
Manzac-s-Vern
Grignols
Douzillac
Sourzac
St-Paul-de-Serre
Chalagnac
Creyssensac-et-Pissot
Église-Neuve-de-Vergt
N.-D.-de-Sanilhac
Marsaneix
La Douze
Breuilh
Salon
Veyrines-de-Vergt
Lacropte
Cendrieux
St-Michel-de-Villadeix
St-Amand-de-Vergt
Fouleix
St-Maime-de-Péreyrol
Beauregard-et-Bassac
Douville
St-Martin-des-Combes
La Gaubertie
St Maurice
St-Laurent-des-Bâtons
Clermont-de-Beauregard
St-Georges-de-Montclard
Campsegret
St-Félix-de-Villadeix
St-Marcel-du-Périgord
Ste-Foy-de-Longas
Pezuls
Pressignac-Vicq
Liorac-s-Louyre
Lamonzie-Montastruc
Queyssac
Lembras
Maurens
Laveyssière
St-Julien-de-Crempse
Montagnac-la-Crempse
Beleymas
Issac
St-Hilaire-d'Estissac
St-Jean-d'Estissac
St-Séverin-d'Estissac
Vallereuil
Église-Neuve-d'Issac
Montréal
Bourgnac
St-Jean-d'Eyraud
Ginestet
La Force
Prigonrieux
Creysse
Mouleydier
St-Sauveur
Cause-de-Clérans
Mauzac-et-Grd-Castang
St-Germain-et-Mons
Cours-de-Pile
Badefols-s-D.
Cingle de Trémolat
Forêt de Montclard
Lac de Neufont
LANDAIS
Dordogne

Excideuil
St-Raphaël
Coulaures
Mayac
Tourtoirac
Ste-Eulalie-d'Ans
St-Pantaly-d'Ans
Chourgnac
Temple-Laguyon
Cubjac
La Boissière-d'Ans
Brouchaud
Gabillou
Ste-Orse
Granges-d'Ans
Montagnac-d'Auberoche
Bauzens
Limeyrat
Ajat
St-Antoine-d'Auberoche
Fossemagne
Thenon
Azerat
Rastignac
La Bachellerie
Hautefort
Cherveix-Cubas
Boisseuilh
Salagnac
Ste-Trie
Segonzac
Teillots
St-Robert
Ayen
Coubjours
Louignac
Nailhac
Badefols-d'Ans
La Chapelle-St-Jean
Châtres
St-Rabier
Peyrignac
Villac
Beauregard-de-Terrasson
Cublac
Terrasson-Lavilledieu
Le Lardin-St-Lazare
Les Farges
Condat-s-Vézère
Auriac-du-Périgord
Montignac
Lascaux
Aubas
Coly
St-Amand-de-Coly
Chavagnac
Grèzes
Pazayac
Larche
Mansac
Yssandon
Brignac-la-Plaine
Perpezac-le-Blanc
St-Aulaire
Objat
Vars-s-Roseix
St-Cyprien
Rouffignac-St-Cernin-de-Reilhac
Plazac
Fanlac
La Vermondie
Thonac
le Thot
Valojoulx
St-Léon-s-Vézère
Sergeac
Peyzac-le-Moustier
Tursac
La Roque St-Christophe
Site de la Madeleine
Fleurac
Manaurie
Les Eyzies-de-Tayac Sireuil
Font-de-Gaume
Le Bugue
Campagne
Marquay
Tamniès
Marcillac-St-Quentin
St-Geniès
La Chapelle-Aubareil
Archignac
Jayac
Nadaillac
Paulin
Salignac-Eyvigues
Borrèze
St-Crépin et Carlucet
Jardins d'Eyrignac
Proissans
Sarlat-la-Canéda
Ste-Nathalène
Simeyrols
Orliaguet
Carlux
Peyrillac-et-Millac
Puymartin
Meyrals
St-André-d'Allas
Redon-l'Espi
St-Cyprien
Castels
Beynac-et-Cazenac
Vézac
Vitrac
Carsac-Aillac
Calviac-en-Périgord
Rouffillac
Ste-Mondane
Fénelon
Cazoulès
Dordogne
Le Buisson-de-Cadouin
Coux-et-Bigaroque
Mouzens
Audrix
A 89
E 70
D 6089
D 704
D 47
D 703
223
259
242
E
F
G
H

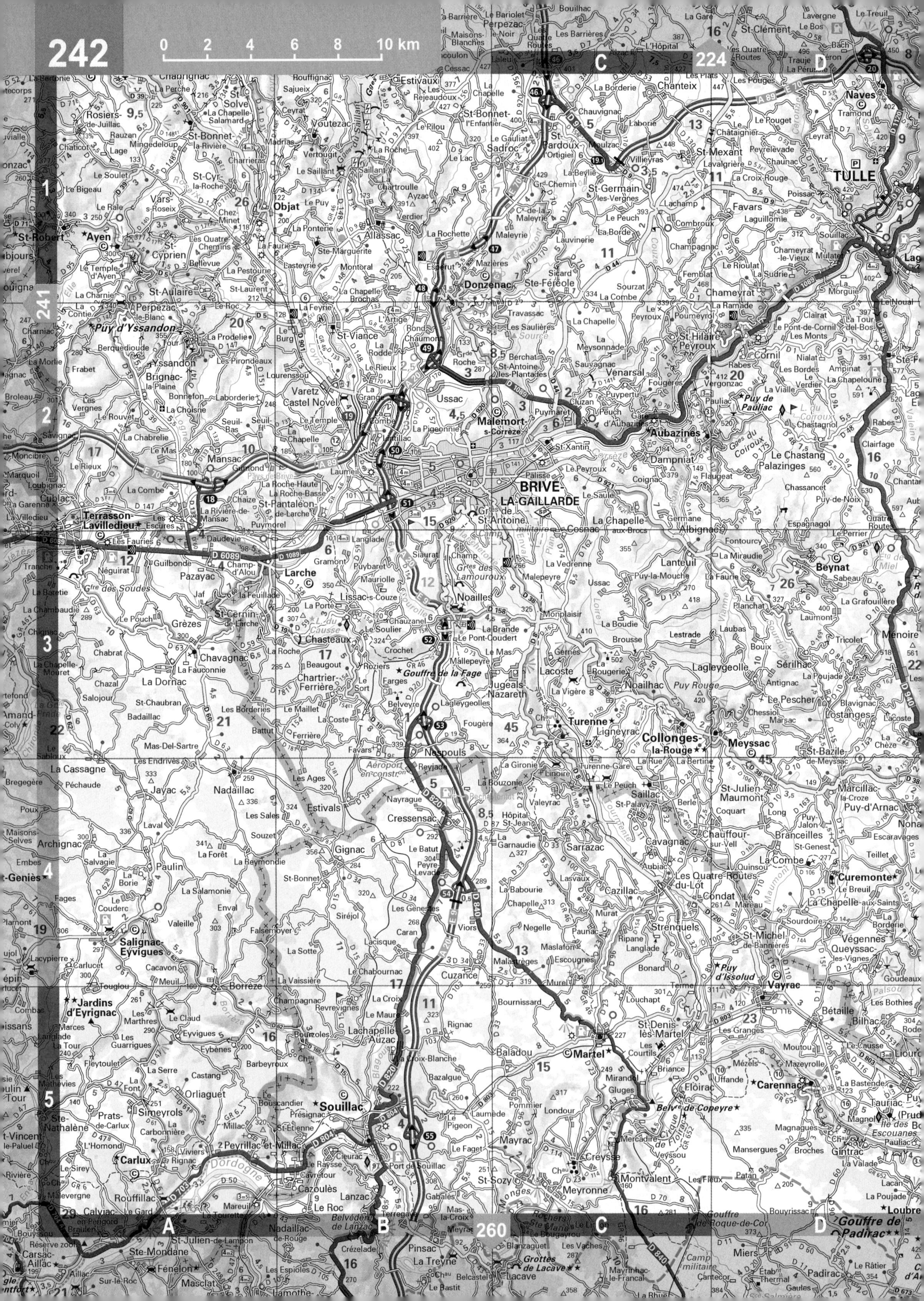
0 2 4 6 8 10 km
224
241
260
A
B
C
D
1
2
3
4
5
TULLE
BRIVE-LA-GAILLARDE
Objat
Allassac
Donzenac
Ayen
St-Robert
Malemort-s-Corrèze
Ussac
Aubazines
Terrasson-Lavilledieu
Larche
Noailles
Turenne
Collonges-la-Rouge
Meyssac
Beynat
Martel
Souillac
Carlux
Salignac-Eyvigues
Jardins d'Eyrignac
Vayrac
Curemonte
Carennac
Gouffre de la Fage
Gouffre de Padirac
Puy d'Yssandon
Puy de Pauliac
Puy d'Issolud
Belvédère de Copeyre
Cressensac
Nespouls
Chasteaux
Lissac-s-Couze
Naves
Dordogne
Grottes de Lacave
Rocamadour

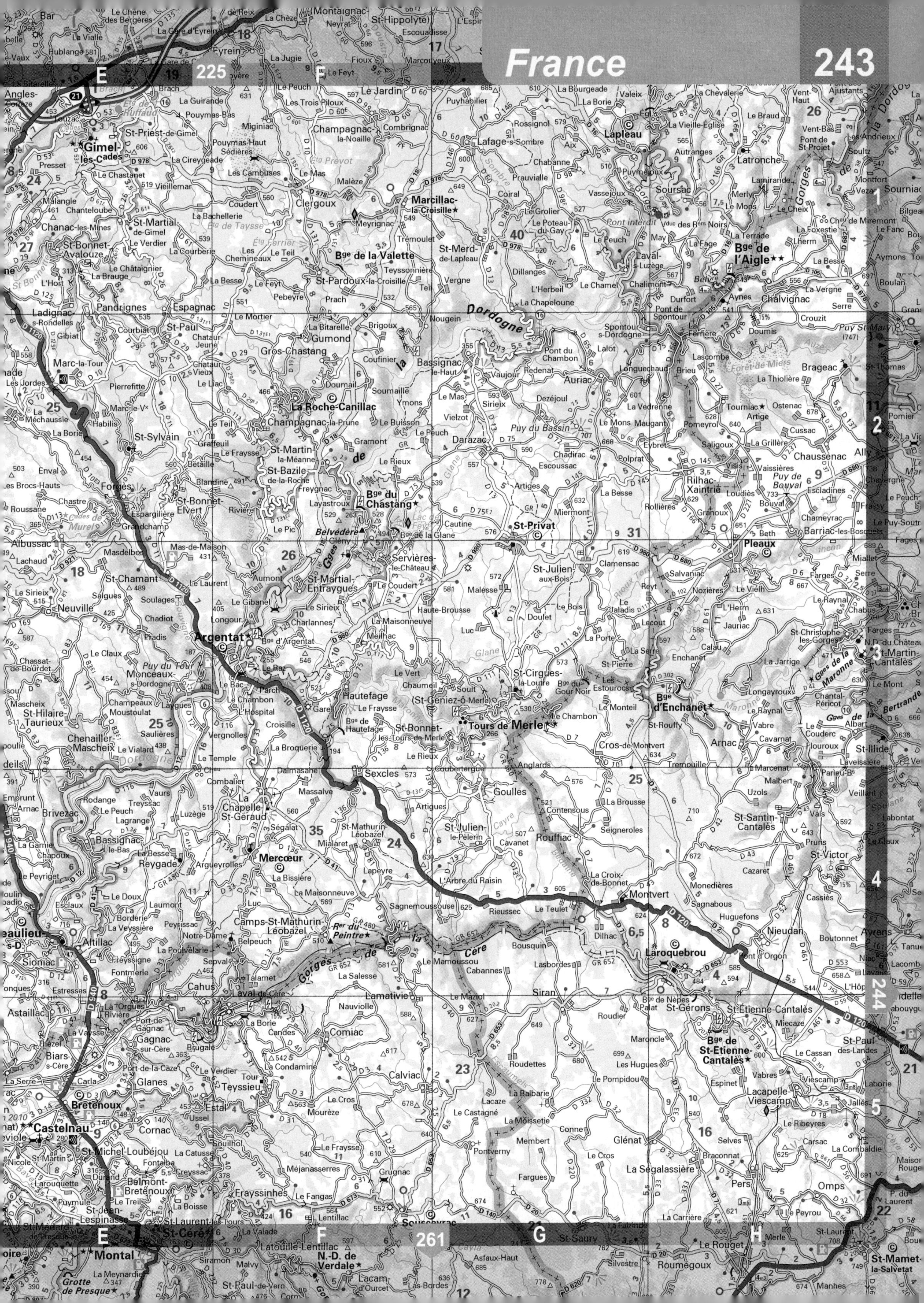
Gimel-les-Cades
Lapleau
Latronche
Soursac
Marcillac-la-Croisille
Clergoux
Bge de la Valette
St-Pardoux-la-Croisille
Bge de l'Aigle
Chalvignac
Dordogne
Gumond
La Roche-Canillac
St-Martial-Entraygues
Bge du Chastang
St-Privat
Pleaux
Argentat
Hautefage
Tours de Merle
Bge d'Enchanet
Sexcles
Goulles
Mercœur
Montvert
Laroquebrou
St-Étienne-Cantalès
Bge de St-Étienne-Cantalès
Bretenoux
Castelnau
St-Céré
Montal
Sousceyrac
St-Mamet-la-Salvetat
225
261
244

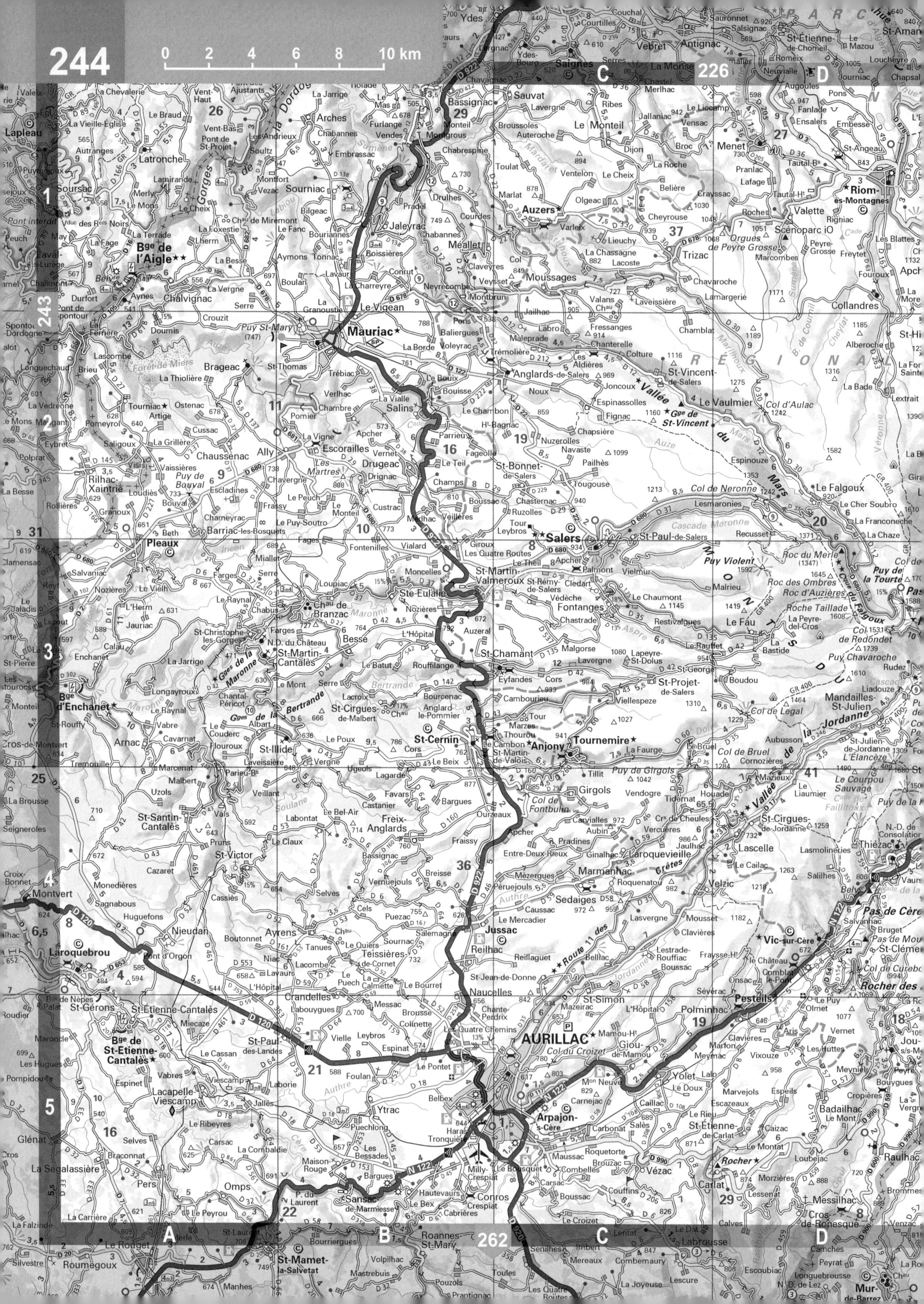
0 2 4 6 8 10 km
226
262
243
A
B
C
D
1
2
3
4
5
Mauriac
Salers
Pleaux
Riom-ès-Montagnes
AURILLAC
Arpajon-s-Cère
Vic-sur-Cère
Laroquebrou
St-Cernin
Jussac
Tournemire
Anjony
Auzers
Saignes
Ydes
Bassignac
Trizac
Moussages
Anglards-de-Salers
St-Martin-Valmeroux
St-Chamant
Fontanges
St-Paul-de-Salers
St-Vincent-de-Salers
Le Vaulmier
Le Falgoux
Puy Violent
Puy de la Tourte
Col de Neronne
Col d'Aulac
Vallée du Mars
Gges de St-Vincent
Vallée de la Jordanne
Mandailles-St-Julien
St-Julien-de-Jordanne
Thiézac
Pas de Cère
Polminhac
Yolet
Carlat
Raulhac
Messilhac
Vézac
Laroquevieille
Marmanhac
Sedaiges
Girgols
St-Cirgues-de-Jordanne
Lascelle
Velzic
Route des Crêtes
St-Simon
Naucelles
Ytrac
Sansac-de-Marmiesse
St-Mamet-la-Salvetat
Lacapelle-Viescamp
Bge de St-Etienne-Cantalès
St-Etienne-Cantalès
St-Gérons
Nieudan
St-Victor
St-Santin-Cantalès
Arnac
St-Illide
St-Cirgues-de-Malbert
St-Martin-Cantalès
Gges de la Maronne
Bge d'Enchanet
Chau de Branzac
Ste-Eulalie
Drugeac
Salins
Ally
Chaussenac
Barriac-les-Bosquets
Brageac
Bge de l'Aigle
Chalvignac
Gorges de la Dordogne
Sourniac
Jaleyrac
Méallet
Le Vigean
Arches
Lapleau
Soursac
Latronche
Rilhac-Xaintrie
Montvert
Crêtes
Monts du Cantal

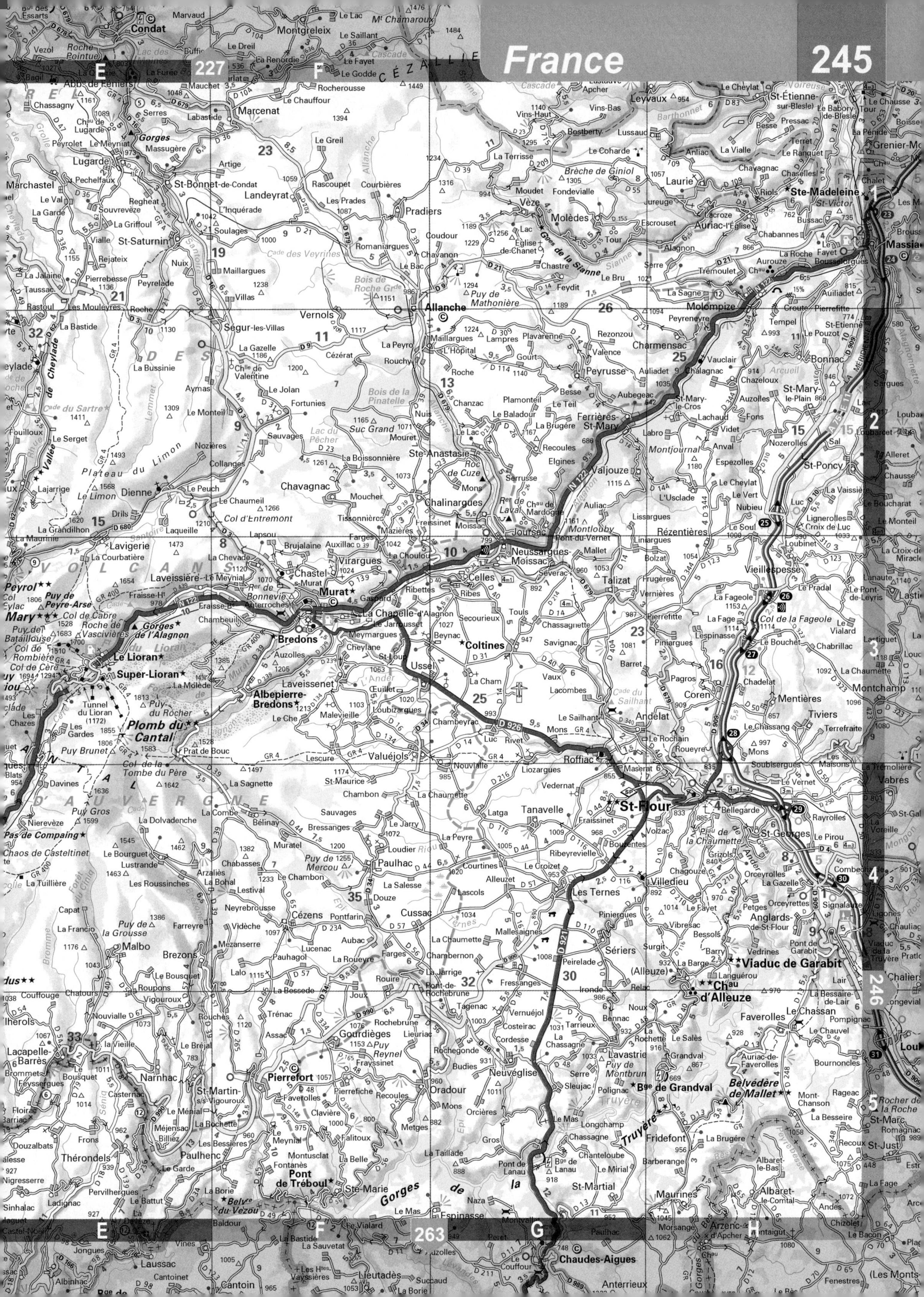

227
263
246
E
F
G
H
1
2
3
4
5
Condat
Marcenat
Allanche
Murat
Bredons
Le Lioran
Super-Lioran
Plomb du Cantal
St-Flour
Neussargues-Moissac
Massiac
Pierrefort
Chaudes-Aigues
Viaduc de Garabit
Chau d'Alleuze
Pont de Tréboul
Coltines
Molompize
Ferrières-St-Mary
Dienne
Ségur-les-Villas
St-Saturnin
St-Bonnet-de-Condat
Lugarde
Landeyrat
Vernols
Chavagnac
Valuéjols
Paulhac
Cussac
Neuvéglise
Oradour
Brezons
Narnhac
Paulhenc
Andelat
Roffiac
Talizat
Vieillespesse
Anglards-de-St-Flour
Villedieu
Ussel
Laveissière
Albepierre-Bredons
Lavigerie
Peyrusse
Allanche
Gorges de la Truyère
Bge de Grandval
Belvédère de Mallet
Puy de Mathonière
Plateau du Limon
Col de Cabre
Pas de Compaing
Vallée de Cheylade
Gorges de l'Alagnon
Puy Mary
Peyrol
Col de la Fageole
Montjournal
Cézallie
Brèche de Giniol
Gges de la Sianne
Puy de Mercou
Ste-Madeleine
Col d'Entremont
Puy Gros
Puy Brunet
Puy de Peyre-Arse

0 2 4 6 8 10 km

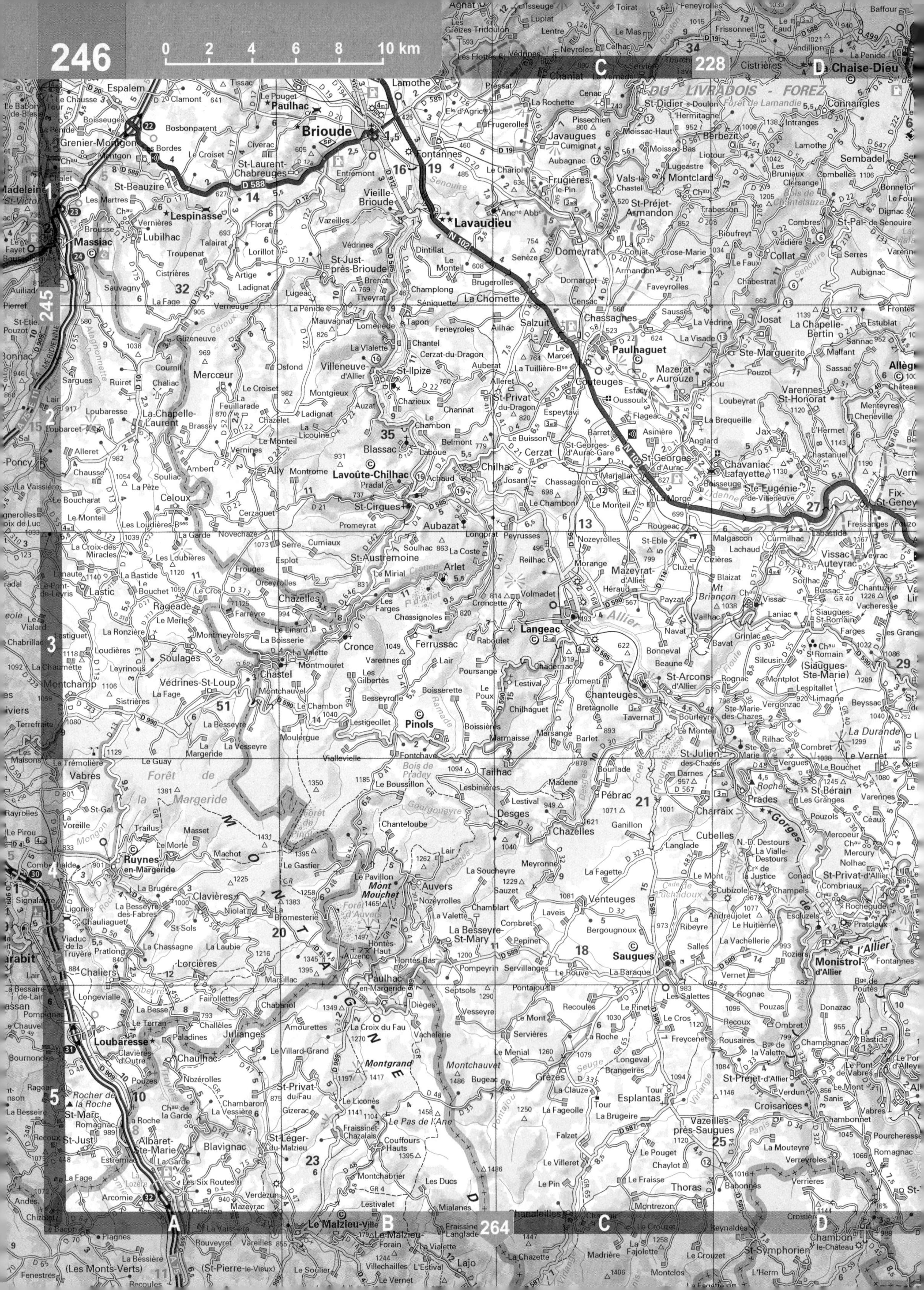

228
245
264
A
B
C
D
1
2
3
4
5
DU LIVRADOIS - FOREZ
Forêt de Lamandie
La Chaise-Dieu
Brioude
Paulhac
Lamothe
Fontannes
Vieille-Brioude
Lavaudieu
St-Laurent-Chabreuges
St-Beauzire
Lespinasse
Lubilhac
Massiac
St-Just-près-Brioude
Domeyrat
Frugières-le-Pin
Javaugues
St-Didier-s-Doulon
Montclard
St-Préjet-Armandon
Collat
Connangles
Sembadel
La Chomette
Salzuit
Chassagnes
Paulhaguet
Mazerat-Aurouze
Josat
La Chapelle-Bertin
Ste-Marguerite
Villeneuve-d'Allier
St-Ilpize
Mercœur
La Chapelle-Laurent
Blassac
Lavoûte-Chilhac
Chilhac
Cerzat
St-Georges-d'Aurac
Chavaniac-Lafayette
Ste-Eugénie-de-Villeneuve
Fix-St-Geney
St-Privat-du-Dragon
Couteuges
Varennes-St-Honorat
Ally
Celoux
St-Cirgues
Aubazat
St-Austremoine
Arlet
Chazelles
Lastic
Rageade
Langeac
Mazeyrat-d'Allier
Vissac-Auteyrac
Mt Briançon
Allier
Cronce
Ferrussac
Chastel
Védrines-St-Loup
Soulages
Pinols
Chanteuges
St-Arcons-d'Allier
Siaugues-Ste-Marie
St-Julien-des-Chazes
Tailhac
Pébrac
Prades
Gorges
Forêt de la Margeride
Ruynes-en-Margeride
Clavières
Mont Mouchet
Auvers
Desges
Chazelles
Venteuges
Saugues
Monistrol-d'Allier
Paulhac-en-Margeride
Loubaresse
Chaulhac
St-Privat-du-Fau
Montgrand
Grèzes
Esplantas
Vazeilles-près-Saugues
St-Préjet-d'Allier
Croisances
St-Léger-du-Malzieu
Le Pas de l'Âne
Albaret-Ste-Marie
Blavignac
Thoras
Chanaleilles
Le Malzieu-Ville
Le Malzieu-Forain
Chambon-le-Château
St-Symphorien
M O N T A G N E

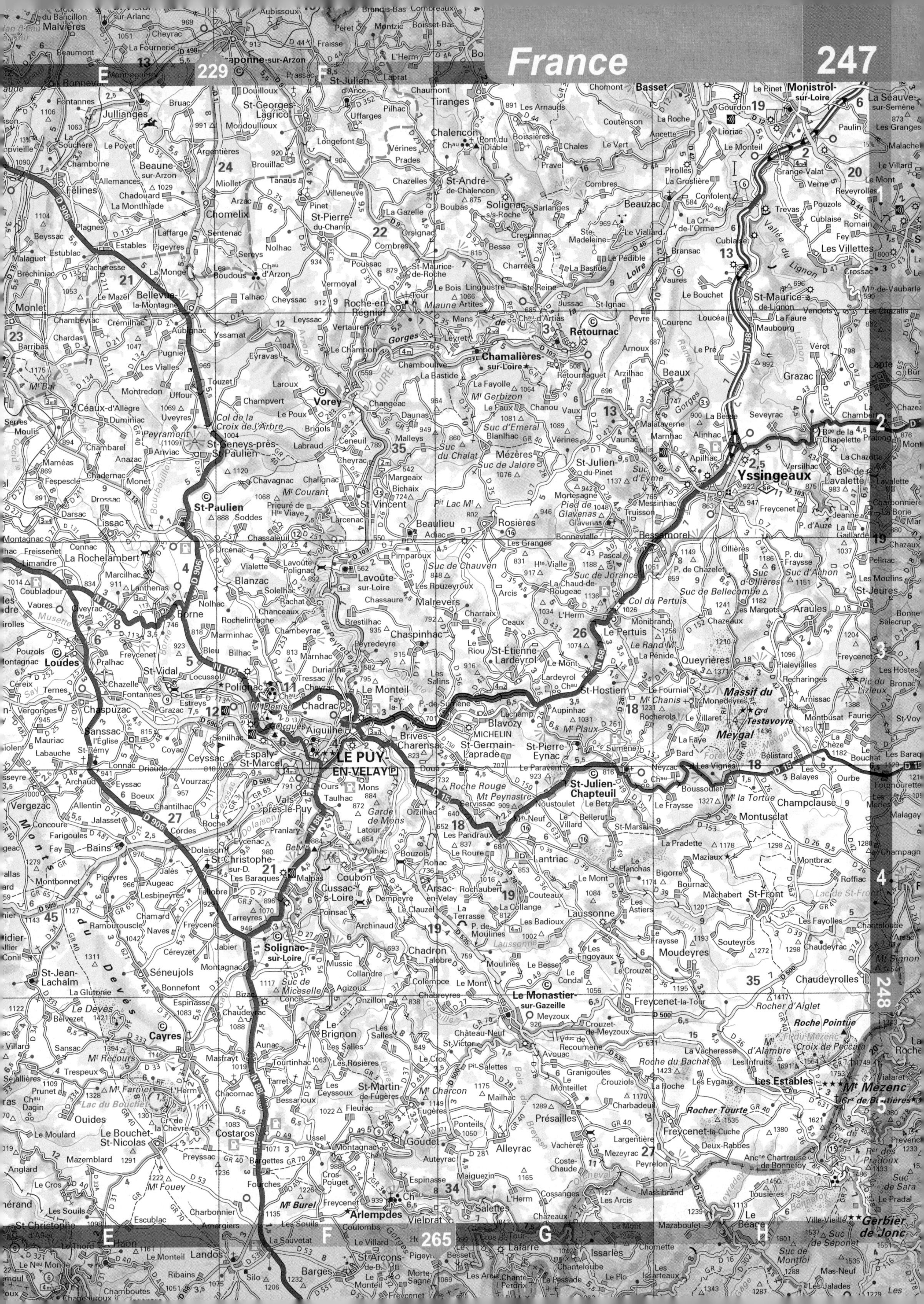

229
265
248
Craponne-sur-Arzon
Monistrol-sur-Loire
Yssingeaux
Retournac
Chamalières-sur-Loire
Vorey
St-Paulien
Loudes
LE PUY-EN-VELAY
Polignac
Espaly-St-Marcel
Aiguilhe
Brives-Charensac
St-Germain-Laprade
Blavozy
St-Julien-Chapteuil
Le Monastier-sur-Gazeille
Solignac-sur-Loire
Cayres
Costaros
Arlempdes
Les Estables
Mt Mézenc
Gerbier de Jonc
Massif du Meygal
Gd Testavoyre
Mts du Devès
Lac du Bouchet
Bellevue-la-Montagne
Allègre
Chomelix
Beaune-sur-Arzon
St-Pierre-du-Champ
Roche-en-Régnier
Bas-en-Basset
St-Maurice-de-Lignon
Tence
Lapte
Fay-sur-Lignon
Laussonne
Présailles
Le Brignon
St-Jean-Lachalm
Landos
Barges
Issarlès
Le Béage
Ste-Eulalie
Gorges de la Loire
Vallée du Lignon
Bois de Breysse

0 2 4 6 8 10 km
230
247
266
A
B
C
D
1
2
3
4
5
St-Didier-en-Velay
La Séauve-sur-Semène
St-Victor-Malescours
Marlhes
St-Régis-du-Coin
Bourg-Argental
St-Marcel-lès-Annonay
Boulieu-lès-A.
Annonay
Davézieux
St-Romain-Lachalm
St-Sauveur-en-Rue
Burdignes
Ste-Sigolène
St-Pal-de-Mons
Riotord
Dunières
Suc des 3 Chiens
Col de la Charousse
Vanosc
Villevocance
Roiffieux
Roche Péréandre
Raucoules
Montfaucon-en-Velay
St-Julien-Molhesabate
Monestier
Vocance
Grd Felletin
St-Julien-Vocance
Suc de Vent
St-Alban-d'Ay
Quintenas
St-Romain-d'Ay
Montregard
St-Bonnet-le-Froid
Col du Rouvey
St-Symphorien-de-Mahun
Satillieu
Chenereilles
Col des Baraques
Mgne de Chaix
Tence
St-Pierre-sur-Doux
Suc de Mirabel
Lalouvesc
Le Mas-de-Tence
St-André-en-Vivarais
Mgne du Besset
Col du Juvenet
Col du Marchand
Col du Faux
Vaudevant
Col de Fontay
St-Victor
St-Félicien
La Chapelle-s/s-Rochepaule
Rochepaule
Lafarre
Pailharès
Devesset
Col du Buisson
Colombier-le-Vieux
Bozas
Le Chambon-sur-Lignon
Mazet-St-Voy
St-Jeure-d'Andaure
Arlebosc
Boucieu-le-Roi
Chau de Rochebloine
Nozières
Empurany
Mars
St-Agrève
Labatie-d'Andaure
Le Crestet
Désaignes
Lamastre
St-Romain-le-Désert
Fay-sur-Lignon
Les Vastres
Intres
Col de St-Genest
Gilhoc-sur-Ormèze
St-Julien-Boutières
La Citadelle
St-Barthélemy-Grozon
Col des Fans
St-Clément
Lachapelle-s/s-Chanéac
Chau de Rochebonne
St-Jean-Roure
St-Basile
Col de Montreynaud
Serre de la Roue
St-Didier-de-Crussol
Mt Signon
Chanéac
St-Martin-de-Valamas
St-Cierge-s/s-le-Cheylard
St-Prix
Nonières
St-Julien-Labrousse
St-Apollinaire-de-Rias
Boffres
La Rochette
Jaunac
Châteauneuf-de-Vernoux
Le Cheylard
St-Michel-d'Aurance
Col de Ceyssouan
St-Jean-Chambre
Mt Mezenc
Crx de Boutières
Col de l'Ardéchoise
Borée
Arcens
Mariac
Accons
St-Barthélemy-le-Meil
Vernoux-en-Vivarais
Chau de la Tourrette
Silhac
Col de Comberon
St-Christol
Beauvène
Chalencon
St-Martial
Le Pont-de-Frontières
Serre en Don
Gluiras
St-Julien-le-Roux
Corniche
Gerbier de Jonc
Col de Jouy
St-Andéol-de-Fourchades
Dornas
St-Genest-Lachamp
St-Maurice-en-Chalencon
St-Fortunat-s-Eyrieux
St-Michel-de-Chabrillanoux
Le Chambon
St-Pierreville
Albon-d'Ardèche
St-Sauveur-de-Montagut
Dunières-s-Eyrieux
P A R C N A T U R E L
Taillard
Pyfarat

Sablons
Serrières
Chanas
Épinouze
St-Sorlin-en-Valloire
Moras-en-Valloire
Le Grand-Serre
St-Rambert-d'Albon
Anneyron
Hauterives
Palais Idéal
Montfalcon
Colombier-le-Cardinal
St-Désirat
Tour
Albon
Andance
Andancette
Châteauneuf-de-Galaure
St-Martin-d'Août
Tersanne
St-Christophe-et-le-Laris
Montrigaud
Beausemblant
Talencieux
Laveyron
Mureils
La Motte-de-Galaure
St-Avit
Montchenu
Miribel
St-Bonnet-de-Valclérieux
Col de la Madeleine
Dionay
St-Vallier
Sarras
Claveyson
Ratières
Bathernay
St-Laurent-d'Onay
Forêt de Thivolet
St-Antoine-l'Abbaye
Crépol
Ozon
Ponsas
St-Barthélemy-de-Vals
Charmes-sur-l'Herbasse
Margès
Le Chalon
St-Michel-sur-Savasse
Montmiral
Arras-sur-Rhône
Serves-sur-Rhône
St-Donat-sur-l'Herbasse
Arthémonay
Geyssans
Montagne
Parnans
Érôme
Gervans
Marsaz
Chantemerle-les-Blés
Chavannes
Peyrins
Triors
Châtillon-St-Jean
St-Lattier
Lemps
Vion
Larnage
Crozes-Hermitage
Veaunes
Mercurol
St-Bardoux
Clérieux
Mours-St-Eusèbe
Génissieux
Eymeux
Tain-l'Hermitage
Tournon-s-R
Chanos-Curson
Granges-les-Beaumont
Romans-sur-Isère
St-Paul-lès-Romans
La Baume-d'Hostun
Mauves
Bourg-de-Péage
Jaillans
Beaumont-Monteux
Châteauneuf-sur-Isère
Chatuzange-le-Goubet
Glun
La Roche-de-Glun
Pont-de-l'Isère
Beauregard-Baret
Châteaubourg
Panorama
St-Romain-de-Lerps
St-Marcel-lès-Valence
Alixan
Marches
Rochefort-Samson
Cornas
Bourg-lès-V.
Besayes
Barbières
Champis
St-Péray
Chau de Crussol
VALENCE
Montélier
Charpey
St-Vincent-la-Commanderie
Guilherand-Granges
Malissard
Peyrus
Léoncel
Col de la Bataille
Toulaud
Soyons
Chabeuil
Châteaudouble
Portes-lès-Valence
Montvendre
Combovin
St-Georges-les-Bains
Charmes-s-Rhône
Beaumont-lès-Valence
Montéléger
Beauvallon
Étoile-sur-Rhône
Chau de Pierre-Gourde
Beauchastel
La Baume-Cornillane
Plan-de-Baix
Gorges d'Omblèze
231
267
250

0 2 4 6 8 10 km
232
268
249
A
B
C
D
1
2
3
4
5
Voreppe
St-Jean-de-Chépy
Le Fays
Le Port
Bec de l'Echaillon
Dent de Moirans
Le Martinet
St-Quentin-sur-Isère
Les Mattres
Le Chatelard
Chalais (Monastère)
Grde Aiguille
Le Chevalon
Mont-St-Martin
Pomarey
Planfay
La Pinéa
Aigle de Quaix
Proveysieux
Quaix-en-Chartreuse
Fontanil-Cornillon
St-Égrève
Veurey-Voroize
Montaud
Noyarey
La Buffe
Tunnel du Mortier
route coupée
Les Coings
Grignon
Col du Cognet
Quincieu
Serres (Serre-Nerpol)
Chalamant
Vatilieu
Cras
Les Essards
Le Vert
Tizin
Poliénas
Roybon
Chasselay
Les Caves
Décumane
Chantesse
N.-D.-de-l'Osier
Charpenay
L'Etoile
Linage
La Rivière
Bec de l'Orient
Pas de la Clé
La Sure
Gouffre Berger
Dent du Loup
Forêt de Chambaran
Bois de Gargamelle
Abbe de la Trappe de Chambaran
Leveau
Varacieux
Murinais
L'Albenc
L'Allegrerie
La Gonnardière
Vinay
Bivan
Port-St-Gervais
Lignet
N.-D. d'Armieux
Les Monts
Mt Belle
St-Gervais
Bouvatière
Sal de Naves
L'Achard
L'Église
Sassenage
Gges du Furon
Fontaine
St-Martin-le-Vinoux
La Bastille
La Buisseratte
Narbonne
Clémencière
Le Néron
La Blache
Bouchetière
Bessins
Le Gollard
Quincivet
Rolland
Le Guâ
Trellins
Le Rivier
Rovon
Villeneuve
La Molière
Source
Mémorial du Vercors
Tour Sans Venin
Seyssinet-Pariset
Engins
Les Jaux
La Gaucherie
Blagneux
St-Appolinard
Chevrières
Vincendon
Tèche
Beaulieu
Chasse
Les Combes
Gorges
Andrevière
P. Chabert d'Hières
Autrans
Ebertière
Le Bouchet
Le Bourg
St-Vérand
Châtaignière
Les Mons Neuves
St-Marcellin
Antoine-Abbaye
La Bruyère
Cognin-les-Gorges
La Servagere
Les Brosses
Gorges du Nan
Le Moulin
Malleval-en-Vercors
Montchardon
Chagneux
Izeron
Les Vernes
Les Aigaux
Gorges d'Engins
Gges du Bruyant
St-Nizier-du-Moucherotte
Le Moucherotte
Seyssins
Cossey
Bouveyres
Échirolles
Le Pont-de-Claix
Le Mollard
Hières
Chatte
Les Boudillons
Foras
Perron
St-Sauveur
Pas du Follet
Railletière
Col de Romeyère
Route des Écouges
Drevenne
Forêt des Coulmes
Cochet
Les Dollys
Les Griats
La Truite
La Perrinière
L'Olette
Col de la Croix-Perrin
Jaume
La Chenevarie
Malhivert
Le Peuil
La Balme
Allières
Claix
Champagnier
Montagne
St-Bonnet-de-Chavagne
La Croisée
Charvolet
Gontier
St-Pierre-de-Chérennes
Col du Mont Noir
La Rochette
Méaudre
Les Giraults
La Cordelière
Bouilly
Lans-en-Vercors
Le Peuil
Stade des Neiges
Savoyères
Le Pont Rouge
L'Arthaudière
Le Girard
Beauvoir-en-R.
St-Romans
Le Fas
Les Glénats
Le Violon
Rencurel
La Côte
Les Français
Grand Cheval
Grde Roche St Michel
Risset
La Sône
Fontaine de Pétouze
Monteux
Roche Chalve
Gros Martel
Gorges du Méaudre
Greymonds
Les Bruyères
Pic St-Michel
St-Ange
Fontagnieux
Le Perrier
St-Hilaire-du-Rosier
Rebatel
Bluvinaye
St-André-en-Royans
Serre Cocu
Presles
La Balme-de-Rencurel
Les Jarrands
Les Nobles
Villard-de-Lans
Col de l'Arc
St-Paul-de-Varces
Les Combes
Varces-Allières-et-Risset
Champ-sur-Drac
Reymure
Le Creux
Col de Toutes Aures
Col de Pra l'Etang
Le Charmeil
Rers de Presles
Rers du Rang
Les Clots
P. de la Goule Noire
Bourne
Roc Cornafion
Maubourg
Gare de St-Hilaire
Pont
St-Just-de-Claix
Pont-en-Royans
Choranche-les-Bains
Choranche
Gorges de la Bourne
Brèche de Chalimont
Cre de Valchevrière
Bois-Barbu
Les Cochettes
Les Mallets
Vif
La Rivoire
St-Nazaire-en-Royans
Auberives-en-Royans
Châtelus
Vezor
Pas de l'Echarasson
Grte de Bournillon
St-Julien-en-Vercors
Forêt de la Loubière
Les Clots
Les Glovettes
Col Vert
La Baume-d'Hostun
La Motte-Fanjas
(Hostun)
St-Thomas-en-Royans
Pts Goulets
Ste-Eulalie-en-R.
Les Alberts
La Matrassière
Herbouilly
La Gratte
Les Pouteils
Le Balcon de Villard
Les Bouchards
Corrençon-en-Vercors
Arêtes du Gerbier
Rer de l'Eperrimont
Le Genevray
Les Saillants
La Grange
Le Croset
St-Georges-de-Commiers
St-Martin (Rochechinard)
Échevis
Bois de l'Allier
Rochers de l'Allier
Le Briac
St-Martin-en-Vercors
Pas de la Sambue
Clot-de-la-Balme
La Cote 2000
Prélenfrey
Pas de l'Œille
Le Gua
Chabotte
St-Pierre
St-Jean-en-Royans
St-Laurent-en-Royans
Forêt de Côte Belle
Rer du Guignon
Le Bardo
Combe Laval
Col de la Machine
Pas de l'Ane
La Grde Moucherolle
Col des Deux Sœurs
Les Rossets
N.-D.-de-Commiers
Col Gaudissart
Oriol-en-Royans
Grds Goulets
Tourtre
Chets de Combeauvieux
Pas de la Balme
Col de l'Arzelier
L'Arzelier
La Pierre
Coynelle
St-Barthélemy
Pâquier
La Peyrouse
Beauregard-Baret
La Sieurle
Tamée
Monastère
St-Antoine-le-Grand
La Jarjatte
Les Barraques-en-Vercors
Les Merciers
Roche des Arnauds
Les Gabriels
Les Drevets
Puy Grimaud
Château-Bernard
Miribel-Lanchâtre
Montagne de la Balme
St-Martin-de-la-Cluze
Monteynard
La Combe
St-Martin-le-Colonel
C. de la Rochette
Col de l'Echarasson
Puy de Bois en Vercors
Rer du Pleynet
Le Combe
Le Vernay
Patassière
Bge de Monteynard
Les Vignes
Bouvante
Les Fogès
Val Chartreuse
Ste-Marie
Col de la Portette
Belvre
Tunnels du Pionnier
Col du Maupas
Carret des Autarets
Gagnaire
La Chapelle-en-Vercors
Montagne
Rochers de la Peyrouse
St-Andéol
St-Guillaume
Avignonet
La Motte-les-Bains
Les Côtes
Col de la Croix
La Sacha
La Cime-du-Mas
Les Chabottes
Mgne du Play
Garneyre
Maninaire
Le Rivoiranche
Sinard
Corniche du Drac
Serre du Mortier
Lente
Col de Carri
Carrefr des Trois Routes
Col de la Rama
La Charge
Grotte du Brudour
Serre Plume
Pot des Anguilles
La Draye Blanche
St-Agnan-en-Vercors
La Tour
Col de Proncel
Mgne du Grd Larve
Vernaison
Serre Brion
Somt de Malaval
Grisail
Mgne de la Pâle
Ponsonnanche
St-Paul-lès-Monestier
Le Chaumeil
Les Fraisses
Pas du Serpaton
Treffort
Monestier-de-Clermont
Col du Fau
Rouac
Les Arnauds
Marcieu
Col de Tourniol
Crête de Combe Zinc
Bouvante-le-Haut
Serre de Montué
La Mure
Le Château
C. de Lachau
La Britière
Les Brunets
Col des Deux
Roche Rousse
Champ
Les Deux
Gresse-en-Vercors
Mignanne
Tiraillière
Les Champs
Grd Echaillon
Mgne de Malatra
Pas de l'Infernet
Mémorial
Nécropole du Vercors
Vassieux-en-Vercors
Pas du Pré
Les Faures
Grotte de la Luire
Hauts Plateaux du Vercors
Fourmilière
La Ville
Col de l'Allimas
Le Fau
Les Peyrouses
Roc de Cognière
Herbelon
Côte Rouge
Châteaubourg
Col de la Bataille
La Vacherie
Ambel
Roc de Toulau
Tubanet
Font-d'Urle
Crête des Gagères
Pas de la Ville
Grd Brisou
Savouraires
Roissard
Mayres-Savel
Puy de la Gagère
Mgne d'Ambel
Col de St-Alexis
Rousset
Le Grd Veymont
La Bâtie
St-Michel-les-Portes
Pont de Brion
St-Michel
Villarnet
(Omblèze)
La Cime
Pas d'Ambel
Les Bonnets
Col de Font-Payanne
Mgne de Nève
Varême
Pas de Chattons
La Grde Cabane
Col de l'Aupet
Trésannes
Mt Aiguille
Goutaroux
St-Martin-de-Clelles
Villard-Julien
Lavars
(Cornillon-en-Trièves)
Les Boutons
Chaffal
Tête de la Dame
Les Arbods
Montagne des Teulières
Péchers
Gorges d'Omblèze
Bec Pointu
Les Bayles
St-Julien-en-Quint
Ruisse
Pié de Die
Mgne de Beurre
Col de Rousset
Pas des Econdus
Réserve Naturelle des Hauts Plateaux du Vercors
Forêt du Vercors
Parc Naturel Régional du Vercors
Montagne de Vercors
Tête de la Graille
Tête de Tir
Rers du Parquet
Ruthière
Richardière
Clelles
Le Gd Oriol
Le Pt Oriol
Sandon
Ansage
Les Glovins
Col de la Croix
Chute de la Druise
Lallet
Col de Vassieux
Col de l'Aiglette
Les Granges
Pas de Chabrinel
Donnière
Chichilianne
La Gare
Longefonds
Les Oches
Les Maillets
Les Morins
St-Etienne-en-Quint
Col de Marignac
Mon du Col
Marignac-en-Diois
Le Vacant
Serre de l'Echarenne
L'Escoulin
La Rollandière
Chamaloc
St Sapiau
Somt de Tr
Pas de l'Aiguille
Rers de Plautret
Tête Chevalière
Les Blancs
Le Percy
Le Monestier-du-Percy
Prébois
Les Baumiers

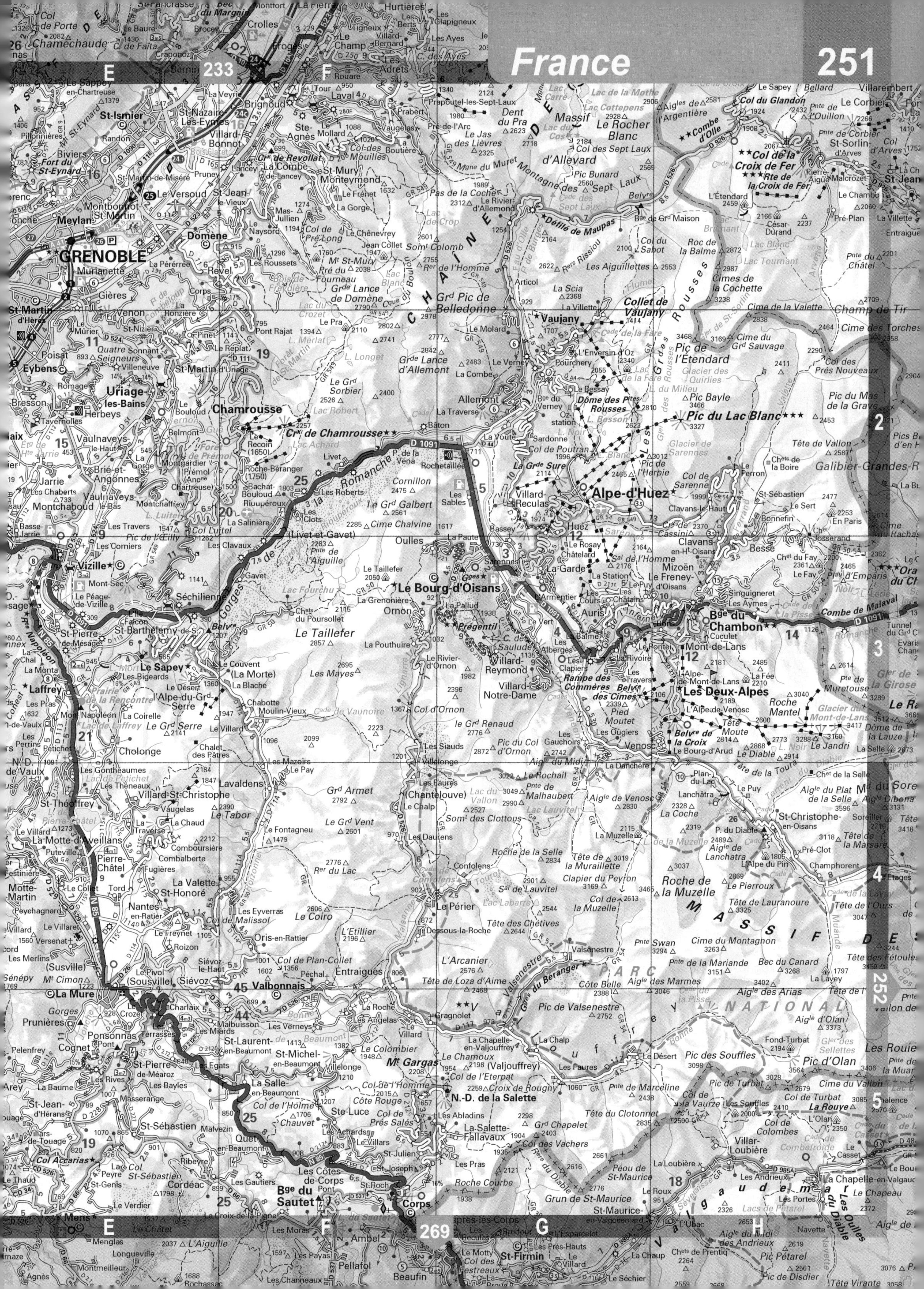

GRENOBLE
Meylan
St-Ismier
Crolles
Brignoud
Domène
Gières
St-Martin-d'Hères
Eybens
Uriage-les-Bains
Chamrousse
Crx de Chamrousse
Vaulnaveys-le-Haut
Vizille
Séchilienne
Gorges de la Romanche
Laffrey
Le Sapey
La Mure
Valbonnais
Corps
Bge du Sautet
Mens
N.-D. de la Salette
Mt Gargas
Le Taillefer
Le Bourg-d'Oisans
Alpe-d'Huez
Vaujany
Collet de Vaujany
Pic de l'Étendard
Pic du Lac Blanc
Grd Pic de Belledonne
Chaîne de Belledonne
Massif d'Allevard
Le Rocher Blanc
Col du Glandon
Col de la Croix de Fer
Rte de la Croix de Fer
St-Sorlin-d'Arves
Défilé de Maupas
Allemont
Les Deux-Alpes
Bge du Chambon
Mont-de-Lans
Combe de Malaval
La Grave
Venosc
Roche de la Muzelle
Massif des Écrins
Parc National
Valjouffrey
Valgaudemar
Pic d'Olan
Les Rouies
St-Firmin
Pic des Souffles
Pic Pétarel
Les Oulles du Diable
Col de Sarenne
Route Napoléon
E
F
G
H
233
269
252

0 2 4 6 8 10 km
234
251
270
A
B
C
D
1
2
3
4
5
Valloire
Col du Télégraphe
St-Michel-de-Maurienne
Valmeinier
Modane
La Norma
Aussois
Valfréjus
Tunnel du Fréjus
Bardonècchia
Mt Thabor
Roche Bernaude
Col du Galibier
Grand Galibier
Col du Lautaret
La Grave
Oratoire du Chazelet
La Meije
Le Râteau
Le Goléon
Les Aigles d'Arves
St-Jean-d'Arves
Col du Mollard
Albiez-Montrond
Fontcouverte-La-Toussuire
Névache
Vallée de la Clarée
Vallée de la Guisane
Le Monêtier-les-Bains
Serre-Chevalier
Chantemerle
La Salle-les-Alpes
Col de Granon
Montgenèvre
Croix de Toulouse
BRIANÇON
Barre des Écrins
Pic de Neige Cordier
Pré de Mme Carle
Mt Pelvoux
Ailefroide
Vallouise
Puy-St-Vincent
L'Argentière-la-Bessée
Belvre du Pelvoux
La Bérarde
Plan du Carrelet
DES ÉCRINS
PARC
Vallée de Celse Nière
Les Vigneaux
St-Martin-de-Queyrières
Villar-St-Pancrace
Puy-St-André
Le Chalvet
Val-des-Prés
Plampinet
Roche Gauthier
Crête de Peyrole
Sommet des Anges
Pic du Béal Traversier
Col du Chardonnet
Pic de la Moulinière
Crey du Quart
Cime de Caron
Mt Bréguin
Aigle Doran
Rocher des Grds Bec
Col de Dormillouze
Pic de Mélézin
Peygu
Chalets d'Izoard
Pic de Ht Mouriare
Col des Ayes
Tête de la Maye
Som t des Bans
Pic de Bonvoisin
Pic de Vallonpierre
Aigle de Morges
Sirac
Tête de Soulaure
Tête de Dormillouse
Col d'Anon

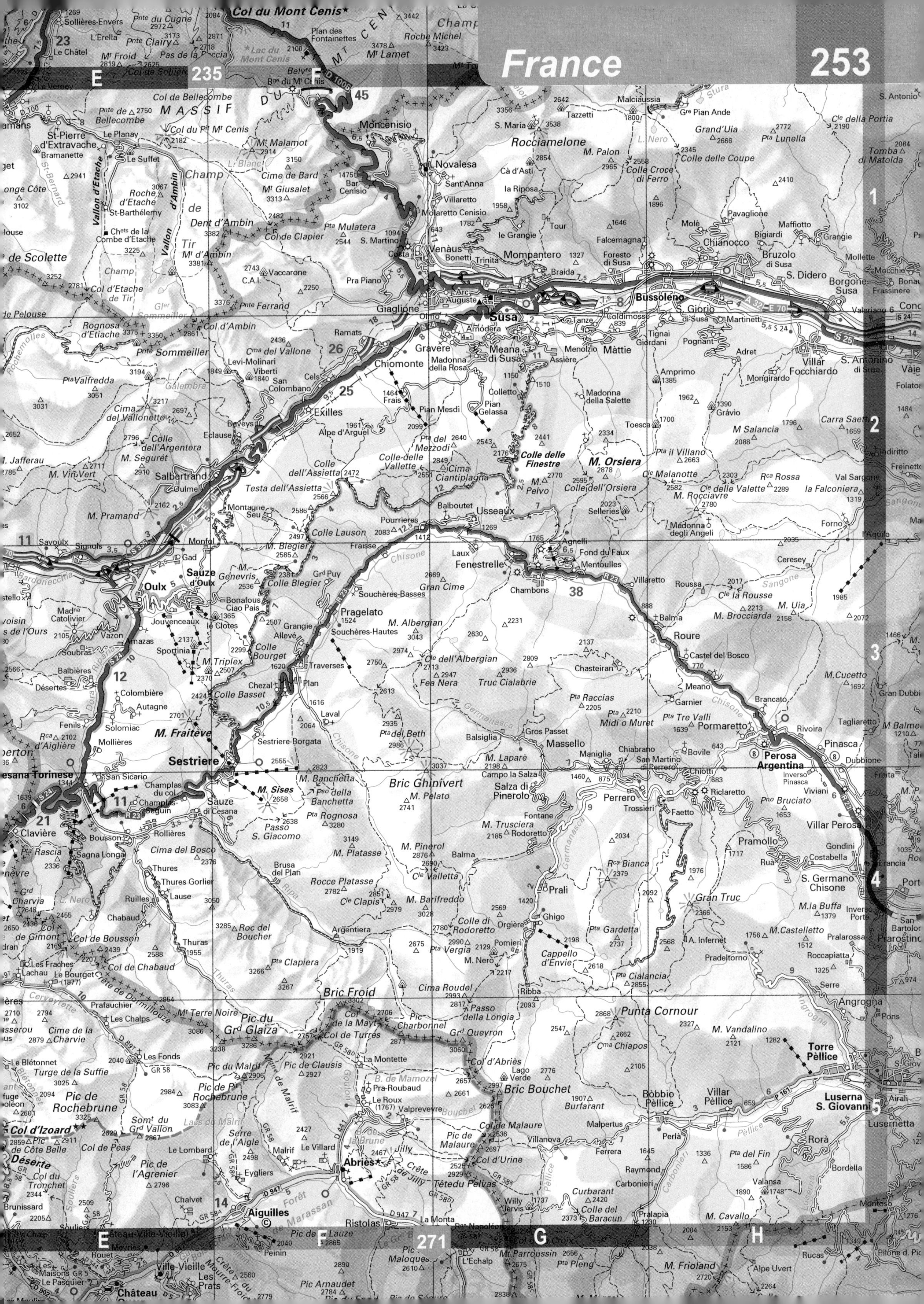

Col du Mont Cenis
Lac du Mont Cenis
MASSIF DU MT CENIS
Moncenisio
Novalesa
Venaus
Rocciamelone
Susa
Bussoleno
Chianocco
Bruzolo
S. Didero
Borgone Susa
Mompantero
Gravere
Meana di Susa
Chiomonte
Exilles
Salbertrand
Oulx
Sauze d'Oulx
Cesana Torinese
Clavière
Sestriere
Sauze di Cesana
Pragelato
Usseaux
Fenestrelle
Roure
Perosa Argentina
Pinasca
Villar Perosa
S. Germano Chisone
Prali
Perrero
Massello
Salza di Pinerolo
Colle delle Finestre
M. Orsiera
Bric Ghinivert
Punta Cornour
Bric Bouchet
Bric Froid
Pic du Grd Glaiza
Abriès
Aiguilles
Torre Pèllice
Luserna S. Giovanni
Bobbio Pèllice
Villar Pèllice
Col d'Izoard
Pic de Rochebrune
M. Fraitève
M. Sises
Col du Mt Cenis
Dent d'Ambin
Mt d'Ambin
Colle Blegier
Colle Basset
Colle Bourget
M. Albergian
M. Rocciavre
Colle Lauson
Testa dell'Assietta
Colle dell'Assietta
Val Chisone
E F G H
1 2 3 4 5
235
271

0 2 4 6 8 10 km
236
C
D
272
A
B
C
D
1
2
3
4
5
Courtious Brûlés
Silo
Maisonnieu
Les Dorat
Terrain militai
Grand Crohot Océan
Lège-Cap-Ferret
Le Cousteau de la Machine
Réserve naturelle
Arès
La Grde Heyre
Les Chalets
Les Nargues
Mautans
Blagon
Jossaume
La Huillarde
La Pignada
Jane-de-Boy
Claouey
Andernos-les-Bains
Les Jacquets
Dune de Bayle
Le Truc Vert
Le Petit Piquey
Le Grand Piquey
★★ BASSIN
Le Mauret
Taussat
Cassy
PARC NATUREL RÉGIONAL
La Pointe En
Piraillan
Le Canon
L'Herbe ★
Villa-Algérienne
La Vigne
D'ARCACHON
Parcs à huîtres
Île aux Oiseaux
Pnte de Branne
Le Renet
Le Nan
Lanton
Lubec
Hougueyra
La Possession
Certes
La Courbe
Audenge
Réservoirs à Poissons
Les Trucailles
Les Argentières
Belisaire
Cap Ferret
★★ ARCACHON
Les Abatilles
Le Moulleau
Pyla-sur-Mer
Pnte de l'Aiguillon
La Hume
Les Bordes
Port de Larros
Gujan-Mestras
★ Parc ornithologique du Teich
Ruat
Le Teich
Bas-Vallon
Vigneau
Tagon
Biganos
Facture
Lacanau
Lacanau-de-Mios
Quartier-Bas
Florence
Les Douils
★ Cap Ferret
Parc de loisirs
Meyran
La Teste-de-Buch
Pilat-Plage
Banc du Toulinguet
Réserve naturelle du Banc d'Arguin
★★ Dune du Pilat
Les Miguelots
Le Truc de la Truque
Lamothe
Balanos
Le Voisin
Mios
A 660
Forêt Nezer
Petit Caudos
Moura
Peyot
Caze
Arnauton
Lillet
Hobre
Peylon
Larrieu
Peylahon
Gassian
Castandet
Le Courneau
Zoo
Montmorency
Forêt usagère de la Teste
Gaillouneys
Dunes de Ginestras
Champ
de Tir
Pointe d'Arcachon
Cazaux
Arnautille
Caudos
Le Caplanne
Salles
Paris
La Salie
Forêt de la Teste
Lette de Lois Lamanch
Champ de Tir
Curepipe
Dunes des Places
Étang de Cazaux et de Sanguinet
Langeot
Bernon
Forêt de Lagnereau
Le Petit Lagnereau
Le Mayne
Béguey
Lanot
Bilos
Louse
Sanguinet
Lombard
Le Bougès
Méoule
Once
Courneilley
Sillac
Forêt de Salles
Lugos
Les Hautes Rives
Port-Maguide
Le Clerc
Silo
Gare de Lugos
Forêt de Lugos
Biscarrosse-Plage
Petite Male
Ispes
En Mayotte
Navarrosse
La Broutasse
Goubern
En Belliard
Bosque
Millas
En Bergoin
Forêt usagère de Biscarrosse
Canal
CENTRE D'ESSAIS
Camont
Mari
Nigo
Lilair
Pit Étang de Biscarrosse
Trappe
En Hill
Narp
Biscarrosse
Hourtiquets
En Bonnet
Étang de Biscarrosse et de Parentis
Forêt de
Le Mu
Bidaou
La Crabette
Lahitte
Les Moulies
Le Bôo
Naoutoy
Le Lac
Parentis-en-Born
Bourruque
Mothes
CENTRE D'ESSAIS DES LANDES
Le Muret
D 106
D 3
D 650
D 652
D 112
D 218
D 216
D 46
D 652
D 1250
D 110
D 146
D 83
D 305
D 333
D 348
D 108
A 660

BORDEAUX
Mérignac
Martignas-sur-Jalle
Caudéran
St-Jean-d'Illac
Pessac
Talence
Bègles
Gradignan
Canéjan
Cestas
Léognan
Villenave-d'Ornon
Cadaujac
Bouliac
Carignan-de-Bordeaux
Latresne
Cénac
Camblanes-et-Meynac
Créon
Quinsac
St-Caprais-de-Bordeaux
Langoiran
Cambes
St-Médard-d'Eyrans
Martillac
Ayguemorte-les-Graves
Beautiran
Castres-Gironde
Portets
Podensac
Cérons
Barsac
Illats
Landiras
Pujols-sur-Ciron
Budos
Sauternes
Léogeats
Noaillan
Villandraut
Préchac
Cazeneuve
Uzeste
St-Léger-de-Balson
St-Symphorien
Hostens
Louchats
Origne
Balizac
Guillos
Cabanac-et-Villagrains
St-Morillon
St-Selve
Saucats
La Brède
Le Barp
Belin-Béliet
Salles
St-Magne
Villagrains
Le Tuzan
Mano
Argelouse
Moustey
Bourideys
Saugnacq-et-Muret
Mios
CENTRE D'ESSAIS
CENTRE D'ÉTUDES NUCLÉAIRES
LANDES DE GASCOGNE
GARONNE
AUTOROUTE DES DEUX-MERS
Domaine départemental
Mémorial
TECHNOPOLIS
237
273
256
E
F
G
H
1
2
3
4
5

0 2 4 6 8 10 km
238
255
274
A
B
C
D
1
2
3
4
5
Printemps 2010
Castillon-la-Bataille
Branne
Créon
Targon
Pujols
Labarthe
Sauveterre-de-Guyenne
Cadillac
Podensac
Langoiran
St-Macaire
Langon
La Réole
Villandraut
Bazas
Auros
Grignols
Cazeneuve
Roquetaillade
Ste-Croix-du-Mont
Barsac
Sauternes
Malle
Cérons
Rions
Haux
Quinsac
Camblanes-et-Meynac
Latresne
Carignan-de-Bordeaux
Fargues-St-Hilaire
St-Pey-d'Armens
St-Sulpice-de-Faleyrens
Castelmoron-d'Albret
Monségur
Montagoud
Uzeste
Préchac
Bernos-Beaulac
Cudos
Cours-les-Bains
GARONNE
AUTOROUTE DES DEUX MERS
A 62
E 72
N 524
D 670
D 672
D 1113
D 936
D 655
D 10
D 3
D 9

Ste-Foy-la-Grande
Port-Ste-Foy-et-Ponchapt
Bergerac
Monbazillac
Sigoulès
Eymet
Duras
Monségur
Pellegrue
Lauzun
Miramont-de-Guyenne
Seyches
Marmande
Le Mas-d'Agenais
Tonneins
Castelmoron-sur-Lot
Monclar
Tombebœuf
Allemans-du-Dropt
Gontaud-de-Nogaret
Dordogne
Garonne
Dropt
D 936
D 933
D 708
D 813
D 668
D 124
239
258
275
E
F
G
H
1
2
3
4
5

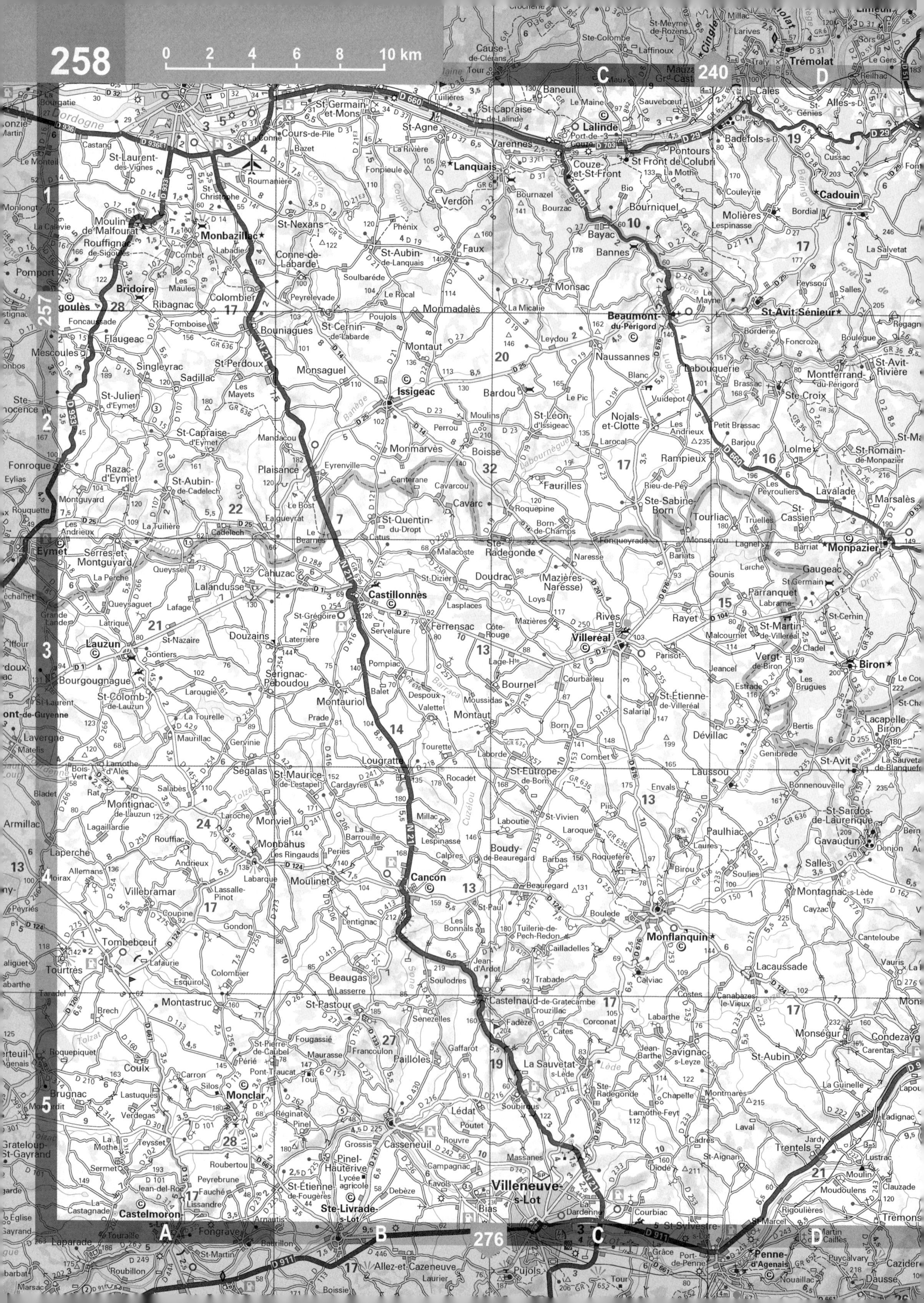

0 2 4 6 8 10 km
240
257
276
A
B
C
D
1
2
3
4
5
Dordogne
Bergerac
St-Laurent-des-Vignes
Monbazillac
Moulin de Malfourat
Rouffignac-de-Sigoulès
Pomport
Sigoulès
Bridoire
Ribagnac
Colombier
St-Germain-et-Mons
Cours-de-Pile
St-Agne
St-Capraise-de-Lalinde
Lalinde
Lanquais
Varennes
Couze-et-St-Front
St Front de Colubri
Pontours
Badefols-s-D.
Cales
Trémolat
Alles-s-D.
Cadouin
Molières
Bourniquel
Bayac
Bannes
Verdon
Faux
St-Aubin-de-Lanquais
Conne-de-Labarde
St-Nexans
Monsac
Beaumont-du-Périgord
St-Avit-Sénieur
Monmadalès
Bouniagues
St-Cernin-de-Labarde
Flaugeac
Singleyrac
St-Perdoux
Sadillac
Monsaguel
Issigeac
Montaut
Naussannes
Labouquerie
Montferrand-du-Périgord
Ste-Croix
St-Avit-Rivière
St-Julien-d'Eymet
St-Capraise-d'Eymet
Razac-d'Eymet
Fonroque
Plaisance
Monmarvès
Boisse
St-Léon-d'Issigeac
Nojals-et-Clotte
Rampieux
Faurilles
St-Aubin-de-Cadelech
Cadelech
Eymet
Serres-et-Montguyard
St-Quentin-du-Dropt
Cavarc
Ste-Sabine-Born
Tourliac
Lolme
St-Romain-de-Monpazier
Lavalade
Marsalès
Monpazier
Ste-Radegonde
Cahuzac
Lalandusse
Castillonnès
Doudrac
(Mazières-Naresse)
Rives
Villeréal
Rayet
Parranquet
St-Martin-de-Villeréal
Biron
Lauzun
Douzains
Ferrensac
Sérignac-Péboudou
Montauriol
Bournel
St-Étienne-de-Villeréal
Dévillac
Lacapelle-Biron
Bourgougnague
St-Colomb-de-Lauzun
Montaut
Lougratte
St-Eutrope-de-Born
Laussou
St-Avit
Ségalas
St-Maurice-de-Lestapel
Cardayres
Rocadet
Envals
St-Sardos-de-Laurenque
Gavaudun
Montignac-de-Lauzun
Monviel
Monbahus
Millac
Boudy-de-Beauregard
Paulhiac
Salles
Cancon
Moulinet
Villebramar
Montagnac-s-Lède
Monflanquin
Tombebœuf
Tourtrès
Beaugas
Calviac
Lacaussade
Montastruc
St-Pastour
Casteinaud-de-Gratecambe
Monségur
Pailloles
La Sauvetat-s-Lède
Savignac-s-Leyze
St-Aubin
Coulx
Monclar
Lédat
Casseneuil
Pinel-Hauterive
Villeneuve-s-Lot
Castelmoron-s-Lot
Ste-Livrade-s-Lot
Fongrave
Trentels
St-Sylvestre
Penne-d'Agenais
Pujols
Allez-et-Cazeneuve
D 660
D 933
N 21
D 676
D 911

Buisson-de-Cadouin
Siorac-en-Périgord
Belvès
Monplaisant
St-Pardoux-et-Vielvic
Larzac
Salles-de-Belvès
Mazeyrolles
Beynac-et-Cazenac
Castelnaud-la-Chapelle
La Roque-Gageac
Domme
Cénac-et-St-Julien
Cingle de Montfort
Carsac-Aillac
Veyrignac
Groléjac
St-Julien-de-Lampon
Fénelon
Masclat
Gourdon
Grottes de Cougnac
Payrignac
Nabirat
St-Martial-de-Nabirat
Daglan
St-Pompont
Prats-du-Périgord
Besse
Villefranche-du-Périgord
Salviac
Cazals
Dégagnac
Rampoux
Lavercantière
Peyrilles
Concorès
Marminiac
Montcléra
Les Arques
Frayssinet-le-Gélat
Goujounac
Pomarède
Cassagnes
Montcabrier
Bonaguil
Sauveterre-la-Lemance
St-Front-s-Lémance
Fumel
Duravel
Puy-l'Évêque
Prayssac
Castelfranc
Catus
Montgesty
Thédirac
Nuzéjouls
Calamane
Crayssac
Mercuès
Pradines
Luzech
Albas
Cahors
Douelle
Parnac
Caillac
Touzac
Soturac
Montayral
Lacapelle-Cabanac
Mauroux
Floressas
Sérignac
Le Boulvé
Cambayrac
Sauzet
Trespoux-Rassiels
Tournon-d'Agenais
Masquières
St-Matré
Villesèque
Labastide-du-Vert
Grézels
Bélaye
Vire-sur-Lot

0 2 4 6 8 10 km
242
259
278
A
B
C
D
1
2
3
4
5
Gourdon
Grottes de Cougnac
Payrac
Rocamadour
Gramat
Gouffre de Padirac
Grottes de Lacave
Labastide-Murat
St-Germain-du-Bel-Air
Catus
Lauzès
Cahors
Mont St-Cyr
St-Cirq-Lapopie
Grotte du Pech-Merle
Cabrerets
St-Géry
Cénevières
Limogne-en-Quercy
Luzech
Marcilhac-sur-Célé
PARC NATUREL RÉGIONAL DES CAUSSES DU QUERCY

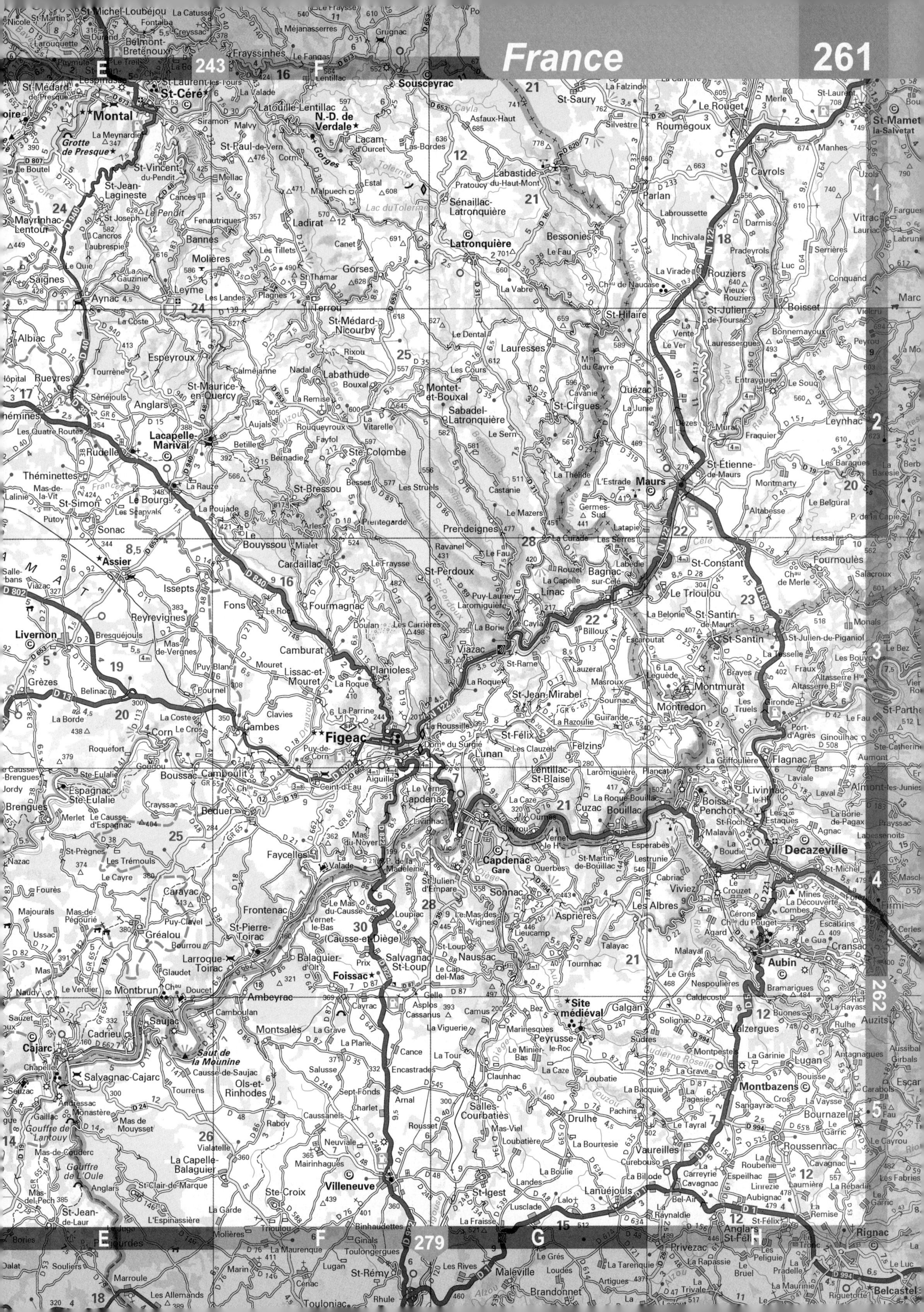
St-Céré
Montal
N.-D. de Verdale
Sousceyrac
Latronquière
Lacapelle-Marival
Assier
Livernon
Figeac
Capdenac
Capdenac-Gare
Maurs
Decazeville
Aubin
Montbazens
Villeneuve
Cajarc
Saujac
Saut de la Mounine
Grotte de Presque
Gouffre de Lantouy
Gouffre de l'Oule
Site médiéval
Peyrusse-le-Roc
Foissac
Rignac
Belcastel
243
279
262

0 2 4 6 8 10 km
244
280
261
A
B
C
D
1
2
3
4
5
St-Mamet-la-Salvetat
Roannes-St-Mary
Cayrols
Marcolès
Lacapelle-del-Fraisse
Maurs
St-Étienne-de-Maurs
Leynhac
St-Antoine
Calvinet
Sénezergues
Montsalvy
Puy de l'Arbre
Mur-de-Barrez
Lacroix-Barrez
Murols
Entraygues-s-T.
Bge de Couesque
Campouriez
St-Amans-des-Cots
Puy de Montabès
Cassaniouze
Fournoulès
St-Constant
Le Trioulou
St-Santin
Montmurat
Montredon
Flagnac
Livinhac-le-Ht
Decazeville
Conques
Site du Bancarel
Grd-Vabre
St-Parthem
Vieillevie
Noailhac
Firmi
Aubin
Cransac
St-Cyprien-s-Dourdou
Nauviale
Pic de Kaymard
Pruines
Villecomtal
Estaing
Espeyrac
Sénergues
Golinhac
Gorges du Lot
St-Félix-de-Lunel
Campuac
Montbazens
Valzergues
Lugan
Auzits
Escandolières
Bournazel
Roussennac
Goutrens
Clairvaux-d'Aveyron
Valady
Marcillac-Vallon
Salles-la-Source
Causse du Comtal
Rignac
Belcastel
Muret-le-Chau
Rodelle
Sébrazac
Causse de Lanhac
Bozouls
N 122
D 920
D 840
D 994
D 988
Lot

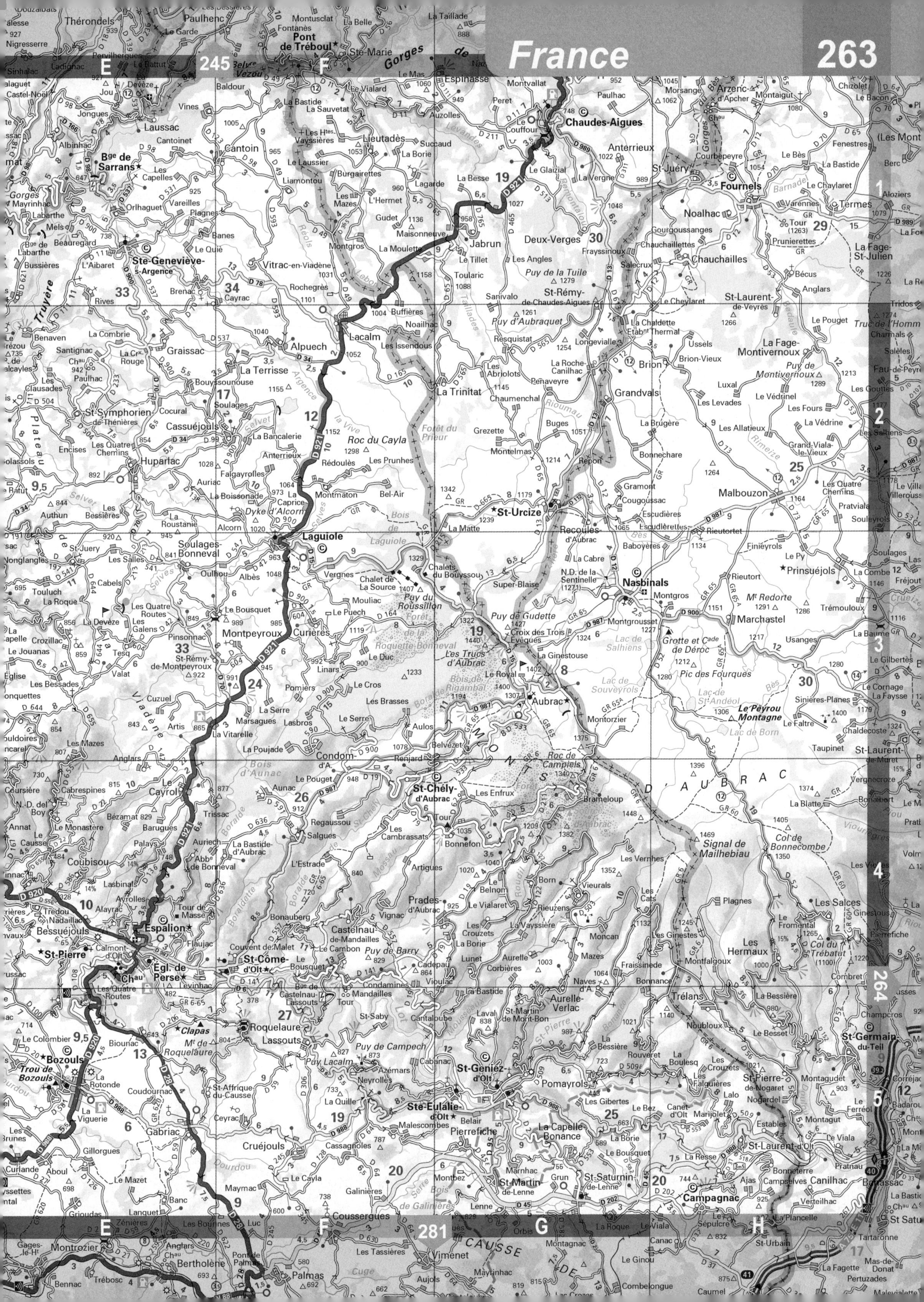
245
E
F
G
H
281
264
Gorges de
Chaudes-Aigues
Anterrieux
Fournels
Termes
Noalhac
Chauchailles
Deux-Verges
Jabrun
Lacalm
Alpuech
La Trinitat
Roc du Cayla
Laguiole
St-Urcize
Recoules-d'Aubrac
Nasbinals
Grandvals
Brion
Malbouzon
Marchastel
Prinsuéjols
Aubrac
Puy de Gudette
Lac de Salhiens
Lac de Souveyrols
Lac de St-Andéol
Lac de Born
Le Peyrou Montagne
Signal de Mailhebiau
Col de Bonnecombe
St-Chély-d'Aubrac
Condom-d'A.
MONTS D'AUBRAC
Prades-d'Aubrac
Espalion
St-Côme-d'Olt
Castelnau-de-Mandailles
Puy de Barry
Bozouls
Trou de Bozouls
Roquelaure
Lassouts
Puy de Campech
St-Geniez-d'Olt
Ste-Eulalie-d'Olt
Pierrefiche
La Capelle-Bonance
St-Saturnin-de-Lenne
St-Martin-de-Lenne
Campagnac
St-Laurent-d'Olt
St-Germain-du-Teil
Banassac
Trélans
Aurelle-Verlac
Pomayrols
Ste-Geneviève-s-Argence
Bge de Sarrans
Cantoin
Graissac
La Terrisse
Cassuéjouls
St-Symphorien-de-Thénières
Huparlac
Soulages-Bonneval
Montpeyroux
Curières
Cayrol
Coubisou
Bessuéjouls
St-Pierre
Gabriac
Montrozier
Bertholène
Palmas
Vimenet
CAUSSE DE
Laissac

0 2 4 6 8 10 km
246
263
282
A
B
C
D
1
2
3
4
5
Le Malzieu-Ville
Le Malzieu-Forain
St-Chély-d'Apcher
Prunières
Apcher
Lajo
Chanaleilles
St-Alban-sur-Limagnole
Ste-Eulalie
St-Paul-le-Froid
Grandrieu
St-Symphorien
Chambon-le-Château
Les Bessons
Rimeize
Fontans
Aumont-Aubrac
St-Denis-en-Margeride
La Villedieu
St-Sauveur-de-Ginestoux
Serverette
Javols
La Chaze-de-Peyre
Ste-Colombe-de-Peyre
Les Laubies
St-Gal
St-Amans
Estables
St-Sauveur-de-Peyre
Châteauneuf-de-Randon
Arzenc-de-Randon
Roc de Peyre
Ribennes
Recoules-de-Fumas
Rieutort-de-Randon
Signal de Randon
Truc de Fortunio
Le Buisson
Lachamp
Parc à loups du Gévaudan
Plateau du Palais du Roi
St-Léger-de-Peyre
Antrenas
Servières
Le Born
Pelouse
Laubert
Col de la Pierre Plantée
Montrodat
Marvejols
Chastel-Nouvel
Badaroux
Allenc
Mende
Chirac
Palhers
Le Monastier-Pin-Moriès
St-Bonnet-de-Chirac
Grèzes
Barjac
Causse de Changefège
Lanuéjols
Bagnols-les-Bains
St-Julien-du-Tournel
Chanac
Balsièges
St-Bauzile
Brenoux
St-Germain-du-Teil
Les Salelles
La Canourgue
St-Étienne-du-Valdonnez
Montmirat
Col de Montmirat
Sabot de Malepeyre
Mont Chabio
Les Bondons
Truc du Midi
Col de Vielbougue
Truc de Balduc
Col de la Tourette
Lac de Charpal
Col des Trois Sœurs
Roc de Fenestre
Pont des Sept Trous
MARGERIDE
CAUSSE
AUVETERRE
Truyère
Colagne
Lot
N 88
N 106
D 806
A 75
E 11

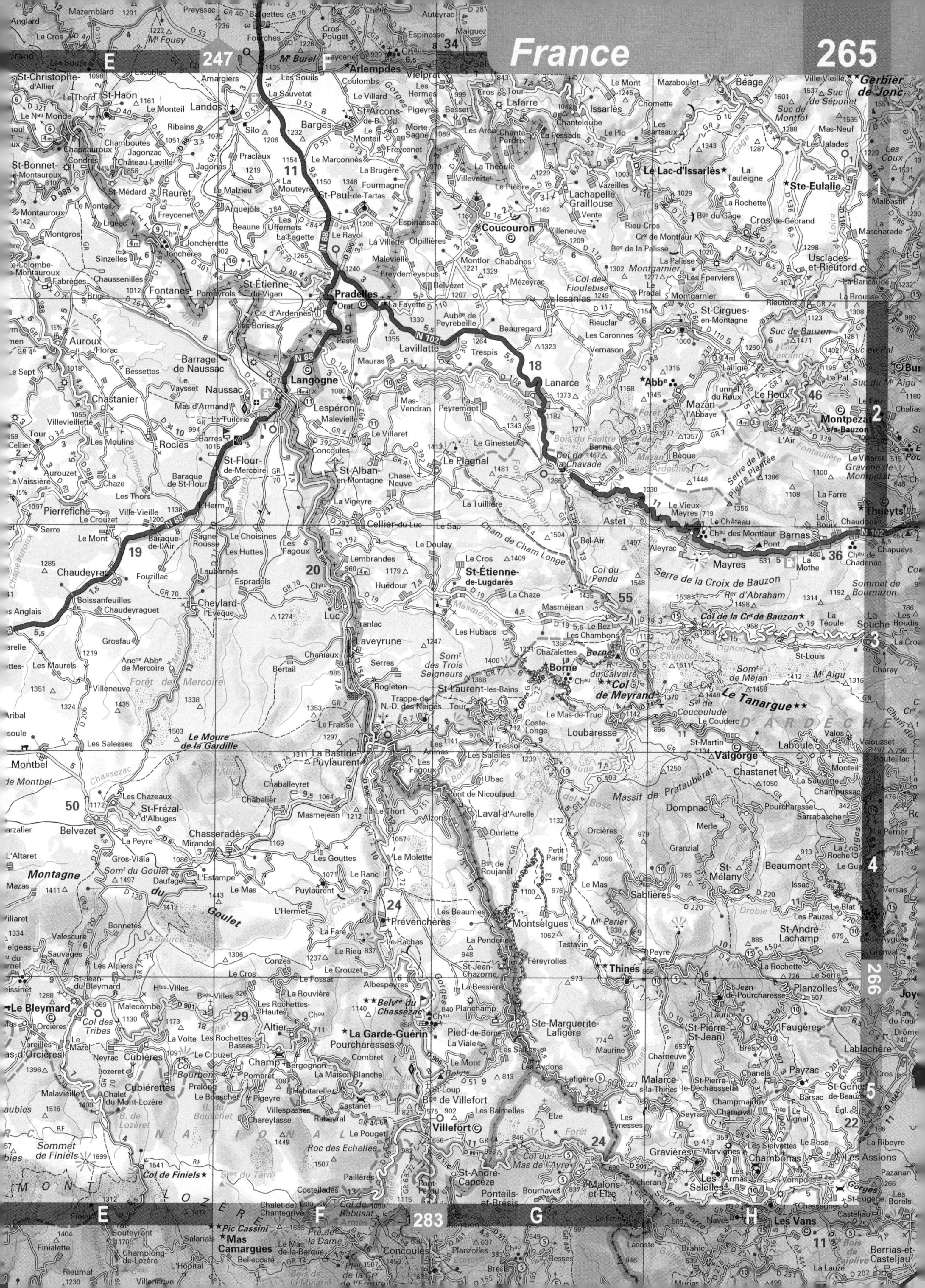
247
34
Arlempdes
Landos
Barges
St-Paul-de-Tartas
Coucouron
Le Lac-d'Issarlès
Ste-Eulalie
Lachapelle-Graillouse
Issarlès
Lafarre
St-Haon
St-Christophe-d'Allier
Chapeauroux
Rauret
Pradelles
Langogne
Naussac
Barrage de Naussac
St-Étienne-du-Vigan
Fontanes
Auroux
Chastanier
Rocles
St-Flour-de-Mercoire
Lespéron
St-Alban-en-Montagne
Le Plagnal
Lanarce
Mazan-l'Abbaye
Montpezat s/s-Bauzon
Thueyts
Astet
Mayres
Barnas
St-Cirgues-en-Montagne
Pierrefiche
Chaudeyrac
Cheylard-l'Évêque
Luc
Laveyrune
St-Étienne-de-Lugdarès
Col de la Chavade
Col de la Crx de Bauzon
Borne
Col de Meyrand
Le Tanargue
Loubaresse
Valgorge
St-Laurent-les-Bains
La Bastide-Puylaurent
Le Moure de la Gardille
Forêt de Mercoire
Belvezet
St-Frézal-d'Albuges
Chasseradès
Montagne du Goulet
Massif de Prataubérat
Dompnac
St-Mélany
Beaumont
Sablières
Prévenchères
Montselgues
Thines
St-André-Lachamp
Planzolles
Le Bleymard
Altier
La Garde-Guérin
Villefort
Pied-de-Borne
Ste-Marguerite-Lafigère
Malarce-s-la-Thines
Payzac
Faugères
Lablachère
Chambonas
Les Vans
Les Salelles
Gravières
St-André-Capcèze
Ponteils-et-Brésis
Malons-et-Elze
Col de Finiels
Sommet de Finiels
Mont Lozère
Pic Cassini
Mas Camargues
Concoules
Berrias-et-Casteljau
N 88
N 102
E
F
G
H
283
266

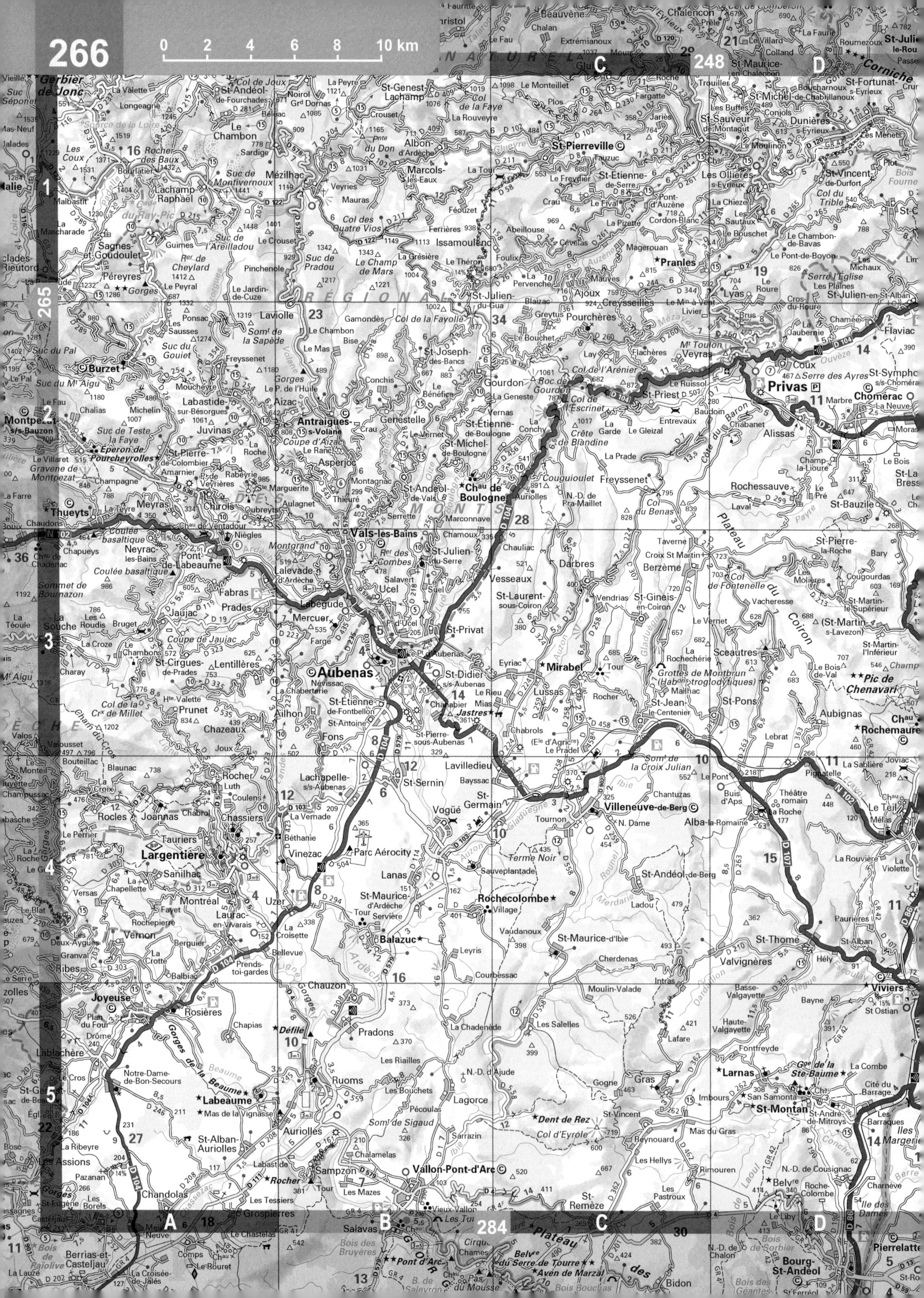
0 2 4 6 8 10 km
248
284
265
A
B
C
D
1
2
3
4
5
Gerbier de Jonc
St-Andéol-de-Fourchades
Le Chambon
Mézilhac
Lachamp-Raphaël
Sagnes-et-Goudoulet
Burzet
Montpezat-s/s-Bauzon
Thueyts
Neyrac-les-Bains
Pont-de-Labeaume
Jaujac
St-Cirgues-de-Prades
Largentière
Joyeuse
Rosières
Labeaume
Ruoms
Vallon-Pont-d'Arc
Antraigues-s-Volane
Vals-les-Bains
Aubenas
St-Étienne-de-Fontbellon
Lachapelle-s/s-Aubenas
Vogüé
Villeneuve-de-Berg
Lavilledieu
Mirabel
St-Pierreville
St-Sauveur-de-Montagut
Les Ollières-s-Eyrieux
Pranles
Privas
Chomérac
Rochemaure
Le Teil
Viviers
St-Montan
Larnas
Bourg-St-Andéol
Pierrelatte
Vinezac
Balazuc
Rochecolombe
St-Maurice-d'Ibie
Alba-la-Romaine
St-Thomé
Valvignères
Col de l'Escrinet
Coiron
Plateau du Coiron
Gorges de la Beaume
Pont d'Arc
Aven de Marzal
Berrias-et-Casteljau
Chandolas
Gras
Dent de Rez
St-Remèze

249
285
268
Beaumont-lès-Valence
Beauvallon
Montéléger
Charmes-s-Rhône
St-Georges-les-Bains
La Voulte-s-Rhône
Étoile-sur-Rhône
Montmeyran
La Baume-Cornillane
Plan-de-Baix
Upie
Ourches
Jardin des Oiseaux
Montoison
Gigors-et-Lozeron
Beaufort-sur-Gervanne
Livron-sur-Drôme
Allex
Vaunaveys-la-Rochette
Cobonne
Suze
Montclar-sur-Gervanne
Eurre
Loriol-sur-Drôme
Le Pouzin
Grane
Donjon
Crest
Aouste-sur-Sye
Chabrillan
Saillans
Cliousclat
Saulce-s-Rhône
Mirmande
Autichamp
La Roche-s-Grane
Col de Tartaiguille
Cruas
Marsanne
Roynac
Saou
Soyans
Francillon-sur-Roubion
Puy-St-Martin
Cléon-d'Andran
Pont-de-Barret
Le Poët-Célard
Bourdeaux
Bézaudun-sur-Bîne
Sauzet
La Laupie
Manas
Charols
Bonlieu-sur-Roubion
St-Marcel-lès-Sauzet
St-Gervais-sur-R.
Rochebaudin
Montélimar
Montboucher-sur-Jabron
La Bâtie-Rolland
Salettes
Eyzahut
La Bégude-de-Mazenc
Souspierre
Dieulefit
Le Poët-Laval
Vesc
Puygiron
Portes-en-Valdaine
Espeluche
La Touche
Allan
Aleyrac
Montjoux
Malataverne
Châteauneuf-du-Rhône
N.-D. de Montcham
Roche-St-Secret-Béconne
Salles-sous-Bois
Taulignan
Montbrison
Donzère
Réauville
Roussas
Valaurie
Grignan
Le Pègue
Rousset-les-Vignes
St-Pantaléon-les-Vignes
Les Granges-Gontardes
La Garde-Adhémar
Chantemerle-lès-Grignan
Chamaret
Colonzelle
Grillon
Valréas
Venterol
Nyons
Aubres
Les Pilles
Teyssières
Condorcet
St-Ferréol-Trente-Pas
Clansayes
Montségur-sur-Lauzon
Richerenches
AUTOROUTE DU SOLEIL
T.G.V. MÉDITERRANÉE
Drôme
Rhône
Roubion
Jabron
Montagne de Couspeau
Mgne du Poët
Col de la Croix
Forêt de Marsanne
Bois de Grignan

0 2 4 6 8 10 km
250
267
286
Die
Clelles
Châtillon-en-Diois
Luc-en-Diois
La Motte-Chalancon
Rémuzat
Rosans
Saillans
Pontaix
Ste-Croix
Chamaloc
Marignac-en-Diois
St-Andéol
Vachères-en-Quint
Ponet-et-St-Auban
Barsac
Aurel
Vercheny
Espenel
St-Benoît-en-Diois
Rimon-et-Savel
Molières-Glandaz
Laval-d'Aix
Aix-en-Diois
St-Roman
Montmaur-en-Diois
Barnave
Recoubeau-Jansac
Menglon
Boulc
Glandage
Lalley
St-Maurice-en-Trièves
Chichilianne
Treschenu-Creyers
Cirque d'Archiane
Col de Menée
Col de Grimone
Col de Cabre
La Beaume
Beaurières
Val-Maravel
Lesches-en-Diois
Miscon
Montlaur-en-Diois
Poyols
Beaumont-en-Diois
Jonchères
Aucelon
Pennes-le-Sec
Pradelle
Brette
Rochefourchat
St-Nazaire-le-Désert
Volvent
Bellegarde-en-Diois
Charens
Les Prés
St-Dizier-en-Diois
Valdrôme
Chalancon
Establet
Arnayon
Gumiane
Rottier
La Charce
Bruis
Montmorin
Ste-Marie
Cornillon-sur-l'Oule
Cornillac
Pommerol
Villeperdrix
St-May
Sahune
Montréal-les-Sources
Verclause
Pelonne
Moydans
Ribeyret
St-André-de-Rosans
Sorbiers
L'Épine
Montjay
Chanousse
Le Poët-Sigillat
Bellecombe-Tarendol
Montaulieu
Curnier
Arpavon
Condorcet
Eyroles
Montagne de Couspeau
Montagne d'Angèle
Mgne de Raton
Mgne de Marysse
Vercors

Mens
Corps
St-Firmin
L'Obiou
Tréminis
St-Disdier
Défilé de la Souloise
St-Étienne-en-Dévoluy
Superdévoluy
Col du Noyer
Pic de Bure
St-Bonnet-en-Champsaur
Chaillol 1600
Vieux Chaillol
Col Bayard
GAP
La Bâtie-Neuve
Montmaur
Veynes
Aspres-sur-Buëch
Serres
Barcillonnette
Tallard
Mgne de Céüse
La Saulce
Turriers
Ventavon
La Motte-du-Caire
Route Napoléon
Col du Festre
Col de Rioupes
Pic de Bure
Pic d'Oule
N 85
N 94
D 994
D 1075
D 1085
E 712

0 2 4 6 8 10 km
A
B
C
D
1
2
3
4
5
252
269
288
L'Argentière-la-Bessée
Belvédère du Pelvoux
Puy-St Vincent
Col de la Pousterle
Mur des Vaudois
La Bâtie
Ste-Marguerite
La Bessée
Serre Chapelle
Col des Ayes
Chalets de L'Eychaillon
Pic de Ht Mouriare
Chalets de Clapeyto
Tête d'Oréac
Tête de la Rochaille
Crête de la Pendine
Crête de l'Aup Martin
Crête de Praroul
La Salce
Fournel
Puy
Pic du Peyron
Col du Néal
Pic des Esparges Fines
Pic du Béal Traversier
Aigle de Morges
Sirac
Pic de Vallonpierre
Pic de Parières
Pic de la Cavale
Puy Rivarol
Pré Chaumette
Pas de la Cavale
PARC NATIONAL DES ÉCRINS
Tête Virante
Les Choucières Vertes
Tête de Soulaure
Tête de Dormillouse
Crête de Dormillouse
Pointes de Rougnoux
Dormillouse
Col d'Anon
Tête de la Lauzière
Col des Lauzes
Les Aujards
Plan-Léothaud
Freissinières
Les Roberts
Les Ribes
Les Viollins
Vallée de Freissinières
Pallon
Les Mensals
Gouffre de Gourfouran
La Roche-de-Rame
Le Lauzet
Grd Serre de la Cavale
L'Adroit
Prareboul
PARC
Pic du Gazon
Col de Furfande
Chalets de Furfande
Col du Lauzet
Chaumeille
Montagne de Cédera
Col de Prelles
Pointe des Estaris
Col de Freissinières
Sommet de Prelles
Roc des Hommes
Aiguille de Cédera
Les Clots
Les Baumes
Les Gondouins
Les Fermons
Les Borels
Méollion
Sommet Drouvet
Grd Lac des Estaris
Cascades
Grd Pinier
Le Piquet
Lac Faravel
Tête de Gaulent
Le Chambon
Champcella
Le Villard
Le Pontell
St-Crépin
Prachaval
Champoléon
Le Tourond
Les Martins
Roc d'Alibrandes
Forest-des-Estaris
Orcières-Merlette
Les Estaris
Prapic
Pt Pinier
Le Tuba
Tête de Vautisse
Pic de Rochelaire
Tête de Couleau
Roche Charnière
Chanteloube
Les Achards
Les Eymards
L'Alp
Eygliers
La Font-d'Eygliers
La Pousterle
Le Palastre
P. de Corbière
Les Richards
Les Marches
Les Garnauds
Les Veyers
Les Usclas
Montcheny
Orcières
Les Audiberts
Drac Noir
Roc Blanc
La Saulce
Tête de Fouran
Truchet
Réotier
Mont-Dauphin
Guillestre
Pied-la-Viste
St-Nicolas
Les Ricous
Serre-Eyraud
Le Carabrut
Tête des Maïtz
Col des Tourettes
Bel-Pinet
Les Casses
Les Clots
Barbein
Peyre-Haute
Combe Chauve
St-Jean-St-Nicolas
Pont-du-Fossé
Archinard
Chabottonnes
Le Pain de Sucre
Pointe de la Diablée
La Serre
Cade de la Pisse
Tête de Clotinaille
St-Clément-sur-Durance
Risoul
Gaudissard
St-Léger-les-Mélèzes
Pte Autane
Grde Autane
Le Barle
Le Mourre Froid
Rabious
St-Alban
St-Étienne
Les Traverses
Fort de Risoul
Risoul 1850
La Coupa
Tête de Soleil Bœuf
St-Marcellin
Chaméyer
Châteauroux-les-Alpes
St-Roch
Lac du Pré du Laus
Belvédère de l'Homme de Pierre
(Vars)
Ancelle
Pointe de Serre
Pic de Pied Brun
Tête de l'Hivernet
Tête de Lucy
Les Gourniers
Lac de Siguret
Siguret
Pic du Clocher
Col de Chérine
Crête de Razis
Col de Valbelle
Ste-Marie-de-Vars
Pointe de Fleurendon
Tête de Colly
Bramafan
La Reste
Peyrol
La Mayt
Col de Moissière
Le Piolit
Les Parias
Réallon
Mt Guillaume
Les Fontaniers
Le Mileu
Col de la Cloche
St-André-d'Embrun
Pramouton
Pic de Chabrières
Les Claux
St-Philippe
La Pousterle
Les Méans
La Pinée
Chalvet
Les Rencureaux
Les Croix
Pic St-André
Les Escondus
Pic de Chabrières
Les Rousses
Le Château
Caléyère
Naune-Raze
Les Aubins
Les Borels
Les Croix de Viandre
Le Villard
Puy-St-Eusèbe
Le Pt Puy
Les Truchets
Le Villard
Pic de Crévoux
St-Apollinaire
Chérines
La Paroisse
(Puy-Sanières)
Embrun
Le Coin
Les Vabres
Praveyral
La Chalp
Pointe de l'Eyssina
Les Césaris
Les Brès
Les Andrieux
Le Bourget
Les Goures
Le Martouret
Les Gaillards
Crévoux
St-Pancrace
Chorges
Montgardin
Prunières
Serre-Ponçon
Baratier
St-Sauveur
Fort de Méale
Le Méale
Col du Crachet
Les Massots
Les Olliviers
Les Bernards
Pont de Savines
Crots
Le Poêt
Le Pic Haut
Les Santons
Les Chaussins
Montmirail
Le Forest
Les Orres
Forest
Le Château
Avançon
Le Fein
Chanteloube
St Michel
Les Chappas
Savines-le-Lac
Villard-Robert
Beauvillard
Les Salettes
Les Ribes
Les Sagnettes
Vachères
Tête de Vallon Claous
St-Jean
Rocher de Serre
La Croix-des-Prés
Lanthelme
Pontis
Forêt de Morgon
Forêt de Boscodon
Abbaye de Boscodon
Le Melezet
Pramouton
Col de Parpaillon passage interdit
Grd Parpaillon
La Grde Combe
Cabane du Grd Parpaillon
Col Lebraut
Vière
Chabrand
Les Hyvans
Demoiselles coiffées
Pic de Morgon
Les Fabres
Tête de la Mazelière
Pic de Boussolenc
Mt Colombis
Les Aymes
Cirque de Morgon
Col de Pontis
L'Adroit-de-Pontis
Pic de Charance
Cirque du Bragousse
Bois du Lauzerot
Crête du Lauzet
Cne de Siguret
Grd Cabane
Jérusalem
Cne de l'Eyssalette
Cne du Grd Vallon
Arête du Pt Parpaillon
Demoiselles coiffées
Belvédère I. Wilhem
Bge de Serre-Ponçon
Sauze-du-Lac
Rousset
Les Celliers
Espinasses
Col de la Rousse
Joug de l'Aigle
Le Pouzenc
L'Aupillon
Grde Eperviere
Grd Bérard
Tête de Crouès
Le Pt Ferrand
Ubaye
Port-St-Pierre
P. du Villaret
Le Collet
Les Terrasses
Chancelas
Le Villaret
Tête de la Gipière
La Montagnette
Col de l'Ane
Col des Orres
Col de la Pare
La Chalanche
Gréolier
La Bréole
Beaufort
Les Eyraudz
Costebelle
Cade de Costeplane
La Pare
Lautaret
St-Vincent-les-Forts
Pont Romain
La Roméyère
Les Passours
Les Plastres
Les Dalis
Basse-Chalanche
Bouzoulières
Mgne de la Scie
La Rouvière
Les Chabrands
Clot du Dou
Les Berlies
Les Goirands
Les Rollands
Bois Noir
Le Lauzet-Ubaye
Tête de Louis XVI
L'Aubrée
Le Treou
Tato
Malpasset
Champ de Tir
Les Allemands
La Garde
Charamel
L'Eygave
Brèziers
Champdarène
Mgne de Seymuit
Fermeyer
Les Allards
Col St-Jean
St-Jean
Le Seuil
Le Villard
Grande Blache
La Chanenche
(Méolans-Revel)
Rioclar
Les Prats
Miraval
La Frâche
Faucon-de-B.
Bellaffaire
Jurans
Chaumenc
Les Garcinets
Col des Fillys
Risolet
Dormillouse
Batterie
Champanastay
Chaudon
La Fresquière
Les Thuiles
La Lauze
St-Pons
Barcelonnette
La Frayssinie
Villaudemard
(Montclar)
Méolans
Le Martinet
Gaudeissard
Les Guérins
Turriers
Col des Garcinets
La Chapelle
Serre-Nauzet
Col Bas
Hauts Savornins
Pic de Savernes
Siolane des Besses
Clot Meyran
La Maure
Pra-Loup
Les Dorats
St-Martin-lès-Seyne
Villette
Les Besses
Pra-Soubeiran
La Conchette
Le Sauze
Bois-Noir
Le Col
Les Sagnieres
Montclar
Pompiery
Pic de Bernardez
St-Barthélemy
Roche Bénite
Pte Séolane
Costebelle
Uvernet-Fours
Super-Sauze
Sommet de Tête Grosse
Les Rougiers
Selonnet
La Liberne
Neillère
Les Clariond
Gimette
Molanès
Gaudissard
Tête de Charbonnier
Crête des Mélèzes
Surville
Bas-Chardavon
Citle
St-Pons
L'Abbaye de Laverq
Pégueiu
Pont du Fau
Le Chapeau de Gendarme
Astoin
Les Touriquets
Grde Séolane
Col des Thuiles
La Haute-Combe
Chardavon
Seyne
Les Jurans
Le Fau
Les Agneliers
Pas de la Malune
Le Pain de Sucre
Les Villards-Arnaud
La Basse-Combe
Chabanon
Chardavon
Tête de la Sestrière
Bachelard
Tête Grosse
Grand-Puy
Maure
Cabane des Mulets
Tête de Chabrière
Tête de Vescal
Le Villard d'Abas
Somt de la Chanau
Col du Fanget
Ste-Rose
Col de Maure
Charcherie
La Rouchaye
Plan Bas

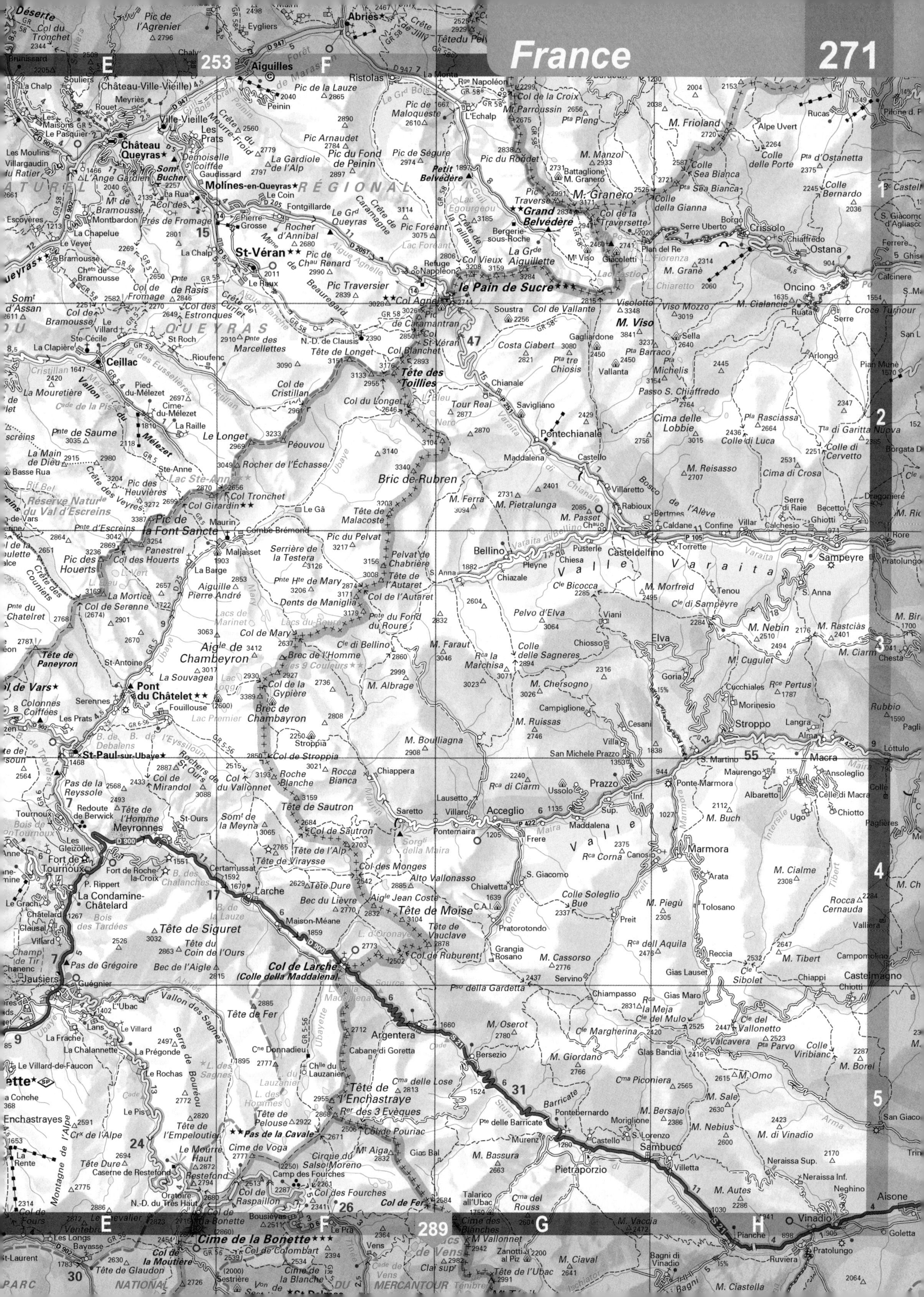
Abriès
Aiguilles
Château Queyras
Ville-Vieille
Molines-en-Queyras
St-Véran
Ceillac
Maurin
Pic de la Font Sancte
Pont du Châtelet
St-Paul-sur-Ubaye
Meyronnes
Fort de Tournoux
La Condamine-Châtelard
Jausiers
Larche
Col de Larche (Colle della Maddalena)
Tête de Siguret
Cime de la Bonette
Col de la Bonette
Col de Restefond
Pas de la Cavale
Col Agnel
le Pain de Sucre
Tête des Toillies
Bric de Rubren
M. Granero
M. Viso
Crissolo
Ostana
Oncino
Pontechianale
Casteldelfino
Bellino
Valle Varaita
Sampeyre
Elva
Stroppo
Acceglio
Prazzo
Marmora
Valle Maira
Macra
Argentera
Bersezio
Sambuco
Pietraporzio
Vinadio
Aisone
Tête de Moïse
Aigle de Chambeyron
Brec de Chambeyron
Col de Mary
Col de Sautron
Col de Vars
Rochers de St Ours
PARC NATIONAL DU MERCANTOUR
E
F
G
H
253
289
1
2
3
4
5

0 2 4 6 8 10 km
Biscarrosse
254
C
D
A
B
292
Étang de Biscarrosse et de Parentis
CENTRE D'ESSAIS DES LANDES
Zone militaire interdite
Parentis-en-Born
Lahitte
Le Lac
Les Mouliès
Le Bôo
Naoutoy
Bourruque
Poms
Les Espalanques
Herran
Gastes
Le Pourjeau
Esleys
Hillan
Maynage
Lafont
Pelouche
Mongaillard
Forêt de Piche
Lucats
Dupouy
Les Forges
Haou
St-Trosse
Forêt de Ligautenx
Ste-Eulalie-en-Born
P. de l'Oustaline
Grand Ligautenx
Petit Ligautenx
Pontenx-les-Forges
Souleyraou
Guirosse
Bestaven
Menaut
Baxente
Bouricos
Lüe
Étang d'Aureilhan
Aureilhan
St-Paul-en-Born
Jean de-Crabe
Larrousseau
Cantaloup
Mimizan-Plage
Merquedey
Vigon
Daricau
Mimizan
Baschoc
Villenave
La Barde
Haza
Médous
Gillet
Cantaure
Ménèou
Terrenave
Angoulin
Salin
Chéou
Esting
Archus
Leych
Gaye
Jouanicot
Escource
Forêt de Mimizan
Bias
Jouanon
Bouheben
Capas
Lisacq
Forêt de St-Julien-en-Born
Larden
Salbert
Lestajaou
Lesbordes
Contis-Plage
P. Rose
Tresse
La Lette
Le Cusson
Caoule
Guetch
Mézos
Tuquelets du Nord
Tuquelets du Sud
Contis-les-Marais
St-Julien-en-Born
Casteja
Lafitte
Onesse-et-Laharie
Les Pignats
Laharie
Cap-de-l'Homy Plage
Lit-et-Mixe
Uza
Le Cout
Grand Coulin
Harenoin
Hourre
Sindères
Padaou
Lévignacq
Moulin-Vieux
Miquéou
Lugadets
Mixe
Naboude
Vignacot
Carpit
Le Bouscat
Frouas
Louise
Bernadic
Mathiouic
Caillaube
Lesperon
Le Souquet
Boucaou
St-Girons-Plage
St-Girons
Cerboueyre
Bernadon
Labaste
Crièré
(Vielle-St-Girons)
Forêt de Vielle-St-Girons
Gracian
Jeantot
Péliou
Gournau
Rion-des-Landes
Arnaoutchot
Mansenes
Vielle
Linxe
Pouin
Leurteyroun
Huchet
Pas du Loup
Étang de Léon
Escalus
(St-Michel-Escalus)
Castets
Pichelèbe
Réserve naturelle
Lestage
Boos

Bidaou
La Crabette
Mirador
Lesquire
La Nave
Belhade
Castelnau
Marianne
Hourtoy
Argelouse
Silo
La Trougne
L'Abeilley
Bourideys
Le Muret
Moustey
Montauzey
Botte
Berdoy
Les Ombres
Capdarrieux
Mothes
Malet
Vieux-Richet
Richet
Moucheruc
Harribey
Barthe
La Ville
Bourdieu
Liposthey
Haut-Richet
Menroux
Lavigne
Pissos
Sore
Pignada
Naou
Lagassey
Callen
Escourssolles
Bern
Traounquet
Dumène
Grison
Gruey
Le Thus
Daugnague
PARC NATUREL RÉGIONAL
La Crotte
Luxey
Silo
Le Hallot
Écomusée
Bel-Air
Cantegrit
Peyronnet
Houssats
Mahan
Forêt de Tensacq
DES LANDES
Guisoua
Labrit
Labouheyre
Guidenson
Lagavarre
Capbat
Commensacq
Trensacq
La Gelère
Sarroucas
DE GASCOGNE
Écomusée la Grande Lande (Marquèze)
Silo
Lesgoudies
Nan
Solférino
Sabres
Perrègue
Las Broudes
Mautoire
Marais du Platiet
Lompré
Le Sen
Pouybaquedis
Peyticq
Silo
Couartes
Maguide
Pouy Blanc
Labrit
Maurin
Cornalis
Luglon
Marais de l'Anguille
Vert
La Place
Forêt de Morcenx
Marais du Brau de Pian
Peyrau
Cache
Bélis
Puy Luçon
Garein
Hourats
Tauladon
Sanglia
Réserve
Bezin
Brocas
Parc-de-Poussade
Branenx
Choux
Arjuzanx
Moulin Vieux
Morcenx-Bourg
Castillon
Arengosse
Bagatelle
La Chapelle
Guillemensous
Canenx-et-Réaut
chasse
Barbet
Le Fruit
Pelegarie
Marais de la Coumme
Cère
Geloux
Ygos-St-Saturnin
Lagraulet
Maisonnave
d'Arjuzanx
Villenave
Serroun
Réaut
La Bastide
Ousse-Suzan
Marrouat
Mougnoc
Rey
Matha
Birbe
Parentis-d'Uchacq
Lucbardez-et-Bargues
Piroc
Suzan
Bouniart
Garbay
St-Martin-d'Oney
St-Avit
Menjoulicq
Beylongue
Silos
Pouy
Coumet
Uchacq-et-Parentis
Campet-et-Lamolère
Mellan
Raubet
Lamolère
MONT-DE-MARSAN
E
F
G
H
255
293
274
1
2
3
4
5

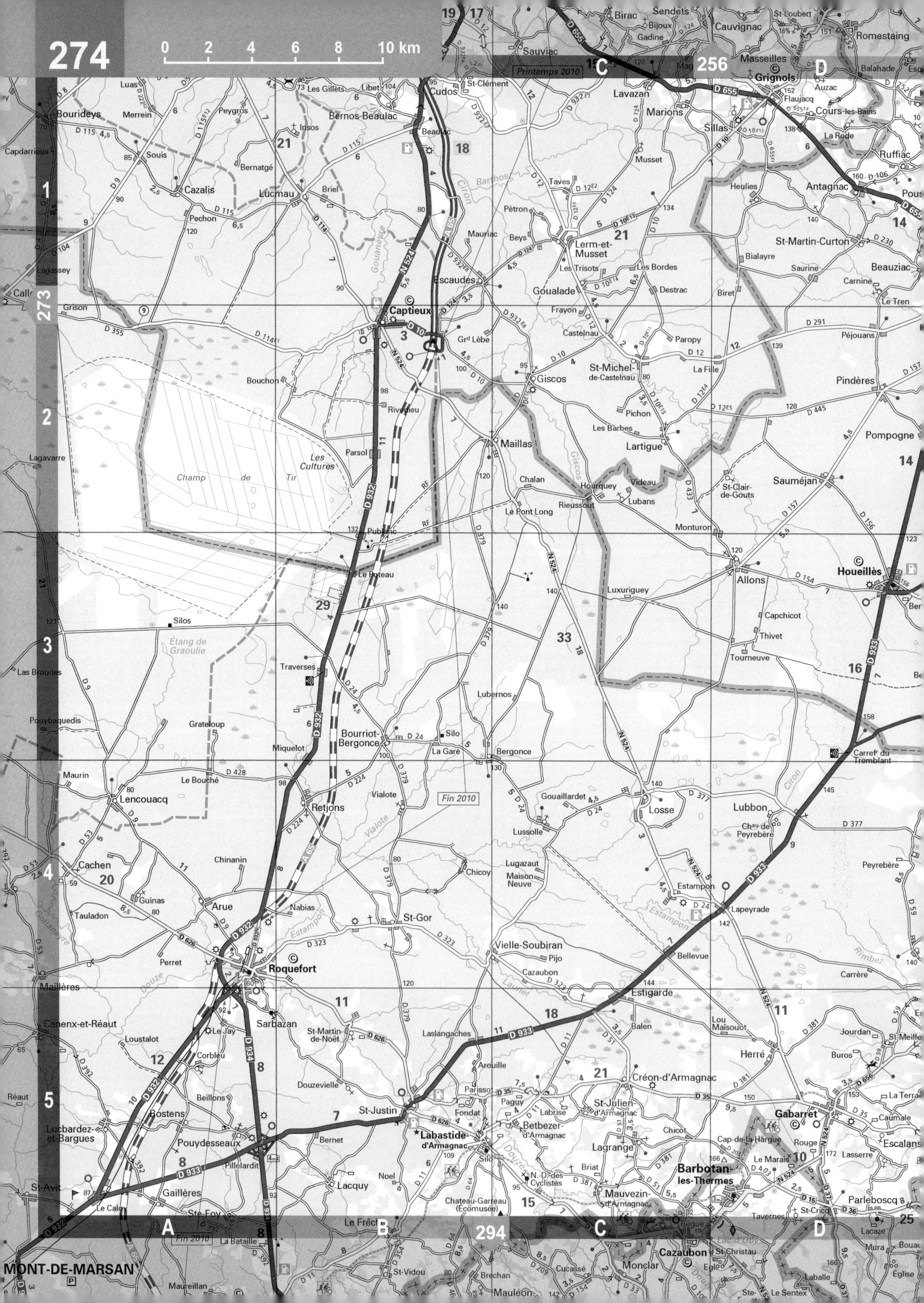
0 2 4 6 8 10 km
Printemps 2010
Fin 2010
Birac
Sendets
Bijoux
Gadine
Cauvignac
St-Loubert
Romestaing
Sauviac
Masseilles
Grignols
Balahade
Auzac
Flaujacq
Cours-les-Bains
La Rode
Ruffiac
Antagnac
St-Martin-Curton
Beauziac
Luas
Bourideys
Merrein
Peygros
73 Les Gillets
Libet
Cudos
St-Clément
Lavazan
Marions
Sillas
Bernos-Beaulac
Beaulac
Insos
Capdarrieux
Souis
Bernatgé
Musset
Heulies
Cazalis
Lucmau
Briel
Taves
Pèchon
Pètron
Lerm-et-Musset
Mauriac
Beys
Les Trisots
Les Bordes
Bialayre
Saurine
Carnine
Lagassey
Escaudes
Goualade
Destrac
Biret
Le Tren
Grison
Captieux
Frayon
Castelnau
Paropy
Pèjouans
Grd Lèbe
St-Michel-de-Castelnau
La Fille
Pindères
Bouchon
Giscos
Pichon
Rivedieu
Les Barbes
Lartigue
Pompogne
Lagavarre
Maillas
Parsol
Les Cultures
Champ de Tir
Chalan
Hourquey
Videau
St-Clair-de-Gouts
Sauméjan
Rieussout
Lubans
Le Pont Long
Monturon
Publanc
Le Poteau
Allons
Houeillès
Luxuriguey
Capchicot
Thivet
Tourneuve
Silos
Étang de Graoulie
Las Broudes
Traverses
Lubernos
Pouybaquedis
Grateloup
Bourriot-Bergonce
Silo
Miquelot
La Gare
Bergonce
Carref du Tremblant
Maurin
Le Bouché
Lencouacq
Retjons
Vialote
Gouaillardet
Losse
Lubbon
Chau de Peyrebère
Lussolle
Cachen
Chinanin
Chicoy
Lugazaut
Maison Neuve
Peyrebère
Guinas
Tauladon
Arue
Nabias
St-Gor
Estampon
Lapeyrade
Perret
Roquefort
Vielle-Soubiran
Pijo
Cazaubon
Bellevue
Carrère
Maillères
Sarbazan
Estigarde
Canenx-et-Réaut
Le Jay
Loustalot
St-Martin-de-Noët
Laslangaches
Balen
Lou Maïsouot
Jourdan
St-Meille
Corbleu
Arouille
Herré
Buros
Créon-d'Armagnac
Réaut
Beillons
Douzevielle
Parisso
Paguy
La Terra
Bostens
St-Justin
Fondat
Labrise
St-Julien-d'Armagnac
Gabarret
Caumale
Lucbardez-et-Bargues
Pouydesseaux
Bernet
Labastide-d'Armagnac
Betbezer-d'Armagnac
Chicot
Lagrange
Cap-de-la-Hargue
Rouge
Escalans
Pillelardit
Silo
Le Marais
Lasserre
St-Avit
Gaillères
Lacquy
Noel
N.-D. des Cyclistes
Briat
Barbotan-les-Thermes
Mauvezin-d'Armagnac
Parleboscq
Le Caloy
Ste-Foy
Chateau-Garreau (Écomusée)
St-Cricq
Tavernes
Lacaze
La Bataille
Le Fréche
Cazaubon
St-Christau
Lac d'Uby
Mura
Bouau
MONT-DE-MARSAN
Maureillan
St-Vidou
Brechan
Mauléon
Cucassé
Monclar
Eglo
Laballe
Eglise
Le Sentex
A
B
C
D
1
2
3
4
5
256
273
294
N 524
D 932
D 933
D 655
A 65
D 10
D 626

257
295
276
Tonneins
Casteljaloux
Bouglon
Argenton
Le Mas-d'Agenais
Damazan
Aiguillon
Port-Ste-Marie
Clairac
Lavardac
Nérac
Mézin
Francescas
Laplume
Condom
Montréal
Sos
Poudenas
Réaup-Lisse
Calignac
Moncrabeau
La Romieu
Prayssas
Villefranche-du-Queyran
Feugarolles
Vianne
Xaintrailles
Buzet-s-Baïse
Montesquieu
Fargues-s-Ourbise
Durance
Houeillès
Walibi Aquitaine
Fourcès
Larroque-sur-l'Osse
Castelnau-sur-l'Auvignon
Gazaupouy
Ligardes
Astaffort
Lamontjoie

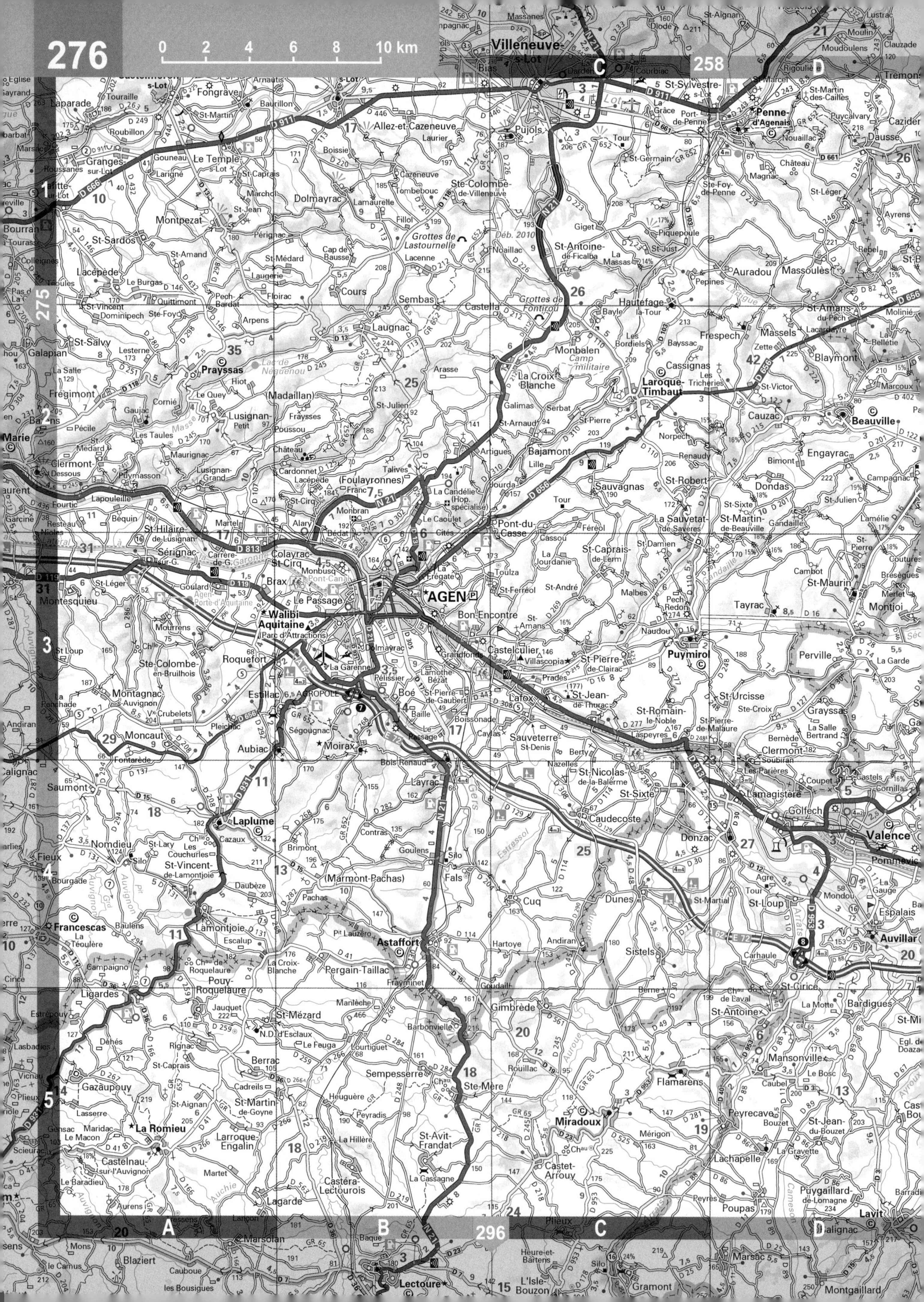
0 2 4 6 8 10 km
258
275
296
Villeneuve-s-Lot
St-Sylvestre-s-Lot
Penne-d'Agenais
Pujols
Allez-et-Cazeneuve
Fongrave
Le Temple-s-Lot
Granges-sur-Lot
Laparade
Montpezat
St-Sardos
Lacépède
Dolmayrac
Ste-Colombe-de-Villeneuve
Grottes de Lastournelle
St-Antoine-de-Ficalba
Hautefage-la-Tour
Auradou
Massoulès
Cours
Sembas
Castella
Grottes de Fontirou
Laugnac
Prayssas
Monbalen
Camp militaire
Laroque-Timbaut
Cassignas
Frespech
Massels
Blaymont
Beauville
Lusignan-Petit
Madaillan
Foulayronnes
Bajamont
Sauvagnas
St-Robert
Engayrac
Dondas
Clermont-Dessous
Lusignan-Grand
St-Hilaire-de-Lusignan
Sérignac-sur-G.
Colayrac-St-Cirq
Brax
Montesquieu
Pont-du-Casse
La Sauvetat-de-Savères
St-Martin-de-Beauville
St-Caprais-de-Lerm
AGEN
Le Passage
Walibi Aquitaine (Parc d'Attractions)
Bon-Encontre
Castelculier
Puymirol
Tayrac
St-Maurin
Montjoi
Perville
Roquefort
Ste-Colombe-en-Bruilhois
Montagnac-s-Auvignon
Estillac
Agropole
Boé
Lafox
St-Jean-de-Thurac
St-Romain-le-Noble
St-Urcisse
Grayssas
Aubiac
Moirax
Layrac
Sauveterre-St-Denis
St-Nicolas-de-la-Balerme
St-Sixte
Clermont-Soubiran
Lamagistère
Golfech
Valence
Moncaut
Laplume
Caudecoste
Donzac
Saumont
Nomdieu
Fieux
Francescas
Lamontjoie
Astaffort
Cuq
Dunes
Sistels
St-Loup
Auvillar
Espalais
Pergain-Taillac
Pouy-Roquelaure
Ligardes
St-Mézard
Gimbrède
Flamarens
Mansonville
St-Antoine
Bardigues
Gazaupouy
Sempesserre
Ste-Mère
Miradoux
Peyrecave
St-Jean-du-Bouzet
La Romieu
Castelnau-sur-l'Auvignon
Larroque-Engalin
St-Avit-Frandat
Castéra-Lectourois
Castet-Arrouy
Lachapelle
Poupas
Puygaillard-de-Lomagne
Lavit
Lagarde
Marsolan
Lectoure
Gramont
Montgaillard
Blaziert
Dalignac
A
B
C
D

Tournon-d'Agenais
Masquières
St-Matré
Le Boulvé
Fargues
Carnac-Rouffiac
Lavidale
Bovila
Villesèque
Rassiels
Les-Sept Ponts
Courbiac
Saux
Soussis
Belmontet
Valprionde
Montaigu-de-Quercy
Bagat-en-Quercy
St-Pantaléon
St-Daunès
Lascabanes
Montcuq
Ste-Croix
Belvèze
Cézac
Pern
Lhospitalet
Le Montat
Roquecor
Bouloc
Montlauzun
Ste-Juliette
Lebreil
St-Cyprien
Ste-Alauzie
St-Laurent-Lolmie
Lacour
Touffailles
Lauzerte
Tréjouls
Sauveterre
Castelnau-Montratier
Flaugnac
Montagudet
Miramont-de-Quercy
St-Amans-de-Pellagal
Cazes-Mondenard
Brassac
St-Nazaire-de-Valentane
Montbarla
Montfermier
Labarthe
Castelsagrat
Montesquieu
Durfort-Lacapelette
Vazerac
Molières
Lafrançaise
Moissac
Malause
Boudou
St-Nicolas-de-la-Grave
Castelsarrasin
Montastruc
Meauzac
Piquecos
Lamothe-Capdeville
Villemade
Albefeuille-Lagarde
La Ville-Dieu-du-Temple
MONTAUBAN
Montbeton
Lacourt-St-Pierre
Castelmayran
St-Aignan
Caumont
Angeville
Castelferrus
Garganvillar
St-Porquier
Cordes-Tolosannes
Escatalens
Lafitte
Fajolles
Montech
Bressols
Labourgade
Montain
Bourret
Larrazet
Corbarieu
Bonrepos
St-Nauphary
Léojac
Finhan
A 62 E 72
D 813
D 927
D 958
D 653
D 656
D 953
D 820
E
F
G
H
1
2
3
4
5
259
278
297

0 2 4 6 8 10 km
C
260
D
277
A
B
298
C
D
1
2
3
4
5
CAUSSE DE LIM
Limogne-en-Quercy
Lalbenque
Castelnau-Montratier
Montpezat-de-Quercy
Molières
Caussade
Caylus
St-Antonin-Noble-Val
Nègrepelisse
Montricoux
Bruniquel
Penne
Puycelci
Vaour
MONTAUBAN
Monclar-de-Quercy
Septfonds
Puylaroque
Réalville
Albias
Cayrac
Lafrançaise
Villesèque
Labastide-Marnhac
Le Montat
Lhospitalet
Cieurac
Laburgade
Aujols
Flaujac-Poujols
Concots
Cremps
Escamps
Vaylats
Varaire
Beauregard
Belmont-Ste-Foi
Labastide-de-Penne
Belfort-du-Quercy
Montdoumerc
Fontanes
St-Paul-de-Loubressac
Flaugnac
Saux
Cayriech
St-Georges
Lavaurette
Monteils
St-Vincent
Mirabel
Piquecos
Lamothe-Capdeville
Léojac
Génébrières
La Salvetat-Belmontet
St-Nauphary
Corbarieu
Bressols
Vaïssac
Puygaillard-de-Quercy
Larroque
Forêt de la Garrigue
Forêt de Grésigne
Camp de Caylus
Grotte du Capucin
Gorges de l'Aveyron
Bois de Grézal
Bois d'Aubrelong
Bois de Couanac
D 820
A 20
E 9
D 926
D 911
D 115
D 958
D 999
D 653

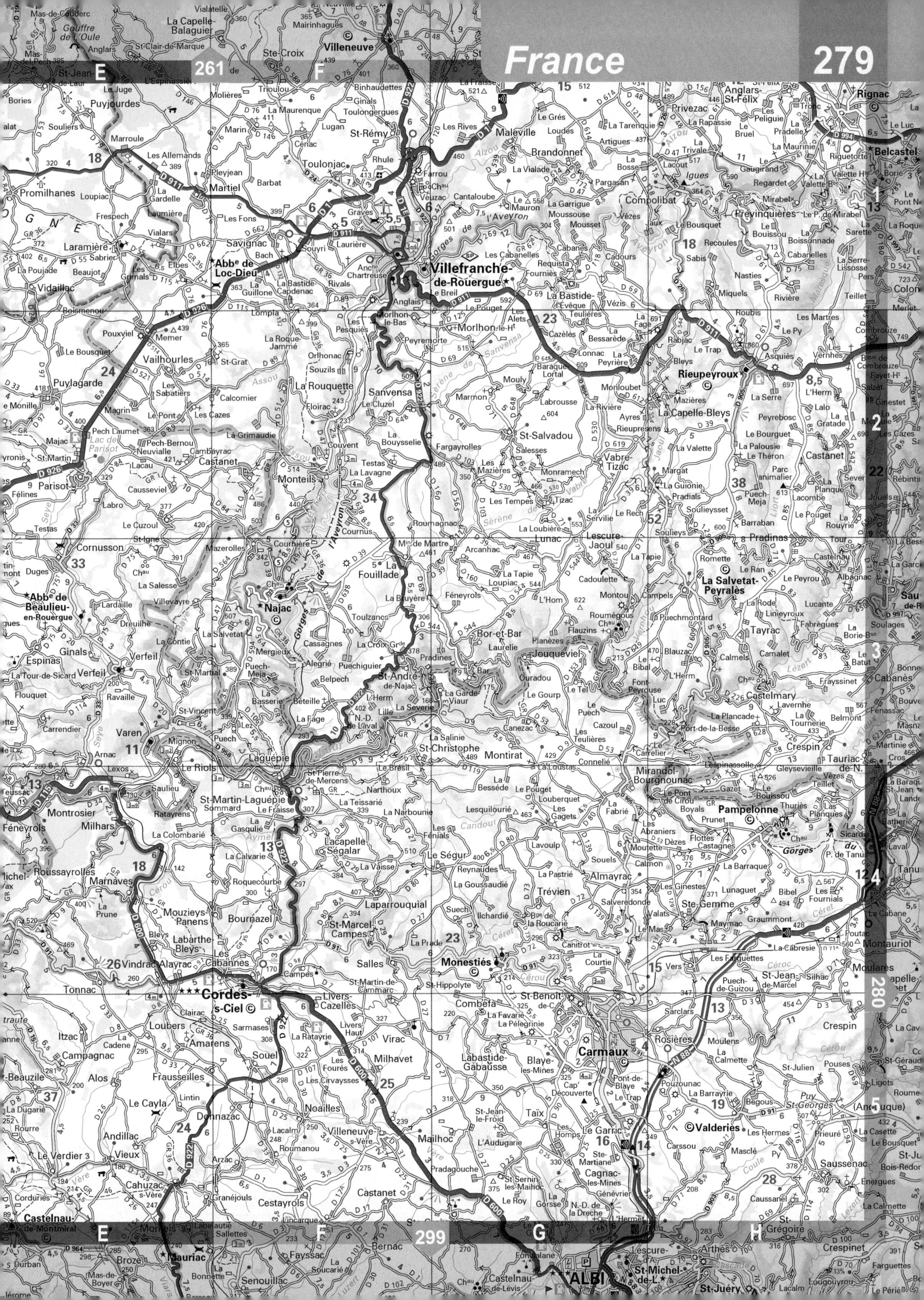
Villeneuve
Villefranche-de-Rouergue
Najac
Rieupeyroux
La Salvetat-Peyralès
Cordes-s-Ciel
Carmaux
Monestiés
Pampelonne
Valderiès
ALBI
Laguépie
Mirandol-Bourgnounac
Rignac
Belcastel
Maleville
Sanvensa
Monteils
Varen
Castanet
Abbe de Loc-Dieu
Abbe de Beaulieu-en-Rouergue
Ste-Gemme
St-Juéry
Mauriac
St-Michel-de-L.
Gorges de l'Aveyron
261
299
280
E
F
G
H

0 2 4 6 8 10 km

262
279
299
A
B
C
D
1
2
3
4
5
RODEZ
Onet-le-Château
Le Monastère
Sébazac-Concourès
Rignac
Belcastel
Rieupeyroux
Baraqueville
La Salvetat-Peyralès
Sauveterre-de-Rouergue
Naucelle
Pampelonne
Viaduc du Viaur
Cassagnes-Bégonhès
Salmiech
Réquista
Valence-d'Albigeois
Valderiès
Carmaux
St-Juéry
Ambialet
Brousse-le-Château
Calmont
Flavin
Luc-la-Primaube
Druelle
Moyrazès
Colombiès
Camjac
Tanus
Lédergues
Durenque
Trébas
Coupiac
Montclar
Causse du Comtal
Presqu'île d'Ambialet

CAUSSE DE SÉVÉRAC
Laissac
Sévérac-l'Église
Gaillac-d'Aveyron
Sévérac-le-Château
Forêt des Palanges
PARC NATUREL RÉGIONAL DES GRANDS CAUSSES
Vézins-de-Lévézou
Pont-de-Salars
Prades-Salars
Arques
Ségur
Lac de Pont de Salars
Lac de Pareloup
Salles-Curan
Micropolis
Verrières
St-Léons
St-Beauzély
Comberoumal
Castelnau-Pégayrols
PLATEAU DU LÉVÉZOU
Millau
Viaduc de Millau
Creissels
Aguessac
Compeyre
Paulhe
Rivière-s-Tarn
Mostuéjouls
Peyreleau
Chaos de Montpellier-le-Vieux
Forêt du Causse Noir
Puech d'Agast
St-Georges-de-Luzençon
St-Rome-de-Tarn
Le Truel
Ayssènes
Les Costes-Gozon
St-Rome-de-Cernon
Roquefort-s-Soulzon
Tournemire
St-Affrique
St-Jean-d'Alcapiès
Ste-Eulalie-de-Cernon
La Cavalerie
Lapanouse-de-Cernon
CAUSSE
NATUREL
Col de Lagarde
Col de Palassy
Col d'Engayresque
Puech del Pal
Mt Seigne
E F G H
263
300
282
N 88
D 911
D 992
D 999
A 75
E 11

0 2 4 6 8 10 km
264
281
301
CAUSSE DE SAUVETERRE
CAUSSE MÉJEAN
CAUSSE NOIR
GORGES DU TARN
Gorges de la Jonte
PARC RÉGIONAL
Camp du Larzac
CAUSSES
CÉVENNES
Florac
Meyrueis
Le Massegros
Ste-Énimie
Le Vigan
Nant
Peyreleau
Le Rozier
Trèves
Valleraugue
Ispagnac
Quézac
Montbrun
Les Vignes
La Malène
St-Georges-de-Lévéjac
St-Rome-de-Dolan
Hures-la-Parade
Vebron
Fraissinet-de-Fourques
Gatuzières
Lanuéjols
St-Sauveur-Camprieu
Dourbies
Cantobre
Revens
St-Jean-du-Bruel
Sauclières
Alzon
Arrigas
Aumessas
Molières-Cavaillac
Aulas
Bréau-et-Salagosse
Mandagout
Arphy
L'Espérou
La Cavalerie
L'Hospitalet-du-Larzac
La Roque-Ste-Marguerite
St-André-de-Vézines
Veyreau
Montmirat
Point Sublime
Aven Armand
Chaos de Nîmes le Vieux
Chaos de Montpellier-le-Vieux
Abîme de Bramabiau
MONT AIGOUAL
Col du Minier
Col de la Séreyrède
Grotte de Dargilan
Corniche du Causse Noir
Corniche du Causse Méjean
Canyon de la Dourbie
Gorges de la Dourbie
Cirque de St-Chély
Cirque de Pougnadoires
Roc des Hourtous
Roc du Serre
Les Détroits
A B C D
1 2 3 4 5

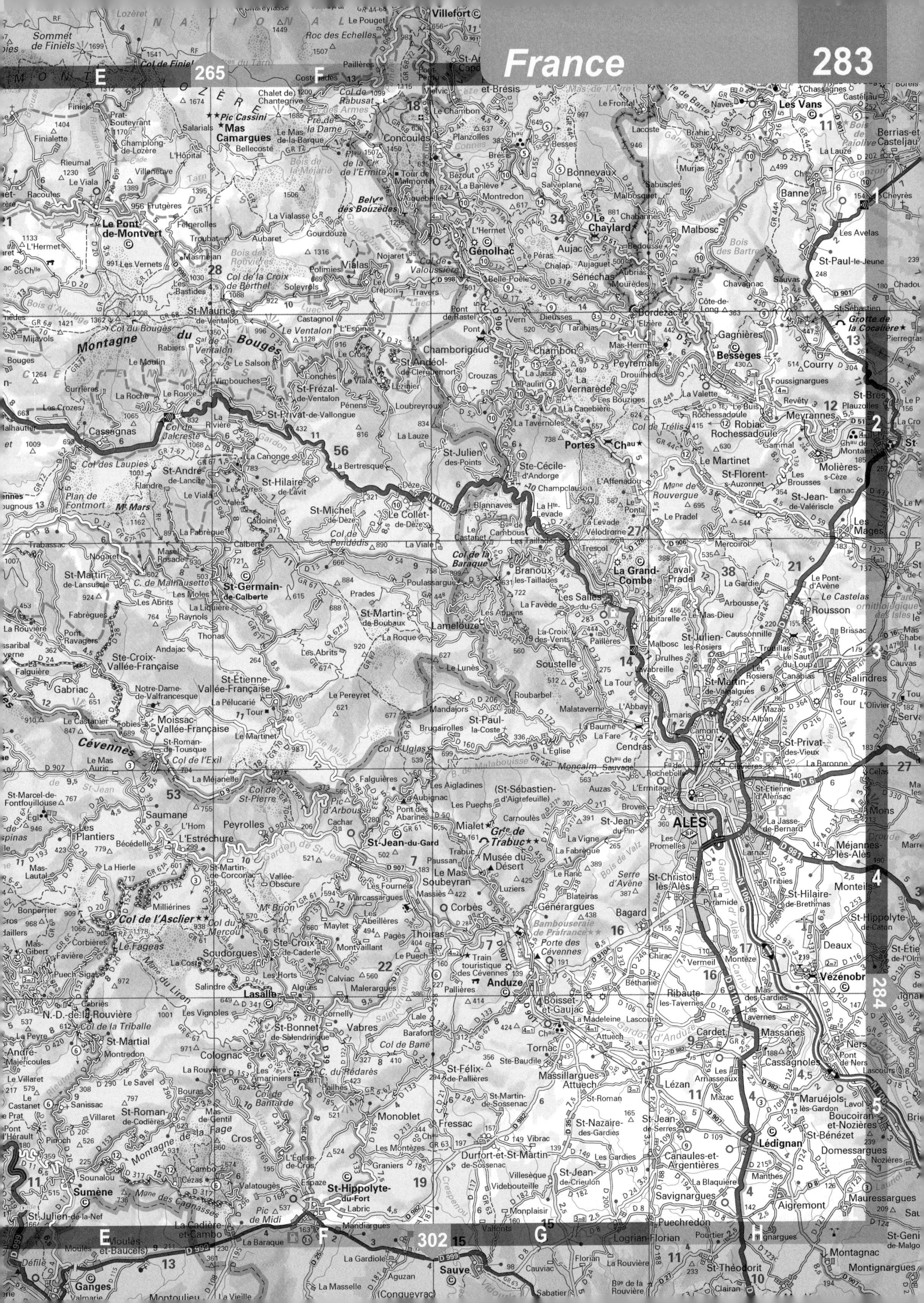

265
302
284
E
F
G
H
Villefort
Sommet de Finiels
Col de Finiels
Le Pont-de-Montvert
Pic Cassini
Mas Camargues
Concoules
Génolhac
Le Chaylard
Les Vans
Berrias-et-Casteljau
Banne
Malbosc
Aujac
Sénéchas
Bordezac
Vialas
St-Maurice-de-Ventalon
Montagne du Bougès
Col du Bougès
Chamborigaud
St-Andéol-de-Clerguemort
Peyremale
Bessèges
Gagnières
Robiac-Rochessadoule
Meyrannes
Molières-s-Cèze
St-Privat-de-Vallongue
Cassagnas
Col de Jalcreste
Portes
Ste-Cécile-d'Andorge
St-Julien-des-Points
St-André-de-Lancize
St-Hilaire-de-Lavit
St-Michel-de-Dèze
Le Collet-de-Dèze
Col de la Baraque
Branoux-les-Taillades
La Grand-Combe
Laval-Pradel
St-Germain-de-Calberte
St-Martin-de-Lansuscle
St-Martin-de-Boubaux
Lamelouze
Les Salles-du-G.
Rousson
Ste-Croix-Vallée-Française
St-Etienne-Vallée-Française
Moissac-Vallée-Française
Gabriac
Soustelle
St-Julien-les-Rosiers
St-Martin-de-Valgalgues
Salindres
Cendras
St-Paul-la-Coste
Mialet
Grotte de Trabuc
Musée du Désert
St-Jean-du-Gard
Saumane
Peyrolles
L'Estréchure
Les Plantiers
ALÈS
St-Christol-lès-Alès
St-Privat-des-Vieux
Méjannes-lès-Alès
St-Hilaire-de-Brethmas
Col de l'Asclier
Soudorgues
Ste-Croix-de-Caderle
Thoiras
Corbès
Générargues
Bambouseraie de Prafrance
Anduze
Bagard
Vézénobres
Lasalle
N.-D.-de-la-Rouvière
St-Martial
St-Bonnet-de-Salendrinque
Vabres
Boisset-et-Gaujac
Tornac
Massillargues-Attuech
Lézan
Cardet
Massanes
Cassagnoles
Colognac
St-Félix-de-Pallières
St-Roman-de-Codières
Monoblet
Fressac
Durfort-et-St-Martin-de-Sossenac
St-Nazaire-des-Gardies
St-Jean-de-Serres
Lédignan
Maruéjols-lès-Gardon
Boucoiran-et-Nozières
Domessargues
Sumène
St-Hippolyte-du-Fort
Savignargues
Canaules-et-Argentières
Aigremont
Mauressargues
Ganges
Moulès-et-Baucels
Sauve
Logrian-Florian
St-Théodorit
Montagnac
Montignargues
Cévennes

0 2 4 6 8 10 km
266
283
303
Plateau des Gras
Gorges de l'Ardèche
Aven d'Orgnac
Pont d'Arc
Haute Corniche
Barjac
St-Ambroix
Lussan
Guidon du Bouquet
Uzès
Pont du Gard
Remoulins
Bagnols-s-Cèze
Bourg-St-Andéol
Pont-St-Esprit
La Roque-sur-Cèze
St-Chaptes
Vallérargues
Goudargues
Montclus
Orgnac-l'Aven
Vézénobres
Pierrelatte
Rhône
Ardèche
Cèze
Gardon

Valréas
Nyons
St-Paul-Trois-Châteaux
Bollène
Suze-la-Rousse
Tulette
Visan
Richerenches
Vinsobres
Mirabel-aux-Baronnies
Vaison-la-Romaine
Séguret
Malaucène
N.-D. du Groseau
Orange
Piolenc
Mornas
Mondragon
Sérignan-du-Comtat
Camaret-sur-Aigues
Gigondas
Vacqueyras
Beaumes-de-Venise
Carpentras
Monteux
Pernes-les-Fontaines
Courthézon
Bédarrides
Châteauneuf-du-Pape
Roquemaure
Sorgues
Le Pontet
Villeneuve-lès-Avignon
Avignon
Vedène
St-Saturnin-lès-Avignon
Velleron
L'Isle-s-la-Sorgue
Fontaine-de-Vaucluse
Gordes
Venasque
Bédoin
Mazan
Sarrians
Jonquières
Violès
Travaillan
Rasteau
Cairanne
Ste-Cécile-les-Vignes
Rochegude
Grignan
Grillon
Colonzelle
Montségur-sur-Lauzon
La Baume-de-Transit
Clansayes
Solérieux
St-Restitut
Donzère
Pierrelatte
Buisson
Roaix
Crestet
Entrechaux
Puyméras
Faucon
Beaumont-du-Ventoux
Le Barroux
Caromb
Modène
Aubignan
Loriol-du-Comtat
Althen-des-Paluds
Entraigues-s-la-Sorgue
Jonquerettes
Le Thor
Caderousse
Sauveterre
Pujaut
Tavel
Rochefort-du-Gard
Les Angles
Abbe de Sénanque
267
304
286
E
F
G
H

0 2 4 6 8 10 km
268
305
285
Rosans
Buis-les-Baronnies
Ste-Jalle
Montaulieu
Rochebrune
Propiac
Pierrelongue
Mollans-sur-Ouvèze
Eygaliers
Plaisians
St-Léger-du-Ventoux
Brantes
Savoillan
Reilhanette
Montbrun-les-Bains
Barret-de-Lioure
Séderon
Montfroc
Curel
Les Omergues
Aulan
Villefranche-le-Château
Montauban-sur-l'Ouvèze
St-Auban-sur-l'Ouvèze
Ste-Euphémie-s-O.
Vercoiran
Bésignan
St-Sauveur-Gouvernet
Lemps
Montferrand-la-Fare
Montjay
Chanousse
Laborel
Ste-Colombe
Eygalayes
Lachau
Ballons
Izon-la-Bruisse
Mont Serein
Col des Tempêtes
Observatoire
MONT VENTOUX
Le Chalet-Reynard
Bédoin
Flassan
Mormoiron
Villes-sur-Auzon
Blauvac
Malemort-du-Comtat
Méthamis
Venasque
Monieux
Sault
Aurel
Ferrassières
St-Trinit
Revest-du-Bion
St-Christol
Banon
Montsalier
Simiane-la-Rotonde
Lagarde-d'Apt
Rustrel
St-Saturnin-lès-Apt
Lioux
Murs
Gordes
Roussillon
Gargas
Oppedette
Vachères
Plateau d'Albion
Gorges de la Nesque
Montagne de Lure
VAUCLUSE
BARONNIES
Col de Perty
Col de Macuègne
Col du Négron
Montagne d'Albion
Plateau de Vaucluse
Abbaye de Sénanque
Village des Bories
Colorado

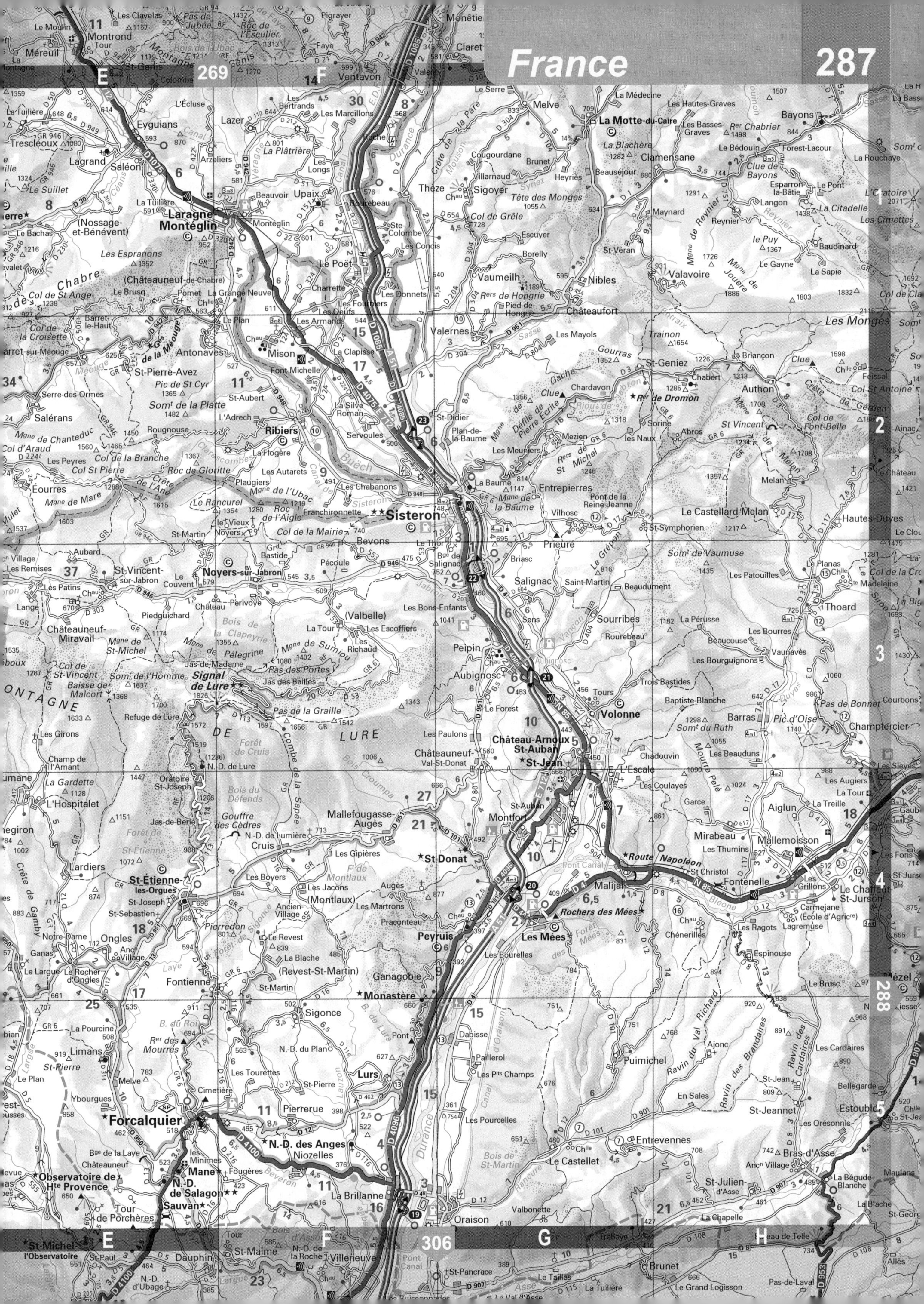

Le Moulin
Montrond
Tour
Méreuil
St-Genis
Les Clavelas
Pas de Jubéo
Roc de l'Esculier
Pigrayer
Faye
Ventavon
Monêtier
Claret
Valenty
269
E
F
14
Le Serre
Melve
La Médecine
Les Hautes-Graves
La Motte-du-Caire
Les Basses-Graves
Rer Chabrier
Bayons
La Blachère
Clamensane
Forest-Lacour
Le Bédouin
La Rouchaye
Clue de Bayons
Esparron-la-Bâtie
Le Pont
L'Oratoire
Langon
La Citadelle
Les Cimettes
Reynier
Baudinard
le Puy
Le Gayne
La Sapie
Valavoire
Mgne de Reynier
Mgne de Jouère
Les Marcillons
Les Bertrands
L'Écluse
La Tuilière
Tresclèoux
Eyguians
Lazer
La Plâtrière
Lagrand
Saléon
Arzeliers
Les Longs
Le Suillet
Upaix
Beauvoir
Laragne-Montéglin
Montéglin
Rourebeau
Ste-Colombe
Les Concis
Le Bachas
(Nossage-et-Bénévent)
Les Espranons
Le Poët
Cougourdane
Brunet
Villarnaud
Heyriès
Beauséjour
Thèze
Sigoyer
Tête des Monges
Col de Grêle
Maynard
Escuyer
St-Véran
Borelly
Vaumeilh
Rers de Hongrie
Pied-de-Hongrie
Nibles
Châteaufort
(Châteauneuf-de-Chabre)
Le Brusq
Pomet
La Grange Neuve
Col de St Ange
Charrette
Les Donnets
Les Fourniers
Les Oeufs
Les Armands
Barret-le-Haut
Col de la Croisette
Barret-sur-Méouge
Le Plan
Mison
Antonaves
Gges de la Méouge
St-Pierre-Avez
La Clapisse
Font-Michelle
Valernes
Les Mayols
Trainon
Gourras
St-Geniez
Chabert
Briançon
Clue
Feissal
Les Monges
Col St Antoine
Pic de St Cyr
Serre-des-Ormes
Salérans
Somt de la Platte
St-Aubert
L'Adrech
Ribiers
La Silve
Roman
Servoules
St-Didier
Plan-de-la-Baume
Chardavon
Clue
Rer de Dromon
Défilé de Pierre Écrite
Authon
Crête de Gérlan
Col de Font-Belle
Mgne de Chanteduc
Col d'Araud
Les Peyres
Col de la Branche
Col St Pierre
Rougnouse
La Flogère
Roc de Glorite
Les Autarets
Mezien
les Naux
Abros
Sorine
St Vincent
Les Meuniers
Rers de St Michel
Melan
Mgne de Mélan
Le Château
Éourres
Mgne de Mare
Col de l'Âne
Plaugiers
Mgne de l'Ubac
Les Chabanons
La Baume
Entrepierres
Mgne de la Baume
Pont de la Reine Jeanne
Le Castellard-Melan
Hautes-Duyes
Le Rancurel
Roc de l'Aigle
Franchironnette
Sisteron
Vilhosc
Prieuré
St-Symphorien
St-Martin
le Vieux Noyers
Col de la Mairie
Bevons
Le Thor
Bastide
Briasc
Aubard
Les Remises
St-Vincent-sur-Jabron
Le Couvent
Noyers-sur-Jabron
Pécoule
Salignac
Saint-Martin
Beaudument
Somt de Vaumuse
Les Patouillès
Les Planas
Col de la Croix
Ste Madeleine
Thoard
Les Patins
Lange
Châteauneuf-Miravail
Piedguichard
Perivoye
Bois de la Clapeyrie
(Valbelle)
La Tour
Les Escoffiers
Les Richaud
Les Bons-Enfants
Sens
Sourribes
La Pérusse
Rourebeau
Les Bourres
Beaucouse
Vaunavès
Les Bourguignons
Mgne de St-Michel
Mgne de Pélegrine
Mgne de Sumiou
Jas-de-Madame
Pas des Portes
Jas des Bailles
Peipin
Aubignosc
Col de St-Vincent
Baisse de Malcort
Somt de l'Homme
Signal de Lure
MONTAGNE DE LURE
Refuge de Lure
Pas de la Graille
Le Forest
Tours
Trois Bastides
Baptiste-Blanche
Volonne
Barras
Pic d'Oise
Pas de Bonnet
Courbons
Champtercier
Les Girons
Forêt de Cruis
Combe de la Sapée
Bois Croumpa
Les Paulons
Château-Arnoux St-Auban
Somt du Ruth
Mourre Pelé
Châteauneuf-Val-St-Donat
St-Jean
Chadouvin
Les Beauduns
Champ de l'Amant
N.-D. de Lure
Oratoire St-Joseph
La Gardette
L'Hospitalet
L'Escale
Les Coulayes
Les Augiers
La Tour
Aiglun
La Treille
Bois du Défends
Gouffre des Cèdres
Jas-de-Berle
Mallefougasse-Augès
N.-D. de Lumière
Cruis
Montfort
St-Auban
Garce
Mirabeau
Mallemoisson
Les Thumins
Forêt de St-Étienne
Lardiers
Crête de Gamby
St-Étienne-les-Orgues
St-Joseph
St-Sébastien
Les Gipières
Fét de Montlaux
Les Boyers
Les Jacons
(Montlaux)
St Donat
Route Napoléon
St Christol
Fontenelle
Bléone
Malijai
Rochers des Mées
Les Grillons
Le Chaffaut-St-Jurson
Carmejane
(École d'Agricre)
Lagremuse
Notre-Dame
Ongles
Ganas
Le Largue
Le Rocher d'Ongles
Anc Village
Pierredon
Forêt de Sigonce
Le Revest
La Blache
(Revest-St-Martin)
Augès
Les Martrons
Ancien-Village
Praconteau
Peyruis
Les Mées
Les Bourelles
Forêt des Mées
Chénerilles
Les Ragots
Espinouse
Fontienne
St-Martin
Ganagobie
Monastère
Le Brusc
Mézel
La Pourcine
B. du Roi
Sigonce
B. de Lurs
Dabisse
Limans
St-Pierre
Le Plan
Rer des Mourres
N.-D. du Plan
Pont
Paillerol
Les Pts Champs
Canal d'Oraison
Puimichel
Ajonc
Ravin du Val Richard
Ravin des Brandaires
Ravin des Cardaires
Les Cardaires
Melve
Les Tourettes
Lurs
Cimetière
St-Pierre
Ybourgues
Pierrerue
Forcalquier
Durance
Les Pourcelles
En Sales
St-Jeannet
Bellegarde
Estoublon
Les Orésonnis
Bge de la Laye
Châteauneuf
N.-D. des Anges
Niozelles
Entrevennes
Le Castellet
Bois de St-Martin
Bras-d'Asse
Ancn Village
Observatoire de Hte Provence
Les Minimes
Mane
Fougères
N.-D. de Salagon
Sauvan
Beveron
La Brillanne
Valbonette
St-Julien-d'Asse
La Bégude-Blanche
Maulans
Tour de Porchères
Oraison
La Chapelle
La Blache
St-Michel-l'Observatoire
St-Paul
Dauphin
St-Maime
N.-D. de la Roche
Villeneuve
Pont Canal
306
G
H
Trabaye
Brunet
Beau de Telle
Allès
N.-D. d'Ubage
St-Pancrace
Le Taillas
La Tuilière
Le Grand Logisson
Pas-de-Laval
288

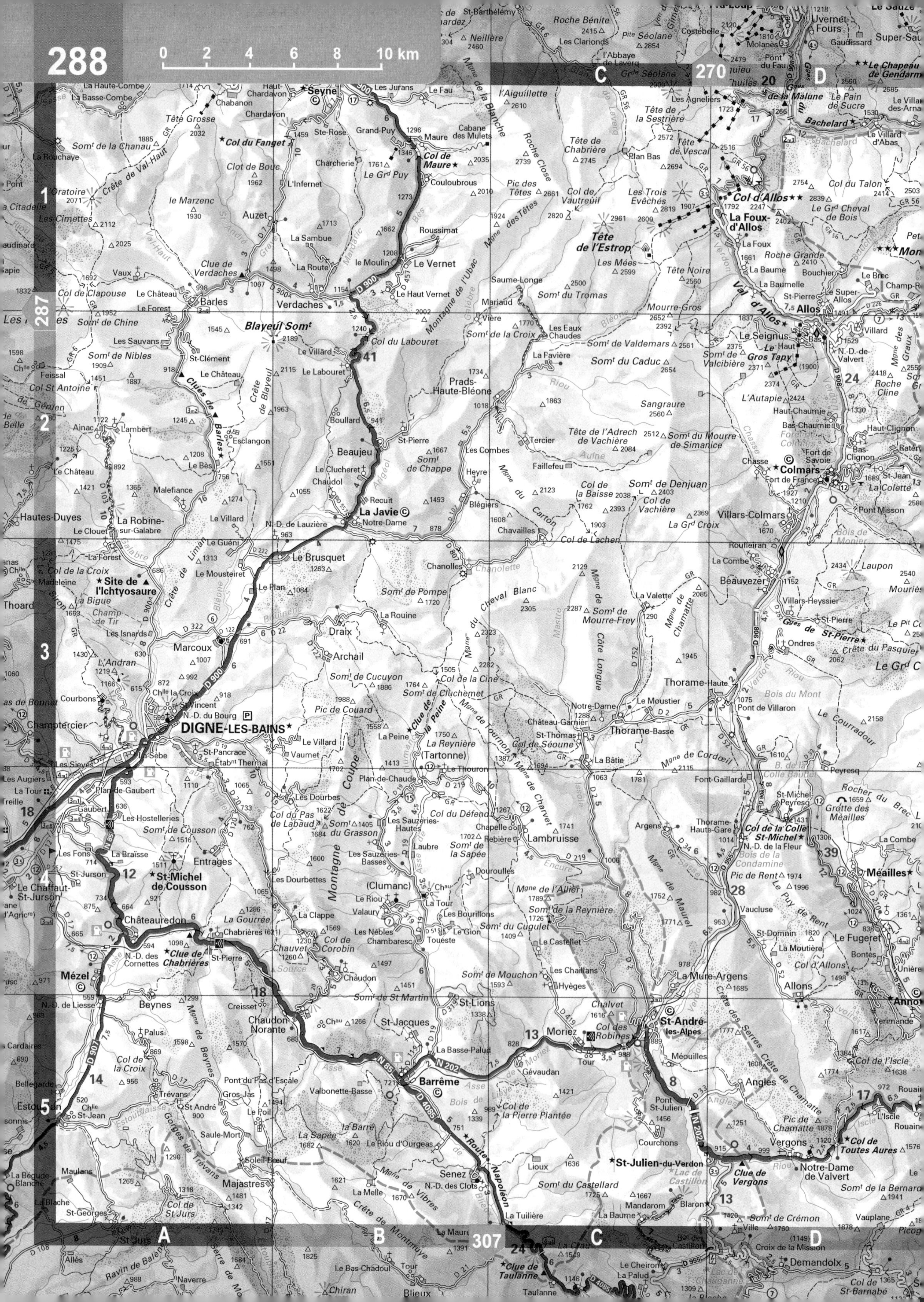

288
0 2 4 6 8 10 km
287
270
307
A
B
C
D
1
2
3
4
5
Seyne
Col du Fanget
Col de Maure
Le Vernet
Verdaches
Barles
Auzet
Blayeul Somt
Col du Labouret
La Javie
Beaujeu
Le Brusquet
DIGNE-LES-BAINS
Site de l'Ichtyosaure
Marcoux
Draix
Archail
Champtercier
Entrages
St-Michel de Cousson
Châteauredon
Mézel
Clue de Chabrières
Chaudon-Norante
Barrême
Senez
Route Napoléon
Clue de Taulanne
St-Jurs
Estoublon
Majastres
Col de la Croix
Clue de la Peine
Tartonne
Clumanc
Lambruisse
Col de Séoune
Thorame-Basse
Thorame-Haute
Prads-Haute-Bléone
Tête de l'Estrop
Col d'Allos
La Foux-d'Allos
Allos
Val d'Allos
Le Seignus
Colmars
Villars-Colmars
Beauvezer
Col de la Colle St-Michel
Méailles
Allons
St-André-les-Alpes
Moriez
Col des Robines
St-Julien-du-Verdon
Lac de Castillon
Clue de Vergons
Vergons
Col de Toutes Aures
Annot
Demandolx
Gorges de Trévans
Gorges de St-Pierre
Le Chapeau de Gendarme
Bachelard

Cime de la Bonette
Col de la Moutière
St-Dalmas-le-Selvage
Lacs de Vens
Mt Ténibre
Corborant
Vinadio
Pratolungo
St-Étienne-de-Tinée
Col de la Cayolle
Auron
Las Donnas
Isola
Isola 2000
Col de la Lombarde
Entraunes
St-Martin-d'Entraunes
Châteauneuf-d'Entraunes
Villeneuve-d'Entraunes
Péone
Valberg
Beuil
Roubion
Roure
St-Sauveur-sur-Tinée
Guillaumes
Mt St-Honorat
Rimplas
Gorges de Valabres
Mt Mounier
Col de la Couillole
Croix du Sapet
Gges de Daluis
Daluis
Gges du Cians
Pierlas
Ilonse
Marie
Clans
Lieuche
Thiéry
Bairols
Sausses
Pont de St-Léger
La Croix-sur-Roudoule
Puget-Rostang
Puget-Théniers
Touët-sur-Var
Tournefort
Massoins
Villars-sur-Var
Entrevaux
Clue de Rouaine
Malaussène
Toudon
La Penne
St-Antonin
Ascros
Cuébris
Roquesteron
Sigale
Clue du Riolan
Collongues
Amirat
Ubraye
Val-de-Chalvagne
Clue d'Aiglu
Aiglun
Briançonnet
Gars
Clue de St-Auban
Conségudes
Clue de la Péguière
Les Ferres
Revest-les-Roches
Tourette-du-Château
Vieux-Pierrefeu
MERCANTOUR
PARC NATIONAL
271
291
308

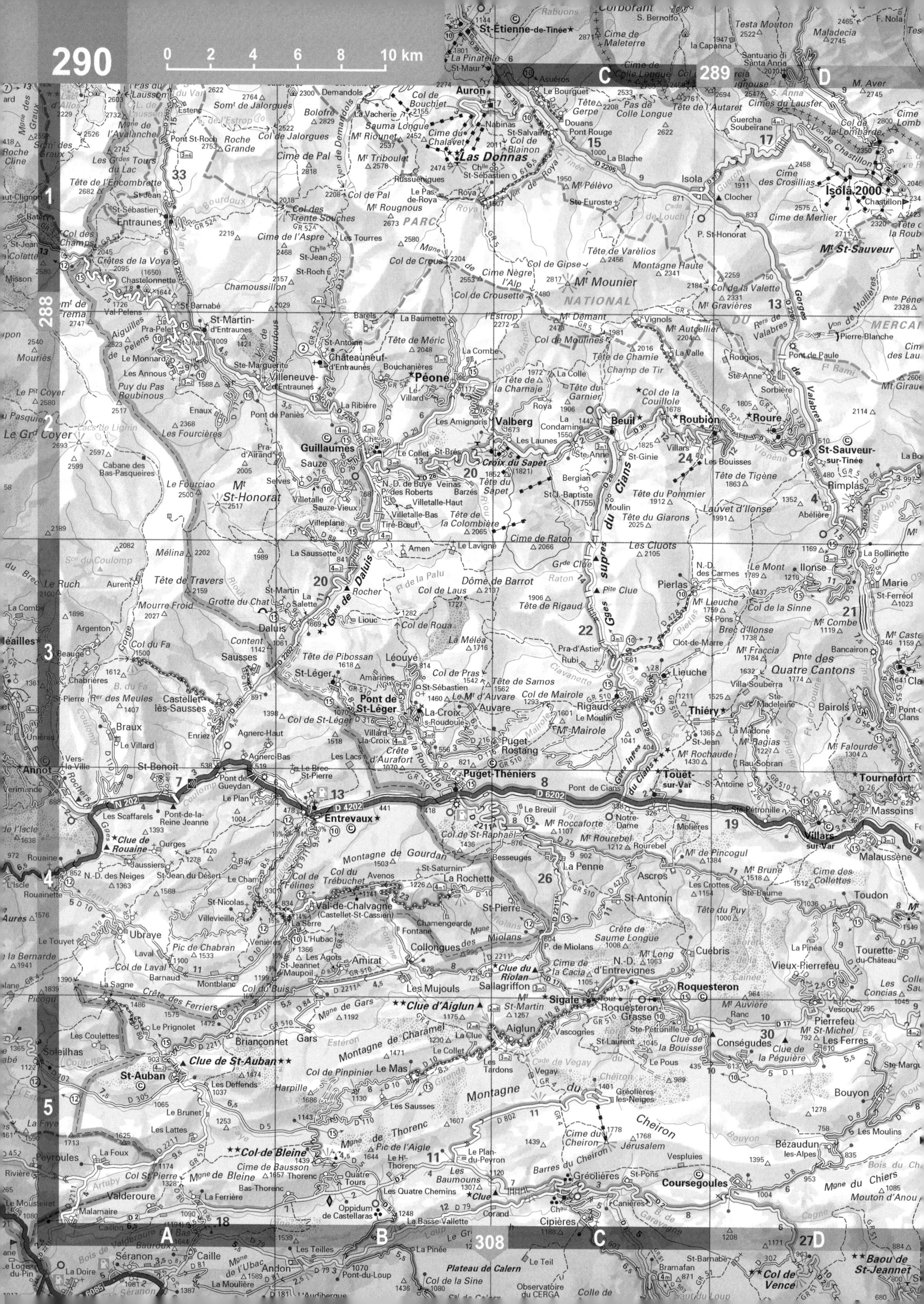
0 2 4 6 8 10 km
St-Étienne-de-Tinée
Auron
Las Donnas
Isola
Isola 2000
Mt St-Sauveur
Mt Mounier
PARC NATIONAL DU MERCANTOUR
Entraunes
St-Martin-d'Entraunes
Châteauneuf-d'Entraunes
Villeneuve-d'Entraunes
Péone
Valberg
Beuil
Roubion
Roure
St-Sauveur-sur-Tinée
Guillaumes
Mt St-Honorat
Croix du Sapet
Gges de Daluis
Daluis
Gges supres du Cians
Pierlas
Ilonse
Marie
Rimplas
Sausses
Léouvé
Pont de St-Léger
La Croix-s-Roudoule
Puget-Rostang
Rigaud
Lieuche
Thiéry
Tournefort
Annot
Entrevaux
Puget-Théniers
Touët-sur-Var
Villars-sur-Var
Massoins
Malaussène
Clue de Rouaine
Col de Félines
Val-de-Chalvagne
Ubraye
La Rochette
La Penne
Ascros
St-Antonin
Toudon
Cuébris
Roquesteron
Sigale
Clue du Riolan
Clue d'Aiglun
Aiglun
Briançonnet
Gars
Clue de St-Auban
St-Auban
Montagne du Cheiron
Col de Bleine
Thorenc
Gréolières
Coursegoules
Conségudes
Bouyon
Bézaudun-les-Alpes
Valderoure
Séranon
Caille
Andon
Plateau de Calern
Col de Vence
Baou de St-Jeannet
A B C D
1 2 3 4 5
288 289 308
N 202 D 6202 D 4202

Limone-Piemonte
Col de Tende
Tunnel de Tende
Le Boréon
St-Martin-Vésubie
Venanson
Roquebillière
Belvédère
Tende
La Brigue
N.-D. des Fontaines
Saorge
Fontan
Breil-s-Roya
Sospel
Lantosque
L'Authion
Col de Turini
Moulinet
Peïra-Cava
Lucéram
Col de Braus
Coaraze
Levens
Utelle
La Madone d'Utelle
Duranus
L'Escarène
Contes
Peille
Peillon
Ste-Agnès
Gorbio
Roquebrune-
L'Annonciade
MENTON
Cap-Martin
Cap Martin
MONTE-CARLO
Beausoleil
Ventimiglia
Bordighera
Airole
Olivetta-San-Michele
Dolceacqua
Pigna
Mt Bégo
Cime du Diable
Mt Clapier
Cime du Gélas
Mt Neillier
ALPI MARITTIME
PARC NATIONAL MERCANTOUR
Carros
Aspremont
Falicon
Colomars
Castellar
Mortola Inferiore
Capo Mortola
Jins Hanbury
E F G H
309

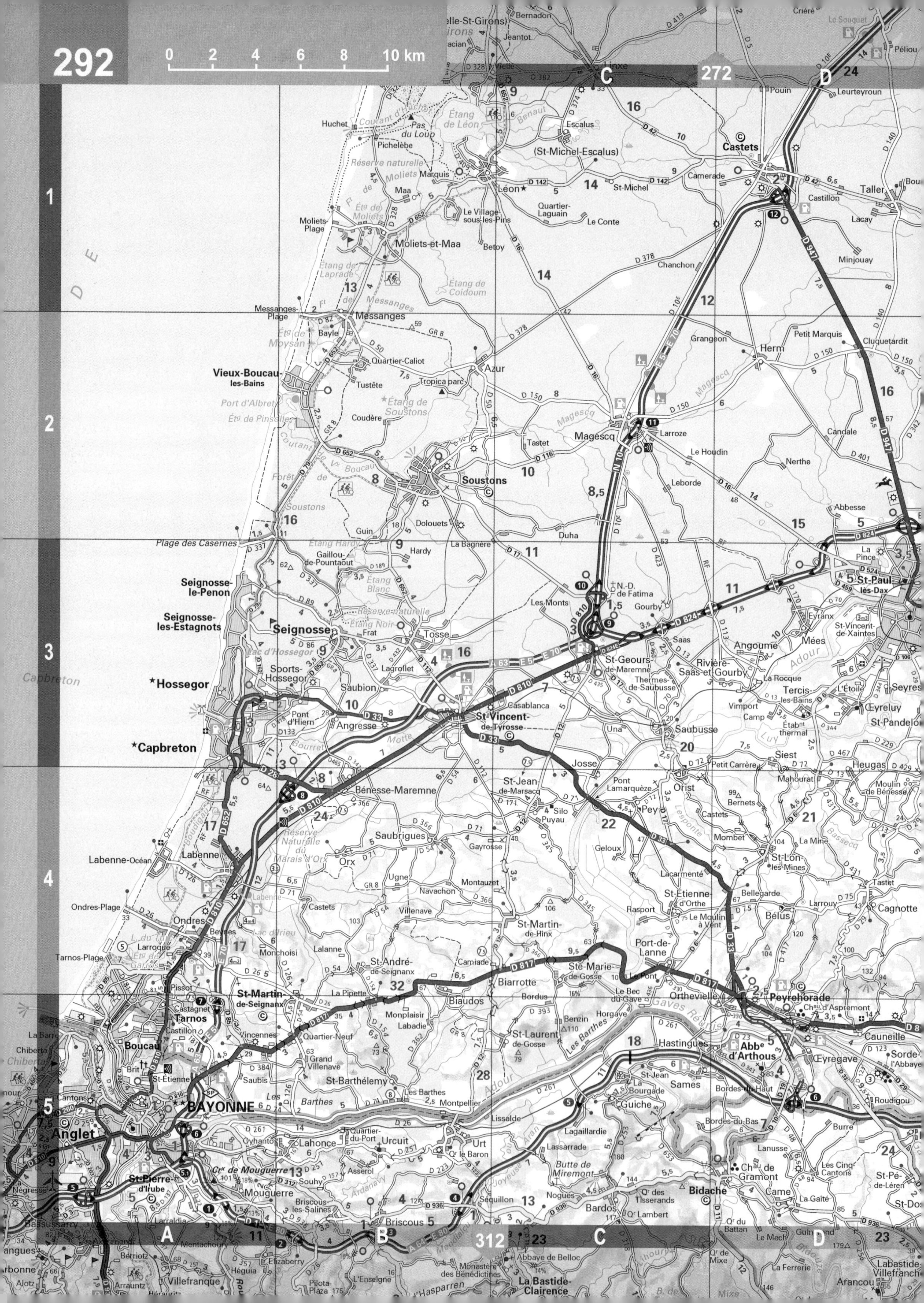
0 2 4 6 8 10 km
272
312
Linxe
Castets
Léon
Moliets-et-Maa
Messanges
Vieux-Boucau-les-Bains
Azur
Soustons
Magescq
Seignosse
Tosse
Hossegor
Capbreton
St-Vincent-de-Tyrosse
St-Geours-de-Maremne
St-Paul-lès-Dax
Bénesse-Maremne
Labenne
Labenne-Océan
Ondres
Orx
Saubrigues
St-Jean-de-Marsacq
Orist
Pey
Saubusse
St-Lon-les-Mines
St-Martin-de-Seignanx
Tarnos
Boucau
BAYONNE
Anglet
St-Pierre-d'Irube
Mouguerre
Urt
Guiche
Bidache
Peyrehorade
Orthevielle
Port-de-Lanne
Hastingues
Sames
Biarrotte
Biaudos
St-Barthélemy
Briscous
Bardos
Cauneille
Tercis-les-Bains
Heugas
Herm
Taller
Pouillon
Bélus
Cagnotte
La Bastide-Clairence
Villefranque
Labastide-Villefranche

273
E
F
G
H
294
313
Rion-des-Landes
Beylongue
Boos
Laluque
Lesgor
Tartas
Bégaar
Pontonx-s/-l'Adour
Carcarès-Ste-Croix
Meilhan
St-Yaguen
Campagne
St-Perdon
Uchacq-et-Parentis
Campet-et-Lamolère
Souprosse
Cauna
Aurice
Bas-Mauco
Haut-Mauco
St-Sever
Mugron
Nerbis
Toulouzette
Montaut
Banos
Audignon
Hauriet
St-Aubin
Doazit
Horsarrieu
Hagetmau
Dax
Yzosse
Candresse
Narrosse
Montfort-en-Chalosse
Gamarde-les-Bains
Goos
Hinx
Poyanne
Laurède
Gouts
Audon
Onard
Vicq-d'Auribat
Cassen
Louer
St-Geours-d'Auribat
Préchacq-les-Bains
Téthieu
St-Vincent-de-Paul
Gousse
Nousse
Lourquen
Lahosse
Poyartin
Gibret
Baigts
Caupenne
Bergouey
Larbey
Maylis
Sort-en-Chalosse
Garrey
Ozourt
Castelnau-Chalosse
Donzacq
Clermont
Bastennes
Gaujacq
Brassempouy
Serreslous-et-Arribans
St-Cricq-Chalosse
Mimbaste
Pouillon
Estibeaux
Pomarez
Castel-Sarrazin
Amou
Nassiet
Cazalis
Momuy
Labastide-Chalosse
Lacrabe
Morganx
Argelos
Castaignos-Souslens
Marpaps
Bonnegarde
Beyries
Poudenx
Tilh
Arsague
Mouscardès
Habas
Misson
Labatut
Ossages
St-Girons-en-Béarn
Bonnut
Sault-de-Navailles
Castelner
Puyoô
Bellocq
Ramous
Baigts-de-Béarn
Lacadée
Sallespisse
Hagetaubin
Morlanne
Orthez
Salles-Mongiscard
Bérenx
Salies-de-Béarn
Balansun
Mesplède
Arthez-de-Béarn
Castillon
Lahontan
St-Cricq-du-Gave
Carresse-Cassaber
Biron
Argagnon
Castétis
Lanneplaà
Laà-Mondrans
Sarpourenx
Adour
Luy
Gabas
Louts
Midouze
D 824
D 947
D 933
D 817
D 32
A 64 E 80

0 2 4 6 8 10 km
MONT-DE-MARSAN
St-Pierre-du-Mont
St-Médard
Mazerolles
Bretagne-de-Marsan
Villeneuve-de-Marsan
St-Cricq-Villeneuve
Perquie
Montégut
Arthez-d'Armagnac
Lannemaignan
Mauléon-d'Armagnac
Labastide-d'Armagnac
Cazaubon
Monguilhem
Bourdalat
Toujouse
Maupas
Monlezun-d'Armagnac
Panjas
Laujuzan
Mormès
Le Houga
Perchède
Magnan
Hontanx
St-Gein
Pujo-le-Plan
Laglorieuse
Artassenx
Bascons
Benquet
Maurrin
Castandet
Grenade-sur-l'Adour
St-Maurice-sur-Adour
Larrivière-St-Savin
Bordères-et-Lamensans
Cazères-sur-l'Adour
Le Vignau
Lussagnet
Renung
Duhort-Bachen
Montgaillard
Fargues
Eyres-Moncube
Sarraziet
Buanes
Classun
Eugénie-les-Bains
Aire-sur-l'Adour
Barcelonne-du-Gers
Vergoignan
Lupp-Violles
Lanne-Soubiran
St-Griède
Lelin-Lapujolle
St-Martin-d'Armagnac
Caumont
Maulichères
St-Germé
Riscle
Tarsac
Corneillan
St-Mont
Labarthète
Aurensan
Coudures
Vielle-Tursan
St-Loubouer
Bahus-Soubiran
Aubagnan
Pécorade
Castelnau-Tursan
Urgons
Serres-Gaston
Samadet
Geaune
Payros-Cazautets
Sorbets
Latrille
Clèdes
Mauries
Arboucave
Puyol-Cazalet
Miramont-Sensacq
Lacajunte
Sarron
St-Agnet
Ségos
Projan
Verlus
Viella
Maumusson-Laguian
Cannet
Mant
Pimbo
Philondenx
Malaussanne
Garlin
Moncla
Portet
Aubous
Aydie
Diusse
Castetpugon
Mont-Disse
Boueilh-Boueilho-Lasque
Poursiugues-Boucoue
Arzacq-Arraziguet
Cabidos
Piets-Plasence-Moustrou
Morlanne
Louvigny
Vignes
Pouliacq
Coublucq
Tadousse-Ussau
Baliracq-Maumusson
Mascaraàs-Haron
Conchez-de-Béarn
Arrosès
Aurions-Idernes
Cadillon
St-Jean-Poudge
Ribarrouy
Taron-Sadirac-Viellenave
Burosse-Mendousse
Vialer
Crouseilles
Lasserre
Séméacq-Blachon
Monpezat
Méracq
Garlède-Mondebat
Claracq
Mialos
Fichous-Riumayou
Arricau-Bordes
Castillon
Lalonquette
Lème
Séby
Garos
Bouillon
Pomps
Uzan
Fin 2010
Printemps 2010
A B C D
274
293
314
1 2 3 4 5

Eauze
Manciet
Nogaro
Vic-Fezensac
Valence-sur-Baïse
Aignan
Plaisance
Marciac
Montesquiou
Mirande
Maubourguet
Jegun
Gondrin
Mouchan
Cazeneuve
Castelnau-d'Auzan
Labarrère
Beaumont
Larressingle
Lagraulet-du-Gers
Bretagne-d'Armagnac
Campagne-d'Armagnac
Réans
Ayzieu
Bourrouillan
Salles-d'Armagnac
Ste-Christie-d'Armagnac
Cravencères
Loubédat
Séailles
Avéron-Bergelle
Courrensan
Ramouzens
Noulens
Lannepax
Bascous
Roques
Lagardère
Justian
Mourède
Bezolles
Beaucaire
Rozès
Marambat
St-Paul-de-Baïse
Castillon-Debats
St-Jean-Poutge
Roquebrune
Caillavet
Belmont
Tudelle
Lupiac
Sabazan
Bétous
Termes-d'Armagnac
Pouydraguin
Loussous-Débat
Couloumé-Mondebat
Peyrusse-Grande
Peyrusse-Vieille
Callian
Castelnau-d'Anglès
Mirannes
Barran
St-Arailles
Riguepeu
Bazian
Le Brouilh-Monbert
Bassoues
Mouchès
Estipouy
Pouylebon
Louslitges
Beaumarchès
Galiax
Préchac-sur-Adour
Ju-Belloc
St-Aunix-Lengros
Courties
Armous-et-Cau
Scieurac-et-Flourès
Tourdun
Mascaras
Juillac
Laveraët
Armentieux
St-Christaud
Pallanne
Monclar-sur-Losse
Soublecause
Caussade-Rivière
Villefranque
Estirac
Sombrun
Auriébat
Sauveterre
St-Justin
Ricourt
Blousson-Sérian
Tillac
Marseillan
St-Maur
Berdoues
St-Médard
Idrac-Respaillès
Forêt d'Aignan
Bois de Mazous
Forêt de Montpellier
Bois de Bassoues

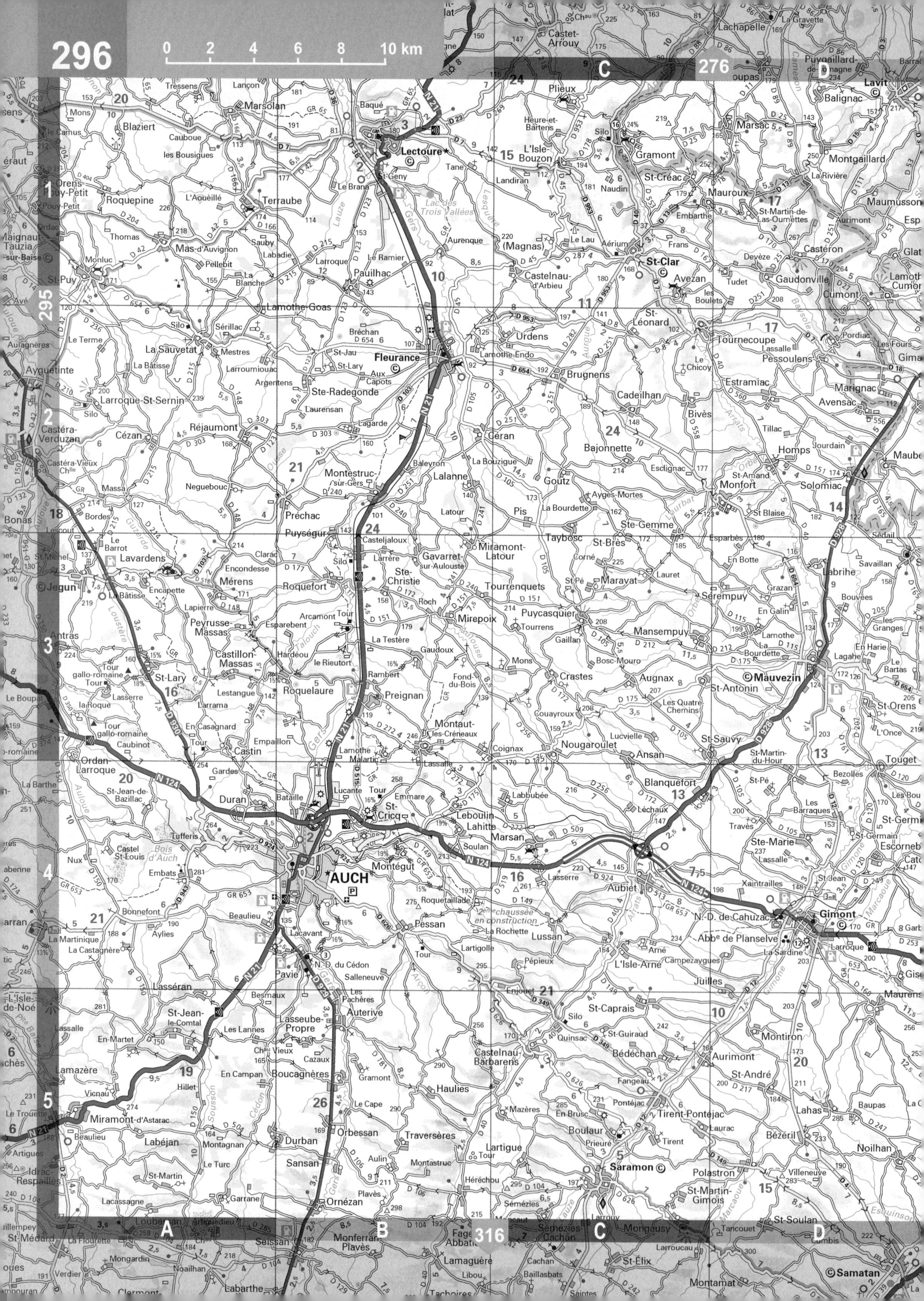
0 2 4 6 8 10 km
276
295
316
A
B
C
D
1
2
3
4
5
6
Lectoure
Marsolan
Plieux
Castet-Arrouy
Lachapelle
Puygaillard-de-Lomagne
Lavit
Balignac
Marsac
Gramont
L'Isle-Bouzon
St-Créac
Mauroux
Montgaillard
Terraube
Roquepine
Orens-Pouy-Petit
Mas-d'Auvignon
Pauilhac
St-Clar
Avezan
Castéron
Gaudonville
Castelnau-d'Arbieu
Lamothe-Goas
La Sauvetat
St-Léonard
Tournecoupe
Fleurance
Urdens
Brugnens
Ayguetinte
Larroque-St-Sernin
Ste-Radegonde
Cadeilhan
Pessoulens
Estramiac
Marignac
Avensac
Castéra-Verduzan
Réjaumont
Cézan
Céran
Bajonnette
Montestruc-sur-Gers
Lalanne
Goutz
Homps
Monfort
Solomiac
Préchac
Puységur
Ste-Gemme
Tayboscq
St-Brès
Lavardens
Jegun
Miramont-Latour
Gavarret-sur-Aulouste
Ste-Christie
Roquefort
Mérens
Tourrenquets
Maravat
Sérempuy
Peyrusse-Massas
Mirepoix
Puycasquier
Mansempuy
Castillon-Massas
St-Lary
Roquelaure
Preignan
Crastes
Augnax
St-Antonin
Mauvezin
Montaut-les-Créneaux
Nougaroulet
St-Sauvy
Ordan-Larroque
Duran
Castin
Blanquefort
St-Martin-du-Hour
Touget
St-Cricq
Leboulin
Lahitte
Marsan
AUCH
Montégut
Aubiet
Gimont
Pessan
Lussan
N.-D. de Cahuzac
L'Isle-Arné
Juilles
Pavie
Lasséran
Auterive
St-Jean-le-Comtal
Lasseube-Propre
St-Caprais
Montiron
Castelnau-Barbarens
Bédéchan
Aurimont
Boucagnères
Haulies
St-André
Tirent-Pontéjac
Lahas
Miramont-d'Astarac
Durban
Orbessan
Traversères
Boulaur
Bézéril
Labéjan
Sansan
Lartigue
Saramon
Polastron
Noilhan
Ornézan
St-Martin-Gimois
Monferran-Plavès
Mongausy
St-Soulan
Samatan
N 21
N 124
D 928
D 930
D 953
D 654

Montech
Labourgade
Larrazet
Sérignac
Belbèse
St-Sardos
Finhan
Mas-Grenier
Montbartier
Monbéqui
Bessens
Beaumont-de-Lomagne
Vigueron
Comberouger
Dieupentale
Verdun-s-Garonne
Bouillac
Escazeaux
Faudoas
Savenès
Grisolles
Pompignan
St-Rustice
Castelnau-d'Estrétefonds
Fronton
Campsas
Labastide-St-Pierre
Reyniès
Orgueil
Nohic
Bouloc
Villeneuve-lès-Bouloc
Aucamville
Le Burgaud
Bellesserre
Cabanac-Séguenville
Brignemont
St-Cézert
Grenade
Cox
Drudas
Puysségur
Launac
Larra
Cadours
Cologne
Merville
St-Jory
Bruguières
Gratentour
Lespinasse
Seilh
Gagnac-s-G.
St-Alban
Thil
Bretx
St-Paul-s-S.
Daux
Montaigut-s-Save
Aussonne
Menville
Garac
Bellegarde-Ste-Marie
Lévignac
Mondonville
Fenouillet
Beauzelle
Cornebarrieu
Monbrun
Ste-Livrade
Pradère-les-Bourguets
Ségoufielle
Mérenvielle
Blagnac
Colomiers
Pibrac
Brax
L'Isle-Jourdain
Léguevin
Pujaudran
Tournefeuille
La Salvetat-St-Gilles
Plaisance-du-Touch
Fontenilles
Fonsorbes
Cugnaux
Villeneuve-Tolosane
Portet-s-Garonne
Seysses
St-Lys
St-Thomas
Empeaux
Saiguède
Bonrepos-sur-Aussonnelle
Lias
Endoufielle
Monferran-Savès
Clermont-Savès
Marestaing
Frégouville
Castillon-Savès
Cazaux-Savès
Pompiac
Forêt de Bouconne
TOULOUSE-BLAGNAC
E
F
G
H
277
317
298

0 2 4 6 8 10 km
C
D
278
297
318
A
B
1
2
3
4
5
Monclar-de-Quercy
Castelnau-de-Montmiral
Montdurausse
Verlhac-Tescou
St-Urcisse
Villebrumier
Salvagnac
Montgaillard
Tauriac
Villemur-sur-Tarn
Montvalen
Grazac
Bondigoux
Layrac-s-Tarn
Mirepoix-sur-Tarn
Roquemaure
Rabastens
Coufouleux
Lisle-sur-Tarn
Montans
Loupiac
Parisot
Bessières
Mézens
Buzet-s-Tarn
St-Sulpice
Giroussens
St-Lieux-lès-Lavaur
Vacquiers
Montjoire
Paulhac
Bazus
Gémil
Montastruc-la-Conseillère
Roquesérière
Azas
Lugan
Lavaur
Ambres
Labastide-St-Georges
St-Jean-Lherm
Montpitol
Garrigues
Castelmaurou
Gragnague
Bonrepos-Riquet
Verfeil
L'Union
Montrabé
Pin-Balma
Balma
Mondouzil
Teulat
Belcastel
Bannières
Viviers-lès-Lavaur
Roquevidal
Bourg-St-Bernard
Francarville
Villeneuve-lès-Lavaur
Maurens-Scopont
Quint-Fonsegrives
Flourens
Drémil-Lafage
Vallesvilles
Saussens
Vendine
TOULOUSE
Aigrefeuille
Lanta
Prunet
Loubens-Lauragais
Le Faget
Cuq-Toulza
Ramonville-St-Agne
Labège
Castanet-Tolosan
Escalquens
Odars
Préserville
Caraman
Mascarville
Maureville
Auriac-sur-Vendinelle
Puéchoursi
D 999
D 988
D 630
D 112
D 20
D 826
A 68
A 61
N 126

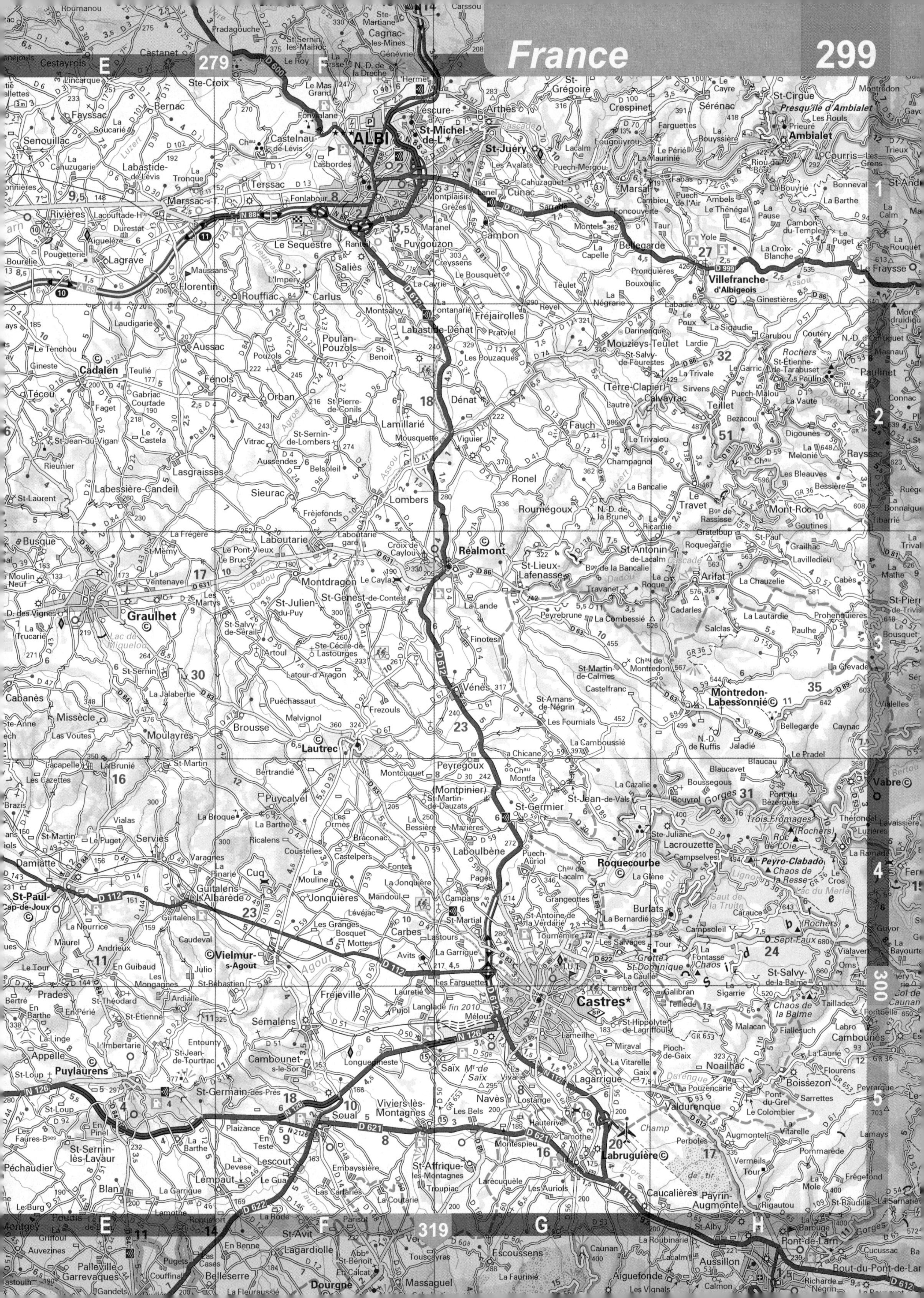
279
319
300
E
F
G
H
1
2
3
4
5
ALBI
St-Michel-de-L.
St-Juéry
Arthes
Lescure-d'A.
Castelnau-de-Lévis
Terssac
Marssac-s-T.
Le Sequestre
Puygouzon
Saliès
Cambon
Cunac
Marsal
Ambialet
Presqu'île d'Ambialet
Villefranche-d'Albigeois
Bellegarde
Crespinet
St-Grégoire
Sérénac
Courris
Le Fraysse
Fréjairolles
Labastide-Dénat
Dénat
Lamillarié
Mouzieys-Teulet
Calvayrac
Teillet
Cadalen
Fénols
Orban
Poulan-Pouzols
Aussac
Lombers
Ronel
Roumégoux
Réalmont
St-Lieux-Lafenasse
St-Antonin-de-Lacalm
Arifat
Graulhet
Montdragon
St-Genest-de-Contest
St-Julien-du-Puy
Lautrec
Vénès
Montredon-Labessonnié
Brousse
Moulayrès
Missècle
Peyregoux
St-Germier
St-Jean-de-Vals
Roquecourbe
Lacrouzette
Vabre
Puycalvel
Cuq
Serviès
Damiatte
St-Paul-Cap-de-Joux
Guitalens-L'Albarède
Jonquières
Laboulbène
Burlats
Vielmur-s-Agout
Fréjeville
Sémalens
Castres
Lagarrigue
Noailhac
Boissezon
Valdurenque
Labruguière
Puylaurens
Soual
Viviers-lès-Montagnes
Saïx
Navès
Cambounet-s-le-Sor
St-Germain-des-Prés
St-Affrique-les-Montagnes
Lescout
Lempaut
Blan
Péchaudier
St-Sernin-lès-Lavaur
Caucalières
Payrin-Augmontel
Aussillon
Pont-de-Larn
Dourgne
Escoussens
Aiguefonde
Massaguel
St-Avit
Lagardiolle
Belleserre
Garrevaques
Palleville
Montgey
Peyro-Clabado
Chaos de la Resse
Lac du Merle
Chaos de la Balme
Sept-Faux
St-Dominique
Trois Fromages
Gorges
Dadou
Agout
Sor
Thoré
Durenque
A 68
N 88
N 126
N 112
D 612
D 999
D 631
D 112
D 621
D 622
D 600

0 2 4 6 8 10 km
281
299
320
A
B
C
D
1
2
3
4
5
PARC NATUREL RÉGIONAL DES GRANDS CAUSSES
MONTS DE LACAUNE
PARC NATUREL RÉGIONAL DU HAUT-LANGUEDOC
MONTS DE L'ESPINOUSE
St-Affrique
Vabres-l'Abbaye
Alban
St-Sernin-s-Rance
Plaisance
Trébas
Coupiac
Montclar
Martrin
Balaguier-s-Rance
St-Juéry
Rebourguil
Calmels-et-le-Viala
Belmont-s-Rance
Camarès
Montlaur
Combret
Massals
Montfranc
Pousthomy
St-Salvi-de-Carcavès
Laval-Roquecezière
St-Sever-du-Moustier
Murasson
Peux-et-Couffouleux
St-Pierre-de-Trivisy
Lacaze
Senaux
Escroux
Gijounet
Col de Sié
Lacaune
Moulin-Mage
Barre
Vabre
Espérausses
Berlats
Ferrières
Brassac
Castelnau-de-Brassac
Nages
Murat-s-Vèbre
Montgrand
Roc de Montalet
Puech de Lescournadouyre
Lac du Laouzas
La Salvetat-sur-Agout
Fraïsse-sur-Agout
Cambon
Lamontélarié
Anglès
Le Soulié
Col de la Baraque
St-Vincent-d'Olargues
St-Étienne-d'Albagnan
Olargues
Prémian
Riols
St-Pons-de-Thomières
Rouairoux
Le Vintrou
Bout-du-Pont-de-Larn
Cambounès
Le Rialet
Col du Poirier
Col de Fontfroide
Roc de Layre
Pic de Concord
Valbonne
Mézouilhac
Ferrières-Poussarou

Roquefort-s-Soulzon
Cornus
Le Caylar
La Couvertoirade
Lodève
Lunas
Bédarieux
Lamalou-les-Bains
St-Gervais-sur-Mare
Clermont-l'Hérault
Plateau de Guilhaumard
Cirque de Mourèze
Pas de l'Escalette
Col de l'Ourtigas
Prieuré St-Michel-de-Grandmont
282
321
302
E
F
G
H
1
2
3
4
5

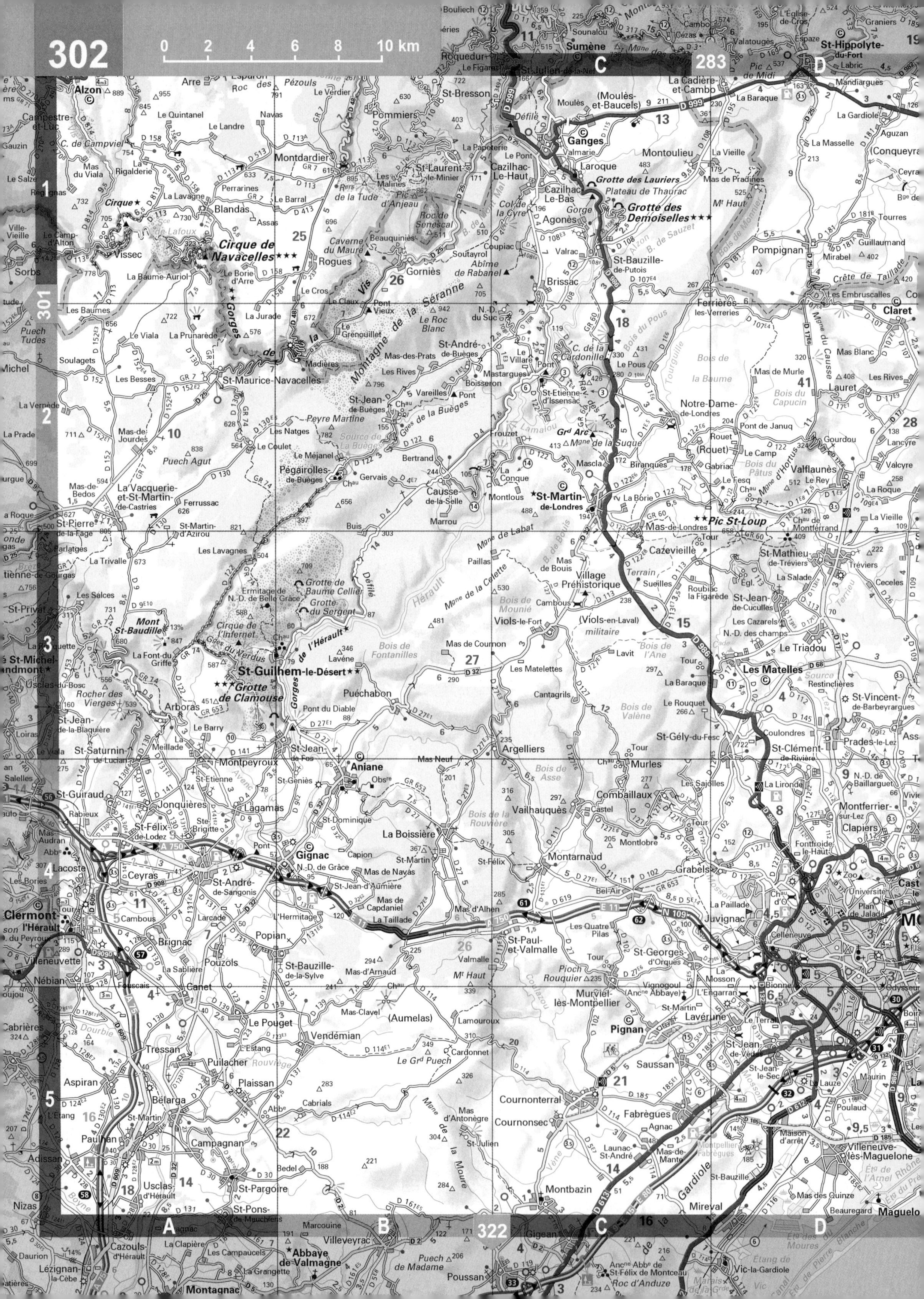
0 2 4 6 8 10 km
283
301
322
A
B
C
D
1
2
3
4
5
Alzon
Arre
St-Bresson
Sumène
St-Julien-de-la-Nef
St-Hippolyte-du-Fort
Ganges
Laroque
Cazilhac-Le-Haut
Grotte des Lauriers
Plateau de Thaurac
Grotte des Demoiselles
Agonès
St-Bauzille-de-Putois
Brissac
Montoulieu
Pompignan
Claret
Ferrières-les-Verreries
Montdardier
St-Laurent-le-Minier
Blandas
Vissec
Cirque de Navacelles
Rogues
Gorniès
Gorges de la Vis
Montagne de la Séranne
St-Maurice-Navacelles
St-André-de-Buèges
St-Jean-de-Buèges
Pégairolles-de-Buèges
Causse-de-la-Selle
St-Martin-de-Londres
Notre-Dame-de-Londres
Pic St-Loup
Mas-de-Londres
Cazevieille
St-Mathieu-de-Tréviers
Valflaunès
Lauret
La Vacquerie-et-St-Martin-de-Castries
St-Pierre-de-la-Fage
Mont St-Baudille
St-Guilhem-le-Désert
Grotte de Clamouse
Gorges de l'Hérault
Puéchabon
Viols-le-Fort
Village Préhistorique
Les Matelles
St-Gély-du-Fesc
St-Clément-de-Rivière
Argelliers
Murles
Aniane
Montpeyroux
St-Jean-de-Fos
Arboras
Gignac
St-André-de-Sangonis
Clermont-l'Hérault
La Boissière
Montarnaud
Vailhauquès
Combaillaux
Grabels
Juvignac
St-Paul-et-Valmalle
St-Georges-d'Orques
Murviel-lès-Montpellier
Pignan
Lavérune
Saussan
Fabrègues
Cournonterral
Cournonsec
Montbazin
Gigean
Villeneuve-lès-Maguelone
Mireval
Vic-la-Gardiole
Le Pouget
Vendémian
Plaissan
Campagnan
St-Pargoire
Paulhan
Bélarga
Aspiran
Nizas
Villeveyrac
Abbaye de Valmagne
Montagnac
Poussan
Cazouls-d'Hérault
Lézignan-la-Cèbe
Mo

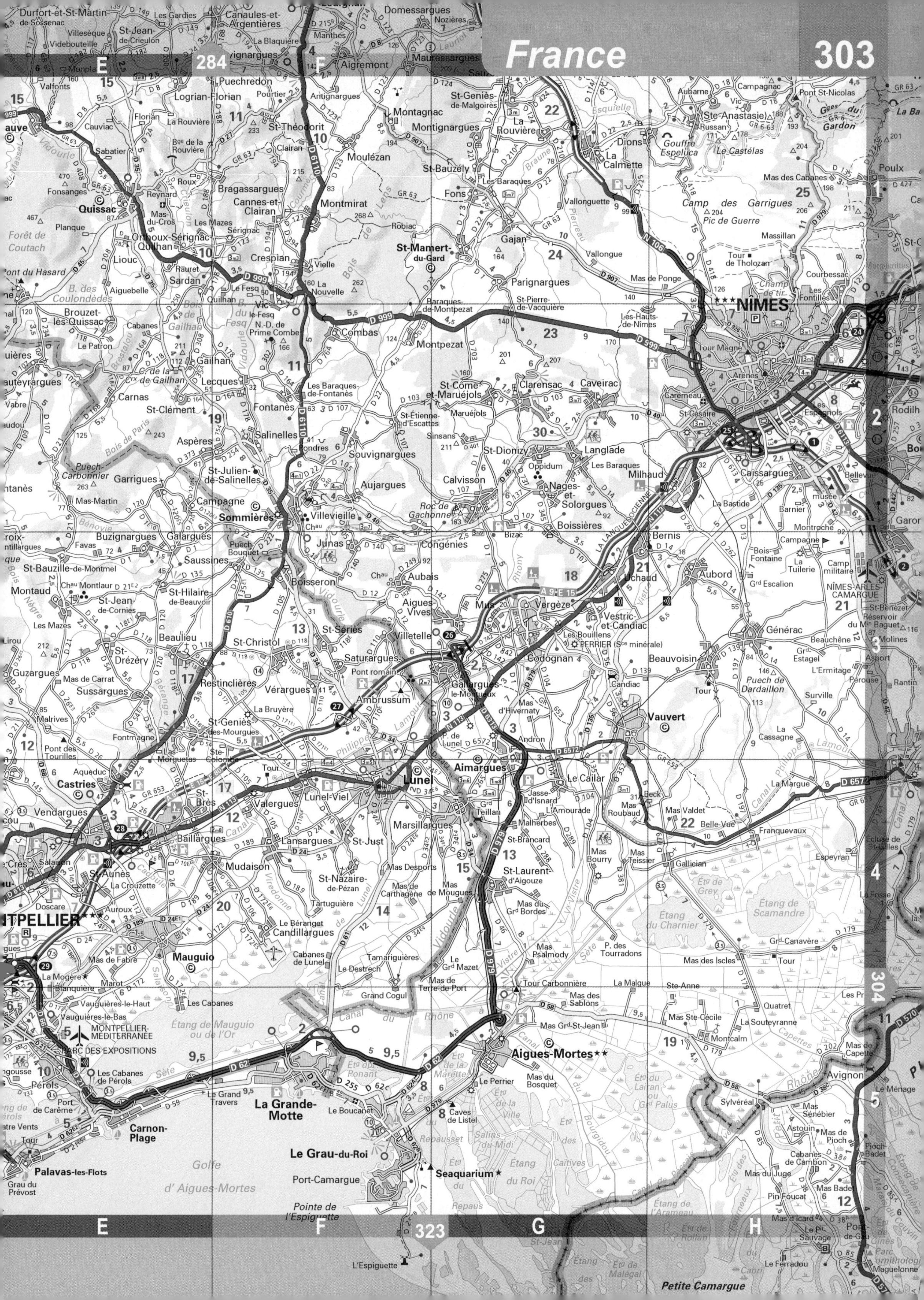
NÎMES
Quissac
Sommières
St-Mamert-du-Gard
Lunel
Aimargues
Vauvert
Castries
Mauguio
Aigues-Mortes
La Grande-Motte
Le Grau-du-Roi
Palavas-les-Flots
Carnon-Plage
Port-Camargue
Seaquarium
Montpellier-Méditerranée
Parc des Expositions
Golfe d'Aigues-Mortes
Étang de Mauguio ou de l'Or
Étang de Scamandre
Camp des Garrigues
Petite Camargue
284
323
304
E
F
G
H

0 2 4 6 8 10 km
284
303
325
A
B
C
D
1
2
3
4
5
AVIGNON
les-Avignon
Rochefort-du-Gard
Parc du Soleil et du Cosmos
St-Bénézet
Le Pontet
Morières-lès-A.
Montfavet
T.G.V. MÉDITERRANÉE
PARC DES EXPOSITIONS
Mt de Vergues
I.N.R.A. Cantarel
Remoulins
St-Privat
St-Nicolas
La Baume
Gorges du Gardon
St-Bonnet-du-Gard
Lafoux
Fournès
Estézargues
Les Fosses de Fournès
Domazan
Saze
Les Angles
Le Bosc
La Baraquette
Les Issarts
La Grillette
Les Castillones
St-Pierre-Lavernède
Été 2010
Cambageon
Rechaussier
Chau
Barbentane
Tour Pendieu
Roque d'acier
Les Carrieres
Mas-du-Grès
Forêt de Barbentane
Mt de la Mère
Rognonas
Les Mévillones
Grd-Quartier
Châteaurenard
Noves
Lédenon
Sernhac
Tour
Poulx
Cabrières
Les Mugues
St-Gervasy
Bezouce
Théziers
St-Amand
Le Castelas
Mt Couvin
Aramon
Meynes
Montfrin
Tuilerie
Pazac
Bégude Blanche
Marguerittes
Ste-Marie
St-Pierre-de-Mézoargues
Campredon
St-Marcellin
Chau
Boulbon
Abbe St-Michel-de-Frigolet
La Montagnette
Graveson
Cannillac
La Crau
Eyragues
Bournissac
La Malgue
Julian
Maillane
Comps
Vallabrègues
Bge de Vallabrègues
San Salvador
Mas-des-Mourgues
Pit Frigolet
Musée
La Boissière
Chlle St-Laurent
L'Aiguille
Abbe de St-Roman
Redessan
Jonquières-St-Vincent
Salleles
Rodilhan
Manduel
Bouillargues
Beaucaire
Tarascon
Le Breuil
Le Cast
Lagoy
St-Roch
St-Rémy-de-Provence
Mas-Blanc-des-Alpilles
Massane
Chau de Roussan
Laurade
Le Roubian
Croix Couverte
Centre de détention
Campuget
Mas des Tourelles
Mas des Mourgues
Beauvoir
Écluse de Nourriguier
Bonnafoux
Le Petit Castelet
Le Castelet
St-Étienne-du-Grès
Tour du Cardinal
Les Antiques
St-Paul-de-Mausole (Cloître)
Glanum
La Galine
Garons
Mas des Sources
Laval
La Balandran
Bellegarde
NÎMES-ARLES-CAMARGUE
Camp militaire
La Tour
Mas de Ranguy
Les Ségonnaux
Lansac
St-Gabriel
St-Peire
Chaîne des Alpilles
Val d'Enfer
La Caume
Les Baux-de-Provence
PARC
RÉGIONAL
Mt Valence
Auge
Mas de la Dame
Pierredon
Vallon
Les Corrèges
Les Grands-Patis
Tavernel
Mas Taraud
Los Jonquières
Saujean
St-Roch
Fontvieille
St-Jean
Reine Jeanne
Pon de la
Bauxite
Mt Paon
Estoublon
Rochers d'Entreconque
Mas de Flèchon
St-Bénezet Réservoir du Mas Baguet
Molines
Ston de pompage A. Dumont
Mas du Grd Argence
Pit Argence
Belleval
Les Baumettes
Viguier
Camp militaire
Moulin de Daudet
Escanin
Paradou
Maussane-les-Alpilles
Les Calans
Servannes
Aqueducs romains
Meunerie romaine
Tours de Castillon
Asport
Pichegu
Rantin
La Grand-Cabane
Pébrières
Mas de la Chapelle
Maison Centrale
Ste-Croix
Abbe de Montmajour
Mt de Cordes
Le Grd Berbegal
l'Ilon
Mouriès
Le Vallon
Grd Mas du Roy
Les Grilles
Mas de Vert
Fourques
St-Gilles
Mas du Tort
Arènes
ARLES
La Fourbine
Marais desséchés des Baux
Aqueduc
Mas de Julian
Saliers
Gimeaux
Stanislas
Les Passerons
Pont-de-Crau
Villevieille
Balarin
Raphèle-les-Arles
Moulès
Tourniaire
Caphan
Vilpail
Écluse de St-Gilles
Figarès
Marais des Saliers
La Montcalde
Van Gogh
Fourchon
St-Martin-de-Crau
St-Hippolyte
La Lieutenante
Musée Camarguais
Bouchaud
Mas de la Ville
Tour de Mondony
Plan du Bourg
Marais de Meyranne
PLAINE
La Dynamite
Les Poulagères
Pit Rouvian
La Fosse
Mas de la Vigne
Albaron
Mas du Pt de Rousty
Signoret
Ste Cécile
Montredon
Gageron
Brunet
Mas de l'Hoste
Mas de Lanau
Mas de Fray
Mas des Aulnes
Parc militaire de Beausseng
Le Grd Antonelle
Mas de Pernes
Étang des Aulnes
Le Mas-Chauvet
Rizières
Les Pradaux
Le Paty-de-la-Trinité
Les Bruns
DE
LA
PARC
Grand Mar
Mas d'Agon
Mas du Cabassolle
Villeneuve
Mas de Pontevès
Grd Romieu
L'Armellière
Beynes
Bellan
Vergières
Méjanes
Mas Giraud
Pit-St-Jean
Capeau
Mas-Thibert
Marais de Capeau
Mas d'Icart
Camp militaire
CRAU
CAMARGUE
GRAND RHÔNE
Avignon
Le Ménage
Étang de Vaccarès
NATUREL
RÉGIONAL
Marais de la Sigoulette
La Capelière
Le Sambuc
La Forêt
Mas de Pioch
Pioch-Badet
Les Frignants
Île de Mornes
Étang de Consécanière
Grd Boisviel
Tour du Valat
Le Retour-des-Aires
Étang du Landre
Étang de Malagroy
Étang de Monro
Fiélouse
Mas de Peint
Le Pit Pâtis
Mas de Cacharel
Bois des Rièges
Étg du Fournelet
Tour de Parade
Grand Plan
Le Pit Porcelette
Le Radeau
La Fossette
Feuillane
Étang de l'Impérial
Parc ornithologique
Maguelonne
Étg du Lion
Pont-de-Badon
Musée
La Porcelette
Boisverdun
Peaudure
Rebatun
Les Bannes
Chatrouse
Le Relais
DE
CAMARGUE
Les Marquises

E
F
G
H
285
326
306
St-Saturnin-lès-Avignon
Grotte de Thouzon
Jonquerettes
L'Isle-s-la-Sorgue
Le Thor
Fontaine-de-Vaucluse
Saumane-de-Vaucluse
Mourre de la Belle Etoile
Abbe de Sénanque
Gordes
Village des Bories
Joucas
Roussillon
Chaussée des Géants
Gargas
Apt
Villars
Châteauneuf-de-Gadagne
Caumont-sur-Durance
Velorgues
Cabrières-d'Avignon
Lagnes
Les Imberts
St-Pantaléon
N.-D.-de-Lumières
Goult
Chartreuse de Bonpas
Les Vignères
Trente-Moittes
Coustellet
Beaumettes
Cabannes
Cavaillon
Robion
Taillades
Maubec
Oppède
Ménerbes
Lacoste
Bonnieux
Enclos des Bories
Buoux
Sivergues
St-Andiol
Plan-d'Orgon
Mollégès
Cheval-Blanc
Vidauque
Petit Lubéron
Montagne du Lubéron
Massif des Cèdres
Orgon
Tête des Buisses
L'Aumône
N.-D.-de-Beauregard
Gges du Regalon
Mérindol
Puget
Lauris
Lourmarin
Puyvert
Cadenet
Durance
Eygalières
Les Plaines
Sénas
Mallemort
Charleval
Abbe de Silvacane
La Roque-d'Anthéron
Castelas de Roquemartine
Grottes de Calès
Mgne du Défends
Lamanon
Alleins
Vernègues
Temple romain
Chaîne des Côtes
St-Estève-Janson
Aureille
Eyguières
Rognes
Aurons
Lambesc
Salon-de-Provence
Pélissanne
La Barben
Chau Zoo
St-Cannat
Chaîne de la Trévaresse
Miramas
Grans
Lançon-Provence
Cornillon-Confoux
La Fare-les-Oliviers
Coudoux
Éguilles
Istres
St-Chamas
Ventabren
Velaux
Aqueduc de Roquefavour
ISTRES-LE-TUBÉ
Étang de Berre
Berre-l'Étang
Rognac
Vitrolles
St-Mitre-les-Remparts
Aix-en-Provence
Les Milles
Autoroute du Soleil
La Provençale

0 2 4 6 8 10 km
287
305
327
A
B
C
D
1
2
3
4
5
Apt
Saignon
Gignac
Colorado
Viens
Reillanne
Céreste
Montjustin
Caseneuve
St-Martin-de-Castillon
Ste-Croix-à-Lauze
Observatoire de Hte Provence
St-Michel-l'Observatoire
Mane
N.-D. de Salagon
Dauphin
Villemus
Montfuron
Manosque
Mont d'Or
Mt des Espels
Volx
Villeneuve
La Brillanne
Niozelles
Mourre Nègre
Grand Luberon
Auribeau
Sivergues
Castellet
PARC NATUREL RÉGIONAL DU LUBERON
Vitrolles-en-Luberon
Peypin-d'Aigues
Cabrières-d'Aigues
La Motte-d'Aigues
St-Martin-de-la-Brasque
Grambois
La Bastide-des-Jourdans
Cucuron
Vaugines
Sannes
Ansouis
La Tour-d'Aigues
Beaumont-de-Pertuis
Pierrevert
Ste-Tulle
Corbières
Gréoux-les-Bains
Vinon-sur-Verdon
Villelaure
Pertuis
La Bastidonne
Mirabeau
St-Paul-lès-Durance
CENTRE D'ÉTUDES DE CADARACHE (C.E.A.)
Ginasservis
Le Puy-Ste-Réparade
Meyrargues
Peyrolles-en-Provence
Jouques
Venelles
Rians
Artigues
Esparron
Vauvenargues
Montagne Ste-Victoire
La Croix de Provence
Gorges de l'Infernet
AIX-EN-PROVENCE
Puyloubier
Pourrières
Le Tholonet
St-Antonin-sur-Bayon
Châteauneuf-le-Rouge
Rousset
Meyreuil
Gardanne
Bouc-Bel-Air
Fuveau
Trets
Peynier
St-Maximin-la-Ste-Baume
Ollières
Seillons-Source-d'Argens
Durance
Verdon
D 900
D 973
D 952
D 96
D 561
D 554
D 23
D 3
A 51
A 8
E 712
E 80
D 7n
N 7

288
328
308
E
F
G
H
1
2
3
4
5
Oraison
Le Castellet
Bras-d'Asse
St-Julien-d'Asse
La Bégude-Blanche
Maulans
Brunet
St-Pancrace
Puimoisson
Valensole
PARC
NATUREL
RÉGIONAL
DU
VERDON
Riez
Roumoules
St-Jurs
Moustiers-Ste-Marie
Chiran
Blieux
La Palud-sur-Verdon
Point Sublime
Allemagne-en-Provence
St-Martin-de-Brômes
Montagnac-Montpezat
Ste-Croix-du-Verdon
Lac de Sainte-Croix
Aiguines
Les Salles-sur-Verdon
Cirque de Vaumale
GRAND CANYON
DU VERDON
Corniche Sublime
Balcons de la Mescla
Pont de l'Artuby
Esparron-de-Verdon
Gorges du Verdon
Quinson
N.-D. de Baudinard
Baudinard-s-Verdon
Bauduen
Artignosc-s-Verdon
CAMP
MILITAIRE
Grand Plan de Canjuers
Moissac-Bellevue
Régusse
Montmeyan
Aups
Tourtour
Villecroze
Salernes
Sillans-la-Cascade
Fox-Amphoux
Tavernes
Varages
La Verdière
Barjols
Pontevès
Cotignac
Entrecasteaux
St-Antonin-du-Var
Lorgues
Carcès
Montfort-sur-Argens
Correns
Châteauvert
Notre-Dame
Brue-Auriac
Abbe du Thoronet
Le Thoronet
Cabasse
Le Val
Vins-sur-Caramy
Bras
Ampus
Flayosc

0 2 4 6 8 10 km
289
329
307
A
B
C
D
1
2
3
4
5
Castellane
Clue de Taulanne
Col des Leques
Cadières de Brandis
N.-D. du Roc
Demandolx
Soleilhas
St-Auban
Clue de St-Auban
Briançonnet
Gars
Montagne de Charamel
Clue d'Aiglun
Les Mujouls
Amirat
Collongues
Ubraye
Pic de Chabran
Col de Luens
Route Napoléon
Peyroules
La Foux
Valderoure
Col de Bleine
Mgne de Thorenc
Thorenc
Les Quatre Chemins
Oppidum de Castellaras
Trigance
Point Sublime
VERDON
Clue de Chasteuil
Pont-de-Soleils
Le Bourguet
Châteauvieux
La Martre
Brenon
Séranon
Caille
Andon
Col de Valferrière
Mgne de l'Audibergue
Le Castellas
Col de Clavel
Bargème
La Bastide
La Roque-Esclapon
Mgne de Lachens
Escragnolles
Pas de la Faye
Balcons de la Mescla
Pont de l'Artuby
Comps-sur-Artuby
Canyon de l'Artuby
MILITAIRE
Col de la glacière
Mons
Souterroscope de la Baume Obscure
St-Vallier-de-Thiey
Cabris
Grottes de St-Cézaire
Roche Taillée (Aqueduc romain)
CANJUERS
St-Cézaire-sur-Siagne
Col du Bel-Homme
Seillans
Fayence
Tourrettes
Callian
Montauroux
Bargemon
Montferrat
Ampus
Châteaudouble
Callas
Claviers
Figanières
Draguignan
Trans-en-Provence
Lorgues
Ste-Roseline
Les Arcs
Taradeau
Vidauban
Le Muy
Roquebrune-sur-Argens
Puget-s-Argens
Fréjus
Fréjus-Plage
St-Raphaël
Agay
Boulouris
Bagnols-en-Forêt
St-Paul-en-Forêt
Les Adrets-de-l'Esterel
Mt Vinaigre
MASSIF DE L'ESTEREL
Lac de St-Cassien
N.-D. de Jérusalem
Sommet de l'Escarayol
Sommet du Peynier

290
E
F
G
H
2
3
4
5
Sigale
Roquesteron-Grasse
Aiglun
Conségudes
Gilette
Bouyon
Pierrefeu
Les Ferres
Revest-les-Roches
Tourette-du-Château
Vieux-Pierrefeu
Cuébris
Greolières-les-Neiges
Cheiron
Cime du Cheiron
Jérusalem
Bézaudun-les-Alpes
Gréolières
Coursegoules
Cipières
Le Broc
Carros-Village
Carros
Mt Chauve
Aspremont
Castagniers
Colomars
Gattières
St-Jeannet
Baou de St-Jeannet
Col de Vence
Vence
Tourrettes-sur-Loup
Gourdon
Le Bar-s-Loup
Pont-du-Loup
Fondation Maeght
La Colle-sur-Loup
St-Paul
La Gaude
St-Laurent-du-Var
Cagnes-s-M.
Villeneuve-Loubet
Cros-de-Cagnes
GRASSE
Magagnosc
Châteauneuf-Grasse
Opio
Valbonne
Sophia-Antipolis
Biot
Mouans-Sartoux
Mougins
Pégomas
Le Cannet
Vallauris
Golfe-Juan
Juan-les-Pins
ANTIBES
Cap d'Antibes
Marineland
Mandelieu-la-Napoule
CANNES
La Napoule
Théoule-sur-Mer
Pnte de la Croisette
Île Ste-Marguerite
Île St-Honorat
Îles de Lérins
Pnte de l'Esquillon
Miramar
Le Trayas
Pic de Cap Roux
l'Esterel
Anthéor-Plage
Anthéor
NICE
NICE CÔTE-D'AZUR
Baie des Anges
Falicon
St-André-de-la-Roche
Tourrette-Levens
Contes
Châteauneuf Villevieille
L'Escarène
Peillon
Laghet
La Turbie
Èze
Col d'Èze
Beaulieu-sur-Mer
Villefranche-sur-Mer
St-Jean-Cap-Ferrat
Cap Ferrat
Cap-d'Ail
MONACO
MONTE-CARLO
Beausoleil
Cap-Martin
Cap Martin
La Condamine

0 2 4 6 8 10 km
C
292
D
A
B
330
1
2
3
4
5
★Capbreton
Labenne-Océan
Labenne
Ondres-Plage
Ondres
Tarnos-Plage
Larroque
Pissot
Castagnet
Tarnos
St-Ma de-Seig
La Barre
Chiberta
L. de Chiberta
Boucau
Brit
St-Etienne
Chambre d'Amour
Cinq Cantons
Pnte St-Martin
Rer de la Vierge
BAYONNE
Anglet
★★BIARRITZ
Ilbarritz
La Négresse
St-Pierre-d'Irube
Crx de Mouguerre
L. de Mouriscot
Bidart
Bassussarry
Ste-Madeleine
Les Embruns
Arcangues
Plage de Parlementia
Guéthary
Arbonne
Amamanénia
Alotz
Berriotz
Mentachoury
Villefranque
Héguia
Arrauntz
Hérauritz
CÔTE BASQUE
★★ST-JEAN-DE-LUZ
Pnte de Ste-Barbe
Ahetze
Halty
I. Amuitz
Cabo Higer
Pnte de Ste-Anne
★★Corniche Basque
Socoa
Punta Turulla
Hendaye-Plage
Abbadie
Ciboure
Ustaritz
Jatxou
Na Sa de Guadalupe
N.-D. de Socorri
Fagosse
Chantaco
Séminaire
Halsou
Hondarribia/ Fuenterrabía
Hendaye
Urrugne
Urtubie
Parc Florénia
Serres
Larressore
Alto del Jaizkibel
Behobie
Ibarron
Lande d'Ordotz
Arnaga
STIÁN
Torre
Monte Jaizkibel
Katea
Irun
Behobia
Col de Courlecou
Herboure
Olhette
★Ascain★
St-Pée-s-Nivelle
Chau
Olha
Etchénika
Souraide
★Espelette
Uruenea
Lezo
Biriatou
Mt Choldocogagna
Amotz
Lac de St-Pée
Amezpetu
San Martzial
Mone de Ciboure
Ihicelaya
Col de St-Ignace
Mt Urzumu
La Place
San Narziso
Col d'Ibardin
Mendale
Fort
Cherchebruit
Col de Pinodiéta
Elizalde
Gurutze
Erlaitz
★Sare
★Itxassou
Pagogaña
★★★La Rhune
Lehenbiscay
Istilharte
★Ainhoa
Mt Ereby
Laxia
Ugaldetxo
Castillo del Inglés
Endarlatsa
Xantelerreka/ Elzaurdia
C. de Lizuniaga
L'Aubépine
Col des Trois-Croix
Altzibar y Karrika (Oiartzun)
Ergoien
Peñas de Haya
Zia
Dantxarinea
Dancharia
Pic du Mondarrain
Ermita de San Antón
Bera/Vera de Bidasoa
Pic d'Ibantelli
★Artzamendi
Cuevas de Landarbaso
Collado de Arichulegui
Zalain
Zugarramurdi
Telleria
Monte Aldura
San Antón
Col de Lizarrieta
Grotte de Sare
Cuevas de Bruja
Urdazubi/ Urdax
Col de Meh
Bianditz
Mte Aguerregui
Ondalasco
Pic Sayberri
Pic d'Iguzki
Zaria
Alto de Bianditz
Lesaka
Col des Trois Bornes
Azkar
Lizartzu
Urritzokieta
Gorra
Etxalar
Puerto de Otxondo
Río Añarbe
Pagolleta egaña
Berrizaun
Domekea
Goizamendi
Unanue
Igantzi
Azcusa
Collado de Edquisaroy
Alcurrunz
Pico Gorramakil
Artikutza
San Juan
Altueta
San José
Bardo
Amaiur/Maya
Gorramendi
Arantza
Apaola
Arrigaztelu
Izcolegui
Collado Achuela
Azkilarrea
Montes de Bidasoa
Parque Natural Señorio de Bertiz
Legate
Azpilkueta
Bozate
Erratzu
Goizueta
Araña
Sunbilla
Arizkun
Iñarbil
Gorostapalo
Descarga
Loizate
Ecaitza
Mendaur
Asquin
Otesón
Oronoz Mugairi
Valle del Baztan
Elbete
Elhorrikokask
Col d'Ispéguy
Arzán
Autza

St-Vincent-de-Tyrosse
Saubusse
Angresse
Bénesse-Maremne
Saubrigues
Orx
St-Jean-de-Marsacq
Orist
Pey
Bénesse-lès-Dax
Pouillon
Cagnotte
St-Lon-les-Mines
Bélus
Misson
Habas
St-Martin-de-Hinx
St-André-de-Seignanx
Biarrotte
Biaudos
Ste-Marie-de-Gosse
St-Étienne-d'Orthe
Port-de-Lanne
Orthevielle
Peyrehorade
Cauneille
Labatut
St-Laurent-de-Gosse
Hastingues
Abbe d'Arthous
Œyregave
Sorde-l'Abbaye
St-Cricq-du-Gave
Lahontan
Puyoô
Bellocq
St-Barthélemy
Sames
Guiche
Urt
Urcuit
Lahonce
Bidache
Ch^au de Gramont
Came
St-Pé-de-Léren
Léren
St-Dos
Carresse-Cassaber
Salies-de-Béarn
Bardos
Briscous
Sequillon
Auterrive
Castagnède
La Bastide-Clairence
Abbaye de Belloc
Labastide-Villefranche
Arancou
Escos
Oraàs
Abitain
Athos-Aspis
Sauveterre-de-Béarn
Burgaronne
Bergouey-Viellenave
Hasparren
Ayherre
Orègue
Arraute-Charritte
Masparraute
Ilharre
Autevielle-St-Martin-Bideren
Guinarthe-Parenties
Osserain-Rivareyte
St-Gladie-Arrive-Munein
Bonloc
Grottes d'Isturitz et d'Oxocelhaya
Isturits
Amorots-Succos
Béguios
Labets-Biscay
Gabat
Arbouet-Sussaute
Amendeuix-Oneix
Cambo-les-Bains
Mendionde
Macaye
St-Martin-d'Arberoue
Luxe-Sumberraute
Garris
St-Esteben
Méharin
St-Palais
Aïcirits-Camou-Suhast
Arbérats-Sillègue
Domezain-Berraute
Espiute
Louhossoa
Hélette
Armendarits
Béhasque-Lapiste
Etcharry
Aroue-Ithorots-Olhaïby
Beyrie-sur-Joyeuse
Iholdy
Orsanco
Larribar-Sorhapuru
Mt Baygoura
Bidarray
Uhart-Mixe
Lohitzun-Oyhercq
Irissarry
Ossès
Ostabat-Asme
Arhansus
St-Martin-d'Arrossa
Suhescun
Larceveau-Arros-Cibits
Juxue
Pagolle
Mauléon-Licharre
Ainhice-Mongelos
Gamarthe
Bunus
Jaxu
Ibarrolle
Musculdy
Garindein
St-Étienne-de-Baïgorry
Ascarat
Ispoure
Bussunarits-Sarrasquette
St-Jean
Col d'Osquich
Ordiarp
Gotein-Libarrenx
Idaux-Mendy
Adour
Gaves Réunis
E
F
G
H
293
331
313

0 2 4 6 8 10 km
292
330
310
A
B
C
D
BAYONNE
Anglet
Tarnos
Boucau
St-Martin-de-Seignanx
St-Pierre-d'Irube
Mouguerre
Lahonce
Urcuit
Urt
Briscous
Villefranque
Ustaritz
Jatxou
Halsou
Larressore
Espelette
Souraïde
Cambo-les-Bains
Itxassou
Ainhoa
Louhossoa
Hasparren
La Bastide-Clairence
Bardos
Bidache
Guiche
Sames
Hastingues
Peyrehorade
Abbaye d'Arthous
Orthevielle
Biaudos
St-Laurent-de-Gosse
Ste-Marie-de-Gosse
St-Barthélemy
Ayherre
Isturits
Grottes d'Isturitz et d'Oxocelhaya
Bonloc
Mendionde
Macaye
St-Esteben
Méharin
Hélette
Armendarits
Iholdy
Irissarry
Ossès
Bidarray
St-Martin-d'Arrossa
St-Étienne-de-Baïgorry
Anhaux
Lasse
Uhart-Cize
Ispoure
St-Jean-Pied-de-Port
St-Jean-le-Vieux
Arnéguy
Aldudes
Urepel
Banca
Estérençuby
Mendive
Lecumberry
Bussunarits-Sarrasquette
Lacarre
Gamarthe
Bunus
Juxue
Larceveau-Arros-Cibits
Ostabat-Asme
Uhart-Mixe
St-Palais
Garris
Amorots-Succos
Béguios
Luxe-Sumberraute
Masparraute
Orègue
Arraute-Charritte
Bergouey-Viellenave
Labastide-Villefranche
Arancou
Came
Pic d'Iparla
Mt Baygoura
Artzamendi
Pico Gorramakil
Col d'Ispéguy
Col de Méhatché
Pas de Roland
Col des Palombières
Pic de Béhorléguy
Elizondo
Urdazubi/Urdax
Dantxarinea
Luzaide/Valcarlos
Adour
Nive
Bidouze
Joyeuse
Gaves Réunis
D 918
D 932
D 936
D 933
A 63
A 64 - E 80
D 817

Orthez
Salies-de-Béarn
Sauveterre-de-Béarn
Navarrenx
Mourenx
Lagor
Monein
Oloron-Ste-Marie
Mauléon-Licharre
Tardets-Sorholus
Arthez-de-Béarn
Lacq
Artix
Puyoô
Bellocq
Ramous
Baigts-de-Béarn
St-Girons-en-Béarn
St-Boès
Bonnut
Sault-de-Navailles
Castelner
Hagetaubin
Sallespisse
Balansun
Mesplède
Castétis
Argagnon
Biron
Sarpourenx
Maslacq
Mont
Abidos
Os-Marsillon
Noguères
Pardies
Lahourcade
Labastide-Cézéracq
Labastide-Monréjeau
Castillon
Doazon
Urdès
Serres-Ste-Marie
Besingrand
Denguin
Abos
Tarsacq
Parbayse
Cuqueron
Cardesse
Lucq-de-Béarn
Ledeuix
Verdets
Estos
Goès
Précilhon
Escout
Bidos
Gurmençon
Agnos
Asasp
Lurbe-St-Christau
Aramits
Arette
Féas
Ance
Esquiule
Barcus
Roquiague
Moumour
Orin
Géronce
Aren
St-Goin
Préchacq-Josbaig
Préchacq-Navarrenx
Lay-Lamidou
Dognen
Gurs
Angous
Sus
Susmiou
Castetnau-Camblong
Méritein
Bastanès
Audaux
Bugnein
Araujuzon
Araux
Viellenave-de-Navarrenx
Ossenx
Narp
Castetbon
Laàs
Barraute-Camu
Montfort
Tabaille-Usquain
Espiute
Gestas
Rivehaute
Nabas
Charre
Aroue-Ithorots-Olhaïby
Etcharry
Domezain-Berraute
Osserain-Rivareyte
St-Gladie-Arrive-Munein
Guinarthe-Parenties
Autevielle-St-Martin-Bideren
Athos-Aspis
Burgaronne
Orion
Andrein
Orriule
L'Hôpital-d'Orion
Ozenx-Montestrucq
Loubieng
Laà-Mondrans
Castetner
Sauvelade
Vielleségure
Lanneplaà
Carresse-Cassaber
Castagnède
Autevielle
Escos
Oraàs
Labatut
Ossages
St-Cricq-du-Gave
Lahontan
Bérenx
Salles-Mongiscard
Charritte-de-Bas
Arrast-Larrebieu
Moncayolle-Larrory-Mendibieu
L'Hôpital-St-Blaise
Espès-Undurein
Viodos-Abense-de-Bas
Berrogain-Laruns
Chéraute
Garindein
Musculdy
Gotein-Libarrenx
Idaux-Mendy
Menditte
Sauguis-St-Étienne
Ossas-Suhare
Trois-Villes
Camou-Cihigue
Sibas-Abense
Aussurucq
Ordiarp
Pagolle
Lohitzun-Oyhercq
Ainharp
Larribar-Sorhapuru
Montory
Lichans-Sunhar
Laguinge-Restoue
Issor
Col de Sustary
Sommet d'Erretzu
Col d'Etche
Soum d'Aulis
Bois de Josbaig
Pic des Vautes

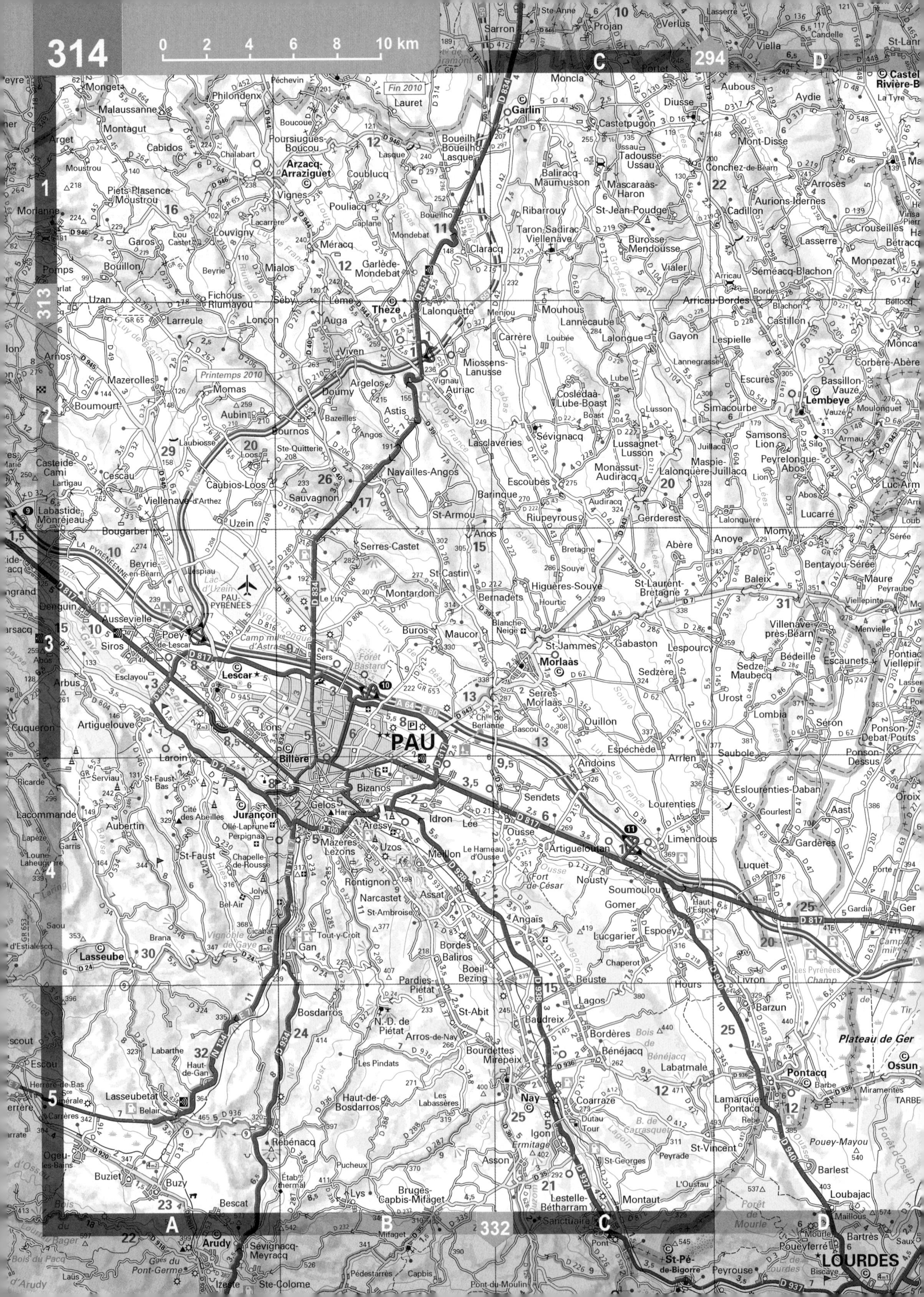

314
0 2 4 6 8 10 km
294
313
332
A B C D
1 2 3 4 5
Fin 2010
Printemps 2010
Sarron
Ste-Anne
Projan
Verlus
Lasserre
Viella
Candelle
St-Lanne
Castel-Rivière-B
Monget
Philondenx
Péchevin
Lauret
Moncla
Garlin
Diusse
Aubous
Aydie
Malaussanne
Montagut
Boucoue
Poursiugues-Boucou
Boueilh-Boueilho-Lasque
Castetpugon
Mont-Disse
Arget
Cabidos
Chalabart
Arzacq-Arraziguet
Coublucq
Baliracq-Maumusson
Tadousse-Ussau
Conchez-de-Béarn
Moustrou
Piets-Plasence-Moustrou
Vignes
Pouliacq
Mascaraàs-Haron
Arrosès
Aurions-Idernes
Morlanne
Louvigny
Lou Castet
Lacarrère
Caplane
Boueilho
Ribarrouy
St-Jean-Poudge
Cadillon
Crouseilles
Garos
Méracq
Mondebat
Claracq
Taron-Sadirac-Viellenave
Burosse-Mendousse
Lasserre
Bétracq
Pomps
Bouillon
Beyrie
Mialos
Garlède-Mondebat
Vialer
Séméacq-Blachon
Monpezat
Uzan
Fichous-Riumayou
Séby
Lème
Thèze
Lalonquette
Mouhous
Arricau-Bordes
Larreule
Lonçon
Auga
Menjou
Lannecaube
Blachon
Castillon
Viven
Carrère
Loubée
Lalongue
Gayon
Lespielle
Moncla
Arnos
Mazerolles
Argelos
Miossens-Lanusse
Corbère-Abère
Momas
Doumy
Astis
Auriac
Coslédaà-Lube-Boast
Escurès
Bassillon-Vauzé
Lembeye
Boumourt
Aubin
Bazeilles
Simacourbe
Lusson
Lussagnet-Lusson
Samsons-Lion
Laubiosse
Bournos
Angos
Lasclaveries
Sévignacq
Peyrelongue-Abos
Casteide-Cami
Cescau
Loos
Ste-Quitterie
Navailles-Angos
Monassut-Audiracq
Maspie-Lalonquère-Juillacq
Caubios-Loos
Sauvagnon
Escoubès
Luc-Armau
Labastide-Monréjeau
Viellenave-d'Arthez
Uzein
Baringue
Riupeyrous
Gerderest
Lucarré
St-Armou
Audiracq
Bougarber
Anos
Serres-Castet
Abère
Anoye
Momy
LA PYRÉNÉENNE
Beyrie-en-Béarn
Lespiau
Lac d'Uzein
PAU-PYRÉNÉES
Le Luy
Montardon
St-Castin
Bernadets
Higuères-Souye
St-Laurent-Bretagne
Baleix
Bentayou-Sérée
Maure
Denguin
Aussevielle
Poey-de-Lescar
Camp mil. d'Astra
Buros
Maucor
Hourtic
Blanche-Neige
Villenave-près-Béarn
Siros
Lescar
Sers
Forêt Bastard
St-Jammes
Morlaàs
Gabaston
Lespourcy
Bédeille
Escaunets
Arbus
Esclayou
Serres-Morlaàs
Sedzère
Sedze-Maubecq
Gave de Pau
Cuqueron
Artiguelouve
Lons
PAU
Chle de Berlanne
Bascou
Ouillon
Urost
Lombia
Séron
Ponson-Debat-Pouts
Laroin
Billère
Espéchède
Arrien
Saubole
Ponson-Dessus
Serviau
St-Faust-Bas
Bizanos
Andoins
Sendets
Eslourenties-Daban
Ricarde
Lacommande
Aubertin
Cité des Abeilles
Jurançon
Gelos
Haras
Idron
Lée
Ousse
Lourenties
Limendous
Aast
Ollé-Laprune
Perpignaa
Aressy
Mazères-Lezons
Uzos
Meillon
Le Hameau d'Ousse
Artigueloutan
Gardères
St-Faust
Chapelle-de-Rousse
Rontignon
Fort de César
Nousty
Soumoulou
Luquet
Jolys
Narcastet
Assat
Angaïs
Gomer
Haut-d'Espoey
Bel-Air
St-Ambroise
Espoey
Gardia
Ger
Brana
Vignoble de Gaye
Cicabat
Tout-y-Croît
Lucgarier
Camp mil.
Lasseube
Gan
Bordes
Baliros
Boeil-Bezing
Chaperot
Livron
Les Pyrénées
Champ
Beuste
Hours
Pardies-Piétat
Lagos
Barzun
Bosdarros
N.-D. de Piétat
St-Abit
Baudreix
Arros-de-Nay
Bordères
Bois de Bénéjacq
Plateau de Ger
Labarthe
Haut-de-Gan
Les Pindats
Bourdettes
Mirepeix
Bénéjacq
Labatmale
Ossun
Escou
Pontacq
Barbe
Miramontès
TARBES
Herrère-de-Bas
Lasseubetat
Belair
Haut-de-Bosdarros
Les Labassères
Nay
Coarraze
Lamarque-Pontacq
Rebé
Carrères
Igon
Dutau Tour
B. de Carrasquet
St-Vincent
Pouey-Mayou
Rébénacq
Ermitage
Peyrade
Forêt d'Ossun
Ogeu-les-Bains
Buziet
Pucheux
Asson
St-Georges
Barlest
Buzy
Étab. thermal
Lys
Bruges-Capbis-Mifaget
Lestelle-Bétharram
Montaut
L'Oustau
Loubajac
Bescat
Sanctuaire
Forêt de Moule
Maillous
Bartrès
Arudy
Sévignacq-Meyracq
Mifaget
Pont
St-Pé-de-Bigorre
Peyrouse
Poueyferré
LOURDES
Bois du Pacq
Pont-Germe
Laùs
Izeste
Ste-Colome
Pédestarrès
Capbis
Pont-du-Moulin
Biscaye
Rivière
A 64 - E 80
A 65
D 817
D 834
D 938
D 936
D 937
D 940
N 134
E 7

Plaisance
Montesquiou
Marciac
Mirande
Maubourguet
Vic-en-Bigorre
Rabastens-de-Bigorre
Mielan
Puntous de Laguian
Trie-sur-Baïse
Montaner
Bordères-sur-l'Échez
TARBES
Aureilhan
Séméac
Pouyastruc
Laloubère
Tournay
Galan
Lannemezan
Capvern-les-Bains
Bassoues
Tillac
Castelnau-Magnoac
Ossun
Juillan
Soues
Horgues
Lannemezan
Plateau de Lannemezan
295
316
333
E
F
G
H

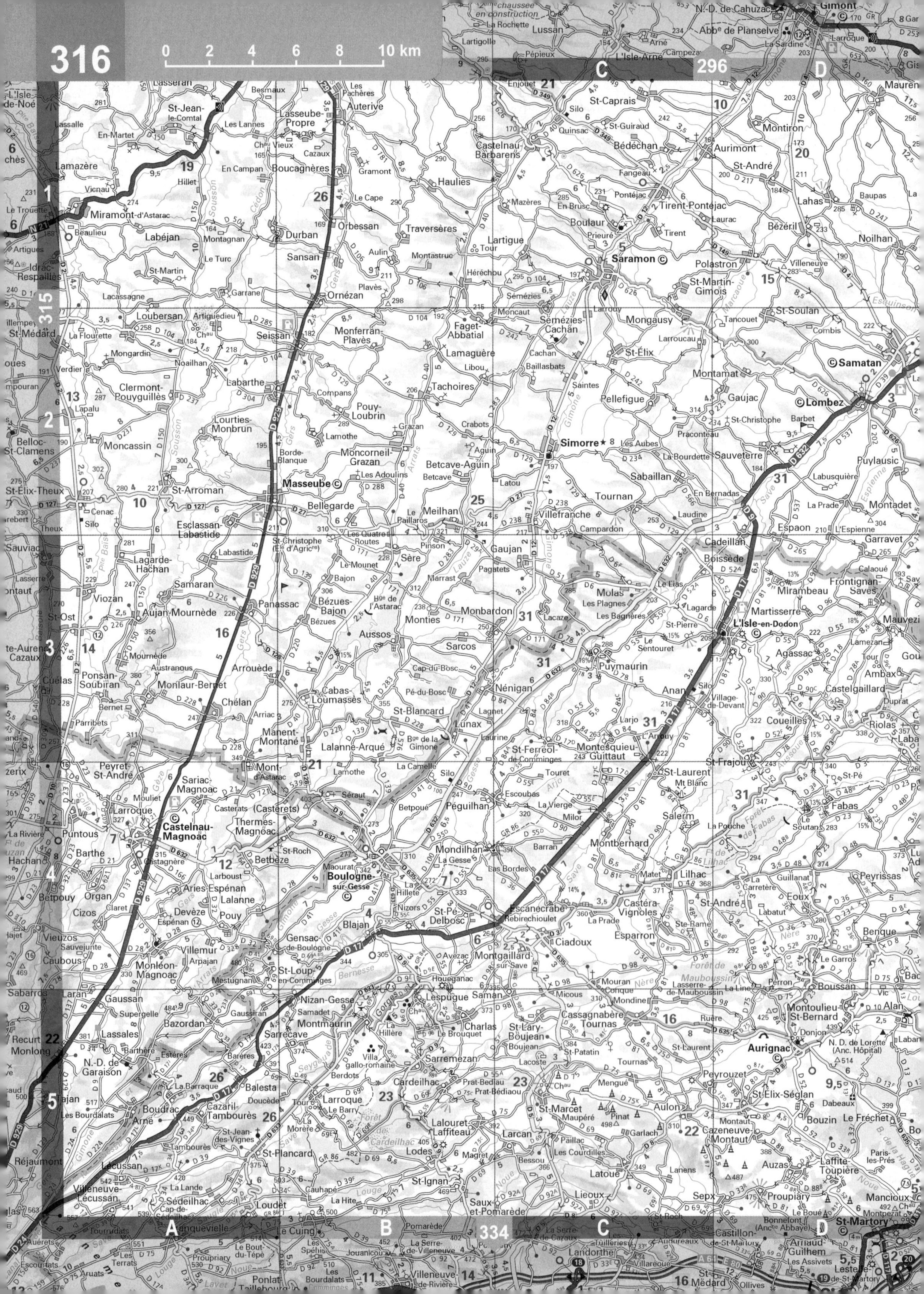
0 2 4 6 8 10 km
315
296
334
A
B
C
D
1
2
3
4
5
Gimont
N.-D. de Cahuzac
Abbe de Planselve
Lussan
L'Isle-Arné
Arné
La Rochette
Lartigolle
Pépieux
Enjouet
Silo
St-Caprais
St-Guiraud
Quinsac
Bédéchan
Aurimont
Montiron
St-André
Castelnau-Barbarens
Fangeau
Pontéjac
Tirent-Pontejac
Lahas
Baupas
Bézéril
Noilhan
Mauren
L'Isle-de-Noé
Lasseran
St-Jean-le-Comtal
Besmaux
Les Pachères
Auterive
Lasseube-Propre
Les Lannes
Lassalle
En-Martet
Cazaux
Boucagnères
Gramont
Lamazère
En Campan
Hillet
Vicnau
Miramont-d'Astarac
Le Cape
Orbessan
Haulies
Mazères
En Brusc
Boulaur
Laurac
Tirent
Beaulieu
Labéjan
Montagnan
Durban
Traversères
Lartigue
Prieuré
Saramon
Polastron
Villeneuve
Artigues
Idrac-Respailles
Le Turc
St-Martin
Sansan
Aulin
Montastruc
Héréchou
Tour
St-Martin-Gimois
Lacassagne
Garrane
Ornézan
Plavès
Sémézies
Larroux
Mongausy
Tancouet
St-Soulan
Combis
Loubersan
Artiguedieu
Seissan
Monferran-Plavès
Faget-Abbatial
Moncaut
Sémézies-Cachan
St-Médard
La Flourette
Mongardin
Noailhan
Labarthe
Lamaguère
Libou
Cachan
Baillasbats
St-Élix
Larroucau
Samatan
Montamat
Verdier
Clermont-Pouyguillès
Compans
Tachoires
Saintes
Pellefigue
Gaujac
Lombez
Lapalu
Lourties-Monbrun
Pouy-Loubrin
Grazan
Crabots
St-Christophe
Barbet
Bellocq-St-Clamens
Moncassin
Lamothe
Moncorneil-Grazan
Borde-Blanque
Aguin
Simorre
Les Aubes
La Bourdette
Praconteau
Sauveterre
Puylausic
Les Adoulins
Betcave-Aguin
Betcave
Latou
Sabaillan
Labusquière
St-Élix-Theux
Masseube
Tournan
En Bernadas
Montadet
St-Arroman
Bellegarde
Meilhan
La Prade
Cenac
Esclassan-Labastide
Le Paillaros
Villefranche
Laudine
Espaon
L'Espienne
Theux
Silo
Les Quatre Routes
Campardon
Cadeillan
Garravet
Sauviac
St-Christophe (Éte d'Agricre)
Pinson
Gaujan
Boissède
Labastide
Lagarde-Hachan
Le Mounet
Sère
Pagatets
Calaoué
Lasserre
Bajon
Marrast
Le Lias
Frontignan-Savès
Samaran
Bézues-Bajon
Bge de l'Astarac
Monties
Monbardon
Molas
Les Plagnes
Mirambeau
Viozan
Aujan-Mournède
Panassac
Lacaze
Lagarde
Les Bagnères
Martisserre
Mauvezi
St-Ost
Bézues
St-Pierre
L'Isle-en-Dodon
Aussos
Le Sentouret
Agassac
Mournède
Sarcos
Puymaurin
Tour
Ambax
Austranous
Arrouède
Cap-du-Bosc
Ponsan-Soubiran
Monlaur-Bernet
Cabas-Loumassès
Pé-du-Bosc
Nénigan
Anan
Village-de-Devant
Castelgaillard
Duprat
Chélan
Arriac
St-Blancard
Lagnet
Larjo
Coueilles
Riolas
Bernet
Parribets
Manent-Montané
Lalanne-Arqué
Bge de la Gimone
Lunax
Laurine
St-Ferréol-de-Comminges
Montesquieu-Guittaut
L'Arrouy
Peyret-St-André
Mont-d'Astarac
Lamothe
La Camelle
Touret
St-Laurent
Mt Blanc
St-Frajou
St-Pé
Sariac-Magnoac
Mouliet
Casterats (Castérets)
Séraut
Escoubas
Larroque
Thermes-Magnoac
Castelnau-Magnoac
Betpoué
Péguilhan
La Vierge
Milor
Salerm
La Pouche
Forêt de Fabas
Le Soutan
Fabas
Puntous
Barthe
Castagnère
Betbèze
St-Roch
Maourat
Boulogne-sur-Gesse
Mondilhan
La Gesse
Barran
Montbernard
Les Bordes
Lilhac
Matet
Peyrissas
Hachan
Larboust
La Hillette
Guillanat
La Carretère
Eoux
Betpouy
Organ
Aries-Espénan
Lalanne
Claret
Nizors
St-Pé-Delbosc
Escanecrabe
Rebirechioulet
Castéra-Vignoles
St-André
Labatut
Cizos
Devèze
Espénan
Pouy
Blajan
La Prade
Ste-Rame
Vieuzos
Sauvejunte
Caubous
Villemur
Arpajan
Gensac-de-Boulogne
Avezac
Montgaillard-sur-Save
Ciadoux
Esparron
Benque
Monléon-Magnoac
Mestugnan
St-Loup-en-Comminges
Bernesse
Houeganac
Mouran
Conque
Forêt de Mauboussin
Lasserre-de-Mauboussin
La Line
Le Garros
Perron
Boussan
Sabarros
Laran
Gaussan
Supergelle
Gaussiran
Bazordan
Nizan-Gesse
Samadet
Montmaurin
Lespugue
Saman
Micous
Mondine
Cassagnabère-Tournas
Ruère
Montoulieu-St-Bernard
Alan
Recurt
Monlong
Lassales
Barthère
Estères
Sarrecave
La Hillère
Le Brouquet
Charlas
St-Lary-Boujean
Boujean
St-Patatin
St-Laurent
Donjon
Aurignac
N.D. de Lorette (Anc. Hôpital)
Labarthe
N.-D. de Garaison
Barères
Villa gallo-romaine
Sarremezan
Lacoste
Tournas
Berdots
La Barraque
Balesta
Doucède
Cardeilhac
Prat-Bedau
Prat-Bédiaou
Mengué
Peyrouzet
St-Élix-Séglan
Tajan
Boudrac
Cazaril-Tamboures
Larroque
Le Barry
Forêt de Cardeilhac
St-Marcet
Maupéré
Pinat
Aulon
Dabeaux
Le Fréchet
Arné
Les Bourdalats
Morère
Lalouret-Laffiteau
Larcan
Garlach
Cazeneuve-Montaut
Bouzin
Tamboures
St-Jean-des-Vignes
Paillac
Les Courdilles
Réjaumont
St-Plancard
Lodes
Magret
Bessou
Latoue
Lanens
Auzas
Laffite-Toupière
Paris-les-Prés
Lécussan
La Lande
Cauhapé
St-Ignan
Villeneuve-Lécussan
Sédeilhac
Loudet
La Hite
Saux-et-Pomarède
Lieoux
Sepx
Proupiary
Mancioux
Le Boué
Tourrudats
Anquevielle
Le Cuing
Pomarède
St-Martory
Bonnefont (Ance Abbaye)
Aurieux
La Serre-de-Villeneuve
Jouanicou
Villeneuve-de-Rivière
La Serre-de-Cazaux
Landorthe
Villaréoule
Castillon-de-St-Martory
Arnaud-Guilhem
Les Assivets
Lestelle-de-St-Martory
Auérets
Escouttats
Aruats
Terrats
Proupiary
Le Bout-du-Tépé
Les Spéhis
Les Bourdalats
Ponlat-Taillebourg
St-Médard
Ollives
Tuilleries
St-Roch
Cazaux
Labarthe
Larroque
Chau Vieux
Pessan
En Campan
Campeza
La Sardine
Larroque
Esquinsolle
Lauzé
Gimone
Gers
Arrats
Save
Gesse
Sousson
Cédon
Baïse
Noue
Louge
Lavet
Nère
Espienne
Aussoue
Arjo
Seygouade
Gorges
N 21
D 929
D 632
D 17
D 635
A 61
E 80
autoroute en construction

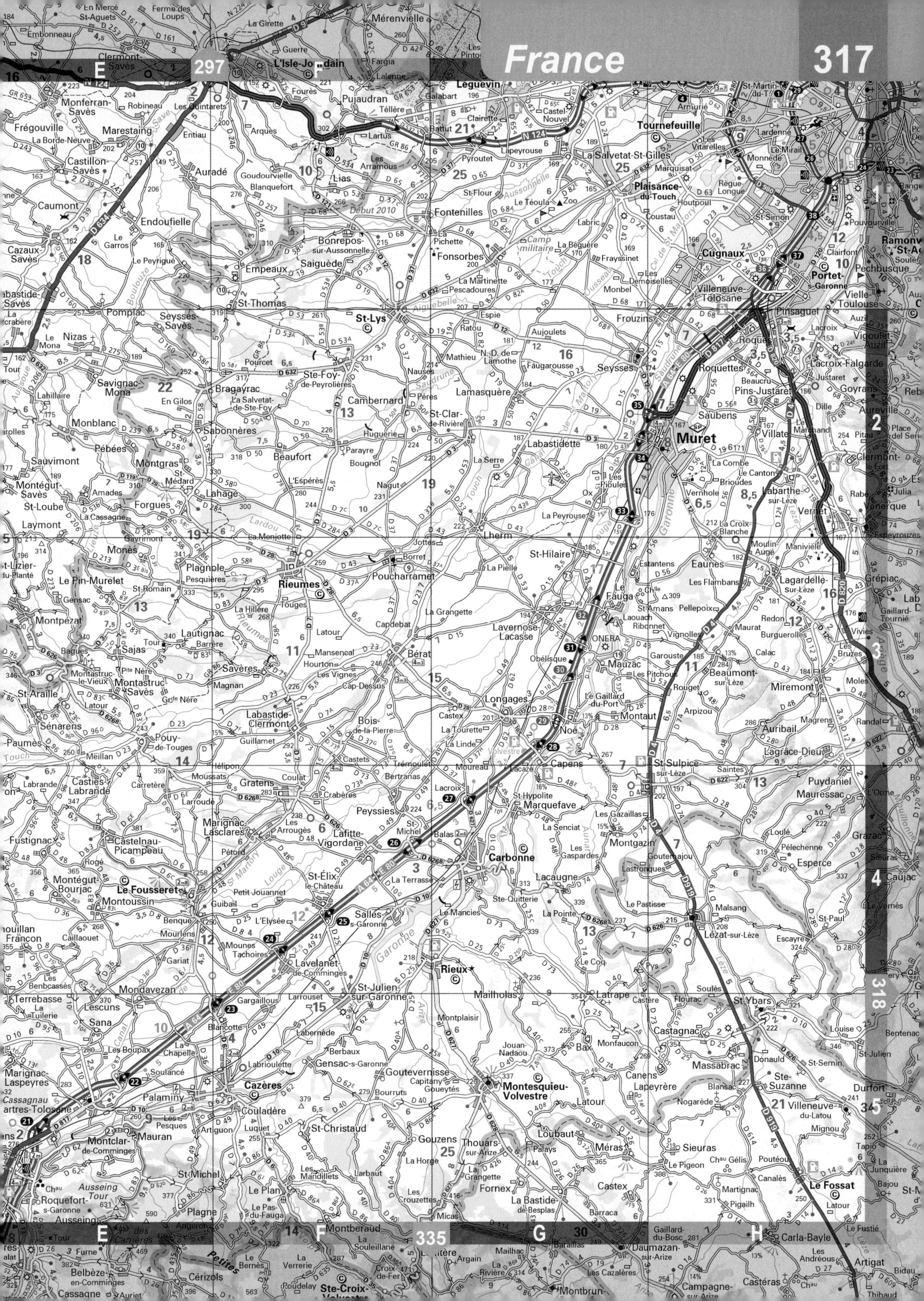
L'Isle-Jourdain
Léguevin
Tournefeuille
La Salvetat-St-Gilles
Plaisance-du-Touch
Cugnaux
Villeneuve-Tolosane
Portet-s-Garonne
Pinsaguel
Roques
Roquettes
Pins-Justaret
Saubens
Muret
St-Lys
Fonsorbes
Fontenilles
Saiguède
Empeaux
St-Thomas
Ste-Foy-de-Peyrolières
Rieumes
Poucharramet
Lherm
Labastidette
Seysses
Frouzins
Le Fauga
Lavernose-Lacasse
Mauzac
Noé
Longages
Capens
Carbonne
Marquefave
Bérat
Peyssies
Lafitte-Vigordane
St-Élix-le-Château
Salles-s-Garonne
Rieux
Cazères
Montesquieu-Volvestre
Le Fousseret
Montoussin
Lézat-sur-Lèze
St-Sulpice-sur-Lèze
Beaumont-sur-Lèze
Eaunes
Lagardelle-sur-Lèze
Labarthe-sur-Lèze
Vernet
Le Fossat
Carla-Bayle
Daumazan-sur-Arize
St-Ybars
Castagnac
Massabrac
Montgazin
Lavelanet-de-Comminges
St-Julien-sur-Garonne
Mondavezan
Martres-Tolosane
Montclar-de-Comminges
Gensac-s-Garonne
Latrape
Mailholas
A 64 E 80
N 124
D 817
D 4
D 820
E
F
G
H
297
335
318

0 2 4 6 8 10 km
298
336
317
A
B
C
D
1
2
3
4
5
TOULOUSE
Ramonville-St-Agne
Castanet-Tolosan
Labège
Quint-Fonsegrives
Flourens
Drémil-Lafage
Aigrefeuille
Lanta
Vallesvilles
Bourg-St-Bernard
Francarville
Saussens
Villeneuve-lès-Lavaur
Maurens-Scopont
Vendine
Loubens-Lauragais
Prunet
Mascarville
Albiac
Caraman
La Salvetat-Lauragais
Auriac-sur-Vendinelle
Cuq-Toulza
Cambon-lès-Lavaur
Algans
Lacroisille
Le Faget
Mouzens
Puéchoursi
Le Cabanial
St-Julia
Nogaret
St-Orens-de-Gameville
Auzielle
Ste-Foy-d'Aigrefeuille
Lauzerville
St-Pierre-de-Lages
Aurin
Préserville
Odars
Escalquens
Belberaud
Fourquevaux
Tarabel
Maureville
Caragoudes
Ségreville
Cambiac
Mourvilles-Basses
Toutens
Beauville
Falga
Roumens
Vaux
St-Félix-Lauragais
Mervilla
Vigoulet-Auzil
Pechabou
Pompertuzat
Rebigue
Goyrans
Aureville
Clermont-le-Fort
Corronsac
Deyme
Donneville
Montgiscard
Montbrun-Lauragais
Labastide-Beauvoir
Baziège
Varennes
Mauremont
St-Germier
Cessales
Maurens
Juzes
Trébons-sur-la-Grasse
Montgaillard-Lauragais
St-Vincent
Lux
Bélesta-en-Lauragais
Mourvilles-Hautes
Les Cassés
Espanès
Venerque
Issus
Belbèze-de-Lauragais
Ayguesvives
Villenouvelle
Montesquieu-Lauragais
St-Rome
Vallègue
Rieumajou
Villefranche-de-Lauragais
Folcarde
St-Paulet
Montmaur
Grépiac
Labruyère-Dorsa
Noueilles
St-Léon
Vieillevigne
Gardouch
Renneville
Avignonet-Lauragais
Montferrand
Soupex
Airoux
Auragne
Mauvaisin
Auterive
Nailloux
Seyre
Montclar-Lauragais
Beauteville
Lagarde
Gourvieille
Obélisque de Riquet
Seuil de Naurouze
Labastide-d'Anjou
Ricaud
Baraigne
Montgeard
Monestrol
Caignac
St-Michel-de-Lanès
Belflou
Molleville
Mas-Stes-Puelles
Aignes
Cintegabelle
Marquein
Salles-sur-l'Hers
Cumiès
Calmont
Gibel
Fajac-la-Relenque
La Louvière-Lauragais
Ste-Camelle
Montauriol
Villeneuve-la-Comptal
Payra-sur-l'Hers
Lissac
Labatut
Gaillac-Toulza
Canté
Mazères
Mézerville
Peyrefitte-sur-l'Hers
Saverdun
Molandier
St-Sernin
Mayreville
Marliac
Brie
Justiniac
Esplas
Belpech
Pech-Luna
Cahuzac
Gaja-la-Selve
Unzent
Le Vernet
Montaut
Gaudiès
Plaigne
Pécharic-et-le-Py
Ribouisse
Lafage
St-Martin-d'Oydes
Bonnac
Villeneuve-du-Paréage
Villautou
Lescousse
St-Amans
Bézac
La Bastide-de-Lordat
Lapenne
Artigat
St-Michel
Canal du Midi
AUTOROUTE

Castres
Mazamet
Revel
Puylaurens
Castelnaudary
CARCASSONNE
LA CITÉ
Labruguière
Dourgne
Sorèze
Saissac
Montolieu
Alzonne
Montréal
Fanjeaux
Bram
Mas-Cabardès
Conques-sur-Orbiel
Aussillon
Soual
Lescout
Vaudreuille
Les Cammazes
Arfons
Lacombe
Cuxac-Cabardès
Villepinte
Pezens
Pennautier
Limousis
Villardonnel
Aragon
Moussoulens
Villesèquelande
Laurabuc
Villasavary
Prouille
PARC NATUREL RÉGIONAL DU
MONTAGNE
Montagne Noire
Forêt de Montaud
Pic de Montaud
Mont Alric
Grotte de Calel
Chaos de la Balme
Terrain militaire
Champ de tir
Pas du Sant
Prise d'Alzeau
N 126
N 112
D 622
D 621
D 6113
D 118
D 119
A 61
E 80
E
F
G
H
299
337
320
1
2
3
4
5

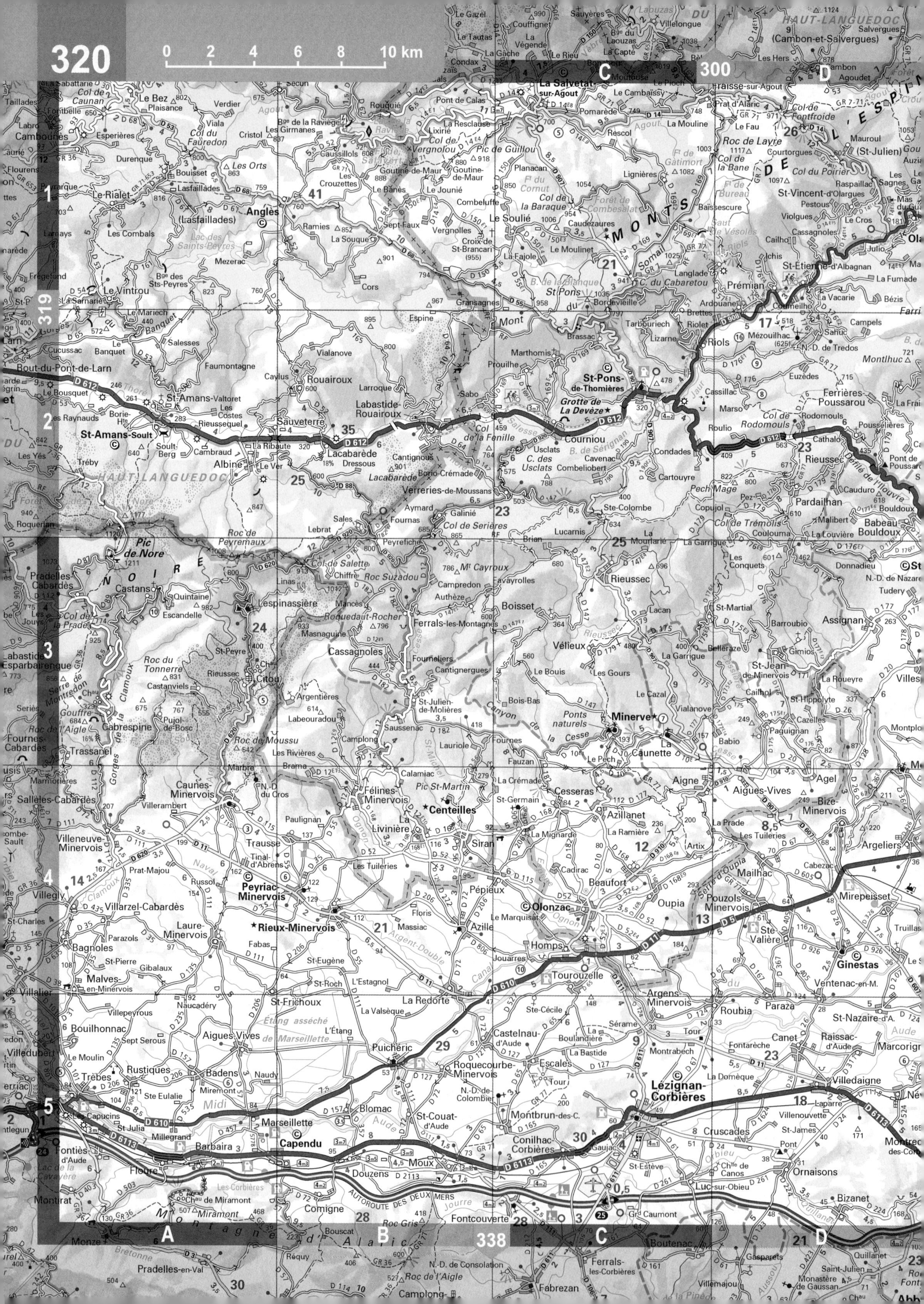
0 2 4 6 8 10 km
300
319
338
A
B
C
D
La Salvetat-sur-Agout
HAUT-LANGUEDOC
MONTS DE L'ESPINOUSE
NOIRE
Pic de Nore
Anglès
Lasfaillades
Le Rialet
Cambounès
St-Amans-Soult
St-Amans-Valtoret
Albine
Sauveterre
Labastide-Rouairoux
Rouairoux
Lacabarède
Verreries-de-Moussans
Courniou
St-Pons-de-Thomières
Grotte de La Devèze
Riols
Prémian
St-Étienne-d'Albagnan
St-Vincent-d'Olargues
Le Soulié
Pardailhan
Rieussec
Boisset
Ferrals-les-Montagnes
Vélieux
Minerve
La Caunette
Cassagnoles
Lespinassière
Castans
Pradelles-Cabardès
Cabrespine
Citou
Trassanel
Caunes-Minervois
Félines-Minervois
La Livinière
Siran
Cesseras
Azillanet
Aigne
Aigues-Vives
Agel
Bize-Minervois
Argeliers
St-Jean-de-Minervois
Assignan
Villeneuve-Minervois
Trausse
Peyriac-Minervois
Rieux-Minervois
Laure-Minervois
Villarzel-Cabardès
Villegly
Bagnoles
Malves-en-Minervois
Azille
Pépieux
Olonzac
Homps
Beaufort
Oupia
Pouzols-Minervois
Mailhac
Mirepeisset
Ste-Valière
Ginestas
Tourouzelle
Argens-Minervois
Roubia
Paraza
La Redorte
Puichéric
St-Frichoux
Aigues-Vives
Bouilhonnac
Trèbes
Rustiques
Badens
Marseillette
Capendu
Barbaira
Floure
Fontiès-d'Aude
Douzens
Moux
Comigne
Blomac
St-Couat-d'Aude
Roquecourbe-Minervois
Castelnau-d'Aude
Escales
Montbrun-des-C.
Conilhac-Corbières
Lézignan-Corbières
Canet
Villedaigne
Cruscades
Ornaisons
Luc-sur-Orbieu
Bizanet
Boutenac
Fontcouverte
Montirat
Monze
Pradelles-en-Val
Fabrezan
Ferrals-les-Corbières
Canyon de la Cesse
Étang asséché de Marseillette
Montagne d'Alaric
AUTOROUTE DES DEUX MERS
Canal du Midi
D 612
D 610
D 6113
D 620
D 11
D 5
Aude
Agout
Cesse
Ognon
Orbieu
Argent-Double
Clamoux

Bédarieux
Lamalou-les-Bains
Hérépian
Le Poujol-sur-Orb
Colombières-sur-Orb
St-Martin-de-l'Arçon
Mons
Pic de la Coquillade
Caussiniojouls
Cabrerolles
Faugères
Roquessels
Fos
Pézènes-les-Mines
Valmascle
Lieuran-Cabrières
Cabrières
Péret
Aspiran
Vailhan
Fontès
Neffiès
Adissan
Nizas
Laurens
Gabian
Roujan
Caux
Cassan
Fouzilhon
Margon
Pouzolles
Magalas
Autignac
St-Nazaire-de-Ladarez
Roquebrun
Berlou
Causses-et-Veyran
St-Geniès-de-Fontedit
Puissalicon
Alignan-du-Vent
Abeilhan
Coulobres
Espondeilhan
Tourbes
Murviel-lès-Béziers
Cessenon-sur-Orb
Prades-sur-Vernazobre
Cazedarnes
Pierrerue
Puimisson
Pailhès
Servian
Valros
Thézan-lès-Béziers
Lieuran-lès-Béziers
Corneilhan
Bassan
Montblanc
Cébazan
Cazouls-lès-Béziers
Lignan-sur-Orb
Boujan-sur-Libron
Creissan
Puisserguier
Maraussan
Maureilhan
Bessan
BÉZIERS
Cruzy
Quarante
Capestang
Montady
Écluses de Fonséranes
Colombiers
Cers
Villeneuve-lès-Béziers
Portiragnes
Vias
Oppidum d'Ensérune
Nissan-lez-Enserune
Sauvian
Sérignan
Montels
Poilhes
Ouveillan
Amphoralis
Vendres
Lespignan
Sallèles-d'Aude
Cuxac-d'Aude
Coursan
Salles-d'Aude
Fleury
Valras-Plage
Portiragnes-Plage
Sérignan-Plage
NARBONNE
Vinassan
Armissan
Les Cabanes-de-Fleury
Gouffre de l'Œil Doux
St-Pierre-sur-Mer
Narbonne-Plage
PARC NATUREL RÉGIONAL
Montagne de la Clape
E
F
G
H
301
339
322

0 2 4 6 8 10 km

A
B
C
D
1
2
3
4
5
302
321
Bédarieux
Clermont-l'Hérault
Cirque de Mourèze
Lac du Salagou
Gignac
Aniane
Grotte de Clamouse
St-Guiraud
St-Félix-de-Lodez
Jonquières
Montpeyroux
St-André-de-Sangonis
Ceyras
Lacoste
Octon
Mérifons
Carlencas-et-Levas
Salasc
Mourèze
Villeneuvette
Nébian
Canet
Brignac
Pouzols
Popian
St-Bauzille-de-la-Sylve
Le Pouget
Vendémian
Tressan
Puilacher
Plaissan
Aspiran
Paulhan
Bélarga
Campagnan
St-Pargoire
Usclas-d'Hérault
Adissan
Nizas
Fontès
Cabrières
Péret
Lieuran-Cabrières
Valmascle
Vailhan
Neffiès
Roujan
Caux
Gabian
Laurens
Faugères
Roquessels
Caussiniojouls
Cazouls-d'Hérault
Lézignan-la-Cèbe
Montagnac
Abbaye de Valmagne
Villeveyrac
Aumes
Pézenas
Castelnau-de-Guers
Nézignan-l'Évêque
Tourbes
Alignan-du-Vent
Servian
Abeilhan
Coulobres
Espondeilhan
Puissalicon
Magalas
Pouzolles
Margon
Fouzilhon
Montblanc
St-Thibéry
Florensac
Pomérols
Pinet
Mèze
Loupian
Villa Gallo-Romaine
Marseillan
Bessan
Agde
Le Cap-d'Agde
Marseillan-Plage
Étang de Thau
Bassin de Thau
Vias
Portiragnes
Cers
Villeneuve-lès-Béziers
Sauvian
Sérignan
Vendres
Valras-Plage
BÉZIERS
Écluses de Fonsérannes
BÉZIERS CAP D'AGDE
Boujan-sur-Libron
Bassan
Corneilhan
Lignan-sur-Orb
Thézan-lès-Béziers
Lieuran-lès-Béziers
Puimisson
Portiragnes-Plage
Sérignan-Plage
Vias-Plage
Rochelongue
Fort Brescou
Printemps 2010
A 75
A 9
A 750
D 908
D 612
D 613
N 9

E
F
G
H
303
12
324
1
2
3
4
5
MONTPELLIER
Castelnau-le-Lez
Lunel
Lunel-Viel
Castries
Vendargues
Baillargues
St-Brès
Valergues
Lansargues
St-Just
Marsillargues
Mudaison
St-Aunès
Le Crès
Salaison
Jacou
Clapiers
Montferrier-sur-Lez
Teyran
Assas
Prades-le-Lez
St-Clément-de-Rivière
St-Vincent-de-Barbeyrargues
Restinclières
Coulondres
La Baraque
Le Rouquet
St-Gély
Cantagrils
Bois de Valène
Argelliers
Murles
Combaillaux
Vailhauquès
Montarnaud
Montlobre
Grabels
Bel-Air
Juvignac
La Paillade
Celleneuve
St-Paul-et-Valmalle
Les Quatre Pilas
St-Georges-d'Orques
Pioch Rouquier
Murviel-lès-Montpellier
Vignogoul (Ancne Abbaye)
L'Engarran
St-Martin
Lavérune
Pignan
Saussan
St-Jean-de-Védas
St-Jean-le-Sec
Cournonterral
Cournonsec
Fabrègues
Agnac
Launac-St-André
Mas-de-Manté
Montpellier-Fabrègues
Montbazin
Gigean
Mireval
St-Bauzille
Vic-la-Gardiole
Montagne de la Gardiole
St-Félix de Montceau
Roc d'Anduze
Issanka
Mas de Rimbault
Balaruc-le-Vieux
Les Usines
Frontignan
Frontignan-Plage
La Peyrade
Mas des Dunes
Les Aresquiers
Le Mas Vieux
Sète
Mt St-Clair
La Corniche
Pte du Barrou
Lattes
Pérols
Fangousse
Maurin
Poulaud
Villeneuve-lès-Maguelone
Maguelone
Beauregard
Mas des Quinze
Palavas-les-Flots
Grau du Prévost
Les Quatre Vents
Port de Carême
Les Cabanes de Pérols
Carnon-Plage
Le Grand Travers
La Grande-Motte
Le Boucanet
Le Grau-du-Roi
Port-Camargue
Pointe de l'Espiguette
L'Espiguette
Seaquarium
Caves de Listel
Mauguio
Candillargues
Le Bérange
Cabanes de Lunel
Le Destrech
Tamariguières
Le Grd Mazet
Mas de Terre-de-Port
Grand Cogul
St-Nazaire-de-Pézan
Mas de Carthagène
Mas de Mougues
Mas Desports
Tartuguière
Les Cabanes
Vauguières-le-Haut
Vauguières-le-Bas
Marot
Blanquière
La Mogère
Mas de Fabre
Doscare
Auroux
La Crouzette
Flaugergues
Odysseum
Boirargues
Le Terral
Bionne
La Lauze
Maison d'arrêt
MONTPELLIER-MÉDITERRANÉE
PARC DES EXPOSITIONS
Étang de Mauguio ou de l'Or
Étg de Pérols
Étg de l'Arnel
Étg du Prévost
Étg des Moures
Étang de Vic
Marais de la Grde Palude
B. de la Fontaine
Salines
Étang d'Ingril
Étg de Pierre Blanche
Canal du Rhône à Sète
Golfe d'Aigues-Mortes
GOLFE DU
Université
Zoo
Plan de Jalade
Chau d'O
Fontfroide-le-Haut
N.-D. de Baillarguet
Viviers
Aqueduc
Morguetas
Colombe
Tour

0 2 4 6 8 10 km
Lunel
Aimargues
Le Cailar
Marsillargues
St-Laurent-d'Aigouze
Aigues-Mortes
Le Perrier
Caves de Listel
Seaquarium
Salins du Midi
Étang du Roi
Tour Carbonnière
Mas des Sablons
La Malgue
Ste-Anne
Quatret
Mas Ste-Cécile
La Souteyranne
Montcalm
Sylvéréal
Avignon
Gallician
Franquevaux
Mas Valdet
Belle-Vue
Étang de Scamandre
Étang du Charnier
Étang de Grey
Gr^d-Canavère
Mas des Iscles
St-Gilles
Écluse de St-Gilles
Espeyran
La Fosse
Mas de la Vigne
Albaron
Signoret
Musée Camarguais
Mas du P^t de Rousty
Saliers
Mas de Julian
Figarès
Gimeaux
Les Passerons
Stanislas
La Montcalde
Bouchaud
Tour de Mondony
Montredon
Ste Cécile
Gageron
Brunet
Le Gr^d Antonelle
Villeneuve
Mas d'Agon
Mas du Cabassolle
Gr^d Romieu
Méjanes
Le Paty-de-la-Trinité
Les Bruns
Les Pradaux
Mas de Capette
Le Ménage
Mas Sénébier
Astouin
Mas de Pioch
Pioch-Badet
Cabanes de Cambon
Mas du Juge
Pin-Foucat
Mas Badet
Mas d'Icard
Le P^t Sauvage
Pont-de-Gau
Parc ornithologique
Maguelonne
Le Ferradou
Le Gr^d Radeau
Musée
Stes-Maries-de-la-Mer
Port Gardian
Grau d'Orgon
Petite Camargue
Étang de Vaccarès
PARC NATUREL RÉGIONAL DE CAMARGUE
PLAINE DE LA CRAU
Les Frignants
Île de Mornes
Étang de Malagroy
Étang de Monro
Mas de Cacharel
Étang de l'Impérial
Bois des Rièges
Ét^g du Lion
Ét^g du Fournelet
La Capelière
Fiélouse
Phare de la Gacholle
Digue à la Mer
Ét^g du Tampan
Étang de Galabert
Ét^g du Gr^d Rascaillan
Golfe de Beauduc
Beauduc
Pointe du Sablon
Ét^g de Beauduc
LION
Fourques
Arles
St-Gilles
La Grand-Cabane
Mas de Vert
D 570
D 6572
D 979
D 58
D 37
N 572
A B C D
1 2 3 4 5
304
323

305
326
E
F
G
H
Montmajour
Meunerie romaine
Tours de Castillon
Mouriès
La Fourbine
Bois-Vert
La Calanque
Mas-Neuf
Salon-de-Provence
Pélissanne
Aurons
Raphèle-les-Arles
Moulès
Villevieille
Balarin
St-Martin-de-Crau
St-Hippolyte
Tourniaire
Caphan
Vilpail
La Samatane
Les Cabanes
Les Blazots
Les Canourgues
Bel-Air
Le Merle (École d'Agricre)
Centre de détention
Poscros
La Lieutenante
Le Luquier
Camp militaire
Canal d'Istres
Beauchamps
Grans
Lançon-Provence
Gigery
AUTOROUTE
PLAINE DE LA CRAU
Marais de Meyranne
La Dynamite
Les Poulagères
Le Vallon
Suffren
Pit Rouvian
Étang d'Entressen
Miramas
Mas de l'Hoste
Mas de Lanau
Mas de Fray
Mas des Aulnes
Mas de Pernes
Parc militaire de Beausseng
Entressen
Le Grd Mas
La Ste-Croix
Belval
Le Pont-de-Rhaud
Contoux
Le Mas-Chauvet
Le Verry
CENTRE D'ESSAIS
Bellan
Étang des Aulnes
Miramas-le-Vx
Champ de Tir
Cornillon-Confoux
Beynes
L'Armellière
Mas Giraud
Mas-Thibert
Vergières
Pit-St-Jean
Capeau
Marais de Capeau
Mas d'Icart
Camp militaire
Sulauze
St-Chamas
St-Léger
Pont-Flavien
Calissanne
Les Guigues
Les Baisses
Le Sambuc
La Forêt
La Bayanne
ISTRES-LE-TUBÉ
Étg de l'Olivier
Oppidum du Castellan
Port de Beau Rivage
La Bosque
Istres
Boucasson
Mauran
La Suzanne
St-Estève
Le Retour-des-Aires
Tour du Valat
Grd Boisviel
Mas de Peint
Le Pit Pâtis
Étang du Landre
Port des Heures Claires
Rassuen
Les Quatre-Vents
ÉTANG DE BERRE
Bouquet
N.-D. de Caderot
Musée
Tour de Parade
La Pite Porcelette
Le Radeau
Marais du Retour
La Fossette
Le Ventillon
Feuillane
Ranquet
Les Bannes
La Porcelette
Boisverdun
Peaudure
Rebatun
Lavalduc
Étg de Lavalduc
Étg de Citis
Massane
Varage
St-Mitre-les-Remparts
Les Marquises
Chatrouse
Le Relais
Les Carabins
Oppidum St-Blaise
Port de la Pointe
La Pointe
MARSE
La Louisiane
Rizières
Plan du Bourg
Salin du Relai
Valin
Étg de l'Estomac
Étg du Pourra
Étg d'Engrenier
Pit Badon
Grd Badon
Le Vedeau
Salin du Caban
Fos-s-Mer
La Grd Ponche
Chamone
L'Eysselle
Étg de l'Oiseau
Terminal minéralier
Pointe de St-Gervais
Plage-de-Fos
Terminal méthanier
Terminal pétrolier
N.-D. des Marins
Martigues
La Bélugue
Bac de Barcarin
Faraman
Salin-de-Giraud
Port-St-Louis-du-Rhône
Port de Fos
Terminal à Conteneurs
Port-de-Bouc
Croix Ste
Cal de Caronte
La Lèque
La Mède
Châteauneuf-les-Martigues
Les Tourels
Phare de St-Louis
Port pétrolier de Lavéra
Lavéra
Les Ventrons
Von de Valtrède
La Bastide-Blanche
Salin de Giraud
Étang de Faraman
GOLFE DE FOS
Ponteau
St-Pierre
St-Julien-les-Martigues
Bois de Châteauneuf
Chaîne
Cal. des Renaires
Agut
Plage des Laurons
La Folie
Val-de-R
Faraman
Étg de Grde Palun
GRAND RHÔNE
They de la Gracieuse
They de Roustan
Pointe de Bonnieu
Les Rougès
Sausset-les-Pins
Plage de Piémanson
Les Ragues d'Arnette
La Couronne
Carro
Ste-Croix
Les Tamaris
Carry-le-Rouet
Cap Couronne
Ile Aragnon
N 568
N 569
N 113
A 54
E 80
D 113
D 10
D 5
A 55
1
2
3
4
5

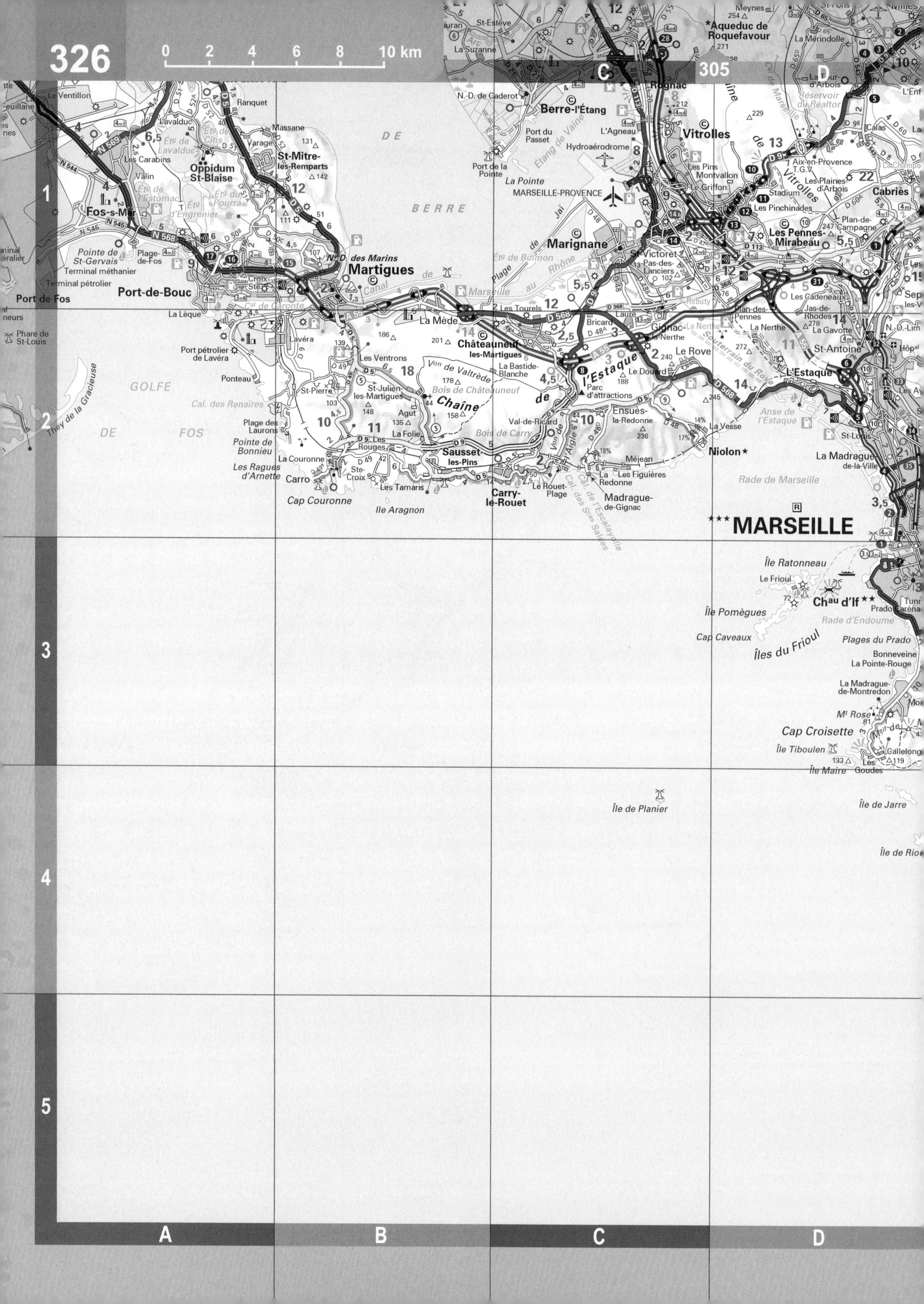
0 2 4 6 8 10 km
305
A
B
C
D
1
2
3
4
5
Aqueduc de Roquefavour
Meynes
St-Estève
La Suzanne
La Mérindolle
La Tour-d'Arbois
Réservoir du Réaltor
Rognac
N.-D. de Caderot
Berre-l'Étang
Port du Passet
L'Agneau
Hydroaérodrome
Vitrolles
Port de la Pointe
La Pointe
MARSEILLE-PROVENCE
Les Pins
Montvallon
Le Griffon
Stadium
Les Pinchinades
Aix-en-Provence T.G.V.
Les Plaines d'Arbois
Cabriès
Plan-de-Campagne
Les Pennes-Mirabeau
Calas
Le Ventillon
Lavalduc
Ranquet
Massane
Varage
Les Carabins
Étg de Lavalduc
Étg de Citis
Oppidum St-Blaise
St-Mitre-les-Remparts
Valin
Étg de l'Estomac
Étg du Pourra
Étg d'Engrenier
Fos-s-Mer
DE
BERRE
Marignane
St-Victoret
Pas-des-Lanciers
Étg de Bolmon
Plage de Jaï
Pointe de St-Gervais
Plage-de-Fos
Terminal méthanier
Terminal pétrolier
Port de Fos
Port-de-Bouc
N.-D. des Marins
Martigues
Croix-Ste
Canal de Marseille au Rhône
Cal de Caronte
La Lèque
Phare de St-Louis
Lavéra
Port pétrolier de Lavéra
Ponteau
GOLFE
DE
FOS
They de la Gracieuse
Cal. des Renaïres
Plage des Laurons
Pointe de Bonnieu
Les Ragues d'Arnette
La Couronne
Carro
Cap Couronne
Ile Aragnon
La Mède
Châteauneuf-les-Martigues
Les Tourels
Les Ventrons
St-Pierre
St-Julien-les-Martigues
Von de Valtrède
La Bastide-Blanche
Bois de Châteauneuf
Chaîne de l'Estaque
Agut
La Folie
Les Rouges
Ste-Croix
Les Tamaris
Sausset-les-Pins
Bois de Carry
Carry-le-Rouet
Le Rouet-Plage
Val-de-Ricard
Von de l'Aigle
Parc d'attractions
Bricard
Laure
Gignac-la-Nerthe
Le Rove
Le Douard
Ensuès-la-Redonne
La Redonne
Les Figuières
Méjean
Madrague-de-Gignac
Cal. de l'Escalayolle
Cal. des Sces Salées
La Vesse
Niolon
Rebuty
Plan-des-Pennes
La Nerthe
Souterrain du Rove
Les Cadeneaux
Jas-de-Rhodes
La Gavotte
St-Antoine
L'Estaque
Anse de l'Estaque
St-Louis
La Madrague-de-la-Ville
Rade de Marseille
MARSEILLE
Île Ratonneau
Le Frioul
Chau d'If
Île Pomègues
Cap Caveaux
Îles du Frioul
Rade d'Endoume
Plages du Prado
Bonneveine
La Pointe-Rouge
La Madrague-de-Montredon
Mt Rose
Cap Croisette
Île Tiboulen
Île Maïre
Les Goudes
Callelongue
Île de Planier
Île de Jarre
Île de Riou

E
F
G
H
1
2
3
4
5
306
328
Gardanne
Bouc-Bel-Air
Simiane-Collongue
Mimet
Fuveau
Trets
Peynier
Belcodène
Gréasque
Peypin
La Bouilladisse
La Destrousse
Auriol
Roquevaire
Plan-de-Cuques
Allauch
Aubagne
Gémenos
St-Maximin-la-Ste-Baume
Rougiers
St-Zacharie
Nans-les-Pins
Plan-d'Aups-Ste-Baume
St-Pilon
Massif de la Sainte Baume
Montagne de Regagnas
Mont Aurélien
Chaîne de l'Étoile
Cuges-les-Pins
O.K. Corral (Parc d'attractions)
Le Castellet
Le Beausset
La Cadière-d'Azur
Ste-Anne-d'Évenos
Évenos
Ollioules
Carnoux-en-Provence
Roquefort-la-Bédoule
La Penne-sur-Huveaune
St-Marcel
Cassis
Ceyreste
La Ciotat
Clos des plages
Les Lecques
St-Cyr-sur-Mer
Bandol
Sanary-sur-Mer
Six-Fours-les-Plages
Cap Canaille
Les Calanques
Massif de Puget
Col de la Gineste
Col de l'Espigoulier
Col de l'Ange
Le Gros Cerveau
Île de Bendor
Îles des Embiez
Institut Océanographique Paul Ricard
Presqu'île du Cap Sicié
N.-D. du Mai
Cap Sicié
Île Verte
Cap de l'Aigle
Bec Sormiou
Île Calseraigne
Congloué
Grotte Cosquer
Signes
Castellet Paul-Ricard
Plateau de Siou Blanc
Fort de Six-Fours

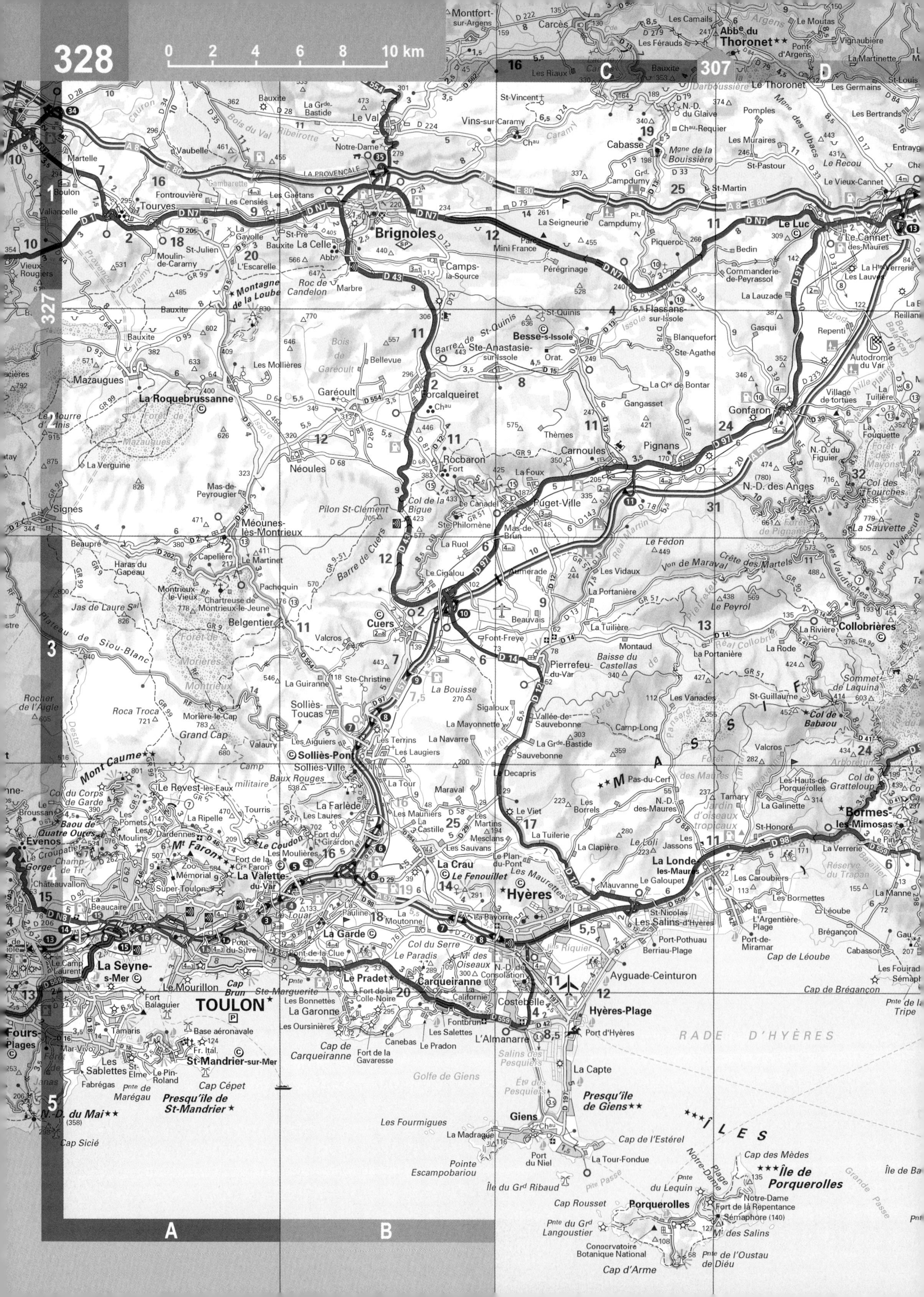
0 2 4 6 8 10 km
327
16
C
307
D
A
B
1
2
3
4
5
Montfort-sur-Argens
Carcès
Les Camails
Abbe du Thoronet★★
Le Moutas
Vignaubière
Les Féraude
Pont-d'Argens
La Martinette
Les Riaux
Bauxite
Le Thoronet
Les Germains
St-Louis
Les Bertrands
Entrayg
Bauxite
La Grde-Bastide
Le Val
St-Vincent
Vins-sur-Caramy
N.-D. du Glaive
Chau-Requier
Cabasse
Mgne de la Boissière
Mgne des Ubacs
Les Muraires
Pomples
Le Recou
St-Pastour
Le Vieux-Cannet
Bois du Val
Ribeirotte
Vaubelle
Notre-Dame
LA PROVENÇALE
E 80
A 8
Martelle
Boulon
Valiancelle
Gambarette
Fontrouvière
Tourves
Les Censiés
Les Gaëtans
Grd Campdumy
St-Martin
Campdumy
La Seigneurie
Le Luc
Le Cannet-des-Maures
Brignoles
La Celle
St-Pré
La Gayolle
St-Julien
Moulin-de-Caramy
L'Escarelle
Vieux-Rougiers
Parc Mini France
Piqueroc
Bedin
Commanderie-de-Peyrassol
La Hte Verrerie
Les Lauves
Camps-la-Source
Pérégrinage
Montagne de la Loube
Roc de Candelon
Marbre
La Lauzade
Flassans-sur-Issole
St-Quinis
Besse-s-Issole
Blanquefort
Gasqui
Repenti
Reillan
Autodrome du Var
Bois de Garéoult
Bellevue
Ste-Anastasie-sur-Issole
Orat.
Ste-Agathe
La Crx de Bontar
Mazaugues
La Roquebrussanne
Les Mollières
Garéoult
Forcalqueiret
Gangasset
Village de tortues
Tuilière
Gonfaron
La Fouquette
Forêt de Mazaugues
Le Mourre d'Anis
Issole
Néoules
Rocbaron
Thèmes
Carnoules
Pignans
N.-D. du Figuier
La Verguine
Mas-de-Peyrougier
Pilon St-Clément
Col de la Bigue
Le Canadel
La Foux
Puget-Ville
N.-D. des Anges
Col des Fourches
Signes
Méounes-lès-Montrieux
Ste-Philomène
Mas-de-Brun
Forêt de Pignans
La Sauvette
Beaupré
Capelière
Le Martinet
Haras du Gapeau
Barre de Cuers
La Ruol
Le Fédon
Crête des Martels
Von de Maraval
Les Vidaux
Montrieux-le-Vieux
Chartreuse de Montrieux-le-Jeune
Pachoquin
Le Cigalou
Aumerade
La Portanière
Le Peyrol
Jas de Laure
Plateau de Siou-Blanc
Belgentier
Cuers
Beauvais
La Tuilière
La Rivière
Collobrières
Forêt de Morières-Montrieux
Valcros
Font-Freye
Montaud
La Rode
Pierrefeu-du-Var
Baisse du Castellas
La Portanière
Rocher de l'Aigle
Roca Troca
Ste-Christine
La Guiranne
La Bouisse
Les Vanades
St-Guillaume
Sommet de Laquina
Solliès-Toucas
Sigaloux
Vallée-de-Sauvebonne
Camp-Long
Col de Babaou
Morière-le-Cap
Grand Cap
La Mayonnette
Valaury
Les Aiguiers
Les Terrins
La Navarre
La Grde-Bastide
MASSIF DES MAURES
Les Laugiers
Solliès-Pont
Sauvebonne
Arboretum
Mont Caume★★
Camp militaire
Solliès-Ville
Baux Rouges
Le Decapris
Pas-du-Cerf
Les-Hauts-de-Porquerolles
Col de Gratteloup
Col du Corps de Garde
Le Revest-les-Eaux
La Tour
Maraval
Tamary
Le Broussan
Les Pomets
Tourris
La Ripelle
La Farlède
Les Mauniers
Le Viet
Les Borrels
N.-D.-des-Maures
Jardin d'oiseaux tropicaux
La Galinette
Bormes-les-Mimosas
Baou de Quatre Oures
Dardennes
Les Moulins
Les Laures
La Castille
Les Martins
Mesclans
La Tuilerie
Le Loli
St-Honoré
Evenos
Mt Faron
Le Coudon
Fort du Lt Girardon
Les Moulières
Les Sauvans
La Clapière
Les Jassons
La Verrerie
Le Pin
Gorges du Croupatier
Champ de Tir
Mémorial
Fort de la Crx Faron
La Valette-du-Var
La Crau
Le Fenouillet
Le Plan-du-Pont
Les Maurettes
La Londe-les-Maures
Les Caroubiers
Réserve du Trapan
Châteauvallon
Super-Toulon
Hyères
Mauvanne
Le Galoupet
Les Bormettes
La Manne
Beaucaire
Le Touar
La Pauline
La Moutonne
La Bayorre
St-Nicolas
Les Salins-d'Hyères
Léoube
L'Argentière-Plage
La Garde
Col du Serre
Port-Pothuau
Berriau-Plage
Port-de-Miramar
Brégançon
La Seyne-s-Mer
Pont-du-Suve
Pont-de-la-Clue
Le Paradis
Mt des Oiseaux
N.-D. de Consolation
Riquier
Cap de Léoube
Cabasson
Le Camp Laurent
Le Mourillon
Cap Brun
Ste-Marguerite
Le Pradet
Carqueiranne
Ayguade-Ceinturon
Les Fouirad
Sémaph
Cap de Brégançon
TOULON
Fort Balaguier
Les Bonnettes
La Garonne
Fort de la Colle-Noire
La Californie
Costebelle
Hyères-Plage
Pnte de la Tripe
Fours-Plages
Tamaris
Base aéronavale
Les Oursinières
Fontbrun
L'Almanarre
Port d'Hyères
RADE D'HYÈRES
Mar-Vivo
Fr. Ital.
St-Mandrier-sur-Mer
Le Canebas
Les Salettes
Le Pradon
Cap de Carqueiranne
Fort de la Gavaresse
Salins des Pesquiers
La Capte
Les Sablettes
St-Elme
Le Pin-Roland
Fabrégas
Pnte de Marégau
Cap Cépet
Presqu'île de St-Mandrier★
Golfe de Giens
Étg des Pesquiers
Presqu'île de Giens★★
N.-D. du Mai★★
Cap Sicié
Les Fourmigues
Giens
La Madrague
Cap de l'Estérel
★★★ÎLES
La Tour-Fondue
Port du Niel
Pointe Escampobariou
Plage Notre-Dame
Cap des Mèdes
★★★Île de Porquerolles
Île du Grd Ribaud
Pte Passe
Pnte du Lequin
Grande Passe
Île de Ba
Cap Rousset
Porquerolles
Notre-Dame
Fort de la Repentance
Sémaphore (140)
Pnte du Grd Langoustier
Mt des Salins
Conservatoire Botanique National
Pnte de l'Oustau de Diéu
Cap d'Arme

St-Tropez
Ste-Maxime
Cogolin
Grimaud
Gassin
Ramatuelle
Port-Grimaud
La Croix-Valmer
Cavalaire-sur-Mer
Le Lavandou
La Garde-Freinet
St-Aygulf
Les Issambres
Fréjus-Plage
Vidauban
Les Arcs
Monastère de la Verne
Golfe de St-Tropez
Presqu'île de St-Tropez
Cap Camarat
Cap Lardier
Cap Taillat
Cap Nègre
Corniche des Maures
Île de Port-Cros
(Parc National)
Île du Levant
Domaine du Rayol
Rayol-Canadel-sur-Mer
Cavalière
Col du Canadel
M A U R E S
Phare de Camarat
Plage de Pampelonne
Plage de Tahiti
Cap de St-Tropez
Boulouris
Cap du Dramont
Sémaphore
Golfe de Fréjus
Corniche
D 559
D 98
D 25
E
F
G
H
308
1
2
3
4
5

0 2 4 6 8 10 km
312
C
D
A
B
C
D
1
2
3
4
5
Baztan
Elizondo
Arizkun
Erratzu
Col d'Ispéguy
St-Étienne-de-Baïgorry
Irouléguy
Ascarat
Anhaux
Uhart-Cize
Lasse
Ispoure
St-Jean-Pied-de-Port
Caro
St-Michel
Aincille
Ahaxe-Alciette-Bascassan
Lacarre
Bussunarits-Sarrasquette
Bustince-Iriberry
Ainhice-Mongelos
Jaxu
Mendive
Lecumberry
Béhorléguy
Estérençuby
Arnéguy
Luzaide / Valcarlos
Ondarolle
Banca
Aldudes
Urepel
Vallée des Aldudes
Col de Berdaritz
Col d'Elhorrieta
Col d'Urdanzia
Col d'Aharza
Munhoa
Adarza
Col de Ehunzaroy
Argaray
Gaindola
Pic de Beillurti
Pic d'Itchachéguy
Pic Urdanasburu
Pic de Leizar Atheka
Col de Bentarte
Col d'Arnostéguy
Urculu
Col d'Orgambidé
Somt d'Errozate
Pic Arthaburu
Col de Burdincurutcheta
Pic Mendibel
St-Sauveur
Col d'Haltza
Col d'Arhansus
Pic des Escaliers
Chalet Pedro
Col Bagargui
Col Heguichouri
Forêt d'Iraty
Pic de Bizkarzé
Somt d'Occabe
Egurgy (Etabnt de Pisciculture)
Mendilaz
Mendi-Zar
Col de Burdinkurutcha
Lindus
Redoute
Mendi-Chipi
Alto-Biscar
Orzanzurieta
Pto de Ibañeta
Orreaga/ Roncesvalles
(Roncevaux)
Menditxuri
Fábrica de Orbaitzeta
Bosque del Irati
Embalse de Irabiako
Río Irati
Ntra Sa de las Nieves
Pic d'Orhy
Auritz/Burguete
Aurizberri/ Espinal
Pto de Aurizberri
Mezkiritz
Bizkarreta-Gerendiain
Lintzoain
El Fuerte
Erro
Pto de Erro
Zubiri
Osteriz
Tres Ayas
Arreguia
Orbaitzeta
Orbara
Arre-eder-guerria
Aria
Aribe
Garralda
Celaya
Valle de Aezkoa
Hiriberri / Villanueva de Aezkoa
Garaioa
Berrendi
Paso Tapia
Paso de las Alforjas
Sierra de Abodí
Abodi
Peña Sanagra
Corona
Olaldea
Oroz-Betelu
Abaurrea Baja / Abaurrepea
Abaurrea Alta / Abaurregaina
Alto de Remendia
Engastula
Vizcailuz
Santuario de Muskilda
Ochagavía
Izalzu
Ascomurra
Escároz
Jaurrieta
Remendia
Sierra de Labia
Sierra de Arce
Valle de Arce
Villanueva de Arce
Arrieta
Lusaretta
Esnotz
Urniza
Loizu
Larrogain
Urdiroz
Imizcoz
Elque
Gorraiz de Arce
Espoz
Uriz
(Arce)
Lacabe
Azparren
Peña Bacchas
Baigura
Aristu
Embalse de Itoiz
Zunzarren
Gurpegui
las Quemadas
Zalba
Eransus
Chorrochaga
Oscáriz
Zazpe
Valle
Uli-Alto
Arizkuren
Sierra de Archuba
Sierra de Zariquieta
Pena de Sta Barbera
Elcóaz
Arangozqui
Jacoisti
Ayechu
Remendía
Oronz
San Tirso
Esparza de Salazar
Sarriés
Ibilcieta
Bioleta
Ermita de Arguiloain
Asagarbia
Igal
Güesa
Vidángoz
Saseta
Sierra de Salazar
Gallués
Iciz
Uscarrés
Painto
Torres
Ustés
Valle de Salazar
Olagato
Izal
Adoain
Aldasur
Ongoz
(Urraul Alto)
Ezcániz
Epároz
Sta Fé
Aizcurgi
Irurozqui
Salvatori
Guindano
Zabalza
Imirizaldu
Anzati
Ozcoidi
Uli-Bajo
Mugeta
Murillo de Lónguida
Villanueva de Lónguida
(Lónguida)
Javerri
Meoz
Aoiz
Ekai de L.
Aós
Ayanz
Larrangoz
Sierra de Gongolaz
Zuza
Iriso
Villaveta
Liberri
Río Erro
Akotain
Erdozáin
Chaparral
Olaberri
Beortegui
Janáriz
Mendióroz
Redin
Uroz
Lizoáin
Lérruz
Urroz
Lizarraga
Artaiz
Zuazu
Najurieta
Reta
Ardanaz (Izaga)
Adoa
Urbicáin
Izaga
Alzórriz
Turrillas
Artajo
Sansoáin
Grez
Artieda
Nardués-Andurra
Berroya
Muru
Ugarra
Napal
Aspurz
Santa María del Campo
Navascués
Puerto las Coronas
Idocorry
Sierra de Jaurrieta
Otamendi
Ardaitz
Espoz
Urricelqui
Mendiorieta
Acegui
Eugi
Zilbeti
Tiratun
Sorogain-Lastur
Adi
Iturrumburru
Olaberri
Arguinzu
Ochaverri
Collado de Urkiaga
Ichterbegui
Ocoro
Collado de Oyalegui
Autringo
Esnazu
Errola
Gnafarenea
Trepa
Peña de Alba
Harguibel
Beartzun
Burga
Berro
Abraku
Autza
Elhorrikokaskoa
Gorostapalo
Iñarbil
Aninziaga
Lespars
Bozate
Etchaux
Borciriette
Occos
Guermiette
Sorhueta
Churito
Oylarandoy
Katalinaenea
Errathuenea
Espila
Lauriga
Gainekoleta
Pic de Belchou
Pic de Zabozé
Hauskoa
Pic de Béhorléguy
Col d'Aphanize
Pic Sihigo
Bohoku
Ahusquy
Ilhounatze
Col des Palombières
Hosta
Nethe
Ibarre
St-Just-Ibarre
Ibarrolle
Bunus
Plazagaina
Cibits
Utziate
Harispe
Aphat
La Magdeleine
Harriette
St-Jean-le-Vieux
Alciette
Bascassan
Bastida
Gatharre
Esterenguibe
Phagalcette
Beherobie
Ance redoute de Chau Pignon
Ft d'Orion
Pic de Burdincurutcheta
Les Chalets d'Iraty
Pellusegagne
Sierra de

313
332
E
F
G
H
1
2
3
4
5
Pagolle
Chéraute
Mauléon-Licharre
Hoquy
Garindein
Musculdy
Libarrenx
Roquiague
Esquiule
Estos
Goès
Précilhon
Oloron-Ste-Marie
Escout
Escou
Ordiarp
Gotein-Libarrenx
Idaux-Mendy
Ste-Barbe
Caparnia
Barcus
Somt de Cambillou
St-Pée-d'en-Bas
St-Pée-d'en-Haut
Pondeilh
Léguignon
Pic d'Elaudy
Mendy
Paradis
Bidos
Herrère-de-Bas
Herrère
Pic de Napale
St-Étienne
Menditte
Sauguis-St-Étienne
Mirone
Chabalgoïti
Féas
Agnos
Bouderon
Soeix
Gurmençon
Aussurucq
La Madeleine
Forêt
Suhare
Ossas-Suhare
Trois-Villes
Col de Sustary
Sommet d'Erretzu
B. de Gouloume
Ance
Soum d'Aulis
Col d'Etche
Arros-d'Oloron
Ogeu-les-Bains
Gave d'Ossau
Cihigue
Camou-Cihigue
Tardets-Sorholus
Alos-Sibas-Abense
Abense-de-Haut
Serreuille
Aramits
Bois de Bugangue
Asasp
Étabnt thermal
Pic des Vautours
Sunharette
Alçay-Alçabéhéty-Sunharette
Sibas
Sunhar
Restoue
Montory
Lanne-en-Barétous
Forez
Arette
Soum de Ségu
Bisarce
Lurbe-St-Christau
St-Christau
Issor
Pic Mail-Arrouy
Bois d'Arudy
Potto
Charritte-de-Haut
Lichans-Sunhar
Laguinge-Restoue
Arhan
Lacarry-Arhan-Charritte-de-Haut
Etchebar
Athérey
Haux
Pic d'Arguibelle
Licq-Athérey
Pic Laramendy
Etcheber
Barlanès
Escot
Défilé d'Escot
B. de la Pène d'Escot
Pic Salhagagne
Bois de Harribelsette
Dulon
Pic de Sudou
Soum de Liorry
Col de Lie
Lourdios-Ichère
Trône du Roi
Pic Roumendarès
Sarrance
Pic de l'Ourlène
Col d'Aran
Larrau
Col de Lakurde
Pic d'Igountze
Col d'Ordaburé
La Mouline
Soum d'Ire
Candau
Col d'Ichère
Bois d'Ichère
Pont-Suzon
Laugibar
La Caserne
Pic d'Arbouty
Pic d'Issarbe
Pic de Legorre
Le Layens
Pic Matignon
Pic Maïlh Massibe
Crevasses d'Holcarté
B. de St-Joseph
St-Joseph
Negumendi
B. d'Arbouty
Pic Soulaing
Col de Hourataté
Plau d'Ourdinse
Pic de Mousté
Col d'Erroymendi
Ste-Engrâce
Col de Suscousse
Col de Labays
Forêt d'Issaux
Col de Bouezou
Bedous
Aydius
Pic Bareille
Sarimendi
Grand Etroit
Gorges de Kakuetta
Pic de Guilhers
Pas de Guilhers
Osse-en-Aspe
Athas
Orcun
Jouers
Col de Soudet
Arette-Pierre-St-Martin
Col de la Pierre St-Martin
Gouffre
Gorges d'Ujarre
Lées-Athas
Lées
Accous
Col d'Arrioutort
Chardékagagna
Larrégorry
B. de Pétraoube
Mail d'Eygarri
Obélisque Despourrins
Pic de Bergon
Pescamou
P. d'Arlas
Pas d'Azuns
Pic du Soumcouy
Pont d'Esquit
Montagnon d'Iseye
Otchogorrigagna
Pic Lakhoura
Tête Sauvage
Portillo de Eraice
Pic d'Arapoup
Labérouat
Col d'Iseye
Alto Laza
el Castillo
Venta de Arrako
Sa de Anialarra
Pic de Coutende
Pic d'Ourtasse
Belvre
L'Estanguet
Pic d'Anchet
Larrondo
Budogula
Longa
Pic d'Anie
Le Billare
Bois de Bresme
Lescun
Cette-Eygun
Pic Permayou
Table des trois Rois
Sierra
Lac d'Isabe
Dec de Lhurs
Lhers
Camy
Tuquet
Vallée
Pic de Sesques
Uztárroz
Maz
Pic d'Ansabère
Bois de Lazerque
Etsaut
Capéran de Sesques
Punta de Arniota
Igardacua
Petrechema
Borce
Pont de Sebers
Gges du P. d'Enfer
Pic de Laraille
Pic Lariste
Pic de Labigouer
Fort du Portalet
B. du Pacq
Ibón de Acherito
Col de Pau
Pic de Burcq
Urdos
Isaba
Zuriza
Parc
Soum de la Hourquette
Peña Escaurre
Tacheras
Chipeta
B. du Baralet
La Mina
Pic Rouge
La Cristallère
Sierra de Arrigorrieta
Alano
National
Pic du Baralet
Larry
C. d'Ayous
Pic Hourquette
Bárbara
Roncal
Urzainqui
Forca
Monte Campanil
Pic d'Arlet
Pic des Moines
Punta Barrena
Cast°
Choza Funia
Pic de Gabedaille
Les Forges d'Abel
Valle de Astún
Ermita de San Sebastián
Ermita de la Virgen de Zuberoa
Calveira
Sagarra
Puerto de Acheri
Escale d'Aigue-Torte
Pic d'Arnousse
Peyrenère
Garde
Sierra de San Miguel
Valle
Hecho
Ibón de Astanés
Sierra de Bernera
Col du Somport
Visaurin
Tunnel du Somport
Candanchú
Punta del Raso
Sa de los Cuellos de Lenito
la Cuta
Sierra de Aisa o de Aspe
Pico de la Garganta
Ermita de Ntra Sra del Camino
Ermita de Puyeta
Ansó
Siresa
Ramirez
Morral
Algaralleta
Fago
Moreniello
Bordas del Levati
Canfranc-Estación
Cucuruzuelo
Larrón

0 2 4 6 8 10 km
331
314
A
B
C
D
1
2
3
4
5
Igon
Asson
St-Vincent
Pouey-Mayou
Barlest
Loubajac
Lestelle-Bétharram
Sanctuaire
Montaut
Parc Zoologique
Arudy
Sévignacq-Meyracq
Mifaget
Bartrès
LOURDES
St-Pé-de-Bigorre
Peyrouse
Izeste
Ste-Colome
Pédestarrès
Capbis
Pont-du-Moulin
Arthez-d'Asson
Grottes de Bétharram
Le Zoum
Louvie-Juzon
Pé-de-Hourat
Pène-Peyrau
Col de Marie-Blanque
Barsault
Plateau de Bénou
Castet
Col de Castet
Aygulade
Pène de la Hèche
Les Toupiettes
Les Oules
Le Béout
Gouffre
Aspin-en-L.
Omex
Ségus
Ossen
Viger
Lugagnan
Bilhères
Bielle
Le Mail
Pic de Merdanson
Pic Durban
Somt de Sesenite
Pic de Males Ores
Falaise aux Vautours
Pène de Béarn
Calibet
Pic de Monbula
Soum de Moulle
Soum de Montne
Pic de Pibeste
Agos-Vidalos
Matignon
Gère-Bélesten
Béon
Col de Jaout
Le Tousseau
Pic du Moulle de Jaout
Soum d'Arriste
Pic Mondragon
La Herrère
Pic de l'Estibète
Soum de Conques
Col d'Andorre
Soum du Prat du Rey
Ouzous
Vidalos
Salles
Geu
Aste-Béon
Monplaisir
Rochers des cinq-Monts
Pic d'Auzu
Col de Louvie
Etchartes
Soum de Granquet
Sère-en-L.
Ayzac-Ost
Gez
Boô-Silhen
St-Pastous
Pic Bareilles
Col de Sieste
Pic Lorry
Col d'Arnoutort
Geteu
Louvie-Soubiron
Ferrières
Col de Spandelles
Arbéost
Pic Navaillo
Pic de Bazès
Soum de Pène
Argelès-Gazost
Ayros-Arbouix
Vier-Bordes
Béost
Laruns
Bages
Assouste
Aas
Soum de Grum
Col d'Aubisque
Mgne Verte
Crêtes Blanches
Col de Couraduque
Arras-en-Lavedan
Arcizans-Dessus
Gaillagos
Lau-Balagnas
Préchac
Pic de la Gentiane
Montagnon d'Iseye
Eaux-Bonnes
B. d'Assouste
Les Eaux-Chaudes
Col de Soum
Cap d'Aout
Cirque du Litor
Aucun
Bun
Nouaux
Streix
Arcizans-Avant
St-Savin
Chlle de Piétat
Adast
Beaucens
Artalens
Goust
Pont d'Enfer
Pic de Gourzy
Gourette
La Corniche
Col du Soulor
Arrens-Marsous
Marsous
Col des Bordères
Terre-Nère
Turon de Béne
Uz
Soulom
Pierrefitte-Nestalas
Villelongue
Pic Permayou
Pic de Ger
Pic de la Latte de Bazen
Pène Médaa
Grd Gabizos
Pouey-Laun
Artouech
Esplaus
Labat de Bun
Labat d'Aucun
Estaing
Plau d'Anouilhas
Col de Lurdé
Pic de Sesques
Pic de Goupey
Pène Blanque
Sanctus
Col d'Uzious
Géougue d'Arre
Vallée d'Arrens
Pic du Midi d'Arrens
Pic de Cabaliros
Col de Contente
Miaous
Vielettes
Les Colonies
Pont de Méyabat
Gorge de Luz
Capéran de Sesques
VALLÉE D'OSSAU
Le Tech
Lac d'Estaing
Pic de Viscos
Viscos
Pic Gaziés
Pic de la Sagette
Pic Estibère
Pic Arrouy
Tucoy
Canceru
Chet de la Reine Hortense
Pic Biscau
Gabas
Pic des Tourettes
Soum de Bassia du Hoo
Moun Né
Cauterets
Col de Riou
Luz-Ardiden
Pic d'Aulou
Fabrèges
Pic Lavigne
L. de Fabrèges
Pic du Pt Lurien
L. de Migouéou
Porte d'Arrens
L. de Suyen
Soum de Grum
Cambasque
Cne du Lys
Étabts Thermaux
Pic du Lisey
Soum des Aulhères
Grust
Sazos
Lac de Bious-Artigues
Pic d'Ayous
Pont de Camps
Le Courouaou
Larribet
Balaïtous (Ledormeur)
Grd Barbat
Pic de Péguère
La Raillère
Établt de Pisciculture
Sassis
Lacs d'Ayous
C. d'Ayous
Pic Hourquette
Pic Saoubiste
Col de Suzon
Le Lurien
Lac d'Artouste
Col d'Arrious
Palas
A. Michaud
PARC NATIONAL DES PYRÉNÉES
Pont d'Espagne
Val de Jéret
Cascades
Soum d'Arriou Né
Soum de Naout Coste
St-Sauveur
Pont Napo
Pic du Midi d'Ossau
Pic des Moines
Pic Peyreget
Pombie
Soques
Pont d'Arrious
Lacs d'Arrémoulit
L. de Batcrabère
Glet de las Néous
Pic Arrouy
Pic de Gaube
Vee du Marcadau
Soum de Peyre-Lance
La Fruitière
Vallée de Lutour
Pic d'Ardiden
Valle de Astún
PYRÉNÉES
Cirque d'Anéou
Pic d'Arriel
Balaïtous
Lacs de Cambalès
Pic Mayouret
Pic de Soques
Pic du Pourtalet
Col du Pourtalet
Alfonso XIII
Pic de Cambalès
Pic Araillous
Marcadau (E. Wallon)
Lac de Gaube
Russel
Pic de Chanchou
Col du Somport
Pic d'Anéou
Aguas Limpias
Embalse de Respomuso
E.E.M.
Grd Fache
Col de Culaous
Candanchú
Embalse de la Sarra
Port du Marcadau
Grd Pic de Péterneille
Pic Chabarrou
Pic d'Estibe Aute
L. d'Estom
Pic de Cestrède
L. d'Estom Soubiran
Pico de Anayet
Anayet
Peña Foradada
Picos del Infierno
Embalse de Bachimaña
Embalses de Bramatuero
Grd Pic d'Aratille
Les Oulettes
Pic de la Sède
Pic des Oulettes
Hourquettes d'Ossoue
Bayssellance
Malh Arrouy
Campo de Troya
El Formigal
Sallent de Gállego
Embalse de Gállego
Balneario de Panticosa
Picos del Serrato
Vignemale
Soum d'Aspé
Collado de Izas
Canfranc-Estación
Pico de los Tres Hombres
Pasino
Lanuza
Embalse de Lanuza
Peñas de Fenias
Gave d'Ossoue
Soum Blanc de Secugnat
Ibón de Samán
Embalse del Escarra
Escarrilla
Garganta del Escalar
Embalse de Brazato
Vallée d'Ossoue
Bgo d'Ossoue
N.-D. des Neiges
Pico de Escarra
Río Escarra
Tarañones
Ibón Tramacastilla
Pico del Brazato
Pico de Baldairan
Pico de Villá
Pic de Lourdes
Pic de Lary
Pena del Calcín
Embalse de Ip
Río Aragón
Collarada
Río Aurín
Peña Nevara
Peña Reiona
Peña Telera
Sandinies
Tramacastilla de Tena
Panticosa
Río Bolática
El Pueyo de Jaca
Embalse de Búbal
Valle de Tena
Pico de Ferreras
Pico de las Escuelas
Pic Gabiet
Pic de la Bernatoire
Vee des Espécières
Pic de Mourgat
Pic de Tentes
Port de Boucharo
Piedrafita de Jaca
Saqués
Hoz de Jaca
Búbal
Ibón de Sabocos
Río Otal
Bujaruelo (1338)
Sarradets
le Taillon
Brèche de Roland
Cirque
Sierra de Tendeñera
Monasterio de Sta Elena
Parque Nacional

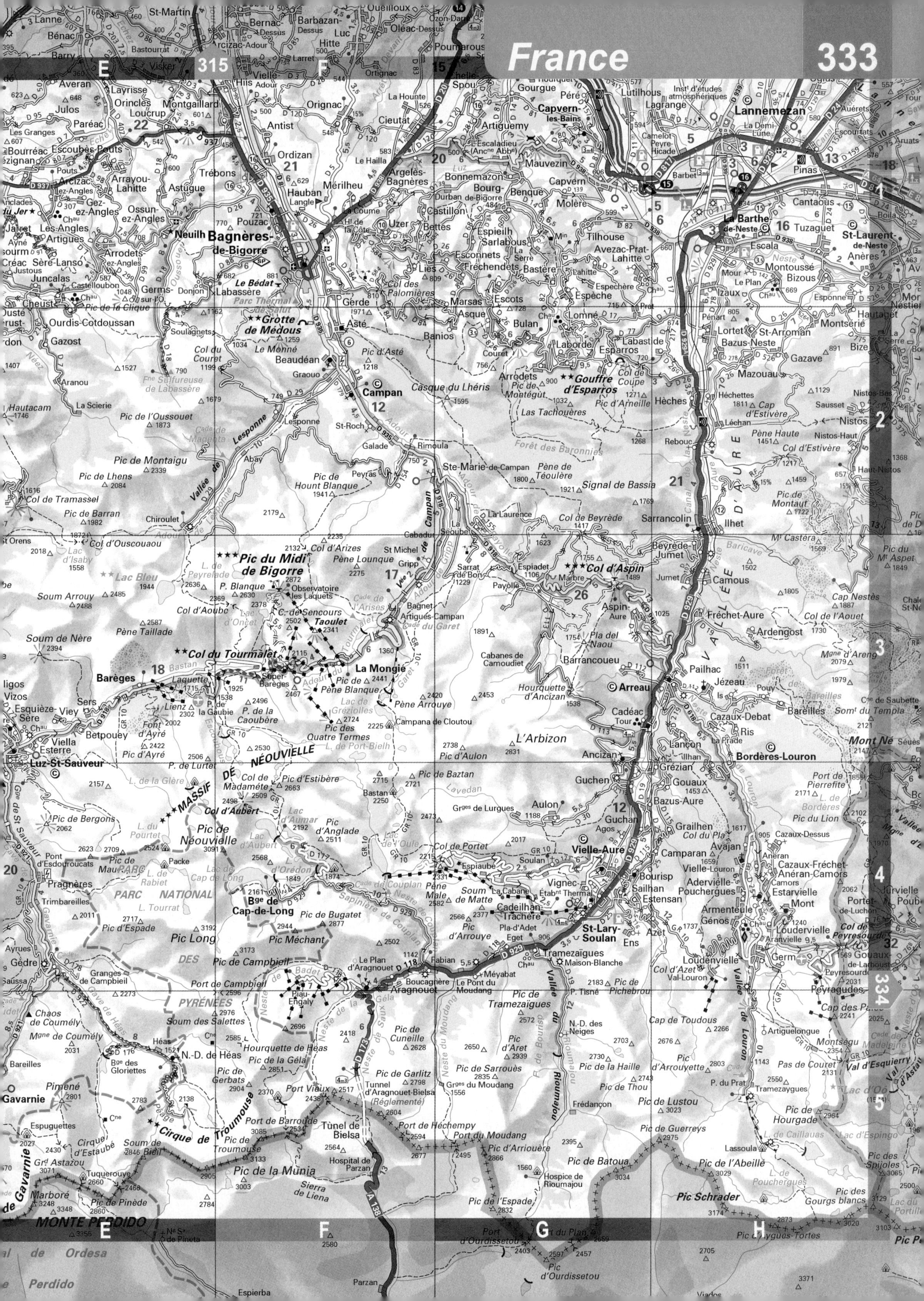

Bagnères-de-Bigorre
Lannemezan
Capvern-les-Bains
La Barthe-de-Neste
St-Laurent-de-Neste
Grotte de Médous
Campan
Gouffre d'Esparros
Ste-Marie-de-Campan
Signal de Bassia
Sarrancolin
Vallée d'Aure
Pic du Midi de Bigorre
Col d'Aspin
Col du Tourmalet
La Mongie
Barèges
Arreau
Luz-St-Sauveur
L'Arbizon
Massif de Néouvielle
Pic de Néouvielle
Col d'Aubert
Parc National des Pyrénées
Vielle-Aure
St-Lary-Soulan
Bordères-Louron
Loudenvielle
Vallée de Louron
Col de Peyresourde
Peyragudes
Val d'Esquierry
Gavarnie
Cirque de Troumouse
Pic Long
Aragnouet
Tunnel d'Aragnouet-Bielsa
Pic de la Munia
Pic Schrader
Monte Perdido
Pic de Batoua
Pic de l'Abeille
Pic de Hourgade
Pic de Lustou

0 2 4 6 8 10 km
316
333
St-Gaudens
Montrejeau
St-Martory
Salies-du-Salat
St-Bertrand-de-Comminges
Barbazan
Aspet
Mauléon-Barousse
St-Béat
Marignac
Bagnères-de-Luchon
Superbagnères
Bossòst
Vielha
Salardú
Arties
Baqueira
Val d'Aran
Vallée du Lys
Vallée d'Oueil
Col de Peyresourde
Col du Portillon
Col de Menté
Col de Portet d'Aspet
Pic de Cagire
Pic du Gar
Pic de Burat
Pic de Bacanère
Pic des Crabioules
Pic Perdiguère
Reserva Nacional
Sauth deth Pish
Montlude
Pic de Mauberme
Pico de Entrescaballos
Cap de la Pique
Pic de Crabère
Col d'Aouéran
Pic de la Calabasse
Valentine
Labarthe-Inard
Estancarbon
Miramont-de-Comminges
Encausse-les-Thermes
Soueich
Arbas
Fougaron
Herran
Sentein
Antras
Fos
Melles
Canejan
Les
Pontaut
Artigue
Cierp-Gaud
Saléchan
Siradan
Lourde
Loures-Barousse
Valcabrère
Labroquère
Aventignan
Montégut
Gourdan-Polignan
Ausson
Pointis-de-Rivière
Martres-de-Rivière
Villeneuve-de-Rivière
Landorthe
Savarthès
Beauchalot
Cazaux-Layrisse
Bourg-d'Oueil
Mayrègne
St-Aventin
Castillon-de-Larboust
Oô
Montauban-de-Luchon
St-Mamet
Hospice de France
Vilamòs
Arres
Es Bòrdes
Begòs
Era Bordeta
Pont d'Arròs
Vilac
Betrén
Escunhau
Gausac
Casau
Garòs
Gessa
Tredòs
Asseradora
Tuca-Betrém

E
317
F
14
30
25
Montberaud
Ste-Croix-Volvestre
Daumazan-sur-Arize
Carla-Bayle
Artigat
Cérizols
Petites Pyrénées
Campagne-sur-Arize
Montbrun-Bocage
Cap d'Argain
le Bocage
Fabas
Marsoulas
Mérigon
Les Bordes-sur-Arize
Sabarat
Lanoux
Pailhès
M O N T A G N E
Le Mas-d'Azil
Grotte du Mas-d'Azil
Montardit
Mauvezin-de-Ste-Croix
Camarade
Cabanères
Lasserre
Barjac
Cap Blanc
Contrazy
La Bastide-du-Salat
Mercenac
Taurignan-Castet
Taurignan-Vieux
Lacave
Mauvezin-de-Prat
Prat-Bonrepaux
Caumont
Lorp-Sentaraille
Clermont
Allières
Suzan
La Bastide-de-Sérou
Durban-s-Arize
Montseron
Castelnau-Durban
Rimont
Lescure
Montesquieu-Avantès
Audinac-les-Bains
St-Lizier
Montjoie-en-Couserans
St-Girons
Francazal
Montgauch
Montégut-en-Couserans
D 117
D 618
22
24
45
(Balaguères)
Moulis
Engomer
Castillon-en-Couserans
Audressein
Arrout
Villeneuve
Sor
Argein
Eycheil
Lacourt
Rivèrenert
Col de Rille
M A S S I F
Somt de Portel
Col d'Ayens
Tuc de la Courate
Col de la Crouzette
Gorges de Ribaouto
Soueix-Rogalle
Alos
Bethmale
Arrien-en-B.
Vallée de Bethmale
Les Bordes
Uchentein
Massat
Oust
Seix
Aleu
Biert
Col de Saraillé
Col de Péguère
(Boussenac)
Pic d'Estibat
Sentenac-d'Oust
Cap de Bouirex
Col de la Core
Pic de Montgarié
Tuc de Quer Ner
Pic du Midi de Bordes
Ercé
Vallée du Garbet
Aulus-les-Bains
Col de Latrape
Col d'Agnes
Pic de Girantes
Mont Valier
Col de Pause
Couflens
Pic de Fonta
Vallée d'Ustou
(Ustou)
Pic de Montbéas
Pic des Trois Comtes
Pic de la Pale
Port d'Aula
Pic de Montaud
Port de Salau
Salau
Pic de Soubirou
Guzet-Neige
Col d'Escots
Pic de Freychet
Pic de Mt Rouge
Pic Rouge de Bassiès
Pic de Montagnou
Pic de Séron
Cap de Ruhos
Port de Marterat
Pic de Certascan
Pic de Turguilla
Pointe des Trois Comtes
Mont Rouch
Pic des Mulats
Pico de Moredo
Cabeza de Marimanya
Montgarri
La Noguera Pallaresa
Vall del Noguera Pallaresa
Alòs d'Isil
Port de l'Artigue
Pic de Brougat
Auzat
Marc
Mounicou
Salingres
Sentenac
Saleix
Port de Saleix
E
F
340
G
H
336
1
2
3
4
5

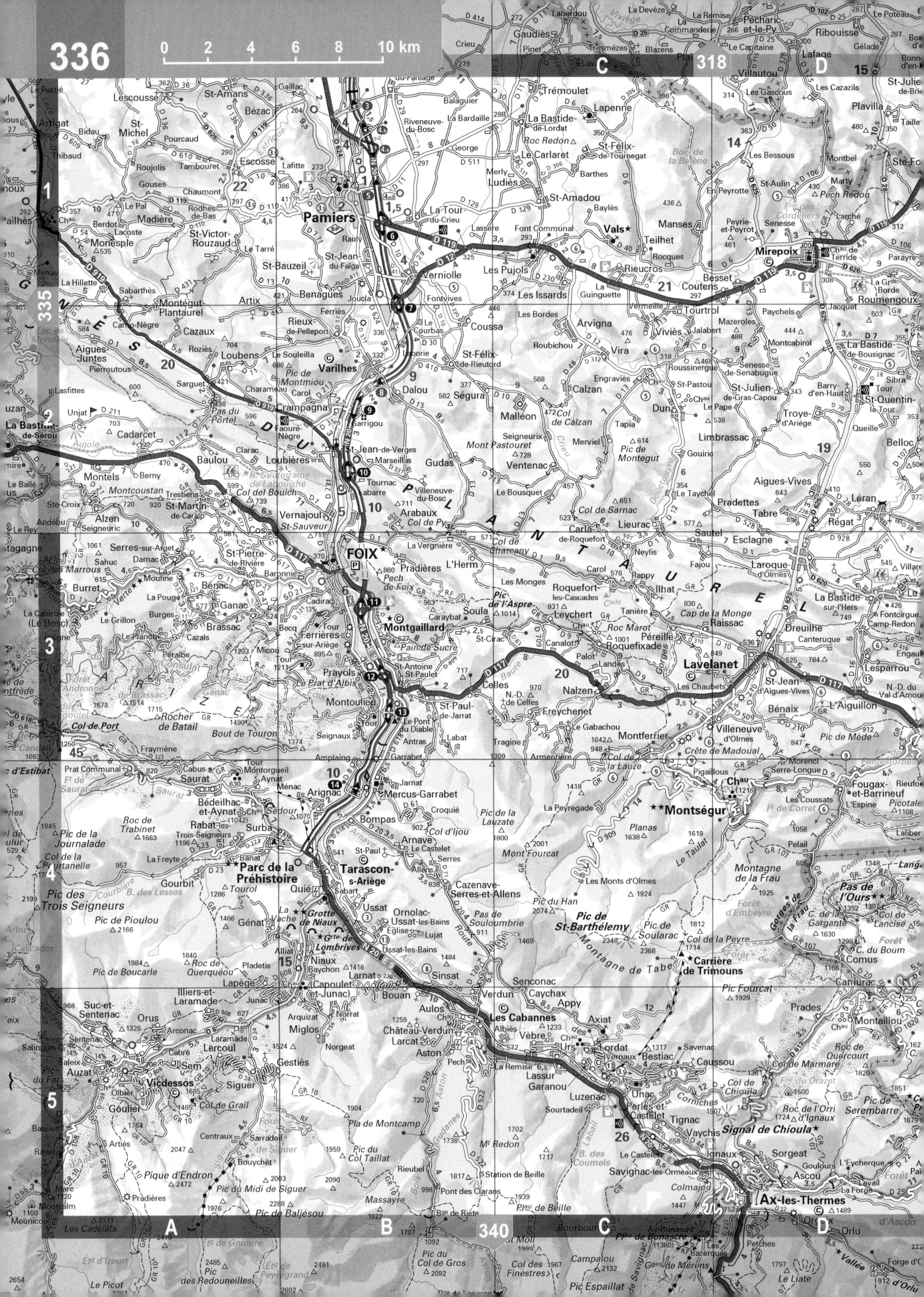
0 2 4 6 8 10 km
318
335
340
Pamiers
Mirepoix
Varilhes
FOIX
Montgaillard
Lavelanet
Tarascon-s-Ariège
Parc de la Préhistoire
Grotte de Niaux
Gte de Lombrives
Montségur
Les Cabannes
Vicdessos
Ax-les-Thermes
Signal de Chioula
Carrière de Trimouns
Pic de St-Barthélemy
Pas de l'Ours
La Bastide-de-Sérou
Col de Port
Saurat
Dalou
St-Jean-de-Verges
Crampagna
Loubens
Mercus-Garrabet
Arignac
Ussat
Luzenac
Unac
Lordat
Verdun
Laroque-d'Olmes
Léran
Belesta
Dun
Vals
Teilhet
Les Pujols
Verniolle
St-Jean-du-Falga
La Tour-du-Crieu
Rieucros
Coutens
Roquefixade
Montferrier
Villeneuve-d'Olmes
Fougax-et-Barrineuf
Comus
Camurac
Prades
Montaillou
Auzat
Goulier
Orus
Lercoul
Siguer
Gestiès
Miglos
Aston
Château-Verdun
Caussou
Bestiac
Vaychis
Tignac
Savignac-les-Ormeaux
Ascou
Sorgeat
Orlu
Orgeix
Pic de Montcamp
Station de Beille
Plateau de Beille
Pic des Trois Seigneurs
Rocher de Batail
Mont Fourcat
Montagne de Tabe
Pic de Soularac
Col de la Peyre
Col de Chioula
Montagne de la Frau
Gorges de la Frau
Forêt de Comus
Pic de Serembarre
Pic du Han
Pic de la Lauzate
Pic de l'Aspre
Pech de Foix
Pic de Montmiou
Aigues-Vives
Pradettes
Raissac
Ilhat
Péreille
Nalzen
Celles
Freychenet
Soula
Roquefort-les-Cascades
Leychert
Carla-de-Roquefort
Lieurac
Ventenac
Malléon
Gudas
Arabaux
St-Paul-de-Jarrat
Prayols
Montoulieu
Ferrières-sur-Ariège
Brassac
Ganac
Burret
Bénac
Serres-sur-Arget
St-Pierre-de-Rivière
Vernajoul
St-Martin-de-Caralp
Baulou
Loubières
Cadarcet
Montels
Alzen
Col del Bouich
Col des Marrous
Rabat-les-Trois-Seigneurs
Bédeilhac-et-Aynat
Surba
Quié
Gourbit
Génat
Alliat
Niaux
Capoulet-et-Junac
Lapège
Illiers-et-Laramade
Suc-et-Sentenac
Bouan
Sinsat
Aulos
Larnat
Ornolac-Ussat-les-Bains
Cazenave-Serres-et-Allens
Senconac
Caychax
Appy
Axiat
Vèbre
Urs
Albiès
Garanou
Lassur
Perles-et-Castelet
Ignaux
Montgailhard
Monesple
Madière
St-Victor-Rouzaud
Escosse
Lescousse
St-Amans
Bézac
St-Michel
Artigat
Benagues
St-Bauzeil
Montégut-Plantaurel
Artix
Rieux-de-Pelleport
Cazaux
Aigues-Juntes
Ségura
St-Félix-de-Rieutord
Coussa
Arvigna
Vira
Calzan
Limbrassac
Troye-d'Ariège
St-Julien-de-Gras-Capou
Roumengoux
Besset
Tourtrol
Viviès
Manses
Trémoulet
Lapenne
La Bastide-de-Lordat
St-Félix-de-Tournegat
Le Carlaret
Ludiès
St-Amadou
Les Issards
Montbel
Regat
Esclagne
Dreuilhe
Lesparrou
L'Aiguillon
Bénaix
St-Jean-d'Aigues-Vives
PLANTAUREL
ARIZE
DU
A
B
C
D
1
2
3
4
5

319
338
341
E
F
G
H
Limoux
Quillan
Couiza
Axat
Chalabre
Puivert
Belcaire
Quérigut
Alaigne
St-Hilaire
Espéraza
Alet-les-Bains
Rennes-le-Château
Rennes-les-Bains
Bugarach
Pic de Bugarach
Caudiès-de-Fenouillèdes
Puilaurens
Fenouillet
Sournia
Roquefort-de-Sault
Escouloubre
Rodome
Belvis
Espezel
Roquefeuil
Nébias
Campagne-sur-Aude
Ginoles
Coudons
St-Martin-Lys
Défilé de Pierre-Lys
Gorges de St-Georges
Plateau de Sault
Arques
Peyrolles
Cassaignes
Serres
Sougraigne
Véraza
Belcastel-et-Buc
Missègre
Villardebelle
Clermont-sur-Lauquet
Cépie
Pieusse
Pomas
Rouffiac-d'Aude
Preixan
Cailhau
Cailhavel
Gramazie
Lauraguel
Malras
La Digne-d'Aval
La Digne-d'Amont
Cournanel
Magrie
Roquetaillade
Conilhac-de-la-Montagne
La Serpent
Antugnac
Montazels
St-Ferriol
St-Just-et-le-Bézu
St-Louis-et-Parahou
Gincla
Montfort-sur-Boulzane
Ste-Colombe-sur-Guette
Counozouls
Mijanès
Rouze
Le Puch
Montjardin
Villefort
Rivel
Ste-Colombe-sur-l'Hers
Sonnac-sur-l'Hers
Camon
Courtauly
Villelongue-d'Aude
Peyrefitte-du-Razès
Corbières
Montgradail
Bellegarde-du-Razès
Lignairolles
Caudeval
Donazac
Pauligne
Loupia
Ajac
Castelreng
Tourreilles
St-Benoît
St-Couat-du-Razès
Bourigeole
Festes-et-St-André
Rouvenac
St-Jean-de-Paracol
Fa
D 117
D 118
D 623
D 620
D 613

0 2 4 6 8 10 km
320
342
337
Corbières
St-Estève
Ornaisons
Bizanet
Luc-sur-Orbieu
Gd Caumont
Fontcouverte
Monze
Pradelles-en-Val
Bouscat
Roc Gris
Alaric
Réquy
N.-D. de Consolation
Roc de l'Aigle
Boutenac
Ferrals-les-Corbières
Gasparets
Quillanet
Saint-Julien
Monastère de Gaussan
Mas-des-Cours
Fajac-en-Val
Domneuve
Arquettes-en-Val
Montlaur
Camplong-d'Aude
Fabrezan
Villemajou
Les Olieux
St-Martin de Toques
Abbaye de Fontfroide
Pech-Lat
Ardolou
Vaugelas
Villerouge-la-Crémade
Bois de la Pinède
Massif de Fontfroide
Fabiès
Molières
Abbé de Rieunette
Col de Taurize
Servies-en-Val
Villemagne
Gorge
Cicéron
La Coque
Les Auzines
Moulin de Boysède
Pont
Ribaute
Lagrasse
Les Vals
Belle Vue
Les Palais
Montséret
Thézan-des-Corbières
St-André-de-Roquelongue
Le Coude
Pech Rascas
Pech de Taurize
Trébet
Villetritouls
Taurize
Rieux-en-Val
Villar-en-Val
Labastide-en-Val
Pech Cros
N.-D. du Carla
Terre-Rouge
Prat-Neuf
Tournissan
St-Laurent-de-la-Cabrerisse
Caraguilhes
Pradines
Méi Fiouiés
Bois du Vicomte
Le Pigeon
Sault
Donos
Plan de Couloubret
Rabet-Montjoi
Source
Caunettes-en-Val
St-Auriol
Mayronnes
St-Pierre-des-Champs
Talairan
Coustouge
Fontjoncouse
Montplaisir
Ripaud
Portel-des-Corbières
Les Campets
Lastours
St-Estève
Taura
Cascade
Hies Jonquières
St-Martin-des-Puits
Le Cingle
St-Victor Ermitage
Gléon
Clermont-sur-Lauquet
Plateau de Lacamp
Corbières Occidentales
Serre de la Pène
Le Razès
Jonquières
Serre de Blanes
Plan du Pal
Tréviac-Bas
Cau-Lauquet
Col de la Louvière
Lairière
Chau de Durfort
Col de Villerouge
Come-de-Bête
Villesèque-des-Corbières
Milobre de Bouisse
Vignevieille
Ges du Terminet
Creuille
Libre
Col du Prat
Villerouge-Termenès
Albas
Orbieu
Montjoi
Termes
Fèlines-Termenès
Pech de Guillaumet
Cascastel-des-Corbières
Durban-Corbières
Berre
Col de Razouls
Salza
Bouisse
Pech Montaut
Col de Bedos
Villeneuve-les-Corbières
Col de sou
Lanet
Mouthoumet
Davejean
Col de la Gineste
Col d'Amiel
Quintillan
Serre de Quintillan
St-Jean-de-Barrou
Fraissé-des-Corbières
St-Pancrasse
Albières
Paradis
Pont d'Orbieu
Laroque-de-Fa
Pic Cascagne
Col du Prat
Col de Couisse
Palairac
Col de Canteloup
Barrou
Pic du Pied du Pou
Borde-Grande
La Grave d'Auriac
Col de Ferréol
Verdouble
Embres-et-Castelmaure
N.-D. de l'Olive
Col de Feuilla
Feuilla
Col du Paradis
Le Pech
Savignan
Auriac
Dernacueillette
Maisons
Col d'Extrême
Ségure
Castelmaure
Montoulié de Périllou
Les Moulines
Milobre de Massac
Massac
Montgaillard
Tour des Géographes
N.-D. de Faste
Tauch
Nouvelles
Col de Redoulade
Fourtou
Col de Cédeillan
Gorges
Pech de Frayssé
St-Roch
Pech de Genièvre
Périllos (Village ruiné)
Col de Fage
Salée
Les Baillessats
Linas
Soulatgé
Rouffiac-des-Corbières
Col de Grès
Roc Fourcat
Tuchan
Chau d'Aguilar
Mt Plat
Chau de Peyrepertuse
Col de la Croix dessus
Torgan
Padern
Roc Fourcat
La Vall Oriole
Opoul-Périllo
Agly
La Bastide
Cubières-sur-Cinoble
Duilhac-s/s-Peyrepertuse
Devès
Paziols
Rer du Mont St-Bernard
N.-D. du Bon Conseil
La Serre
Camps-sur-l'Agly
Gorges de Galamus
Col du Tribi
La Quille
Cucugnan
Chau de Quéribus
Vingrau
Pas de l'Escale
Sarrat de Montpeyrous
Fort de Salses
Roc Paradet
St-Antoine-de-Galamus
Col de Corbasse
Pla de St-Paul
Mas Janeill
Mas Vespeil
Grau de Maury
Mas-de-Las-Frèdes
La Devèze
Centre européen de Préhistoire
Prugnanes
St-Paul-de-Fenouillet
Maury
Mas-Amiel
Tautavel
Serre d'el Clot
Montpins
Mas Fages
Terrain militaire
Boulzane
Lesquerde
Clue de la Fou
Castel-Fizel
Fosse
Borde-Vieille
Alzine
Cases-de-Pène
Espira-de-l'Agly
Las Cabanes
St-Martin
St-Arnac
Borde-Neuve
Latour-de-France
Mas Camps
Mas Jau
Estagel
Serre de Vergès
Aqueduc
Rasiguères
N.-D. de Pène
Le Vivier
Felluns
Lansac
Tournefort
Planèzes
Calce
Ste-Catherine
Rivesaltes
Ansignan
Bge de Caramany
Baixas
Peyrestortes
Pellado
Prats-de-Sournia
Cassagnes
Cuchous
Montner
Col de la Dona
Mas de Las Fons
Pézilla-de-Conflent
Trilla
Col de la Bataille
Força Réal
Ermitage
Sournia
Caramany
Caladroi
St-Estève
Le Puigt
Col des Auzines
Bélesta
Garrabet
Campoussy
Trévillach
Corneilla-la-Rivière
Pézilla-la-Rivière
Villeneuve-la-Rivière
Baho
Roc Cornut
Tarerach
Sybille
Orgues
Néfiach
Col de Gués
Montalba-le-Château
Millas
St-Féliu
Marché St-Charles
Le Vernet

Armissan
Vires
Terrain militaire
Moujan
L'Hospitalet
Pech Redon
Les Hauts de Narbonne
321
Narbonne-Plage
Lunes
Craboules
RÉGIONAL
Coffre de Pech Redon
Rouquette
Montagne de la Clape
Montplaisir
Montfort
Les Monges
N. D. des Auzils
Le Pech-Rouge
Rochegrise
La Nautique
Cimetière marin
Les Ayguades
Grd Mandirac
Le Rec d'Argent
Les Pesquis
Bages
Étg de Mateille
Prat de Cest
Étang de Gruissan
Gruissan
Estarac
Musée
Gruissan-Plage
Étg de Campignol
Île St-Martin
Grazel
L'Évêque
Étg du Doul
Salin de St-Martin
Peyriac-de-Mer
Î. de Planasse
L'Ayrolle
Étang de l'Ayrolle
Réserve africaine
Île de l'Aute
NARBONNAISE
Le Hameau du Lac
Île Ste-Lucie
Grau de la Vieille Nouvelle
La Courtive
Étang de Sigean
Salin de Ste-Lucie
Villefalse
Les Cabanes
Grd Salin
Étang de Bages et de Sigean
D 6139
Sigean
D 6009
Port-la-Nouvelle
Rieu
Cap Romarin
St-Martin
Roquefort-des-Corbières
Marbre
La Palme
Salin de Lapalme
Étg de Lapalme
Les Cabanes-de-Lapalme
St-Pancrace
MÉDITERRANÉE
Riou
Grau de la Franqui
La Franqui
Caves
Treilles
Cap Leucate
Leucate
Leucate-Plage
Fitou
St-Aubin
Les Cabanes-de-Fitou
Grau de Leucate
Port-Fitou
Étang de Leucate ou de Salses
Pnte de la Corrège
LA CATALANE
A 9 E 15
Port-Leucate
Aquamagic
Salses-le-Château
Grde Dosse
Paquebot Lydia (ensablé)
Garrieux
Île de la Coudalère
Luna Park
Port-Barcarès
Centre nautique
Camp militaire
Port St-Ange
des-Corbières
St-Hippolyte
Le Barcarès
D 83
St-Laurent-de-la-Salanque
Claira
Agly
Torreilles-Plage
Jouègue
Torreilles
Villelongue-de-la-Salanque
Ste-Marie
Ste-Marie-Plage
Bompas
Têt
D 617
Canet-en-Roussillon
PERPIGNAN
Canet-Plage
Cabestany
L'Esparrou
E F G H
343
1 2 3 4 5

0 2 4 6 8 10 km
336
A
B
C
D
1
2
3
4
5
ANDORRA LA VELLA
Escaldes-Engordany
La Seu d'Urgell/Seo de Urgel
Sant Julià de Lòria
Encamp
Canillo
Ordino
La Massana
Soldeu
Pas de la Casa
Port d'Envalira
Pic de l'Estanyó
Pic d'Estats
Pic de Montcalm
Pic Rouge de Bassiès
Pic de Tristagne
Pic du Port (Pic de Font Blanca)
Pics de Casamanya
Alt de Comapedrosa
Pic de Médécourbe
Pics Orientaux de Font Nègre
Puigpedròs (ou P. de Campcardos)
Pic dels Pessons
Tossal Braibal
Pic de Carroi
Pic d'Aós
Port de Siguer
Port de Rat
Port de Bouet
Pic de Serrère
Pic de la Portaneille
Port de Fontargente
Pic de la Cabanette
Pic de la Cabaneta
L'Hospitalet-près-l'Andorre
Pic de Peyrefourque
Vicdessos
Auzat
Siguer
Lercoul
Goulier
Aulus-les-Bains
Les Cabannes
Aston
Luzenac
Unac
Ax-Bonascre
Pic de St-Barthélemy
Grotte de Niaux
Grotte de Lombrives
Tarascon
Vall Ferrera
Vall Nord
Bellver de Cerdanya
Martinet
Lles de Cerdanya
Arànser
Bescaran
Castellciutat
Anserall
Montferrer i Castellbò
Torre dels Soldats
Puig Punsó
Sierra de Monteixo
Alins
Tor
Arinsal
El Serrat
Pal
Bixessarri
Aixovall
Merangés
Talltendre
Prullans
Isòvol
Ortedó
El Segre
Riu Valira
Gran Valira
N 260
N 20
N 22
N 145
CG 1
CG 2
CS 240
CS 270
20
26
28
34

337
E
F
G
H
1
2
3
4
5
342
Belcaire
Roquefeuil
Espezel
Galinagues
Mazuby
Comus
Pic Fourcat
Prades
Montaillou
Niort-de-Sault
Mérial
Rodome
Aunat
Bessède-de-Sault
Artigues
Axat
Gorges de St-Georges
Puilaurens
Salvezines
Le Clat
Gesse
Fontanès-de-Sault
Campagna-de-Sault
La Fajolle
Pic d'Ourthizet
Col de Marmare
Col de Chioula
Signal de Chioula
Pic de Serembarre
Col du Pradel
Escouloubre
Le Bousquet
Roquefort-de-Sault
Ste-Colombe-sur-Guette
Montfort-sur-Boulzane
Counozouls
Sorgeat
Ascou
Mijanès
Rouze
Usson-les-Bains
Le Puch
Col de Moulis
Carcanières-les-Bains
Escouloubre-les-Bains
Ax-les-Thermes
Orgeix
Orlu
Pic de Tarbezou
Artigues
Quérigut
Carcanières
Chau du Donézan
Pic Dourmidou
Col de Jau
Forge d'Orlu
Dent d'Orlu
Vallée d'Orlu
P. de Balbonne
Le Roc Blanc
Pic de Ginèvre
Col des Hares
Mérens-les-Vals
Pics de Roque Rouge
Porteillie d'Orlu
Puyvalador
Rieutort
Odeillo
Réal
Madrès
Pic du Bernard-Sauvage
Pic de l'Homme
Fontrabiouse
Espousouille
Pic de la Pelade
Col de Portus
Nohèdes
Pic de l'Estagnas
Pic d'Auriol
Pic de Madides
Pic Peric
Grde Porteille
Formiguères
Villeneuve
Col de Sansa
Puig d'Escoutou
Mt Coronat
Pic Pédrous
Porteille de la Grave
Le Touzal Colomé
Lac des Bouillouses
Mont Llaret
Roc d'Aude
Les Angles
Matemale
Sansa
Railleu
Ayguatébia-Talau
Villefranche
Pic Carlit
de Puymorens
Caudiès-de-Conflent
Pic Bastard
Oreilla
Olette
Jujols
Porté-Puymorens
Pic Occtal de Col Rouge
Combeleran
Pla des Avellans
Col del Pam
Canaveilles
Souanyas
La Llagonne
Mont-Louis
Thuès-Entre-Valls
Gorges de la Carança
Font-Romeu-Odeillo-Via
Targassonne
Égat
Bolquère
Super-Bolquère
Fontpédrouse
La Cabanasse
Prats-Balaguer
Dorres
Angoustrine
Estavar
Eyne
St-Pierre-dels-Forcats
Planès
Col de Mantet
Mantet
Enveitg
Villeneuve-des-Escaldes
Llívia
Saillagouse
Llo
Gorges du Sègre
Err
Pic de Gallinas
Pic Redoun
Pic de Rives Blanques
Puigcerdà
Bourg-Madame
Ste-Léocadie
Nahuja
Osséja
Palau-de-Cerdagne
Cambras d'Azé
Pic du Géant
Vallter 2000
Roc Colom
Col de Nuria
Pic de Finestrelles
Núria
Pic de Sègre
Vall de Núria
Puigmal
Pico de Mantinello
Setcases
Err-Puigmal 2900
Valcebollère
Queixans
Urtx
Alp
Das
Pic de Dorria
Pla de Salinas
Queralbs
Puig Cerveris
La Molina
Urús
Toses
NATUREL
RÉGIONAL
PYRÉNÉES
CATALANES
PARC
DES

0 2 4 6 8 10 km
338
341
Grau de Maury
Maury
Lesquerde
Centre européen de Préhistoire
Tautavel
Puilaurens
Fenouillet
Fosse
Clue de la Fou
St-Martin
St-Arnac
Borde-Vieille
Borde-Neuve
Latour-de-France
Mas Camps
Estagel
Calce
Salvezines
Gincla
Vira
Le Vivier
Felluns
Ansignan
Lansac
Rasiguères
Planèzes
Bge de Caramany
Cassagnes
Montner
Force Réal
Col de la Bataille
Montfort-sur-Boulzane
Sarrat Naout
Sournia
Prats-de-Sournia
Pézilla-de-Conflent
Trilla
Caramany
Rabouillet
Col d'Aussières
Le Puigt
Arsa
Col des Auzines
Trévillach
Bélesta
Corneilla-la-Rivière
Pézilla-la-Rivière
Campoussy
Roc Cornut
Tarerach
Montalba-le-Château
Sybille
Néfiach
Millas
N 116
PARC
Roque Jalère
Col de Roque-Jalère
Rocher du Roussillon
Tour de Mascara
La Coume
Col del Tribes
Mosset
Pic de Baou
Marcevol
Prieuré
Arboussols
Rodès
Ille-sur-Têt
St-Féliu-d'Amont
St-Féliu-d'Avall
RÉGIONAL
DES
Molitg-les-Bains
Campôme
Urbanya
Eus
Vinça
Corbère
Corbère-les-Cabanes
St-Michel-de-Llotes
Bouleternère
Thuir
Catllar
Marquixanes
Roc des Créus
PYRÉNÉES
CATALANES
Nohèdes
Prades
Espira-de-Conflent
N.-D. de Domanova
Rigarda
Casefabre
Camélas
Castelnou
Llupia
Conat
Ria-Sirach
Codalet
Finestret
Joch
Roque Rouge
Ste-Colombe-de-la-Commanderie
Fort Libéria
Villefranche-de-Conflent
Abbe St-Michel-de-Cuxa
Estoher
Glorianes
Prieuré de Serrabone
Fourques
Montauriol
Serdinya
Corneilla-de-Conflent
Taurinya
Boule-d'Amont
Baillestavy
Prunet-et-Belpuig
Col Xatard
Tordères
Fuilla
Vernet-les-Bains
Col des Voltes
Fillols
Sahorre
Valmanya
La Bastide
Calmeilles
Llauro
Oms
St-Marsal
Taillet
Taulis
Casteil
Abbe St-Martin
PIC DU CANIGOU
Ras del Prat Cabrera
Col Palomère
Vivès
Tour de Batère
Col de Jou
MASSIF DU CANIGOU
Puig de Très Estelles
Py
Col de la Descargue
Pic de Gallinasse
Montbolo
Palalda
Céret
Mantet
Croix de la Lipodère
Pla Guillem
Amélie-les-Bains-Palalda
Reynès
Corsavy
Gges de la Fou
Arles-sur-Tech
Cime des Cums
Col de la Regine
Montferrer
Roc de France
Roc de Frausso
Roc Colom
Pic de Costabonne
Le Tech
Prats-de-Mollo-la-Preste
La Preste
Serralongue
St-Laurent-de-Cerdans
Maçanet de Cabrenys
Coustouges
Col d'Ares
Lamanère
Setcases
Molló
Puig del Casso
Vilallonga de Ter
Llanars
Serra de Buxeda
A
B
C
D
1
2
3
4
5

339
E
F
G
H
1
2
3
4
5
de Salses
Île de la Coudalère
Paquebot
Garrieux
Luna Park
Mas Fages
Terrain militaire
Montpins
Port-Barcarès
Centre nautique
Camp militaire
Port St-Ange
Cave-des-Corbières
St-Hippolyte
Le Barcarès
Espira-de-l'Agly
Rivesaltes
N. D. du Salut
Claira
St-Laurent-de-la-Salanque
Torreilles-Plage
Jouègue
Peyrestortes
Pia
Torreilles
Villelongue-de-la-Salanque
Ste-Marie
Ste-Marie-Plage
Bompas
St-Estève
Le Vernet
Canet-en-Roussillon
Baho
Château Roussillon
PERPIGNAN
Canet-Plage
Marché St-Charles
Cabestany
L'Esparrou
Soler
Toulouges
Moulin à Vent
Mas du Moulin
St-Nazaire
Étang de Canet et de St-Nazaire
Ste-Lucie
Mas Palégry
Musée
Saleilles
Canohès
P L A I N E
Alénya
Mas d'Uston
Ponteilla
Théza
St-Cyprien-Plage
Nyls
Pollestres
Villeneuve-de-la-Raho
Corneilla-del-Vercol
St-Cyprien
Les Capellans
Trouillas
Bages
Montescot
Mas Sabole
Latour-Bas-Elne
Aqualand
Elne
Les Tuileries
Villemolaque
D U
St-Jean-Lasseille
Mas Aragon
Le Village Catalan
Tech
Ortaffa
Taxo d'Avall
Banyuls-dels-Aspres
Palau-del-Vidre
Taxo d'Amont
Mas Mulès
L'Oliu
Brouilla
Argelès-s-Mer
Argelès-Plage
Mas-Llauro
Tresserre
Villeclare
La Grange
St-Luc
Agouillous
St-Génis-des-Fontaines
Port-Argelès
Nidolères
St-André
Racou-Plage
Fort Miradou
Mas Santraille
R O U S S I L L O N
Villelongue-dels-Monts
Collioure
Port-Vendres
Le Boulou
Sorède
Valmy
La Pave
St Laurent
Laroque-des-Albères
Pic Martineau
Gorges de Lavall
N.-D. de Consolation
Ermitage
Cap Béar
lo Naret
Château d'Ultrera
Le Rimbau
Fort-Béar
Cap Oullestreil
Thermes du Boulou
Pic Estelle
Montesquieu-des-Albères
La Vieille Heureuse
Lavall
Abbaye de Valbonne
C. de Mollo
Paulilles
St-Martin-de-Fenollar
Roc del Grévol
Roc du Midi
Tour de la Massane
Tour Madeloc
Cosprons
Banyuls-sur-Mer
St-Christophe
A L B È R E S
Les Cluses
L'Albère
Col de l'Ouillat
Pic Neulos
Col des 3 Hêtres
Pic des Pradets
Col de Sallfort
Pic del Pal
Cap l'Abeille
St-Jean
Mas-Reig
Puig Del-Mas
Cap Réderis
Le Perthus
Pic des 3 Termes
Pic des 4 Termes
Col de l'Orry
Puig de les Guardes
Les Abeilles
Mas Parrer
Métairie Maillol
Cap Peyrefite
Riunoguès
Panissars
Col du Perthus/Coll del Pertús
St-Martin-d'Albère
Puig d'el Pigné
Baillaury
Mas Atxer
Pic Jouan
Cap Canadell
Fort de Bellegarde
Sierra Canals
Serra de l'Albera
Col de Banyuls
Cerbère
Cap Cerbère
Requesens
Mas Pils
Puig de la Calme
Pic Calmeille
Puig dels Falguers
Mas Corbera
Col del Tourn
C. des Balitres/C. des Belitres
Super Las Illas
Sta Llúcia
Puig dels Conillers
Serra de la Balmeta
Puig de Taravaus
Portbou
Pta Clapé
La Jonquera
Cantallops
Sant Quirc de Colera
Molinàs
Colera
Cap Lladró
La Vajol
L'Anyet
L'Orlina
Puig d'Esquers
Platja de Garbet
Agullana
L'Estrada
Vilartolí
Espolla
Cap de Ras
El Llobregat
Rabós
Puig Tifell
Els Estanys de Dalt
Capmany
Sant Climent Sescebes
Vilamaniscle
El Port de Llançà
Darnius
Ricardell
Masarac
Mollet de Peralada
Delfià
La Valleta
Llançà
Cap Gros
Garriguella
Vilarnadal
La Vall de Sta Creu
Port de la Selva
Biure
Boadella d'Empordà
Vilajuïga
La Selva
Tudela
CÔTE VERMEILLE

0 2 4 6 8 10 11 km

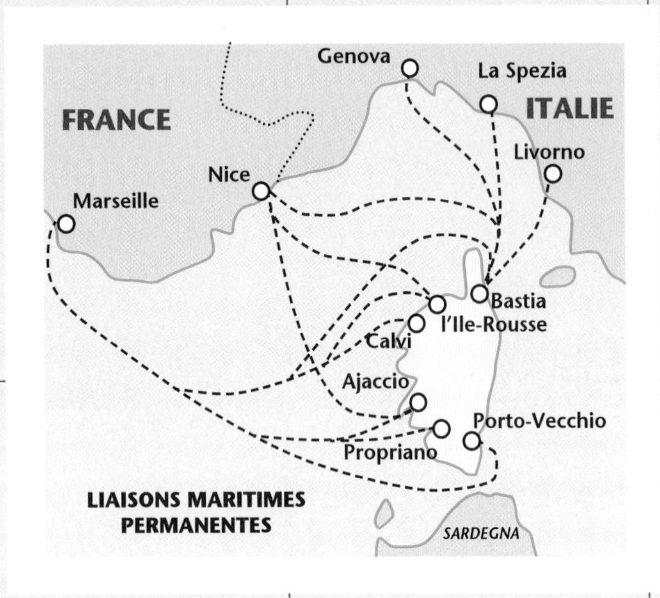


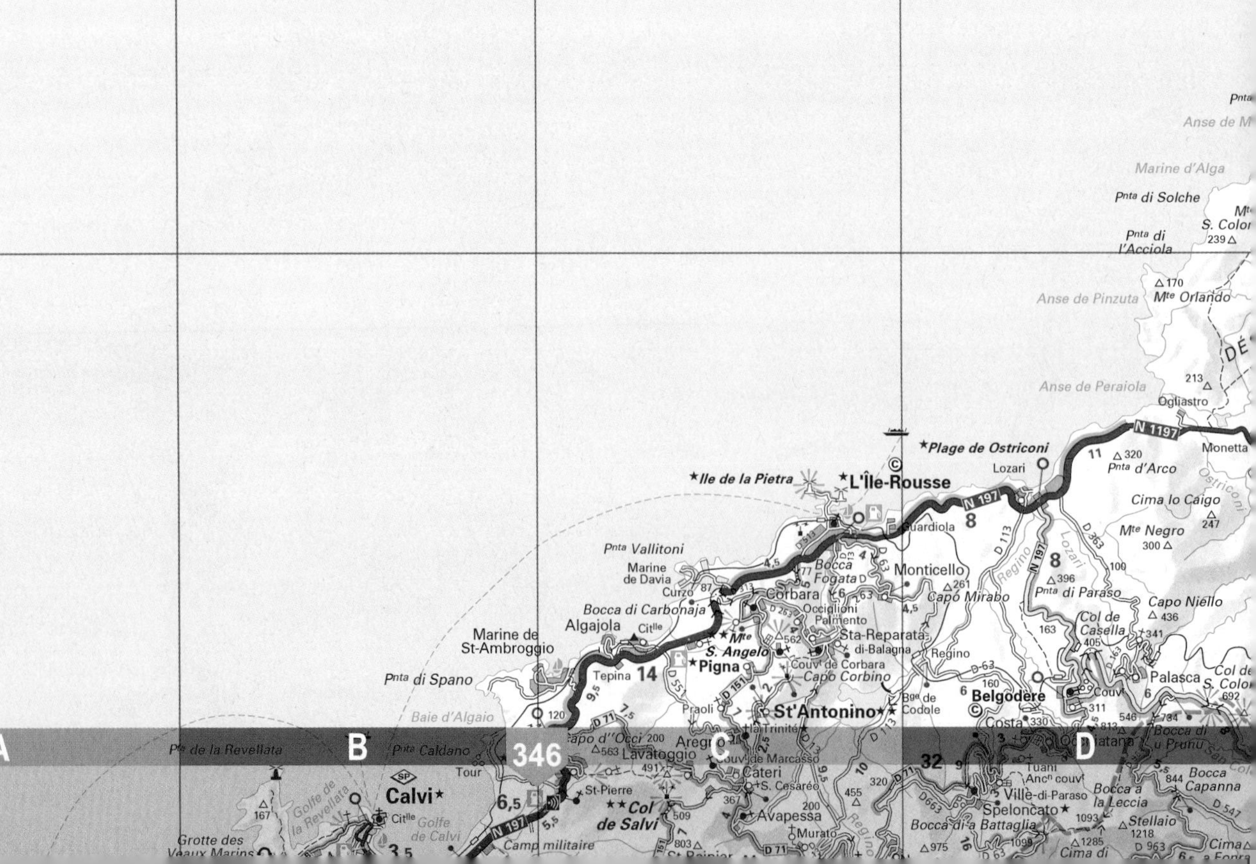


A B C D
1 2 3 4

346

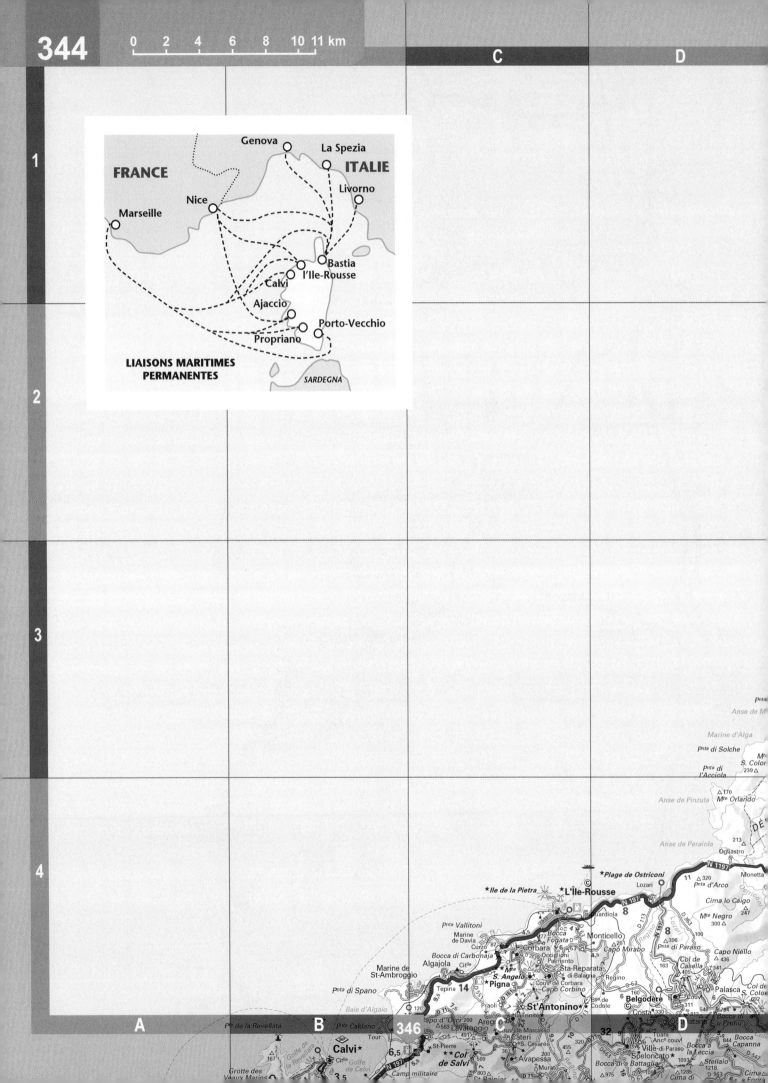

CAP CORSE
I. de la Giraglia
Pnta di Agnello
Capo Grosso
Tollare
Barcaggio
Pnta di Corno di Becco
Mte Maggiore
Cima di a Campana
Capo Bianco
I. Finocchiarola (Réserve naturelle)
Sta Maria
Poggio
Baie de Tamarone
Belvre du Moulin Mattei
C. de Serra
Granaggiolo
Col St-Nicolas
Baie de Centuri
Cannelle
Ersa
Rogliano
Centuri-Port
Macinaggio
Centuri
Annonciation (ancien couvent)
Morsiglia
Tomino
Mucchieta
Mte di u Castello
Marine de Meria
Capo Corvoli
Meria
Golfe d'Aliso
Mte Fornello
Pnta della Filetta Soprana
Mte Castello
Ancien couvent St-François
Col de Ste Lucie
Luri
Sta-Severa
Pino
Tour de Sénèque
Mte Minervio
Castiglione
Marine de Luri
Pnta Minervio
Mte Liccioli
Mte Castello
Minerbio
Barrettali
Mte di St' Angelo
Cagnano
Marine de Porticciolo
Tour de Losse
Marine de Giottani
Mte Alticcione
Conchiglio
La Pedina
Pietracorbara
Mte di a Croce
Marinca
Canari
Marine de Pietracorbara
Cima di e Folicce
Mte Cuccaro
Punta di Canelle
St-Michel
Sisco
Ste Catherine
Marine de Canelle
Ogliastro
Marine de Sisco
Rocher d'Albo
Marine d'Albo
Olcani
Mte Corvo
Mte Merizatodio
Monte Stello
Nonza
Bocca di Sta Maria
Sta-Maria-Assunta
Erbalunga
Brando
Mte Capra
GOLFE DE ST FLORENT
Olmeta-di-Capocorso
Lavasina
Marine de Negru
Sta-Maria-di-Lota
Mte Pruno
Mandriale
Miomo
St-Hyacinthe
Bocca di S Leonardo
Grigione
Marine de Farinole
San Martino-di-Lota
Pietranera
Farinole
Cima di Gratera
Ville-di-Pietrabugno
Ste Lucie
Pnta di Santolino
Anse de Faggiola
Punta di Curza
Plage de Saleccia
Plage de Loto
Pnta Vecchiaia
Pnta Mortella
P. de Patrimonio
Serra di Pigno
Patrimonio
Col de S. Bernardino
Citadelle
Mont Robbia
les Marines du Soleil
Monserato
BASTIA
AGRIATES
DES
Phare de Fornali
Barbaggio
Mte di Arazza
Mont Genova
Mte Castagne
St-Florent
Mte Secco
Anc. Cath. de Nebbio
Mte St' Angelo
Col de Teghime
Mte Lavezzo
Casta
S. Pancrace
Furiani
P. de Chiurlino
La Marana
Bocca di Vezzu
Mte a Mazzola
Mte a Torra
P. du Diable
Baccialu
Cima di Pedi Pilato
Champ de Tir
St-François
Bge de Padula
Poggio-d'Oletta
Oletta
Biguglia
Mont Filetto
Cima di u Zuccarello
Mte di Tuda
Casatorra
Étang
Ruaghiola
Pineto
Olmeta-di-Tuda
Défilé de Lancone
Mte Ambrica
Bocca di S. Pancrazio
Col de S. Stefano
Île S. Damiano
Les Sables de Biguglia
Vallecalle
Lavandaggio
Sto-Pietro-di-Tenda
Réserve Naturelle
Cima a Muzelli
San-Gavino-di-Tenda
Rapale
Mte Torricelle
Valrose
Urtaca
San Michele
Mon d'arrêt
Camp militaire
Mte Asto
Sorio
Piève
Rutali
Plage de la Marana
Cima de Mitilelli
St Laurent
Lama
Murato
Cima di Taffoni
BASTIA-PORETTA
Bocca a Croce
Égl. de San Nicolao
Borgo
Bocca di Tenda
Mte Buggientone
Plage de Pineto
La Canonica (Anne cath.)
Fouilles de Mariana
Cima di Pinzali
Pietralba
Col de Bigorno
Campitello
Vignale
Lucciana
San Parteo
Mutereno
Mte Reghia di Pozzo
Mte Maggiore
Bigorno
Scolca
Volpajola
Casamozza
Fontanone
Cap Sud
E
F
G
H
347

0 2 4 6 8 10 11 km
A
B
C
D
1
2
3
4
348
L'Île-Rousse
Ile de la Pietra
Plage de Ostriconi
Calvi
Pte de la Revellata
Golfe de Calvi
Grotte des Veaux Marins
N. D. de la Serra
Algajola
Marine de St-Ambroggio
Lumio
Col de Salvi
Calvi-Ste-Catherine
Calenzana
Ste-Restitude
Montemaggiore
Zilia
Muro
Avapessa
Feliceto
Nessa
Speloncato
Belgodère
Palasca
Occhiatana
Costa
Ville-di-Paraso
Pioggiola
Olmi-Cappella
Mausoléo
Vallica
Corbara
Monticello
Sta-Reparata-di-Balagna
Pigna
St'Antonino
Aregno
Lavatoggio
Cateri
Lozari
Monetta
Ogliastro
Chaos de Bocca Rezza
Bonifato
Cirque de Bonifato
Mte Grosso
Mte Padro
Capo a Dente
Asco
Pont Génois
Haut-Asco
Mte Cinto
Paglia Orba
Capo Tafonato
Mte Albano
Calacuccia
Albertacce
Casamaccioli
Corscia
Lozzi
Galéria
Golfe de Galéria
Bocca Bassa
Capo di a Morsetta
Baie de Crovani
Argentella
Feravola
Manso
Le Fango
Tuarelli
Col de la Croix
Girolata
Scandola
Réserve Naturelle
Golfe de Girolata
Punta Rossa
Punta Palazzu
Osani
Capo Senino
Partinello
Serriera
Golfe de Porto
Porto
Ota
P. de Pianella
Gges de Spelunca
Évisa
Col de Vergio
Vergio
Col de Salto
Forêt d'Aïtone
Les Calanche
Piana
Col de Lava
Capo Rosso
Capo d'Orto
Marignana
Col de Sevi
Cristinacce
Renno
Letia
Soccia
Orto
Poggiolo
Guagno
Vico
Murzo
Plage d'Arone
Golfe de Topiti
Capu di Calazzu
Mte Tozzo
Cimatella
Lac de Nino
Lac de Capitello
Mte Rotondo

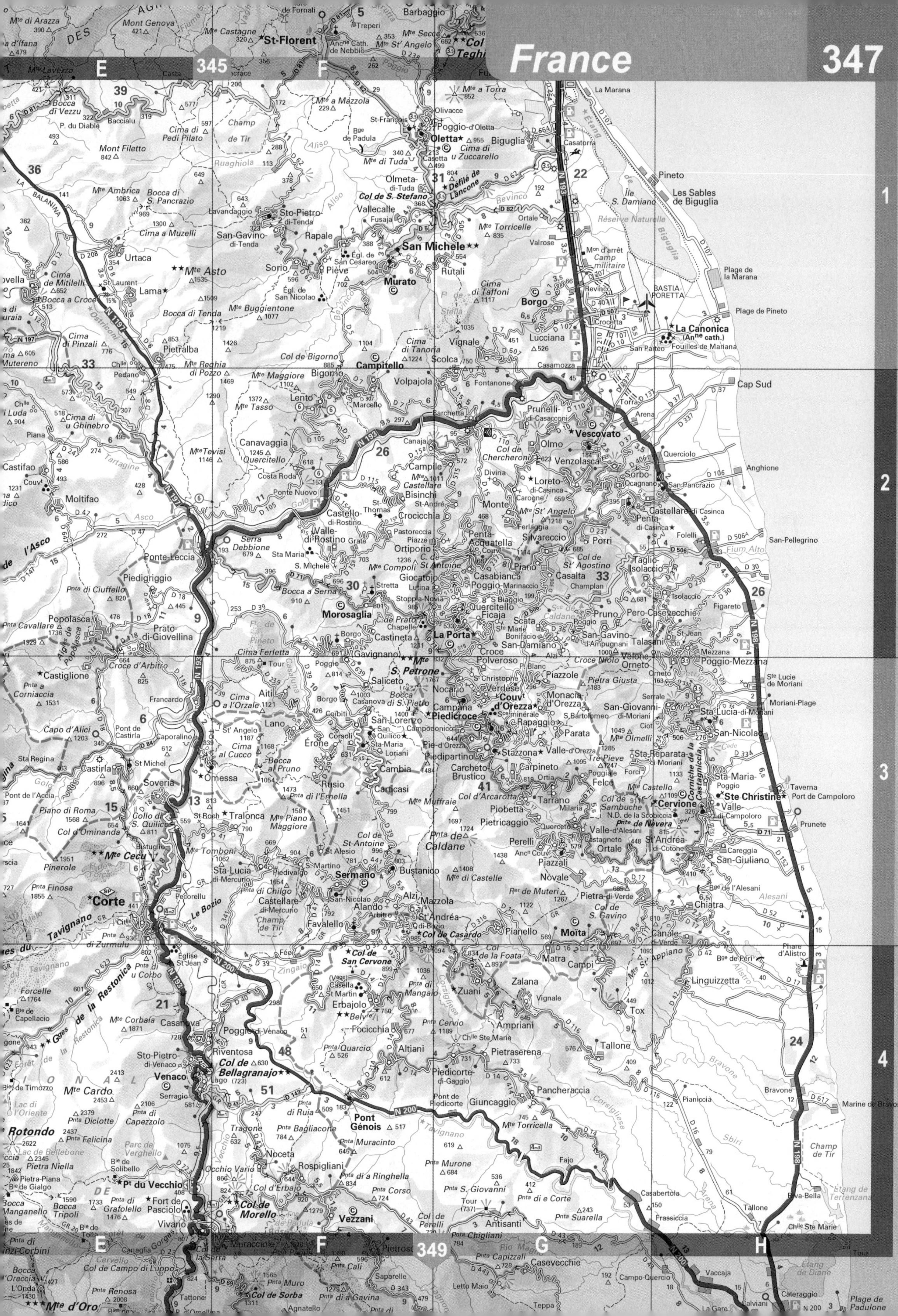
E
F
G
H
345
349
1
2
3
4
St-Florent
Barbaggio
Col de Teghime
Oletta
Poggio-d'Oletta
Biguglia
Casatorra
Pineto
Les Sables de Biguglia
Île S. Damiano
Réserve Naturelle
Étang de Biguglia
Plage de la Marana
La Marana
Bastia-Poretta
Plage de Pineto
La Canonica (Anne cath.)
Fouilles de Mariana
Borgo
Lucciana
Casamozza
Cap Sud
Arena
Querciolo
Anghione
Vescovato
Venzolasca
Sorbo-Ocagnano
San-Pancrazio
Castellare-di-Casinca
Penta-di-Casinca
Folelli
San-Pellegrino
Fium Alto
Taglio-Isolaccio
Figareto
Pero-Casevecchie
Talasani
Poggio-Mezzana
Ste Lucie de Moriani
Moriani-Plage
Sta-Lucia-di-Moriani
San-Nicolao
Sta-Reparata-di-Moriani
Cervione
Ste Christine
Taverna
Port de Campoloro
Prunete
Valle-di-Campoloro
San-Giuliano
Alesani
Chiatra
Canale-di-Verde
Phare d'Alistro
Linguizzetta
Tox
Tallone
Bravone
Marine de Bravone
Pianiccia
Champ de Tir
Étang de Terrenzana
Riva-Bella
Chlle Ste Marie
Casabertola
Frassiccia
Col de S. Stefano
San Michele
Murato
Défilé de Lancone
Vallecalle
Rapale
Pieve
Sorio
San-Gavino-di-Tenda
Sto-Pietro-di-Tenda
Mte Asto
Urtaca
Lama
Bocca di Tenda
Pietralba
Campitello
Scolca
Vignale
Volpajola
Lento
Canavaggia
Ponte Nuovo
Castello-di-Rostino
Valle-di-Rostino
Ponte-Leccia
Piedigriggio
Popolasca
Prato-di-Giovellina
Morosaglia
La Porta
Piano
Casabianca
Quercitello
Ficaja
Croce
Polveroso
Mte S. Petrone
Piedicroce
Couvt d'Orezza
Stazzona
Valle-d'Orezza
Carcheto-Brustico
Piedipartino
Cambia
Carticasi
Rusio
Erone
Lano
Omessa
Soveria
Castirla
Corte
Tralonca
Sta-Lucia-di-Mercurio
Sermano
Bustanico
Alando
Mazzola
Alzi
Favalello
Castellare-di-Mercurio
Moïta
Pianello
Matra
Campi
Zalana
Zuani
Ampriani
Pietraserena
Piedicorte-di-Gaggio
Giuncaggio
Pancheraccia
Altiani
Erbajolo
Focicchia
Pont Génois
Col de Bellagranajo
Venaco
Riventosa
Poggio-di-Venaco
Casanova
Noceta
Rospigliani
Vezzani
Col de Morello
Vivario
Pt du Vecchio
Muracciole
Pietroso
Antisanti
Casevecchie
Vaccaja
Calviani
Cateraggio
Plage de Padulone
Tattone
Col de Sorba
Mte d'Oro
Mte Cardo
Rotondo
Mte Cecu
Tavignano
Gges de la Restonica
Mte Corbaia
Col de Casardo
Col de San Cervone
Col de la Foata
Mte Torricella
N 193
N 198
N 200

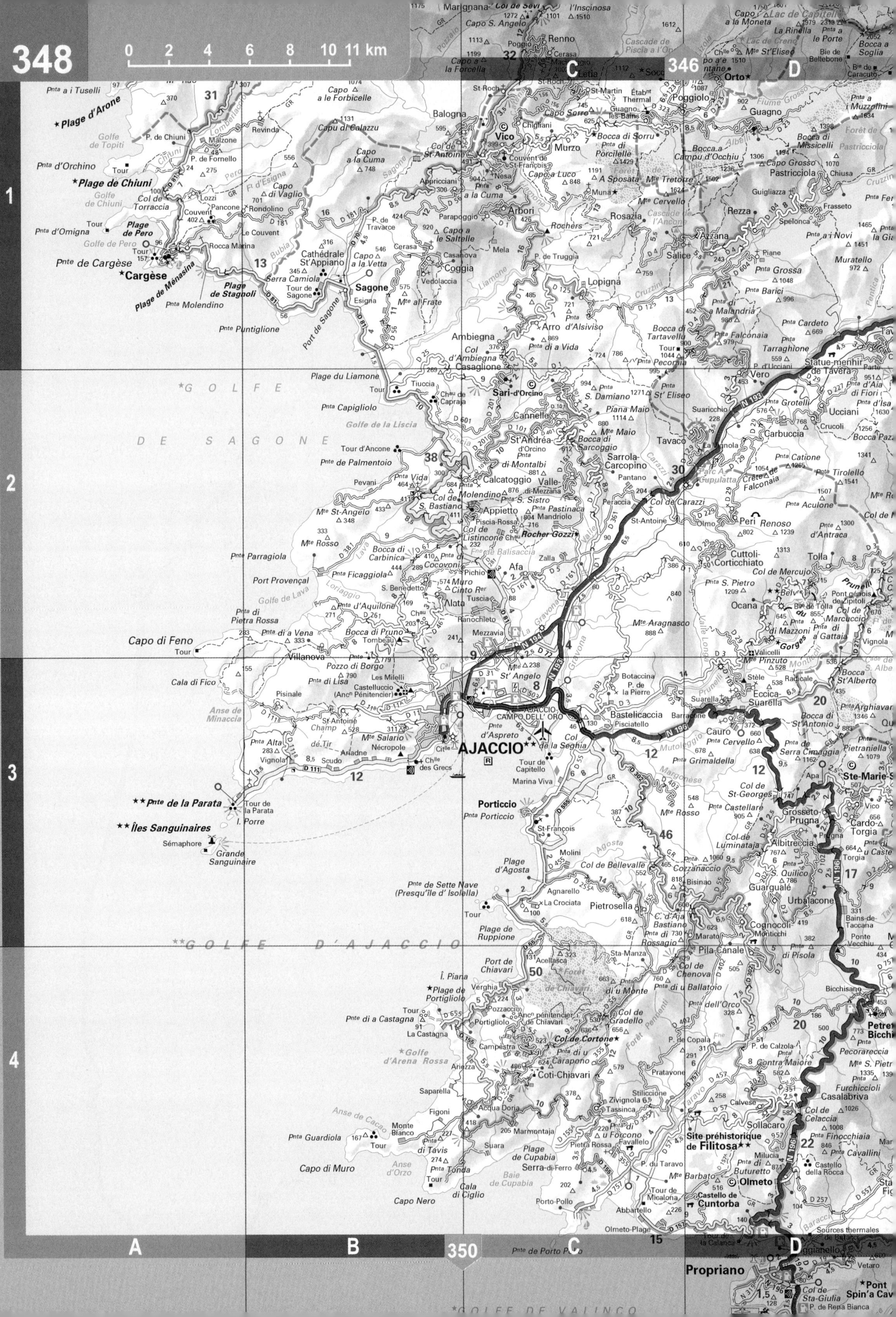
0 2 4 6 8 10 11 km
346
350
A
B
C
D
1
2
3
4
Plage d'Arone
Golfe de Topiti
Pnta d'Orchino
Plage de Chiuni
Golfe de Chiuni
Pnta d'Omigna
Plage de Pero
Golfe de Pero
Pnte de Cargèse
Cargèse
Plage de Ménasina
Plage de Stagnoli
Pnta Molendino
Pnte Puntiglione
Capo a le Forbicelle
Capu di Calazzu
Capo a la Cuma
Capo di Vaglio
Cathédrale St'Appiano
Serra Camiola
Tour de Sagone
Sagone
Esigna
Port de Sagone
Balogna
Vico
Col de St-Antoine
Appricciani
Arbori
Murzo
Rosazia
Coggia
Vedolaccia
Mte al Frate
Lopigna
Ambiegna
Col d'Ambiegna
Casaglione
Arro
Pnta d'Alsiviso
Poggiolo
Orto
Guagno
Guagno-les-Bains
Soccia
Letia
Renno
Marignana
Capo S. Angelo
Capo a la Forcella
Lac de Capitello
Lac de Creno
Mte Cervello
Bocca di Sorru
Pnta di Porcilelle
Capo Grosso
Pastricciola
Rezza
Azzana
Salice
Pnta Grossa
Pnta Barici
Pnta di Malandria
Bocca di Tartavellu
Pnta Falconaia
Pnta Cardeto
Pnta Tarraghione
Statue-menhir de Tavera
Muratello
Plage du Liamone
Tiuccia
Capigliolo
Golfe de la Liscia
GOLFE DE SAGONE
Tour d'Ancone
Pnte de Palmentoio
Pevani
Pnta Vida
Mte St-Angelo
Mte Rosso
Pnte Parragiola
Port Provençal
Golfe de Lava
Pnta di Pietra Rossa
Capo di Feno
Cala di Fico
Anse de Minaccia
Pnta Alta
Vignola
Pnte de la Parata
Îles Sanguinaires
Sémaphore
Grande Sanguinaire
I. Porre
Sari-d'Orcino
Cannelle
St-Andréa-d'Orcino
Calcatoggio
Col de S. Bastiano
Appietto
Rocher Gozzi
Sarrola-Carcopino
Valle-di-Mezzana
Afa
Alata
Villanova
Mezzavia
Ucciani
Carbuccia
Tavaco
Peri
Cuttoli-Corticchiato
Tolla
Ocana
Col de Mercujo
Eccica-Suarella
Bastelicaccia
Cauro
AJACCIO
Pnte d'Aspreto
AJACCIO-CAMPO DELL' ORO
Col de la Seghia
Tour de Capitello
Marina Viva
Porticcio
Pnta Porticcio
Plage d'Agosta
Col de Bellevalle
Pnte de Sette Nave (Presqu'île d'Isolella)
Pietrosella
Plage de Ruppione
GOLFE D'AJACCIO
Port de Chiavari
Acellasca
Forêt de Chiavari
Plage de Portigliolo
Pnte di a Castagna
La Castagna
Golfe d'Arena Rossa
Col de Cortone
Coti-Chiavari
Anse de Cacao
Pnta Guardiola
Monte Bianco
Capo di Muro
Capo Nero
Cala di Ciglio
Plage de Cupabia
Baie de Cupabia
Serra-di-Ferro
Porto-Pollo
Abbartello
Olmeto-Plage
Pnte de Porto Pollo
Site préhistorique de Filitosa
Castello de Cuntorba
Olmeto
Propriano
Sollacaro
Casalabriva
Pila-Canale
Grosseto-Prugna
Albitreccia
Guargualé
Urbalacone
Ste-Marie-Siché
Col de St-Georges
Mte Rosso
Col de Luminataja
Cozzanaccio
Bisinao
GOLFE DE VALINCO

347
351
E
F
G
H
1
2
3
4
Pt du Vecchio
Col de Morello
Vezzani
Pietroso
Casevecchie
Aghione
Vaccaja
Cateraggio
Plage de Padulone
Tavignano
Étang de Diane
Ville antique
Aléria
Thermes romains
Étang de Sale
Centre pénitencier agricole
Réserve de Faune de Casabianda
Col de Sorba
Mte d'Oro
Vizzavona
Col de Palmente
Col de Vizzavona
Ghisoni
Défilé des Strette
Défilé de l'Inzecca
Bocognano
Lugo-di-Nazza
Poggio-di-Nazza
Mte Renoso
Ghisonaccia
Prunelli-di-Fiumorbo
Col de Verde
Pta di a Cappella
Bastelica
Isolaccio-di-Fiumorbo
Serra-di-Fiumorbo
San-Gavino-di-Fiumorbo
Migliacciaro
Plage de Quercioni
Étang de Palo
Ventiseri
Palneca
Ciamannacce
Tasso
Sampolo
Cozzano
Chisa
Travo
Solaro
Marine de Solaro
Zicavo
Marine de Scaffa Rossa
Solenzara
Col de Pré d'Agnellu
Mte Incudine
Col de Larone
Cala d'Oro
Canella
Aiglles de Bavella
Col de Bavella
Trou de la Bombe
Anse de Favone
Favone
Col de Guardia
Anse de Tarco
Tarco
Aullène
Quenza
Zonza
Serra-di-Scopamène
Sites de Cucuruzzu et Capula
Conca
Anse de Fautea
Bocca di a Parata
Ste-Lucie-de-Porto-Vecchio
Levie
Ste-Lucie-de-Tallano
Lecci
Golfe de Pinarellu
Carbini
Castellu d'Araghju
Porto-Vecchiaccio
N 193
N 198
N 200
D 343
D 344
D 69
GR 20
PARC NATUREL RÉGIONAL DE CORSE

0 2 4 6 8 10 11 km
348
A
B
C
D
1
2
3
4
Plage de Ruppione
Port de Chiavari
Î. Piana
Plage de Portigliolo
Pnte di a Castagna
La Castagna
Golfe d'Arena Rossa
Portigliolo
Pozzaccio
Campestra
Col de Cortone
Coti-Chiavari
Col de Gradello
Acqua Doria
Saparella
Figoni
Anse de Cacao
Monte Bianco
Pnta Guardiola
Tour
Pnta di Tavis
Suara
Marmontaja
Pnta Tonda
Anse d'Orzo
Capo di Muro
Cala di Ciglio
Capo Nero
Plage de Cupabia
Baie de Cupabia
Serra-di-Ferro
Porto-Pollo
Pnte de Porto Pollo
Pietra Rossa
Favallello
Pnta di u Forcono
Tassinca
Zivignola
Stiliccione
Pratavone
P. de Copala
Pnta dell'Orco
Pila-Canale
Sta-Manza
Acellasca
Pnta di Rossagio
Pnta di Pisola
Site préhistorique de Filitosa
Sollacaro
Calvese
Contra Maiore
Casalabriva
Col de Celaccia
Pnta Finocchiaia
Pnta Cavallini
Castello della Rocca
Olmeto
Mte Barbato
P. du Taravo
Pnta di Buturetto
Milucia
Tour de Micalona
Castello de Cuntorba
Abbartello
Olmeto-Plage
Tour de la Calanca
Propriano
Viggianello
Sources thermales de Baracci
Vetaro
Pont Spin'a Cavallu
Col de Sta-Giulia
P. de Rena Bianca
Petreto-Bicchisano
Pecorareccia
Mte S. Pietro
Furchicciolo
Ponte Vecchiu
GOLFE DE VALINCO
Pnta di Cardicciani
Portigliolo
Pnta di u Turco
Pnta di Muro
Pnte de Campomoro
Tour
Campomoro
Belvédère
Belvédère-Campomoro
Tivolaggio
Col de Bilia
Bilia
Sartène
Pnta d'Arboli
Bocca di Biscelli
Bocca Albitrina
Col de Suara
Bocca di Piava
Alo-Bisucce
Pnta Zevoli
Pnta di Manna Molina
Pnta di Cuccari
Grossa
Pnta di u Monte
Anse d'Agulia
Pnta d'Eccica
Pnta Quarcioqua
Castello di Cagalla
Calanque de Conca
Pnta Capannaccia
Alignements de Palaggiu
Bocca di Capirossu
Pnta Pastania
Punta di Senetosa
Tizzano
Pnta Pietra Nera
Zivia
Bergerie
Pnta di Castello
Mégalithes de Cauria
Pnta di Villa
Pnta Cauria
Cap de Zivia
Golfe de Murtoli
Murtoli
Rocher du Lion
Plage d'Erbaju
Golfe de Roccapina
Tour
Cap de Roccapina
Îlots des Moines
N 196
D 121
D 48
D 157
D 757

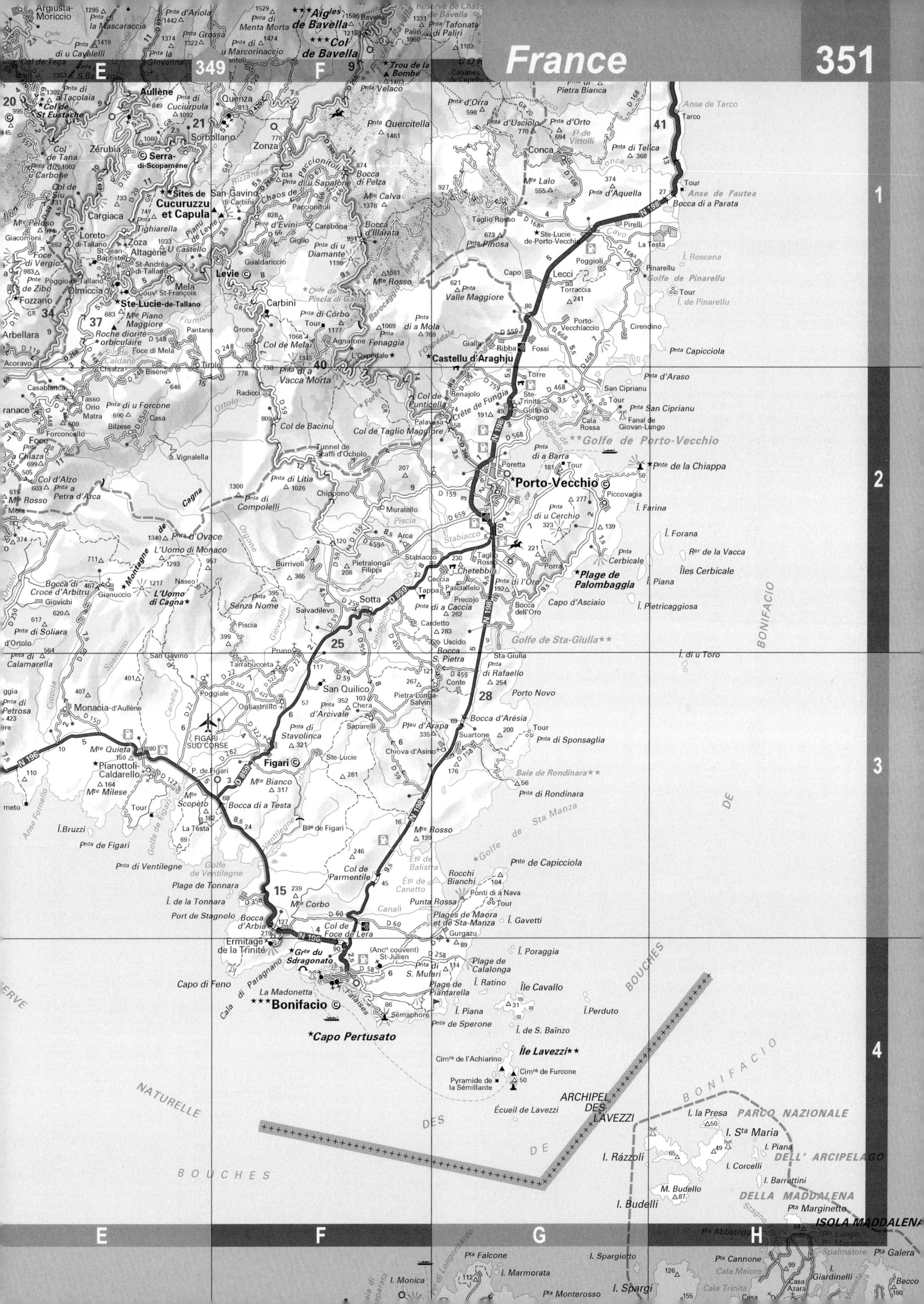
349
E
F
G
H
1
2
3
4
Aullène
Quenza
Zonza
Zérubia
Serra-di-Scopamène
Sorbollano
Sites de Cucuruzzu et Capula
San-Gavino-di-Carbini
Cargiaca
Loreto-di-Tallano
Altagène
Zoza
Levie
Mela
Olmiccia
Fozzano
Ste-Lucie-de-Tallano
Arbellara
Carbini
Orone
Pantano
Aigles de Bavella
Col de Bavella
Trou de la Bombe
Pta Quercitella
Bocca di Pelza
Mte Calva
Chaos de Paccionitoli
Bocca d'Illarata
Pta di u Diamante
Mte Rosso
Pta di Corbo
Col de Mela
L'Ospédale
Castellu d'Araghju
Pta di a Vacca Morta
Col de Bacinu
Col de Punticella
Col de Taglio Maggiore
Crête de Fungia
Pta Valle Maggiore
Pta d'Orra
Pta d'Usciolo
Pta d'Orto
Conca
Mte Lalo
Pta di Tellca
Pta d'Aquella
Taglio Rosso
Ste-Lucie-de-Porto-Vecchio
Pta Pinosa
Lecci
Capo
Poggioli
Torraccia
Porto-Vecchiaccio
Cirendino
Tarco
Anse de Tarco
Anse de Fautea
Bocca di a Parata
Pirelli
La Testa
Pinarellu
Golfe de Pinarellu
Î. de Pinarellu
Î. Roscana
Pta Capicciola
Pta d'Araso
San Ciprianu
Pta San Ciprianu
Golfe de Porto-Vecchio
Torre
Ste-Trinité
Golfo di Sogno
Cala Rossa
Fanal de Giovan-Lungo
Porto-Vecchio
Pta di a Barra
Pte de la Chiappa
Piccovagia
Î. Farina
Pta di u Cerchio
Î. Forana
Rer de la Vacca
Pta Cerbicale
Îles Cerbicale
Plage de Palombaggia
Î. Piana
Î. Pietricaggiosa
Capo d'Asciaio
Golfe de Sta-Giulia
Î. di u Toro
Sta-Giulia
Pta di Rafaello
Porto Novo
Bocca d'Arésia
Pta di Sponsaglia
Baie de Rondinara
Pta di Rondinara
Golfe de Sta Manza
Pte de Capicciola
Rocchi Bianchi
Punta Rossa
Plages de Maora et de Sta-Manza
Î. Gavetti
Gurgazu
Î. Poraggia
Plage de Calalonga
Î. Ratino
Île Cavallo
Plage de Piantarella
Î. Piana
Î. Perduto
Pte de Sperone
Î. de S. Baïnzo
Île Lavezzi
Cimre de l'Achiarino
Cimre de Furcone
Pyramide de la Sémillante
Écueil de Lavezzi
ARCHIPEL DES LAVEZZI
Tunnel de Scaffi d'Ocholo
Pta di Litia
Pta di Compolelli
Chipporo
Muratello
Arca
Stabiacco
Pietralonga-Filippi
Burrivoli
Taglio Rosso
Chetebbio
Ceccia
Pascialfello
Precojo
Pta di l'Oro
Bocca dell'Oro
Pta di a Caccia
Cardetto
Uscido
Bocca S. Pietra
Conte
Sotta
Salvadilevo
Senza Nome
Piscia
Pruno
Tarrabucceta
San Quilico
Pta d'Arcivale
Chera
Pietra-Longa-Salvini
Saparelli
Plau d'Arapa
Suartone
Tour
Chiova-d'Asino
Ste-Lucie
Pta di Stavolinca
Figari
Poggiale
Ogliastrello
FIGARI-SUD CORSE
P. de Figari
Mte Bianco
Bocca di a Testa
Bge de Figari
Mte Rosso
Col de Parmentile
Mte Corbo
Canali
Col de Foce de Lera
Bocca d'Arbia
Ermitage de la Trinité
Grte du Sdragonato
St-Julien
Pta di S. Mulari
Sémaphore
Capo di Feno
Cala di Paragnano
La Madonetta
Bonifacio
Capo Pertusato
Falaises
Mte Quieta
Pianottoli-Caldarello
Mte Milese
Mte Scopeto
La Testa
Î. Bruzzi
Pta de Figari
Golfe de Figari
Pta di Ventilegne
Golfe de Ventilegne
Plage de Tonnara
Î. de la Tonnara
Port de Stagnolo
Monacia-d'Aullène
Giovichi
Bocca di Croce d'Arbitru
Gianuccio
Montagne de Cagna
L'Uomo di Cagna
L'Uomo de Monaco
Pta d'Ovace
Naseo
Pta di Soliara
Pta di Calamarella
San Gavino
Col d'Alzo
Pta a Petra d'Arca
Mte Rosso
Mela
Foce
Vignalella
Forconcello
Tasso
Orio
Matra
Pta di u Forcone
Casa
Bilzese
Casabianca
Chialza
Bisène
Foce di Mela
Tirolo
Radicci
Roche diorite orbiculaire
Mte Piano Maggiore
Col de Tana
Col de Siu
Mte Peloso
Foce di Vergio
Poggio di Tallano
Col de St Eustache
Pta di a Tacolaia
Pta di Cucurpula
Col de Tega
Argiusta-Moriccio
Pta di la Mascaraccia
Pta d'Ariola
Pta Grossa
Pta di Menta Morta
Pta di u Marcorinaccio
Pta Tafonata di Paliri
Pta di Pietra Bianca
Pta di u Cavalelli
Pta la Giovanna
Cabanes de Capello
Pta Velaco
Forêt de l'Ospédale
Forêt de Barocaggio-Marghese
NATURELLE
BOUCHES
DES
DE
BONIFACIO
PARCO NAZIONALE DELL' ARCIPELAGO DELLA MADDALENA
I. la Presa
I. Sta Maria
I. Piana
I. Corcelli
I. Barrettini
I. Ràzzoli
M. Budello
I. Budelli
Pta Marginetto
ISOLA MADDALENA
Pta Abbatoggia
Pta Lungo
Pta Galera
Pta Cannone
Cala Maiore
Cala Trinita
Spalmatore
I. Giardinelli
Pta Falcone
I. Spargiotto
I. Marmorata
I. Monica
I. Spargi
Pta Monterosso
N 196
N 198
D 859

Numéro de département / Number of French «Département»
Nummer des Departements / Nummer van departement
Numero di dipartimento / Número de departamento

Numéro de page / Page number / Seitenzahl
Paginanummer / Numero di pagina / Numéro de Página

Localité / Place / Ort
Plaatsen / Località / Localidad

Abainville **55** .......... 93 G 2

Coordonnées de carroyage / Grid coordinates
Koordinatenangabe / Verwijstekens ruitsysteem
Coordinate riferite alla quadrettatura
Coordenadas en los mapas

## A


Aast **64** 314 D 5
Abainville **55** 93 G 2
Abancourt **59** 14 B 3
Abancourt **60** 21 G 4
Abaucourt **54** 65 H 3
Abaucourt-lès-Souppleville **55** 44 C 5
Abbans-Dessous **25** 161 H 5
Abbans-Dessus **25** 161 H 5
Abbaretz **44** 126 D 5
Abbécourt **02** 24 A 5
Abbecourt **60** 38 A 3
Abbenans **25** 141 H 5
Abbeville **80** 11 G 3
Abbéville-la-Rivière **91** 87 F 5
Abbéville-lès-Conflans **54** 45 E 5
Abbeville-Saint-Lucien **60** 38 B 1
Abbévillers **25** 142 C 5
Abeilhan **34** 321 G 3
Abelcourt **70** 141 F 2
L'Aber-Wrac'h **29** 70 C 4
Abère **64** 314 C 4
L'Abergement-Clémenciat **01** 213 F 1
L'Abergement-de-Cuisery **71** 195 F 1
L'Abergement-de-Varey **01** 214 B 2
Abergement-la-Ronce **39** 178 D 1
Abergement-le-Grand **39** 179 F 2
Abergement-le-Petit **39** 179 F 2
Abergement-lès-Thésy **39** 179 H 2
Abergement-Saint-Jean **39** 178 D 3
L'Abergement-Sainte-Colombe **71** 178 A 4
Abidos **64** 313 H 3
Abilly **37** 169 H 2
Abîme *Pont de l'* **74** 215 G 5
Abitain **64** 311 H 3
Abjat-sur-Bandiat **24** 222 C 2
Ablain-Saint-Nazaire **62** 8 A 5
Ablaincourt-Pressoir **80** 23 F 2
Ablainzevelle **62** 13 G 4
Ablancourt **51** 62 C 3
Ableiges **95** 57 H 1
Les Ableuvenettes **88** 118 D 2
Ablis **78** 86 D 3
Ablon **14** 34 D 2
Ablon-sur-Seine **94** 58 C 5
Aboën **42** 229 H 4
Aboncourt **57** 46 B 4
Aboncourt **54** 94 C 4
Aboncourt-Gesincourt **70** 140 D 3
Aboncourt-sur-Seille **57** 66 B 4
Abondance **74** 198 C 4
Abondant **28** 56 D 4
Abos **64** 313 H 4
Abreschviller **57** 96 C 1
Abrest **03** 210 B 2
Les Abrets **38** 232 C 3
Abriès **05** 253 F 5
Abscon **59** 14 C 2
L'Absie **79** 167 F 5
Abzac **16** 204 C 2
Abzac **33** 238 C 4
Accarias *Col* **38** 251 E 5
Accia *Pont de l'* **2B** 347 E 4
Accolans **25** 141 H 5
Accolay **89** 136 C 4
Accons **07** 248 B 5
Accous **64** 331 H 3
Achain **57** 66 D 3
Achen **57** 67 H 1
Achenheim **67** 97 G 1
Achères **78** 58 A 2
Achères **18** 155 F 4
Achères-la-Forêt **77** 88 A 5
Achery **02** 24 B 4
Acheux-en-Amiénois **80** 13 E 5
Acheux-en-Vimeu **80** 11 F 4
Acheville **62** 8 C 5
Achey **70** 140 A 5
Achicourt **62** 13 G 2
Achiet-le-Grand **62** 13 G 4
Achiet-le-Petit **62** 13 G 4
Achun **58** 157 G 5
Achy **60** 21 H 5
Acigné **35** 104 C 3
Aclou **27** 35 G 5
Acon **27** 56 B 4
Acq **62** 13 F 2
Acqueville **50** 28 D 3
Acqueville **14** 53 G 2
Acquigny **27** 36 B 5
Acquin **62** 3 E 5
Acy **02** 40 C 3
Acy-en-Multien **60** 39 G 5
Acy-Romance **08** 42 A 1
Adaincourt **57** 66 C 2
Adainville **78** 57 F 5
Adam-lès-Passavant **25** 162 C 3
Adam-lès-Vercel **25** 162 C 4
Adamswiller **67** 67 H 3
Adast **65** 332 D 2
Adé **65** 314 D 5
Adelange **57** 66 D 2
Adelans-et-le-Val-de-Bithaine **70** 141 G 3
Adervielle **65** 333 H 4
Adilly **79** 168 A 5
Adinfer **62** 13 F 3
Adissan **34** 302 A 5
Les Adjots **16** 203 F 2
Adon **45** 134 D 3
Les Adrets **38** 233 F 5
Adriers **86** 187 F 5
Aérocity *Parc* **07** 266 B 4
Afa **2A** 348 C 3
Affieux **19** 224 D 3
Affléville **54** 45 E 4
Affoux **69** 212 B 4
Affracourt **54** 94 D 3
Affringues **62** 7 E 2
Agassac **31** 316 D 4
Agay **83** 329 H 1
Agde **34** 322 C 5
Agel **34** 320 D 5
Agen **47** 276 B 3
Agen-d'Aveyron **12** 280 D 1
Agencourt **21** 160 A 5
Agenville **80** 12 B 4
Agenvillers **80** 11 H 2
Les Ageux **60** 39 E 3
Ageville **52** 117 F 3
Agey **21** 159 G 3
Aghione **2B** 349 G 1
Agincourt **54** 65 H 5
Agmé **47** 257 G 5
Agnac **47** 257 G 3
Agnat **43** 228 B 5
Agneaux **50** 32 A 5
Agnetz **60** 38 C 2
Agnez-lès-Duisans **62** 13 F 2
Agnicourt-et-Séchelles **02** 25 F 3
Agnières **62** 8 A 5
Agnières **80** 21 H 4
Agnières-en-Dévoluy **05** 269 F 2
Agnin **38** 231 F 5
Agnos **64** 331 H 1
Agny **62** 13 G 3
Agon-Coutainville **50** 31 F 5
Agonac **24** 240 C 1
Agonès **34** 302 C 1
Agonges **03** 191 H 1
Agonnay **17** 201 F 4
Agos-Vidalos **65** 332 D 2
Agris **16** 203 G 5
Agudelle **17** 219 H 4
Les Agudes **31** 333 H 4
Aguessac **12** 281 H 3
Aguilar *Château d'* **11** 338 C 3
Aguilcourt **02** 41 G 2
Aguts **81** 298 D 5
Agy **14** 32 D 3
Ahaxe-Alciette-Bascassan **64** 330 C 1
Ahetze **64** 310 C 3
Ahéville **88** 94 D 5
Ahuillé **53** 105 H 4
Ahun **23** 207 F 2
Ahusquy **64** 330 D 2
Ahuy **21** 160 A 2
Aibes **59** 15 H 3
Aibre **25** 142 B 4
Aïcirits **64** 311 G 4
Aiffres **79** 185 E 4
Aigaliers **30** 284 B 4
L'Aigle **61** 55 F 4
Aigle *Barrage de l'* **19** 243 H 1
Aiglemont **08** 26 D 3
Aiglepierre **39** 179 G 2
Aigleville **27** 56 D 1
Aiglun **04** 287 H 4
Aiglun **06** 309 E 1
Aignan **32** 295 F 3
Aignay-le-Duc **21** 138 C 4
Aigné **72** 107 G 4
Aigne **34** 320 C 5
Aignerville **14** 32 C 3
Aignes **31** 318 B 5
Aignes-et-Puypéroux **16** 221 F 4
Aigneville **80** 11 F 4
Aigny **51** 61 H 1
Aigonnay **79** 185 F 4
Aigoual *Mont* **48** 282 D 4
Aigre **16** 203 E 4
Aigrefeuille **31** 298 B 5
Aigrefeuille-d'Aunis **17** 200 D 1
Aigrefeuille-sur-Maine **44** 147 H 5
Aigremont **78** 57 H 3
Aigremont **52** 118 A 4
Aigremont **89** 136 D 4
Aigremont **30** 283 H 5
Aiguebelette-le-Lac **73** 233 E 2
Aiguebelle **73** 234 A 2
Aiguebelle **83** 329 E 4
Aigueblanche **73** 234 B 3
Aiguefonde **81** 319 H 3
Aigueperse **69** 194 B 5
Aigueperse **63** 209 H 3
Aigues-Juntes **09** 336 A 3
Aigues-Mortes **30** 303 G 5
Aigues-Vives **30** 303 G 3
Aigues-Vives **11** 320 A 5
Aigues-Vives **34** 320 D 5
Aigues-Vives **09** 336 D 2
Aiguèze **30** 284 C 2
Aiguilhe **43** 247 F 3
Aiguilles **05** 253 F 5
Aiguillon **47** 275 G 2
L'Aiguillon **09** 336 D 3
L'Aiguillon-sur-Mer **85** 183 E 4
L'Aiguillon-sur-Vie **85** 165 E 5
Aiguines **83** 307 G 2
Aigurande **36** 189 F 3
Ailefroide **05** 252 B 4
Ailhon **07** 266 B 3
Aillant-sur-Milleron **45** 135 E 3
Aillant-sur-Tholon **89** 135 H 2
Aillas **33** 256 D 5
Ailleux **42** 211 F 5
Aillevans **70** 141 G 4
Ailleville **10** 116 A 2
Aillevillers-et-Lyaumont **70** 119 F 5
Aillianville **52** 93 G 4
Aillières-Beauvoir **72** 84 A 4
Aillon-le-Jeune **73** 233 G 1
Aillon-le-Vieux **73** 233 G 1
Ailloncourt **70** 141 G 3
Ailly **27** 36 C 5
Ailly-le-Haut-Clocher **80** 11 H 4
Ailly-sur-Meuse **55** 64 C 4
Ailly-sur-Noye **80** 22 C 3
Ailly-sur-Somme **80** 22 B 1
Aimargues **30** 303 G 3
Aime **73** 234 C 2
Ain *Source de l'* **39** 180 A 4
Ainac **04** 288 A 2
Ainay-le-Château **03** 173 H 5
Ainay-le-Vieil **18** 173 F 5
Aincille **64** 330 C 1
Aincourt **95** 57 G 1
Aincreville **55** 43 G 2
Aingeray **54** 65 G 5
Aingeville **88** 118 A 2
Aingoulaincourt **52** 93 F 3
Ainharp **64** 311 H 5
Ainhice-Mongelos **64** 311 F 5
Ainhoa **64** 310 D 4
Ainvelle **88** 118 B 4
Ainvelle **70** 141 F 2
Airaines **80** 11 H 5
Airan **14** 34 A 5
Aire **08** 41 H 1
Aire-sur-la-Lys **62** 7 G 2
Aire-sur-l'Adour **40** 294 C 3
Airel **50** 32 B 4
Les Aires **34** 301 F 5
Airion **60** 38 C 2
Airon-Notre-Dame **62** 6 B 5
Airon-Saint-Vaast **62** 6 B 5
Airoux **11** 318 D 4
Airvault **79** 168 B 3
Aiserey **21** 160 B 5
Aisey-et-Richecourt **70** 118 C 5
Aisey-sur-Seine **21** 138 B 3
Aisne **85** 183 G 3
Aisonville-et-Bernoville **02** 24 C 1
Aïssey **25** 162 C 3
Aisy-sous-Thil **21** 158 C 2
Aisy-sur-Armançon **89** 137 G 4
Aiti **2B** 347 F 3
Aiton **73** 233 H 2
Aix **59** 9 E 4
Aix **19** 226 B 2
Aix *Île d'* **17** 200 C 2
Les Aix-d'Angillon **18** 155 G 5
Aix-en-Diois **26** 268 B 2
Aix-en-Ergny **62** 6 D 3
Aix-en-Issart **62** 6 C 4
Aix-en-Othe **10** 114 B 2
Aix-en-Provence **13** 306 A 5
Aix-la-Fayette **63** 228 C 3
Aix-les-Bains **73** 233 F 1
Aix-Noulette **62** 8 A 5
Aixe-sur-Vienne **87** 205 F 5
Aizac **07** 266 B 2
Aizanville **52** 116 C 3
Aize **36** 171 H 1
Aizecourt-le-Bas **80** 23 H 1
Aizecourt-le-Haut **80** 23 G 1
Aizecq **16** 203 G 3
Aizelles **02** 41 E 1
Aizenay **85** 165 G 4
Aizier **27** 35 F 2
Aizy-Jouy **02** 40 C 2
Ajac **11** 337 B 2
Ajaccio **2A** 348 B 3
Ajain **23** 207 F 1
Ajat **24** 241 E 2
Ajoncourt **57** 66 B 4
Ajou **27** 55 G 2
Ajoux **07** 266 C 1
Alaigne **11** 337 B 1
Alaincourt **02** 24 B 3
Alaincourt **70** 118 D 5
Alaincourt-la-Côte **57** 66 B 3
Alairac **11** 319 G 5
Alaise **25** 179 H 1
Alan **31** 316 D 5
Alando **2B** 347 F 4
Alata **2A** 348 B 3
Alba-la-Romaine **07** 266 D 4
Alban **81** 300 A 1
Albaret-le-Comtal **48** 245 H 5
Albaret-Sainte-Marie **48** 246 A 5
Albarine *Gorges de l'* **01** 214 C 3
L'Albaron **13** 304 A 4
Albas **46** 259 G 5
Albas **11** 338 C 2
Albé **67** 97 E 4
Albefeuille-Lagarde **82** 277 G 5
L'Albenc **38** 250 B 1
Albens **73** 215 F 5
Albepierre-Bredons **15** 245 F 3
L'Albère **66** 343 E 4
Albert **80** 13 F 5
Albert-Louppe *Pont* **29** 75 F 2
Albertacce **2B** 346 D 4
Albertville **73** 234 A 1
Albestroff **57** 67 F 2
Albi **81** 299 F 1
Albiac **46** 261 E 2
Albiac **31** 298 C 5
Albias **82** 278 B 4
Albières **11** 338 A 3
Albiès **09** 336 C 5
Albiez-le-Jeune **73** 252 A 1
Albiez-le-Vieux **73** 252 A 1
Albignac **19** 242 D 2
Albigny **74** 215 G 3
Albigny-sur-Saône **69** 213 E 4
Albine **81** 320 A 3
Albiosc **04** 307 E 2
Albitreccia **2A** 348 D 4
Albon **26** 249 E 1
Albon-d'Ardèche **07** 266 B 1
Alboussière **07** 249 E 4
Les Albres **12** 261 G 4
Albussac **19** 243 E 3
Alby-sur-Chéran **74** 215 F 4
Alçay-Alçabéhéty-Sunharette **64** 331 E 2
Aldudes **64** 330 A 1
Alembon **62** 2 D 5
Alençon **61** 83 G 4
Alénya **66** 343 F 2
Aléria **2B** 349 H 1


## AIX-EN-PROVENCE

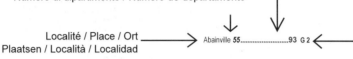

| | | |
|---|---|---|
| Agard (Passage) | CY | 2 |
| Albertas (Pl.) | BY | 3 |
| Aude (R.) | BY | 4 |
| Bagniers (R. des) | BY | 5 |
| Bellegarde (Pl.) | CX | 7 |
| Bon Pasteur (R.) | BX | 9 |
| Boulégon (R.) | BX | 12 |
| Brossolette (Av.) | AZ | 13 |
| Cardeurs (Pl. des) | BY | 16 |
| Clemenceau (R.) | BY | 18 |
| Cordeliers (R. des) | BY | 20 |
| Couronne (R. de la) | BY | 21 |
| Curie (R. Pierre-et-Marie) | BX | 22 |
| Espariat (R.) | BY | 26 |
| Fabrot (R.) | BY | 28 |
| Foch (R. du Maréchal) | BY | 30 |
| Hôtel de Ville (Pl.) | BY | 37 |
| Italie (R. d') | CY | 42 |
| Lattre-de-Tassigny (Av. de) | AY | 46 |
| De-la-Roque (R. J.) | BX | 25 |
| Matheron (R.) | BY | 49 |
| Méjanes (R.) | BY | 51 |
| Minimes (Crs des) | AY | 52 |
| Mirabeau (Cours) | BCY | |
| Montigny (R. de) | BY | 55 |
| Napoléon-Bonaparte (Av.) | AY | 57 |
| Nazareth (R.) | BY | 58 |
| Opéra (R. de l') | CY | 62 |
| Pasteur (Av.) | BX | 64 |
| Paul-Bert (R.) | BX | 66 |
| Prêcheurs (Pl. des) | CY | 70 |
| Richelme (Pl.) | BY | 72 |
| Saporta (R. G.-de) | BX | 75 |
| Thiers (R.) | CY | 80 |
| Verdun (Pl. de) | CY | 85 |
| 4-Septembre (R.) | BZ | 87 |

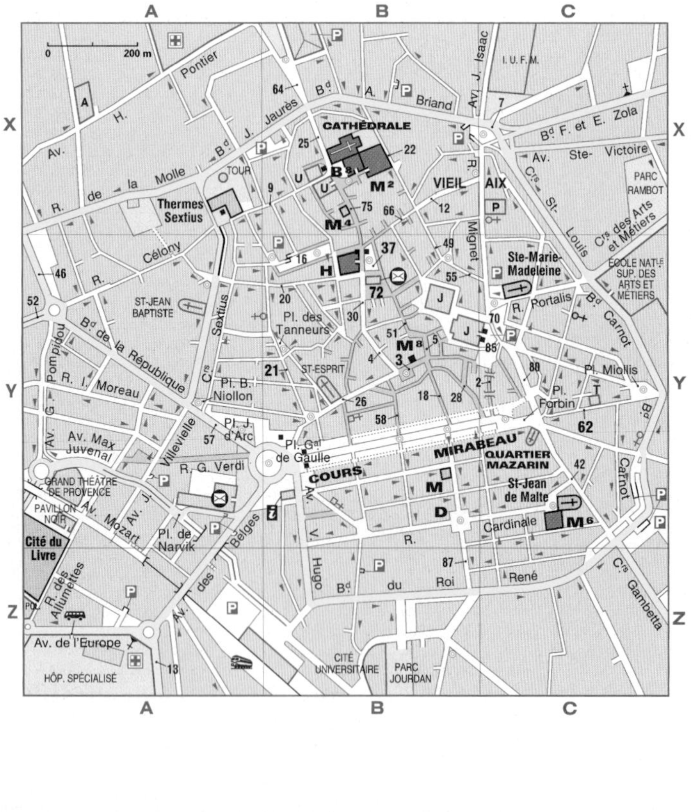

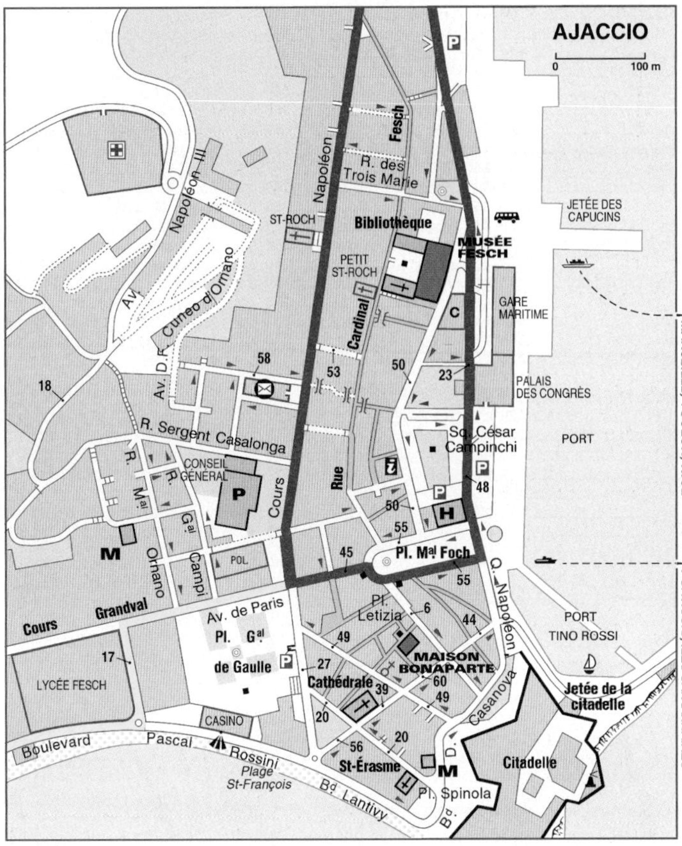


| | | |
|---|---|---|
| Bonaparte (R.) Z 6 | Macchini (Av. E.) Z 27 | Roi-de-Rome (R.) Z 49 |
| Dr-Ramaroni (Av. du) Z 17 | Napoléon-III (Av.) Z 37 | Roi-Jérôme (Bd) Z 50 |
| Eugénie (Av. Impératrice) Z 18 | Napoléon (Cours) Z | Sebastiani (R. Gén.) Z 53 |
| Fesch (R. Cardinal) Z | Notre-Dame (R.) Z 39 | Sérafini (Av. A.) Z 55 |
| Forcioli-Conti (R.) Z 20 | Pozzo-di-Borgo (R.) Z 44 | Soeur-Alphonse (R.) Z 56 |
| Grandval (Cours) Z | Premier-Consul (Av.) Z 45 | Vero (R. Lorenzo) Z 58 |
| Herminier (Quai l') Z 23 | République (Q. de la) Z 48 | Zévaco-Maire (R.) Z 60 |


Alès 30 283 H 4
Alet-les-Bains 11 337 C 2
Alette 62 6 C 4
Aleu 09 335 G 3
Alex 74 215 H 3
Alexain 53 106 A 2
Aleyrac 26 267 F 4
Alfortville 94 58 C 4
Algajola 2B 344 C 5
Algans 81 298 D 5
Algolsheim 68 121 G 3
Algrange 57 45 G 3
Alièze 39 196 C 1
Alignan-du-Vent 34 321 H 3
Alincourt 60 37 G 4
Alincourt 08 42 A 2
Alincthun 62 2 C 5
Alise-Sainte-Reine 21 159 E 1
Alissas 07 266 D 2
Alix 69 212 D 4
Alixan 26 249 G 4
Alizay 27 36 B 3
Allain 54 94 B 2
Allaines 80 23 G 1
Allaines-Mervilliers 28 110 D 2
Allainville 28 56 C 5
Allainville 78 86 D 4
Allainville-en-Beauce 45 111 F 2
Allaire 56 125 G 4
Allamont 54 65 E 1
Allamps 54 94 A 2
Allan 26 267 E 4
Allanche 15 245 F 1
Alland'Huy-et-Sausseuil 08 42 C 1
Allarmont 88 96 B 2
Allas-Bocage 17 219 H 4
Allas-Champagne 17 220 B 3
Allas-les-Mines 24 259 F 1
Allassac 19 242 B 1
Allauch 13 327 E 2
Allègre 43 247 E 2
Allègre Château d' 30 284 A 3
Allègre-les-Fumades 30 284 A 3
Alleins 13 305 G 3
Allemagne-en-Provence 04 307 E 2
Allemanche-Launay-et-Soyer 51 90 B 2
Allemans 24 239 G 1
Allemans-du-Dropt 47 257 G 3
Allemant 02 40 C 1
Allemant 51 61 E 4
Allemont 38 251 G 2
Allenay 80 11 E 3
Allenc 48 264 D 4
Allenjoie 25 142 C 4
Allennes-les-Marais 59 8 C 4
Allenwiller 67 68 B 5
Allerey 21 159 E 5
Allerey-sur-Saône 71 178 A 3
Allériot 71 178 A 4
Allery 80 11 H 5
Alles-sur-Dordogne 24 258 D 1
Les Alleuds 49 149 H 3
Les Alleuds 79 203 E 1
Les Alleux 08 42 D 1
Alleuze 15 245 H 4
Allevard 38 233 G 4
Allèves 74 215 G 5
Allex 26 267 F 1
Alleyrac 43 247 G 5
Alleyras 43 246 D 5
Alleyrat 23 207 G 3
Alleyrat 19 225 H 3
Allez-et-Cazeneuve 47 276 B 1
Alliancelles 51 63 E 3
Alliat 09 336 B 4
Allibaudières 10 91 E 2
Allichamps 52 92 C 2
Allier 65 315 F 5
Allières 09 335 H 2
Les Alliés 25 180 D 2
Alligny-Cosne 58 156 B 2
Alligny-en-Morvan 58 158 C 4
Allimas Col de l' 38 250 C 5
Allineux 22 78 A 5
Allinges 74 198 B 3
Allogny 18 155 E 4
Allondans 25 142 B 4
Allondaz 73 216 A 5
Allondrelle-la-Malmaison 54 44 C 1
Allonne 60 38 A 2
Allonne 79 185 E 1
Allonnes 28 86 C 5
Allonnes 72 107 G 5
Allonnes 49 150 C 3
Allons 47 274 D 3
Allons 04 288 D 4
Allonville 80 22 C 1
Allonzier-la-Caille 74 215 G 2
Allos 04 288 D 2
Allos Col d' 04 288 D 1
Allouagne 62 7 H 4
Alloue 16 204 B 2
Allouis 18 154 D 5
Allouville-Bellefosse 76 19 G 5
Les Allues 73 234 C 3
Les Alluets-le-Roi 78 57 H 3
Alluy 58 175 G 1
Alluyes 28 109 H 2
Ally 15 244 B 2
Ally 43 246 A 2
Almayrac 81 279 G 4
Almenêches 61 54 B 5
Almont-les-Junies 12 261 H 4
Alos 81 279 E 5
Alos 09 335 F 3
Alos-Sibas-Abense 64 331 F 1
Alouettes Mont des 85 166 C 2
Aloxe-Corton 21 177 H 1
Alpe-d'Huez 38 251 G 2
Alpuech 12 263 F 2
Alquines 62 2 D 5
Alrance 12 281 E 4
Alsting 57 47 G 5
Altagène 2A 349 E 5
Alteckendorf 67 68 C 4
Altenach 68 143 E 3
Altenbach 68 120 C 5
Altenheim 67 68 B 4
Altenstadt 67 69 F 1
Althen-des-Paluds 84 285 G 5
Altiani 2B 347 F 5
Altier 48 265 F 5
Altillac 19 243 E 4
Altkirch 68 143 F 3
Altorf 67 97 F 2
Altrippe 57 67 F 1
Altviller 57 67 E 1
Altwiller 67 67 G 2
Aluze 71 177 G 3
Alvignac 46 260 D 1
Alvimare 76 19 F 5
Alzen 09 336 A 2
Alzi 2B 347 F 4
Alzing 57 46 C 4
Alzon 30 282 C 5
Alzonne 11 319 F 5
Amage 70 141 H 2
Amagne 08 42 B 1
Amagney 25 162 B 3
Amailloux 79 168 A 4
Amance 54 66 B 5
Amance 10 91 H 5
Amance 70 141 E 2
Amancey 25 180 A 1
Amancy 74 216 A 1
Amange 39 161 E 4
Amanlis 35 104 C 4
Amanty 55 93 H 2
Amanvillers 57 45 G 5
Amanzé 71 193 H 4
Amareins 01 213 E 2
Amarens 81 279 E 5
Amathay-Vésigneux 25 180 B 1
Amayé-sur-Orne 14 33 F 5
Amayé-sur-Seulles 14 32 D 5
Amazy 58 157 F 3
Ambacourt 88 94 D 4
Ambarès-et-Lagrave 33 237 G 4
Ambax 31 316 D 4
Ambazac 87 205 H 3
Ambel 38 269 F 1
Ambenay 27 55 G 3
Ambérac 16 203 E 4
Ambérieu-en-Bugey 01 214 A 3
Ambérieux 69 212 D 3
Ambérieux-en-Dombes 01 213 F 3
Ambernac 16 204 B 3
Amberre 86 168 D 4
Ambert 63 229 E 3
Ambès 33 237 G 3
Ambeyrac 12 261 F 4
Ambialet 81 299 H 1
Ambiegna 2A 348 C 2
Ambierle 42 211 F 2
Ambiévillers 70 118 D 4
Ambillou 37 151 F 2
Ambillou-Château 49 149 H 4
Ambilly 74 197 H 5
Amblaincourt 55 63 H 2
Amblainville 60 38 A 4
Amblans-et-Velotte 70 141 G 3
Ambleny 02 40 A 2
Ambléon 01 214 C 5
Ambleteuse 62 2 B 4
Ambleville 95 37 F 5
Ambleville 16 220 C 3
Amblie 14 33 F 3
Amblimont 08 27 F 4
Ambloy 41 131 F 4
Ambly-Fleury 08 42 B 1
Ambly-sur-Meuse 55 64 B 2
Amboise 37 152 C 2
Ambon 56 124 D 4
Ambonil 26 267 F 1
Ambonnay 51 61 H 1
Ambonville 52 92 D 5
Ambourville 76 35 H 1
Ambrault 36 172 B 4
Ambres 81 298 D 3
Ambricourt 62 7 F 4
Ambrief 02 40 B 3
Ambrières 51 63 E 5
Ambrières-les-Vallées 53 82 B 4
Ambrines 62 13 E 2
Ambronay 01 214 A 2
Ambrugeat 19 225 G 3
Ambrumesnil 76 20 A 2
Ambrus 47 275 F 2
Ambutrix 01 214 A 3
Amécourt 27 37 F 2
Amel-sur-l'Étang 55 44 D 4
Amelécourt 57 66 C 4
Amélie-les-Bains-Palalda 66 342 C 4
L'Amélie-sur-Mer 33 218 C 3
Amendeuix-Oneix 64 311 G 4
Amenoncourt 54 96 A 1
Amenucourt 95 37 F 5
Ames 62 7 G 3
Amettes 62 7 G 4
Ameugny 71 194 D 2
Ameuvelle 88 118 C 5
Amfreville 50 29 G 5
Amfreville 14 33 H 3
Amfreville-la-Campagne 27 35 H 4
Amfreville-la-Mi-Voie 76 36 B 2
Amfreville-les-Champs 76 19 H 4
Amfreville-les-Champs 27 36 C 3
Amfreville-sous-les-Monts 27 36 C 3
Amfreville-sur-Iton 27 36 B 5
Amfroipret 59 15 F 2
Amiens 80 22 B 2
Amifontaine 02 41 F 1
Amigny 50 32 A 4
Amigny-Rouy 02 24 B 5
Amillis 77 60 A 4
Amilly 28 86 A 4
Amilly 45 112 C 5
Amions 42 211 G 4
Amirat 06 289 F 5
Ammerschwihr 68 121 E 2
Ammerzwiller 68 143 E 2
Ammeville 14 54 B 2
Amné 72 107 F 4
Amnéville 57 45 G 4
Amoncourt 70 141 E 3
Amondans 25 162 A 5
Amont-et-Effreney 70 119 G 5
Amorots-Succos 64 311 G 4
Amou 40 293 G 4
Amphion-les-Bains 74 198 B 3
Ampiac 12 280 C 1
Ampilly-le-Sec 21 138 A 3
Ampilly-les-Bordes 21 138 B 5
Amplepuis 69 212 A 3
Amplier 62 12 D 4
Ampoigné 53 128 A 2
Amponville 77 112 A 2
Ampriani 2B 347 G 5
Ampuis 69 231 E 3
Ampus 83 307 H 4
Amuré 79 184 C 5
Amy 60 23 F 4
Anais 17 183 H 5
Anais 16 203 F 5
Anan 31 316 C 4
Ance 64 331 G 1
Anceaumeville 76 20 B 5
Anceins 61 55 E 3
Ancelle 05 269 H 2
Ancemont 55 64 B 1
Ancenis 44 148 B 2
Ancerville 55 63 G 5
Ancerville 57 66 B 1
Ancerviller 54 96 A 2
Ancey 21 159 H 3
Anchamps 08 26 D 1
Anché 37 151 E 5
Anché 86 186 B 4
Anchenoncourt-et-Chazel 70 141 E 2
Ancienville 02 40 A 4
Ancier 70 161 F 1
Ancinnes 72 83 H 4
Ancizan 65 333 G 3
Les Ancizes-Comps 63 209 E 4
Ancône 26 267 E 3
Ancourt 76 10 B 5
Ancourteville-sur-Héricourt 76 19 G 4
Ancretiéville-Saint-Victor 76 20 A 4
Ancretteville-sur-Mer 76 19 F 3
Ancteville 50 31 G 5
Anctoville 14 33 E 5
Anctoville-sur-Boscq 50 51 F 3
Ancy 69 212 C 5
Ancy-le-Franc 89 137 F 3
Ancy-le-Libre 89 137 F 3
Ancy-sur-Moselle 57 65 G 1
Andaine Bec d' 50 51 F 4
Andainville 80 21 G 2
Andance 07 249 E 1
Andancette 26 249 E 1
Andard 49 149 H 1
Andé 27 36 C 4
Andechy 80 23 E 4
Andel 22 78 D 3
Andelain 02 24 B 4
Andelaroche 03 193 E 5
Andelarre 70 141 E 5
Andelarrot 70 141 E 5
Andelat 15 245 G 3
Andelnans 90 142 C 3
Andelot 52 117 F 2
Andelot-en-Montagne 39 179 H 3
Andelot-lès-Saint-Amour 39 196 A 3
Andelu 78 57 G 3
Les Andelys 27 36 D 4
Andernay 55 63 F 4
Andernos-les-Bains 33 254 C 1
Anderny 54 45 F 3
Andert-et-Condon 01 214 D 5
Andevanne 08 43 G 2
Andeville 60 38 A 4
Andigné 49 128 A 4
Andillac 81 279 E 5
Andilly 95 58 B 2
Andilly 54 65 F 5
Andilly 17 183 G 5
Andilly 74 215 G 2
Andilly-en-Bassigny 52 117 H 5
Andiran 47 275 F 4
Andlau 67 97 E 3
Andoins 64 314 C 5
Andolsheim 68 121 F 3
Andon 06 308 D 2
Andonville 45 111 E 2
Andornay 70 142 A 3
Andouillé 53 106 A 2
Andouillé-Neuville 35 80 C 5
Andouque 81 280 B 5
Andrein 64 311 H 3
Andres 62 2 D 4
Andrest 65 315 E 4
Andrésy 78 58 A 2
Andrezé 49 148 D 4
Andrezel 77 88 C 2
Andrézieux-Bouthéon 42 230 A 3
Andryes 89 157 E 1
Anduze 30 283 G 4
Anéran-Camors 65 333 H 4
Anères 65 333 H 1
Anet 28 56 D 3
Anetz 44 148 C 2
Angaïs 64 314 C 5
Angé 41 152 D 3
Angeac-Champagne 16 220 B 2
Angeac-Charente 16 220 D 2
Angecourt 08 27 F 4
Angeduc 16 220 D 3
Angely 89 137 E 5
Angeot 90 142 D 2
Angers 49 149 G 1
Angerville 14 34 A 4
Angerville 91 87 E 5
Angerville-Bailleul 76 19 E 4
Angerville-la-Campagne 27 56 B 2
Angerville-la-Martel 76 19 F 3
Angerville-l'Orcher 76 18 D 5
Angervilliers 91 87 F 2
Angeville 82 277 E 5
Angevillers 57 45 G 3
Angey 50 51 G 4
Angicourt 60 38 D 3
Angiens 76 19 H 2
Angirey 70 161 G 1
Angivillers 60 38 D 1
Anglade 33 237 F 1
Anglards-de-Saint-Flour 15 245 H 4
Anglards-de-Salers 15 244 C 2
Anglars 46 261 E 2
Anglars-Juillac 46 259 G 5
Anglars-Nozac 46 259 H 1
Anglars-Saint-Félix 12 261 H 5
Anglefort 01 215 E 3
Anglemont 88 95 H 4
Angles 85 182 D 3
Les Angles 30 285 E 5
Angles 04 288 D 5
Anglès 81 300 B 5
Les Angles 65 333 E 1
Les Angles 66 341 G 3
Les Angles-sur-Corrèze 19 243 E 1
Angles-sur-l'Anglin 86 170 B 5
Anglesqueville-la-Bras-Long 76 19 H 3
Anglesqueville-l'Esneval 76 18 D 4
Anglet 64 292 A 5
Angliers 86 168 D 2
Angliers 17 183 G 5
Anglure 51 90 C 2
Anglure-sous-Dun 71 194 A 5
Anglus 52 92 B 3
Angluzelles-et-Courcelles 51 61 F 5
Angoisse 24 223 F 4
Angomont 54 96 B 2

Angos 65 ... 315 F 5
Angoulême 16 ... 221 F 2
Angoulins 17 ... 200 C 1
Angoumé 40 ... 292 D 3
Angous 64 ... 313 F 5
Angoustrine 66 ... 341 F 4
Angoville 14 ... 53 G 2
Angoville-au-Plain 50 ... 32 A 2
Angoville-en-Saire 50 ... 29 G 2
Angoville-sur-Ay 50 ... 31 F 3
Angres 62 ... 8 B 5
Angresse 40 ... 292 B 3
Angrie 49 ... 127 H 5
Anguerny 14 ... 33 G 3
Anguilcourt-le-Sart 02 ... 24 C 4
Angviller-lès-Bisping 57 ... 67 F 4
Angy 60 ... 38 C 3
Anhaux 64 ... 330 B 1
Anhiers 59 ... 9 E 5
Aniane 34 ... 302 B 4
Aniche 59 ... 14 B 2
Anisy 14 ... 33 G 3
Anizy-le-Château 02 ... 40 C 1
Anjeux 70 ... 119 E 5
Anjony Château d' 15 ... 244 C 3
Anjou 38 ... 231 F 5
Anjouin 36 ... 154 A 5
Anjoutey 90 ... 142 C 2
Anla 65 ... 334 A 2
Anlezy 58 ... 175 F 2
Anlhiac 24 ... 223 F 5
Annay 62 ... 8 C 4
Annay 58 ... 156 A 1
Annay-la-Côte 89 ... 157 H 1
Annay-sur-Serein 89 ... 137 E 4
Annebault 14 ... 34 B 3
Annebecq 14 ... 52 B 2
Annecy 74 ... 215 G 3
Annecy-le-Vieux 74 ... 215 G 3
Annelles 08 ... 42 B 2
Annemasse 74 ... 197 H 5
Annéot 89 ... 157 H 1
Annepont 17 ... 201 G 4
Annequin 62 ... 8 B 4
Annesse-et-Beaulieu 24 ... 240 B 2
Annet-sur-Marne 77 ... 59 F 2
Anneux 59 ... 14 A 4
Anneville-en-Saire 50 ... 29 H 3
Annéville-la-Prairie 52 ... 116 D 2
Anneville-sur-Mer 50 ... 31 F 5
Anneville-sur-Scie 76 ... 20 B 2
Anneville-sur-Seine 76 ... 35 H 1
Anneyron 26 ... 249 F 1
Annezay 17 ... 201 F 2
Annezin 62 ... 8 A 4
Annœullin 59 ... 8 C 4
Annoire 39 ... 178 C 2
Annois 02 ... 24 A 4
Annoisin-Chatelans 38 ... 214 A 5
Annoix 18 ... 173 F 2
Annonay 07 ... 248 D 1
Annonville 52 ... 93 E 4
Annot 04 ... 289 E 5
Annouville-Vilmesnil 76 ... 19 E 4
Annoux 89 ... 137 F 5
Annoville 50 ... 51 F 1
Anor 59 ... 15 H 5
Anos 64 ... 314 B 4
Anost 71 ... 176 B 1
Anould 88 ... 120 B 2
Anoux 54 ... 45 E 4
Anoye 64 ... 314 D 4
Anquetierville 76 ... 35 F 1
Anrosey 52 ... 140 B 2
Ansac-sur-Vienne 16 ... 204 C 3
Ansacq 60 ... 38 C 3
Ansan 32 ... 296 C 3
Ansauville 54 ... 65 E 4
Ansauvillers 60 ... 22 C 5
Anse 69 ... 212 D 3
Anserville 60 ... 38 B 4
Ansignan 66 ... 338 A 5
Ansigny 73 ... 215 F 4
Ansost 65 ... 315 F 3
Ansouis 84 ... 306 A 3
Anstaing 59 ... 9 E 3
Antagnac 47 ... 274 D 1
Anterrieux 15 ... 263 G 1
Anteuil 25 ... 163 E 2
Antezant 17 ... 201 H 3
Anthé 47 ... 277 E 1
Anthelupt 54 ... 95 F 1
Anthenay 51 ... 41 E 5
Antheny 08 ... 26 A 2
Anthéor 83 ... 309 E 5
Antheuil 21 ... 159 G 5
Antheuil-Portes 60 ... 39 F 1
Anthien 58 ... 157 G 3
Anthon 38 ... 213 H 5
Anthy-sur-Léman 74 ... 198 A 3
Antibes 06 ... 309 F 4
Antibes Cap d' 06 ... 309 F 4
Antichan 65 ... 334 A 2
Antichan-de-Frontignes 31 ... 334 B 2
Antignac 17 ... 219 H 3
Antignac 15 ... 226 C 5
Antignac 31 ... 334 A 4
Antigny 85 ... 184 B 1
Antigny 86 ... 187 F 2
Antigny-la-Ville 21 ... 159 F 5
Antilly 60 ... 39 G 5
Antilly 57 ... 45 H 5
Antin 65 ... 315 G 4
Les Antiques 13 ... 304 D 2
Antisanti 2B ... 347 G 5
Antist 65 ... 333 F 1
Antogny le Tillac 37 ... 169 G 2
Antoigné 49 ... 168 B 1
Antoigny 61 ... 82 D 3
Antoingt 63 ... 227 H 3
Antonaves 05 ... 287 E 2
Antonne-et-Trigonant 24 ... 240 D 2
Antony 92 ... 58 B 4
Antorpe 25 ... 161 G 4
Antraigues-sur-Volane 07 ... 266 B 2
Antrain 35 ... 80 C 3
Antran 86 ... 169 G 3
Antras 32 ... 296 A 3
Antras 09 ... 334 D 4
Antrenas 48 ... 264 A 4
Antugnac 11 ... 337 C 3
Antully 71 ... 177 E 3
Anvéville 76 ... 19 G 4
Anville 16 ... 202 D 5
Anvin 62 ... 7 F 4
Any-Martin-Rieux 02 ... 25 H 2
Anzat-le-Luguet 63 ... 227 G 5
Anzeling 57 ... 46 C 4
Anzême 23 ... 189 F 5
Anzex 47 ... 275 E 2
Anzin 59 ... 9 G 5
Anzin-Saint-Aubin 62 ... 13 G 2
Anzy-le-Duc 71 ... 193 G 4
Aoste 38 ... 232 C 2
Aougny 51 ... 41 E 4
Aouste 08 ... 26 A 3
Aouste-sur-Sye 26 ... 267 G 2
Aouze 88 ... 94 B 4
Apach 57 ... 46 B 2
Apchat 63 ... 227 H 5
Apchon 15 ... 245 E 1
Apinac 42 ... 229 G 5
Apothicairerie Grotte de l' 56 ... 144 B 3
Appelle 81 ... 299 E 5
Appenai-sous-Bellême 61 ... 84 C 5
Appenans 25 ... 142 A 5
Appenwihr 68 ... 121 F 3
Appeville 50 ... 31 H 2
Appeville-Annebault 27 ... 35 F 3
Appietto 2A ... 348 C 2
Appilly 60 ... 23 H 5
Appoigny 89 ... 136 B 2
Apprieu 38 ... 232 C 4
Appy 09 ... 336 C 5
Apremont 60 ... 38 D 4
Apremont 08 ... 43 F 3
Apremont 70 ... 161 E 2


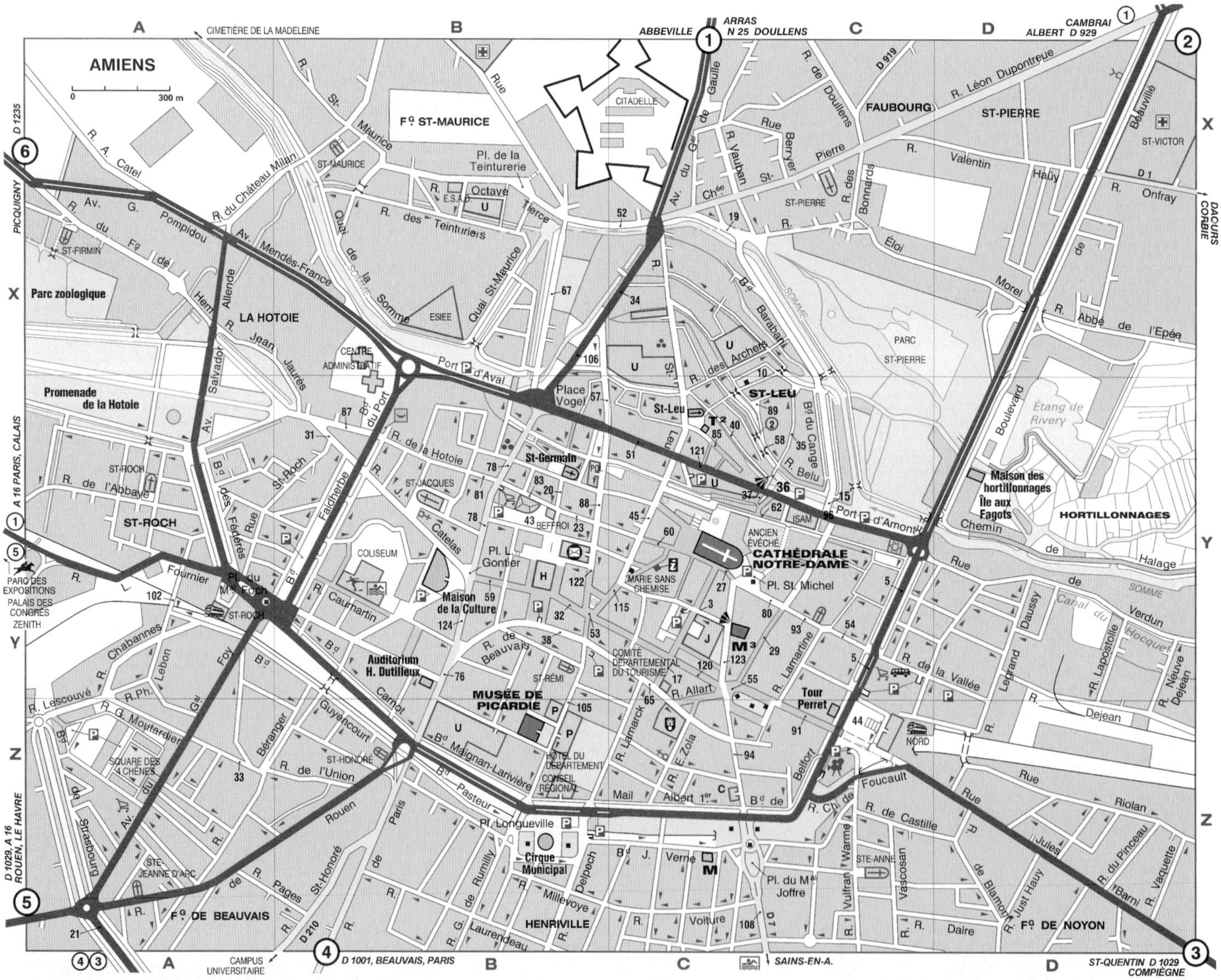


| | | |
|---|---|---|
| Aguesseau (Pl.) | CY | 3 |
| Alsace-Lorraine (Bd d') | CY | 5 |
| Beauvais (R. de) | BY | |
| Briand (Pl. A.) | CXY | 10 |
| Cange (Pt du) | CY | 15 |
| Catelas (R. Jean) | BY | |
| Cauvin (R. E.) | CY | 17 |
| Célestins (Bd des) | CX | 19 |
| Chapeau-des-Violettes (R.) | BY | 20 |
| Châteaudun (Bd de) | AZ | 21 |
| Chaudronniers (R. des) | BY | 23 |
| Cormont (R.) | CY | 27 |
| Courbet (R. de l'Amiral) | CY | 29 |
| Défontaine (R. du Cdt) | BY | 31 |
| Delambre (R.) | BY | 32 |
| Denfert-Rochereau (R.) | AZ | 33 |
| Déportés (R. des) | CX | 34 |
| Dodane (Pont de la) | CY | 36 |
| Dodane (R. de la) | CY | 35 |
| Don (Pl. du) | CY | 37 |
| Duméril (R.) | BY | 38 |
| Engoulvent (R. d') | CY | 40 |
| Fil (Pl. au) | BY | 43 |
| Fiquet (Pl. Alphonse) | CZ | 44 |
| Flatters (R.) | CY | 45 |
| Francs-Mûriers (R. des) | CY | 51 |
| Fusillés (Bd des) | CX | 52 |
| Gambetta (Pl.) | BY | 53 |
| Gde-Rue de la Veillère | BY | 57 |
| Gloriette (R.) | CY | 54 |
| Goblet (Pl. René) | CY | 55 |
| Granges (R. des) | CY | 58 |
| Gresset (R.) | BY | 59 |
| Henri-IV (R.) | CY | 60 |
| Hocquet (R. du) | CY | 62 |
| Jacobins (R. des) | CY | 65 |
| Jardin-des-Plantes (Bd) | BX | 67 |
| Lattre-de-Tassigny (R. Mar.-de) | BY | 76 |
| Leclerc (R. du Gén.) | BY | 78 |
| Lefèvre (R. Adéodat) | CY | 80 |
| Leroux (R. Florimond) | BY | 81 |
| Lin (R. au) | BY | 83 |
| Majots (R. des) | CY | 85 |
| Marché-aux-Chevaux (R. du) | BY | 87 |
| Marché-de-Lanselles (R. du) | BY | 88 |
| Motte (R.) | CY | 89 |
| Noyon (R. de) | CZ | 91 |
| Oratoire (R. de l') | CY | 93 |
| Otages (R. des) | CZ | 94 |
| Parmentier (Pl.) | CY | 96 |
| Prémontrées (R. des) | AY | 102 |
| République (R. de la) | BZ | 105 |
| Résistance (R. de la) | BX | 106 |
| St-Fuscien (R.) | CZ | 108 |
| Sergents (R. des) | CY | 115 |
| Trois-Cailloux (R. des) | CY | 120 |
| Vanmarcke (R.) | CY | 121 |
| Vergeaux (R. des) | BY | 122 |
| Victor-Hugo (R.) | CY | 123 |
| 2e-D.-B. (Áv. de la) | BY | 124 |

## ANGERS

Alsace (R. d') . . . . . . . . . . . . . . CZ
Aragon (Av. Yolande d'). . . . . AY
Baudrière (R.) . . . . . . . . . . . . . BY
Beaurepaire (R.) . . . . . . . . . . . AY
Bichat (R.) . . . . . . . . . . . . . . . AY
Bon-Pasteur (Bd du) . . . . . . . . AY
Bout-du-Monde (Prom. du) . . AY
Bressigny (R.) . . . . . . . . . . . . . CZ
Chaperonnière (R.) . . . . . . . . BYZ
Commerce (R. du) . . . . . . . . . CY
David-d'Angers (R.). . . . . . . . . CY
Denis-Papin (R.). . . . . . . . . . . . BZ
Droits-de-l'Homme (Av. des) . CY
Espine (R. de l') . . . . . . . . . . . BY
Estoile (Sq. J. de l') . . . . . . . . AY
Foch (Bd du Mar.). . . . . . . . . BCZ
Freppel (Pl.) . . . . . . . . . . . . . . BY
Gare (R. de la) . . . . . . . . . . . . BZ
Laiterie (Pl.) . . . . . . . . . . . . . . AY
Lenepveu (R.) . . . . . . . . . . . . . CY
Lices (R. des). . . . . . . . . . . . . . BZ
Lionnaise (R.). . . . . . . . . . . . . . AY
Lise (R. P.) . . . . . . . . . . . . . . . CY
Marceau (R.) . . . . . . . . . . . . . . AZ
Mirault (Bd) . . . . . . . . . . . . . . BY
Mondain-Chanlouineau (Sq.) . BY
Oisellerie (R.). . . . . . . . . . . . . . BY
Parcheminerie (R.) . . . . . . . . . BY
Pasteur (Av.) . . . . . . . . . . . . . . CY
Pilori (Pl. du). . . . . . . . . . . . . . CY
Plantagenêt (R.) . . . . . . . . . . . BY
Pocquet-de-Livonnières (R.). . CY
Poëliers (R. des) . . . . . . . . . . . CY
Pompidou (Allées) . . . . . . . . . CY
Prés.-Kennedy (Place du) . . . . AZ
Ralliement (Pl. du). . . . . . . . . . BY
Résistance-et-de-la-Déport. (Bd) . . . . . . . . . . . . . . . . . . CY
Robert (Bd) . . . . . . . . . . . . . . BY
La Rochefoucauld Liancourt (Pl.) . . . . . . . . . . . . . . . . . . ABY
Roë (R. de la). . . . . . . . . . . . . . BY
Ronceray (Bd du) . . . . . . . . . . AY
Ste-Croix (Pl.). . . . . . . . . . . . . . BZ
St-Aignan (R.) . . . . . . . . . . . . . AY
St-Aubin (R.) . . . . . . . . . . . . . . BZ
St-Étienne (R.) . . . . . . . . . . . . . CY
St-Julien (R.) . . . . . . . . . . . . . BCZ
St-Laud (R.) . . . . . . . . . . . . . . . BY
St-Lazare (R.) . . . . . . . . . . . . . AY
St-Martin (R.) . . . . . . . . . . . . . . BZ
St-Maurice (Mtée) . . . . . . . . . BY
St-Maurille (R.) . . . . . . . . . . . . CY
St-Michel (Bd) . . . . . . . . . . . . . CY
St-Samson (R.) . . . . . . . . . . . . CY
Talot (R.). . . . . . . . . . . . . . . . . BZ
Tonneliers (R. des) . . . . . . . . . AY
Ursules (R. des) . . . . . . . . . . . CY
Voltaire (R.) . . . . . . . . . . . . . . BZ
8-Mai-1945 (Av. du). . . . . . . . . CZ

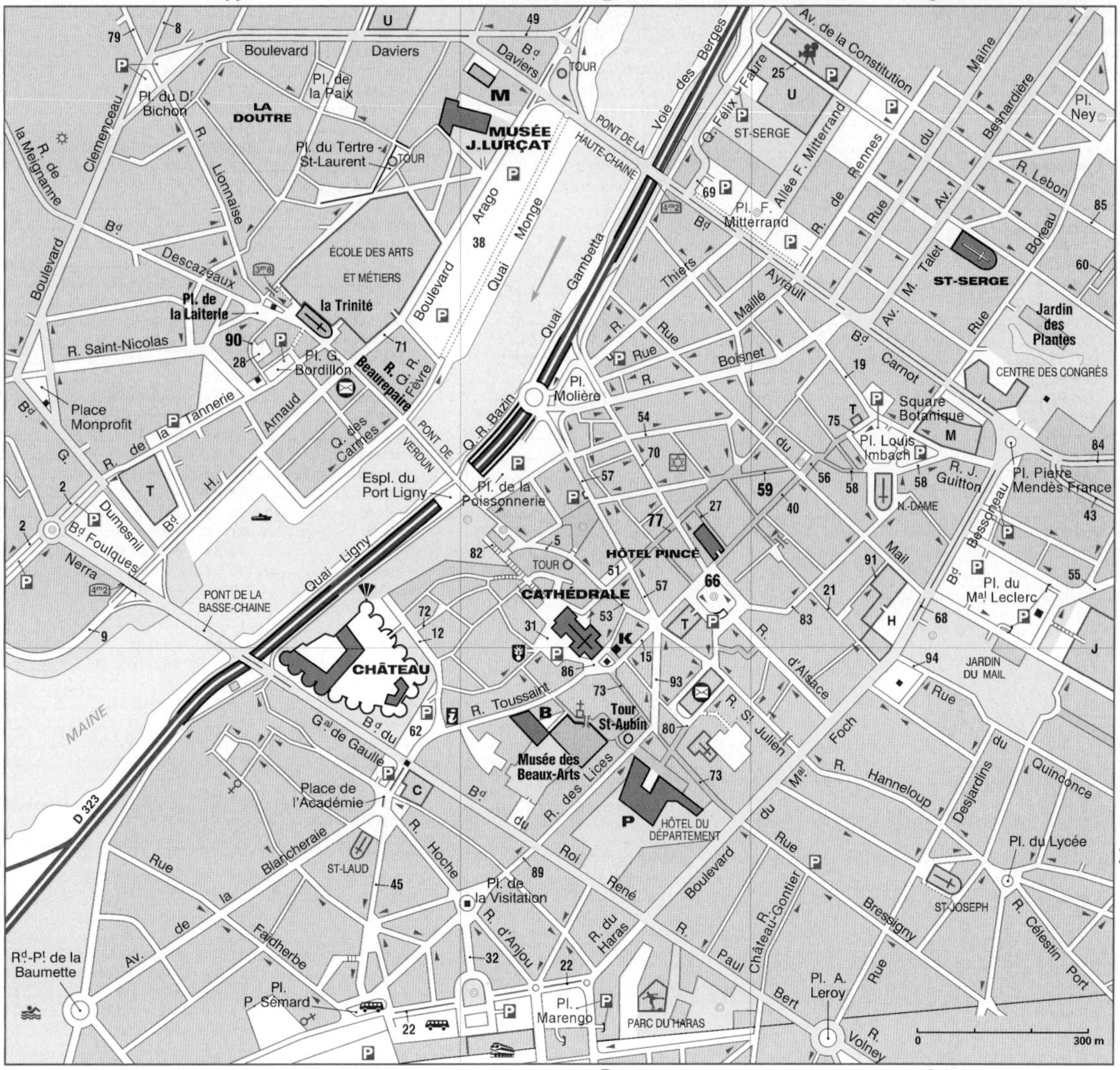



| | | | | | | | | |
|---|---|---|---|---|---|---|---|---|
| Apremont *85* | 165 | F 4 | Arbon *31* | 334 | C 2 | Archéodrome *21* | 177 | H 2 |
| Apremont *01* | 196 | C 5 | Arbonne *64* | 310 | C 3 | Arches *88* | 119 | G 3 |
| Apremont *73* | 233 | F 3 | Arbonne-la-Forêt *77* | 88 | A 4 | Arches *15* | 244 | B 1 |
| Apremont-la-Forêt *55* | 64 | D 4 | Arboras *34* | 302 | A 3 | Archettes *88* | 119 | G 2 |
| Apremont-sur-Allier *18* | 174 | B 3 | Arbori *2A* | 348 | C 1 | Archiac *17* | 220 | B 3 |
| Aprey *52* | 139 | F 3 | Arbot *52* | 139 | E 2 | Archiane *Cirque d' 26* | 268 | C 1 |
| Apt *84* | 305 | H 1 | Arbouans *25* | 142 | B 4 | Archignac *24* | 241 | H 4 |
| Arabaux *09* | 336 | B 2 | Arboucave *40* | 294 | A 4 | Archignat *03* | 190 | B 4 |
| Arâches *74* | 216 | C 2 | Arbouet-Sussaute *64* | 311 | H 4 | Archigny *86* | 169 | H 5 |
| Araghju *Castellu d' 2A* | 351 | G 2 | Arbourse *58* | 156 | C 4 | Archingeay *17* | 201 | F 3 |
| Aragnouet *65* | 333 | F 4 | Arboussols *66* | 342 | B 2 | Archon *02* | 25 | H 3 |
| Aragon *11* | 319 | H 5 | L'Arbresle *69* | 212 | C 4 | Arcier *25* | 162 | A 3 |
| Aramits *64* | 331 | G 1 | L'Arbret *62* | 13 | E 3 | Arcine *74* | 215 | E 1 |
| Aramon *30* | 304 | C 1 | Arbrissel *35* | 105 | E 5 | Arcinges *42* | 212 | A 1 |
| Aranc *01* | 214 | B 2 | Arbus *64* | 314 | A 4 | Arcins *33* | 237 | F 3 |
| Arance *64* | 313 | H 3 | Arbusigny *74* | 215 | H 1 | Arcis-le-Ponsart *51* | 41 | E 4 |
| Arancou *64* | 311 | G 3 | Arc 1800 *73* | 234 | D 2 | Arcis-sur-Aube *10* | 91 | E 3 |
| Arandas *01* | 214 | B 4 | Arc-en-Barrois *52* | 116 | D 5 | Arcizac-Adour *65* | 315 | E 5 |
| Arandon *38* | 232 | B 1 | Arc-et-Senans *25* | 179 | G 1 | Arcizac-ez-Angles *65* | 333 | E 1 |
| Araujuzon *64* | 313 | F 4 | Arc-lès-Gray *70* | 161 | E 1 | Arcizans-Avant *65* | 332 | D 2 |
| Araules *43* | 247 | H 3 | Arc-sous-Cicon *25* | 162 | C 5 | Arcizans-Dessus *65* | 332 | C 2 |
| Araux *64* | 313 | F 4 | Arc-sous-Montenot *25* | 180 | A 2 | Arcomie *48* | 246 | A 5 |
| Aravis *Col des 74* | 216 | B 4 | Arc-sur-Tille *21* | 160 | B 3 | Arcomps *18* | 173 | E 5 |
| Arbanats *33* | 255 | H 2 | Arcachon *33* | 254 | B 2 | Arçon *25* | 180 | C 2 |
| Arbas *31* | 334 | D 2 | Arçais *79* | 184 | B 4 | Arcon *42* | 211 | F 3 |
| Arbecey *70* | 140 | D 3 | Arcambal *46* | 260 | B 5 | Arconcey *21* | 159 | E 4 |
| Arbellara *2A* | 351 | E 2 | Arcangues *64* | 310 | C 3 | Arçonnay *72* | 83 | G 4 |
| Arbent *01* | 196 | D 4 | Arçay *86* | 168 | C 2 | Arconsat *63* | 210 | D 4 |
| Arbéost *65* | 332 | B 2 | Arçay *18* | 173 | E 2 | Arconville *10* | 116 | A 3 |
| Arbérats-Sillègue *64* | 311 | H 4 | Arceau *21* | 160 | B 2 | L'Arcouest *Pointe de 22* | 73 | F 2 |
| Arbignieu *01* | 214 | D 5 | Arcenant *21* | 159 | H 5 | Les Arcs *73* | 234 | D 1 |
| Arbigny *01* | 195 | F 2 | Arcens *07* | 248 | A 5 | Les Arcs *83* | 308 | A 5 |
| Arbigny-sous-Varennes *52* | 140 | A 2 | Arces *89* | 114 | A 4 | Arcueil *94* | 58 | C 4 |
| Arbin *73* | 233 | G 3 | Arces *17* | 219 | E 2 | Arcy-Sainte-Restitue *02* | 40 | C 4 |
| Arbis *33* | 256 | B 2 | Arcey *25* | 142 | A 4 | Arcy-sur-Cure *89* | 136 | C 5 |
| Arblade-le-Bas *32* | 294 | C 3 | Arcey *21* | 159 | H 3 | Ardelles *28* | 85 | G 3 |
| Arblade-le-Haut *32* | 294 | D 3 | Archail *04* | 288 | B 3 | Ardelu *28* | 87 | E 5 |
| Arbois *39* | 179 | G 2 | Archamps *74* | 215 | G 1 | Ardenais *18* | 190 | B 1 |
| Arbois *Mont d' 74* | 216 | C 4 | Archelange *39* | 161 | E 5 | Ardenay-sur-Mérize *72* | 108 | A 5 |


## ANNECY

Chambéry (Av. de) . . . . . . DY 23
Chappuis (Q. Eustache) . . EY 26
Filaterie (R.) . . . . . . . . . . . . EY 43
Grenette (R.) . . . . . . . . . . . EY 51
Hôtel-de-Ville (Pl. de l') . . . EY 53
Jean-Jacques-Rousseau (R.) . . . . . . . . . . . . . . . . . DY 55
Lac (R. du) . . . . . . . . . . . . . EY 57
Libération (Pl. de la) . . . . . EY 61
Pâquier (R. du) . . . . . . . . . EY 71
Perrière (R.) . . . . . . . . . . . . EY 75
Pont-Morens (R. du) . . . . . . . . . . . . . . EY 76
Poste (R. de la) . . . . . . . . . DY 78
République (R.) . . . . . . . . . DY 83
Royale (R.). . . . . . . . . . . . . . DY 85
Ste-Claire (Fg et R.) . . . . . DY 91
St-François-de-Sales (Pl.) . . . . . . . . . . . . . . . . . EY 87
St-François-de-Sales (R.) . DY 89
Tour-la-Reine (Ch.). . . . . . . EY 95

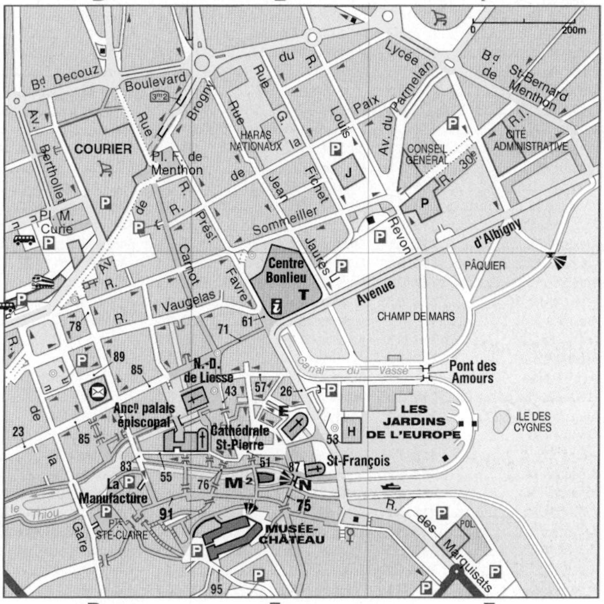

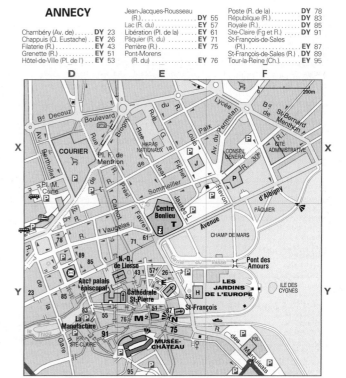

## ANTIBES


Albert 1er (Bd) CDY
Alger (R. d') CX 3
Arazy (R.) DXY 4
Barnaud (Pl. Amiral) DY 6
Barquier (Av.) DY 8
Bas-Castelet (R. du) DY 9
Bateau (R. du) DX 10
Clemenceau (R. G.) DX 14
Dames-Blanches (Av. des) CY 19
Directeur Chaudon (R.) CY 20
Docteur Rostan (R. du) DX 24
Gambetta (Av.) CX 30
Gaulle (Pl. du Gén.-de) CXY
Grand-Cavalier (Av. du) CX 37
Guynemer (Pl.) CX 40
Haut-Castelet (R. du) DY 42
Horloge (R. de l') DX 43
Martyrs-de-la-Résistance (Pl. des) CDX 51
Masséna (Cours) DX 52
Meissonnier (Av.) CDY 54
Nationale (Pl.) DX 55
Orme (R. de l') DX 57
République (R. de la) CDX 67
Revely (R. du) DX 68
Revennes (R. des) DY 69
St-Roch (Av.) CX 72
Saleurs (Rampe des) DX 75
Tourraque (R. de la) DY 83
Vautrin (Bd. du Gén.) CX 84
8-Mai 1945 (Square du) DX 90
24-Août (Av. du) CY 92


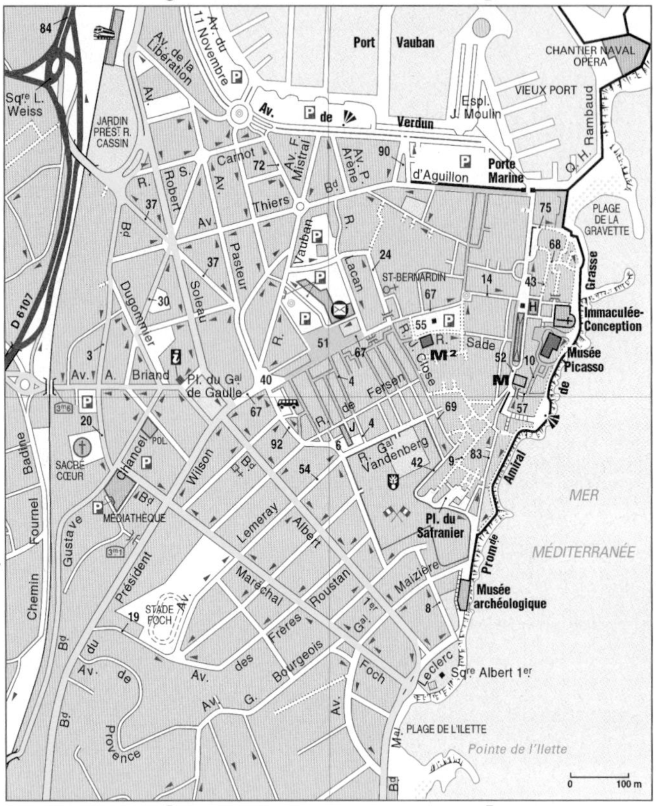

C
D
X
Y
Port Vauban
CHANTIER NAVAL OPERA
VIEUX PORT
Espl. J. Moulin
Av. de Verdun
Av. du 11 Novembre
Av. de la Libération
Porte Marine
d'Aguillon
Sq^re L. Weiss
JARDIN PRÉS^T R. CASSIN
PLAGE DE LA GRAVETTE
ST-BERNARDIN
Immaculée-Conception
Musée Picasso
Pl. du G^al de Gaulle
SACRÉ CŒUR
MÉDIATHÈQUE
STADE FOCH
MER
MÉDITERRANÉE
Pl. du Safranier
Musée archéologique
Sq^re Albert 1^er
PLAGE DE L'ILETTE
Pointe de l'Ilette
D 6107
0 100 m



Ardengost *65* 333 H 3
Ardenne *Abbaye d'* *14* 33 G 4
Ardentes *36* 172 A 5
Ardes *63* 227 H 5
Ardeuil-et-Montfauxelles *08* 42 D 3
Ardevon *50* 51 G 5
Ardiège *31* 334 B 1
Les Ardillats *69* 212 C 1
Ardilleux *79* 202 D 2
Ardillières *17* 201 E 2
Ardin *79* 184 C 2
Ardizas *32* 297 E 3
L'Ardoise *30* 285 E 4
Ardoix *07* 249 E 2
Ardon *45* 133 E 3
Ardon *39* 179 H 4
Ardouval *76* 20 C 3
Ardres *62* 2 D 4
Arèches *73* 234 C 1
Aregno *2B* 346 C 2
Areines *41* 131 G 3
Aren *64* 313 G 5
Arenberg *59* 9 G 5
Arengosse *40* 273 D 5
Arenthon *74* 216 A 1
Arès *33* 254 B 1
Ares *Col d'* *66* 342 B 5
Ares *Col des* *31* 334 B 2
Aresches *39* 179 H 2
Aressy *64* 314 B 5
Arette *64* 331 G 2
Arette-Pierre-
Saint-Martin *64* 331 G 3
Arfeuille-Châtain *23* 208 B 2
Arfeuilles *03* 210 D 1
Arfons *81* 319 F 4
Argagnon *64* 313 G 3
Arganchy *14* 32 D 4
Argançon *10* 116 A 2
Argancy *57* 45 H 5
Argein *09* 335 E 3
Argelès *65* 333 F 1
Argelès-Gazost *65* 332 D 2
Argelès-Plage *66* 343 G 3
Argelès-sur-Mer *66* 343 F 3
Argeliers *11* 320 D 5
Argelliers *34* 302 C 3
Argelos *40* 293 H 4
Argelos *64* 314 B 3
Argelouse *40* 273 G 1
Argences *14* 33 H 5
Argens *04* 288 C 4
Argens-Minervois *11* 320 C 5
Argent-sur-Sauldre *18* 155 F 1
Argentan *61* 54 A 4
Argentat *19* 243 F 3
Argentenay *89* 137 F 3
Argenteuil *95* 58 B 2
Argenteuil-
sur-Armançon *89* 137 F 3
Argentière *74* 217 E 2
L'Argentière-la-Bessée *05* 252 C 5
Argentières *77* 59 G 5
Argentine *73* 234 A 3
Argentolles *52* 116 C 2
Argenton *29* 70 A 5
Argenton *47* 275 E 1
Argenton-Château *79* 167 H 2
Argenton-l'Église *79* 168 A 1
Argenton-Notre-Dame *53* 128 C 3
Argenton-sur-Creuse *36* 188 C 1
Argentré *53* 106 B 3
Argentré-du-Plessis *35* 105 F 3
Argenvières *18* 156 B 5
Argenvilliers *28* 109 F 2
Argers *51* 63 E 1
Arget *64* 294 A 5
Argiésans *90* 142 B 3
Argillières *70* 140 B 4
Argilliers *30* 284 C 5
Argilly *21* 178 A 1
Argis *01* 214 B 3
Argiusta-Moriccio *2A* 349 E 4
Argœuves *80* 22 B 1
Argol *29* 75 F 4
Argonay *74* 215 G 3
Argouges *50* 80 D 2
Argoules *80* 11 G 1
Argueil *76* 37 E 1
Arguel *80* 21 G 2
Arguel *25* 162 A 4
Arguenos *31* 334 C 3
Argut-Dessous *31* 334 B 3
Argut-Dessus *31* 334 C 3
Argy *36* 171 F 2
Arhansus *64* 311 G 5
Aries-Espénan *65* 316 A 5
Arifat *81* 299 H 3
Arignac *09* 336 B 4
Arinthod *39* 196 C 3
Arith *73* 215 G 5
Arjuzanx *40* 273 E 5
Arlanc *63* 229 E 4
Arlay *39* 179 E 4
Arlebosc *07* 248 D 3
Arlempdes *43* 247 F 5
Arles *13* 304 B 4
Arles-sur-Tech *66* 342 C 4
Arlet *43* 246 B 3
Arleuf *58* 176 B 1
Arleux *59* 14 A 2
Arleux-en-Gohelle *62* 8 C 5
Arlos *31* 334 B 3
Armaillé *49* 127 G 3
Armancourt *80* 23 E 4
Armancourt *60* 39 F 2
Armaucourt *54* 66 B 4
Armbouts-Cappel *59* 3 G 3
Armeau *89* 113 G 4
Armendarits *64* 311 F 4
Armenonville-
les-Gâtineaux *28* 86 C 3
Armenteule *65* 333 H 4
Armentières *59* 8 C 2
Armentières-en-Brie *77* 59 H 2
Armentières-sur-Avre *27* 55 G 5
Armentières-sur-Ourcq *02* 40 B 5
Armentieux *32* 295 F 5
Armes *58* 157 F 2
Armillac *47* 257 G 4
Armissan *11* 321 F 5
Armistice *Clairière de l'* *60* 39 G 2
Armix *01* 214 C 4
Armous-et-Cau *32* 295 F 5
Armoy *74* 198 B 3
Arnac *15* 243 H 3
Arnac-la-Poste *87* 188 B 5
Arnac-Pompadour *19* 223 H 5
Arnac-sur-Dourdou *12* 301 E 3
Arnage *72* 107 H 5
Arnancourt *52* 92 C 4
Arnas *69* 212 D 2
Arnaud-Guilhem *31* 334 D 1
Arnave *09* 336 B 4
Arnaville *54* 65 G 2
Arnay-le-Duc *21* 159 E 5
Arnay-sous-Vitteaux *21* 159 E 2
Arnayon *26* 268 A 4
Arné *65* 316 A 5
Arnéguy *64* 330 B 1
Arnèke *59* 3 G 4
Arnicourt *08* 26 A 5
Arnières-sur-Iton *27* 56 B 2
Arnoncourt-sur-Apance *52* 118 A 4
Arnos *64* 313 H 3
Arnouville-lès-Gonesse *95* 58 C 2
Arnouville-lès-Mantes *78* 57 F 3
Aroffe *88* 94 B 4
Aromas *39* 196 B 4
Aron *53* 82 B 5
Arone *Plage d'* *2A* 348 A 1
Aroue *64* 311 H 4
Aroz *70* 140 D 4
Arpaillargues-
et-Aureillac *30* 284 B 5
Arpajon *91* 87 G 2
Arpajon-sur-Cère *15* 244 C 5
Arpavon *26* 286 A 1
Arpenans *70* 141 G 4
Arpenaz *Cascade d'* *74* 216 C 2
Arpheuilles *36* 171 E 3
Arpheuilles *18* 173 F 4
Arpheuilles-Saint-Priest *03* 190 E 5
Arphy *30* 282 D 5
Arquenay *53* 106 B 4
Arques *62* 3 G 5
Les Arques *46* 259 G 3
Arques *12* 281 E 2
Arques *11* 337 D 3
Arques-la-Bataille *76* 20 B 2
Arquettes-en-Val *11* 338 A 1
Arquèves *80* 13 E 5
Arquian *58* 156 B 1
Arrabloy *45* 134 D 4
Arracourt *54* 66 D 5
Arradon *56* 124 B 4
Arraincourt *57* 66 C 2
Arrancourt *91* 87 F 5
Arrancy *02* 41 E 1
Arrancy-sur-Crusne *55* 44 D 2
Arrans *21* 137 H 4
Arras *62* 13 G 2
Arras-en-Lavedan *65* 332 D 2
Arras-sur-Rhône *07* 249 E 2
Arrast-Larrebieu *64* 313 F 5
Arraute-Charritte *64* 311 G 3
Arraye-et-Han *54* 66 B 4
Arrayou-Lahitte *65* 333 E 1
Arre *30* 282 C 5
Arreau *65* 333 H 3
Arrelles *10* 115 F 4
Arrembécourt *10* 91 H 2
Arrènes *23* 206 C 2
Arrens *Porte d'* *65* 332 B 3
Arrens-Marsous *65* 332 C 2
Arrentès-de-Corcieux *88* 120 A 2
Arrentières *10* 92 B 5
Arrest *80* 11 F 3
Arreux *08* 26 C 2
Arriance *57* 66 C 2
Arricau-Bordes *64* 314 D 3
Arrien *64* 314 C 5
Arrien-en-Bethmale *09* 335 E 3
Arrigas *30* 282 C 5
Arrigny *51* 92 A 2
Arro *2A* 348 C 2
Arrodets *65* 333 G 2
Arrodets-ez-Angles *65* 333 E 1
Arromanches-les-Bains *14* 33 E 2
Arronnes *03* 210 C 2
Arronville *95* 38 A 5
Arros-de-Nay *64* 314 B 5
Arros-d'Oloron *64* 331 H 1
Arrosès *64* 294 D 5
Arrou *28* 109 G 3
Arrouède *32* 316 B 4
Arrout *09* 335 E 3
Arry *80* 11 F 1
Arry *57* 65 G 2
Ars *23* 207 G 3
Ars *16* 220 B 2
Ars-en-Ré *17* 182 C 5
Ars-Laquenexy *57* 65 H 1
Ars-les-Favets *63* 209 E 1
Ars-sur-Formans *01* 213 E 3
Ars-sur-Moselle *57* 65 G 1
Arsac *33* 237 F 4
Arsac-en-Velay *43* 247 F 4
Arsague *40* 293 F 4
Arsans *70* 161 F 2
L'Arsenal *42* 211 G 2
Arsonval *10* 92 A 5
Arsure-Arsurette *39* 180 A 4
Les Arsures *39* 179 G 2
Arsy *60* 39 E 2
Art-sur-Meurthe *54* 95 E 1
Artagnan *65* 315 E 4
Artaise-le-Vivier *08* 27 E 5
Artaix *71* 193 G 5
Artalens-Souin *65* 332 D 2
Artannes-sur-Indre *37* 151 H 4
Artannes-sur-Thouet *49* 150 B 4
Artas *38* 231 H 3
Artassenx *40* 294 B 2
Artemare *01* 214 D 4
Artemps *02* 24 A 3
Artenay *45* 110 D 4
Arthaz-
Pont-Notre-Dame *74* 197 H 5
Arthel *58* 157 E 4
Arthémonay *26* 249 G 2
Arthenac *17* 220 B 3
Arthenas *39* 196 B 1
Arthès *81* 299 G 1
Arthez-d'Armagnac *40* 294 C 1
Arthez-d'Asson *64* 332 C 1
Arthez-de-Béarn *64* 313 H 3
Arthezé *72* 129 F 3
Arthies *95* 57 G 1
Arthon *36* 171 H 5
Arthon-en-Retz *44* 146 D 5
Arthonnay *89* 115 F 5
Arthous *Abbaye d'* *40* 292 D 5
Arthun *42* 211 G 5
Artigat *09* 335 H 1
Artige *Prieuré de l'* *87* 206 B 5
Artignosc-sur-Verdon *83* 307 F 3
Artigue *31* 334 B 4
Artiguedieu *32* 316 A 3
Artigueloutan *64* 314 C 5
Artiguelouve *64* 314 A 4
Artiguemy *65* 333 G 1
Artigues *83* 306 D 4
Artigues *65* 333 E 1
Artigues *09* 337 A 5
Artigues *11* 337 C 4
Artigues-Campan *65* 333 F 3
Les Artigues-de-Lussac *33* 238 C 4
Artigues-près-Bordeaux *33* 237 G 5
Artins *41* 131 E 3
Artix *46* 260 C 4
Artix *64* 313 H 3
Artix *09* 336 A 2
Artolsheim *67* 97 G 5
Artonges *02* 60 D 2
Artonne *63* 209 H 3
Artres *59* 14 D 2
Artuby *Pont de l'* *83* 307 H 2
Artzenheim *68* 121 F 2
Arudy *64* 332 A 1
Arue *40* 274 A 4
Arvant *43* 228 A 5
Arvert *17* 200 C 5
Arveyres *33* 238 B 5
Arvieu *12* 280 D 3
Arvieux *05* 271 E 1
Arvigna *09* 336 C 2
Arvillard *73* 233 G 3
Arville *41* 109 E 4
Arville *77* 112 A 3
Arvillers *80* 23 E 3
Arx *40* 275 E 4
Arzacq-Arraziguet *64* 294 A 5
Arzal *56* 125 E 5
Arzano *29* 101 E 4
Arzay *38* 231 H 4
L'Arzelier *Col de* *38* 250 C 4
Arzembouy *58* 157 E 4
Arzenc-d'Apcher *48* 263 H 1
Arzenc-de-Randon *48* 264 D 3
Arzens *11* 319 G 5
Arzillières-Neuville *51* 62 C 5
Arzon *56* 124 A 4
Arzviller *57* 67 H 5
Asasp *64* 331 H 1
Ascain *64* 310 C 4
Ascarat *64* 330 B 1
Aschbach *67* 69 F 2
Aschères-le-Marché *45* 111 E 3
Asclier *Col de l'* *30* 283 E 4
Asco *2B* 346 D 3
Asco *Gorges de l'* *2B* 347 E 3
Ascou *09* 336 D 5
Ascou-Pailhérès *09* 337 A 5
Ascoux *45* 111 G 3
Ascros *06* 289 G 5
Asfeld *08* 41 H 1
Aslonnes *86* 186 B 3
Asnan *58* 157 F 3
Asnans *39* 178 D 2
Asnelles *14* 33 F 2
Asnières *27* 35 E 4
Asnières
*Ancienne Abbaye d'* *49* 150 B 5
Asnières-en-Bessin *14* 32 C 2
Asnières-en-Montagne *21* 137 G 4
Asnières-en-Poitou *79* 202 C 1
Asnières-la-Giraud *17* 201 H 4
Asnières-les-Bourges *18* 155 E 5
Asnières-lès-Dijon *21* 160 A 2
Asnières-sous-Bois *89* 157 G 1
Asnières-sur-Blour *86* 204 D 1
Asnières-sur-Nouère *16* 221 E 1
Asnières-sur-Oise *95* 38 C 5
Asnières-sur-Saône *01* 195 E 3
Asnières-sur-Seine *92* 58 B 3
Asnières-sur-Vègre *72* 129 F 2
Asnois *58* 157 F 2
Asnois *86* 203 H 2
Aspach *57* 67 G 5
Aspach *68* 143 F 3
Aspach-le-Bas *68* 143 E 1
Aspach-le-Haut *68* 143 E 1
Aspères *30* 303 E 2
Asperjoc *07* 266 B 2
Aspet *31* 334 C 2
Aspin *Col d'* *65* 333 G 3
Aspin-Aure *65* 333 G 3
Aspin-en-Lavedan *65* 332 D 1
Aspiran *34* 302 A 5
Aspremont *05* 269 E 4
Aspremont *06* 291 E 5
Les Aspres *61* 55 F 5
Aspres-lès-Corps *05* 269 G 1
Aspres-sur-Buëch *05* 269 E 4
Aspret-Sarrat *31* 334 C 1
Asprières *12* 261 G 4
Asque *65* 333 G 2
Asques *33* 237 H 4
Asques *82* 277 E 5
Asquins *89* 157 G 1
Assac *81* 280 C 5
Assainvillers *80* 23 E 5
Assais *79* 168 B 4
Assas *34* 302 D 3
Assat *64* 314 B 5
Assay *37* 169 E 1
Assé-le-Bérenger *53* 106 D 3
Assé-le-Boisne *72* 83 F 5
Assé-le-Riboul *72* 107 G 2
Assenay *10* 115 E 3
Assencières *10* 91 F 5
Assenoncourt *57* 67 F 4
Assérac *44* 145 H 3
Assevent *59* 15 H 2
Assevillers *80* 23 F 2
Assier *46* 261 E 3
Assieu *38* 231 F 4
Assignan *34* 320 D 4
Assigny *76* 10 C 5
Assigny *18* 155 H 2
Les Assions *07* 265 H 5
Assis-sur-Serre *02* 24 D 4
Asson *64* 314 C 5
Asswiller *67* 68 A 3
Assy *14* 53 H 1
Astaffort *47* 276 B 4
Astaillac *19* 243 E 5
Asté *65* 333 F 2
Aste-Béon *64* 332 A 2
Astérix *Parc* *60* 38 D 5
Astet *07* 265 G 2
Astillé *53* 105 H 5
Astis *64* 314 B 3
Astoin *04* 269 H 5
Aston *09* 336 B 5
Astugue *65* 333 E 1
Athée *53* 105 G 5
Athée *21* 160 D 4
Athée-sur-Cher *37* 152 B 3

## AVIGNON


Amirande (Pl. de l') . . . . . EY 2
Arroussaire (Av. de l') . . . . . FZ 3
Aubanel (R. Théodore) . . . . . EZ 5
Balance (R. de la) . . . . . EY 7
Bancasse (R.) . . . . . EY 9
Bertrand (R.) . . . . . FY 10
Bon Martinet (R. du) . . . . . FZ 13
Campane (R.) . . . . . FY 14
Collège d'Annecy (R.) . . . . . EZ 18
Collège du Roure (R. du) . . . . . EY 19
Corps Saints (Pl. des) . . . . . EZ 20
David (R. Félicien) . . . . . EY 22
Dorée (R.) . . . . . EY 23
Folco-de-Baroncelli (R.) . . . . . EY 28
Fourbisseurs (R. des) . . . . . EY 34
Four de la Terre (R. du) . . . . . FZ 35
Four (R. du) . . . . . FY 33
Galante (R.) . . . . . EY 37
Grande Fusterie (R. de la) . . . . . EY 39
Grottes (R. des) . . . . . EY 41
Italiens (Av. des) . . . . . GY 44
Jean-Jaurès (Cours) . . . . . EZ
Jérusalem (Pl.) . . . . . FY 45
Ledru-Rollin (R.) . . . . . FY 47
Manivet (R. P.) . . . . . EFZ 48
Marchands (R. des) . . . . . EY 49
Masse (R. de la) . . . . . FZ 52
Molière (R.) . . . . . EY 54
Monclar (Av.) . . . . . EZ 55
Mons (R. de) . . . . . EY 59
Muguet (R.) . . . . . GY 62
Ortolans (R. des) . . . . . EZ 63
Palais (Pl. du) . . . . . EY 64
Palapharnerie (R.) . . . . . FY 66
Petite Calade (R. de la) . . . . . EY 67
Petite Fusterie (R. de la) . . . . . EY 68
Petite Saunerie (R. de la) . . . . . FY 70
Pétramale (R.) . . . . . EZ 72
Peyrollerie (R.) . . . . . EY 73
Pont (R. du) . . . . . EY 74
Président-Kennedy (Cours) . . . . . EZ 76
Prévot (R.) . . . . . EZ 77
Rascas (R. de) . . . . . GY 79
Rempart de l'Oulle (R. du) . . . . . DY 82
Rempart du Rhône (R. du) . . . . . EY 83
Rempart St-Michel (R. du) . . . . . FZ 84
Rempart St-Roch (R. du) . . . . . DEZ 86
République (R. de la) . . . . . EYZ
Rhône (Pte du) . . . . . EY 88
Rouge (R.) . . . . . EY 90
Ste-Catherine (R.) . . . . . FY 109
St-Agricol (R.) . . . . . EY 94
St-Christophe (R.) . . . . . FZ 97
St-Dominique (Bd) . . . . . DZ 98
St-Étienne (R.) . . . . . EY 99
St-Jean le Vieux (Pl.) . . . . . FY 101
St-Jean le Vieux (R.) . . . . . FY 102
St-Joseph (R.) . . . . . FY 104
St-Michel (R.) . . . . . EZ 105
St-Pierre (Pl.) . . . . . EY 106
St-Ruf (Av.) . . . . . FZ 108
Saraillerie (R. de la) . . . . . EYZ 110
Taulignan (R. de) . . . . . EY 113
Tour (R. de la) . . . . . GY 116
Vernet (R. Horace) . . . . . EZ 118
Vernet (R. Joseph) . . . . . EYZ
Viala (R. Jean) . . . . . EY 119
Vice-Légat (R.) . . . . . EY 120
Vieux Sextier (R. du) . . . . . EFY 122
Vilar (R. Jean) . . . . . EY 123
Violette (R.) . . . . . EZ 124
3 Pilats (R. des) . . . . . FY 127
3 Faucons (R. des) . . . . . EZ 126


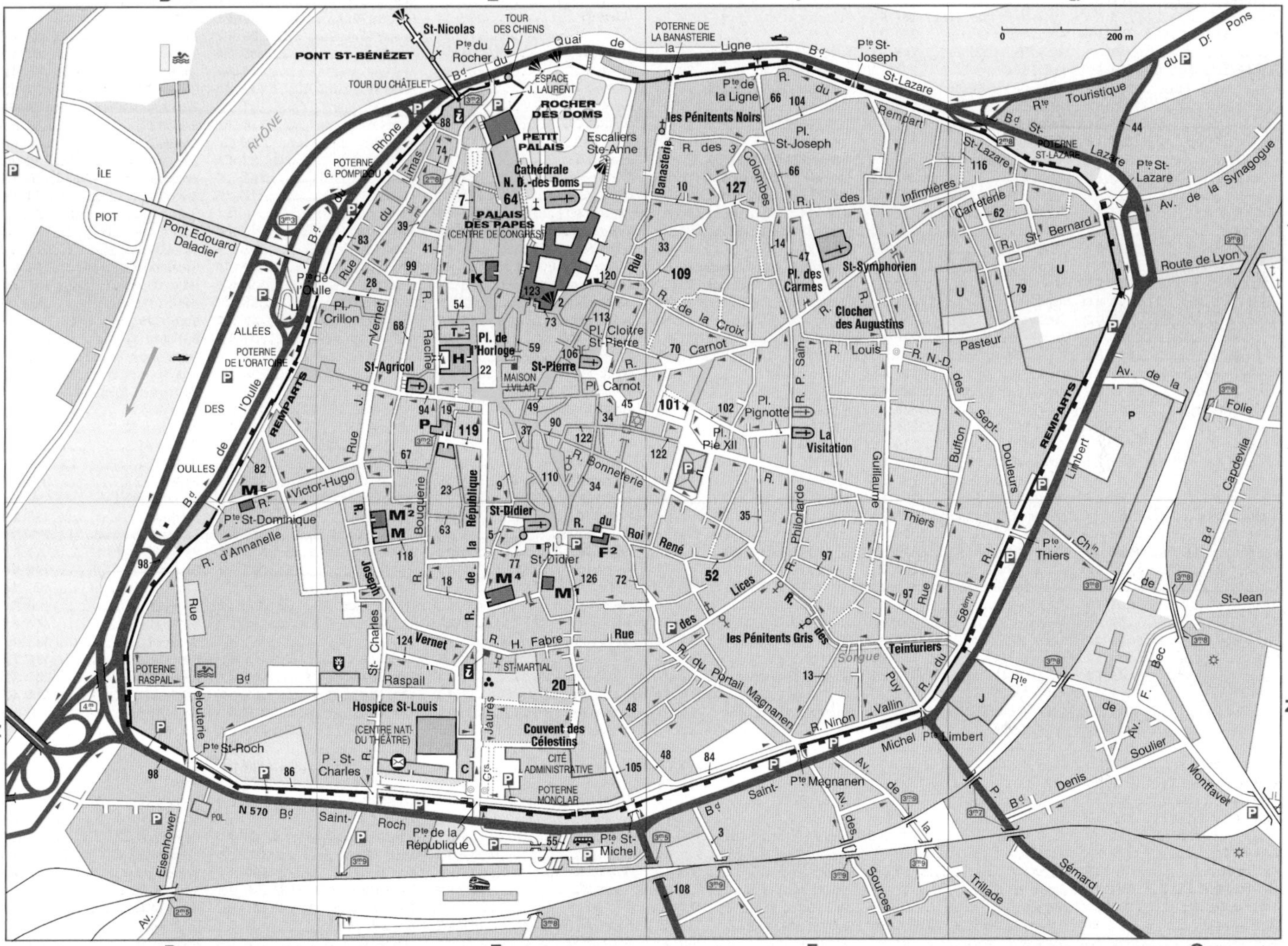

D
E
F
G
Y
Z
PONT ST-BÉNÉZET
St-Nicolas
TOUR DES CHIENS
Pte du Rocher
POTERNE DE LA BANASTERIE
Pte St-Joseph
0
200 m
TOUR DU CHÂTELET
ESPACE J. LAURENT
ROCHER DES DOMS
PETIT PALAIS
Escaliers Ste-Anne
Cathédrale N. D.-des Doms
PALAIS DES PAPES (CENTRE DE CONGRÈS)
les Pénitents Noirs
Pl. St-Joseph
RHÔNE
ÎLE
PIOT
POTERNE G. POMPIDOU
Pont Edouard Daladier
Pte de l'Oulle
Pl. Crillon
ALLÉES
POTERNE DE L'ORATOIRE
DES
OULLES
REMPARTS
Pl. de l'Horloge
St-Agricol
St-Pierre
Pl. Cloitre St-Pierre
MAISON J. VILAR
Pl. Carnot
Pl. des Carmes
St-Symphorien
Clocher des Augustins
Pl. Pignotte
Pl. Pie XII
La Visitation
Pte St-Lazare
Av. de la Synagogue
Route de Lyon
Pte St-Dominique
R. d'Annanelle
St-Didier
Pl. St-Didier
Pte Thiers
les Pénitents Gris
Teinturiers
POTERNE RASPAIL
Hospice St-Louis
(CENTRE NATl DU THÉÂTRE)
Couvent des Célestins
CITÉ ADMINISTRATIVE
POTERNE MONCLAR
Pte St-Roch
P. St-Charles
N 570
Pte de la République
Pte St-Michel
Pte Magnanen
Pte Limbert
Eisenhower
St-Jean
Montfavet
Sémard
Trillade



Athesans *70* . . . . . 141 H 4
Athie *21* . . . . . 137 G 5
Athie *89* . . . . . 158 A 1
Athienville *54* . . . . . 66 C 5
Athies *62* . . . . . 13 G 2
Athies *80* . . . . . 23 G 2
Athies-sous-Laon *02* . . . . . 24 D 5
Athis *51* . . . . . 61 H 1
Athis-de-l'Orne *61* . . . . . 53 F 3
Athis-Mons *91* . . . . . 58 C 5
Athos-Aspis *64* . . . . . 311 H 3
Athose *25* . . . . . 162 C 5
Attainville *95* . . . . . 58 C 1
Attancourt *52* . . . . . 92 C 3
Les Attaques *62* . . . . . 2 D 3
Attenschwiller *68* . . . . . 143 G 3
Attiches *59* . . . . . 8 D 4
Attichy *60* . . . . . 39 H 2
Attignat *01* . . . . . 195 H 4
Attignat-Oncin *73* . . . . . 233 E 3
Attignéville *88* . . . . . 94 A 4
Attigny *08* . . . . . 42 C 1
Attigny *88* . . . . . 118 C 3
Attilloncourt *57* . . . . . 66 B 4
Attilly *02* . . . . . 24 A 2
Attin *62* . . . . . 6 C 4
Atton *54* . . . . . 65 G 3
Attray *45* . . . . . 111 F 3
Attricourt *70* . . . . . 160 D 1
Atur *24* . . . . . 240 C 2
Aubagnan *40* . . . . . 294 A 3
Aubagne *13* . . . . . 327 F 2
Aubaine *21* . . . . . 159 G 5
Aubais *30* . . . . . 303 F 3
Aubarède *65* . . . . . 315 G 5
Aubas *24* . . . . . 241 G 3
Aubazat *43* . . . . . 246 B 2
Aubazines *19* . . . . . 242 D 2
Aube *61* . . . . . 55 F 4
Aube *57* . . . . . 66 B 2
Aubéguimont *76* . . . . . 21 F 3
Aubenas *07* . . . . . 266 B 3
Aubenas-les-Alpes *04* . . . . . 287 E 5
Aubenasson *26* . . . . . 267 H 2
Aubencheul-au-Bac *59* . . . . . 14 B 3
Aubencheul-aux-Bois *02* . . . . . 14 B 5
Aubenton *02* . . . . . 25 H 2
Aubepierre *77* . . . . . 88 D 2
Aubepierre-sur-Aube *52* . . . . . 116 C 5
L'Aubépin *39* . . . . . 196 A 3
Auberchicourt *59* . . . . . 14 B 2
Aubercourt *80* . . . . . 22 D 2
Aubergenville *78* . . . . . 57 G 2
Aubérive *51* . . . . . 42 B 4
Auberive *52* . . . . . 139 E 3
Auberives-en-Royans *38* . . . . . 250 A 3
Auberives-sur-Varèze *38* . . . . . 231 E 4
Aubermesnil-aux-Érables *76* . . . . . 21 E 2
Aubermesnil-Beaumais *76* . . . . . 20 B 2
Aubers *59* . . . . . 8 B 3
Aubertans *70* . . . . . 162 B 1
Aubertin *64* . . . . . 314 A 5
Auberville *14* . . . . . 34 B 3
Auberville-la-Campagne *76* . . . . . 19 F 5
Auberville-la-Manuel *76* . . . . . 19 F 2
Auberville-la-Renault *76* . . . . . 19 E 4
Aubervilliers *93* . . . . . 58 C 3
Aubeterre *10* . . . . . 91 E 4
Aubeterre-sur-Dronne *16* . . . . . 239 F 1
Aubeville *16* . . . . . 220 D 3
Aubevoye *27* . . . . . 36 C 5
Aubiac *33* . . . . . 256 B 5
Aubiac *47* . . . . . 276 B 3
Aubiat *63* . . . . . 209 H 3
Aubie-et-Espessas *33* . . . . . 237 H 3
Aubière *63* . . . . . 227 H 1
Les Aubiers *79* . . . . . 167 F 2
Aubiet *32* . . . . . 296 C 4
Aubignan *84* . . . . . 285 G 4
Aubignas *07* . . . . . 266 D 3
Aubigné *35* . . . . . 80 B 5
Aubigné *79* . . . . . 202 D 2
Aubigné-Racan *72* . . . . . 130 A 4
Aubigné-sur-Layon *49* . . . . . 149 H 4
Aubigney *70* . . . . . 161 E 3
Aubignosc *04* . . . . . 287 G 3
Aubigny *80* . . . . . 23 H 3
Aubigny *14* . . . . . 53 H 2
Aubigny *79* . . . . . 168 B 4
Aubigny *03* . . . . . 174 C 5
Aubigny *85* . . . . . 182 D 1
Aubigny-au-Bac *59* . . . . . 14 B 2
Aubigny-aux-Kaisnes *02* . . . . . 23 H 3
Aubigny-en-Artois *62* . . . . . 13 F 2
Aubigny-en-Laonnois *02* . . . . . 41 E 1
Aubigny-en-Plaine *21* . . . . . 160 B 5
Aubigny-la-Ronce *21* . . . . . 177 F 2
Aubigny-les-Pothées *08* . . . . . 26 B 3
Aubigny-lès-Sombernon *21* . . . . . 159 F 3
Aubigny-sur-Nère *18* . . . . . 155 E 1
Aubilly *51* . . . . . 41 F 4
Aubin *12* . . . . . 261 H 4
Aubin *64* . . . . . 314 A 3
Aubin-Saint-Vaast *62* . . . . . 6 D 5
Aubinges *18* . . . . . 155 G 4
Aubisque *Col d' 64* . . . . . 332 B 2
Auboncourt-Vauzelles *08* . . . . . 26 B 5
Aubonne *25* . . . . . 180 C 1
Aubord *30* . . . . . 303 H 3
Auboué *54* . . . . . 45 F 5
Aubous *64* . . . . . 294 D 5
Aubrac *12* . . . . . 263 G 3
Aubres *26* . . . . . 285 H 1
Aubréville *55* . . . . . 43 G 5
Aubrives *08* . . . . . 17 E 4
Aubrometz *62* . . . . . 12 C 2
Aubry-du-Hainaut *59* . . . . . 9 G 5
Aubry-en-Exmes *61* . . . . . 54 B 4
Aubry-le-Panthou *61* . . . . . 54 C 3
Aubure *68* . . . . . 96 D 5
Aubussargues *30* . . . . . 284 B 5
Aubusson *61* . . . . . 53 F 4
Aubusson *23* . . . . . 207 G 3
Aubusson-d'Auvergne *63* . . . . . 228 D 1
Aubvillers *80* . . . . . 22 D 4
Auby *59* . . . . . 8 D 5
Aucaleuc *22* . . . . . 79 G 4
Aucamville *82* . . . . . 297 G 2
Aucamville *31* . . . . . 297 H 4
Aucazein *09* . . . . . 335 E 3
Aucelon *26* . . . . . 268 B 3
Aucey-la-Plaine *50* . . . . . 80 D 2
Auch *32* . . . . . 296 B 4
Auchel *62* . . . . . 7 H 4
Auchonvillers *80* . . . . . 13 F 5
Auchy-au-Bois *62* . . . . . 7 G 3
Auchy-la-Montagne *60* . . . . . 22 A 5
Auchy-lès-Hesdin *62* . . . . . 7 E 5
Auchy-les-Mines *62* . . . . . 8 B 4
Auchy-lez-Orchies *59* . . . . . 9 E 4
Aucun *65* . . . . . 332 C 2
Audaux *64* . . . . . 313 F 4
Audéjos *64* . . . . . 313 H 3
Audelange *39* . . . . . 161 E 5
Audeloncourt *52* . . . . . 117 G 3
Audembert *62* . . . . . 2 B 4
Audencourt *59* . . . . . 14 D 4
Audenge *33* . . . . . 254 C 2
Auderville *50* . . . . . 28 C 2
Audes *03* . . . . . 190 C 3
Audeux *25* . . . . . 161 G 3
Audeville *45* . . . . . 111 G 2
Audierne *29* . . . . . 99 E 2
Audignicourt *02* . . . . . 40 A 1
Audignies *59* . . . . . 15 F 2
Audignon *40* . . . . . 293 H 3
Audigny *02* . . . . . 24 D 2
Audincourt *25* . . . . . 142 C 5
Audincthun *62* . . . . . 7 E 3
Audinghen *62* . . . . . 2 B 4
Audon *40* . . . . . 293 F 2
Audouville-la-Hubert *50* . . . . . 29 H 5
Audrehem *62* . . . . . 2 D 5
Audressein *09* . . . . . 335 E 3
Audresselles *62* . . . . . 2 B 4
Audrieu *14* . . . . . 33 E 4
Audrix *24* . . . . . 241 E 5
Audruicq *62* . . . . . 3 E 4
Audun-le-Roman *54* . . . . . 45 F 3
Audun-le-Tiche *57* . . . . . 45 F 2
Auenheim *67* . . . . . 69 F 3
Auffargis *78* . . . . . 57 G 5
Auffay *76* . . . . . 20 B 4
Aufferville *77* . . . . . 112 B 2
Auffreville-Brasseuil *78* . . . . . 57 F 2
Auflance *08* . . . . . 27 H 4
Auga *64* . . . . . 314 B 3
Augan *56* . . . . . 103 E 5
Auge *08* . . . . . 26 A 2
Augé *79* . . . . . 185 F 3
Auge *23* . . . . . 190 B 5
Auge-Saint-Médard *16* . . . . . 202 D 4
Augea *39* . . . . . 196 A 1
Auger-Saint-Vincent *60* . . . . . 39 F 4
Augerans *39* . . . . . 179 E 1
Augères *23* . . . . . 206 D 2

Augerolles 63 228 D 1
Augers-en-Brie 77 60 B 5
Augerville-la-Rivière 45 111 H 2
Augès 04 287 F 4
Augeville 52 93 F 4
Augicourt 70 140 C 3
Augignac 24 222 C 2
Augirein 09 334 D 3
Augisey 39 196 B 1
Augnat 63 227 H 4
Augnax 32 296 C 3
Augne 87 206 D 5
Augny 57 65 G 1
Auguaise 61 55 F 5
Augy 02 40 C 3
Augy 89 136 B 3
Augy-sur-Aubois 18 174 A 4
Aujac 17 201 H 4
Aujac 30 283 G 1
Aujan-Mournède 32 316 A 4
Aujargues 30 303 F 2
Aujeurres 52 139 F 3
Aujols 46 278 B 1
Aulac *Col d'* 15 244 D 2
Aulan 26 286 B 2
Aulas 30 282 D 5
Aulhat-Saint-Privat 63 228 A 3
Aullène 2A 349 E 5
Aulnat 63 209 H 5
Aulnay 10 91 G 3
Aulnay 86 168 D 3
Aulnay 17 202 B 2
Aulnay-aux-Planches 51 61 G 3
Aulnay-la-Rivière 45 111 H 3
Aulnay-l'Aître 51 62 C 3
Aulnay-sous-Bois 93 58 D 2
Aulnay-sur-Iton 27 56 A 2
Aulnay-sur-Marne 51 61 H 1
Aulnay-sur-Mauldre 78 57 G 2
Les Aulneaux 72 84 A 4
Aulnizeux 51 61 F 3
Aulnois 88 94 A 5
Aulnois-en-Perthois 55 63 G 5
Aulnois-sous-Laon 02 24 D 5
Aulnois-sous-Vertuzey 55 64 D 5
Aulnois-sur-Seille 57 66 B 3
Aulnoy 77 59 H 3
Aulnoy-lez-Valenciennes 59 14 D 2
Aulnoy-sur-Aube 52 139 E 2
Aulnoye-Aymeries 59 15 F 3
Aulon 23 206 D 2
Aulon 31 316 C 5
Aulon 65 333 G 4
Aulos 09 336 B 5
Ault 80 10 D 3
Aulteribe *Château d'* 63 210 C 5
Aulus-les-Bains 09 335 H 5
Aulx-lès-Cromary 70 162 A 2
Aumagne 17 201 H 4
Aumale 76 21 G 3
Aumâtre 80 11 G 5
Aumelas 34 302 B 4
Auménancourt 51 41 G 2
Aumerval 62 7 G 4
Aumes 34 322 C 3
Aumessas 30 282 C 5
Aumetz 57 45 F 2
Aumeville-Lestre 50 29 G 4
Aumont 80 21 H 2
Aumont 39 179 F 2
Aumont-Aubrac 48 264 A 2
Aumont-en-Halatte 60 38 D 4
Aumontzey 88 120 A 2
Aumur 39 178 D 1
Aunac 16 203 F 4
Aunat 11 337 B 5
Aunay-en-Bazois 58 157 G 5
Aunay-les-Bois 61 84 A 2
Aunay-sous-Auneau 28 86 D 4
Aunay-sous-Crécy 28 56 C 5
Aunay-sur-Odon 14 53 E 1
Auneau 28 86 D 4
Auneuil 60 37 H 2
Aunou-le-Faucon 61 54 B 4
Aunou-sur-Orne 61 83 H 2
Auppegard 76 20 A 2
Aups 83 307 G 4
Auquainville 14 54 C 1
Auquemesnil 76 10 D 5
Auradé 32 297 E 5
Auradou 47 276 D 1
Auragne 31 318 A 4
Auray 56 124 A 3
Aure 08 42 C 3
Aurec-sur-Loire 43 229 H 5
Aureil 87 205 H 5
Aureilhan 40 272 B 2
Aureilhan 65 315 F 5
Aureille 13 305 E 3
Aurel 26 268 A 2
Aurel 84 286 B 3
Aurelle-Verlac 12 263 G 5
Aurensan 32 294 C 4
Aurensan 65 315 E 5
Aureville 31 318 A 3
Auriac 19 243 G 2
Auriac 64 314 B 3
Auriac 11 338 A 3
Auriac-de-Bourzac 24 221 F 5
Auriac-du-Périgord 24 241 F 3
Auriac-Lagast 12 280 D 4
Auriac-l'Église 15 245 H 1
Auriac-sur-Dropt 47 257 F 3
Auriac-sur-Vendinelle 31 298 D 5
Auriat 23 206 C 4
Auribail 31 317 H 4
Auribeau 84 306 A 1
Auribeau-sur-Siagne 06 309 E 4
Aurice 40 293 H 2
Auriébat 65 315 F 3
Aurières 63 227 F 1
Aurignac 31 316 D 5
Aurillac 15 244 C 5
Aurimont 32 296 C 5
Aurin 31 298 B 5
Auriol 13 327 F 2
Auriolles 33 257 E 2
Auriolles 07 266 B 5
Aurions-Idernes 64 294 D 5
Auris 38 251 G 3
Auron 06 289 F 2
Aurons 13 305 F 4
Auros 33 256 C 4
Aurouër 03 174 D 5
Auroux 48 265 E 2
Aussac 81 299 E 2
Aussac-Vadalle 16 203 F 5
Ausseing 31 335 E 1
Aussevielle 64 314 A 4
Aussillon 81 319 H 3
Aussois 73 252 D 1
Ausson 31 334 B 1
Aussonce 08 42 A 3
Aussonne 31 297 H 4
Aussos 32 316 B 4
Aussurucq 64 331 E 1
Autainville 41 132 B 2
Autechaux 25 162 C 2
Autechaux-Roide 25 142 C 5
Les Autels 02 25 H 3
Les Autels-Saint-Bazile 14 54 B 2
Les Autels-Villevillon 28 109 F 3
Auterive 32 296 B 5
Auterive 82 297 E 2
Auterive 31 318 A 4
Auterrive 64 311 H 3
Autet 70 140 B 5
Auteuil 60 38 A 3
Auteuil 78 57 G 3
Autevielle-
Saint-Martin-Bideren 64 311 H 3
Authe 08 43 E 1
Autheuil 61 84 C 2
Autheuil 28 109 H 5
Autheuil-Authouillet 27 36 C 5
Autheuil-en-Valois 60 39 H 5
Autheux 80 12 C 4
Authevernes 27 37 F 4
Authezat 63 227 H 2
Authie 80 13 E 4
Authie 14 33 G 4
Authieule 80 12 D 4
Les Authieux 27 56 C 3
Les Authieux-du-Puits 61 54 D 5
Les Authieux-Papion 14 54 B 1
Authieux-Ratiéville 76 20 B 5
Les Authieux-
sur-Calonne 14 34 D 3
Les Authieux-
sur-le-Port-Saint-Ouen 76 36 B 3
Authiou 58 157 E 4
Authoison 70 162 A 1
Authon 41 131 F 5
Authon 17 201 H 4
Authon 04 287 H 2
Authon-du-Perche 28 109 E 2
Authon-la-Plaine 91 87 E 4
Authou 27 35 G 4
Authuille 80 13 F 5
Authume 39 161 E 5
Authumes 71 178 C 3
Autichamp 26 267 G 2
Autignac 34 321 G 3
Autigny 76 19 H 3
Autigny-la-Tour 88 94 A 4
Autigny-le-Grand 52 92 D 3
Autigny-le-Petit 52 92 D 3
Autingues 62 2 D 4
Autoire 46 261 E 1
Autoreille 70 161 G 2
Autouillet 78 57 G 3
Autrac 43 227 H 5
Autrans 38 250 C 2
Autrèche 37 152 C 1
Autrechêne 90 142 C 3
Autrêches 60 39 H 2
Autrecourt-et-Pourron 08 27 F 4
Autrécourt-sur-Aire 55 63 G 1
Autremencourt 02 25 E 4
Autrepierre 54 96 A 1
Autreppes 02 25 F 1
Autretot 76 19 G 4
Autreville 02 24 A 5
Autreville 88 94 B 3
Autréville-Saint-Lambert 55 27 G 5
Autreville-sur-la-Renne 52 116 C 3
Autreville-sur-Moselle 54 65 G 4
Autrey 54 94 D 2
Autrey 88 95 H 5
Autrey-le-Vay 70 141 G 5
Autrey-lès-Cerre 70 141 G 4
Autrey-lès-Gray 70 161 E 1
Autricourt 21 116 A 4
Autruche 08 43 E 1
Autruy-sur-Juine 45 111 F 2
Autry 08 43 E 3
Autry-Issards 03 191 H 2
Autry-le-Châtel 45 134 C 5
Autun 71 176 D 2
Auty 82 278 B 3
Auvare 06 289 F 4
Auve 51 62 D 1
Auvernaux 91 88 A 3
Auvers 50 31 H 3
Auvers 43 246 B 4
Auvers-le-Hamon 72 106 D 5
Auvers-Saint-Georges 91 87 G 3
Auvers-
sous-Montfaucon 72 107 F 4
Auvers-sur-Oise 95 58 B 1
Auverse 49 150 D 1
Auvet-et-la-Chapelotte 70 161 E 1
Auvillar 82 276 D 4
Auvillars 14 34 B 4
Auvillars-sur-Saône 21 178 B 1
Auvillers-les-Forges 08 26 A 2
Auvilliers 76 21 E 3
Auvilliers-en-Gâtinais 45 112 A 5
Aux-Aussat 32 315 G 3
Aux Marais 60 38 A 2
Auxais 50 31 H 4
Auxange 39 161 F 4
Auxant 21 159 F 5
Auxelles-Bas 90 142 B 2
Auxelles-Haut 90 142 B 2
Auxerre 89 136 B 3
Auxey-Duresses 21 177 G 2
Auxi-le-Château 62 12 B 3
Auxillac 48 264 A 5
Auxon 10 114 D 3
Auxon 70 141 E 4
Auxon-Dessous 25 161 H 3
Auxon-Dessus 25 161 H 3
Auxonne 21 160 D 4
Auxy 45 112 A 3
Auxy 71 176 D 2
Auzainvilliers 88 118 B 2
Auzances 23 208 C 3
Auzas 31 316 D 5
Auzat 09 336 A 5
Auzat-la-Combelle 63 228 A 4
Auzay 85 183 H 3
Auzebosc 76 19 G 5
Auzécourt 55 63 F 3
Auzelles 63 228 C 2
Auzers 15 244 C 1
Auzet 04 288 B 1
Auzéville-en-Argonne 55 43 G 5
Auzeville-Tolosane 31 298 A 5
Auzielle 31 298 B 5
Auzits 12 262 B 5
Auzon 43 228 B 5
Auzouer-en-Touraine 37 152 B 1
Auzouville-Auberbosc 76 19 F 5
Auzouville-l'Esneval 76 19 H 4
Auzouville-sur-Ry 76 36 C 2
Auzouville-sur-Saâne 76 20 A 3
Availles-
en-Châtellerault 86 169 G 4
Availles-Limouzine 86 204 C 1
Availles-sur-Chizé 79 202 B 1
Availles-sur-Seiche 35 105 E 5
Availles-Thouarsais 79 168 B 3
Avajan 65 333 H 4
Avallon 89 158 A 1
Les Avanchers-Valmorel 73 234 B 3
Avançon 08 42 A 1
Avançon 05 269 H 4
Avanne 25 161 H 4
Avant-lès-Marcilly 10 90 A 4
Avant-lès-Ramerupt 10 91 F 4
Avanton 86 169 E 5
Avapessa 2B 346 C 2
Avaray 41 132 C 4
Avaugour *Chapelle d'* 22 77 G 2
Avaux 08 41 G 1
Aveize 69 230 B 1
Aveizieux 42 230 B 3
Avelanges 21 139 E 5
Avelesges 80 11 H 5
Avelin 59 8 D 3
Aveluy 80 13 F 5
Aven Armand 48 282 B 3
Avenas 69 212 C 1
Avenay 14 33 F 5
Avenay-Val-d'Or 51 61 G 1
Avène 34 301 F 3
Aveney 25 161 H 4
Avenheim 67 68 C 5
Les Avenières 38 232 C 1
Avensac 32 296 D 2
Avensan 33 237 E 3
Aventignan 65 334 A 1
Averan 65 315 E 5
Averdoingt 62 12 D 2
Averdon 41 132 A 4
Avermes 03 192 A 1
Avernes 95 57 G 1
Avernes-Saint-Gourgon 61 54 D 2
Avernes-sous-Exmes 61 54 C 4
Avéron-Bergelle 32 295 E 3
Averton 53 83 E 5
Avesnelles 59 15 G 4
Avesnes 62 6 D 3
Avesnes-Chaussoy 80 21 G 2
Avesnes-en-Bray 76 37 F 1
Avesnes-en-Saosnois 72 108 A 2
Avesnes-en-Val 76 10 D 5
Avesnes-le-Comte 62 13 E 2
Avesnes-le-Sec 59 14 C 3
Avesnes-les-Aubert 59 14 C 3
Avesnes-lès-Bapaume 62 13 G 4
Avesnes-sur-Helpe 59 15 G 4
Avessac 44 125 H 4
Avessé 72 106 D 5
Aveux 65 334 A 2
Avezac-Prat 65 333 G 1
Avezan 32 296 C 1
Avezé 72 108 C 2
Avèze 63 226 D 2
Avèze 30 282 D 5
Aviernoz 74 215 H 2
Avignon 84 285 F 5
Avignon-
lès-Saint-Claude 39 197 E 3
Avignonet 38 250 D 4
Avignonet-Lauragais 31 318 C 4
Avillers 54 44 D 3
Avillers 88 94 D 5
Avillers-Sainte-Croix 55 64 D 2
Avilley 25 162 B 1
Avilly-Saint-Léonard 60 38 D 4
Avion 62 8 B 5
Avioth 55 44 B 1
Aviré 49 128 A 4
Avirey-Lingey 10 115 F 4
Aviron 27 56 B 1
Avize 51 61 G 2
Avocourt 55 43 G 4
Avoine 61 54 A 5
Avoine 37 150 D 4
Avoise 72 129 F 2
Avolsheim 67 97 F 1
Avon 77 88 C 4
Avon 79 185 H 3
Avon-la-Pèze 10 90 B 4
Avon-les-Roches 37 151 F 5
Avondance 62 7 E 4
Avord 18 173 H 1
Avoriaz 74 198 D 5
Avosnes 21 159 F 2
Avot 21 139 E 5
Avoudrey 25 162 D 4
Avrainville 54 65 F 5
Avrainville 91 87 G 2
Avrainville 52 92 D 2
Avrainville 88 94 D 4
Avranches 50 51 H 4
Avranville 88 93 G 4
Avrechy 60 38 C 2
Avrecourt 52 117 H 5
Avrée 58 175 H 4
Avregny 74 215 G 2
Avremesnil 76 20 A 2
Avressieux 73 232 D 2
Avreuil 10 114 D 4
Avricourt 60 23 G 4
Avricourt 57 96 A 1
Avricourt 54 96 A 1
Avrieux 73 252 D 1
Avrigney 70 161 G 3
Avrigny 60 39 E 2
Avril 54 45 F 4
Avril-sur-Loire 58 175 E 4
Avrillé 49 149 G 1
Avrillé 85 182 C 2
Avrillé-les-Ponceaux 37 151 E 2
Avrilly 27 56 B 2
Avrilly 61 82 B 2
Avrilly 03 193 F 4
Avroult 62 7 E 2
Avy 17 219 G 3
Awoingt 59 14 B 4
Ax-les-Thermes 09 336 D 5
Axat 11 337 C 4
Axiat 09 336 C 5
Ay 51 61 G 1
Ay-sur-Moselle 57 45 H 4
Ayat-sur-Sioule 63 209 F 2
Aydat 63 227 G 2
Aydie 64 294 D 5
Aydius 64 331 H 3
Aydoilles 88 119 G 2
Ayen 19 241 H 1
Ayencourt 80 22 D 5
Ayette 62 13 G 3
Ayguade-Ceinturon 83 328 C 4
Ayguatébia-Talau 66 341 H 3
Ayguemorte-
les-Graves 33 255 G 2
Ayguesvives 31 318 B 3
Ayguetinte 32 295 H 2
Ayherre 64 311 F 3
Ayn 73 232 D 2
Aynac 46 261 E 1
Les Aynans 70 141 H 4
Ayrens 15 244 B 4
Ayron 86 168 C 5
Ayros-Arbouix 65 332 D 2
Ayse 74 216 A 1
Ayssènes 12 281 E 4
Aytré 17 200 C 1
Les Ayvelles 08 26 D 3
Ayzac-Ost 65 332 D 2
Ayzieu 32 295 E 2
Azannes-
et-Soumazannes 55 44 C 4
Azans 39 161 E 5
Azas 31 298 B 3
Azat-Châtenet 23 206 D 2
Azat-le-Ris 87 187 H 4
Azay-le-Brûlé 79 185 F 3
Azay-le-Ferron 36 170 C 3
Azay-le-Rideau 37 151 G 4
Azay-sur-Cher 37 152 A 3
Azay-sur-Indre 37 152 B 4
Azay-sur-Thouet 79 185 E 1
Azé 53 128 B 2
Azé 41 131 G 2
Azé 71 194 D 3
Azelot 54 94 D 1
Azerables 23 188 C 4
Azerailles 54 95 H 2
Azérat 43 228 B 5
Azerat 24 241 F 2
Azereix 65 315 E 5
Azet 65 333 G 4
Azeville 50 29 G 5
Azillanet 34 320 C 5
Azille 11 320 B 5
Azilone-Ampaza 2A 349 E 4
Azincourt 62 7 E 4
Azolette 69 212 B 1
Azoudange 57 67 F 5
Azur 40 292 B 2
Azy 18 155 H 5
Azy-le-Vif 58 174 D 4
Azy-sur-Marne 02 60 B 2
Azzana 2A 348 D 1

## B

Baâlon 55 43 H 1
Baâlons 08 26 D 5
Babaou *Col de* 83 328 D 3
Babeau-Bouldoux 34 320 D 3
Babœuf 60 23 H 5
Le Babory-de-Blesle 43 245 H 1
Baby 77 89 G 4
Baccarat 54 95 H 3
Baccon 45 132 C 2
Bach 46 278 C 1
Bachant 59 15 G 3
Bachas 31 316 D 5
La Bachellerie 24 241 F 2
Bachivillers 60 37 H 3
Bachos 31 334 B 3
Bachy 59 9 E 3
Bacilly 50 51 G 4
Le Bacon 48 264 A 1
Baconnes 51 42 A 5
La Baconnière 53 105 H 2
Bacouël 60 22 C 5
Bacouel-sur-Selle 80 22 B 2
Bacourt 57 66 C 3
Bacquepuis 27 36 A 5
Bacqueville 27 36 D 3
Bacqueville-en-Caux 76 20 A 3
Badailhac 15 244 D 5
Badaroux 48 264 C 4
Badecon-le-Pin 36 188 D 2
Badefols-d'Ans 24 241 G 1
Badefols-sur-Dordogne 24 258 D 1
Baden 56 124 A 4
Badens 11 320 A 5
Badevel 25 142 C 4
Badinières 38 232 A 3
Badménil-aux-Bois 88 95 G 5
Badonviller 54 96 A 2
Badonvilliers 55 93 H 2
Baerendorf 67 67 H 3
Baerenthal 57 68 C 2
La Baffe 88 119 G 2
Baffie 63 229 E 4
Bagard 30 283 G 4
Bagargui *Col* 64 330 D 2
Bagas 33 256 D 3
Bagat-en-Quercy 46 277 G 1
Bagatelle *Parc de* 62 6 B 5
Bâgé-la-Ville 01 195 F 4
Bâgé-le-Châtel 01 195 F 4
Bagert 09 335 F 1
Bages 11 339 E 1
Bages 66 343 E 3
Bagiry 31 334 B 2
Bagnac-sur-célé 46 261 G 3
Bagneaux 89 114 A 2
Bagneaux-sur-Loing 77 112 B 2
Bagnères-de-Bigorre 65 333 F 1
Bagnères-de-Luchon 31 334 A 4
Bagneux 02 40 B 1
Bagneux 92 58 B 4
Bagneux 51 90 C 2
Bagneux 54 94 B 2
Bagneux 49 150 B 4
Bagneux 36 153 H 5
Bagneux 79 168 A 1
Bagneux 03 191 H 1
Bagneux-la-Fosse 10 115 F 5
Bagnizeau 17 202 B 4
Bagnoles 11 320 A 5
Bagnoles-de-l'Orne 61 82 C 2
Bagnolet 93 58 C 3
Bagnols 69 212 C 4
Bagnols 63 226 D 3
Bagnols-en-Forêt 83 308 C 4
Bagnols-les-Bains 48 264 D 4
Bagnols-sur-Cèze 30 284 D 3
Bagnot 21 178 B 1
Baguer-Morvan 35 80 A 2
Baguer-Pican 35 80 B 2
Baho 66 343 E 2
Bahus-Soubiran 40 294 B 3
Baigneaux 28 110 D 3
Baigneaux 41 132 A 3
Baigneaux 33 256 C 2
Baignes 70 141 E 5
Baignes-
Sainte-Radegonde 16 220 C 4
Baigneux-les-Juifs 21 138 B 5
Baignolet 28 110 B 3
Baigts 40 293 G 3
Baigts-de-Béarn 64 293 F 5
Baillargues 34 303 E 4
Baillé 35 80 D 4
Bailleau-le-Pin 28 85 H 5
Bailleau-l'Évêque 28 86 A 3
Bailleau-sous-Gallardon 28 86 C 3
Baillestavy 66 342 B 3
Baillet-en-France 95 58 B 1
Bailleul 59 4 B 5
Bailleul 80 11 G 4
Bailleul 61 54 B 4

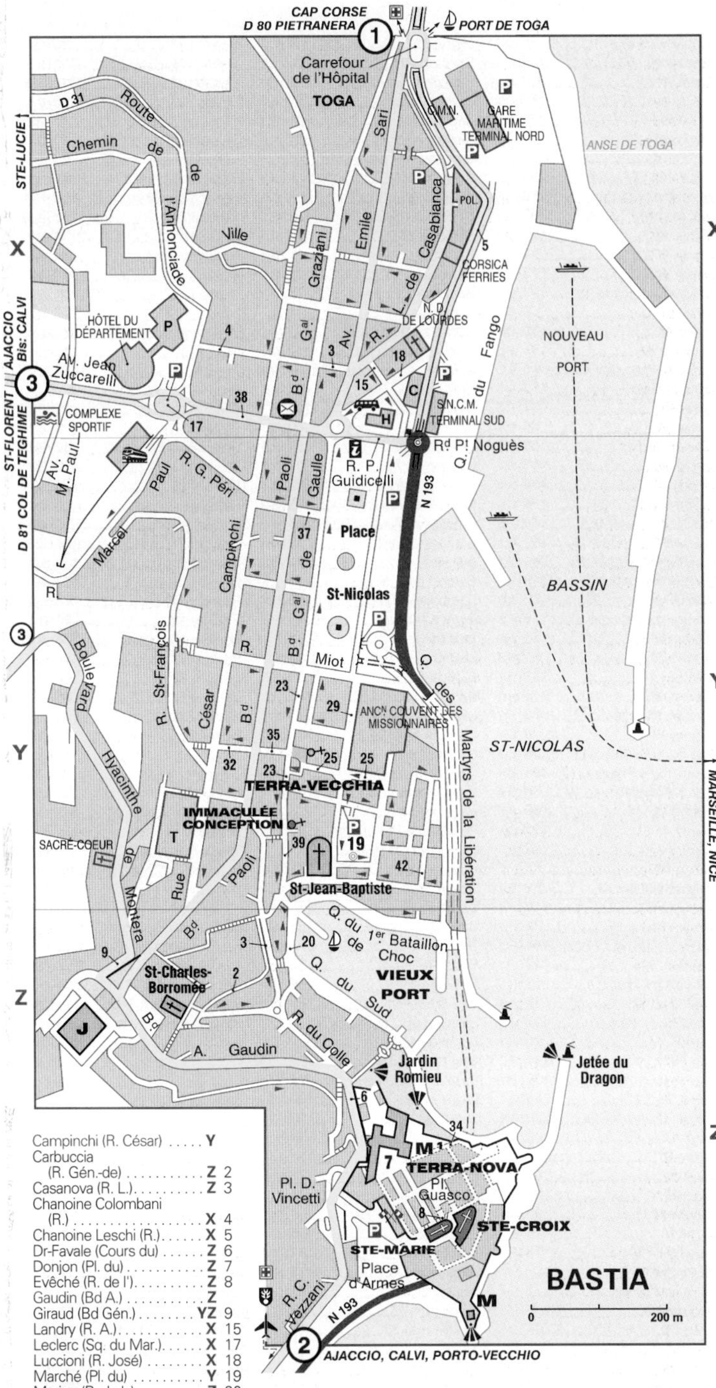
CAP CORSE
D 80 PIETRANERA
PORT DE TOGA
Carrefour de l'Hôpital
TOGA
ANSE DE TOGA
GARE MARITIME TERMINAL NORD
CORSICA FERRIES
NOUVEAU PORT
HÔTEL DU DÉPARTEMENT
COMPLEXE SPORTIF
S.N.C.M. TERMINAL SUD
Rd Pt Noguès
R. P. Guidicelli
Place St-Nicolas
BASSIN
ANCN COUVENT DES MISSIONNAIRES
ST-NICOLAS
TERRA-VECCHIA
IMMACULÉE CONCEPTION
SACRÉ-COEUR
St-Jean-Baptiste
Q. du 1er Bataillon de Choc
VIEUX PORT
St-Charles-Borromée
Jardin Romieu
Jetée du Dragon
TERRA-NOVA
Pl. Guasco
STE-CROIX
STE-MARIE
Place d'Armes
Pl. D. Vincetti
BASTIA
200 m
AJACCIO, CALVI, PORTO-VECCHIO
ITALIE MARSEILLE, NICE
STE-LUCIE
AJACCIO Bis: CALVI
ST-FLORENT
D 81 COL DE TEGHIME

Campinchi (R. César) ..... Y
Carbuccia (R. Gén.-de) ..... Z 2
Casanova (R. L.) ..... Z 3
Chanoine Colombani (R.) ..... X 4
Chanoine Leschi (R.) ..... X 5
Dr-Favale (Cours du) ..... Z 6
Donjon (Pl. du) ..... Z 7
Evêché (R. de l') ..... Z 8
Gaudin (Bd A.) ..... Z
Giraud (Bd Gén.) ..... YZ 9
Landry (R. A.) ..... X 15
Leclerc (Sq. du Mar.) ..... X 17
Luccioni (R. José) ..... X 18
Marché (Pl. du) ..... Y 19
Marine (R. de la) ..... Z 20
Napoléon (R.) ..... Y 23
Neuve-St-Roch (R.) ..... Y 25
Paoli (Bd) ..... YZ
Pierangeli (Cours H.) ..... Y 29
St-François (R.) ..... Y 32
St-Michel (R.) ..... Z 34
St-Roch (R.) ..... Y 35
Salicetti (R.) ..... Y 37
Sari (Av. Émile) ..... X
Sébastiani (Av. Mar.) ..... X 38
Terrasses (R. des) ..... Y 39
Zéphyrs (R. des) ..... Y 42


Le Bailleul 72 ... 129 F 3
Bailleul *Château de* 76 ... 19 E 4
Bailleul-aux-Cornailles 62 ... 7 G 5
Bailleul-la-Vallée 27 ... 35 E 4
Bailleul-le-Soc 60 ... 38 D 2
Bailleul-lès-Pernes 62 ... 7 G 4
Bailleul-Neuville 76 ... 20 D 3
Bailleul-Sir-Berthoult 62 ... 13 G 2
Bailleul-sur-Thérain 60 ... 38 B 2
Bailleulmont 62 ... 13 F 3
Bailleulval 62 ... 13 F 3
Bailleval 60 ... 38 D 3
Baillolet 76 ... 20 D 3
Baillou 41 ... 109 E 5
Bailly 60 ... 39 G 1
Bailly 78 ... 58 A 3
Bailly-aux-Forges 52 ... 92 C 3
Bailly-Carrois 77 ... 89 E 2
Bailly-en-Rivière 76 ... 10 D 5
Bailly-le-Franc 10 ... 92 A 3
Bailly-Romainvilliers 77 ... 59 F 3
Bain-de-Bretagne 35 ... 126 C 2
Baincthun 62 ... 6 B 2
Bainghen 62 ... 2 D 5
Bains 43 ... 247 E 4
Bains-de-Guitera 2A ... 349 E 3
Bains-les-Bains 88 ... 119 E 4
Bains-sur-Oust 35 ... 125 H 3
Bainville-aux-Miroirs 54 ... 95 E 3
Bainville-aux-Saules 88 ... 118 D 2
Bainville-sur-Madon 54 ... 94 C 2
Bairols 06 ... 289 H 4
Bais 35 ... 105 E 4
Bais 53 ... 106 D 2
Baisieux 59 ... 9 E 3
Baissey 52 ... 139 G 3
Baives 59 ... 16 A 5
Baix 07 ... 267 E 2
Baixas 66 ... 338 D 5
Baizieux 80 ... 22 D 1
Le Baizil 51 ... 61 E 2
Bajamont 47 ... 276 C 2
Bajonnette 32 ... 296 C 2
Bajus 62 ... 7 H 5
Balacet 09 ... 335 E 4
Baladou 46 ... 242 C 5
Balagny-sur-Thérain 60 ... 38 C 3
Balaguères 09 ... 335 E 3
Balaguier d'Olt 12 ... 261 F 4
Balaguier-sur-Rance 12 ... 300 B 1
Balaine *Arboretum de* 03 ... 174 D 5
Balaiseaux 39 ... 179 E 2
Balaives-et-Butz 08 ... 26 D 4
Balan 08 ... 27 F 4
Balan 01 ... 213 G 4
Balanod 39 ... 196 A 2
Balansun 64 ... 293 G 5
Balanzac 17 ... 201 E 5
Balaruc-le-Vieux 34 ... 323 E 3
Balaruc-les-Bains 34 ... 323 E 3
Balâtre 80 ... 23 G 4
Balazé 35 ... 105 E 2
Balazuc 07 ... 266 B 4
Balbigny 42 ... 211 H 5
Balbins 38 ... 231 H 4
Balbronn 67 ... 97 E 1
Balcon de Merlet *Parc du* 74 ... 216 D 3
Baldenheim 67 ... 97 F 5
Baldersheim 68 ... 143 G 1
La Baleine 50 ... 51 H 2
Baleines *Phare des* 17 ... 182 C 4
Baleix 64 ... 314 D 4
Balesmes 37 ... 169 H 2
Balesmes-sur-Marne 52 ... 139 G 2
Balesta 31 ... 316 A 5
Baleyssagues 47 ... 257 E 2
Balgau 68 ... 121 G 4
Balham 08 ... 41 H 1
Balignac 82 ... 296 D 1
Balignicourt 10 ... 91 G 3
Bâlines 27 ... 56 A 4
Balinghem 62 ... 2 D 4
Baliracq-Maumusson 64 ... 294 C 5
Baliros 64 ... 314 B 5
Balizac 33 ... 255 H 4
Balizy 91 ... 58 C 5
Ballainvilliers 91 ... 58 B 5
Ballaison 74 ... 197 H 4
Ballan-Miré 37 ... 151 H 3
Ballancourt-sur-Essonne 91 ... 87 H 3
Ballans 17 ... 202 C 5
Ballay 08 ... 42 D 2
Balledent 87 ... 205 G 2
Ballée 53 ... 106 C 5
Balleray 58 ... 174 D 1
Balleroy 14 ... 32 D 4
Ballersdorf 68 ... 143 E 3
Balléville 88 ... 94 B 4
Ballon 72 ... 107 H 3
Ballon 17 ... 200 D 2
Ballon de Servance 70 ... 142 B 1
Ballons 26 ... 286 D 2
Ballore 71 ... 194 A 2
Ballots 53 ... 105 F 5
Balloy 77 ... 89 F 4
Balma 31 ... 298 A 4
La Balme 73 ... 232 D 1
La Balme-de-Sillingy 74 ... 215 F 3
La Balme-de-Thuy 74 ... 215 H 3
La Balme-d'Épy 39 ... 196 A 3
La Balme-les-Grottes 38 ... 214 A 4
Balmont 74 ... 215 G 4
Balnot-la-Grange 10 ... 115 F 5
Balnot-sur-Laignes 10 ... 115 G 4
Balogna 2A ... 348 C 1
Balot 21 ... 137 H 3
Balsac 12 ... 280 C 1
Balschwiller 68 ... 143 E 2
Balsièges 48 ... 264 C 5
Baltzenheim 68 ... 121 G 2
Balzac 16 ... 221 F 1
Bambecque 59 ... 3 H 3
Bambiderstroff 57 ... 66 D 1
Ban-de-Laveline 88 ... 96 C 5
Ban-de-Sapt 88 ... 96 B 4
Le Ban-Saint-Martin 57 ... 45 H 5
Ban-sur-Meurthe-Clefcy 88 ... 120 B 2
Banassac 48 ... 264 A 5
Banat 09 ... 336 A 4
Banca 64 ... 330 A 1
Bancarel *Site du* 12 ... 262 B 4
Bancigny 02 ... 25 G 3
Bancourt 62 ... 13 H 4
Bandol 83 ... 327 H 4
Baneins 01 ... 213 F 1
Baneuil 24 ... 258 C 1
Bangor 56 ... 144 B 4
Banhars 12 ... 262 D 3
Banios 65 ... 333 G 2
Banize 23 ... 207 F 4
Bannalec 29 ... 100 C 4
Bannans 25 ... 180 B 2
Bannay 57 ... 46 C 5
Bannay 51 ... 61 E 3
Bannay 18 ... 156 A 3
Banne 07 ... 283 H 1
Bannegon 18 ... 173 H 4
Bannes 51 ... 61 F 4
Bannes 53 ... 106 D 5
Bannes 52 ... 117 G 5
Bannes 46 ... 261 E 1
Banneville-la-Campagne 14 ... 33 H 4
Banneville-sur-Ajon 14 ... 33 F 5
Bannières 81 ... 298 C 4
Bannoncourt 55 ... 64 C 3
Bannost 77 ... 60 A 5
Banogne-Recouvrance 08 ... 25 H 5
Banon 04 ... 286 D 4
Banos 40 ... 293 H 3
Bans 39 ... 179 E 2
Bansat 63 ... 228 B 4
Bantanges 71 ... 195 G 1
Banteux 59 ... 14 B 5
Banthelu 95 ... 37 G 5
Bantheville 55 ... 43 G 2
Bantigny 59 ... 14 B 3
Bantouzelle 59 ... 14 B 5
Bantzenheim 68 ... 121 F 5
Banvillars 90 ... 142 B 3
Banville 14 ... 33 F 3
Banvou 61 ... 53 E 5
Banyuls-dels-Aspres 66 ... 343 E 3
Banyuls-sur-Mer 66 ... 343 G 4
Baon 89 ... 137 F 2
Baons-le-Comte 76 ... 19 G 4
Baou de 4 Oures 83 ... 328 A 4
Bapaume 62 ... 13 G 4
Bapeaume-lès-Rouen 76 ... 36 A 1
Bar 19 ... 225 E 5
Bar-le-Duc 55 ... 63 H 4
Bar-lès-Buzancy 08 ... 43 F 1
Bar-sur-Aube 10 ... 116 A 2
Le Bar-sur-Loup 06 ... 309 E 2
Bar-sur-Seine 10 ... 115 G 3
Baracé 49 ... 128 D 4
Baracuchet *Col de* 63 ... 229 F 3
Baraigne 11 ... 318 D 5
Baraize 36 ... 188 D 2
Baralle 62 ... 14 A 3
Baraqueville 12 ... 280 B 2
Barastre 62 ... 13 H 5
Baratier 05 ... 270 C 3
Barbachen 65 ... 315 F 3
Barbaggio 2B ... 345 G 4
Barbaira 11 ... 320 A 5
Barbaise 08 ... 26 C 4
Barbas 54 ... 96 A 1
Barbaste 47 ... 275 F 3
Barbâtre 85 ... 164 B 2
Barbazan 31 ... 334 B 2
Barbazan-Debat 65 ... 315 F 5
Barbazan-Dessus 65 ... 315 F 5
Barbechat 44 ... 148 A 3
La Barben 13 ... 305 G 4
Barbentane 13 ... 304 C 1
Barberaz 73 ... 233 F 2
Barberey-aux-Moines 10 ... 90 D 5
Barberey-Saint-Sulpice 10 ... 90 D 5
Barberier 03 ... 192 A 5
Barbery 60 ... 39 E 4
Barbery 14 ... 53 G 1
Barbeville 14 ... 32 D 3
Barbey 77 ... 89 E 5
Barbey-Seroux 88 ... 120 A 2
Barbezières 16 ... 202 D 4
Barbezieux 16 ... 220 C 4
Barbières 26 ... 249 H 4
Barbirey-sur-Ouche 21 ... 159 G 4
Barbizon 77 ... 88 B 4
Barbonne-Fayel 51 ... 61 E 5
Barbonval 02 ... 40 D 2
Barbonville 54 ... 95 E 2
Barbotan-les-Thermes 32 ... 274 D 5
Le Barboux 25 ... 163 F 5
Barbuise 10 ... 90 A 2
Barby 08 ... 42 A 1
Barby 73 ... 233 F 2
Barc 27 ... 55 H 1
Barcaggio 2B ... 345 F 1
Le Barcarès 66 ... 339 E 5
Barcelonne 26 ... 249 G 5
Barcelonne-du-Gers 32 ... 294 C 3
Barcelonnette 04 ... 270 D 5
Barchain 57 ... 67 G 5
Barchetta 2B ... 347 G 2
Barcillonnette 05 ... 269 F 5
Barcugnan 32 ... 315 H 4
Barcus 64 ... 331 F 1
Barcy 77 ... 59 G 1
Bard 42 ... 229 G 2
Bard-le-Régulier 21 ... 158 D 5
Bard-lès-Époisses 21 ... 158 C 1
Bard-lès-Pesmes 70 ... 161 F 3
La Barde 17 ... 238 D 2
Bardenac 16 ... 220 D 5
Bardiana 2B ... 346 B 4
Bardigues 82 ... 276 D 5
Le Bardon 45 ... 132 D 2
Bardos 64 ... 292 C 5
Bardou 24 ... 258 C 2
Bardouville 76 ... 35 H 2
Barèges 65 ... 333 E 3
Bareilles 65 ... 333 H 3
Barembach 67 ... 96 D 2
Baren 31 ... 334 B 4
Barentin 76 ... 20 A 5
Barenton 50 ... 81 H 2
Barenton-Bugny 02 ... 24 D 4
Barenton-Cel 02 ... 24 D 4
Barenton-sur-Serre 02 ... 24 D 4
Barésia-sur-l'Ain 39 ... 196 D 1
Barfleur 50 ... 29 H 2
Barfleur *Pointe de* 50 ... 29 H 2
Bargème 83 ... 308 B 2
Bargemon 83 ... 308 B 3
Barges 70 ... 140 C 2
Barges 21 ... 160 A 4
Barges 43 ... 265 F 1
Bargny 60 ... 39 G 5
Barie 33 ... 256 C 4
Les Barils 27 ... 55 H 4
Barinque 64 ... 314 C 3
Barisey-au-Plain 54 ... 94 B 2
Barisey-la-Côte 54 ... 94 B 2
Barisis 02 ... 24 B 5
Barizey 71 ... 177 G 4
Barjac 48 ... 264 B 4
Barjac 30 ... 284 B 2
Barjac 09 ... 335 F 1
Barjols 83 ... 307 E 4
Barjon 21 ... 138 D 5
Barjouville 28 ... 86 A 4
Barles 04 ... 288 A 1
Barlest 65 ... 314 D 5
Barleux 80 ... 23 G 2
Barlieu 18 ... 155 G 1
Barlin 62 ... 8 A 4
Barly 80 ... 12 C 3
Barly 62 ... 13 E 3
Barmainville 28 ... 111 E 2
Barnas 07 ... 265 H 3
Barnave 26 ... 268 B 2
Barnay 71 ... 176 D 1
Barnenez *Tumulus de* 29 ... 71 H 3
Barneville-Carteret 50 ... 31 E 2
Barneville-la-Bertran 14 ... 34 C 2
Barneville-sur-Seine 27 ... 35 H 2
La Baroche-Gondouin 53 ... 82 C 3
La Baroche-sous-Lucé 61 ... 82 B 2
Les Baroches 54 ... 45 F 4
Baromesnil 76 ... 10 D 5
Baron 60 ... 39 F 5
Baron 71 ... 194 A 2
Baron 33 ... 256 B 1
Baron 30 ... 284 A 4
Baron-sur-Odon 14 ... 33 F 5
Baronville 57 ... 66 D 2
Barou-en-Auge 14 ... 54 A 2
Baroville 10 ... 116 A 2
Le Barp 33 ... 255 E 3
La Barque 13 ... 306 B 5
Barquet 27 ... 55 H 1
Barr 67 ... 97 F 3
Barracone 2A ... 348 D 3
Barrais-Bussolles 03 ... 192 D 5
Barran 32 ... 295 H 4
Barrancoueu 65 ... 333 G 3
Les Barraques-en-Vercors 26 ... 250 B 4
Barras 04 ... 287 H 3
Barraute-Camu 64 ... 313 F 3
Barraux 38 ... 233 F 4
La Barre 39 ... 161 F 5
La Barre 70 ... 162 B 2
Barre 81 ... 300 D 3
La Barre-de-Monts 85 ... 164 C 2
La Barre-de-Semilly 50 ... 32 B 5
Barre-des-Cévennes 48 ... 282 D 2
La Barre-en-Ouche 27 ... 55 F 2
Barrême 04 ... 288 B 5
Barret 16 ... 220 C 3
Barret-de-Lioure 26 ... 286 C 3
Barret-sur-Méouge 05 ... 287 E 2
Barretaine 39 ... 179 F 3
Barrettali 2B ... 345 F 2
Barriac-les-Bosquets 15 ... 243 H 2
Barricourt 08 ... 43 F 1
Barro 16 ... 203 F 3
Barrou 37 ... 170 A 3
Le Barroux 84 ... 285 H 3
Barry 84 ... 285 E 1
Barry 65 ... 315 E 5
Barry-d'Islemade 82 ... 277 G 4
Bars 24 ... 241 F 3
Bars 32 ... 295 G 5
Barsac 33 ... 256 B 3
Barsac 26 ... 268 A 2
Barsanges 19 ... 225 F 3
Barst 57 ... 67 F 1
Bart 25 ... 142 B 4
Bartenheim 68 ... 143 G 3
Barthe 65 ... 316 A 5
Barthe *Barrage de la* 12 ... 263 E 1

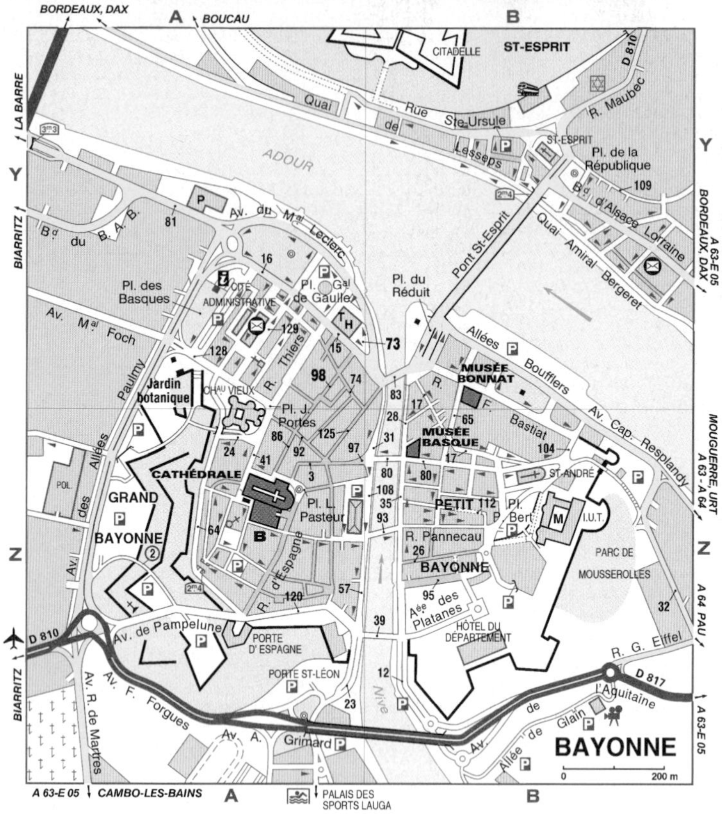


| | | |
|---|---|---|
| Argenterie (R.) AZ 3 | Hugo (R. Victor) AZ 125 | Orbe (R.) AZ 92 |
| Bastion Royal (R. du) BZ 12 | Jaureguiberry (Q.) AZ 57 | Pannecau (Pont) BZ 93 |
| Bernède (R.) AY 15 | Lachepaillet (Bd du Rempart) AZ 64 | Pelletier (R.) BZ 95 |
| Bonnat (Av. Léon) AY 16 | Laffitte (R. Jacques) BYZ 65 | Port-de-Castets (R.) AZ 97 |
| Bourgneuf (R.) BYZ 17 | Lamarque (Av. du Chanoine) AZ 23 | Port-Neuf (R.) AY 98 |
| Château-Vieux (Pl.) AZ 24 | Liberté (Pl. de la) BY 73 | Ravignan (R.) BZ 104 |
| Cordeliers (R. des) BZ 26 | Lormand (R.) AY 74 | Roquebert (Q. du Cdt) BZ 108 |
| Corsaires (Quai des) BZ 28 | Marengo (Pont et R. de) BZ 80 | Ste-Catherine (R.) BY 109 |
| Dubourdieu (Q. Amiral) BZ 31 | Marines (Av. des Allées) AY 81 | Thiers (R.) AY |
| Duvergier-de-Hauranne (Av.) BZ 32 | Mayou (Pont) BY 83 | Tonneliers (R. des) BZ 112 |
| Galuperie (Quai) BZ 35 | Monnaie (R. de la) AZ 86 | Tour-de-Sault (R.) AZ 120 |
| Génie (Pont du) BZ 39 | | 11-Novembre (Av.) AY 128 |
| Gouverneurs (R. des) AZ 41 | | 49e (R. du) AY 129 |


La Barthe-de-Neste 65 ... 333 H 1
Bartherans 25 ... 179 H 1
Les Barthes 82 ... 277 F 4
Bartrès 65 ... 332 D 1
Barville 76 ... 19 G 3
Barville 27 ... 35 E 5
Barville 61 ... 84 A 3
Barville 88 ... 94 A 4
Barville-en-Gâtinais 45 ... 111 H 3
Barzan 17 ... 219 E 3
Barzun 64 ... 314 D 5
Barzy-en-Thiérache 02 ... 15 F 5
Barzy-sur-Marne 02 ... 60 D 1
Bas-en-Basset 43 ... 229 H 5
Bas-et-Lezat 63 ... 210 A 3
Bas-Lieu 59 ... 15 G 4
Bas-Mauco 40 ... 293 H 2
Bas-Rupts 88 ... 120 B 3
Bascons 40 ... 294 B 2
Bascous 32 ... 295 F 2
Baslieux 54 ... 45 E 2
Baslieux-lès-Fismes 51 ... 41 E 3
Baslieux-sous-Châtillon 51 ... 41 E 5
Basly 14 ... 33 G 3
Bassac 16 ... 220 D 1
Bassan 34 ... 321 G 4
Bassanne 33 ... 256 C 4
Basse-Goulaine 44 ... 147 H 4
Basse-Ham 57 ... 45 H 3
Basse-Indre 44 ... 147 F 4
Basse-Rentgen 57 ... 45 H 2
Basse-sur-le-Rupt 88 ... 120 A 4
La Basse-Vaivre 70 ... 118 D 5
La Bassée 59 ... 8 B 3
Bassemberg 67 ... 96 D 4
Basseneville 14 ... 34 A 4
Bassens 73 ... 233 F 2
Bassens 33 ... 237 G 5
Bassercles 40 ... 293 H 5
Basses 86 ... 168 D 1
Basseux 62 ... 13 F 3
Bassevelle 77 ... 60 B 2
Bassignac 15 ... 244 B 1
Bassignac-le-Bas 19 ... 243 E 4
Bassignac-le-Haut 19 ... 243 G 2
Bassigney 70 ... 141 F 2
Bassillac 24 ... 240 D 2
Bassillon-Vauzé 64 ... 314 D 3
Bassing 57 ... 67 F 3
Bassoles-Aulers 02 ... 40 B 1
Bassoncourt 52 ... 117 H 3
Bassou 89 ... 114 A 5
Bassoues 32 ... 295 G 5
Bassu 51 ... 62 D 3
Bassuet 51 ... 62 D 4
Bassurels 48 ... 282 D 3
Bassussarry 64 ... 310 D 3
Bassy 74 ... 215 E 3
Bastanès 64 ... 313 G 4
Bastelica 2A ... 349 E 2
Bastelicaccia 2A ... 348 C 3
Bastennes 40 ... 293 G 4
Bastia 2B ... 345 G 4
La Bastide 83 ... 308 B 2
La Bastide 66 ... 342 C 3
La Bastide-Clairence 64 ... 311 F 3
La Bastide-de-Besplas 09 ... 317 G 5
La Bastide-
de-Bousignac 09 ... 336 D 2
La Bastide
de Couloumat 11 ... 318 C 5
La Bastide-de-Lordat 09 ... 336 C 1
La Bastide-de-Sérou 09 ... 335 H 2
La Bastide-d'Engras 30 ... 284 C 4
La Bastide-
des-Jourdans 84 ... 306 B 2
La Bastide-du-Salat 09 ... 335 E 2
La Bastide-l'Évêque 12 ... 279 G 1
La Bastide-Pradines 12 ... 281 G 5
La Bastide-Puylaurent 48 ... 265 F 3
La Bastide-Solages 12 ... 300 A 1
La Bastide-sur-l'Hers 09 ... 336 D 3
La Bastidonne 84 ... 306 B 3
La Bastidonne 13 ... 327 F 3
La Bastie-d'Urfé
*Château de* 42 ... 229 G 1
Le Bastit 46 ... 260 C 2
Basville 23 ... 208 B 4
La Bataille 79 ... 202 D 2
Bataille *Col de la* 26 ... 250 A 5
La Batarelle 13 ... 327 E 2
Bataville 57 ... 67 F 5
Bathelémont-
lès-Bauzemont 54 ... 66 D 5
Bathernay 26 ... 249 G 2
La Bâthie 73 ... 234 B 1
La Bâtie-Crémezin 26 ... 268 D 3
La Bâtie-des-Fonds 26 ... 268 D 4
La Bâtie-Divisin 38 ... 232 C 3
La Bâtie-Montgascon 38 ... 232 C 2
La Bâtie-Montsaléon 05 ... 269 E 5
La Bâtie-Neuve 05 ... 269 H 3
La Bâtie-Rolland 26 ... 267 F 4
La Bâtie-Vieille 05 ... 269 H 3
Les Bâties 70 ... 161 G 1
Batilly 54 ... 45 F 5
Batilly 61 ... 53 H 4
Batilly-en-Gâtinais 45 ... 111 H 4
Batilly-en-Puisaye 45 ... 135 E 5
Bats 40 ... 294 A 4
Batsère 65 ... 333 G 1
Battenans-les-Mines 25 ... 162 B 1
Battenans-Varin 25 ... 163 F 3
Battenheim 68 ... 121 E 5
Battexey 88 ... 94 D 4
Battigny 54 ... 94 C 3
Battrans 70 ... 161 F 2
Batz *Île de* 29 ... 71 G 3
Batz-sur-Mer 44 ... 145 G 5
Batzendorf 67 ... 68 D 4
Baubigny 50 ... 28 D 5
Baubigny 21 ... 177 G 2
La Bauche 73 ... 233 E 3
Baud 56 ... 101 H 5
Baudement 51 ... 90 B 2
Baudemont 71 ... 194 A 5
Baudignan 40 ... 274 D 4
Baudignécourt 55 ... 93 G 2
Baudinard-sur-Verdon 83 ... 307 F 3
Baudoncourt 70 ... 141 G 2
Baudonvilliers 55 ... 63 F 5
Baudre 50 ... 32 B 5
Baudrecourt 57 ... 66 C 2
Baudrecourt 52 ... 92 C 4
Baudreix 64 ... 314 C 5
Baudrémont 55 ... 64 B 4
Baudres 36 ... 171 G 1
Baudreville 50 ... 31 F 2
Baudreville 28 ... 87 E 5
Baudricourt 88 ... 94 C 5
Baudrières 71 ... 178 A 5
Bauduen 83 ... 307 G 2
Baugé 49 ... 129 F 5
Baugy 60 ... 39 F 1
Baugy 18 ... 173 H 1
Baugy 71 ... 193 G 5
Baulay 70 ... 140 D 2
Baule 45 ... 132 D 3
La Baule 44 ... 145 H 5
La Baule-Escoublac 44 ... 145 H 5
Baulme-la-Roche 21 ... 159 G 3
Baulne 91 ... 87 H 3
Baulne-en-Brie 02 ... 60 D 2
Baulny 55 ... 43 F 3
Baulon 35 ... 103 H 4
Baulou 09 ... 336 A 2
La Baume 74 ... 198 C 4
Baume *Cirque de* 39 ... 179 F 5
La Baume-Cornillane 26 ... 267 G 1
La Baume-de-Transit 26 ... 285 F 1
La Baume-d'Hostun 26 ... 249 H 3
Baume-les-Dames 25 ... 162 C 2
Baume-les-Messieurs 39 ... 179 F 5
Bauné 49 ... 150 A 1
Baupte 50 ... 31 H 3
Bauquay 14 ... 53 E 1
Baurech 33 ... 255 H 2
La Baussaine 35 ... 79 H 5
Bauvin 59 ... 8 C 4
Les Baux-de-Breteuil 27 ... 55 H 3
Les Baux-de-Provence 13 ... 304 D 3
Les Baux-Sainte-Croix 27 ... 56 B 2
Bauzemont 54 ... 66 D 5
Bauzy 41 ... 153 G 1
Bavans 25 ... 142 B 5
Bavay 59 ... 15 F 2
Bavelincourt 80 ... 22 D 1
Bavella *Col de* 2A ... 349 F 4
Bavent 14 ... 33 H 4
Baverans 39 ... 161 E 5
Bavilliers 90 ... 142 C 3
Bavinchove 59 ... 3 H 5
Bavincourt 62 ... 13 E 3
Bax 31 ... 317 G 5
Bay 08 ... 26 A 3
Bay 70 ... 161 F 3
Bay-sur-Aube 52 ... 139 E 2
Bayac 24 ... 258 C 1
Bayard *Château de* 38 ... 233 G 4
Bayard *Col* 05 ... 269 G 3
Bayas 33 ... 238 C 3
Baye 51 ... 61 E 3
Baye 29 ... 100 C 5
Bayecourt 88 ... 95 G 5
Bayel 10 ... 116 B 2
Bayencourt 80 ... 13 E 4
Bayenghem-
lès-Éperlecques 62 ... 3 E 4
Bayenghem-
lès-Seninghem 62 ... 7 E 2
Bayers 16 ... 203 F 4
Bayet 03 ... 192 A 5
Bayeux 14 ... 33 E 3
Bayon 54 ... 95 E 3
Bayon-sur-Gironde 33 ... 237 G 3
Bayonne 64 ... 292 A 5
Bayons 04 ... 287 H 1
Bayonville 08 ... 43 F 2
Bayonville-sur-Mad 54 ... 65 G 2
Bayonvillers 80 ... 23 E 2
Bazac 16 ... 239 E 1
Bazaiges 36 ... 188 D 2
Bazailles 54 ... 45 E 3
Bazainville 78 ... 57 F 4
Bazancourt 60 ... 21 F 5
Bazancourt 51 ... 41 H 2
Bazarnes 89 ... 136 C 4
Bazas 33 ... 256 B 5
Bazauges 17 ... 202 C 4
Bazegney 88 ... 95 E 4
Bazeilles 08 ... 27 F 4
Bazeilles-sur-Othain 55 ... 44 B 2
Bazelat 23 ... 188 D 4
Bazemont 78 ... 57 G 2
Bazens 47 ... 275 G 2
Bazentin 80 ... 13 G 5
Bazenville 14 ... 33 E 3
Bazet 65 ... 315 E 5
La Bazeuge 87 ... 187 H 5
Bazian 32 ... 295 G 4
Bazicourt 60 ... 39 E 3
Baziège 31 ... 318 B 3
Bazien 88 ... 95 H 3
Bazillac 65 ... 315 F 4
Bazincourt-sur-Epte 27 ... 37 G 3
Bazincourt-sur-Saulx 55 ... 63 G 5
Bazinghen 62 ... 2 B 4
Bazinval 76 ... 11 E 5
La Bazoche-Gouet 28 ... 109 F 3
Bazoches 58 ... 157 H 3
Bazoches-au-Houlme 61 ... 53 H 3
Bazoches-en-Dunois 28 ... 110 B 4
Bazoches-lès-Bray 77 ... 89 F 4
Bazoches-
les-Gallerandes 45 ... 111 F 3
Bazoches-les-Hautes 28 ... 110 D 3
Bazoches-sur-Guyonne 78 ... 57 G 4
Bazoches-sur-Hoëne 61 ... 84 B 2
Bazoches-sur-le Betz 45 ... 113 E 3
Bazoches-sur-Vesles 02 ... 40 D 3
La Bazoge 50 ... 52 B 5
La Bazoge 72 ... 107 G 3
La Bazoge-Montpinçon 53 ... 82 B 5
Bazoges-en-Paillers 85 ... 166 B 2
Bazoges-en-Pareds 85 ... 166 D 5
Bazoilles-et-Ménil 88 ... 94 D 5
Bazoilles-sur-Meuse 88 ... 93 H 5
Bazolles 58 ... 157 F 5
Bazoncourt 57 ... 66 B 1
Bazonville 54 ... 45 F 3
La Bazoque 14 ... 32 C 4
La Bazoque 61 ... 53 E 3
Bazoques 27 ... 35 F 5
Bazordan 65 ... 316 A 5
La Bazouge-
de-Chemeré 53 ... 106 C 4
La Bazouge-des-Alleux 53 ... 106 B 2
La Bazouge-du-Désert 35 ... 81 F 3
Bazougers 53 ... 106 B 4
Bazouges 53 ... 128 B 2
Bazouges-la-Pérouse 35 ... 80 C 3
Bazouges-sous-Hédé 35 ... 80 A 4
Bazouges-sur-le-Loir 72 ... 129 F 4
Bazuel 59 ... 15 E 4
Bazugues 32 ... 315 H 3
Bazus 31 ... 298 A 3
Bazus-Aure 65 ... 333 G 4
Bazus-Neste 65 ... 333 H 2
Le Béage 07 ... 265 H 1
Béal *Col du* 63 ... 229 E 1
Béalcourt 80 ... 12 C 3
Béalencourt 62 ... 7 E 5
Béard 58 ... 174 D 3
Beaubec-la-Rosière 76 ... 21 E 4
Beaubery 71 ... 194 B 3
Beaubray 27 ... 55 H 2
Beaucaire 32 ... 295 H 2
Beaucaire 30 ... 304 B 2
Beaucamps-le-Jeune 80 ... 21 G 3
Beaucamps-le-Vieux 80 ... 21 G 2
Beaucamps-Ligny 59 ... 8 C 3
Beaucé 35 ... 81 F 4
Beaucens 65 ... 332 D 2
Le Beaucet 84 ... 285 H 5
Beauchalot 31 ... 334 D 1
Beauchamp 95 ... 58 B 1
Beauchamps 80 ... 11 E 4
Beauchamps 50 ... 51 H 3
Beauchamps-
sur-Huillard 45 ... 112 A 5
Beaucharmoy 52 ... 118 A 4
Beauchastel 07 ... 267 E 1
Beauche 28 ... 56 A 5
Beauchemin 52 ... 117 E 5
Beauchêne 61 ... 52 D 5
Beauchêne 41 ... 109 F 5
Beauchery-Saint-Martin 77 ... 89 H 2
Beauclair 55 ... 43 G 1
Beaucoudray 50 ... 52 A 1
Beaucourt 90 ... 142 C 4
Beaucourt-en-Santerre 80 ... 23 E 3
Beaucourt-sur-l'Ancre 80 ... 13 F 5
Beaucourt-sur-l'Hallue 80 ... 22 D 1
Beaucouzé 49 ... 149 F 1
Beaucroissant 38 ... 232 B 5
Beaudéan 65 ... 333 F 2
Beaudéduit 60 ... 22 A 4
Beaudignies 59 ... 15 E 3
Beaudricourt 62 ... 12 D 3
Beaufai 61 ... 55 E 4
Beaufay 72 ... 108 A 3
Beauficel 50 ... 52 B 4
Beauficel-en-Lyons 27 ... 37 E 2
Beaufin 38 ... 269 F 1
Beaufort 59 ... 15 G 3
Beaufort 39 ... 196 B 1
Beaufort 73 ... 216 C 5
Beaufort 38 ... 231 H 5
Beaufort 31 ... 317 F 3
Beaufort 34 ... 320 C 5
Beaufort-Blavincourt 62 ... 13 E 2
Beaufort-en-Argonne 55 ... 43 G 1
Beaufort-en-Santerre 80 ... 23 E 3
Beaufort-en-Vallée 49 ... 150 A 2
Beaufort-sur-Gervanne 26 ... 267 H 1
Beaufou 85 ... 165 G 3
Beaufour 14 ... 34 B 4
Beaufremont 88 ... 94 A 5
Beaugas 47 ... 258 B 4
Beaugeay 17 ... 200 D 4
Beaugency 45 ... 132 C 3
Beaugies-sous-Bois 60 ... 23 H 4
Beaujeu 69 ... 212 C 1
Beaujeu 04 ... 288 B 2
Beaujeu-Saint-Vallier-
et-Pierrejux 70 ... 161 F 1
Beaulac 33 ... 274 B 1
Beaulandais 61 ... 82 B 2
Beaulencourt 62 ... 13 H 5
Beaulieu 08 ... 26 A 1
Beaulieu 14 ... 52 D 2
Beaulieu 61 ... 55 G 5
Beaulieu 21 ... 138 C 3
Beaulieu 25 ... 142 C 5
Beaulieu 58 ... 157 F 4
Beaulieu 36 ... 188 B 4
Beaulieu 15 ... 226 C 4
Beaulieu 63 ... 228 A 4
Beaulieu 43 ... 247 F 3
Beaulieu 38 ... 250 B 1
Beaulieu 07 ... 284 A 1
Beaulieu 34 ... 303 E 3
Beaulieu-en-Argonne 55 ... 63 G 1
Beaulieu-en-Rouergue
*Abbaye de* 82 ... 279 E 3
Beaulieu-les-Fontaines 60 ... 23 G 4
Beaulieu-lès-Loches 37 ... 152 C 5
Beaulieu-
sous-Bressuire 79 ... 167 G 3
Beaulieu-sous-la-Roche 85 ... 165 G 5
Beaulieu-
sous-Parthenay 79 ... 185 F 1
Beaulieu-sur-Dordogne 19 ... 243 E 4
Beaulieu-sur-Layon 49 ... 149 G 3
Beaulieu-sur-Loire 45 ... 155 H 1
Beaulieu-sur-Mer 06 ... 309 H 2
Beaulieu-sur-Oudon 53 ... 105 G 4
Beaulieu-sur-Sonnette 16 ... 203 H 4
Beaulon 03 ... 192 D 1
Beaumais 14 ... 54 A 2
Beaumarchés 32 ... 295 F 5
Beaumat 46 ... 260 B 3
Beaumé 02 ... 25 H 2
La Beaume 05 ... 268 D 3
Beauménil 88 ... 119 H 2
Beaumerie-Saint-Martin 62 ... 6 C 4
Beaumes-de-Venise 84 ... 285 G 3
Beaumesnil 14 ... 52 B 2
Beaumesnil 27 ... 55 G 1
Beaumettes 84 ... 305 G 1
Beaumetz 80 ... 12 B 4
Beaumetz-lès-Aire 62 ... 7 F 3
Beaumetz-lès-Cambrai 62 ... 13 H 4
Beaumetz-lès-Loges 62 ... 13 F 3
Beaumont 54 ... 65 E 4
Beaumont 89 ... 136 B 2
Beaumont 86 ... 169 F 5
Beaumont 74 ... 215 G 1
Beaumont 19 ... 225 E 4
Beaumont 63 ... 227 G 1
Beaumont 43 ... 246 B 1
Beaumont 07 ... 265 H 4
Beaumont 32 ... 295 G 1
Beaumont-de-Lomagne 82 ... 297 E 1
Beaumont-de-Pertuis 84 ... 306 C 3
Beaumont-du-Gâtinais 77 ... 112 A 3
Beaumont-du-Lac 87 ... 207 E 5
Beaumont-du-Périgord 24 ... 258 C 2
Beaumont-du-Ventoux 84 ... 285 H 3
Beaumont-en-Argonne 08 ... 27 F 5
Beaumont-en-Auge 14 ... 34 C 3
Beaumont-en-Beine 02 ... 23 H 4
Beaumont-en-Cambrésis 59 ... 14 D 4
Beaumont-en-Diois 26 ... 268 C 3
Beaumont-en-Verdunois 55 ... 44 B 4
Beaumont-en-Véron 37 ... 150 D 4
Beaumont-Hague 50 ... 28 D 2
Beaumont-Hamel 80 ... 13 F 5
Beaumont-la-Ferrière 58 ... 156 C 5
Beaumont-la-Ronce 37 ... 130 D 5
Beaumont-le-Hareng 76 ... 20 C 4
Beaumont-le-Roger 27 ... 55 G 1
Beaumont-les-Autels 28 ... 109 F 2

## BEAUVAIS


- Beauregard (R.) ... 2
- Brière (Bd J.) ... 3
- Carnot (R.) ...
- Clemenceau (Pl.) ... 4
- Dr-Gérard (R.) ... 5
- Dr-Lamotte (Bd du) ... 6
- Dreux (R. Ph. de) ... 7
- Gambetta ...
- Grenier-à-Sel (R.) ... 8
- Guéhengnies (R. de) ... 9
- Hachette (Pl. J.) ... 10
- Halles (Pl. des) ... 12
- Leclerc (R. Mar.) ... 13
- Lignières (R. J. de) ... 15
- Loisel (Bd A.) ... 16
- Malherbe (R. de) ... 18
- Nully-d'Hécourt (R.) ... 19
- République (Av. de la) ... 20
- St-André (Bd) ... 22
- St-Laurent (R.) ... 23
- St-Pierre (R.) ... 24
- Scellier (Cours) ... 27
- Taillerie (R. de la) ... 29
- Tapisserie (R. de la) ... 30
- Villiers-de-l'Isle-Adam (R.) ... 35
- Vincent-de-Beauvais (R.) ... 26
- Watrin (R. du Gén.) ... 36
- 27-Juin (R. du) ... 38


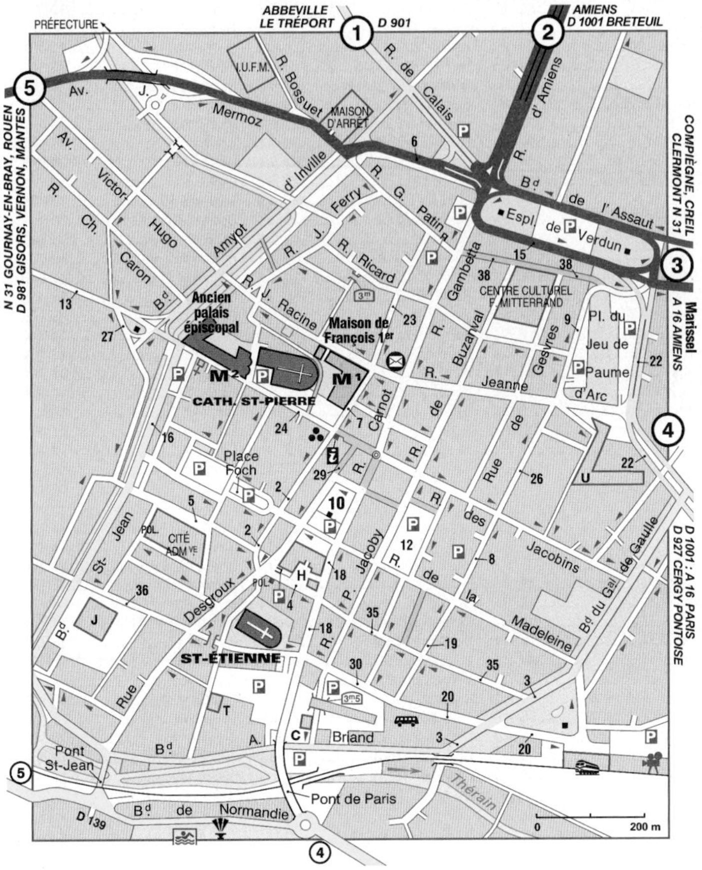



- Beaumont-les-Nonains 60 ... 37 H 3
- Beaumont-lès-Randan 63 ... 210 B 3
- Beaumont-lès-Valence 26 ... 249 F 5
- Beaumont-Monteux 26 ... 249 F 4
- Beaumont-Pied-de-Bœuf 53 ... 106 C 5
- Beaumont-Pied-de-Bœuf 72 ... 130 B 3
- Beaumont-Sardolles 58 ... 175 E 3
- Beaumont-sur-Dême 72 ... 130 C 4
- Beaumont-sur-Grosne 71 ... 177 H 5
- Beaumont-sur-Lèze 31 ... 317 H 4
- Beaumont-sur-Oise 95 ... 38 B 5
- Beaumont-sur-Sarthe 72 ... 107 G 2
- Beaumont-sur-Vesle 51 ... 41 H 4
- Beaumont-sur-Vingeanne 21 ... 160 D 1
- Beaumont-Village 37 ... 152 D 5
- Beaumontel 27 ... 35 G 5
- Beaumotte-lès-Montbozon 70 ... 162 B 1
- Beaumotte-lès-Pin 70 ... 161 G 3
- Beaunay 51 ... 61 F 3
- Beaune 21 ... 177 H 1
- Beaune 73 ... 234 B 5
- Beaune-d'Allier 03 ... 191 F 5
- Beaune-la-Rolande 45 ... 111 H 4
- Beaune-le-Froid 63 ... 227 F 2
- Beaune-les-Mines 87 ... 205 H 4
- Beaune-sur-Arzon 43 ... 247 E 1
- Beaunotte 21 ... 138 C 4
- Beaupont 01 ... 195 H 3
- Beauport *Abbaye de* 22 ... 73 F 3
- Beaupouyet 24 ... 239 F 4
- Beaupréau 49 ... 148 D 4
- Beaupuy 47 ... 257 E 4
- Beaupuy 32 ... 297 E 4
- Beaupuy 82 ... 297 F 2
- Beaupuy 31 ... 298 A 4
- Beauquesne 80 ... 12 D 5
- Beaurain 59 ... 14 D 3
- Beaurains 62 ... 13 G 2
- Beaurains-lès-Noyon 60 ... 23 G 5
- Beaurainville 62 ... 6 D 5
- Beaurecueil 13 ... 306 B 5
- Beauregard 01 ... 212 D 3
- Beauregard 46 ... 278 D 1
- Beauregard-Baret 26 ... 249 H 4
- Beauregard-de-Terrasson 24 ... 241 G 2
- Beauregard-et-Bassac 24 ... 240 B 4
- Beauregard-l'Évêque 63 ... 210 A 5
- Beauregard-Vendon 63 ... 209 H 3
- Beaurepaire 76 ... 18 C 4
- Beaurepaire 60 ... 38 D 3
- Beaurepaire 85 ... 166 C 2
- Beaurepaire 38 ... 231 G 3
- Beaurepaire-en-Bresse 71 ... 178 D 5
- Beaurepaire-sur-Sambre 59 ... 15 F 5
- Beaurevoir 02 ... 14 C 5
- Beaurières 26 ... 268 C 3
- Beaurieux 59 ... 16 A 3
- Beaurieux 02 ... 41 E 2
- Beauronne 24 ... 239 G 3
- Beausemblant 26 ... 249 E 1
- Beausoleil 06 ... 309 H 5
- Beaussac 24 ... 221 H 3
- Beaussais 79 ... 185 G 4
- Beaussault 76 ... 21 E 4
- Beausse 49 ... 148 D 3
- Le Beausset 83 ... 327 H 3
- Beauteville 31 ... 318 C 4
- Beautheil 77 ... 59 H 4
- Beautiran 33 ... 255 H 2
- Beautor 02 ... 24 B 4
- Beautot 76 ... 20 A 4
- Beauvain 61 ... 82 D 2
- Beauvais 60 ... 38 A 2
- Beauvais-sur-Matha 17 ... 202 C 4
- Beauvais-sur-Tescou 81 ... 298 B 1
- Beauval 80 ... 12 D 4
- Beauval-en-Caux 76 ... 20 A 3
- Beauvallon 26 ... 249 F 5
- Beauvallon 83 ... 329 F 2
- Beauvau 49 ... 129 E 5
- Beauvène 07 ... 248 C 5
- Beauvernois 71 ... 178 D 3
- Beauvezer 04 ... 288 D 3
- Beauville 47 ... 276 D 2
- Beauville 31 ... 318 C 3
- Beauvilliers 28 ... 86 C 5
- Beauvilliers 41 ... 132 A 2
- Beauvilliers 89 ... 158 B 2
- Beauvoir 60 ... 22 C 5
- Beauvoir 50 ... 51 F 5
- Beauvoir 77 ... 88 D 2
- Beauvoir 89 ... 135 H 3
- Beauvoir *Château de* 03 ... 192 D 3
- Beauvoir-de-Marc 38 ... 231 G 3
- Beauvoir-en-Lyons 76 ... 37 E 1
- Beauvoir-en-Royans 38 ... 250 A 2
- Beauvoir-sur-Mer 85 ... 164 C 2
- Beauvoir-sur-Niort 79 ... 201 H 1
- Beauvoir-sur-Sarce 10 ... 115 F 5
- Beauvoir-Wavans 62 ... 12 C 3
- Beauvois 62 ... 7 F 5
- Beauvois-en-Cambrésis 59 ... 14 C 4
- Beauvois-en-Vermandois 02 ... 23 H 2
- Beauvoisin 39 ... 178 D 2
- Beauvoisin 26 ... 286 A 1
- Beauvoisin 30 ... 303 H 3
- Beaux 43 ... 247 H 2
- Beauzac 43 ... 247 H 1
- Beauzée-sur-Aire 55 ... 63 H 2
- Beauzelle 31 ... 297 H 4
- Beauziac 47 ... 274 D 1
- Bébing 57 ... 67 G 5
- Beblenheim 68 ... 121 E 2
- Bec-de-Mortagne 76 ... 19 E 4
- Le Bec-Hellouin 27 ... 35 G 4
- Le Bec-Thomas 27 ... 36 A 4
- Beccas 32 ... 315 F 3
- Béceleuf 79 ... 184 D 2
- Béchamps 54 ... 45 E 5
- Bécherel 35 ... 103 H 1
- Bécheresse 16 ... 221 E 3
- Béchy 57 ... 66 B 2
- Bécon-les-Granits 49 ... 149 E 1
- Béconne 26 ... 267 G 4
- Bécordel-Bécourt 80 ... 23 E 1
- Bécourt 62 ... 6 D 2
- Becquigny 02 ... 14 D 5
- Becquigny 80 ... 23 E 4
- Bédarieux 34 ... 301 F 4
- Bédarrides 84 ... 285 F 4
- Beddes 18 ... 190 A 1
- Bédéchan 32 ... 296 C 5
- Bédée 35 ... 103 H 2
- Bédeilhac-et-Aynat 09 ... 336 A 4
- Bédeille 64 ... 314 D 4
- Bédeille 09 ... 335 F 1
- Bedenac 17 ... 238 B 2
- Bédoin 84 ... 286 A 3
- Bédouès 48 ... 282 D 1
- Bedous 64 ... 331 H 3
- Béduer 46 ... 261 F 4
- Beffes 18 ... 174 B 1
- Beffia 39 ... 196 B 2
- Beffu-et-le-Morthomme 08 ... 43 E 2
- Beg-Meil 29 ... 99 H 4
- Bégaar 40 ... 293 F 2
- Bégadan 33 ... 218 D 5
- Béganne 56 ... 125 F 4
- Bégard 22 ... 72 D 4
- Bègles 33 ... 255 G 1
- Begnécourt 88 ... 118 D 2
- Bégole 65 ... 315 G 5
- Bégrolles-en-Mauges 49 ... 148 D 5
- La Bégude-de-Mazenc 26 ... 267 F 4
- Bègues 03 ... 209 H 1
- Béguey 33 ... 256 B 3
- Béguios 64 ... 311 G 4
- Béhagnies 62 ... 13 G 4
- Béhasque-Lapiste 64 ... 311 H 4
- Béhen 80 ... 11 G 4
- Béhencourt 80 ... 22 D 1
- Béhéricourt 60 ... 23 H 5
- Behlenheim 67 ... 68 D 5
- Béhobie 64 ... 310 A 4
- Behonne 55 ... 63 H 3
- Béhorléguy 64 ... 330 D 1
- Béhoust 78 ... 57 F 3
- Behren-lès-Forbach 57 ... 47 F 5
- Béhuard 49 ... 149 F 2
- Beignon 56 ... 103 F 4
- Beillé 72 ... 108 B 4
- Beine 89 ... 136 C 3
- Beine-Nauroy 51 ... 41 H 4
- Beinheim 67 ... 69 G 3
- Beire-le-Châtel 21 ... 160 B 2
- Beire-le-Fort 21 ... 160 C 4
- Beissat 23 ... 207 H 5
- Bel-Air 49 ... 127 H 3
- Bel-Homme *Col du* 83 ... 308 B 3
- Bélâbre 36 ... 188 A 2
- Belan-sur-Ource 21 ... 116 A 5
- Bélarga 34 ... 302 A 5
- Bélaye 46 ... 259 G 5
- Belberaud 31 ... 318 B 3
- Belbèse 82 ... 297 F 1
- Belbeuf 76 ... 36 B 2
- Belbèze-de-Lauragais 31 ... 318 A 3
- Belbèze-en-Comminges 31 ... 335 E 1
- Belcaire 11 ... 337 A 4
- Belcastel 12 ... 280 B 1
- Belcastel 81 ... 298 C 4
- Belcastel *Château de* 46 ... 260 B 1
- Belcastel-et-Buc 11 ... 337 D 2
- Belcodène 13 ... 327 F 1
- Bélesta 09 ... 336 D 3
- Bélesta 66 ... 338 B 5
- Bélesta-en-Lauragais 31 ... 318 D 3
- Beleymas 24 ... 239 H 4
- Belfahy 70 ... 142 B 1
- Belfays 25 ... 163 G 3
- Belflou 11 ... 318 C 5
- Belfonds 61 ... 83 G 2
- Belfort 90 ... 142 C 3
- Belfort-du-Quercy 46 ... 278 B 2
- Belfort-sur-Rebenty 11 ... 337 A 4
- Belgeard 53 ... 82 B 5
- Belgentier 83 ... 328 B 3
- Belgodère 2B ... 344 D 5
- Belhade 40 ... 273 G 1
- Belhomert-Guéhouville 28 ... 85 F 3
- Le Bélieu 25 ... 163 E 5
- Béligneux 01 ... 213 G 4
- Belin-Béliet 33 ... 255 E 4
- Bélis 40 ... 273 H 4
- Bellac 87 ... 205 F 2
- Bellaffaire 04 ... 269 H 5
- Bellagranajo *Col de* 2B ... 347 F 5
- Bellaing 59 ... 9 G 5
- Bellancourt 80 ... 11 H 3
- Bellange 57 ... 66 D 3
- Bellavilliers 61 ... 84 B 4
- Le Bellay-en-Vexin 95 ... 37 G 5
- Belle-Église 60 ... 38 B 4
- Belle-et-Houllefort 62 ... 2 C 5
- Belle-Ile 56 ... 144 B 4
- Belle-Isle-en-Terre 22 ... 72 C 5
- Belleau 02 ... 60 B 1
- Belleau 54 ... 65 H 4
- Bellebat 33 ... 256 B 2
- Bellebrune 62 ... 2 C 5
- Bellechassagne 19 ... 225 H 2
- Bellechaume 89 ... 114 A 4
- Bellecombe 39 ... 197 E 4
- Bellecombe 73 ... 234 B 3
- Bellecombe-en-Bauges 73 ... 215 G 5
- Bellecombe-Tarendol 26 ... 286 B 1
- Bellefond 21 ... 160 A 2
- Bellefond 33 ... 256 C 1
- Bellefonds 86 ... 186 D 1
- Bellefontaine 95 ... 38 D 5
- Bellefontaine 50 ... 52 B 5
- Bellefontaine 88 ... 119 F 4
- Bellefontaine 39 ... 197 F 1
- Bellefosse 67 ... 96 D 3
- Bellegarde 45 ... 111 H 5
- Bellegarde 81 ... 299 G 1
- Bellegarde 30 ... 304 A 3
- Bellegarde 32 ... 316 B 3
- Bellegarde-du-Razès 11 ... 337 A 1
- Bellegarde-en-Diois 26 ... 268 B 4
- Bellegarde-en-Forez 42 ... 230 A 2
- Bellegarde-en-Marche 23 ... 207 H 3
- Bellegarde-Poussieu 38 ... 231 F 5
- Bellegarde-Sainte-Marie 31 ... 297 F 4
- Bellegarde-sur-Valserine 01 ... 215 E 1
- Belleherbe 25 ... 163 E 3
- Bellemagny 68 ... 142 D 2
- Bellême 61 ... 84 C 4
- Bellenaves 03 ... 209 G 1
- Bellencombre 76 ... 20 C 4
- Belleneuve 21 ... 160 C 2
- Bellenglise 02 ... 24 A 1
- Bellengreville 76 ... 10 C 5
- Bellengreville 14 ... 33 H 5
- Bellenod-sur-Seine 21 ... 138 B 4
- Bellenot-sous-Pouilly 21 ... 159 E 3
- Bellentre 73 ... 234 D 2
- Belleray 55 ... 64 B 1
- Bellerive-sur-Allier 03 ... 210 B 2
- Belleroche 42 ... 212 B 1
- Belleserre 81 ... 319 E 3
- Bellesserre 31 ... 297 F 2
- Belleu 02 ... 40 B 3
- Belleuse 80 ... 22 A 4
- Bellevaux 74 ... 198 B 4
- Bellevesvre 71 ... 178 D 3
- Belleville 54 ... 65 G 4
- Belleville 79 ... 201 H 1
- Belleville 69 ... 212 D 1
- Belleville-en-Caux 76 ... 20 A 4
- Belleville-sur-Bar 08 ... 43 E 1
- Belleville-sur-Loire 18 ... 156 A 1
- Belleville-sur-Mer 76 ... 10 B 5
- Belleville-sur-Meuse 55 ... 44 B 5
- Belleville-sur-Vie 85 ... 165 H 4
- Bellevue 44 ... 147 H 3
- Bellevue *Grotte de* 46 ... 260 D 4
- Bellevue-Coëtquidan 56 ... 103 F 4
- Bellevue-la-Montagne 43 ... 247 E 1
- Belley 10 ... 91 E 5
- Belley 01 ... 214 D 5
- Belleydoux 01 ... 196 D 5
- Bellicourt 02 ... 24 A 1
- La Bellière 76 ... 21 E 5
- La Bellière 61 ... 54 A 5
- Bellignat 01 ... 196 C 5
- Belligné 44 ... 148 C 1
- Bellignies 59 ... 15 F 2
- La Belliole 89 ... 113 E 3
- Belloc 09 ... 336 D 2
- Belloc-Saint-Clamens 32 ... 315 H 3
- Bellocq 64 ... 293 E 5
- Bellon 16 ... 221 E 5
- Bellonne 62 ... 14 A 2
- Bellot 77 ... 60 B 3
- Bellou 14 ... 54 C 2
- Bellou-en-Houlme 61 ... 53 F 5
- Bellou-le-Trichard 61 ... 108 B 2
- Bellou-sur-Huisne 61 ... 84 D 4
- Belloy 60 ... 37 H 1
- Belloy-en-France 95 ... 58 C 1
- Belloy-en-Santerre 80 ... 23 F 2
- Belloy-Saint-Léonard 80 ... 11 H 5
- Belloy-sur-Somme 80 ... 22 A 1
- Belluire 17 ... 219 G 3
- Belmesnil 76 ... 20 A 3
- Belmont 67 ... 96 D 3
- Belmont 52 ... 140 A 3
- Belmont 70 ... 141 H 2
- Belmont 25 ... 162 C 4
- Belmont 39 ... 179 E 1
- Belmont 38 ... 232 A 3
- Belmont 32 ... 295 G 3
- Belmont-Bretenoux 46 ... 243 E 5
- Belmont-d'Azergues 69 ... 212 D 4
- Belmont-de-la-Loire 42 ... 212 A 1
- Belmont-lès-Darney 88 ... 118 C 3
- Belmont-Luthézieu 01 ... 214 D 4
- Belmont-Sainte-Foi 46 ... 278 C 2
- Belmont-sur-Buttant 88 ... 96 A 5
- Belmont-sur-Rance 12 ... 300 C 2
- Belmont-sur-Vair 88 ... 94 B 5
- Belmont-Tramonet 73 ... 232 D 2


## BELFORT


- Ancêtres (Fg des) ... Y 3
- Armes (Pl. d') ... Y 5
- As-de-Carreau (R. de l') ... Z 6
- Bourgeois (Pl. des) ... Y 12
- Carnot (Bd) ... Z 15
- Clemenceau (R. G.) ... Y 20
- Denfert-Rochereau (R.) ... Z 21
- Dr-Corbis (Pl. du) ... Z 23
- Dr-Fréry (R. du) ... Y 24
- Dreyfus-Schmidt (R.) ... Y 25
- Espérance (Av. de l') ... Y 28
- Foch (Av. Mar.) ... Z 29
- France (Fg de) ... Z 30
- Gaulard (R. du Gén.) ... Z 31
- Grande-Fontaine (Pl. de la) ... Z 32
- Grande-Fontaine (R.) ... Y 33
- Grand'Rue ... Y 34
- Joffre (Bd du Mar.) ... VY 37
- Kléber (R.) ... Z 40
- Magasin (Q. du) ... Y 43
- Metz-Juteau (R.) ... Y 45
- Mulhouse (R. de) ... Y 46
- Pompidou (R. G.) ... Y 48
- République (Pl. de la) ... Y 49
- République (R. de la) ... Z 50
- Roussel (R. du Gén.) ... Y 51
- Sarrail (Av. du Gén.) ... Z 52
- Vauban (Q.) ... Y 60


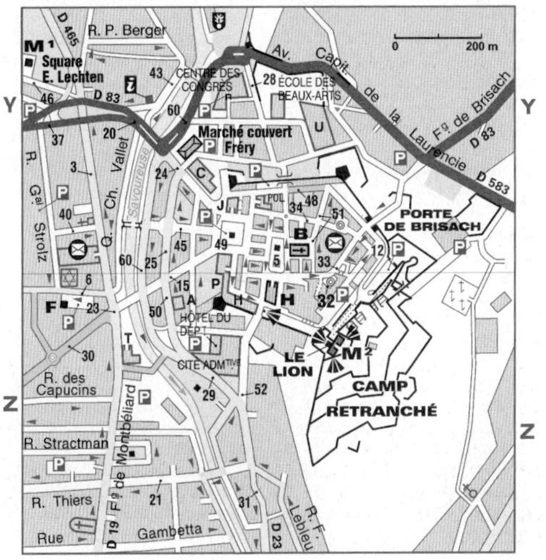

## BESANÇON

Battant (Pont) .......... **AY** 3
Battant (R.) .......... **AY**
Bersot (R.) .......... **BY**
Carnot (Av.) .......... **BYX** 7
Castan (Sq.) .......... **BZ** 8
Chapitre (R. du) .......... **BZ** 14
Convention (R. de la) .......... **BZ** 4
Denfert-Rochereau (Av.) .......... **BY** 17
Denfert-Rochereau (Pont) .......... **BY** 18
Fusillés-de-la-Résistance (R. des) .......... **BZ** 20
Gambetta (R.) .......... **ABY** 21
Gare-d'eau (Av. de la) .......... **AZ** 22
Gaulle (Bd Ch.de) .......... **AZ** 23
Girod-de-Chantrans (R.) .......... **AYZ** 24
Grande-Rue .......... **ABYZ**
Granges (R. des) .......... **ABY**
Krug (R. Ch.) .......... **BY** 26
Lycée (R. du) .......... **AY** 28
Madeleine (R. de la) .......... **AY** 29
Martelots (Pl. des) .......... **BZ** 30
Mégevand (R.) .......... **ABZ** 32
Moncey (R.) .......... **BY** 33
Orme-de-Chamars (R. de l') .......... **AZ** 36
Pouillet (R. C.) .......... **AY** 39
République (R. de la) .......... **ABY** 40
Révolution (Pl. de la) .......... **AY** 41
Rivotte (Faubourg) .......... **BZ** 42
Ronchaux (R.) .......... **BZ** 43
Rousseau (R. J. J.) .......... **AY** 45
Saint-Amour (Sq.) .......... **BY** 48
Sarrail (R. Gén.) .......... **ABY** 52
Vauban (Q.) .......... **AY** 56
1ère-Armée-Française (Pl. de la) .......... **BY** 58

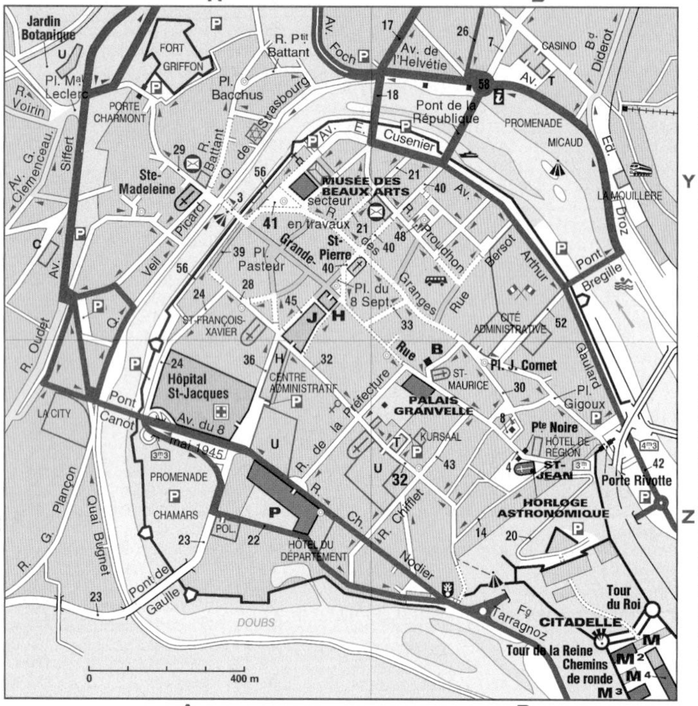



Belmontet *46* .......... 277 F 1
Belon *29* .......... 100 C 5
Belonchamp *70* .......... 142 A 1
Belpech *11* .......... 318 C 5
Belrain *55* .......... 64 B 4
Belrupt *88* .......... 118 D 3
Belrupt-en-Verdunois *55* .......... 64 B 1
Bélus *40* .......... 292 D 4
Belval *08* .......... 26 C 3
Belval *50* .......... 51 H 1
Belval *88* .......... 96 C 3
Belval-Bois-des-Dames *08* .......... 43 F 1
Belval-en-Argonne *51* .......... 63 F 2
Belval-sous-Châtillon *51* .......... 41 F 5
Belvédère *06* .......... 291 F 3
Belvédère-Campomoro *2A* .......... 350 C 2
Belverne *70* .......... 142 A 3
Belvès *24* .......... 259 E 1
Belvès-de-Castillon *33* .......... 238 D 5
Belvèze *82* .......... 277 F 1
Belvèze-du-Razès *11* .......... 337 B 1
Belvezet *48* .......... 265 E 4
Belvézet *30* .......... 284 B 4
Belvianes-et-Cavirac *11* .......... 337 C 4
Belvis *11* .......... 337 B 4
Belvoir *25* .......... 163 E 2
Belz *56* .......... 123 G 3
Bémécourt *27* .......... 55 H 3
Bénac *65* .......... 315 E 5
Bénac *09* .......... 336 A 3
Benagues *09* .......... 336 B 1
Benais *37* .......... 151 E 3
Bénaix *09* .......... 336 D 3
Bénaménil *54* .......... 95 H 2
Bénarville *76* .......... 19 E 4
Benassay *86* .......... 185 H 1
La Bénate *44* .......... 165 G 2
La Benâte *17* .......... 201 G 2
Benauge *Château de* *33* .......... 256 B 2
Benay *02* .......... 24 B 3
Benayes *19* .......... 224 B 3
Bendejun *06* .......... 291 F 5
Bendor *Île de* *83* .......... 327 H 4
Bendorf *68* .......... 143 F 4
Bénéjacq *64* .......... 314 C 5
Benerville-sur-Mer *14* .......... 34 B 2
Bénesse-lès-Dax *40* .......... 293 E 4
Bénesse-Maremne *40* .......... 292 B 4
Benest *16* .......... 203 H 2
Bénestroff *57* .......... 67 E 3
Bénesville *76* .......... 19 H 3
Benet *85* .......... 184 C 3
Beneuvre *21* .......... 138 D 4
Bénévent-et-Charbillac *05* .......... 269 G 2
Bénévent-l'Abbaye *23* .......... 206 C 2
Beney-en-Woëvre *55* .......... 65 E 2
Benfeld *67* .......... 97 G 3
Bengy-sur-Craon *18* .......... 173 H 2
Bénifontaine *62* .......... 8 B 4
Béning-lès-Saint-Avold *57* .......... 47 F 5
La Bénisson-Dieu *42* .......... 211 G 1
Bénivay-Ollon *26* .......... 285 H 1
Bennecourt *78* .......... 57 E 1
Bennetot *76* .......... 19 F 4
Benney *54* .......... 94 D 2
Bennwihr *68* .......... 121 E 2
Bénodet *29* .......... 99 H 4
Benoisey *21* .......... 137 H 5
Benoîtville *50* .......... 28 D 4
Benon *17* .......... 183 H 5
Bénonces *01* .......... 214 B 4
Bénouville *76* .......... 18 D 3
Bénouville *14* .......... 33 H 4
Benque *31* .......... 316 D 5
Benqué *65* .......... 333 G 1
Benque-Dessous-et-Dessus *31* .......... 334 A 4
Benquet *40* .......... 294 A 2
Bentayou-Sérée *64* .......... 314 D 4
Bény *01* .......... 195 H 4
Le Bény-Bocage *14* .......... 52 C 2
Bény-sur-Mer *14* .......... 33 G 3
Béon *89* .......... 113 G 5
Béon *01* .......... 214 D 4
Béost *64* .......... 332 A 2
La Bérarde *38* .......... 252 A 4
Bérat *31* .......... 317 F 4
Béraut *32* .......... 295 H 1
Berbérust-Lias *65* .......... 332 D 1
Berbezit *43* .......... 246 D 1
Berbiguières *24* .......... 259 F 1
Berc *48* .......... 264 A 1
Bercenay-en-Othe *10* .......... 114 C 2
Bercenay-le-Hayer *10* .......... 90 A 5
Berche *25* .......... 142 B 5
Berchères-la-Maingot *28* .......... 86 A 3
Berchères-les-Pierres *28* .......... 86 B 4
Berchères-sur-Vesgre *28* .......... 57 E 3
Berck-Plage *62* .......... 6 A 5
Berck-sur-Mer *62* .......... 6 A 5
Bercloux *17* .......... 201 H 4
Berd'Huis *61* .......... 84 D 5
Berdoues *32* .......... 315 H 3
Bérelles *59* .......... 15 H 3
Bérengeville-la-Campagne *27* .......... 36 A 5
Berentzwiller *68* .......... 143 G 3
Bérenx *64* .......... 293 F 5
Béréziat *01* .......... 195 G 3
Berfay *72* .......... 108 D 5
Berg *67* .......... 67 H 3
Berg-sur-Moselle *57* .......... 46 B 2
Berganty *46* .......... 260 C 5
Bergbieten *67* .......... 97 F 1
Bergerac *24* .......... 257 H 1
Bergères *10* .......... 116 A 2
Bergères-lès-Vertus *51* .......... 61 G 3
Bergères-sous-Montmirail *51* .......... 60 D 3
Bergesserin *71* .......... 194 C 3
Bergheim *68* .......... 97 E 5
Bergholtz *68* .......... 120 D 4
Bergholtzzell *68* .......... 120 D 4
Bergicourt *80* .......... 22 A 3
Bergnicourt *08* .......... 42 A 2
Bergonne *63* .......... 228 A 3
Bergouey *40* .......... 293 G 3
Bergouey *64* .......... 311 G 3
La Bergue *74* .......... 197 H 5
Bergueneuse *62* .......... 7 F 4
Bergues *59* .......... 3 G 3
Bergues-sur-Sambre *02* .......... 15 F 5
Berguette *62* .......... 7 H 3
Berhet *22* .......... 72 D 3
Bérig-Vintrange *57* .......... 67 E 2
Bérigny *50* .......... 32 C 4
Berjou *61* .......... 53 F 3
Berlaimont *59* .......... 15 F 3
Berlancourt *60* .......... 23 H 4
Berlancourt *02* .......... 25 E 3
Berlats *81* .......... 300 B 4
Berlencourt-le-Cauroy *62* .......... 12 D 2
Berles-au-Bois *62* .......... 13 F 3
Berles-Monchel *62* .......... 13 E 2
La Berlière *08* .......... 27 E 5
Berling *57* .......... 68 A 4
Berlise *02* .......... 25 H 4
Berlou *34* .......... 321 E 3
Bermerain *59* .......... 14 D 3
Berméricourt *51* .......... 41 G 2
Bermeries *59* .......... 15 F 2
Bermering *57* .......... 67 E 2
Bermesnil *80* .......... 21 F 2
Bermicourt *62* .......... 7 F 5
Bermont *90* .......... 142 C 3
Bermonville *76* .......... 19 F 4
Bernac *16* .......... 203 F 2
Bernac *81* .......... 299 E 1
Bernac-Debat *65* .......... 315 F 5
Bernac-Dessus *65* .......... 315 F 5
Bernadets *64* .......... 314 B 4
Bernadets-Debat *65* .......... 315 G 4
Bernadets-Dessus *65* .......... 315 G 5
Le Bernard *85* .......... 182 C 2
La Bernardière *85* .......... 166 A 1
Bernardswiller *67* .......... 97 F 2
Bernardvillé *67* .......... 97 E 3
Bernâtre *80* .......... 12 B 3
Bernaville *80* .......... 12 C 4
Bernay *27* .......... 35 F 5
Bernay *17* .......... 201 G 2
Bernay-en-Brie *77* .......... 59 G 5
Bernay-en-Champagne *72* .......... 107 F 4
Bernay-en-Ponthieu *80* .......... 11 F 1
Berné *56* .......... 101 E 3
Bernécourt *54* .......... 65 E 4
Bernède *32* .......... 294 C 4
La Bernerie-en-Retz *44* .......... 146 D 5
Bernes *80* .......... 23 H 1
Bernes-sur-Oise *95* .......... 38 B 5
Bernesq *14* .......... 32 C 3
Berneuil *80* .......... 12 C 4
Berneuil *87* .......... 205 F 2
Berneuil *17* .......... 219 G 1
Berneuil *16* .......... 220 D 4
Berneuil-en-Bray *60* .......... 38 A 3
Berneuil-sur-Aisne *60* .......... 39 H 2
Berneval-le-Grand *76* .......... 10 B 5
Berneville *62* .......... 13 F 2
Bernex *74* .......... 198 C 3
Bernienville *27* .......... 56 A 1
Bernières *76* .......... 19 E 4
Bernières-d'Ailly *14* .......... 54 A 2
Bernières-le-Patry *14* .......... 52 D 3
Bernières-sur-Mer *14* .......... 33 G 3
Bernières-sur-Seine *27* .......... 36 C 4
Bernieulles *62* .......... 6 C 3
Bernin *38* .......... 233 E 5
Bernis *30* .......... 303 G 3
Bernolsheim *67* .......... 68 D 4
Bernon *10* .......... 114 D 5
Bernos-Beaulac *33* .......... 274 B 1
Bernot *02* .......... 24 C 2
Bernouil *89* .......... 136 D 2
Bernouville *27* .......... 37 F 3
Bernwiller *68* .......... 143 E 2
Berny-en-Santerre *80* .......... 23 F 2
Berny-Rivière *02* .......... 40 A 2
Bérou-la-Mulotière *28* .......... 56 A 4
Berrac *32* .......... 275 H 5
Berre-les-Alpes *06* .......... 291 F 5
Berre-l'Étang *13* .......... 326 C 1
Berriac *11* .......... 319 H 5
Berrias-et-Casteljau *07* .......... 284 A 1
Berric *56* .......... 124 D 4
Berrie *86* .......... 168 B 1
Berrien *29* .......... 76 C 2
Berrieux *02* .......... 41 F 1
Berrogain-Laruns *64* .......... 313 F 5
Berru *51* .......... 41 H 3
Berrwiller *68* .......... 120 D 5
Berry-au-Bac *02* .......... 41 F 2
Berry-Bouy *18* .......... 172 D 1
Le Bersac *05* .......... 269 E 5
Bersac-sur-Rivalier *87* .......... 206 B 2
Bersaillin *39* .......... 179 F 3
Bersée *59* .......... 8 D 4
Bersillies *59* .......... 15 H 2
Berson *33* .......... 237 G 2
Berstett *67* .......... 68 D 5
Berstheim *67* .......... 68 D 4
Bert *03* .......... 192 D 4
Bertangles *80* .......... 22 B 1
Bertaucourt-Epourdon *02* .......... 24 B 5
Berteaucourt-les-Dames *80* .......... 12 B 5
Berteaucourt-lès-Thennes *80* .......... 22 D 3
Bertheauville *76* .......... 19 F 3
Berthecourt *60* .......... 38 B 3
Berthegon *86* .......... 169 E 3
Berthelange *25* .......... 161 G 4
Berthelming *57* .......... 67 G 4
Berthen *59* .......... 4 A 5
Berthenay *37* .......... 151 G 3
Berthenicourt *02* .......... 24 B 3
Berthenonville *27* .......... 37 F 5
La Berthenoux *36* .......... 189 H 1
Berthez *33* .......... 256 C 4
Bertholène *12* .......... 281 E 1
Berthouville *27* .......... 35 F 4
Bertignat *63* .......... 228 D 2
Bertignolles *10* .......... 115 H 3
Bertincourt *62* .......... 13 H 4
Bertoncourt *08* .......... 26 B 5
Bertrambois *54* .......... 96 B 1
Bertrancourt *80* .......... 13 E 4
Bertrange *57* .......... 45 H 3
Bertre *81* .......... 298 D 5
Bertren *65* .......... 334 B 2
Bertreville *76* .......... 19 F 3
Bertreville-Saint-Ouen *76* .......... 20 A 3
Bertric-Burée *24* .......... 221 G 5
Bertrichamps *54* .......... 96 A 3
Bertricourt *02* .......... 41 G 2
Bertrimont *76* .......... 20 A 4
Bertrimoutier *88* .......... 96 C 5
Bertry *59* .......... 14 D 4
Béru *89* .......... 136 D 3
Béruges *86* .......... 186 A 1
Bérulle *10* .......... 114 B 3
Bérus *72* .......... 83 G 4
Berven *29* .......... 71 F 4
Berville *76* .......... 19 H 4
Berville *95* .......... 38 A 4
Berville *14* .......... 54 B 1
Berville-en-Roumois *27* .......... 35 H 3
Berville-la-Campagne *27* .......... 55 H 1
Berville-sur-Mer *27* .......... 34 D 2
Berville-sur-Seine *76* .......... 35 H 1
Berviller-en-Moselle *57* .......... 46 D 4
Berzé-la-Ville *71* .......... 194 D 4
Berzé-le-Châtel *71* .......... 194 D 3
Berzème *07* .......... 266 C 3
Berzieux *51* .......... 43 E 4
Berzy-le-Sec *02* .......... 40 B 3
La Besace *08* .......... 27 F 5
Besain *39* .......... 179 G 4
Besançon *25* .......... 162 A 3
Bésayes *26* .......... 249 G 4
Bescat *64* .......... 314 A 5


## BÉZIERS

Abreuvoir (R. de l') .......... **BZ** 2
Albert-1er (Av.) .......... **CY** 3
Bonsi (R. de) .......... **BZ** 4
Brousse (Av. Pierre) .......... **BZ** 5
Canterelles (R.) .......... **BZ** 6
Capus (R. du) .......... **BZ** 7
Citadelle (R. de la) .......... **BZ** 9
Drs-Bourguet (R. des) .......... **BZ** 13
Estienne-d'Orves (Av. d') .......... **BZ** 22
Flourens (R.) .......... **BY** 23
Garibaldi (Pl.) .......... **CZ** 26
Joffre (Av. Mar.) .......... **CZ** 32
Massol (R.) .......... **BZ** 43
Moulins (Rampe des) .......... **BY** 44
Orb (R. de l') .......... **BZ** 47
Péri (Pl. G.) .......... **BYZ** 49
Puits-des-Arènes (R. du) .......... **BZ** 54
République (R. de la) .......... **BY** 55
Révolution (Pl. de la) .......... **BZ** 57
Riquet (R. P.) .......... **BY** 58
St-Jacques (R.) .......... **BZ** 60
Strasbourg (Bd de) .......... **CY** 64
Tourventouse (Bd) .......... **BZ** 65
Victoire (Pl. de la) .......... **BCY** 68
Viennet (R.) .......... **BZ** 69
4-Septembre (R. du) .......... **BY** 72
11-Novembre (Pl. du) .......... **CY** 74

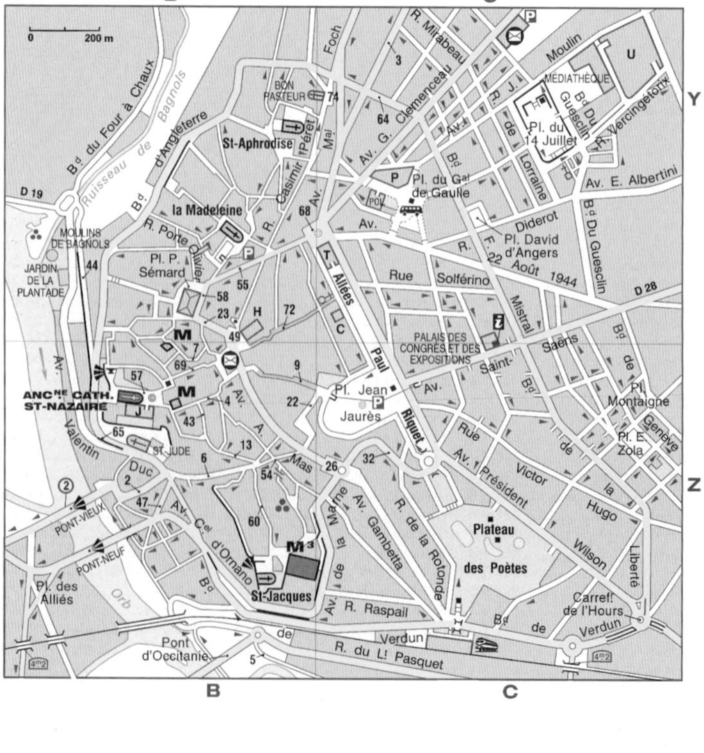

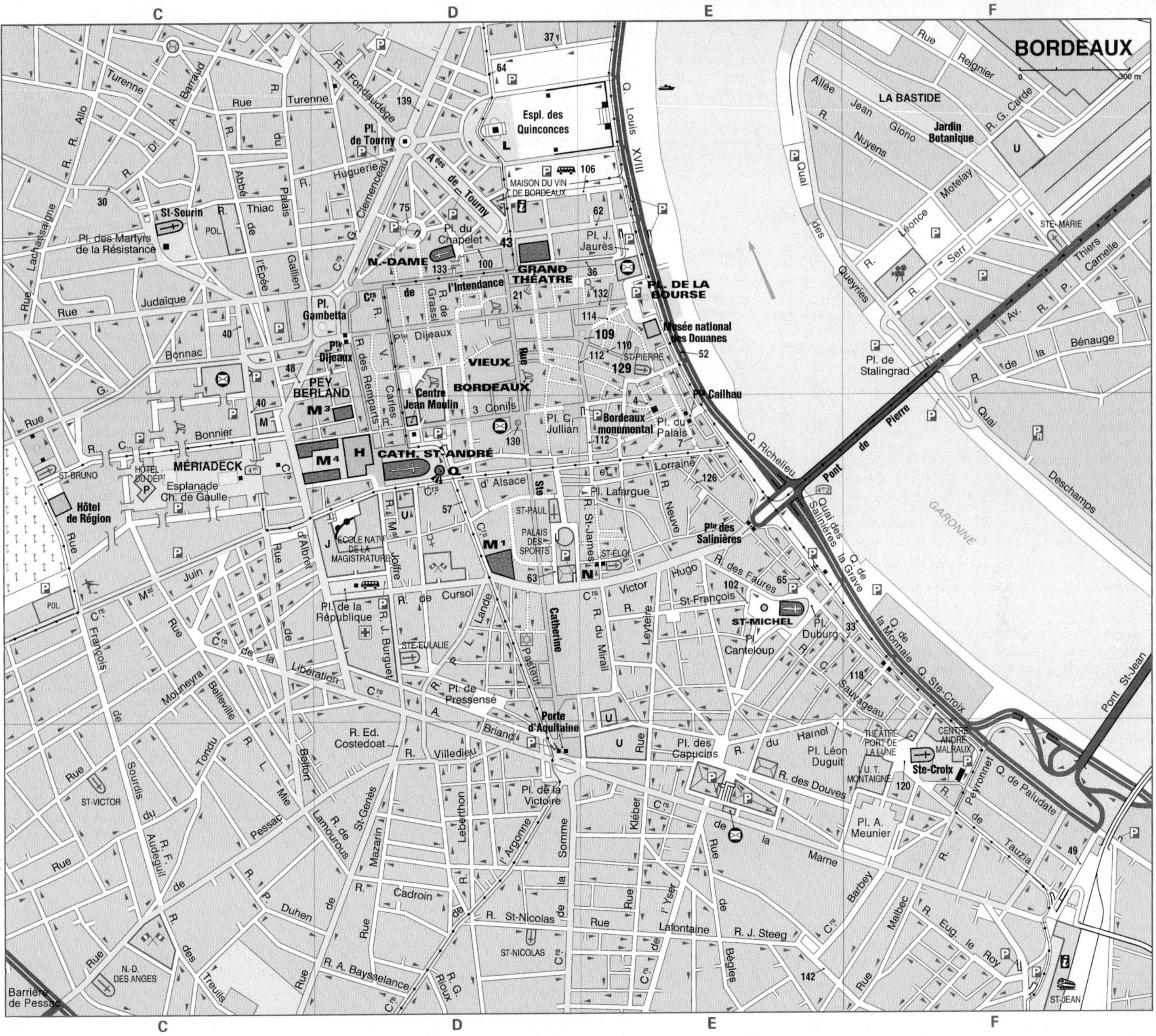
BORDEAUX
LA BASTIDE
Jardin Botanique
Espl. des Quinconces
Pl. de Tourny
GRAND THÉATRE
PL. DE LA BOURSE
Musée national des Douanes
Pl. Gambetta
PEY BERLAND
VIEUX BORDEAUX
Centre Jean Moulin
CATH. ST-ANDRÉ
MÉRIADECK
Hôtel de Région
Esplanade Ch. de Gaulle
Pl. de la République
STE-EULALIE
Pl. de Pressensé
Porte d'Aquitaine
R. Ed. Costedoat
Pl. de la Victoire
Pl. des Capucins
Pl. Léon Duguit
Ste-Croix
ST-MICHEL
Pl. Duburg
Pl. Canteloup
Pl. A. Meunier
Pont de Pierre
Pont St-Jean
GARONNE
ST-SEURIN
Pl. des Martyrs de la Résistance
ST-VICTOR
N.-D. DES ANGES
Barrière de Pessac
ST-NICOLAS
ST-JEAN
STE-MARIE
Pl. de Stalingrad
Pl. Lafargue
Pl. des Salinières
Pl. du Palais
Bordeaux monumental
Pl. C. Jullian
N.-DAME
Pl. du Chapelet
Pl. J. Jaurès
MAISON DU VIN DE BORDEAUX
ÉCOLE NATLE DE LA MAGISTRATURE
PALAIS DES SPORTS
THÉATRE PORT DE LA LUNE
CENTRE ANDRÉ MALRAUX
I.U.T. MONTAIGNE


Albret (Crs d') .......... CY
Alsace-et-Lorraine (Crs d') .. DEY
Argentiers (R. des) .......... EY 4
Ausone (R.) .......... EY 7
Bordelaise (Galerie) .......... DX 21
Capdeville (R.) .......... CX 30
Carpenteyre (R.) .......... EFY 33
Chapeau-Rouge (Crs) .......... EX 36
Chartres (Allées de) .......... DX 37
Château-d'Eau (R. du) .......... CXY 40
Clemenceau (Crs G.) .......... DX
Comédie (Pl. de la) .......... DX 43
Croix-de-Seguey (R.) .......... CX 45
Dr-Nancel-Pénard (R.) .......... CX 48
Domercq (R. C.) .......... FZ 49
Douane (Quai de la) .......... EX 52
Duffour-Dubergier (R.) .......... DY 57
Esprit-des-Lois (R. de l') .......... EX 62
Ferme-de-Richemont (Pl. de la) .......... DY 63
Foch (R. Mar.) .......... DX 64
Fusterie (R. de la) .......... EY 65
Grands-Hommes (Pl. des) .......... DX 75
Intendance (Crs de l') .......... DX
Jean-Jaurès (Pl.) .......... EX
Johnston (R. D.) .......... CX 81
Mautrec (R.) .......... DX 100
Meynard (Pl.) .......... EY 102
Orléans (Allées d') .......... EX 106
Parlement St-Pierre (R. du) .......... EX 110
Parlement (Pl. du) .......... EX 109
Pas-St-Georges (R. du) .......... EXY 112
Philippart (R. F.) .......... EX 114
Porte de la Monnaie (R.) .......... FY 118
Porte Dijeaux (R. de la) .......... DX
Renaudel (Pl. P.) .......... FZ 120
Richelieu (Quai) .......... EY
Rousselle (R. de la) .......... EY 126
Ste-Catherine (R.) .......... DXY
St-Pierre (Pl.) .......... EX 129
St-Projet (Pl.) .......... DY 130
St-Rémi (R.) .......... EX 132
Sarget (Passage) .......... DX 133
Tourny (Allées de) .......... DX
Verdun (Crs de) .......... DX 139
Victor-Hugo (Crs) .......... EY
Vilaris (R.) .......... EZ 142

Bésignan *26* .......... 286 B 1
Bésingrand *64* .......... 313 H 4
Beslé *44* .......... 126 A 3
La Beslière *50* .......... 51 G 3
Beslon *50* .......... 52 A 3
Besmé *02* .......... 40 A 1
Besmont *02* .......... 25 H 2
Besnans *70* .......... 162 B 1
Besné *44* .......... 146 C 1
Besneville *50* .......... 31 F 2
Besny-et-Loizy *02* .......... 24 D 5
Bessac *16* .......... 220 D 4
Bessais-le-Fromental *18* .......... 173 H 5
Bessamorel *43* .......... 247 H 3
Bessan *34* .......... 322 C 4
Bessancourt *95* .......... 58 B 1
Bessans *73* .......... 235 F 4
Bessas *07* .......... 284 A 1
Le Bessat *42* .......... 230 C 5
Bessay *85* .......... 183 F 1
Bessay-sur-Allier *03* .......... 192 B 3
Bessé *16* .......... 203 E 3
La Besse *19* .......... 243 G 2
Besse *15* .......... 244 B 3
Besse *38* .......... 251 H 3
Besse *24* .......... 259 F 3
Besse-en-Chandesse *63* .......... 227 F 3
Bessé-sur-Braye *72* .......... 131 E 2
Besse-sur-Issole *83* .......... 328 C 2
Bessède-de-Sault *11* .......... 337 B 5
Bessèges *30* .......... 283 H 2
Bessenay *69* .......... 212 C 5
Bessens *82* .......... 297 G 1
Besset *09* .......... 336 D 1
Bessey *42* .......... 230 D 4
Bessey-en-Chaume *21* .......... 177 G 1
Bessey-la-Cour *21* .......... 159 F 5
Bessey-lès-Cîteaux *21* .......... 160 B 5
La Besseyre-Saint-Mary *43* .......... 246 B 4
Bessières *31* .......... 298 B 2
Bessines *79* .......... 184 D 4
Bessines-sur-Gartempe *87* .......... 205 H 2
Bessins *38* .......... 250 A 1
Besson *03* .......... 192 A 3
Bessoncourt *90* .......... 142 C 3
Bessonies *46* .......... 261 G 1
Les Bessons *48* .......... 264 A 2
Bessuéjouls *12* .......... 263 E 4
Bessy *10* .......... 90 D 2
Bessy-sur-Cure *89* .......... 136 C 5
Bestiac *09* .......... 336 C 5
Bétaille *46* .......... 242 D 5
Betaucourt *70* .......... 140 D 2
Betbèze *65* .......... 316 A 5
Betbezer-d'Armagnac *40* .......... 274 C 5
Betcave-Aguin *32* .......... 316 B 3
Betchat *09* .......... 335 E 1
Bétête *23* .......... 189 H 4
Béthancourt-en-Valois *60* .......... 39 G 3
Béthancourt-en-Vaux *02* .......... 24 A 5
Bétharram *Grottes de 64* .......... 332 C 1
Béthelainville *55* .......... 43 H 4
Béthemont-la-Forêt *95* .......... 58 B 1
Béthencourt *59* .......... 14 D 4
Béthencourt-sur-Mer *80* .......... 11 E 4
Béthencourt-sur-Somme *80* .......... 23 G 3
Bétheniville *51* .......... 42 B 3
Bétheny *51* .......... 41 G 3
Béthincourt *55* .......... 43 H 3
Béthines *86* .......... 187 G 2
Béthisy-Saint-Martin *60* .......... 39 F 3
Béthisy-Saint-Pierre *60* .......... 39 F 3
Bethmale *09* .......... 335 E 3
Béthon *72* .......... 83 G 4
Bethon *51* .......... 90 A 2
Bethoncourt *25* .......... 142 B 4
Béthonsart *62* .......... 7 H 5
Béthonvilliers *28* .......... 109 E 2
Bethonvilliers *90* .......... 142 C 2
Béthune *62* .......... 8 A 4
Bétignicourt *10* .......... 91 G 4
Beton-Bazoches *77* .......... 60 A 5
Betoncourt-lès-Brotte *70* .......... 141 G 3
Betoncourt-les-Ménétriers *70* .......... 140 C 4
Betoncourt-Saint-Pancras *70* .......... 118 D 5
Betoncourt-sur-Mance *70* .......... 140 B 2
Bétous *32* .......... 295 E 3
Betplan *32* .......... 315 F 3
Betpouey *65* .......... 333 E 3
Betpouy *65* .......... 315 H 5
Bétracq *64* .......... 294 D 5
Betschdorf *67* .......... 69 F 2
Bettaincourt-sur-Rognon *52* .......... 93 E 5
Bettainvillers *54* .......... 45 F 4
Bettancourt-la-Ferrée *52* .......... 63 F 5
Bettancourt-la-Longue *51* .......... 63 E 3
Bettange *57* .......... 46 C 4
Bettant *01* .......... 214 A 3
Bettborn *57* .......... 67 G 4
Bettegney-Saint-Brice *88* .......... 95 E 5
Bettelainville *57* .......... 46 B 4
Bettembos *80* .......... 21 G 3
Bettencourt-Rivière *80* .......... 11 H 4
Bettencourt-Saint-Ouen *80* .......... 12 B 5
Bettendorf *68* .......... 143 F 3
Bettes *65* .......... 333 F 1
Betteville *76* .......... 19 H 5
Bettignies *59* .......... 15 G 2
Betting *57* .......... 47 E 5
Bettlach *68* .......... 143 G 4
Betton *35* .......... 104 B 2
Betton-Bettonet *73* .......... 233 H 2
Bettoncourt *88* .......... 94 D 4
Bettoncourt-le-Haut *52* .......... 93 F 4
Bettrechies *59* .......... 15 F 2
Bettviller *57* .......... 68 A 1
Bettwiller *67* .......... 67 H 3
Betz *60* .......... 39 G 5
Betz-le-Château *37* .......... 170 B 2
Beugin *62* .......... 7 H 5
Beugnâtre *62* .......... 13 H 4
Beugneux *02* .......... 40 C 4
Beugnies *59* .......... 15 H 4
Beugnon *89* .......... 114 C 4
Le Beugnon *79* .......... 184 D 1
Beugny *62* .......... 13 H 4
Beuil *06* .......... 289 G 3
Le Beulay *88* .......... 96 C 4
Beulotte-Saint-Laurent *70* .......... 119 H 5
Beure *25* .......... 162 A 4
Beurey *10* .......... 115 H 2
Beurey-Bauguay *21* .......... 159 E 4
Beurey-sur-Saulx *55* .......... 63 G 4
Beurières *63* .......... 229 E 4
Beurizot *21* .......... 159 E 3
Beurlay *17* .......... 201 E 4
Beurville *52* .......... 92 B 5
Beussent *62* .......... 6 C 3
Beuste *64* .......... 314 C 5
Beutal *25* .......... 142 A 5
Beutin *62* .......... 6 B 4
Beuvardes *02* .......... 40 C 5
Beuveille *54* .......... 44 D 2
Beuvezin *54* .......... 94 C 4
Beuvillers *14* .......... 34 C 5
Beuvillers *54* .......... 45 F 3
Beuvrages *59* .......... 9 G 5
Beuvraignes *80* .......... 23 F 4
Beuvray *Mont 71* .......... 176 B 3
Beuvrequen *62* .......... 2 B 5
Beuvreuil *76* .......... 37 F 1
Beuvrigny *50* .......... 52 B 1
Beuvron *58* .......... 157 E 3
Beuvron-en-Auge *14* .......... 34 A 4

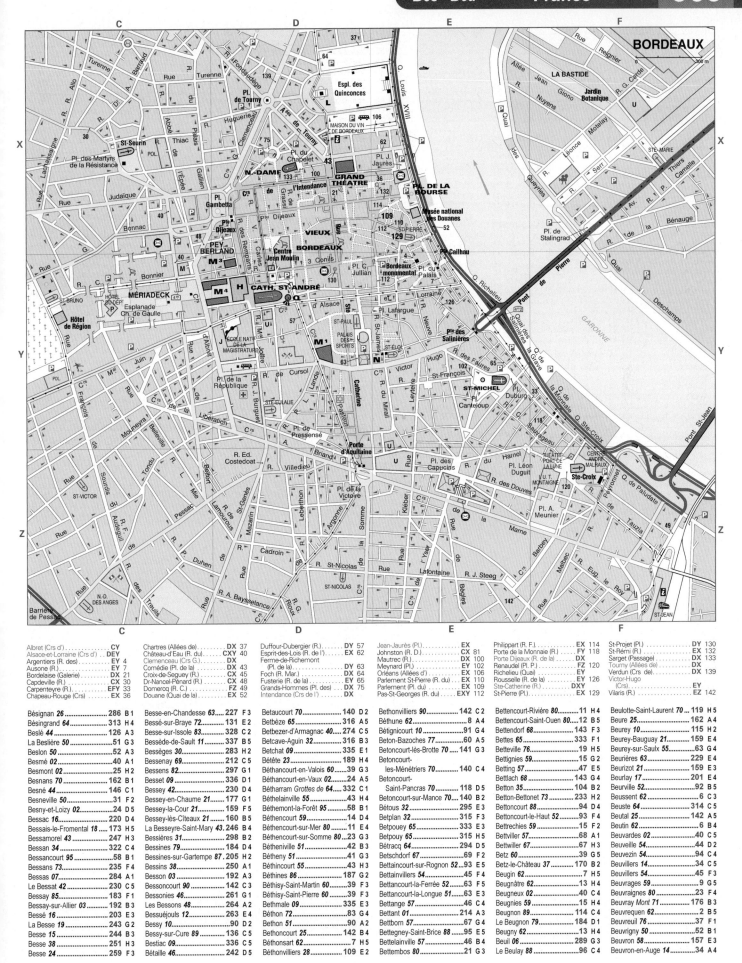

Beuvry 62 ... 8 A 4
Beuvry-la-Forêt 59 ... 9 E 4
Beux 57 ... 66 B 2
Beuxes 86 ... 168 D 1
Beuzec-Cap-Sizun 29 ... 99 E 2
Beuzeville 27 ... 34 D 3
Beuzeville-au-Plain 50 ... 29 G 5
Beuzeville-la-Bastille 50 ... 31 H 2
Beuzeville-la-Grenier 76 ... 19 E 5
Beuzeville-la-Guérard 76 ... 19 F 4
Beuzevillette 76 ... 19 F 5
Bévenais 38 ... 232 B 4
Beveuge 70 ... 141 H 5
Béville-le-Comte 28 ... 86 C 4
Bévillers 59 ... 14 C 4
Bevons 04 ... 287 F 3
Bévy 21 ... 159 H 5
Bey 71 ... 178 A 3
Bey 01 ... 195 E 5
Bey-sur-Seille 54 ... 66 B 4
Beychac-et-Caillau 33 ... 237 H 5
Beychevelle 33 ... 237 F 2
Beylongue 40 ... 293 F 1
Beynac 87 ... 205 G 5
Beynac-et-Cazenac 24 ... 259 F 1
Beynat 19 ... 242 D 3
Beynes 78 ... 57 G 3
Beynes 04 ... 288 A 5
Beynost 01 ... 213 F 4
Beyrède *Col de* 65 ... 333 G 2
Beyrède-Jumet 65 ... 333 H 3
Beyren-lès-Sierck 57 ... 45 H 2
Beyrie-en-Béarn 64 ... 314 A 4
Beyrie-sur-Joyeuse 64 ... 311 G 4
Beyries 40 ... 293 H 4
Beyssac 19 ... 223 H 5
Beyssac *Château de* 24 ... 241 F 5
Beyssenac 19 ... 223 G 4
Le Bez 81 ... 300 A 5
Bez-et-Esparon 30 ... 282 C 5
Bézac 09 ... 336 B 1
Bezalles 77 ... 60 A 5
Bézancourt 76 ... 37 F 2
Bezange-la-Grande 54 ... 66 C 5
Bezange-la-Petite 57 ... 66 D 5
Bezannes 51 ... 41 G 4
Les Bézards 45 ... 134 D 3
Bézaudun-les-Alpes 06 ... 309 F 1
Bézaudun-sur-Bîne 26 ... 267 H 3
Bezaumont 54 ... 65 G 4
Bèze 21 ... 160 C 1
Bézenac 24 ... 259 F 1
Bézenet 03 ... 191 F 4
Bézéril 32 ... 296 D 5
Béziers 34 ... 321 G 4
Bezinghem 62 ... 6 C 3
Bezins-Garraux 31 ... 334 B 3
La Bezole 11 ... 337 B 2
Bezolles 32 ... 295 H 2
Bezons 95 ... 58 B 2
Bezonvaux 55 ... 44 C 5
Bezouce 30 ... 304 A 1
Bézouotte 21 ... 160 C 2
Bézu-la-Forêt 27 ... 37 F 2
Bézu-le-Guéry 02 ... 60 A 1
Bézu-Saint-Éloi 27 ... 37 F 3
Bézu-Saint-Germain 02 ... 40 C 5
Bézues-Bajon 32 ... 316 B 4
Biache-Saint-Vaast 62 ... 13 H 2
Biaches 80 ... 23 G 1
Bians-les-Usiers 25 ... 180 C 2
Biard 86 ... 186 B 1
Les Biards 50 ... 81 F 2
Biarne 39 ... 160 D 5
Biarre 80 ... 23 G 4
Biarritz 64 ... 310 C 5
Biarritz-Bayonne-Anglet
*Aéroport de* 64 ... 310 C 5
Biarrotte 40 ... 292 C 4
Biars-sur-Cère 46 ... 243 E 5
Bias 47 ... 258 B 5
Bias 40 ... 272 B 3
Biaudos 40 ... 292 B 4
Bibiche 57 ... 46 C 3
Biblisheim 67 ... 69 E 2
Bibost 69 ... 212 C 5
Bichancourt 02 ... 24 A 5
Biches 58 ... 175 G 2
Bickenholtz 57 ... 67 H 4
Bicqueley 54 ... 94 B 1
Bidache 64 ... 292 D 5
Bidarray 64 ... 311 E 5
Bidart 64 ... 310 C 3
Bidestroff 57 ... 67 E 3
Biding 57 ... 67 E 1
Bidon 07 ... 284 C 1
Bidos 64 ... 331 H 1
Biécourt 88 ... 94 C 4
Biederthal 68 ... 143 G 4
Bief 25 ... 163 F 2
Bief-des-Maisons 39 ... 180 A 4
Bief-du-Fourg 39 ... 180 B 3
Biefmorin 39 ... 179 E 2
Biefvillers-lès-Bapaume 62 ... 13 G 4
Bielle 64 ... 332 A 1
Bielsa *Tunnel de* 65 ... 333 F 5
Bienassis *Château de* 22 ... 78 D 2
Biencourt 80 ... 11 F 5
Biencourt-sur-Orge 55 ... 93 F 2
Bienville 60 ... 39 F 2
Bienville-la-Petite 54 ... 95 F 1
Bienvillers-au-Bois 62 ... 13 F 3
Biermes 08 ... 42 B 1
Biermont 60 ... 23 F 5
Bierne 59 ... 3 G 3
Bierné 53 ... 128 C 2
Biernes 52 ... 92 C 5
Bierre-lès-Semur 21 ... 158 D 2
Bierry-
les-Belles-Fontaines 89 ... 137 G 5
Biert 09 ... 335 G 3
Bierville 76 ... 36 C 1
Biesheim 68 ... 121 F 3
Biesles 52 ... 117 F 3
Bietlenheim 67 ... 69 E 4
Bieujac 33 ... 256 C 4
Bieuxy 02 ... 40 A 2
Bieuzy 56 ... 101 G 4
Bieuzy-Lanvaux 56 ... 124 A 2
Biéville 50 ... 32 C 5
Biéville-Beuville 14 ... 33 G 4
Biéville-en-Auge 14 ... 34 A 5
Biéville-Quétiéville 14 ... 34 A 5
Biéville-sur-Orne 14 ... 33 G 4
Bièvres 08 ... 27 H 5
Bièvres 02 ... 41 E 1
Bièvres 91 ... 58 B 4
Biffontaine 88 ... 96 A 5
Biganos 33 ... 254 C 2
Bignac 16 ... 203 E 5
Bignan 56 ... 102 B 5
Bignay 17 ... 201 G 3
La Bigne 14 ... 52 D 1
Bignicourt 08 ... 42 B 2
Bignicourt-sur-Marne 51 ... 62 C 5
Bignicourt-sur-Saulx 51 ... 63 E 4
Le Bignon 44 ... 147 H 5
Le Bignon-du-Maine 53 ... 106 B 5
Le Bignon-Mirabeau 45 ... 112 D 3
Bignoux 86 ... 186 C 1
Bigny 18 ... 173 E 4
Bigorno 2B ... 347 F 2
La Bigottière 53 ... 105 H 2
Biguglia 2B ... 345 G 5
Bihorel 76 ... 36 B 1
Bihucourt 62 ... 13 G 4
Bilazais 79 ... 168 B 2
Bile *Pointe du* 56 ... 145 G 3
Bilhac 19 ... 242 D 5
Bilhères 64 ... 332 A 1
Bilia 2A ... 350 D 2
Bilieu 38 ... 232 C 4
Billancelles 28 ... 85 G 3
Billancourt 80 ... 23 G 3
Les Billanges 87 ... 206 C 3
Billaude *Cascade de la* 39 ... 179 H 5
Les Billaux 33 ... 238 B 4
Billé 35 ... 81 E 5
Billecul 39 ... 180 A 4
Billère 64 ... 314 B 4
Billey 21 ... 160 D 5
Billezois 03 ... 210 C 1
Billiat 01 ... 214 D 2
Billième 73 ... 215 E 5
Billière 31 ... 334 A 4
Billiers 56 ... 124 D 5
Billio 56 ... 102 C 5
Billom 63 ... 228 B 1
Billy 14 ... 33 H 5
Billy 41 ... 153 G 3
Billy 03 ... 192 B 5
Billy-Berclau 62 ... 8 C 4
Billy-Chevannes 58 ... 175 E 2
Billy-le-Grand 51 ... 42 A 5
Billy-lès-Chanceaux 21 ... 138 C 5
Billy-Montigny 62 ... 8 C 5
Billy-sous-les-Côtes 55 ... 64 D 2
Billy-sous-Mangiennes 55 ... 44 C 3
Billy-sur-Aisne 02 ... 40 B 3
Billy-sur-Oisy 58 ... 157 E 1
Billy-sur-Ourcq 02 ... 40 B 4
Biltzheim 68 ... 121 E 4
Bilwisheim 67 ... 68 D 4
Bimont 62 ... 6 D 3
Binarville 51 ... 43 E 4
Binas 41 ... 132 B 2
Bindernheim 67 ... 97 G 4
Binges 21 ... 160 C 3
Binic 22 ... 73 H 5
Bining 57 ... 68 A 1
Biniville 50 ... 29 F 5
Binos 31 ... 334 B 3
Binson-et-Orquigny 51 ... 41 E 5
Bio 46 ... 260 D 1
Biol 38 ... 232 B 3
La Biolle 73 ... 215 F 5
Biollet 63 ... 208 D 3
Bion 50 ... 52 C 5
Bioncourt 57 ... 66 B 4
Bionville 54 ... 96 B 2
Bionville-sur-Nied 57 ... 66 C 1
Le Biot 74 ... 198 C 4
Biot 06 ... 309 F 3
Bioule 82 ... 278 B 4
Bioussac 16 ... 203 G 2
Biozat 03 ... 210 A 2
Birac 16 ... 220 D 2
Birac 33 ... 256 C 5
Birac-sur-Trec 47 ... 257 F 5
Biran 32 ... 295 H 3
Biras 24 ... 240 B 1
Biriatou 64 ... 310 B 4
Birieux 01 ... 213 G 3
Birkenwald 67 ... 68 B 5
Birlenbach 67 ... 69 E 1
Biron 17 ... 219 H 2
Biron 24 ... 258 D 3
Biron 64 ... 313 G 3
Bisanne *Signal de* 73 ... 216 B 5
Biscarrosse 40 ... 254 B 5
Biscarrosse-Plage 40 ... 254 A 5
Bischheim 67 ... 97 H 1
Bischholtz 67 ... 68 C 3
Bischoffsheim 67 ... 97 F 2
Bischtroff-sur-Sarre 67 ... 67 G 3
Bischwihr 68 ... 121 F 2
Bischwiller 67 ... 69 E 4
Bisel 68 ... 143 E 4
Bisinao 2A ... 348 D 4
Bisinchi 2B ... 347 F 2
Bislée 55 ... 64 C 4
Bisping 57 ... 67 F 4
Bissert 67 ... 67 G 2
Bisseuil 51 ... 61 H 1
Bissey-la-Côte 21 ... 116 A 5
Bissey-la-Pierre 21 ... 137 H 2
Bissey-sous-Cruchaud 71 ... 177 G 5
Bissezeele 59 ... 3 G 3
Bissières 14 ... 34 A 5
Bissy-la-Mâconnaise 71 ... 195 E 2
Bissy-sous-Uxelles 71 ... 194 D 1
Bissy-sur-Fley 71 ... 177 F 5
Bisten-en-Lorraine 57 ... 46 D 5
Bistroff 57 ... 67 E 2
Bitche 57 ... 68 B 1
Bitry 60 ... 39 H 2
Bitry 58 ... 156 B 1
Bitschhoffen 67 ... 68 D 3
Bitschwiller-lès-Thann 68 ... 142 D 1
Biver 13 ... 327 E 1
Bivès 32 ... 296 C 2
Biviers 38 ... 251 E 1
Biville 50 ... 28 D 3
Biville-la-Baignarde 76 ... 20 A 3
Biville-la-Rivière 76 ... 20 A 3
Biville-sur-Mer 76 ... 10 C 5
Bivilliers 61 ... 84 C 2
Bizanet 11 ... 320 D 5
Bizanos 64 ... 314 B 5
Bize 52 ... 140 A 2
Bize 65 ... 334 A 2
Bize-Minervois 11 ... 320 D 5
Bizeneuille 03 ... 191 E 3
Le Bizet 59 ... 8 C 2
Biziat 01 ... 195 F 5
Bizonnes 38 ... 232 B 4
Le Bizot 25 ... 163 F 4
Les Bizots 71 ... 176 D 4
Bizou 61 ... 84 D 3
Bizous 65 ... 333 H 1
Blacé 69 ... 212 D 2
Blaceret 69 ... 212 D 2
Blacourt 60 ... 37 G 1
Blacqueville 76 ... 19 H 5
Blacy 51 ... 62 C 4
Blacy 89 ... 137 F 5
Blaesheim 67 ... 97 G 2
Blagnac 31 ... 297 H 4
Blagny 08 ... 27 G 4
Blagny-sur-Vingeanne 21 ... 160 D 2
Blaignac 33 ... 256 D 4
Blaignan 33 ... 219 E 5
Blain 44 ... 147 F 1
Blaincourt-lès-Précy 60 ... 38 C 4
Blaincourt-sur-Aube 10 ... 91 G 4
Blainville-Crevon 76 ... 36 C 1
Blainville-sur-l'Eau 54 ... 95 F 2
Blainville-sur-Mer 50 ... 31 F 5
Blainville-sur-Orne 14 ... 33 H 4
Blairville 62 ... 13 F 3
Blaise 08 ... 42 D 2
Blaise 52 ... 92 C 5
Blaise-sous-Arzillières 51 ... 62 C 5
Blaison 49 ... 149 H 2
Blaisy 52 ... 116 D 2
Blaisy-Bas 21 ... 159 G 2
Blaisy-Haut 21 ... 159 G 3
Blajan 31 ... 316 B 5
Blajoux 48 ... 282 C 1
Blâmont 54 ... 96 A 1
Blamont 25 ... 163 G 2
Blan 81 ... 299 E 5
Le Blanc 36 ... 187 H 1
Blanc *Lac* 68 ... 120 C 2
Le Blanc-Mesnil 93 ... 58 D 2
Blanc-Misseron 59 ... 9 H 5
Blanc-Nez *Cap* 62 ... 2 B 3
Blancafort 18 ... 155 F 1
Blancey 21 ... 159 E 3
Blancfossé 60 ... 22 B 4
Blanche-Église 57 ... 67 E 4
Blanchefontaine 25 ... 163 F 3
Blanchefosse 08 ... 25 H 3
Blancherupt 67 ... 96 D 3
Blancheville 52 ... 117 E 2
Blandainville 28 ... 85 H 5
Blandas 30 ... 302 A 1
Blandin 38 ... 232 B 3
Blandouet 53 ... 106 D 4
Blandy 91 ... 87 G 5
Blandy 77 ... 88 C 2
Blangermont 62 ... 12 C 2
Blangerval 62 ... 12 C 2
Blangy-le-Château 14 ... 34 D 4
Blangy-sous-Poix 80 ... 21 H 3
Blangy-sur-Bresle 76 ... 11 F 5
Blangy-sur-Ternoise 62 ... 7 F 5
Blangy-Tronville 80 ... 22 C 2
Blannay 89 ... 157 H 1
Blanot 21 ... 158 C 5
Blanot 71 ... 194 D 2
Blanquefort 33 ... 237 F 5
Blanquefort 32 ... 296 C 4
Blanquefort-
sur-Briolance 47 ... 259 E 3
Blanzac 87 ... 205 F 1
Blanzac 16 ... 221 E 3
Blanzac 43 ... 247 F 3
Blanzac-lès-Matha 17 ... 202 B 4
Blanzaguet-
Saint-Cybard 16 ... 221 G 4
Blanzat 63 ... 209 G 5
Blanzay 86 ... 186 B 5
Blanzay-
sur-Boutonne 17 ... 201 H 2
Blanzée 55 ... 44 C 5
Blanzy 71 ... 176 D 5
Blanzy-la-Salonnaise 08 ... 41 H 1
Blanzy-lès-Fismes 02 ... 40 D 3
Blargies 60 ... 21 G 4
Blarians 25 ... 162 B 2
Blaringhem 59 ... 7 G 2
Blars 46 ... 260 D 4
Blaru 78 ... 56 D 1
Blasimon 33 ... 256 D 2
Blaslay 86 ... 169 E 5
Blassac 43 ... 246 B 2
Blaudeix 23 ... 189 H 5
Blausasc 06 ... 291 F 5
Blauvac 84 ... 286 A 4
Blauzac 30 ... 284 B 5
Blavignac 48 ... 246 A 5
Blavozy 43 ... 247 G 3
Blay 14 ... 32 D 3
Blaye 33 ... 237 F 2
Blaye-les-Mines 81 ... 279 G 5
Blaymont 47 ... 276 D 2
Blaziert 32 ... 296 A 1
Blécourt 59 ... 14 B 3
Blécourt 52 ... 92 D 4
Blégiers 04 ... 288 B 2
Bleigny-le-Carreau 89 ... 136 C 2
Bleine *Col de* 06 ... 308 D 1
Blémerey 88 ... 94 C 4
Blémerey 54 ... 95 H 1
Blendecques 62 ... 3 F 5
Bléneau 89 ... 135 E 4
Blennes 77 ... 113 E 2
Blénod-
lès-Pont-à-Mousson 54 ... 65 G 3
Blénod-lès-Toul 54 ... 94 B 1
Bléquin 62 ... 6 D 2
Blérancourt 02 ... 40 A 1
Blercourt 55 ... 43 H 5
Bléré 37 ... 152 C 3
Blériot-Plage 62 ... 2 C 3
Bléruais 35 ... 103 G 3
Blésignac 33 ... 256 B 1
Blesle 43 ... 227 H 5
Blesme 51 ... 63 E 4
Blesmes 02 ... 60 C 1
Blessac 23 ... 207 G 3
Blessey 21 ... 159 F 1
Blessonville 52 ... 116 D 4
Blessy 62 ... 7 G 3
Blet 18 ... 173 H 3
Bletterans 39 ... 179 E 4
Bleurville 88 ... 118 C 3
Bleury 28 ... 86 C 3
Blevaincourt 88 ... 118 A 3
Blèves 72 ... 84 A 3
Blévy 28 ... 85 G 2
Le Bleymard 48 ... 265 E 5
Blicourt 60 ... 22 A 5
Blienschwiller 67 ... 97 E 4
Blies-Ébersing 57 ... 47 H 5
Blies-Guersviller 57 ... 47 G 5
Bliesbruck 57 ... 47 H 5
Blieux 04 ... 307 H 1
Blignicourt 10 ... 91 H 3
Bligny 51 ... 41 F 4
Bligny 10 ... 116 A 3
Bligny-en-Othe 89 ... 114 A 4
Bligny-le-Sec 21 ... 159 G 2
Bligny-lès-Beaune 21 ... 177 H 2
Bligny-sur-Ouche 21 ... 159 F 5
Blincourt 60 ... 39 E 2
Blingel 62 ... 7 E 5
Blis-et-Born 24 ... 241 E 2
Blismes 58 ... 157 H 5
Blodelsheim 68 ... 121 G 5
Blois 41 ... 132 A 5
Blois-sur-Seille 39 ... 179 F 4
Blomac 11 ... 320 B 5
Blomard 03 ... 191 G 5
Blombay 08 ... 26 B 2
Blond 87 ... 205 F 2
Blondefontaine 70 ... 118 B 5
Blonville-sur-Mer 14 ... 34 B 3
Blosseville 76 ... 19 H 2
Blosville 50 ... 31 H 2
Blot-l'Église 63 ... 209 G 2
Blotzheim 68 ... 143 G 3
Blou 49 ... 150 C 2
Blousson-Sérian 32 ... 315 F 3
La Bloutière 50 ... 52 A 2
Bloye 74 ... 215 F 4
Bluffy 74 ... 215 H 4
Blumeray 52 ... 92 B 4
Blussangeaux 25 ... 142 A 5
Blussans 25 ... 142 A 5
Blye 39 ... 179 F 5
Blyes 01 ... 213 H 4
Le Bô 14 ... 53 F 2
Bobigny 93 ... 58 D 3
Bobital 22 ... 79 G 4
Le Bocasse 76 ... 20 B 5
La Bocca 06 ... 309 E 4
Bocca Bassa *Col de* 2B ... 346 A 3
Bocca di Vezzu 2B ... 345 E 5
Bocé 49 ... 150 C 1
Bocognano 2A ... 349 E 2
Bocquegney 88 ... 119 E 2
Bocquencé 61 ... 55 E 3
Le Bodéo 22 ... 78 A 5
Bodilis 29 ... 71 F 5
Boé 47 ... 276 B 3
Boëcé 61 ... 84 B 3
Boëge 74 ... 198 A 5
Boeil-Bezing 64 ... 314 C 5
Le Boël 35 ... 104 A 4
Boën 42 ... 229 G 1
Bœrsch 67 ... 97 E 2
Boeschepe 59 ... 4 A 5
Boëseghem 59 ... 7 G 2
Bœsenbiesen 67 ... 97 G 5
Boësse 79 ... 167 G 2
Boëssé-le-Sec 72 ... 108 C 3
Boësses 45 ... 112 A 3
Bœurs-en-Othe 89 ... 114 B 3
Boffles 62 ... 12 C 3
Boffres 07 ... 248 D 5
Bogève 74 ... 198 A 5
Bogny-sur-Meuse 08 ... 26 D 2
Bogros 63 ... 226 D 2
Bogy 07 ... 249 E 1
Bohain-en-Vermandois 02 ... 24 C 1
Bohal 56 ... 125 E 2
La Bohalle 49 ... 149 H 2
Bohars 29 ... 75 E 2
Bohas 01 ... 214 A 1
Boigneville 91 ... 87 H 5
Boigny-sur-Bionne 45 ... 111 E 5
Boinville-en-Mantois 78 ... 57 F 2
Boinville-en-Woëvre 55 ... 44 D 5
Boinville-le-Gaillard 78 ... 86 D 3
Boinvilliers 78 ... 57 F 2
Boiry-Becquerelle 62 ... 13 G 3
Boiry-Notre-Dame 62 ... 13 H 2
Boiry-Saint-Martin 62 ... 13 G 3
Boiry-Sainte-Rictrude 62 ... 13 G 3
Bois 17 ... 219 G 3
Le Bois 73 ... 234 B 3
Bois-Anzeray 27 ... 55 G 2
Bois-Arnault 27 ... 55 G 4
Bois-Aubry *Abbaye de* 37 ... 169 G 2
Bois-Bernard 62 ... 8 C 5
Bois-Chenu *Basilique du* 88 ... 93 H 3
Bois-Chevalier
*Château de* 44 ... 165 G 2
Bois-Colombes 92 ... 58 B 3
Bois-d'Amont 39 ... 197 G 1
Bois-d'Arcy 78 ... 58 A 4
Bois-d'Arcy 89 ... 157 G 1
Bois-de-Céné 85 ... 165 E 2
Bois-de-Champ 88 ... 96 A 5
Bois-de-Gand 39 ... 179 E 3
Bois-de-la-Chaize 85 ... 164 B 1
Bois-de-la-Pierre 31 ... 317 F 4
Bois-d'Ennebourg 76 ... 36 C 2
Le Bois-d'Oingt 69 ... 212 C 4
Bois Dousset
*Château du* 86 ... 186 D 1
Bois-du-Four 12 ... 281 G 2
Bois-Grenier 59 ... 8 C 2
Bois-Guilbert 76 ... 20 D 5
Bois-Guillaume 76 ... 36 B 1
Le Bois-Hellain 27 ... 35 E 3
Bois-Héroult 76 ... 20 D 5
Bois-Herpin 91 ... 87 G 5
Bois-Himont 76 ... 19 G 5
Bois-Jérôme-Saint-Ouen 27 ... 37 E 5
Bois-la-Ville 25 ... 162 C 2
Bois-le-Roi 27 ... 56 C 3
Bois-le-Roi 77 ... 88 B 3
Bois-lès-Pargny 02 ... 24 D 3
Bois-l'Évêque 76 ... 36 C 2
Bois Noirs 42 ... 210 D 4
Bois-Normand-près-Lyre 27 ... 55 G 3
Le Bois-Plage-en-Ré 17 ... 182 D 5
Le Bois-Robert 76 ... 20 B 2
Bois-Sainte-Marie 71 ... 194 A 4
Bois-Sir-Amé
*Château de* 18 ... 173 F 3
Bois-Thibault *Château de* 53 ... 82 C 3
Boisbergues 80 ... 12 C 4
Boisbreteau 16 ... 220 C 5
Boiscommun 45 ... 111 H 4
Boisdinghem 62 ... 3 E 5
Boisdon 77 ... 60 A 5
Boisemont 27 ... 37 E 3
Boisemont 95 ... 57 H 1
Boisgasson 28 ... 109 G 4
Boisgervilly 35 ... 103 G 2
Boisjean 62 ... 6 C 5
Le Boisle 80 ... 11 H 1
Boisleux-au-Mont 62 ... 13 G 3
Boisleux-Saint-Marc 62 ... 13 G 3
Boismé 79 ... 167 H 4
Boismont 80 ... 11 F 3
Boismont 54 ... 44 D 3
Boismorand 45 ... 134 D 3
Boisney 27 ... 35 F 5
Boisrault 80 ... 21 G 2
Boisredon 17 ... 219 G 5
Boisroger 50 ... 31 F 5
Boissay 76 ... 36 D 1
La Boisse 01 ... 213 G 4
Boisse 24 ... 258 B 2
Boisse-Penchot 12 ... 261 H 4
Boisseau 41 ... 132 A 3
Boisseaux 45 ... 111 E 2
Boissède 31 ... 316 C 4
Boissei-la-Lande 61 ... 54 B 5
Boisserolles 79 ... 201 H 1
Boisseron 34 ... 303 F 3
Les Boisses 73 ... 235 F 2
Boisset 43 ... 229 G 5
Boisset 15 ... 261 H 1
Boisset 34 ... 320 C 4
Boisset-et-Gaujac 30 ... 283 G 5
Boisset-lès-Montrond 42 ... 229 H 2

## BOULOGNE-SUR-MER

Aumont (R. d') Z 7
Beaucerf (Bd) Z 8
Bras-d'Or (R. du) Z 13
Dutertre (R.) Y 20
Entente-Cordiale (Pont de l') Z 23
Faidherbe (R.) Y
Grande-Rue Z
Lampe (R. de la) Z 32
Lattre-de-Tassigny (Av. de) Y 33
Lille (R. de) Y 37
Marguet (Pont) Z 38
Mitterrand (Bd F.) Z 40
Perrochel (R. de) Z 48
Porte-Neuve (R.) Y 49
Puits-d'Amour (R.) Z 53
Résistance (Pl.) Y 55
Ste-Beuve (Bd) Y 59
St-Louis (R.) Y 56
Thiers (R. A.) YZ 60
Tour-N.-Dame (R.) Y 61
Victoires (R. des) Y 63
Victor-Hugo (R.) YZ

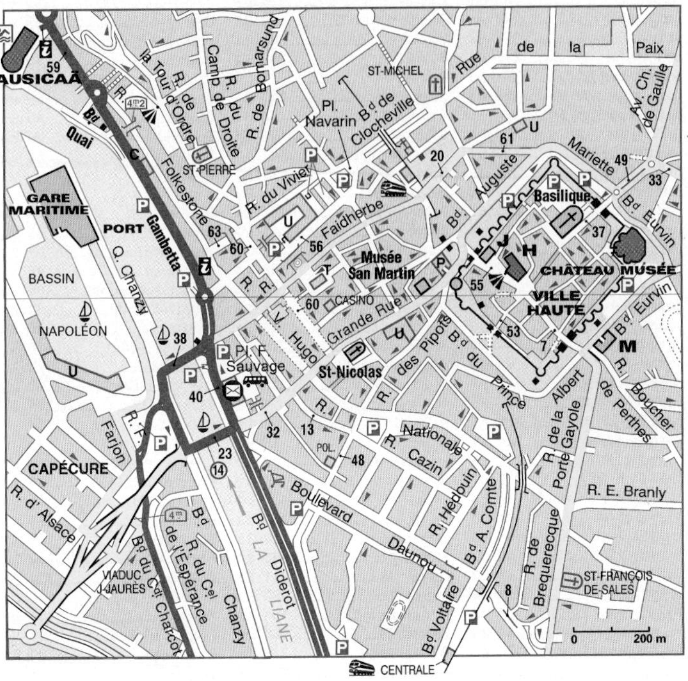



Boisset-les-Prévanches 27 .... 56 C 2
Boisset-Saint-Priest 42 .... 229 H 3
Boissets 78 .... 57 E 3
Boissettes 77 .... 88 B 3
Boisseuil 87 .... 205 H 5
Boisseuilh 24 .... 241 G 1
Boissey 14 .... 54 B 1
Boissey 01 .... 195 F 3
Boissey-le-Châtel 27 .... 35 G 3
Boissezon 81 .... 299 H 5
Boissia 39 .... 196 D 1
La Boissière 14 .... 34 C 5
La Boissière 27 .... 56 D 2
La Boissière 53 .... 127 H 3
La Boissière 39 .... 196 B 3
La Boissière 34 .... 302 B 4
La Boissière *Ancienne Abbaye* 49 .... 129 H 5
La Boissière-d'Ans 24 .... 241 E 1
La Boissière-de-Montaigu 85 .... 166 B 2
La Boissière-des-Landes 85 .... 182 D 1
La Boissière-du-Doré 44 .... 148 B 4
La Boissière-École 78 .... 57 F 5
La Boissière-en-Gâtine 79 .... 185 E 1
La Boissière-sur-Èvre 49 .... 148 C 3
Boissières 46 .... 259 H 4
Boissières 30 .... 303 G 2
Boissise-la-Bertrand 77 .... 88 B 3
Boissise-le-Roi 77 .... 88 A 3
Boissy-aux-Cailles 77 .... 88 A 5
Boissy-en-Drouais 28 .... 56 C 5
Boissy-Fresnoy 60 .... 39 G 5
Boissy-la-Rivière 91 .... 87 F 5
Boissy-l'Aillerie 95 .... 57 H 1
Boissy-Lamberville 27 .... 35 F 5
Boissy-le-Bois 60 .... 37 H 4
Boissy-le-Châtel 77 .... 60 A 4
Boissy-le-Cutté 91 .... 87 G 3
Boissy-le-Repos 51 .... 60 D 3
Boissy-le-Sec 91 .... 87 F 3
Boissy-lès-Perche 28 .... 55 H 5
Boissy-Maugis 61 .... 84 D 4
Boissy-Mauvoisin 78 .... 57 E 2
Boissy-Saint-Léger 94 .... 58 D 4
Boissy-sans-Avoir 78 .... 57 G 4
Boissy-sous-Saint-Yon 91 .... 87 G 3
Boissy-sur-Damville 27 .... 56 B 3
Boistrudan 35 .... 104 D 4
Boisville-la-Saint-Père 28 .... 86 C 5
Boisyvon 50 .... 52 A 3
Boitron 77 .... 60 B 3
Boitron 61 .... 83 H 2
Bolandoz 25 .... 180 A 1
Bolazec 29 .... 76 D 2
Bolbec 76 .... 19 E 5
Bollène 84 .... 285 E 2
La Bollène-Vésubie 06 .... 291 F 3
Bolleville 76 .... 19 F 5
Bolleville 50 .... 31 F 3
Bollezeele 59 .... 3 G 4
La Bolline 06 .... 289 H 3
Bollwiller 68 .... 121 E 5
Bologne 52 .... 117 E 2
Bolozon 01 .... 196 B 5
Bolquère 66 .... 341 G 4
Bolsenheim 67 .... 97 G 3
Bombannes 33 .... 236 B 2
Bombon 77 .... 88 D 2
Bommes 33 .... 255 H 4
Bommiers 36 .... 172 B 4
Bompas 09 .... 336 B 4
Bompas 66 .... 339 E 5
Bomy 62 .... 7 F 3
Bon-Encontre 47 .... 276 B 3
Bona 58 .... 175 E 1
Bonac-Irazein 09 .... 335 E 4
Bonaguil *Château de* 47 .... 259 E 4
Bonas 32 .... 295 H 2
Bonascre *Plateau de* 09 .... 340 D 2
Bonboillon 70 .... 161 F 3
Boncé 28 .... 86 B 5
Bonchamp-lès-Laval 53 .... 106 A 3
Boncourt 02 .... 25 F 5
Boncourt 54 .... 45 E 5
Boncourt 27 .... 56 C 1
Boncourt 28 .... 56 D 3
Boncourt-le-Bois 21 .... 160 A 5
Boncourt-sur-Meuse 55 .... 64 C 4
Bondaroy 45 .... 111 G 3
Bondeval 25 .... 142 C 5
Bondigoux 31 .... 298 A 2
Les Bondons 48 .... 282 D 1
Bondoufle 91 .... 87 H 2
Bondues 59 .... 8 D 2
Bondy 93 .... 58 D 3
Bonen 22 .... 77 F 5
Bonette *Cime de la* 04 .... 289 E 1
Bongheat 63 .... 228 B 1
Le Bonhomme 68 .... 120 C 2
Le Bonhomme *Col du* 88 .... 120 C 2
Bonifacio 2A .... 351 F 4
Bonifato *Cirque de* 2B .... 346 C 3
Bonlier 60 .... 38 A 1
Bonlieu 39 .... 197 E 1
Bonlieu-sur-Roubion 26 .... 267 F 3
Bonloc 64 .... 311 E 4
Bonnac 15 .... 245 H 2
Bonnac 09 .... 318 B 5
Bonnac-la-Côte 87 .... 205 H 4
Bonnal 25 .... 141 G 5
Bonnard 89 .... 114 A 5
Bonnat 23 .... 189 F 4
Bonnatrait 74 .... 198 A 3
Bonnaud 39 .... 196 A 1
Bonnay 80 .... 22 D 1
Bonnay 25 .... 162 A 2
Bonnay 71 .... 194 C 2
Bonne 74 .... 197 H 5
Bonne-Fontaine 57 .... 68 A 4
Bonne-Fontaine *Château de* 35 .... 80 C 3
Bonnebosq 14 .... 34 B 4
Bonnecourt 52 .... 117 G 5
Bonnée 45 .... 134 A 3
Bonnefamille 38 .... 231 H 2
Bonnefoi 61 .... 55 F 5
Bonnefond 19 .... 225 F 3
Bonnefont 65 .... 315 H 5
Bonnefontaine 39 .... 179 G 4
Bonnefontaine *Ancienne Abbaye de* 08 .... 25 H 3
Bonnegarde 40 .... 293 G 4
Bonneil 02 .... 60 B 1
Bonnelles 78 .... 87 E 2
Bonnemain 35 .... 80 A 3
Bonnemaison 14 .... 53 E 1
Bonnemazon 65 .... 333 G 1
Bonnencontre 21 .... 178 B 1
Bonnes 86 .... 186 D 1
Bonnes 16 .... 239 F 1
Bonnesvalyn 02 .... 40 B 5
Bonnet 55 .... 93 G 2
Bonnétable 72 .... 108 B 3
Bonnétage 25 .... 163 F 4
Bonnetan 33 .... 255 H 1
Bonneuil 36 .... 188 A 4
Bonneuil 16 .... 220 C 2
Bonneuil-en-France 95 .... 58 C 2
Bonneuil-en-Valois 60 .... 39 G 3
Bonneuil-les-Eaux 60 .... 22 B 4
Bonneuil-Matours 86 .... 169 G 5
Bonneuil-sur-Marne 94 .... 58 D 4
Bonneval 28 .... 110 A 3
Bonneval 73 .... 234 B 2
Bonneval 43 .... 247 E 1
Bonneval-en-Diois 26 .... 268 D 3
Bonneval-sur-Arc 73 .... 235 G 4
Bonnevaux 25 .... 180 B 3
Bonnevaux 74 .... 198 C 4
Bonnevaux 30 .... 283 G 1
Bonnevaux-le-Prieuré 25 .... 162 B 5
Bonneveau 41 .... 131 E 3
Bonnevent-Velloreille 70 .... 161 H 2
Bonneville 80 .... 12 C 5
La Bonneville 50 .... 31 G 2
Bonneville 16 .... 202 D 4
Bonneville 74 .... 216 A 1
Bonneville-Aptot 27 .... 35 G 4
Bonneville-et-Saint-Avit-de-Fumadières 24 .... 239 E 5
Bonneville-la-Louvet 14 .... 34 D 3
La Bonneville-sur-Iton 27 .... 56 A 2
Bonneville-sur-Touques 14 .... 34 C 3
Bonnières 62 .... 12 C 3
Bonnières 60 .... 37 H 1
Bonnières-sur-Seine 78 .... 57 E 1
Bonnieux 84 .... 305 H 2
Bonningues-lès-Ardres 62 .... 2 D 5
Bonningues-lès-Calais 62 .... 2 C 4
Bonnœil 14 .... 53 G 2
Bonnœuvre 44 .... 127 F 5
Bonnut 64 .... 293 G 5
Bonny-sur-Loire 45 .... 156 A 1
Bono 56 .... 124 A 3
Bonrepos 65 .... 315 H 5
Bonrepos-Riquet 31 .... 298 B 4
Bonrepos-sur-Aussonnelle 31 .... 297 F 5
Bons-en-Chablais 74 .... 198 A 4
Bons-Tassilly 14 .... 53 H 2
Bonsecours 76 .... 36 B 2
Bonsmoulins 61 .... 55 E 5
Bonson 42 .... 229 H 3
Bonson 06 .... 291 E 4
Bonvillard 73 .... 234 A 2
Bonvillaret 73 .... 234 A 2
Bonviller 54 .... 95 F 1
Bonvillers 60 .... 22 C 5
Bonvillet 88 .... 118 C 3
Bonvouloir *Tour de* 61 .... 82 C 2
Bony 02 .... 24 A 1
Bonzac 33 .... 238 C 4
Bonzée-en-Woëvre 55 .... 64 D 1
Boô-Silhen 65 .... 332 D 2
Boofzheim 67 .... 97 G 4
Boos 76 .... 36 B 2
Boos 40 .... 293 E 1
Bootzheim 67 .... 97 G 5
Boqueho 22 .... 78 A 3
Boquen *Abbaye de* 22 .... 78 D 5
Bor-et-Bar 12 .... 279 G 3
Boran-sur-Oise 60 .... 38 C 5
Borce 64 .... 331 H 4
Borcq-sur-Airvault 79 .... 168 B 3
Bord-Saint-Georges 23 .... 190 A 5
Bordeaux 33 .... 237 G 5
Bordeaux-en-Gâtinais 45 .... 112 A 4
Bordeaux-Mérignac *Aéroport de* 33 .... 237 F 5
Bordeaux-Saint-Clair 76 .... 18 D 4
Bordères 64 .... 314 C 5
Bordères-et-Lamensans 40 .... 294 B 2
Bordères-Louron 65 .... 333 H 3
Bordères-sur-l'Échez 65 .... 315 E 5
Les Bordes 89 .... 113 H 4
Les Bordes 45 .... 134 A 3
Les Bordes 36 .... 172 B 2
Les Bordes 71 .... 178 A 3
Bordes 64 .... 314 B 5
Bordes 65 .... 315 G 5
Les Bordes-Aumont 10 .... 115 E 2
Bordes-de-Rivière 31 .... 334 B 1
Les Bordes-sur-Arize 09 .... 335 H 1
Les Bordes-sur-Lez 09 .... 335 E 3
Bordezac 30 .... 283 H 2
Bords 17 .... 201 E 4
Borée 07 .... 248 A 5
Le Boréon 06 .... 291 E 2
Boresse-et-Martron 17 .... 238 D 1
Borest 60 .... 39 E 5
Borey 70 .... 141 G 4
Borgo 2B .... 347 G 2
Bormes-les-Mimosas 83 .... 328 D 4
Le Born 48 .... 264 C 4
Le Born 31 .... 298 A 1
Born-de-Champs 24 .... 258 C 2
Bornambusc 76 .... 18 D 4
Bornay 39 .... 196 B 1
La Borne 18 .... 155 G 4
Borne 43 .... 247 E 3
Borne 07 .... 265 G 3
Bornel 60 .... 38 B 4
Borny 57 .... 65 H 1
Boron 90 .... 142 D 4
Borre 59 .... 3 H 5
Borrèze 24 .... 241 H 5
Bors 16 .... 220 C 5
Bors 16 .... 221 F 5
Bort-les-Orgues 19 .... 226 C 5
Bort-l'Étang 63 .... 210 B 5
Borville 54 .... 95 F 3
Le Bosc 34 .... 301 H 3
Le Bosc 09 .... 336 A 3
Bosc-Bénard-Commin 27 .... 35 H 3
Bosc-Bénard-Crescy 27 .... 35 H 3
Bosc-Bérenger 76 .... 20 C 4
Bosc-Bordel 76 .... 20 D 5
Bosc-Édeline 76 .... 20 D 5
Bosc-Guérard-Saint-Adrien 76 .... 20 B 5
Bosc-Hyons 76 .... 37 F 2
Bosc-le-Hard 76 .... 20 B 5
Bosc-Mesnil 76 .... 20 D 4
Le Bosc-Morel 27 .... 55 F 1
Le Bosc-Renoult 61 .... 54 D 2
Le Bosc-Renoult-en-Ouche 27 .... 55 G 2
Bosc-Renoult-en-Roumois 27 .... 35 G 3
Le Bosc-Roger-en-Roumois 27 .... 35 H 3
Bosc-Roger-sur-Buchy 76 .... 20 D 5
Boscamnant 17 .... 238 D 2
Boscherville 27 .... 35 H 3
Boscodon *Abbaye de* 05 .... 270 C 4
Bosdarros 64 .... 314 B 5
Bosgouet 27 .... 35 H 2
Bosguérard-de-Marcouville 27 .... 35 H 3
Bosjean 71 .... 178 D 4
Bosmie-l'Aiguille 87 .... 223 G 1
Bosmont-sur-Serre 02 .... 25 F 3
Bosmoreau-les-Mines 23 .... 206 D 3
Bosnormand 27 .... 35 H 3
Le Bosquel 80 .... 22 B 3
Bosquentin 27 .... 37 E 2
Bosrobert 27 .... 35 G 4
Bosroger 23 .... 207 H 3
Bossancourt 10 .... 92 A 5
Bossay-sur-Claise 37 .... 170 B 4
La Bosse 72 .... 108 B 3
La Bosse 41 .... 132 A 2
La Bosse 25 .... 163 E 4
La Bosse-de-Bretagne 35 .... 104 B 5
Bossée 37 .... 152 A 5
Bosselshausen 67 .... 68 C 3
Bossendorf 67 .... 68 C 4
Bosserville 54 .... 94 D 1
Bosset 24 .... 239 G 4
Bosseval-et-Briancourt 08 .... 27 E 3
Bossey 74 .... 215 G 1
Bossieu 38 .... 231 H 4
Les Bossons 74 .... 217 E 3
Bossugan 33 .... 256 D 1
Bossus-lès-Rumigny 08 .... 26 A 2
Bost 03 .... 210 C 1
Bostens 40 .... 274 A 5
Bostz *Château du* 03 .... 192 A 3
Bosville 76 .... 19 G 3
Botans 90 .... 142 C 3
Botforn 29 .... 99 G 4
Botmeur 29 .... 76 A 3
Botsorhel 29 .... 72 B 5
Les Bottereaux 27 .... 55 F 3
Botz-en-Mauges 49 .... 148 D 3
Bou 45 .... 133 G 2
Bouafle 78 .... 57 H 2
Bouafles 27 .... 36 D 4
Bouan 09 .... 336 B 5
Bouaye 44 .... 147 F 4
Boubers-lès-Hesmond 62 .... 6 D 4
Boubers-sur-Canche 62 .... 12 C 2
Boubiers 60 .... 37 G 4
Bouc-Bel-Air 13 .... 327 E 1
Boucagnères 32 .... 296 B 5
Boucard *Château de* 18 .... 155 G 3
Boucau 64 .... 292 A 5
Boucé 61 .... 54 A 5
Boucé 03 .... 192 C 4
Boucey 50 .... 80 C 2
Le Bouchage 16 .... 203 H 2
Le Bouchage 38 .... 232 C 1
Bouchain 59 .... 14 C 2
Bouchamps-lès-Craon 53 .... 127 H 2
Le Bouchaud 39 .... 179 F 3
Le Bouchaud 03 .... 193 F 4
Bouchavesnes-Bergen 80 .... 23 G 1
Bouchemaine 49 .... 149 G 2
Boucheporn 57 .... 46 D 5
Le Bouchet 74 .... 216 A 4
Bouchet 26 .... 285 F 2
Bouchet *Château du* 36 .... 170 D 5
Bouchet *Lac du* 43 .... 247 E 5
Le Bouchet-Saint-Nicolas 43 .... 247 E 5
Bouchevilliers 27 .... 37 F 2
Bouchoir 80 .... 23 E 3
Les Boucholeurs 17 .... 200 C 2
Bouchon 80 .... 12 B 5
Le Bouchon-sur-Saulx 55 .... 63 H 5
Les Bouchoux 39 .... 197 E 4
Bouchy-Saint-Genest 51 .... 60 C 5
Boucieu-le-Roi 07 .... 248 D 3
Bouclans 25 .... 162 B 3
Boucoiran-et-Nozières 30 .... 284 A 5
Bouconville 08 .... 42 D 3
Bouconville-sur-Madt 55 .... 65 E 4
Bouconville-Vauclair 02 .... 41 E 1
Bouconvillers 60 .... 37 H 5
Boucq 54 .... 65 E 5
Boudes 63 .... 227 H 4
Boudeville 76 .... 19 H 3
Boudin 73 .... 234 C 1
Boudou 82 .... 277 E 4
Boudrac 31 .... 316 A 5
Boudreville 21 .... 116 B 5
Boudy-de-Beauregard 47 .... 258 B 4
Boué 02 .... 15 F 5
Bouée 44 .... 147 E 2
Boueilh-Boueilho-Lasque 64 .... 294 B 5
Bouelles 76 .... 21 E 4
Bouër 72 .... 108 C 4
Bouère 53 .... 128 D 2
Bouessay 53 .... 128 D 2
Bouesse 36 .... 189 E 1
Bouëx 16 .... 221 G 2
La Bouëxière 35 .... 104 D 2
Bouffémont 95 .... 58 B 1
Boufféré 85 .... 166 A 2
Bouffignereux 02 .... 41 F 2
Boufflers 80 .... 11 H 2
Bouffry 41 .... 109 F 5
Bougainville 80 .... 22 A 2
Bougarber 64 .... 314 A 3
Bougé-Chambalud 38 .... 231 F 5
Bouges-le-Château 36 .... 171 H 1
Bougey 70 .... 140 C 3
Bougival 78 .... 58 A 3
Bouglainval 28 .... 86 B 2
Bougligny 77 .... 112 B 2
Bouglon 47 .... 275 E 1
Bougneau 17 .... 219 G 2
Bougnon 70 .... 141 E 3
Bougon 79 .... 185 G 4
Bougue 40 .... 294 B 1
Bouguenais 44 .... 147 G 4
Bougy 14 .... 33 F 5
Bougy-lez-Neuville 45 .... 111 E 4
Bouhans 71 .... 178 C 4
Bouhans-et-Feurg 70 .... 161 E 1
Bouhans-lès-Lure 70 .... 141 G 3
Bouhans-lès-Montbozon 70 .... 162 B 1
Bouhet 17 .... 201 E 1
Bouhey 21 .... 159 F 4
Bouhy 58 .... 156 C 1
Bouilh *Château du* 33 .... 237 H 4
Bouilh-Devant 65 .... 315 G 4
Bouilh-Péreuilh 65 .... 315 F 5
Bouilhonnac 11 .... 320 A 5
Bouillac 24 .... 259 E 2
Bouillac 12 .... 261 G 4
Bouillac 82 .... 297 F 2
La Bouilladisse 13 .... 327 F 1
Bouillancourt-en-Séry 80 .... 11 F 5
Bouillancourt-la-Bataille 80 .... 22 D 4
Bouillancy 60 .... 39 G 5
Bouilland 21 .... 159 G 5
Bouillargues 30 .... 304 A 2
La Bouille 76 .... 36 A 3
Bouillé-Courdault 85 .... 184 B 3
Bouillé-Loretz 79 .... 168 A 1
Bouillé-Ménard 49 .... 127 H 3
Bouillé-Saint-Paul 79 .... 167 H 1
La Bouillie 22 .... 79 E 2
Le Bouillon 61 .... 83 G 2
Bouillon 64 .... 294 A 5
Bouillonville 54 .... 65 E 3
Bouillouses *Lac des* 66 .... 341 F 3
Bouilly 51 .... 41 F 4
Bouilly 89 .... 114 B 5
Bouilly 10 .... 114 D 2
Bouilly-en-Gâtinais 45 .... 111 G 4
Bouin 62 .... 6 D 5
Bouin 85 .... 164 D 1

## BOURGES


Armuriers (R. des) ..... Z 2
Auron (Bd d') ..... Z
Barbès (R.) ..... Z 4
Beaux-Arts (R. des) ..... Y 5
Bourbonnoux (Prom.) ..... YZ
Calvin (R.) ..... Y 7
Cambournac (R.) ..... Y 8
Champ-de-Foire (R. du) ..... Z 12
Commerce (R. du) ..... Y 13
Coursarlon (R.) ..... Y
Cujas (Pl.) ..... Y 15
Dr-Témoin (R. du) ..... Y 17
Dormoy (Av. Marx) ..... Y 19
Équerre (R. de l') ..... Z 20
George-Sand (Escalier) ..... Y 27
Hémerettes (R. des) ..... Z 29
Jacobins (Cour des) ..... Z 31
Jacques-Coeur (R.) ..... Y 32
Jean-Jaurès (Av.) ..... Y
Joyeuse (R.) ..... Y 35
Juranville (Pl.) ..... Z 36
J.-J. Rousseau (R.) ..... Z 33
Leblanc (R. N.) ..... YZ 40
Linières (R. de) ..... Z 42
Louis XI (Av.) ..... Z 43
Mallet (R. L.) ..... Z 44
Marceau (Rampe) ..... Z 45
Mirebeau (R.) ..... Y
Moyenne (R.) ..... YZ
Orléans (Av. d') ..... Y 48
Pelvoysin (R.) ..... Y 50
Poissonnerie (R. de la) ..... Y 52
Prinal (R. du) ..... Y 55
Rimbault (R. J.) ..... Z 61
Strasbourg (Bd de) ..... Z 71
Thaumassière (R. de la) ..... Y 72
Tory (R. G.) ..... Y 73
Victor-Hugo (R.) ..... Z 74
3-Maillets (R. des) ..... Z 75
4-Piliers (Pl. des) ..... Z 76
95e-de-Ligne (Av. du) ..... Z 78


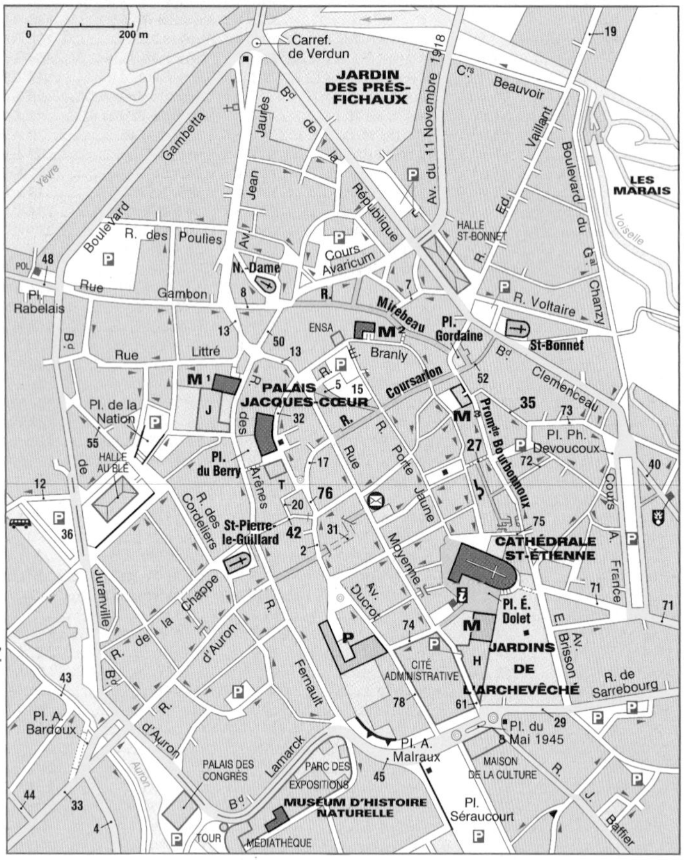

0
200 m
Carref. de Verdun
JARDIN DES PRÉS-FICHAUX
Av. du 11 Novembre 1918
Crs Beauvoir
Vaillant
Boulevard du Gal Chanzy
LES MARAIS
Gambetta
Jaurès
Jean
République
HALLE ST-BONNET
Boulevard
R. des Poulies
Cours Avaricum
N.-Dame
Rue Gambon
Pl. Rabelais
POL
Mirebeau
R. Voltaire
Pl. Gordaine
ENSA
St-Bonnet
Branly
Rue Littré
Clemenceau
Coursarlon
PALAIS JACQUES-CŒUR
Promde Bourbonnoux
Pl. Ph. Devoucoux
Pl. de la Nation
HALLE AU BLÉ
Pl. du Berry
Arènes
Rue
Porte Jaune
Cours
R. des Cordeliers
St-Pierre-le-Guillard
Moyenne
CATHÉDRALE ST-ÉTIENNE
France
Juranville
R. de la Chappe
d'Auron
Av. Dudrot
Pl. É. Dolet
JARDINS DE L'ARCHEVÊCHÉ
Av. Brisson
R. de Sarrebourg
CITÉ ADMINISTRATIVE
Fernault
Pl. A. Bardoux
Pl. du 8 Mai 1945
Pl. A. Malraux
MAISON DE LA CULTURE
PALAIS DES CONGRÈS
Lamarck
PARC DES EXPOSITIONS
MUSÉUM D'HISTOIRE NATURELLE
Pl. Séraucourt
TOUR
MÉDIATHÈQUE
Auron
J. Baffier
Y
Z



Bouin 79 ..... 203 E 2
Bouin-Plumoison 62 ..... 6 D 5
Bouisse 11 ..... 338 A 2
Bouix 21 ..... 138 A 2
Boujailles 25 ..... 180 A 2
Boujan-sur-Libron 34 ..... 321 G 4
Boujeons 25 ..... 180 B 4
Boulages 10 ..... 90 C 2
Boulaincourt 88 ..... 94 C 4
Boulancourt 77 ..... 111 H 2
Boulange 57 ..... 45 F 3
Boulaur 32 ..... 296 C 5
Le Boulay 88 ..... 119 H 2
Le Boulay 37 ..... 131 F 5
Boulay-les-Barres 45 ..... 110 D 5
Boulay-les-Ifs 53 ..... 83 E 4
Le Boulay-Morin 27 ..... 56 B 1
Boulay-Moselle 57 ..... 46 C 5
La Boulaye 71 ..... 176 B 5
Boulazac 24 ..... 240 C 2
Boulbon 13 ..... 304 C 1
Boulc 26 ..... 268 C 2
Boule d'Amont 66 ..... 342 C 3
Bouleternère 66 ..... 342 C 2
Bouleurs 77 ..... 59 G 3
Bouleuse 51 ..... 41 F 4
Bouliac 33 ..... 255 G 1
Boulieu-lès-Annonay 07 ..... 248 D 1
Bouligneux 01 ..... 213 F 2
Bouligney 70 ..... 119 E 5
Bouligny 55 ..... 45 E 4
Boulin 65 ..... 315 F 5
Boullarre 60 ..... 39 H 5
Le Boullay-les-Deux-Églises 28 ..... 85 H 2
Boullay-les-Troux 91 ..... 58 A 5
Le Boullay-Mivoye 28 ..... 56 D 5
Le Boullay-Thierry 28 ..... 86 A 2
Boulleret 18 ..... 156 A 2
Boulleville 27 ..... 35 E 2
Bouloc 82 ..... 277 F 2
Bouloc 31 ..... 297 H 3
Boulogne 85 ..... 166 A 3
Boulogne *Château de* 07 ..... 266 B 2
Boulogne-Billancourt 92 ..... 58 B 3
Boulogne-la-Grasse 60 ..... 23 E 5
Boulogne-sur-Gesse 31 ..... 316 B 5
Boulogne-sur-Helpe 59 ..... 15 G 4
Boulogne-sur-Mer 62 ..... 2 B 5
Bouloire 72 ..... 108 B 5
Boulon 14 ..... 53 G 1
Boulot 70 ..... 161 H 2
Le Boulou 66 ..... 343 E 4
Boulouris 83 ..... 329 H 1
La Boulouze 50 ..... 52 A 5
Boult 70 ..... 161 H 2
Boult-aux-Bois 08 ..... 43 E 1
Boult-sur-Suippe 51 ..... 41 H 2
Le Boulvé 46 ..... 259 F 5
Boulzicourt 08 ..... 26 D 4
Boumois *Château de* 49 ..... 150 B 3
Boumourt 64 ..... 314 A 3
Bouniagues 24 ..... 257 H 2
Le Boupère 85 ..... 166 D 4
Bouquehault 62 ..... 2 D 4
Bouquelon 27 ..... 35 E 2
Bouquemaison 80 ..... 12 D 3
Bouquemont 55 ..... 64 C 2
Bouquet 30 ..... 284 A 3
Bouquetot 27 ..... 35 G 2
Bouqueval 95 ..... 58 C 1
Bouranton 10 ..... 91 E 5
Bouray-sur-Juine 91 ..... 87 G 3
Bourbach-le-Bas 68 ..... 142 D 1
Bourbach-le-Haut 68 ..... 142 D 1
La Bourbansais *Château de* 35 ..... 79 H 4
Bourberain 21 ..... 160 C 1
Bourbévelle 70 ..... 118 C 5
Bourbon-Lancy 71 ..... 193 E 1
Bourbon-l'Archambault 03 ..... 191 G 1
Bourbonne-les-Bains 52 ..... 118 A 5
La Bourboule 63 ..... 227 E 2
Bourbourg 59 ..... 3 F 3
Bourbriac 22 ..... 77 G 2
Bourcefranc-le-Chapus 17 ..... 200 C 4
Bourcia 39 ..... 196 A 4
Bourcq 08 ..... 42 C 2
Bourdainville 76 ..... 20 A 4
Bourdalat 40 ..... 294 C 2
Bourdeau 73 ..... 233 E 1
Bourdeaux 26 ..... 267 H 3
Bourdeilles 24 ..... 222 B 5
Le Bourdeix 24 ..... 222 B 2
Bourdelles 33 ..... 256 D 4
Bourdenay 10 ..... 90 A 5
Le Bourdet 79 ..... 184 C 5
Bourdettes 64 ..... 314 B 5
Bourdic 30 ..... 284 B 5
La Bourdinière-Saint-Loup 28 ..... 86 A 5
Bourdon 80 ..... 22 A 1
Bourdonnay 57 ..... 67 E 5
Bourdonné 78 ..... 57 F 4
Bourdons-sur-Rognon 52 ..... 117 F 2
Bourecq 62 ..... 7 G 3
Bouresches 02 ..... 60 B 1
Bouresse 86 ..... 186 D 4
Bouret-sur-Canche 62 ..... 12 D 2
Boureuilles 55 ..... 43 F 4
Bourg 52 ..... 139 G 3
Bourg 33 ..... 237 G 3
Le Bourg 46 ..... 261 E 2
Bourg-Achard 27 ..... 35 H 3
Bourg-Archambault 86 ..... 187 G 4
Bourg-Argental 42 ..... 248 C 1
Bourg-Beaudouin 27 ..... 36 C 2
Bourg-Blanc 29 ..... 70 C 5
Bourg-Bruche 67 ..... 96 C 4
Bourg-Charente 16 ..... 220 C 1
Le Bourg-d'Arud 38 ..... 251 H 3
Bourg-de-Bigorre 65 ..... 333 G 1
Bourg-de-Péage 26 ..... 249 G 3
Bourg-de-Sirod 39 ..... 179 H 4
Bourg-de-Thizy 69 ..... 212 A 2
Bourg-de-Visa 82 ..... 277 E 2
Bourg-des-Comptes 35 ..... 104 A 5
Bourg-des-Maisons 24 ..... 221 H 5
Le Bourg-d'Hem 23 ..... 189 F 5
Le Bourg-d'Iré 49 ..... 127 H 4
Le Bourg-d'Oisans 38 ..... 251 G 3
Bourg-d'Oueil 31 ..... 334 A 4
Bourg-du-Bost 24 ..... 239 F 1
Le Bourg-Dun 76 ..... 19 H 2
Bourg-en-Bresse 01 ..... 195 H 5
Bourg-et-Comin 02 ..... 40 D 2
Bourg-Fidèle 08 ..... 26 C 1
Bourg-la-Reine 92 ..... 58 C 4
Bourg-Lastic 63 ..... 226 C 2
Bourg-le-Comte 71 ..... 193 F 4
Bourg-le-Roi 72 ..... 83 G 5
Bourg-lès-Valence 26 ..... 249 F 4
Bourg-l'Évêque 49 ..... 127 H 3
Bourg-Madame 66 ..... 341 F 5
Bourg-Saint-Andéol 07 ..... 284 D 1
Bourg-Saint-Bernard 31 ..... 298 C 5
Bourg-Saint-Christophe 01 ..... 213 H 4
Le Bourg-Saint-Léonard 61 ..... 54 B 4
Bourg-Saint-Maurice 73 ..... 234 D 1
Bourg-Sainte-Marie 52 ..... 117 H 2
Bourg-sous-Châtelet 90 ..... 142 C 2
Bourgaltroff 57 ..... 67 E 3
Bourganeuf 23 ..... 206 D 3
Bourgbarré 35 ..... 104 B 4
Bourgeauville 14 ..... 34 B 3
Bourges 18 ..... 173 E 1
Le Bourget 93 ..... 58 C 2
Le Bourget-du-Lac 73 ..... 233 E 1
Bourget-en-Huile 73 ..... 233 H 3
Bourgheim 67 ..... 97 F 3
Bourghelles 59 ..... 9 E 3
Bourgnac 24 ..... 239 G 4
Bourgneuf 17 ..... 183 G 5
Bourgneuf 73 ..... 233 H 2
Bourgneuf-en-Mauges 49 ..... 149 E 3
Bourgneuf-en-Retz 44 ..... 146 D 5
Le Bourgneuf-la-Forêt 53 ..... 105 G 2
Bourgneuf-Val-d'Or 71 ..... 177 G 3
Bourgogne 51 ..... 41 G 3
Bourgoin-Jallieu 38 ..... 232 A 2
Bourgon 53 ..... 105 F 2
La Bourgonce 88 ..... 96 A 4
La Bourgonnière *Chapelle de* 49 ..... 148 C 2
Bourgougnague 47 ..... 257 G 3
Bourgtheroulde-Infreville 27 ..... 35 H 3
Bourguébus 14 ..... 33 H 5
Bourgueil 37 ..... 150 D 3
Bourguenolles 50 ..... 51 H 3
Le Bourguet 83 ..... 308 A 2
Bourguignon 25 ..... 142 B 5
Bourguignon-lès-Conflans 70 ..... 141 E 2
Bourguignon-lès-la-Charité 70 ..... 161 H 1
Bourguignon-lès-Morey 70 ..... 140 B 3
Bourguignon-sous-Coucy 02 ..... 24 A 5
Bourguignon-sous-Montbavin 02 ..... 40 C 1
Bourguignons 10 ..... 115 G 3
Bourgvilain 71 ..... 194 C 4
Bourideys 33 ..... 273 H 1
Bouriège 11 ..... 337 B 2
Bourigeole 11 ..... 337 B 2
Bourisp 65 ..... 333 G 4
Bourlens 47 ..... 259 E 5
Bourlon 62 ..... 14 A 3
Bourmont 52 ..... 117 H 2
Bournainville-Faverolles 27 ..... 35 E 5
Bournan 37 ..... 170 A 1
Bournand 86 ..... 168 D 1
Bournazel 12 ..... 261 H 5
Bournazel 81 ..... 279 F 4
Bourneau 85 ..... 184 B 1
Bournel 47 ..... 258 C 3
Bourneville 27 ..... 35 F 2
Bournezeau 85 ..... 166 B 5
Bourniquel 24 ..... 258 C 1
Bournois 25 ..... 141 H 5
Bournoncle-Saint-Pierre 43 ..... 228 A 5
Bournoncles 15 ..... 245 H 5
Bournonville 62 ..... 6 C 2
Bournos 64 ..... 314 B 3
Bourogne 90 ..... 142 C 4
Bourran 47 ..... 275 G 1
Bourré 41 ..... 152 D 3
Bourréac 65 ..... 333 E 1
Bourret 82 ..... 297 F 1
Bourriot-Bergonce 40 ..... 274 B 3
Bourron-Marlotte 77 ..... 88 B 5
Bourrou 24 ..... 240 B 3
Bourrouillan 32 ..... 295 E 2
Bours 62 ..... 7 G 4
Bours 65 ..... 315 E 5
Boursault 51 ..... 61 F 1
Boursay 41 ..... 109 F 4
Bourscheid 57 ..... 67 H 4
Bourseul 22 ..... 79 F 3
Bourseville 80 ..... 11 E 3
Boursières 70 ..... 141 E 4
Boursies 59 ..... 14 A 4
Boursin 62 ..... 2 C 5
Boursonne 60 ..... 39 H 4
Bourth 27 ..... 55 G 4
Bourthes 62 ..... 6 D 3
Bourtzwiller 68 ..... 143 F 1
Bourville 76 ..... 19 H 3
Boury-en-Vexin 60 ..... 37 F 4
Bousbach 57 ..... 47 F 5
Bousbecque 59 ..... 4 D 5
Le Bouscat 33 ..... 237 G 5
Bousies 59 ..... 15 E 4
Bousignies 59 ..... 9 F 5
Bousignies-sur-Roc 59 ..... 16 A 2
Le Bousquet 11 ..... 337 B 5
Le Bousquet-d'Orb 34 ..... 301 F 3
La Boussac 35 ..... 80 B 2
Boussac 23 ..... 190 A 4
Boussac 46 ..... 261 E 3
Boussac 12 ..... 280 B 2
Boussac-Bourg 23 ..... 190 A 4
Boussais 79 ..... 168 A 3
Boussan 31 ..... 316 D 5
Boussay 44 ..... 166 B 1
Boussay 37 ..... 170 B 3
Bousse 57 ..... 45 H 4
Bousse 72 ..... 129 G 3
Bousselange 21 ..... 178 C 2
Boussenac 09 ..... 335 H 3
Boussenois 21 ..... 139 F 4
Boussens 31 ..... 317 E 5
Bousseraucourt 70 ..... 118 C 5
Boussès 47 ..... 275 E 3
Bousseviller 57 ..... 48 C 5
Boussey 21 ..... 159 E 2
Boussicourt 80 ..... 22 D 4
Boussières 25 ..... 161 H 4
Boussières-en-Cambrésis 59 ..... 14 C 4
Boussières-sur-Sambre 59 ..... 15 G 3
Boussois 59 ..... 15 H 2
Boussy 74 ..... 215 F 4
Boussy-Saint-Antoine 91 ..... 58 D 5
Boust 57 ..... 45 H 2
Boustroff 57 ..... 66 D 2
Le Bout-d'Oye 62 ..... 3 E 2
Bout-du-Lac 74 ..... 215 H 4
Bout du Monde *Cirque du* 21 ..... 177 F 2
Bout-du-Pont-de-Larn 81 ..... 319 H 3
Boutancourt 08 ..... 26 D 4
Boutavent 60 ..... 21 G 4
La Bouteille 02 ..... 25 G 2
Bouteilles-Saint-Sébastien 24 ..... 221 G 5
Boutenac 11 ..... 338 C 1
Boutenac-Touvent 17 ..... 219 F 3
Boutencourt 60 ..... 37 G 3
Boutervilliers 91 ..... 87 F 4
Bouteville 16 ..... 220 C 2
Bouthéon 42 ..... 230 A 3
Boutiers-Saint-Trojan 16 ..... 220 B 1
Boutigny 77 ..... 59 G 2
Boutigny-sur-Essonne 91 ..... 87 H 4
Boutigny-sur-Opton 28 ..... 57 E 4
Bouttencourt 80 ..... 11 F 5
Boutteville 50 ..... 32 A 2
Boutx 31 ..... 334 C 3
Bouvaincourt-sur-Bresle 80 ..... 11 E 4
Bouvancourt 51 ..... 41 F 3
Bouvante 26 ..... 250 A 4
Bouvante-le-Haut 26 ..... 250 A 5
Bouvelinghem 62 ..... 3 E 5
Bouvellemont 08 ..... 26 D 5
Bouvent 01 ..... 196 C 4
Bouverans 25 ..... 180 B 3
Bouvesse-Quirieu 38 ..... 214 B 5
Bouvières 26 ..... 268 A 4
Bouvignies 59 ..... 9 E 5
Bouvigny-Boyeffles 62 ..... 8 A 5
Bouville 76 ..... 19 H 5
Bouville 91 ..... 87 G 4
Bouville 28 ..... 110 A 2
Bouvincourt-en-Vermandois 80 ..... 23 H 2
Bouvines 59 ..... 9 E 3
Bouvresse 60 ..... 21 G 4
Bouvron 54 ..... 65 F 5
Bouvron 44 ..... 147 E 1
Boux-sous-Salmaise 21 ..... 159 F 1
Bouxières-aux-Bois 88 ..... 95 E 5
Bouxières-aux-Chênes 54 ..... 66 B 4
Bouxières-aux-Dames 54 ..... 65 H 5
Bouxières-sous-Froidmont 54 ..... 65 G 2
Bouxurulles 88 ..... 95 E 4
Bouxwiller 67 ..... 68 B 3
Bouxwiller 68 ..... 143 F 4
Bouy 51 ..... 42 A 5
Bouy-Luxembourg 10 ..... 91 F 4
Bouy-sur-Orvin 10 ..... 89 H 4
Bouyon 06 ..... 309 F 1
Le Bouyssou 46 ..... 261 F 2
Bouzais 18 ..... 173 F 5
Bouzancourt 52 ..... 92 C 5
Bouzanville 54 ..... 94 D 4
Bouze-lès-Beaune 21 ..... 177 G 1
Bouzèdes *Belvédère des* 30 ..... 283 F 1
Bouzel 63 ..... 210 A 5
Bouzemont 88 ..... 95 E 5
Bouzeron 71 ..... 177 G 3
Bouzic 24 ..... 259 G 2
Bouziès 46 ..... 260 C 5
Bouzigues 34 ..... 322 D 3
Bouzillé 49 ..... 148 C 2
Bouzin 31 ..... 316 D 5
Bouzincourt 80 ..... 13 F 5
Bouzon-Gellenave 32 ..... 295 E 3
Bouzonville 57 ..... 46 C 4
Bouzonville-aux-Bois 45 ..... 111 G 4
Bouzonville-en-Beauce 45 ..... 111 G 2
Bouzy 51 ..... 61 H 1
Bouzy-la-Forêt 45 ..... 134 A 2
Bovée-sur-Barboure 55 ..... 93 G 1
Bovel 35 ..... 103 H 4
Bovelles 80 ..... 22 A 2
Boves 80 ..... 22 C 2
Boviolles 55 ..... 93 F 1
Boyardville 17 ..... 200 B 3
Boyaval 62 ..... 7 G 4
Boyelles 62 ..... 13 G 3
Boyer 71 ..... 195 E 1
Boyer 42 ..... 211 H 2
Boyeux-Saint-Jérôme 01 ..... 214 B 2
Boynes 45 ..... 111 H 3
Boz 01 ..... 195 F 3
Bozas 07 ..... 248 D 3
Bozel 73 ..... 234 C 3
Bozouls 12 ..... 263 E 5
Brabant-en-Argonne 55 ..... 43 G 5
Brabant-le-Roi 55 ..... 63 F 3
Brabant-sur-Meuse 55 ..... 43 H 3
Brach 33 ..... 236 D 3
Brachay 52 ..... 92 D 4
Braches 80 ..... 22 D 3
Brachy 76 ..... 20 A 2
Bracieux 41 ..... 153 G 1
Bracon 39 ..... 179 H 2
Bracquemont 76 ..... 10 B 5
Bracquetuit 76 ..... 20 B 4
Bradiancourt 76 ..... 20 D 4
Braffais 50 ..... 51 H 4
Bragassargues 30 ..... 303 F 1
Bragayrac 31 ..... 317 E 3
Brageac 15 ..... 243 H 2
Bragelogne 10 ..... 115 F 5
Bragny-sur-Saône 71 ..... 178 A 2
La Brague 06 ..... 309 F 3
Brahic 07 ..... 283 H 1
Braillans 25 ..... 162 A 3
Brailly-Cornehotte 80 ..... 11 H 2
Brain 21 ..... 159 E 1
Brain-sur-Allonnes 49 ..... 150 D 3
Brain-sur-l'Authion 49 ..... 149 H 2
Brain-sur-Longuenée 49 ..... 128 A 5
Brain-sur-Vilaine 35 ..... 126 A 3
Brainans 39 ..... 179 F 3
Braine 02 ..... 40 C 3
Brains 44 ..... 147 F 4
Brains-sur-Gée 72 ..... 107 F 4
Brains-sur-les-Marches 53 ..... 105 E 5
Brainville 50 ..... 31 G 5

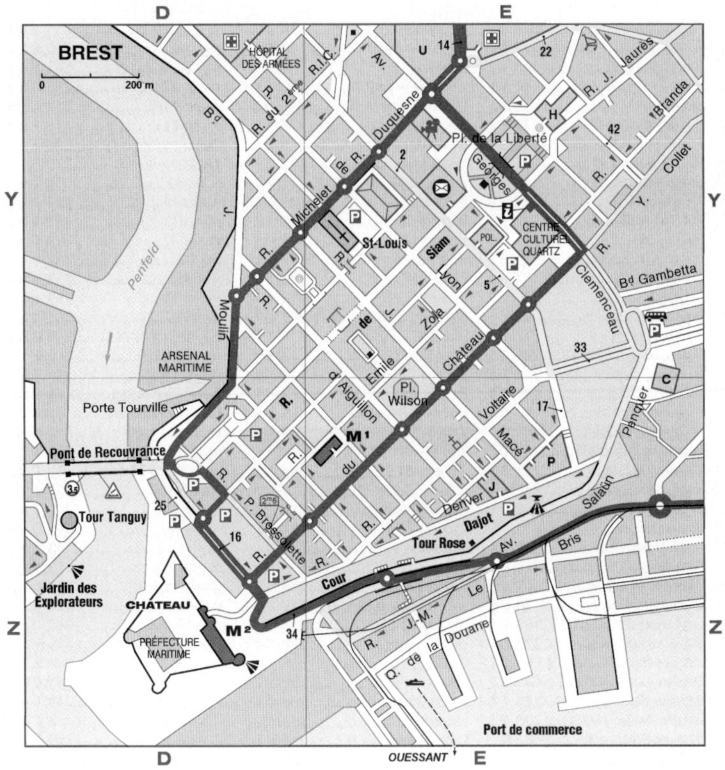

BREST
0 200 m
D
E
Y
Z
HÔPITAL DES ARMÉES
Pl. de la Liberté
CENTRE CULTUREL QUARTZ
St-Louis
Siam
Bd Gambetta
ARSENAL MARITIME
Porte Tourville
Pont de Recouvrance
Tour Tanguy
Jardin des Explorateurs
CHÂTEAU
PRÉFECTURE MARITIME
Pl. Wilson
Tour Rose
Port de commerce
OUESSANT


| | | |
|---|---|---|
| Algésiras (R. d') EY 2 | Frégate-La-Belle-Poule (R. de la) EZ 17 | Marine (Bd de la) DZ 25 |
| Clemenceau (Av. G.) EY | Jean-Jaurès (R.) EY | Réveillère (Av. Amiral) EY 33 |
| Colbert (R.) EY 5 | Kérabécam (R. de) EY 22 | Roosevelt (Av. Fr.) DZ 34 |
| Foch (Av. Mar.) EY 14 | Liberté (Pl. de la) EY | Siam (R. de) EY |
| Français-Libres (Bd des) DZ 16 | Lyon (R. de) DEY | 11-Martyrs (R. des) EY 42 |


Brainville 54 ... 65 E 1
Brainville-sur-Meuse 52 ... 117 H 2
Braisnes 60 ... 39 F 1
Braize 03 ... 173 H 5
Bralleville 54 ... 94 D 4
Bram 11 ... 319 F 5
Bramabiau *Abîme du* 30 ... 282 C 4
Bramans 73 ... 253 E 1
Brametot 76 ... 19 H 3
Bramevaque 65 ... 334 A 2
Bran 17 ... 220 B 5
Branceilles 19 ... 242 D 4
Branches 89 ... 136 A 2
Brancion 71 ... 195 E 2
Brancourt-en-Laonnois 02 ... 40 C 1
Brancourt-le-Grand 02 ... 24 B 1
Brandérion 56 ... 123 G 2
Brandeville 55 ... 43 H 2
Brandivy 56 ... 124 A 2
Brando 2B ... 345 G 3
Brandon 71 ... 194 C 4
Brandonnet 12 ... 279 G 1
Brandonvillers 51 ... 91 H 2
Branféré *Parc zoologique de* 56 ... 125 E 4
Branges 02 ... 40 C 4
Branges 71 ... 178 B 5
Brangues 38 ... 232 C 1
Brannay 89 ... 113 F 2
Branne 25 ... 162 D 2
Branne 33 ... 256 C 1
Brannens 33 ... 256 C 4
Branoux-les-Taillades 30 ... 283 G 3
Brans 39 ... 161 E 4
Bransat 03 ... 192 A 4
Branscourt 51 ... 41 F 3
Bransles 77 ... 112 C 3
Brantes 84 ... 286 B 3
Brantigny 88 ... 95 E 4
Brantôme 24 ... 222 C 5
Branville 14 ... 34 B 3
Branville-Hague 50 ... 28 D 3
Braquis 55 ... 44 D 5
Bras 83 ... 307 E 5
Bras-d'Asse 04 ... 287 H 5
Bras-sur-Meuse 55 ... 44 B 5
Brasc 12 ... 280 D 5
Brasles 02 ... 60 C 1
Braslou 37 ... 169 F 2
Brasparts 29 ... 76 A 3
Brassac 82 ... 277 E 3
Brassac 81 ... 300 A 4
Brassac 09 ... 336 A 3
Brassac-les-Mines 63 ... 228 A 4
Brasseitte 55 ... 64 C 4
Brassempouy 40 ... 293 G 4
Brasseuse 60 ... 39 E 4
Brassy 80 ... 22 A 3
Brassy 58 ... 158 A 4
Bratte 54 ... 65 H 4
Braucourt 52 ... 92 B 2
Braud-et-Saint-Louis 33 ... 237 F 1
Braus *Col de* 06 ... 291 F 4
Brauvilliers 55 ... 92 D 2
Braux 08 ... 26 D 2
Braux 10 ... 91 H 3
Braux 21 ... 159 E 2
Braux 04 ... 289 E 4
Braux-le-Châtel 52 ... 116 C 3
Braux-Saint-Remy 51 ... 63 E 1
Braux-Sainte-Cohière 51 ... 43 E 5
Bravone 2B ... 347 H 5
Brax 47 ... 275 H 3
Brax 31 ... 297 G 4
Bray 27 ... 35 H 5
Bray 71 ... 194 D 2
Bray-Dunes 59 ... 3 H 1
Bray-en-Val 45 ... 134 A 3
Bray-et-Lû 95 ... 37 F 5
Bray-la-Campagne 14 ... 33 H 5
Bray-lès-Mareuil 80 ... 11 G 4
Bray-Saint-Christophe 02 ... 24 A 3
Bray-sur-Seine 77 ... 89 F 4
Bray-sur-Somme 80 ... 23 E 1
Braye 02 ... 40 B 2
Braye-en-Laonnois 02 ... 40 D 2
Braye-en-Thiérache 02 ... 25 F 3
Braye-sous-Faye 37 ... 169 F 2
Braye-sur-Maulne 37 ... 130 A 5
Brazey-en-Morvan 21 ... 158 D 5
Brazey-en-Plaine 21 ... 160 C 5
Bréal-sous-Montfort 35 ... 103 H 3
Bréal-sous-Vitré 35 ... 105 F 3
Bréançon 95 ... 37 H 5
Bréau 77 ... 88 D 2
Bréau-et-Salagosse 30 ... 282 D 5
Bréauté 76 ... 19 E 4
Bréban 51 ... 91 G 2
Brebières 62 ... 14 A 2
Brebotte 90 ... 142 D 3
Brecé 53 ... 82 A 4
Brécé 35 ... 104 C 3
Brécey 50 ... 52 A 4
Brech 56 ... 124 A 2
Brechainville 88 ... 93 G 4
Bréchamps 28 ... 57 E 5
Bréchaumont 68 ... 142 D 2
Brèche au Diable 14 ... 53 H 2
Brèches 37 ... 130 B 5
Breconchaux 25 ... 162 B 2
Brectouville 50 ... 52 B 1
Brécy 02 ... 40 C 5
Brécy 18 ... 155 G 5
Brécy-Brières 08 ... 42 D 3
La Brède 33 ... 255 G 2
Brée 53 ... 106 B 3
La Brée-les-Bains 17 ... 200 A 2
Bréel 61 ... 53 G 3
Brégnier-Cordon 01 ... 232 C 1
Brégy 60 ... 59 G 1
Bréhain 57 ... 66 D 3
Bréhain-la-Ville 54 ... 45 E 2
Bréhal 50 ... 51 G 2
Bréhan 56 ... 102 B 3
Bréhand 22 ... 78 C 4
Bréhat *Île de* 22 ... 73 G 2
Bréhec-en-Plouha 22 ... 73 G 3
Bréhémont 37 ... 151 F 3
Bréhéville 55 ... 43 H 2
Breidenbach 57 ... 48 C 5
Breil 49 ... 150 D 1
Le Breil-sur-Mérize 72 ... 108 B 4
Breil-sur-Roya 06 ... 291 G 3
La Breille-les-Pins 49 ... 150 D 3
Breilly 80 ... 22 B 1
Breistroff-la-Grande 57 ... 45 H 2
Breitenau 67 ... 96 D 4
Breitenbach 67 ... 96 D 4
Breitenbach-Haut-Rhin 68 ... 120 C 3
Brélès 29 ... 70 B 5
Brélidy 22 ... 73 E 4
Brem-sur-Mer 85 ... 165 E 5
Bréménil 54 ... 96 B 2
Brêmes 62 ... 2 D 4
Bremmelbach 67 ... 69 E 1
Brémoncourt 54 ... 95 E 3
Bremondans 25 ... 162 C 3
Brémontier-Merval 76 ... 37 E 1
Brémoy 14 ... 52 D 1
Brémur-et-Vaurois 21 ... 138 B 3
Bren 26 ... 249 F 2
Brenac 11 ... 337 B 3
Brenas 34 ... 301 G 4
Brenat 63 ... 228 A 3
Brénaz 01 ... 214 D 3
Brenelle 02 ... 40 C 2
Brengues 46 ... 261 E 4
Brennes 52 ... 139 G 3
Brennilis 29 ... 76 B 3
Brénod 01 ... 214 C 2
Brenon 83 ... 308 B 2
Brenouille 60 ... 38 D 3
Brenoux 48 ... 264 C 5
Brens 01 ... 214 D 5
Brens 81 ... 298 D 1
Brenthonne 74 ... 198 A 4
Breny 02 ... 40 B 4
La Bréole 04 ... 270 A 4
Brères 25 ... 179 G 1
Bréry 39 ... 179 E 4
Bresdon 17 ... 202 C 4
Les Bréseux 25 ... 163 G 3
Bresilley 70 ... 161 F 3
Bresle 80 ... 22 D 1
Bresles 60 ... 38 B 2
Bresnay 03 ... 192 A 3
Bresolettes 61 ... 84 C 2
La Bresse 88 ... 120 B 4
Bresse-sur-Grosne 71 ... 194 D 1
Bressey-sur-Tille 21 ... 160 B 3
Bressieux 38 ... 232 A 5
Bressolles 03 ... 192 A 2
Bressolles 01 ... 213 G 4
Bressols 82 ... 277 H 5
Bresson 38 ... 251 E 2
Bressoncourt 52 ... 93 F 3
Bressuire 79 ... 167 G 3
Brest 29 ... 75 E 2
Brestot 27 ... 35 G 3
Bretagne 90 ... 142 D 3
Bretagne 36 ... 171 H 2
Bretagne-d'Armagnac 32 ... 295 F 1
Bretagne-de-Marsan 40 ... 294 A 1
Bretagnolles 27 ... 56 D 2
Breteau 45 ... 135 E 4
Breteil 35 ... 103 H 2
Bretenière 21 ... 160 B 4
La Bretenière 39 ... 161 F 5
La Bretenière 25 ... 162 B 2
Bretenières 39 ... 179 E 2
Bretenoux 46 ... 243 E 5
Breteuil 60 ... 22 B 5
Breteuil *Château de* 78 ... 57 H 5
Breteuil-sur-Iton 27 ... 55 H 3
Brethel 61 ... 55 F 5
Brethenay 52 ... 117 E 3
Le Brethon 03 ... 191 E 2
Bretigney 25 ... 142 A 5
Bretigney-Notre-Dame 25 ... 162 C 3
Bretignolles 79 ... 167 F 3
Brétignolles *Château de* 37 ... 151 E 5
Bretignolles-le-Moulin 53 ... 82 C 3
Bretignolles-sur-Mer 85 ... 165 E 5
Bretigny 60 ... 23 H 5
Brétigny 27 ... 35 G 4
Bretigny 21 ... 160 B 2
Brétigny-sur-Orge 91 ... 87 H 2
Bretoncelles 61 ... 85 E 4
La Bretonnière-La Claye 85 ... 183 E 2
Bretonvillers 25 ... 163 E 4
Brette 26 ... 268 A 3
Brette-les-Pins 72 ... 108 A 5
Bretten 68 ... 142 D 2
Brettes 16 ... 203 E 3
Bretteville 50 ... 29 F 3
Bretteville-du-Grand-Caux 76 ... 19 E 4
Bretteville-le-Rabet 14 ... 53 H 1
Bretteville-l'Orgueilleuse 14 ... 33 F 4
Bretteville-Saint-Laurent 76 ... 19 H 3
Bretteville-sur-Ay 50 ... 31 F 3
Bretteville-sur-Dives 14 ... 54 A 1
Bretteville-sur-Laize 14 ... 53 G 1
Bretteville-sur-Odon 14 ... 33 G 4
Brettnach 57 ... 46 C 4
Bretx 31 ... 297 G 3
Breuches 70 ... 141 G 2
Breuchotte 70 ... 141 H 2
Breugnon 58 ... 157 E 2
Breuil 80 ... 23 G 3
Breuil 51 ... 41 E 3
Le Breuil 51 ... 60 D 2
Le Breuil 71 ... 177 E 4
Le Breuil 03 ... 210 D 1
Le Breuil 69 ... 212 C 4
Breuil-Barret 85 ... 167 F 5
Le Breuil-Bernard 79 ... 167 G 5
Breuil-Bois-Robert 78 ... 57 F 2
Breuil-Chaussée 79 ... 167 G 3
Le Breuil-en-Auge 14 ... 34 C 4
Le Breuil-en-Bessin 14 ... 32 C 3
Breuil-la-Réorte 17 ... 201 F 2
Breuil-le-Sec 60 ... 38 D 2
Breuil-le-Vert 60 ... 38 C 3
Breuil-Magné 17 ... 200 D 3
Breuil-Mingot *Château du* 86 ... 186 C 1
Le Breuil-sous-Argenton 79 ... 167 H 2
Le Breuil-sur-Couze 63 ... 228 A 4
Breuil-sur-Marne 52 ... 92 D 3
Breuilaufa 87 ... 205 F 2
Breuilh 24 ... 240 C 3
Breuillet 91 ... 87 G 2
Breuillet 17 ... 218 C 1
Breuilpont 27 ... 56 D 2
Breurey-lès-Faverney 70 ... 141 E 3
Breuschwickersheim 67 ... 97 G 1
Breuvannes 52 ... 117 H 3
Breuvery-sur-Coole 51 ... 62 A 3
Breuville 50 ... 29 E 4
Breux 55 ... 44 B 1
Breux-Jouy 91 ... 87 G 2
Breux-sur-Avre 27 ... 56 B 4
Brévainville 41 ... 109 H 5
Bréval 78 ... 57 E 2
Brévands 50 ... 32 A 2
Brevans 39 ... 161 E 5
Le Brévedent 14 ... 34 D 4
Brèves 58 ... 157 F 2
Les Bréviaires 78 ... 57 G 5
Bréviandes 10 ... 115 E 2
La Brévière 14 ... 54 C 2
Bréville 14 ... 33 H 4
Bréville 16 ... 202 C 5
Bréville-sur-Mer 50 ... 51 F 2
Brévillers 62 ... 11 H 1
Brévillers 80 ... 12 D 3
Brevilliers 70 ... 142 B 3
Brévilly 08 ... 27 G 4
Brévonnes 10 ... 91 G 5
Bréxent-Énocq 62 ... 6 B 4
Brey-et-Maison-du-Bois 25 ... 180 C 4
Brézal *Moulin de* 29 ... 71 F 5
Brézé 49 ... 150 C 5
Brézellec *Pointe de* 29 ... 98 D 2
Bréziers 05 ... 270 A 5
Brézilhac 11 ... 319 F 5
Brézins 38 ... 232 A 5
Brézolles 28 ... 56 A 5
Brezons 15 ... 245 E 4
Le Brézouard 68 ... 96 C 5
Briançon 05 ... 252 D 4
Briançonnet 06 ... 308 C 1
Brianny 21 ... 158 D 2
Briant 71 ... 193 H 4
Briantes 36 ... 189 G 2
Briare 45 ... 134 D 5
Briarres-sur-Essonne 45 ... 111 H 2
Brias 62 ... 7 G 5
Briastre 59 ... 14 D 4
Briatexte 81 ... 298 D 3
Briaucourt 52 ... 117 E 2
Briaucourt 70 ... 141 F 2
Bricon 52 ... 116 C 4
Briconville 28 ... 86 A 3
Bricot-la-Ville 51 ... 60 D 5
Bricquebec 50 ... 29 E 5
Bricquebosq 50 ... 28 D 4
Bricqueville 14 ... 32 C 3
Bricqueville-la-Blouette 50 ... 51 G 1
Bricqueville-sur-Mer 50 ... 51 F 2
Bricy 45 ... 110 D 5
Brides-les-Bains 73 ... 234 C 3
La Bridoire 73 ... 232 D 3
Bridoire *Château de* 24 ... 257 H 1
Bridoré 37 ... 170 C 1
Brie 80 ... 23 G 2
Brie 02 ... 24 C 5
Brie 35 ... 104 C 5
Brie 79 ... 168 C 2
Brie 16 ... 221 F 1
Brie 09 ... 318 A 5
Brie-Comte-Robert 77 ... 59 E 5
Brié-et-Angonnes 38 ... 251 E 2
Brie-sous-Archiac 17 ... 220 B 3
Brie-sous-Barbezieux 16 ... 220 D 4
Brie-sous-Chalais 16 ... 220 D 5
Brie-sous-Matha 17 ... 202 C 5
Brie-sous-Mortagne 17 ... 219 F 3
Briec 29 ... 100 A 2
Briel-sur-Barse 10 ... 115 G 2
Brielles 35 ... 105 F 4
Brienne 71 ... 195 F 1
Brienne-la-Vieille 10 ... 91 H 4
Brienne-le-Château 10 ... 91 H 4
Brienne-sur-Aisne 08 ... 41 G 2
Briennon 42 ... 211 G 1
Brienon-sur-Armançon 89 ... 114 A 5
Brières-les-Scellés 91 ... 87 F 4
Brieuil-sur-Chizé 79 ... 202 B 1
Brieulles-sur-Bar 08 ... 43 E 1
Brieulles-sur-Meuse 55 ... 43 G 2
Brieux 61 ... 54 A 3
Briey 54 ... 45 F 4
Briffons 63 ... 226 D 1
Brignac 56 ... 103 E 2
Brignac 87 ... 206 B 4
Brignac 34 ... 302 A 4
Brignac-la-Plaine 19 ... 241 H 2
Brignais 69 ... 231 E 1
Brignancourt 95 ... 37 H 5
Brigné 49 ... 149 H 4
Brignemont 31 ... 297 E 3
Brignogan-Plages 29 ... 71 E 3
Brignoles 83 ... 328 B 1
Le Brignon 43 ... 247 F 5
Brignon 30 ... 284 A 5
Brignoud 38 ... 251 F 1
La Brigue 06 ... 291 H 2
Brigueil-le-Chantre 86 ... 187 H 3
Brigueuil 16 ... 204 D 3
Briis-sous-Forges 91 ... 87 F 2
Brillac 16 ... 204 D 2
La Brillanne 04 ... 287 F 5
Brillecourt 10 ... 91 G 3
Brillevast 50 ... 29 G 3
Brillon 59 ... 9 F 5
Brillon-en-Barrois 55 ... 63 G 4
Brimeux 62 ... 6 C 4
Brimont 51 ... 41 G 3
Brin-sur-Seille 54 ... 66 B 4
Brinay 18 ... 154 C 5
Brinay 58 ... 175 G 2
Brinckheim 68 ... 143 G 3
Brindas 69 ... 230 D 1
Bringolo 22 ... 73 E 4
Brinon-sur-Beuvron 58 ... 157 E 4
Brinon-sur-Sauldre 18 ... 154 D 1
Briod 39 ... 179 F 5
Briollay 49 ... 128 C 5
Brion 89 ... 113 H 5
Brion 49 ... 150 B 2
Brion 36 ... 171 H 2
Brion 71 ... 176 C 3
Brion 86 ... 186 C 4
Brion 01 ... 214 C 1
Brion 38 ... 232 A 5
Brion 48 ... 263 H 2
Brion *Pont de* 38 ... 250 D 5
Brion-près-Thouet 79 ... 168 B 1
Brion-sur-Ource 21 ... 116 A 5
Brionne 27 ... 35 G 4
La Brionne 23 ... 206 D 1
Briord 01 ... 214 B 5
Briosne-lès-Sables 72 ... 108 A 3
Briot 60 ... 21 H 4
Briou 41 ... 132 B 3
Brioude 43 ... 246 B 1
Brioux-sur-Boutonne 79 ... 202 C 1
Briouze 61 ... 53 G 5
Briquemesnil-Floxicourt 80 ... 22 A 2
Briquenay 08 ... 43 E 2
Briscous 64 ... 292 B 5
Brison 73 ... 215 E 5
Brison-Saint-Innocent 73 ... 215 E 5
Brissac 34 ... 302 C 1
Brissac *Château de* 49 ... 149 H 3
Brissac-Quincé 49 ... 149 H 3
Brissarthe 49 ... 128 D 4
Brissay-Choigny 02 ... 24 B 3
Brissy-Hamégicourt 02 ... 24 B 3
Brive-la-Gaillarde 19 ... 242 B 2
Brives 36 ... 172 B 4
Brives-Charensac 43 ... 247 F 3
Brives-sur-Charente 17 ... 219 H 1
Brivezac 19 ... 243 E 4
Brix 50 ... 29 E 4
Brixey-aux-Chanoines 55 ... 94 A 3
Brizambourg 17 ... 201 H 5
Brizay 37 ... 169 F 1
Brizeaux 55 ... 63 G 1
Brizon 74 ... 216 B 2
Broc 49 ... 129 H 5
Le Broc 63 ... 228 A 3
Le Broc 06 ... 291 E 5
Brocas 40 ... 273 H 4
Brochon 21 ... 160 A 4
Brocottes 14 ... 34 A 4
Brocourt 80 ... 21 G 2
Brocourt-en-Argonne 55 ... 43 G 5
Broglie 27 ... 55 F 1
Brognard 25 ... 142 C 4
Brognon 08 ... 26 A 1

Brognon 21 160 B 2
Broin 21 178 B 1
Broindon 21 160 A 4
Broissia 39 196 B 3
Brombos 60 21 G 4
Bromeilles 45 112 A 3
Brommat 12 262 D 1
Bromont-Lamothe 63 209 E 5
Bron 69 231 F 1
Broncourt 52 140 B 3
Bronvaux 57 45 G 5
Broons 22 79 F 5
Broons-sur-Vilaine 35 104 D 3
La Broque 67 96 D 2
Broquiers 60 21 G 4
Broquiès 12 281 E 5
Brossac 16 220 D 5
Brossainc 07 230 D 5
Brossay 49 150 A 5
La Brosse-Montceaux 77 89 E 5
Brosses 89 157 G 1
Brosville 27 36 B 5
Brotonne *Pont de* 76 35 G 1
Brotte-lès-Luxeuil 70 141 G 3
Brotte-lès-Ray 70 140 B 5
Brottes 52 117 E 3
Brou 28 109 G 2
Brou 01 195 H 5
Brou-sur-Chantereine 77 59 E 3
Brouage 17 200 C 4
Brouains 50 52 B 4
Broualan 35 80 B 3
Brouay 14 33 F 4
Brouchaud 24 241 E 2
Brouchy 80 23 H 4
Brouck 57 46 C 5
Brouckerque 59 3 F 3
Brouderdorff 57 67 H 5
Broué 28 57 E 4
Brouennes 55 27 H 5
Le Brouilh-Monbert 32 295 H 4
Brouilla 66 343 E 3
Brouillet 51 41 E 4
Brouis *Col de* 06 291 G 4
Brouqueyran 33 256 C 4
La Brousse 17 202 B 4
Brousse 23 208 C 3
Brousse 63 228 B 2
Brousse 81 299 F 3
Brousse-le-Château 12 280 D 5
Brousses-et-Villaret 11 319 G 4
Brousseval 52 92 C 3
Broussey-en-Blois 55 93 G 1
Broussey-en-Woëvre 55 64 D 4
Broussy-le-Grand 51 61 F 4
Broussy-le-Petit 51 61 F 4
Broût-Vernet 03 210 A 1
Brouthières 52 93 F 4
Brouvelieures 88 95 H 5
Brouville 54 95 H 2
Brouviller 57 67 H 4
Brouy 91 87 G 5
Brouzet-lès-Alès 30 284 A 3
Brouzet-lès-Quissac 30 303 E 2
Les Brouzils 85 166 A 2
Brovès 83 308 B 3
Broxeele 59 3 G 4
Broye 71 176 D 3
Broye-les-Loups-
et-Verfontaine 70 160 D 1
Broye-lès-Pesmes 70 161 E 3
Broyes 60 22 D 5
Broyes 51 61 E 4
Broze 81 298 D 1
Brû 88 95 H 4
Bruailles 71 195 H 1
Bruay-la-Buissière 62 7 H 4
Bruay-sur-l'Escaut 59 9 G 5
Bruc-sur-Aff 35 125 H 2
Brucamps 80 12 B 5
Bruch 47 275 G 3
Brucheville 50 32 A 2
Brucourt 14 34 A 4
Brue-Auriac 83 307 E 5
Bruebach 68 143 F 2
Brueil-en-Vexin 78 57 G 1
Bruère-Allichamps 18 173 E 4
La Bruère-sur-Loir 72 130 B 4
La Bruffière 85 166 B 1
Brugairolles 11 337 B 1
Le Brugeron 63 228 D 1
Bruges 33 237 F 5
Bruges 64 332 B 1
Brugheas 03 210 B 2
Brugnac 47 257 H 5
Brugnens 32 296 C 2
Brugny-Vaudancourt 51 61 F 1
La Bruguière 30 284 B 4
Bruguières 31 297 H 3
Bruille-lez-Marchiennes 59 9 E 5
Bruille-Saint-Amand 59 9 G 4
Bruis 05 268 C 4
Brûlain 79 185 E 5
Les Brulais 35 103 G 5
Brulange 57 66 D 2
La Brûlatte 53 105 G 3
Bruley 54 65 F 5
Brullemail 61 54 D 5
Brullioles 69 212 C 5
Brûlon 72 107 E 5
Brumath 67 68 D 4
Brumetz 02 40 A 5
Brunehamel 02 25 H 3
Brunelles 28 85 E 5
Les Brunels 11 319 E 4
Brunembert 62 2 D 5
Brunémont 59 14 A 2
Brunet 04 307 E 1
Bruniquel 82 278 C 5
Brunissard 05 253 E 5
Brunoy 91 58 D 5
Brunstatt 68 143 F 2
Brunville 76 10 C 5
Brunvillers-la-Motte 60 22 D 5
Le Brusc 83 327 H 5
Brusque 12 301 E 3
Le Brusquet 04 288 B 3
Brussey 70 161 G 3
Brussieu 69 230 C 1
Brusson 51 62 D 4
Brusvily 22 79 G 4
Brutelles 80 11 E 3
Bruville 54 65 F 1
Brux 86 186 A 5
La Bruyère 70 141 H 2
Bruyères 88 95 H 5
Bruyères-et-Montbérault 02 40 D 1
Bruyères-le-Châtel 91 87 G 2
Bruyères-sur-Fère 02 40 C 4
Bruyères-sur-Oise 95 38 C 5
Bruys 02 40 D 3
Bruz 35 104 A 4
Bry 59 15 E 2
Bry-sur-Marne 94 58 D 3
Bû 28 57 E 4
Le Bû-sur-Rouvres 14 53 H 1
Buais 50 81 G 2
Buanes 40 294 A 3
Bubertré 61 84 C 2
Bubry 56 101 G 4
Buc 78 58 A 4
Buc 90 142 B 3
Bucamps 60 38 C 1
Bucéels 14 33 E 4
Bucey-en-Othe 10 114 C 2
Bucey-lès-Gy 70 161 G 2
Bucey-lès-Traves 70 140 D 4
Buchelay 78 57 F 2
Buchères 10 115 E 2
Buchey 52 92 C 5
Buchy 76 20 D 5
Buchy 57 66 B 2
Bucilly 02 25 G 2
Bucquoy 62 13 F 4
Bucy-le-Long 02 40 B 2
Bucy-le-Roi 45 111 E 4
Bucy-lès-Cerny 02 24 C 5
Bucy-lès-Pierrepont 02 25 F 4
Bucy-Saint-Liphard 45 110 C 5
Budelière 23 190 C 5
Buding 57 46 B 3
Budling 57 46 B 3
Budos 33 255 H 4
Bué 18 155 H 3
Bueil 27 56 D 2
Bueil-en-Touraine 37 130 C 5
Buellas 01 195 G 5
Le Buet 74 217 E 2
Buethwiller 68 143 E 2
Buffard 25 179 G 1
Buffières 71 194 C 3
Buffignécourt 70 140 D 2
Buffon 21 137 G 4
Bugarach 11 337 D 4
Bugard 65 315 G 5
Bugeat 19 225 F 2
Bugnein 64 313 F 4
Bugnicourt 59 14 B 2
Bugnières 52 116 D 5
Bugny 25 180 C 1
Le Bugue 24 241 E 5
Buhl 67 69 F 2
Buhl 68 120 D 4
Buhl-Lorraine 57 67 H 5
Buhy 95 37 F 4
Buicourt 60 37 G 1
Buigny-l'Abbé 80 11 H 3
Buigny-lès-Gamaches 80 11 E 4
Buigny-Saint-Maclou 80 11 G 3
Buire 02 25 G 1
Buire-au-Bois 62 12 B 3
Buire-Courcelles 80 23 H 1
Buire-le-Sec 62 6 C 5
Buire-sur-l'Ancre 80 23 E 1
Buironfosse 02 25 E 1
Le Buis 87 205 G 2
Buis-les-Baronnies 26 286 A 2
Buis-sur-Damville 27 56 B 3
Buissard 05 269 H 2
La Buisse 38 232 C 5
La Buissière 38 233 F 4
Le Buisson 51 62 D 4
Le Buisson 48 264 A 3
Buisson 84 285 G 2
Le Buisson-de-Cadouin 24 258 D 1
Buissoncourt 54 66 B 5
Buissy 62 14 A 3
Bujaleuf 87 206 C 5
Bulainville 55 63 H 1
Bulan 65 333 G 2
Bulat-Pestivien 22 77 F 2
Bulcy 58 156 B 4
Buléon 56 102 B 4
Bulgnéville 88 118 B 2
Bulhon 63 210 B 4
Bullainville 28 110 B 3
Bulle 25 180 B 2
Bullecourt 62 13 H 3
Bulles 60 38 C 1
Bulligny 54 94 B 2
Bullion 78 87 E 2
Bullou 28 109 H 2
Bully 76 20 D 3
Bully 14 33 G 5
Bully 42 211 G 4
Bully 69 212 C 4
Bully-les-Mines 62 8 A 4
Bulson 08 27 E 4
Bult 88 95 G 5
Bun 65 332 C 2
Buncey 21 138 A 2
Buneville 62 12 D 2
Buno-Bonnevaux 91 87 H 5
Bunodière *Hêtre de la* 76 37 E 1
Bunus 64 311 G 5
Bunzac 16 221 G 1
Buoux 84 305 H 2
Burbach 67 67 H 3
La Burbanche 01 214 C 4
Burbure 62 7 H 3
Burcin 38 232 B 4
Burcy 14 52 D 3
Burcy 77 112 A 2
Burdignes 42 248 C 1
Burdignin 74 198 A 5
Bure 57 45 F 2
Buré 61 84 A 3
Bure 55 93 F 3
Bure-les-Templiers 21 138 D 3
Burelles 02 25 F 3
Bures 54 66 D 5
Bures 61 84 A 2
Bures-en-Bray 76 20 C 3
Bures-les-Monts 14 52 C 2
Bures-sur-Dives 14 33 H 4
Bures-sur-Yvette 91 58 A 5
Le Buret 53 106 B 5
Burey 27 56 A 2
Burey-en-Vaux 55 93 H 2
Burey-la-Côte 55 94 A 3
Burg 65 315 G 5
Burgalays 31 334 B 3
Burgaronne 64 311 H 3
Le Burgaud 31 297 F 2
Burgille 25 161 G 3
Burgnac 87 223 G 1
Burgy 71 195 E 3
Burie 17 201 H 5
Buriville 54 95 H 2
Burlats 81 299 H 4
Burlioncourt 57 66 D 3
Burnand 71 194 C 1
Burnevillers 25 163 H 2
Burnhaupt-le-Bas 68 143 E 2
Burnhaupt-le-Haut 68 143 E 2
Buron 63 228 A 2
Buros 64 314 B 4
Burosse-Mendousse 64 294 C 5
Burret 09 336 A 3
Bursard 61 83 H 3
Burthecourt-aux-Chênes 54 95 E 1
Burtoncourt 57 46 B 4
Bury 60 38 C 3
Burzet 07 266 A 2
Burzy 71 194 C 1
Bus 62 13 H 5
Bus-la-Mésière 80 23 E 4
Bus-lès-Artois 80 13 E 4
Bus-Saint-Rémy 27 37 F 5
Busca-Maniban
*Château de* 32 295 G 1
Buschwiller 68 143 H 3
Busigny 59 14 D 5
Busloup 41 131 H 2
Busnes 62 7 H 3
Busque 81 299 E 3
Bussac 24 240 B 1
Bussac-Forêt 17 237 H 1
Bussac-sur-Charente 17 201 G 5
Bussaglia *Plage de* 2A 346 B 5
Bussang 88 120 B 5
Bussang *Col de* 88 120 B 5
Le Busseau 79 184 C 1
Busseau-sur-Creuse 23 207 F 2
Busseaut 21 138 B 3
Busséol 63 228 A 1
Busserolles 24 222 C 1
Busserotte-
et-Montenaille 21 139 E 4
Busset 03 210 C 2
Bussiares 02 60 A 1
La Bussière 45 134 D 4
La Bussière 86 187 F 1
Bussière-Badil 24 222 B 2
Bussière-Boffy 87 204 D 2
Bussière-Dunoise 23 189 E 5
Bussière-Galant 87 223 F 2
Bussière-Nouvelle 23 208 B 3
Bussière-Poitevine 87 187 G 5
Bussière-Saint-Georges 23 189 H 3
La Bussière-sur-Ouche 21 159 G 4
Bussières 77 60 A 2
Bussières 21 138 D 4
Bussières 89 158 B 2
Bussières 70 161 H 2
Bussières 71 194 D 4
Bussières 63 208 D 2
Bussières 42 212 A 5
Bussières-et-Pruns 63 210 A 3
Busson 52 93 F 5
Bussu 80 23 G 1
Bussunarits-
Sarrasquette 64 330 C 1
Bussurel 70 142 B 4
Bussus-Bussuel 80 11 H 3
Bussy 60 23 G 5
Bussy 18 173 H 3
Bussy-Albieux 42 211 G 5
Bussy-en-Othe 89 114 A 4
Bussy-la-Côte 55 63 G 3
Bussy-la-Pesle 58 157 E 4
Bussy-la-Pesle 21 159 G 2
Bussy-le-Château 51 62 C 1
Bussy-le-Grand 21 138 A 5
Bussy-le-Repos 51 63 E 2
Bussy-le-Repos 89 113 F 4
Bussy-lès-Daours 80 22 C 1
Bussy-lès-Poix 80 21 H 2
Bussy-Lettrée 51 62 A 4
Bussy-Rabutin
*Château de* 21 138 A 5
Bussy-Saint-Georges 77 59 E 3
Bussy-Saint-Martin 77 59 E 3
Bust 67 68 A 3
Bustanico 2B 347 F 4
Bustince-Iriberry 64 330 C 1
Buswiller 67 68 C 3
Busy 25 161 H 4
Butgnéville 55 64 D 1
Buthiers 77 111 H 2
Buthiers 70 162 A 2
Butot 76 20 A 5
Butot-Vénesville 76 19 F 2
Butry-sur-Oise 95 58 B 1
Butteaux 89 114 C 5
Butten 67 68 A 2
Buverchy 80 23 G 3
Buvilly 39 179 F 3
La Buxerette 36 189 F 2
Buxerolles 21 138 D 3
Buxerolles 86 186 C 1
Buxerulles 55 64 D 3
Buxeuil 10 115 G 4
Buxeuil 36 153 H 5
Buxeuil 86 169 H 2
Buxières-d'Aillac 36 189 E 1
Buxières-lès-Clefmont 52 117 G 3
Buxières-les-Mines 03 191 G 3
Buxières-lès-Villiers 52 116 D 3
Buxières-sous-les-Côtes 55 64 D 3
Buxières-
sous-Montaigut 63 209 F 1
Buxières-sur-Arce 10 115 H 3
Buxy 71 177 G 5
Buysscheure 59 3 G 4
Buzan 09 335 E 3
Buzançais 36 171 F 3
Buzancy 02 40 B 3
Buzancy 08 43 F 2
Buzeins 12 281 G 1
Buzet-sur-Baïse 47 275 F 2
Buzet-sur-Tarn 31 298 B 3
Buziet 64 314 A 5
Buzignargues 34 303 E 3
Buzon 65 315 F 3
Buzy 55 44 D 5
Buzy 64 314 A 5
By 25 179 H 1
Byans-sur-Doubs 25 161 G 5


## C


Cabanac 65 315 G 5
Cabanac-Cazaux 31 334 C 2
Cabanac-et-Villagrains 33 255 G 3
Cabanac-Séguenville 31 297 E 2
La Cabanasse 66 341 G 4
Cabanès 12 279 H 3
Cabanès 81 299 E 3
Les Cabanes-de-Fitou 11 339 E 3
Le Cabanial 31 318 D 3
Les Cabannes 81 279 F 4
Cabannes 13 305 E 1
Les Cabannes 09 336 B 5
Cabara 33 256 C 1
Cabariot 17 201 E 3
Cabas-Loumassès 32 316 B 4
Cabasse 83 328 C 1
Cabasson 83 328 D 4
Le Cabellou 29 100 A 4
Cabestany 66 343 F 2
Cabidos 64 294 A 5
Cabourg 14 34 A 3
Cabre *Col de* 05 268 D 4
Cabrerets 46 260 C 5
Cabrerolles 34 301 F 5
Cabrespine 11 320 A 4
Cabrières 34 301 H 5
Cabrières 30 304 A 1
Cabrières-d'Aigues 84 306 A 2
Cabrières-d'Avignon 84 305 F 1
Cabriès 13 326 D 1
Cabris 06 308 D 3
Cachan 94 58 C 4
Cachen 40 274 A 4
Cachy 80 22 D 2
Cadalen 81 299 E 2
Cadarache *Barrage de* 13 306 C 3
Cadarcet 09 336 A 2
Cadarsac 33 238 B 5
Cadaujac 33 255 G 1
Cadéac 65 333 G 3
Cadeilhan 32 296 C 2
Cadeilhan-Trachère 65 333 G 4
Cadeillan 32 316 D 3
Cademène 25 162 A 5
Caden 56 125 F 4
Les Cadeneaux 13 326 D 1
Cadenet 84 305 H 3
Caderousse 84 285 E 4
La Cadière-d'Azur 83 327 H 4
La Cadière-et-Cambo 30 302 D 1
Cadillac 33 256 B 3
Cadillac-en-Fronsadais 33 237 H 4
Cadillon 64 294 D 5
Cadix 81 280 C 5
Cadolive 13 327 F 1
Cadouin 24 258 D 1
Cadours 31 297 E 3
Cadrieu 46 261 E 5
Caen 14 33 G 4
Caëstre 59 4 A 5
Caffiers 62 2 C 4
Cagnac-les-Mines 81 279 G 5
Cagnano 2B 345 G 2
Cagnes-sur-Mer 06 309 G 3
Cagnicourt 62 13 H 3
Cagnoncles 59 14 C 3
Cagnotte 40 292 D 4
Cagny 80 22 C 2
Cagny 14 33 H 5
Cahagnes 14 32 D 5
Cahagnolles 14 32 D 4
Cahaignes 27 37 E 4
Cahan 61 53 F 3
Caharet 65 315 G 5
Cahon 80 11 F 3
Cahors 46 260 B 5
Cahus 46 243 E 5
Cahuzac 47 258 B 3
Cahuzac 11 318 D 5
Cahuzac 81 319 F 3
Cahuzac-sur-Adour 32 295 E 4
Cahuzac-sur-Vère 81 279 E 5
Caignac 31 318 C 5
Le Cailar 30 303 G 4
Cailhau 11 337 B 1
Cailhavel 11 319 F 5
Cailla 11 337 C 4
Caillac 46 259 H 5
Caillavet 32 295 H 3
Caille 06 308 C 2
Caille *Ponts de la* 74 215 G 2
La Caillère 85 183 H 1
Cailleville 76 19 G 2
Caillouël-Crépigny 02 23 H 5
Caillouet-Orgeville 27 56 C 1
Cailloux-sur-Fontaines 69 213 E 4
Cailly 76 20 C 5
Cailly-sur-Eure 27 36 C 5
La Caine 14 53 F 1
Cairanne 84 285 F 2
Le Caire 04 269 G 5
Cairon 14 33 F 4
Caisnes 60 39 H 1
Caissargues 30 303 H 2
Caix 80 23 E 2
Caixas 66 342 D 3
Caixon 65 315 E 3
Cajarc 46 261 E 5
Cala Rossa 2A 351 G 2
Calacuccia 2B 346 D 4
Calais 62 2 C 3
Calamane 46 259 H 4
Calan 56 101 E 5
Calanhel 22 77 E 2
Calas 13 326 D 1
Calavanté 65 315 F 5
Calcatoggio 2A 348 C 2
Calce 66 338 C 5
Caldégas 66 341 F 4
Calenzana 2B 346 C 2
Calès 24 258 D 1
Calès 46 260 B 1
Calignac 47 275 G 4
Caligny 61 53 E 3
Callac 22 77 E 3
Callac 56 124 D 2
Callas 83 308 B 4
Callen 40 273 H 1
Callengeville 76 21 E 2
Calleville 27 35 G 4
Calleville-
les-Deux-Églises 76 20 A 4
Callian 32 295 G 4
Callian 83 308 C 3
Calmeilles 66 342 D 3
Calmels-et-le-Viala 12 300 C 1
La Calmette 30 303 G 1
Calmont 12 280 C 2
Calmont 31 318 B 5
Calmoutier 70 141 F 4
Caloire 42 230 A 4
Calonges 47 275 F 1
Calonne-Ricouart 62 7 H 4
Calonne-sur-la-Lys 62 8 A 3
Calorguen 22 79 G 4
La Calotterie 62 6 B 4
Caluire-et-Cuire 69 213 E 5
Calvaire des Dunes 50 28 D 3
Calvi 2B 346 B 2
Calviac 46 243 F 5
Calviac-en-Périgord 24 259 H 1
Calvignac 46 260 D 5
Calvinet 15 262 B 2
Calvisson 30 303 G 2
Calzan 09 336 C 2
Camalès 65 315 E 4
Camarade 09 335 G 1
Camarès 12 300 D 2
Camaret-sur-Aigues 84 285 F 3
Camaret-sur-Mer 29 74 D 3
Camarsac 33 255 H 1
Cambayrac 46 259 G 5
La Cambe 14 32 B 2
Cambernard 31 317 F 3
Cambernon 50 31 H 5
Cambes 33 255 H 2
Cambes 47 257 F 3
Cambes 46 261 F 3
Cambes-en-Plaine 14 33 G 4
Cambia 2B 347 F 4
Cambiac 31 318 C 3

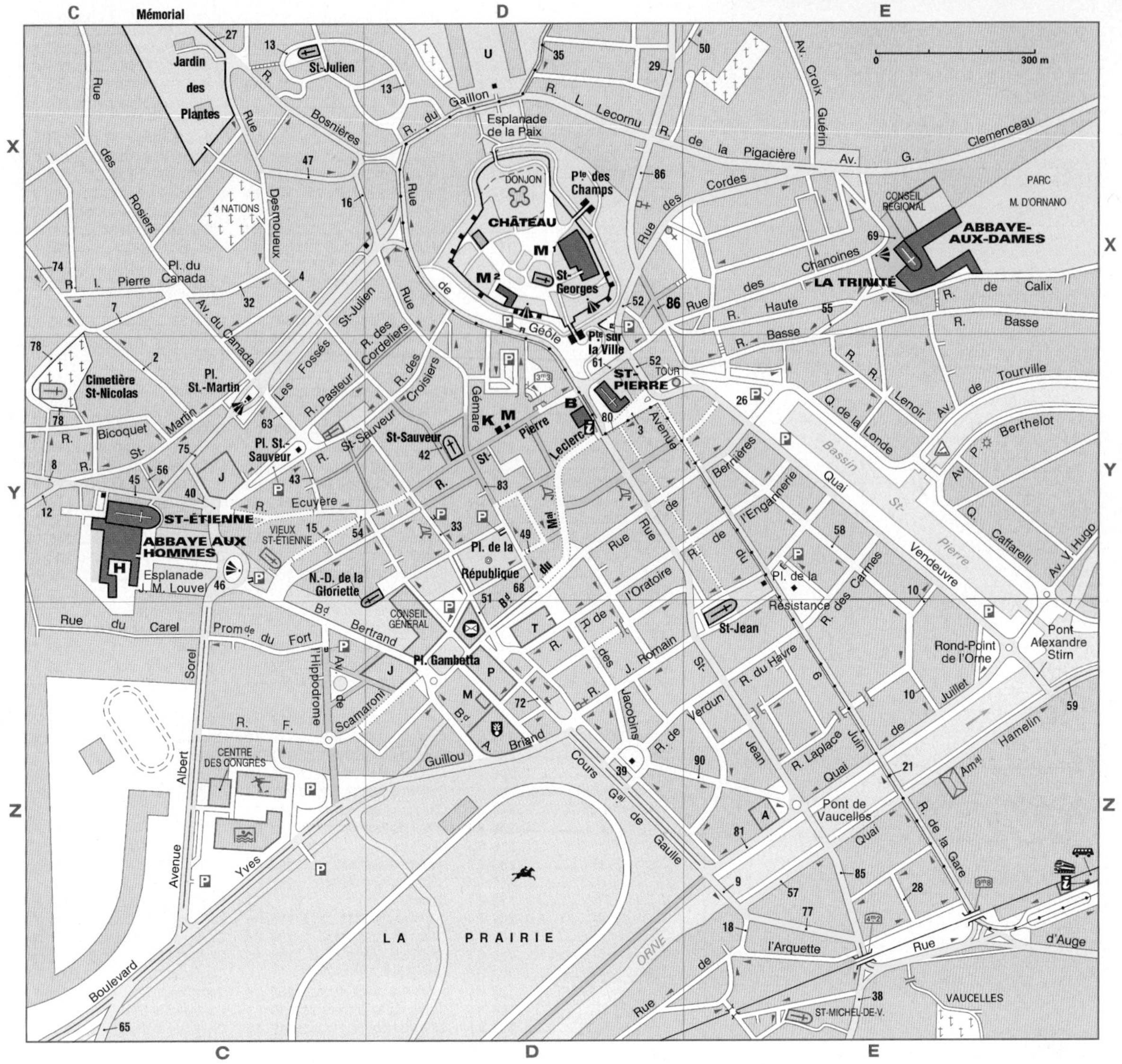


# CAEN

Académie (R. de l') .......... CY 2
Alliés (Bd des) .......... DY 3
Bagatelle (Av. de) .......... CX 4
Barbey-d'Aurevilly (R.) .......... CX 7
Bayeux (R. de) .......... CX 8
Bir-Hakeim (Pont de) .......... EZ 9
Brunet (R. H.) .......... EYZ 10
Caponière (R.) .......... CY 12
Carrières-St-Julien (R. des) .......... CDX 13
Caumont (R. A. de) .......... CY 15
Chanoine X. de St-Paul (R.) .......... CDX 16
Chaussée-Ferrée (R. de la) .......... EZ 18
Churchill (Pont) .......... EZ 21
Courtonne (Pl.) .......... EY 26
Creully (Av. de) .......... CX 27
Decaen (R. Gén.) .......... EZ 28
Délivrande (R. de la) .......... DX 29
Docteur-Rayer (R.) .......... CX 32
Doumer (R. Paul) .......... DY 33
Écuyère (R.) .......... CY
Édimbourg (Av. d') .......... DX 35
Falaise (R. de) .......... EZ 38
Foch (Pl. Mar.) .......... DZ 39
Fontette (Pl.) .......... CY 40
Froide (R.) .......... DY 42
Fromages (R. aux) .......... CY 43
Guillaume-le-Conquérant (R.) .......... CY 45
Guillouard (Pl. L.) .......... CY 46
Juifs (R. aux) .......... CX 47
Lair (R. P.-A.) .......... DY 49
Lebisey (R. de) .......... EX 50
Lebret (R. G.) .......... DYZ 51
Leclerc (Bd Mar.) .......... DYZ
Libération (Av. de la) .......... DXY 52
Malherbe (Pl.) .......... CDY 54
Manissier (R.) .......... EX 55
Marot (R. J.) .......... CY 56
Meslin (Q. E.) .......... EZ 57
Miséricorde (R. de la) .......... EYZ 58
Montalivet (Cours) .......... EZ 59
Montoir-Poissonnerie (R.) .......... DY 61
Pémagnie (R.) .......... CX 63
Petit-Vallerent (Bd du) .......... CZ 65
Pont-St-Jacques (R. du) .......... DY 68
Reine-Mathilde (Pl.) .......... EX 69
Sadi-Carnot (R.) .......... DZ 72
St-Gabriel (R.) .......... CX 74
St-Jean (R.) .......... DEYZ
St-Manvieu (R.) .......... CY 75
St-Michel (R.) .......... EZ 77
St-Nicolas (R.) .......... CY 78
St-Pierre (Pl.) .......... DY 80
St-Pierre (R.) .......... DY
Sévigné (Prom. de) .......... EZ 81
Strasbourg (R. de) .......... DY 83
Vaucelles (R. de) .......... EZ 85
Vaugueux (R. du) .......... DX 86
6-Juin (Av. du) .......... DEYZ
11-Novembre (R. du) .......... DEZ 90


Cambieure *11* .......... 337 B 1
Camblain-Châtelain *62* .......... 7 H 4
Camblain-l'Abbé *62* .......... 8 A 5
Camblanes-et-Meynac *33* .......... 255 G 1
Cambligneul *62* .......... 8 A 5
Cambo-les-Bains *64* .......... 310 D 4
Cambon *81* .......... 299 G 1
Cambon-et-Salvergues *34* .......... 300 D 4
Cambon-lès-Lavaur *81* .......... 298 D 5
Camboulazet *12* .......... 280 C 3
Camboulit *46* .......... 261 F 4
Cambounès *81* .......... 300 A 5
Cambounet-sur-le-Sor *81* .......... 299 F 5
Le Cambout *22* .......... 102 C 3
Cambrai *59* .......... 14 B 3
Cambremer *14* .......... 34 B 5
Cambrin *62* .......... 8 B 4
Cambron *80* .......... 11 G 3
Cambronne-lès-Clermont *60* .......... 38 C 3
Cambronne-lès-Ribécourt *60* .......... 39 G 1
Camburat *46* .......... 261 F 3
Came *64* .......... 292 D 5
Camélas *66* .......... 342 D 2
Camelin *02* .......... 40 A 1
Camembert *61* .......... 54 C 3
Cametours *50* .......... 31 H 5
Camiac-et-Saint-Denis *33* .......... 256 B 1
Camiers *62* .......... 6 B 3
Camiran *33* .......... 256 D 3
Camjac *12* .......... 280 B 3
Camlez *22* .......... 72 D 3
Les Cammazes *81* .......... 319 F 4
Camoël *56* .......... 125 E 5
Camon *80* .......... 22 C 2
Camon *09* .......... 337 A 2
Camors *56* .......... 101 H 5
Camou-Cihigue *64* .......... 331 E 1
Camou-Mixe-Suhast *64* .......... 311 H 4
Camous *65* .......... 333 H 3
Le Camp-du-Castellet *83* .......... 327 G 3
Campagna-de-Sault *11* .......... 337 A 5
Campagnac *12* .......... 263 H 5
Campagnac *81* .......... 279 E 5
Campagnac-les-Quercy *24* .......... 259 G 2
Campagnan *34* .......... 302 A 5
Campagne *60* .......... 23 G 4
Campagne *24* .......... 241 E 5
Campagne *40* .......... 293 H 1
Campagne *34* .......... 303 E 2
Campagne-d'Armagnac *32* .......... 295 E 1
Campagne-lès-Boulonnais *62* .......... 6 D 3
Campagne-lès-Guînes *62* .......... 2 D 4
Campagne-lès-Hesdin *62* .......... 6 C 5
Campagne-lès-Wardrecques *62* .......... 3 G 5
Campagne-sur-Arize *09* .......... 335 H 1
Campagne-sur-Aude *11* .......... 337 C 3
Campagnolles *14* .......... 52 C 2
Campan *65* .......... 333 F 2
Campana *2B* .......... 347 G 3
Campandré-Valcongrain *14* .......... 53 E 1
Camparan *65* .......... 333 G 4
Campbon *44* .......... 146 D 1
Campeaux *60* .......... 21 G 5
Campeaux *14* .......... 52 C 2
Campel *35* .......... 103 G 5
Campénéac *56* .......... 103 E 4
Campes *81* .......... 279 F 4
Campestre-et-Luc *30* .......... 301 H 1
Campet-et-Lamolère *40* .......... 293 1
Camphin-en-Carembault *59* .......... 8 C 4
Camphin-en-Pévèle *59* .......... 9 E 3
Campi *2B* .......... 347 G 4
Campigneulles-les-Grandes *62* .......... 6 B 5
Campigneulles-les-Petites *62* .......... 6 B 4
Campigny *14* .......... 32 D 3
Campigny *27* .......... 35 F 3
Campile *2B* .......... 347 G 2
Campistrous *65* .......... 315 H 5
Campitello *2B* .......... 347 F 2
Camplong *34* .......... 301 F 4
Camplong-d'Aude *11* .......... 338 B 1
Campneuseville *76* .......... 21 F 2
Campo *2A* .......... 348 D 3
Campoloro *Port de* *2B* .......... 347 H 4
Campôme *66* .......... 342 A 2
Campouriez *12* .......... 262 D 2
Campoussy *66* .......... 342 B 2
Campremy *60* .......... 22 C 5
Camprond *50* .......... 31 H 5
Camps *19* .......... 243 F 4
Camps-en-Amiénois *80* .......... 21 H 2
Camps-la-Source *83* .......... 328 B 1
Camps-sur-l'Agly *11* .......... 338 A 4
Camps-sur-l'Isle *33* .......... 238 D 4
Campsas *82* .......... 297 H 1
Campsegret *24* .......... 240 B 5
Campuac *12* .......... 262 D 4
Campugnan *33* .......... 237 G 2
Campuzan *65* .......... 315 H 5
Camurac *11* .......... 336 D 5
Can Parterre *66* .......... 342 C 4
Canadel *Col du* *83* .......... 329 E 4
Canadel-sur-Mer *83* .......... 329 E 4
Canaille *Cap* *13* .......... 327 F 4
Canale-di-Verde *2B* .......... 347 H 4
Canals *82* .......... 297 G 2
Canaples *80* .......... 12 C 5
Canappeville *27* .......... 36 B 5
Canapville *14* .......... 34 C 3
Canapville *61* .......... 54 D 2
Canari *2B* .......... 345 F 3
Canaules-et-Argentières *30* .......... 283 H 5
Canavaggia *2B* .......... 347 F 2
Canaveilles *66* .......... 341 H 3
Cancale *35* .......... 50 D 4
Canchy *80* .......... 11 G 2
Canchy *14* .......... 32 C 2
Cancon *47* .......... 258 B 4
Candas *80* .......... 12 C 4
Candé *49* .......... 127 G 5
Candé-sur-Beuvron *41* .......... 153 E 1
Candes-Saint-Martin *37* .......... 150 D 4
Candillargues *34* .......... 303 F 4
Candor *60* .......... 23 G 5
Candresse *40* .......... 293 E 3
Canehan *76* .......... 10 D 5
Canéjan *33* .......... 255 F 1
Canens *31* .......... 317 H 5
Canenx-et-Réaut *40* .......... 273 H 5
Canet *34* .......... 302 A 5
Canet *11* .......... 320 D 5
Canet-de-Salars *12* .......... 281 E 3
Canet-en-Roussillon *66* .......... 343 F 2
Canet-Plage *66* .......... 343 F 2
Canettemont *62* .......... 12 D 2
Cangey *37* .......... 152 C 2
Caniac-du-Causse *46* .......... 260 C 3
Canigou *Pic du* *66* .......... 342 B 3
Canihuel *22* .......... 77 G 4
Canilhac *48* .......... 263 H 5
Canisy *50* .......... 32 A 5
Canlers *62* .......... 7 E 4
Canly *60* .......... 39 E 2
Cannectancourt *60* .......... 23 G 5
Cannelle *2B* .......... 345 F 1
Cannelle *2A* .......... 348 C 2
Cannes *06* .......... 309 F 4
Cannes-Écluse *77* .......... 89 E 5
Cannes-et-Clairan *30* .......... 303 F 1
Cannessières *80* .......... 11 G 5
Cannet *32* .......... 294 D 4
Le Cannet *06* .......... 309 F 4
Le Cannet-des-Maures *83* .......... 328 D 1
Canny-sur-Matz *60* .......... 23 F 5
Canny-sur-Thérain *60* .......... 21 F 5
Canohès *66* .......... 343 E 2
Canon *14* .......... 34 A 5
Le Canon *33* .......... 254 B 2
La Canonica *2B* .......... 347 H 2
La Canonica *Ancienne Cathédrale de* *2B* .......... 347 H 2
La Canourgue *48* .......... 264 A 5
Canouville *76* .......... 19 F 2
Cantaing-sur-Escaut *59* .......... 14 B 4
Cantaous *65* .......... 333 H 1
Cantaron *06* .......... 309 H 2
Canté *09* .......... 318 A 5
Cantebonne *54* .......... 45 F 2
Canteleu *76* .......... 36 A 2
Canteleux *62* .......... 12 D 3
Canteloup *50* .......... 29 G 3
Canteloup *14* .......... 34 A 5
Cantenac *33* .......... 237 F 3
Cantenay-Épinard *49* .......... 128 C 5
Cantiers *27* .......... 37 E 4
Cantigny *80* .......... 22 D 4
Cantillac *24* .......... 222 B 4
Cantin *59* .......... 14 A 2
Cantobre *12* .......... 282 B 5
Cantoin *12* .......... 263 F 1
Cantois *33* .......... 256 B 2
Canville-la-Rocque *50* .......... 31 F 2
Canville-les-Deux-Églises *76* .......... 19 H 3
Cany-Barville *76* .......... 19 F 3
Caorches-Saint-Nicolas *27* .......... 35 F 5
Caouënnec-Lanvézéac *22* .......... 72 D 3
Caours *80* .......... 11 G 3
Cap Corse *2B* .......... 345 G 1
Cap-Coz *29* .......... 100 A 4
Le Cap-d'Agde *34* .......... 322 C 5
Cap-d'Ail *06* .......... 309 H 5
Cap-de-l'Homy-Plage *40* .......... 272 A 4
Cap-de-Long *Barrage de* *65* .......... 333 F 4
Cap Ferrat *06* .......... 309 H 2
Cap-Ferret *33* .......... 254 A 3
Cap-Martin *06* .......... 309 H 5
Cap Sizun *Réserve du* *29* .......... 98 D 2
Capbis *64* .......... 332 B 1
Capbreton *40* .......... 292 A 3
Capdenac *46* .......... 261 G 4
Capdenac-Gare *12* .......... 261 G 4
Capdrot *24* .......... 259 E 2
Capelle *59* .......... 14 D 3
La Capelle *02* .......... 25 F 1
La Capelle *48* .......... 282 B 1
La Capelle-Balaguier *12* .......... 261 F 5
La Capelle-Bleys *12* .......... 279 H 2
La Capelle-Bonance *12* .......... 263 G 5
La Capelle-et-Masmolène *30* .......... 284 C 4
Capelle-Fermont *62* .......... 13 F 2
La Capelle-lès-Boulogne *62* .......... 2 B 5
Capelle-les-Grands *27* .......... 55 E 1
Capelle-lès-Hesdin *62* .......... 11 H 1
Capendu *11* .......... 320 B 5
Capens *31* .......... 317 G 4
Capestang *34* .......... 321 E 5
Capian *33* .......... 256 B 2
Capinghem *59* .......... 8 C 2
Caplong *33* .......... 257 E 1
Capoulet-et-Junac *09* .......... 336 B 5
Cappel *57* .......... 67 F 1
Cappelle-Brouck *59* .......... 3 F 3
Cappelle-en-Pévèle *59* .......... 9 E 4
Cappelle-la-Grande *59* .......... 3 G 2
Cappy *80* .......... 23 F 1
La Capte *83* .......... 328 C 5
Captieux *33* .......... 274 B 2

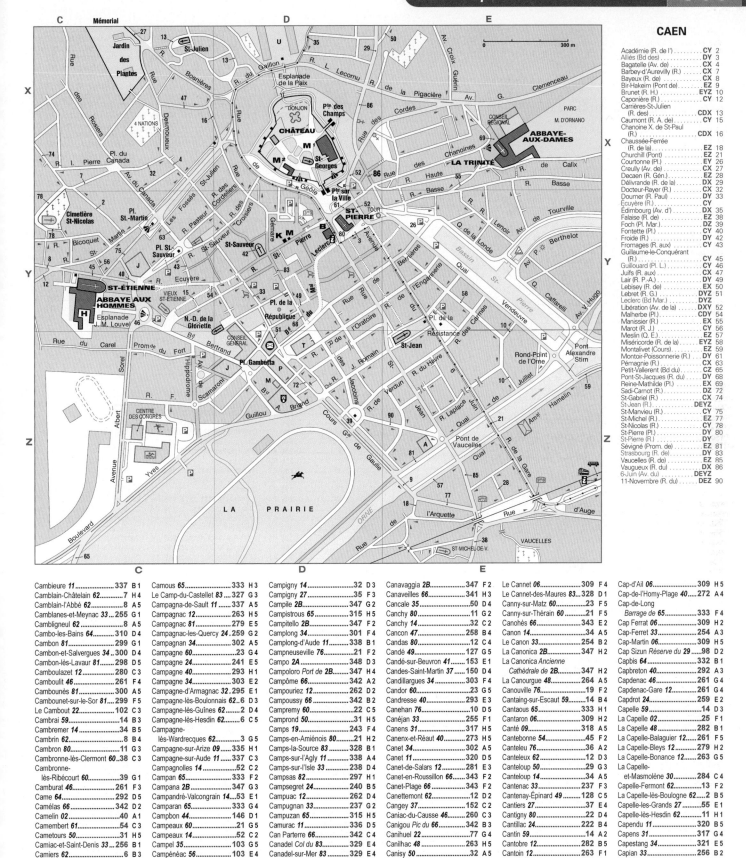

## CALAIS


Amsterdam (R. d') ........ DXY 3
Angleterre (Pl. d') ........ DX 4
Barbusse (Pl. Henri) ........ DX 6
Bonnigue (R. du Cdt) ........ DX 7
Bruxelles (R. de) ........ DX 10
Chanzy (R. du Gén.) ........ DY 13
Commune-de-Paris (R. de la) CDY 16
Escaut (Quai de l') ........ CY 21
La-Fayette (Bd) ........ DY
Foch (Pl. Mar.) ........ CXY 22
Fontinettes (R. des) ........ CDY 24
Gambetta (Bd Léon) ........ CY
Georges-V (Pont) ........ CY 31
Jacquard (Bd) ........ CDY
Jacquard (Pont) ........ CY 36
Jean-Jaurès (R.) ........ DY 37
Londres (R. de) ........ DX 42
Mer (R. de la) ........ CX 45
Notre-Dame (R.) ........ CDX 46
Paix (R. de la) ........ CX 48
Pasteur (Bd) ........ DY
Paul-Bert (R.) ........ CDY 49
Prés.-Wilson (Av. du) ........ CY 54
Quatre-Coins (R. des) ........ CY 55
Rhin (Quai du) ........ CY 58
Richelieu (R.) ........ CX 60
Rome (R. de) ........ CY 61
Royale (R.) ........ CX 63
Soldat-Inconnu (Pl. du) ........ DY 64
Tamise (Quai de la) ........ CDY 66
Thermes (R. des) ........ CX 67
Varsovie (R. de) ........ DY 70
Vauxhall (R. du) ........ CY 72


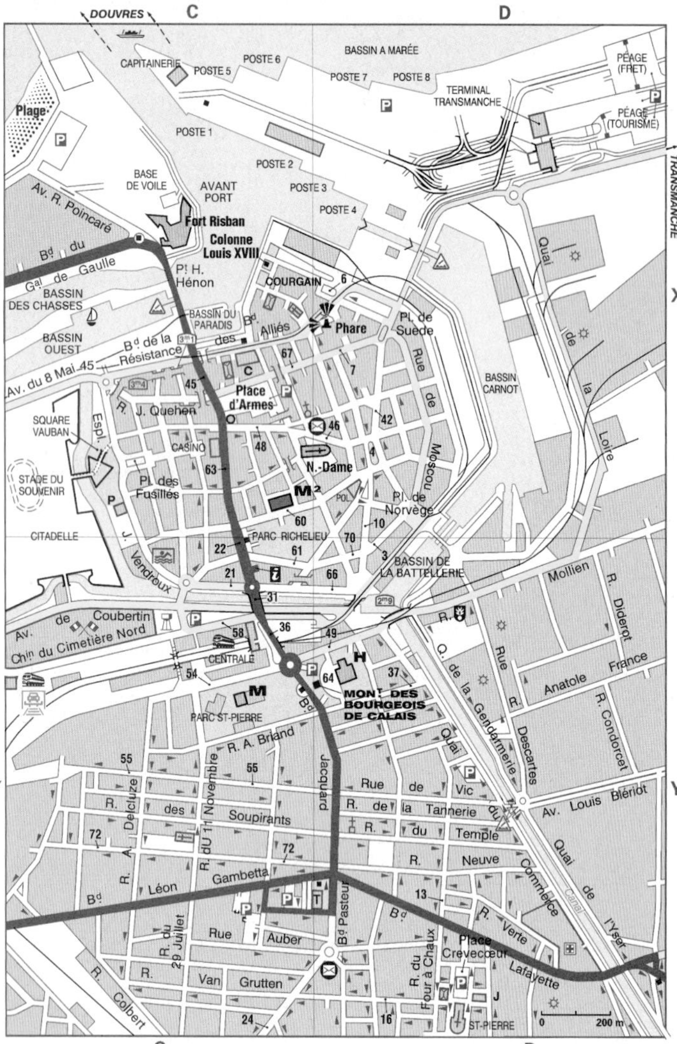

DOUVRES
C
D
X
Y
BASSIN A MARÉE
CAPITAINERIE
POSTE 5
POSTE 6
POSTE 7
POSTE 8
PÉAGE (FRET)
TERMINAL TRANSMANCHE
PÉAGE (TOURISME)
Plage
POSTE 1
POSTE 2
POSTE 3
POSTE 4
BASE DE VOILE
AVANT PORT
Fort Risban
Colonne Louis XVIII
Pl H. Hénon
COURGAIN
Phare
Pl. de Suède
BASSIN DES CHASSES
BASSIN OUEST
BASSIN DU PARADIS
Bd de la Résistance
Av. du 8 Mai 45
Place d'Armes
SQUARE VAUBAN
STADE DU SOUVENIR
CASINO
N.-Dame
Pl. des Fusillés
Pl. de Norvège
CITADELLE
PARC RICHELIEU
BASSIN CARNOT
BASSIN DE LA BATELLERIE
Av. de Coubertin
Chin du Cimetière Nord
CENTRALE
MONT DES BOURGEOIS DE CALAIS
PARC ST-PIERRE
R. A. Briand
Rue de Vic
R. de la Tannerie
R. du Temple
R. Neuve
R. des Soupirants
Av. Louis Blériot
Bd Gambetta
Rue Auber
R. Van Grutten
Place Crèvecœur
Bd Lafayette
ST-PIERRE
Quai de l'Yser
Canal
200 m



Capula *Castello de* 2A ........ 349 F 5
Capvern 65 ........ 333 G 1
Capvern-les-Bains 65 ........ 333 G 1
Carabès *Col de* 05 ........ 268 D 4
Caradeuc *Château de* 35 ........ 103 H 1
Caragoudes 31 ........ 318 C 3
Caraman 31 ........ 298 C 5
Caramany 66 ........ 338 B 5
Carantec 29 ........ 71 H 3
Carantilly 50 ........ 32 A 5
Carayac 46 ........ 261 E 4
Carbay 49 ........ 127 F 3
Carbes 81 ........ 299 F 4
Carbini 2A ........ 351 F 2
Carbon-Blanc 33 ........ 237 G 5
Carbonne 31 ........ 317 G 5
Carbuccia 2A ........ 348 D 2
Carcagny 14 ........ 33 E 4
Carcanières 09 ........ 337 B 5
Carcans 33 ........ 236 C 3
Carcans-Plage 33 ........ 236 B 2
Carcarès-Sainte-Croix 40 ........ 293 G 1
Carcassonne 11 ........ 319 H 5
Carcen-Ponson 40 ........ 293 F 1
Carcès 83 ........ 307 G 5
Carcheto-Brustico 2B ........ 347 G 3
Cardaillac 46 ........ 261 F 3
Cardan 33 ........ 255 H 2
Cardeilhac 31 ........ 316 B 5
Cardesse 64 ........ 313 H 5
Cardet 30 ........ 283 H 5
Cardo-Torgia 2A ........ 348 D 4
Cardonnette 80 ........ 22 C 1
Le Cardonnois 80 ........ 22 D 5
Cardonville 14 ........ 32 B 2
Cardroc 35 ........ 103 H 1
Careil 44 ........ 145 H 4
Carelles 53 ........ 81 H 4
Carency 62 ........ 8 A 5
Carennac 46 ........ 242 D 5
Carentan 50 ........ 32 A 3
Carentoir 56 ........ 125 G 2
Cargèse 2A ........ 348 A 1
Cargiaca 2A ........ 349 E 5
Carhaix-Plouguer 29 ........ 76 D 4
Carignan 08 ........ 27 G 4
Carignan-de-Bordeaux 33 ........ 255 G 1
Carisey 89 ........ 114 C 5
Carla-Bayle 09 ........ 335 H 1
Carla-de-Roquefort 09 ........ 336 C 3
Le Carlaret 09 ........ 336 C 1
Carlat 15 ........ 244 D 5
Carlencas-et-Levas 34 ........ 301 G 4
Carlepont 60 ........ 39 H 1
Carling 57 ........ 47 E 5
Carlipa 11 ........ 319 F 5
Carlucet 24 ........ 241 H 4
Carlucet 46 ........ 260 C 2
Carlus 81 ........ 299 F 1
Carlux 24 ........ 241 H 5
Carly 62 ........ 6 B 2
Carmaux 81 ........ 279 G 5
Carnac 56 ........ 123 H 4
Carnac-Plage 56 ........ 123 H 4
Carnac-Rouffiac 46 ........ 277 G 1
Carnas 30 ........ 303 E 2
La Carneille 61 ........ 53 F 4
Carnet 50 ........ 80 D 2
Carnetin 77 ........ 59 E 3
Carneville 50 ........ 29 F 2
Carnières 59 ........ 14 C 4
Carnin 59 ........ 8 C 4
Carniol 04 ........ 286 D 5
Carnoët 22 ........ 76 D 3
Carnon-Plage 34 ........ 303 E 5
Carnoules 83 ........ 328 C 2
Carnoux-en-Provence 13 ........ 327 F 3
Carnoy 80 ........ 23 F 1
Caro 56 ........ 103 E 5
Caro 64 ........ 330 C 1
Carolles 50 ........ 51 F 4
Caromb 84 ........ 285 H 4
Carpentras 84 ........ 285 G 4
Carpineto 2B ........ 347 G 4
Carpiquet 14 ........ 33 F 4
Carquebut 50 ........ 31 H 2
Carquefou 44 ........ 147 H 3
Carqueiranne 83 ........ 328 B 5
La Carquois 22 ........ 79 E 1
Carrépuis 80 ........ 23 F 4
Carrère 64 ........ 314 C 3
Carresse 64 ........ 293 E 5
Carri *Col de* 26 ........ 250 B 4
Carrières-sous-Bois 78 ........ 58 A 2
Carrières-sous-Poissy 78 ........ 58 A 2
Carrières-sur-Seine 78 ........ 58 B 3
Carro 13 ........ 325 H 4
Carros 06 ........ 309 G 2
Carrouges 61 ........ 83 E 2
Les Carroz-d'Arâches 74 ........ 216 C 2
Carry-le-Rouet 13 ........ 326 C 2
Les Cars 87 ........ 223 F 1
Cars 33 ........ 237 F 2
Les Cars *Ruines gallo-romaines* 19 ........ 225 F 2
Carsac-Aillac 24 ........ 259 G 1
Carsac-de-Gurson 24 ........ 239 E 4
Carsan 30 ........ 284 D 2
Carsix 27 ........ 35 G 5
Carspach 68 ........ 143 E 3
Cartelègue 33 ........ 237 G 2
Carteret 50 ........ 31 E 2
Carticasi 2B ........ 347 F 4
Cartignies 59 ........ 15 G 4
Cartigny 80 ........ 23 H 1
Cartigny-l'Épinay 14 ........ 32 B 3
Carves 24 ........ 259 F 1
Carville 14 ........ 52 C 2
Carville-la-Folletière 76 ........ 19 H 5
Carville-Pot-de-Fer 76 ........ 19 G 3
Carvin 62 ........ 8 C 4
Cas *Château de* 82 ........ 278 D 3
Casabianca 2B ........ 347 G 3
Casaglione 2A ........ 348 C 2
Casalabriva 2A ........ 348 D 5
Casalta 2B ........ 347 G 3
Casamaccioli 2B ........ 346 D 4
Casamozza 2B ........ 347 G 2
Casanova 2B ........ 347 E 5
Casardo *Col de* 2B ........ 347 F 4
Casatorra 2B ........ 345 G 5
Cascastel-des-Corbières 11 ........ 338 C 2
Casefabre 66 ........ 342 C 3
Caseneuve 84 ........ 306 A 1
Cases-de-Pène 66 ........ 338 C 5
Casevecchie 2B ........ 349 G 1
Cassaber 64 ........ 293 E 5
Cassagnabère-Tournas 31 ........ 316 C 5
Cassagnas 48 ........ 283 E 2
La Cassagne 24 ........ 241 H 3
Cassagne 31 ........ 335 E 1
Cassagnes 46 ........ 259 F 4
Cassagnes 66 ........ 338 B 5
Cassagnes-Bégonhès 12 ........ 280 C 3
Cassagnoles 30 ........ 283 H 5
Cassagnoles 34 ........ 320 B 4
Cassaigne 32 ........ 295 H 1
La Cassaigne 11 ........ 319 E 5
Cassaignes 11 ........ 337 C 3
Cassaniouze 15 ........ 262 B 2
Cassano 2B ........ 346 C 2
Cassel 59 ........ 3 H 5
Cassen 40 ........ 293 F 2
Casseneuil 47 ........ 258 B 5
Les Cassés 11 ........ 318 D 4
Casset *Cascade du* 05 ........ 252 A 5
Casseuil 33 ........ 256 C 3
Cassignas 47 ........ 276 C 2
La Cassine 08 ........ 27 E 5
Cassis 13 ........ 327 F 3
Casson 44 ........ 147 G 2
Cassuéjouls 12 ........ 263 F 2
Cast 29 ........ 75 H 5
Castagnac 31 ........ 317 H 5
Castagnède 64 ........ 311 H 3
Castagnède 31 ........ 335 E 2
Castagniers 06 ........ 291 E 5
Castaignos-Souslens 40 ........ 293 H 4
Castandet 40 ........ 294 B 2
Castanet 82 ........ 279 F 2
Castanet 81 ........ 279 F 5
Castanet 12 ........ 279 H 2
Castanet-le-Haut 34 ........ 301 E 4
Castanet-Tolosan 31 ........ 318 A 3
Castans 11 ........ 320 A 4
Casteide-Cami 64 ........ 314 A 3
Casteide-Candau 64 ........ 293 H 5
Casteide-Doat 64 ........ 315 E 4
Casteil 66 ........ 342 A 4
Castel-Sarrazin 40 ........ 293 F 4
Castel Vendon *Rocher du* 50 ........ 28 D 2
Castelbajac 65 ........ 315 H 5
Castelbiague 31 ........ 334 D 2
Castelbouc *Château de* 48 ........ 282 C 1
Castelculier 47 ........ 276 C 3
Le Castelet 09 ........ 336 C 5
Castelferrus 82 ........ 277 F 5
Castelfranc 46 ........ 259 G 5
Castelgaillard 31 ........ 316 D 4
Castelginest 31 ........ 297 H 4
Casteljaloux 47 ........ 275 E 1
Casteljau 07 ........ 284 A 1
Castella 47 ........ 276 C 2
Castellane 04 ........ 308 A 1
Castellar 06 ........ 291 G 5
Le Castellard 04 ........ 287 H 2
Castellare-di-Casinca 2B ........ 347 G 2
Castellare-di-Mercurio 2B ........ 347 F 4
Le Castellet 04 ........ 287 G 5
Castellet 84 ........ 306 A 1
Le Castellet 83 ........ 327 H 3
Castellet-les-Sausses 04 ........ 289 E 4
Castelli *Pointe du* 44 ........ 145 G 4
Castello 2B ........ 345 F 2
Castello-di-Rostino 2B ........ 347 F 3
Castelmary 12 ........ 279 H 3
Castelmaurou 31 ........ 298 A 4
Castelmayran 82 ........ 277 E 5
Castelmoron-d'Albret 33 ........ 256 D 2
Castelmoron-sur-Lot 47 ........ 275 H 1
Castelnau-Barbarens 32 ........ 296 C 5
Castelnau-Bretenoux *Château de* 46 ........ 243 E 5
Castelnau-Chalosse 40 ........ 293 F 3
Castelnau-d'Anglès 32 ........ 295 G 4
Castelnau-d'Arbieu 32 ........ 296 C 1
Castelnau-d'Aude 11 ........ 320 B 5
Castelnau-d'Auzan 32 ........ 275 E 5
Castelnau-de-Brassac 81 ........ 300 A 4
Castelnau-de-Guers 34 ........ 322 C 3
Castelnau-de-Lévis 81 ........ 299 F 1
Castelnau-de-Mandailles 12 ........ 263 F 4
Castelnau-de-Médoc 33 ........ 237 E 3
Castelnau-de-Montmiral 81 ........ 298 D 1
Castelnau-d'Estrétefonds 31 ........ 297 H 3
Castelnau-Durban 09 ........ 335 H 2
Castelnau-le-Lez 34 ........ 302 D 4
Castelnau-Magnoac 65 ........ 316 A 5
Castelnau-Montratier 46 ........ 277 H 2
Castelnau-Pégayrols 12 ........ 281 F 4
Castelnau-Picampeau 31 ........ 317 E 5
Castelnau-Rivière-Basse 65 ........ 295 E 5
Castelnau-sur-Gupie 47 ........ 257 E 4
Castelnau-sur-l'Auvignon 32 ........ 275 H 5
Castelnau-Tursan 40 ........ 294 B 4
Castelnau-Valence 30 ........ 284 A 5
Castelnaud-de-Gratecambe 47 ........ 258 C 4
Castelnaud-la-Chapelle 24 ........ 259 F 1
Castelnaudary 11 ........ 319 E 5
Castelnavet 32 ........ 295 F 4
Castelner 40 ........ 293 H 5
Castelnou 66 ........ 342 D 3
Castelpers 12 ........ 280 B 4
Castelreng 11 ........ 337 B 2
Castels 24 ........ 241 F 5
Castelsagrat 82 ........ 277 E 3
Castelsarrasin 82 ........ 277 F 5
Castelvieilh 65 ........ 315 F 5
Castelviel 33 ........ 256 C 2
Castennec *Site de* 56 ........ 101 H 4
Le Castéra 31 ........ 297 F 4
Castéra-Bouzet 82 ........ 276 D 5
Castéra-Lanusse 65 ........ 315 G 5
Castéra-Lectourois 32 ........ 276 B 5
Castéra-Lou 65 ........ 315 F 4
Castéra-Loubix 64 ........ 314 D 4
Castéra-Verduzan 32 ........ 295 H 2
Castéra-Vignoles 31 ........ 316 C 5
Castéras 09 ........ 335 H 1
Casterets 65 ........ 316 B 5
Castéron 32 ........ 296 D 1
Castet 64 ........ 332 A 1
Castet-Arrouy 32 ........ 276 C 5
Castetbon 64 ........ 313 F 3
Castétis 64 ........ 313 G 3
Castetnau-Camblong 64 ........ 313 F 4
Castetner 64 ........ 313 G 3
Castetpugon 64 ........ 294 C 5
Castets 40 ........ 292 D 1
Castets-en-Dorthe 33 ........ 256 C 4
Castex 32 ........ 315 G 4
Castex 09 ........ 317 G 5
Castex-d'Armagnac 32 ........ 294 D 1
Casties-Labrande 31 ........ 317 E 5
Castifao 2B ........ 347 E 2
Castiglione 2B ........ 347 E 3
Castillon 14 ........ 32 D 4
Castillon 06 ........ 291 G 5
Castillon 64 ........ 313 H 3
Castillon 64 ........ 314 D 3
Castillon 65 ........ 333 F 1
Castillon *Barrage de* 04 ........ 308 B 1
Castillon *Col de* 06 ........ 291 G 5
Castillon-de-Castets 33 ........ 256 C 4
Castillon-de-Larboust 31 ........ 334 A 4
Castillon-de-Saint-Martory 31 ........ 334 D 1
Castillon-Debats 32 ........ 295 G 3
Castillon-du-Gard 30 ........ 284 D 5
Castillon-en-Auge 14 ........ 54 B 1
Castillon-en-Couserans 09 ........ 335 E 3
Castillon-la-Bataille 33 ........ 238 D 5
Castillon-Massas 32 ........ 296 A 3
Castillon-Savès 32 ........ 297 E 5
Castillonnès 47 ........ 258 B 3
Castilly 14 ........ 32 B 3
Castin 32 ........ 296 A 3
Castineta 2B ........ 347 F 3
Castirla 2B ........ 347 E 4
Castres 02 ........ 24 A 3
Castres 81 ........ 299 G 5
Castres-Gironde 33 ........ 255 H 2
Castries 34 ........ 303 E 4
Le Cateau-Cambrésis 59 ........ 14 D 4
Le Catelet 02 ........ 14 B 5
Le Catelier 76 ........ 20 B 3
Catenay 76 ........ 36 C 1
Catenoy 60 ........ 38 D 2
Cateri 2B ........ 346 C 2
Cathervielle 31 ........ 334 A 4
Catheux 60 ........ 22 A 4
Catigny 60 ........ 23 G 4
Catillon-Fumechon 60 ........ 38 C 1
Catillon-sur-Sambre 59 ........ 15 E 5
Catllar 66 ........ 342 A 2
Les Catons 73 ........ 233 E 1
Catonvielle 32 ........ 297 E 4
Cattenières 59 ........ 14 C 4
Cattenom 57 ........ 45 H 2
Catteville 50 ........ 31 F 2
Catus 46 ........ 259 H 4
Catz 50 ........ 32 A 3
Caubeyres 47 ........ 275 F 2
Caubiac 31 ........ 297 F 3
Caubios-Loos 64 ........ 314 B 3
Caubon-Saint-Sauveur 47 ........ 257 F 3
Caubous 65 ........ 316 A 5
Caubous 31 ........ 334 A 4
Caucalières 81 ........ 299 H 5
La Cauchie 62 ........ 13 F 3
Cauchy-à-la-Tour 62 ........ 7 H 4
Caucourt 62 ........ 7 H 5
Caudan 56 ........ 101 E 5
Caudebec-en-Caux 76 ........ 35 G 1
Caudebec-lès-Elbeuf 76 ........ 36 A 3
Caudebronde 11 ........ 319 H 4
Caudecoste 47 ........ 276 C 4
Caudéran 33 ........ 237 F 5
Caudeval 11 ........ 337 A 1
Caudiès-de-Conflent 66 ........ 341 G 3
Caudiès-de-Fenouillèdes 66 ........ 337 D 4
Caudon-de-Vitrac 24 ........ 259 G 1
Caudos 33 ........ 254 C 3
Caudrot 33 ........ 256 C 3
Caudry 59 ........ 14 C 4
Cauffry 60 ........ 38 D 3
Caugé 27 ........ 56 A 1
Caujac 31 ........ 318 A 5
Caulaincourt 02 ........ 23 H 2
Le Caule-Sainte-Beuve 76 ........ 21 E 3
Caulières 80 ........ 21 G 3
Caullery 59 ........ 14 C 4
Caulnes 22 ........ 103 F 1
La Caume *Panorama de* 13 ........ 304 D 3
Caumont 62 ........ 12 B 2
Caumont 02 ........ 24 A 5
Caumont 27 ........ 35 H 2
Caumont 33 ........ 256 D 2
Caumont 82 ........ 277 E 5
Caumont 32 ........ 294 D 3
Caumont 09 ........ 335 F 2
Caumont *Château de* 32 ........ 297 E 5
Caumont-l'Éventé 14 ........ 32 D 5
Caumont-sur-Durance 84 ........ 305 E 1
Caumont-sur-Garonne 47 ........ 257 F 5
Caumont-sur-Orne 14 ........ 53 F 2
Cauna 40 ........ 293 H 2
Caunay 79 ........ 185 H 5
Cauneille 40 ........ 292 D 5
Caunes-Minervois 11 ........ 320 A 5
La Caunette 34 ........ 320 C 4
Caunette-sur-Lauquet 11 ........ 337 D 2
Caunettes-en-Val 11 ........ 338 B 2
Caupenne 40 ........ 293 G 3
Caupenne-d'Armagnac 32 ........ 294 D 2

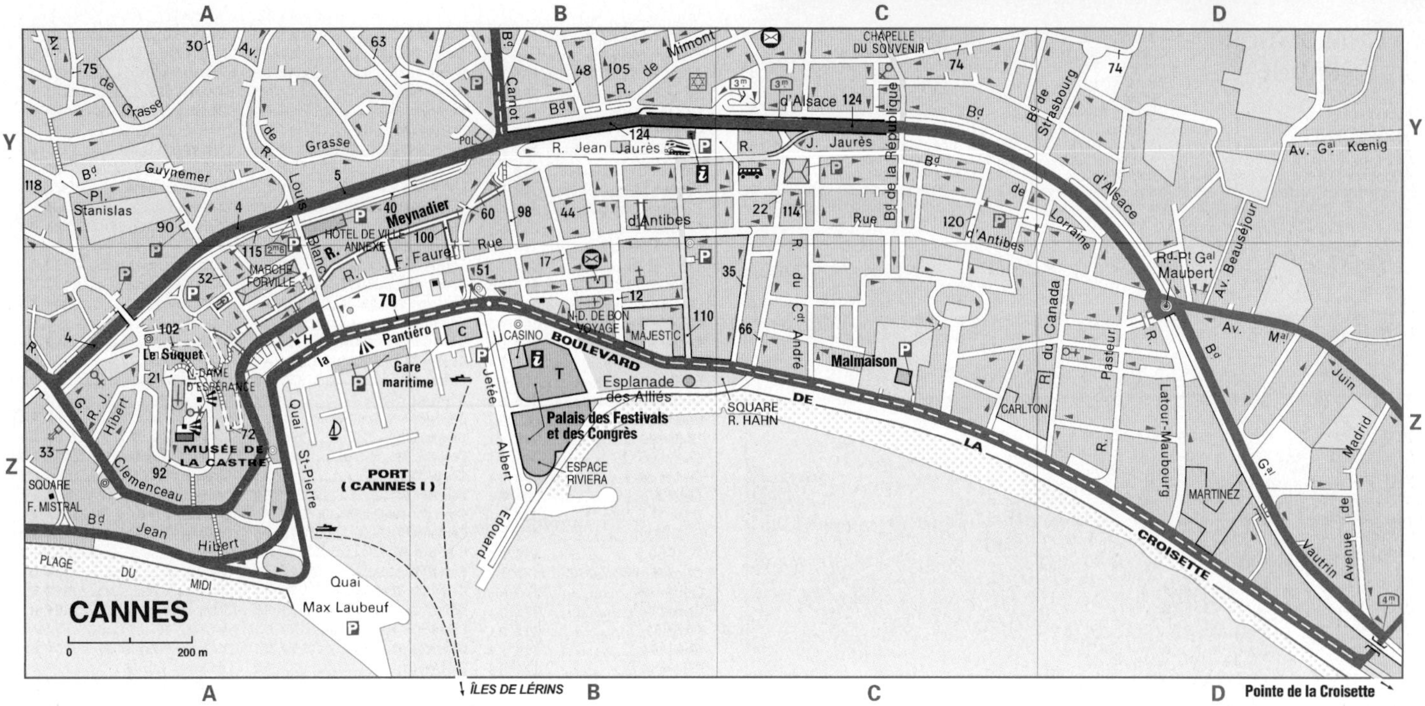


Anc.-Combattants-d'Afrique-du-Nord (Av.) . . . . AYZ 4
André (R. du Cdt) . . . . CZ
Antibes (R. d') . . . . BCY
Bachaga-Saïd-Boualam (Av.) . . . . AY 5
Belges (R. des) . . . . BZ 12
Buttura (R.) . . . . BZ 17
Castre (Pl. de la) . . . . AZ 21
Chabaud (R.) . . . . CY 22
Croisette (Bd de la) . . . . BDZ
Delaup (Bd) . . . . AY 30
Dr-Pierre Gazagnaire (R.) . . . . AZ 32
Dollfus (R. Jean) . . . . AZ 33
Etats-Unis (R. des) . . . . CZ 35
Félix-Faure (R.) . . . . ABZ
Ferrage (Bd de la) . . . . ABY 40
Foch (R. du Mar.) . . . . BY 44
Gallieni (R. du Mar.) . . . . BY 48
Gaulle (Pl. Gén.-de) . . . . BZ 51
Joffre (R. du Mar.) . . . . BY 60
Lattre-de-Tassigny (Av. de) . . . . AY 63
Liberté-Charles de Gaulle (A. de la) . . . . AZ 70
Macé (R.) . . . . CZ 66
Montfleury (Bd) . . . . CDY 74
Monti (R. Marius) . . . . AY 75
Mont-Chevalier (R. du) . . . . AZ 72
Pastour (R. Louis) . . . . AY 90
Perrissol (R. Louis) . . . . AZ 92
Riouffe (R. Jean de) . . . . BY 98
Rouguière (R.) . . . . BY 100
St-Antoine (R.) . . . . AZ 102
St-Nicolas (Av.) . . . . BY 105
Serbes (R. des) . . . . BZ 110
Teisseire (R.) . . . . CY 114
Tuby (Bd Victor) . . . . AYZ 115
Vallombrosa (Bd) . . . . AY 118
Vidal (R. du Cdt) . . . . CY 120
1ère Division-Française (Bd de la) . . . . BCY 124


La Caure **51** ....61 E 2
Caurel **51** ....41 H 3
Caurel **22** ....77 H 5
Cauria *Mégalithes de* **2A** ....350 D 3
Cauro **2A** ....348 D 3
Cauroir **59** ....14 C 3
Cauroy **08** ....42 B 3
Cauroy-lès-Hermonville **51** ....41 F 3
Le Causé **82** ....297 E 2
Cause-de-Clérans **24** ....240 C 5
Caussade **82** ....278 B 3
Caussade-Rivière **65** ....295 E 5
Causse-Bégon **30** ....282 B 4
Causse-de-la-Selle **34** ....302 B 2
Causse Noir
*Corniche du* **12** ....282 A 3
Caussens **32** ....295 H 1
Causses-et-Veyran **34** ....321 F 3
Caussidières **31** ....318 B 4
Caussiniojouls **34** ....301 F 5
Caussols **06** ....309 E 2
Caussou **09** ....336 C 5
Cauterets **65** ....332 D 3
Cauverville-en-Roumois **27** ....35 F 3
Cauvicourt **14** ....53 H 1
Cauvignac **33** ....256 C 5
Cauvigny **60** ....38 B 3
Cauville **14** ....53 E 2
Cauville-sur-Mer **76** ....18 C 5
La Cauvinière *Haras* **14** ....54 D 1
Caux **34** ....321 H 3
Caux-et-Sauzens **11** ....319 G 5
Cauzac **47** ....276 D 2
Cavagnac **46** ....242 C 4
Cavaillon **84** ....305 F 2
Cavalaire-sur-Mer **83** ....329 F 3
La Cavalerie **12** ....281 H 5
Cavalière **83** ....329 E 4
Cavaliers *Falaise des* **83** ....307 H 2
Cavan **22** ....72 D 4
Cavanac **11** ....319 H 5
Cavarc **47** ....258 B 2
Caveirac **30** ....303 G 2
Caves **11** ....339 E 3
Cavignac **33** ....237 H 3
Cavigny **50** ....32 B 4
Cavillargues **30** ....284 C 4
Cavillon **80** ....22 A 1
Cavron-Saint-Martin **62** ....6 D 5
Caychax **09** ....336 C 5
Cayeux-en-Santerre **80** ....23 E 2
Cayeux-sur-Mer **80** ....11 E 2
Le Cayla *Musée* **81** ....279 E 5
Le Caylar **34** ....301 H 2
Caylus **82** ....278 D 3
La Cayolle *Col de* **06** ....289 E 1
Cayrac **82** ....278 B 4
Cayres **43** ....247 E 5
Cayriech **82** ....278 C 3
Le Cayrol **12** ....263 E 4
Cayrols **15** ....261 H 1
Cazac **31** ....316 D 4
Cazalis **33** ....274 A 1
Cazalis **40** ....293 H 4
Cazalrenoux **11** ....319 E 5
Cazals **46** ....259 G 3
Cazals **82** ....278 D 4
Cazals-des-Baylès **09** ....337 A 1
Cazaril-Laspènes **31** ....334 A 4
Cazaril-Tambourès **31** ....316 A 5
Cazarilh **65** ....334 A 3
Cazats **33** ....256 B 5
Cazaubon **32** ....294 D 1
Cazaugitat **33** ....256 D 2
Cazaunous **31** ....334 C 2
Cazaux **33** ....254 B 4
Cazaux **09** ....336 A 2
Cazaux-d'Anglès **32** ....295 G 4
Cazaux-Debat **65** ....333 H 3
Cazaux-Fréchet **65** ....333 H 4
Cazaux-Layrisse **31** ....334 B 4
Cazaux-Savès **32** ....297 E 5
Cazaux-Villecomtal **32** ....315 F 3
Cazavet **09** ....335 E 2
La Caze *Château de* **48** ....282 B 1
Cazeaux-de-Larboust **31** ....334 A 4
Cazedarnes **34** ....321 E 4
Cazenave-
Serres-et-Allens **09** ....336 B 4
Cazeneuve **32** ....295 F 1
Cazeneuve-Montaut **31** ....316 D 5
Cazères **31** ....317 F 5
Cazères-sur-l'Adour **40** ....294 B 2
Cazes-Mondenard **82** ....277 G 3
Cazevieille **34** ....302 C 3
Cazideroque **47** ....277 E 1
Cazilhac **34** ....302 C 1
Cazilhac **11** ....319 H 5
Cazilhac *Château de* **34** ....301 F 3
Cazillac **46** ....242 C 4
Cazoulès **24** ....242 B 5
Cazouls-d'Hérault **34** ....322 C 3
Cazouls-lès-Béziers **34** ....321 F 4
Ceaucé **61** ....82 B 3
Ceaulmont **36** ....188 D 2
Céaux **50** ....51 G 5
Céaux-d'Allègre **43** ....247 E 2
Ceaux-en-Couhé **86** ....186 B 4
Ceaux-en-Loudun **86** ....169 E 1
Cébazan **34** ....321 E 4
Cébazat **63** ....209 H 5
Ceccia
*Site préhistorique* **2A** ....351 G 3
Ceffia **39** ....196 B 4
Ceffonds **52** ....92 B 3
Ceignac **12** ....280 C 2
Ceignes **01** ....214 B 1
Ceilhes-et-Rocozels **34** ....301 F 2
Ceillac **05** ....271 E 2
Ceilloux **63** ....228 C 2
Ceintrey **54** ....94 D 2
La Celette **18** ....190 C 1
Cellé **41** ....131 E 2
La Celle **18** ....173 F 4
La Celle **03** ....191 E 5
La Celle **63** ....208 C 5
La Celle **83** ....328 B 1
La Celle-Condé **18** ....172 D 4
La Celle-Dunoise **23** ....189 E 4
La Celle-en-Morvan **71** ....176 C 2
La Celle-Guenand **37** ....170 B 2
La Celle-les-Bordes **78** ....87 E 2
Celle-Lévescault **86** ....186 A 3
La Celle-Saint-Avant **37** ....169 H 1
La Celle-Saint-Cloud **78** ....58 A 3
La Celle-Saint-Cyr **89** ....113 G 5
La Celle-
sous-Chantemerle **51** ....90 B 2
La Celle-sous-Gouzon **23** ....207 H 1
La Celle-sous-Montmirail **02** ....60 C 3
La Celle-sur-Loire **58** ....156 A 2
La Celle-sur-Morin **77** ....59 G 4
La Celle-sur-Nièvre **58** ....156 C 4
La Celle-sur-Seine **77** ....88 C 4
Cellefrouin **16** ....203 H 4
Celles **17** ....220 B 2
Celles **24** ....239 H 1
Celles **15** ....245 G 3
Celles **34** ....301 H 4
Celles **09** ....336 B 3
Celles-en-Bassigny **52** ....117 H 5
Celles-lès-Condé **02** ....60 D 1
Celles-sur-Aisne **02** ....40 C 2
Celles-sur-Belle **79** ....185 F 5
Celles-sur-Durolle **63** ....210 D 4
Celles-sur-Ource **10** ....115 G 4
Celles-sur-Plaine **88** ....96 B 3
La Cellette **23** ....189 G 3
La Cellette **63** ....209 E 2
Cellettes **41** ....153 F 1
Cellettes **16** ....203 F 4
Le Cellier **44** ....148 A 3
Cellier-du-Luc **07** ....265 F 2
Celliers **73** ....234 B 3
Cellieu **42** ....230 C 3


## CHÂLONS EN CHAMPAGNE

Arche-de-Mauvillain (Pt de l') . . BZ 2
Bourgeois (R. Léon) . . . . ABY
Chastillon (R. de) . . . . ABZ 6
Croix-des-Teinturiers (R.) . . . . AZ 9
Flocmagny (R. du) . . . . BY 12
Foch (Pl. du Maréchal) . . . . AY 13
Gantelet (Rue du) . . . . AY 14
Gaulle (Av. du Gén. Charles-de) BZ 15
Godart (Pl.) . . . . AY 17
Jean-Jaurès (R.) . . . . AZ 20
Jessaint (R. de) . . . . BZ 22
Libération (Pl. de la) . . . . AZ 24
Mariniers (Pt des) . . . . AY 26
Marne (R. de la) . . . . AY
Martyrs-de-la-Résistance (R. des) . . . . BY 29
Orfeuil (R. d') . . . . AZ 31
Ormesson (Cours d') . . . . AZ 32
Prieur-de-la-Marne (R.) . . . . BY 36
Récamier (R. Juliette) . . . . AZ 38
République (Pl. de la) . . . . AZ 39
Vaux (R. de) . . . . AY 47
Vinetz (R. de) . . . . BZ 49
Viviers (Pt des) . . . . AY 50

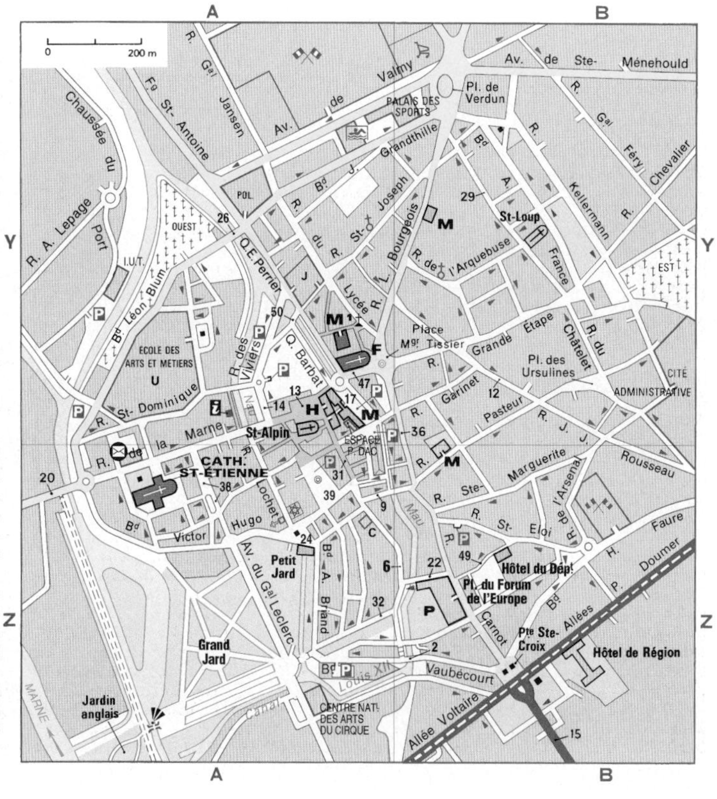

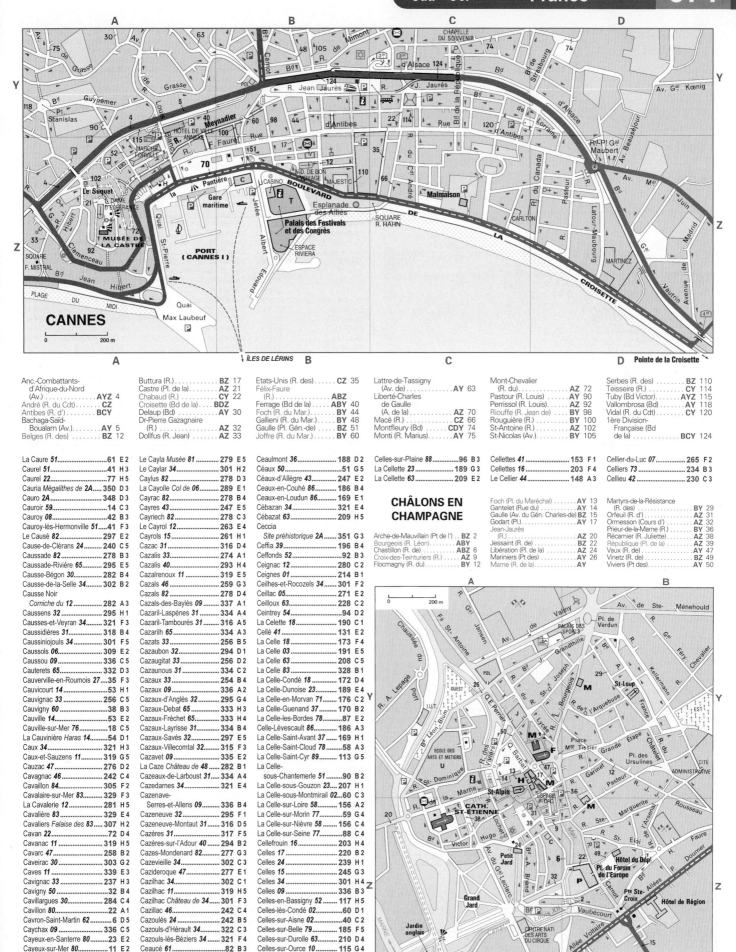

## CHALON-SUR-SAÔNE

Banque (R. de la) . . . . . . . . BZ 3
Châtelet (Pl. du) . . . . . . . . BZ 5
Châtelet (R. du) . . . . . . . . CZ 6
Citadelle (R. de la) . . . . . . BY 7
Couturier (R. Ph.-L.) . . . . . BZ 9
Duhesme (R. du Gén.) . . . AY 12
Evêché (R. de l') . . . . . . . CZ 15
Fèvres (R. aux) . . . . . . . . . CZ 16
Gaulle (Pl. Gén.-de) . . . . . BZ 17
Grande-R. . . . . . . . . . . . BCZ 18
Hôtel-de-Ville (Pl. de l') . . . . . . . . . . BZ 19
Leclerc (R. Gén.) . . . . . . . . BZ
Lyon (R. de) . . . . . . . . . . . BZ 21
Messiaen (R. O.) . . . . . . . . AZ 24
Obélisque (Pl. de l') . . . . . BY 27
Pasteur (R.) . . . . . . . . . . . BZ 28
Poissonnerie (R. de la) . . . CZ 31
Pompidou (Av. G.) . . . . . . . AZ 32
Pont (R. du) . . . . . . . . . . . CZ 35
Porte-de-Lyon (R.) . . . . . . . . . . . . . . BZ 36
Port-Villiers (R. du) . . . . . . BZ 37
Poterne (Q. de la) . . . . . . . CZ 38
Pretet (R. René) . . . . . . . . AZ 40
République (Bd) . . . . . . . ABZ 42
Ste-Marie (Prom.) . . . . . . . CZ 47
St-Georges (R.) . . . . . . . . . BZ 45
St-Vincent (Pl. et R.) . . . . . CZ 46
Strasbourg (R. de) . . . . . . . CZ 48
Trémouille (R. de la) . . . . BCY 51

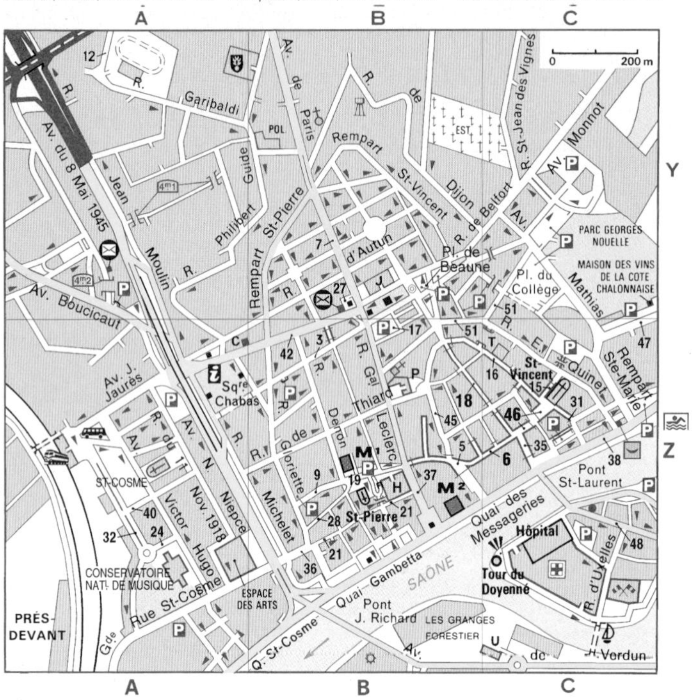


Cellule 63 .......................... 209 H 3
Celon 36 .............................. 188 C 2
Celony 13 .......................... 306 A 5
Celoux 15 .......................... 246 A 2
Celsoy 52 .......................... 139 H 2
Cély 77 .................................. 88 A 4

## CHAMBÉRY

Allobroges (Q. des) . . . . . . . A 2
Banque (R. de la) . . . . . . . . . B 3
Basse-du-Château (R.) . . . . A 4
Bernardines (Av. des) . . . . . A 6
Boigne (R. de) . . . . . . . . . . . B
Borrel (Q. du Sénateur A.) . B 7
Charvet (R. F.) . . . . . . . . . . . B 9
Château (Pl. du) . . . . . . . . . . A 10
Colonne (Bd de la) . . . . . . . . B 12
Ducis (R.) . . . . . . . . . . . . . . . B 13
Ducs-de-Savoie (Av. des) . . B 14
Europe (Espl. de l') . . . . . . . B 16
Freizier (R.) . . . . . . . . . . . . AB 17
Gaulle (Av. Gén.-de) . . . . . . B 18
Italie (R. d') . . . . . . . . . . . . . B 20
Jean-Jaurès (Av.) . . . . . . . . . A 21
Jeu-de-Paume (Q. du) . . . . . A 23
Juiverie (R.) . . . . . . . . . . . . . A
Lans (R. de) . . . . . . . . . . . . . A 24
Libération (Pl. de la) . . . . . . B 25
Maché (Pl.) . . . . . . . . . . . . . . A 27
Maché (R. du Fg) . . . . . . . . A 28
Martin (R. Cl.) . . . . . . . . . . . B 30
Métropole (Pl.) . . . . . . . . . . B 31
Michaud (R.) . . . . . . . . . . . . B 32
Mitterrand (Pl. F.) . . . . . . . . B 33
Musée (Bd du) . . . . . . . . . AB 34
Ravet (Q. Ch.) . . . . . . . . . . . B 35
St-François (R.) . . . . . . . . . . B 38
St-Léger (Pl.) . . . . . . . . . . . . B
St- Antoine (R.) . . . . . . . . . . A 36
Théâtre (Bd du) . . . . . . . . . . B 39
Vert (Av. du Comte) . . . . . . . A 40

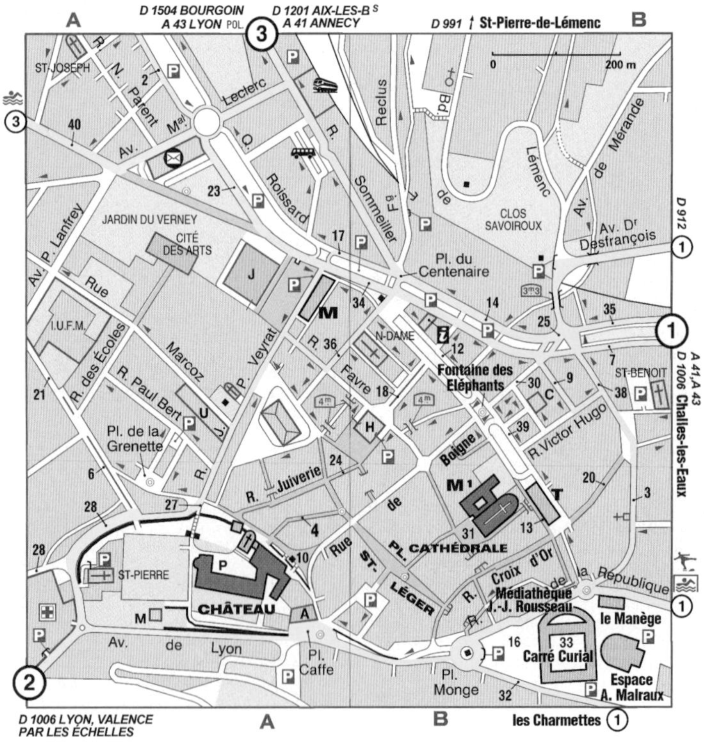



Cemboing 70 ........................ 140 C 2
Cempuis 60 ............................ 21 H 4
Cénac 33 .............................. 255 H 1
Cénac-et-Saint-Julien 24 ..... 259 G 1
Cenans 70 ............................ 162 B 1
Cendras 30 .......................... 283 H 3
Le Cendre 63 ....................... 227 H 1
Cendrecourt 70 .................... 140 D 2
Cendrey 25 .......................... 162 B 2
Cendrieux 24 ....................... 240 D 4
Cénevières 46 ...................... 260 D 5
Cenne-Monestiés 11 ........... 319 F 5
Cenomes 12 ......................... 301 E 2
Cenon 33 ............................. 237 G 5
Cenon-sur-Vienne 86 .......... 169 G 4
Censeau 39 .......................... 180 A 3
Censerey 21 ......................... 158 D 4
Censy 89 .............................. 137 F 4
Les Cent-Acres 76 .................. 20 B 3
Centeilles *Chapelle de* 34 ... 320 B 5
Centrès 12 ........................... 280 B 3
Centuri 2B ............................ 345 F 1
Centuri-Port 2B .................... 345 F 1
Cenves 69 ............................ 194 D 5
Cépet 31 ............................... 297 H 3
Cépie 11 ............................... 337 C 1
Cepoy 45 .............................. 112 C 4
Céran 32 .............................. 296 B 2
Cérans-Foulletourte 72 ........ 129 H 2
Cerbère 66 ........................... 343 H 4
Cerbois 18 ............................ 172 C 1
Cercié 69 .............................. 212 D 1
Cercier 74 ............................. 215 F 2
Cercles 24 ............................. 221 H 5
Cercottes 45 ......................... 110 D 5
Cercoux 17 ........................... 238 C 2
Le Cercueil 61 ......................... 83 G 2
Cercy-la-Tour 58 .................. 175 G 3
Cerdon 45 ............................. 134 A 5
Cerdon 01 ............................. 214 B 2
Cerdon *Grottes du* 01 .......... 214 B 1
Cère 40 ................................. 273 H 5
Cère *Pas de* 15 ..................... 244 D 4
Céré-la-Ronde 37 .................. 152 D 4
Cerelles 37 ............................ 151 H 1
Cérences 50 ............................ 51 G 2
Céreste 04 ............................. 306 B 1
Céret 66 ................................ 342 D 4
Cerfontaine 59 ......................... 15 H 2
Le Cergne 42 ......................... 212 A 1
Cergy 95 .................................. 58 A 1
Cergy-Pontoise
*Ville nouvelle* 95 ..................... 58 A 1
Cérilly 89 ............................... 114 A 3
Cérilly 21 ............................... 138 A 2
Cérilly 03 ............................... 191 E 1
Cerisé 61 .................................. 83 G 4
Cerisières 52 ............................ 92 D 5
Cerisiers 89 ............................ 113 H 3
Cerisy 80 .................................. 23 E 2
Cerisy-Belle-Étoile 61 ............. 53 E 3
Cerisy-Buleux 80 ...................... 11 F 5
Cerisy-la-Forêt 50 .................... 32 C 4
Cerisy-la-Salle 50 ..................... 51 H 1
Cerizay 79 .............................. 167 F 3
Cérizols 09 ............................. 335 E 1
Cerizy 02 .................................. 24 B 3
La Cerlangue 76 ........................ 35 E 1
La Cerleau 08 ........................... 26 A 2
Cernans 39 .............................. 179 H 2
Cernay 14 .................................. 54 D 1
Cernay 28 .................................. 85 H 4
Cernay 68 ................................ 143 E 1
Cernay 86 ................................ 169 E 3
Cernay-en-Dormois 51 .............. 42 D 4
Cernay-la-Ville 78 ..................... 57 H 5
Cernay-l'Église 25 .................. 163 G 3
Cernay-lès-Reims 51 ................. 41 H 4
Cerneux 77 ................................ 60 B 5
Cernex 74 ................................ 215 F 2
Cerniébaud 39 ......................... 180 B 4
Cernion 08 ................................. 26 B 3
Cernon 51 .................................. 62 A 3
Cernon 39 ................................ 196 C 3
Cernoy 60 .................................. 38 D 2
Cernoy-en-Berry 45 ................. 155 G 1
Cernusson 49 ........................... 149 G 4
Cerny 91 ..................................... 87 H 3
Cerny-en-Laonnois 02 ............... 40 D 2
Cerny-lès-Bucy 02 ..................... 24 D 5
Céron 71 .................................. 193 F 5
Cérons 33 ................................. 256 B 3
Cerqueux 14 ............................... 54 D 1
Les Cerqueux 49 ...................... 167 F 1
Les Cerqueux-
sous-Passavant 49 ................... 149 G 5
Cerre-lès-Noroy 70 .................. 141 G 4
Cers 34 ..................................... 321 H 5
Cersay 79 .................................. 167 H 1
Cerseuil 02 ................................. 40 C 3
Cersot 71 .................................. 177 F 5
Certémery 39 ........................... 179 G 2
Certilleux 88 ............................... 94 A 5
Certines 01 ............................... 213 H 1
Cervens 74 ................................ 198 A 4
Cervières 42 .............................. 211 E 5
Cervières 05 .............................. 252 D 5
Cerville 54 .................................... 66 B 5
Cervione 2B ............................... 347 H 4
Cervon 58 .................................. 157 G 4
Cerzat 43 ................................... 246 C 2
Cesancey 39 ............................... 196 B 1
Césarches 73 .............................. 216 A 5
Césarville-Dossainville 45 ....... 111 G 2
Cescau 64 ................................... 314 A 3
Cescau 09 ................................... 335 E 3
Cesny-aux-Vignes 14 .................. 34 A 5
Cesny-Bois-Halbout 14 ............... 53 G 1
Cessac 33 .................................... 256 C 2
Cessales 31 .................................. 318 C 3
Cesse 55 ........................................ 43 G 1
Cesseins 01 .................................. 213 E 2
Cessenon-sur-Orb 34 .................. 321 F 3
Cessens 73 ................................... 215 E 5
Cesseras 34 .................................. 320 C 5
Cesset 03 ..................................... 192 A 5
Cesseville 27 .................................. 36 A 4
Cessey 25 ..................................... 161 H 5
Cessey-sur-Tille 21 ...................... 160 C 3
Cessières 02 .................................... 24 C 5
Cessieu 38 ..................................... 232 A 2
Cesson 22 ........................................ 78 B 3
Cesson 77 ........................................ 88 B 2
Cesson-Sévigné 35 ........................ 104 B 3
Cessoy-en-Montois 77 .................... 89 F 3
Cessy 01 ......................................... 197 F 4
Cessy-les-Bois 58 .......................... 156 C 3
Cestas 33 ........................................ 255 F 1
Cestayrols 81 .................................. 279 F 5
Ceton 61 .......................................... 108 D 2
Cette-Eygun 64 ................................ 331 H 4
Céüze 05 .......................................... 269 F 4
Cevins 73 .......................................... 234 B 2
Ceyras 34 .......................................... 302 A 4
Ceyrat 63 ........................................... 227 G 1
Ceyreste 13 ......................................... 327 G 3
Ceyroux 23 ........................................... 206 D 2
Ceyssac 43 ............................................ 247 F 4
Ceyssat 63 ............................................. 227 F 1
Ceyzériat 01 ........................................... 214 A 1
Ceyzérieu 01 .......................................... 214 D 4
Cézac 33 ................................................ 237 H 3
Cézac 46 ................................................ 277 H 1
Cezais 85 ............................................... 184 B 1
Cézan 32 ................................................ 296 A 2
Cezay 42 ................................................ 211 F 5
Cézens 15 .............................................. 245 F 4
Cézia 39 ................................................. 196 C 3
Cézy 89 .................................................. 113 G 5
Chaalis *Abbaye de* 60 ............................. 39 E 5
Chabanais 16 ......................................... 204 C 4
La Chabanne 03 ..................................... 211 E 3
La Chabasse *Église de* 63 .. 228 D 1
Chabestan 05 ......................... 269 E 4
Chabeuil 26 ............................ 249 G 5
Chablis 89 .............................. 136 D 3
Chabons 38 ............................ 232 B 4
La Chabossière 44 ................. 147 F 4
La Chabotterie
*Château de* 85 ...................... 165 H 2
Chabottes 05 ......................... 269 H 2
Chabournay 86 ....................... 169 E 5
Chabrac 16 ............................. 204 C 4
Chabreloche 63 ...................... 210 D 4
Chabrières 04 ........................ 288 A 4
Chabrignac 19 ........................ 223 H 5
Chabrillan 26 .......................... 267 F 2
Chabris 36 ............................... 153 H 4
Chacé 49 .................................. 150 B 4
Chacenay 10 ............................ 115 H 3
Chacrise 02 ................................ 40 B 3
Chadeleuf 63 ........................... 227 H 3
Chadenac 17 ............................ 219 H 3
Chadenet 48 ............................. 264 D 4
Chadrac 43 ............................... 247 F 3
Chadron 43 ............................... 247 F 4
Chadurie 16 ............................... 221 F 3
Le Chaffal 26 ............................. 249 H 5
Le Chaffaut-
Saint-Jurson 04 .......................... 287 H 4
Chaffois 25 ................................. 180 C 2
Chagey 70 ................................... 142 B 3
Chagnolet 17 .............................. 183 F 5
Chagnon 42 ................................. 230 C 3
Chagny 08 ...................................... 26 D 5
Chagny 71 .................................... 177 G 2
Chahaignes 72 .............................. 130 C 3
Chahains 61 .................................... 83 F 2
Chaignay 21 ................................. 160 A 1
Chaignes 27 .................................... 56 D 1
Chail 79 ........................................ 185 G 5
Chaillac 36 .................................... 188 B 3
Chaillac-sur-Vienne 87 ................ 204 D 4
Chailland 53 .................................. 105 H 2
Chaillé-les-Marais 85 .................. 183 G 3
Chaillé-
sous-les-Ormeaux 85 ................... 182 D 1
Chailles 41 ..................................... 153 E 1
Chaillevette 17 ............................... 200 C 5
Chaillevois 02 .................................... 40 C 1
Chailley 89 ...................................... 114 B 4
Chaillol 05 ....................................... 269 H 2
Chaillon 55 ......................................... 64 D 3
Chailloué 61 ........................................ 54 C 5
Chailly-en-Bière 77 ............................ 88 B 4
Chailly-en-Brie 77 .............................. 60 A 4
Chailly-en-Gâtinais 45 ..................... 112 A 5
Chailly-lès-Ennery 57 ......................... 45 H 5
Chailly-sur-Armançon 21 ................. 159 E 4
Chainaz-les-Frasses 74 ..................... 215 F 5
Chaînée-des-Coupis 39 .................... 178 D 2
Chaingy 45 ........................................ 133 E 2
Chaintré 71 ........................................ 194 D 5
Chaintreaux 77 .................................. 112 C 2
Chaintrix-Bierges 51 ........................... 61 H 3
La Chaise 10 ........................................ 92 A 4
La Chaise-Baudouin 50 ....................... 51 H 4
La Chaise-Dieu 43 ............................. 228 D 5
Chaise-Dieu-du-Theil 27 ..................... 55 G 4
Chaix 85 ............................................. 183 H 3
La Chaize-Giraud 85 ......................... 165 E 5
La Chaize-le-Vicomte 85 .................. 166 A 5
Chalabre 11 ........................................ 337 A 2
Chalagnac 24 ...................................... 240 C 3
Chalain *Lac de* 39 ............................. 179 G 5
Chalain-d'Uzore 42 ........................... 229 G 1
Chalain-le-Comtal 42 ........................ 229 H 2
Chalaines 55 ......................................... 93 H 1
Chalais 86 ........................................... 168 D 2
Chalais 36 ........................................... 188 A 2
Chalais 16 ........................................... 239 E 1
Chalam *Crêt de* 01 ............................. 197 E 5
Chalamont 01 ..................................... 213 H 3
Chalampé 68 ...................................... 121 G 5
Chalancey 52 ...................................... 139 F 4
Chalancon 26 ...................................... 268 B 4
Chalandray 86 ..................................... 168 C 5
Chalandrey 50 ....................................... 52 A 5
Chalandry 02 ......................................... 24 D 4
Chalandry-Elaire 08 .............................. 26 D 3
Le Chalange 61 ...................................... 84 A 2
Le Chalard 87 ...................................... 223 F 3
Chalautre-la-Grande 77 ......................... 89 H 3
Chalautre-la-Petite 77 ........................... 89 G 3
Chalautre-la-Reposte 77 ........................ 89 E 3
Chalaux 58 ........................................... 158 A 3
La Chaldette 48 ..................................... 263 G 2
Chaleins 01 .......................................... 213 E 2
Chaleix 24 ............................................ 223 E 3
Chalencon 07 ....................................... 248 C 5
Chalencon
*Château de* 43 ...................................... 247 G 1
Les Chalesmes 39 ................................. 180 A 5
Châlette-sur-Loing 45 .......................... 112 C 5
Chalette-sur-Voire 10 ............................. 91 G 4
Chaley 01 .............................................. 214 B 3
Chalèze 25 ............................................ 162 A 3
Chalezeule 25 ........................................ 162 A 3
Chaliers 15 ............................................ 246 A 4
Chalifert 77 ............................................. 59 F 3
Chaligny 54 ............................................. 94 C 1
Chalinargues 15 .................................... 245 F 2
Chalindrey 52 ........................................ 139 H 2
Chalivoy-Milon 18 ................................. 173 H 3
Challain-la-Potherie 49 ......................... 127 G 4
Challans 85 ........................................... 165 E 3
Challement 58 ....................................... 157 F 3
Challerange 08 ........................................ 42 D 3
Challes 72 ............................................. 108 A 5
Challes-la-Montagne 01 ......................... 214 B 1
Challes-les-Eaux 73 ............................... 233 F 2
Challet 28 ................................................. 86 A 2
Challex 01 .............................................. 197 F 5
Challignac 16 ......................................... 220 D 4
Challonges 74 ......................................... 215 E 2
Challuy 58 .............................................. 174 C 2
Chalmaison 77 .......................................... 89 G 3
Chalmazel 42 ........................................... 229 F 1
Chalmessin 52 .......................................... 139 E 4
Chalmoux 71 ............................................. 193 E 1
Chalo-Saint-Mars 91 ..................................... 87 F 4

## CHARLEVILLE-MÉZIÈRES


Arches (Av. d') . . . . . . . . . . . . BYZ
Arquebuse (R. de l') . . . . . . . . . BX 2
Bérégovoy (R. P.) . . . . . . . . . . . BX 3
Bourbon (R.) . . . . . . . . . . . . . . . BX 4
Carré (R. Irénée) . . . . . . . . . . . BX 5
Corneau (Av. G.) . . . . . . . . . . . BY 6
Droits-de-l'Homme (Pl. des) . . . . . . . . . . . . . . . . . BX 7
Fg de Pierre (R. du) . . . . . . . . . BZ 8
Flandre (R. de) . . . . . . . . . . . . . BX 9
Hôtel de Ville (Pl. de l') . . . . . . BZ 10
Jean-Jaurès (Av.) . . . . . . . . . . . BY
Leclerc (Av. Mar.) . . . . . . . . . . . BY 19
Manchester (Av. de) . . . . . . . . . AY 20
Mantoue (R. de) . . . . . . . . . . . . BX 21
Mitterrand (Av. F.) . . . . . . . . . . AX 22
Monge (R.) . . . . . . . . . . . . . . . . BZ 23
Montjoly (R. de) . . . . . . . . . . . . AX 24
Moulin (R. du) . . . . . . . . . . . . . . BX 25
Nevers (Pl. de) . . . . . . . . . . . . . BX 27
Petit-Bois (Av. du) . . . . . . . . . . . BX 28
République (R. de la) . . . . . . . . BX 30
Résistance (Pl. de la) . . . . . . . . BZ 31
St-Julien (Av. de) . . . . . . . . . . . . AY 32
Sévigné (R. Mme de) . . . . . . . . . BY 33
Théâtre (R. du) . . . . . . . . . . . . . BX 34
91e-Régt-d'Infanterie (Av. du) . . . . . . . . . . . . . . . . . . BZ 36


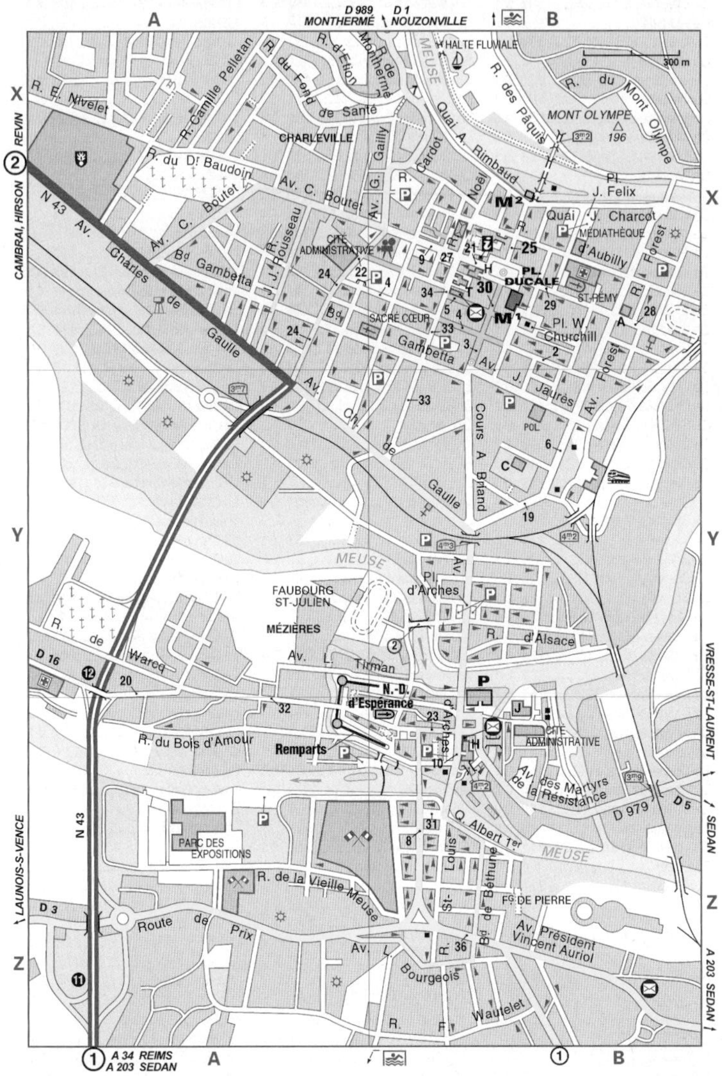



Le Chalon 26 ........ 249 G 2
Chalon-sur-Saône 71 ........ 177 H 4
Chalonnes-sous-le-Lude 49 ........ 129 H 5
Chalonnes-sur-Loire 49 ........ 149 E 2
Chalons 17 ........ 200 D 5
Châlons 38 ........ 231 F 4
Châlons-du-Maine 53 ........ 106 B 2
Châlons-en-Champagne 51 ... 62 B 2
Châlons-sur-Vesle 51 ........ 41 F 3
Châlonvillars 70 ........ 142 B 3
Chalou-Moulineux 91 ........ 87 E 4
La Chalp 05 ........ 271 E 1
Chaltrait 51 ........ 61 F 2
Châlus 87 ........ 223 E 2
Chalus 63 ........ 228 A 4
Chalusset Château de 87 .... 223 H 1
Chalvignac 15 ........ 243 H 1
Chalvraines 52 ........ 117 G 2
Chamadelle 33 ........ 238 D 3
Chamagne 88 ........ 95 E 3
Chamagnieu 38 ........ 231 H 1
Chamalières 63 ........ 209 G 5
Chamalières-sur-Loire 43 .... 247 G 2
Chamaloc 26 ........ 268 B 1
Chamant 60 ........ 39 E 4
Chamarande 91 ........ 87 G 3
Chamarandes 52 ........ 117 E 3
Chamaret 26 ........ 267 F 5
La Chamba 42 ........ 229 E 1
Chambain 21 ........ 138 D 3
Chambeire 21 ........ 160 C 3
Chambellay 49 ........ 128 B 4
Chambéon 42 ........ 229 H 1
Chambérat 03 ........ 190 B 3
Chamberaud 23 ........ 207 F 2
Chamberet 19 ........ 224 D 3
Chambéria 39 ........ 196 B 2
Chambéry 73 ........ 233 F 2
Chambéry-le-Vieux 73 ........ 233 F 2
Chambeugle 89 ........ 135 F 2
Chambezon 43 ........ 228 A 5
Chambilly 71 ........ 193 G 5
Chamblac 27 ........ 55 F 2
Chamblanc 21 ........ 178 B 1
Chamblay 39 ........ 179 F 1
Chambles 42 ........ 230 A 4
Chamblet 03 ........ 191 E 4
Chambley-Bussières 54 ........ 65 F 1
Chambly 60 ........ 38 B 5
Chambœuf 21 ........ 159 H 4
Chambœuf 42 ........ 230 A 2
Chambois 61 ........ 54 B 4
Chambolle-Musigny 21 ........ 160 A 4
Chambon 37 ........ 170 A 3
Chambon 18 ........ 173 E 4
Chambon 17 ........ 201 E 1
Le Chambon 07 ........ 266 A 1
Chambon 30 ........ 283 G 2
Chambon Barrage du 38 ........ 251 H 3
Chambon Lac 63 ........ 227 F 3
Chambon Lac de 36 ........ 188 D 3
Le Chambon-Feugerolles 42 ........ 230 A 4
Chambon-la-Forêt 45 ........ 111 G 4
Chambon-le-Château 48 ........ 264 D 1
Chambon-Sainte-Croix 23 ... 189 E 4
Chambon-sur-Cisse 41 ........ 152 D 1
Chambon-sur-Dolore 63 ........ 228 D 3
Chambon-sur-Lac 63 ........ 227 F 3
Le Chambon-sur-Lignon 43 ........ 248 A 3
Chambon-sur-Voueize 23 .... 208 B 1
Chambonas 07 ........ 265 H 5
Chambonchard 23 ........ 208 C 1
La Chambonie 42 ........ 229 E 1
Chamborand 23 ........ 206 C 1
Chambord 27 ........ 55 F 3
Chambord 41 ........ 132 C 5
Chamboret 87 ........ 205 F 3
Chamborigaud 30 ........ 283 G 2
Chambornay-lès-Bellevaux 70 ........ 162 A 2
Chambornay-lès-Pin 70 ........ 161 H 2
Chambors 60 ........ 37 G 4
Chambost-Allières 69 ........ 212 B 3
Chambost-Longessaigne 69 ........ 212 B 5
La Chambotte 73 ........ 215 E 5
Chamboulive 19 ........ 224 D 4
Chambourcy 78 ........ 58 A 3
Chambourg-sur-Indre 37 ..... 152 B 5
Chambray 27 ........ 56 A 3
Chambray 27 ........ 56 C 1
Chambray-lès-Tours 37 ........ 151 H 3
La Chambre 73 ........ 234 A 4
Chambrecy 51 ........ 41 F 4
Les Chambres 50 ........ 51 G 4
Chambretaud 85 ........ 166 D 2
Chambrey 57 ........ 66 C 4
Chambroncourt 52 ........ 93 F 4
Chambroutet 79 ........ 167 G 3
Chambry 02 ........ 24 D 5
Chambry 77 ........ 59 G 2
Chaméane 63 ........ 228 B 3
Chamelet 69 ........ 212 C 3
Chameroy 52 ........ 139 F 2
Chamery 51 ........ 41 G 5
Chamesey 25 ........ 163 E 3
Chamesol 25 ........ 163 G 2
Chamesson 21 ........ 138 A 3
Chameyrat 19 ........ 242 D 1
Chamigny 77 ........ 60 A 2
Chamilly 71 ........ 177 G 3
Chammes 53 ........ 106 C 4
Chamole 39 ........ 179 G 3
Chamonix-Mont-Blanc 74 .... 217 E 3
Chamouillac 17 ........ 219 H 5
Chamouille 02 ........ 40 D 1
Chamouilley 52 ........ 92 D 2
Chamousset 73 ........ 233 H 2
Chamoux 89 ........ 157 G 2
Chamoux-sur-Gelon 73 ........ 233 H 2
Chamoy 10 ........ 114 D 3
Champ de Bataille Château du 27 ........ 35 H 5
Le Champ-de-la-Pierre 61 ..... 83 E 2
Champ-d'Oiseau 21 ........ 137 H 5
Champ-Dolent 27 ........ 56 A 2
Champ-Dolent Menhir de 35 .. 80 B 2
Champ-du-Boult 14 ........ 52 B 3
Champ du Feu 67 ........ 96 D 3
Champ-Haut 61 ........ 54 D 4
Champ-Laurent 73 ........ 233 H 3
Champ-le-Duc 88 ........ 119 H 2
Le Champ-près-Froges 38 .. 233 F 5
Le Champ-Saint-Père 85 ..... 182 D 2
Champ-sur-Barse 10 ........ 115 G 2
Champ-sur-Drac 38 ........ 250 D 3
Le Champ-sur-Layon 49 ..... 149 G 3
Champagnac 17 ........ 219 H 4
Champagnac 15 ........ 226 B 5
Champagnac-de-Belair 24 .. 222 C 5
Champagnac-la-Noaille 19 .. 243 F 1
Champagnac-la-Prune 19 ... 243 F 2
Champagnac-la-Rivière 87 .. 223 E 1
Champagnac-le-Vieux 43 .... 228 C 5
Champagnat 71 ........ 196 A 2
Champagnat 23 ........ 207 H 3
Champagnat-le-Jeune 63 .... 228 B 4
Champagne 28 ........ 57 E 4
Champagné 72 ........ 108 A 4
Champagne 17 ........ 201 E 4
Champagne 07 ........ 249 E 1
Champagne-au-Mont-d'Or 69 ........ 213 E 5
Champagne-en-Valromey 01 ........ 214 D 3
Champagne-et-Fontaine 24 ........ 221 G 4
Champagné-le-Sec 86 ........ 203 F 1
Champagné-les-Marais 85 .. 183 F 3
Champagne-Mouton 16 ........ 203 H 3
Champagné-Saint-Hilaire 86 ........ 186 B 4
Champagne-sur-Loue 39 .... 179 G 1
Champagne-sur-Oise 95 ........ 38 B 5
Champagne-sur-Seine 77 ..... 88 C 4
Champagne-sur-Vingeanne 21 ........ 160 D 1
Champagne-Vigny 16 ........ 221 E 3
Champagneux 73 ........ 232 D 2
Champagney 70 ........ 142 A 2
Champagney 39 ........ 161 E 3
Champagney 25 ........ 161 H 3
Champagnier 38 ........ 250 D 2
Champagnole 39 ........ 179 H 4
Champagnolles 17 ........ 219 G 3
Champagny 21 ........ 159 G 1
Champagny 39 ........ 179 H 2
Champagny-en-Vanoise 73 . 234 D 3
Champagny-sous-Uxelles 71 ........ 194 D 1
Champallement 58 ........ 157 E 4
Champanges 74 ........ 198 B 3
Champaubert 51 ........ 61 E 3
Champcella 05 ........ 270 C 1
Champcenest 77 ........ 60 B 5
Champcerie 61 ........ 53 H 4
Champcervon 50 ........ 51 G 3
Champcevinel 24 ........ 240 C 2
Champcevrais 89 ........ 135 E 4
Champcey 50 ........ 51 G 4
Champclause 43 ........ 247 H 4
Champcourt 52 ........ 92 C 5
Champcueil 91 ........ 88 A 3
Champdeniers-Saint-Denis 79 ........ 185 E 2
Champdeuil 77 ........ 88 C 2
Champdieu 42 ........ 229 G 2
Champdivers 39 ........ 178 D 1
Champdolent 17 ........ 201 E 3
Champdor 01 ........ 214 C 2
Champdôtre 21 ........ 160 C 4
Champdray 88 ........ 120 A 2
Champeau-en-Morvan 21 ... 158 B 4
Champeaux 50 ........ 51 F 4
Les Champeaux 61 ........ 54 C 3
Champeaux 77 ........ 88 C 2
Champeaux 35 ........ 105 E 2
Champeaux 79 ........ 185 E 2
Champeaux-et-la-Chapelle-Pommier 24 ........ 222 B 4
Champeaux-sur-Sarthe 61 ..... 84 B 2
Champeix 63 ........ 227 H 2
Champenard 27 ........ 36 C 5
La Champenoise 36 ........ 172 A 2
Champenoux 54 ........ 66 B 5
Champéon 53 ........ 82 C 4
Champétières 63 ........ 228 D 3
Champey 70 ........ 142 A 3
Champey-sur-Moselle 54 ....... 65 G 2
Champfleur 72 ........ 83 G 4
Champfleury 51 ........ 41 G 4
Champfleury 10 ........ 90 D 2
Champforgeuil 71 ........ 177 H 3
Champfrémont 53 ........ 83 F 4
Champfromier 01 ........ 197 E 5
Champgenéteux 53 ........ 82 D 5
Champguyon 51 ........ 60 D 4
Champhol 28 ........ 86 B 3
Champien 80 ........ 23 F 4
Champier 38 ........ 232 A 4
Champigné 49 ........ 128 C 4
Champignelles 89 ........ 135 F 3
Champigneul-Champagne 51 ........ 61 H 2
Champigneul-sur-Vence 08 .... 26 C 4
Champigneulle 08 ........ 43 F 2
Champigneulles 54 ........ 65 H 5
Champigneulles-en-Bassigny 52 ........ 117 H 3
Champignol-lez-Mondeville 10 ........ 116 A 3
Champignolles 27 ........ 55 G 2
Champignolles 21 ........ 177 F 1
Champigny 51 ........ 41 G 3
Champigny 89 ........ 89 F 5
Champigny-en-Beauce 41 ... 132 A 4
Champigny-la-Futelaye 27 ..... 56 C 3
Champigny-le-Sec 86 ........ 168 D 5
Champigny-lès-Langres 52 ........ 117 F 5
Champigny-sous-Varennes 52 ........ 140 A 2
Champigny-sur-Aube 10 ........ 91 E 2
Champigny-sur-Marne 94 ........ 58 D 4
Champigny-sur-Veude 37 .... 169 E 1
Champillet 36 ........ 189 H 2
Champillon 51 ........ 61 G 1
Champis 07 ........ 249 E 4
Champlan 91 ........ 58 B 5
Champlat-et-Boujacourt 51 ..... 41 F 5
Champlay 89 ........ 113 H 5
Champlecy 71 ........ 193 H 3
Champlemy 58 ........ 156 D 4
Champlieu 71 ........ 194 D 1
Champlieu Ruines gallo-romaines de 60 ........ 39 F 3
Champlin 08 ........ 26 A 2
Champlin 58 ........ 157 E 4
Champlitte-et-le-Prélot 70 ... 140 A 4
Champlitte-la-Ville 70 ........ 140 A 5
Champlive 25 ........ 162 B 3
Champlon 55 ........ 64 D 1
Champlost 89 ........ 114 B 4
Champmillon 16 ........ 221 E 2
Champmotteux 91 ........ 87 H 5
Champnétery 87 ........ 206 C 5
Champneuville 55 ........ 44 B 5
Champniers 86 ........ 186 B 5
Champniers 16 ........ 221 F 1
Champniers-et-Reilhac 24 ... 222 C 1
Champoléon 05 ........ 270 A 1
Champoly 42 ........ 211 E 4
Champosoult 61 ........ 54 C 3
Champougny 55 ........ 94 A 2
Champoulet 45 ........ 135 E 4
Champoux 25 ........ 162 A 2
Champrenault 21 ........ 159 F 2
Champrepus 50 ........ 51 H 3
Champrond 72 ........ 108 D 4
Champrond-en-Gâtine 28 ...... 85 F 4
Champrond-en-Perchet 28 ..... 85 E 5
Champrosay 91 ........ 58 C 5
Champrougier 39 ........ 179 E 3
Champs 02 ........ 40 A 1
Champs 61 ........ 84 C 2
Champs 63 ........ 209 H 2
Champs Col des 06 ........ 289 E 2
Les Champs-de-Losque 50 ..... 32 A 4
Les Champs-Géraux 22 ........ 79 H 4
Champs-Romain 24 ........ 222 D 3
Champs-sur-Marne 77 ........ 59 E 3
Champs-sur-Tarentaine 15 .. 226 C 5
Champs-sur-Yonne 89 ........ 136 B 4
Champsac 87 ........ 223 E 1
Champsanglard 23 ........ 189 F 5
Champsecret 61 ........ 82 B 2
Champseru 28 ........ 86 C 3
Champsevraine 52 ........ 140 A 3
Champtercier 04 ........ 287 H 3
Champteussé-sur-Baconne 49 ........ 128 B 4
Champtocé-sur-Loire 49 ...... 149 E 2
Champtoceaux 49 ........ 148 B 2
Champtonnay 70 ........ 161 F 2
Champvallon 89 ........ 113 G 5
Champvans 39 ........ 160 D 5
Champvans 70 ........ 161 E 2
Champvans-les-Baume 25 .. 162 C 2
Champvans-les-Moulins 25 . 161 H 3
Champvert 58 ........ 175 F 3
Champvoisy 51 ........ 40 D 5
Champvoux 58 ........ 156 B 5
Chamrousse 38 ........ 251 F 2
Chamvres 89 ........ 113 G 5
Chanac 48 ........ 264 B 5
Chanac-les-Mines 19 ........ 243 E 1
Chanaleilles 43 ........ 264 C 1
Chanas 38 ........ 231 E 5
Chanat-la-Mouteyre 63 ........ 209 G 5
Chanay 01 ........ 214 D 2
Chanaz 73 ........ 215 E 4
Chançay 37 ........ 152 B 2
Chancé 35 ........ 104 D 4
Chanceaux 21 ........ 159 G 1
Chanceaux-près-Loches 37 ........ 152 B 5
Chanceaux-sur-Choisille 37 ........ 151 H 1
Chancelade 24 ........ 240 C 2
Chancenay 52 ........ 63 F 5
Chancey 70 ........ 161 F 3
Chancia 39 ........ 196 C 4
Chandai 61 ........ 55 G 4
Chandolas 07 ........ 284 A 1
Chandon 42 ........ 211 H 1
Chanéac 07 ........ 248 A 5
Chaneins 01 ........ 213 E 2
Chânes 71 ........ 194 D 5
Changé 53 ........ 105 H 3
Changé 72 ........ 107 H 5
Change 71 ........ 177 F 2
Le Change 24 ........ 240 D 2
Changey 52 ........ 117 F 5
Changis-sur-Marne 77 ........ 59 H 2
Changy 51 ........ 62 D 4
Changy 42 ........ 211 F 1
Changy-Tourny 71 ........ 193 H 3
Chaniat 43 ........ 228 C 5
Chaniaux 48 ........ 265 F 3
Chaniers 17 ........ 219 G 1
Channay 21 ........ 137 H 2
Channay-sur-Lathan 37 ........ 151 E 1
Channes 10 ........ 115 F 5
Chanonat 63 ........ 227 H 1
Chanos-Curson 26 ........ 249 F 3
Chanousse 05 ........ 286 D 1
Chanoy 52 ........ 117 F 5
Chanoz-Châtenay 01 ........ 213 F 1
Chanteau 45 ........ 111 E 5
Chantecoq 45 ........ 112 D 4
Chantecorps 79 ........ 185 G 2
Chanteheux 54 ........ 95 G 1
Chanteix 19 ........ 242 C 1
Chantelle 03 ........ 191 H 5
Chanteloup 50 ........ 51 G 2
Chanteloup 27 ........ 56 A 3
Chanteloup 35 ........ 104 B 4
Chanteloup 79 ........ 167 G 4
Chanteloup Pagode de 37 ... 152 B 2
Chanteloup-en-Brie 77 ........ 59 F 3
Chanteloup-les-Bois 49 ........ 149 F 5
Chanteloup-les-Vignes 78 ........ 57 H 2
Chantelouve 38 ........ 251 F 4
Chantemerle 51 ........ 90 A 2

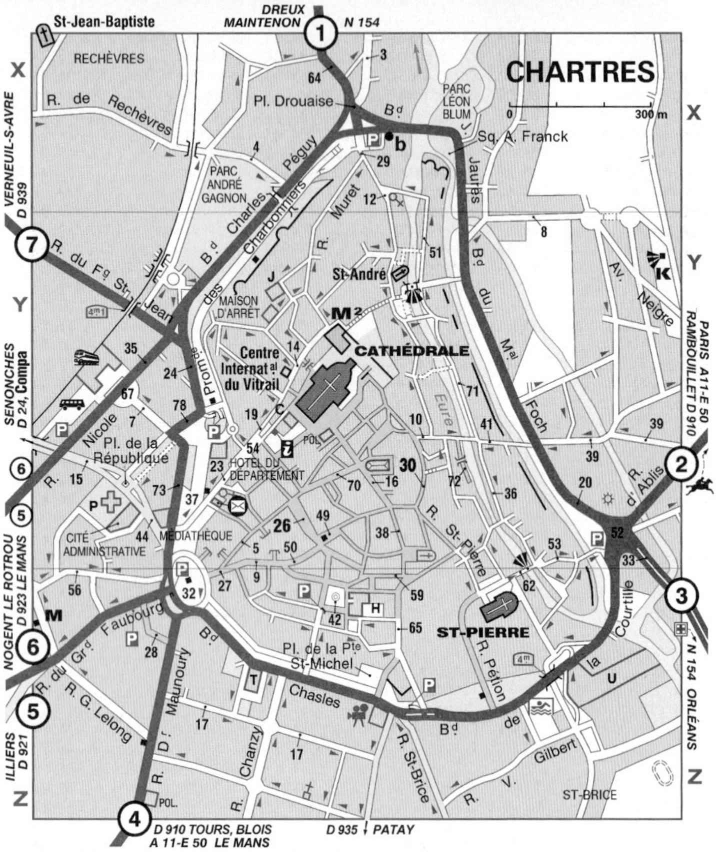

CHARTRES
DREUX MAINTENON
N 154
St-Jean-Baptiste
RECHÈVRES
R. de Rechèvres
Pl. Drouaise
PARC LÉON BLUM
Sq. A. Franck
300 m
PARC ANDRÉ GAGNON
MAISON D'ARRÊT
St-André
Centre Internat^al du Vitrail
CATHÉDRALE
Pl. de la République
HÔTEL DU DÉPARTEMENT
MÉDIATHÈQUE
CITÉ ADMINISTRATIVE
Faubourg
Pl. de la P^te St-Michel
ST-PIERRE
Chasles
St-Brice
ST-BRICE
Gilbert
VERNEUIL-S-AVRE D 939
SENONCHES D 24, Compa
NOGENT LE ROTROU D 923 LE MANS
ILLIERS D 921
PARIS A 11-E 50 RAMBOUILLET D 910
N 154 ORLÉANS
D 910 TOURS, BLOIS A 11-E 50 LE MANS
D 935 PATAY



Aligre (Av. d') . . . . . X 3
Alsace-Lorraine (Av. d') . . . . . X 4
Ballay (R. Noël) . . . . . Y 5
Beauce (Av. Jehan-de) . . . . . Y 7
Bethouard (Av.) . . . . . Y 8
Bois-Merrain (R. du) . . . . . Y 9
Bourg (R. du) . . . . . Y 10
Brèche (R. de la) . . . . . X 12
Cardinal-Pie (R. du) . . . . . Y 14
Casanova (R. Danièle) . . . . . Y 15
Changes (R. des) . . . . . Y 16
Châteaudun (R. de) . . . . . Z 17
Châtelet (Pl.) . . . . . Y 18
Cheval-Blanc (R. du) . . . . . Y 19
Clemenceau (Bd) . . . . . Y 20
Collin-d'Harleville (R.) . . . . . Y 23
Couronne (R. de la) . . . . . Y 24
Cygne (Pl. du) . . . . . Y 26
Delacroix (R. Jacques) . . . . . Y 27
Dr-Gibert (R. du) . . . . . Z 28
Drouaise (R. Porte) . . . . . X 29
Écuyers (R. des) . . . . . Y 30
Épars (Pl. des) . . . . . Z 32
Faubourg La Grappe (R. du) . . . . . Y 33
Félibien (R.) . . . . . Y 35
Fessard (R. G.) . . . . . Y 78
Foulerie (R. de la) . . . . . Y 36
Gaulle (Pl. Gén.-de) . . . . . Y 37
Grenets (R. des) . . . . . Y 38
Guillaume (R. du Fg) . . . . . Y 39
Guillaume (R. Porte) . . . . . Y 41
Halles (Pl. des) . . . . . Z 42
Koenig (R. du Gén.) . . . . . Y 44
Marceau (Pl.) . . . . . Y 49
Marceau (R.) . . . . . Y 50
Massacre (R. du) . . . . . Y 51
Morard (Pl.) . . . . . Y 52
Morard (R. de la Porte) . . . . . Y 53
Moulin (Pl. Jean) . . . . . Y 54
Péri (R. Gabriel) . . . . . Z 56
Poêle-Percée (R. de la) . . . . . Z 59
St-Hilaire (R. du Pont) . . . . . Z 62
St-Maurice (R.) . . . . . X 64
St-Michel (R.) . . . . . Z 65
Semard (Pl. Pierre) . . . . . Y 67
Soleil-d'Or (R. du) . . . . . Y 70
Tannerie (R. de la) . . . . . Y 71
Teinturiers (Q. des) . . . . . Y 72
Violette (Bd Maurice) . . . . . Y 73



Chantemerle *05* . . . . . 252 C 4
Chantemerle-les-Blés *26* . . . . . 249 F 2
Chantemerle-lès-Grignan *26* . . . . . 267 F 5
Chantemerle-sur-la-Soie *17* . . . . . 201 G 3
Chantemesle *95* . . . . . 57 F 1
Chantenay-Saint-Imbert *58* . 174 C 5
Chantenay-Villedieu *72* . . . . . 107 E 5
Chantepie *35* . . . . . 104 B 3
Chantérac *24* . . . . . 239 H 2
Chanterelle *15* . . . . . 227 E 5
Chantes *70* . . . . . 140 D 4
Chantesse *38* . . . . . 250 B 1
Chanteuges *43* . . . . . 246 C 3
Chantillac *16* . . . . . 220 B 5
Chantilly *60* . . . . . 38 D 4
Chantôme *36* . . . . . 188 D 3
Chantonnay *85* . . . . . 166 C 5
Chantraine *88* . . . . . 119 F 2
Chantraines *52* . . . . . 117 E 2
Chantrans *25* . . . . . 180 B 1
Chantrigné *53* . . . . . 82 B 4
Chanturgue *Plateau de 63* . . 209 H 5
Chanu *61* . . . . . 53 E 4
Chanville *57* . . . . . 66 C 1
Chanzeaux *49* . . . . . 149 F 3
Chaon *41* . . . . . 133 H 5
Chaouilley *54* . . . . . 94 C 3
Chaource *10* . . . . . 115 E 4
Chaourse *02* . . . . . 25 G 4
Chapaize *71* . . . . . 194 D 1
Chapareillan *38* . . . . . 233 F 3
Chaparon *74* . . . . . 215 H 4
Chapdes-Beaufort *63* . . . . . 209 F 4
Chapdeuil *24* . . . . . 221 H 5
Chapeau *03* . . . . . 192 C 2
Chapeauroux *48* . . . . . 265 E 1
Chapeiry *74* . . . . . 215 F 4
Chapelaine *51* . . . . . 91 H 2
La Chapelaude *03* . . . . . 190 C 3
La Chapelle *08* . . . . . 27 F 3
La Chapelle *16* . . . . . 203 E 4
La Chapelle *03* . . . . . 210 C 2
La Chapelle *19* . . . . . 225 H 4
La Chapelle *73* . . . . . 234 A 4
La Chapelle-Achard *85* . . . . . 182 B 1
La Chapelle-Agnon *63* . . . . . 228 D 2
La Chapelle-Anthenaise *53* . 106 A 3
La Chapelle-au-Mans *71* . . . . . 193 F 1
La Chapelle-au-Moine *61* . . . . . 53 E 4
La Chapelle-au-Riboul *53* . . . . . 82 C 5
La Chapelle-Aubareil *24* . . . . . 241 G 4
La Chapelle-aux-Bois *88* . . . . . 119 F 4
La Chapelle-aux-Brocs *19* . . 242 C 2
La Chapelle-aux-Chasses *03* . . . . . 175 F 5
La Chapelle-aux-Choux *72* . . 130 A 5
La Chapelle-aux-Filtzméens *35* . . . . . 80 A 4
La Chapelle-aux-Lys *85* . . . . . 184 C 1
La Chapelle-aux-Naux *37* . . . . . 151 F 3
La Chapelle-aux-Saints *19* . . 242 D 4
La Chapelle-Baloue *23* . . . . . 188 D 4
La Chapelle-Basse-Mer *44* . . 148 A 3
La Chapelle-Bâton *79* . . . . . 185 E 2
La Chapelle-Bâton *17* . . . . . 201 H 2
La Chapelle-Bâton *86* . . . . . 203 H 1
La Chapelle-Bayvel *27* . . . . . 35 E 3
La Chapelle-Bertin *43* . . . . . 246 D 2
La Chapelle-Bertrand *79* . . . . . 185 G 1
La Chapelle-Biche *61* . . . . . 53 E 4
La Chapelle-Blanche *22* . . . . . 103 G 1
La Chapelle-Blanche *73* . . . . . 233 G 3
La Chapelle-Blanche-Saint-Martin *37* . . . . . 170 A 1
La Chapelle-Bouëxic *35* . . . . . 103 H 5
La Chapelle-Caro *56* . . . . . 102 D 5
La Chapelle-Cécelin *50* . . . . . 52 A 3
La Chapelle-Chaussée *35* . . . . . 80 A 5
La Chapelle-Craonnaise *53* . 105 G 5
La Chapelle-d'Abondance *74* . . . . . 198 D 4
La Chapelle-d'Alagnon *15* . . . 245 F 3
La Chapelle-d'Aligné *72* . . . . . 129 E 3
La Chapelle-d'Andaine *61* . . . . . 82 C 2
La Chapelle-d'Angillon *18* . . . 155 E 3
La Chapelle-d'Armentières *59* . . 8 C 2
La Chapelle-d'Aunainville *28* . 86 D 4
La Chapelle-d'Aurec *43* . . . . . 229 H 5
La Chapelle-de-Bragny *71* . . 194 D 1
La Chapelle-de-Brain *35* . . . . . 126 A 3
La Chapelle-de-Guinchay *71* . . . . . 194 D 5
La Chapelle-de-la-Tour *38* . . . 232 B 2
La Chapelle-de-Mardore *69* . . . . . 212 A 2
La Chapelle-de-Surieu *38* . . . 231 F 4
Chapelle-des-Bois *25* . . . . . 197 G 1
La Chapelle-des-Fougeretz *35* . . . . . 104 A 2
La Chapelle-des-Marais *44* . 146 B 1
La Chapelle-des-Pots *17* . . . . . 201 G 5
La Chapelle-devant-Bruyères *88* . . . . . 120 A 2
Chapelle-d'Huin *25* . . . . . 180 B 2
La Chapelle-du-Bard *38* . . . . . 233 G 4
La Chapelle-du-Bois *72* . . . . . 108 C 2
La Chapelle-du-Bois-des-Faulx *27* . . . . . 36 B 5
La Chapelle-du-Bourgay *76* . . . 20 B 2
La Chapelle-du-Châtelard *01* . . . . . 213 G 2
La Chapelle-du-Chêne *85* . . . 129 E 2
La Chapelle-du-Fest *50* . . . . . 32 C 5
La Chapelle-du-Genêt *49* . . . . . 148 C 4
La Chapelle-du-Lou *35* . . . . . 103 H 1
La Chapelle-du-Mont-de-France *71* . . . . . 194 C 3
La Chapelle-du-Mont-du-Chat *73* . . . . . 233 E 1
La Chapelle-du-Noyer *28* . . . . . 109 H 4
La Chapelle-en-Juger *50* . . . . . 32 A 5
La Chapelle-en-Lafaye *42* . . . 229 G 4
La Chapelle-en-Serval *60* . . . . . 38 D 5
La Chapelle-en-Valgaudémar *05* . . . . . 251 H 5
La Chapelle-en-Vercors *26* . . 250 B 4
La Chapelle-en-Vexin *95* . . . . . 37 F 5
La Chapelle-Enchérie *41* . . . . . 131 H 3
La Chapelle-Engerbold *14* . . . . . 53 E 2
La Chapelle-Erbrée *35* . . . . . 105 F 3
La Chapelle-Faucher *24* . . . . . 222 C 5
La Chapelle-Felcourt *51* . . . . . 62 D 1
La Chapelle-Forainvilliers *28* . . 57 E 5
La Chapelle-Fortin *28* . . . . . 55 H 5
La Chapelle-Gaceline *56* . . . . . 125 G 2
La Chapelle-Gaudin *79* . . . . . 167 H 2
La Chapelle-Gaugain *72* . . . . . 130 D 3
La Chapelle-Gauthier *27* . . . . . 55 E 2
La Chapelle-Gauthier *77* . . . . . 88 D 3
La Chapelle-Geneste *43* . . . . . 228 D 5
La Chapelle-Glain *44* . . . . . 127 F 4
La Chapelle-Gonaguet *24* . . . 240 B 1
La Chapelle-Grésignac *24* . . . 221 G 4
Chapelle-Guillaume *28* . . . . . 109 E 3
La Chapelle-Hareng *27* . . . . . 35 E 5
La Chapelle-Haute-Grue *14* . . . 54 C 2
La Chapelle-Hermier *85* . . . . . 165 F 5
La Chapelle-Heulin *44* . . . . . 148 A 4
La Chapelle-Hugon *18* . . . . . 174 A 3
La Chapelle-Hullin *49* . . . . . 127 G 3
La Chapelle-Huon *72* . . . . . 131 E 2
La Chapelle-Iger *77* . . . . . 59 H 5
La Chapelle-Janson *35* . . . . . 81 F 4
La Chapelle-la-Reine *77* . . . . . 88 A 5
La Chapelle-Largeau *79* . . . . . 167 E 2
La Chapelle-Lasson *51* . . . . . 90 C 2
La Chapelle-Launay *44* . . . . . 146 D 2
La Chapelle-Laurent *15* . . . . . 246 A 2
La Chapelle-lès-Luxeuil *70* . . 141 G 2
La Chapelle-Marcousse *63* . . . . . 227 H 4
La Chapelle-Montabourlet *24* . . . . . 221 H 4
La Chapelle-Montbrandeix *87* . . . . . 222 D 2
La Chapelle-Monthodon *02* . . . 60 D 1
La Chapelle-Montligeon *61* . . . 84 C 3
La Chapelle-Montlinard *18* . . 156 B 5
La Chapelle-Montmartin *41* . . . . . 153 H 4
La Chapelle-Montmoreau *24* . . . . . 222 B 4
La Chapelle-Montreuil *86* . . . 186 A 2
Chapelle-Morthemer *86* . . . . . 186 D 2
La Chapelle-Moulière *86* . . . . . 186 D 1
La Chapelle-Moutils *77* . . . . . 60 B 4
La Chapelle-Naude *71* . . . . . 195 H 1
La Chapelle-Neuve *22* . . . . . 77 E 2
La Chapelle-Neuve *56* . . . . . 101 H 5
La Chapelle-Onzerain *45* . . . . . 110 B 4
La Chapelle-Orthemale *36* . . 171 F 4
La Chapelle-Palluau *85* . . . . . 165 G 3
La Chapelle-Péchaud *24* . . . . . 259 F 1
La Chapelle-Pouilloux *79* . . . 203 E 1
La Chapelle-près-Sées *61* . . . . . 83 H 2
La Chapelle-Rablais *77* . . . . . 88 D 3
La Chapelle-Rainsouin *53* . . . 106 B 3
La Chapelle-Rambaud *74* . . . 215 H 1
La Chapelle-Réanville *27* . . . . . 36 D 5
La Chapelle-Rousselin *49* . . . 149 E 4
Chapelle-Royale *28* . . . . . 109 F 3
La Chapelle-Saint-André *58* . . . . . 156 D 2
La Chapelle-Saint-Aubert *35* . . 81 E 5
La Chapelle-Saint-Aubin *72* . . . . . 107 G 4
La Chapelle-Saint-Étienne *79* . . . . . 167 F 5
La Chapelle-Saint-Florent *49* . . . . . 148 C 3
La Chapelle-Saint-Fray *72* . . 107 G 3
La Chapelle-Saint-Géraud *19* . . . . . 243 F 4
La Chapelle-Saint-Jean *24* . . 241 G 2
La Chapelle-Saint-Laud *49* . . 129 E 5
La Chapelle-Saint-Laurent *79* . . . . . 167 G 4
La Chapelle-Saint-Laurian *36* . . . . . 172 A 1
La Chapelle-Saint-Luc *10* . . . . . 90 D 5
La Chapelle-Saint-Martial *23* . . . . . 207 F 3
La Chapelle-Saint-Martin *73* . . . . . 232 D 1
La Chapelle-Saint-Martin-en-Plaine *41* . . . . . 132 B 4
La Chapelle-Saint-Maurice *74* . . . . . 215 G 5
La Chapelle-Saint-Mesmin *45* . . . . . 133 E 2
La Chapelle-Saint-Ouen *76* . . . 36 D 1
La Chapelle-Saint-Quillain *70* . . . . . 161 G 1
La Chapelle-Saint-Rémy *72* . . . . . 108 B 3
La Chapelle-Saint-Sauveur *44* . . . . . 148 D 1
La Chapelle-Saint-Sauveur *71* . . . . . 178 C 3
La Chapelle-Saint-Sépulcre *45* . . . . . 112 D 4
La Chapelle-Saint-Sulpice *77* . . . . . 89 F 3
La Chapelle-Saint-Ursin *18* . . . . . 173 E 1
La Chapelle-Souëf *61* . . . . . 84 C 5
La Chapelle-sous-Brancion *71* . . . . . 195 E 2
La Chapelle-sous-Dun *71* . . . 194 A 5
La Chapelle-sous-Orbais *51* . . . 61 E 2
La Chapelle-sous-Uchon *71* . . . . . 176 C 3
Chapelle-Spinasse *19* . . . . . 225 F 5
La Chapelle-sur-Aveyron *45* . . . . . 135 E 2
La Chapelle-sur-Chézy *02* . . . . . 60 B 2
La Chapelle-sur-Coise *69* . . . . . 230 C 2
La Chapelle-sur-Crécy *77* . . . . . 59 G 3
La Chapelle-sur-Dun *76* . . . . . 19 H 2
La Chapelle-sur-Erdre *44* . . . . . 147 G 3
La Chapelle-sur-Furieuse *39* . . . . . 179 G 1
La Chapelle-sur-Loire *37* . . . . . 151 E 4
La Chapelle-sur-Oreuse *89* . . . . . 89 G 5
La Chapelle-sur-Oudon *49* . . 128 A 4
La Chapelle-sur-Usson *63* . . . 228 B 4
La Chapelle-sur-Vire *50* . . . . . 52 B 1
La Chapelle-Taillefert *23* . . . . . 207 E 2
La Chapelle-Thècle *71* . . . . . 195 G 1
La Chapelle-Thémer *85* . . . . . 183 G 1
La Chapelle-Thireuil *79* . . . . . 184 D 1
La Chapelle-Thouarault *35* . . 103 H 2
La Chapelle-Urée *50* . . . . . 52 A 5
Chapelle-Vallon *10* . . . . . 90 D 4
La Chapelle-Vaupelteigne *89* . . . . . 136 C 2
La Chapelle-Vendômoise *41* . . . . . 131 H 4
La Chapelle-Vicomtesse *41* . . . . . 109 F 5
La Chapelle-Viel *61* . . . . . 55 F 5


## CHÂTEAUROUX


Albert 1er (R.) . . . . . BY 2
Bourdillon (R.) . . . . . BZ 8
Cantrelle (R.) . . . . . ABZ 10
Château-Raoul (R. du) . . . . . AY 13
Châtre (Av. de la) . . . . . BZ 14
Croix-Normand (Bd) . . . . . BZ 17
États-Unis (R. des) . . . . . BY 20
Fournier (R. A.) . . . . . BY 23
Gallieni (R.) . . . . . BZ 24
Gambetta (Pl.) . . . . . BY 25
Gare (R. de la) . . . . . BY
Grande (R.) . . . . . BY 27
Jeux-Marins (Av. des) . . . . . AY 29
J.-J.-Rousseau (R.) . . . . . AY 28
Kennedy (Av. J.-F.) . . . . . AZ 30
Ledru-Rollin (R.) . . . . . BY 31
Lemoine (Av. Marcel) . . . . . BY 32
Marins (Av. des) . . . . . AY 33
Mitterrand (Av. F.) . . . . . AY 35
Palais-de-Justice (R. du) . . . . . ABZ 37
Paris (Av. de) . . . . . BY 38
Pont-Neuf (Av. du) . . . . . AY 40
République (Pl. de la) . . . . . AY 44
Ste-Hélène (Pl.) . . . . . BY 48
St-Luc (R.) . . . . . BY 46
Victoire et des Alliés (Pl. de la) . . . . . AY 53
Victor-Hugo (R.) . . . . . ABY 54
6-Juin 1944 Débarquement Allié (Av. du) . . . . . AY 58


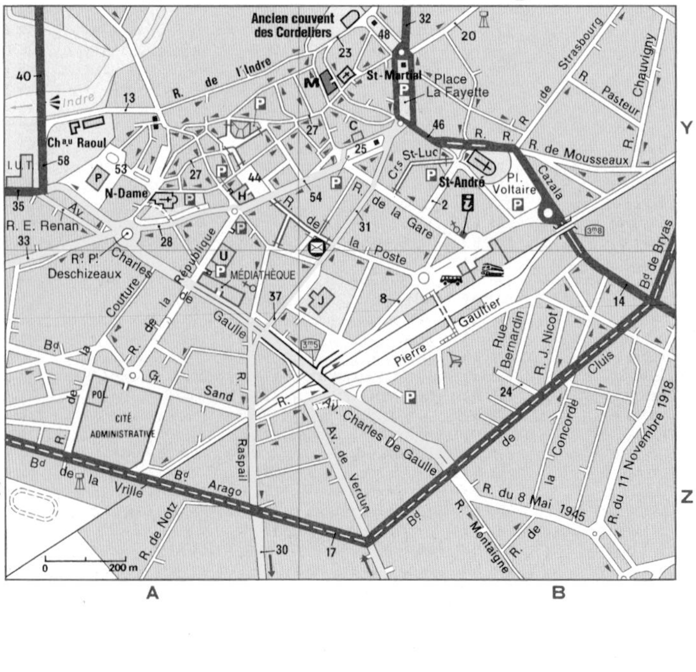

Ancien couvent des Cordeliers
St-Martial
Place La Fayette
R. de l'Indre
Ch^au Raoul
N-Dame
St-André
Pl. Voltaire
R. de Mousseaux
St-Luc
R. de la Gare
R. de la Poste
R. E. Renan
R^d P^t Deschizeaux
MÉDIATHÈQUE
CITÉ ADMINISTRATIVE
Av. Charles De Gaulle
Pierre Gaultier
Rue Bernardin
R. J. Nicot
Cluis
R. de la Concorde
R. du 8 Mai 1945
R. du 11 Novembre 1918
Bd de la Vrille
Arago
Raspail
Av. de Verdun
R. de Notz
R. Montaigne
Bd de Bryas
Strasbourg
Chauvigny
Pasteur
Cazala
200 m

La Chapelle-Villars 42 230 D3
Chapelle-Viviers 86 187 E2
Chapelle-Voland 39 178 D4
La Chapelle-Yvon 14 54 D1
Les Chapelles 53 82 D3
Les Chapelles 73 234 D2
Les Chapelles-Bourbon 77 59 F4
Chapelon 45 112 B4
La Chapelotte 18 155 G3
Chapet 78 57 H2
Les Chapieux 73 216 D5
Chapois 39 179 H3
Chaponnay 69 231 F2
Chaponost 69 230 D1
Chaponost Arches de 69 231 E1
Chappes 08 26 A5
Chappes 10 115 F3
Chappes 03 191 F4
Chappes 63 210 A4
Chaptelat 87 205 G4
Chaptuzat 63 209 H3
Charade 63 227 G1
Charancieu 38 232 C3
Charancin 01 214 C3
Charantonnay 38 231 G3
Charavines 38 232 C4
Charbogne 08 42 C1
Charbonnat 71 176 B4
Charbonnier-les-Mines 63 228 A4
Charbonnières 28 109 E2
Charbonnières 71 195 E3
Charbonnières-les-Bains 69 212 D5
Charbonnières-les-Sapins 25 162 B4
Charbonnières-les-Varennes 63 209 G4
Charbonnières-les-Vieilles 63 209 G3
Charbuy 89 136 A3
La Charce 26 268 C4
Charcé-Saint-Ellier-sur-Aubance 49 149 H3
Charcenne 70 161 G2
Charchigné 53 82 C4
Charchilla 39 196 D2
Charcier 39 179 G5
Chard 23 208 C4
Chardeny 08 42 C2
Chardes 17 219 H5
Chardogne 55 63 G3
Chardonnay 71 195 E2
Chareil-Cintrat 03 192 A5
Charencey 21 159 F2
Charency 39 180 A4
Charency-Vezin 54 44 C2
Charens 26 268 C4
Charensat 63 208 D3
Charentay 69 212 D2
Charentenay 89 136 B5
Charentenay 70 140 C5
Charentilly 37 151 H1
Charenton 58 156 B4
Charenton-du-Cher 18 173 H5
Charenton-le-Pont 94 58 C4
Charentonnay 18 156 A5
Charette 38 214 A5
Charette-Varennes 71 178 C2
Charey 54 65 F2
Charézier 39 196 D1
Chargé 37 152 C2
Chargey-lès-Gray 70 161 E1
Chargey-lès-Port 70 140 D3
Chariez 70 141 E4
Charigny 21 158 D2
La Charité-sur-Loire 58 156 B5
Charix 01 196 D5
Charlas 31 316 B5
Charleval 27 36 D2
Charleval 13 305 G3
Charleville 51 61 E4
Charleville-Mézières 08 26 D3
Charleville-sous-Bois 57 46 B5
Charlieu 42 211 H1
Charly 18 173 H3
Charly 69 231 E2
Charly-Oradour 57 45 H5
Charly-sur-Marne 02 60 B2
Charmant 16 221 F3
Charmauvillers 25 163 G3
Le Charme 45 135 F3
La Charme 39 179 E3
Charmé 16 203 F3
La Charmée 71 177 G5
Charmeil 03 210 B1
Le Charmel 02 40 D5
Charmensac 15 245 H2
Charmentray 77 59 F2
Charmes 02 24 B4
Charmes 88 95 E4
Charmes 52 117 F5
Charmes 21 160 C2
Charmes 03 210 A2
Charmes-en-l'Angle 52 92 D4
Charmes-la-Côte 54 94 A1
Charmes-la-Grande 52 92 C4
Charmes-Saint-Valbert 70 140 B3
Charmes-sur-l'Herbasse 26 249 G2
Charmes-sur-Rhône 07 249 E5
Charmette Col de la 38 232 D5
Les Charmettes 73 233 F2
Charmoille 70 141 E4
Charmoille 25 163 F3
Charmoilles 52 117 F5
Charmois 54 95 F2
Charmois 90 142 C3
Charmois-devant-Bruyères 88 119 G2
Charmois-l'Orgueilleux 88 119 E3
Charmont 95 37 G5
Charmont 51 63 E3
Charmont-en-Beauce 45 111 F2
Charmont-sous-Barbuise 10 91 E4
Les Charmontois 51 63 F2
Charmoy 10 90 A4
Charmoy 89 113 H5
Charmoy 52 140 A2
Charmoy 71 176 D4
Charnas 07 231 E5
Charnat 63 210 B3
Charnay 25 161 H5
Charnay 69 212 D4
Charnay-lès-Chalon 71 178 B2
Charnay-lès-Mâcon 71 195 E4
Charnècles 38 232 C5
Charnizay 37 170 B3
Charnod 39 196 B4
Charnois 08 17 F4
Charnoz-sur-Ain 01 213 H4
Charny 77 59 F2
Charny 89 135 F2
Charny 21 159 E3
Charny-le-Bachot 10 90 B2
Charny-sur-Meuse 55 44 B5
Charolles 71 194 A3
Charols 26 267 G3
Charonville 28 109 H2
Chârost 18 172 C2
Charousse 74 216 C3
Charpentry 55 43 F3
Charpey 26 249 G4
Charpont 28 56 D5
Charquemont 25 163 G3
Charrais 86 168 D5
Charraix 43 246 C4
Charras 16 221 H3
Charray 28 109 H5
Charre 64 313 F4
Charrecey 71 177 F3
Charrey-sur-Saône 21 160 B5
Charrey-sur-Seine 21 115 H5
Charrin 58 175 F4
Charritte-de-Bas 64 313 F4
Charron 17 183 F4
Charron 23 208 C2
Charroux 86 203 H1
Charroux 03 209 H1
Chars 95 37 H5
Charsonville 45 110 B5
Chartainvilliers 28 86 B3
Chartèves 02 60 C1
La Chartre-sur-le-Loir 72 130 C4
Chartrené 49 150 B1
Chartres 28 86 A4
Chartres-de-Bretagne 35 104 B3
Chartrettes 77 88 B3
Chartrier-Ferrière 19 242 B3
Chartronges 77 60 B4
Chartuzac 17 219 H5
Charvieu-Chavagneux 38 213 H5
Charvonnex 74 215 G2
Chas 63 228 A1
Chaserey 10 115 E5
Chasnais 85 183 E2
Chasnans 25 162 C5
Chasnay 58 156 C4
Chasné-sur-Illet 35 80 C5
Chaspinhac 43 247 F3
Chaspuzac 43 247 E3
La Chassagne 39 179 E3
Chassagne 63 227 H4
Chassagne-Montrachet 21 177 G2
Chassagne-Saint-Denis 25 162 A5
Chassagnes 43 246 C2
Chassagnes 07 265 H5
Chassagny 69 230 D2
Chassaignes 24 239 F1
Chassal 39 196 D3
Chassant 28 85 F5
Chassé 72 83 H4
Chasse-sur-Rhône 38 231 E2
Chasseguey 50 52 B5
Chasselas 71 194 D5
Chasselay 69 213 E4
Chasselay 38 250 A1
Chassemy 02 40 C2
Chassenard 03 193 F3
Chasseneuil 36 188 C1
Chasseneuil-du-Poitou 86 186 C1
Chasseneuil-sur-Bonnieure 16 203 H5
Chassenon 16 204 D4
Chasseradès 48 265 F4
Chassey 21 159 E1
Chassey-Beaupré 55 93 G3
Chassey-le-Camp 71 177 G3
Chassey-lès-Montbozon 70 141 G5
Chassey-lès-Scey 70 140 D4
Chassezac *Belvédère du* 48 265 F5
Chassiecq 16 203 H3
Chassiers 07 266 A4
Chassieu 69 213 F5
Chassignelles 89 137 G3
Chassignieu 38 232 B3
Chassignolles 36 189 G2
Chassignolles 43 228 C5
Chassigny 52 139 H3
Chassigny-sous-Dun 71 194 A5
Chassillé 72 107 E4
Chassiron *Phare de* 17 200 A2
Chassors 16 220 C1
Chassy 89 135 H2
Chassy 18 174 A1
Chassy 71 193 G1
Le Chastang 19 242 D2
Chastang *Barrage du* 19 243 F2
Chastanier 48 265 E2
Chasteaux 19 242 B3
Chastel 43 246 B3
Chastel-Arnaud 26 268 A2
Chastel-Nouvel 48 264 C4
Chastel-sur-Murat 15 245 F3
Chastellux-sur-Cure 89 157 H2
Chastenay 89 136 A4
Chasteuil 04 308 A1
Chastreix 63 227 E3
La Châtaigneraie 85 167 E5
Chatain 86 203 H2
Châtaincourt 28 56 C5
Châtas 88 96 C4
Château 71 194 C3
Château-Arnoux-Saint-Auban 04 287 G3
Château-Bas 13 305 G3
Château-Bernard 38 250 C4
Château-Bréhain 57 66 C3
Château-Chalon 39 179 F4
Château-Chervix 87 223 H2
Château-Chinon 58 176 A1
Le Château-d'Almenêches 61 54 B5
Château-des-Prés 39 197 E2
Le Château-d'Oléron 17 200 B4
Château-d'Olonne 85 182 A1
Château-du-Loir 72 130 B4
Château-Farine 25 161 H4
Château Gaillard 27 36 D4
Château-Gaillard 28 111 E3
Château-Gaillard 01 214 A3
Château-Garnier 86 186 C5
Château-Gombert 13 327 E2
Château-Gontier 53 128 B2
Château-Guibert 85 183 E1
Château-Guillaume 36 188 A3
Château-la-Vallière 37 151 F1
Château-l'Abbaye 59 9 G4
Château-Lambert 70 120 A5
Château-Landon 77 112 B3
Château-Larcher 86 186 B3
Château-l'Évêque 24 240 C1
Château-l'Hermitage 72 130 A3
Château-Porcien 08 42 A1
Château-Queyras 05 271 E1
Château-Regnault 08 26 D2
Château-Renard 45 112 D5
Château-Renault 37 131 F5
Château-Rouge 57 46 D4
Château-Salins 57 66 C4
Château-sur-Allier 03 174 B4
Château-sur-Cher 63 208 C2
Château-sur-Epte 27 37 F4
Château-Thébaud 44 147 H5
Château-Thierry 02 60 C1
Château-Verdun 09 336 B5
Château-Ville-Vieille 05 271 E1
Château-Voué 57 66 D3
Châteaubernard 16 220 B1
Châteaubleau 77 89 E2
Châteaubourg 35 104 D3
Châteaubourg 07 249 E4
Châteaubriant 44 127 E3
Châteaudouble 26 249 G5
Châteaudouble 83 308 A4
Châteaudun 28 109 H4
Châteaufort 78 58 A5
Châteaufort 04 287 G1
Châteaugay 63 209 H5
Châteaugiron 35 104 C3
Châteaulin 29 75 H5
Châteaumeillant 18 190 A2
Châteauneuf 21 159 F4
Châteauneuf 39 161 F4
Châteauneuf 85 164 D2
Châteauneuf 71 194 A5
Châteauneuf 42 230 D3
Châteauneuf 73 233 H2
Châteauneuf-de-Bordette 26 285 H1
Châteauneuf-de-Chabre 05 287 F1
Châteauneuf-de-Gadagne 84 305 E1
Châteauneuf-de-Galaure 26 249 F1
Châteauneuf-de-Randon 48 264 D3
Châteauneuf-de-Vernoux 07 248 D5
Châteauneuf-d'Entraunes 06 289 F3
Châteauneuf-d'Ille-et-Vilaine 35 79 H3
Châteauneuf-d'Oze 05 269 F4
Châteauneuf-du-Faou 29 76 B5
Châteauneuf-du-Pape 84 285 F4
Châteauneuf-du-Rhône 26 267 E4
Châteauneuf-en-Thymerais 28 85 H2
Châteauneuf-Grasse 06 309 E3
Châteauneuf-la-Forêt 87 224 C1
Châteauneuf-le-Rouge 13 306 B5
Châteauneuf-les-Bains 63 209 F3
Châteauneuf-les-Martigues 13 326 C2
Châteauneuf-lès-Moustiers 04 307 H1
Châteauneuf-Miravail 04 287 E3
Châteauneuf-sur-Charente 16 220 D2
Châteauneuf-sur-Cher 18 173 E3
Châteauneuf-sur-Isère 26 249 F4
Châteauneuf-sur-Loire 45 133 H2
Châteauneuf-sur-Sarthe 49 128 D4
Châteauneuf-Val-de-Bargis 58 156 C4
Châteauneuf-Val-Saint-Donat 04 287 G3
Châteauneuf-Villevieille 06 291 F5
Châteauponsac 87 205 H1
Châteauredon 04 288 A4
Châteaurenard 13 304 D1
Châteaurenaud 71 178 C5
Châteauroux 36 171 H4
Châteauroux-les-Alpes 05 270 C2
Châteauvert 83 307 F5
Châteauvieux 41 153 E4
Châteauvieux 05 269 G4
Châteauvieux 83 308 B2
Châteauvieux-les-Fossés 25 162 B5
Châteauvilain 38 232 A3
Châteauvillain 52 116 C4
Châtel 74 198 D4
Le Châtel 73 234 A5
Châtel-Censoir 89 157 F1
Chatel-Chéhéry 08 43 F3
Châtel-de-Joux 39 196 D2
Châtel-de-Neuvre 03 192 A3
Châtel-Gérard 89 137 F5
Châtel-Guyon 63 209 G4
Châtel-Montagne 03 210 D2
Châtel-Moron 71 177 F4
Châtel-Saint-Germain 57 65 G1
Châtel-sur-Moselle 88 95 F4
Châtelaillon-Plage 17 200 C2
Châtelain 53 128 C2
La Châtelaine 39 179 G3
Châtelais 49 127 H3
Châtelard 23 208 C3
Le Châtelard 73 233 G1
Châtelard 38 251 G3
Châtelaudren 22 73 G5
Chatelay 39 179 F1
Châtelblanc 25 180 B5
Châteldon 63 210 C3
Le Châtelet 18 190 A1
Châtelet *Pont du* 04 271 E3
Le Châtelet-en-Brie 77 88 C3
Le Châtelet-sur-Retourne 08 42 A2
Le Châtelet-sur-Sormonne 08 26 B2
Les Châtelets 28 56 A5
Le Chateley 39 179 E3
Le Châtelier 51 63 F2
Châtellenot 21 159 E4
Châtellerault 86 169 G4
Le Châtellier 61 53 E5
Le Châtellier 35 81 E3
Les Châtelliers-Châteaumur 85 167 E3
Les Châtelliers-Notre-Dame 28 85 G5
Châtelneuf 39 179 H5
Châtelneuf 42 229 G2
Chateloy 03 191 E2
Châtelperron 03 192 D3
Châtelraould-Saint-Louvent 51 62 C5
Châtelus 03 211 E1
Châtelus 42 230 B2
Châtelus 38 250 B3
Châtelus-le-Marcheix 23 206 C3
Châtelus-Malvaleix 23 189 G5
Châtenay 28 86 D5
Châtenay 71 194 A5
Châtenay 01 213 H2
Châtenay 38 231 H5
Châtenay-en-France 95 58 D1
Chatenay-Mâcheron 52 139 H2
Châtenay-Malabry 92 58 B4
Châtenay-sur-Seine 77 89 E4
Chatenay-Vaudin 52 139 H2
Chatenet 17 220 B5
Le Châtenet-en-Dognon 87 206 B4
Châteney 70 141 G3
Châtenois 88 94 B5
Châtenois 67 97 E4
Châtenois 70 141 G3
Châtenois 39 161 E5
Châtenois-les-Forges 90 142 C4
Châtenoy 77 112 B2
Châtenoy 45 134 A2
Châtenoy-en-Bresse 71 177 H4
Châtenoy-le-Royal 71 177 H4
Châtignac 16 220 D5
Chatignonville 91 87 E3
Châtillon 92 58 B4
Châtillon 39 179 G5
Châtillon 86 186 A4
Châtillon 03 191 H3
Châtillon 69 212 D4
Châtillon *Crêt de* 74 215 G4
Châtillon-Coligny 45 135 E3
Châtillon-en-Bazois 58 175 G1
Châtillon-en-Diois 26 268 C2
Châtillon-en-Dunois 28 109 G3
Châtillon-en-Michaille 01 214 D1
Châtillon-en-Vendelais 35 105 F2
Châtillon-Guyotte 25 162 B2
Châtillon-la-Borde 77 88 C3
Châtillon-la-Palud 01 213 H3
Châtillon-le-Duc 25 161 H3
Châtillon-le-Roi 45 111 F3
Châtillon-lès-Sons 02 24 D3
Châtillon-Saint-Jean 26 249 H3
Châtillon-sous-les-Côtes 55 44 C5
Châtillon-sur-Bar 08 43 E1
Châtillon-sur-Broué 51 92 A2
Châtillon-sur-Chalaronne 01 213 F1
Châtillon-sur-Cher 41 153 F4
Châtillon-sur-Cluses 74 216 C1
Châtillon-sur-Colmont 53 82 A5
Châtillon-sur-Indre 36 170 D2
Châtillon-sur-Lison 25 161 H5
Châtillon-sur-Loire 45 134 D5
Châtillon-sur-Marne 51 41 E5
Châtillon-sur-Morin 51 60 D5
Châtillon-sur-Oise 02 24 C3
Châtillon-sur-Saône 88 118 B5
Châtillon-sur-Seine 21 138 A2
Châtillon-sur-Thouet 79 168 A5
Châtin 58 175 H1
Chatoillenot 52 139 G4
Chatonnay 39 196 B3
Chatonnay 38 231 H3
Chatonrupt 52 92 D3
Chatou 78 58 A3
La Châtre 36 189 G1
La Châtre-Langlin 36 188 B3
Châtres 77 59 F5
Châtres 10 90 C3
Châtres 24 241 G2
Châtres-la-Forêt 53 106 C3
Châtres-sur-Cher 41 154 A4
Châtrices 51 63 F1
Chattancourt 55 43 H4
Chatte 38 250 A2
Chatuzange-le-Goubet 26 249 G4
Chaucenne 25 161 H3
Chauchailles 48 263 H1
Chauché 85 166 A3
Le Chauchet 23 208 B2
Chauchigny 10 90 D4
Chauconin 77 59 F2
Chauconin-Neufmontiers 77 59 F2
Chaucre 17 200 A2
Chaudanne *Barrage de* 04 308 B1
Chaudardes 02 41 E2
Chaudebonne 26 268 A4
Chaudefonds-sur-Layon 49 149 F3
Chaudefontaine 51 43 E5
Chaudefontaine 25 162 B2
Chaudenay 52 139 H2
Chaudenay 71 177 G2
Chaudenay-la-Ville 21 159 F5
Chaudenay-le-Château 21 159 F5
Chaudeney-sur-Moselle 54 94 B1
Chaudes-Aigues 15 263 G1
Chaudeyrac 48 265 E3
Chaudeyrolles 43 247 H4
La Chaudière 26 268 A3
Chaudière *Col de la* 26 267 H3
Chaudon 28 57 E5
Chaudon-Norante 04 288 B5
Chaudrey 10 91 F3
Chaudron-en-Mauges 49 148 D3
Chaudun 02 40 B3
Chauffailles 71 194 A5
Chauffayer 05 269 G1
Chauffecourt 88 94 D4
Chauffour-lès-Bailly 10 115 G2
Chauffour-lès-Étréchy 91 87 F3
Chauffour-sur-Vell 19 242 C4
Chauffours 28 85 H4
Chauffourt 52 117 G5
Chauffry 77 60 A4
Chaufour-lès-Bonnières 78 56 D1
Chaufour-Notre-Dame 72 107 G4
Chaugey 21 178 C1
Chaulgnes 58 156 C5
Chaulhac 48 246 A5
Chaulieu 50 52 C4
La Chaulme 63 229 F4
Chaulnes 80 23 F2
Chaum 31 334 B3
Chaumard 58 158 A5
La Chaume 21 138 C2
La Chaume 85 182 A1
Chaume-et-Courchamp 21 139 G5
Chaume-lès-Baigneux 21 138 B5
Chaumeil 19 225 E4
Chaumercenne 70 161 F3
Chaumeré 35 104 D4
Chaumergy 39 179 E3
Chaumes-en-Brie 77 59 F5
Chaumesnil 10 91 H4
Chaumont 61 54 D3
Chaumont 89 89 E5
Chaumont 52 117 E3
Chaumont 18 173 H4
Chaumont 39 197 E3
Chaumont 74 215 F2
Chaumont *Château de* 71 194 B2
Chaumont-d'Anjou 49 129 E5
Chaumont-devant-Damvillers 55 44 B4
Chaumont-en-Vexin 60 37 G4
Chaumont-la-Ville 52 117 H3
Chaumont-le-Bois 21 115 H5
Chaumont-le-Bourg 63 229 E4
Chaumont-Porcien 08 26 A4
Chaumont-sur-Aire 55 63 H2
Chaumont-sur-Loire 41 152 D1
Chaumont-sur-Tharonne 41 133 F5
Chaumontel 95 38 C5

Chaumot 89 113 F4
Chaumot 58 157 G4
Chaumousey 88 119 E2
Chaumoux-Marcilly 18 155 H5
Chaumussay 37 170 A3
La Chaumusse 39 197 E1
Chaumuzy 51 41 F5
Chaunac 17 220 B5
Chaunay 86 186 A5
Chauny 02 24 A5
Chauray 79 185 E4
Chauriat 63 228 A1
Chausey *Îles* 50 50 D2
La Chaussade 23 207 H3
La Chaussaire 49 148 B4
Chaussan 69 230 D2
La Chaussée 76 20 B2
La Chaussée 86 168 D3
La Chaussée-d'Ivry 28 56 D3
La Chaussée-Saint-Victor 41 132 A5
La Chaussée-sur-Marne 51 62 C3
La Chaussée-Tirancourt 80 22 A1
Chaussenac 15 243 H2
Chaussenans 39 179 G3
Chausseterre 42 211 E4
Chaussin 39 178 D2
Chaussoy-Epagny 80 22 C3
Chaussy 95 37 F5
Chaussy 45 111 E3
Le Chautay 18 174 B2
Chauvac 26 286 C1
Chauvé 44 146 D4
Chauve d'Aspremont *Mont* 06 291 E5
Chauvency-le-Château 55 27 H5
Chauvency-Saint-Hubert 55 27 H5
Chauvigné 35 80 D4
Chauvigny 86 187 E1
Chauvigny-du-Perche 41 109 F5
Chauvincourt 27 37 F3
Chauvirey-le-Châtel 70 140 B2
Chauvirey-le-Vieil 70 140 B3
Chauvoncourt 55 64 C3
Chauvry 95 58 B1
La Chaux 61 83 E2
Chaux 90 142 B2
Chaux 21 159 H5
La Chaux 71 178 C3
La Chaux 25 180 D1
Chaux-Champagny 39 179 H2
Chaux-des-Crotenay 39 180 A5
Chaux-des-Prés 39 197 E2
La Chaux-du-Dombief 39 197 E1
La Chaux-en-Bresse 39 179 E3
Chaux-la-Lotière 70 161 H2
Chaux-lès-Clerval 25 162 D2
Chaux-lès-Passavant 25 162 C3
Chaux-lès-Port 70 140 D3
Chaux-Neuve 25 180 B5
Chauzon 07 266 B5
Chavagnac 24 241 H3
Chavagnac 15 245 F2
Chavagne 35 104 A3
Chavagnes 49 149 H3
Chavagnes-en-Paillers 85 166 A2
Chavagnes-les-Redoux 85 166 D4
Chavagneux-Montbertand 38 231 H1
Chavaignes 49 150 C1
Chavanac 19 225 G2
Chavanat 23 207 F3
Chavanatte 90 142 D3
Chavanay 42 231 E4
Chavanges 10 91 H3
Chavaniac-Lafayette 43 246 D2
Chavannaz 74 215 F2
Chavanne 70 142 A4
Chavanne 39 179 E5
La Chavanne 73 233 G3
Chavannes 18 173 E3
Chavannes 26 249 F3
Les Chavannes-en-Maurienne 73 234 A4
Chavannes-les-Grands 90 142 D3
Chavannes-sur-l'Étang 68 142 D3
Chavannes-sur-Reyssouze 01 195 F3
Chavannes-sur-Suran 01 196 B5
Chavanod 74 215 F4
Chavanoz 38 213 H5
Les Chavants 74 216 D3
Chavaroux 63 210 A5
La Chavatte 80 23 F3
Chaveignes 37 169 F1
Chavelot 88 95 F5
Chavenat 16 221 F4
Chavenay 78 57 H3
Chavençon 60 37 H4
Chavenon 03 191 F3
Chavéria 39 196 C2
Chaveroche 19 225 H3
Chaveyriat 01 195 G5
Chavignol 18 155 H3
Chavignon 02 40 C1
Chavigny 02 40 B2
Chavigny 54 94 D1
Chavigny *Château de* 37 150 D5
Chavigny-Bailleul 27 56 B3
Chaville 92 58 B4
Chavin 36 188 D2
Chavoire 74 215 G3
Chavonne 02 40 D2
Chavornay 01 214 D4
Chavot-Courcourt 51 61 F1
Chavoy 50 51 H4
Chavroches 03 192 C4
Chay 25 179 G1
Le Chay 17 219 E1
Chazay-d'Azergues 69 212 D4
La Chaze-de-Peyre 48 264 A2
Chazé-Henry 49 127 G3
Chazé-sur-Argos 49 127 H4
Chazeaux 07 266 A3
Chazelet 36 188 C2
Le Chazelet 05 252 A3
Chazelles 39 196 A3
Chazelles 16 221 G2
Chazelles 15 246 B3
Chazelles 43 246 C4
Chazelles-sur-Albe 54 96 A1
Chazelles-sur-Lavieu 42 229 G3
Chazelles-sur-Lyon 42 230 B2
Chazelot 25 162 C1
Chazemais 03 190 C3
Chazeuil 21 139 G5
Chazeuil 58 157 E4
Chazey-Bons 01 214 D5
Chazey-sur-Ain 01 213 H4
Chazilly 21 159 F5
Chazot 25 163 E2
Chazoy 25 161 G3
La Chebuette 44 147 H3
Chécy 45 133 F2
Chedde 74 216 D3
Chédigny 37 152 C4
Chef-Boutonne 79 202 D1
Chef-du-Pont 50 31 H2
Chef-Haut 88 94 C4
Cheffes 49 128 C5
Cheffois 85 167 E5
Cheffreville-Tonnencourt 14 54 C1
Le Chefresne 50 52 A2
Chéhéry 08 27 E4
Cheignieu-la-Balme 01 214 C4
Cheillé 37 151 F4
Cheilly-lès-Maranges 71 177 F3
Chein-Dessus 31 334 D2
Cheissoux 87 206 C5
Le Cheix 63 209 H3
Le Cheix 63 227 G3
Cheix-en-Retz 44 147 E4
Chélan 32 316 A4
Chelers 62 7 H5
Chélieu 38 232 B3
Chelle-Debat 65 315 G5
Chelle-Spou 65 333 G1
Chelles 60 39 H3
Chelles 77 59 E3
Chelun 35 127 F2
Chemaudin 25 161 H4
Chemault 45 111 H4
Chemazé 53 128 A3
Chemellier 49 149 H3
Chemenot 39 179 E3
Chéméré 44 146 D5
Chémeré-le-Roi 53 106 C5
Chémery 57 66 D2
Chémery 41 153 F3
Chémery-les-Deux 57 46 C3
Chémery-sur-Bar 08 27 E5
Chemilla 39 196 C3
Chemillé 49 149 F4
Chemillé-sur-Dême 37 130 D4
Chemillé-sur-Indrois 37 152 D5
Chemilli 61 84 B4
Chemilly 70 140 D4
Chemilly 03 192 A2
Chemilly-sur-Serein 89 136 D3
Chemilly-sur-Yonne 89 136 B2
Le Chemin 51 63 F1
Chemin 39 178 C2
Chemin-d'Aisey 21 138 A3
Cheminas 07 249 E2
Cheminon 51 63 F4
Cheminot 57 65 H2
Chemiré-en-Charnie 72 107 E4
Chemiré-le-Gaudin 72 107 F5
Chemiré-sur-Sarthe 49 128 D3
Chemy 59 8 C4
Chenac-Saint-Seurin-d'Uzet 17 219 E3
Chenailler-Mascheix 19 243 E3
La Chenalotte 25 163 F5
Chénas 69 194 D5
Chenaud 24 239 E1
Chenay 51 41 F3
Chenay 72 83 H3
Chenay 79 185 G4
Chenay-le-Châtel 71 193 F5
Le Chêne 10 91 E2
Chêne-Arnoult 89 135 F2
Chêne-Bernard 39 179 E2
Chêne-Chenu 28 85 H2
Chêne-en-Semine 74 215 E2
Chêne-Sec 39 178 D3
Chenebier 70 142 B3
Chenecey-Buillon 25 161 H5
Cheneché 86 169 E4
Chênedollé 14 52 D3
Chênedouit 61 53 G4
Chênehutte-les-Tuffeaux 49 150 B3
Chénelette 69 212 B1
Chénérailles 23 207 H2
Chenereilles 42 229 G4
Chenereilles 43 248 A2
Chénerilles 04 287 H4
Chenevelles 86 169 H5
Chenevières 54 95 G2
Chenevrey-et-Morogne 70 161 F3
Chênex 74 215 F1
Cheney 89 137 E2
Chenicourt 54 66 B3
Chenières 54 45 E2
Cheniers 51 62 A3
Chéniers 23 189 F4
Chenillé-Changé 49 128 B4
Cheniménil 88 119 G2
Chennebrun 27 55 G5
Chennegy 10 114 C2
Chennevières 55 93 F1
Chennevières-lès-Louvres 95 58 D1
Chennevières-sur-Marne 94 58 D4
Chenois 57 66 C2
Chenoise 77 89 F2
Chenommet 16 203 G3
Chenon 16 203 G3
Chenonceau *Château de* 37 152 C3
Chenonceaux 37 152 C3
Chenou 77 112 B3
Chenôve 21 160 A3
Chenôves 71 177 G5
Chens-sur-Léman 74 197 H4
Chenu 72 130 B5
Cheny 89 114 A5
Chepniers 17 238 B1
Chepoix 60 22 C5
La Cheppe 51 62 C1
Cheppes-la-Prairie 51 62 B3
Cheppy 55 43 G4
Cheptainville 91 87 G3
Chépy 80 11 F4
Chepy 51 62 B3
Chérac 17 219 H1
Chérancé 72 83 H5
Chérancé 53 127 H2
Chéraute 64 313 F5
Chéray 17 200 A3
Cherbonnières 17 202 B3
Cherbourg-Octeville 50 29 E3
Chérence 95 57 F1
Chérencé-le-Héron 50 52 A3
Chérencé-le-Roussel 50 52 B4
Chéreng 59 9 E3
Les Chères 69 212 D4
Chérêt 02 40 D1
Chériennes 62 12 B2
Cherier 42 211 F3
Chérigné 79 202 C1
Les Chéris 50 51 H5
Chérisay 72 83 G5
Chérisey 57 65 H2
Chérisy 62 13 H3
Cherisy 28 56 D4
Chérizet 71 194 C2
Chermignac 17 219 F1
Chermisey 88 93 H4
Chermizy-Ailles 02 41 E1
Chéronnac 87 204 D5
Chéronvilliers 27 55 G4
Chéroy 89 113 E2
Cherré 72 108 C3
Cherré 49 128 C4
Cherreau 72 108 C2
Cherrueix 35 51 E5
Cherval 24 221 G4
Cherveix-Cubas 24 241 F1
Cherves 86 168 C5
Cherves-Châtelars 16 204 B5
Cherves-de-Cognac 16 202 B5
Chervettes 17 201 F2
Cherveux 79 185 E3
Chervey 10 115 H3
Cherville 51 61 H1
Chervinges 69 212 D3
Chéry 18 154 C5
Chéry-Chartreuve 02 40 D4
Chéry-lès-Pouilly 02 24 D4
Chéry-lès-Rozoy 02 25 G3
Chesley 10 115 E5
Le Chesnay 78 58 A3
Le Chesne 08 42 D1
Le Chesne 27 56 A3
Chesnel 16 202 B5
Chesnois-Auboncourt 08 26 C5
Chesny 57 65 H1
Chessenaz 74 215 E2
Chessy 77 59 F3
Chessy 69 212 C4
Chessy-les-Prés 10 114 C4
Chéu 89 114 B5
Cheuge 21 160 D2
Cheust 65 333 E1
Cheux 14 33 F4
Chevagnes 03 192 C1
Chevagny-les-Chevrières 71 194 D4
Chevagny-sur-Guye 71 194 B2
Chevaigné 35 104 B2
Chevaigné-du-Maine 53 82 D4
Le Chevain 72 83 G4
Cheval-Blanc 84 305 F2
La Chevalerie 17 200 B4
Chevaline 74 215 H5
La Chevallerais 44 147 G1
Le Chevalon 38 232 D5
Chevanceaux 17 220 C5
Chevannay 21 159 F2
Chevannes 91 88 A3
Chevannes 45 112 D3
Chevannes 89 136 A3
Chevannes 21 159 H5
Chevannes-Changy 58 157 E4
Chevennes 02 25 E2
Chevenon 58 174 D3
Chevenoz 74 198 C3
Cheverny 41 153 F1
Cheveuges 08 27 E4
Chevières 08 43 E3
Chevigney 70 161 E3
Chevigney-lès-Vercel 25 162 C4
Chevigney-sur-l'Ognon 25 161 G3
Chevigny 39 161 E4
Chevigny-en-Valière 21 178 A2
Chevigny-Saint-Sauveur 21 160 B3
Chevillard 01 214 C1
Chevillé 72 107 E5
Chevillon 52 92 D2
Chevillon 89 135 G2
Chevillon-sur-Huillard 45 112 B5
La Chevillotte 25 162 B4
Chevilly 45 110 D4
Chevilly-Larue 94 58 C4
Chevinay 69 212 C5
Chevincourt 60 39 F1
Cheviré-le-Rouge 49 129 F5
Chevrainvilliers 77 112 B2
Chèvre *Cap de la* 29 75 E5
Chevreaux 39 196 A2
Chevregny 02 40 D1
Chèvremont 90 142 C3
La Chèvrerie 16 203 F2
Chèvrerie *Vallon de la* 74 198 B5
Chevresis-les-Dames 02 24 C3
Chevresis-Monceau 02 24 D3
Chevreuse 78 58 A5
Chèvreville 60 39 G5
Chèvreville 50 52 B5
Chevrier 74 215 E1
Chevrières 60 39 E3
Chevrières 42 230 B2
Chevrières 38 250 A2
Chevroches 58 157 F2
La Chevrolière 44 147 G5
Chevrotaine 39 179 H5
Chevroux 01 195 F3
Chevroz 25 161 H2
Chevru 77 60 A4
Chevry 50 52 A1
Chevry 39 196 D3
Chevry 01 197 F4
Chevry-Cossigny 77 59 E5
Chevry-en-Sereine 77 112 D2
Chevry-sous-le-Bignon 45 112 D3
Chey 79 185 G4
Cheylade 15 245 E2
Le Cheylard 07 248 B5
Cheylard-l'Évêque 48 265 E3
Le Cheylas 38 233 F4
Cheyssieu 38 231 E4
Chezal-Benoît 18 172 C4
La Chèze 22 102 C2
Chèze 65 332 D3
Chézeaux 52 140 B2
Chezelle 03 191 H5
Chezelles 37 169 F1
Chezelles 36 171 G3
Chézeneuve 38 231 H2
Chézery-Forens 01 197 E5
Chézy 03 192 B1
Chézy-en-Orxois 02 40 A5
Chézy-sur-Marne 02 60 B2
Chiappa *Pointe de la* 2A 351 G2
Chiatra 2B 347 H4
Chiché 79 167 H4
Chicheboville 14 33 H5
Chichée 89 136 D3
Chichery 89 136 B2
Chichey 51 61 E5
Chichilianne 38 268 C1
Chicourt 57 66 C3
Chiddes 58 176 A3
Chiddes 71 194 B3
Chidrac 63 227 H3
Chierry 02 60 C1
Chieulles 57 45 H5
Chigné 49 129 H5
Chignin 73 233 F2
La Chignolle 16 203 F5
Chigny 02 25 E1
Chigny-les-Roses 51 41 G5
Chigy 89 113 H2
Chilhac 43 246 B2
Chillac 16 220 D5
Chille 39 179 E5
Chilleurs-aux-Bois 45 111 F4
Le Chillou 79 168 B4
Chilly 80 23 F3
Chilly 08 26 B2
Chilly 74 215 F2
Chilly-le-Vignoble 39 179 E5
Chilly-Mazarin 91 58 C5
Chilly-sur-Salins 39 179 H2
Chimilin 38 232 C2
Le Chinaillon 74 216 B2
Chindrieux 73 215 E4
Chinon 37 151 E5
Chinon *Centre de production nucléaire* 37 150 D4
Chioula *Col de* 09 336 D5
Chipilly 80 23 E1
Chirac 16 204 C4
Chirac 48 264 A4
Chirac-Bellevue 19 226 B4
Chirassimont 42 212 A4
Chirat-l'Église 03 191 G5
Chiré-en-Montreuil 86 186 A1
Chirens 38 232 C4
Chirmont 80 22 C4
Chirols 07 266 A2
Chiroubles 69 212 D1
Chiry-Ourscamp 60 23 G5
Chis 65 315 F5
Chisa 2B 349 F3
Chissay-en-Touraine 41 152 D3
Chisseaux 37 152 C3
Chisséria 39 196 C3
Chissey-en-Morvan 71 158 C5
Chissey-lès-Mâcon 71 194 D2
Chissey-sur-Loue 39 179 F1
Chitenay 41 153 E1
Chitray 36 188 B1
Chitry 89 136 C3
Chitry-les-Mines 58 157 G4
Chiuni *Plage de* 2A 348 A1
Chives 17 202 D3
Chivres 21 178 B2
Chivres-en-Laonnois 02 25 F4
Chivres-Val 02 40 C2
Chivy-lès-Étouvelles 02 40 D1
Chizé 79 202 B1
Chocques 62 7 H3
Choignes 52 117 E3
Choilley 52 139 G4
Choisel 78 57 H5
Choiseul 52 117 H4
Choisey 39 178 D1
Choisies 59 15 H3
Choisy 74 215 G2
Choisy-au-Bac 60 39 G2
Choisy-en-Brie 77 60 A4
Choisy-la-Victoire 60 39 E2
Choisy-le-Roi 94 58 C4
Cholet 49 166 D1
Cholonge 38 251 E3
Choloy-Ménillot 54 94 A1
Chomelix 43 247 E1
Chomérac 07 266 D2
La Chomette 43 246 C1
Chonas-l'Amballan 38 231 E4
Chonville 55 64 C5
Chooz 08 17 E4
Choqueuse-les-Bénards 60 22 A4
Choranche 38 250 B3
Chorey 21 177 H1
Chorges 05 270 A3
Chouain 14 33 E4
Chouday 36 172 C3
Choue 41 109 E5
Chougny 58 175 H1
Chouilly 51 61 G1
Chouppes 86 168 D4
Chourgnac 24 241 F1
Choussy 41 153 E3
Chouvigny 03 209 G2
Chouvigny *Gorges de* 63 209 G2
Les Choux 45 134 C3
Choux 39 196 D4

## CHOLET

Abreuvoir (Av. de l') Z 2
Bons Enfants (R. des) Z 3
Bourg Baudry (R. du) Z 6
Bretonnaise (R.) Z 7
Clemenceau (R. G.) Z 10
Guérineau (Pl. A.) Z 20
Hôtel de Ville (R. de l') Z 22
Maudet (Av.) Z 30
Moine (R. de la) Z 36
Montfort (R. G.-de) Z 37
Nantaise (R.) Z 39
Nationale (R.) Z
Puits de l'Aire (R. du) Z 45
Richard (Bd G.) Z 46
Sablerie (R.) Z 49
Sardinerie (R. de la) Z 50
Travot (Pl.) Z 52
Travot (R.) Z 53
Vieux Greniers (R. des) Z 56
8-Mai-1945 (Pl. du) Z 58

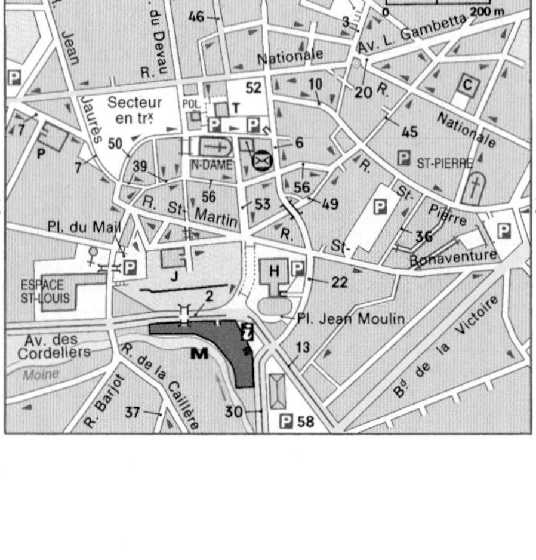

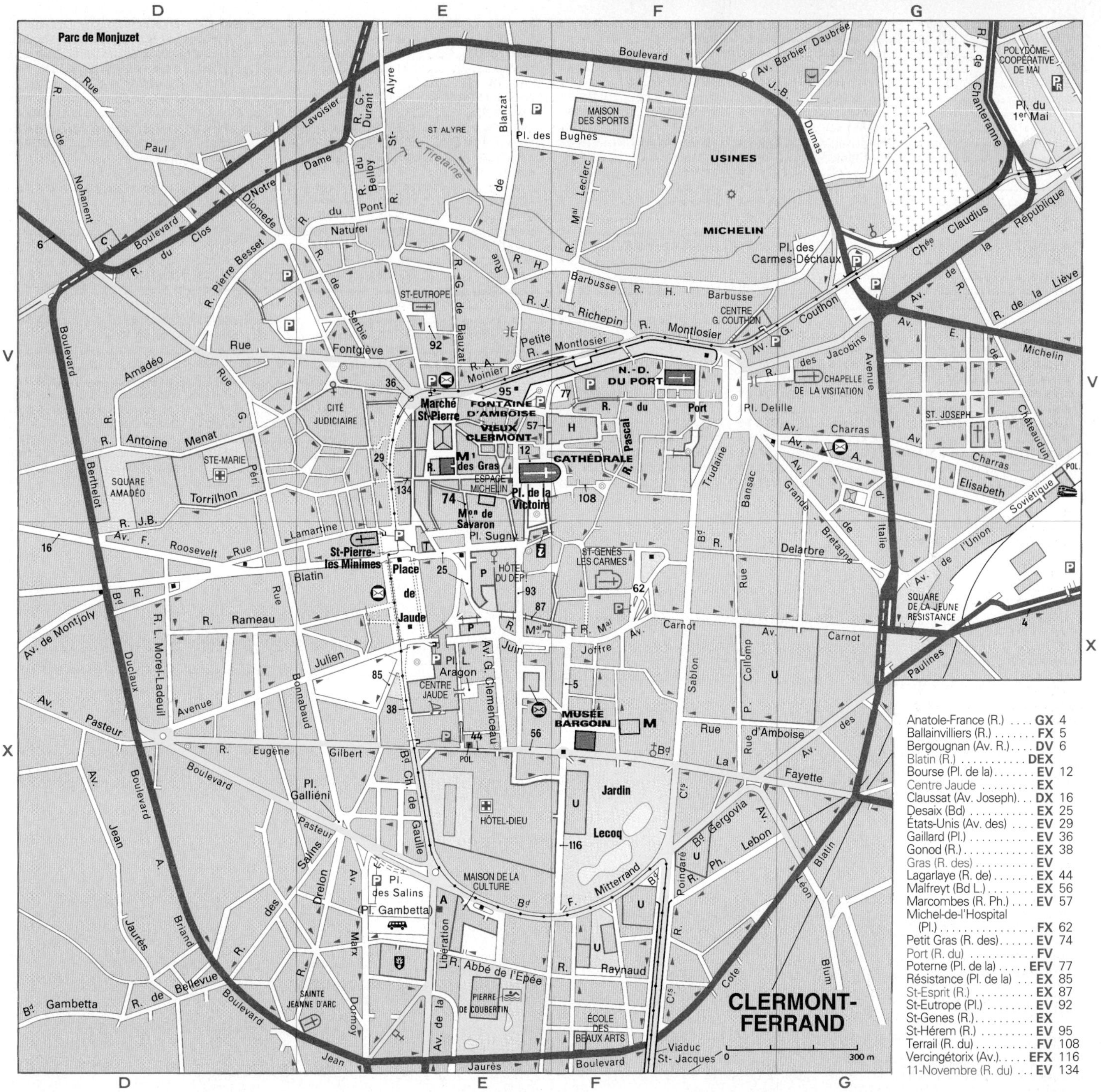


| | | |
|---|---|---|
| Anatole-France (R.) | GX | 4 |
| Ballainvilliers (R.) | FX | 5 |
| Bergougnan (Av. R.) | DV | 6 |
| Blatin (R.) | DEX | |
| Bourse (Pl. de la) | EV | 12 |
| Centre Jaude | EX | |
| Claussat (Av. Joseph) | DX | 16 |
| Desaix (Bd) | EX | 25 |
| États-Unis (Av. des) | EV | 29 |
| Gaillard (Pl.) | EV | 36 |
| Gonod (R.) | EX | 38 |
| Gras (R. des) | EV | |
| Lagarlaye (R. de) | EX | 44 |
| Malfreyt (Bd L.) | EX | 56 |
| Marcombes (R. Ph.) | EV | 57 |
| Michel-de-l'Hospital (Pl.) | FX | 62 |
| Petit Gras (R. des) | EV | 74 |
| Port (R. du) | FV | |
| Poterne (Pl. de la) | EFV | 77 |
| Résistance (Pl. de la) | EX | 85 |
| St-Esprit (R.) | EX | 87 |
| St-Eutrope (Pl.) | EV | 92 |
| St-Genes (R.) | EX | |
| St-Hérem (R.) | EV | 95 |
| Terrail (R. du) | FV | 108 |
| Vercingétorix (Av.) | EFX | 116 |
| 11-Novembre (R. du) | EV | 134 |


Chouy *02* .......... 40 A 4
Chouzé-sur-Loire *37* .......... 150 D 4
Chouzelot *25* .......... 161 H 5
Chouzy-sur-Cisse *41* .......... 152 D 1
Choye *70* .......... 161 G 2
Chozeau *38* .......... 231 H 1
Chuelles *45* .......... 112 D 5
Chuffilly-Roche *08* .......... 42 C 1
Chuignes *80* .......... 23 F 2
Chuignolles *80* .......... 23 F 2
Chuisnes *28* .......... 85 G 4
Chusclan *30* .......... 285 E 3
Chuyer *42* .......... 230 D 4
Chuzelles *38* .......... 231 F 2
Ciadoux *31* .......... 316 C 5
Ciamannacce *2A* .......... 349 E 3
Cians *Gorges du* *06* .......... 289 G 5
Ciboure *64* .......... 310 B 3
Cideville *76* .......... 19 H 5
Ciel *71* .......... 178 A 3
Cier-de-Luchon *31* .......... 334 B 4
Cier-de-Rivière *31* .......... 334 B 1
Cierges *02* .......... 40 D 5
Cierges-sous-Montfaucon *55* .......... 43 G 3
Cierp-Gaud *31* .......... 334 B 3
Cierrey *27* .......... 56 C 1
Cierzac *17* .......... 220 B 2
Cieurac *46* .......... 278 B 1
Cieutat *65* .......... 333 F 1
Cieux *87* .......... 205 F 3
Ciez *58* .......... 156 C 2
Cigné *53* .......... 82 B 4
Cigogné *37* .......... 152 B 4
Cilly *02* .......... 25 F 3
Cinais *37* .......... 150 D 5
Cindré *03* .......... 192 C 4
Cinq-Chemins *74* .......... 198 A 3
Cinq-Mars-la-Pile *37* .......... 151 G 3
Cinquétral *39* .......... 197 E 3
Cinqueux *60* .......... 38 D 3
Cintegabelle *31* .......... 318 A 5
Cintheaux *14* .......... 53 H 1
Cintray *27* .......... 55 H 4
Cintray *28* .......... 86 A 4
Cintré *35* .......... 103 H 3
Cintrey *70* .......... 140 B 3
La Ciotat *13* .......... 327 F 4
Cipières *06* .......... 309 E 1
Ciral *61* .......... 83 E 3
Ciran *37* .......... 170 B 1
Circourt *88* .......... 95 E 5
Circourt-sur-Mouzon *88* .......... 94 A 5
Ciré-d'Aunis *17* .......... 200 D 2
Cirès *31* .......... 334 A 4
Cires-lès-Mello *60* .......... 38 C 4
Cirey *70* .......... 162 A 2
Cirey *21* .......... 177 F 2
Cirey-lès-Mareilles *52* .......... 117 F 2
Cirey-lès-Pontailler *21* .......... 160 C 3
Cirey-sur-Blaise *52* .......... 92 C 5
Cirey-sur-Vezouze *54* .......... 96 B 1
Cirfontaines-en-Azois *52* .......... 116 C 3
Cirfontaines-en-Ornois *52* .......... 93 F 3
Cirières *79* .......... 167 F 3
Ciron *36* .......... 188 A 1
Cirque *Belvédère du* *05* .......... 271 G 1
Ciry-le-Noble *71* .......... 194 A 1
Ciry-Salsogne *02* .......... 40 C 2
Cisai-Saint-Aubin *61* .......... 54 D 4
Cisery *89* .......... 158 B 1
Cissac-Médoc *33* .......... 237 E 1
Cissé *86* .......... 169 E 5
Cisternes-la-Forêt *63* .......... 209 E 5
Cistrières *43* .......... 228 D 5
Cîteaux *Abbaye de* *21* .......... 160 B 5
Citerne *80* .......... 11 G 5
Citers *70* .......... 141 G 3
Citey *70* .......... 161 G 1
Citou *11* .......... 320 A 4
Citry *77* .......... 60 A 2
Civaux *86* .......... 187 E 3
Civens *42* .......... 212 A 5
Civières *27* .......... 37 E 5
Civrac-de-Blaye *33* .......... 237 H 2
Civrac-en-Médoc *33* .......... 218 D 5
Civrac-sur-Dordogne *33* .......... 256 D 1
Civray *18* .......... 172 D 2
Civray *86* .......... 203 G 1
Civray-de-Touraine *37* .......... 152 C 3
Civray-sur-Esves *37* .......... 169 H 1
Civrieux *01* .......... 213 E 3
Civrieux-d'Azergues *69* .......... 212 D 4
Civry *28* .......... 110 A 4
Civry-en-Montagne *21* .......... 159 F 3
Civry-la-Forêt *78* .......... 57 E 3
Civry-sur-Serein *89* .......... 137 E 5
Cizancourt *80* .......... 23 G 2
Cizay-la-Madeleine *49* .......... 150 B 4
Cize *39* .......... 179 H 4
Cize *01* .......... 196 B 5
Cizely *58* .......... 175 E 2
Cizos *65* .......... 316 A 5
Clacy-et-Thierret *02* .......... 24 D 5
Cladech *24* .......... 259 F 1
Claira *66* .......... 339 E 5
Clairac *47* .......... 275 G 1
Clairavaux *23* .......... 207 G 5
Clairefontaine-en-Yvelines *78* .......... 87 E 2
Clairefougère *61* .......... 52 D 3
Clairegoutte *70* .......... 142 A 3
Clairfayts *59* .......... 16 A 4
Clairfontaine *02* .......... 25 G 1
Clairmarais *62* .......... 3 F 5
Clairoix *60* .......... 39 F 2
Clairvaux *10* .......... 116 B 3
Clairvaux-d'Aveyron *12* .......... 262 B 5
Clairvaux-les-Lacs *39* .......... 196 D 1
Clairvivre *24* .......... 223 H 5
Clairy-Saulchoix *80* .......... 22 B 2
Clais *76* .......... 20 D 3
Claix *16* .......... 221 E 3
Claix *38* .......... 250 D 2
Clam *17* .......... 219 H 3
Clamanges *51* .......... 61 H 3
Clamart *92* .......... 58 B 4
Clamecy *02* .......... 40 B 2
Clamecy *58* .......... 157 F 2
Clamensane *04* .......... 287 H 1
Clamerey *21* .......... 159 E 2
Clamouse *Grotte de* *34* .......... 302 B 3
Clans *70* .......... 141 E 4
Clans *06* .......... 289 H 4
Clansayes *26* .......... 285 E 1
Le Claon *55* .......... 43 F 5
Claouey *33* .......... 254 B 1
Le Clapier *12* .......... 301 F 2

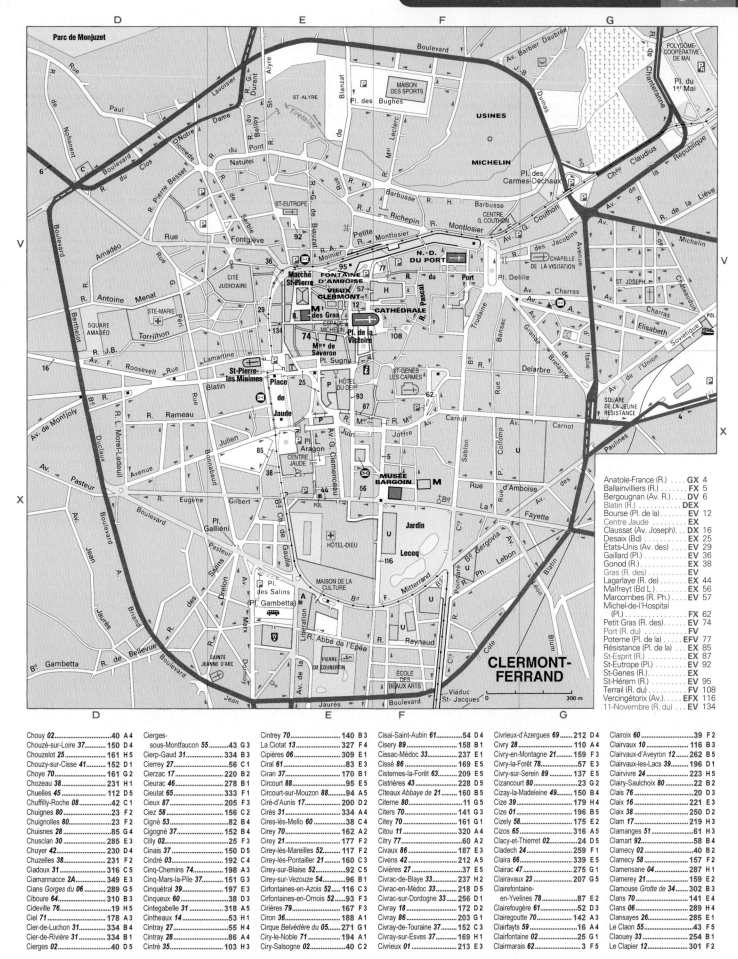

Clapiers 34 .......... 302 D 4
La Claquette 67 .......... 96 D 3
Clara 66 .......... 342 B 3
Clarac 65 .......... 315 G 5
Clarac 31 .......... 334 B 1
Claracq 64 .......... 294 B 5
Clarafond 74 .......... 215 E 2
Clarbec 14 .......... 34 C 4
Clarens 65 .......... 315 H 5
Clarensac 30 .......... 303 G 2
Claret 04 .......... 269 G 5
Claret 34 .......... 302 D 2
Clarques 62 .......... 7 F 2
La Clarté 22 .......... 72 C 2
Clary 59 .......... 14 C 5
Classun 40 .......... 294 B 3
Clastres 02 .......... 24 A 3
Clasville 76 .......... 19 F 3
Le Clat 11 .......... 337 B 5
Claudon 88 .......... 118 C 4
Le Claux 15 .......... 245 E 2
Les Claux 05 .......... 270 D 3
Clavans-
en-Haut-Oisans 38 .......... 251 H 3
Clavé 79 .......... 185 F 2
Claveisolles 69 .......... 212 B 2
Clavette 17 .......... 200 D 1
Claveyson 26 .......... 249 F 2
Clavières 15 .......... 246 A 4
Claviers 83 .......... 308 B 4
Claville 27 .......... 56 A 1
Claville-Motteville 76 .......... 20 B 5
Clavy-Warby 08 .......... 26 C 3
La Claye 85 .......... 183 E 2
Claye-Souilly 77 .......... 59 E 2
Clayes 35 .......... 104 A 2
Les Clayes-sous-Bois 78 .......... 57 H 4
La Clayette 71 .......... 194 A 5
Clayeures 54 .......... 95 F 3
Clazay 79 .......... 167 G 4
Clécy 14 .......... 53 F 2
Cléden-Cap-Sizun 29 .......... 98 D 2
Cléden-Poher 29 .......... 76 C 4
Cléder 29 .......... 71 F 3
Clèdes 40 .......... 294 B 4
Cleebourg 67 .......... 69 E 1
Clefmont 52 .......... 117 G 3
Clefs 49 .......... 129 G 5
Les Clefs 74 .......... 216 A 4
Cléguer 56 .......... 101 E 5
Cléguérec 56 .......... 101 H 2
Clelles 38 .......... 250 D 5
Clémencey 21 .......... 159 H 4
Clémensat 63 .......... 227 H 3
Clémery 54 .......... 65 H 3
Clémont 18 .......... 133 H 5
Clénay 21 .......... 160 B 2
Clenleu 62 .......... 6 C 4
Cléon 76 .......... 36 A 3
Cléon-d'Andran 26 .......... 267 F 3
Cleppé 42 .......... 211 H 5
Clérac 17 .......... 238 C 2
Cléré-du-Bois 36 .......... 170 C 3
Cléré-les-Pins 37 .......... 151 F 2
Cléré-sur-Layon 49 .......... 149 H 5
Clères 76 .......... 20 B 5
Clérey 10 .......... 115 F 2
Clérey-la-Côte 88 .......... 94 A 3
Clérey-sur-Brenon 54 .......... 94 D 2
Clergoux 19 .......... 243 F 1
Clérieux 26 .......... 249 F 3
Les Clérimois 89 .......... 113 H 2
Le Clerjus 88 .......... 119 F 4
Clerlande 63 .......... 209 H 4
Clermain 71 .......... 194 C 4
Clermont 60 .......... 38 C 2
Clermont 74 .......... 215 E 3
Clermont 40 .......... 293 E 4
Clermont 09 .......... 335 G 2
Clermont Abbaye de 53 .......... 105 G 3
Clermont-Créans 72 .......... 129 G 4
Clermont-
de-Beauregard 24 .......... 240 B 4
Clermont-Dessous 47 .......... 275 G 2
Clermont-d'Excideuil 24 .......... 223 F 5
Clermont-en-Argonne 55 .......... 43 G 5
Clermont-en-Auge 14 .......... 34 B 4
Clermont-Ferrand 63 .......... 209 H 5
Clermont-le-Fort 31 .......... 317 H 3
Clermont-les-Fermes 02 .......... 25 F 4
Clermont-l'Hérault 34 .......... 302 A 4
Clermont-Pouyguillès 32 .......... 316 A 3
Clermont-Savès 32 .......... 297 E 4
Clermont-Soubiran 47 .......... 276 D 3
Clermont-sur-Lauquet 11 .......... 337 D 2
Cléron 25 .......... 162 A 5
Clerques 62 .......... 2 D 5
Clerval 25 .......... 162 D 2
Cléry 21 .......... 161 E 3
Cléry 73 .......... 234 A 1
Cléry-en-Vexin 95 .......... 37 G 5
Cléry-le-Grand 55 .......... 43 G 2
Cléry-le-Petit 55 .......... 43 G 2
Cléry-Saint-André 45 .......... 132 D 3
Cléry-sur-Somme 80 .......... 23 G 1
Clesles 51 .......... 90 C 3
Clessé 79 .......... 167 H 5
Clessé 71 .......... 195 E 3
Clessy 71 .......... 193 G 2
Cléty 62 .......... 7 F 2
Cleurie 88 .......... 119 H 3
Cleuville 76 .......... 19 F 4
Cléville 76 .......... 19 F 5
Cléville 14 .......... 34 A 5
Clévilliers 28 .......... 86 A 3
Cleyrac 33 .......... 256 D 2
Cleyzieu 01 .......... 214 B 3
Clézentaine 88 .......... 95 G 3
Clichy 92 .......... 58 C 3
Clichy-sous-Bois 93 .......... 58 D 3
Climbach 67 .......... 69 E 1
Le Climont 67 .......... 96 D 4
Clinchamp 52 .......... 117 G 2
Clinchamps-sur-Orne 14 .......... 33 G 5
Clion 36 .......... 170 D 2
Clion 17 .......... 219 H 3
Le Clion-sur-Mer 44 .......... 146 C 5
Cliousclat 26 .......... 267 F 2
Cliponville 76 .......... 19 G 4
Cliron 08 .......... 26 C 2
Clis 44 .......... 145 G 4
La Clisse 17 .......... 201 F 5
Clisson 44 .......... 148 A 5
Clitourps 50 .......... 29 G 3
Clohars-Carnoët 29 .......... 100 C 5
Clohars-Fouesnant 29 .......... 99 H 4
Le Cloître-Pleyben 29 .......... 76 B 4
Le Cloître-
Saint-Thégonnec 29 .......... 76 B 2
Clomot 21 .......... 159 E 4
Clonas-sur-Varèze 38 .......... 231 E 4
Clos Futaie des 72 .......... 130 C 3
Clos-Fontaine 77 .......... 89 E 2
La Clotte 17 .......... 238 C 2
Clouange 57 .......... 45 G 4
Cloué 86 .......... 186 A 3
Les Clouzeaux 85 .......... 165 G 5
Cloyes-sur-le-Loir 28 .......... 109 G 5
Cloyes-sur-Marne 51 .......... 62 D 5
Clucy 39 .......... 179 H 2
Clugnat 23 .......... 189 H 4
Cluis 36 .......... 189 E 2
Clumanc 04 .......... 288 B 4
Cluny 71 .......... 194 D 3
La Clusaz 74 .......... 216 A 3
La Cluse 01 .......... 214 C 1
La Cluse 05 .......... 269 F 2
La Cluse-et-Mijoux 25 .......... 180 D 2
Cluses 74 .......... 216 C 1
Les Cluses 66 .......... 343 E 4
Clussais-la-Pommeraie 79 .......... 203 E 1
Clux 71 .......... 178 B 2
Coadout 22 .......... 73 E 5
Coaraze 06 .......... 291 F 4
Coarraze 64 .......... 314 C 5
Coat-Méal 29 .......... 70 C 5
Coatascorn 22 .......... 73 E 4
Coatfrec Château de 22 .......... 72 C 3
Coatréven 22 .......... 72 D 3
Cobonne 26 .......... 267 G 1
Cobrieux 59 .......... 9 E 3
Cocalière Grotte de la 30 .......... 283 H 2
La Cochère 61 .......... 54 C 4
Cocherel 27 .......... 56 C 1
Cocherel 77 .......... 59 H 1
Cocheren 57 .......... 47 F 5
Coclois 10 .......... 91 F 3
Cocquerel 80 .......... 11 H 4
Cocumont 47 .......... 256 D 5
Cocurès 48 .......... 282 D 1
Codalet 66 .......... 342 A 3
Codognan 30 .......... 303 G 3
Codolet 30 .......... 285 E 3
Coémont 72 .......... 130 B 4
Coësmes 35 .......... 104 D 5
Coëtlogon 22 .......... 102 C 2
Coëtmieux 22 .......... 78 C 3
Coëtquidan-Saint-Cyr
Camp de 56 .......... 103 F 4
Cœuilly 94 .......... 58 D 4
Cœuvres-et-Valsery 02 .......... 40 A 3
Coëx 85 .......... 165 E 4


## COLMAR


Agen (R. d') .......... BY
Alsace (Av. d') .......... CYZ
Ancienne Douane (Pl. de l') .......... CZ 2
Augustins (R. des) .......... BZ 3
Bagatelle (R. de la) .......... AY
Bains (R. des) .......... BY 5
Bâle (Route de) .......... CZ
Bartholdi (R.) .......... BCZ
Blés (R. des) .......... BZ 9
Boulangers (R. des) .......... BY 12
Brasseries (R. des) .......... CY 13
Bruat (R.) .......... BZ 14
Cathédrale (Pl. de la) .......... BY 17
Cavalerie (R. de la) .......... BCY
Champ-de-Mars (Bd du) .......... BYZ 18
Chauffour (R.) .......... BZ 20
Clefs (R. des) .......... BCY
Clemenceau (Av. Georges) .......... BCZ
Écoles (R. des) .......... BZ 22
Est (R. de l') .......... CYZ
Fleischhauer (R.) .......... BCY
Fleurent (R. J.-B.) .......... BY 24
Fleurs (R. des) .......... CZ
Florimont (R. du) .......... AY 25
Foch (Av.) .......... BZ
Fribourg (Av. de) .......... CZ
Gare (Pl. et R. de la) .......... AZ
Gaulle (Av. Gén.-de) .......... ABYZ
Golbéry (R.) .......... BY
Grad (R. Charles) .......... AY
Grand'Rue .......... BCZ 31
Grenouillère (R. de la) .......... CYZ 32
Herse (R. de la) .......... BZ 33
Ingersheim (Rte d') .......... ABY
Jeanne d'Arc (Pl.) .......... CY
Joffre (Av.) .......... BZ
Kléber (R.) .......... BY 35
Ladhof (R. du) .......... CY 36
Lasch (R. Georges) .......... AZ 37
Lattre-de-Tassigny (Av. J. de) .......... ABY 43
Leclerc (Bd du Gén.) .......... BZ 45
Liberté (Av. de la) .......... AZ
Logelbach (R. du) .......... AY
Manège (R. du) .......... BZ 49
Marchands (R. des) .......... BYZ 50
Marché-aux-Fruits (Pl. du) .......... BZ 51
Marne (Av. de la) .......... BZ
Messimy (R.) .......... ABZ 52
Molly (R. Berthe) .......... BYZ 54
Mouton (R. du) .......... CY 57
Mulhouse (R. de) .......... AZ
Neuf-Brisach (Rte de) .......... CY
Nord (R. du) .......... BCY
Poincaré (Av. Raymond) .......... ABZ
Poissonnerie (R. et Q. de la) .......... BCZ 62
Preiss (R. Jacques) .......... ABZ 63
Rapp (Pl.) .......... BZ
Rapp (R.) .......... BCY
Reims (R. de) .......... BZ 65
République (Av. de la) .......... ABZ
Ribeauvillé (R. de) .......... BY 67
Roesselman (R.) .......... BY 69
Rouffach (Rte de) .......... AZ
St-Jean (R.) .......... BZ 71
St-Joseph (Pl. et R.) .......... AY
St-Josse (R.) .......... CZ
St-Léon (R.) .......... AY
St-Nicolas (R.) .......... BY 73
St-Pierre (Bd et Pont) .......... BCZ
Schlumberger (R. Camille) .......... ABZ
Schwendi (R.) .......... CZ
Sélestat (Rte de) .......... CY
Semm (R. de la) .......... CZ
Serruriers (R. des) .......... BY 75
Sinn (Quai de la) .......... BY 77
Six-Montagnes-Noires (Pl. des) .......... BZ 79
Stanislas (R.) .......... BY
Tanneurs (R. des) .......... CZ 82
Têtes (R. des) .......... BY 83
Thann (R. de) .......... CY
Tir (R. du) .......... AZ
Turckheim (R. de) .......... AY
Turenne (R.) .......... BCZ
Unterlinden (Pl. d') .......... BY 85
Val St-Grégoire (R. du) .......... AY
Vauban (R.) .......... CY
Voltaire (R.) .......... ABZ
Weinemer (R.) .......... BZ 86
1ère Armée Française (R. de la) .......... BY
2 Février (Pl. du) .......... CY 87
5e Division-Blindée (R. de la) .......... BY 95
18 Novembre (Pl. du) .......... BY 97


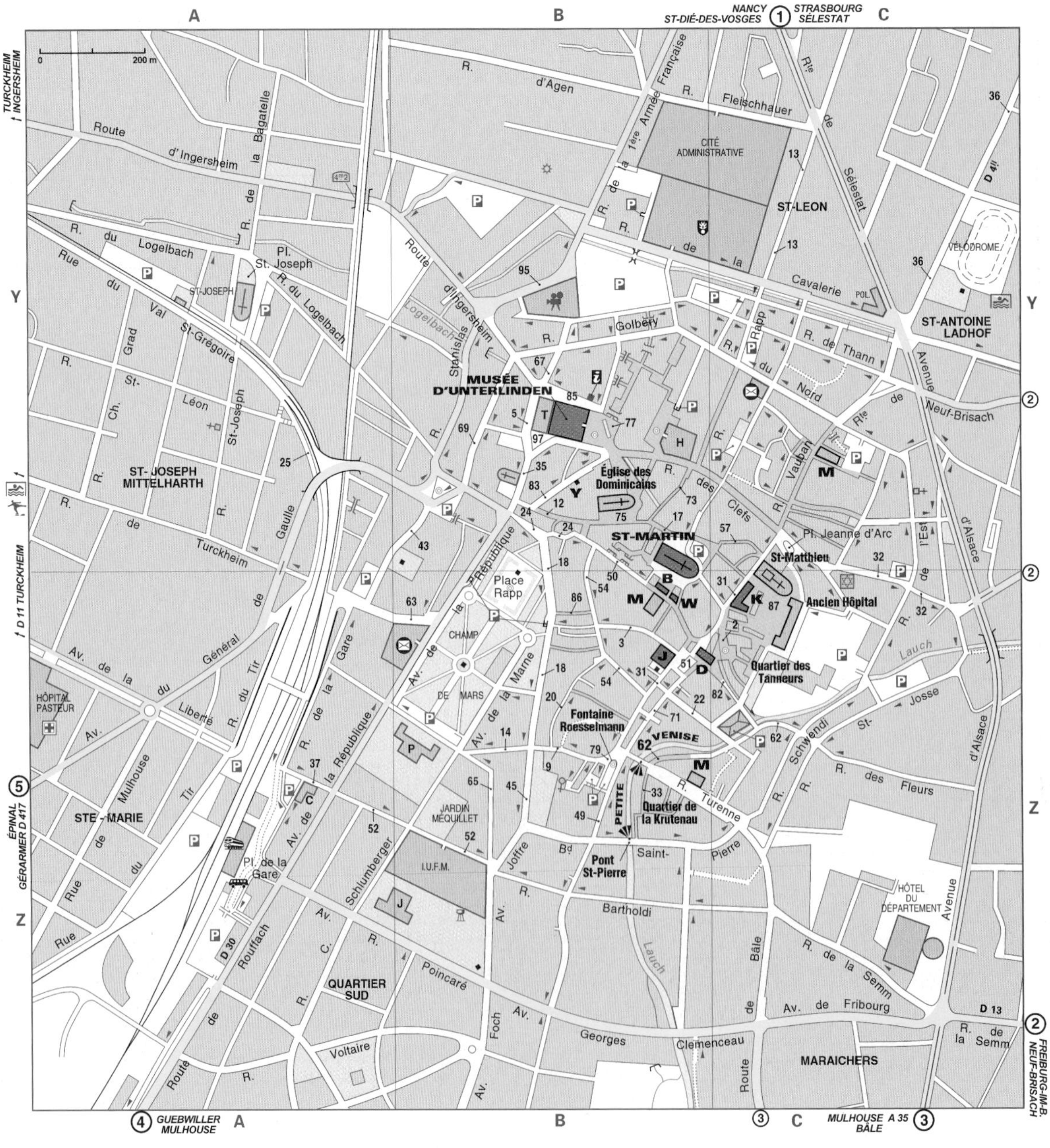

A
B
C
Y
Z
NANCY ST-DIÉ-DES-VOSGES
1
STRASBOURG SÉLESTAT
TURCKHEIM INGERSHEIM
D 11 TURCKHEIM
ÉPINAL GÉRARMER D 417
5
4
GUEBWILLER MULHOUSE
3
MULHOUSE A 35 BÂLE
2
FREIBURG-IM-B. NEUF-BRISACH
0
200 m
CITÉ ADMINISTRATIVE
ST-LEON
VÉLODROME
ST-ANTOINE LADHOF
MUSÉE D'UNTERLINDEN
Église des Dominicains
ST-MARTIN
St-Matthieu
Ancien Hôpital
Quartier des Tanneurs
Fontaine Roesselmann
VENISE
PETITE
Quartier de la Krutenau
Pont St-Pierre
ST-JOSEPH MITTELHARTH
Pl. St. Joseph
Place Rapp
CHAMP DE MARS
HÔPITAL PASTEUR
STE-MARIE
JARDIN MÉQUILLET
I.U.F.M.
Pl. de la Gare
QUARTIER SUD
HÔTEL DU DÉPARTEMENT
MARAICHERS
Lauch
D 13
D 30

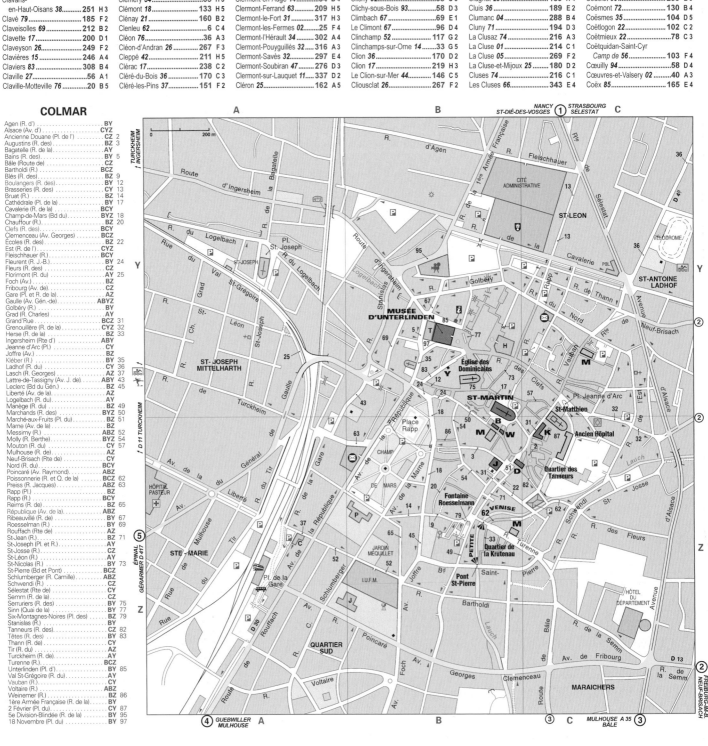

Coggia 2A 348 B 1
Coglès 35 80 D 3
Cogna 39 196 D 1
Cognac 16 220 B 1
Cognac-la-Forêt 87 205 E 5
Cognat-Lyonne 03 210 A 2
Cogners 72 130 D 2
Cognet 38 251 E 5
Cognières 70 162 C 1
Cognin 73 233 E 2
Cognin-les-Gorges 38 250 B 2
Cognocoli-Monticchi 2A 348 D 4
Cogny 18 173 H 3
Cogny 69 212 C 3
Cogolin 83 329 F 3
Cohade 43 228 B 5
Cohan 02 40 D 4
Cohennoz 73 216 B 5
Cohiniac 22 78 A 3
Cohons 52 139 G 3
Coiffy-le-Bas 52 118 A 5
Coiffy-le-Haut 52 118 A 5
Coigneux 80 13 E 4
Coignières 78 57 H 4
Coigny 50 31 H 2
Coimères 33 256 B 4
Coin-lès-Cuvry 57 65 H 1
Coin-sur-Seille 57 65 H 2
Coinces 45 110 C 5
Coinches 88 96 C 5
Coincourt 54 66 D 5
Coincy 02 40 C 5
Coincy 57 66 B 1
Coings 36 171 H 3
Coingt 02 25 G 3
Coirac 33 256 C 2
Coise 69 230 B 2
Coise-Saint-Jean-Pied-Gauthier 73 233 G 2
Coiserette 39 197 E 4
Coisevaux 70 142 B 3
Coisia 39 196 C 4
Coisy 80 22 C 1
Coivert 17 201 H 2
Coivrel 60 22 D 5
Coizard-Joches 51 61 F 3
Colayrac-Saint-Cirq 47 275 H 3
Colembert 62 2 C 5
Coligny 51 61 G 3
Coligny 01 196 A 3
Colincamps 80 13 F 4
Collan 89 136 D 2
La Collancelle 58 157 G 5
Collandres 15 244 D 1
Collandres-Quincarnon 27 55 H 1
Collanges 63 228 A 4
Collat 43 246 D 1
La Colle-sur-Loup 06 309 F 2
Collégien 77 59 E 3
Collemiers 89 113 F 3
Colleret 59 15 H 2
Le Collet 88 120 C 3
Le Collet-d'Allevard 38 233 G 4
Le Collet-de-Dèze 48 283 F 2
Colletot 27 35 F 3
Colleville 76 19 E 3
Colleville-Montgomery 14 33 H 3
Colleville-sur-Mer 14 32 D 2
Collias 30 284 C 5
Colligis-Crandelain 02 40 D 1
Colligny 57 66 B 1
Colline-Beaumont 62 11 F 1
Collinée 22 78 D 5
Collioure 66 343 G 4
Collobrières 83 328 D 3
Collonge-en-Charollais 71 194 C 1
Collonge-la-Madeleine 71 177 E 2
Collonges 01 215 E 1
Collonges-au-Mont-d'Or 69 213 E 5
Collonges-la-Rouge 19 242 C 3
Collonges-lès-Bévy 21 159 H 5
Collonges-lès-Premières 21 160 C 4
Collonges-sous-Salève 74 215 G 1
Collongues 06 289 F 5
Collongues 65 315 F 5
Collorec 29 76 B 4
Collorgues 30 284 A 5
Colmar 68 121 E 3
Colmars 04 288 D 2
Colmen 57 46 C 3
Colméry 58 156 D 3
Colmesnil-Manneville 76 20 A 2
Colmey 54 44 C 2
Colmier-le-Bas 52 138 D 3
Colmier-le-Haut 52 138 D 3
Colognac 30 283 F 5
Cologne 32 297 E 3
Colomars 06 309 G 2
La Colombe 50 52 A 2
La Colombe 41 132 B 2
Colombe 38 232 B 4
Colombé-la-Fosse 10 92 B 5
Colombé-le-Sec 10 116 B 2
Colombe-lès-Bithaine 70 141 G 3
Colombe-lès-Vesoul 70 141 F 4
Colombelles 14 33 H 4
Colombes 92 58 B 2
Colombey-les-Belles 54 94 B 2
Colombey-lès-Choiseul 52 117 H 3
Colombey-les-Deux-Églises 52 116 C 2
Colombier 70 141 F 4
Colombier 21 159 F 5
Colombier 03 191 E 5
Colombier 42 230 D 5
Colombier 24 257 H 1
Colombier-Châtelot 25 142 A 5
Colombier-en-Brionnais 71 194 A 4
Colombier-Fontaine 25 142 B 5
Colombier-le-Cardinal 07 249 E 1
Colombier-le-Jeune 07 248 D 4
Colombier-le-Vieux 07 248 D 3
Colombier-Saugnieu 69 231 G 1
Colombière *Col de la* 74 216 B 2
Colombières 14 32 C 3
Colombières-sur-Orb 34 301 E 5
Colombiers 61 83 G 3
Colombiers 86 169 F 4
Colombiers 18 173 F 5
Colombiers 17 219 G 2
Colombiers 34 321 F 5
Colombiers-du-Plessis 53 81 H 4
Colombiers-sur-Seulles 14 33 F 3
Colombiès 12 280 B 1
Colombotte 70 141 F 4
Colomby 50 29 F 5
Colomby de Gex *Mont* 01 197 F 4
Colomby-sur-Thaon 14 33 G 3
Colomiers 31 297 H 4
Colomieu 01 214 C 5
Colonard-Corubert 61 84 C 4
Colondannes 23 188 D 5
Colonfay 02 25 E 2
Colonne 39 179 E 3
Colonzelle 26 267 F 5
Colpo 56 102 A 5
Colroy-la-Grande 88 96 C 4
Colroy-la-Roche 67 96 D 3
Coltainville 28 86 B 3
Coltines 15 245 G 3
Coly 24 241 G 3
Combaillaux 34 302 C 4
Combas 30 303 F 2
La Combe-de-Lancey 38 251 F 1
La Combe des Eparres 38 232 A 3
Combe Laval 26 249 H 4
Combeaufontaine 70 140 C 3
Combefa 81 279 G 5
La Combelle 63 228 A 4
Comberanche-et-Épeluche 24 239 G 1
Comberjon 70 141 F 4
Comberouger 82 297 F 2
Combéroumal *Prieuré de* 12 281 G 3
Combertault 21 177 H 2
Les Combes 25 163 E 5
Combes 34 301 F 5
Combiers 16 221 H 3
Comblanchien 21 159 H 5
Combles 80 13 H 5
Combles-en-Barrois 55 63 G 4
Comblessac 35 103 G 5
Combleux 45 133 F 2
Comblot 61 84 C 3
Combloux 74 216 C 3
Combon 27 35 H 5
Combourg 35 80 A 3
Combourtillé 35 81 E 5
Combovin 26 249 G 5
Combrailles 63 208 D 5
Combrand 79 167 F 3
Combray 14 53 F 2
Combre 42 212 A 2
Combrée 49 127 G 3
Combres 28 85 F 5
Combres-sous-les-Côtes 55 64 D 1
Combressol 19 225 G 4
Combret 12 300 B 2
Combreux 45 111 H 5
Combrimont 88 96 C 5
Combrit 29 99 G 4
Combronde 63 209 H 3
Combs-la-Ville 77 58 D 5
La Comelle 71 176 B 3
Comiac 46 243 F 5
Comigne 11 320 B 5
Comines 59 4 C 5
Commana 29 76 A 2
Commarin 21 159 F 4
Commeaux 61 54 A 4
Commelle 38 231 H 4
Commelle-Vernay 42 211 G 3
Commenailles 39 178 D 4
Commenchon 02 24 A 4
Commensacq 40 273 E 2
Commentry 03 191 E 5
Commeny 95 37 G 5
Commequiers 85 165 E 4
Commer 53 106 B 2
Commercy 55 64 D 5
Commerveil 72 84 A 5
Commes 14 32 D 2
Commissey 89 137 F 2
Communailles-en-Montagne 39 180 A 3
Communay 69 231 E 2
Compaing *Pas de* 15 245 E 4
Compains 63 227 F 4
Compainville 76 21 E 4
Compans 77 59 E 2
Le Compas 23 208 C 3
Compertrix 51 62 A 2
Compeyre 12 281 H 3
Compiègne 60 39 F 2
Compigny 89 89 G 5
Compolibat 12 279 H 1
La Compôte 73 233 H 1
Comprégnac 12 281 G 4
Compreignac 87 205 H 3
Comps 33 237 G 3
Comps 26 267 H 4
Comps 30 304 B 2
Comps-la-Grand-Ville 12 280 D 3
Comps-sur-Artuby 83 308 A 2
La Comté 62 7 H 5
Comus 11 336 D 4
Conan 41 132 A 3
Conand 01 214 B 4
Conat 66 342 A 3
Conca 2A 349 G 5
Concarneau 29 100 A 4
Concevreux 02 41 E 2
Concèze 19 223 H 5
Conches-en-Ouche 27 56 A 2
Conches-sur-Gondoire 77 59 F 3
Conchez-de-Béarn 64 294 C 5
Conchil-le-Temple 62 6 B 5
Conchy-les-Pots 60 23 F 5
Conchy-sur-Canche 62 12 C 2
Les Concluses 30 284 B 3
Concorès 46 259 H 3
Concoret 56 103 F 3
Concots 46 278 C 1
Concoules 30 283 G 1
Concourson-sur-Layon 49 149 H 5
Concremiers 36 187 H 1
Concressault 18 155 G 1
Concriers 41 132 B 3
Condac 16 203 F 2
Condal 71 195 H 2
Condamine 39 178 D 5
Condamine 01 214 C 1
La Condamine-Châtelard 04 271 E 4
Condat 15 227 E 5
Condat 46 242 C 4
Condat-en-Combraille 63 208 C 5
Condat-lès-Montboissier 63 228 C 3
Condat-sur-Ganaveix 19 224 C 4
Condat-sur-Trincou 24 222 C 5
Condat-sur-Vézère 24 241 G 3
Condat-sur-Vienne 87 205 G 5
Condé 36 172 B 3
Condé-en-Barrois 55 63 H 3
Condé-en-Brie 02 60 D 1
Condé-Folie 80 11 H 4
Condé-lès-Autry 08 43 E 3
Condé-lès-Herpy 08 41 H 1
Condé-Northen 57 46 C 5
Condé-Sainte-Libiaire 77 59 F 3
Condé-sur-Aisne 02 40 C 2
Condé-sur-Huisne 61 85 E 4
Condé-sur-Ifs 14 54 A 1
Condé-sur-Iton 27 56 A 3
Condé-sur-l'Escaut 59 9 H 4
Condé-sur-Marne 51 61 H 1
Condé-sur-Noireau 14 53 F 3
Condé-sur-Risle 27 35 F 3
Condé-sur-Sarthe 61 83 G 4
Condé-sur-Seulles 14 33 E 4
Condé-sur-Suippe 02 41 F 2
Condé-sur-Vesgre 78 57 F 4
Condé-sur-Vire 50 32 B 5
Condeau 61 85 E 4
Condécourt 95 57 H 1
Condeissiat 01 213 G 1
Condéon 16 220 C 4
Condes 52 117 E 3
Condes 39 196 C 4
Condette 62 6 B 2
Condezaygues 47 258 D 5
Condillac 26 267 E 3
Condom 32 275 G 5
Condom-d'Aubrac 12 263 F 3
Condorcet 26 268 A 5
Condren 02 24 B 5
Condrieu 69 231 E 4
Conflandey 70 141 E 3
Conflans-en-Jarnisy 54 45 E 5
Conflans-Sainte-Honorine 78 58 A 2
Conflans-sur-Anille 72 108 D 5
Conflans-sur-Lanterne 70 141 F 2
Conflans-sur-Loing 45 112 C 5
Conflans-sur-Seine 51 90 B 2
Confolens 16 204 C 3
Confolens *Cascade de* 38 251 G 4
Confolent-Port-Dieu 19 226 C 3
Confort 01 215 E 1
Confort-Meilars 29 99 E 2
Confracourt 70 140 C 4
Confrançon 01 195 G 5
Congé-sur-Orne 72 107 H 2
Congénies 30 303 F 2
Congerville 91 87 E 4
Congerville-Thionville 91 87 E 4
Congis-sur-Thérouanne 77 59 G 1
Congrier 53 127 G 2
Congy 51 61 F 3
Conie-Molitard 28 110 A 3
Conilhac-Corbières 11 320 C 5
Conilhac-de-la-Montagne 11 337 C 3
Conjux 73 215 E 5
Conlie 72 107 F 3
Conliège 39 179 F 5
Connac 12 280 D 5
Connangles 43 246 D 1
Connantray-Vaurefroy 51 61 G 4
Connantre 51 61 F 5
Connaux 30 284 D 4
Conne-de-Labarde 24 258 B 1
Connelles 27 36 C 4
Connerré 72 108 B 4
Connezac 24 222 B 3
Connigis 02 60 C 1
Conquereuil 44 126 B 4
Conques 12 262 B 4
Conques-sur-Orbiel 11 319 H 5
Le Conquet 29 74 C 2
Conqueyrac 30 302 D 1
Cons-la-Grandville 54 44 D 2
Cons-Sainte-Colombe 74 216 A 5
Consac 17 219 G 4
Conségudes 06 309 F 1
Consenvoye 55 43 H 3
Consigny 52 117 G 2
Consolation *Cirque de* 25 163 E 4
Consolation-Maisonnettes 25 163 E 4
Contalmaison 80 13 G 5
Contamine-Sarzin 74 215 F 2
Contamine-sur-Arve 74 216 A 1
Les Contamines-Montjoie 74 216 D 4
Contault 51 63 E 2
Contay 80 13 E 5
Conte 39 180 A 4
Contes 62 6 D 5
Contes 06 291 F 5
Contescourt 02 24 A 3
Contest 53 82 B 5
Conteville 80 12 B 3
Conteville 76 21 F 4
Conteville 60 22 A 4
Conteville 14 33 H 5
Conteville 27 35 E 2
Conteville-en-Ternois 62 7 G 5
Conteville-lès-Boulogne 62 2 B 5
Conthil 57 66 D 3
Contigné 49 128 C 3
Contigny 03 192 A 4
Contilly 72 84 A 4
Continvoir 37 151 E 2
Contis-Plage 40 272 A 3
Contoire 80 22 D 4
Contrazy 09 335 G 2
Contre 80 22 A 3
Contré 17 202 B 2
Contréglise 70 140 D 2
Contremoulins 76 19 E 3
Contres 41 153 F 2
Contres 18 173 F 3
Contreuve 08 42 C 2
Contrevoz 01 214 C 5
Contrexéville 88 118 B 2
Contrières 50 51 G 1
Contrisson 55 63 F 3
Conty 80 22 A 3
Contz-les-Bains 57 46 B 2
Conzieu 01 214 C 5
Coole 51 62 B 4
Coolus 51 62 B 2
La Copechagnière 85 166 A 3
Copponex 74 215 G 2
Coq *Col du* 38 233 E 5
Coquainvilliers 14 34 C 4
Coquelles 62 2 C 3
La Coquille 24 223 E 3
Corancez 28 86 B 5
Corancy 58 176 A 1
Coray 29 100 B 2
Corbara 2B 344 C 5
Corbarieu 82 297 H 1
Corbas 69 231 F 1
Corbehem 62 14 A 2
Corbeil 51 91 G 2
Corbeil-Cerf 60 38 A 3
Corbeil-Essonnes 91 88 A 2
Corbeilles 45 112 A 4
Corbel 73 233 E 4
Corbelin 38 232 C 2
Corbenay 70 119 F 5
Corbeny 02 41 F 1
Corbère 66 342 C 2
Corbère-Abères 64 314 D 3
Corbère-les-Cabanes 66 342 D 2
Corberon 21 178 A 1
Corbès 30 283 G 4
Corbie 80 22 D 2
Le Corbier 73 252 A 1
La Corbière 70 141 H 2
Corbières 04 306 C 2
Corbières 11 337 A 2
Corbigny 58 157 G 4
Corbon 14 34 A 5
Corbon 61 84 C 4
Corbonod 01 215 E 3
Corbreuse 91 87 E 3
Corcelle-Mieslot 25 162 B 2
Corcelles 70 142 A 4
Corcelles 58 174 B 2
Corcelles 01 214 C 2
Corcelles-en-Beaujolais 69 212 D 1
Corcelles-Ferrières 25 161 G 4
Corcelles-les-Arts 21 177 G 2
Corcelles-lès-Cîteaux 21 160 B 5
Corcelles-les-Monts 21 159 H 3
Corcieux 88 120 B 2
Corcondray 25 161 G 4
Corconne 30 303 E 1
Corcoué-sur-Logne 44 165 G 1
Corcy 02 40 A 4
Cordéac 38 251 E 5
Cordebugle 14 34 D 5
Cordelle 42 211 G 3
Cordemais 44 147 E 3
Cordes-sur-Ciel 81 279 F 4
Cordes-Tolosannes 82 277 F 5
Cordesse 71 176 D 1
Cordey 14 53 H 3
Cordieux 01 213 G 4
Cordiron 25 161 G 3
Cordon 74 216 C 3
Cordonnet 70 161 H 2
Coren 15 245 H 3
Corenc 38 251 E 1
Corent 63 227 H 2
Corfélix 51 61 E 3
Corgengoux 21 178 A 2
Corgenon 01 195 G 5
Corgirnon 52 139 H 2
Corgnac-sur-l'Isle 24 223 E 5
Corgoloin 21 177 H 1
Corignac 17 237 H 1
Corlay 22 77 H 4
Corlée 52 139 G 2
Corlier 01 214 B 2
Cormainville 28 110 B 3
Cormaranche-en-Bugey 01 214 C 3
Cormatin 71 194 D 2
Corme-Écluse 17 219 E 1
Corme-Royal 17 201 E 5
Cormeilles 60 22 B 4
Cormeilles 27 34 D 4
Cormeilles-en-Parisis 95 58 B 2
Cormeilles-en-Vexin 95 37 H 5
Cormelles-le-Royal 14 33 G 5
Le Cormenier 79 184 D 5
Cormenon 41 109 E 5
Cormeray 50 80 D 2
Cormeray 41 153 F 1
Cormery 37 152 A 4
Cormes 72 108 D 3
Cormet de Roselend 73 216 D 5
Cormicy 51 41 F 2
Le Cormier 27 56 C 2
Cormolain 14 32 C 5
Cormont 62 6 B 3
Cormontreuil 51 41 G 4
Cormoranche-sur-Saône 01 195 E 5
Cormost 10 115 E 3
Cormot-le-Grand 21 177 F 2
Cormoyeux 51 41 F 5
Cormoz 01 195 H 3
Corn 46 261 E 3
Cornac 46 243 E 5
Cornant 89 113 F 3
Cornas 07 249 F 4
Cornay 08 43 F 3
Corné 49 149 H 1
Cornebarrieu 31 297 H 4
Corneilhan 34 321 G 4
Corneilla-de-Conflent 66 342 A 3
Corneilla-del-Vercol 66 343 F 2
Corneilla-la-Rivière 66 342 D 2
Corneillan 32 294 C 4
Corneuil 27 56 B 3
Corneville-la-Fouquetière 27 55 G 1
Corneville-sur-Risle 27 35 F 3
Cornier 74 215 H 1
Corniéville 55 64 D 5
Cornil 19 242 D 2
Cornillac 26 268 B 5
Cornillé 35 105 E 3
Cornille 24 240 D 1
Cornillé-les-Caves 49 150 A 1
Cornillon 30 284 C 2
Cornillon-Confoux 13 305 F 5
Cornillon-en-Trièves 38 250 D 5
Cornillon-sur-l'Oule 26 268 B 5
Cornimont 88 120 A 4
Cornod 39 196 B 4
Cornot 70 140 C 4
La Cornuaille 49 148 D 1
Cornus 12 301 G 1
Cornusse 18 173 H 2
Cornusson *Château de* 82 279 E 3
Corny 27 36 D 3
Corny-Machéroménil 08 26 B 5
Corny-sur-Moselle 57 65 G 2
Coron 49 149 F 5
Corong *Gorges du* 22 77 E 3
Corpe 85 183 F 2
Corpeau 21 177 G 2
Corpoyer-la-Chapelle 21 159 F 1
Corps 38 251 F 5
Corps-Nuds 35 104 B 4
Corquilleroy 45 112 B 4
Corquoy 18 172 D 3
Corrano 2A 349 E 3
Corravillers 70 119 H 5
Corre 70 118 C 5
Corrençon-en-Vercors 38 250 C 3
Correns 83 307 F 5
Corrèze 19 225 E 5
Corribert 51 61 E 2
Corrobert 51 60 D 2
Corrombles 21 158 C 1
Corronsac 31 318 A 3
Corroy 51 61 F 5
Corsaint 21 158 C 1
Corsavy 66 342 C 4
Corscia 2B 346 D 4
Corsen *Pointe de* 29 74 C 2
Corsept 44 146 C 3
Corseul 22 79 F 3
Cortambert 71 194 D 2
Corte 2B 347 E 4
Cortevaix 71 194 C 2
Cortone *Col de* 2A 348 C 5
Cortrat 45 134 D 2
Les Corvées-les-Yys 28 85 G 5
Corveissiat 01 196 B 5
Corvol-d'Embernard 58 157 E 4
Corvol-l'Orgueilleux 58 157 E 2
Corzé 49 128 D 5
Cos 09 336 A 2
Cosges 39 178 D 4

Coslédaà-Lube-Boast 64 314 C 3
Cosmes 53 105 H 5
Cosnac 19 242 C 3
Cosne-d'Allier 03 191 F 3
Cosne-sur-Loire 58 156 A 2
Cosnes-et-Romain 54 44 D 1
Cosqueville 50 29 G 2
Cossaye 58 175 E 5
Cossé-d'Anjou 49 149 F 5
Cossé-en-Champagne 53 106 D 5
Cossé-le-Vivien 53 105 H 5
Cossesseville 14 53 F 2
Cosswiller 67 97 E 1
Costa 2B 346 D 2
Costaros 43 247 F 5
Les Costes 05 269 G 1
Les Costes-Gozon 12 281 E 5
La Côte 70 141 H 3
Cote 304 55 43 H 4
La Côte-d'Aime 73 234 D 2
La Côte-d'Arbroz 74 198 C 5
La Côte-en-Couzan 42 211 E 5
La Côte-Saint-André 38 232 A 4
Le Coteau 42 211 G 3
Côtebrune 25 162 C 3
Les Côtes-d'Arey 38 231 F 4
Les Côtes-de-Corps 38 251 F 5
Coti-Chiavari 2A 348 C 5
Cotignac 83 307 G 5
La Cotinière 17 200 A 3
Cottance 42 212 A 5
Cottenchy 80 22 C 3
Cottévrard 76 20 C 4
Cottier 25 161 G 4
Cottun 14 32 D 3
Cou *Col de* 74 198 A 4
La Couarde 79 185 G 4
La Couarde-sur-Mer 17 182 D 5
Couargues 18 156 A 4
Coubert 77 59 E 5
Coubeyrac 33 257 E 1
Coubisou 12 263 E 4
Coubjours 24 241 G 1
Coublanc 52 139 H 4
Coublanc 71 212 A 1
Coublevie 38 232 C 5
Coublucq 64 294 B 5
Coubon 43 247 F 4
La Coubre *Phare de* 17 218 B 1
Coubron 93 58 D 3
Couches 71 177 F 3
Couchey 21 160 A 4
La Coucourde 26 267 E 3
Coucouron 07 265 G 1
Coucy 08 42 B 1
Coucy-la-Ville 02 40 B 1
Coucy-
le-Château-Auffrique 02 40 B 1
Coucy-lès-Eppes 02 25 E 5
Couddes 41 153 F 3
Coudehard 61 54 C 3
Coudekerque 59 3 G 2
Coudekerque-Branche 59 3 G 2
Coudes 63 228 A 2
Coudeville-sur-Mer 50 51 F 2
Le Coudon 83 328 B 4
Coudons 11 337 B 4
Coudoux 13 305 G 5
Coudray 27 37 E 3
Le Coudray 28 86 B 4
Coudray 45 111 H 2
Le Coudray 44 126 A 5
Coudray 53 128 B 3
Coudray-au-Perche 28 109 E 2
Le Coudray-Macouard 49 150 B 4
Le Coudray-Montceaux 91 88 A 2
Coudray-Rabut 14 34 C 3
Le Coudray-Saint-Germer 60 37 G 2
Coudray-Salbart
*Château de* 79 184 D 3
Le Coudray-sur-Thelle 60 38 A 3
La Coudre 79 167 G 2
Les Coudreaux 77 59 E 3
Coudreceau 28 85 E 5
Coudrecieux 72 108 C 5
Coudres 27 56 C 3
Coudroy 45 134 B 2
Coudun 60 39 F 1
Coudures 40 294 A 3
Coueilles 31 316 D 4
Couëlan *Château de* 22 103 F 1
Couëron 44 147 F 4
Couesmes 37 130 B 5
Couesmes-en-Froulay 53 82 A 3
Couesque *Barrage de* 12 262 D 2
Les Couets 44 147 G 4
Couffé 44 148 A 2
Couffoulens 11 337 C 1
Couffy 41 153 F 4
Couffy-sur-Sarsonne 19 226 B 2
Couflens 09 335 F 5
Coufouleux 81 298 C 2
Cougnac *Grottes de* 46 259 H 2
Couhé 86 186 A 4
Couilly-Pont-aux-Dames 77 59 G 3
Couin 62 13 E 4
Couiza 11 337 C 3
Couladère 31 317 F 5
Coulaines 72 107 H 4
Coulandon 03 192 A 2
Coulangeron 89 136 A 4
Coulanges 41 152 D 1
Coulanges 03 193 E 2
Coulanges-la-Vineuse 89 136 B 4
Coulanges-lès-Nevers 58 174 C 2
Coulanges-sur-Yonne 89 157 F 1
Coulans-sur-Gée 72 107 F 4
Coulans-sur-Lizon 25 180 A 1
Coulaures 24 241 E 1
Couledoux 31 334 C 3
Couleuvre 03 174 A 5
Coulevon 70 141 F 4
Coulgens 16 203 G 5
Coulimer 61 84 B 3
Coullemelle 80 22 C 4
Coullemont 62 13 E 3
Coullons 45 134 B 5
Coulmer 61 54 D 4
Coulmier-le-Sec 21 138 A 3
Coulmiers 45 110 C 5
Coulobres 34 321 G 3
Coulogne 62 2 D 3
Couloisy 60 39 H 2
Coulombiers 72 83 G 5
Coulombiers 86 186 A 2
Coulombs 14 33 F 3
Coulombs 28 57 E 5
Coulombs-en-Valois 77 60 A 1
Coulomby 62 6 D 2
Coulommes 77 59 G 3
Coulommes-et-Marqueny 08 42 C 1
Coulommes-la-Montagne 51 41 F 4
Coulommiers 77 59 H 4
Coulommiers-la-Tour 41 131 H 3
Coulon 79 184 C 4
Coulonces 14 52 C 3
Coulonces 61 54 B 3
La Coulonche 61 53 F 5
Coulongé 72 130 A 4
Coulonge-sur-Charente 17 201 F 4
Coulonges 27 56 B 3
Coulonges 86 188 A 3
Coulonges 16 203 E 4
Coulonges 17 219 H 2
Coulonges-Cohan 02 40 D 4
Coulonges-les-Sablons 61 85 E 4
Coulonges-sur-l'Autize 79 184 C 2
Coulonges-sur-Sarthe 61 84 A 3
Coulonges-Thouarsais 79 167 H 2
Coulonvillers 80 11 H 3
Couloumé-Mondebat 32 295 F 4
Coulounieix-Chamiers 24 240 C 2
Coulours 89 114 A 3
Couloutre 58 156 C 2
Coulouvray-Boisbenâtre 50 52 A 3
Coulvain 14 52 D 1
Coulx 47 257 H 5
Coume 57 46 D 5
Counozouls 11 337 C 5
Coupelle-Neuve 62 7 E 4
Coupelle-Vieille 62 7 E 4
Coupesarte 14 54 B 1
Coupetz 51 62 B 3
Coupéville 51 62 D 2
Coupiac 12 300 B 1
Coupray 52 116 C 5
Coupru 02 60 B 1
Couptrain 53 82 D 3
Coupvray 77 59 F 3
Couquèques 33 219 E 5
Cour-Cheverny 41 153 F 1
Cour-et-Buis 38 231 G 4
Cour-l'Évêque 52 116 C 5
La Cour-Marigny 45 134 C 2
Cour-Saint-Maurice 25 163 F 3
Cour-sur-Loire 41 132 B 5
Courances 91 88 A 4
Courant 17 201 G 2
Courban 21 116 B 5
La Courbe 61 53 H 4
Courbehaye 28 110 B 3
Courbépine 27 35 F 5
Courbes 02 24 C 4
Courbesseaux 54 66 C 5
Courbette 39 196 B 1
Courbeveille 53 105 H 4
Courbevoie 92 58 B 3
Courbiac 47 277 E 1
Courbillac 16 202 C 5
Courboin 02 60 C 2
Courbons 04 288 A 3
Courbouzon 41 132 C 4
Courbouzon 39 179 E 5
Courboyer *Manoir de* 61 84 C 4
Courçais 03 190 B 3
Courçay 37 152 B 4
Courceaux 89 89 G 4
Courcebœufs 72 107 H 3
Courcelette 80 13 G 5
Courcelle 91 58 A 5
Courcelles 54 94 C 4
Courcelles 45 111 H 4
Courcelles 90 142 D 4
Courcelles 58 157 E 2
Courcelles 25 161 H 5
Courcelles 17 201 H 3
Courcelles-au-Bois 80 13 F 4
Courcelles-Chaussy 57 66 B 1
Courcelles-de-Touraine 37 151 E 1
Courcelles-en-Barrois 55 64 C 4
Courcelles-en-Bassée 77 89 E 4
Courcelles-
en-Montagne 52 139 F 2
Courcelles-Epayelles 60 23 E 5
Courcelles-Frémoy 21 158 C 2
Courcelles-la-Forêt 72 129 G 3
Courcelles-le-Comte 62 13 G 4
Courcelles-lès-Gisors 60 37 F 4
Courcelles-lès-Lens 62 8 D 5
Courcelles-lès-Montbard 21 137 H 5
Courcelles-
lès-Montbéliard 25 142 B 4
Courcelles-lès-Semur 21 158 D 2
Courcelles-Sapicourt 51 41 F 4
Courcelles-
sous-Châtenois 88 94 B 4
Courcelles-
sous-Moyencourt 80 22 A 3
Courcelles-sous-Thoix 80 22 A 4
Courcelles-sur-Aire 55 63 H 2
Courcelles-sur-Aujon 52 139 E 2
Courcelles-sur-Blaise 52 92 C 4
Courcelles-sur-Nied 57 66 B 1
Courcelles-sur-Seine 27 36 D 5
Courcelles-sur-Vesles 02 40 D 3
Courcelles-sur-Viosne 95 57 H 1
Courcelles-sur-Voire 10 91 H 3
Courcelles-
Val-d'Esnoms 52 139 F 4
Courcemain 51 90 C 2
Courcemont 72 108 A 3
Courcerac 17 202 B 4
Courcerault 61 84 C 4
Courceroy 10 89 H 3
Courchamp 77 89 G 2
Courchamp 21 139 H 5
Courchamps 02 40 A 5
Courchamps 49 150 B 4
Courchapon 25 161 G 3
Courchaton 70 141 H 5
Courchelettes 59 8 D 5
Courchevel 73 234 C 4
Courcité 53 83 E 5
Courcival 72 108 A 2
Courcôme 16 203 F 3
Courçon 17 183 H 5
Courcoué 37 169 F 1
Courcouronnes 91 87 H 2
Courcoury 17 219 G 1
Courcuire 70 161 G 2
Courcy 50 31 G 5
Courcy 51 41 G 3
Courcy 14 54 A 2
Courcy-aux-Loges 45 111 G 4
Courdemanche 27 56 C 4
Courdemanche 72 130 C 3
Courdemanges 51 62 C 5
Courdimanche 95 57 H 1
Courdimanche-
sur-Essonne 91 87 H 4
Couret 31 334 C 2
Courgains 72 83 H 5
Courgeac 16 221 E 4
Courgenard 72 108 D 3
Courgenay 89 90 A 5
Courgent 78 57 F 3
Courgeon 61 84 C 3
Courgeoût 61 84 B 3
Courgis 89 136 C 3
Courgivaux 51 60 C 5
Courgoul 63 227 G 3
Courjeonnet 51 61 F 3
Courlac 16 221 E 5
Courlandon 51 41 E 3
Courlans 39 179 E 5
Courlaoux 39 179 E 5
Courlay 79 167 G 4
Courlay-sur-Mer 17 218 C 1
Courléon 49 150 D 2
Courlon 21 139 E 4
Courlon-sur-Yonne 89 89 F 5
Courmangoux 01 196 A 4
Courmas 51 41 F 4
Courmelles 02 40 B 3
Courmemin 41 153 G 2
Courménil 61 54 C 4
Courmes 06 309 E 2
Courmont 02 40 D 5
Courmont 70 142 A 3
Cournanel 11 337 C 2
La Courneuve 93 58 C 2
Courniou 34 320 C 3
Cournols 63 227 G 2
Cournon 56 125 G 3
Cournon-d'Auvergne 63 227 H 1
Cournonsec 34 302 C 5
Cournonterral 34 302 C 5
La Couronne 16 221 E 2
La Couronne 13 325 H 4
Courouvre 55 64 B 3
Courpalay 77 59 G 5
Courpiac 33 256 C 1
Courpière 63 228 C 1
Courpignac 17 219 H 5
Courquetaine 77 59 F 5
Courrensan 32 295 G 2
Courrières 62 8 C 4
Courris 81 299 H 1
Courry 30 283 H 2
Le Cours 56 124 D 2
Cours 58 156 B 2
Cours 79 185 E 2
Cours 69 212 A 2
Cours 46 260 B 4
Cours 47 276 B 1
Cours-de-Monségur 33 257 E 3
Cours-de-Pile 24 258 B 1
Cours-les-Bains 33 274 D 1
Cours-les-Barres 18 174 B 2
Coursac 24 240 B 2
Coursan 11 321 F 5
Coursan-en-Othe 10 114 C 4
Coursegoules 06 309 F 1
Courset 62 6 C 2
Courseulles-sur-Mer 14 33 F 3
Courson 14 52 B 3
Courson *Château de* 91 87 F 2
Courson-les-Carrières 89 136 A 5
Courson-Monteloup 91 87 F 2
Courtacon 77 60 B 5
Courtagnon 51 41 F 5
Courtalain 28 109 G 4
Courtangis *Château de* 72 108 D 3
Courtanvaux
*Château de* 72 131 E 2
Courtaoult 10 114 C 4
Courtauly 11 337 A 2
Courtavon 68 143 E 5
Courtefontaine 39 161 G 5
Courtefontaine 25 163 G 2
Courteilles 27 56 A 5
Courteix 19 226 B 2
Courtelevant 90 142 D 4
Courtemanche 80 22 D 4
Courtemaux 45 112 D 4
Courtémont 51 43 E 5
Courtemont-Varennes 02 60 D 1
Courtempierre 45 112 B 4
Courtenay 45 113 E 4
Courtenay 38 214 A 5
Courtenot 10 115 F 3
Courteranges 10 115 F 2
Courteron 10 115 G 4
Courtes 01 195 G 2
Courtesoult-et-Gatey 70 140 A 4
Courtetain-et-Salans 25 162 D 3
La Courtète 11 337 A 1
Courteuil 60 38 D 4
Courthézon 84 285 F 4
Courthiézy 51 60 D 1
Courties 32 295 F 5
Courtieux 60 39 H 2
Courtillers 72 129 E 3
Courtils 50 51 G 5
La Courtine 23 225 H 1
Courtisols 51 62 C 2
Courtivron 21 139 E 5
Courtoin 89 113 E 3
Courtois-sur-Yonne 89 113 G 2
Courtomer 77 59 G 5
Courtomer 61 84 A 2
Courtonne-la-Meurdrac 14 34 D 5
Courtonne-
les-Deux-Églises 14 34 D 5
Courtrizy-et-Fussigny 02 41 E 1
Courtry 77 59 E 2
Courvaudon 14 53 E 1
Courvières 25 180 A 3
Courville 51 41 E 3
Courville-sur-Eure 28 85 H 4
Courzieu 69 230 C 1
Cousance 39 196 A 2
Cousances-au-Bois 55 64 C 5
Cousances-les-Forges 55 92 D 2
Cousolre 59 16 A 3
Coussa 09 336 B 2
Coussac-Bonneval 87 223 H 3
Coussan 65 315 F 5
Coussay 86 168 D 3
Coussay-les-Bois 86 170 A 4
Coussegrey 10 114 D 5
Coussergues 12 281 F 1
Coussey 88 94 A 4
Coust 18 173 H 5
Coustaussa 11 337 C 3
Coustellet 84 305 F 1
Coustouge 11 338 C 2
Coustouges 66 342 C 5
Coutances 50 31 G 5
Coutansouze 03 209 G 1
Coutarnoux 89 137 E 5
Coutençon 77 89 E 3
Coutens 09 336 D 1
Couterne 61 82 C 3
Couternon 21 160 B 3
Couteuges 43 246 C 2
Coutevroult 77 59 G 3
Couthenans 70 142 B 3
Couthures-sur-Garonne 47 257 E 4
Coutiches 59 9 E 4
Coutières 79 185 G 2
Coutouvre 42 211 H 2
Coutras 33 238 C 3
La Couture 62 8 A 3
La Couture 85 183 E 1
Couture 16 203 G 3
La Couture-Boussey 27 56 D 3
Couture-d'Argenson 79 202 D 3
Couture-sur-Loir 41 130 D 3
Couturelle 62 13 E 3
Coutures 57 66 C 4
Coutures 49 149 H 2
Coutures 24 221 G 5
Coutures 33 256 D 3
Coutures 82 297 E 1
Couvains 50 32 B 4
Couvains 61 55 F 3
La Couvertoirade 12 301 H 1
Couvertpuis 55 93 F 2
Couvignon 10 116 A 2
Couville 50 29 E 4
Couvonges 55 63 G 4
Couvrelles 02 40 C 3
Couvron-et-Aumencourt 02 24 C 4
Couvrot 51 62 C 4
Coux 17 219 H 5
Coux 07 266 D 2
Coux-et-Bigaroque 24 259 E 1
Couy 18 173 H 1
La Couyère 35 104 C 5
Couzan *Château de* 42 229 F 1
Couze-et-Saint-Front 24 258 C 1
Couzeix 87 205 G 4
Couziers 37 150 D 5
Couzon 03 191 H 1
Couzon-au-Mont-d'Or 69 213 E 4
Couzou 46 260 C 2
Cox 31 297 E 3
Coye-la-Forêt 60 38 D 5
Coyecques 62 7 F 3
Coyolles 02 39 H 4
Coyrière 39 197 E 4
Coyron 39 196 D 2
Coyviller 54 95 E 1
Cozes 17 219 E 2
Cozzano 2A 349 F 3
Crach 56 124 A 4
Craches 78 86 D 2
Crachier 38 231 H 3
Crain 89 157 F 1
Craincourt 57 66 B 3
Craintilleux 42 230 A 2
Crainvilliers 88 118 B 3
Cramaille 02 40 C 4
Cramans 39 179 G 1
Cramant 51 61 G 2
Cramchaban 17 184 B 5
Craménil 61 53 G 4
Cramoisy 60 38 C 4
Cramont 80 12 B 4
Crampagna 09 336 B 2
Cran-Gevrier 74 215 G 3
Crancey 10 90 A 3
Crançot 39 179 F 5
Crandelles 15 244 B 4
Crannes-
en-Champagne 72 107 F 5
Crans 39 180 A 4
Crans 01 213 H 3
Cransac 12 261 H 4
Crantenoy 54 95 E 3
Cranves-Sales 74 197 H 5
Craon 53 127 H 2
Craon 86 168 C 4
Craonne 02 41 E 2
Craonnelle 02 41 E 2
Crapeaumesnil 60 23 F 4
Craponne 69 230 D 1
Craponne-sur-Arzon 43 229 F 5
Cras 38 250 B 1
Cras 46 260 B 4
Cras-sur-Reyssouze 01 195 G 4
Crastatt 67 68 B 5
Crastes 32 296 C 3
Crasville 50 29 G 4
Crasville 27 36 B 4
Crasville-la-Mallet 76 19 G 3
Crasville-la-Rocquefort 76 19 H 3
La Crau 83 328 B 4
Cravanche 90 142 C 3
Cravans 17 219 F 2
Cravant 45 132 C 3
Cravant 89 136 C 4
Cravant-les-Côteaux 37 151 F 5
Cravencères 32 295 E 3
Cravent 78 57 E 2
Crayssac 46 259 H 4
Craywick 59 3 F 3
Craz 01 214 D 2
Crazannes 17 201 F 4
Cré 72 129 F 4
Créac'h *Phare de* 29 74 A 1
Créances 50 31 F 4
Créancey 52 116 C 4
Créancey 21 159 F 4
Crécey-sur-Tille 21 139 F 5
La Crèche 79 185 E 4
Crêches-sur-Saône 71 195 E 5
Créchets 65 334 A 2
Créchy 03 192 B 5
Crécy-au-Mont 02 40 B 1
Crécy-Couvé 28 56 C 5
Crécy-en-Ponthieu 80 11 G 2
Crécy-la-Chapelle 77 59 G 3
Crécy-sur-Serre 02 24 D 4
Crédin 56 102 B 3
Crégols 46 260 D 5
Crégy-lès-Meaux 77 59 G 2
Créhange 57 66 D 1
Créhen 22 79 F 3
Creil 60 38 D 4
Creissan 34 321 E 4
Creissels 12 281 H 4
Crémarest 62 6 C 2
Cremeaux 42 211 F 4
Crémery 80 23 F 3
Crémieu 38 231 H 1
Crempigny-Bonneguête 74 215 E 3
Cremps 46 278 C 1
Crenans 39 196 D 2
Crenay 52 117 E 4
Creney-près-Troyes 10 91 E 5
Crennes-sur-Fraubée 53 82 D 4
Creno *Lac de* 2A 346 D 5
Créon 33 255 H 1
Créon-d'Armagnac 40 274 C 5
Créot 71 177 F 2
Crépand 21 137 H 5
Crépey 54 94 C 2
Crépieux-la-Pape 69 213 F 5
Crépion 55 44 B 4
Crépol 26 249 G 2
Crépon 14 33 F 3
Crépy 62 7 F 4
Crépy 02 24 C 5
Crépy-en-Valois 60 39 G 4
Créquy 62 7 E 4
Le Crès 34 303 E 4
Cresancey 70 161 F 2
Crésantignes 10 114 D 3
Les Cresnays 50 52 A 4
Crespian 30 303 F 1

Crespières 78 ... 57 H 3
Crespin 59 ... 9 H 5
Crespin 12 ... 279 H 3
Crespin 81 ... 279 H 5
Crespinet 81 ... 299 G 1
Crespy-le-Neuf 10 ... 91 H 4
Cressac-Saint-Genis 16 ... 221 E 4
Cressanges 03 ... 191 H 3
Cressat 23 ... 207 G 1
Cressé 17 ... 202 C 4
La Cresse 12 ... 281 H 3
Cressely 78 ... 58 A 5
Cressensac 46 ... 242 B 4
Cresserons 14 ... 33 G 3
Cresseveuille 14 ... 34 B 4
Cressia 39 ... 196 B 2
Cressin-Rochefort 01 ... 214 D 5
La Cressonnière 14 ... 54 D 1
Cressonsacq 60 ... 38 D 1
Cressy 76 ... 20 B 3
Cressy-Omencourt 80 ... 23 G 4
Cressy-sur-Somme 71 ... 175 H 5
Le Crest 63 ... 227 H 1
Crest 26 ... 267 G 2
Crest-Voland 73 ... 216 B 4
Creste 63 ... 227 G 3
Le Crestet 07 ... 248 D 4
Crestet 84 ... 285 H 2
Crestot 27 ... 36 A 4
Créteil 94 ... 58 D 4
Créton 27 ... 56 B 3
Cretteville 50 ... 31 H 2
Creuë 55 ... 64 D 2
Creully 14 ... 33 F 3
Creuse 80 ... 22 A 2
La Creuse 70 ... 141 G 4
Le Creusot 71 ... 177 E 4
Creutzwald 57 ... 46 D 4
Creuzier-le-Neuf 03 ... 210 B 1
Creuzier-le-Vieux 03 ... 210 B 1
Crevans-et-la-Chapelle-lès-Granges 70 ... 142 A 4
Crevant 36 ... 189 G 3
Crevant-Laveine 63 ... 210 B 4
Crévéchamps 54 ... 95 E 2
Crèvecœur-en-Auge 14 ... 34 B 5
Crèvecœur-en-Brie 77 ... 59 G 4
Crèvecœur-le-Grand 60 ... 22 A 5
Crèvecœur-le-Petit 60 ... 22 D 5
Crèvecœur-sur-l'Escaut 59 ... 14 B 4
Creveney 70 ... 141 F 3
Crévic 54 ... 95 F 1
Crévin 35 ... 104 B 5
Crévoux 05 ... 270 D 3
Creys-Mépieu 38 ... 214 B 5
Creyssac 24 ... 222 B 5
Creysse 24 ... 240 B 5
Creysse 46 ... 242 C 5
Creysseilles 07 ... 266 C 2
Creyssensac-et-Pissot 24 ... 240 C 3
Crézançay-sur-Cher 18 ... 173 E 4
Crézancy 02 ... 60 C 1
Crézancy-en-Sancerre 18 ... 155 H 3
Crézières 79 ... 202 D 2
Crézilles 54 ... 94 B 2
Cricquebœuf 14 ... 34 C 2
Cricqueville-en-Auge 14 ... 34 A 4
Cricqueville-en-Bessin 14 ... 32 C 2
Criel-sur-Mer 76 ... 10 C 4
Crillat 39 ... 196 D 1
Crillon 60 ... 37 H 1
Crillon-le-Brave 84 ... 285 H 3
Crimolois 21 ... 160 B 3
Crion 54 ... 95 G 1
La Crique 76 ... 20 B 4
Criquebeuf-en-Caux 76 ... 18 D 3
Criquebeuf-la-Campagne 27 ... 36 A 4
Criquebeuf-sur-Seine 27 ... 36 B 3
Criquetot-le-Mauconduit 76 ... 19 F 3
Criquetot-l'Esneval 76 ... 18 D 4
Criquetot-sur-Longueville 76 ... 20 B 3
Criquetot-sur-Ouville 76 ... 19 H 4
Criquiers 76 ... 21 F 4
Crisenoy 77 ... 88 C 2
Crisolles 60 ... 23 H 5
Crissay-sur-Manse 37 ... 151 G 5
Crissé 72 ... 107 F 3
Crissey 71 ... 177 H 4
Crissey 39 ... 179 E 1
Cristinacce 2A ... 346 C 5
Cristot 14 ... 33 E 4
Criteuil-la-Magdeleine 16 ... 220 C 3
Critot 76 ... 20 C 5
Croce 2B ... 347 G 3
Crochte 59 ... 3 G 3
Crocicchia 2B ... 347 G 2
Le Crocq 60 ... 22 B 5
Crocq 23 ... 208 B 4
Crocy 14 ... 54 A 3
Crœttwiller 67 ... 69 F 2
Croignon 33 ... 255 H 1
Croisances 43 ... 246 D 5
Croisette 62 ... 12 C 2
La Croisette 74 ... 215 G 1
Le Croisic 44 ... 145 G 4
La Croisière 23 ... 205 H 1
La Croisille 27 ... 56 A 2
La Croisille-sur-Briance 87 ... 224 C 2
Croisilles 62 ... 13 H 3
Croisilles 14 ... 53 F 1
Croisilles 61 ... 54 C 4
Croisilles 28 ... 57 E 5
Croismare 54 ... 95 G 1
Croissanville 14 ... 34 A 5
Croissy-Beaubourg 77 ... 59 E 3
Croissy-sur-Celle 60 ... 22 B 4
Croissy-sur-Seine 78 ... 58 A 3
Le Croisty 56 ... 101 E 2
Croisy 18 ... 173 H 2
Croisy-sur-Andelle 76 ... 36 D 1
Croisy-sur-Eure 27 ... 56 C 1
Croix 59 ... 9 E 2
Croix 90 ... 142 D 5
Croix Col de la 2A ... 346 A 4
Croix Plateau de la 74 ... 216 D 4
La Croix-aux-Bois 08 ... 43 E 2
La Croix-aux-Mines 88 ... 96 C 5
La Croix-Avranchin 50 ... 80 D 2
La Croix-Blanche 71 ... 194 D 4
La Croix-Blanche 47 ... 276 C 2
Croix-Caluyau 59 ... 15 E 4
Croix-Chapeau 17 ... 200 D 1
La Croix-Comtesse 17 ... 201 H 2
Croix-de-Bauzon Col de la 07 ... 265 H 3
La Croix-de-Berny 92 ... 58 C 4
La Croix-de-Fer Col de 73 ... 251 H 1
La Croix-de-la-Rochette 73 ... 233 G 3
Croix-de-l'Homme-Mort Col de la 42 ... 229 F 3
Croix-de-Vie 85 ... 164 D 4
Croix-du-Bac 59 ... 8 B 2
La Croix-du-Perche 28 ... 109 F 2
La Croix-en-Brie 77 ... 89 E 2
La Croix-en-Champagne 51 ... 62 D 1
Croix-en-Ternois 62 ... 7 F 5
La Croix-en-Touraine 37 ... 152 C 3
Croix-Fonsommes 02 ... 24 B 1
La Croix-Fry Col de 74 ... 216 A 3
Croix-Haute Col de la 26 ... 268 D 2
La Croix-Helléan 56 ... 102 D 4
Croix-Mare 76 ... 19 H 5
Croix-Moligneaux 80 ... 23 H 2
Croix-Morand ou de Diane Col de la 63 ... 227 F 2
Croix-Rampau 69 ... 213 E 4
La Croix-Saint-Leufroy 27 ... 36 C 5
Croix-Saint-Robert Col de la 63 ... 227 F 3
Croix Saint-Thomas 21 ... 158 D 3
Croix-Sainte 13 ... 325 G 3
La Croix-sur-Gartempe 87 ... 205 E 1
La Croix-sur-Ourcq 02 ... 40 B 5
La Croix-sur-Roudoule 06 ... 289 F 4
La Croix-Valmer 83 ... 329 F 3
Croixanvec 56 ... 102 A 2
Croixdalle 76 ... 20 D 2
La Croixille 53 ... 105 G 2
Croixrault 80 ... 21 H 3
Croizet-sur-Gand 42 ... 211 H 4
Crolles 38 ... 233 F 5
Crollon 50 ... 80 D 2
Cromac 87 ... 188 B 4
Cromary 70 ... 162 A 2
Cronat 71 ... 175 G 5
Cronce 43 ... 246 B 3
La Cropte 53 ... 106 C 5
Cropus 76 ... 20 B 3
Cros 63 ... 226 D 4
Cros 30 ... 283 F 5
Le Cros 34 ... 301 H 2
Cros-de-Cagnes 06 ... 309 G 3
Cros-de-Géorand 07 ... 265 H 1
Cros-de-Montvert 15 ... 243 G 3
Cros-de-Ronesque 15 ... 244 D 5
Crosey-le-Grand 25 ... 162 D 2
Crosey-le-Petit 25 ... 162 D 2
Crosmières 72 ... 129 F 3
Crosne 91 ... 58 D 5
Crossac 44 ... 146 C 1
Crosses 18 ... 173 H 2
Crosville-la-Vieille 27 ... 36 A 5
Crosville-sur-Douve 50 ... 31 G 2
Crosville-sur-Scie 76 ... 20 B 2
Crotelles 37 ... 152 A 1
Crotenay 39 ... 179 G 4
Croth 27 ... 56 D 3
Le Crotoy 80 ... 11 F 2
Crots 05 ... 270 C 3
Crottes-en-Pithiverais 45 ... 111 F 3
Crottet 01 ... 195 E 5
Le Crouais 35 ... 103 F 1
Crouay 14 ... 32 D 3
La Croupte 14 ... 54 D 1
Crouseilles 64 ... 294 D 5
Croutelle 86 ... 186 B 2
Les Croûtes 10 ... 114 C 5
Croutoy 60 ... 39 H 2
Crouttes 61 ... 54 C 2
Crouttes-sur-Marne 02 ... 60 A 2
Crouy 80 ... 22 A 1
Crouy 02 ... 40 B 2
Crouy-en-Thelle 60 ... 38 C 4
Crouy-sur-Cosson 41 ... 132 C 5
Crouy-sur-Ourcq 77 ... 59 H 1
Le Crouzet 25 ... 180 B 4
Crouzet-Migette 25 ... 180 A 2
La Crouzille 87 ... 205 H 3
La Crouzille 63 ... 209 E 1
Crouzilles 37 ... 151 F 5
Crozant 23 ... 188 D 4
Croze 23 ... 207 G 5
Crozes-Hermitage 26 ... 249 F 3
Crozet 01 ... 197 F 4
Le Crozet 42 ... 211 E 1
Les Crozets 39 ... 196 D 2
Crozon 29 ... 75 E 4
Crozon-sur-Vauvre 36 ... 189 F 2
Cruas 07 ... 267 E 3
Crucey 28 ... 56 A 5
Crucheray 41 ... 131 G 4
Cruéjouls 12 ... 263 F 5
Cruet 73 ... 233 G 3
Crugey 21 ... 159 F 5
Crugny 51 ... 41 E 4
Cruguel 56 ... 102 C 5
Cruis 04 ... 287 F 4
Crulai 61 ... 55 F 5
Crupies 26 ... 267 H 4
Crupilly 02 ... 25 E 1
Cruscades 11 ... 320 D 5
Cruseilles 74 ... 215 G 2
Crusnes 54 ... 45 F 2
Crussol Château de 07 ... 249 F 4
Cruviers-Lascours 30 ... 284 A 5
Crux-la-Ville 58 ... 157 F 5
Cruzille 71 ... 195 E 2
Cruzilles-lès-Mépillat 01 ... 195 E 5
Cruzy 34 ... 321 E 4
Cruzy-le-Châtel 89 ... 137 G 2
Cry 89 ... 137 G 4
Cubelles 43 ... 246 D 4
Cubières 48 ... 265 E 5
Cubières-sur-Cinoble 11 ... 338 A 4
Cubiérettes 48 ... 265 E 5
Cubjac 24 ... 241 E 1
Cublac 19 ... 241 H 2
Cublize 69 ... 212 B 3
Cubnezais 33 ... 237 H 3
Cubrial 25 ... 162 C 1
Cubry 25 ... 162 D 1
Cubry-lès-Faverney 70 ... 141 E 2
Cubry-lès-Soing 70 ... 140 D 4
Cubzac-les-Ponts 33 ... 237 H 4
Cucharmoy 77 ... 89 F 2
Cucheron Col du 38 ... 233 E 4
Cuchery 51 ... 41 F 5
Cucq 62 ... 6 B 4
Cucugnan 11 ... 338 B 4
Cucuron 84 ... 306 A 2
Cucuruzzu Castellu de 2A ... 349 F 5
Cudos 33 ... 274 B 1
Cudot 89 ... 113 F 5
Cuébris 06 ... 289 G 5
Cuélas 32 ... 315 H 4
Cuers 83 ... 328 B 3
Cuffies 02 ... 40 B 2
Cuffy 18 ... 174 B 2
Cugand 85 ... 148 A 5
Cuges-les-Pins 13 ... 327 G 3
Cugnaux 31 ... 297 H 5
Cugney 70 ... 161 F 2
Cugny 02 ... 24 A 4
Cugny-lès-Crouttes 02 ... 40 C 4
Cuguen 35 ... 80 B 3
Cuguron 31 ... 334 A 1
Cuhon 86 ... 168 D 4
Cuignières 60 ... 38 D 2
Cuigy-en-Bray 60 ... 37 G 2
Cuillé 53 ... 105 F 4
Cuinchy 62 ... 8 B 4
Cuincy 59 ... 8 D 5
Le Cuing 31 ... 316 B 5
Cuinzier 42 ... 212 A 1
Cuirieux 02 ... 25 E 4
Cuiry-Housse 02 ... 40 C 3
Cuiry-lès-Chaudardes 02 ... 41 E 2
Cuiry-lès-Iviers 02 ... 25 H 3
Cuis 51 ... 61 G 2
Cuise-la-Motte 60 ... 39 H 2
Cuiseaux 71 ... 196 A 2
Cuiserey 21 ... 160 C 2
Cuisery 71 ... 195 F 1
Cuisia 39 ... 196 A 1
Cuisiat 01 ... 196 A 4
Cuisles 51 ... 41 E 5
Cuissai 61 ... 83 G 3
Cuissy-et-Geny 02 ... 41 E 2
Cuisy 55 ... 43 G 3
Cuisy 77 ... 59 F 1
Cuisy-en-Almont 02 ... 40 A 2
La Cula 42 ... 230 C 3
Culan 18 ... 190 B 2
Culètre 21 ... 159 F 5
Culey 55 ... 63 H 4
Culey-le-Patry 14 ... 53 F 2
Culhat 63 ... 210 A 4
Culin 38 ... 232 A 3
Culles-les-Roches 71 ... 177 F 5
Cully 14 ... 33 F 3
Culmont 52 ... 139 H 2
Culoison 10 ... 91 E 5
Culoz 01 ... 214 D 4
Cult 70 ... 161 F 3
Cultures 48 ... 264 B 5
Cumières 51 ... 61 F 1
Cumières-le-Mort-Homme 55 ... 43 H 4
Cumiès 11 ... 318 D 5
Cumont 82 ... 296 D 1
Cunac 81 ... 299 G 1
Cunault 49 ... 150 B 3
Cuncy-lès-Varzy 58 ... 157 E 3
Cunèges 24 ... 257 G 1
Cunel 55 ... 43 G 2
Cunelières 90 ... 142 D 3
Cunfin 10 ... 116 A 4
Cunlhat 63 ... 228 C 2
Cuntorba Castello de 2A ... 348 D 5
Cuon 49 ... 150 B 1
Cuperly 51 ... 62 B 1
Cuq 47 ... 276 C 4
Cuq 81 ... 299 F 4
Cuq-Toulza 81 ... 298 D 5
Cuqueron 64 ... 313 H 4
Curac 16 ... 239 E 1
Curan 12 ... 281 F 3
Curbans 04 ... 269 G 5
Curbigny 71 ... 194 A 4
Curçay-sur-Dive 86 ... 168 C 1
Curchy 80 ... 23 F 3
Curciat-Dongalon 01 ... 195 G 2
Curcy-sur-Orne 14 ... 53 F 1
Curdin 71 ... 193 F 1
La Cure 39 ... 197 F 2
Curebourse Col de 15 ... 244 D 4
Curel 52 ... 92 D 3
Curel 04 ... 286 D 3
Curemonte 19 ... 242 D 4
Cures 72 ... 107 F 3
Curey 50 ... 80 D 2
Curgies 59 ... 15 E 2
Curgy 71 ... 176 D 2
Curienne 73 ... 233 F 2
Curières 12 ... 263 F 3
Curis-au-Mont-d'Or 69 ... 213 E 4
Curley 21 ... 159 H 4
Curlu 80 ... 23 F 1
Curmont 52 ... 92 C 5
Curnier 26 ... 268 A 5
Cursan 33 ... 256 B 1
Curtafond 01 ... 195 G 5
Curtil-Saint-Seine 21 ... 159 H 1
Curtil-sous-Buffières 71 ... 194 C 3
Curtil-sous-Burnand 71 ... 194 C 1
Curtil-Vergy 21 ... 159 H 5
Le Curtillard 38 ... 233 G 5
Curtin 38 ... 232 B 1
Curvalle 81 ... 300 A 1
Curzay-sur-Vonne 86 ... 185 H 2
Curzon 85 ... 183 E 2
Cusance 25 ... 162 D 2
Cuse-et-Adrisans 25 ... 162 C 1
Cusey 52 ... 139 G 4
Cussac 87 ... 222 D 1
Cussac 15 ... 245 F 4
Cussac-Fort-Médoc 33 ... 237 F 2
Cussac-sur-Loire 43 ... 247 F 4
Cussangy 10 ... 115 E 4
Cussay 37 ... 170 A 1
Cusset 03 ... 210 B 1
Cussey-les-Forges 21 ... 139 E 4
Cussey-sur-Lison 25 ... 161 H 5
Cussey-sur-l'Ognon 25 ... 161 H 2
Cussy 14 ... 32 D 3
Cussy-en-Morvan 71 ... 176 C 1
Cussy-la-Colonne 21 ... 177 F 1
Cussy-le-Châtel 21 ... 159 F 5
Cussy-les-Forges 89 ... 158 A 1
Custines 54 ... 65 H 4
Cusy 89 ... 137 F 3
Cusy 74 ... 215 F 5
Cutry 02 ... 40 A 3
Cutry 54 ... 44 D 2
Cuts 60 ... 39 H 1
Cutting 57 ... 67 F 3
Cuttoli-Corticchiato 2A ... 348 D 3
Cuttura 39 ... 196 D 3
Cuvat 74 ... 215 G 2
Cuve 70 ... 119 E 5
Cuvergnon 60 ... 39 H 5
Cuverville 76 ... 18 D 4
Cuverville 14 ... 33 H 4
Cuverville 27 ... 36 D 3
Cuverville-sur-Yères 76 ... 10 D 5
Cuvéry Col de 01 ... 214 D 1
Cuves 50 ... 52 A 4
Cuves 52 ... 117 G 3
Cuvier 39 ... 180 A 3
Cuvillers 59 ... 14 B 3
Cuvilly 60 ... 23 E 5
Cuvry 57 ... 65 H 1
Cuxac-Cabardès 11 ... 319 G 4
Cuxac-d'Aude 11 ... 321 E 5
Cuy 60 ... 23 G 5
Cuy 89 ... 113 G 2
Cuy-Saint-Fiacre 76 ... 37 F 1
Cuzac 46 ... 261 G 4
Cuzals Musée de 46 ... 260 D 4
Cuzance 46 ... 242 B 4
Cuzieu 01 ... 214 D 4
Cuzieu 42 ... 230 A 2
Cuzion 36 ... 188 D 3
Cuzorn 47 ... 259 E 4
Cuzy 71 ... 176 B 4
Cys-la-Commune 02 ... 40 D 2
Cysoing 59 ... 9 E 3

## D

Dabisse 04 ... 287 G 5
Dabo 57 ... 68 A 5
Dabo Rocher de 57 ... 68 A 5
Dachstein 67 ... 97 F 1
Dadonville 45 ... 111 G 3
Daglan 24 ... 259 G 2
Dagneux 01 ... 213 G 4
Dagny 77 ... 60 A 5
Dagny-Lambercy 02 ... 25 G 3
Dagonville 55 ... 64 B 4
La Daguenière 49 ... 149 H 2
Dahlenheim 67 ... 97 F 1
Daignac 33 ... 256 B 1
Daigny 08 ... 27 F 3
Daillancourt 52 ... 92 C 5
Daillecourt 52 ... 117 G 3
Dainville 62 ... 13 F 2
Dainville-Bertheléville 55 ... 93 G 3
Daix 21 ... 160 A 3
Dalem 57 ... 46 D 4
Dalhain 57 ... 66 D 3
Dalhunden 67 ... 69 F 4
Dallet 63 ... 210 A 5
Dallon 02 ... 24 A 2
Dalou 09 ... 336 B 2
Dalstein 57 ... 46 B 3
Daluis 06 ... 289 F 4
Damas-aux-Bois 88 ... 95 F 3
Damas-et-Bettegney 88 ... 119 E 2
Damazan 47 ... 275 F 2
Dambach 67 ... 68 C 1
Dambach-la-Ville 67 ... 97 E 4
Dambelin 25 ... 163 E 2
Dambenois 25 ... 142 C 4
Dambenoît-lès-Colombe 70 ... 141 G 3
Damblain 88 ... 117 H 3
Damblainville 14 ... 54 A 2
Dambron 28 ... 110 D 3
Dame-Marie 27 ... 56 A 4
Dame-Marie 61 ... 84 C 5
Dame-Marie-les-Bois 37 ... 152 C 1
Damelevières 54 ... 95 F 2
Daméraucourt 60 ... 21 H 4
Damerey 71 ... 178 A 3
Damery 80 ... 23 F 3
Damery 51 ... 61 F 1
Damgan 56 ... 124 D 5
Damiatte 81 ... 299 E 4
Damigny 61 ... 83 G 3
Damloup 55 ... 44 C 5
Dammard 02 ... 40 A 5
Dammarie 28 ... 86 A 5
Dammarie-en-Puisaye 45 ... 135 E 5
Dammarie-les-Lys 77 ... 88 B 3
Dammarie-sur-Loing 45 ... 135 E 3
Dammarie-sur-Saulx 55 ... 93 E 2
Dammartin-en-Goële 77 ... 59 E 1
Dammartin-en-Serve 78 ... 57 E 3
Dammartin-les-Templiers 25 ... 162 B 3
Dammartin-Marpain 39 ... 161 E 3
Dammartin-sur-Meuse 52 ... 117 H 4
Dammartin-sur-Tigeaux 77 ... 59 G 4
Damousies 59 ... 15 H 3
Damouzy 08 ... 26 D 2
Damparis 39 ... 178 D 1
Dampierre 14 ... 52 C 1
Dampierre 10 ... 91 G 2
Dampierre 52 ... 117 G 5
Dampierre 39 ... 161 G 5
Dampierre-au-Temple 51 ... 62 B 1
Dampierre-en-Bray 76 ... 37 F 1
Dampierre-en-Bresse 71 ... 178 C 3
Dampierre-en-Burly 45 ... 134 B 3
Dampierre-en-Crot 18 ... 155 G 2
Dampierre-en-Graçay 18 ... 154 B 5
Dampierre-en-Montagne 21 ... 159 E 2
Dampierre-en-Yvelines 78 ... 57 H 5
Dampierre-et-Flée 21 ... 160 D 1
Dampierre-le-Château 51 ... 63 E 1
Dampierre-les-Bois 25 ... 142 C 4
Dampierre-lès-Conflans 70 ... 141 F 2
Dampierre-Saint-Nicolas 76 ... 20 C 2
Dampierre-sous-Bouhy 58 ... 156 C 1
Dampierre-sous-Brou 28 ... 109 G 2
Dampierre-sur-Avre 28 ... 56 B 4
Dampierre-sur-Blévy 28 ... 85 G 2
Dampierre-sur-Boutonne 17 ... 201 H 2
Dampierre-sur-le-Doubs 25 ... 142 B 5
Dampierre-sur-Linotte 70 ... 141 F 5
Dampierre-sur-Loire 49 ... 150 C 4
Dampierre-sur-Moivre 51 ... 62 C 3
Dampierre-sur-Salon 70 ... 140 B 5
Dampjoux 25 ... 163 F 2
Dampleux 02 ... 40 A 4
Dampmart 77 ... 59 F 3
Dampniat 19 ... 242 C 2
Damprichard 25 ... 163 G 3
Les Damps 27 ... 36 B 3
Dampsmesnil 27 ... 37 F 5
Dampvalley-lès-Colombe 70 ... 141 F 4
Dampvalley-Saint-Pancras 70 ... 119 E 5
Dampvitoux 54 ... 65 E 2
Damrémont 52 ... 117 H 5
Damville 27 ... 56 A 3
Damvillers 55 ... 44 B 3
Damvix 85 ... 184 B 4
Dancé 61 ... 84 D 5
Dancé 42 ... 211 G 4
Dancevoir 52 ... 116 C 5
Dancharia 64 ... 310 C 4
Dancourt 76 ... 21 E 2
Dancourt-Popincourt 80 ... 23 F 4
Dancy 28 ... 110 A 3
Danestal 14 ... 34 B 3
Dangé-Saint-Romain 86 ... 169 H 2
Dangeau 28 ... 109 H 2
Dangers 28 ... 85 H 3
Dangeul 72 ... 107 H 2
Dangolsheim 67 ... 97 F 1
Dangu 27 ... 37 F 4
Dangy 50 ... 52 A 1
Danizy 02 ... 24 B 4
Danjoutin 90 ... 142 C 3
Danne-et-Quatre-Vents 57 ... 68 A 4
Dannelbourg 57 ... 68 A 4
Dannemarie 78 ... 57 E 4
Dannemarie 25 ... 142 C 5
Dannemarie 68 ... 143 E 3
Dannemarie-sur-Crète 25 ... 161 G 4
Dannemoine 89 ... 137 E 2
Dannemois 91 ... 88 A 4
Dannes 62 ... 6 B 3
Dannevoux 55 ... 43 H 3
Danvou-la-Ferrière 14 ... 53 E 2
Danzé 41 ... 131 G 2
Daon 53 ... 128 B 3
Daoulas 29 ... 75 G 3
Daoulas Gorges du 22 ... 77 G 5
Daours 80 ... 22 D 2

Darazac *19* .......... 243 G 2
Darbonnay *39* .......... 179 F 3
Darbres *07* .......... 266 C 3
Darcey *21* .......... 138 B 5
Dardenac *33* .......... 256 B 1
Dardenay *52* .......... 139 G 4
Dardez *27* .......... 56 B 1
Dardilly *69* .......... 213 E 5
Dareizé *69* .......... 212 B 4
Dargies *60* .......... 21 H 4
Dargilan *Grotte de* *48* .......... 282 B 3
Dargnies *80* .......... 11 E 4
Dargoire *42* .......... 230 D 3
Darmannes *52* .......... 117 E 2
Darmont *55* .......... 44 D 5
Darnac *87* .......... 187 G 5
Darnétal *76* .......... 36 B 2
Darnets *19* .......... 225 G 4
Darney *88* .......... 118 C 3
Darney-aux-Chênes *88* .......... 94 B 5
Darnieulles *88* .......... 119 F 2
Darois *21* .......... 159 H 2
Darvault *77* .......... 112 C 2
Darvoy *45* .......... 133 G 2
Dasle *25* .......... 142 C 4
Daubensand *67* .......... 97 H 3
Daubeuf-la-Campagne *27* .......... 36 A 4
Daubeuf-près-Vatteville *27* .......... 36 C 4
Daubeuf-Serville *76* .......... 19 E 4
Daubèze *33* .......... 256 C 2
Dauendorf *67* .......... 68 D 3
Daumazan-sur-Arize *09* .......... 335 G 1
Daumeray *49* .......... 128 D 4
Dauphin *04* .......... 306 C 1
Dausse *47* .......... 276 D 1
Daux *31* .......... 297 G 4
Dauzat-sur-Vodable *63* .......... 227 H 4
Davayat *63* .......... 209 H 4
Davayé *71* .......... 194 D 4
Davejean *11* .......... 338 B 3
Davenescourt *80* .......... 23 E 4
Davézieux *07* .......... 248 D 1
Davignac *19* .......... 225 G 4
Davrey *10* .......... 114 D 4
Davron *78* .......... 57 H 3
Dax *40* .......... 292 D 3
Deauville *14* .......... 34 B 2
Deaux *30* .......... 283 H 4
Débats-Rivière-d'Orpra *42* .. 211 F 5
Decazeville *12* .......... 261 H 4
Dechy *59* .......... 8 D 5
Décines-Charpieu *69* .......... 213 F 5
Decize *58* .......... 175 E 4
Dédeling *57* .......... 66 D 3
La Défense *92* .......... 58 B 3
Dégagnac *46* .......... 259 H 3
Degré *72* .......... 107 G 4
Dehault *72* .......... 108 C 2
Dehéries *59* .......... 14 C 5
Dehlingen *67* .......... 67 H 2
Deinvillers *88* .......... 95 G 3
Delain *70* .......... 140 B 5
Delettes *62* .......... 7 F 3
Delincourt *60* .......... 37 G 4
Delle *90* .......... 142 D 4
Delme *57* .......... 66 B 3
Delouze *55* .......... 93 G 2
Le Déluge *60* .......... 38 A 3
Delut *55* .......... 44 B 3
Deluz *25* .......... 162 B 3
Demandolx *04* .......... 308 B 1
Demange-aux-Eaux *55* .......... 93 G 2
Demangevelle *70* .......... 118 C 5
Demi-Quartier *74* .......... 216 C 3
La Demie *70* .......... 141 F 5
Demigny *71* .......... 177 H 2
Demoiselle Coiffée *05* .......... 271 E 1
Demoiselles *Grotte des* *34* .. 302 C 1
Demoiselles Coiffées *05* .......... 269 H 4
Démouville *14* .......... 33 H 4
Dému *32* .......... 295 F 3
Démuin *80* .......... 22 D 2
Denain *59* .......... 14 C 2
Dénat *81* .......... 299 G 2
Denazé *53* .......... 128 A 2
Dénecourt *Tour* *77* .......... 88 C 4
Denée *49* .......... 149 G 2
Dénestanville *76* .......... 20 B 3
Deneuille-lès-Chantelle *03* .. 191 H 5
Deneuille-les-Mines *03* .......... 191 E 4
Deneuvre *54* .......... 95 H 3
Denèvre *70* .......... 140 B 5
Dénezé-sous-Doué *49* .......... 150 A 4
Dénezé-sous-le-Lude *49* .......... 150 D 1
Denezières *39* .......... 196 D 1
Denguin *64* .......... 314 A 4
Denicé *69* .......... 212 D 3
Denier *62* .......... 13 E 2
Denipaire *88* .......... 96 B 4
Dennebrœucq *62* .......... 7 E 3
Dennemont *78* .......... 57 F 1
Denneville *50* .......... 31 F 2
Dennevy *71* .......... 177 F 3
Denney *90* .......... 142 C 2
Denone *Château de* *63* .......... 210 A 2
Denonville *28* .......... 86 D 4
Denting *57* .......... 46 C 5
Déols *36* .......... 171 H 4
Der-Chantecoq
*Lac du* *21* .......... 92 A 2
Derbamont *88* .......... 95 E 5
Dercé *86* .......... 169 E 2
Derchigny *76* .......... 10 C 5
Dercy *02* .......... 24 D 4
Dernacueillette *11* .......... 338 B 3
Dernancourt *80* .......... 23 E 1
Derval *44* .......... 126 C 4
Désaignes *07* .......... 248 C 4
Désandans *25* .......... 142 A 4
Descartes *37* .......... 169 H 2
Le Deschaux *39* .......... 179 E 2
Le Désert *14* .......... 52 D 2
Le Désert *38* .......... 251 G 5
Désertines *53* .......... 81 H 3
Désertines *03* .......... 190 E 4
Les Déserts *73* .......... 233 F 1
Déservillers *25* .......... 180 A 1
Desges *43* .......... 246 C 4
Desingy *74* .......... 215 E 2
Desmonts *45* .......... 112 A 2
Desnes *39* .......... 179 E 4
Desseling *57* .......... 67 F 4
Dessenheim *68* .......... 121 F 4
Dessia *39* .......... 196 B 3
Destord *88* .......... 95 H 5
La Destrousse *13* .......... 327 F 2
Destry *57* .......... 66 D 2
Desvres *62* .......... 6 C 2
Détain-et-Bruant *21* .......... 159 G 5
Détrier *73* .......... 233 G 3
Le Détroit *14* .......... 53 G 3
Les Détroits *48* .......... 282 A 2
Dettey *71* .......... 176 C 4
Dettwiller *67* .......... 68 B 4
Deuil-la-Barre *95* .......... 58 C 2
Deuillet *02* .......... 24 B 4
Deûlémont *59* .......... 4 C 5
Les Deux-Alpes *38* .......... 251 H 3
Deux Amants *Côte des* *27* .......... 36 C 3
Deux-Chaises *03* .......... 191 G 4
Deux-Évailles *53* .......... 106 B 2
Les Deux-Fays *39* .......... 179 E 3
Deux-Jumeaux *14* .......... 32 C 2
Deux-Verges *15* .......... 263 G 1
Les Deux-Villes *08* .......... 27 H 4
Deuxnouds-aux-Bois *55* .......... 64 D 2

## DIJON

Adler (Pl. E.) . . . . . . . . . . **EZ**
Albert-1er (Av.) . . . . . . . . **CY**
Arquebuse (R. de l') . . . . . **CY**
Audra (R.) . . . . . . . . . . . **CY**
Auxonne (R. d') . . . . . . . . **EZ**
Barabant (Pl. Henri) . . . . . **DZ**
Baudin (R. J.-B.) . . . . . . . **EYZ**
Berbisey (R.) . . . . . . . . . **CYZ**
Berlier (R.) . . . . . . . . . . **DEY**
Bordot (R.) . . . . . . . . . . . **DZ**
Bossuet (R. et Pl.) . . . . . **CDY**
Bouhey (Pl. J.) . . . . . . . . **EX**
Bourg (R. du) . . . . . . . . . **DY**
Briand (Av. A.) . . . . . . . . **EX** 8
Brosses (Bd de) . . . . . . . **CY** 9
Buffon (R.) . . . . . . . . . . . **DY**
Cabet (R. P.) . . . . . . . . . . **EY**
Carnot (Bd) . . . . . . . . . . **DEY**
Castell (Bd du) . . . . . . . . **CZ**
Cellerier (R. J.) . . . . . . . . **CX**
Chabot-Charny (R.) . . . . **DYZ**
Champagne (Bd de) . . . . . **EX** 14
Charrue (R.) . . . . . . . . . . **DY** 18
Chouette (R. de la) . . . . . **DY** 21
Clemenceau (Bd G.) . . . . . **EX**
Colmar (R. de) . . . . . . . . . **EX**
Comte (R. A.) . . . . . . . . . **DY** 27
Condorcet (R.) . . . . . . . . . **CY**
Cordeliers (Pl. des) . . . . . . **DY**
Courtépée (R.) . . . . . . . . . **DX**
Darcy (Pl.) . . . . . . . . . . . **CY**
Daubenton (R.) . . . . . . . . **CZ**
Davout (R.) . . . . . . . . . . . **EY**
Devosge (R.) . . . . . . . . **CDXY**
Diderot (R.) . . . . . . . . . . . **EY**
Dr-Chaussier (R.) . . . . . . . **CY** 32
Dubois (Pl. A.) . . . . . . . . . **CY** 33
Dumont (R. Ch.) . . . . . . . . **DZ**
École-de-Droit (R.) . . . . . . **DY** 35
Égalité (R. de l') . . . . . . . . **CX**
Févret (R.) . . . . . . . . . . . . **DZ**
Foch (Av. Mar.) . . . . . . . . . **CY** 43
Fontaine-lès-Dijon (R.) . . . **CX**
Forges (R. des) . . . . . . . . . **DY**
Fremiet (R. A.) . . . . . . . . . **DX**
Gagnereaux (R.) . . . . . . . . **DX**
Garibaldi (Av.) . . . . . . . . . **DX**
Gaulle
(Crs Général-de) . . . . . . **DZ**
Godrans (R. des) . . . . . . . **DY** 51
Grangier (Pl.) . . . . . . . . . . **DY** 54
Gray (R. de) . . . . . . . . . . . **EY**
Guillaume-Tell (R.) . . . . . . . **CY**
Hôpital (R. de l') . . . . . . . . **CZ**
Ille (R. de l') . . . . . . . . . . . **CZ**
Jeannin (R.) . . . . . . . . . . **DEY**
Jean-Jaurès (Av.) . . . . . . . . **CZ**
Jouvence (R. de) . . . . . . . . **DX**
J.-J.-Rousseau (R.) . . . . . . **DY**
Ledru-Rollin (R.) . . . . . . . **EXY**
Libération (Pl. de la) . . . . . **DY** 57
Liberté (R. de la) . . . . . . . . **CY**
Longvic (R. de) . . . . . . . . **DEZ**
Magenta (R.) . . . . . . . . . . . **EZ** 58
Manutention (R. de la) . . . **CZ**
Marceau (R.) . . . . . . . . . . . **DX**
Mariotte (R.) . . . . . . . . . . . **CY**
Marne (Bd de la) . . . . . . . . **EX**
Metz (R. de) . . . . . . . . . . . **EY**
Michelet (R.) . . . . . . . . . . . **CY** 64
Mirande (R. de) . . . . . . . . . **EY**
Monge (R.) . . . . . . . . . . . . **CY**
Montchapet (R. de) . . . . . . **CX**
Mulhouse (R. de) . . . . . . . **EXY**
Musette (R.) . . . . . . . . . . . **DY**
Parmentier (R.) . . . . . . . . . **EX**
Pasteur (R.) . . . . . . . . . . . **DYZ**
Perrières (R. des) . . . . . . . **CY**
Perspective (Pl. de la) . . . . **CZ**
Petit-Citeaux (R. du) . . . . . **CZ**
Petit-Potet (R. du) . . . . . . . **DY** 71
Piron (R.) . . . . . . . . . . . . . **DY**
Préfecture (R. de la) . . . . . **DY**
Prés.-Wilson (Pl.) . . . . . . . **DZ**
Prévert (Pl. J.) . . . . . . . . . . **CZ**
Raines (R. du Fg) . . . . . . . **CYZ**
Rameau (R.) . . . . . . . . . . . **DY** 77
République (Pl. de la) . . . . . **DX**
Rolin (Quai N.) . . . . . . . . . . **CZ**
Roses (R. des) . . . . . . . . . . **CX**
Roussin (R. Amiral) . . . . . . **DY**
Rude (Pl. F.) . . . . . . . . . . . **DY**
Rude (R. F.) . . . . . . . . . . . **DY** 81
Ste-Anne (R.) . . . . . . . . . **DYZ**
St-Bénigne (Pl.) . . . . . . . . . **CY** 82
St-Bernard (Pl.) . . . . . . . . . **DY** 83
St-Michel (Pl.) . . . . . . . . . . **DY** 86
Sambin (R.) . . . . . . . . . . . . **DX**
Sévigné (Bd de) . . . . . . . . . **CY**
Suquet (Pl.) . . . . . . . . . . . . **CZ**
Tanneries (Rd-Pt des) . . . . **CZ**
Théâtre (Pl. du) . . . . . . . . . **DY**
Thibert (R. M.) . . . . . . . . . . **EZ**
Thiers (Bd) . . . . . . . . . . . . . **EY**
Tivoli (R. de) . . . . . . . . . . **CDZ**
Transvaal (R. du) . . . . . . . **CDZ**
Trémouille (Bd de la) . . . . **DXY**
Turgot (R.) . . . . . . . . . . . . . **DZ**
Vaillant (R.) . . . . . . . . . . . . **DY** 92
Vannerie (R.) . . . . . . . . . . . **DY**
Vauban (R.) . . . . . . . . . . . . **DY**
Verdun (Bd de) . . . . . . . . . . **EX** 93
Verrerie (R.) . . . . . . . . . . . . **DY**
Victor-Hugo (Av.) . . . . . . **CXY**
Voltaire (Bd) . . . . . . . . . . **EYZ**
Zola (Pl. E.) . . . . . . . . . . . . **CY**
1er-Mai (Pl. du) . . . . . . . . . **CZ** 94
1re-Armée-Française
(Av.) . . . . . . . . . . . . . . . . **CY** 95
26e-Dragons (R. du) . . . . . **EX** 98
30-Octobre (Pl. du) . . . . . . **EY**

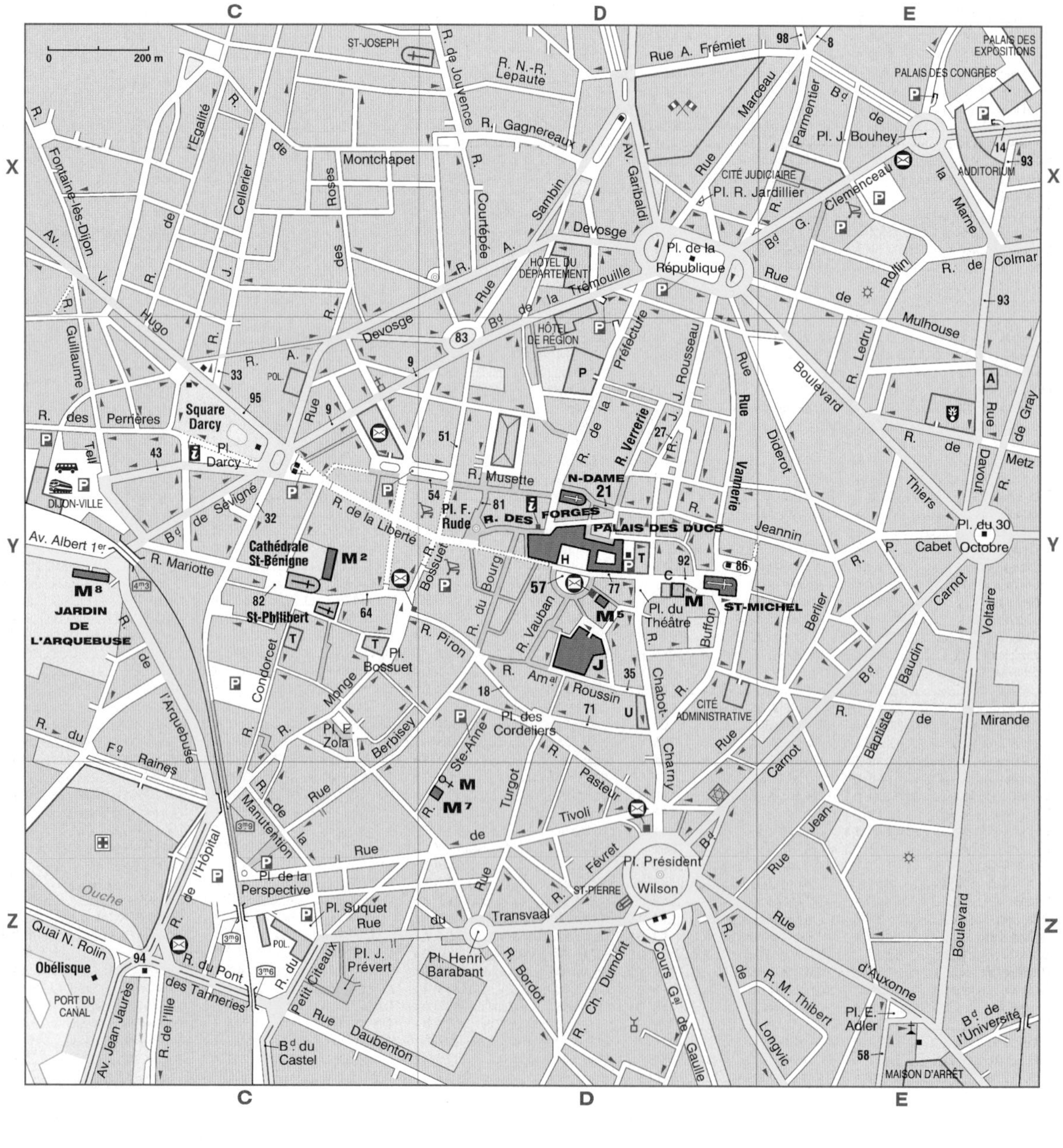
C
D
E
X
Y
Z
0
200 m
ST-JOSEPH
Rue A. Frémiet
PALAIS DES EXPOSITIONS
PALAIS DES CONGRÈS
Pl. J. Bouhey
AUDITORIUM
Montchapet
CITÉ JUDICIAIRE
Pl. R. Jardillier
Pl. de la République
HÔTEL DU DÉPARTEMENT
HÔTEL DE RÉGION
Square Darcy
DIJON-VILLE
Cathédrale St-Bénigne
St-Philibert
N-DAME
PALAIS DES DUCS
ST-MICHEL
JARDIN DE L'ARQUEBUSE
Pl. du Théâtre
Pl. Bossuet
Pl. des Cordeliers
CITÉ ADMINISTRATIVE
Pl. Président Wilson
ST-PIERRE
Pl. de la Perspective
Pl. Suquet
Pl. J. Prévert
Pl. Henri Barabant
Obélisque
PORT DU CANAL
Bd du Castel
Pl. E. Adler
MAISON D'ARRÊT
Pl. du 30 Octobre
Ouche

Deuxnouds-
devant-Beauzée 55 ........ 63 H 1
Deuxville 54 ........ 95 F 1
Devay 58 ........ 175 F 4
Devecey 25 ........ 161 H 3
Devesset 07 ........ 248 B 3
Devèze 65 ........ 316 A 5
Devèze Grotte de la 34 ........ 320 C 3
Deviat 16 ........ 221 E 4
Dévillac 47 ........ 258 D 3
Deville 08 ........ 26 D 1
Déville-lès-Rouen 76 ........ 36 A 1
La Devinière Musée 37 ........ 150 D 5
Devise 80 ........ 23 H 2
Devrouze 71 ........ 178 B 4
Deycimont 88 ........ 119 H 2
Deyme 31 ........ 318 A 3
Deyvillers 88 ........ 119 G 2
Le Dézert 50 ........ 32 A 4
Dezize-lès-Maranges 71 ........ 177 F 3
Dhuisy 77 ........ 60 A 1
Dhuizel 02 ........ 40 D 2
Dhuizon 41 ........ 132 D 5
Diable Roche du 88 ........ 120 B 3
Diable Roches du 29 ........ 100 D 4
Diancey 21 ........ 158 D 5
Diane-Capelle 57 ........ 67 G 5
Diant 77 ........ 113 E 2
Diarville 54 ........ 94 D 4
Le Diben 29 ........ 71 H 3
Diconne 71 ........ 178 B 4
Dicy 89 ........ 113 E 5
Didenheim 68 ........ 143 F 2
Die 26 ........ 268 B 1
Diebling 57 ........ 47 F 5
Diebolsheim 67 ........ 97 G 4
Diedendorf 67 ........ 67 G 3
Dieffenbach-au-Val 67 ........ 97 E 4
Dieffenbach-lès-Wœrth 67 ........ 69 E 2
Dieffenthal 67 ........ 97 E 4
Diefmatten 68 ........ 143 E 2
Dielette 50 ........ 28 C 4
Dième 69 ........ 212 B 3
Diemeringen 67 ........ 67 H 2
Diémoz 38 ........ 231 G 2
Diénay 21 ........ 160 A 1
Dienné 86 ........ 186 D 3
Dienne 15 ........ 245 E 2
Diennes-Aubigny 58 ........ 175 F 3
Dienville 10 ........ 91 H 5
Dieppe 76 ........ 10 B 5
Dieppe-sous-Douaumont 55 ........ 44 C 5
Dieppedalle-Croisset 76 ........ 36 A 2
Dierre 37 ........ 152 B 3
Dierrey-Saint-Julien 10 ........ 90 C 5
Dierrey-Saint-Pierre 10 ........ 90 C 5
Diesen 57 ........ 46 D 5
Dietwiller 68 ........ 143 G 2
Dieudonné 60 ........ 38 B 4
Dieue-sur-Meuse 55 ........ 64 B 1
Dieulefit 26 ........ 267 G 4
Dieulivol 33 ........ 257 E 2
Dieulouard 54 ........ 65 G 4
Dieupentale 82 ........ 297 G 2
Dieuze 57 ........ 67 E 4
Diéval 62 ........ 7 H 5
Diffembach-lès-Hellimer 57 ........ 67 F 2
Diges 89 ........ 136 A 4
Digna 39 ........ 196 A 1
Dignac 16 ........ 221 G 3
La Digne-d'Amont 11 ........ 337 B 2
La Digne-d'Aval 11 ........ 337 B 2
Digne-les-Bains 04 ........ 288 A 3
Dignonville 88 ........ 95 G 5
Digny 28 ........ 85 G 3
Digoin 71 ........ 193 F 2
Digoine Château de 71 ........ 193 H 2
Digosville 50 ........ 29 F 3
Digulleville 50 ........ 28 C 2
Dijon 21 ........ 160 A 3
Dilo 89 ........ 114 A 4
Dimancheville 45 ........ 111 H 2
Dimbsthal 67 ........ 68 B 5
Dimechaux 59 ........ 15 H 3
Dimont 59 ........ 15 H 3
Dinan 22 ........ 79 G 4
Dinan Pointe de 29 ........ 75 E 4
Dinard 35 ........ 50 B 5
Dinéault 29 ........ 75 G 4
Dingé 35 ........ 80 B 4
Dingsheim 67 ........ 68 D 5
Dingy-en-Vuache 74 ........ 215 F 1
Dingy-Saint-Clair 74 ........ 215 H 3
Dinozé 88 ........ 119 G 2
Dinsac 87 ........ 187 H 5
Dinsheim 67 ........ 97 E 1
Dinteville 52 ........ 116 B 4
Dio-et-Valquières 34 ........ 301 G 4
Dionay 38 ........ 249 H 1
Dions 30 ........ 303 G 1
Diors 36 ........ 172 A 4
Diou 36 ........ 172 B 1
Diou 03 ........ 193 E 2
Dirac 16 ........ 221 F 2
Dirinon 29 ........ 75 G 2
Dirol 58 ........ 157 G 3
Disneyland Paris 77 ........ 59 F 3
Dissais 85 ........ 183 F 1
Dissangis 89 ........ 137 E 5
Dissay 86 ........ 169 F 5
Dissay-sous-Courcillon 72 ........ 130 C 4
Dissé-sous-Ballon 72 ........ 108 A 2
Dissé-sous-le-Lude 72 ........ 129 H 5
Distré 49 ........ 150 B 4
Distroff 57 ........ 45 H 3
Diusse 64 ........ 294 C 5
Divajeu 26 ........ 267 G 2
Dives 60 ........ 23 G 5
Dives-sur-Mer 14 ........ 34 A 3
Divion 62 ........ 7 H 4
Divonne-les-Bains 01 ........ 197 G 3
Dixmont 89 ........ 113 H 4
Dizimieu 38 ........ 232 A 1
Dizy 51 ........ 61 G 1
Dizy-le-Gros 02 ........ 25 G 4
Doazit 40 ........ 293 H 3
Doazon 64 ........ 313 H 3
Docelles 88 ........ 119 H 2
Doëlan 29 ........ 100 C 5
Dœuil-sur-le-Mignon 17 ........ 201 G 1
Dognen 64 ........ 313 G 5
Dogneville 88 ........ 95 F 5
Dohem 62 ........ 7 F 2
Dohis 02 ........ 25 H 3
Doignies 59 ........ 14 A 4
Doingt 80 ........ 23 G 1
Doissat 24 ........ 259 F 2
Doissin 38 ........ 232 B 3
Doix 85 ........ 184 B 3
Doizieux 42 ........ 230 C 4
Dol-de-Bretagne 35 ........ 80 A 2
Dolaincourt 88 ........ 94 B 4
Dolancourt 10 ........ 92 A 5
Dolcourt 54 ........ 94 C 3
Dole 39 ........ 161 E 5
Dolignon 02 ........ 25 G 3
Dolleren 68 ........ 142 C 1
Dollon 72 ........ 108 C 4
Dollot 89 ........ 113 E 2
Dolmayrac 47 ........ 276 B 1
Dolo 22 ........ 79 E 4
Dolomieu 38 ........ 232 B 2
Dolus-d'Oléron 17 ........ 200 B 3
Dolus-le-Sec 37 ........ 152 B 5
Dolving 57 ........ 67 G 4
Dom-le-Mesnil 08 ........ 27 E 4
Domagné 35 ........ 104 D 3
Domaize 63 ........ 228 C 1
Domalain 35 ........ 105 E 4
Domancy 74 ........ 216 C 3
Domarin 38 ........ 231 H 2
Domart-en-Ponthieu 80 ........ 12 B 5
Domart-sur-la-Luce 80 ........ 22 D 2
Domats 89 ........ 113 E 3
Domazan 30 ........ 304 B 1
Dombasle-
devant-Darney 88 ........ 118 D 3
Dombasle-en-Argonne 55 ........ 43 H 5
Dombasle-en-Xaintois 88 ........ 94 C 5
Dombasle-sur-Meurthe 54 ........ 95 E 1
Domblain 52 ........ 92 C 3
Domblans 39 ........ 179 F 4
Dombras 55 ........ 44 B 3
Dombrot-le-Sec 88 ........ 118 B 2
Dombrot-sur-Vair 88 ........ 94 B 5
Domecy-sur-Cure 89 ........ 157 H 2
Domecy-sur-le-Vault 89 ........ 157 H 1
Doméliers 60 ........ 22 A 5
Domène 38 ........ 251 E 1
Domérat 03 ........ 190 C 4
Domesmont 80 ........ 12 B 4
Domessargues 30 ........ 283 H 5
Domessin 73 ........ 232 D 2
Domèvre-en-Haye 54 ........ 65 F 4
Domèvre-sous-Montfort 88 ........ 94 C 5
Domèvre-sur-Avière 88 ........ 119 F 2
Domèvre-sur-Durbion 88 ........ 95 F 5
Domèvre-sur-Vezouze 54 ........ 96 A 2
Domeyrat 43 ........ 246 C 1
Domeyrot 23 ........ 189 H 5
Domezain-Berraute 64 ........ 311 H 4
Domfaing 88 ........ 96 A 5
Domfessel 67 ........ 67 H 2
Domfront 60 ........ 22 D 5
Domfront 61 ........ 82 B 2
Domfront-
en-Champagne 72 ........ 107 G 3
Domgermain 54 ........ 94 A 1
La Dominelais 35 ........ 126 C 3
Domino 17 ........ 200 A 3
Dominois 80 ........ 11 G 1
Domjean 50 ........ 52 B 1
Domjevin 54 ........ 95 H 1
Domjulien 88 ........ 94 C 5
Domléger 80 ........ 12 B 4
Domloup 35 ........ 104 C 3
Dommarie-Eulmont 54 ........ 94 C 3
Dommarien 52 ........ 139 G 4
Dommartemont 54 ........ 65 H 5
Dommartin 80 ........ 22 C 3
Dommartin 58 ........ 175 H 1
Dommartin 25 ........ 180 C 2
Dommartin 01 ........ 195 F 4
Dommartin 69 ........ 212 D 5
Dommartin-aux-Bois 88 ........ 119 E 2
Dommartin-Dampierre 51 ........ 43 E 5
Dommartin-la-Chaussée 54 ........ 65 F 2
Dommartin-la-Montagne 55 ........ 64 D 2
Dommartin-le-Coq 10 ........ 91 G 3
Dommartin-le-Franc 52 ........ 92 C 4
Dommartin-le-Saint-Père 52 ........ 92 C 4
Dommartin-
lès-Cuiseaux 71 ........ 195 H 2
Dommartin-
lès-Remiremont 88 ........ 119 H 4
Dommartin-lès-Toul 54 ........ 94 B 1
Dommartin-lès-Vallois 88 ........ 118 D 2
Dommartin-Lettrée 51 ........ 62 A 4
Dommartin-sous-Amance 54 ........ 66 B 5
Dommartin-sous-Hans 51 ........ 43 E 5
Dommartin-sur-Vraine 88 ........ 94 B 4
Dommartin-Varimont 51 ........ 63 E 2
Dommary-Baroncourt 55 ........ 44 D 4
Domme 24 ........ 259 G 1
Dommery 08 ........ 26 B 4
Dommiers 02 ........ 40 A 3
Domnon-lès-Dieuze 57 ........ 67 F 3
Domont 95 ........ 58 C 1
Dompaire 88 ........ 119 E 2
Dompcevrin 55 ........ 64 C 3
Dompierre 60 ........ 22 D 5
Dompierre 61 ........ 53 E 5
Dompierre 88 ........ 95 G 5
Dompierre-aux-Bois 55 ........ 64 D 2
Dompierre-Becquincourt 80 ........ 23 F 1
Dompierre-du-Chemin 35 ........ 81 F 5
Dompierre-en-Morvan 21 ........ 158 C 2
Dompierre-les-Églises 87 ........ 188 A 5
Dompierre-les-Ormes 71 ........ 194 B 4
Dompierre-les-Tilleuls 25 ........ 180 B 3
Dompierre-
sous-Sanvignes 71 ........ 176 C 5
Dompierre-sur-Authie 80 ........ 11 H 1
Dompierre-sur-Besbre 03 ........ 192 D 2
Dompierre-
sur-Chalaronne 01 ........ 213 F 1
Dompierre-
sur-Charente 17 ........ 219 H 1
Dompierre-sur-Helpe 59 ........ 15 G 4
Dompierre-sur-Héry 58 ........ 157 F 4
Dompierre-sur-Mer 17 ........ 183 G 5
Dompierre-sur-Mont 39 ........ 196 C 1
Dompierre-sur-Nièvre 58 ........ 156 D 4
Dompierre-sur-Veyle 01 ........ 213 H 2
Dompierre-sur-Yon 85 ........ 165 H 4
Dompnac 07 ........ 265 H 4
Domprel 25 ........ 162 D 4
Dompremy 51 ........ 62 D 4
Domprix 54 ........ 45 E 3
Domps 87 ........ 224 D 2
Domptail 88 ........ 95 G 3
Domptail-en-l'Air 54 ........ 95 E 2
Domptin 02 ........ 60 B 1
Domqueur 80 ........ 12 B 4
Domremy-aux-Bois 55 ........ 64 B 5
Domremy-en-Ornois 52 ........ 93 E 4
Domremy-la-Canne 55 ........ 44 D 4
Domrémy-la-Pucelle 88 ........ 93 H 3
Domsure 01 ........ 195 H 3
Domvallier 88 ........ 94 D 5
Domvast 80 ........ 11 H 2
Don 59 ........ 8 C 3
Donazac 11 ........ 337 B 1
Donchery 08 ........ 27 E 4
Doncières 88 ........ 95 H 3
Doncourt-aux-Templiers 55 ........ 64 D 1
Doncourt-lès-Conflans 54 ........ 45 F 5
Doncourt-lès-Longuyon 54 ........ 44 D 2
Doncourt-sur-Meuse 52 ........ 117 H 3
Dondas 47 ........ 276 D 2
Donges 44 ........ 146 C 2


## DUNKERQUE

Albert-1er (R.) .......... CZ 2
Alexandre-III (Bd) .......... CZ 3
Arbres (R. des) .......... CDY 6
Asseman (Pl. P.) .......... DY 8
Bergues (R. du Canal de) .......... CZ 9
Bollaert (Pl. Émile) .......... CZ 12
Calonne (Pl.) .......... DZ 16
Carnot (Bd) .......... DY 18
Carton-Lurat (Av.) .......... DZ 19
Clemenceau (R.) .......... CZ 21
Écluse-de-Bergues (R.) .......... CZ 26
Faidherbe (Av.) .......... DY
Fusillés-Marins (R.) .......... CZ 30
Gare (Pl. de la) .......... CZ 32
Gaulle (Pl. du Gén.-de) .......... CZ 33
Geeraert (Av. Adolphe) .......... DY
Hermitte (R. l') .......... CY 35
Hollandais (Quai des) .......... CZ 36
Hôtel-de-Ville (R. de l') .......... DY 37
Jardins (Quai des) .......... CZ 38
Jean-Bart (Pl.) .......... CZ 41
Jean-Jaurès (R.) .......... CZ 40
Jeu-de-Paume (R. du) .......... CZ 42
Leclerc (R. du Mar.) .......... CY 43
Leughenaer (R. du) .......... CY 44
Lille (R. de) .......... CZ 45
Magasin-Général (R.) .......... CZ 48
Malo (Av. Gaspard) .......... DY 49
Mar.-de-France (Av. des) .......... DY 51
Mer (Digue de) .......... DY
Minck (Pl. du) .......... CY 53
Paris (R. de) .......... CZ 54
Prés.-Poincaré (R. du) .......... CZ 57
Prés.-Wilson (R. du) .......... CZ 58
Quatre-Écluses
(Quai) .......... CZ 59
Thiers (R.) .......... CZ 65
Turenne (Pl.) .......... DY 67
Valentin (Pl. C.) .......... CZ 68
Verley (Bd Paul) .......... DY 69
Victoire (Pl. et R. de la) .......... CDY 70
Victor-Hugo (Bd) .......... CZ 72

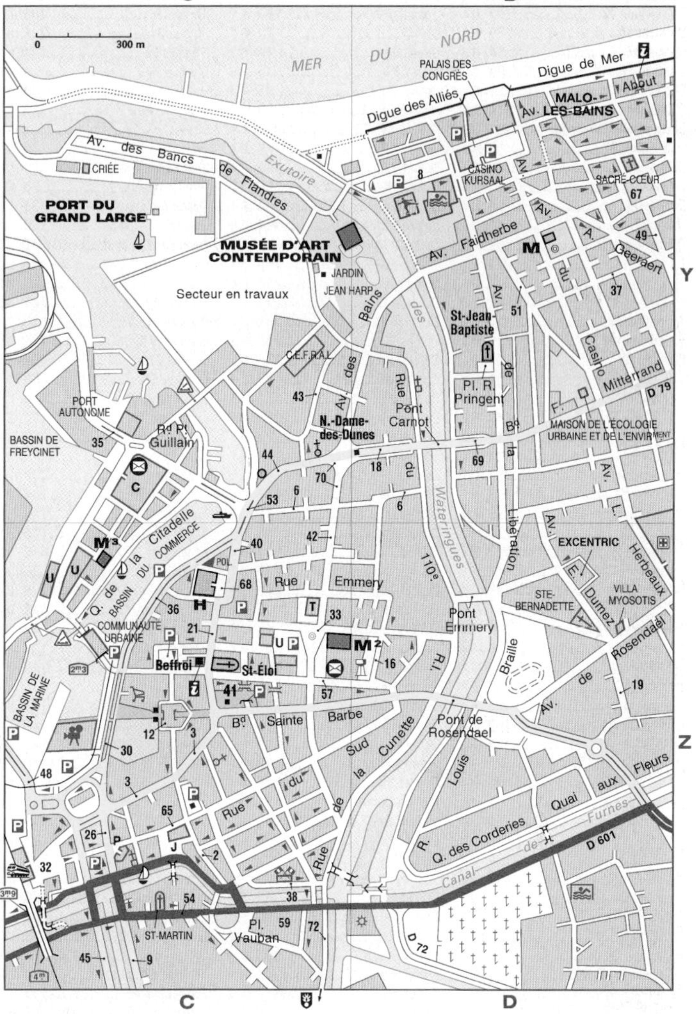



Donjeux 57 ........ 66 C 3
Donjeux 52 ........ 93 E 4
Le Donjon 03 ........ 193 E 4
Donnay 14 ........ 53 G 2
Donnazac 81 ........ 279 F 5
Donnelay 57 ........ 67 E 4
Donnemain-
Saint-Mamès 28 ........ 110 A 3
Donnemarie 52 ........ 117 G 3
Donnemarie-Dontilly 77 ........ 89 F 3
Donnement 10 ........ 91 G 3
Donnenheim 67 ........ 68 D 4
Donnery 45 ........ 133 G 2
Donneville 31 ........ 318 A 3
Donnezac 33 ........ 237 H 1
Donon Col du 67 ........ 96 C 2
Dontreix 23 ........ 208 C 3
Dontrien 51 ........ 42 B 4
Donville-les-Bains 50 ........ 51 F 2
Donzac 33 ........ 256 B 3
Donzac 82 ........ 276 D 4
Donzacq 40 ........ 293 F 3
Le Donzeil 23 ........ 207 F 3
Donzenac 19 ........ 242 B 1
Donzère 26 ........ 267 E 5
Donzy 58 ........ 156 C 3
Donzy-le-National 71 ........ 194 C 3
Donzy-le-Pertuis 71 ........ 194 D 3
Donzy-le-Pré 58 ........ 156 C 3
Doranges 63 ........ 228 D 4
Dorans 90 ........ 142 C 3
Le Dorat 87 ........ 187 H 5
Dorat 63 ........ 210 C 4
Dorceau 61 ........ 84 D 4
Dordives 45 ........ 112 C 3
Dore-l'Église 63 ........ 229 E 5
La Dorée 53 ........ 81 G 3
Dorengt 02 ........ 24 D 1
Dorignies 59 ........ 8 D 5
Dorlisheim 67 ........ 97 F 2
Dormans 51 ........ 60 D 1
Dormelles 77 ........ 88 D 5
La Dornac 24 ........ 241 H 3
Dornas 07 ........ 248 B 5
Dornecy 58 ........ 157 F 2
Dornes 58 ........ 175 E 5
Dornot 57 ........ 65 G 1
Dorres 66 ........ 341 E 4
Dortan 01 ........ 196 C 4
Dosches 10 ........ 91 F 5
Dosnon 10 ........ 91 F 2
Dossenheim-
Kochersberg 67 ........ 68 C 5
Dossenheim-sur-Zinsel 67 ........ 68 B 4
Douadic 36 ........ 170 C 5
Douai 59 ........ 8 D 5
Douains 27 ........ 56 D 1
Douarnenez 29 ........ 99 F 2
Douaumont 55 ........ 44 B 5
Doubs 25 ........ 180 C 2
Doucelles 72 ........ 107 H 2
Douchapt 24 ........ 239 H 1
Douchy 02 ........ 23 H 3
Douchy 45 ........ 113 E 5
Douchy-lès-Ayette 62 ........ 13 F 3
Douchy-les-Mines 59 ........ 14 C 2
Doucier 39 ........ 179 G 5
Doucy 73 ........ 234 B 3
Doucy-en-Bauges 73 ........ 233 H 1
Doudeauville 62 ........ 6 C 3
Doudeauville 76 ........ 21 F 5
Doudeauville-en-Vexin 27 ........ 37 E 3
Doudelainville 80 ........ 11 G 4
Doudeville 76 ........ 19 H 3
Doudrac 47 ........ 258 C 3
Doue 77 ........ 60 A 3
Doué-la-Fontaine 49 ........ 150 A 4
Douelle 46 ........ 259 H 5
Le Douhet 17 ........ 201 G 5
Douillet 72 ........ 83 F 5
Douilly 80 ........ 23 H 3
Doulaincourt 52 ........ 93 E 5
Doulaize 25 ........ 179 H 1
Doulcon 55 ........ 43 G 2
Doulevant-le-Château 52 ........ 92 C 4
Doulevant-le-Petit 52 ........ 92 C 3
Doulezon 33 ........ 256 D 1
Le Doulieu 59 ........ 8 A 2
Doullens 80 ........ 12 D 4
Doumely-Bégny 08 ........ 26 A 4
Doumy 64 ........ 314 B 3
Dounoux 88 ........ 119 F 3
Les Dourbes 04 ........ 288 B 4

Dourbies 30 ... 282 C 4
Dourdain 35 ... 104 D 2
Dourdan 91 ... 87 E 3
Dourges 62 ... 8 C 5
Dourgne 81 ... 319 F 3
Douriez 62 ... 11 G 1
Dourlers 59 ... 15 G 3
Le Dourn 81 ... 280 C 5
Dournazac 87 ... 223 E 2
Dournon 39 ... 179 H 2
Dours 65 ... 315 F 5
Doussard 74 ... 215 H 5
Doussay 86 ... 169 E 3
Douvaine 74 ... 197 H 4
Douville 24 ... 240 B 4
Douville-en-Auge 14 ... 34 B 3
Douville-sur-Andelle 27 ... 36 C 3
Douvrend 76 ... 20 C 2
Douvres 01 ... 214 A 3
Douvres-la-Délivrande 14 ... 33 G 3
Douvrin 62 ... 8 B 4
Doux 08 ... 42 B 1
Doux 79 ... 168 C 4
Douy 28 ... 109 H 4
Douy-la-Ramée 77 ... 59 G 1
Douzains 47 ... 257 H 3
Douzat 16 ... 221 E 1
La Douze 24 ... 240 D 3
Douzens 11 ... 320 B 5
Douzies 59 ... 15 G 2
Douzillac 24 ... 239 H 3
Douzy 08 ... 27 F 4
Doville 50 ... 31 G 2
Doye 39 ... 180 A 4
La Doye 39 ... 197 F 2
Doyet 03 ... 191 E 4
Dozulé 14 ... 34 A 4
Dracé 69 ... 212 D 1
Draché 37 ... 169 H 1
Drachenbronn 67 ... 69 E 1
Dracy 89 ... 135 H 3
Dracy-le-Fort 71 ... 177 G 4
Dracy-lès-Couches 71 ... 177 F 3
Dracy-Saint-Loup 71 ... 176 D 1
Dragey 50 ... 51 G 4
Draguignan 83 ... 308 A 4
Draillant 74 ... 198 A 4
Drain 49 ... 148 B 2
Draix 04 ... 288 B 3
Draize 08 ... 26 A 4
Drambon 21 ... 160 D 3
Dramelay 39 ... 196 B 3
Le Dramont 83 ... 329 H 1
Drancy 93 ... 58 D 2
Drap 06 ... 309 H 2
Dravegny 02 ... 40 D 4
Draveil 91 ... 58 C 5
Drée 21 ... 159 G 3
Drée Château de 71 ... 194 A 4
Drefféac 44 ... 146 D 1
Drémil-Lafage 31 ... 298 B 5
Le Drennec 29 ... 70 D 5
Dreslincourt 60 ... 39 G 1
Dreuil-Hamel 80 ... 11 H 5
Dreuil-lès-Amiens 80 ... 22 B 1
Dreuil-lès-Molliens 80 ... 22 A 2
Dreuilhe 09 ... 336 D 3
Dreux 28 ... 56 D 4
Drevant 18 ... 173 F 5
Dricourt 08 ... 42 C 2
Driencourt 80 ... 23 H 1
Drignac 15 ... 244 B 2
Drincham 59 ... 3 G 3
Drocourt 62 ... 8 C 5
Drocourt 78 ... 57 G 1
Droisy 27 ... 56 B 4
Droisy 74 ... 215 E 3
Droitaumont 54 ... 45 F 5
Droitfontaine 25 ... 163 F 3
Droiturier 03 ... 192 D 5
Droizy 02 ... 40 B 3
Drom 01 ... 196 A 5
Dromesnil 80 ... 21 G 2
Drosay 76 ... 19 G 3
Drosnay 51 ... 92 A 2
Droué 41 ... 109 F 4
Droue-sur-Drouette 28 ... 86 C 2
Drouges 35 ... 105 E 5
Drouilly 51 ... 62 C 4
Droupt-Saint-Basle 10 ... 90 D 3
Droupt-Sainte-Marie 10 ... 90 C 3
Drouville 54 ... 66 C 5
Drouvin-le-Marais 62 ... 8 A 4
Droux 87 ... 205 G 1
Droyes 52 ... 92 A 3
Drubec 14 ... 34 C 4
Drucat 80 ... 11 G 3
Drucourt 27 ... 35 E 5
Drudas 31 ... 297 F 3
Druelle 12 ... 280 C 1
Drugeac 15 ... 244 B 2
Druillat 01 ... 214 A 2
Drulhe 12 ... 261 G 5
Drulingen 67 ... 67 H 3
Drumettaz-Clarafond 73 ... 233 F 1
Drusenheim 67 ... 69 F 4
Druval 14 ... 34 B 4
Druy-Parigny 58 ... 175 E 3
Druye 37 ... 151 G 3
Druyes-les-Belles-Fontaines 89 ... 157 E 1
Dry 45 ... 132 D 3
Duault 22 ... 77 E 3
Ducey 50 ... 51 H 5
Duclair 76 ... 35 H 1
Ducy-Sainte-Marguerite 14 ... 33 E 4
Duerne 69 ... 230 C 1
Duesme 21 ... 138 B 4
Duffort 32 ... 315 H 4
Dugny 93 ... 58 C 2
Dugny-sur-Meuse 55 ... 64 B 1
Duhort-Bachen 40 ... 294 B 3
Duilhac-sous-Peyrepertuse 11 ... 338 B 4
Duingt 74 ... 215 H 4
Duisans 62 ... 13 F 2
Dullin 73 ... 232 D 2
Dumes 40 ... 293 H 3
Dun 09 ... 336 C 2
Dun-le-Palestel 23 ... 189 E 4
Dun-le-Poëlier 36 ... 153 H 5
Dun-les-Places 58 ... 158 A 4
Dun-sur-Auron 18 ... 173 H 3
Dun-sur-Grandry 58 ... 175 H 1
Dun-sur-Meuse 55 ... 43 G 2
Duneau 72 ... 108 B 4
Dunes 82 ... 276 C 4
Dunet 36 ... 188 B 3
Dung 25 ... 142 B 4
Dunière-sur-Eyrieux 07 ... 266 D 1
Dunières 43 ... 248 B 1
Dunkerque 59 ... 3 G 2
Duntzenheim 67 ... 68 C 5
Duppigheim 67 ... 97 G 2
Duran 32 ... 296 A 4
Durance 47 ... 275 E 3
Duranus 06 ... 291 E 4
Duranville 27 ... 35 E 5
Duras 47 ... 257 F 2
Duravel 46 ... 259 F 4
Durban 32 ... 296 A 5
Durban-Corbières 11 ... 338 D 2
Durban-sur-Arize 09 ... 335 H 2
Durbans 46 ... 260 D 3
Durbelière Château de la 79 ... 167 F 2
Durcet 61 ... 53 F 4
Durdat-Larequille 03 ... 191 E 5
Dureil 72 ... 129 F 2
Durenque 12 ... 280 D 4
Durette 69 ... 212 C 1
Durfort 09 ... 318 A 5
Durfort 81 ... 319 F 3
Durfort-et-Saint-Martin-de-Sossenac 30 ... 283 G 5
Durfort-Lacapelette 82 ... 277 F 3
Durlinsdorf 68 ... 143 F 4
Durmenach 68 ... 143 F 4
Durmignat 63 ... 209 F 1
Durnes 25 ... 162 B 5
Durningen 67 ... 68 C 5
Durrenbach 67 ... 69 E 2
Durrenentzen 68 ... 121 F 2
Durstel 67 ... 67 H 3
Durtal 49 ... 129 E 4
Durtol 63 ... 209 G 5
Dury 62 ... 14 A 3
Dury 80 ... 22 B 2
Dury 02 ... 23 H 3
Dussac 24 ... 223 F 5
Duttlenheim 67 ... 97 F 2
Duvy 60 ... 39 G 4
Duzey 55 ... 44 D 3
Dyé 89 ... 136 D 2
Dyo 71 ... 194 A 4


## E


Eancé 35 ... 127 F 2
Eaubonne 95 ... 58 B 2
Eaucourt-sur-Somme 80 ... 11 H 4
Eaunes 31 ... 317 H 4
Eaux-Bonnes 64 ... 332 A 2
Eaux-Chaudes 64 ... 332 A 2
Eaux-Puiseaux 10 ... 114 C 3
Eauze 32 ... 295 F 1
Ébange 57 ... 45 G 3
Ébaty 21 ... 177 G 2
Ébaupinaye Château d' 79 ... 167 H 1
Ebblinghem 59 ... 3 G 5
Ébéon 17 ... 201 H 4
Eberbach-Seltz 67 ... 69 G 2
Eberbach-Wœrth 67 ... 68 D 2
Ebersheim 67 ... 97 F 4
Ebersmunster 67 ... 97 F 4
Ébersviller 57 ... 46 B 4
Éblange 57 ... 46 C 4
Ébouleau 02 ... 25 F 4
Ébréon 16 ... 203 E 3
Ébreuil 03 ... 209 H 2
L'Écaille 08 ... 41 H 2
Écaillon 59 ... 9 E 5
Écajeul 14 ... 54 A 1
Ecalgrain Baie d' 50 ... 28 C 2
Écalles-Alix 76 ... 19 H 5
Écaquelon 27 ... 35 G 3
Écardenville-la-Campagne 27 ... 35 H 5
Écardenville-sur-Eure 27 ... 36 C 5
Écausseville 50 ... 29 G 5
Écauville 27 ... 36 A 5
Eccica-Suarella 2A ... 348 D 3
Eccles 59 ... 15 H 3
Échalas 69 ... 230 D 3
Échallat 16 ... 220 D 1
Échallon 01 ... 196 D 5
Échalot 21 ... 138 D 5
Échalou 61 ... 53 F 4
Échandelys 63 ... 228 C 3
Échannay 21 ... 159 F 3
Écharcon 91 ... 87 H 2
Les Écharmeaux 69 ... 212 B 1
Échassières 03 ... 209 F 1
Échauffour 61 ... 54 D 4
Échavanne 70 ... 142 B 3
Échay 25 ... 179 H 1
Échebrune 17 ... 219 H 2
L'Échelle 08 ... 26 B 2
L'Échelle-Saint-Aurin 80 ... 23 E 4
Les Échelles 73 ... 232 D 4
Échemines 10 ... 90 C 4
Échemiré 49 ... 129 F 5
Échenans 25 ... 142 B 4
Échenans-sous-Mont-Vaudois 70 ... 142 B 3
Échenay 52 ... 93 F 3
Échenevex 01 ... 197 F 4
Échenon 21 ... 160 C 5
Échenoz-la-Méline 70 ... 141 E 4
Échenoz-le-Sec 70 ... 141 E 5
Échery 68 ... 96 D 5
Les Échets 01 ... 213 F 4
Échevanne 70 ... 161 F 2
Échevannes 21 ... 160 B 1
Échevannes 25 ... 162 B 5
Échevis 26 ... 250 B 3
Échevronne 21 ... 159 H 5
Échigey 21 ... 160 B 4
Échillais 17 ... 200 D 4
Échilleuses 45 ... 112 A 3
Echinghen 62 ... 6 B 2
Échiré 79 ... 185 E 3
Échirolles 38 ... 250 D 2
Échouboulains 77 ... 88 D 4
Échourgnac 24 ... 239 F 2
Eckartswiller 67 ... 68 B 4
Eckbolsheim 67 ... 97 G 1
Eckmühl Phare d' 29 ... 99 F 5
Eckwersheim 67 ... 68 D 5
Éclaibes 59 ... 15 G 3
Éclaires 51 ... 63 F 1
Éclance 10 ... 92 A 5
Éclans 39 ... 161 E 5
Éclaron 52 ... 92 B 2
Eclassan 07 ... 249 E 2
Écleux 39 ... 179 G 1
Éclimeux 62 ... 7 F 5
Eclose 38 ... 232 A 3
Écluse Défilé de l' 74 ... 215 E 1
Éclusier-Vaux 80 ... 23 F 1
Écluzelles 28 ... 56 D 5
Écly 08 ... 26 A 5
Écoche 42 ... 212 A 1
Écoivres 62 ... 12 C 2
École 73 ... 233 H 1
École-Valentin 25 ... 161 H 3
Écollemont 51 ... 92 A 2
Écoman 41 ... 132 A 2
Écommoy 72 ... 130 A 2
Écomusée de Haute-Alsace 68 ... 121 E 5
Écoquenéauville 50 ... 31 H 2
Écorcei 61 ... 55 F 5
Les Écorces 25 ... 163 G 3
Écorches 61 ... 54 B 3
Écordal 08 ... 26 C 5
Écorpain 72 ... 108 C 5
Écos 27 ... 37 E 5
Écot 25 ... 142 B 5
Ecot-la-Combe 52 ... 117 F 2
Écotay-l'Olme 42 ... 229 G 2
Écots 14 ... 54 B 1
Écouché 61 ... 54 A 4
Écouen 95 ... 58 C 1
Écouflant 49 ... 149 G 1
Écouis 27 ... 36 D 3
Écourt-Saint-Quentin 62 ... 14 A 3
Écoust-Saint-Mein 62 ... 13 H 3
Écouves Forêt d' 61 ... 83 G 2
Écouviez 55 ... 44 B 1
L'Écouvotte 25 ... 162 B 2
Écoyeux 17 ... 201 H 5
Ecquedecques 62 ... 7 H 3
Ecques 62 ... 7 F 2
Ecquetot 27 ... 36 A 5
Ecquevilly 78 ... 57 H 2
Écrainville 76 ... 18 D 4
Écrammeville 14 ... 32 C 2
Les Écrennes 77 ... 88 D 3
Écretteville-lès-Baons 76 ... 19 G 4
Écretteville-sur-Mer 76 ... 19 E 3
Écriennes 51 ... 62 D 5
Écrille 39 ... 196 C 2
Écromagny 70 ... 141 H 2
Écrosnes 28 ... 86 C 3
Écrouves 54 ... 94 B 1
Ectot-l'Auber 76 ... 20 A 4
Ectot-lès-Baons 76 ... 19 H 4
Écublé 28 ... 85 H 2
Écueil 51 ... 41 G 4
Écueillé 36 ... 171 E 1
Écuélin 59 ... 15 G 3
Écuelle 70 ... 140 A 5
Écuelles 77 ... 88 C 5
Écuelles 71 ... 178 A 2
Écuillé 49 ... 128 C 5
Écuires 62 ... 6 C 4
Écuisses 71 ... 177 F 4
Éculleville 50 ... 28 D 2
Écully 69 ... 213 E 5
Écuras 16 ... 222 B 1
Écurat 17 ... 201 F 5
Écurcey 25 ... 142 B 5
Écurey-en-Verdunois 55 ... 44 B 3
Écurie 62 ... 13 G 2
Écury-le-Repos 51 ... 61 G 4
Écury-sur-Coole 51 ... 62 A 3
Écutigny 21 ... 177 F 1
Écuvilly 60 ... 23 G 4
Edern 29 ... 100 A 2
Édon 16 ... 221 G 3
Les Éduts 17 ... 202 C 3
Eecke 59 ... 4 A 5
Effiat 63 ... 210 A 2
Effincourt 52 ... 93 E 3
Effry 02 ... 25 G 1
Égat 66 ... 341 F 4
Égleny 89 ... 135 H 3
Égletons 19 ... 225 F 5
Égligny 77 ... 89 F 4
Eglingen 68 ... 143 E 2
L'Église-aux-Bois 19 ... 225 E 2
Église-Neuve-de-Vergt 24 ... 240 C 3
Église-Neuve-d'Issac 24 ... 239 H 4
Égliseneuve-d'Entraigues 63 ... 227 F 5
Égliseneuve-des-Liards 63 ... 228 B 3
Égliseneuve-près-Billom 63 ... 228 B 1
Les Églises d'Argenteuil 17 ... 201 H 3
Églisolles 63 ... 229 F 4
Les Églisottes-et-Chalaures 33 ... 238 D 3
Égly 91 ... 87 G 2
Égreville 77 ... 112 D 3
Égriselles-le-Bocage 89 ... 113 F 3
Égry 45 ... 111 H 4
Éguelshardt 57 ... 68 B 1
Éguenigue 90 ... 142 C 2
L'Éguille 17 ... 218 D 1
Éguilles 13 ... 305 H 5
Éguilly 21 ... 159 E 3
Éguilly-sous-Bois 10 ... 115 H 3
Éguisheim 68 ... 121 E 3
Éguzon 36 ... 188 D 3
Éguzon Barrage d' 36 ... 188 D 3
Éhuns 70 ... 141 G 2
Eichhoffen 67 ... 97 F 3
Eincheville 57 ... 66 D 2
Einvaux 54 ... 95 F 2
Einville-au-Jard 54 ... 95 F 1
Eix 55 ... 44 C 5
Élan 08 ... 26 D 4
Élancourt 78 ... 57 H 4
Elbach 68 ... 142 D 3
Elbeuf 76 ... 36 A 3
Elbeuf-en-Bray 76 ... 37 F 1
Elbeuf-sur-Andelle 76 ... 36 D 1
Élencourt 60 ... 21 H 4
Élesmes 59 ... 15 H 2
Életot 76 ... 19 E 3
Éleu-Dit-Leauwette 62 ... 8 B 5
Élincourt 59 ... 14 C 5
Élincourt-Sainte-Marguerite 60 ... 39 F 1
Élisabethville 78 ... 57 G 2
Élise-Daucourt 51 ... 63 E 1
Elizaberry 64 ... 310 D 3
Ellecourt 76 ... 21 F 3
Elliant 29 ... 100 A 3
Ellon 14 ... 33 E 4
Elne 66 ... 343 F 3
Elnes 62 ... 7 E 2
Éloie 90 ... 142 C 2
Éloise 74 ... 215 E 1
Éloyes 88 ... 119 H 3
Elsenheim 67 ... 121 F 2
Elvange 57 ... 66 D 1
Elven 56 ... 124 D 3
Elzange 57 ... 45 H 3
Émagny 25 ... 161 G 3
Émalleville 27 ... 36 B 5
Émancé 78 ... 86 C 2
Émanville 76 ... 20 A 5
Émanville 27 ... 55 H 1
Emberménil 54 ... 95 H 1
Embourie 16 ... 203 E 2
Embres-et-Castelmaure 11 ... 338 D 3
Embreville 80 ... 11 E 4
Embrun 05 ... 270 C 3
Embry 62 ... 6 D 4
Émerainville 77 ... 59 E 4
Émerchicourt 59 ... 14 B 2
Émeringes 69 ... 194 D 5
Éméville 60 ... 39 H 3
Émiéville 14 ... 33 H 5
Emlingen 68 ... 143 F 3
Emmerin 59 ... 8 C 3
Émondeville 50 ... 29 G 5
Empeaux 31 ... 297 F 5
Empurany 07 ... 248 D 4
Empuré 16 ... 203 E 2
Empury 58 ... 157 H 3
Encausse 32 ... 297 E 3
Encausse-les-Thermes 31 ... 334 C 2
Enchanet Barrage d' 15 ... 243 H 3
Enchastrayes 04 ... 271 E 5
Enchenberg 57 ... 68 A 1
L'Enclave-de-la-Martinière 79 ... 185 G 4
Encourtiech 09 ... 335 F 3
Encrenaz Col de l' 74 ... 198 C 5
Endoufielle 32 ... 297 E 5
Énencourt-le-Sec 60 ... 37 H 3
Énencourt-Léage 60 ... 37 G 3
Enfer Gouffre d' 42 ... 230 B 4
Enfer Portes d' 86 ... 187 G 4
Enfonvelle 52 ... 118 B 5
Engarran Château de l' 34 ... 302 D 5
Engayrac 47 ... 276 D 2
Engayresque Col d' 12 ... 281 G 2
Engente 10 ... 92 B 5
Engenthal 67 ... 68 A 5
Engenville 45 ... 111 G 2
Enghien-les-Bains 95 ... 58 C 2
Engins 38 ... 250 D 2
Englancourt 02 ... 25 E 1
Englebelmer 80 ... 13 F 5
Englefontaine 59 ... 15 E 3
Englesqueville-en-Auge 14 ... 34 C 3
Englesqueville-la-Percée 14 ... 32 C 2
Englos 59 ... 8 C 2
Engomer 09 ... 335 E 3
Engraviès 09 ... 336 C 2
Enguinegatte 62 ... 7 F 3
Engwiller 67 ... 68 C 3
Ennemain 80 ... 23 G 2
Ennery 57 ... 45 H 4
Ennery 95 ... 58 A 1
Ennetières-en-Weppes 59 ... 8 C 2
Ennevelin 59 ... 8 D 3
Ennezat 63 ... 210 A 4
Ennordres 18 ... 155 E 2
Enquin-les-Mines 62 ... 7 F 3
Enquin-sur-Baillons 62 ... 6 C 3
Ens 65 ... 333 G 4
Ensérune Oppidum d' 34 ... 321 F 5
Ensigné 79 ... 202 C 2
Ensisheim 68 ... 121 E 5
Ensuès-la-Redonne 13 ... 326 C 2
Entrages 04 ... 288 A 4
Entraigues 63 ... 210 A 4
Entraigues 38 ... 251 F 4
Entraigues-sur-la-Sorgue 84 ... 285 G 5
Entrains-sur-Nohain 58 ... 156 D 2
Entrammes 53 ... 106 A 4
Entrange 57 ... 45 G 2
Entraunes 06 ... 289 E 2
Entraygues-sur-Truyère 12 ... 262 D 3
Entre-deux-Eaux 88 ... 96 B 5
Entre-deux-Guiers 38 ... 232 D 4
Entre-deux-Monts 39 ... 180 A 5
Entrecasteaux 83 ... 307 G 5
Entrechaux 84 ... 285 H 2
Entremont 74 ... 216 A 3
Entremont-le-Vieux 73 ... 233 E 3
Entrepierres 04 ... 287 G 2
Entressen 13 ... 305 E 4
Entrevaux 04 ... 289 F 5
Entrevennes 04 ... 287 G 5
Entrevernes 74 ... 215 H 4
Entzheim 67 ... 97 G 1
Enval 63 ... 209 G 4
Enveitg 66 ... 341 E 4
Envermeu 76 ... 20 C 2
Envronville 76 ... 19 G 4
Eoulx 04 ... 308 B 1
Éourres 05 ... 287 E 2
Eoux 31 ... 316 D 5
Épagne 10 ... 91 G 4
Épagne-Epagnette 80 ... 11 G 4
Épagny 02 ... 40 A 1
Épagny 21 ... 160 A 1
Épagny 74 ... 215 G 3
Épaignes 27 ... 35 E 3
Épaney 14 ... 53 H 2
Épannes 79 ... 184 C 5
Éparcy 02 ... 25 G 2
Les Éparges 55 ... 64 D 1
Épargnes 17 ... 219 E 3
Les Éparres 38 ... 232 A 3
Epau Abbaye de l' 72 ... 107 H 5
Épaumesnil 80 ... 11 G 5
Épaux-Bézu 02 ... 40 B 5
Épeautrolles 28 ... 85 H 5
Épécamps 80 ... 12 B 4
Épégard 27 ... 35 H 4
Épehy 80 ... 14 A 5
Épeigné-les-Bois 37 ... 152 C 4
Épeigné-sur-Dême 37 ... 130 D 4
Épénancourt 80 ... 23 G 2
Épenède 16 ... 204 B 2
Épenouse 25 ... 162 C 4
Épenoy 25 ... 162 C 5
Épense 51 ... 63 E 2
Épercieux-Saint-Paul 42 ... 211 H 5
Éperlecques 62 ... 3 E 4
Épernay 51 ... 61 G 1
Épernay-sous-Gevrey 21 ... 160 A 4
Épernon 28 ... 86 C 2
Éperrais 61 ... 84 B 4
Épersy 73 ... 215 F 5
Épertully 71 ... 177 F 2
Épervans 71 ... 177 H 4
Les Epesses 85 ... 166 D 3
Épeugney 25 ... 162 A 5
Epfig 67 ... 97 F 4
Épiais 41 ... 132 A 3
Épiais-lès-Louvres 95 ... 58 D 1
Épiais-Rhus 95 ... 38 A 5
Épieds 02 ... 40 C 5
Épieds 27 ... 56 D 2
Épieds 49 ... 150 C 5
Épieds-en-Beauce 45 ... 110 B 5
Épierre 73 ... 234 A 3
Épiez-sur-Chiers 54 ... 44 C 2
Épiez-sur-Meuse 55 ... 93 H 2
Épinac 71 ... 177 E 2
Épinal 88 ... 119 F 2
Épinant 52 ... 117 G 4
Épinay 27 ... 55 F 2
Épinay-Champlâtreux 95 ... 58 C 1
L'Épinay-le-Comte 61 ... 81 H 3
Épinay-sous-Sénart 91 ... 58 D 5
Épinay-sur-Duclair 76 ... 35 H 1
Épinay-sur-Odon 14 ... 33 E 5
Épinay-sur-Orge 91 ... 58 C 5
Épinay-sur-Seine 93 ... 58 C 2
L'Épine 51 ... 62 B 2
L'Épine 85 ... 164 B 1
L'Épine 05 ... 268 D 5
Épine Col de l' 73 ... 233 E 2
L'Épine-aux-Bois 02 ... 60 C 3

Épineau-les-Voves 89 ... 113 H 5
Épineu-le-Chevreuil 72 ... 107 E 4
Épineuil 89 ... 137 E 2
Épineuil-le-Fleuriel 18 ... 190 E 2
Épineuse 60 ... 38 D 2
Épineux-le-Seguin 53 ... 106 D 5
Epiniac 35 ... 80 B 2
Épinonville 55 ... 43 G 3
Épinouze 26 ... 231 F 5
Épinoy 62 ... 14 B 3
Épire 49 ... 149 F 2
Epiry 58 ... 157 G 5
Épisy 77 ... 88 C 5
Épizon 52 ... 93 F 4
Éplessier 80 ... 21 H 3
Épluches 95 ... 58 A 1
Éply 54 ... 65 H 3
Époisses 21 ... 158 C 1
Épône 78 ... 57 G 2
Épothémont 10 ... 92 A 4
Épouville 76 ... 18 C 5
Époye 51 ... 42 A 3
Eppe-Sauvage 59 ... 16 A 4
Eppes 02 ... 25 E 5
Eppeville 80 ... 23 H 3
Epping 57 ... 48 B 5
Épretot 76 ... 18 D 5
Épreville 76 ... 19 E 4
Épreville-en-Lieuvin 27 ... 35 F 4
Épreville-en-Roumois 27 ... 35 G 3
Épreville-près-le-Neubourg 27 ... 35 H 5
Épron 14 ... 33 G 4
Eps 62 ... 7 F 4
Épuisay 41 ... 131 F 2
Équancourt 80 ... 14 A 5
Équemauville 14 ... 34 C 2
Équennes-Éramecourt 80 ... 21 H 3
Équeurdreville-Hainneville 50 ... 29 E 3
Équevilley 70 ... 141 F 3
Équevillon 39 ... 179 H 4
Équihen-Plage 62 ... 6 A 2
Équilly 50 ... 51 G 3
Équirre 62 ... 7 F 4
Éragny 95 ... 58 A 1
Éragny-sur-Epte 60 ... 37 G 3
Eraines 14 ... 53 H 2
Éramecourt 80 ... 21 H 4
Éraville 16 ... 220 D 2
Erbajolo 2B ... 347 F 5
Erbalunga 2B ... 345 G 3
Erbéviller-sur-Amezule 54 ... 66 C 5
Erbray 44 ... 127 E 4
Erbrée 35 ... 105 F 3
Ercé 09 ... 335 G 4
Ercé-en-Lamée 35 ... 126 D 2
Ercé-près-Liffré 35 ... 80 C 5
Erceville 45 ... 111 F 2
Erches 80 ... 23 E 4
Ercheu 80 ... 23 G 4
Erchin 59 ... 14 B 2
Erching 57 ... 48 B 5
Erckartswiller 67 ... 68 B 3
Ercourt 80 ... 11 F 4
Ercuis 60 ... 38 B 4
Erdeven 56 ... 123 G 3
Éréac 22 ... 103 E 1
Ergersheim 67 ... 97 F 1
Ergnies 80 ... 12 B 4
Ergny 62 ... 6 D 3
Ergué-Gabéric 29 ... 99 H 3
Érigné 49 ... 149 G 2
Érin 62 ... 7 F 5
Éringes 21 ... 138 A 5
Eringhem 59 ... 3 G 3
Ériseul 52 ... 139 E 2
Érize-la-Brûlée 55 ... 63 H 3
Érize-la-Grande 55 ... 63 H 2
Érize-la-Petite 55 ... 63 H 2
Érize-Saint-Dizier 55 ... 63 H 3
Erlon 02 ... 25 E 3
Erloy 02 ... 25 E 1
Ermenonville 60 ... 39 E 5
Ermenonville-la-Grande 28 ... 86 A 5
Ermenonville-la-Petite 28 ... 85 H 5
Ermenouville 76 ... 19 H 3
Ermitage-du-Frère-Joseph 88 ... 120 B 5
Ermont 95 ... 58 B 2
Ernecourt 55 ... 64 B 5
Ernée 53 ... 81 G 5
Ernemont-Boutavent 60 ... 21 G 5
Ernemont-la-Villette 76 ... 37 F 1
Ernemont-sur-Buchy 76 ... 36 D 1
Ernes 14 ... 54 A 1
Ernestviller 57 ... 67 G 1
Ernolsheim-Bruche 67 ... 97 F 1
Ernolsheim-lès-Saverne 67 ... 68 B 4
Erny-Saint-Julien 62 ... 7 F 3
Érôme 26 ... 249 E 2
Érondelle 80 ... 11 G 4
Érone 2B ... 347 F 3
Éroudeville 50 ... 29 G 5
Erp 09 ... 335 F 3
Erquery 60 ... 38 D 2
Erquières 62 ... 12 B 2
Erquinghem-le-Sec 59 ... 8 C 3
Erquinghem-Lys 59 ... 8 B 2
Erquinvillers 60 ... 38 D 1
Erquy 22 ... 78 D 2
Err 66 ... 341 F 5
Erre 59 ... 9 F 5
Errevet 70 ... 142 B 2
Errouville 54 ... 45 F 2
Ersa 2B ... 345 F 1
Erstein 67 ... 97 G 3
Erstroff 57 ... 67 E 2
Ervauville 45 ... 113 E 4
Ervillers 62 ... 13 G 4
Ervy-le-Châtel 10 ... 114 C 4
Esbareich 65 ... 334 A 3
Esbarres 21 ... 160 C 5
Esbly 77 ... 59 F 3
Esboz-Brest 70 ... 141 G 2
Escala 65 ... 333 H 1
Escalans 40 ... 274 D 5
Les Escaldes 66 ... 341 F 4
L'Escale 04 ... 287 G 4
Escales 11 ... 320 C 5
Escalette Pas de l' 34 ... 301 H 2
Escalles 62 ... 2 B 3
Escalquens 31 ... 318 A 3
Escames 60 ... 21 G 5
Escamps 89 ... 136 A 4
Escamps 46 ... 278 C 1
Escandolières 12 ... 262 B 5
Escanecrabe 31 ... 316 C 5
Escardes 51 ... 60 C 5
L'Escarène 06 ... 291 F 5
Escarmain 59 ... 14 D 3
Escaro 66 ... 342 A 3
Escassefort 47 ... 257 F 4
Escatalens 82 ... 277 G 5
Escaudain 59 ... 14 C 2
Escaudes 33 ... 274 B 1
Escaudœuvres 59 ... 14 B 3
Escaufourt 59 ... 14 D 5
Escaunets 65 ... 314 D 4
Escautpont 59 ... 9 G 5
Escazeaux 82 ... 297 E 2
Eschau 67 ... 97 G 2
Eschbach 67 ... 68 D 3
Eschbach-au-Val 68 ... 120 D 3
Eschbourg 67 ... 68 A 3
Eschêne-Autrage 90 ... 142 C 3
Eschentzwiller 68 ... 143 G 2
Escherange 57 ... 45 G 2
Esches 60 ... 38 A 4
Eschwiller 67 ... 67 H 3
Esclagne 09 ... 336 D 2
Esclainvillers 80 ... 22 C 4
Esclanèdes 48 ... 264 B 5
Esclangon 04 ... 288 A 2
Esclassan-Labastide 32 ... 316 A 3
Esclauzels 46 ... 260 C 5
Esclavelles 76 ... 20 D 4
Esclavolles-Lurey 51 ... 90 A 2
Escles 88 ... 118 D 3
Escles-Saint-Pierre 60 ... 21 G 3
Esclimont 28 ... 86 D 3
Esclottes 47 ... 257 E 2
Escobecques 59 ... 8 C 2
Escœuilles 62 ... 2 D 5
Escoire 24 ... 240 D 2
Escolives-Sainte-Camille 89 ... 136 B 4
Escombres-et-le-Chesnois 08 ... 27 G 4
Esconac 33 ... 255 G 2
Escondeaux 65 ... 315 F 4
Esconnets 65 ... 333 G 1
Escorailles 15 ... 244 B 2
Escornebœuf 32 ... 296 D 4
Escorpain 28 ... 56 B 5
Escos 64 ... 311 H 3
Escosse 09 ... 336 A 1
Escot 64 ... 331 H 2
Escots 65 ... 333 G 1
Escou 64 ... 331 H 1
Escoubès 64 ... 314 C 3
Escoubès-Pouts 65 ... 333 E 1
Escoublère Manoir de l' 53 ... 128 C 3
Escoulis 31 ... 335 E 1
Escouloubre 11 ... 337 B 5
Escource 40 ... 272 D 3
Escoussans 33 ... 256 B 2
Escoussens 81 ... 319 G 3
Escout 64 ... 331 H 1
Escoutoux 63 ... 210 C 5
Escoville 14 ... 33 H 4
Escragnolles 06 ... 308 D 2
Escrennes 45 ... 111 G 3
Escrignelles 45 ... 134 D 4
Escrinet Col de l' 07 ... 266 C 2
Escroux 81 ... 300 B 3
Escueillens 11 ... 337 A 1
Escurès 64 ... 314 D 3
Escures-sur-Favières 14 ... 54 A 1
Escurolles 03 ... 210 A 1
Ésery 74 ... 215 H 1
Eslettes 76 ... 20 A 5
Esley 88 ... 118 C 2
Eslourenties-Daban 64 ... 314 D 5
Esmans 77 ... 88 D 5
Esmery-Hallon 80 ... 23 H 4
Esmoulières 70 ... 119 H 5
Esmoulins 70 ... 161 E 2
Esnandes 17 ... 183 F 5
Esnans 25 ... 162 C 2
Esnes 59 ... 14 C 4
Esnes-en-Argonne 55 ... 43 H 4
Esnoms-au-Val 52 ... 139 F 4
Esnon 89 ... 114 A 5
Esnouveaux 52 ... 117 F 3
Espagnac 19 ... 243 E 1
Espagnac-Sainte-Eulalie 46 ... 261 E 4
Espagnols Pointe des 29 ... 75 E 3
Espalais 82 ... 276 D 4
Espalem 43 ... 246 A 1
Espalion 12 ... 263 E 4
Espaly-Saint-Marcel 43 ... 247 F 3
Espanès 31 ... 318 A 3
Espaon 32 ... 316 D 4
Esparron 05 ... 269 F 4
Esparron 83 ... 306 D 4
Esparron 31 ... 316 C 5
Esparron-de-Verdon 04 ... 307 E 2
Esparron-la-Bâtie 04 ... 287 H 1
Esparros 65 ... 333 G 2
Esparsac 82 ... 297 E 1
Espartignac 19 ... 224 C 4
Espas 32 ... 295 E 2
Espaubourg 60 ... 37 G 2
Espèche 65 ... 333 G 1
Espéchède 64 ... 314 C 4
Espédaillac 46 ... 260 D 3
Espelette 64 ... 310 D 4
Espeluche 26 ... 267 F 4
Espenel 26 ... 268 A 2
Espérausses 81 ... 300 A 4
Espéraza 11 ... 337 C 3
Esperce 31 ... 317 H 5
Espère 46 ... 259 H 4
L'Espérou 30 ... 282 C 4
Espès-Undurein 64 ... 313 F 5
Espeyrac 12 ... 262 C 3
Espeyroux 46 ... 261 E 2
Espezel 11 ... 337 A 4
Espieilh 65 ... 333 G 1
Espiens 47 ... 275 G 3
Espiet 33 ... 256 B 1
Espinas 82 ... 279 E 3
Espinasse 63 ... 209 E 3
Espinasse 15 ... 245 G 5
Espinasse-Vozelle 03 ... 210 A 2
Espinasses 05 ... 270 A 4
Espinchal 63 ... 227 F 5
Espinouse 04 ... 287 H 4
Espins 14 ... 53 G 1
Espira-de-Conflent 66 ... 342 B 3
Espira-de-l'Agly 66 ... 338 D 5
Espirat 63 ... 228 B 1
Espiute 64 ... 311 H 4
Esplantas 43 ... 246 C 5
Esplas 09 ... 318 A 5
Esplas-de-Sérou 09 ... 335 H 3
Espoey 64 ... 314 C 5
Espondeilhan 34 ... 321 G 3
Esprels 70 ... 141 G 5
Esquay-Notre-Dame 14 ... 33 F 5
Esquay-sur-Seulles 14 ... 33 E 3
Esquéhéries 02 ... 25 E 1
Esquelbecq 59 ... 3 G 4
Esquennoy 60 ... 22 B 4
Esquerchin 59 ... 8 D 5
Esquerdes 62 ... 7 F 2
Esquibien 29 ... 98 D 2
Esquièze-Sère 65 ... 333 E 3
Esquillon Pointe de l' 06 ... 309 E 5
Esquiule 64 ... 331 G 1
Essalois Château d' 42 ... 230 A 4
Les Essards 37 ... 151 E 3
Les Essards 17 ... 201 F 5
Les Essards 16 ... 239 E 1
Les Essards-Taignevaux 39 ... 178 D 2
Essarois 21 ... 138 C 3
Essars 62 ... 8 A 3
Les Essarts 76 ... 36 A 3
Les Essarts 27 ... 56 A 3
Les Essarts 41 ... 131 E 4
Les Essarts 85 ... 166 B 4
Les Essarts-le-Roi 78 ... 57 G 5
Les Essarts-le-Vicomte 51 ... 60 D 5
Les Essarts-lès-Sézanne 51 ... 60 D 4
Les Essarts-Varimpré 76 ... 21 E 2
Essavilly 39 ... 180 A 4
Essay 61 ... 83 H 2
Essé 35 ... 104 D 5
Esse 16 ... 204 C 2
Essegney 88 ... 95 E 4
Les Esseintes 33 ... 256 D 3
Essert 89 ... 136 D 5
Essert 90 ... 142 B 3
Essert-Romand 74 ... 198 C 5
Essertaux 80 ... 22 B 3
Essertenne 71 ... 177 F 4
Essertenne-et-Cecey 70 ... 160 D 2
Essertines-en-Châtelneuf 42 ... 229 G 2
Essertines-en-Donzy 42 ... 212 A 5
Esserts-Blay 73 ... 234 B 1
Esserts-Salève 74 ... 215 H 1
Esserval-Combe 39 ... 180 A 3
Esserval-Tartre 39 ... 180 A 3
Essey 21 ... 159 E 4
Essey-et-Maizerais 54 ... 65 E 3
Essey-la-Côte 54 ... 95 F 3
Essey-les-Eaux 52 ... 117 G 4
Essey-lès-Nancy 54 ... 65 H 5
Essey-les-Ponts 52 ... 116 C 4
Essia 39 ... 196 B 1
Essigny-le-Grand 02 ... 24 B 3
Essigny-le-Petit 02 ... 24 B 2
Essises 02 ... 60 C 2
Essômes-sur-Marne 02 ... 60 B 1
Esson 14 ... 53 F 2
Essoyes 10 ... 115 H 4
Essuiles 60 ... 38 B 1
Les Estables 43 ... 247 H 5
Estables 48 ... 264 C 3
Establet 26 ... 268 B 4
Estadens 31 ... 334 D 2
Estagel 66 ... 338 C 5
Estaing 12 ... 262 D 4
Estaing 65 ... 332 C 3
Estaires 59 ... 8 B 2
Estal 46 ... 243 E 5
Estampes 32 ... 315 G 4
Estampures 65 ... 315 G 4
Estancarbon 31 ... 334 C 1
Estandeuil 63 ... 228 B 1
Estang 32 ... 294 D 1
L'Estaque 13 ... 326 D 2
Estarvielle 65 ... 333 H 4
Estavar 66 ... 341 F 4
Esteil 63 ... 228 B 4
Estenc 06 ... 289 E 2
Esténos 31 ... 334 B 3
Estensan 65 ... 333 G 4
Estérençuby 64 ... 330 C 1
Esternay 51 ... 60 D 4
Esterre 65 ... 333 E 3
Estevelles 62 ... 8 C 4
Esteville 76 ... 20 C 5
Estézargues 30 ... 304 B 1
Estialescq 64 ... 313 H 5
Estibeaux 40 ... 293 F 4
Estigarde 40 ... 274 C 5
Estillac 47 ... 276 B 3
Estipouy 32 ... 295 H 5
Estirac 65 ... 295 E 5
Estissac 10 ... 114 C 2
Estivals 19 ... 242 B 4
Estivareilles 03 ... 190 E 3
Estivareilles 42 ... 229 G 4
Estivaux 19 ... 242 B 1
Estoher 66 ... 342 B 3
Estos 64 ... 331 H 1
Estoublon 04 ... 288 A 5
Estouches 91 ... 87 F 5
Estourmel 59 ... 14 C 4
Éstouteville-Écalles 76 ... 20 C 5
Estouy 45 ... 111 H 3
Estrablin 38 ... 231 F 3
Estramiac 32 ... 296 D 2
Estrebay 08 ... 26 A 2
Estrébœuf 80 ... 11 F 3
L'Estréchure 30 ... 283 E 4
Estrée 62 ... 6 C 4
Estrée-Blanche 62 ... 7 G 3
Estrée-Cauchy 62 ... 8 A 5
Estrée-Wamin 62 ... 12 D 2
Estréelles 62 ... 6 C 4
Estrées 59 ... 14 A 2
Estrées 02 ... 24 B 1
Estrées-Deniécourt 80 ... 23 F 2
Estrées-en-Chaussée 80 ... 23 H 2
Estrées-la-Campagne 14 ... 53 H 1
Estrées-lès-Crécy 80 ... 11 H 2
Estrées-Saint-Denis 60 ... 39 E 2
Estrées-sur-Noye 80 ... 22 C 3
Estrennes 88 ... 94 C 5
Estreux 59 ... 9 H 5
Estrun 59 ... 14 C 3
Estry 14 ... 52 D 2
Esves-le-Moutier 37 ... 170 B 1
Esvres 37 ... 152 A 4
Eswars 59 ... 14 B 3
Étable 73 ... 233 H 3
Étables 07 ... 249 E 3
Étables-sur-Mer 22 ... 73 H 4
Étagnac 16 ... 204 D 4
Étaimpuis 76 ... 20 B 4
Étain 55 ... 44 D 5
Étaing 62 ... 13 H 2
Étainhus 76 ... 18 D 5
Étais 21 ... 137 H 4
Étais-la-Sauvin 89 ... 156 D 1
Étalans 25 ... 162 C 4
Étalante 21 ... 138 C 4
Étalle 08 ... 26 B 2
Étalleville 76 ... 19 H 3
Étalon 80 ... 23 F 3
Étalondes 76 ... 10 D 4
Étampes 91 ... 87 F 4
Étampes-sur-Marne 02 ... 60 C 1
L'Étang-Bertrand 50 ... 29 E 5
L'Étang-la-Ville 78 ... 58 A 3
Étang-sur-Arroux 71 ... 176 C 3
L'Étang-Vergy 21 ... 159 H 5
Les Étangs 57 ... 46 B 5
Étaples 62 ... 6 B 4
Étaule 89 ... 158 A 1
Étaules 21 ... 159 H 2
Étaules 17 ... 200 C 5
Étauliers 33 ... 237 G 1
Étaves-et-Bocquiaux 02 ... 24 C 1
Étavigny 60 ... 39 G 5
Etcharry 64 ... 311 H 4
Etchebar 64 ... 331 E 2
Eteaux 74 ... 215 H 1
Éteignières 08 ... 26 B 2
Eteimbes 68 ... 142 D 2
Étel 56 ... 123 G 3
Ételfay 80 ... 23 E 4
L'Etelon 03 ... 190 E 1
Étercy 74 ... 215 F 3
Éternoz 25 ... 180 A 1
Éterpigny 62 ... 13 H 3
Éterpigny 80 ... 23 G 2
Éterville 14 ... 33 G 5
Étevaux 21 ... 160 C 3
Eth 59 ... 15 E 2
Étienville 50 ... 31 G 2
Étigny 89 ... 113 G 3
Les Étilleux 28 ... 108 D 2
Étinehem 80 ... 23 E 1
Étiolles 91 ... 88 A 2
Étival 39 ... 196 D 2
Étival-Clairefontaine 88 ... 96 A 4
Étival-lès-le-Mans 72 ... 107 G 5
Étivey 89 ... 137 F 4
Étobon 70 ... 142 A 3
Étoges 51 ... 61 F 3
L'Étoile 80 ... 12 B 5
L'Étoile 39 ... 179 E 4
Étoile-Saint-Cyrice 05 ... 286 D 1
Étoile-sur-Rhône 26 ... 267 F 1
Éton 55 ... 44 D 4
Étormay 21 ... 138 B 5
Étouars 24 ... 222 B 2
Étourvy 10 ... 115 E 5
Étoutteville 76 ... 19 G 4
Étouvans 25 ... 142 B 5
Étouvelles 02 ... 40 D 1
Étouvy 14 ... 52 C 2
Étouy 60 ... 38 C 2
Étrabonne 25 ... 161 G 4
Étrappe 25 ... 142 A 5
L'Étrat 42 ... 230 B 3
Étray 25 ... 162 C 5
Étraye 55 ... 44 B 3
Étréaupont 02 ... 25 F 1
Étrechet 36 ... 172 A 4
Étréchy 51 ... 61 G 3
Étréchy 91 ... 87 G 3
Étréchy 18 ... 155 H 5
Étréham 14 ... 32 D 3
Étreillers 02 ... 24 A 2
Étréjust 80 ... 11 H 5
Étrelles 35 ... 105 E 3
Étrelles-et-la-Montbleuse 70 ... 161 G 1
Étrelles-sur-Aube 10 ... 90 C 2
Étrembières 74 ... 197 H 5
Étrépagny 27 ... 37 E 3
Étrepigney 39 ... 161 F 5
Étrépigny 08 ... 26 D 4
Étrépilly 77 ... 59 G 1
Étrépilly 02 ... 60 B 1
Étrepy 51 ... 63 E 4
Étretat 76 ... 18 C 3
Étreux 02 ... 15 E 5
Étreval 54 ... 94 C 3
Étréville 27 ... 35 F 2
Étrez 01 ... 195 H 4
Étriac 16 ... 220 D 3
Étriché 49 ... 128 D 4
Étricourt-Manancourt 80 ... 13 H 5
Étrigny 71 ... 195 E 1
Étrochey 21 ... 138 A 2
Étrœungt 59 ... 15 G 5
Étroitefontaine 70 ... 141 H 5
Étroussat 03 ... 192 A 5
Étrun 62 ... 13 F 2
Etsaut 64 ... 331 H 4
Ettendorf 67 ... 68 C 3
Etting 57 ... 67 H 1
Étueffont 90 ... 142 C 2
Étupes 25 ... 142 C 4
Éturqueraye 27 ... 35 G 2
Étusson 79 ... 167 G 1
Étuz 70 ... 161 H 2
Etzling 57 ... 47 F 5
Eu 76 ... 10 D 4
Euffigneix 52 ... 116 D 3
Eugénie-les-Bains 40 ... 294 B 3
Euilly-et-Lombut 08 ... 27 G 4
Eulmont 54 ... 65 H 5
Eup 31 ... 334 B 3
Eurre 26 ... 267 G 1
Eurville-Bienville 52 ... 92 D 2
Eus 66 ... 342 B 2
Euvezin 54 ... 65 E 3
Euville 55 ... 64 D 5
Euvy 51 ... 61 G 5
Euzet 30 ... 284 A 4
Évaillé 72 ... 130 D 2
Évans 39 ... 161 G 4
Évaux-et-Ménil 88 ... 95 E 4
Évaux-les-Bains 23 ... 208 C 1
Ève 60 ... 59 E 1
Évecquemont 78 ... 57 H 1
Évenos 83 ... 327 H 4
Évergnicourt 02 ... 41 G 2
Everly 77 ... 89 G 3
Évette-Salbert 90 ... 142 B 2
Éveux 69 ... 212 D 5
Évian-les-Bains 74 ... 198 B 3
Évigny 08 ... 26 D 3
Évillers 25 ... 180 B 1
Évin-Malmaison 62 ... 8 D 5
Évires 74 ... 215 H 2
Évisa 2A ... 346 C 5
Évosges 01 ... 214 B 3
Évran 22 ... 79 H 5
Évrange 57 ... 45 H 1
Évrecy 14 ... 33 F 5
Èvres 55 ... 63 G 1
Évreux 27 ... 56 B 1
Évricourt 60 ... 23 G 5
Évriguet 56 ... 102 D 3
Évron 53 ... 106 C 3
Évry 91 ... 87 H 2
Évry 89 ... 113 G 2
Évry-Grégy-sur-Yerres 77 ... 59 E 5
Excenevex 74 ... 198 A 3
Excideuil 24 ... 223 F 5
Exermont 08 ... 43 F 3
Exideuil 16 ... 204 C 4
Exincourt 25 ... 142 C 4
Exireuil 79 ... 185 F 3
Exmes 61 ... 54 C 4
Exoudun 79 ... 185 G 4
Expiremont 17 ... 220 B 5
Expo Faune Lorraine 88 ... 120 B 3
Eybens 38 ... 251 E 2
Eybouleuf 87 ... 206 B 5
Eyburie 19 ... 224 C 4
Eycheil 09 ... 335 F 3

Eydoche 38 ... 232 A4
Eygalayes 26 ... 286 D2
Eygalières 13 ... 305 E2
Eygaliers 26 ... 286 A2
Eygliers 05 ... 270 D2
Eygluy-Escoulin 26 ... 267 H1
Eyguians 05 ... 287 E1
Eyguières 13 ... 305 E3
Eygurande 19 ... 226 C2
Eygurande-Gardedeuil 24 ... 239 E3
Eyharce 64 ... 311 E5
Eyjeaux 87 ... 205 H5
Eyliac 24 ... 240 D2
Eymet 24 ... 257 G3
Eymeux 26 ... 249 H3
Eymouthiers 16 ... 222 B2
Eymoutiers 87 ... 224 D1
Eyne 66 ... 341 G4
Eyne 2600 66 ... 341 G4
Eynesse 33 ... 257 E1
Eyragues 13 ... 304 D2
Eyrans 33 ... 237 G2
Eyrein 19 ... 225 F5
Eyrenville 24 ... 258 B2
Eyres-Moncube 40 ... 293 H3
Eyrignac *Jardins d'* 24 ... 241 H5
Eyroles 26 ... 268 A5
Eysines 33 ... 237 F5
Eysson 25 ... 162 D4
Eysus 64 ... 331 H1
Eyvirat 24 ... 222 C5
Eywiller 67 ... 67 H3
Eyzahut 26 ... 267 G4
Eyzerac 24 ... 223 E5
Les Eyzies-de-Tayac 24 ... 241 E5
Eyzin-Pinet 38 ... 231 G3
Ézanville 95 ... 58 C1
Èze 06 ... 309 H2
Ézy-sur-Eure 27 ... 56 D3


## F


Fa 11 ... 337 C3
Fabas 82 ... 297 H2
Fabas 31 ... 316 D5
Fabas 09 ... 335 F1
Fabras 07 ... 266 A3
Fabrègues 34 ... 302 C5
Fabrezan 11 ... 338 C1
Faches-Thumesnil 59 ... 8 D3
Fâchin 58 ... 176 A2
Facture 33 ... 254 C2
Fades *Viaduc des* 63 ... 209 E3
Fage *Gouffre de la* 19 ... 242 B3
La Fage-Montivernoux 48 ... 263 H2
La Fage-Saint-Julien 48 ... 264 A1
Fageole *Col de la* 15 ... 245 H3
Le Faget 31 ... 298 D5
Faget-Abbatial 32 ... 316 B3
Fagnières 51 ... 62 A2
Fagnon 08 ... 26 C3
Fahy-lès-Autrey 70 ... 160 D1
Failly 57 ... 45 H5
Faimbe 25 ... 142 A5
Fain-lès-Montbard 21 ... 137 H5
Fain-lès-Moutiers 21 ... 137 G5
Fains 27 ... 56 D2
Fains-la-Folie 28 ... 110 C2
Fains-les-Sources 55 ... 63 G4
Faissault 08 ... 26 B5
Fajac-en-Val 11 ... 338 A1
Fajac-la-Relenque 11 ... 318 C5
Fajoles 46 ... 259 H1
La Fajolle 11 ... 337 A5
Fajolles 82 ... 277 E5
Falaise 08 ... 42 D2
Falaise 14 ... 53 H2
La Falaise 78 ... 57 G2
Falck 57 ... 46 D4
Faleyras 33 ... 256 B1
Falga 31 ... 318 D3
Le Falgoux 15 ... 244 D2
Falgueyrat 24 ... 257 H2
Falicon 06 ... 309 H2
Falkwiller 68 ... 143 E2
Fallencourt 76 ... 21 E2
Fallerans 25 ... 162 C5
Falleron 85 ... 165 F2
Falletans 39 ... 161 E5
Fallières 88 ... 119 G4
Fallon 70 ... 141 H5
La Faloise 80 ... 22 C4
Fals 47 ... 276 B4
Falvy 80 ... 23 G2
Famars 59 ... 14 D2
Famechon 62 ... 13 E4
Famechon 80 ... 22 A3
Fameck 57 ... 45 G4
Familly 14 ... 54 D2
Fampoux 62 ... 13 H2
Fanget *Col du* 04 ... 288 B1
Fanjeaux 11 ... 319 E5
Fanlac 24 ... 241 F3
Le Faou 29 ... 75 G3
Le Faouët 22 ... 73 F4
Le Faouët 56 ... 100 D3
Faramans 01 ... 213 G4
Faramans 38 ... 231 H4
Farbus 62 ... 8 B5
Farceaux 27 ... 37 E3
Farcheville *Château de* 91 ... 87 G4
La Fare-en-Champsaur 05 ... 269 G2
La Fare-les-Oliviers 13 ... 305 G5
Farébersviller 57 ... 47 F5
Fareins 01 ... 213 E2
Faremoutiers 77 ... 59 H4
Farges 01 ... 197 E5
Les Farges 24 ... 241 G3
Farges-Allichamps 18 ... 173 E4
Farges-en-Septaine 18 ... 173 H1
Farges-lès-Chalon 71 ... 177 H3
Farges-lès-Mâcon 71 ... 195 E2
Fargniers 02 ... 24 B4
Fargues 33 ... 256 B4
Fargues 46 ... 277 G1
Fargues 40 ... 294 A3
Fargues-Saint-Hilaire 33 ... 255 H1
Fargues-sur-Ourbise 47 ... 275 E2
Farincourt 52 ... 140 B4
Farinole 2B ... 345 F4
La Farlède 83 ... 328 B4
Farnay 42 ... 230 C3
Faron *Mont* 83 ... 328 A4
Faronville 45 ... 111 F2
Farrou 12 ... 279 F1
Farschviller 57 ... 67 F1
Fatines 72 ... 108 A4
Fatouville-Grestain 27 ... 34 D2
Le Fau 15 ... 244 D3
Fau-de-Peyre 48 ... 264 A2
Fauch 81 ... 299 G2
Faucigny 74 ... 216 A1
La Faucille *Col de* 01 ... 197 F3
Faucogney-et-la-Mer 70 ... 141 H2
Faucompierre 88 ... 119 H2
Faucon 84 ... 285 H2
Faucon-
de-Barcelonnette 04 ... 270 D5
Faucon-du-Caire 04 ... 269 H5
Fauconcourt 88 ... 95 G4
Faucoucourt 02 ... 40 C1
Faudoas 82 ... 297 E2
Le Fauga 31 ... 317 G4
Faugères 07 ... 265 H5
Faugères 34 ... 301 G5
Fauguernon 14 ... 34 D4
Fauguerolles 47 ... 257 F5
Fauillet 47 ... 257 F5
Le Faulq 14 ... 34 D4
Faulquemont 57 ... 66 D1
Faulx 54 ... 65 H4
Faumont 59 ... 8 D4
Fauquembergues 62 ... 7 E3
La Faurie 05 ... 269 E3
Faurilles 24 ... 258 C2
Fauroux 82 ... 277 E2
Faussergues 81 ... 280 C5
La Faute-sur-Mer 85 ... 183 E4
Fauverney 21 ... 160 B4
Fauville 27 ... 56 B1
Fauville-en-Caux 76 ... 19 F4
Faux 08 ... 26 B5
Faux 24 ... 258 B1
Faux de Verzy 51 ... 41 H5
Faux-Fresnay 51 ... 61 G5
Faux-la-Montagne 23 ... 225 F1
Faux-Mazuras 23 ... 206 D4
Faux-Vésigneul 51 ... 62 B4
Faux-Villecerf 10 ... 90 B5
Favalello 2B ... 347 F4
Favars 19 ... 242 D1
La Favède 30 ... 283 G3
Faveraye-Mâchelles 49 ... 149 G4
Faverdines 18 ... 190 C1
Faverelles 45 ... 135 E5
Faverges 74 ... 216 A5
Faverges-de-la-Tour 38 ... 232 C2
Faverney 70 ... 141 E3
Faverois 90 ... 142 D4
Faverolles 80 ... 23 E4
Faverolles 02 ... 40 A4
Faverolles 61 ... 53 G5
Faverolles 28 ... 57 E5
Faverolles 52 ... 117 E5
Faverolles 36 ... 153 F5
Faverolles 15 ... 245 H5
Faverolles-et-Coëmy 51 ... 41 E4
Faverolles-la-Campagne 27 ... 55 H1
Faverolles-lès-Lucey 21 ... 138 D2
Faverolles-les-Mares 27 ... 35 E5
Faverolles-sur-Cher 41 ... 152 D3
La Favière 39 ... 180 A4
La Favière 83 ... 329 E4
La Favière *Plage de* 83 ... 329 E4
Favières 80 ... 11 F2
Favières 77 ... 59 F4
Favières 28 ... 85 H3
Favières 54 ... 94 B3
Favone 2A ... 349 H4
Favresse 51 ... 62 D4
Favreuil 62 ... 13 G4
Favrieux 78 ... 57 F2
Le Favril 59 ... 15 F4
Le Favril 27 ... 35 F4
Le Favril 28 ... 85 G3
Fay 80 ... 23 F2
Fay 61 ... 55 E5
Fay 72 ... 107 G4
Le Fay 71 ... 178 D5
Fay-aux-Loges 45 ... 111 F5
Fay-de-Bretagne 44 ... 147 F1
Fay-en-Montagne 39 ... 179 G4
Fay-le-Clos 26 ... 249 F1
Fay-les-Étangs 60 ... 37 H4
Fay-lès-Marcilly 10 ... 90 A4
Fay-lès-Nemours 77 ... 112 B2
Le Fay-Saint-Quentin 60 ... 38 B2
Fay-sur-Lignon 43 ... 248 A4
Faycelles 46 ... 261 F4
Faye 41 ... 131 H3
La Faye 16 ... 203 F2
La Faye *Pas de* 06 ... 308 D2
Faye-d'Anjou 49 ... 149 G3
Faye-la-Vineuse 37 ... 169 F2
Faye-l'Abbesse 79 ... 167 H3
Faye-sur-Ardin 79 ... 184 D3
Le Fayel 60 ... 39 E2
Fayence 83 ... 308 C3
Fayet 02 ... 24 A2
Le Fayet 74 ... 216 D3
Fayet 12 ... 301 E2
Fayet-le-Château 63 ... 228 B1
Fayet-Ronaye 63 ... 228 C4
Fayl-Billot 52 ... 140 A3
Faymont 70 ... 142 A3
Faymoreau 85 ... 184 C1
Fayrac 24 ... 259 F1
Fays 52 ... 92 D3
Fays 88 ... 119 H2
Fays-la-Chapelle 10 ... 114 D3
Fayssac 81 ... 299 E1
Féas 64 ... 331 G1
Febvin-Palfart 62 ... 7 G3
Fécamp 76 ... 19 E3
Féchain 59 ... 14 B2
Fêche-l'Église 90 ... 142 D4
La Féclaz 73 ... 233 F1
Fécocourt 54 ... 94 C4
Fédry 70 ... 140 C4
Fegersheim 67 ... 97 G2
Fégréac 44 ... 125 H4
Feigères 74 ... 215 G1
Feigneux 60 ... 39 G4
Feignies 59 ... 15 G2
Feillens 01 ... 195 E4
Feings 61 ... 84 C2
Feings 41 ... 153 E2
Feins 35 ... 80 B4
Feins-en-Gâtinais 45 ... 135 E4
Feissons-sur-Isère 73 ... 234 B2
Feissons-sur-Salins 73 ... 234 C3
Fel 61 ... 54 B4
Le Fel 12 ... 262 C3
Felce 2B ... 347 G4
Feldbach 68 ... 143 F4
Feldkirch 68 ... 121 E5
Feliceto 2B ... 346 C2
Félines 07 ... 231 E5
Félines 43 ... 247 E1
Félines-Minervois 34 ... 320 B5
Félines-sur-Rimandoule 26 ... 267 G3
Félines-Termenès 11 ... 338 B2
Felleries 59 ... 15 H4
Fellering 68 ... 120 B5
Felletin 23 ... 207 G4
Felluns 66 ... 338 A5
Felon 90 ... 142 D2
Felzins 46 ... 261 G3
Fenain 59 ... 9 F5
Fénay 21 ... 160 A4
Fendeille 11 ... 319 E5
Fénery 79 ... 167 H5
Fénétrange 57 ... 67 G3
Feneu 49 ... 128 C5
Fénéyrols 82 ... 279 E4
Féniers 23 ... 225 G1
Féniers *Abbaye de* 15 ... 227 E5
Fenioux 79 ... 184 D2
Fenioux 17 ... 201 G4
Fenneviller 54 ... 96 A2
Fénols 81 ... 299 E2
Le Fenouiller 85 ... 164 D4
Fenouillet 31 ... 297 H4
Fenouillet 66 ... 337 D5
Fenouillet *Sommet du* 83 ... 328 B4
Fenouillet-du-Razès 11 ... 337 A1
Fépin 08 ... 17 E5
Fer à Cheval *Cirque du* 74 ... 217 E1
Ferayola 2B ... 346 B3
Fercé 44 ... 127 E2
Fercé-sur-Sarthe 72 ... 129 G2
Ferdrupt 88 ... 119 H5
La Fère 02 ... 24 B4
Fère *Château de* 02 ... 40 C4
Fère-Champenoise 51 ... 61 G4
Fère-en-Tardenois 02 ... 40 C4
Férebrianges 51 ... 61 F3
La Férée 08 ... 26 A3
Férel 56 ... 125 E5
Ferfay 62 ... 7 G4
Féricy 77 ... 88 C4
Férin 59 ... 14 A2
Fermanville 50 ... 29 F2
Ferme de Navarin
*Monument de la* 51 ... 42 C4
La Fermeté 58 ... 174 D2
Ferney-Voltaire 01 ... 197 G4
Fernoël 63 ... 208 B5
Férolles 45 ... 133 G3
Férolles-Attilly 77 ... 59 E5
Féron 59 ... 15 H5
Ferques 62 ... 2 C4
Ferrals-les-Corbières 11 ... 338 C1
Ferrals-les-Montagnes 34 ... 320 B4
Ferran 11 ... 337 B1
Ferrassières 26 ... 286 C3
Le Ferré 35 ... 81 E3
Ferrensac 47 ... 258 B3
Ferrère 65 ... 334 A3
Les Ferres 06 ... 309 F1
Ferrette 68 ... 143 F4
Ferreux 10 ... 90 A4
La Ferrière 22 ... 102 C2
La Ferrière 37 ... 131 E5
La Ferrière 85 ... 166 A4
La Ferrière 38 ... 233 G5
La Ferrière-Airoux 86 ... 186 C4
La Ferrière-au-Doyen 14 ... 52 D1
La Ferrière-au-Doyen 61 ... 55 E5
La Ferrière-aux-Étangs 61 ... 53 F5
La Ferrière-Béchet 61 ... 83 G2
La Ferrière-Bochard 61 ... 83 F4
La Ferrière-de-Flée 49 ... 128 A3
La Ferrière-Duval 14 ... 53 E2
La Ferrière-
en-Parthenay 79 ... 168 B5
Ferrière-et-Lafolie 52 ... 92 D4
La Ferrière-Harang 14 ... 52 C1
Ferrière-la-Grande 59 ... 15 H2
Ferrière-la-Petite 59 ... 15 H3
Ferrière-Larçon 37 ... 170 B2
Ferrière-sur-Beaulieu 37 ... 152 C5
La Ferrière-sur-Risle 27 ... 55 G2
Ferrières 80 ... 22 B2
Ferrières 60 ... 22 D5
Ferrières 50 ... 81 G2
Ferrières 54 ... 95 E2
Ferrières 17 ... 183 H5
Ferrières 74 ... 215 G3
Ferrières 81 ... 300 A4
Ferrières 65 ... 332 B2
Ferrières-en-Bray 76 ... 37 F1
Ferrières-en-Brie 77 ... 59 E4
Ferrières-en-Gâtinais 45 ... 112 C4
Ferrières-Haut-Clocher 27 ... 56 A1
Ferrières-la-Verrerie 61 ... 54 D5
Ferrières-le-Lac 25 ... 163 G3
Ferrières-les-Bois 25 ... 161 G4
Ferrières-lès-Ray 70 ... 140 C5
Ferrières-lès-Scey 70 ... 140 D4
Ferrières-les-Verreries 34 ... 302 C1
Ferrières-Poussarou 34 ... 320 D3
Ferrières-Saint-Hilaire 27 ... 55 F1
Ferrières-Saint-Mary 15 ... 245 G2
Ferrières-sur-Ariège 09 ... 336 B3
Ferrières-sur-Sichon 03 ... 210 D3
Ferrussac 43 ... 246 B3
Fertans 25 ... 180 A1
La Ferté 39 ... 179 F2
La Ferté-Alais 91 ... 87 H3
La Ferté-Beauharnais 41 ... 154 A1
La Ferté-Bernard 72 ... 108 C2
La Ferté-Chevresis 02 ... 24 D3
La Ferté-Frênel 61 ... 55 E3
La Ferté-Gaucher 77 ... 60 B4
La Ferté-Hauterive 03 ... 192 A3
La Ferté-Imbault 41 ... 154 B3
La Ferté-Loupière 89 ... 135 G2
La Ferté-Macé 61 ... 82 D2
La Ferté-Milon 02 ... 39 H5
La Ferté-Saint-Aubin 45 ... 133 F4
La Ferté-Saint-Cyr 41 ... 132 D4
La Ferté-Saint-Samson 76 ... 21 E5
La Ferté-sous-Jouarre 77 ... 60 A2
La Ferté-sur-Chiers 08 ... 27 H5
La Ferté-Vidame 28 ... 85 E2
La Ferté-Villeneuil 28 ... 109 H5
Fertrève 58 ... 175 F2
Fervaches 50 ... 52 B1
Fervaques 14 ... 54 D1
Fescamps 80 ... 23 E4
Fesches-le-Châtel 25 ... 142 C4
Fesmy-le-Sart 02 ... 15 E5
Fesques 76 ... 21 E3
Fessanvilliers-
Mattanvilliers 28 ... 56 A5
Fessenheim 68 ... 121 G4
Fessenheim-le-Bas 67 ... 68 C5
Fessevillers 25 ... 163 G3
Les Fessey 70 ... 141 H2
Fessy 74 ... 198 A4
Festalemps 24 ... 239 F1
Festes-et-Saint-André 11 ... 337 B3
Festieux 02 ... 41 E1
Festigny 51 ... 61 E1
Festigny 89 ... 157 F1
Festre *Col du* 05 ... 269 F2
Festubert 62 ... 8 B3
Le Fête 21 ... 159 E5
Féternes 74 ... 198 B3
Fétigny 39 ... 196 C2
Feucherolles 78 ... 57 H3
Feuchy 62 ... 13 G2
Feugarolles 47 ... 275 G3
Feugères 50 ... 31 H4
Feuges 10 ... 91 E4
Feuguerolles 27 ... 36 A5
Feuguerolles-sur-Orne 14 ... 33 G5
Feuguerolles-sur-Seulles 14 ... 33 E5
Feuilla 11 ... 338 D3
Feuillade 16 ... 221 H2
La Feuillade 24 ... 241 H3
La Feuillée 29 ... 76 B3
Feuillères 80 ... 23 F1
La Feuillie 50 ... 31 G4
La Feuillie 76 ... 37 E1
Feule 25 ... 163 F2
Feuquières 60 ... 21 G4
Feuquières-en-Vimeu 80 ... 11 E4
Feurs 42 ... 229 H1
Feusines 36 ... 189 H2
Feux 18 ... 156 A4
Fèves 57 ... 45 G5
Féy 57 ... 65 G2
Fey-en-Haye 54 ... 65 F3
Feyt 19 ... 226 C1
Feytiat 87 ... 205 H5
Feyzin 69 ... 231 E1
Fiac 81 ... 298 D3
Ficaja 2B ... 347 G3
Ficajola 2A ... 346 A5
Ficheux 62 ... 13 G3
Fichous-Riumayou 64 ... 294 A5
Le Fidelaire 27 ... 55 H2
Le Fied 39 ... 179 G4
Le Fief-Sauvin 49 ... 148 C4
Fieffes 80 ... 12 C5
Fiefs 62 ... 7 G4
Fiennes 62 ... 2 C4
Fienvillers 80 ... 12 C4
Fier *Gorges du* 74 ... 215 F3
Fierville-la-Campagne 14 ... 53 H1
Fierville-les-Mines 50 ... 29 E5
Fierville-les-Parcs 14 ... 34 C4
Le Fieu 33 ... 238 D3
Fieulaine 02 ... 24 C2
Fieux 47 ... 275 G4
Figanières 83 ... 308 A4
Figareto 2B ... 347 H3
Figari 2A ... 351 F3
Figarol 31 ... 334 D1
Figeac 46 ... 261 F3
Fignévelle 88 ... 118 B4
Fignières 80 ... 23 E4
Filain 02 ... 40 D1
Filain 70 ... 141 F5
Filitosa *Station*
*Préhistorique de* 2A ... 348 D5
Fillé 72 ... 129 H2
Fillières 54 ... 45 E3
Fillièvres 62 ... 12 B2
Fillinges 74 ... 198 A5
Fillols 66 ... 342 A3
Filstroff 57 ... 46 C3
Fiménil 88 ... 119 H2
Findrol 74 ... 215 H1
Finestret 66 ... 342 B3
Finhan 82 ... 297 G1
Finiels *Col de* 48 ... 265 E5
Fins 80 ... 14 A5
Les Fins 25 ... 163 E5
Fiquefleur-Équainville 27 ... 34 D2
Firbeix 24 ... 223 E2
Firfol 14 ... 34 D5
Firmi 12 ... 262 B4
Firminy 42 ... 230 A5
Fislis 68 ... 143 G4
Fismes 51 ... 40 D3
Fitignieu 01 ... 214 D3
Fitilieu 38 ... 232 C2
Fitou 11 ... 339 E3
Fitz-James 60 ... 38 C2
Fix-Saint-Geneys 43 ... 246 D2
Fixem 57 ... 45 H2
Fixin 21 ... 160 A4
Flabas 55 ... 44 B4
Flacé-lès-Mâcon 71 ... 195 E4
Flacey 28 ... 109 H3
Flacey 21 ... 160 B2
Flacey-en-Bresse 71 ... 196 A1
La Flachère 38 ... 233 F4
Flachères 38 ... 232 A3
Flacourt 78 ... 57 F2
Flacy 89 ... 114 A2
Flagey 52 ... 139 G3
Flagey 25 ... 180 A1
Flagey-Echézeaux 21 ... 160 A5
Flagey-lès-Auxonne 21 ... 160 D5
Flagey-Rigney 25 ... 162 B1
Flagnac 12 ... 261 H3
Flagy 77 ... 88 D5
Flagy 70 ... 141 F3
Flagy 71 ... 194 C2
Flaignes-Havys 08 ... 26 B2
Flaine 74 ... 216 C2
Flainval 54 ... 95 F1
Flamanville 76 ... 19 H4
Flamanville 50 ... 28 C4
Flamarens 32 ... 276 C5
La Flamengrie 59 ... 15 F2
La Flamengrie 02 ... 15 G5
Flamets-Frétils 76 ... 21 E3
Flammerans 21 ... 160 D4
Flammerécourt 52 ... 92 D4
Flancourt-Catelon 27 ... 35 G3
Flangebouche 25 ... 162 D4
Flaran *Abbaye de* 32 ... 295 H1
Flassan 84 ... 286 A4
Flassans-sur-Issole 83 ... 328 C1
Flassigny 55 ... 44 B2
Flastroff 57 ... 46 C3
Flat 63 ... 228 A3
Flaucourt 80 ... 23 G1
Flaugeac 24 ... 257 H2
Flaugnac 46 ... 277 H2
Flaujac-Gare 46 ... 260 D2
Flaujac-Poujols 46 ... 278 B1
Flaujagues 33 ... 257 E1
Flaumont-Waudrechies 59 ... 15 G4
Flaux 30 ... 284 C5
Flavacourt 60 ... 37 G3
Flaviac 07 ... 266 D2
Flavignac 87 ... 223 F1
Flavignerot 21 ... 159 H3
Flavigny 51 ... 61 G2
Flavigny 18 ... 173 H2
Flavigny-le-Grand-
et-Beaurain 02 ... 24 D2
Flavigny-sur-Moselle 54 ... 94 D2
Flavigny-sur-Ozerain 21 ... 159 E1
Flavin 12 ... 280 D2
Flavy-le-Martel 02 ... 24 A4
Flavy-le-Meldeux 60 ... 23 H4
Flaxieu 01 ... 214 D4
Flaxlanden 68 ... 143 F2
Flayat 23 ... 208 B5
Flayosc 83 ... 308 A5
Fléac 16 ... 221 E1
Fléac-sur-Seugne 17 ... 219 G3
La Flèche 72 ... 129 G4
Fléchères *Château de* 01 ... 212 D2
Fléchin 62 ... 7 F3
Fléchy 60 ... 22 B4

Fleckenstein *Château de* 67 ... 68 D 1
Flée 72 ... 130 C 3
Flée 21 ... 158 D 2
Fleigneux 08 ... 27 F 3
Fleisheim 57 ... 67 H 4
Fleix 86 ... 187 F 2
Le Fleix 24 ... 239 F 5
Fléré-la-Rivière 36 ... 170 C 2
Flers 62 ... 12 C 2
Flers 80 ... 13 G 5
Flers 61 ... 53 E 4
Flers-en-Escrebieux 59 ... 8 D 5
Flers-sur-Noye 80 ... 22 B 3
Flesquières 59 ... 14 A 4
Flesselles 80 ... 12 C 5
Flétrange 57 ... 66 D 1
Flêtre 59 ... 4 A 5
Fléty 58 ... 176 A 4
Fleurac 16 ... 220 D 1
Fleurac 24 ... 241 E 4
Fleurance 32 ... 296 B 2
Fleurat 23 ... 189 E 5
Fleurbaix 62 ... 8 B 2
Fleuré 61 ... 54 A 5
Fleuré 86 ... 186 D 2
Fleurey 25 ... 163 F 2
Fleurey-lès-Faverney 70 ... 141 E 3
Fleurey-lès-Lavoncourt 70 ... 140 C 4
Fleurey-lès-Saint-Loup 70 ... 119 E 5
Fleurey-sur-Ouche 21 ... 159 H 3
Fleurie 69 ... 212 D 1
Fleuriel 03 ... 191 H 5
Fleurieu-sur-Saône 69 ... 213 E 4
Fleurieux-sur-l'Arbresle 69 ... 212 D 4
Fleurigné 35 ... 81 F 4
Fleurigny 89 ... 89 G 5
Fleurines 60 ... 39 E 4
Fleurville 71 ... 195 E 3
Fleury 62 ... 7 F 5
Fleury 80 ... 22 A 3
Fleury 60 ... 37 H 4
Fleury 02 ... 40 A 4
Fleury 50 ... 51 H 3
Fleury 57 ... 65 H 1
Fleury 11 ... 321 F 5
Fleury-devant-Douaumont 55 ... 44 B 5
Fleury-en-Bière 77 ... 88 A 4
Fleury-la-Forêt 27 ... 37 E 2
Fleury-la-Montagne 71 ... 211 H 1
Fleury-la-Rivière 51 ... 41 F 5
Fleury-la-Vallée 89 ... 136 A 2
Fleury-les-Aubrais 45 ... 111 E 5
Fleury-Mérogis 91 ... 87 H 2
Fleury-sur-Aire 55 ... 63 G 1
Fleury-sur-Andelle 27 ... 36 D 2
Fleury-sur-Loire 58 ... 174 D 4
Fleury-sur-Orne 14 ... 33 G 5
Flévieu 01 ... 214 B 5
Fléville 08 ... 43 F 3
Fléville-devant-Nancy 54 ... 94 D 1
Fléville-Lixières 54 ... 45 E 4
Flévy 57 ... 45 H 4
Flexanville 78 ... 57 F 3
Flexbourg 67 ... 97 E 1
Fley 71 ... 177 F 5
Fleys 89 ... 136 D 3
Flez-Cuzy 58 ... 157 F 3
Fligny 08 ... 26 A 2
Flin 54 ... 95 H 2
Flines-lès-Mortagne 59 ... 9 G 4
Flines-lez-Raches 59 ... 9 E 5
Flins-Neuve-Église 78 ... 57 E 3
Flins-sur-Seine 78 ... 57 G 2
Flipou 27 ... 36 C 3
Flirey 54 ... 65 E 3
Flixecourt 80 ... 12 B 5
Flize 08 ... 26 D 4
La Flocellière 85 ... 166 D 3
Flocourt 57 ... 66 C 2
Flocques 76 ... 10 D 4
Flogny-la-Chapelle 89 ... 114 C 5
Floing 08 ... 27 E 3
Floirac 17 ... 219 F 3
Floirac 33 ... 237 G 5
Floirac 46 ... 242 C 5
Florac 48 ... 282 D 1
Florange 57 ... 45 G 3
Florémont 88 ... 95 E 4
Florensac 34 ... 322 C 4
Florent-en-Argonne 51 ... 43 F 5
Florentia 39 ... 196 A 3
Florentin 81 ... 299 E 1
Florentin-la-Capelle 12 ... 262 D 3
Floressas 46 ... 259 F 5
Florimont 90 ... 142 D 4
Florimont-Gaumier 24 ... 259 G 2
Floringhem 62 ... 7 G 4
Flornoy 52 ... 92 C 3
La Flotte 17 ... 183 E 5
Flottemanville 50 ... 29 F 5
Flottemanville-Hague 50 ... 28 D 3
Floudès 33 ... 256 D 4
Floure 11 ... 320 A 5
Flourens 31 ... 298 A 5
Floursies 59 ... 15 G 3
Floyon 59 ... 15 G 5
Flumet 73 ... 216 B 4
Fluquières 02 ... 24 A 3
Fluy 80 ... 22 A 2
Foameix 55 ... 44 D 4
Foce 2A ... 351 E 2
Focicchia 2B ... 347 F 5
Foëcy 18 ... 154 C 5
Le Fœil 22 ... 78 A 4
Foisches 08 ... 17 E 4
Foissac 12 ... 261 F 4
Foissac 30 ... 284 A 4
Foissiat 01 ... 195 H 3
Foissy 21 ... 159 F 5
Foissy-lès-Vézelay 89 ... 157 G 2
Foissy-sur-Vanne 89 ... 113 H 2
Foix 09 ... 336 B 3
Folcarde 31 ... 318 C 4
Folelli 2B ... 347 H 3
Folembray 02 ... 40 B 1
Folgensbourg 68 ... 143 G 3
Le Folgoët 29 ... 71 E 4
La Folie 14 ... 32 C 3
Folies 80 ... 23 E 3
Folkling 57 ... 47 F 5
Follainville-Dennemont 78 ... 57 F 1
Folles 87 ... 206 B 2
La Folletière 76 ... 19 H 5
La Folletière *Château de* 27 ... 56 D 2
La Folletière-Abenon 14 ... 55 E 2
Folleville 80 ... 22 C 4
Folleville 27 ... 35 E 5
Folligny 50 ... 51 G 3
Folpersviller 57 ... 47 H 5
Folschviller 57 ... 66 D 1
Fomerey 88 ... 119 E 2
Fomperron 79 ... 185 G 2
Fonbeauzard 31 ... 298 A 4
Foncegrive 21 ... 139 F 5
Fonches-Fonchette 80 ... 23 F 3
Foncine-le-Bas 39 ... 180 A 5
Foncine-le-Haut 39 ... 180 A 5
Foncquevillers 62 ... 13 F 4
Fond-de-France 38 ... 233 G 5
Fondamente 12 ... 301 F 1
Fondettes 37 ... 151 H 2
Fondremand 70 ... 162 A 1
Fongalop 24 ... 259 E 2
Fongrave 47 ... 275 H 1
Fongueusemare 76 ... 18 D 4
Fonroque 24 ... 257 H 2
Fons 46 ... 261 F 3
Fons 07 ... 266 B 3
Fons 30 ... 303 G 1
Fons-sur-Lussan 30 ... 284 B 3
Fonsommes 02 ... 24 B 1
Fonsorbes 31 ... 297 G 5
Font-Romeu-Odeillo-Via 66 ... 341 F 4
Fontain 25 ... 162 A 4
Fontaine 10 ... 116 A 2
Fontaine 90 ... 142 D 2
Fontaine 38 ... 250 D 1
Fontaine-au-Bois 59 ... 15 E 4
Fontaine-au-Pire 59 ... 14 C 4
Fontaine-Bellenger 27 ... 36 C 4
Fontaine-Bonneleau 60 ... 22 A 4
Fontaine-Chaalis 60 ... 39 E 5
Fontaine-Chalendray 17 ... 202 C 3
Fontaine-Couverte 53 ... 105 F 5
Fontaine-Daniel 53 ... 82 A 5
Fontaine-de-Vaucluse 84 ... 305 F 1
Fontaine-Denis-Nuisy 51 ... 90 B 2
Fontaine-en-Bray 76 ... 20 D 4
Fontaine-en-Dormois 51 ... 42 D 4
Fontaine-Étoupefour 14 ... 33 F 5
Fontaine-Fourches 77 ... 89 H 4
Fontaine-Française 21 ... 160 D 1
Fontaine-Guérard *Abbaye de* 27 ... 36 C 3
Fontaine-Guérin 49 ... 150 B 1
Fontaine-Henry 14 ... 33 F 3
Fontaine-Heudebourg 27 ... 36 C 5
Fontaine-la-Gaillarde 89 ... 113 G 2
Fontaine-la-Guyon 28 ... 85 H 3
Fontaine-la-Louvet 27 ... 35 E 5
Fontaine-la-Mallet 76 ... 18 C 5
Fontaine-la-Rivière 91 ... 87 F 5
Fontaine-la-Soret 27 ... 35 G 5
Fontaine-l'Abbé 27 ... 35 G 5
Fontaine-Lavaganne 60 ... 21 H 5
Fontaine-le-Bourg 76 ... 20 B 5
Fontaine-le-Comte 86 ... 186 B 2
Fontaine-le-Dun 76 ... 19 H 2
Fontaine-le-Pin 14 ... 53 H 2
Fontaine-le-Port 77 ... 88 C 3
Fontaine-le-Puits 73 ... 234 B 3
Fontaine-le-Sec 80 ... 11 G 5
Fontaine-les-Bassets 61 ... 54 B 3
Fontaine-lès-Boulans 62 ... 7 F 4
Fontaine-lès-Cappy 80 ... 23 F 2
Fontaine-lès-Clercs 02 ... 24 A 3
Fontaine-lès-Clerval 25 ... 162 D 1
Fontaine-les-Coteaux 41 ... 131 E 3
Fontaine-lès-Croisilles 62 ... 13 H 3
Fontaine-lès-Dijon 21 ... 160 A 3
Fontaine-les-Grès 10 ... 90 C 4
Fontaine-lès-Hermans 62 ... 7 G 4
Fontaine-lès-Luxeuil 70 ... 141 G 2
Fontaine-les-Ribouts 28 ... 56 C 5
Fontaine-lès-Vervins 02 ... 25 F 2
Fontaine-l'Étalon 62 ... 12 B 2
Fontaine-Luyères 10 ... 91 E 4
Fontaine-Mâcon 10 ... 89 H 3
Fontaine-Milon 49 ... 150 A 1
Fontaine-Notre-Dame 59 ... 14 B 4
Fontaine-Notre-Dame 02 ... 24 C 2
Fontaine-Raoul 41 ... 109 G 5
Fontaine-Saint-Lucien 60 ... 38 A 1
La Fontaine-Saint-Martin 72 ... 129 H 3
Fontaine-Simon 28 ... 85 F 3
Fontaine-sous-Jouy 27 ... 56 C 1
Fontaine-sous-Montaiguillon 77 ... 89 H 2
Fontaine-sous-Montdidier 80 ... 22 D 4
Fontaine-sous-Préaux 76 ... 36 B 1
Fontaine-sur-Ay 51 ... 61 G 1
Fontaine-sur-Coole 51 ... 62 B 4
Fontaine-sur-Maye 80 ... 11 H 2
Fontaine-sur-Somme 80 ... 11 H 5
Fontaine-Uterte 02 ... 24 B 1
Fontainebleau 77 ... 88 B 4
Fontainebrux 39 ... 178 D 5
Fontaines 89 ... 135 H 4
Fontaines 71 ... 177 G 3
Fontaines 85 ... 183 H 3
Fontaines-d'Ozillac 17 ... 219 H 4
Fontaines-en-Duesmois 21 ... 138 A 4
Fontaines-en-Sologne 41 ... 153 G 1
Fontaines-les-Sèches 21 ... 137 H 3
Fontaines-Saint-Clair 55 ... 43 H 2
Fontaines-Saint-Martin 69 ... 213 E 4
Fontaines Salées *Fouilles des* 89 ... 157 H 2
Fontaines-sur-Marne 52 ... 92 D 2
Fontaines-sur-Saône 69 ... 213 E 4
Les Fontainettes 60 ... 37 H 2
Fontains 77 ... 89 E 3
Fontan 06 ... 291 H 3
Fontanès 42 ... 230 B 3
Fontanes 48 ... 265 E 1
Fontanes 46 ... 278 B 2
Fontanès 34 ... 302 D 2
Fontanès 30 ... 303 F 2
Fontanès-de-Sault 11 ... 337 B 5
Fontanes-du-Causse 46 ... 260 C 3
Fontanges 15 ... 244 C 3
Fontangy 21 ... 158 D 3
Fontanières 23 ... 208 C 2
Fontanil-Cornillon 38 ... 250 D 1
Fontannes 43 ... 246 B 1
Fontans 48 ... 264 B 2
Fontarèches 30 ... 284 C 4
Fontcaude *Abbaye de* 34 ... 321 F 4
Fontclaireau 16 ... 203 F 4
Fontcouverte 17 ... 201 G 5
Fontcouverte 11 ... 320 C 5
Fontcouverte-la-Toussuire 73 ... 252 A 1
Fontdouce *Abbaye de* 17 ... 201 H 5
La Fontelaye 76 ... 20 A 4
Fontenai-les-Louvets 61 ... 83 F 3
Fontenai-sur-Orne 61 ... 54 A 4
Fontenailles 77 ... 88 D 2
Fontenailles 89 ... 136 A 5
Fontenay 76 ... 18 C 5
Fontenay 27 ... 37 E 4
Fontenay 50 ... 52 B 5
Fontenay 88 ... 95 G 5
Fontenay 36 ... 171 H 1
Fontenay 71 ... 194 A 2
Fontenay *Abbaye de* 21 ... 137 H 5
Fontenay-aux-Roses 92 ... 58 B 4
Fontenay-de-Bossery 10 ... 89 H 4
Fontenay-en-Parisis 95 ... 58 D 1
Fontenay-le-Comte 85 ... 184 B 2
Fontenay-le-Fleury 78 ... 58 A 4
Fontenay-le-Marmion 14 ... 33 G 5
Fontenay-le-Pesnel 14 ... 33 E 4
Fontenay-le-Vicomte 91 ... 87 H 3
Fontenay-lès-Briis 91 ... 87 F 2
Fontenay-Mauvoisin 78 ... 57 F 2
Fontenay-près-Chablis 89 ... 136 D 2
Fontenay-près-Vézelay 89 ... 157 G 2
Fontenay-Saint-Père 78 ... 57 F 1
Fontenay-sous-Bois 94 ... 58 D 3
Fontenay-sous-Fouronnes 89 ... 136 B 5
Fontenay-sur-Conie 28 ... 110 C 3
Fontenay-sur-Eure 28 ... 86 A 4
Fontenay-sur-Loing 45 ... 112 C 4
Fontenay-sur-Mer 50 ... 29 G 4
Fontenay-sur-Vègre 72 ... 107 E 5
Fontenay-Torcy 60 ... 21 G 5
Fontenay-Trésigny 77 ... 59 G 5
Fontenelle 02 ... 15 G 5
La Fontenelle 35 ... 80 C 3
La Fontenelle 41 ... 109 F 4
Fontenelle 90 ... 142 C 3
Fontenelle 21 ... 160 D 1
Fontenelle *Château de* 04 ... 287 H 4
Fontenelle-en-Brie 02 ... 60 C 2
Fontenelle-Montby 25 ... 162 C 1
Les Fontenelles 25 ... 163 F 4
Fontenelles *Abbaye des* 85 ... 165 G 5
Fontenermont 14 ... 52 A 3
Fontenet 17 ... 201 H 4
Fontenille 79 ... 202 D 1
Fontenille 16 ... 203 F 4
Fontenilles 31 ... 297 F 5
Les Fontenis 70 ... 162 A 1
Fontenois-la-Ville 70 ... 118 D 5
Fontenois-lès-Montbozon 70 ... 162 B 1
Fontenotte 25 ... 162 C 2
Fontenouilles 89 ... 135 F 2
Fontenoy 02 ... 40 A 2
Fontenoy 89 ... 135 H 5
Fontenoy-la-Joûte 54 ... 95 H 3
Fontenoy-le-Château 88 ... 119 E 4
Fontenoy-sur-Moselle 54 ... 65 G 5
Fontenu 39 ... 179 G 5
Fonteny 57 ... 66 C 3
Fonteny 39 ... 179 H 2
Fonters-du-Razès 11 ... 318 D 5
Fontès 34 ... 301 H 5
Fontet 33 ... 256 D 4
Fontette 10 ... 116 A 4
Fontevraud-l'Abbaye 49 ... 150 C 5
Fontfreide 63 ... 227 G 2
Fontfroide *Abbaye de* 11 ... 338 D 1
Fontgombault 36 ... 170 B 5
Fontguenand 36 ... 153 G 4
Fontienne 04 ... 287 E 4
Fontiers-Cabardès 11 ... 319 G 4
Fontiès-d'Aude 11 ... 320 A 5
Fontjoncouse 11 ... 338 C 2
Fontoy 57 ... 45 F 3
Fontpédrouse 66 ... 341 G 4
Fontrabiouse 66 ... 341 G 2
Fontrailles 65 ... 315 H 4
Fontvannes 10 ... 90 C 5
Fontvieille 13 ... 304 C 3
Forbach 57 ... 47 F 5
Força Réal *Ermitage de* 66 ... 338 C 5
Forcalqueiret 83 ... 328 B 2
Forcalquier 04 ... 287 E 5
Forcé 53 ... 106 A 4
La Force 24 ... 239 G 5
La Force 11 ... 319 F 5
Forcelles-Saint-Gorgon 54 ... 94 D 3
Forcelles-sous-Gugney 54 ... 94 C 4
Forceville 80 ... 13 E 5
Forceville-en-Vimeu 80 ... 11 G 5
Forcey 52 ... 117 F 3
Forciolo 2A ... 349 E 4
La Forclaz 74 ... 198 C 3
Forclaz *Col de la* 74 ... 215 H 4
Forest-en-Cambrésis 59 ... 15 E 4
Forest-l'Abbaye 80 ... 11 G 2
La Forest-Landerneau 29 ... 75 G 2
Forest-Montiers 80 ... 11 F 2
Forest-Saint-Julien 05 ... 269 H 2
Forest-sur-Marque 59 ... 9 E 2
Foreste 02 ... 23 H 3
La Forestière 51 ... 60 D 5
Forestière *Aven de la* 30 ... 284 B 1
La Forêt 33 ... 237 F 5
La Forêt-Auvray 61 ... 53 G 3
La Forêt-de-Tessé 16 ... 203 E 2
La Forêt-du-Parc 27 ... 56 C 2
La Forêt-du-Temple 23 ... 189 F 3
La Forêt-Fouesnant 29 ... 100 A 4
Forêt-la-Folie 27 ... 37 E 4
La Forêt-le-Roi 91 ... 87 F 3
La Forêt-Sainte-Croix 91 ... 87 G 4
La Forêt-sur-Sèvre 79 ... 167 F 4
Forfry 77 ... 59 F 1
La Forge 88 ... 119 H 3
Forges 61 ... 83 G 3
Forges 77 ... 88 D 4
Les Forges 56 ... 102 C 3
Les Forges 88 ... 119 F 2
Forges 49 ... 150 A 4
Les Forges 79 ... 185 H 2
Forges 17 ... 201 E 1
Les Forges 23 ... 207 H 1
Forgès 19 ... 243 E 2
Les Forges-de-Paimpont 35 ... 103 F 4
Forges-la-Forêt 35 ... 127 F 2
Forges-les-Bains 91 ... 87 F 2
Forges-les-Eaux 76 ... 21 E 5
Forges-sur-Meuse 55 ... 43 H 3
Forgevieille 23 ... 188 D 4
Forgues 31 ... 317 E 3
La Forie 63 ... 229 E 2
Forléans 21 ... 158 C 1
Formentin 14 ... 34 C 4
Formerie 60 ... 21 F 4
Formigny 14 ... 32 C 2
Formiguères 66 ... 341 G 3
Fornex 09 ... 317 G 5
Fors 79 ... 185 E 5
Forstfeld 67 ... 69 G 3
Forstheim 67 ... 68 D 2
Fort-Bloqué 56 ... 123 E 2
Fort-du-Plasne 39 ... 180 A 5
Fort-Louis 67 ... 69 G 3
Fort-Mahon-Plage 80 ... 11 E 1
Fort-Mardyck 59 ... 3 G 2
Fort-Médoc 33 ... 237 F 2
Fort-Moville 27 ... 35 E 3
Fortan 41 ... 131 F 2
Fortel-en-Artois 62 ... 12 C 3
La Forteresse 38 ... 232 B 5
Fortschwihr 68 ... 121 F 2
Fos 34 ... 301 G 5
Fos 31 ... 334 C 4
Fos-sur-Mer 13 ... 325 G 3
Le Fossat 09 ... 317 H 5
Le Fossé 76 ... 21 E 5
Fossé 08 ... 43 F 1
Fossé 41 ... 132 A 5
Fosse 66 ... 338 A 5
La Fosse *Hameau troglodytique de* 49 ... 150 A 4
La Fosse Arthour 50 ... 52 D 5
La Fosse-Corduan 10 ... 90 A 4
La Fosse-de-Tigné 49 ... 149 H 4
Fossemagne 24 ... 241 E 3
Fossemanant 80 ... 22 B 3
Fosses 95 ... 58 D 1
Les Fosses 79 ... 202 B 1
Fossès-et-Baleyssac 33 ... 257 E 3
La Fossette 83 ... 329 E 4
Fosseuse 60 ... 38 B 4
Fosseux 62 ... 13 E 3
Fossieux 57 ... 66 B 3
Fossoy 02 ... 60 C 1
Fou *Gorges de la* 66 ... 342 C 4
Foucarmont 76 ... 21 E 2
Foucart 76 ... 19 F 5
Foucarville 50 ... 29 H 5
Foucaucourt-en-Santerre 80 ... 23 F 2
Foucaucourt-Hors-Nesle 80 ... 11 F 5
Foucaucourt-sur-Thabas 55 ... 63 G 1
Fouchécourt 88 ... 118 B 4
Fouchécourt 70 ... 140 D 2
Foucherans 39 ... 160 D 5
Foucherans 25 ... 162 B 4
Fouchères 89 ... 113 F 3
Fouchères 10 ... 115 F 3
Fouchères-aux-Bois 55 ... 63 H 5
Foucherolles 45 ... 113 E 4
Fouchy 67 ... 96 D 4
Foucrainville 27 ... 56 C 2
Fouday 67 ... 96 D 3
Fouencamps 80 ... 22 C 2
Fouesnant 29 ... 99 H 4
Foufflin-Ricametz 62 ... 12 D 2
Foug 54 ... 94 A 1
Fougaron 31 ... 334 D 2
Fougax-et-Barrineuf 09 ... 336 D 4
Fougeré 49 ... 129 F 5
Fougeré 85 ... 166 A 5
Fougères 35 ... 81 F 4
Fougères-sur-Bièvre 41 ... 153 E 2
Les Fougerêts 56 ... 125 G 3
Fougerolles 70 ... 119 F 5
Fougerolles 36 ... 189 F 2
Fougerolles-du-Plessis 53 ... 81 G 3
Fougueyrolles 24 ... 239 F 5
La Fouillade 12 ... 279 F 3
Fouilleuse 60 ... 38 D 2
La Fouillouse 42 ... 230 A 3
Fouillouse 05 ... 269 G 4
Le Fouilloux 17 ... 238 C 2
Fouillouze 04 ... 271 E 3
Fouilloy 60 ... 21 G 3
Fouilloy 80 ... 22 D 2
Fouju 77 ... 88 C 2
Foulain 52 ... 117 E 4
Foulangues 60 ... 38 C 4
Foulayronnes 47 ... 276 B 2
Foulbec 27 ... 35 E 2
Foulcrey 57 ... 96 A 1
Fouleix 24 ... 240 C 4
Foulenay 39 ... 179 E 3
Fouligny 57 ... 66 C 1
Foulognes 14 ... 32 D 5
Foulzy 08 ... 26 A 2
Fouquebrune 16 ... 221 F 3
Fouquenies 60 ... 38 A 1
Fouquereuil 62 ... 8 A 4
Fouquerolles 60 ... 38 B 1
Fouquescourt 80 ... 23 F 3
Fouqueure 16 ... 203 E 4
Fouqueville 27 ... 36 A 4
Fouquières-lès-Béthune 62 ... 8 A 4
Fouquières-lès-Lens 62 ... 8 C 5
Four 38 ... 231 H 2
Fouras 17 ... 200 C 3
Fourbanne 25 ... 162 C 2
Fourcatier-et-Maison-Neuve 25 ... 180 C 4
Fourcès 32 ... 275 F 5
Fourchambault 58 ... 174 B 2
Fourchaud *Château de* 03 ... 192 A 3
Fourches 14 ... 54 A 3
Fourcigny 80 ... 21 G 3
Fourdrain 02 ... 24 C 5
Fourdrinoy 80 ... 22 A 1
Fourg 25 ... 161 G 5
Fourges 27 ... 37 F 5
Les Fourgs 25 ... 180 D 3
Fourilles 03 ... 191 H 5
Fourmagnac 46 ... 261 F 3
Fourmetot 27 ... 35 F 2
Fourmies 59 ... 15 H 5
Fournaudin 89 ... 114 A 3
Fourneaux 50 ... 52 B 1
Fourneaux 45 ... 133 E 2
Fourneaux 23 ... 207 G 3
Fourneaux 42 ... 212 A 3
Fourneaux 73 ... 252 D 1
Fourneaux-le-Val 14 ... 53 H 3
Fournels 48 ... 263 H 1
Fournès 30 ... 304 B 1
Fournes-Cabardès 11 ... 319 H 4
Fournes-en-Weppes 59 ... 8 C 3
Le Fournet 14 ... 34 B 4
Fournet-Blancheroche 25 ... 163 G 4
Fournets-Luisans 25 ... 163 E 5
Fourneville 14 ... 34 C 2
Fournival 60 ... 38 C 1
Fournols 63 ... 228 D 3
Fournoulès 15 ... 261 H 3
Fouronnes 89 ... 136 B 5
Fourques 30 ... 304 B 3
Fourques 66 ... 342 D 3
Fourques-sur-Garonne 47 ... 257 E 5
Fourqueux 78 ... 58 A 3
Fourquevaux 31 ... 318 B 3
Fours 58 ... 175 G 4
Fours 33 ... 237 F 2
Fours-en-Vexin 27 ... 37 E 4
Fourtou 11 ... 337 D 3
Foussais-Payré 85 ... 184 C 2
Foussemagne 90 ... 142 D 3
Le Fousseret 31 ... 317 E 5
Foussignac 16 ... 220 D 1
Foussignargues 30 ... 283 H 2
Fouvent-le-Bas 70 ... 140 B 4
Fouvent-le-Haut 70 ... 140 B 4
La Foux 83 ... 329 F 2
La Foux-d'Allos 04 ... 288 D 1
Fouzilhon 34 ... 321 G 3
Foville 57 ... 66 B 3
Fox-Amphoux 83 ... 307 F 4
La Foye-Monjault 79 ... 184 D 5
Fozières 34 ... 301 H 3
Fozzano 2A ... 349 E 5
Fragnes 71 ... 177 H 3
Frahier-et-Chatebier 70 ... 142 B 3

Fraignot-et-Vesvrotte 21 138 D4
Fraillicourt 08 25 H4
Fraimbois 54 95 G2
Frain 88 118 B3
Frais 90 142 D3
Frais-Marais 59 8 D5
Fraisans 39 161 G5
Fraisnes-en-Saintois 54 94 C4
Fraisse 24 239 G5
Fraisse-Cabardès 11 319 G5
Fraissé-des-Corbières 11 338 D3
Fraisse-sur-Agout 34 300 C5
Fraisses 42 230 A5
Fraissines 81 300 A1
Fraissinet-de-Fourques 48 282 C3
Fraissinet-de-Lozère 48 283 E1
Fraize 88 120 B2
Fralignes 10 115 G3
La Framboisière 28 85 F2
Frambouhans 25 163 F3
Framecourt 62 12 D2
Framerville-Rainecourt 80 23 E2
Framicourt 80 11 F5
Framont 70 140 A5
Frampas 52 92 B3
Francalmont 70 141 F2
Francaltroff 57 67 E2
Francardo 2B 347 E3
Francarville 31 298 C5
Francastel 60 22 A5
Françay 41 131 H5
Francazal 31 335 E2
Francescas 47 275 G4
Francheleins 01 213 E2
Franchesse 03 191 G1
Francheval 08 27 F3
Franchevelle 70 141 H3
La Francheville 08 26 D3
Francheville 61 54 A5
Francheville 27 55 H4
Francheville 51 62 C3
Francheville 54 65 F5
Francheville 21 159 H1
Francheville 39 179 E3
Francheville 69 231 E1
Francières 80 11 H4
Francières 60 39 E2
Francillon 36 171 G2
Francillon-sur-Roubion 26 267 H3
Francilly-Selency 02 24 A2
Francin 73 233 G3
Franclens 74 215 E2
François 79 185 E3
Francon 31 317 E5
Franconville 95 58 B2
Franconville 54 95 F2
Francoulès 46 260 B4
Francourt 70 140 B4
Francourville 28 86 C4
Francs 33 238 D4
Francueil 37 152 C3
Franey 25 161 G3
Frangy 74 215 F2
Frangy-en-Bresse 71 178 D4
Franken 68 143 F3
Franleu 80 11 F3
Franois 25 161 H4
Franquevielle 31 334 A1
Franqueville 80 12 B4
Franqueville 02 25 E2
Franqueville 27 35 G4
Franqueville-Saint-Pierre 76 36 B2
La Franqui 11 339 E3
Frans 01 213 E3
Fransart 80 23 F3
Fransèches 23 207 F3
Fransu 80 12 B4
Fransures 80 22 B4
Franvillers 80 22 D1
Franxault 21 178 C1
Frapelle 88 96 C4
Fraquelfing 57 96 B1
Fraroz 39 180 A4
Frasnay-Reugny 58 175 F2
Frasne 25 180 B3
Frasne-le-Château 70 161 H1
Frasne-les-Meulières 39 161 E4
La Frasnée 39 196 D1
Le Frasnois 39 179 H5
Frasnoy 59 15 E2
La Frasse 74 216 C1
Frasseto 2A 349 E3
Frauenberg 57 47 H5
Frausseilles 81 279 E5
Fravaux 10 116 A2
Le Fraysse 81 299 H1
Frayssinet 46 260 B3
Frayssinet-le-Gélat 46 259 F4
Frayssinhes 46 243 F5
Frazé 28 109 G2
Fréauville 76 20 D2
Frebécourt 88 93 H4
Frébuans 39 179 E5
Le Frêche 40 294 C1
Fréchède 65 315 G4
Fréchencourt 80 22 C1
Fréchendets 65 333 G1
Le Fréchet 31 316 D5
Fréchet-Aure 65 333 H3
Le Fréchou 47 275 G4
Fréchou-Fréchet 65 315 F5
Frécourt 52 117 G5
Frédéric-Fontaine 70 142 A3
La Frédière 17 201 G4
Frédille 36 171 F2
Frégimont 47 275 H2
Frégouville 32 297 E5
Fréhel 22 79 E2
Fréhel *Cap* 22 79 E1
Freigné 49 127 G5
Freissinières 05 270 C1
La Freissinouse 05 269 G4
Freistroff 57 46 C4
Freix-Anglards 15 244 B4
Fréjairolles 81 299 G1
Fréjeville 81 299 F5
Fréjus 83 329 G1
Fréjus *Parc zoologique* 83 308 C5
Fréjus *Tunnel du* 73 252 D1
Fréland 68 120 D2
Frelinghien 59 4 C5
Frémainville 95 57 G1
Frémécourt 95 37 H5
Fréménil 54 95 H2
Frémeréville-sous-les-Côtes 55 64 D4
Frémery 57 66 C3
Frémestroff 57 67 E1
Frémicourt 62 13 H4
Fremifontaine 88 95 H5
Frémontiers 80 22 A3
Frémonville 54 96 A1
La Frénaye 76 35 F1
Frencq 62 6 B3
Frêne *Col du* 73 233 G2
Frenelle-la-Grande 88 94 D4
Frenelle-la-Petite 88 94 C4
Frênes 61 53 E4
Freneuse 76 36 B3
Freneuse 78 57 E1
Freneuse-sur-Risle 27 35 G4
Freney 73 252 C1
Le Freney-d'Oisans 38 251 H3
Fréniches 60 23 H4
Frénois 88 118 D2
Frénois 21 159 H1
Frénouse *Musée de la* 53 105 H5
Frénouville 14 33 H5
Frépillon 95 58 B1
Fresles 76 20 D3
La Fresnaie-Fayel 61 54 C3
La Fresnais 35 50 D5
Fresnay 10 92 B5
Fresnay-en-Retz 44 165 E1
Fresnay-le-Comte 28 86 A5
Fresnay-le-Gilmert 28 86 A3
Fresnay-le-Long 76 20 B4
Fresnay-le-Samson 61 54 C3
Fresnay-l'Évêque 28 110 D2
Fresnay-sur-Sarthe 72 83 G5
La Fresnaye-au-Sauvage 61 53 H4
La Fresnaye-sur-Chédouet 72 83 H4
Le Fresne 27 56 A2
Le Fresne 51 62 D2
Le Fresne-Camilly 14 33 F3
Fresne-Cauverville 27 35 E4
Fresné-la-Mère 14 54 A2
Fresne-l'Archevêque 27 36 D3
Fresne-le-Plan 76 36 C2
Fresne-Léguillon 60 37 H4
Le Fresne-Poret 50 52 C4
Fresne-Saint-Mamès 70 140 C5
Le Fresne-sur-Loire 44 148 D2
Fresneaux-Montchevreuil 60 37 H3
Fresnes 02 24 B5
Fresnes 94 58 C4
Fresnes 89 137 E3
Fresnes 21 138 A5
Fresnes 41 153 F2
Fresnes-au-Mont 55 64 B3
Fresnes-en-Saulnois 57 66 C4
Fresnes-en-Tardenois 02 40 D5
Fresnes-en-Woëvre 55 64 D1
Fresnes-lès-Montauban 62 13 H2
Fresnes-lès-Reims 51 41 H3
Fresnes-Mazancourt 80 23 G2
Fresnes-sur-Apance 52 118 B5
Fresnes-sur-Escaut 59 9 H5
Fresnes-sur-Marne 77 59 F2
Fresnes-Tilloloy 80 11 G5
Fresneville 80 21 G2
Fresney 27 56 C2
Fresney-le-Puceux 14 53 G1
Fresney-le-Vieux 14 53 G1
Fresnicourt-le-Dolmen 62 8 A5
Fresnières 60 23 F5
Fresnois-la-Montagne 54 44 D2
Fresnoy 62 7 E5
Fresnoy-Andainville 80 11 G5
Fresnoy-au-Val 80 22 A2
Fresnoy-en-Bassigny 52 118 A4
Fresnoy-en-Chaussée 80 23 E3
Fresnoy-en-Gohelle 62 8 C5
Fresnoy-en-Thelle 60 38 B4
Fresnoy-Folny 76 20 D2
Fresnoy-la-Rivière 60 39 G3
Fresnoy-le-Château 10 115 F2
Fresnoy-le-Grand 02 24 B1
Fresnoy-le-Luat 60 39 F4
Fresnoy-lès-Roye 80 23 F3
Frespech 47 276 D2
Fresquiennes 76 20 A5
Fressac 30 283 F5
Fressain 59 14 B2
Fressancourt 02 24 C4
Fresse 70 142 A1
Fresse-sur-Moselle 88 120 A5
Fresselines 23 189 E4
Fressenneville 80 11 E4
Fressies 59 14 B3
Fressin 62 7 E4
Fressines 79 185 E4
Le Frestoy-Vaux 60 23 E5
Fresville 50 29 G5
Le Fret 29 75 E3
Fréterive 73 233 H2
Fréteval 41 131 H2
Fréthun 62 2 C3
Fretigney-et-Velloreille 70 161 H1
Frétigny 28 85 F4
Fretin 59 8 D3
Frétoy 77 60 A5
Frétoy-le-Château 60 23 G4
La Frette 71 178 A5
La Frette 38 232 A4
La Frette-sur-Seine 95 58 B2
Frettecuisse 80 11 G5
Frettemeule 80 11 F4
Frettemolle 80 21 G3
Fretterans 71 178 C2
Frettes 70 140 A4
Le Fréty 08 26 A3
Freulleville 76 20 C2
Frévent 62 12 C2
Fréville 76 19 H5
Fréville 88 93 H5
Fréville-du-Gâtinais 45 112 A4
Frévillers 62 7 H5
Frévin-Capelle 62 13 F2
Freybouse 57 67 E2
Freycenet-la-Cuche 43 247 H5
Freycenet-la-Tour 43 247 G5
Freychenet 09 336 C3
Freyming-Merlebach 57 47 E5
Freyssenet 07 266 C2
Friaize 28 85 G4
Friardel 14 54 D1
Friaucourt 80 11 E3
Friauville 54 45 E5
Fribourg 57 67 F4
Fricamps 80 21 H2
Frichemesnil 76 20 B5
Fricourt 80 13 F5
Fridefont 15 245 H5
Friedolsheim 67 68 C5
Frières-Faillouël 02 24 A4
Friesen 68 143 E3
Friesenheim 67 97 G4
Frignicourt 51 62 C5
Le Friolais 25 163 F3
Frise 80 23 F1
Friville-Escarbotin 80 11 E3
Frizon 88 95 F5
Froberville 76 18 D3
Frocourt 60 38 A2
Frœningen 68 143 F2
Frœschwiller 67 68 D2
Froges 38 233 F5
Frohen-le-Grand 80 12 C3
Frohen-le-Petit 80 12 C3
Frohmuhl 67 68 A2
Froideconche 70 141 G2
Froidefontaine 90 142 C4
Froidefontaine 39 180 B4
Froidestrées 02 25 F1
Froideterre 70 141 H3
Froidevaux 25 163 F3
Froideville 39 179 E3
Froidfond 85 165 F2
Froidmont-Cohartille 02 25 E4
Froidos 55 63 G1
Froissy 60 22 B5
Frolois 54 94 D2
Frôlois 21 159 F1
Fromelennes 08 17 F4
Fromelles 59 8 B3
Fromental 87 205 H1
Fromentières 51 61 E3
Fromentières 53 128 B2
Fromentine 85 164 C2
Fromentine *Pont de* 85 164 C2
Fromeréville-les-Vallons 55 43 H4
Fromezey 55 44 C5
Fromont 77 112 A2
Fromy 08 27 H5
Froncles-Buxières 52 93 E5
Fronsac 33 238 B5
Fronsac 31 334 B3
Frontenac 33 256 C2
Frontenac 46 261 F4
Frontenard 71 178 B2
Frontenas 69 212 C3
Frontenaud 71 195 H1
Frontenay 39 179 F4
Frontenay-Rohan-Rohan 79 184 D5
Frontenay-sur-Dive 86 168 C3
Frontenex 73 234 A1
Frontignan 34 323 E3
Frontignan-de-Comminges 31 334 B2
Frontignan-Plage 34 323 E3
Frontignan-Savès 31 316 D4
Fronton 31 297 H2
Frontonas 38 231 H1
Fronville 52 93 E4
Frossay 44 146 D3
Frotey-lès-Lure 70 141 H4
Frotey-lès-Vesoul 70 141 F4
Frouard 54 65 H5
Frouville 95 38 A5
Frouzins 31 317 H3
Froville 54 95 E3
Froyelles 80 11 H2
Frozes 86 168 D5
Frucourt 80 11 G4
Frugères-les-Mines 43 228 A5
Fruges 62 7 E4
Frugières-le-Pin 43 246 C1
Fruncé 28 85 H4
Fry 76 37 E1
Fuans 25 163 E5
Fublaines 77 59 G2
Le Fugeret 04 288 D4
Le Fuilet 49 148 C3
Fuilla 66 342 A3
Fuissé 71 194 D5
Fuligny 10 92 A5
Fulleren 68 143 E3
Fultot 76 19 H3
Fulvy 89 137 F3
Fumay 08 17 E5
Fumel 47 259 E5
Fumichon 14 34 D4
Furchhausen 67 68 B4
Furdenheim 67 97 F1
Fures 38 232 B5
Furiani 2B 345 G4
Furmeyer 05 269 F4
Fussey 21 159 H5
Fussy 18 155 E5
La Fuste 04 306 D2
Fustérouau 32 295 E3
Fustignac 31 317 E5
Futeau 55 43 F5
Futuroscope 86 169 F5
Fuveau 13 327 F1
Fyé 72 83 G5
Fyé 89 136 D3

## G

Gaas 40 292 D4
Gabarnac 33 256 B3
Gabarret 40 274 D5
Gabas 64 332 A3
Gabaston 64 314 C4
Gabat 64 311 G4
Gabian 34 321 G3
Gabillou 24 241 F2
Gabre 09 335 H1
Gabriac 12 263 E5
Gabriac 48 283 E3
Gabrias 48 264 B4
Gacé 61 54 D4
La Gacilly 56 125 G2
Gâcogne 58 157 H4
Gadancourt 95 57 G1
Gadencourt 27 56 D2
Gaël 35 103 F2
Gageac-et-Rouillac 24 257 G1
Gages-le-Haut 12 281 E1
Gagnac-sur-Cère 46 243 E5
Gagnac-sur-Garonne 31 297 H3
Gagnières 30 283 H2
Gagny 93 58 D3
Gahard 35 80 C5
Gailhan 30 303 E2
Gaillac 81 298 D1
Gaillac-d'Aveyron 12 281 F1
Gaillac-Toulza 31 318 A5
Gaillagos 65 332 C2
Gaillan-en-Médoc 33 218 D5
Gaillard 74 197 H5
Gaillardbois-Cressenville 27 36 D3
La Gaillarde 76 19 H2
Gaillefontaine 76 21 F4
Gaillères 40 274 A5
Gaillon 27 36 C5
Gaillon-sur-Montcient 78 57 G1
Gainneville 76 34 D1
Gaja-et-Villedieu 11 337 C1
Gaja-la-Selve 11 318 D5
Gajac 33 256 C5
Gajan 30 303 G1
Gajan 09 335 F2
Gajoubert 87 204 D2
Galametz 62 12 B2
Galamus *Gorges de* 11 338 A4
Galan 65 315 H5
Galapian 47 275 G2
Galargues 34 303 E3
La Galère 06 309 E5
Galéria 2B 346 A3
Galey 09 334 D3
Galez 65 315 H5
Galfingue 68 143 E2
Galgan 12 261 G5
Galgon 33 238 B4
Galiax 32 295 E4
Galibier *Col du* 05 252 B3
Galié 31 334 B2
Galinagues 11 337 A4
Gallardon 28 86 C3
Gallargues-le-Montueux 30 303 F3
Gallerande *Château de* 72 129 G4
Le Gallet 60 22 A5
Galluis 78 57 G4
Gamaches 80 11 E5
Gamaches-en-Vexin 27 37 F4
Gamarde-les-Bains 40 293 F3
Gamarthe 64 311 F5
Gambais 78 57 F4
Gambaiseuil 78 57 F4
Gambsheim 67 69 F5
Gan 64 314 B5
Ganac 09 336 A3
Ganagobie 04 287 F4
Ganagobie *Prieuré de* 04 287 F5
Gancourt-Saint-Étienne 76 21 F5
Gandelain 61 83 F3
Gandelu 02 40 A5
Gandrange 57 45 G4
Ganges 34 302 C1
Gannat 03 209 H2
Gannay-sur-Loire 03 175 F5
Gannes 60 22 C5
Les Gannes 63 226 C2
Gans 33 256 C5
Ganties 31 334 C1
Ganzeville 76 19 E3
Gap 05 269 H3
Gapennes 80 11 H2
Gâprée 61 84 A2
Garabit *Viaduc de* 15 245 H4
Garac 31 297 F4
Garancières 78 57 F4
Garancières-en-Beauce 28 87 E4
Garancières-en-Drouais 28 56 C5
Garanou 09 336 C5
Garat 16 221 G2
Garcelles-Secqueville 14 33 H5
Garche 57 45 H3
Garches 92 58 B3
Garchizy 58 174 C1
Garchy 58 156 B4
Gardanne 13 327 E1
La Garde 48 246 A5
La Garde 38 251 G3
La Garde 04 308 B1
La Garde 83 328 B4
La Garde-Adhémar 26 285 E1
La Garde-Freinet 83 329 E2
La Garde-Guérin 48 265 F5
Gardefort 18 155 H4
Gardegan-et-Tourtirac 33 238 D5
Gardères 65 314 D5
Les Gardes 49 149 E5
Gardes-le-Pontaroux 16 221 G3
Gardie 11 337 C1
Gardonne 24 257 G1
Gardouch 31 318 B4
Garein 40 273 G4
Garencières 27 56 C2
La Garenne-Colombes 92 58 B3
Garennes-sur-Eure 27 56 D3
Garentreville 77 112 A2
Garéoult 83 328 B2
La Garette 79 184 C4
Garganvillar 82 277 F5
Gargan *Mont* 87 224 C2
Gargas 31 298 A3
Gargas 84 305 H1
Gargenville 78 57 G2
Garges-lès-Gonesse 95 58 C2
Gargilesse-Dampierre 36 188 D2
Garidech 31 298 A3
Gariès 82 297 E2
Garigny 18 174 A1
Garin 31 334 A4
Garindein 64 311 H5
Garlan 29 72 A4
Garlède-Mondebat 64 294 B5
Garlin 64 294 C5
Le Garn 30 284 C2
La Garnache 85 165 E2
Garnat-sur-Engièvre 03 192 D1
Garnay 28 56 C5
Garnerans 01 195 E5
Garnetot 14 54 B2
La Garonne 83 328 B5
Garons 30 304 A2
Garos 64 294 A5
Garravet 32 316 D4
Garrebourg 57 68 A5
Garrevaques 81 319 E3
Garrey 40 293 F3
Le Garric 81 279 G5
Garrigues 81 298 C4
Garrigues 34 303 E2
Garrigues-Sainte-Eulalie 30 284 B5
Garris 64 311 G4
Garrosse 40 273 E5
Gars 06 308 D1
Gartempe 23 206 D1
Gas 28 86 C2
Gaschney 68 120 C3
Gasny 27 57 E1
Gasques 82 276 D3
Gassin 83 329 F3
Le Gast 14 52 B3
Gastes 40 272 C1
Gastines 53 105 F5
Gastins 77 89 E2
Gasville-Oisème 28 86 B3
Gâtelles 28 85 H3
Gatey 39 178 D2
Gathemo 50 52 B4
Gatteville-le-Phare 50 29 H2
Gattières 06 309 G2
Gatuzières 48 282 C3
Gaubertin 45 111 H3
La Gaubretière 85 166 C2
Gauchin-Légal 62 7 H5
Gauchin-Verloingt 62 7 G5
Gauchy 02 24 A2
Gauciel 27 56 C1
La Gaudaine 28 85 E5
La Gaude 06 309 G2
Gaudechart 60 21 H5
Gaudiempré 62 13 E3
Gaudiès 09 318 C5
Gaudonville 32 296 D1
Gaudreville-la-Rivière 27 56 A2
Gaugeac 24 258 D3
Gaujac 47 257 E4
Gaujac 30 284 D4
Gaujac 32 316 D3
Gaujacq 40 293 G4
Gaujan 32 316 C4

Le-Gault-du-Perche 41 109 F 4
Le Gault-Saint-Denis 28 110 A 2
Le Gault-Soigny 51 60 D 4
Gauré 31 298 B 4
Gauriac 33 237 G 3
Gauriaguet 33 237 H 3
Gaussan 65 316 A 5
Gausson 22 78 B 5
Les Gautherets 71 194 A 1
Gauville 80 21 G 3
Gauville 61 55 F 3
Gauville-la-Campagne 27 56 B 1
Gavarnie 65 332 D 5
Gavarnie *Port de* 65 332 D 5
Gavarret-sur-Aulouste 32 296 B 3
Gavaudun 47 258 D 4
Gavet 38 251 F 3
Gavignano 2B 347 F 3
Gavisse 57 45 H 2
La Gavotte 13 326 D 2
Gavray 50 51 H 2
Le Gâvre 44 126 B 5
Gavrelle 62 13 H 2
Gâvres 56 123 F 3
Gavrinis *Cairn de* 56 124 A 4
Gavrus 14 33 F 5
Gayan 65 315 E 5
Gaye 51 61 F 5
Gayon 64 314 C 3
Gazaupouy 32 275 H 5
Gazave 65 333 H 2
Gazax-et-Baccarisse 32 295 F 4
Gazeran 78 86 D 2
Gazinet 33 255 E 1
Gazost 65 333 E 2
Geaune 40 294 B 4
Geay 79 167 H 3
Geay 17 201 F 4
Gèdre 65 333 E 4
Gée 49 150 A 1
Gée-Rivière 32 294 C 3
Geffosses 50 31 F 4
Géfosse-Fontenay 14 32 B 2
Gehée 36 171 F 1
Geishouse 68 120 C 5
Geispitzen 68 143 G 2
Geispolsheim 67 97 G 2
Geiswasser 68 121 G 4
Geiswiller 67 68 C 4
Gélacourt 54 95 H 2
Gélannes 10 90 B 3
Gélaucourt 54 94 C 3
Gellainville 28 86 B 4
Gellenoncourt 54 66 C 5
Gelles 63 209 E 5
Gellin 25 180 C 4
Gelos 64 314 B 5
Geloux 40 273 G 5
Gelucourt 57 67 E 4
Gelvécourt-et-Adompt 88 118 D 2
Gémages 61 84 C 5
Gemaingoutte 88 96 C 5
Gembrie 65 334 A 2
Gemeaux 21 160 B 1
Gémenos 13 327 F 2
Gémigny 45 110 C 5
Gémil 31 298 B 3
Gemmelaincourt 88 94 C 5
Gémonval 25 142 A 4
Gémonville 54 94 B 4
Gémozac 17 219 F 2
Genac 16 203 E 5
Genainville 95 37 F 5
Genas 69 231 G 1
Génat 09 336 A 4
Genay 21 158 C 1
Genay 69 213 E 4
Gençay 86 186 C 4
Gendreville 88 118 A 2
Gendrey 39 161 F 4
Gené 49 128 A 4
Génébrières 82 278 B 5
Genech 59 9 E 3
Génelard 71 193 H 1
Générac 33 237 G 2
Générac 30 303 H 3
Générargues 30 283 G 4
Générest 65 334 A 2
Generville 11 318 D 5
Geneslay 61 82 C 3
Le Genest 53 105 H 3
Genestelle 07 266 B 2
Geneston 44 147 H 5
La Genête 71 195 F 1
La Génétouze 85 165 G 4
La Genétouze 17 238 D 1
Genêts 50 51 G 4
Les Genettes 61 55 F 5
Geneuille 25 161 H 3
La Genevraie 61 54 D 5
La Genevraye 77 88 C 5
Genevreuille 70 141 G 4
Genevrey 70 141 G 3
Genevrières 52 140 A 3
La Genevroye 52 92 D 5
Geney 25 142 A 5
La Geneytouse 87 206 B 5
Génicourt 95 58 A 1
Génicourt-sous-Condé 55 63 G 3
Génicourt-sur-Meuse 55 64 B 2
Genilac 42 230 C 3
Genillé 37 152 C 5
Genin *Lac* 01 196 D 5
Génis 24 223 G 5
Génissac 33 238 B 5
Génissiat *Barrage de* 01 215 E 2
Génissieux 26 249 G 3
Genlis 21 160 C 4
Gennes 49 150 A 3
Gennes 25 162 A 3
Gennes-Ivergny 62 12 B 2
Gennes-sur-Glaize 53 128 C 2
Gennes-sur-Seiche 35 105 F 4
Genneteil 49 129 H 5
Gennetines 03 192 B 1
Genneton 79 167 H 1
Genneville 14 34 D 2
Gennevilliers 92 58 B 2
Genod 39 196 B 4
Génois *Pont* 2B 346 D 3
Génois *Pont* 2B 347 F 5
Génolhac 30 283 G 1
Génos 65 333 H 4
Génos 31 334 B 2
Genouillac 23 189 G 4
Genouillac 16 204 B 4
Genouillé 17 201 F 2
Genouillé 86 203 G 2
Genouilleux 01 213 E 1
Genouilly 18 154 A 5
Genouilly 71 177 F 5
Genrupt 52 118 A 5
Gensac 33 257 E 1
Gensac 82 297 E 1
Gensac 65 315 E 3
Gensac-de-Boulogne 31 316 B 5
Gensac-la-Pallue 16 220 C 1
Gensac-sur-Garonne 31 317 F 5
Genté 16 220 B 2
Gentelles 80 22 D 2
Gentilly 94 58 C 4
Gentioux 23 207 F 5
Genvry 60 23 G 5
Georfans 70 141 H 5
Géovreisset 01 196 C 5
Géovreissiat 01 196 C 5
Ger 50 52 D 5
Ger 64 314 D 5
Ger 65 332 D 1
Geraise 39 179 H 2
Gérardmer 88 120 B 3
Géraudot 10 91 F 5
Gérauvilliers 55 93 H 2
Gerbaix 73 232 D 2
Gerbamont 88 120 A 4
Gerbécourt 57 66 C 3
Gerbécourt-et-Haplemont 54 94 D 3
Gerbépal 88 120 B 2
Gerberoy 60 37 G 1
Gerbéviller 54 95 G 2
Gerbier de Jonc *Mont* 07 266 A 1
Gercourt-et-Drillancourt 55 43 H 3
Gercy 02 25 F 2
Gerde 65 333 F 1
Gerderest 64 314 C 3
Gère-Bélesten 64 332 A 2
Gergny 02 25 F 1
Gergovie *Plateau de* 63 227 H 1
Gergueil 21 159 H 4
Gergy 71 178 A 3
Gerland 21 160 A 5
Germ 65 333 H 4
Germagnat 01 196 B 4
Germagny 71 177 F 5
Germaine 02 23 H 3
Germaine 51 41 G 5
Germaines 52 139 E 3
Germainville 28 56 D 4
Germainvilliers 52 117 H 3
Germay 52 93 F 4
Germéfontaine 25 162 D 3
Germenay 58 157 F 4
Germignac 17 220 B 2
Germigney 70 161 E 2
Germigney 39 179 F 1
Germignonville 28 110 C 3
Germigny 51 41 F 4
Germigny 89 114 C 5
Germigny-des-Prés 45 133 H 2
Germigny-l'Évêque 77 59 G 2
Germigny-l'Exempt 18 174 A 3
Germigny-
sous-Coulombs 77 60 A 1
Germigny-sur-Loire 58 174 B 1
Germinon 51 61 H 3
Germiny 54 94 C 2
Germisay 52 93 F 4
Germolles *Château de* 71 177 G 4
Germolles-sur-Grosne 71 194 C 5
Germond-Rouvre 79 185 E 3
Germondans 25 162 B 2
Germont 08 43 E 1
Germonville 54 94 D 3
Germs-sur-l'Oussouet 65 333 E 1
Gernelle 08 27 E 3
Gernicourt 02 41 F 2
Géronce 64 313 G 5
Gerponville 76 19 F 3
Gerrots 14 34 B 4
Gerstheim 67 97 G 3
Gertwiller 67 97 F 3
Geruge 39 179 E 5
Gervans 26 249 E 3
Gerville 76 18 D 4
Gerville-la-Forêt 50 31 G 3
Géry 55 63 H 4
Gerzat 63 209 H 5
Gesnes 53 106 B 3
Gesnes-en-Argonne 55 43 G 3
Gesnes-le-Gandelin 72 83 G 5
Gespunsart 08 27 E 2
Gestas 64 313 F 4
Gesté 49 148 C 4
Gestel 56 100 D 5
Gestiès 09 336 A 5
Gesvres 53 83 E 4
Gesvres-le-Chapitre 77 59 G 1
Gétigné 44 148 B 5
Les Gets 74 198 C 5
Geu 65 332 D 2
Geudertheim 67 69 E 4
Géus-d'Arzacq 64 294 A 5
Geüs-d'Oloron 64 313 G 5
Gévezé 35 80 A 5
Gevigney-et-Mercey 70 140 D 2
Gevingey 39 179 E 5
Gevresin 25 180 A 2
Gevrey-Chambertin 21 160 A 4
Gevrolles 21 116 B 5
Gevry 39 178 D 1
Gex 01 197 F 4
Geyssans 26 249 G 2
Gez 65 332 D 2
Gez-ez-Angles 65 333 E 1
Gézaincourt 80 12 D 4
Gezier-et-Fontenelay 70 161 H 2
Gézoncourt 54 65 G 4
Ghisonaccia 2B 349 G 2
Ghisoni 2B 349 F 1
Ghissignies 59 15 E 3
Ghyvelde 59 3 H 2
Giat 63 208 C 5
Gibeaumeix 54 94 A 2
Gibel 31 318 B 5
Gibercourt 02 24 B 3
Giberville 14 33 H 4
Gibles 71 194 A 4
Gibourne 17 202 B 3
Gibret 40 293 F 3
Le Gicq 17 202 C 3
Gidy 45 110 D 5
Giel-Courteilles 61 53 H 4
Gien 45 134 C 4
Gien-sur-Cure 58 158 B 5
Giens 83 328 C 5
Gières 38 251 E 1
La Giettaz 73 216 B 4
Giéville 50 52 B 1
Gièvres 41 153 H 4
Giey-sur-Aujon 52 116 D 5
Giez 74 215 H 5
Gif-sur-Yvette 91 58 A 5
Giffaumont-Champaubert 51 92 B 2
Gigean 34 323 E 3
Gignac 46 242 B 4
Gignac 34 302 B 4
Gignac 84 306 A 1
Gignac-la-Nerthe 13 326 C 1
Gignat 63 228 A 4
Gignéville 88 118 B 3
Gigney 88 95 E 5
Gigny 89 137 G 3
Gigny 39 196 B 2
Gigny-Bussy 51 91 H 2
Gigny-sur-Saône 71 178 A 5
Gigondas 84 285 G 3
Gigors 04 269 H 5
Gigors-et-Lozeron 26 267 H 1
Gigouzac 46 260 B 4
Gijounet 81 300 B 3
Gildwiller 68 143 E 2
Gilette 06 291 E 5
Gilhac-et-Bruzac 07 249 E 5
Gilhoc-sur-Ormèze 07 248 D 4
Gillancourt 52 116 C 3
Gillaumé 52 93 F 3
Gilles 28 57 E 3
Gilley 52 140 A 4
Gilley 25 162 D 5
Gillois 39 180 A 4
Gillonnay 38 232 A 4
Gilly-lès-Cîteaux 21 160 A 5
Gilly-sur-Isère 73 234 A 1
Gilly-sur-Loire 71 193 E 2
Gilocourt 60 39 G 3
Gimat 82 297 E 2
Gimbrède 32 276 C 5
Gimbrett 67 68 D 5
Gimeaux 63 209 H 4
Gimécourt 55 64 B 4
Gimel-les-Cascades 19 243 E 1
Gimeux 16 220 B 2
La Gimond 42 230 B 3
Gimont 32 296 D 4
Gimouille 58 174 B 2
Ginai 61 54 C 4
Ginals 82 279 E 3
Ginasservis 83 306 D 3
Ginchy 80 13 G 5
Gincla 11 337 D 5
Gincrey 55 44 C 4
Gindou 46 259 G 3
Ginestas 11 320 D 5
Ginestet 24 239 H 5
Gingsheim 67 68 C 4
Ginoles 11 337 B 4
Ginouillac 46 260 B 2
Gintrac 46 242 D 5
Giocatojo 2B 347 G 3
Gionges 51 61 G 2
Giou-de-Mamou 15 244 C 5
Gioux 23 207 G 5
Gipcy 03 191 G 2
Girac 46 243 E 5
Girancourt 88 119 E 2
Giraumont 60 39 F 1
Giraumont 54 45 F 5
Girauvoisin 55 64 D 4
Gircourt-lès-Viéville 88 94 D 4
Girecourt-sur-Durbion 88 95 G 5
Girefontaine 70 118 D 5
Giremoutiers 77 59 H 3
Girgols 15 244 C 4
Giriviller 54 95 F 3
Girmont 88 95 F 5
Girmont-Val-d'Ajol 88 119 G 4
Girolles 45 112 C 4
Girolles 89 157 H 1
Giromagny 90 142 B 2
Giron 01 196 D 5
Gironcourt-sur-Vraine 88 94 B 5
Gironde-sur-Dropt 33 256 C 3
Girondelle 08 26 B 2
Gironville 77 112 A 3
Gironville-et-Neuville 28 86 A 2
Gironville-sous-les-Côtes 55 64 D 4
Gironville-sur-Essonne 91 87 H 5
Le Girouard 85 182 C 1
Giroussens 81 298 C 3
Giroux 36 172 B 1
Girovillers-sous-Montfort 88 94 C 5
Giry 58 157 E 4
Gisay-la-Coudre 27 55 F 2
Giscaro 32 296 D 4
Giscos 33 274 C 2
Gisors 27 37 G 3
Gissac 12 301 E 2
Gissey-le-Vieil 21 159 E 3
Gissey-sous-Flavigny 21 159 F 1
Gissey-sur-Ouche 21 159 G 4
Gisy-les-Nobles 89 113 F 2
Giuncaggio 2B 347 G 5
Giuncheto 2A 350 D 3
Givardon 18 173 H 4
Givarlais 03 190 E 3
Givenchy-en-Gohelle 62 8 B 5
Givenchy-le-Noble 62 13 E 2
Givenchy-lès-la-Bassée 62 8 B 4
Giverny 27 57 E 1
Giverville 27 35 F 4
Givet 08 17 F 4
Givonne 08 27 F 3
Givors 69 231 E 2
Givraines 45 111 H 3
Givrand 85 164 D 5
Givrauval 55 93 F 1
Le Givre 85 182 D 2
Givrezac 17 219 G 3
Givron 08 26 A 4
Givry 08 42 C 1
Givry 89 157 H 1
Givry 71 177 G 4
Givry-en-Argonne 51 63 E 2
Givry-lès-Loisy 51 61 F 3
Givrycourt 57 67 F 2
Gizaucourt 51 63 E 1
Gizay 86 186 C 3
Gizeux 37 151 E 2
Gizia 39 196 A 2
Gizy 02 25 E 5
La Glacerie 50 29 E 3
Glacière *Grotte de la* 25 162 C 3
Glageon 59 15 H 5
Glaignes 60 39 F 4
Glainans 25 163 E 2
Glaine-Montaigut 63 228 B 1
Glaire 08 27 E 3
Le Glaizil 05 269 G 1
Glamondans 25 162 C 3
Gland 02 60 C 1
Gland 89 137 G 3
Glandage 26 268 D 2
Glandon 87 223 G 4
Glandon *Col du* 73 251 H 1
Glanes 46 243 E 5
Glanges 87 224 B 2
Glannes 51 62 C 5
Glanon 21 178 B 1
Glanville 14 34 B 3
Glatens 82 296 D 1
Glatigny 50 31 F 3
Glatigny 60 37 H 1
Glatigny 57 46 B 5
Glay 25 142 C 5
Gleizé 69 212 D 3
Glénac 56 125 G 3
Glénat 15 243 H 5
Glénay 79 168 A 3
Glénic 23 189 G 5
Glennes 02 41 E 3
Glénouze 86 168 C 2
Glère 25 163 H 2
Glicourt 76 10 C 5
Glisolles 27 56 A 2
Glisy 80 22 C 2
Glomel 22 77 E 5
Glonville 54 95 H 3
Glorianes 66 342 C 3
Glos 14 34 D 5
Glos-la-Ferrière 61 55 F 3
Glos-sur-Risle 27 35 G 3
Gluges 46 242 C 5
Gluiras 07 266 C 1
Glun 07 249 E 4
Glux-en-Glenne 58 176 B 2
Goas 82 297 E 2
La Godefroy 50 51 H 4
Godenvillers 60 22 D 5
Goderville 76 19 E 4
Godewaersvelde 59 4 A 5
Godisson 61 54 C 5
La Godivelle 63 227 F 5
Godoncourt 88 118 B 4
Gœrlingen 67 67 H 4
Gœrsdorf 67 69 E 2
Goès 64 331 H 1
Goetzenbruck 57 68 B 2
Gœulzin 59 14 A 2
Gogney 54 96 A 1
Gognies-Chaussée 59 15 G 2
La Gohannière 50 51 H 4
Gohier 49 149 H 2
Gohory 28 109 H 3
Goin 57 65 H 2
Goincourt 60 38 A 2
Golancourt 60 23 H 4
Golbey 88 119 F 2
Goldbach 68 120 C 5
Golfe-Juan 06 309 F 4
Golfech 82 276 D 4
Golinhac 12 262 D 3
Golleville 50 29 F 5
Gombergean 41 131 G 5
Gomelange 57 46 C 4
Gomené 22 102 D 2
Gomer 64 314 C 5
Gometz-la-Ville 91 58 A 5
Gometz-le-Châtel 91 58 A 5
Gomiécourt 62 13 G 4
Gommecourt 62 13 F 4
Gommecourt 78 57 E 1
Gommegnies 59 15 F 2
Gommenec'h 22 73 F 4
Gommersdorf 68 143 E 3
Gommerville 76 18 D 5
Gommerville 28 87 E 5
Gomméville 21 115 H 5
Gomont 08 41 H 1
Gonaincourt 52 117 H 2
Goncelin 38 233 F 5
Goncourt 52 117 H 2
Gond-Pontouvre 16 221 F 1
Gondecourt 59 8 C 3
Gondenans-les-Moulins 25 162 C 1
Gondenans-Montby 25 162 D 1
Gondeville 16 220 C 1
Gondrecourt-Aix 54 45 E 4
Gondrecourt-le-Château 55 93 G 3
Gondreville 60 39 G 4
Gondreville 54 65 F 5
Gondreville 45 112 B 4
Gondrexange 57 67 G 5
Gondrexon 54 95 H 1
Gondrin 32 295 G 1
Les Gonds 17 219 G 1
Gonesse 95 58 D 2
Gonez 65 315 F 5
Gonfaron 83 328 D 2
Gonfreville 50 31 H 3
Gonfreville-Caillot 76 19 E 4
Gonfreville-l'Orcher 76 34 C 1
La Gonfrière 61 55 E 3
Gonnehem 62 7 H 3
Gonnelieu 59 14 B 5
Gonnetot 76 19 H 3
Gonneville 50 29 F 3
Gonneville-en-Auge 14 33 H 3
Gonneville-la-Mallet 76 18 C 4
Gonneville-sur-Honfleur 14 34 D 2
Gonneville-sur-Mer 14 34 A 3
Gonneville-sur-Scie 76 20 B 3
Gonsans 25 162 C 4
Gontaud-de-Nogaret 47 257 F 5
La Gonterie-Boulouneix 24 222 B 5
Gonvillars 70 142 A 4
Gonzeville 76 19 H 3
Goos 40 293 F 3
Gorbio 06 291 G 5
Gorcy 54 44 D 1
Gordes 84 305 G 1
Gorenflos 80 12 B 4
Gorges 80 12 C 4
Gorges 50 31 G 3
Gorges 44 148 A 5
La Gorgue 59 8 A 2
Gorhey 88 119 E 2
Gornac 33 256 C 2
Gorniès 34 302 B 1
Gorre 87 223 E 1
Gorrevod 01 195 F 3
Gorron 53 81 H 4
Gorses 46 261 F 1
Gorze 57 65 G 1
Gosnay 62 7 H 4
Gosné 35 80 D 5
Gosselming 57 67 G 4
Gotein-Libarrenx 64 331 E 1
Gottenhouse 67 68 B 5
Gottesheim 67 68 C 4
Gouaix 77 89 G 3
Goualade 33 274 C 1
Gouarec 22 77 G 5
Gouaux 65 333 H 4
Gouaux-de-Larboust 31 334 A 4
Gouaux-de-Luchon 31 334 B 4
Gouberville 50 29 G 2
Gouchaupre 76 10 C 5
Goudargues 30 284 C 3
Goudelancourt-
lès-Berrieux 02 41 F 1
Goudelancourt-
lès-Pierrepont 02 25 F 4
Goudelin 22 73 F 5
Goudet 43 247 F 5
Goudex 31 317 E 4
Goudon 65 315 G 5
Goudourville 82 276 D 4
Gouesnach 29 99 H 4
La Gouesnière 35 50 D 5
Gouesnou 29 70 C 5
Gouex 86 187 E 4
Gouézec 29 76 A 5

Gougenheim **67**.....................68 C 5
Gouhelans **25**.....................162 C 1
Gouhenans **70**.....................141 H 4
Gouillons **28**.....................86 D 5
Gouise **03**.....................192 B 3
Goujounac **46**.....................259 G 4
La Goulafrière **27**.....................55 E 2
Goulaine *Château de* **44**.....147 H 4
Goulet **61**.....................54 A 4
Goulien **29**.....................98 D 2
Goulier **09**.....................336 A 5
Les Goulles **21**.....................138 D 2
Goulles **19**.....................243 G 4
Gouloux **58**.....................158 B 4
Goult **84**.....................305 G 1
Goulven **29**.....................71 E 4
Goumois **25**.....................163 H 3
Goupillières **76**.....................20 A 5
Goupillières **27**.....................35 G 5
Goupillières **14**.....................53 F 1
Goupillières **78**.....................57 G 3
Gouraincourt **55**.....................44 D 4
Le Gouray **22**.....................78 D 5
Gourbera **40**.....................292 D 2
Gourbesville **50**.....................29 G 5
Gourbit **09**.....................336 A 4
Gourchelles **60**.....................21 G 3
Gourdan-Polignan **31**.........334 A 1
Gourdièges **15**.....................245 F 5
Gourdon **71**.....................194 B 1
Gourdon **46**.....................259 H 2
Gourdon **07**.....................266 B 2
Gourdon **06**.....................309 E 2
Gourdon-Murat **19**.....................225 E 3
Gourette **64**.....................332 B 2
Gourfaleur **50**.....................32 B 5
Gourfouran
*Gouffre de* **05**.....................270 C 1
Gourgançon **51**.....................61 G 5
Gourgé **79**.....................168 B 5
Gourgeon **70**.....................140 C 3
Gourgue **65**.....................333 G 1
Gourhel **56**.....................103 E 4
Gourin **56**.....................76 C 5
Gourlizon **29**.....................99 G 2
Gournay **76**.....................34 C 1
Gournay **36**.....................189 E 1
Gournay **79**.....................202 D 1
Gournay-en-Bray **76**.............37 F 1
Gournay-le-Guérin **27**.............55 G 5
Gournay-sur-Aronde **60**.........39 E 1
Gournay-sur-Marne **93**.........58 D 3
Les Gours **16**.....................202 D 3
Gours **33**.....................238 D 4
Gourvieille **11**.....................318 C 5
Gourville **16**.....................202 D 5
Gourvillette **17**.....................202 C 4
Goury **50**.....................28 C 2
Gourzon **52**.....................92 D 2
Goussaincourt **55**.....................94 A 3
Goussainville **28**.....................57 E 4
Goussainville **95**.....................58 D 1
Goussancourt **02**.....................40 D 5
Gousse **40**.....................293 F 2
Goussonville **78**.....................57 G 2
Goustranville **14**.....................34 A 4
La Goutelle **63**.....................209 E 5
Goutevernisse **31**.....................317 F 5
Goutrens **12**.....................262 B 5
Gouts **82**.....................277 E 1
Gouts **40**.....................293 F 2
Gouts-Rossignol **24**.............221 G 4
Gouttières **27**.....................55 G 1
Gouttières **63**.....................209 E 2
Goutz **32**.....................296 C 2
Gouvernes **77**.....................59 E 3
Gouves **62**.....................13 F 2
Gouvets **50**.....................52 B 2
Gouvieux **60**.....................38 C 4
Gouville **27**.....................56 A 3
Gouville-sur-Mer **50**.............31 F 5
Gouvix **14**.....................53 G 1
Goux **39**.....................179 E 1
Goux **32**.....................295 E 4
Goux-lès-Dambelin **25**.........163 E 2
Goux-les-Usiers **25**.............180 C 1
Goux-sous-Landet **25**.........161 H 5
Gouy **02**.....................14 B 5
Gouy **76**.....................36 B 3
Gouy-en-Artois **62**.................13 F 3
Gouy-en-Ternois **62**...............12 D 2
Gouy-les-Groseillers **60**..........22 B 4
Gouy-l'Hôpital **80**.....................21 H 2
Gouy-Saint-André **62**.................6 D 5
Gouy-Servins **62**.....................8 A 5
Gouy-sous-Bellonne **62**..........14 A 2
Gouzangrez **95**.....................37 H 5
Gouze **64**.....................313 G 3
Gouzeaucourt **59**.....................14 A 5
Gouzens **31**.....................317 F 5
Gouzon **23**.....................207 H 1
Gouzougnat **23**.....................207 H 1
Goven **35**.....................104 A 4
Goviller **54**.....................94 C 3
Goxwiller **67**.....................97 F 3
Goyencourt **80**.....................23 F 3
Goyrans **31**.....................317 H 3
Grabels **34**.....................302 D 4
Graçay **18**.....................154 A 5
Grâce-Uzel **22**.....................102 B 1
Grâces **22**.....................73 E 5
Gradignan **33**.....................255 F 1
Graffigny-Chemin **52**..........117 H 2
Gragnague **31**.....................298 B 4
Graignes **50**.....................32 A 3
Grailhen **65**.....................333 H 4
Graimbouville **76**.....................18 D 5
Graincourt-
lès-Havrincourt **62**.............14 A 4
Grainville **27**.....................36 D 3
Grainville-la-Teinturière **76**.....19 F 3
Grainville-Langannerie **14**......53 H 1
Grainville-sur-Odon **14**..........33 F 5
Grainville-sur-Ry **76**...............36 C 1
Grainville-Ymauville **76**..........19 E 4
Le Grais **61**.....................53 G 5
Graissac **12**.....................263 E 2
Graissessac **34**.....................301 F 4
Graix **42**.....................230 C 5
Le Grallet **17**.....................218 C 1
Gramat **46**.....................260 D 2
Gramazie **11**.....................337 B 1
Grambois **84**.....................306 B 2
Grammond **42**.....................230 B 3
Grammont **70**.....................141 H 5
Gramond **12**.....................280 B 2
Gramont **82**.....................296 C 1
Granace **2A**.....................351 E 2
Grancey-le-Château **21**.......139 E 4
Grancey-sur-Ource **21**.........116 A 4
Grand **88**.....................93 G 4
Le Grand-Abergement **01**....214 D 2
Grand-Auverné **44**.............127 E 5
Grand-Ballon **68**.................120 C 5

## GRENOBLE

Alsace-Lorraine (Av.) . . . . **DYZ** 3
Barnavel (R.) . . . . . . . . . . **EFY** 5
Bayard (R.) . . . . . . . . . . . . . **FY** 6
Belgique
(Av. Albert-1er-de) . . . . **EFZ** 7
Belgrade (R. de) . . . . . . . . . **EY** 9
Bistesi (R.) . . . . . . . . . . . . . **FZ** 10
Blanchard (R. P.) . . . . . . . **EYZ**
Bonne (R. de) . . . . . . . . . . **EZ** 12
Brenier (R. C.) . . . . . . . . . **DY** 13
Brocherie (R.) . . . . . . . . . . **EY** 15
Casimir-Périer (R.) . . . . . . . **EZ** 16
Champollion (R.) . . . . . . . . **FZ** 17
Chenoise (R.) . . . . . . . . . . **EFY** 18
Clot-Bey (R.) . . . . . . . . . . **EYZ** 21
Diables-Bleus (Bd des) . . . . **FZ** 24
Dr-Girard (Pl.) . . . . . . . . . . **FY** 26
Driant (Bd Col.) . . . . . . . . . **FZ** 27
Dubedout (Pl. H.) . . . . . . . . **DY** 28
Fantin-Latour (R.) . . . . . . . . **FZ** 32
Flandrin (R. J.) . . . . . . . . . **GZ** 33
Foch (Bd Mar.) . . . . . . . . . **DEZ**
Fourier (R.) . . . . . . . . . . . . **FZ** 34
Grande-Rue . . . . . . . . . . . . **EY** 37
Grenette (Pl.) . . . . . . . . . . . **EY**
Lavalette (Pl.) . . . . . . . . . . **FY** 40
La Fayette (R.) . . . . . . . . . . **EY** 39
L'Herminier (R. Cdt) . . . . . . **FY** 41
Lyautey (Bd Mar.) . . . . . . . . **EZ** 42
Montorge (R.) . . . . . . . . . . . **EY** 43
Palanka (R.) . . . . . . . . . . . . **EY** 44
Pasteur (Pl.) . . . . . . . . . . . . **FZ** 45
Perrière (Q.) . . . . . . . . . . . . **EY** 46
Poulat (R. F.) . . . . . . . . . . . **EY** 48
Rivet (Pl. G.) . . . . . . . . . . . **EZ** 53
Rousseau (R. J.-J.) . . . . . . . **EY** 55
Ste-Claire (Pl.) . . . . . . . . . . **EY** 57
St-André (Pl.) . . . . . . . . . . . **EY** 56
Servan (R.) . . . . . . . . . . . . . **FY** 59
Strasbourg (R. de) . . . . . . **EFZ** 62
Très-Cloître (R.) . . . . . . . . . **FY** 63
Vicat (R.) . . . . . . . . . . . . . . **EZ** 66
Victor-Hugo
(Pl.) . . . . . . . . . . . . . . . . **EZ**
Voltaire (R.) . . . . . . . . . . . . **FY** 68

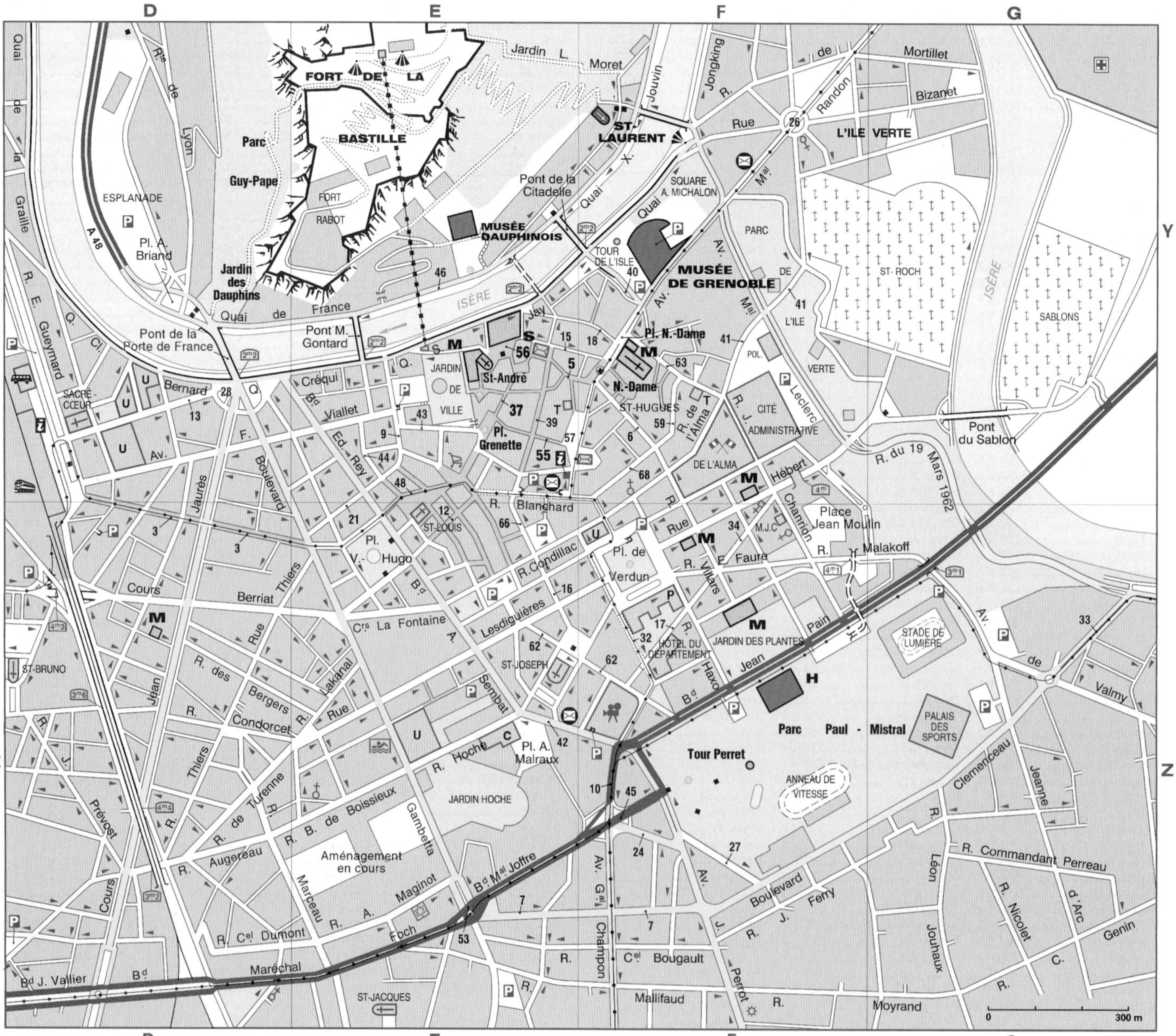

Grand Bois ou de la République
Col du 42 230 C 5
Le Grand-Bornand 74 216 A 3
Le Grand-Bourg 23 206 C 1
Grand-Brassac 24 239 H 1
Grand-Camp 76 19 F 5
Grand-Camp 27 55 E 1
Grand-Castang 24 240 C 5
Le Grand-Celland 50 52 A 5
Grand-Champ 56 124 B 2
Grand-Charmont 25 142 C 4
Grand-Châtel 39 196 D 3
La Grand-Combe 30 283 G 3
Grand-Corent 01 196 B 5
Grand-Couronne 76 36 A 3
La Grand-Croix 42 230 C 3
Grand-Failly 54 44 C 2
Grand-Fayt 59 15 F 4
Grand Fenestrez 01 214 D 4
Grand-Fort-Philippe 59 3 E 2
Grand-Fougeray 35 126 B 3
Grand-Laviers 80 11 G 3
Le Grand-Lemps 38 232 B 4
Le Grand-Lucé 72 130 C 2
Le Grand-Madieu 16 203 H 3
Grand Phare 85 164 A 4
Le Grand Piquey 33 254 B 2
Le Grand-Pressigny 37 170 A 3
Grand-Puch
Château du 33 238 B 5
Le Grand-Quevilly 76 36 A 2
Grand-Rozoy 02 40 B 4
Grand-Rullecourt 62 13 E 3
Le Grand-Serre 26 249 G 1
Grand Taureau 25 180 D 2
Grand-Vabre 12 262 B 3
Le Grand-Valtin 88 120 B 3
Grand-Verly 02 24 D 1
Le Grand-Village-Plage 17 200 B 4
Grandcamp-Maisy 14 32 B 2
Grandchain 27 55 G 1
Grandchamp 08 26 B 4
Grandchamp 78 57 E 5
Grandchamp 72 83 H 5
Grandchamp 89 135 G 3
Grandchamp 52 139 H 3
Grandchamp-le-Château 14 34 B 5
Grandchamps-
des-Fontaines 44 147 G 2
Grand'Combe-Châteleu 25 181 E 1
Grand'Combe-des-Bois 25 163 G 4
Grandcourt 76 11 E 5
Grandcourt 80 13 F 5
Grande Chartreuse
Couvent de la 38 233 E 5
La Grande-Fosse 88 96 C 4
La Grande-Motte 34 303 F 5
La Grande-Paroisse 77 88 D 4
La Grande-Résie 70 161 E 3
Grande-Rivière 39 197 E 1
Grande-Synthe 59 3 F 2
La Grande-Verrière 71 176 B 2
Grandecourt 70 140 C 4
Les Grandes-Armoises 08 27 E 5
Les Grandes-Chapelles 10 90 D 3
Les Grandes-Dalles 76 19 F 2
Les Grandes-Loges 51 62 A 1
Les Grandes-Rivières 17 183 G 5
Les Grandes-Ventes 76 20 C 3
Grandeyrolles 63 227 G 3
Grandfontaine 67 96 C 2
Grandfontaine 25 161 H 4
Grandfontaine-
sur-Creuse 25 162 D 4
Grandfresnoy 60 39 E 2
Grandham 08 43 E 3
Grandjean 17 201 G 4
Grand'Landes 85 165 F 3
Grandlup-et-Fay 02 25 E 4
Grandmesnil 14 54 B 2
Grandmesnil 54 94 A 1
Grandouet 14 34 B 5
Grandpré 08 43 E 3
Grandpuits 77 88 D 2
Grandrieu 48 264 D 1
Grandrieux 02 25 H 3
Grandrif 63 229 E 3
Grandris 69 212 B 2
Grandrû 60 23 H 5
Grandrupt 88 96 C 4
Grandrupt-de-Bains 88 118 D 3
Les Grands-Chézeaux 87 188 B 4
Grandsaigne 19 225 E 4
Grandval 63 228 D 2
Grandval Barrage de 15 245 H 5
Grandvals 48 263 G 2
Grandvaux 71 194 A 2
Grandvelle-
et-le-Perrenot 70 161 H 1
Grandvillars 90 142 D 4
La Grandville 08 26 D 3
Grandville 10 91 F 2
Grandvillers 88 95 H 5
Grandvillers-aux-Bois 60 39 E 2
Grandvilliers 60 21 H 4
Grandvilliers 27 56 A 4
Grane 26 267 F 2
Granès 11 337 C 3
La Grange 25 163 E 3
Grange-de-Vaivre 39 179 G 1
Grange-le-Bocage 89 89 H 5
Grangent Barrage de 42 230 A 4
Grangermont 45 111 H 3
Les Granges 10 115 E 4
Granges 71 177 G 4
Granges 01 196 B 5
Les Granges Château 58 156 B 3
Granges-d'Ans 24 241 F 2
Granges-de-Vienney 25 162 B 4
Les Granges-Gontardes 26 267 E 5
Granges-la-Ville 70 142 A 4
Granges-le-Bourg 70 142 A 4
Les Granges-le-Roi 91 87 E 3
Granges-l'Église 25 180 C 2
Granges-les-Beaumont 26 249 G 3
Granges-lès-Valence 07 249 F 4
Granges-Maillot 25 180 B 1
Granges-Narboz 25 180 C 2
Granges-Sainte-Marie 25 180 C 3
Granges-sur-Aube 51 90 C 2
Granges-sur-Baume 39 179 F 4
Granges-sur-Lot 47 275 H 1
Granges-sur-Vologne 88 120 A 2
Les Grangettes 25 180 C 3
Grangues 14 34 A 3
Granier 73 234 C 2
Granier Col du 73 233 F 3
Granieu 38 232 C 2
Granon Col de 05 252 C 4
Grans 13 305 F 4
Granville 50 51 F 3
Granzay-Gript 79 184 D 5
Les Gras 25 181 E 1
Gras 07 266 C 5
Gras Plateau des 07 284 C 1
Grassac 16 221 H 2
Grasse 06 309 E 3
Grassendorf 67 68 C 3
Grateloup-
Saint-Gayrand 47 257 G 5
Gratens 31 317 F 5
Gratentour 31 297 H 3
Gratibus 80 22 D 4
Gratot 50 31 G 5
Gratreuil 51 42 D 4
Grattepanche 80 22 B 3
Le Gratteris 25 162 B 4
Grattery 70 141 E 4
Le Grau-d'Agde 34 322 C 5
Grau de Maury 66 338 B 4
Le Grau-du-Roi 30 303 F 5
Graufthal 67 68 A 3
Les Graulges 24 221 H 3
Graulhet 81 299 E 3
Grauves 51 61 G 2
Graval 76 21 E 3
La Grave 05 252 A 3
La Grave 06 291 F 5
Grave Pointe de 33 218 C 2
Gravelines 59 3 E 2
La Gravelle 53 105 G 3
Gravelotte 57 65 G 1
La Graverie 14 52 C 2
Graveron-Sémerville 27 36 A 5
Graves-Saint-Amant 16 220 D 2
Graveson 13 304 C 2
Gravières 07 265 H 5
Gravigny 27 56 B 1
Gravon 77 89 F 4
Gray 70 161 E 1
Gray-la-Ville 70 161 E 1
Grayan-et-l'Hôpital 33 218 C 4
Graye-et-Charnay 39 196 B 2
Graye-sur-Mer 14 33 F 3
Grayssas 47 276 D 3
Grazac 43 247 H 2
Grazac 81 298 B 2
Grazac 31 318 A 5
Grazay 53 82 C 5
Gréalou 46 261 E 4
Gréasque 13 327 F 1
Grébault-Mesnil 80 11 F 4
Grécourt 80 23 G 3
Gredisans 39 161 E 5
La Grée-Penvins 56 124 C 5
La Grée-Saint-Laurent 56 102 D 4
Gréez-sur-Roc 72 108 D 3
Greffeil 11 337 D 1
Grèges 76 10 B 5
Grégy-sur-Yerres 77 59 E 5
Grémecey 57 66 C 4
Grémévillers 60 21 H 5
Gremilly 55 44 C 4
Grémonville 76 19 H 4
Grenade 31 297 G 3
Grenade-sur-l'Adour 40 294 A 2
Grenant 52 139 H 3
Grenant-lès-Sombernon 21 159 G 4
Grenay 62 8 B 4
Grenay 38 231 G 1
Grendelbruch 67 97 E 2
Greneville-en-Beauce 45 111 F 3
Grenier-Montgon 43 245 H 1
Gréning 57 67 F 2
Grenoble 38 250 D 1
Grenois 58 157 F 3
Grentheville 14 33 H 5
Grentzingen 68 143 F 3
Greny 76 10 C 5
Gréolières 06 309 E 1
Gréolières-les-Neiges 06 309 E 1
Gréoux-les-Bains 04 306 D 2
Grépiac 31 318 A 4
Le Grès 31 297 F 3
Grésigny-Sainte-Reine 21 138 A 5
Gresin 73 232 D 2
La Gresle 42 212 A 2
Gresse-en-Vercors 38 250 C 5
Gressey 78 57 E 3
Gresswiller 67 97 E 2
Gressy 77 59 E 2
Grésy-sur-Aix 73 215 F 5
Grésy-sur-Isère 73 233 H 2
Gretz-Armainvilliers 77 59 F 4
Greucourt 70 140 C 5
Greuville 76 19 H 2
Greux 88 93 H 3
La Grève-sur-Mignon 17 184 B 5
Les Grèves 22 78 C 3
Gréville-Hague 50 28 D 2
Grévillers 62 13 G 4
Grevilly 71 195 E 2
Grez 60 21 H 4
Le Grez 72 107 E 2
Grez-en-Bouère 53 128 C 2
Grez-Neuville 49 128 B 5
Grez-sur-Loing 77 88 B 5
Grézac 17 219 E 2
Grézels 46 259 F 5
Grèzes 24 241 H 3
Grèzes 43 246 C 5
Grèzes 46 261 E 3
Grèzes 48 264 B 4
Grézet-Cavagnan 47 275 E 1
Grézian 65 333 G 4
Grézieu-la-Varenne 69 212 D 5
Grézieu-le-Marché 69 230 B 2
Grézieux-le-Fromental 42 229 H 2
Grézillac 33 256 C 1
Grézillé 49 149 H 3
Grézolles 42 211 F 4
Gricourt 02 24 A 2
Grièges 01 195 E 5
La Grière 85 182 D 3
Gries 67 69 E 4
Griesbach 67 68 D 2
Griesbach-au-Val 68 120 D 3
Griesbach-le-Bastberg 67 68 B 3
Griesheim-près-Molsheim 67 97 F 2
Griesheim-sur-Souffel 67 68 D 5
Grignan 26 267 F 5
Grigneuseville 76 20 B 4
Grignols 24 240 B 3
Grignols 33 274 D 1
Grignon 21 137 H 5
Grignon 73 234 A 1
Grignoncourt 88 118 B 5
Grigny 62 7 E 5
Grigny 91 58 C 5
Grigny 69 231 E 2
La Grigonnais 44 126 C 5
Grillemont Château de 37 170 A 1
Grillon 84 267 F 5
Grilly 01 197 G 4
Grimaucourt-en-Woëvre 55 44 C 5
Grimaucourt-
près-Sampigny 55 64 C 4
Grimaud 83 329 F 2
La Grimaudière 86 168 C 4
Grimault 89 137 E 4
Grimbosq 14 53 F 1
Grimesnil 50 51 H 1
Grimone 26 268 D 2
Grimone Col de 26 268 D 2
Grimonviller 54 94 C 4
Grincourt-lès-Pas 62 13 E 4
Grindorff-Bizing 57 46 C 2
Gripp 65 333 F 3
La Gripperie-
Saint-Symphorien 17 200 D 5
Gripport 54 95 E 3
Gris-Nez Cap 62 2 A 4
Griscourt 54 65 G 4
Griselles 45 112 C 4
Griselles 21 137 H 2
Grisolles 02 40 B 5
Grisolles 82 297 G 2
Grisy 14 54 A 1
Grisy-les-Plâtres 95 38 A 5
Grisy-Suisnes 77 59 E 5
Grisy-sur-Seine 77 89 G 4
La Grive 38 231 H 2
Grives 24 259 F 2
Grivesnes 80 22 D 4
Grivillers 80 23 E 4
Grivy-Loisy 08 42 C 2
Groffliers 62 6 B 5
La Groise 59 15 E 5
Groises 18 155 H 4
Groissiat 01 196 C 5
Groisy 74 215 G 2
Groix 56 123 E 3
Groléjac 24 259 H 1
Gron 89 113 G 3
Gron 18 155 H 5
Gronard 02 25 F 3
Le Gros Cerveau 83 327 H 4
Gros-Chastang 19 243 F 2
Gros-Réderching 57 67 H 1
Le Gros-Theil 27 35 H 4
Grosbliederstroff 57 47 G 5
Grosbois 25 162 C 2
Grosbois Château de 94 58 D 5
Grosbois-en-Montagne 21 159 F 3
Grosbois-lès-Tichey 21 178 C 1
Grosbreuil 85 182 B 1
Les Groseillers 79 185 E 2
Groslay 95 58 C 2
Groslée 01 232 C 1
Grosley-sur-Risle 27 55 H 1
Grosmagny 90 142 C 2
Grosne 90 142 D 3
Grospierres 07 284 A 1
Grosrouvre 78 57 F 4
Grosrouvres 54 65 E 4
Grossa 2A 350 D 2
Grosseto-Prugna 2A 348 D 4
Grossœuvre 27 56 B 2
Grossouvre 18 174 A 3
Grostenquin 57 67 E 2
Grosville 50 28 D 4
Le Grouanec 29 70 D 4
Grouches-Luchuel 80 12 D 3
Grougis 02 24 C 1
Grouin Pointe du 35 50 D 4
La Groulais Château de 44 147 F 1
La Groutte 18 173 F 5
Grozon 39 179 F 2
Gruchet-le-Valasse 76 19 E 5
Gruchet-Saint-Siméon 76 19 H 2
Grues 85 183 E 3
Gruey-lès-Surance 88 118 D 4
Gruffy 74 215 G 5
Grugé-l'Hôpital 49 127 G 3
Grugies 02 24 A 3
Grugny 76 20 B 5
Gruissan 11 339 F 1
Gruissan-Plage 11 339 F 1
Grumesnil 76 21 F 5
Grun-Bordas 24 240 B 3
Grundviller 57 67 G 1
Gruny 80 23 F 3
Grury 71 176 A 5
Gruson 59 9 E 3
Grusse 39 196 B 1
Grussenheim 68 121 F 2
Grust 65 332 D 3
Gruyères 08 26 C 3
Le Gua 17 200 D 5
Le Gua 38 250 D 3
Guagno 2A 348 D 1
Guagno-les-Bains 2A 348 C 1
Guainville 28 57 E 2
Guarbecque 62 7 H 3
Guargualé 2A 348 D 4
Guchan 65 333 G 4
Guchen 65 333 G 4
Gudas 09 336 B 2
Gudmont 52 93 E 5
Le Gué-d'Alleré 17 183 H 5
Le Gué-de-la-Chaîne 61 84 B 4
Le Gué-de-Longroi 28 86 C 3
Le Gué-de-Velluire 85 183 H 3
Gué-d'Hossus 08 26 C 1
Le Gué-du-Loir 41 131 F 3
Le Gué-Lian 72 107 G 2
Guebenhouse 57 67 F 1
Gueberschwihr 68 121 E 3
Guébestroff 57 67 E 4
Guéblange-lès-Dieuze 57 67 E 4
Guébling 57 67 E 3
Guebwiller 68 120 D 5
Guécélard 72 129 H 2
Le Guédéniau 49 150 C 1
Guégon 56 102 C 4
Guéhébert 50 51 H 1
Guéhenno 56 102 C 5
Gueltas 56 102 B 2
Guémappe 62 13 H 3
Guémar 68 97 E 5
Guémené-Penfao 44 126 A 4
Guémené-sur-Scorff 56 101 F 2
Guémicourt 80 21 F 3
Guemps 62 2 D 3
Guénange 57 45 H 4
Guengat 29 99 G 2
Guénin 56 101 H 4
Guénouvry 44 126 B 4
Guenroc 22 79 G 5
Guenrouet 44 125 H 5
Guentrange 57 45 G 3
Guenviller 57 47 E 5
Guêprei 61 54 B 3
Guer 56 103 F 5
Guérande 44 145 H 4
Guérard 77 59 G 4
Guerbigny 80 23 E 4
La Guerche 37 170 A 3
La Guerche-
de-Bretagne 35 105 E 5
La Guerche-sur-l'Aubois 18 174 A 2
Guercheville 77 112 A 2
Guerchy 89 136 A 2
Guéreins 01 213 E 1
Guéret 23 207 E 1
Guerfand 71 178 A 4
Guérigny 58 174 C 1
Guérin 47 257 E 5
La Guérinière 85 164 B 1
Guerlédan Lac de 22 77 H 5
Guerlesquin 29 72 B 5
Guermange 57 67 F 4
Guermantes 77 59 E 3
Guern 56 101 G 3
Guernanville 27 55 H 3
Guernes 78 57 F 1
Le Guerno 56 125 E 4
Guerny 27 37 F 4
Guéron 14 33 E 3
La Guéroulde 27 55 H 4
Guerpont 55 63 H 4
Guerquesalles 61 54 C 2
Les Guerreaux 71 193 F 2
Guerstling 57 46 D 3
Guerting 57 46 D 5
Guerville 76 11 E 5
Guerville 78 57 F 2
Guéry Col de 63 227 F 2
Gueschart 80 11 H 2
Guesnain 59 8 D 5
Guesnes 86 168 D 2
Guessling-Hémering 57 66 D 1
Guéthary 64 310 C 3
Le Guétin 18 174 B 2
Gueudecourt 80 13 G 5
Gueugnon 71 193 G 1
Gueures 76 20 A 2
Gueutteville 76 20 A 4
Gueutteville-les-Grès 76 19 G 2
Gueux 51 41 F 4
Guevenatten 68 142 D 2
Guewenheim 68 142 D 1
Gueynard 33 237 H 3
Gueytes-et-Labastide 11 337 A 2
Gueyze 47 275 E 4
Gugnécourt 88 95 H 5
Gugney 54 94 C 4
Gugney-aux-Aulx 88 95 E 5
Guibermesnil 80 21 G 2
Guibeville 91 87 G 2
Guichainville 27 56 B 2
La Guiche 71 194 B 2
Guiche 64 292 C 5
Guichen 35 104 A 4
Guiclan 29 71 G 5
Guidel 56 100 D 5
Guidon du Bouquet 30 284 A 3
La Guierche 72 107 H 3
Guignecourt 60 38 A 1
Guignemicourt 80 22 B 2
Guignen 35 103 H 5
Guignes 77 88 C 2
Guigneville 45 111 G 2
Guigneville-sur-Essonne 91 87 H 3
Guignicourt 02 41 G 2
Guignicourt-sur-Vence 08 26 C 4
La Guignière 37 151 H 2
Guignonville 45 111 F 3
Guigny 62 11 H 1
Guilberville 50 52 C 1
Le Guildo 22 50 A 5
Guiler-sur-Goyen 29 99 F 2
Guilers 29 75 E 2
Guilherand-Granges 07 249 F 4
Guillac 56 102 D 5
Guillac 33 256 C 1
Guillaucourt 80 23 E 2
Guillaumes 06 289 F 3
Guillemont 80 13 G 5
La Guillermie 03 210 D 3
Guillerval 91 87 F 5
Guillestre 05 270 D 2
Guilleville 28 110 D 2
Guilliers 56 102 D 3
Guilligomarc'h 29 101 E 4
Guillon 89 158 B 1
Guillon-les-Bains 25 162 C 2
Guillonville 28 110 C 4
Guillos 33 255 G 4
Guilly 45 133 H 3
Guilly 36 171 H 1
Guilmécourt 76 10 C 5
Guilvinec 29 99 F 5
Guimaëc 29 72 A 4
Guimiliau 29 71 G 5
Guimps 16 220 C 4
Guinarthe-Parenties 64 311 H 3
Guincourt 08 26 C 5
Guindrecourt-aux-Ormes 52 92 D 3
Guindrecourt-sur-Blaise 52 92 C 5
Guinecourt 62 12 C 2
Guînes 62 2 C 4
Guingamp 22 73 E 5
Guinglange 57 66 C 1
Guinkirchen 57 46 C 4
Guinzeling 57 67 F 3
Guipavas 29 75 F 2
Guipel 35 80 B 5
Guipronvel 29 70 C 5
Guipry 35 126 A 2
Guipy 58 157 F 4
Guirlange 57 46 C 4
Guiry-en-Vexin 95 37 G 5
Guiscard 60 23 H 4
Guiscriff 56 100 C 2
Guise 02 24 D 1
Guiseniers 27 37 E 4
Le Guislain 50 52 A 1
Guissény 29 70 D 4
Guisy 62 6 D 5
Guitalens 81 299 E 4
Guitalens-l'Albarède 81 299 E 4
Guitera-les-Bains 2A 349 E 3
Guitinières 17 219 G 4
Guitrancourt 78 57 G 1
Guîtres 33 238 C 3
Guitry 27 37 E 4
Guitté 22 103 G 1
Guivry 02 23 H 4
Guizancourt 80 21 H 3
Guizengeard 16 220 D 5
Guizerix 65 315 H 5
Gujan-Mestras 33 254 C 2
Gumbrechtshoffen 67 68 D 2
Gumery 10 89 H 4
Gumiane 26 268 A 4
Gumières 42 229 G 3
Gumond 19 243 F 2
Gundershoffen 67 68 D 2
Gundolsheim 68 121 E 4
Gungwiller 67 67 H 3
Gunsbach 68 120 D 3
Gunstett 67 69 E 2
Guntzviller 57 67 H 5
Guny 02 40 A 1
Guran 31 334 B 3
Gurat 16 221 G 4
Gurcy-le-Châtel 77 89 E 3
Gurgy 89 136 B 2
Gurgy-la-Ville 21 138 D 2
Gurgy-le-Château 21 138 D 2
Gurmençon 64 331 H 1

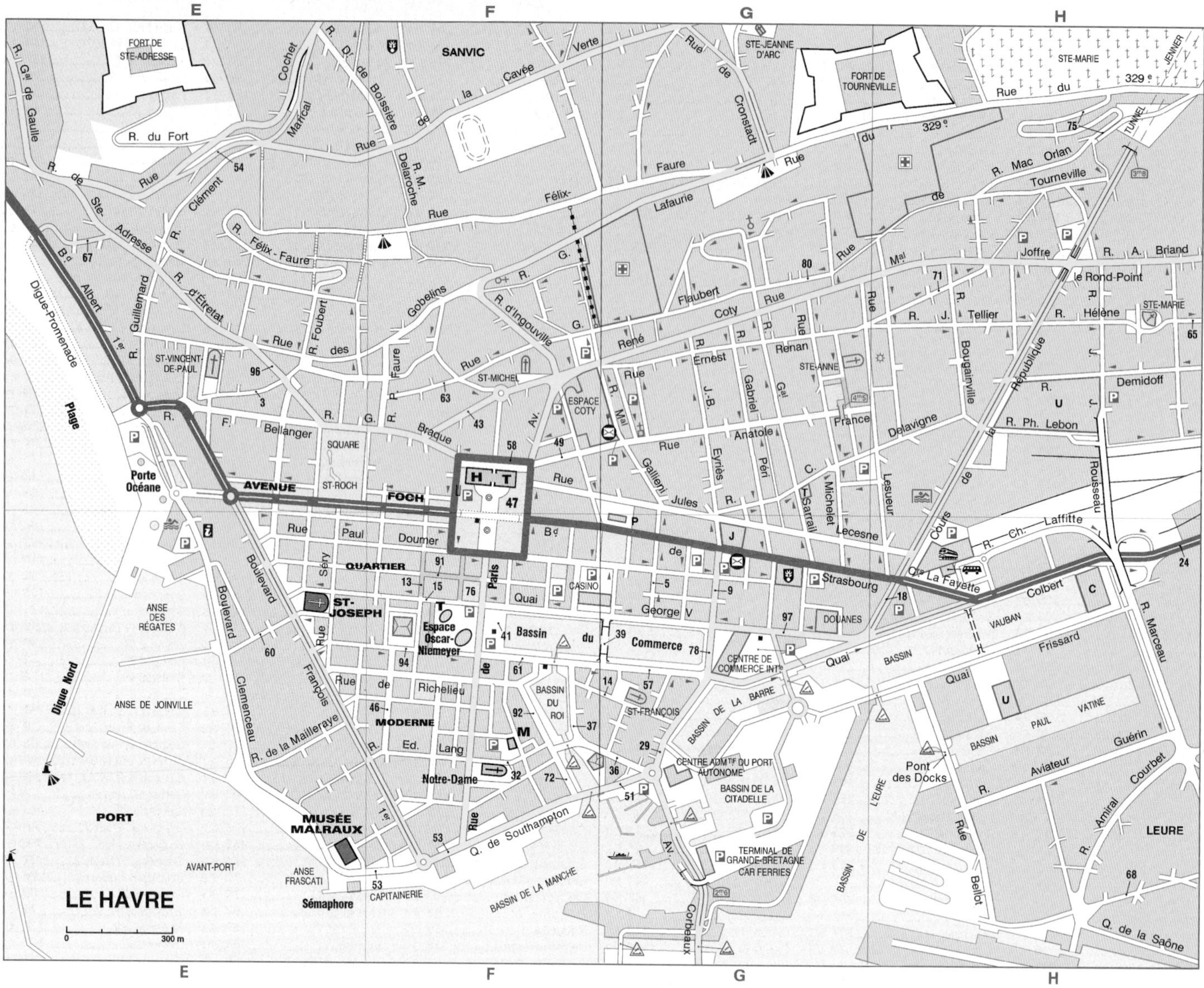


Alma (R. de l') ........ EY 3
Anfray (R.) ........ GZ 5
Archinard (Av. Gén.) ........ GZ 9
Bernardin-de-St-Pierre (R.) ........ FZ 13
La Bourdonnais (R.) ........ EY 54
Bretagne (R. de) ........ FGZ 14
Briand (R. A.) ........ HY
Brindeau (R. L.) ........ EFZ 15
Churchill (Bd W.) ........ HZ 24
Delavigne (Quai C.) ........ GZ 29
Delavigne (R. C.) ........ GHY
Drapiers (R. des) ........ FZ 32
Étretat (R. d') ........ EY
Faidherbe (R. Gén.) ........ GZ 36
Féré (Quai Michel) ........ FZ 37
François le Chevalier (Passerelle) ........ GZ 39
Fratacci (Crs Cdt) ........ HZ 18
Gaulle (Pl. Gén.-de) ........ FZ 41
Genestal (R. H.) ........ FY 43
Honegger (R. A.) ........ FZ 46
Hôtel-de-Ville (Pl. de l') ........ FYZ 47
Huet (R. A.-A.) ........ FY 49
Ile (Quai de l') ........ GZ 51
Joffre (R. Maréchal) ........ GHY
Kennedy (Chée J.) ........ EFZ 53
Lamblardie (Quai) ........ FGZ 57
Leclerc (Av. Gén.) ........ FY 58
Lemaître (R. F.) ........ EZ 60
Louer (R. J.) ........ FY 63
Massillon (R.) ........ HY 65
Maupassant (R. G.-de) ........ EY 67
Neustrie (R. de) ........ HY 71
Notre-Dame (Quai) ........ FZ 72
Paris (R. de) ........ FZ
Pasteur (R.) ........ HY 75
Perret (Pl. Auguste) ........ FZ 76
Pompidou (Chée G.) ........ GZ 78
République (Cours de la) ........ HY
Risson (R. F.) ........ GY 80
Le Testu (Quai G.) ........ FZ 61
Victor-Hugo (R.) ........ FZ 91
Videcoq (Quai) ........ FZ 92
Voltaire (R.) ........ EFZ 94
Wilson (R. Président) ........ EY 96
24e-Territorial (Chée du) ........ GZ 97

Gurs ***64*** ........ 313 G 5
Gurunhuel ***22*** ........ 72 D 5
Gury ***60*** ........ 23 F 5
Gussainville ***55*** ........ 44 D 5
Gussignies ***59*** ........ 15 F 2
Guyancourt ***78*** ........ 58 A 4
Guyans-Durnes ***25*** ........ 162 B 5
Guyans-Vennes ***25*** ........ 163 E 4
Guyencourt ***02*** ........ 41 F 2
Guyencourt-Saulcourt ***80*** ........ 14 A 5
Guyencourt-sur-Noye ***80*** ........ 22 C 3
La Guyonnière ***85*** ........ 166 A 2
Guyonvelle ***52*** ........ 140 B 2
Guzargues ***34*** ........ 303 E 3
Guzet-Neige ***09*** ........ 335 G 5
Gy ***70*** ........ 161 G 2
Gy-en-Sologne ***41*** ........ 153 G 3
Gy-les-Nonains ***45*** ........ 112 D 5
Gy-l'Évêque ***89*** ........ 136 B 4
Gye ***54*** ........ 94 B 1
Gyé-sur-Seine ***10*** ........ 115 G 4

## H

Habarcq ***62*** ........ 13 F 2
Habas ***40*** ........ 293 E 4
Habère-Lullin ***74*** ........ 198 B 4
Habère-Poche ***74*** ........ 198 B 4
L'Habit ***27*** ........ 56 D 3
L'Habitarelle ***48*** ........ 264 D 3
L'Habitarelle ***48*** ........ 265 F 5
Hablainville ***54*** ........ 95 H 2
Habloville ***61*** ........ 53 H 4
Habonville ***54*** ........ 45 F 5
Haboudange ***57*** ........ 66 D 3
Habsheim ***68*** ........ 143 G 1
Hachan ***65*** ........ 315 H 5
Hâcourt ***52*** ........ 117 H 2
Hacqueville ***27*** ........ 37 E 3
Hadancourt-le-Haut-Clocher ***60*** ........ 37 G 5
Hadigny-les-Verrières ***88*** ........ 95 F 4
Hadol ***88*** ........ 119 G 3
Hadonville-lès-Lachaussée ***55*** ........ 65 E 1
Haegen ***67*** ........ 68 B 5
Hagécourt ***88*** ........ 94 D 5
Hagedet ***65*** ........ 295 E 5
Hagen ***57*** ........ 45 H 1
Hagenbach ***68*** ........ 143 E 2
Hagenthal-le-Bas ***68*** ........ 143 G 4
Hagenthal-le-Haut ***68*** ........ 143 G 4
Haget ***32*** ........ 315 F 3
Hagetaubin ***64*** ........ 293 H 5
Hagetmau ***40*** ........ 293 H 4
Hagéville ***54*** ........ 65 F 2
Hagnéville-et-Roncourt ***88*** ........ 94 A 5
Hagnicourt ***08*** ........ 26 C 5
Hagondange ***57*** ........ 45 H 4
La Hague *Usine atomique de* ***50*** ........ 28 C 2
Haguenau ***67*** ........ 69 E 3
La Haie-Fouassière ***44*** ........ 147 H 4
La Haie-Longue ***49*** ........ 149 F 3
La Haie-Traversaine ***53*** ........ 82 B 4
Les Haies ***69*** ........ 231 E 3
Haigneville ***54*** ........ 95 E 3
Haillainville ***88*** ........ 95 F 4
Le Haillan ***33*** ........ 237 F 5
Hailles ***80*** ........ 22 C 3
Haillicourt ***62*** ........ 7 H 4
Haimps ***17*** ........ 202 C 4
Haims ***86*** ........ 187 G 2
Hainvillers ***60*** ........ 23 E 5
Haironville ***55*** ........ 63 G 5
Haisnes ***62*** ........ 8 B 4
Haleine ***61*** ........ 82 C 3
Halinghen ***62*** ........ 6 B 3
Hallencourt ***80*** ........ 11 G 5
Hallennes-lez-Haubourdin ***59*** ........ 8 C 3
Hallering ***57*** ........ 46 D 5
Les Halles ***69*** ........ 230 B 1
Halles-sous-les-Côtes ***55*** ........ 43 G 1
Hallignicourt ***52*** ........ 63 E 5
Hallines ***62*** ........ 7 F 2
Halling-lès-Boulay ***57*** ........ 46 C 5
Hallivillers ***80*** ........ 22 B 4
La Hallotière ***76*** ........ 36 D 1
Halloville ***54*** ........ 96 A 2
Halloy ***62*** ........ 12 D 4
Halloy ***60*** ........ 21 H 4
Halloy-lès-Pernois ***80*** ........ 12 C 5
Hallu ***80*** ........ 23 F 3
Halluin ***59*** ........ 4 D 5
Halsou ***64*** ........ 310 D 3
Halstroff ***57*** ........ 46 C 2
Ham ***80*** ........ 23 H 3
Le Ham ***50*** ........ 29 G 5
Le Ham ***14*** ........ 34 A 4
Le Ham ***53*** ........ 82 D 4
Ham *Roches de* ***50*** ........ 52 B 1
Ham-en-Artois ***62*** ........ 7 H 3
Ham-les-Moines ***08*** ........ 26 C 2
Ham-sous-Varsberg ***57*** ........ 46 D 5
Ham-sur-Meuse ***08*** ........ 17 E 4
Hamars ***14*** ........ 53 F 1
Hambach ***57*** ........ 67 G 1
Hambers ***53*** ........ 106 C 2
Hamblain-les-Prés ***62*** ........ 13 H 2
Hambye ***50*** ........ 51 H 2
Hambye *Abbaye de* ***50*** ........ 51 H 2
Hameau-de-la-Mer ***50*** ........ 29 E 2
Hamel ***59*** ........ 14 A 2
Le Hamel ***60*** ........ 21 H 4
Le Hamel ***80*** ........ 22 D 2
Hamelet ***80*** ........ 22 D 1
Hamelin ***50*** ........ 81 F 2
Hamelincourt ***62*** ........ 13 G 3
Hames-Boucres ***62*** ........ 2 C 4
Hammeville ***54*** ........ 94 C 2
Hamonville ***54*** ........ 65 E 4
Hampigny ***10*** ........ 91 H 3
Hampont ***57*** ........ 66 D 4
Han-Devant-Pierrepont ***54*** ........ 44 D 3
Han-lès-Juvigny ***55*** ........ 43 H 1
Han-sur-Meuse ***55*** ........ 64 C 4
Han-sur-Nied ***57*** ........ 66 C 2
Hanau *Étang de* ***57*** ........ 68 C 1
Hanc ***79*** ........ 203 E 2
Hanches ***28*** ........ 86 C 2
Hancourt ***80*** ........ 23 H 1
Handschuheim ***67*** ........ 97 F 1
Hangard ***80*** ........ 22 D 2
Hangenbieten ***67*** ........ 97 G 1
Hangest-en-Santerre ***80*** ........ 23 E 3
Hangest-sur-Somme ***80*** ........ 22 A 1
Hangviller ***57*** ........ 68 A 4
Hannaches ***60*** ........ 37 G 1
Hannapes ***02*** ........ 24 D 1
Hannappes ***08*** ........ 25 H 2
Hannescamps ***62*** ........ 13 F 4
Hannocourt ***57*** ........ 66 C 3
Hannogne-Saint-Martin ***08*** ........ 27 E 4
Hannogne-Saint-Rémy ***08*** ........ 25 H 5
Hannonville-sous-les-Côtes ***55*** ........ 64 D 2
Hannonville-Suzémont ***54*** ........ 65 E 1
Le Hanouard ***76*** ........ 19 G 3
Hans ***51*** ........ 42 D 5
Hantay ***59*** ........ 8 B 3
Hantz *Col du* ***88*** ........ 96 C 3
Hanvec ***29*** ........ 75 H 3
Hanviller ***57*** ........ 48 C 5
Hanvoile ***60*** ........ 37 G 1
Haplincourt ***62*** ........ 13 H 4
Happencourt ***02*** ........ 24 A 3
Happonvilliers ***28*** ........ 85 G 5
Harambels ***64*** ........ 311 G 5
Haramont ***02*** ........ 39 H 3
Haraucourt ***08*** ........ 27 F 4
Haraucourt ***54*** ........ 95 E 1
Haraucourt-sur-Seille ***57*** ........ 66 D 4
Haraumont ***55*** ........ 43 H 2
Haravesnes ***62*** ........ 12 B 2
Haravilliers ***95*** ........ 38 A 5
Harbonnières ***80*** ........ 23 E 2
Harbouey ***54*** ........ 96 A 1
Harcanville ***76*** ........ 19 G 3
Harchéchamp ***88*** ........ 94 A 4
Harcigny ***02*** ........ 25 G 3
Harcourt ***27*** ........ 35 G 5
Harcy ***08*** ........ 26 C 2
Hardancourt ***88*** ........ 95 G 4
Hardanges ***53*** ........ 82 C 5
Hardecourt-aux-Bois ***80*** ........ 23 F 1
Hardelot-Plage ***62*** ........ 6 A 2
Hardencourt-Cocherel ***27*** ........ 56 C 1
Hardifort ***59*** ........ 3 H 4
Hardinghen ***62*** ........ 2 C 5
Hardinvast ***50*** ........ 29 E 3
Hardivillers ***60*** ........ 22 C 5
Hardivillers-en-Vexin ***60*** ........ 37 H 3
La Hardoye ***08*** ........ 25 H 4
Hardricourt ***78*** ........ 57 G 1
La Harengère ***27*** ........ 36 A 4
Haréville ***88*** ........ 118 C 2
Harfleur ***76*** ........ 34 C 1

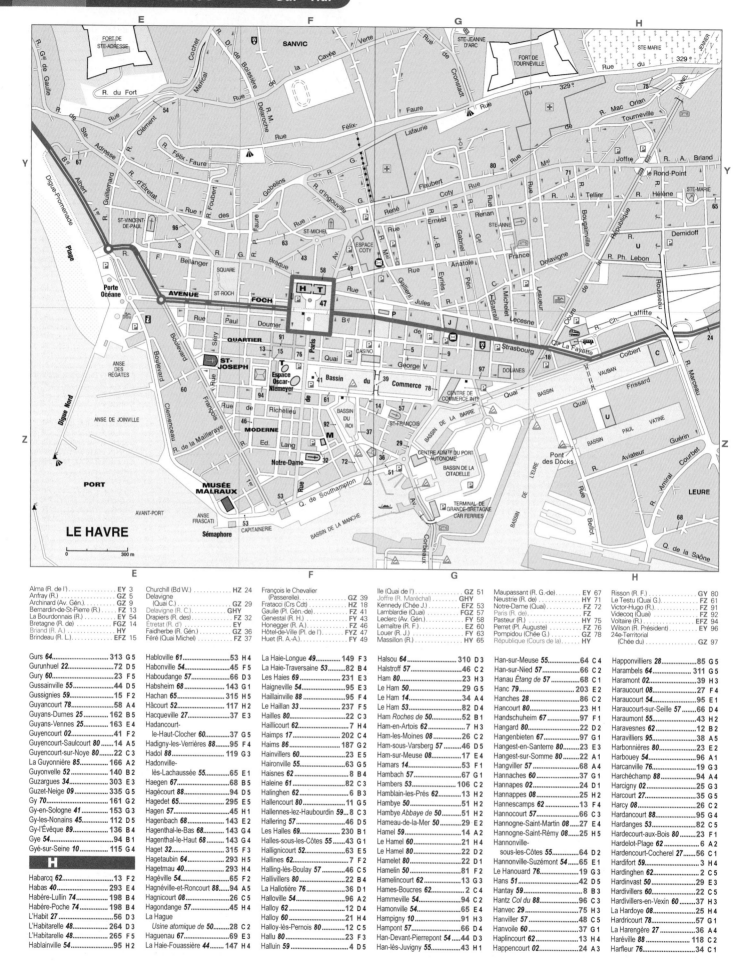

Hargarten-aux-Mines 57 46 D 4
Hargeville 78 57 F 3
Hargeville-sur-Chée 55 63 H 3
Hargicourt 80 22 D 4
Hargicourt 02 24 A 1
Hargnies 59 15 G 2
Hargnies 08 17 E 5
Haricourt 27 37 E 5
Harly 02 24 B 2
Harméville 52 93 F 3
Harmonville 88 94 B 3
La Harmoye 22 77 H 4
Harnes 62 8 C 4
Harol 88 119 E 2
Haroué 54 94 D 3
Harponville 80 13 E 5
Harprich 57 66 D 2
Harquency 27 37 E 4
Harreberg 57 67 H 5
Harréville-
les-Chanteurs 52 93 H 5
Harricourt 08 43 F 1
Harricourt 52 92 C 5
Harsault 88 119 E 3
Harskirchen 67 67 G 2
Hartennes-et-Taux 02 40 B 3
Hartmannswiller 68 120 D 5
Hartzviller 57 67 H 5
Harville 55 65 E 1
Hary 02 25 F 3
Haselbourg 57 68 A 5
Hasnon 59 9 F 5
Hasparren 64 311 E 3
Haspelschiedt 57 48 C 5
Haspres 59 14 C 3
Hastingues 40 292 D 5
Hatrize 54 45 F 5
Hatten 67 69 F 2
Hattencourt 80 23 F 3
Hattenville 76 19 F 4
Hattigny 57 96 B 1
Hattmatt 67 68 B 4
Hattonchâtel 55 64 D 2
Hattonville 55 64 D 2
Hattstatt 68 121 E 3
Hauban 65 333 F 1
Haubourdin 59 8 C 3
Hauconcourt 57 45 H 4
Haucourt 62 13 H 3
Haucourt 76 21 F 4
Haucourt 60 37 H 1
Haucourt-en-Cambrésis 59 14 C 4
Haucourt-la-Rigole 55 44 D 4
Haucourt-Moulaine 54 45 E 2
Haudainville 55 64 B 1
Haudiomont 55 64 C 1
Haudivillers 60 38 B 1
Haudonville 54 95 G 2
Haudrecy 08 26 C 3
Haudricourt 76 21 F 3
Haulchin 59 14 D 2
Haulies 32 296 B 5
Haulmé 08 26 D 2
Haumont-
lès-Lachaussée 55 65 E 2
Haumont-
près-Samogneux 55 44 B 4
Hauriet 40 293 G 3
Hausgauen 68 143 F 3
Haussez 76 21 F 5
Haussignémont 51 63 E 4
Haussimont 51 61 H 4
Haussonville 54 95 E 2
Haussy 59 14 D 3
Haut-Asco 2B 346 C 3
Haut-Barr *Château du* 67 68 B 4
Haut-Clocher 57 67 G 4
Le Haut-Corlay 22 77 H 4
Haut-de-Bosdarros 64 314 B 5
Le Haut-du-Them 70 142 B 1
Haut-Kœnigsbourg
*Château du* 67 97 E 5
Haut-Lieu 59 15 G 4
Haut-Loquin 62 2 D 5
Haut-Maînil 62 12 B 2
Haut-Mauco 40 293 H 2
Le Haut Planet *Balcon* 78 57 F 5
Hautaget 65 333 H 1
Hautbos 60 21 G 5
Haute-Avesnes 62 13 F 2
La Haute-Beaume 05 268 D 3
La Haute-Chapelle 61 82 B 2
Haute-Epine 60 21 H 5
Haute-Goulaine 44 147 H 4
Haute-Isle 95 57 F 1
Haute-Kontz 57 46 B 2
La Haute-Maison 77 59 H 3
Haute Provence
*Observatoire de* 04 287 E 5
Haute-Rivoire 69 230 B 1
Haute-Vigneulles 57 66 D 1
Hautecloque 62 12 D 2
Hautecombe *Abbaye de* 73 215 E 5
Hautecôte 62 12 C 2
Hautecour 39 196 D 1
Hautecour 73 234 C 3
Hautecourt-lès-Broville 55 44 C 5
Hautecourt-Romanèche 01 214 B 1
Hautefage 19 243 F 3
Hautefage-la-Tour 47 276 C 1
Hautefaye 24 221 H 3
Hautefeuille 77 59 G 4
Hautefond 71 193 H 3
Hautefontaine 60 39 H 2
Hautefort 24 241 F 1
Hauteluce 73 216 C 5
Hautepierre-le-Châtelet 25 180 C 1
Hauterive 61 83 H 3
Hauterive 89 114 A 5
Hauterive 03 210 B 2
Hauterive-la-Fresse 25 180 D 1
Hauterives 26 249 G 1
Hauteroche 21 159 F 1
Hautes-Duyes 04 287 H 2
Les Hautes-Rivières 08 27 E 1
Hautesvignes 47 257 G 5
Hautevelle 70 141 F 2
Hautevesnes 02 40 A 5
Hauteville 62 13 E 2
Hauteville 02 24 C 2
Hauteville 08 26 A 5
La Hauteville 78 57 E 5
Hauteville 51 63 E 5
Hauteville 73 233 H 2
Hauteville-Gondon 73 234 D 1
Hauteville-la-Guichard 50 31 H 5
Hauteville-lès-Dijon 21 160 A 2
Hauteville-Lompnes 01 214 C 3
Hauteville-sur-Fier 74 215 F 3
Hauteville-sur-Mer 50 51 F 1
L'Hautil 78 57 H 2
Haution 02 25 F 2
Hautmont 59 15 G 3
Hautmougey 88 119 E 4
Hautot-l'Auvray 76 19 G 3
Hautot-le-Vatois 76 19 G 4
Hautot-Saint-Sulpice 76 19 G 4
Hautot-sur-Mer 76 20 A 2
Hautot-sur-Seine 76 36 A 2
Hautteville-Bocage 50 29 F 5
Hautvillers 51 61 F 1
Hautvillers-Ouville 80 11 G 3
Hauville 27 35 G 2
Hauviné 08 42 B 3
Haux 33 255 H 2
Haux 64 331 F 2
Havange 57 45 F 3
Havelu 28 57 E 4
Haveluy 59 9 F 5
Havernas 80 12 C 5
Haverskerque 59 7 H 2
Le Havre 76 34 C 1
Le Havre-Antifer
*Port pétrolier* 76 18 C 4
Havrincourt 62 14 A 4
Havys 08 26 B 2
L'Hay-les-Roses 94 58 C 4
Hayange 57 45 G 3
Haybes 08 17 E 5
La Haye 76 36 D 1
La Haye 88 119 E 3
La Haye-Aubrée 27 35 G 2
La Haye-Bellefond 50 52 A 1
La Haye-de-Calleville 27 35 G 4
La Haye-de-Routot 27 35 G 2
La Haye-d'Ectot 50 28 D 5
La Haye-du-Puits 50 31 F 3
La Haye-du-Theil 27 35 H 4
La Haye-le-Comte 27 36 B 4
La Haye-Malherbe 27 36 A 4
La Haye-Pesnel 50 51 G 3
La Haye-Saint-Sylvestre 27 55 F 2
Hayes 57 46 B 5
Les Hayes 41 131 E 4
Haynecourt 59 14 B 3
Les Hays 39 178 D 2
Hazebrouck 59 3 H 5
Hazembourg 57 67 F 2
Héas 65 333 E 5
Le Heaulme 95 37 H 5
Héauville 50 28 D 3
Hébécourt 80 22 B 3
Hébécourt 27 37 F 3
Hébécrevon 50 32 A 5
Héberville 76 19 H 3
Hébuterne 62 13 F 4
Hèches 65 333 H 2
Hecken 68 143 E 2
Hecmanville 27 35 F 4
Hécourt 60 37 G 1
Hécourt 27 56 D 2
Hecq 59 15 E 3
Hectomare 27 36 A 4
Hédauville 80 13 E 5
Hédé 35 80 A 5
Hédouville 95 38 B 5
Hegeney 67 68 D 2
Hégenheim 68 143 H 3
Heidolsheim 67 97 F 5
Heidwiller 68 143 F 2
Heiligenberg 67 97 E 2
Heiligenstein 67 97 F 3
Heillecourt 54 94 D 1
Heilles 60 38 B 3
Heilly 80 22 D 1
Heiltz-le-Hutier 51 63 E 5
Heiltz-le-Maurupt 51 63 E 4
Heiltz-l'Évêque 51 62 D 4
Heimersdorf 68 143 F 3
Heimsbrunn 68 143 E 2
Heining-lès-Bouzonville 57 46 D 3
Heippes 55 63 H 1
Heiteren 68 121 G 4
Heiwiller 68 143 F 3
Hélesmes 59 9 F 5
Hélette 64 311 F 4
Helfaut 62 7 F 2
Helfrantzkirch 68 143 G 3
Helléan 56 102 D 4
Hellemmes-Lille 59 8 D 2
Hellenvilliers 27 56 B 4
Hellering-lès-Fénétrange 57 67 G 4
Helleville 50 28 D 4
Hellimer 57 67 F 2
Héloup 61 83 G 4
Helstroff 57 46 C 5
Hem 59 9 E 2
Hem-Hardinval 80 12 C 4
Hem-Lenglet 59 14 B 3
Hem-Monacu 80 23 F 1
Hémevez 50 29 F 5
Hémévillers 60 39 E 1
Hémilly 57 66 C 1
Héming 57 67 G 5
Hémonstoir 22 102 A 2
Hénaménil 54 66 D 5
Hénanbihen 22 79 E 2
Hénansal 22 79 E 3
Hendaye 64 310 A 3
Hendecourt-
lès-Cagnicourt 62 13 H 3
Hendecourt-lès-Ransart 62 13 G 3
Hénencourt 80 13 E 5
Henflingen 68 143 F 3
Hengoat 22 73 E 3
Hengwiller 67 68 B 5
Hénin-Beaumont 62 8 C 5
Hénin-sur-Cojeul 62 13 G 3
Héninel 62 13 G 3
Hennebont 56 101 F 5
Hennecourt 88 119 E 2
Hennemont 55 64 D 1
Henneveux 62 2 C 5
Hennezel 88 118 D 3
Hennezis 27 36 D 4
Hénon 22 78 C 4
Hénonville 60 38 A 4
Hénouville 76 36 A 1
Henrichemont 18 155 F 3
Henridorff 57 68 A 4
Henriville 57 67 F 1
Hénu 62 13 E 4
Henvic 29 71 H 4
Hérange 57 67 H 4
L'Herbaudière 85 164 B 1
Herbault 41 131 H 5
Herbeauvilliers 77 112 A 2
Herbécourt 80 23 F 1
Herbelles 62 7 F 2
L'Herbergement 85 165 H 2
Herbeuval 08 27 H 4
Herbeuville 55 64 D 2
Herbeville 78 57 G 3
Herbéviller 54 95 H 2
Herbeys 38 251 E 2
Les Herbiers 85 166 C 3
Herbignac 44 146 B 1
Herbinghen 62 2 D 5
Herbisse 10 91 E 2
Herbitzheim 67 67 G 1
Herblay 95 58 A 2
Herbsheim 67 97 G 4
Hercé 53 81 H 4
Herchies 60 37 H 1
La Hérelle 60 22 C 5
Hérenguerville 50 51 G 1
Hérépian 34 301 F 5
Hères 65 295 E 5
Hergnies 59 9 G 4
Hergugney 88 94 D 4
Héric 44 147 G 1
Héricourt 62 12 C 2
Héricourt 70 142 B 3
Héricourt-en-Caux 76 19 G 4
Héricourt-sur-Thérain 60 21 G 5
Héricy 77 88 C 4
La Hérie 02 25 G 2
Le Hérie-la-Viéville 02 24 D 2
Hériménil 54 95 F 2
Hérimoncourt 25 142 C 5
Hérin 59 9 G 5
Hérissart 80 12 D 5
Hérisson 03 191 E 2
Hérisson *Cascades du* 39 179 H 5
Herleville 80 23 F 2
La Herlière 62 13 E 3
Herlies 59 8 B 3
Herlin-le-Sec 62 7 G 5
Herlincourt 62 12 C 2
Herly 62 6 D 3
Herly 80 23 G 3
Herm 40 292 D 2
L'Herm 09 336 B 3
L'Herm *Château de* 24 241 E 3
Hermanville 76 20 A 2
Hermanville-sur-Mer 14 33 G 3
Les Hermaux 48 263 H 4
Hermaville 62 13 F 2
Hermé 77 89 G 3
Hermelange 57 67 G 5
Hermelinghen 62 2 C 5
L'Hermenault 85 183 H 2
Herment 63 226 D 1
Hermeray 78 86 C 2
Hermerswiller 67 69 F 2
Hermes 60 38 B 3
Hermeville 76 18 D 5
Herméville-en-Woëvre 55 44 C 5
Hermies 62 14 A 4
Hermillon 73 234 A 5
Hermin 62 7 H 5
L'Hermitage 35 104 A 2
L'Hermitage-Lorge 22 78 A 5
Les Hermites 37 131 E 4
L'Hermitière 61 84 C 5
Hermival-les-Vaux 14 34 D 5
Hermonville 51 41 F 3
Hernicourt 62 7 G 5
Herny 57 66 C 2
Le Héron 76 36 D 1
Héronchelles 76 36 D 1
Hérouville 95 38 A 5
Hérouville-Saint-Clair 14 33 G 4
Hérouvillette 14 33 H 4
Herpelmont 88 119 H 2
La Herpinière *Moulin* 49 150 C 4
Herpont 51 62 D 1
Herpy-l'Arlésienne 08 41 H 1
Herqueville 50 28 C 2
Herqueville 27 36 C 4
Herran 31 334 D 2
Herré 40 274 D 5
Herrère 64 331 H 1
Herrin 59 8 C 3
Herrlisheim 67 69 F 4
Herrlisheim-
près-Colmar 68 121 E 3
Herry 18 156 A 4
Hersbach 67 96 D 2
Herserange 54 45 E 1
Hersin-Coupigny 62 8 A 4
Hertzing 57 67 G 5
Hervelinghen 62 2 B 4
Hervilly 80 23 H 1
Héry 89 136 B 2
Héry 58 157 F 4
Héry-sur-Alby 74 215 F 5
Herzeele 59 3 H 4
Hesbécourt 80 23 H 1
Hescamps-Saint-Clair 80 21 G 3
Hesdigneul-lès-Béthune 62 8 A 4
Hesdigneul-lès-Boulogne 62 6 B 2
Hesdin 62 7 E 5
Hesdin-l'Abbé 62 6 B 2
Hésingue 68 143 H 3
Hesmond 62 6 D 4
Hesse 57 67 G 5
Hessenheim 67 97 F 5
Hestroff 57 46 C 4
Hestrud 59 16 A 3
Hestrus 62 7 G 4
Hétomesnil 60 22 A 5
Hettange-Grande 57 45 G 2
Hettenschlag 68 121 F 3
Heubécourt-Haricourt 27 37 E 5
Heuchin 62 7 F 4
Heucourt-Croquoison 80 11 G 5
Heudebouville 27 36 C 4
Heudicourt 80 14 A 5
Heudicourt 27 37 F 3
Heudicourt-
sous-les-Côtes 55 64 D 3
Heudreville-en-Lieuvin 27 35 E 4
Heudreville-sur-Eure 27 36 B 5
Heugas 40 292 D 3
Heugleville-sur-Scie 76 20 B 3
Heugnes 36 171 F 2
Heugon 61 54 D 3
Heugueville-sur-Sienne 50 31 G 5
Heuilley-Cotton 52 139 G 3
Heuilley-le-Grand 52 139 H 3
Heuilley-sur-Saône 21 160 D 3
Heuland 14 34 B 3
Heume-l'Église 63 227 E 1
La Heunière 27 56 D 1
Heuqueville 76 18 C 5
Heuqueville 27 36 C 3
Heuringhem 62 7 F 2
Heurteauville 76 35 H 2
Heurtevent 14 54 C 2
Heussé 50 81 H 3
Heutrégiville 51 42 A 3
Heuzecourt 80 12 C 4
Hévilliers 55 93 F 2
Heyrieux 38 231 G 2
Hézecques 62 7 F 4
Le Hézo 56 124 C 4
Hibarette 65 315 E 5
Hières-sur-Amby 38 214 A 5
Hierges 08 17 E 4
Hiermont 80 12 B 3
Hiers-Brouage 17 200 C 4
Hiersac 16 221 E 1
Hiesse 16 204 B 2
Hiesville 50 32 A 2
Hiéville 14 54 B 1
Higuères-Souye 64 314 C 4
Hiis 65 315 F 5
Hilbesheim 57 67 H 4
Hillion 22 78 C 3
Hilsenheim 67 97 G 4
Hilsprich 57 67 F 1
Hinacourt 02 24 B 3
Hinckange 57 46 C 5
Hindisheim 67 97 G 2
Hindlingen 68 143 E 3
Hinges 62 8 A 3
Le Hinglé 22 79 G 4
Hinsbourg 67 68 A 2
Hinsingen 67 67 G 2
Hinx 40 293 E 3
Hipsheim 67 97 G 2
Hirel 35 50 D 5
Hirmentaz 74 198 B 4
Hirschland 67 67 H 3
Hirsingue 68 143 F 3
Hirson 02 25 G 1
Hirtzbach 68 143 E 3
Hirtzfelden 68 121 F 4
His 31 335 E 1
Hitte 65 315 F 5
Hoc *Pointe du* 14 32 C 2
Hochfelden 67 68 C 4
Hochstatt 68 143 F 2
Hochstett 67 68 D 4
Hocquigny 50 51 G 3
Hocquincourt 80 11 G 4
Hocquinghen 62 2 D 5
Hodenc-en-Bray 60 37 H 1
Hodenc-l'Évêque 60 38 A 3
Hodeng-au-Bosc 76 21 F 2
Hodeng-Hodenger 76 37 E 1
Hodent 95 37 G 5
Hœdic 56 144 D 4
Hœnheim 67 69 E 5
Hœrdt 67 69 E 5
Hoéville 54 66 C 5
Hoffen 67 69 F 2
Les Hogues 27 36 D 2
La Hoguette 14 53 H 3
Hohatzenheim 67 68 D 4
Hohengœft 67 68 C 5
Hohfrankenheim 67 68 C 4
Hohneck 68 120 C 3
Hohrod 68 120 C 3
Hohrodberg 68 120 C 3
Le Hohwald 67 97 E 3
Hohwiller 67 69 F 2
Holacourt 57 66 C 2
Holling 57 46 C 4
Holnon 02 24 A 2
Holque 59 3 F 4
Holtzheim 67 97 G 1
Holtzwihr 68 121 F 2
Holving 57 67 G 1
Hombleux 80 23 G 3
Homblières 02 24 B 2
Hombourg 68 143 G 1
Hombourg-Budange 57 46 B 4
Hombourg-Haut 57 47 E 5
L'Hôme-Chamondot 61 84 D 2
Homécourt 54 45 F 4
Hommarting 57 67 H 4
L'Homme-d'Armes 26 267 E 3
Hommert 57 67 H 5
Hommes 37 151 E 2
Le Hommet-d'Arthenay 50 32 A 4
Homps 32 296 D 2
Homps 11 320 C 5
Hon-Hergies 59 15 F 2
Hondainville 60 38 B 3
Hondeghem 59 3 H 5
Hondevilliers 77 60 B 3
Hondouville 27 36 B 5
Hondschoote 59 3 H 2
Honfleur 14 34 C 2
Honguemare-Guenouville 27 35 H 2
Honnechy 59 14 D 5
Honnecourt-sur-Escaut 59 14 B 5
L'Honor-de-Cos 82 277 H 4
Honskirch 57 67 G 2
Hontanx 40 294 C 2
L'Hôpital 57 47 E 5
L'Hôpital 22 78 C 4
L'Hôpital 48 283 E 1
Hôpital-Camfrout 29 75 G 3
L'Hôpital-d'Orion 64 313 F 3
L'Hôpital-du-Grosbois 25 162 B 4
L'Hôpital-le-Grand 42 229 H 2
L'Hôpital-le-Mercier 71 193 G 3
L'Hôpital-Saint-Blaise 64 313 F 5
L'Hôpital-Saint-Lieffroy 25 162 D 2
L'Hôpital-
sous-Rochefort 42 211 F 5
L'Hôpital-sur-Rhins 42 211 H 3
Les Hôpitaux-Neufs 25 180 D 4
Les Hôpitaux-Vieux 25 180 D 3
Horbourg 68 121 E 3
Hordain 59 14 C 2
La Horgne 08 26 D 4
Horgues 65 315 E 5
L'Horme 42 230 C 3
Hornaing 59 9 F 5
Hornoy 80 21 H 2
Le Horps 53 82 C 4
Horsarrieu 40 293 H 3
Hortes 52 140 A 2
Horville-en-Ornois 55 93 G 3
L'Hosmes 27 56 A 4
Hospice de France 31 334 B 5
L'Hospitalet 46 260 C 1
L'Hospitalet 04 287 E 4
L'Hospitalet-du-Larzac 12 282 A 5
L'Hospitalet-
près-l'Andorre 09 340 D 3
Hossegor 40 292 A 3
Hosta 64 330 D 1
Hoste 57 67 F 1
Hostens 33 255 F 4
Hostiaz 01 214 C 4
Hostun 26 249 H 3
L'Hôtellerie 14 35 E 5
L'Hôtellerie-de-Flée 49 128 A 3
Hotonnes 01 214 D 2
Hotot-en-Auge 14 34 A 4
Hottot-les-Bagues 14 33 E 4
Hottviller 57 68 A 1
La Houblonnière 14 34 B 5
Les Houches 74 216 D 3
Houchin 62 8 A 4
Houdain 62 7 H 4
Houdain-lez-Bavay 59 15 F 2
Houdan 78 57 E 4
Houdancourt 60 39 E 3
Houdelaincourt 55 93 G 2
Houdelaucourt-
sur-Othain 55 44 D 4
Houdelmont 54 94 C 2
Houdemont 54 94 D 1
Houdetot 76 19 H 2
Houdilcourt 08 41 H 2
Houdreville 54 94 D 2

Houécourt 88 ... 94 B5
Houeillès 47 ... 274 D3
Houesville 50 ... 31 H2
Houetteville 27 ... 36 B5
Houéville 88 ... 94 A4
Houeydets 65 ... 315 H5
Le Houga 32 ... 294 C2
Houilles 78 ... 58 B2
Houlbec-Cocherel 27 ... 56 D1
Houlbec-près-le-Gros-Theil 27 ... 35 H4
Houldizy 08 ... 26 D2
Houlette 16 ... 202 C5
Houlgate 14 ... 34 A3
Houlle 62 ... 3 F5
Le Houlme 76 ... 36 A1
L'Houmeau 17 ... 183 F5
Hounoux 11 ... 337 A1
Houplin-Ancoisne 59 ... 8 C3
Houplines 59 ... 8 C2
Houppeville 76 ... 36 B1
Houquetot 76 ... 19 E5
Hourc 65 ... 315 F5
Le Hourdel 80 ... 11 E2
Hourges 51 ... 41 E3
Hours 64 ... 314 C5
Hourtin 33 ... 236 C1
Hourtin-Plage 33 ... 236 B1
Hourtous *Roc des* 48 ... 282 A2
Houry 02 ... 25 F3
Houssay 53 ... 106 A5
Houssay 41 ... 131 F3
La Houssaye 27 ... 55 H2
La Houssaye-Béranger 76 ... 20 B4
La Houssaye-en-Brie 77 ... 59 G4
Le Housseau 53 ... 82 C3
Houssen 68 ... 121 E2
Housseras 88 ... 95 H4
Housset 02 ... 25 E3
Housséville 54 ... 94 D3
La Houssière 88 ... 120 A2
La Houssoye 60 ... 37 H3
Houtaud 25 ... 180 C2
Houtkerque 59 ... 4 A4
Houtteville 50 ... 31 H2
Houville-en-Vexin 27 ... 36 D3
Houville-la-Branche 28 ... 86 C4
Houvin-Houvigneul 62 ... 12 D2
Houx 28 ... 86 B2
Hoymille 59 ... 3 H3
Huanne-Montmartin 25 ... 162 C1
Hubersent 62 ... 6 B3
Hubert-Folie 14 ... 33 G5
Huberville 50 ... 29 F4
Huby-Saint-Leu 62 ... 7 E5
Huchenneville 80 ... 11 G4
Huclier 62 ... 7 G5
Hucqueliers 62 ... 6 D3
Hudimesnil 50 ... 51 G2
Hudiviller 54 ... 95 F1
Huelgoat 29 ... 76 C3
Huest 27 ... 56 B1
Huêtre 45 ... 110 D4
Huez 38 ... 251 G2
Hugier 70 ... 161 F3
Hugleville-en-Caux 76 ... 20 A4
Huillé 49 ... 129 E4
Huilliécourt 52 ... 117 H2
Huilly-sur-Seille 71 ... 195 G1
Huiron 51 ... 62 C5
Huismes 37 ... 151 E4
Huisnes-sur-Mer 50 ... 51 G5
D'Huison-Longueville 91 ... 87 H4
Huisseau-en-Beauce 41 ... 131 G4
Huisseau-sur-Cosson 41 ... 132 B5
Huisseau-sur-Mauves 45 ... 132 D2
L'Huisserie 53 ... 106 A4
Hulluch 62 ... 8 B4
Hultehouse 57 ... 68 A5
Humbauville 51 ... 62 B5
Humbécourt 52 ... 92 C2
Humbercamps 62 ... 13 E3
Humbercourt 80 ... 13 E3
Humbert 62 ... 6 D4
Humberville 52 ... 93 F5
Humbligny 18 ... 155 G4
La Hume 33 ... 254 B2
Humerœuille 62 ... 7 F5
Humes 52 ... 117 F5
Humières 62 ... 7 F5
Hunaudaye *Château de la* 22 ... 79 E3
Hunawihr 68 ... 121 E2
Hundling 57 ... 47 G5
Hundsbach 68 ... 143 F3
Huningue 68 ... 143 H3
Hunspach 67 ... 69 F2
Hunting 57 ... 46 B2
Huos 31 ... 334 B1
Huparlac 12 ... 263 E2
Huppain 14 ... 32 D2
Huppy 80 ... 11 G4
Hurbache 88 ... 96 B4
Hure 33 ... 256 D4
Hurecourt 70 ... 118 D5
Hures-la-Parade 48 ... 282 B2
Huriel 03 ... 190 C4
Hurigny 71 ... 195 E4
Hurtières 38 ... 233 F5
Hurtigheim 67 ... 97 F1
Husseren-les-Châteaux 68 ... 121 E3
Husseren-Wesserling 68 ... 120 C5
Hussigny-Godbrange 54 ... 45 E2
Husson 50 ... 81 H2
La Hutte 72 ... 83 G5
Huttendorf 67 ... 68 D3
Huttenheim 67 ... 97 G3
Hyds 03 ... 191 F5
Hyémondans 25 ... 163 E2
Hyencourt-le-Grand 80 ... 23 F2
Hyenville 50 ... 51 G1
Hyères 83 ... 328 C4
Hyères-Plage 83 ... 328 C5
Hyet 70 ... 162 A1
Hyèvre-Magny 25 ... 162 D2
Hyèvre-Paroisse 25 ... 162 D2
Hymont 88 ... 94 D5


## I


Ibarrolle 64 ... 311 G5
Ibarron 64 ... 310 C4
Ibigny 57 ... 96 A1
Ibos 65 ... 315 E5
Ichtratzheim 67 ... 97 G2
Ichy 77 ... 112 A2
Idaux-Mendy 64 ... 331 E1
Idrac-Respaillès 32 ... 296 A5
Idron 64 ... 314 B5
Ids-Saint-Roch 18 ... 172 D5
If *Château d'* 13 ... 326 D3
Iffendic 35 ... 103 G2
Les Iffs 35 ... 80 A5
Les Ifs 76 ... 19 E4
Ifs 14 ... 33 G5
Igé 61 ... 84 B5
Igé 71 ... 194 D3
Ignaucourt 80 ... 22 D2
Ignaux 09 ... 336 D5
Igney 88 ... 95 F5
Igney 54 ... 96 A1
Ignol 18 ... 174 A2
Igny 91 ... 58 B4
Igny 70 ... 161 G1
Igny-Comblizy 51 ... 61 E1
Igon 64 ... 314 C5
Igornay 71 ... 176 D1
Igoville 27 ... 36 B3
Iguerande 71 ... 193 G5
Iholdy 64 ... 311 F5
Ilay 39 ... 179 H5
Ile-aux-Moines 56 ... 124 B4
L'Ile-Bouchard 37 ... 151 F5
Ile-d'Aix 17 ... 200 C2
Ile-d'Arz 56 ... 124 B4
Ile-de-Batz 29 ... 71 G3
Ile-de-Bréhat 22 ... 73 G2
Ile-de-Sein 29 ... 98 B2
L'Ile-d'Elle 85 ... 183 G4
Ile-d'Houat 56 ... 144 D3
L'Ile-d'Olonne 85 ... 182 A1
L'Île-d'Yeu 85 ... 164 A4
Ile-Molène 29 ... 74 B2
L'Ile-Rousse 2B ... 344 C5
L'Ile-Saint-Denis 93 ... 58 C2
Ile-Tudy 29 ... 99 G4
Ilhan 65 ... 333 H3
Ilharre 64 ... 311 G3
Ilhat 09 ... 336 C3
Les Ilhes 11 ... 319 H4
Ilhet 65 ... 333 H3
Ilheu 65 ... 334 B2
Illange 57 ... 45 H3
Illartein 09 ... 335 E3
Las Illas 66 ... 342 D5
Illats 33 ... 255 H3
Ille-sur-Têt 66 ... 342 C2
Illeville-sur-Montfort 27 ... 35 G3
Illfurth 68 ... 143 F2
Illhaeusern 68 ... 97 F5
Illiat 01 ... 213 E1
Illier-et-Laramade 09 ... 336 A5
Illiers-Combray 28 ... 85 H5
Illiers-l'Évêque 27 ... 56 C4
Illies 59 ... 8 B3
Illifaut 22 ... 103 E2
Illkirch-Graffenstaden 67 ... 97 G1
Illois 76 ... 21 F3
Illoud 52 ... 117 H2
Illy 08 ... 27 F3
Illzach 68 ... 143 F1
Ilonse 06 ... 289 H4
Imbleville 76 ... 20 A4
Imbsheim 67 ... 68 B4
Imécourt 08 ... 43 F2
Imling 57 ... 67 G5
Immonville 54 ... 45 E4
Imphy 58 ... 174 D3
Imsthal *Étang d'* 67 ... 68 A3
Inaumont 08 ... 26 A5
Incarville 27 ... 36 B4
Incheville 76 ... 11 E4
Inchy 59 ... 14 D4
Inchy-en-Artois 62 ... 14 A3
Incourt 62 ... 7 E5
Indevillers 25 ... 163 H2
Indre 44 ... 147 F4
Ineuil 18 ... 172 D4
Les Infournas 05 ... 269 H2
Infreville 27 ... 35 H3
Ingenheim 67 ... 68 C4
Ingersheim 68 ... 121 E2
Inghem 62 ... 7 F2
Inglange 57 ... 46 B3
Ingolsheim 67 ... 69 F1
Ingouville 76 ... 19 G2
Ingrandes 49 ... 148 D2
Ingrandes 86 ... 169 G3
Ingrandes 36 ... 187 G1
Ingrandes-de-Touraine 37 ... 151 E3
Ingrannes 45 ... 111 G5
Ingré 45 ... 133 E2
Inguiniel 56 ... 101 F3
Ingwiller 67 ... 68 B3
Injoux-Génissiat 01 ... 215 E2
Innenheim 67 ... 97 F2
Innimond 01 ... 214 C5
Inor 55 ... 27 G5
Insming 57 ... 67 F2
Insviller 57 ... 67 F3
Intraville 76 ... 10 C5
Intres 07 ... 248 B4
Intréville 28 ... 87 E5
Intville-la-Guétard 45 ... 111 G2
Inval-Boiron 80 ... 21 G2
Inxent 62 ... 6 C3
Inzinzac-Lochrist 56 ... 101 F5
Ippécourt 55 ... 63 H1
Ippling 57 ... 47 G5
Irai 61 ... 55 G5
Irais 79 ... 168 B3
Irancy 89 ... 136 C4
Iré-le-Sec 55 ... 44 B2
Iré-les-Prés 55 ... 44 B2
Irigny 69 ... 231 E1
Irissarry 64 ... 311 F5
Irles 80 ... 13 G4
Irmstett 67 ... 97 F1
Irodouër 35 ... 103 H1
Iron 02 ... 24 D1
Irouléguy 64 ... 330 B1
Irreville 27 ... 36 B5
Irvillac 29 ... 75 G3
Is-en-Bassigny 52 ... 117 G4
Is-sur-Tille 21 ... 160 B1
Isbergues 62 ... 7 H2
Isches 88 ... 118 B4
Isdes 45 ... 133 H4
Isenay 58 ... 175 G3
Iseran *Col de l'* 73 ... 235 F3
Isigny-le-Buat 50 ... 52 A5
Isigny-sur-Mer 14 ... 32 B3
Island 89 ... 157 H1
Isle 87 ... 205 G5
L'Isle-Adam 95 ... 38 B5
L'Isle-Arné 32 ... 296 C4
Isle-Aubigny 10 ... 91 F3
Isle-Aumont 10 ... 115 E2
L'Isle-Bouzon 32 ... 296 C1
Isle-Briand *Haras de l'* 49 ... 128 B4
L'Isle-d'Abeau 38 ... 231 H2
L'Isle-d'Abeau *Ville nouvelle* 38 ... 231 H2
L'Isle-de-Noé 32 ... 295 H5
L'Isle-d'Espagnac 16 ... 221 F1
L'Isle-en-Dodon 31 ... 316 D4
Isle-et-Bardais 03 ... 173 H5
L'Isle-Jourdain 86 ... 187 E5
L'Isle-Jourdain 32 ... 297 F4
Isle-Saint-Georges 33 ... 255 G2
Isle-Savary *Château d'* 36 ... 170 D2
L'Isle-sur-la-Sorgue 84 ... 305 F1
L'Isle-sur-le-Doubs 25 ... 142 A5
Isle-sur-Marne 51 ... 62 D5
L'Isle-sur-Serein 89 ... 137 E5
Les Isles-Bardel 14 ... 53 G3
Isles-les-Meldeuses 77 ... 59 H2
Isles-lès-Villenoy 77 ... 59 F3
Isles-sur-Suippe 51 ... 41 H2
Les Islettes 55 ... 43 F5
Isneauville 76 ... 36 B1
Isola 06 ... 289 G2
Isola 2000 06 ... 289 H2
Isolaccio-di-Fiumorbo 2B ... 349 F2
Isômes 52 ... 139 G4
Ispagnac 48 ... 282 C1
Ispe 40 ... 254 B5
Ispoure 64 ... 330 C1
Isques 62 ... 6 B2
Issac 24 ... 239 H4
Les Issambres 83 ... 329 G1
Issamoulenc 07 ... 266 C1
Issancourt-et-Rumel 08 ... 27 E3
Issanlas 07 ... 265 G2
Issans 25 ... 142 B4
Les Issards 09 ... 336 C1
Issarlès 07 ... 265 G1
Isse 51 ... 61 H1
Issé 44 ... 126 D4
Issel 11 ... 319 E4
Issendolus 46 ... 260 D2
Issenhausen 67 ... 68 C3
Issenheim 68 ... 120 D5
Issepts 46 ... 261 F3
Isserpent 03 ... 210 D1
Isserteaux 63 ... 228 B2
Issigeac 24 ... 258 B2
Issirac 30 ... 284 C2
Issoire 63 ... 228 A3
Issolud *Puy d'* 46 ... 242 D4
Issoncourt 55 ... 63 H2
Issor 64 ... 331 G2
Issou 78 ... 57 G2
Issoudun 36 ... 172 B2
Issoudun-Létrieix 23 ... 207 G2
Issus 31 ... 318 A4
Issy-les-Moulineaux 92 ... 58 B4
Issy-l'Évêque 71 ... 176 A5
Istres 13 ... 305 E5
Les Istres-et-Bury 51 ... 61 H2
Isturits 64 ... 311 F4
Itancourt 02 ... 24 B3
Iteuil 86 ... 186 B2
Ithorots-Olhaïby 64 ... 311 H4
Ittenheim 67 ... 97 G1
Ittersviller 67 ... 97 E3
Itteville 91 ... 87 H3
Itxassou 64 ... 310 D4
Itzac 81 ... 279 E5
Ivergny 62 ... 12 D3
Iverny 77 ... 59 F2
Iviers 02 ... 25 H3
Iville 27 ... 35 H5
Ivors 60 ... 39 H4
Ivory 39 ... 179 H2
Ivoy-le-Pré 18 ... 155 F3
Ivrey 39 ... 179 H1
Ivry *Obélisque d'* 27 ... 56 D2
Ivry-en-Montagne 21 ... 177 F1
Ivry-la-Bataille 27 ... 56 D3
Ivry-le-Temple 60 ... 37 H4
Ivry-sur-Seine 94 ... 58 C4
Iwuy 59 ... 14 C3
Izaourt 65 ... 334 B2
Izaut-de-l'Hôtel 31 ... 334 C2
Izaux 65 ... 333 H1
Izé 53 ... 106 D2
Izeaux 38 ... 232 B5
Izel-lès-Équerchin 62 ... 8 C5
Izel-les-Hameaux 62 ... 13 E2
Izenave 01 ... 214 B2
Izernore 01 ... 196 C5
Izeron 38 ... 250 B2
Izeste 64 ... 332 A1
Izeure 21 ... 160 B5
Izier 21 ... 160 B3
Izieu 01 ... 232 C1
Izoard *Col d'* 05 ... 253 E5
Izon 33 ... 237 H5
Izon-la-Bruisse 26 ... 286 D2
Izotges 32 ... 295 E4
Izy 45 ... 111 F3


## J


Jablines 77 ... 59 F2
Jabreilles-les-Bordes 87 ... 206 B3
Jabrun 15 ... 263 G1
Jacob-Bellecombette 73 ... 233 F2
Jacou 34 ... 302 D4
Jacque 65 ... 315 F4
Jagny-sous-Bois 95 ... 58 D1
Jaignes 77 ... 59 H2
Jaillans 26 ... 249 H3
La Jaille-Yvon 49 ... 128 B3
Jaillon 54 ... 65 F5
Jailly 58 ... 175 E1
Jailly-les-Moulins 21 ... 159 F1
Jainvillotte 88 ... 94 A5
Jalesches 23 ... 189 H5
Jaleyrac 15 ... 244 B1
Jaligny-sur-Besbre 03 ... 192 C4
Jallais 49 ... 148 D4
Jallanges 21 ... 178 B2
Jallans 28 ... 110 A4
Jallaucourt 57 ... 66 B4
Jallerange 25 ... 161 F3
Jalognes 18 ... 155 H4
Jalogny 71 ... 194 C3
Jâlons 51 ... 61 H1
La Jalousie 14 ... 33 G5
Jambles 71 ... 177 G4
Jambville 78 ... 57 G1
Jaméricourt 60 ... 37 G3
Jametz 55 ... 44 B2
Jameyzieu 38 ... 231 H1
Janailhac 87 ... 223 G2
Janaillat 23 ... 206 D2
Jancigny 21 ... 160 D2
Jandun 08 ... 26 C4
Janneyrias 38 ... 213 G5
Jans 44 ... 126 C4
Jansac 26 ... 268 B3
Janville 14 ... 34 A4
Janville 60 ... 39 G1
Janville 28 ... 110 D2
Janville-sur-Juine 91 ... 87 G3
Janvilliers 51 ... 60 D3
Janvry 51 ... 41 F4
Janvry 91 ... 58 A5
Janzé 35 ... 104 C4
Jarcieu 38 ... 231 F5
La Jard 17 ... 219 G1
Jard-sur-Mer 85 ... 182 C2
Le Jardin 19 ... 225 F5
Jardin 38 ... 231 F3
Jardres 86 ... 186 D1
Jargeau 45 ... 133 G2
Jarjayes 05 ... 269 H4
Jarménil 88 ... 119 G3
Jarnac 16 ... 220 C1
Jarnac-Champagne 17 ... 219 H2
Jarnages 23 ... 207 G1
La Jarne 17 ... 200 C1
Jarnioux 69 ... 212 C3
Jarnosse 42 ... 211 H2
Jarny 54 ... 45 F5
Jarret 65 ... 333 E1
La Jarrie 17 ... 200 D1
Jarrie 38 ... 251 E2
La Jarrie-Audouin 17 ... 201 H2
Jarrier 73 ... 234 A5
Jars 18 ... 155 G2
Jarsy 73 ... 233 H1
Jarville-la-Malgrange 54 ... 94 D1
Jarzé 49 ... 129 E5
Jas 42 ... 230 A1
Jasney 70 ... 118 D5
Jassans-Riottier 01 ... 213 E3
Jasseines 10 ... 91 G3
Jasseron 01 ... 196 A5
Jasses 64 ... 313 G4
Jatxou 64 ... 310 D3
Jau *Col de* 11 ... 341 H2
Jau-Dignac-et-Loirac 33 ... 218 D4
Jaucourt 10 ... 116 A2
La Jaudonnière 85 ... 166 D5
Jaudrais 28 ... 85 G2
Jaujac 07 ... 266 A3
Jauldes 16 ... 203 G5
Jaulges 89 ... 114 C5
Jaulgonne 02 ... 60 C1
Jaulnay 37 ... 169 F2
Jaulnes 77 ... 89 G4
Jaulny 54 ... 65 F2
Jaulzy 60 ... 39 H2
Jaunac 07 ... 248 B5
Jaunay-Clan 86 ... 169 F5
Jaures 24 ... 240 B3
Jausiers 04 ... 271 E5
Jaux 60 ... 39 F2
Jauzé 72 ... 108 A2
Javaugues 43 ... 246 C1
Javené 35 ... 81 E5
Javerdat 87 ... 205 E3
Javerlhac-et-la-Chapelle-Saint-Robert 24 ... 222 B3
Javernant 10 ... 114 D3
La Javie 04 ... 288 B2
Javols 48 ... 264 B2
Javrezac 16 ... 220 B1
Javron 53 ... 82 D4
Jax 43 ... 246 D2
Jaxu 64 ... 311 F5
Jayac 24 ... 241 H4
Jayat 01 ... 195 G3
Jazeneuil 86 ... 185 H3
Jazennes 17 ... 219 G2
Jeancourt 02 ... 24 A1
Jeandelaincourt 54 ... 65 H4
Jeandelize 54 ... 45 E5
Jeanménil 88 ... 95 H4
Jeansagnière 42 ... 229 E1
Jeantes 02 ... 25 G3
Jebsheim 68 ... 121 F2
Jegun 32 ... 296 A3
La Jemaye 24 ... 239 F2
Jenlain 59 ... 15 E2
Jenzat 03 ... 209 H1
Jésonville 88 ... 118 D3
Jessains 10 ... 91 H5
Jetterswiller 67 ... 68 B5
Jettingen 68 ... 143 G3
Jeu-les-Bois 36 ... 172 A5
Jeu-Maloches 36 ... 171 F1
Jeufosse 78 ... 57 E1
Jeugny 10 ... 114 D3
Jeumont 59 ... 15 H2
Jeurre 39 ... 196 D3
Jeux-lès-Bard 21 ... 158 C1
Jeuxey 88 ... 119 G2
Jevoncourt 54 ... 94 D3
Jezainville 54 ... 65 G3
Jézeau 65 ... 333 H3
Joannas 07 ... 266 A4
Job 63 ... 229 E2
Jobourg 50 ... 28 C2
Jobourg *Nez de* 50 ... 28 C2
Joch 66 ... 342 B3
Jœuf 54 ... 45 G4
Joganville 50 ... 29 G5
Joigny 89 ... 113 H5
Joigny-sur-Meuse 08 ... 26 D2
Joinville 52 ... 92 D3
Joinville-le-Pont 94 ... 58 D4
Joiselle 51 ... 60 C4
Jolimetz 59 ... 15 E3
Jolivet 54 ... 95 G1
Jonage 69 ... 213 G5
Joncels 34 ... 301 G3
La Jonchère 85 ... 182 D2
La Jonchère-Saint-Maurice 87 ... 206 B3
Jonchères 26 ... 268 B3
Joncherey 90 ... 142 D4
Jonchery 52 ... 116 D3
Jonchery-sur-Suippe 51 ... 42 B5
Jonchery-sur-Vesle 51 ... 41 E3
Joncourt 02 ... 24 B1
Joncreuil 10 ... 92 A3
Joncy 71 ... 194 C1
Jongieux 73 ... 215 E5
Jonquerets-de-Livet 27 ... 55 F1
Jonquerettes 84 ... 285 G5
Jonquery 51 ... 41 E5
Jonquières 60 ... 39 F2
Jonquières 84 ... 285 F4
Jonquières 81 ... 299 F4
Jonquières 34 ... 302 A4
Jonquières 11 ... 338 C2
Jonquières-Saint-Vincent 30 ... 304 B2
Jons 69 ... 213 G5
Jonval 08 ... 26 D5
Jonvelle 70 ... 118 C5
Jonville-en-Woëvre 55 ... 65 E1
Jonzac 17 ... 219 H4
Jonzier-Épagny 74 ... 215 F2
Jonzieux 42 ... 230 B5
Joppécourt 54 ... 45 E3
Jorquenay 52 ... 117 F5
Jort 14 ... 54 A2
Jorxey 88 ... 95 E5
Josat 43 ... 246 D2
Joserand 63 ... 209 H3
Josnes 41 ... 132 C3
Josse 40 ... 292 C4
Josselin 56 ... 102 C4
Jossigny 77 ... 59 F3
Jou-sous-Monjou 15 ... 244 D5
Jouac 87 ... 188 A4
Jouaignes 02 ... 40 C3

Jouancy 89 137 E4
Jouarre 77 60 A2
Jouars-Pontchartrain 78 57 H4
Jouaville 54 45 F5
Joucas 84 305 G1
Joucou 11 337 B4
Joudes 71 196 A2
Joudreville 54 45 E4
Joué-du-Bois 61 83 E2
Joué-du-Plain 61 54 A5
Joué-en-Charnie 72 107 E4
Joué-Étiau 49 149 F4
Joué-l'Abbé 72 107 H3
Joué-lès-Tours 37 151 H3
Joué-sur-Erdre 44 147 H1
Jouet-sur-l'Aubois 18 174 B1
Jouey 21 159 E5
Jougne 25 180 D4
Jouhe 39 161 E5
Jouhet 86 187 F2
Jouillat 23 189 G5
Jouques 13 306 B4
Jouqueviel 81 279 G3
Jourgnac 87 223 G1
Journans 01 214 A1
Journet 86 187 G3
Journiac 24 240 D4
Journy 62 2 D5
Jours-en-Vaux 21 177 F1
Jours-lès-Baigneux 21 138 B5
Joursac 15 245 G2
Joussé 86 186 C5
Jouvençon 71 195 G1
La Jouvente 35 50 C5
Joux 69 212 B4
Joux *Château de* 25 180 C2
Joux *Forêt de la* 39 180 A3
Joux-la-Ville 89 136 D5
Joux Plane *Col de la* 74 216 D1
Joux Verte *Col de la* 74 198 D5
Jouy 28 86 B3
Jouy 89 112 D3
Jouy-aux-Arches 57 65 G1
Jouy-en-Argonne 55 43 H5
Jouy-en-Josas 78 58 B4
Jouy-en-Pithiverais 45 111 F3
Jouy-le-Châtel 77 60 A5
Jouy-le-Moutier 95 58 A1
Jouy-le-Potier 45 133 E3
Jouy-lès-Reims 51 41 F4
Jouy-Mauvoisin 78 57 F2
Jouy-sous-les-Côtes 55 64 D5
Jouy-sous-Thelle 60 37 H3
Jouy-sur-Eure 27 56 C1
Jouy-sur-Morin 77 60 B4
Joyeuse 07 266 A5
Joyeux 01 213 G3
Joze 63 210 A4
Jû-Belloc 32 295 E5
Juan-les-Pins 06 309 F4
Juaye-Mondaye 14 33 E4
Jubainville 88 94 A3
La Jubaudière 49 148 D4
Jubécourt 55 43 G5
Jublains 53 106 C2
Le Juch 29 99 G2
Jugazan 33 256 C1
Jugeals-Nazareth 19 242 C3
Jugon-les-Lacs 22 79 E4
Jugy 71 195 E1
Juicq 17 201 G4
Juif 71 178 B5
Juignac 16 221 F5
Juigné-des-Moutiers 44 127 F4
Juigné-sur-Loire 49 149 G2
Juigné-sur-Sarthe 72 129 E2
Juignettes 27 55 F3
Juillac 19 223 H5
Juillac 33 257 E1
Juillac 32 295 F5
Juillac-le-Coq 16 220 B2
Juillaguet 16 221 F4
Juillan 65 315 E5
Juillé 72 107 G2
Juillé 79 202 C1
Juillé 16 203 F3
Juillenay 21 158 C3
Juilles 32 296 D4
Juilley 50 51 H5
Juilly 77 59 E1
Juilly 21 158 D1
Jujols 66 341 H3
Jujurieux 01 214 B2
Julianges 48 246 A5
Juliénas 69 194 D5
Julienne 16 220 C1
Julienrupt 88 119 H3
Jullianges 43 247 E1
Jullié 69 194 D5
Jullouville 50 51 F3
Jully 89 137 G3
Jully-lès-Buxy 71 177 G5
Jully-sur-Sarce 10 115 F3
Julos 65 333 E1
Julvécourt 55 43 H5
Jumeauville 78 57 G3
Les Jumeaux 79 168 B4
Jumeaux 63 228 B4
Jumel 80 22 C3
Jumelles 27 56 B2
Jumelles 49 150 B2
La Jumellière 49 149 F3
Jumencourt 02 40 B1
Jumièges 76 35 H2
Jumigny 02 41 E2
Jumilhac-le-Grand 24 223 F3
Junas 30 303 F3
Junay 89 137 E2
Juncalas 65 333 E1
Jungholtz 68 120 D5
Junhac 15 262 C2
Les Junies 46 259 G4
Juniville 08 42 B2
Jupilles 72 130 B3
Jurançon 64 314 B5
Juranville 45 112 A4
Juré 42 211 F4
Jurignac 16 220 D3
Jurques 14 52 D1
Jurvielle 31 334 A4
Jury 57 65 H1
Juscorps 79 185 E5
Jusix 47 257 E4
Jussac 15 244 B4
Jussarupt 88 120 A2
Jussas 17 238 B1
Jussecourt-Minecourt 51 63 E4
Jussey 70 140 C2
Jussy 02 24 A4
Jussy 57 65 G1
Jussy 89 136 B4
Jussy 74 215 G2
Jussy-Champagne 18 173 H2
Jussy-le-Chaudrier 18 156 A5
Justian 32 295 G2
Justine-Herbigny 08 26 A5
Justiniac 09 318 A5
Jutigny 77 89 F3
Juvaincourt 88 94 C4
Juvancourt 10 116 B3
Juvanzé 10 91 H5
Juvardeil 49 128 C4
Juvelize 57 66 D4
Juvignac 34 302 D4
Juvigné 53 105 G2
Juvignies 60 38 A1
Juvigny 02 40 B2
Juvigny 51 62 A1
Juvigny 74 197 H5
Juvigny-en-Perthois 55 93 E2
Juvigny-le-Tertre 50 52 B5
Juvigny-sous-Andaine 61 82 C2
Juvigny-sur-Loison 55 44 B2
Juvigny-sur-Orne 61 54 B4
Juvigny-sur-Seulles 14 33 E4
Juville 57 66 B3
Juvinas 07 266 A2
Juvincourt-et-Damary 02 41 F2
Juvisy-sur-Orge 91 58 C5
Juvrecourt 54 66 D5
Juxue 64 311 G5
Juzanvigny 10 91 H4
Juzennecourt 52 116 C2
Juzes 31 318 C3
Juzet-de-Luchon 31 334 B4
Juzet-d'Izaut 31 334 C2
Juziers 78 57 G2

## K

Kalhausen 57 67 H1
Kaltenhouse 67 69 E3
Kanfen 57 45 G2
Kappelen 68 143 G3
Kappelkinger 57 67 F2
Les Karellis 73 252 B1
Katzenthal 68 121 E2
Kauffenheim 67 69 F3
Kaysersberg 68 120 D2
Kédange-sur-Canner 57 46 B3
Keffenach 67 69 E2
Kembs 68 143 G2
Kembs-Loéchlé 68 143 H2
Kemplich 57 46 B3
Kerazan *Manoir de* 29 99 G4
Kerbach 57 47 F5
Kerbors 22 73 E2
Kerdéniel *Pointe de* 29 75 F3
Kerdévot *Chapelle de* 29 100 A3
Kerfany-les-Pins 29 100 B5
Kerfons *Chapelle de* 22 72 C3
Kerfot 22 73 F3
Kerfourn 56 102 A3
Kergloff 29 76 D4
Kergonadeac'h *Château de* 29 71 F4
Kergrist 56 101 H2
Kergrist *Château de* 22 72 C4
Kergrist-Moëlou 22 77 F4
Kergroadès *Château de* 29 70 B5
Kerguehennec *Château de* 56 102 B5
Kerien 22 77 G3
Kérity 29 99 F5
Kerjean *Château de* 29 71 F4
Kerlaz 29 99 G2
Kerling-lès-Sierck 57 46 B2
Kerlouan 29 70 D3
Kermaria 56 102 A5
Kermaria *Chapelle* 22 73 G4
Kermaria-Sulard 22 72 D3
Kermoroc'h 22 73 E4
Kernascléden 56 101 F3
Kernével 29 100 B3
Kernilis 29 70 D4
Kernouës 29 70 D4
Kérouzéré *Château de* 29 71 G3
Kerpape 56 123 F2
Kerpert 22 77 G3
Kerprich-aux-Bois 57 67 G4
Kersaint 29 70 B4
Kersaint-Plabennec 29 70 D5
Kertzfeld 67 97 F3
Kervignac 56 123 G2
Keskastel 67 67 G2
Kesseldorf 67 69 G2
Kienheim 67 68 C5
Kientzheim 68 121 E2
Kientzville 67 97 F4
Kiffis 68 143 G5
Killem 59 3 H3
Kilstett 67 69 E5
Kindwiller 67 68 C3
Kingersheim 68 143 F1
Kintzheim 67 97 E5
Kirchberg 68 142 C1
Kirchheim 67 97 F1
Kirrberg 67 67 G3
Kirrwiller 67 68 C3
Kirsch-lès-Sierck 57 46 B2
Kirschnaumen 57 46 B2
Kirviller 57 67 G2
Klang 57 46 B3
Kleinfrankenheim 67 68 C5
Kleingœft 67 68 B5
Klingenthal 67 97 E2
Knœringue 68 143 G3
Knœrsheim 67 68 B5
Knutange 57 45 G3
Koeking 57 45 H2
Kœnigsmacker 57 45 H2
Kœstlach 68 143 F4
Kœtzingue 68 143 G2
Kœur-la-Grande 55 64 C4
Kœur-la-Petite 55 64 C4
Kogenheim 67 97 F4
Kolbsheim 67 97 F1
Krautergersheim 67 97 F2
Krautwiller 67 68 D4
Le Kremlin-Bicêtre 94 58 C4
Kreuzweg *Col du* 67 96 D3
Kriegsheim 67 68 D4
Kruth 68 120 B4
Kuhlendorf 67 69 F2
Kunheim 68 121 F3
Kuntzig 57 45 H3
Kurtzenhouse 67 69 E4
Kuttolsheim 67 68 C5
Kutzenhausen 67 69 E2

## L

Laà-Mondrans 64 313 G3
Laas 45 111 G3
Laàs 64 313 F4
Laas 32 315 G3
Labalme 01 214 B1
Labarde 33 237 F3
Labaroche 68 120 D2
Labarrère 32 275 E5
Labarthe 82 277 H3
Labarthe 32 316 B3
Labarthe *Moulin de* 33 256 D1
Labarthe-Bleys 81 279 E4
Labarthe-Inard 31 334 D1
Labarthe-Rivière 31 334 B1
Labarthe-sur-Lèze 31 317 H3
Labarthète 32 294 D4
Labassère 65 333 E1
Labastide 65 333 H2
Labastide-Beauvoir 31 318 B3
Labastide-Castel-Amouroux 47 275 E1
Labastide-Cézéracq 64 313 H4
Labastide-Chalosse 40 293 H4
Labastide-Clermont 31 317 F4
Labastide-d'Anjou 11 318 D4
Labastide-d'Armagnac 40 274 B5
Labastide-de-Lévis 81 299 E1
Labastide-de-Penne 82 278 C2
Labastide-de-Virac 07 284 B1
Labastide-Dénat 81 299 G2
Labastide-du-Haut-Mont 46 261 G1
Labastide-du-Temple 82 277 G4
Labastide-du-Vert 46 259 G4
Labastide-en-Val 11 338 A1
Labastide-Esparbairenque 11 319 H4
Labastide-Gabausse 81 279 G5
Labastide-Marnhac 46 277 H1
Labastide-Monréjeau 64 314 A3
Labastide-Murat 46 260 C3
Labastide-Paumès 31 316 D4
Labastide-Rouairoux 81 320 B3
Labastide-Saint-Georges 81 298 D3
Labastide-Saint-Pierre 82 297 H1
Labastide-Saint-Sernin 31 298 A3
Labastide-Savès 32 297 E5
Labastide-sur-Bésorgues 07 266 A2
Labastide-Villefranche 64 311 G3
Labastidette 31 317 G3
Labathude 46 261 F2
Labatie-d'Andaure 07 248 C4
Labatmale 64 314 C5
Labatut 40 293 E5
Labatut 64 315 E3
Labatut 09 318 A5
Labatut-Rivière 65 295 E5
Labbeville 95 38 A5
Labeaume 07 266 A5
Labécède-Lauragais 11 319 E4
Labège 31 298 A5
Labégude 07 266 B3
Labéjan 32 296 A5
Labenne 40 292 A4
Labenne-Océan 40 292 A4
Labergement-du-Navois 25 180 A1
Labergement-Foigney 21 160 C4
Labergement-lès-Auxonne 21 160 D5
Labergement-lès-Seurre 21 178 B2
Labergement-Sainte-Marie 25 180 C4
Laberlière 60 23 F5
Labescau 33 256 C5
Labesserette 15 262 C2
Labessette 63 226 C4
Labessière-Candeil 81 299 E2
Labets-Biscay 64 311 G3
Labeuville 55 65 E1
Labeuvrière 62 7 H4
Labeyrie 64 293 H5
Lablachère 07 266 A5
Laboissière-en-Santerre 80 23 E4
Laboissière-en-Thelle 60 38 A3
Laboissière-Saint-Martin 80 21 G2
Laborde 65 333 G2
Laborel 26 286 D1
Labosse 60 37 H3
Labouheyre 40 273 E2
Labouiche *Rivière souterraine de* 09 336 B2
Laboulbène 81 299 G4
Laboule 07 265 H3
Labouquerie 24 258 D2
Labouret *Col du* 04 288 B2
Labourgade 82 297 F1
Labourse 62 8 A4
Laboutarie 81 299 F3
Labretonie 47 257 G5
Labrihe 32 296 D3
Labrit 40 273 H4
Labroquère 31 334 A2
Labrosse 45 111 H2
Labrousse 15 262 C1
Labroye 62 11 H1
Labruguière 81 299 G5
Labruyère 60 38 D3
Labruyère 21 178 B1
Labruyère-Dorsa 31 318 A4
Labry 54 45 F5
Labuissière 62 7 H4
Laburgade 46 278 B1
Lac-des-Rouges-Truites 39 197 F1
Le Lac-d'Issarlès 07 265 H1
Lacabarède 81 320 B3
Lacadée 64 293 H5
Lacajunte 40 294 A4
Lacalm 12 263 F2
Lacam-d'Ourcet 46 261 F1
Lacanau 33 236 C4
Lacanau-de-Mios 33 254 D2
Lacanau-Océan 33 236 B3
Lacanche 21 177 F1
Lacapelle-Barrès 15 245 E5
Lacapelle-Biron 47 258 D3
Lacapelle-Cabanac 46 259 F5
Lacapelle-del-Fraisse 15 262 C1
Lacapelle-Livron 82 278 D2
Lacapelle-Marival 46 261 E2
Lacapelle-Pinet 81 280 B4
Lacapelle-Ségalar 81 279 F4
Lacapelle-Viescamp 15 243 H5
Lacarre 64 330 C1
Lacarry-Arhan-Charritte-de-Haut 64 331 E2
Lacassagne 65 315 F4
Lacaugne 31 317 G5
Lacaune 81 300 C3
Lacaussade 47 258 D4
Lacave 46 260 C1
Lacave 09 335 E2
Lacaze 81 300 A3
Lacelle 19 225 E2
Lacenas 69 212 D3
Lacépède 47 275 H1
Lachaise 16 220 C3
Lachalade 55 43 F4
Lachambre 57 67 E1
Lachamp 48 264 B3
Lachamp-Raphaël 07 266 A1
Lachapelle 80 21 H3
Lachapelle 54 96 A3
Lachapelle 47 257 F4
Lachapelle 82 276 D5
Lachapelle-aux-Pots 60 37 H2
Lachapelle-Auzac 46 242 B5
Lachapelle-en-Blaisy 52 116 C2
Lachapelle-Graillouse 07 265 G1
Lachapelle-Saint-Pierre 60 38 B4
Lachapelle-sous-Aubenas 07 266 B4
Lachapelle-sous-Chanéac 07 248 A4
Lachapelle-sous-Chaux 90 142 B2
Lachapelle-sous-Gerberoy 60 37 G1
Lachapelle-sous-Rougemont 90 142 D2
Lachassagne 69 212 D3
Lachau 26 286 D2
Lachaussée 55 65 E2
Lachaussée-du-Bois-d'Écu 60 22 B5
Lachaux 63 210 C3
Lachelle 60 39 F2
Lachy 51 61 E4
Lacollonge 90 142 C2
Lacombe 11 319 G4
Lacommande 64 314 A5
Lacoste 34 302 A4
Lacoste 84 305 G2
Lacougotte-Cadoul 81 298 D4
Lacour 82 277 E2
Lacour-d'Arcenay 21 158 C3
Lacourt 09 335 F3
Lacourt-Saint-Pierre 82 277 G5
Lacq 64 313 H3
Lacquy 40 274 B5
Lacrabe 40 293 H4
Lacres 62 6 C3
Lacroisille 81 298 D5
Lacroix-Barrez 12 262 D1
Lacroix-Falgarde 31 317 H3
Lacroix-Saint-Ouen 60 39 F3
Lacroix-sur-Meuse 55 64 C2
Lacropte 24 240 D4
Lacrost 71 195 F1
Lacrouzette 81 299 H4
Lacs 36 189 G1
Ladapeyre 23 189 H5
Ladaux 33 256 B2
Ladern-sur-Lauquet 11 337 D1
Ladevèze-Rivière 32 295 E5
Ladevèze-Ville 32 295 E5
Ladignac-le-Long 87 223 F2
Ladignac-sur-Rondelles 19 243 E1
Ladinhac 15 262 C2
Ladirat 46 261 F1
Ladiville 16 220 D3
Ladoix 21 177 H1
Ladoix-Serrigny 21 177 H1
Ladon 45 112 A5
Lados 33 256 C5
Ladoye-sur-Seille 39 179 F4
Laduz 89 136 A2
Lafage 11 318 D5
Lafage-sur-Sombre 19 243 G1
Lafare 84 285 G3
Lafarre 07 248 C3
Lafarre 43 265 G1
Lafat 23 188 D4
Lafauche 52 93 G5
Laféline 03 191 H4
Laferté-sur-Amance 52 140 B2
Laferté-sur-Aube 52 116 B3
Lafeuillade-en-Vézie 15 262 C1
Laffaux 02 40 C2
Laffite-Toupière 31 316 D5
Laffrey 38 251 E3
Lafite Rothschild *Château de* 33 237 E1
Lafitole 65 315 E3
Lafitte 82 277 F5
Lafitte-sur-Lot 47 275 H1
Lafitte-Vigordane 31 317 F5
Lafosse 33 237 G3
Lafox 47 276 C3
Lafrançaise 82 277 G4
Lafraye 60 38 B1
Lafresnoye 80 21 G2
Lafrimbolle 57 96 B1
Lagamas 34 302 A4
Lagarde 57 67 E5
Lagarde 32 275 H5
Lagarde 65 315 E5
Lagarde 31 318 C4
Lagarde 09 336 D2
Lagarde d'Apt 84 286 C5
Lagarde-Enval 19 243 E2
Lagarde-Hachan 32 316 A4
Lagarde-Paréol 84 285 F2
Lagarde-sur-le-Né 16 220 C3
Lagardelle 46 259 F5
Lagardelle-sur-Lèze 31 317 H4
Lagardère 32 295 H2
Lagardiolle 81 319 F3
Lagarrigue 47 275 G2
Lagarrigue 81 299 G5
Lagatjar *Alignements de* 29 74 D3
Lageon 79 168 A4
Lagery 51 41 E4
Lagesse 10 115 E4
Laghet 06 309 H2
Lagleygeolle 19 242 D3
Laglorieuse 40 294 B1
Lagnes 84 305 F1
Lagney 54 65 F5
Lagnicourt-Marcel 62 13 H4
Lagnieu 01 214 A4
Lagny 60 23 G5
Lagny-le-Sec 60 59 F1
Lagny-sur-Marne 77 59 E3
Lagor 64 313 H4
Lagorce 33 238 C3
Lagorce 07 266 B5
Lagord 17 183 F5
Lagos 64 314 C5
Lagrâce-Dieu 31 317 H4
Lagrand 05 287 E1
Lagrange 90 142 D2
Lagrange 40 274 C5
Lagrange 65 333 H1
Lagrasse 11 338 B1
Lagraulas 32 295 G3
Lagraulet-du-Gers 32 295 G1
Lagraulet-Saint-Nicolas 31 297 F2
Lagraulière 19 224 C5
Lagrave 81 299 E1
Lagruère 47 275 F1
Laguenne 19 242 D1
Laguépie 82 279 F4
Laguian-Mazous 32 315 G3
Laguinge-Restoue 64 331 F2
Laguiole 12 263 F3
Lagupie 47 257 E4
Lahage 31 317 E3
Laharie 40 272 D4
Laharmand 52 116 D3
Lahas 32 296 D5

Lahaye-Saint-Romain 80 21 H 4
Lahaymeix 55 64 B 3
Lahayville 55 65 E 3
Laheycourt 55 63 F 2
Lahitère 31 335 F 1
Lahitte 32 296 B 4
Lahitte 65 333 G 1
Lahitte-Toupière 65 315 E 3
Lahonce 64 292 B 5
Lahontan 64 293 E 5
Lahosse 40 293 F 3
Lahourcade 64 313 H 4
Lahoussoye 80 22 D 1
Laifour 08 26 D 1
Laigné 53 128 A 2
La Laigne 17 184 B 5
Laigné-en-Belin 72 130 A 2
Laignelet 35 81 F 4
Laignes 21 137 H 2
Laigneville 60 38 C 3
Laigny 02 25 F 2
Laillé 35 104 A 4
Lailly 89 114 A 2
Lailly-en-Val 45 132 D 3
Laimont 55 63 G 3
Lain 89 135 H 5
Laines-aux-Bois 10 114 D 2
Lains 39 196 B 3
Lainsecq 89 156 D 1
Lainville-en-Vexin 78 57 G 1
Laire 25 142 B 4
Laires 62 7 F 3
Lairière 11 338 A 2
Lairoux 85 183 E 2
Laissac 12 281 F 1
Laissaud 73 233 G 3
Laissey 25 162 B 3
Laître-sous-Amance 54 66 B 5
Laives 71 177 H 5
Laix 54 45 E 2
Laiz 01 195 E 5
Laizé 71 195 E 3
Laize-la-Ville 14 33 G 5
Laizy 71 176 C 3
Lajo 48 264 B 1
Lajoux 39 197 F 3
Lalacelle 61 83 E 3
Lalande 89 135 H 4
Lalande-de-Pomerol 33 238 C 4
Lalande-en-Son 60 37 G 2
Lalandelle 60 37 G 2
Lalandusse 47 257 H 3
Lalanne 32 296 B 2
Lalanne 65 316 A 5
Lalanne-Arqué 32 316 B 4
Lalanne-Trie 65 315 G 5
Lalaye 67 96 D 4
Lalbenque 46 278 B 1
Laleu 80 11 H 5
Laleu 61 84 A 2
Lalevade-d'Ardèche 07 266 A 3
Lalheue 71 177 H 5
Lalinde 24 258 C 1
Lalizolle 03 209 G 1
Lallaing 59 9 E 5
Lalleu 35 126 D 2
Lalley 38 268 D 1
Lalleyriat 01 214 D 1
Lalobbe 08 26 A 4
Lalœuf 54 94 C 3
Lalongue 64 314 C 3
Lalonquette 64 294 B 5
Laloubère 65 315 E 5
Lalouret-Laffiteau 31 316 B 5
Lalouvesc 07 248 C 2
Laluque 40 293 E 1
Lama 2B 345 E 5
Lamadeleine-
Val-des-Anges 90 142 C 1
Lamagdelaine 46 260 B 5
Lamagistère 82 276 D 4
Lamaguère 32 316 B 3
Lamaids 03 190 B 5
Lamairé 79 168 B 4
Lamalou-les-Bains 34 301 F 5
Lamancine 52 116 D 2
Lamanère 66 342 B 5
Lamanon 13 305 F 3
Lamarche 88 118 A 3
Lamarche-en-Woëvre 55 65 E 3
Lamarche-sur-Saône 21 160 D 3
Lamargelle 21 159 H 1
Lamargelle-aux-Bois 52 139 E 4
Lamaronde 80 21 H 3
Lamarque 33 237 F 2
Lamarque-Pontacq 65 314 D 5
Lamarque-Rustaing 65 315 G 5
Lamasquère 31 317 G 3
Lamastre 07 248 C 4
Lamath 54 95 F 2
Lamativie 46 243 F 5
Lamayou 64 315 E 4
Lamazère 32 295 H 5
Lamazière-Basse 19 225 G 5
Lamazière-Haute 19 226 B 2
Lambach 57 68 A 1
Lambader 29 71 G 4
Lamballe 22 78 D 3
Lambersart 59 8 D 2
Lambert 04 288 A 2
Lamberville 76 20 A 3
Lamberville 50 32 C 5
Lambesc 13 305 G 4
Lamblore 28 85 E 2
Lambres 62 7 G 3
Lambres-lez-Douai 59 8 D 5
Lambrey 70 140 D 3
Lambruisse 04 288 C 4
Laméac 65 315 G 4
Lamécourt 60 38 D 2
Lamelouze 30 283 G 3
Lamenay-sur-Loire 58 175 F 4
Lamérac 16 220 C 4
Lametz 08 26 D 5
Lamillarié 81 299 F 2
Lammerville 76 20 A 3
Lamnay 72 108 D 3
Lamongerie 19 224 C 3
Lamontélarié 81 300 B 4
Lamontgie 63 228 B 4
Lamontjoie 47 275 H 4
Lamonzie-Montastruc 24 240 B 5
Lamonzie-Saint-Martin 24 257 G 1
Lamorlaye 60 38 C 5
Lamorville 55 64 C 3
Lamothe 43 246 B 1
Lamothe 40 293 H 2
Lamothe-Capdeville 82 277 H 4
Lamothe-Cassel 46 260 B 3
Lamothe-Cumont 82 296 D 1
Lamothe-en-Blaisy 52 116 C 2
Lamothe-Fénelon 46 259 H 1
Lamothe-Goas 32 296 A 2
Lamothe-Landerron 33 257 E 4
Lamothe-Montravel 24 238 D 5
Lamotte-Beuvron 41 133 F 5
Lamotte-Brebière 80 22 C 2
Lamotte-Buleux 80 11 G 2
Lamotte-du-Rhône 84 284 D 2
Lamotte-Warfusée 80 23 E 2
Lamouilly 55 27 H 5
Lamoura 39 197 F 3
Lampaul 29 74 A 1
Lampaul-Guimiliau 29 71 G 5
Lampaul-Plouarzel 29 70 A 5
Lampaul-Ploudalmézeau 29 70 B 4
Lampertheim 67 68 D 5
Lampertsloch 67 69 E 2
Lamure-sur-Azergues 69 212 B 2
Lanans 25 162 D 3
Lanarce 07 265 G 2
Lanarvily 29 70 D 4
Lanas 07 266 B 4
Lancé 41 131 G 4
Lanchères 80 11 E 3
Lanches-Saint-Hilaire 80 12 B 4
Lanchy 02 23 H 2
Lancié 69 212 D 1
Lancieux 22 50 B 5
Lancôme 41 131 H 5
Lançon 08 43 E 3
Lançon 65 333 H 3
Lançon-Provence 13 305 F 4
Lancrans 01 215 E 1
Landal Château de 35 80 B 2
Landange 57 67 G 5
Landas 59 9 F 4
Landaul 56 123 H 2
Landaville 88 94 A 5
Landavran 35 105 E 2
La Lande-Chasles 49 150 C 1
La Lande-d'Airou 50 51 H 3
La Lande-de-Fronsac 33 237 H 4
La Lande-de-Goult 61 83 F 2
La Lande-de-Lougé 61 53 H 5
La Lande-Patry 61 53 E 4
La Lande-Saint-Léger 27 34 D 3
La Lande-Saint-Siméon 61 53 F 3
La Lande-sur-Drôme 14 32 C 5
La Lande-sur-Eure 61 85 E 2
La Lande-Vaumont 14 52 C 4
Landéan 35 81 F 4
Landebaëron 22 73 E 4
Landébia 22 79 E 3
La Landec 22 79 F 4
Landécourt 54 95 F 2
Landéda 29 70 C 4
Landéhen 22 78 D 4
Landeleau 29 76 C 4
Landelles 28 85 G 3
Landelles-et-Coupigny 14 52 B 2
Landemont 49 148 B 3
Landepéreuse 27 55 F 1
Landerneau 29 75 G 2
Landeronde 85 165 G 5
Landerrouat 33 257 E 2
Landerrouet-sur-Ségur 33 256 D 3
Landersheim 67 68 C 5
Landes 17 201 G 3
Les Landes-Genusson 85 166 B 2
Landes-le-Gaulois 41 131 H 5
Landes-sur-Ajon 14 33 E 5
Landes-Vieilles-
et-Neuves 76 21 F 3
Landévant 56 123 H 2
Landévennec 29 75 G 3
Landevieille 85 165 E 5
Landéville 52 93 F 4
Landeyrat 15 245 F 1
Landifay-
et-Bertaignemont 02 24 D 2
Landigou 61 53 F 4
Le Landin 27 35 H 2
Landiras 33 255 H 3
Landisacq 61 53 E 4
Landivisiau 29 71 F 5
Landivy 53 81 G 3
Landogne 63 208 D 4
Landonvillers 57 46 B 5
Landorthe 31 334 C 1
Landos 43 265 F 1
Landouge 87 205 G 5
Landouzy-la-Cour 02 25 G 2
Landouzy-la-Ville 02 25 G 2
Landrais 17 201 E 2
Le Landreau 44 148 A 4
Landrecies 59 15 E 4
Landrecourt 55 64 B 1
Landrellec 22 72 C 2
Landremont 54 65 H 4
Landres 54 45 E 3
Landres-
et-Saint-Georges 08 43 F 2
Landresse 25 162 D 3
Landrethun-le-Nord 62 2 C 4
Landrethun-lès-Ardres 62 2 D 4
Landrévarzec 29 99 H 2
Landreville 10 115 H 4
Landrichamps 08 17 F 4
Landricourt 02 40 B 1
Landricourt 51 92 B 2
Landroff 57 66 D 2
Landry 73 234 D 2
Landser 68 143 G 2
Landudal 29 100 A 2
Landudec 29 99 F 3
Landujan 35 103 H 1
Landunvez 29 70 B 4
Lanéria 39 196 A 3
Lanespède 65 315 G 5
Lanessan Château de 33 237 E 2
Lanester 56 123 F 2
Lanet 11 338 A 3
Laneuvelle 52 118 A 5
Laneuvelotte 54 66 B 5
Laneuveville-aux-Bois 54 95 H 1
Laneuveville-
derrière-Foug 54 65 E 5
Laneuveville-
devant-Bayon 54 95 E 3
Laneuveville-
devant-Nancy 54 94 D 1
Laneuveville-en-Saulnois 57 66 C 3
Laneuveville-lès-Lorquin 57 67 G 5
Laneuville-à-Bayard 52 92 D 2
Laneuville-à-Rémy 52 92 C 3
Laneuville-au-Bois 52 93 G 4
Laneuville-au-Pont 52 63 E 5
Laneuville-au-Rupt 55 64 D 5
Laneuville-sur-Meuse 55 43 G 1
Laneuvilleroy 60 38 D 1
Lanfains 22 78 A 4
Lanfroicourt 54 66 B 4
Langan 35 80 A 5
Langast 22 78 C 5
Langatte 57 67 G 4
Langé 36 171 F 1
Langeac 43 246 C 3
Langeais 37 151 F 3
Langensoultzbach 67 68 D 2
Langeron 58 174 B 4
Langesse 45 134 C 3
Langey 28 109 G 4
Langlade 30 303 G 2
Langley 88 95 E 4
Langoat 22 72 D 3
Langoëlan 56 101 F 2
Langogne 48 265 F 2
Langoiran 33 255 H 2
Langolen 29 100 A 2
Langon 35 126 A 3
Langon 41 154 A 4
Le Langon 85 183 G 3
Langon 33 256 B 4
Langonnet 56 100 D 2
Langonnet Abbaye de 56 101 E 2
Langouet 35 80 A 5
Langourla 22 78 D 5
Langres 52 139 G 2
Langrolay-sur-Rance 22 79 H 3
Langrune-sur-Mer 14 33 G 3
Languédias 22 79 F 4
Languenan 22 79 G 3
Langueux 22 78 B 3
Languevoisin-Quiquery 80 23 G 3
Languidic 56 101 G 5
Languidou Chapelle de 29 99 F 4
Languimberg 57 67 F 4
Languivoa Chapelle de 29 99 F 4
Langy 03 192 C 5
Lanhélin 35 80 A 3
Lanhères 55 44 D 5
Lanhouarneau 29 71 E 4
Lanildut 29 70 A 5
Laning 57 67 E 1
Laniscat 22 77 G 5
Laniscourt 02 24 C 5
Lanleff 22 73 F 4
Lanloup 22 73 G 3
Lanmérin 22 72 D 3
Lanmeur 29 72 A 4
Lanmodez 22 73 F 2
Lann-Bihoué 56 123 F 2
Lanne 65 315 E 5
Lanne-en-Barétous 64 331 F 2
Lanne-Soubiran 32 294 D 3
Lannéanou 29 76 C 2
Lannebert 22 73 F 4
Lannecaube 64 314 C 3
Lannédern 29 76 B 4
Lannemaignan 32 294 C 1
Lannemezan 65 333 H 1
Lannepax 32 295 G 2
Lanneplaà 64 313 F 3
Lanneray 28 109 H 4
Lannes 52 117 F 5
Lannes 47 275 F 5
Lanneuffret 29 71 E 5
Lannilis 29 70 C 4
Lannion 22 72 C 3
Lannoy 59 9 E 2
Lannoy-Cuillère 60 21 F 4
Lannux 32 294 C 4
Lano 2B 347 F 3
Lanobre 15 226 C 4
Lanouaille 24 223 F 5
Lanouée 56 102 C 4
Lanoux 09 335 H 1
Lanquais 24 258 C 1
Lanques-sur-Rognon 52 117 F 3
Lanquetot 76 19 F 5
Lanrelas 22 103 E 1
Lanrigan 35 80 B 4
Lanrivain 22 77 G 3
Lanrivoaré 29 70 B 5
Lanrodec 22 77 H 2
Lans 71 177 H 4
Lans-en-Vercors 38 250 C 2
Lansac 33 237 G 3
Lansac 65 315 F 5
Lansac 66 338 B 5
Lansargues 34 303 F 4
Lanslebourg-
Mont-Cenis 73 235 E 5
Lanslevillard 73 235 F 5
Lanta 31 298 B 5
Lantabat 64 311 G 5
Lantages 10 115 F 4
Lantan 18 173 H 3
Lantéfontaine 54 45 F 4
Lantenay 21 159 H 3
Lantenay 01 214 C 2
Lantenne-Vertière 25 161 G 4
Lantenot 70 141 H 3
La Lanterne-
et-les-Armonts 70 141 H 2
Lanteuil 19 242 C 3
Lanthenans 25 163 E 2
Lanthes 21 178 C 1
Lantheuil 14 33 F 3
Lantic 22 73 G 5
Lantignié 69 212 C 1
Lantillac 56 102 B 4
Lantilly 21 158 D 1
Lanton 33 254 C 2
Lantosque 06 291 F 3
Lantriac 43 247 G 4
Lanty 58 175 H 4
Lanty-sur-Aube 52 116 B 4
Lanuéjols 48 264 D 5
Lanuéjols 30 282 B 4
Lanuéjouls 12 261 G 5
Lanvallay 22 79 G 4
Lanvaudan 56 101 F 4
Lanvellec 22 72 B 4
Lanvénégen 56 100 D 3
Lanvéoc 29 75 E 3
Lanvézéac 22 72 D 3
Lanvollon 22 73 G 4
Lanzac 46 242 B 5
Laon 02 24 D 5
Laons 28 56 B 5
Laouzas Barrage de 81 300 C 4
Lapalisse 03 192 D 5
Lapalud 84 284 D 1
Lapan 18 172 D 3
Lapanouse 12 281 G 1
Lapanouse-de-Cernon 12 281 H 5
Laparade 47 275 H 1
Laparrouquial 81 279 F 4
Lapège 09 336 A 4
Lapenche 82 278 C 3
Lapenne 09 336 C 1
Lapenty 50 81 G 2
Laperche 47 257 G 4
Laperrière-sur-Saône 21 160 D 5
Lapeyre 65 315 H 4
Lapeyrère 31 317 G 5
Lapeyrouse 63 191 F 5
Lapeyrouse 01 213 F 3
Lapeyrouse-Fossat 31 298 A 4
Lapeyrouse-Mornay 26 231 G 5
Lapeyrugue 15 262 C 2
Lapleau 19 243 G 1
Laplume 47 275 H 4
Lapoutroie 68 120 D 2
Lapouyade 33 238 B 3
Lappion 02 25 G 5
Laprade 16 239 F 1
Laprade 11 319 G 3
Lapradelle 11 337 C 4
Laprugne 03 211 E 3
Laps 63 228 A 2
Lapte 43 248 A 2
Lapugnoy 62 7 H 4
Laquenexy 57 66 B 1
Laqueuille 63 227 E 2
Laragne-Montéglin 05 287 F 1
Larajasse 69 230 C 2
Laramière 46 279 E 1
Laran 65 316 A 5
Larbey 40 293 G 3
Larbont 09 335 H 2
Larbroye 60 23 G 5
Larcan 31 316 C 5
Larcat 09 336 B 5
Larçay 37 152 A 3
Larceveau-Arros-Cibits 64 311 G 5
Larchamp 61 53 E 5
Larchamp 53 81 G 4
Larchant 77 112 B 2
Larche 19 241 H 3
Larche 04 271 F 4
Larche Col de 04 271 F 4
Le Larderet 39 179 H 3
Lardier-et-Valença 05 269 G 5
Lardiers 04 287 E 4
Le Lardin-Saint-Lazare 24 241 G 3
Lardy 91 87 G 3
Larée 32 295 E 1
Laréole 31 297 E 3
Largeasse 79 167 G 5
Largentière 07 266 A 4
Largillay-Marsonnay 39 196 C 1
Largitzen 68 143 E 3
Largny-sur-Automne 02 39 H 4
Largoët Forteresse de 56 124 D 3
Larians-et-Munans 70 162 B 1
Larivière 90 142 D 2
Larivière-sur-Apance 52 118 A 4
Larmor-Baden 56 124 A 4
Larmor-Plage 56 123 F 2
Larnage 26 249 F 3
Larnagol 46 260 D 5
Larnas 07 266 D 5
Larnat 09 336 B 5
Larnaud 39 179 E 5
Larnod 25 161 H 4
Laroche-près-Feyt 19 226 C 1
Laroche-Saint-Cydroine 89 113 H 5
Larochemillay 58 176 A 3
Larodde 63 226 C 3
Laroin 64 314 A 5
Larone Col de 2A 349 G 4
Laronxe 54 95 G 2
Laroque 33 256 B 2
Laroque 34 302 C 1
Laroque-de-Fa 11 338 B 3
Laroque-des-Albères 66 343 F 4
Laroque-des-Arcs 46 260 B 5
Laroque-d'Olmes 09 336 D 3
Laroque-Timbaut 47 276 C 2
Laroquebrou 15 243 H 4
Laroquevieille 15 244 C 4
Larouillies 59 15 G 5
Larra 31 297 G 3
Larrau 64 331 E 3
Larrazet 82 297 F 1
Larré 61 83 H 3
Larré 56 124 D 3
Larressingle 32 295 G 1
Larressore 64 310 D 3
Larret 29 70 B 5
Larret 70 140 A 4
Larreule 64 314 A 3
Larreule 65 315 E 3
Larrey 21 137 H 2
Larribar-Sorhapuru 64 311 G 4
Larringes 74 198 B 3
Larrivière-Saint-Savin 40 294 A 2
Larrivoire 39 196 D 4
Larroque 81 278 D 5
Larroque 65 316 A 5
Larroque 31 316 B 5
Larroque-Engalin 32 275 H 5
Larroque-Saint-Sernin 32 296 A 2
Larroque-sur-l'Osse 32 275 F 5
Larroque-Toirac 46 261 F 4
Lartigue 33 274 C 2
Lartigue 32 296 C 5
Laruns 64 332 A 2
Laruscade 33 238 B 2
Larzac 24 259 E 2
Larzicourt 51 62 D 5
Lasalle 30 283 F 5
Lasbordes 11 319 E 5
Lascabanes 46 277 H 1
Lascaux 19 223 H 5
Lascaux Grotte de 24 241 G 3
Lascazères 65 295 E 5
Lascelle 15 244 D 4
Laschamps-
de-Chavanat 23 207 E 1
Lasclaveries 64 314 B 3
Lasfaillades 81 300 A 5
Lasgraisses 81 299 E 2
Laslades 65 315 F 5
Lassales 65 316 A 5
Lassay-les-Châteaux 53 82 C 3
Lassay-sur-Croisne 41 153 G 3
Lasse 49 150 C 1
Lasse 64 330 B 1
Lasserade 32 295 E 4
Lasséran 32 296 A 5
Lasserre 47 275 G 4
Lasserre 64 294 D 5
Lasserre 31 297 F 4
Lasserre 09 335 F 1
Lasserre-de-Prouille 11 319 F 5
Lasseube 64 314 A 5
Lasseube-Propre 32 296 B 5
Lasseubetat 64 314 A 5
Lassicourt 10 91 H 4
Lassigny 60 23 F 5
Lasson 14 33 F 4
Lasson 89 114 C 4
Lassouts 12 263 F 5
Lassur 09 336 C 5
Lassy 95 38 D 5
Lassy 14 53 E 2
Lassy 35 103 H 4
Lastelle 50 31 G 3
Lastic 63 226 D 1
Lastic 15 246 A 3
Lastioulles Barrage de 15 226 D 5
Lastours 11 319 H 5
Lataule 60 39 E 1
Le Latet 39 179 H 3
La Latette 39 180 A 4
Lathuile 74 215 H 5
Lathus 86 187 G 4
Latillé 86 185 H 1

## LAVAL


Alègre (Prom. Anne d') ... Z 3
Avesnières (Q. d') ... Z 5
Avesnières (R. d') ... Z 7
Briand (Pont A.) ... Y 8
Britais (R. du) ... Y 9
Chapelle (R. de) ... Z 12
Déportés (R. des) ... Y 13
Douanier-Rousseau (R.) ... Z 14
Droits de l'homme (Parvis des) ... Y 15
Gambetta (Quai) ... Y 17
Gaulle (R. Gén.-de) ... Y
Gavre (Q. B.-de) ... Y 18
Grande-Rue ... Z 19
Hardy-de-Lévaré (Pl.) ... Z 22
Jean-Fouquet (Q.) ... Y 26
Moulin (Pl. J.) ... Y 34
Orfèvres (R. des) ... Z 36
Paix (R. de la) ... Y
Paradis (R. de) ... Z 37
Pin-Doré (R. du) ... Z 40
Pont-de-Mayenne (R. du) ... Z 43
Renaise (R.) ... Y 44
Résistance (Crs de la) ... Y 45
Serruriers (R. des) ... Z 47
Solférino (R.) ... Y 48
Souchu-Servinière (R.) ... Y 50
Strasbourg (R. de) ... Y 52
Trémoille (Pl. de la) ... Z 28


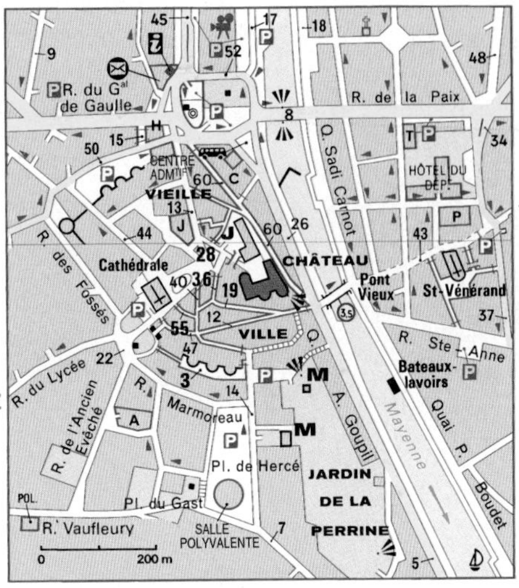

R. du Gal de Gaulle
R. de la Paix
Q. Sadi Carnot
CENTRE ADMIN
VIEILLE
HÔTEL DU DÉPt
Cathédrale
CHÂTEAU
Pont Vieux
St-Vénérand
VILLE
R. Ste-Anne
Bateaux-lavoirs
Quai
R. des Fossés
R. du Lycée
R. de l'Ancien Évêché
R. Marmoreau
A. Goupil
Mayenne
Boudet
Pl. de Hercé
JARDIN DE LA PERRINE
Pl. du Gast
R. Vaufleury
SALLE POLYVALENTE
POL
200 m



Latilly *02* ... 40 B 5
Latoue *31* ... 316 C 5
Latouille-Lentillac *46* ... 261 F 1
Latour *31* ... 317 G 5
Latour-Bas-Elne *66* ... 343 F 3
Latour-de-Carol *66* ... 341 E 4
Latour-de-France *66* ... 338 B 5
Latour-en-Woëvre *55* ... 65 E 1
Latrape *31* ... 317 G 5
Latrecey *52* ... 116 C 5
Latresne *33* ... 255 G 1
Latrille *40* ... 294 C 4
Latronche *19* ... 243 H 1
Latronquière *46* ... 261 G 1
Lattainville *60* ... 37 G 4
La Latte *Fort* *22* ... 50 A 4
Lattes *34* ... 302 D 5
Lattre-Saint-Quentin *62* ... 13 E 2
Lau-Balagnas *65* ... 332 D 2
Laubach *67* ... 68 D 3
Laubert *48* ... 264 D 4
Les Laubies *48* ... 264 B 2
Laubressel *10* ... 91 F 5
Laubrières *53* ... 105 F 5
La Lauch *Lac de* *68* ... 120 C 4
Laucourt *80* ... 23 F 4
Laudrefang *57* ... 66 D 1
Laudun-l'Ardoise *30* ... 284 D 4
Laugnac *47* ... 276 B 2
Laujuzan *32* ... 294 D 2
Laulne *50* ... 31 G 3
Laumesfeld *57* ... 46 C 3
Launac *31* ... 297 F 3
Launaguet *31* ... 298 A 4
Launay *27* ... 35 G 5
Launay-Villiers *53* ... 105 G 3
Launois-sur-Vence *08* ... 26 C 4
Launoy *02* ... 40 B 4
Launstroff *57* ... 46 C 2
La Laupie *26* ... 267 F 3
Laurabuc *11* ... 319 E 5
Laurac *11* ... 319 E 5
Laurac-en-Vivarais *07* ... 266 A 4
Lauraët *32* ... 295 G 1
Lauraguel *11* ... 337 B 1
Laure-Minervois *11* ... 320 A 5
Laurède *40* ... 293 G 2
Laurenan *22* ... 102 D 1
Laurens *34* ... 301 G 5
Lauresses *46* ... 261 G 2
Lauret *40* ... 294 B 5
Lauret *34* ... 302 D 2
Laurie *15* ... 245 H 1
Laurière *87* ... 206 B 2
Laurière *24* ... 240 D 1
Lauris *84* ... 305 H 3
Lauroux *34* ... 301 G 3
Laussac *12* ... 263 E 1
Laussonne *43* ... 247 G 4
Laussou *47* ... 258 D 4
Lautaret *Col du* *05* ... 252 B 3
Lautenbach *68* ... 120 D 4
Lautenbachzell *68* ... 120 D 4
Lauterbourg *67* ... 69 H 1
Lauthiers *86* ... 187 E 1
Lautignac *31* ... 317 E 4
Lautrec *81* ... 299 F 3
Lauw *68* ... 142 D 1
Lauwin-Planque *59* ... 8 D 5
Laux-Montaux *26* ... 286 C 1
Lauzach *56* ... 124 D 4
Lauzerte *82* ... 277 F 2
Lauzerville *31* ... 298 B 5
Lauzès *46* ... 260 C 4
Le Lauzet-Ubaye *04* ... 270 B 5
Lauzières *17* ... 183 F 5
Lauzun *47* ... 257 H 3
Lava *Col de* *2A* ... 346 A 5
Lava *Golfe de* *2A* ... 348 B 3
Lavacquerie *60* ... 22 A 4
Laval *53* ... 106 A 3
Laval *38* ... 251 F 1
Laval *Chalets de* *05* ... 252 C 3
Laval-Atger *48* ... 264 D 1
Laval-d'Aix *26* ... 268 B 2
Laval-d'Aurelle *07* ... 265 G 4
Laval-de-Cère *46* ... 243 F 5
Laval-du-Tarn *48* ... 282 B 1
Laval-en-Brie *77* ... 89 E 4
Laval-en-Laonnois *02* ... 40 D 1
Laval-le-Prieuré *25* ... 163 E 4
Laval-Morency *08* ... 26 B 2
Laval-Pradel *30* ... 283 H 3
Laval-Roquecezière *12* ... 300 B 2
Laval-Saint-Roman *30* ... 284 C 2
Laval-sur-Doulon *43* ... 228 C 5
Laval-sur-Luzège *19* ... 243 G 1
Laval-sur-Tourbe *51* ... 42 D 5
Laval-sur-Vologne *88* ... 119 H 2
Lavalade *24* ... 258 D 2
Lavaldens *38* ... 251 F 4
Lavalette *31* ... 298 B 4
Lavalette *34* ... 301 G 4
Lavalette *11* ... 319 G 5
Lavalette *Barrage de* *43* ... 247 H 2
Lavallée *55* ... 64 B 4
Le Lavancher *74* ... 217 E 2
Lavancia-Epercy *39* ... 196 C 4
Le Lavandou *83* ... 329 E 4
Lavangeot *39* ... 161 F 5
Lavannes *51* ... 41 H 3
Lavans-lès-Dole *39* ... 161 F 5
Lavans-lès-Saint-Claude *39* ... 196 D 3
Lavans-Quingey *25* ... 161 H 5
Lavans-sur-Valouse *39* ... 196 C 4
Lavans-Vuillafans *25* ... 162 B 5
Lavaqueresse *02* ... 25 E 1
Lavardac *47* ... 275 F 3
Lavardens *32* ... 296 A 3
Lavardin *72* ... 107 G 4
Lavardin *41* ... 131 F 3
Lavaré *72* ... 108 C 4
Lavars *38* ... 250 D 5
Lavasina *2B* ... 345 G 3
Lavastrie *15* ... 245 G 5
Lavatoggio *2B* ... 346 C 2
Lavau *10* ... 91 E 5
Lavau *89* ... 135 F 5
Lavau-sur-Loire *44* ... 146 D 3
Lavaudieu *43* ... 246 C 1
Lavaufranche *23* ... 190 A 4
Lavault-de-Frétoy *58* ... 176 A 1
Lavault-Sainte-Anne *03* ... 190 E 4
Les Lavaults *89* ... 158 B 3
Lavaur *24* ... 259 E 3
Lavaur *81* ... 298 D 3
Lavaurette *82* ... 278 C 3
Lavausseau *86* ... 185 H 1
Lavaveix-les-Mines *23* ... 207 G 2
Lavazan *33* ... 256 C 5
Laveissenet *15* ... 245 F 3
Laveissière *15* ... 245 E 3
Lavelanet *09* ... 336 D 3
Lavelanet-de-Comminges *31* ... 317 F 5
Laveline-devant-Bruyères *88* ... 120 A 2
Laveline-du-Houx *88* ... 119 H 2
Lavenay *72* ... 130 D 3
Laventie *62* ... 8 B 2
Lavéra *13* ... 325 G 4
Laveraët *32* ... 295 G 5
Lavercantière *46* ... 259 H 3
Laverdines *18* ... 173 H 1
Lavergne *47* ... 257 G 3
Lavergne *46* ... 260 D 1
Lavernat *72* ... 130 B 4
Lavernay *25* ... 161 G 3
Lavernhe *12* ... 281 G 2
Lavernose-Lacasse *31* ... 317 G 4
Lavernoy *52* ... 117 H 5
Laverrière *60* ... 21 H 4
Laversine *02* ... 40 A 3
Laversines *60* ... 38 B 2
Lavérune *34* ... 302 D 5
Laveyron *26* ... 249 E 1
Laveyrune *07* ... 265 F 3
Laveyssière *24* ... 239 H 5
Lavieu *42* ... 229 G 3
Laviéville *80* ... 22 D 1
Lavigerie *15* ... 245 E 2
Lavignac *87* ... 223 F 1
Lavignéville *55* ... 64 D 3
Lavigney *70* ... 140 C 3
Lavignolle *33* ... 255 E 3
Lavigny *39* ... 179 F 4
Lavillatte *07* ... 265 G 2
Laville-aux-Bois *52* ... 117 E 3
Lavilledieu *07* ... 266 C 4
Lavilleneuve *52* ... 117 G 4
Lavilleneuve-au-Roi *52* ... 116 C 3
Lavilleneuve-aux-Fresnes *52* ... 116 B 2
Lavilletertre *60* ... 37 H 4
Lavincourt *55* ... 63 G 5
Laviolle *07* ... 266 B 1
Laviron *25* ... 163 E 3
Lavit-de-Lomagne *82* ... 296 D 1
Lavoine *03* ... 210 D 3
Lavoncourt *70* ... 140 C 4
Lavours *01* ... 214 D 4
Lavoûte-Chilhac *43* ... 246 B 2
Lavoûte-sur-Loire *43* ... 247 F 3
Lavoux *86* ... 186 D 1
Lavoye *55* ... 63 G 1
Lawarde-Mauger-l'Hortoy *80* ... 22 B 4
Laxou *54* ... 65 H 5
Lay *42* ... 211 H 3
Lay-Lamidou *64* ... 313 G 5
Lay-Saint-Christophe *54* ... 65 H 5
Lay-Saint-Remy *54* ... 94 A 1
Laye *05* ... 269 G 2
Laymont *32* ... 317 E 4
Layrac *47* ... 276 B 4
Layrac-sur-Tarn *31* ... 298 A 2
Layrisse *65* ... 315 E 5
Lays-sur-le-Doubs *71* ... 178 C 2
Laz *29* ... 76 B 5
Lazenay *18* ... 172 C 1
Lazer *05* ... 287 F 1
Léalvillers *80* ... 13 E 5
Léaupartie *14* ... 34 B 4
Léaz *01* ... 215 E 1
Lebetain *90* ... 142 D 4
Lebeuville *54* ... 95 E 3
Lebiez *62* ... 6 D 4
Leboulin *32* ... 296 B 4
Lebreil *46* ... 277 F 1
Lebucquière *62* ... 13 H 4
Lécaude *14* ... 34 B 5
Lecci *2A* ... 349 G 5
Lecelles *59* ... 9 F 4
Lecey *52* ... 139 H 2
Lechâtelet *21* ... 178 B 1
Léchelle *62* ... 13 H 5
Léchelle *77* ... 89 G 2
La Léchère *73* ... 234 B 2
Les Lèches *24* ... 239 G 4
Lechiagat *29* ... 99 F 5
Lécluse *59* ... 14 A 2
Lécourt *52* ... 117 H 4
Lécousse *35* ... 81 E 4
Lecques *30* ... 303 F 2
Les Lecques *83* ... 327 G 4
Lect *39* ... 196 C 3
Lectoure *32* ... 296 B 1
Lecumberry *64* ... 330 C 1
Lécussan *31* ... 316 A 5
Lédas-et-Penthiès *81* ... 280 B 4
le Lédat *47* ... 258 B 5
Lédenon *30* ... 304 A 1
Lédergues *12* ... 280 C 4
Lederzeele *59* ... 3 G 4
Ledeuix *64* ... 313 H 5
Lédignan *30* ... 283 H 5
Ledinghem *62* ... 6 D 2
Ledringhem *59* ... 3 G 4
Lée *64* ... 314 B 5
Leers *59* ... 9 E 2
Lées-Athas *64* ... 331 H 3
Lefaux *62* ... 6 B 3
Leffard *14* ... 53 G 2
Leffincourt *08* ... 42 C 2
Leffond *70* ... 139 H 4
Leffonds *52* ... 117 E 5
Leffrinckoucke *59* ... 3 G 2
Leforest *62* ... 8 D 5
Legé *44* ... 165 G 2
Lège *31* ... 334 B 3
Lège-Cap-Ferret *33* ... 254 B 1
Légéville-et-Bonfays *88* ... 118 D 2
Léglantiers *60* ... 38 D 1
Légna *39* ... 196 C 3
Légny *69* ... 212 C 4
Léguevin *31* ... 297 G 5
Léguillac-de-Cercles *24* ... 221 H 5
Léguillac-de-l'Auche *24* ... 240 B 2
Lehaucourt *02* ... 24 B 1
Léhélec *Château de* *56* ... 125 F 4
Léhon *22* ... 79 G 4
Leigné-les-Bois *86* ... 169 H 4
Leigné-sur-Usseau *86* ... 169 G 3
Leignes-sur-Fontaine *86* ... 187 F 2
Leigneux *42* ... 229 G 1
Leimbach *68* ... 142 D 1
Leintrey *54* ... 95 H 1
Leiterswiller *67* ... 69 F 2
Lélex *01* ... 197 E 4
Lelin-Lapujolle *32* ... 294 D 3
Lelling *57* ... 67 E 1
Lemainville *54* ... 94 D 2
Lembach *67* ... 69 E 1
Lemberg *57* ... 68 B 1
Lembeye *64* ... 314 D 3
Lembras *24* ... 239 H 5
Lemé *02* ... 25 E 2
Lème *64* ... 294 B 5
Leménil-Mitry *54* ... 95 E 3
Lémeré *37* ... 169 E 1
Lemmecourt *88* ... 94 A 5
Lemmes *55* ... 43 H 5
Lemoncourt *57* ... 66 B 3
Lempaut *81* ... 299 F 5
Lempdes *63* ... 209 H 5
Lempdes-sur-Allagnon *43* ... 228 A 5
Lempire *02* ... 24 A 1
Lempire-aux-Bois *55* ... 43 H 5
Lemps *07* ... 249 E 3
Lemps *26* ... 286 B 1
Lempty *63* ... 210 A 5
Lempzours *24* ... 222 D 5
Lemud *57* ... 66 B 1
Lemuy *39* ... 179 H 2
Lénault *14* ... 53 E 2
Lenax *03* ... 193 E 4
Lencloître *86* ... 169 E 4
Lencouacq *40* ... 274 A 4
Lendresse *64* ... 313 G 3
Lengelsheim *57* ... 48 C 5
Lengronne *50* ... 51 G 2
Lenharrée *51* ... 61 H 4
Léning *57* ... 67 E 2
Lénizeul *52* ... 117 H 4
Lennon *29* ... 76 A 5
Lenoncourt *54* ... 95 E 1
Lens *62* ... 8 B 5
Lens-Lestang *26* ... 231 G 5
Lent *39* ... 180 A 4
Lent *01* ... 213 H 1
Lentigny *42* ... 211 G 3
Lentillac-Lauzès *46* ... 260 C 4
Lentillac-Saint-Blaise *46* ... 261 G 4
Lentillères *07* ... 266 A 3
Lentilles *10* ... 92 A 3
Lentilly *69* ... 212 D 5
Lentiol *38* ... 231 G 5
Lento *2B* ... 347 F 2
Léobard *46* ... 259 H 2
Léogeats *33* ... 255 H 4
Léognan *33* ... 255 F 2
Léojac *82* ... 277 H 5
Léon *40* ... 292 B 1
Léoncel *26* ... 249 H 5
Léotoing *43* ... 228 A 5
Léouville *45* ... 111 F 2
Léoville *17* ... 220 B 4
Lépanges-sur-Vologne *88* ... 119 H 2
Lépaud *23* ... 190 B 5
Lépin-le-Lac *73* ... 233 E 2
Lépinas *23* ... 207 F 2
Lépine *62* ... 6 B 5
Lépron-les-Vallées *08* ... 26 B 3
Lepuix *90* ... 142 B 1
Lepuix-Neuf *90* ... 143 E 4
Léran *09* ... 336 D 2
Lercoul *09* ... 336 A 5
Léré *18* ... 156 A 2
Léren *64* ... 292 D 5
Lérigneux *42* ... 229 F 2
Lerm-et-Musset *33* ... 274 C 1
Lerné *37* ... 150 D 5
Lérouville *55* ... 64 C 4
Lerrain *88* ... 118 D 2
Léry *27* ... 36 B 3
Léry *21* ... 138 D 5
Lerzy *02* ... 25 F 1
Lesbœufs *80* ... 13 H 5
Lesbois *53* ... 81 H 3
Lescar *64* ... 314 A 4
Leschaux *74* ... 215 G 5
Leschelles *02* ... 25 E 1
Lescheraines *73* ... 215 G 5
Leschères *39* ... 197 E 2
Leschères-sur-le-Blaiseron *52* ... 92 D 5
Lescherolles *77* ... 60 B 4
Lescheroux *01* ... 195 G 3
Lesches *77* ... 59 F 3
Lesches-en-Diois *26* ... 268 C 3
Lesconil *29* ... 99 G 5
Lescouët-Gouarec *22* ... 77 F 5
Lescouët-Jugon *22* ... 79 E 4
Lescousse *09* ... 336 A 1
Lescout *81* ... 299 F 5
Lescun *64* ... 331 G 4
Lescuns *31* ... 317 E 5
Lescure *09* ... 335 G 2
Lescure-d'Albigeois *81* ... 299 F 1
Lescure-Jaoul *12* ... 279 G 3
Lescurry *65* ... 315 F 4
Lesdain *59* ... 14 B 4
Lesdins *02* ... 24 B 2
Lesges *02* ... 40 C 3
Lesgor *40* ... 293 F 1
Lésignac-Durand *16* ... 204 C 5
Lésigny *77* ... 59 E 4
Lésigny *86* ... 170 A 3
Le Leslay *22* ... 78 A 4
Lesme *71* ... 192 D 1
Lesménils *54* ... 65 G 3
Lesmont *10* ... 91 G 4
Lesneven *29* ... 71 E 4
Lesparre-Médoc *33* ... 218 D 5
Lesparrou *09* ... 336 D 3
Lespéron *07* ... 265 F 2
Lesperon *40* ... 272 C 5
Lespesses *62* ... 7 G 3
Lespielle *64* ... 314 D 3
Lespignan *34* ... 321 G 5
Lespinasse *31* ... 297 H 3
Lespinasse *Château de* *43* ... 246 A 1
Lespinassière *11* ... 320 A 4
Lespinoy *62* ... 6 D 5
Lespiteau *31* ... 334 C 1
Lesponne *65* ... 333 F 2
Lespouey *65* ... 315 F 5
Lespourcy *64* ... 314 D 4
Lespugue *31* ... 316 B 5
Lesquerde *66* ... 338 A 4
Lesquielles-Saint-Germain *02* ... 24 D 1
Lesquin *59* ... 8 D 3
Lessac *16* ... 204 C 2
Lessard-en-Bresse *71* ... 178 B 4
Lessard-et-le-Chêne *14* ... 54 C 1
Lessard-le-National *71* ... 177 H 3
Lessay *50* ... 31 G 3
Lesse *57* ... 66 C 2
Lesseux *88* ... 96 C 4
Lesson *85* ... 184 C 3
Lessy *57* ... 65 G 1
Lestanville *76* ... 20 A 3
Lestards *19* ... 225 E 3
Lestelle-Bétharram *64* ... 314 C 5
Lestelle-de-Saint-Martory *31* ... 334 D 1
Lesterps *16* ... 204 D 3
Lestiac-sur-Garonne *33* ... 255 H 2
Lestiou *41* ... 132 C 4
Lestrade-et-Thouels *12* ... 280 D 5
Lestre *50* ... 29 G 4
Lestrem *62* ... 8 A 2
Létanne *08* ... 27 G 5
Léthuin *28* ... 86 D 5
Letia *2A* ... 348 C 1
Létra *69* ... 212 C 3
Létricourt *54* ... 66 B 3
Letteguives *27* ... 36 C 2
Lettret *05* ... 269 G 4
Leubringhen *62* ... 2 B 4
Leuc *11* ... 337 D 1
Leucamp *15* ... 262 C 2
Leucate *11* ... 339 E 3
Leucate-Plage *11* ... 339 F 3
Leuchey *52* ... 139 F 3
Leudeville *91* ... 87 H 2
Leudon-en-Brie *77* ... 60 B 4
Leuglay *21* ... 138 C 2
Leugny *89* ... 136 A 4
Leugny *86* ... 169 H 3
Leugny *Château de* *37* ... 152 B 3
Leuhan *29* ... 100 B 2
Leuilly-sous-Coucy *02* ... 40 B 1
Leulinghem *62* ... 3 F 5
Leulinghen-Bernes *62* ... 2 B 4
Leurville *52* ... 93 F 5
Leury *02* ... 40 B 2
Leutenheim *67* ... 69 F 3
Leuville-sur-Orge *91* ... 87 G 2
Leuvrigny *51* ... 61 E 1
Le Leuy *40* ... 293 H 2
Leuze *02* ... 25 H 2
La Levade *30* ... 283 G 2
Levainville *28* ... 86 C 3
Leval *59* ... 15 F 3
Leval *90* ... 142 D 2
Levallois-Perret *92* ... 58 B 3
Levant *Île du* *83* ... 329 E 5
Levaré *53* ... 81 H 4
Levécourt *52* ... 117 H 3
Levens *06* ... 291 E 4
Levergies *02* ... 24 B 1
Levernois *21* ... 177 H 2
Lèves *28* ... 86 A 3
Les Lèves-et-Thoumeyragues *33* ... 257 F 1
Levesville-la-Chenard *28* ... 86 D 5
Levet *18* ... 173 E 3
Levie *2A* ... 349 F 5
Levier *25* ... 180 B 2
Lévignac *31* ... 297 G 4
Lévignac-de-Guyenne *47* ... 257 F 3
Lévignacq *40* ... 272 C 4
Lévignen *60* ... 39 G 4
Lévigny *10* ... 92 A 5
Levis *89* ... 135 H 5
Lévis-Saint-Nom *78* ... 57 H 5
Levoncourt *55* ... 64 B 4
Levoncourt *68* ... 143 E 5
Levroux *36* ... 171 G 2
Lewarde *59* ... 14 B 2
Lexos *82* ... 279 E 4
Lexy *54* ... 44 D 1
Ley *57* ... 66 D 5
Leychert *09* ... 336 C 3
Leydé *Pointe de* *29* ... 75 F 5

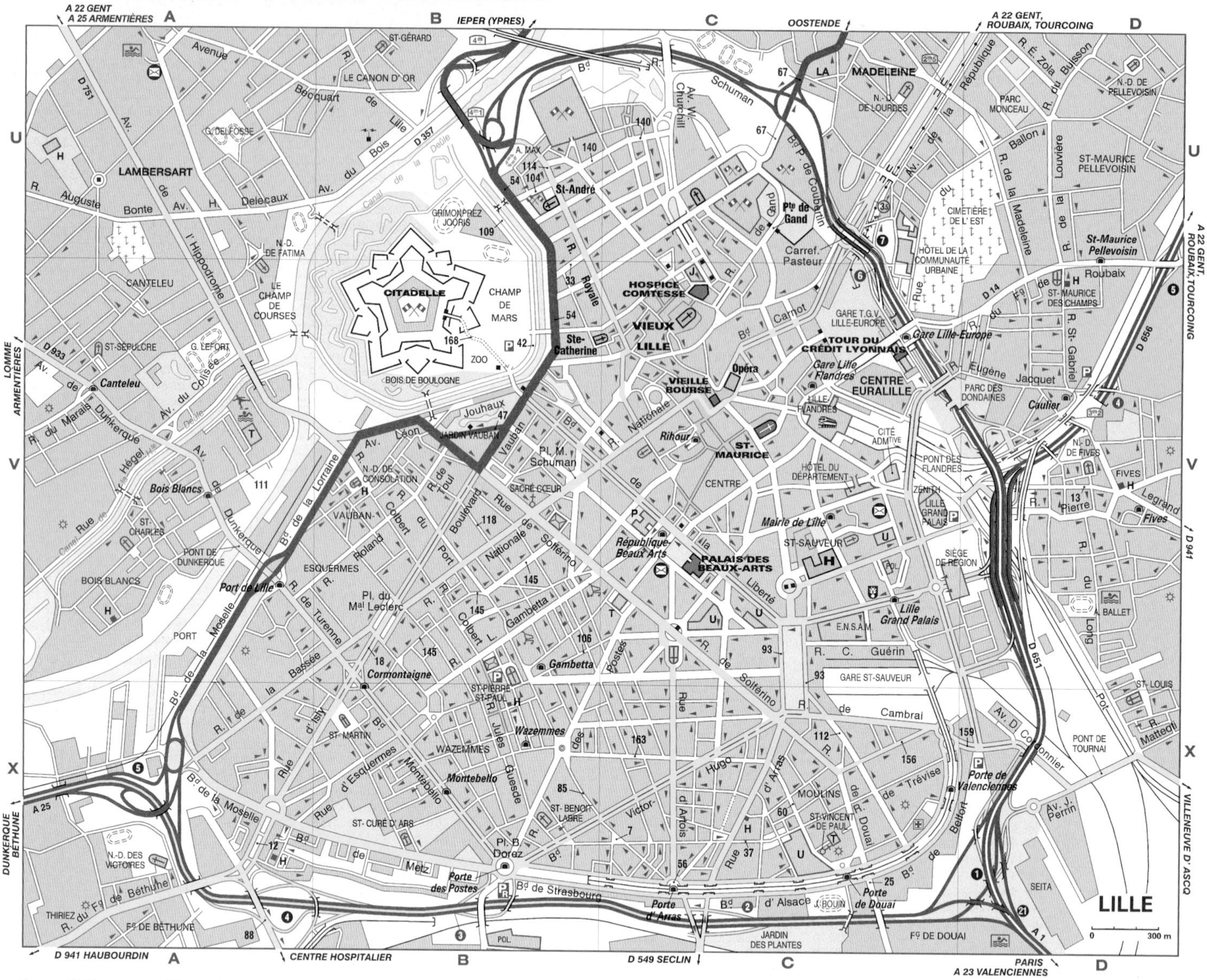


| | | |
|---|---|---|
| Bapaume (R. de) | CX | 7 |
| Beethoven (Av.) | AX | 12 |
| Bernos (R.) | DV | 13 |
| Bigo-Danel (Bd) | BV | 18 |
| Carrel (R. Armand) | CX | 25 |
| Colpin (R. du Lt) | BV | 33 |
| Courmont (R.) | CX | 37 |
| Cuvier (Av.) | BV | 42 |
| Desmazières (R.) | BV | 47 |
| Esplanade (Façade de l') | BUV | 54 |
| Fébvrier (Pl. J.) | CX | 56 |
| Fontenoy (R. de) | CX | 60 |
| Gaulle (R. du Gén.-de) | CU | 67 |
| Justice (R. de la) | BX | 85 |
| Lambret (Av. Oscar) | AX | 88 |
| Lebas (Bd J.-B.) | CV | 93 |
| Magasin (R. du) | BU | 104 |
| Manuel (R.) | BV | 106 |
| Marronniers (Allée des) | BU | 109 |
| Marx-Dormoy (Av.) | AV | 111 |
| Maubeuge (R. de) | CX | 112 |
| Max (Av. Adolphe) | BU | 114 |
| Meurein (R.) | BV | 118 |
| St-Sébastien (R.) | BCU | 140 |
| Schuman (Pl. Maurice) | BV | |
| Stations (R. des) | BV | 145 |
| Valenciennes (R. de) | CX | 156 |
| Verdun (Bd de) | DX | 159 |
| Wazemmes (R. de) | BCX | 163 |
| 43e-Régt-d'Infanterie (Av. du) | BV | 168 |


| | | | |
|---|---|---|---|
| Leyme | ***46*** | 261 | E 1 |
| Leymen | ***68*** | 143 | G 4 |
| Leyment | ***01*** | 214 | A 3 |
| Leynes | ***71*** | 194 | D 5 |
| Leynhac | ***15*** | 261 | H 2 |
| Leyr | ***54*** | 66 | B 4 |
| Leyrat | ***23*** | 190 | A 4 |
| Leyrieu | ***38*** | 213 | H 5 |
| Leyritz-Moncassin | ***47*** | 275 | E 1 |
| Leyssard | ***01*** | 214 | B 1 |
| Leyvaux | ***15*** | 245 | G 1 |
| Leyviller | ***57*** | 67 | F 1 |
| Lez | ***31*** | 334 | B 3 |
| Lez-Fontaine | ***59*** | 15 | H 3 |
| Lézan | ***30*** | 283 | G 5 |
| Lézardrieux | ***22*** | 73 | F 3 |
| Lézat | ***39*** | 197 | E 2 |
| Lézat-sur-Lèze | ***09*** | 317 | H 5 |
| Lezay | ***79*** | 185 | H 5 |
| Lezennes | ***59*** | 8 | D 3 |
| Lezéville | ***52*** | 93 | F 3 |
| Lezey | ***57*** | 66 | D 4 |
| Lézignan | ***65*** | 333 | E 1 |
| Lézignan-Corbières | ***11*** | 320 | C 5 |
| Lézignan-la-Cèbe | ***34*** | 322 | C 3 |
| Lézigné | ***49*** | 129 | E 4 |
| Lézigneux | ***42*** | 229 | G 3 |
| Lézinnes | ***89*** | 137 | F 3 |
| Lezoux | ***63*** | 210 | B 5 |
| Lhéraule | ***60*** | 37 | H 1 |
| Lherm | ***46*** | 259 | G 4 |
| Lherm | ***31*** | 317 | G 3 |
| Lhéry | ***51*** | 41 | E 4 |
| Lhez | ***65*** | 315 | F 5 |
| Lhommaizé | ***86*** | 186 | D 3 |
| Lhomme | ***72*** | 130 | C 3 |
| Lhôpital | ***01*** | 214 | D 2 |
| Lhor | ***57*** | 67 | F 3 |
| Lhospitalet | ***46*** | 277 | H 1 |
| Lhoumois | ***79*** | 168 | B 5 |
| Lhuis | ***01*** | 214 | C 5 |
| Lhuître | ***10*** | 91 | F 2 |
| Lhuys | ***02*** | 40 | D 3 |
| Liac | ***65*** | 315 | F 3 |
| Liancourt | ***60*** | 38 | D 3 |
| Liancourt-Fosse | ***80*** | 23 | F 3 |
| Liancourt-Saint-Pierre | ***60*** | 37 | H 4 |
| Liart | ***08*** | 26 | A 3 |
| Lias | ***32*** | 297 | F 5 |
| Lias-d'Armagnac | ***32*** | 294 | D 1 |
| Liausson | ***34*** | 301 | H 4 |
| Libaros | ***65*** | 315 | H 5 |
| Libération *Croix de la* | ***71*** | 176 | D 2 |
| Libercourt | ***62*** | 8 | C 4 |
| Libermont | ***60*** | 23 | G 4 |
| Libourne | ***33*** | 238 | B 5 |
| Librecy | ***08*** | 26 | B 3 |
| Licey-sur-Vingeanne | ***21*** | 160 | D 1 |
| Lichans-Sunhar | ***64*** | 331 | F 2 |
| Lichères | ***16*** | 203 | F 4 |
| Lichères-près-Aigremont | ***89*** | 136 | D 4 |
| Lichères-sur-Yonne | ***89*** | 157 | F 1 |
| Lichos | ***64*** | 313 | F 4 |
| Lichtenberg | ***67*** | 68 | B 2 |
| Licourt | ***80*** | 23 | G 2 |
| Licq-Athérey | ***64*** | 331 | E 2 |
| Licques | ***62*** | 2 | D 5 |
| Licy-Clignon | ***02*** | 40 | B 5 |
| Lidrezing | ***57*** | 67 | E 3 |
| Liebenswiller | ***68*** | 143 | G 4 |
| Liebsdorf | ***68*** | 143 | F 4 |
| Liebvillers | ***25*** | 163 | F 2 |
| Liederschiedt | ***57*** | 48 | C 5 |
| Lieffrans | ***70*** | 140 | D 5 |
| Le Liège | ***37*** | 152 | C 4 |
| Liéhon | ***57*** | 65 | H 2 |
| Liencourt | ***62*** | 13 | E 2 |
| Lieoux | ***31*** | 316 | C 5 |
| Lièpvre | ***68*** | 96 | D 5 |
| Liéramont | ***80*** | 14 | A 5 |
| Liercourt | ***80*** | 11 | H 4 |
| Lières | ***62*** | 7 | G 3 |
| Liergues | ***69*** | 212 | D 3 |
| Liernais | ***21*** | 158 | C 4 |
| Liernolles | ***03*** | 193 | E 3 |
| Lierval | ***02*** | 40 | D 1 |
| Lierville | ***60*** | 37 | G 4 |
| Lies | ***65*** | 333 | F 1 |
| Liesle | ***25*** | 179 | G 1 |
| Liesse-Notre-Dame | ***02*** | 25 | E 5 |
| Liessies | ***59*** | 15 | H 4 |
| Liesville-sur-Douve | ***50*** | 31 | H 2 |
| Liettres | ***62*** | 7 | G 3 |
| Lieu-Saint-Amand | ***59*** | 14 | C 2 |
| Lieuche | ***06*** | 289 | G 4 |
| Lieucourt | ***70*** | 161 | F 2 |
| Lieudieu | ***38*** | 231 | H 4 |
| Lieurac | ***09*** | 336 | C 2 |
| Lieuran-Cabrières | ***34*** | 301 | H 5 |
| Lieuran-lès-Béziers | ***34*** | 321 | G 4 |
| Lieurey | ***27*** | 35 | E 4 |
| Lieuron | ***35*** | 103 | H 5 |
| Lieury | ***14*** | 54 | B 1 |
| Lieusaint | ***50*** | 29 | F 5 |
| Lieusaint | ***77*** | 88 | A 2 |
| Lieutadès | ***15*** | 263 | F 1 |
| Lieuvillers | ***60*** | 38 | D 1 |
| Liévans | ***70*** | 141 | G 4 |
| Liévin | ***62*** | 8 | B 5 |
| Lièvremont | ***25*** | 180 | D 1 |
| Liez | ***02*** | 24 | B 4 |
| Liez | ***85*** | 184 | B 3 |
| Liézey | ***88*** | 120 | A 3 |
| Liffol-le-Grand | ***88*** | 93 | H 5 |
| Liffol-le-Petit | ***52*** | 93 | G 5 |
| Liffré | ***35*** | 104 | C 2 |
| Ligardes | ***32*** | 275 | H 5 |
| Ligescourt | ***80*** | 11 | G 1 |
| Liget *Chartreuse du* | ***37*** | 152 | D 5 |
| Liginiac | ***19*** | 226 | B 4 |
| Liglet | ***86*** | 187 | H 2 |
| Lignac | ***36*** | 188 | A 3 |
| Lignairolles | ***11*** | 337 | A 1 |
| Lignan-de-Bazas | ***33*** | 256 | B 5 |
| Lignan-de-Bordeaux | ***33*** | 255 | H 1 |
| Lignan-sur-Orb | ***34*** | 321 | F 4 |
| Lignareix | ***19*** | 225 | H 2 |
| Ligné | ***44*** | 148 | A 2 |
| Ligné | ***16*** | 203 | E 4 |
| Lignères | ***61*** | 54 | D 4 |
| Lignereuil | ***62*** | 13 | E 2 |
| Lignerolles | ***27*** | 56 | C 3 |
| Lignerolles | ***61*** | 84 | C 2 |
| Lignerolles | ***21*** | 138 | D 2 |
| Lignerolles | ***36*** | 189 | H 2 |
| Lignerolles | ***03*** | 190 | E 5 |
| Lignéville | ***88*** | 118 | C 2 |
| Ligneyrac | ***19*** | 242 | C 3 |
| Lignières | ***80*** | 23 | E 4 |
| Lignières | ***10*** | 114 | D 5 |
| Lignières | ***41*** | 131 | H 2 |
| Lignières | ***18*** | 172 | D 5 |
| Lignières-Châtelain | ***80*** | 21 | G 3 |
| Lignières-de-Touraine | ***37*** | 151 | F 3 |
| Lignières-en-Vimeu | ***80*** | 11 | F 5 |
| Lignières-la-Carelle | ***72*** | 83 | H 4 |
| Lignières-Orgères | ***53*** | 83 | E 2 |
| Lignières-Sonneville | ***16*** | 220 | C 3 |
| Lignières-sur-Aire | ***55*** | 64 | B 4 |
| Lignol | ***56*** | 101 | F 3 |
| Lignol-le-Château | ***10*** | 116 | B 2 |
| Lignon | ***51*** | 91 | H 2 |
| Lignorelles | ***89*** | 136 | C 2 |
| Lignou | ***61*** | 53 | G 5 |
| Ligny-en-Barrois | ***55*** | 93 | F 1 |
| Ligny-en-Brionnais | ***71*** | 193 | H 5 |
| Ligny-en-Cambrésis | ***59*** | 14 | C 4 |
| Ligny-le-Châtel | ***89*** | 136 | C 2 |
| Ligny-le-Ribault | ***45*** | 133 | E 4 |
| Ligny-lès-Aire | ***62*** | 7 | G 3 |
| Ligny-Saint-Flochel | ***62*** | 7 | G 5 |
| Ligny-sur-Canche | ***62*** | 12 | C 2 |
| Ligny-Thilloy | ***62*** | 13 | G 4 |
| Ligré | ***37*** | 151 | E 5 |
| Ligron | ***72*** | 129 | G 3 |
| Ligsdorf | ***68*** | 143 | F 4 |
| Ligueil | ***37*** | 170 | A 1 |
| Ligueux | ***24*** | 240 | D 1 |
| Ligueux | ***33*** | 257 | F 1 |
| Ligugé | ***86*** | 186 | B 2 |
| Lihons | ***80*** | 23 | F 2 |
| Lihus | ***60*** | 22 | A 5 |
| Les Lilas | ***93*** | 58 | C 3 |
| Lilhac | ***31*** | 316 | C 5 |
| Lilignod | ***01*** | 214 | D 3 |
| Lille | ***59*** | 8 | D 2 |
| Lillebonne | ***76*** | 35 | F 1 |
| Lillemer | ***35*** | 80 | A 2 |
| Lillers | ***62*** | 7 | H 3 |
| Lilly | ***27*** | 37 | E 2 |
| Limalonges | ***79*** | 203 | F 1 |
| Limans | ***04*** | 287 | E 5 |
| Limanton | ***58*** | 175 | G 2 |
| Limas | ***69*** | 212 | D 3 |
| Limay | ***78*** | 57 | F 2 |
| Limbrassac | ***09*** | 336 | D 2 |
| Limé | ***02*** | 40 | D 3 |
| Limeil-Brévannes | ***94*** | 58 | D 4 |
| Limendous | ***64*** | 314 | C 5 |
| Limeray | ***37*** | 152 | C 2 |
| Limersheim | ***67*** | 97 | G 2 |

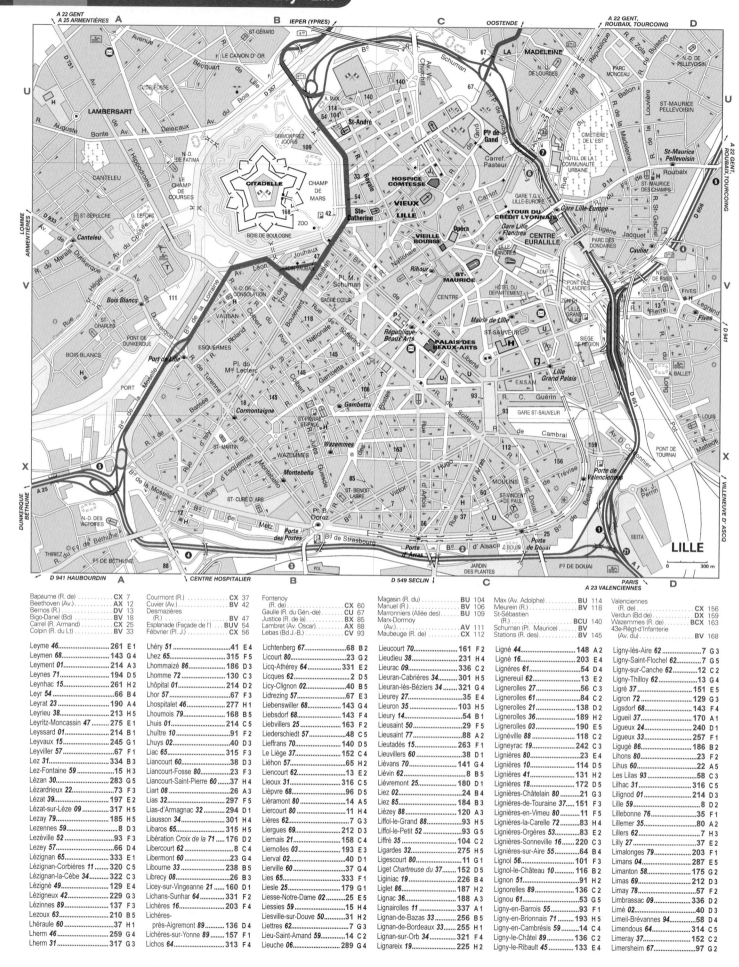

## LIMOGES

Aine (Pl. d') ... BZ 2
Allois (R. des) ... DZ 6
Amphithéâtre (R. de l') ... BY 8
Barreyrrette (Pl. de la) ... CZ 12
Bénédictins (Av. des) ... DY 14
Betoulle (Pl. L.) ... CZ 16
Boucherie (R. de la) ... CZ 18
Cathédrale (R. de la) ... DZ 23
Clocher (R. du) ... CZ 25
Collège (R. du) ... CZ 26
Consulat (R. du) ... CZ
Coopérateurs (R. des) ... BY 27
Dupuytren (R.) ... CZ 30
Ferrerie (R.) ... CZ 33
Fonderie (R. de la) ... BY 35
Fontaine-des-Barres (Pl.) ... CY 37
Gambetta (Bd) ... BCZ
Giraudoux (Square Jean) ... CY 42
Haute-Cité (R.) ... DZ 46
Jacobins (Pl. des) ... CZ 49
Jean-Jaurès (R.) ... CYZ
Louis-Blanc (Bd) ... CZ
Louvrier-de-Lajolais (R.) ... BY 55
Manigne (Pl.) ... CZ 57
Maupas (R. du) ... DY 59
Michels (R. Charles) ... CZ 63
Motte (Pl. de la) ... CZ 66
Périn (Bd G.) ... CY 71
Préfecture (R. de la) ... CY 83
Raspail (R.) ... DZ 89
Réforme (R. de la) ... CY 91
République (Pl. de la) ... CY 95
St-Martial (R.) ... CY 107
St-Maurice (Bd) ... DZ 109
St-Pierre (Pl.) ... CZ 110
Stalingrad (Pl.) ... CY 113
Temple (Cour du) ... CZ 115
Temple (R. du) ... CZ 116
Tourny (Carrefour) ... CY 118
Victor-Hugo (Bd) ... BY 120
Vigne-de-Fer (R.) ... CZ 122
71e-Mobile (R. du) ... DZ 125

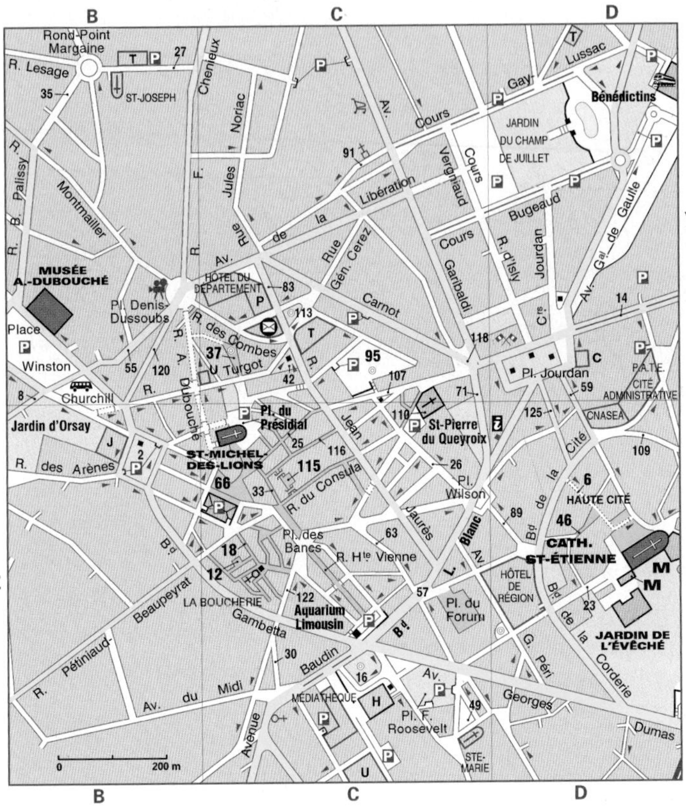



Livron 64 ... 314 D 5
Livron-sur-Drôme 26 ... 267 F 1
Livry 14 ... 32 D 5
Livry 58 ... 174 B 4
Livry-Gargan 93 ... 58 D 2
Livry-Louvercy 51 ... 42 A 5
Livry-sur-Seine 77 ... 88 B 3
Lixhausen 67 ... 68 C 4
Lixheim 57 ... 67 H 4
Lixières 54 ... 65 H 3
Lixing-lès-Rouhling 57 ... 47 G 5
Lixing-lès-Saint-Avold 57 ... 67 E 1
Lixy 89 ... 113 E 2
Lizac 82 ... 277 F 4
Lizant 86 ... 203 G 2
Lizeray 36 ... 172 A 2
Lizières 23 ... 206 C 1
Lizine 25 ... 180 A 1
Lizines 77 ... 89 F 3
Lizio 56 ... 102 C 5
Lizos 65 ... 315 F 5
Lizy 02 ... 40 C 1
Lizy-sur-Ourcq 77 ... 59 H 1
La Llagonne 66 ... 341 G 4
Llauro 66 ... 342 D 3
Llo 66 ... 341 F 4
Llous 66 ... 341 F 5
Llupia 66 ... 342 D 2
Lobsann 67 ... 69 E 2
Loc-Brévalaire 29 ... 70 D 4
Loc Dieu
*Ancienne Abbaye de* 12 ... 279 E 1
Loc-Eguiner 29 ... 71 F 5
Loc-Eguiner-
Saint-Thégonnec 29 ... 76 A 2
Loc-Envel 22 ... 72 C 5
Locarn 22 ... 77 E 4
Loché 71 ... 194 D 5
Loché-sur-Indrois 37 ... 170 D 1
Loches 37 ... 152 C 5
Loches-sur-Ource 10 ... 115 H 4
Le Locheur 14 ... 33 F 5
Lochieu 01 ... 214 D 3
Lochwiller 67 ... 68 B 5
Locmalo 56 ... 101 G 2
Locmaria 22 ... 72 C 5
Locmaria 56 ... 144 C 4
Locmaria *Chapelle de* 29 ... 70 D 5
Locmaria-Berrien 29 ... 76 C 3
Locmaria-Grand-Champ 56 ... 124 B 2
Locmaria-Plouzané 29 ... 74 D 2
Locmariaquer 56 ... 124 A 4
Locmélar 29 ... 75 H 2
Locminé 56 ... 102 A 5
Locmiquélic 56 ... 123 F 2
Locoal-Mendon 56 ... 123 H 3
Locon 62 ... 8 A 3
Loconville 60 ... 37 H 4
Locqueltas 56 ... 124 B 2
Locquémeau 22 ... 72 B 3
Locquénolé 29 ... 71 H 4
Locquignol 59 ... 15 F 3
Locquirec 29 ... 72 B 3
Locronan 29 ... 99 G 2
Loctudy 29 ... 99 G 5
Locunolé 29 ... 100 D 4
Loddes 03 ... 193 E 5
Lodes 31 ... 316 B 5
Lodève 34 ... 301 H 3
Lods 25 ... 180 B 1
Lœuilley 70 ... 160 D 1
Lœuilly 80 ... 22 B 3
Loëx 74 ... 197 H 5
Loffre 59 ... 9 E 5
La Loge 62 ... 7 E 5
La Loge-aux-Chèvres 10 ... 91 G 5
La Loge des Gardes 03 ... 211 E 3
Loge-Fougereuse 85 ... 184 C 1


## LORIENT

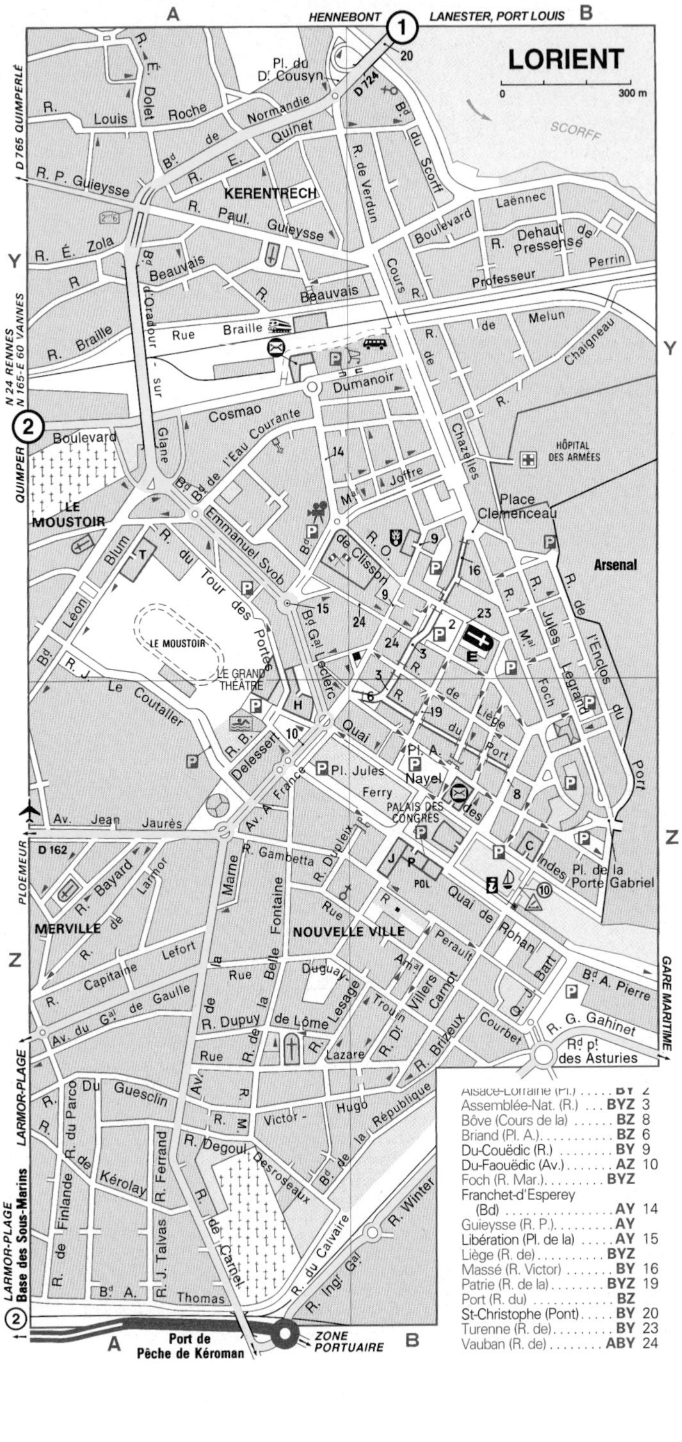


Alsace-Lorraine (Pl.) ... BY 2
Assemblée-Nat. (R.) ... BYZ 3
Bôve (Cours de la) ... BZ 8
Briand (Pl. A.) ... BZ 6
Du-Couëdic (R.) ... BY 9
Du-Faouëdic (Av.) ... AZ 10
Foch (R. Mar.) ... BYZ
Franchet-d'Esperey (Bd) ... AY 14
Guieysse (R. P.) ... AY
Libération (Pl. de la) ... AY 15
Liège (R. de) ... BYZ
Massé (R. Victor) ... BY 16
Patrie (R. de la) ... BYZ 19
Port (R. du) ... BZ
St-Christophe (Pont) ... BY 20
Turenne (R. de) ... BY 23
Vauban (R. de) ... ABY 24


Limerzel 56 ... 125 E 4
Limésy 76 ... 20 A 5
Limetz-Villez 78 ... 57 E 1
Limeuil 24 ... 240 D 5
Limeux 80 ... 11 G 4
Limeux 18 ... 172 C 1
Limey-Remenauville 54 ... 65 F 3
Limeyrat 24 ... 241 E 2
Limoges 87 ... 205 G 5
Limoges-Fourches 77 ... 88 B 2
Limogne-en-Quercy 46 ... 278 D 1
Limoise 03 ... 174 B 5
Limon 58 ... 175 E 2
Limonest 69 ... 213 E 4
Limons 63 ... 210 B 3
Limont-Fontaine 59 ... 15 G 3
Limony 07 ... 231 E 5
Limours-en-Hurepoix 91 ... 87 F 2
Limousis 11 ... 319 H 5
Limoux 11 ... 337 C 2
La Limouzinière 44 ... 165 G 1
La Limouzinière 85 ... 166 A 5
Limpiville 76 ... 19 E 4
Linac 46 ... 261 G 3
Linard 23 ... 189 F 4
Linards 87 ... 224 C 1
Linars 16 ... 221 E 1
Linas 91 ... 87 G 2
Linay 08 ... 27 H 4
Linazay 86 ... 203 F 1
Lincel 04 ... 306 C 1
Lincheux-Hallivillers 80 ... 21 H 2
Lindebeuf 76 ... 19 H 4
Le Lindois 16 ... 222 B 1
Lindre-Basse 57 ... 67 E 4
Lindre-Haute 57 ... 67 E 4
Lindry 89 ... 136 A 3
Linexert 70 ... 141 H 3
Lingé 36 ... 170 C 4
Lingeard 50 ... 52 B 4
Lingèvres 14 ... 33 E 4
Linghem 62 ... 7 G 3
Lingolsheim 67 ... 97 G 1
Lingreville 50 ... 51 F 1
Linguizzetta 2B ... 347 H 4
Linières-Bouton 49 ... 150 D 1
Liniers 86 ... 186 D 1
Liniez 36 ... 171 H 2
Linsdorf 68 ... 143 G 4
Linselles 59 ... 4 D 5
Linthal 68 ... 120 C 4
Linthelles 51 ... 61 F 5
Linthes 51 ... 61 F 4
Lintot 76 ... 19 F 5
Lintot-les-Bois 76 ... 20 B 3
Linxe 40 ... 272 B 5
Liny-devant-Dun 55 ... 43 H 2
Linzeux 62 ... 12 C 2
Liocourt 57 ... 66 B 3
Liomer 80 ... 21 G 2
Le Lion-d'Angers 49 ... 128 B 4
Lion-devant-Dun 55 ... 43 H 2
Lion-en-Beauce 45 ... 111 E 3
Lion-en-Sullias 45 ... 134 B 4
Lion-sur-Mer 14 ... 33 G 3
Liorac-sur-Louyre 24 ... 240 B 5
Le Lioran 15 ... 245 E 3
Liouc 30 ... 303 E 1
Le Liouquet 13 ... 327 G 4
Liourdres 19 ... 243 E 5
Liouville 55 ... 64 D 4
Lioux 84 ... 286 B 5
Lioux-les-Monges 23 ... 208 C 3
Liposthey 40 ... 273 E 1
Lipsheim 67 ... 97 G 2
Lirac 30 ... 285 E 4
Liré 49 ... 148 B 2
Lirey 10 ... 114 D 3
Lironcourt 88 ... 118 B 4
Lironville 54 ... 65 F 3
Liry 08 ... 42 D 3
Lisbourg 62 ... 7 F 4
Liscia *Golfe de la* 2A ... 348 B 2
Lisieux 14 ... 34 C 5
Lisle 41 ... 131 H 2
Lisle 24 ... 240 B 1
Lisle-en-Barrois 55 ... 63 G 2
Lisle-en-Rigault 55 ... 63 G 4
Lisle-sur-Tarn 81 ... 298 C 2
Lislet 02 ... 25 G 4
Lison 14 ... 32 B 3
Lison *Source du* 25 ... 180 A 2
Lisores 14 ... 54 C 2
Lisors 27 ... 36 D 3
Lissac 43 ... 247 E 2
Lissac 09 ... 318 A 5
Lissac-et-Mouret 46 ... 261 F 3
Lissac-sur-Couze 19 ... 242 B 3
Lissay-Lochy 18 ... 173 E 2
Lisse 47 ... 275 F 4
Lisse-en-Champagne 51 ... 62 D 3
Lisses 91 ... 87 H 2
Lisseuil 63 ... 209 F 2
Lissey 55 ... 44 B 3
Lissieu 69 ... 212 D 4
Lissy 77 ... 88 B 2
Listrac-de-Durèze 33 ... 257 E 1
Listrac-Médoc 33 ... 237 E 3
Lit-et-Mixe 40 ... 272 B 4
Lithaire 50 ... 31 G 3
Litteau 14 ... 32 C 4
Littenheim 67 ... 68 C 4
Littry 14 ... 32 C 4
Litz 60 ... 38 C 2
Livaie 61 ... 83 F 3
Livarot 14 ... 54 C 1
Liverdun 54 ... 65 G 5
Liverdy-en-Brie 77 ... 59 F 5
Livernon 46 ... 261 E 3
Livers-Cazelles 81 ... 279 F 5
Livet 53 ... 106 C 3
Livet-en-Saosnois 72 ... 83 H 4
Livet-et-Gavet 38 ... 251 F 2
Livet-sur-Authou 27 ... 35 F 4
Livilliers 95 ... 58 A 1
Livinhac-le-Haut 12 ... 261 H 4
La Livinière 34 ... 320 B 5
Livré 53 ... 105 G 5
Livré-sur-Changeon 35 ... 104 D 2

## LYON

Annonciade (R. de l') . . . . . . . . . FV 5
Antiquaille (R. de l') . . . . . . . . . EY 7
Basses Verchères (R. des) . . . . . . . . . EY 10
Bonaparte (Pt) . . . . . . . . . FY 12
Burdeau (R.) . . . . . . . . . FV 16
Carmélites (Mtée des) . . . . . . . . . FV 21
Churchill (Pt W.) . . . . . . . . . GV 31
Courmont (Q. J.) . . . . . . . . . FX 33
Croix Rousse (Gde-R. de la) . . . . . . . . . FV 35
Duvivier (R. P.) . . . . . . . . . GZ 180
Épargne (R. de l') . . . . . . . . . HZ 41
Farges (R. des) . . . . . . . . . EY 46
Favre (Bd J.) . . . . . . . . . HX 48
La-Fayette (Pont) . . . . . . . . . GX 88
Ferry (Pl. J.) . . . . . . . . . HX 51
France (Bd A.) . . . . . . . . . HV 57
Gallieni (Pt) . . . . . . . . . FY 65
Gerlier (R. Cardinal) . . . . . . . . . EY 69
Grenette (R.) . . . . . . . . . FX 71
Guillotière (Grande-R. de la) . GYZ
Guillotière (Pt de la) . . . . . . . . . FY 73
Herbouville (Cours d') . . . . . . . . . FV 75
Jean-Jaurès (Av.) . . . . . . . . . GY
Joffre (Quai Mar.) . . . . . . . . . EY 82
Juin (Pont Alphonse) . . . . . . . . . FX 84
Kitchener Marchand (Pt ) . . . . . . . . . EY 85
Koening (Pt Gén.) . . . . . . . . . EV 86
Lassagne (Quai A.) . . . . . . . . . FV 93
Lattre-de-Tassigny (Pt de) . . . . FV 164
Marius-Vivier-Merle (Bd) . . . . . HY 101
Morand (Pont) . . . . . . . . . FVX 107
Moulin (Quai J.) . . . . . . . . . FX 109
La Part Dieu . . . . . . . . . HXY
Pradel (Pl. L.) . . . . . . . . . FX 123
Prés.-Édouard-Herriot (R. du) . . . . . . . . . FX 127
Repos (R. du) . . . . . . . . . GZ 131
République (R. de la) . . . . . . . . . FXY 136
Rolland (Quai Romain) . . . . . . . . . FX 140
St-Antoine (Q.) . . . . . . . . . FX 147
St-Barthélémy (Montée) . . . . . . . . . EX 149
Sarrail (Quai du Gén.) . . . . . . . . . GX 157
Terme (R.) . . . . . . . . . FV 166
Université (Pont de l') . . . . . . . . . FY 171
Université (R. de l') . . . . . . . . . GY 172
Victor-Hugo (R.) . . . . . . . . . FY 176
Villette (R. de la) . . . . . . . . . HY 178
Vitton (Cours) . . . . . . . . . HV
Wilson (Pont) . . . . . . . . . FY 182
1re Div.-Fr.-Libre (Av. de la) . . . EY 186

## VILLEURBANNE

Dutrievos (Av. A.) . . . . . . . . . HV 39
Galline (Av.) . . . . . . . . . HV
Philip (Cours A.) . . . . . . . . . HV
Rossellini (Av. R.) . . . . . . . . . HV 144
Tonkin (R. du) . . . . . . . . . HV
Zola (Cours Émile) . . . . . . . . . HV
11 Novembre 1918 (Bd du) . . HV

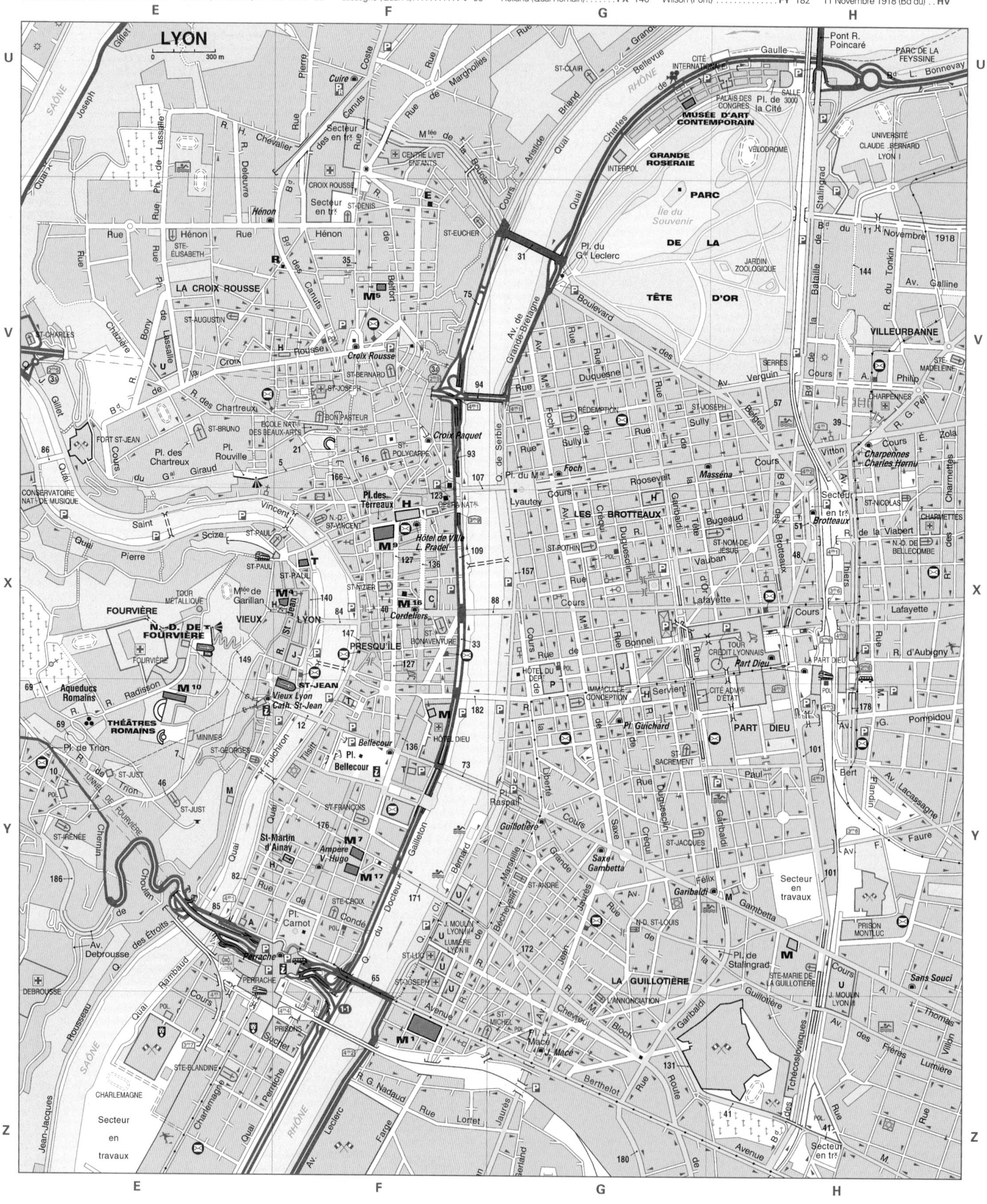

La Loge-Pomblin 10 ... 114 D4
Logelbach 68 ... 121 E3
Logelheim 68 ... 121 F3
Les Loges 76 ... 18 D4
Les Loges 14 ... 52 D1
Les Loges 72 ... 108 C5
Les Loges 52 ... 139 H3
Les Loges-en-Josas 78 ... 58 A4
Les Loges-Marchis 50 ... 81 F2
Les Loges-Margueron 10 ... 115 E4
Les Loges-Saulces 14 ... 53 G3
Les Loges-sur-Brécey 50 ... 52 A4
Le Logis-du-Pin 06 ... 308 B2
Le Logis-Neuf 01 ... 195 G5
Le Logis-Neuf 13 ... 327 E2
Lognes 77 ... 59 E3
Logny-Bogny 08 ... 26 B3
Logny-lès-Aubenton 02 ... 25 H2
Logny-lès-Chaumont 08 ... 25 H4
Logonna-Daoulas 29 ... 75 G3
Logrian-Florian 30 ... 303 E1
Logron 28 ... 109 H3
Loguivy-de-la-Mer 22 ... 73 F2
Loguivy-Plougras 22 ... 72 C5
Lohéac 35 ... 103 H5
Lohitzun-Oyhercq 64 ... 311 H5
Lohr 67 ... 68 A3
Lohuec 22 ... 76 D2
Loigné-sur-Mayenne 53 ... 128 B2
Loigny-la-Bataille 28 ... 110 C3
Loiré 49 ... 127 H4
Loire-les-Marais 17 ... 200 D2
Loiré-sur-Nie 17 ... 202 B3
Loire-sur-Rhône 69 ... 231 E3
Loiron 53 ... 105 G4
Loisail 61 ... 84 C3
Loisey-Culey 55 ... 63 H4
Loisia 39 ... 196 B2
Loisieux 73 ... 232 D1
Loisin 74 ... 197 H4
Loison 55 ... 44 D4
Loison-sous-Lens 62 ... 8 C5
Loison-sur-Créquoise 62 ... 6 D5
Loisy 54 ... 65 G3
Loisy 71 ... 195 F1
Loisy-en-Brie 51 ... 61 F3
Loisy-sur-Marne 51 ... 62 C4
Loivre 51 ... 41 G3
Loix 17 ... 182 D5
Loizé 79 ... 202 D1
Lolif 50 ... 51 G4
Lolme 24 ... 258 D2
Lombard 25 ... 161 G5
Lombard 39 ... 179 E4
Lombers 81 ... 299 F2
Lombez 32 ... 316 D3
Lombia 64 ... 314 D4
Lombray 02 ... 39 H1
Lombrès 65 ... 334 A1
Lombreuil 45 ... 112 B5
Lombron 72 ... 108 A4
Lomener 56 ... 123 E2
Lomme 59 ... 8 C2
Lommerange 57 ... 45 F3
Lommoye 78 ... 57 E2
Lomné 65 ... 333 G2
Lomont 70 ... 142 A3
Lomont-sur-Crête 25 ... 162 D2
Lompnas 01 ... 214 B5
Lompnieu 01 ... 214 D3
Lompret 59 ... 8 C2
Lonçon 64 ... 314 A3
La Londe 76 ... 36 A3
La Londe-les-Maures 83 ... 328 D4
Londigny 16 ... 203 F2
Londinières 76 ... 20 D2
Long 80 ... 11 H4
Longages 31 ... 317 G4
Longaulnay 35 ... 79 H5
Longavesnes 80 ... 23 H1
Longchamp 88 ... 95 G5
Longchamp 52 ... 117 G3
Longchamp 21 ... 160 C4
Longchamp 73 ... 234 A4
Longchamp-sous-Châtenois 88 ... 94 B5
Longchamp-sur-Aujon 10 ... 116 B3
Longchamps 02 ... 24 D1
Longchamps 27 ... 37 F3
Longchamps-sur-Aire 55 ... 64 B3
Longchaumois 39 ... 197 E2
Longcochon 39 ... 180 A4
Longeau 52 ... 139 G3
Longeault 21 ... 160 C4
Longeaux 55 ... 93 F1
Longechaux 25 ... 162 D4
Longechenal 38 ... 232 A4
Longecourt-en-Plaine 21 ... 160 B4
Longecourt-lès-Culêtre 21 ... 159 F5
Longefoy 73 ... 234 C2
Longemaison 25 ... 162 D5
Longemer 88 ... 120 B3
Longepierre 71 ... 178 C2
Le Longeron 49 ... 166 C1
Longes 69 ... 230 D3
Longessaigne 69 ... 212 B5
Longevelle 70 ... 141 H4
Longevelle-lès-Russey 25 ... 163 E3
Longevelle-sur-Doubs 25 ... 142 A5
Longèves 17 ... 183 G5
Longèves 85 ... 183 H2
Longeville 25 ... 180 B1
La Longeville 25 ... 180 D1
Longeville-en-Barrois 55 ... 63 H4
Longeville-lès-Metz 57 ... 65 G1
Longeville-lès-Saint-Avold 57 ... 46 D5
Longeville-sur-la-Laines 52 ... 92 A3
Longeville-sur-Mer 85 ... 182 C2
Longeville-sur-Mogne 10 ... 115 E3
Longevilles-Mont-d'Or 25 ... 180 C4
Longfossé 62 ... 6 C2
La Longine 70 ... 119 H5
Longjumeau 91 ... 58 B5
Longlaville 54 ... 45 E1
Longmesnil 76 ... 21 E5
Longnes 78 ... 57 E2
Longnes 72 ... 107 F4
Longny-au-Perche 61 ... 84 D3
Longperrier 77 ... 59 E1
Longpont 02 ... 40 A4
Longpont-sur-Orge 91 ... 87 G2
Longpré-le-Sec 10 ... 115 H2
Longpré-les-Corps-Saints 80 ... 11 H4
Longraye 14 ... 33 E4
Longré 16 ... 203 E3
Longroy 76 ... 11 E5
Longsols 10 ... 91 F4
Longué 49 ... 150 B2
Longueau 80 ... 22 C2
Longuefuye 53 ... 128 C2
Longueil 76 ... 20 A2
Longueil-Annel 60 ... 39 G1
Longueil-Sainte-Marie 60 ... 39 F3
Longuenesse 62 ... 3 F5
Longuenoë 61 ... 83 F3
Longuerue 76 ... 20 C5
Longues 63 ... 228 A2
Longues-sur-Mer 14 ... 33 E2
Longuesse 95 ... 57 H1
Longueval 80 ... 13 G5
Longueval-Barbonval 02 ... 40 D3
Longueville 62 ... 2 D5
La Longueville 59 ... 15 G2
Longueville 14 ... 32 C2
Longueville 50 ... 51 F2
Longueville 77 ... 89 F3
Longueville 47 ... 257 F5
Longueville-sur-Aube 10 ... 90 C2
Longueville-sur-Scie 76 ... 20 B3
Longuevillette 80 ... 12 C4
Longuyon 54 ... 44 C2
Longvic 21 ... 160 A3
Longvillers 80 ... 12 B4
Longvillers 14 ... 53 E1
Longvilliers 62 ... 6 B3
Longvilliers 78 ... 87 E2
Longwé 08 ... 43 E2
Longwy 54 ... 45 E1
Longwy-sur-le-Doubs 39 ... 178 D2
Lonlay-l'Abbaye 61 ... 52 D5
Lonlay-le-Tesson 61 ... 53 G5
Lonnes 16 ... 203 F3
Lonny 08 ... 26 C2
Lonrai 61 ... 83 G3
Lons 64 ... 314 A4
Lons-le-Saunier 39 ... 179 E5
Lonzac 17 ... 219 H2
Le Lonzac 19 ... 224 D4
Looberghe 59 ... 3 F3
Loon-Plage 59 ... 3 F2
Loos 59 ... 8 C3
Loos-en-Gohelle 62 ... 8 B4
Looze 89 ... 113 H5
Lopérec 29 ... 75 H4
Loperhet 29 ... 75 G2
Lopigna 2A ... 348 C1
Loqueffret 29 ... 76 B3
Lor 02 ... 41 G1
Loray 25 ... 162 D4
Lorcières 15 ... 246 A4
Lorcy 45 ... 112 A4
Lordat 09 ... 336 C5
Loré 61 ... 82 B3
Lorentzen 67 ... 67 H2
Loreto-di-Casinca 2B ... 347 G2
Loreto-di-Tallano 2A ... 349 E5
Lorette 42 ... 230 C3
Le Loreur 50 ... 51 G2
Loreux 41 ... 154 A2
Le Lorey 50 ... 31 H5
Lorey 54 ... 95 E2
Lorges 41 ... 132 B3
Lorgies 62 ... 8 B3
Lorgues 83 ... 307 H5
La Lorie *Château de* 49 ... 128 A4
Lorient 56 ... 123 F2
Loriges 03 ... 192 B5
Lorignac 17 ... 219 F3
Lorigné 79 ... 203 E1
Loriol-du-Comtat 84 ... 285 G4
Loriol-sur-Drôme 26 ... 267 E1
Lorlanges 43 ... 228 A5
Lorleau 27 ... 37 E2
Lormaison 60 ... 38 A4
Lormaye 28 ... 57 E5
Lormes 58 ... 157 H4
Lormont 33 ... 237 G5
Lornay 74 ... 215 E3
Loromontzey 54 ... 95 F3
Le Loroux 35 ... 81 G4
Le Loroux-Bottereau 44 ... 148 A4
Lorp-Sentaraille 09 ... 335 F2
Lorquin 57 ... 67 G5
Lorrez-le-Bocage 77 ... 112 D2
Lorris 45 ... 134 B2
Lorry-lès-Metz 57 ... 45 G5
Lorry-Mardigny 57 ... 65 G2
Lortet 65 ... 333 H2
Loscouët-sur-Meu 22 ... 103 F2
Losne 21 ... 160 C5
Losse 40 ... 274 C4
Lostanges 19 ... 242 D3
Lostroff 57 ... 67 F3
Lothey 29 ... 75 H5
Lottinghen 62 ... 6 D2
Le Lou-du-Lac 35 ... 103 H2
Louailles 72 ... 129 E3
Louan 77 ... 89 H2
Louannec 22 ... 72 D2
Louans 37 ... 152 A5
Louargat 22 ... 72 D5
Louâtre 02 ... 40 A4
Loubajac 65 ... 332 D1
Loubaresse 15 ... 246 A5
Loubaresse 07 ... 265 G3
Loubaut 09 ... 317 G5
Loubédat 32 ... 295 E3
Loubejac 24 ... 259 F4
Loubens 33 ... 256 D3
Loubens 09 ... 336 A2
Loubens-Lauragais 31 ... 298 C5
Loubers 81 ... 279 E5
Loubersan 32 ... 316 A3
Loubès-Bernac 47 ... 257 G2
Loubeyrat 63 ... 209 G4
Loubieng 64 ... 313 G3
La Loubière 12 ... 280 D1
Loubières 09 ... 336 B2
Loubigné 79 ... 202 D2
Loubillé 79 ... 202 D2
Loublande 79 ... 167 E2
Loubressac 46 ... 243 E5
Loucé 61 ... 54 A5
Loucelles 14 ... 33 E4
Louchats 33 ... 255 G4
Louches 62 ... 2 D4
Louchy-Montfand 03 ... 192 A4
Loucrup 65 ... 333 E1
Loudéac 22 ... 102 B2
Loudenvielle 65 ... 333 H4
Loudervielle 65 ... 333 H4
Loudes 43 ... 247 E3
Loudet 31 ... 316 A5
Loudrefing 57 ... 67 F3
Loudun 86 ... 168 D2
Loué 72 ... 107 E4
La Loue *Source de* 25 ... 180 C1
Louens 33 ... 237 F4
Louer 40 ... 293 F2
Louerre 49 ... 150 A3
Louesme 89 ... 135 G3
Louesme 21 ... 138 C2
Louestault 37 ... 130 D5
Loueuse 60 ... 21 G5
Louey 65 ... 315 E5
Lougé-sur-Maire 61 ... 53 H5
Lougratte 47 ... 258 B4
Lougres 25 ... 142 B5
Louhans 71 ... 178 C5
Louhossoa 64 ... 311 E4
Louignac 19 ... 241 G1
Louin 79 ... 168 B4
Louisfert 44 ... 126 D4
Louit 65 ... 315 F5
Loulans-Verchamp 70 ... 162 B1
Loulay 17 ... 201 H2
Loulle 39 ... 179 H4
La Loupe 28 ... 85 F3
Loupeigne 02 ... 40 C4
Loupershouse 57 ... 67 F1
Loupes 33 ... 255 H1
Loupfougères 53 ... 82 D5
Loupia 11 ... 337 B2
Loupiac 15 ... 244 B3
Loupiac 33 ... 256 B3
Loupiac 46 ... 260 B1
Loupiac 12 ... 261 F4
Loupiac 81 ... 298 C2
Loupiac-de-la-Réole 33 ... 256 D4
Loupian 34 ... 322 D3
Louplande 72 ... 107 G5
Loupmont 55 ... 64 D3
Louppy-le-Château 55 ... 63 G3
Louppy-sur-Chée 55 ... 63 G3
Louppy-sur-Loison 55 ... 44 B2
Loups du Gévaudan *Parc des* 48 ... 264 A3
La Louptière-Thénard 10 ... 89 H4
Lourches 59 ... 14 C2
Lourde 31 ... 334 B2
Lourdes 65 ... 332 D1
Lourdios-Ichère 64 ... 331 G2
Lourdoueix-Saint-Michel 36 ... 189 E3
Lourdoueix-Saint-Pierre 23 ... 189 F3
Lourenties 64 ... 314 C5
Loures-Barousse 65 ... 334 B2
Louresse-Rochemenier 49 ... 150 A4
Lourmais 35 ... 80 B3
Lourmarin 84 ... 305 H2
Lournand 71 ... 194 D3
Lourouer-Saint-Laurent 36 ... 189 G1
Le Louroux 37 ... 152 A5
Le Louroux-Béconnais 49 ... 148 D1
Louroux-Bourbonnais 03 ... 191 F2
Louroux-de-Beaune 03 ... 191 F5
Louroux-de-Bouble 03 ... 191 G5
Louroux-Hodement 03 ... 191 E3
Lourquen 40 ... 293 G3
Lourties-Monbrun 32 ... 316 A3
Loury 45 ... 111 F5
Louslitges 32 ... 295 F4
Loussous-Débat 32 ... 295 E4
Loutehel 35 ... 103 G4
Loutremange 57 ... 46 C5
Loutzviller 57 ... 48 C5
Louvagny 14 ... 54 A2
Louvaines 49 ... 128 A4
Louvatange 39 ... 161 F4
Louveciennes 78 ... 58 A3
Louvemont 52 ... 92 C2
Louvemont-Côte-du-Poivre 55 ... 44 B5
Louvencourt 80 ... 13 E4
Louvenne 39 ... 196 B3
Louvergny 08 ... 26 D5
Louverné 53 ... 106 A3
Le Louverot 39 ... 179 F4
Louversey 27 ... 55 H2
Louvetot 76 ... 19 G5
Louvie-Juzon 64 ... 332 A1
Louvie-Soubiron 64 ... 332 A2
La Louvière-Lauragais 11 ... 318 C5
Louvières 14 ... 32 C2
Louvières 52 ... 117 F4
Louvières-en-Auge 61 ... 54 B3
Louviers 27 ... 36 B4
Louvigné 53 ... 106 B4
Louvigné-de-Bais 35 ... 104 D4
Louvigné-du-Désert 35 ... 81 F3
Louvignies-Bavay 59 ... 15 F2
Louvignies-Quesnoy 59 ... 15 E3
Louvigny 14 ... 33 G4
Louvigny 57 ... 65 H2
Louvigny 72 ... 83 H5
Louvigny 64 ... 294 A5
Louvil 59 ... 9 E3
Louville-la-Chenard 28 ... 86 D5
Louvilliers-en-Drouais 28 ... 56 C5
Louvilliers-lès-Perche 28 ... 85 F2
Louvois 51 ... 41 H5
Louvrechy 80 ... 22 C3
Louvres 95 ... 58 D1
Louvroil 59 ... 15 G2
Louye 27 ... 56 C4
Louzac 16 ... 219 H1
Louze 52 ... 92 A4
Louzes 72 ... 84 A4
Louzignac 17 ... 202 C4
Louzouer 45 ... 112 D4
Louzy 79 ... 168 B1
Lovagny 74 ... 215 F3
Loxéville 55 ... 64 B5
Loyat 56 ... 103 E4
La Loye 39 ... 179 E1
Loye-sur-Arnon 18 ... 190 B1
La Loyère 71 ... 177 H3
Loyettes 01 ... 213 H5
Lozanne 69 ... 212 D4
Lozari 2B ... 344 D5
Lozay 17 ... 201 G2
Loze 82 ... 278 D2
Lozère *Mont* 48 ... 265 E5
Lozinghem 62 ... 7 H4
Lozon 50 ... 31 H4
Lozzi 2B ... 346 D4
Luant 36 ... 171 G5
Le Luart 72 ... 108 C4
Lubbon 40 ... 274 D4
Lubécourt 57 ... 66 C3
Lubersac 19 ... 223 H4
Lubey 54 ... 45 E4
Lubilhac 43 ... 246 A1
Lubine 88 ... 96 C4
Lublé 37 ... 151 E1
Lubret-Saint-Luc 65 ... 315 G5
Luby-Betmont 65 ... 315 G5
Luc 48 ... 265 F3
Luc 65 ... 315 F5
Le Luc 83 ... 328 D1
Luc-Armau 64 ... 314 D3
Luc-en-Diois 26 ... 268 B3
Luc-la-Primaube 12 ... 280 C2
Luc-sur-Aude 11 ... 337 C3
Luc-sur-Mer 14 ... 33 G3
Luc-sur-Orbieu 11 ... 320 C5
Lucarré 64 ... 314 D3
Luçay-le-Libre 36 ... 172 A1
Luçay-le-Mâle 36 ... 153 F5
Lucbardez-et-Bargues 40 ... 274 A5
Lucciana 2B ... 347 G2
Lucé 61 ... 82 B2
Lucé 28 ... 86 A4
Lucé-sous-Ballon 72 ... 107 H2
Luceau 72 ... 130 B4
Lucelle 68 ... 143 F5
Lucenay 69 ... 212 D4
Lucenay-le-Duc 21 ... 138 A5
Lucenay-lès-Aix 58 ... 175 F5
Lucenay-l'Évêque 71 ... 176 C1
Lucéram 06 ... 291 F4
Lucerne *Abbaye de la* 50 ... 51 G3
La Lucerne-d'Outremer 50 ... 51 G3
Lucey 54 ... 65 E5
Lucey 21 ... 138 D2
Lucey 73 ... 215 E5
Lucgarier 64 ... 314 C5
Luchapt 86 ... 204 D1
Luchat 17 ... 219 F1
Luché-Pringé 72 ... 129 H4
Luché-sur-Brioux 79 ... 202 D1
Luché-Thouarsais 79 ... 167 H3
Lucheux 80 ... 12 D3
Luchy 60 ... 22 A5
Lucinges 74 ... 197 H5
Lucmau 33 ... 274 B1
Luçon 85 ... 183 F2
Lucq-de-Béarn 64 ... 313 G5
Lucquy 08 ... 26 B5
Les Lucs-sur-Boulogne 85 ... 165 H3
Lucy 76 ... 20 D3
Lucy 51 ... 61 F2
Lucy 57 ... 66 C2
Lucy-le-Bocage 02 ... 60 B1
Lucy-le-Bois 89 ... 157 H1
Lucy-sur-Cure 89 ... 136 C5
Lucy-sur-Yonne 89 ... 157 F1
Le Lude 72 ... 129 H4
Ludes 51 ... 41 G5
Ludesse 63 ... 227 H2
Ludiès 09 ... 336 C1
Ludon-Médoc 33 ... 237 G4
Ludres 54 ... 94 D1
Lüe 40 ... 272 D2
Lué-en-Baugeois 49 ... 150 A1
Luemschwiller 68 ... 143 F2
Luère *Col de la* 69 ... 212 D5
Lugagnac 46 ... 278 D1
Lugagnan 65 ... 332 D1
Lugaignac 33 ... 256 C1
Lugan 12 ... 261 H5
Lugan 81 ... 298 C3
Lugarde 15 ... 245 E1
Lugasson 33 ... 256 C1
Luglon 40 ... 273 D4
Lugny 02 ... 25 E3
Lugny 71 ... 195 E2
Lugny-Bourbonnais 18 ... 173 H3
Lugny-Champagne 18 ... 155 H5
Lugny-lès-Charolles 71 ... 193 H3
Lugo-di-Nazza 2B ... 349 G1
Lugon-et-l'Ile-du-Carnay 33 ... 238 B4
Lugos 33 ... 254 D4
Lugrin 74 ... 198 C3
Lugy 62 ... 7 F4
Le Luhier 25 ... 163 E4
Luigné 49 ... 149 H3
Luigny 28 ... 109 F2
Luisans 25 ... 163 E5
Luisant 28 ... 86 A4
Luisetaines 77 ... 89 F3
Luitré 35 ... 81 F5
Lullin 74 ... 198 B4
Lully 74 ... 198 A4
Lumbin 38 ... 233 F5
Lumbres 62 ... 7 E2
Lumeau 28 ... 110 D3
Lumes 08 ... 26 D3
Luméville-en-Ornois 55 ... 93 G3
Lumigny 77 ... 59 G4
Lumio 2B ... 346 C2
Lunac 12 ... 279 G3
Lunan 46 ... 261 G3
Lunaret *Zoo de* 34 ... 302 D4
Lunas 24 ... 239 G5
Lunas 34 ... 301 G3
Lunax 31 ... 316 B4
Lunay 41 ... 131 F3
Luneau 03 ... 193 F4
Lunegarde 46 ... 260 D2
Lunel 34 ... 303 F4
Lunel-Viel 34 ... 303 F4
Luneray 76 ... 19 H2
Lunery 18 ... 172 D3
Lunéville 54 ... 95 F1
Le Luot 50 ... 51 H4
Lupcourt 54 ... 94 D1
Lupé 42 ... 230 D5
Lupersat 23 ... 208 B3
Lupiac 32 ... 295 F3
Luplanté 28 ... 86 A5
Luppé-Violles 32 ... 294 D3
Luppy 57 ... 66 B2
Lupsault 16 ... 202 D3
Lupstein 67 ... 68 C4
Luquet 65 ... 314 D5
Lurais 36 ... 170 B5
Luray 28 ... 56 D5
Lurbe-Saint-Christau 64 ... 331 H2
Lurcy 01 ... 213 E2
Lurcy-le-Bourg 58 ... 157 E5
Lurcy-Lévis 03 ... 174 A5
Lure 70 ... 141 H3
Luré 42 ... 211 F4
Lureuil 36 ... 170 C5
Luri 2B ... 345 G2
Luriecq 42 ... 229 G4
Lurs 04 ... 287 F5
Lury-sur-Arnon 18 ... 154 C5
Lus-la-Croix-Haute 26 ... 268 D2
Lusanger 44 ... 126 C4
Lusans 25 ... 162 B2
Luscan 31 ... 334 B2
Lusignac 24 ... 221 G5
Lusignan 86 ... 186 A3
Lusignan-Petit 47 ... 275 H2
Lusigny 03 ... 192 C1
Lusigny-sur-Barse 10 ... 115 F2
Lusigny-sur-Ouche 21 ... 177 F1
Lussac 16 ... 203 H4
Lussac 17 ... 219 H3
Lussac 33 ... 238 D4
Lussac-les-Châteaux 86 ... 187 E3
Lussac-les-Églises 87 ... 188 A4
Lussagnet 40 ... 294 C2
Lussagnet-Lusson 64 ... 314 C3
Lussan 30 ... 284 B3
Lussan 32 ... 296 C4
Lussan-Adeilhac 31 ... 316 D5
Lussant 17 ... 201 E3
Lussas 07 ... 266 C3
Lussas-et-Nontronneau 24 ... 222 B3
Lussat 23 ... 208 B1
Lussat 63 ... 210 A5
Lussault-sur-Loire 37 ... 152 B2
Lusse 88 ... 96 C4
Lusseray 79 ... 202 C1
Lustar 65 ... 315 G5
Lustrac *Moulin de* 47 ... 258 D5
Luthenay-Uxeloup 58 ... 174 D3
Luthézieu 01 ... 214 D3
Lutilhous 65 ... 333 G1
Luttange 57 ... 46 B4

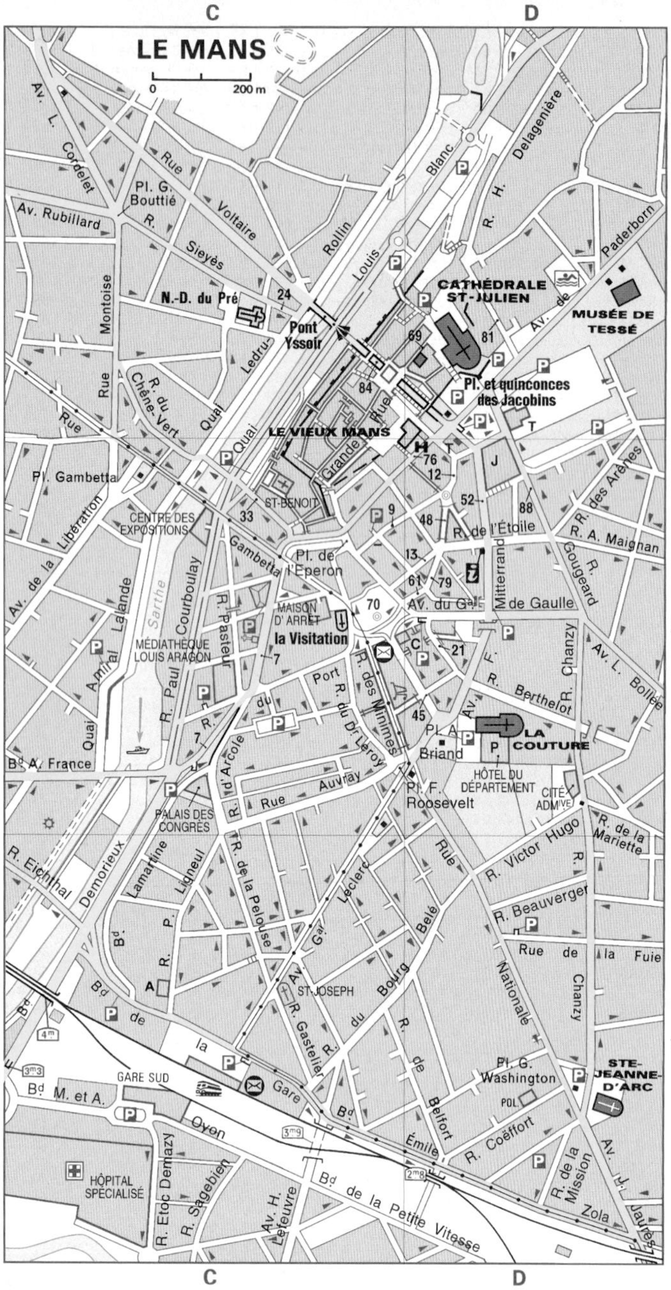
LE MANS
0
200 m
C
D
V
X
Y
CATHÉDRALE ST-JULIEN
MUSÉE DE TESSÉ
LE VIEUX MANS
N.-D. du Pré
Pont Yssoir
Pl. et quinconces des Jacobins
Pl. Gambetta
CENTRE DES EXPOSITIONS
ST-BENOIT
Pl. de l'Eperon
MAISON D'ARRÊT
la Visitation
MÉDIATHÈQUE LOUIS ARAGON
LA COUTURE
Pl. A. Briand
HÔTEL DU DÉPARTEMENT
Pl. F. Roosevelt
CITÉ ADM
PALAIS DES CONGRÈS
ST-JOSEPH
GARE SUD
Pl. G. Washington
STE-JEANNE-D'ARC
HÔPITAL SPÉCIALISÉ
Av. du Gal de Gaulle
Bd A. France
Bd M. et A.
Bd de la Petite Vitesse
Av. Rubillard
Pl. G. Bouttié
Sarthe


Barbier (R.) . . . . . . . . . . . CX 7
Barillerie (R. de la) . . . . . CX 9
Blondeau (R. C.) . . . . . . . DX 12
Bolton (R. de) . . . . . . . . . DX 13
Courthardy (R.) . . . . . . . . DX 21
Dr-Gallouëdec (R.) . . . . . CV 24
Galère (R. de la) . . . . . . . CX 33
Gambetta (R.) . . . . . . . . . CX
Levasseur (Bd René) . . . DX 45
Marchande (R.) . . . . . . . . DX 48
Mendès-France (R. P.) . . . . DX 52
Minimes (R. des) . . . . . . . CX
Nationale (R.) . . . . . . . . . DY
Perle (R. de la) . . . . . . . . DX 61
Reine-Bérengère (R. de la) . . . DV 69
République (Pl. de la) . . . . CX 70
Rostov-s-le-Don (Av. de) . . . DX 76
St-Jacques (R.) . . . . . . . . DX 79
Triger (R. Robert) . . . . . . DV 81
Wright (R. Wilbur) . . . . . . CV 84
33e-Mobiles (R. du) . . . . . DX 88

Luttenbach-
près-Munster **68** ........ 120 C 3
Lutter **68** ........ 143 G 4
Lutterbach **68** ........ 143 F 1
Lutz-en-Dunois **28** ........ 110 A 4
Lutzelbourg **57** ........ 68 A 4
Lutzelhouse **67** ........ 96 D 2
Luvigny **88** ........ 96 C 2
Lux **21** ........ 160 B 1
Lux **71** ........ 177 H 4
Lux **31** ........ 318 C 3
Luxé **16** ........ 203 F 4
Luxe-Sumberraute **64** ........ 311 G 4
Luxémont-et-Villotte **51** ........ 62 D 5
Luxeuil-les-Bains **70** ........ 141 G 2
Luxey **40** ........ 273 H 2
Luxiol **25** ........ 162 C 2
Luyères **10** ........ 91 F 4
Luynes **37** ........ 151 G 2
Luynes **13** ........ 306 A 5
Luz-Ardiden **65** ........ 332 D 3
Luz-Saint-Sauveur **65** ........ 333 E 3
Luzancy **77** ........ 60 A 2
Luzarches **95** ........ 38 C 5
Luzay **79** ........ 168 A 2
Luze **70** ........ 142 B 3
Luzé **37** ........ 169 F 1
Luzech **46** ........ 259 G 5
Luzenac **09** ........ 336 C 5
Luzeret **36** ........ 188 B 2
La Luzerne **50** ........ 32 B 4
Luzillat **63** ........ 210 B 3
Luzillé **37** ........ 152 C 4
Luzinay **38** ........ 231 F 2
Luzoir **02** ........ 25 F 1
Luzy **58** ........ 176 A 4
Luzy-Saint-Martin **55** ........ 27 G 5
Luzy-sur-Marne **52** ........ 117 E 4
Ly-Fontaine **02** ........ 24 B 3
Lyas **07** ........ 266 D 1
Lyaud **74** ........ 198 B 3
Lye **36** ........ 153 F 4
Lynde **59** ........ 7 G 2
Lyoffans **70** ........ 142 A 3
Lyon **69** ........ 213 E 5
Lyon-Saint-Exupéry
*Aéroport de* **69** ........ 231 G 1
Lyons-la-Forêt **27** ........ 36 D 2
Lys **58** ........ 157 F 3
Lys **64** ........ 314 B 5
Lys-Chantilly **60** ........ 38 C 5
Lys-lez-Lannoy **59** ........ 9 E 2
Lys-Saint-Georges **36** ........ 189 F 1


## M


Maast-et-Violaine **02** ........ 40 C 3
Maâtz **52** ........ 139 H 4
Mably **42** ........ 211 G 2
Macau **33** ........ 237 F 3
Macaye **64** ........ 311 E 4
Macé **61** ........ 54 C 5
Macey **50** ........ 80 D 2
Macey **10** ........ 90 C 5
Machault **08** ........ 42 B 2
Machault **77** ........ 88 C 4
Maché **85** ........ 165 F 4
Machecoul **44** ........ 165 E 1
Mâchecourt **02** ........ 25 F 4
Machemont **60** ........ 39 G 1
Macheren **57** ........ 67 E 1
Machézal **42** ........ 212 A 4
Machiel **80** ........ 11 G 1
Machilly **74** ........ 197 H 4
La Machine **58** ........ 175 E 3
Machine *Col de la* **26** ........ 250 A 4
Machy **80** ........ 11 G 1
Machy **10** ........ 114 D 3
Macinaggio **2B** ........ 345 G 1
Mackenheim **67** ........ 97 G 5
Mackwiller **67** ........ 67 H 2
Maclas **42** ........ 230 D 5
Maclaunay **51** ........ 60 D 3
Macogny **02** ........ 40 A 5
Mâcon **71** ........ 195 E 4
Maconcourt **52** ........ 93 E 4
Maconcourt **88** ........ 94 B 4
Maconge **21** ........ 159 F 4
Macornay **39** ........ 179 E 5
Mâcot-la-Plagne **73** ........ 234 D 2
Macqueville **17** ........ 202 C 5
Macquigny **02** ........ 24 C 2
Madaillan **47** ........ 276 B 2
Madecourt **88** ........ 94 D 5
Madegney **88** ........ 95 E 5
La Madelaine-
sous-Montreuil **62** ........ 6 C 4
La Madeleine **59** ........ 8 D 2
La Madeleine **54** ........ 95 E 1
La Madeleine **44** ........ 147 H 3
Madeleine *Col de la* **73** ........ 234 A 3
Madeleine *Grotte de la* **07** ........ 284 C 1
La Madeleine-Bouvet **61** ........ 85 E 3
La Madeleine-
de-Nonancourt **27** ........ 56 B 4
La Madeleine-sur-Loing **77** .. 112 B 2
La Madeleine-Villefrouin **41** . 132 B 3
Madeloc *Tour* **66** ........ 343 G 4
Madic **15** ........ 226 C 5
Madière **09** ........ 336 A 1
Madières **34** ........ 302 B 2
Madirac **33** ........ 255 H 1
Madiran **65** ........ 294 D 5
Madone de Fenestre **06** ........ 291 F 2
Madonne-et-Lamerey **88** ........ 119 E 2
La Madrague **83** ........ 327 G 4
La Madrague-de-la-Ville **13** . 326 D 2
La Madrague-
de-Montredon **13** ........ 326 D 3
Madranges **19** ........ 224 D 4
Madré **53** ........ 82 D 3
Madriat **63** ........ 227 H 4
Maël-Carhaix **22** ........ 77 E 4
Maël-Pestivien **22** ........ 77 F 3
Maennolsheim **67** ........ 68 B 5
Maffliers **95** ........ 58 C 1
Maffrécourt **51** ........ 43 E 5
Magagnosc **06** ........ 309 E 3
Magalas **34** ........ 321 G 3
La Magdeleine **16** ........ 203 E 2
La Magdeleine
*Chapelle de* **44** ........ 126 B 5
La Magdeleine-sur-Tarn **31** . 298 A 2
Le Mage **61** ........ 84 D 3
Magenta **51** ........ 61 G 1
Les Mages **30** ........ 283 H 2
Magescq **40** ........ 292 C 2
Magland **74** ........ 216 C 2
Magnac-Bourg **87** ........ 224 B 2
Magnac-Laval **87** ........ 188 A 5
Magnac-Lavalette-
Villars **16** ........ 221 F 3
Magnac-sur-Touvre **16** ........ 221 F 1
Magnan **32** ........ 294 D 2
Magnant **10** ........ 115 G 3
Magnanville **78** ........ 57 F 2
Magnas **32** ........ 296 C 1
Magnat-l'Étrange **23** ........ 207 H 5
Magné **79** ........ 184 D 4
Magné **86** ........ 186 C 4
Magnet **03** ........ 192 C 5
Magneux **51** ........ 41 E 3
Magneux **52** ........ 92 C 3
Magneux-Haute-Rive **42** ........ 229 H 1
Magneville **50** ........ 29 F 5
Magnicourt **10** ........ 91 G 3
Magnicourt-en-Comte **62** ........ 7 H 5
Magnicourt-sur-Canche **62** ........ 12 D 2
Magnien **21** ........ 159 E 5
Magnières **54** ........ 95 G 3
Magnieu **01** ........ 214 D 5
Les Magnils-Reigniers **85** .... 183 E 2
Magnivray **70** ........ 141 H 2
Magnoncourt **70** ........ 119 E 5
Le Magnoray **70** ........ 141 E 5
Magny **28** ........ 85 H 5
Le Magny **88** ........ 118 D 4
Les Magny **70** ........ 141 H 5
Magny **68** ........ 142 D 3
Magny **89** ........ 158 A 1
Le Magny **36** ........ 189 G 2
Magny-Châtelard **25** ........ 162 C 4
Magny-Cours **58** ........ 174 C 3
Magny-Danigon **70** ........ 142 A 2
Magny-en-Bessin **14** ........ 33 E 3
Magny-en-Vexin **95** ........ 37 G 5
Magny-Fouchard **10** ........ 115 H 2
Magny-Jobert **70** ........ 142 A 3
Magny-la-Campagne **14** ........ 54 A 1
Magny-la-Fosse **02** ........ 24 A 1
Magny-la-Ville **21** ........ 158 D 1
Magny-Lambert **21** ........ 138 B 4
Magny-le-Désert **61** ........ 82 D 2
Magny-le-Freule **14** ........ 34 A 5
Magny-le-Hongre **77** ........ 59 F 3
Magny-lès-Aubigny **21** ........ 160 B 5
Magny-les-Hameaux **78** ........ 58 A 4
Magny-lès-Jussey **70** ........ 140 D 2
Magny-lès-Villers **21** ........ 159 H 5
Magny-Lormes **58** ........ 157 G 3
Magny-Montarlot **21** ........ 160 D 4
Magny-Saint-Médard **21** ........ 160 C 2
Magny-sur-Tille **21** ........ 160 B 3
Magny-Vernois **70** ........ 141 H 4
Magoar **22** ........ 77 G 3
Magrie **11** ........ 337 C 2
Magrin **81** ........ 298 D 5
Magstatt-le-Bas **68** ........ 143 G 2
Magstatt-le-Haut **68** ........ 143 G 3
Maguelone **34** ........ 302 D 5
Mahalon **29** ........ 99 E 2
Mahéru **61** ........ 55 E 5
Maîche **25** ........ 163 G 3
Maidières **54** ........ 65 G 3
Maignaut-Tauzia **32** ........ 295 H 1
Maigné **72** ........ 107 F 5
Maignelay-Montigny **60** ........ 22 D 5
Mailhac **11** ........ 320 D 5
Mailhac-sur-Benaize **87** ........ 188 B 4
Mailhoc **81** ........ 279 G 5
Mailholas **31** ........ 317 G 5
Maillane **13** ........ 304 C 2
Maillas **40** ........ 274 B 2
Maillat **01** ........ 214 B 1
Maillé **86** ........ 168 D 5
Maillé **37** ........ 169 G 1
Maillé **85** ........ 184 B 4
Maillé *Château de* **29** ........ 71 F 4
Maillebois **28** ........ 85 G 2
La Mailleraye-sur-Seine **76** .... 35 G 1
Maillères **40** ........ 273 H 4
Mailleroncourt-Charette **70** .. 141 F 3
Mailleroncourt-
Saint-Pancras **70** ........ 118 D 5
Maillet **36** ........ 189 E 2
Maillet **03** ........ 190 E 3
Mailley-et-Chazelot **70** ........ 141 E 5
Maillezais **85** ........ 184 B 3
Maillot **89** ........ 113 G 3
Mailly **71** ........ 193 G 5
Mailly-Champagne **51** ........ 41 H 5
Mailly-la-Ville **89** ........ 136 C 5
Mailly-le-Camp **10** ........ 61 H 5
Mailly-le-Château **89** ........ 136 B 5
Mailly-Maillet **80** ........ 13 F 5
Mailly-Raineval **80** ........ 22 D 3
Mailly-sur-Seille **54** ........ 65 H 3
Les Maillys **21** ........ 160 C 5
Maimbeville **60** ........ 38 D 2
Mainbresson **08** ........ 25 H 3
Mainbressy **08** ........ 25 H 4
Maincourt-sur-Yvette **78** ........ 57 H 5
Maincy **77** ........ 88 B 3
Maine-de-Boixe **16** ........ 203 F 4
Mainfonds **16** ........ 221 E 3
Maing **59** ........ 14 D 2
Mainneville **27** ........ 37 F 2
Mainsat **23** ........ 208 B 2
Maintenay **62** ........ 6 C 5
Maintenon **28** ........ 86 B 2
Mainterne **28** ........ 56 B 5
Mainville **54** ........ 45 E 4
Mainvillers **57** ........ 66 D 2
Mainvilliers **28** ........ 86 A 4
Mainvilliers **45** ........ 87 G 5
Mainxe **16** ........ 220 C 2
Mainzac **16** ........ 221 H 3
Mairé **86** ........ 170 A 3
Mairé-Levescault **79** ........ 203 E 1
Mairieux **59** ........ 15 H 2
Mairy **08** ........ 27 F 4
Mairy-Mainville **54** ........ 45 E 4
Mairy-sur-Marne **51** ........ 62 B 3
Maisdon-sur-Sèvre **44** ........ 148 A 5
Maisey-le-Duc **21** ........ 138 B 2
Maisières-Notre-Dame **25** ... 162 A 5
Maisnières **80** ........ 11 F 4
Le Maisnil **59** ........ 8 C 3
Maisnil **62** ........ 12 D 2
Maisnil-lès-Ruitz **62** ........ 8 A 4
Maisod **39** ........ 196 C 2
Maison-des-Champs **10** ........ 115 H 2
La Maison-Dieu **58** ........ 157 G 2
Maison-du-Roy **05** ........ 270 D 2
Maison-Feyne **23** ........ 189 E 4
Maison-Jeannette **24** ........ 240 B 4
Maison-Maugis **61** ........ 84 D 4
Maison-Neuve **16** ........ 221 G 2
Maison-Neuve **07** ........ 284 A 1
Maison-Ponthieu **80** ........ 12 B 3
Maison-Roland **80** ........ 11 H 3
Maison-Rouge **77** ........ 89 F 2
Maisoncelle **62** ........ 7 E 4
Maisoncelle-et-Villers **08** ........ 27 E 5
Maisoncelle-Saint-Pierre **60** .... 38 A 1
Maisoncelle-Tuilerie **60** ........ 22 B 5
Maisoncelles **72** ........ 108 C 5
Maisoncelles **52** ........ 117 G 3
Maisoncelles-du-Maine **53** .. 106 A 5
Maisoncelles-en-Brie **77** ........ 59 H 3
Maisoncelles-
en-Gâtinais **77** ........ 112 B 3
Maisoncelles-la-Jourdan **14** ... 52 C 3
Maisoncelles-Pelvey **14** ........ 53 E 1
Maisoncelles-sur-Ajon **14** ........ 53 F 1
Maisonnais **18** ........ 190 A 1
Maisonnais **79** ........ 202 D 1
Maisonnais-sur-Tardoire **87** . 222 C 1
Maisonneuve **86** ........ 168 C 5
Maisonnisses **23** ........ 207 E 2
Maisons **14** ........ 32 D 3
Maisons **28** ........ 86 D 4
Maisons **11** ........ 338 B 3
Maisons-Alfort **94** ........ 58 C 4
Les Maisons Blanches **79** .... 203 F 1
Maisons-du-Bois **25** ........ 180 D 1
Maisons-en-Champagne **51** .... 62 C 4
Maisons-Laffitte **78** ........ 58 A 2
Maisons-lès-Chaource **10** .... 115 E 4
Maisons-lès-Soulaines **10** ....... 92 B 5
Maisonsgoutte **67** ........ 96 D 4
Maisontiers **79** ........ 168 A 4
Maisse **91** ........ 87 H 4
Maissemy **02** ........ 24 A 2
Maixe **54** ........ 95 F 1
Maizeray **55** ........ 64 D 1
Maizeroy **57** ........ 66 B 1
Maizery **57** ........ 66 B 1
Maizet **14** ........ 33 F 5
Maizey **55** ........ 64 C 3
Maizicourt **80** ........ 12 B 3
Maizière **58** ........ 156 B 4
Maizières **62** ........ 13 E 2
Maizières **14** ........ 53 H 1
Maizières **52** ........ 92 D 3
Maizières **54** ........ 94 C 2
Maizières **70** ........ 161 H 1
Maizières-
la-Grande-Paroisse **10** ........ 90 B 3
Maizières-lès-Brienne **10** ........ 91 H 4
Maizières-lès-Metz **57** ........ 45 H 4
Maizières-les-Vic **57** ........ 67 E 5
Maizières-sur-Amance **52** ... 140 A 2
Maizilly **42** ........ 211 H 1
Maizy **02** ........ 41 E 2
Majastres **04** ........ 288 B 5
Malabat **32** ........ 315 F 3
La Malachère **70** ........ 162 A 1
Malafretaz **01** ........ 195 G 4
Mâlain **21** ........ 159 G 3
Malaincourt **88** ........ 118 A 2
Malaincourt-sur-Meuse **52** ... 117 H 2
Malakoff **92** ........ 58 B 4
Malancourt **55** ........ 43 G 4
Malancourt-la-Montagne **57** .... 45 G 5
Malandry **08** ........ 27 G 5
Malange **39** ........ 161 F 4
Malans **70** ........ 161 E 3
Malans **25** ........ 180 A 1
Malansac **56** ........ 125 F 3
Malarce-sur-la-Thines **07** .... 265 H 5
Malataverne **26** ........ 267 E 4
Malaucène **84** ........ 285 H 3
Malaucourt-sur-Seille **57** ........ 66 B 4
Malaumont **55** ........ 64 C 5

Malaunay *76*.......... **36** A 1
Malause *82*.......... **277** E 4
Malaussanne *64*.......... **294** A 5
Malaussène *06*.......... **289** H 5
Malauzat *63*.......... **209** G 5
Malaville *16*.......... **220** D 3
Malavillers *54*.......... **45** E 3
Malay *71*.......... **194** D 1
Malay-le-Grand *89*.......... **113** G 3
Malay-le-Petit *89*.......... **113** H 3
Malbo *15*.......... **245** E 4
Malbosc *07*.......... **283** H 1
Malbouhans *70*.......... **142** A 2
Malbouzon *48*.......... **263** H 2
Malbrans *25*.......... **162** A 5
Malbuisson *25*.......... **180** C 3
Mâle *61*.......... **108** D 2
Malegoude *09*.......... **336** D 1
Malemort-du-Comtat *84*.......... **285** H 5
Malemort-sur-Corrèze *19*.......... **242** C 2
La Malène *48*.......... **282** B 2
Malepeyre *Sabot de 48*.......... **282** A 1
Malesherbes *45*.......... **87** H 5
Malestroit *56*.......... **125** E 2
Malétable *61*.......... **84** D 2
Maleville *12*.......... **279** G 1
Malfalco *Anse de 2B*.......... **345** E 4
Malguénac *56*.......... **101** H 2
La Malhoure *22*.......... **78** D 4
Malicornay *36*.......... **188** D 1
Malicorne *89*.......... **135** F 3
Malicorne *03*.......... **191** E 5
Malicorne-sur-Sarthe *72*.......... **129** G 2
Maligny *89*.......... **136** C 2
Maligny *21*.......... **177** E 1
Malijai *04*.......... **287** G 4
Malincourt *59*.......... **14** C 5
Malintrat *63*.......... **209** H 5
Malissard *26*.......... **249** F 5
Malle *Château de 33*.......... **256** B 4
Mallefougasse *04*.......... **287** F 4
Malleloy *54*.......... **65** H 4
Mallemoisson *04*.......... **287** H 4
Mallemort *13*.......... **305** G 3
Malléon *09*.......... **336** C 2
Malleret *23*.......... **226** B 1
Malleret-Boussac *23*.......... **189** H 4
Mallerey *39*.......... **179** E 5
Mallet *Belvédère de 15*.......... **245** H 5
Malleval *42*.......... **230** D 4
Malleval-en-Vercors *38*.......... **250** B 2
Malleville-les-Grès *76*.......... **19** F 2
Malleville-sur-le-Bec *27*.......... **35** G 4
Mallièvre *85*.......... **166** D 2
Malling *57*.......... **45** H 2
Malloué *14*.......... **52** C 2
La Malmaison *02*.......... **41** G 1
Malmerspach *68*.......... **120** C 5
Malmy *51*.......... **43** E 4
Malnoue *77*.......... **59** E 3
Malo-les-Bains *59*.......... **3** G 2
Malons-et-Elze *30*.......... **265** G 5
Malouy *27*.......... **35** E 5
Malpart *80*.......... **22** D 4
Malpas *25*.......... **180** C 3
Malras *11*.......... **337** B 2
Malrevers *43*.......... **247** G 3
Malromé *Château de 33*.......... **256** B 3
Malroy *57*.......... **45** H 5
Maltat *71*.......... **175** H 5
Maltot *14*.......... **33** G 5
Malval *23*.......... **189** F 4
Malval *Col de 69*.......... **212** C 5
Malvalette *43*.......... **229** H 5
Malves-en-Minervois *11*.......... **320** A 5
Malvezie *31*.......... **334** B 2
Malvières *43*.......... **229** E 5
Malviès *11*.......... **337** C 1
Malville *44*.......... **147** E 2
Malvillers *70*.......... **140** C 3
Malzéville *54*.......... **65** H 5
Le Malzieu-Forain *48*.......... **264** B 1
Le Malzieu-Ville *48*.......... **264** B 1
Malzy *02*.......... **25** E 1
Mambouhans *25*.......... **163** E 2
Mamers *72*.......... **84** A 5
Mametz *62*.......... **7** G 2
Mametz *80*.......... **13** G 5
Mamey *54*.......... **65** F 3
Mamirolle *25*.......... **162** B 4
Manas *26*.......... **267** G 3
Manas-Bastanous *32*.......... **315** H 4
Manaurie *24*.......... **241** E 4
Mance *54*.......... **45** F 4
La Mancelière *28*.......... **56** A 5
La Mancellière *50*.......... **52** A 5
La Mancellière-sur-Vire *50*.......... **32** B 5
Mancenans *25*.......... **162** D 1
Mancenans-Lizerne *25*.......... **163** F 3
Mancey *71*.......... **195** E 1
Manchecourt *45*.......... **111** H 2
Manciet *32*.......... **295** E 2
Mancieulles *54*.......... **45** F 4
Mancioux *31*.......... **316** D 5
Mancy *51*.......... **61** F 2
Mandacou *24*.......... **258** B 2
Mandagout *30*.......... **282** D 5
Mandailles-Saint-Julien *15*.. **244** D 3
Mandelieu-la-Napoule *06*.... **309** E 4
Manderen *57*.......... **46** B 2
Mandeure *25*.......... **142** B 5
Mandeville *27*.......... **36** A 4
Mandeville-en-Bessin *14*.......... **32** C 3
Mandray *88*.......... **96** B 5
Mandres *27*.......... **55** H 4
Mandres-
aux-Quatre-Tours *54*.......... **65** E 4
Mandres-en-Barrois *55*.......... **93** F 3
Mandres-la-Côte *52*.......... **117** F 4
Mandres-les-Roses *94*.......... **58** D 5
Mandres-sur-Vair *88*.......... **118** B 2
Mandrevillars *70*.......... **142** B 3
Manduel *30*.......... **304** A 2
Mane *04*.......... **287** E 5
Mane *31*.......... **334** D 1
Manéglise *76*.......... **18** D 5
Manéhouville *76*.......... **20** B 2
Manent-Montané *32*.......... **316** B 4
Manerbe *14*.......... **34** C 4
Mangiennes *55*.......... **44** C 3
Manglieu *63*.......... **228** B 2
Mangonville *54*.......... **95** E 3

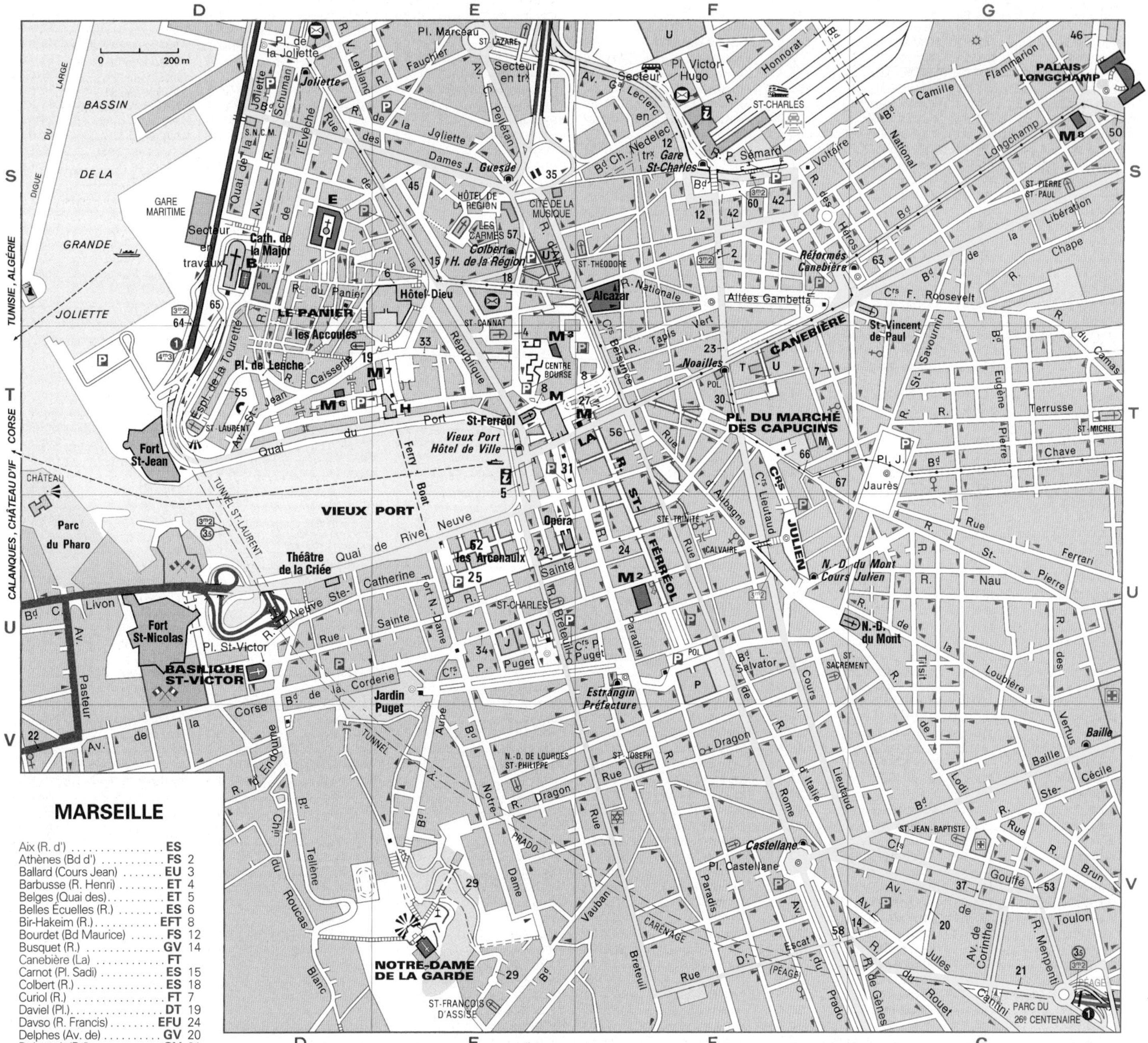
BASSIN DE LA GRANDE JOLIETTE
GARE MARITIME
TUNISIE, ALGÉRIE
CALANQUES, CHÂTEAU D'IF, CORSE
Cath. de la Major
LE PANIER
les Accoules
Pl. de Lenche
Fort St-Jean
VIEUX PORT
Parc du Pharo
Fort St-Nicolas
BASILIQUE ST-VICTOR
Théâtre de la Criée
Les Arcenaux
Jardin Puget
NOTRE-DAME DE LA GARDE
Hôtel-Dieu
HÔTEL DE LA RÉGION
CITÉ DE LA MUSIQUE
Alcazar
CANEBIÈRE
Noailles
PL. DU MARCHÉ DES CAPUCINS
Opéra
R. ST-FÉRRÉOL
Estrangin Préfecture
Castellane
Pl. Castellane
Gare St-Charles
PALAIS LONGCHAMP
Réformés Canebière
St-Vincent de Paul
N.-D. du Mont Cours Julien
Baille
PARC DU 26e CENTENAIRE
Vieux Port Hôtel de Ville
St-Ferréol
Colbert H. de la Région
Joliette
Pl. Victor-Hugo

## MARSEILLE

Aix (R. d') .......... **ES**
Athènes (Bd d') .......... **FS** 2
Ballard (Cours Jean) .......... **EU** 3
Barbusse (R. Henri) .......... **ET** 4
Belges (Quai des) .......... **ET** 5
Belles Écuelles (R.) .......... **ES** 6
Bir-Hakeim (R.) .......... **EFT** 8
Bourdet (Bd Maurice) .......... **FS** 12
Busquet (R.) .......... **GV** 14
Canebière (La) .......... **FT**
Carnot (Pl. Sadi) .......... **ES** 15
Colbert (R.) .......... **ES** 18
Curiol (R.) .......... **FT** 7
Daviel (Pl.) .......... **DT** 19
Davso (R. Francis) .......... **EFU** 24
Delphes (Av. de) .......... **GV** 20
Delpuech (Bd) .......... **GV** 21
Dessemond (R. Cap.) .......... **DV** 22
Dugommier (Bd) .......... **FT** 23
Estienne-d'Orves (Crs d') .......... **EU** 25
Fabres (R. des) .......... **FT** 27
Fort du Sanctuaire (R. du) .......... **EV** 29
Garibaldi (Bd) .......... **FT** 30
Gaulle (Pl. Gén.-de) .......... **ET** 31
Grand'Rue .......... **ET** 33
Grignan (R.) .......... **EU** 34
Guesde (Pl. Jules) .......... **ES** 35
Iéna (R. d') .......... **GV** 37
Liberté (Bd de la) .......... **FS** 42
Moisson (R. F.) .......... **ES** 45
Montricher (Bd) .......... **GS** 46
Paradis (R.) .......... **FUV**
Philipon (Bd) .......... **GS** 50
Raynouard (Traverse) .......... **GV** 53
Ste-Barbe (R.) .......... **ES** 57
Ste-Philomène (R.) .......... **FV** 58
St-Ferréol (R.) .......... **FTU**
St-Laurent (R.) .......... **DT** 55
St-Louis (Cours) .......... **FT** 56
Sembat (R. Marcel) .......... **FS** 60
Sibié (R.) .......... **FT** 67
Thiars (Pl.) .......... **EU** 62
Thierry (Crs J.) .......... **GS** 63
Tourette (Quai) .......... **DS** 64
Trois Mages (R. des) .......... **FT** 66
Vaudoyer (Av.) .......... **DS** 65

Manhac 12 280 C 2
Manheulles 55 64 D 1
Manhoué 57 66 B 4
Manicamp 02 24 A 5
Manicourt 80 23 G 3
Manigod 74 216 A 4
Manin 62 13 E 2
Maninghem 62 6 D 3
Maninghen-Henne 62 2 B 5
Maniquerville 76 18 D 4
Manlay 21 158 D 5
Manneville-ès-Plains 76 19 G 2
Manneville-la-Goupil 76 18 D 5
Manneville-la-Pipard 14 34 C 3
Manneville-la-Raoult 27 34 D 2
Manneville-sur-Risle 27 35 F 2
Mannevillette 76 18 C 5
Mano 40 255 F 5
Le Manoir 14 33 E 3
Le Manoir 27 36 B 3
Manois 52 93 F 5
Manom 57 45 H 3
Manoncourt-en-Vermois 54 95 E 1
Manoncourt-en-Woëvre 54 65 F 4
Manoncourt-sur-Seille 54 65 H 3
Manonville 54 65 F 4
Manonviller 54 95 H 1
Manosque 04 306 C 1
Manot 16 204 C 3
Manou 28 85 F 3
Manre 08 42 D 3
Le Mans 72 107 H 4
Mansac 19 241 H 2
Mansan 65 315 F 4
Mansat-la-Courrière 23 207 E 3
Manse Col de 05 269 H 3
Mansempuy 32 296 C 3
Mansencôme 32 295 H 1
Manses 09 336 C 1
Mansigné 72 129 H 3
Mansle 16 203 F 4
Manso 2B 346 B 4
Mansonville 82 276 D 5
Manspach 68 143 E 3
Mant 40 294 A 4
Mantaille Château de 26 249 F 1
Mantallot 22 72 D 3
Mantenay-Montlin 01 195 G 3
Mantes-la-Jolie 78 57 F 2
Mantes-la-Ville 78 57 F 2
Mantet 66 341 H 4
Manteyer 05 269 G 4
Manthelan 37 152 A 5
Manthelon 27 56 A 2
Manthes 26 231 G 5
Mantilly 61 82 A 2
Mantoche 70 161 E 2
Mantry 39 179 E 4
Manvieux 14 33 E 2
Many 57 66 C 2
Manzac-sur-Vern 24 240 B 3
Manzat 63 209 F 3
Manziat 01 195 F 4
Maquens 11 319 H 5
Marac 52 117 E 5
Marainville-sur-Madon 88 94 D 4
Marainviller 54 95 G 1
Le Marais Château 91 87 F 2
Le Marais-la-Chapelle 14 54 A 3
Marais-Vernier 27 35 E 2
Marambat 32 295 G 2
Marandeuil 21 160 C 3
Marange-Silvange 57 45 G 5
Marange-Zondrange 57 66 C 1
Marangea 39 196 C 2
Marans 49 128 A 4
Marans 17 183 G 4
Maransin 33 238 B 3
Marant 62 6 C 4
Maranville 52 116 C 3
Maranwez 08 26 A 3
Marast 70 141 G 5
Marat 63 228 D 2
Marat-la-Grande 55 63 H 3
Marault 52 116 D 2
Maraussan 34 321 F 4
Maravat 32 296 C 3
Maray 41 154 A 4
Maraye-en-Othe 10 114 C 3
Marbache 54 65 G 4
Marbaix 59 15 F 4
Marbeuf 27 36 A 5
Marbéville 52 92 D 5
Marbotte 55 64 D 4
Marboué 28 109 H 3
Marboz 01 195 H 4
Marby 08 26 B 2
Marc-la-Tour 19 243 E 2
Marçais 18 173 E 5
Marçay 37 151 E 5
Marçay 86 186 B 3
Marcé 49 129 E 5
Marcé-sur-Esves 37 169 H 1
Marcei 61 54 B 5
Marcelcave 80 22 D 2
Marcellaz 74 216 A 1
Marcellaz-Albanais 74 215 F 4
Marcellois 21 159 F 3
Marcellus 47 257 E 5
Marcenais 33 238 B 3
Marcenat 03 192 B 5
Marcenat 15 245 F 1
Marcenay 21 137 H 2
Marcenod 42 230 B 2
Marcevol 66 342 B 2
Marcey-les-Grèves 50 51 G 4
Marchainville 61 85 E 2
Marchais 02 25 E 5
Marchais-Beton 89 135 F 3
Marchais-en-Brie 02 60 C 3
Marchal 15 226 D 4
Marchamp 01 214 C 5
Marchampt 69 212 C 1
Marchastel 15 245 E 1
Marchastel 48 263 H 3
Marchaux 25 162 A 3
La Marche 58 156 B 5
Marché-Allouarde 80 23 G 3
Marchélepot 80 23 G 2
Marchemaisons 61 84 A 3
Marchémoret 77 59 F 1
Marchenoir 41 132 B 3
Marcheprime 33 254 D 2
Les Marches 73 233 F 3
Marches 26 249 H 4
Marcheseuil 21 158 D 5
Marchésieux 50 31 H 4
Marcheville 28 11 H 2
Marchéville 28 85 H 5
Marchéville-en-Woëvre 55 64 D 1
Marchezais 28 57 E 4
Marchiennes 59 9 E 5
Marchon 01 196 C 4
Marciac 32 295 F 5
Marcieu 38 250 D 4
Marcieux 73 232 D 2
Marcigny 71 193 G 5
Marcigny-sous-Thil 21 158 D 2
Marcilhac-sur-Célé 46 260 D 4
Marcillac 33 237 G 1
Marcillac-la-Croisille 19 243 F 1
Marcillac-la-Croze 19 242 D 4
Marcillac-Lanville 16 203 E 4
Marcillac-Saint-Quentin 24 241 G 4
Marcillac-Vallon 12 262 C 5
Marcillat 63 209 G 2
Marcillat-en-Combraille 03 208 D 1
Marcillé-la-Ville 53 82 C 5
Marcillé-Raoul 35 80 C 4
Marcillé-Robert 35 104 D 5
Marcilloles 38 231 H 5
Marcilly 50 51 H 5
Marcilly 77 59 G 1
Marcilly-d'Azergues 69 212 D 4
Marcilly-en-Bassigny 52 117 H 5
Marcilly-en-Beauce 41 131 G 3
Marcilly-en-Gault 41 154 A 2
Marcilly-en-Villette 45 133 F 3
Marcilly-et-Dracy 21 159 E 2
Marcilly-la-Campagne 27 56 B 3
Marcilly-la-Gueurce 71 194 A 3
Marcilly-le-Châtel 42 229 G 1
Marcilly-le-Hayer 10 90 A 5
Marcilly-lès-Buxy 71 177 F 5
Marcilly-Ogny 21 158 D 4
Marcilly-sur-Eure 27 56 C 3
Marcilly-sur-Maulne 37 130 A 5
Marcilly-sur-Seine 51 90 B 2
Marcilly-sur-Tille 21 160 B 1
Marcilly-sur-Vienne 37 169 G 1
Marck 62 2 D 3
Marckolsheim 67 121 F 2
Marclopt 42 229 H 2
Marcoing 59 14 B 4
Marcolès 15 262 B 1
Marcollin 38 231 G 5
Marcols-les-Eaux 07 266 B 1
Marçon 72 130 C 4
Marconnay Château de 86 185 H 2
Marconne 62 7 E 5
Marconnelle 62 6 D 5
Marcorignan 11 321 E 5
Marcoule 30 285 E 3
Marcoussis 91 87 G 2
Marcoux 42 229 G 1
Marcoux 04 288 A 3
Marcq 08 43 F 3
Marcq 78 57 G 3
Marcq-en-Barœul 59 8 D 2
Marcq-en-Ostrevant 59 14 B 2
Marcy 02 24 B 2
Marcy 58 157 E 3
Marcy 69 212 D 4
Marcy-l'Étoile 69 212 D 5
Marcy-sous-Marle 02 25 E 3
Mardeuil 51 61 F 1
Mardié 45 133 G 2
Mardilly 61 54 D 3
Mardor 52 139 F 2
Mardore 69 212 A 2
Mardyck 59 3 F 2
La Mare-d'Ovillers 60 38 B 4
Mareau-aux-Bois 45 111 G 4
Mareau-aux-Prés 45 133 E 2
Marèges Barrage de 19 226 B 5
Mareil-en-Champagne 72 107 E 5
Mareil-en-France 95 58 C 1
Mareil-le-Guyon 78 57 G 4
Mareil-Marly 78 58 A 3
Mareil-sur-Loir 72 129 G 4
Mareil-sur-Mauldre 78 57 G 3
Mareilles 52 117 F 2
Marenla 62 6 C 4
Marennes 17 200 C 4
Marennes 69 231 F 2
Maresché 72 107 G 2
Maresches 59 15 E 2
Maresquel-Ecquemicourt 62 6 D 5
Marest 62 7 G 4
Marest-Dampcourt 02 24 A 5
Marest-sur-Matz 60 39 F 1
Marestaing 32 297 E 5
Marestmontiers 80 22 D 4
Maresville 62 6 B 4
Les Marêts 77 60 B 5
Maretz 59 14 C 5
Mareugheol 63 227 H 4
Mareuil 16 202 C 5
Mareuil 24 221 H 4
Mareuil-Caubert 80 11 G 4
Mareuil-en-Brie 51 61 E 2
Mareuil-en-Dôle 02 40 D 4
Mareuil-la-Motte 60 39 F 1
Mareuil-le-Port 51 61 E 1
Mareuil-lès-Meaux 77 59 G 2
Mareuil-sur-Arnon 18 172 C 3
Mareuil-sur-Ay 51 61 G 1
Mareuil-sur-Cher 41 153 E 4
Mareuil-sur-Lay 85 183 E 1
Mareuil-sur-Ourcq 60 39 H 5
Marey 88 118 B 3
Marey-lès-Fussey 21 159 H 5
Marey-sur-Tille 21 139 E 5
Marfaux 51 41 F 5
Marfontaine 02 25 E 3
Margaux 33 237 F 3
Margencel 74 198 A 3
Margency 95 58 B 2
Margerides 19 226 B 4
Margerie-Chantagret 42 229 G 3
Margerie-Hancourt 51 91 H 2
Margès 26 249 G 2
Margilley 70 140 A 5
Margival 02 40 B 2
Le Margnès 81 300 B 4
Margny 51 60 D 2
Margny 08 27 H 4
Margny-aux-Cerises 60 23 G 4
Margny-lès-Compiègne 60 39 F 2
Margny-sur-Matz 60 39 F 1
Margon 28 85 E 5
Margon 34 321 H 3
Margouët-Meymes 32 295 F 3
Margueray 50 52 A 2
Marguerittes 30 304 A 2
Margueron 33 257 F 1
Marguestau 32 295 E 1
Margut 08 27 H 5
Marhet 07 248 B 5
Mariaud 04 288 C 1
Maricourt 80 23 F 1
Marie 06 289 H 4
Marienthal 67 69 E 4
Marieulles 57 65 G 2
Marieux 80 12 D 4
Marigna-sur-Valouse 39 196 B 3
Marignac 17 219 H 3
Marignac 82 296 D 2
Marignac 31 334 B 3
Marignac-en-Diois 26 268 A 1
Marignac-Lasclares 31 317 F 5
Marignac-Laspeyres 31 317 E 5
Marignana 2A 346 C 5
Marignane 13 326 C 1
Marigné 49 128 C 3
Marigné-Laillé 72 130 B 3
Marigné-Peuton 53 128 A 2
Marignier 74 216 B 1
Marignieu 01 214 D 5
Marigny 50 32 A 5
Marigny 51 61 F 5
Marigny 71 177 E 5
Marigny 39 179 G 5
Marigny 79 185 E 5
Marigny 03 191 H 1
Marigny-Brizay 86 169 F 4
Marigny-Chemereau 86 186 A 3
Marigny-en-Orxois 02 60 A 1
Marigny-le-Cahouët 21 159 E 1
Marigny-le-Châtel 10 90 B 4
Marigny-l'Église 58 158 A 3
Marigny-lès-Reullée 21 178 A 1
Marigny-les-Usages 45 111 E 5
Marigny-Marmande 37 169 G 2
Marigny-Saint-Marcel 74 215 F 4
Marigny-sur-Yonne 58 157 G 4
Marillac-le-Franc 16 221 H 1
Le Marillais 49 148 C 2
Marillet 85 184 C 1
Marimbault 33 256 B 5
Marimont-lès-Bénestroff 57 67 E 3
Marin 74 198 B 3
Marines 95 37 H 5
Les Marines-de-Cogolin 83 329 F 2
Maringes 42 230 A 2
Maringues 63 210 A 4
Mariol 03 210 C 3
Marions 33 274 C 1
Marissel 60 38 A 2
Marizy 71 194 B 1
Marizy-Saint-Mard 02 40 A 5
Marizy-Sainte-Geneviève 02 40 A 5
Le Markstein 68 120 C 4
Marle 02 25 E 3
Marlemont 08 26 A 3
Marlenheim 67 97 F 1
Marlens 74 216 A 5
Marlers 80 21 G 3
Marles-en-Brie 77 59 G 5
Marles-les-Mines 62 7 H 4
Marles-sur-Canche 62 6 C 4
Marlhes 42 248 B 1
Marliac 31 318 A 5
Marliens 21 160 B 4
Marlieux 01 213 G 2
Marlioz 74 215 F 2
Marly 59 9 G 5
Marly 57 65 H 1
Marly-Gomont 02 25 E 1
Marly-la-Ville 95 58 D 1
Marly-le-Roi 78 58 A 3
Marly-sous-Issy 71 176 A 5
Marly-sur-Arroux 71 193 H 1
Marmagne 21 137 H 5
Marmagne 18 172 D 1
Marmagne 71 176 D 3
Marmande 47 257 E 4
Marmanhac 15 244 C 4
Marmeaux 89 137 F 5
Marmesse 52 116 C 4
Marminiac 46 259 G 3
Marmont-Pachas 47 276 B 4
Marmouillé 61 54 C 5
Marmoutier 67 68 B 5
Marnac 24 259 E 1
Marnand 69 212 A 2
Marnans 38 231 H 5
Marnaves 81 279 E 4
Marnay 70 161 G 3
Marnay 71 178 A 5
Marnay 86 186 B 3
Marnay-sur-Marne 52 117 E 4
Marnay-sur-Seine 10 90 A 3
Marnaz 74 216 B 1
La Marne 44 165 F 1
Marne-la-Vallée 11 59 E 3
Marnefer 61 55 F 3
Marnes 79 168 C 3
Marnes-la-Coquette 92 58 B 3
Marnézia 39 196 C 1
Marnhagues-et-Latour 12 301 F 2
Marnoz 39 179 G 2
Marœuil 62 13 F 2
Maroilles 59 15 F 4
La Marolle-en-Sologne 41 133 E 5
Marolles 14 34 D 5
Marolles 60 39 H 5
Marolles 51 62 D 5
Marolles 41 132 A 5
Marolles-en-Beauce 91 87 G 5
Marolles-en-Brie 94 58 D 5
Marolles-en-Brie 77 60 A 4
Marolles-en-Hurepoix 91 87 G 2
Marolles-lès-Bailly 10 115 G 2
Marolles-les-Braults 72 108 A 2
Marolles-les-Buis 28 85 E 5
Marolles-lès-Saint-Calais 72 108 D 5
Marolles-sous-Lignières 10 114 D 5
Marolles-sur-Seine 77 89 E 4
Marollette 72 84 A 4
Marols 42 229 G 4
Maromme 76 36 A 1
Maron 54 94 C 1
Mâron 36 172 A 4
Maroncourt 88 94 D 5
Maroué 22 78 D 4
Maroutière Château de la 53 128 B 2
Marpain 39 161 E 3
Marpaps 40 293 G 4
Marpent 59 15 H 2
Marpiré 35 104 D 2
Marquaix 80 23 H 1
Marquay 62 7 G 5
Marquay 24 241 F 5
Marquefave 31 317 G 5
Marquéglise 60 39 F 1
Marquein 11 318 C 5
Marquenterre Parc du 80 11 E 1
Marquerie 65 315 F 5
Marques 76 21 F 3
Marquette-en-Ostrevant 59 14 B 2
Marquette-lez-Lille 59 8 D 2
Marquigny 08 26 D 5
Marquillies 59 8 C 3
Marquion 62 14 A 3
Marquise 62 2 B 4
Marquivillers 80 23 E 4
Marquixanes 66 342 B 2
Marray 37 130 D 5
Marre 55 43 H 4
La Marre 39 179 F 4
Les Mars 23 208 C 3
Mars 42 212 A 1
Mars 07 248 A 4
Mars 30 282 D 5
Mars-la-Tour 54 65 F 1
Mars-sous-Bourcq 08 42 C 2
Mars-sur-Allier 58 174 B 3
Marsa 11 337 B 4
Marsac 23 206 C 2
Marsac 16 221 E 1
Marsac 82 296 D 1
Marsac 65 315 E 4
Marsac-en-Livradois 63 229 E 4
Marsac-sur-Don 44 126 C 4
Marsac-sur-l'Isle 24 240 C 2
Marsainvilliers 45 111 G 2
Marsais 17 201 G 1
Marsais-Sainte-Radégonde 85 183 H 1
Marsal 57 66 D 4
Marsal 81 299 G 1
Marsalès 24 258 D 2
Marsan 32 296 C 4
Marsaneix 24 240 D 3
Marsangis 51 90 C 2
Marsangy 89 113 G 3
Marsannay-la-Côte 21 160 A 3
Marsannay-le-Bois 21 160 B 2
Marsanne 26 267 F 3
Marsas 33 237 H 3
Marsas 65 333 G 1
Marsat 63 209 H 4
Marsaz 26 249 F 2
Marseillan 65 315 F 5
Marseillan 32 315 G 3
Marseillan 34 322 C 4
Marseillan-Plage 34 322 D 5
Marseille 13 326 D 3
Marseille-en-Beauvaisis 60 21 H 5
Marseille-lès-Aubigny 18 174 B 1
Marseillette 11 320 A 5
Marsillargues 34 303 G 4
Marsilly 57 66 B 1
Marsilly 17 183 F 5
Marsinval 78 57 H 2
Marsolan 32 296 A 1
Marson 51 62 C 2
Marson-sur-Barboure 55 93 G 1
Marsonnas 01 195 G 4
Marsoulas 31 335 E 1
Marsous 65 332 C 2
Marspich 57 45 G 3
Marssac-sur-Tarn 81 299 E 1
Martagny 27 37 F 2
Martailly-lès-Brancion 71 195 E 2
Martainneville 80 11 F 4
Martainville 27 35 E 3
Martainville 14 53 G 2
Martainville-Épreville 76 36 C 1
Martaizé 86 168 C 3
Martel 46 242 C 5
Marthemont 54 94 C 2
Marthille 57 66 D 3
Marthod 73 216 A 5
Marthon 16 221 H 2
Martiel 12 279 E 1
Martigna 39 196 D 3
Martignac 46 259 F 4
Martignargues 30 284 A 5
Martignas-sur-Jalle 33 237 E 5
Martignat 01 196 C 5
Martigné-Briand 49 149 H 4
Martigné-Ferchaud 35 127 E 2
Martigné-sur-Mayenne 53 106 A 2
Martigny 76 20 B 2
Martigny 02 25 H 2
Martigny 50 52 A 5
Martigny-Courpierre 02 40 D 1
Martigny-le-Comte 71 194 A 2
Martigny-les-Bains 88 118 B 3
Martigny-les-Gerbonvaux 88 94 A 3
Martigny-sur-l'Ante 14 53 H 2
Martigues 13 325 H 3
Martillac 33 255 G 2
Martimpré Col de 88 120 B 3
Martin-Église 76 10 B 5
Martincourt 60 37 H 1
Martincourt 54 65 F 4
Martincourt-sur-Meuse 55 27 G 5
Martinet 85 165 F 5
Le Martinet 30 283 H 2
Martinpuich 62 13 G 5
Martinvast 50 29 E 3
Martinvelle 88 118 C 4
Martisserre 31 316 D 4
Martizay 36 170 C 4
Martot 27 36 A 3
Martragny 14 33 E 3
La Martre 83 308 B 2
Martres 33 256 C 2
Les Martres-d'Artière 63 210 A 5
Martres-de-Rivière 31 334 B 1
Les Martres-de-Veyre 63 227 H 1
Martres-sur-Morge 63 210 A 4
Martres-Tolosane 31 317 E 5
Martrin 12 300 B 1
Martrois 21 159 E 3
La Martyre 29 75 H 2
Les Martys 11 319 G 4
Maruéjols-lès-Gardon 30 283 H 5
Marval 87 222 D 2
Marvaux-Vieux 08 42 D 3
Marvejols 48 264 A 4
Marvelise 25 142 A 4
Marville 55 44 B 2
Marville-les-Bois 28 85 H 2
Marville-Moutiers-Brûlé 28 56 D 5
Mary 71 194 B 1
Mary-sur-Marne 77 59 H 1
Marzal Aven de 07 284 C 1
Marzan 56 125 F 5
Marzens 81 298 D 4
Marzy 58 174 C 2
Le Mas 06 308 D 1
Mas-Blanc-des-Alpilles 13 304 C 2
Mas-Cabardès 11 319 H 4
Mas Camargues 48 283 F 1
Le Mas-d'Agenais 47 257 F 5
Le Mas-d'Artige 23 225 H 1
Mas-d'Auvignon 32 296 A 1
Le Mas-d'Azil 09 335 H 1
Mas-d'Azil Grotte du 09 335 H 1
Mas-de-Londres 34 302 C 2
Le Mas-de-Tence 43 248 B 3
Mas-des-Cours 11 337 D 1
Mas-d'Orcières 48 265 E 5
Mas-Grenier 82 297 G 1
Mas-Saint-Chély 48 282 B 2
Mas-Saintes-Puelles 11 318 D 5
Le Mas-Soubeyran 30 283 G 4
Mas-Thibert 13 304 C 5
Masbaraud-Mérignat 23 206 D 3
Mascaraàs-Haron 64 294 C 5
Mascaras 32 295 G 5
Mascaras 65 315 F 5
Mascarville 31 298 C 5
Masclat 46 259 H 1
Masevaux 68 142 D 1

Maslacq 64 ... 313 G 3
Masléon 87 ... 224 C 1
Maslives 41 ... 132 B 5
Masmejan 48 ... 283 E 1
Le Masnau-Massuguiès 81 ... 300 A 3
Masnières 59 ... 14 B 4
Masny 59 ... 9 E 5
Los Masos 66 ... 342 B 3
Masparraute 64 ... 311 G 3
Maspie-Lalonquère-Juillacq 64 ... 314 D 3
Masquières 47 ... 277 E 1
Massabrac 31 ... 317 H 5
Massac 17 ... 202 C 4
Massac 11 ... 338 B 3
Massac-Séran 81 ... 298 D 4
Massaguel 81 ... 319 F 3
Massais 79 ... 167 H 1
Massals 81 ... 300 A 2
Massanes 30 ... 283 H 5
Massangis 89 ... 137 E 5
Massat 09 ... 335 H 3
Massay 18 ... 154 B 5
Le Massegros 48 ... 281 H 2
Masseilles 33 ... 256 D 5
Massels 47 ... 276 D 2
Massérac 44 ... 126 A 4
Masseret 19 ... 224 B 3
Masseube 32 ... 316 A 3
Massiac 15 ... 246 A 1
Massieu 38 ... 232 C 4
Massieux 01 ... 213 E 4
Massiges 51 ... 42 D 4
Massignac 16 ... 204 C 5
Massignieu-de-Rives 01 ... 214 D 5
Massillargues-Attuech 30 ... 283 G 5
Massilly 71 ... 194 D 2
Massingy 21 ... 116 A 5
Massingy 74 ... 215 F 4
Massingy-lès-Semur 21 ... 158 D 1
Massingy-lès-Vitteaux 21 ... 159 F 2
Massognes 86 ... 168 C 4
Massoins 06 ... 289 H 5
Massongy 74 ... 198 A 4
Massoulès 47 ... 276 D 1
Massugas 33 ... 257 E 1
Massy 76 ... 20 D 4
Massy 91 ... 58 B 5
Massy 71 ... 194 C 2
Mastaing 59 ... 14 C 2
Matafelon-Granges 01 ... 196 C 5
Les Matelles 34 ... 302 D 3
Matemale 66 ... 341 G 3
Matha 17 ... 202 B 4
Mathaux 10 ... 91 H 4
Mathay 25 ... 142 B 5
Mathenay 39 ... 179 F 2
Les Mathes 17 ... 200 C 5
Mathieu 14 ... 33 G 3
Mathons 52 ... 92 D 4
Mathonville 76 ... 20 D 5
Matignicourt-Goncourt 51 ... 62 D 5
Matignon 22 ... 50 A 5
Matigny 80 ... 23 H 3
Matougues 51 ... 62 A 2
Matour 71 ... 194 B 4
Matra 2B ... 347 G 4
Matringhem 62 ... 7 F 3
Mattaincourt 88 ... 94 D 5
Mattexey 54 ... 95 G 3
Matton-et-Clémency 08 ... 27 G 4
Mattstall 67 ... 68 D 1
Matzenheim 67 ... 97 G 3
Maubec 38 ... 232 A 2
Maubec 82 ... 296 D 2
Maubec 84 ... 305 F 1
Maubert-Fontaine 08 ... 26 B 2
Maubeuge 59 ... 15 G 2
Maubourguet 65 ... 315 E 3
Maubuisson 33 ... 236 B 3
Mauchamps 91 ... 87 G 3
Maucomble 76 ... 20 C 4
Maucor 64 ... 314 B 4
Maucourt 80 ... 23 F 3
Maucourt 60 ... 23 H 4
Maucourt-sur-Orne 55 ... 44 C 4
Maudétour-en-Vexin 95 ... 37 G 5
Mauguio 34 ... 303 E 4
Maulain 52 ... 117 H 4
Maulais 79 ... 168 B 2
Maulan 55 ... 63 H 5
Maulay 86 ... 169 E 2
Maulde 59 ... 9 G 4
Maule 78 ... 57 G 3
Mauléon 79 ... 167 E 2
Mauléon-Barousse 65 ... 334 A 3
Mauléon-d'Armagnac 32 ... 294 D 1
Mauléon-Licharre 64 ... 311 H 5
Maulers 60 ... 22 A 5
Maulette 78 ... 57 E 4
Maulévrier 49 ... 167 E 1
Maulévrier-Sainte-Gertrude 76 ... 19 G 5
Maulichères 32 ... 294 D 3
Maumusson 44 ... 148 C 1
Maumusson 82 ... 296 D 1
Maumusson-Laguian 32 ... 294 D 4
Mauny 76 ... 35 H 2
Maupas 10 ... 115 E 3
Le Maupas 21 ... 158 D 4
Maupas 32 ... 294 D 2
Maupas *Château de* 18 ... 155 G 4
Mauperthuis 77 ... 59 H 4
Maupertuis 50 ... 52 A 1
Maupertus-sur-Mer 50 ... 29 F 3
Mauprévoir 86 ... 204 B 1
Mauquenchy 76 ... 20 D 5
Mauran 31 ... 317 E 5
Maure 64 ... 314 D 4
Maure *Col de* 04 ... 288 B 1
Maure-de-Bretagne 35 ... 103 G 5
Maurecourt 78 ... 58 A 2
Mauregard 77 ... 59 E 1
Mauregny-en-Haye 02 ... 41 E 1
Maureilhan 34 ... 321 F 4
Maureillas-las-Illas 66 ... 343 E 4
Mauremont 31 ... 318 B 3
Maurens 24 ... 239 H 5
Maurens 32 ... 296 D 5
Maurens 31 ... 318 C 3
Maurens-Scopont 81 ... 298 C 5
Maurepas 80 ... 23 F 1
Maurepas 78 ... 57 H 4
Mauressac 31 ... 317 H 5
Mauressargues 30 ... 283 H 5
Maureville 31 ... 298 C 5
Mauriac 15 ... 244 B 2
Mauriac 33 ... 256 D 2
Mauries 40 ... 294 B 4
Maurin 04 ... 271 F 3
Maurin 34 ... 302 D 5
Maurines 15 ... 245 H 5
Maurois 59 ... 14 D 5
Mauron 56 ... 103 E 3
Mauroux 46 ... 259 E 5
Mauroux 32 ... 296 C 1
Maurrin 40 ... 294 B 2
Maurs 15 ... 261 H 2
Maurupt-le-Montois 51 ... 63 E 4
Maury 66 ... 338 B 4
Maury *Barrage de* 12 ... 262 D 3
Mausoléo 2B ... 346 D 2
Maussac 19 ... 225 G 4
Maussane-les-Alpilles 13 ... 304 D 3
Maussans 70 ... 162 B 1
Mausson *Château de* 53 ... 81 G 3
Mautes 23 ... 208 B 4
Mauvages 55 ... 93 G 2
Mauvaisin 31 ... 318 A 4
Mauves 07 ... 249 E 3
Mauves-sur-Huisne 61 ... 84 C 4
Mauves-sur-Loire 44 ... 148 A 3
Mauvezin 32 ... 296 D 3
Mauvezin 31 ... 316 D 4
Mauvezin 65 ... 333 G 1
Mauvezin-d'Armagnac 40 ... 274 C 5
Mauvezin-de-Prat 09 ... 335 E 2
Mauvezin-de-Sainte-Croix 09 ... 335 G 1
Mauvezin-sur-Gupie 47 ... 257 E 4
Mauvières 36 ... 187 H 2
Mauvilly 21 ... 138 B 4
Maux 58 ... 175 H 1
Mauzac 31 ... 317 G 4
Mauzac-et-Saint-Meyme-de-Rozens 24 ... 240 D 5
Mauzé-sur-le-Mignon 79 ... 184 C 5
Mauzé-Thouarsais 79 ... 168 A 2
Mauzens-et-Miremont 24 ... 241 E 4
Mauzun 63 ... 228 B 1
Mavaleix 24 ... 223 E 3
Maves 41 ... 132 A 4
Mavilly-Mandelot 21 ... 177 G 1
La Maxe 57 ... 45 H 5
Maxent 35 ... 103 G 4
Maxéville 54 ... 65 H 5
Maxey-sur-Meuse 88 ... 94 A 3
Maxey-sur-Vaise 55 ... 93 H 2
Maxilly-sur-Léman 74 ... 198 C 3
Maxilly-sur-Saône 21 ... 160 D 3
Maxou 46 ... 260 B 4
Maxstadt 57 ... 67 E 1
May-en-Multien 77 ... 59 H 1
Le May-sur-Èvre 49 ... 148 D 5
May-sur-Orne 14 ... 33 G 5
Mayac 24 ... 241 E 1
Mayenne 53 ... 82 B 5
Mayet 72 ... 130 A 3
Le Mayet-de-Montagne 03 ... 210 D 2
Le Mayet-d'École 03 ... 210 A 1
Maylis 40 ... 293 G 3
Maynal 39 ... 196 A 1
Les Mayons 83 ... 328 D 2
Mayot 02 ... 24 B 4
Mayrac 46 ... 242 C 5
Mayran 12 ... 280 B 1
La Mayrand 63 ... 227 G 4
Mayrègne 31 ... 334 A 4
Mayres 63 ... 228 D 5
Mayres 07 ... 248 D 4
Mayres 07 ... 265 H 3
Mayres-Savel 38 ... 250 D 5
Mayreste *Belvédère de* 04 ... 307 H 2
Mayreville 11 ... 318 D 5
Mayrinhac-Lentour 46 ... 261 E 1
Mayronnes 11 ... 338 A 2
Maysel 60 ... 38 C 4
Mazamet 81 ... 319 H 3
Mazan 84 ... 285 H 4
Mazan-l'Abbaye 07 ... 265 H 2
Mazangé 41 ... 131 F 3
Mazaugues 83 ... 328 A 2
Mazaye 63 ... 209 F 5
Mazé 49 ... 150 A 1
Le Mazeau 85 ... 184 C 4
Mazeirat 23 ... 207 F 1
Mazeley 88 ... 95 E 5
Mazerat-Aurouze 43 ... 246 C 2
Mazeray 17 ... 201 G 4
Mazères 33 ... 256 B 4
Mazères 09 ... 318 B 5
Mazères *Église de* 65 ... 295 E 5
Mazères-de-Neste 65 ... 334 A 1
Mazères-Lezons 64 ... 314 B 5
Mazères-sur-Salat 31 ... 335 E 1
Mazerier 03 ... 209 H 2
Mazerny 08 ... 26 C 5
Mazerolles 86 ... 187 E 3
Mazerolles 17 ... 219 G 3
Mazerolles 16 ... 222 B 1
Mazerolles 40 ... 294 A 1
Mazerolles 64 ... 314 A 3
Mazerolles 65 ... 315 G 4
Mazerolles-du-Razès 11 ... 337 B 1
Mazerolles-le-Salin 25 ... 161 G 4
Mazerulles 54 ... 66 B 5
Mazet-Saint-Voy 43 ... 248 A 3
Mazeuil 86 ... 168 D 4
Mazeyrat-d'Allier 43 ... 246 C 3
Mazeyrolles 24 ... 259 E 3
La Mazière-aux-Bons-Hommes 23 ... 208 C 4
Mazières 16 ... 204 B 5
Mazières-de-Touraine 37 ... 151 F 2
Mazières-en-Gâtine 79 ... 185 E 2
Mazières-en-Mauges 49 ... 167 E 1
Mazières-Naresse 47 ... 258 C 3
Mazières-sur-Béronne 79 ... 185 F 5
Mazille 71 ... 194 C 3
Mazingarbe 62 ... 8 A 4
Mazinghem 62 ... 7 G 3
Mazinghien 59 ... 15 E 5
Mazion 33 ... 237 G 2
Mazirat 03 ... 190 C 5
Mazirot 88 ... 94 D 4
Le Mazis 80 ... 21 G 2
Mazoires 63 ... 227 G 5
Mazouau 65 ... 333 H 2
Mazuby 11 ... 337 A 4
Les Mazures 08 ... 26 C 1
Mazzola 2B ... 347 F 4
Méailles 04 ... 288 D 4
Méallet 15 ... 244 B 1
Méasnes 23 ... 189 E 3
Meaucé 28 ... 85 F 3
Méaudre 38 ... 250 C 2
La Meauffe 50 ... 32 B 4
La Méaugon 22 ... 78 B 3
Meaulne 03 ... 190 E 1
Méaulte 80 ... 23 E 1
Méautis 50 ... 31 H 3
Meaux 77 ... 59 G 2
Meaux-la-Montagne 69 ... 212 B 2
Meauzac 82 ... 277 G 4
Mecé 35 ... 81 E 5
Mechmont 46 ... 260 B 4
Mécleuves 57 ... 65 H 1
Mecquignies 59 ... 15 F 2
Mécrin 55 ... 64 C 4
Mécringes 51 ... 60 C 3
Médan 78 ... 57 H 2
Médavy 61 ... 54 B 5
La Mède 13 ... 325 H 4
Medeyrolles 63 ... 229 E 4
Médière 25 ... 142 A 5
Médillac 16 ... 239 E 1
Médis 17 ... 218 D 1
Médonnet *Chapelle du* 74 ... 216 C 3
Médonville 88 ... 118 A 2
Médous *Grotte de* 65 ... 333 F 2
Médréac 35 ... 103 G 1
Le Mée 28 ... 110 A 5
Mée 53 ... 128 A 2
Le Mée-sur-Seine 77 ... 88 B 3
Les Mées 72 ... 83 H 5
Les Mées 04 ... 287 G 4
Mées 40 ... 292 D 3
Mégange 57 ... 46 C 4
Megève 74 ... 216 C 4
Mégevette 74 ... 198 B 5
Mégrit 22 ... 79 F 5
Méharicourt 80 ... 23 F 3
Méharin 64 ... 311 F 4
Méhers 41 ... 153 F 3
Méhoncourt 54 ... 95 F 2
Méhoudin 61 ... 82 D 3
Mehun-sur-Yèvre 18 ... 154 D 5
La Meignanne 49 ... 149 F 1
Meigné 49 ... 150 A 4
Meigné-le-Vicomte 49 ... 151 E 1
Meigneux 80 ... 21 H 3
Meigneux 77 ... 89 E 3
Meilhac 87 ... 223 G 1
Meilhan 40 ... 293 G 1
Meilhan 32 ... 316 B 3
Meilhan-sur-Garonne 47 ... 256 D 4
Meilhards 19 ... 224 C 3
Meilhaud 63 ... 227 H 3
Meillac 35 ... 80 A 3
Meillant 18 ... 173 F 4
Le Meillard 80 ... 12 C 4
Meillard 03 ... 192 A 4
La Meilleraie-Tillay 85 ... 166 D 4
Meilleray 77 ... 60 C 4
La Meilleraye-de-Bretagne 44 ... 127 E 5
Meillerie 74 ... 198 C 2
Meillers 03 ... 191 H 2
Meillier-Fontaine 08 ... 26 D 2
Meillon 64 ... 314 B 5
Meillonnas 01 ... 196 A 5
Meilly-sur-Rouvres 21 ... 159 F 4
Meisenthal 57 ... 68 A 2
Meistratzheim 67 ... 97 F 2
Le Meix 21 ... 138 D 5
Le Meix-Saint-Epoing 51 ... 60 D 5
Le Meix-Tiercelin 51 ... 62 B 5
Méjanes 13 ... 304 A 5
Méjannes-le-Clap 30 ... 284 B 2
Méjannes-lès-Alès 30 ... 283 H 4
Mela 2A ... 349 E 5
Mélagues 12 ... 301 E 3
Mélamare 76 ... 19 E 5
Melan 04 ... 287 H 2
Melay 52 ... 118 B 5
Melay 49 ... 149 F 4
Melay 71 ... 193 G 5
Le Mêle-sur-Sarthe 61 ... 84 A 3
Mélecey 70 ... 141 H 5
Melesse 35 ... 104 B 2
Melgven 29 ... 100 B 4
Mélicocq 60 ... 39 F 1
Mélicourt 27 ... 55 E 2
Méligny-le-Grand 55 ... 93 G 1
Méligny-le-Petit 55 ... 93 G 1
Melin 70 ... 140 C 3
Melincourt 70 ... 118 D 5
Mélisey 89 ... 115 E 5
Mélisey 70 ... 142 A 2
Meljac 12 ... 280 C 4
Mellac 29 ... 100 D 4
Mellé 35 ... 81 F 3
Melle 79 ... 185 G 5
Mellecey 71 ... 177 G 4
Melleran 79 ... 203 E 1
Melleray 72 ... 108 D 3
Melleray *Abbaye de* 44 ... 127 E 5
Melleray-la-Vallée 53 ... 82 B 3
Melleroy 45 ... 135 E 2
Melles 31 ... 334 C 4
Melleville 76 ... 11 E 5
Mellionnec 22 ... 77 F 5
Mello 60 ... 38 C 4
Meloisey 21 ... 177 G 1
Melrand 56 ... 101 G 4
Melsheim 67 ... 68 C 4
Melun 77 ... 88 B 3
Melve 04 ... 287 G 1
Melz-sur-Seine 77 ... 89 H 3
Membrey 70 ... 140 B 5
La Membrolle-sur-Choisille 37 ... 151 H 2
La Membrolle-sur-Longuenée 49 ... 128 B 5
Membrolles 41 ... 110 A 5
Méménil 88 ... 95 G 5
Memmelshoffen 67 ... 69 E 2
Le Mémont 25 ... 163 F 4
Mémorial Canadien 62 ... 8 B 5
Menades 89 ... 157 H 2
Ménarmont 88 ... 95 H 3
Menars 41 ... 132 B 5
Menat 63 ... 209 F 2
Menaucourt 55 ... 93 F 1
Mencas 62 ... 7 E 3
Menchhoffen 67 ... 68 C 3
Mende 48 ... 264 C 4
Mendionde 64 ... 311 E 4
Menditte 64 ... 331 E 1
Mendive 64 ... 330 C 1
Ménéac 56 ... 102 D 2
Menée *Col de* 38 ... 268 D 1
Ménerbes 84 ... 305 G 2
Ménerval 76 ... 21 F 5
Ménerville 78 ... 57 E 2
Menesble 21 ... 138 D 3
Méneslies 80 ... 11 E 4
Ménesplet 24 ... 239 E 4
Ménesqueville 27 ... 36 D 2
Ménessaire 21 ... 158 B 5
Menestreau 58 ... 156 D 2
Ménestreau-en-Villette 45 ... 133 F 4
Menet 15 ... 244 D 1
Menetou-Couture 18 ... 174 A 1
Menetou-Râtel 18 ... 155 H 3
Menetou-Salon 18 ... 155 F 4
Menetou-sur-Nahon 36 ... 153 H 4
Ménétréol-sous-Sancerre 18 ... 156 A 3
Ménétréol-sur-Sauldre 18 ... 155 E 2
Ménétréols-sous-Vatan 36 ... 172 A 2
Ménetreuil 71 ... 195 G 1
Ménétreux-le-Pitois 21 ... 138 A 5
Ménétrol 63 ... 209 H 4
Ménétru-le-Vignoble 39 ... 179 F 4
Ménétrux-en-Joux 39 ... 179 G 5
Ménévillers 60 ... 39 E 1
Ménez-Bré 22 ... 72 D 5
Ménez-Hom 29 ... 75 G 4
Ménez-Meur *Domaine de* 29 ... 75 H 3
Menglon 26 ... 268 C 2
Ménigoute 79 ... 185 G 2
Le Ménil 88 ... 120 A 5
Ménil 53 ... 128 B 3
Ménil-Annelles 08 ... 42 B 1
Ménil-aux-Bois 55 ... 64 C 4
Le Ménil-Bérard 61 ... 55 E 5
Le Ménil-Broût 61 ... 83 H 3
Le Ménil-Ciboult 61 ... 52 D 4
Le Ménil-de-Briouze 61 ... 53 G 5


## MELUN

Alsace-Lorraine (Q.) ... BZ 2
Carnot (R.) ... AY 3
Courtille (R. de la) ... BZ 9
Doumer (R. Paul) ... BY 13
Gaulle (Av. du Gén. de) ... BY 18
Godin (Av. E.) ... AZ 19
Miroir (R. du) ... AY 25
Montagne-du-Mée (R. de la) ... AY 26
Pouteau (R. René) ... BY 34
Prés.-Despatys (R.) ... AY 35
St-Ambroise (R.) ... AZ
St-Aspais (R.) ... BY 41
St-Étienne (R.) ... AZ 43
Thiers (Av.) ... AZ 46
Vaux (Promenade de) ... BZ 51

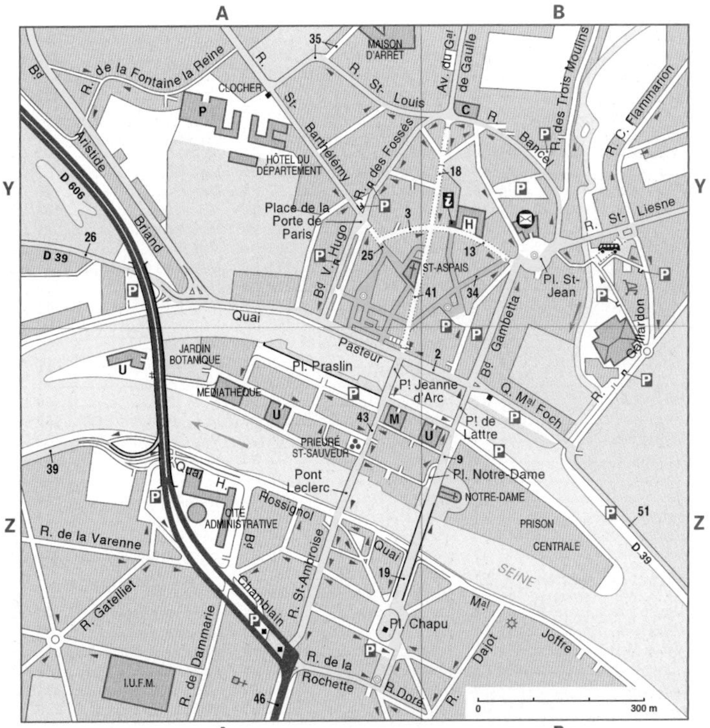

## METZ

Allemands (R. des) ... DV 2
Ambroise-Thomas (R.) ... CV 3
Armes (Pl. d') ... DV 5
Augustins (R. des) ... DX 6
Chambière (R.) ... DV 10
Chambre (Pl. de) ... CV 12
Champé (R. du) ... DV 13
Chanoine-Collin (R. du) ... DV 15
Charlemagne (R.) ... CX 17
Chèvre (R. de la) ... DX 19
Clercs (R. des) ... CV
Coëtlosquet (R. du) ... CX 22
Coislin (R.) ... DX 23
Enfer (R. d') ... DV 25
En Fournirue ... DV
Fabert (R.) ... CV 26
Faisan (R. du) ... CV 27
La-Fayette (R.) ... CX 47
Fontaine (R. de la) ... DX 29
Gaulle (Pl. du Gén.-de) ... DX 31
Grande-Armée (R. de la) ... DV 34
Hache (R. de la) ... DV 39
Jardins (R. des) ... DV
Juge-Pierre-Michel (R. du) ... CV 46
Lasalle (R.) ... DX 49
Lattre-de-T. (Av. de) ... CX 51
Leclerc-de-H. (Av.) ... CX 52
Mondon (Pl. R.) ... CX 57
Paix (R. de la) ... CV 61
Palais (R. du) ... CV 62
Paraiges (Pl. des) ... DV 63
Parmentiers (R. des) ... DX 64
Petit-Paris (R. du) ... CV 65
Pierre-Hardie (R. de la) ... CV 66
Pont-Moreau (R. du) ... CDV 70
Prés.-Kennedy (Av. J.-F.) ... CX 73
République (Pl. de la) ... CX 75
Ste-Croix (Pl.) ... DV 83
Ste-Marie (R.) ... CV 84
St-Eucaire (R.) ... DV 76
St-Gengoulf (R.) ... CX 77
St-Georges (R.) ... CV 78
St-Louis (Pl.) ... DVX
St-Simplice (Pl.) ... DV 80
St-Thiébault (Pl.) ... DX 82
Salis (R. de) ... CX 86
Schuman (Av. R.) ... CX
Sérot (Bd Robert) ... CV 87
Serpenoise (R.) ... CV
Taison (R.) ... DV 88
Tanneurs (R. des) ... DV 90
Tête d'Or (R. de la) ... DV
Trinitaires (R. des) ... DV 93
Verlaine (R.) ... CX 97

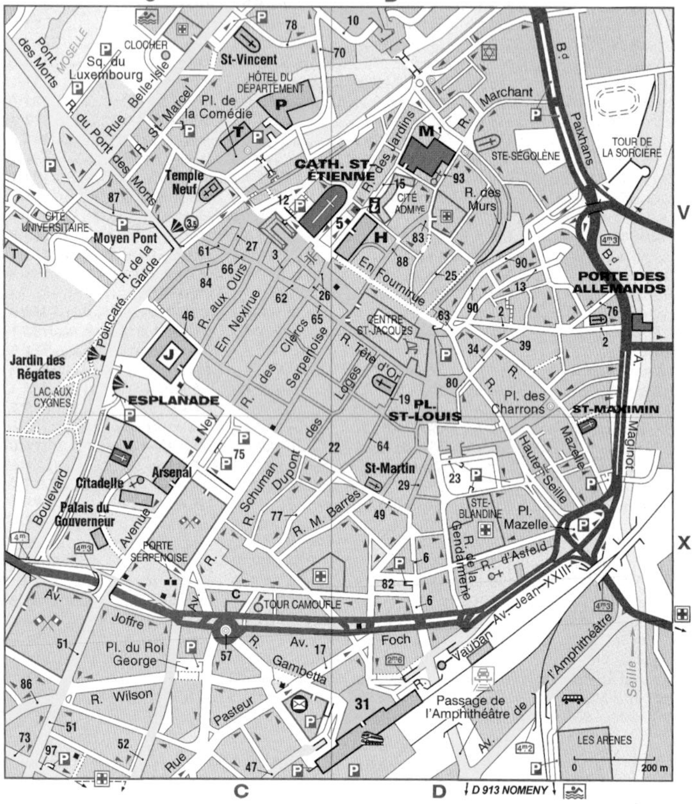


Ménil-de-Senones *88* ... 96 B 3
Ménil-en-Xaintois *88* ... 94 C 5
Ménil-Erreux *61* ... 83 H 3
Ménil-Froger *61* ... 54 D 4
Ménil-Glaise *61* ... 53 H 4
Ménil-Gondouin *61* ... 53 G 4
Le Ménil-Guyon *61* ... 84 A 2
Ménil-Hermei *61* ... 53 G 3
Ménil-Hubert-en-Exmes *61* ... 54 C 3
Ménil-Hubert-sur-Orne *61* ... 53 G 3
Ménil-Jean *61* ... 53 H 4
Ménil-la-Horgne *55* ... 64 C 5
Ménil-la-Tour *54* ... 65 F 5
Ménil-Lépinois *08* ... 42 A 2
Le Ménil-Scelleur *61* ... 83 F 2
Ménil-sur-Belvitte *88* ... 95 H 3
Ménil-sur-Saulx *55* ... 63 H 5
Le Ménil-Vicomte *61* ... 54 D 4
Ménil-Vin *61* ... 53 G 3
Ménilles *27* ... 56 D 1
Ménillot *54* ... 94 A 1
La Ménitré *49* ... 150 A 2
Mennecy *91* ... 87 H 2
Mennessis *02* ... 24 A 4
Mennetou-sur-Cher *41* ... 154 A 4
Menneval *27* ... 35 F 5
Menneville *62* ... 6 C 2
Menneville *02* ... 41 G 2
Mennevret *02* ... 24 D 1
Mennouveaux *52* ... 117 G 3
Ménoire *19* ... 242 D 3
Menomblet *85* ... 167 E 4
Menoncourt *90* ... 142 C 2
Ménonval *76* ... 21 E 3
Menotey *39* ... 161 E 5
Menou *58* ... 156 D 3
Menouville *95* ... 38 A 5
Menoux *70* ... 141 E 2
Le Menoux *36* ... 188 D 2
Mens *38* ... 251 E 5
Mensignac *24* ... 240 B 1
Menskirch *57* ... 46 B 3
Mentheville *76* ... 19 E 4
Menthon-Saint-Bernard *74* ... 215 H 4
Menthonnex-en-Bornes *74* ... 215 G 2
Menthonnex-sous-Clermont *74* ... 215 F 3
Mentières *15* ... 245 H 3
Menton *06* ... 291 G 5
Mentque-Nortbécourt *62* ... 3 E 5
Menucourt *95* ... 57 H 1
Les Menuires *73* ... 234 C 5
Les Menus *61* ... 85 E 3
Menville *31* ... 297 G 4
Méobecq *36* ... 171 F 5
Méolans *04* ... 270 C 5
Méolans-Revel *04* ... 270 C 5
Méon *49* ... 150 D 1
Méounes-lès-Montrieux *83* ... 328 A 2
Mépieu *38* ... 214 B 5
Mer *41* ... 132 C 4
Mer de Sable *La 60* ... 39 E 5
Méracq *64* ... 294 B 5
Méral *53* ... 105 G 5
Méras *09* ... 317 G 5
Mercatel *62* ... 13 G 3
Mercenac *09* ... 335 E 2
Merceuil *21* ... 177 H 2
Mercey *27* ... 56 D 1
Mercey *21* ... 159 E 5
Mercey-le-Grand *25* ... 161 F 4
Mercey-sur-Saône *70* ... 140 B 5
Mercin-et-Vaux *02* ... 40 B 2
Merck-Saint-Liévin *62* ... 7 E 3
Merckeghem *59* ... 3 F 4
Mercœur *19* ... 243 F 4
Mercœur *43* ... 246 A 2
Mercuer *07* ... 266 B 3
Mercuès *46* ... 259 H 5
Mercurey *71* ... 177 G 3
Mercurol *26* ... 249 F 3
Mercury *73* ... 234 A 1
Mercus-Garrabet *09* ... 336 B 4
Mercy *89* ... 114 A 4
Mercy *03* ... 192 C 3
Mercy-le-Bas *54* ... 45 E 3
Mercy-le-Haut *54* ... 45 E 3
Merdrignac *22* ... 102 D 1
Méré *78* ... 57 G 4
Méré *89* ... 136 D 2
Méreau *18* ... 154 C 5
Méréaucourt *80* ... 21 H 3
Méréglise *28* ... 85 G 5
Mérélessart *80* ... 11 G 5
Mérens *32* ... 296 A 3
Mérens-les-Vals *09* ... 341 E 2
Mérenvielle *31* ... 297 F 4
Méreuil *05* ... 269 E 5
Méréville *91* ... 87 F 5
Méréville *54* ... 94 D 1
Merey *27* ... 56 D 2
Mérey-sous-Montrond *25* ... 162 A 4
Mérey-Vieilley *25* ... 162 A 2
Merfy *51* ... 41 F 3
Mergey *10* ... 90 D 4
Meria *2B* ... 345 G 2
Mérial *11* ... 337 A 5
Méribel *73* ... 234 C 4
Méribel-Mottaret *73* ... 234 C 4
Méricourt *62* ... 8 B 5
Méricourt *78* ... 57 F 1
Méricourt-en-Vimeu *80* ... 21 H 2
Méricourt-l'Abbé *80* ... 22 D 1
Méricourt-sur-Somme *80* ... 23 E 1
Mériel *95* ... 58 B 1
Mérifons *34* ... 301 G 4
Mérignac *17* ... 220 B 5
Mérignac *16* ... 220 D 1
Mérignac *33* ... 237 F 5
Mérignas *33* ... 256 D 1
Mérignat *01* ... 214 B 2
Mérignies *59* ... 8 D 4
Mérigny *36* ... 187 G 1
Mérigon *09* ... 335 F 1
Mérilheu *65* ... 333 F 1
Mérillac *22* ... 103 E 1
Mérinchal *23* ... 208 C 4
Mérindol *84* ... 305 G 3
Mérindol-les-Oliviers *26* ... 285 H 2
Mérinville *45* ... 112 D 4
Le Mériot *10* ... 89 H 3
Méritein *64* ... 313 G 4
Merkwiller-Pechelbronn *67* ... 69 E 2
Merlande *Prieuré de 24* ... 240 B 1
Merlas *38* ... 232 D 4
La Merlatière *85* ... 166 A 4
Merlaut *51* ... 62 D 4
Merle *Tours de 19* ... 243 G 3
Merle-Leignec *42* ... 229 G 5
Merléac *22* ... 78 A 5
Le Merlerault *61* ... 54 D 5
Merles *82* ... 277 E 4
Merles-sur-Loison *55* ... 44 C 3
Merlette *05* ... 270 A 2
Merlevenez *56* ... 123 G 2
Merlieux-et-Fouquerolles *02* ... 40 C 1
Merlimont *62* ... 6 B 4
Merlimont-Plage *62* ... 6 A 4
Merlines *19* ... 226 C 2
Mernel *35* ... 103 H 5
Mérobert *91* ... 87 E 4
Méron *49* ... 150 B 5
Mérona *39* ... 196 C 1
Mérouville *28* ... 86 D 5
Meroux *90* ... 142 C 3
Merpins *16* ... 220 B 1
Merrey *52* ... 117 H 4
Merrey-sur-Arce *10* ... 115 G 3
Merri *61* ... 54 A 3
Merris *59* ... 4 A 5
Merry-la-Vallée *89* ... 135 H 3
Merry-Sec *89* ... 136 A 4
Merry-sur-Yonne *89* ... 136 C 5
Mers-les-Bains *80* ... 10 D 4
Mers-sur-Indre *36* ... 189 F 1
Merschweiller *57* ... 46 B 2
Mersuay *70* ... 141 E 2
Merten *57* ... 46 D 4
Mertrud *52* ... 92 C 4
Mertzen *68* ... 143 E 3
Mertzwiller *67* ... 68 D 3
Méru *60* ... 38 A 4
Merval *02* ... 41 E 3
Mervans *71* ... 178 B 4
Mervent *85* ... 184 B 2
Merviel *09* ... 336 C 2
Mervilla *31* ... 318 A 3
Merville *59* ... 8 A 2
Merville *31* ... 297 G 3
Merville-Franceville-Plage *14* ... 33 H 3
Merviller *54* ... 96 A 2
Merxheim *68* ... 121 E 5
Méry *73* ... 233 F 1
Méry-Corbon *14* ... 34 A 5
Méry-ès-Bois *18* ... 155 E 3
Méry-la-Bataille *60* ... 23 E 5
Méry-Prémecy *51* ... 41 F 4
Méry-sur-Cher *18* ... 154 B 4
Méry-sur-Marne *77* ... 60 A 2
Méry-sur-Oise *95* ... 58 B 1
Méry-sur-Seine *10* ... 90 C 3
Le Merzer *22* ... 73 F 5
Mésandans *25* ... 162 C 1
Mésanger *44* ... 148 B 1
Mésangueville *76* ... 21 E 5
Mesbrecourt-Richecourt *02* ... 24 C 4
Meschers-sur-Gironde *17* ... 218 D 2
Mescla *Balcons de la 04* ... 307 H 2
Mescoules *24* ... 257 H 2
Le Mesge *80* ... 22 A 1
Mesgrigny *10* ... 90 C 3
Mésigny *74* ... 215 F 2
Meslan *56* ... 101 E 3
Mesland *41* ... 152 D 1
Meslay *14* ... 53 G 2
Meslay *41* ... 131 G 3
Meslay *Grange de 37* ... 152 A 2
Meslay-du-Maine *53* ... 106 B 5
Meslay-le-Grenet *28* ... 86 A 5
Meslay-le-Vidame *28* ... 110 A 2
Meslières *25* ... 142 C 5
Meslin *22* ... 78 C 4
Mesmay *25* ... 179 G 1
Mesmont *08* ... 26 B 5
Mesmont *21* ... 159 G 3
Mesnac *16* ... 202 B 5
Mesnard-la-Barotière *85* ... 166 C 3
Mesnay *39* ... 179 G 2
Les Mesneux *51* ... 41 G 4
La Mesnière *61* ... 84 B 3
Mesnières-en-Bray *76* ... 20 D 3
Le Mesnil *50* ... 31 E 2
Le Mesnil-Adelée *50* ... 52 B 4
Le Mesnil-Amand *50* ... 51 H 2
Le Mesnil-Amelot *77* ... 59 E 1
Le Mesnil-Amey *50* ... 32 A 5
Le Mesnil-Angot *50* ... 32 A 4
Le Mesnil-au-Grain *14* ... 53 E 1
Le Mesnil-au-Val *50* ... 29 F 3
Le Mesnil-Aubert *50* ... 51 G 2
Le Mesnil-Aubry *95* ... 58 C 1
Le Mesnil-Auzouf *14* ... 52 D 1
Le Mesnil-Bacley *14* ... 54 C 1
Le Mesnil-Benoist *14* ... 52 B 3
Le Mesnil-Bœufs *50* ... 52 A 5
Le Mesnil-Bonant *50* ... 51 H 2
Mesnil-Bruntel *80* ... 23 G 2
Le Mesnil-Caussois *14* ... 52 B 3
Mesnil-Clinchamps *14* ... 52 B 3
Le Mesnil-Conteville *60* ... 22 A 4
Mesnil-Domqueur *80* ... 12 B 4
Le Mesnil-Drey *50* ... 51 G 3
Le Mesnil-Durand *14* ... 54 C 1
Le Mesnil-Durdent *76* ... 19 G 2
Mesnil-en-Arrouaise *80* ... 13 H 5
Le Mesnil-en-Thelle *60* ... 38 B 5
Le Mesnil-en-Vallée *49* ... 148 D 2
Le Mesnil-Esnard *76* ... 36 B 2
Le Mesnil-Eudes *14* ... 34 C 5
Mesnil-Eudin *80* ... 21 F 2
Le Mesnil-Eury *50* ... 32 A 4
Mesnil-Follemprise *76* ... 20 C 3
Le Mesnil-Fuguet *27* ... 56 B 1
Le Mesnil-Garnier *50* ... 51 H 2
Le Mesnil-Germain *14* ... 54 C 1
Le Mesnil-Gilbert *50* ... 52 B 4
Le Mesnil-Guillaume *14* ... 34 D 5
Le Mesnil-Hardray *27* ... 56 A 2
Le Mesnil-Herman *50* ... 52 A 1
Le Mesnil-Hue *50* ... 51 H 2
Le Mesnil-Jourdain *27* ... 36 B 5
Mesnil-la-Comtesse *10* ... 91 E 3
Le Mesnil-le-Roi *78* ... 58 A 2
Mesnil-Lettre *10* ... 91 F 3
Le Mesnil-Lieubray *76* ... 37 E 1
Mesnil-Martinsart *80* ... 13 F 5
Le Mesnil-Mauger *76* ... 21 E 4
Le Mesnil-Mauger *14* ... 34 B 5
Le Mesnil-Opac *50* ... 52 B 1
Le Mesnil-Ozenne *50* ... 51 H 5
Mesnil-Panneville *76* ... 19 H 5
Le Mesnil-Patry *14* ... 33 F 4
Le Mesnil-Rainfray *50* ... 52 B 5
Mesnil-Raoul *76* ... 36 C 2
Le Mesnil-Raoult *50* ... 52 B 1
Le Mesnil-Réaume *76* ... 10 D 5
Le Mesnil-Robert *14* ... 52 C 3
Le Mesnil-Rogues *50* ... 51 G 2
Mesnil-Rousset *27* ... 55 F 3
Le Mesnil-Rouxelin *50* ... 32 B 4
Le Mesnil-Saint-Denis *78* ... 57 H 4
Le Mesnil-Saint-Firmin *60* ... 22 C 5
Mesnil-Saint-Georges *80* ... 22 D 4
Mesnil-Saint-Laurent *02* ... 24 B 2
Mesnil-Saint-Loup *10* ... 90 B 5
Mesnil-Saint-Nicaise *80* ... 23 G 3
Mesnil-Saint-Père *10* ... 115 G 2
Mesnil-Sellières *10* ... 91 F 5
Le Mesnil-Simon *14* ... 34 B 5
Le Mesnil-Simon *28* ... 57 E 3
Le Mesnil-sous-Jumièges *76* ... 35 H 2
Mesnil-sous-les-Côtes *55* ... 64 C 1
Mesnil-sous-Vienne *27* ... 37 F 2
Le Mesnil-sur-Blangy *14* ... 34 D 3
Le Mesnil-sur-Bulles *60* ... 38 C 1
Mesnil-sur-l'Estrée *27* ... 56 C 4
Le Mesnil-sur-Oger *51* ... 61 G 2
Le Mesnil-Thébault *50* ... 52 A 5
Le Mesnil-Théribus *60* ... 37 H 3
Le Mesnil-Thomas *28* ... 85 G 2
Le Mesnil-Tôve *50* ... 52 B 4
Mesnil-Val *76* ... 10 D 4
Le Mesnil-Véneron *50* ... 32 A 4
Mesnil-Verclives *27* ... 36 D 3
Le Mesnil-Vigot *50* ... 31 H 4
Le Mesnil-Villeman *50* ... 51 H 2
Le Mesnil-Villement *14* ... 53 G 3
Le Mesnilbus *50* ... 31 H 4
Le Mesnillard *50* ... 52 B 5
Mesnois *39* ... 196 C 1
Les Mesnuls *78* ... 57 G 4
Mespaul *29* ... 71 G 4
Mesplède *64* ... 293 G 5
Mesples *03* ... 190 B 3
Mespuits *91* ... 87 G 5
Mesquer *44* ... 145 H 3
Messac *35* ... 126 B 2
Messac *17* ... 220 B 5
Messais *86* ... 168 C 3
Messanges *21* ... 159 H 5
Messanges *40* ... 292 B 2
Messas *45* ... 132 C 3
Messé *79* ... 186 A 5
Messei *61* ... 53 F 4
Messein *54* ... 94 D 1
Messeix *63* ... 226 C 2
Messemé *86* ... 168 D 1
Messery *74* ... 197 H 3
Messeux *16* ... 203 G 2
Messey-sur-Grosne *71* ... 177 G 5
Messia-sur-Sorne *39* ... 179 E 5
Messigny-et-Vantoux *21* ... 160 A 2
Messilhac *Château de 15* ... 244 D 5
Messimy *69* ... 230 D 1
Messimy-sur-Saône *01* ... 213 E 2
Messincourt *08* ... 27 G 4
Messon *10* ... 114 C 2
Messy *77* ... 59 E 2
Mesterrieux *33* ... 256 D 3
Mestes *19* ... 226 B 3
Mesves-sur-Loire *58* ... 156 B 4
Mesvres *71* ... 176 C 3
Métabief *25* ... 180 C 4
Les Métairies *16* ... 220 C 1
Métairies-Saint-Quirin *57* ... 96 B 1
Méteren *59* ... 4 A 5
Méthamis *84* ... 286 A 5
Métigny *80* ... 11 H 5
Metting *57* ... 68 A 4
Mettray *37* ... 151 H 2
Metz *57* ... 65 H 1
Metz-en-Couture *62* ... 14 A 5
Metz-le-Comte *58* ... 157 G 2
Metz-Robert *10* ... 115 E 4
Metz-Tessy *74* ... 215 G 3
Metzeral *68* ... 120 C 4
Metzeresche *57* ... 46 B 4
Metzervisse *57* ... 45 H 3
Metzing *57* ... 47 F 5
Meucon *56* ... 124 B 3
Meudon *92* ... 58 B 4
Meuilley *21* ... 159 H 5
Meulan *78* ... 57 H 1
Meulers *76* ... 20 C 2
Meulin *71* ... 194 B 4
Meulles *14* ... 54 D 2
Meulson *21* ... 138 B 4
Meunet-Planches *36* ... 172 B 4
Meunet-sur-Vatan *36* ... 172 A 1
Meung-sur-Loire *45* ... 132 D 3
Meurcé *72* ... 107 H 2
Meurchin *62* ... 8 C 4
Meurcourt *70* ... 141 F 3
La Meurdraquière *50* ... 51 G 3
Meures *52* ... 116 D 2
Meurival *02* ... 41 E 3
Meursac *17* ... 219 E 1
Meursanges *21* ... 178 A 2
Meursault *21* ... 177 G 2
Meurville *10* ... 116 A 2
Meuse *52* ... 117 H 4
Meusnes *41* ... 153 F 4
Meussia *39* ... 196 D 2
Meuvaines *14* ... 33 F 3
Meuvy *52* ... 117 H 3
Le Meux *60* ... 39 F 2
Meux *17* ... 220 B 4
Meuzac *87* ... 224 B 3
Mévoisins *28* ... 86 B 3
Mévouillon *26* ... 286 C 2
Meximieux *01* ... 213 H 4
Mexy *54* ... 45 E 1
Mey *57* ... 45 H 5
Meyenheim *68* ... 121 E 4
Meylan *38* ... 251 E 1
Meylan *47* ... 275 E 4
Meymac *19* ... 225 G 3
Meynes *30* ... 304 B 1
Meyrals *24* ... 241 F 5
Meyrand *Col de 07* ... 265 H 3
Meyrannes *30* ... 283 H 2
Meyrargues *13* ... 306 B 4
Meyras *07* ... 266 A 2
Meyreuil *13* ... 306 A 5
Meyriat *01* ... 214 A 1
Meyrié *38* ... 232 A 2
Meyrieu-les-Étangs *38* ... 231 H 3

Meyrieux-Trouet 73 ... 233 E 1
Meyrignac-l'Église 19 ... 225 E 5
Meyronne 46 ... 242 C 5
Meyronnes 04 ... 271 E 4
Meyrueis 48 ... 282 B 3
Meys 69 ... 230 B 1
Meyssac 19 ... 242 D 3
Meysse 07 ... 267 E 3
Meyssiez 38 ... 231 G 3
Meythet 74 ... 215 G 3
La Meyze 87 ... 223 G 2
Meyzieu 69 ... 213 G 5
Mézangers 53 ... 106 C 2
Mèze 34 ... 322 D 3
Mezel 63 ... 228 A 1
Mézel 04 ... 288 A 4
Mézenc *Mont* 43 ... 247 H 5
Mézens 81 ... 298 B 3
Mézeray 72 ... 129 G 2
Mézères 43 ... 247 G 2
Mézériat 01 ... 195 G 5
Mézerolles 80 ... 12 C 3
Mézerville 11 ... 318 C 5
Mézidon 14 ... 34 A 5
La Mézière 35 ... 104 A 2
Mézières-au-Perche 28 ... 109 H 2
Mézières-en-Brenne 36 ... 170 D 4
Mézières-en-Drouais 28 ... 56 D 5
Mézières-en-Gâtinais 45 ... 112 A 4
Mézières-en-Santerre 80 ... 22 D 3
Mézières-en-Vexin 27 ... 37 E 5
Mézières-lez-Cléry 45 ... 133 E 3
Mézières-sous-Lavardin 72 ... 107 G 3
Mézières-sur-Couesnon 35 ... 80 D 5
Mézières-sur-Issoire 87 ... 205 E 2
Mézières-sur-Oise 02 ... 24 B 3
Mézières-sur-Ponthouin 72 ... 108 A 2
Mézières-sur-Seine 78 ... 57 G 2
Mézilhac 07 ... 266 B 1
Mézilles 89 ... 135 G 4
Mézin 47 ... 275 F 4
Méziré 90 ... 142 C 4
Mézos 40 ... 272 C 4
Mézy-Moulins 02 ... 60 C 1
Mézy-sur-Seine 78 ... 57 G 2
Mezzavia 2A ... 348 C 3
Mhère 58 ... 157 H 4
Mialet 24 ... 223 E 3
Mialet 30 ... 283 G 4
Mialos 64 ... 294 B 5
Miannay 80 ... 11 F 3
Michaugues 58 ... 157 F 4
Michelbach 68 ... 143 E 1
Michelbach-le-Bas 68 ... 143 G 3
Michelbach-le-Haut 68 ... 143 G 3
Michery 89 ... 89 F 5
Midi de Bigorre *Pic du* 65 ... 333 F 3
Midrevaux 88 ... 93 H 4
Mièges 39 ... 180 A 4
Miel *Maison du* 63 ... 209 G 4
Miélan 32 ... 315 G 3
Miellin 70 ... 142 B 1
Miermaigne 28 ... 109 F 2
Miers 46 ... 260 D 1
Miéry 39 ... 179 F 3
Mietesheim 67 ... 68 D 3
Mieussy 74 ... 216 B 1
Mieuxcé 61 ... 83 G 4
Mifaget 64 ... 332 B 1
Migé 89 ... 136 B 4
Migennes 89 ... 114 A 5
Miglos 09 ... 336 B 5
Mignafans 70 ... 141 H 5
Mignaloux-Beauvoir 86 ... 186 C 2
Mignavillers 70 ... 141 H 5
Migné 36 ... 171 E 5
Migné-Auxances 86 ... 186 B 1
Mignères 45 ... 112 B 4
Mignerette 45 ... 112 B 4
Mignéville 54 ... 96 A 2
Mignières 28 ... 86 A 5
Mignovillard 39 ... 180 B 3
Migny 36 ... 172 C 2
Migré 17 ... 201 G 2
Migron 17 ... 201 H 5
Mijanès 09 ... 337 A 5
Mijoux 01 ... 197 F 3
La Milesse 72 ... 107 G 4
Milhac 46 ... 259 H 1
Milhac-d'Auberoche 24 ... 241 E 3
Milhac-de-Nontron 24 ... 222 D 4
Milhaguet 87 ... 222 D 2
Milhars 81 ... 279 E 4
Milhas 31 ... 334 C 2
Milhaud 30 ... 303 H 2
Milhavet 81 ... 279 F 5
Milizac 29 ... 70 C 5
Millac 86 ... 204 C 1
Millam 59 ... 3 F 4
Millançay 41 ... 153 H 2
Millas 66 ... 342 D 2
Millau 12 ... 281 H 4
Millay 58 ... 176 A 3
Millebosc 76 ... 11 E 5
Millemont 78 ... 57 F 4
Millencourt 80 ... 13 F 5
Millencourt-en-Ponthieu 80 ... 11 H 3
Millery 54 ... 65 H 4
Millery 21 ... 158 D 1
Millery 69 ... 231 E 2
Les Milles 13 ... 305 H 5
Millevaches 19 ... 225 G 2
Millières 50 ... 31 G 4
Millières 52 ... 117 G 3
Millonfosse 59 ... 9 F 5
Milly 50 ... 52 B 5
Milly 89 ... 136 C 3
Milly-la-Forêt 91 ... 88 A 4
Milly-Lamartine 71 ... 194 D 4
Milly-sur-Bradon 55 ... 43 H 2
Milly-sur-Thérain 60 ... 37 H 1
Milon-la-Chapelle 78 ... 58 A 5
Mimbaste 40 ... 293 E 4
Mimet 13 ... 327 E 1
Mimeure 21 ... 159 E 5
Mimizan 40 ... 272 B 2
Mimizan-Plage 40 ... 272 B 2
Minard *Pointe de* 22 ... 73 G 3
Minaucourt-
le-Mesnil-lès-Hurlus 51 ... 42 D 4
Mindin 44 ... 146 C 3
Minerve 34 ... 320 C 4
Mingot 65 ... 315 F 4
Mingoval 62 ... 7 H 5
Miniac-Morvan 35 ... 79 H 3
Miniac-sous-Bécherel 35 ... 103 H 1
Minier *Col du* 30 ... 282 C 4
Les Minières 27 ... 56 B 3
Le Minihic-sur-Rance 35 ... 50 C 5
Minihy-Tréguier 22 ... 73 E 3
Minorville 54 ... 65 F 4
Minot 21 ... 138 D 4
Minversheim 67 ... 68 D 4
Minzac 24 ... 239 E 4
Minzier 74 ... 215 F 2
Miolans *Château de* 73 ... 233 H 2
Miolles 81 ... 300 A 1
Miomo 2B ... 345 G 4
Mionnay 01 ... 213 F 4
Mions 69 ... 231 F 1
Mios 33 ... 254 D 3
Miossens-Lanusse 64 ... 314 B 3
Mirabeau 04 ... 287 H 4
Mirabeau 84 ... 306 C 3
Mirabel 07 ... 266 C 3
Mirabel 82 ... 277 H 4
Mirabel
*Parc d'attractions* 63 ... 209 H 4
Mirabel-aux-Baronnies 26 ... 285 H 1
Mirabel-et-Blacons 26 ... 267 H 2
Miradoux 32 ... 276 C 5
Miramar 06 ... 309 E 5
Miramas 13 ... 305 E 5
Mirambeau 17 ... 219 G 4
Mirambeau 31 ... 316 D 4
Miramont-d'Astarac 32 ... 296 A 5
Miramont-
de-Comminges 31 ... 334 C 1
Miramont-de-Guyenne 47 ... 257 G 3
Miramont-de-Quercy 82 ... 277 F 3
Miramont-Latour 32 ... 296 B 3
Miramont-Sensacq 40 ... 294 B 4
Mirande 32 ... 295 H 5
Mirandol-Bourgnounac 81 ... 279 G 4
Mirannes 32 ... 295 H 4
Miraumont 80 ... 13 G 4
Miraval-Cabardès 11 ... 319 H 4
Mirbel 52 ... 92 D 5
Miré 49 ... 128 D 3
Mirebeau 86 ... 168 D 4
Mirebeau-sur-Bèze 21 ... 160 C 2
Mirebel 39 ... 179 G 5
Mirecourt 88 ... 94 D 5
Mirefleurs 63 ... 228 A 1
Miremont 63 ... 209 E 4
Miremont 31 ... 317 H 4
Mirepeisset 11 ... 320 D 5
Mirepeix 64 ... 314 C 5
Mirepoix 32 ... 296 B 3
Mirepoix 09 ... 336 D 1
Mirepoix-sur-Tarn 31 ... 298 B 2
Mireval 34 ... 323 F 3
Mireval-Lauragais 11 ... 319 E 5
Miribel 01 ... 213 F 5
Miribel 26 ... 249 H 1
Miribel-Lanchâtre 38 ... 250 D 4
Miribel-les-Échelles 38 ... 232 D 4
Mirmande 26 ... 267 F 2
Le Miroir 71 ... 196 A 2
Miromesnil *Château de* 76 ... 20 B 2
Mirvaux 80 ... 12 D 5
Mirville 76 ... 19 E 5
Miscon 26 ... 268 C 3
Miserey 27 ... 56 C 1
Miserey-Salines 25 ... 161 H 3
Misérieux 01 ... 213 E 3
Misery 80 ... 23 G 2
Mison 04 ... 287 F 2
Missé 79 ... 168 A 2
Missècle 81 ... 299 E 3
Missègre 11 ... 337 D 2
Missery 21 ... 158 D 3
Missillac 44 ... 125 G 5
Missiriac 56 ... 103 E 5
Misson 40 ... 293 E 4
Missy 14 ... 33 F 5
Missy-aux-Bois 02 ... 40 A 3
Missy-lès-Pierrepont 02 ... 25 E 4
Missy-sur-Aisne 02 ... 40 C 2
Misy-sur-Yonne 77 ... 89 E 5
Mitry-le-Neuf 77 ... 59 E 2
Mitry-Mory 77 ... 59 E 2
Mitschdorf 67 ... 69 E 2
Mittainville 78 ... 57 F 5
Mittainvilliers 28 ... 85 H 3
Mittelbergheim 67 ... 97 F 3
Mittelbronn 57 ... 68 A 4
Mittelhausbergen 67 ... 97 G 1
Mittelhausen 67 ... 68 D 5
Mittelschaeffolsheim 67 ... 68 D 5
Mittelwihr 68 ... 121 E 2
Mittersheim 57 ... 67 F 3
Mittlach 68 ... 120 C 4
Mittois 14 ... 54 B 1
Mitzach 68 ... 120 C 5
Mizérieux 42 ... 211 H 5
Mizoën 38 ... 251 H 3
Mobecq 50 ... 31 G 3
Moca-Croce 2A ... 349 E 4
Modane 73 ... 252 D 1
Modène 84 ... 285 H 4
Moëlan-sur-Mer 29 ... 100 C 5
Les Moëres 59 ... 3 H 2
Mœrnach 68 ... 143 F 4
Moëslains 52 ... 92 C 2
Mœurs-Verdey 51 ... 61 E 5
Mœuvres 59 ... 14 A 4
Moëze 17 ... 200 D 3
Moffans-et-Vacheresse 70 ... 141 H 4
La Mogère *Château de* 34 ... 303 E 4
Mogeville 55 ... 44 C 4
Mognard 73 ... 215 F 5
Mogneneins 01 ... 213 E 1
Mogneville 60 ... 38 D 3
Mognéville 55 ... 63 F 4
Mogues 08 ... 27 H 4
Mohon 56 ... 102 D 3
Moidieu-Détourbe 38 ... 231 G 3
Moidrey 50 ... 80 C 2
Moigné 35 ... 104 A 3
Moigny-sur-École 91 ... 88 A 4
Moimay 70 ... 141 G 5
Moineville 54 ... 45 F 5
Moings 17 ... 220 B 3
Moingt 42 ... 229 G 2
Moinville-la-Jeulin 28 ... 86 C 4
Moirans 38 ... 232 C 5
Moirans-en-Montagne 39 ... 196 D 3
Moirax 47 ... 276 B 3
Moiré 69 ... 212 C 3
Moiremont 51 ... 43 E 5
Moirey 55 ... 44 B 4
Moiron 39 ... 179 E 5
Moiry 08 ... 27 H 5
Moisdon-la-Rivière 44 ... 127 E 4
Moisenay 77 ... 88 C 2
Moislains 80 ... 23 G 1
Moissac 82 ... 277 F 4
Moissac-Bellevue 83 ... 307 G 3
Moissac-
Vallée-Française 48 ... 283 E 3
Moissannes 87 ... 206 C 4
Moissat 63 ... 210 B 5
Moisselles 95 ... 58 C 1
Moissey 39 ... 161 E 4
Moissieu-sur-Dolon 38 ... 231 G 4
Moisson 78 ... 57 F 1
Moissy-Cramayel 77 ... 88 B 2
Moissy-Moulinot 58 ... 157 G 3
Moisville 27 ... 56 B 3
Moisy 41 ... 132 A 2
Moïta 2B ... 347 G 4
Les Moitiers-d'Allonne 50 ... 28 D 5
Les Moitiers-en-Bauptois 50 ... 31 G 2
Moitron 21 ... 138 C 4
Moitron-sur-Sarthe 72 ... 107 G 2
Moivre 51 ... 62 D 2
Moivrons 54 ... 65 H 4
Molac 56 ... 125 E 3
Molagnies 76 ... 37 F 1
Molain 02 ... 14 D 5
Molain 39 ... 179 G 3
Molamboz 39 ... 179 F 2
Molandier 11 ... 318 C 5
Molas 31 ... 316 C 4
Môlay 89 ... 137 E 4
Molay 70 ... 140 B 3
Molay 39 ... 178 D 1
Le Molay-Littry 14 ... 32 C 3
La Môle 83 ... 329 E 3
Moléans 28 ... 110 A 3
Molèdes 15 ... 245 G 1
Molène *Île* 29 ... 74 B 2
Molère 65 ... 333 G 1
Molesme 21 ... 115 G 5
Molesmes 89 ... 136 A 5
Molezon 48 ... 282 D 3
Moliens 60 ... 21 G 4
Les Molières 91 ... 58 A 5
Molières 24 ... 258 D 1
Molières 46 ... 261 F 1
Molières 82 ... 277 H 3
Molières-Cavaillac 30 ... 282 D 5
Molières-Glandaz 26 ... 268 B 2
Molières-sur-Cèze 30 ... 283 H 2
Moliets-et-Maa 40 ... 292 B 1
Moliets-Plage 40 ... 292 B 1
Molinchart 02 ... 24 C 5
Molines-en-Queyras 05 ... 271 E 1
Molinet 03 ... 193 F 3
Molineuf 41 ... 131 H 5
Molinges 39 ... 196 D 3
Molinghem 62 ... 7 G 3
Molinons 89 ... 114 A 2
Molinot 21 ... 177 F 1
Molins-sur-Aube 10 ... 91 G 4
Molitg-les-Bains 66 ... 342 A 2
Mollans 70 ... 141 G 4
Mollans-sur-Ouvèze 26 ... 285 H 2
Mollard *Col du* 73 ... 252 A 1
Mollau 68 ... 120 B 5
Mollégès 13 ... 305 E 2
Molles 03 ... 210 C 2
Les Mollettes 73 ... 233 G 3
Molleville 11 ... 318 D 5
Molliens-au-Bois 80 ... 22 C 1
Molliens-Dreuil 80 ... 21 H 2
La Mollière 80 ... 11 E 2
Mollkirch 67 ... 97 E 2
Molompize 15 ... 245 H 1
Molosmes 89 ... 137 E 2
Moloy 21 ... 159 H 1
Molphey 21 ... 158 C 3
Molpré 39 ... 180 A 4
Molring 57 ... 67 F 3
Molsheim 67 ... 97 F 1
Moltifao 2B ... 347 E 2
Les Molunes 39 ... 197 E 3
Momas 64 ... 314 A 3
Mombrier 33 ... 237 G 3
Momères 65 ... 315 E 5
Momerstroff 57 ... 46 C 5
Mommenheim 67 ... 68 D 4
Momuy 40 ... 293 H 4
Momy 64 ... 314 D 4
Mon Idée 08 ... 26 A 2
Monacia-d'Aullène 2A ... 351 E 3
Monacia-d'Orezza 2B ... 347 G 3
Monampteuil 02 ... 40 D 1
Monassut-Audiracq 64 ... 314 C 3
Le Monastère 12 ... 280 D 1
Le Monastier 48 ... 264 A 4
Le Monastier-
sur-Gazeille 43 ... 247 G 5
Monay 39 ... 179 F 3
Monbadon 33 ... 238 D 4
Monbahus 47 ... 257 H 4
Monbalen 47 ... 276 C 2
Monbardon 32 ... 316 B 4
Monbazillac 24 ... 257 H 1
Monbéqui 82 ... 297 G 1
Monblanc 32 ... 317 E 3
Monbos 24 ... 257 G 2
Monbouan *Château de* 35 ... 104 D 4
Monbrun 32 ... 297 E 4
Moncale 2B ... 346 C 2
Moncassin 32 ... 316 A 3
Moncaup 64 ... 314 D 3
Moncaup 31 ... 334 B 2
Moncaut 47 ... 275 H 3
Moncayolle-Larrory-
Mendibieu 64 ... 313 F 5
Moncé-en-Belin 72 ... 130 A 2
Moncé-en-Saosnois 72 ... 84 A 5
Monceau-
le-Neuf-et-Faucouzy 02 ... 24 D 3
Monceau-le-Waast 02 ... 25 E 5
Monceau-lès-Leups 02 ... 24 C 4
Monceau-Saint-Waast 59 ... 15 G 3
Monceau-sur-Oise 02 ... 25 E 1
Les Monceaux 14 ... 34 C 5
Monceaux 60 ... 38 D 3
Monceaux-au-Perche 61 ... 84 D 3
Monceaux-en-Bessin 14 ... 33 E 3
Monceaux-l'Abbaye 60 ... 21 G 4
Monceaux-le-Comte 58 ... 157 G 3
Monceaux-sur-Dordogne 19 ... 243 E 3
Moncel-lès-Lunéville 54 ... 95 G 1
Moncel-sur-Seille 54 ... 66 C 4
Moncel-sur-Vair 88 ... 94 A 4
La Moncelle 08 ... 27 F 4
Moncetz-l'Abbaye 51 ... 62 D 5
Moncetz-Longevas 51 ... 62 B 2
Moncey 25 ... 162 A 2
Monchaux 80 ... 11 E 1
Monchaux-Soreng 76 ... 11 E 5
Monchaux-sur-Écaillon 59 ... 14 D 2

## MONACO MONTE-CARLO

Albert II (Av.) ... CZ 42
Albert I (Bd) ... CYZ
Armes (Pl. d') ... CZ 2
Basse (R.) ... CDZ 3
Castro (R. Col.-de) ... CZ 7
Comte-Félix-Gastaldi (R.) ... DZ 10
Crovetto-Frères (Av.) ... CZ 12
Gaulle (Av. du Gén.-de) ... DX 14
Grimaldi (R.) ... CYZ
Kennedy (Av. J.-F.) ... DY 23
Larvotto (Bd du) ... DX 25
Leclerc (Bd du Gén.) ... DX 26
Libération (Pl. de la) ... DX 27
Madone (Av. de la) ... DX 28
Major (Rampe) ... CZ 29
Monte-Carlo (Av. de) ... DY 30
Moulins (Bd des) ... DX 32
Notari (R. L.) ... CYZ 33
Ostende (Av. d') ... DY 34
Palais (Pl. du) ... CZ 35
Papalins (Av. des) ... CZ 36
Pêcheurs (Ch. des) ... DZ 40
Porte-Neuve (Av. de la) ... DZ 41
Princesse-Antoinette (Av.) ... CY 46
Princesse-Caroline (R.) ... CZ 48
Princesse-Charlotte (Bd) ... DXY
Princesse-Marie-de-Lorraine (R.) ... DZ 54
Prince-Pierre (Av.) ... CZ 44
République (Bd de la) ... DX 58
Ste-Dévote (Pl.) ... CY 63
Spélugues (Av. des) ... DX 62
Suffren-Reymond (R.) ... CZ 64

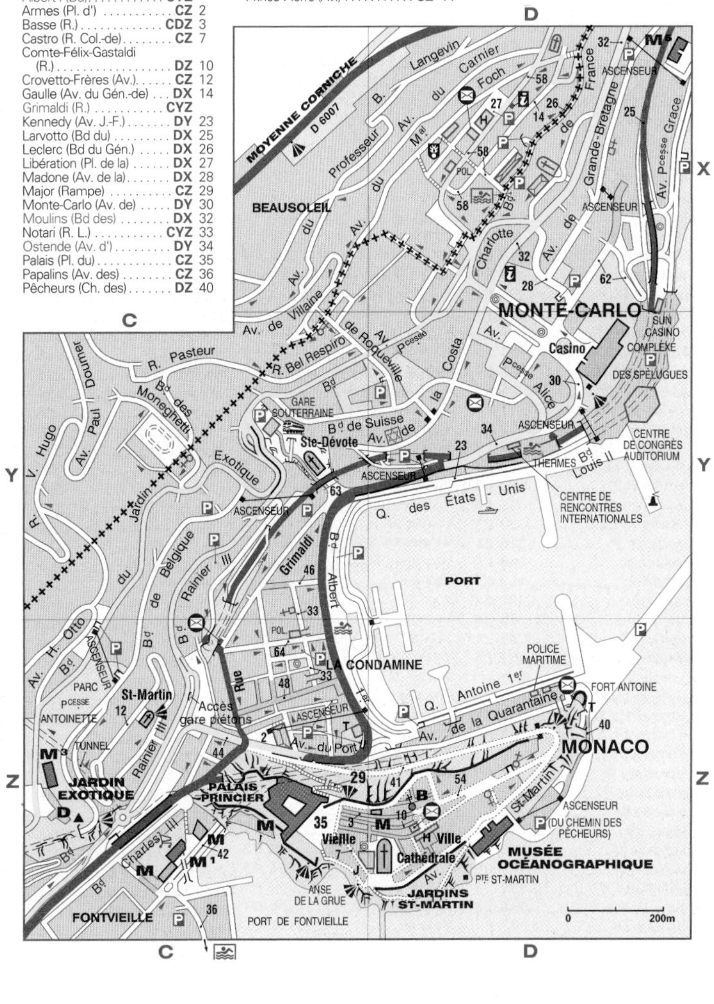

## MONTAUBAN

Bourdelle (Pl.) Z 4
Bourjade (Pl. L.) Z 6
Cambon (R.) Z 9
Carmes (R. des) Z 10
Comédie (R. de la) Z 13
Consul-Dupuy (Allée du) Z 14
Coq (Pl. du) Z 16
Dr-Lacaze (R. du) Z 19
Guibert (Pl.) Z 29
Hôtel-de-Ville (R. de l') Z 31
Lafon (R. Mary) Z 32
Lagrange (R. L.) Z 35
Malcousinat (R.) Z 36
Martyrs (Carrefour des) Z 46
Michelet (R.) Z 51
Midi-Pyrénées (Bd) Z 52
Monet (R. J.) Z 53
Montmurat (Q. de) Z 54
Mortarieu (Allées de) Z 56
Nationale (Pl.) Z
Notre-Dame (R.) Z 60
Piquard (Sq Gén.) Z 62
République (R. de la) Z 63
Résistance (R. de la) Z 64
Roosevelt (Pl. F.) Z 66
Sapiac (Pont de) Z 68
Verdun (Q. de) Z 71
22-Septembre (Pl. du) Z 76

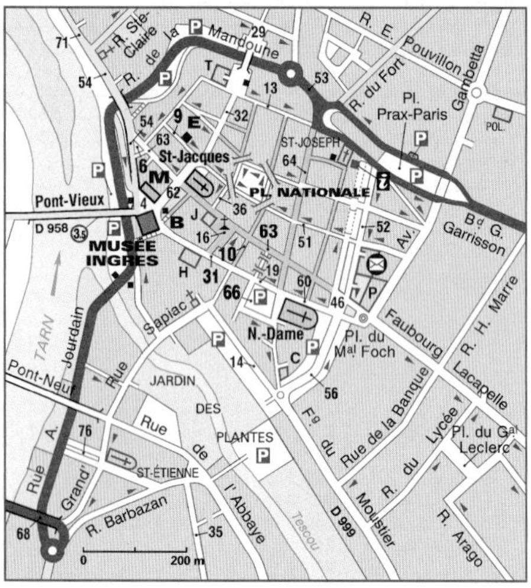

Montégut-Savès *32* ............ 317 E 3
Monteignet-
sur-l'Andelot *03* ............ 210 A 2
Le Monteil *15* ............ 244 C 1
Le Monteil *43* ............ 247 F 3
Le Monteil-au-Vicomte *23* ... 207 F 4
Monteille *14* ............ 34 B 5
Monteils *82* ............ 278 C 3
Monteils *12* ............ 279 F 2
Monteils *30* ............ 284 A 4
Montel-de-Gelat *63* ............ 208 D 4
Montéléger *26* ............ 249 F 5
Montélier *26* ............ 249 G 4
Montélimar *26* ............ 267 E 4
Le Montellier *01* ............ 213 G 3
Montels *81* ............ 298 D 1
Montels *34* ............ 321 E 5
Montels *09* ............ 336 A 2
Montemaggiore *2B* ............ 346 C 2
Montembœuf *16* ............ 204 B 5
Montenach *57* ............ 46 B 2
Montenay *53* ............ 81 H 5
Montendre *17* ............ 219 H 5
Montendry *73* ............ 233 H 2
Montenescourt *62* ............ 13 F 2
Monteneuf *56* ............ 103 F 5
Montenils *77* ............ 60 C 3
Montenois *25* ............ 142 A 4
Montenoison *58* ............ 157 E 4
Montenoy *54* ............ 65 H 4
Montépilloy *60* ............ 39 E 4
Monteplain *39* ............ 161 F 4
Montépreux *51* ............ 61 H 5
Monterblanc *56* ............ 124 C 2
Montereau *45* ............ 134 B 2
Montereau-Fault-Yonne *77* ... 88 D 4
Montereau-sur-le-Jard *77* ... 88 B 2
Monterfil *35* ............ 103 H 3
Montérolier *76* ............ 20 D 4
Monterrein *56* ............ 103 E 5
Montertelot *56* ............ 102 D 5
Montescot *66* ............ 343 F 3
Montescourt-Lizerolles *02* ... 24 A 3
Montespan *31* ............ 334 D 1
Montesquieu *47* ............ 275 H 3
Montesquieu *82* ............ 277 F 3
Montesquieu *34* ............ 301 G 5
Montesquieu-Avantès *09* ..... 335 F 2
Montesquieu-
des-Albères *66* ............ 343 E 4
Montesquieu-Guittaut *31* ..... 316 C 4
Montesquieu-Lauragais *31* .. 318 B 4
Montesquieu-Volvestre *31* ... 317 G 5
Montesquiou *32* ............ 295 G 5
Montessaux *70* ............ 141 H 3
Montesson *78* ............ 58 A 3
Montesson *52* ............ 140 B 2
Montestruc-sur-Gers *32* ...... 296 B 2
Montestrucq *64* ............ 313 F 3
Le Montet *03* ............ 191 G 3
Montet-et-Bouxal *46* ............ 261 F 2
Monteton *47* ............ 257 F 3
Montets *Col des 74* ............ 217 E 2
Monteux *84* ............ 285 G 4
Montévrain *77* ............ 59 F 3
Monteynard *38* ............ 250 D 4
Montézic *12* ............ 262 D 2
Montfa *81* ............ 299 G 4
Montfa *09* ............ 335 G 1
Montfalcon *38* ............ 249 H 1
Montfarville *50* ............ 29 H 3
Montfaucon *02* ............ 60 C 2
Montfaucon *25* ............ 162 A 4
Montfaucon *46* ............ 260 C 2
Montfaucon *30* ............ 285 E 4
Montfaucon-d'Argonne *55* ...... 43 G 3
Montfaucon-en-Velay *43* ..... 248 A 2
Montfaucon-montigné *49* ..... 148 B 5
Montfavet *84* ............ 304 D 1
Montfermeil *93* ............ 58 D 3
Montfermier *82* ............ 277 H 3
Montfermy *63* ............ 209 E 4
Montferney *25* ............ 162 C 1
Montferrand *63* ............ 209 H 5
Montferrand *11* ............ 318 D 4
Montferrand-
du-Périgord *24* ............ 258 D 2
Montferrand-la-Fare *26* ....... 286 C 1
Montferrand-le-Château *25*. 161 H 4
Montferrat *38* ............ 232 C 3
Montferrat *83* ............ 308 A 4
Montferrer *66* ............ 342 C 5
Montferrier *09* ............ 336 C 3
Montferrier-sur-Lez *34* ......... 302 D 4
Montfey *10* ............ 114 C 4
Montfiquet *14* ............ 32 C 4
Montfleur *39* ............ 196 B 4
Montflours *53* ............ 106 A 2
Montflovin *25* ............ 180 D 1
Montfort *49* ............ 150 A 4
Montfort *25* ............ 179 H 1
Montfort *24* ............ 259 G 1
Montfort *04* ............ 287 G 4
Montfort *64* ............ 313 F 4
Montfort-en-Chalosse *40* ..... 293 F 3
Montfort-l'Amaury *78* ............ 57 G 4
Montfort-le-Gesnois *72* ......... 108 A 4
Montfort-sur-Argens *83* ....... 307 F 5
Montfort-sur-Boulzane *11* ..... 337 D 5
Montfort-sur-Meu *35* ............ 103 H 2
Montfort-sur-Risle *27* ............ 35 G 3
Montfranc *12* ............ 300 B 2
Montfrin *30* ............ 304 B 1
Montfroc *26* ............ 286 D 3
Montfuron *04* ............ 306 C 1
Montgaillard *40* ............ 294 A 3
Montgaillard *82* ............ 296 D 1
Montgaillard *81* ............ 298 B 1
Montgaillard *65* ............ 333 F 1
Montgaillard *09* ............ 336 B 3
Montgaillard *11* ............ 338 B 3
Montgaillard-de-Salies *31* .... 334 D 2
Montgaillard-Lauragais *31* .... 318 C 3
Montgaillard-sur-Save *31* ..... 316 C 5
Montgardin *05* ............ 270 A 3
Montgardon *50* ............ 31 F 3
Montgaroult *61* ............ 54 A 4
Montgauch *09* ............ 335 E 2
Montgaudry *61* ............ 84 A 4
Montgazin *31* ............ 317 G 5
Montgé-en-Goële *77* ............ 59 F 1
Montgeard *31* ............ 318 B 4
Montgellafrey *73* ............ 234 A 4
Montgenèvre *05* ............ 252 D 4
Montgenost *51* ............ 90 A 2
Montgeoffroy
*Château de 49* ............ 150 A 1
Montgérain *60* ............ 38 D 1

## MONTPELLIER

Anatole-France (R.) ..... BU 3
Arceaux (Bd des) ...... AU 7
Bazille (R. F.) ......... BCV 12
Blum (R. Léon) ........ CU 13
Broussonnet (R. A.) ..... AT 18
Chancel (Av.) .......... AT 25
Citadelle (Allée) ....... CU 26
Clapiès (R.) ........... AU 28
Comte (R. A.) ......... AU 29
Délicieux (R. B.) ........ CT 31
États-du-Languedoc (Av.) CU 35
Fabre-de-Morlhon (Bd) .. BV 36
Fg-Boutonnet (R.) ....... BT 37
Fg-de-Nîmes (R. du) .... CT 41
Flahault (Av. Ch.) ....... AT 43
Fontaine-de-Lattes (R.) .. CU 44
Henri-II-de-Montmorency
(Allée) ............. CU 51
Leclerc (Av. du Mar.) .... CV 58
Millénaire (Pl. du) ...... CU 62
Nombre-d'Or (Pl. du) ... CU 64
Ollivier (R. A.) .......... CU 66
Le Polygone .......... CU
Pont-de-Lattes
(R. du) ............ CU 69
Pont-Juvénal (Av.) .... CDU 70
Près-d'Arènes (Av. des) . BV 71
Prof.-E.-Antonelli
(Av.) .............. CDV 72
Proudhon (R.) .......... BT 73
René (R. H.) ........... CV 74
Villeneuve-d'Angoulême
(Av.) .............. ABV 88

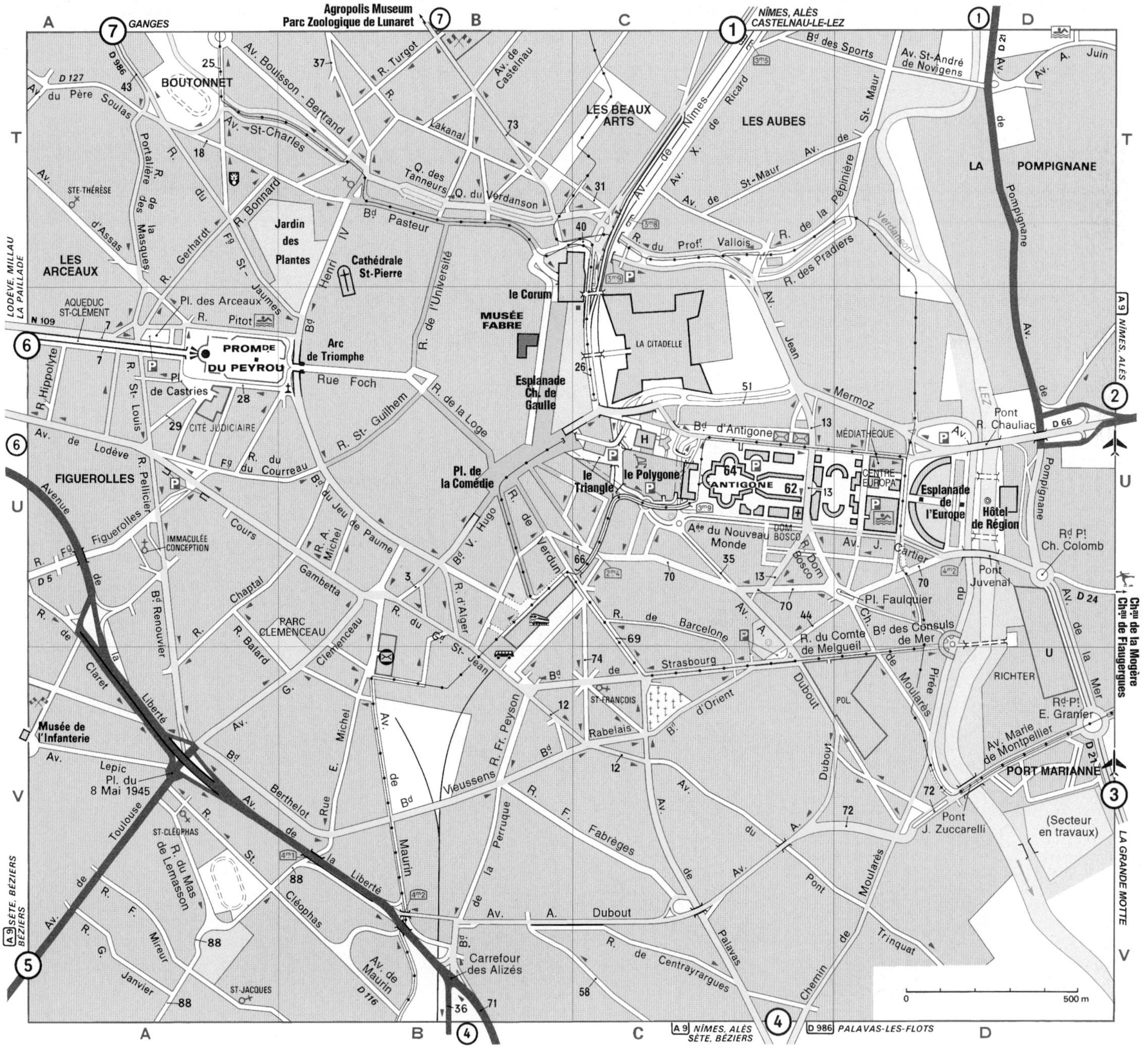

Montgermont *35* ............ 104 B 2
Montgeron *91* ............ 58 D 5
Montgeroult *95* ............ 57 H 1
Montgesoye *25* ............ 162 B 5
Montgesty *46* ............ 259 G 4
Montgey *81* ............ 318 D 3
Montgibaud *19* ............ 224 B 3
Montgilbert *73* ............ 234 A 2
Montgirod *73* ............ 234 C 2
Montgiscard *31* ............ 318 B 3
Montgivray *36* ............ 189 G 1
Montgobert *02* ............ 40 A 3
Montgon *08* ............ 42 D 1
Montgothier *50* ............ 52 A 5
Montgradail *11* ............ 337 A 1
Montgras *31* ............ 317 E 3
Montgreleix *15* ............ 227 F 5
Montgru-Saint-Hilaire *02* ............ 40 B 4
Montguers *26* ............ 286 C 2
Montgueux *10* ............ 90 D 5
Montguillon *49* ............ 128 B 3
Montguyon *17* ............ 238 C 1
Les Monthairons *55* ............ 64 B 2
Montharville *28* ............ 109 H 3
Monthault *35* ............ 81 F 2
Monthaut *11* ............ 337 B 1
Monthelie *21* ............ 177 G 2
Monthelon *51* ............ 61 F 2
Monthelon *71* ............ 176 C 2
Monthenault *02* ............ 40 D 1
Montheries *52* ............ 116 C 3
Montherlant *60* ............ 38 A 3
Monthermé *08* ............ 26 D 1
Monthiers *02* ............ 40 B 5
Monthieux *01* ............ 213 F 3
Monthion *73* ............ 234 A 1
Monthodon *37* ............ 131 E 4
Monthoiron *86* ............ 169 H 5
Monthois *08* ............ 42 D 3
Montholier *39* ............ 179 F 2
Monthou-sur-Bièvre *41* ............ 153 E 1
Monthou-sur-Cher *41* ............ 153 E 3
Monthuchon *50* ............ 31 G 5
Monthurel *02* ............ 60 D 1
Monthureux-le-Sec *88* ............ 118 C 2
Monthureux-sur-Saône *88* ............ 118 C 4
Monthyon *77* ............ 59 F 1
Monti *06* ............ 291 G 5
Monticello *2B* ............ 344 C 5
Montier-en-Der *52* ............ 92 B 3
Montier-en-l'Isle *10* ............ 116 A 2
Montiéramey *10* ............ 115 F 2
Montierchaume *36* ............ 171 H 3
Montiers *60* ............ 38 D 1
Montiers-sur-Saulx *55* ............ 93 E 2
Monties *32* ............ 316 B 4
Montignac *24* ............ 241 F 3
Montignac *33* ............ 256 B 2
Montignac *65* ............ 315 F 5
Montignac-Charente *16* ............ 203 F 5
Montignac-de-Lauzun *47* ............ 257 H 4
Montignac-le-Coq *16* ............ 221 F 5
Montignac-Toupinerie *47* ............ 257 G 4
Montignargues *30* ............ 303 G 1
Montigné *79* ............ 185 F 5
Montigné *16* ............ 202 D 5
Montigné-le-Brillant *53* ............ 105 H 4
Montigné-lès-Rairies *49* ............ 129 F 5
Montigné-sur-Moine *49* ............ 148 B 5
Montigny *76* ............ 36 A 1
Montigny *50* ............ 52 A 5
Montigny *14* ............ 53 F 1
Montigny *72* ............ 83 H 3
Montigny *54* ............ 96 A 2
Montigny *45* ............ 111 F 3
Montigny *18* ............ 155 G 4
Montigny *79* ............ 167 F 4
Montigny-aux-Amognes *58* ............ 174 D 1
Montigny-devant-Sassey *55* ............ 43 G 1
Montigny-en-Arrouaise *02* ............ 24 C 1
Montigny-en-Cambrésis *59* ............ 14 C 4
Montigny-en-Gohelle *62* ............ 8 C 5
Montigny-en-Morvan *58* ............ 157 H 5
Montigny-en-Ostrevant *59* ............ 9 E 5
Montigny-la-Resle *89* ............ 136 C 2
Montigny-l'Allier *02* ............ 39 H 5
Montigny-le-Bretonneux *78* ............ 57 H 4
Montigny-le-Chartif *28* ............ 85 G 5
Montigny-le-Franc *02* ............ 25 F 4
Montigny-le-Gannelon *28* ............ 109 H 5
Montigny-le-Guesdier *77* ............ 89 G 4
Montigny-le-Roi *52* ............ 117 G 4
Montigny-Lencoup *77* ............ 89 E 4
Montigny-Lengrain *02* ............ 39 H 2
Montigny-lès-Arsures *39* ............ 179 G 2
Montigny-lès-Cherlieu *70* ............ 140 C 2
Montigny-lès-Condé *02* ............ 60 D 2
Montigny-lès-Cormeilles *95* ............ 58 B 2
Montigny-les-Jongleurs *80* ............ 12 B 3
Montigny-lès-Metz *57* ............ 65 H 1
Montigny-les-Monts *10* ............ 114 D 3
Montigny-lès-Vaucouleurs *55* ............ 93 H 2
Montigny-lès-Vesoul *70* ............ 141 E 4
Montigny-Montfort *21* ............ 137 H 5
Montigny-Saint-Barthélemy *21* ............ 158 C 2
Montigny-sous-Marle *02* ............ 25 E 3
Montigny-sur-Armançon *21* ............ 158 D 2
Montigny-sur-Aube *21* ............ 116 B 5
Montigny-sur-Avre *28* ............ 56 A 5
Montigny-sur-Canne *58* ............ 175 G 3
Montigny-sur-Chiers *54* ............ 44 D 2
Montigny-sur-Crécy *02* ............ 24 D 4
Montigny-sur-l'Ain *39* ............ 179 G 4
Montigny-sur-l'Hallue *80* ............ 22 D 1
Montigny-sur-Loing *77* ............ 88 C 5
Montigny-sur-Meuse *08* ............ 17 E 5
Montigny-sur-Vence *08* ............ 26 C 4
Montigny-sur-Vesle *51* ............ 41 E 3
Montigny-sur-Vingeanne *21* ............ 139 H 5
Montilliers *49* ............ 149 G 4
Montillot *89* ............ 157 G 1
Montilly *03* ............ 192 A 1
Montilly-sur-Noireau *61* ............ 53 E 3
Les Montils *41* ............ 153 E 1
Montils *17* ............ 219 H 1
Montipouret *36* ............ 189 F 1
Montirat *81* ............ 279 G 3
Montirat *11* ............ 320 A 5
Montireau *28* ............ 85 F 4
Montiron *32* ............ 296 D 5
Montivernage *25* ............ 162 D 2
Montivilliers *76* ............ 18 C 5
Montjardin *11* ............ 337 A 2
Montjaux *12* ............ 281 F 4
Montjavoult *60* ............ 37 G 4
Montjay *71* ............ 178 C 4
Montjay *05* ............ 286 D 1
Montjay-la-Tour *77* ............ 59 E 3
Montjean *53* ............ 105 G 4
Montjean *16* ............ 203 F 2
Montjean-sur-Loire *49* ............ 149 E 2
Montjézieu *48* ............ 264 A 5
Montjoi *82* ............ 276 D 3
Montjoi *11* ............ 338 A 2
Montjoie *63* ............ 209 E 1
Montjoie-en-Couserans *09* ............ 335 F 2
Montjoie-le-Château *25* ............ 163 G 2
Montjoie-Saint-Martin *50* ............ 81 E 2
Montjoire *31* ............ 298 A 3
Montjouvent *39* ............ 196 C 2
Montjoux *26* ............ 267 H 4
Montjoyer *26* ............ 267 F 5
Montjustin *04* ............ 306 B 1
Montjustin-et-Velotte *70* ............ 141 G 4
Montlandon *28* ............ 85 F 4
Montlandon *52* ............ 139 H 2
Montlaur *12* ............ 300 D 1
Montlaur *31* ............ 318 B 3
Montlaur *11* ............ 338 B 1
Montlaur-en-Diois *26* ............ 268 B 3
Montlaux *04* ............ 287 F 4
Montlauzun *46* ............ 277 G 2
Montlay-en-Auxois *21* ............ 158 C 3
Montlebon *25* ............ 181 E 1
Montlegun *11* ............ 319 H 5
Montlevicq *36* ............ 189 H 2
Montlevon *02* ............ 60 D 2
Montlhéry *91* ............ 87 G 2
Montliard *45* ............ 111 H 4
Montlieu-la-Garde *17* ............ 238 B 1
Montlignon *95* ............ 58 B 1
Montliot-et-Courcelles *21* ............ 138 A 2
Montlivault *41* ............ 132 B 5
Montlognon *60* ............ 39 E 5
Montloué *02* ............ 25 G 4
Montlouet *28* ............ 86 C 3
Montlouis *18* ............ 172 D 4
Montlouis-sur-Loire *37* ............ 152 A 2
Montluçon *03* ............ 190 E 4
Montluel *01* ............ 213 G 4
Montmachoux *77* ............ 89 E 5
Montmacq *60* ............ 39 G 1
Montmagny *95* ............ 58 C 2

E
F
G
X
Y
Z
CITÉ JEAN WAGNER
CITÉ ADMINISTRATIVE
Pl. Vauban
ST-JEANNE-D'ARC
ST-JEAN-BOSCO
ST-FRIDOLIN
LA FILATURE
MAISON D'ARRÊT
Pl. de la Liberté
Pl. A. May
Pl. de l'Europe
Tour
Porte Jeune
STE-GENEVIÈVE
PARC SALVATOR
Pl. Salvator
STE-MARIE
PL. DE LA RÉUNION
Temple St-Étienne
MUSÉE HISTORIQUE
Porte de Bâle
Porte Haute
Grand Rue
SQUARE STEINBACH
Nouveau Quartier
ST-ÉTIENNE
TOUR
Parc Tivoli
RIEDISHEIM
SACRÉ-CŒUR
Canal du Rhône au Rhin
Quai du Forst
Av. Robert Schuman
R. de Bâle
R. de Mulhouse
Rue J. Ehrmann
Av. de Colmar
R. de Zillisheim
Av. Clemenceau
R. de Reims
R. de Verdun
R. de Rixheim
R. de Zimmersheim
R. de la Forêt
0
200 m
E
F
G


## MULHOUSE


Altkirch (Av. d') .......... FZ 4
Augustins (Passage des) ........ EY 5
Bonbonnière (R.) ........ EY 13
Bonnes-Gens (R. des) .... FY 14
Bons-Enfants (R. des) .... FY 17
Boulangers (R. des) ..... FY 18
Briand (Av. Aristide) ..... EY 20
Cloche (Quai de la) ..... EY 24
Colmar (Av. de) ...... EFXY
Dollfus (Av. Gustave) .... GY 27
Dreyfus (R. du Capit.) .... FX 29
Engelmann (R.) ......... FY 30
Ensisheim (R. d') ........ FX 33
Fleurs (R. des) ......... FYZ 37
Foch (Av. du Mar.) ....... FZ 38
Fonderie (R. de la) ....... EZ 39
Franciscains (R. des) ..... EY 40
Gaulle (Pl. du Gén.-de) .... FZ 43
Guillaume-Tell (Pl. et R.) ............ FY 48
Halles (R. des) .......... FZ 50
Henner (R. J.-J.) ........ FZ 53
Henriette (R.) ........... FY 56
Jardin-Zoologique (R. du) .............. GZ 64
Joffre (Av. du Mar.) ..... FYZ 65
Lambert (R.) ........... FY
Lattre-de-Tassigny (Av. Mar.-de) ........... FY 71
Loisy (R. du Lt de) ....... FX 77
Lorraine (R. de la) ....... EY 78
Maréchaux (R. des) ..... FY 82
Montagne (R. de la) ...... FZ 88
Moselle (R. de la) ....... FY 91
Président-Kennedy (Av. du) ............ EFY
Raisin (R. du) .......... EFY 109
République (Pl. de la) .... FY 112
Riedisheim (Pont de) .... FZ 119
Ste-Claire (R.) ........... EZ 137
Ste-Thérèse (R.) ......... EY 140
Sauvage (R. du) ......... FY 145
Schoen (R. Anna) ....... EX 146
Somme (R. de la) ........ FY 147
Stalingrad (R. de) ........ FY 149
Stoessel (Bd Charles) .... EYZ 152
Tanneurs (R. des) ...... EFY 153
Teutonique (Passage) ..... FY 154
Tour-du-Diable (R.) ...... EZ 156
Trois-Rois (R. des) ....... EY 157
Victoires (Pl. des) ........ FY 160
Wicky (Av. Auguste) ..... FZ 165
Wilson (R.) ........... FYZ 166
Zuber (R.) ............. FY 172
17-Novembre (R. du) .... FZ 177

Montmahoux 25 180 A 1
Montmain 76 36 C 2
Montmain 21 178 A 1
Montmajour *Abbaye de* 13 304 C 3
Montmalin 39 179 F 2
Montmançon 21 160 D 2
Montmarault 03 191 G 4
Montmarlon 39 179 H 3
Montmarquet 80 21 G 3
Montmartin 60 39 E 1
Montmartin-en-Graignes 50 32 A 3
Montmartin-le-Haut 10 115 H 2
Montmartin-sur-Mer 50 51 F 1
Montmaur 05 269 F 3
Montmaur 11 318 D 4
Montmaur-en-Diois 26 268 B 2
Montmaurin 31 316 B 5
Montmédy 55 44 B 1
Montmeillant 08 26 A 4
Montmelard 71 194 B 4
Montmelas-Saint-Sorlin 69 212 C 3
Montmélian 73 233 G 3
Montmerle-sur-Saône 01 212 D 2
Montmerrei 61 54 B 5
Montmeyan 83 307 F 3
Montmeyran 26 267 G 1
Montmin 74 215 H 4
Montmirail 51 60 D 3
Montmirail 72 108 D 3
Montmiral 26 249 H 2
Montmirat 30 303 F 1
Montmirat *Col de* 48 264 C 5
Montmirey-la-Ville 39 161 E 4
Montmirey-le-Château 39 161 E 4
Montmoreau-
Saint-Cybard 16 221 E 4
Montmorency 95 58 C 2
Montmorency-Beaufort 10 91 H 3
Montmorillon 86 187 F 3
Montmorin 63 228 B 1
Montmorin 05 268 C 5
Montmorot 39 179 E 5
Montmort 51 61 F 2
Montmort 71 176 B 5
Montmotier 88 118 D 4
Montmoyen 21 138 C 3
Montmuran *Château de* 35 80 A 5
Montmurat 15 261 H 3
Montner 66 338 C 5
Montoillot 21 159 F 4
Montoir-de-Bretagne 44 146 C 2
Montoire-sur-le-Loir 41 131 F 3
Montois-la-Montagne 57 45 G 5
Montoison 26 267 F 1
Montoldre 03 192 B 4
Montolieu 11 319 G 5
Montolivet 77 60 C 3
Montonvillers 80 22 B 1
Montord 03 192 A 5
Montory 64 331 F 2
Montot 70 140 A 5
Montot 21 160 C 5
Montot-sur-Rognon 52 93 F 5
Montouliers 34 320 D 5
Montoulieu 34 302 C 1
Montoulieu 09 336 B 3
Montoulieu-
Saint-Bernard 31 316 D 5
Montournais 85 167 E 4
Montours 35 81 E 3
Montourtier 53 106 B 2
Montoussé 65 333 H 1
Montoussin 31 317 E 5
Montoy-Flanville 57 66 B 1
Montpascal 73 234 A 5
Montpellier 34 302 D 4
Montpellier-de-Médillan 17 219 F 2
Montpellier-la-Paillade 34 302 D 4
Montpellier-le-Vieux
*Chaos de* 12 282 A 4
Montpensier 63 210 A 2
Montperreux 25 180 C 3
Montpeyroux 63 228 A 2
Montpeyroux 24 239 E 5
Montpeyroux 12 263 F 3
Montpeyroux 34 302 A 3
Montpezat 30 303 F 2
Montpezat 04 307 F 2
Montpézat 32 317 E 4
Montpezat-d'Agenais 47 275 H 1
Montpezat-de-Quercy 82 278 B 2
Montpezat-
sous-Bauzon 07 266 A 2
Montpinchon 50 51 H 1
Montpinçon 14 54 B 2
Montpinier 81 299 G 4
Montpitol 31 298 B 3
Montplonne 55 63 H 5
Montpollin 49 129 F 5
Montpon-Ménestérol 24 239 F 4
Montpont-en-Bresse 71 195 G 1
Montpothier 10 89 H 2
Montpouillan 47 257 E 5
Montpoupon
*Château de* 37 152 D 4
Montrabé 31 298 A 4
Montrabot 50 32 C 5
Montracol 01 195 G 5
Montravers 79 167 E 3
Montréal 89 158 B 1
Montréal 07 266 A 4
Montréal 32 275 F 5
Montréal 11 319 F 5
Montréal *Château de* 24 239 H 4
Montréal-la-Cluse 01 196 C 5
Montréal-les-Sources 26 268 A 5
Montrécourt 59 14 D 3
Montredon 46 261 H 3
Montredon 11 319 H 5
Montredon-
des-Corbières 11 321 E 5
Montredon-Labessonnié 81 299 H 3
Montregard 43 248 B 2
Montréjeau 31 334 A 1
Montrelais 44 148 D 2
Montrelet 80 12 C 4
Montrem 24 240 B 2
Montrésor 37 152 D 5
Montret 71 178 B 5
Montreuil 62 6 C 4
Montreuil 28 56 D 4
Montreuil 93 58 D 3
Montreuil 53 82 C 4
Montreuil 85 183 H 3
Montreuil-au-Houlme 61 53 H 5
Montreuil-aux-Lions 02 60 A 1
Montreuil-Bellay 49 150 B 5
Montreuil-Bonnin 86 186 A 2
Montreuil-des-Landes 35 81 E 5
Montreuil-en-Auge 14 34 B 4
Montreuil-en-Caux 76 20 B 4
Montreuil-en-Touraine 37 152 B 1
Montreuil-Juigné 49 149 G 1
Montreuil-la-Cambe 61 54 B 3
Montreuil-l'Argillé 27 55 E 2
Montreuil-le-Chétif 72 107 F 2
Montreuil-le-Gast 35 80 B 5
Montreuil-le-Henri 72 130 D 2
Montreuil-sous-Pérouse 35 105 E 2
Montreuil-sur-Barse 10 115 F 2
Montreuil-sur-Blaise 52 92 C 3
Montreuil-sur-Brêche 60 38 B 1
Montreuil-sur-Epte 95 37 F 5
Montreuil-sur-Ille 35 80 B 5
Montreuil-sur-Loir 49 128 D 5
Montreuil-sur-Lozon 50 32 A 4
Montreuil-sur-Maine 49 128 B 4
Montreuil-sur-Thérain 60 38 B 2
Montreuil-sur-Thonnance 52 93 E 3
Montreuillon 58 157 H 5
Montreux 54 96 A 2
Montreux-Château 90 142 D 3
Montreux-Jeune 68 142 D 3
Montreux-Vieux 68 142 D 3
Montrevault 49 148 C 3
Montrevel 39 196 B 3
Montrevel 38 232 B 3
Montrevel-en-Bresse 01 195 G 4
Montrichard 41 152 D 3
Montricher-Albanne 73 252 B 1
Montricoux 82 278 C 4
Montrieux-en-Sologne 41 153 H 1
Montrigaud 26 249 H 1
Montriond 74 198 C 5
Montriond *Lac de* 74 198 D 5
Montroc-le-Planet 74 217 E 2
Montrodat 48 264 B 4
Montrol-Sénard 87 205 E 3
Montrollet 16 205 E 3
Montromant 69 230 C 1
Montrond 39 179 G 4
Montrond 73 252 A 1
Montrond 05 269 E 5
Montrond-le-Château 25 162 A 5
Montrond-les-Bains 42 230 A 2
Montrosier 81 279 E 4
Montrottier 69 212 B 5
Montroty 76 37 F 2
Montrouge 92 58 C 4
Montrouveau 41 131 E 4
Montroy 17 200 D 1
Montrozier 12 281 E 1
Montry 77 59 F 3
Monts 60 37 H 4
Monts 37 151 H 4
Monts-de-Vaux 39 179 G 3
les Monts d'Olmes 09 336 C 4
Monts-en-Bessin 14 33 E 5
Monts-en-Ternois 62 12 D 2
Monts-sur-Guesnes 86 169 E 2
Montsalès 12 261 F 5
Montsalier 04 286 D 4
Montsalvy 15 262 C 2
Montsaon 52 116 D 3
Montsapey 73 234 A 2
Montsauche-les-Settons 58 158 B 4
Montsaugeon 52 139 G 4
Montsaunès 31 334 D 1
Montsec 55 65 E 3
Montsecret 61 53 E 3
Montségur 09 336 D 4
Montségur-sur-Lauzon 26 285 F 1
Montselgues 07 265 G 4
Montséret 11 338 D 1
Montsérié 65 333 H 2
Montseron 09 335 G 2
Montseugny 70 161 E 2
Montseveroux 38 231 F 4
Montsoreau 49 150 C 4
Montsoué 40 294 A 3
Montsoult 95 58 C 1
Montsûrs 53 106 B 3
Montsurvent 50 31 G 5
Montsuzain 10 91 E 4
Montureux-et-Prantigny 70 161 F 1
Montureux-lès-Baulay 70 140 D 2
Montursin 25 163 H 2
Montusclat 43 247 H 4
Montussaint 25 162 C 1
Montussan 33 237 H 5
Montvalen 81 298 B 2
Montvalent 46 242 C 5
Montvalezan 73 235 E 1
Montvendre 26 249 G 5
Montverdun 42 229 G 1
Montvernier 73 234 A 5
Montvert 15 243 G 4
Montvicq 03 191 E 4
Montviette 14 54 B 1
Montville 76 20 B 5
Montviron 50 51 G 4
Montzéville 55 43 H 4
Monviel 47 257 H 4
Monze 11 338 A 1
Moon-sur-Elle 50 32 B 4
Moosch 68 120 C 5
Mooslargue 68 143 E 4
Moraches 58 157 F 4
Moragne 17 201 E 3
Morains 51 61 G 4
Morainville 28 86 D 4
Morainville-Jouveaux 27 35 E 4
Morainvilliers 78 57 H 2
Morancé 69 212 D 4
Morancez 28 86 A 4
Morancourt 52 92 C 4
Morand 37 131 G 5
Morangis 91 58 C 5
Morangis 51 61 F 2
Morangles 60 38 B 4
Morannes 49 128 D 3
Moranville 55 44 C 5
Moras 38 231 H 1
Moras-en-Valloire 26 231 G 5
Morbecque 59 7 H 2
Morbier 39 197 F 1
Morcenx 40 273 E 4
Morchain 80 23 G 3
Morchamps 25 162 C 1
Morchies 62 13 H 4
Morcourt 80 23 E 2
Morcourt 02 24 B 2
Mordelles 35 104 A 3
Moréac 56 102 A 4
Morée 41 131 H 2
Moreilles 85 183 F 3
Morello *Col de* 2B 347 F 5
Morelmaison 88 94 B 5
Morembert 10 91 F 3
Moréno *Col de la* 63 227 G 1
Morestel 38 232 B 1
Moret-sur-Loing 77 88 C 5
Morêtel-de-Mailles 38 233 G 4
Morette 38 232 B 5
Moreuil 80 22 D 3
Morey 54 65 H 4
Morey 70 140 B 3
Morey 71 177 F 4
Morey-Saint-Denis 21 160 A 4
Morez 39 197 F 1
Morfontaine 54 45 E 2
Morganx 40 293 H 4
Morgat 29 75 E 4
Morgemoulin 55 44 C 4
Morgny 27 37 E 2
Morgny-en-Thiérache 02 25 G 3
Morgny-la-Pommeraye 76 36 C 1
Morhange 57 66 D 3
Moriani-Plage 2B 347 H 3
Moriat 63 228 A 4
Morienne 76 21 F 3
Morienval 60 39 G 3
Morières-lès-Avignon 84 285 F 5
Moriers 28 110 A 2
Morieux 22 78 C 3
Moriez 04 288 C 5
Morigny 50 52 B 2
Morigny-Champigny 91 87 G 4
Morillon 74 216 C 1
Morimond *Abbaye de* 52 118 A 4
Moringhem 62 3 E 5
Moriond 73 234 D 4
Morionvilliers 52 93 G 4
Morisel 80 22 D 3
Moriville 88 95 F 4
Moriviller 54 95 F 3
Morizécourt 88 118 B 3
Morizès 33 256 C 3
Morlaàs 64 314 C 4
Morlac 18 173 E 5
Morlaincourt 55 93 F 1
Morlaix 29 71 H 4
Morlancourt 80 23 E 1
Morlanne 64 293 H 5
Morlet 71 177 E 2
Morley 55 93 E 2
Morlhon-le-Haut 12 279 G 2
Morlincourt 60 23 H 5
Mormaison 85 165 H 2
Mormant 77 88 D 2
Mormant-sur-Vernisson 45 112 C 5
Mormès 32 294 D 2
Mormoiron 84 286 A 4
Mornac 16 221 G 1
Mornac-sur-Seudre 17 218 D 1
Mornand-en-Forez 42 229 H 1
Mornans 26 267 H 3
Mornant 69 230 D 2
Mornas 84 285 E 3
Mornay 21 139 H 5
Mornay 71 194 A 2
Mornay-Berry 18 174 A 1
Mornay-sur-Allier 18 174 B 4
Moroges 71 177 G 4
Morogues 18 155 G 4
Morosaglia 2B 347 F 3
Morre 25 162 A 4
Morsain 02 40 A 2
Morsains 51 60 D 4
Morsalines 50 29 G 4
Morsan 27 35 F 4
Morsang-sur-Orge 91 58 C 5
Morsang-sur-Seine 91 88 A 2
Morsbach 57 47 F 5
Morsbronn-les-Bains 67 68 D 2
Morschwiller 67 68 D 3
Morschwiller-le-Bas 68 143 F 1
Morsiglia 2B 345 F 2
Le Mort-Homme 55 43 H 4
Mortagne 88 96 A 5
Mortagne-au-Perche 61 84 C 3
Mortagne-du-Nord 59 9 G 4
Mortagne-sur-Gironde 17 219 E 3
Mortagne-sur-Sèvre 85 166 D 1
Mortain 50 52 C 5
Mortcerf 77 59 G 4
La Morte 38 251 F 3
Morteau 25 163 E 5
Morteaux-Couliboeuf 14 54 A 2
Mortefontaine 60 39 E 5
Mortefontaine 02 39 H 3
Mortefontaine-en-Thelle 60 38 B 4
Mortemart 87 205 E 2
Mortemer 76 21 E 3
Mortemer 60 23 E 5
Mortemer *Abbaye de* 27 37 E 2
Morterolles-sur-Semme 87 205 H 1
Mortery 77 89 G 2
Morthemer 86 186 D 3
Morthomiers 18 172 D 1
Mortiers 02 24 D 4
Mortiers 17 220 B 4
Morton 86 150 C 5
Mortrée 61 54 B 5
Mortroux 23 189 F 4
Mortzwiller 68 142 D 2
Morval 62 13 H 5
Morval 39 196 B 3
Morvillars 90 142 C 4
Morville 50 29 F 5
Morville 88 118 A 2
Morville-en-Beauce 45 111 G 2
Morville-lès-Vic 57 66 D 4
Morville-sur-Andelle 76 36 D 1
Morville-sur-Nied 57 66 C 2
Morville-sur-Seille 54 65 H 3
Morvillers 60 21 G 5
Morvillers-Saint-Saturnin 80 21 G 3
Morvilliers 28 55 H 5
Morvilliers 10 92 A 4
Mory 62 13 G 4
Mory-Montcrux 60 22 C 5
Morzine 74 198 C 5
Mosles 14 32 D 3
Moslins 51 61 F 2
Mosnac 17 219 G 3
Mosnac 16 220 D 2
Mosnay 36 188 D 1
Mosnes 37 152 C 2
Mosset 66 342 A 2
Mosson 21 116 A 5
Mostuéjouls 12 282 A 3
Motey-Besuche 70 161 F 3
Motey-sur-Saône 70 140 B 5
La Mothe-Achard 85 165 F 5
La Mothe-Saint-Héray 79 185 G 4
Mothern 67 69 G 2
Motreff 29 76 D 5
La Motte 22 102 B 1
La Motte 83 308 B 5
La Motte-au-Bois 59 7 H 2
La Motte-Chalancon 26 268 B 4
La Motte-d'Aigues 84 306 A 2
La Motte-d'Aveillans 38 251 E 4
La Motte-de-Galaure 26 249 F 2
La Motte-du-Caire 04 287 G 1
La Motte-en-Bauges 73 233 G 1
La Motte-
en-Champsaur 05 269 G 1
La Motte-Fanjas 26 250 A 3
La Motte-Feuilly 36 189 H 2
La Motte-Fouquet 61 82 D 2
La Motte-Saint-Jean 71 193 F 2
La Motte-Saint-Martin 38 250 D 4
La Motte-Servolex 73 233 E 2
La Motte-Ternant 21 158 D 3
La Motte-Tilly 10 89 H 3
Mottereau 28 109 G 2
Motteville 76 19 H 4
Mottier 38 232 A 4
Motz 73 215 E 3
Mouacourt 54 66 D 5
Mouais 44 126 C 3
Mouans-Sartoux 06 309 E 3
Mouaville 54 45 E 5
Mouazé 35 80 B 5
Mouchamps 85 166 C 4
Mouchan 32 295 G 1
Mouchard 39 179 G 1
La Mouche 50 51 H 3
Mouchès 32 295 H 5
Mouchin 59 9 F 4
Mouchy-le-Châtel 60 38 B 3
Moudeyres 43 247 H 4
Mouen 14 33 F 5
Mouettes 27 56 D 3
Mouffy 89 136 B 4
Mouflaines 27 37 E 4
Mouflers 80 12 B 5
Mouflières 80 11 F 5
Mougins 06 309 E 4
Mougon 79 185 F 4
Mouguerre 64 292 A 5
Mouhers 36 189 E 2
Mouhet 36 188 C 4
Mouhous 64 294 C 5
Mouillac 33 238 B 4
Mouillac 82 278 C 2
La Mouille 39 197 F 2
Mouilleron 52 139 F 4
Mouilleron-en-Pareds 85 166 D 5
Mouilleron-le-Captif 85 165 H 4
Mouilly 55 64 C 2
Moulainville 55 44 C 5
Moularès 81 279 H 4
Moulay 53 82 B 5
Moulayrès 81 299 E 3
Moulédous 65 315 G 5
Moulès 13 304 C 4
Moulès-et-Baucels 34 302 C 1
Mouleydier 24 240 B 5
Moulézan 30 303 F 1
Moulhard 28 109 F 2
Moulicent 61 84 D 2
Moulidars 16 220 D 1
Mouliets-et-Villemartin 33 256 D 1
Mouliherne 49 150 C 1
Moulin *Château du* 41 153 G 3
Moulin-Chabaud 01 214 B 1
Le Moulin-des-Ponts 01 196 A 4
Moulin-Mage 81 300 D 3
Moulin-Neuf 24 239 E 4
Moulin-Neuf 09 337 A 1
Moulin-Neuf *Petit Musée*
*auvergnat* 63 227 G 3
Moulin-sous-Touvent 60 39 H 1
Moulineaux 76 36 A 3
Moulines 14 53 G 1
Moulines 50 81 G 2
Moulinet 47 258 B 4
Moulinet 06 291 G 3
Le Moulinet-sur-Solin 45 134 C 2
Moulins 02 41 E 2
Moulins 35 104 D 4
Moulins 79 167 E 2
Moulins 03 192 A 2
Moulins-en-Tonnerrois 89 137 E 4
Moulins-Engilbert 58 175 H 2
Moulins-la-Marche 61 55 E 5
Moulins-le-Carbonnel 72 83 F 4
Moulins-lès-Metz 57 65 G 1
Moulins-Saint-Hubert 55 27 G 5
Moulins-sur-Céphons 36 171 G 2
Moulins-sur-Orne 61 54 A 4
Moulins-sur-Ouanne 89 135 H 4
Moulins-sur-Yèvre 18 173 F 1
Moulis 09 335 F 3
Moulis-en-Médoc 33 237 E 3
Moulismes 86 187 F 4
Moulle 62 3 F 5
Le Moulleau 33 254 B 2
Moulon 45 112 B 4
Moulon 33 238 B 5
Moulot 58 157 E 2
Moulotte 55 65 E 1
Moult 14 33 H 5
Moumoulous 65 315 G 4
Moumour 64 313 G 5
Mounes-Prohencoux 12 300 D 3
Mourède 32 295 G 2
Mourens 33 256 C 3
Mourenx 64 313 H 4
Mouret 12 262 C 4
Moureuille 63 209 F 1
Mourèze 34 301 H 4
Mouriès 13 304 D 3
Mouriez 62 11 H 1
Le Mourillon 83 328 A 4
Mourioux-Vieilleville 23 206 C 2
Mourjou 15 262 B 2
Mourmelon-le-Grand 51 42 B 5
Mourmelon-le-Petit 51 42 A 5
Mournans-Charbonny 39 180 A 4
Mouron 08 43 E 3
Mouron-sur-Yonne 58 157 G 5
Mouroux 77 59 H 4
Mours 95 38 B 5
Mours-Saint-Eusèbe 26 249 G 3
Le Mourtis 31 334 C 3
Mourvilles-Basses 31 318 C 3
Mourvilles-Hautes 31 318 D 4
Mouscardès 40 293 F 4
Moussac 86 187 E 5
Moussac 30 284 A 5
Moussages 15 244 C 1
Moussan 11 321 E 5
Moussé 35 105 E 5
Les Mousseaux 78 57 G 4
Mousseaux-lès-Bray 77 89 F 4
Mousseaux-Neuville 27 56 C 3
Mousseaux-sur-Seine 78 57 F 1
Moussey 57 67 E 5
Moussey 88 96 B 3
Moussey 10 115 E 2
Les Moussières 39 197 E 4
Mousson 54 65 G 3
Moussonvilliers 61 84 D 2
Moussoulens 11 319 G 5
Moussy 95 37 H 5
Moussy 51 61 F 1
Moussy 58 157 E 5
Moussy-le-Neuf 77 59 E 1
Moussy-le-Vieux 77 59 E 1
Moussy-Verneuil 02 40 D 2
Moustajon 31 334 A 4
Mousterlin 29 99 H 4
Moustéru 22 73 E 5
Moustey 40 273 D 1
Le Moustier 24 241 F 4
Moustier 47 257 G 3
Moustier-en-Fagne 59 16 A 4
Moustier-Ventadour 19 225 G 5

Moustiers-Sainte-Marie **04** .. 307 G 1
Le Moustoir **22** ... 76 D 4
Moustoir-Ac **56** ... 102 A 5
Moustoir-Remungol **56** ... 102 A 3
La Moutade **63** ... 209 H 3
Moutaine **39** ... 179 H 2
Moutardon **16** ... 203 G 2
Le Moutaret **38** ... 233 G 4
Moutchic **33** ... 236 B 3
Mouterhouse **57** ... 68 B 2
Mouterre-Silly **86** ... 168 C 2
Mouterre-sur-Blourde **86** ... 204 D 1
Mouthe **25** ... 180 B 4
Le Moutherot **25** ... 161 F 4
Mouthier-en-Bresse **71** ... 178 D 3
Mouthier-Haute-Pierre **25** ... 180 C 1
Mouthiers-sur-Boëme **16** ... 221 E 3
Mouthoumet **11** ... 338 A 3
Moutier-d'Ahun **23** ... 207 G 2
Moutier-Malcard **23** ... 189 G 4
Moutier-Rozeille **23** ... 207 H 4
Moutiers **54** ... 45 F 4
Moutiers **28** ... 86 D 5
Moutiers **35** ... 105 E 4
Moûtiers **73** ... 234 C 3
Moutiers-au-Perche **61** ... 85 E 3
Les Moutiers-en-Auge **14** ... 54 B 2
Les Moutiers-en-Cinglais **14** ... 53 G 1
Moutiers-en-Puisaye **89** ... 135 G 5
Les Moutiers-en-Retz **44** ... 146 D 5
Les Moutiers-Hubert **14** ... 54 D 2
Moutiers-les-Mauxfaits **85** ... 182 D 2
Moutiers-Saint-Jean **21** ... 137 G 5
Moutiers-sous-Argenton **79** . 167 H 2
Moutiers-
sous-Chantemerle **79** ... 167 F 5
Moutiers-sur-le-Lay **85** ... 183 F 1
Mouton **16** ... 203 F 4
Mouton Rothschild
*Château de* **33** ... 237 E 1
Moutonne **39** ... 196 B 2
La Moutonne **83** ... 328 B 4
Moutonneau **16** ... 203 F 4
Moutoux **39** ... 179 H 4
Moutrot **54** ... 94 B 1
Mouvaux **59** ... 8 D 2
Moux **11** ... 320 B 5
Moux-en-Morvan **58** ... 158 C 5
Mouxy **73** ... 233 F 1
Mouy **60** ... 38 C 3
Mouy-sur-Seine **77** ... 89 F 4
Mouzay **55** ... 43 H 1
Mouzay **37** ... 170 B 1
Mouzeil **44** ... 148 A 1
Mouzens **24** ... 259 E 1
Mouzens **81** ... 298 D 5
Mouzeuil-Saint-Martin **85** ... 183 G 2
Mouzieys-Panens **81** ... 279 E 4
Mouzieys-Teulet **81** ... 299 G 2
Mouzillon **44** ... 148 A 5
Mouzon **08** ... 27 G 4
Mouzon **16** ... 204 B 5
Moval **90** ... 142 C 3
Moy-de-l'Aisne **02** ... 24 B 3
Moyaux **14** ... 34 D 4
Moydans **05** ... 268 C 5
Moye **74** ... 215 E 4
Moyemont **88** ... 95 G 4
Moyen **54** ... 95 G 3
Moyencourt **80** ... 23 G 4
Moyencourt-lès-Poix **80** ... 22 A 3
Moyenmoutier **88** ... 96 B 3
Moyenneville **80** ... 11 G 4
Moyenneville **62** ... 13 G 3
Moyenneville **60** ... 39 E 1
Moyenvic **57** ... 66 D 4
Moyeuvre-Grande **57** ... 45 G 4
Moyeuvre-Petite **57** ... 45 G 4
Moyon **50** ... 52 A 1
Moyrazès **12** ... 280 C 1
Moyvillers **60** ... 39 E 2
Mozac **63** ... 209 H 4
Mozé-sur-Louet **49** ... 149 G 2
Muchedent **76** ... 20 B 3
Mudaison **34** ... 303 E 4
Muel **35** ... 103 F 2
Muespach **68** ... 143 G 4
Muespach-le-Haut **68** ... 143 G 4
Mugron **40** ... 293 G 2
Muhlbach-sur-Bruche **67** ... 96 D 2
Muhlbach-sur-Munster **68** ... 120 C 3
Muides-sur-Loire **41** ... 132 C 4
Muidorge **60** ... 38 A 1
Muids **27** ... 36 C 4
Muille-Villette **80** ... 23 H 3
Muirancourt **60** ... 23 H 4
Muizon **51** ... 41 F 3
Les Mujouls **06** ... 289 F 5
La Mulatière **69** ... 231 E 1
Mulcent **78** ... 57 F 3
Mulcey **57** ... 67 E 4
Mulhausen **67** ... 68 C 3
Mulhouse **68** ... 143 F 1
Mulsanne **72** ... 130 A 2
Mulsans **41** ... 132 B 4
Mun **65** ... 315 G 5
Munchhausen **67** ... 69 G 2
Munchhouse **68** ... 121 F 5
Muncq-Nieurlet **62** ... 3 E 4
Mundolsheim **67** ... 68 D 5
Muneville-le-Bingard **50** ... 31 G 5
Muneville-sur-Mer **50** ... 51 G 2
Le Mung **17** ... 201 F 4
Munster **57** ... 67 F 3
Munster **68** ... 120 D 3
Muntzenheim **68** ... 121 F 2
Munwiller **68** ... 121 E 4
Mur-de-Barrez **12** ... 262 D 1
Mur-de-Bretagne **22** ... 77 H 5
Mur-de-Sologne **41** ... 153 G 2
Muracciole **2B** ... 349 F 1
Murasson **12** ... 300 C 3
Murat **03** ... 191 F 3
Murat **15** ... 245 F 3
Murat-le-Quaire **63** ... 227 E 2
Murat-sur-Vèbre **81** ... 300 D 4
Murato **2B** ... 345 F 5
La Muraz **74** ... 215 H 1
Murbach **68** ... 120 D 4
La Mure **38** ... 251 E 4
La Mure **04** ... 288 C 4
Mureaumont **60** ... 21 G 5
Les Mureaux **78** ... 57 H 2
Mureils **26** ... 249 F 1
Mûres **74** ... 215 G 4
Le Muret **40** ... 255 E 5
Muret **31** ... 317 H 3
Muret-et-Crouttes **02** ... 40 C 3
Muret-le-Château **12** ... 262 D 5
La Murette **38** ... 232 C 4
Murianette **38** ... 251 E 1
Murinais **38** ... 250 A 1
Murles **34** ... 302 C 4
Murlin **58** ... 156 C 5
Muro **2B** ... 346 C 2
Murol **63** ... 227 F 3
Murols **12** ... 262 D 2
Muron **17** ... 201 E 2
Murs **36** ... 170 D 3
Murs **84** ... 286 A 5
Mûrs-Erigné **49** ... 149 G 2
Murs-et-Gélignieux **01** ... 232 D 1
Murtin-et-Bogny **08** ... 26 C 2
Murvaux **55** ... 43 H 2
Murviel-lès-Béziers **34** ... 321 F 3
Murviel-lès-Montpellier **34** ... 302 C 4
Murville **54** ... 45 E 3
Murzo **2A** ... 348 C 1
Mus **30** ... 303 G 3
Muscourt **02** ... 41 E 2
Musculdy **64** ... 331 E 1
Musièges **74** ... 215 F 2
Musigny **21** ... 159 E 5
Musseau **52** ... 139 F 4
Mussey **55** ... 63 G 3
Mussey-sur-Marne **52** ... 93 E 4
Mussidan **24** ... 239 G 3
Mussig **67** ... 97 F 5
Mussy-la-Fosse **21** ... 159 E 1
Mussy-sous-Dun **71** ... 194 A 5
Mussy-sur-Seine **10** ... 115 H 5
Mutigney **39** ... 161 E 3
Mutigny **51** ... 61 G 1
Mutrécy **14** ... 53 G 1
Muttersholtz **67** ... 97 F 4
Mutzenhouse **67** ... 68 C 4
Mutzig **67** ... 97 F 2
Le Muy **83** ... 308 B 5
Muzeray **55** ... 44 D 3
Muzillac **56** ... 124 D 5
Muzy **27** ... 56 C 4
Myans **73** ... 233 F 3
Myennes **58** ... 156 A 2
Myon **25** ... 179 H 1

## N

Nabas **64** ... 313 F 4
Nabinaud **16** ... 239 F 1
Nabirat **24** ... 259 H 2
Nabringhen **62** ... 2 C 5
Nachamps **17** ... 201 G 2
Nadaillac **24** ... 241 H 4
Nadaillac-de-Rouge **46** ... 260 B 1
Nades **03** ... 209 G 1
Nadillac **46** ... 260 B 4
Naftel **50** ... 52 A 5
Nagel-Séez-Mesnil **27** ... 55 H 2
Nages **81** ... 300 C 4
Nages-et-Solorgues **30** ... 303 G 2
Nahuja **66** ... 341 F 5
Nailhac **24** ... 241 F 1
Naillat **23** ... 188 D 5
Nailloux **31** ... 318 B 4
Nailly **89** ... 113 F 2
Naintré **86** ... 169 G 4
Nainville-les-Roches **91** ... 88 A 3
Naisey **25** ... 162 B 4
Naives-devant-Bar **55** ... 63 H 3
Naives-en-Blois **55** ... 93 G 1
Naix-aux-Forges **55** ... 93 F 1
Naizin **56** ... 102 A 4
Najac **12** ... 279 F 3
Nalliers **85** ... 183 G 2
Nalliers **86** ... 187 F 1
Nalzen **09** ... 336 C 3
Nambsheim **68** ... 121 G 4
Nampcel **60** ... 39 H 1
Nampcelles-la-Cour **02** ... 25 G 3
Nampont-Saint-Martin **80** ... 11 G 1
Namps-au-Mont **80** ... 22 A 3
Namps-au-Val **80** ... 22 A 3
Nampteuil-sous-Muret **02** ... 40 C 3
Nampty **80** ... 22 B 3
Nan-Sous-Thil **21** ... 158 D 2
Nanc-lès-Saint-Amour **39** ... 196 A 3
Nançay **18** ... 154 D 3
Nance **39** ... 178 D 4
Nances **73** ... 233 E 2
Nanclars **16** ... 203 F 4
Nançois-le-Grand **55** ... 64 B 5
Nançois-sur-Ornain **55** ... 64 B 5
Nancras **17** ... 201 E 5
Nancray **25** ... 162 B 3
Nancray-sur-Rimarde **45** ... 111 H 4
Nancuise **39** ... 196 B 2
Nancy **54** ... 65 H 5
Nancy-sur-Cluses **74** ... 216 C 2
Nandax **42** ... 211 H 2
Nandy **77** ... 88 A 2
Nangeville **45** ... 87 H 5
Nangis **77** ... 89 E 2
Nangy **74** ... 197 H 5
Nannay **58** ... 156 C 4
Nans **25** ... 162 C 1
Les Nans **39** ... 179 H 4
Nans-les-Pins **83** ... 327 H 2
Nans-sous-Sainte-Anne **25** . 180 A 1
Nant **12** ... 282 A 5
Nant-le-Grand **55** ... 63 H 5
Nant-le-Petit **55** ... 63 H 5
Nanteau-sur-Essonne **77** ... 87 H 5
Nanteau-sur-Lunain **77** ... 112 C 2
Nanterre **92** ... 58 B 3
Nantes **44** ... 147 G 4
Nantes-en-Ratier **38** ... 251 E 4
Nanteuil **79** ... 185 F 3
Nanteuil-
Auriac-de-Bourzac **24** ... 221 G 5
Nanteuil-en-Vallée **16** ... 203 G 3
Nanteuil-la-Forêt **51** ... 41 F 5
Nanteuil-la-Fosse **02** ... 40 C 2
Nanteuil-le-Haudouin **60** ... 39 F 5
Nanteuil-lès-Meaux **77** ... 59 G 2
Nanteuil-Notre-Dame **02** ... 40 C 4
Nanteuil-sur-Aisne **08** ... 42 A 1
Nanteuil-sur-Marne **77** ... 60 A 2
Nantey **39** ... 196 A 3
Nantheuil **24** ... 223 E 4
Nanthiat **24** ... 223 E 4
Nantiat **87** ... 205 G 3
Nantillé **17** ... 201 H 4
Nantillois **55** ... 43 G 3
Nantilly **70** ... 161 E 1
Nantoin **38** ... 232 A 4
Nantois **55** ... 93 F 1
Nanton **71** ... 195 E 1
Nantouard **70** ... 161 F 1
Nantouillet **77** ... 59 E 2
Nantoux **21** ... 177 G 1
Nantua **01** ... 214 C 1
Naours **80** ... 12 C 5
La Napoule **06** ... 309 E 4
Napt **01** ... 196 B 5
Narbéfontaine **57** ... 46 C 5
Narbief **25** ... 163 F 4
Narbonne **11** ... 321 E 5
Narbonne-Plage **11** ... 321 G 5
Narcastet **64** ... 314 B 5
Narcy **52** ... 92 D 2
Narcy **58** ... 156 B 4
Nargis **45** ... 112 C 3
Narnhac **15** ... 245 E 5
Narp **64** ... 313 F 4
Narrosse **40** ... 293 E 3
La Nartelle **83** ... 329 G 2
Narthoux **81** ... 279 F 4
Nasbinals **48** ... 263 G 3
Nassandres **27** ... 35 G 5
Nassiet **40** ... 293 G 4
Nassigny **03** ... 190 E 2
Nastringues **24** ... 239 E 5
Nattages **01** ... 214 D 5
Natzwiller **67** ... 96 D 3
Naucelle **12** ... 280 B 3
Naucelles **15** ... 244 B 4
Naujac-sur-Mer **33** ... 236 C 1
Naujan-et-Postiac **33** ... 256 C 1
Naurouze *Seuil de* **11** ... 318 D 4
Nauroy **02** ... 24 A 1
Naussac **12** ... 261 G 4
Naussac **48** ... 265 F 2
Naussac *Barrage de* **48** ... 265 F 2
Naussannes **24** ... 258 C 2
Nauvay **72** ... 108 A 2
Nauviale **12** ... 262 B 4
Nauzan **17** ... 218 C 1
Navacelles **30** ... 284 A 3
Navacelles *Cirque de* **34** ... 302 A 1
Navailles-Angos **64** ... 314 B 3
Navarosse **40** ... 254 B 5
Navarrenx **64** ... 313 G 4
Naveil **41** ... 131 G 3
Navenne **70** ... 141 F 4
Naves **59** ... 14 C 3
Naves **03** ... 209 H 1
Naves **73** ... 234 B 2
Naves **19** ... 242 D 1
Naves **07** ... 283 H 1
Navès **81** ... 299 G 5
Nâves-Parmelan **74** ... 215 H 3
Navilly **71** ... 178 B 2
Nay **50** ... 31 H 3
Nay **64** ... 314 C 5
Nayemont-les-Fosses **88** ... 96 B 4
Le Nayrac **12** ... 262 D 3
Nazelles-Négron **37** ... 152 B 2
Néac **33** ... 238 C 4
Néant-sur-Yvel **56** ... 103 E 4
Neau **53** ... 106 C 3
Neaufles-Auvergny **27** ... 55 G 3
Neaufles-Saint-Martin **27** ... 37 F 3
Neauphe-sous-Essai **61** ... 83 H 2
Neauphe-sur-Dive **61** ... 54 B 3
Neauphle-le-Château **78** ... 57 H 4
Neauphle-le-Vieux **78** ... 57 G 4
Neauphlette **78** ... 57 E 2
Neaux **42** ... 211 H 3
Nébian **34** ... 302 A 4
Nébias **11** ... 337 B 3
Nébing **57** ... 67 F 3
Nébouzat **63** ... 227 F 1
Nécy **61** ... 54 A 3
Nedde **87** ... 225 E 1
Nédon **62** ... 7 G 4
Nédonchel **62** ... 7 G 4
Neewiller-
près-Lauterbourg **67** ... 69 G 2
Neffes **05** ... 269 G 4
Neffiès **34** ... 301 H 5
Néfiach **66** ... 342 C 2
Nègrepelisse **82** ... 278 B 4
Négreville **50** ... 29 F 4
Négron **37** ... 152 B 2
Négrondes **24** ... 222 D 5
Néhou **50** ... 29 F 5
Nehwiller **67** ... 68 D 2
Nelling **57** ... 67 F 2
Nemours **77** ... 112 B 2
Nempont-Saint-Firmin **62** ... 6 B 5
Nénigan **31** ... 316 B 4
Nenon **39** ... 161 E 5
Néons-sur-Creuse **36** ... 170 B 5
Néoules **83** ... 328 B 2
Néoux **23** ... 207 H 4
Nepvant **55** ... 27 H 5
Nérac **47** ... 275 G 3
Nerbis **40** ... 293 G 2
Nercillac **16** ... 220 C 1
Néré **17** ... 202 C 3
Néret **36** ... 189 H 2
Nérigean **33** ... 238 B 5
Nérignac **86** ... 187 E 5
Néris-les-Bains **03** ... 190 E 5
Nermier **39** ... 196 C 2
Nernier **74** ... 197 H 3
Néron **28** ... 86 B 2
Néronde **42** ... 212 A 5
Néronde-sur-Dore **63** ... 210 C 5
Nérondes **18** ... 173 H 2
Ners **30** ... 283 H 5
Nersac **16** ... 221 E 2
Nervieux **42** ... 211 H 5
Nerville-la-Forêt **95** ... 58 B 1

## NANCY

Adam (R. Sigisbert) . . . . . **BX** 2
Barrès (R. Maurice) . . . . . **CY** 10
Bazin (R. H.) . . . . . **CY** 13
Benit (R.) . . . . . **BY** 14
Braconnot (R.) . . . . . **BX** 19
Carmes (R. des) . . . . . **BY** 20
Chanoine-Jacob (R.) . . . . **AX** 23
Chanzy (R.) . . . . . **AY** 24
Cheval-Blanc (R. du) . . . . **BY** 25
Craffe (R. de la) . . . . . **AX** 27
Croix de Bourgogne
(Espl.) . . . . . **AZ** 28
Dominicains (R. des) . . . . **BY** 29
Erignac (R. C.) . . . . . **BY** 31
La-Fayette (Pl. de) . . . . . **BY** 47
Gambetta (R.) . . . . . **BY** 36
Gaulle (Pl. Gén.-de) . . . . . **BX** 37
Grande-Rue . . . . . **BXY**
Haut-Bourgeois
(R.) . . . . . **AX** 39
Héré (R.) . . . . . **BY** 40
Ile de Corse (R. de l') . . . . **CY** 41
Keller (R. Ch.) . . . . . **AX** 46
Louis (R. Baron) . . . . . **AXY** 50
Loups (R. des) . . . . . **AX** 51
Mazagran (R.) . . . . . **AY** 54
Mengin (Pl. Henri) . . . . . **BY** 55
Mgr-Ruch (Pl.) . . . . . **CY** 63
Molitor (R.) . . . . . **CZ** 60
Monnaie (R. de la) . . . . . **BY** 62
Mon-Désert (R. de) . . . **ABZ** 61
Mouja (R. du Pont) . . . . . **BY** 64
Poincaré (R. H.) . . . . . **AY** 69
Poincaré (R. R.) . . . . . **AY** 70
Point-Central . . . . . **BY** 72
Ponts (R. des) . . . . . **BYZ** 73
Primatiale (R. de la) . . . . . **CY** 74
Raugraff (R.) . . . . . **BY** 75
St-Dizier (R.) . . . . . **BCYZ**
St-Èpvre (Pl.) . . . . . **BY** 82
St-Georges (R.) . . . . . **CY**
St-Jean (R.) . . . . . **BY**
St-Léon (R.) . . . . . **AY** 85
Source (R. de la) . . . . . **AY** 99
Stanislas (R.) . . . . . **BY** 100
Trois-Maisons
(R. du Fg
des) . . . . . **AX** 104
Trouillet (R.) . . . . . **AXY** 105
Visitation (R. de la) . . . . . **BY** 109
XXe-Corps (Av. du) . . . . . **CY** 110

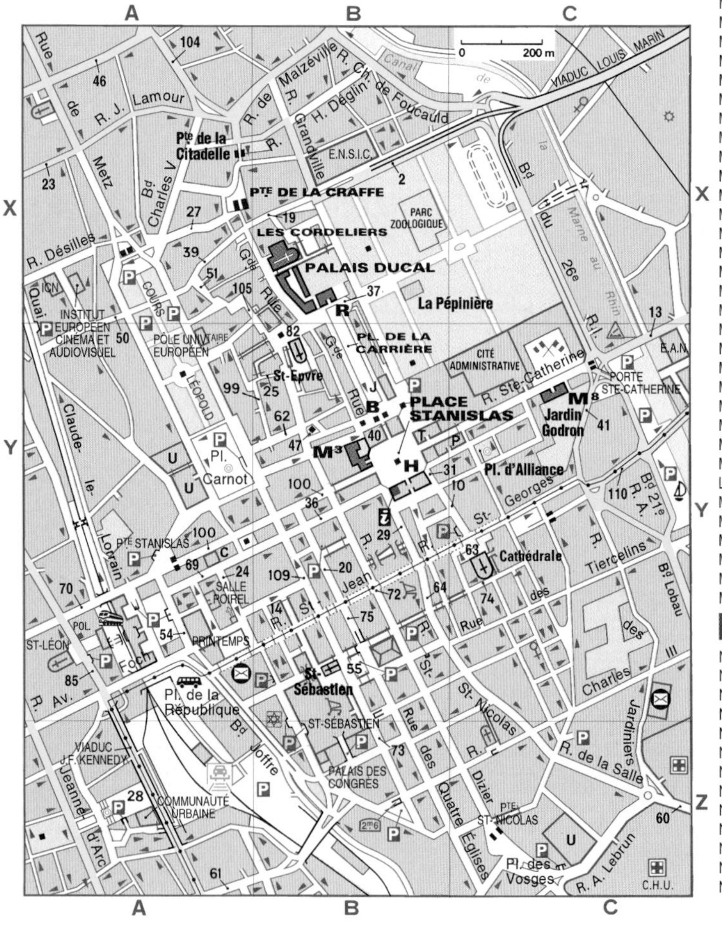

Néry *60*.......39 F 3
Neschers *63*.......227 H 2
Nescus *09*.......335 H 2
Nesle *80*.......23 G 3
Nesle-et-Massoult *21*.......137 H 3
Nesle-Hodeng *76*.......21 E 4
Nesle-la-Reposte *51*.......90 A 2
Nesle-le-Repons *51*.......61 E 1
Nesle-l'Hôpital *80*.......11 F 5
Nesle-Normandeuse *76*.......11 F 5
Nesles *62*.......6 B 2
Nesles *77*.......59 G 5
Nesles-la-Montagne *02*.......60 C 1
Nesles-la-Vallée *95*.......38 B 5
Neslette *80*.......11 F 5
Nesmy *85*.......182 D 1
Nesploy *45*.......111 H 5
Nespouls *19*.......242 B 3
Nessa *2B*.......346 C 2
Nestier *65*.......334 A 1
Nettancourt *55*.......63 F 3
Netzenbach *67*.......96 D 2
Neublans *39*.......178 C 2
Neubois *67*.......97 E 4
Le Neubourg *27*.......35 H 5
Neuchâtel-Urtière *25*.......163 F 2
Neuf-Berquin *59*.......8 A 2
Neuf-Brisach *68*.......121 F 3
Neuf-Église *63*.......209 F 2
Neuf-Marché *76*.......37 F 2
Neuf-Mesnil *59*.......15 G 2
Neufbosc *76*.......20 D 4
Le Neufbourg *50*.......52 C 5
Neufchâteau *88*.......94 A 4
Neufchâtel-en-Bray *76*.......20 D 3
Neufchâtel-en-Saosnois *72*.......83 H 4
Neufchâtel-Hardelot *62*.......6 B 3
Neufchâtel-sur-Aisne *02*.......41 G 2
Neufchef *57*.......45 G 3
Neufchelles *60*.......39 H 5
Neuffons *33*.......256 D 3
Neuffontaines *58*.......157 G 3
Neufgrange *57*.......67 G 1
Neuflieux *02*.......24 A 5
Neuflize *08*.......42 A 2
Neufmaison *08*.......26 B 3
Neufmaisons *54*.......96 A 3
Neufmanil *08*.......26 D 2
Neufmesnil *50*.......31 G 2
Neufmoulin *80*.......11 H 3
Neufmoulins *57*.......67 G 5
Neufmoutiers-en-Brie *77*.......59 F 4
Le Neufour *55*.......43 F 5
Neufvillage *57*.......67 E 2
Neufvy-sur-Aronde *60*.......39 E 1
Neugartheim *67*.......68 C 5
Neugartheim-Ittlenheim *67*.......68 C 5
Neuhaeusel *67*.......69 G 3
Neuil *37*.......151 G 5
Neuilh *65*.......333 E 1
Neuillac *17*.......219 H 3
Neuillay-les-Bois *36*.......171 F 4
Neuillé *49*.......150 C 3
Neuillé-le-Lierre *37*.......152 B 1
Neuillé-Pont-Pierre *37*.......151 G 1
Neuilly *27*.......56 D 2
Neuilly *89*.......136 A 2
Neuilly *58*.......157 F 4
Neuilly-en-Donjon *03*.......193 F 4
Neuilly-en-Dun *18*.......173 H 4
Neuilly-en-Sancerre *18*.......155 G 3
Neuilly-en-Thelle *60*.......38 B 4
Neuilly-en-Vexin *95*.......37 H 5
Neuilly-la-Forêt *14*.......32 B 3
Neuilly-le-Bisson *61*.......83 H 3
Neuilly-le-Brignon *37*.......170 A 2
Neuilly-le-Dien *80*.......12 B 3
Neuilly-le-Malherbe *14*.......33 F 5
Neuilly-le-Réal *03*.......192 B 3
Neuilly-le-Vendin *53*.......82 D 3
Neuilly-lès-Dijon *21*.......160 B 3
Neuilly-l'Évêque *52*.......117 G 5
Neuilly-l'Hôpital *80*.......11 G 3
Neuilly-Plaisance *93*.......58 D 3
Neuilly-Saint-Front *02*.......40 A 5
Neuilly-sous-Clermont *60*.......38 C 3
Neuilly-sur-Eure *61*.......85 E 3
Neuilly-sur-Marne *93*.......58 D 3
Neuilly-sur-Seine *92*.......58 B 3
Neuilly-sur-Suize *52*.......117 E 4
Neulette *62*.......7 F 5
Neulise *42*.......211 H 4
Neulles *17*.......219 H 3
Neulliac *56*.......101 H 2
Neung-sur-Beuvron *41*.......154 A 1
Neunhoffen *67*.......68 C 1


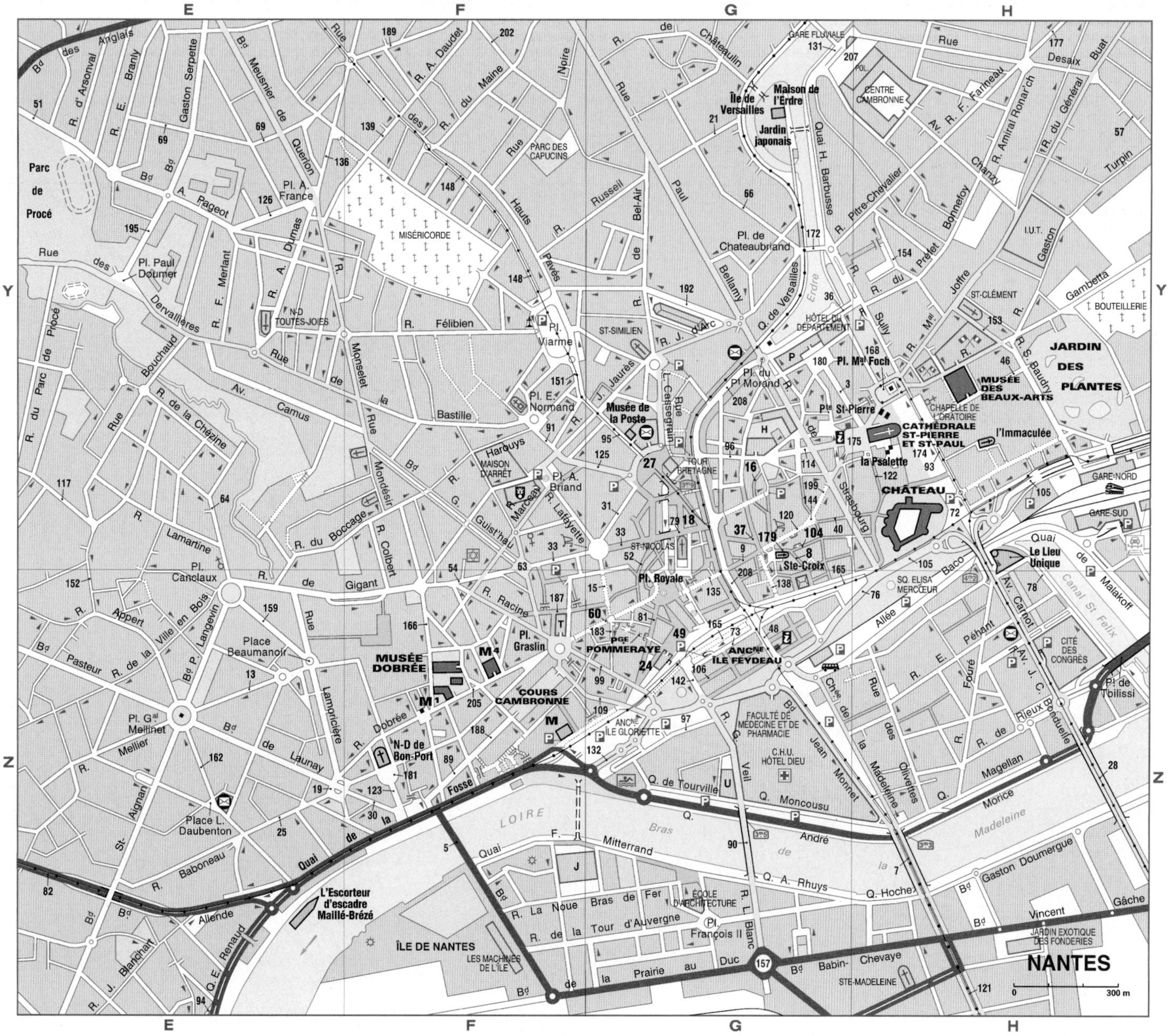


Albert (R. du Roi) .......... GY 3
Anne-de-Bretagne (Pont) ..... FZ 5
Audibert (Pont Gén.) ........ HZ 7
Barillerie (R. de la) .......... GY 9
Belleville (R. de) .......... EZ 13
Boileau (R.) .......... GZ 15
Bossuet (R.) .......... GY 16
Boucherie (R. de la) .......... GY 18
Bouhier (Pl. R.) .......... EZ 19
Bouille (R. de) .......... GY 21
Bourse (Pl. de la) .......... GZ 24
Brasserie (R. de la) .......... EZ 25
Bretagne (Pl. de la) .......... GY 27
Briand (Pont A.) .......... HZ 28
Brunellière (R. Ch.) .......... FZ 30
Budapest (R. de) .......... GY 31
Calvaire (R. du) .......... FY 33
Ceineray (Quai) .......... GY 36
Change (Pl. du) .......... GY 37
Château (R. du) .......... GY 40
Clemenceau (R. G.) .......... HY 46
Clisson (Crs Olivier de) .......... GZ 48
Commerce (Pl. du) .......... GZ 49
Constant (Bd Clovis) .......... EY 51
Contrescarpe (R. de la) .......... GY 52
Copernic (R.) .......... FZ 54
Coulmiers (R. de) .......... HY 57
Crébillon (R.) .......... FGZ 60
Delorme (Pl.) .......... FY 63
Desgrées-du-Lou (R. du Col.) .......... EY 64
Distillerie (R. de la) .......... GY 66
Douet Garnier (R. du) .......... EY 69
Duchesse-Anne (Pl.) .......... HY 72
Duguay-Trouin (Allée) .......... GZ 73
Estienne-d'Orves (Crs d') .......... HZ 76
Favre (Quai F.) .......... HYZ 78
Feltre (R. de) .......... GY 79
Fosse (R. de la) .......... GZ 81
Frachon (Bd B.) .......... EZ 82
Guinaudeau (R.) .......... FZ 89
Haudaudine (Pont) .......... GZ 90
Hélie (R. F.) .......... FY 91
Henri IV (R.) .......... HY 93
Hermitage (R. de l') .......... EZ 94
Herriot (R. É.) .......... GY 95
Hôtel-de-Ville (R. de l') .......... GY 96
Ile Gloriette (Allée de l') .......... GZ 97
Juiverie (R. de la) .......... GY 104
J.-J. Rousseau (R.) .......... FGZ 99
Kennedy (Cours J.-F.) .......... HY 105
Kervégan (R.) .......... GZ 106
Lattre-de-Tassigny (R. Mar.-de) .......... FGZ 109
Leclerc (R. Mar.) .......... GY 114
Littré (R.) .......... EY 117
Marne (R. de la) .......... GY 120
Martyrs-Nantais-de-la-Résist. (Bd) .......... HZ 121
Mathelin-Rodier (R.) .......... HY 122
Mazagran (R.) .......... FZ 123
Mercœur (R.) .......... FGY 125
Merson (Bd L.-O.) .......... EY 126
Motte Rouge (Q. de la) .......... GY 131
Nations-Unies (Bd des) .......... GZ 132
Orléans (R. d') .......... GZ 135
Painlevé (R. Paul) .......... EY 136
Paix (R. de la) .......... GZ 138
Pelleterie (R. de la) .......... EFY 139
Petite-Hollande (Pl.) .......... GZ 142
Pilori (Pl. du) .......... GY 144
Poitou (R. du) .......... FY 148
Pommeraye (Pas.) .......... GZ 150
Porte-Neuve (R.) .......... FGY 151
Racine (R.) .......... FZ
Raspail (R.) .......... EYZ 152
Refoulais (R. L. de la) .......... HY 153
Reine Margot (Allée de la) .......... HY 154
République (Pl. de la) .......... GZ 157
Riom (R. Alfred) .......... EZ 159
Rollin (R.) .......... EZ 162
Roosevelt (Crs F.) .......... GZ 165
Rosière d'Artois (R.) .......... FZ 166
Royale (Pl.) .......... GZ
Ste-Croix (R.) .......... GY 179
St-André (Cours) .......... HY 168
St-Mihiel (Pont) .......... GY 172
St-Pierre (Cours) .......... HY 174
St-Pierre (Pl.) .......... GY 175
St-Rogatien (R.) .......... HY 177
Salengro (Pl. R.) .......... GY 180
Sanitat (Pl. du) .......... FZ 181
Santeuil (R.) .......... GY 183
Scribe (R.) .......... FZ 187
Sibille (R. M.) .......... FZ 188
Simon (R. Jules) .......... EY 189
Talensac (R.) .......... GY 192
Thomas (Bd A.) .......... EY 195
Verdun (R. de) .......... GY 199
Villebois-Mareuil (R.) .......... FY 202
Voltaire (R.) .......... FZ 205
Waldeck-Rousseau (Pl.) .......... GHY 207
50-Otages (Crs des) .......... GYZ 208

Neunkirchen-lès-Bouzonville *57*.....46 C 3
Neure *03*.....174 B 5
Neurey-en-Vaux *70*.....141 F 3
Neurey-lès-la-Demie *70*.....141 F 5
Neussargues-Moissac *15*.....245 G 3
Neuve-Chapelle *62*.....8 B 3
Neuve-Eglise *67*.....97 E 4
La Neuve-Grange *27*.....37 E 2
La Neuve-Lyre *27*.....55 G 2
Neuve-Maison *02*.....25 G 1
Neuvecelle *74*.....198 C 3
Neuvéglise *15*.....245 G 5
Neuvelle-lès-Champlitte *70*.....140 A 5
Neuvelle-lès-Cromary *70*.....162 A 2
Neuvelle-lès-Grancey *21*.....139 E 4
Neuvelle-lès-la-Charité *70*.....140 D 5
La Neuvelle-lès-Lure *70*.....141 H 3
La Neuvelle-lès-Scey *70*.....140 D 3
Neuvelle-lès-Voisey *52*.....140 C 2
Neuves-Maisons *54*.....94 D 1
La Neuveville-devant-Lépanges *88*.....119 H 2
La Neuveville-sous-Châtenois *88*.....94 B 5
La Neuveville-sous-Montfort *88*.....118 C 2
Neuvic *19*.....225 H 5
Neuvic *24*.....239 H 3
Neuvic-Entier *87*.....224 C 1
Neuvicq *17*.....238 C 1
Neuvicq-le-Château *17*.....202 C 5
Neuvillalais *72*.....107 F 3
La Neuville *59*.....8 D 4
Neuville *03*.....191 F 3
Neuville *63*.....228 B 1
Neuville *19*.....243 E 3
La Neuville-à-Maire *08*.....27 E 5
Neuville-au-Bois *80*.....11 G 5
Neuville-au-Cornet *62*.....12 D 2
Neuville-au-Plain *50*.....29 G 5
La Neuville-au-Pont *51*.....43 E 5
La Neuville-aux-Bois *51*.....63 E 2
Neuville-aux-Bois *45*.....111 F 4
La Neuville-aux-Joûtes *08*.....25 H 1
La Neuville-aux-Larris *51*.....41 F 5
La Neuville-aux-Tourneurs *08*.....26 A 2
Neuville-Bosc *60*.....37 H 4
La Neuville-Bosmont *02*.....25 F 4
Neuville-Bourjonval *62*.....14 A 5
La Neuville-Chant-d'Oisel *76*.....36 C 2
Neuville-Coppegueule *80*.....21 G 2
La Neuville-d'Aumont *60*.....38 A 3
Neuville-Day *08*.....42 D 1
Neuville-de-Poitou *86*.....169 E 5
La Neuville-du-Bosc *27*.....35 H 4
Neuville-en-Avesnois *59*.....15 E 3
Neuville-en-Beaumont *50*.....31 F 2
La Neuville-en-Beine *02*.....24 A 4
Neuville-en-Ferrain *59*.....5 E 5
La Neuville-en-Hez *60*.....38 C 2
La Neuville-en-Tourne-à-Fuy *08*.....42 B 3
Neuville-en-Verdunois *55*.....63 H 2
Neuville-Ferrières *76*.....20 D 4
La Neuville-Garnier *60*.....38 A 3
La Neuville-Housset *02*.....25 E 3
La Neuville-lès-Bray *80*.....23 E 1
Neuville-les-Dames *01*.....213 F 1
Neuville-lès-Decize *58*.....174 D 4
Neuville-lès-Dieppe *76*.....10 B 5
La Neuville-lès-Dorengt *02*.....24 D 1
Neuville-lès-Lœuilly *80*.....22 B 3
Neuville-lès-This *08*.....26 C 3
Neuville-lès-Vaucouleurs *55*.....93 H 2
La Neuville-lès-Wasigny *08*.....26 A 4
Neuville-près-Sées *61*.....54 C 5
Neuville-Saint-Amand *02*.....24 B 2
La Neuville-Saint-Pierre *60*.....38 B 1
Neuville-Saint-Rémy *59*.....14 B 3
Neuville-Saint-Vaast *62*.....8 B 5
La Neuville-Sire-Bernard *80*.....22 D 3
Neuville-sous-Arzillières *51*.....62 D 5
Neuville-sous-Montreuil *62*.....6 C 4
Neuville-sur-Ailette *02*.....41 E 1
Neuville-sur-Ain *01*.....214 A 2
Neuville-sur-Authou *27*.....35 F 4
Neuville-sur-Brenne *37*.....131 F 5
Neuville-sur-Escaut *59*.....14 C 2
La Neuville-sur-Essonne *45*.....111 H 3
Neuville-sur-Margival *02*.....40 B 1
Neuville-sur-Oise *95*.....58 A 1
Neuville-sur-Ornain *55*.....63 G 3
La Neuville-sur-Oudeuil *60*.....21 H 5
La Neuville-sur-Ressons *60*.....23 F 5
Neuville-sur-Saône *69*.....213 E 4
Neuville-sur-Sarthe *72*.....107 H 4
Neuville-sur-Seine *10*.....115 G 4
Neuville-sur-Touques *61*.....54 D 3
Neuville-sur-Vannes *10*.....114 B 2
La Neuville-Vault *60*.....37 H 1
Neuville-Vitasse *62*.....13 G 3
Neuviller-la-Roche *67*.....96 D 3
Neuviller-lès-Badonviller *54*.....96 A 2
Neuviller-sur-Moselle *54*.....95 E 3
Neuvillers-sur-Fave *88*.....96 C 5
Neuvillette *80*.....12 D 3
Neuvillette *02*.....24 C 2
La Neuvillette *51*.....41 G 3
Neuvillette-en-Charnie *72*.....107 E 3
Neuvilley *39*.....179 F 2
Neuvilly *59*.....14 D 4
Neuvilly-en-Argonne *55*.....43 G 4
Neuvireuil *62*.....8 C 5
Neuvizy *08*.....26 C 4
Neuvy *51*.....60 C 4
Neuvy *41*.....153 G 1
Neuvy *03*.....192 A 2
Neuvy-au-Houlme *61*.....53 H 3
Neuvy-Bouin *79*.....167 G 5
Neuvy-deux-Clochers *18*.....155 G 4
Neuvy-en-Beauce *28*.....110 D 2
Neuvy-en-Champagne *72*.....107 F 4
Neuvy-en-Dunois *28*.....110 B 2
Neuvy-en-Mauges *49*.....149 E 3
Neuvy-en-Sullias *45*.....133 H 3
Neuvy-Grandchamp *71*.....193 F 1
Neuvy-le-Barrois *18*.....174 B 3
Neuvy-le-Roi *37*.....130 D 5
Neuvy-Pailloux *36*.....172 A 3

## NICE

Alberti (R.) ..... GHY 2
Alsace-Lorraine (Jardin d') ..... EZ 3
Armée-du-Rhin (Pl. de l') ..... JX 5
Auriol (Pont V.) ..... JV 7
Bellanda (Av.) ..... HV 10
Berlioz (R.) ..... FY 12
Bonaparte (R.) ..... JY 13
Carnot (Bd) ..... JZ 15
Desambrois (Av.) ..... GHX 18
Diables-Bleus (Av. des) ..... JX 19
Europe (Parvis de l') ..... JX 21
Félix-Faure (Av.) ..... GZ 22
France (R. de) ..... DFZ
Gallieni (Av.) ..... HJX 24
Gambetta (Bd) ..... EXZ
Gautier (Pl. P.) ..... HZ 25
Gioffredo (R.) ..... HY
Hôtel-des-Postes (R. de l') ..... HY 30
Ile-de-Beauté (Pl.) ..... JZ 31
Jean-Jaurès (Bd) ..... HYZ 32
Liberté (R. de la) ..... GZ 35
Lunel (Quai) ..... JZ 37
Masséna (Pl. et Espace) ..... GZ
Masséna (R.) ..... FGZ 43
Médecin (Av. J.) ..... FGY 44
Meyerbeer (R.) ..... FZ 45
Monastère (Av. Pl.) ..... HV 46
Moulin (Pl. J.) ..... HY 47
Paradis (R.) ..... GZ 55
Passy (R. F.) ..... EY 57
Pastorelli (R.) ..... GY 58
Phocéens (Av. des) ..... GZ 59
Ray (Av. du) ..... FV 63
République (Av. de la) ..... JXY 64
Rivoli (R. de) ..... FZ 65
St-François-de-Paule (R.) ..... GHZ 72
St-Jean-Baptiste (Av.) ..... HY 73
Saleya (Cours) ..... HZ 82
Sauvan (R. H.) ..... EZ 84
Verdun (Av. de) ..... FGZ 89
Walesa (Bd Lech) ..... JYZ 91
Wilson (Pl.) ..... HY 92

## NÎMES


Arènes (Bd des) .......... CV 2
Aspic (R. de l') .......... CUV
Auguste (R.) .......... CU 4
Bernis (R. de) .......... CV 6
Chapitre (R. du) .......... CU 12
Courbet (Bd Amiral) .......... DUV 14
Crémieux (R.) .......... DU 16
Curaterie (R.) .......... DU 17
Daudet (Bd Alphonse) .......... CU 18
Fontaine (Quai de la) .......... CU 20
Gambetta (Bd) .......... CDU
Grand'Rue .......... DU 24
Guizot (R.) .......... CU 26
Halles (R. des) .......... CU 27
Horloge (R. de l') .......... CU 28
Libération (Bd de la) .......... DV 30
Madeleine (R. de la) .......... CU 32
Maison Carrée (Pl. de la) .......... CU 33
Marchands (R. des) .......... CU 35
Nationale (R.) .......... CDU
Perrier (R. Gén.) .......... CU
Prague (Bd de) .......... DV 42
République (R. de la) .......... CV 43
Saintenac (Bd E.) .......... DU 45
Victor-Hugo (Bd) .......... CUV
Violettes (R.) .......... CV 49


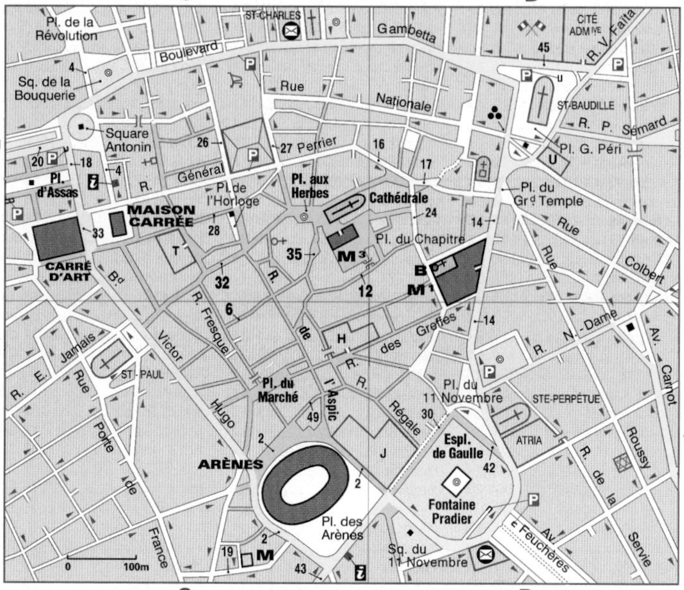

C
D
U
V
Pl. de la Révolution
Sq. de la Bouquerie
Boulevard
Gambetta
ST-CHARLES
CITÉ ADMIVE
R. V. Faïta
Rue
Nationale
ST-BAUDILLE
R. P. Sémard
Square Antonin
Perrier
Pl. G. Péri
Pl. d'Assas
Général
Pl. de l'Horloge
Pl. aux Herbes
Cathédrale
Pl. du Grd Temple
MAISON CARRÉE
Pl. du Chapitre
CARRÉ D'ART
Rue
Colbert
R. Fresque
des Greffes
R. N.-Dame
Av. Carnot
R. E. Jamais
ST-PAUL
Victor
Hugo
Pl. du Marché
R. de l'Aspic
Pl. du 11 Novembre
STE-PERPÉTUE
Régale
Espl. de Gaulle
ATRIA
Roussy
R. de la Servie
Rue Porte de France
ARÈNES
Fontaine Pradier
Pl. des Arènes
Av. Feuchères
Sq. du 11 Novembre
100m



Neuvy-Saint-Sépulchre 36 .. 189 F 1
Neuvy-Sautour 89 .......... 114 C 4
Neuvy-sur-Barangeon 18 .... 154 D 3
Neuvy-sur-Loire 58 .......... 156 A 1
Neuwiller 68 .......... 143 H 4
Neuwiller-lès-Saverne 67 ....... 68 B 3
Neuzy 71 .......... 193 G 2
Névache 05 .......... 252 C 3
Nevers 58 .......... 174 C 2
Névez 29 .......... 100 B 5
Névian 11 .......... 320 D 5
Néville 76 .......... 19 G 3
Néville-sur-Mer 50 .......... 29 G 2
Nevoy 45 .......... 134 C 4
Nevy-lès-Dole 39 .......... 179 E 1
Nevy-sur-Seille 39 .......... 179 F 4
Nexon 87 .......... 223 G 1
Ney 39 .......... 179 H 4
Neydens 74 .......... 215 G 1
Neyrac-les-Bains 07 .......... 266 A 3
Les Neyrolles 01 .......... 214 C 1
Neyron 01 .......... 213 F 5
Nézel 78 .......... 57 G 2
Nézignan-l'Évêque 34 .......... 321 H 4
Niafles 53 .......... 127 H 2
Niaux 09 .......... 336 B 4
Niaux Grotte de 09 .......... 336 B 4
Nibas 80 .......... 11 E 3
Nibelle 45 .......... 111 H 4
Nibles 04 .......... 287 G 1
Nice 06 .......... 309 H 2
Nicey 21 .......... 137 H 2
Nicey-sur-Aire 55 .......... 64 B 3
Nicole 47 .......... 275 G 1
Nicorps 50 .......... 51 G 1
Nideck Château et Cascade du 67 .......... 96 D 1
Niderhoff 57 .......... 96 B 1
Niderviller 57 .......... 67 H 5
Niederbronn-les-Bains 67 .......... 68 D 2
Niederbruck 68 .......... 142 C 1
Niederentzen 68 .......... 121 E 4
Niederhaslach 67 .......... 97 E 2
Niederhausbergen 67 .......... 68 D 5
Niederhergheim 68 .......... 121 F 4
Niederlarg 68 .......... 143 E 4
Niederlauterbach 67 .......... 69 G 1
Niedermodern 67 .......... 68 D 3
Niedermorschwihr 68 .......... 120 D 2
Niedernai 67 .......... 97 F 2
Niederrœdern 67 .......... 69 G 2
Niederschaeffolsheim 67 .......... 68 D 4
Niederseebach 67 .......... 69 F 2
Niedersoultzbach 67 .......... 68 B 3
Niedersteinbach 67 .......... 68 D 1
Niederstinzel 57 .......... 67 G 3
Niedervisse 57 .......... 46 D 5
Nielles-lès-Ardres 62 .......... 2 D 4
Nielles-lès-Bléquin 62 .......... 7 E 2
Nielles-lès-Calais 62 .......... 2 C 3
Le Nieppe 59 .......... 3 G 5
Nieppe 59 .......... 8 B 2
Niergnies 59 .......... 14 B 4
Nieudan 15 .......... 243 H 4
Nieuil 16 .......... 203 H 4
Nieuil-l'Espoir 86 .......... 186 C 2
Nieul 87 .......... 205 G 4
Nieul-le-Dolent 85 .......... 182 C 1
Nieul-le-Virouil 17 .......... 219 G 4
Nieul-lès-Saintes 17 .......... 201 F 5
Nieul-sur-l'Autise 85 .......... 184 C 3
Nieul-sur-Mer 17 .......... 183 F 5
Nieulle-sur-Seudre 17 .......... 200 D 5
Nieurlet 59 .......... 3 F 5
Niévroz 01 .......... 213 G 4
Niffer 68 .......... 143 H 2
Niherne 36 .......... 171 G 4
Nijon 52 .......... 117 H 2
Nilvange 57 .......... 45 G 3
Nîmes 30 .......... 303 H 2
Ninville 52 .......... 117 G 3
Niort 79 .......... 184 D 4
Niort-de-Sault 11 .......... 337 A 4
Niort-la-Fontaine 53 .......... 82 B 3
Niozelles 04 .......... 287 F 5
Nissan-lez-Enserune 34 .......... 321 F 5
Nistos 65 .......... 334 A 2
Nitry 89 .......... 136 D 4
Nitting 57 .......... 67 G 5
Nivelle 59 .......... 9 G 4
Nivillac 56 .......... 125 F 5
Nivillers 60 .......... 38 A 2
Nivolas-Vermelle 38 .......... 232 A 2
Nivollet-Montgriffon 01 .......... 214 B 3
Nixéville 55 .......... 43 H 5
Le Nizan 33 .......... 256 B 5
Nizan-Gesse 31 .......... 316 B 5
Nizas 32 .......... 317 E 3
Nizas 34 .......... 321 H 3
Nizerolles 03 .......... 210 D 2
Nizon 29 .......... 100 B 4
Nizy-le-Comte 02 .......... 25 G 5
Noailhac 19 .......... 242 C 3
Noailhac 12 .......... 262 B 4
Noailhac 81 .......... 299 H 5
Noaillac 33 .......... 256 D 4
Noaillan 33 .......... 255 H 4
Noailles 60 .......... 38 B 3
Noailles 19 .......... 242 B 3
Noailles 81 .......... 279 F 5
Noailly 42 .......... 211 G 1
Noalhac 48 .......... 263 H 1
Noalhat 63 .......... 210 B 4
Noards 27 .......... 35 E 4
Nocario 2B .......... 347 G 3
Nocé 61 .......... 84 C 4
Noceta 2B .......... 347 F 5
Nochize 71 .......... 193 H 3
La Nocle-Maulaix 58 .......... 175 H 4
Nod-sur-Seine 21 .......... 138 A 3
Nods 25 .......... 162 C 5
Noé 89 .......... 113 H 3
Noé 31 .......... 317 G 4
La Noë-Blanche 35 .......... 126 B 2
Noë-les-Mallets 10 .......... 115 H 3
La Noë-Poulain 27 .......... 35 E 3
Noël-Cerneux 25 .......... 163 F 5
Noëllet 49 .......... 127 G 4
Noërs 54 .......... 44 C 2
Les Noës 42 .......... 211 E 2
Les Noës-près-Troyes 10 .......... 90 D 5
Nœux-lès-Auxi 62 .......... 12 C 3
Nœux-les-Mines 62 .......... 8 A 4
Nogaret 31 .......... 318 D 3
Nogaro 32 .......... 295 E 3
Nogent 52 .......... 117 F 4
Nogent-en-Othe 10 .......... 114 C 3
Nogent-l'Abbesse 51 .......... 41 H 4
Nogent-l'Artaud 02 .......... 60 B 2
Nogent-le-Bernard 72 .......... 108 B 2
Nogent-le-Phaye 28 .......... 86 B 4
Nogent-le-Roi 28 .......... 57 E 5
Nogent-le-Rotrou 28 .......... 84 D 5
Nogent-le-Sec 27 .......... 56 A 2
Nogent-lès-Montbard 21 .......... 137 H 5
Nogent-sur-Aube 10 .......... 91 F 3
Nogent-sur-Eure 28 .......... 86 A 4
Nogent-sur-Loir 72 .......... 130 B 4
Nogent-sur-Marne 94 .......... 58 D 3
Nogent-sur-Oise 60 .......... 38 D 3
Nogent-sur-Seine 10 .......... 89 H 3
Nogent-sur-Vernisson 45 .......... 134 D 2
Nogentel 02 .......... 60 C 1
Nogna 39 .......... 196 C 1
Noguères 64 .......... 313 H 4
Nohan 08 .......... 27 E 1
Nohanent 63 .......... 209 G 5
Nohant-en-Goût 18 .......... 173 H 1
Nohant-en-Graçay 18 .......... 154 A 5
Nohant-Vic 36 .......... 189 G 1
Nohèdes 66 .......... 341 H 3
Nohic 82 .......... 298 A 1
Noidan 21 .......... 158 D 3
Noidans-le-Ferroux 70 .......... 140 D 5
Noidans-lès-Vesoul 70 .......... 141 E 4
Noidant-Chatenoy 52 .......... 139 G 3
Noidant-le-Rocheux 52 .......... 139 G 2
Noilhan 32 .......... 296 D 5
Nointel 95 .......... 38 B 5
Nointel 60 .......... 38 D 2
Nointot 76 .......... 19 E 5
Noir Lac 68 .......... 120 C 2
Noircourt 02 .......... 25 G 4
Noirefontaine 25 .......... 163 F 2
Noirémont 60 .......... 22 B 5
Noirétable 42 .......... 211 E 5
Noirlac Abbaye de 18 .......... 173 F 5
Noirlieu 51 .......... 63 E 2
Noirlieu 79 .......... 167 H 2
Noirmoutier-en-l'Île 85 .......... 164 B 1
Noiron 70 .......... 161 F 2
Noiron-sous-Gevrey 21 .......... 160 B 4
Noiron-sur-Bèze 21 .......... 160 C 2
Noiron-sur-Seine 21 .......... 115 H 5
Noironte 25 .......... 161 G 3
Noirpalu 50 .......... 51 H 3
Noirterre 79 .......... 167 H 3
Noirval 08 .......... 43 E 1
Noiseau 94 .......... 58 D 4
Noisiel 77 .......... 59 E 3
Noisseville 57 .......... 45 H 5
Noisy-le-Grand 93 .......... 58 D 3
Noisy-le-Roi 78 .......... 58 A 3
Noisy-le-Sec 93 .......... 58 D 3
Noisy-Rudignon 77 .......... 88 D 5
Noisy-sur-École 77 .......... 88 A 5
Noisy-sur-Oise 95 .......... 38 C 5
Noizay 37 .......... 152 B 2
Noizé 79 .......... 168 B 3
Nojals-et-Clotte 24 .......... 258 C 2
Nojeon-en-Vexin 27 .......... 37 E 3
Nolay 58 .......... 156 D 5
Nolay 21 .......... 177 F 2
Nolléval 76 .......... 37 E 1
Nollieux 42 .......... 211 G 5
Nomain 59 .......... 9 E 4
Nomdieu 47 .......... 275 H 4
Nomécourt 52 .......... 92 D 3
Nomeny 54 .......... 65 H 3
Nomexy 88 .......... 95 F 5
Nommay 25 .......... 142 C 4
Nompatelize 88 .......... 96 A 4
Nonac 16 .......... 221 E 4
Nonancourt 27 .......... 56 B 4
Nonant 14 .......... 33 E 3
Nonant-le-Pin 61 .......... 54 C 5
Nonards 19 .......... 243 E 4
Nonaville 16 .......... 220 D 3
Noncourt-sur-le-Rongeant 52 .......... 93 E 4
Nonette 63 .......... 228 A 4
Nonglard 74 .......... 215 F 3
Nonhigny 54 .......... 96 A 2
Nonières 07 .......... 248 C 5
Les Nonières 26 .......... 268 C 1
Nonsard 55 .......... 65 E 3
Nontron 24 .......... 222 C 3
Nonville 77 .......... 112 C 2
Nonville 88 .......... 118 C 3
Nonvilliers-Grandhoux 28 .......... 85 G 5
Nonza 2B .......... 345 F 3
Nonzeville 88 .......... 95 H 5
Noordpeene 59 .......... 3 G 4
Nordausques 62 .......... 3 E 4
Nordheim 67 .......... 68 C 5
Nordhouse 67 .......... 97 G 2
Nore Pic de 11 .......... 320 A 4
Noreuil 62 .......... 13 H 4
Norges-la-Ville 21 .......... 160 A 2
La Norma 73 .......... 252 D 1
Normandel 61 .......... 55 G 5
Normandie Pont de 14 .......... 34 D 2
Normanville 76 .......... 19 F 4
Normanville 27 .......... 56 B 1
Normée 51 .......... 61 G 4
Normier 21 .......... 159 E 3
Norolles 14 .......... 34 C 4
Noron-la-Poterie 14 .......... 32 D 4
Noron-l'Abbaye 14 .......... 53 H 2
Noroy 60 .......... 38 D 2
Noroy-le-Bourg 70 .......... 141 G 4
Noroy-lès-Jussey 70 .......... 140 C 2
Noroy-sur-Ourcq 02 .......... 40 A 4
Norrent-Fontes 62 .......... 7 G 3
Norrey-en-Auge 14 .......... 54 B 2
Norrey-en-Bessin 14 .......... 33 F 4
Norrois 51 .......... 62 D 5
Norroy 88 .......... 118 B 2
Norroy-le-Sec 54 .......... 45 E 4
Norroy-le-Veneur 57 .......... 45 G 5
Norroy-lès-Pont-à-Mousson 54 .......... 65 G 3
Nort-Leulinghem 62 .......... 3 E 5
Nort-sur-Erdre 44 .......... 147 H 1
Nortkerque 62 .......... 3 E 4
Norville 76 .......... 35 F 1
La Norville 91 .......... 87 G 2
Nossage-et-Bénévent 05 .......... 287 E 1
Nossoncourt 88 .......... 95 H 3
Nostang 56 .......... 123 G 2
Noth 23 .......... 188 D 5
Nothalten 67 .......... 97 E 4
Notre-Dame-d'Aiguebelle Abbaye de 26 .......... 267 F 5
Notre-Dame-d'Aliermont 76 .......... 20 C 2
Notre-Dame-d'Allençon 49 .......... 149 H 3
Notre-Dame-d'Aurès 12 .......... 281 E 3
Notre-Dame d'Ay Sanctuaire de 07 .......... 248 D 2
Notre-Dame-de-Bellecombe 73 .......... 216 B 4
Notre-Dame-de-Bliquetuit 76 .......... 35 G 1
Notre-Dame-de-Boisset 42 .......... 211 H 3
Notre-Dame-de-Bondeville 76 .......... 36 A 1
Notre-Dame-de-Briançon 73 .......... 234 B 2
Notre-Dame de Buglose 40 .......... 293 E 2
Notre-Dame-de-Cenilly 50 .......... 51 H 1
Notre-Dame de Clausis 05 .......... 271 F 2
Notre-Dame-de-Commiers 38 .......... 250 D 3
Notre-Dame-de-Courson 14 .......... 54 D 1
Notre-Dame-de-Fresnay 14 .......... 54 B 2
Notre-Dame-de-Garaison 65 .......... 316 A 5
Notre-Dame-de-Grace 44 .......... 126 A 5
Notre-Dame-de-Gravenchon 76 .......... 35 F 1
Notre-Dame de Kérinec Chapelle 29 .......... 99 F 2
Notre-Dame-de-la-Cour 22 .......... 73 G 5
Notre-Dame de la Gorge 74 .......... 216 D 4
Notre-Dame-de-la-Grainetière Abbaye de 85 .......... 166 C 3
Notre-Dame-de-la-Mer Chapelle 78 .......... 57 E 1
Notre-Dame-de-la-Rouvière 30 .......... 283 E 5
Notre-Dame-de-la-Salette 38 .......... 251 G 5
Notre Dame de la Serra Belvédère de 2B .......... 346 B 2


## NIORT

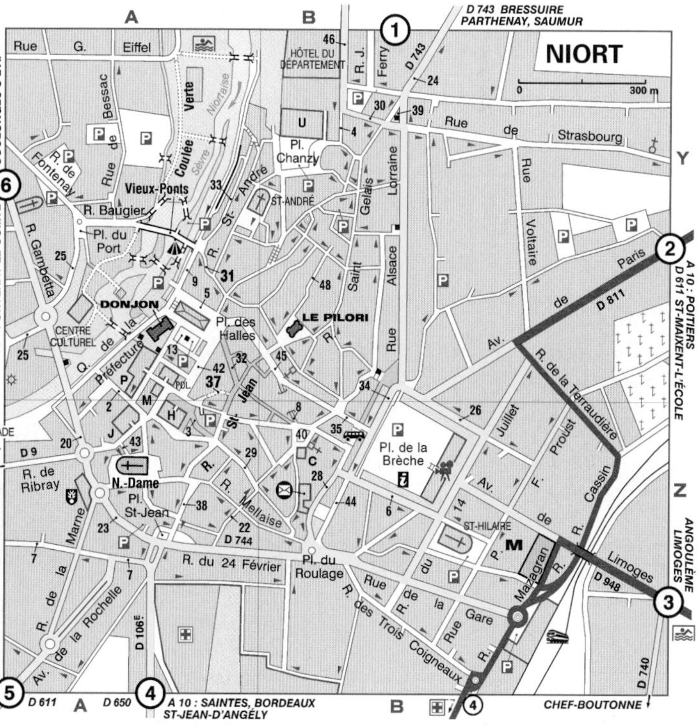

A
B
Y
Z
D 743 BRESSUIRE PARTHENAY, SAUMUR
Rue G. Eiffel
HÔTEL DU DÉPARTEMENT
Ferry
D 743
Rue de Bessac
Verte
Coulée
Pl. Chanzy
Rue de Strasbourg
300 m
D 744 CHOLET COULONGES-S-L'A.
D 648 NANTES FONTENAY-LE-COMTE
R. de Fontenay
Vieux-Ponts
ST-ANDRÉ
R. Baugier
Pl. du Port
R. Gambetta
DONJON
LE PILORI
Pl. des Halles
CENTRE CULTUREL
Préfecture
Rue Alsace Lorraine
Voltaire
Av. de Paris
D 811
A 10 : POITIERS D 611 ST-MAIXENT-L'ÉCOLE
R. de la Terraudière
Juillet
Proust
Cassin
STADE
D 9
R. de Ribray
N.-Dame
Pl. St-Jean
Mellaise
Pl. de la Brèche
COULON MARAIS POITEVIN
ST-HILAIRE
R. du 24 Février
Pl. du Roulage
Rue de la Gare
R. des Trois Coigneaux
Limoges
D 948
ANGOULÊME LIMOGES
LA ROCHELLE ROCHEFORT
Av. de la Rochelle
R. de la Marne
D 106E
D 611
D 650
A 10 : SAINTES, BORDEAUX ST-JEAN-D'ANGÉLY
D 740
CHEF-BOUTONNE



Abreuvoir (R. de l') .......... AYZ 2
Ancien-Oratoire (R. de l') .......... AZ 3
Boutteville (R. Th.-de) .......... BY 4
Brisson (R.) .......... AY 5
Bujault (Av. J.) .......... BZ 6
Chabaudy (R.) .......... AZ 7
Commerce (Passage du) .......... BZ 8
Cronstadt (Quai) .......... AY 9
Donjon (Pl. du) .......... AY 13
Espingole (R. de l') .......... AZ 20
Huilerie (R. de l') .......... AZ 22
Largeau (R. Gén.) .......... AZ 23
Leclerc (R. Mar.) .......... BY 24
Main (Bd) .......... AY 25
Martyrs-Résistance (Av.) .......... BZ 26
Pérochon (R. Ernest) .......... BZ 28
Petit-Banc (R. du) .......... AZ 29
Pluviault (R. de) .......... BY 30
Pont (R. du) .......... AY 31
Rabot (R. du) .......... AY 32
Regratterie (R. de la) .......... AY 33
République (Av. de la) .......... BY 34
Ricard (R.) .......... BZ 35
St-Jean (R.) .......... AYZ
St-Jean (R. de la Porte) .......... AZ 38
St-Jean (R. du Petit) .......... AY 37
Strasbourg (Pl. de) .......... BY 39
Temple (Pl. du) .......... BZ 40
Thiers (R.) .......... AY 42
Tourniquet (R. du) .......... AZ 43
Verdun (Av. de) .......... BZ 44
Victor-Hugo (R.) .......... BY 45
Vieux-Fourneau (R. du) .......... BY 46
Yvers (R.) .......... BY 48

Notre-Dame-de-l'Aillant 71.. 176 B 1
Notre-Dame-de-Laus 05...... 269 H 4
Notre-Dame-de-l'Espérance 22...............73 H 4
Notre-Dame-de-l'Isle 27.........36 D 5
Notre-Dame-de-Livaye 14......34 B 5
Notre-Dame-de-Livoye 50......52 A 4
Notre-Dame-de-Londres 34 302 C 2
Notre-Dame-de-Lorette 62.......8 A 5
Notre-Dame de l'Ormeau *Chapelle* 83...................... 308 C 3
Notre-Dame-de-l'Osier 38... 250 B 1
Notre-Dame de Lure *Monastère de* 04............. 287 E 3
Notre-Dame-de-Mésage 38.................. 251 E 3
Notre-Dame-de-Montplacé *Chapelle* 49...................... 129 F 5
Notre-Dame-de-Monts 85.... 164 C 3
Notre-Dame-de-Piétat *Chapelle de* 64................ 314 B 5
Notre-Dame-de-Riez 85...... 164 D 4
Notre-Dame-de-Sanilhac 24 240 C 3
Notre-Dame-de-Timadeuc *Abbaye de* 56.................. 102 B 3
Notre-Dame-de-Tréminou *Chapelle* 29........................99 F 4
Notre-Dame-de-Tronoën 29...99 F 4
Notre-Dame de Valvert *Chapelle de* 04................ 288 D 5
Notre-Dame-de-Vaulx 38..... 251 E 4
Notre-Dame de Vie *Ermitage* 06..................... 309 E 4
Notre-Dame-d'Elle 50.............32 C 5
Notre-Dame-d'Épine 27..........35 F 4
Notre-Dame-des-Anges *Prieuré* 83....................... 328 D 2
Notre-Dame-des-Dombes *Abbaye de* 01.................. 213 G 2
Notre-Dame des Fontaines *Chapelle* 06..................... 291 H 2
Notre-Dame-des-Landes 44................ 147 F 2
Notre-Dame-des-Millières 73............... 234 A 1
Notre-Dame-des-Misères *Chapelle de* 82................ 278 B 4
Notre-Dame-d'Estrées 14.......34 B 5
Notre-Dame-d'Igny *Abbaye* 51..........................41 E 4
Notre-Dame-d'Oé 37........... 151 H 2
Notre-Dame-d'Or 86............ 168 C 4
Notre-Dame-du-Bec 76..........18 C 5
Notre-Dame-du-Crann *Chapelle* 29.........................76 C 5
Notre-Dame-du-Cruet 73..... 234 A 4
Notre-Dame-du-Groseau *Chapelle* 84...................... 285 H 3
Notre-Dame-du-Guildo 22......50 A 5
Notre-Dame-du-Hamel 27......55 E 3
Notre-Dame du Haut *Chapelle* 22.........................78 C 5
Notre-Dame-du-Mai *Chapelle* 83...................... 327 H 5
Notre-Dame-du-Parc 76.........20 B 3
Notre-Dame-du-Pé 72......... 129 E 3
Notre-Dame-du-Pré 73........ 234 C 2
Notre-Dame-du-Rocher 61.....53 G 4
Notre-Dame-du-Touchet 50....81 G 2
Nottonville 28...................... 110 B 3
La Nouaille 23 ...................... 207 G 5
Nouaillé-Maupertuis 86....... 186 C 2
Nouainville 50.........................29 E 3
Nouan-le-Fuzelier 41........... 154 B 1
Nouan-sur-Loire 41 ............. 132 C 4
Nouans 72........................... 107 H 2
Nouans-les-Fontaines 37.... 153 E 5
Nouart 08...............................43 F 1
Nouâtre 37.......................... 169 G 1
La Nouaye 35...................... 103 H 2
La Noue 51.............................60 D 4
La Noue 17.......................... 200 A 1
Noueilles 31........................ 318 A 4
Nougaroulet 32.................... 296 C 3
Nouhant 23.......................... 190 B 5
Nouic 87............................. 205 E 2
Nouilhan 65........................ 315 E 3
Les Nouillers 17.................. 201 F 3
Nouillonpont 55 ......................44 D 3
Nouilly 57...............................45 H 5
Noulens 32.......................... 295 F 2
Nourard-le-Franc 60..............38 C 1
Nourray 41.......................... 131 G 4
Nousse 40........................... 293 F 3
Nousseviller-lès-Bitche 57......48 B 5
Nousseviller-Saint-Nabor 57..47 G 5
Nousty 64........................... 314 C 5
Nouvelle-Église 62 ..................3 E 3
Nouvion-en-Ponthieu 80.........11 G 2
Le Nouvion-en-Thiérache 02.................15 F 5
Nouvion-et-Catillon 02...........24 C 4
Nouvion-le-Comte 02 ............24 C 4
Nouvion-le-Vineux 02............40 D 1
Nouvion-sur-Meuse 08...........26 D 4
Nouvoitou 35...................... 104 C 4
Nouvron-Vingré 02 ................40 A 2
Nouzerines 23..................... 189 H 4
Nouzerolles 23 ................... 189 E 4
Nouziers 23........................ 189 G 3
Nouzilly 37.......................... 152 A 1
Nouzonville 08.......................26 D 2
Novacelles 63..................... 228 D 4
Novalaise 73....................... 233 E 2
Novale 2B........................... 347 G 4
Novéant-sur-Moselle 57.........65 G 2
Novel 74............................. 198 D 3
Novella 2B.......................... 345 E 5
Noves 13............................ 304 D 1
Noviant-aux-Prés 54..............65 F 4
Novillard 90 ....................... 142 D 3
Novillars 25........................ 162 A 3
Novillers 60............................38 B 4
Novion-Porcien 08..................26 B 5
Novy-Chevrières 08................26 B 5
Noyal 22.................................78 D 4
Noyal-Châtillon-sur-Seiche 35.................. 104 B 3
Noyal-Muzillac 56............... 125 E 4
Noyal-Pontivy 56................ 102 A 3
Noyal-sous-Bazouges 35.......80 B 3
Noyal-sur-Brutz 44 ............. 127 E 3
Noyal-sur-Vilaine 35........... 104 C 3
Noyales 02 ............................24 C 2
Noyalo 56........................... 124 C 4
Noyant 49........................... 150 D 1
Noyant-d'Allier 03............... 191 H 3
Noyant-de-Touraine 37........ 151 G 5
Noyant-et-Aconin 02..............40 B 3
Noyant-la-Gravoyère 49...... 127 H 3
Noyant-la-Plaine 49............ 149 H 3
Noyarey 38......................... 250 D 1
Noyelle-Vion 62......................13 E 2
Noyelles-en-Chaussée 80......11 H 2
Noyelles-Godault 62................8 C 5
Noyelles-lès-Humières 62........7 F 5
Noyelles-lès-Seclin 59.............8 D 3
Noyelles-lès-Vermelles 62........8 A 4
Noyelles-sous-Bellonne 62.....14 A 2
Noyelles-sous-Lens 62.............8 B 5
Noyelles-sur-Escaut 59..........14 B 4
Noyelles-sur-Mer 80...............11 F 2
Noyelles-sur-Sambre 59.........15 F 4
Noyelles-sur-Selle 59.............14 C 2
Noyellette 62..........................13 F 2
Noyen-sur-Sarthe 72........... 129 F 2
Noyen-sur-Seine 77 ...............89 G 4
Le Noyer 14...........................34 D 2
Le Noyer 18........................ 155 G 3
Le Noyer 73........................ 233 G 1
Le Noyer 05........................ 269 G 2
Noyer *Col du* 05 ................. 269 G 2
Le Noyer-en-Ouche 27...........55 G 1
Noyers 27..............................37 F 4
Noyers 52........................... 117 G 4
Noyers 45........................... 134 B 2
Noyers 89........................... 137 E 4
Noyers-Bocage 14..................33 F 5
Noyers-le-Val 55....................63 F 3
Noyers-Pont-Maugis 08..........27 F 4
Noyers-Saint-Martin 60 ..........22 B 5
Noyers-sur-Cher 41............ 153 F 4
Noyers-sur-Jabron 04.......... 287 F 3
Noyon 60................................23 H 5
Nozay 91................................58 B 5
Nozay 10................................91 E 3
Nozay 44............................ 126 C 5
Nozeroy 39......................... 180 A 4
Nozières 18........................ 173 E 5
Nozières 07........................ 248 C 3
Nuaillé 49........................... 149 E 5
Nuaillé-d'Aunis 17 .............. 183 H 5
Nuaillé-sur-Boutonne 17...... 201 H 2
Nuars 58............................ 157 G 2
Nubécourt 55..........................63 H 1
Nuces 12............................ 262 C 5
Nucourt 95.............................37 G 5
Nueil-les-Aubiers 79........... 167 F 2
Nueil-sous-Faye 86............ 169 E 2
Nueil-sur-Argent 79............ 167 F 2
Nueil-sur-Layon 49............. 149 H 5
Nuelles 69.......................... 212 C 4
Nuillé-le-Jalais 72............... 108 B 4
Nuillé-sur-Ouette 53 ........... 106 B 4
Nuillé-sur-Vicoin 53 ........... 105 H 4
Nuisement-sur-Coole 51 ........62 A 3
Nuits 89............................. 137 G 4
Nuits-Saint-Georges 21....... 160 A 5
Nullemont 76..........................21 F 3
Nully 52.................................92 B 4
Nuncq 62...............................12 C 2
Nuret-le-Ferron 36.............. 171 F 5
Nurieux-Volognat 01........... 214 B 1
Nurlu 80.................................14 A 5
Nuzéjouls 46....................... 259 H 4
Nyer 66.............................. 341 H 3
Nyoiseau 49 ....................... 127 H 3
Nyons 26............................ 285 H 1

**O**

O *Château d'*61 ......................54 B 5
Obenheim 67..........................97 G 3
Oberbronn 67.........................68 C 2
Oberbruck 68...................... 142 C 1
Oberdorf 68 ........................ 143 F 3
Oberdorf-Spachbach 67.........69 E 2
Oberdorff 57 ..........................46 D 4
Oberentzen 68.................... 121 E 4
Obergailbach 57.....................47 H 5
Oberhaslach 67......................97 E 1
Oberhausbergen 67 ...............97 G 1
Oberhergheim 68 ............... 121 E 4
Oberhoffen-lès-Wissembourg 67..........69 F 1
Oberhoffen-sur-Moder 67.......69 E 4
Oberkutzenhausen 67...........69 E 2
Oberlarg 68 ........................ 143 F 5
Oberlauterbach 67.................69 G 2
Obermodern 67......................68 C 3
Obermorschwihr 68............ 121 E 3
Obermorschwiller 68 .......... 143 F 2
Obernai 67.............................97 F 2
Oberrœdern 67.......................69 F 2
Obersaasheim 68................ 121 G 4
Oberschaeffolsheim 67 .........97 G 1
Obersoultzbach 67.................68 B 3
Obersteigen 67.......................68 A 5
Obersteinbach 67...................68 D 1
Oberstinzel 57........................67 G 4
Obervisse 57..........................46 D 5
Obies 59................................15 F 2
Objat 19............................. 241 H 1
Oblinghem 62...........................8 A 3
Obrechies 59..........................15 H 3
Obreck 57..............................66 D 3
Obsonville 77...................... 112 A 2
Obterre 36.......................... 170 C 3
Obtrée 21 ........................... 115 H 5
Ocana 2A ........................... 348 D 3
Occagnes 61 ..........................54 A 4
Occey 52............................ 139 G 5
Occhiatana 2B.................... 346 D 2
Occoches 80 .........................12 C 4
Ochancourt 80........................11 F 3
Oches 08...............................43 F 1
Ochey 54...............................94 B 2
Ochiaz 01 ........................... 214 D 1
Ochtezeele 59..........................3 G 4
Ocquerre 77 ..........................59 H 1
Ocqueville 76.........................19 G 3
Octeville 50............................29 E 3
Octeville-l'Avenel 50..............29 G 4
Octeville-sur-Mer 76..............18 C 5
Octon 34............................. 301 H 4
Odars 31............................. 298 B 5
Odeillo 66........................... 341 F 4
Odenas 69.......................... 212 D 2
Oderen 68 .......................... 120 B 5
Odival 52 ........................... 117 F 4
Odomez 59..............................9 G 4
Odos 65.............................. 315 E 5
Odratzheim 67........................97 F 1
Oeillon *Crêt de l'* 42............ 230 D 4
Oëlleville 88...........................94 C 4
Oermingen 67.........................67 H 2
Œting 57................................47 F 5


## ORLÉANS


Antigna (R.) . . . . . . . . . . . . . . . . DY 4
Bannier (R.) . . . . . . . . . . . . . . . . DY
Bothereau (R. R.). . . . . . . . . . . . FY 14
Bourgogne (Fg de) . . . . . . . . . . FZ 15
Bourgogne (R. de). . . . . . . . . . EFZ
Brésil (R. du) . . . . . . . . . . . . . . . FY 16
Bretonnerie (R. de la). . . . . . . DEY 17
Briand (Bd A.) . . . . . . . . . . . . . . FY 19
Champ-de-Mars (Av.) . . . . . . . . DZ 25
Charpenterie (R. de la) . . . . . . . EZ 34
Châtelet (Square du) . . . . . . . . . EZ 32
Chollet (R. Théophile) . . . . . . . . EY 36
Claye (R. de la). . . . . . . . . . . . . . FY 38
Coligny (R.). . . . . . . . . . . . . . . . . FZ 39
Croix-de-la-Pucelle (R.) . . . . . . . EZ 43
Dauphine (Av.). . . . . . . . . . . . . . EZ 47
Dolet (R. Étienne) . . . . . . . . . . . EZ 49
Ducerceau (R.). . . . . . . . . . . . . . EZ 51
Dupanloup (R.) . . . . . . . . . . . . EFY 53
Escures (R. d') . . . . . . . . . . . . . . EY 55
Étape (Pl. de l') . . . . . . . . . . . . . EY 56
Ételon (R. de l') . . . . . . . . . . . . . FY 57
Folie (R. de la) . . . . . . . . . . . . . . FZ 58
Fort-des-Tourelles (Q.). . . . . . . . EZ 60
Gaulle (Pl. du Gén.-de) . . . . . . . . DZ 65
Hallebarde (R. de la) . . . . . . . . . DY 70
Hôtelleries (R. des) . . . . . . . . . . . EZ 71
Jeanne d'Arc (R.). . . . . . . . . . . . EY
Lin (R. au) . . . . . . . . . . . . . . . . . . EZ 81
Loire (Pl. de la) . . . . . . . . . . . . . . EZ 85
Madeleine (R. Fg) . . . . . . . . . . . DZ 88
Manufacture (R. de la) . . . . . . . FY 89
Motte-Sanguin (Bd de la) . . . . . . FZ 95
N.-D.-de-Recouvrance (R.) . . . . DZ 97
Oriflamme (R. de l') . . . . . . . . . . FZ 98
Parisie (R.) . . . . . . . . . . . . . . . . . EZ 100
Poirier (R. du) . . . . . . . . . . . . . . . EZ 106
Pothier (R.) . . . . . . . . . . . . . . . . . EZ 112
Prague (Quai) . . . . . . . . . . . . . . . DZ 113
Pressoir (R. du) . . . . . . . . . . . . . . FY 115
Pte-Madeleine (R.) . . . . . . . . . . . DY 108
Pte-St-Jean (R.). . . . . . . . . . . . . . DY 109
Rabier (R. F.) . . . . . . . . . . . . . . . . EY 117
République (Pl.) . . . . . . . . . . . . . EZ 121
République (R. de la). . . . . . . . . . EY
Roquet (R.). . . . . . . . . . . . . . . . . . EZ 124
Royale (R.) . . . . . . . . . . . . . . . . . . EZ 125
Ste-Catherine (R.) . . . . . . . . . . . . EZ 135
Ste-Croix (Pl.) . . . . . . . . . . . . . EYZ 139
St-Euverte (Bd) . . . . . . . . . . . . FYZ 126
St-Euverte (R.) . . . . . . . . . . . . . . . FY 127
Secrétain (Av. R.). . . . . . . . . . . . . DZ 140
Segellé (Bd P.) . . . . . . . . . . . . . . . FY 141
Tabour (R. du) . . . . . . . . . . . . . . . EZ 145
Tour Neuve (R. de la). . . . . . . . . . FZ 147
Verdun (Bd de) . . . . . . . . . . . . . . DY 152
Vieux-Marché (Pl.). . . . . . . . . . . . DZ 159
Weiss (R. L.) . . . . . . . . . . . . . . . . FY 160
6-Juin 1944 (Pl. du) . . . . . . . . . . FY 162


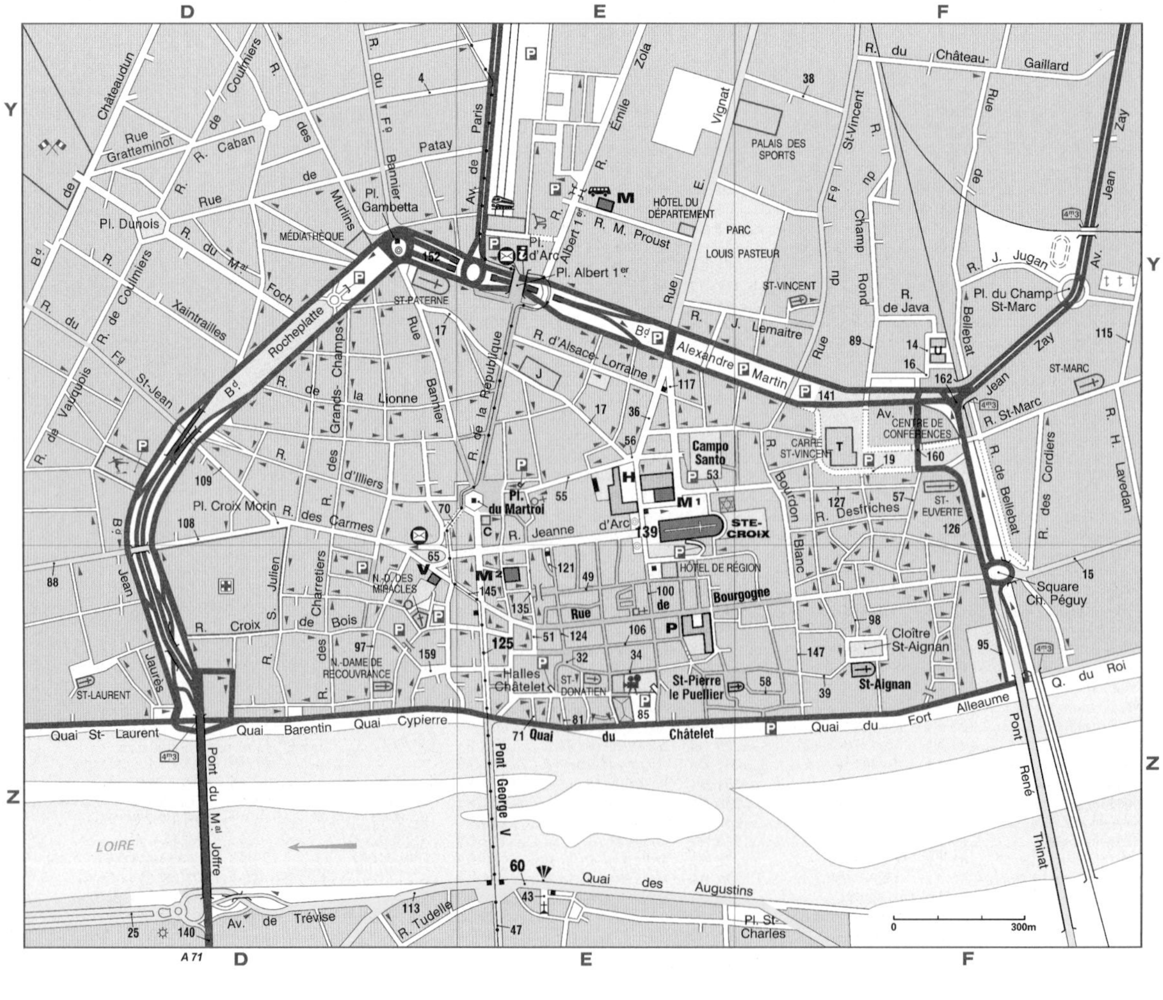

D
E
F
Y
Z
Pl. Gambetta
Pl. Dunois
MÉDIATHÈQUE
Pl. d'Arc
Pl. Albert 1er
R. M. Proust
HÔTEL DU DÉPARTEMENT
PALAIS DES SPORTS
PARC LOUIS PASTEUR
ST-VINCENT
Bd Alexandre Martin
R. d'Alsace Lorraine
Pl. du Champ St-Marc
R. J. Jugan
ST-PATERNE
Bd Rocheplatte
Campo Santo
CENTRE DE CONFÉRENCES
Pl. du Martroi
Pl. Croix Morin
R. des Carmes
R. Jeanne d'Arc
STE-CROIX
HÔTEL DE RÉGION
N.-D. DES MIRACLES
N.-DAME DE RECOUVRANCE
Halles Châtelet
St-Pierre le Puellier
Cloître St-Aignan
St-Aignan
Square Ch. Péguy
ST-LAURENT
Quai St-Laurent
Quai Barentin
Quai Cypierre
Quai du Châtelet
Quai du Fort Alleaume
Q. du Roi
Pont du Mal Joffre
Pont George V
Pont René Thinat
LOIRE
Quai des Augustins
Av. de Trévise
R. Tudelle
Pl. St-Charles
A 71
0
300m

Oëtre *Roche d'* **61** 53 G 3
Œuf-en-Ternois **62** 7 F 5
Œuilly **02** 41 E 2
Œuilly **51** 61 E 1
Œutrange **57** 45 G 2
Oëy **55** 93 F 1
Oeyregave **40** 292 D 5
Oeyreluy **40** 292 D 3
Offekerque **62** 3 E 3
Offemont **90** 142 C 2
Offendorf **67** 69 F 4
Offignies **80** 21 G 3
Offin **62** 6 D 4
Offlanges **39** 161 E 4
Offoy **60** 22 A 4
Offoy **80** 23 H 3
Offranville **76** 20 A 2
Offrethun **62** 2 B 5
Offroicourt **88** 94 C 5
Offwiller **67** 68 C 2
Ogenne-Camptort **64** 313 G 4
Oger **51** 61 G 2
Ogeu-les-Bains **64** 314 A 5
Ogéviller **54** 95 H 2
Ogliastro **2B** 345 F 3
Ognes **02** 24 A 5
Ognes **60** 39 F 5
Ognes **51** 61 F 5
Ognéville **54** 94 C 3
Ognolles **60** 23 G 4
Ognon **60** 39 E 4
Ogy **57** 66 B 1
Ohain **59** 16 A 5
Oherville **76** 19 G 3
Ohis **02** 25 G 1
Ohlungen **67** 68 D 3
Ohnenheim **67** 97 F 5
L'Oie **85** 166 B 3
Oigney **70** 140 C 3
Oignies **62** 8 C 4
Oigny **41** 109 E 4
Oigny **21** 138 C 5
Oigny-en-Valois **02** 40 A 4
Oingt **69** 212 C 3
Oinville-Saint-Liphard **28** 111 E 2
Oinville-sous-Auneau **28** 86 C 3
Oinville-sur-Montcient **78** 57 G 1
Oiron **79** 168 B 2
Oiry **51** 61 G 1
Oiselay-et-Grachaux **70** 161 H 2
Oisemont **80** 11 G 5
Oisilly **21** 160 D 2
Oisly **41** 153 E 2
Oison **45** 111 E 3
Oisseau **53** 82 A 4
Oisseau-le-Petit **72** 83 G 5
Oissel **76** 36 B 3
Oissery **77** 59 F 1
Oissy **80** 22 A 1
Oisy **59** 9 G 5
Oisy **02** 15 E 5
Oisy **58** 157 E 1
Oisy-le-Verger **62** 14 A 3
Oizé **72** 129 H 3
Oizon **18** 155 F 2
OK Corral
*Parc d'attractions* **13** 327 G 3
Olargues **34** 300 D 5
Olby **63** 227 F 1
Olcani **2B** 345 F 3
Oléac-Debat **65** 315 F 5
Oléac-Dessus **65** 315 F 5
Olemps **12** 280 C 1
Olendon **14** 53 H 2
Oléron *Île d'* **17** 200 B 4
Oléron *Viaduc d'* **17** 200 C 4
Oletta **2B** 345 F 5
Olette **66** 341 H 3
Olhain *Château d'* **62** 8 A 5
Olivese **2A** 349 E 4
Olivet **53** 105 H 3
Olivet **45** 133 E 2
Olizy **51** 41 E 5
Olizy **08** 42 D 2
Olizy-sur-Chiers **55** 27 H 5
Ollainville **91** 87 G 2
Ollainville **88** 94 A 5
Ollans **25** 162 B 1
Ollé **28** 85 H 4
Ollencourt **60** 39 H 1
Olley **54** 45 E 5
Ollezy **02** 24 A 3
Ollières **55** 44 D 3
Les Ollières **74** 215 H 2
Ollières **83** 306 D 5
Les Ollières-sur-Eyrieux **07** 266 D 1
Olliergues **63** 228 D 1
Ollioules **83** 327 H 4
Olloix **63** 227 G 2
Les Olmes **69** 212 C 4
Olmet **63** 228 D 1
Olmet-et-Villecun **34** 301 H 3
Olmeta-di-Capocorso **2B** 345 F 3
Olmeta-di-Tuda **2B** 345 F 5
Olmeto **2A** 348 D 5
Olmi-Cappella **2B** 346 D 2
Olmiccia **2A** 349 E 5
Olmo **2B** 347 G 2
Olonne-sur-Mer **85** 182 A 1
Olonzac **34** 320 C 5
Oloron-Sainte-Marie **64** 331 H 1
Ols-et-Rinhodes **12** 261 F 5
Oltingue **68** 143 G 4
Olwisheim **67** 68 D 5
Omaha Beach **14** 32 D 2
Omblèze **26** 250 A 5
Omécourt **60** 21 G 5
Omelmont **54** 94 D 2
Les Omergues **04** 286 D 3
Omerville **95** 37 F 5
Omessa **2B** 347 F 4
Omet **33** 256 B 3
Omex **65** 332 D 1
Omey **51** 62 C 3
Omicourt **08** 27 E 4
Omiécourt **80** 23 F 3
Omissy **02** 24 B 2
Omméel **61** 54 C 4
Ommeray **57** 67 E 5
Ommoy **61** 54 A 3
Omont **08** 26 D 5
Omonville **76** 20 A 3
Omonville-la-Petite **50** 28 C 2
Omonville-la-Rogue **50** 28 D 2
Omps **15** 243 H 5
Oms **66** 342 D 3
Onans **25** 142 A 4
Onard **40** 293 F 2
Onay **70** 161 F 2
Oncieu **01** 214 B 3
Oncourt **88** 95 F 5
Oncy-sur-École **91** 88 A 4
Ondefontaine **14** 53 E 1
Ondes **31** 297 G 3
Ondres **40** 292 A 4
Ondreville-sur-Essonne **45** 111 H 2
Onesse-et-Laharie **40** 272 C 4
Onet-le-Château **12** 280 D 1
Oneux **80** 11 H 3
Ongles **04** 287 E 4
Onglières **39** 180 A 3
Onival **80** 10 D 3
Onjon **10** 91 F 4
Onlay **58** 176 A 2
Onnaing **59** 9 H 5
Onnion **74** 198 B 5
Onoz **39** 196 C 2
Ons-en-Bray **60** 37 H 2
Ontex **73** 215 E 5
Onville **54** 65 F 2
Onvillers **80** 23 E 5
Onzain **41** 152 D 1
Oô **31** 334 A 4
Oost-Cappel **59** 4 A 3
Opio **06** 309 E 3
Opme **63** 227 H 1
Opoul-Périllos **66** 338 D 4
Oppède **84** 305 G 2
Oppède-le-Vieux **84** 305 F 2
Oppedette **04** 286 D 5
Oppenans **70** 141 G 4
Oppy **62** 13 H 2
Optevoz **38** 214 A 5
Or *Mont d'* **25** 180 C 4
Oraàs **64** 311 H 3
Oradour **16** 202 D 4
Oradour **15** 245 F 5
Oradour-Fanais **16** 204 D 2
Oradour-Saint-Genest **87** 187 H 5
Oradour-sur-Glane **87** 205 F 4
Oradour-sur-Vayres **87** 222 D 1
Orain **21** 139 H 5
Orainville **02** 41 G 2
Oraison **04** 287 G 5
Orange **84** 285 F 3
Orbagna **39** 196 B 1
Orbais-l'Abbaye **51** 61 E 2
Orban **81** 299 F 2
Orbec **14** 55 E 1
Orbeil **63** 228 A 3
Orbessan **32** 296 B 5
Orbey **68** 120 D 2
Orbigny **37** 152 D 4
Orbigny-au-Mont **52** 139 H 2
Orbigny-au-Val **52** 139 H 2
Orbois **14** 33 E 5
L'Orbrie **85** 184 B 2
Orçay **41** 154 C 4
Orcemont **78** 86 D 2
Orcenais **18** 173 E 5
Orcet **63** 227 H 1
Orcevaux **52** 139 G 3
Orchaise **41** 131 H 5
Orchamps **39** 161 F 5
Orchamps-Vennes **25** 163 E 5
Orches **86** 169 E 3
Orchies **59** 9 E 4
Orcier **74** 198 B 4
Orcières **05** 270 A 2
Orcinas **26** 267 H 4
Orcines **63** 209 G 5
Orcival **63** 227 F 1
Orconte **51** 62 D 5
Ordan-Larroque **32** 296 A 3
Ordiarp **64** 331 E 1
Ordizan **65** 333 F 1
Ordonnac **33** 219 E 5
Ordonnaz **01** 214 C 4
Ore **31** 334 B 2
Orègue **64** 311 G 3
Oreilla **66** 341 H 3
Orelle **73** 252 C 1
Oresmaux **80** 22 B 3
Orezza *Couvent d'* **2B** 347 G 3
Organ **65** 316 A 5
Orgeans **25** 163 F 3
Orgedeuil **16** 221 H 1
Orgeix **09** 341 E 2
Orgelet **39** 196 C 2
Orgères **61** 54 D 4
Orgères **35** 104 B 4
Orgères-en-Beauce **28** 110 C 3
Orgères-la-Roche **53** 83 E 2
Orgerus **78** 57 F 3
Orges **52** 116 C 3
Orgeux **21** 160 B 2
Orgeval **02** 41 E 1
Orgeval **78** 57 H 2
Orgibet **09** 334 D 3
Orglandes **50** 29 F 5
Orgnac *Aven d'* **07** 284 B 1
Orgnac-l'Aven **07** 284 B 2
Orgnac-sur-Vézère **19** 224 B 5
Orgon **13** 305 F 2
Orgueil **82** 297 H 1
Oricourt **70** 141 G 4
Orient *Forêt d'* **10** 91 G 5
Orieux **65** 315 G 5
Orignac **65** 333 F 1
Origné **53** 106 A 5
Origne **33** 255 G 4
Orignolles **17** 238 C 1
Origny **21** 138 B 4
Origny-en-Thiérache **02** 25 G 1
Origny-le-Butin **61** 84 B 4
Origny-le-Roux **61** 84 A 5
Origny-le-Sec **10** 90 B 3
Origny-Sainte-Benoite **02** 24 C 2
Orin **64** 313 G 5
Orincles **65** 333 E 1
Oriocourt **57** 66 C 3
Oriol-en-Royans **26** 250 A 4
Oriolles **16** 220 C 5
Orion **64** 313 F 3
Oris-en-Rattier **38** 251 F 4
Orist **40** 292 C 4
Orival **80** 21 G 3
Orival **76** 36 A 3
Orival **16** 239 E 1
Orléans **45** 133 E 2
Orléat **63** 210 B 4
Orleix **65** 315 F 5
Orliac **24** 259 F 2
Orliac-de-Bar **19** 224 D 5
Orliaguet **24** 241 H 5
Orliénas **69** 230 D 1
Orlu **28** 87 E 5
Orlu **09** 341 E 2
Orly **94** 58 C 4
Orly-sur-Morin **77** 60 A 3
Ormancey **52** 117 E 5
Ormeaux **77** 59 H 5
Ormenans **70** 162 B 1
Ormersviller **57** 48 B 5
Ormes **51** 41 G 4
Ormes **27** 56 A 1
Ormes **10** 91 E 2
Ormes **45** 110 D 5
Les Ormes **89** 135 H 2
Les Ormes **86** 169 H 2
Ormes **71** 195 F 1
Ormes-et-Ville **54** 94 D 3
Les Ormes-sur-Voulzie **77** 89 F 3
Ormesson **77** 112 B 2
Ormesson-sur-Marne **94** 58 D 4
Ormoiche **70** 141 F 2
Ormoy **28** 86 A 2
Ormoy **91** 88 A 2
Ormoy **89** 114 A 5
Ormoy **70** 118 C 5
Ormoy-la-Rivière **91** 87 F 4
Ormoy-le-Davien **60** 39 G 4
Ormoy-lès-Sexfontaines **52** 116 D 2
Ormoy-sur-Aube **52** 116 B 4
Ormoy-Villers **60** 39 F 4
Ornacieux **38** 231 H 4
Ornaisons **11** 320 D 5
Ornans **25** 162 B 5
Ornel **55** 44 D 4
Ornes **55** 44 C 4
Ornex **01** 197 G 4
Ornézan **32** 296 B 5
Orniac **46** 260 C 4
Ornolac-Ussat-
les-Bains **09** 336 B 4
Ornon **38** 251 F 3
Ornon *Col d'* **38** 251 F 3
Orny **57** 65 H 2
Oroër **60** 38 A 1
Oroix **65** 314 D 5
Oron **57** 66 C 3
Oroux **79** 168 B 5
Orphin **78** 86 D 2
Orpierre **05** 287 E 1
Orquevaux **52** 93 F 5
Les Orres **05** 270 C 4
Orret **21** 138 C 5
Orriule **64** 313 F 3
Orrouer **28** 85 H 4
Orrouy **60** 39 G 3
Orry-la-Ville **60** 38 D 5
Ors **59** 15 E 4
Orsan **30** 284 D 3
Orsanco **64** 311 G 4
Orsans **25** 162 C 3
Orsans **11** 319 E 5
Orsay **91** 58 B 5
Orschwihr **68** 120 D 4
Orschwiller **67** 97 E 5
Orsennes **36** 189 E 3
Orsinval **59** 15 E 2
Orsonnette **63** 228 A 4
Orsonville **78** 86 D 3
Ortaffa **66** 343 F 3
Ortale **2B** 347 G 4
Orthevielle **40** 292 D 5
Orthez **64** 293 G 5
Orthoux-Sérignac-
Quilhan **30** 303 E 1
Ortillon **10** 91 F 3
Ortiporio **2B** 347 G 3
Orto **2A** 348 D 1
Ortoncourt **88** 95 G 4
Orus **09** 336 A 5
Orval **50** 51 G 1
Orval **18** 173 F 5
Orvault **44** 147 G 3
Orvaux **27** 56 A 2
Orve **25** 163 E 2
Orveau **91** 87 G 4
Orveau-Bellesauve **45** 111 H 2
Orville **62** 12 D 4
Orville **61** 54 D 3
Orville **45** 111 H 2
Orville **21** 139 F 5
Orville **36** 154 A 5
Orvillers-Sorel **60** 23 E 5
Orvilliers **78** 57 F 3
Orvilliers-Saint-Julien **10** 90 C 4
Orx **40** 292 B 4
Os-Marsillon **64** 313 H 3
Osani **2A** 346 A 4
Osches **55** 63 H 1
Osenbach **68** 120 D 4
Oslon **71** 177 H 4
Osly-Courtil **02** 40 A 2
Osmanville **14** 32 B 2
Osmery **18** 173 H 3
Osmets **65** 315 G 5
Osmoy **78** 57 F 3
Osmoy **18** 173 F 1
Osmoy-Saint-Valery **76** 20 C 3
Osne-le-Val **52** 93 E 3
Osnes **08** 27 G 4
Osny **95** 58 A 1
L'Ospédale **2A** 351 F 2
Osquich *Col d'* **64** 311 G 5
Ossages **40** 293 F 5
Ossas-Suhare **64** 331 E 1
Ossé **35** 104 D 3
Osse **25** 162 B 3
Osse-en-Aspe **64** 331 H 3
Osséja **66** 341 F 5
Osselle **25** 161 G 5
Osselle *Grottes d'* **25** 161 G 5
Ossen **65** 332 D 1
Ossenx **64** 313 F 4
Osserain-Rivareyte **64** 311 H 4
Ossès **64** 311 E 5
Ossey-les-Trois-Maisons **10** 90 B 4
Ossun **65** 314 D 5
Ossun-ez-Angles **65** 333 E 1
Ostabat-Asme **64** 311 G 5
Ostel **02** 40 D 2
Ostheim **68** 121 E 2
Osthoffen **67** 97 F 1
Osthouse **67** 97 G 3
Ostreville **62** 7 G 5
Ostricourt **59** 8 D 4
Ostwald **67** 97 H 1
Ota **2A** 346 B 5
Othe **54** 44 B 2
Othis **77** 59 E 1
Ottange **57** 45 F 2
Ottersthal **67** 68 B 4
Otterswiller **67** 68 B 4
Ottmarsheim **68** 143 G 1
Ottonville **57** 46 C 4
Ottrott **67** 97 E 2
Ottwiller **67** 68 A 3
Ouagne **58** 157 E 2
Ouainville **76** 19 F 3
Ouanne **89** 136 A 4
Ouarville **28** 86 D 5
Les Oubeaux **14** 32 B 3
Ouchamps **41** 153 E 2
Ouches **42** 211 G 3
Oucques **41** 132 A 3
Oudalle **76** 34 D 1
Oudan **58** 156 D 3
Oudeuil **60** 21 H 5
Oudezeele **59** 3 H 4
Oudincourt **52** 116 D 2
Oudon **44** 148 A 2
Oudrenne **57** 46 B 3
Oudry **71** 193 H 1
Oueilloux **65** 315 F 5
Ouerre **28** 56 D 5
Ouessant *Ile d'* **29** 74 A 1
Ouézy **14** 34 A 5
Ouffières **14** 53 F 1
Ouge **70** 140 B 2
Ouges **21** 160 A 4
Ougney **39** 161 F 4
Ougney-Douvot **25** 162 C 2
Ougny **58** 175 G 1
Ouhans **25** 180 C 1
Ouides **43** 247 E 5
Ouillat *Col de l'* **66** 343 F 4
Ouillon **64** 314 C 4
Ouilly-du-Houley **14** 34 D 5
Ouilly-le-Tesson **14** 53 H 1
Ouilly-le-Vicomte **14** 34 C 4
Ouistreham **14** 33 H 3
Oulches **36** 188 B 1
Oulches-la-Vallée-Foulon **02** 41 E 2
Oulchy-la-Ville **02** 40 B 4
Oulchy-le-Château **02** 40 B 4
Oulins **28** 56 D 3
Oulles **38** 251 F 3
Oullins **69** 231 E 1
Oulmes **85** 184 C 3
Oulon **58** 157 E 5
Ounans **39** 179 F 1
Oupia **34** 320 C 5
Our **39** 161 F 5
Ourcel-Maison **60** 22 B 5
Ourches **26** 267 G 1
Ourches-sur-Meuse **55** 94 A 1
Ourde **65** 334 A 3
Ourdis-Cotdoussan **65** 333 E 2
Ourdon **65** 333 E 2
Ourouër **58** 174 D 1
Ourouer-les-Bourdelins **18** 173 H 3
Ouroux **69** 194 C 5
Ouroux-en-Morvan **58** 158 A 5
Ouroux-sous-le-Bois-
Sainte-Marie **71** 194 A 4
Ouroux-sur-Saône **71** 178 A 5
Oursbelille **65** 315 E 3
Ourscamps *Abbaye d'* **60** 39 G 1
Les Oursinières **83** 328 B 5
Ourtigas *Col de l'* **34** 301 E 4
Ourton **62** 7 H 4
Ourville-en-Caux **76** 19 F 3
Ousse **64** 314 C 5
Ousse-Suzan **40** 273 D 5
Oussières **39** 179 E 2
Ousson-sur-Loire **45** 134 D 5
Oussoy-en-Gâtinais **45** 134 C 2
Oust **09** 335 G 4
Oust-Marest **80** 10 D 4
Ousté **65** 333 E 1
Outarville **45** 111 E 2
Outines **51** 92 A 2
Outreau **62** 6 A 2
Outrebois **80** 12 C 3
Outremécourt **52** 118 A 2
Outrepont **51** 62 D 4
Outriaz **01** 214 C 2
Outtersteene **59** 4 A 5
Ouvans **25** 162 D 3
Ouve-Wirquin **62** 7 E 2
Ouveillan **11** 321 E 5
Ouville **50** 51 H 1
Ouville-la-Bien-Tournée **14** 54 A 1
Ouville-la-Rivière **76** 20 A 2
Ouville-l'Abbaye **76** 19 H 4
Ouvrouer-les-Champs **45** 133 H 3
Ouzilly **86** 169 F 4
Ouzilly-Vignolles **86** 168 C 3
Ouzouer-des-Champs **45** 134 C 2
Ouzouer-le-Doyen **41** 109 H 5
Ouzouer-le-Marché **41** 132 C 2
Ouzouer-
sous-Bellegarde **45** 112 A 5
Ouzouer-sur-Loire **45** 134 B 3
Ouzouer-sur-Trézée **45** 134 D 4
Ouzous **65** 332 D 2
Ovanches **70** 140 D 4
Ovillers-la-Boisselle **80** 13 F 5
Oxelaëre **59** 3 H 5
Oxocelhaya et Isturits
*Grottes d'* **64** 311 F 4
Oyé **71** 193 H 4
Oye-et-Pallet **25** 180 C 3
Oye-Plage **62** 3 E 3
Oyes **51** 61 E 4
Oyeu **38** 232 B 4
Oyonnax **01** 196 C 5
Oyré **86** 169 H 3
Oyrières **70** 140 A 5
Oysonville **28** 87 E 4
Oytier-Saint-Oblas **38** 231 G 2
Oz **38** 251 G 2
Ozan **01** 195 F 3
Oze **05** 269 E 4
Ozenay **71** 195 E 2
Ozenx **64** 313 F 3
Ozerailles **54** 45 E 4
Ozeville **50** 29 G 4
Ozières **52** 117 G 2
Ozillac **17** 219 H 4
Ozoir-la-Ferrière **77** 59 E 4
Ozoir-le-Breuil **28** 110 A 5
Ozolles **71** 194 A 4
Ozon **07** 249 E 2
Ozon **65** 315 G 5
Ozouer-le-Repos **77** 88 D 2
Ozouer-le-Voulgis **77** 59 F 5
Ozourt **40** 293 F 3

## P

Paars **02** 40 D 3
Pabu **22** 73 E 5
La Pacaudière **42** 211 F 1
Pacé **61** 83 F 3
Pacé **35** 104 A 2
Pact **38** 231 G 5
Pacy-sur-Armançon **89** 137 F 3
Pacy-sur-Eure **27** 56 D 1
Padern **11** 338 B 4
Padiès **81** 280 B 5
Padirac **46** 260 D 1
Padirac *Gouffre de* **46** 260 D 1
Padoux **88** 95 G 5
Pageas **87** 223 E 1
Pagney **39** 161 F 3
Pagney-derrière-Barine **54** 65 F 5
Pagnoz **39** 179 G 2
Pagny-la-Blanche-Côte **55** 94 A 2
Pagny-la-Ville **21** 178 B 1
Pagny-le-Château **21** 178 B 1
Pagny-lès-Goin **57** 65 H 2
Pagny-sur-Meuse **55** 94 A 1
Pagny-sur-Moselle **54** 65 G 2
Pagolle **64** 311 H 5
Pailhac **65** 333 H 3
Pailharès **07** 248 C 3
Pailhères *Port de* **09** 337 A 5
Pailherols **15** 244 D 5
Pailhès **34** 321 G 3

Pailhès *09* ... 335 H 1
Paillart *60* ... 22 C 4
Paillé *17* ... 202 B 3
Paillencourt *59* ... 14 B 3
Paillet *33* ... 255 H 2
Pailloles *47* ... 258 B 5
Pailly *89* ... 89 G 5
Le Pailly *52* ... 139 H 3
Paimbœuf *44* ... 146 D 3
Paimpol *22* ... 73 F 3
Paimpont *35* ... 103 F 3
Pain de Sucre *14* ... 53 F 2
Painblanc *21* ... 159 F 5
Pair-et-Grandrupt *88* ... 96 B 5
Pairis *68* ... 120 C 2
Paissy *02* ... 41 E 2
Paisy-Cosdon *10* ... 114 B 2
Paizay-le-Chapt *79* ... 202 C 2
Paizay-le-Sec *86* ... 187 F 1
Paizay-le-Tort *79* ... 202 C 1
Paizay-Naudouin *16* ... 203 E 2
Pajay *38* ... 231 H 5
le Pal *Parc d'attractions et animalier* *03* ... 192 D 2
Paladru *38* ... 232 C 3
Palagaccio *2B* ... 345 G 4
Palaggiu *Alignements de* *2A* ... 350 D 3
Palairac *11* ... 338 B 3
Le Palais *56* ... 144 B 4
Le Palais-sur-Vienne *87* ... 205 H 4
Palaiseau *91* ... 58 B 5
Palaiseul *52* ... 139 H 3
Palaja *11* ... 319 H 5
Palaminy *31* ... 317 E 5
Palante *70* ... 142 A 3
Palantine *25* ... 161 H 5
Palasca *2B* ... 344 D 5
Palau-de-Cerdagne *66* ... 341 F 5
Palau-del-Vidre *66* ... 343 F 3
Palavas-les-Flots *34* ... 303 E 5
Palazinges *19* ... 242 D 2
Paley *77* ... 112 D 2
Paleyrac *24* ... 259 E 1
Palhers *48* ... 264 A 4
Palinges *71* ... 193 H 2
Pâlis *10* ... 90 B 5
Palise *25* ... 162 A 2
Palisse *19* ... 225 H 4
Palladuc *63* ... 210 D 4
Pallanne *32* ... 295 G 5
Palleau *71* ... 178 A 2
Pallegney *88* ... 95 F 5
Le Pallet *44* ... 148 A 5
Palleville *81* ... 319 E 3
La Pallice *17* ... 200 B 1
La Pallu *53* ... 82 D 3
Palluau *85* ... 165 G 3
Palluau-sur-Indre *36* ... 171 E 2
Palluaud *16* ... 221 F 5
Pallud *73* ... 234 A 1
Palluel *62* ... 14 A 2
Palmas *12* ... 281 F 1
La Palme *11* ... 339 E 3
La Palmyre *17* ... 218 B 1
Palneca *2A* ... 349 F 3
Palogneux *42* ... 229 F 1
Palombaggia *Plage de* *2A* ... 351 G 3
La Palud-sur-Verdon *04* ... 307 H 2
Paluden *29* ... 70 C 4
Paluel *76* ... 19 F 2
Pamfou *77* ... 88 D 4
Pamiers *09* ... 336 B 1
Pampelonne *81* ... 279 H 4
Pamplie *79* ... 184 D 2
Pamproux *79* ... 185 G 3
Panassac *32* ... 316 A 4
Panazol *87* ... 205 H 5
Pancé *35* ... 104 B 5
Pancey *52* ... 93 F 3
Pancheraccia *2B* ... 347 G 5
Pancy-Courtecon *02* ... 40 D 1
Pandrignes *19* ... 243 E 2
Pange *57* ... 66 B 1
Panges *21* ... 159 G 2
Panilleuse *27* ... 37 E 5
Panissage *38* ... 232 B 3
Panissières *42* ... 212 A 5
Panjas *32* ... 294 D 2
Panlatte *27* ... 56 A 4
Pannecé *44* ... 148 B 1
Pannecières *45* ... 87 F 5
Pannes *54* ... 65 E 3
Pannes *45* ... 112 B 4
Pannesière-Chaumard *Barrage de* *58* ... 157 H 5
Pannessières *39* ... 179 F 5
Panon *72* ... 84 A 5
Panossas *38* ... 231 H 1
La Panouse *48* ... 264 D 2
Pantin *93* ... 58 C 3
Panzoult *37* ... 151 F 5
Papleux *02* ... 15 G 5
La Pâquelais *44* ... 147 F 2
Paradou *13* ... 304 C 3
Paramé *35* ... 50 C 5
Parassy *18* ... 155 F 4
Parata *2B* ... 347 G 3
Parata *Pointe de la* *2A* ... 348 B 4
Paray-Douaville *78* ... 86 D 4
Paray-le-Frésil *03* ... 192 C 1
Paray-le-Monial *71* ... 193 G 3
Paray-sous-Briailles *03* ... 192 B 5
Paray-Vieille-Poste *91* ... 58 C 5
Paraza *11* ... 320 D 5
Parbayse *64* ... 313 H 4
Parc-d'Anxtot *76* ... 19 E 5
Parçay-les-Pins *49* ... 150 D 2
Parçay-Meslay *37* ... 152 A 2
Parçay-sur-Vienne *37* ... 151 G 5
Parcé *35* ... 81 E 5
Parcé-sur-Sarthe *72* ... 129 F 2
Parcey *39* ... 179 E 1
Parcieux *01* ... 213 E 4
Parcoul *24* ... 239 E 2
Le Parcq *62* ... 7 E 5
Parcy-et-Tigny *02* ... 40 B 4
Pardailhan *34* ... 320 D 3
Pardaillan *47* ... 257 F 3
Pardies *64* ... 313 H 4
Pardies-Piétat *64* ... 314 B 5
Pardines *63* ... 227 H 3
Paréac *65* ... 333 E 1
Pareid *55* ... 64 D 1
Parempuyre *33* ... 237 F 4
Parennes *72* ... 107 E 3
Parent *63* ... 228 A 2
Parentignat *63* ... 228 A 3
Parentis-en-Born *40* ... 272 D 1
Parenty *62* ... 6 C 3
Parey-Saint-Césaire *54* ... 94 C 2
Parey-sous-Montfort *88* ... 94 C 5
Parfondeval *02* ... 25 H 3
Parfondeval *61* ... 84 B 3
Parfondru *02* ... 41 E 1
Parfondrupt *55* ... 44 D 5
Parfouru-l'Éclin *14* ... 32 D 5
Parfouru-sur-Odon *14* ... 33 E 5
Pargnan *02* ... 41 E 2
Pargny *80* ... 23 G 3
Pargny-Filain *02* ... 40 D 1
Pargny-la-Dhuys *02* ... 60 D 2
Pargny-les-Bois *02* ... 24 D 3
Pargny-lès-Reims *51* ... 41 F 4
Pargny-Resson *08* ... 42 B 1
Pargny-sous-Mureau *88* ... 93 H 4
Pargny-sur-Saulx *51* ... 63 E 4
Pargues *10* ... 115 F 4
Parignargues *30* ... 303 G 1
Parigné *35* ... 81 F 3
Parigné-le-Pôlin *72* ... 129 H 2
Parigné-l'Évêque *72* ... 108 A 5
Parigné-sur-Braye *53* ... 82 B 5
Parigny *50* ... 81 G 2
Parigny *42* ... 211 G 3
Parigny-la-Rose *58* ... 157 E 3
Parigny-les-Vaux *58* ... 174 C 1
Pariou *Puy de* *63* ... 209 G 5
Paris *75* ... 58 C 3
Paris-Charles-de-Gaulle *Aéroport* *95* ... 58 D 1
Paris-l'Hôpital *71* ... 177 F 2
Paris-Orly *Aéroport de* *91* ... 58 C 5
Parisot *82* ... 279 E 2
Parisot *81* ... 298 D 2
Parlan *15* ... 261 G 1
Parleboscq *40* ... 274 D 5
Parly *89* ... 135 H 3
Parmain *95* ... 38 B 5
Parmilieu *38* ... 214 A 4
Parnac *36* ... 188 C 3
Parnac *46* ... 259 H 5
Parnans *26* ... 249 H 2
Parnay *49* ... 150 C 4
Parnay *18* ... 173 H 3
Parné-sur-Roc *53* ... 106 A 4
Parnes *60* ... 37 F 4
Parnot *52* ... 117 H 4
Les Paroches *55* ... 64 C 3
Parois *55* ... 43 G 5
Paron *89* ... 113 F 3
Paroy *77* ... 89 F 3
Paroy *25* ... 179 H 1
Paroy-en-Othe *89* ... 114 A 4
Paroy-sur-Saulx *52* ... 93 E 3
Paroy-sur-Tholon *89* ... 113 H 5
Parpeçay *36* ... 153 H 4
Parpeville *02* ... 24 C 3
Parranquet *47* ... 258 D 3
Parroy *54* ... 66 D 5
Pars-lès-Chavanges *10* ... 91 H 3
Pars-lès-Romilly *10* ... 90 B 3
Parsac *23* ... 207 G 1
Parsac *33* ... 238 D 5
Parthenay *79* ... 168 A 5
Parthenay-de-Bretagne *35* ... 104 A 2
Partinello *2A* ... 346 B 4
Parux *54* ... 96 B 2
Parves *01* ... 214 D 5
Parville *27* ... 56 B 1
Parvillers-le-Quesnoy *80* ... 23 F 3
Parzac *16* ... 203 H 3
Les Pas *50* ... 51 G 5
Le Pas *53* ... 82 A 3
Pas-de-Jeu *79* ... 168 C 2
Pas de la Graille *04* ... 287 F 3
Pas de l'Echelle *74* ... 197 G 5
Pas de l'Ours *11* ... 336 D 4
Pas-des-Lanciers *13* ... 326 C 1
Pas-en-Artois *62* ... 13 E 4
Le Pas-Saint-l'Homer *61* ... 85 E 3
Pasciolo *Fort de* *2B* ... 347 E 5
Pasilly *89* ... 137 F 4
Paslières *63* ... 210 C 4
Pasly *02* ... 40 B 2
Pasques *21* ... 159 H 2
Le Pasquier *39* ... 179 H 3
Passa *66* ... 343 E 3
Le Passage *38* ... 232 C 3
Le Passage *47* ... 276 B 3
Passais *61* ... 82 A 2
Passavant *25* ... 162 C 3
Passavant-en-Argonne *51* ... 63 F 1
Passavant-la-Rochère *70* ... 118 C 4
Passavant-sur-Layon *49* ... 149 H 5
Passay *44* ... 147 G 5
Passel *60* ... 23 G 5
Passenans *39* ... 179 F 4
Passin *01* ... 214 D 3
Passins *38* ... 232 B 1
Passirac *16* ... 220 D 5
Passonfontaine *25* ... 162 D 5
Passy *89* ... 113 G 3
Passy *71* ... 194 C 2
Passy *74* ... 216 C 3
Passy-en-Valois *02* ... 40 A 5
Passy-Grigny *51* ... 41 E 5
Passy-sur-Marne *02* ... 60 D 1
Passy-sur-Seine *77* ... 89 G 4
Pastricciola *2A* ... 348 D 1
Patay *45* ... 110 C 4
Patornay *39* ... 196 D 1
Patrimonio *2B* ... 345 F 4
Pau *64* ... 314 B 5
Paucourt *45* ... 112 C 4
Paudy *36* ... 172 B 1
Paugnat *63* ... 209 G 4
Pauilhac *32* ... 296 B 1
Pauillac *33* ... 237 E 1
Paule *22* ... 77 E 4
Paulhac *15* ... 245 F 4
Paulhac *43* ... 246 B 1
Paulhac *31* ... 298 A 3
Paulhac-en-Margeride *48* ... 246 B 5
Paulhaguet *43* ... 246 C 2
Paulhan *34* ... 302 A 5
Paulhe *12* ... 281 H 3
Paulhenc *15* ... 245 F 5
Paulhiac *47* ... 258 D 4
Pauliac *Puy de* *19* ... 242 D 2


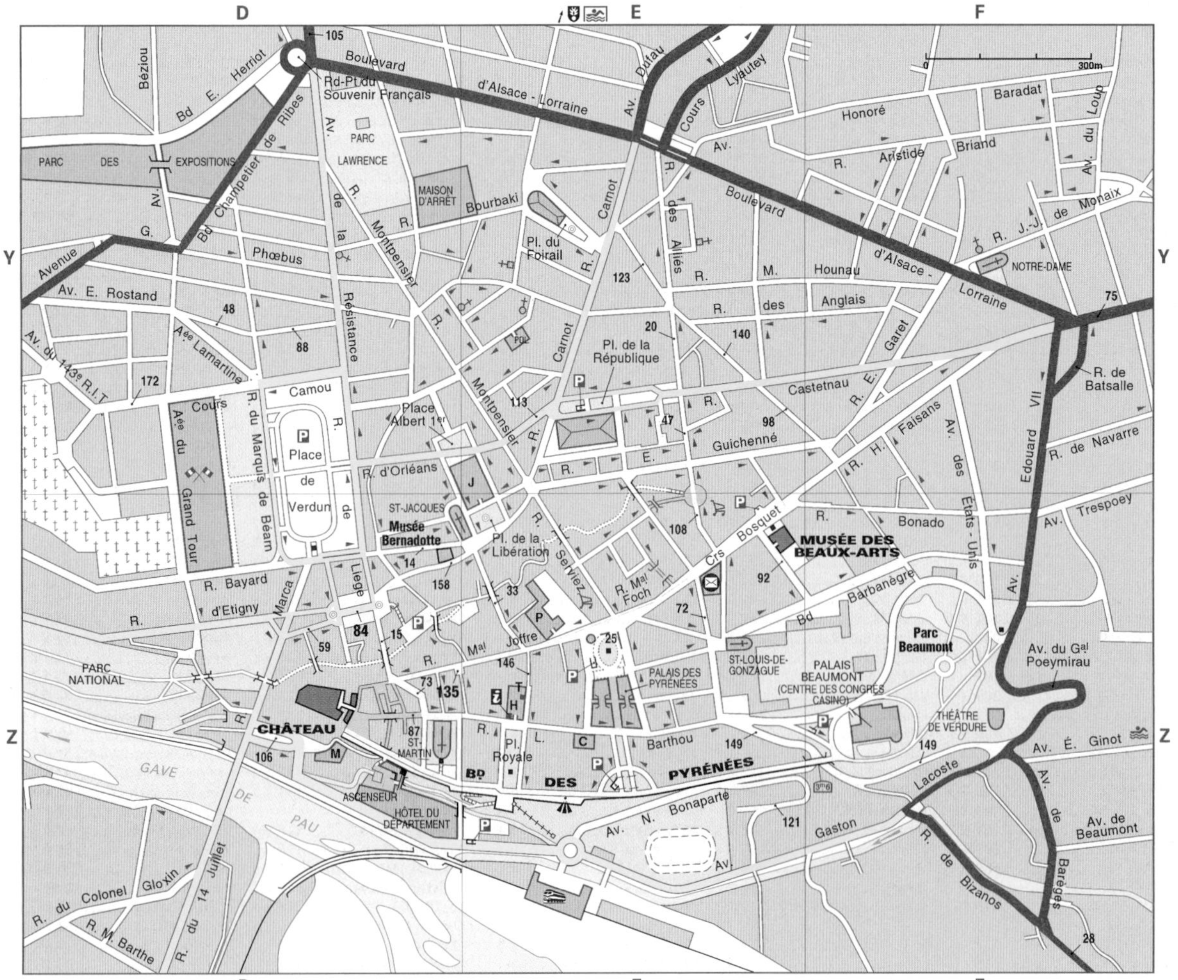


## PAU

| | | |
|---|---|---|
| Barthou (R. Louis) | EFZ | |
| Bernadotte (R.) | DZ | 14 |
| Bordenave-d'Abère (R.) | DZ | 15 |
| Cassin (R. René) | EY | 20 |
| Clemenceau (Pl. Georges) | EZ | 25 |
| Clemenceau (R. Georges) | FZ | 28 |
| Cordeliers (R. des) | EZ | 33 |
| Despourrins (R.) | EY | 47 |
| Ducasse (R. Amiral) | DY | 48 |
| Espalungue (R. d') | DZ | 59 |
| Gambetta (R.) | EZ | 72 |
| Gassion (R.) | DZ | 73 |
| Gaulle (Av. Gén.-de) | FY | 75 |
| Gramont (Pl.) | DZ | 84 |
| Henri-IV (R.) | DZ | 87 |
| Jeanne-d'Arc (R.) | DY | 88 |
| Lalanne (R. Mathieu) | EZ | 92 |
| Lespy (R.) | EFY | 98 |
| Mermoz (Av. Jean) | DY | 105 |
| Monnaie (Pl. de la) | DZ | 106 |
| Monnet (R. J.) | EYZ | 108 |
| Nogue (R.) | EY | 113 |
| Ossau (Av. d') | EZ | 121 |
| Palassou (R.) | EY | 123 |
| Reine-Marguerite (Pl.) | EZ | 135 |
| Réveil (R. Jean) | EY | 140 |
| St-Louis (R.) | EZ | 146 |
| Say (Av. L.) | EFZ | 149 |
| Serviez (R.) | EZ | |
| Tran (R.) | EZ | 158 |
| 218e-R.I. (R. du) | DY | 172 |

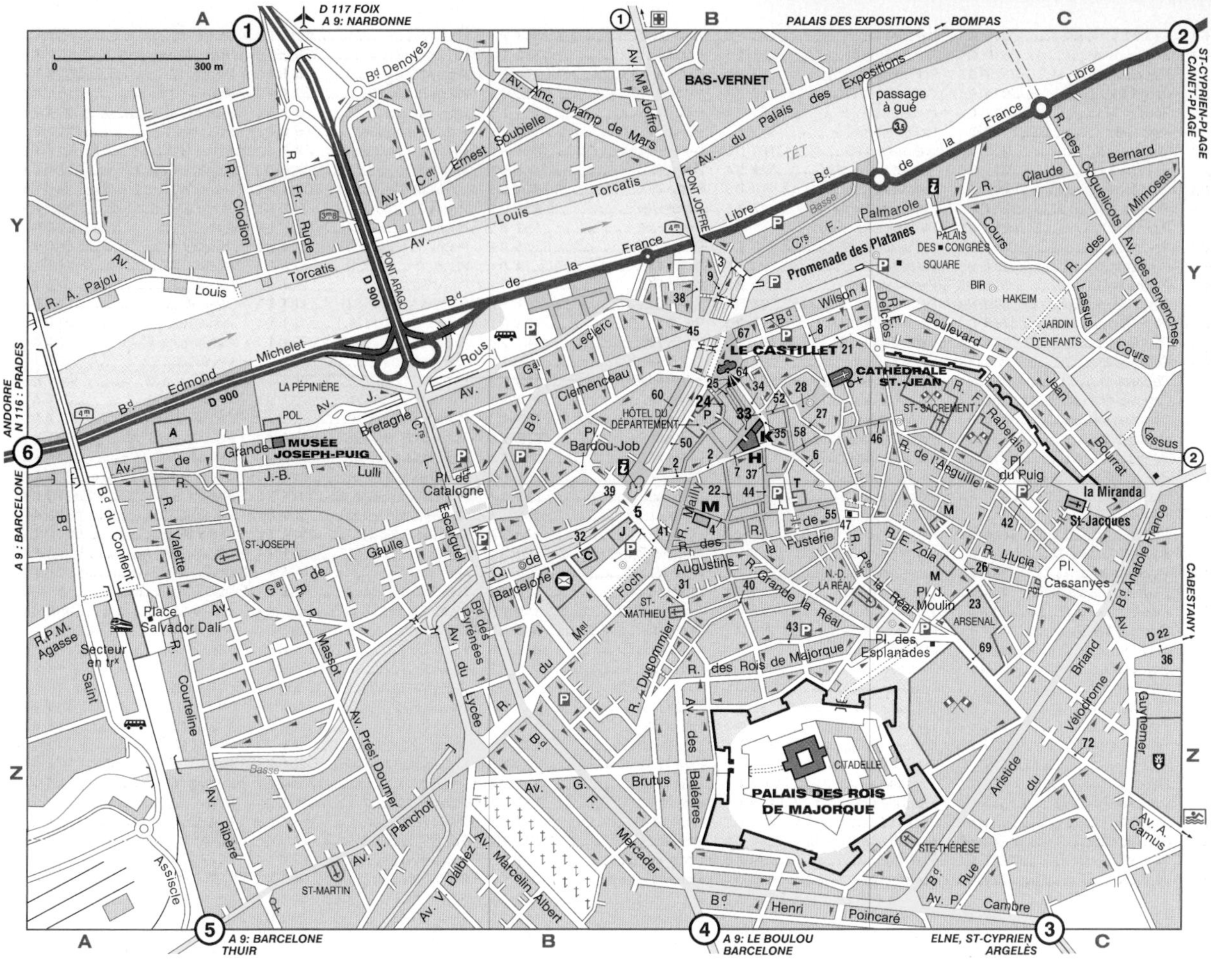
D 117 FOIX
A 9: NARBONNE
PALAIS DES EXPOSITIONS
BOMPAS
ST-CYPRIEN-PLAGE
CANET-PLAGE
ANDORRE
N 116 : PRADES
A 9 : BARCELONE
CABESTANY
A 9: BARCELONE
THUIR
A 9: LE BOULOU
BARCELONE
ELNE, ST-CYPRIEN
ARGELÈS
BAS-VERNET
LE CASTILLET
CATHÉDRALE ST.-JEAN
MUSÉE JOSEPH-PUIG
PALAIS DES ROIS DE MAJORQUE
Promenade des Platanes
la Miranda
St-Jacques
CITADELLE
LA PÉPINIÈRE
ST-JOSEPH
ST-MARTIN
ST-MATHIEU
STE-THÉRÈSE
HÔTEL DU DÉPARTEMENT
PALAIS DES CONGRÈS
Place Salvador Dali
TÊT
300 m

## PERPIGNAN


Alsace-Lorraine (R.) .... BY 2
Anciens-Combattants-d'Indochine (Pl. des) .... BY 3
Ange (R. de l') .... BZ 4
Arago (Pl.) .... BZ 5
Argenterie (R. de l') .... BY 6
Barre (R. de la) .... BY 7
Bartissol (R. E.) .... BY 8
Batllo (Quai F.) .... BY 9
Castillet (R. du) .... BY 21
Clemenceau (Bd G.) .... BY
Cloche d'Or (R. de la) .... BYZ 22
Côte des Carmes (R.) .... CZ 23
Fabriques d'En Nabot (R. des) .... BY 24
Fabriques d'En Nadal (R. des) .... BY 25
Fontaine-Neuve (R.) .... CZ 26
Fontfroide (R.) .... BY 27
Gambetta (Pl.) .... BY 28
Grande la Monnaie (R.) .... BZ 31
Lattre-de-Tassigny (Quai de) .... BZ 32
Loge (R. et Pl. de la) .... BY 33
Louis-Blanc (R.) .... ABY 34
Marchands (R. des) .... BY 35
Mermoz (Av. J.) .... CZ 36
Mirabeau (R.) .... BY 37
Payra (R. J.) .... BY 38
Péri (Pl. Gabriel) .... BZ 39
Petite la Monnaie (R.) .... BZ 40
Porte d'Assaut (R.) .... BZ 41
Porte de Canet (R.) .... CZ 42
Remparts la Réal (R. des) .... BZ 43
République (Pl. de la) .... BZ 44
Résistance (Pl. de la) .... BY 45
Révolution Française (R. de la) .... CY 46
Rigaud (Pl.) .... BZ 47
Sadi-Carnot (Quai) .... BY 50
St-Jean (R.) .... BY 52
Théâtre (R. du) .... BZ 55
Trois-Journées (R. des) .... BY 58
Vauban (Quai) .... BY 60
Verdun (Pl. de) .... BY 64
Victoire (Pl. de la) .... BY 67
Vielledent (R. J.) .... CZ 69
Waldeck-Rousseau (R.) .... CZ 72



Pauligne **11** .... 337 B 1
Paulin **24** .... 241 H 4
La Pauline **83** .... 328 B 4
Paulinet **81** .... 300 A 2
Paulmy **37** .... 170 A 2
Paulnay **36** .... 170 D 3
Paulx **44** .... 165 F 1
Paunat **24** .... 240 D 5
Pause *Col de* **09** .... 335 F 5
Paussac-et-Saint-Vivien **24** .... 222 B 5
Pautaines-Augeville **52** .... 93 F 4
Pauvres **08** .... 42 B 2
Pavant **02** .... 60 B 2
Pavezin **42** .... 230 D 4
Pavie **32** .... 296 B 4
Pavillon *Col du* **69** .... 212 A 2
Le Pavillon-Sainte-Julie **10** .... 90 C 4
Les Pavillons-sous-Bois **93** .... 58 D 3
Pavilly **76** .... 20 A 5
Pavin *Lac* **63** .... 227 F 3
Payns **10** .... 90 D 4
Payra-sur-l'Hers **11** .... 318 D 5
Payrac **46** .... 260 B 1
Payré **86** .... 186 A 4
Payrignac **46** .... 259 H 2
Payrin-Augmontel **81** .... 319 H 3
Payros-Cazautets **40** .... 294 B 4
Payroux **86** .... 186 C 5
Payssous **31** .... 334 B 2
Payzac **24** .... 223 G 5
Payzac **07** .... 265 H 5
Pazayac **24** .... 241 H 3
Paziols **11** .... 338 C 4
Pazy **58** .... 157 G 4
Le Péage **38** .... 231 G 2
Le Péage-de-Roussillon **38** .... 231 E 5
Péas **51** .... 61 E 4
Peaugres **07** .... 249 E 1
Péaule **56** .... 125 E 4
Péault **85** .... 183 E 2
Pébées **32** .... 317 E 3
Pébrac **43** .... 246 C 4
Pech **09** .... 336 B 5
Pech-Luna **11** .... 318 D 5
Pech Merle *Grotte du* **46** .... 260 C 4
Péchabou **31** .... 318 A 3
Pécharic-et-le-Py **11** .... 318 D 5
Péchaudier **81** .... 299 E 5
Pechbonnieu **31** .... 298 A 3
Pechbusque **31** .... 298 A 5
Le Pêchereau **36** .... 188 D 1
Pécorade **40** .... 294 B 4
Le Pecq **78** .... 58 A 3
Pecquencourt **59** .... 9 E 5
Pecqueuse **91** .... 87 F 2
Pécy **77** .... 59 H 5
Pédernec **22** .... 72 D 5
Pégairolles-de-Buèges **34** .... 302 B 2
Pégairolles-de-l'Escalette **34** .... 301 H 2
Pégomas **06** .... 309 E 4
Le Pègue **26** .... 267 G 5
Péguilhan **31** .... 316 C 5
Peigney **52** .... 139 G 2
Peillac **56** .... 125 G 3
Peille **06** .... 291 G 5
Peillon **06** .... 291 F 5
Peillonnex **74** .... 216 A 1
Peintre **39** .... 161 E 4
Les Peintures **33** .... 238 D 3
Peipin **04** .... 287 G 3
Peïra-Cava **06** .... 291 F 4
Peisey-Nancroix **73** .... 234 D 2
Pel-et-Der **10** .... 91 G 4
Pélissanne **13** .... 305 F 4
Pellafol **38** .... 269 F 1
Pelleautier **05** .... 269 G 4
Pellefigue **32** .... 316 C 3
Pellegrue **33** .... 257 E 2
Pelleport **31** .... 297 F 3
Pellerey **21** .... 159 G 1
Le Pellerin **44** .... 147 F 4
La Pellerine **53** .... 81 G 5
La Pellerine **49** .... 150 D 1
Pellevoisin **36** .... 171 F 2
Pellouailles-les-Vignes **49** .... 149 H 1
Pelonne **26** .... 268 B 5
Pelouse **48** .... 264 D 4
Pelousey **25** .... 161 H 3
Peltre **57** .... 65 H 1
Pélussin **42** .... 230 D 4
Pelves **62** .... 13 H 2
Pelvoux **05** .... 252 C 5
Pelvoux *Belvédère du* **05** .... 252 C 5
Pen-Guen **22** .... 50 A 5
Pen-Lan *Pointe de* **56** .... 124 D 5
Penchard **77** .... 59 G 2
Pencran **29** .... 75 G 2
Pendé **80** .... 11 E 3
Pendu *Col du* **07** .... 265 G 3
Pénestin **56** .... 124 D 5
Penguily **22** .... 78 D 4
Penhir *Pointe de* **29** .... 74 D 4
Penhors **29** .... 99 E 3
Penin **62** .... 13 E 2
Penly **76** .... 10 C 5
Penmarch **29** .... 99 F 5
Pennautier **11** .... 319 H 5
Penne **81** .... 278 D 4
La Penne **06** .... 289 G 5
Penne-d'Agenais **47** .... 276 D 1
La Penne-sur-Huveaune **13** .... 327 F 3
La Penne-sur-l'Ouvèze **26** .... 286 A 2
Pennedepie **14** .... 34 C 2
Pennes-le-Sec **26** .... 268 A 3
Les Pennes-Mirabeau **13** .... 326 D 1
Pennesières **70** .... 162 A 1
Penol **38** .... 231 H 4
Pensol **87** .... 222 D 2
Penta-Acquatella **2B** .... 347 G 2
Penta-di-Casinca **2B** .... 347 G 2
Penthièvre **56** .... 123 H 4
Pentrez-Plage **29** .... 75 F 4
Penvénan **22** .... 72 D 2
Penvins *Pointe de* **56** .... 124 C 5
Péone **06** .... 289 F 3
Pépieux **11** .... 320 C 5
Pérassay **36** .... 189 H 3
Peray **72** .... 108 A 2
Perceneige **89** .... 89 H 5
Percey **89** .... 114 C 5
Percey-le-Grand **70** .... 139 H 5
Percey-le-Pautel **52** .... 139 G 3
Percey-sous-Montormentier **52** .... 139 G 5
Le Perchay **95** .... 37 H 5
La Perche **18** .... 190 E 1
Perchède **32** .... 294 D 2
Percy **50** .... 52 A 2
Le Percy **38** .... 268 D 1
Percy-en-Auge **14** .... 54 A 1
Perdreauville **78** .... 57 F 2
Perdrix *Crêt de la* **42** .... 230 C 5
Péré **17** .... 201 E 1
Péré **65** .... 333 G 1
Péréandre *Roche* **07** .... 248 D 1
Péreille **09** .... 336 C 3
Perelli **2B** .... 347 G 4
Pérenchies **59** .... 8 C 2
Péret **34** .... 301 H 5
Péret-Bel-Air **19** .... 225 F 4
Péreuil **16** .... 220 D 3
Péreyres **07** .... 266 A 1
Pergain-Taillac **32** .... 276 B 4
Peri **2A** .... 348 D 2
Le Périer **38** .... 251 F 4
Périers **50** .... 31 G 4
Périers-en-Auge **14** .... 34 A 3
Périers-sur-le-Dan **14** .... 33 G 3
Pérignac **17** .... 219 H 2
Pérignac **16** .... 221 E 4
Pérignat-lès-Sarliève **63** .... 227 H 1
Pérignat-sur-Allier **63** .... 228 A 1
Périgné **79** .... 202 C 1
Périgneux **42** .... 229 H 4
Périgny **14** .... 53 E 2
Périgny **94** .... 58 D 5
Périgny **41** .... 131 H 4
Périgny **03** .... 192 C 5
Périgny **17** .... 200 C 1
Périgny-la-Rose **10** .... 90 A 3
Périgueux **24** .... 240 C 2
Périllos **66** .... 338 D 3
Périssac **33** .... 238 B 3
Perles **02** .... 40 D 3
Perles-et-Castelet **09** .... 336 C 5
Pern **46** .... 277 H 1
Pernand-Vergelesses **21** .... 177 H 1
Pernant **02** .... 40 A 2
Pernay **37** .... 151 G 2
La Pernelle **50** .... 29 G 3
Pernes **62** .... 7 G 4
Pernes-lès-Boulogne **62** .... 2 B 5
Pernes-les-Fontaines **84** .... 285 H 5
Pernois **80** .... 12 C 5
Pero *Plage de* **2A** .... 348 A 1
Pero-Casevecchie **2B** .... 347 G 3
Pérols **34** .... 303 E 5
Pérols-sur-Vézère **19** .... 225 F 3
Péron **01** .... 197 E 5
Péronnas **01** .... 213 H 1
Péronne **80** .... 23 G 1
Péronne **71** .... 195 E 3
Péronne-en-Mélantois **59** .... 9 E 3
Péronville **28** .... 110 B 4
Pérouges **01** .... 213 H 4
La Pérouille **36** .... 171 F 5
Pérouse **90** .... 142 C 3
Pérouse *Rocher de la* **89** .... 158 A 3
Péroy-les-Gombries **60** .... 39 F 5
Perpezac-le-Blanc **19** .... 241 H 2
Perpezac-le-Noir **19** .... 224 C 5
Perpezat **63** .... 227 E 1
Perpignan **66** .... 343 E 2
Les Perques **50** .... 29 E 5
Perquie **40** .... 294 C 1
Perrancey-les-Vieux-Moulins **52** .... 139 G 2
Le Perray-en-Yvelines **78** .... 57 G 5
Perrecy-les-Forges **71** .... 193 H 1
La Perrena **39** .... 180 A 5
Le Perréon **69** .... 212 C 2
Perret **22** .... 77 G 5
Perreuil **71** .... 177 F 4
Perreuse **89** .... 156 C 1
Perreux **89** .... 135 G 2
Perreux **42** .... 211 H 2
Le Perreux-sur-Marne **94** .... 58 D 3
Perrex **01** .... 195 F 5
Le Perrier **85** .... 164 D 3
Perrier **63** .... 227 H 3
La Perrière **61** .... 84 B 4
La Perrière **73** .... 234 C 3
Perrières **14** .... 54 A 2
Perriers-en-Beauficel **50** .... 52 B 4
Perriers-la-Campagne **27** .... 35 G 5
Perriers-sur-Andelle **27** .... 36 D 2
Perrignier **74** .... 198 A 4
Perrigny **89** .... 136 B 3
Perrigny **39** .... 179 F 5
Perrigny-lès-Dijon **21** .... 160 A 4
Perrigny-sur-Armançon **89** .... 137 G 4
Perrigny-sur-l'Ognon **21** .... 160 D 3
Perrigny-sur-Loire **71** .... 193 E 2
Perrogney **52** .... 139 F 2
Le Perron **50** .... 32 C 5
Perros-Guirec **22** .... 72 C 2
Perrou **61** .... 82 B 2
Perrouse **70** .... 162 A 2
Perroy **58** .... 156 C 2
Perruel **27** .... 36 D 2
Perrusse **52** .... 117 G 3
Perrusson **37** .... 170 C 1
Pers **79** .... 185 H 5
Pers **15** .... 243 H 5
Pers-en-Gâtinais **45** .... 112 D 3
Pers-Jussy **74** .... 215 H 1
Persac **86** .... 187 E 4
Persan **95** .... 38 B 5
Perse *Église de* **12** .... 263 E 4
Persquen **56** .... 101 G 3
Pertain **80** .... 23 G 3
Perthes **08** .... 42 A 1
Perthes **52** .... 63 E 5
Perthes **77** .... 88 A 3
Perthes-lès-Brienne **10** .... 91 H 4
Pertheville-Ners **14** .... 54 A 3
Le Perthus **66** .... 343 E 4
Le Pertre **35** .... 105 G 4
Le Pertuis **43** .... 247 G 3
Pertuis **84** .... 306 A 3
Pertuis *Col du* **63** .... 210 D 5
Le Pertuiset **42** .... 230 A 4
Perty *Col de* **26** .... 286 C 1
La Péruse **16** .... 204 B 4
La Pérusse **04** .... 287 H 3
Pervenchères **61** .... 84 B 4
Perville **82** .... 276 D 3
Pescadoires **46** .... 259 F 5
Peschadoires **63** .... 210 C 5
Le Pescher **19** .... 242 D 3
Péseux **25** .... 163 F 2
Peseux **39** .... 178 D 1
Peslières **63** .... 228 C 4
Pesmes **70** .... 161 E 3
Pessac **33** .... 255 F 1
Pessac-sur-Dordogne **33** .... 257 E 1
Pessan **32** .... 296 B 4
Pessans **25** .... 161 H 5
Pessat-Villeneuve **63** .... 209 H 4
La Pesse **39** .... 197 E 4
Pessines **17** .... 201 F 5
Pessoulens **32** .... 296 D 2
Pesteils *Château de* **15** .... 244 D 5
Petersbach **67** .... 68 A 3
Le Petit-Abergement **01** .... 214 C 2
Petit-Appeville **76** .... 10 A 5

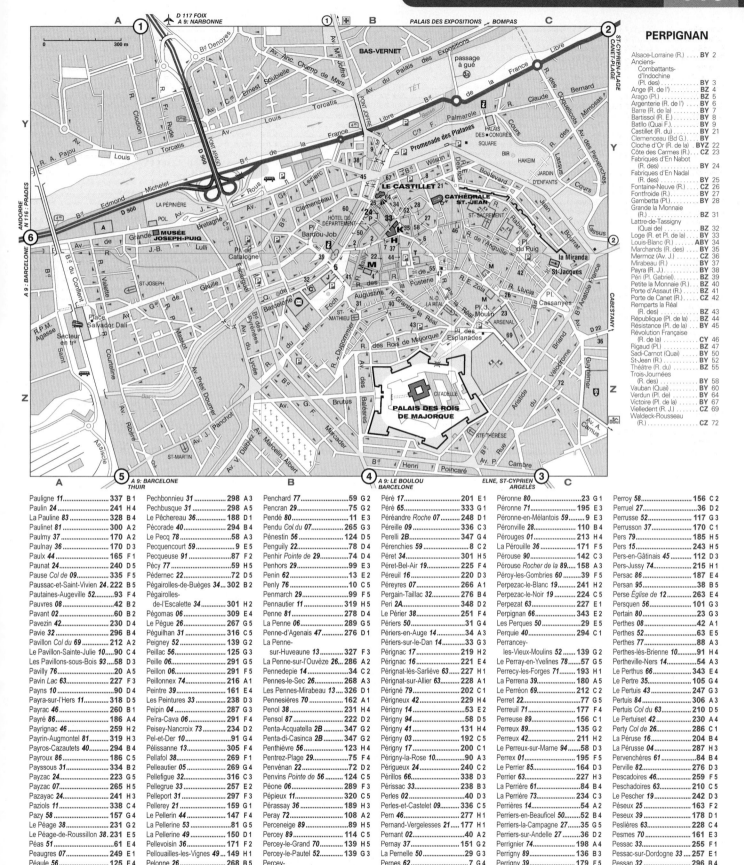

Petit-Auverné 44 .... 127 F 4
Petit Ballon 68 .... 120 C 4
Petit-Bersac 24 .... 239 F 1
Le Petit-Bornand-les-Glières 74 .... 216 A 2
Le Petit-Celland 50 .... 52 A 4
Petit-Cœur 73 .... 234 B 2
Petit-Couronne 76 .... 36 A 2
Petit-Croix 90 .... 142 D 3
Le Petit Drumont 88 .... 120 B 5
Petit-Ébersviller 57 .... 67 E 1
Petit-Failly 54 .... 44 C 2
Petit-Fayt 59 .... 15 F 4
Petit-Fort-Philippe 59 .... 3 E 2
Le Petit-Fougeray 35 .... 104 B 5
Petit-Landau 68 .... 143 H 1
Petit-Mars 44 .... 147 H 2
Le Petit-Mercey 39 .... 161 G 4
Petit-Mesnil 10 .... 91 H 5
Petit Minou Pointe du 29 .... 74 D 3
Petit-Noir 39 .... 178 D 2
Petit-Palais-et-Cornemps 33 .... 238 D 4
Le Petit-Pressigny 37 .... 170 B 3
Le Petit-Quevilly 76 .... 36 A 2
Petit-Réderching 57 .... 68 A 1
Petit Saint-Bernard Col du 73 .... 217 E 5
Petit-Tenquin 57 .... 67 F 2
Petit-Verly 02 .... 24 C 1
Petit-Xivry 54 .... 44 C 2
La Petite-Boissière 79 .... 167 E 3
Petite-Chaux 25 .... 180 B 5
Petite-Forêt 59 .... 9 G 5
La Petite-Fosse 88 .... 96 C 4
La Petite-Marche 03 .... 208 D 1
La Petite-Pierre 67 .... 68 A 3
La Petite-Raon 88 .... 96 B 3
Petite-Rosselle 57 .... 47 F 4
Petite-Synthe 59 .... 3 G 2
La Petite-Verrière 71 .... 176 C 1
Petitefontaine 90 .... 142 D 2
Les Petites-Armoises 08 .... 43 E 1
Les Petites-Dalles 76 .... 19 F 2
Les Petites-Loges 51 .... 42 A 5
Petitmagny 90 .... 142 C 2
Petitmont 54 .... 96 B 1
Les Petits-Robins 26 .... 267 E 1
Petiville 14 .... 33 H 4
Petiville 76 .... 35 F 1
Petosse 85 .... 183 H 2
Petreto-Bicchisano 2A .... 348 D 5
Pettoncourt 57 .... 66 C 4
Pettonville 54 .... 95 H 2
Peujard 33 .... 237 H 3
Peumérit 29 .... 99 F 3
Peumerit-Quintin 22 .... 77 F 3
Peuplingues 62 .... 2 C 3
Peuton 53 .... 128 A 2
Peuvillers 55 .... 44 B 3
Peux-et-Couffouleux 12 .... 300 D 3
Pévange 57 .... 66 D 3
Pévy 51 .... 41 F 3
Pexiora 11 .... 319 E 5
Pexonne 54 .... 96 A 2
Pey 40 .... 292 C 4
Peymeinade 06 .... 308 D 3
Peynier 13 .... 327 G 1
Peypin 13 .... 327 F 1
Peypin-d'Aigues 84 .... 306 B 2
Peyrabout 23 .... 207 E 2
La Peyrade 34 .... 323 E 3
Le Peyrat 09 .... 336 D 3
Peyrat-de-Bellac 87 .... 205 F 1
Peyrat-la-Nonière 23 .... 207 H 2
Peyrat-le-Château 87 .... 206 D 5
La Peyratte 79 .... 168 B 5
Peyraube 65 .... 315 G 5
Peyraud 07 .... 231 E 5
Peyre 40 .... 293 H 5
Peyre-Haute Table d'orientation de 05 .... 270 D 2
Peyrecave 32 .... 276 D 5
Peyrefitte-du-Razès 11 .... 337 A 2
Peyrefitte-sur-l'Hers 11 .... 318 D 5
Peyregoux 81 .... 299 G 4
Peyrehorade 40 .... 292 D 5
Peyreleau 12 .... 282 A 3
Peyrelevade 19 .... 225 G 1
Peyrelongue-Abos 64 .... 314 D 3
Peyremale 30 .... 283 H 2
Peyrens 11 .... 319 E 4
Peyrepertuse Château de 11 .... 338 B 4
Peyresourde 65 .... 333 H 4
Peyresourde Col de 31 .... 333 H 4
Peyrestortes 66 .... 338 D 5
Peyret-Saint-André 65 .... 316 A 5
Peyriac-de-Mer 11 .... 339 E 1
Peyriac-Minervois 11 .... 320 B 5
Peyriat 01 .... 214 B 1
Peyrière 47 .... 257 G 4
Peyrieu 01 .... 232 D 1
Peyrignac 24 .... 241 G 2
Peyriguère 65 .... 315 G 5
Peyrilhac 87 .... 205 F 3
Peyrillac-et-Millac 24 .... 241 H 5
Peyrilles 46 .... 259 H 3
Peyrins 26 .... 249 G 3
Peyrissac 19 .... 224 D 3
Peyrissas 31 .... 316 D 5
Peyro-Clabado Rocher 81 .... 299 H 4
Peyrol Pas de 15 .... 244 D 3
Peyrole 81 .... 298 D 2
Peyrolles 30 .... 283 F 4
Peyrolles 11 .... 337 D 3
Peyrolles-en-Provence 13 .... 306 B 4
Peyroules 04 .... 308 B 1
Peyrouse 65 .... 332 D 1
Peyrouzet 31 .... 316 D 5
Peyruis 04 .... 287 G 4
Peyrun 65 .... 315 F 4
Peyrus 26 .... 249 H 5
Peyrusse 15 .... 245 G 2
Peyrusse-Grande 32 .... 295 G 4
Peyrusse-le-Roc 12 .... 261 G 5
Peyrusse-Massas 32 .... 296 A 3
Peyrusse-Vieille 32 .... 295 F 4
Peyssies 31 .... 317 F 5
Peyzac-le-Moustier 24 .... 241 F 4
Peyzieux-sur-Saône 01 .... 213 E 1
Pézarches 77 .... 59 H 4
Pezé-le-Robert 72 .... 107 F 2
Pézenas 34 .... 322 C 3
Pézènes-les-Mines 34 .... 301 G 5
Pezens 11 .... 319 G 5
Pézilla-de-Conflent 66 .... 338 A 5
Pézilla-la-Rivière 66 .... 342 D 2
Pezou 41 .... 131 H 2
Pezuls 24 .... 240 D 5
Pézy 28 .... 86 B 5
Pfaffenheim 68 .... 121 E 4
Pfaffenhoffen 67 .... 68 C 3
Pfalzweyer 67 .... 68 A 4
Pfastatt 68 .... 143 F 1
Pfetterhouse 68 .... 143 E 4
Pfettisheim 67 .... 68 D 5
Pfulgriesheim 67 .... 68 D 5
Phaffans 90 .... 142 C 2
Phalempin 59 .... 8 D 4
Phalsbourg 57 .... 68 A 4
Philippsbourg 57 .... 68 C 1
Philondenx 40 .... 294 A 5
Phlin 54 .... 66 B 3
Pia 66 .... 339 E 5
Piacé 72 .... 107 G 2
Le Pian-Médoc 33 .... 237 F 4
Le Pian-sur-Garonne 33 .... 256 B 3
Piana 2A .... 346 A 5
Pianella Pont de 2A .... 346 B 5
Pianello 2B .... 347 G 4
Piano 2B .... 347 G 3
Pianottoli-Caldarello 2A .... 351 E 3
Les Piards 39 .... 197 E 2
La Piarre 05 .... 268 D 4
Piau-Engaly 65 .... 333 F 4
Piazzali 2B .... 347 G 4
Piazzole 2B .... 347 G 3
Piblange 57 .... 46 B 4
Pibrac 31 .... 297 G 4
Picarreau 39 .... 179 G 4
Picarrou 31 .... 318 B 5
Picauville 50 .... 31 H 2
Pichanges 21 .... 160 B 1
Picherande 63 .... 227 E 4
Picquigny 80 .... 22 A 1
Pie-d'Orezza 2B .... 347 G 3
Pied-de-Borne 48 .... 265 G 5
Pied-la-Viste Table d'orientation de 05 .... 270 D 2
Piedicorte-di-Gaggio 2B .... 347 G 5
Piedicroce 2B .... 347 G 3
Piedigriggio 2B .... 347 E 3
Piedipartino 2B .... 347 G 3
Piégon 26 .... 285 H 1
Piégros-la-Clastre 26 .... 267 H 2
Piégut 04 .... 269 H 4
Piégut-Pluviers 24 .... 222 C 2
Piémanson Plage de 13 .... 325 F 4
Piencourt 27 .... 35 E 5
Piennes 80 .... 23 E 5
Piennes 54 .... 45 E 4
Piépape 52 .... 139 G 3
Pierlas 06 .... 289 G 4
La Pierre 38 .... 233 F 5
Pierre-Bénite 69 .... 231 E 1
Pierre-Buffière 87 .... 223 H 1
Pierre-Carrée Col de la 74 .... 216 C 2
Pierre-Châtel 38 .... 251 E 4
La Pierre Couverte Dolmen de 49 .... 129 G 5
Pierre d'Avenon 83 .... 329 E 4
Pierre-de-Bresse 71 .... 178 C 3
Pierre Frite Menhir de 49 .... 127 F 3
Pierre-Gourde Château de 07 .... 249 E 5
Pierre-la-Treiche 54 .... 94 B 1
Pierre-Levée 77 .... 59 H 3
Pierre-Morains 51 .... 61 G 3
Pierre-Percée 54 .... 96 B 2
Pierre-Perthuis 89 .... 157 H 2
La Pierre Plantée 48 .... 264 D 4
Pierre-Plantée Col de la 48 .... 264 D 3
Pierre-qui-Vire Abbaye de la 89 .... 158 B 3
Pierreclos Château de 71 .... 194 D 4
Pierrecourt 76 .... 21 F 2
Pierrecourt 70 .... 140 A 4
Pierrefaites 52 .... 140 B 2
Pierrefeu 06 .... 309 F 1
Pierrefeu-du-Var 83 .... 328 C 3
Pierrefiche 12 .... 263 G 5
Pierrefiche 48 .... 265 E 2
Pierrefiques 76 .... 18 D 4
Pierrefitte 88 .... 118 D 2
Pierrefitte 79 .... 168 A 3
Pierrefitte 23 .... 207 H 1
Pierrefitte 19 .... 224 C 4
Pierrefitte-en-Auge 14 .... 34 C 3
Pierrefitte-en-Beauvaisis 60 .... 37 H 1
Pierrefitte-en-Cinglais 14 .... 53 G 2
Pierrefitte-ès-Bois 45 .... 155 H 1
Pierrefitte-Nestalas 65 .... 332 D 2
Pierrefitte-sur-Aire 55 .... 64 B 3
Pierrefitte-sur-Loire 03 .... 193 E 2
Pierrefitte-sur-Sauldre 41 .... 154 C 1
Pierrefitte-sur-Seine 93 .... 58 C 2
Pierrefonds 60 .... 39 G 3
Pierrefontaine-lès-Blamont 25 .... 163 G 2
Pierrefontaine-les-Varans 25 .... 163 E 4
Pierrefontaines 52 .... 139 F 3
Pierrefort 15 .... 245 F 5
Pierregot 80 .... 12 D 5
Pierrelatte 26 .... 285 E 1
Pierrelaye 95 .... 58 A 1
Pierrelongue 26 .... 286 A 2
Pierremande 02 .... 24 A 5
Pierremont 62 .... 7 F 5
Pierrepont 02 .... 25 E 4
Pierrepont 54 .... 44 D 2
Pierrepont 14 .... 53 G 2
Pierrepont-sur-Avre 80 .... 22 D 4
Pierrepont-sur-l'Arentèle 88 .... 95 H 5
Pierrerue 04 .... 287 F 5
Pierrerue 34 .... 321 E 3
Pierres 14 .... 52 D 3
Pierres 28 .... 86 B 2
Pierreval 76 .... 20 C 5
Pierrevert 04 .... 306 C 2
Pierreville 50 .... 28 D 5
Pierreville 54 .... 94 D 2
Pierrevillers 57 .... 45 G 4
Pierric 44 .... 126 B 3
Pierry 51 .... 61 F 1
Pietra-di-Verde 2B .... 347 G 4
Pietracorbara 2B .... 345 G 3
Pietralba 2B .... 347 E 2
Pietranera 2B .... 345 G 4
Pietraserena 2B .... 347 G 5
Pietricaggio 2B .... 347 G 4
Pietrosella 2A .... 348 C 4
Pietroso 2B .... 349 F 1
Piets-Plasence-Moustrou 64 .... 294 A 5
Pieusse 11 .... 337 C 1
Les Pieux 50 .... 28 D 4
Piève 2B .... 345 F 5
Piffonds 89 .... 113 F 4
Le Pigeon 46 .... 242 B 5
Pigeonnier Col du 67 .... 69 E 1
Pigerolles 23 .... 207 G 5
Pigna 2B .... 344 C 5
Pignan 34 .... 302 C 5
Pignans 83 .... 328 C 2
Pignicourt 02 .... 41 G 2
Pignols 63 .... 228 A 2
Pigny 18 .... 155 F 5
Pihem 62 .... 7 F 2
Pihen-lès-Guînes 62 .... 2 C 4
Pila-Canale 2A .... 348 D 4
Pilat Mont 42 .... 230 C 4
Pilat-Plage 33 .... 254 B 3
Le Pilhon 26 .... 268 D 3
Pillac 16 .... 221 F 5
Pillemoine 39 .... 179 H 5
Les Pilles 26 .... 285 H 1
Pillon 55 .... 44 C 3
Pimbo 40 .... 294 B 5
Pimelles 89 .... 137 G 2
Pimorin 39 .... 196 B 2
Pimprez 60 .... 39 G 1
Le Pin 14 .... 34 D 4
Le Pin 77 .... 59 E 3
Le Pin 44 .... 127 F 5
Pin 70 .... 161 G 3
Le Pin 79 .... 167 F 3
Le Pin 39 .... 179 E 5
Le Pin 03 .... 193 F 3
Le Pin 17 .... 220 B 5
Le Pin 38 .... 232 C 3
Le Pin 82 .... 277 E 5
Le Pin 30 .... 284 C 4
Pin Haras du 61 .... 54 C 4
Le Pin-au-Haras 61 .... 54 C 4
Pin-Balma 31 .... 298 A 4
Le Pin-en-Mauges 49 .... 148 D 4
Le Pin-la-Garenne 61 .... 84 B 4
Pin-Moriès 48 .... 264 A 5
Le Pin-Murelet 31 .... 317 E 4
Pinarellu 2A .... 349 G 5
Pinas 65 .... 333 H 1
Pinay 42 .... 211 H 4
Pincé 72 .... 128 D 3
Pinçon Mont 14 .... 53 E 1
Pindères 47 .... 274 D 2
Pindray 86 .... 187 F 2
Les Pineaux 85 .... 183 F 1
Pinel-Hauterive 47 .... 258 B 5
Pinet 34 .... 322 C 4
Pineuilh 33 .... 257 F 1
Piney 10 .... 91 G 4
Pino 2B .... 345 F 2
Pinols 43 .... 246 B 3
Pinon 02 .... 40 C 1
Les Pins 16 .... 203 H 5
Pins-Justaret 31 .... 317 H 3
Pinsac 46 .... 260 B 1
Pinsaguel 31 .... 317 H 3
Pinsot 38 .... 233 G 4
Pintac 65 .... 315 E 5
Pinterville 27 .... 36 B 4
Pintheville 55 .... 64 D 1
Les Pinthières 28 .... 57 E 5
Piobetta 2B .... 347 G 4
Pioggiola 2B .... 346 D 2
Piolenc 84 .... 285 E 3
Pionnat 23 .... 207 F 1
Pionsat 63 .... 208 D 2
Pioussay 79 .... 203 E 2
Pipriac 35 .... 126 A 2
Piquecos 82 .... 277 H 4
Pirajoux 01 .... 196 A 3
Piré-sur-Seiche 35 .... 104 D 4
Pirey 25 .... 161 H 3
Piriac-sur-Mer 44 .... 145 G 3
Pirmil 72 .... 107 F 5
Pirou 50 .... 31 F 4
Pis 32 .... 296 C 2
Pisany 17 .... 219 E 1
Piscop 95 .... 58 C 1
Piseux 27 .... 56 A 4
Pisieu 38 .... 231 G 4
Pisse Cascade de la 38 .... 251 H 3
Pisseleu 60 .... 38 A 1
Pisseleux 02 .... 39 H 4
Pisseloup 52 .... 140 B 2
La Pisseure 70 .... 141 F 2
Pissos 40 .... 273 D 1
Pissotte 85 .... 184 B 2
Pissy 80 .... 22 A 2
Pissy-Pôville 76 .... 36 A 1
Pisy 89 .... 158 B 1
Pitgam 59 .... 3 G 3
Pithiviers 45 .... 111 G 3
Pithiviers-le-Vieil 45 .... 111 G 3
Pithon 02 .... 23 H 3
Pîtres 27 .... 36 C 3
Pittefaux 62 .... 2 B 5
Pizançon 26 .... 249 G 3
Pizay 01 .... 213 G 4
Pizieux 72 .... 84 A 5
Le Pizou 24 .... 239 E 4
Le Pla 09 .... 337 B 5
Pla-d'Adet 65 .... 333 G 4
Plabennec 29 .... 70 D 5
Placé 53 .... 82 A 5
Les Places 27 .... 35 E 5
La Placette Col de 38 .... 232 D 5
Placey 25 .... 161 G 3
Plachy-Buyon 80 .... 22 B 2
Placy 14 .... 53 G 1
Placy-Montaigu 50 .... 52 C 1
Le Plagnal 07 .... 265 G 2
Plagne 01 .... 196 D 5
La Plagne 73 .... 234 D 2
Plagne 31 .... 317 E 5
Plagnole 31 .... 317 E 4
Plagny 58 .... 174 C 2
Plaigne 11 .... 318 C 5
Plailly 60 .... 39 E 5
Plaimbois-du-Miroir 25 .... 163 E 4
Plaimbois-Vennes 25 .... 163 E 4
Plaimpied-Givaudins 18 .... 173 F 2
Plaine 67 .... 96 C 3
La Plaine 49 .... 167 F 1
Plaine-de-Walsch 57 .... 67 H 5
Plaine-Haute 22 .... 78 A 3
Plaine-Joux 74 .... 216 D 2
La Plaine-sur-Mer 44 .... 146 B 4
Plainemont 70 .... 141 F 2
Plaines-Saint-Lange 10 .... 115 H 5
Plainfaing 88 .... 120 C 2
Plainoiseau 39 .... 179 E 4
Plainpalais Col de 73 .... 233 F 1
Les Plains-et-Grands-Essarts 25 .... 163 G 2
Plaintel 22 .... 78 B 4
Plainval 60 .... 38 C 1
Plainville 60 .... 22 D 5
Plainville 27 .... 35 E 5
Plaisance 86 .... 187 F 4
Plaisance 32 .... 295 E 4
Plaisance 12 .... 300 A 1
Plaisance 34 .... 301 E 4
Plaisance-du-Touch 31 .... 297 G 5
Plaisia 39 .... 196 C 1
Plaisians 26 .... 286 B 2
Plaisir 78 .... 57 H 4
Plaisir Fontaine Grotte de 25 .... 162 B 5
Plaissan 34 .... 302 A 5
Plaizac 16 .... 202 D 5
Plampinet 05 .... 252 D 3
Plan 38 .... 232 B 5
Le Plan 31 .... 317 F 5
Plan-d'Aups 83 .... 327 G 2
Plan-de-Baix 26 .... 267 H 1
Plan-de-Campagne 13 .... 326 D 1
Plan-de-Cuques 13 .... 327 E 2
Le Plan-de-Grasse 06 .... 309 E 3
Plan-de-la-Tour 83 .... 329 F 2
Plan-d'Orgon 13 .... 305 E 2
Plan-du-Var 06 .... 291 E 5
Planaise 73 .... 233 G 3
Planay 21 .... 137 H 3
Planay 73 .... 234 D 3
La Planche 44 .... 165 H 1
Plancher-Bas 70 .... 142 B 2
Plancher-les-Mines 70 .... 142 B 1
Plancherine 73 .... 234 A 1
Les Planches 27 .... 36 B 5
Planches 61 .... 54 D 5
Les Planches-en-Montagne 39 .... 180 A 5
Les Planches-près-Arbois 39 .... 179 G 3
Planchez 58 .... 158 A 5
Plancoët 22 .... 79 F 3
Plancy-l'Abbaye 10 .... 90 D 2
La Planée 25 .... 180 C 3
Planès 66 .... 341 G 4
Planèzes 66 .... 338 B 5
Planfoy 42 .... 230 B 5
Planguenoual 22 .... 78 C 3
Planioles 46 .... 261 F 3
Le Planois 71 .... 178 D 4
Le Planquay 27 .... 35 E 5
Planquery 14 .... 32 D 4
Planques 62 .... 7 E 4
Las Planques Église de 81 .... 279 H 4
Planrupt 52 .... 92 B 3
Les Plans 30 .... 284 A 3
Les Plans 34 .... 301 G 3
Le Plantay 01 .... 213 G 2
Les Plantiers 30 .... 283 E 4
Le Plantis 61 .... 84 A 2
Planty 10 .... 114 A 2
Planzolles 07 .... 265 H 5
Plappeville 57 .... 45 G 5
Plascassier 06 .... 309 E 3
Plasne 39 .... 179 F 3
Plasnes 27 .... 35 F 5
Plassac 17 .... 219 G 3
Plassac 33 .... 237 F 2
Plassac-Rouffiac 16 .... 221 E 3
Plassay 17 .... 201 F 4
Plateau-d'Assy 74 .... 216 D 3
Plats 07 .... 249 E 4
Plaudren 56 .... 124 C 2
Plauzat 63 .... 227 H 2
Plavilla 11 .... 336 D 1
Plazac 24 .... 241 F 4
Pleaux 15 .... 243 H 3
Pléboulle 22 .... 79 E 2
Pléchâtel 35 .... 104 A 5
Plédéliac 22 .... 79 E 4
Plédran 22 .... 78 B 4
Pléguien 22 .... 73 G 4
Pléhédel 22 .... 73 F 4
Pleine-Fougères 35 .... 80 C 2
Pleine-Selve 02 .... 24 C 3
Pleine-Selve 33 .... 219 G 5
Pleine-Sève 76 .... 19 G 2
Pleines-Œuvres 14 .... 52 B 2
Plélan-le-Grand 35 .... 103 G 4
Plélan-le-Petit 22 .... 79 F 4
Plélauff 22 .... 77 G 5
Plélo 22 .... 73 G 5
Plémet 22 .... 102 C 2
Plémy 22 .... 78 C 5
Plénée-Jugon 22 .... 79 E 5
Pléneuf Pointe de 22 .... 78 D 2
Pléneuf-Val-André 22 .... 78 D 2
Plénise 39 .... 180 A 3
Plénisette 39 .... 180 A 3
Plerguer 35 .... 80 A 2
Plérin 22 .... 78 B 3
Plerneuf 22 .... 78 A 3
Plescop 56 .... 124 B 3
Plesder 35 .... 79 H 4
Plésidy 22 .... 77 G 2
Pleslin 22 .... 79 G 3
Plesnois 57 .... 45 G 5
Plesnoy 52 .... 117 G 5
Plessala 22 .... 78 C 5
Plessé 44 .... 126 A 5
Plessier-de-Roye 60 .... 23 F 5
Le Plessier-Huleu 02 .... 40 B 4
Le Plessier-Rozainvillers 80 .... 22 D 3
Le Plessier-sur-Bulles 60 .... 38 C 1
Le Plessier-sur-Saint-Just 60 .... 38 D 1
Le Plessis-aux-Bois 77 .... 59 F 2
Plessis-Barbuise 10 .... 90 A 2
Le Plessis-Belleville 60 .... 59 F 1
Le Plessis-Bouchard 95 .... 58 B 2
Le Plessis Bourré Château 49 .... 128 C 5
Le Plessis-Brion 60 .... 39 G 1
Le Plessis-Chenet 91 .... 88 A 2
Le Plessis-Dorin 41 .... 109 E 4
Plessis-du-Mée 89 .... 89 G 5
Le Plessis-Feu-Aussoux 77 .... 59 H 5
Le Plessis-Gassot 95 .... 58 C 1
Le Plessis-Grammoire 49 .... 149 H 1
Le Plessis-Grimoult 14 .... 53 E 2
Le Plessis-Grohan 27 .... 56 B 2
Le Plessis-Hébert 27 .... 56 D 2
Le Plessis-Josso Château 56 .... 124 D 4
Le Plessis-Lastelle 50 .... 31 G 3
Le Plessis-l'Échelle 41 .... 132 B 3
Le Plessis-l'Évêque 77 .... 59 F 1
Le Plessis-Luzarches 95 .... 38 D 5
Le Plessis-Macé 49 .... 128 B 5
Le Plessis-Pâté 91 .... 87 H 2
Le Plessis-Patte-d'Oie 60 .... 23 H 4
Le Plessis-Picard 77 .... 88 B 2
Le Plessis-Placy 77 .... 59 H 1
Le Plessis-Robinson 92 .... 58 B 4
Plessis-Saint-Benoist 91 .... 87 E 4
Plessis-Saint-Jean 89 .... 89 G 5
Le Plessis-Sainte-Opportune 27 .... 55 H 1
Le Plessis-Trévise 94 .... 58 D 4
Plessix-Balisson 22 .... 79 G 3
Plestan 22 .... 78 D 4
Plestin-les-Grèves 22 .... 72 B 4
Pleubian 22 .... 73 F 2
Pleucadeuc 56 .... 125 E 2
Pleudaniel 22 .... 73 E 3
Pleudihen-sur-Rance 22 .... 79 H 3
Pleugriffet 56 .... 102 B 4
Pleugueneuc 35 .... 79 H 4
Pleumartin 86 .... 170 A 5
Pleumeleuc 35 .... 103 H 2
Pleumeur-Bodou 22 .... 72 C 2
Pleumeur-Gautier 22 .... 73 E 2
Pleure 39 .... 178 D 2
Pleurs 51 .... 61 F 5
Pleurtuit 35 .... 50 B 5

Pleuven 29 ... 99 H 4
Pleuvezain 88 ... 94 B 4
Pleuville 16 ... 204 B 2
Pléven 22 ... 79 E 3
Plévenon 22 ... 79 E 1
Plévin 22 ... 76 D 5
Pleyben 29 ... 76 A 4
Pleyber-Christ 29 ... 71 H 5
Le Pleyney 38 ... 233 G 5
Pliboux 79 ... 203 F 1
Plichancourt 51 ... 62 D 4
Plieux 32 ... 296 C 1
Plivot 51 ... 61 G 1
Ploaré 29 ... 99 F 2
Plobannalec-Lesconil 29 ... 99 G 5
Plobsheim 67 ... 97 H 2
Ploemel 56 ... 123 H 3
Ploemeur 56 ... 123 F 2
Ploërdut 56 ... 101 F 2
Ploeren 56 ... 124 B 3
Ploërmel 56 ... 102 D 4
Plœuc-sur-Lié 22 ... 78 B 5
Ploéven 29 ... 75 G 5
Ploëzal 22 ... 73 E 3
Plogastel-Saint-Germain 29 ... 99 F 3
Plogoff 29 ... 98 D 2
Plogonnec 29 ... 99 G 2
Ploisy 02 ... 40 B 3
Plomb 50 ... 51 H 4
Plombières-les-Bains 88 ... 119 G 4
Plombières-lès-Dijon 21 ... 160 A 3
Plomelin 29 ... 99 G 3
Plomeur 29 ... 99 F 4
Plomion 02 ... 25 G 2
Plomodiern 29 ... 75 G 5
Plonéis 29 ... 99 G 2
Plonéour-Lanvern 29 ... 99 F 4
Plonévez-du-Faou 29 ... 76 B 4
Plonévez-Porzay 29 ... 75 G 5
Plorec-sur-Arguenon 22 ... 79 E 3
Plottes 71 ... 195 E 2
Plou 18 ... 172 C 1
Plouagat 22 ... 73 F 5
Plouaret 22 ... 72 C 4
Plouarzel 29 ... 74 C 2
Plouasne 22 ... 103 H 1
Plouay 56 ... 101 E 4
Ploubalay 22 ... 50 B 5
Ploubazlanec 22 ... 73 F 2
Ploubezre 22 ... 72 C 3
Ploudalmézeau 29 ... 70 B 4
Ploudaniel 29 ... 71 E 5
Ploudiry 29 ... 75 H 2
Plouëc-du-Trieux 22 ... 73 E 4
Plouédern 29 ... 71 E 5
Plouégat-Guérand 29 ... 72 A 4
Plouégat-Moysan 29 ... 72 B 5
Plouénan 29 ... 71 G 4
Plouër-sur-Rance 22 ... 79 H 3
Plouescat 29 ... 71 F 3
Plouézec 22 ... 73 G 3
Plouezoc'h 29 ... 71 H 4
Ploufragan 22 ... 78 B 3
Plougar 29 ... 71 F 4
Plougasnou 29 ... 72 A 3
Plougastel-Daoulas 29 ... 75 F 2
Plougonvelin 29 ... 74 C 3
Plougonven 29 ... 72 A 5
Plougonver 22 ... 77 F 2
Plougoulm 29 ... 71 G 3
Plougoumelen 56 ... 124 A 3
Plougourvest 29 ... 71 F 5
Plougras 22 ... 72 B 5
Plougrescant 22 ... 73 E 2
Plouguenast 22 ... 78 B 5
Plouguerneau 29 ... 70 C 4
Plouguernével 22 ... 77 F 5
Plouguiel 22 ... 73 E 2
Plouguin 29 ... 70 C 5
Plouha 22 ... 73 G 4
Plouharnel 56 ... 123 H 4
Plouhinec 29 ... 99 E 2
Plouhinec 56 ... 123 G 3
Plouider 29 ... 71 E 4
Plouigneau 29 ... 72 A 5
Plouisy 22 ... 73 E 5
Ploulec'h 22 ... 72 C 3
Ploumagoar 22 ... 73 E 5
Ploumanach 22 ... 72 C 2
Ploumilliau 22 ... 72 C 4
Ploumoguer 29 ... 74 D 2
Plounéour-Ménez 29 ... 76 B 2
Plounéour-Trez 29 ... 71 E 3
Plounérin 22 ... 72 B 5
Plounéventer 29 ... 71 E 5
Plounévez-Lochrist 29 ... 71 E 4
Plounévez-Moëdec 22 ... 72 C 5
Plounévez-Quintin 22 ... 77 F 4
Plounévézel 29 ... 76 D 4
Plourac'h 22 ... 76 D 2
Plouray 56 ... 101 E 2
Plourhan 22 ... 73 G 4
Plourin 29 ... 70 B 5
Plourin-lès-Morlaix 29 ... 72 A 5
Plourivo 22 ... 73 F 3
Plouvain 62 ... 13 H 2
Plouvara 22 ... 78 A 3
Plouvien 29 ... 70 D 5
Plouvorn 29 ... 71 G 4
Plouyé 29 ... 76 C 3
Plouzané 29 ... 74 D 2
Plouzélambre 22 ... 72 B 4
Plouzévédé 29 ... 71 F 4
Plovan 29 ... 99 F 3
Ployart-et-Vaurseine 02 ... 41 E 1
Le Ployron 60 ... 23 E 5
Plozévet 29 ... 99 E 3
Pludual 22 ... 73 G 4
Pluduno 22 ... 79 F 3
Plufur 22 ... 72 B 4
Pluguffan 29 ... 99 G 3
Pluherlin 56 ... 125 E 3
Plumaudan 22 ... 79 G 5
Plumaugat 22 ... 103 F 1
Plumelec 56 ... 102 C 5
Pluméliau 56 ... 101 H 4
Plumelin 56 ... 102 A 5
Plumergat 56 ... 124 A 2
Plumetot 14 ... 33 G 3
Plumieux 22 ... 102 C 2
Plumont 39 ... 161 F 5
Pluneret 56 ... 124 A 3
Plurien 22 ... 79 E 2
Plusquellec 22 ... 77 E 3
Plussulien 22 ... 77 H 4
Pluvault 21 ... 160 C 4
Pluvet 21 ... 160 C 4
Pluvigner 56 ... 124 A 2
Pluzunet 22 ... 72 D 4
Pocancy 51 ... 61 H 2
Pocé-les-Bois 35 ... 105 E 3
Pocé-sur-Cisse 37 ... 152 C 2
Podensac 33 ... 255 H 3
Le Poët 05 ... 287 F 1
Le Poët-Célard 26 ... 267 H 3
Le Poët-en-Percip 26 ... 286 B 2
Le Poët-Laval 26 ... 267 G 4
Le Poët-Sigillat 26 ... 286 A 1
Pœuilly 80 ... 23 H 2
Poey-de-Lescar 64 ... 314 A 4
Poey-d'Oloron 64 ... 313 G 5
Poëzat 03 ... 210 A 2
Poggio-di-Nazza 2B ... 349 G 2
Poggio-di-Venaco 2B ... 347 F 5
Poggio-d'Oletta 2B ... 345 G 5
Poggio-Marinaccio 2B ... 347 G 3
Poggio-Mezzana 2B ... 347 H 3
Poggiolo 2A ... 348 D 1
Pogny 51 ... 62 B 3
Poids-de-Fiole 39 ... 196 C 1
Poigny 77 ... 89 G 3
Poigny-la-Forêt 78 ... 57 F 5
Poil 58 ... 176 B 3
Le Poil 04 ... 288 A 5
Poilcourt-Sydney 08 ... 41 H 2
Poilhes 34 ... 321 F 5
Poillé-sur-Vègre 72 ... 106 D 5
Poilley 50 ... 51 H 5
Poilley 35 ... 81 E 3
Poilly 51 ... 41 F 4
Poilly-lez-Gien 45 ... 134 C 4
Poilly-sur-Serein 89 ... 136 D 3
Poilly-sur-Tholon 89 ... 136 A 2
Poinchy 89 ... 136 C 3
Poinçon-lès-Larrey 21 ... 137 H 2
Le Poinçonnet 36 ... 171 H 4
Poincy 77 ... 59 G 2
Poinsenot 52 ... 139 E 4
Poinson-lès-Fayl 52 ... 140 A 3
Poinson-lès-Grancey 52 ... 139 E 4
Poinson-lès-Nogent 52 ... 117 F 4
Point-Sublime 48 ... 282 A 2
Point Sublime 04 ... 307 H 2
Pointel 61 ... 53 G 5
Pointis-de-Rivière 31 ... 334 B 1
Pointis-Inard 31 ... 334 C 1
Pointre 39 ... 161 E 4
Pointvillers 25 ... 161 H 5
Poinville 28 ... 111 E 3
Le Poiré-sur-Velluire 85 ... 183 H 3
Le Poiré-sur-Vie 85 ... 165 G 4
Poiroux 85 ... 182 C 2
Poisat 38 ... 251 E 2
Poiseul 52 ... 117 G 5
Poiseul-la-Grange 21 ... 138 C 5
Poiseul-la-Ville-et-Laperrière 21 ... 138 B 5
Poiseul-lès-Saulx 21 ... 139 E 5
Poiseux 58 ... 156 D 5
Poisieux 18 ... 172 C 1
Le Poislay 41 ... 109 F 4
Poisoux 39 ... 196 A 3
Poisson 71 ... 193 H 4
Poissons 52 ... 93 E 4
Poissy 78 ... 58 A 2
Poisvilliers 28 ... 86 A 3
Poisy 74 ... 215 G 3
La Poitevinière 49 ... 148 D 4
Poitiers 86 ... 186 B 1
Poivres 10 ... 62 A 5
Poix 51 ... 62 C 2
Poix-de-Picardie 80 ... 21 H 3
Poix-du-Nord 59 ... 15 E 3
Poix-Terron 08 ... 26 C 4
Le Poizat 01 ... 214 D 1
Pol *Chapelle* 29 ... 71 E 3
Polaincourt-et-Clairefontaine 70 ... 118 D 5
Polastron 32 ... 296 D 5
Polastron 31 ... 317 E 5
Poleymieux-au-Mont-d'Or 69 ... 213 E 4
Poliénas 38 ... 250 B 1
Polignac 17 ... 238 B 1
Polignac 43 ... 247 F 3
Poligné 35 ... 104 B 5
Poligny 77 ... 112 C 2
Poligny 10 ... 115 G 3
Poligny 39 ... 179 F 3
Poligny 05 ... 269 G 2
Polincove 62 ... 3 E 4
Polisot 10 ... 115 G 4
Polisy 10 ... 115 G 4
Pollestres 66 ... 343 E 2
Polliat 01 ... 195 G 5
Pollieu 01 ... 214 D 5
Pollionnay 69 ... 212 D 5
Polminhac 15 ... 244 D 5
Polveroso 2B ... 347 G 3
Pomacle 51 ... 41 H 3
Pomarède 46 ... 259 F 4
La Pomarède 11 ... 319 E 4
Pomarez 40 ... 293 F 4
Pomas 11 ... 337 C 1
Pomay *Château de* 03 ... 192 B 1
Pomayrols 12 ... 263 G 5
Pomerol 33 ... 238 C 4
Pomérols 34 ... 322 C 4
Pomeys 69 ... 230 B 2
Pommard 21 ... 177 G 1
Pommera 62 ... 12 D 4
La Pommeraie-sur-Sèvre 85 ... 167 E 3
La Pommeraye 14 ... 53 F 2
La Pommeraye 49 ... 149 E 2
Pommeret 22 ... 78 C 3
Pommereuil 59 ... 15 E 4
Pommereux 76 ... 21 F 5
Pommeréval 76 ... 20 C 3
Pommérieux 57 ... 65 H 2
Pommerieux 53 ... 128 A 2
Pommerit-Jaudy 22 ... 73 E 3
Pommerit-le-Vicomte 22 ... 73 F 4
Pommerol 26 ... 268 C 5
Pommeuse 77 ... 59 H 4
Pommevic 82 ... 276 D 4
Pommier 62 ... 13 F 3
Pommier-de-Beaurepaire 38 ... 231 H 4
Pommiers 02 ... 40 B 2
Pommiers 36 ... 189 E 2
Pommiers 42 ... 211 G 5
Pommiers 69 ... 212 D 3
Pommiers 30 ... 302 B 1
Pommiers-la-Placette 38 ... 232 D 5
Pommiers-Moulons 17 ... 220 B 5
Pomoy 70 ... 141 G 4
Pompaire 79 ... 185 F 1
Pompéjac 33 ... 256 B 5
Pompertuzat 31 ... 318 A 3
Pompey 54 ... 65 H 4
Pompiac 32 ... 317 E 3
Le Pompidou 48 ... 282 D 3
Pompierre 88 ... 94 A 5
Pompierre-sur-Doubs 25 ... 162 D 1
Pompiey 47 ... 275 F 3
Pompignac 33 ... 237 H 5
Pompignan 82 ... 297 G 2
Pompignan 30 ... 302 D 1
Pompogne 47 ... 274 D 2
Pomponne 77 ... 59 E 3
Pomport 24 ... 257 H 1
Pomps 64 ... 293 H 5
Pomy 11 ... 337 B 2
Poncé-sur-le-Loir 72 ... 130 D 3
Poncey-lès-Athée 21 ... 160 D 4
Poncey-sur-l'Ignon 21 ... 159 G 1
Le Ponchel 62 ... 12 B 3
Ponches-Estruval 80 ... 11 H 1
Ponchon 60 ... 38 B 3
Poncin 01 ... 214 A 2
Poncins 42 ... 229 H 1
Pondaurat 33 ... 256 C 4
Le Pondy 18 ... 173 H 4
Ponet-et-Saint-Auban 26 ... 268 A 1
Ponlat-Taillebourg 31 ... 334 B 1
Pons 17 ... 219 G 2
Pons 12 ... 262 C 2
Ponsampère 32 ... 315 H 3
Ponsan-Soubiran 32 ... 316 A 4
Ponsas 26 ... 249 E 2
Ponson-Debat-Pouts 64 ... 314 D 4
Ponson-Dessus 64 ... 314 D 4
Ponsonnas 38 ... 251 E 5
Pont 21 ... 160 C 4
Pont-à-Bucy 02 ... 24 C 4
Pont-à-la-Planche 87 ... 205 E 4
Pont-à-Marcq 59 ... 8 D 4
Pont-à-Mousson 54 ... 65 G 3
Pont-à-Vendin 62 ... 8 C 4
Pont-Arcy 02 ... 40 D 2
Pont-Audemer 27 ... 35 E 2
Pont-Authou 27 ... 35 G 4
Pont-aux-Moines 45 ... 133 G 2
Pont-Aven 29 ... 100 B 5
Pont-Bellanger 14 ... 52 B 2
Pont-Calleck
*Château et Forêt de* 56 ... 101 E 3
Le Pont-Chrétien-Chabenet 36 ... 188 C 1
Pont-Croix 29 ... 99 E 2
Pont-d'Ain 01 ... 214 A 2
Pont-d'Arc 07 ... 284 B 1
Le Pont-d'Ardres 62 ... 2 D 3
Pont-de-Barret 26 ... 267 G 3
Le Pont-de-Beauvoisin 73 ... 232 D 3
Le Pont-de-Beauvoisin 38 ... 232 D 3
Pont-de-Braye 72 ... 130 D 3
Pont-de-Briques 62 ... 6 B 2
Pont-de-Buis-lès-Quimerch 29 ... 75 H 4
Pont-de-Chazey-Villieu 01 ... 213 H 4
Pont-de-Chéruy 38 ... 213 H 5
Le Pont-de-Claix 38 ... 250 D 2
Pont-de-Crau 13 ... 304 B 4
Pont-de-Dore 63 ... 210 C 5
Pont de Gau (Parc ornithologique du) 13 ... 324 B 3
Pont-de-la-Chaux 39 ... 179 H 5
Pont-de-la-Maye 33 ... 255 G 1
Pont-de-Labeaume 07 ... 266 A 3
Pont-de-l'Arche 27 ... 36 B 3
Pont-de-Larn 81 ... 319 H 3
Pont-de-l'Étoile 13 ... 327 F 2
Pont-de-l'Isère 26 ... 249 F 4
Pont-de-Lunel 34 ... 303 G 3
Pont-de-Menat 63 ... 209 F 2
Pont-de-Metz 80 ... 22 B 2
Le Pont-de-Montvert 48 ... 283 E 1
Pont-de-Pany 21 ... 159 G 3
Le Pont-de-Planches 70 ... 140 D 5
Pont-de-Poitte 39 ... 196 C 1
Pont-de-Roide 25 ... 163 F 2
Pont-de-Ruan 37 ... 151 G 4
Pont-de-Salars 12 ... 281 E 2
Pont-de-Vaux 01 ... 195 F 3
Pont-de-Veyle 01 ... 195 E 5
Pont-des-Pierres 01 ... 215 E 1
Pont-d'Espagne 65 ... 332 C 4
Pont-d'Hérault 30 ... 283 E 5
Pont-d'Héry 39 ... 179 H 3
Pont-d'Ouche 21 ... 159 G 5
Pont-d'Ouilly 14 ... 53 G 3
Pont-du-Bois 70 ... 118 D 4
Pont-du-Casse 47 ... 276 B 2
Pont-du-Château 63 ... 210 A 5
Pont-du-Châtel 29 ... 71 E 4
Pont du Diable
*Gorges du* 74 ... 198 C 4
Pont du Dognon 87 ... 206 B 4
Pont-du-Fossé 05 ... 270 A 2
Pont du Gard 30 ... 304 A 1
Pont-du-Loup 06 ... 309 E 2
Pont-du-Navoy 39 ... 179 G 4
Pont-en-Royans 38 ... 250 A 3
Pont-et-Massène 21 ... 158 D 1
Pont-Évêque 38 ... 231 F 3
Pont-Farcy 14 ... 52 B 2
Pont-Hébert 50 ... 32 A 4
Pont-James 44 ... 165 G 1
Pont-la-Ville 52 ... 116 C 3
Pont-l'Abbé 50 ... 31 G 2
Pont-l'Abbé 29 ... 99 G 4
Pont-l'Abbé-d'Arnoult 17 ... 201 E 4
Pont-lès-Bonfays 88 ... 118 D 2
Pont-les-Moulins 25 ... 162 C 2
Pont-l'Évêque 60 ... 23 G 5
Pont-l'Évêque 14 ... 34 C 3
Pont-Melvez 22 ... 77 F 2
Pont-Noyelles 80 ... 22 C 1
Pont-Péan 35 ... 104 B 4
Pont-Réan 35 ... 104 A 4
Pont-Remy 80 ... 11 H 4
Pont-Royal 13 ... 305 G 3
Pont-Saint-Esprit 30 ... 284 D 2
Pont-Saint-Mard 02 ... 40 B 1
Pont-Saint-Martin 44 ... 147 G 5
Pont-Saint-Pierre 27 ... 36 C 3
Pont-Saint-Vincent 54 ... 94 D 1
Pont-Sainte-Marie 10 ... 91 E 5
Pont-Sainte-Maxence 60 ... 39 E 3
Pont-Salomon 43 ... 230 A 5
Pont-Scorff 56 ... 101 E 5
Pont-sur-l'Ognon 70 ... 141 G 5
Pont-sur-Madon 88 ... 94 D 4
Pont-sur-Meuse 55 ... 64 C 4
Pont-sur-Sambre 59 ... 15 G 3
Pont-sur-Seine 10 ... 90 A 3
Pont-sur-Vanne 89 ... 113 H 3
Pont-sur-Yonne 89 ... 89 F 5
Pont-Trambouze 69 ... 212 A 2
Pontacq 64 ... 314 D 5
Pontaillac 17 ... 218 C 1


## POITIERS

| | | |
|---|---|---|
| Abbé-Frémont (Bd) | DY | 2 |
| Alexandre (R. J.) | DZ | 4 |
| Blossac (R. de) | CZ | 10 |
| Boncenne (R.) | CDY | 12 |
| Bouchet (R. Jean) | DY | 14 |
| Bretonnerie (R. de la) | DY | 16 |
| Carnot (R.) | CZ | 17 |
| Chaine (R. de la) | DY | 20 |
| Champagne (R. de) | DY | 21 |
| Clos-des-Carmes (Pl. du) | DY | 22 |
| Coligny (Bd) | DZ | 23 |
| Cordeliers (R. des) | DY | 25 |
| Descartes (R. René) | DY | 28 |
| Fg-du-Pont-Neuf | DZ | 30 |
| Gabillet (R. H.) | DY | 34 |
| Gambetta (R.) | DY | 35 |
| Gaulle (Pl. Ch.-de) | DY | 36 |
| Grand-Rue | DY | |
| Grignon-de-Montfort (R.) | DY | 40 |
| Hôtel-Dieu (R. de l') | DY | 45 |
| Intendant-le-Nain (R. de l') | DY | 46 |
| Jeanne-d'Arc (Bd) | DY | 48 |
| Jean-de-Berry (Pl.) | DY | 47 |
| Leclerc (Pl. du Mar.) | DZ | 49 |
| Libération (Av. de la) | CZ | 50 |
| Liberté (Av. de la) | BV | 51 |
| Liberté (Pl. de la) | DY | 52 |
| Macé (R. Jean) | DY | 53 |
| Marché-Notre-Dame (R. du) | DYZ | 55 |
| Marne (R. de la) | CY | 56 |
| Mouton (R. du) | DY | 63 |
| Oudin (R. H.) | DY | 67 |
| Puygarreau (R. du) | DZ | 70 |
| Rat (R. Pierre) | DY | 71 |
| Riffault (R.) | DY | 74 |
| St-Cyprien (R.) | DZ | 76 |
| St-Germain (R.) | DY | 77 |
| Solférino (Bd) | CY | 89 |
| Thezard (R. Léopold) | CZ | 90 |
| Tison (Bd de) | CZ | 92 |
| Verdun (Bd de) | CY | 94 |
| 3-Rois (R. des) | DY | 95 |
| 125e-R.-I. (R. du) | CZ | 97 |

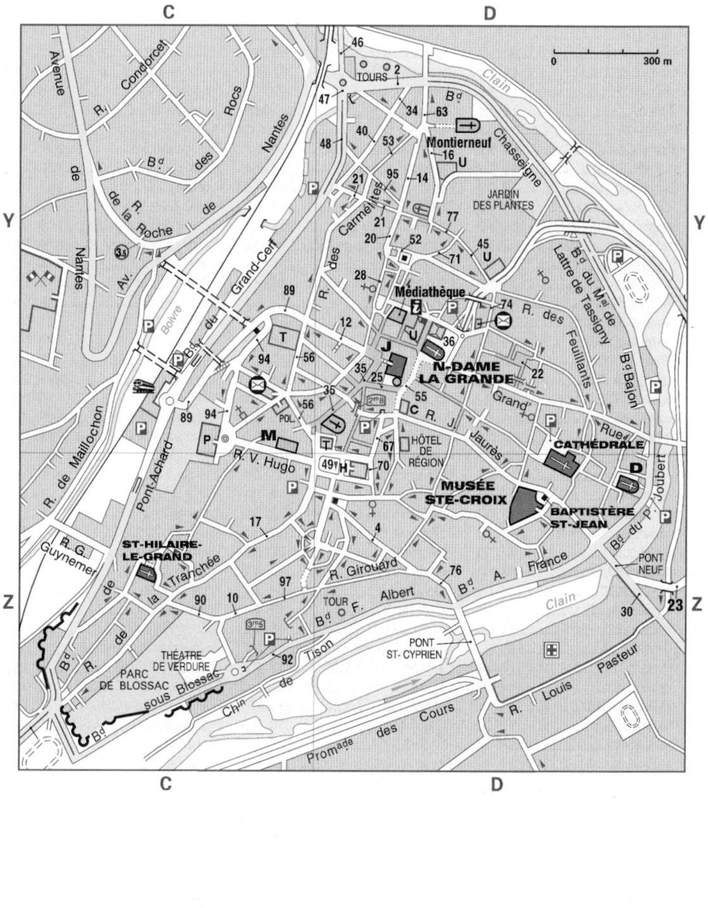

Pontailler-sur-Saône 21 160 D3
Pontaix 26 268 A1
Pontamafrey 73 234 A5
Pontanevaux 71 195 E5
Pontarion 23 207 E3
Pontarlier 25 180 C2
Pontarmé 60 38 D5
Pontaubault 50 51 H5
Pontaubert 89 157 H1
Pontault-Combault 77 59 E4
Pontaumur 63 208 D4
Pontavert 02 41 F2
Pontcarré 77 59 E4
Pontcey 70 140 D4
Pontchardon 61 54 D2
Pontcharra 38 233 G4
Pontcharra-sur-Turdine 69 212 B4
Pontcharraud 23 207 H4
Pontchartrain 78 57 H4
Pontchâteau 44 146 C1
Pontcirq 46 259 G4
Ponte-Leccia 2B 347 E3
Ponte Nuovo 2B 347 F2
Pontécoulant 14 53 E3
Ponteilla 66 343 E2
Ponteils-et-Brésis 30 283 G1
Pontempeyrat 43 229 F5
Pontenx-les-Forges 40 272 C2
Le Pontet 73 233 H3
Le Pontet 33 237 G2
Le Pontet 84 285 F5
Les Pontets 25 180 B4
Pontevès 83 307 F4
Ponteyraud 24 239 F2
Pontfaverger-
Moronvilliers 51 42 A3
Pontgibaud 63 209 F5
Pontgouin 28 85 G3
Ponthévrard 78 87 E3
Ponthierry 77 88 A3
Ponthion 51 62 D4
Ponthoile 80 11 F2
Le Ponthou 29 72 B5
Ponthoux 39 196 D3
Pontiacq-Viellepinte 64 314 D4
Pontigné 49 129 G5
Pontigny 89 136 C2
Pontis 04 270 B4
Pontivy 56 101 H3
Pontlevoy 41 153 E2
Pontlieue 72 107 H5
Pontmain 53 81 G3
Pontoise 95 58 A1
Pontoise-lès-Noyon 60 23 H5
Pontonx-sur-l'Adour 40 293 E2
Pontorson 50 80 C2
Pontours 24 258 C1
Pontoux 71 178 B2
Pontoy 57 66 B2
Pontpierre 57 66 D1
Pontpoint 60 39 E3
Pontrieux 22 73 E4
Pontru 02 24 A1
Pontruet 02 24 A1
Ponts 50 51 H4
Les Ponts-de-Cé 49 149 G2
Ponts-et-Marais 76 10 D4
Les Ponts-Neufs 22 78 C3
Pontvallain 72 130 A3
Popian 34 302 A4
Popolasca 2B 347 E3
Porcaro 56 103 F5
Porcelette 57 46 D5
Porchères 33 238 D3
Porcheresse 16 221 E4
La Porcherie 87 224 C3
Porcheux 60 37 H3
Porcheville 78 57 G2
Porcieu-Amblagnieu 38 214 B4
Pordic 22 73 H5
Le Porge 33 236 C5
Pornic 44 146 C5
Pornichet 44 145 H5
Porquéricourt 60 23 G5
Porquerolles *Île de* 83 288 A2
Porri 2B 347 G3
Pors-Even 22 73 F2
Porsmilin 29 74 D2
Porspoder 29 70 A5
Port 01 214 C1
Le Port 09 335 H4
Port *Col de* 09 336 A3
Port-à-Binson 51 61 E1
Port-Barcarès 66 339 E4
Port-Blanc 22 72 D2
Port-Brillet 53 105 G3
Port-Camargue 30 303 F5
Port-Coton *Aiguilles de* 56 144 B4
Port-Cros *Île de* 83 329 E5
Port-d'Atelier 70 140 D3
Port-de-Bouc 13 325 G3
Port-de-Carhaix 29 76 D4
Port-de-Gagnac 46 243 E5
Port-de-Groslée 01 232 C1
Port-de-la-Meule 85 164 A4
Port-de-Lanne 40 292 C4
Port-de-Miramar 83 328 D4
Port-de-Piles 86 169 H2
Port-d'Envaux 17 201 F4
Port-des-Barques 17 200 C3
Port-Donnant 56 144 B4
Port-du-Salut *Trappe du* 53 106 A4
Port-en-Bessin 14 32 D2
Port-Goulphar 56 144 B4
Port-Grimaud 83 329 F2
Port-Haliguen 56 123 H5
Port-Jérôme 76 35 F1
Port-Joinville 85 164 A4
Port-la-Nouvelle 11 339 F2
Port-Launay 29 75 H4
Port-Lauragais 31 318 C4
Port-le-Grand 80 11 G3
Port-Lesney 39 179 G1
Port-Leucate 11 339 F4
Port-Louis 56 123 F2
Port-Manech 29 100 B5
Port-Maria 56 144 C4
Le Port-Marly 78 58 A3
Port-Miou 13 327 F3
Port-Mort 27 36 D5
Port-Navalo 56 124 A4
Port Royal des Champs
*Abbaye de* 78 57 H4
Port-Saint-Louis-
du-Rhône 13 325 F4
Port-Saint-Père 44 147 F5
Port-Sainte-Foy-
et-Ponchapt 24 257 F1
Port-Sainte-Marie 47 275 G2
Port-sur-Saône 70 141 E4
Port-sur-Seille 54 65 H3
Port-Vendres 66 343 G4
Port-Villez 78 57 E1
Porta 66 341 E4
La Porta 2B 347 G3
Portbail 50 31 E2
Porte *Col de* 38 233 E5
Porte-Joie 27 36 C4
Porté-Puymorens 66 341 E3
Le Portel 62 6 A2
Portel *Sommet de* 09 335 H3
Portel-des-Corbières 11 338 D2
Portes 27 56 A1
Portes 30 283 G2
Portes *Calvaire de* 01 214 B4
Portes *Chartreuse de* 01 214 B4
Les Portes-en-Ré 17 182 C4
Portes-en-Valdaine 26 267 F4
Portes-lès-Valence 26 249 F5
Portet 64 294 C5
Portet-d'Aspet 31 334 D3
Portet d'Aspet *Col de* 31 334 D3
Portet-de-Luchon 31 334 A4
Portet-sur-Garonne 31 297 H5
Portets 33 255 H2
Porticcio 2A 348 C4
Porticciolo *Marine de* 2B 345 G2
Portieux 88 95 E4
Portiragnes 34 321 H5
Portiragnes-Plage 34 321 H5
Portivy 56 123 G5
Porto 2A 346 B5
Porto-Pollo 2A 348 C5
Porto-Vecchio 2A 351 G2
Ports 37 169 G1
Portsall 29 70 B4
Posanges 21 159 E2
Poses 27 36 C3
Possesse 51 63 E3
La Possonnière 49 149 F2
La Possonnière *Manoir* 41 130 D3
La Postolle 89 113 H2
Postroff 57 67 H3
Potangis 51 90 A2
Potelières 30 284 A3
Potelle 59 15 E3
La Poterie 22 78 D3
La Poterie-au-Perche 61 84 D2
La Poterie-Cap-d'Antifer 76 18 C4
La Poterie-Mathieu 27 35 E4
Pothières 21 115 H5
Potigny 14 53 H2
Potte 80 23 G3
Pouan-les-Vallées 10 90 D3
Pouançay 86 168 B1
Pouancé 49 127 F3
Pouant 86 169 E2
Poubeau 31 334 A4
Poucharramet 31 317 F4
Pouchergues 65 333 H4
Poudenas 47 275 F4
Poudenx 40 293 H4
Poudis 81 299 E5
Poudrey *Gouffre de* 25 162 B4
Poueyferré 65 332 D1
La Pouëze 49 128 A5
Pouffonds 79 185 G5
La Pouge 23 207 F3
Le Pouget 34 302 A5
Pougnadoires *Cirque de* 48 282 B1
Pougnadoresse 30 284 C4
Pougné 16 203 G3
Pougne-Hérisson 79 167 H5
Pougny 58 156 B3
Pougny 01 215 F1
Pougues-les-Eaux 58 174 C1
Pougy 10 91 G4
Pouillac 17 238 B1
Pouillat 01 196 B4
Pouillé 41 153 E3
Pouillé 85 183 H2
Pouillé 86 186 D2
Pouillé-les-Côteaux 44 148 B1
Pouillenay 21 159 E1
Pouilley-Français 25 161 G4
Pouilley-les-Vignes 25 161 H3
Pouillon 51 41 F3
Pouillon 40 293 E4
Pouilloux 71 194 A1
Pouilly 60 38 A4
Pouilly 57 65 H1
Pouilly-en-Auxois 21 159 F4
Pouilly-en-Bassigny 52 117 H4
Pouilly-le-Fort 77 88 B2
Pouilly-le-Monial 69 212 D3
Pouilly-lès-Feurs 42 211 H5
Pouilly-les-Nonains 42 211 F2
Pouilly-sous-Charlieu 42 211 G1
Pouilly-sur-Loire 58 156 A4
Pouilly-sur-Meuse 55 27 G5
Pouilly-sur-Saône 21 178 B1
Pouilly-sur-Serre 02 24 D4
Pouilly-sur-Vingeanne 21 139 H5
Le Poujol-sur-Orb 34 301 F5
Poujols 34 301 H3
Poul-Fétan 56 101 G4
Poulaines 36 153 H5
Poulains *Pointe des* 56 144 B3
Poulainville 80 22 C1
Poulan-Pouzols 81 299 F2
Poulangy 52 117 E4
Poulay 53 82 C4
Pouldavid 29 99 F2
Pouldergat 29 99 F2
Pouldouran 22 73 E3
Pouldreuzic 29 99 F3
Le Pouldu 29 123 E2
Poule-les-Écharmeaux 69 212 B1
Pouliacq 64 294 B5
Les Poulières 88 120 A2
Pouligney 25 162 B2
Pouligny-Notre-Dame 36 189 G2
Pouligny-Saint-Martin 36 189 G2
Pouligny-Saint-Pierre 36 170 C5
Le Pouliguen 44 145 H5
Poullan-sur-Mer 29 99 E2
Poullaouen 29 76 C3
Poullignac 16 220 D4
Poulx 30 303 H1
Poumarous 65 315 F5
Poupas 82 276 D5
Poupry 28 110 D4
Pouques-Lormes 58 157 H3
Pourcharesses 48 265 F5
Pourchères 07 266 C2
Pourcieux 83 306 D5
Pourcy 51 41 F5
Pourlans 71 178 C2
Pournoy-la-Chétive 57 65 H2
Pournoy-la-Grasse 57 65 H2
Pourrain 89 136 A3
Pourrières 83 306 C5
Poursac 16 203 G3
Poursay-Garnaud 17 201 H3
Poursiugues-Boucoue 64 294 B5
Pourtalet *Col du* 64 332 A4
Pouru-aux-Bois 08 27 G3
Pouru-Saint-Remy 08 27 G4
Pourville-sur-Mer 76 10 A5
Poussan 34 323 E3
Poussanges 23 207 H5
Poussay 88 94 D4
Pousseaux 58 157 F1
Poussignac 47 275 E1
Poussy-la-Campagne 14 33 H5
Pousthomy 12 300 B2
Le Pout 33 255 H1
Pouvrai 61 84 B5
Pouxeux 88 119 G3
Pouy 65 316 A5
Pouy-de-Touges 31 317 E4
Pouy-Loubrin 32 316 B3
Pouy-Roquelaure 32 275 H5
Pouy-sur-Vannes 10 90 A5
Pouyastruc 65 315 F5
Pouydesseaux 40 274 A5
Pouydraguin 32 295 E4
Pouylebon 32 295 G5
Pouzac 65 333 F1
Le Pouzat 07 248 B4
Pouzauges 85 166 D4
Pouzay 37 169 G1
Pouze 31 318 A3
Pouzilhac 30 284 D4
Le Pouzin 07 267 E1
Pouzioux 86 187 E2
Pouzol 63 209 G2
Pouzolles 34 321 G3
Pouzols 34 302 A4
Pouzols-Minervois 11 320 D5
Pouzy-Mésangy 03 174 B5
Poyanne 40 293 F2
Poyans 70 160 D1
Poyartin 40 293 F3
Poyols 26 268 B3
Pozières 80 13 G5
Pra-Loup 04 270 D5
Le Pradal 34 301 F4
Les Pradeaux 63 228 A3
Pradeaux *Col des* 63 229 E3
Pradel *Col du* 11 336 D5
Pradelle 26 268 A3
Pradelles 59 4 A5
Pradelles 43 265 F1
Pradelles-Cabardès 11 320 A4
Pradelles-en-Val 11 338 A1
Pradère-les-Bourguets 31 297 F4
Prades 43 246 D4
Prades 07 266 A3
Prades 48 282 C1
Prades 81 299 E4
Prades 09 336 D5
Prades 66 342 A3
Prades-d'Aubrac 12 263 G4
Prades-de-Salars 12 281 E2
Prades-le-Lez 34 302 D3
Prades-sur-Vernazobre 34 321 E3
Le Pradet 83 328 B4
Pradettes 09 336 C2
Pradières 09 336 B3
Pradiers 15 245 F1
Pradinas 12 279 H3
Pradines 42 211 H3
Pradines 19 225 E3
Pradines 46 259 H5
Pradons 07 266 B5
Prads 04 288 C2
Prafrance
*Bambouseraie de* 30 283 G4
Pragnères *Centrale de* 65 333 E4
Prahecq 79 185 E5
Prailles 79 185 F4
Pralognan-la-Vanoise 73 234 D4
Prâlon 21 159 G3
Pralong 42 229 G2
Pramousquier 83 329 E4
Pramouton 05 270 C4
Prangey 52 139 G3
Pranles 07 266 C1
Pranzac 16 221 G1
Prapoutel-les-Sept-Laux 38 251 F1
Le Prarion 74 216 D3
Praslay 52 139 F3
Praslin 10 115 F4
Prasville 28 110 C2
Prat 22 72 D4
Prat-Bonrepaux 09 335 E2
Prat de Bouc 15 245 E3
Prato-di-Giovellina 2B 347 E3
Prats-de-Carlux 24 241 H5
Prats-de-Mollo-
la-Preste 66 342 B5
Prats-de-Sournia 66 338 A5
Prats-du-Périgord 24 259 F2
Pratviel 81 298 D4
Pratz 52 116 C2
Pratz 39 196 D3
Prauthoy 52 139 G4
Pray 41 131 H4
Praye 54 94 D3
Prayet *Col du* 38 268 D1
Prayols 09 336 B3
Prayssac 46 259 G5
Prayssas 47 275 H2
Le Praz 73 234 C3
La Praz 73 252 C1
Praz-Coutant 74 216 D3
Les Praz-de-Chamonix 74 217 E3
Praz-sur-Arly 74 216 C4
Le Pré-d'Auge 14 34 C5
Pré de Madame Carle 05 252 B4
Pré-en-Pail 53 83 E3
Pré-Saint-Évroult 28 110 A3
Le Pré-Saint-Gervais 93 58 C3
Pré-Saint-Martin 28 110 A2
Les Préaux 27 35 E3
Préaux 76 36 C1
Préaux 53 106 C5
Préaux 77 112 D2
Préaux 36 171 E2
Préaux 07 248 D2
Préaux-Bocage 14 53 F1
Préaux-du-Perche 61 84 D5
Préaux-Saint-Sébastien 14 54 D2
Prébois 38 268 D1
Précey 50 51 G5
Préchac 33 255 H5
Préchac 32 296 B2
Préchac 65 332 D2
Préchac-sur-Adour 32 295 E4
Préchacq-Josbaig 64 313 G5
Préchacq-les-Bains 40 293 F2
Préchacq-Navarrenx 64 313 G5
Précieux 42 229 H2
Précigné 72 129 E3
Précilhon 64 331 H1
Précorbin 50 32 C5
Précy 18 174 A1
Précy-le-Sec 89 136 D5
Précy-Notre-Dame 10 91 G4
Précy-Saint-Martin 10 91 G4
Précy-sous-Thil 21 158 D2
Précy-sur-Marne 77 59 F2
Précy-sur-Oise 60 38 C4
Précy-sur-Vrin 89 113 G5
Prédefin 62 7 F4
Préfailles 44 146 B4
Préfontaines 45 112 B3
Prégilbert 89 136 C5
Préguillac 17 219 G1
Préhy 89 136 C3
Preignac 33 256 B3
Preignan 32 296 B3
Preigney 70 140 C3
Preixan 11 337 C1
Prélenfrey 38 250 D3
Prelles 05 252 C5
Prémanon 39 197 F2
Premeaux-Prissey 21 159 H5
Prémery 58 156 D5
Prémesques 59 8 C2
Prémeyzel 01 232 D1
Prémian 34 300 D5
Premières 21 160 C4
Prémierfait 10 90 D3
Prémilhat 03 190 C4
Prémillieu 01 214 C4
Prémont 02 14 C5
Prémontré 02 24 C5
Prendeignes 46 261 G2
Préneron 32 295 G3
La Prénessaye 22 102 C1
Prenois 21 159 H2
Prénouvellon 41 110 B5
Prénovel 39 197 E2
Prény 54 65 G2
Préporché 58 175 H3
Prépotin 61 84 C2
Les Prés 26 268 D4
Présailles 43 247 G5
Préseau 59 15 E2
Présentevillers 25 142 B4
Préserville 31 298 B5
Présilly 39 196 C1
Présilly 74 215 G1
Presle 70 141 F5
Presle 73 233 G3
Presles 95 38 B5
Presles 14 52 D3
Presles 38 250 B3
Presles-en-Brie 77 59 F5
Presles-et-Boves 02 40 D2
Presles-et-Thierny 02 40 D1
Presly 18 155 E2
Presnoy 45 112 A5
Presque *Grotte de* 46 261 E1
Pressac 86 204 B1
Pressagny-l'Orgueilleux 27 36 D5
Pressiat 01 196 A4
Pressignac 16 204 C5
Pressignac-Vicq 24 240 C5
Pressigny 52 140 B3
Pressigny 79 168 B4
Pressigny-les-Pins 45 134 D2
Pressins 38 232 C3
Pressy 62 7 G4
Pressy-sous-Dondin 71 194 B2
La Preste 66 342 A5
La Prétière 25 142 A5
Pretin 39 179 G2
Prétot-Sainte-Suzanne 50 31 G2
Prétot-Vicquemare 76 19 H3
Prêtreville 14 54 D1
Préty 71 195 F2
Pretz-en-Argonne 55 63 G2
Preuilly 18 172 D1
Preuilly *Abbaye de* 77 89 E4
Preuilly-la-Ville 36 170 B5
Preuilly-sur-Claise 37 170 B3
Preures 62 6 C3
Preuschdorf 67 69 E2
Preuseville 76 21 E2
Preutin-Higny 54 45 E3
Preux-au-Bois 59 15 E4
Preux-au-Sart 59 15 E2
Préval 72 108 C2
Prévelles 72 108 B3
Prévenchères 48 265 F4
Préveranges 18 190 A3
Prévessin-Moëns 01 197 G4
La Prévière 49 127 F3
Prévillers 60 21 H5
Prévinquières 12 279 H1
Prévocourt 57 66 C3
Prey 27 56 C2
Prey 88 119 H2
Preyssac-d'Excideuil 24 223 F5
Prez 08 26 A2
Prez-sous-Lafauche 52 93 G5
Prez-sur-Marne 52 92 D2
Priaires 79 201 G1
Priay 01 214 A2
Priez 02 40 B5
Prignac 17 202 B4
Prignac-en-Médoc 33 218 D5
Prignac-et-Marcamps 33 237 G3
Prigonrieux 24 239 G5
Primarette 38 231 G4
Primat 08 42 D2
La Primaube 12 280 D2
Primel-Trégastel 29 72 A3
Primelin 29 98 D2
Primelles 18 172 D3
Prin-Deyrançon 79 184 C5
Prinçay 86 169 E2
Princé 35 105 F2
Pringé 72 129 H4
Pringy 51 62 C4
Pringy 77 88 A3
Pringy 74 215 G3
Prinquiau 44 146 D2
Prinsuéjols 48 263 H3
Printzheim 67 68 C4
Prisces 02 25 F3
Prisches 59 15 F4
Prissac 36 188 B2
Prissé 71 194 D4
Prissé-la-Charrière 79 201 H1
Pritz 53 106 A3
Privas 07 266 D2
Privezac 12 279 H1
Prix-lès-Mézières 08 26 D3
Priziac 56 101 E2
Prizy 71 193 H4
La Proiselière-et-Langle 70 141 H2
Proissans 24 241 G5
Proisy 02 25 E1
Proix 02 24 D1
Projan 32 294 C4
Promilhanes 46 279 E1
Prompsat 63 209 H4
Prondines 63 226 D1
Pronleroy 60 38 D1
Pronville 62 14 A3
Propiac 26 286 A2
Propières 69 212 B1
Propriano 2A 350 D2
Prosnes 51 42 A4
Prouais 28 57 E5
Prouilly 51 41 F3
Proumeyssac
*Gouffre de* 24 241 E5

Proupiary 31 ..... 316 D 5
Proussy 14 ..... 53 F 2
Prouvais 02 ..... 41 G 1
Prouville 80 ..... 12 B 4
Prouvy 59 ..... 14 D 2
Prouzel 80 ..... 22 B 2
Provemont 27 ..... 37 F 3
Provenchère 70 ..... 141 E 3
Provenchère 25 ..... 163 E 3
Provenchères-lès-Darney 88 ..... 118 C 3
Provenchères-sur-Fave 88 ..... 96 C 4
Provenchères-sur-Marne 52 ..... 92 D 5
Provenchères-sur-Meuse 52 ..... 117 H 4
Provency 89 ..... 158 A 1
Proverville 10 ..... 116 A 2
Proveysieux 38 ..... 250 D 1
Proville 59 ..... 14 B 4
Provin 59 ..... 8 C 4
Provins 77 ..... 89 G 2
Proviseux-et-Plesnoy 02 ..... 41 G 1
Proyart 80 ..... 23 E 2
Prudemanche 28 ..... 56 B 5
Prudhomat 46 ..... 243 E 5
Prugnanes 66 ..... 338 A 4
Prugny 10 ..... 114 D 2
Pruillé 49 ..... 128 B 5
Pruillé-le-Chétif 72 ..... 107 G 5
Pruillé-l'Éguillé 72 ..... 130 B 2
Pruines 12 ..... 262 C 4
Prunay 51 ..... 41 H 4
Prunay-Belleville 10 ..... 90 B 5
Prunay-Cassereau 41 ..... 131 F 4
Prunay-en-Yvelines 78 ..... 86 D 3
Prunay-le-Gillon 28 ..... 86 C 5
Prunay-le-Temple 78 ..... 57 F 3
Prunay-sur-Essonne 91 ..... 87 H 5
Prunelli-di-Casacconi 2B ..... 347 G 2
Prunelli-di-Fiumorbo 2B ..... 349 G 2
Prunet 15 ..... 262 C 1
Prunet 07 ..... 266 A 3
Prunet 31 ..... 298 C 5
Prunet-et-Belpuig 66 ..... 342 C 3
Prunete 2B ..... 347 H 4
Prunières 38 ..... 251 E 5
Prunières 48 ..... 264 B 1
Prunières 05 ..... 270 A 3
Pruniers 49 ..... 149 G 1
Pruniers 36 ..... 172 C 4
Pruniers-en-Sologne 41 ..... 153 H 3
Pruno 2B ..... 347 G 3
Prunoy 89 ..... 135 G 2
Prusly-sur-Ource 21 ..... 138 B 2
Prusy 10 ..... 114 D 5
Pruzilly 71 ..... 194 D 5
Puberg 67 ..... 68 A 2
Publier 74 ..... 198 B 3
Publy 39 ..... 179 F 5
Puceul 44 ..... 126 C 5
Le Puch 09 ..... 337 B 5
Puch-d'Agenais 47 ..... 275 F 1
Puchay 27 ..... 37 E 3
Puchevillers 80 ..... 12 D 5
Le Puech 34 ..... 301 H 4
Puéchabon 34 ..... 302 B 3
Puéchoursi 81 ..... 318 D 3
Puechredon 30 ..... 303 F 1
Puellemontier 52 ..... 92 A 3
Puessans 25 ..... 162 C 1
Puget 84 ..... 305 G 2
Puget-Rostang 06 ..... 289 G 4
Puget-sur-Argens 83 ..... 308 C 5
Puget-Théniers 06 ..... 289 F 5
Puget-Ville 83 ..... 328 C 2
Pugey 25 ..... 161 H 4
Pugieu 01 ..... 214 C 4
Puginier 11 ..... 318 D 4
Pugnac 33 ..... 237 G 3
Pugny 79 ..... 167 G 4
Pugny-Chatenod 73 ..... 233 F 1
Puichéric 11 ..... 320 B 5
Le Puid 88 ..... 96 C 3
Puigmal 66 ..... 341 G 5
Puihardy 79 ..... 184 D 2
Puilacher 34 ..... 302 A 5
Puilaurens 11 ..... 337 C 5
Puilboreau 17 ..... 183 F 5
Puilly-et-Charbeaux 08 ..... 27 H 4
Puimichel 04 ..... 287 G 5
Puimisson 34 ..... 321 G 3
Puimoisson 04 ..... 307 F 1
La Puisaye 28 ..... 85 F 2
Puiseaux 45 ..... 112 A 2
Puiselet-le-Marais 91 ..... 87 G 4
Puisenval 76 ..... 21 E 2
Le Puiset 28 ..... 110 D 2
Le Puiset-Doré 49 ..... 148 C 4
Puiseux 08 ..... 26 C 5
Puiseux 28 ..... 86 A 2
Puiseux-en-Bray 60 ..... 37 G 2
Puiseux-en-France 95 ..... 58 D 1
Puiseux-en-Retz 02 ..... 40 A 3
Puiseux-le-Hauberger 60 ..... 38 B 4
Puiseux-Pontoise 95 ..... 57 H 1
Puisieulx 51 ..... 41 H 4
Puisieux 62 ..... 13 F 4
Puisieux 77 ..... 59 G 1
Puisieux-et-Clanlieu 02 ..... 24 D 2
Puissalicon 34 ..... 321 G 3
Puisseguin 33 ..... 238 D 5
Puisserguier 34 ..... 321 E 4
Puits 21 ..... 138 A 3
Le Puits-des-Mèzes 52 ..... 117 F 3
Puits-et-Nuisement 10 ..... 115 H 2
Puits-la-Vallée 60 ..... 22 B 5
Puivert 11 ..... 337 A 3
Pujaudran 32 ..... 297 F 5
Pujaut 30 ..... 285 E 5
Pujo 65 ..... 315 E 4
Pujo-le-Plan 40 ..... 294 B 1
Pujols 33 ..... 256 D 1
Pujols 47 ..... 276 C 1
Les Pujols 09 ..... 336 C 1
Pujols-sur-Ciron 33 ..... 255 H 4
Le Puley 71 ..... 177 F 5
Puligny-Montrachet 21 ..... 177 G 2
Pullay 27 ..... 55 H 4
Pulligny 54 ..... 94 D 2
Pulney 54 ..... 94 C 4
Pulnoy 54 ..... 66 B 5
Pulvérières 63 ..... 209 F 4
Pulversheim 68 ..... 121 E 5
Punchy 80 ..... 23 F 3
Punerot 88 ..... 94 A 3
Puntous 65 ..... 316 A 5
Puntous de Laguian 32 ..... 315 G 3
Pupillin 39 ..... 179 G 3
Pure 08 ..... 27 G 4
Purgerot 70 ..... 140 D 3
Pusey 70 ..... 141 E 4
Pusignan 69 ..... 213 G 5
Pussay 91 ..... 87 E 5
Pussigny 37 ..... 169 G 2
Pussy 73 ..... 234 B 2
Pusy-et-Épenoux 70 ..... 141 E 4
Putanges-Pont-Écrepin 61 ..... 53 H 4
Puteaux 92 ..... 58 B 3
Putot-en-Auge 14 ..... 34 A 4
Putot-en-Bessin 14 ..... 33 F 4
Puttelange-aux-Lacs 57 ..... 67 F 1
Puttelange-lès-Thionville 57 ..... 45 H 1
Puttigny 57 ..... 66 D 3
Puxe 54 ..... 45 E 5
Puxieux 54 ..... 65 F 1
Le Puy 25 ..... 162 B 2
Le Puy 33 ..... 257 E 3
Puy Crapaud 85 ..... 167 E 4
Puy-d'Arnac 19 ..... 242 D 4
Puy de Dôme 63 ..... 209 G 5
Puy-de-Serre 85 ..... 184 C 1
Puy du Fou Château du 85 ..... 166 D 2
Puy-du-Lac 17 ..... 201 F 3
Le Puy-en-Velay 43 ..... 247 F 3
Puy-Guillaume 63 ..... 210 C 3
Puy-l'Évêque 46 ..... 259 F 4
Puy-Malsignat 23 ..... 207 H 3
Le Puy-Notre-Dame 49 ..... 150 A 5
Puy-Saint-André 05 ..... 252 C 4
Le Puy-Saint-Bonnet 49 ..... 166 D 1
Puy-Saint-Eusèbe 05 ..... 270 B 3
Puy-Saint-Gulmier 63 ..... 208 D 5
Puy-Saint-Martin 26 ..... 267 G 3
Puy-Saint-Pierre 05 ..... 252 D 4
Puy-Saint-Vincent 05 ..... 252 C 5
Le Puy-Sainte-Réparade 13 ..... 306 A 3


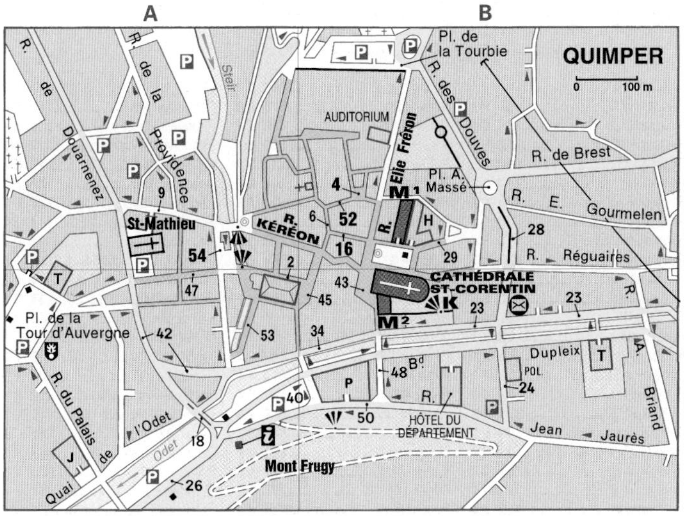

QUIMPER
0 100 m
A
B
Y
Z
Pl. de la Tourbie
R. des Douves
AUDITORIUM
R. Elie Fréron
M1
Pl. A. Massé
R. de Brest
R. E. Gourmelen
R. Réguaires
R. de Douarnenez
R. de la Providence
St-Mathieu
R. Kéréon
CATHÉDRALE ST-CORENTIN
M2
Pl. de la Tour d'Auvergne
R. du Palais
Quai de l'Odet
Odet
Steir
Bd Dupleix
POL
A. Briand
R. Jean Jaurès
HÔTEL DU DÉPARTEMENT
Mont Frugy



Astor (R.) ..... AYZ 2
Beurre (Pl. au) ..... BY 4
Boucheries (R. des) ..... BY 6
Chapeau-Rouge (R. du) ..... AY 9
Guéodet (R. du) ..... BY 16
Le Hars (R. Th.) ..... BZ 24
Jacob (Pont Max) ..... AZ 18
Kéréon (R.) ..... ABY
Kerguélen (Bd Amiral de) ..... BZ 23
Locmaria (Allées) ..... AZ 26
Luzel (R.) ..... BY 28
Mairie (R. de la) ..... BY 29
Parc (R. du) ..... ABZ 34
Résistance-et-du-Gén.-de-Gaulle (Pl. de la) ..... AZ 40
Ronarc'h (R. Amiral) ..... AZ 42
Ste-Catherine (R.) ..... BZ 48
Ste-Thérèse (R.) ..... BZ 50
St-Corentin (Pl.) ..... BZ 43
St-François (R.) ..... BZ 45
St-Mathieu (R.) ..... AZ 47
Sallé (R. du) ..... BY 52
Steir (Quai du) ..... AZ 53
Terre-au-Duc (Pl.) ..... AY 54

Puy-Sanières 05 ..... 270 C 3
Puybarban 33 ..... 256 D 4
Puybegon 81 ..... 298 D 2
Puybrun 46 ..... 242 D 5
Puycalvel 81 ..... 299 F 4
Puycasquier 32 ..... 296 C 3
Puycelci 81 ..... 278 D 5
Puycornet 82 ..... 277 H 3
Puydaniel 31 ..... 317 H 5
Puydarrieux 65 ..... 315 H 5
Puydrouard 17 ..... 201 E 1
La Puye 86 ..... 187 F 1
Puygaillard-de-Lomagne 82 ..... 276 D 5
Puygaillard-de-Quercy 82 ..... 278 C 5
Puygiron 26 ..... 267 F 4
Puygouzon 81 ..... 299 F 1
Puygros 73 ..... 233 G 2
Puyguilhem 24 ..... 257 G 2
Puyguilhem Château de 24 ..... 222 C 4
Puyjourdes 46 ..... 279 E 1
Puylagarde 82 ..... 279 E 2
Puylaroque 82 ..... 278 C 2
Puylaurens 81 ..... 299 E 5
Puylausic 32 ..... 316 D 3
Puyloubier 13 ..... 306 C 5
Puymangou 24 ..... 239 E 2
Puymartin Château de 24 ..... 241 F 5
Puymaurin 31 ..... 316 C 4
Puyméras 84 ..... 285 H 2
Puymiclan 47 ..... 257 G 4
Puymirol 47 ..... 276 C 3
Puymorens Col de 66 ..... 340 D 3
Puymoyen 16 ..... 221 F 2
Puynormand 33 ..... 238 D 4
Puyol-Cazalet 40 ..... 294 B 4
Puyoô 64 ..... 293 E 5
Puyravault 85 ..... 183 F 3
Puyravault 17 ..... 201 E 1
Puyréaux 16 ..... 203 F 4
Puyrenier 24 ..... 221 H 4
Puyricard 13 ..... 306 A 4
Puyrolland 17 ..... 201 G 2
Puys 76 ..... 10 B 5
Puységur 32 ..... 296 B 3
Puysségur 31 ..... 297 E 3
Puysserampion 47 ..... 257 G 3
Puyvalador 66 ..... 341 G 2
Puyvert 84 ..... 305 H 2
Puzeaux 80 ..... 23 F 3
Puzieux 57 ..... 66 B 3
Puzieux 88 ..... 94 D 4
Py 66 ..... 342 A 4
Pyla-sur-Mer 33 ..... 254 B 2
La Pyle 27 ..... 35 H 4
Pyrénées 2000 66 ..... 341 F 4
Pys 80 ..... 13 G 4

## Q

Quaëdypre 59 ..... 3 H 3
Quaix-en-Chartreuse 38 ..... 250 D 1
Quantilly 18 ..... 155 F 4
Quarante 34 ..... 321 E 4
Quarouble 59 ..... 9 H 5
Quarré-les-Tombes 89 ..... 158 A 3
La Quarte 70 ..... 140 B 3
Le Quartier 63 ..... 209 E 2
Quasquara 2A ..... 349 E 3
Quatre-Champs 08 ..... 42 D 1
Les Quatre Chemins 85 ..... 183 F 2
Quatre-Routes-d'Albussac 19 ..... 242 D 3
Les Quatre-Routes-du-Lot 46 ..... 242 C 4
Quatre Vios Col des 07 ..... 266 B 1
Quatremare 27 ..... 36 B 4
Quatzenheim 67 ..... 68 C 5
Quéant 62 ..... 13 H 3
Queaux 86 ..... 187 E 4
Québriac 35 ..... 80 A 4
Quédillac 35 ..... 103 F 1
Queige 73 ..... 216 B 5
Quelaines-Saint-Gault 53 ..... 105 H 5
Les Quelles 67 ..... 96 C 3
Quelmes 62 ..... 3 E 5
Quelneuc 56 ..... 125 H 2
Quéménéven 29 ..... 75 H 5
Quemigny-Poisot 21 ..... 159 H 4
Quemigny-sur-Seine 21 ..... 138 B 4
Quemper-Guézennec 22 ..... 73 F 3
Quemperven 22 ..... 72 D 3
Quend 80 ..... 11 F 1
Quend-Plage-les-Pins 80 ..... 11 E 1
Quenne 89 ..... 136 C 3
Quenoche 70 ..... 162 A 1
Quenza 2A ..... 349 F 5
Quercamps 62 ..... 3 E 5
Querciolo 2B ..... 347 H 2
Quercitello 2B ..... 347 G 3
Quérénaing 59 ..... 14 D 2
Quéribus Château de 11 ..... 338 B 4
Quérigut 09 ..... 341 G 2
Quernes 62 ..... 7 G 3
Quéroy Grottes du 16 ..... 221 G 2
Querqueville 50 ..... 29 E 2
Querré 49 ..... 128 C 4
Querrien 29 ..... 100 D 4
Querrieu 80 ..... 22 C 1
Quers 70 ..... 141 G 3
Quesmy 60 ..... 23 H 4
Quesnay-Guesnon 14 ..... 32 D 4
Le Quesne 80 ..... 21 G 2
Le Quesnel 80 ..... 23 E 3
Le Quesnel-Aubry 60 ..... 38 C 1
Le Quesnoy 59 ..... 15 E 3
Le Quesnoy 80 ..... 23 E 3
Le Quesnoy-en-Artois 62 ..... 12 B 2
Quesnoy-le-Montant 80 ..... 11 F 3
Quesnoy-sur-Airaines 80 ..... 11 H 5
Quesnoy-sur-Deûle 59 ..... 4 C 5
Quesques 62 ..... 6 D 2
Quessigny 27 ..... 56 C 2
Quessoy 22 ..... 78 C 4
Quessy 02 ..... 24 B 4
Questembert 56 ..... 125 E 3
Questrecques 62 ..... 6 C 2
Quet-en-Beaumont 38 ..... 251 F 5
Quetigny 21 ..... 160 B 3
Quettehou 50 ..... 29 G 3
Quettetot 50 ..... 29 E 4
Quetteville 14 ..... 34 D 3
Quettreville-sur-Sienne 50 ..... 51 G 1
Queudes 51 ..... 61 E 5
La Queue-en-Brie 94 ..... 58 D 4
La Queue-les-Yvelines 78 ..... 57 G 4
Queuille 63 ..... 209 F 3
Quevauvillers 80 ..... 22 A 2
Quéven 56 ..... 101 E 5
Quévert 22 ..... 79 G 4
Quevillon 76 ..... 36 A 2
Quevilloncourt 54 ..... 94 D 3
Quévreville-la-Poterie 76 ..... 36 B 3
Queyrac 33 ..... 218 D 4
Queyrières 43 ..... 247 H 3
Queyssac 24 ..... 240 B 5
Queyssac-les-Vignes 19 ..... 242 D 4
Quézac 15 ..... 261 H 2
Quézac 48 ..... 282 C 1
Quiberon 56 ..... 123 H 5
Quiberville 76 ..... 20 A 2
Quibou 50 ..... 32 A 5
Quié 09 ..... 336 B 4
Quiers 77 ..... 88 D 2
Quiers-sur-Bézonde 45 ..... 111 H 5
Quiéry-la-Motte 62 ..... 8 C 5
Quierzy 02 ..... 24 A 5
Quiestède 62 ..... 7 G 2
Quiévelon 59 ..... 15 H 3
Quiévrechain 59 ..... 9 H 5
Quièvrecourt 76 ..... 20 D 3
Quiévy 59 ..... 14 D 4
Quilen 62 ..... 6 D 4
Quilinen Calvaire de 29 ..... 99 H 2
Quillan 11 ..... 337 B 4
Quillane Col de 66 ..... 341 G 3
Quillebeuf-sur-Seine 27 ..... 35 F 1
Le Quillio 22 ..... 102 A 1
Quilly 08 ..... 42 C 2
Quilly 44 ..... 146 D 1
Quily 56 ..... 102 D 5
Quimerch 29 ..... 75 H 4
Quimiac 44 ..... 145 G 3
Quimper 29 ..... 99 H 3
Quimperlé 29 ..... 100 D 4
Quincampoix 76 ..... 36 B 1
Quincampoix-Fleuzy 60 ..... 21 G 3
Quinçay 86 ..... 186 B 1
Quincerot 89 ..... 115 E 5
Quincerot 21 ..... 137 G 5
Quincey 10 ..... 90 A 3
Quincey 70 ..... 141 F 4
Quincey 21 ..... 160 A 5
Quincié-en-Beaujolais 69 ..... 212 C 1
Quincieu 38 ..... 250 B 1
Quincieux 69 ..... 213 E 4
Quincy 18 ..... 154 C 5
Quincy-Basse 02 ..... 40 B 1
Quincy-Landzécourt 55 ..... 43 H 1
Quincy-le-Vicomte 21 ..... 137 G 5
Quincy-sous-le-Mont 02 ..... 40 D 3
Quincy-sous-Sénart 91 ..... 58 D 5
Quincy-Voisins 77 ..... 59 G 3
Quinéville 50 ..... 29 G 4
Quingey 25 ..... 161 H 5
Quinquempoix 60 ..... 22 C 5
Quins 12 ..... 280 B 3
Quinsac 24 ..... 222 C 4
Quinsac 87 ..... 223 G 4
Quinsac 33 ..... 255 G 1
Quinson 04 ..... 307 F 3
Quinssaines 03 ..... 190 C 4
Quint-Fonsegrives 31 ..... 298 A 5
Quintal 74 ..... 215 G 4
La Quinte 72 ..... 107 G 4
Quintenas 07 ..... 248 D 2
Quintenic 22 ..... 79 E 3
Quintigny 39 ..... 179 E 4
Quintillan 11 ..... 338 C 3
Quintin 22 ..... 78 A 4
Le Quiou 22 ..... 79 H 5
Quirbajou 11 ..... 337 B 4
Quiry-le-Sec 80 ..... 22 C 4
Quissac 46 ..... 260 D 3
Quissac 30 ..... 303 E 1
Quistinic 56 ..... 101 G 4
Quittebeuf 27 ..... 36 A 5
Quitteur 70 ..... 140 B 5
Quivières 80 ..... 23 H 2
Quœux-Haut-Maînil 62 ..... 12 B 2

## R

Rabastens 81 ..... 298 C 2
Rabastens-de-Bigorre 65 ..... 315 F 4
Rabat-les-Trois-Seigneurs 09 ..... 336 A 4
La Rabatelière 85 ..... 166 A 3
Rablay-sur-Layon 49 ..... 149 G 3
Rabodanges 61 ..... 53 G 3
Rabodanges Barrage de 61 ..... 53 G 4
Le Rabot 41 ..... 133 F 5
Rabou 05 ..... 269 G 3
Rabouillet 66 ..... 337 D 5
Racécourt 88 ..... 94 D 5
Rachecourt-sur-Marne 52 ..... 92 D 3
Rachecourt-Suzémont 52 ..... 92 C 3
Raches 59 ..... 8 D 5
Racines 10 ..... 114 C 4
La Racineuse 71 ..... 178 B 3
Racou-Plage 66 ..... 343 G 3
Racquinghem 62 ..... 7 G 2
Racrange 57 ..... 67 E 3
Raddon-et-Chapendu 70 ..... 141 H 2
Radenac 56 ..... 102 B 4
Radepont 27 ..... 36 C 3
Radinghem 62 ..... 7 E 3
Radinghem-en-Weppes 59 ..... 8 C 3
Radon 61 ..... 83 G 3
Radonvilliers 10 ..... 91 H 4
Radule Bergeries de 2B ..... 346 C 4
Raedersdorf 68 ..... 143 G 4
Raedersheim 68 ..... 121 E 5
Raffetot 76 ..... 19 F 5
Rageade 15 ..... 246 A 3
Raguenès-Plage 29 ..... 100 B 5
Rahart 41 ..... 131 G 2
Rahay 72 ..... 108 D 5
Rahling 57 ..... 67 H 2
Rahon 25 ..... 163 E 2
Rahon 39 ..... 178 D 1
Rai 61 ..... 55 F 4
Raids 50 ..... 31 H 4
Raillencourt-Sainte-Olle 59 ..... 14 B 3
Railleu 66 ..... 341 G 3
Raillicourt 08 ..... 26 C 4
Raillimont 02 ..... 25 H 4
Raimbeaucourt 59 ..... 8 D 4
Rainans 39 ..... 161 E 5
Raincheval 80 ..... 12 D 5
Raincourt 70 ..... 140 C 2
Le Raincy 93 ..... 58 D 3
Rainfreville 76 ..... 20 A 3
Rainneville 80 ..... 22 C 1
Rainsars 59 ..... 15 H 5
Rainville 88 ..... 94 B 4
Rainvillers 60 ..... 37 H 2
Les Rairies 49 ..... 129 F 4
Raismes 59 ..... 9 G 5
Raissac 09 ..... 336 C 3
Raissac-d'Aude 11 ..... 320 D 5
Raissac-sur-Lampy 11 ..... 319 F 5
Raix 16 ..... 203 F 3
Raizeux 78 ..... 86 C 2
Ramasse 01 ..... 196 A 5
Ramatuelle 83 ..... 329 G 3
Ramaz Col de la 74 ..... 198 B 5
Rambaud 05 ..... 269 H 3
Rambervillers 88 ..... 95 H 4
Rambluzin-et-Benoite-Vaux 55 ..... 64 B 2
Rambouillet 78 ..... 86 D 2
Rambucourt 55 ..... 65 E 4

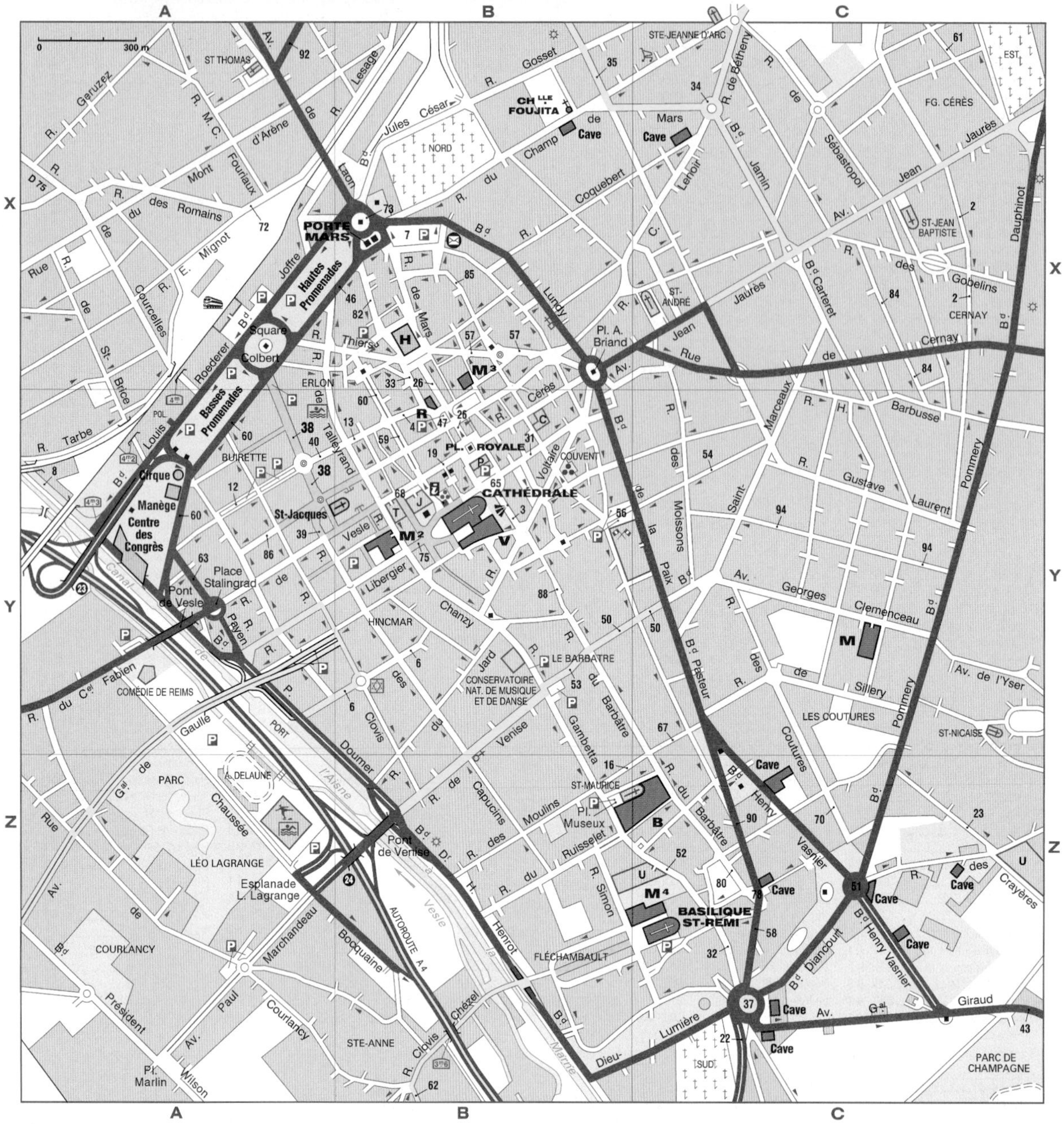
A
B
C
X
Y
Z
0
300 m
PORTE MARS
Hautes Promenades
Basses Promenades
Square Colbert
ERLON
BUIRETTE
Cirque
Manège
Centre des Congrès
St-Jacques
PL. ROYALE
CATHÉDRALE
COUVENT
Place Stalingrad
Pont de Vesle
HINCMAR
LE BARBATRE
CONSERVATOIRE NAT. DE MUSIQUE ET DE DANSE
COMÉDIE DE REIMS
PARC
A. DELAUNE
LÉO LAGRANGE
Esplanade L. Lagrange
Pont de Venise
COURLANCY
STE-ANNE
Pl. Marlin
AUTOROUTE A4
FLÉCHAMBAULT
ST-MAURICE
Pl. Museux
BASILIQUE ST-REMI
SUD
PARC DE CHAMPAGNE
LES COUTURES
ST-NICAISE
ST-JEAN BAPTISTE
FG. CÉRÈS
CERNAY
EST
NORD
ST THOMAS
STE-JEANNE D'ARC
ST-ANDRÉ
Pl. A. Briand
CH LLE FOUJITA
Cave

## REIMS

Alsace-Lorraine (R. d') .... CX 2
Anatole-France (Cours) .... BY 3
Arbalète (R. de l') .......... BY 4
Boulard (R.) ............... BY 6
Boulingrin (Pl. du) .......... BX 7
Brébant (Av.) ............... AY 8
Buirette (R.) ............... AY 12
Cadran St-Pierre (R.) ....... BY 13
Carmes (R. des) ........... BZ 16
Carnégie (Pl.) .............. BY 17
Carnot (R.) ................ BY 19
Champagne (Av. de) ....... CZ 22
Chemin Vert (R. du) ....... CZ 23
Colbert (R.) .............. BXY 26
Desteuque (R. E.) .......... BY 31
Dieu-Lumière (R.) .......... CZ 32
Dr-Jacquin (R.) ........... BXY 33
Dr-Knoéri (Pl. du) .......... CX 34
Dr-Lemoine (R.) ........... BX 35
Droits-de-l'Homme (Pl. des) ............... CZ 37
Drouet d'Erlon (Pl.) ........ AY 38
Dubois (R. Th.) ............ AY 39
Étape (R. de l') ............. AY 40
Farman (Av. H.) ............ CZ 43
Foch (Bd) ................ ABX 46
Forum (Pl.) ................ BY 47
Gerbert (R.) .............. BCY 50
Gouraud (Pl. Gén.) ......... CZ 51
Grand-Cerf (R. du) ......... CZ 52
Herduin (R. Lt) ............. BY 53
Houzeau-Muiron (R.) ...... CY 54
Jamot (R. Paul) ............ BY 56
Jean-Jaurès (Av.) ........ BCX
J.-J.-Rousseau (R.) ........ BX 57
Lambert (Bd Victor) ....... CZ 58
Langlet (Crs J.-B.) .......... BY 59
Laon (Av. de) ............ ABX
Leclerc (Bd Général) ...... AX 60
Lefèbvre (R. E.) ............ CX 61
Louvois (R. de) ............ BZ 62
Magdeleine (R.) ........... AY 63
Martyrs-de-la-Résistance (Pl. des) ..... BY 65
Montlaurent (R.) ........... CY 67
Myron-Herrick (Pl.) ........ BY 68
Philipe (R. Gérard) ......... CZ 70
Prés.-F.-Roosevelt (R.) ..... AX 72
République (Pl. de la) ...... BX 73
Rockefeller (R.) ............ BY 75
St-Nicaise (Pl.) ............. CZ 78
Salines (R. des) ........... CZ 80
Sarrail (R. Gén.) ............ BX 82
Strasbourg (R. de) ......... CX 84
Talleyrand (R. de) ........ ABY
Temple (R. du) ............ BX 85
Thillois (R. de) ............. AY 86
Université (R. de l') ........ BY 88
Vesle (R. de) ............. ABY
Victor-Hugo (Bd) ........... CZ 90
Zola (R. Émile) ............ AX 92
16e-et-22e-Dragons (R. des) ................ CY 94

Ramburelles *80* ....... 11 F 5
Rambures *80* ....... 11 F 5
Ramecourt *62* ....... 7 G 5
Ramecourt *88* ....... 94 D 5
Ramerupt *10* ....... 91 F 3
Ramicourt *02* ....... 24 B 1
Ramillies *59* ....... 14 B 3
Rammersmatt *68* ....... 142 D 1
Ramonchamp *88* ....... 120 A 5
Ramonville-Saint-Agne *31* ... 298 A 5
Ramoulu *45* ....... 111 G 2
Ramous *64* ....... 293 F 5
Ramousies *59* ....... 15 H 4
Ramouzens *32* ....... 295 F 2
Rampan *50* ....... 32 A 4
Rampieux *24* ....... 258 D 2
Rampillon *77* ....... 89 E 3
Rampont *55* ....... 43 H 5
Rampoux *46* ....... 259 H 3
Rancé *01* ....... 213 E 3
Rancenay *25* ....... 161 H 4
Rancennes *08* ....... 17 E 4
Rances *10* ....... 91 H 3
Ranchal *69* ....... 212 B 1
Ranchette *39* ....... 196 D 3
Ranchicourt *62* ....... 7 H 5
Ranchot *39* ....... 161 F 5
Ranchy *14* ....... 32 D 3
Rancogne *16* ....... 221 H 1
Rançon *76* ....... 19 G 5
Rancon *87* ....... 205 G 1
Rançonnières *52* ....... 117 H 5
Rancoudray *50* ....... 52 C 5
Rancourt *80* ....... 13 H 5
Rancourt *88* ....... 118 D 2
Rancourt-sur-Ornain *55* ....... 63 F 3
Rancy *71* ....... 195 G 1
Randan *63* ....... 210 B 3
Randanne *63* ....... 227 F 1
Randens *73* ....... 234 A 2
Randevillers *25* ....... 162 D 3
Randonnai *61* ....... 55 F 5
Rânes *61* ....... 53 H 5
Rang *25* ....... 142 A 5
Rang-du-Fliers *62* ....... 6 B 5
Rangecourt *52* ....... 117 G 4
Rangen *67* ....... 68 C 5
Ranguevaux *57* ....... 45 G 4
Rannée *35* ....... 105 E 5
Ranrupt *67* ....... 96 D 3
Rans *39* ....... 161 F 5
Ransart *62* ....... 13 F 3
Ranspach *68* ....... 120 C 5
Ranspach-le-Bas *68* ....... 143 G 3
Ranspach-le-Haut *68* ....... 143 G 3
Rantechaux *25* ....... 162 C 5
Rantigny *60* ....... 38 D 3
Ranton *86* ....... 168 C 2
Rantzwiller *68* ....... 143 G 2
Ranville *14* ....... 33 H 4
Ranville-Breuillaud *16* ....... 202 D 4
Ranzevelle *70* ....... 118 C 5
Ranzières *55* ....... 64 C 2
Raon-aux-Bois *88* ....... 119 G 3
Raon-lès-Leau *54* ....... 96 C 2
Raon-l'Étape *88* ....... 96 A 3
Raon-sur-Plaine *88* ....... 96 C 2
Rapaggio *2B* ....... 347 G 3
Rapale *2B* ....... 345 F 5
Rapey *88* ....... 95 E 4
Raphèle-les-Arles *13* ....... 304 C 4
Rapilly *14* ....... 53 G 3
Rapsécourt *51* ....... 63 E 1
Raray *60* ....... 39 F 4
Rarécourt *55* ....... 43 G 5
Rasiguères *66* ....... 338 B 5
Raslay *86* ....... 150 C 5
Rasteau *84* ....... 285 G 2
Le Rat *19* ....... 225 F 1
Ratenelle *71* ....... 195 F 2
Ratières *26* ....... 249 F 2
Ratilly *Château de* *89* ....... 156 C 1
Ratte *71* ....... 178 C 5
Ratzwiller *67* ....... 68 A 2
Raucoules *43* ....... 248 A 2
Raucourt *54* ....... 65 H 3
Raucourt-au-Bois *59* ....... 15 E 3
Raucourt-et-Flaba *08* ....... 27 F 5
Raulecourt *55* ....... 65 E 4
Raulhac *15* ....... 244 D 5
Rauret *43* ....... 265 E 1
Rauville-la-Bigot *50* ....... 29 E 4
Rauville-la-Place *50* ....... 31 G 2
Rauwiller *67* ....... 67 H 4
Rauzan *33* ....... 256 C 1
Raveau *58* ....... 156 B 5
Ravel *63* ....... 210 B 5
Ravel *69* ....... 230 D 2
Ravel-et-Ferriers *26* ....... 268 C 2
Ravenel *60* ....... 38 D 1
Ravennefontaines *52* ....... 117 H 4
Ravenoville *50* ....... 29 H 5
Raves *88* ....... 96 C 5
Raviège *Lac de la* *81* ....... 300 B 5
Ravières *89* ....... 137 G 4
Ravigny *53* ....... 83 F 3
Raville *57* ....... 66 C 1
Raville-sur-Sânon *54* ....... 95 F 1
Ravilloles *39* ....... 196 D 3
La Ravoire *73* ....... 233 F 2
Ray-sur-Saône *70* ....... 140 C 5
Raye-sur-Authie *62* ....... 11 H 1
Rayet *47* ....... 258 C 3
Raymond *18* ....... 173 H 2
Raynans *25* ....... 142 B 4
Rayol-Canadel-sur-Mer *83* .. 329 E 4
Rayssac *81* ....... 299 H 2
Raz *Pointe du* *29* ....... 98 C 2
Razac-de-Saussignac *24* .... 257 F 1
Razac-d'Eymet *24* ....... 257 H 2
Razac-sur-l'Isle *24* ....... 240 B 2
Raze *70* ....... 140 D 5
Razecueillé *31* ....... 334 C 3
Razengues *32* ....... 297 E 4
Razès *87* ....... 205 H 3
Razimet *47* ....... 275 F 1
Razines *37* ....... 169 F 2
Ré *Île de* *17* ....... 182 D 5
Réal *66* ....... 341 G 2
Réalcamp *76* ....... 21 F 2
Réallon *05* ....... 270 B 3
Réalmont *81* ....... 299 G 3
Réalville *82* ....... 278 B 4
Réans *32* ....... 295 E 1
Réau *77* ....... 88 B 2
Réau (Ancienne Abbaye de la) *86* ....... 204 B 1
Réaumont *38* ....... 232 C 4
Réaumur *85* ....... 167 E 4
Réaup *47* ....... 275 E 4
Réauville *26* ....... 267 F 5
Réaux *17* ....... 220 B 3
Les Réaux *Château* *37* ....... 150 D 4
Rebais *77* ....... 60 A 3
Rebecques *62* ....... 7 G 2
Rébénacq *64* ....... 314 A 5
Rebergues *62* ....... 2 D 5
Rebets *76* ....... 36 D 1
Rebeuville *88* ....... 94 A 4
Rebigue *31* ....... 318 A 3
Rebouc *65* ....... 333 H 2
Rebouillon *83* ....... 308 A 4
Rebourguil *12* ....... 300 C 1
Rebourseaux *89* ....... 114 B 5
Reboursin *36* ....... 172 A 1
Rebréchien *45* ....... 111 F 5
Rebreuve-Ranchicourt *62* ....... 7 H 5
Rebreuve-sur-Canche *62* ....... 12 D 2
Rebreuviette *62* ....... 12 D 3
Recanoz *39* ....... 179 E 3
Recey-sur-Ource *21* ....... 138 D 3
Réchésy *90* ....... 143 E 4
Réchicourt *55* ....... 44 D 3
Réchicourt-la-Petite *54* ....... 66 D 5
Réchicourt-le-Château *57* ....... 67 F 5
Récicourt *55* ....... 43 G 5
Réclainville *28* ....... 86 C 5
Reclesne *71* ....... 176 C 1
Reclinghem *62* ....... 7 F 3
Réclonville *54* ....... 95 H 2
Recloses *77* ....... 88 B 5
Recologne *70* ....... 140 C 5
Recologne *25* ....... 161 G 3
Recologne-lès-Rioz *70* ....... 161 H 1
Recoubeau-Jansac *26* ....... 268 B 2
Recoules-d'Aubrac *48* ....... 263 G 2
Recoules-de-Fumas *48* ....... 264 B 3
Recoules-Prévinquières *12* . 281 G 1
Récourt *62* ....... 14 A 3
Récourt *52* ....... 117 G 5
Récourt-le-Creux *55* ....... 64 B 2
La Recousse *62* ....... 3 E 4
Recouvrance *90* ....... 142 D 3
Le Recoux *48* ....... 281 H 1
Recques-sur-Course *62* ....... 6 C 4
Recques-sur-Hem *62* ....... 3 E 4

Recquignies **59** 15 H 2
Le Reculey **14** 52 C 2
Reculfoz **25** 180 B 4
Recurt **65** 315 H 5
Recy **51** 62 A 2
Rédange **57** 45 F 2
Rédené **29** 100 D 5
Réderis *Cap* **66** 343 G 4
Redessan **30** 304 A 2
Réding **57** 67 H 4
Redon **35** 125 G 4
La Redorte **11** 320 B 5
Redortiers **04** 286 D 4
Réez-Fosse-Martin **60** 39 G 5
Reffannes **79** 185 F 2
Reffroy **55** 93 G 1
Reffuveille **50** 52 A 5
Refranche **25** 180 A 1
Régades **31** 334 C 2
Régat **09** 336 D 2
Regnauville **62** 11 H 1
Regnévelle **88** 118 C 4
Regnéville-sur-Mer **50** 51 F 1
Regnéville-sur-Meuse **55** 44 B 4
Regney **88** 95 E 5
Régnié-Durette **69** 212 D 1
Regnière-Écluse **80** 11 G 1
Regniowez **08** 26 B 1
Regny **02** 24 C 2
Régny **42** 211 H 3
La Regrippière **44** 148 B 4
Réguiny **56** 102 B 4
Réguisheim **68** 121 E 5
Régusse **83** 307 F 3
Rehaincourt **88** 95 F 4
Rehainviller **54** 95 F 2
Rehaupal **88** 119 H 2
Reherrey **54** 95 H 2
Réhon **54** 45 E 1
Reichsfeld **67** 97 E 3
Reichshoffen **67** 68 D 2
Reichstett **67** 69 E 5
Reignac **16** 220 C 4
Reignac **33** 237 G 1
Reignac-sur-Indre **37** 152 B 4
Reignat **63** 228 B 1
Reigneville-Bocage **50** 29 F 5
Reignier-Esery **74** 215 H 1
Reigny **18** 190 B 2
Reilhac **15** 244 B 4
Reilhac **43** 246 C 3
Reilhac **46** 260 D 2
Reilhaguet **46** 260 B 2
Reilhanette **26** 286 C 3
Reillanne **04** 306 B 1
Reillon **54** 95 H 1
Reilly **60** 37 G 4
Reimersviller **67** 69 E 2
Reims **51** 41 G 4
Reims-la-Brûlée **51** 62 D 4
Reine Jeanne
*Pont de la* **04** 287 G 2
Reinhardsmunster **67** 68 A 5
Reiningue **68** 143 E 1
Reipertswiller **67** 68 B 2
Reithouse **39** 196 B 1
Reitwiller **67** 68 D 5
Réjaumont **32** 296 A 2
Réjaumont **65** 315 H 5
Rejet-de-Beaulieu **59** 15 E 5
Relanges **88** 118 C 3
Relans **39** 179 E 4
Le Relecq-Kerhuon **29** 75 F 2
Relevant **01** 213 F 2
Rely **62** 7 G 3
Remaisnil **80** 12 C 3
Rémalard **61** 84 D 4
Remaucourt **02** 24 B 2
Remaucourt **08** 25 H 5
La Remaudière **44** 148 B 4
Remaugies **80** 23 E 5
Remauville **77** 112 C 2
Rembercourt-aux-Pots **55** 63 H 2
Rembercourt-sur-Mad **54** 65 F 2
Remécourt **60** 38 D 2
Remelange **57** 45 G 3
Rémelfang **57** 46 C 4
Rémelfing **57** 47 G 5
Rémeling **57** 46 C 2
Remennecourt **55** 63 F 3
Remenoville **54** 95 F 3
Rémérangles **60** 38 B 2
Réméréville **54** 66 C 5
Rémering **57** 46 D 4
Rémering-lès-Puttelange **57** 67 F 1
Remicourt **51** 63 E 2
Remicourt **88** 94 C 5
Remiencourt **80** 22 C 3
Remies **02** 24 C 4
La Remigeasse **17** 200 B 3
Remigny **02** 24 B 4
Remigny **71** 177 G 3
Rémilly **57** 66 B 2
Rémilly **58** 175 H 4
Remilly-Aillicourt **08** 27 F 4
Remilly-en-Montagne **21** 159 G 3
Remilly-les-Pothées **08** 26 C 3
Remilly-sur-Lozon **50** 32 A 4
Remilly-sur-Tille **21** 160 B 3
Remilly-Wirquin **62** 7 F 2
Réminiac **56** 103 F 5
Remiremont **88** 119 G 4
Remoiville **55** 44 B 2
Remollon **05** 269 H 4
Remomeix **88** 96 B 5
Remoncourt **54** 67 E 5
Remoncourt **88** 94 C 5
Rémondans-Vaivre **25** 163 F 2
Rémonville **08** 43 F 2
Remoray-Boujeons **25** 180 C 4
Remouillé **44** 166 A 1
Remoulins **30** 304 B 1
Removille **88** 94 B 4
Rempnat **87** 225 E 1
La Remuée **76** 35 E 1
Remungol **56** 102 A 4
Rémuzat **26** 268 B 5
Rémy **62** 13 H 3
Remy **60** 39 E 2
Renac **35** 125 H 3
Renage **38** 232 B 5
Renaison **42** 211 F 2
La Renaissance **17** 200 D 3
Renansart **02** 24 C 3
Renaucourt **70** 140 C 4
La Renaudie **63** 229 E 1
La Renaudière **49** 148 C 5
Renauvoid **88** 119 F 2
Renay **41** 131 H 2
Renazé **53** 127 G 2
Rencurel **38** 250 B 2
René **72** 83 H 5
Renédale **25** 180 C 1
Renescure **59** 3 G 5
Renève **21** 160 D 2
Réning **57** 67 F 2
Rennemoulin **78** 58 A 3
Rennepont **52** 116 B 3
Rennes **35** 104 B 3
Rennes-en-Grenouilles **53** 82 C 3
Rennes-le-Château **11** 337 C 3
Rennes-les-Bains **11** 337 D 3
Rennes-sur-Loue **25** 179 G 1
Renneval **02** 25 G 3
Renneville **08** 25 H 4
Renneville **27** 36 C 2
Renneville **31** 318 C 4
Renno **2A** 346 C 5
Le Renouard **61** 54 B 2
Rentières **63** 227 H 4
Renty **62** 7 E 3
Renung **40** 294 B 3
Renwez **08** 26 B 3
La Réole **33** 256 D 3
La Réorthe **85** 183 G 1
Réotier **05** 270 D 2
Repaix **54** 96 A 1
La Répara-Auriples **26** 267 G 3
Réparsac **16** 220 C 1
Repel **88** 94 C 4
Repentigny **14** 34 B 4
Replonges **01** 195 E 4
Le Reposoir **74** 216 B 2
Les Repôts **39** 178 D 5
Reppe **90** 142 D 2
Requeil **72** 129 H 3
Réquista **12** 280 C 5
Résenlieu **61** 54 D 4
La Résie-Saint-Martin **70** 161 E 3
Résigny **02** 25 H 3
Resson **55** 63 H 4
Ressons-l'Abbaye **60** 38 A 3
Ressons-le-Long **02** 40 A 2
Ressons-sur-Matz **60** 39 F 1
Les Ressuintes **28** 85 E 2
Restigné **37** 151 E 4
Restinclières **34** 303 E 3
Restonica *Gorges de la* **2B** 347 E 5
Le Retail **79** 184 D 1
Rétaud **17** 219 F 1
Reterre **23** 208 C 2
Rethel **08** 42 A 1
Retheuil **02** 39 H 3
Rethondes **60** 39 G 2
Rethonvillers **80** 23 G 3
Réthoville **50** 29 G 2
Retiers **35** 104 D 5
Retjons **40** 274 B 4
Retonfey **57** 46 B 5
Rétonval **76** 21 E 2
Retournac **43** 247 G 2
Retournemer *Lac de* **88** 120 B 3
Retschwiller **67** 69 E 2
Rettel **57** 46 B 2
Rety **62** 2 C 5
Retzwiller **68** 142 D 3
Reugney **25** 180 B 1
Reugny **37** 152 B 1
Reugny **03** 190 E 3
Reuil **51** 61 E 1
Reuil-en-Brie **77** 60 A 2
Reuil-sur-Brêche **60** 38 B 1
Reuilly **27** 56 C 1
Reuilly **36** 172 C 1
Reuilly-Sauvigny **02** 60 D 1
Reulle-Vergy **21** 159 H 4
Reumont **59** 14 D 4
La Réunion **47** 275 E 2
Reutenbourg **67** 68 B 5
Reuves **51** 61 F 4
Reuville **76** 19 H 3
Reux **14** 34 C 3
Revard *Mont* **73** 233 F 1
Réveillon **51** 60 C 4
Réveillon **61** 84 C 3
Revel **38** 251 F 1
Revel **31** 319 E 3
Revel-Tourdan **38** 231 G 4
Revelles **80** 22 A 2
Revémont **54** 44 D 2
Revens **30** 282 A 4
Reventin-Vaugris **38** 231 E 4
Revercourt **28** 56 B 5
Revest-des-Brousses **04** 287 E 5
Revest-du-Bion **04** 286 C 4
Le Revest-les-Eaux **83** 328 A 4
Revest-les-Roches **06** 289 H 5
Revest-Saint-Martin **04** 287 F 4
La Revêtizon **79** 184 D 5
Reviers **14** 33 F 3
Revigny **39** 179 F 5
Revigny-sur-Ornain **55** 63 F 3
Réville **50** 29 H 3
Réville-aux-Bois **55** 44 B 3
Révillon **02** 41 E 2
Revin **08** 26 C 1
Revollat *Croix de* **38** 251 F 1
Revonnas **01** 214 A 1
Rexingen **67** 67 H 3
Rexpoëde **59** 3 H 3
Reyersviller **57** 68 B 1
Reygade **19** 243 E 4
Reynel **52** 93 F 5
Reynès **66** 342 D 4
Reynier **04** 287 H 1
Reyniès **82** 297 H 1
Reyrevignes **46** 261 E 3
Reyrieux **01** 213 E 3
Les Reys-de-Saulce **26** 267 E 2
Reyssouze **01** 195 F 3
Reyvroz **74** 198 B 3
Rezay **18** 172 D 5
Rezé **44** 147 G 4
Rézentières **15** 245 H 3
Rezonville **57** 65 F 1
Rezza **2A** 348 D 1
Rhèges **10** 90 D 2
Le Rheu **35** 104 A 3
Le Rhien **70** 142 A 2
Rhinau **67** 97 H 4
Rhodes **57** 67 F 4
Rhodon **78** 58 A 5
Rhodon **41** 132 A 3
Rhuis **60** 39 E 3
Ri **61** 54 A 4
Ria-Sirach **66** 342 A 3
Riaillé **44** 127 E 5
Le Rialet **81** 300 A 5
Rians **18** 155 G 5
Rians **83** 306 C 4
Riantec **56** 123 F 2
Riau *Château du* **03** 192 A 1
Riaucourt **52** 117 E 2
Riaville **55** 64 D 1
Ribagnac **24** 257 H 1
Ribarrouy **64** 294 C 5
Ribaute **11** 338 B 1
Ribaute-les-Tavernes **30** 283 H 5
Le Ribay **53** 82 C 4
Ribeaucourt **80** 12 B 4
Ribeaucourt **55** 93 F 2


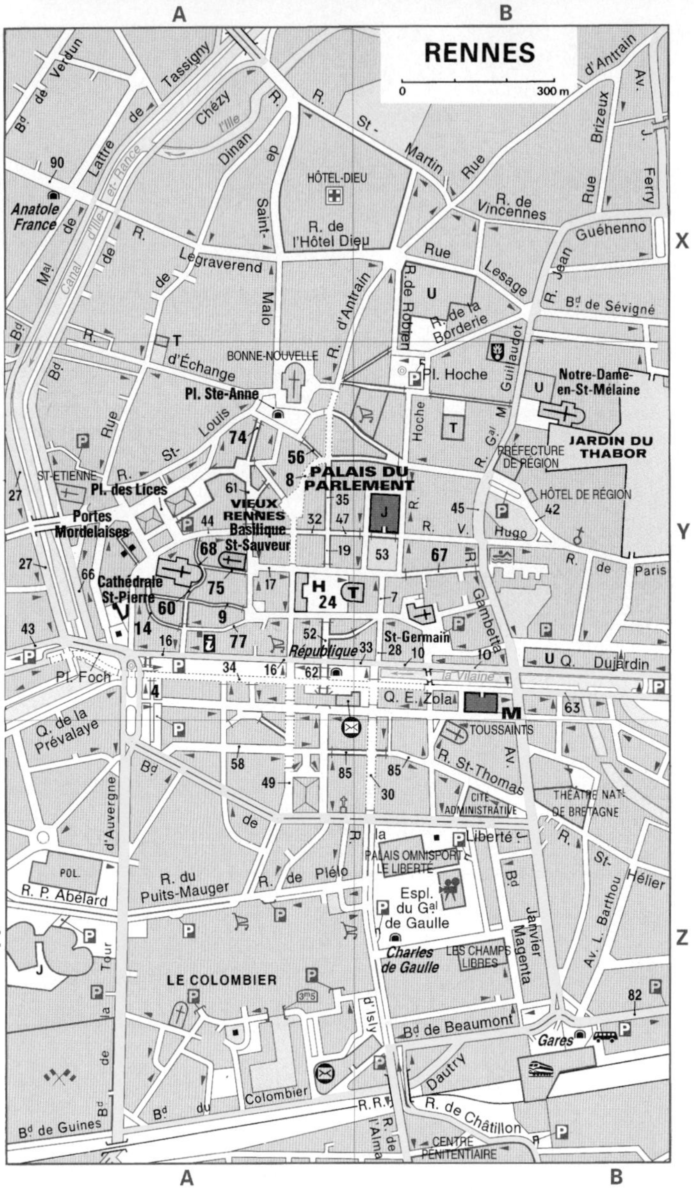

RENNES
0
300 m
A
B
X
Y
Z
HÔTEL-DIEU
BONNE-NOUVELLE
Pl. Ste-Anne
PALAIS DU PARLEMENT
VIEUX RENNES
Basilique St-Sauveur
Cathédrale St-Pierre
Portes Mordelaises
Pl. des Lices
Pl. Hoche
Notre-Dame-en-St-Melaine
JARDIN DU THABOR
PRÉFECTURE DE RÉGION
HÔTEL DE RÉGION
République
St-Germain
Pl. Foch
Q. E. Zola
TOUSSAINTS
CITÉ ADMINISTRATIVE
THÉÂTRE NATl DE BRETAGNE
PALAIS OMNISPORTS LE LIBERTÉ
Espl. du Gal de Gaulle
Charles de Gaulle
LES CHAMPS LIBRES
LE COLOMBIER
Bd de Beaumont
Gares
CENTRE PÉNITENTIAIRE
Bd de Guines
Anatole France
Q. de la Prévalaye
Bd de Sévigné
R. de Châtillon



Le-Bastard (R.) AY 35
Bretagne (Pl. de) AY 4
Cavell (R. Edith) BY 7
Champ-Jacquet
(R. du) AY 8
Chapitre (R. du) AY 9
Chateaubriant (Quai) BY 10
Dames (R. des) AY 14
Duguay-Trouin (Quai) AY 16
Du-Guesclin (R.) AY 17
Estrées (R. d') AY 19
La-Fayette (R.) AY 32
Hôtel-de-Ville (Pl. de l') AY 24
Ille-et-Rance (Quai) AY 27
Jean-Jaurès (R.) BY 28
Joffre (R. Mar.) BZ 30
Lamartine (Quai) ABY 33
Lamennais (Quai) AY 34
Liberté (Bd de la) ABZ
Martenot (R.) BY 42
Mitterrand (Mail F.) AY 43
Monnaie (R. de la) AY 44
Motte-Fablet (R.) AY 46
Motte (Cont. de la) BY 45
Nationale (R.) ABY 47
Nemours (R. de) AZ 49
Orléans (R. d') AY 52
Palais (Pl. du) BY 53
Pont-aux-Foulons
(R. du) AY 56
Poullain-Duparc (R.) AZ 58
Psalette (R. de la) AY 60
Rallier-du-Baty (R.) AY 61
République (Pl. de la) AY 62
Richemont (Q. de) BY 63
St-Cast (Quai) AY 66
St-Georges (R.) BY 67
St-Guillaume (R.) AY 68
St-Michel (R.) AY 74
St-Sauveur (R.) AY 75
St-Yves (R.) AY 77
Solférino (Bd) BZ 82
Vasselot (R.) AZ 85
41e-d'Infanterie
(R.) AX 90

Ribeauville **02** 25 H 2
Ribeauvillé **68** 97 E 5
Ribécourt **60** 39 G 1
Ribécourt-la-Tour **59** 14 A 4
Ribemont **02** 24 C 3
Ribemont-sur-Ancre **80** 22 D 1
Ribennes **48** 264 B 3
Ribérac **24** 239 G 1
Ribes **07** 266 A 5
Ribeyret **05** 268 C 5
Ribiers **05** 287 F 2
Ribouisse **11** 318 D 5
Riboux **83** 327 H 2
La Ricamarie **42** 230 B 4
Ricarville **76** 19 F 4
Ricarville-du-Val **76** 20 C 3
Ricaud **65** 315 G 5
Ricaud **11** 318 D 4
Les Riceys **10** 115 G 5
La Richardais **35** 50 C 5
Richardménil **54** 94 D 1
Richarville **91** 87 E 4
Riche **57** 66 D 3
La Riche **37** 151 H 2
Richebourg **62** 8 B 3
Richebourg **78** 57 F 4
Richebourg **52** 116 D 4
Richecourt **55** 65 E 3
Richelieu **37** 169 E 1
Richeling **57** 67 G 1
Richemont **76** 21 F 3
Richemont **57** 45 H 4
Richemont **16** 220 B 1
Richemont *Col de* **01** 214 D 2
Richerenches **84** 285 F 1
Richet **40** 273 D 1
Richeval **57** 96 A 1
Richeville **27** 37 E 4
Richtolsheim **67** 97 G 5
Richwiller **68** 143 F 1
Ricourt **32** 315 F 3
Ricquebourg **60** 23 F 5
Riec-sur-Belon **29** 100 C 5
Riedheim **67** 68 C 3
Riedisheim **68** 143 F 1
Riedseltz **67** 69 F 2
Riedwihr **68** 121 F 2
Riel-les-Eaux **21** 116 A 5
Riencourt **80** 22 A 1
Riencourt-lès-Bapaume **62** 13 H 4
Riencourt-lès-Cagnicourt **62** 13 H 3
Riervescemont **90** 142 C 1
Riespach **68** 143 F 4
Rieucazé **31** 334 C 1
Rieucros **09** 336 C 1
Rieulay **59** 9 E 5
Rieumajou **31** 318 C 4
Rieumes **31** 317 F 4
Rieupeyroux **12** 279 H 2
Rieussec **34** 320 C 4
Rieutort-de-Randon **48** 264 C 3
Rieux **62** 7 H 3
Rieux **76** 11 E 5
Rieux **60** 38 D 3
Rieux **51** 60 C 3
Rieux **56** 125 G 4

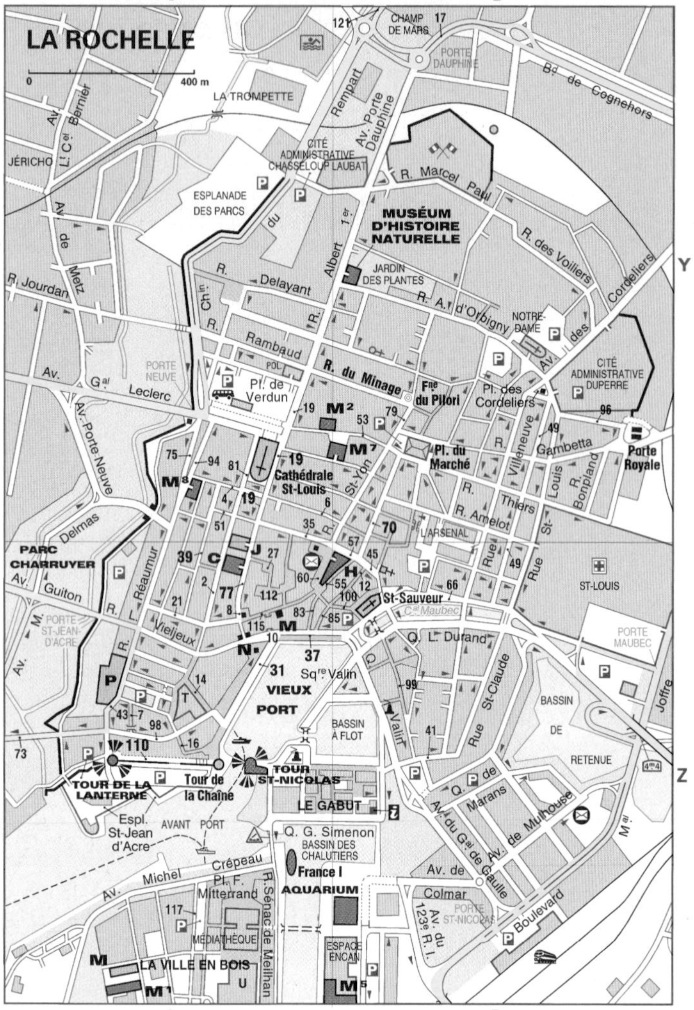
LA ROCHELLE
0
400 m
C
D
Y
Z
CHAMP DE MARS
PORTE DAUPHINE
Bd de Cognehors
LA TROMPETTE
Rempart
Av. Porte Dauphine
CITÉ ADMINISTRATIVE CHASSELOUP LAUBAT
JÉRICHO
ESPLANADE DES PARCS
R. Marcel Paul
MUSÉUM D'HISTOIRE NATURELLE
JARDIN DES PLANTES
R. des Voiliers
R. Delayant
R. Jourdan
R. A. d'Orbigny
NOTRE-DAME
Cordeliers
PORTE NEUVE
R. du Minage
Fne du Pilori
Pl. des Cordeliers
CITÉ ADMINISTRATIVE DUPERRE
Av. Gal Leclerc
Pl. de Verdun
Av. Porte Neuve
Pl. du Marché
Gambetta
Porte Royale
Cathédrale St-Louis
R. Thiers
R. Amelot
PARC CHARRUYER
L'ARSENAL
ST-LOUIS
Av. Guiton
St-Sauveur
R. Réaumur
PORTE ST-JEAN-D'ACRE
Q. L. Durand
PORTE MAUBEC
Sq. re Valin
VIEUX PORT
BASSIN À FLOT
BASSIN DE RETENUE
Valin
TOUR DE LA LANTERNE
Tour de la Chaîne
TOUR ST-NICOLAS
LE GABUT
Espl. St-Jean d'Acre
AVANT PORT
Q. G. Simenon
BASSIN DES CHALUTIERS
France I
AQUARIUM
Av. de Colmar
Av. du 123e R. I.
PORTE ST-NICOLAS
Boulevard
Av. Michel Crépeau
Pl. F. Mitterrand
R. Sénac de Meilhan
MÉDIATHÈQUE
ESPACE ENCAN
LA VILLE EN BOIS
Av. de Mulhouse
Q. de Marans
Av. du Gal de Gaulle
Joffre

| | | |
|---|---|---|
| Admyrault (R. G.) | CYZ | 2 |
| Aufrédy (R.) | CY | 4 |
| Augustins (R. des) | CDY | 6 |
| Balangerie (R.) | CZ | 7 |
| Bancs (Pl. des Petits) | CZ | 8 |
| Barentin (Pl.) | CZ | 10 |
| Bletterie (R.) | DZ | 12 |
| Carmes (R. des) | CZ | 14 |
| Chaîne (R. de la) | CZ | 16 |
| Champ-de-Mars (Av. du) | DY | 17 |
| Chaudrier (R.) | CY | 19 |
| Chef-de-Ville (R.) | CZ | 21 |
| Commanderie (Cour de la) | CZ | 27 |
| Dames (Cours des) | CZ | 31 |
| Dupaty (R.) | CY | 35 |
| Duperré (Quai) | CZ | 37 |
| Escale (R. de l') | CZ | 39 |
| Fabrique (R. de la) | DZ | 41 |
| Fagots (R. des) | CZ | 43 |
| Ferté (R. de la) | DZ | 45 |
| Fonderies (R. des) | DYZ | 49 |
| Fromentin (R. E.) | CY | 51 |
| Gargoulleau (R.) | DY | 53 |
| Gentilshommes (R. des) | CDZ | 55 |
| Grille (R. de la) | DYZ | 57 |
| Hôtel-de-Ville (R. de l') | CDZ | 60 |
| Marché (Pl. du) | DY | |
| Maubec (Quai) | DZ | 66 |
| Merciers (Gde R. des) | DY | 70 |
| Minage (R. du) | DY | |
| Monnaie (Av. de la) | CZ | 73 |
| Noue (R. de la) | CY | 75 |
| Palais (R. du) | CZ | 77 |
| Pas-du-Minage (R. du) | DY | 79 |
| Pernelle (R.) | CY | 81 |
| Port (Petite R. du) | CZ | 83 |
| Port (R. du) | CDZ | 85 |
| St-Côme (R.) | CY | 94 |
| St-François (R.) | DY | 96 |
| St-Jean-du-Pérot (R.) | CZ | 98 |
| St-Nicolas (R.) | DZ | 99 |
| St-Sauveur (R.) | DZ | 100 |
| St-Yon (R.) | DY | |
| Sur-les-Murs (R.) | CZ | 110 |
| Temple (Cour du) | CZ | 112 |
| Temple (R. du) | CZ | 115 |
| Vespucci (Av. Amerigo) | CZ | 117 |
| 11-Novembre-1918 (Av. du) | DY | 121 |

Rieux 31 ... 317 G 5
Rieux-de-Pelleport 09 ... 336 B 2
Rieux-en-Cambrésis 59 ... 14 C 3
Rieux-en-Val 11 ... 338 A 1
Rieux-Minervois 11 ... 320 B 5
Riez 04 ... 307 F 1
Rigarda 66 ... 342 B 2
Rigaud 06 ... 289 G 4
Rignac 46 ... 260 D 1
Rignac 12 ... 279 H 1
Rignat 01 ... 214 A 1
Rignaucourt 55 ... 63 H 2
Rigné 79 ... 168 A 2
Rigney 25 ... 162 B 2
Rignieux-le-Franc 01 ... 213 H 3
Rignosot 25 ... 162 B 2
Rignovelle 70 ... 141 H 2
Rigny 70 ... 161 F 1
Rigny-la-Nonneuse 10 ... 90 B 4
Rigny-la-Salle 55 ... 94 A 1
Rigny-le-Ferron 10 ... 114 A 2
Rigny-Saint-Martin 55 ... 94 A 1
Rigny-sur-Arroux 71 ... 193 G 2
Rigny-Ussé 37 ... 151 E 4
Riguepeu 32 ... 295 H 4
Rilhac-Lastours 87 ... 223 F 2
Rilhac-Rancon 87 ... 205 H 4
Rilhac-Treignac 19 ... 224 D 3
Rilhac-Xaintrie 19 ... 243 H 2
Rillans 25 ... 162 C 1
Rillé 37 ... 151 E 2
Rillieux-la-Pape 69 ... 213 F 5
Rilly-la-Montagne 51 ... 41 G 5
Rilly-Sainte-Syre 10 ... 90 D 4
Rilly-sur-Aisne 08 ... 42 C 1
Rilly-sur-Loire 41 ... 152 D 2
Rilly-sur-Vienne 37 ... 169 G 1
Rimaucourt 52 ... 93 F 5
Rimbach-près-Guebwiller 68 ... 120 D 5
Rimbach-près-Masevaux 68 ... 142 C 1
Rimbachzell 68 ... 120 D 5
Rimbez-et-Baudiets 40 ... 274 D 4
Rimboval 62 ... 6 D 4
Rimeize 48 ... 264 B 2
Rimling 57 ... 48 B 5
Rimogne 08 ... 26 C 2
Rimon-et-Savel 26 ... 268 A 2
Rimondeix 23 ... 189 H 5
Rimons 33 ... 256 D 2
Rimont 09 ... 335 G 2
Rimou 35 ... 80 C 4
Rimplas 06 ... 289 H 3
Rimsdorf 67 ... 67 H 2
Ringeldorf 67 ... 68 C 3
Ringendorf 67 ... 68 C 3
Rinxent 62 ... 2 B 4
Riocaud 33 ... 257 F 1
Riolan Clue du 06 ... 289 G 5
Riolas 31 ... 316 D 4
Le Riols 81 ... 279 E 3
Riols 34 ... 320 C 3
Riom 63 ... 209 H 4
Riom-ès-Montagnes 15 ... 244 D 1
Rioms 26 ... 286 C 2
Rion-des-Landes 40 ... 273 E 5
Rions 33 ... 255 H 2
Riorges 42 ... 211 G 2
Riotord 43 ... 248 B 1
Rioupéroux 38 ... 251 F 2
Rioupes Col de 05 ... 269 F 2
Rioux 17 ... 219 F 2
Rioux-Martin 16 ... 238 E 1
Rioz 70 ... 162 A 1
Ripaille Domaine de 74 ... 198 B 3
Riquet Obélisque de 11 ... 318 D 4
Riquewihr 68 ... 121 E 2
Ris 63 ... 210 C 3
Ris 65 ... 333 H 3
Ris-Orangis 91 ... 58 C 5
Riscle 32 ... 294 D 4
Risoul 05 ... 270 D 2
Risoul 1850 05 ... 270 D 2
Ristolas 05 ... 271 F 1
Ristz Château du 03 ... 192 A 3
Rittershoffen 67 ... 69 F 2
Ritzing 57 ... 46 C 2
Riunoguès 66 ... 343 E 4
Riupeyrous 64 ... 314 C 3
Riva-Bella 14 ... 33 H 3
Rivarennes 37 ... 151 F 4
Rivarennes 36 ... 188 B 1
Rivas 42 ... 230 A 2
Rivau Château du 37 ... 151 E 5
Rive-de-Gier 42 ... 230 D 3
Rivecourt 60 ... 39 F 3
Rivedoux-Plage 17 ... 200 B 1
Rivehaute 64 ... 313 F 4
Rivel 11 ... 337 A 3
Riventosa 2B ... 347 F 5
Rivèrenert 09 ... 335 G 3
Riverie 69 ... 230 C 2
Rivery 80 ... 22 C 2
Rives 38 ... 232 C 5
Rives 47 ... 258 C 3
Les Rives 34 ... 301 G 2
Rivesaltes 66 ... 338 D 5
Le Rivier 38 ... 232 B 4
Rivière 62 ... 13 F 3
Rivière 37 ... 151 E 5
La Rivière 33 ... 238 B 4
La Rivière 38 ... 250 C 1
La Rivière-de-Corps 10 ... 90 D 5
La Rivière-Drugeon 25 ... 180 B 3
La Rivière-Enverse 74 ... 216 C 1
Rivière-les-Fosses 52 ... 139 G 4
Rivière-Saas-et-Gourby 40 ... 292 D 3
La Rivière-Saint-Sauveur 14 ... 34 D 2
Rivière-sur-Tarn 12 ... 281 H 3
La Rivière-Thibouville 27 ... 35 G 5
Rivières 16 ... 203 G 5
Rivières 30 ... 284 A 2
Rivières 81 ... 299 E 1
Les Rivières-Henruel 51 ... 62 C 5
Rivières-le-Bois 52 ... 139 H 3
Riville 76 ... 19 F 3
Rivolet 69 ... 212 C 3
Rix 58 ... 157 E 2
Rix 39 ... 180 A 4
Rixheim 68 ... 143 G 1
La Rixouse 39 ... 197 E 2
Rizaucourt 52 ... 92 C 5
Roaillan 33 ... 256 B 4
Roaix 84 ... 285 G 2
Roanne 42 ... 211 G 2
Roannes-Saint-Mary 15 ... 262 B 1
Robécourt 88 ... 118 A 3
Robecq 62 ... 7 H 3
Robehomme 14 ... 34 A 4
Robersart 59 ... 15 E 4
Robert-Espagne 55 ... 63 G 4
Robert-le-Diable Château de 76 ... 36 A 3
Robert-Magny 52 ... 92 B 3
Robertot 76 ... 19 G 3
Roberval 60 ... 39 E 3
Robiac-Rochessadoule 30 ... 283 H 2
Robien Château 22 ... 78 A 4
Robin Mont 50 ... 52 A 2
La Robine-sur-Galabre 04 ... 288 A 2
Robion 84 ... 305 F 1
Robion 04 ... 308 A 1
Le Roc 46 ... 260 B 1
Le Roc-Saint-André 56 ... 102 D 5
Rocamadour 46 ... 260 C 1
Rocbaron 83 ... 328 B 2
Rocé 41 ... 131 H 3
Roche 41 ... 132 B 3
Roche 42 ... 229 F 2
Roche 38 ... 231 H 2
La Roche aux Fées 35 ... 104 D 5
Roche-Béranger 38 ... 251 F 2
La Roche-Bernard 56 ... 125 F 5
La Roche-Blanche 44 ... 148 C 1
La Roche-Blanche 63 ... 227 H 1
La Roche-Canilhac 15 ... 263 G 2
La Roche-Canillac 19 ... 243 F 2
La Roche-Chalais 24 ... 238 D 2
Roche-Charles 63 ... 227 G 4
La Roche-Clermault 37 ... 151 E 5
La Roche Courbon Château de 17 ... 201 E 4
Roche-d'Agoux 63 ... 208 D 2
La Roche-de-Glun 26 ... 249 F 4
La Roche-de-Rame 05 ... 270 C 1
La Roche-Derrien 22 ... 73 E 3
La Roche-des-Arnauds 05 ... 269 G 3
Roche du Prêtre 25 ... 163 E 4
La Roche-en-Brenil 21 ... 158 C 2
Roche-en-Régnier 43 ... 247 F 1
Roche-et-Raucourt 70 ... 140 B 4
La Roche-Guyon 95 ... 57 F 1
La Roche-Jagu Château de 22 ... 73 E 3
Roche-la-Molière 42 ... 230 A 4
La Roche-l'Abeille 87 ... 223 G 2
Roche-le-Peyroux 19 ... 226 B 4
Roche-lès-Clerval 25 ... 162 D 2
Roche-lez-Beaupré 25 ... 162 A 3
La Roche-Mabile 61 ... 83 F 3
La Roche-Maurice 29 ... 71 E 5
La Roche-Noire 63 ... 228 A 1
La Roche-Posay 86 ... 170 A 4
La Roche-qui-Boit Barrage de 50 ... 51 H 5
La Roche-Racan Château 37 ... 130 C 5
La Roche-Rigault 86 ... 168 D 2
Roche-Saint-Secret-Béconne 26 ... 267 G 4
La Roche-sur-Foron 74 ... 215 H 1
La Roche-sur-Grane 26 ... 267 F 2
La Roche-sur-le-Buis 26 ... 286 B 2
Roche-sur-Linotte-et-Sorans-les-Cordiers 70 ... 162 B 1
La Roche-sur-Yon 85 ... 165 H 5
La Roche-Vanneau 21 ... 159 E 1
La Roche-Vineuse 71 ... 194 D 4
Rochebaudin 26 ... 267 G 3
La Rochebeaucourt-et-Argentine 24 ... 221 G 3
Rochebloine 07 ... 248 C 3
Rochebonne Château de 07 ... 248 B 4
Rochebrune 05 ... 269 H 4
Rochebrune 26 ... 286 A 1
Rochebrune Château de 16 ... 204 D 4
Rochechinard 26 ... 250 A 3
Rochechouart 87 ... 204 D 5
Rochecolombe 07 ... 266 B 4
Rochecorbon 37 ... 152 A 2
Rochefort 21 ... 138 B 3
Rochefort 17 ... 200 D 3
Rochefort 73 ... 232 D 2
Rochefort Rocher de 42 ... 211 F 3
Rochefort-du-Gard 30 ... 285 E 5
Rochefort-en-Terre 56 ... 125 F 3
Rochefort-en-Valdaine 26 ... 267 F 4
Rochefort-en-Yvelines 78 ... 87 E 2
Rochefort-Montagne 63 ... 227 E 1
Rochefort-Samson 26 ... 249 H 4
Rochefort-sur-la-Côte 52 ... 117 E 2
Rochefort-sur-Loire 49 ... 149 F 2
Rochefort-sur-Nenon 39 ... 161 E 5
La Rochefoucauld 16 ... 221 H 1
Rochefourchat 26 ... 268 A 3
La Rochegiron 04 ... 286 D 4
Rochegude 30 ... 284 A 2
Rochegude 26 ... 285 F 2
Rochejean 25 ... 180 C 4
La Rochelambert Château de 43 ... 247 E 3
La Rochelle 70 ... 140 B 3
La Rochelle 17 ... 200 C 1
La Rochelle-Normande 50 ... 51 G 4
Rochemaure 07 ... 267 E 3
La Rochénard 79 ... 184 C 5
Rochepaule 07 ... 248 B 3
La Rochepot 21 ... 177 G 2
Rocher 07 ... 266 A 4
Rocher-Portail Château du 35 ... 80 D 3
Le Rochereau 86 ... 168 D 5
Les Rochers-Sévigné Château 35 ... 105 F 3
Roches 23 ... 189 G 5
Roches Blanches Panorama des 83 ... 329 E 2
Les Roches-de-Condrieu 38 ... 231 E 4
Roches-lès-Blamont 25 ... 142 C 5
Les Roches-l'Évêque 41 ... 131 F 3
Roches-Prémarie-Andillé 86 ... 186 C 2
Roches-sur-Marne 52 ... 92 D 2
Roches-sur-Rognon 52 ... 93 E 5
Rocheservière 85 ... 165 G 2
Rochessauve 07 ... 266 D 2
Rochesson 88 ... 120 A 4
Rochetaillée 52 ... 139 F 2
Rochetaillée 42 ... 230 B 4
Rochetaillée-sur-Saône 69 ... 213 E 4
Rochetoirin 38 ... 232 B 2
Rochetrejoux 85 ... 166 C 4
La Rochette 77 ... 88 B 3
La Rochette 16 ... 203 G 5
La Rochette 23 ... 207 G 3
La Rochette 73 ... 233 G 3
La Rochette 07 ... 248 A 5
La Rochette 05 ... 269 H 3
La Rochette 04 ... 289 F 5
La Rochette-du-Buis 26 ... 286 B 2
Rocheville 50 ... 29 E 4
Rocheville 06 ... 309 E 4
Rochonvillers 57 ... 45 G 2
Rochy-Condé 60 ... 38 B 2
Rocles 03 ... 191 G 3
Rocles 48 ... 265 E 2
Rocles 07 ... 266 A 4
Roclincourt 62 ... 13 G 2
Rocourt 88 ... 118 A 3
Rocourt-Saint-Martin 02 ... 40 B 5
Rocquancourt 14 ... 33 G 5
La Rocque 14 ... 53 E 2
Rocquefort 76 ... 19 G 4
Rocquemont 76 ... 20 C 5
Rocquemont 60 ... 39 F 4
Rocquencourt 60 ... 22 C 4
Rocquencourt 78 ... 58 A 3
Rocques 14 ... 34 C 4
Rocquigny 62 ... 13 H 5
Rocquigny 02 ... 15 H 5
Rocquigny 08 ... 26 A 4
Rocroi 08 ... 26 B 1
Rodalbe 57 ... 67 E 3
Rodelinghem 62 ... 2 D 4
Rodelle 12 ... 262 D 5
Rodemack 57 ... 45 H 2
Roderen 68 ... 142 D 1
La Roderie 44 ... 147 F 4
Rodern 68 ... 97 E 5
Rodès 66 ... 342 C 2
Rodez 12 ... 280 D 1
Rodilhan 30 ... 304 A 2
Rodome 11 ... 337 B 5
La Roë 53 ... 105 F 5
Roëllecourt 62 ... 7 G 5
Rœschwoog 67 ... 69 G 3
Rœulx 59 ... 14 C 2
Rœux 62 ... 13 H 2
Roézé-sur-Sarthe 72 ... 129 H 2
Roffey 89 ... 137 E 2
Roffiac 15 ... 245 G 3
Rogalle 09 ... 335 F 3
Rogécourt 02 ... 24 C 4
Rogerville 76 ... 34 D 1
Rogéville 54 ... 65 F 4
Roggenhouse 68 ... 121 F 5
Rogliano 2B ... 345 G 1
Rogna 39 ... 196 D 4
Rognac 13 ... 305 G 5
Rognaix 73 ... 234 B 2
Rognes 13 ... 305 H 3
Rognon 25 ... 162 C 1
Rognonas 13 ... 304 D 1
Rogny 02 ... 25 E 3
Rogny-les-Sept-Écluses 89 ... 135 E 4
Rogues 30 ... 302 B 1
Rogy 80 ... 22 B 4
Rohaire 28 ... 55 H 5
Rohan 56 ... 102 B 3
Rohr 67 ... 68 C 5
Rohrbach-lès-Bitche 57 ... 68 A 1
Rohrwiller 67 ... 69 F 4
Roiffé 86 ... 150 C 5
Roiffieux 07 ... 248 D 1
Roiglise 80 ... 23 F 4
Roilly 21 ... 158 D 2
Roinville 28 ... 86 C 4
Roinville 91 ... 87 F 3
Roinvilliers 91 ... 87 G 5
Roisel 80 ... 23 H 1
Les Roises 55 ... 93 H 3
Roisey 42 ... 230 D 4
Roissard 38 ... 250 D 5
Roissy-en-Brie 77 ... 59 E 4
Roissy-en-France 95 ... 58 D 2
Roiville 61 ... 54 C 3
Roizy 08 ... 41 H 2
Rolampont 52 ... 117 F 5
Rolbing 57 ... 48 C 4
Rollainville 88 ... 94 A 4
Rollancourt 62 ... 7 E 5
Rolland 33 ... 238 D 3
Rolleboise 78 ... 57 E 1
Rolleville 76 ... 18 C 5
Rollot 80 ... 23 E 5
Rom 79 ... 186 A 4
Romagnat 63 ... 227 H 1
La Romagne 08 ... 26 A 4
Romagné 35 ... 81 E 4
La Romagne 49 ... 166 C 1
Romagne 86 ... 186 B 5
Romagne 33 ... 256 C 1
Romagne-sous-les-Côtes 55 ... 44 B 4

Romagne-
sous-Montfaucon **55**..........**43** G 3
Romagnieu **38**....................**232** D 2
Romagny **50**..........................**52** B 5
Romagny **68**......................**142** D 3
Romagny-
sous-Rougemont **90**........**142** C 2
Romain **51**.............................**41** E 3
Romain **54**.............................**95** E 2
Romain **39**..........................**161** F 4
Romain **25**..........................**162** C 1
Romain-aux-Bois **88**...........**118** A 3
Romain-sur-Meuse **52**.........**117** H 2
Romaines **10**.........................**91** F 3
Romainville **93**......................**58** C 3
Roman **27**...............................**56** A 3
Romanèche **01**...................**196** B 5
Romanèche-Thorins **71**.......**212** D 1
Romange **39**.......................**161** E 5
Romans **79**..........................**185** F 4
Romans **01**..........................**213** F 1
Romans-sur-Isère **26**..........**249** G 3
Romanswiller **67**....................**68** B 5
Romazières **17**....................**202** C 3
Romazy **35**.............................**80** C 4
Rombach-le-Franc **68**............**96** D 4
Rombas **57**.............................**45** G 4
Rombies-et-Marchipont **59**.......**9** H 5
Rombly **62**...............................**7** G 3
Romegoux **17**......................**201** E 4
Romelfing **57**..........................**67** G 3
Romenay **71**.........................**195** G 2
Romeny-sur-Marne **02**...........**60** B 2
Romeries **59**...........................**14** D 3
Romery **02**..............................**25** E 2
Romery **51**..............................**41** F 5
Romescamps **60**......................**21** G 4
Romestaing **47**.....................**256** D 5
Romette **05**..........................**269** H 3
Romeyer **26**.........................**268** B 1
La Romieu **32**......................**275** H 5
Romigny **51**.............................**41** E 5
Romiguières **34**...................**301** G 2
Romillé **35**...........................**103** H 2
Romilly **41**...........................**109** F 5
Romilly-la-Puthenaye **27**........**55** H 1
Romilly-sur-Aigre **28**...........**109** H 5
Romilly-sur-Andelle **27**..........**36** C 3
Romilly-sur-Seine **10**.............**90** B 3
Romont **88**..............................**95** G 4
Romorantin-Lanthenay **41**...**153** H 3
Rompon **07**..........................**267** E 1
Rônai **61**.................................**54** A 3
Ronce-les-Bains **17**............**200** C 5
Roncenay **10**.......................**114** D 2
Le Roncenay-Authenay **27**.....**56** A 3
Roncey **50**...............................**51** H 1
Ronchamp **70**......................**142** A 2
Ronchaux **25**.......................**179** H 1
Ronchères **02**..........................**40** D 5
Ronchères **89**.......................**135** G 4
Roncherolles-en-Bray **76**........**20** D 5
Roncherolles-sur-le-Vivier **76**.**36** B 1
Ronchin **59**...............................**8** D 3
Ronchois **76**............................**21** F 3
Roncourt **57**.............................**45** G 5
Roncourt **88**..........................**118** A 2
Roncq **59**...................................**4** D 5
La Ronde **79**.........................**167** F 4
La Ronde **17**.........................**184** B 4
La Ronde-Haye **50**...................**31** G 5
Rondefontaine **25**................**180** B 4
Ronel **81**..............................**299** G 2
Ronfeugerai **61**........................**53** F 4
Rongères **03**.........................**192** B 5
Ronnet **03**............................**209** E 1
Ronno **69**.............................**212** B 3
Ronquerolles **95**......................**38** B 5
Ronsenac **16**........................**221** F 4
Ronssoy **80**.............................**24** A 1
Rontalon **69**.........................**230** D 1
Ronthon **50**..............................**51** G 4
Rontignon **64**.......................**314** B 5
Ronvaux **55**..............................**64** C 1
Roôcourt-la-Côte **52**............**117** E 2
Roost-Warendin **59**....................**8** D 5
Roppe **90**..............................**142** C 2
Roppenheim **67**........................**69** G 3
Roppentzwiller **68**................**143** F 4
Roppeviller **57**..........................**48** C 5
La Roque-Alric **84**................**285** H 3
La Roque-Baignard **14**............**34** B 4
La Roque-d'Anthéron **13**.....**305** H 3
La Roque-Esclapon **83**........**308** B 2
La Roque-Gageac **24**...........**259** G 1
La Roque-
Sainte-Marguerite **12**.......**282** A 4

## CROIX

Cheuvreuil (R.)..............**AY** 19
Gaulle (Av. du Gén.-de)......**AY** 43
Kléber (R.).................**AY** 55
Liberté (Pl. de la)...........**AY** 63
Raspail (R.)................**AX** 77

## HEM

Europe (Av. de l').............**BY** 36
Schuman (R. Robert).......**BY** 84

## LYS-LEZ-LANNOY

Guesde (R. Jules)..........**CY** 48

## ROUBAIX

Abreuvoir (Pl. de l')..........**AX** 3
Alouette (R. de l')..........**AX** 4
Alsace (Av. d')..............**AX** 6
Armentières (Bd d')..........**AX** 7
Avelghem (R. d')............**CX** 9
Beaumont (R. de)............**BY** 10
Beaurepaire (Bd du)........**CX** 12
Bois (R. du)...............**BX** 13
Braille (R. Louis)..........**CY** 15
Cateau (Bd du)............**BY** 18
Champier (R. Louise et Victor)**AX** 19
Colmar (Bd de).............**CX** 21
Communauté-Urbaine (R.)...**BX** 22
Constantine (R. de).........**BX** 24
Courbet (R. Amiral)..........**AY** 25
Couteaux (Bd des)..........**BX** 27
Cugnot (R.)...............**AY** 28
Curé (R. du)...............**BX** 30
Douai (Bd de)............**ABY** 31
Épeule (R. de l')..........**AXY** 33
Faidherbe (Pl. du Gén.).......**CX** 37
Fer-à-Cheval (Carr. du)........**AY** 39
Fosse-aux-Chênes (R.).......**BX** 40
Fraternité (Pl. de la)..........**CY** 42
Goujon (R. Jean)............**BY** 45
Gounod (R. Ch.).............**AX** 46
Grande-Rue...............**BCX**
Grand-Place.................**BX**
Halle (R. de la).............**BX** 49
Halluin (Bd d')..............**AX** 51
Hospice (R. de l')...........**BX** 52
Hôtel-de-Ville (R. de l')......**BX** 54
Lacordaire (Bd)............**BY** 57
Laine (Bd de la).............**BX** 34
Lannoy (R. de)............**BCY**
Lebas (Av. J.)............**ABX**
Leclerc (Bd Gén.)..........**BX** 60
Leconte-Baillon
(R.).....................**CY** 61
Leers (R. de)..............**CX** 62
Liberté (Pl. de la)...........**BX** 64
Molière (R.)...............**CX** 66
Monnet (R. J.)..............**BX** 67
Motte (R. Pierre)............**BX** 70
Nadaud (R.)................**CX** 72
Le Nôtre (Av.)..............**AY** 58
Nyckès (Pont)..............**CX** 73
Peuple-Belge (Av. du).......**AY** 75
Prof.-Langevin
(R. du)..................**AY** 76
République (Bd de la).......**AX** 78
Rousseau (R. J.-J.)..........**CY** 79
St-Maurice (R.).............**BX** 81
Sarrail (R. du Gén.)..........**BX** 82
Sévigné (R. de).............**CX** 85
Travail (Pl. du)..............**BY** 87
Vieil-Abreuvoir (R. du).......**BX** 88

## WATTRELOS

Briffaut (R. Henri)..........**CX** 16
Monge (R.).................**CX** 69

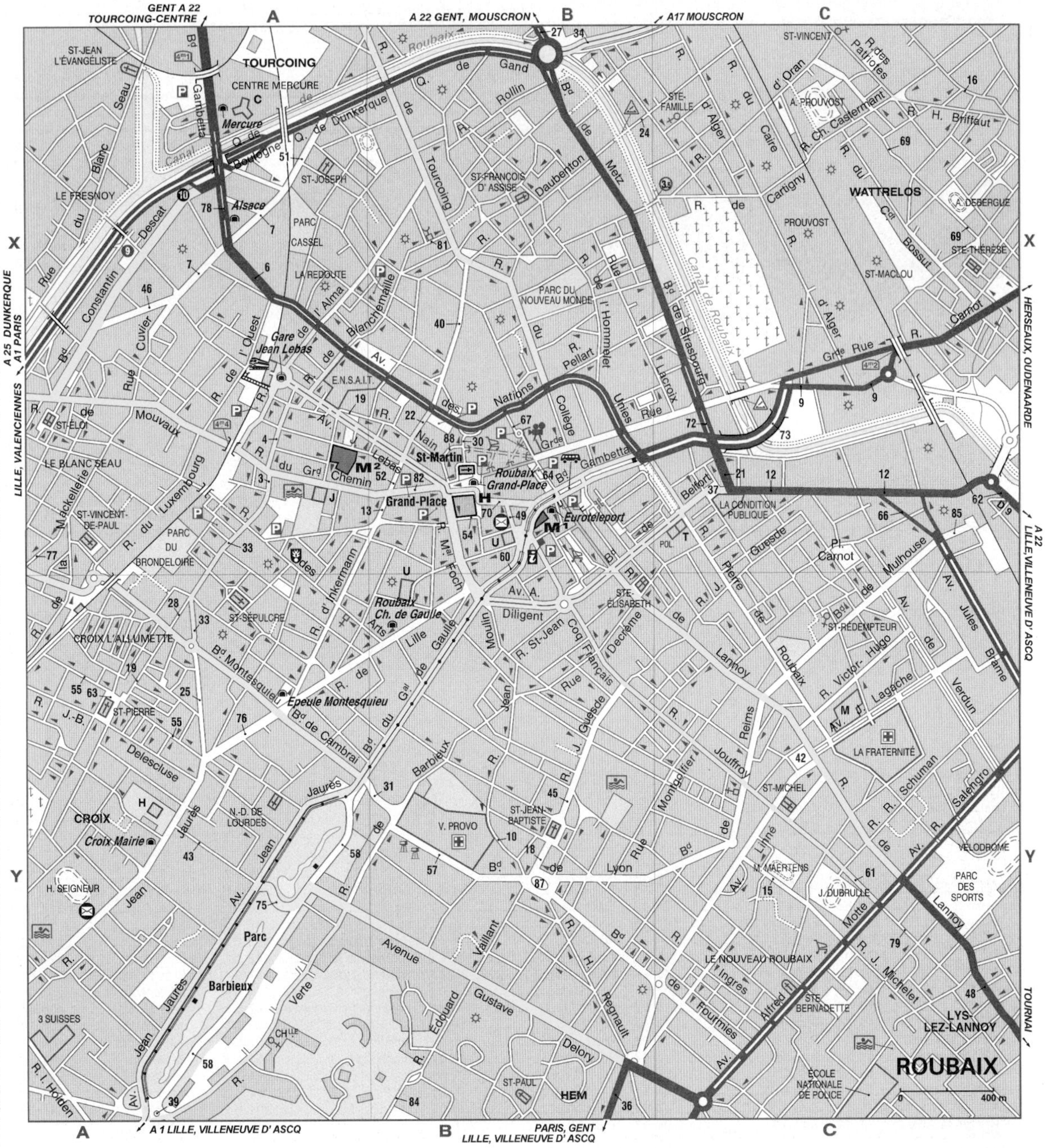


La Roque-sur-Cèze **30**........**284** C 3
La Roque-sur-Pernes **84**.....**285** H 5
Roquebillière **06**................**291** F 3
Roquebrun **34**....................**321** E 3
Roquebrune **33**..................**256** D 3
Roquebrune **32**..................**295** G 3
Roquebrune-Cap-Martin **06**.**291** G 5
Roquebrune-sur-Argens **83**.**308** C 5
La Roquebrussanne **83**.......**328** A 2
Roquecor **82**......................**277** E 1
Roquecourbe **81**.................**299** G 4
Roquecourbe-Minervois **11**.**320** B 5
Roquedols *Château de* **48**...**282** C 3
Roquedur **30**.......................**282** D 5
Roquefère **11**......................**319** H 4
Roquefeuil **11**.....................**337** A 4
Roquefixade **09**...................**336** C 3
Roquefort **40**.......................**274** A 4
Roquefort **47**.......................**276** B 3
Roquefort **32**.......................**296** B 3
Roquefort-de-Sault **11**.........**337** C 5
Roquefort-
des-Corbières **11**............**339** E 2
Roquefort-la-Bédoule **13**.....**327** F 3
Roquefort-les-Cascades **09**.**336** C 3
Roquefort-les-Pins **06**.........**309** F 3
Roquefort-sur-Garonne **31**..**317** E 5
Roquefort-sur-Soulzon **12**...**281** G 5
Roquelaure **32**.....................**296** B 3
Roquelaure *Château de* **12**.**263** F 5
Roquelaure-Saint-Aubin **32**.**297** E 4
Roquemaure **30**...................**285** E 4
Roquemaure **81**...................**298** B 2
Roquepine **32**......................**296** A 1
Roqueredonde **34**................**301** G 2
Roques **32**...........................**295** G 2
Roques **31**...........................**317** H 3
Roquesérière **31**..................**298** B 3
Roquessels **34**.....................**301** G 5
Roquesteron **06**...................**289** G 5
Roquestéron-Grasse **06**......**289** G 5
Roquetaillade **11**..................**337** C 2
Roquetaillade
*Château de* **33**.................**256** B 4
Roquetoire **62**..........................**7** G 2
La Roquette **27**........................**36** D 4
La Roquette-sur-Siagne **06**.**309** E 4
La Roquette-sur-Var **06**.......**291** E 5
Roquettes **31**.......................**317** H 3
Roquevaire **13**.....................**327** F 2
Roquevidal **81**.....................**298** D 4
Roquiague **64**......................**331** F 1
La Roquille **33**.....................**257** F 1
Rorbach-lès-Dieuze **57**..........**67** F 4
Rorschwihr **68**.........................**97** E 5
Rorthais **79**.........................**167** F 2
Les Rosaires **22**.......................**73** H 5
Rosanbo *Château de* **22**........**72** B 4
Rosans **05**...........................**268** C 5
Rosay **76**................................**20** C 4
Rosay **78**................................**57** F 3
Rosay **39**..............................**196** B 2
Rosay-sur-Lieure **27**................**36** D 2
Rosazia **2A**...........................**348** C 1
Rosbruck **57**.............................**47** F 5
Roscanvel **29**...........................**75** E 3
Roscoff **29**...............................**71** G 3
Rosel **14**...................................**33** F 4
Roselend *Barrage de* **73**.....**216** C 5
Roselier *Pointe du* **22**............**73** H 5
Rosenau **68**...........................**143** H 2
Rosendaël **59**..............................**3** G 2
Rosenwiller **67**..........................**97** E 2
Roset-Fluans **25**......................**161** G 4
Rosey **70**................................**141** E 5

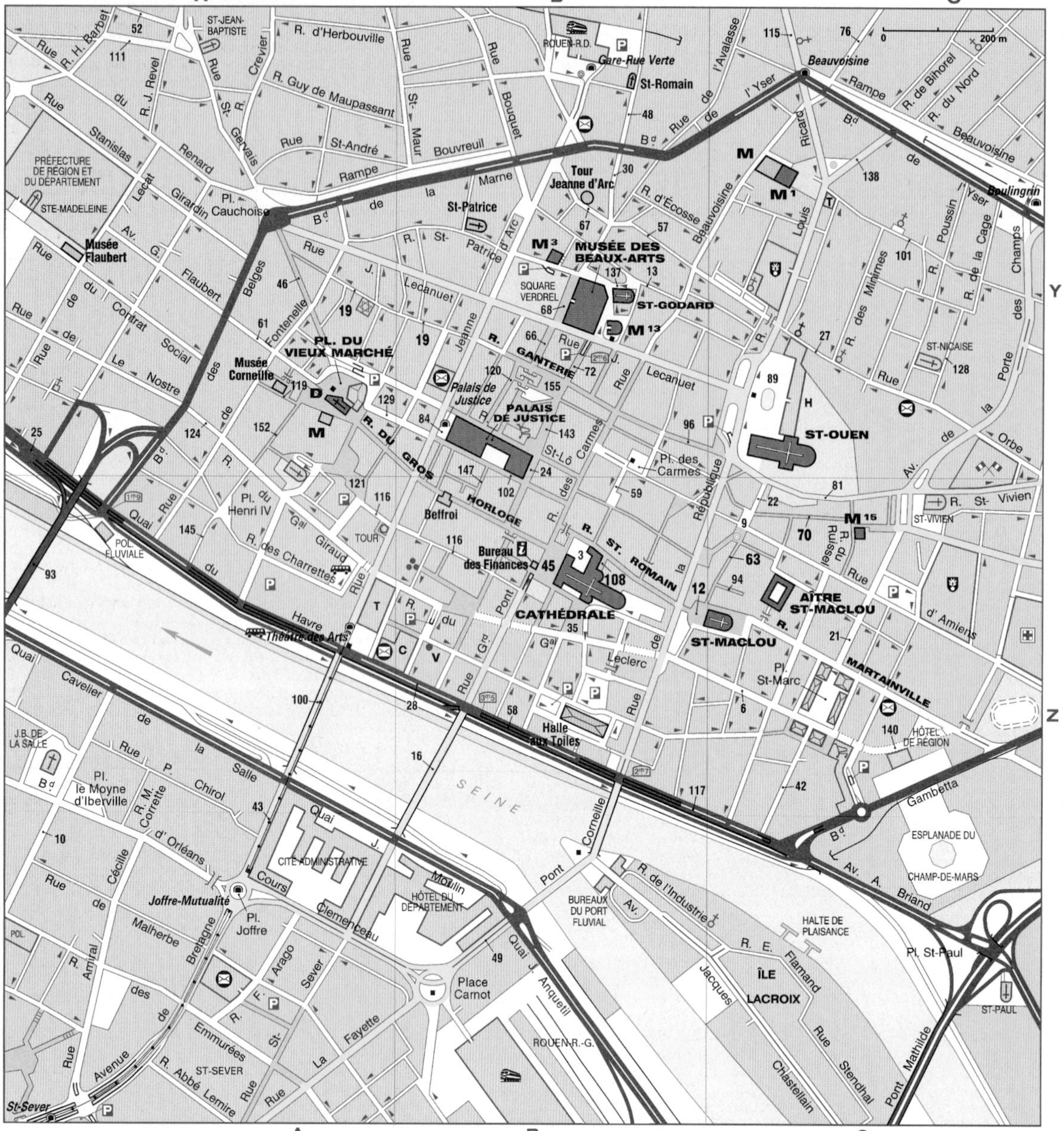
A
B
C
Y
Z
ROUEN-R.D.
Gare-Rue Verte
St-Romain
Beauvoisine
PRÉFECTURE DE RÉGION ET DU DÉPARTEMENT
STE-MADELEINE
Musée Flaubert
Pl. Cauchoise
St-Patrice
Tour Jeanne d'Arc
MUSÉE DES BEAUX-ARTS
SQUARE VERDREL
ST-GODARD
PL. DU VIEUX MARCHÉ
Musée Corneille
Palais de Justice
PALAIS DE JUSTICE
R. DU GROS HORLOGE
Beffroi
R. ST ROMAIN
Bureau des Finances
CATHÉDRALE
ST-MACLOU
AÎTRE ST-MACLOU
ST-OUEN
ST-NICAISE
ST-VIVIEN
Pl. des Carmes
Pl. Henri IV
POL FLUVIALE
Théâtre des Arts
MARTAINVILLE
HÔTEL DE RÉGION
Halle aux Toiles
SEINE
ESPLANADE DU CHAMP-DE-MARS
J.B. DE LA SALLE
Pl. le Moyne d'Iberville
CITÉ ADMINISTRATIVE
HÔTEL DU DÉPARTEMENT
Joffre-Mutualité
Pl. Joffre
BUREAUX DU PORT FLUVIAL
HALTE DE PLAISANCE
ÎLE LACROIX
Pl. St-Paul
ST-PAUL
Place Carnot
ROUEN-R.-G.
ST-SEVER
St-Sever
Beaulingrin
0
200 m

## ROUEN

Albane (Cour d') .......... BZ 3
Alsace-Lorraine (R. d') ..... CZ 6
Aubert (Pl. du Lieutenant) .. CZ 9
Barbey-d'Aurevilly (R.) ..... AZ 10
Barthélemy (Pl.) .......... BZ 12
Belfroy (R.) .............. BY 13
Boieldieu (Pont)........... BZ 16
Bons-Enfants (R. des) .... ABY 19
Boucheries-Saint-Ouen (R. des) ............... CZ 22
Boudin (R. E.) ............ BY 24
Boulet (Quai G.) .......... AY 25
Bourg-l'Abbé (R.) ......... CY 27
Bourse (Quai de la) ........ BZ 28
Bouvreuil (R. St-André)..... BY 30
Calende (Pl. de la) ........ BZ 35
Carmes (R. des) ......... BYZ
Carrel (R. A.) ............ CZ 42
Cartier (Av. Jacques)....... AZ 43
Cathédrale (Pl. de la)....... BZ 45
Cauchoise (R.)............ AY 46
Champlain (Av.)........... BZ 49
Champ-des-Oiseaux (R. du) ................ BY 48
Chasselièvre (R.)........... AY 52
Cordier (R. du)............ BY 56
Corneille (Quai Pierre)...... BZ 57
Croix-de-Fer (R.) ......... BYZ 59
Crosne (R. de)............ AY 61
Damiette (R.)............. CZ 63
Delacroix (Allée Eugène) ... BY 66
Donjon (R. du)............ BY 67
Duchamp (Espl. M.) ....... BY 68
Eau-de-Robec (R.)......... CZ 70
Écureuil (R. de l')......... BY 72
Ernemont (R. d') .......... CY 76
Faulx (R. des)............. CZ 81
Foch (Pl.) ................ BY 84
Ganterie (R.) ............. BY
Gaulle (Pl. Général-de) ..... CY 89
Grand-Pont (R.) ........... BZ
Gros-Horloge (R. du) .... ABYZ
Guillaume-le-Conquérant (Pont)................. AZ 93
Hauts-Mariages (Impasse des) .......... CZ 94
Hôpital (R. de l')........... BY 96
Jeanne-d'Arc (Pont) ....... AZ 100
Jeanne-d'Arc (R.) ........ BYZ
Joyeuse (R.) ............. CY 101
Juifs (R. aux)............ BYZ 102
Leclerc (R. du Gén.) ....... BZ
Libraires (Cour des)........ BZ 108
Mesnager (R. Nicolas) ..... AY 111
Neufchatel (Rte de) ....... CY 115
Ours (R. aux) ........... ABZ 116
Paris (Quai de)............ BZ 117
Pie (R. de la) ............ AY 119
Poterne (R. de la) ......... BY 120
Pucelle-d'Orléans (Pl. de la) .............. AZ 121
Racine (R.)............... AY 124
République (R. de la) ...... BZ
Requis (R. des) ........... CY 128
Rollon (R.) ............... AY 129
Ste-Marie (R.) ............ CY 138
Saint-Godard (Pl.) ......... BY 137
Schuman (R. Robert) ...... CS 140
Socrate (R.).............. BY 143
Thouret (R.)............. BYZ 147
Vieux-Marché (Pl. du) ...... AY
Vieux-Palais (R. du) ........ AY 152
19-Avril-1944 (Pl. du)....... BY 155

Rosey **71** ........ 177 G 4
Rosheim **67** ........ 97 F 2
La Rosière **70** ........ 119 H 5
La Rosière-1850 **73** ........ 235 E 1
Rosières **60** ........ 39 F 4
Rosières **18** ........ 172 D 2
Rosières **43** ........ 247 G 2
Rosières **07** ........ 266 A 5
Rosières **81** ........ 279 G 5
Rosières-aux-Salines **54** ........ 95 E 1
Rosières-devant-Bar **55** ........ 63 H 3
Rosières-en-Blois **55** ........ 93 G 2
Rosières-en-Haye **54** ........ 65 G 4
Rosières-en-Santerre **80** ........ 23 E 2
Rosières-près-Troyes **10** ........ 115 E 2
Rosières-sur-Barbèche **25** ........ 163 E 2
Rosières-sur-Mance **70** ........ 140 C 2
Rosiers-de-Juillac **19** ........ 241 H 1
Rosiers-d'Égletons **19** ........ 225 F 5
Les Rosiers-sur-Loire **49** ........ 150 A 3
Rosis **34** ........ 301 E 4
Rosnay **51** ........ 41 F 4
Rosnay **36** ........ 170 D 5
Rosnay **85** ........ 183 E 1
Rosnay-l'Hôpital **10** ........ 91 H 3
Rosnes **55** ........ 63 H 3
Rosnoën **29** ........ 75 G 4
Rosny-sous-Bois **93** ........ 58 D 3
Rosny-sur-Seine **78** ........ 57 F 2
Rosoy **60** ........ 38 D 3
Rosoy **89** ........ 113 G 3
Rosoy-en-Multien **60** ........ 39 H 5
Rosoy-le-Vieil **45** ........ 112 D 3
Rosoy-sur-Amance **52** ........ 140 A 2
Rospez **22** ........ 72 D 3
Rospigliani **2B** ........ 347 F 5
Rosporden **29** ........ 100 B 3
Rossay **86** ........ 168 D 2
Rosselange **57** ........ 45 G 4
Rossfeld **67** ........ 97 G 4
Rossillon **01** ........ 214 C 4
Rosteig **67** ........ 68 A 2
Rostrenen **22** ........ 77 F 5
Rosult **59** ........ 9 F 4
Rosureux **25** ........ 163 F 3
Rotalier **39** ........ 196 B 1
Rotangy **60** ........ 22 A 5
Rothau **67** ........ 96 D 3
Rothbach **67** ........ 68 C 2
Rothéneuf **35** ........ 50 C 4
Rotherens **73** ........ 233 G 3
La Rothière **10** ........ 91 H 5
Rothois **60** ........ 21 H 5
Rothonay **39** ........ 196 B 2
Les Rotours **61** ........ 53 H 4
Rots **14** ........ 33 F 4
Rott **67** ........ 69 E 1
Rottelsheim **67** ........ 68 D 4
Rottier **26** ........ 268 B 4
Rou-Marson **49** ........ 150 B 4
Rouairoux **81** ........ 320 B 3
Rouans **44** ........ 147 E 4
La Rouaudière **53** ........ 127 F 2
Roubaix **59** ........ 9 E 2
Roubia **11** ........ 320 D 5
Roubion **06** ........ 289 H 3
Roucamps **14** ........ 53 E 1
Roucourt **59** ........ 14 A 2
Roucy **02** ........ 41 E 2
Roudouallec **56** ........ 100 C 2
Rouécourt **52** ........ 92 D 5
Rouède **31** ........ 334 D 2
Rouellé **61** ........ 82 A 2
Rouelles **76** ........ 34 C 1
Rouelles **52** ........ 139 E 3
Rouen **76** ........ 36 B 2
Rouessé-Fontaine **72** ........ 83 G 5
Rouessé-Vassé **72** ........ 107 E 3
Rouet **34** ........ 302 C 2
Rouez **72** ........ 107 E 3
Rouffach **68** ........ 121 E 4
Rouffange **39** ........ 161 F 4
Rouffiac **17** ........ 219 H 1
Rouffiac **16** ........ 239 E 1
Rouffiac **15** ........ 243 G 4
Rouffiac **81** ........ 299 F 1
Rouffiac-d'Aude **11** ........ 337 C 1
Rouffiac-des-Corbières **11** ........ 338 B 4
Rouffiac-Tolosan **31** ........ 298 A 4
Rouffignac **17** ........ 219 H 5
Rouffignac **24** ........ 241 E 3
Rouffignac *Grotte de* **24** ........ 241 E 4
Rouffignac-de-Sigoulès **24** ........ 257 H 1
Rouffigny **50** ........ 51 H 3
Rouffilhac **46** ........ 259 H 1
Rouffillac **24** ........ 241 H 5
Rouffy **51** ........ 61 H 2
La Rouge **61** ........ 84 D 5
Rougé **44** ........ 126 D 2
Rouge-Perriers **27** ........ 35 H 5
Rougefay **62** ........ 12 C 2
Rougegoutte **90** ........ 142 C 2
Rougemont **21** ........ 137 G 4
Rougemont **25** ........ 162 C 1
Rougemont-le-Château **90** ........ 142 C 2
Rougemontiers **27** ........ 35 G 2
Rougemontot **25** ........ 162 B 2
Rougeou **41** ........ 153 G 3
Rougeries **02** ........ 25 E 3
Les Rouges-Eaux **88** ........ 96 A 5
Le Rouget **15** ........ 261 H 1
Rouget *Cascade du* **74** ........ 216 D 2
Rougeux **52** ........ 140 A 2
Rougiers **83** ........ 327 H 1
Rougiville **88** ........ 96 A 5
Rougnac **16** ........ 221 G 3
Rougnat **23** ........ 208 C 2
Rougon **04** ........ 307 H 2
Rouhe **25** ........ 161 H 5
Rouhling **57** ........ 47 G 5
Rouillac **22** ........ 79 E 5
Rouillac **16** ........ 202 D 5
Rouillas-Bas **63** ........ 227 G 2
Rouillé **86** ........ 185 H 3
Rouillon **72** ........ 107 G 4
Rouilly **77** ........ 89 G 2
Rouilly-Sacey **10** ........ 91 F 5
Rouilly-Saint-Loup **10** ........ 115 E 2
Roujan **34** ........ 321 H 3
Roulans **25** ........ 162 B 3
Le Roulier **88** ........ 119 H 2
Roullée **72** ........ 84 A 3
Roullens **11** ........ 319 G 5
Roullet **16** ........ 221 E 2
Roullours **14** ........ 52 C 3
Roumagne **47** ........ 257 G 3
Roumare **76** ........ 36 A 1
Roumazières **16** ........ 204 B 4
Roumazières-Loubert **16** ........ 204 B 4
Roumégoux **15** ........ 261 H 1
Roumégoux **81** ........ 299 G 2
Roumengoux **09** ........ 336 D 1
Roumens **31** ........ 318 D 3
Roumoules **04** ........ 307 F 1
Rountzenheim **67** ........ 69 F 3
Roupeldange **57** ........ 46 C 4
Rouperroux **61** ........ 83 F 2
Rouperroux-le-Coquet **72** ........ 108 B 2
Roupy **02** ........ 24 A 3
La Rouquette **12** ........ 279 F 2
Roure **06** ........ 289 H 3
Le Rouret **06** ........ 309 E 3
Rousies **59** ........ 15 H 2
Roussac **87** ........ 205 G 2
Roussas **26** ........ 267 E 5
Roussay **49** ........ 148 C 5
Roussayrolles **81** ........ 279 E 4
Rousseloy **60** ........ 38 C 3
Roussennac **12** ........ 261 H 5
Roussent **62** ........ 6 C 5
Les Rousses **39** ........ 197 F 2
Rousses **48** ........ 282 D 3
Le Rousset **71** ........ 194 B 1
Rousset **05** ........ 270 A 4
Rousset **13** ........ 306 B 5
Rousset *Col de* **26** ........ 250 B 5
Rousset-les-Vignes **26** ........ 267 G 5
La Roussière **27** ........ 55 F 2
Roussieux **26** ........ 286 C 1
Roussillon **38** ........ 231 E 5
Roussillon **84** ........ 305 G 1
Roussillon-en-Morvan **71** ........ 176 B 1
Roussines **36** ........ 188 B 3
Roussines **16** ........ 222 B 1
Rousson **89** ........ 113 G 4
Rousson **30** ........ 283 H 3
Roussy-le-Village **57** ........ 45 H 2
Routelle **25** ........ 161 G 4
Routes **76** ........ 19 G 3
Routier **11** ........ 337 B 1
Routot **27** ........ 35 G 2
Rouvenac **11** ........ 337 B 3
Rouves **54** ........ 65 H 3
La Rouvière **30** ........ 303 G 1
Rouvignies **59** ........ 14 D 2
Rouville **76** ........ 19 E 5
Rouville **60** ........ 39 G 4
Rouvillers **60** ........ 39 E 2
Rouvray **27** ........ 56 C 1
Rouvray **89** ........ 136 C 2
Rouvray **21** ........ 158 B 2
Rouvray-Catillon **76** ........ 21 E 5

Rouvray-Saint-Denis 28 111 E 2
Rouvray-Saint-Florentin 28 110 B 2
Rouvray-Sainte-Croix 45 110 C 4
Rouvre 79 185 E 3
Rouvrel 80 22 C 3
Rouvres 14 53 H 1
Rouvres 28 56 D 3
Rouvres 77 59 F 1
Rouvres-en-Multien 60 39 H 5
Rouvres-en-Plaine 21 160 B 4
Rouvres-en-Woëvre 55 44 D 5
Rouvres-en-Xaintois 88 94 C 5
Rouvres-la-Chétive 88 94 A 5
Rouvres-les-Bois 36 171 H 1
Rouvres-les-Vignes 10 116 B 2
Rouvres-Saint-Jean 45 87 G 5
Rouvres-sous-Meilly 21 159 F 4
Rouvres-sur-Aube 52 139 E 2
Rouvrois-sur-Meuse 55 64 C 3
Rouvrois-sur-Othain 55 44 D 3
Rouvroy 62 8 C 5
Rouvroy 02 24 B 2
Rouvroy-en-Santerre 80 23 E 3
Rouvroy-les-Merles 60 22 C 4
Rouvroy-Ripont 51 42 D 4
Rouvroy-sur-Audry 08 26 B 3
Rouvroy-sur-Marne 52 93 E 4
Rouvroy-sur-Serre 02 25 H 3
Le Roux 07 265 H 2
Rouxeville 50 32 C 5
La Rouxière 44 148 C 1
Rouxmesnil-Bouteilles 76 10 B 5
Rouy 58 175 F 1
Rouy-le-Grand 80 23 G 3
Rouy-le-Petit 80 23 G 3
Rouze 09 337 B 5
Rouzède 16 222 B 1
Rouziers 15 261 H 1
Rouziers-de-Touraine 37 151 H 1
Le Rove 13 326 C 2
Roville-aux-Chênes 88 95 G 4
Roville-devant-Bayon 54 95 E 3
Rovon 38 250 B 1
Roy-Boissy 60 21 H 5
Royan 17 218 C 2
Royas 38 231 G 3
Royat 63 227 G 1
Royaucourt 60 22 D 5
Royaucourt-et-Chailvet 02 40 C 1
Royaumeix 54 65 F 4
Royaumont *Abbaye de* 95 38 C 5
Roybon 38 250 A 1
Roye 80 23 F 4
Roye 70 141 H 4
Roye-sur-Matz 60 23 F 5
Royer 71 195 E 1
Royère-de-Vassivière 23 207 E 5
Royères 87 206 B 4
Roynac 26 267 F 3
Royon 62 6 D 4
Royville 76 20 A 3
Roz-Landrieux 35 80 A 2
Roz-sur-Couesnon 35 51 F 5
Rozay-en-Brie 77 59 G 5
Le Rozel 50 28 D 4
Rozelieures 54 95 F 3
Rozérieulles 57 65 G 1
Rozerotte 88 94 D 5
Rozès 32 295 H 2
Rozet-Saint-Albin 02 40 B 4
Le Rozier 48 282 A 3
Rozier-Côtes-d'Aurec 42 229 H 5
Rozier-en-Donzy 42 212 A 5
Rozières 52 92 B 4
Rozières-en-Beauce 45 110 C 5
Rozières-sur-Crise 02 40 B 3
Rozières-sur-Mouzon 88 118 A 3
Roziers-Saint-Georges 87 224 C 1
Rozoy-Bellevalle 02 60 C 2
Rozoy-sur-Serre 02 25 H 4
Ruages 58 157 G 3
Ruan 45 111 E 3
Ruan-sur-Egvonne 41 109 G 4
Ruaudin 72 107 H 5
Ruaux 88 119 F 4
Rubécourt-et-Lamécourt 08 27 F 4
Rubelles 77 88 B 2
Rubempré 80 12 D 5
Rubercy 14 32 C 3
Rubescourt 80 22 D 5
Rubigny 08 25 H 4
Rubrouck 59 3 G 4
Ruca 22 79 E 2
Ruch 33 256 D 1
Rucqueville 14 33 E 3
Rudeau-Ladosse 24 222 B 4
Rudelle 46 261 E 2
Rue 80 11 F 1
La Rue-Saint-Pierre 76 20 C 5
La Rue-Saint-Pierre 60 38 B 2
Ruederbach 68 143 F 3
Rueil-la-Gadelière 28 56 A 5
Rueil-Malmaison 92 58 B 3
Ruelisheim 68 143 F 1
Ruelle-sur-Touvre 16 221 F 1
Les Rues-des-Vignes 59 14 B 4
Ruesnes 59 15 E 2
Rueyres 46 261 E 1
Ruffec 36 188 A 1
Ruffec 16 203 F 2
Ruffey-le-Château 25 161 G 3
Ruffey-lès-Beaune 21 177 H 1
Ruffey-lès-Echirey 21 160 A 2
Ruffey-sur-Seille 39 179 E 4
Ruffiac 56 125 F 2
Ruffiac 47 274 D 1
Ruffieu 01 214 D 2
Ruffieux 73 215 E 4
Ruffigné 44 126 D 3
Rugles 27 55 G 3
Rugney 88 95 E 4
Rugny 89 137 F 2
Rugy 57 45 H 5
Ruhans 70 162 A 1
Ruillé-en-Champagne 72 107 F 4
Ruillé-Froid-Fonds 53 106 A 5
Ruillé-le-Gravelais 53 105 G 4
Ruillé-sur-Loir 72 130 D 3
Ruisseauville 62 7 E 4
Ruitz 62 8 A 4
Rullac-Saint-Cirq 12 280 C 4
Rully 60 39 F 4
Rully 14 52 D 3
Rully 71 177 G 3
Rumaisnil 80 22 A 3
Rumaucourt 62 14 A 3
Rumegies 59 9 F 4
Rumengol 29 75 H 3
Rumersheim 67 68 D 5
Rumersheim-le-Haut 68 121 F 5
Rumesnil 14 34 B 4
Rumigny 80 22 B 3
Rumigny 08 26 A 2
Rumilly 62 6 D 3
Rumilly 74 215 F 4
Rumilly-en-Cambrésis 59 14 B 4
Rumilly-lès-Vaudes 10 115 F 3
Ruminghem 62 3 E 4
Rumont 55 63 H 3
Rumont 77 112 A 2
Runan 22 73 E 4
Rungis 94 58 C 4
Ruoms 07 266 B 5
Rupéreux 77 89 G 2
Ruppes 88 94 A 3
Rupt 52 92 D 4
Rupt-aux-Nonains 55 63 G 5
Rupt-devant-Saint-Mihiel 55 64 B 3
Rupt-en-Woëvre 55 64 C 2
Rupt-sur-Moselle 88 119 H 5
Rupt-sur-Othain 55 44 C 2
Rupt-sur-Saône 70 140 D 4
Rurange-lès-Thionville 57 45 H 4
Rurey 25 162 A 5
Rusio 2B 347 F 4
Russ 67 96 D 2
Russange 57 45 F 2
Le Russey 25 163 F 4
Russy 14 32 D 2
Russy-Bémont 60 39 G 4
Rustenhart 68 121 F 4
Rustiques 11 320 A 5
Rustrel 84 306 A 1
Rustroff 57 46 B 2
Rutali 2B 345 G 5
Ruvigny 10 91 E 5
Ruy 38 232 A 2
Ruyaulcourt 62 14 A 4
Ruynes-en-Margeride 15 246 A 4
Ry 76 36 D 1
Rye 39 178 D 3
Ryes 14 33 E 3


## S


Saâcy-sur-Marne 77 60 A 2
Saales 67 96 C 4
Saales *Col de* 67 96 C 4
Saâne-Saint-Just 76 20 A 3
Saasenheim 67 97 G 5
Sabadel-Latronquière 46 261 G 2
Sabadel-Lauzès 46 260 C 4
Sabaillan 32 316 C 3
Sabalos 65 315 F 5
Sabarat 09 335 H 1
Sabarros 65 315 H 5
Sabazan 32 295 E 3
Sablé-sur-Sarthe 72 129 E 2
Les Sables-d'Olonne 85 182 A 2
Sables-d'Or-les-Pins 22 79 E 2
Sablet 84 285 G 3
Les Sablettes 83 328 A 5
Sablières 07 265 H 4
Sablonceaux 17 219 E 1
Sablonnières 77 60 B 3
Sablons 38 231 E 5
Sablons 33 238 C 3
Sabonnères 31 317 E 3
La Sabotterie 08 26 D 5
Sabran 30 284 C 3
Sabres 40 273 D 3
Saccourvielle 31 334 A 4
Sacé 53 106 A 2
Sacey 50 80 D 2
Saché 37 151 G 4
Sachin 62 7 G 4
Sachy 08 27 G 4
Sacierges-Saint-Martin 36 188 B 2
Saclas 91 87 F 5
Saclay 91 58 B 5
Saconin-et-Breuil 02 40 A 3
Sacoué 65 334 A 2
Le Sacq 27 56 A 3
Sacquenay 21 139 G 5
Sacquenville 27 56 A 1
Sacy 51 41 G 4
Sacy 89 136 D 4
Sacy-le-Grand 60 38 D 3
Sacy-le-Petit 60 39 E 3
Sadeillan 32 315 H 4
Sadillac 24 257 H 2
Sadirac 33 255 H 1
Sadournin 65 315 H 5
Sadroc 19 242 C 1
Saessolsheim 67 68 C 5
Saffais 54 95 E 2
Saffloz 39 179 H 5
Saffré 44 147 G 1
Saffres 21 159 F 2
Sagelat 24 259 E 1
Sagnat 23 188 D 5
Sagnes-et-Goudoulet 07 266 A 1
Sagone 2A 348 B 1
Sagonne 18 173 H 3
Sagy 95 57 H 1
Sagy 71 196 A 1
Sahorre 66 342 A 3
Sahune 26 268 A 5
Sahurs 76 36 A 2
Sai 61 54 B 4
Saignes 15 226 C 5
Saignes 46 261 E 1
Saigneville 80 11 F 3
Saignon 84 306 A 1
Saiguède 31 297 F 5
Sail-les-Bains 42 193 E 5
Sail-sous-Couzan 42 229 F 1
Sailhan 65 333 G 4
Saillac 19 242 C 4
Saillac 46 278 D 1
Saillagouse 66 341 F 4
Saillans 33 238 B 4
Saillans 26 267 H 2
Saillant 63 229 F 4
Saillat-sur-Vienne 87 204 D 4
Saillé 44 145 H 4
Saillenard 71 178 D 5
Sailly 08 27 G 4
Sailly 78 57 G 1
Sailly 52 93 E 3
Sailly 71 194 C 2
Sailly-Achâtel 57 66 B 3
Sailly-au-Bois 62 13 F 4
Sailly-en-Ostrevent 62 13 H 2
Sailly-Flibeaucourt 80 11 G 2
Sailly-Labourse 62 8 A 4
Sailly-Laurette 80 23 E 1
Sailly-le-Sec 80 22 D 1
Sailly-lez-Cambrai 59 14 B 3
Sailly-lez-Lannoy 59 9 E 2
Sailly-Saillisel 80 13 H 5
Sailly-sur-la-Lys 62 8 B 2
Sain-Bel 69 212 C 5
Saincaize-Meauce 58 174 B 3
Sainghin-en-Mélantois 59 9 E 3
Sainghin-en-Weppes 59 8 C 3
Sainneville 76 18 D 5
Sainpuits 89 156 D 1
Sains 35 80 C 2
Sains-du-Nord 59 15 H 4
Sains-en-Amiénois 80 22 C 2
Sains-en-Gohelle 62 8 A 4
Sains-lès-Fressin 62 7 E 4
Sains-lès-Marquion 62 14 A 3
Sains-lès-Pernes 62 7 G 4
Sains-Morainvillers 60 22 D 5
Sains-Richaumont 02 25 E 2
Le Saint 56 100 D 2
Saint-Aaron 22 78 D 3
Saint-Abit 64 314 B 5
Saint-Abraham 56 102 D 5
Saint-Acheul 80 12 C 3
Saint-Adjutory 16 203 H 5
Saint-Adrien 22 77 G 2
Saint-Adrien *Roches de* 76 36 B 2
Saint-Affrique 12 300 D 1
Saint-Affrique-les-Montagnes 81 299 G 5
Saint-Agathon 22 73 F 5
Saint-Agil 41 109 E 4
Saint-Agnan 02 60 D 1
Saint-Agnan 89 89 E 5
Saint-Agnan 58 158 B 3
Saint-Agnan 71 193 F 2
Saint-Agnan 81 298 C 4
Saint-Agnan-de-Cernières 27 55 E 2
Saint-Agnan-en-Vercors 26 250 B 4
Saint-Agnan-le-Malherbe 14 53 E 1
Saint-Agnan-sur-Erre 61 84 D 5
Saint-Agnan-sur-Sarthe 61 84 B 2
Saint-Agnant 17 200 D 4
Saint-Agnant-de-Versillat 23 188 C 5
Saint-Agnant-près-Crocq 23 208 B 5
Saint-Agnant-sous-les-Côtes 55 64 D 4
Saint-Agne 24 258 B 1
Saint-Agnet 40 294 C 4
Saint-Agnin-sur-Bion 38 231 H 3
Saint-Agoulin 63 209 H 2
Saint-Agrève 07 248 B 4
Saint-Aignan 08 27 E 4
Saint-Aignan 56 77 H 5
Saint-Aignan 72 108 A 2
Saint-Aignan 41 153 E 4
Saint-Aignan 33 238 B 4
Saint-Aignan 82 277 F 5
Saint-Aignan-de-Couptrain 53 82 D 3
Saint-Aignan-de-Cramesnil 14 33 H 5
Saint-Aignan-des-Gués 45 134 A 2
Saint-Aignan-des-Noyers 18 173 H 4
Saint-Aignan-Grandlieu 44 147 G 5
Saint-Aignan-le-Jaillard 45 134 B 4
Saint-Aignan-sur-Roë 53 127 G 2
Saint-Aignan-sur-Ry 76 36 D 1
Saint-Aigny 36 187 H 1
Saint-Aigulin 17 238 D 2
Saint-Ail 54 45 F 5
Saint-Albain 71 195 E 3
Saint-Alban 22 78 D 2
Saint-Alban 01 214 B 1
Saint-Alban 31 297 H 4
Saint-Alban-Auriolles 07 266 A 5
Saint-Alban-d'Ay 07 248 D 2
Saint-Alban-de-Montbel 73 233 E 2
Saint-Alban-de-Roche 38 231 H 2
Saint-Alban-des-Hurtières 73 234 A 3
Saint-Alban-des-Villards 73 233 H 5
Saint-Alban-du-Rhône 38 231 E 4
Saint-Alban-en-Montagne 07 265 F 2
Saint-Alban-les-Eaux 42 211 F 3
Saint-Alban-Leysse 73 233 F 2
Saint-Alban-sur-Limagnole 48 264 B 1
Saint-Albin-de-Vaulserre 38 232 D 3
Saint-Alexandre 30 284 D 2
Saint-Algis 02 25 E 1
Saint-Allouestre 56 102 B 4
Saint-Alpinien 23 207 H 3
Saint-Alyre-d'Arlanc 63 228 D 5
Saint-Alyre-ès-Montagne 63 227 G 5
Saint-Amadou 09 336 C 1
Saint-Amancet 81 319 F 3
Saint-Amand 62 13 E 4
Saint-Amand 50 52 C 1
Saint-Amand 23 207 H 3
Saint-Amand-de-Belvès 24 259 E 2
Saint-Amand-de-Coly 24 241 G 3
Saint-Amand-de-Vergt 24 240 C 4
Saint-Amand-des-Hautes-Terres 27 36 A 4
Saint-Amand-en-Puisaye 58 156 B 1
Saint-Amand-Jartoudeix 23 206 C 4
Saint-Amand-le-Petit 87 206 D 5
Saint-Amand-les-Eaux 59 9 F 4
Saint-Amand-Longpré 41 131 G 4
Saint-Amand-Magnazeix 87 205 H 1
Saint-Amand-Montrond 18 173 F 5
Saint-Amand-sur-Fion 51 62 C 3
Saint-Amand-sur-Ornain 55 93 F 1
Saint-Amand-sur-Sèvre 79 167 E 3
Saint-Amandin 15 227 E 5
Saint-Amans 48 264 C 3
Saint-Amans 11 318 D 5
Saint-Amans 09 336 A 1
Saint-Amans-de-Pellagal 82 277 F 3
Saint-Amans-des-Cots 12 262 D 2
Saint-Amans-du-Pech 82 276 D 2
Saint-Amans-Soult 81 320 A 3
Saint-Amans-Valtoret 81 320 A 3
Saint-Amant 16 221 F 4
Saint-Amant-de-Boixe 16 203 F 5
Saint-Amant-de-Bonnieure 16 203 G 4
Saint-Amant-de-Graves 16 220 D 2
Saint-Amant-de-Nouère 16 203 E 5
Saint-Amant-Roche-Savine 63 228 D 3
Saint-Amant-Tallende 63 227 H 2
Saint-Amarin 68 120 C 5
Saint-Ambreuil 71 177 H 5
Saint-Ambroix 18 172 C 3
Saint-Ambroix 30 284 A 2
Saint-Amé 88 119 H 4
Saint-Amour 39 196 A 3
Saint-Amour-Bellevue 71 194 D 5
Saint-Anastaise 63 227 G 4
Saint-Andelain 58 156 A 3
Saint-Andéol 38 250 C 4
Saint-Andéol 26 268 A 1
Saint-Andéol-de-Berg 07 266 C 4
Saint-Andéol-de-Clerguemort 48 283 F 2
Saint-Andéol-de-Fourchades 07 266 A 1
Saint-Andéol-de-Vals 07 266 B 2
Saint-Andéol-le-Château 69 230 D 2
Saint-Andeux 21 158 B 2
Saint-Andiol 13 305 E 2
Saint-Andoche 70 140 B 4
Saint-André 16 219 H 1
Saint-André 73 252 C 1
Saint-André 32 296 D 5
Saint-André 81 300 A 1
Saint-André 31 316 D 5
Saint-André 66 343 F 3
Saint-André *Chapelle* 46 259 G 3
Saint-André-Capcèze 48 265 G 5
Saint-André-d'Allas 24 241 F 5
Saint-André-d'Apchon 42 211 F 2
Saint-André-de-Bagé 01 195 F 4
Saint-André-de-Boëge 74 198 A 5
Saint-André-de-Bohon 50 32 A 3
Saint-André-de-Briouze 61 53 G 4
Saint-André-de-Buèges 34 302 B 2
Saint-André-de-Chalencon 43 247 G 1
Saint-André-de-Corcy 01 213 F 3
Saint-André-de-Cruzières 07 284 A 1
Saint-André-de-Cubzac 33 237 H 4
Saint-André-de-Double 24 239 G 2
Saint-André-de-la-Marche 49 148 C 5
Saint-André-de-la-Roche 06 309 H 2
Saint-André-de-Lancize 48 283 F 2
Saint-André-de-l'Épine 50 32 B 4
Saint-André-de-l'Eure 27 56 C 3
Saint-André-de-Lidon 17 219 F 2
Saint-André-de-Majencoules 30 282 D 5
Saint-André-de-Messei 61 53 F 5
Saint-André-de-Najac 12 279 F 3
Saint-André-de-Roquelongue 11 338 D 1
Saint-André-de-Roquepertuis 30 284 C 2
Saint-André-de-Rosans 05 268 C 5
Saint-André-de-Sangonis 34 302 A 4
Saint-André-de-Seignanx 40 292 B 4
Saint-André-de-Valborgne 30 283 E 3
Saint-André-de-Vézines 12 282 A 3
Saint-André-d'Embrun 05 270 C 3
Saint-André-des-Eaux 22 79 H 5
Saint-André-des-Eaux 44 146 B 2
Saint-André-d'Hébertot 14 34 D 3
Saint-André-d'Huiriat 01 195 F 5
Saint-André-d'Olérargues 30 284 C 3
Saint-André-du-Bois 33 256 C 3
Saint-André-en-Barrois 55 63 H 1
Saint-André-en-Bresse 71 178 B 5
Saint-André-en-Morvan 58 157 H 2
Saint-André-en-Royans 38 250 A 3
Saint-André-en-Terre-Plaine 89 158 B 1
Saint-André-en-Vivarais 07 248 B 3
Saint-André-et-Appelles 33 257 F 1
Saint-André-Farivillers 60 22 B 5
Saint-André-Goule-d'Oie 85 166 B 3
Saint-André-la-Côte 69 230 C 2
Saint-André-Lachamp 07 265 H 4
Saint-André-le-Bouchoux 01 213 G 1
Saint-André-le-Coq 63 210 A 3
Saint-André-le-Désert 71 194 C 2
Saint-André-le-Gaz 38 232 C 2
Saint-André-le-Puy 42 230 A 2
Saint-André-les-Alpes 04 288 C 5
Saint-André-les-Vergers 10 90 D 5
Saint-André-lez-Lille 59 8 D 2
Saint-André-sur-Cailly 76 20 C 5
Saint-André-sur-Orne 14 33 G 5
Saint-André-sur-Sèvre 79 167 F 4
Saint-André-sur-Vieux-Jonc 01 213 G 1
Saint-André-Treize-Voies 85 165 H 2
Saint-André-Val-de-Fier 74 215 E 3
Saint-Androny 33 237 F 1
Saint-Ange-et-Torçay 28 56 B 5
Saint-Ange-le-Viel 77 112 D 2
Saint-Angeau 16 203 G 4
Saint-Angel 03 191 E 4
Saint-Angel 63 209 F 3
Saint-Angel 19 225 H 3
Saint-Anthème 63 229 F 3
Saint-Anthot 21 159 F 3
Saint-Antoine 29 71 H 4
Saint-Antoine 25 180 C 3
Saint-Antoine 33 237 H 3
Saint-Antoine 05 252 C 5
Saint-Antoine 15 262 B 2
Saint-Antoine 32 276 D 5
Saint-Antoine 13 326 D 2
Saint-Antoine-Cumond 24 239 F 1
Saint-Antoine-d'Auberoche 24 241 E 2
Saint-Antoine-de-Breuilh 24 257 E 1
Saint-Antoine-de-Ficalba 47 276 C 1
Saint-Antoine-du-Queyret 33 256 D 1
Saint-Antoine-du-Rocher 37 151 H 1
Saint-Antoine-la-Forêt 76 19 E 5
Saint-Antoine-l'Abbaye 38 249 H 2
Saint-Antoine-sur-l'Isle 33 239 E 3
Saint-Antonin 06 289 G 5
Saint-Antonin 32 296 C 3
Saint-Antonin-de-Lacalm 81 299 G 3
Saint-Antonin-de-Sommaire 27 55 F 3
Saint-Antonin-du-Var 83 307 H 5
Saint-Antonin-Noble-Val 82 278 D 3
Saint-Antonin-sur-Bayon 13 306 B 5
Saint-Aoustrille 36 172 B 2
Saint-Août 36 172 B 5
Saint-Apollinaire 21 160 B 3
Saint-Apollinaire 05 270 B 3
Saint-Apollinaire-de-Rias 07 248 D 5
Saint-Appolinaire 69 212 B 3
Saint-Appolinard 42 230 D 5
Saint-Appolinard 38 250 A 2
Saint-Aquilin 24 239 H 2
Saint-Aquilin-d'Augerons 27 55 E 2
Saint-Aquilin-de-Corbion 61 55 E 5
Saint-Aquilin-de-Pacy 27 56 D 1
Saint-Araille 31 317 E 4
Saint-Arailles 32 295 H 4
Saint-Arcons-d'Allier 43 246 C 3
Saint-Arcons-de-Barges 43 265 F 1
Saint-Arey 38 251 E 5
Saint-Armel 35 104 B 4
Saint-Armel 56 124 C 4

## ST-BRIEUC


Armor (Av. d') .......... BZ 3
Chapitre (R. du) .......... AZ 4
Charbonnerie (R.) .......... AY 5
Gaulle (Pl. Gén.-de) .......... AY 18
Glais-Bizoin (R.) .......... ABY 20
Le Gorrec (R. P.) .......... AZ 28
Jouallan (R.) .......... AY 26
Libération (Av. de la) .......... BZ 29
Lycéens-Martyrs (R.) .......... AZ 32
Martray (Pl. du) .......... AY 33
Quinquaine (R.) .......... AY 38
Résistance (Pl. de la) .......... AY 39
Rohan (R. de) .......... AYZ 40
St-Gilles (R.) .......... AY 43
St-Gouéno (R.) .......... AY 44
St-Guillaume (R.) .......... BZ 46
3-Frères-Le-Goff (R.) .......... AY 52
3-Frères-Merlin (R.) .......... AY 53


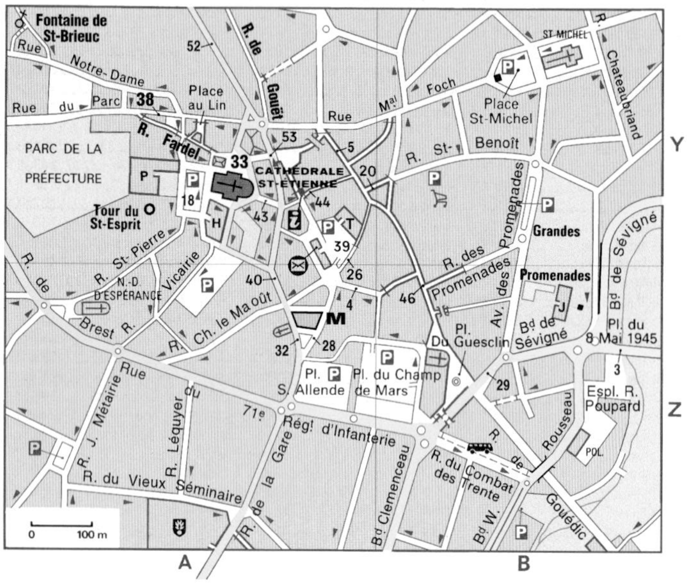

Fontaine de St-Brieuc
PARC DE LA PRÉFECTURE
Tour du St-Esprit
CATHÉDRALE ST-ETIENNE
Place au Lin
Place St-Michel
Grandes Promenades
Pl. Du Guesclin
Pl. du Champ de Mars
Pl. S. Allende
Espl. R. Poupard
Pl. du 8 Mai 1945
R. du Vieux Séminaire
0 100 m
A
B
Y
Z



Saint-Armou 64 ... 314 B 3
Saint-Arnac 66 ... 338 A 5
Saint-Arnoult 60 ... 21 G 5
Saint-Arnoult 14 ... 34 B 3
Saint-Arnoult 76 ... 35 G 1
Saint-Arnoult 41 ... 131 F 4
Saint-Arnoult-des-Bois 28 ... 85 H 3
Saint-Arnoult-en-Yvelines 78 .. 87 E 2
Saint-Arroman 32 ... 316 A 3
Saint-Arroman 65 ... 333 H 2
Saint-Arroumex 82 ... 277 E 5
Saint-Astier 24 ... 239 H 2
Saint-Astier 47 ... 257 F 2
Saint-Auban 04 ... 287 G 4
Saint-Auban 06 ... 308 C 1
Saint-Auban-d'Oze 05 ... 269 F 4
Saint-Auban-sur-l'Ouvèze 26 ... 286 B 1
Saint-Aubert 59 ... 14 C 3
Saint-Aubert-sur-Orne 61 ... 53 G 4
Saint-Aubin 62 ... 6 B 4
Saint-Aubin 59 ... 15 G 3
Saint-Aubin 02 ... 40 A 1
Saint-Aubin 91 ... 58 A 5
Saint-Aubin 10 ... 90 A 3
Saint-Aubin 36 ... 172 B 3
Saint-Aubin 21 ... 177 G 2
Saint-Aubin 39 ... 178 C 1
Saint-Aubin 47 ... 258 D 5
Saint-Aubin 40 ... 293 G 3
Saint-Aubin-Celloville 76 ... 36 B 2
Saint-Aubin-Château-Neuf 89 ... 135 H 3
Saint-Aubin-d'Appenai 61 ... 84 A 3
Saint-Aubin-d'Arquenay 14 ... 33 H 3
Saint-Aubin-d'Aubigné 35 ... 80 B 5
Saint-Aubin-de-Baubigné 79 ... 167 F 2
Saint-Aubin-de-Blaye 33 ... 237 G 1
Saint-Aubin-de-Bonneval 61 .. 54 D 2
Saint-Aubin-de-Branne 33 ... 256 C 1
Saint-Aubin-de-Cadelech 24 ... 257 H 2
Saint-Aubin-de-Courteraie 61 .. 84 B 2
Saint-Aubin-de-Crétot 76 ... 19 F 5
Saint-Aubin-de-Lanquais 24 ... 258 B 1
Saint-Aubin-de-Locquenay 72 ... 83 G 5
Saint-Aubin-de-Luigné 49 ... 149 F 3
Saint-Aubin-de-Médoc 33 ... 237 F 5
Saint-Aubin-de-Nabirat 24 ... 259 G 2
Saint-Aubin-de-Scellon 27 ... 35 E 4
Saint-Aubin-de-Terregatte 50 ... 81 E 2
Saint-Aubin-d'Écrosville 27 ... 36 A 5
Saint-Aubin-des-Bois 14 ... 52 A 3
Saint-Aubin-des-Bois 28 ... 86 A 3
Saint-Aubin-des-Châteaux 44 ... 126 D 3
Saint-Aubin-des-Chaumes 58 ... 157 G 2
Saint-Aubin-des-Coudrais 72 ... 108 C 3
Saint-Aubin-des-Grois 61 ... 84 C 5
Saint-Aubin-des-Hayes 27 ... 55 G 1
Saint-Aubin-des-Landes 35 . 105 E 3
Saint-Aubin-des-Ormeaux 85 ... 166 C 1
Saint-Aubin-des-Préaux 50 ... 51 F 3
Saint-Aubin-du-Cormier 35 ... 80 D 5
Saint-Aubin-du-Désert 53 ... 83 E 5
Saint-Aubin-du-Pavail 35 ... 104 C 4
Saint-Aubin-du-Perron 50 ... 31 H 4
Saint-Aubin-du-Plain 79 ... 167 G 2
Saint-Aubin-du-Thenney 27 ... 55 E 1
Saint-Aubin-en-Bray 60 ... 37 G 2
Saint-Aubin-en-Charollais 71 ... 193 H 2
Saint-Aubin-Épinay 76 ... 36 B 2
Saint-Aubin-Fosse-Louvain 53 ... 81 H 3
Saint-Aubin-la-Plaine 85 ... 183 G 2
Saint-Aubin-le-Cauf 76 ... 20 B 2
Saint-Aubin-le-Cloud 79 ... 167 H 5
Saint-Aubin-le-Dépeint 37 ... 130 B 5
Saint-Aubin-le-Guichard 27 ... 55 G 1
Saint-Aubin-le-Monial 03 ... 191 G 2
Saint-Aubin-le-Vertueux 27 ... 55 F 1
Saint-Aubin-Lébizay 14 ... 34 B 4
Saint-Aubin-lès-Elbeuf 76 ... 36 A 3
Saint-Aubin-les-Forges 58 ... 156 C 5
Saint-Aubin-Montenoy 80 ... 21 H 2
Saint-Aubin-Rivière 80 ... 21 G 2
Saint-Aubin-Routot 76 ... 34 D 1
Saint-Aubin-sous-Erquery 60 . 38 D 2
Saint-Aubin-sur-Aire 55 ... 64 C 5
Saint-Aubin-sur-Algot 14 ... 34 B 5
Saint-Aubin-sur-Gaillon 27 ... 36 C 5
Saint-Aubin-sur-Loire 71 ... 193 E 2
Saint-Aubin-sur-Mer 76 ... 19 H 2
Saint-Aubin-sur-Mer 14 ... 33 G 3
Saint-Aubin-sur-Quillebeuf 27 ... 35 F 1
Saint-Aubin-sur-Scie 76 ... 20 B 2
Saint-Aubin-sur-Yonne 89 ... 113 G 5
Saint-Augustin 77 ... 59 H 4
Saint-Augustin 03 ... 174 B 4
Saint-Augustin 17 ... 218 C 1
Saint-Augustin 19 ... 225 E 4
Saint-Augustin-des-Bois 49 . 149 E 1
Saint-Aulaire 19 ... 241 H 1
Saint-Aulais-la-Chapelle 16 . 220 D 4
Saint-Aulaye 24 ... 239 E 2
Saint-Aunès 34 ... 303 E 4
Saint-Aunix-Lengros 32 ... 295 E 5
Saint-Aupre 38 ... 232 D 4
Saint-Austremoine 43 ... 246 B 3
Saint-Auvent 87 ... 205 E 5
Saint-Avaugourd-des-Landes 85 ... 182 C 1
Saint-Avé 56 ... 124 C 3
Saint-Aventin 31 ... 334 A 4
Saint-Avertin 37 ... 152 A 3
Saint-Avit 41 ... 109 E 4
Saint-Avit 63 ... 208 C 4
Saint-Avit 16 ... 239 E 1
Saint-Avit 26 ... 249 F 2
Saint-Avit 47 ... 257 F 4
Saint-Avit 47 ... 258 D 4
Saint-Avit 40 ... 273 H 5
Saint-Avit 81 ... 319 F 3
Saint-Avit-de-Soulège 33 ... 257 E 1
Saint-Avit-de-Tardes 23 ... 207 H 4
Saint-Avit-de-Vialard 24 ... 240 D 5
Saint-Avit-Frandat 32 ... 276 B 5
Saint-Avit-le-Pauvre 23 ... 207 F 3
Saint-Avit-les-Guespières 28 ... 109 H 2
Saint-Avit-Rivière 24 ... 258 D 2
Saint-Avit-Saint-Nazaire 33 . 239 F 5
Saint-Avit-Sénieur 24 ... 258 D 1
Saint-Avold 57 ... 67 E 1
Saint-Avre 73 ... 234 A 4
Saint-Ay 45 ... 132 D 2
Saint-Aybert 59 ... 9 H 4
Saint-Aygulf 83 ... 329 G 1
Saint-Babel 63 ... 228 A 2
Saint-Baldoph 73 ... 233 F 2
Saint-Bandry 02 ... 40 A 2
Saint-Baraing 39 ... 178 D 2
Saint-Barbant 87 ... 204 D 1
Saint-Bard 23 ... 208 B 4
Saint-Bardoux 26 ... 249 F 3
Saint-Barnabé 22 ... 102 B 2
Saint-Barthélemy 50 ... 52 C 5
Saint-Barthélemy 77 ... 60 B 4
Saint-Barthélemy 56 ... 101 H 4
Saint-Barthélemy 70 ... 142 A 2
Saint-Barthélemy 38 ... 231 G 5
Saint-Barthélemy 40 ... 292 B 5
Saint-Barthélemy-d'Agenais 47 ... 257 G 4
Saint-Barthélemy-d'Anjou 49 ... 149 G 1
Saint-Barthélemy-de-Bellegarde 24 ... 239 F 3
Saint-Barthélemy-de-Bussière 24 ... 222 C 2
Saint-Barthélemy-de-Séchilienne 38 ... 251 E 3
Saint-Barthélemy-de-Vals 26 ... 249 F 2
Saint-Barthélemy-Grozon 07 ... 248 D 4
Saint-Barthélemy-le-Meil 07 ... 248 C 5
Saint-Barthélemy-le-Plain 07 ... 249 E 3
Saint-Barthélemy-Lestra 42 . 230 A 1
Saint-Basile 07 ... 248 C 4
Saint-Baslemont 88 ... 118 C 2
Saint-Baudel 18 ... 172 D 4
Saint-Baudelle 53 ... 82 B 5
Saint-Baudille-de-la-Tour 38 ... 214 A 5
Saint-Baudille-et-Pipet 38 ... 269 E 1
Saint-Bauld 37 ... 152 A 5
Saint-Baussant 54 ... 65 E 3
Saint-Bauzeil 09 ... 336 B 1
Saint-Bauzély 30 ... 303 G 1
Saint-Bauzile 48 ... 264 C 5
Saint-Bauzile 07 ... 266 D 2
Saint-Bauzille-de-la-Sylve 34 ... 302 B 4
Saint-Bauzille-de-Montmel 34 ... 303 E 3
Saint-Bauzille-de-Putois 34 . 302 C 1
Saint-Bazile 87 ... 222 D 1
Saint-Bazile-de-la-Roche 19 ... 243 F 2
Saint-Bazile-de-Meyssac 19 ... 242 D 3
Saint-Béat 31 ... 334 B 3
Saint-Beaulize 12 ... 301 F 1
Saint-Beauzeil 82 ... 276 D 1
Saint-Beauzély 12 ... 281 G 3
Saint-Beauzile 81 ... 279 E 5
Saint-Beauzire 63 ... 209 H 5
Saint-Beauzire 43 ... 246 A 1
Saint-Bénézet 30 ... 283 H 5
Saint-Bénigne 01 ... 195 F 3
Saint-Benin 59 ... 14 D 5
Saint-Benin-d'Azy 58 ... 175 E 2
Saint-Benin-des-Bois 58 ... 157 E 5
Saint-Benoist-sur-Mer 85 ... 182 D 3
Saint-Benoist-sur-Vanne 10 ... 114 B 2
Saint-Benoît 28 ... 109 F 4
Saint-Benoît 86 ... 186 B 2
Saint-Benoît 01 ... 232 C 1
Saint-Benoît 04 ... 289 E 5
Saint-Benoît 11 ... 337 B 2
Saint-Benoît-de-Carmaux 81 ... 279 G 5
Saint-Benoît-des-Ombres 27 .. 35 F 4
Saint-Benoît-des-Ondes 35 ... 50 D 5
Saint-Benoît-d'Hébertot 14 ... 34 D 3
Saint-Benoît-du-Sault 36 ... 188 B 3
Saint-Benoit-en-Diois 26 ... 268 A 2
Saint-Benoît-en-Woëvre 55 ... 65 E 2
Saint-Benoît-la-Chipotte 88 ... 95 H 4
Saint-Benoît-la-Forêt 37 ... 151 E 4
Saint-Benoît-sur-Loire 45 ... 134 A 3
Saint-Benoît-sur-Seine 10 ... 90 D 4
Saint-Bérain 43 ... 246 D 4
Saint-Berain-sous-Sanvignes 71 ... 176 D 5
Saint-Bérain-sur-Dheune 71 177 F 3
Saint-Bernard 57 ... 46 B 4
Saint-Bernard 68 ... 143 E 2
Saint-Bernard 21 ... 160 A 5
Saint-Bernard 01 ... 212 D 3
Saint-Bernard 38 ... 233 F 5
Saint-Béron 73 ... 232 D 3
Saint-Berthevin 53 ... 105 H 3
Saint-Berthevin-la-Tannière 53 ... 81 G 4
Saint-Bertrand-de-Comminges 31 ... 334 A 2
Saint-Biez-en-Belin 72 ... 130 A 2
Saint-Bihy 22 ... 77 H 3
Saint-Blaise 74 ... 215 G 2
Saint-Blaise 06 ... 291 E 5
Saint-Blaise *Fouilles de* 13 .. 325 G 3
Saint-Blaise-du-Buis 38 ... 232 C 4
Saint-Blaise-la-Roche 67 ... 96 C 3
Saint-Blancard 32 ... 316 B 4
Saint-Blimont 80 ... 11 E 3
Saint-Blin 52 ... 93 G 5
Saint-Boès 64 ... 293 F 5
Saint-Bohaire 41 ... 132 A 5
Saint-Boil 71 ... 177 G 5
Saint-Boingt 54 ... 95 F 3
Saint-Bois 01 ... 232 C 1
Saint-Bomer 28 ... 109 E 2
Saint-Bômer-les-Forges 61 ... 53 E 5
Saint-Bon 51 ... 60 C 5
Saint-Bon-Tarentaise 73 ... 234 C 3
Saint-Bonnet 16 ... 220 D 3
Saint-Bonnet *Signal de* 69 ... 212 C 2
Saint-Bonnet-Avalouze 19 ... 243 E 1
Saint-Bonnet-Briance 87 ... 224 B 1
Saint-Bonnet-de-Bellac 87 .. 205 E 1
Saint-Bonnet-de-Chavagne 38 ... 250 A 2
Saint-Bonnet-de-Chirac 48 .. 264 A 4
Saint-Bonnet-de-Condat 15 ... 245 E 1
Saint-Bonnet-de-Cray 71 ... 193 H 5
Saint-Bonnet-de-Four 03 ... 191 F 4
Saint-Bonnet-de-Joux 71 ... 194 B 2
Saint-Bonnet-de-Montauroux 48 ... 265 E 1
Saint-Bonnet-de-Mure 69 ... 231 G 1
Saint-Bonnet-de-Rochefort 03 ... 209 H 1
Saint-Bonnet-de-Salendrinque 30 ... 283 F 5
Saint-Bonnet-de-Salers 15 .. 244 C 2
Saint-Bonnet-de-Valclérieux 26 ... 249 H 1
Saint-Bonnet-de-Vieille-Vigne 71 ... 193 H 2
Saint-Bonnet-des-Bruyères 69 ... 194 B 5
Saint-Bonnet-des-Quarts 42 ... 211 E 1
Saint-Bonnet-du-Gard 30 ... 304 A 1
Saint-Bonnet-Elvert 19 ... 243 E 2
Saint-Bonnet-en-Bresse 71 . 178 B 3
Saint-Bonnet-en-Champsaur 05 ... 269 G 2
Saint-Bonnet-la-Rivière 19 .. 241 H 1
Saint-Bonnet-le-Bourg 63 ... 228 D 4
Saint-Bonnet-le-Chastel 63 . 228 D 4
Saint-Bonnet-le-Château 42 ... 229 G 4
Saint-Bonnet-le-Courreau 42 ... 229 F 2
Saint-Bonnet-le-Froid 43 ... 248 B 2
Saint-Bonnet-le-Troncy 69 .. 212 B 2
Saint-Bonnet-l'Enfantier 19 . 242 B 1
Saint-Bonnet-lès-Allier 63 ... 228 A 1
Saint-Bonnet-les-Oules 42 .. 230 A 3
Saint-Bonnet-les-Tours-de-Merle 19 ... 243 G 3
Saint-Bonnet-près-Bort 19 .. 226 B 3
Saint-Bonnet-près-Orcival 63 ... 227 F 1
Saint-Bonnet-près-Riom 63 ... 209 H 4
Saint-Bonnet-sur-Gironde 17 ... 219 F 5
Saint-Bonnet-Tronçais 03 ... 190 E 1
Saint-Bonnot 58 ... 156 D 4
Saint-Bouize 18 ... 156 A 4
Saint-Brancher 89 ... 158 A 2
Saint-Branchs 37 ... 152 A 4
Saint-Brandan 22 ... 78 A 4
Saint-Brès 30 ... 284 A 2
Saint-Brès 32 ... 296 C 2
Saint-Brès 34 ... 303 E 4
Saint-Bresson 70 ... 119 G 5
Saint-Bresson 30 ... 302 B 1
Saint-Bressou 46 ... 261 F 2
Saint-Brevin-les-Pins 44 ... 146 C 3
Saint-Brevin-l'Océan 44 ... 146 C 3
Saint-Briac-sur-Mer 35 ... 50 B 5
Saint-Brice 50 ... 51 H 4
Saint-Brice 61 ... 82 B 2
Saint-Brice 77 ... 89 G 2
Saint-Brice 53 ... 128 D 2
Saint-Brice 16 ... 220 B 1
Saint-Brice 33 ... 256 C 2
Saint-Brice-Courcelles 51 ... 41 G 3
Saint-Brice-de-Landelles 50 ... 81 F 2
Saint-Brice-en-Coglès 35 ... 80 D 3
Saint-Brice-sous-Forêt 95 ... 58 C 2
Saint-Brice-sous-Rânes 61 ... 53 H 5
Saint-Brice-sur-Vienne 87 ... 205 E 4
Saint-Brieuc 22 ... 78 B 3
Saint-Brieuc-de-Mauron 56 . 103 E 3
Saint-Brieuc-des-Iffs 35 ... 80 A 5
Saint-Bris-des-Bois 17 ... 201 H 5
Saint-Bris-le-Vineux 89 ... 136 C 3
Saint-Brisson 58 ... 158 B 4
Saint-Brisson-sur-Loire 45 ... 134 C 5
Saint-Broing 70 ... 161 F 1
Saint-Broing-les-Moines 21 . 138 D 4
Saint-Broingt-le-Bois 52 ... 139 H 3
Saint-Broingt-les-Fosses 52 139 G 3
Saint-Broladre 35 ... 51 E 5
Saint-Bueil 38 ... 232 D 3
Saint-Cado 56 ... 123 G 3
Saint-Calais 72 ... 108 D 5
Saint-Calais-du-Désert 53 ... 83 E 3
Saint-Calez-en-Saosnois 72 .. 84 A 5
Saint-Cannat 13 ... 305 H 4
Saint-Caprais 18 ... 172 D 2
Saint-Caprais 03 ... 191 E 2
Saint-Caprais 46 ... 259 F 3
Saint-Caprais 32 ... 296 C 5
Saint-Caprais-de-Blaye 33 .. 219 G 5
Saint-Caprais-de-Bordeaux 33 ... 255 H 1
Saint-Caprais-de-Lerm 47 ... 276 C 3
Saint-Capraise-de-Lalinde 24 ... 258 B 1
Saint-Capraise-d'Eymet 24 . 257 H 2
Saint-Caradec 22 ... 102 A 1
Saint-Caradec-Trégomel 56 ... 101 E 3
Saint-Carné 22 ... 79 G 4
Saint-Carreuc 22 ... 78 B 4
Saint-Cassien 86 ... 168 D 2
Saint-Cassien 38 ... 232 C 5
Saint-Cassien 24 ... 258 D 2
Saint-Cassin 73 ... 233 F 2
Saint-Cast-le-Guildo 22 ... 50 A 5
Saint-Castin 64 ... 314 B 4
Saint-Célerin 72 ... 108 B 3
Saint-Céneré 53 ... 106 B 3
Saint-Céneri-le-Gérei 61 ... 83 F 4
Saint-Céols 18 ... 155 G 4
Saint-Céré 46 ... 261 E 1
Saint-Cergues 74 ... 197 H 5
Saint-Cernin 15 ... 244 B 3
Saint-Cernin 46 ... 260 C 4
Saint-Cernin-de-Labarde 24 ... 258 B 1
Saint-Cernin-de-Larche 19 .. 241 H 3
Saint-Cernin-de-l'Herm 24 ... 259 E 3
Saint-Cernin-de-Reilhac 24 . 241 E 4
Saint-Césaire 17 ... 201 H 5
Saint-Césaire 30 ... 303 H 2
Saint-Césaire-de-Gauzignan 30 ... 284 A 5
Saint-Cézaire *Grottes de* 06 ... 308 D 3
Saint-Cézaire-sur-Siagne 06 ... 308 D 3
Saint-Cézert 31 ... 297 G 3
Saint-Chabrais 23 ... 207 H 1
Saint-Chaffrey 05 ... 252 C 4
Saint-Chamant 19 ... 243 E 3
Saint-Chamant 15 ... 244 C 3
Saint-Chamarand 46 ... 260 B 3
Saint-Chamas 13 ... 305 F 5
Saint-Chamassy 24 ... 241 E 5
Saint-Chamond 42 ... 230 C 4
Saint-Champ 01 ... 214 D 5
Saint-Chaptes 30 ... 284 A 5
Saint-Charles 54 ... 45 E 1
Saint-Charles-de-Percy 14 ... 52 D 2
Saint-Charles-la-Forêt 53 ... 106 B 5
Saint-Chartier 36 ... 189 G 1
Saint-Chartres 86 ... 168 C 3
Saint-Chef 38 ... 232 A 2
Saint-Chels 46 ... 260 D 4
Saint-Chély-d'Apcher 48 ... 264 A 1
Saint-Chély-d'Aubrac 12 ... 263 F 4
Saint-Chély-du-Tarn 48 ... 282 B 1
Saint-Chéron 51 ... 62 C 5
Saint-Chéron 91 ... 87 F 3
Saint-Chéron-des-Champs 28 ... 86 A 2
Saint-Chinian 34 ... 321 E 4
Saint-Christ-Briost 80 ... 23 G 2
Saint-Christaud 64 ... 331 H 2
Saint-Christaud 32 ... 295 G 5
Saint-Christaud 31 ... 317 F 5
Saint-Christo-en-Jarez 42 ... 230 C 3
Saint-Christol 07 ... 248 B 5
Saint-Christol 84 ... 286 C 4
Saint-Christol 34 ... 303 F 3
Saint-Christol-de-Rodières 30 ... 284 C 2
Saint-Christol-lès-Alès 30 ... 283 H 4
Saint-Christoly-de-Blaye 33 . 237 G 2
Saint-Christoly-Médoc 33 ... 219 E 5
Saint-Christophe 28 ... 110 A 3
Saint-Christophe 86 ... 169 F 3
Saint-Christophe 69 ... 194 C 5
Saint-Christophe 17 ... 200 D 1
Saint-Christophe 23 ... 207 E 2
Saint-Christophe 03 ... 210 C 1
Saint-Christophe 16 ... 239 E 1
Saint-Christophe 81 ... 279 F 3
Saint-Christophe-à-Berry 02 ... 40 A 2
Saint-Christophe-d'Allier 43 ... 265 E 1
Saint-Christophe-de-Chaulieu 61 ... 52 D 4
Saint-Christophe-de-Double 33 ... 238 D 3
Saint-Christophe-de-Valains 35 ... 80 D 4

Saint-Christophe-des-Bardes 33 .......... 238 C 5
Saint-Christophe-des-Bois 35 .......... 105 E 2
Saint-Christophe-Dodinicourt 10 .......... 91 H 4
Saint-Christophe-du-Bois 49 .......... 166 D 1
Saint-Christophe-du-Foc 50 .......... 28 D 4
Saint-Christophe-du-Jambet 72 .......... 107 G 2
Saint-Christophe-du-Ligneron 85 .......... 165 E 3
Saint-Christophe-du-Luat 53 .......... 106 C 3
Saint-Christophe-en-Bazelle 36 .......... 153 H 5
Saint-Christophe-en-Boucherie 36 .......... 172 C 5
Saint-Christophe-en-Bresse 71 .......... 178 A 4
Saint-Christophe-en-Brionnais 71 .......... 193 H 5
Saint-Christophe-en-Champagne 72 .......... 107 E 5
Saint-Christophe-en-Oisans 38 .......... 251 H 4
Saint-Christophe-et-le-Laris 26 .......... 249 G 1
Saint-Christophe-la-Couperie 49 .......... 148 B 3
Saint-Christophe-la-Grotte 73 .......... 233 E 3
Saint-Christophe-le-Chaudry 18 .......... 190 B 1
Saint-Christophe-le-Jajolet 61 .......... 54 B 5
Saint-Christophe-les-Gorges 15 .......... 243 H 3
Saint-Christophe-sur-Avre 27 .......... 55 H 5
Saint-Christophe-sur-Condé 27 .......... 35 F 3
Saint-Christophe-sur-Dolaison 43 .......... 247 E 4
Saint-Christophe-sur-Guiers 38 .......... 233 E 4
Saint-Christophe-sur-le-Nais 37 .......... 130 C 5
Saint-Christophe-sur-Roc 79 .......... 185 E 3
Saint-Christophe-Vallon 12 .......... 262 B 5
Saint-Cibard 33 .......... 238 D 4
Saint-Cierge-la-Serre 07 .......... 266 D 1
Saint-Cierge-sous-le-Cheylard 07 .......... 248 B 5
Saint-Ciergues 52 .......... 139 G 2
Saint-Ciers-Champagne 17 .......... 220 B 4
Saint-Ciers-d'Abzac 33 .......... 238 B 3
Saint-Ciers-de-Canesse 33 .......... 237 G 3
Saint-Ciers-du-Taillon 17 .......... 219 F 4
Saint-Ciers-sur-Bonnieure 16 .......... 203 G 4
Saint-Ciers-sur-Gironde 33 .......... 219 G 5
Saint-Cirgue 81 .......... 299 H 1
Saint-Cirgues 43 .......... 246 B 2
Saint-Cirgues 46 .......... 261 G 2
Saint-Cirgues-de-Jordanne 15 .......... 244 D 4
Saint-Cirgues-de-Malbert 15 .......... 244 B 3
Saint-Cirgues-de-Prades 07 .......... 266 A 3
Saint-Cirgues-en-Montagne 07 .......... 265 H 2
Saint-Cirgues-la-Loutre 19 .......... 243 G 3
Saint-Cirgues-sur-Couze 63 .......... 227 H 3
Saint-Cirice 82 .......... 276 D 4
Saint-Cirq 24 .......... 241 E 5
Saint-Cirq 82 .......... 278 C 4
Saint-Cirq-Lapopie 46 .......... 260 C 5
Saint-Cirq-Madelon 46 .......... 259 H 1
Saint-Cirq-Souillaguet 46 .......... 260 B 2
Saint-Civran 36 .......... 188 B 2
Saint-Clair 86 .......... 168 C 3
Saint-Clair 07 .......... 248 D 1
Saint-Clair 46 .......... 259 H 2
Saint-Clair 82 .......... 277 E 3
Saint-Clair 83 .......... 329 E 4
Saint-Clair-d'Arcey 27 .......... 55 F 1
Saint-Clair-de-Halouze 61 .......... 53 E 5
Saint-Clair-de-la-Tour 38 .......... 232 B 2
Saint-Clair-du-Rhône 38 .......... 231 E 4
Saint-Clair-sur-Epte 95 .......... 37 F 4
Saint-Clair-sur-Galaure 38 .......... 249 H 1
Saint-Clair-sur-l'Elle 50 .......... 32 B 4
Saint-Clair-sur-les-Monts 76 .......... 19 H 5
Saint-Clar 32 .......... 296 C 1
Saint-Clar-de-Rivière 31 .......... 317 G 3
Saint-Claud 16 .......... 203 H 4
Saint-Claude 39 .......... 197 E 3
Saint-Claude-de-Diray 41 .......... 132 B 5
Saint-Clément 02 .......... 25 G 3
Saint-Clément 50 .......... 52 C 5
Saint-Clément 54 .......... 95 G 2
Saint-Clément 89 .......... 113 G 2
Saint-Clément 03 .......... 210 D 2
Saint-Clément 19 .......... 224 D 5
Saint-Clément 15 .......... 244 D 4
Saint-Clément 07 .......... 248 A 4
Saint-Clément 30 .......... 303 E 2
Saint-Clément-à-Arnes 08 .......... 42 B 3
Saint-Clément-de-la-Place 49 .......... 149 F 1
Saint-Clément-de-Régnat 63 .......... 210 A 3
Saint-Clément-de-Rivière 34 .......... 302 D 4
Saint-Clément-de-Valorgue 63 .......... 229 F 3
Saint-Clément-de-Vers 69 .......... 194 B 5
Saint-Clément-des-Baleines 17 .......... 182 C 5
Saint-Clément-des-Levées 49 .......... 150 B 3
Saint-Clément-les-Places 69 .......... 212 B 5
Saint-Clément-sur-Durance 05 .......... 270 C 2
Saint-Clément-sur-Guye 71 .......... 194 C 1
Saint-Clément-sur-Valsonne 69 .......... 212 B 4
Saint-Clémentin 79 .......... 167 G 2
Saint-Clet 22 .......... 73 E 4
Saint-Cloud 92 .......... 58 B 3
Saint-Cloud-en-Dunois 28 .......... 110 A 4
Saint-Colomb-de-Lauzun 47 .......... 257 H 3
Saint-Colomban 44 .......... 165 G 1
Saint-Colomban-des-Villards 73 .......... 233 H 5
Saint-Côme 33 .......... 256 C 5
Saint-Côme *Chapelle de* 29 .......... 75 G 5
Saint-Côme-de-Fresné 14 .......... 33 E 2
Saint-Côme-d'Olt 12 .......... 263 F 4
Saint-Côme-du-Mont 50 .......... 31 H 2
Saint-Côme-et-Maruéjols 30 .......... 303 G 2
Saint-Congard 56 .......... 125 F 2
Saint-Connan 22 .......... 77 H 3
Saint-Connec 22 .......... 102 A 1
Saint-Constant 15 .......... 261 H 3
Saint-Contest 14 .......... 33 G 4
Saint-Corneille 72 .......... 108 A 4
Saint-Cornier-des-Landes 61 .......... 52 D 4
Saint-Cosme 68 .......... 142 D 2
Saint-Cosme-en-Vairais 72 .......... 84 B 5
Saint-Couat-d'Aude 11 .......... 320 B 5
Saint-Couat-du-Razès 11 .......... 337 B 2
Saint-Coulitz 29 .......... 75 H 5
Saint-Coulomb 35 .......... 50 C 4
Saint-Coutant 79 .......... 185 H 5
Saint-Coutant 16 .......... 203 H 3
Saint-Coutant-le-Grand 17 .......... 201 F 3
Saint-Créac 32 .......... 296 C 1
Saint-Créac 65 .......... 333 E 1
Saint-Crépin 17 .......... 201 F 2
Saint-Crépin 05 .......... 270 D 1
Saint-Crépin-aux-Bois 60 .......... 39 G 2
Saint-Crépin-d'Auberoche 24 .......... 240 D 3
Saint-Crépin-de-Richemont 24 .......... 222 B 4
Saint-Crépin-et-Carlucet 24 .......... 241 G 4
Saint-Crépin-Ibouvillers 60 .......... 38 A 4
Saint-Crespin 76 .......... 20 B 3
Saint-Crespin 14 .......... 34 B 5
Saint-Crespin-sur-Moine 49 .......... 148 B 5
Saint-Cricq 32 .......... 297 E 3
Saint-Cricq-Chalosse 40 .......... 293 G 4
Saint-Cricq-du-Gave 40 .......... 293 E 5
Saint-Cricq-Villeneuve 40 .......... 294 B 1
Saint-Cybardeaux 16 .......... 202 D 5
Saint-Cybranet 24 .......... 259 G 1


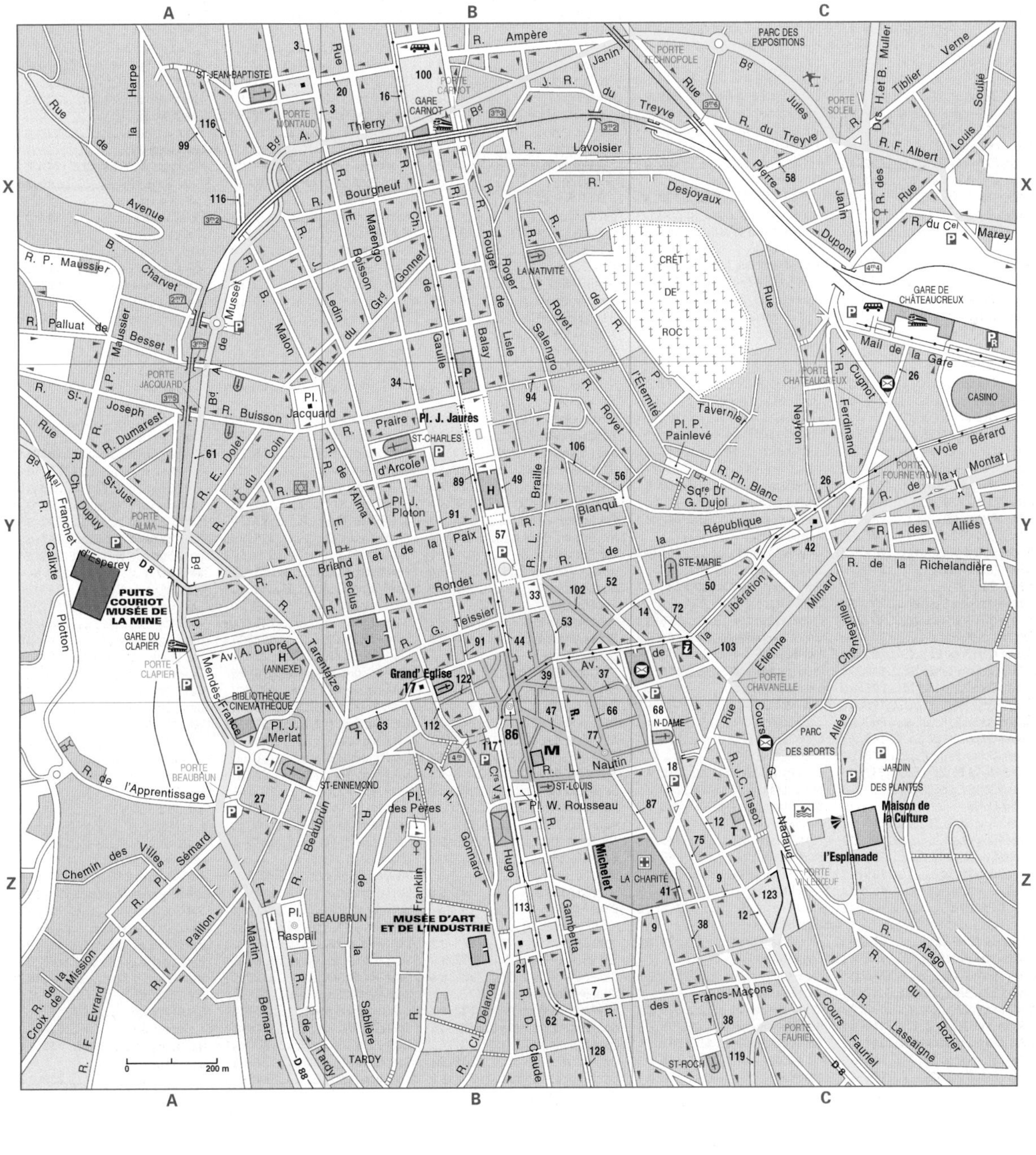


## ST-ÉTIENNE

| | | |
|---|---|---|
| Albert-1er (Bd) | ABX | 3 |
| Anatole-France (Pl.) | BZ | 7 |
| Badouillère (R. de la) | CZ | 9 |
| Barbusse (R. H.) | CZ | 12 |
| Bérard (R. P.) | BCY | 14 |
| Bergson (R.) | BX | 16 |
| Boivin (Pl.) | BY | 17 |
| Chavanelle (Pl.) | CZ | 18 |
| Clovis-Hugues (R.) | BX | 20 |
| Comte (Pl. Louis) | BZ | 21 |
| Denfert-Rochereau (Av.) | CY | 26 |
| Descours (R.) | AZ | 27 |
| Dorian (Pl.) | BY | 33 |
| Dormoy (R. M.) | BXY | 34 |
| Dupré (R. G.) | BY | 37 |
| Durafour (R. A.) | CZ | 38 |
| Escoffier (R. D.) | BY | 39 |
| Fougerolle (R.) | CZ | 41 |
| Fourneyron (Pl.) | CY | 42 |
| Foy (R. Gén.) | BY | 44 |
| Frappa (R. J.) | BZ | 47 |
| Gambetta (R.) | BZ | |
| Gaulle (R. Ch.-de) | BXY | |
| Gérentet (R.) | BY | 49 |
| Gervais (R. E.) | CY | 50 |
| Gillet (R. F.) | BY | 52 |
| Grand Moulin (R. du) | BY | 53 |
| Guesde (Pl. J.) | BY | 56 |
| Hôtel-de-Ville (Pl. de l') | BY | 57 |
| Jacob (R.) | CX | 58 |
| Krumnow (Bd F.) | AY | 61 |
| Leclerc (R. du Gén.) | BZ | 62 |
| Libération (Av. de la) | BCY | |
| Loubet (Av. du Président E.) | BZ | 63 |
| Martyrs-de-Vingré (R. des) | BYZ | 66 |
| Michelet (R.) | BYZ | |
| Moine (Pl. Antonin) | CYZ | 68 |
| Moulin (Pl. J.) | CY | 72 |
| Mulatière (R. de la) | CZ | 75 |
| Neuve (Pl.) | BZ | 77 |
| Peuple (Pl. du) | BZ | 86 |
| Pointe-Cadet (R.) | BCZ | 87 |
| Président-Wilson (R.) | BY | 89 |
| République (R. de la) | BCY | |
| Résistance (R. de la) | BY | 91 |
| Rivière (R. du Sergent) | CX | 93 |
| Robert (R.) | BY | 94 |
| Ruel (R. A.) | AX | 99 |
| Sadi-Carnot (Pl.) | BX | 100 |
| St-Jean (R.) | BY | 102 |
| Sauzéa (Cours H.) | CY | 103 |
| Servet (R. M.) | BY | 106 |
| Stalingrad (Square de) | CY | 109 |
| Théâtre (R. du) | BYZ | 112 |
| Thomas (Pl. A.) | BZ | 113 |
| Tilleuls (R. des) | AX | 116 |
| Ursules (Pl. des) | BZ | 117 |
| Valbenoite (Bd) | BZ | 119 |
| Villeboeuf (Pl.) | CZ | 123 |
| Ville (R. de la) | BY | 122 |
| 11-Novembre (R. du) | BZ | 128 |

Saint-Cyprien 42 230 A3
Saint-Cyprien 24 241 F5
Saint-Cyprien 19 241 H1
Saint-Cyprien 46 277 G2
Saint-Cyprien 66 343 F3
Saint-Cyprien-Plage 66 343 F2
Saint-Cyprien-sur-Dourdou 12 262 B4
Saint-Cyr 50 29 F4
Saint-Cyr 86 169 F5
Saint-Cyr 71 177 H5
Saint-Cyr 39 179 G2
Saint-Cyr 87 205 E5
Saint-Cyr 07 249 E1
Saint-Cyr *Mont* 46 260 B5
Saint-Cyr-au-Mont-d'Or 69 213 E5
Saint-Cyr-de-Favières 42 211 G3
Saint-Cyr-de-Salerne 27 35 G4
Saint-Cyr-de-Valorges 42 212 A4
Saint-Cyr-des-Gâts 85 183 H1
Saint-Cyr-du-Bailleul 50 82 A2
Saint-Cyr-du-Doret 17 183 H5
Saint-Cyr-du-Gault 41 131 G5
Saint-Cyr-du-Ronceray 14 54 D1
Saint-Cyr-en-Arthies 95 57 F1
Saint-Cyr-en-Bourg 49 150 C4
Saint-Cyr-en-Pail 53 83 E4
Saint-Cyr-en-Retz 44 165 E1
Saint-Cyr-en-Talmondais 85 183 E2
Saint-Cyr-en-Val 45 133 F3
Saint-Cyr-la-Campagne 27 36 A4
Saint-Cyr-la-Lande 79 168 B1
Saint-Cyr-la-Rivière 91 87 F5
Saint-Cyr-la-Roche 19 241 H1
Saint-Cyr-la-Rosière 61 84 C5
Saint-Cyr-le-Chatoux 69 212 C2
Saint-Cyr-le-Gravelais 53 105 G4
Saint-Cyr-l'École 78 58 A4
Saint-Cyr-les-Champagnes 24 223 H5
Saint-Cyr-les-Colons 89 136 C3
Saint-Cyr-les-Vignes 42 230 A1
Saint-Cyr-sous-Dourdan 91 87 F2
Saint-Cyr-sur-le-Rhône 69 231 E3
Saint-Cyr-sur-Loire 37 151 H2
Saint-Cyr-sur-Menthon 01 195 F5
Saint-Cyr-sur-Mer 83 327 G4
Saint-Cyr-sur-Morin 77 60 A3
Saint-Cyran-du-Jambot 36 170 D2
Saint-Dalmas-de-Tende 06 291 H2
Saint-Dalmas-le-Selvage 06 289 F1
Saint-Dalmas-Valdeblore 06 291 E2
Saint-Daunès 46 277 G1
Saint-Denis 93 58 C2
Saint-Denis 89 113 G2
Saint-Denis 79 185 E2
Saint-Denis 30 284 A2
Saint-Denis 11 319 G4
Saint-Denis-Catus 46 259 H4
Saint-Denis-Combarnazat 63 210 A3
Saint-Denis-d'Aclon 76 20 A2
Saint-Denis-d'Anjou 53 128 D3
Saint-Denis-d'Augerons 27 55 E2
Saint-Denis-d'Authou 28 85 F5
Saint-Denis-de-Cabanne 42 211 H1
Saint-Denis-de-Gastines 53 81 H4
Saint-Denis-de-Jouhet 36 189 F2
Saint-Denis-de-l'Hôtel 45 133 G2
Saint-Denis-de-Mailloc 14 34 D5
Saint-Denis-de-Méré 14 53 F3
Saint-Denis-de-Palin 18 173 F3
Saint-Denis-de-Pile 33 238 C4
Saint-Denis-de-Vaux 71 177 G4
Saint-Denis-de-Villenette 61 82 B3
Saint-Denis-des-Coudrais 72 108 B3
Saint-Denis-des-Monts 27 35 H4
Saint-Denis-des-Murs 87 206 C5
Saint-Denis-des-Puits 28 85 G4
Saint-Denis-d'Oléron 17 200 A2
Saint-Denis-d'Orques 72 106 D4
Saint-Denis-du-Béhélan 27 56 A3
Saint-Denis-du-Maine 53 106 B5
Saint-Denis-du-Payré 85 183 E3
Saint-Denis-du-Pin 17 201 H3
Saint-Denis du Tertre *Chapelle* 72 108 A4
Saint-Denis-en-Bugey 01 214 A3
Saint-Denis-en-Margeride 48 264 C2
Saint-Denis-en-Val 45 133 F2
Saint-Denis-la-Chevasse 85 166 A3
Saint-Denis-le-Ferment 27 37 F3
Saint-Denis-le-Gast 50 51 H2
Saint-Denis-le-Thiboult 76 36 D1
Saint-Denis-le-Vêtu 50 51 G1
Saint-Denis-lès-Bourg 01 195 H5
Saint-Denis-lès-Martel 46 242 C5
Saint-Denis-les-Ponts 28 109 H4
Saint-Denis-lès-Rebais 77 60 A3
Saint-Denis-Maisoncelles 14 52 C1
Saint-Denis-sur-Coise 42 230 B2
Saint-Denis-sur-Huisne 61 84 B3
Saint-Denis-sur-Loire 41 132 B5
Saint-Denis-sur-Ouanne 89 135 G3
Saint-Denis-sur-Sarthon 61 83 F3
Saint-Denis-sur-Scie 76 20 B4
Saint-Deniscourt 60 21 G5
Saint-Denœux 62 6 D4
Saint-Denoual 22 79 E3
Saint-Derrien 29 71 F5
Saint-Désert 71 177 G4
Saint-Désir 14 34 C5
Saint-Désirat 07 249 E1
Saint-Désiré 03 190 B2
Saint-Dézery 19 226 B3
Saint-Dézéry 30 284 A5
Saint-Didier 35 104 D3
Saint-Didier 58 157 F3
Saint-Didier 21 158 C3
Saint-Didier 39 179 E5
Saint-Didier 84 285 H5
Saint-Didier-au-Mont-d'Or 69 213 E5
Saint-Didier-d'Allier 43 246 D4
Saint-Didier-d'Aussiat 01 195 G4
Saint-Didier-de-Bizonnes 38 232 A3
Saint-Didier-de-Formans 01 213 E3
Saint-Didier-de-la-Tour 38 232 B2
Saint-Didier-des-Bois 27 36 A4
Saint-Didier-en-Bresse 71 178 B3
Saint-Didier-en-Brionnais 71 193 H4
Saint-Didier-en-Donjon 03 193 E3
Saint-Didier-en-Velay 43 248 A1
Saint-Didier-la-Forêt 03 192 B5
Saint-Didier-sous-Aubenas 07 266 B3
Saint-Didier-sous-Écouves 61 83 F2
Saint-Didier-sous-Riverie 69 230 C2
Saint-Didier-sur-Arroux 71 176 B4
Saint-Didier-sur-Beaujeu 69 212 C1
Saint-Didier-sur-Chalaronne 01 213 E1
Saint-Didier-sur-Doulon 43 246 C1
Saint-Didier-sur-Rochefort 42 211 E5
Saint-Dié-des-Vosges 88 96 B5
Saint-Dier-d'Auvergne 63 228 C1
Saint-Diéry 63 227 G3
Saint-Dionizy 30 303 G2
Saint-Disdier 05 269 F1
Saint-Divy 29 75 F2
Saint-Dizant-du-Bois 17 219 G4
Saint-Dizant-du-Gua 17 219 F4
Saint-Dizier 52 63 F5
Saint-Dizier-en-Diois 26 268 C4
Saint-Dizier-la-Tour 23 207 G1
Saint-Dizier-les-Domaines 23 189 G4
Saint-Dizier-l'Évêque 90 142 D5
Saint-Dizier-Leyrenne 23 206 D3
Saint-Dolay 56 125 G5
Saint-Domet 23 207 H2
Saint-Domineuc 35 80 A4
Saint-Donan 22 78 A3
Saint-Donat 63 227 E4
Saint-Donat *Église de* 04 287 G4
Saint-Donat-sur-l'Herbasse 26 249 G2
Saint-Dos 64 292 D5
Saint-Doulchard 18 173 E1
Saint-Drézéry 34 303 E3
Saint-Dyé-sur-Loire 41 132 B4
Saint-Eble 43 246 C3
Saint-Ébremond-de-Bonfossé 50 32 A5
Saint-Edmond 71 193 H5
Saint-Égrève 38 250 D1
Saint-Élier 27 56 A2
Saint-Éliph 28 85 F4
Saint-Élix 32 316 C3
Saint-Élix-le-Château 31 317 F5
Saint-Élix-Séglan 31 316 D5
Saint-Élix-Theux 32 316 A3
Saint-Ellier 49 149 H3
Saint-Ellier-du-Maine 53 81 G4
Saint-Ellier-les-Bois 61 83 F3
Saint-Éloi 22 72 D4
Saint-Éloi 58 174 C2
Saint-Éloi 23 207 E2
Saint-Éloi 01 213 H3
Saint-Éloi-de-Fourques 27 35 H4
Saint-Eloy 29 75 H3
Saint-Éloy-d'Allier 03 190 B3
Saint-Éloy-de-Gy 18 155 E5
Saint-Éloy-la-Glacière 63 228 C3
Saint-Éloy-les-Mines 63 209 F1
Saint-Éloy-les-Tuileries 19 223 H4
Saint-Éman 28 85 G5
Saint-Émiland 71 177 E3
Saint-Émilien-de-Blain 44 147 F1
Saint-Émilion 33 238 C5
Saint-Ennemond 03 175 E5
Saint-Épain 37 151 G5
Saint-Epvre 57 66 C2
Saint-Erblon 35 104 B4
Saint-Erblon 53 127 G2
Saint-Erme-Outre-et-Ramecourt 02 41 F1
Saint-Escobille 91 87 E4
Saint-Esteben 64 311 F4
Saint-Estèphe 16 221 E2
Saint-Estèphe 24 222 C2
Saint-Estèphe 33 237 E1
Saint-Estève 84 286 A3
Saint-Estève 66 343 E2
Saint-Estève-Janson 13 305 H3
Saint-Étienne 42 230 B4
Saint-Étienne-à-Arnes 08 42 B3
Saint-Étienne-au-Mont 62 6 B2
Saint-Étienne-au-Temple 51 62 B1
Saint-Étienne-aux-Clos 19 226 C3
Saint-Étienne-Cantalès 15 243 H5
Saint-Étienne-Cantalès *Barrage de* 15 243 H5
Saint-Étienne-d'Albagnan 34 300 D5
Saint-Étienne-de-Baïgorry 64 330 B1
Saint-Étienne-de-Boulogne 07 266 C2
Saint-Étienne-de-Brillouet 85 183 G2
Saint-Étienne-de-Carlat 15 244 D5
Saint-Étienne-de-Chigny 37 151 G3
Saint-Étienne-de-Chomeil 15 226 D5
Saint-Étienne-de-Crossey 38 232 D4
Saint-Étienne-de-Cuines 73 234 A4
Saint-Étienne-de-Fontbellon 07 266 B3
Saint-Étienne-de-Fougères 47 258 B5
Saint-Étienne-de-Fursac 23 206 B1
Saint-Étienne-de-Gourgas 34 301 H3
Saint-Étienne-de-Lisse 33 238 C5
Saint-Étienne-de-l'Olm 30 284 A4
Saint-Étienne-de-Lugdarès 07 265 G3
Saint-Étienne-de-Maurs 15 261 H2
Saint-Étienne-de-Mer-Morte 44 165 F2
Saint-Étienne-de-Montluc 44 147 F3
Saint-Étienne-de-Puycorbier 24 239 G3
Saint-Étienne-de-Saint-Geoirs 38 232 A5
Saint-Étienne-de-Serre 07 266 C1
Saint-Étienne-de-Tinée 06 289 F1
Saint-Étienne-de-Tulmont 82 278 B5
Saint-Étienne-de-Valoux 07 249 E1
Saint-Étienne-de-Vicq 03 210 C1
Saint-Étienne-de-Villeréal 47 258 C3
Saint-Étienne-des-Champs 63 208 D5
Saint-Étienne-des-Guérets 41 131 G5
Saint-Étienne-des-Oullières 69 212 D2
Saint-Étienne-des-Sorts 30 285 E3
Saint-Étienne-d'Orthe 40 292 C4
Saint-Étienne-du-Bois 85 165 G3
Saint-Étienne-du-Bois 01 196 A4
Saint-Étienne-du-Grès 13 304 C2
Saint-Étienne-du-Gué-de-l'Isle 22 102 C2
Saint-Étienne-du-Rouvray 76 36 B2
Saint-Étienne-du-Valdonnez 48 264 C5
Saint-Étienne-du-Vauvray 27 36 C4
Saint-Étienne-du-Vigan 43 265 F1
Saint-Étienne-en-Bresse 71 178 A5
Saint-Étienne-en-Coglès 35 81 E4
Saint-Étienne-en-Dévoluy 05 269 F2
Saint-Étienne-Estréchoux 34 301 F4
Saint-Étienne-la-Cigogne 79 201 H1
Saint-Étienne-la-Geneste 19 226 B4
Saint-Étienne-la-Thillaye 14 34 C3
Saint-Étienne-la-Varenne 69 212 C2
Saint-Étienne-l'Allier 27 35 F3
Saint-Étienne-Lardeyrol 43 247 G3
Saint-Étienne-le-Laus 05 269 H4
Saint-Étienne-le-Molard 42 229 G1
Saint-Étienne-les-Orgues 04 287 E4
Saint-Étienne-lès-Remiremont 88 119 H4
Saint-Étienne-Roilaye 60 39 H3
Saint-Étienne-sous-Bailleul 27 36 D5
Saint-Étienne-sous-Barbuise 10 91 E3
Saint-Étienne-sur-Blesle 43 245 H1
Saint-Étienne-sur-Chalaronne 01 213 E1
Saint-Étienne-sur-Reyssouze 01 195 F3
Saint-Étienne-sur-Suippe 51 41 H2
Saint-Étienne-sur-Usson 63 228 B3
Saint-Étienne-Vallée-Française 48 283 F3
Saint-Eugène 02 60 C1
Saint-Eugène 71 176 C5
Saint-Eugène 17 220 B3
Saint-Eulien 51 63 E5
Saint-Euphraise-et-Clairizet 51 41 F4
Saint-Euphrône 21 158 D1
Saint-Eusèbe 71 177 E5
Saint-Eusèbe 74 215 F3
Saint-Eusèbe-en-Champsaur 05 269 G1
Saint-Eustache 74 215 G4
Saint Eustache *Col de* 2A 349 E5
Saint-Eustache-la-Forêt 76 19 E5
Saint-Eutrope 16 221 E4
Saint-Eutrope-de-Born 47 258 C4
Saint-Évarzec 29 99 H3
Saint-Evroult-de-Montfort 61 54 D4
Saint-Evroult-Notre-Dame-du-Bois 61 55 E4
Saint-Exupéry 33 256 C3
Saint-Exupéry-les-Roches 19 226 B3
Saint-Fargeau 89 135 F5
Saint-Fargeau-Ponthierry 77 88 A3
Saint-Fargeol 03 208 D1
Saint-Faust 64 314 A5
Saint-Félicien 07 248 D3
Saint-Féliu-d'Amont 66 342 D2
Saint-Féliu-d'Avall 66 342 D2
Saint-Félix 60 38 B3
Saint-Félix 03 192 C5
Saint-Félix 17 201 G2
Saint-Félix 74 215 F4
Saint-Félix 16 220 D5
Saint-Félix 46 261 G3
Saint-Félix-de-Bourdeilles 24 222 B4
Saint-Félix-de-Foncaude 33 256 C3
Saint-Félix-de-l'Héras 34 301 G2
Saint-Félix-de-Lodez 34 302 A4
Saint-Félix-de-Lunel 12 262 C4
Saint-Félix-de-Montceau *Ancienne Abbaye de* 34 323 E3
Saint-Félix-de-Pallières 30 283 G5
Saint-Félix-de-Reillac-et-Mortemart 24 241 E4
Saint-Félix-de-Rieutord 09 336 B2
Saint-Félix-de-Sorgues 12 301 E1
Saint-Félix-de-Tournegat 09 336 C1
Saint-Félix-de-Villadeix 24 240 C5
Saint-Félix-Lauragais 31 318 D3
Saint-Fergeux 08 25 H5
Saint-Ferjeux 70 141 H5
Saint-Ferme 33 257 E2
Saint-Ferréol 74 216 A5
Saint-Ferréol 31 316 C4
Saint-Ferréol 31 319 E3
Saint-Ferréol-d'Auroure 43 230 A5
Saint-Ferréol-des-Côtes 63 228 D3
Saint-Ferréol-Trente-Pas 26 268 A5
Saint-Ferriol 11 337 C4
Saint-Fiacre 77 59 G2
Saint-Fiacre 22 77 H2
Saint-Fiacre 56 100 D3
Saint-Fiacre-sur-Maine 44 147 H5
Saint-Fiel 23 207 E1
Saint-Firmin 54 94 D3
Saint-Firmin 58 175 E1
Saint-Firmin 71 177 E3
Saint-Firmin 05 269 G1
Saint-Firmin-des-Bois 45 112 D5
Saint-Firmin-des-Prés 41 131 H2
Saint-Firmin-sur-Loire 45 134 D5
Saint-Flavy 10 90 B4
Saint-Florent 45 134 B4
Saint-Florent 79 184 D4
Saint-Florent 2B 345 F4
Saint-Florent-des-Bois 85 183 E1
Saint-Florent-le-Vieil 49 148 C2
Saint-Florent-sur-Auzonnet 30 283 H2
Saint-Florent-sur-Cher 18 172 D2
Saint-Florentin 89 114 B5
Saint-Florentin 36 171 H1
Saint-Floret 63 227 H3
Saint-Floris 62 7 H2
Saint-Flour 63 228 C1
Saint-Flour 15 245 H4
Saint-Flour-de-Mercoire 48 265 F2
Saint-Flovier 37 170 C2
Saint-Floxel 50 29 G4
Saint-Folquin 62 3 E3
Saint-Fons 69 231 E1
Saint-Forgeot 71 176 D2
Saint-Forget 78 57 H5
Saint-Forgeux 69 212 B4
Saint-Forgeux-Lespinasse 42 211 F1
Saint-Fort 53 128 B3
Saint-Fort-sur-Gironde 17 219 F3
Saint-Fort-sur-le-Né 16 220 B2
Saint-Fortunat-sur-Eyrieux 07 266 D1
Saint-Fraigne 16 203 E3
Saint-Fraimbault 61 82 A3
Saint-Fraimbault-de-Prières 53 82 B4
Saint-Frajou 31 316 D4
Saint-Franc 73 232 D3
Saint-Franchy 58 157 E5
Saint-François-de-Sales 73 233 G1
Saint-François-Lacroix 57 46 C3
Saint-François-Longchamp 73 234 A4
Saint-Frégant 29 70 D4
Saint-Fréjoux 19 226 B3
Saint-Frézal-d'Albuges 48 265 E4
Saint-Frézal-de-Ventalon 48 283 F2
Saint-Frichoux 11 320 A5
Saint-Frion 23 207 H4
Saint-Fromond 50 32 B4
Saint-Front 16 203 G4
Saint-Front 43 247 H4
Saint-Front-d'Alemps 24 222 D5
Saint-Front-de-Pradoux 24 239 G3
Saint-Front-la-Rivière 24 222 C4
Saint-Front-sur-Lémance 47 259 E4
Saint-Front-sur-Nizonne 24 222 B4
Saint-Froult 17 200 C3
Saint-Fulgent 85 166 B3
Saint-Fulgent-des-Ormes 61 84 B5
Saint-Fuscien 80 22 C2
Saint-Gabriel *Chapelle* 13 304 C2
Saint-Gabriel-Brécy 14 33 F3
Saint-Gal 48 264 B3
Saint-Gal-sur-Sioule 63 209 G2
Saint-Galmier 42 230 A2
Saint-Gand 70 140 C5
Saint-Ganton 35 126 A3
Saint-Gatien-des-Bois 14 34 C2
Saint-Gaudens 31 334 C1
Saint-Gaudent 86 203 G1
Saint-Gaudéric 11 337 A1
Saint-Gault 53 105 H5
Saint-Gaultier 36 188 C1
Saint-Gauzens 81 298 D3
Saint-Gayrand 47 275 G1
Saint-Gein 40 294 B2
Saint-Gelais 79 185 E3
Saint-Gelven 22 77 G5
Saint-Gély-du-Fesc 34 302 D3
Saint-Génard 79 202 D1
Saint-Gence 87 205 F4
Saint-Généroux 79 168 B3
Saint-Genès-Champanelle 63 227 G1
Saint-Genès-Champespe 63 227 E4
Saint-Genès-de-Blaye 33 237 F2
Saint-Genès-de-Castillon 33 238 D5
Saint-Genès-de-Fronsac 33 238 B3
Saint-Genès-de-Lombaud 33 255 H1
Saint-Genès-du-Retz 63 210 A2
Saint-Genès-la-Tourette 63 228 C3
Saint-Genest 88 95 G4
Saint-Genest 03 190 E5
Saint-Genest-d'Ambière 86 169 F4
Saint-Genest-de-Beauzon 07 265 H5
Saint-Genest-de-Contest 81 299 F3
Saint-Genest-Lachamp 07 266 B1
Saint-Genest-Lerpt 42 230 A4
Saint-Genest-Malifaux 42 230 B5
Saint-Genest-sur-Roselle 87 224 B1
Saint-Geneys-près-Saint-Paulien 43 247 E2
Saint-Gengoulph 02 40 A5
Saint-Gengoux-de-Scissé 71 194 D2
Saint-Gengoux-le-National 71 194 D1
Saint-Geniès 24 241 G4
Saint-Geniès-Bellevue 31 298 A4
Saint-Geniès-de-Comolas 30 285 E4
Saint-Geniès-de-Fontedit 34 321 G3
Saint-Geniès-de-Malgoirès 30 303 G1
Saint-Geniès-de-Varensal 34 301 E4
Saint-Geniès-des-Mourgues 34 303 E3
Saint-Geniez 04 287 G2
Saint-Geniez-d'Olt 12 263 G5
Saint-Geniez-ô-Merle 19 243 G3
Saint-Genis 38 251 E5
Saint-Genis 05 269 E5
Saint-Genis-de-Blanzac 16 221 E4
Saint-Genis-de-Saintonge 17 219 G3
Saint-Génis-des-Fontaines 66 343 F3
Saint-Genis-d'Hiersac 16 203 E5
Saint-Genis-du-Bois 33 256 C2
Saint-Genis-l'Argentière 69 230 C1
Saint-Genis-Laval 69 231 E1
Saint-Genis-les-Ollières 69 212 D5
Saint-Genis-Pouilly 01 197 F5
Saint-Genis-sur-Menthon 01 195 F4
Saint-Genix-sur-Guiers 73 232 C2
Saint-Genou 36 171 E3
Saint-Genouph 37 151 H2
Saint-Geoire-en-Valdaine 38 232 D3
Saint-Geoirs 38 232 A5
Saint-Georges 62 7 E5
Saint-Georges 57 67 G5
Saint-Georges 16 203 G3
Saint-Georges 33 238 C5
Saint-Georges 15 245 H4
Saint-Georges 47 259 E5
Saint-Georges 82 278 C3
Saint-Georges 32 296 D3
Saint-Georges *Gorges de* 11 337 C5
Saint-Georges-Armont 25 163 E2
Saint-Georges-Blancaneix 24 239 G5

Saint-Georges-Buttavent **53** ... 82 A 5
Saint-Georges-d'Annebecq **61** ... 53 H 5
Saint-Georges-d'Aunay **14** ... 53 E 1
Saint-Georges-d'Aurac **43** ... 246 C 2
Saint-Georges-de-Baroille **42** ... 211 H 4
Saint-Georges-de-Bohon **50** ... 31 H 3
Saint-Georges-de-Chesné **35** ... 81 E 5
Saint-Georges-de-Commiers **38** ... 250 D 3
Saint-Georges-de-Cubillac **17** ... 219 H 3
Saint-Georges-de-Didonne **17** ... 218 D 2
Saint-Georges-de-Gréhaigne **35** ... 80 C 2
Saint-Georges-de-la-Couée **72** ... 130 D 2
Saint-Georges-de-la-Rivière **50** ... 31 E 2
Saint-Georges-de-Lévéjac **48** ... 282 A 2
Saint-Georges-de-Livoye **50** ... 52 A 4
Saint-Georges-de-Longuepierre **17** ... 202 B 2
Saint-Georges-de-Luzençon **12** ... 281 G 4
Saint-Georges-de-Mons **63** ... 209 F 4
Saint-Georges-de-Montaigu **85** ... 166 A 2
Saint-Georges-de-Montclard **24** ... 240 B 5
Saint-Georges-de-Noisné **79** ... 185 F 2
Saint-Georges-de-Pointindoux **85** ... 165 F 5
Saint-Georges-de-Poisieux **18** ... 173 F 5
Saint-Georges-de-Reintembault **35** ... 81 E 2
Saint-Georges-de-Reneins **69** ... 212 D 2
Saint-Georges-de-Rex **79** ... 184 C 4
Saint-Georges-de-Rouelley **50** ... 82 A 2
Saint-Georges-d'Elle **50** ... 32 C 4
Saint-Georges-des-Agoûts **17** ... 219 F 4
Saint-Georges-des-Coteaux **17** ... 201 F 5
Saint-Georges-des-Gardes **49** ... 149 E 5
Saint-Georges-des-Groseillers **61** ... 53 E 4
Saint-Georges-des-Hurtières **73** ... 234 A 3
Saint-Georges-des-Sept-Voies **49** ... 150 A 3
Saint-Georges-d'Espéranche **38** ... 231 G 2
Saint-Georges-d'Oléron **17** ... 200 A 3
Saint-Georges-d'Orques **34** ... 302 C 4
Saint-Georges-du-Bois **72** ... 107 G 5
Saint-Georges-du-Bois **49** ... 150 A 1
Saint-Georges-du-Bois **17** ... 201 F 1
Saint-Georges-du-Mesnil **27** ... 35 F 4
Saint-Georges-du-Rosay **72** ... 108 B 2
Saint-Georges-du-Vièvre **27** ... 35 F 4
Saint-Georges-en-Auge **14** ... 54 B 1
Saint-Georges-en-Couzan **42** ... 229 F 1
Saint-Georges-Haute-Ville **42** ... 229 H 3
Saint-Georges-la-Pouge **23** ... 207 F 3
Saint-Georges-Lagricol **43** ... 247 F 1
Saint-Georges-le-Fléchard **53** ... 106 B 4
Saint-Georges-le-Gaultier **72** ... 83 F 5
Saint-Georges-lès-Baillargeaux **86** ... 169 F 5
Saint-Georges-les-Bains **07** ... 249 E 5
Saint-Georges-les-Landes **87** ... 188 B 4
Saint-Georges-Montcocq **50** ... 32 B 5
Saint-Georges-Motel **27** ... 56 D 4
Saint-Georges-Nigremont **23** ... 207 H 5
Saint-Georges-sur-Allier **63** ... 228 A 1
Saint-Georges-sur-Arnon **36** ... 172 C 2
Saint-Georges-sur-Baulche **89** ... 136 B 3
Saint-Georges-sur-Cher **41** ... 152 D 3
Saint-Georges-sur-Erve **53** ... 106 D 2
Saint-Georges-sur-Eure **28** ... 85 H 4
Saint-Georges-sur-Fontaine **76** ... 20 B 5
Saint-Georges-sur-la-Prée **18** ... 154 B 4
Saint-Georges-sur-l'Aa **59** ... 3 F 3
Saint-Georges-sur-Layon **49** ... 149 H 4
Saint-Georges-sur-Loire **49** ... 149 E 2
Saint-Georges-sur-Moulon **18** ... 155 E 5
Saint-Georges-sur-Renon **01** ... 213 G 1
Saint-Geours-d'Auribat **40** ... 293 F 2
Saint-Geours-de-Maremne **40** ... 292 C 3
Saint-Gérand **56** ... 102 A 2
Saint-Gérand-de-Vaux **03** ... 192 B 4
Saint-Gérand-le-Puy **03** ... 192 C 5
Saint-Géraud **47** ... 257 E 3
Saint-Géraud-de-Corps **24** ... 239 F 4
Saint-Géréon **44** ... 148 B 2
Saint-Germain **54** ... 95 E 3
Saint-Germain **10** ... 114 D 2
Saint-Germain **70** ... 141 H 3
Saint-Germain **86** ... 187 G 2
Saint-Germain **07** ... 266 C 4
Saint-Germain *Ermitage de* **74** ... 215 H 4
Saint-Germain-au-Mont-d'Or **69** ... 213 E 4
Saint-Germain-Beaupré **23** ... 188 D 4
Saint-Germain-Chassenay **58** ... 175 E 4
Saint-Germain-d'Anxure **53** ... 106 A 2
Saint-Germain-d'Arcé **72** ... 130 A 5
Saint-Germain-d'Aunay **61** ... 54 D 2
Saint-Germain-de-Belvès **24** ... 259 F 1
Saint-Germain-de-Calberte **48** ... 283 E 3
Saint-Germain-de-Clairefeuille **61** ... 54 C 5
Saint-Germain-de-Confolens **16** ... 204 C 2
Saint-Germain-de-Coulamer **53** ... 83 E 5
Saint-Germain-de-Fresney **27** ... 56 C 2
Saint-Germain-de-Grave **33** ... 256 B 3
Saint-Germain-de-Joux **01** ... 196 D 5
Saint-Germain-de-la-Coudre **61** ... 84 C 5
Saint-Germain-de-la-Grange **78** ... 57 H 3
Saint-Germain-de-la-Rivière **33** ... 238 B 4
Saint-Germain-de-Livet **14** ... 34 C 5
Saint-Germain-de-Longue-Chaume **79** ... 167 H 5
Saint-Germain-de-Lusignan **17** ... 219 H 4
Saint-Germain-de-Marencennes **17** ... 201 F 2
Saint-Germain-de-Martigny **61** ... 84 B 2
Saint-Germain-de-Modéon **21** ... 158 B 2
Saint-Germain-de-Montbron **16** ... 221 H 2
Saint-Germain-de-Montgommery **14** ... 54 C 2
Saint-Germain-de-Pasquier **27** ... 36 A 4
Saint-Germain-de-Prinçay **85** ... 166 C 4
Saint-Germain-de-Salles **03** ... 210 A 1
Saint-Germain-de-Tallevende-la-Lande-Vaumont **14** ... 52 C 3
Saint-Germain-de-Tournebut **50** ... 29 G 4
Saint-Germain-de-Varreville **50** ... 29 H 5
Saint-Germain-de-Vibrac **17** ... 220 B 4
Saint-Germain-d'Ectot **14** ... 32 D 5
Saint-Germain-d'Elle **50** ... 32 C 5
Saint-Germain-des-Angles **27** ... 36 B 5
Saint-Germain-des-Bois **58** ... 157 F 3
Saint-Germain-des-Bois **18** ... 173 F 3
Saint-Germain-des-Champs **89** ... 158 A 2
Saint-Germain-des-Essourts **76** ... 36 C 1
Saint-Germain-des-Fossés **03** ... 210 B 1
Saint-Germain-des-Grois **61** ... 85 E 4
Saint-Germain-des-Prés **45** ... 112 D 5
Saint-Germain-des-Prés **49** ... 149 E 2
Saint-Germain-des-Prés **24** ... 223 E 5
Saint-Germain-des-Prés **81** ... 299 F 5
Saint-Germain-des-Vaux **50** ... 28 C 2
Saint-Germain-d'Esteuil **33** ... 219 E 5
Saint-Germain-d'Étables **76** ... 20 B 2
Saint-Germain-du-Bel-Air **46** ... 260 B 3
Saint-Germain-du-Bois **71** ... 178 C 4
Saint-Germain-du-Corbéis **61** ... 83 G 4
Saint-Germain-du-Crioult **14** ... 53 E 3
Saint-Germain-du-Pert **14** ... 32 B 2
Saint-Germain-du-Pinel **35** ... 105 F 4
Saint-Germain-du-Plain **71** ... 178 A 5
Saint-Germain-du-Puch **33** ... 238 B 5
Saint-Germain-du-Puy **18** ... 173 F 1
Saint-Germain-du-Salembre **24** ... 239 H 2
Saint-Germain-du-Seudre **17** ... 219 F 3
Saint-Germain-du-Teil **48** ... 263 H 5
Saint-Germain-du-Val **72** ... 129 G 4
Saint-Germain-en-Brionnais **71** ... 194 A 4
Saint-Germain-en-Coglès **35** ... 81 E 4
Saint-Germain-en-Laye **78** ... 58 A 3
Saint-Germain-en-Montagne **39** ... 179 H 4
Saint-Germain-et-Mons **24** ... 258 B 1
Saint-Germain-la-Blanche-Herbe **14** ... 33 G 4
Saint-Germain-la-Campagne **27** ... 55 E 1
Saint-Germain-la-Chambotte **73** ... 215 E 5
Saint-Germain-la-Gâtine **28** ... 86 A 3
Saint-Germain-la-Montagne **42** ... 212 A 1
Saint-Germain-la-Poterie **60** ... 37 H 2
Saint-Germain-la-Ville **51** ... 62 B 3
Saint-Germain-l'Aiguiller **85** ... 166 D 5
Saint-Germain-Langot **14** ... 53 G 2
Saint-Germain-Laprade **43** ... 247 G 3
Saint-Germain-Laval **77** ... 89 E 4
Saint-Germain-Laval **42** ... 211 G 5
Saint-Germain-Lavolps **19** ... 225 H 2
Saint-Germain-Laxis **77** ... 88 B 2
Saint-Germain-le-Châtelet **90** ... 142 C 2
Saint-Germain-le-Fouilloux **53** ... 105 H 3
Saint-Germain-le-Gaillard **50** ... 28 D 4
Saint-Germain-le-Gaillard **28** ... 85 H 4
Saint-Germain-le-Guillaume **53** ... 105 H 2
Saint-Germain-le-Rocheux **21** ... 138 B 3
Saint-Germain-le-Vasson **14** ... 53 G 1
Saint-Germain-le-Vieux **61** ... 84 A 2
Saint-Germain-Lembron **63** ... 228 A 4
Saint-Germain-lès-Arlay **39** ... 179 E 4
Saint-Germain-lès-Arpajon **91** ... 87 G 2
Saint-Germain-les-Belles **87** ... 224 B 2
Saint-Germain-lès-Buxy **71** ... 177 G 5
Saint-Germain-lès-Corbeil **91** ... 88 A 2
Saint-Germain-les-Paroisses **01** ... 214 C 5
Saint-Germain-lès-Senailly **21** ... 137 G 5
Saint-Germain-les-Vergnes **19** ... 242 C 1
Saint-Germain-Lespinasse **42** ... 211 F 2
Saint-Germain-l'Herm **63** ... 228 C 4
Saint-Germain-près-Herment **63** ... 226 D 1
Saint-Germain-Source-Seine **21** ... 159 G 1
Saint-Germain-sous-Cailly **76** ... 20 C 5
Saint-Germain-sous-Doue **77** ... 60 A 3
Saint-Germain-sur-Avre **27** ... 56 C 4
Saint-Germain-sur-Ay **50** ... 31 F 3
Saint-Germain-sur-Bresle **80** ... 21 F 2
Saint-Germain-sur-Eaulne **76** ... 21 E 3
Saint-Germain-sur-École **77** ... 88 A 3
Saint-Germain-sur-Ille **35** ... 80 B 5
Saint-Germain-sur-l'Arbresle **69** ... 212 C 4
Saint-Germain-sur-Meuse **55** ... 93 H 1
Saint-Germain-sur-Moine **49** ... 148 B 5
Saint-Germain-sur-Morin **77** ... 59 G 3
Saint-Germain-sur-Renon **01** ... 213 G 2
Saint-Germain-sur-Rhône **74** ... 215 E 2
Saint-Germain-sur-Sarthe **72** ... 83 G 5
Saint-Germain-sur-Sèves **50** ... 31 H 3
Saint-Germain-sur-Vienne **37** ... 150 D 4
Saint-Germain-Village **27** ... 35 E 3
Saint-Germainmont **08** ... 41 H 1
Saint-Germé **32** ... 294 D 3
Saint-Germer-de-Fly **60** ... 37 G 2
Saint-Germier **79** ... 185 G 3
Saint-Germier **32** ... 297 E 4
Saint-Germier **81** ... 299 G 4
Saint-Germier **31** ... 318 C 3
Saint-Géron **43** ... 228 A 5
Saint-Gérons **15** ... 243 H 5
Saint-Gervais **95** ... 37 G 5
Saint-Gervais **85** ... 164 D 2
Saint-Gervais **16** ... 203 G 3
Saint-Gervais **33** ... 237 H 3
Saint-Gervais **38** ... 250 B 1
Saint-Gervais **30** ... 284 D 3
Saint-Gervais-d'Auvergne **63** ... 209 E 3
Saint-Gervais-de-Vic **72** ... 131 E 2
Saint-Gervais-des-Sablons **61** ... 54 B 2
Saint-Gervais-du-Perron **61** ... 83 H 2
Saint-Gervais-en-Belin **72** ... 130 A 2
Saint-Gervais-en-Vallière **71** ... 178 A 2
Saint-Gervais-la-Forêt **41** ... 132 A 5
Saint-Gervais-les-Bains **74** ... 216 D 3
Saint-Gervais-les-Trois-Clochers **86** ... 169 F 3
Saint-Gervais-sous-Meymont **63** ... 228 D 1
Saint-Gervais-sur-Couches **71** ... 177 F 2
Saint-Gervais-sur-Mare **34** ... 301 E 4
Saint-Gervais-sur-Roubion **26** ... 267 F 3
Saint-Gervasy **30** ... 304 A 1
Saint-Gervazy **63** ... 228 A 4
Saint-Géry **24** ... 239 G 4
Saint-Géry **46** ... 260 C 5
Saint-Géry *Château de* **81** ... 298 C 2
Saint-Geyrac **24** ... 241 E 3
Saint-Gibrien **51** ... 62 A 2
Saint-Gildas **22** ... 77 H 3
Saint-Gildas *Pointe de* **44** ... 146 B 4
Saint-Gildas-de-Rhuys **56** ... 124 B 5
Saint-Gildas-des-Bois **44** ... 125 H 5
Saint-Gilles **50** ... 32 A 5
Saint-Gilles **51** ... 40 D 3
Saint-Gilles **35** ... 104 A 2
Saint-Gilles **71** ... 177 F 3
Saint-Gilles **36** ... 188 C 3
Saint-Gilles **30** ... 304 A 4
Saint-Gilles-Croix-de-Vie **85** ... 164 D 4
Saint-Gilles-de-Crétot **76** ... 19 F 5
Saint-Gilles-de-la-Neuville **76** ... 19 E 5
Saint-Gilles-des-Marais **61** ... 82 A 2
Saint-Gilles-du-Mené **22** ... 102 C 1
Saint-Gilles-les-Bois **22** ... 73 F 4
Saint-Gilles-les-Forêts **87** ... 224 C 2
Saint-Gilles-Pligeaux **22** ... 77 H 3
Saint-Gilles-Vieux-Marché **22** ... 77 H 5
Saint-Gineis-en-Coiron **07** ... 266 C 3
Saint-Gingolph **74** ... 198 D 3
Saint-Girod **73** ... 215 F 5
Saint-Girons **09** ... 335 F 2
Saint-Girons-d'Aiguevives **33** ... 237 G 2
Saint-Girons-en-Béarn **64** ... 293 F 5
Saint-Girons-Plage **40** ... 272 A 5
Saint-Gladie-Arrive-Munein **64** ... 311 H 4
Saint-Glen **22** ... 78 D 5
Saint-Goazec **29** ... 76 B 5
Saint-Gobain **02** ... 24 B 5
Saint-Gobert **02** ... 25 E 3
Saint-Goin **64** ... 313 G 5
Saint-Gondon **45** ... 134 B 4
Saint-Gondran **35** ... 80 A 5
Saint-Gonéry *Chapelle* **22** ... 73 E 2
Saint-Gonlay **35** ... 103 G 3
Saint-Gonnery **56** ... 102 A 2
Saint-Gor **40** ... 274 B 4
Saint-Gorgon **88** ... 95 H 4
Saint-Gorgon **56** ... 125 F 4
Saint-Gorgon-Main **25** ... 180 C 1
Saint-Gouéno **22** ... 102 C 1
Saint-Gourgon **41** ... 131 G 4
Saint-Gourson **16** ... 203 G 3
Saint-Goussaud **23** ... 206 C 2
Saint-Gratien **80** ... 22 C 1
Saint-Gratien **95** ... 58 B 2
Saint-Gratien-Savigny **58** ... 175 G 3
Saint-Gravé **56** ... 125 F 3
Saint-Grégoire **35** ... 104 B 2
Saint-Grégoire **81** ... 299 G 1
Saint-Grégoire-d'Ardennes **17** ... 219 H 3
Saint-Grégoire-du-Vièvre **27** ... 35 F 4
Saint-Griède **32** ... 294 D 3
Saint-Groux **16** ... 203 F 4
Saint-Guen **22** ... 102 A 1
Saint-Guénolé **29** ... 99 F 5
Saint-Guilhem-le-Désert **34** ... 302 B 3
Saint-Guillaume **38** ... 250 C 4
Saint-Guinoux **35** ... 80 A 2
Saint-Guiraud **34** ... 302 A 4
Saint-Guyomard **56** ... 124 D 2
Saint-Haon **43** ... 265 E 1
Saint-Haon-le-Châtel **42** ... 211 F 2
Saint-Haon-le-Vieux **42** ... 211 F 2
Saint-Héand **42** ... 230 B 3
Saint-Hélen **22** ... 79 H 4
Saint-Hélier **21** ... 159 F 2
Saint-Hellier **76** ... 20 B 3
Saint-Herblain **44** ... 147 F 4
Saint-Herblon **44** ... 148 C 2
Saint-Herbot **29** ... 76 B 3
Saint-Hérent **63** ... 227 H 4
Saint-Hernin **29** ... 76 C 5
Saint-Hervé **22** ... 78 A 5
Saint-Hilaire **91** ... 87 F 4
Saint-Hilaire **25** ... 162 B 2
Saint-Hilaire **03** ... 191 G 2
Saint-Hilaire **63** ... 208 D 2
Saint-Hilaire **16** ... 220 C 4
Saint-Hilaire **43** ... 228 B 5
Saint-Hilaire **38** ... 233 F 5
Saint-Hilaire **46** ... 261 G 2
Saint-Hilaire **31** ... 317 G 4
Saint-Hilaire **11** ... 337 D 1
Saint-Hilaire-au-Temple **51** ... 62 B 1
Saint-Hilaire-Bonneval **87** ... 223 H 1
Saint-Hilaire-Cottes **62** ... 7 G 3
Saint-Hilaire-Cusson-la-Valmitte **42** ... 229 G 5
Saint-Hilaire-de-Beauvoir **34** ... 303 E 3
Saint-Hilaire-de-Brens **38** ... 232 A 1
Saint-Hilaire-de-Brethmas **30** ... 283 H 4
Saint-Hilaire-de-Briouze **61** ... 53 G 4
Saint-Hilaire-de-Chaléons **44** ... 147 E 5
Saint-Hilaire-de-Clisson **44** ... 166 A 1
Saint-Hilaire-de-Court **18** ... 154 B 5
Saint-Hilaire-de-Gondilly **18** ... 174 A 1
Saint-Hilaire-de-la-Côte **38** ... 232 A 4
Saint-Hilaire-de-la-Noaille **33** ... 256 D 3
Saint-Hilaire-de-Lavit **48** ... 283 F 2
Saint-Hilaire-de-Loulay **85** ... 166 A 1
Saint-Hilaire-de-Lusignan **47** ... 275 H 3
Saint-Hilaire-de-Riez **85** ... 164 D 4
Saint-Hilaire-de-Villefranche **17** ... 201 G 4
Saint-Hilaire-de-Voust **85** ... 184 C 1
Saint-Hilaire-des-Landes **35** ... 80 D 4
Saint-Hilaire-des-Loges **85** ... 184 C 2
Saint-Hilaire-d'Estissac **24** ... 239 H 4
Saint-Hilaire-d'Ozilhan **30** ... 284 D 5
Saint-Hilaire-du-Bois **49** ... 149 G 5
Saint-Hilaire-du-Bois **85** ... 166 D 5
Saint-Hilaire-du-Bois **17** ... 219 H 4
Saint-Hilaire-du-Bois **33** ... 256 D 2
Saint-Hilaire-du-Harcouët **50** ... 81 F 2
Saint-Hilaire-du-Maine **53** ... 105 G 2
Saint-Hilaire-du-Rosier **38** ... 250 A 2
Saint-Hilaire-en-Lignières **18** 172 D 5
Saint-Hilaire-en-Morvan **58** ... 176 A 1
Saint-Hilaire-en-Woëvre **55** ... 64 D 1
Saint-Hilaire-Foissac **19** ... 225 G 5
Saint-Hilaire-Fontaine **58** ... 175 G 4
Saint-Hilaire-la-Croix **63** ... 209 G 2
Saint-Hilaire-la-Forêt **85** ... 182 C 2
Saint-Hilaire-la-Gérard **61** ... 83 G 2
Saint-Hilaire-la-Gravelle **41** ... 109 G 5
Saint-Hilaire-la-Palud **79** ... 184 B 5
Saint-Hilaire-la-Plaine **23** ... 207 F 2
Saint-Hilaire-la-Treille **87** ... 188 B 5
Saint-Hilaire-le-Château **23** ... 207 E 3
Saint-Hilaire-le-Châtel **61** ... 84 B 2
Saint-Hilaire-le-Grand **51** ... 42 B 4
Saint-Hilaire-le-Lierru **72** ... 108 B 3
Saint-Hilaire-le-Petit **51** ... 42 B 3
Saint-Hilaire-le-Vouhis **85** ... 166 B 5
Saint-Hilaire-les-Andrésis **45** ... 113 E 4
Saint-Hilaire-les-Courbes **19** ... 225 E 2
Saint-Hilaire-les-Monges **63** ... 208 D 5
Saint-Hilaire-les-Places **87** ... 223 G 2
Saint-Hilaire-lez-Cambrai **59** ... 14 C 3
Saint-Hilaire-Luc **19** ... 225 H 5
Saint-Hilaire-Petitville **50** ... 32 A 3
Saint-Hilaire-Peyroux **19** ... 242 C 2
Saint-Hilaire-Saint-Florent **49** ... 150 B 4
Saint-Hilaire-Saint-Mesmin **45** ... 133 E 2
Saint-Hilaire-sous-Charlieu **42** ... 211 H 1
Saint-Hilaire-sous-Romilly **10** ... 90 B 3
Saint-Hilaire-sur-Benaize **36** ... 187 H 2
Saint-Hilaire-sur-Erre **61** ... 84 D 5
Saint-Hilaire-sur-Helpe **59** ... 15 G 4
Saint-Hilaire-sur-Puiseaux **45** ... 134 C 2
Saint-Hilaire-sur-Risle **61** ... 55 E 4
Saint-Hilaire-sur-Yerre **28** ... 109 H 4
Saint-Hilaire-Taurieux **19** ... 243 E 3
Saint-Hilarion **78** ... 86 C 2
Saint-Hilliers **77** ... 89 G 2
Saint-Hippolyte **68** ... 97 E 5
Saint-Hippolyte **25** ... 163 G 2
Saint-Hippolyte **37** ... 170 C 1
Saint-Hippolyte **17** ... 201 E 3
Saint-Hippolyte **63** ... 209 G 4
Saint-Hippolyte **33** ... 238 C 5
Saint-Hippolyte **15** ... 245 E 2
Saint-Hippolyte **12** ... 262 D 2
Saint-Hippolyte **66** ... 339 E 5
Saint-Hippolyte-de-Caton **30** ... 284 A 4
Saint-Hippolyte-de-Montaigu **30** ... 284 C 5
Saint-Hippolyte-du-Fort **30** ... 283 F 5
Saint-Hippolyte-le-Graveyron **84** ... 285 H 3
Saint-Honorat *Île* **06** ... 309 F 5
Saint-Honoré **76** ... 20 B 3
Saint-Honoré **38** ... 251 E 4
Saint-Honoré-les-Bains **58** ... 175 H 3
Saint-Hostien **43** ... 247 G 3
Saint-Hubert **57** ... 46 B 4
Saint-Hubert **78** ... 57 G 5
Saint-Huruge **71** ... 194 C 1
Saint-Hymer **14** ... 34 C 4
Saint-Hymetière **39** ... 196 C 3
Saint-Igeaux **22** ... 77 G 4
Saint-Igest **12** ... 261 G 5
Saint-Ignan **31** ... 316 B 5
Saint-Ignat **63** ... 210 A 4
Saint-Igneuc **22** ... 79 E 4
Saint-Igny-de-Roche **71** ... 212 A 1
Saint-Igny-de-Vers **69** ... 194 B 5
Saint-Illide **15** ... 244 B 3
Saint-Illiers-la-Ville **78** ... 57 E 2
Saint-Illiers-le-Bois **78** ... 57 E 2
Saint-Ilpize **43** ... 246 B 2
Saint-Imoges **51** ... 41 G 5
Saint-Inglevert **62** ... 2 C 4
Saint-Isidore **06** ... 309 G 2
Saint-Isle **53** ... 105 H 3
Saint-Ismier **38** ... 251 E 1
Saint-Izaire **12** ... 281 E 5
Saint-Jacques **04** ... 288 B 5
Saint-Jacques **06** ... 309 E 3
Saint-Jacques-d'Aliermont **76** ... 20 C 2
Saint-Jacques-d'Ambur **63** ... 209 E 4
Saint-Jacques-d'Atticieux **07** ... 230 D 5

Saint-Jacques-de-la-Lande 35 ... 104 B 3
Saint-Jacques-de-Néhou 50 ... 29 E 5
Saint-Jacques-de-Thouars 79 ... 168 A 2
Saint-Jacques-des-Arrêts 69 ... 194 C 5
Saint-Jacques-des-Blats 15 ... 245 E 3
Saint-Jacques-des-Guérets 41 ... 131 E 3
Saint-Jacques-en-Valgodemard 05 ... 269 G 1
Saint-Jacques-sur-Darnétal 76 ... 36 C 2
Saint-Jacut-de-la-Mer 22 ... 50 A 5
Saint-Jacut-du-Mené 22 ... 78 D 5
Saint-Jacut-les-Pins 56 ... 125 G 3
Saint-Jal 19 ... 224 C 5
Saint-James 50 ... 81 E 2
Saint-Jammes 64 ... 314 C 4
Saint-Jans-Cappel 59 ... 4 A 5
Saint-Jean 31 ... 298 A 4
Saint-Jean 06 ... 309 E 4
Saint-Jean *Chapelle* 27 ... 36 D 2
Saint-Jean *Chapelle* 29 ... 75 F 2
Saint-Jean *Col* 04 ... 270 B 5
Saint Jean *Église* 2B ... 347 E 4
Saint-Jean-aux-Amognes 58 ... 174 D 2
Saint-Jean-aux-Bois 08 ... 26 A 3
Saint-Jean-aux-Bois 60 ... 39 G 3
Saint-Jean-Balanant 29 ... 70 D 5
Saint-Jean-Baptiste *Chapelle de* 2A ... 349 E 5
Saint-Jean-Bonnefonds 42 ... 230 B 4
Saint-Jean-Brévelay 56 ... 102 B 5
Saint-Jean-Cap-Ferrat 06 ... 309 H 2
Saint-Jean-Chambre 07 ... 248 C 5
Saint-Jean-d'Abbetot 76 ... 35 E 1
Saint-Jean-d'Aigues-Vives 09 ... 336 D 3
Saint-Jean-d'Alcapiès 12 ... 301 E 1
Saint-Jean-d'Angély 17 ... 201 H 3
Saint-Jean-d'Angle 17 ... 200 D 4
Saint-Jean-d'Ardières 69 ... 212 D 1
Saint-Jean-d'Arves 73 ... 252 A 1
Saint-Jean-d'Arvey 73 ... 233 F 2
Saint-Jean-d'Assé 72 ... 107 G 3
Saint-Jean-d'Ataux 24 ... 239 H 2
Saint-Jean-d'Aubrigoux 43 ... 229 E 5
Saint-Jean-d'Aulps 74 ... 198 C 4
Saint-Jean-d'Avelanne 38 ... 232 D 3
Saint-Jean-de-Barrou 11 ... 338 D 3
Saint-Jean-de-Bassel 57 ... 67 G 4
Saint-Jean-de-Beauregard 91 ... 58 A 5
Saint-Jean-de-Belleville 73 ... 234 B 3
Saint-Jean-de-Beugné 85 ... 183 G 2
Saint-Jean-de-Blaignac 33 ... 256 C 1
Saint-Jean-de-Bœuf 21 ... 159 G 2
Saint-Jean-de-Boiseau 44 ... 147 F 4
Saint-Jean-de-Bonneval 10 ... 114 D 3
Saint-Jean-de-Bournay 38 ... 231 H 3
Saint-Jean-de-Braye 45 ... 133 F 2
Saint-Jean-de-Buèges 34 ... 302 B 2
Saint-Jean-de-Ceyrargues 30 ... 284 A 4
Saint-Jean-de-Chevelu 73 ... 233 E 1
Saint-Jean-de-Côle 24 ... 222 D 4
Saint-Jean-de-Corcoué 44 ... 165 G 1
Saint-Jean-de-Cornies 34 ... 303 E 3
Saint-Jean-de-Couz 73 ... 233 E 3
Saint-Jean-de-Crieulon 30 ... 283 G 5
Saint-Jean-de-Cuculles 34 ... 302 D 3
Saint-Jean-de-Daye 50 ... 32 A 3
Saint-Jean-de-Duras 47 ... 257 G 2
Saint-Jean-de-Folleville 76 ... 35 E 1
Saint-Jean-de-Fos 34 ... 302 B 3
Saint-Jean-de-Gonville 01 ... 197 F 5
Saint-Jean-de-la-Blaquière 34 ... 301 H 3
Saint-Jean-de-la-Croix 49 ... 149 G 2
Saint-Jean-de-la-Forêt 61 ... 84 C 4
Saint-Jean-de-la-Haize 50 ... 51 H 4
Saint-Jean-de-la-Léqueraye 27 ... 35 F 4
Saint-Jean-de-la-Motte 72 ... 129 H 3
Saint-Jean-de-la-Neuville 76 ... 19 E 5
Saint-Jean-de-la-Porte 73 ... 233 G 2
Saint-Jean-de-la-Rivière 50 ... 31 E 2
Saint-Jean-de-la-Ruelle 45 ... 133 E 2
Saint-Jean-de-Laur 46 ... 261 E 5
Saint-Jean-de-Lier 40 ... 293 F 2
Saint-Jean-de-Linières 49 ... 149 F 1
Saint-Jean-de-Liversay 17 ... 183 H 4
Saint-Jean-de-Livet 14 ... 34 C 5
Saint-Jean-de-Losne 21 ... 160 C 5
Saint-Jean-de-Luz 64 ... 310 B 3
Saint-Jean-de-Marcel 81 ... 279 H 5
Saint-Jean-de-Marsacq 40 ... 292 C 4
Saint-Jean-de-Maruéjols-et-Avéjan 30 ... 284 A 2
Saint-Jean-de-Maurienne 73 ... 234 A 5
Saint-Jean-de-Minervois 34 ... 320 D 4
Saint-Jean-de-Moirans 38 ... 232 C 5
Saint-Jean-de-Monts 85 ... 164 C 3
Saint-Jean-de-Muzols 07 ... 249 E 3
Saint-Jean-de-Nay 43 ... 246 D 3
Saint-Jean-de-Niost 01 ... 213 H 4
Saint-Jean-de-Paracol 11 ... 337 B 3
Saint-Jean-de-Pourcharesse 07 ... 265 H 5
Saint-Jean-de-Rebervilliers 28 ... 85 H 2
Saint-Jean-de-Rives 81 ... 298 C 3
Saint-Jean-de-Sauves 86 ... 168 D 3
Saint-Jean-de-Savigny 50 ... 32 B 4
Saint-Jean-de-Serres 30 ... 283 H 5
Saint-Jean-de-Sixt 74 ... 216 A 3
Saint-Jean-de-Soudain 38 ... 232 B 2
Saint-Jean-de-Tholome 74 ... 216 A 1
Saint-Jean-de-Thouars 79 ... 168 A 2
Saint-Jean-de-Thurac 47 ... 276 C 3
Saint-Jean-de-Thurigneux 01 ... 213 E 3
Saint-Jean-de-Touslas 69 ... 230 D 2
Saint-Jean-de-Trézy 71 ... 177 F 3
Saint-Jean-de-Valériscle 30 ... 283 H 2
Saint-Jean-de-Vals 81 ... 299 G 4
Saint-Jean-de-Vaulx 38 ... 251 E 3
Saint-Jean-de-Vaux 71 ... 177 G 4
Saint-Jean-de-Védas 34 ... 302 D 5
Saint-Jean-de-Verges 09 ... 336 B 2
Saint-Jean-Delnous 12 ... 280 C 5
Saint-Jean-des-Baisants 50 ... 32 C 5
Saint-Jean-des-Bois 61 ... 52 D 4
Saint-Jean-des-Champs 50 ... 51 G 3
Saint-Jean-des-Échelles 72 ... 108 D 3
Saint-Jean-des-Essartiers 14 ... 52 D 1
Saint-Jean-des-Mauvrets 49 ... 149 H 2
Saint-Jean-des-Ollières 63 ... 228 B 2
Saint-Jean-des-Vignes 69 ... 212 D 4
Saint-Jean-d'Estissac 24 ... 239 H 4
Saint-Jean-d'Étreux 39 ... 196 A 3
Saint-Jean-devant-Possesse 51 ... 63 E 3
Saint-Jean-d'Eyraud 24 ... 239 H 4
Saint-Jean-d'Hérans 38 ... 251 E 5
Saint-Jean-d'Heurs 63 ... 210 B 5
Saint-Jean-d'Illac 33 ... 255 E 1
Saint-Jean-d'Ormont 88 ... 96 B 4
Saint-Jean-du-Bois 72 ... 129 G 2
Saint-Jean-du-Bouzet 82 ... 276 D 5
Saint-Jean-du-Bruel 12 ... 282 B 5
Saint-Jean-du-Cardonnay 76 ... 36 A 1
Saint-Jean-du-Castillonnais 09 ... 334 D 3
Saint-Jean-du-Corail 50 ... 52 C 5
Saint-Jean-du-Corail-des-Bois 50 ... 52 A 4
Saint-Jean-du-Doigt 29 ... 72 A 3
Saint-Jean-du-Falga 09 ... 336 B 1
Saint-Jean-du-Gard 30 ... 283 F 4
Saint-Jean-du-Marché 88 ... 119 H 2
Saint-Jean-du-Pin 30 ... 283 G 4
Saint-Jean-du-Thenney 27 ... 55 E 1
Saint-Jean-en-Royans 26 ... 250 A 3
Saint-Jean-en-Val 63 ... 228 B 3
Saint-Jean-et-Saint-Paul 12 ... 301 E 1
Saint-Jean-Froidmentel 41 ... 109 H 5
Saint-Jean-Kerdaniel 22 ... 73 F 5
Saint-Jean-Kourtzerode 57 ... 67 H 4
Saint-Jean-la-Bussière 69 ... 212 A 3
Saint-Jean-la-Fouillouse 48 ... 264 D 2
Saint-Jean-la-Poterie 56 ... 125 G 4
Saint-Jean-la-Rivière 06 ... 291 E 4
Saint-Jean-la-Vêtre 42 ... 211 E 5
Saint-Jean-Lachalm 43 ... 247 E 4
Saint-Jean-Lagineste 46 ... 261 E 1
Saint-Jean-Lasseille 66 ... 343 E 3
Saint-Jean-le-Blanc 14 ... 53 E 2
Saint-Jean-le-Blanc 45 ... 133 F 2
Saint-Jean-le-Centenier 07 ... 266 C 3
Saint-Jean-le-Comtal 32 ... 296 A 5
Saint-Jean-le-Priche 71 ... 195 E 4
Saint-Jean-le-Thomas 50 ... 51 F 4
Saint-Jean-le-Vieux 01 ... 214 A 2
Saint-Jean-le-Vieux 38 ... 251 F 1
Saint-Jean-le-Vieux 64 ... 330 C 1
Saint-Jean-lès-Buzy 55 ... 44 D 5
Saint-Jean-les-Deux-Jumeaux 77 ... 59 H 2
Saint-Jean-lès-Longuyon 54 ... 44 B 2
Saint-Jean-Lespinasse 46 ... 261 E 1
Saint-Jean-Lherm 31 ... 298 B 3
Saint-Jean-Ligoure 87 ... 223 H 1
Saint-Jean-Mirabel 46 ... 261 G 3
Saint-Jean-Pied-de-Port 64 ... 330 C 1
Saint-Jean-Pierre-Fixte 28 ... 85 E 5
Saint-Jean-Pla-de-Corts 66 ... 343 E 4
Saint-Jean-Poudge 64 ... 294 C 5
Saint-Jean-Poutge 32 ... 295 H 3
Saint-Jean-Rohrbach 57 ... 67 F 1
Saint-Jean-Roure 07 ... 248 B 4
Saint-Jean-Saint-Germain 37 ... 170 C 1
Saint-Jean-Saint-Gervais 63 ... 228 B 4
Saint-Jean-Saint-Maurice-sur-Loire 42 ... 211 G 3
Saint-Jean-Saint-Nicolas 05 ... 270 A 2
Saint-Jean-Saverne 67 ... 68 B 4
Saint-Jean-Soleymieux 42 ... 229 G 3
Saint-Jean-sur-Couesnon 35 ... 80 D 5
Saint-Jean-sur-Erve 53 ... 106 C 4
Saint-Jean-sur-Mayenne 53 ... 106 A 3
Saint-Jean-sur-Moivre 51 ... 62 C 2
Saint-Jean-sur-Reyssouze 01 ... 195 G 3
Saint-Jean-sur-Tourbe 51 ... 42 D 5
Saint-Jean-sur-Veyle 01 ... 195 F 5
Saint-Jean-sur-Vilaine 35 ... 104 D 3
Saint-Jean-Trolimon 29 ... 99 F 4
Saint-Jeannet 04 ... 287 H 5
Saint-Jeannet 06 ... 309 F 2
Saint-Jeanvrin 18 ... 190 A 1
Saint-Jeoire 74 ... 216 B 1
Saint-Jeoire-Prieuré 73 ... 233 F 2
Saint-Jeure-d'Andaure 07 ... 248 B 3
Saint-Jeure-d'Ay 07 ... 248 D 2
Saint-Jeures 43 ... 247 H 3
Saint-Joachim 44 ... 146 B 2
Saint-Jodard 42 ... 211 H 4
Saint-Joire 55 ... 93 F 2
Saint-Jores 50 ... 31 G 3
Saint-Jorioz 74 ... 215 G 4
Saint-Jory 31 ... 297 H 3
Saint-Jory-de-Chalais 24 ... 222 D 3
Saint-Jory-las-Bloux 24 ... 223 E 5
Saint-Joseph 50 ... 29 F 4
Saint-Joseph 42 ... 230 D 3
Saint-Joseph-de-Rivière 38 ... 232 D 4
Saint-Joseph-des-Bancs 07 ... 266 B 2
Saint-Josse 62 ... 6 B 4
Saint-Jouan-de-l'Isle 22 ... 103 F 1
Saint-Jouan-des-Guérets 35 ... 50 C 5
Saint-Jouin 14 ... 34 B 4
Saint-Jouin-Bruneval 76 ... 18 C 4
Saint-Jouin-de-Blavou 61 ... 84 B 4
Saint-Jouin-de-Marnes 79 ... 168 B 3
Saint-Jouin-de-Milly 79 ... 167 F 4
Saint-Jouvent 87 ... 205 G 3
Saint-Juan 25 ... 162 C 3
Saint-Judoce 22 ... 79 H 5
Saint-Juéry 48 ... 263 H 1
Saint-Juéry 81 ... 299 G 1
Saint-Juéry 12 ... 300 C 1
Saint-Juire-Champgillon 85 ... 183 G 1
Saint-Julia 31 ... 318 D 3
Saint-Julia-de-Bec 11 ... 337 C 4
Saint-Julien 22 ... 78 B 3
Saint-Julien 88 ... 118 B 4
Saint-Julien 56 ... 123 H 5
Saint-Julien 70 ... 140 B 3
Saint-Julien 21 ... 160 B 2
Saint-Julien 39 ... 196 B 3
Saint-Julien 69 ... 212 D 2
Saint-Julien 34 ... 301 E 5
Saint-Julien-aux-Bois 19 ... 243 G 3
Saint-Julien-Beychevelle 33 ... 237 F 2
Saint-Julien-Boutières 07 ... 248 B 4
Saint-Julien-Chapteuil 43 ... 247 G 4
Saint-Julien-d'Ance 43 ... 247 F 1
Saint-Julien-d'Armagnac 40 ... 274 C 5
Saint-Julien-d'Arpaon 48 ... 282 D 2
Saint-Julien-d'Asse 04 ... 287 H 5
Saint-Julien-de-Bourdeilles 24 ... 222 B 5
Saint-Julien-de-Briola 11 ... 319 E 5
Saint-Julien-de-Cassagnas 30 ... 284 A 3
Saint-Julien-de-Chédon 41 ... 152 D 3
Saint-Julien-de-Civry 71 ... 193 H 4
Saint-Julien-de-Concelles 44 ... 148 A 3
Saint-Julien-de-Coppel 63 ... 228 A 1
Saint-Julien-de-Crempse 24 ... 239 H 4
Saint-Julien-de-Gras-Capou 09 ... 336 D 2
Saint-Julien-de-Jonzy 71 ... 193 H 5
Saint-Julien-de-Jordanne 15 ... 244 D 3
Saint-Julien-de-la-Liègue 27 ... 36 C 5
Saint-Julien-de-la-Nef 30 ... 283 E 5
Saint-Julien-de-Lampon 24 ... 259 H 1
Saint-Julien-de-l'Escap 17 ... 201 H 3
Saint-Julien-de-l'Herms 38 ... 231 G 4
Saint-Julien-de-Mailloc 14 ... 34 D 5
Saint-Julien-de-Peyrolas 30 ... 284 D 2
Saint-Julien-de-Raz 38 ... 232 D 5
Saint-Julien-de-Toursac 15 ... 261 H 2
Saint-Julien-de-Vouvantes 44 ... 127 F 4
Saint-Julien-des-Chazes 43 ... 246 D 3
Saint-Julien-des-Landes 85 ... 165 F 5
Saint-Julien-des-Points 48 ... 283 G 2
Saint-Julien-d'Eymet 24 ... 257 H 2
Saint-Julien-d'Oddes 42 ... 211 G 4
Saint-Julien-du-Gua 07 ... 266 B 1
Saint-Julien-du-Pinet 43 ... 247 G 2
Saint-Julien-du-Puy 81 ... 299 F 3
Saint-Julien-du-Sault 89 ... 113 G 4
Saint-Julien-du-Serre 07 ... 266 B 3
Saint-Julien-du-Terroux 53 ... 82 C 3
Saint-Julien-du-Tournel 48 ... 264 D 5
Saint-Julien-du-Verdon 04 ... 288 D 5
Saint-Julien-en-Beauchêne 05 ... 269 E 3
Saint-Julien-en-Born 40 ... 272 B 4
Saint-Julien-en-Champsaur 05 ... 269 H 2
Saint-Julien-en-Genevois 74 ... 215 G 1
Saint-Julien-en-Jarez 42 ... 230 C 4
Saint-Julien-en-Quint 26 ... 250 A 5
Saint-Julien-en-Saint-Alban 07 ... 266 D 2
Saint-Julien-en-Vercors 26 ... 250 B 3
Saint-Julien-Gaulène 81 ... 280 B 5
Saint-Julien-la-Geneste 63 ... 209 E 2
Saint-Julien-la-Genête 23 ... 208 C 1
Saint-Julien-la-Vêtre 42 ... 211 E 5
Saint-Julien-Labrousse 07 ... 248 C 5
Saint-Julien-l'Ars 86 ... 186 D 2
Saint-Julien-le-Châtel 23 ... 207 H 2
Saint-Julien-le-Faucon 14 ... 54 B 1
Saint-Julien-le-Montagnier 83 ... 307 E 3
Saint-Julien-le-Pèlerin 19 ... 243 G 4
Saint-Julien-le-Petit 87 ... 206 D 5
Saint-Julien-le-Roux 07 ... 248 D 5
Saint-Julien-le-Vendômois 19 ... 223 H 4
Saint-Julien-lès-Gorze 54 ... 65 F 2
Saint-Julien-lès-Metz 57 ... 45 H 5
Saint-Julien-lès-Montbéliard 25 ... 142 B 4
Saint-Julien-les-Rosiers 30 ... 283 H 3
Saint-Julien-lès-Russey 25 ... 163 F 4
Saint-Julien-les-Villas 10 ... 91 E 5
Saint-Julien-Maumont 19 ... 242 D 4
Saint-Julien-Molhesabate 43 ... 248 B 2
Saint-Julien-Molin-Molette 42 ... 230 D 5
Saint-Julien-Mont-Denis 73 ... 234 B 5
Saint-Julien-près-Bort 19 ... 226 B 4
Saint-Julien-Puy-Lavèze 63 ... 226 D 2
Saint-Julien-sous-les-Côtes 55 ... 64 D 4
Saint-Julien-sur-Bibost 69 ... 212 C 5
Saint-Julien-sur-Calonne 14 ... 34 C 3
Saint-Julien-sur-Cher 41 ... 153 H 4
Saint-Julien-sur-Dheune 71 ... 177 F 4
Saint-Julien-sur-Garonne 31 ... 317 F 5
Saint-Julien-sur-Reyssouze 01 ... 195 G 3
Saint-Julien-sur-Sarthe 61 ... 84 A 3
Saint-Julien-sur-Veyle 01 ... 195 F 5
Saint-Julien-Vocance 07 ... 248 C 2
Saint-Junien 87 ... 205 E 4
Saint-Junien-la-Bregère 23 ... 206 D 4
Saint-Junien-les-Combes 87 ... 205 F 2
Saint-Jure 57 ... 65 H 3
Saint-Jurs 04 ... 307 G 1
Saint-Just 27 ... 36 D 5
Saint-Just 35 ... 126 A 2
Saint-Just 18 ... 173 F 2
Saint-Just 01 ... 195 H 5
Saint-Just 24 ... 221 H 5
Saint-Just 63 ... 229 E 4
Saint-Just 15 ... 246 A 5
Saint-Just 07 ... 284 D 2
Saint-Just 34 ... 303 F 4
Saint-Just-Chaleyssin 38 ... 231 G 2
Saint-Just-d'Avray 69 ... 212 B 3
Saint-Just-de-Bélengard 11 ... 337 A 1
Saint-Just-de-Claix 38 ... 250 A 3
Saint-Just-en-Bas 42 ... 229 F 1
Saint-Just-en-Brie 77 ... 89 E 2
Saint-Just-en-Chaussée 60 ... 38 C 1
Saint-Just-en-Chevalet 42 ... 211 E 4
Saint-Just-et-le-Bézu 11 ... 337 C 4
Saint-Just-et-Vacquières 30 ... 284 A 4
Saint-Just-Ibarre 64 ... 330 D 1
Saint-Just-la-Pendue 42 ... 212 A 4
Saint-Just-le-Martel 87 ... 205 H 4
Saint-Just-Luzac 17 ... 200 D 5
Saint-Just-Malmont 43 ... 230 A 5
Saint-Just-près-Brioude 43 ... 246 B 1
Saint-Just-Saint-Rambert 42 ... 230 A 3
Saint-Just-Sauvage 51 ... 90 B 2
Saint-Just-sur-Dive 49 ... 150 B 5
Saint-Just-sur-Viaur 12 ... 280 B 4
Saint-Justin 40 ... 274 B 5
Saint-Justin 32 ... 315 F 3
Saint-Juvat 22 ... 79 G 5
Saint-Juvin 08 ... 43 F 3
Saint-Lactencin 36 ... 171 F 3
Saint-Lager 69 ... 212 D 1
Saint-Lager-Bressac 07 ... 267 E 2
Saint-Lamain 39 ... 179 F 4
Saint-Lambert 14 ... 53 F 2
Saint-Lambert 78 ... 57 H 5
Saint-Lambert-des-Levées 49 ... 150 B 3
Saint-Lambert-du-Lattay 49 ... 149 F 3
Saint-Lambert-et-Mont-de-Jeux 08 ... 42 C 1
Saint-Lambert-la-Potherie 49 ... 149 F 1
Saint-Lambert-sur-Dive 61 ... 54 B 3
Saint-Langis-lès-Mortagne 61 ... 84 B 3
Saint-Lanne 65 ... 294 D 4
Saint-Laon 86 ... 168 C 2
Saint-Lary 32 ... 296 A 3
Saint-Lary 09 ... 334 D 3
Saint-Lary-Boujean 31 ... 316 C 5
Saint-Lary-Soulan 65 ... 333 G 4
Saint-Lattier 38 ... 249 H 3
Saint-Launeuc 22 ... 103 E 1
Saint-Laure 63 ... 210 A 4
Saint-Laurent 08 ... 26 D 3
Saint-Laurent 22 ... 73 E 4
Saint-Laurent 18 ... 154 D 4
Saint-Laurent 23 ... 207 F 1
Saint-Laurent 74 ... 216 A 2
Saint-Laurent 47 ... 275 G 2
Saint-Laurent 31 ... 316 C 5
Saint-Laurent-Blangy 62 ... 13 G 2
Saint-Laurent-Bretagne 64 ... 314 C 4
Saint-Laurent-Chabreuges 43 ... 246 B 1
Saint-Laurent-d'Agny 69 ... 230 D 2
Saint-Laurent-d'Aigouze 30 ... 303 G 4
Saint-Laurent-d'Andenay 71 ... 177 E 4
Saint-Laurent-d'Arce 33 ... 237 H 3
Saint-Laurent-de-Belzagot 16 ... 221 E 4
Saint-Laurent-de-Brèvedent 76 ... 18 D 5
Saint-Laurent-de-Carnols 30 ... 284 C 3
Saint-Laurent-de-Cerdans 66 ... 342 C 5
Saint-Laurent-de-Céris 16 ... 203 H 3
Saint-Laurent-de-Chamousset 69 ... 230 B 1
Saint-Laurent-de-Cognac 16 ... 219 H 1
Saint-Laurent-de-Condel 14 ... 53 G 1
Saint-Laurent-de-Cuves 50 ... 52 A 4
Saint-Laurent-de-Gosse 40 ... 292 C 5
Saint-Laurent-de-Jourdes 86 ... 186 D 3
Saint-Laurent-de-la-Barrière 17 ... 201 F 2
Saint-Laurent-de-la-Cabrerisse 11 ... 338 C 1
Saint-Laurent-de-la-Côte 73 ... 234 B 3
Saint-Laurent-de-la-Mer 22 ... 73 H 5
Saint-Laurent-de-la-Plaine 49 ... 149 E 3
Saint-Laurent-de-la-Prée 17 ... 200 D 3
Saint-Laurent-de-la-Salanque 66 ... 339 E 5
Saint-Laurent-de-la-Salle 85 ... 183 H 1
Saint-Laurent-de-Lévézou 12 ... 281 G 3
Saint-Laurent-de-Lin 37 ... 151 E 1
Saint-Laurent-de-Mure 69 ... 231 G 1
Saint-Laurent-de-Muret 48 ... 264 A 3
Saint-Laurent-de-Neste 65 ... 334 A 1
Saint-Laurent-de-Terregatte 50 ... 81 E 2
Saint-Laurent-de-Trèves 48 ... 282 D 2
Saint-Laurent-de-Vaux 69 ... 230 D 1
Saint-Laurent-de-Veyrès 48 ... 263 H 2
Saint-Laurent-des-Arbres 30 ... 285 E 4
Saint-Laurent-des-Autels 49 ... 148 B 3
Saint-Laurent-des-Bâtons 24 ... 240 C 4
Saint-Laurent-des-Bois 27 ... 56 C 3
Saint-Laurent-des-Bois 41 ... 132 B 2
Saint-Laurent-des-Combes 16 ... 221 E 5
Saint-Laurent-des-Combes 33 ... 238 C 5
Saint-Laurent-des-Hommes 24 ... 239 F 3
Saint-Laurent-des-Mortiers 53 ... 128 C 3
Saint-Laurent-des-Vignes 24 ... 257 H 1
Saint-Laurent-d'Oingt 69 ... 212 C 3
Saint-Laurent-d'Olt 12 ... 263 H 5
Saint-Laurent-d'Onay 26 ... 249 G 2
Saint-Laurent-du-Bois 33 ... 256 C 3
Saint-Laurent-du-Cros 05 ... 269 H 2
Saint-Laurent-du-Mont 14 ... 34 B 5
Saint-Laurent-du-Mottay 49 ... 148 D 2
Saint-Laurent-du-Pape 07 ... 267 E 1
Saint-Laurent-du-Plan 33 ... 256 C 3
Saint-Laurent-du-Pont 38 ... 232 D 4
Saint-Laurent-du-Tencement 27 ... 55 E 3
Saint-Laurent-du-Var 06 ... 309 G 3
Saint-Laurent-du-Verdon 04 ... 307 F 3
Saint-Laurent-en-Beaumont 38 ... 251 F 5
Saint-Laurent-en-Brionnais 71 ... 194 A 5
Saint-Laurent-en-Caux 76 ... 19 H 3
Saint-Laurent-en-Gâtines 37 ... 131 E 5
Saint-Laurent-en-Grandvaux 39 ... 197 E 1
Saint-Laurent-en-Royans 26 ... 250 A 3
Saint-Laurent-la-Conche 42 ... 229 H 1
Saint-Laurent-la-Gâtine 28 ... 57 E 5
Saint-Laurent-la-Roche 39 ... 196 B 1
Saint-Laurent-la-Vallée 24 ... 259 F 2
Saint-Laurent-la-Vernède 30 ... 284 C 4
Saint-Laurent-l'Abbaye 58 ... 156 B 3
Saint-Laurent-le-Minier 30 ... 302 B 1
Saint-Laurent-les-Bains 07 ... 265 G 3
Saint-Laurent-les-Églises 87 ... 206 B 3
Saint-Laurent-les-Tours 46 ... 243 E 5
Saint-Laurent-Lolmie 46 ... 277 G 2
Saint-Laurent-Médoc 33 ... 237 E 2
Saint-Laurent-Nouan 41 ... 132 C 4
Saint-Laurent-Rochefort 42 ... 211 F 5
Saint-Laurent-sous-Coiron 07 ... 266 C 3
Saint-Laurent-sur-Gorre 87 ... 205 E 5

Saint-Laurent-sur-Manoire 24 ..... 240 D 2
Saint-Laurent-sur-Mer 14 ..... 32 C 2
Saint-Laurent-sur-Othain 55 ..... 44 C 3
Saint-Laurent-sur-Oust 56 ..... 125 F 2
Saint-Laurent-sur-Saône 01 ..... 195 E 4
Saint-Laurent-sur-Sèvre 85 ..... 166 D 2
Saint-Laurs 79 ..... 184 C 2
Saint-Léger 62 ..... 13 G 3
Saint-Léger 50 ..... 51 G 3
Saint-Léger 77 ..... 60 A 3
Saint-Léger 53 ..... 106 C 3
Saint-Léger 17 ..... 219 G 2
Saint-Léger 16 ..... 221 E 4
Saint-Léger 73 ..... 234 A 3
Saint-Léger 47 ..... 275 G 2
Saint-Léger 06 ..... 289 F 4
Saint-Léger *Pont de* 06 ..... 289 F 4
Saint-Léger-aux-Bois 76 ..... 21 E 2
Saint-Léger-aux-Bois 60 ..... 39 G 1
Saint-Léger-Bridereix 23 ..... 188 D 5
Saint-Léger-de-Balson 33 ..... 255 G 5
Saint-Léger-de-Fougeret 58 ..... 176 A 1
Saint-Léger-de-la-Martinière 79 ..... 185 G 5
Saint-Léger-de-Montbrillais 86 ..... 168 C 1
Saint-Léger-de-Montbrun 79 ..... 168 B 2
Saint-Léger-de-Peyre 48 ..... 264 A 4
Saint-Léger-de-Rôtes 27 ..... 35 F 5
Saint-Léger-des-Aubées 28 ..... 86 C 4
Saint-Léger-des-Bois 49 ..... 149 F 1
Saint-Léger-des-Prés 35 ..... 80 B 4
Saint-Léger-des-Vignes 58 ..... 175 E 4
Saint-Léger-du-Bois 71 ..... 177 E 1
Saint-Léger-du-Bourg-Denis 76 ..... 36 B 2
Saint-Léger-du-Gennetey 27 ..... 35 G 3
Saint-Léger-du-Malzieu 48 ..... 246 A 5
Saint-Léger-du-Ventoux 84 ..... 286 A 2
Saint-Léger-Dubosq 14 ..... 34 A 4
Saint-Léger-en-Bray 60 ..... 37 H 2
Saint-Léger-en-Yvelines 78 ..... 57 G 5
Saint-Léger-la-Montagne 87 ..... 206 B 3
Saint-Léger-le-Guérétois 23 ..... 207 E 1
Saint-Léger-le-Petit 18 ..... 156 B 5
Saint-Léger-lès-Authie 80 ..... 13 E 4
Saint-Léger-lès-Domart 80 ..... 12 B 5
Saint-Léger-les-Mélèzes 05 ..... 269 H 2
Saint-Léger lès-Paray 71 ..... 193 G 2
Saint-Léger-les-Vignes 44 ..... 147 F 5
Saint-Léger-Magnazeix 87 ..... 188 A 5
Saint-Léger-près-Troyes 10 ..... 115 E 2
Saint-Léger-sous-Beuvray 71 ..... 176 B 3
Saint-Léger-sous-Brienne 10 ..... 91 H 4
Saint-Léger-sous-Cholet 49 ..... 148 D 5
Saint-Léger-sous-la-Bussière 71 ..... 194 C 4
Saint-Léger-sous-Margerie 10 ..... 91 H 3
Saint-Léger-sur-Bonneville 14 ..... 34 D 3
Saint-Léger-sur-Bresle 80 ..... 21 F 2
Saint-Léger-sur-Dheune 71 ..... 177 F 3
Saint-Léger-sur-Roanne 42 ..... 211 G 2
Saint-Léger-sur-Sarthe 61 ..... 84 A 3
Saint-Léger-sur-Vouzance 03 ..... 193 F 3
Saint-Léger-Triey 21 ..... 160 D 3
Saint-Léger-Vauban 89 ..... 158 B 2
Saint-Léomer 86 ..... 187 G 3
Saint-Léon 03 ..... 192 D 3
Saint-Léon 33 ..... 256 B 1
Saint-Léon 47 ..... 275 F 2
Saint-Léon 31 ..... 318 A 4
Saint-Léon-d'Issigeac 24 ..... 258 C 2
Saint-Léon-sur-l'Isle 24 ..... 239 H 3
Saint-Léon-sur-Vézère 24 ..... 241 F 4
Saint-Léonard 62 ..... 6 B 2
Saint-Léonard 76 ..... 18 D 3
Saint-Léonard 51 ..... 41 H 4
Saint-Léonard 88 ..... 96 B 5
Saint-Léonard 32 ..... 296 C 2
Saint-Léonard-de-Noblat 87 ..... 206 B 5
Saint-Léonard-des-Bois 72 ..... 83 F 4
Saint-Léonard-des-Parcs 61 ..... 54 D 5
Saint-Léonard-en-Beauce 41 ..... 132 B 3
Saint-Léons 12 ..... 281 G 3
Saint-Léopardin-d'Augy 03 ..... 174 C 5
Saint-Léry 56 ..... 103 F 3
Saint-Leu-d'Esserent 60 ..... 38 C 4
Saint-Leu-la-Forêt 95 ..... 58 B 1
Saint-Lézer 65 ..... 315 E 4
Saint-Lézin 49 ..... 149 E 4
Saint-Lieux-Lafenasse 81 ..... 299 G 3
Saint-Lieux-lès-Lavaur 81 ..... 298 C 3
Saint-Liguaire 79 ..... 184 D 4
Saint-Lin 79 ..... 185 F 2
Saint-Lions 04 ..... 288 B 4
Saint-Lizier 09 ..... 335 F 2
Saint-Lizier-du-Planté 32 ..... 317 E 4
Saint-Lô 50 ..... 32 B 5
Saint-Lô-d'Ourville 50 ..... 31 F 2
Saint-Lon-les-Mines 40 ..... 292 D 4
Saint-Longis 72 ..... 84 A 5
Saint-Lormel 22 ..... 79 F 3
Saint-Lothain 39 ..... 179 F 3
Saint-Loube 32 ..... 317 E 3
Saint-Loubert 33 ..... 256 C 4
Saint-Loubès 33 ..... 237 H 5
Saint-Loubouer 40 ..... 294 A 3
Saint-Louet-sur-Seulles 14 ..... 33 E 5
Saint-Louet-sur-Vire 50 ..... 52 B 1
Saint-Louis 57 ..... 67 H 5
Saint-Louis 68 ..... 143 H 3
Saint-Louis-de-Montferrand 33 ..... 237 G 4
Saint-Louis-en-l'Isle 24 ..... 239 G 3
Saint-Louis-et-Parahou 11 ..... 337 D 4
Saint-Louis-lès-Bitche 57 ..... 68 A 2
Saint-Loup 50 ..... 51 H 5
Saint-Loup 51 ..... 61 F 4
Saint-Loup 58 ..... 156 B 2
Saint-Loup 39 ..... 178 C 1
Saint-Loup 03 ..... 192 B 4
Saint-Loup 17 ..... 201 G 3
Saint-Loup 23 ..... 207 H 1
Saint-Loup 69 ..... 212 B 4
Saint-Loup 82 ..... 276 D 4
Saint-Loup *Pic* 34 ..... 302 D 3
Saint-Loup-Cammas 31 ..... 298 A 4
Saint-Loup-de-Buffigny 10 ..... 90 A 4
Saint-Loup-de-Fribois 14 ..... 34 B 5
Saint-Loup-de-Gonois 45 ..... 112 D 4
Saint-Loup-de-Naud 77 ..... 89 F 3
Saint-Loup-de-Varennes 71 ..... 177 H 5
Saint-Loup-des-Chaumes 18 ..... 173 E 4
Saint-Loup-des-Vignes 45 ..... 111 H 4
Saint-Loup-d'Ordon 89 ..... 113 F 4
Saint-Loup-du-Dorat 53 ..... 128 D 2
Saint-Loup-du-Gast 53 ..... 82 B 4
Saint-Loup-en-Champagne 08 ..... 41 H 1
Saint-Loup-en-Comminges 31 ..... 316 A 5
Saint-Loup-Géanges 71 ..... 177 H 2
Saint-Loup-Hors 14 ..... 33 E 3
Saint-Loup-Lamairé 79 ..... 168 B 4
Saint-Loup-Nantouard 70 ..... 161 F 2
Saint-Loup-sur-Aujon 52 ..... 139 E 2
Saint-Loup-sur-Cher 41 ..... 154 A 4
Saint-Loup-sur-Semouse 70 ..... 119 E 5
Saint-Loup-Terrier 08 ..... 26 C 5
Saint-Loyer-des-Champs 61 ..... 54 B 5
Saint-Lubin-de-Cravant 28 ..... 56 B 5
Saint-Lubin-de-la-Haye 28 ..... 57 E 4
Saint-Lubin-des-Joncherets 28 ..... 56 B 4
Saint-Lubin-en-Vergonnois 41 ..... 131 H 5
Saint-Luc 27 ..... 56 C 2
Saint-Lucien 76 ..... 36 D 1
Saint-Lucien 28 ..... 57 E 5
Saint-Lumier-en-Champagne 51 ..... 62 D 4
Saint-Lumier-la-Populeuse 51 ..... 63 E 4
Saint-Lumine-de-Clisson 44 ..... 148 A 5
Saint-Lumine-de-Coutais 44 ..... 147 F 5
Saint-Lunaire 35 ..... 50 B 5
Saint-Luperce 28 ..... 85 H 4
Saint-Lupicin 39 ..... 196 D 3
Saint-Lupien 10 ..... 90 B 5
Saint-Lyé 10 ..... 90 D 5
Saint-Lyé-la-Forêt 45 ..... 111 E 4
Saint-Lyphard 44 ..... 146 B 1
Saint-Lys 31 ..... 317 F 3
Saint-Macaire 33 ..... 256 B 4
Saint-Macaire-du-Bois 49 ..... 150 A 5
Saint-Macaire-en-Mauges 49 ..... 148 C 5
Saint-Maclou 27 ..... 35 E 2
Saint-Maclou-de-Folleville 76 ..... 20 B 4
Saint-Maclou-la-Brière 76 ..... 19 E 4
Saint-Macoux 86 ..... 203 F 1
Saint-Maden 22 ..... 79 G 5
Saint-Magne 33 ..... 255 F 4
Saint-Magne-de-Castillon 33 ..... 238 D 5
Saint-Maigner 63 ..... 208 D 2
Saint-Maigrin 17 ..... 220 B 4
Saint-Maime 04 ..... 306 D 1
Saint-Maime-de-Péreyrol 24 ..... 240 B 4
Saint-Maixant 23 ..... 207 H 3
Saint-Maixant 33 ..... 256 B 3
Saint-Maixent 72 ..... 108 C 4
Saint-Maixent-de-Beugné 79 ..... 184 C 2
Saint-Maixent-l'École 79 ..... 185 F 3
Saint-Maixent-sur-Vie 85 ..... 165 E 4
Saint-Maixme-Hauterive 28 ..... 85 G 2
Saint-Malo 35 ..... 50 C 5
Saint-Malo-de-Beignon 56 ..... 103 F 4
Saint-Malo-de-Guersac 44 ..... 146 C 2
Saint-Malo-de-la-Lande 50 ..... 31 F 5
Saint-Malo-de-Phily 35 ..... 104 A 5
Saint-Malo-des-Trois-Fontaines 56 ..... 102 D 3
Saint-Malô-du-Bois 85 ..... 166 D 2
Saint-Malo-en-Donziois 58 ..... 156 D 3
Saint-Malon-sur-Mel 35 ..... 103 G 3
Saint-Mamert 69 ..... 194 C 5
Saint-Mamert 38 ..... 231 F 4
Saint-Mamert-du-Gard 30 ..... 303 G 1
Saint-Mamet 31 ..... 334 B 5
Saint-Mamet-la-Salvetat 15 ..... 261 H 1
Saint-Mammès 77 ..... 88 C 4
Saint-Mandé 94 ..... 58 C 3
Saint Mandé-sur-Brédoire 17 ..... 202 B 2
Saint-Mandrier-sur-Mer 83 ..... 328 A 5
Saint-Manvieu-Bocage 14 ..... 52 B 3
Saint-Manvieu-Norrey 14 ..... 33 F 4
Saint-Marc 44 ..... 146 B 3
Saint-Marc 15 ..... 245 H 5
Saint-Marc-à-Frongier 23 ..... 207 G 4
Saint-Marc-à-Loubaud 23 ..... 207 F 5
Saint-Marc-du-Cor 41 ..... 109 E 5
Saint-Marc-Jaumegarde 13 ..... 306 B 5
Saint-Marc-la-Lande 79 ..... 185 E 2
Saint-Marc-le-Blanc 35 ..... 80 D 4
Saint-Marc-sur-Couesnon 35 ..... 80 D 5
Saint-Marc-sur-Seine 21 ..... 138 B 4
Saint-Marcan 35 ..... 51 E 5
Saint-Marceau 08 ..... 26 D 3
Saint-Marceau 72 ..... 107 G 2
Saint-Marcel 08 ..... 26 C 3
Saint-Marcel 27 ..... 36 D 5
Saint-Marcel 54 ..... 65 F 1
Saint-Marcel 56 ..... 125 E 2
Saint-Marcel 70 ..... 140 C 2
Saint-Marcel 71 ..... 177 H 4
Saint-Marcel 36 ..... 188 C 1
Saint-Marcel 73 ..... 234 C 2
Saint-Marcel 81 ..... 279 F 4
Saint-Marcel-Bel-Accueil 38 ..... 231 H 1
Saint-Marcel-d'Ardèche 07 ..... 284 D 1
Saint-Marcel-de-Careiret 30 ..... 284 C 3
Saint-Marcel-de-Félines 42 ..... 211 H 4
Saint-Marcel-du-Périgord 24 ..... 240 C 5
Saint-Marcel-d'Urfé 42 ..... 211 F 4
Saint-Marcel-en-Dombes 01 ..... 213 F 3
Saint-Marcel-en-Marcillat 03 ..... 208 D 1
Saint-Marcel-en-Murat 03 ..... 191 G 4
Saint-Marcel-l'Éclairé 69 ..... 212 B 4
Saint-Marcel-lès-Annonay 07 ..... 248 D 1
Saint-Marcel-lès-Sauzet 26 ..... 267 E 3
Saint-Marcel-lès-Valence 26 ..... 249 F 4
Saint-Marcel-Paulel 31 ..... 298 B 4
Saint-Marcel-sur-Aude 11 ..... 321 E 5
Saint-Marcelin-de-Cray 71 ..... 194 C 1
Saint-Marcellin 38 ..... 250 A 2
Saint-Marcellin-de-Vars 05 ..... 270 D 2
Saint-Marcellin-en-Forez 42 ..... 229 H 3
Saint-Marcellin-lès-Vaison 84 ..... 285 H 2
Saint-Marcet 31 ..... 316 C 5
Saint-Marcory 24 ..... 259 E 2
Saint-Marcouf 50 ..... 29 G 5
Saint-Marcouf 14 ..... 32 C 3
Saint-Mard 80 ..... 23 F 4
Saint-Mard 02 ..... 40 D 2
Saint-Mard 77 ..... 59 E 1
Saint-Mard 54 ..... 95 E 2
Saint-Mard 17 ..... 201 F 2
Saint-Mard-de-Réno 61 ..... 84 C 3
Saint-Mard-de-Vaux 71 ..... 177 G 4
Saint-Mard-lès-Rouffy 51 ..... 61 H 2
Saint-Mard-sur-Auve 51 ..... 62 D 1
Saint-Mard-sur-le-Mont 51 ..... 63 E 2
Saint-Mards 76 ..... 20 A 3
Saint-Mards-de-Blacarville 27 ..... 35 E 2
Saint-Mards-de-Fresne 27 ..... 55 E 1
Saint-Mards-en-Othe 10 ..... 114 C 3
Saint-Marien 23 ..... 190 A 3
Saint-Mariens 33 ..... 237 H 2
Saint-Mars-de-Coutais 44 ..... 147 F 5
Saint-Mars-de-Locquenay 72 ..... 108 B 5
Saint-Mars-d'Égrenne 61 ..... 82 A 2
Saint-Mars-d'Outillé 72 ..... 130 B 2
Saint-Mars-du-Désert 53 ..... 83 E 5
Saint-Mars-du-Désert 44 ..... 147 H 2
Saint-Mars-en-Brie 77 ..... 60 B 4
Saint-Mars-la-Brière 72 ..... 108 A 4
Saint-Mars-la-Jaille 44 ..... 127 F 5
Saint-Mars-la-Réorthe 85 ..... 166 D 3
Saint-Mars-sous-Ballon 72 ..... 107 H 3
Saint-Mars-sur-Colmont 53 ..... 82 A 4
Saint-Mars-sur-la-Futaie 53 ..... 81 G 3
Saint-Marsal 66 ..... 342 C 3
Saint-Marsault 79 ..... 167 F 4
Saint-Martial 17 ..... 201 H 2
Saint-Martial 16 ..... 221 E 5
Saint-Martial 15 ..... 245 G 5
Saint-Martial 07 ..... 248 A 5
Saint-Martial 33 ..... 256 C 3
Saint-Martial 30 ..... 283 E 5
Saint-Martial-d'Albarède 24 ..... 223 F 5
Saint-Martial-d'Artenset 24 ..... 239 F 4
Saint-Martial-de-Gimel 19 ..... 243 E 1
Saint-Martial-de-Mirambeau 17 ..... 219 G 4
Saint-Martial-de-Nabirat 24 ..... 259 G 2
Saint-Martial-de-Valette 24 ..... 222 C 3
Saint-Martial-de-Vitaterne 17 ..... 219 H 4
Saint-Martial-Entraygues 19 ..... 243 F 3
Saint-Martial-le-Mont 23 ..... 207 G 2
Saint-Martial-le-Vieux 23 ..... 225 H 2
Saint-Martial-sur-Isop 87 ..... 204 D 1
Saint-Martial-sur-Né 17 ..... 220 B 2
Saint-Martial-Viveyrol 24 ..... 221 G 5
Saint-Martin 50 ..... 51 F 2
Saint-Martin 54 ..... 95 H 1
Saint-Martin 67 ..... 96 D 4
Saint-Martin 56 ..... 125 F 3
Saint-Martin 32 ..... 295 H 5
Saint-Martin 83 ..... 306 D 4
Saint-Martin 65 ..... 315 E 5
Saint-Martin 66 ..... 338 A 5
Saint Martin *Casella* 2B ..... 347 F 4
Saint-Martin-au-Bosc 76 ..... 21 F 2
Saint-Martin-au-Laërt 62 ..... 3 F 5
Saint-Martin-aux-Arbres 76 ..... 19 H 4
Saint-Martin-aux-Bois 60 ..... 38 D 1
Saint-Martin-aux-Buneaux 76 ..... 19 F 2
Saint-Martin-aux-Champs 51 ..... 62 C 3
Saint-Martin-aux-Chartrains 14 ..... 34 C 3
Saint-Martin-Belle-Roche 71 ..... 195 E 3
Saint-Martin-Bellevue 74 ..... 215 G 3
Saint-Martin-Boulogne 62 ..... 2 B 5
Saint-Martin-Cantalès 15 ..... 243 H 3
Saint-Martin-Château 23 ..... 207 E 5
Saint-Martin-Chennetron 77 ..... 89 H 2
Saint-Martin-Choquel 62 ..... 6 D 2
Saint-Martin-d'Abbat 45 ..... 133 H 2
Saint-Martin-d'Ablois 51 ..... 61 F 1
Saint-Martin-d'Août 26 ..... 249 G 1
Saint-Martin-d'Arberoue 64 ..... 311 F 4
Saint-Martin-d'Arc 73 ..... 252 B 1
Saint-Martin-d'Arcé 49 ..... 129 F 5
Saint-Martin-d'Ardèche 07 ..... 284 D 2
Saint-Martin-d'Armagnac 32 ..... 294 D 3
Saint-Martin-d'Arrossa 64 ..... 311 E 5
Saint-Martin-d'Ary 17 ..... 238 C 1

## ST-MALO

Broussais (R.) ..... DZ
Cartier (R. J.) ..... DZ 5
Chartres (R. de) ..... DZ 6
Chateaubriand (Pl.) ..... DZ 8
Cordiers (R. des) ..... DZ 13
Dinan (R. de) ..... DZ
Forgeurs (R. du) ..... DZ 18
Fosse (R. de la) ..... DZ 19
Herbes (Pl. aux) ..... DZ 25
Lamennais (Pl. Fr.) ..... DZ 28
Mettrie (R. de la) ..... DZ 35
Pilori (Pl. du) ..... DZ 38
Poids-du-Rois (Pl. du) ..... DZ 39
Poissonnerie (Pl. de la) ..... DZ 42
Porcon-de-la-Barbinais (R.) ..... DZ 43
St-Benoist (R.) ..... DZ 56
St-Vincent (R.) ..... DZ 57
Vauban (Pl.) ..... DZ 70

D
PORTE SAINT-THOMAS
FORT À LA REINE
PLAGE MALO
CHÂTEAU
Tour Bidouane
REMPARTS
PLAGE DE BON SECOURS
PTE DES CHAMPS-VAUVERTS
PTE DES BÉS
Cath. St-Vincent
Grand-R.
Porte St-Vincent
Espl. St-Vincent
GDE PORTE
Z
BASSIN VAUBAN
HALLES
BASTION DE LA HOLLANDE
R. St-Sauveur
ST-SAUVEUR
R. de Dinan
Toulouse
PTE ST-LOUIS
Bastion St-Louis
PLAGE DU MÔLE
PTE DE DINAN
Bastion St-Philippe
Q. de Dinan
0
100 m
DINAN, LA RANCE
D

Saint-Martin-d'Aubigny 50 ..... 31 H 4
Saint-Martin-d'Audouville 50 ..... 29 G 4
Saint-Martin-d'Auxigny 18 ..... 155 E 5
Saint-Martin-d'Auxy 71 ..... 177 F 5
Saint-Martin-de-Bavel 01 ..... 214 D 4
Saint-Martin-de-Beauville 47 ..... 276 D 3
Saint-Martin-de-Belleville 73 ..... 234 B 4
Saint-Martin-de-Bernegoue 79 ..... 185 E 5
Saint-Martin-de-Bienfaite 14 ..... 54 D 1
Saint-Martin-de-Blagny 14 ..... 32 C 3
Saint-Martin-de-Bonfossé 50 ..... 32 A 5
Saint-Martin-de-Boscherville 76 ..... 36 A 2
Saint-Martin-de-Bossenay 10 ..... 90 B 4
Saint-Martin-de-Boubaux 48 ..... 283 F 3
Saint-Martin-de-Bréthencourt 78 ..... 87 E 3
Saint-Martin-de-Brômes 04 ..... 307 E 2
Saint-Martin-de-Caralp 09 ..... 336 A 2
Saint-Martin-de-Castillon 84 ..... 306 A 1
Saint-Martin-de-Cenilly 50 ..... 51 H 1
Saint-Martin-de-Clelles 38 ..... 250 D 5
Saint-Martin-de-Commune 71 ..... 177 E 3
Saint-Martin-de-Connée 53 ..... 107 E 2
Saint-Martin-de-Cornas 69 ..... 230 D 2
Saint-Martin-de-Coux 17 ..... 238 D 2
Saint-Martin-de-Crau 13 ..... 304 D 4
Saint-Martin-de-Curton 47 ..... 274 D 1
Saint-Martin-de-Fenollar *Chapelle de* 66 ..... 343 E 4
Saint-Martin-de-Fontenay 14 ..... 33 G 5
Saint-Martin-de-Fraigneau 85 ..... 184 B 3
Saint-Martin-de-Fresnay 14 ..... 54 B 2
Saint-Martin-de-Fressengeas 24 ..... 222 D 4
Saint-Martin-de-Fugères 43 ..... 247 F 5
Saint-Martin-de-Goyne 32 ..... 275 H 5
Saint-Martin-de-Gurson 24 ..... 239 E 4
Saint-Martin-de-Hinx 40 ..... 292 C 4
Saint-Martin-de-Juillers 17 ..... 202 B 3
Saint-Martin-de-Jussac 87 ..... 205 E 4
Saint-Martin-de-la-Brasque 84 ..... 306 B 2
Saint-Martin-de-la-Cluze 38 ..... 250 D 4
Saint-Martin-de-la-Coudre 17 ..... 201 G 2
Saint-Martin-de-la-Lieue 14 ..... 34 C 5
Saint-Martin-de-la-Mer 21 ..... 158 C 4
Saint-Martin-de-la-Place 49 ..... 150 B 3
Saint-Martin-de-la-Porte 73 ..... 252 B 1
Saint-Martin-de-Lamps 36 ..... 171 G 2
Saint-Martin-de-Landelles 50 ..... 81 F 2
Saint-Martin-de-Lansuscle 48 ..... 283 E 3
Saint-Martin-de-l'Arçon 34 ..... 301 E 5
Saint-Martin-de-Laye 33 ..... 238 C 3
Saint-Martin-de-Lenne 12 ..... 263 G 5
Saint-Martin-de-Lerm 33 ..... 256 D 3
Saint-Martin-de-Lixy 71 ..... 211 H 1
Saint-Martin-de-Londres 34 ..... 302 C 2
Saint-Martin-de-Mâcon 79 ..... 168 B 1
Saint-Martin-de-Mailloc 14 ..... 34 D 5
Saint-Martin-de-Mieux 14 ..... 53 H 3
Saint-Martin-de-Nigelles 28 ..... 86 B 2
Saint-Martin-de-Peille *Église* 06 ..... 291 G 5
Saint-Martin-de-Queyrières 05 ..... 252 C 5
Saint-Martin-de-Ré 17 ..... 182 D 5
Saint-Martin-de-Ribérac 24 ..... 239 G 1
Saint-Martin-de-Saint-Maixent 79 ..... 185 F 3
Saint-Martin-de-Salencey 71 ..... 194 B 2
Saint-Martin-de-Sallen 14 ..... 53 F 2
Saint-Martin-de-Sanzay 79 ..... 168 A 1
Saint-Martin-de-Seignanx 40 ..... 292 B 5
Saint-Martin-de-Sescas 33 ..... 256 C 3
Saint-Martin-de-Tallevende 14 ..... 52 C 3
Saint-Martin-de-Valamas 07 ..... 248 B 5
Saint-Martin-de-Valgalgues 30 ..... 283 H 3
Saint-Martin-de-Varreville 50 ..... 29 H 5
Saint-Martin-de-Vaulserre 38 ..... 232 D 3
Saint-Martin-de-Vers 46 ..... 260 C 4
Saint-Martin-de-Villeréal 47 ..... 258 D 3
Saint-Martin-de-Villereglan 11 ..... 337 C 1
Saint-Martin-d'Écublei 61 ..... 55 G 4
Saint-Martin-d'Entraigues 79 ..... 202 D 1
Saint-Martin-d'Entraunes 06 ..... 289 E 3
Saint-Martin-des-Besaces 14 ..... 52 C 1
Saint-Martin-des-Bois 41 ..... 131 E 4
Saint-Martin-des-Champs 50 ..... 51 H 5
Saint-Martin-des-Champs 78 ..... 57 F 3
Saint-Martin-des-Champs 77 ..... 60 B 4
Saint-Martin-des-Champs 29 ..... 71 H 4
Saint-Martin-des-Champs 89 ..... 135 F 4
Saint-Martin-des-Champs 18 ..... 156 A 5
Saint-Martin-des-Combes 24 ..... 240 B 4
Saint-Martin-des-Entrées 14 ..... 33 E 3
Saint-Martin-des-Fontaines 85 ..... 183 H 1
Saint-Martin-des-Lais 03 ..... 175 G 5

Saint-Martin-des-Landes *61*....83 E 2
Saint-Martin-des-Monts *72*..108 C 3
Saint-Martin-des-Noyers *85*....166 B 4
Saint-Martin-des-Olmes *63*.229 E 3
Saint-Martin-des-Pézerits *61*..55 E 5
Saint-Martin-des-Plains *63*..228 A 4
Saint-Martin-des-Prés *22*....78 A 5
Saint-Martin-des-Puits *11*....338 B 2
Saint-Martin-des-Tilleuls *85*.166 C 2
Saint-Martin-d'Estréaux *42*..211 E 1
Saint-Martin-d'Hardinghem *62*.7 E 3
Saint-Martin-d'Hères *38*....251 E 1
Saint-Martin-d'Heuille *58*....174 D 1
Saint-Martin-d'Ollières *63*....228 B 4
Saint-Martin-Don *14*....52 C 2
Saint-Martin-d'Oney *40*....273 G 5
Saint-Martin-d'Ordon *89*....113 F 4
Saint-Martin-d'Oydes *09*....318 A 5
Saint-Martin-du-Bec *76*....18 C 5
Saint-Martin-du-Bois *49*....128 B 4
Saint-Martin-du-Bois *33*....238 B 3
Saint-Martin-du-Boschet *77*....60 C 4
Saint-Martin-du-Canigou *Abbaye de 66*....342 A 4
Saint-Martin-du-Clocher *16*.203 F 2
Saint-Martin-du-Fouilloux *49*....149 F 2
Saint-Martin-du-Fouilloux *79*....185 G 1
Saint-Martin-du-Frêne *01*....214 C 1
Saint-Martin-du-Lac *71*....193 G 5
Saint-Martin-du-Limet *53*....127 H 2
Saint-Martin-du-Manoir *76*....18 D 5
Saint-Martin-du-Mesnil-Oury *14*....54 C 1
Saint-Martin-du-Mont *21*....159 G 2
Saint-Martin-du-Mont *71*....195 H 1
Saint-Martin-du-Mont *01*....214 A 1
Saint-Martin-du-Puy *58*....157 H 3
Saint-Martin-du-Puy *33*....256 D 2
Saint-Martin-du-Tartre *71*....194 C 1
Saint-Martin-du-Tertre *95*....38 C 5
Saint-Martin-du-Tertre *89*....113 G 2
Saint-Martin-du-Tilleul *27*....35 F 5
Saint-Martin-du-Touch *31*....297 H 5
Saint-Martin-du-Var *06*....291 E 5
Saint-Martin-du-Vieux-Bellême *61*....84 B 4
Saint-Martin-du-Vivier *76*....36 B 1
Saint-Martin-d'Uriage *38*....251 E 2
Saint-Martin-en-Bière *77*....88 A 4
Saint-Martin-en-Bresse *71*..178 A 4
Saint-Martin-en-Campagne *76*....10 C 5
Saint-Martin-en-Coailleux *42*....230 C 4
Saint-Martin-en-Gâtinois *71*....178 A 2
Saint-Martin-en-Haut *69*....230 C 1
Saint-Martin-en-Vercors *26*.250 B 3
Saint-Martin-Gimois *32*....296 C 5
Saint-Martin-la-Campagne *27*....56 A 1
Saint-Martin-la-Garenne *78*....57 F 1
Saint-Martin-la-Méanne *19*..243 F 2
Saint-Martin-la-Patrouille *71*....194 C 1
Saint-Martin-la-Plaine *42*....230 C 3
Saint-Martin-la-Sauveté *42*..211 F 5
Saint-Martin-Labouval *46*....260 D 5
Saint-Martin-Lacaussade *33*....237 F 2
Saint-Martin-Laguépie *81*....279 F 4
Saint-Martin-l'Aiguillon *61*....83 E 2
Saint-Martin-Lalande *11*....319 E 5
Saint-Martin-l'Ars *86*....186 D 5
Saint-Martin-Lars-en-Sainte-Hermine *85*....183 G 1
Saint-Martin-l'Astier *24*....239 G 3
Saint-Martin-le-Beau *37*....152 B 3
Saint-Martin-le-Bouillant *50*....52 A 3
Saint-Martin-le-Châtel *01*....195 G 4
Saint-Martin-le-Colonel *26*....250 A 4
Saint-Martin-le-Gaillard *76*....10 D 5
Saint-Martin-le-Gréard *50*....29 E 4
Saint-Martin-le-Hébert *50*....29 E 4
Saint-Martin-le-Mault *87*....188 A 4
Saint-Martin-le-Nœud *60*....38 A 2
Saint-Martin-le-Pin *24*....222 B 3
Saint-Martin-le-Redon *46*....259 E 4
Saint-Martin-le-Supérieur *07*....266 D 3
Saint-Martin-le-Vieil *11*....319 F 5
Saint-Martin-le-Vieux *87*....223 F 1
Saint-Martin-le-Vinoux *38*....250 D 1
Saint-Martin-les-Eaux *04*....306 C 1
Saint-Martin-lès-Langres *52*....139 G 2
Saint-Martin-lès-Melle *79*....185 F 5
Saint-Martin-lès-Seyne *04*....270 A 5
Saint-Martin-Lestra *42*....230 A 1
Saint-Martin-l'Heureux *51*....42 B 4
Saint-Martin-l'Hortier *76*....20 D 3
Saint-Martin-l'Inférieur *07*....266 D 3
Saint-Martin-Longueau *60*....39 E 3
Saint-Martin-Lys *11*....337 C 4
Saint-Martin-Osmonville *76*....20 C 4
Saint-Martin-Petit *47*....257 E 4
Saint-Martin-Rivière *02*....14 D 5
Saint-Martin-Saint-Firmin *27*..35 F 3
Saint-Martin-Sainte-Catherine *23*....206 C 3
Saint-Martin-Sepert *19*....224 B 4
Saint-Martin-sous-Montaigu *71*....177 G 4
Saint-Martin-sous-Vigouroux *15*....245 E 5
Saint-Martin-sur-Armançon *89*....137 F 2
Saint-Martin-sur-Arve *74*....216 C 3
Saint-Martin-sur-Cojeul *62*....13 G 3
Saint-Martin-sur-Ecaillon *59*..14 D 3
Saint-Martin-sur-la-Chambre *73*....234 A 4
Saint-Martin-sur-la-Renne *52*....116 C 3
Saint-Martin-sur-le-Pré *51*....62 A 2
Saint-Martin-sur-Nohain *58*....156 B 3
Saint-Martin-sur-Ocre *45*....134 C 4
Saint-Martin-sur-Ocre *89*....135 H 3
Saint-Martin-sur-Oreuse *89*....89 G 5
Saint-Martin-sur-Ouanne *89*....135 F 2
Saint-Martin-Terressus *87*....206 B 4
Saint-Martin-Valmeroux *15*..244 B 3
Saint-Martin-Vésubie *06*....291 E 2
Saint-Martinien *03*....190 C 4
Saint-Martory *31*....334 D 1
Saint-Mary *16*....203 H 5
Saint-Mary-le-Plain *15*....245 H 2
Saint-Masmes *51*....42 A 3
Saint-Mathieu *87*....222 C 1
Saint-Mathieu *Pointe de 29*....74 C 3
Saint-Mathieu-de-Tréviers *34*....302 D 3
Saint-Mathurin *85*....182 B 1
Saint-Mathurin-Léobazel *19*....243 F 4
Saint-Mathurin-sur-Loire *49*....150 A 2
Saint-Matré *46*....277 F 1
Saint-Maudan *22*....102 B 2
Saint-Maudez *22*....79 F 4
Saint-Maugan *35*....103 G 2
Saint-Maulvis *80*....11 G 5
Saint-Maur *60*....21 H 5
Saint-Maur *36*....171 G 4
Saint-Maur *18*....190 A 1
Saint-Maur *39*....196 C 1
Saint-Maur *32*....315 H 3
Saint-Maur-de-Glanfeuil *Abbaye de 49*....150 A 2
Saint-Maur-des-Bois *50*....52 A 3
Saint-Maur-des-Fossés *94*....58 D 4
Saint-Maur-sur-le-Loir *28*....110 A 3
Saint-Maurice *94*....58 C 4
Saint-Maurice *67*....97 E 4
Saint-Maurice *52*....139 H 2
Saint-Maurice *58*....175 F 1
Saint-Maurice *63*....228 A 2
Saint-Maurice-aux-Forges *54*....96 A 2
Saint-Maurice-aux-Riches-Hommes *89*....89 H 5
Saint-Maurice-Colombier *25*....142 A 5
Saint-Maurice-Crillat *39*....197 E 1
Saint-Maurice-d'Ardèche *07*....266 B 4
Saint-Maurice-de-Beynost *01*....213 F 4
Saint-Maurice-de-Cazevieille *30*....284 A 5
Saint-Maurice-de-Gourdans *01*....213 H 5
Saint-Maurice-de-Laurençanne *17*....219 H 5
Saint-Maurice-de-Lestapel *47*....258 B 4
Saint-Maurice-de-Lignon *43*....247 H 1
Saint-Maurice-de-Rémens *01*....214 A 3
Saint-Maurice-de-Rotherens *73*....232 D 2
Saint-Maurice-de-Satonnay *71*....195 E 3
Saint-Maurice-de-Tavernole *17*....219 H 3
Saint-Maurice-de-Ventalon *48*....283 F 1
Saint-Maurice-des-Champs *71*....194 C 1
Saint-Maurice-des-Lions *16*....204 C 3
Saint-Maurice-des-Noues *85*....184 B 1
Saint-Maurice-d'Ételan *76*....35 F 1
Saint-Maurice-d'Ibie *07*....266 C 4
Saint-Maurice-du-Désert *61*....82 D 2
Saint-Maurice-en-Chalencon *07*....248 D 5
Saint-Maurice-en-Cotentin *50*....28 D 5
Saint-Maurice-en-Gourgois *42*....229 H 4
Saint-Maurice-en-Quercy *46*....261 F 2
Saint-Maurice-en-Rivière *71*....178 A 3
Saint-Maurice-en-Trièves *38*....268 D 1
Saint-Maurice-en-Valgodemard *05*....269 G 1
Saint-Maurice-la-Clouère *86*....186 C 4
Saint-Maurice-la-Fougereuse *79*....167 G 1
Saint-Maurice-la-Souterraine *23*....206 B 1
Saint-Maurice-le-Girard *85*..167 E 5
Saint-Maurice-le-Vieil *89*....135 H 3
Saint-Maurice-les-Brousses *87*....223 G 1
Saint-Maurice-lès-Charencey *61*....55 G 5
Saint-Maurice-lès-Châteauneuf *71*....193 H 5
Saint-Maurice-lès-Couches *71*....177 F 3
Saint-Maurice-l'Exil *38*....231 E 4
Saint-Maurice-Montcouronne *91*....87 F 2
Saint-Maurice-Navacelles *34*....302 A 2
Saint-Maurice-près-Crocq *23*....208 B 4
Saint-Maurice-près-Pionsat *63*....208 D 2
Saint-Maurice-Saint-Germain *28*....85 F 3
Saint-Maurice-sous-les-Côtes *55*....64 D 2
Saint-Maurice-sur-Adour *40*....294 A 2
Saint-Maurice-sur-Aveyron *45*....135 E 2
Saint-Maurice-sur-Dargoire *69*....230 D 2
Saint-Maurice-sur-Eygues *26*....285 G 1
Saint-Maurice-sur-Fessard *45*....112 B 5
Saint-Maurice-sur-Huisne *61*..84 D 4
Saint-Maurice-sur-Mortagne *88*....95 G 4
Saint-Maurice-sur-Moselle *88*....120 A 5
Saint-Maurice-sur-Vingeanne *21*....139 H 5
Saint-Maurice-Thizouaille *89*....135 H 2
Saint-Maurin *47*....276 D 3
Saint-Max *54*....65 H 5
Saint-Maxent *80*....11 F 4
Saint-Maximin *60*....38 D 4
Saint-Maximin *38*....233 G 4
Saint-Maximin *30*....284 C 5
Saint-Maximin-la-Sainte-Baume *83*....327 H 1
Saint-Maxire *79*....184 D 3
Saint-May *26*....268 A 5
Saint-Mayeux *22*....77 H 5
Saint-Méard *87*....224 C 2
Saint-Méard-de-Drône *24*....239 H 1
Saint-Méard-de-Gurçon *24*....239 F 5
Saint-Médard *57*....66 D 4
Saint-Médard *36*....170 D 2
Saint-Médard *79*....185 F 5
Saint-Médard *23*....207 G 2
Saint-Médard *17*....220 B 4
Saint-Médard *16*....220 C 3
Saint-Médard *46*....259 G 4
Saint-Médard *64*....293 H 5
Saint-Médard *40*....294 A 1
Saint-Médard *32*....316 A 3
Saint-Médard *31*....334 D 1
Saint-Médard-d'Aunis *17*....200 D 1
Saint-Médard-de-Guizières *33*....238 D 4
Saint-Médard-de-Mussidan *24*....239 G 3
Saint-Médard-de-Presque *46*....261 E 1
Saint-Médard-des-Prés *85*..184 B 2
Saint-Médard-d'Excideuil *24*....223 F 5
Saint-Médard-d'Eyrans *33*..255 G 2
Saint-Médard-en-Forez *42*..230 B 2
Saint-Médard-en-Jalles *33*..237 F 5
Saint-Médard-Nicourby *46*..261 F 2
Saint-Médard-sur-Ille *35*....80 B 5
Saint-Méen *29*....71 E 4
Saint-Méen-le-Grand *35*....103 F 2
Saint-Melaine *35*....104 D 3
Saint-Melaine-sur-Aubance *49*....149 G 2
Saint-Mélany *07*....265 H 4
Saint-Méloir-des-Bois *22*....79 F 4
Saint-Méloir-des-Ondes *35*....50 C 5
Saint-Même-le-Tenu *44*....165 E 1
Saint-Même-les-Carrières *16*....220 C 2
Saint-Memmie *51*....62 B 2
Saint-Menge *88*....94 C 5
Saint-Menges *08*....27 E 3
Saint-Menoux *03*....191 H 1
Saint-Merd-de-Lapleau *19*..243 G 1
Saint-Merd-la-Breuille *23*....226 B 1
Saint-Merd-les-Oussines *19*....225 F 2
Saint-Méry *77*....88 C 2
Saint-Meslin-du-Bosc *27*....35 H 4
Saint-Mesmes *77*....59 E 2
Saint-Mesmin *10*....90 C 4
Saint-Mesmin *21*....159 F 3
Saint-Mesmin *85*....167 E 4
Saint-Mesmin *24*....223 G 5
Saint-Mexant *19*....242 C 1
Saint-Mézard *32*....275 H 5
Saint-M'Hervé *35*....105 F 2
Saint-M'Hervon *35*....103 G 1
Saint-Micaud *71*....177 F 5
Saint-Michel *02*....25 H 1
Saint-Michel *45*....111 H 4
Saint-Michel *52*....139 G 3
Saint-Michel *16*....221 E 2
Saint-Michel *82*....277 E 5
Saint-Michel *34*....301 H 2
Saint-Michel *32*....315 H 3
Saint-Michel *31*....317 F 5
Saint-Michel *64*....330 C 1
Saint-Michel *09*....336 A 1
Saint-Michel-Chef-Chef *44*..146 C 4
Saint-Michel-d'Aurance *07*..248 C 5
Saint-Michel-de-Bannières *46*....242 D 4
Saint-Michel-de-Boulogne *07*....266 B 2
Saint-Michel-de-Castelnau *33*....274 C 2
Saint-Michel-de-Chabrillanoux *07*....266 D 1
Saint-Michel-de-Chaillol *05*.269 H 2
Saint-Michel-de-Chavaignes *72*....108 C 4
Saint-Michel-de-Cuxa *Abbaye de 66*....342 A 3
Saint-Michel-de-Dèze *48*....283 F 2
Saint-Michel-de-Double *24*..239 G 3
Saint-Michel-de-Feins *53*....128 C 3
Saint-Michel-de-Frigolet *Abbaye 13*....304 C 1
Saint-Michel-de-Fronsac *33*....238 B 4
Saint-Michel-de-la-Pierre *50*..31 H 4
Saint-Michel-de-la-Roë *53*....105 F 5
Saint-Michel-de-Lanès *11*....318 C 5
Saint-Michel-de-Lapujade *33*....257 E 3
Saint-Michel-de-Livet *14*....54 C 1
Saint-Michel-de-Llotes *66*....342 C 2
Saint-Michel-de-Maurienne *73*....252 B 1
Saint-Michel-de-Montaigne *24*....238 D 5
Saint-Michel-de-Montjoie *50*..52 B 4
Saint-Michel-de-Mourcairol *Château de 34*....301 F 5
Saint-Michel-de-Plélan *22*....79 F 4
Saint-Michel-de-Rieufret *33*....255 H 3
Saint-Michel-de-Rivière *24*..238 D 2
Saint-Michel-de-Saint-Geoirs *38*....232 A 5
Saint-Michel-de-Vax *81*....278 D 4
Saint-Michel-de-Veisse *23*....207 G 3
Saint-Michel-de-Villadeix *24*....240 C 4


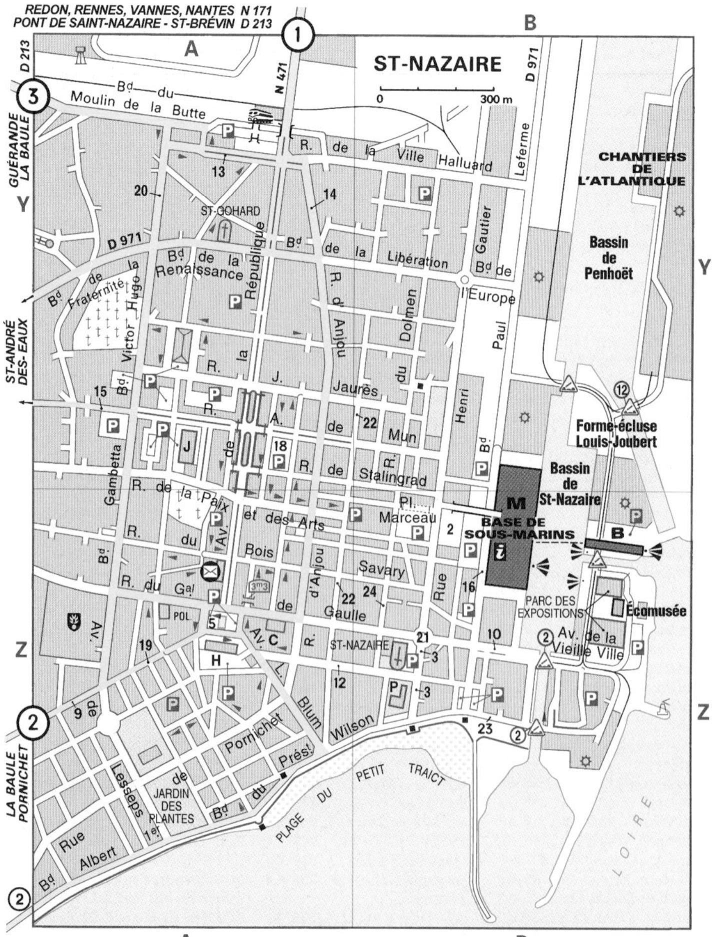

REDON, RENNES, VANNES, NANTES N 171
PONT DE SAINT-NAZAIRE - ST-BRÉVIN D 213
ST-NAZAIRE
0
300 m
CHANTIERS DE L'ATLANTIQUE
Bassin de Penhoët
Forme-écluse Louis-Joubert
Bassin de St-Nazaire
BASE DE SOUS-MARINS
PARC DES EXPOSITIONS
Écomusée
GUÉRANDE LA BAULE
ST-ANDRÉ DES-EAUX
LA BAULE PORNICHET
PLAGE DU PETIT TRAICT
LOIRE
JARDIN DES PLANTES


Amérique Latine (Pl.de l') . . . . . BZ 2
Auriol (R. Vincent) . . . . . BZ 3
Blancho (Pl. F.) . . . . . AZ 5
Chêneveaux (R.) . . . . . AZ 9
Coty (Bd René) . . . . . BZ 10
Croisic (R. du) . . . . . AZ 12
Herminier (Av. Cdt-l') . . . . . AY 13
Ile-de-France (R. de l') . . . . . AY 14
Jean-Jaurès (R.) . . . . . ABY
Lechat (R. A. B.) . . . . . AY 15
Légion-d'Honneur (Bd de la) . . . . . BZ 16
Martyrs-de-la-Résistance (Pl. des) . . . AY 18
Mendès-France (R.) . . . . . AZ 19
Paix et des Arts (R. de la) . . . . . AYZ
Perrin (Bd P.) . . . . . AY 20
Quatre Z'Horloges (Pl. des) . . . . . BZ 21
République (Av. de la) . . . . . AYZ
Salengro (R. R.) . . . . . AYZ 22
Verdun (Bd de) . . . . . BZ 23
28-Février-1943 (R. du) . . . . . BZ 24

Saint-Michel-de-Volangis 18 ... 155 F 5
Saint-Michel-des-Andaines 61 ... 82 C 2
Saint-Michel-des-Loups 50 ... 51 F 4
Saint-Michel-d'Euzet 30 ... 284 C 3
Saint-Michel-d'Halescourt 76 ... 21 F 5
Saint-Michel-en-Beaumont 38 ... 251 F 5
Saint-Michel-en-Brenne 36 ... 170 D 4
Saint-Michel-en-Grève 22 ... 72 B 3
Saint-Michel-en-l'Herm 85 ... 183 E 3
Saint-Michel-Escalus 40 ... 292 C 1
Saint-Michel-et-Chanveaux 49 ... 127 G 4
Saint-Michel-Labadié 81 ... 280 C 5
Saint-Michel-le-Cloucq 85 ... 184 B 2
Saint-Michel-l'Écluse-et-Léparon 24 ... 239 E 2
Saint-Michel-les-Portes 38 ... 250 C 5
Saint-Michel-l'Observatoire 04 ... 306 C 1
Saint-Michel-Loubéjou 46 ... 243 E 5
Saint-Michel-Mont-Mercure 85 ... 166 D 3
Saint-Michel-Peyresq 04 ... 288 D 4
Saint-Michel-sous-Bois 62 ... 6 D 4
Saint-Michel-sur-Loire 37 ... 151 F 3
Saint-Michel-sur-Meurthe 88 ... 96 B 4
Saint-Michel-sur-Orge 91 ... 87 G 2
Saint-Michel-sur-Rhône 42 ... 231 E 4
Saint-Michel-sur-Savasse 26 ... 249 H 2
Saint-Michel-sur-Ternoise 62 ... 7 G 5
Saint-Michel-Tubœuf 61 ... 55 G 4
Saint-Mihiel 55 ... 64 C 3
Saint-Mitre-les-Remparts 13 ... 325 G 3
Saint-Molf 44 ... 145 H 3
Saint-Momelin 59 ... 3 F 5
Saint-Mont 32 ... 294 D 4
Saint-Montan 07 ... 266 D 5
Saint-Moré 89 ... 136 D 5
Saint-Moreil 23 ... 206 D 5
Saint-Morel 08 ... 42 D 3
Saint-Morillon 33 ... 255 G 3
Saint-Mury-Monteymond 38 ... 251 F 1
Saint-Myon 63 ... 209 H 3
Saint-Nabor 67 ... 97 E 3
Saint-Nabord 88 ... 119 G 3
Saint-Nabord-sur-Aube 10 ... 91 F 3
Saint-Nauphary 82 ... 297 H 1
Saint-Nazaire 44 ... 146 B 3
Saint-Nazaire 33 ... 239 G 5
Saint-Nazaire 30 ... 284 D 3
Saint-Nazaire 66 ... 343 F 2
Saint-Nazaire *Pont de* 44 ... 146 C 2
Saint-Nazaire *Site de* 19 ... 226 B 4
Saint-Nazaire-d'Aude 11 ... 320 D 5
Saint-Nazaire-de-Ladarez 34 ... 321 F 3
Saint-Nazaire-de-Pézan 34 ... 303 F 4
Saint-Nazaire-de-Valentane 82 ... 277 E 3
Saint-Nazaire-des-Gardies 30 ... 283 G 5
Saint-Nazaire-en-Royans 26 ... 250 A 3
Saint-Nazaire-le-Désert 26 ... 268 A 3
Saint-Nazaire-les-Eymes 38 ... 251 E 1
Saint-Nazaire-sur-Charente 17 ... 200 C 3
Saint-Nectaire 63 ... 227 G 2
Saint-Nexans 24 ... 258 B 1
Saint-Nic 29 ... 75 G 4
Saint-Nicodème 22 ... 77 F 3
Saint-Nicodème *Chapelle* 56 ... 101 H 4
Saint-Nicolas 62 ... 13 G 2
Saint-Nicolas *Cascade* 68 ... 120 B 5
Saint-Nicolas *Chapelle* 56 ... 101 E 3
Saint-Nicolas-aux-Bois 02 ... 24 C 5
Saint-Nicolas-aux-Bois *Abbaye de* 02 ... 24 C 5
Saint-Nicolas-Courbefy 87 ... 223 F 2
Saint-Nicolas-d'Aliermont 76 ... 20 C 2
Saint-Nicolas-d'Attez 27 ... 55 H 4
Saint-Nicolas-de-Bliquetuit 76 ... 35 G 1
Saint-Nicolas-de-Bourgueil 37 ... 150 D 3
Saint-Nicolas-de-Brem 85 ... 165 E 5
Saint-Nicolas-de-la-Balerme 47 ... 276 C 4
Saint-Nicolas-de-la-Grave 82 ... 277 E 4
Saint-Nicolas-de-la-Haie 76 ... 19 F 5
Saint-Nicolas-de-la-Taille 76 ... 35 E 1
Saint-Nicolas-de-Macherin 38 ... 232 C 4
Saint-Nicolas-de-Pierrepont 50 ... 31 F 2
Saint-Nicolas-de-Port 54 ... 95 E 1
Saint-Nicolas-de-Redon 44 ... 125 H 4
Saint-Nicolas-de-Sommaire 61 ... 55 F 4
Saint-Nicolas-de-Véroce 74 ... 216 D 4
Saint-Nicolas-des-Biefs 03 ... 211 E 2
Saint-Nicolas-des-Bois 50 ... 52 A 4
Saint-Nicolas-des-Bois 61 ... 83 G 3
Saint-Nicolas-des-Eaux 56 ... 101 H 4
Saint-Nicolas-des-Laitiers 61 ... 55 E 3
Saint-Nicolas-des-Motets 37 ... 131 G 5
Saint-Nicolas-du-Bosc 27 ... 35 H 4
Saint-Nicolas-du-Bosc-l'Abbé 27 ... 55 F 1
Saint-Nicolas-du-Pélem 22 ... 77 G 4
Saint-Nicolas-du-Tertre 56 ... 125 G 2
Saint-Nicolas-en-Forêt 57 ... 45 G 3
Saint-Nicolas-la-Chapelle 10 ... 89 H 3
Saint-Nicolas-la-Chapelle 73 ... 216 B 4
Saint-Nicolas-lès-Cîteaux 21 ... 160 A 5
Saint-Nizier-d'Azergues 69 ... 212 B 2
Saint-Nizier-de-Fornas 42 ... 229 G 4
Saint-Nizier-du-Moucherotte 38 ... 250 D 2
Saint-Nizier-le-Bouchoux 01 ... 195 G 2
Saint-Nizier-le-Désert 01 ... 213 G 2
Saint-Nizier-sous-Charlieu 42 ... 211 H 1
Saint-Nizier-sur-Arroux 71 ... 176 C 4
Saint-Nolff 56 ... 124 C 3
Saint-Nom-la-Bretèche 78 ... 57 H 3
Saint-Offenge-Dessous 73 ... 215 F 5
Saint-Offenge-Dessus 73 ... 215 F 5
Saint-Omer 62 ... 3 F 5
Saint-Omer 14 ... 53 F 2
Saint-Omer 44 ... 147 E 1
Saint-Omer-Capelle 62 ... 3 E 3
Saint-Omer-en-Chaussée 60 ... 37 H 1
Saint-Ondras 38 ... 232 C 3
Saint-Onen-la-Chapelle 35 ... 103 F 2
Saint-Oradoux-de-Chirouze 23 ... 226 B 1
Saint-Oradoux-près-Crocq 23 ... 208 B 4
Saint-Orens 32 ... 296 D 3
Saint-Orens-de-Gameville 31 ... 298 A 5
Saint-Orens-Pouy-Petit 32 ... 295 H 1
Saint-Ost 32 ... 316 A 4
Saint-Osvin 50 ... 51 H 4
Saint-Ouen 80 ... 12 B 5
Saint-Ouen 93 ... 58 C 3
Saint-Ouen 41 ... 131 G 3
Saint-Ouen 17 ... 202 C 4
Saint-Ouen-d'Attez 27 ... 56 A 4
Saint-Ouen-d'Aunis 17 ... 183 G 5
Saint-Ouen-de-la-Cour 61 ... 84 C 4
Saint-Ouen-de-Mimbré 72 ... 83 G 5
Saint-Ouen-de-Pontcheuil 27 ... 36 A 4
Saint-Ouen-de-Sécherouvre 61 ... 84 B 2
Saint-Ouen-de-Thouberville 27 ... 35 H 2
Saint-Ouen-des-Alleux 35 ... 80 D 4
Saint-Ouen-des-Besaces 14 ... 52 C 1
Saint-Ouen-des-Champs 27 ... 35 F 2
Saint-Ouën-des-Toits 53 ... 105 H 3
Saint-Ouën-des-Vallons 53 ... 106 B 2
Saint-Ouen-Domprot 51 ... 91 G 2
Saint-Ouen-du-Breuil 76 ... 20 A 4
Saint-Ouen-du-Mesnil-Oger 14 ... 34 A 5
Saint-Ouen-du-Tilleul 27 ... 36 A 3
Saint-Ouen-en-Belin 72 ... 130 A 2
Saint-Ouen-en-Brie 77 ... 88 D 2
Saint-Ouen-en-Champagne 72 ... 107 E 5
Saint-Ouen-la-Rouërie 35 ... 80 D 3
Saint-Ouen-l'Aumône 95 ... 58 A 1
Saint-Ouen-le-Brisoult 61 ... 82 D 3
Saint-Ouen-le-Houx 14 ... 54 C 2
Saint-Ouen-le-Mauger 76 ... 20 A 3
Saint-Ouen-le-Pin 14 ... 34 B 5
Saint-Ouen-lès-Parey 88 ... 118 A 2
Saint-Ouen-les-Vignes 37 ... 152 C 2
Saint-Ouen-Marchefroy 28 ... 57 E 3
Saint-Ouen-sous-Bailly 76 ... 10 C 5
Saint-Ouen-sur-Gartempe 87 ... 205 F 1
Saint-Ouen-sur-Iton 61 ... 55 G 4
Saint-Ouen-sur-Loire 58 ... 174 D 3
Saint-Ouen-sur-Maire 61 ... 53 H 5
Saint-Ouen-sur-Morin 77 ... 60 A 3
Saint-Oulph 10 ... 90 C 3
Saint-Ours 63 ... 209 F 5
Saint-Ours 73 ... 215 F 5
Saint-Outrille 18 ... 154 A 5
Saint-Oyen 73 ... 234 B 3
Saint-Oyen-Montbellet 71 ... 195 E 2
Saint-Pabu 29 ... 70 C 4
Saint-Paër 76 ... 35 H 1
Saint-Paër 27 ... 37 F 3
Saint-Pair 14 ... 33 H 4
Saint-Pair-du-Mont 14 ... 34 B 5
Saint-Pair-sur-Mer 50 ... 51 F 3
Saint-Pal-de-Chalencon 43 ... 229 F 5
Saint-Pal-de-Mons 43 ... 248 A 1
Saint-Pal-de-Senouire 43 ... 246 D 1
Saint-Palais 18 ... 155 E 4
Saint-Palais 03 ... 190 A 3
Saint-Palais 33 ... 219 G 5
Saint-Palais 64 ... 311 G 4
Saint-Palais-de-Négrignac 17 ... 238 C 1
Saint-Palais-de-Phiolin 17 ... 219 G 3
Saint-Palais-du-Né 16 ... 220 B 3
Saint-Palais-sur-Mer 17 ... 218 C 1
Saint-Pancrace 24 ... 222 C 4
Saint-Pancrace 73 ... 234 A 5
Saint-Pancrace 04 ... 306 C 2
Saint-Pancrace 06 ... 309 G 2
Saint-Pancrace 2B ... 346 D 4
Saint-Pancrasse 38 ... 233 E 5
Saint-Pancré 54 ... 44 D 1
Saint-Pandelon 40 ... 292 D 3
Saint-Pantaléon 71 ... 176 D 2
Saint-Pantaléon 46 ... 277 G 1
Saint-Pantaléon 84 ... 305 G 1
Saint-Pantaléon-de-Lapleau 19 ... 225 H 5
Saint-Pantaléon-de-Larche 19 ... 242 B 2
Saint-Pantaléon-les-Vignes 26 ... 267 G 5
Saint-Pantaly-d'Ans 24 ... 241 E 1
Saint-Pantaly-d'Excideuil 24 ... 223 E 5
Saint-Papoul 11 ... 319 E 5
Saint-Pardon-de-Conques 33 ... 256 C 4
Saint-Pardoult 17 ... 201 H 3
Saint-Pardoux 79 ... 185 E 1
Saint-Pardoux 87 ... 205 H 2
Saint-Pardoux 63 ... 209 G 2
Saint-Pardoux-Corbier 19 ... 224 B 4
Saint-Pardoux-d'Arnet 23 ... 208 B 4
Saint-Pardoux-de-Drône 24 ... 239 H 1
Saint-Pardoux-du-Breuil 47 ... 257 F 5
Saint-Pardoux-et-Vielvic 24 ... 259 E 1
Saint-Pardoux-Isaac 47 ... 257 G 3
Saint-Pardoux-la-Croisille 19 ... 243 F 1
Saint-Pardoux-la-Rivière 24 ... 222 C 3
Saint-Pardoux-le-Neuf 23 ... 207 H 4
Saint-Pardoux-le-Neuf 19 ... 226 B 2
Saint-Pardoux-le-Vieux 19 ... 225 H 2
Saint-Pardoux-les-Cards 23 ... 207 G 2
Saint-Pardoux-l'Ortigier 19 ... 242 C 1
Saint-Pardoux-Morterolles 23 ... 207 E 4
Saint-Pargoire 34 ... 302 A 5
Saint-Parize-en-Viry 58 ... 175 E 4
Saint-Parize-le-Châtel 58 ... 174 C 3
Saint-Parres-aux-Tertres 10 ... 91 E 5
Saint-Parres-lès-Vaudes 10 ... 115 F 3
Saint-Parthem 12 ... 262 B 3
Saint-Pastour 47 ... 258 B 5
Saint-Pastous 65 ... 332 D 2
Saint-Paterne 72 ... 83 G 4
Saint-Paterne-Racan 37 ... 130 C 5
Saint-Pathus 77 ... 59 F 1
Saint-Patrice 37 ... 151 E 3
Saint-Patrice-de-Claids 50 ... 31 G 3
Saint-Patrice-du-Désert 61 ... 82 D 2
Saint-Paul 60 ... 37 H 2
Saint-Paul 61 ... 53 E 4
Saint-Paul 88 ... 94 B 4
Saint-Paul 87 ... 224 B 1
Saint-Paul 73 ... 233 E 1
Saint-Paul 33 ... 237 G 2
Saint-Paul 19 ... 243 E 2
Saint-Paul 06 ... 309 F 2
Saint-Paul 65 ... 334 A 1
Saint-Paul-aux-Bois 02 ... 40 A 1
Saint-Paul-Cap-de-Joux 81 ... 299 E 4
Saint-Paul-de-Baïse 32 ... 295 H 2
Saint-Paul-de-Fenouillet 66 ... 338 A 4
Saint-Paul-de-Fourques 27 ... 35 H 4
Saint-Paul-de-Jarrat 09 ... 336 B 3
Saint-Paul-de-Loubressac 46 ... 278 B 2
Saint-Paul-de-Salers 15 ... 244 C 3
Saint-Paul-de-Serre 24 ... 240 B 3
Saint-Paul-de-Tartas 43 ... 265 F 1
Saint-Paul-de-Varax 01 ... 213 G 1
Saint-Paul-de-Varces 38 ... 250 D 3
Saint-Paul-de-Vern 46 ... 261 F 1
Saint-Paul-de-Vézelin 42 ... 211 G 4
Saint-Paul-des-Landes 15 ... 244 B 5
Saint-Paul-d'Espis 82 ... 277 E 3
Saint-Paul-d'Izeaux 38 ... 232 B 5
Saint-Paul-d'Oueil 31 ... 334 A 4
Saint-Paul-du-Bois 49 ... 167 G 1
Saint-Paul-du-Vernay 14 ... 32 D 4
Saint-Paul-d'Uzore 42 ... 229 G 1
Saint-Paul-en-Born 40 ... 272 C 2
Saint-Paul-en-Chablais 74 ... 198 C 3
Saint-Paul-en-Cornillon 42 ... 230 A 4
Saint-Paul-en-Forêt 83 ... 308 C 4
Saint-Paul-en-Gâtine 79 ... 167 F 5
Saint-Paul-en-Jarez 42 ... 230 C 3
Saint-Paul-en-Pareds 85 ... 166 C 3
Saint-Paul-et-Valmalle 34 ... 302 C 4
Saint-Paul-la-Coste 30 ... 283 G 3
Saint-Paul-la-Roche 24 ... 223 E 4
Saint-Paul-le-Froid 48 ... 264 D 1
Saint-Paul-le-Gaultier 72 ... 83 F 5
Saint-Paul-le-Jeune 07 ... 283 H 1
Saint-Paul-lès-Dax 40 ... 292 D 3
Saint-Paul-les-Fonts 30 ... 284 D 4
Saint-Paul-lès-Monestier 38 ... 250 D 4
Saint-Paul-lès-Romans 26 ... 249 H 3
Saint-Paul-lez-Durance 13 ... 306 C 3
Saint-Paul-Lizonne 24 ... 221 G 5
Saint-Paul-Mont-Penit 85 ... 165 F 3
Saint-Paul-sur-Isère 73 ... 234 B 2
Saint-Paul-sur-Risle 27 ... 35 F 3
Saint-Paul-sur-Save 31 ... 297 G 3
Saint-Paul-sur-Ubaye 04 ... 271 E 3
Saint-Paul-Trois-Châteaux 26 ... 285 E 1
Saint-Paulet 11 ... 318 D 4
Saint-Paulet-de-Caisson 30 ... 284 D 2
Saint-Paulien 43 ... 247 E 2
Saint-Pavace 72 ... 107 H 4
Saint-Pé-d'Ardet 31 ... 334 B 2
Saint-Pé-de-Bigorre 65 ... 332 C 1
Saint-Pé-de-Léren 64 ... 292 D 5
Saint-Pé-Delbosc 31 ... 316 B 5
Saint-Pé-Saint-Simon 47 ... 275 E 5
Saint-Pée-sur-Nivelle 64 ... 310 C 4
Saint-Pellerin 50 ... 32 A 3
Saint-Pellerin 28 ... 109 G 4
Saint-Péran 35 ... 103 G 3
Saint-Péravy-Épreux 45 ... 111 E 2
Saint-Péravy-la-Colombe 45 ... 110 C 5
Saint-Péray 07 ... 249 F 4
Saint-Perdon 40 ... 293 H 1
Saint-Perdoux 24 ... 258 B 2
Saint-Perdoux 46 ... 261 F 3
Saint-Père 35 ... 50 C 5
Saint-Père 58 ... 156 A 2
Saint-Père 89 ... 157 G 2
Saint-Père-en-Retz 44 ... 146 D 4
Saint-Père-sur-Loire 45 ... 134 A 3
Saint-Péreuse 58 ... 175 H 1
Saint-Pern 35 ... 103 H 1
Saint-Perreux 56 ... 125 G 3
Saint-Péver 22 ... 77 H 2
Saint-Pey-d'Armens 33 ... 238 C 5
Saint-Pey-de-Castets 33 ... 256 D 1
Saint-Phal 10 ... 114 D 3
Saint-Philbert-de-Bouaine 85 ... 165 G 1
Saint-Philbert-de-Grand-Lieu 44 ... 165 G 1
Saint-Philbert-des-Champs 14 ... 34 D 4
Saint-Philbert-du-Peuple 49 ... 150 C 2
Saint-Philbert-du-Pont-Charrault 85 ... 166 C 5
Saint-Philbert-en-Mauges 49 ... 148 C 5
Saint-Philbert-sur-Boissey 27 ... 35 G 4
Saint-Philbert-sur-Orne 61 ... 53 G 3
Saint-Philbert-sur-Risle 27 ... 35 F 3
Saint-Philibert 56 ... 124 A 4
Saint-Philibert 21 ... 160 A 4
Saint-Philibert-d'Entremont 38 ... 233 E 4
Saint-Philippe-d'Aiguille 33 ... 238 D 5
Saint-Philippe-du-Seignal 33 ... 257 F 1
Saint-Piat 28 ... 86 B 3
Saint-Pierre 51 ... 62 A 2
Saint-Pierre 67 ... 97 F 3
Saint-Pierre 39 ... 197 E 1
Saint-Pierre 15 ... 226 B 5
Saint-Pierre 04 ... 289 G 5
Saint-Pierre 31 ... 298 B 4
Saint-Pierre-à-Arnes 08 ... 42 B 3
Saint-Pierre-à-Champ 79 ... 167 H 1
Saint-Pierre-à-Gouy 80 ... 22 A 1
Saint-Pierre-Aigle 02 ... 40 A 3
Saint-Pierre-Avez 05 ... 287 E 2
Saint-Pierre-Azif 14 ... 34 B 3
Saint-Pierre-Bellevue 23 ... 207 E 4
Saint-Pierre-Bénouville 76 ... 20 A 3
Saint-Pierre-Bois 67 ... 97 E 4
Saint-Pierre-Brouck 59 ... 3 F 3
Saint-Pierre-Canivet 14 ... 53 H 2
Saint-Pierre-Chérignat 23 ... 206 C 3
Saint-Pierre-Colamine 63 ... 227 G 3
Saint-Pierre-d'Albigny 73 ... 233 H 2
Saint-Pierre-d'Allevard 38 ... 233 G 4
Saint-Pierre-d'Alvey 73 ... 232 D 1


## ST-QUENTIN

Aumale (R. d') ... AZ 2
Basch (R. Victor) ... AYZ 3
Basilique (Pl. de la) ... ABY 4
Campions (Pl. des) ... AZ 5
Croix-Belle-Porte (R.) ... AY 6
Dufour-Denelle (Pl.) ... AZ 7
États-Généraux (R. des) ... AY 8
Foy (R. du Gén.) ... AZ 10
Gaulle (Av. du Gén.-de) ... BZ 13
Gouvernement (R. du) ... BY 15
Héros-du-2-Septembre-1945 (Pl. des) ... BZ 16
Herriot (R. Édouard) ... BZ 17
Hôtel-de-Ville (Pl. de l') ... AZ 18
Isle (R. d') ... BZ
Leclerc (R. Gén.) ... BZ 21
Lyon (R. de) ... BZ 24
Mulhouse (Pl.) ... BY 25
Ovres (R. E.) ... BY 26
Paringault (R.) ... ABY 27
Pompidou (R. G.) ... AY 28
Prés.-J.-F.-Kennedy (R. du) ... AY 29
Raspail (R.) ... AY
Rémicourt (Av. de) ... BY 31
St-André (R.) ... AY 32
Sellerie (R. de la) ... BZ 33
Le Sérurier (R.) ... AY 23
Sous-Préfecture (R. de la) ... BZ 34
Thomas (R. A.) ... AY 36
Toiles (R. des) ... BZ 37
Verdun (Bd) ... AZ 38
Zola (R. Émile) ... AZ
8-Octobre (Pl. du) ... BZ 41

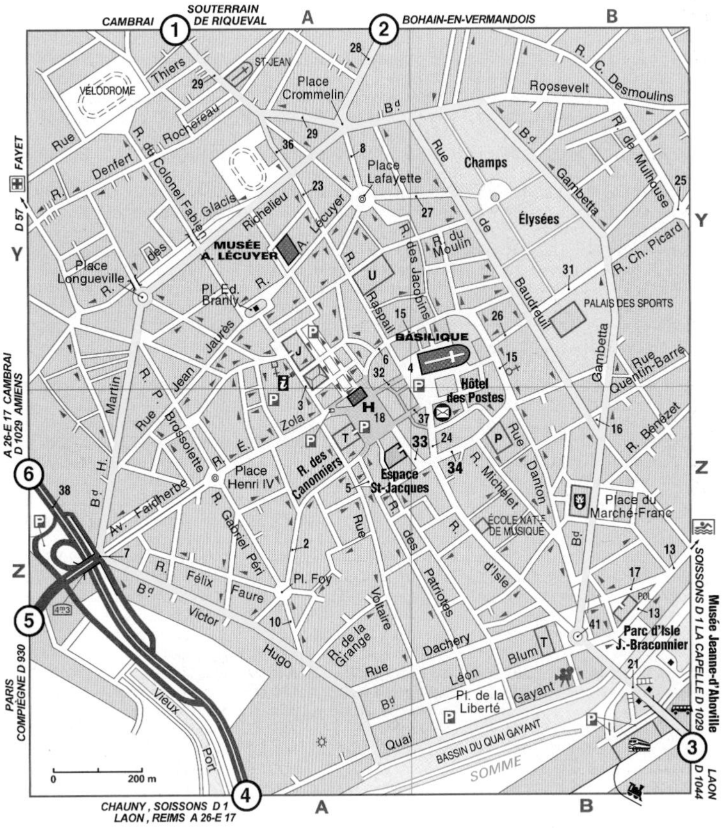

CAMBRAI
SOUTERRAIN DE RIQUEVAL
BOHAIN-EN-VERMANDOIS
VÉLODROME
Place Crommelin
Roosevelt
C. Desmoulins
Champs
Élysées
Place Lafayette
MUSÉE A. LECUYER
Place Longueville
Pl. Ed. Branly
BASILIQUE
Hôtel des Postes
Place Henri IV
Espace St-Jacques
Place du Marché-Franc
ÉCOLE NAT.LE DE MUSIQUE
PALAIS DES SPORTS
Parc d'Isle J.-Braconnier
Pl. Foy
Pl. de la Liberté
BASSIN DU QUAI GAYANT
SOMME
CHAUNY, SOISSONS D 1
LAON, REIMS A 26-E 17
PARIS COMPIÈGNE D 930
A 26-E 17 CAMBRAI D 1029 AMIENS
Musée Jeanne-d'Aboville
SOISSONS D 1 LA CAPELLE D 1029
LAON D 1044

Saint-Pierre-d'Amilly 17 ... 201 G1
Saint-Pierre-d'Argençon 05 ... 268 D4
Saint-Pierre-d'Arthéglise 50 ... 28 D5
Saint-Pierre-d'Aubézies 32 ... 295 F4
Saint-Pierre-d'Aurillac 33 ... 256 C3
Saint-Pierre-d'Autils 27 ... 36 D5
Saint-Pierre-de-Bailleul 27 ... 36 D5
Saint-Pierre-de-Bat 33 ... 256 B2
Saint-Pierre-de-Belleville 73 ... 233 H3
Saint-Pierre-de-Bœuf 42 ... 231 E4
Saint-Pierre-de-Bressieux 38 ... 232 A5
Saint-Pierre-de-Buzet 47 ... 275 F2
Saint-Pierre-de-Caubel 47 ... 258 B5
Saint-Pierre-de-Cernières 27 ... 55 E2
Saint-Pierre-de-Chandieu 69 ... 231 G2
Saint-Pierre-de-Chartreuse 38 ... 233 E5
Saint-Pierre-de-Chérennes 38 ... 250 B2
Saint-Pierre-de-Chevillé 72 ... 130 B4
Saint-Pierre-de-Chignac 24 ... 240 D3
Saint-Pierre-de-Clairac 47 ... 276 C3
Saint-Pierre-de-Côle 24 ... 222 D5
Saint-Pierre-de-Colombier 07 ... 266 A2
Saint-Pierre-de-Cormeilles 27 ... 35 E4
Saint-Pierre-de-Coutances 50 ... 51 G1
Saint-Pierre-de-Curtille 73 ... 215 E5
Saint-Pierre-de-Frugie 24 ... 223 E3
Saint-Pierre-de-Fursac 23 ... 206 B1
Saint-Pierre-de-Genebroz 73 ... 232 D3
Saint-Pierre-de-Jards 36 ... 172 B1
Saint-Pierre-de-Juillers 17 ... 202 B3
Saint-Pierre-de-la-Fage 34 ... 302 A2
Saint-Pierre-de-Lages 31 ... 298 B5
Saint-Pierre-de-Lamps 36 ... 171 F2
Saint-Pierre-de-l'Ile 17 ... 201 H2
Saint-Pierre-de-Maillé 86 ... 170 A5
Saint-Pierre-de-Mailloc 14 ... 54 D1
Saint-Pierre-de-Manneville 76 ... 36 A2
Saint-Pierre-de-Méaroz 38 ... 251 E5
Saint-Pierre-de-Mésage 38 ... 251 E3
Saint-Pierre-de-Mézoargues 13 ... 304 B1
Saint-Pierre-de-Mons 33 ... 256 B4
Saint-Pierre-de-Nogaret 48 ... 263 H5
Saint-Pierre-de-Plesguen 35 ... 79 H4
Saint-Pierre-de-Rivière 09 ... 336 A3
Saint-Pierre-de-Salerne 27 ... 35 F4
Saint-Pierre-de-Semilly 50 ... 32 B5
Saint-Pierre-de-Soucy 73 ... 233 G3
Saint-Pierre-de-Trivisy 81 ... 300 A3
Saint-Pierre-de-Varengeville 76 ... 36 A1
Saint-Pierre-de-Varennes 71 ... 177 E3
Saint-Pierre-de-Vassols 84 ... 285 H4
Saint-Pierre-dels-Forcats 66 ... 341 G4
Saint-Pierre-d'Entremont 61 ... 53 E3
Saint-Pierre-d'Entremont 38 ... 233 E4
Saint-Pierre-d'Entremont 73 ... 233 E4
Saint-Pierre-des-Bois 72 ... 107 E5
Saint-Pierre-des-Champs 11 ... 338 B2
Saint-Pierre-des-Corps 37 ... 152 A2
Saint-Pierre-des-Échaubrognes 79 ... 167 E1
Saint-Pierre-des-Fleurs 27 ... 36 A4
Saint-Pierre-des-Ifs 14 ... 34 C5
Saint-Pierre-des-Ifs 27 ... 35 F3
Saint-Pierre-des-Jonquières 76 ... 20 D2
Saint-Pierre-des-Landes 53 ... 81 G5
Saint-Pierre-des-Loges 61 ... 55 E4
Saint-Pierre-des-Nids 53 ... 83 F4
Saint-Pierre-des-Ormes 72 ... 84 A5
Saint-Pierre-des-Tripiers 48 ... 282 A3
Saint-Pierre-d'Exideuil 86 ... 203 G1
Saint-Pierre-d'Extravache 73 ... 253 E1
Saint-Pierre-d'Eyraud 24 ... 257 G1
Saint-Pierre-d'Irube 64 ... 292 A5
Saint-Pierre-d'Oléron 17 ... 200 B3
Saint-Pierre-du-Bosguérard 27 ... 35 H4
Saint-Pierre-du-Bû 14 ... 53 H3
Saint-Pierre-du-Champ 43 ... 247 F1
Saint-Pierre-du-Chemin 85 ... 167 F5
Saint-Pierre-du-Fresne 14 ... 52 D1
Saint-Pierre-du-Jonquet 14 ... 34 A4
Saint-Pierre-du-Lorouër 72 ... 130 C3
Saint-Pierre-du-Mesnil 27 ... 55 F2
Saint-Pierre-du-Mont 14 ... 32 C2
Saint-Pierre-du-Mont 58 ... 157 E2
Saint-Pierre-du-Mont 40 ... 294 A1
Saint-Pierre-du-Palais 17 ... 238 C2
Saint-Pierre-du-Perray 91 ... 88 A2
Saint-Pierre-du-Regard 61 ... 53 F3
Saint-Pierre-du-Val 27 ... 34 D2
Saint-Pierre-du-Vauvray 27 ... 36 C4
Saint-Pierre-Église 50 ... 29 G2
Saint-Pierre-en-Faucigny 74 ... 216 A1
Saint-Pierre-en-Port 76 ... 19 E2
Saint-Pierre-en-Val 76 ... 10 D4
Saint-Pierre-en-Vaux 21 ... 177 E1
Saint-Pierre-es-Champs 60 ... 37 F2
Saint-Pierre-Eynac 43 ... 247 G3
Saint-Pierre-la-Bourlhonne 63 ... 229 E1
Saint-Pierre-la-Bruyère 61 ... 84 D5
Saint-Pierre-la-Cour 53 ... 105 G3
Saint-Pierre-la-Garenne 27 ... 36 D5
Saint-Pierre-la-Noaille 42 ... 211 G1
Saint-Pierre-la-Palud 69 ... 212 C5
Saint-Pierre-la-Rivière 61 ... 54 C3
Saint-Pierre-la-Roche 07 ... 266 D3
Saint-Pierre-la-Vieille 14 ... 53 E2
Saint-Pierre-Lafeuille 46 ... 260 B4
Saint-Pierre-Langers 50 ... 51 G3
Saint-Pierre-Laval 03 ... 211 E1
Saint-Pierre-Lavis 76 ... 19 F4
Saint-Pierre-le-Bost 23 ... 190 A3
Saint-Pierre-le-Chastel 63 ... 209 F5
Saint-Pierre-le-Déchausselat 07 ... 265 H5
Saint-Pierre-le-Moûtier 58 ... 174 C4
Saint-Pierre le Potier 53 ... 106 A4
Saint-Pierre-le-Vieux 76 ... 19 H2
Saint-Pierre-le-Vieux 85 ... 184 B3
Saint-Pierre-le-Vieux 71 ... 194 C5
Saint-Pierre-le-Vieux 48 ... 264 A1
Saint-Pierre-le-Viger 76 ... 19 H2
Saint-Pierre-les-Aubagne 13 ... 327 F2
Saint-Pierre-lès-Bitry 60 ... 39 H2
Saint-Pierre-les-Bois 18 ... 190 A1
Saint-Pierre-lès-Elbeuf 76 ... 36 A4
Saint-Pierre-les-Étieux 18 ... 173 H5
Saint-Pierre-lès-Franqueville 02 ... 25 E2
Saint-Pierre-lès-Nemours 77 ... 112 B2
Saint-Pierre-Montlimart 49 ... 148 C3
Saint-Pierre-Quiberon 56 ... 123 H5
Saint-Pierre-Roche 63 ... 227 F1
Saint-Pierre-sur-Dives 14 ... 54 A1
Saint-Pierre-sur-Doux 07 ... 248 B2
Saint-Pierre-sur-Dropt 47 ... 257 F3
Saint-Pierre-sur-Erve 53 ... 106 C4
Saint-Pierre-sur-Mer 11 ... 321 G5
Saint-Pierre-sur-Orthe 53 ... 107 E2
Saint-Pierre-sur-Vence 08 ... 26 D4
Saint-Pierre-Tarentaine 14 ... 52 D2
Saint-Pierre-Toirac 46 ... 261 F4
Saint-Pierremont 02 ... 25 F3
Saint-Pierremont 08 ... 43 F1
Saint-Pierremont 88 ... 95 G3
Saint-Pierreville 07 ... 266 C1
Saint-Pierrevillers 55 ... 44 D3
Saint-Plaisir 03 ... 191 G1
Saint-Plancard 31 ... 316 A5
Saint-Planchers 50 ... 51 F3
Saint-Plantaire 36 ... 189 E3
Saint-Point 71 ... 194 C4
Saint-Point-Lac 25 ... 180 C3
Saint-Pois 50 ... 52 B4
Saint-Poix 53 ... 105 G5
Saint-Pol-de-Léon 29 ... 71 G3
Saint-Pol-sur-Mer 59 ... 3 G2
Saint-Pol-sur-Ternoise 62 ... 7 G5
Saint-Polgues 42 ... 211 F4
Saint-Polycarpe 11 ... 337 C2
Saint-Pompain 79 ... 184 C3
Saint-Pompon 24 ... 259 F2
Saint-Poncy 15 ... 245 H2
Saint-Pons 07 ... 266 D3
Saint-Pons 04 ... 270 D5
Saint-Pons *Parc de* 13 ... 327 G2
Saint-Pons-de-Mauchiens 34 ... 302 A5
Saint-Pons-de-Thomières 34 ... 320 C3
Saint-Pons-la-Calm 30 ... 284 D4
Saint-Pont 03 ... 210 A1
Saint-Porchaire 17 ... 201 E4
Saint-Porquier 82 ... 277 F5
Saint-Pôtan 22 ... 79 F3
Saint-Pouange 10 ... 114 D2
Saint-Pourçain-sur-Besbre 03 ... 192 D3
Saint-Pourçain-sur-Sioule 03 ... 192 A4
Saint-Prancher 88 ... 94 C4
Saint-Préjet-Armandon 43 ... 246 C1
Saint-Préjet-d'Allier 43 ... 246 D5
Saint-Prest 28 ... 86 B3
Saint-Preuil 16 ... 220 C2
Saint-Priest 23 ... 208 B2
Saint-Priest 69 ... 231 F1
Saint-Priest 07 ... 266 C2
Saint-Priest-Bramefant 63 ... 210 B3
Saint-Priest-d'Andelot 03 ... 209 H2
Saint-Priest-de-Gimel 19 ... 243 E1
Saint-Priest-des-Champs 63 ... 209 E3
Saint-Priest-en-Jarez 42 ... 230 B4
Saint-Priest-en-Murat 03 ... 191 F4
Saint-Priest-la-Feuille 23 ... 206 C1
Saint-Priest-la-Marche 18 ... 190 A3
Saint-Priest-la-Plaine 23 ... 206 C1
Saint-Priest-la-Prugne 42 ... 211 E3
Saint-Priest-la-Roche 42 ... 211 G4
Saint-Priest-la-Vêtre 42 ... 211 E5
Saint-Priest-le-Betoux 87 ... 205 G1
Saint-Priest-les-Fougères 24 ... 223 E3
Saint-Priest-Ligoure 87 ... 223 H2
Saint-Priest-Palus 23 ... 206 C4
Saint-Priest-sous-Aixe 87 ... 205 F5
Saint-Priest-Taurion 87 ... 205 H4
Saint-Prim 38 ... 231 E4
Saint-Privat 19 ... 243 G3
Saint-Privat 07 ... 266 B3
Saint-Privat 34 ... 301 H3
Saint-Privat-d'Allier 43 ... 246 D4
Saint-Privat-de-Champclos 30 ... 284 B2
Saint-Privat-de-Vallongue 48 ... 283 F2
Saint-Privat-des-Prés 24 ... 239 F1
Saint-Privat-des-Vieux 30 ... 283 H3
Saint-Privat-du-Dragon 43 ... 246 B2
Saint-Privat-du-Fau 48 ... 246 B5
Saint-Privat-la-Montagne 57 ... 45 G5
Saint-Privé 89 ... 135 F4
Saint-Privé 71 ... 177 F5
Saint-Prix 95 ... 58 B1
Saint-Prix 71 ... 176 B2
Saint-Prix 03 ... 192 D5
Saint-Prix 07 ... 248 C4
Saint-Prix-lès-Arnay 21 ... 159 E5
Saint-Projet 46 ... 260 B2
Saint-Projet 15 ... 262 B3
Saint-Projet 82 ... 278 D2
Saint-Projet-de-Salers 15 ... 244 C3
Saint-Projet-Saint-Constant 16 ... 221 G1
Saint-Prouant 85 ... 166 D4
Saint-Pryvé-Saint-Mesmin 45 ... 133 E2
Saint-Puy 32 ... 296 A1
Saint-Python 59 ... 14 D3
Saint-Quantin-de-Rançanne 17 ... 219 G3
Saint-Quay-Perros 22 ... 72 C2
Saint-Quay-Portrieux 22 ... 73 H4
Saint-Quentin 02 ... 24 B2
Saint-Quentin-au-Bosc 76 ... 10 C5
Saint-Quentin-de-Baron 33 ... 256 B1
Saint-Quentin-de-Blavou 61 ... 84 B3
Saint-Quentin-de-Caplong 33 ... 257 E1
Saint-Quentin-de-Chalais 16 ... 239 E1
Saint-Quentin-des-Isles 27 ... 55 F1
Saint-Quentin-des-Prés 60 ... 37 G1
Saint-Quentin-du-Dropt 47 ... 258 B2
Saint-Quentin-en-Mauges 49 ... 148 D3
Saint-Quentin-en-Tourmont 80 ... 11 E1
Saint-Quentin-en-Yvelines 78 ... 57 H4
Saint-Quentin-Fallavier 38 ... 231 G2
Saint-Quentin-la-Chabanne 23 ... 207 G4
Saint-Quentin-la-Motte-Croix-au-Bailly 80 ... 10 D4
Saint-Quentin-la-Poterie 30 ... 284 C4
Saint-Quentin-la-Tour 09 ... 336 D2
Saint-Quentin-le-Petit 08 ... 25 G5
Saint-Quentin-le-Verger 51 ... 90 B2
Saint-Quentin-les-Anges 53 ... 128 A3
Saint-Quentin-lès-Beaurepaire 49 ... 129 F5
Saint-Quentin-les-Chardonnets 61 ... 52 D4
Saint-Quentin-les-Marais 51 ... 62 D4
Saint-Quentin-lès-Troo 41 ... 131 E3
Saint-Quentin-sur-Charente 16 ... 204 C5
Saint-Quentin-sur-Coole 51 ... 62 A3
Saint-Quentin-sur-Indrois 37 ... 152 C4
Saint-Quentin-sur-Isère 38 ... 232 C5
Saint-Quentin-sur-le-Homme 50 ... 51 H5
Saint-Quentin-sur-Nohain 58 ... 156 B3
Saint-Quentin-sur-Sauxillanges 63 ... 228 B3
Saint-Quintin-sur-Sioule 63 ... 209 G2
Saint-Quirc 09 ... 318 A5
Saint-Quirin 57 ... 96 C1
Saint-Rabier 24 ... 241 F2
Saint-Racho 71 ... 194 A5
Saint-Rambert-d'Albon 26 ... 249 E1
Saint-Rambert-en-Bugey 01 ... 214 B3
Saint-Rambert-l'Ile-Barbe 69 ... 213 E5
Saint-Raphaël 24 ... 241 F1
Saint-Raphaël 83 ... 329 H1
Saint-Régis-du-Coin 42 ... 248 B1
Saint-Règle 37 ... 152 C2
Saint-Remèze 07 ... 284 C1
Saint-Remimont 88 ... 94 B5
Saint-Remimont 54 ... 95 E2
Saint-Rémy 14 ... 53 F2
Saint-Remy 88 ... 96 A4
Saint-Rémy 21 ... 137 G5
Saint-Remy 70 ... 141 E2
Saint-Rémy 71 ... 177 H4
Saint-Rémy 79 ... 184 D3
Saint-Rémy 01 ... 195 H5
Saint-Rémy 19 ... 225 H2
Saint-Rémy 24 ... 239 F4
Saint-Rémy 12 ... 279 F1
Saint-Rémy-au-Bois 62 ... 6 C5
Saint-Rémy-aux-Bois 54 ... 95 F3
Saint-Rémy-Blanzy 02 ... 40 B4
Saint-Rémy-Boscrocourt 76 ... 10 D4
Saint-Remy-Chaussée 59 ... 15 G3
Saint-Rémy-de-Blot 63 ... 209 F2
Saint-Rémy-de-Chargnat 63 ... 228 A3
Saint-Rémy-de-Chaudes-Aigues 15 ... 263 G2
Saint-Rémy-de-Maurienne 73 ... 233 H4
Saint-Rémy-de-Provence 13 ... 304 D2
Saint-Rémy-de-Salers 15 ... 244 C3
Saint-Rémy-de-Sillé 72 ... 107 F2
Saint-Rémy-des-Landes 50 ... 31 F3
Saint-Rémy-des-Monts 72 ... 84 A5
Saint-Remy-du-Nord 59 ... 15 G3
Saint-Rémy-du-Plain 35 ... 80 C4
Saint-Rémy-du-Val 72 ... 83 H5
Saint-Remy-en-Bouzemont-Saint-Genest-et-Isson 51 ... 62 D5
Saint-Remy-en-l'Eau 60 ... 38 C1
Saint-Rémy-en-Mauges 49 ... 148 C3
Saint-Rémy-en-Montmorillon 86 ... 187 G5
Saint-Rémy-en-Rollat 03 ... 210 B1
Saint-Remy-la-Calonne 55 ... 64 D2
Saint-Rémy-la-Vanne 77 ... 60 A4
Saint-Rémy-la-Varenne 49 ... 150 A2
Saint-Remy-le-Petit 08 ... 42 A2
Saint-Rémy-lès-Chevreuse 78 ... 58 A5
Saint-Rémy-l'Honoré 78 ... 57 G4
Saint-Remy-sous-Barbuise 10 ... 91 E3
Saint-Remy-sous-Broyes 51 ... 61 E5
Saint-Rémy-sur-Avre 28 ... 56 C4
Saint-Remy-sur-Bussy 51 ... 62 C1
Saint-Rémy-sur-Creuse 86 ... 169 H2
Saint-Rémy-sur-Durolle 63 ... 210 C4
Saint-Renan 29 ... 74 D2
Saint-René 22 ... 78 C3
Saint-Restitut 26 ... 285 E1
Saint-Révérend 85 ... 165 E4
Saint-Révérien 58 ... 157 F4
Saint-Rieul 22 ... 79 E4
Saint-Rigomer-des-Bois 72 ... 83 H4
Saint-Rimay 41 ... 131 F3
Saint-Riquier 80 ... 11 H3
Saint-Riquier-en-Rivière 76 ... 21 E2
Saint-Riquier-ès-Plains 76 ... 19 G2
Saint-Rirand 42 ... 211 E2
Saint-Rivoal 29 ... 76 A3
Saint-Robert 19 ... 241 H1
Saint-Robert 47 ... 276 C2
Saint-Roch 37 ... 151 G2
Saint-Roch-sur-Égrenne 61 ... 82 A2
Saint-Rogatien 17 ... 200 C1
Saint-Romain 21 ... 177 G2
Saint-Romain 86 ... 186 C5
Saint-Romain 63 ... 229 F3
Saint-Romain 16 ... 239 F1
Saint-Romain *Mont* 71 ... 194 D2
Saint-Romain-au-Mont-d'Or 69 ... 213 E4
Saint-Romain-d'Ay 07 ... 248 D2
Saint-Romain-de-Benet 17 ... 219 E1
Saint-Romain-de-Colbosc 76 ... 18 D5
Saint-Romain-de-Jalionas 38 ... 213 H5
Saint-Romain-de-Lerps 07 ... 249 E4
Saint-Romain-de-Monpazier 24 ... 258 D2
Saint-Romain-de-Popey 69 ... 212 C4
Saint-Romain-de-Surieu 38 ... 231 F4
Saint-Romain-des-Iles 71 ... 213 E1
Saint-Romain-d'Urfé 42 ... 211 E4
Saint-Romain-en-Gal 69 ... 231 E3
Saint-Romain-en-Gier 69 ... 230 D2
Saint-Romain-en-Jarez 42 ... 230 C3
Saint-Romain-en-Viennois 84 ... 285 H2
Saint-Romain-et-Saint-Clément 24 ... 222 D4
Saint-Romain-la-Motte 42 ... 211 F2
Saint-Romain-la-Virvée 33 ... 237 H4
Saint-Romain-Lachalm 43 ... 248 A1
Saint-Romain-le-Noble 47 ... 276 C3
Saint-Romain-le-Preux 89 ... 113 G5
Saint-Romain-le-Puy 42 ... 229 H3
Saint-Romain-les-Atheux 42 ... 230 B5
Saint-Romain-sous-Gourdon 71 ... 194 B1
Saint-Romain-sous-Versigny 71 ... 193 H1
Saint-Romain-sur-Cher 41 ... 153 F3
Saint-Romain-sur-Gironde 17 ... 219 F4
Saint-Roman 26 ... 268 B2
Saint-Roman *Abbaye de* 30 ... 304 B2
Saint-Roman-de-Bellet 06 ... 309 G2
Saint-Roman-de-Codières 30 ... 283 E5
Saint-Roman-de-Malegarde 84 ... 285 G2
Saint-Romans 38 ... 250 A2
Saint-Romans-des-Champs 79 ... 185 E5
Saint-Romans-lès-Melle 79 ... 185 F5
Saint-Rome 31 ... 318 B4
Saint-Rome-de-Cernon 12 ... 281 G5
Saint-Rome-de-Dolan 48 ... 282 A2
Saint-Rome-de-Tarn 12 ... 281 F5
Saint-Romphaire 50 ... 52 B1
Saint-Rouin *Ermitage de* 55 ... 63 F1
Saint-Rustice 31 ... 297 H2
Saint-Saëns 76 ... 20 C4
Saint-Saire 76 ... 21 E4
Saint-Salvadou 12 ... 279 G2
Saint-Salvadour 19 ... 224 D5
Saint-Salvi-de-Carcavès 81 ... 300 B2
Saint-Salvy 47 ... 275 H2
Saint-Salvy-de-la-Balme 81 ... 299 H5
Saint-Samson 14 ... 34 A4
Saint-Samson 53 ... 83 E3
Saint-Samson-de-Bonfossé 50 ... 32 A5
Saint-Samson-de-la-Roque 27 ... 35 E2
Saint-Samson-la-Poterie 60 ... 21 F5
Saint-Samson-sur-Rance 22 ... 79 G3
Saint-Sandoux 63 ... 227 H2
Saint-Santin 12 ... 261 H3
Saint-Santin-Cantalès 15 ... 243 H4
Saint-Santin-de-Maurs 15 ... 261 H3
Saint-Sardos 47 ... 275 H1
Saint-Sardos 82 ... 297 F1
Saint-Sardos-de-Laurenque 47 ... 258 D4
Saint-Satur 18 ... 156 A3
Saint-Saturnin 51 ... 90 C2
Saint-Saturnin 72 ... 107 G4
Saint-Saturnin 18 ... 190 A2
Saint-Saturnin 16 ... 221 E1
Saint-Saturnin 63 ... 227 H2
Saint-Saturnin 15 ... 245 E1
Saint-Saturnin 48 ... 282 A1
Saint-Saturnin-de-Lenne 12 ... 263 G5
Saint-Saturnin-de-Lucian 34 ... 302 A4
Saint-Saturnin-du-Bois 17 ... 201 G1
Saint-Saturnin-du-Limet 53 ... 127 G2
Saint-Saturnin-lès-Apt 84 ... 286 B5
Saint-Saturnin-lès-Avignon 84 ... 285 G5
Saint-Saturnin-sur-Loire 49 ... 149 H2
Saint-Saud-Lacoussière 24 ... 222 D3
Saint-Sauflieu 80 ... 22 B3
Saint-Saulge 58 ... 175 F1
Saint-Saulve 59 ... 9 G5
Saint-Saury 15 ... 261 G1
Saint-Sauvant 86 ... 185 H4
Saint-Sauvant 17 ... 201 H5
Saint-Sauves-d'Auvergne 63 ... 226 D2
Saint-Sauveur 80 ... 22 B1
Saint-Sauveur 60 ... 39 F3
Saint-Sauveur 29 ... 76 A2
Saint-Sauveur 54 ... 96 B2
Saint-Sauveur 70 ... 141 G2
Saint-Sauveur 21 ... 160 D2
Saint-Sauveur 79 ... 167 H3
Saint-Sauveur 86 ... 169 H4
Saint-Sauveur 33 ... 237 E1
Saint-Sauveur 24 ... 240 B5
Saint-Sauveur 38 ... 250 A2
Saint-Sauveur 05 ... 270 C3
Saint-Sauveur 31 ... 297 H3
Saint-Sauveur *Chapelle* 64 ... 330 D2
Saint-Sauveur-Camprieu 30 ... 282 C4
Saint-Sauveur-d'Aunis 17 ... 183 H5
Saint-Sauveur-de-Carrouges 61 ... 83 F2
Saint-Sauveur-de-Chaulieu 50 ... 52 C4
Saint-Sauveur-de-Cruzières 07 ... 284 A2
Saint-Sauveur-de-Flée 49 ... 128 A3
Saint-Sauveur-de-Ginestoux 48 ... 264 D2
Saint-Sauveur-de-Landemont 49 ... 148 B3
Saint-Sauveur-de-Meilhan 47 ... 256 D5
Saint-Sauveur-de-Montagut 07 ... 266 C1
Saint-Sauveur-de-Peyre 48 ... 264 A3
Saint-Sauveur-de-Pierrepont 50 ... 31 F2
Saint-Sauveur-de-Puynormand 33 ... 238 D4
Saint-Sauveur-d'Émalleville 76 ... 18 D5
Saint-Sauveur-des-Landes 35 ... 81 E4
Saint-Sauveur-en-Diois 26 ... 267 H2
Saint-Sauveur-en-Puisaye 89 ... 135 G5
Saint-Sauveur-en-Rue 42 ... 248 C1
Saint-Sauveur-Gouvernet 26 ... 286 B1
Saint-Sauveur-la-Pommeraye 50 ... 51 G3
Saint-Sauveur-la-Sagne 63 ... 228 D5
Saint-Sauveur-la-Vallée 46 ... 260 C3
Saint-Sauveur-Lalande 24 ... 239 F4
Saint-Sauveur-le-Vicomte 50 ... 31 G2
Saint-Sauveur-Lendelin 50 ... 31 G4
Saint-Sauveur-les-Bains 65 ... 333 E4
Saint-Sauveur-lès-Bray 77 ... 89 F4
Saint-Sauveur-Levasville 28 ... 85 H2
Saint-Sauveur-sur-École 77 ... 88 A3
Saint-Sauveur-sur-Tinée 06 ... 289 H3
Saint-Sauvier 03 ... 190 B4
Saint-Sauvy 32 ... 296 D3
Saint-Savin 86 ... 187 F2

Saint-Savin 38 … 232 A2
Saint-Savin 33 … 237 H2
Saint-Savin 65 … 332 D2
Saint-Savinien 17 … 201 F4
Saint-Saviol 86 … 203 G1
Saint-Savournin 13 … 327 F1
Saint-Sébastien 23 … 188 D4
Saint-Sébastien 38 … 251 E5
Saint-Sébastien *Chapelle* 29 … 75 H4
Saint-Sébastien-d'Aigrefeuille 30 … 283 G4
Saint-Sébastien-de-Morsent 27 … 56 B1
Saint-Sébastien-de-Raids 50 … 31 H4
Saint-Sébastien-sur-Loire 44 … 147 H4
Saint-Secondin 86 … 186 D4
Saint-Ségal 29 … 75 H4
Saint-Séglin 35 … 103 G5
Saint-Seine 58 … 175 H5
Saint-Seine-en-Bâche 21 … 160 D5
Saint-Seine-l'Abbaye 21 … 159 G2
Saint-Seine-sur-Vingeanne 21 … 160 D1
Saint-Selve 33 … 255 G2
Saint-Senier-de-Beuvron 50 … 81 E2
Saint-Senier-sous-Avranches 50 … 51 H4
Saint-Senoch 37 … 170 B1
Saint-Senoux 35 … 104 A5
Saint-Sériès 34 … 303 F3
Saint-Sernin 47 … 257 F2
Saint-Sernin 07 … 266 B4
Saint-Sernin 11 … 318 C5
Saint-Sernin-du-Bois 71 … 177 E3
Saint-Sernin-du-Plain 71 … 177 F3
Saint-Sernin-lès-Lavaur 81 … 299 E5
Saint-Sernin-sur-Rance 12 … 300 B1
Saint-Sérotin 89 … 113 F2
Saint-Servais 29 … 71 F5
Saint-Servais 22 … 77 E3
Saint-Servan-sur-Mer 35 … 50 C5
Saint-Servant 56 … 102 C5
Saint-Setiers 19 … 225 G1
Saint-Seurin-de-Bourg 33 … 237 G3
Saint-Seurin-de-Cadourne 33 … 219 E5
Saint-Seurin-de-Cursac 33 … 237 F2
Saint-Seurin-de-Palenne 17 … 219 G2
Saint-Seurin-de-Prats 24 … 257 E1
Saint-Seurin-d'Uzet 17 … 219 E3
Saint-Seurin-sur-l'Isle 33 … 238 D4
Saint-Sève 33 … 256 D3
Saint-Sever 40 … 293 H2
Saint-Sever-Calvados 14 … 52 B3
Saint-Sever-de-Rustan 65 … 315 G4
Saint-Sever-de-Saintonge 17 … 219 H1
Saint-Sever-du-Moustier 12 … 300 C3
Saint-Séverin 16 … 221 F5
Saint-Séverin-d'Estissac 24 … 239 H3
Saint-Séverin-sur-Boutonne 17 … 201 H2
Saint-Siffret 30 … 284 C5
Saint-Sigismond 45 … 110 C5
Saint-Sigismond 49 … 148 D1
Saint-Sigismond 85 … 184 B4
Saint-Sigismond 74 … 216 C1
Saint-Sigismond-de-Clermont 17 … 219 G4
Saint-Silvain-Bas-le-Roc 23 … 190 A4
Saint-Silvain-Bellegarde 23 … 207 H3
Saint-Silvain-Montaigut 23 … 206 D1
Saint-Silvain-sous-Toulx 23 … 190 A5
Saint-Siméon 27 … 35 F3
Saint-Siméon 77 … 60 A4
Saint-Siméon 61 … 82 A3
Saint-Siméon-de-Bressieux 38 … 232 A5
Saint-Simeux 16 … 220 D2
Saint-Simon 02 … 24 A3
Saint-Simon 16 … 220 D2
Saint-Simon 15 … 244 C4
Saint-Simon 46 … 261 E2
Saint-Simon-de-Bordes 17 … 219 H4
Saint-Simon-de-Pellouaille 17 … 219 F2
Saint-Sixt 74 … 216 A2
Saint-Sixte 42 … 211 G5
Saint-Sixte 47 … 276 C4
Saint-Solen 22 … 79 H4
Saint-Solve 19 … 241 H1
Saint-Sorlin 69 … 230 D2
Saint-Sorlin-d'Arves 73 … 251 H1
Saint-Sorlin-de-Conac 17 … 219 F5
Saint-Sorlin-de-Morestel 38 … 232 B2
Saint-Sorlin-de-Vienne 38 … 231 F3
Saint-Sorlin-en-Bugey 01 … 214 A4
Saint-Sorlin-en-Valloire 26 … 231 F5
Saint-Sornin 85 … 182 D2
Saint-Sornin 03 … 191 G3
Saint-Sornin 17 … 200 D5
Saint-Sornin 16 … 221 H1
Saint-Sornin-la-Marche 87 … 205 E1
Saint-Sornin-Lavolps 19 … 223 H5
Saint-Sornin-Leulac 87 … 205 H1
Saint-Soulan 32 … 316 D3
Saint-Souplet 59 … 14 D5
Saint-Souplet-sur-Py 51 … 42 B4
Saint-Soupplets 77 … 59 F1
Saint-Sozy 46 … 242 C5
Saint-Stail 88 … 96 C3
Saint-Suliac 35 … 79 H3
Saint-Sulpice 60 … 38 A3
Saint-Sulpice 53 … 106 A5
Saint-Sulpice 70 … 141 H5
Saint-Sulpice 49 … 149 H2
Saint-Sulpice 58 … 174 D1
Saint-Sulpice 01 … 195 G4
Saint-Sulpice 63 … 226 D2
Saint-Sulpice 73 … 233 E2
Saint-Sulpice 46 … 260 D4
Saint-Sulpice 81 … 298 B3
Saint-Sulpice-d'Arnoult 17 … 201 E5
Saint-Sulpice-de-Cognac 16 … 202 B5
Saint-Sulpice-de-Faleyrens 33 … 238 C5
Saint-Sulpice-de-Favières 91 … 87 G3
Saint-Sulpice-de-Grimbouville 27 … 35 E2
Saint-Sulpice-de-Guilleragues 33 … 257 E3
Saint-Sulpice-de-Mareuil 24 … 221 H4
Saint-Sulpice-de-Pommeraye 41 … 132 A5
Saint-Sulpice-de-Pommiers 33 … 256 C2
Saint-Sulpice-de-Roumagnac 24 … 239 G2
Saint-Sulpice-de-Royan 17 … 218 D1
Saint-Sulpice-de-Ruffec 16 … 203 G3
Saint-Sulpice-des-Landes 35 … 126 C3
Saint-Sulpice-des-Landes 44 … 127 F5
Saint-Sulpice-des-Rivoires 38 … 232 C3
Saint-Sulpice-d'Excideuil 24 … 223 E5
Saint-Sulpice-en-Pareds 85 … 183 H1
Saint-Sulpice-et-Cameyrac 33 … 237 H5
Saint-Sulpice-la-Forêt 35 … 104 C2
Saint-Sulpice-Laurière 87 … 206 B2
Saint-Sulpice-le-Dunois 23 … 189 E5
Saint-Sulpice-le-Guérétois 23 … 207 E1
Saint-Sulpice-le-Verdon 85 … 165 H2
Saint-Sulpice-les-Bois 19 … 225 G2
Saint-Sulpice-les-Champs 23 … 207 F3
Saint-Sulpice-les-Feuilles 87 … 188 B4
Saint-Sulpice-sur-Lèze 31 … 317 H5
Saint-Sulpice-sur-Risle 61 … 55 F4
Saint-Supplet 54 … 44 D3
Saint-Sylvain 76 … 19 G2
Saint-Sylvain 14 … 53 H1
Saint-Sylvain 19 … 243 E2
Saint-Sylvain-d'Anjou 49 … 149 H1
Saint-Sylvestre 87 … 205 H3
Saint-Sylvestre 74 … 215 F4
Saint-Sylvestre 07 … 249 E4
Saint-Sylvestre-Cappel 59 … 3 H5
Saint-Sylvestre-de-Cormeilles 27 … 35 E4
Saint-Sylvestre-Pragoulin 63 … 210 B2
Saint-Sylvestre-sur-Lot 47 … 276 D1
Saint-Symphorien 27 … 35 E3
Saint-Symphorien 35 … 80 A5
Saint-Symphorien 72 … 107 F4
Saint-Symphorien 37 … 151 H2
Saint-Symphorien 18 … 173 E4
Saint-Symphorien 79 … 184 D5
Saint-Symphorien 33 … 255 G5
Saint-Symphorien 48 … 264 D1
Saint-Symphorien 04 … 287 G2
Saint-Symphorien-d'Ancelles 71 … 194 D5
Saint-Symphorien-de-Lay 42 … 211 H3
Saint-Symphorien-de-Mahun 07 … 248 C2
Saint-Symphorien-de-Marmagne 71 … 176 D3
Saint-Symphorien-de-Thénières 12 … 263 E2
Saint-Symphorien-des-Bois 71 … 194 A4
Saint-Symphorien-des-Bruyères 61 … 55 F4
Saint-Symphorien-des-Monts 50 … 81 G2
Saint-Symphorien-d'Ozon 69 … 231 E2
Saint-Symphorien-le-Château 28 … 86 C3
Saint-Symphorien-le-Valois 50 … 31 F3
Saint-Symphorien-les-Buttes 50 … 52 C1
Saint-Symphorien-sous-Chomérac 07 … 267 E2
Saint-Symphorien-sur-Coise 69 … 230 B2
Saint-Symphorien-sur-Couze 87 … 205 G2
Saint-Symphorien-sur-Saône 21 … 160 C5
Saint-Thégonnec 29 … 71 G5
Saint-Thélo 22 … 102 A1
Saint-Théodorit 30 … 303 F1
Saint-Théoffrey 38 … 251 E4
Saint-Thibaud-de-Couz 73 … 233 E3
Saint-Thibault 60 … 21 G4
Saint-Thibault 10 … 115 E2
Saint-Thibault 18 … 156 A3
Saint-Thibault 21 … 159 E2
Saint-Thibault-des-Vignes 77 … 59 E3
Saint-Thibaut 02 … 40 D3
Saint-Thibéry 34 … 322 C4
Saint-Thiébaud 39 … 179 H2
Saint-Thiébault 52 … 117 H2
Saint-Thierry 51 … 41 G3
Saint-Thois 29 … 76 A5
Saint-Thomas 02 … 41 E1
Saint-Thomas 31 … 297 F5
Saint-Thomas *Col de* 42 … 211 E4
Saint-Thomas-de-Conac 17 … 219 F4
Saint-Thomas-de-Courceriers 53 … 82 D5
Saint-Thomas-en-Argonne 51 … 43 E4
Saint-Thomas-en-Royans 26 … 250 A3
Saint-Thomas-la-Garde 42 … 229 G3
Saint-Thomé 07 … 266 D4
Saint-Thonan 29 … 70 D5
Saint-Thual 35 … 79 H5
Saint-Thurial 35 … 103 H4
Saint-Thuriau 56 … 101 H3
Saint-Thurien 27 … 35 F2
Saint-Thurien 29 … 100 C3
Saint-Thurin 42 … 211 F5
Saint-Thyrse *Chapelle* 04 … 308 A1
Saint-Tricat 62 … 2 C3
Saint-Trimoël 22 … 78 D4
Saint-Trinit 84 … 286 C3
Saint-Trivier-de-Courtes 01 … 195 G2
Saint-Trivier-sur-Moignans 01 … 213 F2
Saint-Trojan 33 … 237 G3
Saint-Trojan-les-Bains 17 … 200 B4
Saint-Tropez 83 … 329 G2
Saint-Tugdual 56 … 101 E2
Saint-Tugen 29 … 98 D2
Saint-Ulphace 72 … 108 D3
Saint-Ulrich 68 … 143 E3
Saint-Uniac 35 … 103 G2
Saint-Urbain 29 … 75 G2
Saint-Urbain 85 … 164 D2
Saint-Urbain-sur-Marne 52 … 93 E4
Saint-Urcisse 47 … 276 D3
Saint-Urcisse 81 … 298 B1
Saint-Urcize 15 … 263 G2
Saint-Ursin 50 … 51 G3
Saint-Usage 10 … 116 A3
Saint-Usage 21 … 160 C5
Saint-Usuge 71 … 178 C5
Saint-Utin 51 … 91 H2
Saint-Uze 26 … 249 F2
Saint-Vaast-de-Longmont 60 … 39 F3
Saint-Vaast-d'Équiqueville 76 … 20 C2
Saint-Vaast-Dieppedalle 76 … 19 G3
Saint-Vaast-du-Val 76 … 20 A4
Saint-Vaast-en-Auge 14 … 34 B3
Saint-Vaast-en-Cambrésis 59 … 14 C3
Saint-Vaast-en-Chaussée 80 … 22 B1
Saint-Vaast-la-Hougue 50 … 29 H3
Saint-Vaast-lès-Mello 60 … 38 C4
Saint-Vaast-sur-Seulles 14 … 33 E5
Saint-Vaize 17 … 201 G5
Saint-Valbert 70 … 142 B3
Saint-Valentin 36 … 172 A2
Saint-Valérien 89 … 113 E3
Saint-Valérien 85 … 183 H2
Saint-Valery 60 … 21 F3
Saint-Valery-en-Caux 76 … 19 G2
Saint-Valery-sur-Somme 80 … 11 F2
Saint-Vallerin 71 … 177 G5
Saint-Vallier 88 … 95 E5
Saint-Vallier 71 … 194 A1
Saint-Vallier 16 … 238 D1
Saint-Vallier 26 … 249 E2
Saint-Vallier-de-Thiey 06 … 308 D2
Saint-Vallier-sur-Marne 52 … 139 H2
Saint-Varent 79 … 168 A3
Saint-Vaury 23 … 206 D1
Saint-Venant 62 … 7 H2
Saint-Venec *Chapelle* 29 … 75 H5
Saint-Vénérand 43 … 246 D5
Saint-Vérain 58 … 156 B1
Saint-Véran 05 … 271 F1
Saint-Vérand 71 … 194 D5
Saint-Vérand 69 … 212 C4
Saint-Vérand 38 … 250 A2
Saint-Vert 43 … 228 C5
Saint-Viance 19 … 242 B2
Saint-Viâtre 41 … 154 B1
Saint-Viaud 44 … 146 D3
Saint-Victeur 72 … 83 G5
Saint-Victor 03 … 190 E4
Saint-Victor 24 … 239 H1
Saint-Victor 15 … 243 H4
Saint-Victor 07 … 248 D3
Saint-Victor-de-Buthon 28 … 85 F4
Saint-Victor-de-Cessieu 38 … 232 B3
Saint-Victor-de-Chrétienville 27 … 55 E1
Saint-Victor-de-Malcap 30 … 284 A2
Saint-Victor-de-Morestel 38 … 232 B1
Saint-Victor-de-Réno 61 … 84 D3
Saint-Victor-d'Épine 27 … 35 F4
Saint-Victor-des-Oules 30 … 284 C4
Saint-Victor-en-Marche 23 … 207 E2
Saint-Victor-et-Melvieu 12 … 281 F5
Saint-Victor-la-Coste 30 … 284 D4
Saint-Victor-la-Rivière 63 … 227 F3
Saint-Victor-l'Abbaye 76 … 20 B4
Saint-Victor-Malescours 43 … 248 A1
Saint-Victor-Montvianeix 63 … 210 D4
Saint-Victor-Rouzaud 09 … 336 A1
Saint-Victor-sur-Arlanc 43 … 229 E5
Saint-Victor-sur-Avre 27 … 55 H5
Saint-Victor-sur-Loire 42 … 230 A4
Saint-Victor-sur-Ouche 21 … 159 G4
Saint-Victor-sur-Rhins 42 … 212 A3
Saint-Victoret 13 … 326 C1
Saint-Victour 19 … 226 B4
Saint-Victurnien 87 … 205 E4
Saint-Vidal 43 … 247 E3
Saint-Vigor 27 … 56 C1
Saint-Vigor-des-Mézerets 14 … 53 E2
Saint-Vigor-des-Monts 50 … 52 B2
Saint-Vigor-d'Ymonville 76 … 34 D1
Saint-Vigor-le-Grand 14 … 33 E3
Saint-Vincent 63 … 227 H3
Saint-Vincent 43 … 247 F2
Saint-Vincent 82 … 278 B3
Saint-Vincent 64 … 314 C5
Saint-Vincent 31 … 318 C3
Saint-Vincent-Bragny 71 … 193 H2
Saint-Vincent-Cramesnil 76 … 34 D1
Saint-Vincent-de-Barbeyrargues 34 … 302 D3
Saint-Vincent-de-Barrès 07 … 267 E3
Saint-Vincent-de-Boisset 42 … 211 H3
Saint-Vincent-de-Connezac 24 … 239 H2
Saint-Vincent-de-Cosse 24 … 259 F1
Saint-Vincent-de-Durfort 07 … 266 D1
Saint-Vincent-de-Lamontjoie 47 … 275 H4
Saint-Vincent-de-Mercuze 38 … 233 F4
Saint-Vincent-de-Paul 33 … 237 H4
Saint-Vincent-de-Paul 40 … 293 E2
Saint-Vincent-de-Pertignas 33 … 256 C1
Saint-Vincent-de-Reins 69 … 212 B2
Saint-Vincent-de-Salers 15 … 244 C2
Saint-Vincent-de-Tyrosse 40 … 292 B3
Saint-Vincent-des-Bois 27 … 56 D1
Saint-Vincent-des-Landes 44 … 126 D4
Saint-Vincent-des-Prés 72 … 84 A5
Saint-Vincent-des-Prés 71 … 194 C2
Saint-Vincent-d'Olargues 34 … 300 D5
Saint-Vincent-du-Boulay 27 … 35 E5
Saint-Vincent-du-Lorouër 72 … 130 C2
Saint-Vincent-du-Pendit 46 … 261 E1
Saint-Vincent-en-Bresse 71 … 178 B5
Saint-Vincent-Jalmoutiers 24 … 239 F2
Saint-Vincent-la-Châtre 79 … 185 G5
Saint-Vincent-la-Commanderie 26 … 249 H4
Saint-Vincent-le-Paluel 24 … 241 G5
Saint-Vincent-les-Forts 04 … 270 B4
Saint-Vincent-Lespinasse 82 … 277 E4
Saint-Vincent-Puymaufrais 85 … 183 F1
Saint-Vincent-Rive-d'Olt 46 … 259 G5
Saint-Vincent-Sterlanges 85 … 166 C4
Saint-Vincent-sur-Graon 85 … 182 D2
Saint-Vincent-sur-Jabron 04 … 287 E3
Saint-Vincent-sur-Jard 85 … 182 C3
Saint-Vincent-sur-l'Isle 24 … 240 D1
Saint-Vincent-sur-Oust 56 … 125 G3
Saint-Vinnemer 89 … 137 F2
Saint-Vit 25 … 161 G4
Saint-Vital 73 … 234 A1
Saint-Vite 47 … 259 E5
Saint-Vitte 18 … 190 C2
Saint-Vitte-sur-Briance 87 … 224 C2
Saint-Vivien 17 … 200 D2
Saint-Vivien 24 … 239 E5
Saint-Vivien-de-Blaye 33 … 237 G2
Saint-Vivien-de-Médoc 33 … 218 C4
Saint-Vivien-de-Monségur 33 … 257 E3
Saint-Voir 03 … 192 C3
Saint-Vougay 29 … 71 F4
Saint-Vrain 51 … 63 E5
Saint-Vrain 91 … 87 H3
Saint-Vran 22 … 102 D1
Saint-Vulbas 01 … 214 A4
Saint-Waast 59 … 15 F2
Saint-Wandrille-Rançon 76 … 35 G1
Saint-Witz 95 … 58 D1
Saint-Xandre 17 … 183 F5
Saint-Yaguen 40 … 293 G1
Saint-Yan 71 … 193 G3
Saint-Ybard 19 … 224 B4
Saint-Ybars 09 … 317 H5
Saint-Ylie 39 … 178 D1
Saint-Yon 91 … 87 G2
Saint-Yorre 03 … 210 C2
Saint-Yrieix-la-Montagne 23 … 207 F4
Saint-Yrieix-la-Perche 87 … 223 G3
Saint-Yrieix-le-Déjalat 19 … 225 F4
Saint-Yrieix-les-Bois 23 … 207 F2
Saint-Yrieix-sous-Aixe 87 … 205 F4
Saint-Yrieix-sur-Charente 16 … 221 E1
Saint-Ythaire 71 … 194 C1
Saint-Yvi 29 … 100 A3
Saint-Yvoine 63 … 228 A2
Saint-Yzan-de-Soudiac 33 … 237 H2
Saint-Yzans-de-Médoc 33 … 219 E5
Saint-Zacharie 83 … 327 G1
Sainte-Adresse 76 … 34 B1
Sainte-Agathe 63 … 210 D5
Sainte-Agathe-d'Aliermont 76 … 20 C2
Sainte-Agathe-en-Donzy 42 … 212 A5
Sainte-Agathe-la-Bouteresse 42 … 229 G1
Sainte-Agnès 39 … 196 B1
Sainte-Agnès 38 … 251 F1
Sainte-Agnès 06 … 291 G5
Sainte-Alauzie 46 … 277 H2
Sainte-Alvère 24 … 240 D5
Sainte-Anastasie 15 … 245 G2
Sainte-Anastasie 30 … 303 H1
Sainte-Anastasie-sur-Issole 83 … 328 C2
Sainte-Anne 41 … 131 G3
Sainte-Anne 25 … 180 A2
Sainte-Anne 04 … 271 E4
Sainte-Anne 32 … 297 E3
Sainte-Anne-d'Auray 56 … 124 A3
Sainte-Anne-d'Evenos 83 … 327 H4
Sainte-Anne-du-Castellet 83 … 327 H3
Sainte-Anne-la-Condamine 04 … 271 E4
Sainte-Anne-la-Palud 29 … 75 G5
Sainte-Anne-Saint-Priest 87 … 224 D1
Sainte-Anne-sur-Brivet 44 … 146 D1
Sainte-Anne-sur-Gervonde 38 … 231 H3
Sainte-Anne-sur-Vilaine 35 … 126 B3
Sainte-Aulde 77 … 60 A2
Sainte-Aurence-Cazaux 32 … 315 H4
Sainte-Austreberthe 62 … 7 E5
Sainte-Austreberthe 76 … 20 A5
Sainte-Avoye 56 … 124 A3
Sainte-Barbe 57 … 46 B5
Sainte-Barbe 88 … 95 H3
Sainte-Barbe *Alignements de* 56 … 100 D3
Sainte-Barbe-sur-Gaillon 27 … 36 C5
Sainte-Baume *Gorge de la* 07 … 266 D5
La Sainte-Baume *Massif de* 93 … 327 G2
Sainte-Bazeille 47 … 257 E4
Sainte-Beuve-en-Rivière 76 … 21 E3
Sainte-Blandine 79 … 185 F5
Sainte-Blandine 38 … 232 B2
Sainte-Brigitte 56 … 77 G5
Sainte-Camelle 11 … 318 C5
Sainte-Catherine 62 … 13 G2
Sainte-Catherine 63 … 228 C4
Sainte-Catherine 69 … 230 C2
Sainte-Catherine-de-Fierbois 37 … 151 H5
Sainte-Cécile 50 … 52 A3
Sainte-Cécile 36 … 153 H5
Sainte-Cécile 85 … 166 B4
Sainte-Cécile 71 … 194 C3
Sainte-Cécile-d'Andorge 30 … 283 G2
Sainte-Cécile-du-Cayrou 81 … 278 D5
Sainte-Cécile-les-Vignes 84 … 285 F2
Sainte-Céronne-lès-Mortagne 61 … 84 B2
Sainte-Cérotte 72 … 130 D2
Sainte-Christie 32 … 296 B3
Sainte-Christie-d'Armagnac 32 … 295 E2
Sainte-Christine 49 … 149 E3
Sainte-Christine 85 … 184 C4
Sainte-Christine 63 … 209 F2
Sainte-Christine *Chapelle* 29 … 75 F3
Sainte-Colombe 76 … 19 G3
Sainte-Colombe 50 … 29 F5
Sainte-Colombe 77 … 89 G3
Sainte-Colombe 35 … 104 C5
Sainte-Colombe 89 … 137 E5
Sainte-Colombe 25 … 180 C2
Sainte-Colombe 16 … 203 G5
Sainte-Colombe 69 … 231 F3
Sainte-Colombe 17 … 238 B1
Sainte-Colombe 33 … 238 D5
Sainte-Colombe 46 … 261 F2
Sainte-Colombe 05 … 286 D1
Sainte-Colombe 40 … 293 H3
Sainte-Colombe-de-Duras 47 … 257 E2
Sainte-Colombe-de-la-Commanderie 66 … 342 D3
Sainte-Colombe-de-Peyre 48 … 264 A2
Sainte-Colombe-de-Villeneuve 47 … 276 B1
Sainte-Colombe-des-Bois 58 … 156 C3
Sainte-Colombe-en-Auxois 21 … 159 E2
Sainte-Colombe-en-Bruilhois 47 … 275 H3

Sainte-Colombe-
la-Commanderie *27* 36 A5
Sainte-Colombe-
près-Vernon *27* 36 C5
Sainte-Colombe-
sur-Gand *42* 212 A4
Sainte-Colombe-
sur-Guette *11* 337 C5
Sainte-Colombe-
sur-l'Hers *11* 337 A3
Sainte-Colombe-
sur-Loing *89* 135 G5
Sainte-Colombe-
sur-Seine *21* 138 A2
Sainte-Colome *64* 332 A1
Sainte-Consorce *69* 212 D5
Sainte-Croix *02* 41 E1
Sainte-Croix *71* 195 H1
Sainte-Croix *01* 213 G4
Sainte-Croix *24* 258 D2
Sainte-Croix *12* 261 F5
Sainte-Croix *26* 268 A1
Sainte-Croix *46* 277 F1
Sainte-Croix *81* 279 G5
Sainte-Croix *Barrage de* *83* 307 F2
Sainte-Croix *Prieuré de* *60* 39 G2
Sainte-Croix-à-Lauze *04* 306 B1
Sainte-Croix-aux-Mines *68* 96 D5
Sainte-Croix-
de-Caderle *30* 283 F4
Sainte-Croix-de-Mareuil *24* 221 H4
Sainte-Croix-
de-Quintillargues *34* 302 D3
Sainte-Croix-du-Mont *33* 256 B3
Sainte-Croix-du-Verdon *04* 307 F2
Sainte-Croix-en-Jarez *42* 230 D3
Sainte-Croix-en-Plaine *68* 121 E3
Sainte-Croix-
Grand-Tonne *14* 33 F4
Sainte-Croix-Hague *50* 28 D3
Sainte-Croix-sur-Aizier *27* 35 F2
Sainte-Croix-sur-Buchy *76* 20 D5
Sainte-Croix-sur-Mer *14* 33 F3
Sainte-Croix-sur-Orne *61* 53 G4
Sainte-Croix-
Vallée-Française *48* 283 E3
Sainte-Croix-Volvestre *09* 335 F1
Sainte-Dode *32* 315 H3
Sainte-Eanne *79* 185 G3
Sainte-Engrâce *64* 331 F3
Sainte-Enimie *48* 282 B1
Sainte-Eugénie-
de-Villeneuve *43* 246 D2
Sainte-Eugienne *50* 51 H4
Sainte-Eulalie *33* 237 H5
Sainte-Eulalie *15* 244 B3
Sainte-Eulalie *48* 264 C1
Sainte-Eulalie *07* 265 H1
Sainte-Eulalie *11* 319 G5
Sainte-Eulalie-d'Ans *24* 241 E1
Sainte-Eulalie-
de-Cernon *12* 281 H5
Sainte-Eulalie-d'Eymet *24* 257 G2
Sainte-Eulalie-d'Olt *12* 263 G5
Sainte-Eulalie-en-Born *40* 272 C2
Sainte-Eulalie-
en-Royans *26* 250 A3
Sainte-Euphémie *01* 213 E3
Sainte-Euphémie-
sur-Ouvèze *26* 286 B1
Sainte-Eusoye *60* 22 B5
Sainte-Fauste *36* 172 A3
Sainte-Féréole *19* 242 C1
Sainte-Feyre *23* 207 E1
Sainte-Feyre-
la-Montagne *23* 207 H4
Sainte-Flaive-
des-Loups *85* 165 G5
Sainte-Florence *85* 166 B3
Sainte-Florence *33* 256 D1
Sainte-Florine *43* 228 A4
Sainte-Foi *09* 336 D1
Sainte-Fortunade *19* 242 D2
Sainte-Foy *76* 20 B3
Sainte-Foy *85* 182 B1
Sainte-Foy *71* 193 H5
Sainte-Foy *40* 294 B1
Sainte-Foy-
d'Aigrefeuille *31* 298 B5
Sainte-Foy-de-Belvès *24* 259 E2
Sainte-Foy-de-Longas *24* 240 C5
Sainte-Foy-
de-Montgommery *14* 54 C2
Sainte-Foy-
de-Peyrolières *31* 317 F3
Sainte-Foy-des-Vignes *24* 239 H5
Sainte-Foy-la-Grande *33* 257 F1
Sainte-Foy-la-Longue *33* 256 C3
Sainte-Foy-l'Argentière *69* 230 B1
Sainte-Foy-lès-Lyon *69* 231 E1
Sainte-Foy-
Saint-Sulpice *42* 211 H5
Sainte-Foy-Tarentaise *73* 235 E1
Sainte-Gauburge *61* 84 C5
Sainte-Gauburge-
Sainte-Colombe *61* 55 E5
Sainte-Gemme *51* 40 D5
Sainte-Gemme *79* 168 A3
Sainte-Gemme *36* 171 E3
Sainte-Gemme *17* 201 E5
Sainte-Gemme *33* 257 E3
Sainte-Gemme *81* 279 H4
Sainte-Gemme *32* 296 C2
Sainte-Gemme-
en-Sancerrois *18* 155 H2
Sainte-Gemme-
la-Plaine *85* 183 F2
Sainte-Gemme-
Martaillac *47* 275 E1
Sainte-Gemme-Moronval *28* 56 D4
Sainte-Gemmes *41* 132 A3
Sainte-Gemmes-
d'Andigné *49* 128 A4
Sainte-Gemmes-
le-Robert *53* 106 D2
Sainte-Gemmes-
sur-Loire *49* 149 G2
Sainte-Geneviève *76* 20 D4
Sainte-Geneviève *02* 25 G3
Sainte-Geneviève *50* 29 G3
Sainte-Geneviève *60* 38 B3
Sainte-Geneviève *54* 65 G3
Sainte-Geneviève-
des-Bois *91* 87 H2
Sainte-Geneviève-
des-Bois *45* 134 D3
Sainte-Geneviève-
lès-Gasny *27* 57 E1
Sainte-Geneviève-
sur-Argence *12* 263 E1
Sainte-Hélène *88* 95 H5
Sainte-Hélène *56* 123 G2
Sainte-Hélène *71* 177 F4
Sainte-Hélène *33* 236 D4
Sainte-Hélène *48* 264 D4
Sainte-Hélène-Bondeville *76* 19 E3
Sainte-Hélène-du-Lac *73* 233 G3
Sainte-Hélène-sur-Isère *73* 234 A1
Sainte-Hermine *85* 183 G1
Sainte-Honorine-de-Ducy *14* 32 D5
Sainte-Honorine-
des-Pertes *14* 32 D2
Sainte-Honorine-du-Fay *14* 33 F5
Sainte-Honorine-
la-Chardonne *61* 53 F3
Sainte-Honorine-
la-Guillaume *61* 53 G4
Sainte-Innocence *24* 257 G2
Sainte-Jalle *26* 286 A1
Sainte-Jamme-
sur-Sarthe *72* 107 H3
Sainte-Julie *01* 214 A4
Sainte-Juliette *82* 277 F2
Sainte-Juliette-sur-Viaur *12* 280 C3
Sainte-Léocadie *66* 341 F5
Sainte-Lheurine *17* 220 B3
Sainte-Livière *52* 92 B2
Sainte-Livrade *31* 297 F4
Sainte-Livrade-sur-Lot *47* 276 B1
Sainte-Lizaigne *36* 172 B2
Sainte-Luce *38* 251 F5
Sainte-Luce-sur-Loire *44* 147 H3
Sainte-Lucie-
de-Porto-Vecchio *2A* 349 G5
Sainte-Lucie-
de-Tallano *2A* 349 E5
Sainte-Lunaise *18* 173 E3
Sainte-Magnance *89* 158 B2
Sainte-Marguerite *88* 96 B5
Sainte-Marguerite *43* 246 D2
Sainte-Marguerite *Île* *06* 309 F4
Sainte-Marguerite
*Presqu'île de* *29* 70 C4
Sainte-Marguerite-
de-Carrouges *61* 83 E2
Sainte-Marguerite-
de-l'Autel *27* 55 H3
Sainte-Marguerite-
de-Viette *14* 54 B1
Sainte-Marguerite-d'Elle *14* 32 B4
Sainte-Marguerite-
des-Loges *14* 54 C1
Sainte-Marguerite-
en-Ouche *27* 55 F1
Sainte-Marguerite-
Lafigère *07* 265 G5
Sainte-Marguerite-
sur-Duclair *76* 35 H1
Sainte-Marguerite-
sur-Fauville *76* 19 F4
Sainte-Marguerite-
sur-Mer *76* 10 A5
Sainte-Marie *08* 42 D2
Sainte-Marie *35* 125 H3
Sainte-Marie *25* 142 B4
Sainte-Marie *44* 146 C5
Sainte-Marie *58* 175 E1
Sainte-Marie *16* 239 E1
Sainte-Marie *15* 245 F5
Sainte-Marie *05* 268 C4
Sainte-Marie *32* 296 D4
Sainte-Marie *65* 334 B2
Sainte-Marie *66* 339 E5
Sainte-Marie *Col de* *88* 96 C5
Sainte-Marie-à-Py *51* 42 C4
Sainte-Marie-au-Bosc *76* 18 C4
Sainte-Marie-aux-Anglais *14* 54 B1
Sainte-Marie-aux-Chênes *57* 45 F5
Sainte-Marie-aux-Mines *68* 96 D5
Sainte-Marie-Cappel *59* 3 H5
Sainte-Marie-d'Alloix *38* 233 F4
Sainte-Marie-d'Alvey *73* 232 D2
Sainte-Marie-
de-Campan *65* 333 F2
Sainte-Marie-
de-Chignac *24* 240 D2
Sainte-Marie-de-Cuines *73* 234 A5
Sainte-Marie-de-Gosse *40* 292 C4
Sainte-Marie-de-Ré *17* 200 B1
Sainte-Marie-de-Vars *05* 270 D3
Sainte-Marie-
de-Vatimesnil *27* 37 E4
Sainte-Marie-de-Vaux *87* 205 F4
Sainte-Marie-
des-Champs *76* 19 G5
Sainte-Marie-
des-Chazes *43* 246 D3
Sainte-Marie-du-Bois *50* 81 H2
Sainte-Marie-du-Bois *53* 82 C3
Sainte-Marie-
du-Lac-Nuisement *51* 92 B2
Sainte-Marie du Ménez-Hom
*Chapelle* *29* 75 G4
Sainte-Marie-du-Mont *50* 32 A2
Sainte-Marie-du-Mont *38* 233 F4
Sainte-Marie-
en-Chanois *70* 141 H2
Sainte-Marie-en-Chaux *70* 141 G2
Sainte-Marie-Kerque *62* 3 E3
Sainte-Marie-la-Blanche *21* 177 H2
Sainte-Marie-la-Robert *61* 53 H5
Sainte-Marie-Lapanouze *19* 226 B4
Sainte-Marie-Laumont *14* 52 C2
Sainte-Marie-Outre-l'Eau *14* 52 B2
Sainte-Marie-Sicché *2A* 348 D4
Sainte-Marie-sur-Ouche *21* 159 G3
Sainte-Marine *29* 99 G4
Sainte-Marthe *27* 55 H2
Sainte-Marthe *47* 257 E5
Sainte-Maure *10* 90 D5
Sainte-Maure-
de-Peyriac *47* 275 E5
Sainte-Maure-
de-Touraine *37* 151 H5
Sainte-Maxime *83* 329 G2
Sainte-Même *17* 201 H4
Sainte-Menéhould *51* 43 E5
Sainte-Mère *32* 276 B5
Sainte-Mère-Église *50* 29 G5
Sainte-Mesme *78* 87 E3
Sainte-Mondane *24* 259 H1
Sainte-Montaine *18* 155 E1
Sainte-Nathalène *24* 241 G5
Sainte-Néomaye *79* 185 F3
Sainte-Odile *Mont* *67* 97 E3
Sainte-Olive *01* 213 F2
Sainte-Opportune *61* 53 F4
Sainte-Opportune-
du-Bosc *27* 35 H5
Sainte-Opportune-
la-Mare *27* 35 F2
Sainte-Orse *24* 241 F2
Sainte-Osmane *72* 130 D2
Sainte-Ouenne *79* 184 D3
Sainte-Pallaye *89* 136 C5
Sainte-Paule *69* 212 C3
Sainte-Pazanne *44* 147 E5
Sainte-Pexine *85* 183 F1
Sainte-Pezenne *79* 184 D4
Sainte-Pience *50* 51 H4
Sainte-Pôle *54* 96 A2
Sainte-Preuve *02* 25 F5
Sainte-Radegonde *79* 168 A2
Sainte-Radegonde *71* 176 B5
Sainte-Radégonde *86* 187 E1
Sainte-Radegonde *17* 201 E4
Sainte-Radegonde *33* 256 D1
Sainte-Radegonde *24* 258 C2
Sainte-Radegonde *12* 280 D1
Sainte-Radegonde *32* 296 B2
Sainte-Radégonde-
des-Noyers *85* 183 G3
Sainte-Ramée *17* 219 F4
Sainte-Reine *70* 161 G1
Sainte-Reine *73* 233 G2
Sainte-Reine-
de-Bretagne *44* 146 C1
Sainte-Restitude *2B* 346 C2
Sainte-Roseline
*Chapelle* *83* 308 B5
Sainte-Ruffine *57* 65 G1
Sainte-Sabine *21* 159 F4
Sainte-Sabine *24* 258 C2
Sainte-Sabine-
sur-Longève *72* 107 G3
Sainte-Savine *10* 90 D5
Sainte-Scolasse-
sur-Sarthe *61* 84 A2
Sainte-Segrée *80* 21 H3
Sainte-Sève *29* 71 H5
Sainte-Sévère *16* 202 C5
Sainte-Sévère-sur-Indre *36* 189 H3
Sainte-Sigolène *43* 248 A1
Sainte-Solange *18* 155 F5
Sainte-Soline *79* 185 H5
Sainte-Souline *16* 220 D5
Sainte-Soulle *17* 183 G5
Sainte-Suzanne *53* 106 D3
Sainte-Suzanne *25* 142 B4
Sainte-Suzanne *64* 313 F3
Sainte-Suzanne *09* 317 H5
Sainte-Suzanne-
en-Bauptois *50* 31 G3
Sainte-Suzanne-sur-Vire *50* 32 B5
Sainte-Terre *33* 256 C1
Sainte-Thérence *03* 190 C5
Sainte-Thorette *18* 172 D1
Sainte-Tréphine *22* 77 G4
Sainte-Trie *24* 241 G1
Sainte-Tulle *04* 306 C2
Sainte-Valière *11* 320 D5
Sainte-Vaubourg *08* 42 C1
Sainte-Verge *79* 168 A1
Sainte-Vertu *89* 137 E3
Sainteny *50* 31 H3
Saintes *17* 201 G5
Saintes-Maries-
de-la-Mer *13* 324 C3
Saintines *60* 39 F3
Saintry-sur-Seine *91* 88 A2
Saints *77* 59 H4
Saints *89* 135 H5
Saints-Geosmes *52* 139 G2
Sainville *28* 86 D4
Saires *86* 169 E3
Saires-la-Verrerie *61* 53 F5
Saisies *Col des* *73* 216 B5
Saissac *11* 319 F4
Saisseval *80* 22 A2
Saisy *71* 177 F2
Saivres *79* 185 F3
Saix *86* 150 C5
Le Saix *05* 269 F4
Saïx *81* 299 G5
Saizenay *39* 179 H2
Saizerais *54* 65 G4
Saizy *58* 157 G3
Sajas *31* 317 E4
Salagnac *24* 241 G1
Salagnon *38* 232 A1
Salaise-sur-Sanne *38* 231 E5
Salans *39* 161 G4
Salasc *34* 301 H4
Salaunes *33* 237 E4
Salavas *07* 284 B1
Salavre *01* 196 A3
Salazac *30* 284 C2
Salbris *41* 154 C2
Les Salces *48* 263 H4
Saléchan *65* 334 B3
Saleich *31* 335 E2
Saleignes *17* 202 C3
Saleilles *66* 343 F2
Les Salelles *48* 264 A5
Les Salelles *07* 265 H5
Salency *60* 23 H5
Salenthal *67* 68 B5
Saléon *05* 287 E1
Salérans *05* 287 E2
Salerm *31* 316 C5
Salernes *83* 307 G4
Salers *15* 244 C3
Sales *74* 215 F4
Salesches *59* 15 E3
La Salette-Fallavaux *38* 251 G5
Salettes *43* 247 G5
Salettes *26* 267 G4
Saleux *80* 22 B2
Salève *Mont* *74* 215 G1
Salice *2A* 348 C1
Saliceto *2B* 347 F3
Saliès *81* 299 F1
Salies-de-Béarn *64* 311 H3
Salies-du-Salat *31* 334 D1
Salignac *33* 237 H3
Salignac *04* 287 G3
Salignac-de-Mirambeau *17* 219 H5
Salignac-Eyvigues *24* 241 H4
Salignac-sur-Charente *17* 219 H1
Saligney *39* 161 F4
Saligny *89* 113 G2
Saligny *85* 165 H3
Saligny-le-Vif *18* 173 H1
Saligny-sur-Roudon *03* 193 E3
Saligos *65* 332 D3
Salin-de-Badon *13* 324 D3
Salin-de-Giraud *13* 325 E3
Salindres *30* 283 H3
Saline Royale d'Arc-
et-Cenans *25* 179 G1
Salinelles *30* 303 F2
Salins *77* 89 E4
Salins *15* 244 B2
Les Salins-d'Hyères *83* 328 C4
Salins-les-Bains *39* 179 H2
Salins-les-Thermes *73* 234 C3
Salives *21* 138 D5
Sallagriffon *06* 289 F5
Sallanches *74* 216 C3
Sallaumines *62* 8 C5
La Salle *88* 96 A4
La Salle *71* 195 E3
La Salle-de-Vihiers *49* 149 F5
La Salle-en-Beaumont *38* 251 F5
La Salle-
et-Chapelle-Aubry *49* 148 D3
La Salle-les-Alpes *05* 252 C4
La Salle-Prunet *48* 282 D2
Sallebœuf *33* 237 H5
Sallèdes *63* 228 A2
Sallèles-Cabardès *11* 319 H5
Sallèles-d'Aude *11* 321 E5
Sallen *14* 32 D5
Sallenelles *14* 33 H3
Sallenôves *74* 215 F2
Sallertaine *85* 164 D2
Salles *79* 185 G3
Les Salles *42* 211 E5
Les Salles *33* 238 D5
Salles *33* 254 D4
Salles *47* 258 D4
Salles *81* 279 F4
Salles *65* 332 D2
Salles-Adour *65* 315 E5
Salles-Arbuissonnas-
en-Beaujolais *69* 212 D2
Salles-Courbatiès *12* 261 G5
Salles-Curan *12* 281 E3
Salles-d'Angles *16* 220 B2
Salles-d'Armagnac *32* 295 E2
Salles-d'Aude *11* 321 F5
Salles-de-Barbezieux *16* 220 C4
Salles-de-Belvès *24* 259 E2
Salles-de-Villefagnan *16* 203 F3
Les Salles-du-Gardon *30* 283 G3
Salles-en-Toulon *86* 187 E2
Salles-et-Pratviel *31* 334 B4
Salles-la-Source *12* 262 C5
Salles-Lavalette *16* 221 F5
Les Salles-Lavauguyon *87* 222 C1
Salles-lès-Aulnay *17* 202 B2
Salles-Mongiscard *64* 293 F5
Salles-sous-Bois *26* 267 F5
Salles-sur-Garonne *31* 317 F5
Salles-sur-l'Hers *11* 318 C5
Salles-sur-Mer *17* 200 D1
Les Salles-sur-Verdon *83* 307 G2
Sallespisse *64* 293 G5
Salmagne *55* 64 B5
Salmaise *21* 159 F1
Salmbach *67* 69 G1
Salmiech *12* 280 D3
Salomé *59* 8 B3
Salon *10* 61 G5
Salon *24* 240 C4
Salon-de-Provence *13* 305 F4
Salon-la-Tour *19* 224 B3
Salonnes *57* 66 C4
Salornay-sur-Guye *71* 194 C2
Salouël *80* 22 B2
Salperwick *62* 3 F5
Salsein *09* 335 E3
Salses-le-Château *66* 339 E4
Salsigne *11* 319 H5
Salt-en-Donzy *42* 230 A1
Les Salvages *81* 299 G4
Salvagnac *81* 298 C1
Salvagnac-Cajarc *12* 261 E5
Salvagnac-Saint-Loup *12* 261 F4
La Salvetat-Belmontet *82* 298 A1
La Salvetat-Lauragais *31* 298 C5
La Salvetat-Peyralès *12* 279 H3
La Salvetat-Saint-Gilles *31* 297 G5
La Salvetat-sur-Agout *34* 300 C5
Salvezines *11* 337 D5
Salvi *Col de* *2B* 346 C2
Salviac *46* 259 G3
Salvizinet *42* 212 A5
Salza *11* 338 A2
Salzuit *43* 246 C2
Samadet *40* 294 A4
Saman *31* 316 C5
Samara *80* 22 B1
Samaran *32* 316 A4
Samatan *32* 316 D3
Samazan *47* 257 E5
Sambin *41* 153 E2
Sambourg *89* 137 E3
Le Sambuc *13* 304 C5
Saméon *59* 9 F4
Samer *62* 6 C2
Samerey *21* 160 D5
Sames *64* 292 C5
Sammarçolles *86* 168 D1
Sammeron *77* 59 H2
Samoëns *74* 216 D1
Samognat *01* 196 C5
Samogneux *55* 44 B4
Samois-sur-Seine *77* 88 C4
Samonac *33* 237 G3
Samoreau *77* 88 C4
Samouillan *31* 316 D5
Samoussy *02* 25 E5
Sampans *39* 160 D5
Sampigny *55* 64 C4
Sampigny-
lès-Maranges *71* 177 F3
Sampolo *2A* 349 E3
Sampzon *07* 266 B5
Samson *25* 179 H1
Samsons-Lion *64* 314 D3
Samuran *65* 334 B2
San Cervone *Col de* *2B* 347 F4
San-Damiano *2B* 347 G3
San-Gavino-
d'Ampugnani *2B* 347 G3
San-Gavino-di-Carbini *2A* 349 F5
San-Gavino-
di-Fiumorbo *2B* 349 F2
San-Gavino-di-Tenda *2B* 345 F5
San-Giovanni-
di-Moriani *2B* 347 H3
San-Giuliano *2B* 347 H4
San-Lorenzo *2B* 347 F3
San-Martino-di-Lota *2B* 345 G4
San Michele de Murato
*Église* *2B* 345 F5
San-Nicolao *2B* 347 H3
San-Peïre-sur-Mer *83* 329 G2
San-Pellegrino *2B* 347 H2
San Quilico *Chapelle de* *2A* 351 F3
San Quilico de Cambia
*Chapelle* *2B* 347 F3
San Stefano *Col de* *2B* 345 F5
Sana *31* 317 E5
Sanadoire *Roche* *63* 227 F2
Sanary-sur-Mer *83* 327 H4
Sancé *71* 195 E4
Sancergues *18* 156 A5
Sancerre *18* 155 H3
Sancey-le-Grand *25* 163 E3
Sancey-le-Long *25* 163 E3
Sancheville *28* 110 B3
Sanchey *88* 119 F2
Sancoins *18* 174 A4
Sancourt *59* 14 B3
Sancourt *80* 23 H3
Sancourt *27* 37 F3
Sancy *54* 45 F3
Sancy *77* 59 G3
Sancy *Puy de* *63* 227 E3
Sancy-les-Cheminots *02* 40 C2

Sancy-lès-Provins 77 ... 60 C 5
Sand 67 ... 97 G 3
Sandarville 28 ... 85 H 5
Sandaucourt 88 ... 94 B 5
Sandillon 45 ... 133 F 2
Sandouville 76 ... 34 D 1
Sandrans 01 ... 213 F 2
Sangatte 62 ... 2 C 3
Sanghen 62 ... 2 D 5
Sanguinaires Îles 2A ... 348 A 4
Sanguinet 40 ... 254 C 4
Sanilhac 07 ... 266 A 4
Sanilhac-Sagriès 30 ... 284 C 5
Sannat 23 ... 208 B 2
Sannerville 14 ... 33 H 4
Sannes 84 ... 306 A 2
Sannois 95 ... 58 B 2
Sanous 65 ... 315 E 4
Sanry-lès-Vigy 57 ... 45 H 5
Sanry-sur-Nied 57 ... 66 B 1
Sans-Vallois 88 ... 118 D 2
Sansa 66 ... 341 G 3
Sansac-de-Marmiesse 15 ... 244 B 5
Sansac-Veinazès 15 ... 262 C 2
Sansais 79 ... 184 C 5
Sansan 32 ... 296 B 5
Sanssac-l'Église 43 ... 247 E 3
Sanssat 03 ... 192 C 5
Santa-Lucia-di-Mercurio 2B ... 347 F 4
Santa-Lucia-di-Moriani 2B ... 347 H 3
Santa-Maria 2B ... 345 G 3
Santa-Maria-di-Lota 2B ... 345 G 4
Santa-Maria-Figaniella 2A ... 349 E 5
Santa-Maria-Poggio 2B ... 347 F 3
Santa-Maria-Poggio 2B ... 347 H 4
Santa-Reparata-di-Balagna 2B ... 344 C 5
Santa-Reparata-di-Moriani 2B ... 347 G 3
Sant'Andréa-di-Bozio 2B ... 347 F 4
Sant'Andréa-di-Cotone 2B ... 347 H 4
Sant'Andréa-d'Orcino 2A ... 348 C 2
Santans 39 ... 179 F 1
Sant'Antonino 2B ... 346 C 2
Sant'Appiano Cathédrale 2A ... 348 B 1
Santeau 45 ... 111 F 4
Santec 29 ... 71 G 3
Santenay 41 ... 131 H 5
Santenay 21 ... 177 G 3
Santeny 94 ... 58 D 5
Santes 59 ... 8 C 3
Santeuil 95 ... 37 H 5
Santeuil 28 ... 86 C 4
Santigny 89 ... 137 F 5
Santilly 28 ... 110 D 3
Santilly 71 ... 194 D 1
Santo-Pietro-di-Tenda 2B ... 345 F 5
Santo-Pietro-di-Venaco 2B ... 347 E 5
Santoche 25 ... 162 D 1
Santosse 21 ... 177 F 1
Santranges 18 ... 155 H 1
Sanvensa 12 ... 279 F 2
Sanvignes-les-Mines 71 ... 176 D 5
Sanxay 86 ... 185 H 2
Sanzay 79 ... 167 H 2
Sanzey 54 ... 65 E 5
Saon 14 ... 32 D 3
Saône 25 ... 162 A 4
Saonnet 14 ... 32 C 3
Saorge 06 ... 291 H 3
Saosnes 72 ... 83 H 5
Saou 26 ... 267 G 3
Le Sap 61 ... 54 D 3
Le Sap-André 61 ... 54 D 3
Le Sapey 38 ... 251 E 3
Sapignicourt 51 ... 63 E 5
Sapignies 62 ... 13 G 4
Sapogne-et-Feuchères 08 ... 27 E 4
Sapogne-sur-Marche 08 ... 27 H 5
Sapois 88 ... 120 A 4
Sapois 39 ... 179 H 4
Saponay 02 ... 40 C 4
Saponcourt 70 ... 118 C 5
Le Sappey 74 ... 215 G 1
Le Sappey-en-Chartreuse 38 ... 251 E 1
Saramon 32 ... 296 C 5
Saran 45 ... 110 D 5
Saraz 25 ... 179 H 1
Sarbazan 40 ... 274 A 5
Sarcé 72 ... 130 A 4
Sarceaux 61 ... 54 A 4
Sarcelles 95 ... 58 C 2
Sarcenas 38 ... 233 E 5
Sarcey 52 ... 117 F 4
Sarcey 69 ... 212 C 4
Sarcicourt 52 ... 116 D 3
Sarcos 32 ... 316 B 4
Sarcus 60 ... 21 G 4
Sarcy 51 ... 41 F 4
Sardan 30 ... 303 E 1
Sardent 23 ... 207 E 2
Sardieu 38 ... 231 H 5
Sardon 63 ... 210 A 3
Sardy-lès-Epiry 58 ... 157 G 5
Sare 64 ... 310 C 4
Sargé-lès-le-Mans 72 ... 107 H 4
Sargé-sur-Braye 41 ... 109 E 5
Sari-d'Orcino 2A ... 348 C 2
Sari-Solenzara 2A ... 349 G 4
Sariac-Magnoac 65 ... 316 A 5
Sarlabous 65 ... 333 G 1
Sarlande 24 ... 223 F 4
Sarlat-la-Canéda 24 ... 241 G 5
Sarliac-sur-l'Isle 24 ... 240 D 1
Sarniguet 65 ... 315 E 4
Sarnois 60 ... 21 H 4
Saron-sur-Aube 51 ... 90 B 2
Sarp 65 ... 334 A 2
Sarpourenx 64 ... 313 G 3
Sarragachies 32 ... 294 D 3
Sarrageois 25 ... 180 B 4
Sarraguzan 32 ... 315 G 4
Les Sarraix 63 ... 210 D 4
Sarralbe 57 ... 67 G 2
Sarraltroff 57 ... 67 G 4
Sarran 19 ... 225 F 4
Sarrance 64 ... 331 H 2
Sarrancolin 65 ... 333 H 2
Sarrans Barrage de 12 ... 263 E 1
Sarrant 32 ... 296 D 3
Sarras 07 ... 249 E 2
Sarrazac 24 ... 223 E 4
Sarrazac 46 ... 242 C 4
Sarraziet 40 ... 294 A 3
Sarre-Union 67 ... 67 H 2
Sarrebourg 57 ... 67 G 4
Sarrecave 31 ... 316 B 5
Sarreguemines 57 ... 47 G 5
Sarreinsberg 57 ... 68 B 2
Sarreinsming 57 ... 67 H 1
Sarremezan 31 ... 316 B 5
Sarrewerden 67 ... 67 H 2
Sarrey 52 ... 117 G 4
Sarriac-Bigorre 65 ... 315 F 4
Sarrians 84 ... 285 G 4
Sarrigné 49 ... 149 H 1
Sarrogna 39 ... 196 C 2
Sarrola-Carcopino 2A ... 348 C 2
Sarron 60 ... 39 E 3
Sarron 40 ... 294 C 4
Sarrouilles 65 ... 315 F 5
Sarroux 19 ... 226 C 4
Sarry 51 ... 62 B 2
Sarry 89 ... 137 F 4
Sarry 71 ... 193 G 4
Le Sars 62 ... 13 G 5
Sars-et-Rosières 59 ... 9 F 4
Sars-le-Bois 62 ... 12 D 2
Sars-Poteries 59 ... 15 H 3
Le Sart 59 ... 15 F 5
Sartène 2A ... 350 D 2
Sartes 88 ... 94 A 5
Sartilly 50 ... 51 G 4
Sarton 62 ... 12 D 4
Sartrouville 78 ... 58 A 2
Sarzay 36 ... 189 F 1
Sarzeau 56 ... 124 B 5
Sasnières 41 ... 131 F 4
Sassangy 71 ... 177 F 5
Sassay 41 ... 153 F 2
Sassegnies 59 ... 15 F 3
Sassenage 38 ... 250 D 1
Sassenay 71 ... 177 H 3
Sassetot-le-Malgardé 76 ... 19 H 3
Sassetot-le-Mauconduit 76 ... 19 F 2
Sasseville 76 ... 19 G 3
Sassey 27 ... 56 C 1
Sassey-sur-Meuse 55 ... 43 G 2
Sassierges-Saint-Germain 36 ... 172 A 4
Sassis 65 ... 332 D 3
Sassy 14 ... 54 A 1
Sathonay-Camp 69 ... 213 E 5
Sathonay-Village 69 ... 213 F 4
Satillieu 07 ... 248 D 2
Satolas-et-Bonce 38 ... 231 G 1
Saturargues 34 ... 303 F 3
Saubens 31 ... 317 H 3
Saubion 40 ... 292 B 3
Saubole 64 ... 314 D 4
Saubrigues 40 ... 292 B 4
Saubusse 40 ... 292 C 3
Saucats 33 ... 255 F 2
Saucède 64 ... 313 G 5
La Saucelle 28 ... 85 F 2
Sauchay 76 ... 10 C 5
Sauchy-Cauchy 62 ... 14 A 3
Sauchy-Lestrée 62 ... 14 A 3
Sauclières 12 ... 282 B 5
Saucourt-sur-Rognon 52 ... 93 E 5
Saudemont 62 ... 14 A 3
Saudoy 51 ... 61 E 5
Saudron 52 ... 93 F 3
Saudrupt 55 ... 63 G 5
Saugeot 39 ... 196 D 1
Saugnac-et-Cambran 40 ... 293 E 3
Saugnacq-et-Muret 40 ... 255 E 5
Saugnieu 69 ... 231 G 1
Saugon 33 ... 237 G 2
Saugues 43 ... 246 C 4
Sauguis-Saint-Étienne 64 ... 331 E 1
Saugy 18 ... 172 C 2
Saujac 12 ... 261 E 5
Saujon 17 ... 218 D 1
La Saulce 05 ... 269 G 5
Saulce-sur-Rhône 26 ... 267 E 2
Saulces-Champenoises 08 ... 42 B 1
Saulces-Monclin 08 ... 26 B 5
Saulcet 03 ... 192 A 4
Saulchery 02 ... 60 B 2
Saulchoy 62 ... 11 G 1
Le Saulchoy 60 ... 22 A 5
Saulchoy-sous-Poix 80 ... 21 H 3
Saulcy 10 ... 92 B 5
Le Saulcy 88 ... 96 C 3
Saulcy-sur-Meurthe 88 ... 96 B 5
Saules 25 ... 162 B 5
Saules 71 ... 177 G 5
Saulgé 86 ... 187 G 4
Saulgé-l'Hôpital 49 ... 149 H 3
Saulges 53 ... 106 C 5
Saulgond 16 ... 204 D 3
Sauliac-sur-Célé 46 ... 260 D 4
Saulieu 21 ... 158 C 4
Saulles 52 ... 140 A 3
Saulmory-et-Villefranche 55 ... 43 G 1
Saulnay 36 ... 171 E 3
Saulnes 54 ... 45 E 1
Saulnières 28 ... 56 C 5
Saulnières 35 ... 104 B 5
Saulnot 70 ... 142 A 4
Saulny 57 ... 45 G 5
Saulon-la-Chapelle 21 ... 160 B 4
Saulon-la-Rue 21 ... 160 A 4
La Saulsotte 10 ... 89 H 3
Sault 84 ... 286 B 4
Sault-Brénaz 01 ... 214 B 4
Sault-de-Navailles 64 ... 293 G 5
Sault-lès-Rethel 08 ... 42 A 1
Sault-Saint-Remy 08 ... 41 H 2
Saultain 59 ... 15 E 2
Saulty 62 ... 13 E 3
Saulx 70 ... 141 F 3
Saulx-en-Barrois 55 ... 64 C 5
Saulx-en-Woëvre 55 ... 64 D 1
Saulx-le-Duc 21 ... 139 E 5
Saulx-les-Chartreux 91 ... 58 B 5
Saulx-Marchais 78 ... 57 G 3
Saulxerotte 54 ... 94 B 3
Saulxures 67 ... 96 C 3
Saulxures 52 ... 117 H 5
Saulxures-lès-Bulgnéville 88 ... 118 B 2
Saulxures-lès-Nancy 54 ... 66 B 5
Saulxures-lès-Vannes 54 ... 94 A 2
Saulxures-sur-Moselotte 88 ... 120 A 4
Saulzais-le-Potier 18 ... 190 C 1
Saulzet 03 ... 210 A 1
Saulzet-le-Chaud 63 ... 227 G 1
Saulzet-le-Froid 63 ... 227 F 2
Saulzoir 59 ... 14 D 3
Saumane 30 ... 283 E 4
Saumane 04 ... 287 E 4
Saumane-de-Vaucluse 84 ... 305 F 1
Sauméjan 47 ... 274 D 2
Saumeray 28 ... 109 H 2
Saumont 47 ... 275 H 4
Saumont-la-Poterie 76 ... 21 F 5
Saumos 33 ... 236 C 4
Saumur 49 ... 150 B 4
Saunay 37 ... 131 F 5
La Saunière 23 ... 207 F 1
Saunières 71 ... 178 B 3
Sauqueuse-Saint-Lucien 60 ... 38 A 1
Sauqueville 76 ... 20 B 2
Saurais 79 ... 185 G 1
Saurat 09 ... 336 A 4
Sauret-Besserve 63 ... 209 E 3
Saurier 63 ... 227 G 3
Sausheim 68 ... 143 F 1
Saussan 34 ... 302 C 5
Saussay 76 ... 20 A 4
Saussay 28 ... 56 D 3
Saussay-la-Campagne 27 ... 37 E 3
La Saussaye 27 ... 36 A 4
Saussemesnil 50 ... 29 F 4
Saussenac 81 ... 279 H 5
Saussens 31 ... 298 C 5
Sausses 04 ... 289 E 4
Sausset-les-Pins 13 ... 325 H 4
Sausseuzemare-en-Caux 76 ... 18 D 4
Saussey 50 ... 51 G 1
Saussey 21 ... 177 F 1
Saussignac 24 ... 257 G 1
Saussines 34 ... 303 F 3
Saussy 21 ... 159 H 1
Saut de la Mounine 12 ... 261 E 5
Saut des Cuves 88 ... 120 B 3
Sautel 09 ... 336 C 3
Sauternes 33 ... 255 H 4
Sautet Barrage du 38 ... 251 F 5
Sauteyrargues 34 ... 302 D 2
Sauto 66 ... 341 G 4
Sautron 44 ... 147 F 3
Sauvage-Magny 52 ... 92 B 4
La Sauvagère 61 ... 53 F 5
Les Sauvages 69 ... 212 B 4
Sauvagnac 16 ... 222 C 1
Sauvagnas 47 ... 276 C 2
Sauvagnat 63 ... 208 D 5
Sauvagnat-Sainte-Marthe 63 ... 228 A 2
Sauvagney 25 ... 161 H 3
Sauvagnon 64 ... 314 B 3
Sauvagny 03 ... 191 E 3
Sauvain 42 ... 229 F 1
Sauvan Château de 04 ... 287 E 5
Sauvat 15 ... 244 C 1
La Sauve 33 ... 256 B 1
Sauve 30 ... 303 E 1
Sauvelade 64 ... 313 G 3
Sauverny 01 ... 197 G 4
Sauvessanges 63 ... 229 F 5
La Sauvetat 63 ... 227 H 2
La Sauvetat 43 ... 265 F 1
La Sauvetat 32 ... 296 A 2
La Sauvetat-de-Savères 47 ... 276 C 3
La Sauvetat-du-Dropt 47 ... 257 G 3
La Sauvetat-sur-Lède 47 ... 258 C 5
Sauveterre 82 ... 277 G 2
Sauveterre 30 ... 285 E 5
Sauveterre 65 ... 315 F 3
Sauveterre 32 ... 316 D 3
Sauveterre 81 ... 320 A 3
Sauveterre-de-Béarn 64 ... 311 H 3
Sauveterre-de-Comminges 31 ... 334 B 2
Sauveterre-de-Guyenne 33 ... 256 D 2
Sauveterre-de-Rouergue 12 ... 280 B 3
Sauveterre-la-Lémance 47 ... 259 E 4
Sauveterre-Saint-Denis 47 ... 276 C 3
Sauviac 33 ... 256 C 5
Sauviac 32 ... 315 H 4
Sauvian 34 ... 321 G 5
Sauviat 63 ... 228 C 1
Sauviat-sur-Vige 87 ... 206 C 4
Sauvignac 16 ... 238 D 1
Sauvigney-lès-Gray 70 ... 161 F 1
Sauvigney-lès-Pesmes 70 ... 161 E 3
Sauvigny 55 ... 94 A 3
Sauvigny-le-Beuréal 89 ... 158 B 1
Sauvigny-le-Bois 89 ... 158 A 1
Sauvigny-les-Bois 58 ... 174 D 2
Sauville 08 ... 27 E 5
Sauville 88 ... 118 A 2
Sauvillers-Mongival 80 ... 22 D 4
Sauvimont 32 ... 317 E 3
Sauvoy 55 ... 93 H 1
Saux 46 ... 277 F 1
Saux-et-Pomarède 31 ... 316 C 5
Sauxillanges 63 ... 228 B 3
Le Sauze 04 ... 270 D 5
Sauze 06 ... 289 F 3
Le Sauze-du-Lac 05 ... 270 A 4
Sauzé-Vaussais 79 ... 203 E 1
Sauzelle 17 ... 200 B 3
Sauzelles 36 ... 170 C 5
Sauzet 46 ... 259 G 5
Sauzet 26 ... 267 E 3
Sauzet 30 ... 284 A 5
La Sauzière-Saint-Jean 81 ... 298 B 1
Sauzon 56 ... 144 B 3
Savagna 39 ... 179 E 5
Savarthès 31 ... 334 C 1
Savas 07 ... 230 D 5
Savas-Mépin 38 ... 231 G 3
Savasse 26 ... 267 E 3
Savenay 44 ... 146 D 2
Savenès 82 ... 297 G 2
Savennes 23 ... 207 E 2
Savennes 63 ... 226 C 2
Savennières 49 ... 149 F 2
Saverdun 09 ... 318 B 5
Savères 31 ... 317 F 4
Saverne 67 ... 68 B 4
Saverne Col de 67 ... 68 A 4
Saveuse 80 ... 22 B 2
Savianges 71 ... 177 F 5
Savières 10 ... 90 D 4
Savigna 39 ... 196 C 3
Savignac 33 ... 256 C 4
Savignac 12 ... 279 F 1
Savignac-de-Duras 47 ... 257 F 2
Savignac-de-l'Isle 33 ... 238 B 4
Savignac-de-Miremont 24 ... 241 E 4
Savignac-de-Nontron 24 ... 222 C 3
Savignac-Lédrier 24 ... 223 G 5
Savignac-les-Églises 24 ... 241 E 1
Savignac-les-Ormeaux 09 ... 336 C 5
Savignac-Mona 32 ... 317 E 3
Savignac-sur-Leyze 47 ... 258 C 5
Savignargues 30 ... 283 H 5
Savigné 86 ... 203 G 1
Savigné-l'Évêque 72 ... 108 A 4
Savigné-sous-le-Lude 72 ... 129 H 5
Savigné-sur-Lathan 37 ... 151 F 2
Savigneux 01 ... 213 E 3
Savigneux 42 ... 229 G 2
Savignies 60 ... 37 H 1
Savigny 50 ... 31 H 5
Savigny 88 ... 95 E 4
Savigny 52 ... 140 B 3
Savigny 69 ... 212 C 5
Savigny 74 ... 215 F 2
Savigny-en-Revermont 71 ... 178 D 5
Savigny-en-Sancerre 18 ... 155 H 2
Savigny-en-Septaine 18 ... 173 F 1
Savigny-en-Terre-Plaine 89 ... 158 B 1
Savigny-en-Véron 37 ... 150 D 4
Savigny-le-Sec 21 ... 160 A 2
Savigny-le-Temple 77 ... 88 B 2
Savigny-le-Vieux 50 ... 81 G 2
Savigny-lès-Beaune 21 ... 177 H 1
Savigny-Lévescault 86 ... 186 C 2
Savigny-Poil-Fol 58 ... 175 H 4
Savigny-sous-Faye 86 ... 169 E 3
Savigny-sous-Mâlain 21 ... 159 G 3
Savigny-sur-Aisne 08 ... 42 D 2
Savigny-sur-Ardres 51 ... 41 E 4
Savigny-sur-Braye 41 ... 131 E 2
Savigny-sur-Clairis 89 ... 113 E 4
Savigny-sur-Grosne 71 ... 194 D 1
Savigny-sur-Orge 91 ... 58 C 5
Savigny-sur-Seille 71 ... 195 G 1
Savilly 21 ... 158 C 5
Savine Col de la 39 ... 197 F 1
Savines-le-Lac 05 ... 270 B 3
Savins 77 ... 89 F 3
Savoillan 84 ... 286 B 3
Savoisy 21 ... 137 H 3
Savolles 21 ... 160 C 2
Savonnières 37 ... 151 G 3
Savonnières-devant-Bar 55 ... 63 H 4
Savonnières-en-Perthois 55 ... 92 D 2
Savonnières-en-Woëvre 55 ... 64 D 3
Savouges 21 ... 160 A 4
Savournon 05 ... 269 E 5
Savoyeux 70 ... 140 B 5
Savy 02 ... 24 A 2
Savy-Berlette 62 ... 7 H 5
Saxel 74 ... 198 A 4
Saxi-Bourdon 58 ... 175 E 1
Saxon-Sion 54 ... 94 C 3
Sayat 63 ... 209 G 5
Saze 30 ... 304 C 1
Sazeray 36 ... 189 H 3
Sazeret 03 ... 191 G 4
Sazilly 37 ... 151 F 5
Sazos 65 ... 332 D 3
Scaër 29 ... 100 C 3
Les Scaffarels 04 ... 289 E 5
Scata 2B ... 347 G 3
Sceau-Saint-Angel 24 ... 222 C 4
Sceautres 07 ... 266 D 3
Sceaux 92 ... 58 B 4
Sceaux 89 ... 158 A 1
Sceaux-d'Anjou 49 ... 128 C 5
Sceaux-du-Gâtinais 45 ... 112 B 4
Sceaux-sur-Huisne 72 ... 108 C 3
Scey-en-Varais 25 ... 162 A 5
Scey-sur-Saône-et-Saint-Albin 70 ... 140 D 4
Schaeferhof 57 ... 68 A 5
Schaeffersheim 67 ... 97 G 3
Schaffhouse-près-Seltz 67 ... 69 G 2
Schaffhouse-sur-Zorn 67 ... 68 C 4
Schalbach 57 ... 67 H 3
Schalkendorf 67 ... 68 C 3
Scharrachbergheim 67 ... 97 F 1
Scheibenhard 67 ... 69 G 1
Scherlenheim 67 ... 68 C 4
Scherwiller 67 ... 97 E 4
Schillersdorf 67 ... 68 C 3
Schiltigheim 67 ... 97 H 1
Schirmeck 67 ... 96 D 2
Schirrhein 67 ... 69 F 3
Schirrhoffen 67 ... 69 F 3
Schleithal 67 ... 69 G 1
Schlierbach 68 ... 143 G 2
Schlucht Col de la 88 ... 120 C 3
Schmittviller 57 ... 67 H 1
Schneckenbusch 57 ... 67 H 5
Schnepfenried 68 ... 120 C 4
Schnersheim 67 ... 68 C 5
Schœnau 67 ... 97 G 5
Schœnbourg 67 ... 68 A 3
Schœneck 57 ... 47 F 4
Schœnenbourg 67 ... 69 F 2
Schopperten 67 ... 67 G 2
Schorbach 57 ... 48 C 5
Schwabwiller 67 ... 69 E 2
Schweighouse 68 ... 120 D 4
Schweighouse-sur-Moder 67 ... 68 D 3
Schweighouse-Thann 68 ... 143 E 1
Schwenheim 67 ... 68 B 5
Schwerdorff 57 ... 46 D 3
Schweyen 57 ... 48 C 5
Schwindratzheim 67 ... 68 C 4
Schwoben 68 ... 143 F 3
Schwobsheim 67 ... 97 G 5
Sciecq 79 ... 184 D 3
Scientrier 74 ... 216 A 1
Scieurac-et-Flourès 32 ... 295 F 5
Sciez 74 ... 198 A 3
Scillé 79 ... 184 D 1
Scionzier 74 ... 216 B 1
Scolca 2B ... 347 G 2
Scorbé-Clairvaux 86 ... 169 F 4
Scoury 36 ... 188 B 1
Scrignac 29 ... 76 C 2
Scrupt 51 ... 63 E 4
Scy-Chazelles 57 ... 65 G 1
Scye 70 ... 141 E 4
Séailles 32 ... 295 F 3
La Séauve-sur-Semène 43 ... 248 A 1
Sébazac-Concourès 12 ... 280 D 1
Sébécourt 27 ... 55 H 2
Sébeville 50 ... 31 H 2
Seboncourt 02 ... 24 C 1
Sebourg 59 ... 15 E 2
Sébouville 45 ... 111 F 3
Sébrazac 12 ... 262 D 4
Séby 64 ... 314 B 3
Secenans 70 ... 142 A 4
Séchault 08 ... 42 D 3
Sécheras 07 ... 249 E 2
Sécheval 08 ... 26 C 2
Le Séchier 05 ... 269 G 1
Séchilienne 38 ... 251 E 3
Séchin 25 ... 162 C 2
Seclin 59 ... 8 D 3
Secondigné-sur-Belle 79 ... 202 B 1
Secondigny 79 ... 185 E 1
Secourt 57 ... 66 B 2
Secqueville-en-Bessin 14 ... 33 F 4
Sedan 08 ... 27 F 3
Sédeilhac 31 ... 316 A 5
Séderon 26 ... 286 C 2
Sedze-Maubecq 64 ... 314 D 4
Sedzère 64 ... 314 C 4
Seebach 67 ... 69 F 1
Sées 61 ... 83 H 2
Séez 73 ... 234 D 1
Le Ségala 11 ... 318 D 5
Ségalas 47 ... 257 H 3
Ségalas 65 ... 315 F 4
La Ségalassière 15 ... 243 H 5
Séglien 56 ... 101 G 2
Ségny 01 ... 197 F 4
Segonzac 16 ... 220 C 2
Segonzac 24 ... 239 H 2
Segonzac 19 ... 241 G 1
Ségos 32 ... 294 C 4
Ségoufielle 32 ... 297 F 4
Segré 49 ... 128 A 4
Ségreville 31 ... 318 C 3
Ségrie 72 ... 107 G 2

Ségrie-Fontaine *61* 53 G 3
Segrois *21* 159 H 5
Ségry *36* 172 C 3
La Séguinière *49* 166 D 1
Le Ségur *81* 279 G 4
Ségur *12* 281 F 2
Ségur-le-Château *19* 223 H 4
Ségur-les-Villas *15* 245 F 2
Ségura *09* 336 B 2
Séguret *84* 285 G 3
Ségus *65* 332 D 1
Séhar *Pointe de* *22* 72 B 3
Seich *65* 334 A 2
Seichamps *54* 66 B 5
Seichebrières *45* 111 G 5
Seicheprey *54* 65 E 3
Seiches-sur-le-Loir *49* 128 D 5
Seignalens *11* 337 A 1
Seigné *17* 202 C 3
Seignelay *89* 136 B 2
Seigneulles *55* 63 H 3
Seignosse *40* 292 B 3
Seigny *21* 138 A 5
Seigy *41* 153 F 4
Seilh *31* 297 H 4
Seilhac *19* 224 D 5
Seilhan *31* 334 A 2
Seillac *41* 152 D 1
Seillans *83* 308 C 3
Seillonnaz *01* 214 B 5
Seillons-
Source-d'Argens *83* 306 D 5
Sein *Île de* *29* 98 B 2
Seine *Sources de la* *21* 159 G 1
Seine-Port *77* 88 A 3
Seingbouse *57* 47 F 5
Seissan *32* 316 B 3
Seix *09* 335 F 4
Le Sel-de-Bretagne *35* 104 B 5
Selaincourt *54* 94 C 3
Selens *02* 40 A 1
Sélestat *67* 97 F 5
Séligné *79* 202 B 1
Séligney *39* 179 E 2
Selincourt *80* 21 H 2
La Selle-Craonnaise *53* 127 G 2
La Selle-en-Coglès *35* 81 E 3
La Selle-en-Hermoy *45* 112 D 5
La Selle-en-Luitré *35* 81 F 5
La Selle-Guerchaise *35* 105 F 5
La Selle-la-Forge *61* 53 F 4
La Selle-sur-le-Bied *45* 112 D 4
Selles *62* 6 D 2
Selles *27* 35 E 3
Selles *51* 42 A 3
Selles *70* 118 D 4
Selles-Saint-Denis *41* 154 B 3
Selles-sur-Cher *41* 153 G 4
Selles-sur-Nahon *36* 171 F 2
Sellières *39* 179 E 3
Selommes *41* 131 H 3
Seloncourt *25* 142 C 5
Selongey *21* 139 F 5
Selonnet *04* 270 A 5
Seltz *67* 69 G 2
La Selve *02* 25 G 5
La Selve *12* 280 C 4
Selvigny *59* 14 C 5
Sem *09* 336 A 5
Sémalens *81* 299 F 5
Semallé *61* 83 H 3
Semarey *21* 159 F 4
Sembadel *43* 246 D 1
Sembadel-Gare *43* 247 E 1
Sembas *47* 276 B 1
Semblançay *37* 151 G 1
Sembleçay *36* 153 H 4
Sembouès *32* 315 F 3
Séméac *65* 315 F 5
Séméacq-Blachon *64* 294 D 5
Semécourt *57* 45 G 5
Sémelay *58* 175 H 3
Semène *43* 230 A 5
Semens *33* 256 B 3
Sementron *89* 135 H 5
Sémeries *59* 15 H 4
Semerville *41* 110 A 5
Semezanges *21* 159 H 4
Sémézies-Cachan *32* 296 C 5
Semide *08* 42 C 3
Semillac *17* 219 G 4
Semilly *52* 93 G 5
Semmadon *70* 140 C 3
Semnoz *Montagne du* *74* 215 G 5
Semoine *10* 61 H 5
Semond *21* 138 B 4
Semondans *25* 142 B 4
Semons *38* 231 H 4
Semousies *59* 15 G 3
Semoussac *17* 219 G 4
Semoutiers *52* 116 D 4
Semoy *45* 111 E 5
Sempesserre *32* 276 B 5
Sempigny *60* 23 G 5
Sempy *62* 6 C 4
Semur-en-Auxois *21* 158 D 1
Semur-en-Brionnais *71* 193 G 5
Semur-en-Vallon *72* 108 C 4
Semussac *17* 218 D 2
Semuy *08* 42 D 1
Le Sen *40* 273 H 3
Sénac *65* 315 F 4
Senaide *88* 118 B 4
Sénaillac-Latronquière *46* 261 G 1
Sénaillac-Lauzès *46* 260 C 3
Senailly *21* 137 G 5
Senan *89* 135 H 2
Sénanque *Abbaye de* *84* 305 G 1
Senantes *60* 37 G 1
Senantes *28* 57 E 5
Senard *55* 63 F 1
Sénarens *31* 317 E 4
Senargent *70* 141 H 5
Senarpont *80* 21 F 2
Sénart *11* 88 A 2
Sénas *13* 305 F 3
Senaud *39* 196 A 3
Senaux *81* 300 B 3
Sencenac-
Puy-de-Fourches *24* 222 C 5
Senconac *09* 336 C 5
Sendets *33* 256 C 5
Sendets *64* 314 C 5
Séné *56* 124 C 4
Sène *Mont de* *71* 177 G 2
Sénéchas *30* 283 G 1
Sénèque *Tour de* *2B* 345 F 2
Sénergues *12* 262 C 3
Senesse-de-Senabugue *09* 336 D 2
Sénestis *47* 257 F 5
Séneujols *43* 247 E 4
Senez *04* 288 B 5
Sénezergues *15* 262 B 2
Sengouagnet *31* 334 C 2
Séniergues *46* 260 B 2
Senillé *86* 169 H 4
Seninghem *62* 7 E 2
Senlecques *62* 6 D 2
Senlis *62* 7 E 3
Senlis *60* 39 E 4
Senlis-le-Sec *80* 13 E 5
Senlisse *78* 57 H 5
Senneçay *18* 173 F 2
Sennecé-lès-Mâcon *71* 195 E 4
Sennecey-le-Grand *71* 177 H 5
Sennecey-lès-Dijon *21* 160 B 3
Sennely *45* 133 G 4
Sennevières *37* 170 C 1
Senneville-sur-Fécamp *76* 19 E 3
Sennevoy-le-Bas *89* 137 G 3
Sennevoy-le-Haut *89* 137 G 3
Senon *55* 44 D 4
Senonches *28* 85 F 2
Senoncourt *70* 141 E 2
Senoncourt-les-Maujouy *55* 64 B 2
Senones *88* 96 B 3
Senonges *88* 118 C 2
Senonnes *53* 127 F 2
Senonville *55* 64 D 3
Senots *60* 37 H 4
Senouillac *81* 299 E 1
Sénoville *50* 28 D 5
Senozan *71* 195 E 3
Sens *89* 113 G 2
Sens-Beaujeu *18* 155 H 3
Sens-de-Bretagne *35* 80 C 4
Sens-sur-Seille *71* 178 C 4
Sentein *09* 334 D 4
Sentelie *80* 22 A 3
Sentenac-de-Sérou *09* 335 H 3
Sentenac-d'Oust *09* 335 F 4
Sentheim *68* 142 D 1
Sentilly *61* 54 A 4
La Sentinelle *59* 9 G 5
Sentous *65* 315 H 5
Senuc *08* 43 E 3
Senven-Léhart *22* 77 H 3
La Séoube *65* 333 G 2
Sépeaux *89* 113 F 5
Sepmeries *59* 14 D 2
Sepmes *37* 169 H 1
Seppois-le-Bas *68* 143 E 4
Seppois-le-Haut *68* 143 E 4
Sept-Fons *Abbaye de* *03* 192 D 2
Sept-Forges *61* 82 B 3
Sept-Frères *14* 52 B 3
Sept-Meules *76* 10 D 5
Sept-Saulx *51* 42 A 5
Sept-Sorts *77* 59 H 2
Sept-Vents *14* 32 D 5
Septème *38* 231 G 3
Septèmes-les-Vallons *13* 326 D 1
Septeuil *78* 57 F 3
Septfonds *89* 135 F 4
Septfonds *82* 278 C 3
Septfontaines *25* 180 B 1
Septmoncel *39* 197 E 3
Septmonts *02* 40 B 3
Septsarges *55* 43 G 3
Septvaux *02* 24 B 5
Sepvigny *55* 93 H 2
Sepvret *79* 185 G 4
Sepx *31* 316 D 5
Sequedin *59* 8 C 2
Sequehart *02* 24 B 1
Le Sequestre *81* 299 F 1
Serain *02* 14 C 5
Seraincourt *08* 25 H 5
Seraincourt *95* 57 G 1
Sérandon *19* 226 B 5
Séranon *06* 308 C 2
Serans *60* 37 G 4
Serans *61* 54 A 4
Seranville *54* 95 G 3
Séranvillers-Forenville *59* 14 B 4
Seraucourt *55* 63 H 2
Seraucourt-le-Grand *02* 24 A 3
Seraumont *88* 93 H 3
Serazereux *28* 86 A 2
Serbannes *03* 210 B 2
Serbonnes *89* 89 F 5
Serches *02* 40 C 3
Sercœur *88* 95 G 5
Sercus *59* 7 H 2
Sercy *71* 194 D 1
Serdinya *66* 342 A 3
Sère *32* 316 B 4
Sère-en-Lavedan *65* 332 D 2
Sère-Lanso *65* 333 E 1
Sère-Rustaing *65* 315 G 5
Serécourt *88* 118 B 4
Séreilhac *87* 205 F 5
Serémange-Erzange *57* 45 G 3
Sérempuy *32* 296 D 3
Sérénac *81* 299 H 1
Sérent *56* 124 D 2
Sérévillers *60* 22 C 4
Séreyrède *Col de la* *30* 282 C 4
Serez *27* 56 D 2
Sérézin-de-la-Tour *38* 232 A 2
Sérézin-du-Rhône *69* 231 E 2
Sergeac *24* 241 F 4
Sergenaux *39* 179 E 3
Sergenon *39* 178 D 2
Sergines *89* 89 G 5
Sergy *02* 40 D 4
Sergy *01* 197 F 4
Séricourt *62* 12 D 2
Sériers *15* 245 G 4
Sérifontaine *60* 37 G 3
Sérignac *16* 239 E 1
Sérignac *46* 259 F 5
Sérignac *82* 297 E 1
Sérignac-Péboudou *47* 257 H 3
Sérignac-sur-Garonne *47* 275 H 3
Sérignan *34* 321 G 5
Sérignan-du-Comtat *84* 285 F 3
Sérignan-Plage *34* 321 H 5
Sérigné *85* 183 H 2
Sérigny *61* 84 C 4
Sérigny *86* 169 F 3
Sérilhac *19* 242 D 3
Seringes-et-Nesles *02* 40 C 4
Séris *41* 132 B 3
Serley *71* 178 C 4
Sermages *58* 175 H 1
Sermaise *91* 87 F 3
Sermaise *49* 150 B 1
Sermaises *45* 87 G 5
Sermaize *60* 23 G 5
Sermaize-les-Bains *51* 63 F 4
Sermamagny *90* 142 C 2
Sermange *39* 161 F 4
Sermano *2B* 347 F 4
Sermentizon *63* 228 C 1
Sermentot *14* 33 E 5
Sermérieu *38* 232 B 1
Sermersheim *67* 97 F 4
Sermesse *71* 178 B 3
Sermiers *51* 41 G 5
Sermizelles *89* 157 H 1
Sermoise *02* 40 C 2
Sermoise-sur-Loire *58* 174 C 2
Sermoyer *01* 195 F 2
Sermur *23* 208 B 3
Sernhac *30* 304 B 1
Serocourt *88* 118 B 3
Séron *65* 314 D 4
Serpaize *38* 231 F 3
La Serpent *11* 337 B 3
Serques *62* 3 F 5
Serqueux *76* 21 E 5
Serqueux *52* 118 A 4
Serquigny *27* 35 G 5
Serra-di-Ferro *2A* 348 C 5
Serra-di-Fiumorbo *2B* 349 G 2
Serra di Pigno *2B* 345 G 4
Serra-di-Scopamène *2A* 349 E 5
Serrabone *Prieuré de* *66* 342 C 3
Serralongue *66* 342 C 5
Serrant *Château de* *49* 149 F 2
Serraval *74* 216 A 4
La Serre *12* 300 C 1
Serre *Col de* *15* 245 E 3
La Serre-Bussière-
Vieille *23* 208 B 2
Serre-Chevalier *05* 252 C 4
Serre-les-Moulières *39* 161 F 4
Serre-les-Sapins *25* 161 H 4
Serre-Nerpol *38* 250 B 1
Serre-Ponçon
*Barrage et Lac de* *93* 270 A 4
Serres *54* 66 C 5
Serres *05* 269 E 5
Serres *11* 337 D 3
Serres-Castet *64* 314 B 4
Serres-et-Montguyard *24* 257 H 2
Serres-Gaston *40* 294 A 4
Serres-Morlaàs *64* 314 C 4
Serres-Sainte-Marie *64* 313 H 3
Serres-sur-Arget *09* 336 A 3
Serreslous-et-Arribans *40* 293 H 3
Serriera *2A* 346 B 5
Serrières *54* 65 H 4
Serrières *71* 194 D 4
Serrières *07* 231 E 5
Serrières-de-Briord *01* 214 B 5
Serrières-en-Chautagne *73* 215 E 4
Serrières-sur-Ain *01* 214 B 1
Serrigny *89* 137 E 2
Serrigny-en-Bresse *71* 178 B 3
Serris *77* 59 F 3
Serrouville *54* 45 F 3
Serruelles *18* 173 E 3
Sers *16* 221 G 2
Sers *65* 333 E 3
Servais *02* 24 B 5
Serval *02* 41 E 3
Servance *70* 142 A 1
Servanches *24* 239 F 2
Servant *63* 209 F 1
Servas *01* 213 H 1
Servas *30* 284 A 3
Servaville-Salmonville *76* 36 C 1
Serverette *48* 264 B 2
Serves-sur-Rhône *26* 249 E 2
Servian *34* 321 H 3
Servières *48* 264 B 4
Servières-le-Château *19* 243 F 3
Serviers-et-Labaume *30* 284 B 5
Serviès *81* 299 E 4
Serviès-en-Val *11* 338 A 1
Servignat *01* 195 G 3
Servigney *70* 141 F 3
Servigney *25* 162 C 1
Servigny *50* 31 G 5
Servigny-lès-Raville *57* 66 C 1
Servigny-
lès-Sainte-Barbe *57* 45 H 5
Serville *28* 56 D 4
Servilly *03* 192 C 5
Servin *25* 162 D 3
Servins *62* 8 A 5
Servion *08* 26 B 3
Servon *50* 51 G 5
Servon *77* 59 E 5
Servon-Melzicourt *51* 43 E 4
Servon-sur-Vilaine *35* 104 C 3
Servoz *74* 216 D 3
Sery *08* 26 A 5
Sery *89* 136 C 5
Séry-lès-Mézières *02* 24 C 3
Séry-Magneval *60* 39 F 4
Serzy-et-Prin *51* 41 E 4
Sessenheim *67* 69 F 3
Sète *34* 323 E 4
Setques *62* 3 E 5
Les Settons *58* 158 B 4
Seudre *Pont de la* *17* 200 C 4
Seugy *95* 38 C 5
Seuil *08* 42 B 1
Seuillet *03* 210 C 1
Seuilly *37* 150 D 5
Seur *41* 153 E 1
Le Seure *17* 202 B 5
Seurre *21* 178 B 1
Seux *80* 22 A 2
Seuzey *55* 64 C 2
Sevelinges *42* 212 A 2
Sevenans *90* 142 C 3
Sévérac *44* 125 G 5
Sévérac-le-Château *12* 281 H 2
Sévérac-l'Église *12* 281 F 1
Seveux *70* 140 B 5
Sevi *Col de* *2A* 346 C 5
Sévignac *22* 79 E 5
Sévignacq *64* 314 C 3
Sévignacq-Meyracq *64* 332 A 1
Sévigny *61* 54 A 4
Sévigny-la-Forêt *08* 26 B 1
Sévigny-Waleppe *08* 25 G 5
Sévis *76* 20 B 4
Sevrai *61* 53 H 5
Sevran *93* 58 D 2
Sèvres *92* 58 B 4
Sèvres-Anxaumont *86* 186 C 1
Sevrey *71* 177 H 4
Sévrier *74* 215 G 4
Sévry *18* 155 H 5
Sewen *68* 142 C 1
Sexcles *19* 243 F 4
Sexey-aux-Forges *54* 94 C 1
Sexey-les-Bois *54* 65 G 5
Sexfontaines *52* 116 D 2
Seychalles *63* 210 B 5
Seyches *47* 257 G 4
Seyne *04* 270 B 5
La Seyne-sur-Mer *83* 328 A 5
Seynes *30* 284 A 4
Seynod *74* 215 G 3
Seyre *31* 318 B 4
Seyresse *40* 292 D 3
Seyssel *74* 215 E 3
Seyssel *01* 215 E 3
Seysses *31* 317 G 3
Seysses-Savès *32* 317 E 3
Seyssinet-Pariset *38* 250 D 2
Seyssins *38* 250 D 2
Seyssuel *38* 231 E 3
Seythenex *74* 216 A 5
Seytroux *74* 198 C 4
Sézanne *51* 61 E 5
Sézéria *39* 196 C 2
Siarrouy *65* 315 E 4
Siaugues-Saint-Romain *43* 246 D 3
Sibiril *29* 71 G 3
Sibiville *62* 12 D 2
La Sicaudais *44* 146 D 4
Siccieu-Saint-Julien-
et-Carisieu *38* 214 A 5
Sichamps *58* 156 D 5
Sickert *68* 142 C 1
Sideville *50* 29 E 3
Sidiailles *18* 190 B 2
Siecq *17* 202 C 4
Siegen *67* 69 G 1
Les Sièges *89* 114 A 3
Sièges *39* 196 D 4
Sierck-les-Bains *57* 46 B 2
Sierentz *68* 143 G 2
Siersthal *57* 68 A 1
Sierville *76* 20 A 5
Siest *40* 292 D 3
Sieurac *81* 299 F 2
Sieuras *09* 317 H 5
Siévoz *38* 251 E 5
Siewiller *67* 67 H 3
Sigale *06* 289 G 5
Sigalens *33* 256 D 5
Sigean *11* 339 E 2
Sigean
*Réserve africaine de* *11* 339 E 2
Sigloy *45* 133 H 3
Signac *31* 334 B 3
Signes *83* 327 H 2
Signéville *52* 93 F 5
Signy-l'Abbaye *08* 26 B 4
Signy-le-Petit *08* 26 A 1
Signy-Montlibert *08* 27 H 5
Signy-Signets *77* 59 H 2
Sigogne *16* 220 C 1
Sigolsheim *68* 121 E 2
Sigonce *04* 287 F 5
Sigottier *05* 268 D 5
Sigoulès *24* 257 G 2
Sigournais *85* 166 C 5
Sigoyer *05* 269 G 4
Sigoyer *04* 287 G 1
Siguer *09* 336 A 5
Sigy *77* 89 F 3
Sigy-en-Bray *76* 21 E 5
Sigy-le-Châtel *71* 194 C 2
Silfiac *56* 101 G 2
Silhac *07* 248 D 5
Sillans *38* 232 B 5
Sillans-la-Cascade *83* 307 G 4
Sillars *86* 187 F 3
Sillas *33* 274 D 1
Sillé-le-Guillaume *72* 107 E 2
Sillé-le-Philippe *72* 108 A 3
Sillegny *57* 65 H 2
Sillery *51* 41 H 4
Silley-Amancey *25* 180 B 1
Silley-Bléfond *25* 162 C 2
Sillingy *74* 215 F 3
Silly-en-Gouffern *61* 54 B 4
Silly-en-Saulnois *57* 66 B 2
Silly-la-Poterie *02* 40 A 4
Silly-le-Long *60* 39 F 5
Silly-sur-Nied *57* 46 B 5
Silly-Tillard *60* 38 A 3
Silmont *55* 63 H 4
Siltzheim *67* 67 G 1
Silvacane
*Ancienne Abbaye de* *13* 305 H 3
Silvareccio *2B* 347 G 3
Silvarouvres *52* 116 B 4
Simacourbe *64* 314 C 3
Simandre *71* 195 F 1
Simandre-sur-Suran *01* 196 A 5
Simandres *69* 231 F 2
Simard *71* 178 B 5
Simencourt *62* 13 F 3
Simeyrols *24* 241 H 5
Simiane-Collongue *13* 327 E 1
Simiane-la-Rotonde *04* 286 D 5
Simorre *32* 316 C 3
Simplé *53* 105 H 5
Le Simserhof *Fort* *57* 68 B 1
Sin-le-Noble *59* 8 D 5
Sinard *38* 250 D 4
Sinceny *02* 24 A 5
Sincey-lès-Rouvray *21* 158 B 2
Sindères *40* 272 D 4
Singles *63* 226 C 3
Singleyrac *24* 257 H 2
Singly *08* 26 D 4
Singrist *67* 68 B 5
Sinsat *09* 336 B 5
Sinzos *65* 315 F 5
Sion *54* 94 C 3
Sion *32* 295 E 3
Sion-les-Mines *44* 126 C 3
Sion-sur-l'Océan *85* 164 D 4
Sioniac *19* 243 E 4
Sionne *88* 93 H 4
Sionviller *54* 95 G 1
Siorac-de-Ribérac *24* 239 G 2
Siorac-en-Périgord *24* 259 E 1
Siouville-Hague *50* 28 C 3
Sirac *32* 297 E 3
Siracourt *62* 7 F 5
Siradan *65* 334 B 2
Siran *15* 243 G 5
Siran *34* 320 B 5
Siran *Château* *33* 237 F 3
Sireix *65* 332 C 2
Sireuil *16* 221 E 2
Sireuil *24* 241 F 5
Sirod *39* 180 A 4
Siros *64* 314 A 4
Sisco *2B* 345 G 3
Sissonne *02* 25 F 5
Sissy *02* 24 C 3
Sistels *82* 276 C 4
Sisteron *04* 287 G 2
Sivergues *84* 305 H 2
Sivignon *71* 194 B 3
Sivry *54* 65 H 4
Sivry-Ante *51* 63 E 1
Sivry-Courtry *77* 88 C 3
Sivry-la-Perche *55* 43 H 5
Sivry-lès-Buzancy *08* 43 F 2
Sivry-sur-Meuse *55* 43 H 3
Six-Fours-les-Plages *83* 327 H 5
Sixt-Fer-à-Cheval *74* 216 D 1
Sixt-sur-Aff *35* 125 H 2
Sizun *29* 75 H 2
Smarves *86* 186 B 2
Smermesnil *76* 20 D 2
Soccia *2A* 348 C 1
Sochaux *25* 142 C 4

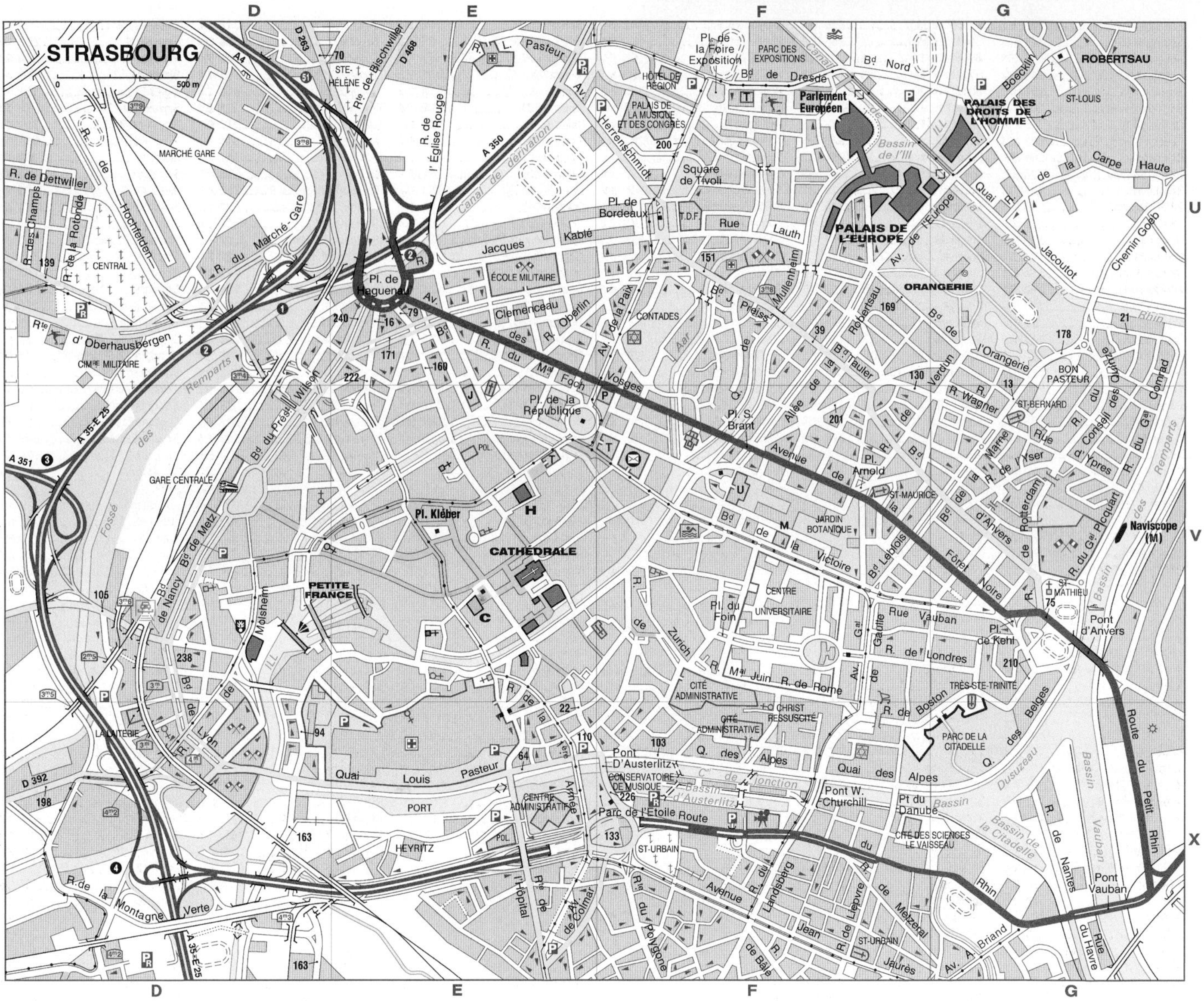
STRASBOURG
500 m
D
E
F
G
U
V
X
MARCHÉ GARE
CENTRAL
CIMre MILITAIRE
GARE CENTRALE
PETITE FRANCE
Pl. Kléber
CATHÉDRALE
Pl. de la République
Pl. de Haguenau
Pl. de Bordeaux
Square de Tivoli
Parlement Européen
PALAIS DES DROITS DE L'HOMME
PALAIS DE L'EUROPE
ORANGERIE
ROBERTSAU
ST-LOUIS
CONTADES
ÉCOLE MILITAIRE
Pl. S. Brant
Pl. Arnold
JARDIN BOTANIQUE
CENTRE UNIVERSITAIRE
Pl. du Foin
CITÉ ADMINISTRATIVE
PARC DE LA CITADELLE
Naviscope (M)
Pont d'Anvers
Pl. de Kehl
Pont W. Churchill
Pont Vauban
CITÉ DES SCIENCES LE VAISSEAU
Pont D'Austerlitz
CONSERVATOIRE DE MUSIQUE
Parc de l'Etoile
ST-URBAIN
HEYRITZ
PORT
Quai Louis Pasteur
CENTRE ADMINISTRATIF
BON PASTEUR
ST-BERNARD
ST-MAURICE
ST-MATHIEU
TRÈS-STE-TRINITÉ
CHRIST RESSUSCITÉ
Av. A. Briand
Route du Petit Rhin


Bach (Bd J. S.) GUV 13
Bischwiller (R. de) EU 16
Boussingault (R.) GU 21
Brigade Alsace-Lorraine (R. de la) FU 22
Dordogne (Bd de la) EX 39
Fustel-de-Coulanges (Quai) EX 64
Gaulle (Rte du Gén.-de) DEU 70
Grand-Pont (R. du) GV 75
Haguenau (R. de) EU 79
Humann (R.) DX 94
Koenig (Quai du Gén.) FX 103
Koenigshoffen (R. de) DV 105
Lattre-de-Tassigny (Pl. du Mar.-de) EX 110
Massenet (R.) FUV 130
Mendès-France (Rd-Pt. P.) FX 133
Mittelhausbergen (Rte de) DU 139
Ohmacht (R.) FU 151
Pierre (R. du Fg-de) EU 160
Plaine des Bouchers (R. de la) DX 163
Président-Edwards (Bd du) FU 169
Président-Poincaré (Bd) EU 171
Richter (R. Fr.-Xavier) GU 178
Schirmeck (Rte de) DX 198
Schutzenberger (Av.) FU 200
Schweighaeuser (R.) FV 201
Tarade (R.) GV 210
Travail (R. du) EUV 222
Vienne (Rte de) FX 226
Wasselonne (R. de) DV 238
Wissembourg (R. de) EU 240

Socoa **64** 310 B 3
Socourt **88** 95 E 4
Socx **59** 3 G 3
Sode **31** 334 B 4
Sœurdres **49** 128 C 3
Sognes **89** 89 H 5
Sognolles-en-Montois **77** 89 F 3
Sogny-aux-Moulins **51** 62 B 2
Sogny-en-l'Angle **51** 63 E 3
Soignolles **14** 53 H 1
Soignolles-en-Brie **77** 59 E 5
Soilly **51** 60 D 1
Soindres **78** 57 F 2
Soing **70** 140 C 5
Soings-en-Sologne **41** 153 G 2
Soirans **21** 160 C 4
Soissons **02** 40 B 2
Soissons-sur-Nacey **21** 160 D 3
Soisy-Bouy **77** 89 G 3
Soisy-sous-Montmorency **95** 58 B 2
Soisy-sur-École **91** 88 A 3
Soisy-sur-Seine **91** 58 D 5
Soize **02** 25 G 4
Soizé **28** 109 E 3
Soizy-aux-Bois **51** 61 E 4
Solaize **69** 231 E 2
Solaro **2B** 349 G 3
Solbach **67** 96 D 3
Soleilhas **04** 308 B 1
Solemont **25** 163 F 2
Solente **60** 23 G 4
Solenzara **2A** 349 G 4
Le Soler **66** 342 D 2
Solérieux **26** 285 F 1
Solers **77** 59 F 5
Solesmes **59** 14 D 3
Solesmes **72** 129 E 2
Soleymieu **38** 232 A 1
Soleymieux **42** 229 G 3
Solférino **40** 273 E 3
Solgne **57** 66 B 2
Soliers **14** 33 H 5
Solignac **87** 223 G 1
Solignac-sous-Roche **43** 247 G 1
Solignac-sur-Loire **43** 247 F 4
Solignat **63** 227 H 3
Soligny-la-Trappe **61** 84 B 2
Soligny-les-Étangs **10** 89 H 4
Sollacaro **2A** 348 D 5
Sollières-Sardières **73** 235 E 5
Solliès-Pont **83** 328 B 3
Solliès-Toucas **83** 328 B 3
Solliès-Ville **83** 328 B 4
Sologny **71** 194 D 4
Solomiac **32** 296 D 2
Solre-le-Château **59** 15 H 3
Solrinnes **59** 15 H 3
Solterre **45** 134 D 2
Solutré-Pouilly **71** 194 D 4
Somain **59** 9 E 5
Sombacour **25** 180 C 2
Sombernon **21** 159 G 3
Sombrin **62** 13 E 3
Sombrun **65** 315 E 3
Somloire **49** 167 F 1
Sommaing **59** 14 D 2
Sommaisne **55** 63 G 2
Sommancourt **52** 92 D 3
Sommant **71** 176 C 1
Sommauthe **08** 43 F 1
Somme-Bionne **51** 42 D 5
Somme-Suippe **51** 42 C 5
Somme-Tourbe **51** 42 D 5
Somme-Vesle **51** 62 C 1
Somme-Yèvre **51** 62 D 2
Sommecaise **89** 135 G 2
Sommedieue **55** 64 C 1
Sommeilles **55** 63 F 2
Sommelans **02** 40 B 5
Sommelonne **55** 63 G 5
Sommepy-Tahure **51** 42 C 4
Sommerance **08** 43 F 3
Sommerécourt **52** 117 H 2
Sommereux **60** 21 H 4
Sommermont **52** 92 D 3
Sommeron **02** 25 F 1
Sommervieu **14** 33 E 3
Sommerviller **54** 95 E 1
Sommery **76** 20 D 5
Sommesnil **76** 19 G 4
Sommesous **51** 61 H 4
Sommet-Bucher **05** 271 E 1
La Sommette **25** 162 D 4
Sommette-Eaucourt **02** 23 H 3
Sommeval **10** 114 D 3
Sommeville **52** 92 D 2
Sommevoire **52** 92 B 4
Sommières **30** 303 F 2
Sommières-du-Clain **86** 186 B 5
Somport *Col du* **64** 331 H 4
Sompt **79** 202 D 1
Sompuis **51** 62 B 5
Somsois **51** 91 H 2
Son **08** 26 A 5
Sonac **46** 261 E 2
Sonchamp **78** 86 D 2
Soncourt **88** 94 B 4
Soncourt-sur-Marne **52** 116 D 2
Sondernach **68** 120 C 4
Sondersdorf **68** 143 F 4
La Sône **38** 250 A 2
Songeons **60** 21 G 5
Songeson **39** 179 G 5
Songieu **01** 214 D 3
Songy **51** 62 C 4
Sonnac **17** 202 B 4
Sonnac **12** 261 G 4
Sonnac-sur-l'Hers **11** 337 A 2
Sonnay **38** 231 F 5
Sonnaz **73** 233 F 1
Sonneville **16** 202 D 5
Sons-et-Ronchères **02** 24 D 3
Sonthonnax-la-Montagne **01** 196 B 5
Sonzay **37** 151 G 1
Soorts-Hossegor **40** 292 B 3
Sophia-Antipolis **06** 309 F 3
Soppe-le-Bas **68** 142 D 2
Soppe-le-Haut **68** 142 D 2
Sor **09** 335 E 3
Sorans-lès-Breurey **70** 162 A 2
Sorba *Col de* **2B** 349 F 1
Sorbais **02** 25 F 1
Sorbets **40** 294 B 4
Sorbets **32** 295 E 3
Sorbey **55** 44 C 3
Sorbey **57** 66 B 1
Sorbier **03** 192 D 4
Sorbiers **42** 230 B 3
Sorbiers **05** 268 C 5
Sorbo-Ocagnano **2B** 347 G 2
Sorbollano **2A** 349 E 5
Sorbon **08** 26 A 5
Sorbs **34** 301 H 1
Sorcy-Bauthémont **08** 26 C 5
Sorcy-Saint-Martin **55** 64 D 5
Sorde-l'Abbaye **40** 292 D 5
Sore **40** 273 G 1
Soréac **65** 315 F 5
Sorède **66** 343 F 3
Sorel **80** 14 A 5
Sorel-en-Vimeu **80** 11 H 4
Sorel-Moussel **28** 56 D 3
Sorèze **81** 319 F 3
Sorgeat **09** 336 D 5
Sorges **24** 240 D 1
Sorgues **84** 285 F 5
Sorigny **37** 151 H 4
Les Sorinières **44** 147 G 4
Sorio **2B** 345 F 5
Sormery **89** 114 B 4
Sormonne **08** 26 C 2
Sornac **19** 225 H 2
Sornay **70** 161 F 3
Sornay **71** 195 G 1
Sornéville **54** 66 C 5
Sorquainville **76** 19 F 4
Sorrus **62** 6 B 4
Sort-en-Chalosse **40** 293 E 3
Sortosville **50** 29 F 5
Sortosville-en-Beaumont **50** 28 D 5
Sos **47** 275 E 4
Sospel **06** 291 G 4
Sossais **86** 169 F 3
Sost **65** 334 A 3
Sotta **2A** 351 F 3
Sottevast **50** 29 E 4
Sotteville **50** 28 D 4
Sotteville-lès-Rouen **76** 36 B 2
Sotteville-sous-le-Val **76** 36 B 3
Sotteville-sur-Mer **76** 19 H 2
Soturac **46** 259 E 5
Sotzeling **57** 66 D 3
Souain-Perthes-lès-Hurlus **51** 42 C 4
Soual **81** 299 F 5

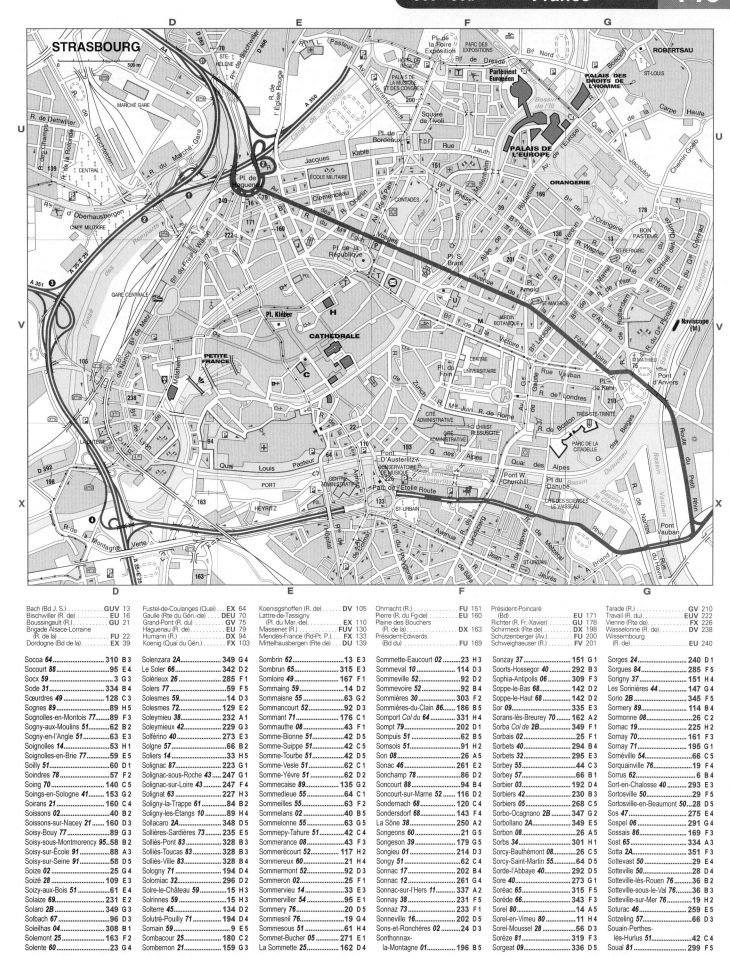

Souancé-au-Perche 28 ....... 109 E 2
Souanyas 66 ....... 341 H 3
Souastre 62 ....... 13 E 4
Soubès 34 ....... 301 H 3
Soubise 17 ....... 200 D 3
Soublecause 65 ....... 295 E 5
Soubran 17 ....... 219 G 5
Soubrebost 23 ....... 207 E 3
Soucé 53 ....... 82 B 3
Soucelles 49 ....... 128 D 5
Souché 79 ....... 184 D 4
La Souche 07 ....... 265 H 3
Souchez 62 ....... 8 B 5
Soucht 57 ....... 68 A 2
Soucia 39 ....... 196 D 1
Soucieu-en-Jarrest 69 ....... 230 D 1
Soucirac 46 ....... 260 B 2
Souclin 01 ....... 214 B 4
Soucy 02 ....... 39 H 3
Soucy 89 ....... 113 G 2
Soudaine-Lavinadière 19 ....... 224 D 3
Soudan 44 ....... 127 E 3
Soudan 79 ....... 185 G 3
Soudat 24 ....... 222 B 2
Souday 41 ....... 109 E 4
Soudé 51 ....... 62 A 4
Soudeilles 19 ....... 225 G 4
Soudorgues 30 ....... 283 F 4
Soudron 51 ....... 61 H 3
Soueich 31 ....... 334 C 2
Soueix-Rogalle 09 ....... 335 G 3
Souel 81 ....... 279 F 5
Soues 80 ....... 22 A 1
Soues 65 ....... 315 F 5
Souesmes 41 ....... 154 D 2
Souffelweyersheim 67 ....... 69 E 5
Soufflenheim 67 ....... 69 F 3
Souffrignac 16 ....... 221 H 2
Sougé 41 ....... 131 E 3
Sougé 36 ....... 171 F 2
Sougé-le-Ganelon 72 ....... 83 F 5
Sougéal 35 ....... 80 C 2
Sougères-en-Puisaye 89 ....... 156 D 1
Sougères-sur-Sinotte 89 ....... 136 B 2
Sougraigne 11 ....... 337 D 3
Sougy 45 ....... 110 D 4
Sougy-sur-Loire 58 ....... 175 E 3
Les Souhesmes 55 ....... 43 H 5
Souhey 21 ....... 158 D 1
Le Souich 62 ....... 12 D 3
Souilhanels 11 ....... 318 D 4
Souilhe 11 ....... 318 D 4
Souillac 46 ....... 242 B 5
Souillé 72 ....... 107 H 3
Souilly 77 ....... 59 E 2
Souilly 55 ....... 63 H 1
Soula 09 ....... 336 B 3
Soulac-sur-Mer 33 ....... 218 C 3
Soulages 15 ....... 246 A 3
Soulages-Bonneval 12 ....... 263 E 3
Soulaincourt 52 ....... 93 F 3
Soulaines-Dhuys 10 ....... 92 A 4
Soulaines-sur-Aubance 49 ....... 149 G 2
Soulaire-et-Bourg 49 ....... 128 C 5
Soulaires 28 ....... 86 B 3
Soulan 09 ....... 335 G 3
Soulanges 51 ....... 62 C 4
Soulangis 18 ....... 155 F 5
Soulangy 14 ....... 53 H 2
Soulatgé 11 ....... 338 A 4
Soulaucourt-
sur-Mouzon 52 ....... 118 A 2
Soulaures 24 ....... 259 E 3
Soulce-Cernay 25 ....... 163 G 2
Soulgé-sur-Ouette 53 ....... 106 B 4
Le Soulié 34 ....... 300 C 5
Soulières 51 ....... 61 F 3
Soulièvres 79 ....... 168 B 3
Soulignac 33 ....... 256 B 2
Souligné-Flacé 72 ....... 107 F 5
Souligné-sous-Ballon 72 ....... 107 H 3
Soulignonne 17 ....... 201 E 5
Souligny 10 ....... 114 D 2
Soulitré 72 ....... 108 B 4
Soullans 85 ....... 164 D 3
Soulles 50 ....... 52 A 1
Soulom 65 ....... 332 D 2
Soulomès 46 ....... 260 C 3
Soulor *Col du* 65 ....... 332 C 2
Soulosse-
sous-Saint-Élophe 88 ....... 94 A 4
Soultz-Haut-Rhin 68 ....... 120 D 5
Soultz-les-Bains 67 ....... 97 F 1
Soultz-sous-Forêts 67 ....... 69 E 2
Soultzbach-les-Bains 68 ....... 120 D 3
Soultzeren 68 ....... 120 C 3
Soultzmatt 68 ....... 120 D 4
Soulvache 44 ....... 126 D 2
Soumaintrain 89 ....... 114 C 4
Soumans 23 ....... 190 B 5
Soumensac 47 ....... 257 G 2
Souméras 17 ....... 219 H 5
Soumont 34 ....... 301 H 3
Soumont-Saint-Quentin 14 ....... 53 H 2
Soumoulou 64 ....... 314 C 5
Soupex 11 ....... 318 D 4
Soupir 02 ....... 40 D 2
Souplicourt 80 ....... 21 H 3
Souppes-sur-Loing 77 ....... 112 C 3
Souprosse 40 ....... 293 G 2
Le Souquet 40 ....... 272 C 5
Souraïde 64 ....... 310 D 4
Sourans 25 ....... 142 A 5
La Source 45 ....... 133 F 3
Sourcieux-les-Mines 69 ....... 212 D 5
Le Sourd 02 ....... 25 E 2
Sourdeval 50 ....... 52 C 4
Sourdeval-les-Bois 50 ....... 51 H 2
Sourdon 80 ....... 22 C 4
Sourdun 77 ....... 89 G 3
Le Sourn 56 ....... 101 H 3
Sournia 66 ....... 338 A 5
Sourniac 15 ....... 244 B 1
Sourribes 04 ....... 287 G 3
Sours 28 ....... 86 B 4
Soursac 19 ....... 243 H 1
Sourzac 24 ....... 239 G 3
Sous-la-Tour 22 ....... 78 B 3
Sous-Parsat 23 ....... 207 F 2
Sousceyrac 46 ....... 243 F 5
Sousmoulins 17 ....... 220 B 5
Souspierre 26 ....... 267 G 4
Soussac 33 ....... 256 D 2
Soussans 33 ....... 237 F 3
Soussey-sur-Brionne 21 ....... 159 E 3
Soustelle 30 ....... 283 G 3
Soustons 40 ....... 292 B 2
Sousville 38 ....... 251 E 4
Souternon 42 ....... 211 G 4
La Souterraine 23 ....... 188 C 5
Soutiers 79 ....... 185 F 1
Souvans 39 ....... 179 E 1
Souvignargues 30 ....... 303 F 2
Souvigné 37 ....... 151 F 1
Souvigné 79 ....... 185 F 3
Souvigné 16 ....... 203 E 3
Souvigné-sur-Même 72 ....... 108 C 2
Souvigné-sur-Sarthe 72 ....... 128 D 2
Souvigny 03 ....... 191 H 2
Souvigny-de-Touraine 37 ....... 152 C 2
Souvigny-en-Sologne 41 ....... 133 G 5
Souyeaux 65 ....... 315 F 5
Souzay-Champigny 49 ....... 150 C 4
Souzy 69 ....... 230 B 1
Souzy-la-Briche 91 ....... 87 F 3
Soveria 2B ....... 347 E 4


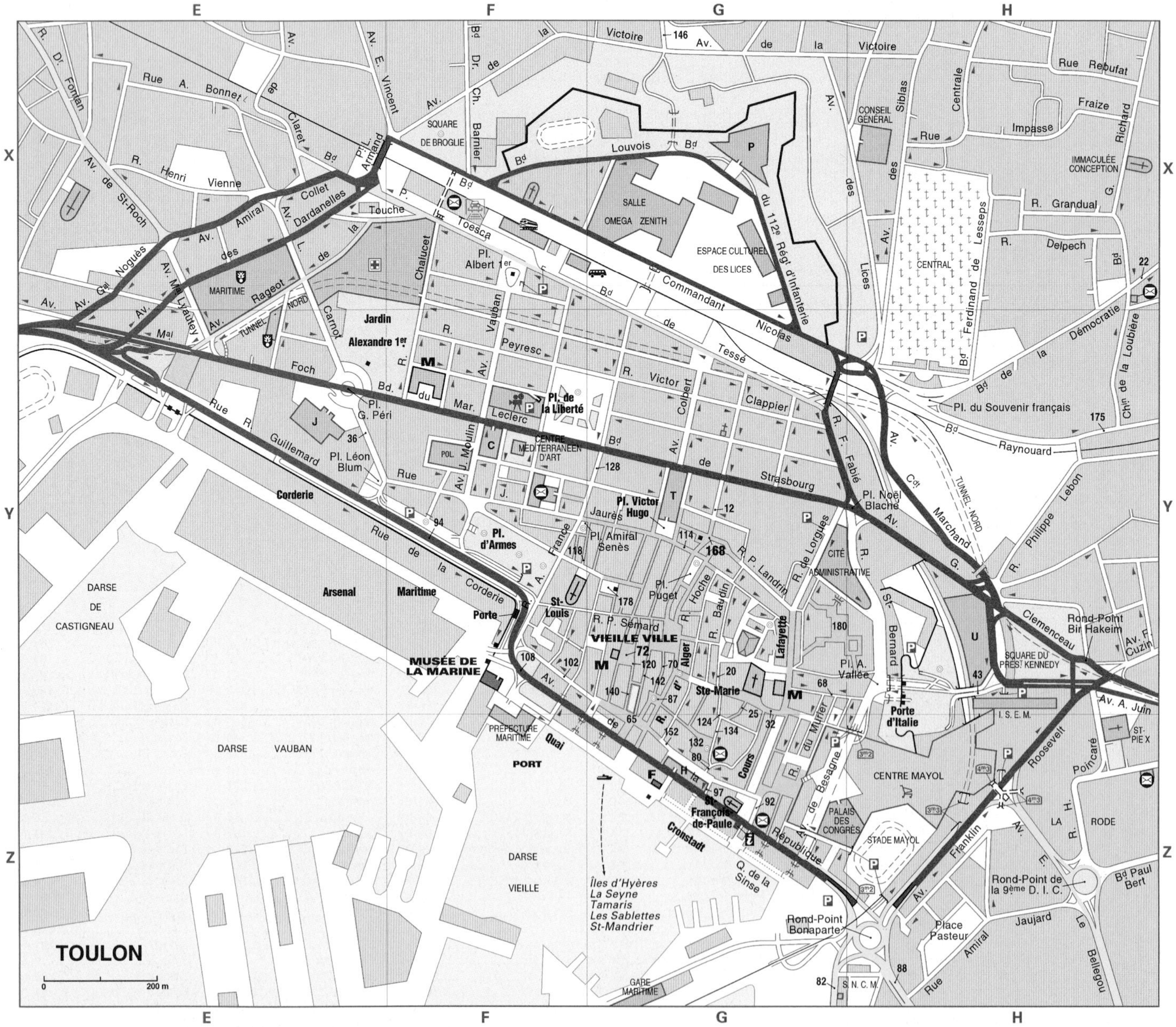

TOULON
0
200 m
E
F
G
H
X
Y
Z
SQUARE DE BROGLIE
SALLE OMEGA ZENITH
ESPACE CULTUREL DES LICES
CONSEIL GÉNÉRAL
IMMACULÉE CONCEPTION
CENTRAL
Jardin Alexandre 1er
Pl. de la Liberté
CENTRE MÉDITERRANÉEN D'ART
Pl. Victor Hugo
Pl. d'Armes
Corderie
Arsenal
Maritime
DARSE DE CASTIGNEAU
DARSE VAUBAN
DARSE VIEILLE
MUSÉE DE LA MARINE
PRÉFECTURE MARITIME
PORT
VIEILLE VILLE
CITÉ ADMINISTRATIVE
Porte d'Italie
CENTRE MAYOL
PALAIS DES CONGRÈS
STADE MAYOL
SQUARE DU PRÉST KENNEDY
I. S. E. M.
Rond-Point Bir Hakeim
Rond-Point de la 9ème D. I. C.
Rond-Point Bonaparte
Place Pasteur
GARE MARITIME
S. N. C. M.
Îles d'Hyères
La Seyne
Tamaris
Les Sablettes
St-Mandrier



Berthelot (R.) . . . . . GY 12
Boucheries (R. des) . . . . . GY 20
Bozzo (Av. L.) . . . . . HX 22
Brunetière (R. F.) . . . . . GYZ 25
Cathédrale (Traverse) . . . . . GYZ 32
Churchill (Av. W.) . . . . . EY 36
Daudet (R. Alphonse) . . . . . HY 43
Gambetta (Pl.) . . . . . GYZ 65
Garibaldi (R.) . . . . . GY 68
Glacière (R. de la) . . . . . GY 70
Globe (Pl. du) . . . . . GY 72
Huile (Pl. à l') . . . . . GZ 80
Infanterie de Marine (Av. de l') . . . . . CV, GZ 82
Lambert (Pl. Gustave) . . . . . GY 87
Lattre-de-Tassigny (Av. Mar.-de) . . . . . CV, HZ 88
Louis-Blanc (Pl.) . . . . . GZ 92
Magnan (Av. Gén.) . . . . . FY 94
Méridienne (R.) . . . . . GZ 97
Micholet (Av. V.) . . . . . FY 102
Monsenergue (Pl. Ingénieur-Gén.) . . . . . FY 108
Muraire (R.) . . . . . GY 114
Notre Dame (R.) . . . . . GY 118
Noyer (R. du) . . . . . GY 120
Orfèvres (Pl. des) . . . . . GYZ 124
Pastoureau (R. H.) . . . . . GY 128
Poissonnerie (Pl. de la) . . . . . GZ 132
Pressencé (R. F. de) . . . . . GZ 134
Raimu (Pl.) . . . . . GY 140
Riaux (R. des) . . . . . GY 142
Seillon (R. H.) . . . . . GZ 152
Trois Dauphins (Pl. des) . . . . . GY 168
Vert Coteau (Av.) . . . . . HY 175
Vezzani (Pl. César) . . . . . GY 178
Visitation (Pl. de la) . . . . . GHY 180
9e D.I.C. (Rond-Point de la) . . . . . HZ 188

Soyans 26 ........ 267 G 3
Soyaux 16 ........ 221 F 2
Soye 25 ........ 162 D 1
Soye-en-Septaine 18 ........ 173 F 2
Soyécourt 80 ........ 23 F 2
Soyers 52 ........ 140 B 2
Soyons 07 ........ 249 F 5
Spada 55 ........ 64 C 3
Sparsbach 67 ........ 68 B 3
Spay 72 ........ 107 G 5
Spechbach-le-Bas 68 ........ 143 E 2
Spechbach-le-Haut 68 ........ 143 E 2
Speloncato 2B ........ 346 D 2
Spelunca *Gorges de* 2A ........ 346 B 5
Spéracèdes 06 ........ 308 D 3
Spézet 29 ........ 76 C 5
Spicheren 57 ........ 47 F 4
Spin'a Cavallu
*Pont génois* 2A ........ 350 D 2
Spincourt 55 ........ 44 D 3
Sponville 54 ........ 65 E 1
Spoy 10 ........ 116 A 2
Spoy 21 ........ 160 B 1
Spycker 59 ........ 3 G 3
Squiffiec 22 ........ 73 E 4
Staffelfelden 68 ........ 121 E 5
Stains 93 ........ 58 C 2
Stainville 55 ........ 63 H 5
Stangala *Site du* 29 ........ 99 H 2
Staple 59 ........ 3 H 5
Stattmatten 67 ........ 69 F 3
Stazzona 2B ........ 347 G 3
Steenbecque 59 ........ 7 H 2
Steene 59 ........ 3 G 3
Steenvoorde 59 ........ 3 H 4
Steenwerck 59 ........ 8 B 2
Steige 67 ........ 96 D 4
Steinbach 68 ........ 143 E 1
Steinbourg 67 ........ 68 B 4
Steinbrunn-le-Bas 68 ........ 143 F 2
Steinbrunn-le-Haut 68 ........ 143 F 2
Steinseltz 67 ........ 69 F 1
Steinsoultz 68 ........ 143 F 3
Stella-Plage 62 ........ 6 A 4
Stenay 55 ........ 43 G 1
Sternenberg 68 ........ 142 D 2
Stetten 68 ........ 143 G 3
Stigny 89 ........ 137 G 3
Still 67 ........ 97 E 1
Stiring-Wendel 57 ........ 47 F 4
Stival 56 ........ 101 H 2
Stonne 08 ........ 27 F 5
Storckensohn 68 ........ 120 B 5
Stosswihr 68 ........ 120 C 3
Stotzheim 67 ........ 97 F 3
Strasbourg 67 ........ 97 H 1
Strazeele 59 ........ 4 A 5
Strenquels 46 ........ 242 C 4
Strueth 68 ........ 143 E 3
Struth 67 ........ 68 A 3
Stuckange 57 ........ 45 H 3
Stundwiller 67 ........ 69 F 2
Sturzelbronn 57 ........ 68 C 1
Stutzheim-Offenheim 67 ........ 68 D 5
Suarce 90 ........ 142 D 3
Suaucourt-et-Pisseloup 70 ........ 140 B 4
Suaux 16 ........ 203 H 4
Le Subdray 18 ........ 172 D 2
Sublaines 37 ........ 152 C 4
Subles 14 ........ 32 D 3
Subligny 50 ........ 51 H 4
Subligny 89 ........ 113 F 3
Subligny 18 ........ 155 H 2
Suc-au-May 19 ........ 225 E 4
Suc-et-Sentenac 09 ........ 336 A 5
Succieu 38 ........ 232 A 3
Sucé-sur-Erdre 44 ........ 147 H 2
Sucy-en-Brie 94 ........ 58 D 4
Suèvres 41 ........ 132 B 4
Sugères 63 ........ 228 B 2
Sugny 08 ........ 42 D 2
Suhescun 64 ........ 311 F 5
Suilly-la-Tour 58 ........ 156 B 3
Suin 71 ........ 194 B 3
Suippes 51 ........ 42 C 5
Suisse 57 ........ 66 D 2
Suizy-le-Franc 51 ........ 61 E 2
Sulignat 01 ........ 213 F 1
Sully 60 ........ 21 G 5
Sully 14 ........ 32 D 3
Sully 71 ........ 177 E 2
Sully-la-Chapelle 45 ........ 111 G 5
Sully-sur-Loire 45 ........ 134 A 3
Sulniac 56 ........ 124 D 3
Sumène 30 ........ 283 E 5
Sundhoffen 68 ........ 121 F 3
Sundhouse 67 ........ 97 G 5
Super-Barèges 65 ........ 333 F 3
Super-Besse 63 ........ 227 F 3
Super-Bolquère 66 ........ 341 G 4
Super-Lioran 15 ........ 245 E 3
Super-Sauze 04 ........ 270 D 5
Superbagnères 31 ........ 334 A 5
Superdévoluy 05 ........ 269 F 2
Supeyres *Col des* 63 ........ 229 E 2
Supt 39 ........ 179 H 3
Le Suquet 06 ........ 291 E 4
Surat 63 ........ 210 A 4
Surba 09 ........ 336 B 4
Surbourg 67 ........ 69 E 2
Surcamps 80 ........ 12 B 5
Surdoux 87 ........ 224 C 2
Suré 61 ........ 84 A 4
Suresnes 92 ........ 58 B 3
Surfonds 72 ........ 108 B 5
Surfontaine 02 ........ 24 C 3
Surgères 17 ........ 201 F 1
Surgy 58 ........ 157 F 1
Suriauville 88 ........ 118 B 2
Surin 79 ........ 184 D 2
Surin 86 ........ 203 H 2
Surjoux 01 ........ 215 E 2
Surmont 25 ........ 163 E 3
Surques 62 ........ 2 D 5
Surrain 14 ........ 32 C 2
Surtainville 50 ........ 28 D 5
Surtauville 27 ........ 36 A 4
Survie 61 ........ 54 C 3
Surville 50 ........ 31 F 3
Surville 14 ........ 34 C 3
Surville 27 ........ 36 B 4
Survilliers 95 ........ 38 D 5
Sury 08 ........ 26 C 3
Sury-aux-Bois 45 ........ 111 H 5
Sury-en-Vaux 18 ........ 155 H 3
Sury-ès-Bois 18 ........ 155 H 2
Sury-le-Comtal 42 ........ 229 H 3
Sury-près-Léré 18 ........ 156 A 1
Surzur 56 ........ 124 C 4
Sus 64 ........ 313 F 4
Sus-Saint-Léger 62 ........ 12 D 3
Suscinio *Château de* 56 ........ 124 C 5
Susmiou 64 ........ 313 F 4
Sussac 87 ........ 224 C 2
Sussargues 34 ........ 303 E 3
Sussat 03 ........ 209 G 1
Sussey 21 ........ 158 D 4
Susville 38 ........ 251 E 4
Sutrieu 01 ........ 214 C 3
Suzan 09 ........ 335 H 2
Suzanne 80 ........ 23 F 1
Suzanne 08 ........ 42 C 1
Suzannecourt 52 ........ 93 E 3
Suzay 27 ........ 37 E 3
Suze 26 ........ 267 H 1
Suze-la-Rousse 26 ........ 285 F 2
La Suze-sur-Sarthe 72 ........ 129 G 2
Suzette 84 ........ 285 H 3
Suzoy 60 ........ 23 G 5
Suzy 02 ........ 24 C 5
Sy 08 ........ 43 E 1
Syam 39 ........ 179 H 5
Sylvains-les-Moulins 27 ........ 56 B 2
Sylvanès 12 ........ 301 E 2
Le Syndicat 88 ........ 119 H 4


## T


Tabaille-Usquain 64 ........ 311 H 4
Tabanac 33 ........ 255 H 2
La Table 73 ........ 233 H 3
Le Tablier 85 ........ 183 E 1
Tabre 09 ........ 336 D 2
La Tâche 16 ........ 203 G 4
Tachoires 32 ........ 316 B 3
Tacoignières 78 ........ 57 F 3
Taconnay 58 ........ 157 E 3
Taden 22 ........ 79 H 4
Tadousse-Ussau 64 ........ 294 C 5
Taglio-Isolaccio 2B ........ 347 G 3
La Tagnière 71 ........ 176 C 4
Tagnon 08 ........ 42 A 2
Tagolsheim 68 ........ 143 F 2
Tagsdorf 68 ........ 143 F 3
Tailhac 43 ........ 246 C 4
Taillades 84 ........ 305 F 2
Le Taillan-Médoc 33 ........ 237 F 5
Taillancourt 55 ........ 94 A 2
Taillant 17 ........ 201 G 4
Taillebois 61 ........ 53 F 3
Taillebourg 17 ........ 201 G 4
Taillebourg 47 ........ 257 F 5
Taillecavat 33 ........ 257 E 3
Taillecourt 25 ........ 142 C 4
La Taillée 85 ........ 183 H 3
Taillefontaine 02 ........ 39 H 3
Taillepied 50 ........ 31 F 2
Taillet 66 ........ 342 C 4
Taillette 08 ........ 26 B 1
Tailleville 14 ........ 33 G 3
Taillis 35 ........ 105 E 2
Tailly 80 ........ 11 H 5
Tailly 08 ........ 43 G 1
Tailly 21 ........ 177 H 2
Tain-l'Hermitage 26 ........ 249 E 3
Taingy 89 ........ 136 A 5
Taintrux 88 ........ 96 B 5
Taisnières-en-Thiérache 59 ........ 15 F 4
Taisnières-sur-Hon 59 ........ 15 F 2
Taisnil 80 ........ 22 A 3
Taissy 51 ........ 41 H 4
Taïx 81 ........ 279 G 5
Taizé 79 ........ 168 B 2
Taizé 71 ........ 194 D 2
Taizé-Aizie 16 ........ 203 G 2
Taizy 08 ........ 42 A 1
Tajan 65 ........ 315 H 5
Talairan 11 ........ 338 B 2
Talais 33 ........ 218 C 3
Talange 57 ........ 45 H 4
Talant 21 ........ 160 A 3
Talasani 2B ........ 347 H 3
Talau 66 ........ 341 H 3
La Talaudière 42 ........ 230 B 4
Talazac 65 ........ 315 E 4
Talcy 41 ........ 132 B 3
Talcy 89 ........ 137 F 5
Talence 33 ........ 255 G 1
Talencieux 07 ........ 249 E 1
Talensac 35 ........ 103 H 3
Talissieu 01 ........ 214 D 4
Talizat 15 ........ 245 G 3
Tallans 25 ........ 162 C 1
Tallard 05 ........ 269 G 4
Tallenay 25 ........ 162 A 3
Tallende 63 ........ 227 H 2
Taller 40 ........ 292 D 1
Talloires 74 ........ 215 H 4
Tallone 2B ........ 347 G 5
Le Tallud 79 ........ 185 F 1
Tallud-Sainte-Gemme 85 ........ 166 D 5
Talmas 80 ........ 12 D 5
Talmay 21 ........ 160 D 2
Talmont-Saint-Hilaire 85 ........ 182 B 2
Talmont-sur-Gironde 17 ........ 218 D 3
Talmontiers 60 ........ 37 F 2
Taloire 04 ........ 308 A 1
Talon 58 ........ 157 F 3
Talus-Saint-Prix 51 ........ 61 E 3
Taluyers 69 ........ 230 D 2
Tamaris-sur-Mer 83 ........ 328 A 5
La Tamarissière 34 ........ 322 C 5
Tamerville 50 ........ 29 F 4
Tamié *Abbaye de* 73 ........ 234 A 1
Tamnay-en-Bazois 58 ........ 175 G 1
Tamniès 24 ........ 241 F 4
Tanavelle 15 ........ 245 G 4
Tanay 21 ........ 160 C 2
Tancarville 76 ........ 35 E 1
Tancarville *Pont de* 76 ........ 35 E 1
Tancoigné 49 ........ 149 H 4
Tancon 71 ........ 212 A 1
Tanconville 54 ........ 96 B 1
Tancrou 77 ........ 59 H 2
Tangry 62 ........ 7 G 4
La Tania 73 ........ 234 C 3
Taninges 74 ........ 216 C 1
Tanis 50 ........ 51 G 5
Tanlay 89 ........ 137 F 2
Tannay 08 ........ 27 E 5
Tannay 58 ........ 157 F 3
Tanneron 83 ........ 308 D 4
Tannerre-en-Puisaye 89 ........ 135 G 4
La Tannière 53 ........ 81 G 4
Tannières 02 ........ 40 D 3
Tannois 55 ........ 63 H 4
Tanques 61 ........ 54 A 5
Tantonville 54 ........ 94 D 3
Le Tanu 50 ........ 51 H 3
Tanus 81 ........ 280 B 4
Tanville 61 ........ 83 F 2
Tanzac 17 ........ 219 G 2
Taponas 69 ........ 213 E 1
Taponnat-Fleurignac 16 ........ 203 H 5
Tappa
*Site préhistorique* 2A ........ 351 F 3
Tarabel 31 ........ 318 B 3
Taradeau 83 ........ 308 A 5
Tarare 69 ........ 212 B 4
Tarascon 13 ........ 304 B 2
Tarascon-sur-Ariège 09 ........ 336 B 4
Tarasteix 65 ........ 315 E 4
Tarbes 65 ........ 315 E 5
Tarcenay 25 ........ 162 A 4
Tardais 28 ........ 85 F 2
Tardes 23 ........ 208 B 1
Tardets-Sorholus 64 ........ 331 F 1
La Tardière 85 ........ 167 E 5
Tardinghen 62 ........ 2 B 4
Tarentaise 42 ........ 230 C 5
Tarentaise
*Belvédère de la* 73 ........ 235 F 3
Tarerach 66 ........ 342 B 2
Targassonne 66 ........ 341 F 4
Targé 86 ........ 169 G 4
Target 03 ........ 191 G 5
Targon 33 ........ 256 B 2
Tarnac 19 ........ 225 F 1
Tarnès 33 ........ 237 H 4
Tarnos 40 ........ 292 A 5
Taron-Sadirac-
Viellenave 64 ........ 294 C 5
Tarquimpol 57 ........ 67 E 4
Tarrano 2B ........ 347 G 4
Tarsac 32 ........ 294 D 4
Tarsacq 64 ........ 313 H 4
Tarsul 21 ........ 160 A 1
Tart-l'Abbaye 21 ........ 160 C 4
Tart-le-Bas 21 ........ 160 C 4
Tart-le-Haut 21 ........ 160 B 4
Tartaras 42 ........ 230 D 3
Tartas 40 ........ 293 F 2
Tartécourt 70 ........ 140 D 2
Tartiers 02 ........ 40 A 2
Tartigny 60 ........ 22 C 5
Tartonne 04 ........ 288 B 4
Le Tartre 71 ........ 178 D 4
Le Tartre-Gaudran 78 ........ 57 E 5
Tarzy 08 ........ 26 A 2
Tasdon 17 ........ 200 C 1
Tasque 32 ........ 295 E 4
Tassé 72 ........ 129 F 2
Tassenières 39 ........ 179 E 2
Tassillé 72 ........ 107 F 4
Tassin-la-Demi-Lune 69 ........ 213 E 5
Tasso 2A ........ 349 E 3
Tatinghem 62 ........ 3 F 5
Le Tâtre 16 ........ 220 C 4
Taugon 17 ........ 183 H 4
Taulanne 04 ........ 308 A 1
Taulé 29 ........ 71 H 4
Taulignan 26 ........ 267 G 5
Taulis 66 ........ 342 C 4
Taupont 56 ........ 102 D 4
Tauriac 33 ........ 237 G 3
Tauriac 46 ........ 242 D 5
Tauriac 81 ........ 298 B 1
Tauriac-de-Camarès 12 ........ 301 E 3


## TOULOUSE


Alsace-Lorraine (R. d') ..... EXY
Arnaud-Bernard (R.) ..... EX 4
Astorg (R. d') ..... FY 5
Baronie (R.) ..... EY 9
Boulbonne (R.) ..... FY 18
Bouquières (R.) ..... FZ 19
Bourse (Pl. de la) ..... EY 20
Cantegril (R.) ..... FY 23
Capitole (Pl. du) ..... EY
Cartailhac (R. E.) ..... EX 26
Chaîne (R. de la) ..... EX 31
Cujas (R.) ..... EY 36
Daurade (Quai de la) ..... EY 38
Esquirol (Pl.) ..... EY 54
La-Fayette (R.) ..... EY
Fonderie (R. de la) ..... EZ 60
Frères-Lion (R. des) ..... FY 62
Henry-de-Gorsse (R.) ..... EZ 76
Jules-Chalande (R.) ..... EY 79
Lapeyrouse (R.) ..... FY 85
Magre (R. Genty) ..... EY 91
Malcousinat (R.) ..... EY 92
Marchands (R. des) ..... EY 95
Mercié (R. A.) ..... EY 103
Metz (R. de) ..... EFY
Peyras (R.) ..... EY 113
Pleau (R. de la) ..... FZ 114
Poids-de-l'Huile (R.) ..... EY 115
Polinaires (R. des) ..... EZ 116
Pomme (R. de la) ..... EFY 117
Rémusat (R. de) ..... EX
Riguepels (R.) ..... FY 127
Romiguières (R.) ..... EY 129
Roosevelt (Allées) ..... FXY 130
Ste-Ursule (R.) ..... EY 137
St-Antoine-du-T. (R.) ..... FY
St-Rome (R.) ..... EY
Suau (R. J.) ..... EY 146
Temponières (R.) ..... EY 147
Trinité (R. de la) ..... EY 149
Vélane (R.) ..... FZ 158
Wilson (Pl. Prés.) ..... FY
3-Piliers (R. des) ..... EX 164
3-Journées (R. des) ..... FY 162


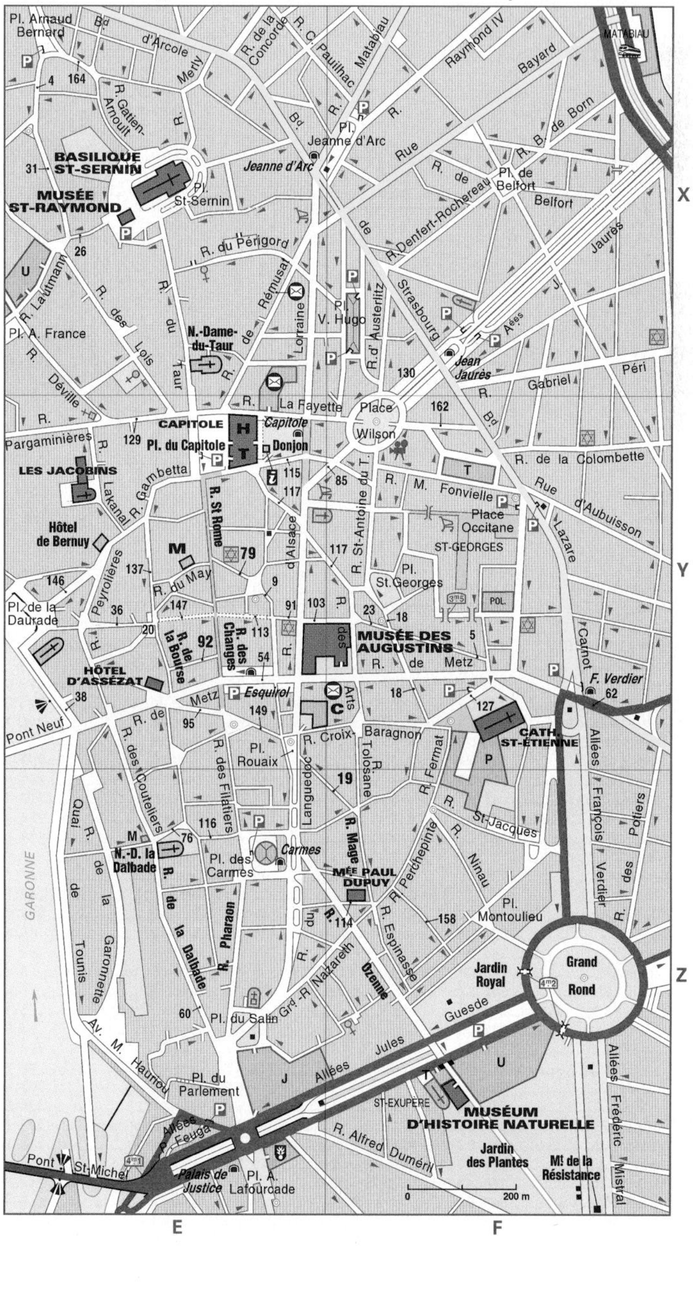

E
F
X
Y
Z
BASILIQUE ST-SERNIN
MUSÉE ST-RAYMOND
Pl. Jeanne d'Arc
Pl. V. Hugo
Jean Jaurès
N.-Dame-du-Taur
CAPITOLE
Pl. du Capitole
Donjon
Place Wilson
LES JACOBINS
Hôtel de Bernuy
Pl. St-Georges
MUSÉE DES AUGUSTINS
HÔTEL D'ASSÉZAT
Esquirol
Pont Neuf
Pl. Rouaix
CATH. ST-ÉTIENNE
N.-D. la Dalbade
Pl. des Carmes
Carmes
Mée PAUL DUPUY
Pl. Montoulieu
Jardin Royal
Grand Rond
Pl. du Salin
Pl. du Parlement
Palais de Justice
Pl. A. Lafourcade
MUSÉUM D'HISTOIRE NATURELLE
Jardin des Plantes
Mt de la Résistance
GARONNE
MATABIAU
200 m

## TOURCOING


Allende (Bd Salvador) BY 2
Anges (R. des) BYZ 3
Austerlitz (R. d') ABZ 4
Bienfaisance (R. de la) BY 6
Brun Pain (R. du) AY
Buisson (R. Ferdinand) BZ 7
Chateaubriand (R.) CZ 8
Cherbourg (Quai de) BZ 9
Clavell (Pl. Miss) BY 10
Cloche (R. de la) BY 12
Condorcet (R.) BY 13
Courbet (R. de l'Amiral) BY 15
Croix Blanche (R. de la) CX 16
Croix Rouge (R. de la) CXY
Delobel (R.) BY 18
Doumer (R. Paul) BY 19
Dron (Av. Gustave) BZ
Duguay-Trouin (R.) CY 21
Faidherbe (R.) BZ 22
Famelart (R.) BZ 24
La-Fayette (Av.) BZ 33
Froissart (R. Jean) AY 25
Gambetta (Bd) BZ 27
Gand (R. de) BXY
Grand'Place BY 28
Hassebroucq (Pl. V.) BY 30
Hénaux (R. Marcel) BXY 31
Leclerc (R. du Gén.) BY 36
Lefrançois (Av. Alfred) CZ 37
Marne (Av. de la) BZ 39
Marseille (Quai de) BZ 40
Menin (R. de) BXY
Millet (Av. Jean) AY 42
Moulin Fagot (R. du) BY 43
Nationale (R.) ABY
Péri (R. Gabriel) BY 45
Petit Village (R. du) AY 46
Pompidou (Av. G.) BZ 48
Pont de Neuville (R. du) CX 49
République (Pl. de la) BY 51
Résistance (Pl. de la) BY 52
Ribot (R. Alexandre) BY 54
Roosevelt (R. F.) BY 55
Roussel (Pl. Ch.-et-A.) BY 57
St-Jacques (R.) BY 58
Sasselange (R. Ed.) BZ 60
Testelin (R. A.) CX 61
Thiers (R.) BZ 63
Tournai (R. de) BY 64
Turenne (R.) BZ 66
Ursulines (R. des) BYZ 68
Victoire (Pl. de la) BZ 69
Wailly (R. de) BY 70
Wattine (R. Ch.) BZ 72


## WATTRELOS


Vaneslander (R. M.) CZ 67


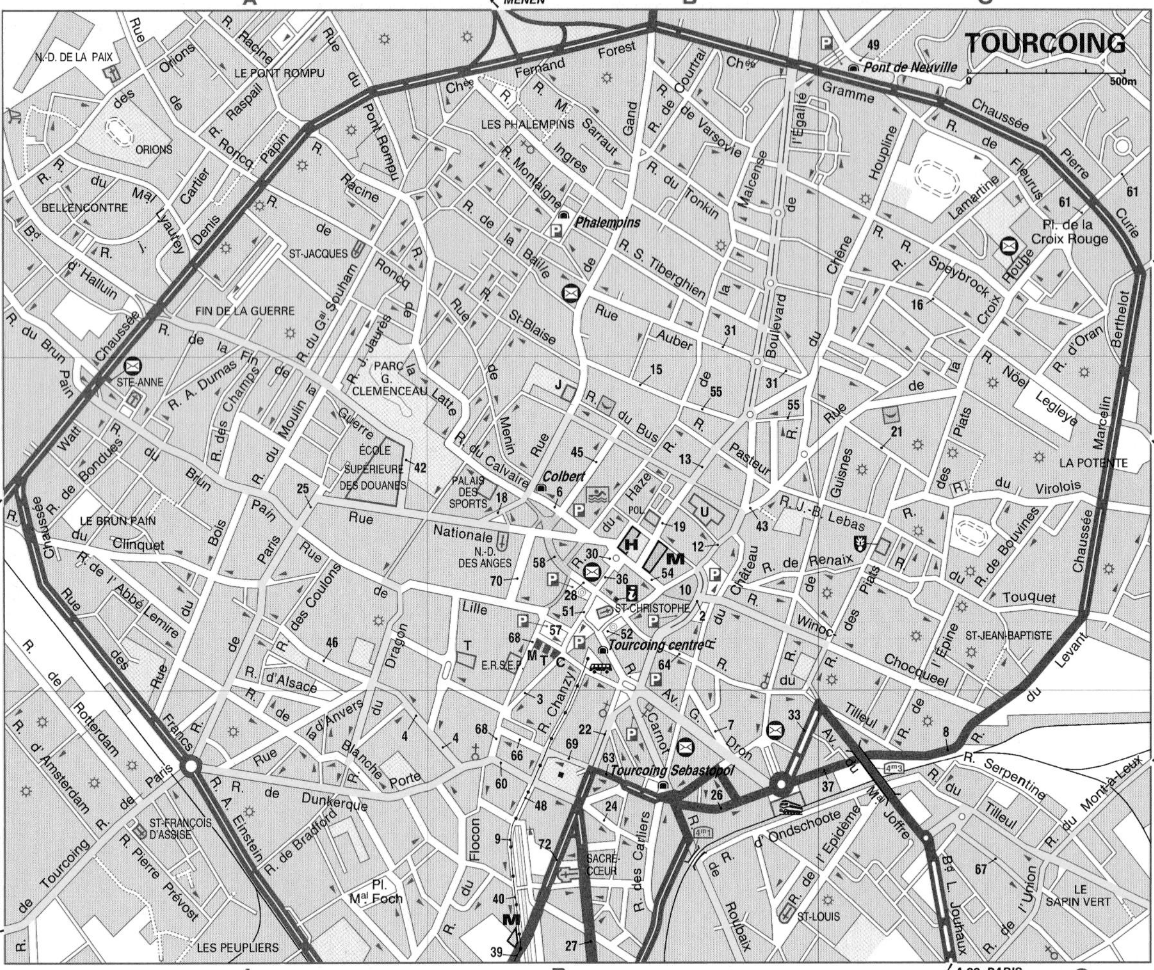

A 22 KORTRIJK, GENT MENEN
TOURCOING
500m
N.-D. DE LA PAIX
LE PONT ROMPU
ORIONS
BELLENCONTRE
ST-JACQUES
FIN DE LA GUERRE
STE-ANNE
PARC G. CLEMENCEAU
ÉCOLE SUPERIEURE DES DOUANES
LE BRUN PAIN
LES PHALEMPINS
Phalempins
Pont de Neuville
Pl. de la Croix Rouge
LA POTENTE
PALAIS DES SPORTS
Colbert
N.-D. DES ANGES
ST-CHRISTOPHE
Tourcoing centre
E.R.S.E.P.
ST-JEAN-BAPTISTE
Tourcoing Sebastopol
SACRÉ-CŒUR
Pl. Mal Foch
ST-FRANÇOIS D'ASSISE
LES PEUPLIERS
ST-LOUIS
LE SAPIN VERT
MOUSCRON
WATTRELOS
A 22 PARIS, LILLE VALENCIENNE
ARMENTIERES
A 22 PARIS ROUBAIX



Tauriac-de-Naucelle 12 279 H 3
Tauriers 07 266 A 4
Taurignan-Castet 09 335 F 2
Taurignan-Vieux 09 335 F 2
Taurinya 66 342 B 3
Taurize 11 338 A 1
Taussac 12 262 D 1
Taussac-la-Billière 34 301 F 4
Taussat 33 254 C 2
Tautavel 66 338 C 4
Tauves 63 226 D 3
Tauxières-Mutry 51 41 H 5
Tauxigny 37 152 A 4
Tavaco 2A 348 D 2
Tavant 37 151 F 5
Tavaux 39 178 D 1
Tavaux-et-Pontséricourt 02 25 F 3
Tavel 30 285 E 5
Tavera 2A 348 D 2
Tavernay 71 176 C 1
Tavernes 83 307 E 4
Taverny 95 58 B 1
Tavers 45 132 C 3
Tavey 70 142 B 4
Taxat-Senat 03 209 H 1
Taxenne 39 161 F 4
Tayac 33 238 D 4
Taybosc 32 296 C 2
Tayrac 47 276 D 3
Tayrac 12 279 H 3
Tazilly 58 176 A 4
Le Tech 66 342 B 5
Têche 38 250 B 2
Técou 81 299 E 2
Teghime Col de 2B 345 G 4
Le Teich 33 254 C 3
Teigny 58 157 G 2
Le Teil 07 266 D 4
Teilhède 63 209 G 3
Teilhet 63 209 E 2
Teilhet 09 336 C 1
Teillay 35 126 D 2
Teillay-le-Gaudin 45 111 E 3
Teillay-Saint-Benoît 45 111 F 3
Teillé 72 107 H 2
Teillé 44 148 A 1
Teillet 81 299 H 2
Teillet-Argenty 03 190 C 5
Le Teilleul 50 81 H 2
Teillots 24 241 G 1
Teissières-de-Cornet 15 244 B 4
Teissières-lès-Bouliès 15 262 C 1
Télégraphe Col du 73 252 B 1
Telgruc-sur-Mer 29 75 F 4
Tellancourt 54 44 D 1
Tellecey 21 160 C 3
Tellières-le-Plessis 61 84 A 2
Teloché 72 130 A 2
Le Temple 41 109 E 5
Le Temple 79 167 E 2
Le Temple 33 236 C 5
Le Temple-de-Bretagne 44 147 F 2
Temple-Laguyon 24 241 F 1
Le Temple-sur-Lot 47 275 H 1
Templemars 59 8 D 3
La Templerie 35 81 F 5
Templeuve 59 9 E 4
Templeux-la-Fosse 80 23 H 1
Templeux-le-Guérard 80 24 A 1
Tenaille Ancienne Abbaye de la 17 219 G 4
Tenay 01 214 B 3
Tence 43 248 A 3
Tencin 38 233 F 5
Tende 06 291 H 2
Tende Col de 06 291 H 2
Tendon 88 119 H 2
Tendron 18 174 A 2
Tendu 36 188 D 1
Teneur 62 7 F 4
Tennie 72 107 F 3
Tenteling 57 47 F 5
Tercé 86 186 D 2
Tercillat 23 189 H 3
Tercis-les-Bains 40 292 D 3
Terdeghem 59 3 H 5
Térénez 29 71 H 3
Térénez Pont de 29 75 G 4
Tergnier 02 24 B 4
Terjat 03 208 D 1
Termes 08 43 E 3
Termes 48 263 H 1
Termes 11 338 B 2
Termes-d'Armagnac 32 295 E 4
Termignon 73 235 E 5
Terminiers 28 110 C 4
Ternand 69 212 C 3
Ternant 21 159 H 4
Ternant 58 175 H 4
Ternant 17 201 G 3
Ternant-les-Eaux 63 227 H 4
Ternas 62 12 D 2
Ternat 52 117 E 5
Ternay 41 131 E 4
Ternay 86 168 C 1
Ternay 69 231 E 2
Ternay Barrage du 07 230 D 5
Les Ternes 15 245 G 4
Ternuay-Melay-et-Saint-Hilaire 70 142 A 1
Terny-Sorny 02 40 B 2
Terramesnil 80 12 D 4
Terrans 71 178 C 3
La Terrasse 38 233 F 5
Terrasse Panorama de la 69 212 C 1
La Terrasse-sur-Dorlay 42 230 C 4
Terrasson-Lavilledieu 24 241 H 3
Terrats 66 342 D 3
Terraube 32 296 A 1
Terre-Clapier 81 299 G 2
Terrebasse 31 317 E 5
Terrefondrée 21 138 D 3
Terrehault 72 108 A 2
Terrenoire 42 230 B 4
Les Terres-de-Chaux 25 163 F 2
La Terrisse 12 263 F 2
Terroles 11 337 D 2
Terron-sur-Aisne 08 42 D 1
Terrou 46 261 F 1
Tersanne 26 249 G 1
Tersannes 87 187 H 5
Terssac 81 299 F 1
Le Tertre Rouge Parc zoologique 72 129 G 4
Le Tertre-Saint-Denis 78 57 E 2
Tertry 80 23 H 2
Terves 79 167 G 4
Terville 57 45 G 3
Tessancourt-sur-Aubette 78 57 H 1
Tessé-Froulay 61 82 C 2
Tessé-la-Madeleine 61 82 C 2
Tessel 14 33 E 4
Tessens 73 234 C 2
Tesson 17 219 F 2
Tessonnière 79 168 A 4
La Tessoualle 49 167 E 1
Tessy-sur-Vire 50 52 B 1
La Teste-de-Buch 33 254 B 3
Tétaigne 08 27 G 4
Tête des Cuveaux 88 119 H 3
Téteghem 59 3 G 2
Téterchen 57 46 D 4
Téthieu 40 293 E 2
Teting-sur-Nied 57 66 D 1
Teuillac 33 237 G 3
Teulat 81 298 C 4
Le Teulet 19 243 G 4
Teurthéville-Bocage 50 29 G 3
Teurthéville-Hague 50 28 D 3
Teyjat 24 222 B 2
Teyran 34 303 E 4
Teyssières 26 267 H 5
Teyssieu 46 243 F 5
Teyssode 81 298 D 4
Thaas 51 61 F 5
Thaims 17 219 E 2
Thairé 17 200 D 2
Thaix 58 175 G 3
Thal-Drulingen 67 67 H 3
Thal-Marmoutier 67 68 B 5
Thalamy 19 226 C 3
Thann 68 142 D 1
Thannenkirch 68 97 E 5
Thanvillé 67 97 E 4
Thaon 14 33 F 3
Thaon-les-Vosges 88 95 F 5
Tharaux 30 284 B 2
Tharoiseau 89 157 H 2
Tharon-Plage 44 146 C 4
Tharot 89 157 H 1
Thaumiers 18 173 H 4
Thauron 23 207 E 3
Thauvenay 18 156 A 3
Thèbe 65 334 A 3
Théding 57 47 F 5
Thédirac 46 259 H 3
Thégra 46 260 D 1
Théhillac 56 125 G 5
Le Theil 50 29 F 3
Le Theil 61 108 C 2
Le Theil 03 191 H 4
Le Theil 23 206 C 3
Le Theil 15 244 C 3
Le Theil-Bocage 14 52 D 2
Le Theil-de-Bretagne 35 104 D 5
Le Theil-en-Auge 14 34 D 3
Le Theil-Nolent 27 35 F 5
Theil-Rabier 16 203 E 2
Theil-sur-Vanne 89 113 H 3
Theillay 41 154 B 3
Theillement 27 35 H 3
Theix 56 124 C 4
Theizé 69 212 C 3
Thel 69 212 B 1
Théligny 72 108 D 3
Thélis-la-Combe 42 230 C 5
Thélod 54 94 C 2
Thelonne 08 27 F 4
Thélus 62 8 B 5
Théméricourt 95 57 H 1
Thémines 46 261 E 2
Théminettes 46 261 E 2
Thénac 17 219 F 1
Thénac 24 257 G 2
Thenailles 02 25 F 2
Thenay 41 153 E 2
Thenay 36 188 C 1
Thenelles 02 24 C 2
Thénésol 73 216 A 5
Theneuil 37 169 F 1
Theneuille 03 191 F 1
Thénezay 79 168 C 5
Thénioux 18 154 B 4
Thenissey 21 159 F 1
Thénisy 77 89 F 3
Thennelières 10 91 E 5
Thennes 80 22 D 3
Thenon 24 241 F 2
Thénorgues 08 43 F 2
Théoule-sur-Mer 06 309 E 5
Therdonne 60 38 A 2
Théret Château du 23 207 F 2
Thérines 60 21 H 5
Thermes-Magnoac 65 316 B 5
Thérondels 12 245 E 5
Thérouanne 62 7 F 2
Thérouldeville 76 19 F 3
Thervay 39 161 F 4
Thésée 41 153 E 3
Thésy 39 179 H 2
Theuley 70 140 C 4
Théus 05 269 H 4
Theuville 95 38 A 5
Theuville 28 86 B 5
Theuville-aux-Maillots 76 19 F 3
Theuvy-Achères 28 85 H 2
Thevet-Saint-Julien 36 189 H 1
Théville 50 29 G 3
Thevray 27 55 G 2
They-sous-Montfort 88 118 C 2
They-sous-Vaudemont 54 94 C 4
Theys 38 233 F 5
Théza 66 343 F 2
Thézac 17 219 E 1
Thézac 47 259 E 5
Thézan-des-Corbières 11 338 C 1
Thézan-lès-Béziers 34 321 F 4
Thèze 04 287 F 1
Thèze 64 314 B 3
Thézey-Saint-Martin 54 66 B 3

Théziers 30 .......... 304 B 1
Thézillieu 01 .......... 214 C 4
Thézy-Glimont 80 .......... 22 C 3
Thiais 94 .......... 58 C 4
Thiaucourt 90 .......... 142 D 4
Thianges 58 .......... 175 F 3
Thiant 59 .......... 14 D 2
Thiat 87 .......... 187 G 5
Thiaucourt-Regniéville 54 .......... 65 F 3
Thiaville-sur-Meurthe 54 .......... 96 A 3
Thiberville 27 .......... 35 E 5
Thibie 51 .......... 62 A 2
Thibivillers 60 .......... 37 H 3
Thibouville 27 .......... 35 G 5
Thicourt 57 .......... 66 D 2
Thiébauménil 54 .......... 95 G 1
Thiéblemont-Farémont 51 .......... 62 D 5
Thiébouhans 25 .......... 163 G 3
Thieffrain 10 .......... 115 G 2
Thieffrans 70 .......... 141 G 5
Thiéfosse 88 .......... 120 A 4
Thiel-sur-Acolin 03 .......... 192 C 2
Thiembronne 62 .......... 7 E 3
Thiénans 70 .......... 162 B 1
Thiennes 59 .......... 7 H 2
Thiepval 80 .......... 13 F 5
Thiergeville 76 .......... 19 E 3
Thiernu 02 .......... 25 E 3
Thiers 63 .......... 210 C 4
Thiers-sur-Thève 60 .......... 38 D 5
Thierville 27 .......... 35 G 4
Thierville-sur-Meuse 55 .......... 44 B 5
Thiéry 06 .......... 289 G 4
Thiescourt 60 .......... 23 G 5
Thiétreville 76 .......... 19 F 3
Le Thieulin 28 .......... 85 G 4
Thieulloy-la-Ville 80 .......... 21 H 3
Thieulloy-l'Abbaye 80 .......... 21 H 2
Thieuloy-Saint-Antoine 60 .......... 21 H 4
La Thieuloye 62 .......... 7 G 5
Thieux 60 .......... 38 C 1
Thieux 77 .......... 59 E 1
Thiéville 14 .......... 54 A 1
Thièvres 62 .......... 13 E 4
Thiézac 15 .......... 244 D 4
Thignonville 45 .......... 111 G 2
Le Thil 27 .......... 37 E 3
Thil 51 .......... 41 G 3
Thil 54 .......... 45 F 2
Thil 10 .......... 92 B 5
Thil 01 .......... 213 G 5
Thil 31 .......... 297 F 3
Thil-la-Ville 21 .......... 158 D 2
Thil-Manneville 76 .......... 20 A 2
Le Thil-Riberpré 76 .......... 21 E 4
Thil-sur-Arroux 71 .......... 176 B 4
Thilay 08 .......... 27 E 2
Le Thillay 95 .......... 58 D 2
Thilleux 52 .......... 92 B 4
Les Thilliers-en-Vexin 27 .......... 37 E 4
Thillois 51 .......... 41 G 4
Thillombois 55 .......... 64 B 3
Thillot 55 .......... 64 D 2
Le Thillot 88 .......... 120 A 5
Thilouze 37 .......... 151 G 4
Thimert 28 .......... 85 H 2
Thimonville 57 .......... 66 B 2
Thimory 45 .......... 134 C 2
Thin-le-Moutier 08 .......... 26 B 3
Thines 07 .......... 265 G 5
Thiolières 63 .......... 228 D 2
Thionne 03 .......... 192 C 3
Thionville 57 .......... 45 H 3
Thionville-sur-Opton 78 .......... 57 E 4
Thiouville 76 .......... 19 F 4
Thiraucourt 88 .......... 94 C 5
Thiré 85 .......... 183 G 1
Thiron Gardais 28 .......... 85 F 5
This 08 .......... 26 C 3
Thise 25 .......... 162 A 3
Thivars 28 .......... 86 A 4
Thivencelle 59 .......... 9 H 4
Thiverny 60 .......... 38 C 4
Thiverval-Grignon 78 .......... 57 H 3
Thivet 52 .......... 117 F 4
Thiviers 24 .......... 223 E 4
Thiville 28 .......... 110 A 4
Thizay 37 .......... 150 D 5
Thizay 36 .......... 172 B 3
Thizy 89 .......... 137 F 5
Thizy 69 .......... 212 A 2
Thoard 04 .......... 287 H 3
Thodure 38 .......... 231 H 5
Thoigné 72 .......... 83 H 5
Thoiras 30 .......... 283 F 4
Thoiré-sous-Contensor 72 .......... 83 H 5
Thoiré-sur-Dinan 72 .......... 130 C 3
Thoires 21 .......... 116 A 5
Thoirette 39 .......... 196 B 4
Thoiria 39 .......... 196 D 1
Thoiry 78 .......... 57 G 3
Thoiry 01 .......... 197 F 5
Thoiry 73 .......... 233 G 2
Thoissey 01 .......... 213 E 1
Thoissia 39 .......... 196 A 3
Thoisy-la-Berchère 21 .......... 158 D 4
Thoisy-le-Désert 21 .......... 159 E 4
Thoix 80 .......... 22 A 4
Thol-lès-Millières 52 .......... 117 G 3
Thollet 86 .......... 187 H 3
Thollon-les-Mémises 74 .......... 198 C 3
Le Tholonet 13 .......... 306 A 5
Le Tholy 88 .......... 120 A 3
Thomer-la-Sôgne 27 .......... 56 B 3
Thomery 77 .......... 88 C 4
Thomirey 21 .......... 177 F 1
Thonac 24 .......... 241 F 4
Thônes 74 .......... 216 A 3
Thonnance-lès-Joinville 52 .......... 93 E 3
Thonnance-les-Moulins 52 .......... 93 F 4
Thonne-la-Long 55 .......... 44 B 1
Thonne-le-Thil 55 .......... 44 B 1
Thonne-les-Prés 55 .......... 44 B 1
Thonnelle 55 .......... 44 B 1
Thonon-les-Bains 74 .......... 198 B 3
Les Thons 88 .......... 118 B 4
Thonville 57 .......... 66 D 2
Le Thor 84 .......... 305 E 1
Thorailles 45 .......... 112 D 4
Thoraise 25 .......... 161 H 4
Thorame-Basse 04 .......... 288 C 3
Thorame-Haute 04 .......... 288 D 3
Thorame-Haute-Gare 04 .......... 288 D 4
Thoras 43 .......... 246 C 5
Thoré-la-Rochette 41 .......... 131 F 3
Thorée-les-Pins 72 .......... 129 H 4
Thorenc 06 .......... 308 D 1
Thorens-Glières 74 .......... 215 H 2
Thorey 89 .......... 137 F 2
Thorey-en-Plaine 21 .......... 160 B 4
Thorey-Lyautey 54 .......... 94 C 3
Thorey-sous-Charny 21 .......... 159 E 3
Thorey-sur-Ouche 21 .......... 159 G 5
Thorigné 79 .......... 185 F 4
Thorigné-d'Anjou 49 .......... 128 B 4
Thorigné-en-Charnie 53 .......... 106 D 4
Thorigné-Fouillard 35 .......... 104 C 2
Thorigné-sur-Dué 72 .......... 108 B 4
Thorigny 85 .......... 183 E 1
Thorigny-sur-le-Mignon 79 .......... 201 G 1
Thorigny-sur-Marne 77 .......... 59 E 3
Thorigny-sur-Oreuse 89 .......... 89 H 5
Le Thoronet 83 .......... 307 H 5
Thoronet *Abbaye du* 83 .......... 307 H 5
Thorrenc 07 .......... 249 E 1
Thors 10 .......... 92 B 5
Thors 17 .......... 202 B 4
Thory 80 .......... 22 C 4
Thory 89 .......... 137 E 5
Thoste 21 .......... 158 C 2
Le Thot 24 .......... 241 F 4
Thou 45 .......... 135 E 5
Thou 18 .......... 155 G 2
Le Thou 17 .......... 201 E 1
Thouarcé 49 .......... 149 G 3
Thouaré-sur-Loire 44 .......... 147 H 3
Thouars 79 .......... 168 A 2
Thouars-sur-Arize 09 .......... 317 G 5
Thouars-sur-Garonne 47 .......... 275 G 2
Thouarsais-Bouildroux 85 .......... 183 H 1
Le Thoult-Trosnay 51 .......... 61 E 3
Le Thour 08 .......... 25 G 5
Le Thoureil 49 .......... 150 A 2
Thourie 35 .......... 126 D 2
Thouron 87 .......... 205 G 3
Thourotte 60 .......... 39 G 1
Thoury 41 .......... 132 C 5
Thoury-Férottes 77 .......... 88 D 5
Thoux 32 .......... 297 E 4
Thubœuf 53 .......... 82 C 3
Le Thuel 02 .......... 25 G 4
Thuellin 38 .......... 232 B 1
Thuès-entre-Valls 66 .......... 341 H 4
Thueyts 07 .......... 266 A 2
Thugny-Trugny 08 .......... 42 B 1
La Thuile 73 .......... 233 G 2
Les Thuiles 04 .......... 270 C 5
Thuilley-aux-Groseilles 54 .......... 94 C 2
Thuillières 88 .......... 118 C 2
Thuir 66 .......... 342 D 2
Thuisy 10 .......... 114 C 2
Le Thuit 27 .......... 36 D 4
Le Thuit-Anger 27 .......... 36 A 3
Thuit-Hébert 27 .......... 35 H 3
Le Thuit-Signol 27 .......... 36 A 4
Le Thuit-Simer 27 .......... 35 H 4
Thulay 25 .......... 142 C 5
Thumeréville 54 .......... 45 E 5
Thumeries 59 .......... 8 D 4
Thun-l'Évêque 59 .......... 14 C 3
Thun-Saint-Amand 59 .......... 9 G 4
Thun-Saint-Martin 59 .......... 14 C 3
Thurageau 86 .......... 169 E 4
Thuré 86 .......... 169 F 4
Thuret 63 .......... 210 A 3
Thurey 71 .......... 178 B 4
Thurey-le-Mont 25 .......... 162 A 2
Thurins 69 .......... 230 D 1
Thury 89 .......... 135 H 5
Thury 21 .......... 177 E 1

## TOURS

Amandiers (R. des) .......... CY 4
Berthelot (R.) .......... BCY 7
Bons Enfants (R. des) .......... BY 8
Bordeaux (R. de) .......... CZ
Boyer (R. Léon) .......... AZ 10
Briçonnet (R.) .......... AY 13
Carmes (Pl. des) .......... BY 16
Châteauneuf (Pl. de) .......... BY 17
Châteauneuf (R. de) .......... AY 18
Coeur-Navré (Passage du) .......... CY 21
Commerce (R. du) .......... BY
Constantine (R. de) .......... BY 24
Corneille (R.) .......... CY 25
Courier (R. Paul-Louis) .......... BY 27
Courteline (R. G.) .......... AY 28
Cygne (R. du) .......... CY 29
Descartes (R.) .......... BZ 33
Dolve (R. de la) .......... BZ 35
Favre (R. Jules) .......... BY 38
Fusillés (R. des) .......... BY 41
Gambetta (R.) .......... BZ 43
Giraudeau (R.) .......... AZ 46
Grammont (Av. de) .......... CZ
Grand-Marché (Pl. du) .......... AY 49
Grand Passage .......... CZ 50
Grégoire-de-Tours (Pl.) .......... DY 52
Grosse-Tour (R. de la) .......... AY 55
Halles (Pl. des) .......... AZ
Halles (R. des) .......... BY
Herbes (Carroi aux) .......... AY 56
Lavoisier (R.) .......... CY 60
Manceau (R.) .......... DY 61
Marceau (R.) .......... BYZ
Merville (R. du Prés.) .......... BY 65
Meusnier (R. Gén.) .......... DY 66
Monnaie (R. de la) .......... BY 68
Mûrier (R. du) .......... AY 71
Nationale (R.) .......... BYZ
Paix (R. de la) .......... BY 73
Petites-Boucheries (Pl. des) .......... DY 80
Petit-Cupidon (R. du) .......... DY 77
Petit-St-Martin (R. du) .......... AY 78
Racine (R.) .......... DY 84
Rapin (R.) .......... AZ 85
St-Pierre-le-Puellier (Pl.) .......... ABY 93
Scellerie (R. de la) .......... BCY
Sully (R. de) .......... BZ 96
Victoire (Pl. de la) .......... AY 103
Vinci (R. Léonard de) .......... BZ 104

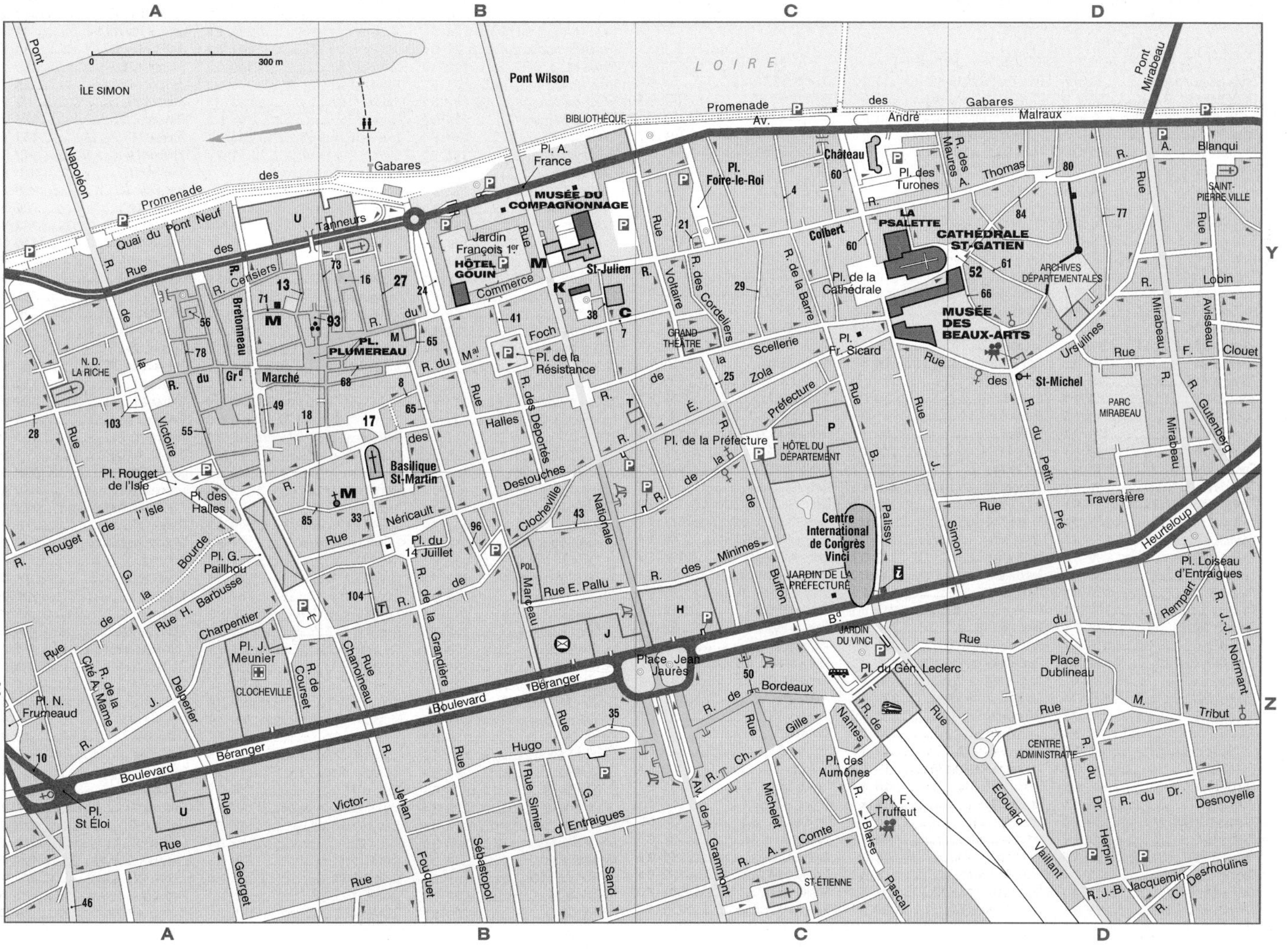

## TROYES


Boucherat (R.) CY 4
Champeaux (R.) BZ 12
Charbonnet (R.) BZ 13
Clemenceau (R. G.) BCY 15
Comtes-de-Champagne (Q. des) CY 16
Dampierre (Quai) BCY 17
Delestraint (Bd Gén.-Ch.) BZ 18
Driant (R. COl.) BZ 20
Girardon (R.) CY 22
Hennequin (R.) CY 23
Huez (R. Claude) BYZ 27
Israël (Pl. Alexandre) BZ 28
Jaillant-Deschaînets (R.) BZ 29
Jean-Jaurès (Pl.) BZ 31
Joffre (Av. Mar.) BZ 33
Langevin (Pl. du Prof.) BZ 35
Libération (Pl. de la) CZ 49
Marché aux Noix (R. du) BZ 36
Michelet (R.) CY 39
Molé (R.) BZ 44
Monnaie (R. de la) BZ 45
Paillot-de-Montabert (R.) BZ 47
Palais-de-Justice (R.) BZ 48
République (R. de la) BZ 51
St-Pierre (Pl.) CY 52
St-Rémy (Pl.) BY 53
Siret (R. Nicolas) CZ 79
Synagogue (R. de la) BZ 54
Tour-Boileau (R. de la) BZ 59
Trinité (R. de la) BZ 60
Turenne (R. de) BZ 61
Voltaire (R.) BZ 64
Zola (R. Émile) BCZ
1er-R.A.M. (Bd du) BZ 69


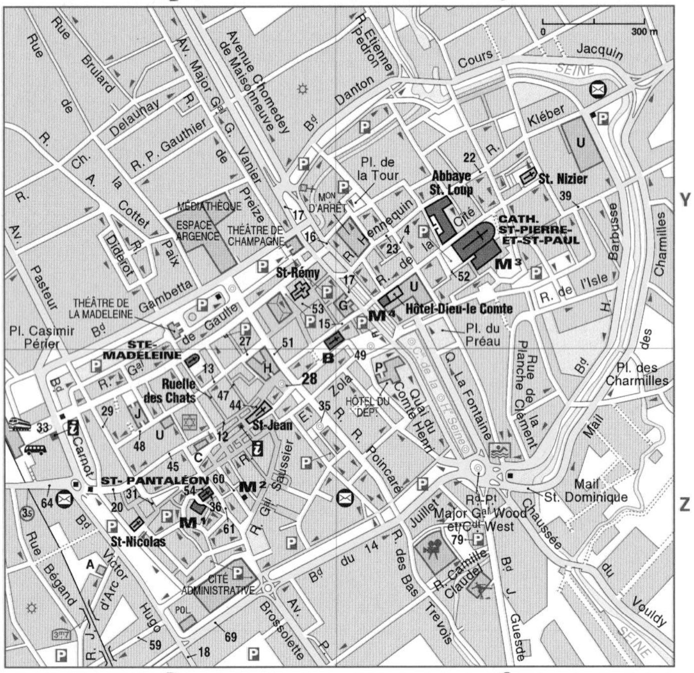

B
C
Y
Z
0
300 m
SEINE
Abbaye St. Loup
St. Nizier
CATH. ST-PIERRE-ET-ST-PAUL
St-Rémy
Hôtel-Dieu-le Comte
STE-MADELEINE
Ruelle des Chats
St-Jean
ST-PANTALÉON
St-Nicolas
MÉDIATHÈQUE
ESPACE ARGENCE
THÉÂTRE DE CHAMPAGNE
THÉÂTRE DE LA MADELEINE
HÔTEL DU DÉPT
CITÉ ADMINISTRATIVE
Pl. de la Tour
Pl. Casimir Périer
Pl. du Préau
Pl. des Charmilles
Mail St. Dominique
Charmilles



Thury-en-Valois *60* 39 H5
Thury-Harcourt *14* 53 F1
Thury-sous-Clermont *60* 38 C3
Thusy *74* 215 F3
Thuy *65* 315 G5
Thyez *74* 216 B1
Thyl *73* 252 B1
Tibiran-Jaunac *65* 334 A2
Ticheville *61* 54 D2
Tichey *21* 178 C1
Tieffenbach *67* 68 A3
Tiercé *49* 128 D5
Tiercelet *54* 45 E2
Le Tiercent *35* 80 D4
Tierceville *14* 33 F3
Tieste-Uragnoux *32* 295 E5
La Tieule *48* 281 H1
Tiffauges *85* 166 C1
Tigeaux *77* 59 G4
Tigery *91* 88 A2
Tignac *09* 336 C5
Tigné *49* 149 H4
Tignécourt *88* 118 B4
Tignes *73* 235 E3
Tignes *Barrage de 73* 235 F2
Le Tignet *06* 308 D3
Tignieu-Jameyzieu *38* 213 H5
Tigny-Noyelle *62* 6 B5
Tigy *45* 133 H3
Til-Châtel *21* 160 B1
Tilh *40* 293 F4
Tilhouse *65* 333 G1
Tillac *32* 315 G3
Tillay-le-Péneux *28* 110 D3
Tillé *60* 38 A1
Tillenay *21* 160 D4
Le Tilleul *76* 18 C4
Tilleul-Dame-Agnès *27* 55 H1
Le Tilleul-Lambert *27* 56 A1
Le Tilleul-Othon *27* 35 G5
Tilleux *88* 94 A5
Tillières *49* 148 B5
Tillières-sur-Avre *27* 56 A4
Tilloloy *80* 23 F4
Tillou *79* 202 D1
Tilloy-et-Bellay *51* 62 C1
Tilloy-Floriville *80* 11 F5
Tilloy-lès-Conty *80* 22 B3
Tilloy-lès-Hermaville *62* 13 E2
Tilloy-lès-Mofflaines *62* 13 G2
Tilloy-lez-Cambrai *59* 14 B3
Tilloy-lez-Marchiennes *59* 9 F5
Tilly *27* 37 E5
Tilly *78* 57 E3
Tilly *36* 188 A3
Tilly-Capelle *62* 7 F4
Tilly-la-Campagne *14* 33 G5
Tilly-sur-Meuse *55* 64 B2
Tilly-sur-Seulles *14* 33 E4
Tilques *62* 3 F5
Tincey-et-Pontrebeau *70* 140 C5
Tinchebray *61* 52 D4
Tincourt-Boucly *80* 23 H1
Tincques *62* 7 H5
Tincry *57* 66 C3
Les Tines *74* 217 E2
Tingry *62* 6 B3
Tinqueux *51* 41 G4
Tinténiac *35* 80 A4
Tintry *71* 177 E2
Tintury *58* 175 F2
Tiranges *43* 247 G1
Tirent-Pontéjac *32* 296 C5
Tirepied *50* 51 H4
Tissey *89* 136 D2
Le Titre *80* 11 G2
Tiuccia *2A* 348 B2
Tivernon *45* 111 E3
Tiviers *15* 245 H3
Tivolaggio *2A* 350 D2
Tizac-de-Curton *33* 256 B1
Tizac-de-Lapouyade *33* 238 B3
Tizzano *2A* 350 D3
Tocane-Saint-Apre *24* 239 H1
Tocqueville *50* 29 G2
Tocqueville *27* 35 F2
Tocqueville-en-Caux *76* 19 H3
Tocqueville-les-Murs *76* 19 E4
Tocqueville-sur-Eu *76* 10 C4
Tœufles *80* 11 F4
Toges *08* 42 D2
Togny-aux-Bœufs *51* 62 B3
Tolla *2A* 348 D3
Tollaincourt *88* 118 A3
Tollent *62* 11 H1
Tollevast *50* 29 E3
La Tombe *77* 89 E4
Tombebœuf *47* 257 H4
Tomblaine *54* 65 H5
Tomino *2B* 345 G2
Les Tonils *26* 267 H3
Tonnac *81* 279 E4
Tonnay-Boutonne *17* 201 F3
Tonnay-Charente *17* 201 E3
Tonneins *47* 275 G1
Tonnerre *89* 137 E2
Tonneville *50* 28 D3
Tonnoy *54* 95 E2
Tonquédec *22* 72 D4
Tonquédec *Château de 22* 72 C4
Torcé *35* 105 E3
Torcé-en-Vallée *72* 108 A3
Torcé-Viviers-en-Charnie *53* 106 D3
Torcenay *52* 139 H2
Torchamp *61* 82 A2
Torchefelon *38* 232 B3
Torcheville *57* 67 F3
Torcieu *01* 214 A3
Torcy *62* 6 D4
Torcy *77* 59 E3
Torcy *71* 177 E4
Torcy-en-Valois *02* 60 B1
Torcy-et-Pouligny *21* 158 C1
Torcy-le-Grand *76* 20 B3
Torcy-le-Grand *10* 91 E3
Torcy-le-Petit *76* 20 B2
Torcy-le-Petit *10* 91 E3
Tordères *66* 342 D3
Tordouet *14* 54 D1
Torfou *91* 87 G3
Torfou *49* 166 B1
Torigni-sur-Vire *50* 52 B1
Tornac *30* 283 G5
Tornay *52* 140 A4
Le Torp-Mesnil *76* 19 H4
Torpes *25* 161 H4
Torpes *71* 178 D3
Le Torpt *27* 34 D3
Le Torquesne *14* 34 C4
Torre *2A* 351 G2
Torreilles *66* 339 E5
Torsac *16* 221 F3
Torsiac *43* 228 A5
Tortebesse *63* 226 D1
Tortefontaine *62* 11 H1
Tortequesne *62* 14 A2
Torteron *18* 174 B2
Torteval-Quesnay *14* 32 D5
Tortezais *03* 191 F3
Tortisambert *14* 54 B2
Le Tortoir *02* 24 C5
Torvilliers *10* 114 D2
Torxé *17* 201 G3
Tosny *27* 36 D4
Tosse *40* 292 B3
Tossiat *01* 214 A1
Tostat *65* 315 F4
Tostes *27* 36 B4
Totainville *88* 94 C4
Tôtes *76* 20 A4
Tôtes *14* 54 B2
Touchay *18* 172 D5
La Touche *26* 267 F4
Touche-Trébry *Château de la 22* 78 C5
Les Touches *44* 147 H1
Les Touches-de-Périgny *17* 202 C4
Toucy *89* 135 H4
Toudon *06* 289 H5
Touët-de-l'Escarène *06* 291 F5
Touët-sur-Var *06* 289 G5
Touffailles *82* 277 E2
Toufflers *59* 9 E2
Touffou *Château de 86* 186 D1
Touffréville *14* 33 H4
Touffreville *27* 36 D3
Touffreville-la-Cable *76* 35 F1
Touffreville-la-Corbeline *76* 19 G5
Touffreville-sur-Eu *76* 10 C4
Touget *32* 296 D4
Touille *31* 335 E1
Touillon *21* 137 H4
Touillon-et-Loutelet *25* 180 C3
Toujouse *32* 294 C2
Toul *54* 94 B1
Toul Goulic *Gorges de 22* 77 F4
Toulaud *07* 249 E5
Toulenne *33* 256 B4
Touligny *08* 26 C4
Toulis-et-Attencourt *02* 25 E4
Toullaëron *Roc de 29* 76 C5
Toulon *83* 328 A4
Toulon-la-Montagne *51* 61 F3
Toulon-sur-Allier *03* 192 B2
Toulon-sur-Arroux *71* 176 C5
Toulonjac *12* 279 F1
Toulouges *66* 343 E2
Toulouse *31* 298 A5
Toulouse *Croix de 05* 252 D4
Toulouse-le-Château *39* 179 F3
Toulouzette *40* 293 G2
Toulx-Sainte-Croix *23* 190 A5
Touques *14* 34 C2
Le Touquet-Paris-Plage *62* 6 A4
Touquettes *61* 55 E4
Touquin *77* 59 H5
La Tour *74* 216 A1
La Tour *06* 291 E4
La Tour-Blanche *24* 221 H5
La Tour-d'Aigues *84* 306 B3
La Tour-d'Auvergne *63* 227 E3
Tour-de-Faure *46* 260 D5
La Tour-de-Salvagny *69* 212 D5
La Tour-de-Sçay *25* 162 B2
La Tour-du-Crieu *09* 336 B1
La Tour-du-Meix *39* 196 C2
Le Tour-du-Parc *56* 124 C5
La Tour-du-Pin *38* 232 B2
Tour-en-Bessin *14* 32 D3
La Tour-en-Jarez *42* 230 B3
Tour-en-Sologne *41* 153 F1
La Tour-Fondue *83* 328 C5
La Tour-Saint-Gelin *37* 169 F1
La Tour-sur-Orb *34* 301 F4
Les Tourailles *61* 53 G4
Tourailles *41* 131 H4
Tourailles-sous-Bois *55* 93 G3
Tourbes *34* 321 H3
Tourcelles-Chaumont *08* 42 C2
Tourch *29* 100 B3
Tourcoing *59* 5 E5
Tourdun *32* 295 F5
La Tourette *19* 226 B3
La Tourette *42* 229 G4
La Tourette-Cabardès *11* 319 H4
Tourette-du-Château *06* 289 H5
Tourgéville *14* 34 B3
La Tourlandry *49* 149 F5
Tourlaville *50* 29 F3
Tourliac *47* 258 D2
Tourly *60* 37 H4
Tourmalet *Col du 65* 333 F3
Tourmignies *59* 8 D4
Tourmont *39* 179 F3
Tournai-sur-Dive *61* 54 B3
Tournan *32* 316 C3
Tournan-en-Brie *77* 59 F4
Tournans *25* 162 C1
Tournavaux *08* 26 D2
Tournay *65* 315 G5
Tournay-sur-Odon *14* 33 E5
Le Tourne *33* 255 H2
Tournebu *14* 53 G2
Tournecoupe *32* 296 C2
Tournedos-Bois-Hubert *27* 56 A1
Tournedos-sur-Seine *27* 36 C3
Tournedoz *25* 163 E2
Tournefeuille *31* 297 H5
Tournefort *06* 289 H5
Tournehem-sur-la-Hem *62* 3 E4
Tournemire *15* 244 C3
Tournemire *12* 281 G5
Tournes *08* 26 C2
Le Tourneur *14* 52 D2
Tourneville *27* 36 B5
Tourniac *15* 243 H2
Tournières *14* 32 C3
Tourniol *Col de 26* 249 H4
Tournissan *11* 338 B1
Tournoël *Château de 63* 209 G4
Tournoisis *45* 110 B5
Tournon *73* 234 A1
Tournon-d'Agenais *47* 277 E1
Tournon-Saint-Martin *36* 170 B5
Tournon-Saint-Pierre *37* 170 B5
Tournon-sur-Rhône *07* 249 E3
Tournous-Darré *65* 315 H5
Tournous-Devant *65* 315 H5
Tournus *71* 195 E1
Tourny *27* 37 E5
Tourouvre *61* 84 C2
Tourouzelle *11* 320 C5
Les Tourreilles *31* 334 A1
Tourreilles *11* 337 B2
Tourrenquets *32* 296 B3
Tourrette *Château de la 07* 248 D5
Tourrette-Levens *06* 291 E5
Les Tourrettes *26* 267 E2
Tourrettes *83* 308 C3
Tourrettes-sur-Loup *06* 309 F2
Tourriers *16* 203 F5
Tours *37* 151 H2
Tours-en-Savoie *73* 234 B1
Tours-en-Vimeu *80* 11 F4
Tours-Saint-Symphorien *Aéroport de 37* 152 A2
Tours-sur-Marne *51* 61 H1
Tours-sur-Meymont *63* 228 C2
Tourtenay *79* 168 B1
Tourteron *08* 26 C5
Tourtoirac *24* 241 F1
Tourtour *83* 307 H4
Tourtouse *09* 335 F1
Tourtrès *47* 257 H4
Tourtrol *09* 336 C2
Tourves *83* 328 A1
Tourville-en-Auge *14* 34 C3
Tourville-la-Campagne *27* 35 H4
Tourville-la-Chapelle *76* 10 C5
Tourville-la-Rivière *76* 36 B3
Tourville-les-Ifs *76* 19 E3
Tourville-sur-Arques *76* 20 B2
Tourville-sur-Odon *14* 33 F5
Tourville-sur-Pont-Audemer *27* 35 E3
Tourville-sur-Sienne *50* 31 F5
Toury *28* 111 E2
Toury-Lurcy *58* 175 E5
Toury-sur-Jour *58* 174 D5
Tourzel-Ronzières *63* 227 H3
Toussaint *76* 19 E3
Toussieu *69* 231 F1
Toussieux *01* 213 E3
Tousson *77* 88 A5
La Toussuire *73* 233 H5
Toussus-le-Noble *78* 58 A4
Toutainville *27* 35 E2
Toutenant *71* 178 B3
Toutencourt *80* 13 E5
Toutens *31* 318 C3
Toutes Aures *Col de 04* 288 D5
Toutlemonde *49* 167 E1
Toutry *21* 158 B1
Touvérac *16* 220 C4
Le Touvet *38* 233 F4
Touville *27* 35 G3
Touvois *44* 165 F2
Touvre *16* 221 G1
Touzac *16* 220 C3
Touzac *46* 259 F5
Tox *2B* 347 G5
Toy-Viam *19* 225 F2
Trabuc *Grotte de 30* 283 G4
Tracol *Col de 43* 248 B1
Tracy-Bocage *14* 33 E5
Tracy-le-Mont *60* 39 H1
Tracy-le-Val *60* 39 H1
Tracy-sur-Loire *58* 156 A3
Tracy-sur-Mer *14* 33 E2
Trades *69* 194 C5
Traenheim *67* 97 F1
Tragny *57* 66 B2
Traînel *10* 89 H4
Traînou *45* 111 F5
Le Trait *76* 35 H1
Traitiéfontaine *70* 162 A2
Traize *73* 232 D1
Tralaigues *63* 208 D4
Tralonca *2B* 347 F4
Tramain *22* 79 E4
Tramayes *71* 194 C4
Trambly *71* 194 C4
Tramecourt *62* 7 E4
Tramery *51* 41 E4
Tramezaïgues *65* 333 G4
Tramolé *38* 232 A3
Tramont-Émy *54* 94 B4
Tramont-Lassus *54* 94 C4
Tramont-Saint-André *54* 94 B4
Tramoyes *01* 213 F4
Trampot *88* 93 G4
Trancault *10* 90 A4
La Tranche-sur-Mer *85* 182 D3
La Tranclière *01* 213 H1
Trancrainville *28* 110 D2
Trangé *72* 107 G4
Le Tranger *36* 170 D2
Trannes *10* 91 H5
Tranqueville-Graux *88* 94 B3
Trans *53* 82 D5
Trans-en-Provence *83* 308 A5
Trans-la-Forêt *35* 80 C2
Trans-sur-Erdre *44* 148 A1
Le Translay *80* 11 F5
Le Transloy *62* 13 H5
Tranzault *36* 189 F1
La Trappe *Abbaye de 61* 55 F5
Trappes *78* 57 H4
Trassanel *11* 320 A4
Traubach-le-Bas *68* 143 E2
Traubach-le-Haut *68* 142 D2
Trausse *11* 320 B5
Travaillan *84* 285 F3
Travecy *02* 24 B4
Traversères *32* 296 B5
Traves *70* 140 D4
Le Travet *81* 299 H2
Le Trayas *83* 309 E5
Trayes *79* 167 G5
Tréal *56* 125 G2
Tréauville *50* 28 D4
Trébabu *29* 74 C2
Treban *03* 191 H3
Tréban *81* 280 B4
Trébas *81* 300 A1
Trébédan *22* 79 F4
Trèbes *11* 320 A5
Trébeurden *22* 72 B3
Trébons *65* 333 F1
Trébons-de-Luchon *31* 334 A4
Trébons-sur-la-Grasse *31* 318 C3
Tréboul *29* 75 F5
Tréboul *Pont de 15* 245 F5
Trébrivan *22* 77 E4
Trébry *22* 78 D5
Tréclun *21* 160 C4
Trécon *51* 61 H3
Trédaniel *22* 78 C4
Trédarzec *22* 73 E3
Trédias *22* 79 F5
Trédion *56* 124 D2
Trédrez-Locquémeau *22* 72 B3
Tréduder *22* 72 B4
Trefcon *02* 23 H2
Treffay *39* 180 A4
Treffendel *35* 103 G3
Treffiagat *29* 99 F5
Treffieux *44* 126 D4
Treffléan *56* 124 D3
Treffort *38* 250 D4
Treffort-Cuisiat *01* 196 A4
Treffrin *22* 76 D4
Tréflaouénan *29* 71 F4
Tréflévénez *29* 75 H2

Tréflez 29 71 E 4
Tréfols 51 60 C 4
Tréfumel 22 79 G 5
Trégarantec 29 71 E 4
Trégarvan 29 75 G 4
Trégastel 22 72 C 2
Trégastel-Plage 22 72 C 2
Tréglamus 22 72 D 5
Tréglonou 29 70 C 4
Trégomar 22 79 E 3
Trégomeur 22 73 G 5
Trégon 22 50 A 5
Trégonneau 22 73 E 4
Trégourez 29 100 B 2
Trégrom 22 72 C 4
Tréguennec 29 99 F 4
Trégueux 22 78 B 3
Tréguidel 22 73 G 5
Tréguier 22 73 E 3
Trégunc 29 100 A 4
Tréhet 41 130 D 4
Tréhorenteuc 56 103 E 4
Le Tréhou 29 75 H 2
Treignac 19 224 D 3
Treignat 03 190 B 4
Treigny 89 156 C 1
Treilles 11 339 E 3
Treilles-en-Gâtinais 45 112 B 4
Treillières 44 147 G 2
Treix 52 117 E 3
Treize-Arbres Les 74 215 G 1
Treize-Septiers 85 166 B 1
Treize-Vents 85 166 D 2
Tréjouls 82 277 G 2
Trélans 48 263 H 5
Trélazé 49 149 H 1
Tréléchamp 74 217 E 2
Trélévern 22 72 D 2
Trelins 42 229 G 1
Trélissac 24 240 D 2
Trélivan 22 79 G 4
Trelly 50 51 G 1
Trélon 59 15 H 5
Trélou-sur-Marne 02 60 D 1
Trémaouézan 29 71 E 5
Trémargat 22 77 F 4
Trémauville 76 19 F 4
Trémazan 29 70 B 4
La Tremblade 17 200 C 5
Tremblay 35 80 D 3
Le Tremblay 49 127 H 4
Tremblay-en-France 93 58 D 2
Le Tremblay-les-Villages 28 86 A 2
Le Tremblay-Omonville 27 35 H 5
Le Tremblay-sur-Mauldre 78 57 G 4
Tremblecourt 54 65 F 4
Le Tremblois 70 161 E 2
Tremblois-lès-Carignan 08 27 H 4
Tremblois-lès-Rocroi 08 26 B 2
Trémeheuc 35 80 B 3
Trémel 22 72 B 4
Tréméloir 22 73 G 5
Trémentines 49 149 E 5
Tréméoc 29 99 G 4
Tréméreuc 22 79 G 3
Trémery 57 45 H 4
Trémeur 22 79 F 5
Tréméven 22 73 F 4
Tréméven 29 100 D 4
Trémilly 52 92 B 4
Tréminis 38 269 E 1
Trémoins 70 142 B 4
Trémolat 24 240 D 5
Trémons 47 276 D 1
Trémont 61 84 A 2
Trémont 49 149 H 5
Trémont-sur-Saulx 55 63 G 4
Trémonzey 88 119 E 4
Trémorel 22 103 E 1
Trémouille 15 226 D 5
Trémouille-Saint-Loup 63 226 C 4
Trémouilles 12 280 D 2
Trémoulet 09 336 C 1
Trémuson 22 78 A 3
Trenal 39 179 E 5
Trensacq 40 273 D 2
Trentels 47 258 D 5
Tréogan 22 76 D 5
Tréogat 29 99 F 3
Tréon 28 56 C 5
Tréouergat 29 70 B 5
Trépail 51 41 H 5
Trépassés *Baie des* 29 98 C 2
Trépied 62 6 B 4
Le Tréport 76 10 D 4
Trépot 25 162 B 4
Tréprel 14 53 G 2
Trept 38 232 A 1
Trésauvaux 55 64 D 1
Tresbœuf 35 104 C 5
Trescault 62 14 A 4
Treschenu-Creyers 26 268 C 2
Trescléoux 05 287 E 1
Trésilley 70 162 A 1
Treslon 51 41 F 4
Tresnay 58 174 C 5
Trespoux-Rassiels 46 277 H 1
Tresques 30 284 D 4
Tressaint 22 79 G 4
Tressan 34 302 A 5
Tressandans 25 162 C 1
Tressange 57 45 F 2
Tressé 35 80 A 3
Tresserre 66 343 E 3
Tresserve 73 233 E 1
Tresses 33 237 H 5
Tressignaux 22 73 G 5
Tressin 59 9 E 3
Tresson 72 130 D 2
Treteau 03 192 C 4
La Trétoire 77 60 A 3
Trets 13 327 G 1
Treux 80 23 E 1
Treuzy-Levelay 77 112 C 2
Trévans 04 288 A 5
Trévé 22 102 B 1
Trévenans 90 142 C 4
Tréveneuc 22 73 G 4
Tréveray 55 93 F 1
Trévérec 22 73 F 4
Trévérien 35 79 H 5
Trèves 69 230 D 3
Trèves 30 282 B 4
Trèves-Cunault 49 150 B 3
Trevey 70 141 F 5
Trévezel *Roc* 29 76 A 2
Trévien 81 279 G 4
Trévières 14 32 C 3
Trévignin 73 233 F 1
Trévillach 66 342 B 2
Tréville 11 319 E 4
Trévillers 25 163 G 3
Trévilly 89 158 B 1
Trevol 03 192 A 1
Trévou-Tréguignec 22 72 D 2
Le Trévoux 29 100 C 4
Trévoux 01 213 E 3
Trévron 22 79 G 4
Trézelles 03 192 C 4
Trézény 22 72 D 3
Trézien *Phare de* 29 74 C 2
Tréziers 11 337 A 2
Trézilidé 29 71 F 4
Trézioux 63 228 C 1
Triac-Lautrait 16 220 D 1
Le Triadou 34 302 D 3
Triaize 85 183 F 3
Triaucourt-en-Argonne 55 63 G 1
Tribehou 50 32 A 4
La Tricherie 86 169 F 5
Trichey 89 115 E 5
Triconville 55 64 B 5
Tricot 60 23 E 5
Trie-Château 60 37 G 3
Trie-la-Ville 60 37 G 3
Trie-sur-Baïse 65 315 H 5
Triel-sur-Seine 78 57 H 2
Triembach-au-Val 67 97 E 4
Trieux 54 45 F 3
Trigance 83 308 A 2
Trigavou 22 79 G 3
Trignac 44 146 C 2
Trigny 51 41 F 3
Triguères 45 113 E 5
Trilbardou 77 59 F 2
Trilla 66 338 A 5
Trilport 77 59 G 2
Trimbach 67 69 F 2
Trimer 35 79 H 5
La Trimouille 86 187 H 3
Trimouns
*Carrière de talc de* 09 336 C 4
Trinay 45 111 E 4
La Trinitat 15 263 G 2
La Trinité 50 51 H 3
La Trinité 27 56 C 2
La Trinité 73 233 H 3
La Trinité 06 309 H 2
Trinité *Chapelle de la* 29 99 E 3
Trinité *Ermitage de la* 2A 351 F 4
La Trinité-de-Réville 27 55 E 2
La Trinité-de-Thouberville 27 35 H 2
La Trinité-des-Laitiers 61 54 D 4
La Trinité-du-Mont 76 19 F 5
La Trinité-Langonnet 56 77 E 5
La Trinité-Porhoët 56 102 C 2
La Trinité-sur-Mer 56 123 H 4
La Trinité-Surzur 56 124 D 4
Triors 26 249 H 3
Le Trioulou 15 261 H 3
Tripleville 41 110 A 5
Triquerville 76 35 F 1
Triqueville 27 35 E 3
Trith-Saint-Léger 59 14 D 2
Tritteling-Redlach 57 66 D 1
Trivy 71 194 B 3
Trizac 15 244 C 1
Trizay 17 201 E 4
Trizay-Coutretot-
Saint-Serge 28 85 E 5
Trizay-lès-Bonneval 28 109 H 2
Troarn 14 33 H 4
Troche 19 224 B 5
Trochères 21 160 C 3
Trocy-en-Multien 77 59 G 1
Troësnes 02 40 A 4
Troguéry 22 73 E 3
Trogues 37 151 G 5
Trois Communes
*Pointe des* 06 291 G 3
Les Trois-Épis 68 120 D 2
Trois-Fonds 23 190 A 5
Trois-Fontaines-l'Abbaye 51 63 F 4
Trois-Maisons 57 68 A 4
Trois-Monts 14 53 F 1
Les Trois-Moutiers 86 168 C 1
Trois-Palis 16 221 E 2
Les Trois-Pierres 76 19 E 5
Trois-Puits 51 41 G 4
Trois Termes *Pic des* 66 343 F 4
Trois-Vèvres 58 175 E 3
Trois-Villes 64 331 F 1
Troischamps 52 139 H 2
Troisfontaines 57 67 H 5
Troisfontaines 52 92 D 2
Troisgots 50 52 B 1
Troissereux 60 38 A 1
Troissy 51 61 E 1
Troisvaux 62 7 G 5
Troisvilles 59 14 D 4
Tromarey 70 161 F 3
Tromborn 57 46 D 4
Tronçais *Forêt de* 03 191 E 1
Troncens 32 315 G 3
La Tronche 38 250 D 1
Le Tronchet 35 80 A 2
Le Tronchet 72 107 G 2
Tronchoy 80 21 G 2
Tronchoy 52 117 F 5
Tronchoy 89 137 E 2
Tronchy 71 178 B 4
Le Troncq 27 35 H 4

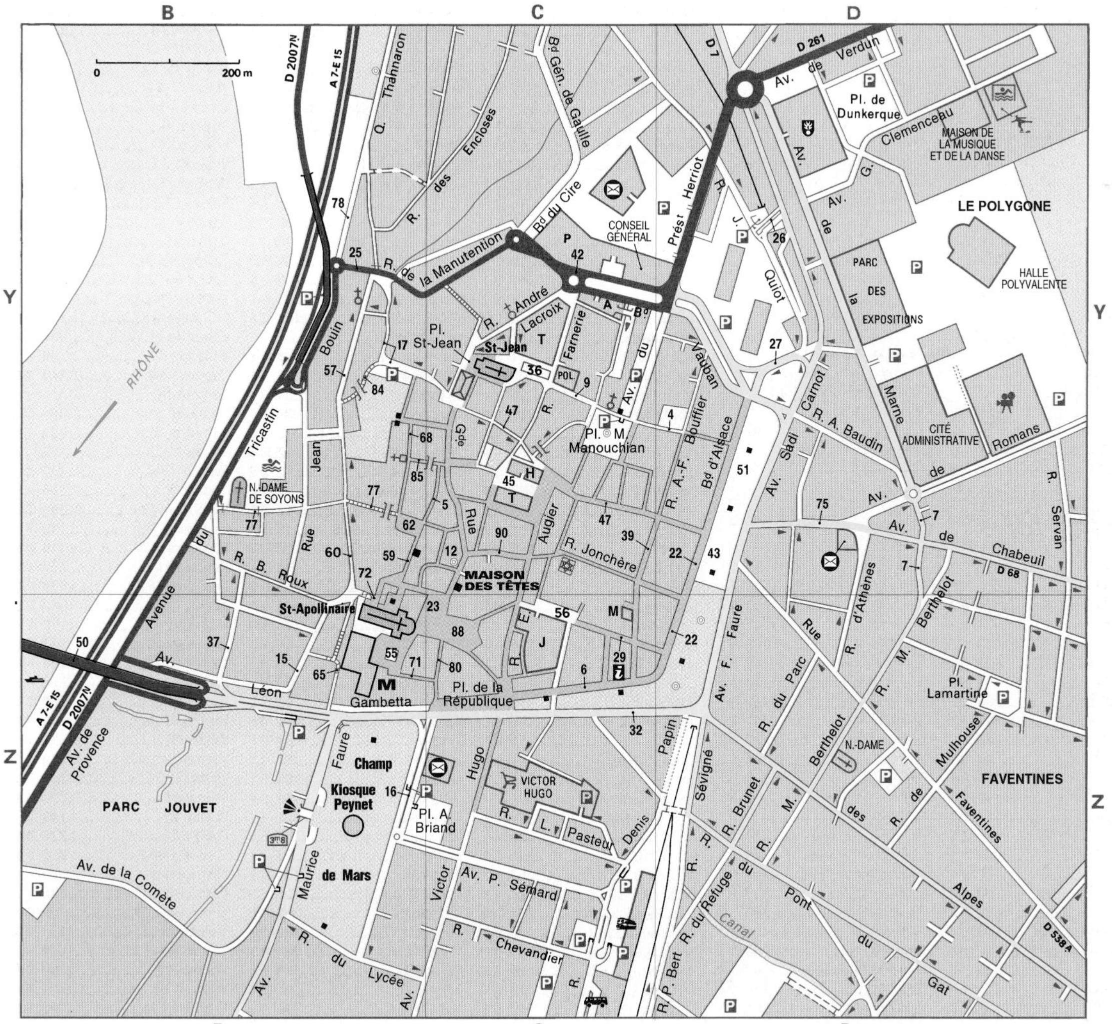
B
C
D
Y
Z
RHÔNE
PARC JOUVET
Champ de Mars
Kiosque Peynet
MAISON DES TÊTES
St-Apollinaire
St-Jean
CONSEIL GÉNÉRAL
LE POLYGONE
HALLE POLYVALENTE
PARC DES EXPOSITIONS
CITÉ ADMINISTRATIVE
MAISON DE LA MUSIQUE ET DE LA DANSE
Pl. de Dunkerque
FAVENTINES
VICTOR HUGO
Pl. de la République
Pl. A. Briand
N.-DAME DE SOYONS
N.-DAME
Canal

## VALENCE

Alsace (Bd d') DY
Arménie (R. d') DY 4
Augier (R. Émile) CYZ
Balais (R. des) BCY 5
Bancel (Bd) CY 6
Barrault (R. J.-L.) DY 7
Belle Image (R.) CY 9
Bonaparte (R. du Lieutenant) BCY 12
Chambaud (R. Mirabel) BZ 15
Championnet (Pl.) BCZ 16
Chapeliers (Côte des) BY 17
Clercs (Pl. des) BCZ 23
Clerc (Bd M.) CYZ 22
Docteur-Schweitzer (R. du) BY 25
Dragonne (Pl. de la) DY 26
Dupré-de-Loire (Av.) DY 27
Farre (R. du Gén.) CZ 29
Félix-Faure (Av.) DZ
Gaulle (Bd du Gén.-de) CZ 32
Huguenel (Pl. Ch.) CY 36
Jacquet (R. V.) BZ 37
Jeu-de-Paume (R. du) CYZ 39
Lecardonnel (Pl. L.) CY 42
Leclerc (Pl. Gén.) DY 43
Liberté (Pl. de la) CY 45
Madier-de-Montjau (R.) CY 47
Mistral (Pont Frédéric) BZ 50
Montalivet (Pl. de) DY 51
Ormeaux (Pl. des) BZ 55
Palais (Pl. du) CZ 56
Paré (R. Ambroise) BY 57
Pérollerie (R.) BY 59
Petit Paradis (R.) BY 60
Pierre (Pl. de la) BY 62
Repenties (R. des) BZ 65
République (Pl. de la) CZ
Sabaterie (R.) BY 68
St-Didier (R.) BCZ 71
St-Estève (Côte) BY 72
St-Jacques (Faubourg) DY 75
St-Martin (Côte et R.) BY 77
St-Nicolas (Q.) BY 78
Saunière (R.) CZ 80
Semard (Av.) CZ
Sylvante (Côte) BY 84
Temple (R. du) BCY 85
Université (Pl. de l') CZ 88
Vernoux (R.) CY 90
Victor-Hugo (Av.) CZ

## VERSAILLES


Carnot (R.) .............. Y
Chancellerie (R. de la) ..... Y 3
Clemenceau (R. Georges) . Y 7
Cotte (R. Robert de) ...... Y 10
États-Généraux (R. des) ... Z
Europe (Av. de l') ......... Y 14
Foch (R. du Mar.) ....... XY
Gambetta (Pl.) .......... Y 17
Gaulle (Av. du Gén.-de-) .. YZ 18
Hoche (R.) .............. Y
Indép.-Américaine (R. de l') Y 20
Leclerc (R. du Gén.) ....... Z 24
Mermoz (R. Jean) ........ Z 27
Nolhac (R. Pierre-de-) ..... Y 31
Orangerie (R. de l') ...... YZ
Paroisse (R. de la) ....... Y
Porte-de-Buc (R. de la) .... Z 34
Rockfeller (Av.) .......... Y 37
Royale (R.) .............. Z
Satory (R. de) .......... YZ 42
Vieux-Versailles (R. du) ... YZ 47


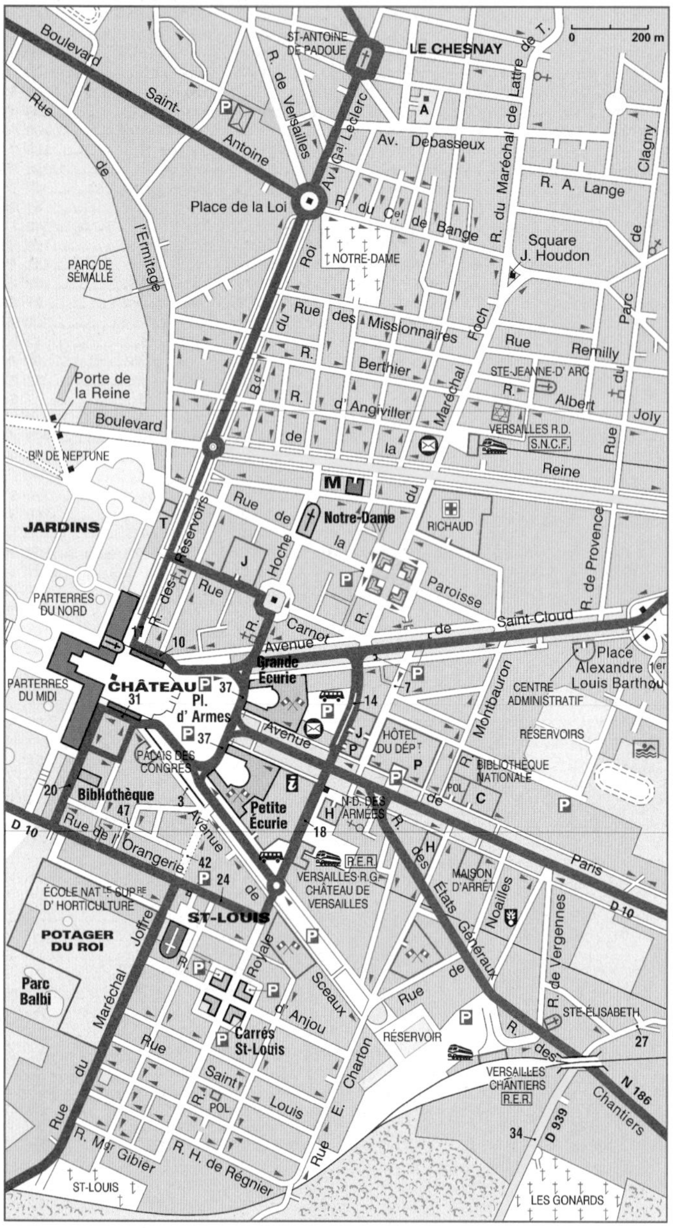



Trondes **54** ... 65 E 5
Tronget **03** ... 191 G 3
Tronjoly *Château de* **29** ... 71 F 3
Le Tronquay **14** ... 32 D 4
Le Tronquay **27** ... 36 D 2
Tronsanges **58** ... 174 B 1
Tronville **54** ... 65 F 1
Tronville-en-Barrois **55** ... 63 H 4
Troo **41** ... 131 E 3
Trosly-Breuil **60** ... 39 G 2
Trosly-Loire **02** ... 40 A 1
Trouans **10** ... 62 A 5
Troubat **65** ... 334 A 2
La Trouche **88** ... 96 A 3
Trouhans **21** ... 160 C 5
Trouhaut **21** ... 159 G 2
Trouillas **66** ... 343 E 3
Trouley-Labarthe **65** ... 315 G 5
Troumouse *Cirque de* **65** ... 333 E 5
Troussencourt **60** ... 22 B 5
Troussey **55** ... 64 D 5
Troussures **60** ... 37 H 2
Trouvans **25** ... 162 C 1
Trouville **76** ... 19 F 5
Trouville-la-Haule **27** ... 35 F 2
Trouville-sur-Mer **14** ... 34 B 2
Trouy **18** ... 173 E 2
Troye-d'Ariège **09** ... 336 D 2
Troyes **10** ... 91 E 5
Troyon **55** ... 64 C 2
La Truchère **71** ... 195 F 2
Truchtersheim **67** ... 68 D 5
Trucy **02** ... 40 D 1
Trucy-l'Orgueilleux **58** ... 157 E 2
Trucy-sur-Yonne **89** ... 136 C 5
Le Truel **12** ... 281 E 5
Trugny **21** ... 178 B 2
Truinas **26** ... 267 H 3
Trumilly **60** ... 39 F 4
Trun **61** ... 54 B 3
Trungy **14** ... 32 D 4
Truttemer-le-Grand **14** ... 52 D 4
Truttemer-le-Petit **14** ... 52 D 4
Truyes **37** ... 152 A 4
Tubersent **62** ... 6 B 4
Tuchan **11** ... 338 C 4
Tucquegnieux **54** ... 45 F 4
Tudeils **19** ... 242 D 4
Tudelle **32** ... 295 G 4
Tuffé **72** ... 108 B 3
Tugéras-Saint-Maurice **17** ... 219 H 5
Tugny-et-Pont **02** ... 24 A 3
Les Tuileries **42** ... 211 G 2
La Tuilière **42** ... 211 E 3
Tuilière *Roche* **63** ... 227 E 2
Tulette **26** ... 285 F 2
Tulle **19** ... 242 D 1
Tullins **38** ... 232 B 5
Tully **80** ... 11 E 3
Tupigny **02** ... 24 D 1
Tupin-et-Semons **69** ... 231 E 3
La Turballe **44** ... 145 G 4
La Turbie **06** ... 309 H 5
Turcey **21** ... 159 G 2
Turckheim **68** ... 121 E 3
Turenne **19** ... 242 C 3
Turgon **16** ... 203 H 3
Turgy **10** ... 114 D 4
Turini *Col de* **06** ... 291 F 3
Turny **89** ... 114 B 4
Turquant **49** ... 150 C 4
Turquestein-Blancrupt **57** ... 96 C 1
Turqueville **50** ... 29 H 5
Turretot **76** ... 18 C 5
Turriers **04** ... 269 H 5
Tursac **24** ... 241 F 4
Tusson **16** ... 203 E 3
Tuzaguet **65** ... 333 H 1
Le Tuzan **33** ... 255 G 5
Tuzie **16** ... 203 F 3


### U


Uberach **67** ... 68 D 3
Ubexy **88** ... 95 E 4
Ubraye **04** ... 289 E 5
Ucciani **2A** ... 348 D 2
Ucel **07** ... 266 B 3
Uchacq-et-Parentis **40** ... 293 H 1
Uchaud **30** ... 303 G 3
Uchaux **84** ... 285 E 3
Uchentein **09** ... 335 E 3
Uchizy **71** ... 195 E 2
Uchon **71** ... 176 C 4
Uchon *Signal d'* **71** ... 176 C 4
Uckange **57** ... 45 G 4
Ueberkumen **68** ... 143 E 2
Ueberstrass **68** ... 143 E 4
Uffheim **68** ... 143 G 2
Uffholtz **68** ... 143 E 1
Ugine **73** ... 216 A 5
Uglas **65** ... 333 H 1
Ugnouas **65** ... 315 F 4
Ugny **54** ... 44 D 2
Ugny-le-Gay **02** ... 24 A 4
Ugny-l'Équipée **80** ... 23 H 2
Ugny-sur-Meuse **55** ... 94 A 1
Uhart-Cize **64** ... 330 C 1
Uhart-Mixe **64** ... 311 G 5
Uhlwiller **67** ... 68 D 3
Uhrwiller **67** ... 68 C 3
Ulcot **79** ... 167 H 1
Les Ulis **91** ... 58 B 5
Ully-Saint-Georges **60** ... 38 B 3
Les Ulmes **49** ... 150 B 4
Umpeau **28** ... 86 C 3
Unac **09** ... 336 C 5
Uncey-le-Franc **21** ... 159 F 3
Unchair **51** ... 41 E 3
Ungersheim **68** ... 121 E 5
Unias **42** ... 229 H 2
Unienville **10** ... 91 H 5
Unieux **42** ... 230 A 4
L'Union **31** ... 298 A 4
Untermuhlthal **57** ... 68 C 2
Unverre **28** ... 109 G 2
Unzent **09** ... 318 A 5
Upaix **05** ... 287 F 1
Upie **26** ... 267 G 1
Ur **66** ... 341 E 4
Urau **31** ... 334 D 2
Urbalacone **2A** ... 348 D 4
Urbanya **66** ... 341 H 2
Urbeis **67** ... 96 D 4
Urbeis *Col d'* **67** ... 96 D 4
Urbès **68** ... 120 B 5
Urbise **42** ... 193 F 5
Urçay **03** ... 190 E 1
Urcel **02** ... 40 D 1
Urcerey **90** ... 142 B 3
Urciers **36** ... 189 H 2
Urcuit **64** ... 292 B 5
Urcy **21** ... 159 H 4
Urdens **32** ... 296 C 2
Urdès **64** ... 313 H 3
Urdos **64** ... 331 H 4
Urepel **64** ... 330 A 2
Urgons **40** ... 294 A 4
Urgosse **32** ... 295 E 3
Uriage-les-Bains **38** ... 251 E 2
Uriménil **88** ... 119 F 3
Urmatt **67** ... 97 E 2
Urost **64** ... 314 D 4
Urou-et-Crennes **61** ... 54 B 4
Urrugne **64** ... 310 B 3
Urs **09** ... 336 C 5
Urschenheim **68** ... 121 F 2
Urt **64** ... 292 B 5
Urtaca **2B** ... 345 E 5
Urtière **25** ... 163 G 3
Uruffe **54** ... 94 A 2
Urval **24** ... 259 E 1
Urville **50** ... 29 F 5
Urville **14** ... 53 G 1
Urville **10** ... 116 A 3
Urville **88** ... 118 A 2
Urville-Nacqueville **50** ... 28 D 2
Urvillers **02** ... 24 B 3
Ury **77** ... 88 B 5
Urzy **58** ... 174 C 1
Us **95** ... 37 H 5
Usclades-et-Rieutord **07** ... 265 H 1
Usclas-d'Hérault **34** ... 302 A 5
Usclas-du-Bosc **34** ... 301 H 3
Usinens **74** ... 215 E 2
Ussac **19** ... 242 B 2
Ussat **09** ... 336 B 4
Ussé *Château d'* **37** ... 151 E 4
Usseau **86** ... 169 G 3
Usseau **79** ... 201 G 1
Ussel **19** ... 226 B 3
Ussel **15** ... 245 F 3
Ussel **46** ... 260 B 4
Ussel-d'Allier **03** ... 209 H 1
Usson **63** ... 228 B 3
Usson-du-Poitou **86** ... 186 D 5
Usson-en-Forez **42** ... 229 F 5
Ussy **14** ... 53 H 2
Ussy-sur-Marne **77** ... 59 H 2
Ustaritz **64** ... 310 D 3
Ustou **09** ... 335 G 5
Utelle **06** ... 291 E 4
Utelle *Madone d'* **06** ... 291 E 4
Uttenheim **67** ... 97 G 3
Uttenhoffen **67** ... 68 D 2
Uttwiller **67** ... 68 C 3
Uvernet-Fours **04** ... 270 D 5
Uxeau **71** ... 176 B 5
Uxegney **88** ... 119 F 2
Uxelles **39** ... 196 D 1
Uxem **59** ... 3 H 2
Uz **65** ... 332 D 2
Uza **40** ... 272 B 4
Uzan **64** ... 314 A 3
Uzay-le-Venon **18** ... 173 F 4
Uzech **46** ... 259 H 4
Uzein **64** ... 314 A 3
Uzel **22** ... 78 A 5
Uzelle **25** ... 162 D 1
Uzemain **88** ... 119 F 3
Uzer **07** ... 266 B 4
Uzer **65** ... 333 F 1
Uzerche **19** ... 224 C 4
Uzès **30** ... 284 B 5
Uzeste **33** ... 256 B 5
Uzos **64** ... 314 B 5


### V


Vaas **72** ... 130 B 4
Vabre **81** ... 299 H 4
Vabre-Tizac **12** ... 279 G 2
Vabres **15** ... 246 A 4
Vabres **30** ... 283 F 5
Vabres-l'Abbaye **12** ... 300 D 1
Vacherauville **55** ... 44 B 5
Vachères **04** ... 286 D 5
Vachères-en-Quint **26** ... 268 A 1
Vacheresse **74** ... 198 C 3
La Vacheresse-et-la-Rouillie **88** ... 118 A 2
Vacheresses-les-Basses **28** ... 86 B 2
La Vacherie **27** ... 36 B 5
Vacognes **14** ... 33 F 5
Vacon **55** ... 93 H 1
Vacquerie **80** ... 12 C 4
La Vacquerie **14** ... 32 C 5
La Vacquerie-et-Saint-Martin-de-Castries **34** ... 302 A 2
Vacquerie-le-Boucq **62** ... 12 C 2
Vacqueriette-Erquières **62** ... 12 B 2
Vacqueville **54** ... 96 A 2
Vacqueyras **84** ... 285 G 3
Vacquières **34** ... 303 E 2
Vacquiers **31** ... 298 A 3
Vadans **70** ... 161 E 2
Vadans **39** ... 179 F 2
Vadelaincourt **55** ... 43 H 5
Vadenay **51** ... 62 B 1
Vadencourt **80** ... 13 E 5
Vadencourt **02** ... 24 D 1
Vadonville **55** ... 64 C 4
Vagnas **07** ... 284 B 1
Vagney **88** ... 119 H 4
Vahl-Ebersing **57** ... 67 E 1
Vahl-lès-Bénestroff **57** ... 67 E 3
Vahl-lès-Faulquemont **57** ... 66 D 1
Vaiges **53** ... 106 C 4
Vailhan **34** ... 301 H 5
Vailhauquès **34** ... 302 C 4
Vailhourles **12** ... 279 E 2
Vaillac **46** ... 260 B 3
Vaillant **52** ... 139 F 4
Vailly **10** ... 91 E 4
Vailly **74** ... 198 B 4
Vailly-sur-Aisne **02** ... 40 C 2
Vailly-sur-Sauldre **18** ... 155 G 2
Vains **50** ... 51 G 4
Vairé **85** ... 165 E 5
Vaire-Arcier **25** ... 162 B 3
Vaire-le-Petit **25** ... 162 B 3
Vaire-sous-Corbie **80** ... 22 D 1
Vaires-sur-Marne **77** ... 59 E 3
Vaison-la-Romaine **84** ... 285 H 2
Vaïssac **82** ... 278 C 5
Vaite **70** ... 140 B 5
La Vaivre **70** ... 119 F 5
Vaivre-et-Montoille **70** ... 141 E 4
Le Val **83** ... 328 B 1
Val *Château de* **15** ... 226 C 4
Le Val-André **22** ... 78 D 2
Val-Claret **73** ... 235 E 3
Le Val-d'Ajol **88** ... 119 G 5
Val-d'Auzon **10** ... 91 G 4
Le Val-David **27** ... 56 C 2
Val-de-Bride **57** ... 67 E 4
Val-de-Chalvagne **04** ... 289 F 5
Val-de-Fier **74** ... 215 E 3
Le Val-de-Gouhenans **70** ... 141 H 4
Le Val-de-Guéblange **57** ... 67 G 2
Val-de-la-Haye **76** ... 36 A 2
Val-de-Mercy **89** ... 136 B 4
Val-de-Reuil **27** ... 36 C 3
Val-de-Roulans **25** ... 162 B 2
Val-de-Saâne **76** ... 20 A 4
Val-de-Vesle **51** ... 41 H 4
Val-de-Vière **51** ... 62 D 3
Val-d'Épy **39** ... 196 A 3
Val-des-Prés **05** ... 252 D 4
Val d'Esquières **83** ... 329 G 2
Val-d'Isère **73** ... 235 F 3
Val-d'Izé **35** ... 105 E 2
Val-et-Châtillon **54** ... 96 B 2
Val-Louron **65** ... 333 H 4
Val-Maravel **26** ... 268 C 3
Le Val-Saint-Éloi **70** ... 141 F 3
Le Val-Saint-Germain **91** ... 87 F 2
Le Val-Saint-Père **50** ... 51 G 5
Val-Sainte-Marie **25** ... 162 A 5
Val-Suzon **21** ... 159 H 2
Val-Thorens **73** ... 234 C 5
Valady **12** ... 262 B 5
Valailles **27** ... 35 F 5
Valaire **41** ... 153 E 2
Valanjou **49** ... 149 G 4
Valaurie **26** ... 267 F 5
Valavoire **04** ... 287 H 1
Valay **70** ... 161 F 3
Valbeleix **63** ... 227 G 4
Valbelle **04** ... 287 F 3
Valberg **06** ... 289 G 3
Valbonnais **38** ... 251 F 5
La Valbonne **01** ... 213 G 4
Valbonne **06** ... 309 E 3
Valbonne *Ancienne Chartreuse de* **30** ... 284 C 2
Valcabrère **31** ... 334 A 2
Valcanville **50** ... 29 G 3
Valcebollère **66** ... 341 F 5
Valchevrière *Calvaire de* **38** ... 250 C 3
Valcivières **63** ... 229 E 2
Valcourt **52** ... 92 C 2
Valdahon **25** ... 162 C 4
Valdampierre **60** ... 38 A 3
Valdeblore **06** ... 291 E 2
Le Valdécie **50** ... 29 E 5
Valdelancourt **52** ... 116 D 3
Valderiès **81** ... 279 H 5
Valderoure **06** ... 308 C 1
Valdieu-Lutran **68** ... 142 D 3
Valdivienne **86** ... 187 E 2
Valdoie **90** ... 142 C 2
Valdrôme **26** ... 268 D 4
Valdurenque **81** ... 299 H 5
Valeille **42** ... 230 A 1
Valeilles **82** ... 276 D 1
Valeins **01** ... 213 E 1
Valempoulières **39** ... 179 H 3
Valençay **36** ... 153 G 5
Valence **16** ... 203 G 4
Valence **26** ... 249 F 4
Valence-d'Agen **82** ... 276 B 4
Valence-d'Albigeois **81** ... 280 B 5
Valence-en-Brie **77** ... 88 D 4
Valence-sur-Baïse **32** ... 295 H 1
Valenciennes **59** ... 9 G 5
Valencin **38** ... 231 G 2
Valencogne **38** ... 232 C 3
Valennes **72** ... 108 D 5
Valensole **04** ... 307 E 1
Valentigney **25** ... 142 C 5

La Valentine 13 327 F 1
Valentine 31 334 B 1
Valenton 94 58 D 4
Valergues 34 303 F 4
Valernes 04 287 G 2
Valescourt 60 38 C 1
Valescure 83 308 D 5
La Valette 42 212 A 5
Valette 15 244 D 1
La Valette 38 251 F 4
La Valette-du-Var 83 328 A 4
Valeuil 24 222 B 5
Valeyrac 33 218 D 4
Valezan 73 234 D 2
Valferrière Col de 06 308 C 2
Valff 67 97 F 3
Valfin-lès-Saint-Claude 39 197 E 2
Valfin-sur-Valouse 39 196 B 3
Valflaunès 34 302 D 2
Valfleury 42 230 C 3
Valframbert 61 83 G 3
Valfréjus 73 252 D 1
Valfroicourt 88 118 D 2
Valgorge 07 265 H 4
Valhey 54 66 C 5
Valhuon 62 7 G 5
Valiergues 19 225 H 4
Valignat 03 209 G 1
Valigny 03 173 H 5
Valines 80 11 F 4
Valjouffrey 38 251 G 5
Valjouze 15 245 G 2
La Valla-en-Gier 42 230 C 4
La Valla-sur-Rochefort 42 211 F 5
Vallabrègues 30 304 B 2
Vallabrix 30 284 C 4
Vallan 89 136 B 3
Vallangoujard 95 38 A 5
Vallans 79 184 C 5
Vallant-Saint-Georges 10 90 C 3
Vallauris 06 309 F 4
Valle-d'Alesani 2B 347 G 4
Valle-di-Campoloro 2B 347 H 4
Valle-di-Mezzana 2A 348 C 2
Valle-di-Rostino 2B 347 F 3
Valle-d'Orezza 2B 347 G 3
Vallecalle 2B 345 F 5
La Vallée 17 201 E 4
Vallée Étang de la 45 111 G 5
La Vallée-au-Blé 02 25 E 2
Vallée d'Avérole 73 235 G 4
La Vallée-Mulâtre 02 14 D 5
Vallègue 31 318 C 4
Valleiry 74 215 F 1
Vallenay 18 173 E 4
Vallentigny 10 91 H 3
Vallerange 57 67 E 2
Vallérargues 30 284 B 4
Valleraugue 30 282 D 4
Vallères 37 151 G 3
Valleret 52 92 C 3
Vallereuil 24 239 H 3
Vallerois-le-Bois 70 141 F 5
Vallerois-Lorioz 70 141 E 5
Valleroy 54 45 F 5
Valleroy 52 140 B 4
Valleroy 25 162 A 2
Valleroy-aux-Saules 88 94 D 5
Valleroy-le-Sec 88 118 C 2
Vallery 89 113 E 2
Vallerysthal 57 67 H 5
Vallesvilles 31 298 B 5
Vallet 44 148 A 4
Vallet 17 220 B 5
Valletot 27 35 F 2
Vallica 2B 346 D 2
Vallière 23 207 F 4
Vallières 10 115 E 5
Vallières 74 215 F 3
Vallières-les-Grandes 41 152 D 2
Valliguières 30 284 D 5
Valliquerville 76 19 G 5
Valloire 73 252 B 1
Valloires Abbaye de 80 11 G 1
Vallois 54 95 G 3
Les Vallois 88 118 D 2
Vallon-en-Sully 03 190 E 2
Vallon-Pont-d'Arc 07 266 B 5
Vallon-sur-Gée 72 107 F 5
Vallorcine 74 217 E 1
Vallouise 05 252 C 5
Valmagne Abbaye de 34 322 D 3
Valmanya 66 342 B 3
Valmascle 34 301 H 5
Valmeinier 73 252 B 1
Valmestroff 57 45 H 3
Valmigère 11 337 D 2
Valmondois 95 38 B 5
Valmont 76 19 F 3
Valmont 57 67 E 1
Valmorel 73 234 B 3
Valmunster 57 46 C 4
Valmy 51 43 E 5
Valognes 50 29 F 4
Valojoulx 24 241 F 4
Valonne 25 163 E 2
Valoreille 25 163 F 3
Valouse 26 267 H 5
Valprionde 46 277 F 1
Valprivas 43 229 G 5
Valpuiseaux 91 87 H 4
Valras-Plage 34 321 H 5
Valréas 84 267 G 5
Valros 34 321 H 4
Valroufié 46 260 B 4
Vals 09 336 C 1
Vals-le-Chastel 43 246 C 1
Vals-les-Bains 07 266 B 3
Vals-près-le-Puy 43 247 F 4
Valsaintes 04 286 D 5
Valsemé 14 34 B 4
Valsenestre 38 251 G 4
Valserres 05 269 H 4
Valsonne 69 212 B 3
Le Valtin 88 120 C 3
Valuéjols 15 245 F 3
Valvignères 07 266 D 4
Valz-sous-Châteauneuf 63 228 B 4
Valzergues 12 261 H 5
Van Pointe du 29 98 C 2
Vanault-le-Châtel 51 62 D 3
Vanault-les-Dames 51 63 E 3
Vançais 79 185 H 4
Vancé 72 130 D 2
La Vancelle 67 97 E 4
Vanclans 25 162 C 5
Vandeins 01 195 G 5
Vandelainville 54 65 F 2
Vandelans 70 162 B 2
Vandeléville 54 94 C 3
Vandélicourt 60 39 F 1
Vandenesse 58 175 H 3
Vandenesse-en-Auxois 21 159 F 4
Vandeuil 51 41 E 3
Vandières 51 41 E 5
Vandières 54 65 G 2
Vandœuvre-lès-Nancy 54 94 D 1
Vandoncourt 25 142 C 5
Vandré 17 201 F 2
Vandrimare 27 36 D 2
Vandy 08 42 D 1
Les Vanels 48 282 D 3
Vanlay 10 114 D 4
Vannaire 21 115 H 5
Vanne 70 140 C 4
Le Vanneau-Irleau 79 184 C 4
Vannecourt 57 66 D 3
Vannecrocq 27 35 E 3
Vannes 56 124 C 3
Vannes-le-Châtel 54 94 A 2
Vannes-sur-Cosson 45 133 H 4
Vannoz 39 179 H 4
Vanosc 07 248 C 1
Les Vans 07 283 H 1
Vantoux 57 45 H 5
Vantoux-et-Longevelle 70 161 G 1
Vanves 92 58 B 4
Vanvey 21 138 B 2
Vanvillé 77 89 E 2
Vanxains 24 239 G 1
Vany 57 45 H 5
Vanzac 17 220 B 5
Vanzay 79 186 A 5
Vanzy 74 215 E 2
Vaour 81 278 D 4
Varacieux 38 250 A 1
Varades 44 148 C 2
Varages 83 307 E 4
Varaignes 24 222 B 2
Varaire 46 278 D 1
Varaize 17 201 H 3
Varambon 01 214 A 2
Varanges 21 160 B 4
Varangéville 54 95 E 1
Varaville 14 34 A 3
Varces-Allières-et-Risset 38 250 D 3
Vareilles 89 113 H 3
Vareilles 23 188 C 5
Vareilles 71 194 A 4
Varen 82 279 E 3
Varengeville-sur-Mer 76 10 A 5
Varenguebec 50 31 G 2
La Varenne 49 148 A 3
Varenne-l'Arconce 71 193 H 4
Varenne-Saint-Germain 71 193 G 3
La Varenne-Saint-Hilaire 94 58 D 4
Varennes 80 13 E 5
Varennes 89 136 D 2
Varennes 86 168 D 4
Varennes 37 170 B 1
Varennes 24 258 C 1
Varennes 82 298 A 1
Varennes 31 318 B 3
Varennes-Changy 45 134 C 2
Varennes-en-Argonne 55 43 F 4
Varennes-Jarcy 91 58 D 5
Varennes-le-Grand 71 177 H 5
Varennes-lès-Mâcon 71 195 E 5
Varennes-lès-Narcy 58 156 B 4
Varennes-Saint-Honorat 43 246 D 2
Varennes-Saint-Sauveur 71 195 H 2
Varennes-sous-Dun 71 194 A 5
Varennes-sur-Allier 03 192 B 4
Varennes-sur-Amance 52 117 H 5
Varennes-sur-Fouzon 36 153 G 4
Varennes-sur-Loire 49 150 C 4
Varennes-sur-Morge 63 209 H 4
Varennes-sur-Seine 77 88 D 5
Varennes-sur-Tèche 03 192 D 4
Varennes-sur-Usson 63 228 A 3
Varennes-Vauzelles 58 174 C 1
Varès 47 257 G 5
Varesnes 60 23 H 5
Varessia 39 196 B 1
Varetz 19 242 B 2
Varilhes 09 336 B 2
Varinfroy 60 39 H 5
Variscourt 02 41 G 2
Varize 57 46 C 5
Varize 28 110 B 4
Varmonzey 88 95 E 4
Varnéville 55 64 D 3
Varneville-Bretteville 76 20 A 4
Varney 55 63 G 3
Varogne 70 141 F 3
Varois-et-Chaignot 21 160 B 3
Varouville 50 29 G 2
Varrains 49 150 C 4
Varreddes 77 59 G 2
Vars 70 140 A 5
Vars 16 203 F 5
Vars 05 270 D 2
Vars Col de 05 270 D 3
Vars-sur-Roseix 19 241 H 1
Varsberg 57 46 D 5
Varvinay 55 64 D 3
Varzay 17 219 F 1
Varzy 58 157 E 3
Vascœuil 27 36 D 2
Vasles 79 185 H 1
Vasouy 14 34 C 2
Vasperviller 57 96 C 1
Vassel 63 228 A 1
Vasselay 18 155 E 5
Vasselin 38 232 B 2
Vassens 02 40 A 1
Vasseny 02 40 C 3
Vassieux-en-Vercors 26 250 B 5
Vassimont-et-Chapelaine 51 61 H 4
Vassincourt 55 63 G 3
Vassivière Lac de 74 207 E 5
Vassogne 02 41 E 2
Vassonville 76 20 B 4
Vassy 14 53 E 3
Vassy 89 137 G 5
Le Vast 50 29 G 3
Vastérival 76 10 A 5
Vasteville 50 28 D 3
Les Vastres 43 248 A 4
Vatan 36 172 A 1
Vathiménil 54 95 G 2
Vatierville 76 21 E 3
Vatilieu 38 250 B 1
Vatimont 57 66 C 2
Vatry 51 62 A 3
Vattetot-sous-Beaumont 76 19 E 4
Vattetot-sur-Mer 76 18 D 3
Vatteville 27 36 C 3
Vatteville-la-Rue 76 35 G 1
Vaubadon 14 32 D 4
Vauban 71 193 H 5
Vaubecourt 55 63 G 2
Vaubexy 88 95 E 5
Vaucé 53 82 A 3
Vaucelles 14 32 D 3
Vaucelles Abbaye de 59 14 B 5
Vaucelles-et-Beffecourt 02 40 D 1
Vauchamps 51 60 D 3
Vauchamps 25 162 B 3
Vauchassis 10 114 D 2
Vauchelles 60 23 G 5
Vauchelles-lès-Authie 80 13 E 4
Vauchelles-lès-Domart 80 12 B 5
Vauchelles-les-Quesnoy 80 11 H 3
Vauchignon 21 177 F 2
Vauchonvilliers 10 115 H 2
Vauchoux 70 140 D 4
Vauchrétien 49 149 G 3
Vauciennes 60 39 H 4
Vauciennes 51 61 F 1
Vauclaix 58 157 H 4
Vauclerc 51 62 D 5
Vaucluse 25 163 F 3
Vauclusotte 25 163 F 3
Vaucogne 10 91 G 3
Vauconcourt-Nervezain 70 140 C 4
Vaucottes-sur-Mer 76 18 D 3
Vaucouleurs 55 93 H 1
Vaucourt 54 67 E 5
Vaucourtois 77 59 G 3
Vaucresson 92 58 A 3
Vaudancourt 60 37 G 4
Vaudebarrier 71 194 A 3
Vaudelnay 49 150 A 5
Vaudeloges 14 54 B 2
Vaudemange 51 42 A 5
Vaudémont 54 94 C 3
Vaudémont Signal de 54 94 C 3
Vaudes 10 115 F 3
Vaudesincourt 51 42 B 4
Vaudesson 02 40 C 1
Vaudeurs 89 114 A 3
Vaudevant 07 248 D 3
Vaudeville 54 94 D 3
Vaudéville 88 95 G 5
Vaudeville-le-Haut 55 93 H 3
Vaudherland 95 58 D 2
Vaudigny 54 94 D 3
Le Vaudioux 39 179 H 5
Vaudoncourt 55 44 D 4
Vaudoncourt 57 46 C 5
Vaudoncourt 88 118 B 2
Le Vaudoué 77 88 A 5
Vaudoy-en-Brie 77 59 H 5
Vaudreching 57 46 C 4
Vaudrecourt 52 117 H 2
Vaudrémont 52 116 C 3
Le Vaudreuil 27 36 C 4
Vaudreuille 31 319 E 4
Vaudreville 50 29 G 4
Vaudrey 39 179 F 2
Vaudricourt 62 8 A 4
Vaudricourt 80 11 E 3
Vaudrimesnil 50 31 G 4
Vaudringhem 62 7 E 2
Vaudrivillers 25 162 D 3
Vaudry 14 52 C 3
Vaufrey 25 163 G 2
Vaugines 84 305 H 2
Vaugneray 69 230 D 1
Vaugrigneuse 91 87 F 2
Vauhallan 91 58 B 5
Vaujany 38 251 G 2
Vaujours 93 58 D 2
Vaulandry 49 129 G 5
Le Vaulmier 15 244 D 2
Vaulnaveys-le-Bas 38 251 E 2
Vaulnaveys-le-Haut 38 251 E 2
Vaulry 87 205 F 3
Vault-de-Lugny 89 157 H 1
Vaulx 62 12 B 2
Vaulx 74 215 F 3
Vaulx-en-Velin 69 213 F 5
Vaulx-Milieu 38 231 H 2
Vaulx-Vraucourt 62 13 H 4
Le Vaumain 60 37 G 3
Vaumas 03 192 D 3
Vaumeilh 04 287 G 1
Vaumoise 60 39 G 4
Vaumort 89 113 H 3
Vaunac 24 222 D 5
Vaunaveys-la-Rochette 26 267 G 1
Vaunoise 61 84 B 5
La Vaupalière 76 36 A 1
Vaupillon 28 85 F 3
Vaupoisson 10 91 F 3
Vauquois 55 43 G 4
Vauréal 95 57 H 1
Vaureilles 12 261 H 5
Vaurezis 02 40 B 2
Le Vauroux 60 37 H 2
Vausse Prieuré de 89 137 F 5
Vausseroux 79 185 G 2
Vautebis 79 185 G 2
Vauthiermont 90 142 D 2
Vautorte 53 81 H 5
Vauvenargues 13 306 B 5
Vauvert 30 303 G 3
Vauville 50 28 C 3
Vauville 14 34 B 3
Vauvillers 80 23 E 2
Vauvillers 70 118 D 5
Vaux 57 65 G 1
Vaux 89 136 B 3
Vaux 86 186 A 4
Vaux 03 190 E 3
Vaux 31 318 D 3
Vaux Château de 49 128 C 3
Vaux-Andigny 02 14 D 5
Vaux-Champagne 08 42 C 1
Les Vaux de Cernay 78 57 H 5
Vaux-devant-Damloup 55 44 C 5
Vaux-en-Amiénois 80 22 B 1
Vaux-en-Beaujolais 69 212 C 2
Vaux-en-Bugey 01 214 A 3
Vaux-en-Dieulet 08 43 F 1
Vaux-en-Pré 71 194 C 1
Vaux-en-Vermandois 02 23 H 2
Vaux-et-Chantegrue 25 180 C 3
Vaux-la-Douce 52 140 B 2
Vaux-la-Grande 55 93 G 1
Vaux-la-Petite 55 93 G 1
Vaux-Lavalette 16 221 F 4
Vaux-le-Moncelot 70 161 H 1
Vaux-le-Pénil 77 88 B 3
Vaux-le-Vicomte Château de 77 88 C 2
Vaux-lès-Mouron 08 43 E 3
Vaux-lès-Mouzon 08 27 G 4
Vaux-lès-Palameix 55 64 C 2
Vaux-les-Prés 25 161 H 4
Vaux-lès-Rubigny 08 25 H 4
Vaux-lès-Saint-Claude 39 196 D 3
Vaux-Marquenneville 80 11 G 5
Vaux-Montreuil 08 26 C 5
Vaux-Rouillac 16 202 D 5
Vaux-Saules 21 159 G 1
Vaux-sous-Aubigny 52 139 G 4
Vaux-sur-Aure 14 33 E 3
Vaux-sur-Blaise 52 92 C 3
Vaux-sur-Eure 27 56 C 1
Vaux-sur-Lunain 77 112 D 2
Vaux-sur-Mer 17 218 C 1
Vaux-sur-Poligny 39 179 G 3
Vaux-sur-Risle 27 55 G 3
Vaux-sur-Saint-Urbain 52 93 E 4
Vaux-sur-Seine 78 57 H 2
Vaux-sur-Seulles 14 33 E 3
Vaux-sur-Somme 80 22 D 1
Vaux-sur-Vienne 86 169 G 3
Vaux-Villaine 08 26 B 3
Vauxaillon 02 40 C 1
Vauxbons 52 139 F 2
Vauxbuin 02 40 B 3
Vauxcéré 02 40 D 3
Vauxrenard 69 194 D 5
Vauxtin 02 40 D 3
Vavincourt 55 63 H 3
Vavray-le-Grand 51 62 D 4
Vavray-le-Petit 51 62 D 3
Vaxainville 54 95 H 2
Vaxoncourt 88 95 F 5
Vaxy 57 66 D 3
Vay 44 126 B 5
Vaychis 09 336 C 5
Vaylats 46 278 C 1
Vayrac 46 242 D 5
Vayres 87 204 D 5
Vayres 33 238 B 5
Vayres Château de 86 169 F 5
Vayres-sur-Essonne 91 87 H 4
Vazeilles-Limandre 43 246 D 3
Vazeilles-près-Saugues 43 246 D 5
Vazerac 82 277 G 3
Veauce 03 209 G 1
Veauche 42 230 A 3
Veauchette 42 230 A 3
Veaugues 18 155 H 4
Veaunes 26 249 F 3
Veauville-lès-Baons 76 19 G 4
Veauville-lès-Quelles 76 19 G 3
Vèbre 09 336 C 5
Vebret 15 226 C 5
Vebron 48 282 D 2
Vecchio Pont du 2B 347 E 5
Veckersviller 57 67 H 3
Veckring 57 46 B 3
Vecoux 88 119 H 4
Vecquemont 80 22 D 2
Vecqueville 52 92 D 3
Vedène 84 285 F 5
Védrines-Saint-Loup 15 246 A 3
Véel 55 63 G 4
Végennes 19 242 D 4
Vého 54 95 H 1
Veigné 37 152 A 4
Veigy-Foncenex 74 197 H 4
Veilhes 81 298 D 4
Veillac 15 226 C 4
Veilleins 41 153 H 2
Veilly 21 159 F 5
Veix 19 225 E 3
Velaine-en-Haye 54 65 G 5
Velaine-sous-Amance 54 66 B 5
Velaines 55 64 B 5
Velanne 38 232 D 3
Velars-sur-Ouche 21 159 H 3
Velaux 13 305 G 5
Velennes 80 22 A 3
Velennes 60 38 B 1
Velesmes 70 161 F 2
Velesmes-Essarts 25 161 H 4
Velet 70 161 E 2
Vélieux 34 320 C 4
Vélines 24 239 E 5
Vélizy-Villacoublay 78 58 B 4
Velle-le-Châtel 70 141 E 4
Velle-sur-Moselle 54 95 E 2
Vellèches 86 169 G 2
Vellechevreux-et-Courbenans 70 141 H 5
Velleclaire 70 161 G 1
Vellefaux 70 141 E 5
Vellefrey-et-Vellefrange 70 161 G 1
Vellefrie 70 141 F 3
Velleguindry-et-Levrecey 70 141 E 5
Velleminfroy 70 141 G 4
Vellemoz 70 161 G 1
Velleron 84 285 G 5
Vellerot-lès-Belvoir 25 163 E 2
Vellerot-lès-Vercel 25 162 D 3
Velles 52 140 B 2
Velles 36 171 G 5
Vellescot 90 142 D 3
Vellevans 25 162 D 3
Vellexon-Queutrey-et-Vaudey 70 140 C 5
Velloreille-lès-Choye 70 161 F 2
Velluire 85 183 H 3
Velogny 21 159 E 2
Velone-Orneto 2B 347 H 3
Velorcey 70 141 F 2
Velosnes 55 44 B 1
Velotte-et-Tatignécourt 88 94 D 5
Vélu 62 13 H 4
Velving 57 46 C 4
Vélye 51 61 H 3
Velzic 15 244 C 4
Vémars 95 58 D 1
Venables 27 36 C 4
Venaco 2B 347 E 5
Venansault 85 165 G 5
Venanson 06 291 E 2
Venarey-les-Laumes 21 159 E 1
Venarsal 19 242 C 2
Venas 03 191 E 3
Venasque 84 285 H 5
Vence 06 309 F 2
Vence Col de 06 309 F 2
Vendargues 34 303 E 4
Vendat 03 210 B 1
Vendays-Montalivet 33 218 C 5
Vendegies-au-Bois 59 15 E 3
Vendegies-sur-Écaillon 59 14 D 2
Vendeix Roche 63 227 E 3
Vendel 35 81 E 5
La Vendelée 50 31 G 5
Vendelles 02 23 H 1
Vendémian 34 302 B 5
Vendenesse-lès-Charolles 71 194 A 3
Vendenesse-sur-Arroux 71 193 G 1
Vendenheim 67 68 D 5
Vendes 14 33 E 5
Vendes 15 244 B 1
Vendeuil 02 24 B 4
Vendeuil-Caply 60 22 B 5
Vendeuvre 14 54 A 1
Vendeuvre-du-Poitou 86 169 E 5
Vendeuvre-sur-Barse 10 115 H 2
Vendeville 59 8 D 3
Vendhuile 02 14 B 5
Vendières 02 60 C 3
Vendin-le-Vieil 62 8 C 4
Vendin-lès-Béthune 62 8 A 3
Vendine 31 298 C 5
Vendœuvres 36 171 E 4
Vendoire 24 221 G 4
Vendôme 41 131 G 3
Vendranges 42 211 H 3

Vendrennes 85 ... 166 B 3
Vendres 34 ... 321 G 5
Vendresse 08 ... 27 E 5
Vendresse-Beaulne 02 ... 40 D 2
Vendrest 77 ... 59 H 1
La Vendue-Mignot 10 ... 115 E 3
Vénéjan 30 ... 284 D 3
Venelles 13 ... 306 A 4
Vénérand 17 ... 201 G 5
Venère 70 ... 161 F 2
Vénérieu 38 ... 232 A 1
Vénérolles 02 ... 24 D 1
Venerque 31 ... 317 H 3
Vénès 81 ... 299 G 3
Venesmes 18 ... 173 E 4
Vénestanville 76 ... 19 H 3
Venette 60 ... 39 F 2
Veneux-les-Sablons 77 ... 88 C 5
Vénevelles *Manoir de* 72 ... 129 H 4
Veney 54 ... 96 A 3
Vengeons 50 ... 52 C 4
Venise 25 ... 162 A 2
Venisey 70 ... 140 D 2
Vénissieux 69 ... 231 F 1
Venizel 02 ... 40 B 2
Venizy 89 ... 114 B 4
Vennans 25 ... 162 B 2
Vennecy 45 ... 111 F 5
Vennes 25 ... 163 E 4
Vennezey 54 ... 95 F 3
Venon 27 ... 36 A 5
Venon 38 ... 251 E 2
Venosc 38 ... 251 G 3
Venouse 89 ... 136 C 2
Venoy 89 ... 136 B 3
Vensac 33 ... 218 C 4
Vensat 63 ... 209 H 2
Ventabren 13 ... 305 H 5
Ventadour *Ruines de* 19 ... 225 G 5
Ventavon 05 ... 269 F 5
Ventelay 51 ... 41 E 3
Ventenac 09 ... 336 C 2
Ventenac-Cabardès 11 ... 319 G 5
Ventenac-en-Minervois 11 ... 320 D 5
Venterol 26 ... 267 H 5
Venterol 04 ... 269 H 4
Les Ventes 27 ... 56 B 2
Les Ventes-de-Bourse 61 ... 84 A 3
Ventes-Saint-Rémy 76 ... 20 C 4
Venteuges 43 ... 246 C 4
Venteuil 51 ... 61 F 1
Venthon 73 ... 234 A 1
Ventiseri 2B ... 349 G 3
Ventouse 16 ... 203 G 4
Ventoux *Mont* 84 ... 286 A 3
Ventron 88 ... 120 B 4
La Ventrouze 61 ... 84 D 2
Venzolasca 2B ... 347 G 2
Ver 50 ... 51 G 2
Ver-lès-Chartres 28 ... 86 A 4
Ver-sur-Launette 60 ... 39 E 5
Ver-sur-Mer 14 ... 33 F 3
Vérac 33 ... 238 B 4
Véranne 42 ... 230 D 5
Vérargues 34 ... 303 F 3
Véraza 11 ... 337 C 2
Verberie 60 ... 39 F 3
Verbiesles 52 ... 117 E 4
Vercel-Villedieu-
le-Camp 25 ... 162 D 4
Verchain-Maugré 59 ... 14 D 2
Verchaix 74 ... 216 C 1
Vercheny 26 ... 268 A 2
Les Verchers-sur-Layon 49 ... 150 A 5
Verchin 62 ... 7 F 4
Verchocq 62 ... 7 E 3
Vercia 39 ... 196 B 1
Verclause 26 ... 268 B 5
Vercoiran 26 ... 286 B 1
Vercourt 80 ... 11 F 1
Verdaches 04 ... 288 B 1
Verdalle 81 ... 319 F 3
Verde *Col de* 2B ... 349 F 2
Verdelais 33 ... 256 B 3
Verdelles *Château de* 72 ... 106 D 5
Verdelot 77 ... 60 B 3
Verdenal 54 ... 96 A 1
Verderel 60 ... 38 A 1
Verderonne 60 ... 38 D 3
Verdes 41 ... 110 A 5
Verdèse 2B ... 347 G 3
Verdets 64 ... 313 G 5
Le Verdier 81 ... 279 E 5
La Verdière 83 ... 307 E 4
Verdigny 18 ... 155 H 3
Verdille 16 ... 202 D 4
Verdilly 02 ... 60 C 1
Verdon 51 ... 60 D 2
Verdon 24 ... 258 B 1
Verdon
*Grand Canyon du* 93 ... 307 H 2
Le Verdon-sur-Mer 33 ... 218 C 2
Verdonnet 21 ... 137 H 3
Verdun 55 ... 44 B 5
Verdun 09 ... 336 B 5
Verdun-en-Lauragais 11 ... 319 E 4
Verdun-sur-Garonne 82 ... 297 G 2
Verdun-sur-le-Doubs 71 ... 178 A 3
Verdus *Musée de* 07 ... 266 C 2
Vereaux 18 ... 174 A 3
Verel-de-Montbel 73 ... 232 D 2
Verel-Pragondran 73 ... 233 F 2
Véretz 37 ... 152 A 3
Vereux 70 ... 161 F 1
Verfeil 82 ... 279 E 3
Verfeil 31 ... 298 B 4
Verfeuil 30 ... 284 C 3
Vergaville 57 ... 67 E 3
Vergéal 35 ... 105 E 4
La Vergenne 70 ... 141 H 4
Le Verger 35 ... 103 H 3
Le Verger *Château* 49 ... 128 D 5
Verger-sur-Dive 86 ... 168 C 4
Vergeroux 17 ... 200 D 3
Verges 39 ... 179 F 5
Vergetot 76 ... 18 D 4
Vergezac 43 ... 247 E 4
Vergèze 30 ... 303 G 3
Vergheas 63 ... 208 D 3
Vergies 80 ... 11 G 5
Vergigny 89 ... 114 B 5
Vergio *Col de* 2B ... 346 C 5
Vergisson 71 ... 194 D 4
La Vergne 17 ... 201 G 3
Vergné 17 ... 201 H 2
Vergoignan 32 ... 294 C 3
Vergoncey 50 ... 80 D 2
Vergongheon 43 ... 228 A 5
Vergonnes 49 ... 127 G 3
Vergons 04 ... 288 D 5
Vergranne 25 ... 162 C 1
Vergt 24 ... 240 C 4
Vergt-de-Biron 24 ... 258 D 3
Le Verguier 02 ... 24 A 1
Véria 39 ... 196 A 2
Vérignon 83 ... 307 H 3
Vérigny 28 ... 85 H 3
Vérin 42 ... 231 E 4
Vérines 17 ... 183 G 5
Vérissey 71 ... 178 B 5
Vérizet 71 ... 195 E 3
Verjon 01 ... 196 A 4
Verjux 71 ... 178 A 3
Verlans 70 ... 142 B 4
Verlhac-Tescou 82 ... 298 A 1
Verlin 89 ... 113 F 4
Verlincthun 62 ... 6 B 2
Verlinghem 59 ... 8 C 2
Verlus 32 ... 294 C 4
Vermand 02 ... 24 A 2
Vermandovillers 80 ... 23 F 2
Vermelles 62 ... 8 B 4
Vermenton 89 ... 136 C 4
Vermondans 25 ... 163 F 2
Le Vermont 88 ... 96 C 3
Vern-d'Anjou 49 ... 128 A 5
Vern-sur-Seiche 35 ... 104 B 3
Vernais 18 ... 173 H 4
Vernaison 69 ... 231 E 2
Vernajoul 09 ... 336 B 2
Vernancourt 51 ... 63 E 3
Vernantes 49 ... 150 C 2
Vernantois 39 ... 179 F 5
La Vernarède 30 ... 283 G 2
Vernas 38 ... 214 A 5
Vernassal 43 ... 246 D 2
Vernaux 09 ... 336 C 5
Vernay 69 ... 212 C 1
La Vernaz 74 ... 198 C 4
Verne 25 ... 162 C 2
Verne
*Chartreuse de la* 83 ... 329 E 3
Vernègues 13 ... 305 G 3
Verneiges 23 ... 190 B 5
Le Verneil 73 ... 233 H 3
Verneil-le-Chétif 72 ... 130 A 3
Verneix 03 ... 190 E 4
La Vernelle 36 ... 153 G 4
Le Vernet 03 ... 210 B 2
Le Vernet 43 ... 246 D 4
Le Vernet 04 ... 288 B 1
Vernet 31 ... 317 H 3
Le Vernet 09 ... 318 B 5
Vernet-la-Varenne 63 ... 228 B 4
Vernet-les-Bains 66 ... 342 A 3
Le Vernet-
Sainte-Marguerite 63 ... 227 G 2
Verneugheol 63 ... 208 C 5
Verneuil 51 ... 40 D 5
Verneuil 18 ... 173 H 4
Verneuil 58 ... 175 F 3
Verneuil 16 ... 204 C 5
Verneuil-
en-Bourbonnais 03 ... 192 A 4
Verneuil-en-Halatte 60 ... 38 D 4
Verneuil-Grand 55 ... 44 B 1
Verneuil-le-Château 37 ... 169 F 1
Verneuil-l'Étang 77 ... 88 C 2
Verneuil-Moustiers 87 ... 187 H 4
Verneuil-Petit 55 ... 44 B 1
Verneuil-sous-Coucy 02 ... 40 B 1
Verneuil-sur-Avre 27 ... 55 H 4
Verneuil-sur-Igneraie 36 ... 189 G 1
Verneuil-sur-Indre 37 ... 170 C 1
Verneuil-sur-Seine 78 ... 57 H 2
Verneuil-sur-Serre 02 ... 24 D 4
Verneuil-sur-Vienne 87 ... 205 F 5
Verneusses 27 ... 55 E 2
Vernéville 57 ... 45 G 5
Vernie 72 ... 107 G 2
Vernierfontaine 25 ... 162 C 5
Vernines 63 ... 227 F 2
Verniolle 09 ... 336 B 1
Vernioz 38 ... 231 F 4
Vernix 50 ... 52 A 4
Vernoil 49 ... 150 D 2
Le Vernois 39 ... 179 F 4
Vernois-le-Fol 25 ... 163 H 2
Vernois-lès-Belvoir 25 ... 163 E 2
Vernois-lès-Vesvres 21 ... 139 F 4
Vernois-sur-Mance 70 ... 140 C 2
Vernols 15 ... 245 F 1
Vernon 27 ... 57 E 1
Vernon 86 ... 186 C 3
Vernon 07 ... 266 A 4
Vernonvilliers 10 ... 92 A 5
Vernosc-lès-Annonay 07 ... 248 D 1
Vernot 21 ... 160 A 1
La Vernotte 70 ... 161 G 1
Vernou-en-Sologne 41 ... 153 H 1
Vernou-la-Celle-
sur-Seine 77 ... 88 D 4
Vernou-sur-Brenne 37 ... 152 A 2
Vernouillet 28 ... 56 D 5
Vernouillet 78 ... 57 H 2
Vernoux 01 ... 195 G 2
Vernoux-en-Gâtine 79 ... 167 G 5
Vernoux-en-Vivarais 07 ... 248 D 5
Vernoux-sur-Boutonne 79 ... 202 C 1
Vernoy 89 ... 113 F 4
Le Vernoy 25 ... 142 A 4
Vernusse 03 ... 191 G 5
Verny 57 ... 65 H 2
Vero 2A ... 348 D 2
Véron 89 ... 113 G 3
Véronne 26 ... 268 A 2
Véronnes 21 ... 139 G 5
Verosvres 71 ... 194 B 3
Verpel 08 ... 43 F 2
La Verpillière 38 ... 231 H 2
Verpillières 80 ... 23 F 4
Verpillières-sur-Ource 10 ... 115 H 4
Verquières 13 ... 305 E 2
Verquigneul 62 ... 8 A 4
Verquin 62 ... 8 A 4
Verrens-Arvey 73 ... 234 A 1
La Verrerie *Château de* 18 ... 155 F 2
Verreries-de-Moussans 34 ... 320 C 3
Verrey-sous-Drée 21 ... 159 F 2
Verrey-sous-Salmaise 21 ... 159 F 2
Verricourt 10 ... 91 G 4
Verrie 49 ... 150 B 4
La Verrie 85 ... 166 C 2
La Verrière 78 ... 57 H 4
Verrières 08 ... 43 E 1
Verrières 51 ... 63 E 1
Verrières 61 ... 84 D 4
Verrières 10 ... 115 E 2
Verrières 86 ... 186 D 3
Verrières 16 ... 220 B 2
Verrières 63 ... 227 G 3
Verrières 12 ... 281 H 3
Verrières-de-Joux 25 ... 180 D 2
Verrières-du-Grosbois 25 ... 162 C 4
Verrières-en-Forez 42 ... 229 G 3
Verrières-le-Buisson 91 ... 58 B 4
Verrines-sous-Celles 79 ... 185 F 5
Verrue 86 ... 168 D 3
Verruyes 79 ... 185 F 2
Vers 71 ... 195 E 1
Vers 74 ... 215 F 1
Vers 46 ... 260 C 5
Vers-en-Montagne 39 ... 179 H 3
Vers-Pont-du-Gard 30 ... 284 C 5
Vers-sous-Sellières 39 ... 179 E 3
Vers-sur-Méouge 26 ... 286 C 2
Vers-sur-Selles 80 ... 22 B 2
Versailles 78 ... 58 A 4
Versailleux 01 ... 213 G 3
Versainville 14 ... 53 H 2
La Versanne 42 ... 230 C 5
Versaugues 71 ... 193 G 4
Verseilles-le-Bas 52 ... 139 G 3
Verseilles-le-Haut 52 ... 139 G 3
Versigny 02 ... 24 C 4
Versigny 60 ... 39 F 5
Versols-et-Lapeyre 12 ... 301 E 1
Verson 14 ... 33 F 4
Versonnex 01 ... 197 G 4
Versonnex 74 ... 215 F 3
Le Versoud 38 ... 251 E 1
Vert 78 ... 57 F 2
Le Vert 79 ... 202 B 1
Vert 40 ... 273 G 4
Vert *Lac* 74 ... 216 D 3
Vert-Bois 17 ... 200 B 4
Vert-en-Drouais 28 ... 56 C 4
Vert-la-Gravelle 51 ... 61 F 3
Vert-le-Grand 91 ... 87 H 2
Vert-le-Petit 91 ... 87 H 3
Vert-Saint-Denis 77 ... 88 B 2
Vertain 59 ... 14 D 3
Vertaizon 63 ... 210 A 5
Vertamboz 39 ... 196 D 1
Vertault 21 ... 115 G 5
Verte *Île* 13 ... 327 F 4
Verteillac 24 ... 221 G 5
Vertes-Feuilles 02 ... 40 A 3
Verteuil-d'Agenais 47 ... 257 G 5
Verteuil-sur-Charente 16 ... 203 F 3
Verthemex 73 ... 233 E 1
Vertheuil 33 ... 237 E 1
Vertilly 89 ... 89 G 5
Vertolaye 63 ... 228 D 2
Verton 62 ... 6 B 5
Vertou 44 ... 147 H 4
Vertrieu 38 ... 214 A 4
Les Vertus 76 ... 20 B 2
Vertus 51 ... 61 G 2
Vertuzey 55 ... 64 D 5
Vervant 17 ... 201 H 3
Vervant 16 ... 203 F 5
Vervezelle 88 ... 95 H 5
Vervins 02 ... 25 F 2
Véry 55 ... 43 G 3
Verzé 71 ... 194 D 3
Verzeille 11 ... 337 D 1
Verzenay 51 ... 41 H 5
Verzy 51 ... 41 H 5
Vesaignes-
sous-Lafauche 52 ... 93 G 5
Vesaignes-sur-Marne 52 ... 117 F 4
Vesancy 01 ... 197 G 3
Vesc 26 ... 267 H 4
Vescemont 90 ... 142 C 2
Vescheim 57 ... 68 A 4
Vescles 39 ... 196 C 3
Vescours 01 ... 195 F 2
Vescovato 2B ... 347 G 2
Vesdun 18 ... 190 B 2
Vésigneul-sur-Marne 51 ... 62 B 3
Vésines 45 ... 112 C 4
Vésines 01 ... 195 E 4
Le Vésinet 78 ... 58 A 3
Vesles-et-Caumont 02 ... 25 E 4
Veslud 02 ... 41 E 1
Vesly 50 ... 31 G 3
Vesly 27 ... 37 F 4
Vesoul 70 ... 141 E 4
La Vespière 14 ... 55 E 1
Vesseaux 07 ... 266 B 3
Vessey 50 ... 80 D 2
Vestric-et-Candiac 30 ... 303 G 3
Vesvres 21 ... 159 E 2
Vesvres-
sous-Chalancey 52 ... 139 F 4
Vétheuil 95 ... 57 F 1
Vétraz-Monthoux 74 ... 197 H 5
Vétrigne 90 ... 142 C 2
Veuil 36 ... 153 G 5
Veuilly-la-Poterie 02 ... 60 A 1
Veules-les-Roses 76 ... 19 H 2
Veulettes-sur-Mer 76 ... 19 F 2
Le Veurdre 03 ... 174 B 5
Veurey-Voroize 38 ... 250 C 1
La Veuve 51 ... 62 A 1
Veuves 41 ... 152 D 2
Veuvey-sur-Ouche 21 ... 159 G 4
Veuxhaulles-sur-Aube 21 ... 116 B 5
Vevy 39 ... 179 F 5
Vexaincourt 88 ... 96 C 2
Le Vey 14 ... 53 F 2
Veynes 05 ... 269 E 4
Veyrac 87 ... 205 F 4
Veyras 07 ... 266 C 2
Veyre-Monton 63 ... 227 H 2
Veyreau 12 ... 282 A 3
Veyrier-du-Lac 74 ... 215 H 4
Veyrières 19 ... 226 B 4
Veyrières 15 ... 226 B 5
Veyrignac 24 ... 259 H 1
Veyrines 07 ... 248 C 2
Veyrines-de-Domme 24 ... 259 F 1
Veyrines-de-Vergt 24 ... 240 C 4
Veyrins 38 ... 232 C 2
Les Veys 50 ... 32 A 2
Veyssilieu 38 ... 231 H 1
Veyziat 01 ... 196 C 4
Vez 60 ... 39 H 4
Vézac 15 ... 244 C 5
Vézac 24 ... 259 F 1
Vézannes 89 ... 136 D 2
Vézaponin 02 ... 40 A 1
La Vèze 25 ... 162 A 4
Vèze 15 ... 245 G 1
Vézelay 89 ... 157 G 2
Vézelise 54 ... 94 C 3
Vézelois 90 ... 142 C 3
Vezels-Roussy 15 ... 262 D 1
Vézénobres 30 ... 283 H 4
Vézeronce-Curtin 38 ... 232 B 1
Vezet 70 ... 140 C 5
Vézézoux 43 ... 228 B 5
Le Vézier 51 ... 60 C 4
Vézières 86 ... 168 D 1
Vézillon 27 ... 36 D 4
Vézilly 02 ... 41 E 4
Vezin-le-Coquet 35 ... 104 A 3
Vézinnes 89 ... 137 E 2
Vezins 50 ... 51 H 5
Vezins 49 ... 149 F 5
Vezins *Barrage de* 50 ... 81 E 2
Vézins-de-Lévézou 12 ... 281 G 2
Vezot 72 ... 84 A 5
Vezou *Belvédère du* 15 ... 245 F 5
Vezzani 2B ... 347 F 5
Via 66 ... 341 F 4
Viabon 28 ... 110 C 2
Viala-du-Pas-de-Jaux 12 ... 301 F 1
Viala-du-Tarn 12 ... 281 F 4
Vialas 48 ... 283 F 1
Vialer 64 ... 294 C 5
Viam 19 ... 225 E 2
Viane 81 ... 300 B 3
Vianges 21 ... 158 D 5
Vianne 47 ... 275 G 3
Viâpres-le-Grand 10 ... 90 D 2
Viâpres-le-Petit 10 ... 90 D 2
Viarmes 95 ... 38 C 5
Vias 34 ... 322 C 5
Viaur *Viaduc du* 12 ... 280 B 4
Viazac 46 ... 261 G 3
Le Vibal 12 ... 281 E 2
Vibersviller 57 ... 67 F 3
Vibeuf 76 ... 19 H 4
Vibrac 17 ... 220 B 5
Vibrac 16 ... 220 D 2
Vibraye 72 ... 108 D 4
Vic 36 ... 189 G 1
Vic 09 ... 335 G 4
Vic *Roche de* 19 ... 242 D 3
Vic-de-Chassenay 21 ... 158 C 1
Vic-des-Prés 21 ... 159 F 5
Vic-en-Bigorre 65 ... 315 E 4
Vic-Fezensac 32 ... 295 G 3
Vic-la-Gardiole 34 ... 323 F 3
Vic-le-Comte 63 ... 228 A 2
Vic-le-Fesq 30 ... 303 F 1
Vic-sous-Thil 21 ... 158 D 3
Vic-sur-Aisne 02 ... 39 H 2
Vic-sur-Cère 15 ... 244 D 4
Vic-sur-Seille 57 ... 66 D 4
Vicdessos 09 ... 336 A 5
Le Vicel 50 ... 29 G 3
Vichel 63 ... 228 A 4
Vichel-Nanteuil 02 ... 40 B 4
Vichères 28 ... 109 E 2
Vicherey 88 ... 94 B 4
Vichy 03 ... 210 B 2
Vico 2A ... 348 C 1
La Vicogne 80 ... 12 D 5
La Vicomté-sur-Rance 22 ... 79 H 3
Vicq 59 ... 9 H 5
Vicq 78 ... 57 G 4
Vicq 52 ... 117 H 5
Vicq 03 ... 209 H 1
Vicq-d'Auribat 40 ... 293 F 2
Vicq-Exemplet 36 ... 189 H 1
Vicq-sur-Breuilh 87 ... 223 H 2
Vicq-sur-Gartempe 86 ... 170 A 5
Vicq-sur-Nahon 36 ... 171 G 1
Vicques 14 ... 54 A 2
Victoire *Abbaye de la* 60 ... 39 E 4
Victot-Pontfol 14 ... 34 B 4
Vidai 61 ... 84 A 3
Vidaillac 46 ... 279 E 1
Vidaillat 23 ... 207 E 3
Vidauban 83 ... 329 E 1
Videcosville 50 ... 29 G 4
Videix 87 ... 204 C 5
Videlles 91 ... 87 H 4
Vidou 65 ... 315 G 5
Vidouville 50 ... 32 C 5
Vidouze 65 ... 314 D 3
Viefvillers 60 ... 22 A 5
Vieil-Armand 68 ... 120 D 5
Le Vieil-Baugé 49 ... 150 B 1
Le Vieil-Dampierre 51 ... 63 E 1
Le Vieil-Évreux 27 ... 56 C 1
Vieil-Hesdin 62 ... 7 E 5
Vieil-Moutier 62 ... 6 D 2
Vieille-Brioude 43 ... 246 B 1
Vieille-Chapelle 62 ... 8 A 3
Vieille-Église 62 ... 3 E 3
Vieille-Église-en-Yvelines 78 ... 57 G 5
La Vieille-Loye 39 ... 179 F 1
La Vieille-Lyre 27 ... 55 G 2
Vieille-Toulouse 31 ... 298 A 5
Vieilles-Maisons-
sur-Joudry 45 ... 134 B 2
Vieillespesse 15 ... 245 H 3
Vieillevie 15 ... 262 B 3
Vieillevigne 44 ... 165 H 1
Vieillevigne 31 ... 318 B 4
Vieilley 25 ... 162 A 2
Vieilmoulin 21 ... 159 F 3
Viel-Arcy 02 ... 40 D 2
Viel-Saint-Remy 08 ... 26 B 4
Viella 32 ... 294 D 4
Viella 65 ... 333 E 3
Vielle-Adour 65 ... 315 F 5
Vielle-Aure 65 ... 333 G 4
Vielle-Louron 65 ... 333 H 4
Vielle-Saint-Girons 40 ... 272 A 5
Vielle-Soubiran 40 ... 274 C 4
Vielle-Tursan 40 ... 294 A 3
Viellenave-d'Arthez 64 ... 314 A 3
Viellenave-
de-Navarrenx 64 ... 313 F 4
Viellenave-sur-Bidouze 64 ... 311 G 3
Vielleségure 64 ... 313 G 4
Vielmanay 58 ... 156 C 4
Vielmur-sur-Agout 81 ... 299 F 4
Vielprat 43 ... 265 G 1
Viels-Maisons 02 ... 60 C 3
Vielverge 21 ... 160 D 3
Viennay 79 ... 168 A 5
Vienne 38 ... 231 F 3
Vienne-en-Arthies 95 ... 57 F 1
Vienne-en-Bessin 14 ... 33 E 3
Vienne-en-Val 45 ... 133 G 3
Vienne-la-Ville 51 ... 43 E 4
Vienne-le-Château 51 ... 43 E 4
Viens 84 ... 306 B 1
Vienville 88 ... 120 A 2
Vier-Bordes 65 ... 332 D 2
Viersat 23 ... 190 B 5
Vierville 50 ... 32 A 2
Vierville 28 ... 87 E 4
Vierville-sur-Mer 14 ... 32 C 2
Vierzon 18 ... 154 C 4
Vierzy 02 ... 40 B 3
Viesly 59 ... 14 D 4
Viessoix 14 ... 52 D 3
Viéthorey 25 ... 162 D 1
Vieu 01 ... 214 D 4
Vieu-d'Izenave 01 ... 214 B 2
Vieugy 74 ... 215 G 4
Vieure 03 ... 191 F 2
Vieussan 34 ... 301 E 5
Vieuvicq 28 ... 109 G 2
Vieuvy 53 ... 81 H 3
Vieux 14 ... 33 G 5
Vieux 81 ... 279 E 5
Vieux-Berquin 59 ... 8 A 2
Vieux-Boucau-les-Bains 40 ... 292 B 2
Vieux-Bourg 14 ... 34 D 3
Le Vieux-Bourg 22 ... 77 H 3
Le Vieux-Cérier 16 ... 203 H 3
Vieux Chambord
*Château du* 03 ... 192 C 4
Vieux-Champagne 77 ... 89 F 2

Vieux-Charmont 25 ..... 142 C 4
Vieux-Château 21 ..... 158 B 1
Le Vieux Château 85 ..... 164 A 4
Vieux-Condé 59 ..... 9 G 4
Vieux-Ferrette 68 ..... 143 F 4
Vieux-Fumé 14 ..... 54 A 1
Vieux-lès-Asfeld 08 ..... 41 H 1
Vieux-Lixheim 57 ..... 67 H 4
Vieux-Maisons 77 ..... 60 B 5
Vieux-Manoir 76 ..... 20 C 5
Le Vieux-Marché 22 ..... 72 C 4
Vieux-Mareuil 24 ..... 221 H 4
Vieux-Mesnil 59 ..... 15 G 2
Vieux-Moulin 60 ..... 39 G 2
Vieux-Moulin 88 ..... 96 B 3
Vieux-Moulins 52 ..... 139 G 2
Vieux-Pierrefeu 06 ..... 289 H 5
Vieux-Pont 61 ..... 53 H 5
Vieux-Pont-en-Auge 14 ..... 54 B 1
Vieux-Port 27 ..... 35 F 2
Vieux-Reng 59 ..... 15 H 2
Vieux-Rouen-sur-Bresle 76 ..... 21 F 2
La Vieux-Rue 76 ..... 36 C 1
Vieux-Ruffec 16 ..... 203 H 3
Vieux-Thann 68 ..... 143 E 1
Vieux-Viel 35 ..... 80 C 2
Vieux-Villez 27 ..... 36 C 5
Vieux-Vy-sur-Couesnon 35 ..... 80 C 4
Vieuzos 65 ..... 315 H 5
Viévigne 21 ..... 160 C 2
Viéville 52 ..... 117 E 2
Viéville-en-Haye 54 ..... 65 F 3
Viéville-sous-les-Côtes 55 ..... 64 D 2
Viévy 21 ..... 177 E 1
Viévy-le-Rayé 41 ..... 132 A 2
Viey 65 ..... 333 E 3
Vif 38 ..... 250 D 3
Viffort 02 ..... 60 C 2
Le Vigan 46 ..... 260 B 2
Le Vigan 30 ..... 282 D 5
Le Vigean 15 ..... 244 B 2
Le Vigeant 86 ..... 187 E 5
Le Vigen 87 ..... 223 H 1
Vigeois 19 ..... 224 B 5
Viger 65 ..... 332 D 1
Vigeville 23 ..... 207 G 1
Viggianello 2A ..... 350 D 2
Viglain 45 ..... 133 H 4
Vignacourt 80 ..... 12 C 5
Vignage *Rochers du* 61 ..... 83 G 3
Vignale 2B ..... 347 G 2
Vignats 14 ..... 54 A 3
Le Vignau 40 ..... 294 C 2
Vignaux 31 ..... 297 F 4
Les Vigneaux 05 ..... 252 C 5
Vignec 65 ..... 333 G 4
Vignely 77 ..... 59 F 2
Vignemont 60 ..... 39 F 1
Les Vignères 84 ..... 305 E 1
Vignes 89 ..... 158 B 1
Les Vignes 48 ..... 282 A 2
Vignes 64 ..... 294 B 5
Vignes-la-Côte 52 ..... 93 F 5
Vigneul-sous-Montmédy 55 ..... 43 H 1
Vigneulles 54 ..... 95 E 2
Vigneulles-
lès-Hattonchâtel 55 ..... 64 D 2
Vigneux-de-Bretagne 44 ..... 147 F 2
Vigneux-Hocquet 02 ..... 25 G 3
Vigneux-sur-Seine 91 ..... 58 C 5
Vignevieille 11 ..... 338 A 2
Vignieu 38 ..... 232 B 2
Vignoc 35 ..... 80 A 5
Vignol 58 ..... 157 G 3
Vignoles 21 ..... 177 H 1
Vignolles 16 ..... 220 D 3
Vignols 19 ..... 223 H 5
Vignonet 33 ..... 238 C 5
Vignory 52 ..... 92 D 5
Vignot 55 ..... 64 D 5
Vignoux-sous-les-Aix 18 ..... 155 F 5
Vignoux-sur-Barangeon 18 ..... 154 C 5
Vigny 95 ..... 57 H 1
Vigny 57 ..... 65 H 2
Vigoulant 36 ..... 189 H 3
Vigoulet-Auzil 31 ..... 318 A 3
Vigoux 36 ..... 188 C 2
Vigueron 82 ..... 297 E 1
Vigy 57 ..... 46 B 5
Vihiers 49 ..... 149 G 5
Vijon 36 ..... 189 H 3
Vilbert 77 ..... 59 G 5
Vilcey-sur-Trey 54 ..... 65 F 3
Vildé-Guingalan 22 ..... 79 F 4
Le Vilhain 03 ..... 191 E 2
Vilhonneur 16 ..... 221 H 1
Vilhosc *Prieuré de* 04 ..... 287 G 2
Villa-Algérienne 33 ..... 254 A 2
Villabé 91 ..... 88 A 2
Villabon 18 ..... 173 H 1
Villac 24 ..... 241 G 2
Villacerf 10 ..... 90 D 4
Villacourt 54 ..... 95 E 3
Villadin 10 ..... 90 B 5
Villafans 70 ..... 141 H 5
Village-Neuf 68 ..... 143 H 3
Villaines-en-Duesmois 21 ..... 138 A 4
Villaines-la-Carelle 72 ..... 84 A 4
Villaines-la-Gonais 72 ..... 108 C 3
Villaines-la-Juhel 53 ..... 82 D 5
Villaines-les-Prévôtes 21 ..... 137 H 5
Villaines-les-Rochers 37 ..... 151 G 4
Villaines-sous-Bois 95 ..... 58 C 1
Villaines-sous-Lucé 72 ..... 130 C 2
Villaines-
sous-Malicorne 72 ..... 129 F 3
Villainville 76 ..... 18 D 4
Villalbe 11 ..... 319 G 5
Villalet 27 ..... 56 A 2
Villalier 11 ..... 319 H 5
Villamblain 45 ..... 110 B 5
Villamblard 24 ..... 240 B 4
Villamée 35 ..... 81 E 3
Villampuy 28 ..... 110 B 4
Villandraut 33 ..... 255 H 5
Villandry 37 ..... 151 G 3
Villanière 11 ..... 319 H 5
Villanova 2A ..... 348 B 3
Villapourçon 58 ..... 176 A 2
Villar-d'Arêne 05 ..... 252 A 3
Villar-en-Val 11 ..... 338 A 1
Villar-Loubière 05 ..... 251 H 5
Villar-Saint-Anselme 11 ..... 337 C 2
Villar-Saint-Pancrace 05 ..... 252 D 5
Villarceaux *Château de* 95 ..... 37 F 5
Villard 23 ..... 189 E 4
Villard 74 ..... 198 A 5
Le Villard 48 ..... 264 A 5
Villard-Bonnot 38 ..... 251 F 1
Villard-de-Lans 38 ..... 250 C 3
Villard-d'Héry 73 ..... 233 G 3
Villard-Léger 73 ..... 233 H 3
Villard-Notre-Dame 38 ..... 251 G 3
Villard-Reculas 38 ..... 251 G 2
Villard-Reymond 38 ..... 251 G 3
Villard-Saint-Christophe 38 ..... 251 E 4
Villard-Saint-Sauveur 39 ..... 197 E 3
Villard-Sallet 73 ..... 233 G 3
Villard-sur-Bienne 39 ..... 197 E 2
Villard-sur-Doron 73 ..... 216 B 5
Villardebelle 11 ..... 337 D 2
Villardonnel 11 ..... 319 H 5
Villards-d'Héria 39 ..... 196 D 3
Les Villards-sur-Thônes 74 ..... 216 A 3
Villarembert 73 ..... 252 A 1
Villargent 70 ..... 141 H 5
Villargoix 21 ..... 158 D 3
Villargondran 73 ..... 234 A 5
Villariès 31 ..... 298 A 3
Villarlurin 73 ..... 234 C 3
Villarodin-Bourget 73 ..... 252 D 1
Villaroger 73 ..... 235 E 1
Villaroux 73 ..... 233 G 3
Villars 28 ..... 110 B 2
Le Villars 71 ..... 195 F 2
Villars 24 ..... 222 C 4
Villars 42 ..... 230 A 4
Villars 84 ..... 305 H 1
Villars *Grottes de* 24 ..... 222 D 4
Villars-Colmars 04 ..... 288 D 2
Villars-en-Azois 52 ..... 116 B 4
Villars-en-Pons 17 ..... 219 G 2
Villars-et-Villenotte 21 ..... 158 D 1
Villars-Fontaine 21 ..... 159 H 5
Villars-le-Pautel 70 ..... 118 C 5
Villars-le-Sec 90 ..... 142 D 5
Villars-lès-Blamont 25 ..... 163 G 2
Villars-les-Bois 17 ..... 201 H 5
Villars-les-Dombes 01 ..... 213 G 3
Villars-Saint-Georges 25 ..... 161 G 5
Villars-Saint-Marcellin 52 ..... 118 B 5
Villars-Santenoge 52 ..... 139 E 3
Villars-sous-Dampjoux 25 ..... 163 F 2
Villars-sous-Écot 25 ..... 142 B 5
Villars-sur-Var 06 ..... 289 H 5
Villarzel-Cabardès 11 ..... 320 A 5
Villarzel-du-Razès 11 ..... 337 C 1
Villasavary 11 ..... 319 E 5
Villate 31 ..... 317 H 3
Villaudric 31 ..... 297 H 2
Villautou 11 ..... 336 D 1
Villavard 41 ..... 131 F 3
Villaz 74 ..... 215 H 3
Ville 60 ..... 23 G 5
Villé 67 ..... 97 E 4
La Ville 69 ..... 212 A 1
Ville-au-Montois 54 ..... 45 E 2
Ville-au-Val 54 ..... 65 G 4
La Ville-aux-Bois 10 ..... 92 A 4
La Ville-
aux-Bois-lès-Dizy 02 ..... 25 G 4
La Ville-aux-Bois-
lès-Pontavert 02 ..... 41 F 2
La Ville-aux-Clercs 41 ..... 131 G 2
La Ville-aux-Dames 37 ..... 152 A 2
La Ville-aux-Nonains 28 ..... 85 F 2
Ville-d'Avray 92 ..... 58 B 3
Ville-devant-Belrain 55 ..... 64 B 4
Ville-devant-Chaumont 55 ..... 44 B 4
Ville-di-Paraso 2B ..... 346 D 2
Ville-di-Pietrabugno 2B ..... 345 G 4
La Ville-Dieu-du-Temple 82 ..... 277 G 5
Ville-Dommange 51 ..... 41 F 4
La Ville-du-Bois 91 ..... 58 B 5
Ville-du-Pont 25 ..... 180 D 1
Ville-en-Blaisois 52 ..... 92 C 3
Ville-en-Sallaz 74 ..... 216 A 1
Ville-en-Selve 51 ..... 41 G 5
Ville-en-Tardenois 51 ..... 41 E 4
Ville-en-Vermois 54 ..... 95 E 1
Ville-en-Woëvre 55 ..... 64 D 1
La Ville-ès-Nonais 35 ..... 79 H 3
Ville-Houdlémont 54 ..... 44 D 1
Ville-Issey 55 ..... 64 D 5
Ville-la-Grand 74 ..... 197 H 5
Ville-Langy 58 ..... 175 F 2
Ville-le-Marclet 80 ..... 12 B 5
Ville-Saint-Jacques 77 ..... 88 D 5
Ville-Savoye 02 ..... 40 D 3
Ville-sous-Anjou 38 ..... 231 F 5
Ville-sous-la-Ferté 10 ..... 116 B 3
La Ville-sous-Orbais 51 ..... 61 E 2
Ville-sur-Ancre 80 ..... 23 E 1
Ville-sur-Arce 10 ..... 115 G 3
Ville-sur-Cousances 55 ..... 43 G 5
Ville-sur-Illon 88 ..... 119 E 2
Ville-sur-Jarnioux 69 ..... 212 C 3
Ville-sur-Lumes 08 ..... 26 D 3
Ville-sur-Retourne 08 ..... 42 B 2
Ville-sur-Saulx 55 ..... 63 G 4
Ville-sur-Terre 10 ..... 92 B 5
Ville-sur-Tourbe 51 ..... 43 E 4
Ville-sur-Yron 54 ..... 65 F 1
Villeau 28 ..... 110 B 2
Villebadin 61 ..... 54 C 4
Villebarou 41 ..... 132 A 5
Villebaudon 50 ..... 52 A 1
Villebazy 11 ..... 337 D 2
Villebéon 77 ..... 112 D 2
Villebernier 49 ..... 150 C 4
Villeberny 21 ..... 159 F 2
Villebichot 21 ..... 160 A 5
Villeblevin 89 ..... 89 E 5
Villebois 01 ..... 214 B 4
Villebois-Lavalette 16 ..... 221 G 3
Villebois-les-Pins 26 ..... 286 D 1
Villebon 28 ..... 85 G 4
Villebon-sur-Yvette 91 ..... 58 B 5
Villebougis 89 ..... 113 F 2
Villebourg 37 ..... 130 C 4
Villebout 41 ..... 109 G 5
Villebramar 47 ..... 257 H 4
Villebret 03 ..... 190 E 5
Villebrumier 82 ..... 298 A 1
Villecelin 18 ..... 172 D 4
Villecerf 77 ..... 88 D 5
Villecey-sur-Mad 54 ..... 65 F 2
Villechantria 39 ..... 196 B 3
Villechauve 41 ..... 131 F 4
Villechenève 69 ..... 212 B 5
Villechétif 10 ..... 91 E 5
Villechétive 89 ..... 114 A 4
Villechien 50 ..... 81 G 2
Villecien 89 ..... 113 G 5
Villécloye 55 ..... 44 B 1
Villecomtal 12 ..... 262 D 4
Villecomtal-sur-Arros 32 ..... 315 F 4
Villecomte 21 ..... 160 A 1
Villeconin 91 ..... 87 F 3
Villecourt 80 ..... 23 G 3
Villecresnes 94 ..... 58 D 5
Villecroze 83 ..... 307 H 4
Villedaigne 11 ..... 320 D 5
Villedieu 21 ..... 115 G 5
Les Villedieu 25 ..... 180 C 4
La Villedieu 17 ..... 202 B 2
La Villedieu 23 ..... 225 E 1
Villedieu 15 ..... 245 G 4
La Villedieu 48 ..... 264 C 2
Villedieu 84 ..... 285 G 2
La Villedieu-du-Clain 86 ..... 186 C 3
La Villedieu-
en-Fontenette 70 ..... 141 F 3
Villedieu-la-Blouère 49 ..... 148 C 5
Villedieu-le-Château 41 ..... 130 D 4
Villedieu-lès-Bailleul 61 ..... 54 B 3
Villedieu-les-Poêles 50 ..... 52 A 3
Villedieu-sur-Indre 36 ..... 171 G 3
Villedômain 37 ..... 171 E 1
Villedômer 37 ..... 152 B 1
Villedoux 17 ..... 183 G 5
Villedubert 11 ..... 319 H 5
Villefagnan 16 ..... 203 E 3
Villefargeau 89 ..... 136 A 3
Villefavard 87 ..... 205 G 1
Villeferry 21 ..... 159 E 2
Villefloure 11 ..... 337 D 1
Villefollet 79 ..... 202 C 1
Villefontaine 38 ..... 231 H 2
Villefort 48 ..... 265 F 5
Villefort 11 ..... 337 A 3
Villefranche 32 ..... 316 C 3
Villefranche-d'Albigeois 81 ..... 299 H 1
Villefranche-d'Allier 03 ..... 191 F 4
Villefranche-
de-Conflent 66 ..... 342 A 3
Villefranche-
de-Lauragais 31 ..... 318 C 4
Villefranche-de-Lonchat 24 ..... 239 E 4
Villefranche-de-Panat 12 ..... 281 E 4
Villefranche-
de-Rouergue 12 ..... 279 F 1
Villefranche-du-Périgord 24 ..... 259 F 3
Villefranche-
du-Queyran 47 ..... 275 F 2
Villefranche-le-Château 26 ..... 286 C 2
Villefranche-Saint-Phal 89 ..... 113 F 5
Villefranche-sur-Cher 41 ..... 153 H 4
Villefranche-sur-Mer 06 ..... 309 H 2
Villefranche-sur-Saône 69 ..... 212 D 3
Villefrancœur 41 ..... 131 H 4
Villefrancon 70 ..... 161 F 2
Villefranque 65 ..... 295 E 5
Villefranque 64 ..... 310 D 3
Villegagnon 77 ..... 60 A 5
Villegailhenc 11 ..... 319 H 5
Villegardin 89 ..... 113 E 3
Villegats 27 ..... 56 D 2
Villegats 16 ..... 203 F 3
Villegaudin 71 ..... 178 B 4
Villegenon 18 ..... 155 G 2
Villegly 11 ..... 320 A 5
Villegongis 36 ..... 171 G 3
Villegouge 33 ..... 238 B 4
Villegouin 36 ..... 171 E 2
Villegruis 77 ..... 89 H 2
Villegusien 52 ..... 139 G 3
Villehardouin 10 ..... 91 G 4
Villeherviers 41 ..... 154 A 3
Villejésus 16 ..... 203 E 4
Villejoubert 16 ..... 203 F 5
Villejuif 94 ..... 58 C 4
Villejust 91 ..... 58 B 5
Villelaure 84 ..... 306 A 3
Villeloin-Coulangé 37 ..... 152 D 5
Villelongue 65 ..... 332 D 2
Villelongue-d'Aude 11 ..... 337 B 2
Villelongue-
de-la-Salanque 66 ..... 339 E 5
Villelongue-dels-Monts 66 ..... 343 E 4
Villeloup 10 ..... 90 C 5
Villemade 82 ..... 277 G 4
Villemagne 11 ..... 319 F 4
Villemagne-l'Argentière 34 ..... 301 F 4
Villemain 79 ..... 202 D 2
Villemandeur 45 ..... 112 C 5
Villemanoche 89 ..... 89 F 5
Villemardy 41 ..... 131 H 4
Villemaréchal 77 ..... 112 D 2
Villemareuil 77 ..... 59 G 2
Villematier 31 ..... 298 A 2
Villemaur-sur-Vanne 10 ..... 114 B 2
Villembits 65 ..... 315 G 5
Villembray 60 ..... 37 G 1
Villemer 77 ..... 88 C 5
Villemer 89 ..... 136 A 2
Villemereuil 10 ..... 115 E 2
Villemervry 52 ..... 139 E 4
Villemeux-sur-Eure 28 ..... 56 D 5
Villemoirieu 38 ..... 231 H 1
Villemoiron-en-Othe 10 ..... 114 B 2
Villemoisan 49 ..... 148 D 1
Villemoisson-sur-Orge 91 ..... 58 C 5
Villemolaque 66 ..... 343 E 3
Villemomble 93 ..... 58 D 3
Villemontais 42 ..... 211 F 3
Villemontoire 02 ..... 40 B 3
Villemorien 10 ..... 115 F 4
Villemorin 17 ..... 202 B 3
Villemoron 52 ..... 139 F 4
Villemort 86 ..... 187 G 2
Villemotier 01 ..... 196 A 4
Villemoustaussou 11 ..... 319 H 5
Villemoutiers 45 ..... 112 A 5
Villemoyenne 10 ..... 115 F 3
Villemur 65 ..... 316 A 5
Villemur-sur-Tarn 31 ..... 298 A 2
Villemurlin 45 ..... 134 A 4
Villemus 04 ..... 306 C 1
Villenauxe-la-Grande 10 ..... 90 A 2
Villenauxe-la-Petite 77 ..... 89 G 4
Villenave 40 ..... 273 E 5
Villenave-de-Rions 33 ..... 256 B 2
Villenave-d'Ornon 33 ..... 255 G 1
Villenave-près-Béarn 65 ..... 314 D 4
Villenave-près-Marsac 65 ..... 315 E 4
Villenavotte 89 ..... 113 F 2
La Villeneuve 71 ..... 178 B 2
La Villeneuve 23 ..... 208 B 4
Villeneuve 01 ..... 213 E 2
Villeneuve 33 ..... 237 F 3
Villeneuve 12 ..... 261 F 5
Villeneuve 04 ..... 306 D 1
Villeneuve 09 ..... 335 E 3
La Villeneuve-
au-Châtelot 10 ..... 90 A 3
Villeneuve-au-Chemin 10 ..... 114 C 4
La Villeneuve-
au-Chêne 10 ..... 115 G 2
La Villeneuve-Bellenoye-
et-la-Maize 70 ..... 141 F 3
Villeneuve-d'Allier 43 ..... 246 B 2
Villeneuve-d'Amont 25 ..... 180 A 2
Villeneuve-d'Ascq 59 ..... 9 E 2
Villeneuve-d'Aval 39 ..... 179 G 2
Villeneuve-de-Berg 07 ..... 266 C 4
Villeneuve-de-Duras 47 ..... 257 F 2
Villeneuve-de-la-Raho 66 ..... 343 F 2
Villeneuve-de-Marc 38 ..... 231 G 3
Villeneuve-de-Marsan 40 ..... 294 B 1
Villeneuve-de-Mézin 47 ..... 275 F 5
Villeneuve-de-Rivière 31 ..... 334 B 1
Villeneuve-d'Entraunes 06 ..... 289 E 3
Villeneuve-
des-Escaldes 66 ..... 341 F 4
Villeneuve-d'Olmes 09 ..... 336 D 3
Villeneuve-du-Bosc 09 ..... 336 B 2
Villeneuve-du-Latou 09 ..... 317 H 5
Villeneuve-du-Paréage 09 ..... 336 B 1
La Villeneuve-en-Chevrie 78 ..... 57 E 1
Villeneuve-
en-Montagne 71 ..... 177 F 4
Villeneuve-Frouville 41 ..... 132 A 3
Villeneuve-la-Comptal 11 ..... 318 D 5
Villeneuve-
la-Comtesse 17 ..... 201 H 1
Villeneuve-la-Dondagre 89 ..... 113 F 3
Villeneuve-la-Garenne 92 ..... 58 C 2
Villeneuve-la-Guyard 89 ..... 89 E 5
Villeneuve-la-Lionne 51 ..... 60 C 4
Villeneuve-la-Rivière 66 ..... 343 E 2
Villeneuve-la-Salle 05 ..... 252 C 4
Villeneuve-
l'Archevêque 89 ..... 114 A 2
Villeneuve-le-Comte 77 ..... 59 F 4
Villeneuve-le-Roi 94 ..... 58 C 5
Villeneuve-Lécussan 31 ..... 316 A 5
Villeneuve-Lembron 63 ..... 227 H 4
Villeneuve-lès-Avignon 30 ..... 285 E 5
Villeneuve-lès-Béziers 34 ..... 321 G 5
Villeneuve-les-Bordes 77 ..... 89 E 3
Villeneuve-lès-Bouloc 31 ..... 297 H 3
Villeneuve-les-Cerfs 63 ..... 210 A 3
La Villeneuve-
lès-Charleville 51 ..... 61 E 4
Villeneuve-lès-Charnod 39 ..... 196 B 4
La Villeneuve-
les-Convers 21 ..... 138 B 5
Villeneuve-les-Corbières 11 ..... 338 C 3
Villeneuve-les-Genêts 89 ..... 135 F 4
Villeneuve-lès-Lavaur 81 ..... 298 C 5
Villeneuve-
lès-Maguelone 34 ..... 302 D 5
Villeneuve-lès-Montréal 11 ..... 319 F 5
Villeneuve-les-Sablons 60 ..... 38 A 4
Villeneuve-Loubet 06 ..... 309 F 3
Villeneuve-Loubet-Plage 06 ..... 309 G 3
Villeneuve-Minervois 11 ..... 320 A 5
Villeneuve-Renneville-
Chevigny 51 ..... 61 G 2
Villeneuve-Saint-Denis 77 ..... 59 F 4
Villeneuve-Saint-Georges 94 ..... 58 D 5
Villeneuve-Saint-Germain 02 ..... 40 B 2
Villeneuve-Saint-Nicolas 28 ..... 86 B 5
Villeneuve-Saint-Salves 89 ..... 136 C 2
Villeneuve-Saint-Vistre-
et-Villevotte 51 ..... 90 B 2
Villeneuve-
sous-Charigny 21 ..... 158 D 2
Villeneuve-
sous-Dammartin 77 ..... 59 E 1
Villeneuve-Lsous-Pymont 39 ..... 179 E 5
La Villeneuve-
sous-Thury 60 ..... 39 H 5
Villeneuve-sur-Allier 03 ..... 192 A 1
Villeneuve-sur-Auvers 91 ..... 87 G 3
Villeneuve-sur-Bellot 77 ..... 60 B 3
Villeneuve-sur-Cher 18 ..... 172 D 2
Villeneuve-sur-Conie 45 ..... 110 C 4
Villeneuve-sur-Fère 02 ..... 40 C 5
Villeneuve-sur-Lot 47 ..... 258 C 5
Villeneuve-sur-Tarn 81 ..... 300 A 1
Villeneuve-sur-Verberie 60 ..... 39 E 4
Villeneuve-sur-Vère 81 ..... 279 F 5
La Villeneuve-
sur-Vingeanne 21 ..... 139 H 5
Villeneuve-sur-Yonne 89 ..... 113 G 4
Villeneuve-Tolosane 31 ..... 297 H 5
Villeneuvette 34 ..... 301 H 4
Villennes-sur-Seine 78 ..... 57 H 2
Villenouvelle 17 ..... 201 H 2
Villenouvelle 31 ..... 318 B 3
Villenoy 77 ..... 59 G 2
Villentrois 36 ..... 153 F 5
Villeny 41 ..... 132 D 5
Villepail 53 ..... 82 D 4
Villeparisis 77 ..... 59 E 2
Villeparois 70 ..... 141 F 4
Villeperdrix 26 ..... 268 A 5
Villeperdue 37 ..... 151 H 4
Villeperrot 89 ..... 113 F 2
Villepinte 93 ..... 58 D 2
Villepinte 11 ..... 319 F 5
Villeporcher 41 ..... 131 G 5
Villepot 44 ..... 127 F 3
Villepreux 78 ..... 57 H 3
Villequier 76 ..... 35 G 1
Villequier-Aumont 02 ..... 24 A 4
Villequiers 18 ..... 173 H 1
Viller 57 ..... 66 D 2
Villerable 41 ..... 131 G 3
Villerbon 41 ..... 132 A 4
Villeréal 47 ..... 258 C 3
Villereau 59 ..... 15 E 3
Villereau 45 ..... 111 E 4
Villerest 42 ..... 211 G 3
Villeret 02 ..... 24 A 1
Villeret 10 ..... 91 H 3
Villereversure 01 ..... 196 A 5
Villermain 41 ..... 132 C 2
Villeromain 41 ..... 131 H 4
Villeron 95 ..... 58 D 1
Villerouge-la-Crémade 11 ..... 338 C 1
Villerouge-Termenès 11 ..... 338 B 2
Villeroy 80 ..... 11 F 5
Villeroy 77 ..... 59 F 2
Villeroy 89 ..... 113 F 3
Villeroy-sur-Méholle 55 ..... 93 H 1
Villers 88 ..... 94 D 5
Villers 42 ..... 211 H 1
Villers-Agron-Aiguizy 02 ..... 41 E 5
Villers-Allerand 51 ..... 41 G 5
Villers-au-Bois 62 ..... 8 A 5
Villers-au-Flos 62 ..... 13 H 5
Villers-au-Tertre 59 ..... 14 B 2
Villers-aux-Bois 51 ..... 61 F 2
Villers-aux-Érables 80 ..... 22 D 3
Villers-aux-Nœuds 51 ..... 41 G 4
Villers-aux-Vents 55 ..... 63 F 3
Villers-Bocage 80 ..... 12 D 5
Villers-Bocage 14 ..... 33 E 5
Villers-Bouton 70 ..... 161 H 1
Villers-Bretonneux 80 ..... 22 D 2
Villers-Brûlin 62 ..... 7 H 5
Villers-Buzon 25 ..... 161 G 4
Villers-Campsart 80 ..... 21 G 2
Villers-Canivet 14 ..... 53 H 2
Villers-Carbonnel 80 ..... 23 G 2
Villers-Cernay 08 ..... 27 F 3
Villers-Châtel 62 ..... 8 A 5
Villers-Chemin-
et-Mont-lès-Étrelles 70 ..... 161 G 1
Villers-Chief 25 ..... 162 D 4
Villers-Cotterêts 02 ..... 39 H 4
Villers-devant-Dun 55 ..... 43 G 2
Villers-devant-le-Thour 08 ..... 41 G 1
Villers-devant-Mouzon 08 ..... 27 F 4
Villers-Écalles 76 ..... 19 H 5
Villers-en-Argonne 51 ..... 63 F 1
Villers-en-Arthies 95 ..... 57 F 1
Villers-en-Cauchies 59 ..... 14 C 3
Villers-en-Haye 54 ..... 65 G 4

Villers-en-Ouche 61 ... 55 E3
Villers-en-Prayères 02 ... 40 D2
Villers-en-Vexin 27 ... 37 E4
Villers-Farlay 39 ... 179 G1
Villers-Faucon 80 ... 23 H1
Villers-Franqueux 51 ... 41 F3
Villers-Grélot 25 ... 162 B2
Villers-Guislain 59 ... 14 B5
Villers-Hélon 02 ... 40 A4
Villers-la-Chèvre 54 ... 44 D1
Villers-la-Combe 25 ... 162 D3
Villers-la-Faye 21 ... 159 H5
Villers-la-Montagne 54 ... 45 E2
Villers-la-Ville 70 ... 141 H5
Villers-le-Château 51 ... 62 A2
Villers-le-Lac 25 ... 163 F5
Villers-le-Rond 54 ... 44 C2
Villers-le-Sec 02 ... 24 C3
Villers-le-Sec 51 ... 63 E3
Villers-le-Sec 55 ... 93 F1
Villers-le-Sec 70 ... 141 F4
Villers-le-Tilleul 08 ... 26 D4
Villers-le-Tourneur 08 ... 26 C4
Villers-les-Bois 39 ... 179 E2
Villers-lès-Cagnicourt 62 ... 14 A3
Villers-lès-Guise 02 ... 24 D1
Villers-lès-Luxeuil 70 ... 141 F2
Villers-lès-Mangiennes 55 ... 44 C3
Villers-lès-Moivrons 54 ... 65 H4
Villers-lès-Nancy 54 ... 94 D1
Villers-les-Ormes 36 ... 171 G3
Villers-les-Pots 21 ... 160 D4
Villers-lès-Roye 80 ... 23 F4
Villers-l'Hôpital 62 ... 12 C3
Villers-Marmery 51 ... 41 H5
Villers-Outréaux 59 ... 14 C5
Villers-Pater 70 ... 162 B1
Villers-Patras 21 ... 115 H5
Villers-Plouich 59 ... 14 A5
Villers-Pol 59 ... 15 E2
Villers-Robert 39 ... 179 E2
Villers-Rotin 21 ... 160 D5
Villers-Saint-Barthélemy 60 ... 37 H2
Villers-Saint-Christophe 02 ... 23 H3
Villers-Saint-Frambourg 60 ... 39 E4
Villers-Saint-Genest 60 ... 39 G5
Villers-Saint-Martin 25 ... 162 D2
Villers-Saint-Paul 60 ... 38 D3
Villers-Saint-Sépulcre 60 ... 38 B3
Villers-Semeuse 08 ... 26 D3
Villers-Sir-Simon 62 ... 13 E2
Villers-Sire-Nicole 59 ... 15 H2
Villers-sous-Ailly 80 ... 11 H4
Villers-sous-Chalamont 25 ... 180 A2
Villers-sous-Châtillon 51 ... 41 E5
Villers-sous-Foucarmont 76 ... 21 E2
Villers-sous-Montrond 25 ... 162 A5
Villers-sous-Pareid 55 ... 65 E1
Villers-sous-Prény 54 ... 65 G3
Villers-sous-Saint-Leu 60 ... 38 C4
Villers-Stoncourt 57 ... 66 C1
Villers-sur-Auchy 60 ... 37 G1
Villers-sur-Authie 80 ... 11 F1
Villers-sur-Bar 08 ... 27 E4
Villers-sur-Bonnières 60 ... 37 H1
Villers-sur-Coudun 60 ... 39 F1
Villers-sur-Fère 02 ... 40 C4
Villers-sur-le-Mont 08 ... 26 D4
Villers-sur-le-Roule 27 ... 36 C4
Villers-sur-Mer 14 ... 34 B3
Villers-sur-Meuse 55 ... 64 B2
Villers-sur-Nied 57 ... 66 D3
Villers-sur-Port 70 ... 141 E3
Villers-sur-Saulnot 70 ... 142 A4
Villers-sur-Trie 60 ... 37 G3
Villers-Tournelle 80 ... 22 D4
Villers-Vaudey 70 ... 140 B4
Villers-Vermont 60 ... 21 F5
Villers-Vicomte 60 ... 22 B4
Villerserine 39 ... 179 F3
Villersexel 70 ... 141 H5
Villerupt 54 ... 45 F2
Villerville 14 ... 34 C2
Villery 10 ... 114 D3
Villes 01 ... 214 D1
Villes-sur-Auzon 84 ... 286 A4
Villesalem
*Ancien Prieuré de* 86 ... 187 G2
Villeselve 60 ... 23 H4
Villeseneux 51 ... 61 H3
Villesèque 46 ... 277 H1
Villesèque-
des-Corbières 11 ... 338 D2
Villesèquelande 11 ... 319 G5
Villesiscle 11 ... 319 F5
Villespassans 34 ... 320 D4
Villespy 11 ... 319 F5
Villetaneuse 93 ... 58 C2
La Villetelle 23 ... 208 B4
Villetelle 34 ... 303 F3
Villethierry 89 ... 113 E2
Villeton 47 ... 275 F1
Villetoureix 24 ... 239 G1
Villetritouls 11 ... 338 A1
Villetrun 41 ... 131 H3
Villette 54 ... 44 C2
La Villette 14 ... 53 F2
Villette 78 ... 57 F2
Villette 73 ... 234 C2
Villette-d'Anthon 38 ... 213 G5
Villette-de-Vienne 38 ... 231 F2
Villette-lès-Arbois 39 ... 179 G2
Villette-lès-Dole 39 ... 179 E1
Villette-sur-Ain 01 ... 213 H3
Villette-sur-Aube 10 ... 91 E3
Villettes 27 ... 36 A5
Les Villettes 43 ... 247 H1
Villeurbanne 69 ... 213 F5
Villevallier 89 ... 113 G4
Villevaudé 77 ... 59 E2
Villevenard 51 ... 61 E3
Villevêque 49 ... 128 D5
Villeveyrac 34 ... 322 D3
Villevielle 04 ... 289 E5
Villevieille 30 ... 303 F2
Villevieux 39 ... 179 E4
Villevocance 07 ... 248 C1
Villevoques 45 ... 112 B4
Villexanton 41 ... 132 B4
Villexavier 17 ... 219 H5
Le Villey 39 ... 179 E3
Villey-le-Sec 54 ... 94 C1
Villey-Saint-Étienne 54 ... 65 G5
Villey-sur-Tille 21 ... 139 F5
Villez-sous-Bailleul 27 ... 36 D5
Villez-sur-le-Neubourg 27 ... 35 H5
Villié-Morgon 69 ... 212 D1
Villiers 86 ... 168 D5
Villiers 36 ... 170 D3
Villiers-Adam 95 ... 58 B1
Villiers-au-Bouin 37 ... 130 A5
Villiers-aux-Bois 52 ... 92 C2
Villiers-aux-Chênes 52 ... 92 C4
Villiers-aux-Corneilles 51 ... 90 B2
Villiers-Charlemagne 53 ... 106 A5
Villiers-Couture 17 ... 202 C3
Villiers-en-Bière 77 ... 88 B3
Villiers-en-Bois 79 ... 202 B1
Villiers-en-Désœuvre 27 ... 56 D2
Villiers-en-Lieu 52 ... 63 F5
Villiers-en-Morvan 21 ... 158 C5
Villiers-en-Plaine 79 ... 184 D3
Villiers-Fossard 50 ... 32 B4
Villiers-Herbisse 10 ... 61 H5
Villiers-le-Bâcle 91 ... 58 A5
Villiers-le-Bel 95 ... 58 C1
Villiers-le-Bois 10 ... 115 F5
Villiers-le-Duc 21 ... 138 B2
Villiers-le-Mahieu 78 ... 57 G3
Villiers-le-Morhier 28 ... 86 B2
Villiers-le-Pré 50 ... 80 D2
Villiers-le-Roux 16 ... 203 E2
Villiers-le-Sec 14 ... 33 F3
Villiers-le-Sec 95 ... 58 C1
Villiers-le-Sec 52 ... 116 D3
Villiers-le-Sec 58 ... 157 E3
Villiers-lès-Aprey 52 ... 139 F3
Villiers-les-Hauts 89 ... 137 F4
Villiers-Louis 89 ... 113 H3
Villiers-Saint-Benoît 89 ... 135 G3
Villiers-Saint-Denis 02 ... 60 B2
Villiers-Saint-Fréderic 78 ... 57 G4
Villiers-Saint-Georges 77 ... 60 C5
Villiers-Saint-Orien 28 ... 110 A3
Villiers-sous-Grez 77 ... 88 B5
Villiers-sous-Mortagne 61 ... 84 C3
Villiers-sous-Praslin 10 ... 115 F4
Villiers-sur-Chizé 79 ... 202 B2
Villiers-sur-Loir 41 ... 131 G3
Villiers-sur-Marne 94 ... 58 D4
Villiers-sur-Marne 52 ... 93 E5
Villiers-sur-Morin 77 ... 59 G3
Villiers-sur-Orge 91 ... 58 B5
Villiers-sur-Seine 77 ... 89 G4
Villiers-sur-Suize 52 ... 117 E5
Villiers-sur-Tholon 89 ... 135 H2
Villiers-sur-Yonne 58 ... 157 F2
Villiers-Vineux 89 ... 114 C5
Villiersfaux 41 ... 131 G3
Villieu-Loyes-Mollon 01 ... 213 H3
Villing 57 ... 46 D4
Villognon 16 ... 203 E4
Villon 89 ... 137 G2
Villoncourt 88 ... 95 G5
Villons-les-Buissons 14 ... 33 G4
Villorceau 45 ... 132 C3
Villosanges 63 ... 208 D4
Villotran 60 ... 37 H3
Villotte 88 ... 118 A3
La Villotte 89 ... 135 H3
Villotte-devant-Louppy 55 ... 63 G2
Villotte-Saint-Seine 21 ... 159 G2
Villotte-sur-Aire 55 ... 64 B4
Villotte-sur-Ource 21 ... 138 B2
Villouxel 88 ... 93 H4
Villuis 77 ... 89 G4
Villy 08 ... 27 H5
Villy 89 ... 136 C2
Villy-Bocage 14 ... 33 E5
Villy-en-Auxois 21 ... 159 F2
Villy-en-Trodes 10 ... 115 G2
Villy-le-Bois 10 ... 115 E3
Villy-le-Bouveret 74 ... 215 G2
Villy-le-Maréchal 10 ... 115 E2
Villy-le-Moutier 21 ... 178 A1
Villy-le-Pelloux 74 ... 215 G2
Villy-lez-Falaise 14 ... 54 A2
Villy-sur-Yères 76 ... 10 D5
Vilory 70 ... 141 F3
Vilosnes 55 ... 43 H2
Vilsberg 57 ... 68 A4
Vimarcé 53 ... 107 E2
Vimenet 12 ... 281 F1
Viménil 88 ... 95 H5
Vimines 73 ... 233 E2
Vimont 14 ... 33 H5
Vimory 45 ... 112 B5
Vimoutiers 61 ... 54 C2
Vimpelles 77 ... 89 F4
Vimy 62 ... 8 B5
Vinaigre *Mont* 83 ... 308 D5
Vinantes 77 ... 59 F1
Vinassan 11 ... 321 F5
Vinax 17 ... 202 C2
Vinay 51 ... 61 F1
Vinay 38 ... 250 B1
Vinça 66 ... 342 B2
Vincelles 51 ... 40 D5
Vincelles 89 ... 136 B4
Vincelles 71 ... 178 C5
Vincelles 39 ... 196 B1
Vincelottes 89 ... 136 C4
Vincennes 94 ... 58 C3
Vincent 39 ... 179 E4
Vincey 88 ... 95 E4
Vincly 62 ... 7 F3
Vincy-Manœuvre 77 ... 59 G1
Vincy-Reuil-et-Magny 02 ... 25 G4
Vindecy 71 ... 193 G4
Vindefontaine 50 ... 31 G2
Vindelle 16 ... 221 E1
Vindey 51 ... 61 E5
Vindrac-Alayrac 81 ... 279 E4
Vinets 10 ... 91 F3
Vineuil 41 ... 132 B5
Vineuil 36 ... 171 G3
Vineuil-Saint-Firmin 60 ... 38 D4
La Vineuse 71 ... 194 C2
Vinezac 07 ... 266 B4
Vingrau 66 ... 338 C4
Vingt-Hanaps 61 ... 83 H3
Vinnemerville 76 ... 19 F2
Vinneuf 89 ... 89 F5
Vinon 18 ... 155 H4
Vinon-sur-Verdon 83 ... 306 D3
Vins-sur-Caramy 83 ... 328 C1
Vinsobres 26 ... 285 G1
Le Vintrou 81 ... 300 A5
Vinzelles 71 ... 194 D5
Vinzelles 63 ... 210 B4
Vinzier 74 ... 198 C3
Vinzieux 07 ... 230 D5
Viocourt 88 ... 94 B4
Viodos-
Abense-de-Bas 64 ... 313 F5
Violaines 62 ... 8 B3
Violay 42 ... 212 A4
Violès 84 ... 285 G3
Violot 52 ... 139 H3
Viols-en-Laval 34 ... 302 C3
Viols-le-Fort 34 ... 302 C3
Vioménil 88 ... 118 D3
Vion 72 ... 129 E2
Vion 07 ... 249 E2
Vions 73 ... 215 E4
Vionville 57 ... 65 F1
Viozan 32 ... 316 A4
Viplaix 03 ... 190 B3
Vira 09 ... 336 C2
Vira 66 ... 337 D5
Virac 81 ... 279 F5
Virandeville 50 ... 28 D3
Virargues 15 ... 245 F3
Virazeil 47 ... 257 F4
Vire 14 ... 52 C3
Viré 71 ... 195 E3
Viré-en-Champagne 72 ... 106 D5
Vire-sur-Lot 46 ... 259 F5
Vireaux 89 ... 137 F3
Virecourt 54 ... 95 E3
Virelade 33 ... 255 H2
Viremont 39 ... 196 C3
Vireux-Molhain 08 ... 17 E4
Vireux-Wallerand 08 ... 17 E4
Virey 50 ... 81 F2
Virey 70 ... 161 G2
Virey-le-Grand 71 ... 177 H3
Virey-sous-Bar 10 ... 115 F3
Virginy 51 ... 42 D4
Viriat 01 ... 195 H5
Viricelles 42 ... 230 B2
Virieu 38 ... 232 B3
Virieu-le-Grand 01 ... 214 C4
Virieu-le-Petit 01 ... 214 D3
Virigneux 42 ... 230 A1
Virignin 01 ... 214 D5
Viriville 38 ... 231 H5
Virlet 63 ... 209 E1
Virming 57 ... 67 E2
Viroflay 78 ... 58 B4
Virollet 17 ... 219 F2
Vironchaux 80 ... 11 G1
Vironvay 27 ... 36 C4
Virsac 33 ... 237 H3
Virson 17 ... 201 E1
Virville 76 ... 18 D5
Viry 71 ... 194 A2
Viry 39 ... 196 D4
Viry 74 ... 215 F1
Viry-Châtillon 91 ... 58 C5
Viry-Noureuil 02 ... 24 A5
Vis-en-Artois 62 ... 13 H3
Visan 84 ... 285 G1
Viscomtat 63 ... 210 D5
Viscos 65 ... 332 D3
Le Viseney 39 ... 179 F3
Viserny 21 ... 137 G5
Visker 65 ... 315 E5
Vismes-au-Val 80 ... 11 F4
Visoncourt 70 ... 141 G3
Vissac-Auteyrac 43 ... 246 D3
Vissec 30 ... 302 A1
Vissec *Cirque de* 30 ... 302 A1
Visseiche 35 ... 105 E5
Viterbe 81 ... 298 D4
Viterne 54 ... 94 C2
Vitot 27 ... 35 H5
Vitrac 63 ... 209 F3
Vitrac 24 ... 259 G1
Vitrac 15 ... 262 B1
Vitrac-en-Viadène 12 ... 263 F1
Vitrac-Saint-Vincent 16 ... 203 H5
Vitrac-sur-Montane 19 ... 225 F5
Vitrai-sous-l'Aigle 61 ... 55 G5
Vitray 03 ... 190 E1
Vitray-en-Beauce 28 ... 110 A2
Vitray-sous-Brézolles 28 ... 56 B5
Vitré 35 ... 105 E3
Vitré 79 ... 185 F4
Vitreux 39 ... 161 F4
Vitrey 54 ... 94 C3
Vitrey-sur-Mance 70 ... 140 B2
Vitrimont 54 ... 95 F1
Vitrolles 05 ... 269 G5
Vitrolles 13 ... 326 C1
Vitrolles-en-Lubéron 84 ... 306 B2
Vitry-aux-Loges 45 ... 111 G5
Vitry-en-Artois 62 ... 13 H2
Vitry-en-Charollais 71 ... 193 G3
Vitry-en-Montagne 52 ... 139 E2
Vitry-en-Perthois 51 ... 62 D4
Vitry-la-Ville 51 ... 62 B3
Vitry-Laché 58 ... 157 F4
Vitry-le-Croisé 10 ... 115 H3
Vitry-le-François 51 ... 62 C4
Vitry-lès-Cluny 71 ... 194 C2
Vitry-lès-Nogent 52 ... 117 F4
Vitry-sur-Loire 71 ... 175 G5
Vitry-sur-Orne 57 ... 45 G4
Vitry-sur-Seine 94 ... 58 C4
Vittarville 55 ... 44 B3
Vitteaux 21 ... 159 E2
Vittefleur 76 ... 19 F2
Vittel 88 ... 118 C2
Vittersbourg 57 ... 67 F2
Vittoncourt 57 ... 66 C2
Vittonville 54 ... 65 G2
Vitz-sur-Authie 80 ... 12 B3
Viuz-en-Sallaz 74 ... 198 A5
Viuz-la-Chiésaz 74 ... 215 G4
Vivaise 02 ... 24 D5
Vivans 42 ... 211 F1
Vivario 2B ... 349 E1
Viven 64 ... 314 B3
Viverols 63 ... 229 F4
Vivès 66 ... 342 D4
Vivey 52 ... 139 E3
Le Vivier 66 ... 338 A5
Vivier-au-Court 08 ... 27 E3
Le Vivier-sur-Mer 35 ... 50 D5
Vivières 02 ... 39 H3
Viviers 57 ... 66 C3
Viviers 89 ... 137 E3
Viviers 07 ... 266 D5
Viviers-du-Lac 73 ... 233 F1
Viviers-le-Gras 88 ... 118 C3
Viviers-lès-Lavaur 81 ... 298 C4
Viviers-lès-Montagnes 81 ... 299 F5
Viviers-lès-Offroicourt 88 ... 94 C5
Viviers-sur-Artaut 10 ... 115 H3
Viviers-sur-Chiers 54 ... 44 D2
Viviès 09 ... 336 C2
Viviez 12 ... 261 H4
Viville 16 ... 221 F1
Vivoin 72 ... 107 G2
Vivonne 86 ... 186 B3
Vivy 49 ... 150 C3
Vix 21 ... 138 A2
Vix 85 ... 183 H3
Vizille 38 ... 251 E3
Vizos 65 ... 333 E3
Vizzavona 2B ... 349 E1
Vizzavona *Col de* 2B ... 349 E1
Vocance 07 ... 248 C2
Vodable 63 ... 227 H3
Vœgtlinshofen 68 ... 121 E3
Vœlfling-lès-Bouzonville 57 ... 46 D3
Vœllerdingen 67 ... 67 H2
Vœuil-et-Giget 16 ... 221 F2
Vogelgrun 68 ... 121 G3
Voglans 73 ... 233 E1
Vogüé 07 ... 266 B4
Voharies 02 ... 25 E3
Void 55 ... 93 H1
Le Voide 49 ... 149 G5
Voigny 10 ... 116 B2
Voile de la Mariée
*Cascade du* 05 ... 252 A5
Voile de la Mariée
*Cascade du* 2A ... 349 E2
Voilemont 51 ... 63 E1
Voillans 25 ... 162 C2
Voillecomte 52 ... 92 B3
Voimhaut 57 ... 66 C2
Voinémont 54 ... 94 D2
Voingt 63 ... 208 C5
Voinsles 77 ... 59 H5
Voipreux 51 ... 61 G2
Voires 25 ... 162 B5
Voiron 38 ... 232 C4
Voiscreville 27 ... 35 G3
Voise 28 ... 86 C4
Voisenon 77 ... 88 B2
Voisey 52 ... 118 A5
Voisines 89 ... 113 H2
Voisines 52 ... 139 F2
Voisins-le-Bretonneux 78 ... 58 A4
Voissant 38 ... 232 D3
Voissay 17 ... 201 G3
Voiteur 39 ... 179 F4
La Voivre 88 ... 96 B4
La Voivre 70 ... 141 H2
Les Voivres 88 ... 119 E4
Voivres-lès-le-Mans 72 ... 107 G5
Volckerinckhove 59 ... 3 G4
Volesvres 71 ... 193 H3
Volgelsheim 68 ... 121 G3
Volgré 89 ... 135 H2
Volksberg 67 ... 68 A2
Vollore-Montagne 63 ... 210 D5
Vollore-Ville 63 ... 210 D5
Volmerange-lès-Boulay 57 ... 46 C5
Volmerange-les-Mines 57 ... 45 G2
Volmunster 57 ... 48 B5
Volnay 72 ... 108 B5
Volnay 21 ... 177 G2
Volon 70 ... 140 B4
Volonne 04 ... 287 G3
Volpajola 2B ... 347 G2
Volstroff 57 ... 45 H3
Volvent 26 ... 268 B4
Volvic 63 ... 209 G4
Volx 04 ... 306 D1
Vomécourt 88 ... 95 G4
Vomécourt-sur-Madon 88 ... 94 D4
Voncourt 52 ... 140 B3
Voncq 08 ... 42 D1
Vonges 21 ... 160 D3
Vongnes 01 ... 214 D4
Vongy 74 ... 198 B3
Vonnas 01 ... 195 F5
Voray-sur-l'Ognon 70 ... 162 A2
Voreppe 38 ... 232 D5
Vorey 43 ... 247 F2
Vorges 02 ... 40 D1
Vorges-les-Pins 25 ... 161 H4
Vorly 18 ... 173 F2
Vornay 18 ... 173 H2
Vors 12 ... 280 C2
Vosbles 39 ... 196 B4
Vosne-Romanée 21 ... 160 A5
Vosnon 10 ... 114 C3
Vou 37 ... 170 B1
Vouarces 51 ... 90 C2
Vouciennes 51 ... 62 B3
Voudenay 21 ... 176 D1
Voué 10 ... 91 E3
Vouécourt 52 ... 93 E5
Vouël 02 ... 24 B4
Vougécourt 70 ... 118 C5
Vougeot 21 ... 160 A5
Vouglans 39 ... 196 C3
Vouglans
*Barrage et lac de* 39 ... 196 C3
Vougrey 10 ... 115 F4
Vougy 42 ... 211 H2
Vougy 74 ... 216 B1
Vouharte 16 ... 203 E5
Vouhé 79 ... 185 F2
Vouhé 17 ... 201 E1
Vouhenans 70 ... 141 H4
Vouillé 79 ... 185 E4
Vouillé 86 ... 186 A1
Vouillé-les-Marais 85 ... 183 G3
Vouillers 51 ... 63 E5
Vouillon 36 ... 172 B4
Vouilly 14 ... 32 B3
Voujeaucourt 25 ... 142 B5
Voulaines-
les-Templiers 21 ... 138 C2
Voulangis 77 ... 59 G3
Voulême 86 ... 203 F2
Voulgézac 16 ... 221 E3
Voulon 86 ... 186 B4
Voulpaix 02 ... 25 E2
La Voulte-sur-Rhône 07 ... 267 E1
Voultegon 79 ... 167 G2
Voulton 77 ... 89 G2
Voulx 77 ... 112 D2
Vouneuil-sous-Biard 86 ... 186 B1
Vouneuil-sur-Vienne 86 ... 169 G5
Vourey 38 ... 232 C5
Vourles 69 ... 231 E1
Voussac 03 ... 191 G4
Voutenay-sur-Cure 89 ... 136 D5
Voutezac 19 ... 242 B1
Vouthon 16 ... 221 H1
Vouthon-Bas 55 ... 93 H3
Vouthon-Haut 55 ... 93 H3
Voutré 53 ... 106 D3
Vouvant 85 ... 184 B1
Vouvray 37 ... 152 A2
Vouvray 01 ... 214 D1
Vouvray-sur-Huisne 72 ... 108 B4
Vouvray-sur-Loir 72 ... 130 C4
Vouxey 88 ... 94 B4
Vouzailles 86 ... 168 D5
Vouzan 16 ... 221 G2
Vouzeron 18 ... 154 D4
Vouziers 08 ... 42 D2
Vouzon 41 ... 133 G5
Vouzy 51 ... 61 H2
La Vove *Manoir de* 61 ... 84 C4
Voves 28 ... 110 B2
Vovray-en-Bornes 74 ... 215 G1
Voyenne 02 ... 25 E3
Voyennes 80 ... 23 G3
Voyer 57 ... 67 H5
La Vraie-Croix 56 ... 124 D3
Vraignes-
en-Vermandois 80 ... 23 H2
Vraignes-lès-Hornoy 80 ... 21 H2
Vraincourt 52 ... 116 D2
Vraiville 27 ... 36 A4
Vrasville 50 ... 29 G2
Vraux 51 ... 62 A1
Vrécourt 88 ... 118 A2
Vred 59 ... 9 E5
Vregille 70 ... 161 H3
Vregny 02 ... 40 C2
Vrély 80 ... 23 E3
Le Vrétot 50 ... 28 D5

Vriange 39 ... 161 E 4
Vrigne-aux-Bois 08 ... 27 E 3
Vrigne-Meuse 08 ... 27 E 3
Vrigny 51 ... 41 F 4
Vrigny 61 ... 54 A 5
Vrigny 45 ... 111 G 4
La Vrine 25 ... 180 C 1
Vritz 44 ... 127 G 5
Vrizy 08 ... 42 D 2
Vrocourt 60 ... 37 G 1
Vroil 51 ... 63 F 3
Vron 80 ... 11 G 1
Vroncourt 54 ... 94 C 3
Vroncourt-la-Côte 52 ... 117 G 3
Vroville 88 ... 94 D 5
Vry 57 ... 46 B 5
Vue 44 ... 147 E 4
Vuillafans 25 ... 162 B 5
Vuillecin 25 ... 180 C 2
Vuillery 02 ... 40 B 2
Vulaines 10 ... 114 A 2
Vulaines-lès-Provins 77 ... 89 F 2
Vulaines-sur-Seine 77 ... 88 C 4
Vulbens 74 ... 215 F 1
Vulmont 57 ... 66 B 3
Vulvoz 39 ... 196 D 4
Vy-le-Ferroux 70 ... 140 D 5
Vy-lès-Filain 70 ... 141 F 5
Vy-lès-Lure 70 ... 141 H 4
Vy-lès-Rupt 70 ... 140 C 4
Vyans-le-Val 70 ... 142 B 4
Vyt-lès-Belvoir 25 ... 163 E 2

## W

Waben 62 ... 6 B 5
Wackenbach 67 ... 96 D 2
Wacquemoulin 60 ... 39 E 1
Wacquinghen 62 ... 2 B 5
Wadelincourt 08 ... 27 F 4
Wadimont 08 ... 25 H 4
Wadonville-en-Woëvre 55 ... 64 D 1
Wagnon 08 ... 26 B 4
Wahagnies 59 ... 8 D 4
Wahlbach 68 ... 143 F 3
Wahlenheim 67 ... 68 D 4
Wail 62 ... 12 B 2
Wailly 62 ... 13 G 3
Wailly 80 ... 22 A 3
Wailly-Beaucamp 62 ... 6 B 5
Walbach 68 ... 120 D 3
Walbourg 67 ... 69 E 2
La Walck 67 ... 68 C 3
Waldersbach 67 ... 96 D 3
Waldhambach 67 ... 67 H 2
Waldhouse 57 ... 48 C 5
Waldighofen 68 ... 143 F 3
Waldolwisheim 67 ... 68 B 4
Waldweistroff 57 ... 46 C 3
Waldwisse 57 ... 46 C 2
Walheim 68 ... 143 F 3
Walibi Rhône-Alpes
*Parc d'attractions* 38 ... 232 C 2
Walibi-Schtroumpf 57 ... 45 H 4
Walincourt 59 ... 14 C 5
Wallers 59 ... 9 F 5
Wallers-en-Fagne 59 ... 16 A 5
Wallon-Cappel 59 ... 3 H 5
Walschbronn 57 ... 48 C 5
Walscheid 57 ... 67 H 5
Waltembourg 57 ... 67 H 4
Waltenheim 68 ... 143 G 2
Waltenheim-sur-Zorn 67 ... 68 D 4
Waly 55 ... 63 G 1
Wambaix 59 ... 14 C 4
Wambercourt 62 ... 7 E 5
Wambez 60 ... 37 G 1
Wambrechies 59 ... 8 D 2
Wamin 62 ... 7 E 5
Wanchy-Capval 76 ... 20 D 2
Wancourt 62 ... 13 H 3
Wandignies-Hamage 59 ... 9 F 5
Wanel 80 ... 11 H 4
Wangen 67 ... 97 F 1
Wangenbourg 67 ... 96 D 1
Wannehain 59 ... 9 E 3
Wanquetin 62 ... 13 F 2
La Wantzenau 67 ... 69 E 5
Warcq 08 ... 26 D 3
Warcq 55 ... 44 D 5
Wardrecques 62 ... 7 G 2
Wargemoulin-Hurlus 51 ... 42 D 5
Wargnies 80 ... 12 C 5
Wargnies-le-Grand 59 ... 15 E 2
Wargnies-le-Petit 59 ... 15 E 2
Warhem 59 ... 3 H 3
Warlaing 59 ... 9 F 5
Warlencourt-Eaucourt 62 ... 13 G 4
Warlincourt-lès-Pas 62 ... 13 E 4
Warloy-Baillon 80 ... 13 E 5
Warluis 60 ... 38 A 2
Warlus 80 ... 11 H 5
Warlus 62 ... 13 F 2
Warluzel 62 ... 13 E 3
Warmeriville 51 ... 41 H 3
Warnécourt 08 ... 26 C 3
Warneton 59 ... 4 C 5
Warsy 80 ... 23 E 4
Warvillers 80 ... 23 E 3
Wasigny 08 ... 26 A 4
Wasnes-au-Bac 59 ... 14 B 2
Wasquehal 59 ... 8 D 2
Wasselonne 67 ... 68 B 5
Wasserbourg 68 ... 120 D 4
Wassigny 02 ... 15 E 5
Wassy 52 ... 92 C 3
Le Wast 62 ... 2 C 5
Watigny 02 ... 25 H 1
Watronville 55 ... 64 C 1
Watten 59 ... 3 F 4
Wattignies 59 ... 8 D 3
Wattignies-la-Victoire 59 ... 15 H 3
Wattrelos 59 ... 9 E 2
Wattwiller 68 ... 120 D 5
Wavignies 60 ... 22 C 5
Waville 54 ... 65 F 2
Wavrans-sur-l'Aa 62 ... 7 E 2
Wavrans-
sur-Ternoise 62 ... 7 F 5
Wavrechain-
sous-Denain 59 ... 14 D 2
Wavrechain-
sous-Faulx 59 ... 14 C 2
Wavrille 55 ... 44 B 3
Wavrin 59 ... 8 C 3
Waziers 59 ... 8 D 5
Wé 08 ... 27 G 4
Weckolsheim 68 ... 121 F 3
Wegscheid 68 ... 142 C 1
Weinbourg 67 ... 68 B 3
Weislingen 67 ... 68 A 2
Weitbruch 67 ... 69 E 4
Weiterswiller 67 ... 68 B 3
Welles-Pérennes 60 ... 22 D 5
Wemaers-Cappel 59 ... 3 G 4
Wentzwiller 68 ... 143 G 3
Werentzhouse 68 ... 143 G 4
Wervicq-Sud 59 ... 4 D 5
West-Cappel 59 ... 3 H 3
Westbécourt 62 ... 3 E 5
Westhalten 68 ... 120 D 4
Westhoffen 67 ... 97 E 1
Westhouse 67 ... 97 G 3
Westhouse-
Marmoutier 67 ... 68 B 5
Westrehem 62 ... 7 G 3
Wettolsheim 68 ... 121 E 3
Weyer 67 ... 67 H 3
Weyersheim 67 ... 69 E 4
Wickerschwihr 68 ... 121 F 2
Wickersheim 67 ... 68 C 4
Wicquinghem 62 ... 6 D 3
Wicres 59 ... 8 B 3
Widehem 62 ... 6 B 3
Widensolen 68 ... 121 F 3
Wiège-Faty 02 ... 25 E 2
Wiencourt-l'Équipée 80 ... 23 E 2
Wierre-au-Bois 62 ... 6 C 2
Wierre-Effroy 62 ... 2 C 5
Wiesviller 57 ... 67 H 1
Wignehies 59 ... 15 H 5
Wignicourt 08 ... 26 C 5
Wihr-au-Val 68 ... 120 D 3
Wihr-en-Plaine 68 ... 121 F 2
Wildenstein 68 ... 120 B 4
Wildersbach 67 ... 96 D 3
Willeman 62 ... 12 B 2
Willems 59 ... 9 E 2
Willencourt 62 ... 12 B 3
Willer 68 ... 143 F 3
Willer-sur-Thur 68 ... 120 C 5
Willeroncourt 55 ... 64 B 5
Willerval 62 ... 8 B 5
Willerwald 57 ... 67 G 1
Willgottheim 67 ... 68 C 5
Williers 08 ... 27 H 4
Willies 59 ... 15 H 4
Wilshausen 67 ... 68 C 4
Wilwisheim 67 ... 68 C 4
Wimereux 62 ... 2 B 5
Wimille 62 ... 2 B 5
Wimmenau 67 ... 68 B 2
Wimy 02 ... 25 G 1
Windstein 67 ... 68 D 1
Windstein *Château de* 67 ... 68 D 1
Wingen 67 ... 69 E 1
Wingen-sur-Moder 67 ... 68 B 2
Wingersheim 67 ... 68 D 4
Wingles 62 ... 8 B 4
Winkel 68 ... 143 F 5
Winnezeele 59 ... 3 H 4
Wintersbourg 57 ... 67 H 4
Wintershouse 67 ... 68 D 4
Wintzenbach 67 ... 69 G 2
Wintzenheim 68 ... 121 E 3
Wintzenheim-
Kochersberg 67 ... 68 C 5
Wintzfelden 68 ... 120 D 4
Wirwignes 62 ... 6 C 2
Wiry-au-Mont 80 ... 11 G 5
Wisches 67 ... 96 D 2
Wisembach 88 ... 96 C 5
Wiseppe 55 ... 43 G 1
Wismes 62 ... 7 E 2
Wisques 62 ... 3 F 5
Wissant 62 ... 2 B 4
Wissembourg 67 ... 69 F 1
Wissignicourt 02 ... 40 C 1
Wissous 91 ... 58 C 5
Witry-lès-Reims 51 ... 41 H 3
Wittelsheim 68 ... 143 E 1
Wittenheim 68 ... 143 F 1
Witternesse 62 ... 7 G 3
Witternheim 67 ... 97 G 4
Wittersdorf 68 ... 143 F 3
Wittersheim 67 ... 68 D 4
Wittes 62 ... 7 G 2
Wittisheim 67 ... 97 G 4
Wittring 57 ... 67 H 1
Wiwersheim 67 ... 68 D 5
Wizernes 62 ... 7 F 2
Woël 55 ... 65 E 2
Wœlfling-
lès-Sarreguemines 57 ... 67 H 1
Wœllenheim 67 ... 68 C 5
Wœrth 67 ... 68 D 2
Woignarue 80 ... 11 E 3
Woimbey 55 ... 64 C 2
Woincourt 80 ... 11 E 4
Woinville 55 ... 64 D 3
Woippy 57 ... 45 H 5
Woirel 80 ... 11 G 5
Wolfersdorf 68 ... 143 E 3
Wolfgantzen 68 ... 121 F 3
Wolfisheim 67 ... 97 G 1
Wolfskirchen 67 ... 67 G 3
Wolschheim 67 ... 68 B 5
Wolschwiller 68 ... 143 G 4
Wolxheim 67 ... 97 F 1
Wormhout 59 ... 3 H 4
Woustviller 57 ... 67 G 1
Wuenheim 68 ... 120 D 5
Wuisse 57 ... 66 D 3
Wulverdinghe 59 ... 3 F 4
Wy-dit-Joli-Village 95 ... 37 G 5
Wylder 59 ... 3 H 3

## X

Xaffévillers 88 ... 95 G 3
Xaintrailles 47 ... 275 F 3
Xaintray 79 ... 184 D 2
Xambes 16 ... 203 E 5
Xammes 54 ... 65 F 2
Xamontarupt 88 ... 119 H 2
Xanrey 57 ... 66 D 5
Xanton-Chassenon 85 ... 184 B 2
Xaronval 88 ... 94 D 4
Xermaménil 54 ... 95 F 2
Xertigny 88 ... 119 F 3
Xeuilley 54 ... 94 C 2
Xirocourt 54 ... 94 D 3
Xivray-et-Marvoisin 55 ... 65 E 4
Xivry-Circourt 54 ... 45 E 3
Xocourt 57 ... 66 B 3
Xonrupt-Longemer 88 ... 120 B 3
Xonville 54 ... 65 E 1
Xouaxange 57 ... 67 G 5
Xousse 54 ... 95 H 1
Xures 54 ... 67 E 5

## Y

Y 80 ... 23 G 3
Yainville 76 ... 35 H 1
Yaucourt-Bussus 80 ... 11 H 3
Le Yaudet 22 ... 72 C 3
Ychoux 40 ... 272 D 1
Ydes 15 ... 226 C 5
Yébleron 76 ... 19 F 4
Yèbles 77 ... 88 C 2
Yenne 73 ... 232 D 1
Yermenonville 28 ... 86 B 3
Yerres 91 ... 58 D 5
Yerville 76 ... 19 H 4
Yeu *Île d'* 85 ... 164 A 4
Yèvre-la-Ville 45 ... 111 H 3
Yèvre-le-Châtel 45 ... 111 H 3
Yèvres 28 ... 109 G 2
Yèvres-le-Petit 10 ... 91 H 3
Yffiniac 22 ... 78 C 3
Ygos-Saint-Saturnin 40 ... 273 D 5
Ygrande 03 ... 191 F 2
Ymare 76 ... 36 B 3
Ymeray 28 ... 86 C 3
Ymonville 28 ... 110 C 2
Yolet 15 ... 244 C 5
Yoncq 08 ... 27 F 5
Yonval 80 ... 11 G 3
Youx 63 ... 209 E 1
Yport 76 ... 18 D 3
Ypreville-Biville 76 ... 19 F 4
Yquebeuf 76 ... 20 C 5
Yquelon 50 ... 51 F 3
Yquem *Château* 33 ... 256 B 4
Yronde-et-Buron 63 ... 228 A 2
Yrouerre 89 ... 137 E 3
Yssac-la-Tourette 63 ... 209 H 4
Yssandon 19 ... 241 H 2
Yssandon *Puy d'* 19 ... 241 H 2
Yssingeaux 43 ... 247 H 2
Ysson *Puy d'* 63 ... 227 H 3
Ytrac 15 ... 244 B 5
Ytres 62 ... 13 H 5
Yutz 57 ... 45 H 3
Yvecrique 76 ... 19 H 4
Yvernaumont 08 ... 26 C 4
Yversay 86 ... 169 E 5
Yves 17 ... 200 D 2
Les Yveteaux 61 ... 53 G 5
Yvetot 76 ... 19 G 5
Yvetot-Bocage 50 ... 29 F 4
Yvias 22 ... 73 F 3
Yviers 16 ... 238 D 1
Yvignac-la-Tour 22 ... 79 F 5
Yville-sur-Seine 76 ... 35 H 2
Yvoire 74 ... 197 H 3
Yvoy-le-Marron 41 ... 133 E 5
Yvrac 33 ... 237 H 5
Yvrac-
et-Malleyrand 16 ... 221 H 1
Yvrandes 61 ... 52 D 4
Yvré-le-Pôlin 72 ... 129 H 3
Yvré-l'Évêque 72 ... 107 H 4
Yvrench 80 ... 11 H 2
Yvrencheux 80 ... 11 H 2
Yzengremer 80 ... 11 E 4
Yzernay 49 ... 167 F 1
Yzeron 69 ... 230 C 1
Yzeure 03 ... 192 B 2
Yzeures-sur-Creuse 37 ... 170 B 4
Yzeux 80 ... 22 A 1
Yzosse 40 ... 293 E 3

## Z

Zaessingue 68 ... 143 G 3
Zalana 2B ... 347 G 4
Zarbeling 57 ... 67 E 3
Zegerscappel 59 ... 3 G 4
Zehnacker 67 ... 68 B 5
Zeinheim 67 ... 68 C 5
Zellenberg 68 ... 121 E 2
Zellwiller 67 ... 97 F 3
Zermezeele 59 ... 3 H 4
Zérubia 2A ... 349 E 5
Zetting 57 ... 67 H 1
Zévaco 2A ... 349 E 3
Zicavo 2A ... 349 E 3
Zigliara 2A ... 348 D 4
Zilia 2B ... 346 C 2
Zilling 57 ... 68 A 4
Zillisheim 68 ... 143 F 2
Zimmerbach 68 ... 120 D 3
Zimmersheim 68 ... 143 G 2
Zimming 57 ... 46 D 5
Zincourt 88 ... 95 F 5
Zinswiller 67 ... 68 C 2
Zipitoli *Pont génois de* 2A ... 348 D 3
Zittersheim 67 ... 68 A 3
Zœbersdorf 67 ... 68 C 4
Zollingen 67 ... 67 G 3
Zommange 57 ... 67 F 4
Zonza 2A ... 349 F 5
Zoteux 62 ... 6 C 3
Zouafques 62 ... 3 E 4
Zoufftgen 57 ... 45 G 2
Zoza 2A ... 349 E 5
Zuani 2B ... 347 G 4
Zudausques 62 ... 3 E 5
Zutkerque 62 ... 3 E 4
Zutzendorf 67 ... 68 C 3
Zuydcoote 59 ... 3 H 2
Zuytpeene 59 ... 3 G 5

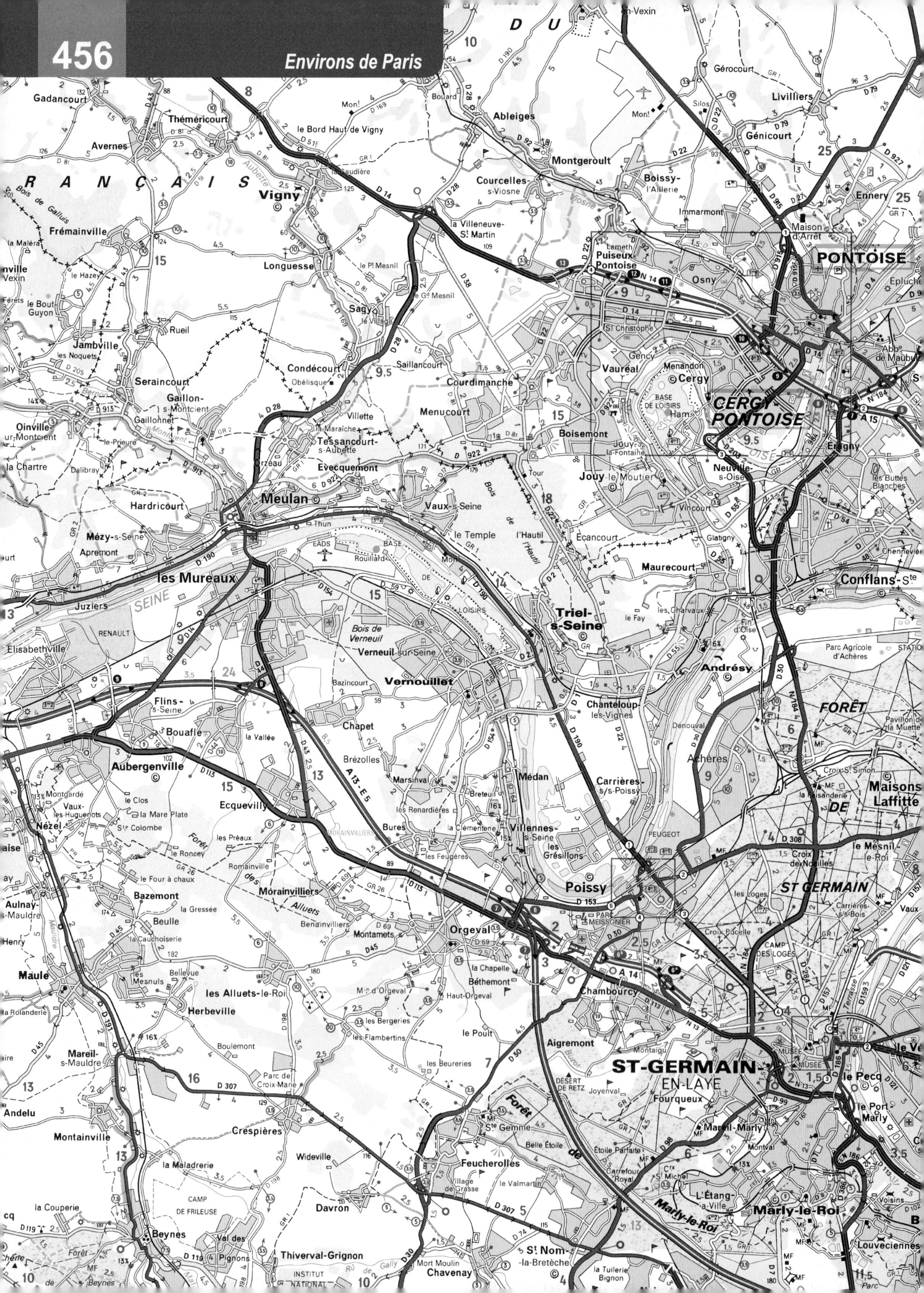
Gadancourt
Théméricourt
Avernes
le Bord Haut de Vigny
Vigny
Ableiges
Montgeroult
Courcelles-s-Viosne
Boissy-l'Aillerie
Gérocourt
Livilliers
Génicourt
Ennery
Immarmont
Maison d'Arrêt
PONTOISE
Fremainville
Longuesse
la Villeneuve-St Martin
Puiseux-Pontoise
Osny
Sagy
Jambville
Rueil
Condécourt
Saillancourt
Courdimanche
Vauréal
Cergy
CERGY-PONTOISE
Seraincourt
Gaillon-s-Montcient
Oinville-sur-Montcient
Menucourt
Boisemont
Tessancourt-s-Aubette
Evecquemont
Jouy-le-Moutier
Neuville-s-Oise
Eragny
Meulan
Hardricourt
Vaux-s-Seine
Mézy-s-Seine
Apremont
le Temple
l'Hautil
Ecancourt
Maurecourt
Conflans-Ste
les Mureaux
Juziers
Triel-s-Seine
Andrésy
Elisabethville
Verneuil-sur-Seine
Vernouillet
Chanteloup-les-Vignes
Flins-s-Seine
Bouafle
Chapet
Aubergenville
Brézolles
Médan
Carrières-s/s-Poissy
Achères
Maisons Laffitte
Nézel
Ecquevilly
Villennes-s-Seine
Poissy
Le Mesnil-le-Roi
ST GERMAIN
Aulnay-s-Mauldre
Bazemont
Morainvilliers
Orgeval
Beulle
Maule
Chambourcy
les Alluets-le-Roi
Herbeville
Aigremont
Mareil-s-Mauldre
ST-GERMAIN EN-LAYE
Le Pecq
Fourqueux
Le Port Marly
Andelu
Montainville
Crespières
Mareil-Marly
Feucherolles
Wideville
Davron
L'Étang-la-Ville
Marly-le-Roi
Beynes
Thiverval-Grignon
St Nom-la-Bretèche
Chavenay
Louveciennes

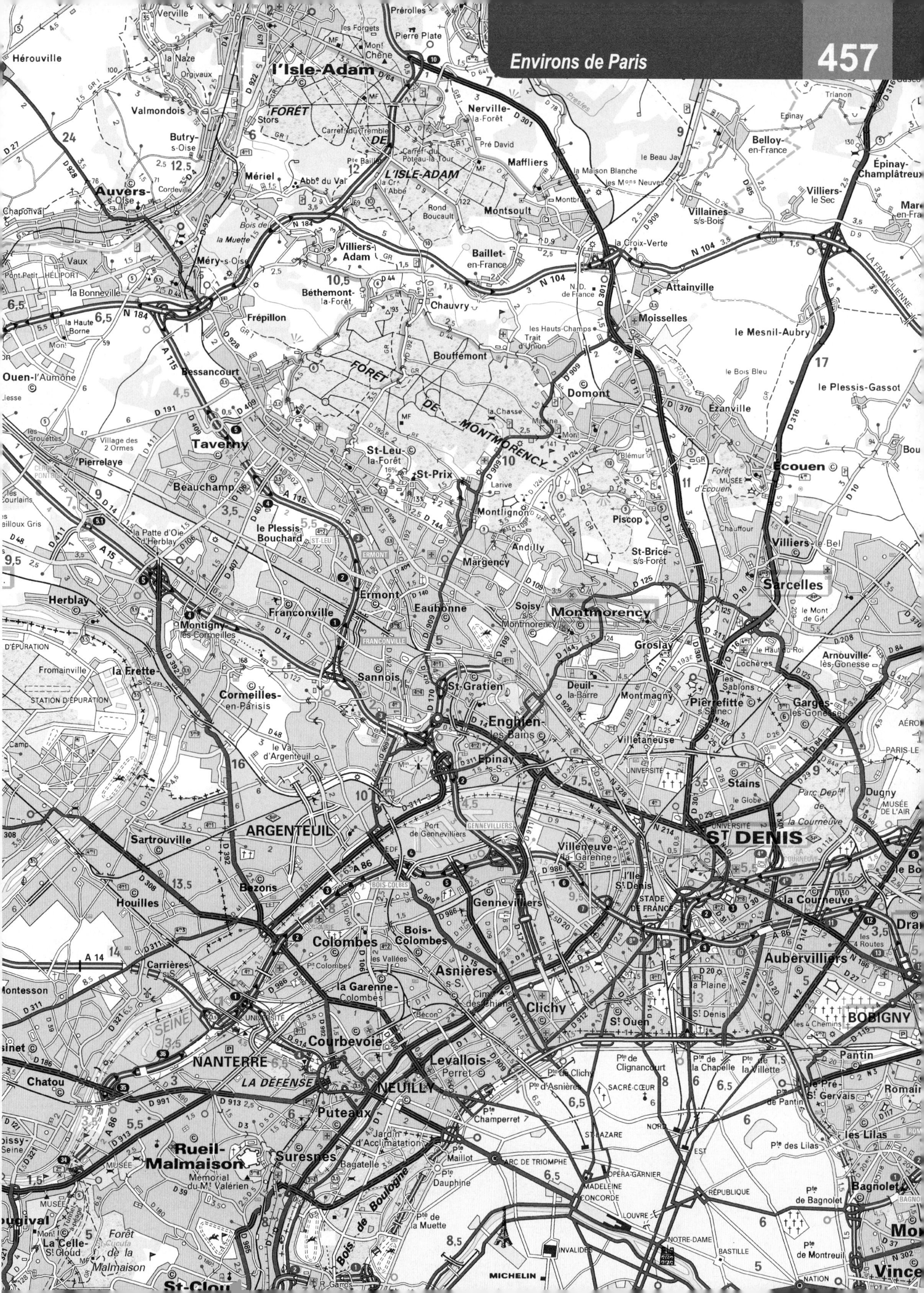
Hérouville
Verville
Prérolles
Pierre Plate
l'Isle-Adam
Mont Chêne
les Forgets
FORÊT DE L'ISLE-ADAM
Valmondois
Stors
Nerville-la-Forêt
Butry-s-Oise
Mériel
Maffliers
Auvers-s-Oise
Chaponval
Cordeville
Montsoult
Villaines-s/s-Bois
Belloy-en-France
Épinay-Champlâtreux
Villiers-le Sec
Méry-s-Oise
Villiers-Adam
Baillet-en-France
Attainville
la Croix-Verte
Vaux
Pont-Petit
HÉLIPORT
la Bonneville
Béthemont-la-Forêt
Chauvry
Moisselles
le Mesnil-Aubry
Frépillon
Bouffémont
Domont
Ézanville
le Plessis-Gassot
Bessancourt
FORÊT DE MONTMORENCY
Taverny
St-Leu-la-Forêt
St-Prix
Ecouen
Pierrelaye
Beauchamp
le Plessis-Bouchard
Montlignon
Piscop
Villiers-le-Bel
Herblay
Ermont
Eaubonne
Margency
Andilly
St-Brice-s/s-Forêt
Sarcelles
Franconville
Soisy-s/s-Montmorency
Montmorency
Groslay
Arnouville-lès-Gonesse
Montigny-lès-Cormeilles
la Frette-s-S.
Cormeilles-en-Parisis
Sannois
St-Gratien
Deuil-la-Barre
Montmagny
Pierrefitte
Garges-lès-Gonesse
Enghien-les-Bains
Villetaneuse
Epinay-s-S.
Stains
Dugny
le Val d'Argenteuil
ARGENTEUIL
Port de Gennevilliers
Sartrouville
Villeneuve-la-Garenne
ST DENIS
Bezons
Houilles
Gennevilliers
l'Ile-St-Denis
STADE DE FRANCE
la Courneuve
Colombes
Bois-Colombes
Aubervilliers
Carrières-s-S.
Asnières-s-S.
la Garenne-Colombes
Clichy
St Ouen
BOBIGNY
Montesson
Courbevoie
Levallois-Perret
Pte de Clignancourt
Pte de la Chapelle
Pte de la Villette
Pantin
Chatou
NANTERRE
LA DÉFENSE
NEUILLY-s-S.
SACRÉ-CŒUR
le Pré-St-Gervais
Puteaux
Pte Champerret
NORD
EST
les Lilas
Rueil-Malmaison
Suresnes
Jardin d'Acclimatation
Pte Maillot
ARC DE TRIOMPHE
ST-LAZARE
OPÉRA-GARNIER
MADELEINE
CONCORDE
RÉPUBLIQUE
Pte des Lilas
Bagnolet
Pte de Bagnolet
Bagatelle
Pte Dauphine
Bois de Boulogne
Pte de la Muette
LOUVRE
NOTRE-DAME
BASTILLE
INVALIDES
Pte de Montreuil
NATION
Bougival
La Celle-St-Cloud
Forêt de la Malmaison
St-Cloud
MICHELIN
SEINE

Survilliers
Plailly
St Witz
Montmélian
Fosses
Lassy
le Plessis-Luzarches
Belloy-en-France
Épinay-Champlâtreux
Villiers-le Sec
Villaines-s/s-Bois
Mareil-en-France
Jagny-s/s-Bois
Marly-la-Ville
Châtenay-en-France
Puiseux-en-France
Vémars
Moussy-le-Neuf
Attainville
Fontenay-en-Parisis
Villeron
le Mesnil-Aubry
Louvres
Chennevières-lès-Louvres
Moussy-le-Vieux
le Plessis-Gassot
Écouen
Ézanville
Bouqueval
Goussainville
Épiais-lès-Louvres
Mauregard
le Mesnil-Amelot
Villiers-le-Bel
le Thillay
Roissy-en-France
Vaudherland
Aéroport de Paris-Charles de Gaulle
Sarcelles
Gonesse
Mitry-Mory
Arnouville-lès-Gonesse
Tremblay-Vieux-Pays
Pierrefitte
Garges-lès-Gonesse
Bonneuil-en-France
Villepinte
Aéroport de Paris-Le Bourget
Tremblay-en-France
Stains
Dugny
Sevran
St Denis
le Blanc-Mesnil
Aulnay-s/s-Bois
Villeparisis
le Bourget
la Courneuve
Vaujours
Drancy
Livry-Gargan
Coubron
Courtry
Aubervilliers
Clichy-s/s-B.
les Coudreaux
Bobigny
Bondy
les Pavillons-s/s-Bois
Pantin
Montfermeil
Chantereine
Noisy-le-Sec
le Raincy
Romainville
Villemomble
Gagny
Brou-s-Chantereine
Les Lilas
Chelles
Rosny-s/s-B
Vaires-s-M
Bagnolet
Neuilly-Plaisance
Montreuil
Neuilly-s-M.
Gournay-s-Marne
Champs-s-Marne
Noisiel
Vincennes
Fontenay-s/s-Bois

MEAUX
Disneyland Resort Paris
Lagny-s-M.
Claye-Souilly
Dammartin-en-Goële
Crécy-la-Chapelle
Esbly
Chessy
Thorigny
Juilly
St Mard
Oissery
Forfry
Barcy
Chambry
Varreddes
Penchard
Crégy-lès-Meaux
Villenoy
Nanteuil-lès-Meaux
Mareuil-lès-Meaux
Quincy-Voisins
Couilly-Pont-aux-Dames
St Germain-s-Morin
Coupvray
Magny-le-Hongre
Bailly-Romainvilliers
Chanteloup-en-Brie
Montévrain
Jablines
Lesches
Trilbardou
Vignely
Charmentray
Fresnes-s-Marne
Annet-s-Marne
Villevaudé
Gressy
Messy
Charny
Villeroy
Iverny
Monthyon
Cuisy
Montgé-en-Goële
St Soupplets
Marcilly
Étrépilly
Puisieux
Douy-la-Ramée
Brégy
Orgnes
St Pathus
Lagny-le-sec
le Plessis-Belleville
Othis
Ève
Nogeon
Fosse-Martin
Silly-le-Long
Ver-sur-Launette
Rouvres
Marchémoret
Nantouillet
Compans
St Mesmes
Thieux
Vinantes
Gesvres-le-Chapitre
Chauconin-Neufmontiers
Poincy
Fublaines
Coulommes
Bouleurs
Sancy
Villiers-sur-Morin
Voulangis
Guermantes
Gouvernes
Conches-s-Gondoire
Pomponne
St Thibault-des-Vignes
Carnetin
Dampmart
Chalifert
Montry
Condé-Ste Libiaire
Isles-lès-Villenoy
Précy-s-Marne
Montjay-la-Tour
Bordeaux
Chaalis
Boutigny
Vincelles
Chermont
Magny-St Loup
Montbarbin
Coutevroult
Montguillon
Dainville
Montaigu
Férolles
la Chapelle-sur-Crécy
N 330
N 3
A 140
A 104
D 401
MARNE
Canal de l'Ourcq
BASE DE LOISIRS
Mont Gallieni
Mémorial Ch. Péguy
Cimetière National
Mont N. D. de la Marne
Mont Américain
Bois des Tillières
T.G.V. EST
Parc 1
Parc 2
VAL D' EUROPE

Flexanville
Autouillet
Beynes
Davron
Thiverval-Grignon
St Nom-la-Bretèche
Chavenay
Saulx-Marchais
Auteuil
Boissy-sans-avoir
Vicq
Neauphle-le-Vieux
St Germain-de-la-Grange
Villiers-St Frédéric
Neauphle-le-Chau
Les Clayes-s/s-Bois
Villepreux
Plaisir
Bois-d'Arcy
la Queue-les-Yvelines
Galluis
Jouars Pontchartrain
Mareil-le-Guyon
Méré
Montfort-l'Amaury
Grosrouvre
Bazoches-s-Guyonne
le Tremblay-s-Mauldre
Élancourt
Trappes
France Miniature
Maurepas
les Mesnuls
St Rémy-l'Honoré
Coignières
la Verrière
ST QUENTIN-EN-YVELINES
le Mesnil-St Denis
Abbe de Port-Royal-des-Champs
St Lambert
St Léger-en-Yvelines
les Essarts-le-Roi
Lévis-St Nom
Chevreuse
Dampierre-en-Yvelines
les Bréviaires
Auffargis
le Perray-en-Yvelines
Ancne Abbaye Les Vaux de Cernay
Senlisse
Choisel
Poigny-la-Forêt
Vieille-Eglise-en-Yvelines
Cernay-la-Ville
Breteuil
RAMBOUILLET
Gazeran
la Celle-les-Bordes
Bullion
Bonnelles
Clairefontaine-en-Yvelines
PARC NATUREL DE LA HAUTE VALLÉE DE CHEVREUSE
FORÊT DE RAMBOUILLET

MICHELIN
Marly-le-Roi
Bougival
Louveciennes
La Celle-St Cloud
Forêt de la Malmaison
St-Cloud
Garches
Vaucresson
Bailly
Noisy-le-Roi
Rocquencourt
Marnes-la-Coquette
Ville-d'Avray
le Chesnay
BOULOGNE-BILLANCOURT
Parc de St-Cloud
Pte d'Auteuil
Pte de St-Cloud
MONTPARNASSE
Pte de Versailles
Pte de Châtillon
Pte d'Orléans
Issy-les-Moulineaux
Vanves
Malakoff
Montrouge
Sèvres
Meudon
Forêt de Meudon
Clamart
Châtillon
Bagneux
Arcueil
Cachan
Fontenay-aux-Roses
Bourg-la-Reine
Le Plessis-Robinson
Sceaux
Châtenay-Malabry
Antony
Fresnes
Rungis
St Cyr-l'École
VERSAILLES
Chaville
Viroflay
Vélizy-Villacoublay
Meudon-la-Forêt
Fontenay-le-Fleury
Guyancourt
Buc
Jouy-en-Josas
les Loges-en-Josas
Bièvres
Verrières-le-Buisson
Igny
Toussus-le-Noble
Châteaufort
Saclay
Vauhallan
Massy
Palaiseau
Champlan
Chilly-Mazarin
Longjumeau
Milon-la-Chapelle
Magny-les-Hameaux
Villiers-le-Bâcle
St Aubin
St Rémy-lès-Chevreuse
Gif-s-Yvette
Orsay
Bures-s-Yvette
Villebon-s-Yvette
les Ulis
Saulx-les-Chartreux
Villejust
Ballainvilliers
Épinay-s-Orge
Gometz-le-Châtel
Gometz-la-Ville
Limours-en-Hurepoix
Forges-les-Bains
Briis-s-Forges
Janvry
Nozay
Marcoussis
Montlhéry
Linas
la Ville du Bois
Villiers-s-Orge
Villemoisson-s-Orge
Ste Geneviève-des-Bois
Longpont-s-Orge
St Michel-s-Orge
Leuville-s-Orge
le Plessis-Pâté
Brétigny-s-Orge
Fontenay-lès-Briis
Vaugrigneuse
Bois d'Ardeau
Bissy
Boullay-les-Troux
les Molières
Chevry
Aéroport Paris-Orly

Neuilly-Plaisance
Neuilly-s-M.
Gournay-s-Marne
Vincennes
Fontenay-s/s-Bois
Noisy-le-Grd
Nogent-s-M.
le Perreux-s-M.
Bry-s-M.
Pte de Vincennes
NATION
LYON
AUSTERLITZ
PARNASSE
St Mandé
Bois de Vincennes
Pte Dorée
Pte de Charenton
Pte de Bercy
Q. d'Ivry
Pte de Châtillon
Pte d'Orléans
Pte d'Italie
Pte de Choisy
Charenton-le-Pont
St Maurice
Joinville-le-Pont
Villiers-s-M.
Malnoue
Champigny-s-M
Cœuilly
le Plessis-Trévise
Montrouge
Gentilly
Ivry-s-Seine
Maisons-Alfort
Alfortville
le Kremlin-Bicêtre
Arcueil
Cachan
St Maur-des-Fossés
Chennevières-s-Marne
la Queue-en-Brie
Bois l'Abbé
Combault
Vitry-s-Seine
Villejuif
Bourg-la-Reine
l'Haÿ-les-Roses
CRÉTEIL
Mont Mesly
la Varenne-St Hilaire
Ormesson-sur-Marne
Port de Bonneuil
Chevilly-Larue
Bonneuil-s-M.
Noiseau
Sucy-en-Brie
Forêt de Notre-Dame
Thiais
Choisy-le-Roi
Fresnes
Rungis
Valenton
Limeil-Brévannes
Boissy-St Léger
Orly
Villeneuve-le-Roi
Wissous
Grosbois
Marolles-en-Brie
Santeny
Aéroport de Paris-Orly
ORLY-OUEST
ORLY-SUD
Villeneuve-St Georges
Yerres
Villecresnes
Ablon-s-Seine
Crosne
Athis-Mons
Chilly-Mazarin
Paray-Vieille-Poste
Servon
Morangis
Juvisy-sur-Orge
Vigneux-s-Seine
Montgeron
Brunoy
Mandres-les-Roses
Périgny
Savigny-sur-Orge
Draveil
Epinay-s-Sénart
Boussy-St Antoine
Viry-Châtillon
Mainville
Forêt de Sénart
Quincy-s/s-Sénart
Varennes-Jarcy
Villemoisson-s-Orge
Morsang-sur-Orge
Grigny
Champrosay
Soisy-s-Seine
Combs-la-Ville
Ris-Orangis
Ste Geneviève-des-Bois
Étiolles
Tigery
Lieusaint
SÉNART (Ville Nouvelle)
St Michel-s-Orge
Fleury-Mérogis
ÉVRY
St Germain-lès-Corbeil
Moissy
le Plessis-Pâté
Bondoufle
Agglomération d'Évry
Courcouronnes
Carré Sénart
St Pierre-du-Perray
Corbeil-Essonnes

Vaires-s-M.
St Thibault-des-Vignes
Lagny-s-M.
Disney Resort
Torcy
Noisiel
Gouvernes
Conches-s-Gondoire
Guermantes
Chanteloup-en-Brie
Bailly-Romainvilliers
Serris
Bussy-St Martin
Collégien
Bussy-St Georges
Jossigny
VAL MAUBUÉE
LA VALLÉE
Lognes
Croissy-Beaubourg
Ferrières-en-Brie
Voulangis
Moulangis
Tigeaux
Dammartin-sur-Tigeaux
Villeneuve-St Denis
Villeneuve-le Comte
FORÊT DE CRÉCY
Émerainville
PARC
FORÊT DE FERRIERES
Pontcarré
la Route
la Dénicherie
Hermières
Bois de Fauvinet
l'Obélisque
St Avoye
Roissy-en-Brie
FORÊT D'ARMAINVILLIERS
L'Archevêché
Ozoir-la-Ferrière
Mandegris
Favières
Neufmoutiers-en-Brie
les Agneaux
la Grande Romaine
Zoo d'Attilly
Belle Croix
Armainvilliers
Tournan-en-Brie
Villé
la Houssaye-en-Brie
Gretz-Armainvilliers
les Chapelles-Bourbon
Férolles-Attilly
Chevry-Cossigny
Forêt de la Léchelle
Autheuil
Presles-en-Brie
Marles-en-Brie
Châtres
Fontenay-Trésigny
Cossigny
Liverdy-en-Brie
le Mesnil
Brie-Comte-Robert
Villepatour
Forêt de Coubert
Grisy-Suisnes
les Fontaines de Liverdy
Bois des Seigneurs
Retal
Courquetaine
Montgazon
Coubert
Chaumes-en-Brie
Arcy
Évry-Grégy-s-Yerre
Cordon
Solers
Ozouer-le-Voulgis
Maurevert
Argentières
Courtomer
Soignolles-en-Brie
les Étards
Mardilly
Nogent-s-Avon
Beauvoir
Verneuil-l'Étang
Yèbles
Mont-Sebastien
Tremblesseaux
Aubepierre-Ozouer-le-Repos
Guignes
Lissy
Limoges-Fourches
Champdeuil
Pecqueux
Villaroche
Réau
Andrezel
Mormant

Paris

CLICHY
COURBEVOIE
LA DÉFENSE
PUTEAUX
NEUILLY-S-SEINE
LEVALLOIS-PERRET
SEINE
Ile de la Jatte
Ile de Puteaux
BOIS DE BOULOGNE
Allée de Longchamp
PORTE DE CLICHY
PORTE DE ST-OUEN
PORTE POUCHET
PORTE D'ASNIÈRES
PORTE DE CHAMPERRET
PORTE DE COURCELLES
PORTE DE VILLIERS
PORTE DES TERNES
PORTE MAILLOT
PORTE DE NEUILLY
PORTE DES SABLONS
PORTE ST-JAMES
PORTE DE BAGATELLE
PORTE DE MADRID
PORTE DAUPHINE
PORTE DE LA MUETTE
PORTE DE PASSY
PORTE D'AUTEUIL
PORTE MOLITOR
PORTE DE ST-CLOUD
PORTE DU POINT DU JOUR
QUAI D'ISSY
PORTE DE SÈVRES
PORTE D'ISSY LES MOULINEAUX
PORTE DE VERSAILLES
PORTE DE PLAISANCE
PORTE DE LA PLAINE
PORTE BRANCION
PORTE DE VANVES
PORTE DIDOT
PORTE DE MONTROUGE
PORTE DE CHÂTILLON
PORTE D'ORLÉANS
17E
16E
15E
8E
7E
BATIGNOLLES
TERNES
ÉTOILE
PALAIS DES CONGRÈS
ARC DE TRIOMPHE
PARC MONCEAU
GARE ST-LAZARE
STE-MARIE-MADELEINE
GRAND PALAIS
PETIT PALAIS
OBELISQUE
JARDIN DES TUILERIES
PALAIS DE TOKYO
PALAIS DE CHAILLOT
TROCADÉRO
LA MUETTE
PASSY
MUSÉE DU QUAI BRANLY
TOUR EIFFEL
CHAMP DE MARS
HÔTEL DES INVALIDES
ASSEMBLÉE NATIONALE
MUSÉE D'ORSAY
ÉCOLE MILITAIRE
MAISON DE RADIO-FRANCE
AUTEUIL
ROLAND GARROS
PARC DES PRINCES
BEAUGRENELLE
VAUGIRARD
GARE MONTPARNASSE
MONTPARNASSE
DENFERT ROCHEREAU
ALÉSIA
PARIS EXPO
BOULOGNE-BILLANCOURT
Ile de St-Germain
Ile de Billancourt
VANVES
ISSY-LES-MOULINEAUX
MALAKOFF
MONTROUGE
BOULEVARD PÉRIPHÉRIQUE
Av. des Champs Élysées
Av. Foch
Av. de la Grande Armée
Bd de Grenelle
R. de Vaugirard
Bd Lefèbvre
Bd Brune
CAEN ROUEN
A 14
A13
0
1 km

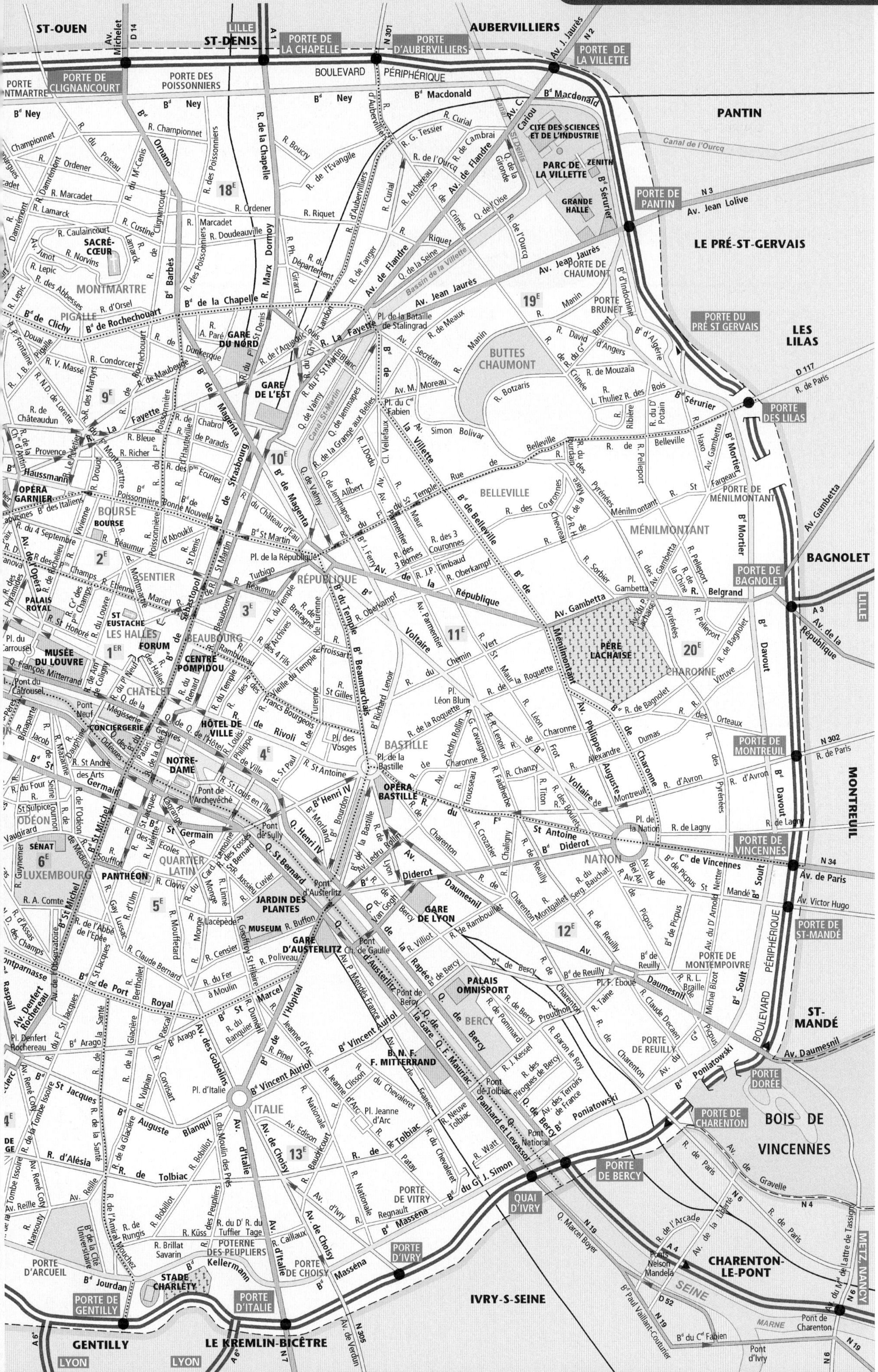
ST-OUEN
ST-DENIS
AUBERVILLIERS
PORTE DE LA CHAPELLE
PORTE D'AUBERVILLIERS
PORTE DE LA VILLETTE
PORTE DE CLIGNANCOURT
PORTE DES POISSONNIERS
BOULEVARD PÉRIPHÉRIQUE
PANTIN
CITÉ DES SCIENCES ET DE L'INDUSTRIE
PARC DE LA VILLETTE
ZENITH
GRANDE HALLE
Canal de l'Ourcq
PORTE DE PANTIN
LE PRÉ-ST-GERVAIS
18E
SACRÉ-CŒUR
MONTMARTRE
PIGALLE
GARE DU NORD
GARE DE L'EST
Bassin de la Villette
PORTE DE CHAUMONT
19E
PORTE BRUNET
PORTE DU PRÉ ST GERVAIS
LES LILAS
BUTTES CHAUMONT
PORTE DES LILAS
9E
10E
BELLEVILLE
PORTE DE MÉNILMONTANT
MÉNILMONTANT
OPÉRA GARNIER
BOURSE
2E
SENTIER
RÉPUBLIQUE
BAGNOLET
PORTE DE BAGNOLET
PALAIS ROYAL
ST EUSTACHE
LES HALLES
FORUM
3E
BEAUBOURG
CENTRE POMPIDOU
11E
PÈRE LACHAISE
20E
CHARONNE
MUSÉE DU LOUVRE
1ER
CHÂTELET
CONCIERGERIE
HÔTEL DE VILLE
NOTRE-DAME
4E
BASTILLE
OPÉRA BASTILLE
PORTE DE MONTREUIL
MONTREUIL
ODÉON
SÉNAT
6E
LUXEMBOURG
PANTHÉON
QUARTIER LATIN
5E
JARDIN DES PLANTES
MUSEUM
GARE D'AUSTERLITZ
GARE DE LYON
NATION
PORTE DE VINCENNES
PORTE DE ST-MANDÉ
12E
PALAIS OMNISPORT
BERCY
PORTE DE MONTEMPOIVRE
PORTE DE REUILLY
ST-MANDÉ
PORTE DORÉE
B. N. F. F. MITTERRAND
ITALIE
13E
PORTE DE CHARENTON
BOIS DE VINCENNES
PORTE DE BERCY
QUAI D'IVRY
PORTE DE VITRY
PORTE D'IVRY
PORTE DE CHOISY
POTERNE DES PEUPLIERS
STADE CHARLÉTY
PORTE D'ARCUEIL
PORTE DE GENTILLY
PORTE D'ITALIE
IVRY-S-SEINE
CHARENTON-LE-PONT
SEINE
MARNE
GENTILLY
LE KREMLIN-BICÊTRE
LYON
LILLE
METZ, NANCY

Paris

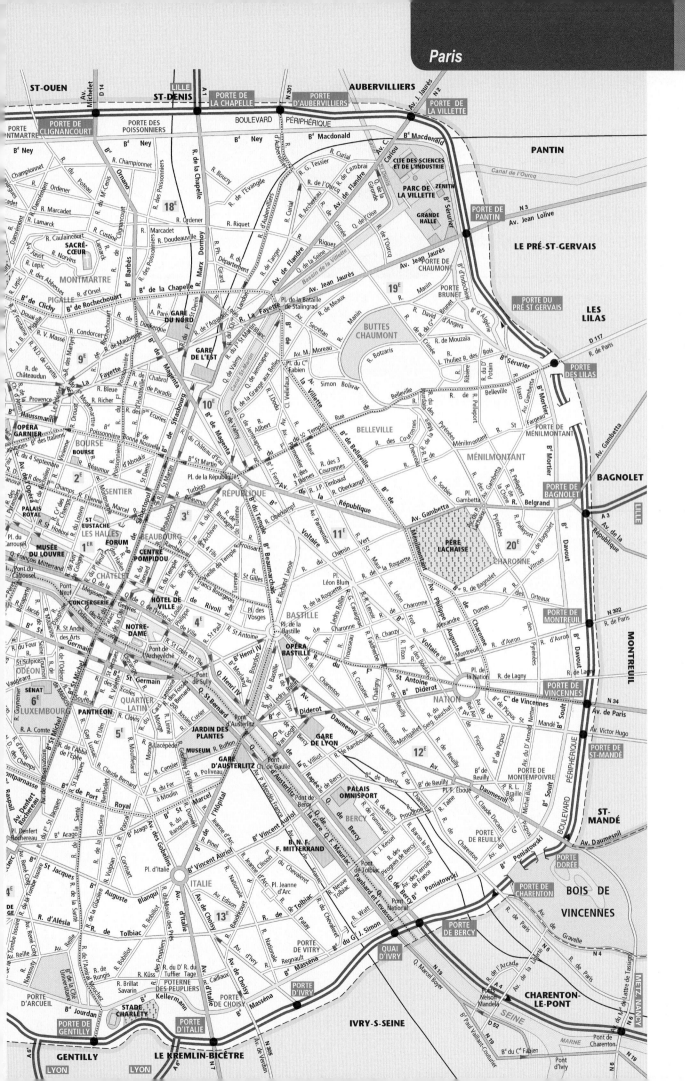